DUDEN

Das große Wörterbuch
der deutschen Sprache

Band 4: Gele – Impr

DUDEN

Das große Wörterbuch der deutschen Sprache

IN ZEHN BÄNDEN

3., völlig neu bearbeitete und erweiterte Auflage
Herausgegeben vom Wissenschaftlichen Rat
der Dudenredaktion

Band 4: Gele – Impr

DUDENVERLAG
Mannheim · Leipzig · Wien · Zürich

Redaktionelle Bearbeitung:

Dr. Werner Scholze-Stubenrecht (Projektleiter)
Dieter Mang (stellvertretender Projektleiter)

Anette Auberle, Ulrike Braun M. A., Maria Grazia Chiaro M. A., Birgit Eickhoff M. A., Angelika Haller-Wolf, Dr. Annette Klosa, Ursula Kraif, Dr. Kathrin Kunkel-Razum, Ralf Osterwinter, Dr. Christine Tauchmann, Olaf Thyen, Marion Trunk-Nußbaumer M. A., Dr. Matthias Wermke

Unter Mitarbeit von:
Dr. Brigitte Alsleben, Dr. Jochen A. Bär, Jürgen Folz, Evelyn Knörr, Anja Konopka, Dr. Martha Ripfel, Magdalena Seubel, Wolfgang Worsch

Beratende Mitwirkung:
Gesellschaft für deutsche Sprache, Wiesbaden

Typographie: Norbert Wessel, Mannheim

Umschlaggestaltung: Mischa Acker, Mannheim

Herstellung: Monika Schoch, Mannheim

Die Deutsche Bibliothek – CIP-Einheitsaufnahme
Duden »Das große Wörterbuch der deutschen Sprache«: in zehn Bänden /
hrsg. vom Wissenschaftlichen Rat der Dudenredaktion.
[Red. Bearb.: Werner Scholze-Stubenrecht (Projektleiter) …
Unter Mitarb. von Brigitte Alsleben …]. – [Ausg. in 10 Bd.]. –
Mannheim; Leipzig; Wien; Zürich: Dudenverl.
ISBN 3-411-04733-X
Bd. 4. Gele – Impr
3., völlig neu bearb. und erw. Aufl. – 1999
ISBN 3-411-04773-9

Das Werk wurde in neuer Rechtschreibung verfasst.

Satz: Bibliographisches Institut & F. A. Brockhaus AG (alfa Integrierte Systeme)
Druck: Druckhaus Langenscheidt KG, Berlin
Bindearbeit: Schöneberger Buchbinderei, Berlin
Printed in Germany
Gesamtwerk: ISBN 3-411-04733-X
Band 4: ISBN 3-411-04773-9

ge|leckt ‹Adj.›: meist in der Wendung **wie g. aussehen** (ugs. scherzh.: 1. *sehr sauber aussehen.* 2. *sehr sorgfältig, übertrieben korrekt gekleidet sein*).

Ge|leckt|heit, die; -: *gelecktes Aussehen.*

Ge|lee [ʒeˈleː, auch: ʒəˈleː], das od. der; -s, -s [frz. gelée < vlat. gelata, subst. 2. Part. von lat. gelare, ↑gelieren]: **a)** *süßer Brotaufstrich aus gallertartig eingedicktem Fruchtsaft:* G. aus Brombeeren kochen; **b)** *in gallertartigen Zustand übergegangener Saft von Fleisch od. Fisch:* Saft vom Kalbsbraten wird schnell zu G.; Hering in G.; **c)** *mithilfe von Geliermitteln hergestellte Süßspeise;* **d)** *als Wirkstoffträger in der kosmetischen Industrie verwendete, halbfeste, meist durchscheinende Substanz.*

Ge|lée ro|yale [ʒəlerwaˈjal], das; - - [frz., zu: royal = königlich, ↑royal]: *(in der kosmetischen u. pharmazeutischen Industrie verwendeter) von Bienen hervorgebrachter Saft, mit dem die Larven der Königinnen* (2) *gefüttert werden.*

Ge|le|ge, das; -s, -: *(bes. von Vögeln u. Reptilien) Gesamtheit der von einem Tier an einer Stelle abgelegten Eier:* ein G. von 5 Eiern; Ich habe die Vermutung, dass der brütende Vogel das Abhandenkommen des -s erst gemerkt hat, als die Reaktion zum Wenden der Eier bei ihm auftrat (Lorenz, Verhalten I, 204).

ge|le|gen [2: mhd. gelegen, ahd. gelegan, urspr. = angrenzend, benachbart, dann = verwandt u. passend, geeignet]: **1.** ↑liegen. **2.** ‹Adj.› *in einem günstigen Augenblick [geschehend, eintretend]; zu jmds. Absichten passend:* zu -er Stunde; dein Besuch ist, kommt mir sehr g.; Niemand ist daran g., Alfred Kantorowicz am Zeug zu flicken (Reich-Ranicki, Th. Mann 123).

Ge|le|gen|heit, die; -, -en [mhd. gelegenheit = Art u. Weise, wie etw. liegt; Lage, Stand (der Dinge)]: **1.** *geeignete Umstände, um etw. Geplantes auszuführen; [günstiger] Augenblick; Möglichkeit* (2): die G. ist günstig; dazu bietet sich bald [eine] G.; verpasste -en; Noch einmal hatte Morton G. zur Besinnung (Thorwald, Chirurgen 141); ... der neuerdings keine G. versäumte, um vor der Öffentlichkeit zu demonstrieren, wie freundschaftlich und leutselig er mit der so genannten Opposition verkehre (Kirst, Aufruhr 27); Sie aber ... können mir gewiss leicht die G. verschaffen, mit Klamm zu sprechen (Kafka, Schloß 54); vielleicht bekomme ich noch G., dir entsprechend zu danken (Kafka, Schloß 123); Du sollst den Neidern keine G. geben, die ins Unrecht zu setzen, die zu dir stehen (Goetz, Prätorius 50); Die Feinde ... warten ja nur auf die G., etwas zu erfahren (Benrath, Konstanze 37); Emsig genutzte G. zum Flirt bot sich, wenn ... (Loest, Pistole 58); bei der nächsten G. *(sobald es sich ermöglichen lässt);* bei G. *(gelegentlich, irgendwann einmal);* Spr G. macht Diebe *(eine günstige Gelegenheit verführt dazu, fremdes Eigentum an sich zu nehmen, etw. Verbotenes od. nicht Erwünschtes zu tun);* Der Mann auf dem Bett lag wie tot, und G. macht Diebe ... Er sah sofort die übereinander gestapelten Goldbarren (Borell, Verdammt 329); Die Versuchung, einen Seitensprung zu wagen, war auf allen Seiten gleich groß. G. macht Diebe (Borell, Verdammt 142); ***die G. beim Schopf[e] fassen/ergreifen/packen/nehmen** *(einen einmaligen, günstigen Augenblick schnell entschlossen ausnutzen;* nach dem im griech. Mythos als Gott verehrten Kairos [= der günstige Augenblick] mit lockigem Vorder- u. kahlem Hinterhaupt, der deshalb als Davonfliegender dargestellt wurde, weil man meist die gute Gelegenheit erst zu ergreifen sucht, wenn sie schon vorbei ist). **2.** *Anlass:* Nicht ohne Stolz hat Mendelssohn bei verschiedenen -en versichert, er sei dem Haus Mann ... freundschaftlich verbunden (Reich-Ranicki, Th. Mann 256); Kleidung für alle -en; nur zu festlichen -en wird der Saal benutzt; bei G. (Papierdt.: *anlässlich*) seines Besuches. **3.** (Werbespr.) *bes. günstiges Angebot:* 5 Perserteppiche – 5 -en (FAZ 54, 1958, 9). **4.** (verhüll.) *Toilette:* wo ist hier die G.? **5.** (Sport Jargon) kurz für ↑Torgelegenheit: Obwohl Koch den Kölner Littbarski gut im Griff hatte, kam der Kölner zu drei guten -en, die er jedoch nicht nutzen konnte (Kicker 6, 1982, 33).

Ge|le|gen|heits|ar|beit, die: *nur vorübergehend angenommene Arbeit, Erwerbstätigkeit:* im letzten Winter hat er keine feste Stellung gehabt, sondern nur -en übernommen (Mostar, Unschuldig 44).

Ge|le|gen|heits|ar|bei|ter, der: *jmd., der nur gelegentlich arbeitet, keiner geregelten Arbeit nachgeht.*

Ge|le|gen|heits|ar|bei|te|rin, die: w. Form zu ↑Gelegenheitsarbeiter.

Ge|le|gen|heits|bil|dung, die (Sprachw.): *Wort, das jederzeit gebildet werden kann, aber nicht fester Bestandteil des Wortschatzes ist.*

Ge|le|gen|heits|dich|ter, der: *jmd., der für bestimmte Gelegenheiten Gedichte verfasst.*

Ge|le|gen|heits|dich|te|rin, die: w. Form zu ↑Gelegenheitsdichter.

Ge|le|gen|heits|dich|tung, die: vgl. Gelegenheitsgedicht.

Ge|le|gen|heits|dieb, der: *jmd., der einen Gelegenheitsdiebstahl begeht.*

Ge|le|gen|heits|die|bin, die: w. Form zu ↑Gelegenheitsdieb.

Ge|le|gen|heits|dieb|stahl, der: *[nicht im Voraus geplanter] Diebstahl, den jmd. begeht, weil sich gerade eine für ihn günstige Gelegenheit ergibt, die Umstände die Straftat erleichtern:* Luden ... leben vom Glücksspiel und G. (Chotjewitz, Friede 123).

Ge|le|gen|heits|ge|dicht, das: *für einen bestimmten Anlass verfasstes Gedicht.*

Ge|le|gen|heits|job, der: *Gelegenheitsarbeit:* er hielt sich mit -s über Wasser.

Ge|le|gen|heits|kauf, der: **a)** *Kauf, zu dem sich jmd. durch eine günstige Gelegenheit, ein günstiges Angebot o. dgl. spontan entschließt:* wir machten auf dem Markt einige Gelegenheitskäufe; **b)** *bei einem Gelegenheitskauf* (a) *erworbener Gegenstand:* diese alte Truhe ist ein G.

Ge|le|gen|heits|rau|cher, der: *jmd., der nur gelegentlich, nicht gewohnheitsmäßig raucht.*

Ge|le|gen|heits|rau|che|rin, die: w. Form zu ↑Gelegenheitsraucher.

ge|le|gent|lich [mhd. gelegenlich = gelegen, günstig]: **I.** ‹Adj.› **a)** *bei Gelegenheit, bei passenden Umständen [geschehend]:* -e Besuche; diese Sachen sollen g. verkauft werden; Ich sollte g. mal rüberfliegen zu meinem Alten (Danella, Hotel 144); **b)** *manchmal, hier u. da, von Zeit zu Zeit [erfolgend]:* -e Niederschläge; die Anwesenheit von Nasos Knecht war nur durch das -e asthmatische Brodeln seines Atems noch wahrnehmbar (Ransmayr, Welt 42); er raucht nur noch g. **II.** ‹Präp. mit Gen.› (Papierdt.) *anlässlich, bei:* g. seines Besuches wurde vereinbart, dass ...

Ge|le|ge|stär|ke, die (Fachspr.): *Anzahl der in einem Gelege vorhandenen Eier:* bei dieser Taube lassen großer äußerer Unterschied, abweichendes Balzverhalten und die G. von nur einem Ei die Artselbstständigkeit erkennen (Tier 10, 1971, 42).

ge|leh|rig ‹Adj.› [zu veraltet gleichbed. lehrig, zu ↑lehren]: *schnell die Gewohnheiten, Praktiken o. Ä. eines anderen annehmend, sich dessen Kenntnisse zu Eigen machend; anstellig:* ein -er Schüler; sehr g. sein; Aus der ungewöhnlichen Situation heraus ... spürte das Kind g. die Gefahr und verhielt sich still (Apitz, Wölfe 252).

Ge|leh|rig|keit, die; -: *das Gelehrigsein; Anstelligkeit.*

ge|lehr|sam ‹Adj.›: **1.** *gelehrig:* ein -es Tier. **2.** (veraltet) *gelehrt.*

Ge|lehr|sam|keit, die; - (geh.): *umfassende wissenschaftliche Bildung; großer Reichtum an Kenntnissen; Gelehrtheit:* Martin Luther, der Augustinermönch, war ein reicher Mann, ein Mann von hoher G. (Goes, Hagar 107); Auf einmal liegt es vor uns ..., das alte Salmantica ..., der ehrwürdige Platz mittelalterlicher G. (Bamm, Weltlaterne 134).

ge|lehrt ‹Adj.› [mhd. gelër(e)t, ahd. galērit, eigtl. 2. Part. von ↑lehren]: **a)** *gründliche u. umfassende wissenschaftliche Kenntnisse besitzend; wissenschaftlich umfassend gebildet:* ein -er Mann; dies Geschlecht der Bauern, ehrenwerter Kaufleute, -er Pfarrer ..., leichtsinniger Damen und Kavaliere (Jahnn, Geschichten 162); **b)** *auf wissenschaftlicher Grundlage beruhend:* -e Angriffe gegen eine Theorie; der -e Apparat *(Anmerkungen, Literaturangaben)* eines Buches; **c)** (meist abwertend) *in wissenschaftlicher Fachsprache abgefasst u. daher schwer verständlich:* er drückt sich immer so g., viel zu g. aus.

Ge|lehr|te, der u. die; -n, -n ‹Dekl. ↑Abgeordnete›: *jmd., der gelehrt ist:* das Klischee des lebensfremden -n; eine bekannte G.; R darüber streiten sich die -n/sind sich die -n noch nicht einig (scherzh.; *das ist [wissenschaftlich] noch* *nicht geklärt;* nach Horaz, Ars poetica, Vers 78).

Ge|lehr|ten|da|sein, das: *das Dasein* (2) *eines, einer Gelehrten.*

Ge|lehr|ten|fa|mi|lie, die: *Familie, aus der schon mehrere bekannte Gelehrte hervorgegangen sind.*

Ge|lehr|ten|kopf, der: *besonders ausdrucksvoller, charakteristischer Kopf (wie der eines Gelehrten):* Was für Gesichter unter den Mönchen! ... ein guter, gedankenvoller G. (Chr. Wolf, Nachdenken 143).

Ge|lehr|ten|re|pu|blik, die [nach dem Titel der Prosaschrift »Die deutsche Gelehrtenrepublik« (1774) des dt. Dichters F. G. Klopstock (1724–1803)] (bildungsspr.): *Gesamtheit der [geistes]wissenschaftlichen Elite eines Staates, einer Kulturepoche, die das Geistesleben ihrer Zeit entscheidend beeinflusst u. für nahezu alle seine Bereiche meinungsbildend wirkt:* Nicht zufällig sind die großen Repräsentanten der Kritik – die französischen Moralisten ..., die Sozialisten, namentlich Heine, Marx, Nietzsche und Freud – Außenseiter der G. geblieben (Sloterdijk, Kritik 59); Nun ist unter dem Titel »Zum Beispiel Peter Brückner. Treue zum Staat und kritische Wissenschaft« ... ein ... Buch erschienen, in dem namhafte Autoren des In- und Auslandes die »Verbannung« ihrer Kollegen aus der »Gelehrtenrepublik« verurteilen (Spiegel 18, 1981, 205).

Ge|lehr|ten|streit, der: *wissenschaftliche Auseinandersetzung, Kontroverse.*

Ge|lehr|ten|stu|be, die: *Arbeitszimmer eines, einer Gelehrten:* eine mit Büchern gefüllte G.; Ü das kommt aus der G., nicht aus der Praxis *(ist allzu weltfremd).*

Ge|lehr|ten|tum, das; -s: **a)** *Eigenschaft eines, einer Gelehrten; Gelehrtheit;* **b)** *Gesamtheit der Gelehrten.*

Ge|lehr|ten|welt, die ‹o. Pl.›: *Gelehrtentum* (b).

Ge|lehrt|heit, die; -: *das Gelehrtsein; Gelehrsamkeit.*

Ge|lei|er, das; -s (abwertend): **a)** *[dauerndes] Leiern;* **b)** *monotone Vortragsweise.*

Ge|lei|se, das; -s, - [mhd. geleis(e) = Radspur, Kollektivbildung zu: leis(e), ahd. (wagan)leisa = (Wagen)spur] (österr., schweiz., sonst geh.): *Gleis:* Im Tunnel unter den -n gab es eine Gedenktafel (Fels, Sünden 75).

Ge|leit, das; -[e]s, -e [mhd. geleite, zu ↑geleiten]: **a)** (geh.) *das Geleiten; Begleitung zum Schutz od. als Ehrung für jmdn.:* jmdm. sein G. anbieten; im G. des Präsidenten; sie hatten einen Treffpunkt vor einem Café vereinbart, denn ... den Weg zu Dirks Haus würde er ohne G. *(ohne dass er geleitet wird)* nicht finden (Danella, Hotel 217); ◆ Mein schönes Fräulein, darf ich wagen, meinen Arm und G. ihr anzutragen? (Goethe, Faust I, 2605 f.); ***freies/sicheres G.** (Rechtsspr.; *Garantie der Bewegungsfreiheit u. Unverletzlichkeit*); **jmdm. das G. geben** (geh.; *jmdn. [offiziell] begleiten*); **jmdm. das letzte G. geben** (geh. verhüll.; *an jmds. [feierlicher] Beerdigung teilnehmen*); **zum G.** (*als einleitende Worte;* in einer Publikation); **b)** *Gruppe von Personen, Fahrzeugen, die jmdn. geleiten, offiziell begleiten; Eskorte:* ein G. von mehreren Flugzeugen folgte der Maschine des hohen Gastes; ◆ **c)** *[an den Landesherrn] zu zahlende Abgabe für einen Geleitschutz, für gewährtes sicheres Geleit* (a) *auf Reisewegen:* Steuer, Zins und Beth', Lehn und G. und Zoll ... euch angehören soll (Goethe, Faust II, 10947 f.; sonst hält man dich denn doch einmal unterweges als Juden an und fordert Zoll und -e von dir (Goethe, Lehrjahre VIII, 1).

Ge|leit|boot, das: *kleines Kriegsschiff, vor allem zum Schutz von Geleitzügen.*

Ge|lei|te, das; -s, - (veraltet): *Geleit.*

ge|lei|ten ‹sw. V.; hat› [mhd. geleiten, ahd. gileitan, zu ↑leiten] (geh.): *begleitend, zum Schutz mit jmdm. mitgehen, ihn irgendwohin bringen, führen:* als Mischa das Mädchen nach Hause geleitet hatte (Schaper, Kirche 183); Ein Mädchen im schwarzen Kleid ... öffnete mir die Tür und geleitete mich in den Salon (Jens, Mann 32); einen Blinden über die Straße g.; er geleitete den Gast zur Tür.

Ge|leit|schutz, der: *[militär.] Schutz durch Begleitung:* Handelsschiffen G. geben; sie lassen sich im G. nach Hause bringen.

Ge|leit|wort, das ‹Pl. -e›: *einer Veröffentlichung zum Geleit vorangestellte Vorbemerkung, Würdigung:* mit einem G. von Professor X.

Ge|leit|zug, der (Milit.): *Konvoi aus Handelsschiffen u. zur Sicherung mitfahrenden Kriegsschiffen.*

ge|lenk ‹Adj.› [mhd. gelenke] (veraltet): *gelenkig, geschmeidig:* Er (= der Rehbock) wandte den -en Hals neugierig herum (Hauptmann, Thiel 46); ◆ die -en Glieder, sie versagen allen Dienst (Goethe, Der Gott u. die Bajadere).

Ge|lenk, das; -[e]s, -e [mhd. gelenke = Taille, zu mhd. lanke, ahd. (h)lanka = Hüfte, Lende, Weiche, eigtl. = Biegung am Körper, biegsamer Teil]: **a)** (Anat.) *bewegliche Verbindung zwischen Knochen:* ein schwaches G.; im Alter bekommt man steife -e; Hände mit langen Fingern und knotigen -en legten die Blockflöte ... in das ... Futteral (Plievier, Stalingrad 283); es knackt in den -en; in den -en einknicken; **b)** (Bot.) *polsterförmige Verdickung an Blattstielen od. Stängeln, die eine hebende od. senkende Bewegung des Blattes od. eines Teils des Stängels ermöglicht;* **c)** (Technik) *bewegliche Verbindung zwischen Maschinenteilen od. Teilen eines technischen Gerätes, einer technischen Vorrichtung:* ein G. ölen; legte ... Tempo vor, dass der Karren in allen -en ächzte (Kirst, 08/15, 355); Darüber hinaus sollten nicht nur die Fahrer von Honda-Maschinen ... prüfen ..., ob das G. dieses Ständers gefettet ... ist (ADAC-Motorwelt 11, 1986, 8).

Ge|lenk|band, das ‹Pl. ...bänder›: *Scharnierband.*

Ge|lenk|em|py|em, das: *Gelenkentzündung, bei der sich Eiter im Gelenk* (a) *ansammelt.*

Ge|lenk|ent|zün|dung, die (Med.): *Arthritis.*

Ge|lenk|er|satz, der: *Arthroplastik.*

Ge|lenk|fahr|zeug, das: *Fahrzeug, das aus zwei od. mehreren Teilfahrzeugen besteht, die durch ein bewegliches Gelenk* (c) *miteinander verbunden sind, sodass man von einem zum andern durchgehen kann* (z. B. Großraumwagen bei der Straßenbahn): bei Kraftomnibussen, die als -e ausgebildet sind (Straßenverkehrsrecht, StVZO 151).

Ge|lenk|gicht, die: *Gicht.*

◆ **Ge|lenk|heit,** die; -: *Gelenkigkeit:* diese Kraftäußerung ..., die uns mit der frischesten Kindheit in Berührung setzt, den Jüngling seiner G. ganz zu genießen aufruft (Goethe, Dichtung u. Wahrheit 12).

ge|len|kig ‹Adj.›: **a)** *von besonderer Beweglichkeit in den Gelenken* (a); *leicht beweglich u. wendig:* ein -er Sportler; Seine schmalen Hüften wurden -er, Brust und Schulter breiter (Feuchtwanger, Erfolg 317); er sprang g. über den Zaun; Er kletterte, -er als von ihm selbst vermutet, zur anderen Uferseite (Kronauer, Bogenschütze 264); **b)** (Fachspr.) *durch ein Gelenk* (c), *durch Gelenke beweglich:* eine -e Verbindung; da ja die Kolbenstange oben g. mit dem Wagenkörper verbunden ist (auto 6, 1965, 32).

Ge|len|kig|keit, die; -: *Biegsamkeit, Beweglichkeit des Körpers in den Gelenken* (a).

Ge|lenk|kap|sel, die (Anat.): *Kapsel eines Gelenks* (a).

Ge|lenk|knor|pel, der (Anat.): *knorpeliger Überzug am Ende eines Gelenks* (a).

Ge|lenk|kopf, der (Anat.): *abgerundetes Ende eines Knochens, das in die Gelenkpfanne eingreift u. mit dieser ein Gelenk* (a) *bildet.*

Ge|lenk|kör|per, der: *Gelenkmaus.*

Ge|lenk|krank|heit, die: *Arthropathie.*

Ge|lenk|ku|gel, die (Anat.): *Gelenkkopf.*

Ge|lenk|maus, die [zu ↑Maus (3 b)] (Med.): *(bei Erkrankungen der Gelenke auftretendes) aus Bindegewebe, Knorpel- od. Knochensubstanz bestehendes, völlig frei bewegliches kleines Gebilde im Innern eines Gelenks, das bei Bewegung u. Belastung Schmerzen, Reiben o. Ä. verursacht.*

Ge|lenk|obus, Ge|lenk|om|ni|bus, der: vgl. Gelenkfahrzeug.

Ge|lenk|pfan|ne, die (Anat.): *muldenförmiger Teil eines Knochens, in den der Gelenkkopf eines anderen Knochens eingreift.*

Ge|lenk|plas|tik, die (Med.): *Arthroplastik.*

Ge|lenk|pup|pe, die: *Gliederpuppe.*

Ge|lenk|rheu|ma|tis|mus, der (Med.): *schmerzhafte, meist mit Fieber verbundene rheumatische Erkrankung der Gelenke* (a).

Ge|lenk|schmerz, der (Med.): *Schmerz im Gelenk* (a); *Arthralgie.*

Ge|lenk|schmie|re, die (Anat.): *von der Innenhaut der Gelenkkapsel abgesonderte Flüssigkeit, die das Gelenk* (a) *geschmeidig erhalten u. die Reibung mildern soll.*

Ge|lenks|em|py|em (österr.): ↑Gelenkempyem.
Ge|lenks|ent|zün|dung (österr.): ↑Gelenkentzündung.
Ge|lenks|er|satz (österr.): ↑Gelenkersatz.
Ge|lenks|kap|sel (österr.): ↑Gelenkkapsel.
Ge|lenks|knor|pel (österr.): ↑Gelenkknorpel.
Ge|lenks|kopf (österr.): ↑Gelenkkopf.
Ge|lenks|kör|per (österr.): ↑Gelenkkörper.
Ge|lenks|krank|heit (österr.): ↑Gelenkkrankheit.
Ge|lenks|ku|gel (österr.): ↑Gelenkkugel.
Ge|lenks|maus (österr.): ↑Gelenkmaus.
Ge|lenks|pfan|ne (österr.): ↑Gelenkpfanne.
Ge|lenks|plas|tik (österr.): ↑Gelenkplastik.
Ge|lenks|rheu|ma|tis|mus (österr.): ↑Gelenkrheumatismus.
Ge|lenks|schmerz (österr.): ↑Gelenkschmerz.
Ge|lenks|schmie|re (österr.): ↑Gelenkschmiere.
Ge|lenk|stra|ßen|bahn, die: vgl. Gelenkfahrzeug.
Ge|lenks|ver|stei|fung (österr.): ↑Gelenkversteifung.
Ge|lenks|was|ser|sucht (österr.): ↑Gelenkwassersucht.
Ge|lenk|ver|stei|fung, die (Med.): *Steifwerden eines Gelenks* (a) *(durch Verletzung, Entzündung o. Ä.); Ankylose.*
Ge|lenk|wa|gen, der: vgl. Gelenkfahrzeug.
Ge|lenk|was|ser|sucht, die (Med.): *krankhafte Ansammlung von Flüssigkeit in einem Gelenk* (a).
Ge|lenk|wel|le, die (Technik): *mit [Kardan]gelenken an jedem Ende versehene Welle* (5) *zur Übertragung von Drehmomenten zwischen [versetzt angeordneten] Wellen, z. B. bei Kraftfahrzeugen.*
Ge|lenk|zug, der: *aus mehreren Gelenkwagen bestehender Zug* (1 a): Heimfahrt in den modernen und schnellen Gelenkzügen der Rhein-Haardt-Bahn (Werbeprospekt).
ge|lernt ‹Adj.› [adj. 2. Part. von ↑lernen in der älteren Bed. »lehren«]: *für ein bestimmtes Handwerk, einen Beruf vollständig ausgebildet:* sie ist -e Verkäuferin; eines weiß ich als -er Historiker (Wochenpresse 48, 1983, 43); Ü Der -e Marxist de Santis war so schlau ... (Hamburger Rundschau 23. 8. 84, 15); Als -er Auslandsösterreicher blickt man angewidert in einen Sumpf von ... (Wochenpresse 25. 4. 79, 14).
ge|le|sen: ↑[1, 2]lesen.
Ge|leucht, das; -[e]s, (älter:) **Ge|leuch|te,** das; -s [mhd. geliuhte = Licht, Glanz, zu ↑leuchten]: **1.** (geh.) *das Leuchten; Lichtschein von besonderer Art:* Dann ... fuhren wir mit der Straßenbahn zum Hafen. Überall das warme, flutende Geleucht (Kreuder, Gesellschaft 161). **2.** (Bergmannsspr.) *Licht* (2 a) *unter Tage* (z. B. Grubenlampe).
Ge|lich|ter, das; -s [mhd. gelihter = Sippe, Art, zu ahd. lehtar = Ort, wo das Kind liegt, Gebärmutter, zu ↑liegen; eigtl. = zur selben Mutter Gehörende, Geschwister] (abwertend): *[heruntergekommene] Menschen, die dunklen Geschäften nachgehen od. auf Verbrechen ausgehen; Gesindel:* Zuhälter, Diebe u. anderes G. trieben sich in den Straßen herum; dienten nicht gerade Laubenkolonien allem G. als Zufluchtsort? (Kant, Impressum 331).
◆ **ge|lie|ben** ‹sw. V.; hat› [mhd. gelieben = lieben; jmdm. etw. angenehm machen; belieben, ahd. geliuben = jmdm. gewogen sein]: *belieben:* Geliebt es dir, so magst du dich bereiten (Goethe, Geheimnisse 317 [urspr. Fassung]); ... eine Menge Zettel: »Der Herr Bruder wolle g.« oder »Dem Herrn Bruder zur gefälligen Unterweisung« gingen hin und wieder (Storm, Söhne 25).
ge|liebt: ↑lieben.
[1]**Ge|lieb|te,** der; -n, -n ‹Dekl. ↑Abgeordnete›: **1. a)** *Mann, mit dem eine verheiratete Frau außerhalb ihrer Ehe eine sexuelle Beziehung hat:* der eifersüchtige Ehemann erschoss den -n seiner Frau; einen -n haben; **b)** *Mann, mit dem eine Frau, ein anderer Mann eine sexuelle Beziehung hat:* Im Gegensatz zu den Figuren aus Romanen und Erzählungen war Jahnns früher -r und langjähriger Freund ... alles andere als ein Naturbursche (Forum Homosexualität u. Literatur 8, 1989, 36 [Zeitschrift]). **2.** (geh. veraltet; als Anrede) *geliebte männliche Person:* -r, hörst du mich?
[2]**Ge|lieb|te,** die; -n, -n ‹Dekl. ↑Abgeordnete›: **1. a)** *Frau, mit der ein verheirateter Mann außerhalb seiner Ehe eine sexuelle Beziehung hat:* nach der Scheidung hat er seine langjährige G. geheiratet; **b)** *Frau, mit der ein Mann, eine andere Frau eine sexuelle Beziehung hat:* er wohnt mit seiner -n zusammen; Mit diesen Worten richtete die junge Frau ihre Pistole auf ihre G. (MM 6. 11. 85, 13); Ü In Honolulu kannte ich einmal einen Kapitän, der ... eine einzige G. hatte: die Astronomie (Frisch, Cruz 85). **2.** (geh. veraltet; als Anrede) *geliebte weibliche Person:* komm nahe zu mir, G. (Remarque, Triomphe 203).
ge|lie|fert: in der Verbindung **g. sein** (salopp; *aufgrund einer Sache verloren, ruiniert sein;* urspr. = dem Gericht überliefert): Sie haben dich! ... Jetzt bist du g. (Fallada, Jeder 296); Jeden Moment konnte ein Blitz in unsere Gruppe fahren, dann waren wir g. (Eidenschink, Fels 100); Ohne eine Knarre ist man heutzutage einfach g. (Fels, Sünden 106).
ge|lie|hen: ↑leihen.
ge|lie|ren [ʒe..., auch: ʒə...] ‹sw. V.; hat› [frz. geler = zum Gefrieren bringen; gefrieren; steif werden < lat. gelare = gefrieren machen, zum Erstarren bringen]: *zu einer halbfesten Masse, zu Gelee werden:* Beeren gelieren besonders gut; der Bratensaft hat sofort geliert; So lange kalt stellen, bis die Creme zu g. beginnt (e&t 6, 1987, 130).
Ge|lier|mit|tel, das (Kochk.): *Zusatz, der das Gelieren einer Flüssigkeit ermöglicht od. fördert* (z. B. Gelatine).
Ge|lier|zu|cker, der: *mit einem Geliermittel versetzter Zucker.*
Ge|li|frak|ti|on, die [zu lat. gelu = Frost u. fractio, ↑Fraktion] (Geol.): *Frostverwitterung.*
ge|lind, ge|lin|de ‹Adj.; gelinder, gelindeste› [mhd. gelinde, zu ↑lind]: **1.** (geh. veraltend) **a)** *mild, nicht rau:* gelindes Klima; jener begünstigte Landstrich, ... gelinde und ohne Schroffheit (Th. Mann, Krull 10); **b)** *von geringer Intensität; schwach, nicht stark:* ein gelinder Regen, Schmerz; etw. bei gelindem Feuer braten; ... dass es den Lehrern fortan erlaubt sein solle, geringe Verstöße gegen die Schulordnung und Disziplin durch gelinde Ohrfeigen auf der Stelle zu ahnden (Augsburger Allgemeine 6./7. 5. 78, IV); die Speisen sind gelind[e] gewürzt; **c)** *mild, nicht streng, nicht hart:* mit einer gelinden Strafe davonkommen; aus der Sowjetunion dürfte Ghadhafi mehr oder minder gelinde Ermahnungen zu hören bekommen haben (NZZ 29. 8. 86, 3); **d)** *schonend, vorsichtig:* wusch sie meine Füße ..., trocknete sie gelinde ab (Fallada, Trinker 31). **2.** ‹nur: gelinde› (in Verbindung mit einem Verb des Sagens od. einem entsprechenden Subst.) *abschwächend, schonend, vorsichtig [ausgedrückt], obgleich eigentlich ein stärkerer, weniger beschönigender Ausdruck angebracht wäre:* »Frechheit« ist nur ein gelinder Ausdruck für solch ein Benehmen; das Wort »Unverschämtheit« ist noch sehr gelinde dafür; das war, g. gesagt, nicht gerade rücksichtsvoll von ihr; Was sich da gestern im Stadtverbandstag in Sachen Schloss tat, war – gelinde ausgedrückt – eine Sensation (Saarbr. Zeitung 30. 11. 79, 17). **3.** (ugs.) *aufgrund von Gemütsbewegungen nicht zu unterdrücken, nicht gering:* gelinde Schadenfreude; ein gelinder Schauer lief ihm den Rücken hinunter; da packte sie gelinde Wut. ◆ **4.** *nur schwach geneigt, nur leicht ansteigend od. abfallend, nicht steil, nicht schroff* (1): ein großes Portal und eine breite, gelinde Treppe (Goethe, Italien. Reise 12. 3. 1787, abends [Neapel]).
ge|lin|gen ‹st. V.; ist› [mhd. (ge)lingen, ahd. gilingan, urspr. = leicht od. schnell vonstatten gehen, verw. mit ↑leicht]: *durch jmds. Planung od. Bemühung mit Erfolg zustande kommen:* das Werk gelingt; es muss g., das Feuer einzudämmen; es gelang mir nicht, ihn zum Mitkommen zu überreden; Für die meisten Zeitgenossen war seine Nationalspielerkarriere damit beendet, doch Fischer gelang ein Come-back (Kicker 82, 1981, 15); Den Bombenwerfern gelang ... das Eindringen in den Saal (Basler Zeitung 12. 5. 84, 16); die Überraschung ist [dir] vollauf gelungen; der Kuchen ist mir gut, schlecht, nicht gelungen; die Arbeit ist dir schlecht gelungen; ‹häufig im 2. Part.:› eine gelungene *(geglückte)* Überraschung; In der Stadtmitte sieht man manches niedrige, architektonisch gelungene neue Haus (NZZ 29. 8. 86, 5); die Aufführung war sehr gelungen.

Ge|lin|gen, das; -s: *Erfolg:* auf ein gutes G.

Ge|lis|pel, das; -s (veraltet abwertend): *[dauerndes] Lispeln [u. Flüstern].*

ge|lis|pelt: ↑lispeln.

ge|lit|ten: ↑leiden.

¹gell ⟨Adj.⟩ [zu ↑gellen] (geh.): *laut, schrill, gellend:* -es Geschrei; das Lachen wurde immer -er; ⟨subst.:⟩ in die Augen springt das Gelle, das Grelle, das Laute (Tucholsky, Werke II, 280).

²gell ⟨Interj.⟩ (südd.): *²gelt:* wie ich vorher schon gesagt hab', wie's Nutten gibt, muss es auch Strichjungen geb'n, g.? (Schmidt, Strichjungengespräche 236); Nur einmal sagte sie flüsternd: »Aufpassen, g.« (Sommer, Und keiner 221); So haben Sie keine weiteren Mühen und können schnell wieder über Ihre Zeit verfügen, g. (Prodöhl, Tod 24).

gel|le ⟨Interj.⟩ (md.): *²gelt.*

gel|len ⟨sw. V.; hat⟩ [mhd. gellen, ahd. gellan, eigtl. = rufen, schreien]: **a)** *hell u. durchdringend schallen:* ein Pfiff gellte durch die Nacht; seine Stimme gellte mir in den Ohren; Landsknechtstrommeln dröhnten, Fanfaren gellten (Loest, Pistole 37); Ich fahre doch auf keinem Schiff, aus dem Todesschreie gellen! (Konsalik, Promenadendeck 44); gellende Hilferufe; ◆ Und stünd' die Hochzeit ... vor mir, wie noch der Krug auf dem Gesimse gestern, so fasst' ich sie beim Griff ... und schlüg' sie gellend *(klappernd, klirrend)* ihm am Kopf entzwei (Kleist, Krug 6); **b)** *durch den Schall erschüttert werden u. nachhallen:* sie schrie, dass das ganze Haus gellte; ihm gellten die Ohren von all dem Lärm.

ge|lo|ben ⟨sw. V.; hat⟩ [mhd. geloben, ahd. gilobōn, zu ↑loben] (geh.): **a)** *feierlich versprechen:* Gehorsam, Besserung g.; du willst Armut g.? (Langgässer, Siegel 113); sich [gegenseitig]/(geh.:) einander Treue g.; Philipp II. hatte während der Belagerung von St. Quentin dem Heiligen ein Kloster gelobt (Bamm, Weltlaterne 139); er gelobte, sie nie zu verlassen; **b)** ⟨g. + sich⟩ *sich etw. fest vornehmen:* ich habe mir gelobt, ein anderer Mensch zu werden.

Ge|löb|nis, das; -ses, -se: **1.** (geh.) *feierliches Versprechen:* ein G. ablegen. **2.** *Gelöbnis* (1) *von Rekruten, mit dem sie ein Bekenntnis zu ihren Pflichten ablegen.*

Ge|löb|nis|fei|er, die: *Akt* (1 b) *anlässlich eines feierlichen Gelöbnisses* (2): eine öffentliche G.

Ge|lock, das; -[e]s [Kollektivbildung zu ↑Locke] (geh.): *lockiges Haar; Locken:* Über ihre Stirn fiel ein bisschen krauses G. (Hausmann, Abel 139); dann griff sie mit zwei spitzen Kinderfingerchen in das G., das ich nun einmal auf der Brust trage (Muschg, Sommer 267).

Ge|lo|der, das; -s: *helles Lodern:* die Birken ... vor dem rotgoldenen G. ihres sich färbenden Laubes (Remarque, Westen 134).

ge|lo|gen: ↑lügen.

Ge|lo|lep|sie, die; -, -n [zu griech. gelãn = lachen u. lẽpsis = Anfall (1), eigtl. = das Annehmen, Empfangen, geb. nach ↑Epilepsie], **Ge|lo|ple|gie,** die; -, -n [zu griech. plegḗ = Stoß, Schlag] (Med.): *mit Bewusstlosigkeit verbundenes plötzliches Hinstürzen bei Affekterregungen, bes. beim Lachen.*

ge|löst ⟨Adj.⟩: *[nach einem Zustand innerer Anspannung] frei von Sorge, Belastung:* eine -e Stimmung; Unmöglich fast, sich vorzustellen, dass ein derartig -er und selbstbewusster Mann vor der Polizei etwas zu verbergen haben könnte (Bastian, Brut 51); So wortkarg und konzentriert er im Operationsraum war, so g. und unbeschwert konnte er sein, wenn ... (Apitz, Wölfe 68); sie wirkte g.

Ge|löst|heit, die; -: *das Gelöstsein:* diese Botschaft mag vielleicht für einen Augenblick noch einmal jenen Ausdruck innerer G. auf seine Züge zaubern (Kasack, Birkenwäldchen 60).

Gel|se, die; -, -n [zu veraltet gelsen = summen, zu ↑gellen] (österr.): *Stechmücke:* Am Abend bleiben sie gleich im Garten eines Wirtshauses ..., bis die ersten -n einfliegen (Zenker, Froschfest 159).

Gel|sen|kir|chen: Stadt im Ruhrgebiet.

¹Gel|sen|kir|che|ner, der; -s, -: Ew.

²Gel|sen|kir|che|ner ⟨indekl. Adj.⟩: ***G. Barock** (salopp scherzh.; *Möbelstil, der durch neu gefertigte, schwer wirkende Möbel, bes. Schrankwände mit überladenen barocken Verzierungen, Schnitzereien gekennzeichnet ist;* wohl urspr. spött. Bez. für den Baustil der Stadt Gelsenkirchen in der 1. Hälfte des 19. Jh.s, der sich von dem der umliegenden Industriestädte deutlich abhob, dann übertr. auf die seit den 30er-Jahren des 20. Jh.s mit steigendem Wohlstand der Arbeiter im Ruhrgebiet immer pompöser werdenden Möbel).

Gel|sen|kir|che|ne|rin, die; -, -nen: w. Form zu ↑¹Gelsenkirchener.

¹gelt ⟨Adj.⟩ [mhd., ahd. galt, eigtl. 2. Part. zu ahd. galan = singen, zaubern, behexen; unfruchtbares Vieh galt nach dem Volksglauben als behext] (Jägerspr., Landw.): *(von Tieren) [vorübergehend] unfruchtbar:* eine -e Geiß; das Tier ist in diesem Jahr g.

²gelt ⟨Interj.⟩ [eigtl. = es möge gelten, zu ↑gelten] (südd., österr. ugs.): *nicht wahr?:* da staunst du, g.?

Gel|te, die; -, -n [mhd. gelte, ahd. gellita = Gefäß für Flüssigkeiten < mlat. galeta < lat. calathus < griech. kálathos = Körbchen, Trinkschale]: **a)** (landsch.) *Waschgefäß, Bottich;* **b)** (südd.) *Melkeimer.*

gel|ten ⟨st. V.; hat⟩ [mhd. gelten = zurückzahlen, entschädigen; für etw. büßen; Einkünfte bringen; kosten, wert sein, ahd. geltan = zurückzahlen, zurückerstatten; opfern, urspr. = entrichten; erstatten (bez. auf den heidnischen Opferdienst u. auf die Zahlung von Bußen u. Abgaben)]: **1.** *gültig sein; Gültigkeit haben:* die Fahrkarte gilt zwei Monate; diese Briefmarken gelten nicht mehr; das Gesetz gilt für alle; die Wette gilt; das gilt nicht! (im Spiel: *das widerspricht den Regeln*); nach geltendem Recht; Das Buch unterrichtet über die Grundlagen und den Bestand des geltenden Verfassungsrechts (NJW 18, 1984, XI); ***etw., jmdn. [nicht] g. lassen** *(etw., jmdn. [nicht] anerkennen):* diesen Einwand lasse ich [nicht] g.; die Bereitschaft, uns gerade auch in unserm Fremden und Schwierigen wechselseitig g. zu lassen (Goes, Hagar 13). **2.** *etw. [Bestimmtes] wert sein:* diese Münze gilt nicht viel; das Geld gilt immer weniger; Es wurde solid gearbeitet und sparsam gewirtschaftet, der Pfennig galt als etwas (Loest, Pistole 39); Der emeritierte Professor verschwindet, sofern er keine Ehrenämter mehr hat oder als Schriftsteller etwas gilt, aus den Einladungslisten (Gregor-Dellin, Traumbuch 68); es gilt ihm gleich, ob ... **3.** *bei einer Beurteilung in bestimmter Weise eingeschätzt werden:* als klug, als überzeugte Sozialistin g.; ein Mann, der allgemein als Antisemit galt (Kemelman [Übers.], Dienstag 166); der junge Elektriker ... hatte bis kurz vorher als ruhig und vernünftig gegolten (Kronauer, Bogenschütze 147); Über Rom wurde die Trauer verhängt. Jedes Geräusch ... galt als Verletzung der befohlenen Stille (Ransmayr, Welt 134); das gilt als sicher; sie könnte für schön g., wenn ... (Werfel, Bernadette 21); das galt ihm für ausgemacht. **4. a)** *als Handlung, Geschehen auf jmdn., etw. gerichtet sein:* der Beifall galt den Schauspielern; das gilt dir; Einschläge von Bomben, die ... der Brücke gegolten hatten (Gaiser, Schlußball 209); **b)** (geh.) *(von jmds. Gedanken o. Ä.) sich mit etw. beschäftigen, sich auf etw., jmdn. beziehen:* mein Interesse gilt diesem Problem; Dem Tod gelten seine Gedanken, gilt sein Kampf (Schneider, Leiden 61); sein letzter Gedanke hatte seiner Frau gegolten (Plievier, Stalingrad 91); Dem bewährten Mann an der Spitze ... galt wieder das Vertrauen (Allgemeine Zeitung 21. 12. 84, 14). **5.** ⟨unpers.⟩ **a)** *auf etw. ankommen:* es gilt, sich zu entscheiden; es gilt einen Versuch *(kommt auf einen Versuch an);* dieses Ziel gilt es zu erreichen *(dieses Ziel muss erreicht werden);* **b)** (geh.) *um etw. gehen, was in Gefahr ist:* es gilt seine Ehre; bei dem Kampf galt es Sieg oder Niederlage; er läuft, als gelte es sein Leben; Er beeilte sich, als gälte es, den letzten Zug nach Haus zu erwischen (Wohmann, Irrgast 178).

gel|tend: in den Verbindungen **etw. g. machen** *(auf berechtigte Ansprüche o. Ä. hinweisen u. sie durchsetzen wollen):* seine Wünsche, Forderungen g. machen; **sich g. machen** *(sich auswirken, bemerkbar machen):* die Missstimmung hat sich in Unruhen g. gemacht; Der Einfluss des Staatsoberhaupts macht sich nur g., wenn keine politische Partei eine Mehrheit im Parlament besitzt (Fraenkel, Staat 239).

Gel|tend|ma|chung, die; - (Papierdt.): *das Geltendmachen:* Übereinkommen über die G. von Unterhaltsansprüchen im Ausland (Börsenblatt 83, 1960, 4824).

◆ **Gelts|tag,** der; -[e]s, -e [zu Gelt = Schuld, zu leistende Zahlung, ältere Form von ↑Geld, eigtl. = Tag, an dem die Gläubiger zusammenkommen, um ihre Forderungen an einen Zahlungsunfähigen auf dem Wege der Versteigerung einzutreiben]: (schweiz.) *Konkurs, Bankrott:* Eine ungeheure Schuldenlast kam an den Tag, der G. brach aus, verzehrte alles (Gotthelf, Elsi 121); er hat G. gemacht und muss jetzt betteln gehen (Gotthelf, Elsi 133).

Gelt|tier, das; -[e]s, -e [zu ↑[1]gelt] (Jägerspr.): *weibliches Wild, das [in einem Jahr] keine Jungen gehabt hat.*

Gel|tung, die; -: **1.** *das Gelten* (1), *Gültigkeit:* die G. der Naturgesetze; die Bestimmung hat für die Fälle G. *(gilt für die Fälle),* bei denen ...; Ich möchte es aber dahingestellt sein lassen, ob diese an Haushuhn und Stockente beobachteten Verhaltensweisen für andere Vögel ... G. haben (Lorenz, Verhalten I, 203); in G. sein, bleiben *(gültig sein, bleiben);* Der Triumphbogen steht noch, der Code Napoléon ist nach wie vor in G. (Sieburg Blick 53). **2.** *Wirkung, Wirksamkeit:* der Künstler mit seinem Drang nach G.; eine Frau von G.; ***jmdm., sich, einer Sache G. verschaffen** *(dafür sorgen, dass jmd., etw. respektiert wird):* bestrebt, Korruption und Günstlingswirtschaft zu beseitigen, um an ihrer Stelle dem Recht wieder G. zu verschaffen (Thieß, Reich 395); **an G. verlieren** *(weniger beachtet, bedeutungslos werden);* **zur G. bringen** *(vorteilhaft wirken lassen):* Den Jünglingen folgten, auch in Trikots, junge Mädchen, sie lächelten und brachten alles, was an ihnen rund war, angestrengt zur G. (Erich Kästner, Fabian 115); **zur G. kommen** *(durch etw. vorteilhaft wirken):* in dieser Beleuchtung kommt das Bild sehr gut zur G.

Gel|tungs|be|dürf|nis, das ⟨o. Pl.⟩: *Bedürfnis, angesehen zu sein u. bei anderen etwas zu gelten:* Spitzenstars sind überempfindlich und haben ein übersteigertes G. (Hörzu 35, 1974, 10).

gel|tungs|be|dürf|tig ⟨Adj.⟩: *Geltungsbedürfnis habend:* wie -e und selbstherrliche Funktionäre den Sport zu allein ihrer Sache machen (Saarbr. Zeitung 12./13. 7. 80, II).

Gel|tungs|be|reich, der: *Bereich, in dem, für den etw. gilt.*

Gel|tungs|dau|er, die: *Zeitraum der Gültigkeit:* ein Mietvertrag mit fünfjähriger G.

Gel|tungs|drang, der: *Geltungsbedürfnis.*

Gel|tungs|stre|ben, das; -s: *Geltungsbedürfnis.*

Gel|tungs|sucht, die ⟨o. Pl.⟩: *allzu starkes, krankhaftes Geltungsbedürfnis.*

gel|tungs|süch|tig ⟨Adj.⟩: *von Geltungssucht erfüllt.*

Gel|tungs|trieb, der: *Trieb, etw. zu gelten, sich Geltung zu verschaffen.*

Gel|tungs|wil|le, der: *Wille, als wichtig u. bedeutend angesehen zu werden:* den -n seines Landes durch repräsentative Anlagen und Gebäude auszudrücken (Sieburg, Paris 22).

Gelt|vieh, das; -s (landsch.): *Galtvieh.*

Ge|lüb|de, das; -s, - [mhd. gelüb(e)de, ahd. gilubida, zu ↑geloben] (geh.): *feierliches [vor Gott abgelegtes] Versprechen:* ein stilles, heiliges G.; Jener Geist war vor hundert Jahren eine Dame des Hofes und soll, obwohl ein religiöses G. es ihr verbot, einen Tenor geliebt haben (H. Mann, Stadt 78); das G. der Armut, der Keuschheit; Einmal hatte sie ein G. zur hl. Apollonia getan (Andres, Die Vermummten 14); Sie tat im Stillen ein G. Zenaide sollte zu Weihnachten ein Telefon erhalten (A. Kolb, Daphne 8); sein G. erfüllen, halten, verletzen, brechen; die ewigen G. (kath. Kirche; *die Ordensgelübde*) ablegen; an, durch ein G. gebunden sein; die Nonne wurde von ihrem G. befreit.

Ge|lump, das; -[e]s, **Ge|lum|pe,** das; -s [Kollektivbildung zu ↑Lump, Lumpen]: **1.** (ugs. abwertend) *[herumliegende od. -stehende] wertlose, alte, überflüssige Sachen; Plunder:* Während Bichler den Rucksack und das andere Gelumpe mit viel sagendem Grinsen im Auto verstaute (Werfel, Himmel 81); Möbel, Kleider, Schmuck ... Es hing an all dem ausgedienten Gelump noch der Geruch des kleinen Lebens, von dem es ein Teil gewesen war (Feuchtwanger, Erfolg 774). **2.** (abwertend) *bestimmte Gruppe von Menschen, die abgelehnt oder verachtet wird;* [2]*Pack, Gesindel:* die Fabrikanten und die Schwerverdiener und dieses Gelumpe (Bieler, Bonifaz 88).

Ge|lün|ge, das; -s [Kollektivbildung zu ↑Lunge] (Jägerspr.): [2]*Geräusch.*

ge|lun|gen: 1. ↑gelingen. **2.** ⟨Adj.⟩ (landsch.) *durch eine komische, originelle Art belustigend; ulkig, drollig, zum Lachen:* das ist eine -e Idee; das finde ich g., dass wir uns ausgerechnet hier wieder getroffen haben; du siehst in deinem Faschingskostüm einfach g. aus.

◆ **Ge|lust,** der; -[e]s, -e u. Gelüste: *Gelüst[e]:* er kann mit dem Talisman seiner Größe jeden G. meines Herzens ... aus der Erde rufen (Schiller, Kabale II, 1).

Ge|lüst, das; -[e]s, -e, **Ge|lüs|te,** das; -s, - [mhd. gelüste, geluste, ahd. gilusti, zu ↑gelüsten] (geh.): *sich plötzlich in jmdm. regendes Verlangen nach bestimmten sinnlichen, bes. leiblichen Genüssen:* ein seltsames G.; sexuelle Gelüste; das G. der Schwangeren nach Gurken; ein G. spüren; ein G. haben, etw. zu tun; ein G. auf etw. haben; Mit einem richtigen Muskelkater vergehen dir die Gelüste auf süße Kätzchen ganz von selbst (Fels, Sünden 71); Ü Jedes revolutionäre Gelüste lag ihnen fern (Niekisch, Leben 89).

ge|lüs|ten ⟨sw. V.; hat; unpers.⟩ [mhd. gelüsten, ahd. gilusten, zu ↑Lust] (geh.): *jmdn. ein Gelüst, Lust verspüren lassen:* mich gelüstet [es] nach frischem Obst; wem es nach Unterhaltung gelüstet, der steigt seitwärts nach Timmendorfer Strand ab (Danella, Hotel 197); es gelüstete ihn, heftig zu widersprechen; Geht eine Frau über den Markt und sieht einen Jüngling, nach dem es sie gelüstet, so legt sie sich zu ihm (Th. Mann, Joseph 97).

Ge|lüs|ten, das; -s (veraltet): *Gelüst:* ◆ Es kommt mir wahrlich das G., ... mich als Dozent noch einmal zu erbrüsten (Goethe, Faust II, 6586 ff.); G. trug er nach verbotner Frucht (Schiller, Tell I, 4).

ge|lüs|tig ⟨Adj.⟩ (landsch. od. geh.): *begierig, von Gier, Lust erfüllt:* mit -en Blicken; sie ist g. auf Eis; die Herren, die schon das nächste Weltgemetzel g. vorbereiteten (Kantorowicz, Tagebuch I, 540).

Gel|ze, die; -, -n [mhd. gelze, ahd. gelza; vgl. anord. gelda = kastrieren] (landsch.): *verschnittene Sau.*

gel|zen ⟨sw. V.; hat⟩ (landsch.): *(ein Schwein) verschneiden.*

GEMA, die; -: = **Ge**sellschaft für **m**usikalische **A**ufführungen u. mechanische Vervielfältigungsrechte.

ge|mach ⟨Adv.⟩ [mhd. gemach = bequem, ruhig, langsam, ahd. gimah = passend, geeignet, bequem, zu ↑machen] (altertümelnd): *langsam, nichts überstürzen!* (als Ausruf): nur g.!; g., g.!; Gemach! versetzte der jüngere Hakim ... Unser Herr hat auch meine Meinung ... zu hören verlangt (Jacob, Kaffee 30).

Ge|mach, das; -[e]s, Gemächer, veraltet: -e [mhd. gemach, ahd. gimah, urspr. = Bequemlichkeit]: **1.** (geh.) *Zimmer, [vornehmer] Wohnraum:* ein fürstliches G.; die Gemächer der Königin; Bis zum 15. Jahrhundert war ein zum Schlafen abgetrenntes G. ein Vorrecht der Könige (Dunkell, Körpersprache 22); die Augen der Mutter starrten ... in das dürftige G. und auf die alte geblümte Tapete (Thieß, Legende 36); sich in seine Gemächer zurückziehen (scherzh.; *[schlafen gehen u.] nicht mehr zu sprechen sein*). ◆ **2.** *Bequemlichkeit; Ruhe u. Pflege:* Wir geben dem Wanderer Rast ... Wer er auch sei ..., drei Tage hat er G. (Freytag, Ahnen 8).

ge|mäch|lich [gəˈmɛ(ː)çlɪç] ⟨Adj.⟩ [mhd. gemechlich, ahd. gimahlīh]: **a)** *sich Zeit lassend; langsam u. ohne Hast:* -en Schrittes daherkommen; sein Tempo war g.; g. am Fluss entlangschlendern; er möge schließlich um Gottes willen langsam hantieren, g. und langsam, wie es sich für einen Handwerker gehöre (Süskind, Parfum 118); Dean Hanbury strickte g. vor sich hin (Kemelman [Übers.], Dienstag 128); **b)** *durch ruhige Behaglichkeit gekennzeichnet:* ein -es Leben führen; Leutnant Asch blieb g. sitzen (Kirst, 08/15, 779).

Ge|mäch|lich|keit, die; -: *gemächliche Art.*

ge|mach|sam ⟨Adj.⟩ (geh. veraltend): *gemächlich* (a): Herr Ruy ritt mit dem Buben oft vom Wege in die Tiefen des Waldes, während die Knechte g. ... weiterzogen (Doderer, Abenteuer 15).

ge|macht: ↑machen.

[1]**Ge|mächt,** das; -[e]s, -e, [1]**Ge|mäch|te,** das; -s, - [mhd. gemaht (Pl. gemehte), ahd. gimaht(i), zu Macht in der veralteten Bed. »Zeugungskraft (des Mannes)«] (veraltet, noch scherzh.): *männliche Geschlechtsteile:* de Angeli stolziert von Deck zu Deck ... im knappsten Badehöschen, das es für Männer gibt, und führt den Damen sein Gemächt vor (Konsalik, Promenadendeck 422); Sie starrt ganz schön auf mein Gemächte, wenn sie mir das Bett richtet (Strittmatter, Wundertäter 214).

[2]**Ge|mächt,** das; -[e]s, -e, [2]**Ge|mäch|te,**

das; -s, - [mhd. gemeht(e), gemachede, ahd. gimahhida, zu ↑machen] (veraltet): **a)** *Geschöpf:* der Mensch ... ein hinfälliges Gemächte (Thielicke, Ich glaube 179); **b)** (abwertend) *Gemachtes, Machwerk:* ein miserables G.

[1]**Ge|mahl,** der; -s, -e ⟨Pl. selten⟩ [mhd. gemahel(e), ahd. gimahalo, urspr. = Bräutigam, zu mhd. gemahelen, ahd. gimahalen = zusammensprechen, verloben, zu mhd. mahel, ahd. mahal = Versammlung(sort), Gericht(sstätte), (Ehe)vertrag (urspr. = Zusammenkunft, Treffen)] (geh.): *Ehemann, Gatte* (wird gewöhnlich auf den Ehemann einer anderen Frau bezogen und schließt einen höheren gesellschaftlichen Status ein): der G. der Herzogin; (wird im Gespräch aus Höflichkeit oft in Verbindung mit vorangestelltem Herr gebraucht:) bitte grüßen Sie Ihren Herrn G.!; Liebe gnädige Frau, würden Sie und Ihr Herr G. uns die Freude bereiten (Horn, Gäste 12); (iron.:) Der feine Herr G. war inzwischen herumgestrolcht (Döblin, Märchen 62).

[2]**Ge|mahl,** das; -[e]s, -e ⟨Pl. selten⟩ (veraltet, dichter.): *Braut, Ehefrau:* »Lieber Freund«, sagte er dann, »ich hatte nie liebere Gäste als dein schönes G. und dich ...« (Hagelstange, Spielball 295); Dies ist Adelheid von Burgund, die ich soeben aus Liebe zu meinem ehelichen G. erhoben (Hacks, Stücke 14).

ge|mah|len: ↑mahlen.

Ge|mah|lin, die; -, -nen [im 15. Jh. für mhd. gemahele, ahd. gimahila = Braut; Ehefrau] (geh.): w. Form zu ↑[1]Gemahl (wird gewöhnlich auf die Ehefrau eines anderen Mannes bezogen und schließt einen höheren sozialen Status ein): die G. des Erzherzogs; (iron.:) Vor der Tür fand er die liebe G. mit den sieben Jöhren (Döblin, Märchen 62); (wird im Gespräch aus Höflichkeit oft mit vorangestelltem Frau gebraucht:) empfehlen Sie mich bitte Ihrer Frau G.

ge|mah|nen ⟨sw. V.; hat⟩ [mhd. gemanen, ahd. gimanōn, zu ↑mahnen]: **a)** (geh.) *jmdm. jmdn., etw. eindringlich ins Gedächtnis rufen:* der Ehrenfriedhof gemahnt [uns] an die Opfer des Krieges; Das Schicksal versäumte nicht, mich grausam an die Wahrheit von Thompsons Worten zu g. (Thorwald, Chirurgen 50); M. also hatte mich gemahnt, meinen Vater aufzufordern, er solle eine Skatrunde zusammenbringen (Gregor-Dellin, Traumbuch 143); **b)** *aufgrund seines Aussehens o. Ä. an einen bestimmten Gegenstand, eine bestimmte Person o. Ä. denken lassen; erinnern:* die Raumkapsel gemahnt an ein seltsames Meerestier; Es besteht aus ... an Schnee gemahnenden Nadeln (Jacob, Kaffee 26); An diesen Satz der romantischen Physik und Naturphilosophie ... fühlt man sich gemahnt und erinnert (Jacob, Kaffee 26).

Ge|mäh|re: ↑Gemäre.

Ge|mäl|de, das; -s, - [mhd. gemælde, ahd. gimālidi, eigtl. = Ge- od. Bemaltes, zu ↑malen]: *in Öl, Tempera o. Ä. gemaltes Bild:* ein altes, meisterhaftes, gut erhaltenes, zeitgenössisches G.; ein G. von Rubens; eine Ausstellung impressionistischer G.; Ü der Roman bringt ein breit ausgeführtes G. *(eine Sittenschilderung)* des bürgerlichen Lebens um die Jahrhundertwende; Nach dieser Abschweifung ... fahre ich fort, das G. meiner Jugend in großen Zügen zu entwerfen (Th. Mann, Krull 15).

Ge|mäl|de|aus|stel|lung, die: *Ausstellung von Gemälden eines Malers, einer bestimmten Epoche od. Thematik.*

Ge|mäl|de|ga|le|rie, die: **a)** *[öffentliche] Räumlichkeit, in der Gemälde ausgestellt werden;* **b)** *[private] Sammlung von Gemälden.*

Ge|mäl|de|kon|ser|va|tor, der: *Fachmann, der für die bestmögliche Erhaltung von Gemälden in ihren ursprünglichen Farben zu sorgen hat* (Berufsbez.).

Ge|mäl|de|kon|ser|va|to|rin, die: w. Form zu ↑Gemäldekonservator.

Ge|mäl|de|res|tau|ra|tor, der: *Künstler, der beschädigte od. verblasste Gemälde in ihren Farben auffrischt od. ergänzt* (Berufsbez.).

Ge|mäl|de|res|tau|ra|to|rin, die: w. Form zu ↑Gemälderestaurator.

Ge|mäl|de|samm|lung, die: *Sammlung von Gemälden.*

Ge|man|sche, das; -s (ugs. abwertend): *[dauerndes] Manschen; Manscherei.*

Ge|ma|ra, die; - [aram. = Vervollständigung; Erlerntes]: *aus Halacha u. Haggada bestehender Teil des Talmuds, in dem zumeist in Form von Diskussionen die Mischna erklärt u. ergänzt wird.*

Ge|mar|chen ⟨Pl.⟩ [zu ↑March] (schweiz.): *Gemarkung.*

Ge|mar|chung, die; -, -en (schweiz.): **1.** *Grenze.* **2.** *abgegrenztes Gebiet.*

Ge|mä|re, Gemähre, das; -s (ugs.): *[dauerndes] Mären* (2).

Ge|mar|kung, die; -, -en [zu ↑[2]Mark]: *Gebiet, gesamte Fläche einer Gemeinde; Gemeindeflur:* dieses Waldstück gehört zur G. Neustadt.

Ge|mar|kungs|gren|ze, die: *Grenze einer Gemarkung:* die -n kennzeichnen.

ge|ma|sert: ↑masern.

ge|mäß [mhd. gemæʒe, ahd. gimāʒi, eigtl. = was sich messen lässt, angemessen; zu ↑messen]: **I.** ⟨Präp. mit Dativ⟩ *nach, entsprechend, zufolge:* g. Artikel 1 des Grundgesetzes; seinem Wunsch g.; g. internationalem Recht; die Parlamentsausschüsse g. der Stärke der Fraktionen besetzen; Ihrer freundlichen Veranlagung g. lebte sie aber mit beiden in Frieden (Brückner, Quints 159); Ein Mensch, der lange den geltenden Normen g. funktioniert ... (Weltwoche 17. 5. 84, 53); Fritz würde ihn g. ihrer Verabredung erst am nächsten Abend zurückbringen (Kronauer, Bogenschütze 89); Gemäß Polizeimitteilung vom Sonntagabend verliefen Wiederbelebungsversuche im Spital erfolglos (Tages Anzeiger 14. 10. 85, 12). **II.** ⟨Adj.⟩ in der Verbindung **jmdm., einer Sache g. sein** *(jmdm., einer Sache angemessen sein; der Art o. Ä., einer Person, Sache entsprechen):* das ist ihrem Geschmack g.; diese Arbeit ist seiner Bildung nicht g.; das unstete Leben war ihm nicht mehr g.; ⟨auch attr.:⟩ eine seinen Fähigkeiten -e Stellung; sie hatten die einmalige Gelegenheit, zu einem ihnen -en Leben zurückgeführt zu werden (Frischmuth, Herrin 36); Er fühlte sich sogleich als etwas Besseres und suchte sich einen ... ihm -en Umgang (Niekisch, Leben 11); ⟨subst.:⟩ als er schließlich sogar so weit war, dies für das einzige Gemäße ... zu halten (Schnabel, Marmor 105).

Ge|mäß, das; -es, -e [Kollektivbildung zu ↑Maß, eigtl. = Norm, nach der gemessen wird] (veraltet, noch scherzh.): *Gefäß [das eine bestimmte Menge fasst], Maß:* die -e reichten nicht aus, um alles wegzuschaffen; Ü seine Geschichte möchte unserer politischen Situation ein G. Tränen abpressen (Spiegel 52, 1965, 102).

-ge|mäß: 1. drückt in Bildungen mit Substantiven aus, dass einer Sache entsprechend, zufolge gehandelt o. Ä. wird/*wie es etw. vorsieht:* abmachungs-, vertragsgemäß. **2.** drückt in Bildungen mit Substantiven aus, dass die beschriebene Sache jmdm., einer Sache angemessen ist, jmdm., einer Sache zukommt: art-, kind-, systemgemäß.

Ge|mäß|heit, die; - (selten): *das Gemäßsein.*

ge|mä|ßigt ⟨Adj.⟩: **a)** *in seiner Art nicht so streng, extrem, radikal [wie die anderen vorgehend, denkend]:* die -en Kräfte; der -e Flügel der Partei; Deshalb raffte Andries sich zu einem eigenen, -eren Vorschlag zur Lösung des Problems auf (Prodöhl, Tod 143); Wieso findet Mühlen, bei dieser Zusammenkunft sei ... g. gesprochen worden (Hochhuth, Stellvertreter 264); **b)** *von einer Art, die nicht ins Übertriebene geht [u. daher im Ausmaß reduziert ist]:* -er Optimismus; Solange man sich mit -em Tempo bewegt ... (ADAC-Motorwelt 4, 1983, 33); die gleiche in der Ausführung etwas -ere Kragenform dieser Bluse; Das gilt sowohl für die -en Zonen außerhalb Europas als auch für den größten Teil der Tropen (Mantel, Wald 70).

Ge|mäu|er, das; -s, - [mhd. gemiure, Kollektivbildung zu ↑Mauer] (geh.): *altes [verfallenes] Mauerwerk; aus alten Mauern bestehendes Bauwerk:* ein fensterloses G.; Durch ragendes G. fiel der Blick auf den lichtübergossenen »Platz der Gefallenen« (Plievier, Stalingrad 282); ein Bauernhaus, das G. ziemlich verlottert, das Gebälk zum Teil morsch (Frisch, Montauk 190).

Ge|mau|le, das; -s (ugs. abwertend): *[dauerndes] Maulen:* lass das ewige G.!; hör endlich mit dem G. auf!

Ge|mau|schel, das; -s (ugs. abwertend): *das Mauscheln* (1 a, 3 b).

Ge|me|cker, das; -s, (seltener:) **Ge|me|cke|re,** das; -s: **1.** *das Meckern* (1): Seitab grasten Ziegen, deren dürres Gemecker herüberklang (Strittmatter, Wundertäter 198). **2.** (abwertend) *meckerndes Lachen:* albernes G. **3.** (ugs. abwertend) *fortwährendes, kleinlich-unzufriedenes Beanstanden von etw.:* hör mit deinem G. auf!; Nach dem üblichen Gemecker über die Hakenkreuze im Wehrpass wollten sie mich wieder ins Hotel schicken (Kempowski, Uns 299).

ge|mein ⟨Adj.⟩ [mhd. gemein(e), ahd. gimeini, urspr. = mehreren abwechselnd zukommend; den abwertenden Nebensinn erhielt das Wort aus der Vorstellung, dass das, was vielen gemeinsam ist, nicht wertvoll sein kann; 2. Bestandteil zu dem unter ↑Meineid genannten Adj.]: **1. a)** *abstoßend roh:* -e Gesichtszüge; -es Lachen; Sie hatte schon immer gefunden, dass er ziemlich g. aussah (Brand [Übers.], Gangster 18); **b)** *(in Bezug auf jmds. Verhalten o. Ä.) in empörender Weise moralisch schlecht; niederträchtig:* eine -e Gesinnung; Er hatte eine besondere Leidenschaft dafür, aus der -sten Handlung doch noch einen Rest von Anstand herauszulesen (Erné, Fahrgäste 17); Dieser Rohling, pfui! Ein -er Mörder (Andres, Liebesschaukel 46); sie war so g., mich gleich anzuzeigen; dass er mich nervt mit seiner Liebe. Und das ist wieder g. von mir (Danella, Hotel 258); Gewiss ist Unrat ein bösartiger und sogar sadistischer Lehrer, der die ihm ausgelieferten Schüler aufs -ste schikaniert (Reich-Ranicki, Th. Mann 130); **c)** *in empörender Weise frech, unverschämt:* eine -e Lüge, Behauptung; **d)** *unfein u. unanständig; ordinär; unflätig:* -e Witze, Wörter. **2.** (ugs.) **a)** *unerfreulich, ärgerlich, als eine Unfreundlichkeit des Schicksals erscheinend:* ich gewinne nie im Lotto, das ist einfach g.; dass mir die Bahn vor der Nase weggefahren ist, war ganz schön g.; das finde ich aber g.!; **b)** ⟨intensivierend bei Adjektiven u. Verben⟩ *sehr:* draußen ist es g. kalt; Aber vorher wurde ... Jod reingetan ... Das hat g. wehgetan (Keun, Mädchen 69). **3.** (Bot., Zool., sonst veraltend) *keine besonderen Merkmale habend, durch nichts herausragend:* die Gemeine Stubenfliege; der -e Mann *(der Durchschnittsbürger);* er ist -er Soldat *(Soldat ohne militärischen Dienstgrad).* **4.** (veraltend) *auf die Allgemeinheit bezogen:* -es Recht; Ihr erklärtes Ziel ist es, ... ein Maximum an -em Wohl zu verwirklichen (Fraenkel, Staat 78); -e Figuren (Heraldik; *Bilder im Wappenschild, z. B. Tiere, Pflanzen*); ***etw. mit jmdm., etw. g. haben** *(mit jmdm., etw. etwas Gemeinsames, eine gemeinsame Eigenschaft haben, in bestimmter Weise zusammengehören):* Den südlichen Elfenbeinton hatte Zouzou ... mit ihrer Mutter g. (Th. Mann, Krull 333); das hat wenig mit dem Traum g., den ich diese Nacht träumte (Sieburg, Robespierre 240); mit dem Vorgängermodell hatte die neue Küche nur noch die ursprüngliche Form g.; Was haben die Olympischen Spiele der Neuzeit g. mit denen der Antike (Vaterland 26. 7. 84, 31); **sich mit jmdm. g. machen** *(sich mit jmdm., der als sozial od. moralisch tiefer stehend angesehen wird, in freundschaftlicher Verbindung in Benehmen u. Tun auf die gleiche Stufe stellen):* Frauen – ein durch und durch widerliches Gesocks! Hatte er es denn nötig, sich mit denen g. zu machen? (Bastian, Brut 150); **jmdm., einer Sache g. sein** (geh.; *mehreren Personen od. Sachen gemeinsam sein od. gehören*): allen, die hier zusammengekommen waren, war die Liebe zur Musik g.; ◆ ⟨subst.:⟩ **etw. Gemeines mit jmdm. haben** *(etw. mit jmdm. gemein haben):* So ist mein Tod der Welt das sicherste Zeichen, dass ich nichts Gemeines mit den Hunden gehabt habe (Goethe, Götz V). ◆ **5. a)** *allgemein verbreitet, bei vielen Menschen bekannt:* In alten Zeiten sei sie (= die Kunst der Dichtung) weit -er gewesen (Novalis, Heinrich 25); **b)** *die Gemeinde* (1 a), *das Gemeinwesen betreffend, dazu gehörend; öffentlich* (3): Denn wo er (= der Regent) wankt, wankt das -e Wesen *(das Gemeinwesen;* Goethe, Die natürliche Tochter I, 5); der Esel aber mit seinem Schatten, als dem Objekt des Rechtshandels, wurde bis zum Austrag der Sache in den Marstall -er Stadt *(der Stadtgemeinde)* Abdera abgeführt (Wieland, Abderiten IV, 3).

Ge|mein|be|sitz, der: *gemeinschaftliches Eigentum:* die Überführung der Produktionsmittel in G.

Ge|mein|de, die; -, -n [mhd. gemeinde, ahd. gimeinida, zu ↑gemein]: **1. a)** *unterste Verwaltungseinheit des Staates:* eine ärmere, reichere, kleine, große, ländliche G.; die G. hat 5 000 Einwohner; Die G. (Kommune) ist eine mehr oder minder geschlossene ... Siedlung (Fraenkel, Staat 159); diese Häuser gehören zur G. Neustadt; auf die, zur G. (ugs.: *aufs Gemeindeamt*) gehen; **b)** *unterste Verwaltungseinheit einer Religionsgemeinschaft; Seelsorgebezirk, [Gebiet einer] Pfarrei:* eine christliche, freireligiöse, jüdische G.; die evangelische G. des Ortes zählt 2 000 Seelen; Die G. des Heiligen Lorenz ... gehörte ... zu den reichsten (Kuby, Sieg 322). **2. a)** *die Bewohner einer Gemeinde* (1 a): die G. wählt einen neuen Bürgermeister; die umliegenden -n beteiligten sich an dem Demonstrationszug gegen das geplante Kernkraftwerk; **b)** *die Mitglieder, Angehörigen einer Gemeinde* (1 b): die G. hat die Orgel durch Spenden mitfinanziert; Solange er noch auf der Kanzel stehen kann, hat er gesagt, wird er seine G. nicht im Stich lassen (Danella, Hotel 399). **3. a)** *Gesamtheit der Teilnehmer an einem Gottesdienst:* die G. sang einen Choral; zu Weihnachten versammeln sich immer große -n in den Kirchen; das Mittelschiff ... ist der eigentliche Ort der versammelten G.; **b)** *[zu einer bestimmten Gelegenheit zusammengekommene] Gruppe von Menschen mit gleichen geistigen Interessen; Anhängerschaft:* bei der Dichterlesung war eine stattliche G. versammelt; Für ihre große G. von Lesern – vor allem Leserinnen, die in ihren Büchern Trost, Spannung ... suchten (DÄ 47, 1985, 64); Überall, wo King Sunny auftaucht, hinterlässt er ganze -n afrikasüchtiger Fans (Wiener 10, 1983, 68). **4.** (schweiz.) *Versammlung aller Stimmfähigen; Gemeindeversammlung* (a).

Ge|mein|de|ab|ga|ben ⟨Pl.⟩: *von den Gemeinden erhobene Gebühren, Beiträge, Steuern usw.*

Ge|mein|de|am|mann, der (schweiz.): **a)** *Gemeindevorsteher;* **b)** *Betreibungs- u. Vollstreckungsbeamter.*

Ge|mein|de|amt, das: *untere Verwaltungsbehörde.*

Ge|mein|de|bau, der ⟨Pl. -ten⟩ (österr.): *gemeindeeigenes Wohnhaus.*

Ge|mein|de|be|am|te, der: *Kommunalbeamter.*

Ge|mein|de|be|am|tin, die: w. Form zu ↑Gemeindebeamte.

Ge|mein|de|be|hör|de, die: *Verwaltungsbehörde einer Gemeinde.*

Ge|mein|de|be|schluss, der: *von dem Gemeinderat od. dem Gemeindevorstand gefasster Beschluss.*

Ge|mein|de|be|zirk, der: **a)** *gesamtes zu einer Gemeinde gehörendes Gebiet;* **b)** (österr.) *Teilgebiet, Bezirk innerhalb Wiens.*

Ge|mein|de|bo|te, der (veraltet): *Gemeindediener, der Botengänge erledigt.*

Ge|mein|de|bür|ger, der (bes. schweiz.): *Bürger* (1 b) *einer Gemeinde* (1 a): Ihre Opposition beruhe zum Teil auch darauf, dass die G. nicht genügend über das Projekt informiert worden seien (Bund 11. 10. 83, 17); ... zeigte sich sehr beeindruckt über das gestiegene Umweltbewusstsein der G. (Chiemgau-Zeitung 1. 7. 91, 23).

Ge|mein|de|bür|ge|rin, die: w. Form zu ↑Gemeindebürger.

Ge|mein|de|bür|ger|recht, das: *Bürgerrecht, Heimatrecht in einer Gemeinde* (in der Schweiz Grundlage für das Schweizer Bürgerrecht).

Ge|mein|de|di|a|kon, der (ev. Kirche): *Diakon* (1).

Ge|mein|de|di|a|ko|nin, die (ev. Kirche): w. Form zu ↑Gemeindediakon.

Ge|mein|de|die|ner, der (veraltet): *jmd., der im Dienst einer kleinen Gemeinde als Bote o. Ä. tätig ist.*

Ge|mein|de|di|rek|tor, der: *hauptamtlicher Leiter der Gemeindeverwaltung in einigen Bundesländern* (Amtsbez.); vgl. [Ober]stadtdirektor.

Ge|mein|de|di|rek|to|rin, die: w. Form zu ↑Gemeindedirektor.

ge|mein|de|ei|gen ⟨Adj.⟩: *der Gemeinde gehörend:* ein -es Grundstück; die -en Krankenhäuser; die Wiese war schon immer g.

Ge|mein|de|ei|gen|tum, das: *Eigentum der Gemeinde:* dort, wo der bäuerliche Waldbesitz aus früherem G. ... entstanden ist (Mantel, Wald 122).

Ge|mein|de|flur, die: *Wald- od. Weideland, das einer Gemeinde gehört u. von allen genutzt werden kann; Allmende.*

Ge|mein|de|frak|ti|on, die: *Fraktion* (1 c).

Ge|mein|de|glied, das ⟨meist Pl.⟩: *Mitglied einer [Kirchen]gemeinde:* in den letzten Jahren sind viele -er zugezogen.

Ge|mein|de|gut, das: *Gemeindeflur.*

Ge|mein|de|haus, das: *Gebäude[teil] mit kirchlichen Amts- u. Versammlungsräumen sowie sozialen Einrichtungen.*

Ge|mein|de|hel|fer, der (ev. Kirche): *Diakon* (1).

Ge|mein|de|hel|fe|rin, die (ev. Kirche): w. Form zu ↑Gemeindehelfer.

◆ **Ge|mein|de|hirt,** der: *Hirt, der im Dienste einer Gemeinde Vieh hütet:* Er ... hat seine Kinder beim -en in Kost gegeben (Ebner-Eschenbach, Gemeindekind 7).

Ge|mein|de|kanz|lei, die (schweiz.): *Gemeindeverwaltung.*

Gemein|de|kin|der|gar|ten, der: **a)** *von einer Kommune getragener, öffentlicher Kindergarten;* **b)** *von einer Pfarrgemeinde eingerichteter und konfessionell gebundener Kindergarten.*

Ge|mein|de|kir|chen|rat, der: *Kirchenvorstand.*

Ge|mein|de|kot|ter, der (österr.): *kommunales Gefängnis:* der 15 Quadratmeter große G. gleicht kaum einer Arrestantenzelle (profil 17, 1979, 50).

Ge|mein|de|mit|glied, das: *Gemeindeglied.*

Ge|mein|de|ord|nung, die: *Gesetz, das die Rechte u. Pflichten in einer Gemeinde[verwaltung] u. die verschiedenen Zuständigkeiten regelt.*

Ge|mein|de|pfle|ge, die (ev. Kirche): *sozialer Dienst der Gemeinde [am Ort] bes. an Alten, Kranken, Kindern (denen u. a. Religionsunterricht erteilt wird) u. Jugendlichen.*

Ge|mein|de|pfle|ger, der: **a)** (ev. Kirche) *jmd., der in der Gemeindepflege tätig ist;* **b)** *jmd., der als Pflegekraft bei einer Gemeindepflegestation tätig ist.*

Ge|mein|de|pfle|ge|rin, die: w. Form zu ↑Gemeindepfleger (a, b).

Ge|mein|de|pfle|ge|sta|ti|on, die: *von einer od. mehreren Kirchengemeinden unterhaltene, mit einer od. mehreren Schwestern ausgestattete Station, von der aus in Hausbesuchen Pflegedienste übernommen werden.*

Ge|mein|de|prä|si|dent, der (schweiz.): *(in einigen Kantonen) Bürgermeister.*

Ge|mein|de|prä|si|den|tin, die (schweiz.): w. Form zu ↑Gemeindepräsident.

Ge|mein|de|rat, der: **1.** *Gremium der gewählten Vertreter einer Gemeinde* (1 a): im G. wurde beschlossen, dass ... **2.** *einzelnes Mitglied eines Gemeinderates* (1): er wurde auf 4 Jahre zum G. gewählt.

Ge|mein|de|rä|tin, die: w. Form zu ↑Gemeinderat (2).

Ge|mein|de|rats|sit|zung, die: *Sitzung* (1 a) *des Gemeinderats* (1).

Ge|mein|de|rats|wahl, die: *Wahl zum Gemeinderat* (1).

Ge|mein|de|ro|del, der (schweiz.): *amtliches Verzeichnis von Zinsen, Gütern oder Rechten einer Gemeinde:* die Daten wurden in den G. eingetragen.

Ge|mein|de|saal, der: *Saal für Veranstaltungen einer [Kirchen]gemeinde.*

Ge|mein|de|schrei|ber, der (schweiz.): *leitender Verwaltungsbeamter einer Gemeinde* (1 a).

Ge|mein|de|schrei|be|rin, die (schweiz.): w. Form zu ↑Gemeindeschreiber.

Ge|mein|de|schwes|ter, die: *von einer Gemeinde* (1) *in der häuslichen Alten- und Krankenpflege eingesetzte Krankenschwester.*

Ge|mein|de|spi|tal, das (österr.): *kommunales Krankenhaus:* Ausbau der bestehenden Gemeindespitäler (Vorarlberger Nachr. 23. 11. 68, 6).

Ge|mein|de|steu|er, die (meist Pl.): *von einer Gemeinde erhobene Steuer* (z. B. Grundsteuer, Gewerbesteuer).

Ge|mein|de|um|la|ge, die (meist Pl.): *von der Gemeinde erhobene Gebühren, Beiträge, Steuern usw.*

ge|mein|deutsch (Adj.): *allgemein deutsch:* -e und landschaftlich gebrauchte Wörter.

Ge|mein|de|vä|ter (Pl.) (ugs. scherzh.): *die gewählten Vertreter einer Gemeinde.*

Ge|mein|de|ver|band, der: *verwaltungsmäßiger Zusammenschluss mehrerer kleiner Gemeinden.*

Ge|mein|de|ver|fas|sung, die: *Verfassung* (1 b) *einer Gemeinde, durch die die Organisation u. die Aufgaben der Gemeinde sowie die Bildung und Stellung der gemeindlichen Einrichtungen geregelt sind.*

Ge|mein|de|ver|samm|lung, die: **a)** *(in kleineren Gemeinden, bes. in der Schweiz) Versammlung aller Stimmberechtigten zur Beschlussfassung über wichtige Angelegenheiten der Gemeinde;* **b)** *[einmal jährlich abzuhaltende] Versammlung aller Mitglieder einer Kirchengemeinde.*

Ge|mein|de|ver|tre|tung, die: *Gemeinderat* (1).

Ge|mein|de|ver|wal|tung, die: *Verwaltung einer Gemeinde* (1 a).

Ge|mein|de|vor|stand, der: **1.** *Verwaltungsausschuss zur Ausführung von Beschlüssen der Gemeindevertretung; Vorstand der Gemeinde.* **2.** *vorsitzender Verwaltungsbeamter; Bürgermeister.*

Ge|mein|de|vor|ste|her, der: *Gemeindevorstand* (2).

Ge|mein|de|vor|ste|he|rin, die: w. Form zu ↑Gemeindevorsteher.

Ge|mein|de|wahl, die: *Kommunalwahl.*

Ge|mein|de|zen|trum, das: *einer kirchlichen Gemeinde od. einer Kommune gehörender Komplex von Gebäuden u. Anlagen für soziale u. Verwaltungsaufgaben sowie für Veranstaltungen.*

ge|meind|lich (Adj.): *zu einer Gemeinde* (1) *gehörend, sie betreffend:* Pläne für ein -es Kurmittelhaus (Augsburger Allgemeine 13./14. 5. 78, VII); Der Bürgermeister betonte, dass die Schneeräumpflicht auf dem Radweg -e Aufgabe sei (Flensburger Tageblatt, Ostern 1984, 15); Nichtsesshaftenproblem auf -er Ebene nicht lösbar (Klee, Pennbrüder 75).

[1]**Ge|mei|ne,** die; -, -n [mhd. gemeine, ahd. gimeinī, zu ↑gemein] (veraltet, noch landsch.): *Gemeinde:* ◆ aus der kleinen Kirche erscholl der Orgelklang und das Singen der G. (*der Gemeinde* 3 a; Tieck, Runenberg 35).

[2]**Ge|mei|ne,** der; -n, -n: **1.** (Druckw.) *Minuskel.* **2.** *(im dt. Heer bis 1918) unterster Dienstgrad der Landstreitkräfte; einfacher Soldat.*

Ge|mein|ei|gen|tum, das (Politik, Wirtsch.): *etw., was nicht nur einem, sondern einer ganzen Gemeinschaft gehört u. zur Bearbeitung od. Nutzung zur Verfügung steht:* Sie (= die Ruhrbergleute) forderten ... die Überführung der Zechen in G. (ran 3, 1980, 39).

ge|mein|fass|lich (Adj.): *gemeinverständlich.*

ge|mein|frei (Adj.): **a)** (veraltet) *alle politischen Rechte u. die volle Rechtsfähigkeit besitzend;* **b)** (Buchw.) *nicht mehr der Schutzfrist unterliegend; dem Nachdruck frei zugänglich:* die Werke dieses Schriftstellers sind im letzten Jahr g. geworden.

Ge|mein|ge|brauch, der (o. Pl.) (Rechtsspr.): *jedem zustehendes Recht, öffentliche Sachen wie Straßen, Wege, Grünanlagen, Gewässer ihrer Bestimmung entsprechend u. ohne vermeidbare Beeinträchtigung anderer unentgeltlich zu benutzen:* Einschreiten nach ... § 1 StVO bei konkreten Behinderungen oder Belästigungen. Betteln und Lagern, über den G. hinausgehend, Ordnungswidrigkeit nach dem Straßen- und Wegegesetz (Klee, Pennbrüder 77).

ge|mein|ge|fähr|lich (Adj.): *eine Gefahr für die Allgemeinheit darstellend:* Gemeingefährliche Geisteskranke brechen mit vier Geiseln aus (Wohmann, Absicht 5); Nur die Hälfte der Rocker ist g. (Degener, Heimsuchung 167).

Ge|mein|ge|fähr|lich|keit, die: *das Gemeingefährlichsein:* Professor Mikorey befürwortete Unterbringung in einer Heil- und Pflegeanstalt wegen G. (Noack, Prozesse 149).

Ge|mein|geist, der (o. Pl.) [LÜ von engl. public spirit]: *Sinn für das allgemeine Wohl:* sie hat G. gezeigt, bewiesen.

ge|mein|gül|tig (Adj.): *allgemein gültig.*

Ge|mein|gül|tig|keit, die: *Allgemeingültigkeit:* Das Beispiel des revolutionären Frankreich ... kann keinerlei G. beanspruchen (Augstein, Spiegelungen 101).

Ge|mein|gut, das (o. Pl.) (geh.): *etw., was jeder Einzelne einer größeren Gemeinschaft als seinen Besitz bezeichnen kann:* diese Anlage ist G. aller Bewohner der Siedlung; Ü dieser Schlager ist längst zum G. geworden; Viele Gedanken Teilhards ... sind nicht erst durch ihn zur Diskussion gestellt worden, sondern waren schon seit längerem G. der wissenschaftlichen Forschung (Natur 26).

Ge|mein|heit, die; -, -en: **a)** (o. Pl.) *gemeine* (1 b) *Art:* etwas aus G. tun, sagen; diese Tat zeugt von seiner G.; **b)** *gemeine* (1 b) *Handlung, Ausdrucksweise:* eine bodenlose G.; Es war eine zusätzliche G., dass man Torsten Lügen über seine Mutter erzählt hatte (Danella, Hotel 446); eine G. begehen, verüben; man traut ihm jede G. zu; willst du dir diese -en gefallen lassen?; wenn du dich nicht durch List und G. noch vordrängst zu den zehn Ersten, ... dann ist die Schifffahrtsliste schon abgeschlossen (Seghers, Transit 270); **c)** (ugs.) *etw. Unerfreuliches, Ärgerliches, was als eine Unfreundlichkeit des Schicksals erscheint:* so eine G.! Fährt mir doch die Straßenbahn vor der Nase weg; ◆ **d)** *Gemeinschaft:* und brichst, wie der Wolf in der Wüste, in die friedliche G. (Kleist, Kohlhaas 44).

ge|mein|hin ⟨Adv.⟩: *im Allgemeinen; für gewöhnlich:* Fallschirmspringen scheint wirklich sicherer zu sein, als g. angenommen wird (Hamburger Rundschau 22. 8. 85, 3); Huchels Standort als Lyriker wird g. als der eines Naturlyrikers definiert (Raddatz, Traditionen 125); Was man so g. Kunst und Kultur nennt (Tucholsky, Werke II, 77).

ge|mei|nig|lich ⟨Adv.⟩ [mhd. gemeineclīche = auf gemeinsame Weise, insgesamt] (geh. veraltend): *im Allgemeinen, gewöhnlich; gemeinhin:* sind Sie dann das geworden, was aus allen Huren g. wird, Sie sind eine Kuppelmutter geworden (Fallada, Jeder 362).

Ge|mein|kos|ten ⟨Pl.⟩ (Wirtsch.): *Kosten, die nicht im Einzelnen erfassbar sind; indirekte Kosten:* Die damit verbundene Entlastung von Personal- und anderen G. (Spiegel 11, 1994, 14).

Ge|mein|nutz, der; -es: *Nutzen, der einer Gemeinschaft zugute kommt:* dass diese glückliche Mischung von Gemein- und Eigennutz einen seltenen Idealfall vorstellt (Werfel, Himmel 165); G. [geht] vor Eigennutz (*private Interessen sollten hinter denen der Gemeinschaft zurückstehen;* nach frz. Le bien particulier doit céder au bien public = Das Wohl des Einzelnen muss dem öffentlichen Wohl weichen, einer Maxime des frz. Schriftstellers u. Staatstheoretikers Montesquieu [1689–1755] in seinem Hauptwerk »Vom Geist der Gesetze« [Buch 26, Kapitel 15]).

ge|mein|nüt|zig ⟨Adj.⟩: **a)** *dem allgemeinen Wohl dienend:* -e Taten; ich denke nicht g. (Wohmann, Absicht 198); **b)** (Steuerw.) *nicht auf Gewinn ausgerichtet, sondern sozialen Aufgaben dienend:* Spenden für diesen Zweck werden als g. anerkannt.

Ge|mein|nüt|zig|keit, die; -: *gemeinnützige Art u. Weise, gemeinnützige Beschaffenheit.*

Ge|mein|platz, der [LÜ von engl. commonplace, LÜ von lat. locus communis] (abwertend): *abgegriffene, nichts sagende Redensart:* seine Rede bewegte sich nur in Gemeinplätzen; dann zeigt es sich, dass die »einfachen Grundbegriffe« beinahe immer Gemeinplätze und Phrasen sind (Reich-Ranicki, Th. Mann 139); Überall kann man den G. hören, dass es im Zeitalter der Informationsexplosionen auf Persönlichkeit ankommen wird (Zeit 6. 8. 98, 28).

ge|mein|plät|zig ⟨Adj.⟩: *Gemeinplätze bildend, sich in Gemeinplätzen bewegend:* -es Denken, Allerweltsbewusstsein.

Ge|mein|plät|zig|keit, die; -: *gemeinplätzige Beschaffenheit:* seine Rede war durch und durch von G. geprägt.

ge|mein|sam ⟨Adj.⟩ [mhd. gemeinsam, ahd. gimeinsam, verdeutlichende Bildung aus mhd. gemein, ahd. gimeini (↑gemein) u. mhd., ahd. -sam, ↑-sam]: **1.** *mehreren Personen od. Dingen in gleicher Weise gehörend, eigen:* die -e Wohnung; -e Interessen; Wie wir durch unsere -e Waschfrau erfahren, ... (Frisch, Montauk 74); Dann sprach er von seinem Stall, der eine -e Rückwand mit Großvaters Garage hatte (G. Vesper, Laterna 46); -e Kasse machen; eine -e Basis finden; das Grundstück gehörte ihnen g.; größter -er Teiler und kleinstes -es Vielfaches (Math.; *höchste Zahl, die in allen gegebenen Zahlen als Faktor enthalten ist, u. niedrigste Zahl, in der alle gegebenen Zahlen als Faktoren enthalten sind;* Abk.: g. g. T., ggT u. k. g. V., kgV); ***etw. mit jmdm., etw. g. haben** (*etw. mit jmd. anderem, mit einer anderen Sache in gleicher Weise, übereinstimmend haben):* mit Elefanten haben Kaffernbüffel g., dass ... (Grzimek, Serengeti 120); **jmdm., einer Sache g. sein** (*jmdm., einer Sache in gleicher Weise eigen sein):* die Liebe zur Musik war ihnen g.; ... benutzten für ein paar Stunden das Vokabular, das ihnen einmal g. gewesen war (Brückner, Quints 193). **2.** *in Gemeinschaft [unternommen, zu bewältigen]; zusammen, miteinander:* -e Wanderungen, Aufgaben; Dorshi ... hat seine Frau zu einem -en Essen ins Restaurant mitgebracht (Berger, Augenblick 149); Nicht einmal der Europäischen Wirtschaftsgemeinschaft ist es bisher gelungen, eine -e Politik zu betreiben (Gruhl, Planet 299); wir wollen das g. besprechen; Ihr seid ein Herz und eine Seele, seid g. groß geworden (Bieler, Bär 155).

Ge|mein|sam|keit, die; -, -en: **1.** *gemeinsames* (1) *Merkmal, gemeinsame* (1) *Eigenschaft:* zwischen diesen beiden Völkern gibt es viele -en; Vielleicht war unsere Ehe deswegen so gut, weil wir überhaupt keine -en hatten (Bieler, Mädchenkrieg 311); Das Bemühen beider Ehepartner, wenigstens einen Rest an G. zu retten (Schreiber, Krise 13). **2.** ⟨o. Pl.⟩ *Zustand gegenseitiger Verbundenheit:* in trauter G. handeln; Es entstand, ohne viele Worte, eine neue G. zwischen ihnen (Feuchtwanger, Erfolg 798).

Ge|mein|schaft, die; -, -en [mhd. gemeinschaft, ahd. gimeinscaf]: **1.** ⟨o. Pl.⟩ *das Zusammensein, -leben in gegenseitiger Verbundenheit:* die eheliche G.; ... hat er Frau Gerda Kiffke, die in häuslicher G. mit mir lebt, in sittlicher Hinsicht belästigt (Ossowski, Flatter 164); die freie, friedliche G. der Völker; die G. der Seele mit Gott; mit jmdm. G. haben; er hielt ... mit keiner Seele G. (Th. Mann, Tod 72); ***in G. mit jmdm., etw.** (*gemeinsam, zusammen, in Zusammenarbeit mit):* die Festspiele werden von der Stadt in G. mit dem Rundfunk veranstaltet. **2.** *Gruppe von Personen, die durch gemeinsame Anschauungen o. Ä. untereinander verbunden sind:* eine verschworene G.; Bei Krankheit, Alter, sogar beim Tod muss die G. für den Betreffenden aufkommen (Klee, Pennbrüder 70); die G. der Heiligen (*die heilige Kirche, die Einheit der durch die Gnade des Heiligen Geistes Gläubigen;* LÜ von kirchenlat. communio sanctorum); einer G. beitreten; jmdn. in eine G. aufnehmen; aus der G. ausgeschlossen werden. **3.** *durch ein Bündnis zusammengeschlossene Staaten, die ein gemeinsames wirtschaftliches und politisches Ziel verfolgen:* die atlantische, westliche G.; einen großen Teil der Gespräche ... nahm das Thema ... der Erweiterung der europäischen G. ein (Bundestag 188, 1968, 10163).

ge|mein|schaft|lich ⟨Adj.⟩: **1.** *die Gemeinschaft* (1, 2) *betreffend, darauf bezogen.* **2.** *von mehreren zusammen im Hinblick auf ein gemeinsames Ziel durchgeführt; gemeinsam:* -e Anstrengungen; sie wurden wegen -en schweren Diebstahls angezeigt; das Sterben würde leichter gemacht dadurch, dass es g. geschah (Fallada, Jeder 335).

Ge|mein|schafts|an|la|ge, die: *von mehreren Benutzern gemeinsam betriebene Datenverarbeitungsanlage.*

Ge|mein|schafts|an|schluss, der: *Verbindung mehrerer Fernsprechanschlüsse in einem Hauptanschluss.*

Ge|mein|schafts|an|ten|ne, die: *Antenne, an die mehrere Rundfunk- u. Fernsehgeräte angeschlossen sind.*

Ge|mein|schafts|ar|beit, die: **a)** ⟨o. Pl.⟩ *gemeinschaftliche Arbeit an einer gemeinsamen Aufgabe:* Allein die sozialistische G. ... und die plangerechte Orientierung auf die Schwerpunktaufgaben können gewährleisten, dass wir unser Bildungspotenzial wirklich nutzen (Wochenpost 30, 1976, 3); diese Aufgabe wurde in G. erledigt; **b)** *etw. in Gemeinschaftsarbeit* (a) *Hergestelltes, Gefertigtes:* den ersten Preis bekam eine G. zweier Architekten.

Ge|mein|schafts|auf|ga|be, die: **a)** *Aufgabe, die einer Gemeinschaft gestellt ist, von ihr zu bewältigen ist;* **b)** (Bundesrepublik Deutschland) *eine für die Gesamtheit bedeutungsvolle Aufgabe, die ein Land gemeinsam mit dem Bund bewältigt:* -n, wie z. B. die Errichtung von Hochschulen; -n des Staates.

Ge|mein|schafts|be|sitz, der: *gemeinsamer Besitz.*

ge|mein|schafts|bil|dend ⟨Adj.⟩: *der Bildung einer Gemeinschaft, eines Gemeinschaftsgefühls förderlich:* -e Kräfte; das Zusammenleben in Jugendheimen wirkt g.

Ge|mein|schafts|bil|dung, die: vgl. Gemeinschaftserziehung (a).

ge|mein|schafts|dien|lich ⟨Adj.⟩: *(von einem Verhalten o. Ä.) der Gemeinschaft dienend, für die Gemeinschaft nützlich:* seine Fähigkeiten nicht g. einsetzen.

Ge|mein|schafts|ehe, die: *Gruppenehe.*

Ge|mein|schafts|er|zie|hung, die: **a)** *Erziehung der Jugend durch u. für eine Gemeinschaft zur Einübung sozialen Verhaltens;* **b)** *gemeinsamer Schulunterricht für Jungen und Mädchen; Koedukation.*

Ge|mein|schafts|ge|fühl, das ⟨o. Pl.⟩: *Gefühl der Verbundenheit mit den Menschen in einer Gemeinschaft:* Die Privatisierung zerstört das G. (Zeit 18. 4. 97, 9).

Ge|mein|schafts|geist, der ⟨o. Pl.⟩: *Bereitschaft, sich für eine Gemeinschaft einzusetzen u. Opfer dafür zu bringen:* G. zeigen, beweisen; er hat keinen G.

Ge|mein|schafts|grab, das: *Grab, in dem mehrere Tote (meist Opfer von Unglücksfällen, Seuchen, Kriegen) beigesetzt werden.*

Ge|mein|schafts|haft, die: *Haft in einer mit mehreren Inhaftierten belegten Gefängniszelle:* Unterwegs erfährt Kreibel ..., dass er auf Anordnung der Staatspolizei in G. komme (Bredel, Prüfung 280).

Ge|mein|schafts|haus, das: *Männerhaus.*

Ge|mein|schafts|kü|che, die: **a)** *Küche, in der Gemeinschaftsverpflegung zubereitet wird; Werks-, Krankenhausküche usw., Kantine;* **b)** *Küche (in einem Lager, Wohnheim o. Ä.), in der mehrere Parteien gleichzeitig kochen können.*

Ge|mein|schafts|kun|de, die ⟨o. Pl.⟩: *Sozialkunde, Geschichte, Geographie umfassendes Schulfach.*

Ge|mein|schafts|le|ben, das ⟨o. Pl.⟩: *Leben in einer [größeren] Gemeinschaft.*

Ge|mein|schafts|leis|tung, die: *von mehreren gemeinsam erbrachte Leistung.*

Ge|mein|schafts|pra|xis, die: *Praxis* (3), *die von zwei od. mehreren Ärzten od. Ärztinnen gemeinsam unterhalten wird.*

Ge|mein|schafts|pro|duk|ti|on, die: **a)** ⟨o. Pl.⟩ vgl. Gemeinschaftsarbeit (a): das Flugzeug wurde in britisch-französischer G. hergestellt; **b)** vgl. Gemeinschaftsarbeit (b): der Film ist eine deutsch-italienische G.

Ge|mein|schafts|pro|jekt, das: *in Gemeinschaftsarbeit* (a) *durchgeführtes Projekt:* In einem G. wird der Elektrokonzern Bosch in Zusammenarbeit mit vier wissenschaftlichen Forschungsinstituten versuchsweise Fließbandarbeit abschaffen (Zeit 6. 6. 75, 19).

Ge|mein|schafts|raum, der: *Aufenthalts- u. Veranstaltungsraum (in Heimen, Betrieben, Wohnblocks u. dgl.):* Manchmal aber saß ich auch vor dem Fernseher – im G. des Arbeiterwohnheims (H. Weber, Einzug 384).

Ge|mein|schafts|schu|le, die: *für alle gemeinsame, nicht nach bestimmten Konfessionen getrennte Schule.*

Ge|mein|schafts|sen|dung, die (Rundf., Ferns.): *von mehreren Sendern gemeinsam gestaltete Sendung.*

Ge|mein|schafts|sinn, der ⟨o. Pl.⟩: *Gemeinschaftsgeist:* Bei Alter, Krankheit, Arbeit hört für viele Europäer der G. auf (Zeit 10. 12. 98, 11).

Ge|mein|schafts|un|ter|kunft, die: *Unterkunft* (1), *in der mehrere Personen untergebracht sind.*

Ge|mein|schafts|un|ter|neh|men, das: *gemeinschaftliches Unternehmen.*

Ge|mein|schafts|ver|pfle|gung, die: *gemeinsame Verpflegung für eine größere Personengruppe.*

Ge|mein|schafts|wer|bung, die: *von einer ganzen [Industrie]branche betriebene Werbung für ein Produkt ohne Nennung einer bestimmten Firma od. Marke.*

Ge|mein|schafts|werk, das: **a)** ⟨o. Pl.⟩ vgl. Gemeinschaftsarbeit (a): Regelung des Verhältnisses zu jenen Nachbarländern im Süden und Norden, ... weil sie sich aufgrund ihres neutralen ... Status die politische Komponente des -s nicht zu Eigen machen konnten (W. Brandt, Begegnungen 200); **b)** vgl. Gemeinschaftsarbeit (b): ein Ausflug ins Atlasvorgebirge, wo ... eine Talsperre als französisch-marokkanisches G. entstehen soll (NZZ 1. 2. 83, 3).

Ge|mein|schafts|zel|le, die: *Raum in einer Haftanstalt, in dem mehrere Häftlinge untergebracht werden.*

Ge|mein|schafts|zen|trum, das: *Zentrum für die Gemeinschaft:* Aus den städtebaulichen Konzepten ergeben sich vielfältige Gemeinschaftszentren: komplexe Anlagen aus Versammlungsräumen, Theater- und Kinobauten (Bild. Kunst III, 44).

Ge|mein|schuld|ner, der (Rechtsspr.): *Schuldner, über dessen Vermögen ein Konkurs stattfindet, durch den alle Gläubiger anteilmäßig befriedigt werden sollen.*

Ge|mein|schuld|ne|rin, die (Rechtsspr.): w. Form zu ↑Gemeinschuldner.

Ge|mein|sinn, der ⟨o. Pl.⟩ [LÜ von lat. sensus communis]: *Verständnis u. Einsatzbereitschaft für die Allgemeinheit:* eine Staatsform, die höchste Anforderungen an die politische Reife, die Einsichtsfähigkeit und den G. der Bürger stellt (Fraenkel, Staat 78).

Ge|mein|spra|che, die: **a)** *allgemein verwendete u. allen Mitgliedern einer Sprachgemeinschaft verständliche Sprache (ohne Mundarten od. Fachsprachen);* **b)** (Sprachw.): *Standardsprache.*

ge|mein|sprach|lich ⟨Adj.⟩: *die Gemeinsprache betreffend, zu ihr gehörend.*

◆ **Ge|mein|spruch,** der: *Gemeinplatz:* denn kein Argument bringt mich so aus der Fassung, als wenn einer mit einem unbedeutenden -e angezogen kommt, wenn ich aus ganzem Herzen rede (Goethe, Werther I, 12. August).

ge|mein|ver|ständ|lich ⟨Adj.⟩: *so abgefasst, dass jeder es verstehen kann:* ein -es Buch; die Rednerin hat sich g. ausgedrückt.

Ge|mein|ver|ständ|lich|keit, die: *Allgemeinverständlichkeit.*

Ge|mein|werk, das (schweiz.): *unbezahlte gemeinschaftliche Arbeit für die Gemeinde, eine Genossenschaft o. Ä.:* G. leisten.

Ge|mein|we|sen, das: *Gemeinde[verband], Staat als öffentlich-rechtliches Gebilde:* Schutz und Entfaltung der Verfassung als der rechtlichen Grundordnung des -s (Fraenkel, Staat 339); So viel aber macht sie geltend, dass sie nicht dem G. zur Last gefallen (Schädlich, Nähe 24).

Ge|mein|wil|le, der (Politik): *Wille der Mehrheit od. Gesamtheit:* Diktaturen versuchen einen möglichst einheitlichen -n zu erreichen.

Ge|mein|wirt|schaft, die: *der Gesamtheit dienende, nicht auf Gewinn ausgerichtete Wirtschaftsform.*

ge|mein|wirt|schaft|lich ⟨Adj.⟩: *die Gemeinwirtschaft betreffend, nach ihren Prinzipien aufgebaut:* -e Aufgaben; Post, Gesundheitswesen, Volksbildung sind g. aufgebaut.

Ge|mein|wohl, das [LÜ von engl. commonwealth]: *das Wohl[ergehen] aller Mitglieder einer Gemeinschaft:* dem G. dienen; So steht alles unter dem Antriebsdruck partikularer Eigeninteressen und keineswegs im Dienst des -s der Menschheit (Gruhl, Planet 262).

Ge|mel|lus, der; -, ...lli [lat. gemellus, Vkl. von: geminus, ↑Geminus] (Biol., Med.): *Zwilling* (1).

Ge|men|ge, das; -s, - [mhd. gemenge = Vermischung, zu ↑mengen]: **1.** *Gemisch, dessen Bestandteile meist grob verteilt sind und mit dem Auge unterschieden werden können:* ein G. aus den verschiedensten Zutaten; ein G. aus flüssigen und gasförmigen Stoffen, aus Klee und Gerste. **2.** *[buntes] Durcheinander:* ein G. von Sprachen, Düften; Die Olivenhaine ... gehen allmählich in ein dichtes G. aus Palmen, Eukalypten, Zitronenbäumen und Feigen über (Fest, Im Gegenlicht 42); so trifft man in der Weltbank, die fast sechstausend Mitarbeiter aus aller Welt beschäftigt ..., ein unabsehbares G. von Qualifikationen an (Enzensberger, Mittelmaß 165); er mischte sich in das G. *(Gewühl)* des Jahrmarkts. **3.** (Landw.) *mehrere auf demselben Acker gleichzeitig angebaute Nutzpflanzen.* **4.** (veraltet) *Handgemenge, Kampf:* Bin im G. mit T 34 (Plievier, Stalingrad 121); mit jmdm. ins G. kommen/geraten (selten: *mit jmdm. handgreiflich einen Streit austragen.*

Ge|men|ge|la|ge, Gemenglage, die (Landw.): *verstreut liegende Feld- u. Waldstücke eines Grundbesitzes, die infolgedessen nur mit Schwierigkeiten zu bewirtschaften sind, wobei es zwangsläufig zu gegenseitigen Abhängigkeiten der Anrainer kommt:* Ü Für viele Zeitgenossen ist Microsoft keine Firma, sondern eine riesige Gemengelage mit Bill Gates als Häuptling (Zeit 26. 5. 95, 78); Den tiefen Verdruss haben die Rechtsparteien mit fremdenfeindlichen Parolen auf ihre Mühlen geleitet. Aus dieser sozial und politisch gefährlichen G. ist am Ende die Welle neonazistischer Gewalt erwachsen (MM 7. 12. 92, 2).

Ge|men|ge|saat, die: *Saatgut für ein Gemenge* (3).

Ge|meng|la|ge: ↑Gemengelage.

Ge|meng|sel, das; -s, - (emotional): *etw., was [nicht mehr unterscheidbar] vermischt, vermengt ist:* die Füllung besteht aus einem G. von Kastanien, Äpfeln und Rosinen; dunkelrotes G., Lunge, Leber und Herz (Böll, Haus 105).

ge|mes|sen [2: urspr. = genau abgemessen, knapp]: **1.** ↑messen. **2.** ⟨Adj.⟩ **a)** *ruhig u. würdevoll, sodass die Bewegungen, Äußerungen genau bemessen wirken:* -en Schritts trat er zu mir (Niekisch, Leben 292); g. sprechen, schreiten, wirken; **b)** *würdevoll u. zurückhaltend:* vor einem gelben hageren Beamten mit ... dünnen Lippen, der mich mit -er Höflichkeit befragte (Seghers, Transit 217); **c)** (veraltend) *exakt, knapp u. genau:* -e Befehle; ◆ Auch ist unsere -e Order, ihn in die Enge zu treiben (Goethe, Götz III); **d)** *angemessen:* jmdm. in -em Abstand folgen; Nun bauen aber die Nachkommen dieser alten vornehmen Handelsfamilien auch heute noch in einem -en Stil (R. Walser, Gehülfe 44); g. klingen.

Ge|mes|sen|heit, die; -: *gemessene Art; gemessenes Auftreten.*

Ge|met|zel, das; -s, - [zu ↑metzeln] (abwertend): *grausames Morden; mörderischer Kampf, bei dem viele [Wehrlose] getötet werden; Blutbad:* es war ein entsetzliches, fürchterliches G.; Zweimal hatte er englische Truppen vernichtend geschlagen und hatte eins der großen weltgeschichtlichen G. veranstaltet (Ceram, Götter 131); die Christenheit, die das G. der Kreuzzüge in Syrien und Palästina auf ihr Gewissen geladen hatte (Jacob, Kaffee 34).

ge|mie|den: ↑meiden.

Ge|mi|na|ta, die; -, ...ten [zu lat. geminatus = verdoppelt] (Sprachw.): *Doppelkonsonant, dessen Bestandteile auf zwei Sprechsilben verteilt werden* (z. B. in ital. freddo, gesprochen fred-do; im Deutschen nur noch orthographisches Mittel).

Ge|mi|na|ti|on, die; -, -en [lat. geminatio = Verdopplung] (Sprachw.): **1.** *Verdopplung von Konsonanten.* **2.** *Epanalepse.*

ge|mi|nie|ren ⟨sw. V.; hat⟩ [lat. geminare = verdoppeln] (Sprachw.): *einen Konsonanten od. ein Wort verdoppeln.*

Ge|mi|nus, der; -, ...ni [lat. geminus = Zwilling; Zwillings-; zugleich geboren] (Biol., Med.): *Zwilling* (1).

Ge|misch, das; -[e]s, -e: **1.** *aus zwei oder mehr verschiedenen Stoffen bestehende Mischung, deren Bestandteile meist sehr fein verteilt sind:* ein G. aus Gips, Sand und Kalk; ein breiiges G., Schnee und Dreck ... klebte an seinen Rädern (Kirst, 08/15, 28); in dem Kessel befand sich ein hochexplosives G.; man unterscheidet zwischen homogenen und heterogenen -en; Ü ein G. aus Angst und Hoffnung; sich in einem G. aus Deutsch und Englisch verständlich zu machen suchen; Ihr tolles Geschwätz erfüllte die Luft, das unsinnige G. verwickelter Ratschläge und blanker Ratlosigkeit (Seghers, Transit 125); mit einem G. von Zorn und Bewunderung blickt Bonaparte auf den eisernen Rechner (St. Zweig, Fouché 113); Die Sachsen waren immer ein verdächtiges G. von Hofschranzen, Verrätern und Schwachköpfen gewesen (Loest, Pistole 54). **2.** (Kfz-T.) **a)** *zünd- u. verbrennungsfähige Mischung aus Kraftstoff u. Luft;* **b)** *Mischung aus Benzin u. Öl:* G. tanken; die meisten Motorräder fahren [mit] G.

ge|mischt ⟨Adj.⟩: **a)** *aus verschiedenen Bestandteilen bestehend od. zusammengesetzt:* -e Kost; -er Wald; -e *(aus Mitgliedern aus verschiedenen Institutionen, Ländern o. Ä. bestehende)* Kommission; -er *(aus Personen männlichen u. weiblichen Geschlechts bestehender)* Chor; Peru schafft -en *(für Personen männlichen u. weiblichen Geschlechts gegebenen)* Unterricht in öffentlichen Schulen ab (NZZ 27. 1. 83, 7); das Publikum war [bunt] g. *(bestand aus Vertretern verschiedener gesellschaftlicher Schichten, war bunt zusammengewürfelt);* Ü mit -em *(mittelmäßigem)* Erfolg; die Stimmung ist g. (Hamburger Morgenpost 28. 8. 85, 9); **b)** (abwertend) *nicht auf dem erwarteten Niveau; wenig gesittet; gewöhnlich:* eine -e Gesellschaft; auf dem Fest ging es ziemlich g. zu; jetzt wird es g.

ge|mischt|ras|sig ⟨Adj.⟩ (veraltend): *verschiedene Menschentypen betreffend; aus verschiedenen Menschentypen bestehend:* Das Experiment eines -en Staates im südlichen Afrika ist gescheitert. Die Weißen verlassen das Land (Wochenpresse 48, 1983, 38); Marseille ... hat aufgehört, ein Ort fröhlicher -er Konvivialität zu sein (Scholl-Latour, Frankreich 260); Gemischtrassige Mannschaften sind in Südafrika zwar neuerdings erlaubt (Spiegel 50, 1984, 219).

ge|mischt|ras|sisch ⟨Adj.⟩ (veraltend): *gemischtrassig:* Gemischtrassische Diskothek in Johannesburg (Spiegel 16, 1983, 197); Das US-Integrationsmodell einer -en und damit chancengleichen Ausbildung ... (FR 5. 5. 81, o. S.).

ge|mischt|spra|chig ⟨Adj.⟩: *verschiedene Sprachen (als jeweilige Muttersprache) sprechend:* ein -es Gebiet; die Bevölkerung in diesem Grenzland ist g.

Ge|mischt|wa|ren|hand|lung, die (veraltend): *Laden [in einer kleineren Ortschaft], in dem neben Lebensmitteln Gegenstände des täglichen Bedarfs angeboten werden.*

ge|mischt|wirt|schaft|lich ⟨Adj.⟩: *mit privaten u. Staatsgeldern arbeitend u. dabei [auch] Dienstleistungen für die Allgemeinheit erbringend:* Elektrizitätsgesellschaften sind meist -e Betriebe; diese Genossenschaft ist g. organisiert.

ge|mit|telt: ↑mitteln.

Gem|me, die; -, -n [ital. gemma < lat. gemma, urspr. = Auge od. Knospe am Weinstock; schon mhd. gimme, ahd. gimma = Edelstein]: **1.** *[Halb]edelstein mit vertieft od. erhaben eingeschnittenen Figuren (bes. zahlreich in der Antike):* eine Sammlung wertvoller -n. **2.** ⟨meist Pl.⟩ (Biol.) *bei der ungeschlechtlichen Fortpflanzung von Pilzen gebildete dauerhafte Zelle.*

Gem|mo|glyp|tik, die; -: *Glyptik* (1).

Gem|mo|lo|ge, der; -n, -n [↑-loge]: *Fachmann für Schmuck- u. Edelsteine.*

Gem|mo|lo|gie, die; - [↑-logie]: *Lehre, Wissenschaft von den Edelsteinen.*

Gem|mo|lo|gin, die; -, -nen: w. Form zu ↑Gemmologe.

gem|mo|lo|gisch ⟨Adj.⟩: *die Edelsteinkunde betreffend:* -es Laboratorium; einen Stein g. untersuchen.

ge|mocht: ↑mögen.

ge|mol|ken: ↑melken.

ge|mop|pelt: ↑doppelt (1).

Ge|mot|ze, das; -s [zu ↑motzen] (ugs. abwertend): *vorwurfsvolles Kritisieren; Nörgeln:* Was soll denn das G. gegen den Discosound (Amendt, Sexbuch 156).

Gems|bart, Gems|bock, Gem|se usw.: frühere Schreibung für: ↑Gämsbart, Gämsbock, Gämse usw.

Ge|muf|fel, das; -s (ugs. abwertend): *[dauerndes]* [1]*Muffeln.*

Ge|mun|kel, das; -s (ugs.): *[dauerndes] Munkeln, [heimliches] Gerede:* Mit der Zeit ... kam in der Stadt einiges G. auf (Bergengruen, Rittmeisterin 132).

ge|münzt: ↑münzen (2).

Ge|mur|mel, das; -s: *[dauerndes] Murmeln:* beifälliges, ein undeutliches G.

Ge|mur|re, das; -s (abwertend): *[dauerndes] Murren:* drohendes, dumpfes, beifälliges, greisenhaftes G.; seine Worte waren nur noch ein undeutliches G.

Ge|mü|se, das; -s, - [mhd. gemüese, urspr. = Brei, Speise (aus gekochten Nutzpflanzen), Kollektivbildung zu ↑Mus]: **1.** *Pflanzen, deren verschiedene Teile in rohem od. gekochtem Zustand gegessen werden:* grünes, junges G.; G. anbauen, putzen; Fleisch mit Kartoffeln und G.; heute gibt es bei uns G. *(ein Gericht aus Gemüse);* Ü (iron.:) kein höheres G. Nicht einmal ein Major. Leutnants in rauen Mengen (Remarque, Obelisk 281); junges G. (ugs. scherzh.; *[unerfahrene] Jugendliche, Kinder*). **2.** (salopp scherzh.) **a)** *Blumenstrauß, Blumen:* Hier, nimm das G.! Ich kann es nicht im Hause haben. Mein Alter ist zu eifersüchtig (Remarque, Obelisk 70); **b)** (rhein., hess.) *Früchte in der Bowle.*

Ge|mü|se|an|bau, der ⟨o. Pl.⟩: *gärtnerische od. landwirtschaftliche Nutzung einer Bodenfläche für Gemüse.*

Ge|mü|se|an|bau|be|trieb, der: *Unternehmen, in dem Gemüse zu gewerblichen Zwecken angebaut wird.*

Ge|mü|se|art, die: *Art* (4 a) *von Gemüse.*

Ge|mü|se|bau, der ⟨o. Pl.⟩: *Gemüseanbau.*

Ge|mü|se|beet, das: *Beet mit Gemüse.*

Ge|mü|se|bei|la|ge, die (Gastr.): *Gemüse als Beilage* (3).

Ge|mü|se|brü|he, die (landsch.): *Kochwasser von Gemüse.*

Ge|mü|se|ein|topf, der: *Eintopf aus verschiedenen Gemüsen.*

Ge|mü|se|ern|te, die: *Ernte von Gemüse.*

Ge|mü|se|er|zeu|gung, die ⟨o. Pl.⟩: *Erzeugung von Gemüse.*

Ge|mü|se|feld, das: *Feld, auf dem Gemüse angebaut ist.*

Ge|mü|se|frau, die (ugs.): *Frau, die [auf dem Markt] Gemüse verkauft, [auf der Straße] mit Gemüse handelt.*

Ge|mü|se|frit|ze, der (ugs.): *Gemüsehändler.*

Ge|mü|se|gar|ten, der: *Garten[teil], in dem Gemüse angebaut wird:* Ü quer durch den G. (ugs.; *alles bunt durcheinander, von allem etwas*).

Ge|mü|se|ge|schäft, das: *Gemüseladen.*

Ge|mü|se|händ|ler, der: *jmd., der mit Gemüse handelt, einen Gemüseladen besitzt.*

Ge|mü|se|händ|le|rin, die: w. Form zu ↑Gemüsehändler.

Ge|mü|se|hand|lung, die: *Gemüseladen.*

Ge|mü|se|kohl, der (Landw.): *Kohl* (1 a), *der als Gemüse gegessen wird.*

Ge|mü|se|kon|ser|ve, die ⟨meist Pl.⟩: *in einem Glas od. einer Dose verschlossenes, haltbar gemachtes Gemüse.*

Ge|mü|se|la|den, der ⟨Pl. ...läden⟩: *Ladengeschäft, in dem bes. Gemüse verkauft wird.*

Ge|mü|se|mann, der (ugs.): *Mann, der [auf dem Markt] Gemüse verkauft, [auf der Straße] mit Gemüse handelt.*

Ge|mü|se|markt, der: *[Groß]markt, auf dem Erzeuger ihre Gemüse anbieten.*
Ge|mü|se|pa|pri|ka, der: *milder, süßer Paprika* (2) *mit großen Schoten, die als Gemüse gegessen werden.*
Ge|mü|se|pflan|ze, die: *als Gemüse dienende Pflanze.*
Ge|mü|se|plat|te, die: *Platte, auf der verschiedene Gemüse [appetitlich] angerichtet sind.*
Ge|mü|se|saft, der: *aus Gemüse (z. B. Möhren) ausgepresster Saft.*
Ge|mü|se|sa|lat, der: *Salat aus Gemüse.*
Ge|mü|se|sor|te, die: *Gemüseart.*
Ge|mü|se|sup|pe, die: *Suppe mit verschiedenen Gemüsen.*
Ge|mü|se|was|ser, das ⟨o. Pl.⟩: *Kochwasser von Gemüse.*
Ge|mü|se|zu|be|rei|tung, die: *[Art der] Zubereitung von Gemüse.*
Ge|mü|se|zucht, die: *Zucht von Gemüse.*
Ge|mü|se|zwie|bel, die: *große Zwiebel* (1 c), *die als Gemüse gegessen wird.*
ge|mü|ßigt (veraltet): in der Wendung **sich g. sehen/fühlen/finden** (↑bemüßigen).
ge|musst: ↑müssen.
Ge|müt, das; -[e]s, -er [mhd. gemüete = Gesamtheit der seelischen Empfindungen u. der Gedanken; Gemütszustand; Kollektivbildung zu ↑Mut]: **1.** *Gesamtheit der seelischen u. geistigen Kräfte eines Menschen:* ein sanftes, zartes, tiefes, trauriges G.; das G. eines Künstlers, eines Politikers; ihr kleiner Sohn hat ein sonniges G.; du hast vielleicht ein sonniges, kindliches G.! (iron.; *du bist wirklich recht naiv!*); Der »Kaufmann von Venedig« ist vielleicht dasjenige Drama, das die -er der Juristen am meisten erregt hat (NJW 19, 1984, 1066); Doch bangte ich, ob es mir gelingen werde, in die -er der so anders gelenkten Jungen zu dringen (Erh. Kästner, Zeltbuch 128); er sah dem Unglück ... ruhig zu, es rührte nicht wirklich an den Frieden und die Leere seines -s (Kronauer, Bogenschütze 410); ***ein G. haben wie ein Fleischerhund** (ugs.; *gefühllos sein, überhaupt kein Gemüt haben*); **ein G. haben wie ein Veilchen/Schaukelpferd** (salopp; *naiv sein; ohne sich Gedanken zu machen, jmdm. etw. zumuten*). **2.** *geistig-seelisches Empfindungsvermögen; Empfänglichkeit für gefühlserregende Eindrücke:* diese Frau hat viel G.; das rührt ans, ist etwas fürs G.; Ü mir gaben sie wohl zu viel fürs G. *(machten mich betrunken),* denn ich stand schon wieder auf dem Stuhl (Bieler, Bonifaz 60); ***jmdm. aufs G. schlagen** *(deprimierend auf jmdn. wirken);* **jmdm. nach dem -e sprechen** *(so sprechen, reden, dass der andere voll u. ganz damit übereinstimmt);* **sich** ⟨Dativ⟩ **etw. zu -e führen** (1. *etw. beherzigen.* 2. *[etw. Gutes] mit Genuss essen od. trinken*). **3.** *Mensch (in Bezug auf seine geistig-seelischen Regungen):* einfachere -er; er ist ein heiteres, offenes G.; davon hat Ihnen dieses romantische G. erzählt? (Geissler, Nacht 36); inzwischen haben sich die -er beruhigt (Nossack, Begegnung 390); Aber Börsianer haben gar nicht ein so schlichtes G. (Zeit 18. 7. 97, 21); ein Fall, der die -er bewegt (Frisch, Gantenbein 426). ◆ **4.** *Sinn* (3 a): Was habt Ihr im G.? Entdeckt mir's frei (Schiller, Tell IV, 1).
ge|müt|haft ⟨Adj.⟩: *vom Gemüt her bestimmt:* eine -e Persönlichkeit.
ge|müt|lich ⟨Adj.⟩ [mhd. gemüetlich, gemuotlich = angenehm; dem Sinn, der (freudigen) Stimmung entsprechend, zu: gemuete, ↑Gemüt; vgl. ahd. gimuati = angenehm; wohlwollend; die heutigen Bed. seit dem 18. Jh.]: **a)** *eine angenehme, behagliche Atmosphäre schaffend:* eine -e Wohnung; hier finde ich es recht g.; ein g. eingerichtetes Lokal; in der Küche war es g. warm; mach es dir g.! *(schaffe dir Gemütlichkeit!);* **b)** *zwanglos gesellig, ungezwungen:* jetzt beginnt der -e Teil der Veranstaltung; jmdn. zu -em Beisammensein einladen; nun wird es endlich g. hier; sich g. unterhalten; **c)** *umgänglich, freundlich:* ein -er alter Herr; Dieser -e Pfarrer ist von Berufs wegen zur Geduld verpflichtet (Heim, Traumschiff 246); **d)** *in aller Ruhe, gemächlich:* ein -es Tempo; g. spazieren gehen; ... hatte er sich scheinbar aufs -ste eine Sammlung Ansichtspostkarten angeschaut (R. Walser, Gehülfe 96); Er hat das lächerliche Schlösschen geöffnet und den Schmuck g. herausgenommen (Konsalik, Promenadendeck 170); ◆ **e)** *das Gemüt ansprechend, gemütvoll:* Blick und Händedruck, und Küsse, -e Worte (Goethe, Elegien I, XIII).
Ge|müt|lich|keit, die; -: **a)** *[das Gefühl der] Behaglichkeit auslösende Atmosphäre:* die G. der Wohnung; **b)** *zwanglose Geselligkeit, Ungezwungenheit:* Gemeinsame Lieder singen ... G. organisieren (Leonhard, Revolution 178); ein Prosit der G.!; **c)** *Ruhe, Gemächlichkeit:* ich werde diese Arbeit in aller G. in Angriff nehmen; er trank in aller G. sein Bier aus; Er wolle, sagte schließlich Herr Tüverlin mit behutsamer, hinterhältiger G., ... seinem Vaterland nicht zu nahe treten (Feuchtwanger, Erfolg 592); R da hört [sich] doch die G. auf! (ugs.; *das ist unerhört, das kann man sich wirklich nicht bieten lassen*).
Ge|müts|an|la|ge, die: *geistig-seelische Eigenschaft od. Fähigkeit eines Menschen.*
ge|müts|arm ⟨Adj.⟩: *wenig Gemüt* (2) *besitzend; gefühlskalt.*
Ge|müts|ar|mut, die: *gemütsarmes Wesen, Verhalten; Gefühlskälte* (1).
Ge|müts|art, die: *Art des Gemüts* (1): eine weiche, herrschsüchtige G.; ein Mensch von stiller G.; Friedrich Heinrich hatte trotz seiner sonst überaus freundlichen G. erklärt, er wünsche seinen Vater nicht zu sehen (Penzoldt, Mombour 49).
Ge|müts|ath|let, der (ugs.): **a)** (scherzh.) *Mensch, der sich durch nichts aus der Ruhe bringen lässt;* **b)** (iron.) *Rohling; Mensch, den das Leiden, das Unglück o. Ä. eines anderen kalt lässt, der nichts dagegen unternimmt:* dieser G. sieht zu, wie man seine Frau verprügelt.
Ge|müts|ath|le|tin, die (ugs.): w. Form zu ↑Gemütsathlet.
Ge|müts|be|we|gung, die: *seelische Erregung als [sichtbare] Reaktion auf etw.:* ..., dass der Soldat keine G. zeigen solle (Musil, Mann 342).
Ge|müts|fet|zen, der (abwertend): *rührseliges Theaterstück, rührseliger Film.*
ge|müts|kalt ⟨Adj.⟩: *kein Gemüt* (2) *zeigend; gefühlskalt.*
ge|müts|krank ⟨Adj.⟩ (Med., Psych.): *krank in Bezug auf das Gemüt* (1); *an Depressionen leidend.*
Ge|müts|kran|ke, der u. die: *jmd., der gemütskrank ist.*
Ge|müts|krank|heit, die: *seelische Krankheit.*
Ge|müts|krüp|pel, der: **a)** (abwertend) *roher Mensch;* **b)** (scherzh.) *Mensch, der alles mit kühlem Verstand betrachtet od. bewertet u. sich in Bezug auf Handlungen, Entscheidungen u. Ä. nicht durch Gefühle beeinflussen lässt.*
Ge|müts|la|ge, die: *augenblickliche Verfassung des Gemüts* (1).
Ge|müts|lei|den, das: *Gemütskrankheit.*
Ge|müts|mensch, der (ugs.): **a)** *jmd., der sich durch nichts aus der Ruhe bringen lässt; gutmütiger, aber etwas langsamer Mensch:* Ich bin ein G., aber wenn jemand schmatzt wie ein Schwein, dann reißt auch mir einmal der Geduldsfaden (Fels, Unding 112); **b)** (iron.) *jmd., der, ohne über die Schwierigkeiten nachzudenken, anderen fast Unmögliches zumutet:* die Arbeit soll ich in einer Stunde schaffen? Du bist ein G.!
Ge|müts|re|gung, die: *Gemütsbewegung.*
Ge|müts|ru|he, die: *innere Ruhe; Freisein von Aufregung u. Hast:* er bewahrt immer seine G.; der Zug war schon eingefahren, doch er trank noch in aller G. *([fast aufreizend] gemächlich)* sein Bier aus.
Ge|müts|stim|mung, die: *Gemütslage.*
Ge|müts|tie|fe, die ⟨o. Pl.⟩: *Tiefe des Gemüts* (1).
Ge|müts|ver|fas|sung, die: *Gemütslage:* sich in einer heiteren G. befinden; In einer G. von bitterer Düsternis strich er durch die Straßen (Bergengruen, Rittmeisterin 328).
Ge|müts|wert, der: *Wert, den etw. für das Gemüt, für die innere Erlebnisfähigkeit hat.*
Ge|müts|zu|stand, der: *Gemütslage:* unbestimmte Gemütszustände, die wir als Stimmung der Ängstlichkeit, Gereiztheit ... bezeichnen (Musil, Mann 1286).
ge|müt|voll ⟨Adj.⟩: *Gemüt* (2) *besitzend, offenbarend:* Seine knappen und dennoch -en Reden (Grass, Hundejahre 449); Verse g. vortragen; Nicht ausstehen konnte sie diese Person, schon gar nicht ihr g. verzeihen (Bastian, Brut 111); Der verwegene Tanz um den schönen Schein beginnt g., fast kitschig (Spiegel 18, 1997, 208).
gen ⟨Präp. mit Akk.⟩ [mhd. gein, zusgez. aus ↑gegen] (veraltend): *in Richtung; nach, gegen* (I 1 a): Weithin ging der Blick über die Eifel g. Westen (Kuby, Sieg 46); Die hochgespannte Erwartung lässt sich also leicht vorstellen, mit der

ich g. Annaberg fuhr (Heym, Schwarzenberg 104).

Gen, das; -s, -e [gepr. von dem dän. Botaniker W. Johannsen (1857–1927), zu griech. génos, ↑-gen] (Biol.): *in den Chromosomen lokalisierter Träger einer Erbanlage, eines Erbfaktors, der die Ausbildung eines bestimmten Merkmals bestimmt, beeinflusst; Erbträger.*

-gen [griech. -genḗs = hervorbringend, verursachend; hervorgebracht, verursacht, zu: génos = Geschlecht, Abstammung, Gattung, zu: gígnesthai = geboren werden, entstehen]: **1.** kennzeichnet in Bildungen mit Substantiven od. deren Ableitungen die Zugehörigkeit zu diesen */betreffend, angemessen:* filmogen, schmalzogen. **2.** (bes. Med.) **a)** drückt in Bildungen mit Substantiven meist griech. Ursprungs od. deren Ableitungen aus, dass etw. gebildet, hervorgerufen wird: akneigen *(Akne verursachend);* **b)** drückt in Bildungen mit Substantiven meist griech. Ursprungs od. deren Ableitungen aus, dass etw. der Auslöser, der Ausgangspunkt ist: iktogen *(durch plötzlich auftretende Krankheiten ausgelöst, bedingt),* urethrogen *(von der Harnröhre ausgehend).*

gen. = genannt.

Gen. = Genitiv; Genosse; Genossin; Genossenschaft.

Gen|ana|ly|se, die: *Analyse* (2) *eines Gens, von Genen zur Ermittlung der vorhandenen Erbanlagen.*

ge|nannt: ↑nennen.

ge|nant [ʒeˈnant] ⟨Adj.⟩ [frz. gênant, adj. 1. Part. von: gêner, ↑genieren]: **a)** (veraltend) *unangenehm, peinlich:* es war [ihm] etwas g., dass er nicht entsprechend gekleidet war; **b)** *sich leicht, unangebrachterweise genierend; etw.* (z. B. Nacktheit) *als peinlich empfindend:* ein -es Kind; er stand etwas g. abseits in einer Ecke; sei nicht so g.; Berufliche Fahrten in der ersten Klasse sind ihr immer noch so g. wie Spesenrittertum und Partyrummel (Spiegel 39, 1998, 164).

ge|nas: ↑genesen.

ge|nä|schig ⟨Adj.⟩ (geh.): *naschhaft:* ein -es Kind; Dort wollten ... saftige Williams-Christ-Birnen dem Zugriff -er Wespen entzogen sein (Lentz, Muckefuck 59).

Ge|nä|schig|keit, die; -: *Naschhaftigkeit.*

ge|nä|se: ↑genesen.

Ge|nä|sel, das; -s (oft abwertend): *[als unangenehm empfundenes] dauerndes Näseln:* das G. des Redners war sehr störend.

ge|nas|führt: ↑nasführen.

ge|nau [mhd. genou = knapp, eng; sorgfältig, zu gleichbed. nou, zu mhd. niuwen, ahd. hniuwan = zerreiben, zerstoßen u. eigtl. = drückend, kratzend]: **I.** ⟨Adj.⟩ **a)** *mit einem Muster, Vorbild, einer Vergleichsgröße [bis in die Einzelheiten] übereinstimmend; einwandfrei stimmend, exakt:* eine -e Waage; die -e Uhrzeit; den -en Wortlaut einer Rede wiedergeben; es ist jetzt g. acht Uhr; das ist g. das Gleiche; er konnte sich g. daran erinnern; die Länge stimmte auf den Millimeter g.; die Schuhe passen g. *(sind nicht zu groß u. nicht zu klein);* ⟨subst.:⟩ Genaues, Genaueres weiß ich nicht *(die einzelnen Zusammenhänge, Hintergründe kenne ich nicht);* **b)** *gründlich, gewissenhaft ins Einzelne gehend; sorgfältig:* -e Kenntnis; er ist in allem sehr g.; er arbeitet ihm nicht g. genug; etw. ist peinlich g. durchdacht; ich kenne ihn ganz g.; etw. g., genau[e]stens unterscheiden; die Vorschriften müssen aufs Genau[e]ste beachtet werden; g. genommen *(wenn man es gründlich betrachtet; eigentlich, im Grunde);* Da der Begriff »normal« für den Menschen g. genommen nicht existiert (Lorenz, Verhalten I, 111); ***es mit etw. [nicht so] g. nehmen** *(auf die Einhaltung, Erfüllung von etw. [nicht] sehr bedacht sein):* er nimmt es mit der Wahrheit, mit den Vorschriften nicht so g.; **c)** (landsch.) *sparsam; haushälterisch:* Sie gibt nicht einen Dollar mehr aus, als sie kann. Sie ist eine -e Frau (L. Frank, Wagen 52); Aber er hatte eben auch die Schattenseiten der Großzügigkeit, ... und da ich von Mama her ziemlich viel von den Lassenthins abbekommen habe, die sehr -e Leute sind ..., ärgerte mich das manchmal (Fallada, Herr 8); ◆ **d)** *eng, vertraut:* Duschels in Prag, unsre -sten Freunde dort (Mörike, Mozart 265). **II.** ⟨Adv.⟩ betont die Exaktheit, Genauigkeit einer Angabe, drückt bestätigend aus, dass etw. gerade richtig, passend, wie geschaffen für etw. ist; *gerade* (III), *eben* (II): das kommt g. zur rechten Zeit; er ist g. der Mann für diese Aufgabe; als Ausdruck der Hervorhebung, der reinen Verstärkung einer Aussage: g. das wollte ich sagen; g. das ist nötig!; g. das Gegenteil ist der Fall; als Ausdruck bestätigender Zustimmung: [g.,] g.! *(so ist es!).*

ge|nau ge|nom|men: s. genau (I b).

Ge|nau|ig|keit, die; -: **a)** *das Genausein* (I a): die G. einer Waage; Die Strafaktion dauerte eine Stunde ... Es geschah mit mathematischer G. (Müthel, Baum 154); **b)** *das Genausein* (I b): etw. mit pedantischer G. befolgen; jeden Tag wurden wir mehr und mehr dazu angehalten, nicht so sehr auf G. als vielmehr auf Schnelligkeit zu sehen (Leonhard, Revolution 222); die letzte Rechnung, so forderte sie mit puritanischer G., musste beglichen, die letzte fällige Rate abgeführt werden (Fussenegger, Haus 531); **c)** *das Genausein* (I c).

ge|nau|so ⟨Adv.⟩: *in derselben Weise, in demselben Maße:* sie macht alles [ganz] g. wie er; das Wetter ist heute g. schlecht wie gestern; ich habe beide Sorten probiert, diese schmeckt g. [ausgezeichnet]; Dies gilt g. für Freuden, wie es für zugefügte Schmerzen gilt (Dwinger, Erde 51); du kannst g. gut die Bahn nehmen; er hat g. häufig, g. oft gefehlt; das dauert g. lange; sie hat g. viel bekommen; sie ist g. weit gelaufen; das stört mich g. wenig.

ge|nau|so gut, ge|nau|so häu|fig, ge|nau|so lan|ge usw.: s. genauso.

Gen|bank, die ⟨Pl. -en⟩ (Bot., Landw.): *Einrichtung zur Sammlung, Erhaltung u. Nutzung des Genmaterials bestimmter Pflanzenarten:* G. für Wildpflanzen (Salzburger Nachr. 17. 2. 86, 4); Die G. beherbergt in ihren Tiefkühlschränken ... jeweils mehrere Tausend Nachkommen einer Pflanze, die in Samenform aufbewahrt werden (Welt 27. 12. 91, 17).

Gen|chi|rur|gie, die: *Genmanipulation.*

Gen|darm [ʒanˈdarm, auch: ʒãˈ...], der; -en, -en [frz. gendarme = Polizeisoldat, urspr. = bewaffneter Reiter < gens d'armes = bewaffnete Männer, aus: gens = Leute u. armes = Waffen]: **1.** (österr., sonst veraltet): *(bes. auf dem Land eingesetzter) Polizist; Angehöriger einer Gendarmerie:* Rosina ... bekam einen Tobsuchtsanfall, vier -en mussten sie bändigen (Mostar, Unschuldig 82). ◆ **2.** *bewaffneter Reiter:* Ein Wütender auf einem Berberross ... sprengt vor mit den -en (Schiller, Jungfrau V, 11).

Gen|dar|me|rie [ʒandarməˈriː, auch: ʒãd...], die; -, -n [frz. gendarmerie] (österr., sonst veraltet): *Einheit der staatlichen Polizei in Landbezirken; Gesamtheit der Gendarmen:* nach einer groß angelegten Suchaktion, an der sich alle verfügbaren Kräfte der G., der Feuerwehr ... beteiligten (MM 20. 8. 68, 6).

Gen|dar|me|rie|be|am|te, der (österr., sonst veraltet): *Beamter der Gendarmerie.*

Gen|dar|me|rie|be|am|tin, die: w. Form zu ↑Gendarmeriebeamte.

Gen|dar|me|rie|in|spek|tor, der (österr., sonst veraltet): *Inspektor der Gendarmerie.*

Gen|dar|me|rie|in|spek|to|rin, die: w. Form zu ↑Gendarmerieinspektor.

Gen|dar|me|rie|ka|ser|ne, die (österr., sonst veraltet): *Kaserne für die Gendarmerie.*

Gen|dar|me|rie|of|fi|zier, der (österr., sonst veraltet): *Offizier der Gendarmerie.*

Gen|dar|me|rie|pos|ten, der (österr., sonst veraltet): *Gendarmeriestation.*

Gen|dar|me|rie|sta|ti|on, die (österr., sonst veraltet): *Station, Dienststelle der Gendarmerie.*

Gen|de|fekt, der: *Defekt, Störung in der Struktur eines Gens:* Menschen mit angeborener Enzymschwäche ... Freilich ist der für diese Krankheit verantwortliche G. überaus selten (Wochenpresse 13, 1984, 58); Aufgrund des -s sondern die Zellen in den Atemwegen Schleim ab (Zeit 25. 10. 96, 17).

Gene [ʒɛːn], die; - [frz. gêne, veraltet auch: Folter < afrz. gehine = das durch Folter erpresste Geständnis] (veraltet): *[selbst auferlegter] Zwang; Unbehagen, Unbequemlichkeit.*

Ge|ne|a|lo|ge, der; -n, -n [lat. genealogus = jmd., der ein Geschlechtsregister anfertigt < griech. geneálogos]: *Wissenschaftler, Forscher auf dem Gebiet der Genealogie.*

Ge|ne|a|lo|gie, die; -, -n [2: lat. genealogia < griech. genealogía, zu: geneá = Geburt, Abstammung u. ↑-logie]: **1.** ⟨o. Pl.⟩ *Forschungsgebiet, das sich mit der Herkunft u. den Verwandtschaftsverhältnissen bestimmter Personen, Familien, Sippen, mit Ursprung, Folge u. Verwandtschaft der Geschlechter befasst;*

Geschlechterkunde. **2.** *[Darstellung der] Abstammung einer Person, Geschlechterfolge einer Familie, Sippe:* die G. eines Adelsgeschlechts; Wer kennt den Menschen ganz? Was ahnt er selbst von seiner unerforschlichen G.? *(Herkunft, Abstammung;* A. Kolb, Schaukel 117).

Ge|ne|a|lo|gin, die; -, -nen: w. Form zu ↑Genealoge.

ge|ne|a|lo|gisch ⟨Adj.⟩: *die Genealogie betreffend:* -e Daten; die Verwandtschaftsverhältnisse g. untersuchen.

ge|nehm ⟨Adj.⟩ [mhd. genæme, eigtl. = was gern genommen wird, zu ↑nehmen]: **a)** in der Verbindung **jmdm. g. sein** (geh.; *jmdm. angenehm, willkommen, erwünscht sein*): diese Lösung war ihm sehr g.; sie war ihm als Mitarbeiterin nicht g.; ⟨auch attr.:⟩ ist das ein Ihnen -er Termin?; durch die ihr -e Möglichkeit (Musil, Mann 1331); ◆ **b)** in der Verbindung **g. halten** *(billigen):* da sie ihm ... entdeckte, dass der Hass Agathons keinen andern Ursprung habe, als weil sie nicht für gut befunden, seine Liebe g. zu halten (Wieland, Agathon 12, 6).

◆ **Ge|nehm|hal|ten,** das; -s: *(in der Kanzleisprache) Genehmigung:* ... noch länger bei der Armee zu verbleiben und ohne unser G. sich nicht von uns zu trennen (Schiller, Piccolomini IV, 1).

ge|neh|mi|gen ⟨sw. V.; hat⟩: **1.** *(bes. amtlich, offiziell) die Ausführung, Verwirklichung einer Absicht, die jmd. als Antrag, Gesuch o. Ä. vorgebracht hat, gestatten:* die Baubehörde hat den Anbau genehmigt. **2.** ⟨g. + sich⟩ (ugs. scherzh.) *sich den Genuss* (1) *von etw. gestatten:* soll ich mir noch ein Paar Würstchen g. (Döblin, Alexanderplatz 93); sich ein Gläschen Wein g.; ⟨auch ohne sich:⟩ als sie ein einziges Schlückchen genehmigte *(zu sich nahm;* Klepper, Kahn 113); ***sich** ⟨Dativ⟩ **einen g.** (ugs. scherzh.; *einen Schnaps o. Ä. trinken*); ⟨auch ohne sich:⟩ von jenen, welche darauf bestehen, niemals vor fünf Uhr nachmittags einen zu g. (Bamm, Weltlaterne 127).

Ge|neh|mi|gung, die; -, -en: **a)** *das Genehmigen* (1): eine offizielle G.; die G. zur Ausreise erteilen; eine G. einholen, erhalten; mit polizeilicher G.; **b)** *Schriftstück, Papier, auf dem etw. (amtlich) genehmigt wird:* eine G. vorlegen.

Ge|neh|mi|gungs|pflicht, die ⟨o. Pl.⟩ (Amtsspr.): *gesetzliche Verpflichtung, für etw. von offizieller Stelle die Genehmigung einzuholen:* G. für Anlagen zur Abfallbeseitigung; Unter G. stellte der Kongress vornehmlich die Abtrennung des Bombenstoffs Plutonium (Spiegel 50, 1994, 40).

ge|neh|mi|gungs|pflich|tig ⟨Adj.⟩ (Amtsspr.): *der Genehmigungspflicht unterliegend.*

Ge|neh|mi|gungs|pra|xis, die: *Art u. Weise, Praxis* (1 b) *eine Genehmigung* (a) *zu erteilen:* Durch die G. des Kultusministeriums ... haben Fakultäten nur die Möglichkeit, eine detaillierte Prüfungsordnung ... auszuarbeiten (Nuissl, Hochschulreform 157).

Ge|neh|mi|gungs|vor|be|halt, der (Rechtsspr.): *staatlicher Vorbehalt der Genehmigungspflicht:* Die Staatsaufsicht ... hat durch gewisse Genehmigungs- und Bestätigungsvorbehalte ... die Rechtmäßigkeit der Akte der kommunalen Selbstverwaltung ... zu sichern (Fraenkel, Staat 161).

ge|neigt ⟨Adj.⟩ [eigtl. = zum Ausdruck des Wohlwollens zu einem Bittenden (hinunter)geneigt]: **1.** ***zu etw. g. sein, sich zu etw. g. zeigen** *(Neigung haben, bereit sein, etw. zu tun):* ist der Beamte immer zu Einwänden g. (Jünger, Capriccios 30); er war [nicht] g., das Angebot anzunehmen; Er war nicht im Geringsten g., sich näher auszulassen (Seghers, Transit 193). **2.** ***jmdm. g. sein** (geh.; *jmdm. wohlgesinnt sein; wohlwollend gegenüberstehen*): sein Vorgesetzter war ihm nicht sonderlich g.; Seine Frau, die ... der Mythologie -er *(für sie aufgeschlossener)* war (Grass, Hundejahre 69).

Ge|neigt|heit, die; -: **1.** *das Geneigtsein* (1), *Bereitschaft.* **2.** (geh.) *das Geneigtsein* (2), *Zugetansein, Wohlwollen.*

Ge|ne|ra: Pl. von ↑Genus.

Ge|ne|ral, der; -s, -e u. ...räle [1: frz. (capitaine, lieutenant) général; 2 a: mhd. general = Oberhaupt eines Mönchsordens < kirchenlat. generalis (abbas), zu lat. generalis = allgemein, zu: genus, ↑Genus]: **1. a)** ⟨o. Pl.⟩ *[höchster] Dienstgrad der höchsten Rangklasse der Offiziere;* **b)** *Offizier des Dienstgrades General* (1 a): Generale kamen vor das Tribunal (Benn, Leben 16); Deutsche Truppen unter den Generälen Gerstenberg und Stacherl ergeben sich (MM 22. 8. 69, 10); die Pläne des kommandierenden -s Meier; die Absicht G. Meiers. **2. a)** *oberster Vorsteher einer kath. Ordensgemeinschaft;* **b)** *oberster Vorsteher der Heilsarmee.* **3.** (bes. Politik Jargon) *Generalsekretär.*

Ge|ne|ral-: 1. drückt in Bildungen mit Substantiven aus, dass etw. alles umfasst, alles und alle betrifft: Generalaussperrung, -debatte, -überholung. **2.** kennzeichnet in Bildungen mit Substantiven jmdn. als Leiter[in], als Inhaber[in] der höchsten Stellung oder etw. als höchste Institution/ *Haupt-, oberste[r]:* Generalintendant, -bundesanwalt, -sekretariat.

Ge|ne|ral|ab|so|lu|ti|on, die (kath. Kirche): **1.** *einem od. mehreren Gläubigen in bestimmten Notsituationen erteilte sakramentale Lossprechung von allen Sünden ohne vorhergehendes persönliches Schuldbekenntnis.* **2.** *vollkommener Ablass in Verbindung mit den Sakramenten der Buße u. Eucharistie (für Sterbende od. Ordensmitglieder).*

Ge|ne|ral|ad|mi|ral, der: **1.** *Offizier der Kriegsmarine im Range eines Generalobersten.* **2.** ⟨o. Pl.⟩ *Titel der ältesten Admirale im 17. u. 18. Jh.*

Ge|ne|ral|agent, der (Wirtsch.): *Generalvertreter.*

Ge|ne|ral|agen|tin, die (Wirtsch.): w. Form zu ↑Generalagent.

Ge|ne|ral|agen|tur, die: *Generalvertretung; Hauptgeschäftsstelle.*

Ge|ne|ral|am|nes|tie, die (Rechtsspr.): *Amnestie für eine größere Anzahl von Personen.*

Ge|ne|ral|an|griff, der: *groß angelegter Angriff, Hauptangriff:* den G. des Gegners abwehren.

Ge|ne|ral|arzt, der: *im militärischen Sanitätswesen Arzt im Rang eines Generals.*

Ge|ne|ral|ärz|tin, die: w. Form zu ↑Generalarzt.

Ge|ne|ra|lat, das; -[e]s, -e: **1.** *Würde, Amt eines Generals* (1). **2.** (kath. Kirche) **a)** *Amt, Amtszeit eines Generaloberen;* **b)** *Amtssitz eines Generaloberen.*

Ge|ne|ral|at|ta|cke, die: vgl. Generalangriff.

Ge|ne|ral|aus|sper|rung, die: *groß angelegte, in mehreren od. allen Betrieben einer Branche* (a) *durchgeführte Aussperrung:* Der Verband der Zechenbesitzer hatte über die streikenden Bergleute die G. verhängt (Marchwitza, Kumiaks 262).

Ge|ne|ral|bass, der [ital. basso generale] (Musik): *(bes. im 17. u. 18. Jh.) einer Komposition durchlaufend zugrunde liegende Bassstimme, meist mit den vom Komponisten zugefügten Ziffern u. Zeichen, nach denen auf einem Tasteninstrument eine mehrstimmige Begleitung zu spielen ist; Basso continuo.*

Ge|ne|ral|bass|in|stru|ment, das: *Musikinstrument (bes. Orgel, Cembalo), auf dem die durch den Generalbass festgelegten Harmonien akkordisch gespielt werden.*

Ge|ne|ral|beich|te, die [nach mlat. confessio generalis] (kath. Kirche): *in bestimmten Situationen empfohlene od. notwendige Beichte über das ganze Leben od. einen größeren Lebensabschnitt.*

Ge|ne|ral|be|voll|mäch|tig|te, der u. die (Rechtsspr., Wirtsch., Politik): *jmd., der eine Generalvollmacht besitzt.*

Ge|ne|ral|bun|des|an|walt, der: *Leiter der Staatsanwaltschaft beim Bundesgerichtshof.*

Ge|ne|ral|bun|des|an|wäl|tin, die: w. Form zu ↑Generalbundesanwalt.

Ge|ne|ral|de|bat|te, die: *umfassende Debatte über etw. in seiner Gesamtheit:* Im modernen England beschäftigen sich die Haushaltsdebatten nur noch formell mit Budgetproblemen und dienen tatsächlich dazu, die Gesamtpolitik der Regierung einer G. zu unterwerfen (Fraenkel, Staat 57).

Ge|ne|ral|di|rek|ti|on, die: *Hauptdirektion, übergeordnete Direktion* (2 a): Ein Vorentwurf der G. »Soziale Angelegenheiten« der EWG-Kommission sieht vor, dass ... (Welt 8. 9. 62, 9).

Ge|ne|ral|di|rek|tor, der: **a)** ⟨o. Pl.⟩ *Position der obersten Instanz an der Spitze der Leitung eines großen Unternehmens;* **b)** *jmd., der die Position eines Generaldirektors* (a) *innehat.*

Ge|ne|ral|di|rek|to|rin, die: w. Form zu ↑Generaldirektor (b).

Ge|ne|ra|le, das; -s, ...lien, auch: ...lia [lat. generale, zu: generalis, ↑General] (bildungsspr.): *allgemein Gültiges; allgemeine Angelegenheiten.*

Ge|ne|ral|feld|mar|schall, der: **a)** ⟨o. Pl.⟩ *höchster militärischer Dienstgrad;* **b)** *Offizier des höchsten militärischen Dienstgrads.*

◆ **Ge|ne|ral|ge|wal|ti|ge,** der; -n, -n ⟨Dekl. ↑Abgeordnete⟩: *Profos:* Heimreitend hielt er vor dem Zelt des -n, hieß ihn seinen roten Mantel umwerfen und ... folgen (C. F. Meyer, Page 153).

Ge|ne|ral|gou|ver|ne|ment, das: **1.** *größeres Gouvernement.* **2.** *Statthalterschaft.*

Ge|ne|ral|gou|ver|neur, der: *Leiter eines Generalgouvernements; Statthalter, oberster Beamter (bes. in Kolonien).*

Ge|ne|ral|han|del, der (Wirtsch.): *gesamte Ein- u. Ausfuhr eines Landes einschließlich Durchfuhr.*

Ge|ne|ra|lia: Pl. von ↑Generalien.

Ge|ne|ra|lin, die; -, -nen: **1.** w. Form zu ↑General (1 b, 2 b). **2.** (veraltet): *Frau eines Generals:* ◆ »Sie ... sind bei den Mozarts gewesen?« – »Zehn himmlische Tage!« – »O liebe süße, einzige G., erzählen Sie ...!« (Mörike, Mozart 225).

Ge|ne|ral|in|spek|teur, der: *unmittelbar dem Verteidigungsminister unterstehender ranghöchster Soldat u. höchster Repräsentant der Bundeswehr.*

Ge|ne|ral|in|spek|ti|on, die: *gründliche, umfassende Inspektion.*

Ge|ne|ral|in|ten|dant, der: *für die künstlerische Gestaltung u. die Verwaltung verantwortlicher Leiter eines größeren Theaters mit mehreren Gattungen der darstellenden Kunst:* er wurde zum -en ernannt.

Ge|ne|ral|in|ten|dan|tin, die: w. Form zu ↑Generalintendant.

Ge|ne|ra|li|sa|ti|on, die; -, -en (seltener): *Generalisierung.*

ge|ne|ra|li|sie|ren ⟨sw. V.; hat⟩ [frz. généraliser] (bildungsspr.): *verallgemeinern:* Man soll gewiss nicht g. und sich auch nicht zu Kurzschlüssen verleiten lassen (Dönhoff, Ära 47).

ge|ne|ra|li|siert ⟨Adj.⟩ (Med.): *(bes. von Hautkrankheiten) über den ganzen Körper verbreitet.*

Ge|ne|ra|li|sie|rung, die; -, -en (bildungsspr.): *das Generalisieren; Verallgemeinerung:* vor -en sollte man sich hüten.

Ge|ne|ra|lis|si|mus, der; -, ...mi u. ...musse [ital. generalissimo] (Milit.): *oberster Befehlshaber, Kommandierender.*

Ge|ne|ra|list, der; -en, -en: *jmd., der in seinen Interessen nicht auf ein bestimmtes Gebiet festgelegt ist:* dass unsere akademische Tradition beinahe ausschließlich Spezialisten produzierte ... und sich so ein beängstigender Mangel an -en ergab (Gruhl, Planet 253).

Ge|ne|ra|lis|tin, die; -, -nen: w. Form zu ↑Generalist.

Ge|ne|ra|li|tät, die; -, -en ⟨Pl. selten⟩ [1: lat. generalitas; 2: zu ↑General]: **1.** (veraltet) *Allgemeinheit, Gesamtheit.* **2.** (Milit.) *Gesamtheit der Generale (eines Staates):* Die in innenpolitischer Opposition stehende türkische G. (Spiegel 48, 1965, 37).

ge|ne|ra|li|ter ⟨Adv.⟩ [lat. generaliter, Adv. von: generalis, ↑General] (bildungsspr. veraltend): *im Allgemeinen, ganz allgemein betrachtet; im Ganzen gesehen:* Nehmen Sie daher g. den Standpunkt ein, dass Ihr Pferd immer besten Willens ist (Dwinger, Erde 184).

Ge|ne|ral|ka|pi|tel, das (kath. Kirche): *die höchste gesetzgeberische Gewalt in den Ordensgemeinschaften besitzende, in größeren Zeitabständen stattfindende Versammlung der Oberen aus den einzelnen Klöstern u. Ordensbereichen.*

Ge|ne|ral|klau|sel, die (Rechtsspr.): *Gesetzesbestimmung, welche die von ihr erfassten Sachverhalte nicht aufzählt u. beschreibt, sondern nur abstrakt umschreibt.*

Ge|ne|ral|kom|man|do, das: *oberste Kommandostelle u. Verwaltungsbehörde eines Armeekorps.*

Ge|ne|ral|kon|gre|ga|ti|on, die (kath. Kirche): *Versammlung einer kirchlichen Körperschaft, an der alle stimmberechtigten Mitglieder teilnehmen.*

Ge|ne|ral|kon|sul, der: *der höchsten Rangklasse angehörender Konsul* (2), *der Leiter eines meist zu einem größeren Bezirk gehörenden Konsulats ist.*

Ge|ne|ral|kon|su|lat, das: **a)** *Amt eines Generalkonsuls;* **b)** *Amtssitz, -gebäude eines Generalkonsuls.*

Ge|ne|ral|kon|su|lin, die: w. Form zu ↑Generalkonsul.

Ge|ne|ral|leut|nant, der: **a)** ⟨o. Pl.⟩ *zweithöchster Dienstgrad in der Rangklasse der Generale;* **b)** *Offizier des Dienstgrads Generalleutnant* (a).

Ge|ne|ral|li|nie, die: *für einen bestimmten Bereich allgemein geltende, für alle verpflichtende Richtlinie mit oft programmatischem Charakter:* die G. einer Partei.

Ge|ne|ral|ma|jor, der: **a)** ⟨o. Pl.⟩ *dritthöchster Dienstgrad in der Rangklasse der Generale;* **b)** *Offizier des Dienstgrads Generalmajor* (a).

Ge|ne|ral|mu|sik|di|rek|tor, der (Abk.: GMD): **a)** ⟨o. Pl.⟩ *Titel des obersten musikalischen Leiters eines städtischen Opernhauses, Orchesters;* **b)** *Dirigent mit dem Titel Generalmusikdirektor* (a).

Ge|ne|ral|nen|ner, der: *Hauptnenner:* Ü man kann alle diese Argumente auf einen G. bringen *(zu einem Hauptargument zusammenfassen).*

Ge|ne|ral|obe|re, der (kath. Kirche): *höchster Oberer einer Ordensgemeinschaft.*

Ge|ne|ral|oberst, der: **a)** ⟨o. Pl.⟩ *in der deutschen Wehrmacht erste Hauptstufe über dem General;* **b)** *Offizier des Dienstgrads Generaloberst* (a).

Ge|ne|ral|par|don, der: **a)** (veraltet) *Generalamnestie:* ◆ Leset selbst, hier ist der G. unterschrieben (Schiller, Räuber II, 3); Der König schreibe einen G. aus (Goethe, Egmont IV); **b)** *pauschale Vergebung von jmds. Verfehlungen:* das Einzige, was jetzt kommen muss, ist die große Vergebung. Der G. Die Absolution! (Kirst, 08/15, 761).

Ge|ne|ral|pau|se, die (Musik): *in einem Musikwerk mit mehreren Instrumenten [u. Singstimmen] auftretende, meist als starke Zäsur wirkende Pause für alle beteiligten Stimmen.*

Ge|ne|ral|prä|ven|ti|on, die (Rechtsspr.): *allgemeine Abschreckung von strafbaren Taten durch Androhung u. Verbüßung von Strafen.*

ge|ne|ral|prä|ven|tiv ⟨Adj.⟩: *allgemein abschreckend:* Nicht einmal die Todesstrafe habe -e Wirkung (MM 19. 4. 73, 13); g. ist nichts zu bewirken.

Ge|ne|ral|pro|be, die: **1.** *meist ohne Unterbrechung ablaufende letzte Probe vor der Premiere im Theater, vor der ersten Aufführung eines Bühnenstücks, Konzerts o. Ä.:* erst auf der G. würde man es von ihm zu sehen bekommen, wie ... (K. Mann, Mephisto 62). **2.** (Sport) *abschließendes Testspiel vor einem entscheidenden Spiel:* Als G. will Hertha BSC ... gegen Blau-Weiß spielen (Welt 29. 10. 69, 13).

Ge|ne|ral|pro|fos, der; -es u. -en, -e[n]: (hist.) **1.** *mit Polizeibefugnissen u. dem Recht über Leben u. Tod ausgestatteter Offizier (in den mittelalterlichen Söldnerheeren).* **2.** *Leiter der Militärpolizei in Österreich (bis 1866).*

Ge|ne|ral|pro|ku|ra|tor, der (kath. Kirche): *Vertreter eines geistlichen Ordens beim Vatikan.*

Ge|ne|ral|quar|tier|meis|ter, der: **1.** (früher): *wichtigster Adjutant eines Feldherrn seit der zweiten Hälfte des 17. Jh.s; engster Mitarbeiter des Chefs des Generalstabs.* **2.** *Verantwortlicher für die Verpflegung aller Fronttruppen im 2. Weltkrieg.*

◆ **Ge|ne|ral|re|gle|ment,** das: *Hauptregel:* Ausdrücke, die weder im Handel und Wandel noch ... in -s ... gang und gäbe wären (Jean Paul, Siebenkäs 11).

Ge|ne|ral|re|prä|sen|tanz, die (österr.): *Alleinvertretung.*

Ge|ne|ral|re|si|dent, der (hist.): *oberster Vertreter Frankreichs in den ehemaligen französischen Protektoraten Marokko u. Tunesien.*

Ge|ne|ral|schlüs|sel, der: *Hauptschlüssel:* Ü Die Entdeckung der Arbeit und die Logik der Produktion, so fundamental sie sind, liefern keinen G. zu allen Fragen der Existenz, des Bewusstseins, der Wahrheit und des Wissens (Sloterdijk, Kritik 95).

Ge|ne|ral|se|kre|tär, der: *oberster Geschäftsführer einer Partei, eines wirtschaftlichen, wissenschaftlichen o. ä. Verbandes od. einer internationalen Organisation.*

Ge|ne|ral|se|kre|ta|ri|at, das: **a)** ⟨o. Pl.⟩ *Amt eines Generalsekretärs;* **b)** *Sitz eines Generalsekretärs.*

Ge|ne|ral|se|kre|tä|rin, die: w. Form zu ↑Generalsekretär.

Ge|ne|rals|rang, der: *Rang eines Generals:* ein Offizier im G.

Ge|ne|rals|strei|fen ⟨Pl.⟩: *rote, seitlich angebrachte Streifen an der Hose der Generalsuniform.*

Ge|ne|ral|staa|ten ⟨Pl.⟩: **1.** *das niederländische Parlament.* **2.** (hist.) *im 15. Jh. der vereinigte Landtag der niederländischen Provinzen.* **3.** (hist.) *1593–1796 die Abgeordnetenversammlung der sieben niederländischen Nordprovinzen.*

Ge|ne|ral|staats|an|walt, der: *oberster Staatsanwalt beim Oberlandesgericht.*

Ge|ne|ral|stab, der: *Kreis von ausgewählten, besonders ausgebildeten Offizieren, der den obersten Befehlshaber od.*

Heerführer beratend unterstützt: Ein Offizier sprach so, irgendein großes Tier im G. (Simmel, Affäre 165).

Ge|ne|ral|stäb|ler, der; -s, -: *dem Generalstab angehörender Offizier.*

Ge|ne|ral|stabs|chef, der: *Chef des Generalstabs.*

Ge|ne|ral|stabs|kar|te, die (früher): *amtliche Landkarte (bes. des Deutschen Reichs).*

Ge|ne|ral|stabs|of|fi|zier, der: *dem Generalstab angehörender Offizier.*

Ge|ne|ral|stän|de ⟨Pl.⟩ (hist.): *États généraux.*

Ge|ne|ral|streik, der: *[politischen Zielen dienender] allgemeiner Streik der Arbeitnehmer eines Landes.*

Ge|ne|rals|uni|form, die: *Uniform eines Generals.*

Ge|ne|ral|su|per|in|ten|dent, der (ev. Kirche): *dem Bischof od. Prälaten rangmäßig entsprechender leitender Geistlicher einer Landeskirche.*

Ge|ne|ral|sy|no|de, die: **1.** *oberste Synode der ev. Kirche.* **2.** (veraltet) *allgemeines Konzil der römisch-katholischen Kirche.*

Ge|ne|rals|zü|gel ⟨Pl.⟩ (Milit. Jargon früher): *Riemen am Sattelrist.*

ge|ne|ral|über|ho|len ⟨sw. V.; nur im Inf. u. Part. gebr.⟩ (bes. Technik): *im Ganzen auf sämtliche möglicherweise vorhandenen Fehler hin überprüfen u. alle Mängel beseitigen:* seinen Wagen g. lassen; Die Bilanzen stimmen, aber das Programm muss generalüberholt werden (Woche 3. 4. 98, 19); ein im Werk generalüberholter Motor.

Ge|ne|ral|über|ho|lung, die: *das Generalüberholen.*

Ge|ne|ral|ver|samm|lung, die: *Versammlung sämtlicher Mitglieder einer Gesellschaft, Genossenschaft, eines Vereins o. Ä.; Hauptversammlung.*

Ge|ne|ral|ver|tre|ter, der: *Alleinvertreter.*

Ge|ne|ral|ver|tre|te|rin, die: w. Form zu ↑Generalvertreter.

Ge|ne|ral|ver|tre|tung, die: *Alleinvertretung.*

Ge|ne|ral|ver|trieb, der: *Alleinvertrieb.*

Ge|ne|ral|vi|kar, der (kath. Kirche): *ständiger Vertreter des Bischofs einer Diözese für den Bereich der Verwaltung.*

Ge|ne|ral|vi|ka|ri|at, das (kath. Kirche): *für die Verwaltung zuständige Behörde einer Diözese.*

Ge|ne|ral|voll|macht, die (Rechtsspr., Wirtsch., Politik): *unbeschränkte Vollmacht für alle Absprachen, Abschlüsse, Geschäfte, Verträge o. Ä.*

Ge|ne|ra|ti|a|nis|mus, der; - [zu lat. generatio, ↑Generation]: *Lehre im altchristlichen Traduzianismus von der Entstehung der menschlichen Seele durch elterliche Zeugung.*

Ge|ne|ra|tio ae|qui|vo|ca [lat. = mehrdeutige Zeugung, ↑Generation, ↑äquivok]: *(bis ins 19. Jh. vertretene) Hypothese von der fortwährenden Entstehung des Lebens auf der Erde aus nicht lebender Materie ohne göttlichen Schöpfungsakt; Generatio spontanea; vgl. Urzeugung.*

Ge|ne|ra|ti|on, die; -, -en [lat. generatio = Zeugung(fähigkeit); Generation, zu: generatum, ↑generativ]: **1. a)** *einzelnes Glied der Geschlechterfolge, bei der Großeltern, Eltern, Kinder, Enkel unterschieden werden:* der Ring wurde von G. zu G. weitergegeben; in diesem Haus wohnen drei -en *(Vertreter dreier Generationen);* **b)** (Biol.) *in der Entwicklung einer Tier-, Pflanzenart die zum Prozess der Fortpflanzung gehörenden Tiere, Pflanzen:* die Merkmale lassen sich bei vier -en dieser Züchtung feststellen. **2.** (bes. Soziol.) *Gesamtheit der Menschen ungefähr gleicher Altersstufe [mit ähnlicher sozialer Orientierung u. Lebensauffassung]:* die junge, ältere G.; die G. nach dem Krieg. **3.** *ungefähr die Lebenszeit eines Menschen umfassender Zeitraum; Menschenalter:* es wird noch -en dauern; Von dieser ersten Entdeckung bis zu der eindeutigen Feststellung ... muss mindestens eine weitere G. vergangen sein (Nossack, Begegnung 314). **4.** *in der technischen Entwicklung auf einer bestimmten Stufe stehende, durch eine bestimmte Art der Konzeption u. Konstruktion gekennzeichnete Gesamtheit von Geräten o. Ä.:* die neue G. nuklearer Vergeltungswaffen (MM 23. 8. 69, 2); ein Computer der dritten G.; die bislang gefährlichste G. von Rauschgiften, die so genannten Designerdrogen, die aus synthetischen Substanzen hergestellt werden (Spiegel 3, 1991, 50).

Ge|ne|ra|ti|o|nen|kon|flikt, der (seltener): *Generationskonflikt.*

ge|ne|ra|ti|o|nen|lang ⟨Adj.⟩: *sich über Generationen hin erstreckend:* der -e Ablauf des Betriebes (Mantel, Wald 101).

ge|ne|ra|ti|o|nen|mä|ßig ⟨Adj.⟩: *generationsmäßig.*

Ge|ne|ra|ti|o|nen|pro|blem, das (seltener): *Generationsproblem.*

Ge|ne|ra|ti|o|nen|ver|trag, der ⟨o. Pl.⟩: *Art u. Weise, in der in der Rentenversicherung jeweils die im Arbeitsleben stehende Generation die Renten für die Generation der Rentner erarbeitet.*

Ge|ne|ra|ti|o|nen|wech|sel, der (seltener): *Generationswechsel* (1).

Ge|ne|ra|ti|ons|kon|flikt, der: *Konflikt zwischen Angehörigen verschiedener Generationen, bes. zwischen Jugendlichen u. Erwachsenen, der aus den unterschiedlichen Auffassungen in bestimmten Lebensfragen erwächst.*

ge|ne|ra|ti|ons|lang ⟨Adj.⟩: *generationenlang.*

ge|ne|ra|ti|ons|mä|ßig ⟨Adj.⟩: *eine Generation bzw. verschiedene Generationen betreffend; durch den Wechsel der verschiedenen Generationen bedingt, darauf beruhend:* die allein schon g. sich ergebenden Probleme.

Ge|ne|ra|ti|ons|pro|blem, das: vgl. Generationskonflikt.

Ge|ne|ra|ti|ons|un|ter|schied, der: *Unterschied in der Denk- u. Lebensweise von Angehörigen verschiedener Generationen.*

Ge|ne|ra|ti|ons|wech|sel, der: **1.** *Ablösung von Angehörigen der älteren durch Angehörige der jüngeren Generation.* **2.** (Biol.) *Wechsel zwischen geschlechtlicher u. ungeschlechtlicher Fortpflanzung bei bestimmten Pflanzen u. wirbellosen Tieren:* der G. der Farne.

Ge|ne|ra|ti|on X [auch: dʒɛnəˈrɛɪʃən ɛks], die; - -: *Altersgruppe der etwa 1965 bis 1975 Geborenen, die durch Orientierungslosigkeit, Desinteresse am Allgemeinwohl u. a. charakterisiert ist:* Das riecht nach Vorstadthölle, Jugendarbeitslosigkeit, G. X und Teenage-Wahnsinn (Zeit 13. 1. 95, 65); Seit Romanautor Douglas Coupland der G. X ihren Namen gab, sind die Rätsel um die heute 20- bis 30-Jährigen eher größer denn kleiner geworden (Wiener 3, 1994, 36).

Ge|ne|ra|tio pri|ma|ria [lat. = ursprüngliche Zeugung, zu: primarius, ↑Premiere], **Ge|ne|ra|tio spon|ta|nea,** die; - - [lat. = freiwillige Zeugung, ↑spontan]: *Generatio aequivoca.*

ge|ne|ra|tiv ⟨Adj.⟩ [1: spätlat. generativus, zu lat. generatum, 2. Part. von: generare, ↑generieren; 2: engl. generative]: **1.** (Biol.) *die Zeugung, geschlechtliche Fortpflanzung betreffend:* Bis zu einem Viertel des Geburtenrückgangs ... ist denn auch nicht etwa eine Folge von Veränderungen des -en Verhaltens (Spiegel 13, 1975, 49). **2.** (Sprachw.) *die Erzeugung von Sätzen betreffend:* -e [Transformations]grammatik *(die Sprache mit Mitteln der mathematischen Logik u. der Psychologie beschreibende Grammatiktheorie, die zu erklären sucht, wie es einem Sprecher möglich ist, aufgrund der unbewussten Beherrschung einer endlichen Menge von Regeln seiner Muttersprache eine unendliche Menge von Sätzen in dieser Sprache zu erzeugen u. zu verstehen).*

Ge|ne|ra|ti|vist, der; -en, -en: *Vertreter der generativen Grammatik.*

Ge|ne|ra|ti|vis|tin, die; -, -nen: w. Form zu ↑Generativist.

Ge|ne|ra|ti|vi|tät, die; -: *Fortpflanzungs-, Zeugungskraft:* wenn die Gesellschaft auf die volle Ausschöpfung der G. ihrer Mitglieder angewiesen ist (Schmidt, Strichjungengespräche 38).

Ge|ne|ra|tor, der; -s, ...oren [lat. generator = Erzeuger]: **1.** *Maschine, in der mechanische in elektrische Energie umgewandelt, elektrische Spannung od. elektrischer Strom erzeugt wird:* dann kamen die Wagen der elektronischen Anlage, wo die -en summten (Jaeger, Freudenhaus 21). **2.** *einem Schachtofen ähnlicher Apparat zur Erzeugung von Gas aus festen Brennstoffen wie Kohle u. Koks:* Aber so ist die Kohle für unsere -en unverwendbar (Hacks, Stücke 304).

Ge|ne|ra|tor|gas, das ⟨o. Pl.⟩: *im Generator (2) bei Zufuhr von Luft od. Sauerstoff entstehendes Gas, das bes. zum Beheizen von Schmelzöfen verwendet wird.*

ge|ne|rell ⟨Adj.⟩ [französierende Bildung für veraltet general = allgemein]: *für die meisten od. alle Fälle derselben Art geltend, zutreffend:* eine -e Lohnerhöhung; das ist ein -es Problem; etw. ganz g. regeln; die Missstände müssen g. beseitigt werden.

ge|ne|rie|ren ⟨sw. V.; hat⟩ [lat. generare = (er)zeugen, hervorbringen, zu: genus, ↑Genus]: **1.** (bildungsspr.) *hervorbrin-*

gen: Allerdings generiert Kreuder ... nie ein stilistisches Novum (Deschner, Talente 181). **2.** (Sprachw.) *in Übereinstimmung mit einem grammatischen Regelsystem (im Sinne der generativen Grammatik) hervorbringen, bilden:* Sätze g.

Ge|ne|rie|rung, die; -, -en: *das Generieren, Generiertwerden.*

Ge|ne|ri|kum, das; -s, ...ka [zu engl. generic name = nicht geschützte Kurzbez. einer chem. Verbindung, eigtl. = Gattungsname, aus: generic = Gattungs- (< frz. générique, zu lat. genus, ↑Genus) und name = Name]: *pharmazeutisches Präparat mit der gleichen Zusammensetzung wie ein auf dem Markt befindliches Präparat, das in der Regel billiger angeboten wird als dieses.*

ge|ne|risch ⟨Adj.⟩: **1.** (Sprachw.) *in allgemein gültigem Sinne [gebraucht]:* -es *(nicht spezifisches, beide Geschlechter umfassendes)* Maskulinum; In -en Sätzen spielt aber die zeitliche Situierung kaum eine Rolle (Heringer, Lesen 256). **2.** (Biol.) *das Geschlecht od. die Gattung betreffend.*

Gé|ne|ro chi|co ['xenero 'tʃiko], der; - -, -s -s [span. = kleine Gattung, aus: género = Art, Gattung (< lat. genus, ↑Genus) u. chico, ↑Chico] (Literaturw.): *(bes. in der 2. Hälfte des 19. Jh.s) volkstümliche einaktige spanische Komödie.*

ge|ne|rös [auch: ʒe...] ⟨Adj.⟩ [frz. généreux < lat. generosus, eigtl. = von (guter) Art] (bildungsspr.): *großmütig; großzügig, nicht kleinlich im Geben, im Gewähren von etw.:* eine -e Geste; -es Verhalten; Seine Staatsbesuche ... und wochenlange Verhandlungen haben nicht die erhofften Zusagen -er Finanzhilfe erbracht (Wochenpresse 48, 1983, 38); er war, zeigte sich sehr g.

Ge|ne|ro|si|tät [auch: ʒe...], die; -, -en ⟨Pl. selten⟩ [frz. générosité < lat. generositas, eigtl. = edle Art] (bildungsspr.): *generöse Art:* Sie wissen, dass sie sich auf meine G. stets verlassen konnten (Remarque, Triomphe 185).

Ge|ne|se, die; -, -n [lat. genesis < griech. génesis = Zeugung, Schöpfung, zu: gígnesthai = geboren werden; entstehen] (Fachspr., bildungsspr.): *Entstehung, Entwicklung:* die G. einer Krankheit, eines Kunstwerks, einer Gesteinsbildung; Kafkas hermetische Protokolle enthalten die soziale G. der Schizophrenie (Adorno, Prismen 261).

ge|ne|sen ⟨st. V.; ist⟩ [mhd. genesen, ahd. ginesan, urspr. = überleben, errettet werden; vgl. nähren]: **1.** (geh.) *gesund werden:* nach, von langer Krankheit g.; Nun bin ich genesen. Das gibt es: genesener als je (Frisch, Cruz 32); Stanislaw ..., nachdem er das gehört hatte, genas augenblicklich (Lenz, Suleyken 62); Ü Endlich kann die Welt g.! (Kirst, 08/15, 891). **2.** (dichter.) *(ein Kind) zur Welt bringen, gebären:* da ist die ledige Franziska ... eines Knäbleins genesen (Mostar, Unschuldig 114); Rachel werde ... eines Sohnes g. (Th. Mann, Joseph 342).

Ge|ne|sen|de, der u. die; -n, -n (Dekl. ↑Abgeordnete): *jmd., der im Begriff ist zu genesen.*

Ge|ne|sis [auch: 'ge:n...], die; - [↑Genese]: **1.** *Schöpfungsgeschichte.* **2.** 1. Buch Mose.

Ge|ne|sung, die; -, -en ⟨Pl. selten⟩ (geh.): *das Genesen, Gesundwerden:* er befindet sich auf dem Wege der G.; Mit den besten Wünschen für Ihre weitere G. (Ott, Haie 206).

Ge|ne|sungs|heim, das: *Heim zur Erholung nach einer längeren Krankheit.*

Ge|ne|sungs|kom|pa|nie, die (Milit.): *militärische Einheit, bei der sich aus dem Lazarett entlassene Soldaten bei leichterem Dienst (vor dem Wiedereinsatz an der Front) erholen.*

Ge|ne|sungs|kur, die: *Kur zur Genesung.*

Ge|ne|sungs|pro|zess, der: *Verlauf der Genesung.*

Ge|ne|sungs|ur|laub, der (Milit.): *Urlaub für Soldaten, die verwundet wurden od. schwerer krank waren:* Ich musste mich am neunten Mai in Dresden vom G. zurückmelden (Fühmann, Judenauto 124).

Ge|neth|li|a|kon, das; -s, ...ka [spätlat. genethliakon, zu griech. genethliakós = zum Geburtstag gehörend, zu: genéthlē = Geschlecht, Nachkommenschaft, zu: gígnesthai, ↑Genese] (Literaturw.): *antikes Geburtstagsgedicht.*

Ge|ne|tik, die; - [zu griech. génesis, ↑Genese] (Biol.): *Wissenschaft, die sich mit den Gesetzmäßigkeiten der Vererbung von Merkmalen u. mit den grundlegenden Phänomenen der Vererbung im Bereich der Moleküle befasst; Vererbungslehre:* allgemeine, biochemische, klinische G.; Humangenetik bedeutet Erblehre des Menschen. Sie ist als solche ein Spezialgebiet der G. (Medizin II, 81).

Ge|ne|ti|ker, der; -s, -: *Wissenschaftler auf dem Gebiet der Genetik; Genforscher.*

Ge|ne|ti|ke|rin, die; -, -nen: w. Form zu ↑Genetiker.

ge|ne|tisch ⟨Adj.⟩ (Biol.): **a)** *die Entstehung, Entwicklung der Lebewesen (im Sinne der Genetik) betreffend; entwicklungsgeschichtlich, erblich bedingt:* die -e Verwandtschaft von Lebewesen; -e Zusammenhänge, Faktoren; Die komplizierte Bewegungsform des Fliegens war in diesem Fall also g. verankert (Wieser, Organismen 134); So wächst die Gefahr, dass die Bestände g. verarmen, sich kaum noch regenerieren können (natur 2, 1996, 64); -e Beratung (Med.; *im Rahmen der Ehe- u. Familienberatung durchgeführte Untersuchung der Erbanlagen von Ratsuchenden zur Feststellung der Wahrscheinlichkeit eines Auftretens von Erbkrankheiten, vor allem bei den Nachkommen*); -er Fingerabdruck (↑Fingerabdruck); **b)** *auf der Genetik beruhend, dazu gehörend:* -e Experimente.

Ge|ne|tiv: seltener für ↑Genitiv.

Ge|net|te [ʒə'nɛt(ə), ʒe'n...], die; -, -s u. -n [frz. genette < span. gineta < arab. ǧarnait]: *in den afrikanischen Steppen, auch in Südfrankreich u. den Pyrenäen lebendes, dem Marder ähnliches Tier mit dunkel geflecktem gelblichem od. gelbbraunem Fell, das auch zu Pelzen verarbeitet wird; Ginsterkatze.*

Ge|nè|ve [ʒə'nɛ:v]: frz. Form von ↑Genf.

Ge|ne|ver [ʒe'ne:vɐ, auch: ʒə'n..., ge'n...], der; -s, - [älter niederl. genever < afrz. gene(i)vre = Wacholder < lat. iuniperus]: *niederländischer Wacholderbranntwein.*

Ge|ne|za|reth: ↑See Genezareth.

Genf: Kanton u. Stadt in der Schweiz.

[1]Gen|fer, der; -s, -: Ew.

[2]Gen|fer ⟨indekl. Adj.⟩: G. See, Konvention.

Gen|fe|rin, die; -, -nen: w. Form zu ↑[1]Genfer.

gen|fe|risch ⟨Adj.⟩.

Gen|fer See, der; - -s: See zwischen Westalpen u. Jura.

Gen|for|scher, der: *Genetiker.*

Gen|for|sche|rin, die: w. Form zu ↑Genforscher.

Gen|for|schung, die: *Forschung im Bereich der Gentechnologie:* Bereits jetzt habe die G. weite Bereiche von Biologie und Medizin grundlegend revolutioniert (Nds. Ä. 22, 1985, 44).

ge|ni|al ⟨Adj.⟩ [gek. aus älterem ↑genialisch]: *[1]Genie (1) besitzend, erkennen lassend; überragend, großartig:* ein -er Künstler, Heerführer, Schachzug; eine -e Idee, Entdeckung, Außenpolitik, Konstruktion; sein Spiel ist geradezu g.; er hat das Problem g. gelöst; Diesmal führte er den Wienern eine nicht minder g. konstruierte Sprechmaschine vor (Menzel, Herren 44).

ge|ni|a|lisch ⟨Adj.⟩ [zu ↑[1]Genie]: **a)** *in Art u. Leistung zum Genialen tendierend:* ein -es Talent; So g. wie vor 20 Jahren die Struktur des Kettenmoleküls DNS aufgeklärt wurde (Spiegel 5, 1973, 108); **b)** *in oft exaltierter Weise in seinem Auftreten das Konventionelle, Duchschnittliche missachtend:* sich g. gebärden.

Ge|ni|a|li|tät, die; -: *überragende schöpferische Veranlagung:* die G. eines Erfinders; Der melodramatische Schwung der Aufführung bringt die schöne Trivialität des Stückes besser zum Vorschein als seine wahre G. (Zeit 21. 3. 97, 53); Aber jetzt erst erkennt man die politische G. dieser verblüffend frechen letzten Wendung Fouchés (St. Zweig, Fouché 50).

Ge|nick, das; -[e]s, -e [mhd. genic(ke), Kollektivbildung zu: necke, nacke, ↑Nacken]: *von den ersten beiden Halswirbeln gebildetes Gelenk, das die Beweglichkeit des Kopfes gegen den Rumpf ermöglicht:* du wirst dir noch das G. brechen!; er schob den Hut ins G.; Es waren drei ... Der Erste schlug mir sofort, als ich eintrat, mit der flachen Hand ins G. (Simmel, Affäre 82); ein steifes G. haben (ugs.; *als Folge von Muskelverspannungen im Nacken den Kopf nicht richtig bewegen können*); ***jmdm., einer Sache das G. brechen** (ugs.; *jmdn., etw. scheitern lassen, zugrunde richten*): die dunklen Machenschaften haben ihm, der Partei das G. gebrochen; **jmdm. im G. sitzen** (ugs.; *jmdn. bedrängen, dass er eine bestimmte Arbeit schnell erledigt*): an allen Stellen muss er (= der Meister) ihnen (= den Menschen) im G. sitzen (Hacks, Stücke 307).

Ge|nick|fang, der [zu ↑Fang (3)] (Jägerspr.): *Stich mit dem Jagdmesser in das Genick eines verwundeten Tieres, um es zu töten.*

Ge|nick|fän|ger, der (Jägerspr.): *zweischneidiges Jagdmesser, mit dem einem Tier der Genickfang gegeben wird.*

Ge|nick|he|bel, der (Ringen): *Hebelgriff, mit dem der Angreifer seine auf dem Nacken des Gegners liegende Hand unter der Achsel des Gegners hindurch mit seinem noch freien Arm fasst, um den Kopf des Gegners nach unten zu drücken.*

Ge|nick|schlag, der: *Schlag ins Genick.*

Ge|nick|schuss, der: *Schuss aus allernächster Nähe ins Genick eines Wehrlosen:* jmdn. durch G. ermorden, umbringen.

Ge|nick|schuss|brem|se, die (salopp scherzh. veraltend): *langes, tief in den Nacken hängendes Haar (bei Männern):* Mecklenburgs Helden im Weltkrieg ... Über dem Kragen die G. (Kempowski, Uns 232).

Ge|nick|stand, der (Turnen): *Nackenstand.*

Ge|nick|star|re, die: **1.** *Nackenstarre.* **2.** (Med. veraltet) *Meningitis.*

Ge|nick|waa|ge, die (Turnen): *Nackenwaage.*

Ge|nick|zug, der (Ringen): *Griff, bei dem der Gegner mit geschlossenen Händen im Genick gefasst u. nach unten gezogen od. gedrückt wird.*

[1]**Ge|nie** [ʒe...], das; -s, -s [frz. génie < lat. genius, ↑Genius]: **1.** ⟨o. Pl.⟩ *überragende schöpferische Begabung, Geisteskraft:* das G. eines Künstlers; ihr G. wurde schon sehr früh deutlich; ein Regisseur von G. **2.** *Mensch mit überragender schöpferischer Begabung, Geisteskraft:* sie ist ein [großes, vielseitiges, mathematisches, politisches] G.; er ist nicht gerade ein/ist kein G. auf diesem Gebiet (iron.; *er versteht davon nicht viel*); er ist ein verkanntes G. (scherzh.; *jmd., von dessen besonderer Begabung man nichts weiß*).

[2]**Ge|nie,** die; - od. das; -s ⟨meist in Zus.⟩ [frz. génie = militärisches Ingenieurwesen] (schweiz.): *Pioniertruppe.*

◆ **Ge|nie|korps,** das: *Pioniertruppe:* Ein jeder ungrische Schnurrbart vom G. ist willkommen (Mörike, Mozart 219).

Ge|ni|en: Pl. von ↑Genius.

Ge|nie|of|fi|zier, der (schweiz.): *Offizier der Genietruppe.*

Ge|nie|pe|ri|o|de, die ⟨o. Pl.⟩: zeitgenössische Bez. der ↑Geniezeit.

ge|nie|ren [ʒe...] ⟨sw. V.; hat⟩ [frz. (se) gêner, zu: gêne, ↑Gene]: **1.** ⟨g. + sich⟩ *eine Situation als unangenehm u. peinlich empfinden u. sich entsprechend gehemmt u. verschämt zeigen:* du brauchst dich deswegen, vor ihm nicht zu g.; ich genierte mich nicht *(hatte keinerlei Hemmungen),* ihm die Wahrheit zu sagen; da zeigte sich, dass es mit der Sexualität so eine Sache ist. Die Männer standen herum und genierten sich voreinander (Tucholsky, Werke I, 56). **2.** (veraltend) *belästigen, stören, jmdm. hinderlich sein:* meine Gegenwart geniert Sie nicht beim Essen? (Th. Mann, Krull 269); wenn es Ihnen die paar kleinen, nicht gar sehr genierenden Verhältnisse erlauben (R. Walser, Gehülfe 174); Deutsche Banken und Investmentgesellschaften sind geniert (Spiegel 48, 1965, 50).

Ge|nie|rer, der; -s, - (bes. österr. ugs.): *Schüchternheit, Scheu:* da kannte der Herr Minister keinen G. (Feuchtwanger, Erfolg 629).

ge|nier|lich ⟨Adj.⟩ (ugs.): **a)** *peinlich; genant* (a): der -e Geruch eines anderen Mannes (Sebastian, Krankenhaus 67); Ich weiß, es wird langsam g. (Dürrenmatt, Meteor 28); **b)** *schüchtern, genant* (b): er ist ein etwas -er Mensch; g. war der ja nicht (H. Kolb, Wilzenbach 140).

Ge|nie|se, das; -s: *[dauerndes] Niesen.*

ge|nieß|bar ⟨Adj.⟩: *ohne Bedenken zu verzehren, zu sich zu nehmen:* das Fleisch ist nicht mehr g.; er hielt sie (= die Orangen) als Obst für nicht sehr g. und nur zur Saftzubereitung zu verwenden (Baum, Paris 40); Ü der Chef ist heute wieder mal nicht g. (ugs.; *ist unausstehlich, schlechter Laune*).

Ge|nieß|bar|keit, die; -: *das Genießbarsein:* es gelingt ihm ..., den Brei in einen Zustand zweifelhafter G. zu versetzen ..., aber verdorben ist der Brei noch nicht (Hildesheimer, Legenden 148).

ge|nie|ßen ⟨st. V.; hat⟩ [mhd. (ge)nieʒ(ʒ)en, ahd. (gi)nioʒan = innehaben, gebrauchen, urspr. = ergreifen, fangen]: **1.** *von einer Speise, einem Getränk etw. zu sich nehmen:* er konnte nur wenig von den angebotenen Leckerbissen g.; sie hat den ganzen Tag noch nichts genossen; das Fleisch ... kann man ohne Schaden g. (Grzimek, Serengeti 167); Ü er ist heute nicht, nur mit Vorsicht zu g. (ugs.; *ist unausstehlich, schlechter Laune*). **2.** *mit Freude, Genuss, Wohlbehagen auf sich wirken lassen:* die Natur, seinen Urlaub g.; das Leben in vollen Zügen g.; er genoss es sichtlich, so gefeiert zu werden; ◆ ⟨mit Gen.-Obj.:⟩ genoss ich all der Ehre und Achtung, die meinem Golde zukam (Chamisso, Schlemihl 32). **3.** *[zu seinem Nutzen, Vorteil] erhalten, erfahren:* eine gute Erziehung g.; Geschäftsleute, bei denen er Kredit zu g. wünschte (Hesse, Sonne 7); (häufig verblasst:) jmds. Vertrauen g. *(haben);* jmds. Achtung g. *(von jmdm. geachtet werden);* bei jmdm. hohes Ansehen g. *(hoch angesehen sein);* sie genießt seinen ganz besonderen Schutz *(ihr wird sein ganz besonderer Schutz zuteil).* ◆ **4.** *den Nutzen (von etw.) haben, in den Besitz od. Genuss (von etw.) gelangen:* Den ersten Taler ..., der gehört meinem Enkel, der soll ihn g. (Cl. Brentano, Kasperl 350).

Ge|nie|ßer, der; -s, - [mhd. genieʒer = der Genusssüchtige]: *jmd., dem es auf den Genuss ankommt u. der es versteht, etw. [bewusst] zu genießen:* Sie ist ein gieriger G. ihrer Trauer und schlürft sie in vollen Zügen (Remarque, Obelisk 115); was ein G. und Lebemann ist, der bevorzugt immer die seltenen Sachen (Kirst, 08/15, 811); ein stiller G. sein (*etw. still für sich genießen* 2).

Ge|nie|ße|rin, die; -, -nen: w. Form zu ↑Genießer.

ge|nie|ße|risch ⟨Adj.⟩: *nach der Art eines Genießers:* Er legte mit -em Schmatzen den ersten Gang ein und ließ den Jeep anrollen (Cotton, Silver-Jet 108); Rudolf lehnte sich g. zurück und trank seine Tasse leer (Hildesheimer, Legenden 55); Genießerisch hole ich eine Zigarre aus der Schublade. Es ist eine schwarze Brasil (Remarque, Obelisk 7).

Ge|nie|streich, der: *originelles, großartig gelungenes, Bewunderung hervorrufendes [künstlerisches] Werk:* Bizets Oper »Carmen«, ein G. ohnegleichen (Nordschweiz 29. 3. 85, 7); Der architektonische »Geniestreich« ist zum Albtraum der Finanziers geworden (Hörzu 4, 1972, 55).

Ge|nie|trup|pe, die [zu ↑[2]Genie] (schweiz. Milit.): *Pioniertruppe.*

Ge|nie|we|sen, das ⟨o. Pl.⟩ (schweiz.): *militärisches Ingenieurwesen.*

Ge|nie|zeit, die ⟨o. Pl.⟩ (Literaturw.): *Zeitabschnitt der deutschen Literaturgeschichte von 1767 bis 1785; Sturm-und-Drang-Zeit.*

Ge|ni|sa, Geniza, die; -, -s [hebr. gĕnîẓah = Versteck, Aufbewahrungsort]: *Raum in der Synagoge zur Aufbewahrung schadhaft gewordener Handschriften u. Kultgegenstände.*

Ge|nist, das; -[e]s, -e [mhd. genist(e), eigtl. = Nest(er), Kollektivbildung zu ↑Nest] (veraltend): **1.** *dichte Verflechtung, Verfilzung, Zusammenballung von Stroh, Laub, Reisig o. Ä.:* -e von Blättern und Stängeln (Gaiser, Schlußball 210). **2.** (veraltet) *Nest:* ◆ Wer kann der Flamme befehlen, dass sie nicht auch durch die gesegneten Saaten wüte, wenn sie das G. der Hornissel zerstören soll? (Schiller, Räuber II, 3).

Ge|nis|ta, die; -: lat. Bez. für ↑Ginster.

◆ **Ge|nis|te,** das; -s, -: *Genist* (1, 2): das G., das den dürren Sandhügel hinunterwächst (Goethe, Werther I, 18. August).

ge|ni|tal ⟨Adj.⟩ [lat. genitalis, zu: genus, ↑Genus] (bes. Med.): *die Geschlechtsorgane betreffend, zu ihnen gehörend, von ihnen ausgehend:* -e Phase (Psychoanalyse; *mit der Pubertät beginnende Phase der sexuellen Entwicklung, in der die für den Erwachsenen endgültige Ausprägung der Sexualität erreicht wird*).

Ge|ni|tal|ap|pa|rat, der (bes. Med.): *die Geschlechtsorgane bes. des Mannes.*

Ge|ni|tal|be|reich, der: *Bereich der Genitalien:* Erkrankungen im G.

Ge|ni|ta|le, das; -s, ...lien ⟨meist Pl.⟩ [lat. (membrum) genitale] (bes. Med.): *Geschlechtsorgan:* Maria hatte beim ersten Mal ihre Überraschung ob der Dezenz seines -s ... kaum verbergen können (Hahn, Mann 104).

ge|ni|ta|lisch ⟨Adj.⟩: *sich auf das Genitale beziehend, dazu gehörend:* Diese ... zivilisierten Formen sind ihrer Meinung nach aber Beeinträchtigungen der -en Liebe (Ruthe, Partnerwahl 164).

Ge|ni|ta|li|tät, die; - (Psych.): *mit dem Eintreten in die genitale Phase beginnende Stufe der Sexualität.*

Ge|ni|tal|or|gan, das: *Genitale.*

Ge|ni|tal|tu|ber|ku|lo|se, die (Med.): *Tuberkulose der Geschlechtsorgane.*

Ge|ni|tiv, der; -s, -e [lat. (casus) genitivus = die Herkunft, Zugehörigkeit bezeichnend(er Fall), zu: gignere, ↑Genus] (Sprachw.): **1.** *Kasus, in dem das Objekt bestimmter intransitiver Verben, bestimmte substantivische Attribute u. bestimmte adverbiale Fügungen stehen; Wesfall, zweiter Fall:* die Präposition »jenseits« regiert den G.; das Substantiv steht hier im G.; Abk.: Gen. **2.** *Wort, das im Genitiv* (1) *steht:* der Satz enthält mehrere -e.

Ge|ni|tiv|at|tri|but, das (Sprachw.): *Substantiv im Genitiv, das einem anderen Substantiv als nähere Bestimmung zugeordnet ist* (z. B. der Hut *meines Vaters*).

ge|ni|ti|visch ⟨Adj.⟩ (Sprachw.): *den Genitiv betreffend, zum Genitiv gehörend; im Genitiv [stehend, gebraucht].*

Ge|ni|tiv|kom|po|si|tum, das (Sprachw.): *zusammengesetztes Substantiv, dessen Bestimmungswort aus einem Substantiv im Genitiv besteht* (z. B. Bundeskanzler, Menschenfreund).

Ge|ni|tiv|ob|jekt, das (Sprachw.): *Ergänzung eines (intransitiven) Verbs im Genitiv; im Genitiv stehendes Objekt* (z. B. ich bedarf nicht *seines Rates*).

Ge|ni|ti|vus [auch: 'ge:n...], der; -, ...vi [...vi] (Sprachw.): lat. Form von ↑Genitiv.

Ge|ni|ti|vus de|fi|ni|ti|vus [auch: 'ge:n... 'de:...], **Ge|ni|ti|vus ex|pli|ca|ti|vus** [auch: 'ge:n... 'ɛks...], der; - -, ...vi ...vi: *bestimmender, erklärender Genitiv,* z. B. das Vergehen *des Diebstahls* (Diebstahl = Vergehen).

Ge|ni|ti|vus ob|iec|ti|vus [auch: 'ge:n... 'ɔp...], der; - -, ...vi ...vi: *Genitiv als Objekt einer Handlung,* z. B. der Entdecker *des Atoms* (er entdeckte das Atom).

Ge|ni|ti|vus par|ti|ti|vus [auch: 'ge:n... 'par...], der; - -, ...vi ...vi: *Genitiv als Teil eines übergeordneten Ganzen,* z. B. die Hälfte *seines Vermögens.*

Ge|ni|ti|vus pos|ses|si|vus [auch: 'ge:n... 'pɔs...], der; - -, ...vi ...vi: *Genitiv des Besitzes, der Zugehörigkeit,* z. B. das Haus *des Vaters.*

Ge|ni|ti|vus Qua|li|ta|tis [auch: 'ge:n... -], der; - -, ...vi -: *Genitiv der Eigenschaft,* z. B. ein Mann *mittleren Alters.*

Ge|ni|ti|vus sub|iec|ti|vus [auch: 'ge:n... 'zʊp...], der; - -, ...vi ...vi: *Genitiv als Subjekt eines Vorgangs,* z. B. die Ankunft *des Zuges* (der Zug kommt an).

Ge|ni|us, der; -, ...ien [lat. genius = Schutzgeist; spätlat. = Schöpfergeist, natürliche Begabung]: **1.** *(bes. im römischen Altertum) beschützender, vor Unheil bewahrender Geist eines Menschen, einer Gemeinschaft, eines Ortes:* sein G. hat ihm geholfen. **2.** ⟨meist Pl.⟩ (Kunstwiss.) *geflügelt dargestellte Gottheit der römischen Mythologie:* die üppigen Malereien an der Saaldecke und auf dem Vorhang, die eine Menge entblößter Genien ... zeigten (Th. Mann, Krull 32). **3.** (geh.) **a)** ⟨o. Pl.⟩ *[höchste] schöpferische Geisteskraft eines Menschen:* der G. Goethes, dieses Komponisten; Von der Dienstbarmachung des Feuers durch den menschlichen G. bis zur Dienstbarmachung der Elektrizität (Kantorowicz, Tagebuch I, 94); **b)** *Mensch mit höchster schöpferischer Geisteskraft:* Bach, der große musikalische G. des Barock.

Ge|ni|us epi|de|mi|cus, der; - - [nlat. epidemicus = epidemisch] (Med. selten): *vorherrschender Charakter einer [gerade herrschenden] Epidemie.*

Ge|ni|us Lo|ci, der; - - [lat., zu locus = Ort] (bildungsspr.): *[Schutz]geist eines Ortes.*

Ge|ni|us Mor|bi, der; - - [zu lat. morbus = Krankheit] (Med.): *Charakter einer Krankheit.*

Ge|ni|za [...za]: ↑Genisa.

Gen|la|bor, das: Kurzf. von ↑Genlaboratorium: In einem Genfer G. werden erstmals Mäuse geklont (Tempo 12, 1988, 77).

Gen|la|bo|ra|to|ri|um, das: *Laboratorium, in dem Genforschung betrieben wird.*

Gen|ma|ni|pu|la|ti|on, die (Biol.): *Manipulation am genetischen Material von Lebewesen in der Absicht, gezielte Veränderungen herbeizuführen od. neue Kombinationen von Erbanlagen zu entwickeln.*

Gen|mu|ta|ti|on, die (Biol.): *erbliche Veränderung eines Gens.*

gen|ne|ma|tisch, gen|ne|misch ⟨Adj.⟩ [zu griech. génnēma = Erzeugen, Hervorbringen] (Sprachw.): *Sprachlaute als akustische Erscheinung betreffend.*

Gen|ne|sa|ret: ↑See Genezareth.

Gen|öko|lo|gie, die; -: *die Lehre von den Beziehungen zwischen Genetik u. Ökologie.*

Ge|nö|le, das; -s (bes. nordd. ugs. abwertend): *[dauerndes] Nölen:* Lasst das G., verdammt, wir sitzen alle in einem Boot, verstehn? (H. Gerlach, Demission 71).

Ge|nom, das; -s, -e [zu griech. génos, ↑-gen] (Biol.): *einfacher Chromosomensatz einer Zelle, der deren Erbmasse darstellt.*

Ge|nom|ana|ly|se, die (Biol.): *Analyse* (2) *eines Genoms zum Ablesen der Erbinformation an der Erbsubstanz:* Riesenhuber hält es für richtig, ... die so genannte G. anzuwenden. Mit ihr kann festgestellt werden, ob Arbeitnehmer aufgrund ihrer genetischen Konstitution an Arbeitsplätzen gefährdet sind (Welt 3. 2. 84, 16).

Ge|nom|for|schung, die: *Forschung im Bereich der Genome.*

ge|nom|men: ↑nehmen.

Ge|nom|mu|ta|ti|on, die [zu ↑Genom u. ↑Mutation]: *erbliche Veränderung eines Genoms.*

Ge|nör|gel, das; -s (ugs. abwertend): *[dauerndes] Nörgeln; Nörgelei.*

ge|nör|pelt ⟨Adj.⟩ [H. u.] (Fachspr.): (von Glas) *leicht gemustert, strukturiert:* Aluminiumgewächshaus mit -em Glas (Anzeige).

ge|no|spe|zi|fisch ⟨Adj.⟩ [zu griech. génos, ↑-gen] (Biol.): *charakteristisch für das Erbgut.*

ge|noss: ↑genießen.

Ge|nos|se, der; -n, -n [1: mhd. genoʒ(e), ahd. ginōʒ(o), eigtl. = jmd., der mit einem andern die Nutznießung von etw. gemeinsam hat, verw. mit ↑genießen]: **1.** (veraltend) *Kamerad; Begleiter, Gefährte:* sie suchten noch einen -n für die Reise. **2.** *Anhänger der gleichen linksgerichteten politischen Weltanschauung; (bes. als Anrede für einen Parteifreund):* alte, kampferprobte -n der SPD, aus der SPD; der Antrag des -n [Müller] wurde angenommen; wir bedauern Genosse[n] Meiers Austritt aus der Partei; zum -n Abteilungsleiter gerufen werden; Kennen wir uns nicht, G. General? (Frösi 12, 1975, 2). **3.** (Wirtsch. veraltend) *Mitglied einer Genossenschaft.*

ge|nös|se, ge|nos|sen: ↑genießen.

Ge|nos|sen|schaft, die; -, -en: *Vereinigung, Zusammenschluss mehrerer Personen mit dem Ziel, durch gemeinschaftlichen Geschäftsbetrieb den Einzelnen wirtschaftlich zu fördern:* Seine (= Raiffeisens) Grundidee der ländlichen -en breitete sich jedoch über ganz Europa aus (Zeit 19. 11. 98, 46); Abk.: Gen.

Ge|nos|sen|schaf|ter, der; -s, - (seltener): ↑Genossenschaftler.

Ge|nos|sen|schaf|te|rin, die; -, -nen (seltener): w. Form zu ↑Genossenschafter.

Ge|nos|sen|schaft|ler, der; -s, -: *Mitglied einer Genossenschaft.*

Ge|nos|sen|schaft|le|rin, die; -, -nen: w. Form zu ↑Genossenschaftler.

ge|nos|sen|schaft|lich ⟨Adj.⟩: *zu einer Genossenschaft gehörend, ihren Prinzipien entsprechend:* ein -er Betrieb; etw. g. verwalten.

Ge|nos|sen|schafts|an|teil, der: *Anteil aus dem Vermögen einer Genossenschaft.*

Ge|nos|sen|schafts|bank, die ⟨Pl. ...banken⟩: *Bank in der rechtlichen Form einer Genossenschaft.*

Ge|nos|sen|schafts|bau|er, der ⟨Pl. -n⟩ (bes. DDR): *einer landwirtschaftlichen Produktionsgenossenschaft angehörender Bauer.*

Ge|nos|sen|schafts|bäu|e|rin, die (bes. DDR): w. Form zu ↑Genossenschaftsbauer.

Ge|nos|sin, die; -, -nen: w. Form zu ↑Genosse (1, 2).

Ge|noss|sa|me, die; -, -n [mhd. genoʒsame, 2. Bestandteil zu: samen, ↑zusammen] (schweiz.): *Alp-, Allmendgenossenschaft.*

Ge|no|typ, der; -s, -en, Genotypus, der; -, ...pen [zu griech. génos (↑-gen) u. ↑Typ] (Biol.): *Gesamtheit der Erbfaktoren eines Lebewesens.*

ge|no|ty|pisch ⟨Adj.⟩ (Biol.): *den Genotyp betreffend.*

Ge|no|ty|pus: ↑Genotyp.

Ge|no|va ['dʒɛ:nova]: ital. Form von ↑Genua.

Ge|no|zid, der, auch: das; -[e]s, -e u. -ien [engl. genocide, zu griech. génos (↑-gen) u. lat. -cidere = töten] (bildungsspr.): *Völkermord:* Das ... stellte die literarische und theatralische Auseinandersetzung mit dem G. an den Juden vor ein Dilemma (Spiegel 5, 1979, 27).

Gen|re ['ʒã:rə], das; -s, -s [frz. genre < lat. genus, ↑Genus]: *Gattung, Art (bes. in der Kunst):* das literarische G. der Erzählung; Lokale zweifelhaften -s (R. Walser, Gehülfe 124); Mäntel im gehobenen G. (Herrenjournal 1, 1966, 10);

*** nicht jmds. G. sein** (ugs.; *nicht nach jmds. Geschmack sein; nicht zu jmdm. passen, sodass ein Kontakt unerwünscht ist*): wenn ein Mann ... sich einbildete, sie ginge auch nach ihrer Bekanntschaft mit ihm mit all und jedem. Dann war der Alte eben doch ihr G. nicht (H. Mann, Unrat 113).

Gen|re|bild, das: *Bild im Stil der Genremalerei.*

gen|re|haft ⟨Adj.⟩: *im Stil, in der Art der Genremalerei [gestaltet]:* ein -e Darstellung; Ein idyllischer, ja -er Grundzug wird deutlich (Bild. Kunst I, 110).

Gen|re|ma|le|rei, die ⟨o. Pl.⟩ [LÜ von frz. peinture de genre]: *Malerei, in der typische Handlungen u. Begebenheiten aus dem täglichen Leben einer bestimmten Berufsgruppe od. sozialen Klasse dargestellt werden.*

Gens, die; -, Gentes ['gɛnte:s; lat. gens (Gen.: gentis), zu: gignere, ↑Genus]: *Verband mehrerer durch Abstammung u. Kult verbundener Familien im alten Rom.*

[1]Gent: Stadt in Belgien.

[2]Gent [dʒɛnt], der; -s, -s [engl. gent, Kurzf. von gentleman, ↑Gentleman] (abwertend): *übertrieben modisch gekleideter Mann.*

Gen|tech|nik, die ⟨Pl. selten⟩: *Technik der Erforschung u. Manipulation der Gene:* Bakterienfabriken zur Erzeugung von Insulin und Wachstumshormon, Nutzpflanzen vom Reißbrett – die moderne G. gilt ... als zukunftsträchtigste Industriebranche (Spiegel 47, 1983, 212); Apparatemedizin, G., Sterbehilfe, Organspenden erregen die Öffentlichkeit und bereiten Pflegern, Angehörigen und Ärzten schwere Konflikte (Zeit 21. 1. 99, 29).

Gen|tech|ni|ker, der: *Fachmann auf dem Gebiet der Gentechnik.*

Gen|tech|ni|ke|rin, die: w. Form zu ↑Gentechniker.

gen|tech|nisch ⟨Adj.⟩: *die Gentechnik betreffend:* Gerade dieser Zweig der Genetik, der sich mit der Erforschung der erblich bedingten Krankheiten beschäftigt, hat durch die -e Forschung einen enormen Wissenszuwachs erfahren (BdW 8, 1987, 54); Gentechnisch maßgeschneiderte Nutzpflanzen stellen ganzen Industriezweigen unerschöpfliche Rohstoffquellen in Aussicht (natur 2, 1991, 91).

Gen|tech|no|lo|ge, der: *Fachmann, Wissenschaftler auf dem Gebiet der Gentechnologie.*

Gen|tech|no|lo|gie, die ⟨o. Pl.⟩ (Biol.): *mit der Erforschung u. der Manipulation von Genen befasstes Teilgebiet der Molekularbiologie:* Die G. schafft neue Kategorien, was ein gelungenes, was ein misslungenes Leben sei – sie reduziert den Menschen zur Marionette seiner genetischen Ausstattung (Spiegel 23, 1998, 146); Außerdem sei zu erwarten, dass mithilfe der G. neue Getreidesorten gezüchtet werden können, die leistungsfähiger ... sind (Blick auf Hoechst 8, 1983, 9).

Gen|tech|no|lo|gin, die: w. Form zu ↑Gentechnologe.

gen|tech|no|lo|gisch ⟨Adj.⟩: *die Gentechnologie betreffend.*

Gen|tes: Pl. von ↑Gens.

Gen|the|ra|pie, die (Med.): *(noch in der Entwicklung befindliche) Therapie, bei der (bes. zur Behandlung von Infektions- u. Krebskrankheiten) körpereigenen Zellen ein fremdes Gen übertragen wird, das diese Zellen aufgrund eines Gendefekts nicht selbst herstellen können:* Mithilfe der G. hofft die Medizin, in Zukunft das Erbgut menschlicher Zellen verändern zu können (Welt 6. 11. 85, 1).

gen|til [ʒɛn'ti:l, ʒã'ti:l] ⟨Adj.⟩ [frz. gentil = nett, freundlich, veraltet auch: adelig < lat. gentilis = aus demselben Geschlecht, zu: gens, ↑Gens] (veraltet): *nett, liebenswürdig:* Und hatte (= der junge Eckhoff) doch früher immer so nett ausgesehen, immer so nett und g. (Kempowski, Tadellöser 341).

Gen|ti|len [gɛ...] ⟨Pl.⟩ [lat. gentiles, zu: gentilis, ↑gentil]: *die Angehörigen der altrömischen Gentes.*

Gen|til|hom|me [ʒãti'jɔm], der; -s, -s [frz. gentilhomme, eigtl. = Edelmann]: frz. Bez. für *Mann von vornehmer Gesinnung, Gentleman.*

Gen|tle|man ['dʒɛntlmən], der; -s, ...men [...mən; engl. gentleman, LÜ von frz. gentilhomme, ↑Gentilhomme]: *Mann von Anstand, Lebensart u. Charakter:* Gelehrsamkeit, aufdringliche zumal, ist nicht Sache des -s (Th. Mann, Krull 272).

gen|tle|man|like [...laɪk] ⟨Adj.⟩ [engl.]: *nach Art eines Gentlemans:* liebes Kind, das wäre nicht schön und gar nicht g. nach dem, was wir einander geworden (Th. Mann, Krull 210); er benahm sich nicht gerade g.

Gen|tle|man's/Gen|tle|men's Agree|ment ['dʒɛntlmənz ə'gri:mənt], das; - -, - -s [engl.]: *(bes. im diplomatischen Bereich) im Vertrauen auf die Redlichkeit des Partners getroffene Übereinkunft, Abmachung ohne formalen Vertrag; Vereinbarung auf Treu u. Glauben:* auch sie wird keinen weiteren Skandal wünschen und deshalb möglicherweise ein Gentlemen's A. suchen, wenn die nächste Enthüllung droht (Spiegel 48, 1979, 153).

Gen|trans|fer, der (Genetik): *Übertragung fremder Erbanlagen in die befruchtete Eizelle.*

Gen|try ['dʒɛntrɪ], die; - [engl. gentry < afrz. genterise, gentelise, zu lat. gentilis, ↑gentil]: *(sich aus Knights und Squires zusammensetzender) niederer englischer Adel.*

[1]Ge|nua: Stadt in Norditalien.

[2]Ge|nua, die; -, - [nach dem erstmaligen Auftauchen dieses Segels 1927 bei einer Regatta in [1]Genua] (Seemannsspr.): *großes, den Mast u. das Großsegel stark überlappendes Vorsegel.*

Ge|nua|kord, Ge|nua|samt, der [nach ↑[1]Genua]: *Kordsamt zur Herstellung strapazierfähiger Hosen u. Jacken sowie von Möbelbezügen.*

Ge|nu|e|se, der; -n, -n: Ew.

Ge|nu|e|ser ⟨indekl. Adj.⟩.

Ge|nu|e|sin, die; -, -nen: w. Form zu ↑Genuese.

ge|nu|e|sisch ⟨Adj.⟩.

ge|nug ⟨Adv.⟩ [mhd. genuoc, ahd. ginuoc, urspr. Verbaladjektiv zu einem Verb mit der Bed. »reichen, (er)langen«]: **a)** *in zufrieden stellendem Maß; ausreichend; genügend:* wir haben g. Arbeit/Arbeit g.; hast du g. Geld eingesteckt, mit[genommen]?; das ist g. für mich; nicht g. damit, dass er seine Aufgaben erledigte *(obwohl er eigentlich mit seinen Aufgaben genügend zu tun hatte),* half er auch noch anderen; unsere Nachbarn können nicht g. bekommen, kriegen *(sie sind raffgierig u. wollen immer noch mehr);* jetzt habe ich g. von dieser Arbeit *(bin ich ihrer überdrüssig);* jetzt habe ich aber g.! *(jetzt ist meine Geduld zu Ende);* g. der [vielen] Worte, wir müssen jetzt etwas unternehmen; *** sich** ⟨Dativ⟩ **selbst g. sein** *(auf den Umgang mit andern verzichten, ihn nicht benötigen);* **b)** nachgestellt bei Adjektiven einen bestimmten Grad o. Ä. kennzeichnend; *genügend, ausreichend:* der Schrank ist groß g.; dazu ist er jetzt alt g. *(hat er das entsprechende Alter);* es ist ihr alles nicht gut g. *(sie hat an allem etwas auszusetzen);* das alles ist schlimm g. *(sehr schlimm);* das ist wenig g. *(ist recht wenig).*

Ge|nü|ge [mhd. genüege, ahd. ginuogī]: meist in den Wendungen **jmdm., einer Sache G. tun/leisten** (geh.; *jmdn. zufrieden stellen; eine Sache gebührend berücksichtigen; einer Forderung o. Ä. entsprechen*): seinen Forderungen muss G. getan werden; sie ... hatte ... in der Bewunderung für sie eine gewisse Erklärung und Entschädigung gefunden, die ihr für den Verlust zum Teil G. tat (Musil, Mann 524); **G. [an etw.] finden, haben** (geh. veraltend; *mit etw. zufrieden sein*); **jmdm., einer Sache geschieht G.** *(jmds. Forderungen o. Ä. werden erfüllt, etw. wird in genügendem Maße beachtet):* Soll der Staat zugrunde gehen, damit einem Mann G. geschieht? (Augstein, Spiegelungen 134); **zur G.** (oft abwertend; *in genügendem, ausreichendem Maß*): diese Zustände kenne ich zur G.; Dass sie (= die Erbtriebe) daher auch sehr wohl taxonomische Bedeutung haben, hat Heinroth ... zur G. bewiesen (Lorenz, Verhalten I, 109).

ge|nü|gen ⟨sw. V.; hat⟩ [mhd. genüegen, ahd. ginuogen]: **1.** *in einem Maß, einer Menge vorhanden sein, dass es für etw. reicht; genug sein, ausreichen:* das genügt [mir] fürs Erste vollkommen; zwei Meter Stoff genügen nicht; Es genügte nicht mehr, Assessor und Doktor der Rechte zu sein (Böll, Adam 62); Das Haus verfiel immer mehr, obwohl genügend Geld da war (Böll, Haus 82); (als Schulnote veraltet:) seine Leistungen wurden mit »genügend« beurteilt. **2.** *einer Forderung o. Ä. entsprechen; etw. in befriedigender Weise erfüllen:* den gesellschaftlichen Pflichten g.; er genügte den Anforderungen nicht; nachdem ich meiner militärischen Dienstpflicht genügt habe (Th. Mann, Krull 113).

◆ **Ge|nü|gen,** das; -s: *Genugtuung* (2): Nennt mir meine Schuld, ich will euch völliges G. leisten (Schiller, Maria Stuart III, 4).

ge|nug|sam ⟨Adj.⟩ [mhd. genuocsam]: **a)** (geh.) *zur Genüge, hinreichend:* Natürlich gibt es auch heute noch g. Kritiker (Graber, Psychologie 36); Es ist ja g. bekannt, dass Tiere ... ganz verblüffende Gedächtnisleistungen vollbringen (Lorenz, Verhalten I, 33); ◆ **b)** *ausreichend, zufrieden stellend:* Die Frauen ... fanden ... -e Unterhaltung (Goethe, Wahlverwandtschaften I, 10); ... und der Wirt, um ihm Zeit zu lassen, die Speisen g. *(lange genug)* stehen ließ (Keller, Kleider 10).

ge|nüg|sam ⟨Adj.⟩: *mit wenigem zufrieden:* ein -er Mensch; Ihres Mannes ... -es Wesen schrieb Frau Hardekopf der Einwirkung des Sparvereins »Marienblüte« zu (Bredel, Väter 49); -e Pflanzen; im Essen und Trinken ist sie sehr g.; g. leben; im Verbrauch zeigt sich das neue Auto relativ g.

Ge|nüg|sam|keit, die; -: *genügsame Art.*

ge|nug|tun ⟨unr. V.; hat⟩ [mhd. genuoc tun, LÜ von lat. satisfacere] (veraltend): *einer Forderung o. Ä. entsprechen:* sie war eifrig bemüht, seinen Fragen genugzutun; dass er (= Jaakobs Gott) den städtisch-irdischen Staatsprunk verschmähte und verpönte, weil keiner ihm hätte g. können (Th. Mann, Joseph 251); Er muss sich ... des Nachdenkens ganz entschlagen, woran sich viele genugtun *(womit sich viele zufrieden geben;* Musil, Mann 520); * **sich** ⟨Dativ⟩ **nicht g. können, etw. zu tun** *(nicht mit etw. aufhören; bei etw. in seinem Überschwang kein Ende finden):* er konnte sich nicht g., ihre Gastfreundschaft zu loben (Kaschnitz, Wohin 47); da kommt man vor selbst ins Schwatzen und kann sich nicht g.

Ge|nug|tu|ung, die; -, -en ⟨Pl. selten⟩ [15. Jh.; LÜ von lat. satisfactio]: **1.** *innere Befriedigung:* das ist mir eine große G.; die G. haben, dass endlich etwas geschieht; G. über etw. empfinden; er vernahm die Nachricht [über ihre Niederlage] mit G.; Herr Heßreiter war geschwellt von G. (Feuchtwanger, Erfolg 625). **2.** (geh.) *Entschädigung für ein zugefügtes Unrecht; Wiedergutmachung:* der Beleidigte verlangte, erhielt G.; man sollte ihr G. geben.

ge|nu|in ⟨Adj.⟩ [lat. genuinus, eigtl. = angeboren, natürlich, zu: genus, ↑Genus]: **1.** (bildungsspr.) *echt:* Nur selten begegnet uns in der jüngsten deutschen Literatur ein so g. künstlerisches Werk (Deschner, Talente 233); während die Versorgung der so genannten Laienleser die -e Aufgabe der öffentlichen Büchereien ist (Börsenblatt 2. 4. 65, 651). **2.** (Med.) *nicht als Folge anderer Krankheiten auftretend; angeboren, erblich:* -e Krankheiten.

Ge|nus [auch: ˈgeːnʊs], das; -, Genera [lat. genus (Gen.: generis) = Geschlecht, Art, Gattung, zu: gignere = hervorbringen, erzeugen]: **1.** (bildungsspr. veraltend) *Art, Gattung:* die Form der Fürstenspiegel, deren G. ... auf Augustinus' Porträt des gerechten Herrschers ... zurückgeht (Fraenkel, Staat 264). **2.** (Sprachw.) *eine der verschiedenen Klassen (männlich, weiblich, sächlich), in die die Substantive (danach Adjektive u. Pronomen) eingeteilt sind; grammatikalische Kategorie beim Nomen; grammatisches Geschlecht.*

Ge|nus|be|zeich|nung, die: *Bezeichnung des Genus.*

Ge|nu|schel, das; -s (ugs. abwertend): *[dauerndes] Nuscheln, nuschelndes Sprechen:* sein G. geht mir auf die Nerven.

Ge|nus|kauf, der (Rechtsspr.): *Gattungskauf.*

Ge|nus pro|xi|mum, das; --, Genera proxima [zu lat. proximus = der Nächste] (Philos., Sprachw.): *nächsthöherer Gattungsbegriff.*

Ge|nuss, der; -es, Genüsse [zu ↑genießen]: **1.** ⟨o. Pl.⟩ *das Genießen* (1): übermäßiger G. von Alkohol ist schädlich; jmdm. vom G. einer Speise abraten. **2.** *Freude, Annehmlichkeit, die jmd. beim Genießen* (2) *von etw. empfindet:* der Kaffee ist ein G. *(bereitet, verschafft Genuss);* eine Quelle des -es; was den Gästen an leiblichen Genüssen geboten werden soll (Horn, Gäste 14); Er aß langsam und ohne sonderlichen G. (Kirst, 08/15, 148); * **in den G. von etw. kommen** *(eine Vergünstigung od. etw., was einem zusteht, erhalten):* sie kam auf diese Weise nicht in den G. eines Stipendiums.

ge|nuss|fä|hig ⟨Adj.⟩: *fähig zu genießen:* Wir wollen uns g. machen für die Schätze der Weltkultur (Neues Leben 10, 1975, 8).

ge|nuss|freu|dig ⟨Adj.⟩: *für alle möglichen Genüsse, Vergnügungen empfänglich, aufgeschlossen.*

Ge|nuss|gift, das (Amtsspr.): *der Gesundheit schadendes Genussmittel:* Nikotin ist ein weit verbreitetes G.

ge|nüss|lich ⟨Adj.⟩: *einen Genuss voll auskostend; bewusst genießend:* ein -es Gefühl der Schwere; g. seinen Kaffee schlürfen; sich g. im Sessel zurücklehnen; g. wiederholt Felsner eine bestimmte und besonders traurige Passage (Grass, Hundejahre 215).

Ge|nüss|ling, der; -s, -e (veraltend, noch scherzh.): *Genussmensch.*

Ge|nuss|mensch, der: *jmd., der sich gerne allen möglichen Genüssen, Vergnügungen hingibt.*

Ge|nuss|mit|tel, das: *etw., was nicht wegen seines etwa vorhandenen Nährwertes, sondern wegen seines guten Geschmacks, seiner anregenden Wirkung o. Ä. genossen wird.*

Ge|nuss|mit|tel|in|dus|trie, die: *Industriezweig, der Genussmittel herstellt.*

ge|nuss|reich ⟨Adj.⟩: *reich an Genuss:* Über die angenehme Mahlzeit hinaus sah ich einem -en Abend entgegen (Th. Mann, Krull 267).

Ge|nuss|schein, der (Börsenw.): *Wertpapier, das dem Inhaber verschiedenartige vermögensrechtliche Ansprüche gegenüber einem Unternehmen – unabhängig von dessen Rechtsform – gewährt, z. B. Beteiligung am Reingewinn, an bestimmten Erträgen.*

Ge|nuss|specht, der (österr. ugs.): *Genießer.*

Ge|nuss|sucht, die ⟨o. Pl.⟩ (oft abwertend): *unmäßiges Verlangen, Streben nach Genüssen.*

ge|nuss|süch|tig ⟨Adj.⟩: *unmäßig nach Genüssen verlangend.*

ge|nuss|voll ⟨Adj.⟩: **a)** *großen Genuss bereitend, verschaffend:* Gute Läufer sollen bei ihren langen Brettern bleiben, wenn sie ihrem Können entsprechend einen -en Urlaub im Gletschergebiet verleben wollen (Eidenschink, Eis 96); **b)** *einen Genuss auskostend; mit Genuss:* etw. g. auf der Zunge zergehen lassen; Genussvoll stieß er die erste Rauchwolke aus (Kirst, 08/15, 713); Sie ... holt sich ... die Strümpfe, die sie g. anzieht, denn sie sind rar im vierten Kriegsjahr (Hochhuth, Stellvertreter 183).

Ge|nus Ver|bi, das; - -, Genera - [zu ↑Genus (2) u. ↑Verb] (Sprachw.): *Verhaltensrichtung des Verbs als Aktiv od. Passiv.*

Geo, das; -s ⟨meist o. Art.⟩ (Schülerspr.): **a)** *Geographieunterricht:* heute hatten wir G.; er hat eine Eins in G. *(Geographie);* hast du schon G. *(die Hausaufgaben o. Ä. für den Geographieunterricht)* gemacht?; **b)** *Geometrieunterricht:* morgen fällt G. aus; hast du G. *(Geometrie)* kapiert?; habt ihr schon G. *(die Hausaufgaben o. Ä. für den Geometrieunterricht)* gemacht?

geo-, Geo- [griech. geō-, zu: gē̃ = Erde] ⟨Best. in Zus. mit der Bed.⟩: *erd-, Erd-, Land-* (z. B. geographisch, Geographie).

geo|an|ti|kli|nal [auch: ˈgeːo...] ⟨Adj.⟩ (Geol.): *die Geoantiklinale betreffend.*

Geo|an|ti|kli|na|le [auch: ˈgeːo...], Geantiklinale, die; -, -n (Geol.): *weiträumiges Aufwölbungsgebiet der Erdkruste; Geotumor.*

Geo|bio|lo|ge [auch: ˈgeːo...], der; -n, -n: *Wissenschaftler auf dem Gebiet der Geobiologie.*

Geo|bio|lo|gie [auch: ˈgeːo...], die; -: *Wissenschaft, die sich mit den Beziehungen zwischen Geosphäre u. Lebewesen befasst.*

Geo|bio|lo|gin [auch: ˈgeːo...], die; -, -nen: w. Form zu ↑Geobiologe.

geo|bio|lo|gisch [auch: ˈgeːo...] ⟨Adj.⟩: *die Geobiologie betreffend.*

Geo|bi|ont, der; -en, -en [zu griech. biō̃n (Gen.: bioũntos), 1. Part. von: bioũn = leben]: *im Erdboden lebender Organismus.*

Geo|bo|ta|nik [auch: ˈgeːo...], die; -: *Wissenschaft von der geographischen Verbreitung der Pflanzen.*

Geo|bo|ta|ni|ker [auch: ˈgeːo...], der; -s, -: *Wissenschaftler auf dem Gebiet der Geobotanik.*

Geo|bo|ta|ni|ke|rin [auch: ˈgeːo...], die; -, -nen: w. Form zu ↑Geobotaniker.

geo|bo|ta|nisch [auch: ˈgeːo...] ⟨Adj.⟩: *die Geobotanik betreffend.*

Geo|che|mie [auch: ˈgeːo...], die; -: *Wissenschaft von der chemischen Zusammensetzung der Erde.*

Geo|che|mi|ker [auch: ˈgeːo...], der; -s, -: *Wissenschaftler auf dem Gebiet der Geochemie.*

Geo|che|mi|ke|rin [auch: ˈgeːo...], die; -, -nen: w. Form zu ↑Geochemiker.

geo|che|misch [auch: ˈgeːo...] ⟨Adj.⟩: *die Geochemie betreffend.*

Geo|chro|no|lo|gie [auch: ˈgeːo...], die; - (Geol.): *Teilgebiet der Geologie, das sich* *mit der absoluten u. relativen geologischen Datierung beschäftigt.*

Geo|dä|sie, die; - [griech. geōdaisía = Erd-, Landverteilung]: *Wissenschaft von der Vermessung der Erde u. Technik ihrer Vermessung; Vermessungswesen.*

Geo|dät, der; -en, -en [griech. geōdaítēs = Landvermesser]: *Fachmann, Wissenschaftler auf dem Gebiet der Geodäsie; Geometer.*

Geo|dä|tin, die; -, -nen: w. Form zu ↑Geodät.

geo|dä|tisch ⟨Adj.⟩: *die Geodäsie betreffend:* -e Forschung, Technik.

Ge|o|de, die; -, -n [zu griech. geṓdēs = erdartig; die Bez. wurde urspr. nur für Gestein gebraucht, das einen Kern aus lockeren, erdähnlichen Bestandteilen umschloss] (Geol.): **1.** *vulkanisches Gestein mit rundem od. ovalem Hohlraum, an dessen Innenseiten sich Kristalle aus Mineralien bilden; Mandelstein.* **2.** *Blasenhohlraum eines Ergussgesteins, der mit Kristallen gefüllt sein kann.* **3.** *Konkretion* (2).

Geo|de|pres|si|on [auch: 'ge:o...], die; -, -en: *Geosynklinale.*

Geo|drei|eck®, das [Kunstw. aus ↑Geometrie u. ↑Dreieck]: *mathematisches Hilfsmittel in Form eines (transparenten) Dreiecks zum Ausmessen u. Zeichnen von Winkeln, Parallelen o. Ä.*

Geo|dy|na|mik [auch: 'ge:o...], die; -: *allgemeine Geologie, die die exogenen u. endogenen Kräfte behandelt.*

geo|dy|na|misch [auch: 'ge:o...] ⟨Adj.⟩: *die Geodynamik betreffend.*

Geo|frak|tur [auch: 'ge:o...], die; -, -en (Geol.): *alte, innerhalb der Erdgeschichte immer wieder aufbrechende Zone der Erdkruste.*

ge|o|gen ⟨Adj.⟩ (Geol.): *[auf natürliche Weise] in der Erde entstanden:* Der mit -em Arsen belastete, zwischengelagerte Erdaushub ... gibt ... weiterhin Anlass zur Sorge (FR 8. 10. 97, 3).

Geo|ge|ne|se [auch: 'ge:o...], die; -: *Geogenie.*

Geo|ge|nie, die; - [zu griech. genḗ = Abstammung]: *Wissenschaft von der Entstehung der Erde.*

Geo|gno|sie, die; - [zu griech. gnō̃sis = Erkennen, Kenntnis] (veraltet): *Geologie.*

Geo|gnost, der; -en, -en [zu spätgriech. gnṓstēs = Kenner] (veraltet): *Geologe.*

geo|gnos|tisch ⟨Adj.⟩ (veraltet): *geologisch.*

Geo|go|nie, die; - [zu griech. goneía = Zeugung]: ↑Geogenie.

Geo|graf, Geo|gra|fie usw.: s. Geograph, Geographie usw.

Geo|graph, (auch:) Geograf, der; -en, -en [lat. geographus = Erdbeschreiber < griech. geōgráphos]: *Wissenschaftler auf dem Gebiet der Geographie.*

Geo|gra|phie, (auch:) Geografie, die; - [lat. geographia < griech. geōgraphía]: *Wissenschaft von der Erde u. ihrem Aufbau, von der Verteilung u. Verknüpfung der verschiedensten Erscheinungen u. Sachverhalte der Erdoberfläche, bes. hinsichtlich der Wechselwirkung zwischen Erde u. Mensch; Erdkunde:* sie studiert G.; in G. *(im Schulfach Geographie)* hat er eine Zwei; Die Grenzen (= zwischen Exzentrik und Originalität) sind manchmal fließend, oft auch nur eine Frage der G. *(der geographischen Lage; des bestimmten Gebietes, wo etw. anzutreffen ist;* Dariaux [Übers.], Eleganz 82).

Geo|gra|phie|leh|rer, (auch:) Geografielehrer, der: *Lehrer, der Geographie unterrichtet.*

Geo|gra|phie|leh|re|rin, (auch:) Geografielehrerin, die: w. Form zu ↑Geographielehrer.

Geo|gra|phie|stun|de, (auch:) Geografiestunde, die: *Unterrichtsstunde im Schulfach Geographie.*

Geo|gra|phie|un|ter|richt, (auch:) Geografieunterricht, der: *Unterricht im Schulfach Geographie.*

Geo|gra|phin, (auch:) Geografin, die; -, -nen: w. Form zu ↑Geograph.

geo|gra|phisch, (auch:) geografisch ⟨Adj.⟩: **a)** *die Geographie betreffend:* -er Unterricht; eine -e Expedition nach Afrika; -e Forschungen treiben; eine -e Karte *(Karte, deren Maßstab kleiner als 1:500 000 ist);* **b)** *die Lage, das Klima usw. eines Ortes, Gebietes betreffend:* eine g. sehr günstig gelegene Stadt; **c)** *sich auf einen bestimmten Punkt o. Ä. der Erdoberfläche beziehend:* -e Namen.

Geo|hy|dro|lo|gie [auch: 'ge:o...], die: *Teilgebiet der Hydrologie, das sich mit dem im Boden befindlichen Wasser, seinen Eigenschaften u. Erscheinungsformen befasst.*

Geo|id, das; -[e]s [zu griech. -eidḗs = -förmig, zu: eĩdos = Form, Gestalt] (Geophysik): *der von der tatsächlichen Erdgestalt abweichende theoretische Körper, dessen Oberfläche die Feldlinien der Schwerkraft überall im rechten Winkel schneidet.*

Geo|iso|ther|me [auch: 'ge:o...], die; -, -n (Geophysik): *Kurve, die Bereiche gleicher Temperatur des Erdinnern verbindet.*

geo|karp ⟨Adj.⟩ [vgl. Geokarpie] (Bot.): *(von Pflanzenfrüchten) unter der Erde reifend.*

Geo|kar|pie, die; - [zu griech. karpós = (Feld)frucht] (Bot.): *das Reifen von Pflanzenfrüchten unter der Erde.*

Geo|ko|ro|na [auch: 'ge:o...], die; - [↑Korona] (Geophysik): *überwiegend aus Wasserstoff bestehende Gashülle der Erde von etwa 1 000 bis 20 000 km Höhe.*

geo|krat: ↑geokratisch.

geo|kra|tisch ⟨Adj.⟩ [zu griech. krátos = Kraft, Herrschaft] (Geol.): *Erdperioden betreffend, in denen die Festländer größere Ausdehnung hatten als die Meere.*

Geo|lo|ge, der; -n, -n [↑-loge]: *Wissenschaftler auf dem Gebiet der Geologie.*

Geo|lo|gen|ham|mer, der (Geol.): *zum Schürfen, Abschlagen von Gesteinsproben o. Ä. bei der geologischen Arbeit im Gelände bestimmter kleinerer Hammer.*

Geo|lo|gie, die; - [↑-logie]: *Wissenschaft von der Entstehung, Entwicklung u. Veränderung der Erde u. der sie bewohnenden Lebewesen in erdgeschichtlicher Zeit.*

Geo|lo|gin, die; -, -nen: w. Form zu ↑Geologe.

geo|lo|gisch ⟨Adj.⟩: *die Geologie betreffend:* die -e Untersuchung eines Geländes; eine -e Karte *(Karte der geologischen Verhältnisse eines bestimmten Gebietes).*

Geo|man|tie, die; - [zu griech. manteía = das Weissagen; Orakel]: *Kunst (bes. der Chinesen u. Araber), aus absichtslos in den Sand gezogenen Figuren zu weissagen.*

Geo|man|tik, die; -: *Geomantie.*

Geo|me|di|zin [auch: 'ge:o...], die; -: *Zweig der Medizin, der sich mit dem Einfluss geographischer u. klimatischer Faktoren auf Vorkommen, Ausbreitung u. Verlauf von Krankheiten befasst.*

geo|me|di|zi|nisch [auch: 'ge:o...] ⟨Adj.⟩: *die Geomedizin betreffend, dazu gehörend, darauf beruhend.*

Geo|me|ter, der; -s, - [lat. geometres < griech. geōmétrēs]: **1.** *Geodät.* **2.** (veraltend) *Mathematiker, der sich vor allem mit der Geometrie befasst.*

Geo|me|trie, die; - [lat. geometria < griech. geōmetría]: *Teilgebiet der Mathematik, das sich mit räumlichen u. nicht räumlichen (ebenen) Gebilden befasst:* analytische, projektive G.

geo|me|trisch ⟨Adj.⟩ [lat. geometricus < griech. geōmetrikós]: **a)** *die Geometrie betreffend:* -e Grundbegriffe, Berechnungen; **b)** *Figuren der Geometrie (Dreiecke, Kreise, Punkte o. Ä.) aufweisend:* ein -es Muster; -e Formen; etw. streng g. anordnen.

Geo|mor|pho|lo|ge [auch: 'ge:o...], der; -n, -n: *Wissenschaftler auf dem Gebiet der Geomorphologie.*

Geo|mor|pho|lo|gie [auch: 'ge:o...], die; -: *Wissenschaft von den Formen der Erdoberfläche u. den sie beeinflussenden Kräften u. Prozessen.*

Geo|mor|pho|lo|gin [auch: 'ge:o...], die; -, -nen: w. Form zu ↑Geomorphologe.

geo|mor|pho|lo|gisch [auch: 'ge:o...] ⟨Adj.⟩: *die Geomorphologie betreffend, zu ihr gehörend, auf ihr beruhend:* -e Untersuchungen.

Geo|nym, das; -s, -e [zu griech. gē̃ = Erde u. ónyma = Name] (Fachspr.): *Deckname, der aus einem geographischen Namen od. Hinweis besteht* (z. B. Stendhal als Pseudonym des frz. Schriftstellers M. H. Beyle [1783–1842] nach Winckelmanns Geburtsort Stendal).

Geo|öko|no|mie [auch: 'ge:o...], die; -: *geographische Produktenkunde.*

geo|pa|thisch ⟨Adj.⟩ [↑-pathie] (Med.): *in Zusammenhang mit geographischen, klimatischen, meteorologischen Bedingungen Krankheiten verursachend.*

Geo|pha|ge, der u. die; -n, -n ⟨Dekl. ↑Abgeordnete⟩ [zu griech. phageĩn = essen, fressen]: **a)** (Völkerk.) *jmd., der Erde isst;* **b)** (Med.) *jmd., der an Geophagie* (b) *leidet.*

Geo|pha|gie, die; -: **a)** (Völkerk.) *Sitte, bes. bei Naturvölkern, tonige od. fette Erde zu essen;* **b)** (Med.) *krankhafter Trieb, Erde zu essen:* an G. leiden.

Geo|phon, das; -s, -e [↑-phon] (Geophysik): *Instrument für geophysikalische Untersuchungen.*

Geo|phy|sik [auch: 'ge:o...], die; -: *Teil-*

gebiet der Physik, das sich mit den natürlichen Erscheinungen u. Vorgängen auf der Erde, in ihrem Inneren u. ihrer Umgebung befasst.

geo|phy|si|ka|lisch [auch: 'ge:o...] ⟨Adj.⟩: *die Geophysik betreffend, dazu gehörend, darauf beruhend.*

Geo|phy|si|ker [auch: 'ge:o...], der; -s, -: *Wissenschaftler auf dem Gebiet der Geophysik.*

Geo|phy|si|ke|rin [auch: 'ge:o...], die; -, -nen: w. Form zu ↑Geophysiker.

Geo|phyt, der; -en, -en ⟨meist Pl.⟩ [zu griech. phytón = Pflanze] (Bot.): *mehrjährige, krautige Pflanze, die ungünstige Jahreszeiten, bes. den Winter, mithilfe unterirdischer Organe (Zwiebel, Knolle u. a.) überdauert.*

Geo|plas|tik [auch: 'ge:o...], die; -, -en: *räumliche Darstellung von Teilen der Erdoberfläche.*

Geo|po|li|tik [auch: 'ge:o...], die; -: *Wissenschaft von der Einwirkung geographischer Faktoren auf politische Vorgänge u. Kräfte.*

geo|po|li|tisch [auch: 'ge:o...] ⟨Adj.⟩: **a)** *die Geopolitik betreffend;* **b)** *durch die geographische Lage bedingt politisch; raumgebunden politisch:* Ferner habe die Zunahme der Spannungen ... Österreichs Randlage an der -en Schnittstelle der Blöcke wieder deutlicher ... fühlbar gemacht (NZZ 21. 1. 83, 14).

Geo|psy|cho|lo|gie [auch: 'ge:o...], die; -: *Wissenschaft von der Beeinflussung der Psyche durch Klima, Wetter, Jahreszeiten u. Landschaft.*

geo|psy|cho|lo|gisch [auch: 'ge:o...] ⟨Adj.⟩: *die Geopsychologie betreffend, dazu gehörend, darauf beruhend.*

ge|ord|net: ↑ordnen.

George|town ['dʒɔ:dʒtaʊn]: Hauptstadt von Guyana.

Geor|gette [ʒɔr'ʒɛt], der; -s, -s: kurz für ↑Crêpe Georgette.

Geor|gia ['dʒɔ:dʒə]; -s: Bundesstaat der USA.

Ge|or|gi|en; -s: Republik in Transkaukasien.

Ge|or|gi|er, der; -s, -: Ew.

Ge|or|gi|e|rin, die; -, -nen: w. Form zu ↑Georgier.

Ge|or|gi|ne, die; -, -n [nach dem russ. Ethnographen I. I. Georgi (1729–1802)]: *Dahlie.*

ge|or|gisch ⟨Adj.⟩: zu ↑Georgien.

Ge|or|gisch, das; -[s] u. ⟨nur mit best. Art.:⟩ **Ge|or|gi|sche,** das; -n: *die georgische Sprache.*

Geo|sphä|re [auch: 'ge:o...], die; - [zu griech. gē̃ = Erde] (Fachspr.): *Raum, in dem die Gesteinskruste der Erde, die Wasser- u. Lufthülle aneinander grenzen.*

geo|sta|ti|o|när [auch: 'ge:o...] ⟨Adj.⟩ (Fachspr.): *(von bestimmten Satelliten od. Synchronsatelliten) immer über dem gleichen Punkt des Erdäquators stehend u. dabei über dem Äquator mit der Erdrotation mitlaufend:* Bodenstation für -e Satelliten (MM 9. 9. 76, 17); man spricht dann von einem -en Umlauf (Gibson [Übers.], Zukunft 17); Großsatelliten g. parken.

geo|stra|te|gisch [auch: 'ge:o...] ⟨Adj.⟩: vgl. geopolitisch (b): Calleo reduziert damit das »deutsche Problem« auf seine geopolitische und -strategische Komponente (NZZ 16. 10. 81, 6).

Geo|su|tur [auch: 'ge:o...], die; -, -en: *Geofraktur.*

geo|syn|kli|nal [auch: 'ge:o...] ⟨Adj.⟩ (Geol.): *die Geosynklinale betreffend, darauf beruhend.*

Geo|syn|kli|na|le [auch: 'ge:o...], die; -, -n (Geol.): *weiträumiges Senkungsgebiet der Erdkruste; Geodepression.*

Geo|syn|kli|ne [auch: 'ge:o...], die; -, -n: *Geosynklinale.*

Geo|ta|xis [auch: 'ge:o...], die; -, ...taxen (Bot., Zool.): *Orientierungsbewegung bestimmter Pflanzen u. Tiere, die in der Richtung durch die Erdschwerkraft bestimmt ist.*

Geo|tech|nik [auch: 'ge:o...], die; -: *Ingenieurgeologie.*

Geo|tek|to|nik [auch: 'ge:o...], die; -: *Teilgebiet der Geologie, das sich mit dem Aufbau u. der Entwicklung, mit Bewegungen, Verlagerungen u. magmatischen Erscheinungen der Erdkruste befasst.*

geo|tek|to|nisch [auch: 'ge:o...] ⟨Adj.⟩: *die Geotektonik betreffend, dazu gehörend, darauf beruhend.*

Geo|the|ra|pie [auch: 'ge:o...], die; - (Med.): *klimatische Heilbehandlung.*

geo|ther|mal [auch: 'ge:o...] ⟨Adj.⟩: *die Erdwärme betreffend.*

Geo|ther|mik, die; -: *Lehre, Wissenschaft von der Wärme, der Verteilung der Temperatur im Erdkörper.*

geo|ther|misch ⟨Adj.⟩: *die Wärmeverhältnisse im Erdkörper betreffend:* -e Untersuchungen; -e Energie; -er Wasserdampf.

Geo|ther|mo|me|ter, das; -s, -: *Messgerät zur Bestimmung der Temperatur in verschieden tiefen Erdschichten.*

geo|trop ⟨Adj.⟩ [zu griech. tropḗ = (Hin)wendung] (Bot.): *(von Pflanzen) auf die Schwerkraft ansprechend.*

Geo|tro|pis|mus, der; - (Bot.): *Vermögen bestimmter festgewachsener Pflanzen, sich in Richtung der Erdschwerkraft zu orientieren.*

Geo|tro|po|skop, das; -s, -e [zu griech. tropḗ = (Hin)wendung u. griech. skopeĩn = betrachten, beschauen]: *Gyroskop.*

Geo|tu|mor, der; -, ...oren: *Geoantiklinale.*

Geo|wis|sen|schaft, die; -, -en ⟨meist Pl.⟩: *eine der Wissenschaften, die sich mit der Erforschung der Erde befassen:* Selbst die Bundesanstalt für G. und Rohstoffe hat »Schwachstellen im Grubengebäude« aufgezeigt (Woche 3. 10. 97, 6); ein Wörterbuch der -en.

Geo|zen|trik [auch: 'ge:o...], die; - [zu ↑Zentrum]: *Weltsystem, das die Erde als Mittelpunkt betrachtet* (z. B. bei Ptolemäus).

geo|zen|trisch ⟨Adj.⟩ (Astron.): **1.** *die Erde als Mittelpunkt betrachtend, von der Erde als Mittelpunkt ausgehend:* das -e Weltsystem des Aristoteles. **2.** *auf den Erdmittelpunkt bezogen, vom Erdmittelpunkt aus gerechnet:* der -e Ort eines Gestirns.

Geo|zo|o|lo|gie [auch: 'ge:o...], die; -: *Wissenschaft von der geographischen Verbreitung der Tiere; Zoogeographie.*

geo|zo|o|lo|gisch [auch: 'ge:o...] ⟨Adj.⟩: *die Geozoologie betreffend, dazu gehörend, darauf beruhend.*

geo|zy|klisch [auch: ...'tsʏk..., 'ge:o...] ⟨Adj.⟩ (Astron.): *den Umlauf der Erde um die Sonne betreffend.*

Ge|päck, das; -[e]s [Kollektivbildung zu ↑[1]Pack]: **a)** *Gesamtheit der für eine Reise, Wanderung o. Ä. in verschiedenen Behältnissen (Koffer, Reisetasche o. Ä.) zusammengepackten [Ausrüstungs]gegenstände:* [nicht] viel G. haben; das G. aufgeben, verstauen; das G. wurde kontrolliert; Ü der Minister hatte keine neuen Vorschläge im G. *(brachte keine neuen Vorschläge mit);* **b)** (Milit.) *feldmarschmäßige Ausrüstung:* G. aufnehmen!; ein Marsch mit leichtem G.

Ge|päck|ab|fer|ti|gung, die: **1.** ⟨o. Pl.⟩ *das Abfertigen des Reisegepäcks:* die G. im Flughafen dauerte nicht lange. **2.** *Schalter, Stelle, wo das Reisegepäck abgefertigt wird:* wo ist hier die G.?; zuerst zur G. gehen.

Ge|päck|ab|la|ge, die: *Vorrichtung zum Ablegen von Gepäck.*

Ge|päck|an|nah|me, die: **1.** ⟨o. Pl.⟩ *das Annehmen, Entgegennehmen des Gepäcks zur Aufbewahrung od. Weiterbeförderung.* **2.** *Schalter, Stelle, wo das Gepäck zur Aufbewahrung od. Weiterbeförderung entgegengenommen wird.*

Ge|päck|auf|be|wah|rung, die: **1.** ⟨o. Pl.⟩ *das Aufbewahren des Reisegepäcks:* die Gebühr für die G. **2.** *Schalter, Stelle, wo das Reisegepäck zur Aufbewahrung aufgegeben wird:* die Koffer bei der G. abgeben.

Ge|päck|auf|be|wah|rungs|schein, der: *Schein, auf dem die Gepäckaufbewahrung* (1) *quittiert ist.*

Ge|päck|auf|ga|be, die: **1.** ⟨o. Pl.⟩ *das Aufgeben* (1), *Abgeben des Reisegepäcks zur Weiterbeförderung:* die G. ging schnell vonstatten. **2.** *Schalter, Stelle, wo das Reisegepäck zur Weiterbeförderung abgegeben wird:* an der G. stand eine Schlange von Reisenden.

Ge|päck|aus|ga|be, die: **1.** ⟨o. Pl.⟩ *das Ausgeben von aufbewahrtem od. weiterbefördertem Gepäck.* **2.** *Schalter, Stelle, wo aufbewahrtes od. weiterbefördertes Gepäck ausgegeben wird:* die G. ist geschlossen.

Ge|päck|aus|lie|fe|rung, die: *Gepäckausgabe.*

Ge|päck|bahn|steig, der: *(auf größeren Bahnhöfen) besonderer Bahnsteig, auf dem nur das Reisegepäck u. Frachtgut ver- od. entladen wird.*

Ge|päck|be|för|de|rung, die: *Beförderung von Reisegepäck.*

Ge|päck|be|för|de|rungs|ge|bühr, die: *Gebühr für die Gepäckbeförderung.*

Ge|päck|brü|cke, die: *der Gepäckbeförderung dienender, kleinerer Autoanhänger.*

Ge|päck|fracht, die: *Preis für die Beförderung von Reisegepäck.*

Ge|päck|kar|ren, der: *Karren zum Verladen von Gepäck u. Fracht gut.*

Ge|päck|kon|trol|le, die: *Kontrolle des Reisegepäcks [durch Zollbeamte bei der Zollabfertigung].*
Ge|päck|mar|der, der (ugs.): *Dieb, der Reisegepäck stiehlt:* Wussten Sie ..., dass ... Taschendiebe und G. mit ausschließlicher Zielrichtung auf Touristen unterwegs sind (MM 22. 8. 69, 9).
Ge|päck|marsch, der (Milit.): *Übungsmarsch von Soldaten mit Gepäck* (b) *von bestimmtem Gewicht.*
Ge|päck|netz, das: *meist über den Sitzplätzen in Verkehrsmitteln angebrachte, aus dicken Schnüren geknüpfte, netzartige Ablage zum Unterbringen von Gepäck:* die Reisetasche im G. verstauen.
Ge|päcks|ab|fer|ti|gung usw. (österr.): ↑Gepäckabfertigung usw.
Ge|päck|schal|ter, der: *Schalter, an dem die Gebühren für Gepäck zur Aufbewahrung od. Weiterbeförderung entrichtet werden, Gepäck angenommen od. ausgegeben wird.*
Ge|päck|schein, der: *als Beleg dienender Schein für Gepäck, das zur Beförderung mit der Bahn aufgegeben wird.*
Ge|päck|spin|ne, die: *mehrere in der Mitte aneinander geknotete elastische Seile mit Haken zur Befestigung von Gepäckstücken o. Ä. auf einem [Dach]gepäckträger.*
Ge|päck|stück, das: *einzelner Gegenstand (Koffer, Tasche, Paket o. Ä.), der als Gepäck mitgeführt, weiterbefördert wird:* der Gang war blockiert mit Dutzenden von -en (Seghers, Transit 51).
Ge|päck|trä|ger, der: **1.** *jmd., der Reisenden gegen Bezahlung (meist nur innerhalb des Bahnhofsgeländes od. des Flughafenbereichs) Gepäckstücke transportiert.* **2.** *über dem Hinterrad eines Zweirades angebrachter Halter, Träger für kleinere Gepäckstücke:* auf dem G. mitfahren; er klemmte den Zeichenblock auf den G. (Kuby, Sieg 344).
Ge|päck|ver|si|che|rung, die: *Versicherung des Reisegepäcks.*
Ge|päck|wa|gen, der: *Eisenbahnwagen, der nur für die Beförderung von Reisegepäck, Expressgut, Postsendungen o. Ä. vorgesehen ist; Packwagen.*
Ge|pard [auch: ge'part], der; -s, -e [frz. guépard, älter: gapard < ital. gattopardo = Leopard < mlat. cattus pardus = Pardelkatze, kleiner Leopard, aus spätlat. cattus = Katze u. lat. pardus, ↑Leopard]: *(vor allem in den Steppen u. Savannen Afrikas heimisches) schlankes, hochbeiniges, katzenartiges Raubtier mit schwarz geflecktem gelblichem Fell.*
ge|perlt ⟨Adj.⟩ (selten): *mit Perlen versehen:* -e Arm- und Beinringe aus der Römerzeit.
ge|pfef|fert ⟨Adj.⟩ [eigtl. = mit Pfeffer gewürzt, scharf] (ugs.): **1.** *(bezogen auf eine für etw. geforderte Geldsumme) übertrieben, unverschämt hoch:* -e Mieten; seine Preise sind ganz schön g. **2. a)** *streng, schonungslos:* eine -e Kritik; zu einem -en Meinungsaustausch bereit sein; Quizmaster ... Böse ... hält für seine Kandidaten -e *(schwierige)* Fragen bereit (Bild und Funk 6, 1966, 33); **b)** *derb, anzüglich, zweideutig:* -e Witze.
Ge|pfei|fe, das; -s (ugs., meist abwertend): *[dauerndes] Pfeifen:* lass doch endlich das G.!
ge|pfif|fen: ↑pfeifen.
ge|pflegt ⟨Adj.⟩: **a)** *dank aufmerksamer Pflege, sorgsamer Behandlung gut erhalten, in einem erfreulichen Zustand [u. daher angenehm wirkend]:* ein -es Äußeres; der Park wirkt sehr g.; **b)** *von bestimmter Güte, qualitätvoll [u. daher angenehme Empfindungen, Wohlbehagen auslösend]:* -e Weine und Biere; ein -es Restaurant; dort kann man sehr g. *(gut u. in angenehmer Umgebung)* essen; **c)** *einem gewissen Anspruch auf Niveau u. Kultiviertheit genügend:* und sitzt Robespierre ... nicht an vornehmen Tafeln und führt -e Gespräche bei Kerzenschein (Weiss, Marat 104); eine sehr -e *(kultivierte, gewählte)* Ausdrucksweise.
Ge|pflegt|heit, die; -: *gepflegte Art:* Dein Stil hat gegen früher entschieden an G. und angenehmer Politur gewonnen (Th. Mann, Krull 399).
ge|pflo|gen: ↑pflegen (2).
Ge|pflo|gen|heit, die; -, -en (geh.): *durch häufige Wiederholung zur Gewohnheit gewordene, oft bewusst gepflegte u. kultivierte Handlung od. Handlungsweise:* Es hätte allen -en meines Elternhauses widersprochen (Bergengruen, Rittmeisterin 345).
Ge|phy|ro|pho|bie, die; -, -n [zu griech. géphyra = Brücke u. ↑Phobie] (Med., Psych.): *Angst vor dem Betreten einer Brücke.*
Ge|pie|pe, das; -s (ugs., meist abwertend): *[dauerndes] Piepen.*
Ge|piep|se, das; -s (ugs., meist abwertend): *[dauerndes] Piepsen.*
Ge|plän|kel, das; -s, - [zu ↑plänkeln]: **1.** (Milit. veraltend) *leichtes Gefecht, unbedeutende militärische Auseinandersetzung (vor od. nach der Schlacht):* Es sollten höher im Norden G. mit der deutschen Nachhut stattgefunden haben (Kaiser, Villa 40). **2.** *in Rede u. Gegenrede vor sich gehende, harmlose Auseinandersetzung; [scherzhaftes] Wortgefecht:* Immerzu herrschte giftiges G. auf Burg Veltums (Feuchtwanger, Herzogin 49).
Ge|plap|per, das; -s (ugs., oft abwertend): *[dauerndes] Plappern; naives, nichts sagendes Gerede:* das G. des Kindes; er hört sich höflich lächelnd das G. seiner jungen Tischdame an (Grzimek, Serengeti 46).
Ge|plärr, das; -[e]s, **Ge|plär|re,** das; -s (ugs. abwertend): *[dauerndes] Plärren.*
Ge|plät|scher, das; -s: *[dauerndes] Plätschern:* Ü das G. ihrer Unterhaltung *(ihre sich an der Oberfläche bewegende Unterhaltung)* langweilte mich.
ge|plät|tet: ↑plätten.
Ge|plau|der, das; -s: *das Plaudern, Plauderei:* Das sanfte G. der drei war herrlich (Böll, Mann 39); wie zwischen Goldmund und der Dame ein lässiges G. über nichts gesponnen wurde (Hesse, Narziß 141).
Ge|po|che, das; -s (gelegtl. abwertend): *[dauerndes] Pochen.*
Ge|pol|ter, das; -s: **1.** *[dauerndes] Poltern; polternder Lärm:* sie rannten mit G. die Treppe hinunter. **2.** *lautes [gutmütiges] Schimpfen:* die Kinder fürchteten sich etwas vor dem G. des Großvaters.
Ge|prä|ge, das; -s, - [mhd. gepræche, ahd. gabrācha = erhabenes Bildwerk, zu ↑prägen]: **1.** (Münzk.) *gesamte Prägung von Bild u. Schrift auf Münzen u. Medaillen:* das unversehrte G. einer alten Münze. **2.** ⟨o. Pl.⟩ (geh.) *kennzeichnendes Aussehen; charakteristische Eigenart:* das äußere G. einer Stadt; diese Epoche trägt sein G.; Die römische Zivilisation hat ... bereits ein fast modernes G. (Thieß, Reich 28); Bürokratisierung ..., die der industriellen Gesellschaft ihr besonderes G. gibt *(sie in besonderer Weise prägt, formt;* Fraenkel, Staat 37).
Ge|prah|le, das; -s (abwertend): *[dauerndes] Prahlen:* sein ständiges G. war die Ursache dafür, dass er keine Freunde hatte.
Ge|prän|ge, das; -s [zu ↑prangen] (geh.): *Prachtentfaltung, Prunk:* Man wird sie (= seine sterbliche Hülle) übermorgen mit jenem festlichen G. zu Grabe tragen, das einem Nobelpreisträger zukommt (Dürrenmatt, Meteor 40).
Ge|pras|sel, das; -s: *[dauerndes] Prasseln:* das G. des Regens, des Feuers; Und jetzt stiegen auch mit einem Male aus dem Teich lauter kleine Fontänen hoch, und es fing ein heftiges G. und Pfeifen an (Kuby, Sieg 201).
ge|prie|sen: ↑preisen.
ge|punk|tet ⟨Adj.⟩: **a)** *mit vielen Punkten versehen:* ist die Jacke g., gestreift oder kariert?; die anderen, etwas lässiger, zeigen -e Seidenschals im Hemdausschnitt (Heim, Traumschiff 56); **b)** *aus Punkten bestehend:* unterhalb einer -en Linie stand: Hier reißen (Grass, Blechtrommel 330).
Ge|qua|ke, das; -s (ugs. abwertend): *[dauerndes] Quaken:* Ü Alles G. (salopp; *überflüssige Gerede*) um ein Für oder Wider des Rauchverbots ... verstummt sofort, wenn ... (BM 12. 4. 74, 2).
Ge|quä|ke, das; -s (ugs. abwertend): *[dauerndes] Quäken:* das G. eines Transistorradios.
Ge|quas|sel, das; -s (ugs. abwertend): *[dauerndes] Quasseln:* Lecken Sie mich am Arsch mit Ihrem G.! (Bieler, Bonifaz 39).
Ge|quat|sche, das; -s (ugs. abwertend): *[dauerndes] Quatschen:* sein G. ging ihr auf die Nerven; Darf ich Sie fotografieren, hatte er nach einer Weile befangenen -s gefragt (Johnson, Ansichten 91).
Ge|quen|gel, das; -[e]s, **Ge|quen|ge|le, Ge|queng|le,** das; -s (ugs. abwertend): *(meist von Kindern) dauerndes Quengeln:* hört endlich auf mit eurem G.!
Ge|quie|ke, das; -s (ugs. abwertend): *[dauerndes] Quieken.*
Ge|quiet|sche, das; -s (ugs. abwertend): **1.** *[dauerndes] Quietschen* (1); *quietschendes Geräusch:* das G. einer Straßenbahn, einer Tür. **2.** *[dauerndes] Quietschen* (2): Dass es bei dieser geistreichen Beschäftigung nicht ohne Gegacker und G. abging, versteht sich von selbst (Doderer, Wasserfälle 59).

ge|quọl|len: ↑[1]quellen.

Gẹr, der; -[e]s, -e [mhd., ahd. gēr, H. u.]: *germanischer Wurfspieß.*

[1]Ge̱|ra: Stadt in Thüringen.

[2]Ge̱ra, die; -: Fluss in Thüringen.

[1]ge|ra̱|de ⟨Adj.⟩ [mhd. gerat, ahd. girat = gleich zählend, gerade, verw. mit ↑Rede] (Math.): *(von Zahlen) durch zwei ohne Rest teilbar:* Der eine (= Fahrstuhl) hält in allen -n, der andere in allen ungeraden Stockwerken (Reinig, Schiffe 112).

[2]ge|ra̱|de, (ugs.:) grade [mhd. gerade, gerat = schlank aufgewachsen, lang; gleich(artig), ahd. rado (Adv.) = schnell, verw. mit ↑Rad]: **I.** ⟨Adj.⟩ **1. a)** *in unveränderter Richtung fortlaufend, nicht krumm, gekrümmt; unverbogen:* eine g. Linie; der Weg ist g. *(ändert die Richtung nicht; ist eben, steigt nicht an);* den Draht wieder g. biegen, klopfen, machen; der Rock ist g. geschnitten *(nicht eng u. nicht ausgestellt);* Ü er stammt in -r *(direkter)* Linie von ... ab; **b)** *in natürlicher Richtung [fortlaufend], nicht schief; aufrecht:* ein -r Baumstamm; er hat eine g. *(aufrechte)* Haltung, ist g. gewachsen; den Kopf, die Schultern, sich selbst g. halten; sitz, steh g.!; einen verbogenen Zaun g. richten; die Bücher im Regel g. stellen *(so stellen, dass sie aufrecht stehen);* er konnte nicht mehr g. stehen (verhüll.; *war betrunken*); **c)** *nicht schief; waagerecht, horizontal:* das Bild hängt nicht g.; den Teller, die Kerze g. halten; das Besteck wieder g. legen. **2.** *aufrichtig, offen seine Meinung äußernd, ohne sich durch Rücksichtnahme auf andere beirren zu lassen:* ein -r Mensch; Ein Pfaffe mit einem geraden Maul (Andersch, Sansibar 29); sie sieht mich an, gerade und klar (Remarque, Obelisk 160). **3.** *genau, auch im Kleinsten übereinstimmend:* Doch die Anne war das gerade Gegenteil von Margot (Schnabel, Anne 15). **II.** ⟨Adv.⟩ **a)** ⟨zeitlich⟩ *in diesem Augenblick, soeben, momentan:* er telefoniert g.; ich komme g. [erst] zurück; wir waren g. beim Essen, als das Unglück passierte; der Politiker hat da zu stehn, wo grade der Erfolg ist (Tucholsky, Werke II, 484); als er ankam, war sie g. *(kurz vorher)* gegangen; **b)** (ugs.) *rasch, geschwind, für [ganz] kurze Zeit:* bring doch g. [mal] das Buch herüber!; **c)** *unmittelbar, direkt* (1): er wohnt g. um die Ecke; der Schuss traf g. ins Herz; **d)** *mit Mühe u. Not, knapp:* wir kamen g. [noch] rechtzeitig an; das Geld, die Zeit reicht g. [aus] für ...; Sie sind alle ziemlich schwach, denn sie erhalten gerade so viel, dass sie nicht verhungern (Remarque, Westen 136); beim internationalen Sportfest ... hatte er es als Fünfter gerade mal auf 10,78 s gebracht (Junge Welt 12. 10. 76, 16); **e)** (ugs.) *erst recht:* jetzt [tue ich es] g. [nicht]! **III.** ⟨Partikel; unbetont⟩ **1.** drückt eine Verstärkung aus, weist mit Nachdruck auf etw. hin: g. das wollte ich ja; g. er sollte ruhig sein; g. Kinder brauchen viel Zuneigung; »Das ist es ja gerade«, erklärt Frau Niebuhr mit schöner Logik (Remarque, Obelisk 194); Im zweiten Teil werden ihm gerade jene Eigenschaften, die die Voraussetzung für seine bisherige Wirkung waren, zum Verhängnis (Dönhoff, Ära 14). **2.** drückt Ärger, Verstimmung o. Ä. aus; *ausgerechnet:* warum muss g. ich das tun?; g. jetzt wird sie krank; »Was lachst du«, schreit Eduard wütend. »Gerade du hast keinen Grund dazu« (Remarque, Obelisk 151). **3.** (ugs.) schwächt eine Verneinung ab, mildert einen Tadel o. Ä.: ich verdiene nicht g. viel; du hast das nicht g. exakt ausgeführt; sie ist nicht g. fleißig; er war g. kein Held; Gegenüber den bisherigen Versammlungen war diese nicht gerade feierlich zu nennen (Leonhard, Revolution 48).

Ge|ra̱|de, die; -n, -n ⟨aber: zwei -[n]⟩: **1.** (Geom.) *als kürzeste Verbindung zweier Punkte denkbare, gerade Linie, die nach beiden Richtungen nicht durch Endpunkte begrenzt ist:* Ü die endlosen -n der Gänge (Musil, Mann 1498). **2.** (Leichtathletik) *gerade verlaufender Teil einer Rennstrecke (Aschen-, Kunststoffbahn):* das Feld bog in die G. ein. **3.** (Boxen) *durch das Stoßen der Faust in gerader Richtung nach vorn ausgeführter Boxschlag:* eine linke G.; Mit langen -n wurde der Westdeutsche immer wieder empfindlich gekontert (Welt 26. 5. 65, 22).

ge|ra|de|au̱s ⟨Adv.⟩: *in gerader Richtung weiter, ohne die Richtung zu ändern:* g. blicken; »Wo geht es zum Hauptbahnhof?« - »Immer g.!«; Ü sie ist immer sehr g. *(aufrichtig u. offen).*

Ge|ra|de|au̱s|emp|fän|ger, der (früher:) *einfacher Rundfunkempfänger ohne Möglichkeit der Frequenzänderung.*

Ge|ra|de|au̱s|fahrt, die: *nicht durch Kurven behindertes Fahren auf gerader Strecke:* man kann den Saab nicht allein nach seinen Fähigkeiten bei G. beurteilen (auto6, 1965, 33).

Ge|ra|de|au̱s|flug, der: vgl. Geradeausfahrt.

ge|ra̱|de|bie|gen ⟨st. V.; hat⟩: (ugs.) *in Ordnung bringen:* wir werden diese Geschichte schon g.

ge|ra̱|de bie|gen: s. [2]gerade (I 1 a).

ge|ra̱|de hal|ten: ⟨st. V.; hat⟩: s. [2]gerade (I 1 b, 1 c).

Ge|ra̱|de|hal|ter, der: *orthopädisches Hilfsmittel zum Geradehalten der Schultern:* Zuerst kam eigentlich alles von der Mark, die ich gefunden habe, und vom G. (Keun, Mädchen 29).

ge|ra|de|he|rau̱s ⟨Adv.⟩ (ugs.): *offen, freimütig, direkt:* er ist unkompliziert und g.; sie fand, sie dürfe so g. fragen, denn sie kenne meine Familienverhältnisse gut (Wohmann, Absicht 291).

ge|ra|de|hị̱n ⟨Adv.⟩: *ohne zu überlegen, leichtfertig:* eine prophetische Hindeutung auf geheime Ratschlüsse Gottes ..., die vonseiten der Lehre für zu heilig und undurchsichtig erachtet wurden, um g. ausgesprochen zu werden (Th. Mann, Joseph 44).

ge|ra̱|de klop|fen: s. [2]gerade (I 1 a).

ge|ra̱|de le|gen: s. [2]gerade (I 1 c).

ge|ra̱|de ma|chen: s. [2]gerade (I 1 a).

Ge|ra̱|den|läu|fer, der (Leichtathletik): *Läufer, der auf der Geraden* (2) *besonders stark läuft.*

Ge|ra̱|den|läu|fe|rin, die: w. Form zu ↑Geradenläufer.

ge|ra̱|den|wegs ⟨Adv.⟩: ↑geradewegs.

ge|ra̱|de rich|ten: s. [2]gerade (I 1 b).

Ge|ra̱|de|rol|len, das; -s (Rhönradturnen): *das Vor- u. Rückwärtsrollen auf zwei Reifen.*

ge|rä̱|dert ⟨Adj.⟩ [2. Part. von ↑rädern] (ugs.): *erschöpft, abgespannt, zerschlagen:* so kaputt war ich, so g. von der Akkordarbeit (Klee, Pennbrüder 44); ... fand er keinen Schlaf. Am Morgen war er wie g. (Bieler, Bär 210); ob ich nach einer so langen Reise »gerädert« aus dem Wagen klettern würde (Bild 2. 4. 64, 3).

ge|ra̱|de sit|zen: s. [2]gerade (I 1 b).

ge|ra̱|de|so ⟨Adv.⟩: *ebenso, genauso:* er macht es g. [wie/(schweiz. auch:) als ich]; das kann sie g. gut; das Problem lässt sich g. gut von der anderen Seite her aufrollen; er hat g. viel Angst wie ich.

ge|ra̱|de|so gut, ge|ra̱|de|so viel: s. geradeso.

ge|ra̱|de|ste|hen ⟨unr. V.; hat; südd., österr., schweiz. auch: ist⟩: *für etw., jmdn. die Verantwortung übernehmen, einstehen:* für die Folgen g.; für das, was du angestellt hast, musst du auch g.; er hat mir einmal geholfen, jetzt werde ich für ihn g.

ge|ra̱|de ste|hen: s. [2]gerade (I 1 b).

ge|ra̱|de stel|len: s. [2]gerade (I 1 b).

ge|ra̱|des|wegs ⟨Adv.⟩ (selten): ↑geradewegs: Man hatte ... ihn g. und in unbehilflicher Form zur Rede gestellt (Th. Mann, Hoheit 47).

ge|ra̱|de|wegs ⟨Adv.⟩: **a)** *ohne Umweg, direkt:* wir fuhren g. ins Stadtzentrum; **b)** *ohne Umschweife, unmittelbar:* er kam g. darauf zu sprechen.

ge|ra|de|zu ⟨Adv.⟩: **1.** [-'- - -] (verstärkend) *direkt, sogar; man kann sogar, fast sagen ...:* ein g. ideales Beispiel; g. in/in g. infamer Weise; ich habe ihn g. angefleht. **2.** [- - -'-] (landsch.) *geradeheraus, offen, unverblümt:* er ist immer sehr g.; du darfst sie nicht so g. fragen.

Ge|ra̱d|flüg|ler, der; -s, -: *Orthoptere.*

Ge|ra̱d|heit, die; -: *Aufrichtigkeit, Offenheit.*

ge|ra̱d|läu|fig ⟨Adj.⟩ (selten): *in gerader Richtung verlaufend.*

ge|ra̱d|li|nig ⟨Adj.⟩: *in gerader Richtung verlaufend:* eine -e Häuserfront; -e Schraffuren; ein -er Frequenzgang; die Strecke verläuft g.; Nach unseren heutigen Vorstellungen können Hochbegabte Denkoperationen viel -er durchführen als wir Normalbürger (Woche 28. 3. 97, 26); Ü ein -er *(direkter)* Nachkomme; ein g. *(aufrichtig)* denkender Mensch.

Ge|ra̱d|li|nig|keit, die; -: *das Geradlinigsein, geradliniger Verlauf:* die G. der Strecke; Ü die G. seines Denkens.

ge|ra̱d|sin|nig ⟨Adj.⟩: *aufrichtig, ehrlich:* ein -er Mensch.

Ge|ra̱d|sin|nig|keit, die: *das Geradsinnigsein:* eine kindliche G. des Ausdrucks (Th. Mann, Krull 331).

Ge|ra̱f|fel, Graffel, das; -s [zu ↑raffeln] (bayr., österr. ugs.): *Gerümpel.*

Ge|ra|go̱|ge, der; -n, -n: *jmd., der auf dem Gebiet der Geragogik ausgebildet, tätig ist.*

Ge|ra|go̱|gik, die; - [zu griech. gérōn = Greis, geb. in Analogie zu ↑Pädagogik]:

Teilgebiet der Pädagogik, das sich mit Bildungsfragen u. -hilfen für ältere Menschen befasst.

Ge|ra|go|gin, die; -, -nen: w. Form zu ↑Geragoge.

ge|ram|melt: in der Wendung **g. voll** (ugs.; *bis zur Grenze des Fassungsvermögens voll [von Menschen];* analog zu: gerüttelt voll; ↑gerüttelt): alle Züge waren g. voll; Es war g. voll, denn das Lokal war neu (Baldwin [Übers.], Welt 16).

Ge|ran|gel, das; -s (ugs.): **a)** *[dauerndes] Rangeln; Balgerei, Rauferei:* das G. der Kinder auf dem Schulhof; **b)** (abwertend) *mehr od. weniger ernsthafter, aber zäher Kampf um bestimmte Positionen, Einflussbereiche o. Ä.:* das ständige G. um mehr Macht; das G. ums Sparen geht bis in den Herbst hinein weiter (Woche 14. 2. 97, 1); bereits vor der Fusion von Veba und Gelsenberg ... hat ein G. um Vorstandsposten eingesetzt (Spiegel 39, 1974, 36).

Ge|ra|nie, die; -, -n [↑Geranium]: **1.** *aufrecht wachsende od. hängende Pflanze mit runden, gekerbten Blättern u. in großen, meist kugeligen Dolden wachsenden Blüten in verschiedenen leuchtenden Farben; Pelargonie:* sah er ein Fensterbrett gegenüber, auf dem rote -n blühten (Remarque, Triomphe 338). **2.** *Storchschnabel* (2).

Ge|ra|ni|ol, das; -s [Kurzwort aus ↑**Geranium** u. Alkoh**ol**]: *in zahlreichen ätherischen Ölen (z. B. im Rosenöl) enthaltener aromatischer Alkohol, der als sehr beständiger Riechstoff bes. in der Parfümherstellung verwendet wird.*

Ge|ra|ni|um, das; -s, ...ien [lat. geranion < griech. geránion = Name einer Pflanze mit »kranichschnabelförmigen« Früchten, zu: géranos = Kranich]: *Storchschnabel* (2).

Ge|ra|ni|um|öl, das: *aus Blättern der Pelargonie gewonnenes ätherisches Öl mit feinem Rosenduft, das in der Parfüm- und Seifenherstellung verwendet wird; Pelargoniumöl.*

Ge|rank, das; -s [Kollektivbildung zu ↑Ranke] (geh.): *Rankenwerk:* Efeu, Waldrebe, Geißblatt und anderes G. (Schröder, Wanderer 21).

ge|rannt: ↑rennen.

Ge|rant [ʒeˈrant], der; -en, -en [frz. gérant, zu: gérer = verwalten < lat. gerere = verwalten, ausführen] (schweiz., sonst veraltet): **1.** *Geschäftsführer.* **2.** *Herausgeber einer Zeitung od. Zeitschrift.*

Ge|ra|schel, das; -s (ugs., gelegtl. abwertend): *[dauerndes] Rascheln:* das G. von Papier.

Ge|ras|sel, das; -s (ugs., gelegtl. abwertend): *[dauerndes] Rasseln:* das G. der Panzerketten; er schreckte vom G. des Weckers hoch.

Ge|rät, das; -[e]s, -e [mhd. geræte, ahd. girāti, Kollektivbildung zu ↑Rat = Ausrüstung; Vorrat; Hausrat, Werkzeuge; Rat, Beratung]: **1. a)** *[beweglicher] Gegenstand, mit dessen Hilfe etw. bearbeitet, bewirkt od. hergestellt wird:* elektrische, landwirtschaftliche -e; das G. ist leicht zu bedienen; Und wenn Priester und Ministrant mit den heiligen -en vorübergehen, beugen sie das Knie (Thieß, Legende 104); stell bitte das G. (kurz für: *Radio-, Fernsehgerät*) ab!; **b)** *zum Turnen u. a. dienende Vorrichtung:* an den -en turnen. **2.** ⟨o. Pl.⟩ *Gesamtheit von Geräten* (1 a), *Ausrüstung:* Er hatte kriegswichtiges G. hergeflogen (Gaiser, Jagd 12); Der Trupp bekam den Befehl, sein G. zu überprüfen und instand zu setzen (Kuby, Sieg 295); ein luxuriöses Schlafzimmer, ... mit ... blitzendem G. auf dem Toilettentisch (Th. Mann, Krull 198).

Ge|rä|te|bo|xen, das; -s (Boxen): *Training an bestimmten Geräten* (1 b).

Ge|rä|te|glas, das ⟨o. Pl.⟩: *gegen Temperaturen u. chemischen Angriff besonders widerstandsfähiges Glas für die Herstellung von Laboratoriumsgeräten u. Apparaturen.*

Ge|rä|te|haus, das: *Teil des Feuerwehrhauses, in dem die Löschgeräte aufbewahrt werden.*

[1]**ge|ra|ten** ⟨st. V.; ist⟩ [mhd. geräten, ahd. girātan, urspr. = Rat erteilen]: **1. a)** *ohne Absicht, zufällig an eine bestimmte Stelle, irgendwohin gelangen [u. dadurch Nachteile erfahren, Schaden erleiden]:* in eine unbekannte Gegend, in ein Gewitter g.; das Auto geriet beim Schleudern an die Leitplanke; (ugs.:) wie bist du denn an diesen Kerl geraten?; der Hund geriet unter das Auto *(wurde überfahren);* **b)** *in einen bestimmten Zustand, eine bestimmte Lage kommen:* in Schulden, in eine gefährliche Situation, in eine Krise, in Not, in Verruf, in Schwierigkeiten, in schlechte Gesellschaft, unter schlechten Einfluss g.; die Zuschauer gerieten in einen Taumel der Begeisterung; die Forschung geriet in Misskredit; Aber damit geraten wir schon zu sehr in die Einzelheiten (Kosmos 3, 1965, 120); (häufig verblasst:) in Vergessenheit g. *(vergessen werden);* in Verfall g. (Papierdt.; *verfallen*); in Rückstand, in Verzug g. *(hinter der erwarteten Leistung zeitlich zurückbleiben; zum vorgesehenen Zeitpunkt mit etw. nicht fertig werden);* in Aufruhr g. *(sich auflehnen);* in Erstaunen g. *(erstaunen);* in Gefangenschaft g. *(gefangen genommen werden);* in Zorn g. *(zornig werden);* in Verlegenheit g. *(verlegen werden);* in Verlust g. (Papierdt.; *verloren gehen*); in Brand g. *(Feuer fangen u. zu brennen anfangen);* in Wut g. *(wütend werden);* in Streit g. *(zu streiten anfangen);* ins Stocken g. *(zu stocken anfangen);* ***außer sich g.** (↑außer I 2). **2. a)** *gelingen, gut ausfallen:* der Kuchen ist heute geraten; seine Kinder geraten *(entwickeln sich gut);* **b)** *am Ende einer Herstellung bestimmte Eigenschaften aufweisen, ausfallen:* das Essen ist [ihr] gut, schlecht geraten; das Brettchen geriet ihm sehr breit (Strittmatter, Wundertäter 185); (scherzh.:) Da stand er, ein erwachsener Mann, ... etwas kurz geraten (Thieß, Legende 179). **3.** *(einem Eltern- od. Großelternteil) ähnlich werden:* sie gerät nach dem Vater.

[2]**ge|ra|ten: 1.** ↑raten. **2.** ⟨Adj.⟩ *ratsam, empfehlenswert:* es schien [mir] g., zunächst einmal zu warten.

Ge|rä|te|raum, der: *Raum, in dem [Turn-, Sport]geräte aufbewahrt werden.*

Ge|rä|te|schup|pen, der: *Schuppen, in dem Arbeitsgeräte aufbewahrt werden.*

Ge|rä|te|ste|cker, der: *Stecker für elektrische Geräte.*

Ge|rä|te|teil, das: *Teil eines Geräts* (1 a).

Ge|rä|te|tur|nen, das: *das Turnen an Geräten* (1 b).

Ge|rä|te|tur|ner, der: *jmd., der an Geräten* (1 b) *turnt.*

Ge|rä|te|tur|ne|rin, die: w. Form zu ↑Geräteturner.

Ge|rä|te|turn|mat|te, die: *beim Geräteturnen verwendete Turnmatte.*

Ge|rä|te|übung, die: *Übung an einem Gerät* (1 b).

Ge|rä|te|wart, der: *jmd., der für die Geräte* (1 b) *[einer Schule, eines Sportvereins] zuständig ist.*

Ge|rä|te|war|tin, die: w. Form zu ↑Gerätewart.

Ge|ra|te|wohl [auch: -'- - -], das: nur in der Wendung **aufs G.** (ugs.; *ohne zu wissen, was sich daraus ergibt; auf gut Glück;* frühnhd., zum subst. Imperativ von ↑[1]geraten 2 a): aufs G. losmarschieren; Ich hörte das Klicken einer Schere ... und rief aufs G.: »Frau Olenski!« Mit leichten Schritten kam sie um die Hecke (Rinser, Jan Lobel 15); So ein provisorisches Leben aufs G., vielleicht kommt's, vielleicht auch nicht (Frisch, Stiller 272).

Ge|rät|schaft, die; -, -en ⟨meist Pl.⟩: **1.** *Ausrüstungsgegenstand, Gerät:* Sant Angel packt langsam seine -en zusammen (Hacks, Stücke 90); Nachdem er ... noch in die -en, Schaufel, Spaten, Schraubstock ..., einige Ordnung gebracht hatte (Hauptmann, Thiel 20). **2.** *Gesamtheit von Ausrüstungsgegenständen:* Die Stadt ... unterstützte die Aktion mit G. und Personal (Blick auf Hoechst 8, 1984, 10).

Ge|rät|si|che|rung, die (Turnen): *Kontrolle über den sicheren Aufbau, Stand u. Abbau der Turngeräte.*

Ge|rat|ter, das; -s (ugs. abwertend): *[dauerndes] Rattern:* das G. der Räder; mit lautem G. ging der Motor los; das G. der Maschinenpistole (Simmel, Stoff 19).

Ge|rät|tur|nen usw.: ↑Geräteturnen usw.

Ge|räu|cher|te, das; -n ⟨Dekl. ↑[2]Junge, das⟩: *geräuchertes Fleisch.*

Ge|rau|fe, das; -s (ugs. abwertend): *[dauerndes] Raufen:* lasst doch das G.!

ge|raum ⟨Adj.⟩ [mhd. gerūm(e), ahd. (adv.) girūmo, zu: rūmi, ↑Raum] (geh.): *(zeitlich) länger, beträchtlich:* Er, der -e Zeit lang mitgeprügelt, ... ließ eines Tages ... mitten im Prügeln seine Fäuste sinken (Grass, Hundejahre 42); vor -er Zeit.

Ge|räum|de, das; -s, - [zu ↑räumen]: *abgeholztes [zu Acker gemachtes] Waldstück.*

ge|räu|mig ⟨Adj.⟩ [zu ↑geraum]: *viel Raum, Platz (für etw.) bietend:* ein -es Arbeitszimmer; der Schrank ist sehr g.

Ge|räu|mig|keit, die; -: *geräumige Beschaffenheit.*

Ge|räum|te, das; -s, -: *Geräumde.*

Ge|rau|ne, das; -s: *[dauerndes] Raunen:* das G. im Saal verstummte, als sie zu reden anfing.

Ge|raunz, Ge|raun|ze, das; ...zes (österr., südd., abwertend): *[dauerndes] Raunzen.*

[1]**Ge|räusch,** das; -[e]s, -e [mhd. geriusche, zu ↑rauschen]: *etw., was akustisch mehr od. weniger stark wahrgenommen wird (u. was ohne bewusste Absicht durch etw. in Bewegung Befindliches od. Gesetztes entstanden ist):* ein leises, dumpfes, verdächtiges G.; -e machen, verursachen; er vernahm ein seltsames G.; ein G. drang an ihr Ohr; Ü mit viel G. (abwertend; *in Aufsehen erregender Art u. Weise*).

[2]**Ge|räusch,** das; -[e]s [für spätmhd. ingeriusche, H. u.] (Jägerspr.): *Herz, Lunge, Leber u. Nieren des Schalenwildes; Gelünge.*

Ge|räusch|ar|chiv, das: *Archiv mit Aufnahmen von Geräuschen.*

ge|räusch|arm ⟨Adj.⟩: *wenig Geräusch machend:* ein -er Außenbordmotor; der Wagen läuft g.

Ge|räusch|däm|mung, die: vgl. Dämmung.

Ge|räusch|dämp|fung, die: *Dämpfung von Geräuschen (durch bestimmte Vorrichtungen, Maßnahmen).*

Ge|rau|sche, das; -s (abwertend): *[dauerndes] Rauschen:* das G. im Radio, in der Telefonleitung; Ü Von den Gestaden der Nordsee bis nach ... Budapest gab es ein groß G. im Blätterwald: »Dichterkinder spielen Theater!« (K. Mann, Wendepunkt 148).

Ge|räusch|emis|si|on, die: *[als Lärmbelästigung empfundene] Erzeugung eines Geräuschs, von Geräuschen:* Durch seine Fahrweise hat der Autofahrer erheblichen Einfluss auf die G. seines Fahrzeugs (Rhein. Merkur 2. 2. 85, 37).

ge|räusch|emp|find|lich ⟨Adj.⟩: *empfindlich gegen Geräusche:* er ist sehr g.

Ge|räusch|emp|find|lich|keit, die: *Empfindlichkeit gegen Geräusche:* Auf die hochgradige G. einer ... Mieterin brauchen die anderen Mieter ... keine Rücksicht zu nehmen (Hörzu 7, 1973, 91).

Ge|räusch|ku|lis|se, die: **1.** *ständig im Hintergrund vorhandene, nicht bewusst, deutlich als solche wahrgenommene Geräusche:* 19 % gaben an, sich durch die G. von Flugzeugen, Kirchturmuhren und Kirchenglocken empfindlich belästigt zu fühlen (Hörzu 41, 1973, 163). **2.** *akustische Untermalung in Theater, Film, Funk u. Fernsehen, durch die ein Geschehen realistisch gestaltet wird.*

Ge|räusch|laut, der (Sprachw.): *Konsonant, bei dessen Artikulation das erzeugte Geräusch überwiegt.*

ge|räusch|los ⟨Adj.⟩: **a)** *kein Geräusch machend, lautlos:* ein -er Mechanismus; sie öffnete g. den Schrank; **b)** (ugs.) *ohne Aufsehen:* Er soll ... Matern ... geraten haben, möglichst g. zu verduften (Grass, Hundejahre 284).

Ge|räusch|lo|sig|keit, die; -: *geräuschlose Art, Beschaffenheit, geräuschloser Zustand.*

Ge|räusch|ma|schi|ne, die: *Maschine, die bestimmte Geräusche imitiert od. bestimmte Klangeffekte erzeugt.*

Ge|räusch|mes|ser, der (Technik): *Gerät zur Erfassung der Lautstärke von Geräuschen.*

Ge|räusch|min|de|rung, die: *Minderung des Geräuschpegels:* In einem Frequenzbereich zwischen 50 und 2500 Hertz lässt sich ... eine G. zwischen zehn und 20 Dezibel ... erreichen (Welt 7. 9. 90, 21).

Ge|räusch|mi|ne, die (Milit.): *Mine, deren Zündung durch Geräusche des Zielobjekts ausgelöst wird.*

Ge|räusch|pe|gel, der: *gemessene Stärke eines Geräusches:* den G. senken.

ge|räusch|voll ⟨Adj.⟩: *mit viel Geräusch verbunden, laut:* ein -er Auftritt; die Schüler erhoben sich g. von ihren Bänken; Als der Wagen das -e *(lautes Geräusch verursachende)* ... Kopfsteinpflaster hinter sich hatte (Geissler, Wunschhütlein 158).

Ge|räus|per, das; -s (gelegtl. abwertend): *[dauerndes] Räuspern.*

ge|rau|tet ⟨Adj.⟩ (Heraldik): *(von einem Wappenschild) gleichmäßig in Rauten eingeteilt.*

ger|ben ⟨sw. V.; hat⟩ [mhd. gerwen, ahd. garawen, urspr. = fertig machen, zubereiten, machen, zu ↑gar]: *(Häute u. Felle) mit Gerbmitteln zu Leder verarbeiten:* die Haut eines Tieres g.; Ü Ihr Gesicht war von Sonne und Kummer gegerbt (Baum, Bali 276).

Ger|ber, der; -s, - [mhd. gerwer, ahd. (leder)gerwere]: *Handwerker, der Häute u. Felle gerbt* (Berufsbez.).

Ger|be|ra, die; -, -[s] [nach dem dt. Arzt T. Gerber, † 1743]: *(zu den Korbblütlern gehörende) Pflanze mit großen, strahlenförmigen, bes. gelben, orange od. roten Blüten, die einzeln an dicken, blattlosen Stielen sitzen.*

Ger|ber|bei|ze, die: [1]*Beize* (1 c).

Ger|be|rei, die; -, -en: **1.** *Handwerksbetrieb, in dem Häute u. Felle gegerbt werden.* **2.** ⟨o. Pl.⟩ *das handwerkliche Gerben von Häuten.*

Ger|ber|hand|werk, das: *Handwerk des Gerbers.*

Ger|be|rin, die; -, -nen: w. Form zu ↑Gerber.

Ger|ber|lo|he, die: [2]*Lohe.*

Ger|ber|meis|ter, der: *Meister* (1) *im Gerberhandwerk.*

Ger|ber|meis|te|rin, die: w. Form zu ↑Gerbermeister.

Ger|ber|wol|le, die (Gerberei): *Wolle, die von den gekalkten Häuten geschlachteter Schafe gewonnen wird.*

Gerb|ex|trakt, das: *Extrakt* (1) *eines Gerbmittels.*

Gerb|holz, das: *für die Gewinnung von Gerbmitteln verwendetes Holz.*

Gerb|mit|tel, das: *Gerbstoffe enthaltendes, zum Gerben verwendetes Mittel.*

Gerb|rin|de, die: *Rinde für die Bereitung von Gerbmitteln.*

Gerb|säu|re, die: *pflanzlicher Gerbstoff.*

Gerb|stoff, der: *[natürlicher] Stoff, der zum Gerben verwendet wird.*

ger|bu|lie|ren ⟨sw. V.; hat⟩ [ital. garbellare < mlat. gabellare = aussondern, sichten] (Kaufmannsspr. veraltet): *aus trockener Ware Verunreinigungen auslesen.*

Ger|bu|lur, die; -, -en [zu ↑gerbulieren] (Kaufmannsspr.): **1.** (veraltet) *aus trockener Ware ausgelesene Verunreinigungen.* **2.** *Abzug wegen Verunreinigung trockener Ware.*

Ger|bung, die; -, -en: *das Gerben.*

Ge|re|bel|te, der; -n, -n ⟨Dekl. ↑Abgeordnete⟩ [zu ↑rebeln] (österr.): *Wein aus einzeln abgenommenen Trauben.*

ge|recht ⟨Adj.⟩ [mhd. gereht = gerade; recht...; richtig, ahd. gireht = gerad(linig), zu ↑recht]: **1.** *dem geltenden Recht entsprechend, gemäß; nach bestehenden Gesetzen handelnd, urteilend:* ein -er Richter; ein -er Anspruch; das Urteil ist g.; er war g. gegen alle; g. handeln, urteilen. **2.** *dem [allgemeinen] Empfinden von Gerechtigkeit, Wertmaßstäben entsprechend, gemäß; begründet, gerechtfertigt:* eine -e Verteilung, Sache; ein -er Zorn; sie kämpfen einen guten, -en Kampf (Hochhuth, Stellvertreter 93); Aber manchmal fängt man mit ... -em Ärgernis an (Th. Mann, Zauberberg 246); ***jmdm., einer Sache g. werden** *(jmdn., etw. angemessen beurteilen):* der Kritiker, die Kritik wird dem Autor nicht g.; Seeck gibt von ihr (= der Schwester Theodosius' II.) ein ... entstelltes Bild, das nicht ihrer Bedeutung g. wird (Thieß, Reich 383). **3.** *bestimmten Ansprüchen, Gegebenheiten angepasst, genügend, entsprechend:* Eine jeder Witterung -e Kleidung muss im Rucksack sein (Eidenschink, Fels 31); ***einer Sache g. werden** *(eine Aufgabe bewältigen, erfüllen, einem Anspruch genügen):* er ist den Anforderungen seines Berufs nicht g. geworden; Das Wahrnehmungssystem bewältigt hier eine Aufgabe, der unsere Ratio nur mit Mühe g. zu werden vermöchte (Hofstätter, Gruppendynamik 30); ⟨auch attr.:⟩ Eine unseren heutigen Probleme g. werdende demokratische Theorie (Fraenkel, Staat 256). **4.** (bibl.) **a)** *(von Menschen) Gott gehorsam, fromm; trotz Sünden von Gott akzeptiert:* so man von Herzen glaubt, so wird man g. (Röm. 10, 10); ⟨subst.:⟩ er (= euer Vater im Himmel) lässt seine Sonne aufgehen über die Bösen und über die Guten und lässt regnen über Gerechte und Ungerechte (Matth. 5, 45); R der Gerechte muss viel leiden (Ps. 34, 20); **b)** *(von Gott) die Menschen trotz Sünde akzeptierend, gnädig, barmherzig:* der -e Gott. ◆ **5. a)** *richtig, angebracht:* und zur vorgängigen Vernehmung des Knechts, wie es ihm klug und g. schien, nach Kohlhaasenbrück einbog (Kleist, Kohlhaas 11); **b)** *recht* (1 d): Was euch genehm ist, das ist mir g. (Schiller, Braut v. Messina 437).

-ge|recht: 1. drückt in Bildungen mit Substantiven aus, dass die beschriebene Sache jmdm., einer Sache angemessen ist, jmdm., einer Sache zukommt, den Ansprüchen von jmdm., etw. genügt: behinderten-, computer-, markt-, menschengerecht. **2.** drückt in Bildungen mit Substantiven aus, dass einer Sache entsprechend, zufolge gehandelt o. Ä. wird/ *wie es etw. vorsieht:* drehbuch-, regelgerecht.

ge|rech|ter|wei|se ‹Adv.›: *um jmdm., einer Sache gerecht zu werden:* g. muss man einräumen, dass er damals krank war.

ge|recht|fer|tigt ‹Adj.› [eigtl. 2. Part. von ↑rechtfertigen]: *zu Recht bestehend, richtig:* diese Maßnahme erweist sich als/ist g.

Ge|rech|tig|keit, die; -, -en [mhd. gerehtikeit]: **1.** ‹o. Pl.› **a)** *das Gerechtsein; Prinzip eines staatlichen od. gesellschaftlichen Verhaltens, das jedem gleichermaßen sein Recht gewährt:* die soziale G.; die G. des Richters, eines Urteils; G. fordern, (geh.:) üben; jmdm. G. verschaffen, (geh.:) widerfahren lassen; um der G. willen; **b)** *etw., was als gerecht* (2) *angesehen wird:* Das Gewissen wird ihnen keine Ruhe gönnen oder die G. ihren Lauf nehmen (Kirst, 08/15, 744); und Sie sollten ... Ihren ganzen Lohn in dem Bewusstsein finden, dass Sie einer Frau G. verschafft haben (H. Mann, Stadt 184); im Ausland schreibt man, der Kaiser habe »der G. ins Gesicht geschlagen« (Mostar, Unschuldig 89); ***ausgleichende G.** *(etw., was eine als Ungerechtigkeit empfundene Entscheidung o. Ä. wieder wettmacht):* er betrachtet seinen Sieg als ausgleichende G. für die knappe Niederlage beim letzten Mal; Es scheint also doch so etwas wie eine ausgleichende G. zu geben (Kirst, Aufruhr 58). **2.** ‹o. Pl.› (geh.) *Justiz:* die strafende G.; einen Verbrecher den Händen der G. übergeben. **3.** ‹o. Pl.› (christl. Rel.) *das Gerechtsein Gottes.* **4.** ‹o. Pl.› (veraltet) *Berechtigung, Legitimität:* die G. einer Forderung. **5.** (veraltet) *Gerechtsame:* ◆ Ich hatte einen alten Patron, der besaß Pergamente und Briefe, von uralten Stiftungen, Kontrakten und -en (Goethe, Egmont II).

Ge|rech|tig|keits|fa|na|ti|ker, der: *Person mit ausgeprägter bis übertriebener Gerechtigkeitsliebe:* Er sah in ihnen reparable Pannen und sich selbst als G. (Zeit 3. 1. 97, 3).

Ge|rech|tig|keits|fa|na|ti|ke|rin, die: w. Form zu ↑Gerechtigkeitsfanatiker.

Ge|rech|tig|keits|fim|mel, der (ugs. abwertend): *übertriebene, absonderliche Gerechtigkeitsliebe:* Er sei ... ein »unberechenbarer und starker Psychopath«, der einen »falsch verstandenen G.« habe (MM 11. 3. 74, 9).

Ge|rech|tig|keits|ge|fühl, das: *Gefühl für Gerechtigkeit:* kein G. besitzen; das G. verletzen.

Ge|rech|tig|keits|lie|be, die: *ausgeprägtes Gerechtigkeitsgefühl.*

ge|rech|tig|keits|lie|bend ‹Adj.›: *ein ausgeprägtes Gerechtigkeitsgefühl besitzend.*

Ge|rech|tig|keits|lü|cke, die (Politik Jargon): *fehlende Gerechtigkeit* (1 a), *unterlassene Gleichbehandlung gesellschaftlicher Gruppen o. Ä. bei einer [von der Regierung] angeordneten Maßnahme, bei einem Gesetzesvorhaben o. Ä.:* Der Haushaltsexperte der SPD-Bundestagsfraktion ... bezweifelt, dass das Milliardenloch im Haushalt 1993 durch Einschnitte in Leistungsgesetze ausgeglichen werden kann ... Umschichtungen würden auch die »Gerechtigkeitslücke« noch vergrößern (Sonntag Aktuell 1. 11. 92, 1).

Ge|rech|tig|keits|sinn, der: *Gerechtigkeitsgefühl:* einen ausgeprägten, unbeirrbaren G. besitzen.

Ge|recht|sa|me, die; -, -n [15. Jh.; 2. Bestandteil zu mhd. samen, ↑zusammen]: **1.** (Rechtsspr. veraltet) *[Vor]recht, Privileg:* ◆ Sollen wir uns und dem Kaiser die G. vergeben? (*unsere u. des Kaisers Vorrechte aufgeben?;* Goethe, Götz IV). **2.** (schweiz.) *Gerichtsbezirk.*

Ge|re|de, das; -s: **1.** (ugs.) *unnötiges, sinnloses Reden, Geschwätz:* leeres, dummes G.; was soll das ewige G. von der Gleichberechtigung; sie konnte das G. nicht mehr mit anhören. **2.** *abfälliges Reden über jmdn., der nicht anwesend ist; Klatsch:* es hat viel G. gegeben; sich dem G. der Leute aussetzen; ***jmdn. ins G. bringen** *(bewirken, dass über jmdn. [schlecht] geredet wird):* hör damit auf, du bringst uns ins G.!; er hatte es endlich geschafft, sich ins G. zu bringen; **ins G. kommen/geraten** *(Gegenstand des Klatsches, eines Gerüchtes werden):* das Institut kam wegen der Unterschlagung ins G. **3.** (schweiz.) *Gespräch.*

ge|re|gelt ‹Adj.›: *regelmäßig; geordnet:* einer -en Arbeit nachgehen; Seine Frau ... versah den Haushalt ... mit einer ganzen Reihe von Haustöchtern, über die Grimm ein festes, -es Regiment führte (Niekisch, Leben 158); -er Katalysator (Kfz.-T.; *Katalysator mit elektronisch geregelter Lambdasonde*).

ge|rei|chen ‹sw. V.; hat› [mhd. gereichen, zu ↑reichen] (geh.): *einbringen* (nur in Verbindung mit »zu« u. bestimmten Substantiven): diese Tat gereicht ihm zur Ehre; dies gereicht uns zum Vorteil, Nachteil, Nutzen; dieser Sessel gereicht dem Zimmer nicht gerade zur Zierde *(passt überhaupt nicht ins Zimmer).*

ge|reift ‹Adj.›: *aufgrund von Lebenserfahrung charakterlich gefestigt [u. geistig in hohem Grade entwickelt]:* eine -e Persönlichkeit; Nach langer Gefangenschaft kehrte er in die Heimat zurück. Geistig g., aber körperlich stark beschädigt (Kirst, Aufruhr 144).

Ge|reift|heit, die; -: *das Gereiftsein.*

Ge|rei|me, das; -s (abwertend): **a)** *das Reimen;* **b)** *schlechte Verse.*

ge|rei|melt ‹Adj.› [zu Reim = die obersten weißen Spitzen des Gamsbartes, mhd. rieme = Band, schmaler Streifen] (Jägerspr.): *(vom Gamsbart) weiße Spitzen aufweisend.*

ge|reizt ‹Adj.›: *sich seelisch in einem Zustand befindend, in dem man auf etw., was einem nicht passt, sogleich nervösempfindlich, böse und ärgerlich reagiert; überempfindlich:* in -er Stimmung sein; in -em Ton sprechen; g. sein, antworten.

Ge|reizt|heit, die; -: *das Gereiztsein, gereizte Stimmung:* sich in einem Zustand nervöser G. befinden.

Ge|ren|ne, das; -s (ugs., meist abwertend): *[dauerndes] Rennen, das Umherlaufen [von mehreren Leuten]:* das G. auf dem Schulhof; das G. am Abend von einem Geschäft ins andere und der jedes Mal überstürzte Einkauf sind wirklich unerträglich (Hörzu 39, 1973, 131).

Ge|re|nuk, der; -[s], -s [Somali]: *auf den Savannen Ostafrikas lebende, mit den Gazellen verwandte Antilopenart.*

ge|reu|en ‹sw. V.; hat› (geh. veraltend): *reuen* (a): deine Worte werden dich noch g.!; ‹unpers.:› es gereute ihn, dass er sie so schlecht behandelt hatte.

Ger|fal|ke, der; -n, -n [mhd. gērvalke < anord. geirfalki, zu: geiri = keilförmiger Streifen (nach den braunen Flecken auf dem weißen Gefieder)]: *(in nördlichen Breiten vorkommender) großer, weißbraun gefleckter [Jagd]falke.*

Ger|i|a|ter, der; -s, - [zu griech. gérōn = Greis u. iatrós = Arzt]: *Arzt mit Fachausbildung auf dem Gebiet der Geriatrie.*

Ger|i|a|trie, die; - [zu griech. iatreía = das Heilen]: *Altersheilkunde.*

Ger|i|a|tri|kum, das; -s, ...ka: *Medikament zur Behandlung von Alterserscheinungen u. -beschwerden.*

ger|i|a|trisch ‹Adj.›: *die Geriatrie betreffend, zu ihr gehörend:* eine -e Klinik.

[1]Ge|richt, das; -[e]s, -e [mhd. geriht(e), ahd. girihti, unter Einfluss von ↑richten zu ↑recht]: **1. a)** *öffentliche Institution, die vom Staat mit der Rechtsprechung betraut ist, Verstöße gegen Gesetze bestraft u. Streitigkeiten schlichtet:* das zuständige G.; das G. tagte, sprach den Angeklagten frei; dieser Fall wird noch die -e beschäftigen; jmdn. dem G. übergeben, den -en ausliefern; jmdn. vor G. laden; vor G. erscheinen, aussagen; ein ordentliches G. *(Gericht, das für Zivil- u. Strafsachen zuständig ist);* das G. anrufen *(Klage erheben);* einen Angeklagten dem G. vorführen *(ihm den Prozess machen);* vor G. stehen *(angeklagt sein);* mit einem Streitfall vor G. gehen *(in einem Streitfall eine gerichtliche Entscheidung herbeiführen);* **b)** *Richterkollegium:* das G. zieht sich zur Beratung zurück; Hohes G.! (Anredeformel); **c)** *Gerichtsgebäude:* das G. war von Polizisten umstellt. **2.** ‹o. Pl.› *das Richten, Urteilen, Rechtsprechen:* die Forderung eines gerechten und schonungslosen -s über die Kriegsverbrecher (Leonhard, Revolution 226); ***das Jüngste/Letzte G.** (bes. christl. Rel.; *göttliches Gericht über die Menschheit am Tag des Weltuntergangs;* jüngst... = allerletzt...): der Tag des Jüngsten -s; **mit jmdm. [hart, scharf] ins G. gehen** (1. *sich mit jmdm. hart auseinander setzen u. ihn scharf kritisieren, zurechtweisen.* 2. *jmdn. hart bestrafen*); **über jmdn., etw. G. halten/zu G. sitzen** (geh.; 1. *über eine[n] Angeklagte[n] bei Gericht verhandeln.* 2. *jmds. Haltung, Tun, Ansichten verurteilen mit dem Ziel, bestimmte Maßnahmen dagegen zu ergreifen:* Niemand sitzt selbstgerechter als er [= Robespierre] über die Schwächen der Menschheit zu G. [Sieburg, Robespierre 65]). ◆ **3.** *Gerichtsverhandlung:* Was heißt Kriminalprozess? – G. um Leben und Tod (Schiller, Kabale III, 6).

[2]**Ge|richt,** das; -[e]s, -e [mhd. geriht(e), zu ↑richten = anrichten]: *als Mahlzeit zubereitete Speise:* ein G. aus Fleisch und Gemüse; ein G. [Krebse] auftragen.

ge|rich|tet ⟨Adj.⟩: *auf ein bestimmtes Ziel ausgerichtet, gelenkt, gesteuert:* Deckenstrahler ... werfen -es Licht auf die Arbeitsbereiche (Wohnfibel 34); Unser Leben läuft ab auf einer -en Zeitstrecke (Thielicke, Ich glaube 181); ... ist der Wandel der normativen Strukturen ebenso wie die Geschichte von Wissenschaft und Technik ein -er Prozess (Habermas, Spätkapitalismus 23).

Ge|rich|tet|heit, die; -: *das Gerichtetsein.*

ge|richt|lich ⟨Adj.⟩: **1.** *das* [1]*Gericht betreffend, zu ihm gehörend:* -e Zuständigkeit; -e *(forensische)* Psychologie; -e Polizei (schweiz.; *Behörden, die sich ausschließlich mit der Strafverfolgung befassen*). **2.** *vom* [1]*Gericht* (1 a), *mithilfe des* [1]*Gerichts* (1 a) *[durch-, herbeigeführt]:* ein -es Verfahren; -e Untersuchungen, Entscheidungen; dieser Vorfall hat ein -es Nachspiel; jmdn. g. verfolgen, belangen; gegen jmdn. g. vorgehen; dieser Sachverhalt ist g. nachprüfbar; jmdn. g. *(durch Gerichtsbeschluss)* für tot erklären lassen.

Ge|richts|ak|te, die ⟨meist Pl.⟩: *gerichtliche Akte.*

Ge|richt|sa|me, die; -, -n [zu ↑Gericht u. mhd. same = Feld, Boden] (schweiz. veraltet): *Gerichtsbezirk.*

Ge|richts|an|ge|stell|te, der u. die: vgl. Gerichtsbeamte.

Ge|richts|arzt, der: *Arzt, der dem* [1]*Gericht* (1 a) *für gerichtsmedizinische Untersuchungen zur Verfügung steht; Gerichtsmediziner.*

Ge|richts|ärz|tin, die: w. Form zu ↑Gerichtsarzt.

ge|richts|ärzt|lich ⟨Adj.⟩: **a)** *den Gerichtsarzt betreffend, zu ihm gehörend;* **b)** *vom Gerichtsarzt [durchgeführt]:* eine -e Untersuchung.

Ge|richts|as|ses|sor, der: *zum Beamten od. Richter auf Probe ernannter Jurist nach der zweiten Staatsprüfung.*

Ge|richts|as|ses|so|rin, die: w. Form zu ↑Gerichtsassessor.

Ge|richts|bar|keit, die; -, -en: **1.** ⟨o. Pl.⟩ *Befugnis zur Rechtsprechung:* ein Europäischer Gerichtshof für Menschenrechte, dessen G. bisher acht der beteiligten Staaten anerkannt haben (Fraenkel, Staat 127). **2.** *Ausübung der Recht sprechenden Gewalt:* Unter G. (im engeren Sinne) wird die Ausübung staatlicher Hoheitstätigkeit verstanden, die sich mit der Entscheidung konkreter Konflikte rechtlichen Charakters beschäftigt (Fraenkel, Staat 103).

Ge|richts|be|am|te, der: *Beamter bei* [1]*Gericht* (1 a): ein untergeordneter -r, der mit den Zeugenvorladungen betraut war (Baum, Paris 83).

Ge|richts|be|am|tin, die: w. Form zu ↑Gerichtsbeamte.

Ge|richts|be|richt|er|stat|ter, der: *Berichterstatter, der im Auftrag von Presse, Funk od. Fernsehen Berichte über gerichtliche Verhandlungen liefert.*

Ge|richts|be|richt|er|stat|te|rin, die: w. Form zu ↑Gerichtsberichterstatter.

Ge|richts|be|richt|er|stat|tung, die: *Berichterstattung über gerichtliche Verhandlungen.*

Ge|richts|be|scheid, der: *von einem* [1]*Gericht* (1 a) *ergehender Bescheid.*

Ge|richts|be|schluss, der: *Beschluss eines* [1]*Gerichts* (1 a).

Ge|richts|be|zirk, der: *Bezirk, räumlicher Bereich, für den ein* [1]*Gericht* (1 a) *örtlich zuständig ist.*

Ge|richts|bo|te, der (veraltet): *jmd., der bei einem* [1]*Gericht* (1 a) *als Bote angestellt ist.*

Ge|richts|die|ner, der (veraltet): vgl. Gerichtsbote.

Ge|richts|dol|met|scher, der: *Dolmetscher bei* [1]*Gericht* (1 a).

Ge|richts|dol|met|sche|rin, die: w. Form zu ↑Gerichtsdolmetscher.

Ge|richts|ent|scheid, der, **Ge|richts|ent|schei|dung,** die: *Entscheid[ung] eines* [1]*Gerichts* (1 a).

Ge|richts|fe|ri|en ⟨Pl.⟩: *Arbeitspause eines* [1]*Gerichts* (1 a) *während des Sommers (in der nur dringende Prozesse geführt werden).*

Ge|richts|ge|bäu|de, das: *Gebäude, in dem ein* [1]*Gericht* (1 a) *untergebracht ist.*

Ge|richts|ge|büh|ren ⟨Pl.⟩: *Gerichtskosten.*

◆ **Ge|richts|hal|ter,** der: *vom Gerichtsherrn mit der Gerichtsbarkeit* (b) *beauftragter Jurist:* der Ulan trennte sich von ihm, um nach seinem Dorfe zu eilen, wo auch ein G. der umliegenden Edelleute wohnt, bei dem er die Sache berichten wollte (Cl. Brentano, Kasperl 359).

Ge|richts|herr, der (hist.): *Inhaber der Gerichtsbarkeit* (z. B. Gutsherr, Landesherr).

Ge|richts|hof, der: **1.** [1]*Gericht* (1 a) *höherer Instanz:* der Europäische G. **2.** (früher) [1]*Gericht* (1 a) *mit mehreren Richtern:* Hoher G.! (Anredeformel).

Ge|richts|ho|heit, die: *Befugnis, Gerichtsbarkeit auszuüben:* die G. des Staates.

Ge|richts|kanz|lei, die: *Geschäftsstelle* (b).

Ge|richts|kas|se, die: *Kasse* (4 a, b) *des* [1]*Gerichts* (1 a).

Ge|richts|kos|ten ⟨Pl.⟩: *in einem Gerichtsverfahren anfallende Kosten.*

Ge|richts|kri|tik, die (DDR): *vom* [1]*Gericht* (1 a) *beschlossene Kritik an Mängeln bei anderen staatlichen od. gesellschaftlichen Organen.*

ge|richts|kun|dig ⟨Adj.⟩: *gerichtsnotorisch.*

Ge|richts|me|di|zin, die ⟨o. Pl.⟩: *Zweig der Medizin, der sich mit medizinisch-naturwissenschaftlichen Fragen befasst, die für die Rechtspflege von Bedeutung sind.*

Ge|richts|me|di|zi|ner, der: *Gerichtsarzt.*

Ge|richts|me|di|zi|ne|rin, die: w. Form zu ↑Gerichtsmediziner.

ge|richts|me|di|zi|nisch ⟨Adj.⟩: **a)** *gerichtsärztlich:* eine -e Untersuchung; **b)** *die Gerichtsmedizin betreffend:* -e Methoden.

ge|richts|no|to|risch ⟨Adj.⟩ (Rechtsspr.): *vom* [1]*Gericht amtlich zur Kenntnis genommen:* seine Straftaten sind g.; Seit vergangenem Dienstag sind die angeblichen Regierungskontakte ins Milieu sogar g. (Spiegel 5, 1997, 139).

Ge|richts|ort, der ⟨Pl. -e⟩: *Ort, Stadt usw. mit einem* [1]*Gericht* (1 a): G. war der (= unser Ort) früher, ein Gaufürst hat da residiert (Kempowski, Immer 44).

Ge|richts|prä|si|dent, der: *Präsident eines* [1]*Gerichts* (1 a).

Ge|richts|prä|si|den|tin, die: w. Form zu ↑Gerichtspräsident.

Ge|richts|pra|xis, die ⟨Pl. selten⟩: *Praxis* (1 b) *der Rechtsprechung:* Und in der G. ist es doch tatsächlich so, dass ... (Noack, Prozesse 148).

Ge|richts|re|fe|ren|dar, der: *Jurist mit erstem Staatsexamen, der seine Referendarzeit absolviert.*

Ge|richts|re|fe|ren|da|rin, die: w. Form zu ↑Gerichtsreferendar.

Ge|richts|saal, der: *großer Raum, in dem die Gerichtsverhandlungen stattfinden:* Ist das Publikum, das die Zuschauerräume der Gerichtssäle füllt ..., ... die »Öffentlichkeit«? (Mostar, Unschuldig 14).

Ge|richts|schel|te, die: vgl. Urteilsschelte.

Ge|richts|schrei|ber, der: *(im schweizerischen Recht) Angehöriger der Justizbehörde mit juristischer Ausbildung, dem u. a. das Führen des Protokolls bei Gerichtsverhandlungen obliegt.*

Ge|richts|schrei|be|rin, die: w. Form zu ↑Gerichtsschreiber.

Ge|richts|sit|zung, die: *Gerichtsverhandlung.*

Ge|richts|spra|che, die: *Sprache, in der die Prozesse geführt werden:* in Deutschland und Österreich ist Deutsch die G.

Ge|richts|stand, der (Rechtsspr.): *Sitz des zuständigen (Zivil-, Straf)gerichts:* der G. einer Person ist in der Regel ihr Wohnort; ein vertraglich vereinbarter G.

Ge|richts|ta|fel, die: *im Gerichtsgebäude angebrachte Tafel für offizielle Bekanntmachungen.*

Ge|richts|tag, der: *Tag, an dem Gerichtsverhandlungen stattfinden:* wo wir, wegen des großen Mangels an unbescholtenen Richtern ..., nur einen G. hielten (Bachmann, Erzählungen 161).

Ge|richts|ter|min, der: *Termin für eine Gerichtsverhandlung.*

Ge|richts|ur|teil, das: *gerichtliches Urteil.*

Ge|richts|ver|fah|ren, das: *gerichtliches Verfahren:* ein G. einleiten; er wurde ohne G. zum Tode verurteilt.

Ge|richts|ver|fas|sung, die: *externe u. interne Organisation sowie Zuständigkeit der* [1]*Gerichte* (1 a).

Ge|richts|ver|fas|sungs|ge|setz, das: *Gesetz, das die Gerichtsverfassung festlegt.*

Ge|richts|ver|hand|lung, die: *Verhandlung über einen Rechtsstreit, ein Strafverfahren o. Ä. vor Gericht:* an einer G. teilnehmen.

Ge|richts|ver|wal|tung, die: **1.** *Verwaltung der* [1]*Gerichte* (1 a) *durch die zuständigen Ministerien.* **2.** *gerichtliche Verwal-*

tungstätigkeit: die Dienstaufsicht über Notare ist Aufgabe des Landgerichtspräsidenten im Rahmen der G.

ge|richts|ver|wert|bar ⟨Adj.⟩ (Rechtsspr.): *dazu geeignet, eine gerichtliche Untersuchung einzuleiten:* gegen ihn liegen einige -e Erkenntnisse vor.

Ge|richts|voll|zie|her, der; -s, -: *Angehöriger der Justizbehörde, der mit der Durchführung von Zwangsvollstreckungen betraut ist:* der G. hat die Möbel gepfändet; der Gläubiger will die Schulden mithilfe des -s eintreiben.

Ge|richts|voll|zie|he|rin, die; -, -nen: w. Form zu ↑Gerichtsvollzieher: 3 000 Aufträge flattern den 17 -nen - im Osten sind meist Frauen in diesem Beruf - im Bezirk Leipzig monatlich auf die Schreibtische (Rheinpfalz 16. 7. 92, 3).

Ge|richts|vor|sit|zen|de, der u. die: *Vorsitzende[r] des* [1]*Gerichts* (1 b).

Ge|richts|weg, der: *gerichtlicher Weg:* gegen jmdn., gegen etw. auf dem G. vorgehen.

Ge|richts|wei|bel, der (schweiz.): *Gerichtsdiener:* Doch bevor der G. ... in das Geschehen eingreifen konnte, war Renzo verschwunden (Ziegler, Liebe 204).

Ge|richts|we|sen, das ⟨o. Pl.⟩: *alles, was mit dem* [1]*Gericht* (1 a) *zusammenhängt.*

ge|rie|ben [2: eigtl. = geglättet]: **1.** ↑reiben. **2.** ⟨Adj.⟩ (ugs.) *durchtrieben, gerissen:* sie ... verkehrte mit Händlern und Grossisten wie der -ste Geschäftemacher (R. Walser, Gehülfe 85); Die Burschen ... sind ganz schön g., die horchen jetzt die Polacken aus (Bobrowski, Mühle 266).

Ge|rie|ben|heit, die; -: *das Geriebensein* (2).

ge|rie|hen: ↑[2]reihen.

ge|rie|ren, sich ⟨sw. V.; hat⟩ [lat. se gerere, zu: gerere, ↑Geste] (bildungsspr.): *sich aufführen; auftreten, sich als jmd., als etw. zeigen:* Die ersten 20 Minuten gerierte Brandt sich als Staatsmann (MM 6. 12. 69, 61); ohne dass sie sich, wie gewisse hohe Zeitgenossen, je als »politisch verfolgt« oder als Widerstandskämpferin geriert hätte (Spiegel 5, 1967, 17).

Ge|rie|sel, das; -s: *[dauerndes] Rieseln.*

ge|rif|felt: ↑riffeln.

◆ **Ge|rill,** das; -[e]s, -e [für: Gerüll, Nebenf. von ↑Geröll]: *Geröll:* dass ... Gießbäche ... / aus Erde, Grus, G., Geschieben / Dir Diamanten ausgespült (Goethe, Diwan [Suleika]).

ge|ring ⟨Adj.⟩ [mhd. (ge)ringe, ahd. (nur verneint) ungiringi = gewichtig, H. u.]: **1. a)** *als wenig zu erachten in Bezug auf Menge, Umfang, Anzahl u. Ä.; nicht sehr groß; unbeträchtlich klein:* eine -e Menge; der Baum erreicht nur eine -e Höhe; die Zahl der Ausfälle war, blieb g.; der Abstand wird immer -er; ***ein Geringes** (veraltet; *[um] ein wenig*): Es (= das Vögelchen) flatterte ein Geringes hoch (Molo, Frieden 100); **um ein Geringes** (1. veraltet; *um wenig Geld:* etw. um ein Geringes erwerben. 2. geh.; *ein wenig, geringfügig:* um ein Geringes nachgeben; die Qualität um ein Geringes erhöhen. 3. *fast:* um ein Geringes hätte er den Zug verpasst); ◆ Nicht möglich ist's, mit so -er Mannschaft solch einen Staatsgefangenen zu bewahren (Schiller, Wallensteins Tod IV, 6); **b)** *in Bezug auf den Grad, das Maß, Ausmaß von etw. minimal, niedrig, geringfügig, unbedeutend:* das spielt eine -e Rolle; er befand sich in nicht -er *(ziemlich großer)* Verlegenheit; das ist meine -ste Sorge *(kümmert mich wenig);* er hatte nicht die -ste *(nicht die mindeste, überhaupt keine)* Lust; die Sache ist von -em Wert *(hat kaum einen Wert);* er bekam nur ein -es *(bescheidenes)* Entgelt; die Anforderungen, Chancen waren g. *(niedrig);* eine Gefahr g. achten, schätzen *(sie missachten, gar nicht od. wenig auf sie achten);* sie achtete, schätzte ihn g. *(hielt ihn für verachtenswert);* hatten die Holländer Produktion und Ertrag g. *(niedrig)* gehalten (Jacob, Kaffee 241); g. *(nur wenig)* qualifizierte Arbeitskräfte; die Aussichten g. veranschlagen; weil das Knie nur g. *(geringfügig)* abgewinkelt wird (Eidenschink, Fels 31); ⟨subst.:⟩ das Geringste *(Mindeste),* was er tun müsste, wäre ...; er ist auch im Geringsten *(in den kleinsten Dingen)* genau; ***nicht das Geringste** *(überhaupt nichts);* **nicht im Geringsten** *(nicht im Mindesten, überhaupt nicht).* **2.** (geh.) *einer niedrigen sozialen Schicht angehörend, entsprechend:* das -e Volk; Sie waren -ere Leute als er (Jahnn, Geschichten 151); ***kein Geringerer als ...** *(immerhin ..., sogar ...):* Der »producer«, der sich ein so kostspieliges Experiment leisten konnte, war kein Geringerer als das US Government (K. Mann, Wendepunkt 313). **3.** (geh., selten) *von minderer Qualität:* eine -e Qualität; hier ist sandiger, -er Boden (Waggerl, Brot 109); auf der Suche nach einer erschwinglichen Wohnstätte ... in -em Viertel (Th. Mann, Krull 89). **4.** (Jägerspr.) *(vom Wild) klein, jung.*

ge|ring ach|ten: s. gering (1 b).

Ge|ring|ach|tung, die: *das Geringachten.*

ge|rin|gelt ⟨Adj.⟩: **a)** *zu Ringeln geformt:* die Frisur hat eine geringelte Seitenpartie; **b)** *mit ringsherum laufenden Querstreifen:* er trägt gern -e Söckchen.

ge|ring|fü|gig ⟨Adj.⟩ [erweitert aus älter geringfüge, 2. Bestandteil mhd. -füege (in: kleinvüege = klein, gering[fügig]), zu ↑fügen]: *unbedeutend, nicht ins Gewicht fallend, belanglos:* -e Verletzungen; der Text wurde g. abgeändert.

Ge|ring|fü|gig|keit, die; -, -en: **1.** ⟨o. Pl.⟩ *Unbedeutendheit, Belanglosigkeit:* die G. eines Vergehens. **2.** *unwichtige, nebensächliche Sache, Kleinigkeit:* solche -en kann man außer Betracht lassen.

ge|ring|gra|dig ⟨Adj.⟩ (selten): *in geringem Grad, Ausmaß [vorhanden]:* Beim Eindringen in die Haut kommt es ... zu einer -en Hautentzündung (Kosmos 2, 1965, 69).

ge|ring|hal|tig ⟨Adj.⟩ (Mineral.): *wenig Feingehalt aufweisend:* -es Erz.

Ge|rin|gig|keit, die; - (selten): *das Geringsein:* ich bin alt geworden im Schätzen und Abschätzen der Dinge und ihrer Güte od. G. (Th. Mann, Joseph 610).

ge|ring|mäch|tig ⟨Adj.; geringermächtig, geringstmächtig⟩ (Bergmannsspr.): *von geringer Mächtigkeit* (3): Diese Maschine ermöglicht nunmehr auch die »schneidende« Gewinnung von Kohle in geringermächtigen Flözen (Saarbr. Zeitung 1. 12. 79, 32).

Ge|ring|qua|li|fi|zier|te, der u. die ⟨Dekl. ↑Abgeordnete⟩: *Arbeitnehmer, Arbeitnehmerin mit nur geringer beruflicher Qualifikation:* Gebraucht würden zusätzliche Beschäftigungsmöglichkeiten für Langzeitarbeitslose, G. und Ältere (Tagesspiegel 29. 3. 99, 19).

ge|ring schät|zen: s. gering (1 b).

ge|ring|schät|zig ⟨Adj.⟩: *abschätzig, verächtlich:* eine -e Handbewegung; g. lächeln.

Ge|ring|schät|zig|keit, die; -: *geringschätzige Art, Einstellung:* die G., mit der er sprach, war nicht zu überhören.

Ge|ring|schät|zung, die ⟨o. Pl.⟩: *das Geringschätzen; Verachtung:* Die kalte G., die er den Lebenskünstlern des Konvents ... zuteil werden lässt, ist ... aus Hoffart und Neid gemischt (Sieburg, Robespierre 65); Der Musiklehrer hatte mir bisher immer seine G. zum Ausdruck gebracht, da ich als ausübender Musiker ein Stümper war (Niekisch, Leben 20).

ge|rings|ten|falls ⟨Adv.⟩ (geh.): *im geringsten Fall; zumindest:* sie bekommt g. die Hälfte der Summe ersetzt.

ge|ringst|mög|lich ⟨Adj.⟩: *so gering wie möglich.*

ge|ring|wer|tig ⟨Adj.⟩ (selten): *von geringerem Wert:* Der spezifische Zoll ... belastet -e ... Warensorten relativ ... stärker als hochwertige (Rittershausen, Wirtschaft 326).

ge|rinn|bar ⟨Adj.⟩: *gerinnungsfähig.*

Ge|rinn|bar|keit, die: *Gerinnungsfähigkeit.*

Ge|rin|ne, das; -s, (veraltend): *kleiner [künstlich angelegter] Wasserlauf:* ein offenes G.; dass ... das G. auf beiden Seiten gemauert wurde (Vorarlberger Nachr. 30. 11. 68, 5).

ge|rin|nen ⟨st. V.; ist⟩ [mhd. gerinnen, ahd. girinnen = zusammenfließen (von Flüssigkeiten), zu ↑rinnen]: **a)** *(von Milch, Blut o. Ä.) feine Klümpchen, Flocken bilden u. dadurch dickflüssig, fest, klumpig, flockig werden; stocken:* Beide Massen müssen dieselbe Temperatur haben, sonst gerinnt die Butter (Horn, Gäste 229); geronnenes Blut; Ü bei diesem Anblick gerann mir das Blut in den Adern *(erstarrte ich vor Schreck);* Allmählich erst gerinnt die Zeit zum Schweigen des gleichmäßigen Tickens (Jahnn, Geschichten 37); ◆ **b)** *rinnen* (1), *[zusammen]fließen:* so mögen die Enden von Tugend und Laster ineinander fließen und Himmel und Hölle in eine Verdammnis g. (Schiller, Fiesco II, 3).

Ge|rinn|sel, das; -s, -: **1.** (veraltend) *Rinnsal:* der kleine Bach, der sonsthin als ein müdes G. über die Steine ... schlich (Salomon, Boche 58). **2.** *kleiner Klumpen von geronnenem Blut in der Blutbahn, Embolus:* ein G. hat sich gebildet, hat die Blutbahn verstopft.

Ge|rin|nung, die; -, -en ‹Pl. selten›: *das Gerinnen.*

ge|rin|nungs|fä|hig ‹Adj.› (Med.): *die Eigenschaft besitzend, gerinnen zu können.*

Ge|rin|nungs|fä|hig|keit, die ‹o. Pl.› (Med.): *Eigenschaft des Blutes, gerinnen zu können:* die fehlende G. des Blutes als Hauptmerkmal der Bluterkrankheit.

Ge|rin|nungs|fak|tor, der (Med.): *an der Blutgerinnung beteiligter [Eiweiß]stoff.*

ge|rin|nungs|för|dernd ‹Adj.› (Med.): *die Gerinnung des Blutes fördernd.*

ge|rin|nungs|hem|mend ‹Adj.› (Med.): *die Gerinnung des Blutes hemmend:* Heparin ist ein -er Stoff.

Ge|rip|pe, das; -s, - [Kollektivbildung zu ↑Rippe]: *Knochengerüst des Körpers, Skelett:* Mir kam es vor, sein ganzes G. knirsche (Seghers, Transit 47); Nehmen Sie das G. von meinem Teller. Ich esse keine Knochen (Remarque, Obelisk 123); Um zehn Uhr werfen wir die G. der Ferkel vor die Tür (Remarque, Westen 166); sie ist fast bis zum G. abgemagert; Ü er ist ein wandelndes G., nur noch ein G. (ugs.; *ist abgemagert u. sieht krank aus*); das G. *(Gerüst)* eines Schiffs, eines Flugzeugs, eines Blatts.

ge|rippt ‹Adj.›: **1.** *mit Rippen* (2) *[versehen]:* ein -er Pullover. **2.** *mit Rippen* (3) *[versehen]:* -e Blätter.

Ge|riss, das; -es [zu ↑reißen] (österr., sonst landsch.): *Wetteifern:* um diese Auszeichnung war ein G.; sie hatte ein großes G. *(war sehr umworben, begehrt);* Wohin er kam, war um den schönen Emmerich Zell ... ein »Geriss« (A. Kolb, Daphne 146).

ge|ris|sen [2: viell. aus der Jägerspr., nach einem Tier, das angefallen u. gerissen wurde, aber entkommen konnte (vgl. reißen)]: **1.** ↑reißen. **2.** ‹Adj.› (ugs.) *sich in allen Schlichen auskennend, sodass man von anderen nicht mehr überlistet werden kann; in unangenehmer Weise schlau u. auf seinen Vorteil bedacht:* ein -er Geschäftsmann; ein -er Kriminalist; ein Mann ..., der sich für klug, wenn nicht gar g. hält, der aber beinahe ein Kindergemüt hat (Kirst, 08/15, 115); (mit dem Unterton von [widerstrebender] Anerkennung:) Ja, er ist ein recht -er alter Frauenverführer (Fallada, Jeder 165).

Ge|ris|sen|heit, die; -: *das Gerissensein* (2): Dass man nicht sein biederes Gesicht gewählt hatte, sondern seine kaufmännische G., war ihm ... klar geworden (Kirst, Aufruhr 26).

ge|ritzt: in der Verbindung **[die Sache] ist g.** (salopp; *etw. ist abgemacht, wird so erledigt, wie es besprochen worden ist; man kann sich darauf verlassen*): die Sache ist g. Beim nächsten Mal bringste Moneten mit (Degener, Heimsuchung 15).

Germ, der; -[e]s, südd. nur, österr. auch: die; - [zusgez. aus spätmhd. gerben, mhd. gerwe, zu: gern = gären] (südd., österr.): *Hefe* (1).

Ger|ma|ne, der; -n, -n [spätmhd. German < lat. Germanus, wohl aus dem Kelt.]: Angehöriger einer der zur indogermanischen Sprach- u. Völkerfamilie gehörenden Gruppe untereinander sprachverwandter Völkerschaften in Nord- u. Mitteleuropa: die alten -n; sein Freund war ein blonder G. (scherzh.; *ein großer, blonder, blauäugiger Mensch*).

Ger|ma|nen|tum, das; -s: *Wesen u. Kultur der Germanen.*

Ger|ma|nia, die; -: *Frauengestalt, die das ehemalige Deutsche Reich symbolisiert.*

Ger|ma|ni|en; -s: *Deutschland zur Römerzeit.*

[1]**Ger|ma|nin,** die; -, -nen: w. Form zu ↑Germane.

[2]**Ger|ma|nin®,** das; -s [zu lat. Germania = Germanien, Deutschland, dem Herkunftsland]: *chemotherapeutisches Mittel gegen die Schlafkrankheit.*

ger|ma|nisch ‹Adj.›: *die Germanen betreffend, zu ihnen gehörend, von ihnen stammend:* die -en Völker; die -en Sprachen; das -e Recht; Lessing habe eine sehr hübsche, große, blonde, -e *(die typische Haarfarbe u. Körpergröße der Germanen aufweisende)* Frau (Katia Mann, Memoiren 77).

ger|ma|ni|sie|ren ‹sw. V.; hat›: **1. a)** *eindeutschen* (a); **b)** *eindeutschen* (b): Jetzt ging es ... um ein Volk (= die Slawen zwischen Shitomir und Winniza), das teils nach Sibirien gehörte, teils germanisiert werden konnte (Bieler, Bär 205). **2.** (hist.) **a)** *zu Germanen machen;* **b)** *der Sprache u. Kultur der Germanen angleichen.*

Ger|ma|ni|sie|rung, die; -: *das Germanisieren, Germanisiertwerden.*

Ger|ma|nis|mus, der; -, ...men (Sprachw.): **1.** *sprachliche Besonderheit des Deutschen.* **2.** *Entlehnung aus dem Deutschen [in eine andere Sprache]:* (scherzh.:) Nichts haben wir in der Hand gegen den Morbus Lexis ..., noch kommen ja laufend neue Germanismen hinzu wie Nebnet, Abnet und Tobnet, von den Austriazismen und Helvetismen zu schweigen (Burger, Blankenburg 95).

Ger|ma|nist, der; -en, -en: **1.** *Wissenschaftler auf dem Gebiet der Germanistik; jmd., der sich wissenschaftlich mit der deutschen Sprache u. Literatur befasst:* auch hat ja Jacob Grimm den Namen »Germanist« ... 1846 geschaffen (Mitteilungen des Deutschen Germanisten-Verbandes 3, 1971, 45 [Zeitschrift]). **2.** (veraltet) *Jurist auf dem Gebiet des deutschen u. germanischen Rechts.*

Ger|ma|nis|tik, die; -: *deutsche od. germanische Sprach- u. Literaturwissenschaft, Deutschkunde im weiteren Sinn (unter Einschluss der deutschen Volks- u. Altertumskunde).*

Ger|ma|nis|tin, die; -, -nen: w. Form zu ↑Germanist (1).

ger|ma|nis|tisch ‹Adj.›: *die Germanistik betreffend:* eine -e Fachzeitschrift.

Ger|ma|ni|um, das; -s [zu lat. Germania = Germanien, Deutschland, dem Vaterland seines Entdeckers C. Winkler (1838–1904)]: *sprödes, grauweißes glänzendes Halbmetall (chemisches Element;* Zeichen: Ge).

ger|ma|no|phil ‹Adj.› [zu griech. phileĩn = lieben] (bildungsspr.): *deutschfreundlich.*

Ger|ma|no|phi|le, der u. die; -n, -n (bildungsspr.): *jmd., der germanophil ist.*

Ger|ma|no|phi|lie, die; - [zu griech. philía = Liebe, Zuneigung] (bildungsspr.): *Deutschfreundlichkeit.*

ger|ma|no|phob ‹Adj.› [zu griech. phobeĩn = fürchten] (bildungsspr.): *gegen alles Deutsche eingenommen, deutschfeindlich.*

Ger|ma|no|pho|bie, die; - (bildungsspr.): *Abneigung, Widerwille gegen alles Deutsche; Deutschfeindlichkeit.*

ger|ma|no|typ ‹Adj.› [2. Bestandteil zu griech. typós, ↑Typ] (Geol.): *einen für Mitteldeutschland kennzeichnenden Typ der Gebirgsbildung betreffend, bei dem der gebirgsbildende Druck nicht zur Faltung, sondern zur Bruchbildung führte.*

Ger|mer, der; -s, - [mhd. germer, ahd. germara]: *(im Gebirge vorkommende) Pflanze mit großen, eiförmigen Blättern u. einem aus vielen kleinen Blüten zusammengesetzten Blütenstand.*

ger|mi|nal ‹Adj.› [zu lat. germen (Gen.: germinis) = Keim, Spross] (Bot.): *den Keim betreffend.*

Ger|mi|nal [ʒɛrmiˈnal], der; -[s], -s [frz. germinal, eigtl. = Keimmonat]: *(im Kalender der Französischen Revolution) siebter Monat des Jahres (21./22. März–19./20. April).*

Ger|mi|nal|drü|sen [gɛ...] ‹Pl.› (Biol.): *Keim- od. Geschlechtsdrüsen.*

Ger|mi|na|lie, die; -, -n ‹meist Pl.›: *Germinaldrüsen.*

Ger|mi|na|ti|on, die; -, -en [lat. germinatio = das Austreiben von Sprossen] (Bot.): *Keimungsperiode der Pflanzen.*

ger|mi|na|tiv ‹Adj.› (Bot.): *den Keim, die Keimung betreffend.*

Germ|knö|del, der [zu ↑Germ] (südd., österr.): *mit Pflaumenmus gefüllter, in Butter, Zucker u. gemahlenem Mohn gewälzter Hefekloß.*

Germ|krap|fen, der (südd., österr.): *Gebäck aus Hefeteig in flachrunder Form mit ringförmigem Teigkörper u. eingetiefter, dünner Scheibenmitte.*

Germ|teig, der (südd., österr.): *Hefeteig.*

gern, (seltener:) **ger|ne** ‹Adv.; lieber, am liebsten› [mhd. gerne, ahd. gerno, Adv. zu: gern = eifrig, urspr. = begehrend, verlangend; vgl. Gier]: **1.** *mit freudiger Bereitwilligkeit, Vergnügen:* sie spielt g. Klavier; er ist immer g. gesehen; ein g. gesehener *(stets willkommener)* Gast; »Danke schön!« – »Gern geschehen!«; »Kommst du mit?« – »[Ja,] g.!«; sie hat, sieht es [nicht, sehr] g., wenn ... *(sie mag, liebt es [nicht, sehr], wenn ...);* so etwas habe ich g.! (ugs. iron.; *das gefällt, passt mir ganz u. gar nicht*); sie hatten sich [sehr] g. *(empfanden [große] Sympathie, Zuneigung füreinander);* sie hat es bestimmt nicht g. (ugs.; *nicht mit Absicht*) getan; ***du kannst, er kann** usw. **mich g. haben!** (ugs. iron.; *mit dir, dem usw. will ich nichts [mehr] zu tun haben*); ◆ (gerner, am gernsten:) hab' Euch immer am gernsten gehabt (Schiller, Räuber IV, 3). **2. a)** drückt eine Bestätigung, Billigung aus; *ohne weiteres:* das glaube ich dir g.; du kannst g. mitkommen; **b)** drückt einen Wunsch aus; *nach Möglichkeit, wenn es* *geht, möglich ist:* er wäre am liebsten allein geblieben; ich wüsste [nur zu, ganz] g., was daraus geworden ist; Mann ... sucht Bekanntschaft mit strenger Dame (gerne vollschlank) (Mannheimer Wochenblatt 3. 1. 75, 6); **c)** dient der höflichen Äußerung eines Wunsches: ich hätte g. ein Kilo Trauben; ich möchte mir nur noch g. die Hände waschen. **3.** (bes. ugs.) *leicht[er], (verhältnismäßig) schnell:* Stellen, an denen sich g. Pilze ansiedeln.

Gẹr|ne|groß, der; -, -e (ugs. scherzh.): *jmd., der mehr gelten möchte, als er ist; Angeber:* ein kleiner G.

Gẹr|ne|klug, der; -, -e (ugs. scherzh.): *jmd., der als klug angesehen werden möchte.*

gẹrn ge|se|hen: s. gern (1).

Ge|rọ̈|chel, das; -s: *[dauerndes] Röcheln:* das G. der Sterbenden.

ge|rọ|chen: 1. ↑riechen. **2.** ↑rächen.

Ge|rö|del, das; -s (ugs.): *[dauerndes] Rödeln.*

Ge|ro|dẹr|ma, das; -s, -ta [zu griech. gérōn = Greis u. dérma = Haut] (Med.): *Altershaut.*

Ge|ro|hy|gi|e|ne, die; - [zu griech. gérōn = Greis u. ↑Hygiene] (Med.): *Hygiene im Alter.*

Ge|rọ̈ll, das; -[e]s, -e, Gerölle, das; -s, - [zu ↑rollen]: *sich an Halden (1) u. in Bach- u. Flussbetten ablagernde, große Massen von Steinen; lockeres Gestein:* kalkiges G.; Eine Klapperschlange ... verschwand zuckend im Geröll (Menzel, Herren 111); Der Anstieg im Geröll ist mühsam und kraftraubend (Eidenschink, Fels 34).

Ge|rọ̈ll|bro|cken, der: *Brocken von Geröll:* die Steine ... waren weder Bruch- noch Ziegelsteine, sondern G. (Böll, Tagebuch 42).

Ge|rọ̈l|le: ↑Geröll.

Ge|rọ̈ll|hal|de, die: *Halde (1) mit Geröll.*

Ge|rọ̈ll|la|wi|ne, die: *niedergehende Geröllmasse.*

Ge|rọ̈ll|mas|se, die: vgl. Geröllbrocken: einige Zuflüsse zum Bodensee ..., die nach der Schneeschmelze -n von mehreren Kubikmetern Größe mitbringen (Kosmos 1, 1965, 10).

Ge|rọ̈ll|schicht, die: vgl. Geröllbrocken.

Ge|rọ̈ll|schutt, der: *Schutt in Form von Geröll.*

ge|rọn|nen: ↑rinnen.

Ge|rọnt, der; -en, -en [griech. gérōn (Gen.: gérontos) = Greis, eigtl. = der Geehrte]: *Mitglied der Gerusia.*

Ge|ron|to|krat, der; -en, -en (Geschichte, Völkerk.): *Angehöriger einer Gerontokratie:* Ü In Peking weiß man nicht, wohin die Reise gehen soll. Die Zerschlagung der Demokratiebewegung hat den -en *(den alten Männern in der politischen Führung)* kaum noch politische Optionen gelassen (Rheinpfalz 19. 10. 92, 2).

Ge|ron|to|kra|tie, die; -, -n [zu griech. gérōn (↑Geront) u. krateīn = herrschen] (Geschichte, Völkerk.): *Herrschaftsform eines sozialen Systems, bei der die Entscheidungsbefugnisse in den Händen seiner älteren Mitglieder liegen:* Ü In einer sich immer rascher wandelnden Welt leistet sich die Vormacht der sozialistischen Staaten (= die Sowjetunion) eine G., die auch bei bester Pflege den gesundheitlichen Anforderungen ihrer Posten kaum gewachsen sein kann (Spiegel 28, 1983, 81).

ge|ron|to|kra|tisch ⟨Adj.⟩ (Geschichte, Völkerk.): *die Gerontokratie betreffend, in der Art einer G. [aufgebaut o. Ä.]:* So sind bei landwirtschaftlichen Projekten exakte Kenntnisse über die Nutzungs- und Vererbungsrechte für das Land, ... über die Ansprechpartner innerhalb hierarchisch gegliederter oder g. organisierter Völker Voraussetzung für die Arbeit (E + Z 7/8, 1981, 25).

Ge|ron|to|lo|ge, der; -n, -n [↑-loge]: *Forscher od. Arzt auf dem Gebiet der Gerontologie.*

Ge|ron|to|lo|gie, die; - [zu griech. gérōn (↑Geront) u. ↑-logie]: *Fachgebiet, auf dem die Alterungsvorgänge im Menschen unter biologischem, medizinischem, psychologischem u. sozialem Aspekt erforscht werden; Alternsforschung.*

Ge|ron|to|lo|gin, die; -, -nen: w. Form zu ↑Gerontologe.

ge|ron|to|lo|gisch ⟨Adj.⟩: *die Gerontologie betreffend.*

Ge|rös|te|te [auch: gəˈrœstətə] ⟨Pl.; Dekl. ↑Abgeordnete⟩ (südd., österr.): *Bratkartoffeln.*

Gẹrs|te, die; -, (Sorten:) -n [mhd. gerste, ahd. gersta, H. u.]: **a)** *Getreideart mit kurzem Halm, langen Grannen u. kantigen Körnern, deren Frucht vor allem zum Brauen von Bier u. als Tierfutter verwendet wird;* **b)** *Frucht der Gerste* (a): Kaffee-Ersatz, der diesmal statt aus G. aus getrockneten Erbsen bestand (Seghers, Transit 126).

Gẹrs|tel, das; -s, -[n] [1: nach der Ähnlichkeit mit Gerstenkörnern]: **1.** (österr.) **a)** *Graupe;* **b)** ⟨o. Pl.⟩ *geriebener Nudelteig als Suppeneinlage.* **2.** ⟨o. Pl.⟩ (südd., österr. scherzh.) *Geld:* Johanna werde ... sein G. schon zusammenhalten (Feuchtwanger, Erfolg 615); bis in ihr höchstes Alter durften sie ihres -s genießen, während sich andere plackten (Fussenegger, Haus 28).

Gẹrs|tel|sup|pe, die (österr.): *Graupensuppe.*

Gẹrs|ten|bier, das: *unter Verwendung von Gerste gebrautes Bier.*

Gẹrs|ten|brand, der ⟨o. Pl.⟩ (Bot.): *durch einen Brandpilz verursachter, schwarzer, krankhafter Belag auf der Gerste.*

Gẹrs|ten|brot, das: *Brot aus Gerstenmehl.*

Gẹrs|ten|feld, das: *mit Gerste bebautes Feld.*

Gẹrs|ten|grau|pe, die ⟨meist Pl.⟩: *Graupe aus einem enthülsten Gerstenkorn.*

Gẹrs|ten|grüt|ze, die: **a)** *Grütze aus Gerstenkörnern;* **b)** *Brei, Gericht aus Gerstengrütze* (a).

Gẹrs|ten|halm, der: vgl. Getreidehalm.

Gẹrs|ten|hart|brand, der: *Gerstenbrand.*

Gẹrs|ten|kaf|fee, der: *Malzkaffee.*

Gẹrs|ten|korn, das ⟨Pl. ...körner⟩: **1.** *Frucht der Gerste.* **2.** *mit einer gerstenkornähnlichen Schwellung verbundene eitrige Entzündung einer Hautdrüse am Lid; Hordeolum.*

Gẹrs|ten|korn|hand|tuch, das ⟨Pl. ...tücher⟩: *Handtuch aus einem Stoff von grober, körniger Webart.*

Gẹrs|ten|mehl, das: *Mehl aus Gerste.*

Gẹrs|ten|saft, der ⟨o. Pl.⟩ (scherzh.): *Bier:* Schon vor der Sendung begann er, sich mit G. die Zunge zu lösen (Hörzu 41, 1974, 17).

Gẹrs|ten|schrot, der od. das: *grob gemahlene Gerstenkörner.*

Gẹrs|ten|sup|pe, die: *aus Gerste zubereitete Suppe.*

Gẹrs|ten|zu|cker, der: *nach vorsichtigem Erhitzen von Saccharose aus der geschmolzenen Masse bei langsamer Abkühlung entstehende glasige Art des Zuckers.*

Gẹr|te, die; -, -n [mhd. gerte, ahd. gerta, zu mhd., ahd. gart = Stachel; Stock]: *dünner, sehr biegsamer Stock:* sich eine G. schneiden; er schlug ihm mit der G. ins Gesicht; neben einem im Kreise sprengenden Pferd ..., auf dem Clarisse stand und mit geschwungener G. *(Reitgerte)* Ajaha schrie (Musil, Mann 1458); Dann bedeuteten die goldenen Sternchen auf einer nackten G. *(einem Zweig)* »Goldbecher«, und jene frühreifen Blätter und Dolden waren »Flieder« (Musil, Mann 1088).

gẹr|ten|schlạnk ⟨Adj.⟩: *sehr schlank:* ein -es Mädchen; Schon diese Schilderung des Generals von Greehahn – er war übrigens g. ... (Habe, Namen 200).

gẹr|tig ⟨Adj.⟩ (selten): *biegsam, federnd wie eine Gerte:* wie ein -er Dirigent zum Pult hüpft (Hildesheimer, Tynset 168).

Ge|rụch, der; -[e]s, Gerüche [1: mhd. geruch, zu: ruch = Duft; Dampf, zu ↑riechen; 2: eigtl. zu ↑Gerücht, volksetym. an »riechen« angeschlossen]: **1. a)** *Ausdünstung, Ausströmung, die durch das Geruchsorgan wahrgenommen wird; die Art, wie etwas riecht:* ein süßlicher, stechender, harziger, beißender G.; der G. nach, von etw. verbreitet sich, hängt in der Luft, durchzieht das Haus; betrunken machender G. von gegorenem Fallobst (Schnurre, Vater 104); die Mülltonnen verbreiten einen unangenehmen G.; G. in Duft zu verwandeln ist das Geheimnis der Parfümherstellung (Petra 10, 1966, 122); **b)** ⟨o. Pl.⟩ *Fähigkeit zu riechen, Geruchssinn:* der Hund hat einen feinen G.; Ich weiß wohl, dass er blind ist, aber er hat dann auch den G. verloren (H. Mann, Stadt 204). **2.** ⟨o. Pl.⟩ (geh.) *allgemeine, weit verbreitete, meist schlechte Meinung von jmdm.:* er kam in den G. *(Ruf)* der Geschichtsfeindlichkeit; die Franzl ... geriet nun auch wieder in den ihr zukommenden guten G. (Mostar, Unschuldig 120); unter einem infamen G. leiden; *** im G. stehen** *(betrachtet, angesehen werden als ..., im Ruf stehen):* er steht im G. eines Heiligen, radikalen Kreisen anzugehören.

ge|rụch|frei: ↑geruchsfrei.

ge|rụch|lich ⟨Adj.⟩: *den Geruch (1 a) betreffend, in Bezug auf den Geruch (1 a):* Die jeweilige, auf ganz spezifische -e, optische oder sonstige Reize spezialisierte

Sinneszelle ... (Welt 13. 11. 91, 27); all diese grotesken Missverhältnisse zwischen dem Reichtum der g. wahrgenommenen Welt und der Armut der Sprache (Süskind, Parfum 34).

ge|ruch|los ⟨Adj.⟩: *keinen Geruch* (1 a) *ausströmend, ohne Geruch* (1 a).

Ge|ruch|lo|sig|keit, die; -: *geruchlose Beschaffenheit.*

Ge|ruchs|be|läs|ti|gung, die: *Belästigung durch schlechten, starken o. ä. Geruch* (1 a).

ge|ruchs|bin|dend ⟨Adj.⟩: *geruchtilgend, desodorierend.*

ge|ruchs|emp|find|lich ⟨Adj.⟩: *empfindlich gegen Geruch.*

Ge|ruchs|emp|fin|dung, die: **a)** *Wahrnehmung eines bestimmten Geruchs:* derselbe Stoff kann je nach Konzentration verschiedene -en hervorrufen; **b)** ⟨o. Pl.⟩ *Geruchssinn:* meine G. ist gestört.

Ge|ruchs|fil|ter, der, Fachspr. meist das: *Filter zur Beseitigung von Gerüchen.*

ge|ruchs|frei, geruchfrei ⟨Adj.⟩: *geruchlos.*

Ge|ruchs|nerv, der: *Riechnerv.*

ge|ruchs|neu|tral ⟨Adj.⟩: *ohne spezifischen Geruch* (1 a): -e Kosmetika.

Ge|ruchs|or|gan, das: *das Organ, dessen Sinneszellen Gerüche wahrnehmen; Riechorgan.*

Ge|ruchs|sinn, der ⟨o. Pl.⟩: *Fähigkeit von Lebewesen, mithilfe bestimmter Organe Gerüche wahrzunehmen.*

Ge|ruchs|stoff, der ⟨meist Pl.⟩: *meist dampf- od. gasförmiger chemischer Stoff, auf den die Sinneszellen des Geruchsorgans ansprechen.*

Ge|ruchs|stö|rung, die: *Störung des Geruchssinnes.*

Ge|ruchs|ver|mö|gen, das ⟨o. Pl.⟩: *Geruchssinn.*

Ge|ruchs|ver|schluss, der: *mehrfach gekrümmtes Rohr in Abwasserleitungen, das ständig mit Wasser gefüllt ist u. dadurch das Ausströmen von Gerüchen aus der Kanalisation verhindert; Trap.*

Ge|rücht, das; -[e]s, -e [aus dem Niederd. < mniederd. geruchte, urspr. = Gerufe, Geschrei, zu ↑rufen]: *etwas, was allgemein gesagt, weitererzählt wird, ohne dass bekannt ist, ob es auch wirklich zutrifft:* ein hartnäckiges G.; die -e verstärken sich, breiten sich aus, finden sich bestätigt, halten sich lange; etw. stellt sich als bloßes G. heraus; es ging das G. unter ihnen, dass ... Felitzsch auf den Richter eingewirkt habe (Kühn, Zeit 62); ein G. aufbringen, ausstreuen, in die Welt, in Umlauf setzen; das halte ich für ein G. *(glaube ich nicht);* -en zufolge soll sie alles gestanden haben; einem G. entgegentreten, aufsitzen, zum Opfer fallen.

Ge|rüch|te|bör|se, die (ugs.): *Gerüchteküche:* Die Trainerfrage in Ludwigsburg – an der G. wird bereits VfB-Amateur-Coach Willi Entenmann als Nachfolger ... gehandelt – wird Ende dieses Monats geklärt sein (Kicker 6, 1982, 48).

Ge|rüch|te|kü|che, die (ugs. abwertend): *Ort, an dem viele Gerüchte entstehen:* die G. sprach ... von massiven arabischen Dollarverkäufen (MM 24. 10. 73, 6).

Ge|rüch|te|ma|cher, der (abwertend): *jmd., der Gerüchte ausstreut:* die Männer, die das Wasser verseuchen, die G., sind bezahlte Handlanger einer anonymen Obrigkeit (Jens, Mann 102).

Ge|rüch|te|ma|che|rin, die (abwertend): w. Form zu ↑Gerüchtemacher.

ge|ruch|til|gend ⟨Adj.⟩: *schlechten Geruch tilgend, desodorierend:* ein -es Mittel.

ge|rücht|wei|se ⟨Adv.⟩: *als Gerücht:* etw. g. vernehmen, hören.

Ge|ru|ckel, das; -s (ugs. abwertend): *[dauerndes] Ruckeln:* das G. der Straßenbahn.

Ge|ru|fe, das; -s (abwertend): *[dauerndes] Rufen.*

ge|ru|fen: ↑rufen.

ge|ru|hen ⟨sw. V.; hat⟩ [mhd. geruochen, ahd. (gi)ruohhen] (geh. veraltend, sonst iron.): *sich gnädig herablassen, belieben, etw. zu tun:* Seine Majestät haben geruht zuzustimmen; Ja, glauben Sie denn, ... dass ich ... warten werde, bis Sie geruhen, mich herauszulassen? (Fallada, Herr 134).

ge|ru|hig ⟨Adj.⟩ [mhd. geruowec] (veraltet): *ruhig:* Aber hier machten es die Stechmücken unmöglich, g. zu wandeln (Doderer, Wasserfälle 6).

ge|ruh|sam ⟨Adj.⟩: *ruhig u. behaglich:* einen -en Abend verbringen; um den Bundesbürger ja nicht aus seinem -en Traumparadies aufzuschrecken (Dönhoff, Ära 50); g. frühstücken.

Ge|ruh|sam|keit, die; -: *Ruhe u. Behaglichkeit.*

Ge|rum|pel, das; -s (auch abwertend): *[dauerndes] Rumpeln:* das G. des Wagens auf dem Straßenpflaster.

Ge|rüm|pel, das; -s [mhd. gerümpel = Gepolter, Lärm; später = rumpelnd wackelnder, zusammenbrechender Hausrat, zu ↑rumpeln] (abwertend): *alte, unbrauchbar u. wertlos gewordene Gegenstände:* altes G.; der Dachboden steht voller G., ist mit G. angefüllt; Ü Man sollte solche Vorstellungen zusammen mit vielem anderen alten G. des 19. Jahrhunderts endlich aus der aktuellen Politik entfernen (Dönhoff, Ära 134).

Ge|run|di|um, das; -s, ...ien [spätlat. gerundium, zu lat. gerundum = was ausgeführt werden muss, zu: gerere, ↑Geste] (Sprachw.): *gebeugter Infinitiv des lateinischen Verbs* (z. B. lat. [ars] amandi = [die Kunst] des Liebens).

ge|run|div ⟨Adj.⟩ (Sprachw.): *gerundivisch.*

Ge|run|div, das; -s, -e [spätlat. modus gerundivus] (Sprachw.): *Partizip des Passivs des Futurs, das die Notwendigkeit ausdrückt* (z. B. lat. laudandus = jmd., der gelobt werden muss).

ge|run|di|visch ⟨Adj.⟩ (Sprachw.): *das Gerundiv betreffend; in der Art des Gerundivs.*

Ge|run|di|vum, das; -s, ...va (Sprachw.): *Gerundiv.*

ge|run|gen: ↑[1]ringen, [2]ringen.

Ge|ru|sia, Ge|ru|sie, die; - [griech. gerousía, zu: geroúsios = den Alten zukommend, zu: gérōn, ↑Geront]: *Ältestenrat altgriechischer Staaten.*

Ge|rüst, das; -[e]s, -e [mhd. gerüste, ahd. gi(h)rusti, urspr. = Ausrüstung, zu ↑rüsten]: **a)** *(aus Stangen oder Metallrohren, Brettern o. Ä. errichtete) Konstruktion bes. für Bau-, Reparatur- u. Montagearbeiten:* ein tragfähiges G.; -e aus Leichtmetall; ein G. aufbauen, aufschlagen; auf das G. klettern; vom G. fallen, stürzen; Ü das logische G. *(die grundlegenden Gedanken)* einer Lehre; das G. *(der Grundplan)* eines Dramas; ◆ **b)** *Schafott, Blutgerüst:* Der gleiche Priester, der vorher mit der Verurteilten gebetet hatte, musste nun ... die Trauung auf dem -e vornehmen (Keller, Dietegen 141).

Ge|rüst|bau, der ⟨o. Pl.⟩: *das Errichten von [Bau]gerüsten.*

Ge|rüst|bau|er, der; -s, -: *jmd., der [Bau]gerüste errichtet.*

Ge|rüst|bau|e|rin, die; -, -nen: w. Form zu ↑Gerüstbauer.

Ge|rüs|ter, der; -s, - (österr.): *Gerüstbauer.*

Ge|rüs|te|rin, die; -, -nen: w. Form zu ↑Gerüster.

Ge|rüt|tel, das; -s (gelegtl. abwertend): *[dauerndes] Rütteln:* Das G. und Geschüttel des Zuges, der durch die Nacht fährt, schläfert mich wieder ein (Hartlaub, Muriel 41).

ge|rüt|telt: in der Fügung **g. voll** (veraltend; *randvoll*): der Sack ist g. voll; vgl. [1]Maß (1 b).

Ger|vais® [ʒɛrˈvɛː], der; - [...ˈvɛː(s)], - [...ˈvɛːs; nach dem frz. Fabrikanten Ch. Gervais (1830–1892)]: *ungereifter Frischkäse aus Vollmilch u. Sahne.*

ges, Ges, das; -, - (Musik): *um einen halben Ton erniedrigtes g, G* (2).

Ge|sab|ber, das; -s (ugs. abwertend): **1.** *[dauerndes] Sabbern* (1). **2.** *dummes Geschwätz:* Die Hiebe, die Steinfest nebenbei an jene illustre Gesellschaft verteilt, die knöcheltief im G. ihrer ureigensten Doppelmoral steckt, erreichen oft einen boshaft-bösartigen Ton (Wiener Zeitung 10. 10. 97, Beilage, 7).

Ge|sä|ge, das; -s: **1.** (ugs. abwertend) *[dauerndes] Sägen* (1 a): das G. auf dem Hof ist ja nicht zum Aushalten. **2.** (salopp scherzh.) *[dauerndes] Sägen* (2), *Schnarchen:* sein G. hat mich längere Zeit wach gehalten.

ge|sägt ⟨Adj.⟩ (Biol.): *(bes. bei Laubblättern) mit einem dem Sägeblatt ähnlichen, gezähnten Rand.*

Ge|salb|te, der u. die; -n, -n ⟨Dekl. ↑Abgeordnete⟩ (Rel., hist.): *jmd., der durch eine zeremonielle Salbung geweiht od. gekrönt worden ist.*

ge|sal|zen ⟨Adj.⟩ [eigtl. = mit Salz gewürzt, scharf] (salopp): **a)** *(von Preisen, Rechnungen u. Ä.) sehr hoch:* eine -e Rechnung; **b)** *derb, gepfeffert:* ein -er Witz; **c)** *unfreundlich, grob:* ein -er Brief.

Ge|sal|ze|ne, das; -n ⟨Dekl. ↑[2]Junge, das⟩: *Pökelfleisch.*

ge|sam|melt ⟨Adj.⟩: *konzentriert* (2).

ge|samt ⟨Adj.⟩ [mhd. gesam(en)t, ahd. gisamanōt, 2. Part. von mhd. samenen, ahd. samanōn, ↑sammeln]: *alle Teile od. Bestandteile eines zusammenhängenden Ganzen zusammengenommen, zusammengefasst; ganz, vollständig:* die -e Bevölkerung; er hat sein -es Vermögen verloren; die Kommunalwirtschaft hat ... eine erhebliche Bedeutung für die -e Volkswirtschaft gewonnen (Fraenkel, Staat 163); der Herrscher verfügt also über die -e exekutive, legislative und richterliche Gewalt (Fraenkel, Staat 17); ⟨subst.:⟩ im Gesamten (veraltend; *insgesamt, alles in allem*) waren etwa 100 Personen anwesend.

Ge|sạmt, das; -s (selten): *das Ganze, Gesamtheit:* Struktur ist ... das G. der Relationen der Elemente innerhalb eines Systems (Henne, Semantik 19).

Ge|sạmt|an|sicht, die: *vollständige, alles umfassende Ansicht:* eine G. des Schlosses.

Ge|sạmt|as|pekt, der: vgl. Teilaspekt: dass, in dem G. der Verhältnisse nur einen Faktor weg oder anders gedacht, das Ganze damals noch immer Gefahr lief, in nichts zu zerfallen (Th. Mann, Hoheit 236).

Ge|sạmt|auf|la|ge, die (Druckw.): *Gesamtheit der Auflagen eines Buches.*

Ge|sạmt|aus|ga|be, die (Druckw.): *Ausgabe, die alle Werke eines Dichters, Schriftstellers, Komponisten od. Wissenschaftlers umfasst:* eine G. der Dramen von Shakespeare.

Ge|sạmt|be|trag, der: *gesamter Betrag, Summe der Teilbeträge.*

Ge|sạmt|be|völ|ke|rung, die: *gesamte Bevölkerung eines Landes, der Erde.*

Ge|sạmt|bi|lanz, die: vgl. Gesamtergebnis.

Ge|sạmt|bild, das: *Bild, das etw. im Ganzen zeigt:* Fliegeraufnahme mit dem G. von Franzensbad (Bieler, Mädchenkrieg 279); Ü das G. einer Krankheit.

Ge|sạmt|dar|stel|lung, die: *vollständige, umfassende Darstellung:* die G. eines Problems.

ge|sạmt|deutsch ⟨Adj.⟩: **a)** (hist.) *Deutschland mit allen seinen Fürstentümern, Ländern betreffend, umfassend:* Während der Revolution von 1848 bildeten sich die ersten -en Parteien (Fraenkel, Staat 247); **b)** (hist.) *Deutschland mit seinen beiden Staaten nach dem 2. Weltkrieg betreffend, umfassend:* Durch die Volkskongressbewegung ... versuchte die SED, sich zur alleinigen Sprecherin für -e Belange zu machen (Fraenkel, Staat 351); **c)** *Deutschland mit seinen alten u. neuen Bundesländern betreffend, umfassend:* Christoph Hein soll erster -er PEN-Präsident werden (Tagesspiegel 26. 10. 98, 25); Wenn das neue Spitzenduo im kommenden Jahr die erste -e Tarifrunde in der Metallindustrie erfolgreich zu Ende bringen will, dann muss es flexible Lösungen zulassen können (Tagesspiegel 12. 11. 98, 23).

Ge|sạmt|deutsch|land; -[s]: **a)** (hist.) *Deutschland mit allen seinen Fürstentümern, Ländern;* **b)** (hist.) *Deutschland mit seinen beiden Staaten nach dem 2. Weltkrieg:* Notwendig wäre also eine gewisse Einschränkung der Handlungsfreiheit des zukünftigen G. zugunsten der Alliierten des Zweiten Weltkriegs, damit die Wiedervereinigung überhaupt stattfinden kann (Dönhoff, Ära 95); **c)** *Deutschland mit seinen alten u. neuen Bundesländern:* dass es (= das Institut für Balneologie und Kurortwissenschaft) in G. erst allmählich wieder zur Kenntnis und ernst genommen wird, muss damit zu tun haben, dass vierzig Jahre dieser Geschichte sich in der DDR abspielten (Tagesspiegel 4. 10. 98, 2).

Ge|sạmt|durch|schnitt, der: vgl. Gesamtbetrag.

Ge|sạmt|ein|druck, der: *Eindruck, der sich aus einzelnen Eindrücken, Beobachtungen ergibt.*

Ge|sạmt|ein|kom|men, das: *gesamtes Einkommen.*

Ge|sạmt|ent|wurf, der: vgl. Gesamtkonzeption.

Ge|sạmt|er|be, der: *Allein-, Universalerbe.*

Ge|sạmt|er|bin, die: w. Form zu ↑Gesamterbe.

Ge|sạmt|er|geb|nis, das: *Ergebnis, das aus verschiedenen Einzel- od. Teilergebnissen errechnet wird.*

Ge|sạmt|er|schei|nung, die: *Gesamteindruck, den jmds. Erscheinung vermittelt.*

Ge|sạmt|er|trag, der: vgl. Gesamtbetrag.

ge|sạmt|eu|ro|pä|isch ⟨Adj.⟩: *Europa mit allen seinen Ländern betreffend, umfassend:* im Interesse einer -en Friedenslösung würde auch ein wieder vereinigtes Deutschland in der Frage der Ostgrenzen Opfer zu bringen haben (W. Brandt, Begegnungen 27).

Ge|sạmt|flä|che, die: *gesamte Fläche:* Griechenland hat eine G. von etwa 132 000 km^2.

Ge|sạmt|ge|sell|schaft, die (Soziol.): *Gesellschaft* (1).

ge|sạmt|ge|sell|schaft|lich ⟨Adj.⟩: *die Gesamtgesellschaft betreffend:* Ökonomisch ist sie (= die so genannte Subkultur) noch nicht im -en Produktionsprozess integriert (Wohngruppe 21).

Ge|sạmt|ge|wicht, das: *das gesamte Gewicht von etw.:* das zulässige G. (Kfz-W.; *Gewicht eines Fahrzeugs, das sich aus seinem Leergewicht u. dem Gewicht der beförderten Last zusammensetzt*).

Ge|sạmt|ge|winn, der: *gesamter Gewinn:* -e im Werte von 2 Millionen DM.

Ge|sạmt|gut, das ⟨o. Pl.⟩ (Rechtsspr.): *(bei der Gütergemeinschaft) das der Frau u. dem Mann gemeinsam gehörende Vermögen.*

ge|sạmt|haft (bes. schweiz.): **I.** ⟨Adj.⟩ (seltener) *gesamt, ganz, gänzlich:* der -e Einsatz; Die -e Zunahme der Kronenverlichtung von mehr als 25 Prozent ... lässt sich vor allem auf die Baumarten Föhre, Tanne und Eiche zurückführen (Tages-Anzeiger 26. 11. 91, 1); Bessere Marktchancen durch -e Sanierungskonzepte (Saarbr. Zeitung 3. 2. 95, 3). **II.** ⟨Adv.⟩ *insgesamt:* Als Ziel ist eine g. anwendbare Erziehungslehre gedacht (FAZ 27. 5. 61, 53); Das neue Eherecht sei getragen von der Leitidee der gleichberechtigten Partnerschaft und könne g. als gutes Gesetz bezeichnet werden ... (Baselland. Zeitung 27. 3. 85, 3); Unnötig in diesem g. fair ausgetragenen Match waren einige Gehässigkeiten unter Spielern beider Teams in den Schlussminuten (NZZ 2. 9. 86, 38).

Ge|sạmt|heit, die; -: **1.** *alle Personen, Dinge, Vorgänge, Erscheinungen, die aufgrund von bestimmten übereinstimmenden Eigenschaften, Merkmalen, Bedingungen u. Ä. zusammengehören; alle ... zusammen:* die G. der Arbeiter; die G. der Kenntnisse auf dem Gebiet der Nuklearmedizin; ***in seiner** usw. **G.** *(insgesamt):* das Volk in seiner G. **2.** *Allgemeinheit* (1): etw. zum Wohle der G. tun.

ge|sạmt|heit|lich ⟨Adj.⟩: *die Gesamtheit* (1) *betreffend; auf etw. Gesamtes bezogen, ihm entsprechend:* Der Idealfall einer Managementberatung sieht die -e Beratung eines Unternehmens in allen Personalfragen vor (Erfolg Nov./Dez. 1983, 56).

Ge|sạmt|hoch|schu|le, die (Hochschulw.): *inhaltliche u. organisatorische Verbindung einer wissenschaftlichen u. einer pädagogischen Hochschule sowie unterschiedlicher Fachhochschulen (um eine größere Durchlässigkeit der Studiengänge zu erzielen, interdisziplinäres Arbeiten zu fördern u. die Verwaltung zu rationalisieren):* Auf der Basis von Körperschaften des öffentlichen Rechts wird analog zur Gesamtschule eine G. gefordert (MM 6. 9. 68, 43); Die erste integrierte deutsche G. wurde im Oktober 1970 in Kassel eröffnet (FNP 11. 7. 96, 1).

Ge|sạmt|in|te|res|se, das: *gemeinsames Interesse eines Volkes od. einer [Bevölkerungs]gruppe.*

Ge|sạmt|ka|pi|tal, das: *gesamtes Kapital:* dieses Unternehmen verfügt über ein G. von 10 Millionen DM.

Ge|sạmt|ka|ta|log, der: *Zentralkatalog.*

Ge|sạmt|klas|se|ment, das (Sport): *gesamtes Klassement* (2): Trotz seiner kranken Maschine fuhr Zanini gleich zu Beginn eine Bestzeit. Im G. lag er auf Rang sechs (rallye racing 10, 1979, 65).

Ge|sạmt|kon|zep|ti|on, die: *alle Bereiche umfassende Konzeption:* Einen Neubau auf dem Maifeld lehnt sie entschieden ab, weil damit die G. des Areals zerstört würde (Tagesspiegel 29. 11. 97, 11); Die Vereinigten Staaten, die aus ihrer G. heraus eine Annäherung zwischen Japan und Südkorea immer gewünscht haben (FAZ 10. 6. 61, 2); Ferrari und Porsche bauen in der G. stabiler (Welt 4. 8. 62, 15).

Ge|sạmt|kos|ten ⟨Pl.⟩: *gesamte Kosten:* die stetig steigenden Benzinpreise wirken sich ungünstig auf die G. der Fahrzeughaltung aus.

Ge|sạmt|kunst|werk, das: **1.** *Kunstwerk (Musikdrama, Oper), in dem Dichtung, Musik, Tanz- u. bildende Kunst vereinigt sind:* Richard Wagner entwickelte die Idee des -s. **2.** *Kunstwerk, in dem verschiedene bildende Künste, künstlerische Mittel vereinigt sind:* das Bild ist nicht mehr vom Text abhängig, sondern diesem beigeordnet. Daraus ergibt sich die Möglichkeit der Schaffung druckgraphischer »Gesamtkunstwerke« (Bild. Kunst III, 62); wobei nachdrücklich auf den Anteil der Plastik am G. der Gotik und des Barock hingewiesen wird (Bild. Kunst III, 8).

Ge|sạmt|la|ge, die: *im Ganzen zusammengefasst betrachtete Lage* (3a): die wirtschaftliche G. des Landes; Auch über die politische und militärische G. äußerte er sich Tomas gegenüber (Plievier, Stalingrad 155).

Ge|sạmt|leis|tung, die: *Leistung insgesamt:* ...war er (= der Trainer)... über die G. seiner Mannschaft ... so verärgert wie selten zuvor (Kicker 6, 1982, 40).

Ge|sạmt|no|te, die: *Note, die sich aus einzelnen Bewertungen ergibt.*

Ge|sạmt|pro|duk|ti|on, die: *gesamte Produktion:* hat sich der Exportanteil an der G. ... erhöht (Welt 3. 2. 62, 9).

Ge|sạmt|pro|ku|ra, die (Kaufmannsspr.): *Prokura, die nur von mehreren Personen gemeinsam ausgeübt werden kann.*

Ge|sạmt|säu|re|grad, der: *Grad an Säure insgesamt:* den G. von Wein durch Gipsen erhalten.

Ge|sạmt|scha|den, der: *gesamter Schaden:* der bei dem Autounfall entstandene G. belief sich auf etwa 7 000 DM.

Ge|sạmt|schau, die: *Zusammenfassung, vergleichende Übersicht, Synopse.*

Ge|sạmt|schuld, die (Rechtsspr.): *Schuldverhältnis, das zwischen einem Gläubiger u. mehreren Schuldnern besteht, wobei jeder Schuldner zur ganzen Leistung verpflichtet ist.*

Ge|sạmt|schuld|ner, der (Rechtsspr.): *Schuldner, der einem Gläubiger gegenüber für die Gesamtschuld einzustehen hat.*

Ge|sạmt|schuld|ne|rin, die (Rechtsspr.): w. Form zu ↑Gesamtschuldner.

Ge|sạmt|schu|le, die: *Schulform, bei der Haupt- u. Realschule sowie Gymnasium eine organisatorische Einheit bilden:* die integrierte G. *(Schulform, bei der anstelle der drei traditionellen Schultypen ein Kurssystem tritt).*

Ge|sạmt|sieg, der (Sport): *Sieg in einem Wettkampf, der aus mehreren Konkurrenzen besteht od. mehrere Disziplinen umfasst.*

Ge|sạmt|sie|ger, der: vgl. Gesamtsieg.

Ge|sạmt|sie|ge|rin, die: w. Form zu ↑Gesamtsieger.

Ge|sạmt|stär|ke, die: *gesamte Stärke:* die G. eines Heeres; Ihre (= der Mauern) G. betrug in der Unterburg ... sieben bis acht Meter (Ceram, Götter 73).

Ge|sạmt|stra|fe, die (Rechtsspr.): *Strafmaß, das sich aus den einzelnen Strafen für verschiedene Straftaten ergibt:* Er wird ... zu einer G. von sechs Jahren Gefängnis verurteilt (Noack, Prozesse 74).

Ge|sạmt|sum|me, die: *Gesamtbetrag:* die G. der Steuerbeträge.

Ge|sạmt|um|satz, der: *gesamter Umsatz:* Ihre (= der Konzerne) Außenhandelsumsätze machen 37% ihrer Gesamtumsätze aus (Stamokap 60).

Ge|sạmt|un|ter|richt, der (Schulw.): *ganzheitlicher od. fächerübergreifender Unterricht.*

Ge|sạmt|ver|band, der (Wirtsch.): *Verband, in dem mehrere gleichartige Verbände zusammengeschlossen sind:* G. der Versicherungswirtschaft, des Deutschen Groß- und Außenhandels.

Ge|sạmt|vo|lu|men, das (Wirtsch.): *gesamter Umfang:* dass das G. des Agrarhaushalts 1969 5,5 Milliarden DM ... beträgt (Bundestag 190, 1968, 10293).

Ge|sạmt|werk, das: *das gesamte Schaffen eines Künstlers:* das musikalische G. Beethovens.

Ge|sạmt|wert, der: *gesamter Wert:* Schmuck im G. von ...

Ge|sạmt|wer|tung, die: *Wertung insgesamt:* in der G. führt dieser Reiter.

Ge|sạmt|wir|kung, die: vgl. Gesamteindruck.

Ge|sạmt|wirt|schaft, die: *gesamte Wirtschaft eines Landes:* Eine Vollbeschäftigungspolitik erfordert eine intensive Beobachtung und »Lenkung« der G. (Fraenkel, Staat 379).

ge|sạmt|wirt|schaft|lich ⟨Adj.⟩: *die Gesamtwirtschaft betreffend:* Wir befinden uns heute im -en Gleichgewicht (Bundestag 189, 1968, 10235); dass eine Nettokreditaufnahme der öffentlichen Haushalte in der vorgesehenen Größenordnung g. vertretbar ist (Bundestag 190, 1968, 10314).

Ge|sạmt|zahl, die: *Zahl, die alles umfasst; endgültige Zahl:* dass alle 24 Stunden die G. der Menschen um mehr als 100 000 wächst (Dönhoff, Ära 172).

Ge|sạmt|zu|sam|men|hang, der: *gesamter Zusammenhang:* Laut gewordene Kritik an der finanziellen Situation weist man beim TET (= Treuhänderischen Entwicklungsträger) als aus dem G. gerissen zurück (Tagesspiegel 23. 5. 97, 13).

ge|sạndt: ↑senden.

Ge|sạnd|te, der u. die; -n, -n ⟨Dekl. ↑Abgeordnete⟩: *bei einem Staat akkreditierter diplomatischer Vertreter eines anderen Staates, der im Rang unter dem Botschafter steht:* der päpstliche G. *(Nuntius);* Mit wem gehst du denn? Mit dem deutschen -n als Protektion? (Remarque, Triomphe 86).

Ge|sạnd|ten|pos|ten, der: *Amt, Stelle eines Gesandten.*

Ge|sạnd|tin, die; -, -nen: w. Form zu ↑Gesandte, der: Die britische G. Rosemary L. Spencer erinnerte an den damaligen Neubeginn (Berliner Zeitung 16. 4. 96, 25).

Ge|sạndt|schaft, die; -, -en: **1.** *von einem/einer Gesandten geleitete diplomatische Vertretung eines Staates im Ausland:* Als der «Bürgerkönig» Louis-Philippe 1832 nach der Eroberung Algeriens eine G. an den Hof des Sultans von Marokko schickte, fuhr Delacroix als regierungsamtlicher Historienmaler mit (Tagesspiegel 18. 4. 98, 23); Durch München ritten indes die tirolischen Herren, die die Verhandlungen führten. Es war eine prunkvolle G. *(Gruppe von Abgesandten),* an ihrer Spitze die ersten Herren des Landes (Feuchtwanger, Herzogin 73). **2.** *Gebäude, in dem eine Gesandtschaft* (1) *untergebracht ist.*

ge|sạndt|schaft|lich ⟨Adj.⟩: *die Gesandtschaft betreffend, zu ihr gehörend.*

Ge|sạndt|schafts|ge|bäu|de, das: *Gesandtschaft* (2).

Ge|sạndt|schafts|rat, der ⟨Pl. ...räte⟩: *in einer Gesandtschaft* (1) *tätiger Beamter im Range eines Regierungsrats.*

Ge|sạndt|schafts|rä|tin, die: w. Form zu ↑Gesandtschaftsrat.

Ge|sạng, der; -[e]s, Gesänge [mhd. gesanc, ahd. gisang, zu ↑Sang]: **1.** ⟨o. Pl.⟩ **a)** *das Singen des Menschen:* wobei eine von ihnen (= den Mädchen) den G. auf der Mandoline begleitete (Hildesheimer, Legenden 79); sie zogen mit/(veraltend:) unter G. durch die Straßen; sie will G. *(Singen als künstlerisches Unterrichtsfach)* studieren; Ü (dichter.:) der G. des Windes; Aber statt ... mit Krachen erging sich der nachfolgende Donner in einem gewaltigen G. (Döblin, Märchen 39); **b)** *klingende od. rhythmische Lautäußerungen bestimmter Tiere:* der G. der Vögel, Zikaden. **2.** *das Gesungene in seiner charakteristischen Form, etw. zum Singen Bestimmtes, Lied:* geistliche, weltliche Gesänge *(Lieder);* Sie (= die Kalifen in Spanien) hinterließen ... den langen arabischen G., den man zuweilen ... in einer Schenke der Altstadt hört (Koeppen, Rußland 9); Und sie fuhren fort in den trunkenen Gesängen des Mysterienspiels (Th. Mann, Tod 89); Die Burschen ... führten ihn (= den Zahlmeister) unter Gesängen durchs Zimmer (Gaiser, Jagd 112); * **gregorianischer G.** *(einstimmiger, rhythmisch freier, unbegleiteter liturgischer Gesang der kath. Kirche, gregorianischer Choral;* benannt nach Papst Gregor I., um 540–604). **3. a)** ⟨o. Pl.⟩ (dichter. veraltet) *das Dichten, Dichtkunst;* **b)** (Literaturw.) *Abschnitt einer Versdichtung; Unterteilung des Epos:* der letzte G. von Homers »Ilias«.

ge|sạng|ar|tig ⟨Adj.⟩: *einem Gesang ähnlich.*

Ge|sạng|buch, das: *[zum Gebrauch im Gottesdienst bestimmtes] Buch, in dem eine Sammlung von Kirchenliedern u. geistlichen Gesängen enthalten ist;* * **das falsche/nicht das richtige G. haben** (ugs. scherzh.; *eine nicht gern gesehene, dem Fortkommen schadende Religionszugehörigkeit, inopportune politische Einstellung o. Ä. haben*): Zwar sollen bei der Umstrukturierung endlich feste Stellen eingerichtet werden. Doch die Honorarkräfte haben in der Mehrzahl nicht das richtige G. und machen sich schon von daher keine Hoffnungen, bei der Caritas unterzukommen (FR 1. 12. 94, 4).

Ge|sạng|buch|vers, der: *Vers eines im Gesangbuch enthaltenen Kirchenliedes.*

Ge|sạng|leh|rer, der: *jmd., der Gesangunterricht erteilt* (Berufsbez.).

Ge|sạng|leh|re|rin, die: w. Form zu ↑Gesanglehrer.

ge|sạng|lich ⟨Adj.⟩: **1.** *den Gesang betreffend, mit Gesang verbunden:* über jmds. -e Fähigkeiten streiten; Es (= das Gastspiel der »Rolling Stones«) war keine -e

Aufführung (Spiegel 5, 1966, 66). **2.** *in einer für den Gesang typischen, die Töne gut bindenden Art, durch melodischen Fluss gekennzeichnet:* sie spielten sehr g.

Ge|sangs|buch (österr.): ↑Gesangbuch.

Ge|sang|schu|le, die: *Lehrmethode, Richtung, Schule des Gesangunterrichts:* dieser Tenor kommt aus der italienischen G.

Ge|sangs|dar|bie|tung, die: *gesangliche* (1) *Darbietung* (2).

Ge|sangs|kunst, die: *künstlerische Ausübung des Gesangs.*

Ge|sangs|leh|rer: ↑Gesanglehrer.

Ge|sangs|leh|re|rin: ↑Gesanglehrerin.

Ge|sangs|num|mer, die: *Gesangsdarbietung:* Postwendend bauten wir im zweiten Teil der amerikanischen Varietédarbietungen eine G. ein (Perrin, Frauen 69).

Ge|sangs|pä|da|go|ge, der: *Gesanglehrer.*

Ge|sangs|pä|da|go|gik, die: *Gesangsunterricht.*

Ge|sangs|pä|da|go|gin, die: *Gesanglehrerin.*

Ge|sangs|part, der: *Vokalpart.*

Ge|sangs|schu|le: ↑Gesangschule.

Ge|sangs|so|list, der: *als Solist eingesetzter Sänger (in Gegenüberstellung zu Orchester, Chor u. Ä.); Vokalsolist:* Das farbige Ensemble aus Fideln und Zupfinstrumenten ..., dazu vier -en, musizierte lebendig (Welt 1. 12. 62, 8).

Ge|sangs|so|lis|tin, die: w. Form zu ↑Gesangssolist.

Ge|sangs|stim|me, die: *Singstimme* (b).

Ge|sangs|stück: ↑Gesangstück.

Ge|sangs|stun|de: ↑Gesangstunde.

Ge|sang|stim|me: ↑Gesangsstimme.

Ge|sang|stück, das: *Vokalkomposition.*

Ge|sang|stun|de, die: *Unterrichtsstunde in künstlerischem Gesang:* sie nimmt, bekommt -n.

Ge|sangs|übung, die: *Übung für den Gesang.*

Ge|sangs|un|ter|richt: ↑Gesangunterricht.

Ge|sangs|ver|ein (österr.): ↑Gesangverein.

Ge|sang|übung: ↑Gesangsübung.

Ge|sang|un|ter|richt, der: *Unterricht zur Ausbildung in künstlerischem Gesang.*

Ge|sang|ver|ein, der: *Verein, in dem meist volkstümlicher Chorgesang gepflegt wird:* * **mein lieber Herr G.!** (salopp; Ausruf der Bewunderung, Überraschung, Verärgerung od. Bekräftigung): Hier kenne ich mich aus, mein lieber Herr G., Schleichwege, Zaunlücken, Durchschlupfe (Zeller, Amen 190).

Ge|säß, das; -es, -e [mhd. gesæʒe = (Wohn)sitz; Ruheplatz, dann: Gesäß, ahd. gisāʒi = Ruheplatz; (Wohn)sitz, Siedlung, eigtl. = das, worauf man sitzt, zu ↑sitzen]: *Teil des Körpers, auf dem man sitzt:* ... wie wenn jemand einem anderen aufs nackte G. schlägt (Ott, Haie 141); Ich zog die Beine ans G. und sprang auf, dass das Boot schaukelte (Bieler, Bonifaz 144).

Ge|säß|ba|cke, die: *rundliche Hälfte des Gesäßes:* die -n zusammenkneifen.

Ge|säß|fal|te, die: *Querfalte zwischen Gesäß u. Oberschenkel.*

Ge|säß|fur|che, die (Med.): *Gesäßfalte.*

Ge|säß|mus|kel, der ⟨meist Pl.⟩: *Muskel des Gesäßes:* die -n anspannen.

Ge|säß|spal|te, die: *senkrechte Spalte zwischen den Gesäßbacken.*

Ge|säß|ta|sche, die: *Hosentasche über dem Gesäß:* Der Flugschein, den er in der G. fühlte (Johnson, Ansichten 176); Seine Hände stecken in den -n (Degener, Heimsuchung 67).

Ge|säß|wei|te, die (Schneiderei): *über dem Gesäß gemessene Weite* (4).

ge|sät|tigt: ↑sättigen (3).

Ge|sätz, das; -es, -e [orthographische Variante von ↑Gesetz] (Literaturw.): *Strophe im Meistergesang.*

Ge|sätz|lein, das; -s, - (südd.): *Abschnitt, Strophe, Vers:* er sagte sein G. herunter.

Ge|säu|ge, das; -s [zu ↑saugen] (Jägerspr.): *Milchdrüsen des Haarwildes u. des Hundes:* im Liegen ist nicht zu entdecken, welche Weibchen (= Löwinnen) Milch im G. haben (Grzimek, Serengeti 84).

Ge|sau|se, das; -s: *[dauerndes] Sausen.*

Ge|säu|sel, das; -s: *[dauerndes] Säuseln:* das G. des Windes; Ü (abwertend:) Auch die Mägde ... lieben das G. nicht. Zu viele Schwangerschaften hat ihnen das liebliche Getue solcher Männer schon eingebracht (Courage 2, 1978, 43); In einen elitären Musentempel für ein paar Dutzend Miniaturgenies, die ihre Seelen beim G. eines Kammerorchesters erheben (Erné, Kellerkneipe 290).

gesch. = geschieden (Zeichen: ⚮).

Ge|schab|sel, das; -s: *das Abgeschabte; abgeschabte kleine Teile:* ... beruht die ... Diagnose immer auf der Anwendung der Probekürettage und dem Ergebnis der histologischen Untersuchung des -s (Pschyrembel, Gynäkologie 206).

Ge|schab|te, das; -n: *Schabefleisch.*

Ge|scha|cher, das; -s (ugs. abwertend): *[dauerndes] Schachern:* unser läppisches G. um Kleinigkeiten (Remarque, Obelisk 171).

Ge|schä|dig|te, der u. die; -n, -n ⟨Dekl. ↑Abgeordnete⟩: **1.** *jmd., der geschädigt, dem Schaden zugefügt worden ist.* **2.** (Rechtsspr.): *Verletzte[r]:* die Einrichtung von Plätzen für die Behandlung und den Abtransport -r sowie für nicht Transportfähige (NNN 25. 8. 89, 6).

ge|schaf|fen: ↑schaffen.

ge|schafft: ↑schaffen.

Ge|schäft, das; -[e]s, -e [mhd. gescheft(e) = Beschäftigung, Angelegenheit; Vertrag, zu ↑schaffen]: **1. a)** *auf Gewinn abzielende [kaufmännische] Unternehmung, [kaufmännische] Transaktion; Handel:* die -e gehen gut, stocken; das G. kommt zustande, ist perfekt; mit jmdm. ein G. abschließen; mit jmdm. -e machen; dunkle -e treiben, abwickeln, tätigen; aus einem G. aussteigen (ugs.; *sich nicht mehr daran beteiligen*); in ein G. einsteigen (ugs.; *sich daran beteiligen*); in -en *(geschäftlich)* unterwegs sein; mit jmdm. im G. sein, ins G. kommen *(jmdn. als Geschäftspartner haben, gewinnen);* R G. ist G. *(wenn es um Geld geht, kann man auf Gefühle o. Ä. keine Rücksicht nehmen);* Ü das G. mit der Angst *(Verbreitung von Angst, um in dem so geschaffenen geistigen Klima besser seine eigenen Ziele erreichen zu können);* Ich singe, solange mich das Publikum hören will ... Es ist Unsinn, wenn man sagt, ich sei längst nicht mehr im G. (*nicht mehr erfolgreich;* Hörzu 6, 1976, 10); **b)** ⟨o. Pl.⟩ *die kaufmännischen Transaktionen; Verkauf, Absatz:* das G. belebt sich, blüht, ist rege; **c)** ⟨o. Pl.⟩ *Gewinn [aus einer kaufmännischen Unternehmung], Profit:* diese Unternehmung war für uns [k]ein G. *([k]ein finanzieller Erfolg);* ein G. wittern; sie macht dabei ein G. von zehn Prozent; er hat mit dem Grundstück ein [glänzendes] G. gemacht *([sehr] viel daran verdient);* Ü da sie (= Hilfstruppen) bei diesem schweren Beruf ihr Leben einzusetzen hatten, machten sie ein schlechtes G., wenn sie ihr Gehalt erst im Himmel erhielten (Thieß, Dämonen 600). **2. a)** *gewerbliches od. kaufmännisches Unternehmen, Handelsunternehmen, Firma:* ein altrenommiertes G.; ein G. führen, leiten; als Teilhaber in ein G. einsteigen (ugs.; *sich an einem Unternehmen beteiligen*); morgen gehe ich nicht ins G. (ugs.; *zum Arbeiten in die Firma, ins Büro*); **b)** *Räume, Räumlichkeiten, in denen ein Handelsunternehmen, ein gewerbliches Unternehmen Waren ausstellt u. zum Verkauf anbietet; Laden:* warten, bis die -e öffnen, (ugs.:) aufmachen; die -e schließen um 20 Uhr, sind bereits geschlossen; ein teures *(hohe Preise verlangendes)* G.; sie steht den ganzen Tag im G. *(arbeitet von morgens bis abends in einem Laden, Kaufhaus o. Ä.).* **3.** *Aufgabe; Angelegenheit, die zu erledigen ist:* ein nützliches, undankbares G.; die schmutzigen -e einer Diebesbande; dem Polizeiminister fällt das peinliche G. zu, diese Proskriptionsliste zusammenzustellen (St. Zweig, Fouché 211); er besorgt die -e *(Funktionen)* eines Schließers; er versteht sein G. *(er ist tüchtig in seinem Beruf);* * **sein [großes od. kleines] G. erledigen/verrichten/machen** (ugs. verhüll.; *seine Notdurft verrichten; den Darm entleeren od. Wasser lassen*): Da waren auch ... Ruhrkranke, die ihre -e an Ort und Stelle erledigten (Plievier, Stalingrad 313); Außerdem verspürte er ein heftiges Verlangen, ein kleines G. zu verrichten (*Wasser zu lassen;* Kirst, 08/15, 75).

Ge|schäft|chen: in den Wendungen **sein G. erledigen/machen/verrichten** (fam. verhüll.; *seine Notdurft verrichten*).

ge|schäf|te|hal|ber ⟨Adv.⟩: *wegen Geschäften* (1 a): er ist g. nach Rom geflogen.

Ge|schäf|te|ma|cher, der (abwertend): *jmd., der um des Gewinnes willen aus allem ein Geschäft* (1 a) *zu machen sucht:* er ist ein übler G.; Heute ist Dalí halb gerissener G., halb verspielter Blagueur (K. Mann, Wendepunkt 210).

Ge|schäf|te|ma|che|rei, die; -, -en (abwertend): vgl. Geschäftemacher.

Ge|schäf|te|ma|che|rin, die (abwertend): w. Form zu ↑Geschäftemacher.

ge|schäf|tig ⟨Adj.⟩ [mhd. (md.) gescheftig]: *unentwegt tätig, sich (mit viel Aufwand an Bewegung) unausgesetzt mit etw. beschäftigend:* -es Treiben; er schleppt bienenhaft mit unzähligen winzigen Maschen, einem -en Hin und Her, tausend und tausend Beobachtungen zusammen (St. Zweig, Fouché 132); g. tun; Die Kellner schoben sich g. durch den lang gestreckten Raum (Kirst, 08/15, 345).

Ge|schäf|tig|keit, die; -: *das Geschäftigsein, geschäftiges Wesen:* die Welt verwandelte sich in ihren Erzählungen in einen Ameisenbetrieb von ... vollkommen unsinniger G. (Feuchtwanger, Erfolg 283).

Ge|schaftl|hu|ber, Ge|schaftl|hu|berei, Ge|schaftl|hu|be|rin: ↑Gschaftlhuber, Gschaftlhuberei, Gschaftlhuberin.

ge|schäft|lich ⟨Adj.⟩: **a)** *die Geschäfte* (1, 2) *betreffend; nicht privat:* eine -e Verabredung; den -en Teil einer Unterredung abschließen; Der junge Mann ist g. so tüchtig (Brecht, Mensch 126); er ist g. verhindert, nach London unterwegs; ⟨subst.:⟩ das Geschäftliche erledigen wir später; **b)** *unpersönlich, formell:* etwas in -em Ton sagen; nach dieser Unterbrechung wurde er wieder g.

Ge|schäfts|ab|lauf, der: *Ablauf der Geschäfte* (1 a): der geordnete G. muss gewahrt bleiben.

Ge|schäfts|ab|schluss, der: *Abschluss eines Geschäftes* (1 a): einen G. tätigen.

Ge|schäfts|adres|se, die: *geschäftliche* (a), *nicht private Adresse:* bitte senden Sie den Brief an meine G.; Ü In der Tat galt der Pont au Change für eine der feinsten -n der Stadt (*wurde für eines der feinsten Geschäftsviertel angesehen;* Süskind, Parfum 59).

Ge|schäfts|an|schrift, die: *Geschäftsadresse.*

Ge|schäfts|an|teil, der: *finanzieller Anteil an einem Geschäft* (2 a).

Ge|schäfts|auf|ga|be, Ge|schäfts|auf|lö|sung, die: *Auflösung eines Geschäfts* (2 a): wegen Geschäftsaufgabe stark reduzierte Preise.

Ge|schäfts|auf|sicht, die ⟨o. Pl.⟩ (Rechtsspr. früher): *Zwangsverwaltung eines Unternehmens zur Abwendung des Konkurses:* eine Firma unter G. stellen.

Ge|schäfts|aus|la|ge, die: *Auslage* (1).

Ge|schäfts|au|to, das: *Geschäftswagen.*

Ge|schäfts|bank, die ⟨Pl. ...banken⟩ (Bankw.): *Bank, die Kreditgeschäfte betreibt.*

Ge|schäfts|be|din|gun|gen ⟨Pl.⟩ (Wirtsch.): *für den Abschluss eines Geschäfts* (1 a) *bindender, im Voraus festgelegter Inhalt von Verträgen:* allgemeine G. (Abk.: AGB).

Ge|schäfts|be|ginn, der: vgl. Geschäftsschluss.

Ge|schäfts|be|reich, der: **a)** *Amtsbereich, Ressort:* Danach entscheidet das Justizministerium im Einvernehmen mit dem Auswärtigen Amt und anderen Ministern, deren G. betroffen ist (Tagesspiegel 24. 11. 98, 6); Minister ohne G. *(Portefeuille);* **b)** *Geschäftsfeld:* Die Verantwortung für den G. Brandschutzglas innerhalb der Schott-Gruppe (Mainz) ist an das Jenaer Unternehmen übertragen worden (Tagesspiegel 20. 11. 98, 25).

Ge|schäfts|be|richt, der: *zum Jahresabschluss gehörender schriftlicher Bericht über den Verlauf eines Geschäftsjahrs.*

Ge|schäfts|be|sit|zer, der: *Geschäftsinhaber.*

Ge|schäfts|be|sit|ze|rin, die: w. Form zu ↑Geschäftsbesitzer.

Ge|schäfts|be|trieb, der: **1.** *Geschäft* (2 a). **2.** ⟨o. Pl.⟩ *geschäftliche* (a) *Aktivitäten:* ein reger G.

Ge|schäfts|be|zie|hung, die: *geschäftliche* (a) *Beziehung:* in -en mit jmdm. stehen.

Ge|schäfts|brief, der: *geschäftlicher* (a) *Brief eines Unternehmens.*

Ge|schäfts|buch, das: *Buch, in das ein Kaufmann seine Geschäfte* (1 a) *u. den Stand seines Vermögens einzutragen verpflichtet ist:* Einsicht in die Geschäftsbücher nehmen, erhalten.

Ge|schäfts|er|öff|nung, die: *Eröffnung eines Geschäfts* (2).

ge|schäfts|fä|hig ⟨Adj.⟩ (Rechtsspr.): *fähig, Rechtsgeschäfte selbstständig u. verbindlich zu erledigen; dispositionsfähig:* Minderjährige im Jugendalter sind nur bedingt g.; Ü nicht [mehr] g. sein (ugs. scherzh.; *durch Trunkenheit o. Ä. stark benommen sein*).

Ge|schäfts|fä|hig|keit, die ⟨o. Pl.⟩ (Rechtsspr.): *das Geschäftsfähigsein.*

Ge|schäfts|feld, das: *Feld* (6), *in dem, Sparte* (1), *in der sich ein Unternehmen* (2) *betätigt:* Das Kerngeschäft Strom und Wärme ist rückläufig, die Konkurrenz wächst, und der Aufbau neuer -er kommt nicht recht in Gang (Tagesspiegel 15. 12. 98, 17).

Ge|schäfts|frau, die: *Frau, die Geschäfte* (1 a) *tätigt, die Geschäfte* (2 a) *führt:* Du bist eine tüchtige G. gewesen, immer tätig (Fallada, Jeder 62).

Ge|schäfts|freund, der: *jmd., mit dem man enge geschäftliche* (a), *gelegentlich auch private Beziehungen hat, pflegt:* dann müsse er oft noch mit -en ausgehen, damit diese einen guten Eindruck von der Firma bekämen (Richartz, Büroroman 103); ... erwarb Amery über seinen ... G. ... eine Spinnerei und eine kleine Trikotagenfabrik (Bieler, Mädchenkrieg 254).

Ge|schäfts|freun|din, die: w. Form zu ↑Geschäftsfreund.

ge|schäfts|füh|rend ⟨Adj.⟩: **a)** *zur Geschäftsführung berechtigt, leitend:* der -e Angestellte; **b)** *verantwortlich; amtierend:* der -e Vorsitzende; die -e Regierung *(zurückgetretene Regierung, die die Regierungsgeschäfte wahrnimmt, bis eine neue Regierung eingesetzt ist).*

Ge|schäfts|füh|rer, der: **1.** *Geschäftsleiter* (1), *besonders einer GmbH:* der Kunde beschwerte sich direkt beim G.; Jeffrey Scott wurde zum neuen G. der Jaguar Deutschland GmbH ernannt (Tagesspiegel 21. 1. 98, 18); **2.** *jmd., der damit beauftragt ist, für jmdn., einen Verein, Verband, eine Organisation o. Ä. die rechtsgeschäftlichen Interessen wahrzunehmen:* parlamentarischer G. (Politik; *Angehöriger einer parlamentarischen Fraktion, der für die organisatorischen u. taktischen Probleme seiner Fraktion zuständig ist*).

Ge|schäfts|füh|re|rin, die; -, -nen: w. Form zu ↑Geschäftsführer.

Ge|schäfts|füh|rung, die: **1.** ⟨o. Pl.⟩ *Leitung eines Unternehmens:* Fraktionen sind ... zur Handhabung einer wirksamen parlamentarischen G. unentbehrliche Zusammenschlüsse von Mitgliedern eines Parlaments (Fraenkel, Staat 97). **2.** *die mit der Leitung eines Unternehmens betrauten Personen:* Hatte sie sich bis zum Jahre 1913 durch die Geschäftspapiere durchgewühlt ..., rief sie die G. an (Böll, Haus 83).

Ge|schäfts|gang, der: **1.** ⟨o. Pl.⟩ *Gang der Geschäfte* (1 a): Einbußen durch die »zurückhaltende Disposition« eines Großabnehmers und den etwas schleppenden G. in der ersten Jahreshälfte (Welt 5. 8. 65, 13); Stanislaus' Meister und Sattler Burte unterhielten sich über den schlechten G. (Strittmatter, Wundertäter 116). **2.** ⟨o. Pl.⟩ *Dienstweg:* Es ist ... eine der dringlichsten Aufgaben des Oberbeamtentums, den amtlichen G. den Bedürfnissen der Allgemeinheit einschließlich des Antragstellers anzupassen (Fraenkel, Staat 39). **3.** *geschäftlicher Gang.*

Ge|schäfts|ge|ba|ren, das: *Vorgehen beim Abwickeln von Geschäften* (1 a): ein solides G.

Ge|schäfts|ge|ba|rung, die (österr.): *Geschäftsführung* (1).

Ge|schäfts|ge|heim|nis, das: *Betriebsgeheimnis.*

Ge|schäfts|geist, der ⟨o. Pl.⟩: vgl. Geschäftssinn: Der kühne G. des Maire versteigt sich noch höher (Werfel, Bernadette 240).

Ge|schäfts|grün|dung, die: *Gründung eines Geschäfts* (2 a).

Ge|schäfts|haus, das: **1.** *Handelshaus, Firma.* **2.** *Haus, dessen Räume für gewerbliche Zwecke genutzt werden:* Wohn- und Geschäftshäuser.

Ge|schäfts|herr, der (schweiz.): vgl. Geschäftsmann.

Ge|schäfts|in|ha|ber, der: *Inhaber eines Geschäfts* (2 a).

Ge|schäfts|in|ha|be|rin, die: w. Form zu ↑Geschäftsinhaber.

Ge|schäfts|in|te|res|se, das: *die geschäftlichen* (a) *Interessen, Belange:* das G. ist vorrangig; Ich sehe einen, der seine Kunst verlor, weil er sie rücksichtslos -n unterwarf (Strauß, Niemand 200).

Ge|schäfts|jahr, das: *Zeitraum, an dessen Ende eine Jahresbilanz aufgestellt wird; Wirtschaftsjahr:* Für das 17 Monate umfassende G. vom 1. Januar 1984 bis 31. Mai 1985 wird eine Dividende von 17 % auf das bisherige Aktienkapital ausgeschüttet (Basler Zeitung 9. 10. 85, 15); Sowohl Umsatz als auch Gewinn ... blieben im G. 1983 hinter den Erwartungen zurück (CCI 7, 1984, 11).

Ge|schäfts|ju|bi|lä|um, das: *festlicher Jahrestag einer Geschäftsgründung nach einer bestimmten Anzahl von Jahren:* das 75-jährige G. feiern.

Ge|schäfts|ka|pi|tal, das: *zum Betrieb eines Geschäftes* (2a) *erforderliches Kapital.*

Ge|schäfts|kar|te, die: *Visitenkarte mit Namen u. Adresse der Firma:* sie hatte ihm ihre G. gegeben (Erné, Fahrgäste 160).

Ge|schäfts|ket|te, die: *Ladenkette.*

Ge|schäfts|kor|res|pon|denz, die: *geschäftliche* (a) *Korrespondenz.*

Ge|schäfts|kos|ten ⟨Pl.⟩: in der Fügung **auf G.** *(zu Lasten des Unternehmens, der Firma):* auf G. reisen; der Wagen geht auf G.

Ge|schäfts|krei|se ⟨Pl.⟩: *geschäftliche Kreise:* wie aus -n verlautete, ...; in -n wird die Wirtschaftslage negativ beurteilt.

Ge|schäfts|kun|de, der: *Kunde* (1).

ge|schäfts|kun|dig ⟨Adj.⟩: *in geschäftlichen* (a) *Dingen erfahren.*

Ge|schäfts|kun|din, die: w. Form zu ↑Geschäftskunde.

Ge|schäfts|la|ge, die: **1.** *wirtschaftliche Situation eines Unternehmens:* Damit könnte man ... mit einer Verschlechterung der G. rechnen (CCI 6, 1985, 14). **2.** *Lage eines Geschäfts* (2b): ein Haus in günstiger G.

Ge|schäfts|le|ben, das: *geschäftliches Leben:* im G. stehen.

Ge|schäfts|lei|ter, der: **1.** *Angestellter, der ein Unternehmen* (2) *od. den Teil eines Unternehmens verantwortlich leitet:* der technische, kaufmännische G.; Jeffrey Scott ... war seit 1995 G. Vertrieb und Marketing bei Jaguar (Tagesspiegel 21. 1. 98, 18); In einem Rundschreiben vom Oktober 1997 hatte das Amt unter Hinweis auf die Studie des Baseler Ausschusses für Bankenaufsicht an die G. aller Kreditinstitute appelliert (Tagesspiegel 5. 6. 98, 23). **2.** *Geschäftsführer* (2): Solche Mehrfachnutzung, erläuterte Alois Gabauer, G. des Zweckverbandes für Erdwärme Erding, sei eine wichtige Voraussetzung für den wirtschaftlichen Erfolg (Zeit 10. 2. 95, 38).

Ge|schäfts|lei|te|rin, die; -, -nen: w. Form zu ↑Geschäftsleiter.

Ge|schäfts|lei|tung, die: *Geschäftsführung.*

Ge|schäfts|leu|te ⟨Pl.⟩: **1.** Pl. von ↑Geschäftsmann. **2.** *Gesamtheit der Geschäftsfrauen u. Geschäftsmänner.*

Ge|schäfts|lis|te, die (schweiz.): *Tagesordnung.*

Ge|schäfts|mann, der ⟨Pl. ...leute, selten: ...männer⟩ [LÜ von frz. homme d'affaires, zu: homme = Mann u. affaire, ↑Affäre]: *jmd., der Geschäfte* (1a) *tätigt, der ein Geschäft* (2a) *führt:* ein versierter, seriöser G.; Ich bin kein Held, ich bin G. (Kirst, 08/15, 847).

ge|schäfts|mä|ßig ⟨Adj.⟩: **a)** *im Rahmen von Geschäften, geschäftlich* (a): -es Handeln; **b)** *im Rahmen des Geschäftlichen bleibend, sachlich, objektiv:* eine -e Unterredung; »Champagnercocktail?«, fragte der Portier sofort g. zurück, während er noch gähnte (Remarque, Triomphe 68); **c)** *unpersönlich, kühl:* in -em Ton sprechen.

Ge|schäfts|me|tho|de, die ⟨meist Pl.⟩: *Methode bei der Abwicklung von Geschäften:* Hier entsteht also ein Markt ..., auf dem sie mit ihren -n leichter Erfolge erringen können (Welt 10. 2. 62, 9).

Ge|schäfts|ord|nung, die: *Gesamtheit der Bestimmungen, die das Funktionieren eines Parlaments, einer Behörde, einer Partei, eines Vereins u. Ä. regeln:* sich an die G. halten; Abweichungen von der G. müssen mit zwei Dritteln Mehrheit beschlossen werden (Fraenkel, Staat 229); ein Antrag, Fragen zur G.

Ge|schäfts|ord|nungs|be|stim|mung, die: *Bestimmung der Geschäftsordnung:* Entsprechende Verfassungs- oder Geschäftsordnungsbestimmungen sind dem amerikanischen Recht unbekannt (Fraenkel, Staat 61).

Ge|schäfts|ord|nungs|vor|schrift, die: vgl. Geschäftsordnungsbestimmung: In England ist im Einklang mit einer G. ... vorgesehen, dass ... (Fraenkel, Staat 61).

Ge|schäfts|pa|pier, das ⟨meist Pl.⟩: **1.** *Schriftstück, das über ein Geschäft* (1a) *Auskunft gibt.* **2.** (Postw.) *aus Schriftstücken u. Urkunden bestehende Postsendung zu ermäßigtem Entgelt.*

Ge|schäfts|part|ner, der: **1.** *jmd., der an einem Geschäft* (2a) *beteiligt ist:* jmdn. als G. gewinnen. **2.** *jmd., der mit einem anderen ein Geschäft* (1a) *macht:* Seine G. ... kannten Soeft ausreichend ... Und so besiegelten sie dann durch Handschlag den Vertrag (Kirst, 08/15, 609); obgleich ein Gang, vom Lehrer autoritär durchschritten, uns G. ohnehin trennte (Lentz, Muckefuck 17); Geschenke und Zuwendungen jeglicher Art an G. sind per Gesetz verboten (Woche 28. 2. 97, 11).

Ge|schäfts|part|ne|rin, die: w. Form zu ↑Geschäftspartner.

Ge|schäfts|po|li|tik, die: *Gesamtheit der geschäftlichen* (a) *Aktivitäten mit bestimmter Zielsetzung:* eine vollkommen verfehlte G. mit einer absolut unrealistischen Preisbildung (auto 20. 3. 65, 2); Im Land A sind es Menschenrechte, im Land B ist es Korruption, im Land C wieder etwas anderes. Die Firmen passen ihre G. an (Zeit 29. 10. 98, 35).

ge|schäfts|po|li|tisch ⟨Adj.⟩: *die Geschäftspolitik betreffend, dazu gehörend:* Im Zuge der weltweiten Liberalisierung der Kapitalmärkte sind regionale und -e Schranken gefallen (Zeit 12. 12. 97, 21).

Ge|schäfts|prak|tik, die ⟨meist Plur.⟩: *im Geschäftsleben angewandte Praktik* (1): Die Offerte erweist sich auch in den Augen des »Deutschen Schutzverbandes gegen Wirtschaftskriminalität« (DSW) als unseriöse G. (FR 27. 11. 95, 19); Danach sollen sich alle Partner in all ihren -en »mit äußerster Fairness, Ehrenhaftigkeit und Verantwortung« verhalten (Zeit 14. 5. 98, 20).

Ge|schäfts|raum, der ⟨meist Pl.⟩: *gewerblich genutzter Raum:* die Wohnung wird in Geschäftsräume umgewandelt.

Ge|schäfts|rei|se, die: *Reise in geschäftlichen* (a) *Angelegenheiten:* eine G. machen; er ist auf G.

Ge|schäfts|re|kla|me, die: *Reklame, die ein Geschäft macht.*

Ge|schäfts|rück|gang, der: *Rückgang des Umsatzes:* Bislang gewohnt, Jahr für Jahr Rekorde aufzustellen ..., könnte das Jahr 1966 einen empfindlichen G. bringen (DM 5, 1966, 7).

ge|schäfts|schä|di|gend ⟨Adj.⟩: *durch sein Verhalten dem Erfolg od. Ansehen eines Geschäfts* (2a) *Schaden zufügend.*

Ge|schäfts|schä|di|gung, die: *Schädigung des Erfolgs od. Ansehens eines Geschäfts* (2a).

Ge|schäfts|schluss, der: *Laden-, Büro-, Dienstschluss:* Es fiel ihm auch nicht ein, den Fahrgast auf den frühen G. hinzuweisen (Johnson, Ansichten 15); Nach G. musste sie dort die Böden putzen (Innerhofer, Schattseite 104).

Ge|schäfts|sinn, der ⟨o. Pl.⟩: *Sinn, Aufgeschlossenheit für geschäftliche* (a) *Unternehmungen:* Der kleine Pastorssohn ... hatte den unheimlichen G. eines Selfmademan von pionier-amerikanischem Ausmaß entwickelt (Ceram, Götter 46).

Ge|schäfts|sitz, der: *Ort, an dem sich ein Geschäft* (2a) *befindet.*

Ge|schäfts|stel|le, die: **a)** *Stelle, Büro einer Institution, wo die laufenden Geschäfte* (1a) *erledigt [u. Kunden bedient] werden:* die G. von Amnesty International in Bonn; die G. des DRK-Kreisverbandes; **b)** (Rechtsspr.) *bei Gericht eingerichtete Stelle, durch die Beurkundungen, Ausfertigungen von Urteilen, Zustellungen u. Ä. erledigt werden.*

Ge|schäfts|stra|ße, die: *Straße, in der sich besonders viele Geschäfte* (2b) *befinden:* Der Eppendorfer Baum ist eine belebte G. (Simmel, Stoff 166).

Ge|schäfts|stun|den ⟨Pl.⟩: *Geschäftszeit:* Legen Sie Ihre Geschichten gefälligst so, dass sie außerhalb der G. erledigt werden können (Fallada, Mann 210).

Ge|schäfts|tä|tig|keit, die ⟨o. Pl.⟩: *geschäftliche* (a) *Tätigkeit:* eine rege G.

Ge|schäfts|trä|ger, der [für frz. chargé d'affaires]: *dem niedrigsten Rang angehörender diplomatischer Vertreter eines Staates im Ausland:* bei zwei Diners, von denen das eine der griechische G., Fürst Maurocordato, und seine ... Gemahlin anboten (Th. Mann, Krull 405).

Ge|schäfts|trä|ge|rin, die: w. Form zu ↑Geschäftsträger.

ge|schäfts|tüch|tig ⟨Adj.⟩: **a)** *kaufmännisch geschickt:* Dass dieser (= der erste Einsatz eines Taxis) ebenso in Stuttgart stattfand, wie die Erfindung des ... Benzinmotors von Gottlieb Daimler und Wilhelm Maybach ..., ist dabei kein Zufall. Auch beim Taxi war die Idee eines findigen, -en Schwaben mit im Spiel (FR 12. 7. 97, 11); **b)** (abwertend) *äußerst findig, [mit nicht ganz einwandfreien Methoden] aus bestimmten Umständen Vorteile zu ziehen:* war ich ... der naseweise Sohn eines berühmten Vaters, der sich nicht entblödet, den Vorteil seiner Geburt g. und reklamesüchtig auszunutzen (K. Mann, Wendepunkt 134).

Ge|schäfts|tüch|tig|keit, die: *das Geschäftstüchtigsein.*

ge|schäfts|un|fä|hig ⟨Adj.⟩ (Rechtsspr.): *nicht geschäftsfähig.*

Ge|schäfts|un|fä|hig|keit, die (Rechtsspr.): *das Geschäftsunfähigsein.*

Ge|schäfts|ver|bin|dung, die: *geschäftliche* (a) *Verbindung:* -en [mit jmdm.] aufnehmen.

Ge|schäfts|ver|kehr, der: **1.** *Gesamtheit der geschäftlichen* (a) *Wechselbeziehungen.* **2.** (selten) vgl. Berufsverkehr.

Ge|schäfts|vier|tel, das: *Stadtteil, in dem sich besonders viele Geschäfte* (2b) *befinden, Geschäfts-, Einkaufszentrum.*

Ge|schäfts|vor|fall, der ‹meist Pl.› (Kaufmannsspr.): *Geschäft* (1a), *Geschäftsabschluss.*

Ge|schäfts|vor|gang, der: *in ein Geschäftsbuch eingetragenes Geschäft* (1a).

Ge|schäfts|wa|gen, der: *von einer Firma gehaltener, gewerblichen Zwecken dienender Wagen, Firmenwagen.*

Ge|schäfts|welt, die ‹o. Pl.›: **1.** *Gesamtheit der Geschäftsleute:* die Auswahl der sorgfältig vorbereiteten Saarlouiser G. *(Geschäfte)* ... ist bestimmt nicht mehr zu überbieten (Saarbr. Zeitung 5. 12. 79, 23). **2.** *Geschäftsleben.*

Ge|schäfts|wert, der (Wirtsch.): *über den substanziellen Wert hinausgehender [Mehr]wert eines Unternehmens o. Ä., der auf Verhältnissen wie Lage, Kundenstamm, Ruf, Erfolgsaussichten beruht:* So soll nach Halberstadts Meinung »versucht werden, durch Diskriminierung den Club aus der Straße zu drängen, um ihr einen höheren G. zu verschaffen« (FR 19. 4. 96, 19).

Ge|schäfts|zei|chen, das: *Firmenzeichen.*

Ge|schäfts|zeit, die: *Zeit, in der die Geschäfte* (2b) *geöffnet sind; Öffnungszeit.*

Ge|schäfts|zen|trum, das: *Geschäftsviertel.*

Ge|schäfts|zim|mer, das: *Zimmer, in dem Verwaltungsarbeiten getätigt werden; Büro.*

Ge|schäfts|zweig, der: *Wirtschaftszweig, Branche.*

ge|schah: ↑geschehen.

Ge|schä|ker, das; -s (gelegtl. abwertend): *[dauerndes] Schäkern:* wie sie (= Vater und Mutter) ... miteinander lachten – ein innig leises, vertrauliches kleines G. (K. Mann, Wendepunkt 158).

ge|scha|mig: ↑gschamig.

ge|schä|mig: ↑gschämig.

Ge|schar|re, das; -s (ugs. gelegentlich abwertend): *[dauerndes] Scharren.*

Ge|schau|kel, das; -s (ugs. abwertend): *[dauerndes] Schaukeln:* das G. der Straßenbahn.

ge|scheckt ‹Adj.› [mhd. geschecket, 2. Part. von: schecken, ↑scheckig]: *scheckig, gefleckt:* Ich hätte so gern nochmal einen Stall gesehen, der nach warmen -en Fellen riecht und in dem Kühe langsam mit Ketten klirren (Keun, Mädchen 65); die -e Rinde der Platanen (Frisch, Homo 255); Da war sie (= die gelbe Dogge) ... g. mit braunen Kringeln. Die hatte die Sonne ihr aufgebrannt, während sie durch die Kiefern schien (Reinig, Schiffe 39); Ü als tiefer Ernst, weit hinter diesem narrenhaft -en Gespräch, erinnerte ihn sein Gewissen an die erste Unterhaltung (Musil, Mann 778).

ge|sche|hen ‹st. V.; ist› [mhd. geschehen, ahd. giskehan, zu: skehan = eilen, rennen, die heutigen Bed. aus »schnell vor sich gehen, plötzlich vorkommen«]: **1. a)** *(von etw. Auffallendem, Bemerkenswertem) in eine bestimmte Situation eintreten, eine entsprechende Zeitspanne durchlaufen u. zum Abschluss kommen; sich ereignen, sich zutragen, sich abspielen, vorgehen, passieren:* ein Unglück, ein Wunder ist geschehen; es geschah, dass ...; so tun, als wäre nichts geschehen; ich dachte schon, es sei Wunder was geschehen, weil du nicht kamst; wenn du nicht aufpasst, wird noch etwas g. *(wird noch etw. Unangenehmes, Schlimmes passieren);* so geschehen (veraltet, noch kritisch, spött.; *so hat es sich ereignet*) am 12. Juni 1866; **R** geschehen ist geschehen *(was geschehen ist, lässt sich nicht mehr rückgängig machen);* ‹subst. 2. Part.:› das Geschehene geschehen sein lassen *(Vergangenes ruhen lassen);* **b)** *ausgeführt, getan, unternommen werden:* das Verbrechen geschah aus Eifersucht; es wird alles nach Wunsch, in größter Heimlichkeit g.; in dieser Sache muss etwas g.!; was geschieht mit den alten Zeitungen?; »Danke schön!« – »Gern geschehen!« (Höflichkeitsfloskel als Reaktion, wenn jmd. sich bei einem bedankt); er ließ es g. *(duldete es, ließ es zu, unternahm nichts dagegen),* dass der Angeklagte schuldlos verurteilt wurde; Mein ärztliches Handeln geschehe zum Heile der Kranken (hippokratischer Eid in: Sebastian, Krankenhaus 5); **c)** *widerfahren, zustoßen, passieren:* jmdm. geschieht ein Unrecht, Leid; bei dem Unfall ist ihm nichts [Ernstliches], kein Schaden geschehen; wenn du Acht gibst, kann dir nichts [Böses] g.; Gleich im Anfang geschah dem Professor das kleine Missgeschick, dass ... (Fallada, Herr 89); es wird ihnen nichts mehr g. *(sie sind außer Gefahr);* das geschieht ihm ganz recht *(er hat es nicht besser verdient);* ich wusste nicht, wie mir geschah *(so schnell ging es);* da soll man gar nicht erst von Taufe reden, wenn sie so ein kleines Kind an den Taufstein schleppen, das weiß ja nicht, wie ihm geschieht *(was an ihm vollzogen wird;* Bobrowski, Mühle 16). **2.** ***es ist um jmdn. geschehen** (1. *jmd. ist verloren, [gesundheitlich, finanziell] ruiniert, hat keine Chancen mehr.* 2. *jmd. hat sich rettungslos verliebt*); **es ist um etw. geschehen** *(etw. ist dahin, besteht nicht mehr):* als er das hörte, war es um seine Ruhe geschehen.

Ge|sche|hen, das; -s, - ‹Pl. selten› (geh.): **1.** *etw., was geschieht; besondere, auffallende Vorgänge, Ereignisse:* ein dramatisches G.; Nun werden die Bilder und Augenzeugenberichte dieses unheilvollen -s monatelang den Gesprächsstoff ... bilden (Dönhoff, Ära 116). **2.** *die Vorfälle, Ereignisse in ihrem Ablauf:* das weltpolitische, sportliche G.; während selbst die beiden Wachen dem G. folgen (Hochhuth, Stellvertreter 225); ohne freilich die Zuschauer von dem G. auf der Bühne abzulenken (Handke, Kaspar 7).

-ge|sche|hen, das; -s: bezeichnet in Bildungen mit Substantiven zusammenfassend die Vorgänge, Ereignisse und Entwicklungen von etw., von einem bestimmten Bereich: Arbeits-, Krankheits-, Kriegs-, Musik-, Tagesgeschehen; Sein Bildessay ... führt den Betrachter unmittelbar ins urbane Alltagsgeschehen einer vergangenen Epoche (Tagesspiegel 5. 9. 98, 29); Der Name ... ist mit der gesamten Entwicklung und dem bewegten Vereinsgeschehen des VfR aufs Engste verbunden (MM 20. 11. 65, 19).

Ge|scheh|nis, das; -ses, -se (geh.): *Ereignis, Vorgang:* die -se während der Revolution; er rekonstruierte die -se dieses Tages aufs Genaueste; über ein G. berichten.

Ge|schei|de, das; -s, - [eigtl. = das aus dem erlegten Wild Auszuscheidende] (Jägerspr.): *Magen u. Gedärm des Jagdwildes:* während er das große G. *(den Magen)* verscharrte und das kleine *(die Gedärme)* zum Ausschweißen an einen Ast hing (Löns, Gesicht 147).

Ge|schein, das; -[e]s, -e [zu ↑scheinen] (Bot.): *Blütenstand der Weinrebe:* Bei trockenem Wetter halten die -e um die drei Grad unter Null aus (Heilbronner Stimme 12. 5. 84, 17).

ge|scheit ‹Adj.› [mhd. geschīde, eigtl. = (unter)scheidend, scharf (vom Verstand u. von den Sinnen), zu: schīden, ↑scheiden]: **a)** *einen guten, praktischen Verstand besitzend; ein gutes Urteilsvermögen erkennen lassend; klug, intelligent:* ein -es Mädchen; sich für g. halten; g. antworten; er fing die Sache g. *(geschickt)* an; ***aus einer Sache nicht g. werden** (↑klug b); **b)** *kluge Gedanken enthaltend, von Verstand zeugend:* eine -e Äußerung; **c)** (ugs.) *vernünftig:* es wäre -er, wenn wir gleich anfangen würden; **R** du bist wohl nicht ganz/nicht recht g. *(bei Verstand, bei Trost)!;* ‹subst.:› nichts Gescheites *(Sinnvolles)* zustande bringen.

Ge|scheit|heit, die; -, -en ‹Pl. selten›: *das Gescheitsein; Klugheit, Intelligenz:* Diese schillernde G., dieses ganze flohhupfende Espritgigerltum (Feuchtwanger, Erfolg 551).

Ge|schenk, das; -[e]s, -e [mhd. geschenke, urspr. = Eingeschenktes, zu ↑schenken]: *etw., was man jmdm. schenkt bzw. von jmdm. geschenkt bekommt; Gabe:* ein großzügiges G.; das ist ein G. [von] ihrer Mutter, für ihre Mutter; jmdm. ein G. machen; ein G. aussuchen, kaufen, erhalten, annehmen; -e verteilen; er überhäufte ihn mit -en; sie machte ihm den Ring zum G.; **Spr** kleine -e erhalten die Freundschaft; ***ein G. des Himmels** *(eine unerwartet günstige Fügung):* Eile tat Not, und das Dienstfahrrad war in diesem Augenblick ein G. des Himmels (Kirst, Aufruhr 75).

Ge|schenk|ar|ti|kel, der: *etw., was sich besonders zum Schenken eignet, eigens zum Verschenken hergestellt wird:* das Kaufhaus hat eine Abteilung für G.

Ge|schenk|gut|schein, der: *Gutschein, den man (anstelle eines Geschenks) jmdm. schenkt.*

Ge|schenk|pa|ckung, die: *hübsch aufgemachte Verpackung, in der eine Ware* *verkauft wird:* Der 27-Jährige ... hatte aus der Auslage eines Drogeriemarktes eine G. Babyzahnpasta im Wert von 9,95 Mark mitgehen lassen (Rheinzeitung 19. 3. 96, 12).

Ge|schẹnk|pa|ket, das: *Paket, das ein Geschenk od. Geschenke enthält:* die -e unter den Weihnachtsbaum legen.

Ge|schẹnk|pa|pier, das: *dekoratives Papier zum Verpacken von Geschenken:* Bücher, eine Bonbonniere in G. einwickeln.

Ge|schẹnk|sen|dung, die (Amtsspr.): *Postsendung, die Geschenke enthält:* er brachte die ostdeutschen Vorschriften für den Inhalt von -en in Erfahrung (Johnson, Ansichten 29).

ge|schẹnk|wei|se ⟨Adv.⟩ (Papierdt.): *als Geschenk:* jmdm. etw. g. überlassen ⟨mit Verbalsubstantiven auch attr.:⟩ die g. Überlassung.

Ge|schẹnk|zwe|cke ⟨Pl.⟩ (Papierdt.): meist in der Wendung **zu -n/für G.** *(als Geschenk):* diese Gegenstände sind besonders zu -n geeignet.

Ge|schẹp|per, das; -s (ugs., oft abwertend): *[dauerndes] Scheppern:* Das Geknatter und G. der Maschinen stanzt sich in meine Nerven (Sobota, Minus-Mann 355).

ge|schẹrt, gschert ⟨Adj.⟩ [mundartl. 2. Part. von ↑[1]scheren, wohl nach dem geschorenen Kopf der Leibeigenen] (südd., österr. salopp): *dumm [u. ohne feine Umgangsformen]:* ein gescherter Lackel; nur kamen manchmal Zweifel auf, ob das in dem gscherten Bayrisch auch so verstanden wurde (FR 17. 12. 97, 1).

Ge|schẹr|te, Gscher|te, der; -n, -n ⟨Dekl. ↑Abgeordnete⟩ (südd., österr. salopp): *dummer Mensch [ohne feine Umgangsformen]; Provinzler:* Ein seltsames Phänomen, das ausgerechnet im hauptstädtischen, weltläufigen Wien zu Tage tritt, wo man auf die Niederösterreicher gern als die Gscherten herunterblickt (Presse 23. 3. 98, 10).

Ge|schịch|te, die; -, -n [mhd. geschiht, ahd. gisciht = Geschehnis, Ereignis, zu ↑geschehen]: **1.** ⟨o. Pl.⟩ **a)** *politischer, kultureller u. gesellschaftlicher Werdegang, Entwicklungsprozess eines bestimmten geographischen, kulturellen o. ä. Bereichs:* die deutsche G.; die G. der Menschheit; die G. der antifaschistischen Widerstandsbewegungen; seine Taten gingen in die G. ein (geh.; *waren historisch bedeutsam*); Daimler-Benz hatte ... das Pech, dass sich linke Wissenschaftler rund um die (damals noch) Reemtsma-finanzierte Hamburger Stiftung für Sozialgeschichte des 20. Jahrhunderts bereits seit längerem mit der G. des Automobilkonzerns beschäftigten (Woche 3. 7. 97, 34); Es war, als ob man von Ereignissen spräche, die längst der G. *(Vergangenheit)* angehörten (Leonhard, Revolution 45); * **G. machen** *(für die Entwicklung der Menschheit etw. Entscheidendes leisten od. bedeuten):* Wir reden hier von einem Teil der Literatur, der nicht G. gemacht hat (Greiner, Trivialroman 10); **b)** *Geschichtswissenschaft:* er ist Professor für G.; eine Zwei in G. *(im Schulfach Geschichte);* morgen haben wir keine G. (Schülerspr.; *keinen Geschichtsunterricht*); hast du schon G. (Schülerspr.; *die Hausaufgaben o. Ä. für den Geschichtsunterricht*) gemacht?; * **Alte, Mittlere, Neue G.** *(Geschichte des Altertums, des Mittelalters, der Neuzeit);* **c)** *wissenschaftliche Darstellung einer historischen Entwicklung:* eine G. des Dreißigjährigen Krieges schreiben. **2.** *mündliche od. schriftliche, in einen logischen Handlungsablauf gebrachte Schilderung eines tatsächlichen od. erdachten Geschehens, Ereignisses; Erzählung:* eine spannende, wahre G.; die G. vom Räuber Hotzenplotz; jetzt ist die G. zu Ende; eine G. vorlesen, erzählen, aufschreiben, zum Besten geben; Großmutter erzählt den Kindern gern -n; ein kleines Mädchen ist die Heldin der G.; * **die/eine unendliche G.** (ugs.; *etw. nicht enden Wollendes, sich sehr in die Länge Ziehendes;* nach dem 1979 erschienenen Roman »Die unendliche Geschichte« von Michael Ende). **3.** (ugs.) *[unangenehme] Sache, Angelegenheit:* eine dumme, verzwickte G.; das sind alte -n *(das ist nichts Neues);* das ist wieder die alte G. *(das ist hinlänglich bekannt);* das sind ja schöne -n *(Affären, Dummheiten);* mach keine -n! *(mach keine Dummheiten!, zier dich nicht!);* mach keine langen -n! *(mach keine Umstände!);* du brauchst mir die ganze G. *(das alles)* nicht noch mal zu erzählen; die ganze G. *(alles zusammen)* kostet 50 Mark.

Ge|schịch|ten|buch, das: *Buch mit Geschichten* (2).

Ge|schịch|ten|er|zäh|ler, der: *jmd., der Geschichten* (2) *erzählt.*

Ge|schịch|ten|er|zäh|le|rin, die: w. Form zu ↑Geschichtenerzähler.

ge|schịcht|lich ⟨Adj.⟩: **a)** *die Geschichte* (1) *betreffend, auf sie bezüglich, der Geschichte gemäß; historisch:* eine -e Darstellung; den -en Hintergrund klären; ein Ereignis g. bewerten, erklären; zu -er Zeit *(nicht prähistorisch);* **b)** *aufgrund von Überlieferung od. Quellen als wahr od. existent erwiesen; historisch:* -e Ereignisse; diese Gestalten sind g.; **c)** *historisch* (c): ein Vertrag von -er Bedeutung; diese Stadt war g. nie bedeutend.

Ge|schịcht|lich|keit, die; -: **a)** *das Geschichtlichsein* (b); **b)** (Philos.): *Zeitlichkeit* (1).

Ge|schịchts|at|las, der: *Atlas, auf dessen Karten historische Zustände od. Abläufe dargestellt werden.*

Ge|schịchts|auf|fas|sung, die: *Grundauffassung von Geschichte* (1): die materialistische G. lehnt es ab, die bestehende Gesellschaft am Maßstab einer absoluten Ethik zu messen (Fraenkel, Staat 189).

Ge|schịchts|be|trach|tung, die: vgl. Geschichtsauffassung.

Ge|schịchts|be|wusst|sein, das: *Bewusstsein von der geschichtlichen Bedingtheit der menschlichen Existenz:* »Um G. jenseits von Heimattümelei zu vermitteln«, hat er mit tschechischen und sächsischen Kollegen eine kleine Geschichtswerkstatt gegründet (Woche 3. 1. 97, 7).

Ge|schịchts|bild, das: **1.** vgl. Geschichtsauffassung. **2.** *Historienbild.*

Ge|schịchts|buch, das: *Lehrbuch für das Schulfach Geschichte.*

Ge|schịchts|dar|stel|lung, die: *Darstellung geschichtlicher Ereignisse.*

Ge|schịchts|deu|tung, die: vgl. Geschichtsdarstellung.

Ge|schịchts|dra|ma, das: *Drama, das historische Stoffe gestaltet.*

Ge|schịchts|epo|che, die: *Epoche der Geschichte.*

Ge|schịchts|fäl|schung, die: *verfälschende, bewusst falsche Darstellung eines geschichtlichen Ereignisses:* Faurissons G. hat ihm zahlreiche Prozesse und empfindliche Geldstrafen eingebracht – belehren ließ er sich nicht (Tagesspiegel 12. 2. 98, 12).

Ge|schịchts|for|scher, der: *jmd., der Geschichte [wissenschaftlich] erforscht; Historiker.*

Ge|schịchts|for|sche|rin, die: w. Form zu ↑Geschichtsforscher.

Ge|schịchts|for|schung, die: *wissenschaftliche Erforschung der Geschichte* (1).

Ge|schịchts|ka|len|der, der: *nach der zeitlichen Abfolge geordnete Zusammenstellung wichtiger geschichtlicher Ereignisse oder Zusammenhänge.*

Ge|schịchts|ken|ner, der: *Kenner der Geschichte.*

Ge|schịchts|ken|ne|rin, die: w. Form zu ↑Geschichtskenner.

Ge|schịchts|klit|te|rung, die [aus dem Titel eines 1582 erschienenen Buches von J. Fischart; zu ↑klittern]: *aus einer bestimmten Absicht heraus verfälschende Darstellung od. Deutung geschichtlicher Ereignisse od. Zusammenhänge:* Von Heimann wurde behauptet, er habe früher G. betrieben (Tagesspiegel 23. 3. 98, 11).

Ge|schịchts|leh|rer, der: *Lehrer im Schulfach Geschichte.*

Ge|schịchts|leh|re|rin, die: w. Form zu ↑Geschichtslehrer.

ge|schịchts|los ⟨Adj.⟩: *ohne Beziehung zur [eigenen] Geschichte* (1), *ohne Bewusstsein der [eigenen] geschichtlichen Vergangenheit:* Wir bürden uns die Last der Historie absichtlich auf, weil wir uns vor der unerträglichen Leichtigkeit eines -en Daseins fürchten (Tagesspiegel 3. 1. 99, 23).

Ge|schịchts|lo|sig|keit, die; -: *das Geschichtslossein; das Nichtvorhandensein eines Geschichtsbewusstseins:* »Die Deutschen haben die Phase der G. überwunden«, hatte Albrecht angesichts des Ankaufs des Evangeliars Heinrichs des Löwen durch das Land Niedersachsen gesagt (FR 23. 4. 86, 23); Eine Menschheit ohne Erinnerung ist für Böll der Albtraum der G. (Zeit 19. 7. 85, 3).

Ge|schịchts|lü|ge, die: *Unwahrheit über geschichtliche Ereignisse:* ungestört lehren wild gewordene Oberlehrer ehrwürdige -n (Tucholsky, Werke II, 307).

Ge|schịchts|ma|ler, der: *Historienmaler.*

Ge|schịchts|ma|le|rei, die ⟨o. Pl.⟩: *Historienmalerei.*

Ge|schịchts|phi|lo|so|phie, die: *philosophische Deutung der Geschichte* (1) *auf ihren Sinn hin.*

ge|schịchts|phi|lo|so|phisch ⟨Adj.⟩: *die Geschichtsphilosophie betreffend, darauf beruhend.*

Ge|schịchts|pro|fes|sor, der: **a)** (bes. bayr., österr.) *Lehrer für das Schulfach Geschichte mit dem Titel »Professor«;* **b)** (ugs.) *Hochschullehrer für Geschichtswissenschaft.*

Ge|schịchts|pro|fes|so|rin, die: w. Form zu ↑Geschichtsprofessor.

Ge|schịchts|schrei|ber, der (veraltet): *jmd., der vergangene Ereignisse in ihrem geschichtlichen Ablauf beschreibt; Historiker.*

Ge|schịchts|schrei|bung, die: *schriftliche Darstellung der Geschichte* (1).

Ge|schịchts|stu|di|um, das ⟨o. Pl.⟩: *Studium* (1) *der Geschichte.*

Ge|schịchts|stun|de, die: *Unterrichtsstunde im Schulfach Geschichte.*

ge|schịchts|träch|tig ⟨Adj.⟩ (emotional): *als Ort o. Ä. historisch bedeutsam, von Geschichte erfüllt:* ein -er Platz, Bereich; eine -e Kleinstadt; ein -es Haus, Kloster; auf -em Boden; Geboren auf -em Grund (= Helgoland; Hörzu 10, 1977, 7); ... mehrere aus Silber geprägte und zweifellos begehrte Versionen des Halfpenny ... Ein wenig wehmütig dürfte den Briten darum schon zumute sein, wenn jetzt die -e Münze ins Museum wandert (FR 3. 2. 84, 24).

Ge|schịchts|un|ter|richt, der: *vgl. Geschichtsstunde.*

Ge|schịchts|werk, das: *größere geschichtliche Darstellung.*

Ge|schịchts|wis|sen|schaft, die: *Wissenschaft von der Geschichte* (1) *u. ihrer Erforschung, Historie.*

Ge|schịchts|wis|sen|schaft|ler, der: vgl. Geschichtswissenschaft.

Ge|schịchts|wis|sen|schaft|le|rin, die: w. Form zu ↑Geschichtswissenschaftler.

Ge|schịchts|zahl, die: *Jahreszahl eines geschichtlich bedeutenden Ereignisses:* Ab und zu verlangte sie (= die Lehrerin) -en (Kempowski, Immer 121).

[1]**Ge|schịck,** das; -[e]s, -e [mhd. geschicke = Begebenheit; Verfügung, zu ↑[1]schicken]: **a)** (geh.) *Schicksal:* ein glückliches G.; ihn traf ein schweres G.; sein G. hinnehmen, beklagen; sich in sein G. ergeben; Gegen vier Uhr ... wurde Lauermann von seinem wohlverdienten G. ereilt. Er wurde ... gehenkt (Strittmatter, Wundertäter 289); **b)** ⟨meist Pl.⟩ *politische u. wirtschaftliche Situation, Entwicklung; Lebensumstände:* Blieb der König ... ohne Erben, so lag das G. des Staates in ihren (= der Prinzessin Konstanze) Händen (Benrath, Konstanze 17); ... die Franken. Sie sind nicht freiwillig Bayern geworden, sondern wurden 1806 von diesen einfach vereinnahmt. Seitdem werden die -e des Frankenlandes von München aus gelenkt (Woche 17. 1. 97, 9); die -e des Unternehmens.

[2]**Ge|schịck,** das; -[e]s [in Anlehnung an ↑geschickt]: **a)** *das Geschicktsein, Geschicktheit:* diplomatisches G.; er hat G. zu/für Handarbeiten; sie haben G., mit Kindern umzugehen; Aber vielleicht macht es dir keinen Spaß zu malen? Manch einer hat einfach kein G. dafür (Bastian, Brut 31); Wir erwarten: ... G. im Umgang mit Mitarbeitern (SZ 1. 3. 86, 50); Ohne einen Laut begann er Nesselbrands Hals hinunterzugleiten, ganz langsam, ganz leise, mit allem G., das er beim Klettern in den Bergen erworben hatte (Funke, Drachenreiter 408); ... suchen wir ... weitere Mitarbeiter mit handwerklichem G. (Express [Köln] 12. 5. 84, 16); **b)** (landsch.) *Ordnung:* das hat kein G.; etw. wieder ins G. bringen; ◆ **c)** *(in der Bergmannsspr.) zur Bildung von Erz führenden Adern geeignete Bodenschicht:* gerade hier brechen die edelsten -e ein (Novalis, Heinrich 69).

Ge|schịck|lich|keit, die; -: *Fähigkeit, eine Sache rasch, auf zweckmäßige Weise u. mit positivem Resultat auszuführen, wobei vorhandene Begabung mit Erlerntem u. Erfahrung zusammenwirkt:* handwerkliche G.; etw. mit großer G. anpacken, ausführen; Ü Jedem Gespräch ... wich sie mit großer G. aus (Werfel, Himmel 119); ◆ ⟨Pl. -en:⟩ wenn ich ... die treuen Gefährten, die Hunde, zu ihren -en abrichtete (Tieck, Runenberg 30).

Ge|schịck|lich|keits|fah|ren, das; -s (Motor- u. Pferdesport): *Wettbewerb, bei dem es darauf ankommt, Hindernisse in begrenzter Zeit zu überwinden.*

Ge|schịck|lich|keits|prü|fung, die (Motorsport): *Wettbewerb, bei dem geprüft wird, ob der Fahrer das Fahrzeug in allen möglichen Situationen beherrscht.*

Ge|schịck|lich|keits|spiel, das: *Spiel, bei dem es vor allem auf Geschicklichkeit ankommt.*

Ge|schịck|lich|keits|test, der: *Test, bei dem jmds. Geschicklichkeit geprüft wird.*

Ge|schịck|lich|keits|tur|nier, das: vgl. Geschicklichkeitsprüfung.

Ge|schịck|lich|keits|übung, die: *Übung zur Steigerung der Geschicklichkeit.*

Ge|schịck|lich|keits|wett|be|werb, der: vgl. Geschicklichkeitsspiel.

ge|schịckt ⟨Adj.⟩ [mhd. geschicket, eigtl. 2. Part von: schicken = vorbereitet sein, geeignet sein]: **1. a)** *[körperlich] wendig, gewandt; bestimmte praktische Fertigkeiten beherrschend:* ein -er Handwerker; er hat -e Hände; der kleine Junge ist sehr g.; sie ist g. in praktischen Dingen; sich g. anstellen; die Blumen g. arrangieren; **b)** *gewandt im Umgang mit Menschen, im Erfassen u. Beherrschen komplizierter Situationen; klug; diplomatisch:* ein -er Diplomat; -e *(wohl überlegte)* Fragen stellen; sich g. verteidigen. Aus der Luxus-Manufaktur, die einst täglich 100, dann höchstens 400 Schuhe fertigte, ist ein weltweit operierendes und g. diversifiziertes Unternehmen ... geworden. (Woche 17. 1. 97, 34). **2.** (südd.) **a)** *praktisch, tauglich, geeignet:* eines der bekanntesten und -esten Werke für das Studium der deutschen Philologie (Schweizer Schule 10, 1958, 302 [Zeitschrift]); **b)** *passend, angebracht:* ein -er Zeitpunkt; das ist [mir] aber gar nicht g.

Ge|schịckt|heit, die; -: *das Geschicktsein.*

Ge|schie̱|be, das; -s, -: **1.** ⟨o. Pl.⟩ (ugs.) *[dauerndes] Schieben:* Gedränge auf der Tanzfläche, G. im Foyer (Koeppen, Rußland 169). **2.** (Geol.) *von Gletschern transportierte u. in Moränen abgelagerte Gesteinsbrocken.* **3.** (Zahnmed.) *aus zwei ineinander geführten Teilen bestehende Befestigung zwischen noch vorhandenen Zähnen u. Brücke od. Prothese.*

Ge|schie̱|be|lehm, der (Geol.): *verwitterter Geschiebemergel.*

Ge|schie̱|be|mer|gel, der (Geol.): *am Grund eines Gletschers abgelagertes ungleichartiges Gestein.*

ge|schie̱|den: ↑scheiden; vgl. gesch.

Ge|schie̱|de|ne, der u. die; -n, -n ⟨Dekl. ↑Abgeordnete⟩: *jmd., dessen Ehe geschieden ist:* ich habe gestern meinen -n (ugs.; *den Mann, mit dem ich verheiratet war*) getroffen; Langzeitstudien aus den USA belegen angeblich, dass G. eine kürzere Lebenserwartung haben (Woche 3. 7. 97, 27).

ge|schie̱|nen: ↑scheinen.

Ge|schie̱|ße, das; -s (ugs. abwertend): *[dauerndes] Schießen:* Brennende Häuser und G.: das war Endstation (Kempowski, Tadellöser 457).

Ge|schịmp|fe, das; -s (ugs. abwertend): *[dauerndes] Schimpfen:* Drinnen ging schon das G. los (Kempowski, Tadellöser 159).

Ge|schịrr, das; -[e]s, -e [mhd. geschirre, ahd. giscirri, zu ↑[1]scheren, eigtl. = das (Zurecht)geschnittene]: **1. a)** *[zusammengehörende] Gefäße aus Porzellan, Steingut o. Ä., die man zum Essen u. Trinken benutzt:* unzerbrechliches, feuerfestes, spülmaschinenfestes G.; G. aus Porzellan; ein bemaltes G. für 12 Personen; sie bekamen zur Hochzeit zwei -e; **b)** ⟨o. Pl.⟩ *Gesamtheit der Gefäße u. Geräte, die man zum Kochen u. Essen benutzt:* das gebrauchte G. abwaschen; mit dem G. klappern; **c)** (veraltet) *Gefäß:* ein G. zum Wasserschöpfen. **2.** *Riemenzeug, mit dem Zugtiere vor den Wagen gespannt werden:* dem Pferd das G. anlegen; im G. gehen *(eingespannt sein);* *** sich ins G. legen/ins G. gehen** (1. *kräftig zu ziehen beginnen:* die Pferde legten sich ins G. 2. *sich sehr anstrengen, hart arbeiten:* Mittagspause ..., wo man sich von der Schufterei eine Stunde lang erholen konnte, bis es noch einmal einen halben Tag hinein ins G. ging [Kühn, Zeit 60]); **aus dem G. schlagen/treten** (1. *aus der Art schlagen.* 2. *untreu werden*).

Ge|schịrr|auf|zug, der: *Aufzug für Geschirr* (1 a, b).

Ge|schịrr|ma|cher, der: **1.** *Sattler, der bes. die Riemen für Pferdegeschirre anfertigt.* **2.** (landsch.) *Töpfer.*

Ge|schịrr|ma|che|rin, die: w. Form zu ↑Geschirrmacher.

Ge|schịrr|schrank, der: *Schrank, in dem das Geschirr* (1 a, b) *aufbewahrt wird; Büfett* (1).

Ge|schịrr|spü|len, das; -s: *das Spülen von Geschirr* (1 a, b): beim G. helfen.

Ge|schịrr|spü|ler, der (ugs.): *Geschirrspülmaschine.*

Ge|schirr|spül|ma|schi|ne, die: *Haushaltsgerät, in dem schmutziges Geschirr* (1 a, b) *mithilfe von heißem Wasser u. einem Reinigungsmittel (maschinell) gereinigt wird.*

Ge|schirr|spül|mit|tel, das: *Spülmittel.*

Ge|schirr|tuch, das ⟨Pl. ...tücher⟩: *Handtuch zum Abtrocknen des Geschirrs* (1 a, b).

Ge|schirr|wasch|ma|schi|ne, die (schweiz.): *Geschirrspülmaschine:* Sämtliche Wohnungen sind mit allem Komfort ausgestattet (G., Spannteppiche, Lift etc.) (NZZ 12. 12. 86, 103; Inserat).

Ge|schiss, das; -es [zu ↑scheißen] (salopp): *Getue, [unnötiges] Aufheben um etw.:* um jede Kleinigkeit [ein] großes G. machen.

ge|schis|sen: ↑scheißen.

Ge|schlab|ber, das; -s (ugs.): **a)** (meist abwertend) *[dauerndes] Schlabbern* (1): das G. der Katze; **b)** *weiche, schlabbrige Masse:* das G. am Fleisch abschneiden; **c)** *dünnes Getränk; wässriges Essen;* **d)** *das Schlabbern* (3): das G. des langen Rocks stört beim Gehen.

ge|schla|fen: ↑schlafen.

◆ **Ge|schlä|ge,** das; -s, -: *Schlag* (6 b): er ging über das G. und abwärts durch den Wald (Rosegger, Waldbauernbub 10).

ge|schla|gen: ↑schlagen.

Ge|schlecht, das; -[e]s, -er [mhd. geslehte, ahd. gislahti, zu ↑schlagen (14), eigtl. = das, was in dieselbe Richtung schlägt]: **1. a)** ⟨o. Pl.⟩ *(von Lebewesen, bes. dem Menschen u. höheren Tieren) Gesamtheit der Merkmale, wonach ein Lebewesen in Bezug auf seine Funktion bei der Fortpflanzung als männlich od. weiblich zu bestimmen ist:* das G. ist bei manchen Vögeln schwer festzustellen; ein Kind weiblichen -s; junge Leute beiderlei -s; **b)** *Gesamtheit der Lebewesen, die entweder männliches od. weibliches Geschlecht* (1 a) *haben:* das männliche G. *(die Männer);* das andere G. (auch für: *die Frauen*); der Kampf der -er; ***das starke G.** (ugs. scherzh.; *die Männer*); **das schwache/zarte/schöne G.** (ugs. scherzh.; *die Frauen*); **das dritte G.** (*Gesamtheit der Homosexuellen [u. Bisexuellen, Transsexuellen, Transvestiten];* urspr. Bez. für gleichgeschlechtlich Liebende als Angehörige eines Geschlechtes zwischen Mann u. Frau, gepr. von dem dt. Arzt Magnus Hirschfeld, 1868–1935): Transvestiten: Neue Toleranz für das »dritte G.« (Spiegel 50, 1975, 18). **2.** ⟨o. Pl.⟩ kurz für ↑Geschlechtsteil: Er schiebt seine Hand unter ihren Rock und streichelt ihr G. (Chotjewitz, Friede 66); Deloffres G. ... zeichnete sich unter der nassen Badehose ab (Genet [Übers.], Miracle 290). **3. a)** *Gattung, Art:* das menschliche G.; **b)** *Generation:* die kommenden -er; das vererbt sich von G. zu G.; **c)** *Familie, Sippe:* ein altes, vornehmes G. **4.** (Sprachw.) *Genus:* »Mann« hat männliches, »Frau« weibliches, »Kind« sächliches G.

Ge|schlech|ter|buch, das: *genealogisches Handbuch bürgerlicher Familien.*

Ge|schlech|ter|fol|ge, die: *Folge der Generationen.*

Ge|schlech|ter|kun|de, die; -: *Genealogie* (1).

Ge|schlech|ter|rol|le, die: ↑Geschlechtsrolle.

◆ **Ge|schlech|ter|tanz,** der; -[e]s, ...tänze [zu: Geschlechter = Angehöriger eines Patriziergeschlechts; Patrizier (2)]: *Tanz* (3) *der Patrizier:* es ist nicht bloß G. Auch die Zünfte kommen (Hebbel, Agnes Bernauer I, 13).

Ge|schlech|ter|tren|nung, die: *Trennung nach dem Geschlecht* (1): die G. bei der Erziehung ist weitgehend aufgehoben.

ge|schlecht|lich ⟨Adj.⟩: **a)** *das Geschlecht* (1) *betreffend:* -e Fortpflanzung; **b)** *die Geschlechtlichkeit betreffend; sexuell:* -e Lust, Askese, Beziehung; mit jmdm. g. verkehren *(Geschlechtsverkehr mit jmdm. haben).*

Ge|schlecht|lich|keit, die; -: *das gesamte Empfinden u. Verhalten im Bereich der Liebe u. Sexualität.*

ge|schlecht|los ⟨Adj.⟩: ↑geschlechtslos.

Ge|schlechts|akt, der: *Koitus.*

Ge|schlechts|ap|pa|rat, der (Fachspr.): *Gesamtheit der Geschlechtsorgane:* Von der recht ausführlichen Beschreibung des männlichen -es sprang er nämlich zur Gebärmutter über (Kempowski, Uns 162).

Ge|schlechts|be|stim|mung, die: **a)** (Biol.) *Festlegung des Geschlechts* (1 a) *eines Organismus durch bestimmte Faktoren;* **b)** *Feststellung des Geschlechts bei einem Individuum.*

Ge|schlechts|be|tä|ti|gung, die (selten): *sexuelle Betätigung.*

Ge|schlechts|be|zie|hung, die (selten): *sexuelle Beziehung.*

Ge|schlechts|chro|mo|som, das (Biol.): *Chromosom, das für die Ausbildung des Geschlechts* (1 a) *entscheidend ist; Heterosom.*

Ge|schlechts|drü|se, die: *Keimdrüse.*

Ge|schlechts|er|zie|hung, die: *Sexualerziehung.*

Ge|schlechts|fol|ge, die (seltener): ↑Geschlechterfolge.

ge|schlechts|ge|bun|den ⟨Adj.⟩: *an das eine od. andere Geschlecht* (1 a) *gebunden:* in der -en ... Vererbung (Medizin II, 97); durch -e männliche Merkmale (Lorenz, Verhalten I, 220).

Ge|schlechts|ge|nos|se, der (Fachspr.): *Individuum gleichen Geschlechts* (1 a).

Ge|schlechts|ge|nos|sin, die (Fachspr.): w. Form zu ↑Geschlechtsgenosse.

Ge|schlechts|hor|mon, das: *Hormon, das die Fortpflanzung u. die Ausbildung von Geschlechtsmerkmalen steuert; Heterochromosom.*

ge|schlechts|krank ⟨Adj.⟩: *an einer Geschlechtskrankheit leidend.*

Ge|schlechts|krank|heit, die: *Infektionskrankheit, die vorwiegend durch den Geschlechtsverkehr übertragen wird u. deren Erscheinungen vor allem an den Geschlechtsorganen sichtbar werden.*

Ge|schlechts|le|ben, das ⟨o. Pl.⟩: *sexuelles Verhalten (im Ganzen):* das menschliche, tierische G.; Diese medizinische Überschätzung des geordneten -s (Musil, Mann 929).

Ge|schlechts|lei|den, das: vgl. Geschlechtskrankheit.

ge|schlechts|los ⟨Adj.⟩: *ohne bestimmtes Geschlecht* (1 a): -e Organismen; Ü man betrachtete sie als -es Wesen *(sprach ihr Sexualität ab od. gestand sie ihr nicht zu).*

Ge|schlechts|lo|sig|keit, die; -: *geschlechtslose Beschaffenheit.*

Ge|schlechts|lust, die ⟨o. Pl.⟩: *Libido.*

Ge|schlechts|merk|mal, das: *Merkmal, das männliche u. weibliche Individuen voneinander unterscheidet:* primäre -e *(die Geschlechtsorgane);* sekundäre -e *(Gestalt, Behaarung u. a.).*

Ge|schlechts|mo|ral, die: *Sexualmoral.*

ge|schlechts|neu|tral ⟨Adj.⟩: **a)** *keines der beiden Geschlechter* (1 b) *betreffend:* -es Verhalten; **b)** *beide Geschlechter* (1 b) *unterschiedslos betreffend:* -e Stellenanzeigen.

Ge|schlechts|or|gan, das: *Organ, das unmittelbar der geschlechtlichen [Befriedigung u.] Fortpflanzung dient; Fortpflanzungsorgan:* innere -e *(Eierstöcke, Gebärmutter, Hoden u. a.);* äußere -e *(Penis, Klitoris u. a.).*

Ge|schlechts|part|ner, der: *Sexualpartner.*

Ge|schlechts|part|ne|rin, die: w. Form zu ↑Geschlechtspartner.

Ge|schlechts|pro|dukt, das: *von einer Geschlechtsdrüse gebildete Ei- od. Samenzelle.*

Ge|schlechts|re|gis|ter, das: *Stammbaum eines Geschlechts* (3 c).

ge|schlechts|reif ⟨Adj.⟩: *das Alter, die Reife erreicht habend, um sich fortpflanzen zu können:* -e Jungtiere.

Ge|schlechts|rei|fe, die: *das Geschlechtsreifsein.*

Ge|schlechts|rol|le, die (Soziol.): *von der Gesellschaft für Mann u. Frau unterschiedlich festgelegtes Rollenverhalten:* Es zeigt sich, ... wie stark jeder Einzelne seine G. verinnerlicht hat (Wohngruppe 11).

ge|schlechts|spe|zi|fisch ⟨Adj.⟩: *für ein Geschlecht* (1 b) *spezifisch:* -e Merkmale.

Ge|schlechts|teil, das; auch: der [LÜ von lat. pars genitalis]: *äußeres Geschlechtsorgan:* ... duckte sich, um seine -e zu schützen (Baldwin [Übers.], Welt 42).

Ge|schlechts|trieb, der: *Trieb, der alle Verhaltensweisen auslöst u. steuert, die darauf abzielen, einen Geschlechtspartner zu suchen u. sich mit ihm [zum Zweck der Fortpflanzung] zu vereinigen; Fortpflanzungstrieb.*

Ge|schlechts|um|wand|lung, die: *natürliche od. durch äußere Einwirkungen bewirkte Umwandlung des Geschlechts* (1 a) *bei einem Individuum.*

Ge|schlechts|un|ter|schied, der: *auf den Geschlechtsmerkmalen beruhender Unterschied zwischen männlichen u. weiblichen Individuen.*

Ge|schlechts|ver|ir|rung, die (abwertend): *geschlechtliche Verirrung; Perversion.*

Ge|schlẹchts|ver|kehr, der ⟨o. Pl.⟩: *sexueller, bes. genitaler Kontakt mit einer Partnerin, einem Partner; Koitus:* G. [mit jmdm.] haben; dass mehrere Jungen zugleich G. mit einem Mädchen ausüben (Schmidt, Strichjungengespräche 143); Teilweise kann von häufig wechselndem G. *(Geschlechtsverkehr mit verschiedenen Partnern)* im Sinne der Kriminologie gesprochen werden (Schmidt, Strichjungengespräche 122); kam es zum G.?

Ge|schlẹchts|we|sen, das: *geschlechtliches Wesen* (3 b): ein weit über ihre Rolle als G. hinausreichender Individualitäts- und Partnerwert der Frau (Schelsky, Soziologie 35); Ich liebe dich (= Mädchen) als Mensch, und nicht nur als G. (Freizeitmagazin 26, 1978, 41).

Ge|schlẹchts|wort, das ⟨Pl. ...wörter⟩ (Sprachw.): *Artikel* (4).

Ge|schlẹchts|zel|le, die: *Gamet.*

Ge|schlẹck, das; -[e]s, **Ge|schlẹ|cke,** das; -s (ugs.): **a)** (meist abwertend) *[dauerndes] Schlecken;* **b)** *Süßigkeit, Naschwerk.*

Ge|schleịf, das; -[e]s, **Ge|schleị|fe,** das; -s [zu ↑ ²schleifen] (Jägerspr.): *Röhren des Dachsbaus.*

Ge|schleịk, das; -s [zu ↑ schleichen] (schweiz.): *Geschleif.*

Ge|schlẹp|pe das; -s [zu ↑ schleppen] (Jägerspr.): *vom Jäger an einem Strick hinterhergezogener Köder.*

ge|schlị|chen: ↑ schleichen.

ge|schlịf|fen [2: eigtl. = abgeschliffen, geglättet]: **1.** ↑ ¹schleifen. **2.** ⟨Adj.⟩ **a)** *vollendet, tadellos in Bezug auf die äußere Form, überzeugend kultiviert wirkend:* Seine Sätze tragen etwas von -en Aphorismen an sich (Niekisch, Leben 187); Ein intelligenter Film mit subtilen, -en Dialogen (Nordschweiz 29. 3. 85, 8); durch unermüdliches Engagement und dynamisches Auftreten, gepaart mit -er Intelligenz (Caravan 1, 1980, 5); **b)** *(in der Formulierung) scharf:* sie hat eine -e Zunge.

Ge|schlịf|fen|heit, die; -, -en ⟨Pl. selten⟩: *geschliffene Form.*

Ge|schlịng, das; -[e]s, -e, **Ge|schlịn|ge,** das; -s, - [spätmhd. Kollektivbildung zu: slung, Nebenf. von ↑ Schlund, eigtl. = alles, was zum Schlund gehört]: *Herz, Lunge, Leber von Schlachttieren.*

ge|schlịs|sen: ↑ schleißen.

ge|schlọf|fen: ↑ schliefen.

ge|schlọs|sen: 1. ↑ schließen. **2.** ⟨Adj.⟩ **a)** *gemeinsam, ohne Ausnahme, einheitlich:* der -e Abmarsch der Einheiten; die Schüler blieben g. dem Unterricht fern; g. gegen einen Antrag stimmen; **b)** *in sich zusammenhängend:* eine -e Ortschaft; die Wolkendecke ist g.; **c)** *abgerundet, in sich eine Einheit bildend:* eine [in sich] -e Persönlichkeit; die Arbeit ist eine -e Leistung; Frankfurt erwies sich als eine -e (Sport; *gut aufeinander eingespielte, auf allen Posten ähnlich gut besetzte*) Mannschaft. **3.** ⟨Adj.⟩ (Sprachw.) **a)** *(von Vokalen) mit wenig geöffnetem Mund gesprochen:* ein -es e, o; **b)** *(von Silben) mit einem Konsonanten endend.*

Ge|schlọs|sen|heit, die; -: *das Geschlossensein.*

Ge|schlọt|ter, das; -s (ugs., meist abwertend): *[dauerndes] Schlottern.*

Ge|schlụch|ze, das; -s (ugs. abwertend): *[dauerndes] Schluchzen.*

ge|schlụn|gen: ↑ ¹schlingen, ²schlingen.

Ge|schlụr|fe, das; -es (ugs. abwertend): *[dauerndes] Schlurfen:* Es folgte einiges Gescharre und G., bis Anna-Felicitas sich heil zu ihrer Koje hochgezogen hatte (FNP 8. 7. 96, 1).

Ge|schlụ̈r|fe, das; -s (ugs. abwertend): *[dauerndes] Schlürfen:* Lieber ist mir ein Glas klares Wasser, lautlos getrunken, als dieses G. von teurem Wein! (Kronauer, Bogenschütze 67).

Ge|schmạck, der; -[e]s, Geschmäcke u. (ugs. scherzh.:) Geschmäcker [1, 2: mhd. gesmac, zu ↑ schmecken; 3–5: nach frz. (bon) goût od. ital. (buon) gusto]: **1.** *etw., was man mit dem Geschmackssinn wahrnimmt; charakteristische Art, in der ein Stoff schmeckt, wenn man ihn isst od. trinkt:* ein süßer, angenehmer G.; die Suppe hat einen würzigen G.; einen schlechten G. im Munde haben; Ü dieser höllische G. von Ewigkeit (Frisch, Stiller 168); Er schmeckte schon den faden G. der Enttäuschung (Baum, Paris 53). **2.** ⟨o. Pl.⟩ *Fähigkeit zu schmecken; Geschmackssinn:* G. ist einer der fünf Sinne; wegen eines Schnupfens keinen G. haben. **3. a)** *Fähigkeit zu ästhetischem Werturteil:* ein feiner, sicherer G.; seinen G. bilden; er hat keinen [guten] G.; seine Wohnung mit viel G. einrichten; sie verfügt über einen untrüglichen G.; **b)** (geh.) *einheitlicher ästhetischer Wertmaßstab einer bestimmten Zeit od. Epoche:* im G. des Biedermeiers; Aber die innere Ausstattung ... war ... durchaus in einem neuzeitlichen und behaglich bürgerlichen G. gehalten (Th. Mann, Hoheit 93); nach neuestem G.; **c)** *das an einem Gegenstand, Gebäude o. Ä. Sichtbarwerden bestimmter ästhetischer Prinzipien u. Wertmaßstäbe:* International ist auch der G. der Reiseandenkengeschäfte (Koeppen, Rußland 63); ein kleiner gewölbter Raum von erlesenem G. (Niekisch, Leben 263). **4.** *subjektives Werturteil über das, was für jmdn. schön od. angenehm ist, was jmdm. gefällt, wofür jmd. eine Vorliebe hat:* das ist nicht mein/nach meinem G.; mein G. neigt zu Blond (Erich Kästner, Fabian 9); sie hat mit dem Geschenk genau seinen G. getroffen; Lethargien hat sie vom Vater, ... auch den sehr frühen G. am Geschlechtsverkehr (Wohmann, Absicht 383); R über G. lässt sich nicht streiten; (ugs. scherzh.:) die Geschmäcker sind verschieden; * **an etw. G. finden** *(etw. für sich entdecken u. gut finden):* ich finde G. an dem Spiel; **an etw. G. gewinnen; einer Sache G. abgewinnen; auf den G. kommen** *(die angenehmen Seiten einer Sache [allmählich] entdecken):* du wirst schon noch auf den G. kommen. **5.** (geh.) *Anstand, Takt, guter Ton:* gegen den [guten] G. verstoßen; was ich dir aus Gründen des -es abschlagen muss (Th. Mann, Krull 209). **6.** (schweiz.) *Geruch* (1).

ge|schmạck|bil|dend: ↑ geschmacksbildend.

ge|schmạ|ckig: ↑ gschmackig.

ge|schmạ̈ck|le|risch ⟨Adj.⟩ (abwertend): *übertriebene [ästhetische] Ansprüche stellend; einen besonders erlesenen Geschmack in Bezug auf Kunst o. Ä. habend:* Es war also nicht nur -e Mode, die ihn (= den Film Blow-up) zum Symbol dieser Zeit gemacht hat (BM 11. 1. 76, 11); Wie g. und unduldsam bin ich seither geworden (K. Mann, Wendepunkt 72).

ge|schmạck|lich ⟨Adj.⟩: **a)** *den Geschmack* (1) *betreffend:* -e Verbesserung; g. lässt sich auch bei der gelbsten Rübe an diesem Gericht nichts aussetzen (Horn, Gäste 200); **b)** *den Geschmack* (3) *betreffend:* dieses Bild ist eine -e Unmöglichkeit; um zu einem g. einwandfreien modischen Stil zu gelangen (Herrenjournal 3, 1966, 126).

ge|schmạck|los ⟨Adj.⟩: **a)** *ohne Geschmack* (1): ein -es Pulver; das Essen ist völlig g. *(fade);* **b)** *keinen guten Geschmack* (3) *zeigend, unschön, ästhetische Grundsätze verletzend:* ein -es Kleid; g. gekleidet sein; **c)** *die guten Sitten verletzend:* ein -er Witz; deine Bemerkung über ihre Behinderung war g.; Lila findet mich g. (Frisch, Gantenbein 263).

Ge|schmạck|lo|sig|keit, die; -, -en: **a)** ⟨o. Pl.⟩ *Eigenschaft, geschmacklos* (b) *zu sein:* seine Bemerkung zeugte von G.; **b)** *geschmacklose* (c) *Äußerung, Handlung:* derartige -en erwarten Sie nicht von mir (Dürrenmatt, Meteor 68).

Ge|schmạck|sa|che: ↑ Geschmackssache.

ge|schmạcks|bil|dend, geschmackbildend ⟨Adj.⟩: *erzieherisch auf den Geschmack* (3) *einwirkend:* Malunterricht wirkt g.

Ge|schmạcks|bil|dung, die ⟨o. Pl.⟩: *Entwicklung, Bildung des Geschmacks* (3).

Ge|schmạcks|emp|fin|dung, die: vgl. Geschmackssinn.

Ge|schmạcks|fra|ge, die: *Frage, die vom Geschmack* (3) *zu entscheiden ist:* sie (= Elektronengehirne) ... entscheiden sogar in -n (Menzel, Herren 18).

Ge|schmạck|sinn: ↑ Geschmackssinn.

Ge|schmạcks|knos|pe, die (Biol., Med.): *(bei Mensch u. Säugetier) auf der Zunge liegendes Organ, mit dem Geschmack* (1) *wahrgenommen wird.*

Ge|schmạcks|mus|ter, das (Rechtsspr.): *durch Gesetz urheberrechtlich geschützte Gestaltungsform eines Gebrauchsgegenstandes.*

Ge|schmạcks|nerv, der (Med.): *Nerv, der eine Geschmacksempfindung von der Zunge zum Gehirn leitet:* Zwischen den einzelnen Schlucken wird gerne eine Salzbrezel gegessen, um die -en der Zunge wach zu halten (Rehn, Nichts 17).

ge|schmạcks|neu|tral ⟨Adj.⟩: *ohne spezifischen Geschmack* (1): der Konservierungsstoff ist g.

Ge|schmạcks|or|gan, das: *Sinnesorgan, das Geschmack* (1) *wahrnehmen kann (z. B. die Zunge).*

Ge|schmạcks|pro|be, die: *das Probieren des Geschmacks* (1), *den etw. (bes. ein*

Nahrungsmittel) hat: eine G. vornehmen; aufgrund eingehender -n (Spiegel 17, 1966, 75).

Ge|schmạcks|rich|tung, die: **a)** *Richtung des Geschmacks* (1): Pudding in drei -en; **b)** *Richtung des Geschmacks* (2): dieser Wein ist genau meine G.; hatte Soeft ... nichts anderes im Sinn, als Gefräßigkeitsgrad und G. seiner Verpflegungsteilnehmer zu testen (Kirst, 08/15, 423); **c)** *allgemeine Richtung des Geschmacks* (3b): Möbel in der G. unserer Zeit.

Ge|schmạcks|sa|che, Geschmacksache, die: in der Wendung **das/etw. ist G.** *(das, etw. ist eine Sache des Geschmacks* 3,4): Das Mitnehmen von Hakenfängern sowie Steigbügeln ist Geschmackssache (Eidenschink, Fels 58).

Ge|schmạcks|sinn, Geschmacksinn, der ‹o. Pl.›: *Fähigkeit von Lebewesen, mithilfe bestimmter Organe verschiedene lösliche (chemische) Stoffe wahrzunehmen.*

Ge|schmạcks|sin|nes|or|gan, das: *Sinnesorgan zur Wahrnehmung des Geschmacks* (1).

Ge|schmạcks|stoff, der: *(chemischer) Stoff, der durch den Geschmackssinn wahrgenommen wird.*

Ge|schmạcks|stö|rung, die: *[vorübergehende] Beeinträchtigung des Geschmacks* (2).

Ge|schmạcks|test, der: *Test, bei dem der Geschmack* (1) *eines Nahrungsmittels geprüft wird.*

Ge|schmạcks|ver|ir|rung, die (abwertend): *Wahl, Zusammenstellung von Gegenständen, die dem Geschmack* (3) *eines anderen ganz u. gar nicht entspricht:* Wir ertragen diese Jugendmode, obwohl sie ja manchmal an G. grenzt (Hörzu 21, 1972, 137).

Ge|schmạcks|ver|stär|ker, der: *Substanz, die selbst keinen ausgeprägten Eigengeschmack besitzt, jedoch bei Zugabe zu Nahrungs- u. Genussmitteln deren Geschmack* (1) *verstärkt.*

Ge|schmạcks|wan|del, der: *Wandel des Geschmacks* (3b, 4): Dem allgemeinen G. folgend, wird das illustrierte Buch im 18. Jh. von den Kriterien der Eleganz bestimmt (Bild. Kunst III, 60).

ge|schmạck|voll ‹Adj.›: *Geschmack* (3a) *zeigend; mit [künstlerischem] Geschmack:* eine -e Tapete; sich g. kleiden; Alle Räume waren mit wahnsinnig viel Geld sehr g. eingerichtet (Simmel, Stoff 212).

Ge|schmạt|ze, das; -s (ugs., oft abwertend): *[dauerndes] Schmatzen:* mit gierigem G. trank das Baby die Flasche leer.

Ge|schmau|se, das; -s (ugs.): *das Schmausen.*

Ge|schmei|chel, das; -s (ugs. abwertend): *[dauerndes] Schmeicheln.*

Ge|schmei|de, das; -s, - [mhd. gesmīde, ahd. gismīdi, Kollektivbildung zu mhd. smīde, ahd. smīda = Metall, zu ↑Schmied] (geh.): *kostbarer Schmuck:* glitzerndes G.; die brillantnen G., auf Sammet gebettet (Th. Mann, Krull 96).

ge|schmei|dig ‹Adj.› [mhd. gesmīdec, eigtl. = leicht zu schmieden, gut zu bearbeiten]: **1.** *biegsam, schmiegsam u. glatt; weich u. dabei voll Spannkraft:* -es Leder; eine -e Haselgerte; die Haut mit Öl g. halten; Ü wenn man an all die Flaschen Wein ... dachte, die er in dieses Lächeln gießen musste, um es g. zu halten (Fries, Weg 314). **2.** *biegsame, gelenkige Glieder besitzend u. daher sehr gewandt; mit gleitenden, kraftvollen u. dabei anmutigen Bewegungen:* sie ist g. wie eine Katze; sich g. bewegen. **3.** (oft abwertend) *anpassungsfähig, wendig im Gespräch od. Verhalten:* Aus der Umarmung von Krieger und Kaufmann entstand der -ste Diplomat (Jacob, Kaffee 49); Unsere Außenpolitik ist nicht g., sie ist nur inkonsequent (Dönhoff, Ära 218); Ein dickes Trinkgeld Heßreiters machte ihn g. (Feuchtwanger, Erfolg 298); »Herr Oberleutnant Wedelmann«, sagte Bock g., »hat seine ureigenen Methoden gehabt« (Kirst, 08/15, 351).

ge|schmei|di|gen ‹sw. V.; hat› (veraltet): *geschmeidig machen:* ... hatte der Knabe sich aus einem Salbgefäß ... die Glieder geschmeidigt (Th. Mann, Joseph 62).

Ge|schmei|dig|keit, die; -: *das Geschmeidigsein.*

Ge|schmeiß, das; -es [mhd. gesmeiȝe, zu ↑²schmeißen]: **1.** *Ekel erregendes Ungeziefer u. dessen Brut:* es wimmelte von Würmern und anderem G. **2.** (emotional abwertend) *widerliche, verabscheuenswürdige Menschen.* **3.** (Jägerspr.) *Kot von Raubvögeln.*

Ge|schmẹt|ter, das; -s (ugs. abwertend): *[dauerndes] Schmettern:* das G. der Trompeten.

Ge|schmier, das; -[e]s, **Ge|schmie|re,** das; -s (ugs. abwertend): **a)** *Schmieriges:* schleimiges G.; **b)** *unleserlich (weil unsauber u. liederlich) Geschriebenes; Schmiererei:* dein G. kann ich nicht lesen; **c)** *schlecht (weil schnell u. unsorgfältig) Geschriebenes, Machwerk:* er wagt es, dieses G. auch noch drucken zu lassen.

ge|schmis|sen: ↑¹schmeißen.

ge|schmọl|zen: ↑schmelzen.

Ge|schmọr|te, das; -n ‹Dekl. ↑²Junge› (ugs.): *Schmorbraten; geschmortes Fleisch:* zum Abendessen gab es -s.

◆ **Ge|schmụck,** der; -[e]s [spätmhd. (md.) gesmuc]: *Schmuck:* der Kette Zier, der Krone G. (Goethe, Faust II, 8562).

Ge|schmụn|zel, das; -s (ugs., gelegtl. abwertend): *[dauerndes] Schmunzeln.*

Ge|schmus, das; -es, **Ge|schmu|se,** das; -s (ugs. abwertend): *[dauerndes] Schmusen:* das ständige G. der beiden regt mich auf.

Ge|schnä|bel, das; -s (ugs. abwertend): *[dauerndes] Schnäbeln:* Rahel mag nicht und ist satt des -s (Th. Mann, Joseph 333).

ge|schnä|belt ‹Adj.› [zu ↑Schnabel]: *wie ein Schnabel gebogen, nach oben spitz zulaufend:* -e Schuhe.

Ge|schnạrch, das; -[e]s, **Ge|schnạr|che,** das; -s (ugs., oft abwertend): *[dauerndes] Schnarchen:* aus dem Schlafzimmer drang lautes G.

Ge|schnạt|ter, das; -s (ugs.): **a)** *[dauerndes] Schnattern* (1): das G. der Gänse; **b)** (meist abwertend) *[dauerndes] Schnattern* (2): das G. auf dem Schulhof.

Ge|schnau|be, das; -s: *[dauerndes] Schnauben:* das leise G. der Pferde.

Ge|schnẹt|zel|te, das; -n ‹Dekl. ↑²Junge› [zu ↑schnetzeln] (landsch.): *Gericht aus dünnen, kleinen Fleischscheibchen [in einer Soße]:* -s [vom Kalb] mit Nudeln.

ge|schnie|gelt: ↑schniegeln.

ge|schnịt|ten: ↑schneiden.

ge|schnọ|ben: ↑schnauben.

Ge|schnọ̈r|kel, das; -s (ugs. abwertend): *[übertrieben] schnörkelhafte Verzierung[en].*

Ge|schnụ̈f|fel, das; -s (ugs. abwertend): *[dauerndes] Schnüffeln.*

ge|schọ|ben: ↑schieben.

ge|schọl|len: ↑schallen.

ge|schọl|ten: ↑schelten.

ge|schọ̈nt: ↑schönen.

Ge|schọ̈pf, das; -[e]s, -e [Ende 15. Jh., zu ↑²schöpfen]: **1.** *Lebewesen:* -e Gottes. **2.** *Mensch, Person:* ein faules, armes G.; sie ist ein reizendes G. *(Mädchen).* **3.** *künstlich erschaffene [literarische] Gestalt:* die -e seiner Fantasie; der Dichter stellt sich in seinen -en oft selbst dar.

ge|schọ̈pf|lich ‹Adj.› (geh.): *(von Gott) geschaffen:* indem er die beiden Naturkräfte den -en Dingen zuweist (Deutsche Literaturzeitung 4, 1971, 299 [Zeitschrift]).

Ge|schọ̈pf|lich|keit, die; -: *das Geschöpflichsein.*

ge|scho|ren: ↑¹scheren.

Ge|schọss, (österr.) **Ge|schoß,** das; -es, -e [1: mhd. geschōȝ, ahd. giscoȝ, zu ↑schießen; 2: mhd. geschōȝ, zu schießen = aufschießen, in die Höhe ragen]: **1.** *aus od. mithilfe einer [Feuer]waffe auf ein Ziel geschossener [meist länglicher] Körper:* das G. explodiert, schlägt ein, trifft ins Ziel; Ü ein unhaltbares G. (Fußball; *besonders scharf geschossener Ball*). **2.** *Gebäudeteil, der alle auf gleicher Höhe liegenden Räume umfasst; Stockwerk, Etage:* ein Neubau mit drei Geschossen; im obersten G. wohnen.

Ge|schọss|bahn, die: *Bahn, die ein abgefeuertes Geschoss* (1) *beschreibt.*

ge|schọs|sen: ↑schießen.

Ge|schọss|gar|be, die: ¹*Garbe* (2).

Ge|schọss|ha|gel, der: *große Menge einschlagender Geschosse* (1).

Ge|schọss|hül|se, die: *Hülse eines Geschosses* (1).

Ge|schọss|man|tel, der: *Mantel* (2) *eines Geschosses* (1).

ge|schraubt ‹Adj.› [eigtl. = (künstlich) hoch gedreht] (ugs. abwertend): *nicht natürlich u. schlicht; gekünstelt u. schwülstig wirkend:* ein -er Stil; So ein -es Dahergerede (Kühn, Zeit 36); sich g. ausdrücken.

Ge|schraubt|heit, die; -, -en: **a)** ‹o. Pl.› *das Geschraubtsein;* **b)** *geschraubt wirkende, gekünstelte Ausdrucksweise, Darstellung o. Ä.*

Ge|schrei, das; -s [mhd. geschrei(e), ahd. giscreigi, Kollektivbildung zu ↑Schrei]: **a)** (oft abwertend) *[dauerndes] Schreien:* das G. der Kinder; klägliches G. ertönte;

das G. verstummt; es erhob sich ein fürchterliches G.; die Möwen stoßen ein krächzendes G. aus; ein G. erheben; **b)** (ugs.) *lautes, anhaltendes Jammern, Lamentieren um Geringfügigkeiten:* es gab ein riesiges G. wegen dieser Sache; mach doch kein solches G. [deswegen]!; R viel G. und wenig Wolle (viel Aufhebens ohne Ergebnis: nach der Erzählung vom betrogenen Teufel, der versuchte, eine Sau zu scheren); **c)** (landsch.) *Klatsch, Gerede:* jmdn. ins G. bringen.

Ge|schrei|be, das; -s (ugs. abwertend): *[dauerndes] Schreiben.*

Ge|schreib|sel, das; -s (ugs. abwertend): *Geschriebenes, schlechtes, inhaltlich abzulehnendes [literarisches] Werk:* Sie (= die Schnüffeleien) inspirieren nichtsnutzige Menschen zu anonymen Briefen an mich, wüstes G. (Hauptmann, Schuß 47); Das peinliche G. war wohl unterrichtet aus intimer Kenntnis, indiskret, ätzend und illoyal (Maass, Gouffé 337).

ge|schrie|ben: ↑schreiben.

ge|schrie|en, ge|schrien: ↑schreien.

Ge|schrịll, das; -s (ugs. abwertend): *[dauerndes] Schrillen:* Das monotone G. (= der Türglocke) zerrte zäh an den ... Nerven des Cafetiers (Kirst, 08/15, 738); ... knarren die ungeschmierten Räder eines Bauernwagens ihr entsetzlich gefoltertes G. (A. Zweig, Grischa 94).

ge|schrịt|ten: ↑schreiten.

ge|schult: ↑[1]schulen.

ge|schụn|den: ↑schinden.

Ge|schüt|tel, das; -s (ugs.): *[dauerndes] Schütteln:* Ü Wenn Sie in eine logische Sackgasse geraten sind, können Sie nachts schlecht einschlafen. Ihr logisches G. weckt allerdings keinen auf (Wohmann, Absicht 208).

Ge|schụ̈tz, das; -es, -e [mhd. geschütze, Kollektivbildung zu ↑Schuss, urspr. = Gesamtheit der Schusswaffen]: *fahrbare oder fest montierte [schwere] Feuerwaffe:* ein schweres G.; -e auffahren, in Stellung bringen; * **grobes/schweres G. auffahren** (ugs.; *jmdm. [übertrieben] scharf entgegentreten*).

Ge|schụ̈tz|be|die|nung, die (Milit.): *Soldaten, die ein Geschütz bedienen:* Die zweite G. verlangte Wellfleisch mit Sauerkraut (Kirst, 08/15, 426).

Ge|schụ̈tz|bet|tung, die: *Bettung.*

Ge|schụ̈tz|don|ner, der: *donnerartiger Schall, der bei Geschützfeuer entsteht.*

Ge|schụ̈tz|feu|er, das: *das Feuern der Geschütze.*

Ge|schụ̈tz|rohr, das: *Rohr am Geschütz, in dem das Geschoss seine Richtung auf das Ziel erhält:* da standen die ... Panzer mit erhobenen, stummen -en (Plievier, Stalingrad 328).

Ge|schụ̈tz|stand, der (Milit.): *[Unter]stand, in dem ein Geschütz montiert ist.*

Ge|schụ̈tz|stel|lung, die: vgl. Geschützstand.

Ge|schụ̈tz|turm, der (Milit.): *turmartiger Aufbau auf Panzern od. Schiffen, in dem Geschütze montiert sind.*

Ge|schwa|der, das; -s, - [Kollektivbildung zu spätmhd. swader = Reiterabteilung, Flottenverband < ital. squadra = in quadratischer Formation angeordnete (Reiter)truppe, zu lat. quadrus = viereckig]: *größerer Verband von Kriegsschiffen od. Kampfflugzeugen:* ein G. von Bombern flog über uns; Ü Die Sonne liegt in breiten, flutenden -n von Strahlen über der russischen Erde (A. Zweig, Grischa 200); das G. (ugs.; *die Schar*) der Putzfrauen.

Ge|schwa|der|kom|mo|do|re, der: *Kommodore* (1 a): ... seine Jungens zusammenzutrommeln und Einsatzbesprechungen zu veranstalten wie ein G. (Wolfe [Übers.], Radical 72).

Ge|schwa|fel, das; -s (ugs. abwertend): *[dauerndes] Schwafeln:* Kurz, sachlich, kein G., keine persönlichen Urteile, verstanden, Herr Schröder? (Fallada, Jeder 153); hör auf mit dem G.!

ge|schwänzt ⟨Adj.⟩: vgl. geschweift (1): eine -e Peitsche; eine Krippe ... mit ... einem hellen -en Stern (Kaschnitz, Wohin 130).

Ge|schwạ̈tz, das; -es [mhd. geswetze, zu ↑schwätzen] (ugs. abwertend): **a)** *dummes, inhaltsloses Gerede:* leeres G.; das ist doch alles törichtes G.; ich kann das G. nicht mehr mit anhören; »Schweigen«, sagte ich, »lange und mit Geduld schweigen. Man erkennt die Untäter daran, dass sie alles zu G. machen ...« (Kreuder, Gesellschaft 77); R was kümmert mich mein [dummes] G. von gestern (ugs.; *ich habe meine frühere Meinung o. Ä. nun einmal geändert*); **b)** *Klatsch, Tratsch, [verleumderisches] Gerede:* Was für ein empörendes G. musste ich gestern wieder von ihr über Amalia anhören (Kafka, Schloß 200); nichts auf das G. der Leute geben.

Ge|schwạt|ze, (landsch. auch:) **Geschwạ̈t|ze,** das; -s (ugs. abwertend): *[dauerndes] Schwatzen.*

ge|schwạ̈t|zig ⟨Adj.⟩ (abwertend): *viel u. in aufdringlicher Weise redend, redselig:* eine -e alte Frau; er ist sehr g.; Ü eine -e Elster; Hindemith zieht das Resümee in einem launigen -en Sextett (FAZ 19. 12. 61, 16).

Ge|schwạ̈t|zig|keit, die; - (abwertend): *das Geschwätzigsein:* über die greisenhafte G. des Anwalts konnte man sogar lächeln (Nossack, Begegnung 142).

ge|schweift ⟨Adj.⟩ [1: zu ↑Schweif; 2: zu ↑schweifen]: **1.** *mit einem Schweif [versehen]:* der -e Stern über Bethlehem. **2.** *gebogen, geschwungen [gearbeitet]:* -e Tischbeine; -e Klammern; Sie trug ein schwarzes Taftkleid mit einer weißen, -en Halskrause (Roehler, Würde 159).

ge|schwei|ge ⟨Konj.⟩ [eigtl. = ich geschweige, zu veraltet geschweigen = stillschweigen, mhd. geswīgen, ahd. giswīgēn]: *schon gar nicht, noch viel weniger, ganz zu schweigen von* (nur nach einer verneinten od. einschränkenden Aussage, oft in Verbindung mit »denn«): er hat nicht einmal Geld zum Leben, g. [denn] für ein Auto; ich glaube nicht, dass er anruft, g. [denn] dass er kommt; Offenbar ist es den allgegenwärtigen Wirtschaftsförderern bis heute nicht gelungen, das Land auf eine neue wirtschaftliche Basis zu stellen – geschweige denn, ihm eine neue Identität einzuhauchen (Woche 28. 3. 97, 12); So etwas sagt man nicht einmal, g., dass man es täte (Th. Mann, Krull 167).

Ge|schwẹmm|sel, das; -s: *angeschwemmtes Treibgut:* Bei Hochwasser werden die Kräne gelegentlich auch zur Unterstützung der Rechenreinigungsmaschine eingesetzt, um besonders große Mengen an Treibgut und G. auf dem Inn zu entfernen (Passauer Neue Presse 27. 8. 97, 3).

ge|schwịnd ⟨Adj.⟩ [mhd. geswinde, zu: swinde, swint = heftig, ungestüm, urspr. = stark, kräftig, ablautend verw. mit ↑gesund] (landsch.): *schnell, rasch:* -en Schrittes verließ er den Raum; er ist g. *(flink)* bei der Arbeit; g. *(kurz)* zum Bäcker gehen; alles ging sehr g.

Ge|schwịn|dig|keit, die; -, -en: **a)** (Physik) *Verhältnis von zurückgelegtem Weg zu aufgewendeter Zeit:* die G. messen; der Meeresspiegel stieg mit einer G. von einem Meter in der Stunde; **b)** *Schnelligkeit, Tempo:* eine große, hohe G.; die G. beträgt 100 Stundenkilometer; die G. steigern, herabsetzen, beschränken; die Kinder kletterten mit affenartiger G. (ugs.; *sehr schnell*) über den Zaun; das Feuer griff mit rasender G. um sich; er fuhr mit überhöhter G.; R G. ist keine Hexerei.

Ge|schwịn|dig|keits|ab|fall, der: *Abfall* (4) *der Geschwindigkeit.*

Ge|schwịn|dig|keits|be|gren|zung, die: *Geschwindigkeitsbeschränkung.*

Ge|schwịn|dig|keits|be|schrän|kung, die: *[durch Verordnungen o. Ä. festgelegte] Beschränkung der Geschwindigkeit für Fahrzeuge auf bestimmten Straßen; Geschwindigkeitsbegrenzung, Geschwindigkeits-, Tempolimit:* G. in geschlossenen Ortschaften, auf der Autobahn.

Ge|schwịn|dig|keits|kon|trol|le, die: *Kontrolle von Kraftfahrern in Bezug auf die Einhaltung von vorgeschriebenen Höchstgeschwindigkeiten.*

Ge|schwịn|dig|keits|li|mit, das: *Geschwindigkeitsbeschränkung.*

Ge|schwịn|dig|keits|mes|ser, der: *Tachometer* (1).

Ge|schwịn|dig|keits|rausch, der: *Rausch* (2), *in den jmd. gerät, der mit hoher Geschwindigkeit* (b) *fährt:* Wer auf den breiten, kaum befahrenen Highways dem G. verfällt, muss hier mit herber Ernüchterung rechnen: Bestenfalls kommt er mit einem 100-Dollar-Loch ... in der Brieftasche davon (rallye racing 10, 1979, 90); Ü Beim nicht mehr wegzudenkenden CD-ROM-Laufwerk, das beim täglichen Arbeiten meist keine allzu große Rolle spielt, sollte nicht der G. dominieren (Tagesspiegel 16. 11. 97, 30).

Ge|schwịn|dig|keits|schild, das ⟨Pl. -er⟩: *(an bestimmten Kraftfahrzeugen u. Anhängern angebrachtes) kreisrundes weißes Schild, auf dem angegeben ist, mit welcher gesetzlich vorgeschriebenen Höchstgeschwindigkeit das Fahrzeug fahren darf.*

Ge|schwịn|dig|keits|über|schrei-

tung, die: *Überschreitung einer vorgeschriebenen Höchstgeschwindigkeit.*

Ge|schwin|dig|keits|zu|nah|me, die: vgl. Geschwindigkeitsabfall.

Ge|schwind|marsch, der (veraltend): *Eilmarsch.*

◆ **Ge|schwind|schrei|ber,** der: *Tachygraph* (2): so darf ich den Wunsch aussprechen, es möchte gleich ein G. diese Peroration aufgefasst und uns überliefert haben (Goethe, Dichtung u. Wahrheit 18).

Ge|schwind|schritt, der (veraltend): *Eilschritt:* im G.

Ge|schwirr, das; -s, **Ge|schwir|re,** das; -s: *das Herumschwirren.*

Ge|schwis|ter, das; -s, - [mhd. geswister, ahd. giswestar, eigtl. = Gesamtheit der Schwestern, zu ↑Schwester]: **1.** ‹Pl.› *(männliche wie weibliche) Kinder gleicher Eltern:* seine leiblichen G. (Kühn, Zeit 55); die G. sehen sich alle ähnlich; ich habe drei G. *(wir sind vier Geschwister).* **2.** (Fachspr.; auch schweiz.) *ein Geschwisterteil:* ein Kind, das feindselige Wünsche gegen ein jüngeres G. empfindet (Heiliger, Angst 106); als ich sein (= des Goldfasankükens) älteres G. aus dem Neste nahm (Lorenz, Verhalten I, 179).

Ge|schwis|ter|kind, das (veraltet, noch landsch.): **a)** *Nichte, Neffe:* ich habe drei -er; **b)** *Cousin, Cousine:* wir sind -er.

ge|schwis|ter|lich ‹Adj.›: *die Geschwister betreffend, Geschwistern gemäß:* -e Ähnlichkeit; etw. g. teilen; Ü Die Architektur ist g. den kühnen Systemen der Philosophen Ibn-Sina und Ibn-Reschd (Jacob, Kaffee 15).

Ge|schwis|ter|lie|be, die: **1.** *Liebe zwischen Geschwistern.* **2.** *inzestuöse Beziehung zwischen Geschwistern:* Bei Frank Thieß kam G. vor (Kempowski, Uns 216).

ge|schwis|ter|los ‹Adj.›: *ohne Geschwister:* das Kind muss g. aufwachsen; ‹subst.:› sie waren mir, dem Geschwisterlosen, Bruder und Schwester (Seghers, Transit 280).

Ge|schwis|ter|paar, das: *zwei Geschwister.*

Ge|schwis|ter|teil, der: *eines der Geschwister.*

ge|schwol|len: 1. ↑[1]schwellen. **2.** ‹Adj.› (abwertend) *hochtrabend u. wichtigtuerisch, schwülstig:* eine -e Ausdrucksweise; sein Deutsch ist g.; g. reden, schreiben; Und dann so g. daherlabern, bei mir jedenfalls nicht (Degener, Heimsuchung 27).

ge|schwom|men: ↑schwimmen.

ge|schwo|ren: 1. ↑schwören. **2.** ‹Adj.› meist in der Fügung **ein -er Feind von etw. sein** (↑Feind): weil Paul Papke, obwohl -er Weiberfeind, dennoch hin und wieder seinen Augen und Sinnen was gönnte (Bredel, Väter 261).

Ge|schwo|re|ne, österr. amtl. auch: Geschworne, der u. die; -n, -n ‹Dekl. ↑Abgeordnete› [spätmhd. gesworne = derjenige, der geschworen hat u. damit eidlich verpflichtet ist]: **1.** (veraltet) *Schöffe an einem Schwurgericht.* **2. a)** (in Österreich) *Laienrichter, der bei schweren Verbrechen u. politischen Straftaten allein über die Schuld u. zusammen mit dem Richter über das Strafmaß entscheidet;* **b)** (in angelsächsischen Ländern) *Laienrichter, der unabhängig vom Richter über die Schuld des Angeklagten entscheidet:* seit ... 1215 konnte kein freier Engländer ohne den ... Wahrspruch von Geschworenen verurteilt werden, die seinesgleichen waren (Mostar, Unschuldig 5).

Ge|schwo|re|nen|bank, die ‹Pl. ...bänke›: **a)** *Plätze im Gerichtssaal, auf denen die Geschworenen sitzen:* Selbst auf der G. beißt man sich auf die Lippen (Noack, Prozesse 23); **b)** (österr. auch: Geschwornenbank) Gesamtheit der Geschworenen: dass ... die G. selbständig über die Schuld- und die gelehrten Richter selbständig über die Straffrage entschieden (Fraenkel, Staat 107).

Ge|schwo|re|nen|ge|richt, das: **1.** (veraltet) *Schwurgericht.* **2.** (österr. auch: Geschwornengericht) *Gericht, das über schwere Verbrechen u. politische Straftaten zusammen mit Geschworenen* (2a) *entscheidet.*

Ge|schwo|re|nen|lis|te, die: *Liste, aus der die Geschworenen ausgewählt werden.*

Ge|schwor|ne: ↑Geschworene.

Ge|schwulst, die; -, Geschwülste [mhd. geswulst, ahd. giswulst, zu ↑[1]schwellen]: **1.** *krankhafte Wucherung von Gewebe; Tumor:* eine gutartige, bösartige G.; es bildete sich eine G.; Geschwülste operieren, operativ entfernen. **2.** (Med.) *krankhafte Schwellung.*

ge|schwulst|ar|tig ‹Adj.›: *wie eine Geschwulst:* Hier sind die Anteile des Knochenmarks ... g. umgewandelt (Medizin II, 336).

Ge|schwulst|bil|dung, die: *Bildung einer Geschwulst:* Umgekehrt ist bei G. die Abwehr der Natur meist ungenügend und lahm (Natur 100).

Ge|schwulst|kno|ten, der: *Geschwulst in Form eines Knotens:* Die gutartigen Geschwülste bilden meist umschriebene G. (Medizin II, 180).

Ge|schwulst|krank|heit, die: *Krankheit mit Geschwulstbildung:* zur Behandlung einer Blutkrankheit ..., die als G. aufgefasst werden muss (Medizin II, 336).

ge|schwun|den: ↑schwinden.

ge|schwun|gen: 1. ↑schwingen. **2.** ‹Adj.› *bogenförmig, gebogen:* -e Augenbrauen; Zum Eingang führte eine sanft -e Treppe (Dürrenmatt, Grieche 89).

Ge|schwür, das; -s, -e [zu ↑schwären, eigtl. = das, was schwärt, eitert]: *[mit einer Schwellung einhergehende, eiternde] Entzündung der [Schleim]haut; Ulkus:* ein eitriges G.; das G. platzt, bricht auf; ein G. am Hals haben; ein G. aufschneiden; Ü die Bewohner der Slums wussten: Wir sind für diese Sozialreformer nur ein G. am Leibe der Gesellschaft (Thielicke, Ich glaube 199).

ge|schwür|ar|tig ‹Adj.›: vgl. geschwulstartig: eine g. veränderte Wunde.

Ge|schwür|bil|dung, die: *Bildung eines Geschwürs; Ulzeration.*

ge|schwü|rig ‹Adj.›: *eitrig entzündet; ulzerös:* Entzündliche, -e Prozesse ... lassen sich auf diese Weise nachweisen (Medizin II, 318).

Ges-Dur [auch: '-'-], das: *auf dem Grundton Ges beruhende Durtonart;* Zeichen: Ges (↑ges, Ges).

Ges-Dur-Ton|lei|ter, die: *auf dem Grundton Ges beruhende Durtonleiter.*

◆ **ge|seg|nen** ‹sw. V.; hat› [mhd. gesegenen, ahd. gisegannen] (verstärkend): *segnen:* Der Herr wolle ... es dir g., was du an mir tust (Keller, Romeo 61); (scherzh. drohend:) Wart, ich will es dir g. *(ich werde dir das austreiben;* Goethe, Die ungleichen Hausgenossen 5).

ge|seg|net: ↑segnen (2).

ge|se|hen: ↑sehen.

Ge|seich, das; -s [zu ↑seichen] (salopp abwertend): *inhaltsloses Gerede, Geschwätz:* »Alles nur G.«, sagte er angewidert (Kirst, 08/15, 652).

Ge|sei|er, Ge|sei|re, das; -s [gaunerspr. < jidd. gesera = widriger Zustand; Verhängnis; Missgeschick, eigtl. = Bestimmung, Verordnung < hebr. gĕzerạ = (judenfeindliches) Gesetz; Verbot] (ugs. abwertend): *unnützes, als lästig empfundenes Gerede, Gejammer:* Ich kann dieses Geseire über die Krankheit von Christina einfach nicht mehr hören (Hörzu 52, 1971, 6).

Ge|selch|te, das; -n ‹Dekl. [2]↑Junge› [zu ↑selchen] (südd., österr.): *geräuchertes Fleisch:* er isst gern -s; Die Herren hätten ... den gesamten Hausvorrat an -m ... verzehrt (Werfel, Himmel 115).

Ge|sell, der; -en, -en (veraltet): **1.** *Geselle* (1): ein fahrender G. **2.** (oft abwertend) *Geselle* (2): Boddenbrock ist ein wilder G. (Winckler, Bomberg 37). **3.** *Geselle* (3): Ich bin stets sein (= Christi) G. (Paul Gerhardt, Osterlied »Auf, auf, mein Herz, mit Freuden«).

Ge|sel|le, der; -n, -n [mhd. geselle, ahd. gisell(i)o = Freund, Gefährte, Kollektivbildung zu ↑Saal, eigtl. = jmd., der mit jmdm. denselben Saal (= Wohnraum) teilt; 1: spätmhd.]: **1.** *Handwerker, der nach einer Lehrzeit die Gesellenprüfung abgelegt hat:* bei jmdm. G. sein, als G. arbeiten; einen -n einstellen, entlassen; Jetzt regierte die Frau das Geschäft mit einem -n (Remarque, Triomphe 117). **2.** (oft abwertend) *Bursche, Kerl:* ein wüster, wilder, lustiger G.; darin (= in der Zeitung) stehe etwas über ... einen Publizisten Haller, der ein übler Kerl und vaterlandsloser G. sein müsse, er habe sich über den Kaiser lustig gemacht (Hesse, Steppenwolf 76). **3.** (selten) *Gefährte, Kamerad:* ein guter, treuer G.; »Was macht die Kunst, -n?« fragt er (= der Dichter; Remarque, Obelisk 149).

ge|sel|len, sich ‹sw. V.; hat› [mhd. gesellen, ahd. gisellan = (sich) zum Gefährten machen]: **1.** *sich jmdm. anschließen:* auf dem Heimweg gesellte ich mich zu ihr; Am Ende gesellte sich uns noch der Leiter der deutschen Abteilung von BBC (Kantorowicz, Tagebuch I, 271); Diesen Damen gesellen sich noch Kavaliere (Koeppen, Rußland 190). **2.** *zu einer Sa-*

che dazukommen: zu den beruflichen Misserfolgen gesellten sich noch familiäre Schwierigkeiten; Dazu gesellte sich, dass mich gerade die vollendete Unmoralität meines Vorhabens von ihrer Berechtigung überzeugte (Habe, Namen 245); saubere Doppelsprünge ..., die sich nun zu ihren schon immer glänzenden Pirouetten gesellten (Maegerlein, Triumph 26).

Ge|sel|len|brief, der: *Zeugnis, das der Geselle nach bestandener Gesellenprüfung erhält.*

Ge|sel|len|prü|fung, die: *Prüfung, die ein Auszubildender od. eine Auszubildende am Ende der Ausbildung ablegt.*

Ge|sel|len|stück, das: *praktische Arbeit, die bei der Gesellenprüfung vorgelegt wird.*

Ge|sel|len|zeit, die: *Zeit, in der jmd. [bevor er Meister wird] als Geselle arbeitet.*

ge|sel|lig ⟨Adj.⟩ [mhd. gesellec = zugesellt, verbunden, freundschaftlich, zu ↑Geselle]: **1. a)** *mit der Fähigkeit u. Neigung ausgestattet, sich leicht anderen anzuschließen u. mit ihnen gesellschaftlichen Umgang zu pflegen:* ein -er Typ; Die -e *(von der Fähigkeit zur Geselligkeit 1 zeugende)* Lust am öffentlichen Wortstreit ... fehlt ihm (Sieburg, Robespierre 38); **b)** (Biol.) *mit anderen Artgenossen zusammenlebend od. auf dieses Zusammenleben hindeutend:* der Mensch ist ein -es Wesen; -e Vögel; die -en Triebhandlungen des Sittichs auf die Kugel zu übertragen (Lorenz, Verhalten I, 152); g. leben. **2.** *in zwangloser, anregender Gesellschaft stattfindend; unterhaltsam:* ein -er Abend; wie der äußere Rahmen einer Feier, ... eines -en Beisammenseins gestaltet wird (Horn, Gäste 7); g. bei einem Glas Wein sitzen.

Ge|sel|lig|keit, die; -, -en [mhd. gesellekeit]: **1.** ⟨o. Pl.⟩ *zwangloser Umgang, Verkehr mit anderen Menschen:* die G. lieben; die (= meine alten Freunde) ... noch immer genau dasselbe Leben führten, auch dieselbe G. pflegten (Kaschnitz, Wohin 103). **2.** *geselliger Abend, geselliges Beisammensein:* In ihrem Städtchen spielten sich alle -en in der Gastwirtschaft ab (Böll, Adam 61); da sie in den letzten Wochen zu ihrem Kummer fast gar keine -en genossen hatte (R. Walser, Gehülfe 118).

Ge|sel|lin, die; -, -nen: w. Form zu ↑Geselle.

Ge|sell|schaft, die; -, -en [2: mhd. geselleschaft, ahd. giselliscaft = freundschaftliches Verbundensein, Freundschaft; 4: mhd. = kaufmännische Genossenschaft, Handelsgesellschaft]: **1.** *Gesamtheit der Menschen, die unter bestimmten politischen, wirtschaftlichen u. sozialen Verhältnissen zusammen leben:* die bürgerliche, sozialistische, klassenlose G.; die G. verändern wollen; er ist ein nützliches Glied der G.; die Stellung der Frauen in der G. **2. a)** *das Zusammensein, Begleitung, Umgang:* ⟨o. Pl.⟩ das ist keine G. für dich; jmds. G. fliehen, meiden; er sucht ihre G. *(möchte mit ihr zusammen sein);* in schlechte G. geraten; umgeben von gedämpft konversierender guter G., deren Blicke jede Neugier vermieden (Th. Mann, Krull 267); ***jmdm. G. leisten** *(bei jmdm. sein, sich jmdm. anschließen, damit er nicht allein ist);* **sich in guter/bester G. befinden** *(bei etw., was einem widerfährt, was man tut od. sagt, nicht der Einzige sein, sondern auf andere, oft bekannte Persönlichkeiten, verweisen können, denen dasselbe widerfahren ist, die dasselbe getan od. gesagt haben [wodurch Negatives abgeschwächt u. Positives verstärkt wird]):* Dort (= in den USA) profitiert man von dem guten Ruf deutscher Fahrzeuge und befindet sich in guter G. mit den Konkurrenten, bei denen es ähnlich steil aufwärts geht (Tagesspiegel 4. 12. 98, 23); **zur G.** *(nur aus einer die Geselligkeit fördernden Haltung heraus od. um jmdm. einen Gefallen zu tun):* zur G. ein Bier mittrinken; Mit Eifer trank er das Heilwasser ..., begleitet von seiner Tochter, die übrigens ganz gesund war und nur zur G. mittrank (Th. Mann, Hoheit 127); **b)** *größere gesellige Veranstaltung:* eine geschlossene G. *(nur einem bestimmten Kreis zugängliche Veranstaltung);* eine G. geben; sich auf einer G. kennen lernen; er wurde zu der G. nicht eingeladen; **c)** *Kreis von Menschen, die gesellig beisammen sind:* eine fröhliche, laute, langweilige G.; ich will von der ganzen G. (ugs.; *von allen diesen Leuten*) nichts mehr wissen. **3.** *durch Vermögen, Stellung [u. Bildung] maßgebende obere Schicht der Bevölkerung; gesellschaftliche Oberschicht:* die Damen der G.; jmdn. in die G. einführen; zur G. gehören. **4. a)** *Vereinigung mehrerer Menschen, die ein bestimmtes Ziel od. gemeinsame Interessen haben:* eine literarische G. gründen; die G. Jesu (kath. Kirche; *der Jesuitenorden*); die ehrenwerte G. (verhüll.; *die Mafia*); **b)** (Wirtsch.) *Vereinigung mehrerer Personen od. einzelner Firmen zu einem Handels- od. Industrieunternehmen:* eine bankrotte G.; G. mit beschränkter Haftung *(Kapitalgesellschaft, bei der die Gesellschafter 2 nur mit ihrer Einlage haften;* Abk.: GmbH); eine G. gründen.

Ge|sell|schaf|ter, der; -s, -: **1.** *jmd., der eine Gesellschaft* (2 c) *unterhält:* ein amüsanter, glänzender G. **2.** (Wirtsch.) *Teilhaber an einem Wirtschaftsunternehmen:* ein stiller G. *(allein am Gewinn beteiligter Gesellschafter, der keine sonstigen Rechte u. Pflichten hat);* Der zweite G. des Verlages ... nimmt auf die redaktionellen Entscheidungen ... keinen Einfluss (Enzensberger, Einzelheiten I, 75). **3.** (verhüll.) *männliche Person, die jmdm. für sexuelle Kontakte zur Verfügung steht:* G. Harry ... noch Termine frei (MM 21. 1. 76, 12).

Ge|sell|schaf|te|rin, die; -, -nen: **1. a)** *weibliche Person, die zur Begleitung u. Unterhaltung bei jmdm. angestellt ist:* Außerdem war Nora Corten kein Dienstmädchen, sondern G. der alten Dame (Wendtland, Eisprinzeßchen 963); **b)** w. Form zu ↑Gesellschafter (1). **2.** w. Form zu ↑Gesellschafter (2): diese Firma ist G. bei einem großen Unternehmen. **3.** (verhüll.) w. Form zu ↑Gesellschafter (3): G., Domina (MM 21. 1. 76, 12).

ge|sell|schaft|lich ⟨Adj.⟩: **1.** *die politischen, wirtschaftlichen, sozialen Verhältnisse einer Gesellschaft* (1) *betreffend:* die -en Verhältnisse, Zusammenhänge; g. bedingt sein. **2.** *in der Gesellschaft* (3) *üblich; die guten Umgangsformen betreffend:* -e Formen; er macht sich damit g. unmöglich. **3. a)** (marx.) *gemeinschaftlich; die Gesamtheit der Beziehungen der Menschen in einer bestimmten Gesellschaft betreffend:* -es Eigentum an Produktionsmitteln; **b)** (DDR) *der Gesellschaft nützend, dienend:* -e Arbeit; g. aktiv sein.

Ge|sell|schafts|abend, der: *gesellschaftliche Abendveranstaltung.*

Ge|sell|schafts|an|teil, der: *Anteil* (1 b) *eines Gesellschafters* (2) *am Gesellschaftsvermögen* (a).

Ge|sell|schafts|an|zug, der: *Anzug für einen offiziellen, festlichen Anlass:* Der G. mit seinen Atlasrevers war nicht gerade nach Maß gemacht (Th. Mann, Krull 265).

Ge|sell|schafts|auf|bau, der: *Gesellschaftsform* (1): nach dem Schock des Bauernkrieges verliert Luther jeden Sinn für einen genossenschaftlichen G. (Fraenkel, Staat 153).

Ge|sell|schafts|bild, das: *Bild, das jmd. von der Gesellschaft* (1) *hat.*

Ge|sell|schafts|da|me, die (veraltet): *Gesellschafterin* (1).

Ge|sell|schafts|dich|tung, die (Literaturw.): [2]*Dichtung, die sich nach den sozialen, geistigen, ethischen Konventionen u. den ästhetischen Normen der jeweils führenden Gesellschaftsschichten richtet* (z. B. höfische Dichtung, Schäferdichtung).

ge|sell|schafts|fä|hig ⟨Adj.⟩: *den Normen der Gesellschaft* (3) *entsprechend, von ihr anerkannt; korrekt:* nach diesem Skandal ist sie nicht mehr g.; Ü Noch scheint es so, als liege den Kommunisten ernsthaft daran, ihren deutschen Staat g. zu machen (Augstein, Spiegelungen 125).

Ge|sell|schafts|fahrt, die: *Gesellschaftsreise.*

ge|sell|schafts|feind|lich ⟨Adj.⟩: *der [bestehenden] Gesellschaft[sordnung] feindlich gesinnt:* Jedes Eintreten für die ... Interessen der Lohnabhängigen ... ließ sich damit als g. diffamieren (Stamokap 67).

Ge|sell|schafts|form, die: **1.** *Form, Art u. Weise, in der eine Gesellschaft* (1) *aufgebaut ist; Sozialstruktur:* Denn dieser Junge ... ist ein «Produkt» unserer G. mit all ihren Vor- und Nachteilen (Tagesspiegel 22. 11. 98, 8). **2.** (Wirtsch.) *Form, in der eine Gesellschaft* (4b) *aufgebaut ist:* Andererseits nutzen auch wir die GmbH als G. Sie ist aus haftungsrechtlichen Gründen sinnvoll (Tagesspiegel 16. 8. 98, 33).

Ge|sell|schafts|for|ma|ti|on, die (marx.): *Gesamtheit der materiellen u. ideologischen Verhältnisse einer Gesellschaft* (1) *auf einer bestimmten historischen Entwicklungsstufe.*

Ge|sẹll|schafts|in|seln ⟨Pl.⟩: Inselgruppe im südlichen Pazifischen Ozean.

Ge|sẹll|schafts|ka|pi|tal, das (Wirtsch.): *Kapital einer Unternehmensgesellschaft.*

Ge|sẹll|schafts|klas|se, die: *Klasse* (2) *innerhalb einer Gesellschaft* (1).

Ge|sẹll|schafts|klatsch, der: *Klatsch über die Gesellschaft* (3) *(bes. in Boulevardzeitungen).*

Ge|sẹll|schafts|klei|dung, die: *Kleidung für festliche od. offizielle Anlässe.*

Ge|sẹll|schafts|ko|mö|die, die: *Komödie* (1 b), *die in der Gesellschaft* (3) *spielt u. bes. deren Schwächen u. Fehler persifliert.*

Ge|sẹll|schafts|kri|tik, die ⟨o. Pl.⟩: *Kritik an einer bestehenden Gesellschaft* (1): Ein jeder Detektivroman ist unbewusste G. dort, wo die augenblickliche Klassenschichtung vom Bewusstsein als endgültig und gottgewollt hingenommen wird (Reinig, Schiffe 124).

Ge|sẹll|schafts|kri|ti|ker, der: *jmd., der Gesellschaftskritik übt, der bestehenden Gesellschaft* (1) *kritisch gegenübersteht.*

Ge|sẹll|schafts|kri|ti|ke|rin, die: w. Form zu ↑Gesellschaftskritiker.

ge|sẹll|schafts|kri|tisch ⟨Adj.⟩: *Gesellschaftskritik übend; der bestehenden Gesellschaft* (1) *kritisch gegenüberstehend:* Er selber (= Thomas Mann) freilich ... verdankte seine wichtigsten Erfolge Romanen, in denen die -en, die moralischen und pädagogischen Absichten deutlich und allzu deutlich sind (Reich-Ranicki, Th. Mann 126).

Ge|sẹll|schafts|le|ben, das: *geselliges Leben.*

Ge|sẹll|schafts|leh|re, die ⟨o. Pl.⟩: **a)** *Schulfach, das Geschichte, Geographie u. Sozialkunde umfasst;* **b)** *Soziologie.*

Ge|sẹll|schafts|lied, das (Musik, Literaturw.): *(im Unterschied zum Volks- u. Kunstlied) Lied, das für eine bestimmte Gesellschaftsschicht, einen bestimmten Lebens- u. Bildungskreis typisch ist (z. B. Studentenlied) u. der Geselligkeit dient.*

Ge|sẹll|schafts|lö|we, der (ugs. abwertend): *Salonlöwe.*

Ge|sẹll|schafts|mo|dell, das: *gedanklich konzipiertes Modell der Funktion od. der Struktur einer Gesellschaft* (1): Ausgehend von einem G. des demokratischen Sozialismus, anzusiedeln zwischen jugoslawischem Modell, Dubček-Sozialismus und schwedischem Sozialismus ... (Nuissl, Hochschulreform 45).

Ge|sẹll|schafts|ord|nung, die: *Art u. Weise, wie eine Gesellschaft* (1) *wirtschaftlich, politisch u. sozial aufgebaut ist:* die kapitalistische, sozialistische G.

Ge|sẹll|schafts|po|li|tik, die: *Sozialpolitik:* betrieben sie ... eine auf das Proletariat als Klasse bezogene G. (Fraenkel, Staat 273).

ge|sẹll|schafts|po|li|tisch ⟨Adj.⟩: *die Gesellschaftspolitik betreffend, zu ihr gehörend.*

Ge|sẹll|schafts|raum, der: *Raum, in dem Gesellschaften* (2 b) *veranstaltet werden:* das Haus am Frauenplan, die opulenten Gesellschaftsräume sowohl als auch die kargen Schlaf- und Arbeitsstuben ... zu imaginieren (K. Mann, Wendepunkt 348).

Ge|sẹll|schafts|rei|se, die: *organisierte Gruppenreise.*

Ge|sẹll|schafts|ro|man, der: *Roman, der das gesellschaftliche Leben einer Epoche schildert.*

Ge|sẹll|schafts|schicht, die: vgl. Gesellschaftsklasse.

Ge|sẹll|schafts|spiel, das: *unterhaltendes Spiel, das von mehreren Kindern od. Erwachsenen zusammen gespielt wird:* Ü Es gibt zurzeit zwei verschiedene -e in der Bundesrepublik. Bei dem einen können alle mitmachen ... Es heißt: Wir suchen einen neuen Kanzler (Dönhoff, Ära 200).

Ge|sẹll|schafts|steu|er, (Steuerw.:) **Ge|sẹll|schaft|steu|er,** die (Wirtsch.): *Steuer, die von einer Kapitalgesellschaft auf die Einlage zu entrichten ist.*

Ge|sẹll|schafts|struk|tur, die: vgl. Gesellschaftsform (1): Die Kommunen können als ein Experiment mit neuen -en angesehen werden (Wohngruppe 126).

Ge|sẹll|schafts|stück, das: **1.** *Theaterstück, das das Leben in der besseren Gesellschaft* (3) *darstellt.* **2.** *Gemälde, das ein geselliges Beisammensein darstellt.*

Ge|sẹll|schafts|sys|tem, das: *System, nach dem eine Gesellschaft* (1) *politisch, wirtschaftlich u. sozial aufgebaut ist.*

Ge|sẹll|schafts|tanz, der: *nicht od. wenig improvisierter Tanz, der bei geselligen Festen getanzt wird (im Unterschied zu Ballett u. Volkstanz):* Spaß mit Walzer und Jive. G. ist auch in Zeiten von Techno »in« (Tagesspiegel 2. 5. 98, 12).

ge|sẹll|schafts|ver|än|dernd ⟨Adj.⟩: *die bestehende Gesellschaft* (1) *verändernd.*

Ge|sẹll|schafts|ver|än|de|rung, die: *Veränderung der Gesellschaft* (1).

Ge|sẹll|schafts|ver|mö|gen, das: **a)** *(bei einer Bank in der Rechtsform der Personengesellschaft) gemeinschaftliches Vermögen der Gesellschafter* (2); **b)** *(bei einer Kapitalgesellschaft) Differenz zwischen Aktiva u. Verbindlichkeiten* (2 c).

Ge|sẹll|schafts|ver|trag, der [1: LÜ von frz. Contrat social; nach der 1762 erschienenen gleichnamigen staatsphilosophischen Schrift des frz. Schriftstellers u. Kulturphilosophen J.-J. Rousseau (1712–1778)]: **1.** (Staatsphilos.) *freiwillige, von der Vernunft bestimmte Übereinkunft, durch die der Wille des Einzelnen dem Willen der Allgemeinheit untergeordnet bzw. mit ihm in Einklang gebracht wird.* **2.** *Vertrag einer Gesellschaft* (4) *des bürgerlichen Rechts.*

Ge|sẹll|schafts|wis|sen|schaft, die: **1.** ⟨Pl.⟩ *Soziologie, politische Wissenschaften u. Volkswirtschaftslehre.* **2.** ⟨meist Pl.⟩ *Gesamtheit der Wissenschaften, die sich mit dem gesellschaftlichen Leben befassen.* **3.** (DDR) *Studienfach, das die philosophischen u. ideologischen Grundlagen des Sozialismus vermittelt:* unser junger Dozent für G. (Chr. Wolf, Himmel 151).

ge|sẹll|schafts|wis|sen|schaft|lich ⟨Adj.⟩: *die Gesellschaftswissenschaft[en] betreffend.*

Ge|sẹnk, das; -[e]s, -e [zu ↑senken]: **1.** (Technik) *Hohlform zum Pressen von Werkstücken.* **2.** (Bergbau) *unter Tage von oben nach unten hergestellte Verbindung zweier Sohlen.*

Ge|sẹn|ke, das; -s, - (selten): *Senke, Tal:* in den -n die Hütten der Hirten mit den Herdstellen aus Felsgestein wie vor tausend Jahren (Strittmatter, Wundertäter 478).

Ge|sẹnk|pres|se, die: *Gesenk* (1).

Ge|sẹnk|schmied, der: *Schmied, der am Gesenk* (1) *arbeitet.*

Ge|sẹnk|schmie|de, die: *Gesenk* (1).

ge|sẹs|sen [2: zu ↑sitzen (2 a)]: **1.** ↑sitzen. ◆ **2.** ⟨Adj.⟩ *eingesessen:* wo jedes halbbatzige Herrenknechtlein das Recht zu haben meint, -e Bauern verachten zu können (Gotthelf, Spinne 31).

Ge|sẹtz, das; -es, -e [mhd. gesetze, gesetzede, ahd. gisezzida, eigtl. = Festsetzung, zu ↑setzen]: **1.** *vom Staat festgesetzte, rechtlich bindende Vorschrift:* ein strenges, einschneidendes G.; das G. zum Schutz der Jugend; das neue G. sieht das vor; ein G. tritt in Kraft; ein G. einbringen, beraten, beschließen, erlassen, verabschieden, annullieren; ein G. anwenden; die -e einhalten, brechen; Würden die Sozialdemokraten ... -e auch für die Schwachen machen? (Kühn, Zeit 71); gegen die -e verstoßen; auf dem Boden der -e stehen *(sich den Gesetzen entsprechend verhalten);* eine Lücke im G. finden *(einen im Gesetz nicht berücksichtigten Fall ausnutzen);* mit dem G. in Konflikt geraten *(straffällig werden);* im G. *(Gesetzbuch)* nachschlagen; vor dem G. sind alle gleich *(bei der Rechtsprechung sollen keine Unterschiede nach Klasse, Hautfarbe, Geschlecht, Religion o. Ä. gemacht werden).* **2.** *einer Sache innewohnendes Ordnungsprinzip; unveränderlicher Zusammenhang zwischen bestimmten Dingen u. Erscheinungen in der Natur:* das G. vom freien Fall; das G. von Angebot u. Nachfrage; ein ewiges G. der Natur; das war gewissermaßen das G., wonach wir 1946 antraten (Dönhoff, Ära 15; nach Goethe, Urworte. Orphisch); * **das G. der Serie** *(Wahrscheinlichkeit, dass ein bisher immer gleiches Ereignis auch weiterhin eintreten wird):* nach dem G. der Serie verliert die Mannschaft; **das G. des Handelns** *(zwingende Notwendigkeit zu handeln):* sich das G. des Handelns aufzwingen lassen; **das G. des Dschungels** *(Gesetz- u. Rechtlosigkeit; Verhaltensweise, für die jedes Mittel erlaubt scheint).* **3.** *feste Regel, Richtlinie, Richtschnur:* ein ungeschriebenes G.; Da ist es ein G. der Kollegialität, ... dass ich ihm unter die Arme greife (Maass, Gouffé 298); das ist ihm oberstes G.; sich an die -e des Dramas halten; R das ist ein G. von Medern und Persern *(das ist ein unumstößliches Gesetz, eine feste Regel).*

Ge|sẹtz|blatt, das: *Amtsblatt zur Veröffentlichung von Gesetzen u. Verordnungen.*

Ge|sẹtz|buch, das: *[großes] Buch, in dem alle Gesetze u. Verordnungen zu einem bestimmten Sachgebiet enthalten sind:* das Bürgerliche G. (Abk. BGB).

Ge|setz|ent|wurf, der: *dem Parlament vorgelegter Entwurf eines Gesetzes.*

Ge|set|zes|be|schluss, der (österr.): *Erlass eines Gesetzes:* ... kann Heeresgut erst nach einem G. des Nationalrats verkauft werden (profil 30, 1987, 63).

Ge|set|zes|bre|cher, der: vgl. Rechtsbrecher: Nach Angaben ... der Polizei wurden 603 weitere G. inhaftiert (MM 10. 8. 70, 3).

Ge|set|zes|bre|che|rin, die; -, -nen: w. Form zu ↑Gesetzesbrecher.

Ge|set|zes|hü|ter, der (scherzh.): *Polizist:* Liegt unseren -n weniger daran, dass Bürger vor Schwindlern geschützt werden (DM 5, 1966, 5).

Ge|set|zes|hü|te|rin, die (scherzh.): w. Form zu ↑Gesetzeshüter: So manche brenzlige Situation hat die G. schon überstanden (Stuttgarter Zeitung 18. 11. 94, 17).

Ge|set|zes|kraft, die ⟨o. Pl.⟩: *gesetzliche Gültigkeit:* der Entwurf hat G.

ge|set|zes|kun|dig ⟨Adj.⟩: *rechtskundig; sich in den Gesetzen auskennend.*

Ge|set|zes|lü|cke, die: *Nichtberücksichtigung, Nichterfasstsein eines bestimmten Falles, eines bestimmten Tatbestandes o. Ä. in einem Gesetz* (1).

Ge|set|zes|no|vel|le, die: *Abänderung, Ergänzung, Nachtrag zu einem Gesetz.*

Ge|set|zes|samm|lung, die: *Sammlung von Gesetzestexten.*

Ge|set|zes|spra|che, die: *Sprache, in der Gesetze verfasst werden.*

Ge|set|zes|ta|fel, die ⟨meist Pl.⟩: *steinerne Tafel, auf der Gebote od. Gesetze geschrieben sind:* Ü die große, rote Bibel des gewissen ... Karl M. mit den eigentlichen -n der Bewegung (Fischer, Wohnungen 24).

Ge|set|zes|text, der: *Text, Wortlaut eines Gesetzes.*

ge|set|zes|treu ⟨Adj.⟩: *die Gesetze befolgend.*

Ge|set|zes|treue, die: vgl. gesetzestreu.

Ge|set|zes|über|tre|tung, die: *Übertretung* (a) *eines Gesetzes.*

Ge|set|zes|vor|la|ge, die: vgl. Gesetzentwurf.

Ge|set|zes|werk, das: *alle in einem bestimmten Zusammenhang erlassenen Gesetze:* das nun ausgehandelte G. geht zulasten der Gewerkschaften (Spiegel 50, 1975, 25).

ge|setz|ge|bend ⟨Adj.⟩: *Gesetze beratend u. verabschiedend:* die -e Versammlung.

Ge|setz|ge|ber, der: *von der Verfassung bestimmtes Staatsorgan, das Gesetze erlässt:* das Parlament in seiner Funktion als G.

ge|setz|ge|be|risch ⟨Adj.⟩: *in der Funktion als Gesetzgeber; gesetzgebend:* -es Staatsorgan.

Ge|setz|ge|bung, die; -, -en: *Vorschlagen, Beraten u. Erlassen von Gesetzen:* bei der G. mitwirken.

Ge|setz|ge|bungs|ho|heit, die: *alleiniges Recht, Gesetze zu erlassen:* die G. des Parlaments.

Ge|setz|ge|bungs|ver|fah|ren, das: *Verfahren der Gesetzgebung:* ein kompliziertes G.

ge|setz|kun|dig ⟨Adj.⟩: *gesetzeskundig.*

ge|setz|lich ⟨Adj.⟩: *einem Gesetz* (1) *entsprechend; durch Gesetze geregelt, festgelegt:* -e Bestimmungen; ein -er Feiertag; die Eltern sind die -en Vertreter des Kindes; ich bin ein -er *(die Gesetze einhaltender)* Mann, ein Mann des Anstandes (Th. Mann, Joseph 313); g. verankert sein.

Ge|setz|lich|keit, die; -: **1.** *Gesetzmäßigkeit, inneres Ordnungsprinzip:* ... dass die Entwicklung mit naturnotwendiger G. zum Sozialismus führen müsse (Fraenkel, Staat 305). **2.** *durch Gesetze geregelter Zustand.*

ge|setz|los ⟨Adj.⟩: *keinerlei Gesetze achtend:* ein -er Tyrann; -e Zustände *(Zustände, in denen keinerlei Gesetze mehr geachtet werden).*

Ge|setz|lo|sig|keit, die; -, -en: **a)** ⟨o. Pl.⟩ *das Fehlen von Gesetzen od. Vorschriften:* es herrschte wilde G.; **b)** *Missachtung von Gesetzen.*

ge|setz|mä|ßig ⟨Adj.⟩: **1.** *einem inneren Gesetz folgend:* eine -e Entwicklung. **2.** *gesetzlich, rechtmäßig:* der -e Besitzer; Neben der -en Verpflichtung zur Beitragszahlung (Fraenkel, Staat 313).

Ge|setz|mä|ßig|keit, die: *das Gesetzmäßigsein* (1).

Ge|setz|samm|lung: ↑Gesetzessammlung.

ge|setzt ⟨Adj.⟩: *[aufgrund des Alters od. der Erfahrung] ruhig u. besonnen, in sich gefestigt:* ein -er älterer Herr; sie ist in -erem Alter.

Ge|setzt|heit, die; -: *das Gesetztsein.*

ge|setz|wid|rig ⟨Adj.⟩: *gegen das Gesetz verstoßend:* eine -e Handlung.

Ge|setz|wid|rig|keit, die: *das Gesetzwidrigsein.*

Ge|seuf|ze, das; -s: *[dauerndes] Seufzen.*

ges. gesch. = gesetzlich geschützt.

[1]Ge|sicht, das; -[e]s, -er [mhd., ahd. gesiht = das Sehen, Anblicken; Erscheinung, Anblick, Aussehen; Gesicht, zu ↑sehen]: **1. a)** *bes. durch Augen, Nase u. Mund geprägte Vorderseite des menschlichen Kopfes vom Kinn bis zum Haaransatz:* ein hübsches, zartes, volles, hässliches G.; sein G. strahlte; ihr G. lief vor Wut rot an, verzerrte sich; das G. abwenden, verbergen; sich jmds. G. einprägen; jmdm. ins G. sehen, starren; jmdm./(auch:) jmdn. ins G. schlagen; sich eine [Zigarette] ins G. stecken (ugs.; *eine Zigarette rauchen*); er strahlte über das ganze G. (ugs.; *sein ganzes Gesicht drückte die Freude über etw. aus*); sie saß mit einer Zeitung vor dem G. auf der Bank; (auch von bestimmten [dem Menschen ähnlichen od. nahe stehenden] Tieren:) die Katze hat ein niedliches G.; Ü es waren lauter fremde, unbekannte -er *(Leute, Menschen);* ***sein wahres G. zeigen** *(seine eigentliche Gesinnung, seinen wirklichen Charakter offen durch etw. zutage treten lassen, sich nicht mehr verstellen);* **jmdm. wie aus dem G. geschnitten sein** *(jmdm. sehr ähnlich sehen);* **jmdm. ins G. lachen** *(jmdn. mit herausforderndem, höhnischem Lachen ansehen);* **jmdm. ins G. lügen** *(jmdn. frech anlügen);* **jmdm. etw. ins G. sagen** *(jmdm. offen u. rückhaltlos etw. [Unangenehmes] sagen);* **jmdm. nicht ins G. sehen/blicken können** *(jmdm. gegenüber ein schlechtes Gewissen haben, sich jmdm. gegenüber schämen u. deshalb seinen Blick nicht ertragen können);* **jmdm. ins G. springen** (ugs.; *mit großer Wut auf jmdn. losgehen, über jmdn. herfallen, jmdn. scharf zurechtweisen*); **den Tatsachen ins G./Auge sehen** *(eine Situation realistisch einschätzen u. entsprechend handeln);* **mit dem G. in die Butter fallen** (*eine unangenehme Situation glimpflich überstehen;* wenn man fällt, ist es besser, in etw. Weiches zu fallen); **jmdm. zu Gesicht[e] stehen** *(zu jmdm. passen):* diese Äußerung steht dir schlecht zu G.; **jmdm. etw. unters G. sagen** *(jmdm. etw. ins Gesicht sagen):* Habt ihr gehört, was wir der Gräfin alles unters G. gesagt haben? (Goethe, Die Aufgeregten IV, 1); ◆ ⟨auch die; -, -en:⟩ Seine G., nicht allein von Blattern entstellt, sondern auch des einen Auges beraubt, sah man die erste Zeit nur mit Apprehension (Goethe, Dichtung u. Wahrheit 4); **b)** *Mensch (im Hinblick darauf, ob man ihn schon kennt od. nicht kennt):* ein neues, bekanntes G.; lauter fremde, unbekannte -er; **c)** (selten) *Vorder- od. Oberseite eines Gegenstands:* das Butterbrot ist aufs G. *(auf die mit Butter bestrichene Seite)* gefallen; das Buch aufs G. *(geöffnet mit der Schrift nach unten)* legen. **2.** *Miene, Gesichtsausdruck:* ein freundliches, trauriges, neugieriges G.; ein böses, beleidigtes G. machen; jmdm. etw. vom G. ablesen; ***ein hippokratisches G.** (Med.; *Gesicht eines Schwerkranken, Sterbenden;* nach dem altgriech. Arzt Hippokrates, um 460 bis um 370); **ein anderes G. aufsetzen/machen** (*freundlicher, fröhlicher schauen;* meist als Aufforderung); **das G. wahren/retten** (*den Schein wahren, so tun, als ob alles in Ordnung sei;* LÜ von engl. to save one's face); **das G. verlieren** (*durch sein [enttäuschendes] Verhalten sein Ansehen verlieren, etw. von seiner Geltung einbüßen;* LÜ von engl. to lose face; ostasiatischen Ursprungs, eigtl. = die würdige Haltung, die unbewegliche Miene verlieren): Die Bundesliga könnte allerdings jetzt dem Kompromiss zustimmen, ohne nach ihrer Boykott-Drohung das G. zu verlieren (Stuttgarter Zeitung 22. 10. 98, 10); **ein G. machen wie drei/sieben/acht/zehn/vierzehn Tage Regenwetter** *(besonders mürrisch, verdrießlich dreinblicken);* **ein langes G./lange -er machen** *(enttäuscht dreinblicken);* **ein [schiefes] G. machen** *(missvergnügt dreinblicken, seinem Missfallen Ausdruck geben);* **etw. steht jmdm. im/ins G. geschrieben** *(etw. ist bei jmdm. als Gefühlsregung o. Ä. am Gesichtsausdruck deutlich erkennbar).* **3.** *[charakteristisches] Aussehen, äußeres Erscheinungsbild:* das G. der Stadt hat sich verändert; das G. einer Epoche prägen; durch den neuen Umschlag bekam die Zeitschrift ein anderes G.; dieses Land hat viele -er *(kann sehr verschiedenartig erscheinen);* ***ein G. haben** *(das richtige, erwartete Aussehen haben):* jetzt hat die Sache ein G.; **ein anderes G. bekommen**

(in einem anderen Licht erscheinen, anders aussehen): durch diese Äußerung hat die Sache ein ganz anderes G. bekommen. **4.** ⟨o. Pl.⟩ (veraltet) *Sehvermögen, Gesichtssinn:* sein G. wird schwächer; sie hat das G. verloren *(ist erblindet);* ◆ ⟨Pl. -e:⟩ unsern -en erscheinen die lichten, die Sternlein im Tal (Goethe, Lila 2); * **das zweite G.** *(Fähigkeit, Zukünftiges vorauszusehen;* nach engl. second sight); **jmdn./etw. aus dem G. verlieren** *(jmdn./etw. nicht mehr wahrnehmen, sehen; die Verbindung mit jmdm. verlieren);* **zu G. bekommen** *(zu sehen bekommen):* ich habe den Brief nie zu G. bekommen; **jmdm. zu G. kommen** *(von jmdm. gesehen, bemerkt werden);* **etw. fällt ins G.** *(etw. fällt auf, fällt ins Auge):* Ich neigte mich, und ihr Trauring fiel mir ins G. (Goethe, Werther II, 4. Dezember); **jmdn., etw. ins G. fassen** *(jmdn., etw. [an]sehen):* Man ... drängte sich, sie ins G. zu fassen. Jedermann schien glücklich zu sein, sie anzusehn und von ihnen eines Blicks gewürdigt zu werden (Goethe, Lehrjahre II, 4); **aus dem G. sein** *(außer Sichtweite sein):* stürze mich in den Fluss, schwimm' unterm Wasser fort, bis ich glaubte, ihnen aus dem -e zu sein (Schiller, Räuber II, 3).

²Ge|sicht, das; -[e]s, -e: *Vision:* -e haben.

Ge|sichts|aus|druck, der: *Miene:* ... dass er einen Herrn vor sich habe; der gebildete G. ..., seine ... Haltung ließen keinen Zweifel daran (Th. Mann, Zauberberg 82); sie hat etwas Kühnes und Stolzes im G. (Bergengruen, Rittmeisterin 9); mit dem ernsten ... G., den er unentwegt beibehielt (Thieß, Legende 186).

Ge|sichts|bil|dung, die: *charakterisierende Form des Gesichts:* Mutschmann, dessen G. daran zweifeln ließ, ob er ein Mensch ... sei (Niekisch, Leben 130).

Ge|sichts|creme, die: *Hautcreme für das Gesicht.*

Ge|sichts|er|ker, der (ugs. scherzh.): *Nase.*

Ge|sichts|far|be, die: *Hautfarbe des Gesichts:* eine blasse G.

Ge|sichts|feld, das: **1.** *Teil eines Raumes, der mit unbewegtem Auge erfasst werden kann:* im Dom ... wählte sie einen Platz, der in Constantins G. fiel (A. Kolb, Daphne 119). **2.** (Optik) *kreisförmiges Gebiet, das man durch optische Instrumente sehen kann:* Im Dunkelfeldverfahren wird ... das Objekt nur seitlich beleuchtet. Dadurch erscheint der Grund des -es dunkel (Medizin II, 65).

Ge|sichts|form, die: *Form des Gesichts* (1 a): eine runde, ovale G.

Ge|sichts|hälf|te, die: *eine der beiden Hälften des Gesichts:* die rechte G.

Ge|sichts|haut, die: *Haut des Gesichts.*

Ge|sichts|kon|trol|le, die (ugs., oft scherzh.): *bei bestimmten Veranstaltungen, Lokalen o. Ä. für den Zutritt geübtes Auswahlverfahren, u. zwar meist nach dem äußeren Eindruck dessen, der hineingehen will:* Tagsüber öffnen sich dem Kunden in vielen Geschäften die Gittertore erst nach einer G. – er könnte ein Räuber sein (Stuttgarter Zeitung 18. 1. 97, 24).

Ge|sichts|krebs, der (Med.): *Hautkrebs im Bereich des Gesichts.*

Ge|sichts|kreis, der: **1.** *überschaubarer Umkreis:* das Auto entfernte sich aus meinem G.; Ü ich habe ihn ganz aus dem G. verloren *(treffe ihn nicht mehr, weiß nichts mehr von ihm).* **2.** (veraltet) *Horizont.* **3.** *durch Erfahrung u. Kenntnisse gewonnener geistiger Horizont:* seinen G. durch Reisen erweitern; Kübler ahnt, dass die schwäbische Tugend Sparsamkeit (= beim Reiseetat) den Verwaltungschefs auch Spott bescheren könnte – ... wenn nämlich das Schorndorfer Bürgermeistertrio als Rathaushocker mit beschränktem G. bezeichnet werden könnte (Stuttgarter Zeitung 7. 3. 97, 22).

Ge|sichts|la|ge, die (Med.): *riskante Geburtslage, bei der das Gesicht des Kindes bei der Geburt den vorangehenden Teil bildet.*

Ge|sichts|läh|mung, die: *Lähmung im Bereich der Muskulatur des Gesichts.*

ge|sichts|los ⟨Adj.⟩: **a)** *das* ¹*Gesicht* (1) *nicht erkennen lassend:* ein anderer ... blieb im Schatten der weit in die Stirn gezogenen Schirmmütze ganz g. (Bieler, Mädchenkrieg 361); **b)** *(vom Menschen) keine besonderen, charakteristischen Eigenschaften erkennen lassend:* er bahnte sich seinen Weg durch die -en Massen in den Untergrundbahnhöfen.

Ge|sichts|mas|ke, die: **1.** *vor dem Gesicht getragene Maske, Larve:* nun sah ich ... eine schwarze Pierrette mit weiß gemaltem Gesicht, ein ... Mädchen, als Einziges mit einer G. bedeckt (Hesse, Steppenwolf 200). **2.** *kosmetisches Präparat, das aufs Gesicht aufgetragen wird.* **3.** ([Eis]hockey) *vom Torhüter getragene Schutzmaske für das Gesicht.* **4.** (Med.) **a)** *Atemmaske;* **b)** *Mundschutz.*

Ge|sichts|mas|sa|ge, die: *kosmetische Massage des Gesichts.*

Ge|sichts|milch, die: *milchiges kosmetisches Präparat für das Gesicht.*

Ge|sichts|mus|kel, der: *Muskel im Bereich des Gesichts.*

Ge|sichts|nerv, der: vgl. Gesichtsmuskel.

Ge|sichts|pa|ckung, die: vgl. Gesichtsmaske (2).

Ge|sichts|par|tie, die: *Teil des Gesichts:* die obere G.

Ge|sichts|pfle|ge, die: vgl. Hautpflege.

Ge|sichts|plas|tik, die (Med.): *chirurgische Operation im Bereich des Gesichts.*

Ge|sichts|pu|der, der: *kosmetischer Puder für das Gesicht.*

Ge|sichts|punkt, der [LÜ von lat. punctum visus]: *Art u. Weise, eine Sache anzusehen u. zu beurteilen; Aspekt, unter dem eine Sache betrachtet werden kann:* persönliche -e; etw. unter einem neuen G., von einem pädagogischen G. aus betrachten.

Ge|sichts|ro|se, die (Med.): *Wundrose im Bereich des Gesichts.*

Ge|sichts|rö|te, die: *Röte der Gesichtshaut.*

Ge|sichts|schä|del, der (Anat.): *vorderer Teil des menschlichen Schädels ohne das Stirnbein.*

Ge|sichts|schnitt, der ⟨o. Pl.⟩: vgl. Gesichtsbildung: Man fand dort ihren Sohn ... vor, dessen G. erstaunlich europäischen Charakter hatte (Hauptmann, Schuß 52).

Ge|sichts|sinn, der ⟨o. Pl.⟩: *Fähigkeit von Lebewesen, mithilfe bestimmter Organe Lichtsinnesreize aufzunehmen.*

Ge|sichts|täu|schung, die: *optische Täuschung.*

Ge|sichts|ur|ne, die (Archäol.): *Tongefäß (der frühgermanischen Zeit) mit schematischer Darstellung eines Gesichts.*

Ge|sichts|ver|lust, der: *Verlust an Ansehen, Wertschätzung:* Immer wichtiger wird die Frage, ob der SPD-Landesvorsitzenden ein G. droht (Stuttgarter Zeitung 21. 1. 99, 2); Vermutlich dürfte derzeit schon mehr daran gearbeitet werden, wie man ohne -e den Pokertisch verlassen kann und wie man am besten dem politischen Gegner die Schuld des Scheiterns in die Schuhe schiebt (Stuttgarter Zeitung 27. 4. 95, 11).

Ge|sichts|was|ser, das ⟨Pl. ...wässer⟩: *kosmetische Flüssigkeit zur Reinigung u. Pflege des Gesichts.*

Ge|sichts|win|kel, der: **a)** *Winkel, unter dem ein Gegenstand dem Betrachter von seinem Standpunkt aus erscheint:* so war doch der G. so weit verbreitert, dass etwaige durch das Fenster ein- oder aussteigende Personen gesehen werden mussten (Augustin, Kopf 185); **b)** vgl. Gesichtspunkt: Wir ... sind von der Anmaßung besessen, ... von unserem engen G. aus alles ... endgültig beurteilen zu können (Molo, Frieden 146).

Ge|sichts|zug, der ⟨meist Pl.⟩: *Zug* (11): Ihre Gesichtszüge waren streng und edel (Th. Mann, Krull 223); Immerhin drückten seine Gesichtszüge entschlossene Ergebenheit aus (Kirst, 08/15, 430).

◆ **Ge|sie|del,** das; -s, - [mhd. gesidel(e), ahd. gisidili = Sitzgelegenheit(en), zu ↑siedeln]: *[Sitz]bank:* in der Stube wurden das Bett und die Winkel und das G. durchstöbert (Rosegger, Waldbauernbub 19).

Ge|sims, das; -es, -e [Kollektivbildung zu ↑Sims]: **a)** *waagerecht aus einer Mauer hervortretendes, fensterbrettartiges Bauteil zur Gliederung von Außenwänden;* **b)** *gesimsartiger Vorsprung im Fels.*

Ge|sin|de, das; -s, - [mhd. gesinde, ahd. gisindi, Kollektivbildung zu mhd. gesinde, ahd gisind(o) = Gefolgsmann; Weggefährte; Diener, Hausgenosse, zu: mhd. sint, ahd. sind = Weg, Gang, Reise; Unternehmung, zu ↑Sinn] (veraltet): *Gesamtheit der Knechte u. Mägde.*

Ge|sin|del, das; -s [Vkl. zu ↑Gesinde, urspr. = kleine Gefolgschaft, kleine (Krieger)schar] (abwertend): *Gruppe von Menschen, die als asozial, verbrecherisch o. ä. verachtet, abgelehnt wird:* lichtscheues G.; In einem Flugblatt unterstellt die Gruppe, ... man wolle sie (= Aktivisten der Punkszene) aus der Stadt vertreiben, damit »Konsumenten vom so genannten G. nicht beim Geldausgeben gestört werden« (Stuttgarter Zeitung 10. 7. 98, 24).

Ge|sin|de|ord|nung, die (hist.): *Verord-*

nung, die Lohn, Arbeitszeit o. Ä. des Gesindes regelt.

Ge|sin|de|stu|be, die (früher): *Raum im Bauernhaus für das Gesinde.*

Ge|sin|ge, das; -s (ugs. abwertend): *[dauerndes] Singen:* Sie stimmten ... ihr wüstes G. an, um uns zu feiern oder zu ärgern (Seghers, Transit 67).

ge|sinnt ⟨Adj.⟩ [mhd. gesinnet = mit Sinn u. Verstand begabt, zu ↑Sinn]: *von, mit bestimmter Gesinnung:* ein sozial -er Politiker; christlich g. sein; ich bin anders g. als du; ***jmdm./**(selten:) **gegen jmdn. g. sein** *(gegenüber jmdm. in bestimmter Weise eingestellt sein):* jmdm. freundlich, übel g. sein; der ihm günstig -e Chef.

Ge|sin|nung, die; -, -en [zu veraltet gesinnen = an etw. denken]: *Haltung, die jmd. einem anderen od. einer Sache gegenüber grundsätzlich einnimmt; geistige u. sittliche Grundeinstellung eines Menschen:* eine freiheitliche, fortschrittliche, niedrige G.; ich kenne seine politische G. nicht; seine G. wechseln; eine freundliche G. für, gegen jmdn. haben (veraltet; *jmdm. freundlich gesinnt sein*).

Ge|sin|nungs|ethik, die: *Moralphilosophie, die die sittliche Qualität einer Handlung allein bzw. primär nach der ihr zugrunde liegenden Gesinnung, d. h. nach dem subjektiven Wissen u. Wollen des handelnden Individuums bemisst:* Im Gegensatz zu Frankreich wird in Deutschland das Problem des von Zuwanderern (= aus moslemischen Ländern) eingeführten Fundamentalismus durch eine Kombination aus deutscher Fremdenfeindlichkeit und deutscher G. kompliziert (Spiegel 5, 1993, 127).

Ge|sin|nungs|ethi|ker, der: *Anhänger, Vertreter der Gesinnungsethik.*

Ge|sin|nungs|ethi|ke|rin, die: w. Form zu ↑Gesinnungsethiker.

ge|sin|nungs|ethisch ⟨Adj.⟩: *die Gesinnungsethik betreffend, darauf beruhend:* ... prallt Ausländerhass, der Deutschland in eine Festung gegen Fremde verwandeln will, auf deutsche -e Fremdenliebe (Spiegel 5, 1993, 127).

Ge|sin|nungs|freund, der: vgl. Gesinnungsgenosse.

Ge|sin|nungs|freun|din, die: w. Form zu ↑Gesinnungsfreund.

Ge|sin|nungs|ge|nos|se, der: *jmd., dessen [politische] Gesinnung man teilt.*

Ge|sin|nungs|ge|nos|sin, die: w. Form zu ↑Gesinnungsgenosse.

ge|sin|nungs|los ⟨Adj.⟩ (abwertend): *ohne sittliche Grundsätze:* ein -er Lump; Vielleicht fühlt auch er sich, dessen bloß pragmatisches Taktieren oft kritisiert wurde, heute als Stein im Getriebe der noch -er Taktierenden (Berliner Zeitung 28. 8. 98, 14).

Ge|sin|nungs|lo|sig|keit, die; -: *das Gesinnungslossein.*

Ge|sin|nungs|lump, der (abwertend): *jmd., der seine Gesinnung der jeweiligen Lage anpasst:* Ein Starenkasten ist nicht nur eine Nisthöhle, sondern auch eine Falle. Und ein Wendehals ist nicht nur ein Vogel, sondern auch ein G. (FR 13. 1. 96, 1); Überhaupt darf man sich Satiriker nicht als charakterliche Hochgewächse denken; auch Spießer können scharfe Beobachter sein, und ihre schwer zu bezähmende Lust, fremde wie auch eigene Nester satirisch zu beschmutzen, stempelt sie beizeiten zu -en (Stuttgarter Zeitung 6. 4. 96, 49).

Ge|sin|nungs|lum|pe|rei, die: vgl. Gesinnungslump: Im Namen von »Zucht und Sitte« sind die Nationalsozialisten mit ihren »Feuersprüchen« am 10. Mai 1933 ... überall im Reich »gegen G. und politischen Verrat« zu Felde gezogen (FR 11. 5. 93, 1).

Ge|sin|nungs|schnüf|fe|lei, die (ugs. abwertend): *heimliche Nachforschungen, Ermittlungen, die angestellt werden, um jmds. [politische] Gesinnung in Erfahrung zu bringen:* die neuen Verfassungsschutzgesetze, »die G. erleichtern« (Spiegel 35, 1976, 143).

Ge|sin|nungs|tä|ter, der: *jmd., der aus einer politischen o. ä. Überzeugung heraus [nach geltendem Recht strafbar] handelt.*

Ge|sin|nungs|tä|te|rin, die: w. Form zu ↑Gesinnungstäter: Doch die Regisseurin und künstlerische Leiterin des hoch subventionierten Privattheaters am oberen Kurfürstendamm ist eine G., ohne Kompromisse setzt sie ihre Stücke, ihren Kunstwillen durch (FR 26. 5. 93, 9).

ge|sin|nungs|treu ⟨Adj.⟩: *einer Gesinnung treu bleibend.*

Ge|sin|nungs|treue, die: *gesinnungstreue Haltung.*

Ge|sin|nungs|wan|del, der: *Wandel der [politischen] Einstellung.*

Ge|sin|nungs|wech|sel, der: vgl. Gesinnungswandel.

ge|sit|tet ⟨Adj.⟩ [mhd. gesitet = gesittet, geartet, ahd. gesit = geartet, eigtl. 2. Part. von (gi)siton = bewirken, tun, zu ↑Sitte]: *sich den guten Sitten entsprechend benehmend, kultiviert, wohlerzogen:* ein -es Benehmen; -e *(zivilisierte)* Völker; damit wir mit euch darin von Sinnen kommen und zwei -e Wesen sich aufführen wie Menschenfresser (Th. Mann, Krull 409); manch einer meint, Kinder sollten sich g. aufführen.

Ge|sit|tung, die; - (geh.): *gesittetes Wesen, zivilisiertes Verhalten; Kultiviertheit:* Mit den Maßstäben der humanistischen G. dürfe man da nicht herantreten (Th. Mann, Zauberberg 697).

Ge|sit|ze, das; -s (ugs. abwertend): *längeres Sitzen[müssen].*

Ge|socks, das; -[es] [H. u., viell. zu veraltet socken = [davon]laufen, also eigtl. = umherziehendes Volk] (salopp abwertend): *bestimmte Gruppe von Menschen, die als asozial, verbrecherisch o. ä. verachtet od. abgelehnt wird; Gesindel,* [2]*Pack:* Nun aber raus mit dem G.! (Bobrowski, Mühle 254).

Ge|söff, das; -[e]s, -e [zu veraltet Soff, zu ↑Suff] (salopp abwertend): *schlecht schmeckendes Getränk:* ein übles G.; aber das süße G., das sie dort vorgesetzt bekamen, war nichts für sie gewesen (Ott, Haie 135).

ge|sof|fen: ↑saufen.

ge|so|gen: ↑saugen.

ge|son|dert ⟨Adj.⟩: *von etw. anderem getrennt, extra, für sich:* -e Abrechnungen; etw. g. betrachten, verwalten, verpacken.

ge|son|nen [2: 2. Part. zu veraltet gesinnen = streben, trachten < mhd. gesinnen, ahd. gesinnan, zu ↑Sinn]: **1.** ↑sinnen. **2.** ⟨Adj.⟩ **g. sein, etw. zu tun** *(die Absicht haben, gewillt sein, etw. zu tun):* ich bin nicht g., meinen Plan aufzugeben; ob er g. sei, mich als Pensionär bei sich aufzunehmen (K. Mann, Wendepunkt 126).

ge|sot|ten: ↑sieden.

Ge|sot|te|ne, das; -n ⟨Dekl. ↑[2]Junge, das⟩ (landsch.): *gekochtes Fleisch:* »Nichts Gebratenes und -s«, legte Matthieu ihren Abschlag aus (Jahnn, Nacht 82).

[1]**Ge|span,** der; -[e]s u. -en, -e[n] [mhd. gespan = Gefährte, Genosse; wahrsch. verw. mit ↑spannen, also eigtl. = der mit (einem anderen) eingespannt ist] (veraltet): *Mitarbeiter; Genosse:* Heuchelten die -en, oder war ich allein mit meinem Missbehagen? (Dessauer, Herkun 108).

[2]**Ge|span,** der; -[e]s, -e [ung. ispán, aus dem Slaw., vgl. russ. župan = Vorsteher eines Gaues] (früher): *ungarischer Verwaltungsbeamter.*

Ge|spän|ge, das; -s [Kollektivbildung zu ↑Spange]: *Spangenwerk.*

Ge|spän|lein, das; -s, - [zu ↑[1]Gespan] (schweiz.): *[gleichaltriger] Spielgefährte.*

Ge|spann, das; -[e]s, -e [zu ↑spannen]: **1. a)** *vor einen Wagen o. Ä. gespannte Zugtiere:* ein G. Pferde; man denke an die todkranken Schlittenhunde, die ihren Platz im G. um keinen Preis aufgeben wollen (Lorenz, Verhalten I, 98); **b)** *Wagen mit einem Gespann* (1 a): ein G. mit vier Pferden; Ü wenn Sie statt der 1000 kg Anhängerlast ... 600 bis 650 kg fahren, werden Sie ein reise- und bergfreudiges G. *(Auto mit Anhänger)* haben (auto 7, 1965, 54). **2.** *zwei auf bestimmte Weise zusammengehörende Menschen:* diese beiden sind ja ein merkwürdiges G. **3.** (schweiz.) *Lattengerüst.* ◆ **4.** ⟨der; -[e]s, -e⟩ [1]*Gespan:* In der Lebhaftigkeit meiner Vorstellung erzählte ich alles meinen -en (Goethe, Lehrjahre I, 7).

◆ **Ge|spann|schaft,** die; -, -en [zu ↑Gespann (4)]: *Kameradschaft* (2): Die Zerstreuungen der Jugend, da meine G. sich zu vermehren anfing, taten dem einsamen stillen Vergnügen Eintrag (Goethe, Lehrjahre I, 7).

ge|spannt ⟨Adj.⟩ [zu ↑spannen]: **1.** *voller Erwartung den Ablauf eines Geschehens verfolgend; aus Neugierde aufmerksam:* -e Erwartung; ich bin g., ob es ihr gelingt; Nun darf man darauf g. sein, wer einspringen und den Auftrag übernehmen wird (CCI 9, 1997, 4); er blickt sie g. an; sie verfolgten g. das Geschehen. **2.** *von einem latenten Konflikt, von Gereiztheit zeugend:* -e Beziehungen; Zwischen den beiden Gesangvereinen herrschte ein -es Verhältnis (Niekisch, Leben 11); die Lage wird immer -er; ◆ ***mit jmdm. g. sein** *(mit jmdm. Differenzen haben):* Wir sind ein wenig g., ... verschiedne Ansichten (Büchner, Dantons Tod II, 3).

Ge|spannt|heit, die; -: **1.** *das Gespanntsein* (1); *erwartungsvolle Neugier, Aufmerksamkeit:* waren alle Gesichter mit einer schweigenden G. auf Herrn von Balk gerichtet (Wiechert, Jeromin-Kinder 916). **2.** *das Gespanntsein* (2); *Gereiztheit:* wir trennten uns bald und in deutlicher G. (Rinser, Mitte 94).

Ge|span|schaft, die; -, -en (veraltet): *Komitat.*

◆ **Ge|sparr,** das; -[e]s, -e: *Gesamtheit der Dachsparren:* Das G. kracht (Goethe, Pandora 855).

Ge|spär|re, das; -s [mhd. gesparre, zu ↑Sparren] (Bauw.): *ein Paar sich gegenüberliegende Dachsparren.*

Ge|spenst, das; -[e]s, -er [mhd. gespenst(e), ahd. gispensti = (Ver)lockung, (teuflisches) Trugbild, zu mhd. spanen, ahd. spanan = locken, reizen, eigtl. = anziehen, verw. mit ↑spannen]: *Furcht erregendes Spukwesen [in Menschengestalt];* [2]*Geist* (3): im alten Schloss geht ein G. um; du siehst aus wie ein G. *(sehr schlecht, bleich);* [nicht] an -er glauben; Ü Ein G. geht um in der Bundesrepublik: Weimar. Bald 5 Millionen Arbeitslose (Woche 14. 2. 97, 29; nach den Anfangsworten des Kommunistischen Manifests von K. Marx u. F. Engels: Ein G. geht um in Europa – das G. des Kommunismus); * **-er sehen** *(Dinge sehen, die gar nicht da sind; unbegründet Angst haben, sich unnötige Sorgen machen).*

Ge|spens|ter|furcht, die: *Furcht vor Gespenstern.*

Ge|spens|ter|ge|schich|te, die: *[literarisch gestaltete] Darstellung unheimlicher Begebenheiten.*

Ge|spens|ter|glau|be[n], der: *fester Glaube an die Existenz von Gespenstern.*

ge|spens|ter|haft ‹Adj.›: *wie von Gespenstern herrührend; unheimlich:* eine -e Erscheinung.

ge|spens|tern ‹sw. V.›: **a)** *als Gespenst umherirren; spuken* ‹hat›: der tote Graf soll wieder im Schloss gespenstert haben; **b)** *sich gespensterhaft bewegen* ‹ist›: die Augen zu Boden gesenkt, über dessen dunkles Muster das todesmatte Licht einer Funzel gespensterte (Fussenegger, Zeit 232).

Ge|spens|ter|reich, das: vgl. Geisterreich.

Ge|spens|ter|schiff, das: *Schiff, das der Sage nach mit einer Besatzung von Toten auf dem Meer treibt.*

Ge|spens|ter|stun|de, die: *Stunde zwischen Mitternacht und ein Uhr.*

ge|spens|tig: ↑gespenstisch.

ge|spens|tisch ‹Adj.› [mhd. gespenstec = verführerisch, zauberisch]: *unheimlich, düster drohend; Furcht erregend:* ein -er Friedhof; g. aussehen; die Präzision, mit der das Verbrechen ablief, war g. *(war in einer als unheimlich empfundenen Weise schlimm);* Es ist g., dass fast nichts so zuverlässig funktioniert wie die Mechanismen der Vorurteile (Kant, Impressum 303).

ge|sper|bert ‹Adj.› (Jägerspr.): *in der Art eines Sperbers gezeichnet:* -es Gefieder.

Ge|sper|re, das; -s, - [mhd. gesperre = das Sperrende, zu ↑sperren]: **1.** (Technik) *Sperrgetriebe.* **2.** (Jägerspr.) *(bei Auerwild, Birkwild; Fasanen) Junge mit Henne [u. Hahn].*

ge|spie|ben: ↑speiben.

ge|spie|en, gespien: ↑speien.

[1]**Ge|spie|le,** das; -s (ugs. abwertend): *[dauerndes] Spielen.*

[2]**Ge|spie|le,** der; -n, -n [mhd. gespil(e) = Spielgefährte, Gespielin] (veraltend): **1. a)** *jmd., der als Kind mit einem anderen Kind häufig zusammenkommt u. mit ihm gemeinsam spielt; Spielkamerad;* **b)** *Vertrauter, enger Freund.* **2.** (scherzh.) [1]*Geliebter* (1 a).

Ge|spie|lin, die; -, -nen (veraltend): w. Form zu ↑[2]Gespiele.

ge|spien: ↑gespieen.

Ge|spinst, das; -[e]s, -e [mhd. gespunst, zu ↑spinnen]: **a)** *etw. Gesponnenes; zartes Gewebe, Netzwerk:* ein feines, durchsichtiges G.; Ü behutsam suchte er das feine G. seines Traumes festzuhalten (Plievier, Stalingrad 49); **b)** (Textilind.) *endloser Faden.*

Ge|spinst|fa|ser, die: *Faser, die man spinnen kann.*

Ge|spinst|pflan|ze, die: *Pflanze, die Gespinstfasern liefert.*

ge|splis|sen: ↑spleißen.

ge|spon|nen: ↑spinnen.

[1]**Ge|spons,** der; -es, -e [mhd. gespons, gespunse = Bräutigam, Braut < lat. sponsus, sponsa] (veraltet, noch scherzh.): *Bräutigam, Ehemann:* Die Holde entschlüpft ihm und seinen eifersüchtigen Vorhaltungen mit einem unkomplizierteren G. (MM 18. 1. 69, 10).

[2]**Ge|spons,** das; -es, -e (veraltet, noch scherzh.): *Braut, Ehefrau:* wo hast du dein G. gelassen?

ge|spon|sert: ↑sponsern.

ge|spornt: 1. ↑spornen. **2.** vgl. gestiefelt.

Ge|spött, das; -[e]s [mhd. gespötte, zu ↑spotten]: *Spott, Hohn:* sein G. mit jmdm. treiben; ***jmdn. zum G. machen** *(bewirken, dass jmd. Gegenstand des Spottes wird);* **zum G. werden,** (selten:) **jmds. G. sein/werden** *([sich lächerlich machen u.] von andern verspottet werden):* Die Tirpitz war das G. der Stralsunder (Fallada, Herr 51); ... dass sie mit dem Gesicht im Nacken herumlaufen und das G. der Leute werden (Th. Mann, Tod 140).

Ge|spöt|tel, das; -s: *Spöttelei:* es ist das arrogante G. eines Snobs, der sich erhaben dünkt über seine Volksgenossen (Enzensberger, Einzelheiten I, 171).

Ge|spräch, das; -[e]s, -e [mhd. gespræche, ahd. gisprāchi = Rede, Unterredung, zu ↑sprechen]: **1.** *mündlicher Gedankenaustausch in Rede u. Gegenrede über ein bestimmtes Thema:* ein offenes, politisches, geistreiches, vertrauliches G.; das G. plätschert dahin, versiegt; die -e drehten sich um die gegenwärtige politische Lage; das Ereignis war das G. *(der Gesprächsstoff)* des Tages, des ganzen Ortes; das G. auf etw. bringen; ein G. mit jmdm., ein G. über etw.; die -e *(politischen Gespräche, Verhandlungen)* zwischen Washington und Moskau; ein G. führen, beginnen; das G. beenden, unterbrechen, wieder aufnehmen; Gegenstand unseres -s waren die Wahlen; er konnte dem G. nicht folgen; ... dass an die Aufnahme solcher -e *(unverbindlicher Verhandlungen)* gar nicht zu denken wäre (Dönhoff, Ära 56); sich an einem G. beteiligen; lass dich nicht auf/in ein G. mit ihm ein!; in ein G. vertieft sein; sich in ein G. einmischen; jmdn. in ein G. verwickeln, ziehen; mit jmdm. ins G. kommen *(sich mit jmdm. unterhalten);* * **mit jmdm. im G. bleiben** *(mit jmdm. in Kontakt bleiben);* **im G. sein** *(Gegenstand von [öffentlich diskutierten] Verhandlungen sein):* er ist als Nachfolger im G.; der Bau einer neuen Straße ist im Gemeinderat seit längerem im G. **2.** *Telefongespräch:* ein dienstliches, privates, dringendes G.; das G. kostet 90 Pfennig, wurde unterbrochen; ein G. nach Paris vermitteln; ein G. mit London *(mit einem Teilnehmer in London)* führen; legen Sie das G. auf mein Zimmer!; er wartete auf ein G. aus, mit Berlin. **3.** (ugs.) *Gegenstand eines Gesprächs; besprochenes Ereignis:* die Affäre wurde G., wurde zum G. der ganzen Stadt.

ge|sprä|chig ‹Adj.› [spätmhd. gespræchec, zu mhd. gespræche < ahd. gisprāchi = beredt]: *zum Reden, Erzählen aufgelegt, gern bereit:* ein -er älterer Herr; du bist heute aber nicht sehr g.; Dass Daphne sich ihr gegenüber so g. zeigte (A. Kolb, Daphne 96); Die beiden Männer ... haben viele weite -e Spaziergänge *(Spaziergänge, bei denen sie gesprächig waren)* ... gemacht (Fussenegger, Zeit 137).

Ge|sprä|chig|keit, die; -: *das Gesprächigsein, gesprächiges Wesen:* Frau Stöhr ... legte eine fast wilde G. an den Tag (Th. Mann, Zauberberg 243).

ge|sprächs|be|reit ‹Adj.›: *Bereitschaft zu einem Gespräch* (1) *zeigend.*

Ge|sprächs|be|reit|schaft, die: *Bereitschaft zu einem Gespräch* (1): G. zeigen.

Ge|sprächs|dau|er, die: *Dauer eines Telefongesprächs:* für die Berechnung der Gebühren ist die G. ausschlaggebend.

Ge|sprächs|ein|heit, die: *Gebühreneinheit für ein Telefongespräch.*

ge|sprächs|fä|hig ‹Adj.›: *fähig, in der Lage, ein Gespräch* (1) *zu führen, sich daran zu beteiligen:* Das neue Image der Sieger zeigt den -en Manager, der sich als oberster Dienstleister seines Unternehmens versteht (Höhler, Sieger 241); ... dass Frauen erwachsen wurden und bereit sind mitzuarbeiten. Sie sind -er geworden (EKB 29. 9. 85, 606).

Ge|sprächs|fä|hig|keit, die ‹o. Pl.›: *Fähigkeit zu einem Gespräch* (1): Eine Ideologiekritik ... kann leicht von einem Instrument der Wahrheitsfindung zu einem der Rechthaberei werden. Nur zu oft stört sie die G., statt ihr neue Wege zu öffnen (Sloterdijk, Kritik 60).

Ge|sprächs|fet|zen, der: *aus dem Zusammenhang gerissener Teil eines Gesprächs* (1): erinnern werde ich mich ... an fremde G. und an die grässliche Musik (Johnson, Mutmaßungen 168).

Ge|sprächs|form, die ‹Pl. selten›: *Dar-*

stellungsform des Gesprächs (1): ein Roman in G.

Ge|sprä̲chs|ge|bühr, die: *für ein Telefongespräch zu zahlendes Entgelt.*

Ge|sprä̲chs|ge|gen|stand, der: *Gesprächsthema:* Der bevorzugte G. sind Mädchen (K. Mann, Wendepunkt 397).

Ge|sprä̲chs|grund|la|ge, die: vgl. Diskussionsgrundlage: Aber auch die US-Regierung und die Europäische Gemeinschaft haben den Vorschlag der Opposition und der Kirche der Regierung Pinochet als eine sehr geeignete G. empfohlen (Basler Zeitung 2. 10. 85, 7).

Ge|sprä̲chs|kreis, der: *Gruppe von Personen, die gemeinsame Gespräche* (1) *führen.*

Ge|sprä̲chs|lei|ter, der: vgl. Diskussionsleiter.

Ge|sprä̲chs|lei|te|rin, die: w. Form zu ↑Gesprächsleiter.

Ge|sprä̲chs|par|ti|kel, die (Sprachw.): *Partikel ohne eigentliche Bedeutung, die in einem Gespräch benutzt wird, um Pausen zu überbrücken od. dem Gesprächspartner eine Information darüber zu geben, ob u. wie eine Äußerung aufgenommen worden ist; Expletiv* (z. B. äh, aha).

Ge|sprä̲chs|part|ner, der: *jmd., mit dem man ein Gespräch* (1) *führt:* älteren Leuten fehlt oft ein G.; Er machte Meldung bei Hauptmann Weber, dem Kompaniechef. Der aber teilte ihm ... mit, er sei nicht der richtige G. (*er sei dafür nicht der zuständige, geeignete Mann;* Spiegel 18, 1976, 38).

Ge|sprä̲chs|part|ne|rin, die: w. Form zu ↑Gesprächspartner.

Ge|sprä̲chs|pau|se, die: *Pause in einem Gespräch.*

Ge|sprä̲chs|psy|cho|the|ra|pie, die: *Gesprächstherapie:* Eine Sonderform der Psychobehandlung, die G., gewinnt immer mehr Anhänger (Spiegel 42, 1974, 170).

Ge|sprä̲chs|run|de, die: vgl. Diskussionsrunde.

Ge|sprä̲chs|stoff, der: *Stoff* (4b) *eines Gesprächs:* sie hatten genügend G.

Ge|sprä̲chs|teil|neh|mer, der: *jmd., der an einem Gespräch* (1) *teilnimmt.*

Ge|sprä̲chs|teil|neh|me|rin, die: w. Form zu ↑Gesprächsteilnehmer.

Ge|sprä̲chs|the|ma, das: *Thema eines Gesprächs:* Nein, dieser Wahlkampf ist kein G. in den Städten des Ruhrgebiets (Welt 30. 7. 62, 3); ein unerschöpfliches G.; die Flugzeugentführung war G. Nummer eins.

Ge|sprä̲chs|the|ra|peut, der: *Psychotherapeut, der die Gesprächstherapie anwendet.*

Ge|sprä̲chs|the|ra|peu|tin, die: w. Form zu ↑Gesprächstherapeut.

ge|sprä̲chs|the|ra|peu|tisch ⟨Adj.⟩: *die Gesprächstherapie betreffend, dazu gehörend, darauf beruhend.*

Ge|sprä̲chs|the|ra|pie, die (Psych.): *psychotherapeutische Methode, bei der der Patient durch Gespräche* (1) *seine Probleme selbst erkennen u. lösen soll.*

ge|sprä̲chs|wei|se ⟨Adv.⟩: *durch ein Gespräch* (1); *während, im Laufe eines Gesprächs* (1): ich habe g. davon erfahren.

Ge|sprä̲chs|zäh|ler, der (Fernspr.): *Zählwerk, das die Gebühreneinheiten bei Telefongesprächen zählt.*

Ge|sprä̲chs|zeit, die: vgl. Gesprächsdauer: ... hatte ich, sobald die kleine Leuchtschrift (»G. läuft ab«) sichtbar wurde, eine Münze nachgeworfen (Simmel, Stoff 193).

Ge|sprä̲chs|zeit|mes|ser, der (Fernspr.): *Zählwerk, das die Dauer von handvermittelten Ferngesprächen registriert.*

ge|spre̲izt ⟨Adj.⟩ (abwertend): *[in der Ausdrucksweise] geziert u. unnatürlich:* -er Stil; Ich bemühte mich ehrlich, wenngleich immer noch mit -em und unangemessenem Vokabular (K. Mann, Wendepunkt 73); Reuss und Stängle korrigieren aber vermeintliche Textfehler nur dort nicht, wo sie einen tieferen Sinn zu erkennen glauben. Dieser wird dann in hochdifferenzierten, keineswegs -eren Überlegungen als in der Germanistik üblich dargelegt (Stuttgarter Zeitung 2. 12. 93, 15); sich g. benehmen.

Ge|spre̲izt|heit, die; -: *das Gespreiztsein.*

Ge|sprẹn|ge, das; -s, - [1, 2: zu ↑sprengen in der urspr. Bed. »von der geraden Linie abspringen (machen)«; 3: wohl zu veraltet niederd. sprengen = einen Balken in gebogener Form aus einem Stamm heraussägen]: **1.** (Archit.) *feingliedriger, aus Holz geschnitzter, turmartiger Aufbau auf spätgotischen Flügelaltären.* **2.** (Bergmannsspr.) *steil aufsteigendes Gebirge* (2). **3.** (Bauw.) *Dachstuhl od. Wand mit Sprengwerk.*

ge|sprẹn|kelt ⟨Adj.⟩ [zu ↑Sprenkel]: *Sprenkel aufweisend:* -e Vogeleier; die Krawatte ist bunt g.; Ü die Tribüne der Rennbahn war von Leinenkleidern g. (Bieler, Mädchenkrieg 356).

Ge|sprịtz|te, Gspritzte, der; -n, -n ⟨Dekl. ↑Abgeordnete⟩ (bes. südd., österr.): *Wein mit Mineralwasser:* Früher war alles anders. ... Da saßen die Leute stundenlang bei ungezählten Gspritzten zusammen (profil 13, 1998, 70).

ge|spro̲|chen: ↑sprechen.

ge|spro̲s|sen: ↑²sprießen.

Ge|spru̲|del, das; -s: *das [Hervor]sprudeln.*

Ge|sprü̲h, das; -s: **1.** *[dauerndes] Sprühen.* **2.** *sehr feiner Regen, Schnee o. Ä.:* Unterm Exerzierschuppen ... jagte der Wind ... eisiges G. ziemlich weit unters Dach (A. Zweig, Grischa 351); Ü Der Geruch von Parfum, Schmuck. Das G. von Diamanten (Remarque, Triomphe 434).

ge|spru̲n|gen: ↑springen.

Ge|spü̲r, das; -s [mhd. gespür = Spur (1a)]: *Fähigkeit, einen verborgenen, nicht deutlich sichtbaren Sachverhalt gefühlsmäßig zu erfassen; Gefühl* (3b): ein feines, sicheres G. für etw. haben; Mit psychologischem G. wählten die Planer des Bundesverteidigungsministeriums die Truppenbezeichnung (Spiegel 4, 1966, 17); ohne G. für die Zusammenhänge.

Ges|so|pain|ting [ˈdʒɛsoʊpeɪntɪŋ], das; -s [engl. gessopainting, aus: gesso = Gips < ital. gesso < lat. gypsum (↑Gips) u. painting = Malerei] (Kunstw.): *von englischen Malern des 19. Jh.s wieder aufgegriffene Maltechnik des Mittelalters, bei der durch Grundierung mit Gips ein Flachrelief entsteht, das dann bemalt wird.*

Gẹst, der; -[e]s od. die; - [mniederdt. gest, mit mhd. gest = (gärender) Schaum, Nebenf. von mhd. jest, ↑Gischt] (landsch., bes. nordd.): *Hefe.*

gest. = gestorben (Zeichen: †).

Ge|sta̲|de, das; -s, - [mhd. gestat, Kollektivbildung zu: stade, ahd. stad(o) = Ufer, zu ↑stehen] (dichter.): *Teil des festen Landes, der an das Wasser grenzt; Küste, Ufer:* ... rundete sich erst das Bild eines prähistorischen Kulturkreises, der einst die G. des Mittelmeeres beherrscht hatte (Ceram, Götter 65).

ge|sta̲f|felt: ↑staffeln.

Ges|ta|ge̲n, das; -s, -e [zu lat. gestatio = das Tragen u. ↑-gen]: *Hormon, das der Vorbereitung u. Erhaltung der Schwangerschaft dient.*

Ge|sta̲lt, die; -, -en [mhd. gestalt = Aussehen, Beschaffenheit; Person, Substantivierung von: gestalt, ahd. gistalt, 2. Part. von ↑stellen]: **1.** ⟨Pl. selten⟩ *sichtbare äußere Erscheinung des Menschen im Hinblick auf die Art des Wuchses:* eine untersetzte, schmächtige G.; zierlich von G.; der Teufel in [der] G. der Schlange *(in der Schlange verkörpert).* **2.** *unbekannte, nicht näher zu identifizierende Person:* vermummte, armselige, hohlwangige -en; eine dunkle G. kam näher; Und doch dringt von der reglosen G. da drüben eine Gefahr zu ihr herüber (Fallada, Mann 245). **3. a)** *Persönlichkeit, wie sie sich im Bewusstsein anderer herausgebildet hat:* die G. Caesars; die großen -en der Geschichte; **b)** *von einem Dichter o. Ä. geschaffene Figur:* die zentrale G. eines Romans; die Armen, die gebeugt die Schiffe hinaufzogen, sind zu -en russischer Romantik geworden (Koeppen, Rußland 117). **4.** ⟨Pl. selten⟩ *Form, die etw. hat, in der etw. erscheint; sichtbare Form eines Stoffes:* in schwermütigen Liedern G. gewordene Melancholie; Er lächelte über diese voreilige Bekräftigung einer Absicht, deren G. erst ausreifen musste (Musil, Mann 549); der Grundriss der Kirche hat die G. eines Achtecks; ***G. annehmen/gewinnen** *(sich mit der Zeit deutlicher gestalten u. Wirklichkeit werden):* der Plan nimmt allmählich G. an; **einer Sache G. geben/verleihen** *(etw. deutlich, wirklich werden lassen):* bedeutender aber ist die Schwierigkeit, dieser Erinnerung G. zu verleihen (Hagelstange, Spielball 217); **in G. von/in G. einer Sache** *(das Aussehen, die Erscheinung, Form habend von; erscheinend, vorhanden seiend als):* Gas wurde in G. von aufsteigenden Bläschen sichtbar; (Papierdt.:) Unterstützung in G. von Nahrungsmitteln; eine Meldung in G. eines Funkspruchs; das Abendmahl in beiderlei G. (ev. Kirche; *in Form von Brot u. Wein*); **sich in seiner wahren G. zeigen** *(zeigen, wer man wirklich ist; sich entlarven).*

ge|stalt|bar ⟨Adj.⟩: *sich gestalten* (1) *lassend:* ein -er Raum.

ge|stal|ten ⟨sw. V.; hat⟩: **1.** *einer Sache eine bestimmte Form, ein bestimmtes Aussehen geben:* ein Thema dichterisch g.; den Abend abwechslungsreich g.; eine Lage erträglich g. *(Schwierigkeiten o. Ä. in Grenzen halten).* **2.** ⟨g. + sich⟩ *sich in einer bestimmten Art entwickeln; werden:* Oft geschah es auch, dass ein Abstieg sich weit schwieriger gestaltete als ein Aufstieg (Nigg, Wiederkehr 56); ... begann in seinem Innern ein anderes Bild sich zu g. (Hesse, Narziß 204).

Ge|stal|ten|fül|le, die: *Fülle von Gestalten* (3): ein Roman mit einer verwirrenden G.

ge|stal|ten|reich ⟨Adj.⟩: *eine Fülle von Gestalten* (3) *aufweisend.*

Ge|stal|ter, der; -s, -: *jmd., der etw. gestaltet:* der G. eines Films, Kunstwerks; Der Mensch gehört zur Natur; er ist ihr Glied und zugleich ihr G. (Thienemann, Umwelt 110).

Ge|stal|te|rin, die; -, -nen: w. Form zu ↑Gestalter.

ge|stal|te|risch ⟨Adj.⟩: *die Gestaltung betreffend; künstlerisch:* seine -en Fähigkeiten; Das weiße Band ... setzt sich aus Einbauleuchten zusammen, die ... zugleich ein -es Element bilden (Wohnfibel 90).

ge|stalt|haft ⟨Adj.⟩: *wie eine Gestalt* (1) *wirkend:* eine -e Erscheinung.

ge|stalt|lich ⟨Adj.⟩: *die Gestalt, Form betreffend:* Durch irgendeine -e Verwandtschaft bemächtigte sich dabei ihres Gemüts auch die unheimliche Stimmung wieder (Musil, Mann 1198).

ge|stalt|los ⟨Adj.⟩: *keine klar umrissene Form aufweisend:* Die Leute ... sahen die Staffeln ... scharf wie gestochen gegen die -e Wolkendecke (Gaiser, Jagd 165); Ü Für gewisse Posten werden eben möglichst unprofilierte, sozusagen -e Figuren gesucht (Dönhoff, Ära 33).

Ge|stalt|lo|sig|keit, die; -: *das Gestaltlossein.*

Ge|stalt|psy|cho|lo|gie, die: *psychologische Forschungsrichtung, nach der Erleben u. Verhalten sich in Ganzheiten vollziehen:* die von der G. für die Wahrnehmung nachgewiesene »Prägnanztendenz« (Gehlen, Zeitalter 48).

Ge|stal|tung, die; -, -en: **1.** ⟨Pl. selten⟩ *das Gestalten* (1), *Gestaltetsein:* die geschmackvolle G. einer Galerie; die G. des Unterrichts, einer Sozialordnung, des kirchlichen Lebens; die äußere G. einer Zeitschrift. **2.** (seltener) *etw. Gestaltetes, gestaltete Einheit:* Der Mensch ist ja keine feste und dauernde G. (Hesse, Steppenwolf 25).

Ge|stal|tungs|ele|ment, das: *gestalterisches Element:* diese Elemente wirken als Einbauten, sind -e des Raumes (Wohnfibel 58).

Ge|stal|tungs|form, die: *Form der Gestaltung:* beide (= Begriffe) haben auch ihre Wurzeln in politischen -en der griechisch-römischen Antike (Fraenkel, Staat 79).

Ge|stal|tungs|kraft, die ⟨o. Pl.⟩: *künstlerische Fähigkeit, etw. zu gestalten.*

Ge|stal|tungs|prin|zip, das: *Prinzip, nach dem etw. gestaltet ist:* das Widerstandsrecht als vor- und überstaatliches Menschen- und Freiheitsrecht wie als politisches G. (Fraenkel, Staat 372).

Ge|stalt|wan|del, der (Med.): *sich mit den Vorgängen in den einzelnen Entwicklungsstufen vollziehende Wandlung der körperlichen Proportionen u. der Gesamtgestalt.*

Ge|stalt|wech|sel, der: *Gestaltwandel.*

Ge|stam|mel, das; -s (ugs., oft abwertend): **a)** *[dauerndes] Stammeln;* **b)** *gestammelte Worte, Sätze:* er schien fast zu singen, unverständliches G. (Böll, Haus 140).

Ge|stampf, das; -[e]s, **Ge|stamp|fe,** das; -s (ugs., oft abwertend): *[dauerndes] Stampfen; stampfendes Geräusch:* hörte man das dumpfe Gestampf seiner Maschine (Schnabel, Marmor 65).

Ge|stän|de, das; -s, - [Kollektivbildung zu ↑Stand] (Jägerspr.): **1.** *Horst* (1). **2.** *Ständer* (2).

ge|stan|den [2: eigtl. = (seinem Gegner) standgehalten habend]: **1.** ↑stehen. **2.** ⟨Adj.⟩ *(meist von Männern) [reiferen Alters u.] erfahren, erprobt, sich auf seinem Gebiet auskennend:* ein -er Mann, Parlamentarier; Hörzu wollte die Probleme junger, aber »gestandener« Schauspielerinnen kennen lernen (Hörzu 20, 1973, 28). **3.** * **-e Milch** (landsch.; *Sauermilch, Dickmilch*).

ge|stän|dig ⟨Adj.⟩ [mhd. gestendec = zustimmend, zu ↑gestehen]: *ein Vergehen, Unrecht, seine Schuld [vor Gericht od. auf der Polizeibehörde] eingestehend:* ein -er Angeklagter; der Verhaftete war g.; (veraltet:) eines Vergehens/ein Vergehen, seiner Schuld/seine Schuld g. sein.

Ge|ständ|nis, das; -ses, -se: *das Eingestehen einer Schuld, eines Vergehens [vor Gericht od. auf der Polizeibehörde]:* ein erzwungenes G.; ein [umfassendes] G. ablegen; sein G. widerrufen; ich muss dir ein G. machen *(etw. sagen, was ich bisher verschwiegen habe);* dann kam es endlich zu befreienden -sen (H. Mann, Unrat 121).

Ge|stän|ge, das; -s, - [Kollektivbildung zu ↑Stange]: **1.** *miteinander verbundene Stangen, die etw. zusammenhalten, tragen, stützen:* das G. eines Bettes, eines Karussells; einen Bronzekessel in das G. seiner drei Beine einzuhängen (Bild. Kunst I, 189). **2.** (Technik) *aus mehreren durch Gelenke verbundenen Stangen u. Hebeln zusammengesetzte Vorrichtung zur Übertragung von Schub- u. Zugkräften:* das G. einer Dampflokomotive. **3.** (Bergmannsspr.) *Gleis in einer Grube.*

Ge|stank, der; -[e]s [mhd. gestanc, Kollektivbildung zu mhd., ahd. stanc = (schlechter) Geruch] (abwertend): *übler Geruch:* ein scheußlicher, schwefliger G.; Scharfer G. schlug ihm entgegen, herrührend von der Notdurft derer, die vor ihm dagesessen (= in der Tobzelle des Zuchthauses) waren (Feuchtwanger, Erfolg 604); von der nahen Kokerei trieb wieder Staub und G. in die Straße, es roch nach faulen Eiern (v. d. Grün, Glatteis 259).

Ge|stän|ker, das; -s [zu ↑stänkern] (ugs. abwertend): *[dauerndes] Stänkern:* Sei still mit deinem G. Der Chef ist nicht der Schlechteste! (Strittmatter, Wundertäter 321).

Ge|sta|po [ge'sta:po, auch: gə'ʃta:po], die; - [Kurzwort aus **Ge**heime **Sta**ats**po**lizei]: *politische Polizei des nationalsozialistischen Regimes:* Die G. hatte auch meine Mutter (= als Mitglied der illegalen Gruppe in Berlin) gesucht (Leonhard, Revolution 10); Er drohte mir mit G. und Konzentrationslager (Remarque, Triomphe 89); alle ... Maßnahmen der G. waren ... jeglicher Kontrolle entzogen (Fraenkel, Staat 289); sie denkt an die alte Jüdin ..., der die von der G. ... den Mann weggeholt haben (Fallada, Jeder 8).

Ge|sta|po|kel|ler, der: *in Kellern gelegene Haft- u. Vernehmungsräume der Gestapo.*

Ge|sta|po|me|tho|den ⟨Pl.⟩ (abwertend): *unmenschliche, den Methoden der Gestapo ähnliche Behandlung.*

Ges|ta|ti|on, die; -, -en [lat. gestatio = das Tragen, zu: gestare = tragen, Intensivbildung zu: gerere, ↑Geste] (Med.): *Schwangerschaft (in ihrem physiologischen Verlauf).*

ge|stat|ten ⟨sw. V.; hat⟩ [mhd. gestaten, ahd. gistatōn, zu ahd. stata = rechter Ort]: **1.** *[in förmlicher Weise] einwilligen, dass jmd. etw. tut od. lässt:* jmdm. den Aufenthalt in einem Raum g.; jmdm. g., die Bibliothek zu benutzen; ich werde das Fenster öffnen, wenn Sie gestatten; (häufig als Höflichkeitsformel:) gestatten Sie [eine Frage]: wann waren Sie zuletzt dort?; gestatten Sie, dass ich rauche?; gestatten Sie? *(darf ich?);* ◆ Er soll keine Macht oder eigenen Willen an uns beweisen, merken lassen, oder gedenken zu g. *(zuzulassen, dass ein anderer über uns herrscht),* auf keinerlei Weise (Goethe, Egmont II). **2.** ⟨g. + sich⟩ (geh.) *sich die Freiheit zu etw. nehmen:* ich möchte mir erst eine Zigarette g.; (als Höflichkeitsformel:) wenn ich mir eine Bemerkung g. darf ...; ich gestatte mir, Sie zum Essen einzuladen. **3.** *als Voraussetzung etw. zulassen, die Voraussetzung für etw. bieten; ermöglichen:* sein Einkommen gestattet ihm solche Reisen; wenn die Umstände, Verhältnisse es gestatten, werde ich kommen; wenn meine Gesundheit es gestattet, werde ich an der Sitzung teilnehmen; seine große Belesenheit gestattet es ihm, sich über die verschiedensten Probleme zu äußern.

Ge|stat|tung, die; -, -en: *das Gestatten, Gestattetwerden.*

◆ **Ge|stäu|de,** das [eigtl. = Busch(werk), Gesträuch, mhd. gestiude, zu ↑Staude]: *Geweih:* der Hirsch mit seinem wundersamen zackigen G. auf der Stirn (Mörike, Mozart 215).

Ges|te [auch: 'ge:stə], die; -, -n [Ende des 15. Jh.s in der Wendung gesten machen, lat. gestus = Gebärdenspiel des Schauspielers od. Redners, zu: gerere (2. Part.: gestum) = tragen; zur Schau tragen; aus-, vollführen; (refl.:) sich benehmen]: **1.** *spontane od. bewusst eingesetzte Bewe-*

gung des Körpers, bes. der Hände u. des Kopfes, die jmds. Worte begleitet od. ersetzt [u. eine bestimmte innere Haltung ausdrückt]: eine verlegene, feierliche G.; seine Rede durch eindringliche -n unterstützen; jmdn. mit einer einladenden G. ins Haus bitten. **2.** *Handlung od. Mitteilung, die etw. indirekt ausdrücken soll:* das Angebot war nur eine G.; etw. als freundliche G. betrachten.

Ge|steck, das; -[e]s, -e [zu ↑stecken]: **1.** *[vom Floristen] in bestimmter Anordnung in einer Schale o. Ä. fest eingesetztes Blumenarrangement.* **2.** (bayr., österr.) *Hutschmuck [aus Federn od. einem Gamsbart].*

ge|steckt [2. Part. von ↑stecken]: in der Wendung **g. voll** (ugs.; *so voll, dass niemand, nichts mehr Platz findet*): Die beiden Gaststuben sind g. voll (Werfel, Bernadette 264).

Ge|ste|he, das; -s (ugs. abwertend): *längeres Stehen[müssen]:* von dem ewigen G. tun mir die Füße weh.

ge|ste|hen ⟨unr. V.; hat⟩ [mhd. gestēn, ahd. gistān, eigtl. = zur Aussage vor Gericht treten, zu ↑stehen]: **a)** *eine Tat, ein Unrecht, das man begangen hat, zugeben, bekennen:* die Tat, das Verbrechen g.; er hat alles gestanden; er hat ihr sein Vergehen gestanden; ⟨auch ohne Akk.-Obj.:⟩ keiner der Angeklagten hat gestanden; **b)** *Gefühle, einen Sachverhalt offen aussprechen:* die Wahrheit g.; jmdm. seine Liebe g.; ich muss zu meiner Schande g., dass ich vergessen habe, das Buch zurückzugeben; offen gestanden, ich habe keine rechte Lust dazu.

Ge|ste|hungs|kos|ten ⟨Pl.⟩ [zu mhd. gestēn = zu stehen kommen, kosten] (Wirtsch.): *Kosten der Herstellung, Selbstkosten:* Ein direkter Preisvergleich ... ist kaum möglich, da die G. bei den Betriebsküchen zu unterschiedlich sind ... (Spiegel 48, 1965, 74); Er muss sich ... mit seinem ... Kalkulator beraten, ... wieweit bei Massenabsatz die G. zu senken sind ... (Fr. Wolf, Menetekel 173).

Ge|stein, das; -[e]s, -e [mhd. gesteine, ahd. gisteini = Edelsteine, Schmuck, Kollektivbildung zu ↑Stein]: **1.** *aus Mineralien bestehender, fester Teil der Erdkruste:* kristallines, mesozoisches G.; die Schichtung des -s. **2.** [1]*Fels:* brüchiges, hartes G.

Ge|steins|ader, die: *Ader* (3 d).

Ge|steins|art, die: *Art des Gesteins* (1).

ge|steins|bil|dend ⟨Adj.⟩: *Gestein bildend:* -e Mineralien.

Ge|steins|bil|dung, die: *Bildung von Gestein:* Ein neues Mineral ... kann deshalb zusätzliche oder ganz neue Erkenntnisse über die Erdgeschichte, besondere Ereignisse während der G. ermöglichen (Stuttgarter Zeitung 19. 1. 96, 7).

Ge|steins|block, der ⟨Pl. ...blöcke⟩: *große zusammenhängende Masse von Gestein.*

Ge|steins|boh|rer, der: *Bohrer für Gestein.*

Ge|steins|bohr|ma|schi|ne, die: vgl. Gesteinsbohrer.

Ge|steins|bro|cken, der: vgl. Felsbrocken.

Ge|steins|fa|ser, die: *aus geschmolzenem Sedimentgestein durch Blasen hergestellte Mineralfaser.*

Ge|steins|for|ma|ti|on, die: *Formation* (4 b).

Ge|steins|hül|le, die ⟨o. Pl.⟩: *äußere Hülle der Erde aus Gestein.*

Ge|steins|kun|de, die ⟨o. Pl.⟩: *Petrologie:* beschreibende G. *(Petrographie).*

Ge|steins|mas|se, die: *Masse von Gestein:* Die ... zu Tal stürzenden Steine bezeichnet man als ... Steinschlag. Handelt es sich um größere -n, so spricht man von einer Steinlawine (Eidenschink, Fels 84).

Ge|steins|mehl, das: *(im Land- u. Gartenbau verwendetes) Mehl* (2) *aus Basalt od. Porphyr, das zur Regeneration ausgelaugter Böden dient od. die Übersäuerung von Böden verhindern soll.*

Ge|steins|pflan|ze, die: *genügsame, im Gestein in einer Spalte auf wenig Erde wachsende Pflanze* (z. B. Steinbrech).

Ge|steins|pro|be, die: *Probe* (2) *von Gestein* (1).

Ge|steins|schicht, (österr. auch:) **Ge|steins|schich|te,** die: *Schicht von Gestein* (1).

Ge|steins|schich|tung, die: *Schichtung eines Gesteins:* Bei der Durchkletterung von Kaminen ist auf die G. zu achten (Eidenschink, Fels 42); ... dass aus der Wand infolge der nach außen abfallenden G. ein längeres Schichtenstück herausgefallen ist (Eidenschink, Fels 45).

Ge|steins|schol|le, die (Geol.): *Scholle* (3).

Ge|steins|spreng|stoff, der (Bergbau): *Sprengstoff, der keinen besonderen Anforderungen in Bezug auf die Gefahren durch Schlagwetter u. Kohlenstaub unterliegt.*

Ge|steins|stre|cke, die (Bergbau): *Gang unter Tage, der im Gestein verläuft.*

Ge|steins|stück, das: vgl. Gesteinsbrocken.

Ge|steins|trüm|mer ⟨Pl.⟩: vgl. Gesteinsbrocken: Dabei (= bei Gewitter) werden große G. herausgesprengt, die zu Tal stürzen (Eidenschink, Fels 85).

Ge|stell, das; -[e]s, -e [mhd. gestelle = Gestell, Aufbau; Gestalt, ahd. gistelli = Gestell; Lage, Standort, eigtl. = Zusammengestelltes, zu ↑Stall, heute auf ↑stellen bezogen]: **1.** *Aufbau aus Stangen, Brettern o. Ä., auf den man etw. stellen od. legen kann:* die Flaschen liegen auf einem G. **2.** *Unterbau, fester Rahmen* (z. B. einer Maschine, eines Apparats): das G. des Hochofens; das G. des Bettes ist aus Messing; spreizte sich ... ein Fotografierapparat auf lächerlich hohem G. (Langgässer, Siegel 11); Ü zieh dein G. ein! (salopp; *nimm deine Beine weg!*). **3.** (salopp) *Person mit einem dürren Körper:* daneben im Sammetstuhl Frau Palm ..., das magere G., wie mein Großvater sagt (Bobrowski, Mühle 54). **4.** (Jägerspr.) *schneisenartig ausgehauenes Waldstück.* **5.** kurz für ↑Brillengestell.

Ge|stel|lung, die; -, -en ⟨Pl. selten⟩ [1: zu veraltet sich gestellen = sich vor Gericht einfinden; 2: zu mhd. gestellen, ahd. gistellen = herbeischaffen]: **1.** (veraltet) *das Sichmelden zum Militärdienst.* **2.** (Amtsspr.) *Bereitstellung für einen bestimmten Zweck:* Die Bundesbahn bemüht sich, das durch zusätzliche G. von Wagen erster Klasse aufzufangen (Bundestag 189, 1968, 10190).

Ge|stel|lungs|be|fehl, der (früher): *amtliche Aufforderung, sich zum Militärdienst zu melden:* In Zivil, aber mit einem G. ..., wurde er in seine Heimatstadt geschickt (Grass, Hundejahre 294).

ge|stelzt: ↑stelzen.

ges|tern ⟨Adv.⟩ [mhd. gester(n), ahd. gesteron, eigtl. = am anderen Tag]: **1.** *an dem Tag, der dem heutigen unmittelbar vorausgegangen ist:* g. Vormittag, um dieselbe Zeit; g. vor einer Woche; (landsch.:) in der Nacht auf, zu g.; er ist seit g. krank; die Zeitung ist von g. *(ist gestern erschienen).* **2.** *früher:* Manches, was g. noch denkbar war, ist seit heute für immer vorbei (Chr. Wolf, Himmel 177); sie (= die Börse) ist die Welt von g. (Koeppen, Rußland 62); ⟨subst.:⟩ keinen Gedanken an das Gestern verschwenden; ***[nicht] von g. sein** (ugs.; *[nicht] altmodisch, unmodern, rückständig, dumm sein;* nach Hiob 8, 9: denn wir sind von gestern her und wissen nichts): ihre Ideen, diese Leute sind einfach von g.

Ge|sti|chel, das; -s (ugs. abwertend): *[dauerndes] Sticheln* (1): sie konnte das G. der Leute nicht länger ertragen.

ge|stie|felt ⟨Adj.⟩ [2. Part. von veraltet sich stiefeln = Stiefel anziehen]: *mit Stiefeln versehen, Stiefel tragend:* ein -er Bursche; das Märchen vom Gestiefelten Kater; ob das Belauschen dieses ... Glückes ihn, ... der sich unedel und hässlich und plump g. vorkam, nicht höchlichst strafbar mache (Th. Mann, Zauberberg 681); ***g. und gespornt** (ugs. scherzh.; *fertig, bereit zum Aufbruch*): Hahl kam g. und gespornt, mit Kartentasche und Staubbrille aus dem Schloss, ... schwang sich in den Wagen (Kuby, Sieg 391).

ge|stie|gen: ↑steigen.

ge|stielt ⟨Adj.⟩: *mit einem Stiel* (1 a, 2 b) *versehen.*

Ges|tik, die; - [zu ↑Geste]: *Gesamtheit der Gesten [als Ausdruck einer charakteristischen inneren Haltung]:* die G. eines Schauspielers; die allzu betont kleinbürgerliche G. einzelner Darsteller (FAZ 19. 12. 61, 16); jmdn. an seiner G. erkennen; Ü Was dem Spiegel an kritischer Potenz fehlt, versucht er durch inquisitorische G. *(inquisitorisches Gebaren)* zu ersetzen (Enzensberger, Einzelheiten I, 91).

Ges|ti|ku|la|ti|on, die; -, -en [lat. gesticulatio]: *das Gestikulieren:* Der Holdria ... beantwortete nach Kräften die Blicke, -en und Seufzer des unruhigen Wanderers (= durch das Zimmer; Hesse, Sonne 51).

ges|ti|ku|lie|ren ⟨sw. V.; hat⟩ [lat. gesticulari, zu gesticulus = pantomimische Bewegung, Vkl. von: gestus, ↑Geste]: *heftige Bewegungen mit Armen u. Händen ausführen [um sich verständlich zu machen]:* wild, aufgeregt mit dem Stock g.; die beiden Frauen gestikulierten und redeten heftig aufeinander ein (Jens, Mann 161); Unser Geld stimmt nicht, be-

hauptet er gestikulierend (Grzimek, Serengeti 36).
ge|stimmt: ↑stimmen.
Ge|stimmt|heit, die; -, -en (geh.): *Stimmung, in die jmd. versetzt worden ist:* es geht ihr (= der Malerin)... um die möglichst genaue Fixierung von -en des Gemüts (MM 27. 11. 73, 24).
Ges|ti|on, die; -, -en [lat. gestio, zu: gerere, ↑Geste] (österr. Amtsspr., sonst selten): *(Amts)führung, Verwaltung:* Es beginnt Streit in der Vereinsführung, die G. der Direktion (auch deren Privilegien) gerät plötzlich in ein schiefes Licht (profil 49, 1998, 153); ... dessen Festspieldirektion sich längst daran gewöhnt hat, alle Kritik an Programm und G. der Festspiele ... mit den hohen Einspielergebnissen zu entkräften (MM 1. 7. 71, 36).
Ges|ti|ons|be|richt, der (österr. Amtsspr.): *Geschäftsbericht.*
Ge|stirn, das; -[e]s, -e [mhd. gestirne, ahd. gistirni = Sterne, Kollektivbildung zu ↑²Stern]: **a)** *selbst leuchtender od. Licht von anderen Planeten reflektierender Himmelskörper:* ein Mond oder sonst ein bleiches G. ging irgendwo auf (Hesse, Steppenwolf 247); ... dass eine zweite Unendlichkeit abrollte, während deren die -e regelmäßig kreisten (Musil, Mann 158); Wie überall in London ist man sonnenhungrig, scheint das G. *(die Sonne),* klappt man das ... Verdeck des Kinderwagens ... zurück (Koeppen, Rußland 163); den Gang der -e verfolgen; **b)** (selten) *²Stern* (1 b): plötzlich war Laudons G. aufgegangen (geh.; *war er auf dem Wege, berühmt zu werden;* Bergengruen, Rittmeisterin 335); aus den -en das Schicksal lesen.
ge|stirnt ⟨Adj.⟩ [mhd. gestirnet, ahd. gistirnōt] (geh.): *Sterne aufweisend:* der -e Himmel *(der Sternenhimmel);* in der Stille einer -en Sommernacht (Benrath, Konstanze 94).
◆ **Ge|stir|nung,** die; -, -en: *Konstellation der Gestirne:* ...dass eine besondere G. dazugehört, wenn ein Dichter zur Welt kommen soll (Novalis, Heinrich 26).
ges|tisch ⟨Adj.⟩: *hinsichtlich der Gestik, mithilfe von Gesten:* ohne jede -e und sprachliche Überbetonung (MM 22. 9. 71, 32); Doch während er (= der Torwart) g. renommiert, bekommt er einen Ball nach dem anderen ins Drahtgehäuse (MM 2. 2. 65, 18).
ge|sto|ben: ↑stieben.
Ge|stö|ber, das; -s, - [1: zu ↑stöbern]: **1.** *heftiges Durcheinanderwirbeln von fallenden [Schnee]flocken:* Ü Sie denkt in dem G. von Gunst, das auf sie niedergeht, über die Worte der Dame nach (Werfel, Bernadette 111). **2.** (Jägerspr.) *Gestüber.*
ge|sto|chen: **1.** ↑stechen. **2.** ⟨Adj.⟩ *äußerst sorgfältig; genau:* eine -e Handschrift; eine -e (Boxen; *sauber angesetzte u. einwandfrei geschlagene*) Rechte; die Kamera liefert g. *(sehr)* scharfe Bilder; Heinrich Mann schrieb in -em Deutsch das Buch (Zwerenz, Kopf 103).
ge|stoh|len: ↑stehlen.
Ge|stöhn, das; -[e]s, **Ge|stöh|ne,** das; -s (ugs. abwertend): *[anhaltendes] Stöhnen:* jmds. G. nicht mehr ertragen.
Ge|stol|per, das; -s (ugs., meist abwertend): *häufiges Stolpern.*
ge|stopft: ↑stopfen.
Ge|stör, das; -[e]s, -e [mhd. gestore, Kollektivbildung zu: storre = Baumstumpf, ↑störrisch] (landsch. veraltend): *Verbindung mehrerer Stämme beim Flößen.*
ge|stor|ben: ↑sterben; vgl. gest.
ge|stört ⟨Adj.⟩: *durch bestimmte Umstände, Ereignisse belastet u. beeinträchtigt:* Kinder aus -en Familienverhältnissen; Du hast ein -es Verhältnis zum Begriff des Verzichts (Wohmann, Absicht 260); * **geistig g.** *([zeitweise] nicht über seine [volle] geistige Kraft verfügend u. krankhaft wirr im Denken u. Handeln):* jmdn. für geistig g. halten.
Ges|to|se, die; -, -n [gek. aus: Gestationstoxikose, aus ↑**Gest**ation u. ↑Toxiko**se**] (Med.): *Krankheitszustand, der infolge einer Schwangerschaft auftritt.*
ge|sto|ßen: ↑stoßen.
Ge|stot|ter, das; -s (ugs., meist abwertend): *[dauerndes] Stottern:* hör auf mit deinem G.!; zwei Mädchen ... reden eine Sprache, die Swoboda nicht versteht, und es bleibt ein G. (*die sprachliche Verständigung gelingt nicht;* Frisch, Gantenbein 368).
Ge|stram|pel, das; -s (ugs., meist abwertend): *[dauerndes] Strampeln:* das G. des Babys im Wagen.
Ge|sträuch, das; -[e]s, -e [spätmhd. gestriuche, zu ↑Strauch]: **a)** *[dicht] nebeneinander wachsende Sträucher mit vielen Zweigen:* kahles G.; Er trampelte mit seinen krummen Bäckerbeinen das G. nieder (Strittmatter, Wundertäter 156); **b)** *Reisig, Strauchwerk:* dürres G. verbrennen.
ge|streckt: ↑strecken (1 a).
ge|streift ⟨Adj.⟩: *(in regelmäßigen Abständen) Streifen aufweisend:* -e Tapeten; Auf den grau-schwarz -en Fliesen lagen der umgestürzte Eimer und die nasse ... Wäsche (Sebastian, Krankenhaus 91); ... dass damals am 13. August eine Art -e Zone zwischen den Fronten Rot und Weiß ausgelöscht wurde (Dönhoff, Ära 100); der Rock ist blau-weiß g.
Ge|strei|te, das; -s (abwertend): *dauerndes, kleinliches Streiten.*
ge|streng ⟨Adj.⟩ [mhd. gestrenge, eigtl. = stark, gewaltig] (veraltend): *streng u. furchtgebietend:* Unser -er Trainer behält uns scharf im Auge (Kranz, Märchenhochzeit 37); ⟨subst.:⟩ Die Hand der Gestrengen zog sie (= die Tür) zu (Th. Mann, Krull 441).
ge|stresst: ↑*stressen.*
Ge|streu, das; -[e]s: *Streu.*
ge|stri|chen: ↑streichen.
Ge|strick, das; -[e]s, -e (Fachspr.): *etw. Gestricktes; Strickware:* Als Material für ... saloppe und bequeme Kleidung bieten sich Maschenstoffe und -e ... an (Herrenjournal 1, 1965, 65; ◆ Ü Emanuels kleines Haus stand am Ende des Dorfes in einem G. von Jelängerjelieber (Jean Paul, Hesperus 210).
ges|trig ⟨Adj.⟩ [mhd. gesteric, ahd. gesterig, zu ↑gestern]: **1.** *gestern gewesen, von gestern:* die -e Zeitung; unser -es Gespräch; Am anderen Tag lief ich, um den -en Tag *(den Tag davor)* einzuholen (Kesten, Geduld 28); ⟨subst.:⟩ unser Gestriges (Kaufmannsspr. veraltet; *unser gestriges Schreiben*). **2.** *altmodisch, nicht fortschrittlich; rückständig:* jmdn. als g. abtun; in seinen Anschauungen, Methoden völlig g. sein; weil die pädagogische Gegenwart so g. ist in der Bundesrepublik (Spiegel 4, 1973, 79).
◆ **Ge|ströh|de,** das; -s [md. Kollektivbildung zu ↑Stroh] (landsch.): *[Menge] Stroh:* ... dass man fürchte, nach weggeschafftem misthaftem G. (= auf der Straße) werde erst deutlich zum Vorschein kommen, wie schlecht das Pflaster darunter beschaffen sei (Goethe, Italien. Reise 5. 4. 1787 [Sizilien]).
Ge|ström, das; -[e]s (selten): *Strömung.*
ge|stromt ⟨Adj.⟩ [zu veraltet Strom, Nebenf. von mhd. strām = Streifen]: *(von Hunden od. Katzen) im Fell einzelne ineinander laufende Querstreifen aufweisend.*
Ge|strüpp, das; -[e]s, -e [Kollektivbildung zu mhd. struppe = Buschwerk]: *wild wachsendes, fast undurchdringliches Gesträuch:* Ich ... warf sie (= die Schuhe) ins G. und lief ... über die Grenze (Bieler, Bonifaz 240); versteckt sich unter G. und Ranken ein verwunschenes Gartenhaus (Spoerl, Maulkorb 32); Ü Das G. der Barthaare (Jahnn, Geschichten 199); das seltsame G. der Nürnberger Prozesse zu durchlichten (Dönhoff, Ära 16).
Ge|stü|be, das; -s [mhd. gestüppe = Staub, Staubähnliches, Kollektivbildung zu: stüppe = Staub] (Hüttenw.): *Gemisch aus Kohlenstaub u. Lehm.*
Ge|stü|ber, das; -s [zu Jägerspr. stäuben, stieben = Kot fallen lassen] (Jägerspr.): *Kot vom Federwild; Gestöber* (2).
ge|stückt ⟨Adj.⟩ (Heraldik): *schachbrettartig in zwei od. mehreren Farben zusammengesetzt:* ein -es Stabkreuz.
ge|stuft: ↑stufen.
Ge|stühl, das; -[e]s, -e [mhd. gestüele, ahd. gistuoli, Kollektivbildung zu ↑Stuhl]: *alle Stühle, Sitzgelegenheiten, die in bestimmter Anordnung in einem größeren Raum aufgestellt sind:* das G. im Theater, in einer Kirche; für einen Ball das G. aus dem Saal entfernen; Sie (= die Manege) wies kein G. auf, war nur für Proben bestimmt (Kirsch, Pantherfrau 12).
ge|stüm|melt ⟨Adj.⟩ (Heraldik): *ohne bestimmte Körperteile:* -e Adler, Enten *(ohne Krallen u. Schnäbel).*
Ge|stüm|per, das; -s (ugs. abwertend): *das Stümpern:* Das (= sein Geschriebenes) sei fades, dilettantisches G. ...; das Deutsch sei willkürlich, grotesk untermengt mit beamtenhaften Wendungen (Feuchtwanger, Erfolg 790); jmds. G. [auf dem Klavier] nicht länger mit anhören können.
ge|stun|ken: ↑stinken.
Ge|stürm, das; -[e]s [mhd. gestürme, ahd. gisturmi = Getümmel, zu ↑stürmen] (schweiz. mundartl.): *aufgeregtes Gerede, Getue:* nach der Preisverleihung gab es ein großes G.

ge|stụ̈rzt ⟨Adj.⟩ (Heraldik): *nach unten zeigend; auf den Kopf gestellt:* eine -e Krone; ein -er Sparren.

Gẹs|tus, der; - [↑Geste]: **a)** *Gestik:* der G. eines Schauspielers; **b)** *Ausdruck, Habitus:* den dramatisch erhitzten G. dieser Musik (= Verdis) zu erfassen (Welt 18. 11. 61, 17); Schultheiß, als der flotte Kleptomane, hat eine glaubwürdige Geschmeidigkeit, einen lustig proletarischen G. der Verkommenheit (Welt 26. 7. 65, 5).

Ge|stüt, das; -[e]s, -e [Kollektivbildung zu ↑Stute]: **1.** *Betrieb, der Pferde züchtet:* ein G. besitzen; wir machen Ferien auf einem G.; das G. ist *(die Stallungen u. Baulichkeiten des Gestüts sind)* abgebrannt. **2.** *Gesamtheit aller Pferde eines Gestüts* (1). **3.** *Abstammungsmerkmale eines Pferdes.*

Ge|stüt|buch, das: *Stutbuch.*

Ge|stüt|hengst, der: *Hengst eines Gestüts.*

Ge|stüt|herr, der (veraltend): *Besitzer eines Gestüts.*

Ge|stüt|meis|ter, der: *Verwalter eines Gestüts.*

Ge|stüt|pferd, das: vgl. Gestüthengst.

Ge|stüts|brand, der: *Brandzeichen eines Gestüts.*

Ge|stüts|zei|chen, das: *Gestütsbrand.*

ge|stylt [gə'stailt]: ↑stylen.

Ge|such, das; -[e]s, -e [zu ↑suchen; im 16. Jh. = Streben nach Gewinn, dann in der heutigen Bed.; mhd. gesuoh, ahd. gisuoh = Erwerb; Ertrag]: *Schreiben, das eine Privatperson an eine Behörde od. an jmdn. mit entsprechender Befugnis richtet, um in einem bestimmten Fall eine Bewilligung od. Genehmigung zu erhalten:* ein G. auf, um Erhöhung der Pensionsbezüge; ein G. einreichen, ablehnen, (Amtsdt.:) abschlägig bescheiden; einem G. entsprechen; Das Königlich Preußische Kriegsministerium schenkte auf sein G. zwei Geschütze (Winckler, Bomberg 223).

Ge|such|stel|ler, der (Amtsspr. veraltet): *Antragsteller.*

Ge|such|stel|le|rin, die (Amtsspr. veraltet): w. Form zu ↑Gesuchsteller.

ge|sucht ⟨Adj.⟩: **a)** *unter größter Anstrengung zustande gekommen u. unecht wirkend, gekünstelt:* Er hatte eine würdige Art zu reden, mit der -en Geläufigkeit eines Universitätslehrers (Kesten, Geduld 32); Die -e Schäbigkeit vieler Revolutionäre, die sich als echte Sansculotten verkleiden (Sieburg, Robespierre 62); **b)** *begehrt:* Der eine war der -este Junggeselle der Stadt (H. Mann, Unrat 129); Auf dem Antiquariatsmarkt gehört »Theben« heute zu den -esten Ausgaben der Dichterin (Herrenjournal 3, 1966, 202).

Ge|sucht|heit, die; -: *das Gesuchtsein.*

Ge|su|del, das; -s (ugs. abwertend): *[dauerndes] Sudeln* (1); *Sudelei* (1).

Ge|sül|ze, das; -s (salopp abwertend): *inhaltsloses Gerede:* bloß Schluss mit det G. (Döblin, Alexanderplatz 204).

Ge|summ, das; -[e]s, **Ge|sum|me,** das; -s (oft abwertend): *[dauerndes] Summen:* sie horchte auf ... das gleichmäßige tiefe Gesumm der Maschinen (Gaiser, Jagd 183); die zahllosen Fliegen zu fangen, die mit einem lauten, unaufhörlichen, durchdringenden Gesumm im Zimmer umherflogen (Roth, Beichte 55); in der ... Baracke mit ihrer Geschäftigkeit, ihrem leeren, angespannten, maschinenhaften Gesumme (Gaiser, Jagd 98).

Ge|sums, das; -es [eigtl. = Gesumme] (ugs. abwertend): *unnötiges Gerede:* er macht immer mächtig viel G. um alles.

ge|sund ⟨Adj.; gesünder, seltener: gesunder, gesündeste, seltener: gesundeste⟩ [mhd. gesunt, ahd. gisunt, ablautend verw. mit ↑geschwind]: **1. a)** *ohne Störung im körperlichen, seelischen u. geistigen Wohlbefinden; durch Krankheit nicht beeinträchtigt, keine Schäden durch Krankheit aufweisend:* ein -es Kind; -e Zähne; ein -er Magen; g. und munter sein; bleib schön g.!; einen Kranken g. pflegen, (ugs.:) machen; jmdn. als g. entlassen; (auch von Pflanzen:) ein -er Obstbaum; das Getreide ist nicht g.; Ü ein -er Mittelstand; die Firma, das Unternehmen ist [nicht] g. *(ist wirtschaftlich [nicht] gesichert);* Andererseits war der Kern der Lehre ... zu g. *(stabil),* um an diesen psychischen Störungen zugrunde zu gehen (Thieß, Reich 223); (ugs.:) Wie der Vorstandschef... betonte, sei er für kurzatmige Erfolgsversprechungen nicht zu haben. Jetzt gehe es darum, das Unternehmen langfristig wieder g. zu machen (Tagesspiegel 28. 4. 98, 20); **b)** *[durch sein Aussehen] von Gesundheit zeugend:* er, sein Gesicht hat eine -e Farbe; das -e Rot des Zahnfleisches und der Zunge (K. Mann, Mephisto 72); sie hat einen -en *(starken)* Appetit. **2.** *die Gesundheit fördernd, ihr zuträglich:* eine -e Luft, Lebensweise; Bewegung, nicht im Übermaß von Rekordmärschen, sondern in -em Wandern (Kosmos 3, 1965, 93); Obst essen ist g.; g. leben; Ü diese Strafe ist ganz g. für dich *(ist ganz heilsam für dich, wird dir eine Lehre sein).* **3.** *der allgemeinen menschlichen Beurteilung nach richtig, vernünftig, normal:* seinen -en Menschenverstand walten lassen; ein -er Ehrgeiz; ... nach dem Motto: Liebe ist vergänglich, eine -e Abneigung beständig (Tagesspiegel 11. 4. 98, 24); 4 Monate Arbeit, dann 8 Monate Ruhe ... Ist das eine -e Aufteilung des Jahres? (Kosmos 2, 1965, 50); du bist wohl nicht [ganz] g. (ugs.; *nicht recht bei Verstand*)?; R aber sonst bist du g.? (ugs.; *du bist wohl nicht ganz bei Verstand!*). **4.** (Jägerspr.) *nicht getroffen; nicht angeschossen u. daher kein Blut verlierend:* der Bock ist g.; eine -e Fährte *(Fährte eines nicht getroffenen Wildes ohne Blutspuren).*

ge|sund|be|ten ⟨sw. V.; hat⟩ (oft abwertend): *jmds. Krankheit durch das Sprechen von Gebeten, Sprüchen o. Ä. behandeln mit dem Anspruch, ihn auf diese Weise gesund zu machen:* er wollte sich nicht g. lassen; ⟨subst.:⟩ Sie (= verzweifelte Patienten) ... zahlen einem früheren Starkstromelektriker in dessen exklusiv eingerichteter Wohnzimmerpraxis 150 Mark für zwei Minuten Händedruck. »Gesundbeten« nennt sich diese Veranstaltung, weil es sonst Ärger mit dem Heilpraktikergesetz gibt (Stuttgarter Zeitung 4. 6. 98, 28); Ü ⟨subst.:⟩ Ausblenden, Leugnen, Gesundbeten sind gängige Reaktionsmuster im Millionengeschäft um Werbebotschaften und Einschaltquoten (Spiegel 31, 1998, 105).

Ge|sund|be|ter, der (oft abwertend): *jmd., der andere gesundbetet:* Da war es gut, mit einem Schwadroneur, G. und Lügenbold wie dem Freiherrn von Münchhausen auf einer Kanonenkugel davonzureiten (Spiegel 2, 1995, 110); Ü Bach ist es, der in den Wandelgängen des babylonischen Kongresszentrums als unermüdlicher olympischer G. (»Coubertin ist stärker denn je«) umhereilt und andererseits die wirklich wichtigen Kontakte zur Wirtschaft hält (Stuttgarter Zeitung 3. 9. 94, 3).

Ge|sund|be|te|rei, die; - (oft abwertend): *das Gesundbeten:* er trat einem schwäbischen Sektierer namens Blumhardt nahe, der ... auch G. betrieb (Niekisch, Leben 22); Ü Als Ökonomen ... betreiben sie (= die Väter der Magnetschwebebahn) eher G. Um die Wirtschaftlichkeit ihrer von der Öffentlichkeit wenig geliebten Entwicklung zu »beweisen«, unterstellen sie einfach nicht nachprüfbare Annahmen (Stuttgarter Zeitung 6. 2. 96, 11).

Ge|sund|be|te|rin, die (oft abwertend): w. Form zu ↑Gesundbeter: Unter dem Einfluss der G. Greet Hofmans balancierte die niederländische Monarchie und ebenso die Ehe zwischen Königin Juliana und Prinz Bernhard in den 50er-Jahren am Rande des Abgrunds (FR 28. 12. 93, 2).

Ge|sund|brun|nen, der (geh.): **a)** *Heilquelle:* Als es sich jedoch herausstellte, dass aus der Quelle am Fuße des Galgenbergs ein außerordentlich heilkräftiges Wasser sprudelte, machte der G. schnell Karriere (Stuttgarter Zeitung 15. 4. 97, 21); **b)** *etw., was jmdn. gesund macht, in Schwung hält:* die Beschäftigung mit seinem Hobby ist für manchen ein G.; Ähnlich wie für Becker erweist sich Wimbledon nun auch für ... Sampras zum G. nach einem oft schwachen Verlauf der Saison (Stuttgarter Zeitung 7. 7. 98, 30).

Ge|sun|de, der u. die; -n, -n ⟨Dekl. ↑Abgeordnete⟩: *jmd., der gesund, nicht krank ist:* G. und Kranke mussten auf engstem Raum miteinander wohnen; ich gehörte zu jenen auserwählten -n, die alle leiblichen Vorbedingungen für die Fremdenlegion erfüllten (Seghers, Transit 220).

ge|sun|den ⟨sw. V.⟩ [mhd. gesunden = gesund machen, gesund bleiben] (geh.): **1.** *wieder gesund werden* ⟨ist⟩: in diesem Klima gesunden die Patienten verhältnismäßig rasch; ein solcher Kerl würde bald g. (Spiegel 52, 1965, 65). **2.** *sich wieder erholen, einen guten Zustand erreichen* ⟨ist⟩: So der Bauernkaiser Leo III., ... der ... mit der Schaffung eines revolutionären Agrarrechts das Reich wieder vom Bauernstande her g. lässt (Thieß, Reich 430); Durch andere Maßnahmen

... versuchte er, ... die Finanzen des Landes g. zu lassen (Thieß, Reich 46); Linda ... fand dort noch einen guten Gatten und eine glückliche Ehe, in und an der sie vollends gesundete (Mostar, Unschuldig 84). **3.** *sich wieder erholen od. einen guten Zustand erreichen lassen* ⟨hat⟩: da dieses ... staatsmännische Genie mit gleicher Vollendung auf allen Gebieten der Verwaltung den Staat gesundet (St. Zweig, Fouché 107).

Ge|sụnd|er|hal|tung, die: *das Gesunderhalten:* Ein klein wenig mehr Verständnis für die G. der Sportler (Maegerlein, Triumph 113).

Ge|sụnd|heit, die; - [mhd. gesundheit]: **a)** *Zustand od. bestimmtes Maß körperlichen, seelischen od. geistigen Wohlbefindens; Nichtbeeinträchtigung durch Krankheit:* eine robuste, schwache G.; Die G. der Gewebe und Zellen hängt von einer richtigen und ausreichenden Durchblutung der Kapillaren ab (Medizin II, 164); seine G. ist sehr angegriffen; etw. schadet der G.; sich bester G. erfreuen; auf jmds. G. trinken *(jmdm. zutrinken);* bei guter G. sein; über seine G. *(über Störungen seines Wohlbefindens)* klagen; sie war immer von zarter G.; in der Glückwunschformel: G. und [ein] langes Leben!; G.! (Ausruf, der den Wunsch ausdrückt, dass jmd., der gerade geniest hat, gesund bleiben möge); Ü eine finanzielle, moralische G.; die G. der Wirtschaft; ◆ **b)** *Trinkspruch:* mit jedem Gläserklingen, ... mit jeder neuen G., deren Worte er deutlich zu verstehen glaubte (Storm, Söhne 35); Die Männer spürten nach und nach den Wein, es wurden eine Menge -en getrunken (Mörike, Mozart 251); Mit seinen -en haben die Gäste einen dauernden Rausch (Goethe, Egmont I).

ge|sụnd|heit|lich ⟨Adj.⟩: **a)** *die Gesundheit betreffend:* Die wissenschaftliche Literatur über die -e Gefährdung von Nichtrauchern durch Raucher (Bundestag 190, 1968, 10271); Sie ist g. nicht auf der Höhe, hat Nieren- und Kreislaufschäden (Hörzu 43, 1971, 136); **b)** *der Gesundheit dienend:* Dabei wird gleichermaßen wirtschaftliche, -e, aber auch erzieherische Arbeit geleistet (Fraenkel, Staat 381).

◆ **Ge|sụnd|heit|ma|chen,** das; -s (landsch.): *das Zutrinken, das Trinken auf jmds. Gesundheit:* wenn er das G. nicht besser verstehe, so kriege er keine Frau (Gotthelf, Spinne 22).

Ge|sụnd|heits|amt, das: *staatliche Behörde in einem Stadt- oder Landkreis für das Gesundheitswesen.*

Ge|sụnd|heits|apos|tel, der (spött.): *jmd., der sehr auf die Erhaltung der Gesundheit, auf eine gesunde Lebensweise bedacht ist.*

Ge|sụnd|heits|at|test, das: *Attest, in dem jmdm. bescheinigt wird, dass er gesund ist:* Ich hatte auch das G. des Augenarztes (Seghers, Transit 254).

Ge|sụnd|heits|be|hör|de, die: vgl. Gesundheitsamt.

ge|sụnd|heits|be|wusst ⟨Adj.⟩: *sorgsam auf die Gesundheit achtend u. sich entsprechend verhaltend:* Informationen über Naturerzeugnisse, die mit übermäßigem Pestizideinsatz produziert werden, alarmieren die -en Verbraucher (Brückenbauer 37, 1985, 25); sich g. ernähren; g. leben.

Ge|sụnd|heits|be|wusst|sein, das: *Bewusstsein um die Bedeutung, den Wert der Gesundheit u. die entsprechende Lebensweise:* Kein Wunder also, dass sich die Vollwertkost mit dem gestiegenen G. der letzten Jahre einen Platz auf dem Küchenzettel erobert hat (Ruhr-Nachr. 15. 8. 87, Do I).

Ge|sụnd|heits|dienst, der ⟨o. Pl.⟩: *Gesundheitswesen:* Folgende Maßnahmen ...: Verstaatlichung des -es ... (Fraenkel, Staat 380).

Ge|sụnd|heits|ein|rich|tung, die: *Einrichtung* (3) *des Gesundheitswesens.*

Ge|sụnd|heits|er|zie|hung, die: *Vermittlung von Kenntnissen im Zusammenhang mit einer der Erhaltung der Gesundheit dienenden Lebensführung.*

Ge|sụnd|heits|fa|na|ti|ker, der: vgl. Gesundheitsapostel.

Ge|sụnd|heits|fa|na|ti|ke|rin, die: w. Form zu ↑Gesundheitsfanatiker.

ge|sụnd|heits|för|dernd ⟨Adj.⟩: *zur Erhaltung der Gesundheit beitragend.*

Ge|sụnd|heits|für|sor|ge, die: *[staatliche] Fürsorge zur Beseitigung od. Vorbeugung gesundheitlicher Notstände:* Als Experten aus der PVC-Branche sind wir grundsätzlich der Auffassung, dass zum Schutz der Kinder ein sehr strenger Maßstab bei der G. angelegt werden muss (FR 20. 10. 98, 12); Daher ist jede Debatte darüber, ob europäische Regierungen das Viagra von jedem zahlen sollten, müßig. Man sollte lieber erwägen, dass die, welche die Mittel haben, für ihre eigene G. aufkommen (Tagesspiegel 21. 9. 98, 20).

ge|sụnd|heits|ge|fähr|dend ⟨Adj.⟩: *die Gesundheit gefährdend, bedrohend:* übermäßiges Essen, Rauchen ist g.

Ge|sụnd|heits|ge|fähr|dung, die: *Gefährdung der Gesundheit:* Während die Nordamerikaner eine Aufhebung des EU-Importverbots für hormonbehandeltes Fleisch bis 13. Mai fordern, will Brüssel Beweise über die G. durch Hormonfleisch aus Kanada und den USA bis zu diesem Datum erbringen (Tagesspiegel 2. 2. 99, 18); ... teilt der Nichtraucher zwangsläufig das Rauchen und damit auch die G. des Rauchers (Bundestag 189, 1968, 10271).

ge|sụnd|heits|hal|ber ⟨Adv.⟩: *mit Rücksicht auf die Gesundheit:* g. zurücktreten.

Ge|sụnd|heits|leh|re, die ⟨o. Pl.⟩: *Hygiene* (1).

Ge|sụnd|heits|pfle|ge, die: *Maßnahmen zur Erhaltung u. Förderung der Gesundheit:* öffentliche G.

Ge|sụnd|heits|po|li|tik, die: *Gesamtheit der Bestrebungen auf dem Gebiet der öffentlichen Gesundheitspflege.*

ge|sụnd|heits|po|li|tisch ⟨Adj.⟩: *die Gesundheitspolitik betreffend.*

Ge|sụnd|heits|po|li|zei, die: *auf dem Gebiet der Seuchenbekämpfung u. zur Überwachung der allgemeinen Hygiene tätige Polizei.*

Ge|sụnd|heits|re|form, die (ugs.): *Reform des Gesundheitswesens:* Der Bundesrat hat ... die bereits vom Bundestag beschlossenen Gesetze über die umstrittene G. ... abschließend gebilligt (FR 17. 12. 88, 2).

Ge|sụnd|heits|rück|sich|ten ⟨Pl.⟩: *gesundheitliche Rücksichten* (2): ... dass er nicht mehr für den Gemeinderat kandidieren werde, wahrscheinlich aus G. (Broch, Versucher 27).

Ge|sụnd|heits|scha|den, der: *gesundheitlicher Schaden:* weil Urlaub ohne Schlaf ... sogar Gesundheitsschäden mit sich bringen könne (Gute Fahrt 4, 1974, 38).

ge|sụnd|heits|schä|di|gend ⟨Adj.⟩, **ge|sụnd|heits|schäd|lich** ⟨Adj.⟩: *der Gesundheit schadend:* diese Stoffe sind g.

Ge|sụnd|heits|schuh, der: *orthopädischer Schuh.*

Ge|sụnd|heits|schutz, der: *Maßnahmen zum Schutz der Gesundheit:* Es gehe (= bei der Sicherheitsanalyse von Biblis A) um Fragen der Sicherheit und des -es, die mit möglichen Fristen in einem Ausstiegsgesetz nichts zu tun hätten (Tagesspiegel 24. 10. 98, 2).

Ge|sụnd|heits|we|sen, das ⟨o. Pl.⟩: *Gesamtheit der staatlichen Einrichtungen zur Förderung u. Erhaltung der Gesundheit, zur Bekämpfung von Krankheiten od. Seuchen.*

Ge|sụnd|heits|zeug|nis, das: *Schriftstück des Gesundheitsamtes od. Arztes, das jmdm. bescheinigt, dass er nicht an bestimmten ansteckenden Krankheiten leidet.*

Ge|sụnd|heits|zu|stand, der ⟨o. Pl.⟩: *gesundheitliches Befinden:* sein G. gibt Anlass zur Besorgnis; Ein eigenes Ambulatorium, von einer deutschen Ärztin geleitet, überwachte den G. der Kinder (Leonhard, Revolution 18).

ge|sụnd|ma|chen, sich ⟨sw. V.; hat⟩ (ugs., oft abwertend): *gesundstoßen:* am Verkauf dieser Produkte, mit Schiebereien haben sie sich gesundgemacht.

ge|sụnd|schrei|ben ⟨st. V.; hat⟩ (ugs.): *jmdm. seine Arbeitsfähigkeit schriftlich bescheinigen:* der Arzt wird ihn g.; Nachdem der an den Folgen eines Rippenbruchs laborierende Richards von den Ärzten für den 10. Juni gesundgeschrieben worden war, hatte man für den gleichen Tag auf einen Konzerttermin gehofft (Stuttgarter Zeitung 30. 5. 98, 41).

ge|sụnd|schrump|fen ⟨sw. V.; hat⟩ (ugs.): *aus Gründen der Rentabilität die Produktion eines Unternehmens, eines Wirtschaftszweiges einschränken:* die Landwirtschaft, eine Firma g.; Mit knapp 140 Mann soll sich der ... Großbetrieb ... g. (Spiegel 43, 1966, 70); Nachdem sie ihr Ensemble mit zeitgemäßen kapitalistischen Methoden gesundschrumpfte, verkündet sie jetzt in Talkshows, dass soziale Gerechtigkeit wichtige Essenz der Distel-Programme sei (Woche 14. 2. 97, 52).

Ge|sụnd|schrump|fung, die (ugs.): *das*

Gesundschrumpfen: Er warnte vor einer allzu drastischen G. (MM 7. 3. 75, 19).

ge|sund|sto|ßen, sich ‹st. V.; hat› [aus der Börsensprache: vor dem Börsensturz Aktien abstoßen, wodurch man seine wirtschaftliche Lage verbessert] (ugs., oft abwertend): *durch geschicktes Vorgehen od. Manipulieren bei einem Geschäft o. Ä. seine wirtschaftliche Lage verbessern, sich bereichern:* sich durch überhöhte Rechnungen, mit alten Autos g.; Vom Bund der Steuerzahler und von manchen Bundes- und Landespolitikern wird ihnen immer wieder vorgeworfen, sie würden sich an drastisch hochgeschraubten Gebühren finanziell g. (Stuttgarter Zeitung 28. 3. 96, 2).

Ge|sun|dung, die; - (geh.): **1.** *das Gesunden* (1): seine G. macht langsam Fortschritte. **2. a)** *das Gesunden* (2): In der ersten Stufe der G. treten auf früherem Ackerland zahlreiche Kräuter auf (Tier 12, 1971, 43); In Depressionszeiten z. B. ist es für die G. des Wirtschaftskörpers wichtig, dass ... (Fraenkel, Staat 377); **b)** *das Gesunden* (3): soziale Gesichtspunkte über rein logische zu stellen, den Armen zu schützen, eine sittliche G. des Volkes durchzuführen (Thieß, Reich 640); Dieses Parlament hat ... gegen eine ... heftige Kritik die G. der Bundesfinanzen gebilligt (Bundestag 188, 1968, 10183); Rechtsverordnung nach § 20 des Gesetzes zur Anpassung und G. des deutschen Steinkohlenbergbaus (Bundestag 188, 1968, 10143).

ge|sun|gen: ↑singen.

ge|sun|ken: ↑sinken.

Ge|surr, das; -[e]s, **Ge|sur|re,** das; -s (ugs., oft abwertend): *[dauerndes] Surren; surrendes Geräusch:* das G. der Kameras.

get. = getauft (Zeichen: ≈).

Ge|ta, die; -, -s [jap.]: *japanische Holzsandale, die mit einer zwischen der großen Zehe u. den übrigen Zehen durchgezogenen Schnur am Fuß gehalten wird:* São Paolo ... In der Liberdade klappern die hölzernen -s der Geishas über das Pflaster, hier leben etwa 200 000 Japaner in der größten geschlossenen Gemeinde außerhalb des fernöstlichen Kaiserreichs (FR 2. 4. 88, M 1).

Ge|tä|fel, das; -s [mhd. getevele, Kollektivbildung zu ↑Tafel]: *Täfelung* (2): Das dunkle G. an den Wänden ein schwarzer Himmel (Jahnn, Geschichten 26).

Ge|tä|fer, das; -s (schweiz.): *Täfelung* (2).

ge|tan: ↑tun.

Ge|tän|del, das; -s (oft abwertend): *[dauerndes] Tändeln:* wie er auch ihr (= Beates) G. mit den Kommilitonen duldete (Erné, Kellerkneipe 100); Ü es habe ihn in seiner lästerlichen Zeitwirtschaft, seinem schlimmen G. mit der Ewigkeit bestärkt (Th. Mann, Zauberberg 757).

Ge|tast, das; -[e]s (selten): *das Tasten; Tastsinn.*

Ge|tau|mel, das; -s: *[dauerndes] Taumeln.*

Geth|se|ma|ne, (ökum.:) Getsemani: Garten am Ölberg bei Jerusalem, die Stätte der Gefangennahme Christi.

Ge|tier, das; -[e]s [mhd. getier, Kollektivbildung zu ↑Tier]: **a)** *nicht näher charakterisierte Tiere:* das G. des Waldes; jagdbares G.; Ein Leben ohne Hunde, Katzen, Eichhörnchen, Igel oder anderes G. konnten wir uns gar nicht vorstellen (H. Grzimek, Tiere 11); Ü (salopp:) Auf Hauptleute und ähnliches G. bin ich noch niemals scharf gewesen (Kirst, 08/15, 741); **b)** *nicht näher charakterisiertes einzelnes Tier (bes. Insekt):* was ist denn das für ein G. an der Wand?

ge|ti|gert ‹Adj.› [zu ↑Tiger]: **a)** *ungleiche Flecke am ganzen Fell aufweisend:* -e Doggen, Schimmel; Aber außer gelben gibt es gescheckte, -e Kanarienvögel (Bredel, Väter 224); **b)** *dunkle Querstreifen aufweisend:* Lady Bird (= Katze), grau g., zum Kreis geschlossen, den Kopf flach auf den Vorderpfoten (Fries, Weg 250).

ge|ti|telt ‹Adj.› [zu ↑titeln] (schweiz., selten): *mit Untertiteln* (2) *versehen:* deutsch g.

Ge|to|be, das; -s (ugs. abwertend): *[dauerndes] Toben, lärmendes Umherlaufen:* hört mit dem G. auf!

Ge|tön, das; -[e]s, **Ge|tö|ne,** das; -s: **a)** *[anhaltendes] Tönen:* das feine G. der Telegrafenstangen; in einem vieltausendstimmigen Getöne der Bewillkommnung und grüßenden Jubels (Maass, Gouffé 227); **b)** (ugs. abwertend) *angeberisches Gerede:* Gleich muss der wieder Versammlungen abhalten, die Leute mit radikalem G. aufstacheln (Kühn, Zeit 268).

Ge|to|se, das; -s: *[anhaltendes] Tosen:* das G. des Sturms.

Ge|tö|se, das; -s [mhd. gedoeȝe, Kollektivbildung zu mhd., ahd. dōȝ = Geräusch] (oft abwertend): *tosendes Geräusch, Lärm:* das G. der Wellen; mach nicht solch ein G.!; mit lautem G.; Ü Das lag teilweise an administrativem G. (Zeit 7. 5. 75, 2).

ge|tra|gen [2: nach ital. portare la voce = die Stimme tragen, kunstgerecht singen]: **1.** ↑tragen. **2.** ‹Adj.› *in gemessenem Tempo u. mit ruhigem Ernst erklingend, vorgetragen:* eine -e Melodie; mit -er Stimme sprechen; Das ist der -e Ton von Beethovens Orchestrion (Fries, Weg 171); etw. sehr g. spielen.

Ge|tra|gen|heit, die; -: *das Getragensein, getragene Art.*

Ge|träl|ler, das; -s (ugs., auch abwertend): *[dauerndes] Trällern:* dessen (= Esaus) Flötenspiel, das ... G. auf einem Gebinde verschieden langer Rohrpfeifen (Th. Mann, Joseph 147); In 22 Filmen spielte der »Schwarze Blitz aus Kitz« mit: lauter simpel gestrickte, jugendfreie Schnulzen mit viel G. und Schneegewedel (profil 5, 1989, 120).

Ge|tram|pel, das; -s (ugs., auch abwertend): *[dauerndes] Trampeln:* das unerträgliche G. und Gejohle der Fans; Die Besucher honorierten vor allem die Glanzleistungen der vier Schauspieler mit minutenlangem Applaus und G. (Vorarlberger Nachr. 10. 2. 97, 6)

Ge|tränk, das; -[e]s, -e [mhd. getrenke, Kollektivbildung zu ↑Trank]: *zum Trinken zubereitete Flüssigkeit:* ein heißes, erfrischendes, alkoholisches, alkoholfreies G.; -e anbieten; er bevorzugt starke *(viel Alkohol enthaltende)* -e.

Ge|trän|ke|ab|hol|markt, der: *Abholmarkt für Getränke.*

Ge|trän|ke|au|to|mat, der: *Automat* (1 a) *für Getränke.*

Ge|trän|ke|kar|te, die: vgl. Speisekarte.

Ge|trän|ke|markt, der: *Markt* (4), *in dem ausschließlich Getränke verkauft werden.*

Ge|trän|ke|stand, der: *Verkaufsstand für Getränke.*

Ge|trän|ke|steu|er, die: *Steuer für alkoholische Getränke, die in einer Gaststätte o. Ä. getrunken werden.*

Ge|trap|pel, das; -s: *[dauerndes] Trappeln, trappelndes Geräusch:* das G. der Pferde[hufe], Kinder, Füße, Schritte; ... sah er ... beide auf dem Bürgersteig vor dem Schaufenster in hastigem G. verschwinden (Johnson, Ansichten 166).

Ge|tratsch, das; -[e]s, **Ge|trat|sche,** das; -s (ugs. abwertend): *das Tratschen; Klatsch:* aber unter Tage ging es weiter: die Anzüglichkeiten des Steigers, das Getratsche der Kameraden (v. d. Grün, Irrlicht 7); nicht in das allgemeine Getratsche über jmdn. einstimmen.

ge|trau|en, sich ‹sw. V.; hat› [mhd. getrouwen, ahd. gitrūwen = (sich) zutrauen, zu ↑trauen]: *genug Mut besitzen, etw. zu tun:* ich getraue mich/(seltener:) mir nicht, das zu tun; das getraut er sich bestimmt nicht; (geh.:) getraue ich mich bereits einiger ... Bemerkungen (Freud, Unbehagen 114).

Ge|träu|fel, das; -s: **a)** *[dauerndes] Träufeln;* **b)** *träufelnde Flüssigkeit.*

Ge|trei|be, das; -s: **a)** (abwertend) *ununterbrochenes [An]treiben;* **b)** *sich hastig, schnell bewegende Masse, Menge von Menschen od. Tieren.*

Ge|trei|de, das; -s, - [mhd. getreide, getregede = Bodenertrag; Körnerfrucht, ahd. gitregidi = Ertrag, Besitz, eigtl. = das, was getragen wird, zu ↑tragen]: *Pflanzen, die angebaut werden, um aus ihren in Ähren enthaltenen Körnern Mehl, Schrot o. Ä. zu gewinnen (bes. Gerste, Hafer, Roggen, Weizen):* das G. ist reif; um die Zeit, wenn das G. blühte, so roch der Geruch der Felder zu ihnen herein (Gaiser, Schlußball 42); das G. steht dieses Jahr gut *(hat einen guten Wuchs);* G. anbauen, mähen, ernten, dreschen; das G. *(die Körner)* lagern.

Ge|trei|de|an|bau, der ‹o. Pl.›: *Anbau von Getreide.*

Ge|trei|de|art, die: *Art von Getreide.*

Ge|trei|de|aus|fuhr, die: *Ausfuhr von Getreide.*

Ge|trei|de|aus|saat, die: *Aussaat von Getreide.*

Ge|trei|de|bau, der ‹o. Pl.›: *Getreideanbau.*

Ge|trei|de|bin|der, der (veraltend): *Mähbinder.*

Ge|trei|de|bo|den, der: **1.** *für den Getreideanbau geeigneter Boden.* **2.** vgl. Getreidesilo.

Ge|trei|de|bör|se, die: *Produktenbörse für den Getreidehandel.*

Ge|trei|de|ein|fuhr, die: *Einfuhr von Getreide.*
Ge|trei|de|ern|te, die: **1.** *das Ernten des Getreides.* **2.** *Gesamtheit des geernteten Getreides:* die diesjährige G. war gut.
Ge|trei|de|er|trag, der: *Ertrag an Getreide.*
Ge|trei|de|feld, das: *mit Getreide bebautes Feld:* die -er sind abgeerntet; der Ausreißer hatte sich in einem G. versteckt.
Ge|trei|de|gar|be, die: *Garbe* (1).
Ge|trei|de|halm, der: *Halm von Getreide.*
Ge|trei|de|han|del, der: *Handel mit Getreide.*
Ge|trei|de|korn, das: *Frucht u. Samen eines Getreides.*
Ge|trei|de|land, das ⟨Pl. ...länder⟩: **1.** *Land, in dem hauptsächlich Getreideanbau betrieben wird.* **2.** ⟨o. Pl.⟩ *mit Getreide bebautes Ackerland:* Wege, ... durch offenes G., bis er sich ... umgeben von weitem Weizenmeer fand (Plievier, Stalingrad 256).
Ge|trei|de|mot|te, die: *kleine Motte mit gelben Vorderflügeln u. helleren Hinterflügeln, deren Raupen Getreidekörner u. Bohnen anfressen.*
Ge|trei|de|müh|le, die: *Mühle zum Mahlen von Getreide.*
Ge|trei|de|preis, der: *Preis für Getreide.*
Ge|trei|de|pro|ber, der; -s, - (Landw.): *Gerät zum Bestimmen des Gewichts von 1 hl Getreidekörnern.*
Ge|trei|de|pro|dukt, das: *aus Getreidekörnern hergestelltes Produkt* (1) *(Grieß, Mehl o. Ä.).*
Ge|trei|de|rohr|sän|ger, der (selten): *Sumpfrohrsänger.*
Ge|trei|de|schäd|ling, der: *Getreide befallender Schädling.*
Ge|trei|de|schnitt, der: *das Mähen des Getreides.*
Ge|trei|de|si|lo, der, auch: das: *Silo für die Lagerung von Getreide.*
Ge|trei|de|sor|te, die: *Sorte von Getreide.*
Ge|trei|de|spei|cher, der: vgl. Getreidesilo.
Ge|trei|de|vor|rat, der: *Vorrat an Getreide.*
Ge|trei|de|wirt|schaft, die: *landwirtschaftliche Nutzung des Bodens, bei der vorwiegend Getreide angebaut wird.*
ge|trennt: ↑trennen.
ge|trennt|früch|tig ⟨Adj.⟩ (Bot.): *apokarp.*
ge|trennt|ge|schlech|tig ⟨Adj.⟩: **1.** (Bot.) *entweder nur männliche Staubblätter od. weibliche Fruchtblätter ausbildend:* -e Blüten. **2.** (Zool.) *männliche u. weibliche Gameten in verschiedenen Individuen einer Art ausbildend.*
Ge|trennt|ge|schlech|tig|keit, die; -: **1.** (Bot.) *Ausbildung entweder nur männlicher Staubblätter od. weiblicher Fruchtblätter.* **2.** (Zool.) *Ausbildung männlicher u. weiblicher Gameten in verschiedenen Individuen einer Art.*
getrennt|ge|schlecht|lich ⟨Adj.⟩: **1. a)** *nach dem Geschlecht* (1) *getrennt; nicht gleichgeschlechtlich* (2): -er Unterricht; -e Erziehung, Klassen, Schulen; Davon (= von 20 Klassen) wurden im Fach Physik sechs Klassen g. (monoedukativ), nochmals sechs Klassen koedukativ unterrichtet ... Das Resultat: Nachweislich profitieren Mädchen am stärksten von dem monoedukativen Unterricht (Stuttgarter Zeitung 16. 11. 96, 20); **b)** *nicht gleichgeschlechtlich* (1); *heterosexuell:* -e Lebensgemeinschaften. **2.** *getrenntgeschlechtig:* Wie bei vielen anderen Holzgewächsen erfolgt dann die Befruchtung durch Windbestäubung, wobei als blütenbiologische Besonderheit der Haselnussstrauch g. ist, aber männliche und weibliche Blüte sich an einem Strauch befinden (Leipziger Volkszeitung 25. 9. 97, 28).
Ge|trennt|schrei|bung, die: *das Auseinanderschreiben; Schreibung in zwei od. mehr Wörtern.*
ge|treu [mhd. getriuwe, ahd. gitriuwi, älter für mhd. triuwe, ↑treu]: **I.** ⟨Adj.⟩ **1.** (geh.) *mit Hingabe in einem Anerkennung verdienenden Maße treu:* ein -er Diener, Freund; und wäre bloß der Hund mit seinem -en *(von Treue zeugendem)* Gewedel gekommen, hätte Rip nicht länger an den Traum gedacht (Frisch, Stiller 87); sei dir selbst g.!; Sei g. bis an den Tod, so will ich dir die Krone des Lebens geben (Offenbarung 2, 10); g. zu jmdm. stehen; ... dass die SED g. zur Sache des Marxismus-Leninismus steht (ND 9. 6. 64, 2). **2.** *einer vorgegebenen Sache genau entsprechend:* eine -e Wiedergabe; Sie (= die Gruppe) war ein -es Spiegelbild der herrschenden Funktionärstypen des Stalinismus (Leonhard, Revolution 276); eine Anordnung g. befolgen; einen Text möglichst g. übertragen. **II.** ⟨Präp. mit Dativ⟩ *genau entsprechend, nach, gemäß:* Getreu dem US-Modell dürfte der Verdrängungswettbewerb zum großen Teil über billige Tickets laufen (Woche 4. 4. 97, 37); Getreu seinem Vorsatz, zu lernen und zu arbeiten (Thieß, Legende 155); Die 80 Seiten zählende, frisch und farbig gestaltete Zeitschrift will, der eigenen Tradition g., qualitativ hoch stehende Information liefern (FR 28. 8. 96, 9).
-ge|treu: drückt in Bildungen mit Substantiven aus, dass die beschriebene Sache mit etw. übereinstimmt, etw. genau wiedergibt, einer Sache genau entspricht: maßstabs-, original-, wirklichkeits-, wortgetreu.
Ge|treue, der u. die; -n, -n ⟨Dekl. ↑Abgeordnete⟩: *mit anderen Anhängern, Anhängerinnen, Freunden, Freundinnen, Gefolgsleuten zu jmdm. gehörende Person:* die letzten -n; Angesichts der alarmierenden Arbeitsmarktdaten offenbart sich der Schlagfertige (= Norbert Blüm) im Kreis seiner -n rat- und sprachlos (Woche 17. 1. 97, 3); ein kleines Häuflein von -n hielt zu ihr.
ge|treu|lich ⟨Adj.⟩ (geh.): **1.** *in treuer, anhänglicher Weise, beständig bei etw. ausharrend:* der Hund lief ihm g. nach; diese puristische Tätigkeit (= Bearbeitung eines Wörterbuchs) setzte er auch später g. fort (Vries, Spinoza 64). **2.** *sich in zuverlässiger Weise genau an eine vorgegebene Sache haltend:* den Sinn seiner Worte habe ich g. wiedergegeben; keiner Erfahrung ... abhold, malt er das Inferno g. in seinem Notizblock ab (Woche 27. 3. 98, 41).
Ge|trie|be, das; -s, - [15. Jh.; zu ↑treiben]: **1.** *Vorrichtung in Maschinen o. Ä., die Bewegungen überträgt u. die Maschine o. Ä. funktionstüchtig macht:* ein hydraulisches, automatisches G.; das G. des Autos ist synchronisiert; die Mutter ... zog leise fluchend die Gardine aus dem G. (= des Ventilators; Böll, Haus 5); Der Chauffeur ... schlug den ersten Gang ins G. (Simmel, Stoff 276); Ü Selbst Egoisten unterwerfen sich den Spielregeln und profitieren von der Reibungslosigkeit im G. einer Massengesellschaft (Koeppen, Rußland 161); das pochende G. der Blutbahn, die in immer gleichem Lauf zum Herzen strömt und von ihm durch alle Adern gestoßen wird (Thieß, Reich 571). **2.** *lebhaftes Treiben; Betriebsamkeit:* dass bei Ole Pedersens Brigg lebhaftes G. herrschte, von Menschen und Fuhrwerken (Fallada, Herr 68); Sie werden sich mit diesem Restbestande (= Ihres Privatkontos) und Heckpfennig in das G. irgendeiner großen Stadt ... begeben (Th. Mann, Krull 83). **3.** (Bergbau) *Pfähle zur Sicherung des Schachtes.*
Ge|trie|be|brem|se, die: *Bremse, die auf das Getriebe* (1) *wirkt.*
Ge|trie|be|ge|häu|se, das: *festes, dicht geschlossenes Behältnis, in dem die beweglichen Teile des Getriebes gelagert sind.*
Ge|trie|be|leh|re, die ⟨o. Pl.⟩ (Physik): *Teilgebiet der Mechanik.*
ge|trie|ben: 1. ↑treiben. **2.** ⟨Adj.⟩ (Turnen) *mit starker Körperneigung, sehr flach u. schnell ausgeführt:* ein -er Überschlag.
Ge|trie|ben|heit, die; -: *[sich in körperlicher Unrast äußernde] innere Unruhe:* Unheilvolle G., in der er sich's gleichwohl gemütlich gemacht hat, sofern man seine Wohnverhältnisse mit seinen blinden Augen sieht (Wohmann, Absicht 456).
Ge|trie|be|öl, das: *Schmieröl (mit besonders hoher Druckfestigkeit u. guter Haftfähigkeit) für das Getriebe* (1).
Ge|trie|be|scha|den, der: *Schaden, Defekt am Getriebe* (1): mit einem G. liegen bleiben (ugs.; *nicht mehr weiterfahren können*).
Ge|tril|ler, das; -s (auch abwertend): *[dauerndes] Trillern:* das G. der Lerchen; In die beschauliche Idylle schneiden immer wieder in kurzen Abständen schrille Töne ein wie Messer in die Sahnetorte, Geklingel, G., Gepfeife: Hoppla, jetzt kommen wir, die Rennradler, Mountainbiker (FR 8. 5. 92, 3); das Repertoire reichte vom traditionellen »Das Wandern ist des Müllers Lust« ... bis zum lustigen G. über den Schneider Meckmeck-meck (FNP 23. 3. 98, 8); Ü die Finger ... zum Entkrümeln mit einer Art von leichtem G. in der Luft bewegend (Th. Mann, Krull 231).
Ge|trip|pel, das; -s: *[dauerndes] Trippeln:* das G. der Kinder.

[1]**ge|trọf|fen:** ↑treffen.
[2]**ge|trọf|fen:** ↑triefen.
ge|trọ|gen: ↑trügen.
Ge|trọm|mel, das; -s (ugs., auch abwertend): *[dauerndes] Trommeln:* lass das G. mit den Fingern!; das wilde G. auf Bongos und Congas war die ganze Nacht zu hören.
ge|trost ⟨Adj.⟩ [mhd. getrōst, ahd. gitrōst, zu ↑Trost od. ↑trösten]: **1.** *sich vertrauensvoll in etw. schickend od. schicken könnend; zuversichtlich:* Labre verwandelte den seelischen Tiefstand mit wenigen Worten in eine -e Ruhe (Nigg, Wiederkehr 111); Seid nur g.! (Winckler, Bomberg 41); Und so wollen wir denn der Zukunft ... g. ins Auge blicken (K. Mann, Wendepunkt 449). **2.** *ohne Bedenken [haben zu müssen]; ruhig:* g. mit etw. fortfahren; man darf in Roland Renners Darstellung g. den Maler Jörg Immendorf sehen (Woche 7. 3. 97, 33); so weit darf man dies von der Instinkthandlung g. behaupten (Lorenz, Verhalten I, 350).
ge|trös|ten ⟨sw. V.; hat⟩ [mhd. getrœsten, ahd. gitrōstan = trösten]: **1.** ⟨g. + sich⟩ (geh.) *auf etw. vertrauen:* ich getröste mich ihrer Hilfe; sich der himmlischen Gnade und Barmherzigkeit g.; ◆ So hat auch wahrlich mein Oheim Eurer Worte sich nicht zu g. (Goethe, Reineke Fuchs I, 93). **2.** (veraltet) *trösten.*
Ge|trost|heit, die; -: *das Getrostsein:* Vorbei ist es mit der ruhigen G. unserer Seelen (MM 19. 1. 74, 3).
ge|trun|ken: ↑trinken.
Get|se|ma|ni: ↑Gethsemane.
Gẹt|ter, der; -s, - [engl. getter, eigtl. = Fangstoff, zu: to get = (zu fassen) bekommen, kriegen] (Chemie): *Substanz zur Bindung von Gasen, die bes. in Elektronenröhren zur Aufrechterhaltung des Vakuums verwendet wird.*
gẹt|tern ⟨sw. V.; hat⟩ (Chemie): *Gase durch Getter binden.*
Gẹt|te|rung, die; -, -en (Chemie): *Bindung von Gasen durch Getter.*
Gẹt|to, Ghetto, das; -s, -s [ital. ghetto, H. u.; viell. aus dem Hebr. od. aus ital. getto = Gießerei (wegen der Nachbarschaft des ersten in Venedig belegten Judenviertels zu einer Kanonengießerei, nach der dieser Stadtteil schon vorher geheißen haben könnte)]: **a)** *abgeschlossenes Stadtviertel, in dem die jüdische Bevölkerung abgetrennt von der übrigen Bevölkerung leben musste:* die -s von Warschau; der Religionslehrer Salomo aus dem mährischen Getto (Fischer, Wohnungen 13); im G. leben; Die im Mittelalter in Europa weit verbreitete Übung der Juden, sich in geschlossenen Gettos anzusiedeln, wurde in der Periode des Absolutismus zwangsweise in der Mehrzahl der Staaten durchgeführt (Fraenkel, Staat 142); **b)** (meist abwertend) *Stadtviertel, in dem diskriminierte Minderheiten, Ausländer od. auch privilegierte Bevölkerungsschichten zusammenleben:* die -s der Schwarzen; angesichts der neuen Gettos in unseren Städten (Welt 1. 11. 74, 4); die Ausländer wohnen, leben hier in -s; Ü ein G. der Reichen, Alten, Homosexuellen; Die Armeeführer waren ... vorsichtig genug, ihre Verbände aus den Städten herauszunehmen und in Gettos fern der Bevölkerung zu konzentrieren (Spiegel 20, 1975, 78); **c)** *bestimmter (sozialer, wirtschaftlicher o. ä.) geistiger od. seelischer Bezirk, aus dem man sich nicht entfernen kann:* es mag Leute geben, die zu ihm (= Christus) beten; aber bleibt das nicht auf das Getto des Seelenlebens beschränkt? (Thielicke, Ich glaube 248); wenn die wirtschaftlichen Beziehungen des Landes noch stärker ... aus dem osteuropäischen Getto ausbrechen (MM 21. 8. 69, 2); Der sonst im Getto der 30 Prozent gefangenen CDU gelang ... ein befreiender Sprung nach vorn (MM 5. 3. 74, 2).
Gẹt|to|blas|ter, Ghettoblaster, der; -s, - [engl. ghetto blaster, zu ghetto = Wohnviertel bes. der farbigen Minderheiten in Großstädten u. to blast = Krach, laute Musik machen]: *großer, besonders leistungsstarker tragbarer Radiorekorder:* Die »Bösen« treiben sich auf den Straßen herum ... Doch ein netter, »guter« Junge mit Gettoblaster läuft immer wieder vorbei und hört coole Musik (FR 29. 1. 94, 3).
get|to|i|sie|ren, ghettoisieren [gɛtoi...] ⟨sw. V.; hat⟩ (bildungsspr. abwertend): *(jmdn.) isolieren* (1 a), *von sich fernhalten:* ... dass z. B. charakteristischerweise in Gesellschaften mit totalitären Ideologien eher die Andersdenkenden, in kapitalistischen Ländern eher die Armen gettoisiert werden (Richter, Flüchten 118).
Get|to|i|sie|rung, Ghettoisierung, die; -, -en (bildungsspr. abwertend): *das Gettoisieren:* Denn die Propaganda der Islamisten, die in der westlichen Kultur die größte Gefahr sehen, stößt unter den Muslimen in Deutschland auf ein zunehmendes Klima der Angst und der Gettoisierung (Woche 25. 4. 97, 6).
Ge|tu, das [vgl. Getue]: **a)** (selten) *Getue;* **b)** (landsch.) *etw., womit man [angeblich] beschäftigt ist; [angeblich wichtige] Beschäftigung:* Sie (= die Offiziere) rannten umher und täuschten G. vor (Strittmatter, Wundertäter 470); Man hat sein G. Sieben Kinder, Herr Pastor (Strittmatter, Wundertäter 17); die (= Staatsbeamte) wie die Kinder mit unschuldigem G. sich erwischen ließen in ihrem raucherfüllten Doppelzimmer (Johnson, Ansichten 114).
Ge|tue, das; -s [zu ↑tun] (ugs. abwertend): *übertrieben, unecht wirkendes Verhalten; Gehabe:* ein albernes, vornehmes, betriebsames G.; er macht ein G. *(macht sich wichtig, spielt sich auf);* Und überall hatten sie hier das dumme G. mit der Ostsee (Klepper, Kahn 30).
Ge|tüm|mel, das; -s, - ⟨Pl. selten⟩ [15. Jh., zu mhd. tumel = Lärm od. zu ↑tummeln]: *wildes Durcheinanderwogen bei Menschenansammlungen, im Verkehr, im Kampf o. Ä.:* das G. des Festes, der Schlacht; blickte ich ... hinaus in den flammenden Glanz dieser Avenuen und Plätze, auf das G. ihrer Wagen (Th. Mann, Krull 149); der Patron ... drängte sich durch das volkreiche G. des Bahnhofs (Maass, Gouffé 94); sich ins dickste G. stürzen; Ü oft stehen bleibend und manchmal bis zu Worten ins G. der Empfindungen hineingerissen (A. Zweig, Claudia 132).
ge|tüp|felt: ↑tüpfeln.
ge|tupft: ↑tupfen.
ge|türkt: ↑türken.
Ge|tu|schel, das; -s (ugs., oft abwertend): *[dauerndes] Tuscheln:* heimliches G.; unter dem G. der Nachbarn, der Umstehenden; Ü das G. der hohen Halme im Winde (Frisch, Stiller 186).
ge|übt ⟨Adj.⟩: *durch Übung etw. gut beherrschend u. darin erfahren:* ein -er Segler; ein -es Auge, Ohr erkennt das gleich; Innerhalb von zwei Versuchen muss es also auch den letzten Pin umgehauen haben. Was bei den -eren Spielern durchaus der Regelfall ist (Stuttgarter Zeitung 18. 6. 96, 28); sie war im Reden nicht sehr g.
Ge|übt|heit, die; -, -en ⟨Pl. selten⟩: *das Geübtsein.*
Geu|se, der; -n, -n ⟨meist Pl.⟩ [niederl. geus < frz. gueux = Bettler]: *niederländischer Freiheitskämpfer gegen Spanien im 16. Jh.*
Ge|vạt|ter, der; -s, älter: -n, -n [mhd. gevater(e), ahd. gifatero, LÜ von kirchenlat. compater = Taufpate, eigtl. = »Mitvater«]: **1.** (veraltet) *Taufpate:* G. stehen; jmdn. zu G. bitten; ***bei etw. G. stehen** (scherzh.; *bei etw. Pate stehen*). **2.** (veraltend, noch scherzh.) *jmd., mit dem man befreundet, verwandt od. bekannt ist:* von Tagen der Freundschaft mit ... -n der Grußformel »Kenn, Kunde?« (Lynen, Kentaurenfährte 182); (dichter. veraltet:) G. Tod; ◆ Lass sie gehen! Sind Tiefenbacher, G. Schneider und Handschuhmacher (Schiller, Wallensteins Lager 10).
◆ **Ge|vạt|ter|brief,** der: *Brief, in dem der Vater eines Neugeborenen jmdn. bittet, die Patenschaft zu übernehmen:* Die Taufe sollte nicht lange aufgeschoben werden ... Alle Meldungsschreiben und -e übernahm Mittler (Goethe, Wahlverwandtschaften II, 8).
Ge|vạt|te|rin, die; -, -nen: w. Form zu ↑Gevatter: ◆ Eine G. *(Bekannte),* so auch mit ihrer Kunkel unter ihnen saß (Mörike, Hutzelmännlein 138).
◆ **Ge|vạt|ter|leu|te** ⟨Pl.⟩: *Patinnen u. Paten:* Der Großvater würde meinen, es wäre nicht Kindstaufe, wenn man den -n nicht ein Weinwarm aufstellen würde (Gotthelf, Spinne 6).
ge|vạt|ter|lich ⟨Adj.⟩ (veraltet): *vertraut [u. traulich]:* die Seifengasse, die altdeutsch eng und g. wie vor zweihundert Jahren ist (FAZ 22. 7. 61, 47).
Ge|vạt|ter|schaft, die; -, -en [mhd. gevaterschaft] (veraltet): *Patenschaft.*
Ge|vạt|ters|mann, der ⟨Pl. ...leute⟩ (veraltet): *Gevatter.*
Ge|vier, das; -[e]s, -e [zu ↑vier] (Bergbau): *zu einem Viereck verbundene Schachthölzer.*
◆ **ge|viert** ⟨Adj.⟩: *viereckig, quadratisch:* ein geräumiger, -er Platz, durch steinerne Balustraden gegen den jähen Abhang geschützt (Keller, Das Sinngedicht 34).

Ge|vi̱ert, das; -[e]s, -e: **1.** *Viereck, Quadrat; durch etw. begrenzter viereckiger Platz, Raum:* das G. eines Gefängnishofes; ein G. von Baracken; ein Garten von ein paar hundert Metern im G.; Dort sowohl wie in dem ungleich größeren G. hing ein Kristalllüster (Th. Mann, Krull 324). **2.** (Druckerspr.) *Quadrat* (3).

ge|vi̱er|teilt: ↑vierteilen.

Ge|vi̱ert|me|ter, der, (auch:) das (selten): *Quadratmeter:* ... hat die Marktgemeinde ... ein Gelände im Ausmaß von rund 32 500 qm zum Preise von einem Schilling je G. angekauft (Vorarlberger Nachr. 8. 11. 68, o. S.).

Ge|vi̱ert|schein, der (Astron.): *Quadratur* (2).

Ge|vö̱|gel, das; -s [1: mhd. gevügele, ahd. gifugili, Kollektivbildung zu ↑Vogel; 2: zu ↑vögeln]: **1.** *verschiedene, nicht näher charakterisierte Vögel:* Käfige mit allerlei G. und Getier. **2.** (vulg.) *[dauerndes] Koitieren, [häufiger] Geschlechtsverkehr:* Martin Kusej inszeniert »Richard III.« ... Öffentliches G., Blut in Strömen, Frauenurin ... (Stuttgarter Zeitung 13. 12. 96, 33).

◆ **Ge|vo̱ll|mäch|tig|te,** der; -n, -n ⟨Dekl. ↑Abgeordnete⟩: *Berater u. Helfer eines Deichgrafen:* als der verstorbene Tede Volkerts Deichgraf, da wurde ich -r und bin es nun schon vierzig Jahre (Storm, Schimmelreiter 62).

Ge|wa̱chs, das; -es, -e [mhd. gewechse, zu ↑[1]wachsen]: **1. a)** *(aus der Erde) Gewachsenes, nicht näher charakterisierte Pflanze:* seltene, tropische, unbekannte -e; Ü einmal als weite Erde gesehen zu haben, was sonst nur den Topf füllt, aus dem die kümmerlichen -e der Moral sprießen (Musil, Mann 592); **b)** *zu einer bestimmten Zeit, an einem bestimmten Ort angebaute Pflanzen-, bes. Weinsorte:* dieser Wein ist ein G. aus dem Jahrgang 1957; der Tabak ist eigenes G. *(eigenes Erzeugnis, auf eigenem Boden gewachsen).* **2.** *unnatürlicher Auswuchs an einem Organ, Wucherung des Gewebes, Geschwulst:* ein gutartiges, bösartiges G.; ein G. im Unterleib; ein G. operieren. **3.** (salopp) *bestimmter Menschentyp; Mensch, wie er sich in einer bestimmten Art herausgebildet hat:* ein ... blauäugiger Junge, ... ein echtes, helles Berliner G. (Fallada, Jeder 195); ahnt denn so ein dürftiges, verquollenes G., wie schwer es ist, ... die Wahrheit zu sagen? (Tucholsky, Werke II, 49); »Unser Zwischenbericht hatte die zentralen Ideologeme der SED attackiert: Faschismus sei ein Produkt des Monopolkapitals, und weil es den in der DDR nicht gibt, könnten die Neonazis nur das Produkt von ›politisch-ideologischer Diversion‹ aus dem bösen Westen sein. Wir aber hatten herausgefunden, dass die braunen -e auf unserem eigenen Mist entstanden waren.« (Woche 19. 12. 97, 6).

ge|wa̱ch|sen: **1.** ↑[1]wachsen. **2.** ***jmdm., einer Sache g. sein** *(einem Überlegenen standhalten, eine Aufgabe bewältigen, jmdm., einer Sache Widerpart bieten können):* seinem Gegner, einem Redner, einem Problem, der Situation g. sein; einem solchen Ton bin ich nicht g.; ist die Kupplung auch einem Rennstart im 1. Gang ... g. (auto 8, 1965, 30).

Ge|wächs|haus, das: *an allen Seiten u. am Dach mit Glas od. Folie abgedeckter, hausartiger Bau, in dem unter besonders günstigen klimatischen Bedingungen Pflanzen gezüchtet werden:* Alpenveilchen, Salat, Gurken im G. ziehen.

Ge|wächs|haus|pflan|ze, die: *im Gewächshaus gezogene Pflanze.*

ge|wa̱chst: ↑[2]wachsen.

Ge|wa̱|ckel, das; -s, **Ge|wa̱|cke|le, Ge|wa̱ck|le,** das; -s (ugs., oft abwertend): *[dauerndes] Wackeln:* das G. des Tisches macht mich ganz nervös; Frau Haase berichtete von den zahllosen Problemen, mit denen die Gastronomie in den Zügen zu kämpfen habe. So müsse ... zusätzlich das »Gewackel des Zuges« berücksichtigt werden (Bonner General-Anzeiger 14. 12. 92, 8).

Ge|wa̱ff, das; -[e]s [gek. aus ↑Gewaffen] (Jägerspr.): **1.** *aus den Kiefern seitlich der Schnauze hervortretende Eckzähne des Keilers; Waffen* (2 a). **2.** *Fang* (2 c).

Ge|wa̱f|fen, das; -s [mhd. gewæfen, Kollektivbildung zu ↑Waffe] (veraltet): *nicht näher charakterisierte Waffen:* kein feldgrau Tuch, kein G., nein, die Notdurft des Fußes, vielleicht sagen Sie auch Kinderstrumpf (Benn, Stimme 18); Ü wie der Stier mit eingelegtem G. *(eingelegten Hörnern),* aber in schon recht schwerfälligem Galopp sich ihm nahte (Th. Mann, Krull 435).

◆ **ge|wa̱ff|net** ⟨Adj.⟩: *mit Gewaff* (1) *versehen:* Es würd' ein Eber, ein -er, Müh' mit den Fängern haben durchzubrechen (Kleist, Krug 1524).

◆ **Ge|wa̱ff|ne|te,** der; -n, -n ⟨Dekl. ↑Abgeordnete⟩: *Bewaffneter; Soldat:* ich höre G. sich nahen (Goethe, Iphigenie IV, 1).

ge|wa̱gt: **1.** ↑wagen. **2.** ⟨Adj.⟩ **a)** *im Hinblick auf den zweifelhaften Erfolg äußerst kühn, von [ungerechtfertigtem] Wagemut zeugend:* ein -es Unternehmen; Dieser Tage wetteifern diverse Restaurants, originelle Weltmeistergourmandisen auf den Tisch zu bringen ... Bislang erschien die Kombi von Chili con Carne und Kaiserschmarrn die -este zu sein (Tagesspiegel 16. 6. 98, 13); es erscheint mir recht g., dies zu behaupten; diese Farbe ist für mich wohl zu g. *(auffallend);* **b)** *im Hinblick auf die herrschenden Moralvorstellungen sehr od. allzu frei; [leicht] anstößig:* ein -er Witz; Alle -en und allzu freizügigen Einstellungen ließ Kuli rigoros aus dem Drehbuch streichen (Hörzu 26, 1973, 16); das Dekolleté ist sehr g.

Ge|wa̱gt|heit, die; -, -en: **1.** ⟨o. Pl.⟩ *das Gewagtsein.* **2.** *gewagte Äußerung, Handlung:* Leona ... sang sie (= diese altmodischen kleinen Gesänge) mit der Stimme einer Hausfrau geduldig ins Publikum, und wenn dazwischen doch kleine sittliche -en unterliefen, so ... (Musil, Mann 21).

ge|wählt: **1.** ↑wählen. **2.** ⟨Adj.⟩ *nicht alltäglich; im Ausdruck abgewogen; mit Bedacht u. Geschmack:* Aus dem gleichen Grund bemühte er sich auch in Verhandlungen, ein -es Hochdeutsch zu sprechen (Musil, Mann 72); Kardinal Frings hat es zwar mit -eren *(vornehmeren)* Worten ausgedrückt, aber die Quintessenz seiner Ausführungen hieß: »Erst kommt das Fressen und dann die Moral!« (FR 28. 6. 95, 2); seine Umgangsformen sind g., nie erhebt er die Stimme (Sieburg, Robespierre 197).

Ge|wa̱hlt|heit, die; -: *das Gewähltsein:* bestrebt, die Überzeugungskraft seiner Verwahrung durch die G. seiner Redewendungen zu erhöhen (Th. Mann, Joseph 99).

ge|wa̱hr [mhd. gewar, ahd. giwar = bemerkend; aufmerksam, zu ↑wahren]: in den Verbindungen **jmdn., etw./jmds., einer Sache g. werden** (geh.; *jmdn., etw. mit den Sinnen, bes. mit den Augen, wahrnehmen*): ein Geräusch, einen Geruch g. werden; in der Menge wurde ich ihn/seiner plötzlich g.; Ferner hat die Natur ... dafür gesorgt, dass die Insekten die Blumen schon von weitem g. werden (Friedell, Aufklärung 29); **etw./einer Sache g. werden** (geh.; *etw. nach einer gewissen Zeit in seiner Bedeutung erkennen*): er wurde seinen Irrtum/seines Irrtums g.; ... blätterte ich einige Seiten um, ohne des Inhalts recht g. zu werden (Sieburg, Blick 160); Bei genauem Zusehen aber wird man staunend g., dass ... (Dönhoff, Ära 87).

Ge|wä̱hr, die; - [mhd. gewer, ahd. gaweri = Bürgschaft, zu ↑gewähren]: *Sicherheit, die jmdm., der sich auf etw. einlässt, von jmdm. od. durch etw. geboten wird:* es ist die G. gegeben, dass ...; als läge in der Ungeschliffenheit irgendeine G., dass einer vor seinem Vorgesetzten nicht kriecht (Frisch, Stiller 407); für etw. G. leisten; keine G. für etw. übernehmen; Feiner Flanell ist dabei am meisten zu empfehlen, denn er bietet die beste G. gegen Erkältungen (Th. Mann, Krull 402); die Angabe der Lottozahlen erfolgt ohne G.

ge|wä̱hr|bar ⟨Adj.⟩ (Amtsspr.): *gewährt werden könnend:* der Antrag, Anspruch ist g.

ge|wa̱h|ren ⟨sw. V.; hat⟩ [mhd. gewarn, zu ↑gewahr] (geh.): **1.** *[unvermutet] jmdn., etw., was sich aus etw. Ungeordnetem herauslöst, sehen:* in der Ferne eine Gestalt, die Stadt g.; die Wache hatte ihn nicht gewahrt. **2.** *durch Einfühlung, Beobachtung wahrnehmen, erkennen:* jmds. Veränderung, die großen Linien eines Plans g.; Fast unbewusst gewahrte sie das Interesse an ihr, das im Ton seiner höhnischen Kritik lag (Andersch, Sansibar 119).

ge|wä̱h|ren ⟨sw. V.; hat⟩ [mhd. (ge)wern, ahd. (gi)werēn, wahrsch. zu ↑wahr]: **1. a)** *[jmdm. etw., was er erbittet od. wünscht, aus Machtvollkommenheit] großzügigerweise geben, zugestehen:* jmdm. eine Audienz, ein Interview g.; dem Angestellten Kredit, eine [Zahlungs]frist, einen Vorschuss g.; jmdm. eine Vergünstigung, in etw. Einblick g.; einem Flüchtling Schutz, Asyl, Unterkunft g.; Es war die Fotografie der Schaufensterscheibe mit der Aufschrift, der zufolge Angehörigen von Kriegsteilnehmern in den B.-Läden Rabatt gewährt wurde (Brecht, Groschen 245); die gewährten Subventionen; **b)** *einer Bitte o. Ä. entsprechen, sie zulassen, erfüllen:* jmdm. einen Wunsch, ein Gesuch, Anliegen g.; **c)** *jmdm. durch sein Vorhandensein etw. zuteil werden lassen:* die Musik gewährte ihm Trost; diese Einrichtung gewährt große Sicherheit, Ihnen manche Vorteile. **2.** ***jmdn. g. lassen** *(jmds. Tun geduldig od. gleichgültig zusehen u. ihn nicht hindern):* die Kinder g. lassen.

Ge|währ|frist, die: **1.** *Garantiefrist.* **2.** (Rechtsspr.) *Zeitraum, innerhalb dessen beim Kauf von Vieh der Verkäufer für eventuelle Mängel haftet.*

ge|währ|leis|ten ⟨sw. V.; hat⟩: *dafür sorgen, eine Gewähr dafür sein, dass etw. sichergestellt, nicht gefährdet ist:* alles tun, um die Einbringung der Ernte, die Sicherheit des Lebens, einen reibungslosen Übergang zu g.; Man legt höchstens einen Luftröhrenschnitt an, um die ... Sauerstoffzufuhr zu g. (Sebastian, Krankenhaus 10); Heute gewährleistet Art. 28 II GG den Gemeinden das Recht, »alle Angelegenheiten ... in eigener Verantwortung zu regeln« (Fraenkel, Staat 160).

Ge|währ|leis|tung, die; -, -en: **1.** *das Gewährleisten:* Bei der Finanzierung deutscher Exporte oder von Investitionen in Asien oder Lateinamerika waren nur noch 22 Prozent ihrer (= der Kreditanstalt für Wiederaufbau) Kredite durch öffentliche G. abgesichert (Tagesspiegel 22. 1. 99, 22). **2.** *Mängelhaftung:* Erstmals 30 Jahre Garantie. Mercedes bietet lebenslange G. gegen Durchrostung (Tagesspiegel 24. 10. 98, 4).

Ge|währ|leis|tungs|an|spruch, der: *aus der Gewährleistung* (2) *entstehender Anspruch.*

Ge|währ|leis|tungs|pflicht, die: *Pflicht [eines Vertragspartners], eine Gewährleistung* (2) *zu bieten.*

[1]**Ge|wahr|sam,** der; -s [mhd. gewarsame, zu: gewarsam = sorgsam, zu: gewar, ↑gewahr]: **1.** *Obhut, Schutz:* etw. in [sicheren] G. bringen, geben, nehmen; etw. in [sicherem] G. [be]halten, haben; erschien Polydoros im G. *(in sicherer Begleitung)* einiger Kriegsleute (Hagelstange, Spielball 52). **2.** *Haft:* jmdn. in [polizeilichen] G. nehmen, bringen; in G. sein.

[2]**Ge|wahr|sam,** das; -s, -e (veraltet): *Gefängnis:* jmdn. in ein G. bringen.

◆ **Ge|währ|schaft,** die; -, -en [mhd. gewerschaft]: *Gewährleistung* (2); *Verantwortung:* In diesem Augenblick war der bisherige Rechnungsführer als Rentbeamter ... an eine andere Stelle befördert, und die beschwerliche Arbeit, die alte Rechnung abzuschließen, die G. loszuwerden und einen neuen Etat ... aufzustellen, blieb bei mir (Goethe, Tag- u. Jahreshefte 1818).

Ge|währs|frau, die: vgl. Gewährsmann: Grunenberg wies aber mit Recht darauf hin, dass für Slogans wie »Die Macht gehört dem Volk« Arendt nicht als G. herangezogen werden könne (FR 24. 11. 95, 9); Aber welche G. hatte der »VEB Horch, Guck & Greif« in Christa Wolf gewonnen? Sie mag keine konspirativen Wohnungen, ihr Mann soll alles wissen ... (FR 28. 7. 93, 1).

Ge|währs|mann, der; -[e]s, ...männer u. ...leute: *jmd., auf dessen fundierte Aussage man sich stützt:* einen G. nennen; »Geschmack kann man nicht am Mittelmaß messen, sondern nur am Vorzüglichen.« Münch bemühte Goethe als G. fürs Edle und stellte kurz darauf Belege dafür am Dressman vor (Stuttgarter Zeitung 21. 2. 95, 17); Zuverlässige Berichte unserer Gewährsleute besagen, dass ... (Hochhuth, Stellvertreter 247); sich auf seine Gewährsmänner berufen.

Ge|währs|per|son, die (seltener): vgl. Gewährsmann.

Ge|währ|trä|ger, der (Bankw.): *Vereinigung, Gemeinde o. Ä., die eine Sparkasse errichtet [hat].*

Ge|währ|trä|ge|rin, die (Bankw.): w. Form zu ↑Gewährträger.

Ge|wäh|rung, die; -, -en ⟨Pl. selten⟩: *das Gewähren* (1).

◆ **Ge|wäl|de,** das; -s [mhd. gewelde = Waldung, Waldgegend, Kollektivbildung zu: walt = Wald]: *Wald:* Nicht schweifen im G. darf mir ein solcher Mann (Uhland, Schenk von Limburg).

ge|walmt ⟨Adj.⟩ (Bauw.): *mit einem* [2]*Walm versehen:* -e Dächer.

Ge|walt, die; -, -en [mhd. gewalt, ahd. (gi)walt, zu ↑walten]: **1.** *Macht, Befugnis, das Recht u. die Mittel, über jmdn., etw. zu bestimmen, zu herrschen:* die staatliche, richterliche, elterliche, priesterliche, göttliche G.; die Teilung der -en in gesetzgebende, richterliche und ausführende G.; etw. in seine G. bringen; jmdn. in seiner G. haben; sie stehen völlig in, unter seiner G. *(werden völlig von ihm beherrscht, unterdrückt, sind ganz von ihm abhängig);* Ü die G. über sein Fahrzeug verlieren *(im Fahren durch überhöhte Geschwindigkeit o. Ä. plötzlich nicht mehr in der Lage sein, sein Fahrzeug zu lenken);* ***sich, etw. in der G. haben** *(sich, etw. beherrschen u. die nötige Zurückhaltung üben):* sie hat ihre Zunge oft nicht in der G.; Er hatte sich wieder in der G. (Ott, Haie 94). **2.** ⟨o. Pl.⟩ **a)** *unrechtmäßiges Vorgehen, wodurch jmd. zu etw. gezwungen wird:* in ihrem Staat geht G. vor Recht; G. von unten wird von vornherein als illegitim abqualifiziert, während nach der Legitimation der G. von oben nicht gefragt wird (Degener, Heimsuchung 165); G. leiden müssen; ich weiche nur der G.; etw. mit G. zu erreichen suchen; **sich** ⟨Dativ⟩ **G. antun [müssen]** *(etw. nur lustlos, unter Selbstüberwindung tun);* **einer Sache G. antun** *(etw. den eigenen Ansichten, Wünschen entsprechend auslegen u. dafür passend machen):* der Wahrheit, den Tatsachen, der Geschichte G. antun; **mit [aller] G.** *(unbedingt, unter allen Umständen):* er wollte mit [aller] G. reich werden, von hier fort; **b)** *[gegen jmdn., etw. rücksichtslos angewendete] physische Kraft, mit der etw. erreicht wird:* bei etw. G. anwenden; G. in den Händen haben (veraltend; *kräftig zupacken können*); G. verherrlichen; G. verherrlichende Texte; jmdn. mit G. am Eintreten hindern; man musste ihn mit [sanfter] G. hinausbefördern; die Tür ließ sich nur mit G. *(gewaltsam)* öffnen; die immer lauter werdenden Forderungen nach strafrechtlicher Verfolgung von G. in der Ehe; die Neigung zur G. gegen Kinder (MM 29. 11. 88, 17); G. gegen Frauen ist nicht nur im sexuellen, sondern auch im sozialen und kulturellen Bereich zu finden; ***jmdm. G. antun** (geh. verhüll.; *jmdn. vergewaltigen*): ... ist gegen zwei Ärzte verhandelt worden, denen vorgeworfen wurde, einer Kollegin G. angetan zu haben (Spiegel 13, 1986, 56). **3.** (geh.) *elementare Kraft von zwingender Wirkung:* die G. des Sturms, der Wellen; den -en des Unwetters trotzen; doch der Regen schien seine G. zu vermehren (Langgässer, Siegel 580); Ü die G. der Leidenschaft, seiner Rede; ***höhere G.** *(etw. Unvorhergesehenes, auf das der Mensch keinen Einfluss hat):* Naturkatastrophen sind höhere G., für die keine Haftung übernommen wird.

Ge|walt|akt, der: *durch Gewaltanwendung gekennzeichnete Handlung:* politische -e; Offensichtlich geht der Schaden ... in die Hunderttausende, ist größer als bei bisherigen -en dieser Art (NNN 31. 7. 86, 2); er empfand fast Genugtuung über Großmutters G. (Böll, Haus 52).

Ge|walt|an|dro|hung, die: *Androhung von Gewalt* (2).

Ge|walt|an|wen|dung, die: *Anwendung von Gewalt* (2).

ge|walt|be|reit ⟨Adj.⟩: *bereit, Gewalt* (2 b) *anzuwenden, Gewalttaten zu begehen:* -e Demonstranten; Die Polizei behauptete, »1 000 -e Personen« seien inzwischen angereist (Spiegel 47, 1987, 144); ⟨subst.:⟩ Es seien etwa 50 Gewaltbereite, die mit Schlagwerkzeugen aufeinander losgingen, ausschließlich an Randale interessiert gewesen (Rheinpfalz 2. 1. 93, 13).

Ge|walt|be|reit|schaft, die: *das Gewaltbereitsein:* Nach deutschem Recht darf ein Hooligan nur bei handfesten Hinweisen auf seine G. vor einem Spiel in Gewahrsam genommen werden (Woche 3. 7. 98, 8).

Ge|walt|ein|wir|kung, die: *Einwirkung von Gewalt* (2 b).

Ge|wal|ten|tei|lung, die ⟨o. Pl.⟩: *Trennung von gesetzgebender, ausführender u. richterlicher Staatsgewalt u. ihre Zuweisung an voneinander unabhängige Staatsorgane:* das demokratische Prinzip der G.; die Lehre Montesquieus von der G.

Ge|wal|ten|tren|nung, die ⟨o. Pl.⟩: *Gewaltenteilung.*

Ge|walt|fa|mi|lie, die: *Familie, in der geschlagen wird:* Die Mutter ... kümmert sich ... besonders um die gefährdeten Kinder aus -n (Spiegel 46, 1976, 84).

Ge|walt|fan|ta|si|en ⟨Pl.⟩: *[Wunsch]vorstellungen, die sich auf das Ausleben von Gewalt* (2 b) *richten:* In der ersten Hälfte des Films erforscht Kalin ... Loebs Dominanz- und Gewaltfantasien (taz 22. 2. 92, 29).

ge|wạlt|frei ⟨Adj.⟩: **a)** *gewaltlos;* **b)** (Politik Jargon) *ohne Anwendung physischer Gewalt u. unter Verzicht auf Gegengewalt geschehend:* eine -e Blockade.

Ge|wạlt|frei|heit, die ⟨o. Pl.⟩: *gewaltfreie* (b) *Vorgehensweise:* Auch G. ist eine äußerst ausgeklügelte Methode, sehr starken Druck auszuüben (Spiegel 17, 1984, 29).

Ge|wạlt|frie|de[n], der: *Frieden, der dem Besiegten mit besonders ungünstigen Bedingungen für ihn aufgezwungen wird:* ... quälte ihn die Schande von Versailles, wo das Reich einen Gewaltfrieden hatte hinnehmen müssen, wie er es ausdrückte (Harig, Weh dem 67).

Ge|wạlt|ha|ber, der; -s, - (selten): *jmd., der die Gewalt* (1) *innehat [u. diese Stellung rücksichtslos ausnutzt].*

Ge|wạlt|ha|be|rin, die; -, -nen (selten): w. Form zu ↑Gewalthaber.

Ge|wạlt|herr|schaft, die: *unumschränkte Herrschaft eines Einzelnen, einer bestimmten Gruppe; Zwangsherrschaft.*

Ge|wạlt|herr|scher, der: *jmd., der eine Gewaltherrschaft ausübt.*

Ge|wạlt|herr|sche|rin, die: w. Form zu ↑Gewaltherrscher.

ge|wạl|tig ⟨Adj.⟩ [mhd. gewaltec, ahd. giwaltig]: **1.** *über eindrucksvolle Machtfülle verfügend u. sie unumschränkt ausübend; mit Gewalt auf etw. einwirkend:* er war der -ste Mann Frankreichs; Angst und Neid als die -sten Triebkräfte. **2. a)** *von außerordentlicher Größe od. Stärke; den Eindruck übergroßer Kraft od. Wucht erweckend:* ein -es Bauwerk; vor einer -en Naturkulisse; Dahinter steht nicht nur das Bedürfnis, die Peterskirche plötzlicher, sondern zugleich auch -er vor sich zu haben als im Fluchtpunkt am Ende der Via della Conciliazione (Fest, Im Gegenlicht 346); **b)** *das normale Maß weit übersteigend:* eine -e Last; -e Anstrengungen unternehmen; Es ist für jedes Opernhaus ein -es Unterfangen, die Oper »Boris Godunow« ... in den Spielplan aufzunehmen (Freie Presse 19. 11. 87, 6); der Fortschritt der letzten Jahre ist g.; **c)** ⟨intensivierend bei Adj. u. Verben⟩ (ugs.) *sehr, überaus:* hier ist es g. kühl; sich g. überschätzen; der Absatz ist g. gestiegen; Der Boden erstreckte sich über die ganze Länge des Hauses; zwischen den g. dicken Balken war hin und wieder ein Verschlag angelegt (Dönhoff, Ostpreußen 24); »Soviel ich weiß, subventioniert er sogar Ihr Theater.« »Da irren Sie sich aber g.!« (Bieler, Mädchenkrieg 235).

-ge|wal|tig: drückt in Bildungen mit Substantiven aus, dass die beschriebene Person über etw. in hohem Maß verfügt od. etw. mit beeindruckender Kraft, Energie ausführen kann: finanz-, schuss-, wort-, wurfgewaltig.

-ge|wal|ti|ge, der u. die; -n, -n ⟨meist Pl.; Dekl. ↑Abgeordnete⟩: kennzeichnet in Verbindung mit Substantiven eine Person, die in einem bestimmten Bereich sehr großen Einfluss, große Macht hat: Finanz-, Fernseh-, Medien-, Touristikgewaltige.

ge|wặl|ti|gen ⟨sw. V.; hat⟩ [mhd. geweltigen = etw. in seine Gewalt bringen, zwingen]: **a)** (Bergbau) *wieder zugänglich machen:* einen Stollen, eine Zeche g.; ◆ **b)** *bewältigen:* bis die Sonne mit herrlichem Blick heraufstieg und die frühsten Nebel gewältigte (Goethe, Wahlverwandtschaften I, 13).

Ge|wạl|tig|keit, die; -: *das Gewaltigsein:* Die Anlage aber zeigte ... durch ihre G., gepaart mit Prunk und Schönheit, dass ... (Ceram, Götter 78).

Ge|wạlt|kur, die (ugs.): *radikale therapeutische Maßnahmen zur Heilung od. Besserung:* eine G. auf sich nehmen; Ü Das furchtbare Ding, das sein Leben war, bekommt einen Sinn. Es ist eine G. mit Franz Biberkopf vollzogen (Döblin, Alexanderplatz 10).

Ge|wạlt|leis|tung, die: *dem Körper abgezwungene Leistung, Kraftanspannung:* die Injektion ... erschütterte das Nervensystem wie eine G. sportlicher Art (Th. Mann, Zauberberg 487).

ge|wạlt|los ⟨Adj.⟩: *ohne Anwendung von Gewalt:* eine -e Änderung des politischen Systems.

Ge|wạlt|marsch, der: *anstrengender, schneller u. langer Marsch:* im G. durch unwegsames Gelände gegen eisigen Nordost zu kämpfen? (Pohrt, Endstation 57).

Ge|wạlt|maß|nah|me, die: *Maßnahme, die rücksichtslos gegen jmdn. ergriffen wird:* politische -n.

Ge|wạlt|mensch, der: *grober Mensch, der rücksichtslos mit anderen verfährt:* Die Figuren, die seine (= Italiens) Geschichte bestimmen, bilden ... eine Galerie düsterer, getrieben wirkender -en (Fest, Im Gegenlicht 343).

Ge|wạlt|mit|tel, das: vgl. Gewaltkur: dieses G. greift die Nieren an.

Ge|wạlt|mo|no|pol, das (Staatsrecht): *alleiniges Recht des Staates, auf seinem Hoheitsgebiet Gewalt* (2 b) *anzuwenden od. zuzulassen:* das G. des Staates ... darf nicht zur Disposition stehen (Spiegel 45, 1990, 62).

Ge|wạlt|na|tur, die: vgl. Gewaltmensch: geführt von herrischen -en (Fraenkel, Staat 265).

Ge|wạlt|po|li|tik, die: *Politik, die ihre Ziele mit rücksichtsloser Gewaltanwendung durchzusetzen sucht:* Die Heilsfront unterstütze die G. der Terroristen-Gruppen und könne kein Gesprächspartner sein, heißt es offiziell (FR 22. 8. 94, 3).

Ge|wạlt|por|no, der (ugs.): *Pornofilm, -video od. -roman, in dem Gewalttätigkeit im sexuellen Bereich dargestellt wird:* ... zumal auf dem grauen Markt auch andere Gesetzesvorschriften missachtet werden, etwa das Herstellungsverbot von -s (Spiegel 27, 1984, 66).

Ge|wạlt|po|ten|zi|al, das: *potenzielle, latente Gewalt* (2).

Ge|wạlt|re|gime, das: *Regime, das seine Herrschaft mit rücksichtsloser Gewaltanwendung zu stützen sucht:* den Ideologen des soeben gestürzten -s zu zitieren, verbot sich – ihm in der Staatsführung nachzueifern, erwies sich indes als zweckdienlich (FR 3. 7. 96, 8).

ge|wạlt|sam ⟨Adj.⟩: *unter Gewaltanwendung, durch Gewalteinwirkung [geschehend]:* eine -e Vertreibung; ein -er Tod; ein -es Ende nehmen *(keines natürlichen Todes sterben);* In der Frühzeit gipfelt die Bestattungszeremonie im -en *(zerstörerischen, unbarmherzigen)* Inferno des Feuers (Archäologie 2, 1997, 9); Musik und Marschtakt werden immer -er (Weiss, Marat 135); g. die Tür öffnen; hinter der Bemühung, sie (= die verrinnende Jugend) oft g. *(mit allen Mitteln)* zu konservieren ..., steht das Wissen um den Tod (Thielicke, Ich glaube 181).

Ge|wạlt|sam|keit, die; -, -en: **1.** ⟨o. Pl.⟩ *das Gewaltsamsein:* im freien Spiel der Kräfte auf dem friedlichen Markt, das nach seiner Ansicht die G. des militärischen Zeitalters abgelöst habe (Fraenkel, Staat 112); Wohl kein Land hat mit einer solchen G. *(gewaltsamen Anstrengung)* die Grundstoffindustrien aus dem Boden gestampft (Gruhl, Planet 64). **2.** *gewaltsame Handlung, Verhaltensweise:* Aber das sind nicht die stärksten Momente des Puntila. Es sind oft -en (MM 13. 5. 80, 32).

Ge|wạlt|schuss, der (Sport): *äußerst wuchtiger, meist aus größerer Entfernung auf das Tor abgegebener Schuss.*

Ge|wạlt|spi|ra|le, die: *ständig gesteigertes, sich ständig steigerndes Auftreten von Gewalt* (2 b): Amerika in einer neuen G.: Kinder töten Kinder (Focus 4, 1996, 202).

Ge|wạlt|streich, der: *den Gegner, Partner o. Ä. überrumpelnder, eigenmächtiger Gewaltakt:* Salan hat erkannt, dass diese Art von G. das Ende seiner Bewegung bedeutet (Welt 31. 3. 62, 5).

Ge|wạlt|tat, die: *unter Anwendung von [körperlicher] Gewalt [an jmdm.] begangene unrechtmäßige od. kriminelle Tat:* diese Leute, unbedenkliche und zur G. geneigte Subjekte zumeist (Th. Mann, Krull 133); »Der Priester hat sie (= die Jungen) ins Gesäß getreten«, sagte der Advokat. »Er geht zu -en über ...« (H. Mann, Stadt 30).

Ge|wạlt|tä|ter, der: *jmd., der eine Gewalttat, ein Verbrechen verübt:* ein kaltblütiger G.; dass der größte Schaden für die Arbeiterschaft von solchen politischen -n drohe (Chotjewitz, Friede 268).

Ge|wạlt|tä|te|rin, die: w. Form zu ↑Gewalttäter.

ge|wạlt|tä|tig ⟨Adj.⟩: *seinen Willen rücksichtslos u. mit roher Gewalt durchsetzend:* ein -er Mensch; Kinder leben in einer -en Welt (Augsburger Allgemeine 13. 5. 78, 23); dass andere in meiner Lage g. werden (Spiegel 47, 1983, 57); Marianne ... war in einem munteren Gespräch mit einem g. aussehenden jungen Mann begriffen (Baum, Paris 127).

Ge|wạlt|tä|tig|keit, die; -, -en: **1.** ⟨o. Pl.⟩ *gewalttätige [Wesens]art:* hatte doch eine gewisse harte, kalte G. auch bis in seine Berufsneigungen hineingespielt (Musil, Mann 591). **2.** *Gewalttat:* ich verurteile diesen Indianer wegen schwerer G. (Hacks, Stücke 144).

Ge|wạlt|ver|bot, das: *(von internationalen Organisationen ihren Mitgliedsstaa-*

ten auferlegtes) Verbot der Anwendung militärischer Mittel in zwischenstaatlichen Auseinandersetzungen.

Ge|wạlt|ver|bre|chen, das: vgl. Gewalttat: die Ermittlung nazistischer G.

Ge|wạlt|ver|bre|cher, der: vgl. Gewalttäter: der Tätertyp des -s.

Ge|wạlt|ver|bre|che|rin, die: w. Form zu ↑Gewaltverbrecher.

ge|wạlt|ver|herr|li|chend ⟨Adj.⟩: *die Gewalt* (2b) *verherrlichend:* ein -er Kriegsfilm; Die meisten -en CDs der rechten Szene werden nach Angaben von »Kennzeichen D« in Skandinavien produziert (Leipziger Volkszeitung 5. 8. 98, 2); seine Schriften sind pornographisch und g.

Ge|wạlt|ver|herr|li|chung, die: *das Verherrlichen der Gewalt* (2b).

Ge|wạlt|ver|zicht, der: *Verzicht auf den Einsatz militärischer Mittel in zwischenstaatlichen Auseinandersetzungen.*

Ge|wạlt|ver|zichts|ab|kom|men, das: *Abkommen über Gewaltverzicht.*

Ge|wạlt|ver|zichts|er|klä|rung, die: *Erklärung* (2), *auf Gewaltanwendung in [zwischenstaatlichen] politischen Auseinandersetzungen zu verzichten:* Sechs Wochen nach der G. ... gibt es ... zum ersten Mal seit 25 Jahren ernsthafte Hoffnungen auf ein baldiges Ende des Bürgerkrieges (SZ 15. 10. 94, 12).

Ge|wạnd, das; -[e]s, Gewänder [mhd. gewant, ahd. giwant, urspr. = gewendetes (= gefaltetes) Tuch, zu ↑wenden] (geh., sonst österr. u. südd.): *[bei bestimmten Anlässen getragenes, festliches, langes, weites] Kleidungsstück:* ein lang herabwallendes, indisches G.; liturgische Gewänder *(von den Liturgen der christlichen Kirchen beim Gottesdienst getragene besondere Kleidungsstücke);* ein G. an-, ablegen, tragen; Vater Seraphim raffte sein loses G. fester zusammen (Schaper, Kirche 38); in dem üblichen -e des Försterberufes (Roth, Beichte 17); in seinem geistlichen G. *(im Talar;* Zuckmayer, Fastnachtsbeichte 111); Ü das Buch erscheint in neuem G. *(in neuer Aufmachung);* Mythen bestehen immer darin, dass man Ideen (zum Beispiel die vom Werden und Vergehen) in das G. der Geschichte kleidet (Thielicke, Ich glaube 215).

Ge|wän|de, das; -s, - [Kollektivbildung zu ↑Wand]: **1.** (Archit., Kunstwiss.) *durch schrägen Einschnitt in die Mauer entstehende [gestaffelte, mit Figuren, Säulen o. Ä. versehene] Fläche an Fenstern u. bes. Portalen.* **2.** (österr.) *Felswand.*

Ge|wän|de|fi|gur, die (Archit., Kunstwiss.): *bes. in der Romanik u. Gotik Plastik am Gewände* (1): Trotzdem sind die Chartreser -en noch keineswegs von der Architektur emanzipiert (Bild. Kunst III, 54).

ge|wạn|delt: ↑wandeln (1a, 2a).

ge|wạn|den ⟨sw. V.; hat⟩ [mhd. gewanden, zu ↑Gewand] (geh. veraltet, noch scherzh.): *in bestimmter Weise kleiden:* ein Kind festlich g.; im »Total-Look«, der auf sämtlichen Dessous ... das gleiche Blümchenmuster wiederholt, soll sie sich g. (MM 22. 10. 69, 6); ⟨noch im 2. Part.:⟩ hellblau gewandet sein *(ein hellblaues Kleid tragen).*

Ge|wän|de|por|tal, das (Archit., Kunstwiss.): *Portal mit einem Gewände* (1) *[u. Gewändefiguren].*

Ge|wạnd|haus, das [eigtl. = Tuchhalle]: *(im späten MA.) Lager- u. Verkaufshaus der Tuchmacherzunft, das auch Räume für gesellige Veranstaltungen enthielt* (in Leipzig erstes Konzertsaalgebäude des Gewandhausorchesters).

Ge|wạnd|meis|ter, der: *bei Theater, Film u. Fernsehen Vorstand der Kostümschneiderei, der die Herstellung, Aufbewahrung u. Pflege der Kostüme überwacht* (Berufsbez.).

Ge|wạnd|meis|te|rin, die: w. Form zu ↑Gewandmeister.

Ge|wạnd|sta|tue, die (Kunstwiss.): *Statue einer bekleideten Person:* der Kaiser wird in Toga und Panzer, die Kaiserin im Typus einer griechischen Göttin oder G. dargestellt (Bild. Kunst I, 16).

Ge|wạnd|stu|die, die (Kunstwiss.): *Vorzeichnung zur Darstellung eines Gewandes od. Faltenwurfs.*

ge|wạndt [2: eigtl. = in eine andere Richtung gewendet]: **1.** ↑wenden. **2.** ⟨Adj.⟩ *in Bewegungen, Benehmen, Auftreten, Ausdrucksweise o. Ä. sicher u. geschickt; von dieser Sicherheit u. Geschicktheit zeugend:* ein -er Tänzer; eine -e Redeweise; er ist sehr g. und weiß mit Menschen umzugehen; Affig g. springt Stanislaus hinter Paasch drein ins Schlafzimmer des ranglosen Majors (Fries, Weg 169).

Ge|wạndt|heit, die; -: *das Gewandtsein, gewandtes Wesen:* Ich traute ihr zwar nicht, bewunderte aber doch ihre taktische G. (Hartung, Piroschka 75); Als er mich sah, erhob er sich schnell und mit einer bei seiner Schwere verblüffenden G. (Salomon, Boche 9).

Ge|wạn|dung, die; -, -en [zu ↑gewanden]: **1.** (geh., sonst österr. u. südd.) *besondere Kleidung für einen bestimmten Zweck:* in festlicher G. erscheinen; Margret stand in nächtlicher G. auf der Schwelle (Fussenegger, Haus 381); Zum Teil werden solche und ähnliche -en den Beschäftigten umsonst zur Verfügung gestellt (Machui, Titel 25); Bei dieser »gefibelten« Tracht ... handelt es sich ursprünglich um die charakteristische G. germanischer Frauen (Archäologie 2, 1997, 33). **2.** (Kunstwiss.) *Darstellung des Gewandes od. Faltenwurfs:* die von den alten Meistern geschaffenen -en kommen nun den heutigen zugute (Kisch, Reporter 278).

Ge|wạnn, das; -[e]s, -e, (seltener:) **Ge|wạn|ne,** das; -s, - [mhd. gewande, eigtl. = Ackergrenze, an der der Pflug gewendet wird] (bes. südd.): *in mehrere Streifen [mit gemeinsamer Grenzlinie] aufgeteiltes [Acker]gelände:* beim Pflügen eines Ackers im Gewann »Rohrlach« (MM 1. 9. 66, 5).

ge|wạnn: ↑gewinnen.

Ge|wạnn|flur, die: *aus einem od. mehreren Gewannen bestehende Flur.*

ge|wạpp|net: ↑wappnen.

Ge|wạr|te, das; -s (ugs. abwertend): *langes Warten:* Dann das G. vor der Ladentür (Kinski, Erdbeermund 24).

◆ **ge|wạr|ten** ⟨sw. V.; hat⟩ [mhd. gewarten, ahd. giwartēn, ↑gewärtig]: **a)** *erwarten* (1): Von Stunde zu Stunde gewartet' er mit hoffender Seele der Wiederkehr (Schiller, Bürgschaft); **b)** *erwarten* (2a): wir haben einen schönen Tag zu g. (Goethe, Götz V).

ge|wär|tig [mhd. gewertec, zu: gewarten, ahd. giwartēn = beobachten, erwarten, zu ↑warten]: **a)** in der Verbindung **einer Sache g. sein** *(etw. Neues od. Unangenehmes erwarten, sich darauf eingestellt haben):* des Äußersten g. sein; man musste jeden Augenblick [dessen] g. sein, von ihm hinausgeworfen zu werden; ⟨selten mit Akk.:⟩ Er wälzte sich herum, stemmte den Ellbogen auf und blickte Aage, Widerspruchs g., drohend an (Seidel, Sterne 75); ◆ **b)** *dienstwillig:* ... und treu und g. dem Könige bleiben (Goethe, Reineke Fuchs 5, 161).

ge|wär|ti|gen ⟨sw. V.; hat⟩ (geh.): **1.** *die Erfüllung eines bestimmten Anspruchs o. Ä. erwarten:* von jmdm. nichts, keine Hilfe zu g. haben; wer Außerordentliches gewärtigt hatte, wurde enttäuscht (Th. Mann, Hoheit 126); ⟨auch g. + sich:⟩ von dieser Arbeit darfst du dir kein besonderes Lob g. *(erwarten, versprechen);* welche Reizungen und Erschütterungen man sich von einem Schriftwerke gewärtigt (Th. Mann, Krull 73). **2.** *sich auf etw. Unangenehmes einstellen:* eine Strafe, eine Anzeige, die Ausweisung zu g. haben; man muss leider g., dass er nicht alt werden, sondern frühzeitig der Schwindsucht zum Opfer fallen wird (Th. Mann, Hoheit 173); ⟨g. + sich:⟩ die eingezogenen Lippen ... demonstrieren, wessen sich das Objekt der Kritik zu g. hat (Tucholsky, Werke I, 480). ◆ **3.** *warten* (1a): Als man nun gewärtigte, welcher Käufer den höchsten Preis dafür bieten würde (Keller, Lachen 167).

Ge|wäsch, das; -[e]s [zu spätmhd. weschen, waschen = schwatzen, ↑waschen] (ugs. abwertend): *leeres Gerede:* Er ist einer ..., der eigentlich längst verbrauchte Begriffe wie »Postmoderne« wieder produktiv macht, ohne in universitäres G. zu geraten (taz 23. 10. 96, 24); Diese Stadt kann nicht erobert werden, aber sie stirbt täglich im G. der Ciceronen (Koeppen, Rußland 40); Er wartete, dass der andere jetzt mit diesem blöden G. aufhörte (Fallada, Jeder 379).

ge|wạ|schen: ↑waschen.

Ge|wäs|ser, das; -s, - [spätmhd. geweȝȝere, Kollektivbildung zu ↑Wasser]: *größere natürliche Ansammlung von Wasser:* ein stilles, dunkles, sumpfiges, stehendes G.; G. werden reguliert (Thienemann, Umwelt 26); dass die Wiederbesiedelung der Bäche der deutschen Mittelgebirge und der Voralpen viel früher möglich war als die der fließenden G. Nordeuropas (Thienemann, Umwelt 82); Macay ... war noch nie ... in asiatische G. vorgedrungen (Schnabel, Marmor 100); als wir in den afrikanischen -n Handel trieben (Hacks, Stücke 100).

Ge|wạs|ser|aus|bau, der: *Gesamtheit der baulichen Maßnahmen zur Umgestaltung eines Gewässers mit dem Ziel, das Gewässerbett festzulegen u. zu sichern, angrenzende Flächen gegen Hochwasser zu schützen u. eine Nutzung (z. B. für die Schifffahrt, die Gewinnung von Wasserkraft, zu Erholungszwecken) zu ermöglichen.*

Ge|wạs|ser|bett, das: *durch die Ufer begrenzte, ständig od. zeitweise mit Wasser gefüllte Vertiefung in der Landoberfläche (z. B. Flussbett).*

Ge|wạs|ser|be|wirt|schaf|tung, die: *wirtschaftliche Nutzung eines Gewässers (z. B. zur Trinkwassergewinnung, als Fischgewässer):* Grundlehrgang für Gewässerwarte ... Hauptthema des Lehrgangs sind Fragen der Fischhege, G. und Besatzmaßnahmen (Fisch 2, 1980, 139).

Ge|wạs|ser|er|wär|mung, die: *Erhöhung der Temperatur von Gewässern (z. B. durch Einleitung von Abwärme).*

Ge|wạs|ser|gü|te, die: *qualitative Güte* (2) *eines Gewässers (bes. im Hinblick auf seine Belastung mit Schadstoffen):* ... heben begrünte Randstreifen die G.: Das Wurzelwerk wirkt als Filter gegen die ... ausgeschwemmten Nährstoffe (Welt 19. 10. 89, 29).

Ge|wạs|ser|gü|te|kar|te, die: *kartographische Darstellung, die die Güte* (2) *eines Gewässers [in einem bestimmten Abschnitt zu einem bestimmten Zeitpunkt] dokumentiert.*

Ge|wạs|ser|kun|de, die ‹o. Pl.›: *Teilgebiet der Hydrologie, das sich mit den Gewässern im natürlichen Wasserkreislauf zwischen dem Niederschlag auf das Festland u. dem Rückfluss ins Meer befasst.*

Ge|wạs|ser|na|me, der: *Name, den ein Gewässer hat.*

Ge|wạs|ser|re|gi|on, die: *eine der Regionen* (1) *im Meer u. in fließenden u. stehenden Gewässern, die jeweils unterschiedliche physikalisch-chemische Gegebenheit aufweisen u. daher unterschiedliche Biotope darstellen (z. B. Benthal).*

Ge|wạs|ser|sa|nie|rung, die: *Gesamtheit der Maßnahmen, die der Verbesserung der durch ungenügend behandelte Abwässer u. durch Abwärme belasteten Gewässer dient.*

Ge|wạs|ser|schutz, der ‹o. Pl.›: *Gesamtheit der Maßnahmen zum Schutz der Gewässer vor Verunreinigung durch eingeleitete Abwässer o. Ä.:* Die Ausstellung ... beschäftigte sich mit Fragen wie Wasserversorgung und -qualität, G. und Umweltverantwortung (Tag & Nacht 2, 1997, 8).

Ge|wạs|ser|ver|schmut|zung, die: *Belastung, Schädigung eines Gewässers durch Schmutz, schädliche Stoffe o. Ä.*

Ge|wạs|ser|wart, der: *jmd., der (in einem Angelsportverein) über die Reinhaltung des Wassers wacht u. für den Fischbesatz zuständig ist:* Der G. hat eine Überwachungspflicht für das ihm anvertraute Gewässer. Er hat für die Unterhaltung des Gewässers zu sorgen (Fisch 4, 1984, 55).

Ge|wạs|ser|war|tin, die: w. Form zu ↑Gewässerwart.

Ge|wạs|ser|zo|ne, die: *Zone um ein Gewässer, entlang einem Fluss.*

Ge|wẹ|be, das; -s, - [mhd. gewebe, ahd. giweb(i), zu ↑weben]: **1.** *in bestimmter Weise gewebter, aus sich kreuzenden Fäden bestehender Stoff:* ein feines, grobes, festes, synthetisches G.; Ü sich im G. *(Netz)* seiner Lügen verstricken. **2.** (Med., Biol.) *Verband von Zellen annähernd gleicher Bauart u. gleicher Funktion:* pflanzliches, tierisches, gesundes G.; G. verpflanzen, untersuchen; krankes G. wegschneiden; Ü um das G. der Vorgänge ... so weit wie möglich bloßzulegen (Thielicke, Ich glaube 77).

Ge|wẹ|be|bank, die ‹Pl. ...banken›: *Vorratsstelle für konserviertes menschliches Gewebe* (2), *das für Transplantationen bereitgehalten wird.*

Ge|wẹ|be|brand, der (Med.): *Absterben des Gewebes* (2).

Ge|wẹ|be|brei|te, die (Textilind.): *Breite von Stoffen.*

Ge|wẹ|be|flüs|sig|keit, die: ↑Gewebsflüssigkeit.

Ge|wẹ|be|hor|mon: ↑Gewebshormon.

Ge|wẹ|be|kul|tur, die: *Züchtung von Zellen höherer Organismen im Reagenzglas:* dass man heute eine Anzahl verschiedenartiger menschlicher Tumoren in der G. in Dauerzüchtung halten kann (Medizin II, 114).

Ge|wẹ|be|leh|re, die: *Histologie.*

Ge|wẹ|be|pro|be, die: *einem Organ für eine histologische od. biochemische Untersuchung entnommenes Stück Gewebe* (2).

Ge|wẹ|be|schicht, die (Biol., Med.): *Schicht des Gewebes* (2): kann der Inhalt interessierender Zellbezirke oder auch -en mit einem Planimeter abgetastet ... werden (Medizin II, 72).

Ge|wẹ|be|the|ra|pie, die: *Behandlung von [Abnutzungs]krankheiten mit Einpflanzungen od. injizierten Extrakten von Gewebe* (2).

Ge|wẹ|be|trans|plan|ta|ti|on, die: *Transplantation von Gewebe* (2).

Ge|wẹ|be|ver|än|de|rung, die: *durch Krankheit od. andere Einflüsse bewirkte Veränderung der normalen Eigenschaften des Gewebes* (2)*:* Durch Kombination dieser »Kolposkopie« mit der bisher üblichen Abstrich-Untersuchung könnten dann 97 bis 99 Prozent aller -en erkannt werden (SZ 25. 9. 97, 66).

ge|wẹ|be|ver|träg|lich ‹Adj.›: *sich mit dem Gewebe* (2) *vertragend, keine Abwehrreaktionen hervorrufend:* Als Dauerimplantate etwa für Hüft- oder Kniegelenke haben sich Aluminium-Titan-Werkstoffe als besonders leistungsfähig und g. erwiesen (Welt 4. 5. 92, 21).

Ge|wẹ|be|ver|träg|lich|keit, die: *gewebeverträgliche Beschaffenheit:* Aber dieser Wunderwerkstoff kann noch mehr. Er fräst Stahl wie Butter, seine G. prädestiniert ihn für den Prothesenbau (SZ 20. 10. 87, Beilage zukunft 5).

Ge|wẹ|be|züch|tung, die: *Gewebekultur.*

Ge|wẹbs|bil|dung, die: *Bildung von Gewebe* (2).

Ge|wẹbs|ent|nah|me, die: *Entnahme* (1) *von Gewebe[proben] (zu wissenschaftlichen, bes. medizinischen Zwecken):* ein neuartiges Verfahren der G. bei Verdacht auf Brustkrebs (FR 24. 4. 98, 33).

Ge|wẹbs|flüs|sig|keit, die: *farblose bis hellgelbe Flüssigkeit, die in den Lymphgefäßen verläuft; Lymphe.*

Ge|wẹbs|hor|mon, das: *in verschiedenen Geweben* (2) *erzeugter, in seiner Art u. Wirkung einem Hormon ähnlicher Stoff:* Das Interesse der ... Hormonforschung konzentriert sich auf diese »Gewebshormone«, die den Blutdruck, die Verdauung, die Hirntätigkeit beeinflussen (Medizin II, 253).

Ge|wẹbs|lap|pen, der: *lappenartige Gewebsbildung.*

Ge|wẹbs|ne|kro|se, die: *Nekrose.*

Ge|wẹbs|neu|bil|dung, die: vgl. Gewebsbildung.

Ge|wẹbs|rest, der: vgl. Gewebsbildung.

Ge|wẹbs|strang, der: vgl. Gewebsbildung.

Ge|wẹbs|teil, das, auch: der: vgl. Gewebsbildung.

Ge|wẹbs|tod, der ‹o. Pl.›: *Nekrose.*

Ge|wẹbs|trans|plan|ta|ti|on, die, **Ge|wẹbs|über|tra|gung,** die: *Transplantation von Gewebe* (2).

Ge|wẹbs|ver|än|de|rung, die: ↑Gewebeveränderung.

Ge|wẹbs|ver|pflan|zung, die: *Gewebstransplantation.*

Ge|wẹbs|wu|che|rung, die: *Wucherung.*

Ge|wẹbs|zel|le, die: *einzelne Zelle des Gewebes* (2).

Ge|wẹbs|zer|fall, der: vgl. Gewebsbildung: Die nekrotisierende Entzündung geht mit größerem G. einher (Medizin II, 173).

Ge|wẹbs|zer|rei|ßung, die: vgl. Gewebsbildung.

ge|wẹckt ‹Adj.›: *aufgeweckt:* ein erprobter und -er Soldat (A. Zweig, Grischa 454).

Ge|wẹckt|heit, die: *Aufgewecktheit.*

Ge|wẹhr, das; -[e]s, -e [mhd. gewer, ahd. giwer = Abwehr, Schutz, Kollektivbildung zu ↑[1]Wehr]: **1.** *Schusswaffe mit langem Lauf u. Kolben, die im Allgemeinen an der Schulter in Anschlag gebracht wird:* ein großkalibriges G.; das G. laden, anlegen, in Anschlag bringen, entsichern, schultern, spannen, reinigen; G. bei Fuß *(in militärischer Haltung, wobei das Gewehr mit dem Kolben nach unten neben den Fuß gestellt ist)* stehen; ins/unters G. treten *(mit dem Gewehr antreten);* jmdn. mit vorgehaltenem G. zu etw. zwingen; er zielte mit dem G. auf ihn; Am nächsten Tag hatten den Berliner zwei Wachen unter G. abgeholt (Kühn, Zeit 17); in militär. Kommandos: G. ab!; das G. über!; präsentiert das G.!; R ran an die -e! (ugs.; *fangen wir also an!*); haben ein G.! (ugs. scherzh. veraltend; *das ist leider nicht möglich;* nach dem Anfang des Kinderliedes »Wer will unter die Soldaten, der muss haben ein Gewehr« von F. Güll, 1812–79); *** G. bei Fuß** *(aufmerk-*

sam wachend u. bereit, notfalls einzugreifen): Russland erwartet G. bei Fuß den Frieden (A. Zweig, Grischa 14). **2.** (Jägerspr.) *die Hauer* (2). ◆ **3.** ⟨o. Pl.⟩ *Waffen* (1 a): Ihr sollt abziehen mit G., Pferden und Rüstung (Goethe, Götz III); denn alles wird G. in ihrer Hand (Schiller, Maria Stuart I, 1).

Ge|wehr|ab|zug, der: *Abzug* (1) *eines Gewehrs.*

Ge|wehr|auf|la|ge, die: *Stütze für das Gewehr beim Schießen.*

Ge|wehr|feu|er, das ⟨o. Pl.⟩: *Feuer* (4) *aus Gewehren.*

Ge|wehr|ga|bel, die (früher): *gabelförmiger Stock zum Auflegen des Gewehrs beim Schießen.*

Ge|wehr|gra|na|te, die: *auf die Gewehrmündung aufgesetzte u. von dort abgeschossene Granate.*

Ge|wehr|griff, der ⟨meist Pl.⟩: *militärisch eingeübter Griff zur Handhabung des Gewehrs* (1): Haben Sie eigentlich mal einen anständigen G. gelernt? (Gaiser, Jagd 152).

Ge|wehr|kol|ben, der: *verstärkter hinterer Teil des Schaftes* (1 b) *eines Gewehrs* (1): der Gefangene erhielt einen Schlag mit dem G.; wenn eine Antwort stockend kam, schlug man ihnen mit G. ins Kreuz (Kirst, 08/15, 823); Die Wachposten, die ihn (= den geflüchteten Kommunarden) hingebracht hatten, wollten gesehen haben, wie er von ihnen (= seinen Landsleuten) gleich mit G. erschlagen worden war (Kühn, Zeit 17).

Ge|wehr|ku|gel, die: vgl. Kanonenkugel: von einer G. tödlich getroffen werden.

Ge|wehr|lauf, der: *Lauf* (8) *eines Gewehrs* (1): den G. reinigen; die Entführer hatten die Gewehrläufe auf ihn gerichtet.

Ge|wehr|mün|dung, die: *Ende des Gewehrlaufs, wo die Kugel den Lauf verlässt.*

Ge|wehr|mu|ni|ti|on, die: *Munition für ein Gewehr* (1).

Ge|wehr|py|ra|mi|de, die: *in Pyramidenform zusammengestellte Gewehre* (1).

Ge|wehr|rie|men, der: *Tragriemen zum Umhängen des Gewehrs* (1).

Ge|wehr|sal|ve, die: *Salve von Gewehrschüssen.*

Ge|wehr|schaft, der: *Schaft* (1 b) *eines Gewehrs* (1).

Ge|wehr|schloss, das: *Schloss* (3) *eines Gewehrs* (1).

Ge|wehr|schrank, der: *Schrank für [Jagd]gewehre.*

Ge|wehr|schuss, der: *Schuss aus einem Gewehr* (1).

Ge|weih, das; -[e]s, -e [mhd. gewī[g]e, urspr. = Geäst, Kollektivbildung zu einem untergegangenen ahd. Subst. mit der Bed. »Ast, Zweig«]: *paarig ausgebildete, zackige u. verästelte Auswüchse aus Knochen auf dem Kopf von Hirsch, Rehbock o. Ä.:* ein starkes, ausladendes, verzweigtes G.; das G. abwerfen, (Jägerspr.:) fegen; ***jmdm. ein G. aufsetzen** (↑Horn 1).

Ge|weih|en|de, das (Jägerspr.): *Spitze der Sprosse eines Geweihs.*

Ge|weih|farn, der: *(zu den Tüpfelfarngewächsen gehörender) Farn mit aufrechten, ledrigen, gabelig verzweigten Blättern.*

Ge|weih|schau|fel, die (Jägerspr.): *Abflachung u. Verbreiterung der Geweihstange.*

Ge|weih|spit|ze, die: *Geweihende.*

Ge|weih|stan|ge, die (Jägerspr.): *eines der beiden stangenähnlichen Gebilde, die mit ihren Abzweigungen das Geweih bilden.*

[2]**ge|weiht** [zu ↑Geweih] (Jägerspr.): *(vom Hirsch) ein Geweih tragend.*

[1]**ge|weiht:** ↑weihen.

Ge|wei|ne, das; -s (ugs., meist abwertend): *[dauerndes] Weinen:* hör endlich auf mit dem G.!

ge|wellt: ↑wellen.

Ge|wen|de, das; -s, - [eigtl. = Stelle, wo beim Pflügen der Pflug gewendet wird]: **1.** (landsch. veraltend) *Grenze eines Ackers.* **2.** (veraltet) *Stück Ackerland* (als Feldmaß).

Ge|werb, der u. das; -[e]s, -e: **1.** ⟨der⟩ (schweiz. mundartl. veraltend) *Gewerbe* (3). ◆ **2.** ⟨der u. das⟩ (landsch.) *Werbung* (3): hinter dem Rücken des Vaters muss er sein G. an die Tochter bestellen (Schiller, Kabale I, 2); Eins von beiden, Calcagno: gib dein G. oder dein Herz auf (Schiller, Fiesco I, 3).

Ge|wer|be, das; -s, - [mhd. gewerbe = Geschäft, Tätigkeit, zu ↑werben]: **1.** *[selbstständige] dem Erwerb dienende berufliche Tätigkeit* (nicht in Bezug auf freie Berufe u. Berufe in Land- u. Forstwirtschaft, Fischerei u. Bergbau): ein ehrliches, einträgliches, schmutziges, ambulantes G.; das G. des Bäckers; ein G. ausüben, betreiben; im grafischen G. tätig sein; In der anderen Mansarde ging Tilly ihrem G. *(der Prostitution)* nach (Jaeger, Freudenhaus 91); Seine Suche nach Leuten, die sich ein G. aus der heimlichen Überführung Ostdeutscher machten (*die die heimliche Überführung Ostdeutscher wie ein Gewerbe betrieben;* Johnson, Ansichten 161); ***das horizontale,** (selten:) **ambulante G.** (ugs. scherzh.; 1. *die Prostitution.* 2. *die Gesamtheit der Prostituierten*); **das älteste G. der Welt** (verhüll. scherzh.; *die Prostitution*): Jetzt, am Dienstag bei der »Galgentoni«, wird das älteste G. der Welt zum Mittelpunkt einer deftigen Story (Hörzu 19, 1972, 8); **sich** ⟨Dativ⟩ **ein G. machen** *(sich unter einem Vorwand in jmds. Nähe aufhalten od. vorgeben, irgendwo etw. zu tun zu haben, um etw. zu erfahren, sich bemerkbar zu machen u. a.):* Oder sie hat sich ein G. bei Ihnen machen wollen (Fallada, Herr 98); machte sie sich G. für Umwege durch die Gegend (Johnson, Ansichten 99). **2.** ⟨o. Pl.⟩ *[produzierende] kleine u. mittlere Betriebe, [Handels]unternehmen; Bereich der gewerblichen Tätigkeit:* Handwerk und G. fördern. **3.** (schweiz.) *Gehöft u. dazu gehörender Grundbesitz eines Bauern; landwirtschaftlicher Betrieb:* 1955 hatte die Zahl der G. unter 10 Hektaren 9 830 betragen; zehn Jahre später waren es noch 5 806 (NZZ 22. 8. 72, o. S.).

Ge|wer|be|amt, das: *Gewerbeaufsichtsamt.*

Ge|wer|be|arzt, der: *in Betrieben od. bei Gewerbeaufsichtsämtern zur Überwachung des Gesundheitsschutzes in Industrie u. Handel tätiger Arzt.*

Ge|wer|be|ärz|tin, die: w. Form zu ↑Gewerbearzt.

Ge|wer|be|auf|sicht, die: *staatliche Überwachung der Einhaltung der Bestimmungen über den Arbeitsschutz in Gewerbebetrieben.*

Ge|wer|be|auf|sichts|amt, das: *staatliche Behörde, der die Gewerbeaufsicht obliegt.*

Ge|wer|be|be|rech|ti|gung, die (österr.): vgl. Gewerbezulassung.

Ge|wer|be|be|trieb, der: *gewerblicher Betrieb.*

Ge|wer|be|flä|che, die: *für die Ansiedlung eines Gewerbebetriebes vorgesehenes Grundstück:* die CDU habe seinerzeit ... den Flächennutzungsplan deshalb abgelehnt, weil er zu wenig Industrie- und Gewerbeflächen ausgewiesen habe (Saarbr. Zeitung 14. 3. 80, 18).

Ge|wer|be|fleiß, der: *Produktivität in einem bestimmten Gewerbe:* Wer sich in Genf vom G. der deutschen Automobilindustrie Neues versprach, wurde enttäuscht (auto 7, 1965, 26).

Ge|wer|be|frei|heit, die [LÜ von engl. freedom of trade]: *Recht, ein Gewerbe zu betreiben, sofern nicht gesetzliche Ausnahmen od. Beschränkungen bestehen.*

Ge|wer|be|ge|biet, das: *für die Ansiedlung von Gewerbebetrieben bestimmtes Gebiet; Gebiet, in dem sich Gewerbebetriebe befinden.*

Ge|wer|be|hy|gi|e|ne, die: *Sachgebiet der Arbeitsmedizin, das sich mit gesundheitlichen Einrichtungen am Arbeitsplatz u. in den Betrieben befasst.*

Ge|wer|be|im|mo|bi|lie, die: *gewerblich genutzte Immobilie:* ... die teuerste G., die 1996 in Deutschland fertig gestellt wurde: die Neue Messe in Leipzig (Woche 20. 12. 96, 22).

Ge|wer|be|in|spek|tor, der: *Beamter bei der Gewerbeaufsicht* (Berufsbez.).

Ge|wer|be|in|spek|to|rin, die: w. Form zu ↑Gewerbeinspektor.

Ge|wer|be|krank|heit, die: *Berufskrankheit.*

Ge|wer|be|leh|rer, der: *Lehrkraft an einer Gewerbeschule.*

Ge|wer|be|leh|re|rin, die: w. Form zu ↑Gewerbelehrer.

Ge|wer|be|ord|nung, die: *Gesetz, das Regelungen zur Ausübung eines Gewerbes enthält;* Abk.: GewO.

Ge|wer|be|park, der: *größeres zusammenhängendes Gelände [mit Grünflächen] als Standort für Gewerbebetriebe; Gewerbegebiet:* Auf dem Gelände des Eilenburger Chemiewerkes entsteht ein G., auf dem sich bisher 30 neue Firmen ansiedelten (Leipziger Volkszeitung 16. 11. 98, 5).

Ge|wer|be|po|li|zei, die: *Polizei, die die Einhaltung der Gewerbeordnung überwacht.*

Ge|wer|be|recht, das ⟨o. Pl.⟩: *Gesamtheit der öffentlich-rechtlichen Vorschrif-*

ten, die die Ausübung eines Gewerbes regeln.

Ge|wer|be|schein, der: *behördliche Bescheinigung, die dazu berechtigt, ein Gewerbe auszuüben.*

Ge|wer|be|schu|le, die: *Berufsfachschule für die Vermittlung des Grundwissens in einem gewerblich-technischen Beruf.*

Ge|wer|be|steu|er, die: *Steuer, die ein Gewerbebetrieb abführen muss.*

Ge|wer|be|tä|tig|keit, die: *selbstständige Tätigkeit in einem Gewerbe.*

ge|wer|be|trei|bend ⟨Adj.⟩: *ein Gewerbe betreibend.*

Ge|wer|be|trei|ben|de, der u. die; -n, -n ⟨Dekl. ↑Abgeordnete⟩: *jmd., der ein Gewerbe betreibt.*

Ge|wer|be|ver|ein, der: *freie gewerbliche [Handwerker]vereinigung zur Förderung des Gewerbes od. bestimmter Zweige im Vereinsbezirk.*

Ge|wer|be|zu|las|sung, die: *staatliche Erlaubnis zur Ausübung eines Gewerbes im Hinblick auf bestimmte Anlagen od. die Befähigung des Gewerbetreibenden.*

Ge|wer|be|zweig, der: *Teilbereich innerhalb des Gewerbes* (2).

Ge|werb|lein, das; -s, -: Vkl. zu ↑Gewerbe (3).

Ge|werb|ler, der; -s, - (schweiz.): *Gewerbetreibender:* Das welsche Fernsehen lud ... zwanzig Gemeindepräsidenten, Immobilienhändler, Spezialisten in Sachen Tourismus, G. und Bauern zu einem Gespräch ... ein (NZZ 21. 1. 83, 22); Neuerdings bemüht sich auch die SP in einer Art neuer Wirtschaftspolitik um Kleinunternehmer, G. (Tages Anzeiger 14. 10. 85, 6).

Ge|werb|le|rin, die; -, -nen (schweiz.): w. Form zu ↑Gewerbler.

ge|werb|lich ⟨Adj.⟩: *das Gewerbe* (1, 2) *betreffend, zu ihm gehörend:* -e Tätigkeit; -e Berufsgenosssenschaften; kaufmännische und -e *(in der Produktion arbeitende)* Lehrlinge; Räume zu -er Nutzung; wenn jemand das g. *(gewerbsmäßig)* betriebe (Bergengruen, Rittmeisterin 247).

◆ **ge|werb|sam** ⟨Adj.⟩: *geschäftig, betriebsam, rege:* Du bleibst halt immer ein -er Züricher, ihr seid alle gleich und habt nie genug (Keller, Züricher Novellen 34 [Hadlaub]); das Dörfchen, jenes -e, das weit fahrende Schiffe beherbergt (Mörike, Idylle vom Bodensee 1).

◆ **Ge|werbs|mann,** der ⟨Pl. ....leute⟩: *Gewerbetreibender:* Der G., der den Hügeln mit der Fracht entgegenzeucht (Kleist, Germania an ihre Kinder); ... wie es sich für einen G. ziemt (Stifter, Bergkristall 15).

ge|werbs|mä|ßig ⟨Adj.⟩: *als Gewerbe* (1) *betrieben; auf regelmäßigen Erwerb ausgerichtet, bedacht:* ein -er Einbrecher; Ich bin vorbestraft wegen -er Unzucht (Jaeger, Freudenhaus 292); einen Handel g. betreiben; Ü Nachtportiers und Ärzte sind -e *(durch ihren Beruf)* Pessimisten (Remarque, Triomphe 261).

Ge|werbs|un|zucht, die (Rechtsspr.): *[strafbare] Prostitution.*

Ge|werk, das; -[e]s, -e [mhd. gewerke = vollendete Arbeit, zu ↑Werk] (Fachspr., sonst veraltet): **1. a)** *Gewerbe, Handwerk; Zunft;* **b)** *[bes. beim Bau eines Gebäudes o. Ä. eingesetzte] Gruppe von Handwerkern einer bestimmten Fachrichtung:* das G. Maler- und Tapezierarbeiten; ... dass im Interesse der Mieter mehr getan werden muss, z. B., eigene Reparatur- und Instandsetzungskapazitäten bei bestimmten -en aufzubauen (Freie Presse 22. 6. 89, 3). **2.** (landsch.) *[Uhr-, Räder]werk:* Wenn so ein altes, rostiges, kaputtes G. wieder angeht (Feuchtwanger, Erfolg 678).

Ge|wer|ke, der; -n, -n [mhd. gewerke] (veraltet): **1.** *Inhaber von Anteilen* (1 b) *einer Gewerkschaft* (2). **2.** *Mitglied einer bergbaulichen Genossenschaft, Zunftgenosse.* ◆ **3.** *Bauhandwerker:* Drum Lob den Architekten, deren Sinn und Kraft, auch den -n, deren Hand es ausgeführt (Goethe, Was wir bringen 16).

◆ **ge|werk|sam** ⟨Adj.⟩: *geschäftig, betriebsam, rege:* diese Menge g. Tätiger, die hin und her in diesen Räumen wogt (Goethe, Die natürliche Tochter V, 7).

Ge|werk|schaft, die; -, -en [im 16. Jh. = Angehörige eines bestimmten Berufes; bergbauliche Genossenschaft, zu ↑Gewerke (2)]: **1.** *Organisation der Arbeitnehmer [einer bestimmten Berufsgruppe] zur Durchsetzung ihrer [sozialen] Interessen:* freie, christliche -en; die G. der Eisenbahner; in eine G. eintreten. **2.** (veraltend) *bergbauliche Unternehmensform einer Kapitalgesellschaft:* beteiligten sich Herzog und Grafen mit großen Zeichnungen an der G. Bulderuhm (Winckler, Bomberg 207).

Ge|werk|schaf|ter, der; -s, -: *Mitglied od. Funktionär einer Gewerkschaft:* In der »Strategie antikapitalistischer Strukturreformen«, die ... besonders von sozialistischen -n ... weiterentwickelt wurde (Stamokap 15).

Ge|werk|schaf|te|rin, die; -, -nen: w. Form zu ↑Gewerkschafter.

Ge|werk|schaft|ler, der; -s, -: ↑Gewerkschafter: In Wahrheit richtet die Aktion sich gegen Kommunisten, G. und Autonomisten (Chotjewitz, Friede 186).

Ge|werk|schaft|le|rin, die; -, -nen: w. Form zu ↑Gewerkschaftler.

ge|werk|schaft|lich ⟨Adj.⟩: *die Gewerkschaft betreffend, zu ihr gehörend:* -e Verbände; Doch nach dem Kriege dringt -es und bald auch revolutionäres Denken bis in die Siedlungen der Kikuyu (Neues D. 13. 6. 64, Beilage 3); g. organisiert sein.

Ge|werk|schafts|ap|pa|rat, der: *Apparat* (2) *der Gewerkschaft.*

Ge|werk|schafts|ar|beit, die ⟨o. Pl.⟩: *Arbeit in der, für die Gewerkschaft.*

Ge|werk|schafts|bank, die ⟨Pl. -en⟩ (früher): *Bank der Gewerkschaft zur Verwaltung der Mitgliedsbeiträge, zur Finanzierung von Streiks o. Ä.*

Ge|werk|schafts|be|we|gung, die ⟨o. Pl.⟩: *auf Verbesserung der wirtschaftlichen u. sozialen Verhältnisse abzielende, von der Gewerkschaft organisierte Bewegung* (3 a) *der Arbeitnehmer:* Die deutsche G., in ersten Ansätzen auf die Revolution von 1848 zurückgehend (Fraenkel, Staat 28).

Ge|werk|schafts|bon|ze, der (abwertend): *[höherer] Gewerkschaftsfunktionär, der die Vorteile seiner Stellung genießt u. der Basis* (5 b) *entfremdet ist.*

Ge|werk|schafts|boss, der (ugs., oft abwertend): vgl. Gewerkschaftsfunktionär: muss die Labour Party ... gegen radikale Aktionen der Gewerkschaftsbosse kämpfen (Zeit 6. 6. 75, 17).

Ge|werk|schafts|bund, der: *Vereinigung von verschiedenen Einzelgewerkschaften.*

Ge|werk|schafts|füh|rer, der: *jmd., der zum Führungsgremium einer od. mehrerer Gewerkschaften gehört.*

Ge|werk|schafts|füh|re|rin, die: w. Form zu ↑Gewerkschaftsführer.

Ge|werk|schafts|füh|rung, die: **1.** *Führungsausschuss einer od. mehrerer Gewerkschaften.* **2.** ⟨o. Pl.⟩ *Führung einer Gewerkschaft.*

Ge|werk|schafts|funk|ti|o|när, der: *Funktionär einer Gewerkschaft.*

Ge|werk|schafts|funk|ti|o|nä|rin, die: w. Form zu ↑Gewerkschaftsfunktionär.

Ge|werk|schafts|grup|pe, die: *kleinste gewerkschaftliche Einheit.*

Ge|werk|schafts|haus, das: *Gebäude, in dem die Verwaltung der Gewerkschaften untergebracht ist.*

Ge|werk|schafts|jour|na|list, der: *im Bereich der Gewerkschaftspresse tätiger Journalist.*

Ge|werk|schafts|jour|na|lis|tin, die: w. Form zu ↑Gewerkschaftsjournalist.

Ge|werk|schafts|ju|gend, die: *in einer Gewerkschaft organisierte Jugendliche.*

Ge|werk|schafts|kon|gress, der: *Kongress von Gewerkschaftsmitgliedern.*

Ge|werk|schafts|mit|glied, das: *Mitglied einer Gewerkschaft:* Das Parlament braucht ebenso -er wie Arbeitgebervertreter (Woche 28. 2. 97, 2).

ge|werk|schafts|nah ⟨Adj.⟩: *den Gewerkschaften politisch nahe stehend:* eine -e Stiftung, Partei; Der gebürtige Stuttgarter ... hatte mit seiner unbekümmerten ... Art bei -en Genossen Zweifel daran geweckt, ob er denn auch der richtige Kandidat sei (SZ 29. 9. 98, 2).

Ge|werk|schafts|pres|se, die ⟨o. Pl.⟩: *von den Gewerkschaften herausgegebene Presseorgane.*

Ge|werk|schafts|se|kre|tär, der: *hauptamtlich angestellter Funktionär der Gewerkschaft, der für bestimmte Bereiche verantwortlich ist.*

Ge|werk|schafts|se|kre|tä|rin, die: w. Form zu ↑Gewerkschaftssekretär.

Ge|werk|schafts|sit|zung, die: vgl. Gewerkschaftsversammlung.

Ge|werk|schafts|tag, der: *Gewerkschaftskongress.*

Ge|werk|schafts|uni|on, die: vgl. Gewerkschaftsbund.

Ge|werk|schafts|ver|band, der: vgl. Gewerkschaftsbund.

Ge|werk|schafts|ver|samm|lung, die: *von einer Gewerkschaft abgehaltene Versammlung.*

Ge|werk|schafts|ver|tre|ter, der: *Vertreter einer Gewerkschaft.*

Ge|werk|schafts|ver|tre|te|rin, die: w. Form zu ↑Gewerkschaftsvertreter.

Ge|wẹrk|schafts|vor|sit|zen|de, der u. die: *Vorsitzende[r] einer Gewerkschaft.*

Ge|wẹrk|ver|ein, der: *frühere gewerkschaftliche Organisation (Vorstufe der heutigen Gewerkschaft).*

Ge|we̲|se, das; -s [aus dem Niederd., zu ↑wesen] (ugs., häufig abwertend): **1.** *auffallendes Verhalten, Gebaren:* Weiter Ferngespräche ..., weiter gespenstisches G. (Plievier, Stalingrad 270); Die anderen mieden ihn wegen seines abstoßenden, frechen, mürrischen -s (Feuchtwanger, Herzogin 91); ***G. [von etw., sich] machen** *(Aufhebens [von etw., sich] machen):* er hatte weiter kein großes G. gemacht und sich sofort bereit erklärt; Sie machte mit ihren drei Töchtern viel G. von sich (Feuchtwanger, Herzogin 36). **2.** (landsch.) *Anwesen:* ◆ Oben in der Süderstraße, weit hinter Heinrichs früherem G. (Storm, Carsten Curator 167).

ge|we̲|sen: 1. ↑[1]sein. **2.** ‹Adj.› (bes. österr.) *ehemalig:* Der Fliegergeneral und seine Gattin, die -e Aktrice Lotte Lindenthal (K. Mann, Mephisto 25); Kritiker sind sehr oft keine bösen Menschen, sondern, dank der ungünstigen Zeitumstände, -e Lyriker (Musil, Mann 430).

Ge|we̲|se|ne, das; -n ‹Dekl. ↑[2]Junge, das›: *Vergangenes:* wenn etwas zum -n werden kann, hat ihm zum Vollkommenen etwas gefehlt (Jahnn, Geschichten 213).

ge|wi̲|chen: ↑[2]weichen.

ge|wịchst [2b: 2. Part. von ↑wichsen, eigtl. = blank geputzt, glatt gerieben]: **1.** ↑wichsen. **2.** ‹Adj.› **a)** (veraltet) *herausgeputzt:* Die Gesellschaft war dermaßen elegant und ritterlich g. (Th. Mann, Zauberberg 952); **b)** (ugs.) *klug, gewitzt.*

[1]Ge|wịcht, das; -[e]s, -e [mhd. gewiht(e), zu ↑wägen]: **1.** ‹o. Pl.› **a)** *Schwere eines Körpers, die sich durch Wiegen ermitteln lässt; Last:* ein G. von 45 kg; ein geringes, großes G.; das spezifische G. *(das Gewicht der Volumeinheit eines Stoffes);* das G. vom rechten auf das linke Bein verlagern; sein G. halten *(nicht zu- od. abnehmen);* der Koffer hat sein G. *(ist ziemlich schwer);* Orangen nicht nach Stückzahl, sondern nach G. verkaufen; der Mann krümmte sich unter dem G. der Last; **b)** (Physik) *Größe der Kraft, mit der ein Körper auf seine Unterlage drückt od. nach unten zieht.* **2.** *Körper von bestimmter Schwere [der als Maßeinheit zum Wiegen dient]:* große, kleine -e; die -e *(an einer Kette hängende, als Triebkraft wirkende Metallstücke)* der Pendeluhr; die -e müssen geeicht sein; mehrere -e auf die Waage legen; (Sport:) ein G. stemmen. **3.** ‹o. Pl.› *Bedeutung, die im Verhältnis zu anderen Fakten schwer wiegt u. den Charakter eines Zusammenhangs od. Sachverhalts beeinflusst:* in der Partei hat seine Stimme großes, kein G.; dieses Land bekommt immer mehr G.; er ... bemühte sich, seinen Worten nicht mehr an G. beizulegen (Langgässer, Siegel 15); Man misst ihr (= der Pubertät) wohl absichtlich so viel G. bei, um junge Menschen von ihrer Richtung abzubringen (Nossack, Begegnung 93); mit dem ganzen G. seiner Persönlichkeit; einen weiteren Fürsprecher gleichen -s hatte er nicht auftreiben können (Maass, Gouffé 264); ***sein ganzes G. in die Waagschale werfen** *(alle Anstrengungen unternehmen, seinen ganzen Einfluss geltend machen, um etw. zu erreichen):* er versicherte uns, er werde sein ganzes G. in die Waagschale werfen, um den Beschluss durchzusetzen; **auf etw. G. legen** *(etw. für wichtig halten u. Wert darauf legen* [nach der Waagschale, auf die man ein G. legt, damit die Zunge nach ihrer Seite ausschlägt]); **[nicht] ins G. fallen** *([nicht] von ausschlaggebender Bedeutung in einem bestimmten Zusammenhang sein* [nach der Sache, die schwer wiegt u. die Waagschale herunterdrückt]): da fällt eine gewisse lässige Großzügigkeit kaum ins G. **4.** (Math.) *[Zahlen]faktor, durch den eine Größe gegenüber einer anderen bei der Berechnung von Mittelwerten stärker od. schwächer berücksichtigt wird.*

[2]Ge|wịcht, das; -[e]s, -er [Nebenf. von ↑Geweih] (Jägerspr.): *Gehörn* (2).

ge|wịch|ten ‹sw. V.; hat› [zu ↑[1]Gewicht (3)]: **1.** (Statistik) *von etw. unter Berücksichtigung der Häufigkeit des Auftretens einzelner Werte einen Durchschnittswert bilden u. damit den Wert, die Bedeutung der einzelnen Größen einer Reihe ermitteln:* werden ... die ... Zahlen nach ... sozioökonomischen Faktoren gewichtet und die ersten Hochrechnungen erstellt (MM 26. 9. 69, 20); »Gewichtet« wird entweder durch Duplizieren oder Herausnehmen von Karten oder auf rechnerischem Wege (Noelle, Umfragen 144). **2.** *die Bedeutung, Bedeutsamkeit, Wichtigkeit von etw. festhalten, festlegen; Schwerpunkte bei etw. setzen:* diese Pläne gilt es nun [neu, richtig] zu g.; Sachargumente und finanzpolitische Gesichtspunkte zu wägen und zu g. (Saarbr. Zeitung 5. 12. 79, 17); Der Begriff der »Menschenrechtsverletzung« enthält auch relativ gutartige Fehlleistungen und ist jeweils zu g. (NZZ 24. 8. 83, 19).

Ge|wịcht|he|ben, das; -s: *schwerathletische Sportart, bei der ein [1]Gewicht (2) durch Reißen od. Stoßen vom Boden zur Hochstrecke gebracht wird.*

Ge|wịcht|he|ber, der: *Schwerathlet in der Disziplin des Gewichthebens.*

Ge|wịcht|he|be|rin, die: w. Form zu ↑Gewichtheber.

ge|wịch|tig ‹Adj.›: **1.** (veraltend) *schwer u. massig:* ein -er Koffer; ein -er *(umfangreicher)* Band; sie ist ziemlich g. (scherzh.; *dick, korpulent*). **2.** *[in einem bestimmten Zusammenhang] bedeutungsvoll:* ein -er Satz, Grund; Er machte -e Schritte im Zimmer auf und ab, rauchend natürlich (R. Walser, Gehülfe 27); -er ist hier die Frage, ob ...; (iron.:) sich g. räuspern.

Ge|wịch|tig|keit, die; -: *Bedeutung* (2), *Wichtigkeit:* wo ... die G. der Fragen und der Druck des Bedürfnisses, sich auf sie einzustellen, eine Stellungnahme herausfordern (Gehlen, Zeitalter 49); Die G. der nicht ganz 180 Mitgliederländer des IWF wird in Quoten, Stimmrechten und SZR (Sonderziehungsrechten) ausgedrückt (SZ 4. 10. 94, 22).

Ge|wịchts|ab|nah|me, die: *Abnahme des Körpergewichts:* Also beginnt die Behandlung in solchen Fällen in der G. (Siegel, Bruchheilung 122).

Ge|wịchts|ana|ly|se, die (Chemie): *Gravimetrie* (2).

Ge|wịchts|an|ga|be, die: *Angabe des [1]Gewichts* (1 a): Aber was waren zwei Zentner: eine G. (Böll, Haus 16).

Ge|wịchts|aus|gleich, der: *Ausgleich des [1]Gewichts* (1 a; z. B. durch Aufnehmen od. Abwerfen von Ballast).

Ge|wịchts|be|stim|mung, die: *Bestimmung, Feststellung des [1]Gewichts* (1 a).

Ge|wịchts|ein|heit, die: *Einheit zur Gewichtsbestimmung.*

Ge|wịchts|klas|se, die (Sport): *international einheitlich abgegrenzte Klasse, der die Kämpfer in den Sportarten Boxen, Gewichtheben, Judo u. Ringen entsprechend ihrem die Leistung beeinflussenden Körpergewicht zugeordnet werden.*

Ge|wịchts|kon|trol|le, die: *Kontrolle des Körpergewichts in bestimmten Zeitabständen.*

ge|wịchts|los ‹Adj.›: **1.** *ohne körperliche Schwere; schwerelos:* ein ... Mädchen wird in seinen letzten Tagen, verdorrt und beinahe g., von der Pflegerin herumgetragen (Kaschnitz, Wohin 60). **2.** *ohne [1]Gewicht* (3); *bedeutungslos:* -e Argumente; scheinen die Gottesdienste vielfach leerer und auch in ihrem Gehalt nicht selten -er zu werden (Thielicke, Ich glaube 10).

Ge|wịchts|norm, die: *zulässiges [1]Gewicht* (1) *von etw.*

Ge|wịchts|pro|zent, das: *Anteil eines Stoffes in einem Gemisch od. einer Lösung, der in Gramm je 100 g Mischung gemessen wird.*

Ge|wịchts|satz, der: *zu einer Waage gehörender Satz von verschiedenen [1]Gewichten* (2).

Ge|wịchts|stein, der: *[1]Gewicht* (2).

Ge|wịchts|sys|tem, das: vgl. Maßsystem.

Ge|wịcht|stein: ↑Gewichtsstein: Merkwürdige -e kamen zutage, eine merkwürdige Waage (Böll, Tagebuch 56).

Ge|wịchts|to|le|ranz, die: *zulässige Abweichung vom vorgeschriebenen [1]Gewicht* (1 a).

Ge|wịchts|ver|la|ge|rung, die: **1.** *Verlagerung des Körpergewichts:* Alle durch falsche Verschiebungen hervorgerufenen -en (Dwinger, Erde 103). **2.** *Verlagerung des [1]Gewichts* (3): Im Laufe des 19. Jh.s fand eine G. von rechts nach links ... statt (Fraenkel, Staat 247).

Ge|wịchts|ver|lust, der: *Verlust an [1]Gewicht* (1 a).

Ge|wịchts|ver|schie|bung, die: *Verschiebung des [politischen] [1]Gewichts* (3): Die ... Bedeutung solcher Wahlen liegt darin, dass sie Stimmungsbarometer für die Popularität der Vorstandsmitglieder sind und -en zwischen den Fraktionsflügeln anzeigen (FR 26. 10. 95, 4).

Ge|wịchts|zoll, der: *nach dem [1]Gewicht* (1 a) *der Ware festgesetzter Zoll:* Zölle werden als Gewichtszölle (spezifische Zölle) oder als Wertzölle erhoben (Fraenkel, Staat 132).

Ge|wichts|zu|nah|me, die: vgl. Gewichtsabnahme.

Ge|wicht|trai|ning, das: *Krafttraining.*

Ge|wich|tung, die; -, -en: **1.** (Statistik) *das Gewichten* (1): um noch vor Beginn weiterer Auszählungen eventuell eine Korrektur durch G. vornehmen zu können (Noelle, Umfragen 219). **2.** *das Gewichten* (2); *das Festlegen von Schwerpunkten:* Bei der zu diskutierenden G. von Lernzielen (ZGL 1, 1973, 3).

ge|wieft ⟨Adj.⟩ [wahrsch. 2. Part. von mhd. wīfen = winden, schwingen, verw. mit ↑Wipfel] (ugs.): *sehr erfahren, schlau, gewitzt; jeden Vorteil sogleich erkennend u. sich nicht übervorteilen lassend:* ein -er Bursche, Wahlkampftaktiker; Der Erfolg dürfte selbst -e Ganoven verblüffen (BM 2. 4. 76, 6); er ist g. im Auskundschaften.

Ge|wieft|heit, die; -: *das Gewieftsein:* Seine G., mich von sich zu überzeugen, belustigte mich (Ossowski, Bewährung 59).

ge|wiegt [2: eigtl. = (in einer Wiege) geschaukelt; in etw. groß geworden]: **1.** ↑²wiegen. **2.** ⟨Adj.⟩ (ugs.) *durch Erfahrung geschickt u. mit allen Feinheiten vertraut:* die -esten Berliner Kriminalkommissare zeigen sich von Wilhelms Schuld überzeugt (Mostar, Unschuldig 65); trotz allen Einfallsreichtums und -en kompositorischen Könnens, das Lutoslawski in sein Streichquartett investiert hat (National-Zeitung 553, 1968, 17); der Bursche ist ganz schön g.

Ge|wie|her, das; -s: **1.** *[dauerndes] Wiehern:* das G. der Pferde. **2.** (salopp) *wieherndes Gelächter:* ... die wichtigste und geheimnisvollste Angelegenheit der Natur und des Lebens dem G. des Pöbels überantworten (Th. Mann, Krull 59); sie hob ihre zarte Stimme zu wildem G. (Bergengruen, Rittmeisterin 174).

ge|wie|sen: ↑weisen.

ge|will|kürt ⟨Adj.⟩ [mhd. gewillekurt, 2. Part. von: willekurn (md.), willekürn = freiwillig wählen, beschließen, zu ↑Willkür] (Rechtsspr.): *nicht nach dem Gesetz, sondern durch Verfügung des Erblassers od. Vereinbarung der Vertragspartner erfolgend:* Gewillkürte Stellvertretung im römischen Privatrecht (Buchtitel in: Börsenblatt 20, 1973, 1564).

ge|willt ⟨Adj.⟩ [mhd. gewillet, gewilt, 2. Part. von: willen (refl.:) = sich entschließen, ahd. will(e)ōn = zu Willen sein]: in der Verbindung **g. sein, etw. zu tun** *(den festen Willen haben, entschlossen sein, etw. zu tun):* er ist nicht g., ohne weiteres nachzugeben; Er bezog, anscheinend g., längere Zeit zu bleiben, ein Zimmer (Lentz, Muckefuck 100).

Ge|willt|heit, die; -: *das Gewilltsein:* seine unverkennbare G., zu sprechen, und zwar mutig zu sprechen (Th. Mann, Zauberberg 578).

Ge|wim|mel, das; -s [mhd. gewimmel, zu ↑wimmeln]: *Durcheinander von vielen, sich schnell bewegenden Lebewesen; sich in lebhaftem Durcheinander bewegende Masse:* auf dem Platz entstand, herrschte ein G.; Hinter einer Biegung taucht das fröhliche G. auf, das zum Empfang ... sich versammelt hat (Bamm, Weltlaterne 123); Und ihr, meine Sterne, meine Horde, mein helles G. (Kaschnitz, Wohin 226); Früher hatte er bei Festlichkeiten und Tanzvergnügen stets ... auf eine Rauferei gewartet, um sich dann in dienstlicher Eigenschaft in das G. zu stürzen (Kirst, Aufruhr 13); Ü ich schlug mich durch das G. von Gassen in die Rue de la Providence (Seghers, Transit 267).

Ge|wim|mer, das; -s: *[dauerndes] Wimmern:* das G. des Kranken, der alten Frau, des kleinen Kindes; Ü Wie Caruso das melodische G. der Gitarre vernahm, wurde die Erinnerung ... mächtig in ihm (Thieß, Legende 183).

Ge|win|de, das; -s, - [zu ↑¹winden]: **1.** *in Form einer Schraubenlinie in die Außenfläche eines zylindrischen Körpers od. in die Innenfläche eines zylindrischen Hohlkörpers eingeschnittene Rille von bestimmtem Profil:* ein G. schneiden; Es handelt sich um ... eine massive Flasche mit einem Siphonkopf, auf welchen mittels eines -s eine Kohlensäurepatrone aufgesetzt wird (Horn, Gäste 97). **2.** (veraltend) *etw. aus Blumen, Laub o. Ä. Gewundenes.*

Ge|win|de|boh|rer, der: *Bohrer zur Herstellung eines Gewindes* (1) *in der Innenfläche eines zylindrischen Hohlkörpers.*

Ge|win|de|frä|sen, das; -s: vgl. Gewindeschneiden.

Ge|win|de|fräs|ma|schi|ne, die: *Fräsmaschine zur Herstellung eines Gewindes* (1).

Ge|win|de|gang, der: *voller Umfang der Schraubenlinie eines Gewindes* (1).

Ge|win|de|schlei|fen, das; -s: vgl. Gewindeschneiden.

Ge|win|de|schnei|den, das: -s: *Herstellung eines Gewindes* (1) *an einer Schraube od. in der Innenfläche eines zylindrischen Hohlkörpers mit Gewindebohrer u. Schneideisen od. Schneidmutter.*

Ge|win|de|schnei|der, der (Technik): *Schneidmutter.*

Ge|win|de|stift, der: *Schraube ohne Kopf mit einem auf der ganzen Länge durchlaufenden Gewinde* (1).

Ge|win|kel, das; -s, - [Kollektivbildung zu ↑Winkel]: *winkelige Anlage:* von da aus hinein in das zarte, unendlich süße G. einer dahinter liegenden Straße, wo drei, vier Häuser von reinstem Empire einen kleinen Innenhof bildeten (Langgässer, Siegel 454).

ge|win|kelt ⟨Adj.⟩: *abgewinkelt konstruiert; in Winkeln abgeknickt:* Spinnen, komplizierte Drehwerke mit langen -en Gliedmaßen (Kaschnitz, Wohin 58); Ist doch kein Kunststück, bei ideal -en Vorderläufen und langem Widerrist (Grass, Hundejahre 441).

Ge|winn, der; -[e]s, -e [mhd. gewin, ahd. giwin = Erlangtes, Vorteil, zu ↑gewinnen]: **1.** *materieller Nutzen, Ertrag [eines Unternehmens]; Überschuss über den Kostenaufwand:* ein beachtlicher, bescheidener G.; einen G. von fünf Prozent erzielen; aus etw. G. schlagen, ziehen; -e abschöpfen; etw. bringt G. ein; So wurden soziale Risiken betrieblich externalisiert. Das Angebot konnte sich auf die G. bringende Nachfrage konzentrieren (Woche 2. 1. 98, 16); etw. mit G. verkaufen; Seit Januar wirtschaften wir mit G. (Bieler, Mädchenkrieg 314). **2. a)** *Geld od. Sachwert, der als Preis bei einem Spiel o. Ä. gewonnen werden kann:* die -e einer Tombola; -e ausschütten, auszahlen; seinen G. bei der Lottostelle abholen; **b)** *Los, das gewinnt:* jedes dritte Los ist ein G. **3.** ⟨o. Pl.⟩ *praktischer Nutzen od. innere Bereicherung, die aus einer Tätigkeit od. dem Gebrauch von etw. kommt:* einen G. von etw. haben; ein Buch mit [großem] G. lesen. **4.** ⟨o. Pl.⟩ *das Gewinnen* (1, 2a): jetzt aber sollen sie (= Atomwaffen)... dem G. eines Krieges dienen (Alt, Frieden 52); »Ich spiel' nicht mehr!«, wiederholte Brenten tonlos. »Du bist im G. *(du gewinnst jetzt),* du musst! ...«, schrie Papke (Bredel, Väter 383).

Ge|winn|ab|füh|rung, die: *Abführung des Gewinns* (1): Wichtigster Einnahmeposten nach der von den Staatsbetrieben erhobenen Umsatzsteuer sind deren -en (Fraenkel, Staat 96).

Ge|winn|ab|füh|rungs|ver|trag, der (Wirtsch.): *Vertrag, durch den sich eine Aktiengesellschaft od. eine Kommanditgesellschaft auf Aktien als abhängiges Unternehmen verpflichtet, ihren ganzen Gewinn* (1) *an das herrschende Unternehmen abzuführen.*

Ge|winn|an|teil, der: *Anteil, auf den der Teilhaber einer Gesellschaft* (4b) *Anspruch hat.*

Ge|winn|aus|schüt|tung, die: *Auszahlung von Gewinnanteilen.*

ge|winn|bar ⟨Adj.⟩: **1.** *sich gewinnen* (1) *lassend:* ein amerikanischer Präsident, der sich daranmacht, die Russen zu überzeugen, dass er einen Atomkrieg für denkbar und g. hält (Alt, Frieden 55). **2.** *sich für etwas gewinnen* (3) *lassend:* es ist ... notwendig, die überhaupt erreichbaren und für die Bahn -en Kunden mit in die Überlegungen einzubeziehen (Blickpunkt 4, 1983, 3). **3.** *sich gewinnen* (5), *erzeugen lassend:* So wird man mithilfe manipulierter Bakterien seltene und heute schwer -e Wirkstoffe zur Behandlung und Verhütung menschlicher Krankheiten produzieren können (Welt 26. 6. 79, 1).

Ge|winn|be|tei|li|gung, die: *Beteiligung auch der Arbeitnehmer am Gewinn* (1) *eines Unternehmens:* er ... gab als einzigen Vermögenswert seinen Vertrag auf G. ... an (Spiegel 5, 1966, 66).

ge|winn|brin|gend ⟨Adj.⟩: **1.** *hohen Gewinn* (1) *erzielend:* ein sehr -es Geschäft; ein noch -eres Unternehmen. **2.** *von einer Art od. in einer Weise, die für jmdn. einen Gewinn* (3) *bedeutet:* eine einigermaßen -e Gestaltung der Freizeit; sich g. unterhalten.

Ge|winn|chan|ce, die: **a)** *Chance, in einem Spiel o. Ä. zu gewinnen;* **b)** *Chance, einen Gewinn* (1) *zu erzielen.*

ge|win|nen ⟨st. V.; hat⟩ [mhd. gewinnen, ahd. giwinnan = zu etw. gelangen; erlangen, zu mhd. winnen, ahd. winnan = kämpfen, sich anstrengen; leiden; erlangen, urspr. = umherziehen; nach etw. suchen, trachten]: **1. a)** *einen Kampf, einen Wettstreit, eine Auseinandersetzung o. Ä. zu seinen Gunsten entscheiden:* den Krieg, eine Schlacht g.; einen Boxkampf g.; ein Rennen klar, eindeutig, überlegen g.; ein Fußballspiel [mit] 2:1 g.; der Tabellenletzte hat überzeugend gegen den Meisterschaftsfavoriten gewonnen; ich kann beim Tennis nicht gegen ihn g., er spielt zu gut; ... gewann der an Nummer eins gesetzte Leimener ... gegen ... Henri Leconte ... mit 6:4, 6:7 (4:7), 6:3 (Rheinpfalz 18. 2. 93, 8); eine Wette g.; er hat den Prozess gewonnen; ◆ Unter diesem unaufhörlichen Geschrei geht das Ausblasen und das Anzünden der Kerzen immer fort ... überall sucht man über den anderen zu g. und ihm das Licht auszulöschen (Goethe, Ital. Reise, Der römische Karneval [Moccoli]); ***es über sich g., etw. zu tun** (geh. veraltend; *sich überwinden, etw. zu tun*): er konnte es nicht über sich g., seinen Fehler einzugestehen; ◆ ⟨ohne »es«:⟩ Und ob sie gleich mit Müh' kaum über sich gewann, dem ... jungen Mann ... nicht Empfindung abzuzwingen (Wieland, Oberon 11, 60); ◆ Aber die Eifersucht über Spanien gewann es diesmal über diese politische Sympathie, und die ersten Mächte Europas traten, lauter oder stiller, auf die Seite der Freiheit (Schiller, Geschichte des Abfalls der Niederlande, Einleitung); **b)** *in einem Kampf, Wettstreit o. Ä. Sieger sein:* [bei, in einem Spiel] klar, haushoch, nur knapp, nach Punkten g. **2. a)** *beim Spiel o. Ä. Geld od. einen Sachwert als Preis erhalten:* einen Pokal g.; [5 000 Mark] in der Lotterie g.; noch nie gewonnen haben; bei der Tombola sind hauptsächlich Gebrauchsgegenstände zu g.; **b)** *einen Gewinn* (2a) *bringen:* jedes vierte Los gewinnt. **3. a)** *durch eigene Anstrengung [u. günstige Umstände] etw. Wünschenswertes erhalten:* Zeit, einen Vorsprung g.; jmds. Liebe, Herz, Vertrauen g.; die Herrschaft über jmdn. g.; mit etw. keine Reichtümer g. können; seine entschlossene Haltung hat ihm viele Sympathien gewonnen *(eingebracht, verschafft);* (häufig verblasst:) Abstand von etw., Klarheit über etw., Einblick in die Verhältnisse g.; den Eindruck g., dass ...; die Sache gewinnt dadurch eine besondere Bedeutung; es gewinnt den Anschein *(es scheint so),* als ob ...; Denn ob auch kaum eine Gemeinschaft zwischen ihm und der zierlichen Frau bestand, ... so gewann sie ihm doch die Fürsprache der Kaiserin Maria Theresia (Schneider, Erdbeben 96); Er ... lobt die Ordnung und Sauberkeit hier, was ihm sofort das Zutrauen Madame Soubirous' gewinnt (Werfel, Bernadette 231); Auch fing ich mit dem Manne ... sogleich in vorbereiteten Wendungen zu parlieren an, wodurch ich ihn rasch für mich gewann (Th. Mann, Krull 145); R wie gewonnen, so zerronnen *(etwas sehr leicht u. schnell Erworbenes wurde ebenso leicht u. schnell wieder verloren);* ◆ ⟨g. + sich:⟩ So weit die Sonne leuchtet, ist die Hoffnung auch; nur von dem Tod gewinnt sich nichts! (Schiller, Braut von Messina 2647 f.); **b)** (geh.) *ein räumliches Ziel [mit Mühe] erreichen:* das Ufer zu g. versuchen; das Schiff gewann das offene Meer; das Freie g. *(in freies Gelände kommen);* Er gewann das Haus von der Straße her (Langgässer, Siegel 131); Im Tal, in das sie noch hinabfahren mussten, um dann jenseits die Straße zu g. (Kuby, Sieg 400); ◆ ***auf jmdn., etw. g.** (*näher kommen; aufholen* 1b; nach gleichbed. frz. gagner sur quelqu'un): ich gewann sichtbarlich auf den Schatten, ich kam ihm nach und nach näher (Chamisso, Schlemihl 52); **c)** *dazu bringen, sich an etw. zu beteiligen od. sich für etw. einzusetzen; (jmdn.) für etw. einnehmen* (7a): jmdn. für einen Plan, einen Künstler für ein Konzert g.; jmdn. als Kunden, zum Freund g.; ◆ **d)** *zustande, zuwege bringen; erreichen* (4): Durch Klopstocks Oden war ... nicht sowohl die nordische Mythologie als vielmehr die Nomenklatur ihrer Gottheiten eingeleitet; und ob ich gleich mich sonst gern alles dessen bediente, was mir gereicht ward, so konnte ich es doch nicht von mir g., mich derselben zu bedienen (Goethe, Dichtung u. Wahrheit 12); Frau Melina suchte über Wilhelmen zu g., dass er mit ihnen gehen sollte, wozu er sich nicht entschließen konnte (Goethe, Theatralische Sendung IV, 15). **4. a)** *sich zu seinem Vorteil verändern:* sie hat in letzter Zeit gewonnen; der Saal hat durch die Renovierung gewonnen; **b)** *an etw. [Erstrebtem] zunehmen:* an Sicherheit g.; das Flugzeug gewann immer mehr an Höhe; Schwerfällig, fast geräuschlos glitt der Zug hinaus ... und gewann langsam Fahrt (Gaiser, Jagd 69). Hinter Luganos Nobelvorort Castagnola gewinnt die Straße an Serpentinenhöhe und Kurvenfreude (a & r 2, 1997, 75). **5. a)** *Bodenschätze, Naturvorkommen abbauen, fördern:* Kohle, Eisen g.; **b)** *aus einem Naturprodukt erzeugen, herstellen:* Zucker aus Rüben g.; der Saft wird aus reifen Früchten gewonnen; Ich trockne die Blumen immer noch dort oben um neue Saat zu gewinnen (Funke, Drachenreiter 277).

ge|win|nend ⟨Adj.⟩: *von liebenswürdigem Wesen, solches Wesen erkennen lassend u. andere für sich einnehmend:* ein -es Wesen; seine Art war sehr g.; g. lächeln.

Ge|win|ner, der; -s, -: **1.** *jmd., der gewinnt* (1): der G. eines sportlichen Wettkampfs; Es handelte sich ... um den Machtkampf zwischen Armee und SA ... mit dem Erfolg, dass die SS der eigentliche G. war (Rothfels, Opposition 55). **2.** *jmd., der gewinnt* (2a): der G. der Bronzemedaille; in der Lotterie unter den -n sein.

Ge|win|ne|rin, die; -, -nen: w. Form zu ↑Gewinner.

Ge|win|ner|stra|ße, die: in der Wendung **auf der G. sein** (Sport Jargon; *im Begriff sein zu gewinnen*).

Ge|winn|er|war|tung, die ⟨meist Pl.⟩: *Erwartung* (2) *im Hinblick auf Gewinn* (1): wenn sie (= die kapitalistische Gesellschaftsordnung) ... durch angereizte Nachfrage die Absatzchancen der Unternehmer und damit deren -en festigt (Stamokap 19).

Ge|winn|klas|se, die: *Klasse, Kategorie bei Wettspielen o. Ä., zu der alle Gewinner mit dem gleichen Tipp, der gleichen Lösung gehören u. nach der sich die Gewinnquote richtet; Rang.*

Ge|winn|lis|te, die: *Liste, in der die Gewinner eines Lotteriespiels o. Ä. aufgeführt sind.*

Ge|winn|los, das: *Los, auf das ein Gewinn* (2a) *fällt.*

Ge|winn|mar|ge, die (Wirtsch.): *Gewinnspanne.*

Ge|winn|ma|xi|mie|rung, die (Wirtsch.): *Streben nach größtmöglichem Gewinn* (1) *[als Unternehmensziel].*

Ge|winn|mit|nah|me, die; -, -en (Börsenw.): *Käuferverhalten in Bezug auf Wertpapiere, das darauf gerichtet ist, aus Kursanstiegen schnellen Gewinn* (1) *zu ziehen:* Nach vorübergehenden -n ... zogen die Kurse darauf ... weiter an (Darmstädter Echo 18. 11. 67, 33).

Ge|winn|num|mer, die: *Losnummer, auf die ein Gewinn* (2a) *fällt.*

ge|winn|ori|en|tiert ⟨Adj.⟩: *auf das Erzielen von Gewinn* (1) *ausgerichtet:* ein -es Unternehmen; Wenn diese Gesellschaften erst einmal betriebswirtschaftlich g. arbeiten, wird sich so manch einer noch wundern (Focus 5, 1998, 214).

Ge|winn|quo|te, die: *Anteil am ausgeschütteten Gesamtgewinn, der auf den einzelnen Wettteilnehmer entsprechend der jeweiligen Gewinnklasse entfällt.*

ge|winn|reich ⟨Adj.⟩: *gewinnbringend.*

Ge|winn|satz, der (Tennis, Tischtennis, Volleyball): *zum Gesamtgewinn erforderlicher gewonnener Satz* (11): das Einzel wurde über drei Gewinnsätze gespielt.

Ge|winn|schwel|le, die: *Stadium in der Entwicklung eines Unternehmens od. eines wirtschaftlichen Projekts, von dem an Gewinn* (1) *erwirtschaftet wird:* ... investiert das bei den Kunden eingesammelte Geld ... ausschließlich in junge High-Tech-Firmen, die meist noch nicht einmal die G. erreicht haben (Spiegel 16, 1998, 87).

Ge|winn|span|ne, die: *durch den Unterschied zwischen Selbstkosten u. Verkaufspreis erzielter Gewinn* (1).

Ge|winn|stre|ben, das; -s: *Streben eines Unternehmens nach [maximalem] Gewinn* (1).

Ge|winn|sucht, die ⟨Pl. selten⟩: *Erwerbssinn von sittlich anstößigem Ausmaß; Habgier:* sein Boden, verwüstet von der G. der Nachbarn (Jahnn, Geschichten 106); »Unsere Stadt«, ... »ist ein Hexenkessel geworden! Fast alle schmoren darin mit ihren Ängsten, Gewinnsüchten ...« (Kirst, 08/15, 760).

ge|winn|süch|tig ⟨Adj.⟩: *von Gewinnsucht getrieben, habgierig.*

ge|winn|träch|tig ⟨Adj.⟩: *einen lohnenden Gewinn* (1) *erwarten lassend:* ein Mann mit Gespür für -e Aktionen (Spiegel 48, 1965, 134); Allzu g. schlägt die ... Rationalisierung zu Buche (Spiegel 9, 1976, 5).

Ge|winn-und-Ver|lust-Rech|nung,

die (Wirtsch.): *für eine Aktiengesellschaft o. Ä. neben der Bilanz aufzustellende jährliche Rechnung, die Einblick in das Zustandekommen des Erfolgs gibt.*

Ge|win|nung, die; -, -en ⟨Pl. selten⟩: **a)** *das Gewinnen* (5a): die G. von Kohle; wahllose G. des benötigten Bau- und Brennholzes an günstig gelegenen Stellen (Mantel, Wald 35); Die Ausstellung zeigte auch, welchen Weg das Trinkwasser von der G. bis zum Zapfhahn zurücklegt (Tag & Nacht 2, 1997, 9); **b)** *das Gewinnen* (5b): die G. von Gummi aus Kautschuk.

Ge|winn|ver|wen|dung, die ⟨Pl. selten⟩: *Verwendung des Gewinns* (1) *eines Unternehmens.*

Ge|winn|vor|trag, der (Wirtsch.): *bei der Bilanz eines Unternehmens nicht verteilter Rest des Gewinns* (1), *der auf das nächste Jahr übertragen wird.*

Ge|winn|zahl, die: *Zahl, auf die [zusammen mit andern Zahlen] ein Gewinn* (2a) *fällt:* Zumal nur die Bekanntgabe der -en im Fernsehen nicht die ideale Lösung wäre (Hörzu 9, 1976, 8); Am folgenden Tag ... trägt er die gemeldeten -en ... in das offen gelassene vierzehnte Feld ein (Noack, Prozesse 174).

Ge|winn|zo|ne, die: *Stadium einer geschäftlichen Entwicklung, in dem ein Unternehmen Gewinn* (1) *erzielt:* in die G. gelangen; [nicht mehr] in der G. sein; eine Firma in die G. bringen: Um in die G. zurückzukehren ... müsste der Verkauf auf 130 000 Autos pro Jahr anwachsen (Spiegel 24, 1997, 202).

Ge|win|sel, das; -s (abwertend): **1.** *[dauerndes] Winseln:* das G. des Hundes. **2.** *unwürdiges Klagen, Bitten:* unterlass doch dein unerlaubt ästhetisches, humanitäres G. (Wohmann, Absicht 323).

Ge|winst, der; -[e]s, -e [aus dem Niederd. < mniederd. gewinst, Nebenf. von ↑Gewinn] (veraltet): *Gewinn* (1, 2a): die -e waren kümmerlich; Er setzte die Hälfte des -es und gewann noch einmal (Roth, Radetzkymarsch 146); Alle Aktien und Papiere, die hoch oben auf den Gerüsten des Erfolges und -es umhergeturnt waren, hatten ... ihren Stand verloren (Fussenegger, Haus 107); ◆ Zerrt unnützeste Gespinste lange sie an Licht und Luft, Hoffnung herrlichster -e schleppt schneidend sie zu der Gruft (Goethe, Faust II, 5321 ff.).

Ge|wir|bel, das; -s: *[dauerndes] Durcheinanderwirbeln:* im G. der Schneeflocken, der Herbstblätter.

Ge|wirk, das; -[e]s, -e, **Ge|wir|ke,** das; -s, -: **1.** (Textilind.) *gewirkter Stoff:* Gewirke und Gestricke, die nicht ... verfilzen (Herrenjournal 1, 1966, 17); Ü baumelte das verfilzte Gewirk der Schmarotzerpflanze von seinen (= des Waldes) umsponnenen ... Zweigen (Th. Mann, Zauberberg 859); Es (= das Gitter) zeigte fast höhnisch die Eintönigkeit hinter dem bunten Gewirke des Tuns und seiner Gefühle (Musil, Mann 1163). **2.** (Biol.) *Zellen in einem Bienenstock od. Wespennest, Waben.*

Ge|wirkst, Gwirkst, das; -s (österr. ugs.): *verzwickte Angelegenheit; mühsame Arbeit.*

Ge|wirr, das; -[e]s, (selten:) **Ge|wir|re,** das; -s [mhd. gewerre, zu veraltet wirren, ↑verwirren]: **1.** *wirres Knäuel; Fäden o. Ä., die sich verwickelt haben:* ein dichtes G. von Drähten; das Garn war zu einem unauflösbaren G. verknäult. **2.** *wirre Ungeordnetheit [von optischen od. akustischen Sinneseindrücken], sodass die Dinge nicht zu unterscheiden sind u. unklar bleiben:* Gewirr von besoffenen Stimmen (Frisch, Homo 93); Ein Gewirr enger Gassen fängt einen ein und umschlingt einen (Koeppen, Rußland 45); In scharfen Linien schossen die Strahlenbündel durch das Gewirr der Stämme (Hauptmann, Thiel 29); Zunächst war es unmöglich, in dem wilden Gewirr ... überhaupt etwas anderes als ein schwarzes Zucken und Vorbeihuschen wahrzunehmen (Menzel, Herren 50); Im Gewirr der Leidenschaften und Träume (Schneider, Leiden 140); Gerät man nicht auch in ihr (= der Sozialdemokratie) in ein Gewirr von Dogmen ...? (Niekisch, Leben 35).

Ge|wis|per, das; -s: *[dauerndes] Wispern:* auf den Gängen, in einer Ecke hörte man G.; er musste das G. der Umstehenden über sich ergehen lassen.

ge|wiss [mhd. gewis, ahd. giwis, eigtl. = das, was (sicher) gewusst wird, urspr. 2. Part. des ↑wissen zugrunde liegenden Verbs]: **I.** ⟨Adj.; gewisser, gewisseste⟩ **1. a)** *nicht genau bestimmbar; nicht näher bezeichnet [aber doch dem andern bekannt]:* ein gewisser Herr Krause; ein gewisser Jemand; von einem gewissen Alter an; die Einstellung gewisser national gesinnter Kreise; ob gewisse Arbeitnehmergruppen sich von einem »falschen Bewusstsein« leiten lassen, wenn sie sich dem Bürgertum zurechnen (Fraenkel Staat 66); **b)** *von nicht sehr großem Ausmaß o. Ä., aber doch ein Mindestmaß einhaltend:* eine gewisse Ähnlichkeit; aus einer gewissen Distanz; bis zu einem gewissen Grade. **2.** *ohne Zweifel bestehend, eintretend:* die gewisse Zuversicht, Hoffnung haben, dass ...; jmds. Unterstützung, seines Erfolges g. sein *(ganz bestimmt damit rechnen)* können; Dem Euro ist ... eine Hauptrolle im Wahlkampf g. (Woche 21. 3. 97); etw. für g. halten. **II.** ⟨Adv.⟩ *nach jmds. Meinung ohne Zweifel, mit Sicherheit:* du hast dich g. darüber gefreut; das kannst du mir g. glauben; aber g. [doch]! *(es verhält sich tatsächlich so);* g. hat er es gehört.

Ge|wis|sen, das; -s, - [mhd. gewiʒʒen(e), ahd. giwiʒʒenī = (inneres) Bewusstsein, LÜ von lat. conscientia, eigtl. = Mitwissen, LÜ von griech. syneídēsis]: *Bewusstsein von Gut u. Böse des eigenen Tuns; Bewusstsein der Verpflichtung einer bestimmten Instanz gegenüber:* das menschliche G.; sein ärztliches, künstlerisches G. lässt das nicht zu; dabei regte sich sein G. *(kamen ihm Bedenken hinsichtlich der moralischen Vertretbarkeit);* ihn plagt sein G.; sein G. erleichtern, erforschen, zum Schweigen bringen; kein G. haben *(skrupellos sein);* ein reines G. haben *(sich nicht schuldig fühlen);* sie hatte wegen des Ladendiebstahls ein schlechtes G. *(war wegen dieses schuldhaften Verhaltens bedrückt);* ich hatte schon ein schlechtes G., dir nicht geschrieben zu haben *(machte mir schon Vorwürfe wegen dieser Nachlässigkeit);* ich habe auch ein schlechtes G. gegen ihn (Bergengruen, Rittmeisterin 442); seinem G. folgen; ruhigen -s etw. tun; an jmds. G. appellieren; gegen sein G. handeln; etw. mit gutem G. tun; seine Angaben nach bestem Wissen und G. *(ohne etw. dabei zu verschweigen)* machen; etw. vor seinem G. nicht verantworten können; **Spr** ein gutes G. ist ein sanftes Ruhekissen; *** sich** ⟨Dativ⟩ **kein G. aus etw. machen** *(etw. Übles tun, ohne sich durch sein Gewissen davon zurückhalten zu lassen;* nach Römer 14, 22); **jmdn. auf dem G. haben** *(durch sein Verhalten an jmds. Tod od. Untergang schuld sein):* Der arme Jerzy. Wenn sie dem was tun, dann hat sie ihn auf'm G. (M. Walser, Eiche 35); **etw. auf dem G. haben** *(etw. durch sein Verhalten verschuldet haben);* **jmdm. ins G. reden** *(jmdn. wohlmeinend, aber ernsthaft u. eindringlich ermahnen u. ihn zu einer Änderung seines verkehrten, missbilligten Verhaltens zu bewegen, vom falschen Weg abzubringen suchen).*

◆ **ge|wis|sen|frei** ⟨Adj.⟩: *frei von Schuld:* Das Gefühl, in der bürgerlichen Welt nur in einer ganz ehrlichen und -en Ehe glücklich sein zu können (Keller, Romeo 79).

ge|wis|sen|haft ⟨Adj.⟩: *mit großer Genauigkeit u. Sorgfalt vorgehend:* eine -e Untersuchung; der Schüler ist sehr g.; etw. g. prüfen, erledigen; ich hatte vergessen abzuriegeln, wie ich das sonst so g. tat (Hartung, Piroschka 116).

Ge|wis|sen|haf|tig|keit, die; -: *das Gewissenhaftsein, gewissenhaftes Wesen:* sie nahm mit größter G. ihre Medizin; vor lauter G. ... hauen Sie daneben (Gaiser, Jagd 143).

ge|wis|sen|los ⟨Adj.⟩: *ohne [jedes] Empfinden für Gut u. Böse seines Tuns od. davon zeugend:* dass er Schritte tun werde zur Beseitigung von Zuständen wie die hier von -en Abenteurern ins Leben gerufenen (H. Mann, Unrat 127); beide haben sie die gleiche -e Kaltblütigkeit in Dingen des Geldes und der Ehre (St. Zweig, Fouché 130); g. handeln.

Ge|wis|sen|lo|sig|keit, die; -, -en: **1.** ⟨o. Pl.⟩ *das Gewissenlossein, gewissenloses Wesen:* Unter Berufung auf diese von Treitschke ... als »das Äußerste, was die federgewandte G. politischer Sophistik geleistet hat« gekennzeichnete Theorie (Fraenkel, Staat 295). **2.** *gewissenlose Handlung:* obgleich es doch offenbar die schlimmste G. ist, die Zeit nicht zu achten (Th. Mann, Zauberberg 752).

Ge|wis|sens|angst, die: *durch das Gewissen verursachte Angst im Hinblick auf die eigene Handlungsweise:* G. ist verinnerlichte Strafangst (Heiliger, Angst 85); von G. gepeinigt sein.

Ge|wis|sens|be|den|ken ⟨Pl.⟩ (selten): *Gewissensskrupel:* einer, der über G. hinaus ist (Tucholsky, Werke II, 213).

Ge|wis|sens|biss, der ⟨meist Pl.⟩ [LÜ von lat. conscientiae morsus]: *quälendes Bewusstsein, unrecht gehandelt zu haben, an etw. schuld zu sein:* Ist der G. für das moralische Leben notwendig? (Spiegel 50, 1966, 85); Gewissensbisse haben, spüren, empfinden; sich Gewissensbisse über etw. machen.

Ge|wis|sens|ehe, die [LÜ von lat. matrimonium conscientiae]: *nicht gesetzliche, nach katholischem Kirchenrecht geheim geschlossene Ehe zur Legalisierung eines Verhältnisses.*

Ge|wis|sens|ent|schei|dung, die: *Entscheidung, die jmd. allein nach seinem Gewissen getroffen hat.*

Ge|wis|sens|er|for|schung, die ⟨Pl. selten⟩: *[Selbst]befragung [des katholischen Gläubigen vor der Beichte] über begangene Sünden, über das eigene Handeln hinsichtlich der moralischen Vertretbarkeit:* Wie lauten die Fragen bei der G. über die Sünde der Unschamhaftigkeit? (Böll, Haus 119); Ü Das Meer war wie eine unerbittliche Geliebte und Nebenbuhlerin; jede Minute war eine vernichtende G. (Musil, Mann 1419).

Ge|wis|sens|fra|ge, die ⟨Pl. selten⟩: *unabweisbare schwierige Frage, die [persönlich] entschieden werden muss:* Der Mensch unter dem Uniformmantel fragt weiter: Wohin? – Das bleibt die G. (Plievier, Stalingrad 239).

Ge|wis|sens|frei|heit, die ⟨o. Pl.⟩ [LÜ von lat. libertas conscientiae]: *Recht des Menschen, in seinen Äußerungen u. Handlungen nur seinem Gewissen zu folgen:* das Edikt von Nantes, in dem Heinrich der Vierte den Hugenotten im April 1598 ... G. und Zutritt zu allen Staatsämtern zugesichert hatte (FR 3. 8. 98, 18).

Ge|wis|sens|grün|de ⟨Pl.⟩: *vom Gewissen vorgeschriebene Gründe für jmds. Haltung:* das Recht auf Verweigerung des Kriegsdienstes mit der Waffe aus -n (Fraenkel, Staat 129).

Ge|wis|sens|kampf, der: *Kampf mit seinem Gewissen:* Ihm, der nun, nach vielnächtigem G. ... auf Linkskurs einschwenken wollte (Simmel, Stoff 283).

Ge|wis|sens|kon|flikt, der: *Konflikt, in den jmd. gerät, wenn er eine notwendige Entscheidung mit dem Gewissen nicht vereinbaren kann:* in einen G. geraten; jetzt musst du zusehen, wie du mit diesem G. fertig wirst (Becker, Irreführung 211).

Ge|wis|sens|not, die: vgl. Gewissenskonflikt: sein Kamerad, der sich aus G. entscheidet, die Bomben ... über unbesiedeltem Gelände abzuwerfen (Richter, Flüchten 112).

Ge|wis|sens|pau|ke, die (ugs.): *Standpauke.*

Ge|wis|sens|pein, die: vgl. Gewissensqual.

Ge|wis|sens|prü|fung, die: **a)** ⟨Pl. selten⟩ *Gewissenserforschung;* **b)** (ugs.) *Nachprüfung der Gewissensentscheidung eines Kriegsdienstverweigerers durch eine entsprechende Behörde:* Auch innerhalb der CDU gibt es noch Widerstand gegen eine Abschaffung der G. (Spiegel 18, 1982, 92).

Ge|wis|sens|qual, die: *Qual, die jmdm. sein schlechtes Gewissen bereitet:* das Schreckliche an ihr (= der Hölle) ist ... die verzehrende G., die keine Vergebung kennt (Thielicke, Ich glaube 164); Und während seine Schwester und Komplizin Elektra nach der Tat -en leidet, bereut Orest seine grausige Tat nicht (FR 5. 11. 94, 4).

Ge|wis|sens|ru|he, die: *ruhiges Gewissen.*

Ge|wis|sens|skru|pel, der ⟨meist Pl.⟩: *Skrupel über die moralische Vertretbarkeit der eigenen Handlungsweise.*

Ge|wis|sens|wurm, der ⟨o. Pl.⟩ (ugs. scherzh.): *schlechtes Gewissen, das jmdn. plagt:* dass es Coppola nicht um den alten Ideal-Film-Dreh vom erwachenden G. geht (Spiegel 36, 1974, 114).

Ge|wis|sens|zwang, der ⟨o. Pl.⟩: *Zwang von außen, gegen sein Gewissen zu handeln:* unter G. handeln, stehen.

ge|wis|ser|ma|ßen ⟨Adv.⟩: *in gewissem Sinne, Grade; sozusagen:* abseits von allen bisherigen Erwägungen, g. aus heiterem Himmel (Dönhoff, Ära 20); nur so, g. zum Spaß, um Schulz noch mehr zu ärgern (Kirst, 08/15, 266); die Schadhaftigkeit (= der Säle) tat ihrer Würde nicht nur keinen Abbruch, sondern erhöhte sie sogar g. (Th. Mann, Hoheit 75).

Ge|wiss|heit, die; -, -en [mhd. gewisheit, ahd. giwisheit]: **1.** ⟨o. Pl.⟩ *sicheres Gefühl, Wissen in Bezug auf etw. [Geschehendes]:* die G., auf dem rechten Weg zu sein; G. über etw. erlangen; ich muss mir darüber G. verschaffen; was gibt dir die G.?; etw. mit innerster G. spüren; der Verdacht wurde ihnen zur G. **2.** *etw., was für jmdn. unanzweifelbar eintritt od. sich unanzweifelbar in bestimmter Weise verhält; unanzweifelbare Sache:* mindestens eine G. hat diese politische Begegnung gebracht; Vergeblich suchte er nach Zusammenhängen, -en, genauen Vorstellungen (Jahnn, Nacht 75).

ge|wiss|lich ⟨Adv.⟩ [mhd. gewislich, ahd. giwislîho] (veraltend): *ganz gewiss* (II): das ist g. wahr; das erfahren wir früher oder später g. sehr nachdrücklich (Jahnn, Nacht 44).

Ge|wit|ter, das; -s, - [mhd. gewiter(e), ahd. giwitiri, urspr. = Witterung, Wetter, Kollektivbildung zu ↑Wetter]: *mit Blitzen, Donner [u. Regen o. Ä.] verbundenes Unwetter:* ein schweres, heftiges, nächtliches G.; ein G. zieht [her]auf, liegt in der Luft, ist im Anzug, braut sich zusammen, bricht los, entlädt sich, geht über der Stadt nieder, zieht vorüber; der Streit wirkte wie ein reinigendes G.; es gibt heute bestimmt noch ein G.; die Strandgäste flüchteten vor dem G.; Ü man musste warten, bis sich das häusliche G. *(der Streit)* ausgetobt hatte; Die Abgeordneten ... eilen zu Robespierre, um das G. *(Unheil)* abzuwenden, das sich über ihren Köpfen zusammenzieht (Sieburg, Robespierre 54).

Ge|wit|ter|ecke, die ⟨Pl. selten⟩: *Gegend, aus der in einer bestimmten Landschaft die Gewitter kommen:* In der G. ging schon schräger Strichregen nieder (L. Frank, Wagen 9).

Ge|wit|ter|flie|ge, die: *kleines Insekt, das bes. an schwülen Spätsommerabenden schwärmt:* Der letzte Sonntag im August war ein schwüler Tag ..., und an den Fensterscheiben hingen lästige -n (v. d. Grün, Glatteis 299).

Ge|wit|ter|front, die: *Front* (4), *deren Durchzug von Gewittern begleitet ist.*

Ge|wit|ter|guss, der (ugs.): *kurzer Gewitterregen.*

Ge|wit|ter|herd, der (Met.): *Stelle, an der (häufig bei aufsteigender feuchtwarmer Luft) ein Gewitter entsteht.*

Ge|wit|ter|him|mel, der: *düsterer Himmel vor od. bei einem Gewitter.*

ge|wit|te|rig: ↑gewittrig.

Ge|wit|ter|kra|gen, der (Met.): *dunkelgraue zusammenhängende Wolken, deren Unterseite sich besonders deutlich vom helleren Hintergrund abhebt.*

Ge|wit|ter|luft, die: *schwüle Luft vor einem Gewitter.*

ge|wit|tern ⟨sw. V.; hat; unpers.⟩: *donnern u. blitzen; als Gewitter heraufziehen od. niedergehen:* in der Frühe begann es vom Himmel zu schütten und zu g. (Molo, Frieden 253); seit Stunden will es g.; auch fallen durchs Laubwerk schon dann und wann Tropfen (Gaiser, Jagd 133); Ü die Front gewittert dumpf wie ein Trommelkonzert (Remarque, Westen 30); »Ach, der Herr Großonkel gewittert *(schimpft)* öfter«, sagte ich leichthin (Fallada, Herr 197); In diesem Vorgang gewittert Tragik (wenn auch nur als fernes Wetterleuchten) (MM 23. 11. 74, 56).

Ge|wit|ter|nei|gung, die ⟨o. Pl.⟩: *mögliches Aufkommen von Gewittern.*

Ge|wit|ter|re|gen, der: *[kurzer] heftiger Regen während eines Gewitters.*

Ge|wit|ter|schau|er, der: vgl. Gewitterregen.

ge|wit|ter|schwül ⟨Adj.⟩: *schwül wie vor einem Gewitter.*

Ge|wit|ter|schwü|le, die: vgl. gewitterschwül.

Ge|wit|ter|stim|mung, die: *Stimmung der Natur vor einem Gewitter:* Ü Im Zimmer des Grafen Helldorf herrscht G. (Quick 45, 1958, 63).

Ge|wit|ter|sturm, der: *Sturm vor einem losbrechenden Gewitter, während eines Gewitters.*

Ge|wit|ter|wand, die: *große, zusammenhängende Masse von Gewitterwolken.*

Ge|wit|ter|wol|ke, die: *dunkle, schwere Wolke, die ein Gewitter ankündigt:* ... ist das Klima erstaunlich mild. Doch wehe, wenn sich -en zwischen den Bergen verkeilt haben (a & r 2, 1997, 81); Ü Vier Wochen lang hingen politische -en über der Grünen Insel Irland (Focus 51, 1994, 20).

Ge|wit|ter|zie|ge, die (salopp abwertend): *böse [zänkische] Frau* (oft als Schimpfwort).

ge|witt|rig, (selten:) gewitterig ⟨Adj.⟩: **a)** *ein Gewitter erwarten lassend:* eine -e Schwüle; An einem heißen gewittrigen Augustabend (Grass, Hundejahre 559); Ü Der Meister warf einen gewittrigen Seitenblick auf Stanislaus (Strittmatter, Wundertäter 92); **b)** *in der Art eines Ge-*

witters; durch ein Gewitter hervorgerufen: -e Störungen, Niederschläge.

Ge|wịt|zel, das; -s: *[dauerndes] Witzeln:* Hat Rosenbauer das nötig? ... dieses unentwegte G., das sich als Causerie drapiert (Zeit 19. 9. 75, 42).

ge|wịt|zigt ‹Adj.› [mhd. gewitziget, 2. Part. von: witzegen = klug machen, zu ↑witzig]: **a)** *durch Schaden od. unangenehme Erfahrungen klüger geworden:* Die Kleinen ... wurden durch diese üblen Erfahrungen nicht g. (Lorenz, Verhalten I, 23); Ich packe also, durch Erfahrung g., meine Siebensachen zusammen (Hasenclever, Die Rechtlosen 456); änderte, durch Schaden g., der Staat seine Wirtschaftspolitik (Jacob, Kaffee 254); **b)** (seltener) *gewitzt:* Es (= München) war am weitesten vom Schuss, am leichtesten zu narren, am wenigsten g. (A. Kolb, Daphne 106).

ge|wịtzt ‹Adj.› [mhd. gewitzet, 2. Part. von: witzen = klug machen]: *mit praktischem Verstand begabt, geschickt u. schlau:* ein -er Junge, Geschäftsmann; mit der Zeit wurden wir allerdings auch -er; Ü Timm ... mit seiner -en Zunge (H. Kolb, Wilzenbach 84).

Ge|wịtzt|heit, die; -: *das Gewitztsein.*

GewO = Gewerbeordnung.

ge|wo̱|ben: ↑weben.

Ge|wo̱|ge, das; -s: *[dauerndes] Wogen:* das G. eines Getreidefeldes; in die Middlesex-Street, die am Sonntag der Tandelmarkt mit lautem G. *(mit einer in ständiger Bewegung befindlichen Menschenmenge)* erfüllt (Kisch, Reporter 12); Ü in einem G. *(einer verwirrenden Vielzahl)* von Eindrücken und Empfindungen (Seghers, Transit 52).

ge|wo̱|gen [2: eigtl. 2. Part. zu mhd. (ge)wegen = Gewicht od. Wert haben, angemessen sein]: **1.** ↑[1]wiegen. **2.** ‹Adj.› (geh.) *zugetan, freundlich gesinnt, wohlgesinnt:* Ich bat die mir -e Dame an meinen Tisch (Grass, Blechtrommel 563); er war, blieb, zeigte sich ihm stets g.; zeigte sie sich meinem Plan endgültig g. (*billigte sie ihn;* Habe, Namen 363).

Ge|wo̱|gen|heit, die; - (geh.): *das Gewogensein, Zugetansein.*

◆ **ge|wo̱h|nen** ‹sw. V.; hat› [mhd. gewonen, ahd. giwonēn, ↑gewohnt]: *mit jmdm., etw. vertraut werden:* fremde Kleider, die uns nicht recht passen, bis wir durch öfters Tragen sie gewohnen (Schiller, Macbeth I, 6).

ge|wö̱h|nen ‹sw. V.; hat› [mhd. gewenen, ahd. giwennen, zu mhd., ahd. wenen = gewöhnen, verw. mit mhd. winnen, ahd. winnan, ↑gewinnen (mit unterschiedlicher Bedeutungsentwicklung)]: **a)** *durch Einübung, eingehende Beschäftigung, häufigen Umgang o. Ä. mit jmdm., etw. vertraut machen:* er musste den Hund erst an sich g.; Es ist schwer, Kitty an etwas Neues zu g. (Wohmann, Absicht 61); du musst die Kinder an Ordnung g. *(sie ihnen zur Gewohnheit machen);* sie waren gewöhnt worden, sich überlegen zu fühlen (Gaiser, Jagd 123); **b)** ‹g. + sich› *mit jmdm., etw. vertraut werden; sich auf jmdn., etw. einstellen:* ich habe mich langsam an ihn, an seine Eigenarten gewöhnt; Sie sollten heiraten ... – damit Sie sich an den Anblick eines nackten Mannes gewöhnen (Sebastian, Krankenhaus 77); die Augen müssen sich erst an die Dunkelheit g.; wir sind an Arbeit, an dieses Klima gewöhnt *(die Arbeit, dieses Klima ist uns nicht fremd, wir sind darauf eingestellt);* sie ist von Kindheit an gewöhnt, unabhängig zu leben (*es ist ihr nicht neu, sie kennt es nicht anders;* Remarque, Obelisk, 301); ◆ ‹mit Gen.-Obj.:› ein der Einsamkeit gewöhnter Mann (Stifter, Bergkristall 6).

Ge|wo̱hn|heit, die; -, -en [mhd. gewon(e)heit, ahd. giwonaheit]: *durch häufige u. stete Wiederholung selbstverständlich gewordene Handlung, Haltung, Eigenheit, etw. oft nur noch mechanisch od. unbewusst Ausgeführtes:* eine liebe, gute, alte G.; eine üble, absonderliche, schlechte G. *(Angewohnheit);* seine -en ändern; er hatte die G. beibehalten, Marion einmal in der Woche zu sehen (Baum, Paris 50); etw. aus [reiner], entgegen aller G. tun; das ist ihm schon zur [festen] G. geworden *(er hat sich daran gewöhnt, er tut es immer wieder);* Es ist schwer, aus der G. zu kommen (Gaiser, Schlußball 32); Die Kinder umarmten ... auch mich nach alter G. (Werfel, Himmel 48).

ge|wo̱hn|heits|ge|mäß ‹Adj.›: *einer bestimmten Gewohnheit entsprechend:* er schloss g. die Haustür ab.

ge|wo̱hn|heits|mä|ßig ‹Adj.›: *[mechanisch, unbewusst] einer bestimmten Gewohnheit folgend; aus Gewohnheit:* -e Verrichtungen; ihre Blicke, die g. jeden Ankommenden ... betrachteten (Plievier, Stalingrad 296).

Ge|wo̱hn|heits|mä|ßig|keit, die; -: *gewohnheitsmäßiger Ablauf o. Ä.*

Ge|wo̱hn|heits|mensch, der: *jmd., dessen Lebensweise von bestimmten Gewohnheiten geprägt ist, der nach seinen Gewohnheiten handelt, nicht von ihnen abweicht.*

Ge|wo̱hn|heits|pa|ra|de, die (Fechten): *Parade* (2 a), *die ein Fechter immer wieder rein gewohnheitsmäßig ausführt.*

Ge|wo̱hn|heits|recht, das ‹Pl. selten› (Rechtsspr.): *schriftlich nicht festgelegtes Recht, das durch fortwährende Praktizierung u. längere Tradition verbindlich ist:* dabei vergisst man aber das G., welches viele Lücken des geschriebenen Gesetzes zu füllen hat (Fraenkel, Staat 115).

ge|wo̱hn|heits|recht|lich ‹Adj.›: *das Gewohnheitsrecht betreffend, auf ihm beruhend:* Mit der bürokratisch fixierten Ordnung ... gerieten diese -en Prinzipien in Bedrängnis (Fraenkel, Staat 372).

Ge|wo̱hn|heits|sa|che, die: *etw., was jmdm. zur Gewohnheit geworden ist:* Aber ich nehm' immer noch die Pille. G. (Degener, Heimsuchung 147); Reine G., wenn sich der Körper umgestellt hat (Hörzu 34, 1972, 87).

Ge|wo̱hn|heits|tier, das: in der R der Mensch ist ein G. (scherzh.; *man kann sich von seinen Gewohnheiten nicht so leicht lösen, kann sich schließlich sogar an etw. gewöhnen*): Glücklicherweise ist der Mensch – wie man so sagt – »ein G.« (Grossmann, Liebe 64).

Ge|wo̱hn|heits|trin|ker, der: *jmd., der sich an den übermäßigen Genuss von Alkohol gewöhnt hat u. vom Trinken nicht mehr ohne weiteres loskommt.*

Ge|wo̱hn|heits|trin|ke|rin, die: w. Form zu ↑Gewohnheitstrinker.

Ge|wo̱hn|heits|ver|bre|cher, der (Rechtsspr.): *jmd., der immer wieder Straftaten begeht u. bei dem das wiederholte Begehen von Verbrechen Ausdruck einer dauernden Eigenart seiner Persönlichkeit ist.*

Ge|wo̱hn|heits|ver|bre|che|rin, die (Rechtsspr.): w. Form zu ↑Gewohnheitsverbrecher.

ge|wö̱hn|lich ‹Adj.› [mhd. gewonlich]: **1.** *durchschnittlichen, normalen Verhältnissen entsprechend; durch keine Besonderheit hervorgehoben od. auffallend; alltäglich, normal:* ein [ganz] -er Tag; im -en Leben. **2.** *gewohnt, üblich:* er kam zur -en Zeit; sie gehen jetzt wieder ihrer -en Beschäftigung nach; Neben allen geschilderten Grausamkeiten gibt es die Banalität des -en Lagerlebens (Woche 28. 3. 97, 50); er steht [für] g. *(üblicherweise, in der Regel)* sehr früh auf; es endete wie g. *(wie meist, wie sonst auch immer).* **3.** *in Art, Erscheinung, Auftreten ein niedriges Niveau verratend; ordinär:* er ist ein ziemlich -er Mensch; -e Ausdrücke; er war ihr zu g.; er benahm sich recht g.

Ge|wö̱hn|lich|keit, die; -: *gewöhnliche* (3) *Art, das Gewöhnlichsein:* war sie besonders ... unduldsam gegen die durch rasch erworbenen Reichtum verkleidete Grobheit und G. (Werfel, Himmel 167).

ge|wo̱hnt ‹Adj.› [spätmhd. gewon(e)t, adj. 2. Part. von mhd. gewonen = gewohnt sein, werden; verweilen, ahd. giwonēn = wohnen, bleiben, zu ↑gewohnen]: *durch Gewohnheit üblich geworden, vertraut; bekannt:* die -e Arbeit, Umgebung; etw. in -er Weise, zur -en Zeit erledigen; * **etw. g. sein** *(etw. als Selbstverständlichkeit empfinden; an etw. gewöhnt, mit etw. vertraut sein):* schwere Arbeit g. sein; er war [es] g., früh aufzustehen.

ge|wö̱hnt: ↑gewöhnen (b).

ge|wo̱hn|ter|ma̱|ßen ‹Adv.›: *wie gewohnt, wie üblich:* er verließ g. um 8 Uhr das Haus.

ge|wo̱hn|ter|we̱i|se ‹Adv.›: *so wie gewohnt, üblicherweise:* Es war ein martialisches Ereignis, bei dem sich Giacomo und Alf binnen kurzem g. bis in die völlige gegenseitige Ignorierung verzankten (Giordano, Die Bertinis 63).

Ge|wö̱h|nung, die; -: *das Sichgewöhnen, das Sicheinstellen auf jmdn., etw.; Anpassung:* die G. an Narkotika; Schon bemerkte sie an sich mit Schrecken Zeichen der G. an den einförmigen Ablauf ihrer Tage (Chr. Wolf, Himmel 19); so abstumpfen kann man durch G. nicht (Kafka, Schloß 194).

ge|wö̱h|nungs|be|dürf|tig ‹Adj.›: *der Gewöhnung bedürfend; eine Zeit der [Ein]gewöhnung, Anpassung verlangend, erfordernd:* der neue Chef hat einen -en Führungsstil; Etwas g. ist dagegen die

Lenkung, die nur wenig Fahrbahnkontakt vermittelt (NZZ 11. 4. 85,9).

Ge|wọ̈l|be, das; -s, - [mhd. gewelbe, ahd. giwelbi, zu ↑wölben]: **1.** *aus Steinen zusammengefügte Baukonstruktion mit bogenförmigem Querschnitt, meist als gewölbte Decke eines Raumes:* das G. des Seitenschiffs; man hat ihre Denkmale zu beiden Seiten des Westportals unter wuchtigen -n aufgestellt (Schneider, Leiden 146); Ü Strahlend und leicht segelten Juniwölkchen über das flachsblaue, bezaubernde G. der Tage (A. Zweig, Grischa 180). **2.** *von massivem Mauerwerk umschlossener, oft niedriger, lichtloser Raum mit gewölbter Decke:* ein dunkles, finsteres, feuchtes G.; nicht selten trieb ich mich als Knabe in den kühlen -n umher (Th. Mann, Krull 11).

Ge|wọ̈l|be|bo|gen, der: *Krümmung eines Gewölbes.*

Ge|wọ̈l|be|flä|che, Ge|wọ̈l|be|lai|bung, die: *untere, innere Seite eines Gewölbes.*

Ge|wọ̈l|be|pfei|ler, der: *ein Gewölbe [mit]tragender Pfeiler.*

Ge|wọ̈l|be|rü|cken, der: *obere, äußere Seite eines Gewölbes.*

ge|wọ̈lbt: ↑wölben.

Ge|wọ̈lk, das; -[e]s [mhd. gewülke, Kollektivbildung zu ↑Wolke]: *eine größere Menge von [zusammenhängenden] Wolken:* dichtes, schweres, schwarzes G.; G. war aufgestiegen, und die Sonne stach bereits (B. Frank, Tage 93).

Ge|wọ̈l|le, das; -s, - [mhd. gewelle = Brechmittel für den Falken; Erbrochenes, zu: wellen, willen, ahd. willōn, wullōn = erbrechen] (Zool., Jägerspr.): *(bes. von Eulen u. Greifvögeln) herausgewürgter Klumpen von unverdaulichen Nahrungsresten (wie Haaren, Federn, Fischschuppen o. Ä.):* Wir suchten ... im Garten das G. der Käuze zusammen (Schnurre, Bart 127); Ü So hat sich dieser Staat von jedwedem historischen G. erleichtert (Spiegel 35, 1967, 112); Was sie von ihrer Gelehrsamkeit als eine Art von geistigem G. durch den Mund wieder von sich geben, bedarf ... des mühseligen Auseinanderklaubens (Stern, Mann 388).

ge|wọllt: 1. ↑wollen. **2.** ⟨Adj.⟩ *mit allzu leicht erkennbarer Absicht; gekünstelt; unnatürlich:* seine Gesten, Reden sind, wirken [sehr] g.

ge|wọ̈n|ne, ge|wọn|nen: ↑gewinnen.

ge|wọr|ben: ↑werben.

ge|wọr|den: ↑werden.

ge|wọr|fen: ↑werfen.

Ge|wọr|fen|heit, die; - [nach dem Begriff der heideggerschen Existenzphilosophie] (bildungsssspr.): **a)** *das schicksalhafte, nicht von ihm selbst bestimmte Sein des Menschen;* **b)** *Zufälligkeit eines Elements in einem improvisierten od. aleatorisch angelegten Kunstwerk.*

ge|wrụn|gen: ↑wringen.

Ge|wụ|cher, das; -s: *wuchernd Gewachsenes:* Am anderen Seineufer werden zwischen dem G. der Baumkronen grauweiße Schlösser sichtbar (Buchheim, Festung 345); ursprünglich plante er, sich einen Bart stehen zu lassen ..., aber er fühlt sich ungepflegt auch ohne das G. am Kinn (Heym, Nachruf 270).

Ge|wü̲hl, das; -[e]s: **1.** (oft abwertend) *[dauerndes] Wühlen, Herumsuchen:* mit deinem G. in den Schubladen bringst du alles durcheinander. **2.** *lebhaftes Durcheinander sich hin u. her bewegender u. sich drängender Menschen:* es herrschte ein fürchterliches G.; jmdn. im G. aus den Augen verlieren; sich ins G. stürzen; als hätte sie ... nichts mehr im Sinn, als immer tiefer in das G. zwischen den Buden einzudringen (Zuckmayer, Fastnachtsbeichte 124).

ge|wụn|den: ↑[1]winden.

ge|wụn|de|rig, ge|wụnd|rig, gwund[e]rig ⟨Adj.⟩ (schweiz.): *neugierig.*

ge|wụn|ken: ↑winken.

[1]**ge|wü̲r|felt** ⟨Adj.⟩ [zu ↑würfeln (2)]: *mit gleichartigen verschiedenfarbigen Karos schachbrettartig gemustert:* eine -e Decke; -e Bettbezüge.

[2]**ge|wü̲r|felt** ⟨Adj.⟩ [2. Part. von würfeln, Nebenf. von ↑worfeln, eigtl. = von der Spreu gereinigt] (landsch.): *schlau, aufgeweckt:* ein -er Bursche.

Ge|wü̲r|ge, das; -s: **1.** *länger anhaltendes, heftiges [Heraus]würgen:* nach qualvollem G. kam der Knopf wieder zum Vorschein. **2.** (landsch.) *umständliches, beschwerliches, oft planloses Vorgehen, Arbeiten:* das war kein Fußballspiel, sondern ein entsetzliches G.; Nach unendlichem G. bekommst du einen Ausweis (Tucholsky, Werke I, 114).

Ge|wụrl, das; -[e]s, **Ge|wụr|le,** das; -s [zu ↑wurlen] (südd.): *Gedränge, Gewimmel.*

Ge|wü̲rm, das; -[e]s, -e ⟨Pl. selten⟩ [mhd. gewürme, Kollektivbildung zu ↑[1]Wurm] (oft abwertend): *größere Anzahl von Würmern:* abscheuliches, sich windendes G.; Flamingos ... suchen ... Seen auf, in denen gerade G., Bakterienschlamm und Algen zahlreich geworden sind (Grzimek, Serengeti 327).

Ge|wụrsch|tel, Ge|wụrs|tel, das; -s [zu ↑wursteln] (landsch. ugs.): *eher planloses, wenig effektives, schlecht durchschaubares Vorgehen:* Im Einzelfall gibt es für das Gewurschtel immer gute Gründe. Aber nach einem großen Wurf sieht das alles nicht aus (FR 27. 10. 98, 31).

Ge|wụ̈rz, das; -es, -e [15. Jh., Kollektivbildung zu ↑Wurz, heute auf ↑würzen bezogen]: *aus bestimmten Teilen von Gewürzpflanzen bestehende od. aus ihnen hergestellte aromatische Substanz, die Speisen zugesetzt wird, um ihnen eine bestimmte Geschmacksrichtung zu verleihen:* ein scharfes, mildes G.; ein Zelt, mit dem Geruch von gestampftem Lehm, Fellen und fremden -en erfüllt (Langgässer, Siegel 164); Ü wenn die Kirche ... diese mythologische Suppe mit einigen modernen existenzialistischen -en versetzt, um sie für den heutigen Menschen genießbar zu machen (Thielicke, Ich glaube 244).

Ge|wụ̈rz|es|sig, der: *Kräuteressig.*

Ge|wụ̈rz|ex|trakt, der: *Speisewürze.*

Ge|wụ̈rz|gur|ke, die: *in Essig mit bestimmten Gewürzen eingelegte Gurke.*

ge|wụ̈r|zig ⟨Adj.⟩ (seltener): *würzig.*

Ge|wụ̈rz|kraut, das: *Kraut, das wegen seines aromatischen Geschmacks zum Würzen von Speisen verwendet wird.*

Ge|wụ̈rz|ku|chen, der: *unter Verwendung von bestimmten Gewürzen, Honig, Nüssen u. Rosinen hergestellter Kuchen.*

Ge|wụ̈rz|mi|schung, die: *geschmacklich abgestimmte Mischung von verschiedenen Gewürzen.*

Ge|wụ̈rz|müh|le, die: **a)** *Mühle* (1 b) *für Gewürze;* **b)** *Fabrik, in der Gewürze gereinigt, gemahlen od. in ähnlicher Weise verarbeitet werden.*

Ge|wụ̈rz|nel|ke, die: *als Gewürz verwendete, getrocknete dunkelbraune, aromatische u. süßlich schmeckende Blütenknospe des Gewürznelkenbaums.*

Ge|wụ̈rz|nel|ken|baum, der: *(zur Familie der Myrtengewächse gehörender) hoher Baum, der zur Gewinnung von Gewürznelken (bes. auf Madagaskar u. Sansibar) kultiviert wird.*

Ge|wụ̈rz|pflan|ze, die: *Pflanze, von der bestimmte Teile (Blüten, Früchte, Samen, Rinde u. a.) als Gewürze verwendet werden.*

Ge|wụ̈rz|stän|der, der: *kleines, regalähnliches Gestell zur Aufbewahrung der Gefäße mit den verschiedenen Gewürzen.*

Ge|wụ̈rz|tra|mi|ner, der: **a)** ⟨o. Pl.⟩ *Rebsorte (Spielart des Traminers) mit rosafarbenen, spätreifenden Trauben;* **b)** *aus den Trauben des Gewürztraminers* (a) *hergestellter, alkoholreicher, würziger, säurearmer Weißwein.*

Ge|wụ̈rz|tun|ke, die (Kochk.): *mit besonderen Gewürzen zubereitete kalte Soße:* Bismarckheringe in ff. G., Zartfleisch ohne Gräten (Döblin, Alexanderplatz 91).

Ge|wụ̈rz|wein, der: *Würzwein.*

Ge|wu̲|sel, das; -s [zu ↑wuseln] (landsch.): *rasches, geschäftiges Hin-und-her-Eilen; Gewimmel:* das G. auf einem Marktplatz; drumherum das G. und Geflachse der Suchenden (Frings, Liebesdinge 262).

ge|wụsst: ↑wissen.

Ge|wu̲|zel|te, die; -n, -n [zu ↑wuzeln] (bayr., österr. ugs.): *selbst gedrehte Zigarette.*

Ge̲y|sir, der; -s, -e, (eindeutschend auch:) Geiser, der; -s, - [isländ. geysir, zu: geysa = in heftige Bewegung bringen]: *heiße Quelle, die in bestimmten Abständen Wasser in Form einer Fontäne ausstößt.*

gez. = gezeichnet; vgl. zeichnen (3 a).

ge|zạckt: ↑zacken.

Ge|zä̲|he, das; -s, - [mhd. gezawe, gezouwe = Geschirr, Gerät, zu: zouwen, ahd. zoujan = (fertig) machen] (Bergmannsspr.): *Arbeitsgerät der Bergleute u. Hüttenarbeiter.*

ge|zä̲hlt ⟨Adj.⟩ [eigtl. 2. Partizip von ↑zählen] (österr.): *in einer erstaunlich großen od. kleinen Zahl vorkommend:* Sie bringen es ebenfalls monatlich auf Millionen-Gagen ... In Deutschland soll es davon -e drei Personen geben (Wirtschaftswoche [Wien] 30. 9. 93, 46).

ge|za̲hnt: ↑zahnen.

ge|zä̲hnt: ↑zähnen.

Ge|zä̲nk, das; -[e]s, (auch:) **Ge|zạn|ke,**

das; -s (abwertend): *[dauerndes] Zanken, zänkisches Streiten:* Auf einmal waren die immer längeren Pausen ... angefüllt mit Gehässigkeiten und Gezänk (Chr. Wolf, Himmel 80); hört endlich auf mit eurem ewigen Gezanke!

Ge|zap|pel, das; -s (ugs., oft abwertend): *[dauerndes] Zappeln:* das G. der Kinder fiel ihm auf die Nerven; ... verfiel er (= der Käfer) in ein wildes G.; alle Beine schlugen gleichzeitig auf die Wannenglätte ein (M. Walser, Seelenarbeit 270); ist es besser, etwas zu tun ..., als den Tod mit Gezuck und G. zu erwarten wie die Küken den Geier (Seghers, Transit 21).

ge|zeich|net: ↑zeichnen (2, 3 a).

Ge|zeit, die; -, -en [Anfang des 17. Jh.s verhochdeutschend für mniederd. getîde = Flutzeit, zu: tide = Zeit; mhd. gezît = (festgesetzte) Zeit; Gebetsstunde; Begebenheit, ahd. gizīt = Zeit, Zeitlauf]: **a)** ⟨Pl.⟩ *(durch die Anziehungskraft des Mondes mitverursachte) Bewegung der Wassermassen des Meeres, die an den Küsten als periodisches Ansteigen u. Absinken des Meeresspiegels in Erscheinung tritt; Ebbe und Flut:* die Berechnung der -en; Ü Krieg und Frieden scheinen die -en der Menschheit zu sein (A. Zweig, Grischa 323); **b)** (Fachspr.) *Tide* (a): die einzelne G., die sich aus einer Flut und nachfolgender Ebbe zusammensetzt (MM 4. 11. 77, 18).

Ge|zei|ten|at|las, der: *Atlas, der für ein bestimmtes Seegebiet Richtung u. Stärke der Gezeitenströme für jede Stunde angibt.*

Ge|zei|ten|kraft|werk, das: *Kraftwerk, bei dem die durch den unterschiedlichen Wasserstand der Gezeiten sich ergebende Energie zur Stromerzeugung ausgenutzt wird.*

Ge|zei|ten|strom, der ⟨Pl. selten⟩: *durch die Gezeiten verursachte Strömung im Meer.*

Ge|zei|ten|ta|fel, die: *kalendarische Tabelle der täglichen Zeiten der Tide* (a).

Ge|zei|ten|wech|sel, der: *Wechsel von Ebbe u. Flut.*

Ge|zelt, das; -[e]s, -e [mhd., ahd. gezelt] (dichter. veraltet): *Zelt:* ◆ Herr Wilhelm steckte sein Banner aufs blutige Feld, inmitten der Toten spannt' er sein G. (Uhland, Taillefer); Auf einmal steht, ganz nah, ein prächtiges G. vor seinen Augen da (Wieland, Oberon 3, 52); Ü Säulchen von Holz tragen des Daches G. (Goethe, Der Chinese in Rom).

Ge|zer|re, das; -s (abwertend): *[dauerndes] Zerren, Hin-und-her-Zerren:* das G. des Hundes; Ü das G. um die Erbschaft stieß ihn ab; Die Menschen wollen aber, dass das taktische G. aufhört und endlich etwas geschieht (Woche 14. 2. 97, 8).

Ge|ze|ter, das; -s (abwertend): *[dauerndes] Zetern:* Er schilderte ..., welches G. er noch zu Hause zu erwarten hatte (Ossowski, Bewährung 54); Auf der Bühne ist Thomas eine Show: Seine quasi-epileptischen Ausbrüche und sein schrilles G. wirken wie Artikulationen eins früh vergreisten Säuglings (taz 23. 4. 98, IV).

Ge|zie|fer, das; -s [rückgeb. aus ↑Ungeziefer]: **1.** (veraltend) *Ungeziefer:* wie die in der Sonne dunstenden Brombeerranken, zwischen denen es von unbekanntem G. flog und wimmelte (Musil, Mann 1442). **2.** (landsch.) *[kleinere] nützliche Haustiere, [Klein]vieh.*

ge|zie|hen: ↑zeihen.

ge|zielt ⟨Adj.⟩ [eigtl. 2. Part. von ↑zielen]: *einen Zweck verfolgend; auf ein bestimmtes Ziel ausgerichtet:* -e Fragen, Maßnahmen; Die einzige Therapie besteht in der -en Bekämpfung der Bakterien (Hörzu 1, 1973, 75); Man sollte die Kandidaten unbedingt -er auswählen (Hörzu 51, 1974, 101).

ge|zie|men ⟨sw. V.; hat⟩ [mhd. gezemen, ahd. gizeman, zu ↑ziemen] (veraltend): **1.** *gemäß sein; jmdm. aufgrund seiner Stellung, Eigenschaften o. Ä. gebühren:* es geziemt dir nicht, danach zu fragen; an einen Ort ..., der Ihnen besser geziemt als dieser (Th. Mann, Krull 154). **2.** ⟨g. + sich⟩ *sich gehören, schicken:* genauso, wie es sich einem Vorgesetzten gegenüber geziemte (Kirst, 08/15, 823).

ge|zie|mend ⟨Adj.⟩ (geh.): *dem Takt, der Höflichkeit, der Rücksicht auf die Würde einer Person entsprechend:* etw. in -er Weise, mit -en Worten sagen; obwohl ich zu dem lieben Gott nicht die Beziehungen unterhalte, die der Gemeindepfarrer in meiner Lage für g. hält (Gaiser, Schlußball 18).

Ge|zie|re, das; -s (oft abwertend): *[dauerndes] Sichzieren, geziertes Benehmen.*

ge|ziert ⟨Adj.⟩ [eigtl. 2. Part. von ↑zieren] (abwertend): *sich nicht natürlich gebend; affektiert; gekünstelt, unecht wirkend:* eine -e Sprechweise; -es Benehmen; er ... hielt mit -en Gesten die Bandenden (= des Ordens) über den Hüftknochen (Grass, Katz 104); sie gibt sich entsetzlich g.; der kleine Uralte trippelte g. auf den Platz hinaus (H. Mann, Stadt 442).

Ge|ziert|heit, die; -: *das Geziertsein.*

ge|zinkt: ↑zinken.

Ge|zirp, das; -[e]s, **Ge|zir|pe,** das; -s (oft abwertend): *[dauerndes] Zirpen:* das G. der Grillen wollte nicht enden.

Ge|zisch, das; -[e]s, **Ge|zi|sche,** das; -s (oft abwertend): *[dauerndes] Zischen:* das Brodeln und G. des Wassers auf dem Herd.

Ge|zi|schel, das; -s (abwertend): *[dauerndes] Zischeln:* das G. der Nachbarinnen.

ge|zo|gen: ↑ziehen.

Ge|zücht, das; -[e]s, -e ⟨Pl. selten⟩ [mhd. gezühte, Kollektivbildung zu ↑Zucht] (geh. abwertend): *verachtenswerte Menschen, Brut* (3), *Gesindel:* ... als flüsterte irgendein verfluchtes G. es mir hartnäckig ins Ohr (Th. Mann, Joseph 489); Nicht immer braucht es galktisches G. für eine wirksame Schreckensvision (taz 20. 6. 98, 23).

Ge|zum|pel, das; -s [zu landsch., bes. ostmd. Zumpel = herabhängende Fetzen eines zerrissenen Kleidungsstücks, wohl verw. mit ↑Zopf, ↑zupfen] (landsch., bes. ostmd.): *Knochen, Fleischreste u. minderwertige Fleischteile.*

Ge|zün|gel, das; -s: *[dauerndes] Züngeln:* das G. der Schlange; Ü das G. der Flammen.

Ge|zweig, das; -[e]s, **Ge|zwei|ge,** das; -[e]s (geh.): *Gesamtheit von Zweigen:* ein Baum mit starkem Gezweig; Sie riss sich das Kleid aus dem Gezweig und den Dornen und lief davon (Reinig, Schiffe 100); kurz darauf sah ich deutlich, wie beide Raben ... mit ihm (= dem Ast) in den Klauen unten aus dem Gezweige heraustaumelten (Lorenz, Verhalten I, 77); Ü Unten lag das Gezweig der Schienen (Baum, Paris 18).

Ge|zwin|ker, das; -s: *[dauerndes] Zwinkern mit den Augen:* die (= Zaza) es an schelmischem Augenspiel und heimlichem G. nicht fehlen ließ (Th. Mann, Krull 293).

Ge|zwit|scher, das; -s: *[dauerndes] Zwitschern:* seitdem unser Prozessionsgesang verstummt war, hörte man wieder das G. der Vögel (Broch, Versucher 130); Ü Ich hatte nicht die Kraft, dieses Lächeln, dieses G. (= des Kindes), diese Schreie im Keim zu ersticken (Bachmann, Erzählungen 116).

ge|zwun|gen ⟨Adj.⟩ [eigtl. 2. Part. von ↑zwingen]: *unfrei, unnatürlich wirkend; gekünstelt:* ein -es Wesen, Benehmen; sie lachte etwas g.

ge|zwun|ge|ner|ma|ßen ⟨Adv.⟩ [↑-maßen]: *einem Zwang, einer Notwendigkeit, Verpflichtung, Forderung folgend:* den Rest des Heimwegs legten sie g. zu Fuß zurück.

Ge|zwun|gen|heit, die; -: *Unnatürlichkeit, Gekünsteltheit:* die G. seines Lachens, Benehmens.

Gfrett: ↑Gefrett.

Gfrieß: ↑Gefrieß.

GG = Grundgesetz.

ggf. = gegebenenfalls.

g. g. T., ggT = größter gemeinsamer Teiler (Math.); vgl. gemeinsam (1).

Gha|na; -s: Staat in Afrika.

Gha|na|er, der; -s, -: Ew.

Gha|nae|rin, die; -, -nen: w. Form zu ↑Ghanaer.

gha|na|isch ⟨Adj.⟩.

Gha|sel, Gha|se|le: ↑Gasel, Gasele.

Ghet|to, Ghet|to|blas|ter usw.: ↑Getto, Gettoblaster usw.

Ghi|bel|li|ne: ↑Gibelline.

Ghi|bli: ↑Gibli.

Ghil|ly|schnü|rung, die [engl. gillie, ghilly = (sportlicher) Schuh ohne Zunge (6) mit Ghillyschnürung, zu: gillie = Jagdgehilfe, aus dem Gäl.] (veraltend): *Schuhschnürung, bei der der Schnürsenkel nicht durch Ösen, sondern durch Lederschlaufen gezogen wird.*

Ghost|word ['goʊstwə:d], das; -s, -s [engl. ghost-word, eigtl. = Geisterwort] (bildungsspr.): *Wort, das seine Entstehung einem Schreib-, Druck- od. Aussprachefehler verdankt* (z. B. der Name Hamsun aus dem eigtl. Pseudonym Hamsund).

Ghost|wri|ter ['...raɪtə], der; -s, - [engl. ghost-writer, eigtl. = Geisterschreiber] (bildungsspr.): *Autor, der für eine andere Person, meist eine bekannte Persönlichkeit, bes. einen Politiker, schreibt u. nicht als Verfasser genannt wird:* Kein guter G. schreibt für einen miesen Minister (Capital 7, 1966, 10); In einem Leserbrief an die FAZ wehrte sich Eckhard Henscheid gegen die Unterstellung, er wäre der G. des Bundeskanzlers (Focus 1, 1995, 76); dass Scheel in Vorgesprächen mit seinem G. ... Vorstellungen entwickelte, wie er sich die Rede vorstellte (Welt 8. 11. 79, 3).

GHz = Gigahertz.

G. I., GI [dʒiːˈaɪ], der; -[s], -[s] [engl. G. I., GI, eigtl. Abk. für engl. government issue, etwa = Staatseigentum od. general issue = allg. Eigentum] (ugs.): *einfacher amerikanischer Soldat:* Bereits in den nächsten Wochen werden die ersten GIs auf dem Luftweg in die USA verfrachtet (Spiegel 17, 1966, 30).

Gi|aur [ˈgi̯auɐ], der; -s, -s [türk. gâvur < pers. gabr = Feueranbeter, wahrsch. aus arab. kāfir = Ungläubiger]: *(im Islam) Nichtmoslem, Ungläubiger.*

gib: ↑geben.

Gib|bon, der; -s, -s [frz. gibbon, H. u.]: *(in den Urwäldern Südostasiens heimischer) kleinwüchsiger, schwanzloser Affe mit rundlichem Kopf u. sehr langen Armen.*

Gib|bus, der; - [lat. gibbus = Buckel, Höcker] (Med.): *spitzwinklige Verkrümmung der Wirbelsäule; spitzwinklige Kyphose.*

Gi|bel|li|ne, Ghibelline, der; -n, -n [ital. ghibellino < mhd. wībeling, zu: Wībelingen, Stammsitz der Staufer (heute Waiblingen)] (hist.): *Anhänger der Hohenstaufenkaiser in Italien, Gegner der Guelfen.*

Gi|bli, Ghibli, der; - [ital. ghibli < arab. qibliy = Süd(wind)]: *vorwiegend im Frühjahr auftretender trocken-heißer, Staub u. Sand führender Wüstenwind in Nordafrika (bes. an der libyschen Küste).*

Gi|bral|tar [österr. ˈgi:...]; -s: Halbinsel an der Südspitze Spaniens (britische Kronkolonie).

Gi|bral|ta|rer, der; -s, -: Ew.

Gi|bral|ta|re|rin, die; -, -nen: w. Form zu ↑Gibraltarer.

gi|bral|ta|risch ⟨Adj.⟩.

gibst, gibt: ↑geben.

¹Gicht, die; -, -en [H. u.] (Hüttenw.): **1. a)** *Öffnung für die Beschickung des Hochofens;* **b)** *oberhalb der Öffnung für die Beschickung befindlicher Oberteil eines Hochofens.* **2.** *Menge des Gutes (z. B. Koks), mit dem der Hochofen beschickt wird.*

²Gicht, die; - [mhd. giht, ahd. firgiht(e), gigiht(e), identisch mit mhd. giht, ahd. jiht = Aussage, Geständnis, Bekenntnis, zu ahd. jehan = sagen, bekennen (↑Beichte), also eigtl. = Zauberspruch, Beschwörung, nach der im alten Volksglauben vorherrschenden Vorstellung, dass Krankheiten durch Besprechen od. Beschreien angezaubert werden können]: **a)** *durch eine Störung des Stoffwechsels verursachte Krankheit, die sich bes. in schmerzhaften Entzündungen von Gelenken äußert:* während ich ... die steifen Finger krümmte und wieder streckte, im Kampf mit der heimlich wühlenden G. (Hesse, Steppenwolf 71); ◆ **b)** ⟨Pl. -e u. -er⟩ *Krampf* (1), *Zuckung:* Ich weiß eine Zeit, wo du beim Anblick einer Krone -er bekommen hättest (Schiller, Fiesco I, 7).

Gicht|an|fall, der: *Anfall von ²Gicht.*

Gicht|bee|re, die (landsch.): *schwarze Johannisbeere.*

gicht|brü|chig ⟨Adj.⟩ (veraltet): *an der ²Gicht erkrankt; durch die ²Gicht stark behindert:* Virchow ... erklärte das Skelett als die Reste eines -en Greises (Ceram, Götter 36).

Gicht|brü|chi|ge, der u. die; -n -n ⟨Dekl. ↑Abgeordnete⟩ (veraltet): *jmd., der an ²Gicht leidet:* die Heilung des -n im 2. Kapitel des Markus-Evangeliums.

Gicht|büh|ne, die (Hüttenw.): *etwa in Höhe der ¹Gicht* (1 b) *angebrachte Plattform, Arbeitsbühne:* der Arbeiter, der mit zwei weiteren Kollegen auf der G. beschäftigt war (MM 2. 9. 69, 6).

◆ **gich|te|risch** ⟨Adj.⟩ [zu ↑²Gicht (b)]: *krampfhaft* (1): Dein Leben sei das -e Wälzen des sterbenden Wurms (Schiller, Fiesco I, 12).

Gicht|gas, das; -es, -e [zu ↑¹Gicht] (Hüttenw.): *Abgas, das bei der Verhüttung von Eisenerzen im Hochofen entsteht:* Ist das G. für ihn (= den Arbeiter) kein Gift? (Kisch, Reporter 223).

Gicht|ge|schwür, das (Med.): *durch Verletzung eines Gichtknotens hervorgerufene eitrige Entzündung des umgebenden Gewebes.*

Gicht|händ|chen, das: in der Wendung **G. machen** (salopp; *die Hand zum Betteln od. zum Empfang von Trinkgeld o. Ä. hinhalten*).

gich|tig, gich|tisch ⟨Adj.⟩: *an der ²Gicht erkrankt; von der ²Gicht befallen:* in seltsamem Gegensatz zu ... der verzweifelten Anstrengung ihrer gichtigen Hände (Jens, Mann 32); Der alte Diener ging langsam und steif, als sei er gichtisch (Fallada, Herr 136).

Gicht|kno|ten, der: *infolge chronischer ²Gicht entstandene knotenförmige Verdickung in der Umgebung von Gelenken.*

gicht|kno|tig ⟨Adj.⟩: *Gichtknoten aufweisend:* -e Hände.

gicht|krank ⟨Adj.⟩: *gichtig, gichtisch.*

gicht|krumm ⟨Adj.⟩: *von der ²Gicht krumm:* Seine gelbhäutigen -en Hände mit den harten Aderknoten (Johnson, Mutmaßungen 53).

Gi|ckel, der; -s, - [lautm.] (landsch.): *Hahn.*

gi|ckeln, gi|ckern ⟨sw. V.; hat⟩ [lautm.] (landsch., bes. md.): *hell kichernd u. etwas unterdrückt (oft etwas albern u. ohne ersichtlichen Grund) lachen:* die Mädchen stießen sich heimlich an, tuschelten u. gickelten; Die Braut ließ ein halblautes Gelächter hören. Sie gickerte (Augustin, Kopf 339).

gicks: in den Wendungen **weder g. noch gacks wissen/sagen/verstehen** (ugs.; *überhaupt nichts wissen, sagen, verstehen*); **g. und gacks** (ugs.; *alle Welt; jeder*): das weiß doch g. und gacks.

gick|sen ⟨sw. V.; hat⟩ [1: mhd. gichzen, gigzen, ahd. gicchaz(z)en, lautm.; 2: zu der lautm. Interj. gick] (landsch., bes. md.): **1.** *einen leichten, hohen Schrei ausstoßen; (von der Stimme) plötzlich in die Kopfstimme umschlagen u. zu hoch [u. schrill] erklingen:* er, seine Stimme gickste manchmal beim Sprechen; Gertrud Nothhorn gibt dieser ... Krampfhenne ... ein gicksend überkippendes Stimmchen, womit sie den Typ genau trifft (MM 31. 5. 66, 22). **2.** *mit einem spitzen Gegenstand stechen, stoßen:* er hat ihn/ihm in die Seite, hat ihn mit dem Stock gegickst.

Gick|ser, der; -s, - (landsch., bes. md.): *hoher, halb unterdrückter Laut des Kicherns, des Überschlagens der Stimme.*

¹Gie|bel, der; -s, - [H. u.]: *zu den Karauschen gehörender kleinerer Fisch.*

²Gie|bel, der; -s, - [mhd. gibel, ahd. gibil, urspr. wohl = Astgabel u. Bez. für die Gabelung, in der der Balken, der den First eines Daches bildet, ruht]: **1.** *der meist dreieckige, obere Teil der Wand an der Schmalseite eines Gebäudes, der zu beiden Seiten vom [schräg aufsteigenden] Dach begrenzt wird:* ein spitzer, steiler G.; an den kupfergrünen Domtürmen und den getreppten -n entlang (Winckler, Bomberg 29); Das Zeichen des Roten Kreuzes war auf dem Dach, den beiden -n je einmal und auf den Breitseiten gleich zweimal, ... angebracht worden (Kirst, 08/15, 811). **2.** (Archit.) *meist dreieckiger, oft verzierter, schmückender Aufsatz als oberer Abschluss von Fenstern, Portalen o. Ä.:* Häuser ... mit griechischen -n und barocken Muscheln über den Fenstern (Musil, Mann 946). **3.** (ugs.) *Nase.*

Gie|bel|bal|ken, der: *Balken entlang der Giebelmauer.*

Gie|bel|dach, das: *Satteldach, bes. eines Giebelhauses, dessen Giebelseite der Straße zugekehrt ist.*

Gie|bel|fas|sa|de, die: vgl. Giebelseite.

Gie|bel|feld, das: *vom Dach, von Gesimsen eingegrenzte Fläche des ²Giebels.*

Gie|bel|fens|ter, das: *Fenster im ²Giebel eines Hauses.*

Gie|bel|haus, das: *Haus, dessen Giebelseite der Straße zugekehrt ist.*

gie|be|lig, gieblig ⟨Adj.⟩: *gegiebelt:* Eine würdig-idyllische Kleinstadt mit engen Gassen und grauen, giebeligen Häusern (K. Mann, Wendepunkt 9).

Gie|bel|mau|er, die: vgl. Giebelwand.

Gie|bel|sei|te, die: *Seite eines Hauses, an der sich der ²Giebel befindet.*

Gie|bel|spit|ze, die: *Spitze des ²Giebels.*

Gie|bel|stu|be, die: *Giebelzimmer.*

Gie|bel|wand, die: *Wand an der Giebelseite eines Hauses einschließlich des sich darüber erhebenden ²Giebels.*

Gie|bel|zim|mer, das: *Zimmer, das am ²Giebel eines Hauses liegt.*

gieb|lig: ↑giebelig.

Giek|baum, der; -[e]s, ...bäume [aus dem Niederd. < niederl. giek = Rundholz, Spiere, H. u.] (Seemannsspr.): *runde Holzstange, an der das Gaffelsegel mit seiner unteren Kante befestigt ist.*

Giek|se|gel, das; -s, - (veraltet): *Gaffelsegel.*

¹Gie|men, der; -s, - [zu veraltet giemen = klaffen, offen stehen, verw. mit ↑gähnen] (südd.): *Gletscherspalte, Erdriss.*

²Gie|men, das; -s [zu mundartl. giemen = gähnen; rasselnd atmen, eigtl. = klaffen, offen stehen, ↑¹Giemen]: *krankhaftes Geräusch des Atmens bei Pferden.*

Gien, das; -s, -e [niederl. gijn < engl.

gin = Kran < afrz. engin = Vorrichtung < lat. ingenium = Erfindung] (Seemannsspr.): *starker Flaschenzug mit mehrscheibigen Blöcken zum Bewegen schwerer Lasten.*

Gien|block, der ⟨Pl. ...blöcke⟩: *mehrscheibiger Block am Gien.*

[1]**gie|nen** ⟨sw. V.; hat⟩ (Seemannsspr.): *mit dem Gien schleppen, heben.*

[2]**gie|nen** ⟨sw. V.; hat⟩ [mhd. ginen, ahd. ginēn, ginōn, verw. mit ↑gähnen] (südd.): *gähnen.*

gie|pen ⟨sw. V.; hat⟩ [niederdt., niederl. gijpen, H. u.] (Seemannsspr. veraltend): *schiften.*

Gie|per, der; -s [aus dem Niederd., rückgeb. aus ↑giepern] (landsch., bes. nordd.): *auf etw. Bestimmtes, bes. etw. Essbares gerichtete, plötzlich wach werdende Begierde; große Lust auf etw.:* er hatte einen ungeheuren G. auf etwas Saures.

gie|pern ⟨sw. V.; hat⟩ [aus dem Niederd., zu: giepen = Luft schnappen, verw. mit ↑Geifer] (landsch., bes. nordd.): *Gieper haben:* die Kinder gieperten bereits nach dem knusprigen Gänsebraten.

giep|rig ⟨Adj.⟩ (landsch., bes. nordd.): *heftiges Verlangen in sich verspürend, in den Genuss von etw. zu kommen; gierig:* er griff g. nach dem Kuchen.

Gier, die; - [mhd. gir(e), ahd. girī, zu mhd. gir, ahd. giri = begehrend, verlangend, zu gleichbed. mhd., ahd. ger, wie mhd. gerne, ahd. gerno (↑gern[e]) urspr. = verlangend, begehrend]: *auf Genuss u. Befriedigung, Besitz u. Erfüllung von Wünschen gerichtetes, heftiges, maßloses Verlangen; ungezügelte Begierde:* hemmungslose, blinde G.; Eine wilde G., gepaart mit Verachtung, ließ sie von oben bis unten erzittern (Langgässer, Siegel 509); wie sie, die Unersättliche, ihren ersten Mann vertrieben, ihren zweiten vergiftet, zahllose Liebhaber habe verschwinden lassen in grenzenloser G. (Feuchtwanger, Herzogin 143); Die Erwachsenen jener Jahre waren von einer G. nach Besitz und nach Sicherheiten umgetrieben, die etwas Verzweifeltes an sich hatte (Gaiser, Schlußball 141).

[1]**gie|ren** ⟨sw. V.; hat⟩ [mhd. gir(e)n, wohl geb. zu dem ↑gern(e) zugrunde liegenden Adj., heute als Abl. von ↑Gier empfunden] (geh.): *heftig, übermäßig, voller Gier nach etw. verlangen, etw. begehren:* nach Geld, nach einer Erbschaft g.; Morton giert ... nach dem gleichen Ruhm, aber nicht weniger nach Geld (Thorwald, Chirurgen 144); Meine Ohren aber gierten, meines Unglücks volles Maß zu vernehmen (Jahnn, Geschichten 26); gierende Hunde.

[2]**gie|ren** ⟨sw. V.; hat⟩ [niederl. gieren, eigtl. = schief (ab)stehen] (Seemannsspr.): *infolge heftigen Seegangs hin u. her gehen, nicht den geraden Kurs halten:* die Rudermaschine ... rasselt unentwegt, das Boot giert und will nicht auf Kurs bleiben (Rehn, Zuckerfresser 73).

Gier|fäh|re, die [zu ↑[2]gieren]: *an einem stromaufwärts liegenden Anker befestigte od. an einem über den Fluss gespannten Seil geführte u. in einen bestimmten Winkel zur Strömung gestellte Fähre, die nur durch die wirksam werdenden Kräfte quer zur Strömung vorwärts geschoben wird.*

gie|rig ⟨Adj.⟩ [mhd. giric, ahd. girīg, zu mhd., ahd. ger, ↑Gier]: *von einem heftigen, maßlosen Verlangen nach etw. erfüllt; voller Gier:* -e Blicke, Augen; mit -en Händen nach etw. greifen; er ist auf Geld g. (Fallada, Jeder 197); sie war ganz g. nach Obst; etw. g. verschlingen, essen, trinken; Die Alte horchte g. herum nach all diesem Tratsch (Brecht, Geschichten 102).

Gie|rig|keit, die; - (selten): *Gier.*

Giersch, der; -[e]s [mhd., ahd. giers, gers, eigtl. = (Un)kraut] (landsch.): **a)** vgl. Geißfuß (1); **b)** *häufig vorkommendes Unkraut mit weißer od. rötlicher Blütendolde.*

Gier|schlund, der (ugs.): *gieriger Mensch.*

Gieß|bach, der: *[Gebirgs]bach mit starkem Gefälle, der [infolge von Regen- od. Schneefällen] viel Wasser führt.*

Gieß|bad, das: *Guss* (2 a).

Gieß|bett, das (Hüttenw.): *Sandfläche vor einem Hochofen, in der das flüssige Metall nach dem Abstich in dafür vorgesehenen Hohlräumen zu Blöcken erstarrt.*

gie|ßen ⟨st. V.; hat⟩ [mhd. gieȝen, ahd. gioȝan]: **1. a)** *eine Flüssigkeit aus einem Gefäß an eine bestimmte Stelle, in ein anderes Gefäß fließen lassen, über etw. rinnen, laufen lassen, schütten:* Kaffee in die Tassen, Wasser an/auf/über den Braten g.; sie ... goss den Rest aus der Flasche hastig in Casculades Glas (Langgässer, Siegel 166); Whisky, murmelte sie und goss ihr Glas randvoll (*füllte es durch Eingießen bis zum Rand;* Rinser, Mitte 8); Ü (dichter.:) der Mond goss sein Licht über die Felder; **b)** ⟨g. + sich⟩ *sich in bestimmter Weise gießen* (1 a) *lassen:* aus dieser, mit dieser Kanne gießt es sich nicht gut; **c)** *eine Flüssigkeit versehentlich über etw. ausgießen, verschütten:* er hat die Tinte auf die Tischdecke, übers Heft gegossen; du hast ihr den [ganzen] Wein aufs Kleid gegossen. **2.** *mittels einer Gießkanne mit Wasser versorgen; begießen:* die Blumen g.; er muss fast jeden Abend [den Garten] g. **3.** ⟨unpers.⟩ (ugs.) *heftig regnen:* es goss in Strömen; Sie waren kaum da, als es schon zu g. begann. Das Wasser stürzte nur so herunter (Remarque, Triomphe 354). **4. a)** *durch Schmelzen flüssig gemachtes Metall in dafür vorgesehene Hohlformen gießen u. darin erstarren lassen:* Silber, Kupfer g.; in diesem Werk wurde früher nur Eisen gegossen; **b)** *aus einer durch Schmelzen flüssig gemachten Masse dadurch herstellen, dass man diese in eine entsprechende Form fließen u. darin zu dem gewünschten Gegenstand erstarren lässt:* Lettern, Glocken g.; Kerzen g.; der Stuhl wurde aus einem neuartigen Kunststoff in einem Stück gegossen; Was wüssten wir noch von Colleoni, wenn Verrocchio ihn nicht in Bronze gegossen hätte (Bamm, Weltlaterne 31).

Gie|ßen: Stadt an der Lahn.

[1]**Gie|ße|ner,** der; -s, -: Ew.

[2]**Gie|ße|ner** ⟨indekl. Adj.⟩.

Gie|ße|ne|rin, die; -, -nen: w. Form zu ↑[1]Gießener.

Gie|ßer, der; -s, -: *jmd., der berufsmäßig mit einem der verschiedenartigen Verfahren des Gießens einer flüssig gemachten Masse, bes. Metall, beschäftigt ist.*

Gie|ße|rei, die; -, -en: **1.** ⟨o. Pl.⟩ **a)** *das Gießen von flüssig gemachtem Metall u. die Herstellung bestimmter Gegenstände aus diesem Metall;* **b)** *Zweig der Metallindustrie, der sich mit der Herstellung bestimmter Gegenstände durch Gießen von flüssig gemachtem Metall befasst.* **2.** *Betrieb der Metallindustrie, in dem Metall gegossen wird, bzw. die entsprechende Anlage innerhalb eines solchen Betriebs.*

Gie|ße|rei|ar|bei|ter, der: *in einer Gießerei beschäftigter Arbeiter.*

Gie|ße|rei|ar|bei|te|rin, die; -, -nen: w. Form zu ↑Gießereiarbeiter.

Gie|ße|rei|be|trieb, der: *Gießerei* (2).

Gie|ße|rei|tech|nik, die ⟨o. Pl.⟩: *Technik der Gießerei* (1 a).

Gieß|form, die (Technik): *Form zum Gießen* (4).

Gieß|gru|be, die (Gießerei): *Grube zum Guss von Teilen mit großen Dimensionen.*

Gieß|harz, das (Technik): *Kunststoff, der in seinem ursprünglich flüssigen Zustand gegossen werden kann u. der ohne Einwirkung von Druck hart wird.*

Gieß|kan|ne, die: **1.** *kannenförmiges Gefäß mit einem siebartig durchlöcherten Aufsatz auf einem Rohr zum Begießen von Pflanzen.* **2.** (ugs. scherzh.) *Penis;* ***sich** ⟨Dativ⟩ **die G. verbiegen** (salopp scherzh.; *[vom Mann] sich eine Geschlechtskrankheit zuziehen*).

Gieß|kan|nen|prin|zip, das ⟨o. Pl.⟩: *für die Verteilung von etw. getroffene Regelung, nach der jeder Empfänger, jeder Bereich in gleicher Weise mit etw. bedacht wird ohne Berücksichtigung der unterschiedlichen Verhältnisse:* die Einführung einer Mindestrente würde ... einer Sozialpolitik nach dem G. entsprechen (MM 14. 6. 71, 1).

Gieß|kel|le, die (Gießerei): *Kelle, mit der geschmolzenes Metall in Formen* (3) *gegossen wird.*

Gieß|kran, der (Gießerei): *Kran, der Gießpfannen transportiert u. kippt.*

Gieß|löf|fel, der (Gießerei): *Gießkelle.*

Gieß|ma|schi|ne, die (Gießerei): *Maschine, mit der flüssige Metalle od. Kunststoffe in die Formen eingegossen, gepresst od. gespritzt werden.*

Gieß|ofen, der (Gießerei): *Ofen einer Erzgießerei.*

Gieß|pfan|ne, die (Gießerei): *an einem Kran befestigter, feuerfest ausgekleideter Behälter, mit dem flüssiger Stahl aus dem Ofen aufgenommen, zu den Formen* (3) *transportiert u. in diese eingegossen wird.*

Gieß|ver|fah|ren, das (Gießerei): *Verfahren zum Gießen geschmolzener Metalle in bestimmte Formen* (3).

Gieß|wa|gen, der (Gießerei): *elektrisch betriebenes Gestell, das anstelle eines Gießkranes die Gießpfanne transportiert.*

Gieß|was|ser, das ⟨o. Pl.⟩: *für das Gießen* (2) *bestimmtes, verwendetes Wasser:* Die Stäbchen einfach in die Erde stecken, das G. lässt Wirkstoff und Dünger aktiv werden (Leipziger Volkszeitung 2. 10. 98, 1).

Gieß|zet|tel, der (Druckw.): *Verzeichnis der verschiedenen Mengen von Buchstaben, die bei einem bestimmten Gesamtgewicht des Gusses gegossen werden müssen.*

[1]**Gift**, das; -[e]s, -e [mhd., ahd. gift, eigtl. = das Geben, Übergabe; Gabe, zu ↑geben; Lehnbed. nach ↑Dosis, dieses auch verhüll. für »Gift« (im Sinne von »Gabe«)]: *in der Natur vorkommender od. künstlich hergestellter Stoff, der nach Eindringen in den Organismus eines Lebewesens eine schädliche, zerstörende, tödliche Wirkung hat (wenn er in einer bestimmten Menge, unter bestimmten Bedingungen einwirkt):* ein gefährliches, chemisches G.; die Samen der Pflanze enthalten ein G.; Wir haben ihm oft zugesehen, wenn er seinen Schlangen das G. abzapfte (Schnurre, Bart 136); G. nehmen *(absichtlich Gift einnehmen);* er hat dem kranken Tier G. gegeben *(hat es vergiftet);* das Messer schneidet wie G. (ugs.; *ist sehr scharf*); Ü er hat 'n paar Tropfen G. mitbekommen, jenes feine, langsam wirkende, tödliche G., das man Verstand nennt (Ott, Haie 137); Voller G. *(Gehässigkeit, Boshaftigkeit),* dass die Häftlinge gewagt hatten, Trotz zu bieten, fauchte Kluttig auf Schwahl ein (Apitz, Wölfe 298); ***blondes G.** (ugs. scherzh.; *erotisch attraktive Frau mit auffallend hellblonden Haaren*); **G. für jmdn., etw. sein** *(sehr schädlich für jmdn., etw. sein):* Zugluft ist G. für alle Schnittblumen (Petra 11, 1966, 132); **sein G. verspritzen** (ugs.; *sich sehr boshaft, gehässig äußern*): Gelegenheit genug, um Ihr »Gift« zu verspritzen und jemand zur Weißglut zu bringen (Bild und Funk 47, 1966, 83); **G. und Galle speien/spucken** *(sehr wütend sein, sehr heftig werden; sehr böse, gehässig [auf etw.] reagieren;* nach 5. Mos. 32, 33): Sie spucken G. und Galle über einen »lieben« Kollegen (Bild 1. 6. 64, 2); **auf etw. G. nehmen können** (ugs.; *sich auf etw. völlig verlassen können; etw. als ganz sicher betrachten können;* H. u., viell. bezogen auf die ma. Gottesurteile, also urspr. ausdrückend, dass etwas so sicher ist, dass sich jmd. ohne Sorge der Giftprobe unterziehen kann): Sie fliegen raus! Darauf können Sie G. nehmen (v. d. Grün, Glatteis 42); ◆ ⟨auch: der:⟩ Ich habe selbst den G. an Tausende gegeben (Goethe, Faust I, 1053); Noch spür' ich den G. nicht (Schiller, Kabale V, 7).

◆ [2]**Gift**, die; -, -en: *Gabe, Geschenk:* Des Kaisers Wort ist groß und sichert jede G. (Goethe, Faust II, 10927); Du nimmst zuletzt doch auch für deine Schriften, so wie es ist der Brauch, reichliche -en (Goethe, Zahme Xenien VIII [Trauerreglement]).

Gift|am|pul|le, die: *ein tödlich wirkendes Gift enthaltende Ampulle.*

Gift|be|cher, der (früher): *mit einer ein tödliches Gift enthaltenden Flüssigkeit gefüllter Becher, den ein zu dieser Todesart Verurteilter austrinken musste:* er musste den G. trinken.

Gift|blatt, das (Schülerspr. landsch.): *Giftzettel:* Er zeigte sein letztes Zeugnis, sein »Giftblatt«. Es wimmelte nur so von Dreien (Plenzdorf, Legende 205).

Gift|drü|se, die (Zool.): *bei bestimmten Tieren entwickelte Drüse, die einen für andere Lebewesen giftigen Stoff ausscheidet, der auf verschiedene Weise (z. B. durch Zähne, Stachel) verabfolgt wird.*

Gift|ei, das (Landw.): *mit gelbem Phosphor (in öliger Lösung) als Giftstoff gefülltes Ei zur Bekämpfung von als schädlich angesehenen Vögeln, bes. von Elstern u. Krähen.*

gif|teln ⟨sw. V.; hat⟩ (schweiz.): *bösartige, gehässige Bemerkungen machen:* ich giftle nicht, ich sage nur die Wahrheit; Weltweit vertreten (= auf Cocktailpartys) sind auch die braungepuderte Klatschziege, die giftelnd durchs Gefilde meckert, und der Lustmolch (Bund 19. 9. 87, 18); ◆ »Ein Leubelfing!«, giftelte der alte Herr. »Muss denn jeder Nürenberger und jeder Leubelfing ein Raufbold sein, wie der Rupert, dein Vater ...« (C. F. Meyer, Page 142).

Gift|emp|find|lich|keit, die: *individuelle, unterschiedlich ausgeprägte u. von bestimmten Bedingungen (Alter, Geschlecht o. Ä.) abhängende Empfindlichkeit gegenüber Giften.*

gif|ten ⟨sw. V.; hat⟩ (ugs.): **1. a)** *sehr ärgerlich, böse machen:* dass sie ständig bevorzugt wurde, giftete ihn immer mehr; **b)** ⟨g. + sich⟩ *sich sehr ärgern; sehr ärgerlich, böse werden:* sich über einen Vorfall g.; als ich davon hörte, giftete ich mich mächtig; Manchmal, wenn sie sich giften, wird's amüsant (Zwerenz, Kopf 195). **2.** *seinem Ärger, Missfallen heftig schimpfend, mit boshaften, gehässigen Worten Ausdruck geben:* einige hundert Meter entfernt ... giftete Gomulka gegen Bonn (Spiegel 18, 1966, 134); Endlich kommt er in Fahrt und giftet über die »bösen Zungen« (Hörzu 37, 1974, 6).

Gift|fes|tig|keit, die: *Unempfindlichkeit, Immunität unterschiedlichen Grades gegenüber Giften.*

Gift|fisch, der (Zool.): vgl. Gifttier.

Gift|fracht, die: *Fracht* (1), *die aus Giftstoffen besteht od. Giftstoffe enthält:* Eine vom Landesamt für Umweltschutz beauftragte Firma hat inzwischen mit dem Abtransport der G. begonnen (SZ 3. 12. 98, 13).

gift|frei ⟨Adj.⟩: *keine giftigen Stoffe enthaltend u. deshalb ungefährlich:* Jetzt handelte er mit Paraffin ... Und mit -er Speisefarbe und mit Aromen, damit konnte man auch kompensieren (Kempowski, Uns 323); Ein Mittel, Autoabgase fast g. zu machen (ADAC-Motorwelt 9, 1983, 41).

Gift|gas, das: *Gas, das eine schädigende, zerstörende, tödliche Wirkung auf den Organismus von Lebewesen, bes. von Menschen, ausübt.*

Gift|ge|trei|de, das: *mit bestimmten giftigen Stoffen imprägnierte (u. zur Kenntlichmachung dunkelrot gefärbte) Getreidekörner, die zur Vernichtung von Mäusen u. Ratten ausgelegt werden.*

gift|grün ⟨Adj.⟩: *eine kräftige, grelle grüne Farbe aufweisend:* ein -es Kleid; Das Wasser war g. und kalt (Strittmatter, Wundertäter 460).

gift|hal|tig, (österr.:) **gift|häl|tig** ⟨Adj.⟩: *giftige Stoffe enthaltend.*

Gift|hauch, der (geh.): *giftiger Dunst, giftige Gase:* der G. der überalterten Müllverbrennungsanlagen; Hängt die Unterdrückung nicht wie ein G. über dem Volk? (Zeit 18. 5. 95, 52).

gif|tig ⟨Adj.⟩ [1: mhd. giftec]: **1.** *Gift, einen Giftstoff enthaltend; die schädigende Wirkung von Gift habend, entwickelnd:* -e Pflanzen, Pilze, Chemikalien; das Medikament enthält eine -e Substanz *(ein Gift, einen Giftstoff);* eine -e Schlange *(Giftschlange);* ein -er Pfeil *(Giftpfeil);* die Dämpfe sind [nicht] g.; Stoffe ..., die für die Organzellen selbst relativ wenig g. sind (Medizin II, 205). **2.** (ugs.) *bösartig [u. aggressiv]; von Bosheit, Gehässigkeit geprägt, zeugend:* eine -e Bemerkung; ein -er Blick; etw. mit -em Spott, Lächeln sagen; Wir Kinder hatten nicht viel übrig für den ... -en kleinen Herrn (K. Mann, Wendepunkt 81); Ratte warf Schwefelfell einen -en Blick zu (Funke, Drachenreiter 11); g. lächeln; jmdn. g. anfahren, anstarren; die Lakaien sind g. *(sehr böse, wütend)* auf ihn, weil sie kein Trinkgeld bekommen haben (Th. Mann, Hoheit 50). **3.** *(von bestimmten Farben) grell, schreiend:* ein -es Gelb; die Kirchenkuppel war g. grün angestrahlt (Werfel, Himmel 170). **4.** (Sport Jargon) *verbissen, mit großem körperlichem Einsatz kämpfend u. deshalb für den Gegner gefährlich:* ein -er Mittelstürmer; er war, spielte sehr g.; Die Zuschauer toben ... Und Borussia wird g. (Bild 16. 4. 64, 7).

Gif|tig|keit, die; -: *das Giftigsein.*

Gift|krö|te, die (ugs. abwertend): *sehr boshafter, gehässiger Mensch* (oft als Schimpfwort): er schwor es sich zu, dieser kleinen G. von Baldur einmal gründlich zu sagen, was er von solchen Aufträgen hielt (Fallada, Jeder 56).

Gift|kü|che, die: **1.** (scherzh., auch abwertend) *Labor; Produktionsstätte für chemische Erzeugnisse:* Bei den Öko-Winzern sind Schädlingsbekämpfungsmittel aus der G. der Industrie verpönt (FR 13. 3. 98, 26); Von dieser G. kommt das (= der zahnlose Mund). Schon ein paar Jahre muss ich da arbeiten. Säure abfüllen ..., der Dampf davon frisst alles auf (Kühn, Zeit 20). **2.** (abwertend) *Ort, an dem boshafte, gehässige Gerüchte entstehen, von dem üble, unsaubere Machenschaften ausgehen.*

Gift|ler, der; -s, - (bes. österr., schweiz. ugs.): *Drogensüchtiger:* ... in der Erziehungsanstalt Uetikon, wo teilweise mehr »Gift« zur Verfügung gestanden habe als »draußen«: für die »Giftler«, die fixen (NZZ 13. 10. 84, 11).

Gift|le|rin, die; -, -nen (bes. österr., schweiz. ugs.): w. Form zu ↑Giftler: »Von den 800.000 Medikamentenabhängigen sind etwa zwei Drittel Frauen ...« Wenn man das so liest, dann entsteht folgender Eindruck: So sind sie, die Frauen ... -nen alle miteinander (Neue Kronen Zeitung 28. 8. 91, 12).

Gift|mi|scher, der: **1.** (ugs. abwertend) *jmd., der verbotenermaßen, in böser Absicht Gift zubereitet, etw. mit Gift präpariert.* **2.** (ugs. scherzh.) *jmd., der beruflich mit Chemikalien, Medikamenten, Giften zu tun hat, bes. Apotheker.*

Gift|mi|sche|rin, die: w. Form zu ↑Giftmischer.

Gift|mord, der: *mithilfe von Gift verübter Mord:* Der G. ist das typische Verbrechen der Frau (Baum, Paris 38).

Gift|mör|der, der: *jmd., der einen Giftmord begangen hat.*

Gift|mör|de|rin, die: w. Form zu ↑Giftmörder.

Gift|müll, der: *aus Gewerbe- und Industriebetrieben stammende giftige Abfallstoffe, die die Umwelt schädigen u. verseuchen.*

Gift|müll|de|po|nie, die: *Deponie für Giftmüll.*

Gift|nu|del, die: **1.** (ugs. abwertend) *giftige* (2) *weibliche Person.* **2.** (ugs. scherzh.) *[schlechte] Zigarre, Zigarette.*

Gift|pfeil, der: *Pfeil, dessen Spitze mit Gift präpariert ist:* Ü er ließ sich auch durch ihre gefürchteten -e *(boshaften, gehässigen Bemerkungen)* nicht aus der Ruhe bringen.

Gift|pflan|ze, die (Biol.): *Pflanze, die einen giftigen Stoff enthält, der bei Menschen u. Tieren eine schädliche, zerstörende, tödliche Wirkung hat.*

Gift|pilz, der: vgl. Giftpflanze.

Gift|schlan|ge, die: *Schlange, bei deren Biss ein giftiges Sekret in die Bisswunde gelangt.*

Gift|schrank, der: **1.** *verschließbarer Schrank (in Apotheken u. Krankenhäusern), in dem bes. gefährliche Medikamente, Gifte aufbewahrt werden.* **2.** (ugs.) *Schrank, in dem Bücher unter Verschluss gehalten werden, die aus bestimmten (politischen, moralischen o. ä.) Gründen nicht jedem zugänglich sein sollen:* Es (= das Buch von Walter Benjamin) befand sich im »Giftschrank«, ich konnte mit Sondergenehmigung heran (Zwerenz, Kopf 118).

Gift|spin|ne, die: *bes. für den Menschen giftige Spinne.*

Gift|sprit|ze, die **1.** (ugs.): *Injektionsspritze, mit der einem zum Tode Verurteilten bei der Hinrichtung das tödliche Gift injiziert wird.* **2.** (ugs. abwertend): *Giftnudel* (1).

Gift|stäb|chen, das (ugs. scherzh.): *Zigarette:* Amerikas Rauchern wurde abermals die Freude am G. getrübt (Spiegel 39, 1966, 168).

Gift|sta|chel, der (Zool.): *stachelartiges Organ bei bestimmten Tieren (z. B. bei Insekten, Fischen), mit dessen Hilfe das Sekret der Giftdrüse in die Einstichstelle geführt wird.*

Gift|sten|gel, der (ugs. scherzh.): *Zigarette.*

Gift|stoff, der: *giftige Substanz; Gift.*

Gift|tier, das (Zool.): *Tier, das ein giftiges Sekret produziert, mit dessen Hilfe es Beute machen od. sich verteidigen kann.*

Gift|trank, der (geh.): *mit Gift vermischtes, aus giftigen Zutaten bereitetes Getränk, mit dem jmd. getötet werden soll:* Jeder Eingeweihte weiß, dass Gifttränke *(entsprechende Kräuter o. Ä. für Gifttränke)* bei wachsendem Monde gepflückt werden wollen und dass man auf Hin- und Heimweg weltliche Worte nicht reden darf (A. Zweig, Grischa 272).

Gift|wei|zen, der: vgl. Giftgetreide.

Gift|wol|ke, die: *Wolke aus giftigem Gas o. Ä.:* Eine gelbliche G. hatte sich über Gärten, Häuser und Autos gelegt (FR 27. 6. 97, 15).

Gift|zahn, der (Zool.): *mit einem Kanal od. einer Rinne versehener Zahn bestimmter Schlangen, durch den das Sekret der Giftdrüse beim Biss weitergeleitet u. übertragen wird:* ***jmdm. die Giftzähne ausbrechen/ziehen** (ugs.; *jmdn. energisch daran hindern, gehässige, boshafte Reden zu führen, sich weiterhin abfällig, verleumderisch über jmdn., etw. zu äußern*).

Gift|zet|tel, der (Schülerspr. landsch.): *Schulzeugnis.*

Gift|zwerg, der (ugs. abwertend): *boshafter, gehässiger Mensch, bes. jmd., der seine körperliche Kleinheit durch Boshaftigkeit, Gehässigkeit kompensiert* (oft als Schimpfwort).

[1]**Gig,** das; -s, -s [engl. gig, H. u.] (veraltend): *leichter, offener Wagen, Einspänner mit einer Gabeldeichsel:* Ein ... Landauer aus dem Hofbestande, ein G., ein Schlitten und einige Reitpferde standen ihnen zur Verfügung (Th. Mann, Hoheit 51).

[2]**Gig,** die; -, -s, seltener: das; -s, -s [engl. gig, übertr. von ↑[1]Gig]: **1.** (Seemannsspr.) *als Beiboot mitgeführtes leichtes, schnelles Ruderboot, bes. zur Benutzung für den Schiffskapitän.* **2.** (Rudern) *zum Training u. für Wanderfahrten verwendetes leichtes Ruderboot.*

[3]**Gig,** der; -s, -s [engl. gig, H. u.] (Jargon): *Auftritt für einen Abend bei einem Pop-, Jazzkonzert o. Ä.:* Ich hatte einen G., mit so einer obskuren Kapelle (Oxmox 8, 1984, 15).

Gi|ga- [zu griech. gígas, ↑Gigant]: bedeutet in Bildungen mit Substantiven *das 10^9fache einer [physikalischen] Einheit* (Zeichen: G).

Gi|ga|byte [- -'-], das; -[s], -[s] (EDV): *1024 Megabyte (= 1 073 741 824 Byte).*

Gi|ga|hertz, das; -, - (Physik): *eine Milliarde Hertz;* Zeichen: GHz.

Gi|ga|me|ter, das od. der; -s, - (Physik): *eine Milliarde Meter* (Zeichen: Gm).

gi|gamp|fen ⟨sw. V.; hat⟩ [Intensivbildung zu alemann. gampfen, gampen = schaukeln, auf und ab bewegen, mhd. gampen = hüpfen, springen, stampfen] (schweiz.): *schaukeln:* Ü eine realistische Politik kann es sich nicht leisten, zwischen Ost und West zu g.

Gi|gamp|fe|rei, die; - (schweiz.): *Schaukelpolitik.*

Gi|gant, der; -en, -en [1: lat. gigas (Gen.: gigantis) < griech. gígas]: **1.** (geh.) *Riese:* Die Schändungen und Peinigungen, die ich meine erdachten -en ausführen ließ (Weiss, Marat 69); die Felsblöcke lagen da, als wären sie von -en hingeworfen worden. **2.** *jmd., der durch außergewöhnlich große Leistungsfähigkeit, Machtfülle, Bedeutsamkeit o. Ä. beeindruckt; etw., was hinsichtlich einer Größe, Mächtigkeit, Wirksamkeit o. Ä. Vergleichbarem weit überlegen ist:* die -en des Skisports; der Konzern ist ein G. auf dem Weltmarkt; dass Europa im Dialog der -en *(Weltmächte)* in Ost und West mit einer Stimme spricht (Bundestag 189, 1968, 10256); Ü Lastzüge, Tieflader, Autotransporter - -en der Landstraße (auto 8, 1965, 6); Es hätten ... drei -en (= große Flugzeuge) kommen sollen, um uns herauszufliegen (Gaiser, Schlußball 149).

-gi|gant, der: kennzeichnet in Verbindung mit Substantiven eine Person od. sehr große Firma, die in ihrem Bereich außergewöhnliche Macht besitzt, allen vergleichbaren Personen od. Firmen weit überlegen ist: Hollywood-, Medien-, Mode-, Elektronik-, Fastfoodgigant.

gi|gan|tesk ⟨Adj.⟩ [frz. gigantesque < ital. gigantesco, zu: gigante = Riese < lat gigas, ↑Gigant] (bildungsspr.): *ins Riesenhafte, Maßlose übersteigert; maßlos:* Dazu kommt noch eine gewisse -e Manier, Sprachbilder zu hypertrophieren (Welt 16. 3. 63, Geistige Welt 2).

Gi|gan|thro|pus, der; -, ...pi [zu griech. gígas (↑Gigant) u. ánthrōpos = Mensch]: *Urmensch mit übergroßen Körpermaßen.*

Gi|gan|tik, die; -: *gigantisches Ausmaß; außerordentliche, beeindruckende Größe:* Jener Grabplatte hatte es bedurft, um zu erkennen, ... dass eben auch ein fußballfeldgroßes Monument nicht der G. des Verbrechens gerecht werden kann (Woche 14. 2. 97, 35).

Gi|gan|tin, die; -, -nen: w. From zu ↑Gigant.

gi|gan|tisch ⟨Adj.⟩ [griech. gigantikós]: **a)** *sehr, riesig groß; gewaltige, imposante Ausmaße aufweisend:* -e Bauwerke, Schiffe; ein -er Konzern; Ein -er Wurm schien sich über die Landstraße zu quälen (Kirst, 08/15, 831); die Rocky Mountains sind -er (Grzimek, Serengeti 245); **b)** *ungeheuer, gewaltig, riesig, außerordentlich:* ein -er Erfolg, Machtkampf; -e Anstrengungen; ein -es Verbrechen; danke dem Schöpfer für dein -es Talent (Kinski, Erdbeermund 135); Der Skandal ist g. (Dürrenmatt, Meteor 60).

Gi|gan|tis|mus, der; -: **1.** (Med.) *krankhafter Riesenwuchs; übermäßiges Wachstum:* an G. leiden. **2.** (bildungsspr.) *Gesamtheit der Erscheinungsformen, in denen das Bestreben, die Sucht, alles ins Riesenhafte, Maßlose zu übersteigern, mit gewaltigen Ausmaßen zu gestalten, sichtbar, offenbar wird:* Es scheint, als ob die Spiele der 19. Olympiade in Mexiko den endgültigen Durchbruch zum monströsen G. brächten (Bund 7. 10. 68, o. S.).

Gi|gan|to|gra|phie, die; - [zu griech. gígas (↑Gigant) u. ↑-graphie] (Druckw.): *Verfahren zur Vergrößerung von Bildern für Plakate durch Rasterübertragung, wobei ungewöhnlich große Rasterweiten entstehen.*

Gi|gan|to|ma|chie, die; - [griech. gigantomachía, zu: machē = Kampf] (griech. Myth.): der Kampf der Giganten gegen Zeus.

Gi|gan|to|ma|nie, die; - (bildungsspr.): *Sucht, alles ins Riesenhafte, Maßlose zu übersteigern, mit gewaltigen Ausmaßen zu gestalten:* »Wir haben die große Orgel nicht aus G. gebaut« ..., »wir tragen damit den akustischen Bedingungen Rechnung« (SZ 9. 11. 98, 7); Mit der G. der nordamerikanischen Millionenstadt kann sich Frankfurt bislang nicht messen (MM 11. 10. 80, 17).

gi|gan|to|ma|nisch ⟨Adj.⟩ (bildungsspr.): *die Gigantomanie betreffend, auf ihr beruhend, von ihr zeugend:* Filmarchitektur von Metropolis bis Blade Runner. Dämonische Sets, -e Bauten, apokalyptische Landschaften (FNP 3. 8. 96, 1); bei denen, die in anderen als -en Maßstäben nicht mehr denken können (MM 18. 11. 72, 26).

Gi|gerl [auch: ˈgɪ...], der, auch: das; -s, -n [mundartl. = Hahn, lautm.] (südd., österr. ugs.): *Geck.*

gi|gerl|haft ⟨Adj.⟩ (südd., österr. ugs.): *geckenhaft:* ... hatte er mit jungen -en Italienern am Büfett Händel angefangen (R. Walser, Gehülfe 125).

Gi|gerl|tum, das; -s (österr.): *gigerlhafte [Lebens]art.*

Gi|go|lo [ˈʒiːgolo, auch: ˈʒɪg...], der; -s, -s [frz. gigolo, wohl eigtl. = junger Mann, der häufig (zwielichtige) Tanzveranstaltungen besucht, H. u.]: **1.** *Eintänzer.* **2.** (bildungsspr. veraltend) *jüngerer Mann, der sich von Frauen aushalten lässt:* er war dort auch willkommen ..., als besserer G. für ältere Semester oder als Heiratskandidat für vornehme Gänse (Kirst, 08/15, 42).

Gi|got [ʒiˈgoː], das; -s, -s [frz. gigot = Schenkel, Keule, zu afrz. gigue = ein keulen-, schenkelförmiges Streichinstrument]: **1.** (schweiz.) *Hammelkeule.* **2.** ⟨Pl.⟩ (Mode) *im 16. u. 19. Jh. modische, keulenförmig nach oben erweiterte Ärmel an Frauenkleidern.*

Gigue [ʒiːg], die; -, -n [frz. gigue < engl. jig, wohl zu afrz. giguer = springen, tanzen]: **a)** *alter, aus England übernommener, lebhafter Schreittanz im Dreiertakt:* Notre-Dame ... spürte, dass er eine leichte G. tanzte (Genet [Übers.], Notre-Dame 250); **b)** *bestimmter Satz einer Suite.*

gik|sen: ↑gicksen (2).

Gi|la|tier, das; -[e]s, -e [engl. gila (monster), nach dem Fluss Gila River in Arizona]: *(bes. in wüstenartigen Gegenden Nordamerikas heimische) schwarz-rosarot gefleckte, sehr giftige Krustenechse.*

Gilb, der; -s [urspr. Name einer in der Waschmittelwerbung der 60er-Jahre verwendeten Comicfigur, die Weißwäsche zum Vergilben bringt]: *durch Alter od. Verschmutzung hervorgerufene [gelbliche] Verfärbung:* Das Stück aus dem späten 18. Jahrhundert war in keinem besonders attraktiven Zustand. G. und hässliche Bleiche hatten die Fassung ... verunstaltet (FNP 7. 2. 98, 11).

gil|ben ⟨sw. V.; hat⟩ [mhd. (sich) gilwen, zu ↑gelb] (dichter.): *gelb, fahl werden:* in der mageren Saat, die zu g. anfing (Gaiser, Jagd 196); Die Scheibe eines gilbenden Mondes stand über den Bäumen (Kesten, Geduld 56).

Gilb|wei|de|rich, Gelbweiderich, der: *bes. an feuchten Stellen vorkommendes, hohes Staudengewächs mit zahlreichen kleinen gelben Blüten in Rispen.*

Gil|de, die; -, -n [aus dem Niederd. < mniederd. gilde = Innung; Trinkgelage, urspr. wahrsch. = gemeinsamer Trunk anlässlich eines abgeschlossenen Rechtsgeschäftes, zu ↑Geld od. ↑gelten]: **1.** *genossenschaftliche Vereinigung bes. von Kaufleuten u. Handwerkern od. Zusammenschluss von religiös Gleichgesinnten (bes. im MA.) zur Förderung gemeinsamer gewerblicher od. religiöser Interessen, auch zum gegenseitigen Schutz der Mitglieder:* Zum damaligen Bürgertum gehörten in erster Linie die in Zünften, Innungen und -n organisierten Handwerker und Kaufleute (Fraenkel, Staat 66). **2.** *Gruppe von Leuten in gleichen Verhältnissen, mit gleichen Interessen, Absichten o. Ä.:* Die Gefahr schmiedet die G. der Rennfahrer ... zusammen (Frankenberg, Fahrer 13); (oft scherzh.:) Willy Junghans gehört seit 1957 zur G. der Möblierten (DM 5, 1966, 3).

Gil|de|haus, das: *Haus für die Zusammenkünfte, Versammlungen einer Gilde* (1).

Gil|de|meis|ter, der: *Vorsteher einer Gilde* (1).

Gil|den|hal|le, die: vgl. Gildehaus.

Gil|den|schaft, die; -, -en: *Gesamtheit der Mitglieder einer Gilde* (1).

Gil|den|so|zi|a|lis|mus, der [engl. guild socialism, aus: guild = Gilde (< mniederl., mniederd. gilde, ↑Gilde) u. socialism = Sozialismus]: *(Anfang des 20. Jh.s in Großbritannien entstandene) sozialistische Theorie, Lehre, Bewegung, die das Ziel hatte, die Wirtschaft in kollektivistische, nicht verstaatlichte, den mittelalterlichen Gilden u. Zünften ähnliche Organisationen zu überführen, wobei die industrielle Selbstverwaltung durch die Gewerkschaften übernommen werden sollte.*

Gil|den|wap|pen, das: *Zunftwappen.*

Gi|let [ʒiˈleː], das; -s, -s [frz. gilet < älter span. gileco, jileco, aus dem Arab.] (landsch., österr. veraltend, schweiz.): *Weste.*

Gil|ga|mesch (sumer. Myth.): als Gott verehrte Heldengestalt.

Gil|ling, die; -, -s [niederl. gilling, zu: gillen = schräg zuschneiden] (Seemannsspr.): **a)** *nach innen gewölbter Teil des Hinterschiffs;* **b)** *einwärtsgebogener unterer Teil eines Rahsegels.*

Gil|lung, die; -, -en: ↑Gilling.

gil|tig (veraltet, österr. veraltend): ↑gültig.

Gim|mick, der, auch: das; -s, -s [engl. gimmick, eigtl. = verborgene Vorrichtung, H. u.] (Werbung): *etw. möglichst Ungewöhnliches, Auffallendes, was die Aufmerksamkeit auf ein bestimmtes Produkt, auf eine wichtige Aussage der Werbung für ein Produkt lenkt.*

Gim|pe, die; -, -n [H. u.] (Schneiderei): *mit einem Seidenfaden umsponnener Faden aus Baum- od. Zellwolle, der für Knopflöcher, bei der Herstellung von Spitzen o. Ä. verwendet wird.*

Gim|pel, der; -s, - [1: mhd. gümpel, zu: gumpen = hüpfen, springen (nach den ungeschickten Sprüngen auf ebener Erde); 2: in Anspielung darauf, dass der Vogel leicht im Garn zu fangen ist]: **1.** *(zu den Finken gehörender) Vogel mit kurzem, kräftigem Schnabel, grauschwarzem Gefieder u. (beim Männchen) roter Brust; Dompfaff.* **2.** (ugs. abwertend) *einfältiger, unerfahrener, unbeholfener Mensch:* Ich mische mich aber nicht in deine dämlichen Geschäfte. Du G. wirst sie ja doch nur verderben (Th. Mann, Krull 164).

Gim|pen|hä|ke|lei, die: *Gabelhäkelei.*

Gin [dʒɪn], der; -s, (Sorten:) -s [engl. gin, Kurzf. von: geneva < älter niederl. genever, ↑Genever]: *wasserklarer englischer Wacholderbranntwein:* einen G. *(ein Glas Gin)* pur trinken; bitte drei *(drei Gläser)* G.; wenn er ... seine Mischung von G. und Mohrrübensaft vor dem Mittagessen zu sich nahm (Johnson, Ansichten 116).

Gin|fizz, (auch:) **Gin-Fizz** [ˈdʒɪnfɪs], der [↑Fizz]: *Mixgetränk aus Gin, Mineralwasser, Zitrone u. Zucker:* er trinkt bereits den vierten G. *(das vierte Glas Ginfizz).*

ging: ↑gehen.

Gin|gan [ˈgɪŋgan], Gingham [ˈgɪŋəm], der; -s, -s [engl. gingham < malai. ginggang, eigtl. = gestreift]: *gemustertes Baumwollgewebe in Leinenbindung.*

Gin|ger [ˈdʒɪndʒɐ], der; -s, - [engl. ginger < lat. gingiber, ↑Ingwer]: *Ingwer.*

Gin|ger|ale [...eɪl], das; -s [engl. ginger ale, zu: ale, ↑Ale]: *alkoholfreies Erfrischungsgetränk mit Ingwergeschmack.*

Gin|ger|beer [...bɪə], das; -s, -s [engl. ginger beer, zu beer = Bier]: *Ingwerbier.*

Ging|ham: ↑Gingan.

Gin|gi|vi|tis, die; -, ...tiden [zu lat. gingiva = Zahnfleisch] (Med.): *Zahnfleischentzündung.*

Gink|go [ˈgɪŋko], (auch:) **Gin|ko,** der; -s, -s [jap. ginkyo]: *in China u. Japan heimischer, den Nadelhölzern verwandter, sehr hoch wachsender Baum mit meist zweiteiligen fächerförmigen Blättern u. gelben, kirschenähnlichen Früchten, der oft in Parks u. Anlagen angepflanzt wird.*

Gin|seng [auch: ˈʒ...], der; -s, -s [chin.]: *in Ostasien heimische Pflanze mit gefingerten Blättern u. grünlich weißen Blüten, aus deren Wurzelstock ein Anregungsmittel gewonnen wird.*

Gin|seng|wur|zel, die: *Wurzel des Ginsengs.*

Gins|ter, der; -s, - [mhd. ginster, genster, ahd. genster, geneste < lat. genista]: **a)** *(zu den Schmetterlingsblütlern gehörender) in vielen Arten bes. auf trockenen Böden vorkommender, vorwiegend gelb blühender Strauch mit grünen, elastischen, gelegentlich dornigen Zweigen u. kleinen, manchmal auch fehlenden Blättern:* Ein intensiver Duft von Harz, G. und jungem Birkenlaub erfüllt die Luft (Zeit 6. 1. 95, 45); **b)** *Besenginster.*

Gins|ter|kat|ze, die: *Genette.*

Gin To|nic [- 'tɔnɪk], der; - -[s], - -s [engl.]: *Gin mit Tonic [u. Zitronensaft o. Ä.].*

gio|co|so [dʒo'ko:zo; ital. giocoso < lat. iocosus = scherzhaft, zu: iocus = Scherz] ⟨Adv.⟩ (Musik): *freudig, scherzhaft, spielerisch.*

¹Gip|fel, der; -s, - [1, 2: spätmhd. gipfel, güpfel, H. u.; 3: nach engl. summit]: **1. a)** *höchste Spitze eines [steil emporragenden, hohen] Berges:* steile, bewaldete, schneebedeckte G.; der G. lag im Nebel; einen G. besteigen, bezwingen; den G. erreichen; auf dem G. rasten; Ein Gewitter zwang sie zweihundertfünfzig Meter unter dem G. zur Umkehr (Trenker, Helden 49); **b)** (veraltend, noch landsch.) *Wipfel:* der Sturm hat die G. [mehrerer Bäume] geknickt. **2.** *das höchste denkbare, erreichbare Maß von etw.; das Äußerste; Höhepunkt:* der G. des Glücks, der Geschmacklosigkeit; Der G. der Genüsse dünkte ihr heute, sich um neun Uhr schlafen zu legen (A. Kolb, Daphne 100); die Ausgelassenheit erreichte ihren G. um Mitternacht; er war auf dem G. der Macht, des Ruhms angelangt; Sie dagegen, Zouzou, sind das Hübsche und Reizende in Perfektion und auf seinem G. (Th. Mann, Krull 415); ***das ist [doch] der G.!** (ugs.; *das ist unerhört, empörend*). **3.** (Politik Jargon) kurz für ↑Gipfelkonferenz, Gipfeltreffen: Im Mittelpunkt ... stand ... die Frage, ob der »rote G.« in Moskau überhaupt stattfinden soll oder nicht (MM 1. 10. 68, 1).

²Gip|fel, der; -s, - [vgl. Kipfel] (schweiz.): **a)** *kleines, längliches Weißbrot;* **b)** *Hörnchen* (2).

Gip|fel|buch, das (Alpinistik): *auf dem ¹Gipfel* (1 a) *eines hohen Berges an einem wettergeschützten Platz aufbewahrtes Buch [mit den Daten der Erstbesteigung des Gipfels], in das sich jeder, der den Gipfel bestiegen hat, eintragen kann.*

Gip|fel|dür|re, die (Forstw.): *das Verdorren u. Absterben eines Baumes vom ¹Gipfel* (1 b) *her.*

Gip|fel|feu|er, das: *bei Waldbränden durch den glühend heißen Luftstrom verursachtes In-Brand-Geraten der ¹Gipfel* (1 b).

gip|fe|lig ⟨Adj.⟩: *mit ¹Gipfeln* (1) *versehen.*

Gip|fel|kon|fe|renz, die [LÜ von engl. summit conference]: *Zusammenkunft, Konferenz der obersten Staatsmänner bes. von führenden, einflussreichen Staaten; internationales Treffen auf höchster Ebene:* eine europäische, west-östliche G.; die Sowjets, die sich lange gegen ein Außenministertreffen zur Vorbereitung der G. gewehrt haben (Dönhoff, Ära 130).

Gip|fel|kreuz, das (Alpinistik): *auf dem höchsten Punkt eines ¹Gipfels* (1 a) *errichtetes Kreuz:* Wir fliegen vorbei; man sieht das G., weiß, es leuchtet, aber sehr einsam (Frisch, Homo 278).

Gip|fel|lei|stung, die: *außergewöhnliche, Vergleichbares [weit] überragende Leistung:* eine G. moderner Forschung.

gip|feln ⟨sw. V.; hat⟩: *in, mit etw. Bestimmtem seinen Höhepunkt finden, erreichen:* seine Ansprache gipfelte in der Forderung nach mehr Demokratie; Der neue Mythos ... gipfelt in der Verehrung, die Lenins Leichnam genießt (Niekisch, Leben 225).

Gip|fel|punkt, der: **1.** *höchster Punkt der Bahn eines Flugkörpers, eines Geschosses.* **2.** *höchste Stufe, höchstes erreichbares Maß von etw.; das Äußerste, Höhepunkt:* diese Oper stellt einen absoluten G. in seinem Schaffen dar; dass mir die letzten Wochen ... wie ein G. der Freiheit erschienen (Leonhard, Revolution 214).

Gip|fel|stür|mer, der: **1.** *jmd., der einen [schwierigen] ¹Gipfel* (1 a) *zu bezwingen versucht, ihn erklettert:* Ü Dagegen entwickelt sich das Gold zum neuen G. Die Unze Gold verteuerte sich ... um nicht weniger als 19 auf 336,50 Dollar (Basel-land. Zeitung 21. 3. 85, 5). **2.** *jmd., der sich etw. schwer zu Bewältigendes zum Ziel gesetzt hat u. es auch trotz aller entgegenstehenden Schwierigkeiten erreicht.*

Gip|fel|stür|me|rin, die: w. Form zu ↑Gipfelstürmer: Ü Wenn auch Frauen ... eher mit fünfzig Jahren als mit vierzig in die Vorstände einrücken, dann wäre erst morgen, nämlich im nächsten Jahrzehnt, mit der Welle der -nen zu rechnen (Höhler, Horizont 92).

Gip|fel|tref|fen, das: vgl. Gipfelkonferenz.

gipf|lig: ↑gipfelig.

Gips, der; -es, (Arten:) -e [mhd., ahd. gips < lat. gypsum < griech. gýpsos, aus dem Semit.]: **1. a)** *in Gestalt farbloser od. weißer Kristalle vorkommendes gesteinsbildendes Mineral;* **b)** *(durch Erhitzen) aus Gips* (1 a) *gewonnene, graue od. weiße, mehlartige Substanz, die nach Aufnahme von Wasser schnell wieder erhärtet u. bes. als Bindemittel verwendet wird:* der G. bindet schnell ab; den G. anrühren; eine Büste aus G.; etw. in G. abgießen, formen; Löcher in der Wand mit G. ausfüllen, verschmieren. **2.** kurz für ↑Gipsverband: jmdm. einen G. anlegen; den G. abnehmen; den rechten Arm in G. haben.

Gips|ab|druck, der: *mithilfe von Gips gefertigter ²Abdruck* (2).

Gips|ab|guss, der: *mithilfe von Gips hergestellter Abguss* (2) *als Nachbildung eines Gegenstands der Natur od. eines plastischen Kunstwerks od. als Vorstufe zum eigentlichen Guss des Kunstwerks in Metall.*

Gips|bein, das (ugs.): *wegen eines Bruches, einer Verstauchung o. Ä. in Gips gelegtes Bein:* ich gerate ins Rutschen, das G. ist keine Hilfe, und mit einem Krach liege ich auf dem Boden (Remarque, Westen 173).

Gips|bett, das (Med.): *an den Körper eines Patienten modellierte Schale aus Gips zur Ruhigstellung bes. der Wirbelsäule im Liegen.*

Gips|bin|de, die (Med.): *in Gips getränkte, mit Gips bestrichene Mullbinde zum Anlegen eines Gipsverbandes.*

Gips|büs|te, die: vgl. Gipsfigur.

Gips|die|le, die (Bauw.): *tafelförmige, aus Gips u. Einlagen von Rohr o. Ä. gefertigte Platte für die Verkleidung von Decken u. Wänden, für leichte Trennwände o. Ä.*

gip|sen ⟨sw. V.; hat⟩: **1.** *mit Gips bearbeiten, ausbessern, reparieren, überziehen:* einen zerbrochenen Blumenkübel [wieder] g.; eine Decke g.; der Arzt hat den gebrochenen Arm sofort gegipst (ugs.; *mit einem Gipsverband versehen*). **2.** *Wein mit Gips* (1 a) *versetzen, um den Gesamtsäuregrad zu erhalten u. Farbe u. Klarheit zu verbessern:* ⟨subst.:⟩ das Gipsen von Wein ist in Deutschland verboten.

Gip|ser, der; -s, -: *Facharbeiter, der Verputz-, Stuckarbeiten o. Ä. mit Gips ausführt.*

Gip|se|rin, die; -, -nen: w. Form zu ↑Gipser.

gip|sern ⟨Adj.⟩: *aus Gips gefertigt, bestehend:* ... können bislang Bischof und Behörden nicht definitiv klären, wie 1995 eine -e Madonnenfigur Blut weinen konnte (Focus 20. 12. 97, 82); ... Nachbildungen der antiken Tempelteile. Die sehen g. aus, sind aber aus festem Beton gegossen (FR 16. 7. 98, 6).

Gips|fi|gur, die: *in Gips gegossene od. modellierte Figur.*

Gips|form, die: *für das Gießen* (4 b) *bestimmter Gegenstände, Plastiken o. Ä. aus Gips hergestellte Form.*

Gips|kar|ton|plat|te, die (Bauw.): *dünnere, mit Karton* (1) *ummantelte Gipsplatte für Wandverkleidungen:* Der trockene Ausbau mit -n hat sowohl bei der Althausmodernisierung als auch im Neubau ein breites Anwendungsfeld gefunden (FR 24. 4. 98, 61).

Gips|kopf, der: **1.** (selten) vgl. Gipsfigur. **2.** (ugs. abwertend): *einfältiger Mensch, Dummkopf* (oft als Schimpfwort).

Gips|kor|sett, das (Med.): *Gipsverband um den Rumpf zur Ruhigstellung der Wirbelsäule:* es waren nur Verwundete, ... solche mit -s (Plievier, Stalingrad 317).

Gips|kra|wat|te, die (Med.): *Gipsverband um den Hals zur Ruhigstellung u. Entlastung der Wirbelsäule im Bereich des Halses.*

Gips|man|schet|te, die (Med.): *kleinerer Gipsverband zur Ruhigstellung des Handgelenks od. Unterarms.*

Gips|mas|ke, die: *aus Gips geformte Maske eines Gesichts.*

Gips|mehl, das: *gebrannter, zu Pulver gemahlener Gips.*

Gips|mo|dell, das: vgl. Gipsabguss.

Gips|plat|te, die (Bauw.): *Gipsdiele.*

Gips|sä|ge, die (Med.): *Instrument in Form einer Säge zum Durchtrennen, Öffnen von Gipsverbänden.*

Gips|ver|band, der: *aus Gipsbinden [u. einer Schiene o. Ä.] hergestellter, fester, dauerhafter Verband zur möglichst vollständigen Ruhigstellung von Körperpartien, Gliedmaßen, bes. Gelenken:* jmdm. einen G. anlegen, den G. abnehmen; sie setzte sich auf Stanislaus' Bettrand und schlitzte seinen G. auf (Strittmatter, Wundertäter 216).

Gi|pü|re, die; -, -n [frz. guipure, zu: guiper = mit Seide überspinnen]: *aus Gimpen bestehende Klöppelspitze.*

Gi|raf|fe, die; -, -n [spätmhd. geraff (durch Vermittlung von ital. giraffa), mhd. schraffe < vulgärarab. ğrāfa^h, arab. zurāfa^h]: *(in den Savannen Afrikas in Herden lebendes) großes, Pflanzen fressendes Säugetier mit sehr langem Hals, stark abfallendem Rücken u. kurzhaarigem, unregelmäßig braun gefleckten, sandfarbenem Fell.*

Gi|ral|geld [ʒi...], das; -[e]s, -er [zu ↑Giro] (Bankw.): *Geld des bargeldlosen Zahlungsverkehrs der Banken; Guthaben bei einem Kreditinstitut, über das der Inhaber durch Überweisung od. Scheck verfügen kann; Buchgeld.*

Gi|ran|do|la [dʒi...], **Gi|ran|do|le** [ʒi..., ʒirã...], die; -, ...olen [frz. girandole < ital. girandola, zu: girare < spätlat. gyrare = sich drehen, zu: gyrus, ↑Giro]: **1. a)** *(beim Feuerwerk) aus mehreren Raketen, Leuchtkugeln, Schwärmern o. Ä. bestehende fächer- od. kreisförmig aufsteigende Garbe;* **b)** *Feuerrad.* **2.** *mehrarmiger Leuchter aus Silber od. Bronze (bes. im Barock).*

Gi|rant [ʒi...], der; -en, -en [ital. girante, zu: girare, ↑Girandola] (Bankw.): *jmd., der einen Wechsel, Scheck o. Ä. durch Giro (2) auf einen anderen überträgt; Indossant; Begeber.*

Gi|ran|tin, die; -, -nen (Bankw.): w. Form zu ↑Girant.

Gi|rar|di|hut [ʒi...], der; -[e]s, ...hüte [nach dem österr. Schauspieler A. Girardi (1850–1918)] (österr. veraltet): *kreisrunder, flacher Strohhut; Canotier.*

Gi|rat [ʒi...], der; -en, -en, **Gi|ra|tar** [ʒi...], der; -s, -e [ital. giratario, zu: girare, ↑Girandola] (Bankw.): *jmd., für den bei der Übertragung eines Wechsels od. eines sonstigen Orderpapiers ein Indossament erteilt wurde; Indossat.*

Gi|ri ['ʒi:ri:] (österr.): Pl. von ↑Giro.

gi|rier|bar ⟨Adj.⟩ (Bankw.): *sich girieren lassend; die Voraussetzungen erfüllend, geeignet, giriert zu werden:* ein -er Scheck; der Wechsel ist nicht g.

gi|rie|ren [ʒi...] ⟨sw. V.; hat⟩ [ital. girare, ↑Girandola] (Bankw.): *durch ein Giro (2) auf eine andere Person übertragen; in Umlauf setzen; indossieren:* einen Scheck, einen Wechsel g.

Girl [gœrl, engl.: gə:l], das; -s, -s [engl. girl, viell. verw. mit ↑Gör]: **1.** (salopp, oft scherzh.) *Mädchen:* daher wagt niemand, ihr mit Anträgen zu nahen, denen doch gerade ein sportgeübtes G. unserer Zeit gefasst entgegensehen könnte (Tucholsky, Werke I, 171); Ich sitze hier mit 'm G. ohne Geld (Hörzu 7, 1979, 8). **2.** *einer Tanzgruppe, einer Revue (1 b) angehörende Tänzerin:* Die -s der Revue und Music Hall ... werfen die Beine in wortloser Präzision (K. Mann, Wendepunkt 308).

Gir|lan|de, die; -, -n [frz. guirlande < ital. ghirlanda, wohl über das Aprovenz. aus dem Germ.]: *langes, meist in durchhängenden Bogen angeordnetes Gebinde aus Blumen, Blättern, Tannengrün o. Ä. od. aus buntem Papier zur Dekoration von Straßen, Gebäuden od. Räumen:* Sollen wir den Eingang mit einer G. umwinden? (Kirst, 08/15, 187); Sein Blick glitt über die Stuckatur der Zimmerdecke, über diese -n gipserner Äpfel, Bananen, Birnen, Pfirsiche (Molsner, Harakiri 48); Ü Das Ganze ist garniert mit -n von Anekdoten, Witzeleien und Gags (Woche 23. 3. 98, 8).

Gir|lie ['gə:li], das; -s, -s [zu engl. girlie (meist: girly) = mädchenhaft]: *junge Frau, die unkonventionelle, mädchenhafte, aber körperbetonte Kleidung mit selbstbewusstem, manchmal frechem Auftreten verbindet:* Ohne die Frauenbewegung hätten diese -s nicht die Freiheit, die sie jetzt genießen (Spiegel 3, 1995, 105).

Gir|litz, der; -es, -e [lautm. (mit der urspr. slaw. Endung -itz, wie z. B. im ↑Kiebitz) od. aus dem Slaw.]: *(zu den Finken gehörender) Singvogel mit gelbgrünem, dunkel gestreiftem Gefieder u. kurzem, stumpfem Schnabel, der vor allem an Waldrändern, in Parkanlagen u. Gärten lebt.*

Gi|ro ['ʒi:ro], das; -s, -s, österr. auch: Giri [ital. giro = Kreis, Umlauf (bes. von Geld od. Wechseln) < lat. gyrus < griech. gỹros = Kreis] (Bankw.): **1.** *Überweisung von Geld u. Wertpapieren im bargeldlosen Zahlungsverkehr:* der Betrag wird durch G. weitergeleitet. **2.** *Vermerk, durch den ein Wechsel o. Ä. auf einen anderen übertragen wird; Indossament:* das Papier ist auf der Rückseite mit dem G. versehen.

Gi|ro|bank, die ⟨Pl. -en⟩: *Bank, bei der vorwiegend Girogeschäfte abgewickelt werden.*

Gi|ro|ge|schäft, das: *Geschäft im Giroverkehr.*

Gi|ro|kas|se, die: vgl. Girobank.

Gi|ro|kon|to, das: *Konto, über das Girogeschäfte durch Scheck od. Überweisung abgewickelt werden.*

Gi|ron|dis|ten [ʒirõ'dɪstn̩] ⟨Pl.⟩ [nach dem frz. Departement Gironde, aus dem mehrere der Führer kamen]: *Gruppe der gemäßigten Republikaner in der französischen Nationalversammlung (1791–93) zur Zeit der Französischen Revolution:* Ü In diesen zwei Linien endete bislang noch jede, auch die chinesische Revolution: Jakobiner gegen G. (Spiegel 3, 1977, 68).

Gi|ro|scheck [ʒi...], der: *Scheck, der durch Belastung des Girokontos des Ausstellers u. durch Gutschrift auf dem Konto des Zahlungsempfängers beglichen wird.*

Gi|ro|ver|kehr, der: *bargeldloser Zahlungsverkehr, der über Girokonten abgewickelt wird.*

gir|ren ⟨sw. V.; hat⟩ [lautm.]: **1.** *(von Vögeln, bes. von Tauben) einen rollenden, glucksenden, gurrenden Laut wiederholt von sich geben; gurren:* der Tauber saß girrend auf dem Dachfirst. **2.** *schmeichelnd, verführerisch, kokettierend sprechen, lachen:* »Zu schade!«, girrte sie (K. Mann, Mephisto 50); Das Fräulein begann sich girrend zu lagern (Strittmatter, Wundertäter 47). **3.** (veraltet, noch schweiz.) *knarren:* Man ging auf alten, girrenden Tannenbrettern (Frisch, Stiller 300); ⟨subst.:⟩ Wie ein Liebhaber auf Fußspitzen, besorgt nach jedem Girren der Treppe, erreichte er die Haustür ungesehen (Frisch, Gantenbein 396).

gis, Gis, das; -, - (Musik): *um einen halben Ton erhöhtes g, G (2).*

gi|schen (veraltet): ↑gischten: ◆ wie sich Feuer gegen Wasser im Kampfe wehrt und gischend seinen Feind zu tilgen sucht (Goethe, Iphigenie V, 3).

Gischt, der; -[e]s, -e u. die; -, -en ⟨Pl. selten⟩ [wohl mit lautm. -sch- aus mhd. jest = Schaum, Gischt, zu ↑gären]: *wild aufsprühendes, spritzendes, schäumendes Wasser, Schaum heftig bewegter Wellen:* Nur die weiße G. leuchtete ... über der kochenden See (Ott, Haie 285); salziger G. übersprühte mein Gesicht (Weiss, Abschied 87).

gisch|ten ⟨sw. V.; hat⟩ (geh.): *als Gischt aufschäumen, wild aufsprühen:* Der wilde Reiter jagt übers Land, übers Meer, und Schaum gischtet in seinem Gefolge (Nachbar, Mond 262); Sichtbar ist der Stau vor den Betonpfeilern, der sich in gischtenden Strudeln auflöst (Noack, Prozesse 190).

Gis-Dur [auch: '-'-], das: *auf dem Grundton Gis beruhende Durtonart;* Zeichen: Gis (↑gis, Gis).

Gis-Dur-Ton|lei|ter, die: *auf dem Grundton Gis beruhende Durtonleiter.*

Gi|seh, (auch:) Gise: Stadt in Ägypten.

gis-Moll: [auch: '-'-], das: *auf dem Grundton gis beruhende Molltonart;* Zeichen: gis (↑gis, Gis).

gis-Moll-Ton|lei|ter, die: *auf dem Grundton gis beruhende Molltonleiter.*

gis|sen ⟨sw. V.; hat⟩ [aus dem Niederd., mniederd. gissen = schätzen, urspr. wohl = erreichen, erlangen] (Seemannsspr., Fliegerspr.): *die Position eines Schiffes od. Flugzeuges ungefähr bestimmen.*

Gi|ta|na [xi'ta:na], die; - [span. gitana = Zigeunerin, w. Form zu: gitano = Zigeuner, eigtl. = Ägypter, zu: Egipto = Ägypten]: *feuriger Zigeunertanz mit Kastagnettenbegleitung.*

Gi|tar|re, die; -, -n [span. guitarra < arab. qīṯāra^h < griech. kithára, ↑Zither]: *Zupfinstrument mit flachem [einer Acht ähnlichem] Körper u. breitem Hals mit meist sechs Saiten:* er lernt G. spielen; ein junger ... Offizier, der eine G. in den Armen hatte und mit dem Daumen klimperte (Bieler, Bonifaz 59); einen Sänger auf der G. begleiten; zur G. singen.

Gi|tar|ren|so|lo, das: *Solospiel der Gitarre.*

Gi|tar|ren|spiel, das: *Spiel auf der Gitarre.*

Gi|tar|ren|spie|ler, der: *Gitarrist.*

Gi|tar|ren|spie|le|rin, die: w. Form zu ↑Gitarrenspieler.

Gi|tar|ren|ver|stär|ker, der: *Verstärker für eine elektrische Gitarre.*

Gi|tar|re|ro, der; -s, -s (Jargon): *Gitarrist:* Ein G. kann die Welt nicht ändern, nur sich selbst (Leipziger Volkszeitung 26. 11. 98, 17); auf einer kleinen Bühne zupften drei -s Tango- und Flamencorhythmen (FR 8. 6. 98, 7).

Gi|tar|rist, der; -en, -en: *jmd., der [berufsmäßig] Gitarre spielt.*

Gi|tar|ris|tin, die; -, -nen: w. Form zu ↑Gitarrist.

Git|ter, das; -s, - [1: wahrsch. aus

spätmhd. gegiter, zu mhd. geter = Gitter, Gatter, verw. mit ↑Gatter]: **1.** *aus parallel angeordneten od. gekreuzten Metall- od. Holzstäben od. aus grobem Drahtgeflecht gefertigte Absperrung (bes. als äußerer Abschluss von Fenster- od. Türöffnungen), Abdeckung (von Öffnungen, Schächten), Verkleidung (von Heizkörpern o. Ä.), Füllung (von Geländern), Einfriedung u. a.:* ein hölzernes, schmiedeeisernes G.; das G. vor einem Fenster, vor einem Heizungsschacht; sie (= die Balkons)... hatten ein gebrechliches G. (Nossack, Begegnung 291); Evelyn ließ vorsichtig das kleine G. an Bärchens Bett herunter (Baum, Paris 69); das Gehege ist von einem G. umgeben; * **hinter G./-n** (ugs.; *ins/im Gefängnis*): jmdn. hinter G. bringen; Er hatte ein Jahr hinter -n gesessen (MM 13. 8. 66, 10). **2.** (Physik, Chemie) *periodische Anordnung von Punkten od. von Materieteilchen (Atomen, Ionen, Molekülen)* (z. B. in Kristallen). **3. a)** (bes. Math.) *Netz aus sich kreuzenden, meist senkrecht aufeinander stehenden Linien;* **b)** *Gitternetz.* **4.** (Elektronik) *in Elektronenröhren zwischen der Kathode u. der Anode angebrachte, gitterförmig angeordnete Elektroden, mit deren Hilfe der elektrische Strom in der Röhre beeinflusst wird.*

git|ter|ar|tig ⟨Adj.⟩: *einem Gitter* (1) *ähnlich; an ein Gitter erinnernd:* ein -es Gewebe.

Git|ter|bau|stein, der (Physik, Kristallographie): *eines der Atome, Ionen od. Moleküle, die in ihrer Gesamtheit ein Kristallgitter aufbauen.*

Git|ter|bett, das: *Bett mit gitterartigem Gestell, bes. Kinderbett mit [hochklappbarem] Gitter* (1).

Git|ter|fens|ter, das: *Fenster, das mit einem Gitter* (1) *versehen ist:* die G. des Gefängnisses.

Git|ter|lei|nen, das: vgl. Gitterstoff.

Git|ter|lei|ter, die (Turnen): *aus gitterartig miteinander verbundenen Holmen u. Sprossen bestehendes, frei stehendes, an Decke u. Fußboden befestigtes Gerät für bestimmte gymnastische Übungen.*

Git|ter|mast, der (Technik): *frei stehender, stählerner Mast mit quadratischem od. rechteckigem Querschnitt, dessen vier Eckpfosten durch Querstreben gitterartig miteinander verbunden sind.*

git|tern ⟨sw. V.; hat⟩ (selten): *mit einem Gitter versehen; eingittern.*

Git|ter|netz, das (Kartographie): *auf Karten mit großem Maßstab eingetragenes, der geographischen Orts- u. Lagebeschreibung bestimmter Punkte dienendes Netz von senkrecht aufeinander stehenden Geraden (das nicht mit dem Netz der Längen- u. Breitengrade übereinstimmt u. bes. bei der Navigation eine Rolle spielt):* auf Stadtplänen ist das G. häufig mit Buchstaben und Zahlen versehen.

Git|ter|rost, der: *begehbare Abdeckung von Schächten, Kellerfenstern o. Ä. meist aus Metall in Form eines gitterartigen* [1]*Rostes.*

Git|ter|schlan|ge, die: *Netzschlange.*

Git|ter|span|nung, die (Elektronik): *elektrische Spannung zwischen dem Gitter* (4) *u. der Kathode einer Elektronenröhre.*

Git|ter|stab, der: *einzelner Stab eines Gitters* (1).

Git|ter|ställ|chen, das: *Laufgitter:* Ich mache Jessicas Sohn tagsüber zu essen ... und lasse ihn zwischendurch in seinem G. (Kinski, Erdbeermund 221).

Git|ter|stein, der: vgl. Gitterziegel.

Git|ter|stoff, der (Textilind.): *aus groben Fäden bestehendes, stark appretiertes, gitterartiges Gewebe aus Leinen, Baumwolle od. Chemiefasern bes. als Untergrund für Stickereien.*

Git|ter|strom, der (Elektronik): *zum Gitter* (4) *fließender Strom bei Elektronenröhren.*

Git|ter|struk|tur, die (Physik): *gesetzmäßiger, periodischer Aufbau der Kristalle aus Atomen, Ionen, Molekülen.*

Git|ter|tüll, der (Textilw.): *durch regelmäßig angeordnete Verstärkungen gitter- od. netzartig wirkender Tüll, bes. für Gardinen.*

Git|ter|tür, die: *aus einem Gitter* (1) *bestehende Tür:* die G. in einem Gartenzaun; der Eingang war durch eine zusätzliche G. gesichert.

Git|ter|werk, das ⟨o. Pl.⟩: **a)** *Gefüge, Struktur, Gliederung eines meist kunstvollen Gitters* (1): das G. eines schmiedeeisernen Geländers; Männer in Uniformen ... machen sich ... an der Steilküste zu schaffen. Sie verlegen ein G. aus Balken (NNN 25. 9. 89, 6); **b)** *Gesamtheit aller an einem Bauwerk, einer technischen Anlage o. Ä. vorhandenen Gitter* (1): das G. des gesamten Fabrikgeländes wird gestrichen.

Git|ter|zaun, der: *aus einem Gitter* (1) *bestehender Zaun.*

Git|ter|zie|gel, der (Bauw.): *der Verbesserung der Wärmedämmung dienender Mauerstein mit gitterartig angeordneten Löchern.*

giu|sto ['dʒʊsto] ⟨Adv.⟩ [ital. giusto = richtig, angemessen < lat. iustus, ↑just] (Musik): *richtig, angemessen:* allegro g. *(in gemäßigtem Allegro).*

Give-away, (auch:) **Give|away** ['gɪvəweɪ], das; -s, -s [engl. giveaway, zu: to give away = (ver)schenken] (Werbespr.): *[kleines] Werbegeschenk.*

Gi|vrine [ʒi'vrin], der; -[s] [zu frz. givre = Raureif, nach dem durch Gaufrieren erzielten schillernden Aussehen]: *bes. für Damenmäntel verwendetes kreppartiges Ripsgewebe.*

Gla|bel|la, die; -, ...llen [nlat. Bildung zu lat. glaber = glatt, unbehaart] (Anthrop.): *Stelle zwischen den Augenbrauen, die einen wichtigen Punkt für die Kopf- u. Schädelmessung darstellt.*

Glace [frz. glace, eigtl. = Eis < vlat. glacia < lat. glacies]: **1.** [gla:s], die; -, -s [gla:s] (Kochk.) **a)** *aus Zucker hergestellte Glasur;* **b)** *ungesalzener, geleeartig eingekochter, nach dem Erkalten schnittfester Fond* (4) *zum Verfeinern von Suppen u. Soßen.* **2.** ['glasə], die; -, -n (schweiz.): *Speiseeis, Gefrorenes:* eine Kugel G. in Dessertschalen anrichten und das Kompott darüber geben (Brückenbauer 11. 9. 85, 26).

Gla|cé (auch:) **Gla|cee** [gla'se:], der; -[s], -s [frz. glacé = Glanz, urspr. 2. Part. von: glacer, ↑glacieren]: **1.** *schillerndes Gewebe aus Naturseide od. Reyon.* **2.** ⟨Pl.⟩ *Glacéhandschuhe.*

Gla|cé|ger|bung, die: *Verfahren zur Herstellung weicher Handschuhe durch Gerben mit Alaun, Weizenmehl [u. Formalin].*

Gla|cé|hand|schuh, der: *Handschuh aus Glacéleder:* * **jmdn. mit -en anfassen** (ugs.; *jmdn. besonders rücksichtsvoll, zart, vorsichtig, überaus behutsam behandeln, damit er nicht empfindlich, negativ auf etw. reagiert*).

Gla|cé|le|der, das: *feines, weiches, glänzendes Leder aus Fellen von jungen Schafen od. Ziegen.*

gla|cie|ren [gla'si:rən] ⟨sw. V.; hat⟩ [frz. glacer, eigtl. = zu Eis machen < lat. glaciare, zu: glacies, ↑Glace]: **1.** (veraltet) *zum Gefrieren bringen.* **2. a)** (Kochk.) *mit geleeartigem Fleischsaft überziehen; überglänzen* (1 a): den Braten g.; **b)** *(Gemüse) mit Butter und Zucker dünsten, sodass eine sirupartige Glasur* (b) *entsteht:* Für seinen pochierten Rehrücken auf glaciertem Chicoree mit Trüffelrisotto verlieh ihm die Feinschmecker-Publikation zwei Kochmützen (SZ 27. 11. 97, 57). **3.** (veraltet) ↑glasieren.

Gla|cis [gla'si:], das; - [gla'si:(s)], - [gla'si:s; frz. glacis, eigtl. = Abhang, zu afrz. glacier = gleiten < lat. glaciare, ↑glacieren] (Milit.): **a)** *zum Feind hin flache, ins Vorfeld verlaufende Erdaufschüttung vor einem Festungsgraben, die keinen toten Winkel entstehen lässt;* **b)** *ungedecktes, [einer Festung] vorgelagertes Gelände:* Für Frankreich ... bedeutet das vorgeschobene deutsche G. mit den amerikanischen Truppen ... mehr Sicherheit als Risiko (Dönhoff, Ära 122); **c)** *Abdachung der äußeren Brustwehr einer Festung.*

Gla|di|a|tor, der; -s, ...oren [lat. gladiator, zu: gladius = Schwert]: *im alten Rom Fechter, Schwertkämpfer, der in Zirkusspielen auf Leben u. Tod gegen andere Gladiatoren od. gegen wilde Tiere kämpfte.*

Gla|di|a|to|ren|kampf, der: *im alten Rom Kampf von Gladiatoren.*

Gla|di|o|le, die; -, -n [lat. gladiolus, eigtl. = kleines Schwert]: *(zu den Schwertliliengewächsen gehörende) hoch wachsende Pflanze mit breiten, schwertförmigen Blättern u. großen trichterförmigen Blüten, die in einem dichten Blütenstand auf einer Seite ausgerichtet sind.*

gla|go|li|tisch ⟨Adj.⟩ [zu ↑Glagoliza]: *altkirchenslawisch:* -e Schrift *(älteste kirchenslawische Schrift).*

Gla|go|li|za, die; - [serb. glagoljica, zu altkirchenslaw. glagol = Wort]: *die glagolitische Schrift.*

Gla|mour ['glæmə], der od. das; -s [engl. glamour, eigtl. = Glanz, aus dem Schott., urspr. = Magie, Zauberspruch]: *blendender, betörender Glanz [dem gelegentlich etwas Künstliches anhaftet]:* Vom ästhetischen Standpunkt ist der einteilige Badeanzug ohnehin Favorit. Mit ihm kommt wieder mehr G. an den Strand (Hörzu 44, 1974, 121); Darum gehört zu einem Festival ein bisschen Kunst, ein bisschen G., ein paar ... Überraschungen (Erstaufführungen) und eben ein Wettbewerb (Bund 9. 8. 80, 39); Und von Milva: »Die ist ein Star, auch im Studio, mit G. und unerreichbar.« (tip 13, 1983, 79); Leo Kottke ohne Glitter, ohne G., ohne Allüren (MM 27. 10. 81, 16).

Gla|mour|girl, das [engl. glamour girl]: *Glamour ausstrahlende weibliche Person [der Filmwelt]:* -s und Liebhaber. Filmausschnitte ... mit jenen Stars, die einst die Kassen füllten, unter ihnen ... Greta Garbo, ... Rita Hayworth, ... Gary Cooper ... und Clark Gable (Hörzu 52, 1972, 58); Souverän inszeniert sie sich als G., das mit dem Hintern wackelt und Anzüglichkeiten ins Mikrophon haucht (SZ 23. 1. 98, 16).

gla|mou|rös [glamu...] ⟨Adj.⟩ [engl. glamorous]: *Glamour ausstrahlend, davon umgeben:* Wider Erwarten lebt der -e Hollywood-Star nicht in Los Angeles, sondern in New York (Focus 34. 1998. 104); Darf Werbung der Bundesregierung g. sein? (taz 3. 2. 99, 6).

glan|do|trop ⟨Adj.⟩ [zu ↑Glandula u. griech. tropḗ = (Hin)wendung] (Med.): *auf eine Drüse einwirkend.*

Glan|du|la, die; -, ...lae [...lɛ; nlat., zu lat. glandulae (Pl.) = [1]Mandeln (2), Drüsen, Vkl. von: glans, ↑Glans] (Med.): *Drüse.*

glan|du|lär ⟨Adj.⟩ (Med.): *zu einer Drüse gehörend.*

Glans, die; -, Glandes ['glande:s; lat. glans (Gen.: glandis) = Eichel] (Med.): *Eichel* (2).

Glanz, der; -es [mhd. glanz, zu mhd., ahd. glanz = glänzend, leuchtend, verw. mit ↑gelb]: **a)** *das Glänzen; die glänzende Beschaffenheit von etw.:* heller, strahlender G.; der fiebrige G. der Augen; der seidige G. ihrer Haare; der matte, warme G. von Seide; In dem kleinen Speisesaal funkelte das Weiß der Tischtücher, und die Gläser standen als weicher G. (Musil, Mann 1409); seinen G. verlieren; R welcher G. in meiner Hütte! (scherzhaft-ironische Äußerung zur Begrüßung eines überraschend od. selten erscheinenden Besuchers; nach Schillers »Jungfrau von Orleans«, Prolog, 2. Auftritt); Ü sich im G. des Ruhmes sonnen; **b)** *einer Sache innewohnender bewunderter Vorzug, der in entsprechender Weise nach außen hin in Erscheinung tritt:* ein trügerischer G.; Auch der Begriff der Ehre hat für mich nicht mehr denselben jugendlichen G. von damals (Kesten, Geduld 70); Der G. der alten Adelspaläste ist gebrochen (Niekisch, Leben 221); seine Stimme hat an G. verloren; ein Fest mit großem G. *(Aufwand, Pomp)* feiern; etw. kommt zu neuem G.; ***mit G.** (ugs.; *sehr gut, hervorragend, ausgezeichnet*): er hat die Prüfung mit G. bestanden, die Schwierigkeit mit G. gemeistert; **G. und Gloria** *(öffentliche Ehrung u. Anerkennung):* Kein G. und Gloria für Ludwig Erhard? (Hörzu 8, 1977, 129); um all die Devotionalien der Kulturbürger zu bewundern, ... das ewige G. und Gloria großer Kunst (Fest, Im Gegenlicht 364); Ihre Suche nach Äußerlichkeiten, nach G. und Gloria und Glamour macht es Ihnen oft schwer, echte Freunde zu finden (Freundin 5, 1977, 118); **mit G. und Gloria** (ugs.; 1. selten; *hervorragend:* eine Prüfung mit G. und Gloria bestehen. 2. iron.; *wie es schlimmer nicht geht:* er ist mit G. und Gloria durchgefallen, rausgeflogen).

Glanz|ab|zug, der (Fot.): *glänzender Abzug* (2a).

Glanz|ap|pre|tur, die (Textilw.): *Bearbeitung von Geweben, um sie glänzend zu machen.*

Glanz|au|ge, das (Med.): *durch weite Öffnung der Lider u. vermehrte Absonderung von Tränen glänzend erscheinendes Auge im Anfangsstadium der Basedow-Krankheit.*

Glanz|blech, das (Technik): *Blech mit gleichmäßig blauem, glänzendem Oxidüberzug.*

Glanz|bren|nen, das; -s (Technik): *Behandlung von Kupfer u. seinen Legierungen mit Gemischen aus Schwefel- u. Salpetersäure, sodass die Oberfläche glänzt.*

Glanz|bü|geln, das; -s (früher): *das Glänzendmachen gestärkter Weißwäsche durch Bügeln.*

Glanz|bürs|te, die: *Bürste zum Polieren der Schuhe.*

glän|zen ⟨sw. V.; hat⟩ [mhd. glenzen, ahd. glanzen]: **a)** *einen Lichtschein zurückwerfen, so blank od. glatt sein, auf der Oberfläche so beschaffen od. in einem solchen Zustand sein, dass auffallendes Licht [stark] reflektiert wird:* das Gold, Wasser, Metall glänzt in der Sonne; ihre Augen glänzen feucht; der Boden glänzt vor Sauberkeit; die Sterne glänzen [am Himmel]; der See glänzt im Mondschein; Das Laub ... und der weiße Himmel glänzten *(spiegelten sich)* in ihren ... Augen (Gaiser, Schlußball 74); glänzendes Stanniol; glänzend schwarze Haare; seine Augen waren glänzend schwarz; Ü Freude glänzt in ihren Augen; Tobler glänzt vor Festnachtfreude *(man sieht ihm die Freude an;* R. Walser, Gehülfe 41); Dort (= in der pädagogischen Literatur) glänzt man *(tut man, als sei man)* treu wie Gold und hält ... zusammen (Gaiser, Schlußball 34); **b)** *in bestimmter Weise Bewunderung hervorrufen; sich hervortun, sich auszeichnen, auffallen:* durch Wissen, Virtuosität g.; er glänzte in der Rolle des Hamlet; bei jeder Gelegenheit versucht sie zu g.; ***durch Abwesenheit g.** (↑Abwesenheit 1).

glän|zend ⟨Adj.⟩ (ugs.): *großartig; hervorragend; ausgezeichnet:* ein -er Einfall; sie kommen g. miteinander aus; es geht ihr g.; sehr bald hatte sich das Übersetzungssystem g. eingespielt (Leonhard, Revolution 164).

glän|zend schwarz: s. glänzen (a).

glanz|er|füllt ⟨Adj.⟩ (geh.): *bedeckt, ausgefüllt mit Glanz, mit Leuchten:* sein Gesicht war g.

Glanz|er|geb|nis, das: *hervorragendes, großartiges Ergebnis:* Der weltgrößte Rückversicherer zeigt, dass man aus Schaden nicht nur klug, sondern auch vermögend werden kann. Er kündigt ein G. an (Wirtschaftswoche 50, 1997, 158).

Glanz|form, die ⟨o. Pl.⟩ (ugs.): *Hochform:* Zwei Tage nach der deutlichen 86 : 101-Niederlage in Athen präsentierten sich die deutschen Basketballer im zweiten Duell mit Griechenland in G. (FR 12. 11. 94, 16).

Glanz|idee, die (ugs.): *hervorragende, großartige Idee:* Sabeth fand es eine G. von mir, einfach weiterzuwandern (Frisch, Homo 212).

Glanz|koh|le, die: *hochglänzende, spröde, aus Borke od. Holz entstandene Kohle.*

Glanz|le|der, das: *glänzend gemachtes Leder.*

Glanz|leis|tung, die: *besonders herausragende, auffallende Leistung:* Die Nestlé AG ... hat 1982 eine G. vollbracht (NZZ 30. 4. 83, 13).

Glanz|licht, das ⟨Pl. -er⟩: **a)** *glänzendes* (a) *Licht;* **b)** (bild. Kunst) *tupfenartiger Lichteffekt:* Ü Das sind so ein paar -er *(Lichtblicke)* des Lebens (Hörzu 12, 1976, 37); ***einer Sache -er aufsetzen** *(etw. [in einzelnen Punkten] besonders effektvoll gestalten):* er setzte seinem Artikel noch ein paar -er auf.

glanz|los ⟨Adj.⟩: *ohne Glanz, matt, trübe:* ihr Haar war, wirkte g.; Ü dass ihnen die Demokratie allzu g. erscheint, so ohne Inspiration (Dönhoff, Ära 30).

Glanz|lo|sig|keit, die; -: *glanzlose Beschaffenheit.*

Glanz|num|mer, die: *bester, wirkungsvollster Teil einer Darbietung:* die Rezitation des Sphinx-Monologs aus dem Ödipus-Drama ist eine seiner -n (K. Mann, Wendepunkt 201).

Glanz|pa|pier, das: *auf einer od. zwei Seiten mit metallartiger Folie beschichtetes Papier:* Christbaumschmuck aus G.

Glanz|pa|ra|de, die (Sport): *besonders gute Parade des Torwarts:* der Dortmunder Torwart zeigte einige -n.

Glanz|pe|ri|o|de, die: vgl. Glanzzeit.

Glanz|po|lie|ren, das; -s: *Verfahren, einem Gegenstand durch Polieren einen bestimmten Grad des Glanzes zu verleihen.*

Glanz|po|li|tur, die: *Mittel zum Glanzpolieren.*

Glanz|punkt, der: *Höhepunkt; Sensation:* in zehn Minuten steigt der G. des Abends (Spoerl, Maulkorb 96).

Glanz|re|sul|tat, das: *Glanzergebnis.*

Glanz|rol|le, die: *Rolle, in der ein Darsteller seine künstlerischen Fähigkeiten besonders entfalten kann:* der Mephisto war eine von Gründgens' -n; Ü Dieses Amt ... ist Rainer Barzels G. (Spiegel 13, 1966, 52).

Glanz|ruß, der: *an den Wänden von Schornsteinen sich niederschlagender, teerhaltiger, glänzender Ruß, der Schornsteinbrände verursachen kann.*

Glanz|schlei|fen, das; -s (Technik): *Verfahren, Material durch Schleifen glänzend zu machen.*

Glanz|stück, das: **a)** *Meisterwerk; Spitzenleistung:* Eines der -e ist von ihm – eine weinende Frauengestalt, über einen Sarg gebeugt (Remarque, Obelisk 113); Ü (ugs. iron.:) Sein (= Hitlers) G. war dabei die Veranstaltung des Reichstagsbrandes (Niekisch, Leben 233); **b)** *Kleinod, Juwel, wertvollstes Stück:* dieser seltene Stein ist das G. seiner Sammlung; Für viele ist er (= der Trevibrunnen)... das G. ihrer Erinnerungen an Italien (Koeppen, Rußland 188).

Glanz|tag, der: *besonders erfolgreicher, großartiger Tag:* ein G. der europäischen Leichtathletik; In den -en vor dem großen Crash kostete das Papier sogar 420 Pfund (Wirschaftswoche 13, 1989, 154).

Glanz|tat, die: *Glanzleistung.*

glanz|voll ‹Adj.›: **a)** *voller Glanz* (b), *ausgezeichnet:* eine -e Varietenummer; Er überschüttete den Diskussionsgegner mit -en ... Formulierungen (Niekisch, Leben 131); ein Examen g. bestehen; **b)** *festlich, prachtvoll, prunkhaft:* der -e Einzug der Teilnehmer ins Olympiastadion; Die Fröhlichkeit ... halte g. Hof (Th. Mann, Zauberberg 518).

Glanz|zeit, die: *inzwischen vergangene Periode der Glanzleistungen, glanzvolle Zeit:* Die »Viktorianische« Periode (1837–1901) stellt die G. des englischen Großbürgertums dar (Fraenkel, Staat 69); sie hatten Maria Callas noch in ihrer G. auf der Bühne erlebt; der Linksaußen, der in seinen -en die 100 Meter in 10,4 Sekunden sprintete (Hamburger Morgenpost 28. 8. 85, 8); Ein Wert, den selbst Bruno Kreisky nur in -en erreicht hat (Wochenpresse 43, 1983, 11).

[1]**Glar|ner,** der; -s, -: Ew. zu ↑Glarus.

[2]**Glar|ner** ‹indekl. Adj.›.

Glar|ne|rin, die; -, -nen: w. Form zu ↑[1]Glarner.

glar|ne|risch ‹Adj.›: *aus Glarus stammend; die Glarner betreffend.*

Gla|rus: Kanton und Stadt in der Schweiz.

[1]**Glas,** das; -es, Gläser, (als Maß- u. Mengenangabe:) - [mhd., ahd. glas, urspr. = Bernstein; die Germanen benannten das von den Römern zunächst in Form von Perlen u. Schmuck eingeführte Glas mit ihrem heimischen Wort für »Bernstein«, da auch der Bernstein fast ausschließlich in Form von Schmuck gehandelt wurde; eigtl. = Schimmerndes, Glänzendes, verw. mit ↑gelb]: **1.** ‹o. Pl.› *lichtdurchlässiger, meist durchsichtiger, leicht zerbrechlicher Stoff, der aus einem geschmolzenen Gemisch hergestellt wird u. als Werkstoff dient* (z. B. für Scheiben, Gläser): [Vorsicht,] G.!; dünnes, feuerfestes, kugelsicheres, farbiges G.; G. [zer]bricht, zersplittert, springt leicht; G. pressen, blasen, schleifen, ätzen; ein Bild unter, hinter G. setzen [lassen]; Briefmarken, Juwelen unter G. legen; Da liegen sie also: Gratiszugaben der Firma »Klüsshenners Eigelb-Margarine«, auf rotem Samt unter dickem G. in unserem Heimatmuseum (Böll, Erzählungen 89); R du bist nicht aus G.! (ugs.; *du nimmst mir die Sicht!*); Ü sie wird G. für mich sein, durch das ich hindurchschaue (Jahnn, Geschichten 141); konnte man meinen, sie sei aus G. (*sei zart, zierlich, zerbrechlich;* Hausmann, Abel 35). **2. a)** *Trinkgefäß aus Glas* (1): ein leeres, bauchiges, grünes G.; ein G. (voll) Bier, Wasser; ein G. guter Wein/(geh.:) guten Weines; der Genuss eines G. Wein[e]s/eines -es Wein; (als Maßangabe:) zwei G. Wein; Herr Casculade atmete tief und hob sein G. gegen Marinier (Langgässer, Siegel 148); sie nippte am G.; den Erfolg mit einem G. Wein begießen; * **zu tief ins G. geguckt/geschaut haben** (scherzh. verhüll.; *zu viel von einem alkoholischen Getränk getrunken haben*): der hat wieder einmal zu tief ins G. geguckt; **b)** *[Zier]gefäß od. Behälter aus Glas* (1): bunte Gläser mit Marmelade, Honig und Eingemachtem (Th. Mann, Krull 54); venezianisches G. schmückt (*venezianische Ziergefäße aus* [1]*Glas schmücken*) das Regal; **c)** kurz für ↑Brillenglas: das linke G. ist stärker als das rechte; er trägt dicke, dunkle Gläser; seine Gläser (*Brille*) aufsetzen; er nahm sein G. ab; **d)** kurz für ↑Fern-, Opernglas: er suchte mit dem G. das Gelände ab; Während des Spiels konnte er sie aus dem Dunkel durch sein G. betrachten, da das Licht von der Bühne auf sie fiel (Th. Mann, Hoheit 141).

[2]**Glas,** das; -es, -en [niederl. glas, eigtl. = Stundenglas] (Seemannsspr.): *Zeitraum einer halben Stunde:* die Wachzeit von je vier Stunden ist in acht -en eingeteilt.

Glas|aal, der: *junger, noch durchsichtiger Aal.*

Glas|ap|pa|ra|te|blä|ser, der: *jmd., der medizinische Apparaturen u. Geräte aus Glas industriell anfertigt* (Berufsbez.).

Glas|ar|beit, die: *Erzeugnis, Produkt, Kunstwerk aus* [1]*Glas* (1).

glas|ar|tig ‹Adj.›: *die Eigenschaften des* [1]*Glases* (1) *besitzend; wie Glas aussehend.*

Glas|au|ge, das: *[aus* [1]*Glas* (1) *hergestelltes] künstliches Auge:* ein Mann mit einem G.; indem ich verendete Lieblinge, Kanarienvögel, Papageien und Katzen ausstopfte und mit hübschen -n versah (Th. Mann, Krull 340).

Glas|bal|lon, der: *ballonartiger, runder, bauchiger Behälter aus* [1]*Glas* (1).

Glas|ba|tist, der: *feines, steifes Baumwollgewebe von durchsichtig-glasigem Aussehen.*

Glas|bau, der ‹Pl. -ten›: *Bauwerk mit großen Glasfassaden [u. Glasdächern].*

Glas|bau|stein, der: *lichtdurchlässiger Baustein aus* [1]*Glas* (1) *für Abschlüsse von Außen- od. Innenöffnungen, durch die Licht eindringen soll.*

Glas|be|de|ckung, die: *Glasdach.*

Glas|be|häl|ter, der: *Behälter aus* [1]*Glas* (1).

Glas|bla|sen, das; -s: *Technik zur Formung von zähflüssigem* [1]*Glas* (1) *mithilfe einer Glasbläserpfeife.*

Glas|blä|ser, der: *jmd., der Gegenstände aus* [1]*Glas* (1) *mithilfe der Glasbläserpfeife herstellt* (Berufsbez.).

Glas|blä|se|rei, die; -, -en: **1.** ‹o. Pl.› *Gewerbe des Glasbläsers.* **2.** *Betrieb, in dem Gegenstände aus* [1]*Glas* (1) *mithilfe der Glasbläserpfeife hergestellt werden.*

Glas|blä|se|rin, die: w. Form zu ↑Glasbläser.

Glas|blä|ser|pfei|fe, die: *langes Rohr mit Mundstück zum Glasblasen.*

Glas|blä|ser|star, der (Med.): *durch längere Einwirkung übermäßiger Wärmestrahlung hervorgerufene Trübung der Augenlinse (Berufskrankheit).*

Glas|boh|rer, der: *Spezialwerkzeug zum Durchbohren von* [1]*Glas* (1).

Glas|bord, das: *einem Wandbrett ähnliche Abstellfläche aus* [1]*Glas* (1): ein nachlässig behandelter Rasierpinsel stand auf dem G. (Böll, Haus 191).

Glas|bril|lant, der: *Imitation eines Brillanten aus* [1]*Glas* (1).

Glas|bruch, der: *zerbrochenes* [1]*Glas* (1).

Glas|bruch|ver|si|che|rung, die: *Glasversicherung.*

Gläs|chen, das; -s, -: Vkl. zu ↑[1]Glas (2 a, b): etw. mit einem G. begießen (ugs.; *einen Erfolg o. Ä. mit alkoholischen Getränken feiern*).

Glas|con|tai|ner, der: *Altglascontainer.*

Glas|dach, das: *Dach aus* [1]*Glas* (1).

[1]**gla|sen** ‹sw. V.; hat› [zu ↑[1]Glas] (selten): *eine Glasscheibe [in einen Rahmen] einsetzen.*

[2]**gla|sen** ‹sw. V.; hat› [zu ↑[2]Glas] (Seemannsspr.): *durch halbstündliches Anschlagen an die Schiffsglocke bekannt geben, wie viel halbe Stunden einer vierstündigen Wache (acht* [2]*Glasen) vergangen sind:* Wenn es glast, also die Schiffsglocke ertönt, singt der Ausguckposten vorne wie zu alten Fahrenszeiten (FAZ 15. 7. 61, 51); Ich hörte es g., ich zählte: Drei Doppelschläge, elf Uhr (Frösi 4, 1976, 25).

Gla|ser, der; -s, - [mhd. glaser, ahd. glesere]: *Handwerker, der in Fenster* [1]*Glas* (1) *einsetzt u. Bilder rahmt* (Berufsbez.): R ist/war dein Vater G.? (ugs. scherzh.; *meinst du, du wärst durchsichtig?; du nimmst mir die Sicht!*).

Glä|ser|bord, das: *Wandbrett zum Abstellen von* [1]*Gläsern* (2 a, b).

Gla|ser|di|a|mant, der: *spitzer, in einen Halter eingesetzter Diamant zum Ritzen od. Schneiden von* [1]*Glas* (1).

Gla|se|rei, die; -, -en: **a)** *Betrieb, Werkstatt des Glasers:* in einer G. arbeiten; **b)** ‹o. Pl.› *Glaserhandwerk:* die G. erlernen.

Gla|ser|hand|werk, das: *Handwerk des Glasers.*

Gla|se|rin, die; -, -nen: w. Form zu ↑Glaser.

Gla|ser|kitt, der: *Kitt zum Einsetzen der Fensterscheiben in den Rahmen u. zum Abdichten der Fugen.*

Glä|ser|klang, der ‹o. Pl.› (geh.): *Klang der* [1]*Gläser* (2 a) *beim Anstoßen.*

Gla|ser|meis|ter, der: *Glaser mit Meisterprüfung* (Berufsbez.).

Gla|ser|meis|te|rin, die: w. Form zu ↑Glasermeister.

glä|sern ‹Adj.› [mhd. gleserīn]: **1.** *aus* [1]*Glas* (1) *bestehend, hergestellt:* -e Figuren; Kästen mit Gesteinsproben unter -en Deckeln (Böll, Adam 67); Ü der -e Abgeordnete (*der alle seine Einnahmequellen offen legt*); Wann der Pilot beschleunigt, wann er bremst, alles wird per Computer kontrolliert. Der -e Fahrer (Woche 7. 3. 97, 37). **2.** *glasartig:* die Augen hatten im Laternenlicht einen Ausdruck so -er (*starrer*) Leere, dass er aufmerksam wurde (Remarque, Triomphe 5); bei jedem Schritt schrie g. *(klirrte spröde)* der Frost unter den Schuhen (Schnurre, Bart 46); Aber jetzt genoss ich die -e *(durchsichtig-klare)* Luft (Jahnn, Geschichten 68).

Glä|ser|tas|serl, das (österr. ugs): *Untersatz für* ¹*Gläser* (2 a).

Glä|ser|tuch, das: *[Leinen]tuch speziell zum Abtrocknen von* ¹*Gläsern* (2 a, b).

Glas|fa|brik, die: *Industriebetrieb, in dem* ¹*Glas* (1) *hergestellt u. verarbeitet wird.*

Glas|fa|bri|ka|ti|on, die: *Fabrikation von* ¹*Glas* (1).

Glas|fa|den, der: *aus einem Gemisch verschiedener Glassorten hergestellter stabiler Faden.*

Glas|fa|ser, die ⟨meist Pl.⟩: *aus* ¹*Glas* (1) *hergestellte Faser, die u. a. für Isolierungen verwendet wird.*

Glas|fa|ser|ka|bel, das: *Kabel* (1) *aus Glasfasern.*

Glas|fa|ser|op|tik, die: **1.** *Teilgebiet der Optik, das sich mit der Übertragung (Leitung) von Licht mithilfe gebündelter Glasfasern befasst, die aufgrund ihrer Flexibilität das Licht auch auf gekrümmten Bahnen leiten können.* **2.** *Vorrichtungen, Geräte für Glasfaseroptik* (1).

Glas|fa|ser|pa|pier, das: *Folie aus feinen Glasfasern für Filtration o. Ä.*

glas|fa|ser|ver|stärkt ⟨Adj.⟩: *(von Kunststoffen) mit Glasfasern verstärkt, dadurch leichter zu bearbeiten u. stabiler:* Schutzkoffer für Musikinstrumente, ... stabil und dennoch leicht, aus Polyester, g. (Orchester 7/8, 1984, 703).

Glas|fas|sa|de, die: *Fassade aus* ¹*Glas* (1): der früher weite Blick endet abrupt auf getönten -n der umstehenden Hochhäuser (a & r 2, 1997, 60).

Glas|fens|ter, das: *Fensterscheibe:* Es musste da eine kleine Kirche ... geben, ... mit wunderbaren -n (Baum, Paris 110).

Glas|fi|ber, die ⟨o. Pl.⟩: *Glasfaser.*

Glas|fi|ber|stab, der (Leichtathletik): *aus Glasfiber hergestellter Stab zum Stabhochsprung.*

Glas|fla|sche, die: *Flasche aus* ¹*Glas* (1).

Glas|flüg|ler, der: *kleiner bis mittelgroßer Schmetterling mit Flügeln wie aus* ¹*Glas* (1).

Glas|fluss, der: *stark glänzendes, buntes, aus Bleiglas gewonnenes Material, das zur Imitation von Edelsteinen verwendet wird:* und der Schurz seiner Lenden ist vielfarbig gewirkt, mit Perlen und G. darin und Purpurfransen am Saum (Th. Mann, Joseph 449).

Glas|form, die: *Kuchen-, Backform aus feuerfestem* ¹*Glas* (1): In eine feuerfeste G. gibt man etwas Butter (Horn, Gäste 199).

glas|ge|deckt ⟨Adj.⟩: *mit einem Glasdach versehen:* Man konnte von der großen, schönen -en Terrasse die Berge ... betrachten (Schröder, Wanderer 114).

Glas|ge|fäß, das: *Gefäß aus* ¹*Glas* (1).

Glas|ge|mäl|de, das: *künstlerische Darstellung (aus Schmelz- u. Emailfarben) auf* ¹*Glas* (1).

Glas|ge|schirr, das: *Geschirr aus* ¹*Glas* (1).

Glas|ge|spinst, das: *sehr feines Gewebe aus Glasfäden.*

Glas|ge|we|be, das: *Gewebe aus Glasfasern u. -fäden.*

Glas|glo|cke, die: **a)** *Glocke aus* ¹*Glas* (1); **b)** *gläserne Schutzbedeckung in Form einer Glocke (meist für Lebensmittel, bes. Käse):* jmdn. in Watte packen und eine G. darüber stülpen (ugs. spött.; *jmdn. übertrieben behüten*).

Glas|gow [ˈglɑːsgoʊ]: Stadt in Schottland.

Glas|gra|veur, der: *jmd., der Figuren, Wappen od. Schriften in Gläser od. Scheiben graviert* (Berufsbez.).

Glas|gra|vie|rung, die: *Gravierung von Figuren, Schriften in* ¹*Glas* (1).

Glas|har|fe, die: *aus dem Glasspiel entwickeltes Musikinstrument mit zartem Klang, der durch in einem Resonanzboden fest stehende Glasglocken hervorgerufen wird, die so angeordnet sind, dass Dreiklänge mit einer Hand gespielt werden können.*

Glas|har|mo|ni|ka, die: *aus dem Glasspiel entwickeltes Musikinstrument mit flötenähnlichen Tönen, die durch verschieden große, ineinander geschobene Glasglocken hervorgerufen werden, die auf einer horizontalen Achse lagern, durch Pendelantrieb in Umdrehung versetzt u. durch Berührung mit feuchten Fingerspitzen zum Klingen gebracht werden.*

glas|hart ⟨Adj.⟩: **a)** [ˈ- -] *hart, spröde;* **b)** [ˈ-ˈ-] (Sport) *hart [u. wuchtig]:* ein -er Schuss.

Glas|haus, das: *Gewächshaus, Treibhaus:* Spr wer [selbst] im G. sitzt, soll nicht mit Steinen werfen *(man soll anderen nicht Fehler vorwerfen, die man selbst macht od. hat).*

glas|hell ⟨Adj.⟩: *hell leuchtend, durchsichtig wie Glas:* der Tautropfen schimmerte g.

Glas|her|stel|lung, die: *Herstellung von [Gegenständen aus]* ¹*Glas* (1).

Glas|hüt|te, die: *industrielle Anlage, in der aus Rohstoffen* ¹*Glas* (1) *gewonnen u. teilweise weiterverarbeitet wird.*

gla|sie|ren ⟨sw. V.; hat⟩ [mit roman. Endung zu ↑¹Glas]: **a)** *mit einer Glasur überziehen u. dadurch glätten od. haltbar machen:* Wände waren hier von farbig glasierten Ziegeln, wie sie keine andere Baukunst je verwendet (Ceram, Götter 258); **b)** (Kochk.) *Speisen od. Gebäck durch eine Glasur ein schöneres Aussehen geben u. sie gleichzeitig schmackhafter machen; überglänzen* (1 b): stattdessen ... werden Tassen und Teegläser verteilt und Brötchen gestrichen und Kuchen glasiert (Fussenegger, Zeit 156).

gla|sig ⟨Adj.⟩: **1.** *ausdruckslos, starr:* ein -er Blick; während die Augen, g. vor Trunkenheit, blicklos zum Himmel starrten (K. Mann, Wendepunkt 67). **2. a)** *von matt glänzender Durchsichtigkeit:* Speck mit Zwiebeln anbraten, bis alles g. ist; **b)** *kalt schimmernd:* zur Spree, die schwarz und g. zwischen ... Pappeln lag (Hauptmann, Thiel 13); Im Westen war heller Tag gewesen, ein g. nüchternes, entschiedenes Tageslicht (Th. Mann, Zauberberg 218).

Glas|in|dus|trie, die: *Gesamtheit der Unternehmen, die* ¹*Glas* (1) *u. Produkte aus* ¹*Glas* (1) *herstellen.*

Glas|kas|ten, der: **a)** *kastenartiger Behälter aus* ¹*Glas* (1): in tropisch bepflanzten Glaskästen verstaut, auch zwei bis drei Dutzend Giftschlangen (Schnurre, Bart 135); **b)** (ugs.) *[abgeteilter] Raum mit Glaswänden (in dem z. B. ein Pförtner sitzt):* Eine dunkelhaarige Frau saß dort im G. und las (Böll, Haus 142).

Glas|ke|ra|mik, die: *Werkstoff aus* ¹*Glas* (1), *der sich u. a. durch besondere Härte auszeichnet.*

Glas|kinn, das (Boxen Jargon): *Kinn, das gegen Treffer sehr empfindlich ist.*

Glas|kir|sche, die [nach dem glasigen Fruchtfleisch]: *Amarelle.*

glas|klar ⟨Adj.⟩: **1.** [ˈ- -] *so klar wie* ¹*Glas* (1), *durchsichtig, hell:* -es Wasser; man unterschätzt die Entfernungen in dieser -en Gebirgsluft (Grzimek, Serengeti 282). **2.** [ˈ-ˈ-] *sehr klar u. deutlich:* noch niemals aber war es so g., dass ... der moderne Olympiabetrieb ein Riesengeschäft ist (Express 11. 10. 68, 1); Dem müsse ... »glasklar« die amtliche Parteimeinung entgegengesetzt werden (BM 3. 4. 74, 1).

Glas|knopf, der: *Knopf aus* ¹*Glas* (1).

Glas|kol|ben, der: *kolbenförmiges Glasgefäß.*

Glas|kon|ser|ve, die (Fachspr.): *in Glasgefäßen haltbar gemachtes Nahrungs- od. Genussmittel.*

Glas|kopf, der: *kugeliges, trauben- od. nierenförmiges Mineral mit glatter, glänzender Oberfläche.*

Glas|kör|per, der (Med.): *zwischen Linse, Ziliarkörper u. Netzhaut gelegener, gallertiger, in der Hauptsache aus Wasser bestehender Teil des Auges.*

Glas|kör|per|trü|bung, die (Med.): *krankhafte Trübung des Glaskörpers.*

Glas|ku|gel, die: *[farbige] Kugel aus* ¹*Glas* (1) *als Schmuck für den Weihnachtsbaum, als Ziergegenstand od. zum Murmelspielen.*

Glas|kup|pel, die: *Kuppel aus* ¹*Glas* (1).

Glas|lot, das: *bei niedrigen Temperaturen weich werdendes* ¹*Glas* (1), *das als Lötmittel verwendet wird.*

Glas|ma|ler, der: *jmd., der* ¹*Glas* (1) *bedruckt, spritzt u. bemalt* (Berufsbez.).

Glas|ma|le|rei, die: **1.** ⟨o. Pl.⟩: *Herstellung farbiger Bilder auf* ¹*Glas* (1). **2.** *auf* ¹*Glas* (1) *hergestelltes farbiges Bild.*

Glas|ma|le|rin, die: w. Form zu ↑Glasmaler.

Glas|mas|se, die: *Glasschmelze.*

Glas|mehl, das: vgl. Glaspulver.

Glas|mo|sa|ik, das: *Einlegearbeit aus verschiedenfarbigen Glasstückchen auf Fußböden, an Wänden od. Gewölben:* Die Wände waren mit Stuck und G. verkleidet (Bild. Kunst I, 49).

Glas|nost, die; - [russ. glasnost' = Öffentlichkeit, zu: glasnyj = öffentlich, der Allgemeinheit zugänglich]: *das Offenlegen; Transparenz bes. in Bezug auf die Zielsetzungen der Regierung in der ehemaligen Sowjetunion.*

Glas|nu|del, die ⟨meist Pl.⟩: *[aus Reis hergestellte] dünne, glasige Nudel* (1).

Glas|opal, der: *Hyalit[h].*

Glas|pa|last, der (ugs.): *größeres Gebäude mit langen Fronten aus* [1]*Glas* (1) *od. vielen großen Fenstern:* Neben den neuen, öden Glaspalästen standen die alten, Fensterarchitektur auch hier (Kaschnitz, Wohin 145).

Glas|pa|pier, das: *vor allem zum Abschleifen u. Polieren von Holz dienendes Papier mit einer Schicht aus Glaspulver.*

Glas|per|le, die: *Perle aus* [1]*Glas* (1).

Glas|per|len|spiel, das [nach dem gleichnamigen Roman des dt. Schriftstellers H. Hesse (1877–1962), in dem in der Geschichte der utopischen Ordensprovinz Kastalien das »Glasperlenspiel« die Vereinigung der Künste u. Wissenschaften, musisch-spielerische u. zugleich denkerische Vergegenwärtigung aller geistigen Möglichkeiten des Menschen symbolisiert] (bildungsspr.): *rein akademisches* (2b), *theoretisch-abstraktes Gedankenspiel ohne praktischen Zweck:* Der Vertreter des Landes in diesem Prozess ... bezeichnete das Urteil als »skandalös« und erklärte, die Kammer des Verwaltungsgerichts habe ... ein »juristisches G. zum Schaden des demokratischen Rechtsstaats« betrieben (Nuissl, Hochschulreform 195); Eine Kritik der zynischen Vernunft bliebe ein akademisches G., wenn sie nicht den Zusammenhang zwischen dem Überlebensproblem und der Faschismusgefahr verfolgte (Sloterdijk, Kritik 42).

Glas|plas|tik, die: *Plastik aus* [1]*Glas* (1).

Glas|plat|te, die: *Platte aus* [1]*Glas* (1): Dann schob er die G. unter das Mikroskop (Remarque, Triomphe 51); Mit einem Satz ist er bei ihr, fegt unbeabsichtigt einige Flaschen von der G. (Degener, Heimsuchung 70).

Glas|pul|ver, das: *körnige bis pulver- od. staubartige Masse aus gemahlenem Glas* (die z. B. bei der Herstellung von Glaspapier verwendet wird).

Glas|rah|men, der: **1.** *Rahmen aus* [1]*Glas* (1) *mit geschliffenen od. geätzten Verzierungen.* **2.** *geschliffene Glasscheibe[n] u. dazugehörige Rückenplatte, die mit Klammern zusammengehalten werden u. zwischen die ein Bild o. Ä. gelegt werden kann.*

Glas|rei|ni|ger, der: **a)** *Mittel zum Reinigen von* [1]*Glas* (1); **b)** *jmd., der* [1]*Glas* (1) *reinigt* (Berufsbez.): Zur Übernahme eines neuen Großobjektes stellen wir ... 3 G. ein (MM 22. 2. 70, 48).

Glas|rei|ni|ge|rin, die: w. Form zu ↑Glasreiniger (b).

Glas|rohr, das: *Rohr aus* [1]*Glas* (1).

Glas|röhr|chen, das: *Röhrchen aus* [1]*Glas* (1), *vorwiegend zur Aufbewahrung von Tabletten:* Der Mensch liegt angekleidet auf seinem Bett, ein G. leer auf seinem Nachttisch (Seghers, Transit 23).

Glas|röh|re, die: *Röhre aus* [1]*Glas* (1).

Glas|scha|le, die: *Schale* (2) *aus* [1]*Glas* (1).

Glas|schei|be, die: *dünne Platte aus* [1]*Glas* (1) *[in einem Rahmen, bes. bei Fenstern u. Bildern].*

Glas|scher|be, die: *Stück eines zerbrochenen Glasgefäßes od. einer zerbrochenen Glasscheibe:* war das Haus zur Straße hin abgegrenzt mit einer kniehohen Mauer, oben mit -n gespickt (Degenhardt, Zündschnüre 26).

Glas|schirm, der: *Lampenschirm aus* [1]*Glas* (1).

Glas|schlei|fer, der: **a)** *jmd., der* [1]*Gläser* (2a, b) *durch eingeschliffene od. geätzte Ornamente verziert* (Berufsbez.); **b)** *jmd., der* [1]*Glas* (1) *für optische Zwecke bearbeitet* (Berufsbez.).

Glas|schlei|fe|rin, die: w. Form zu ↑Glasschleifer.

Glas|schliff, der: **a)** *das Einschleifen von Gravuren u. Ä. in* [1]*Glas* (1); **b)** *durch Schleifen u. anschließendes Polieren entstehende glatte Oberfläche von Kristall- u. Spiegelglas.*

Glas|schmel|ze, die: *Rohstoff zur Verarbeitung von* [1]*Glas* (1) *in eingeschmolzenem Zustand.*

Glas|schmuck, der: *Modeschmuck aus* [1]*Glas* (1).

Glas|schnei|der, der: *Werkzeug zum Anritzen von Glas[scheiben], an dessen Griff ein Diamant od. ein gehärtetes Stahlrädchen angebracht ist, das unter Druck in das* [1]*Glas* (1) *eindringt.*

Glas|schnitt, der: *künstlerische Bearbeitung von* [1]*Glas* (1) *mit dem Glasschneider.*

Glas|schrank, der: *Schrank mit Türen od. Wänden aus* [1]*Glas* (1) *(für Ausstellungsstücke o. Ä.).*

Glas|schüs|sel, die: *Schüssel aus* [1]*Glas* (1).

Glas|sor|te, die: *Sorte von* [1]*Glas* (1).

Glas|spiel, das (Musik): *Musikinstrument aus* [1]*Glas* (1), *das durch Reiben (seltener durch Anschlagen) zum Klingen gebracht wird; Verillon.*

Glas|split|ter, der: *Splitter von zerbrochenem* [1]*Glas* (1).

Glas|staub, der: vgl. Glaspulver.

Glas|stein, der: *Glasbaustein.*

Glas|stöp|sel, der: *Stöpsel aus* [1]*Glas* (1).

Glas|stück, das: vgl. Glassplitter.

Glas|sturz, der ⟨Pl. ...stürze⟩ (südd., österr., schweiz.): *Glasglocke* (b): eine zierliche ... Uhr ... unter einem gewaltigen G. (Augustin, Kopf 227).

Glast, der; -[e]s [mhd. glast, verw. mit ↑gelb] (südd. u. dichter.): *Glanz:* Der bläuliche G. der Nacht stand hoch jenseits der alten Wipfel (Seidel, Sterne 19); über die weite, traumtrunkene See hinweg nickten Ost und West sich zu, alles getaucht in den G. der Sonne (FR 8. 11. 97, 7); in der vom matten G. aus einem Ofen angeleuchteten Finsternis (Plievier, Stalingrad 253).

glas|tig ⟨Adj.⟩ (südd. u. dichter.): *glänzend.*

Glas|tisch, der: *Tisch aus* [1]*Glas* (1).

Glas|tür, die: *Tür aus* [1]*Glas* (1) *od. mit Glasscheiben.*

Glas|über|da|chung, die: *Überdachung aus Glasplatten od. Glasbausteinen.*

Gla|sur, die; -, -en [frühnhd. Bildung unter Einfluss von ↑Lasur aus ↑[1]Glas u. der Endung -ur]: **a)** *dünne, glasartige Schicht auf keramischen Erzeugnissen;* **b)** (Kochk.) *glänzender Überzug auf Speisen od. Gebäck.*

◆ **gla|su|ren** ⟨sw. V.; hat⟩ [zu ↑Glasur]: *glasieren:* die Wände waren mit glasurten Kacheln bekleidet (Storm, Schimmelreiter 26).

Glas|ve|ran|da, die: *Veranda mit Glaswänden od. großen Fenstern:* Ich setzte mich in die G. des Cafés (Seghers, Transit 202).

Glas|ver|pa|ckung, die: *Gefäß aus* [1]*Glas* (1) *für Konserven:* G. ist für Heidelbeeren besser geeignet (DM 5, 1966, 32).

Glas|ver|si|che|rung, die: *Sachversicherung zur Deckung von Schäden, die an Scheiben od. anderen Gegenständen aus* [1]*Glas* (1) *durch Zerbrechen entstehen.*

Glas|vi|tri|ne, die: vgl. Glasschrank.

Glas|wand, die: *Wand aus einer od. mehreren Glasscheiben:* Sehr entfernt, wie durch dicke Glaswände von ihm getrennt (Böll, Adam 14).

Glas|wa|re, die ⟨meist Pl.⟩: *zum Verkauf hergestellter Gegenstand aus* [1]*Glas* (1).

Glas|wat|te, die: vgl. Glaswolle.

glas|wei|se ⟨Adv.⟩: *in kleinen Mengen; jeweils so viel, wie in ein* [1]*Glas* (2a) *passt.*

Glas|wei|zen, der: *Hartweizen.*

Glas|werk, das: **a)** *Glasfabrik;* **b)** (veraltet) *Erzeugnisse aus* [1]*Glas* (1).

Glas|wer|ker, der: *jmd., der serienmäßig maschinell gepresste Produkte aus Glasmasse od. Rohglas herstellt* (Berufsbez.).

Glas|wer|ke|rin, die: w. Form zu ↑Glaswerker.

Glas|wol|le, die: *zur Schalldämpfung, zur elektrischen Isolierung u. Wärmeisolierung verwendetes watteähnliches Material aus Glasfasern.*

Glas|zie|gel, der: *Ziegel aus* [1]*Glas* (1).

Glas|zy|lin|der, der: *Glasgefäß in Zylinderform.*

glatt ⟨Adj.; -er, -este, ugs.: glätter, glätteste⟩ [mhd. glat = glänzend, blank; eben; schlüpfrig, ahd. glat = glänzend, verw. mit ↑gelb]: **1. a)** *ohne sichtbare, spürbare Unebenheiten:* eine -e Fläche; -e *(nicht lockige)* Haare; -e *(nicht raue)* Haut; sich im -en *(wellenlosen, unbewegten, stehenden)* Wasser spiegeln; etwas g. machen; seine Haare g. kämmen; ein Brett g. hobeln, schleifen, schmirgeln; Kanten g. feilen; den Schotter g. walzen; einen Teig g. rühren; das Hemd war nicht richtig g. gebügelt; ein g. rasiertes Gesicht; Frau Hellgrewe ... faltete das Blatt auseinander, versuchte, es mit der Hand g. zu streichen (H. Weber, Einzug 171); Sie ... schüttelten das Kopfkissen auf und zogen das Leintuch g. (Ott, Haie 193); g. rechts *(ohne Muster)* stricken; Ü ein -er *(flüssiger, gewandter)* Stil; der (= Student) sprach g. *(fließend)* und gut französisch (Tucholsky, Zwischen 103); **b)** *eine Oberfläche aufweisend, die keinen Halt bietet; rutschig, glitschig:* eine -e, regennasse Straße; Messias (= Pferd) rutschte auf der -en Schneedecke, weil er keine Spitzeisen an den Zehen hatte (Bieler, Bonifaz 19); es ist heute g. draußen; die Fische waren so g., dass er sie nicht festhalten konnte. **2.** *ohne Komplikationen, Schwierigkeiten, Hindernisse:* eine -e Landung; ein -er Bruch (Med.: *ohne Komplikationen*); die Sache, die Arbeit geht g. vonstatten; die Rechnung ging g. *(exakt)* auf; damit die paar Wochen des Zusammenseins g. (ugs.; *ohne Ärger*) ablaufen (Faller, Frauen 121); trotz unserer Befürchtungen ist alles g. gegangen (ugs.; *ohne Komplikationen abgelaufen*). **3.** (ugs.) *so eindeutig od. rückhaltlos [geäußert], dass das damit Beabsichtigte offensichtlich ist, dass kein Zweifel daran aufkommen kann:* das ist eine -e Lüge, Irreführung, Provokation; das ist ja -er Wahnsinn; er schrieb eine -e Eins, Fünf; Darüber geht sie g. hinweg, geht zu neuer Invektive vor (Brod, Annerl 167); sie konnten ihre Gegner g. *(mit großem Vorsprung)* schlagen; er sagte es ihm g. ins Gesicht; das haut mich g. um (salopp; *ich bin fassungslos; damit werde ich nicht fertig!*). **4.** *allzu gewandt, übermäßig höflich; einschmeichelnd [u. dabei unaufrichtig, heuchlerisch]:* der weltmännisch gesittete und elegante, etwas zu -e, etwas zu liebenswürdige Homme de lettres mit wienerisch nasaler Stimme (K. Mann, Wendepunkt 388).

glatt bü|geln: s. glatt (1 a).

Glatt|de|cker, der: *Segeljacht, die keine Aufbauten, sondern nur Oberlichter hat.*

Glät|te, die; - [mhd. glete]: **1. a)** *glatte (1 a), ebene Beschaffenheit:* die G. des Spiegels, der Wasserfläche; Ü Sie (= die Gesichtszüge) hatten die festliche G., die Ruhe und die Meißelung einer Plastik (A. Kolb, Schaukel 116); **b)** *das Glattsein (1 b):* die G. des Eises, der Straße; Unsicher vor G. ... horcht er in den Wind hinein (A. Zweig, Grischa 19). **2.** (abwertend) *das Glattsein* (4): die G. seines Auftretens, seiner Reden verdeckt vieles; Auch die Diplomaten, G. der Haltung markierend, standen ... zusammen (A. Kolb, Daphne 163).

Glatt|eis, das: *dünne, glatte Eisschicht, die sich durch Gefrieren von Feuchtigkeit [auf dem Boden] bildet:* auf dem G. ausrutschen; bei G. sollte man vorsichtig fahren, gehen; Ü Er lehrte sie, sich auf dem G. gesellschaftlicher Verpflichtungen einigermaßen aufzuführen (Böll, Adam 20); hatte sich Toller auf das G. der Politik begeben (Niekisch, Leben 99); ***jmdn. aufs G. führen** *(jmdn. durch bewusst irreführende Fragen u. Behauptungen auf die Probe stellen, überlisten, in Gefahr bringen);* **aufs G. geraten** *(unversehens in eine schwierige, heikle Lage geraten; sich unbeabsichtigt auf einem Gebiet bewegen, das man nicht sicher beherrscht).*

Glatt|eis|bil|dung, die: *Bildung von Glatteis.*

Glätt|ei|sen, das (schweiz.): *Bügeleisen.*

Glatt|eis|ge|fahr, die ⟨o. Pl.⟩: *Gefahr der Glatteisbildung:* es besteht G.

glät|ten ⟨sw. V.; hat⟩ [mhd. gleten]: **1. a)** *glatt machen, eben machen:* einen zerknitterten Zettel, Geldschein g.; Meyer ... brachte drei mehrfach zusammengelegte Bogen zum Vorschein, er öffnete sie und glättete sie mit dem Handrücken (Kuby, Sieg 89); die Falten des Kleides g.; Buben im Sonntagsstaat, das Haar mit Wasser geglättet (Th. Mann, Hoheit 110); ... fragte er den Gärtner, der neben ihm ein Beet aufgeworfener Erde glättete (Remarque, Triomphe 237); Ü jmds. Zorn g.; Er gab Carla ein Zeichen, nickte Uwe beschwichtigend zu, und es gelang ihm, die Stimmung zu g. (Lenz, Brot 105); **b)** ⟨g. + sich⟩ *glatt werden:* nach dem Sturm beginnt das Meer sich zu g.; ihre Stirn glättete sich wieder; Die strengen Furchen der Langenweile glätteten sich in seinem Gesicht (Th. Mann, Hoheit); Ü Er wurde ganz ruhig, das böse Tucken verebbte, und die Erregung glättete sich (Apitz, Wölfe 122). **2.** (schweiz.) *bügeln, plätten.*

glat|ter|dings ⟨Adv.⟩: *durchaus; ganz u. gar; schlechterdings:* das ist g. unmöglich.

Glät|te|rin, die; -, -nen (schweiz.): *Büglerin, Plätterin.*

glatt|flä|chig ⟨Adj.⟩: *eine glatte, ebene Fläche aufweisend, bildend:* Hinter der ... Heckklappe, die bis zur Stoßstange herabreicht, verbirgt sich ein -er, großzügig bemessener Kofferraum (ADAC-Motorwelt 8, 1986, 15).

glatt ge|hen: s. glatt (1 a).

glatt|haarig ⟨Adj.⟩: *glatte, nicht gelockte od. gekrauste Haare tragend.*

Glatt|ha|fer, der: *[als Futtergras verwendete] Graspflanze mit schlankem Halm u. fein verzweigtem Blütenstand.*

Glatt|heit, die; -: *Glätte.*

glatt ho|beln: s. glatt (1 a).

Glat|tig|keit, die; -, -en (landsch.): *das Glattsein* (4): Und ich hab' ihm gesagt, dass er bei mir nicht durchkommen soll mit seiner G. (Fallada, Herr 59).

glatt käm|men, glatt le|gen, s. glatt (1 a).

glatt|ma|chen ⟨sw. V.; hat⟩ (ugs.): *eine seit einiger Zeit bestehende finanzielle Forderung begleichen:* eine Rechnung g.

glatt po|lie|ren: s. glatt (1 a).

Glätt|pres|se, die (selten): *Kalander.*

glatt|ran|dig ⟨Adj.⟩: *einen glatten Rand besitzend.*

glatt ra|sie|ren, glatt rüh|ren, glatt schlei|fen: s. glatt (1 a).

Glätt|stahl, der (landsch.): *Bügeleisen.*

◆ **Glätt|stein,** der: *Stein zum Glätten von Wäsche:* ... waren ihre seidenen Strümpfe so blank, als wären sie eben unter dem G. hervorgegangen (Goethe, Wanderjahre I, 5).

glatt|stel|len ⟨sw. V.; hat⟩: **1.** (Kaufmannsspr., Bankw.) *(bei einem Konto o. Ä.) die Soll- u. Habenseite auf den gleichen Stand bringen, ausgleichen:* die Buchung g. **2.** *laufende Geschäfte abwickeln.*

Glatt|stel|lung, die: *das Glattstellen.*

glatt strei|chen: s. glatt (1 a).

Glatt|strich, der (Bauw.): *dünne, glatte abschließende Putzschicht aus fettem Zementmörtel.*

Glät|tung, die; -, -en: *das Glätten, das Geglättetwerden.*

Glatt|wal, der: *zu den Bartenwalen gehörender Wal ohne Rückenflosse.*

Glatt|wal|ze, die: *Walze, die den aufgeschütteten Straßenbelag zusammenpresst u. glättet.*

glatt wal|zen: s. glatt (1 a).

glatt|wan|dig ⟨Adj.⟩: *mit glatten Wänden [ausgestattet].*

glatt|weg ⟨Adv.⟩ (ugs.): *ohne die Gegebenheiten zu berücksichtigen, auf sie einzugehen; einfach, ohne Bedenken; kurzerhand, rundheraus:* eine Sache g. ablehnen; jmdm. etw. g. absprechen; bin ich wohl ausfallend geworden, ich habe ihm g. *(ohne Umschweife)* unterstellt, dass aus seinen Worten nur die Furcht vor Unannehmlichkeiten spricht (Becker, Irreführung 13); das ist g. erlogen.

glatt zie|hen: s. glatt (1 a).

glatt|zün|gig ⟨Adj.⟩ (abwertend): *zu allzu gewandten, einschmeichelnden, übermäßig höflichen [u. dabei heuchlerischen, unaufrichtigen] Äußerungen neigend.*

Glatt|zün|gig|keit, die; - (abwertend): *glattzüngiges Wesen, Verhalten.*

Glat|ze, die; -, -n [mhd. gla(t)z, zu: glat, ↑glatt]: **a)** *größere, durch Haarausfall entstandene kahle Stelle auf dem Kopf:* eine G. haben, kriegen, bekommen; sich eine G. schneiden, scheren lassen (ugs.; *sich kahl scheren lassen*); er hatte schon sehr früh eine G.; ein Mann mit G.; jene Buben, die am Sparhaarschnitt G. mit Vorgarten (ugs. scherzh.; *Haarschnitt mit kahl geschorenem Hinterkopf*) zu erkennen waren (Lentz, Muckefuck 15); **b)** (Jargon) *Skinhead:* Bislang fallen die -n in der Quadratestadt (= Mannheim) mehr durch ihre Doc-Martens-Treter und Bomberjacken denn durch politische Aktionen auf (MM 7. 9. 92, 15).

Glat|zen|bil|dung, die: *Bildung, Entstehung einer Glatze* (a): bestimmte Typen neigen zur G.

Glatz|kopf, der: **a)** *Kopf ohne Haar, mit wenig Haaren;* **b)** (ugs.) *jmd., der eine Glatze hat:* er ist ein G.; **c)** (Jargon) *Glatze* (b).

glatz|köp|fig ⟨Adj.⟩: *ohne Haare, kahlköpfig:* ein -er Mann; g. sein.

Glatz|köp|fig|keit, die; -: *Kahlköpfigkeit.*

◆ **glau** ⟨Adj.⟩ [urspr. = glänzend, leuchtend, verw. mit ↑gluh]: (nordd.) *von ansprechendem Äußeren, schmuck:* g. sind sie und gewaschen und haben so was wie Prinz und Prinzessin (Fontane, Quitt 177, in: Gesammelte Werke. Serie I, Bd. 6, Berlin 1905–1910).

Glau|be, der; -ns (seltener auch: ↑Glauben) [mhd. g(e)laube, ahd. gilauba, zu ↑glauben]: **1.** *gefühlsmäßige, nicht von Beweisen, Fakten o. Ä. bestimmte unbedingte Gewissheit, Überzeugung:* ein blinder, unerschütterlicher, fanatischer G.; Worauf beruht also dieser G., dass das Geheimnis der Natur einfach sein müsse? (Musil, Mann 1262); Der unreflektierte G. an den »Fortschritt« verbreitete sich über die ganze Erde (Gruhl, Planet 170); der G. an die Zukunft, an jmds. Zuverlässigkeit; den -n an jmdn., etw. verlieren; jmdm. -n schenken; [keinen] -n finden; man muss ihm den -n lassen; Solche Erwägungen aber waren es nicht, die Schliemann, den Träumer in homerischen Welten, von seinem -n abbringen konnten (Ceram, Götter 48); er gab sich dem törichten -n hin, ihm könne nichts geschehen; sich in dem -n wiegen, dass ... *(fälschlicherweise der Meinung* *sein, dass ...);* im guten/in gutem -n *(im Vertrauen auf die Richtigkeit);* guten -ns sein *(ganz überzeugt sein);* des [festen] -ns sein; Ich ... war des -ns *(war davon überzeugt),* Sie und ich könnten ein paar Dinge zu besprechen haben (Heym, Schwarzenberg 236); jmdn. bei dem/in dem -n lassen, dass ...; Seitdem ... lebte ich in dem -n, die schreckliche Zeit der Denunziationen ... sei vorüber (Leonhard, Revolution 76); G. und Schönheit (nationalsoz.; *Abteilung des Bundes deutscher Mädel, in der die Mädchen im Alter von 18 bis 21 Jahren in allen Fragen der persönlichen Lebensführung [Kleidung, Körperpflege, Haushalt, Gymnastik usw.] geschult wurden*); R der G. versetzt Berge/kann Berge versetzen (*wenn man fest von etw. überzeugt ist, kann man auch etw. schaffen, was sich normalerweise nicht verwirklichen lässt;* 1. Kor. 13, 2). **2. a)** *religiöse Überzeugung* (2): ein fester G. bestimmte sein Leben; seinen -n [an Gott] verlieren; von echtem -n erfüllt sein; **b)** *Religion, Bekenntnis:* der christliche, jüdische, islamische G.; seinen -n bekennen; in Fragen des -ns tolerant sein; für seinen -n kämpfen; sie starben für ihren -n; sich zum christlichen -n bekennen.

glau|ben ⟨sw. V.; hat⟩ [mhd. gelouben, ahd. gilouben, urspr. = für lieb halten; gutheißen, zu ↑lieb]: **1. a)** *für möglich u. wahrscheinlich halten, annehmen; meinen:* glaubst du, dass er kommt?; er glaubte sich zu erinnern; dass Pilz ... wohl niemals ernsthaft glaubte, dass sie seinen Rat befolgen werde (Hildesheimer, Legenden 28); er glaubte[,] den Mann zu kennen; ich glaube, dass ich das nachweisen kann; ich glaube, du spinnst, du bist verrückt!; ich glaube gar! (ugs.; Ausdruck der Entrüstung, Ablehnung o. Ä.; *kommt nicht infrage!*); **b)** *fälschlich glauben, für jmdn. od. etw. halten; wähnen:* sich allein, unbeobachtet g.; ich glaubte mich im Recht; wir glaubten ihn längst in Berlin. **2. a)** *für wahr, richtig, glaubwürdig halten; gefühlsmäßig von der Richtigkeit einer Sache od. einer Aussage überzeugt sein:* das glaubst du doch selbst nicht!; ich glaube schon, dass es sich so verhält; »Sie glauben im Ernst, dass es – so etwas gibt?« (Langgässer, Siegel 34); man muss nicht alles g., was in der Zeitung steht; sie glaubt jedes seiner Worte, glaubt ihm jedes Wort; glauben Sie es mir, ... sie hat mich geliebt! (Frisch, Cruz 8); ich glaube manchmal nicht mal mehr das, was ich selbst erlebt habe (Dönhoff, Ära 159); keiner glaubt mir sonst die Geschichte mit den Haien (*keiner nimmt sie mir sonst ab;* Ott, Haie 240); Noch ein anderes Wort hört man hier oft: »glauben«. »Ich glaube sagen zu dürfen«, beginnt man hier seine Festrede (Brückner, Quints 176); wenn man seinen Worten g. will, ...; er hat die Nachricht nicht g. wollen; man glaubt ihr die Tänzerin *(sieht aus ihren Bewegungen, dass sie wirklich Tänzerin ist);* du glaubst nicht, wie ich mich freue! *(ich freue mich sehr);* es ist so, ob du es glaubst oder nicht (ugs.; *es ist wirklich so*); R wer's glaubt, wird selig [und wer's nicht glaubt, kommt auch in den Himmel] (ugs. scherzh.; *ich glaube das niemals;* vgl. Mark. 16, 16); das ist doch kaum/nicht zu g. (ugs.; *das ist unerhört*); **b)** *jmdm., einer Sache vertrauen, sich auf jmdn., etw. verlassen:* ich glaube an ihn, an seine Ehrlichkeit; an das Gute [im Menschen] g.; an sich selbst g. *(Selbstvertrauen haben);* *** jmdn. etw. g. machen wollen** *(jmdm. etw. einzureden versuchen):* er wollte uns g. machen, er habe das Geld gefunden. **3. a)** *vom Glauben* (2 a) *erfüllt sein, gläubig sein:* fest, unbeirrbar g.; zu g. beginnen; **b)** *in seinem Glauben* (2 a) *von der Existenz einer Person od. Sache überzeugt sein, etw. für wahr, wirklich halten:* an Gott, an die Auferstehung g.; an Seelenwanderung g.; kam ich meinem Bruder wohl vor wie einer, der noch an den Weihnachtsmann glaubt (Wilhelm, Unter 155); an Gespenster, an Wunder g.; *** dran g. müssen** (1. salopp; *ums Leben kommen:* bei dem Flugzeugabsturz mussten über 100 Menschen dran g. 2. ugs.; *von etw. Unangenehmem betroffen sein, an der Reihe sein:* heute muss sie dran g. und Küchendienst machen); ◆ ⟨mit Akk.-Obj.:⟩ Macht das den Kindern weis, die den Rübezahl glauben (Goethe, Götz II).

Glau|ben, der; -s: seltener für ↑Glaube.

Glau|bens|ar|ti|kel, der: *einzelner Abschnitt des Glaubensbekenntnisses* (b): Der wichtigste G. des Korans ist die Verkündigung, dass ... (Konzelmann, Allah 29).

Glau|bens|be|kennt|nis, das: **a)** *Zugehörigkeit zu einer bestimmten Konfession;* **b)** ⟨o. Pl.⟩ *formelhafte Zusammenfassung der wesentlichen Aussagen der christlichen Glaubenslehre:* das G. sprechen; Mit lauter Stimme betet Herbert das G. (Chotjewitz, Friede 273); **c)** *Überzeugung, [leidenschaftlich vertretene] Weltanschauung:* ein politisches G.; zwei doktrinäre Lager ..., die beide ihre Aufgabe – ihre moralische Pflicht – darin sahen, ... an ihrem G. festzuhalten (Dönhoff, Ära 204); Erkundigt man sich nach einer Ansicht, einer Vermutung, wird ein G. abgelegt (iron.; Brückner, Quints 177).

Glau|bens|bru|der, der: *Angehöriger des gleichen Bekenntnisses:* für seine Glaubensbrüder eintreten; Kruse, evangelischer Bischof in Berlin ..., muss sich derzeit harte Kritik von Glaubensbrüdern gefallen lassen (Spiegel 22, 1992, 45).

Glau|bens|buch, das: *Buch für den Religionsunterricht; Katechismus* (1).

Glau|bens|din|ge ⟨Pl.⟩: *Fragen des Glaubens* (2 a): In mehr als einer Beziehung war ihm das Leben schwer gemacht: in Hinsicht sowohl auf die verwickelten Familienverhältnisse wie auch in -n (Th. Mann, Joseph 134).

Glau|bens|ei|fer, der: *aktives Eintreten für den Glauben* (2 a) *[mit dem Willen, auch andere zu überzeugen]:* G. ist derzeit die wichtigste Qualifikation für einen iranischen Minister (Spiegel 38, 1980, 154); Ü Mein begabter Freund ... ist noch derartig kommunistisch, dass einem vor so viel militantem G. etwas ängstlich zumute wird (K. Mann, Wendepunkt 284).

glau|bens|fest ⟨Adj.⟩: *unbeirrbar im Glauben* (2 a): eine -e Haltung.

Glau|bens|fe|stig|keit, die: *Festigkeit im Glauben* (2).

Glau|bens|flücht|ling, der: *jmd., der wegen religiöser Verfolgung sein Land verlässt:* Unter Friedrich III. von Gottorf erbauten ... holländische -e 1621 die Stadt (Barmer 2, 1987, 43).

Glau|bens|fra|ge, die: *den Glauben* (2 a) *betreffende Frage:* -n erörtern; Ü die Entscheidung ist für die Partei eine G. *(eine ihre politische Überzeugung berührende Frage, Angelegenheit).*

Glau|bens|frei|heit, die ⟨o. Pl.⟩: *Recht, seinen religiösen Glauben frei zu wählen, sich zu einer Konfession zu bekennen.*

Glau|bens|ge|mein|schaft, die: *Gesamtheit der Angehörigen einer Konfession od. religiösen Gruppe:* die großen -en, die römisch-katholische und die evangelische Kirche (Fraenkel, Staat 279); Unser Gastautor ist einer von den wenigen Menschen, die die vielen ausländischen -en sehr gut kennen (FR 3. 12. 98, 2).

Glau|bens|ge|nos|se, der: **a)** *jmd., der sich zur gleichen Konfession bekennt;* **b)** *jmd., der sich zur gleichen politischen Überzeugung bekennt.*

Glau|bens|ge|nos|sin, die: w. Form zu ↑Glaubensgenosse.

Glau|bens|ge|wiss|heit, die: *Gewissheit im Glauben, das Freisein von Zweifeln in seiner religiösen Überzeugung:* Denkmöglichkeiten, die man eher in einer Zeit brüchiger G. vermutet, nicht dagegen im Mittelalter (Fest, Im Gegenlicht 126).

Glau|bens|grund, der ⟨meist Pl.⟩: *Grund, der in jmds. religiöser Überzeugung begründet ist:* Immer öfter kommen Patienten, die aus Glaubensgründen den Blutübertragungen ablehnen (Hackethal, Schneide 202).

Glau|bens|in|halt, der ⟨meist Pl.⟩: *Inhalt, Gehalt eines religiösen Glaubens.*

Glau|bens|kampf, der: *[kriegerische] Auseinandersetzung in Fragen des Glaubens* (2), *der Konfession.*

Glau|bens|kraft, die: **a)** ⟨o. Pl.⟩ *Stärke, Intensität des Glaubens* (2 a); **b)** *vom Glauben* (2 a) *u. von einem Gläubigen ausgehende Kraft:* Horn mit seinen vitalen Glaubenskräften überzeugt jeden (Zwerenz, Kopf 152).

Glau|bens|krieg, der: *um die Durchsetzung eines Glaubens* (2), *einer Konfession geführter Krieg; Religionskrieg;* Ü über diese Frage ist ein G. entstanden *(es wird grundsätzlich u. erbittert darüber gestritten);* Der Wahlkampf wird hier ... nicht mehr zum G. (Saarbr. Zeitung 30. 11. 79, 12).

Glau|bens|leh|re, die: *bestimmte* [1]*Lehre* (2 a) *eines Glaubens* (2 b).

glau|bens|los ⟨Adj.⟩: *ohne Glauben* (2).

Glau|bens|lo|se, der u. die; -n, -n ⟨Dekl. ↑Abgeordnete⟩: *jmd., der keinem religiösen Bekenntnis anhängt:* Der -e will gläubig werden; der Agnostiker sucht nach dem Absoluten (K. Mann, Wendepunkt 287).

Glau|bens|rich|tung, die: *Richtung* (2) *eines religiösen Glaubens:* ... standen sich die beiden islamischen -en, die Sunniten ... und die Aleviten, ... seit jeher feindlich gegenüber (Bund 9. 8. 80, 1); mehr als 700 verschiedene Kongregationen und -en scharen im Internet alte und neue Schäfchen um sich (Spiegel 31. 7. 95, 88).

Glau|bens|sa|che, die (ugs.): *etwas, was nur auf Glauben* (1), *nicht auf Beweisen beruht.*

Glau|bens|satz, der: **a)** *mit dem Anspruch unbedingter Geltung vertretene religiöse These;* **b)** *starre Anschauung, [Lehr]meinung.*

Glau|bens|schwes|ter, die: vgl. Glaubensbruder.

Glau|bens|spal|tung, die: *Spaltung in verschiedene Konfessionen, in verschiedene Lager mit unterschiedlichen Auffassungen in bestimmten den Glauben* (2) *od. einzelne Glaubenssätze o. Ä. betreffenden Fragen.*

glau|bens|stark ⟨Adj.⟩: *stark, unbeirrbar im Glauben* (2 a): Die -en Brüder der Heilsarmee (Jahnn, Geschichten 79).

Glau|bens|stär|ke, die ⟨o. Pl.⟩: *Stärke im Glauben* (2 a).

Glau|bens|streit, der: *grundsätzliche Auseinandersetzung um grundlegende Fragen des Glaubens* (2), *der Religion.*

Glau|bens|über|zeu|gung, die: *religiöse Überzeugung* (2).

glau|bens|ver|schie|den ⟨Adj.⟩ (Amtsspr.): *verschiedenen Konfessionen od. Religionen angehörend:* Regelung der Kirchensteuer bei -en Eheleuten.

glau|bens|ver|wandt ⟨Adj.⟩: *von ähnlichem od. vergleichbarem Glauben* (2).

glau|bens|voll ⟨Adj.⟩ (geh.): *tief gläubig:* einem Menschen, der Jesus mit -en Augen ansieht (Thielicke, Ich glaube 93).

Glau|bens|wahr|heit, die: **a)** ⟨o. Pl.⟩ *Wahrheit des Glaubens* (2 a); **b)** *Wahrheitsgehalt einzelner Glaubenssätze:* ein Streit um die -en.

Glau|bens|wech|sel, der: *Wechsel des Bekenntnisses, Übertritt zu einer anderen Religion.*

Glau|bens|zeu|ge, der: *jmd., der öffentlich für seinen Glauben* (2) *Zeugnis ablegt:* Märtyrer als -n.

Glau|bens|zwei|fel, der: *Zweifel in Bezug auf den Glauben* (2 a).

Glau|bens|zwist, der: *Glaubensstreit.*

Glau|be|rit, das; -s, -e [nach dem dt. Chemiker J. R. Glauber (1604–1670)]: *bes. in ozeanischen Salzlagerstätten sowie in Binnenseen vorkommendes Doppelsalz (Natrium-Kalzium-Sulfat).*

Glau|ber|salz, das; -es [↑Glauberit] (Chemie): *wasserhaltiges Natriumsulfat, das als Mineral (in Prismen kristallisiert) u. gelöst als Bestandteil vieler natürlicher Mineralwässer vorkommt u. industriell bes. in der Glasfabrikation, medizinisch als Abführmittel verwendet wird.*

glaub|haft ⟨Adj.⟩ [mhd. g(e)loubehaft]: *so [geartet, dargestellt], dass man es für wahr halten, glauben kann; einleuchtend, überzeugend:* ein -er Bericht; die Ausrede wird dadurch nicht -er; etwas g. machen; Von dem, was man öffentlich sagt, muss man völlig durchdrungen sein, um g. zu wirken (Bieler, Bär 33); »Klingt sehr schön ...« ... »nur halte ich Ihre Story nicht für übermäßig g. ...« (Cotton, Silver-Jet 83); ein g. gemachtes Alibi; der Schauspieler hat seine Rolle g. verkörpert.

Glaub|haf|tig|keit, die; -: *das Glaubhaftsein:* ich bezweifle die G. dieser Aussage.

Glaub|haft|ma|chung, die; - (Rechtsspr.): *Nachweis einer erheblichen Wahrscheinlichkeit der zu beweisenden Tatsache.*

gläu|big ⟨Adj.⟩ [mhd. geloubec, ahd. giloubīg]: **a)** *vom Glauben* (2 a) *erfüllt:* ein -er Christ; zutiefst, tief g. sein; am linken Flügel standen einige Schulkinder in Uniform, und ihre Augen ... leuchteten g. (Kirst, 08/15, 682); **b)** *vertrauend, vorbehaltlos (einem Menschen, einer Sache) ergeben:* er war ein -er Marxist; er hat -e Anhänger um sich gesammelt.

-gläu|big: drückt in Bildungen mit Substantiven aus, dass die beschriebene Person od. Sache fest dem Glauben verhaftet ist, dass (in Bezug auf eine bestimmte Sache) das Heil o. Ä. von dem im Bestimmungswort Genannten ausgeht, abhängt: jugend-, vernunftgläubig; das Schreckgespenst des drogengläubigen zwanzigsten Jahrhunderts (Spiegel 48, 1965, 163).

Gläu|bi|ge, der u. die; -n, -n ⟨Dekl. ↑Abgeordnete⟩: *gläubiger, religiöser Mensch.*

Gläu|bi|ger, der; -s, - [spätmhd. gleubiger, LÜ von lat. creditor]: *jmd., der durch ein Schuldverhältnis berechtigt ist, an einen anderen finanzielle Forderungen zu stellen, der einem Schuldner gegenüber anspruchsberechtigt ist:* von seinen -n bedrängt werden.

Gläu|bi|ger|an|spruch, der: *Forderung eines od. mehrerer Gläubiger.*

Gläu|bi|ger|aus|schuss, der: *gewählte Vertretung der Gläubiger in einem Konkursverfahren.*

Gläu|bi|ger|bank, die ⟨Pl. -en⟩: [2]*Bank* (1 a) *in der Rolle eines Gläubigers:* Die -en waren nicht bereit, ... dem Geld, das sie verloren, aber nicht abgeschrieben hatten, neue Überbrückungskredite hinterherzuwerfen (Enzensberger, Mittelmaß 160).

Gläu|bi|ge|rin, die; -, -nen: w. Form zu ↑Gläubiger.

Gläu|bi|ger|land, das: *Land* (5), *in der Rolle eines Gläubigers:* dass die Schweiz das viertwichtigste G. der Entwicklungsländer sein wird (Nordschweiz 29. 3. 85, 21).

Gläu|bi|ger|ver|samm|lung, die: *Zusammenkunft aller Gläubiger in einem Konkursverfahren zur Wahrung ihrer Rechte.*

Gläu|bi|ger|ver|zug, der (Rechtsspr.): *Nichtannahme der vom Schuldner angebotenen Leistung durch den Gläubiger.*

Gläu|big|keit, die; -: **a)** *das Gläubigsein* (a): eine tiefe G. beseelt sie; Unzureichend ernährt und mangelhaft ausgerüstet, lässt sie nur ihre starke G. dieses »Dasein ohne Hoffnung« ertragen (Glaube 46, 1966, 13); **b)** *das Gläubigsein* (b): in kritikloser G. halten sie alles Gedruckte für wahr.

-gläu|big|keit: Subst. zu ↑-gläubig.

glaub|lich ⟨Adj.⟩: in der Verbindung **es/das ist kaum g.** *(es/das ist unwahrscheinlich):* Kaum g., dass ein Mensch diese steile Esse hinaufsteigen kann (Grzimek, Serengeti 326).

glaub|wür|dig ⟨Adj.⟩: *als wahr, richtig, zuverlässig erscheinend u. so das Glauben daran rechtfertigend:* eine -e Schilderung des Vorgangs; ein -er Zeuge; Ich suchte nach einer -en Entschuldigung (v. d. Grün, Irrlicht 12); der Angeklagte ist nicht g.; etw. g. versichern.

Glaub|wür|dig|keit, die; -: *das Glaubwürdigsein:* jmds. G. anzweifeln, bezweifeln, bestreiten; Der ... Gegenschlag der Verteidigung soll die G. der Zeugin erschüttern (Noack, Prozesse 25); seine G. verlieren; er besitzt keine moralische G. mehr; an G. verlieren; jmdn., etw. auf seine G. hin überprüfen.

Glau|ko|dot, das; -[e]s, -e [zu griech. glaukós = bläulich glänzend u. dotḗr = Geber, also eigtl. = Blaugeber, das Mineral wurde früher zur Herstellung blauer Farbe benutzt]: *zinnweißes Mineral, das neben Eisen auch Kobalt enthält.*

Glau|kom, das; -s, -e [griech. glaúkōma = bläuliche Haut über der Linse, zu: glaukós = bläulich glänzend] (Med.): *durch erhöhten Innendruck des Auges verursachte Augenkrankheit, die zur Erblindung führen kann; grüner Star.*

Glau|ko|nit [auch: ...ˈnɪt], der; -s, -e [zu griech. glaukós, ↑Glaukom]: *ein grünes, körniges Mineral.*

Glau|ko|nit|sand, der; -[e]s (Geol.): *Ablagerung im Schelfmeer, dessen farbgebender Bestandteil der Glaukonit ist; Grünsand.*

Glau|ko|phan, der; -s, -e [zu griech. glaukós = bläulich glänzend u. diaphanḗs = durchscheinend]: *blaugraues bis schwärzliches Mineral, das typischer Bestandteil vieler metamorpher Schiefer ist.*

Glä|ve [ˈglɛːfə]: ↑Gleve.

gla|zi|al ⟨Adj.⟩ [lat. glacialis = eisig, voll Eis] (Geol.): *eiszeitlich, während einer Eiszeit entstanden, mit einer Eiszeit im Zusammenhang stehend:* -e Ablagerungen; -es Abflussregime *([bei einem Fluss] vom Schmelzwasser eines Gletschers abhängiger Wasserstand).*

Gla|zi|al, das; -s, -e (Geol.): *Eiszeit.*

Gla|zi|al|ero|si|on, die (Geol.): *von einem Gletscher od. vom Inlandeis bewirkte Abtragung.*

Gla|zi|al|fau|na, die: *Tierwelt der unvereisten Nachbargebiete der eiszeitlichen Gletscher.*

Gla|zi|al|flo|ra, die: *Pflanzenwelt der unvereisten Nachbargebiete der eiszeitlichen Gletscher.*

Gla|zi|al|kos|mo|go|nie, die: *Hypothese, nach der durch den Zusammenprall von riesenhaften Eis- u. Glutmassen die Gestirne entstanden sein sollen; Welteislehre.*

Gla|zi|al|land|schaft, die (Geol.): *Landschaft, deren Oberfläche durch die Einwirkung von Eis u. Gletschern gestaltet worden ist.*

Gla|zi|al|re|likt, das ⟨meist Pl.⟩: *durch die Eiszeit verdrängte Tier- u. Pflanzengruppe, die auch nach dem Rückzug der Gletscher in wärmeren Gebieten blieb.*

Gla|zi|al|see, der (Geol.): *infolge der Vergletscherung od. durch Schmelzen des Eises im Bereich der Grundmoräne entstandener See.*

Gla|zi|al|zeit, die: *Glazial.*

gla|zi|är ⟨Adj.⟩ [frz. glaciaire, zu: glace = Eis, ↑Glace] (Geol.): *im Umkreis eines Gletschers od. des Inlandeises entstanden* (z. B. Schmelzwasserablagerungen).

gla|zi|gen ⟨Adj.⟩ [↑-gen] (Geol.): *unmittelbar vom Eis geschaffen* (z. B. bestimmte Ablagerungs- od. Abtragungsformen).

gla|zio|flu|vi|a|til ⟨Adj.⟩ (Geol.): *während einer Eiszeit durch das Wirken eines Flusses entstanden.*

Gla|zi|o|lo|ge, der; -n, -n [↑-loge]: *Wissenschaftler auf dem Gebiet der Glaziologie.*

Gla|zi|o|lo|gie, die; - [zu lat. glacies = Eis u. ↑-logie]: *Wissenschaft von der Entstehung u. Wirkung des Eises u. der Gletscher; Gletscherkunde.*

Gla|zi|o|lo|gin, die; -, -nen: w. Form zu ↑Glaziologe.

gla|zi|o|lo|gisch ⟨Adj.⟩: *die Glaziologie betreffend.*

Gle|dit|schie, die; -, -n [nach dem dt. Botaniker J. G. Gleditsch (1714–1786)]: *akazienähnlicher Zierbaum mit dornigen Zweigen u. braunen Hülsenfrüchten.*

Glee [gli:], der; -s, -s [engl. glee, eigtl. = Heiterkeit, Fröhlichkeit, aus dem Altnord., urspr. = das Klingen, Schallen]: *geselliges Lied für drei od. mehr Stimmen (meist Männerstimmen) in der englischen Musik des 17. bis 19. Jh.s.*

Gle|fe: ↑Gleve.

Glei|bo|den, der; -s, ...böden [russ. glej = Ton, Lehm] (Geol.): *feuchter, mineralischer Boden.*

gleich [I: mhd. gelîch, ahd. galīh, Zus. mit dem ↑Leiche zugrunde liegenden Wort u. urspr. = denselben Körper, dieselbe Gestalt habend; II: aus der Verwendung als Ausdruck räumlicher od. zeitlicher Übereinstimmung]: **I.** ⟨Adj.⟩ **1. a)** *in allen Merkmalen, in jeder Hinsicht übereinstimmend:* die -e Anzahl; das -e Ziel haben; Ein Herr Casas. Der aber nichts mit dem Mönch -en Namens zu tun hatte (Fries, Weg 278); auf die -e Weise; in -em Maße; wenn einer in ein anderes Land reist, in dem die Menschen nicht die -e Sprache sprechen (Nigg, Wiederkehr 67); -er Lohn für -e Arbeit; -es Recht für alle fordern; die g. Gesinnten; g. gesinnte Freunde; g. gestimmte Seelen; g. denkende Schwestern; g. lautende Namen, Wörter; g. lautende Meldungen; Nach g. lautenden Erlassen der Finanzministerien (Capital 2, 1980, 138); der Aufruf wurde g. lautend überall verbreitet; die -en Gesichter *(dieselben Leute)* wie gestern; im -en Haus wohnen; am -en Tag; am -en Ort; Im -en Moment knallte ein Schuss (Plievier, Stalingrad 327); zur -en Zeit; -e (Math.; *kongruente*) Dreiecke; g. *(ebenso)* alt, schnell sein; zweimal zwei [ist] g. *(ist gleichbedeutend, identisch mit, ergibt)* vier; Steppe ist nicht g. Steppe *(nicht alle Steppen sind gleich geartet;* Grzimek, Serengeti 320); Gleich *(einerlei, gleichgültig),* wie das Urteil schließlich lauten mag (Saarbr. Zeitung 5. 12. 79, 2); dass das Quadrat über der Hypothenuse g. der Summe der beiden Kathetenquadrate ist (Lentz, Muckefuck 190); ⟨subst.:⟩ alle wollen das Gleiche; das Gleiche gilt *(dieselben Worte, Anordnungen gelten)* auch für dich; er (= ein Hund) lief, und es (= ein Schaf) setzte sich ebenfalls in Galopp; er blieb stehen, und es tat ein Gleiches (geh.; *tat es auch;* Th. Mann, Herr 79); **b)** *miteinander od. mit einem Vergleichsobjekt in bestimmten Merkmalen, in der Art, im Typ übereinstimmend; sich gleichend; vergleichbar:* das -e Kleid tragen; sie hat die -e Figur wie ihre Schwester; die -en Schwierigkeiten haben; seinem Vorbild g. zu werden versuchen; g. geartete, g. beschaffene Verhältnisse; in g. gelagerten Fällen; R alle Menschen sind g. [(iron.:) nur einige sind -er (nach einer satirischen Fabel von George Orwell)]; ⟨subst.:⟩ [man soll nicht] Gleiches mit Gleichem vergelten; Spr Gleich und Gleich gesellt sich gern *(Menschen mit gleicher Gesinnung, gleichen [schlechten] Absichten schließen sich gern zusammen).* **2.** *unverändert, gleich bleibend:* mit immer -er Freundlichkeit; der Preis ist seit zehn Jahren g. geblieben; in g. bleibendem Abstand; es waren g. bleibend jedes Mal rund hundert Bewerber; das Wetter zeigte sich g. bleibend unbeeindruckt von den königlichen Gästen (Saarbr. Zeitung 12./13. 7. 80, 16); du bist dir in deinem Wesen immer gleich geblieben; das bleibt sich doch gleich (ugs.; *ist gleichgültig, kommt auf dasselbe hinaus*); ⟨subst.:⟩ das immer Gleiche; er ist immer der Gleiche geblieben *(unverändert in seinem Wesen u. in seinen Ansichten).* **3.** ***jmdm. g. sein** (ugs.; *jmdm. gleichgültig sein*): es ist mir völlig g., was du dazu sagst; **etw. ins Gleiche bringen** (geh.; *etw. in Ordnung bringen*): Endlich ... war sie auf einen Ausweg verfallen, ... womit ... diese Sache ins Gleiche gebracht war (Th. Mann, Zauberberg 377); **von Gleich zu Gleich** *(auf einer Ebene, Stufe):* die Kontakte mit Offizieren, die plötzlich bereit sind, von Gleich zu Gleich mit ihm zu verkehren (Heym, Nachruf 258). **II.** ⟨Adv.⟩ **1. a)** *in relativ kurzer Zeit, sofort, [sehr] bald:* ich komme g.; es muss nicht g. sein; g. nach dem Essen gingen sie weg; Kühn verstand nicht g. alles genau (Kühn, Zeit 55); »Hier ist Ihre Suppe«, ... »Aber kommen Sie g., sonst wird sie kalt« (Danella, Hotel 165); warum nicht g. so?; bis g.!; **b)** *unmittelbar daneben; dicht bei:* der Gemüsestand ist g. am Eingang; g. hinterm Haus beginnt der Wald. **2.** (meist in Verbindung mit einer Zahl) *erstaunlicherweise auf einmal, zugleich:* g. zwei Paar Schuhe kaufen; eine Uhr, nein, g. drei kostbare Stücke ticken verschieden gestimmt (Grass, Hundejahre 561). **III.** ⟨Partikel⟩ **a)** ⟨unbetont⟩ drückt in Fragesätzen aus, dass der Sprecher nach etwas eigentlich Bekanntem fragt, an das er sich im Moment nicht erinnert; *noch; doch* (III 4): was hat er g. gesagt?; wie heißt das g.?; »...sie ist mit einem Freund hier! ... Wie hieß er doch g.?« (Danella, Hotel 96); **b)** ⟨betont⟩ drückt in Aussage- u. Aufforderungssätzen Unmut od. Resignation aus: dann lass es g. bleiben; wenn er nicht mitspielt, können wir g. zu Hause bleiben; **c)** ⟨unbetont⟩ (mit Negation) *überhaupt:* Wenn er Vorschriften ausgibt, brauchen wir das Fest g. gar nicht abzuhalten (Express 1. 10. 68, 18); Zeiten, wo der Mann von Adel ... überhaupt nichts lernte, schon g. *(erst recht)* nicht Lesen und Schreiben (Th. Mann, Krull 272). **IV.** ⟨Präp. mit Dativ⟩ (geh.) *einem anderen Menschen, einer anderen Sache gleichend; wie:* sie hüpfte g. einem Ball; Gleich verwittertem Gestein reihten sich die Schutthaufen zerstörter Häuser (Berger, Augenblick 35).

gleich|ach|ten ⟨sw. V.; hat⟩ (geh., selten): *gleich hoch einschätzen; jmdm. od. einer Sache die gleiche Bedeutung zumessen.*

gleich|al|te|rig: usw.↑gleichaltrig usw..

gleich|alt|rig, gleichalterig ⟨Adj.⟩: *im gleichen Alter:* -e Kinder; dass die Dohlen bei jedem Vergleiche mit den gleichaltrigen Elstern ... kläglich abschnitten (Lorenz, Verhalten I, 31); die beiden sind g.; Er war mit dem Marius etwa gleichaltrig (Broch, Versucher 97); ⟨subst.:⟩ ein ... Schlaks, der ... mehr gehört und gesehen haben mochte als Gleichaltrige (Kant, Impressum 64).

Gleich|alt|rig|keit, Gleichalterigkeit, die; -: *das Gleichaltrigsein.*

gleich|ar|mig ⟨Adj.⟩ (Mech.): *gleich lange Hebelarme habend.*

gleich|ar|tig ⟨Adj.⟩: *von/in gleicher Art; sehr ähnlich:* -e Probleme, Tiere; nicht alle Fälle sind g.; Ein farbiger Mensch ist uns g. und gleichberechtigt (Grzimek, Serengeti 175).

Gleich|ar|tig|keit, die ⟨o. Pl.⟩: *das Gleichartigsein; große Ähnlichkeit.*

gleich|auf [auch: '–'–] ⟨Adv.⟩ (bes. Sport): *auf gleicher Höhe; wertungsgleich:* sie waren im Ziel g.; Gleichauf im Weitsprung der Frauen waren Schima und Geißler (NNN 23. 8. 82, o. S.); g. [mit jmdm.] liegen; Beim erneuten Schuss lagen sie alle drei wieder g. (Konsalik, Promenadendeck 343); Kritikwürdig scheinen die Öffnungszeiten ... Gleichauf mit Frankfurt liegt Berlins Flughafen ... auf dem dritten Platz (BM 1./2. 5. 79, 1).

gleich|be|deu|tend ⟨Adj.⟩: *die gleiche Bedeutung habend:* ihr Schweigen war g. mit Ablehnung; Nach diplomatischem Brauch ist dieser Hinweis g. mit der Aufforderung, den Konsul ... abzuberufen (Enzensberger, Einzelheiten I, 40).

Gleich|be|hand|lung, die ⟨o. Pl.⟩: *gleiche, gleichartige Behandlung:* die G. der Fälle gewährleisten.

Gleich|be|hand|lungs|grund|satz, der ⟨o. Pl.⟩ (Rechtsspr.): *Rechtsgrundsatz, dass Personen, die sich in gleicher Rechtslage befinden, gleich zu behandeln sind.*

gleich|be|rech|tigt ⟨Adj.⟩: *mit gleichen*

Rechten ausgestattet; rechtlich gleichgestellt: Mann und Frau als -e Partner; Frauen müssen auch in der Politik g. sein mit den Männern; ehe ich mich Ihnen g. fühlen kann (Winckler, Bomberg 62); Ü Der plastische Schmuck kirchlicher und profaner Gebäude steht jetzt g. *(gleichrangig)* nebeneinander (Bild. Kunst III, 55); ⟨subst.:⟩ alle Bürgerinnen und Bürger als politisch Gleichberechtigte; eine Gruppe Gleichberechtigter.

Gleich|be|rech|ti|gung, die ⟨o. Pl.⟩: *gleiches Recht:* die G. aller Menschen und Völker; Der Ministerpräsident ... erklärte am Donnerstag, wenn Peking die G. Taiwans anerkenne, sei man bereit, bei künftigen Gesprächen auch über eine Wiedervereinigung zu reden (Tagesspiegel 16. 7. 99, 1); für die volle G. der Frauen kämpfen; ... dass gerade bei jungen Frauen das Interesse an der Bundeswehr gestiegen sei. Sie betrachteten es als einen Verstoß gegen die G., dass ihnen in der Bundeswehr nur wenige Laufbahnen offen stünden (FAZ 19. 7. 99, 1); Gefordert wird auch eine Reform des sozialen Wohnungsbaues mit einer G. *(Gleichrangigkeit)* von Neubau und Erhalt der Bestände (SZ 11. 6. 99, V).

gleich be|schaf|fen: s. gleich (I 1 b).

gleich blei|ben: s. gleich (I 2).

gleich den|kend: s. gleich (I 1 a).

Gleich|druck|tur|bi|ne, die: *Aktionsdruckturbine.*

Glei|che, die; -, -n [mhd. gelīche, ahd. gilīhī = Gleichheit]: **1.** *** in die G. bringen** (selten; *in Ordnung bringen*): etw. in die G. bringen. **2.** (österr.) *Richtfest.*

glei|chen ⟨st. V.; hat⟩ [mhd. gelīchen, ahd. gilīhhan]: *sehr ähnlich, vergleichbar sein:* er gleicht seinem Bruder; die Brüder gleichen sich, (geh.:) einander sehr; diese Dinge gleichen sich wie ein Ei dem andern; irgendwie glich sein Gesicht einer gesprungenen Fensterscheibe (Ott, Haie 196); In der griechischen Abteilung flüsterten vor der Venus von Milo einige Mädchen, die ihr in nichts glichen (Remarque, Triomphe 308); in seinen Eigenheiten gleicht er seinem Vater; eine kurze Erklärung ..., die meiner ... aufs Haar gleicht (Gregor-Dellin, Traumbuch 111); Tomi glich einer Stadt im Krieg (Ransmayr, Welt 245).

-glei|chen [mhd. -gelīhen, erstarrte schwache Form des mhd. subst. Adjektivs gelīch]: in Zusammenrückungen, z. B. dergleichen, deinesgleichen, sondergleichen.

Glei|chen|fei|er, die (österr.): *Gleiche* (2): die G. für das Pensionistenheim in der Penzinger Felbingergasse 79 (Kurier 22. 11. 83, 17).

glei|chen|orts ⟨Adv.⟩ (schweiz.): *am gleichen Ort.*

glei|chen|tags ⟨Adv.⟩ (bes. schweiz.): *am gleichen Tage:* bei Hinfahrt am Sonntag muss die Rückfahrt g. erfolgen (NZZ 11. 4. 85, 7).

gleich|er|big ⟨Adj.⟩ (Biol.): *[in Bezug auf bestimmte Merkmale] von beiden Eltern her gleiche Erbanlagen besitzend; reinerbig:* ein Stamm von g. roten Blüten wurde gezüchtet.

glei|cher|ge|stalt ⟨Adv.⟩ (geh. veraltet): *gleichermaßen.*

glei|cher|ma|ßen ⟨Adv.⟩: *in gleichem Maße; ebenso, genauso:* Unser Unternehmen liegt in einer g. reizvollen wie lebendigen Kreisstadt (SZ 1. 3. 86, 75); Gesundheit ist ein Wert ..., der allen Menschen g. zukommt (Sebastian, Krankenhaus 24); die einzige Persönlichkeit, die in der Bundesrepublik und in der DDR g. anerkannt ist (Dönhoff, Ära 219).

glei|cher|wei|se ⟨Adv.⟩: *in derselben Weise, auf dieselbe Art; ebenso:* Hier wirkte er während 17 Jahren ..., wobei ihn die Vorgesetzten und seine Arbeitskollegen g. ... schätzten (Vaterland 1. 8. 84, 10).

gleich|falls ⟨Adv.⟩: *in gleicher Weise; auch, ebenfalls:* Einmal verzögert Imbs den Schritt und pflückt ... einen Zweig Rotdorn ... Da bricht Tulla g. einen Rotdornzweig (Grass, Hundejahre 274); danke, g.!

gleich|far|big ⟨Adj.⟩: *von gleicher Farbe:* sie trägt ein grünes Kleid und -e Strümpfe; die Handschuhe sind g. mit den Schuhen.

Gleich|flüg|ler, der (Zool.): *Pflanzensauger.*

gleich|för|mig ⟨Adj.⟩: *immer in gleicher Weise [verlaufend] [u. daher eintönig, langweilig]:* -e Bewegungen; das verlassene Dorf: graue, -e Steingiebel (Böll, Tagebuch 39); sein Leben ist immer -er geworden; g. verlaufen.

Gleich|för|mig|keit, die; -: *gleichförmige Beschaffenheit:* ein Leben ..., das durch eine gewisse G. gekennzeichnet war (H. Weber, Einzug 382); Man hauste auf einem freudlosen Zauberberg ... in grauer G. (Meckel, Suchbild 87).

gleich ge|ar|tet, gleich ge|la|gert: s. gleich (I 1 b).

gleich|ge|rich|tet ⟨Adj.⟩: *in gleicher Richtung verlaufend, die gleiche Richtung habend:* dass beide Länder ein dringendes, -es Interesse an der Erhaltung des Friedens hätten (Saarbr. Zeitung 11. 7. 80, 2).

gleich|ge|schlech|tig ⟨Adj.⟩: *gleiches Geschlecht habend; von gleichem Geschlecht:* eineiige Zwillinge sind immer g.

gleich|ge|schlecht|lich ⟨Adj.⟩: **1.** *auf ein Wesen gleichen Geschlechts gerichtet; homosexuell:* -e Liebe; -e Paare, Partner; ⟨subst.:⟩ Verlobungen zwischen Gleichgeschlechtlichen gehören ... nicht zur Tagesordnung (Ziegler, Labyrinth 188); er ist g. veranlagt. **2.** *gleichgeschlechtig:* der -e Elternteil; -e Geschwister.

Gleich|ge|schlecht|lich|keit, die; -: *Homosexualität.*

gleich ge|sinnt: s. gleich (I 1 a).

Gleich|ge|sinn|te, der u. die; -n, -n ⟨Dekl. ↑Abgeordnete⟩: *jmd. mit gleicher Gesinnung:* Zusammen mit sieben -n ... gründete er ... den Leichtathletikclub (Basler Zeitung 12. 5. 84, 33).

gleich ge|stimmt: s. gleich (I 1 a).

Gleich|ge|stimmt|heit, die ⟨o. Pl.⟩: *das Gleichgestimmtsein.*

Gleich|ge|wicht, das ⟨o. Pl.⟩ [LÜ von lat. aequilibrium, frz. équilibre]: **1. a)** *Zustand eines Körpers, in dem die entgegengesetzt wirkenden Kräfte einander aufheben:* stabiles G.; das G. halten; sie verlor das G. und stürzte; aus dem G. kommen; die Waage ist im G.; unsere Maschine schaukelte, bis sie sich wieder im G. hatte und stieg (Frisch, Homo 26); **b)** *Ausgeglichenheit, Ausgewogenheit, Stabilität:* das europäische G.; das G. der Kräfte; ein G., das nicht starr, sondern labil ist (Thienemann, Umwelt 21); Sicherung des ökologischen -s; dass der Frieden nur durch militärisches G. möglich wird (*durch ein Gleichgewicht in der Rüstung;* Saarbr. Zeitung 8./9. 12. 79, 3); *** G. des Schreckens** *(Zustand der Stabilität, der durch Drohung mit einem großen Gefahrenpotenzial erkauft ist):* das immer komplizierter und gefährlicher werdende »G. des Schreckens« (Alt, Frieden 10). **2.** *innere, seelische Ausgeglichenheit:* Darunter leidet mein seelisches G. (Kirst, Aufruhr 67); sein G. bewahren, verlieren; aus dem G. geraten; sich nicht aus dem G. bringen lassen *(ruhig bleiben);* ein sich nicht im G. befindendes Seelenleben (Nigg, Wiederkehr 98); jmdn. um sein inneres G. bringen.

gleich|ge|wich|tig ⟨Adj.⟩: *im Gleichgewicht, Gleichmaß befindlich:* dass zwischen Angebot und Nachfrage ein -es Verhältnis hergestellt werden müsse (MM 31. 1. 70, 9); Beide Aufgaben müssen ... g. im Unternehmen vertreten sein (Höhler, Sieger 138); Je -er die Macht ... verteilt ist, ..., umso stärker ist die Versuchung, miteinander zu rivalisieren (Wilhelm, Unter 152).

Gleich|ge|wichts|emp|fin|den, Gleich|ge|wichts|ge|fühl, das: *Fähigkeit, seinen Körper [aufrecht] im Gleichgewicht zu halten.*

Gleich|ge|wichts|la|ge, die: *Zustand der Ausgewogenheit:* die Volkswirtschaft in eine G. bringen.

Gleich|ge|wichts|or|gan, das (Biol., Med.): *Organ, das das Gleichgewichtsgefühl steuert.*

Gleich|ge|wichts|sinn, der: *Gleichgewichtsgefühl.*

Gleich|ge|wichts|stö|rung, die: *Störung der Fähigkeit, sich im Gleichgewicht zu halten:* Trunkenheit äußert sich besonders in -en.

Gleich|ge|wichts|teil, der (Turnen): *Teil einer Übung mit der besonderen Schwierigkeit, das Gleichgewicht zu halten:* bei den -en am Schwebebalken zeigte sie Unsicherheiten.

Gleich|ge|wichts|übung, die (Sport): *Übung* (z. B. am Schwebebalken) *zur Ausbildung des Gleichgewichtsgefühls.*

Gleich|ge|wichts|zu|stand, der: *Gleichgewichtslage:* ein G. zwischen Ost und West.

gleich|gil|tig ⟨Adj.⟩ (österr., sonst veraltet): *gleichgültig.*

gleich|gül|tig ⟨Adj.⟩ [urspr. = gleichwertig, Bedeutungsentwicklung über »unterschiedslos; unbedeutend« zu »uninteressiert«]: **1.** *ohne Interesse od. [innere] Anteilnahme; weder Lust noch Unlust bei etw. empfindend od. erkennen lassend:* ein -es Gesicht machen; ihre Stimme klang g.; sich g. gegen jmdn./jmdm. gegenüber benehmen; ⟨subst.:⟩ so wie Ostern und Weihnachten auch die Gleichgültigen in die Kirche gehen (Dönhoff, Ära 65). **2.** ⟨nicht adv.⟩ *belanglos, unwichtig; nicht interessant [für jmdn.]:* über -e Dinge sprechen; das ist doch g.; g., ob er Alexander heißt oder Stalin (Hochhuth, Stellvertreter 120); das ist mir g.; das entstellte Gesicht blieb ihr g. (Gaiser, Jagd 72); ich bin ihm bereits bedeutend -er (Remarque, Obelisk 260); sie ist ihm nicht g. (geh. verhüll.; *sie bedeutet ihm etwas, gefällt ihm*).

Gleich|gül|tig|keit, die: *Teilnahmslosigkeit, gleichgültiges Verhalten, Desinteresse, inneres Unbeteiligtsein:* ihre G. geht mir auf die Nerven; er antwortet mit gespielter G.; Kein Wort zwischen den beiden, nur bleierne G. (Strauß, Niemand 104); Heute ist Zahltag. Das bringt die Gesichter aus der gewohnten G. (Ossowski, Flatter 34).

Gleich|heit, die; -, -en [mhd. gelîcheit, glîcheit = Gleichheit, auch: Gleichmäßigkeit]: **a)** *Übereinstimmung in bestimmten Merkmalen; große Ähnlichkeit:* die G. der Ansichten und Meinungen; die formale G. vieler Sätze im Grundgesetz mit denen der Weimarer Verfassung; Da hören aber die -en schon auf (Chr. Wolf, Nachdenken 131); ihre Aussagen waren von erstaunlicher G.; **b)** ⟨o. Pl.⟩ *gleiche Stellung, gleiche Rechte:* die G. aller vor dem Gesetz; soziale G.; für die G. *(Gleichberechtigung)* von Mann und Frau eintreten.

Gleich|heits|grund|satz, der: *Gleichheitssatz.*

Gleich|heits|prin|zip, das, **Gleich|heits|satz,** der: *Grundrecht der Gleichheit u. Gleichbehandlung aller vor dem Gesetz.*

Gleich|heits|zei|chen, das: *Symbol für die Gleichheit der Werte auf beiden Seiten [einer Gleichung]* (Zeichen: =).

Gleich|klang, der: *Zusammenklang [von Tönen], Harmonie, Übereinstimmung:* Es waren acht Musiker, die zwar sehr laut spielten, aber Mühe hatten, immer im G. zu bleiben (Konsalik, Promenadendeck 91); Ü G. der Seelen; »Ich kann meinen englischen und französischen Kollegen ... ansehen, ob sie untereinander zusammenstehen oder ob ein Deutscher dabei ist. Das hat nichts mit Politik zu tun«, fügte er hinzu, »sondern nur mit atmosphärischem G.« (Dönhoff, Ära 193).

gleich|kom|men ⟨st. V.; ist⟩: **a)** *gleichen, entsprechen:* eine Versetzung, die einer Beförderung gleichkam; das Schlimmste ... ist doch, nichts zu tun, denn das kommt einer Bankrotterklärung gleich (Dönhoff, Ära 79); Die Entdeckung des Kaffees kommt in ihrer Wichtigkeit der Auffindung des Fernrohrs gleich oder der des Mikroskops (Jacob, Kaffee 25); **b)** *die gleiche Leistung wie eine bestimmte andere Person erreichen:* niemand kommt ihm an Schnelligkeit gleich.

Gleich|lauf, der ⟨o. Pl.⟩ (meist Technik): *ausgeglichener, gleichmäßiger Lauf [eines Gerätes od. mehrerer aufeinander abgestimmter Antriebe]; Synchronismus* (1): der G. muss präzise gesteuert werden; Uhren im G. halten.

gleich|lau|fend ⟨Adj.⟩: *in der gleichen Richtung, gleichartig od. gleichzeitig vorangehend; parallel:* -e Tendenzen; dass sich das Wild g. mit der stärkeren Bejagung vermehrt hat (Pirsch 18, 1984, 1).

gleich|läu|fig ⟨Adj.⟩ (Technik): *im gleichen Sinne laufend; synchron* (1): die Kolben bewegen sich g.

Gleich|läu|fig|keit, die (Technik): *synchroner Lauf.*

gleich lau|tend: s. gleich (I 1 a).

gleich|ma|chen ⟨sw. V.; hat⟩: *die Unterschiede, die zwischen etw. bestehen, beseitigen, angleichen, anpassen:* man kann nicht alle Menschen g., g. wollen.

Gleich|ma|cher, der (abwertend): *jmd., der die Gleichmacherei zum Prinzip macht:* Ü Die großen G. am Mersey-Fluss sind Arbeitslosigkeit und Armut (Spiegel 47, 1985, 182/3).

Gleich|ma|che|rei, die; -, -en (abwertend): *(das Charakteristische, Besondere von einer Person, Sache negierende) Aufhebung objektiv vorhandener Unterschiede:* soziale, politische G.; dass die G. den Leistungswillen ... mindert, allen schadet und damit unsozial ist (Welt 8. 9. 76, 7); dass jede Nivellierung die Gefahr einer öden G. mit sich bringt (Hörzu 8, 1973, 119).

Gleich|ma|che|rin, die; -, -nen (abwertend): w. Form zu ↑Gleichmacher.

gleich|ma|che|risch ⟨Adj.⟩ (abwertend): *die Gleichmacherei betreffend:* -e Theorien.

gleich|mäch|tig ⟨Adj.⟩ (Math.): *(von Mengen 2) mit gleicher Anzahl von Elementen versehen.*

Gleich|maß, das ⟨o. Pl.⟩ [rückgeb. aus ↑gleichmäßig]: **a)** *Ebenmaß, Harmonie:* das G. ihrer Züge; **b)** *Ausgeglichenheit, Einheitlichkeit (des Verlaufs od. der Bewegung):* Pflug und Egge, Sense und Sichel wären genug für ihn, das ruhige G. der jährlichen Arbeit (Waggerl, Brot 169); Paasch ... findet das neue Leben erträglich, sobald er ins G. gekommen ist (Fries, Weg 175); Unser Leben verlief im stumpfsinnigen G. (abwertend; *im Einerlei, in Monotonie;* Lentz, Muckefuck 330).

gleich|mä|ßig ⟨Adj.⟩: *in einem Gleichmaß* (b), *ohne [starke] Veränderungen vor sich gehend, ablaufend; ausgeglichen:* -e Schritte; in -em Tempo; eine g. gute Qualität; Er ging ganz g. und blieb nie stehen (Kronauer, Bogenschütze 393); mindestens fünf der größeren .... Flüsse waren so g. tief, dass sie befahren werden konnten (Fest, Im Gegenlicht 167); g. atmen.

Gleich|mä|ßig|keit, die: *gleichmäßige Beschaffenheit, gleichmäßiger Fortgang; Gleichmaß:* eine Bewegung von großer G.

gleich|mit|tig ⟨Adj.⟩ (selten): *konzentrisch.*

Gleich|mut, der (veraltend, landsch. auch: die; -) [rückgeb. aus ↑gleichmütig]: *ruhiger, leidenschaftsloser Gemütszustand:* unerschütterlicher G.; mit gespieltem G.; Mit mühsam gespielter G. häufte Maria den Rest des Waldmeisterbrausepulvers in ihrem ... Handteller (Grass, Blechtrommel 335); du kommst aus Troas? Aus Troas, hatte Echo mit ... G. zur Antwort gegeben (Ransmayr, Welt 101).

gleich|mü|tig ⟨Adj.⟩: *voller Gleichmut:* seine gespannte Aufregung tarnte er mit -em Gesicht (Kühn, Zeit 284); er ... sagte ... in -em Ton: »Ein sympathischer Mann. Und eine gute Partie.« (Danella, Hotel 239); g. bleiben; sie wandte sich g. ab.

Gleich|mü|tig|keit, die; -: *gleichmütiges Wesen, gleichmütige Haltung.*

gleich|na|mig ⟨Adj.⟩: **a)** *den gleichen Namen tragend:* ein Film nach dem -en Roman von ...; Sindbad der Seefahrer ist Namenspatron des -en Reiseforums (NZZ 11. 4. 85, 39); **b)** (Math.) *mit gleichem Nenner:* -e Brüche; um Brüche addieren zu können, muss man sie g. machen; **c)** (Physik) *gleich[artig]:* -e Ladungen, Pole.

Gleich|na|mig|keit, die; -: *gleichnamige Beschaffenheit.*

Gleich|nis, das; -ses, -se [mhd. gelîchnisse, ahd. gilîhnissa, eigtl. = das, was sich mit etwas anderem vergleichen lässt]: *kurze bildhafte Erzählung, die einen abstrakten Gedanken od. Vorgang durch Vergleich mit einer anschaulichen, konkreten Handlung [mit belehrender Absicht] verständlich machen will:* es klingt wie ein dunkles G., dass kurz vor seinem politischen Zusammenbruch noch eine Figur auftaucht, welche Charon heißt (Thieß, Reich 112); Ich möchte das, was ich meine, an einem G. aus der Mathematik verdeutlichen (Thielicke, Ich glaube 151); das G. vom verlorenen Sohn; ein G. gebrauchen, deuten; etw. in einem G. ausdrücken, durch ein G. erläutern; in -sen reden.

gleich|nis|haft ⟨Adj.⟩: *in der Art eines Gleichnisses [dargestellt]:* eine -e Umschreibung; das ist hier nur g. gesagt worden.

Gleich|nis|haf|tig|keit, die; -: *das Gleichnishaftsein.*

gleich|nis|wei|se ⟨Adv.⟩: *in Gleichnissen.*

gleich|ord|nen ⟨sw. V.; hat⟩: *im Rang gleichstellen, auf eine Stufe stellen:* ... Erlass, der die Wehrmachtsbeamten den Soldaten gleichordnete (Dönhoff, Ära 32).

Gleich|ord|nung, die: *das Gleichordnen.*

gleich|ran|gig ⟨Adj.⟩: *von gleichem Rang, auf einer Stufe stehend:* -e Persönlichkeiten; -e Bewerber um einen Posten; -e Stellungen an verschiedenen Behörden; etw. g. behandeln; Hier teilten sich g. Walter Brandstedter ... und Rudi Büch ... den ersten Platz (Saarbr. Zeitung 4. 10. 79, 22); die beiden Straßen sind g. (*sind Straßen gleicher Ordnung* 9).

Gleich|ran|gig|keit, die; -, -en: *das Gleichrangigsein:* Der Erfolg führte zur G. mit den USA (Gruhl, Planet 213).

gleich|rich|ten ⟨sw. V.; hat⟩ (Elektrot.): *von Wechselstrom in Gleichstrom umwandeln:* In dieser Schaltung wird das ungefilterte Signal ... gleichgerichtet (Elektronik 10, 1971, 140).

Gleich|rich|ter, der (Elektrot.): *Gerät zum Gleichrichten.*

Gleich|rich|ter|röh|re, die (Elektrot.): *als Gleichrichter arbeitende Elektronenröhre.*

Gleich|rich|tung, die ⟨o. Pl.⟩ (Elektrot.): *Umwandlung von Wechselstrom in Gleichstrom.*

gleich|sam ⟨Adv.⟩ [mhd. dem gelīche sam = dem, was gleich ist, ähnlich; ↑-sam] (geh.): *sozusagen, gewissermaßen, wie:* der Brief ist g. eine Anklage; er sah uns mit staunenden Augen an, g. als käme er aus einer anderen Welt; Hastig, mit g. fliegenden Händen, versuchte er Ordnung in das Chaos ... zu bringen (Bastian, Brut 62).

gleich|schal|ten ⟨sw. V.; hat⟩ [urspr. Wort der Elektrotechnik, von den Nationalsozialisten 1933 zuerst für das »Gesetz zur Gleichschaltung der Länder mit dem Reich« übernommen]: **1. a)** (nationalsoz.) *(zur Zeit der nationalsozialistischen Herrschaft) Organisationsformen von Körperschaften u. Institutionen an die nationalsozialistische Weltanschauung anpassen:* Nach der Machtübernahme durch die Nationalsozialisten zeigten sich Unterschiede zwischen Mieterbund und Reichsbund. Während der Bund sich sehr schnell g. ließ, rief der Reichsbund noch im März 1933 zum Widerstand gegen das Hitlerregime auf (taz 7. 6. 90, 3); **b)** (meist abwertend) *[mit Zwangsmaßnahmen] im Denken u. Handeln der Politik u. Weltanschauung der regierenden Machthaber unterwerfen:* Drakonische Maßnahmen bedrohen die Freiheit. Griechenland wird Zug um Zug gleichgeschaltet. Das Volk ist eingeschüchtert. Jeder Zirkel verboten. Kontrolle über die Kirche. (MM 12. 5. 67, 2). **2.** (meist abwertend) *auf eine gleiche, einheitliche, [zentral bestimmte] Linie bringen:* Die neue Freiheit heißt Geld. Der Musikvideosender MTV hat die Kids in den Städten Asiens gleichgeschaltet ... Die gleichen Jeans, die gleichen T-Shirts und die gleichen Ansichten (Zeit 9. 6. 95, 29); sollte es auch ... weiterhin einige Schulen geben, in denen nur Buben aufgenommen werden. Denn es muss ja nicht .... alles gleichgeschaltet werden (Wochenpresse 13, 1984, 29); Sobald die Rede auf »Weiber« kam, schienen sich ihre Hirne automatisch gleichzuschalten (Kirst, 08/15, 409).

Gleich|schal|tung, die: **1. a)** (nationalsoz.) *das Gleichschalten* (1 a): Ohne Verwaltung hätte Hitler seine Diktatur nicht mal proben können. Die G. der Verwaltung war für die Nazis deshalb ungemein wichtig (taz 13. 3. 92, 28); **b)** (meist abwertend) *das Gleichschalten* (1 b): In der Stalinzeit, als G., Terror und Elend das tägliche Brot der Polen waren (Spiegel 23, 1979, 116). **2.** (meist abwertend) *das Gleichschalten* (2): die Vorstellung der ... Gewerkschaften, wir könnten die technologische Herausforderung mit G. auf eine 35-Stunden-Woche bewältigen (Rhein. Merkur 18. 5. 84, 5).

gleich|schen|ke|lig, gleich|schenk|lig ⟨Adj.⟩ (Math.): *(vom Dreieck) mit zwei gleich langen Seiten:* dieses Dreieck ist g.

Gleich|schritt, der ⟨o. Pl.⟩: *Marschieren mit gleicher Schrittlänge, mit gleichmäßigen, in einem genauen Rhythmus verlaufenden Beinbewegungen (bes. beim Marschieren in [militärischen] Gruppen):* der G. einer großen Kolonne kann eine Brücke in Schwingungen versetzen; G. halten; im G., marsch! (militär. Kommando); Ü dass sie mit dem Bundeswirtschaftsminister in dieser Frage nicht im G. marschieren wollen (Bundestag 190, 1968, 10273).

gleich|se|hen ⟨st. V.; hat⟩: *gleichen; im Aussehen, in der Art jmdm., etw. sehr ähnlich sein:* sie sieht ihrer Mutter gleich; sie sahen einander alle so g. (Kemelman [Übers.], Mittwoch 131); Er sah einem Mörder einfach nicht g. (*er sah nicht aus wie ein Mörder;* Süskind, Parfum 289); der Mantel sieht meinem zum Verwechseln gleich; die Erde ist ein Ball, welcher, weil ja der Beschreiber auf ihm wohnt, einem Brett gleichsieht (Hacks, Stücke 78); ***etw. sieht jmdm. gleich** (ugs.; *etw. ist typisch für jmdn., passt zu ihm*): er hat verschlafen und den Zug verpasst! Das sieht ihm mal wieder gleich!; **etw./nichts g.** (landsch., bes. südd.; *ansehnlich, passabel/unscheinbar, unansehnlich sein*): ihre Kleidung sieht nichts g.

gleich|sei|tig ⟨Adj.⟩ (Math.): *(von Flächen od. Körpern) gleich lange Seiten aufweisend:* ein -es Dreieck.

Gleich|sei|tig|keit, die; - (Math.): *die Eigenschaft, gleiche Seiten aufzuweisen.*

gleich|set|zen ⟨sw. V.; hat⟩: **a)** *vergleichbar machen; als gleich, als dasselbe ansehen:* In einem Interview hat sie ihren Mann George Washington ... gleichgesetzt (Bund 9. 8. 80, 43); Freude wird ... meistens gleichgesetzt mit Schenken (Saarbr. Zeitung 7. 12. 79, I); sie waren gewohnt, vaterländische Gesinnung mit einem erhaltenden Ordnungssinn gleichzusetzen (Th. Mann, Zauberberg 215); **b)** *auf eine Stufe stellen, als [sozial] gleichwertig ansehen:* der Handarbeiter ist dem Kopfarbeiter gleichzusetzen (Tucholsky, Werke II, 118); dass die katholische Kirche sich noch immer mit Christus u. seiner Einen Kirche einfach gleichsetzt (*identifiziert;* Stern 7, 1965, 56);

Gleich|set|zung, die: **a)** *das Gleichsetzen* (a): die G. von fortschrittlichen und sozialistischen Ideen; **b)** *das Auf-eine-Stufe-Stellen.*

Gleich|set|zungs|ak|ku|sa|tiv, der (Sprachw.): *Satzglied im Akkusativ, das in bes. enger Verbindung zum Akkusativobjekt steht* (z. B. er nennt ihn einen *Lügner*).

Gleich|set|zungs|glied, das (Sprachw.): *Satzglied, das im Gleichsetzungssatz dem Subjekt gegenübergestellt wird; Prädikativum.*

Gleich|set|zungs|no|mi|na|tiv, der (Sprachw.): *Satzglied im Nominativ, das in bes. enger Verbindung zum Subjekt steht* (z. B. er ist ein *Lügner*).

Gleich|set|zungs|satz, der (Sprachw.): *Satz, in dem ein Subjekt mit einem Wesen od. Ding gleichgesetzt wird.*

gleich|sil|big ⟨Adj.⟩: *in der Silbenzahl übereinstimmend.*

gleich|sin|nig ⟨Adj.⟩ (Wissensch.): *im gleichen Sinne, in gleicher Art u. Weise:* Auswirkung -er Schwankungen im geophysikalischen Zustand der Erde und ihrer Lufthülle (Thienemann, Umwelt 22); ... eines ... Kreises g. arbeitender Tierkenner (Lorenz, Verhalten I, 339).

Gleich|stand, der ⟨o. Pl.⟩: **a)** (Sport) *gleicher Spielstand, gleiche Punktzahl:* den G. herstellen; G. erreichen; **b)** (Politik) *gleiches Kräfteverhältnis; Gleichgewicht:* der nukleare G. der beiden Weltmächte; Die Landstreitkräfte ... beider Seiten in Mitteleuropa sollten auf einen ... G. gebracht werden (W. Brandt, Begegnungen 558).

gleich|ste|hen ⟨unr. V.; hat; südd., österr., schweiz. auch: ist⟩: *mit jmdm., etw. gleichwertig sein; auf gleicher Stufe stehen:* er steht im Rang einem Oberregierungsrat gleich; Der Strafbefehl und die gerichtliche Entscheidung ... stehen einem Urteil gleich (Straßenverkehrsrecht, StVG 225).

gleich|stel|len ⟨sw. V.; hat⟩: *auf die gleiche [Rang]stufe stellen; die gleichen Rechte zugestehen:* man wollte die Arbeiter der verschiedenen Zweige gehaltlich [einander] g.; den Arbeiter dem Angestellten/mit dem Angestellten g.; Ü Wir werden oft einer Schafherde gleichgestellt (Molo, Frieden 63).

Gleich|stel|lung, die: *das Gleichstellen, Gleichgestelltwerden:* die G. von Mann und Frau; im marxistischen Staat würde bei aller sozialen G. der individuelle Lebensraum des Einzelnen nicht eingeengt werden (Feuchtwanger, Erfolg 319).

gleich|stim|mig ⟨Adj.⟩: *in gleicher Stimmung* (4), *auf gleicher Tonhöhe.*

Gleich|strom, der: *elektrischer Strom gleich bleibender Richtung.*

Gleich|strom|ge|ne|ra|tor, der: *Gleichstrom erzeugender Generator.*

Gleich|strom|ma|schi|ne, die: *rotierende elektrische Maschine für Gleichstrom.*

Gleich|takt, der ⟨o. Pl.⟩: *gleichmäßiger, gleich bleibender Rhythmus:* ein ruhiger G.; die Uhren schlagen im G.

Gleich|tritt, der ⟨o. Pl.⟩: *Gleichschritt.*

gleich|tun ⟨unr. V.; hat⟩: in der Wendung **es jmdm. g.** (1. *jmdn. nachahmen; sich genauso benehmen wie ein anderer:* alle benahmen sich ähnlich ... Ich versuchte, es ihnen gleichzutun, aber es gelang mir noch nicht [Leonhard, Revolution 152]. 2. *die gleiche [als vorbildlich angesehene] Leistung eines anderen anstreben u. erreichen:* sie hat es ihm an Schnelligkeit, im Trinken gleichgetan; er starb im Augenblick des großen Glücks, da er es wenigstens einmal ... den Großen, Starken ... gleichgetan hatte [Loest, Pistole 63]).

Glei|chung, die; -, -en [mhd. g(e)līchunge = Vergleichung, Gleichartigkeit, Änlichkeit, zu ↑gleichen]: [1]*Ausdruck* (5), *in dem zwei mathematische Größen gleichgesetzt werden:* eine G. mit einer Unbekannten; die G. geht auf; quadratische -en; -en dritten Grades; homogene G. (Math.; *Gleichung, in der alle Glieder mit der Unbekannten gleichen Grades sind u. auf einer Seite der Gleichung stehen, wobei die andere Seite den Wert null hat*); inhomogene G. (Math.; *Gleichung, bei der mindestens zwei Glieder verschiedenen Grades auftreten*); eine G. aufstellen; Ü er wollte seine Ideale in die Praxis umsetzen, aber die G. ging nicht auf; im Sinne der ... G. von Sozialismus und Demokratie (Stamokap 110).

gleich|viel [-'- auch: '- -] ⟨Adv.⟩: *einerlei; wie dem auch sei; gleichgültig [ob]:* Gleichviel, es muss durchgestanden werden (Hacks, Stücke 15); ich gehe weg, g. wohin; getan werden muss es, g. ob es leicht oder schwer geht.

gleich|wer|tig ⟨Adj.⟩: *von gleichem Wert:* -e Gegner; Sind die gegenseitigen Konzessionen wirklich g.? (Dönhoff, Ära 215).

Gleich|wer|tig|keit, die ⟨Pl. selten⟩: *gleichwertige Beschaffenheit:* Erklärung der G. der Frau in der Allgemeinen Deklaration der Menschenrechte (Bund 15. 10. 68, 7).

gleich|wie ⟨Konj.⟩ (geh.): **a)** *nicht anders als, ebenso wie:* g. ich mir vorstelle, dass das fröhliche Völkchen der alten Griechen ihr Idiom für die einzig menschliche Ausdrucksweise ... mögen gehalten haben (Th. Mann, Krull 145); ... der ins Westland einzog, g. in ein fremdes Land (Th. Mann, Joseph 246); **b)** *wie:* die ... Abwasserpilze, die ... alles, was darin (= im Bachbett) liegt, g. mit zottigen Schaffellen überziehen (Thienemann, Umwelt 43).

gleich|win|ke|lig, gleich|wink|lig ⟨Adj.⟩: *gleiche Winkel aufweisend, bildend:* die Lamellen sind g. angeordnet.

gleich|wohl [-'- auch: '- -; spätmhd. glich(e)wol, eigtl. = in gleicher Weise gut, wirksam]: **I.** ⟨Adv.⟩ *unbeschadet einer vorangegangenen gegenteiligen Feststellung; dennoch, trotzdem:* es wird g. nötig sein, die Angaben noch einmal zu überprüfen; g. kann man sich diesen Film nur mit einer inneren Beklommenheit ansehen (Nigg, Wiederkehr 193). **II.** ⟨Konj.⟩ (selten, noch landsch.) *obgleich, obwohl:* die Nachbarn ... erkannten McIntosh wieder, g. dieser im grauen Anzug war (Fries, Weg 191).

gleich|zei|tig ⟨Adj.⟩: **1.** *zur gleichen Zeit [stattfindend]:* für den 1. April war die -e Uraufführung der neuen Oper in Hamburg und München angesetzt; sie redeten alle g.; so kann ich g. das Telefon hören und die Straße und den Hof überblicken (Remarque, Obelisk 117). **2.** (selten) *zugleich, auch noch:* das Rauchtischchen ... ist nun g. ein Schachspiel (Strittmatter, Wundertäter 375).

Gleich|zei|tig|keit, die; -: *gleichzeitiges Eintreten, Vorsichgehen.*

gleich|zie|hen ⟨unr. V.; hat⟩ [zu gleich = gerade, eben, also eigtl. = gerade ziehen] (bes. Sport): *die gleiche Leistung erzielen; auf die gleiche Stufe, Höhe, auf der sich ein anderer bereits befindet, gelangen:* im Lebensstandard mit anderen Ländern g.; Die Reinickendorfer waren fast die gesamte Spielzeit überlegen, mussten jedoch acht Minuten vor Schluss die Lichterfelder g. lassen (Welt 29. 4. 65, 8); Der Versuch der Sowjets, mit dem Westen gleichzuziehen, scheiterte (Spiegel 52, 1975, 116); In Deutschland sind die Zinsen ... so gestiegen, dass sie nun mit dem österreichischen Zinsniveau gleichgezogen haben (profil 17, 1979, 35).

Gleich|zie|hung, die (selten): *das Gleichziehen:* Die G. bei den Normaltarifen werde ... einen Einheitstarif auf Schiene und Straße zur Folge haben (Presse 3. 10. 68, 1).

◆ **gleim** ⟨Adj.⟩ [eigtl. = fest, dicht, H. u.]: (bayr., österr.) *nahe, eng, dicht:* Geh g. hinter mir (Rosegger, Waldbauernbub 79).

Gleis, das; -es, -e [↑Geleise]: **a)** *aus zwei in gleich bleibendem Abstand voneinander laufenden [auf Schwellen verlegten] Metallschienen bestehende Fahrspur für Schienenfahrzeuge:* -e verlegen, erneuern; Überschreiten der -e verboten!; der Zug läuft auf G. 5 ein; die Räder sind aus dem G. gesprungen; ein totes *(unbenutztes)* G.; Ü auf/in ein falsches G. geraten; Ich fühlte, unsere Unterhaltung geriet ... auf ein gefährliches G. (Fallada, Herr 14); als die deutsche Politik auf ein neues G. gestellt wurde (W. Brandt, Begegnungen 220); *[in den folgenden Wendungen (mit Ausnahme der ersten) bedeutet »Gleis« urspr. die eingefahrene Spur der Wagenräder auf Landstraßen, auf deren Einhalten der Fahrer zu achten hatte] **jmdn., etw. auf ein totes G. schieben** *(jmdn., etw. auf einen Platz stellen, rücken, wo kein Weiterkommen mehr möglich ist, wo die Person, die Sache in Vergessenheit gerät; abschieben):* die Reformen dürfen nicht wieder auf ein totes G. geschoben werden; der Parteisekretär wurde mit diesem Posten auf ein totes G. geschoben *(er wurde seines Einflusses beraubt);* **aus dem G. kommen/geraten** *(die gewohnte Ordnung u. Regelmäßigkeit verlieren):* 77 Prozent der ... Wähler haben das Gefühl, dass die Innen- und Außenpolitik aus dem G. geraten sind (Saarbr. Zeitung 12./13. 7. 80, 3); **jmdn. aus dem G. bringen/werfen** *(jmdn. aus der gewohnten Ordnung reißen):* Diese Sache mit Otto und Anna muss ihn viel mehr aus dem G. geworfen haben, als er bisher gedacht hat (Fallada, Jeder 17); **im G. sein** *(in Ordnung sein);* **wieder ins [rechte] G. kommen** *(sich wieder richtig einspielen; die gewohnte Ordnung zurückgewinnen);* **wieder ins [rechte] G. bringen** *(zurechtrücken, in Ordnung bringen);* **sich in ausgefahrenen -en bewegen** *(einfallslos, unselbstständig handeln);* **b)** (selten) *einzelne Metallschiene des Gleises* (a): er lief zwischen den -en entlang; Durch die Wucht des Aufpralls wurde die ... Lok ... aus den -en gehoben (MM 28. 8. 69, 11); ◆ **c)** *eingefahrene Spur der Räder von Fuhrwerken auf der Landstraße:* aus dem G. gedrängt, nach dem Rande des Hochwegs irrte das knarrende Rad (Goethe, Hermann u. Dorothea 1, 137 f.).

Gleis|an|la|ge, die: *die gesamte mit Eisenbahnschienen belegte Fläche.*

Gleis|an|schluss, der: *Gleise, auf denen die [Haupt]eisenbahnlinie erreicht werden kann.*

Gleis|ar|bei|ten ⟨Pl.⟩: *[Ausbesserungs]arbeiten an den Gleisen.*

Gleis|ar|bei|ter, der: *jmd., der Gleisarbeiten ausführt.*

Gleis|bau, der ⟨o. Pl.⟩: *Herstellung des Bahnkörpers der Eisenbahn.*

Gleis|bau|er, der; -s, -: *Facharbeiter für das Verlegen von Schienen u. die Herstellung des Unterbaus* (Berufsbez.).

Gleis|bett, das: *feste Unterlage aus Schotter für Gleise* (a).

Gleis|bet|tung, die: vgl. Bettung.

Gleis|brem|se, die (Eisenb.): *in den Gleisen (auf Rangierbahnhöfen) angebrachte, vom Stellwerk aus bediente Anlage, durch die die Geschwindigkeit von Wagen, die rangiert werden, abgebremst werden kann.*

Gleis|drei|eck, das: *aus drei Weichen u. drei Schienensträngen bestehende Verbindung von Gleisen in Form eines Dreiecks, die Schienenfahrzeugen den unmittelbaren Übergang in eine andere Richtung od. das Wenden ohne Drehscheibe o. Ä. ermöglicht.*

-glei|sig: in Zusb., z. B. ein-, zwei-, mehrgleisig.

Gleis|ket|te, die (Technik): *Raupenkette.*

Gleis|ket|ten|fahr|zeug, das: *Raupenfahrzeug.*

Gleis|kör|per, der: *Gesamtheit von Gleis, Schwelle* (2) *u. Gleisbett:* Betreten des -s verboten!

gleis|los ⟨Adj.⟩: *ohne [Straßenbahn]gleise:* für den -en Verkehr eintreten.

Gleis|mess|fahr|zeug, das (Eisenb.): *Schienenfahrzeug, meist Triebwagen, mit dem die Gleisanlagen auf Verformungen u. Schäden überprüft werden.*

Gleis|ner, der; -s, - [mhd. glīsnēre, gelīchs(e)nære, zu mhd. gelīchesen, ahd. gilīhhisōn = es jmdm. gleichtun, sich verstellen, heucheln, zu ↑gleich] (veraltet): *Heuchler.*

Gleis|ne|rei, die; - (veraltet): *Heuchelei.*

Gleis|ne|rin, die; -, -nen (veraltet): w. Form zu ↑Gleisner: ◆ Doch überredete die Hoffnung mich, die G. (Goethe, Torquato Tasso III, 2).

gleis|ne|risch ⟨Adj.⟩ (veraltet): *heuchlerisch:* mit -er Freundlichkeit; Und mit dieser Konstruktion, die viele Juristen als »gleisnerisch« und viele Laien als »infamen Dreh« bezeichneten, war das Ehrenschild ... notdürftig geflickt (Mostar, Unschuldig 138).

Glei|ße, die; -, -n [zu ↑gleißen, wohl nach den glänzenden Blättern] (landsch.): *Hundspetersilie.*

glei|ßen ⟨sw. V.; hat; landsch. auch stark: gliss, geglissen⟩ [a: mhd. glīȥen, ahd. glīȥ(ȥ)an, urspr. wohl = blank, glatt sein, verw. mit ↑gelb; b: spätmhd. glīssen, vermischt aus mhd. gelīchesen (↑Gleisner) u. glīȥen, ↑gleißen (a)]: **a)** (dichter.) *stark u. spiegelnd [metallisch] glänzen:* die Sonne gleißt weiß über der dampfenden Küste (Frisch, Gantenbein 380); Falsche

Brillanten gleißen an ihren Ohren (Th. Mann, Krull 132); in dem Fjord, der gliss wie flüssige Glut zwischen schwarzen Schlackenrändern (Gaiser, Jagd 77); ⟨meist im 1. Part.:⟩ gleißendes Licht; gleißend hell; ihre Schultern hoben sich aus gleißendem Atlas (Fussenegger, Haus 30); Ü vor allem die von Wahrheit gleißenden Ausreden des Lügners (Werfel, Himmel 192); ◆ **b)** *heucheln, sich verstellen:* Er sagte vorher mit gleißenden Worten: ... (Goethe, Reineke Fuchs II, 147); Blandinen, dein gleißendes Töchterlein, schwächt, zur Stunde jetzt schwächt sie ein schändlicher Knecht (Uhland, Lenardo u. Blandine).

Gleis|sper|re, die (Eisenb.): *auf ein Gleis montierte klotzförmige Vorrichtung, mit der verhindert werden kann, dass Wagen auf einen gesperrten Gleisabschnitt rollen.*

Gleis|ver|le|gung, die: *das Verlegen von Gleisen.*

Gleis|waa|ge, die (Eisenb.): *mit einer Wiegevorrichtung versehenes Gleisstück zum Wiegen von Güterwagen.*

Gleis|wech|sel, der: **a)** (Bergbau) *Ausweichstelle auf einer eingleisigen Strecke einer Grubenbahn unter Tage;* **b)** *Verbindungsstelle zwischen Gleisen, die den Wechsel eines Straßenbahnzuges von einem Gleis auf ein anderes ermöglicht.*

Gleis|wer|ker, der: *Facharbeiter bei der Bahn* (Berufsbez.).

Gleit|bahn, die (Flugw.): *Bahn beim Gleitflug.*

Gleit|bein, das (Leichtathletik): *beim Kugelstoßen das nach hinten gestreckte Bein, das beim Abdrücken flach über den Boden gezogen wird, ohne ihn dabei zu berühren.*

Gleit|boot, das: *schnelles Motorboot, das sich durch seine Geschwindigkeit aus dem Wasser hebt u. [mit bes. ausgebildeten Tragflügeln] auf der Wasseroberfläche gleitet.*

Gleit|creme, die: Creme (1), *die beim Geschlechtsverkehr ein leichteres, gleitendes Einführen des Penis ermöglicht.*

glei|ten ⟨st. V.⟩ [mhd. glîten, ahd. glîtan, wahrsch. eigtl. = blank, glatt sein u. dann viell. verw. mit ↑gleißen, ↑glimmen]: **1.** ⟨ist⟩ **a)** *schwebend fliegen:* durch die Luft g.; die Möwen gleiten im Wind; ... gerät Paasch in einen absurden Traum, in dem Gott und er in einer Flasche durch das Weltall gleiten (Fries, Weg 72); das Flugzeug glitt sanft zu Boden; **b)** *sich leicht u. gleichmäßig, fast schwebend über eine Fläche hinbewegen:* über das Eis g.; die Segelboote gleiten über das Wasser; die Tanzpaare gleiten über das Parkett; der Tanker glitt über die Helling ins Hafenbecken; die Tür glitt ins Schloss; Ü seine Blicke glitten über ihren Körper, in die Ferne; die Wolken ..., deren Schatten ... über die Berghänge glitten (Ransmayr, Welt 189); **c)** *sich leicht u. gleichmäßig nach unten bewegen; herabgleiten:* aus dem Sattel g.; sie glitt ins Wasser; ich aber ließ mich von meiner Zaunstange g. (Broch, Versucher 164); die Decke war von ihren Füßen geglitten; Ü Aus dem Weinen glitt sie sanft in den Schlaf (Rinser, Mitte 188); das Geld gleitet ihm aus den Händen *(er gibt es aus, fast ohne es zu bemerken, kann es nicht zusammenhalten);* **d)** (selten) *ausrutschen, ausgleiten:* Er glitt und taumelte gegen den Eisenzaun (Gaiser, Schlußball 199). **2.** (ugs.) *Arbeitsbeginn u. -ende im Rahmen der gleitenden Arbeitszeit frei wählen* ⟨hat⟩: dass Arbeitnehmer, die an Gleitzeit gewöhnt sind, nur noch ihre Stelle wechseln, wenn sie auch im neuen Unternehmen g. können (MM 17. 10. 70, 7); ⟨1. Part.:⟩ gleitende Arbeitswoche *([bei Fabriken, deren Arbeitsschichten an Wochenenden weiterlaufen] Arbeitswoche mit wechselnden freien Tagen);* gleitende Arbeitszeit *(Arbeitszeitregelung, bei der der Arbeitnehmer in einem bestimmten Rahmen Beginn u. Ende der Arbeitszeit frei wählen kann);* gleitende *(den steigenden Preisen sich anpassende)* Lohnskala. ◆ **3.** ⟨auch sw. Verb:⟩ uns lockt' und zog ein süß Verlangen, wir gleiteten zur vollern Brust (Goethe, Lebendiges Andenken); Ist vom Pferd herab dem Rudolf Harras in den Arm gegleitet (Schiller, Wilhelm Tell IV, 3; [Bühnenanweisung]).

Glei|ter, der; -s, - [engl. glider] (Fliegerspr.): *Segelflugzeug.*

gleit|fä|hig ⟨Adj.⟩: *die Eigenschaft besitzend, gut zu gleiten* (1 b).

Gleit|fä|hig|keit, die: *Eigenschaft, gleitfähig zu sein:* Moderne Kunststoffe verwenden Rennfahrer auch zu ihrem persönlichen Schutz: ... z. B. eine Teflonschicht ..., die bei einem Sturz die G. (= der Schutzkleidung bei Berührung mit der Straße) verbessern soll (ADAC-Motorwelt 9, 1982, 72).

Gleit|film, der: Film (1), *der ein Gleiten* (1 b) *ermöglicht, herbeiführt.*

Gleit|flä|che, die: *glatte Fläche, auf der etw. [entlang]gleiten kann.*

Gleit|flug, der: *schwebender, leicht abwärts führender Flug ohne Flügelschlag (bei Vögeln) od. ohne Motorantrieb (bei Flugzeugen):* im G. niedergehen, landen; Auch wenn wir den Motor abstellen und im G. segeln, bemerken uns Zebras (Grzimek, Serengeti 132).

Gleit|flug|zeug, das: *Segelflugzeug.*

Gleit|ge|schwin|dig|keit, die: *Geschwindigkeit, mit der ein Schiff o. Ä. ohne mechanischen Antrieb auf einem Fluss o. Ä. fährt.*

Gleit|hang, der (Geogr.): *flacher Hang an der Innenseite einer Flussbiegung; Flachhang.*

Gleit|klau|sel, die: *Klausel in einem Vertrag, Vereinbarung, dass die Höhe einer Zahlung (wie z. B. Miets-, Gehaltszahlung) nach einer bestimmten Frist den veränderten [Lebenshaltungs]kosten angepasst wird.*

Gleit|kom|ma, das, **Gleit|kom|ma|dar|stel|lung,** die (EDV): *Darstellung einer Zahl, bei der der Zahlenwert durch eine Mantisse u. die Größe der Zahl durch einen Exponenten angegeben wird; Gleitpunktdarstellung.*

Gleit|ku|fe, die: *unter dem Rumpf mancher Segelflugzeuge angebrachte* [1]*Kufe* (b), *auf der sie beim Start u. bei der Landung gleiten.*

Gleit|la|ger, das (Technik): *Lager mit fest stehenden, in einem Gehäuse eingebauten Lagerschalen, über deren Flächen ein sich drehender [von einem Ölfilm getragener] Zapfen gleitet.*

Gleit|laut, der (Sprachw.): *Übergangslaut.*

Gleit|mit|tel, das: **1. a)** (Med.) *Zusatzstoff bei Medikamenten, Kathetern u. Ä., der leichteres, gleitendes Eindringen ermöglicht;* **b)** (Med.) *Zusatzstoff bei Abführmitteln, durch den der Kot geschmeidiger werden soll;* **c)** (Kosmetik) *Zusatzstoff in kosmetischen Präparaten zur Verminderung der Reibung u. Erhöhung der Gleitfähigkeit (z. B. Paraffinöl in Massageölen).* **2.** (Technik) *Zusatzstoff, der bei Press- u. Spritzgussmassen das plastische Verformen erleichtert.*

Gleit|punkt|dar|stel|lung, die (EDV): *Gleitkommadarstellung.*

Gleit|schie|ne, die: *Schiene* (2 a).

Gleit|schirm, der: *beim Paragliding verwendetes fallschirmähnliches Sportgerät mit rechteckigem Schirm; Gleitsegel; Paragleiter:* Die Vorstellung, der G. sei per se ein Rettungsgerät und damit als solches quasi absturzsicher, die ist leider falsch (RNZ 16. 1. 88, 61).

Gleit|schirm|flie|gen, das; -s: *Paragliding.*

Gleit|schutz, der (Kfz-T.): *Schutz[mittel] gegen das Gleiten der Räder auf glatter Fahrbahn:* Schneeketten sind der sicherste G.

Gleit|se|gel, das: *Gleitschirm.*

Gleit|se|geln, das; -s: *Paragliding.*

gleit|si|cher ⟨Adj.⟩: *gegen Ausgleiten, Rutschen gesichert:* -e Reifen; Ältere ... Personen sollten ... auf -es Schuhwerk achten (Basler Zeitung 9. 10. 85, 41); Gehwege g. streuen.

Gleit|sicht|bril|le, die: *Brille mit Gleitsichtgläsern.*

Gleit|sicht|glas, das (Augenoptik): *aus einem Stück geschliffenes Brillenglas mit stufenlos wirksamer Optik, das einen gleitenden Übergang vom Teil für die Ferne zum Teil für die Nähe schafft u. auf diese Weise ein natürliches Sehen ermöglicht.*

Gleit|stoß, der (Fechten): *Filo.*

Gleit|wachs, das: *Wachs, das die Lauffläche der Skier besonders glatt macht u. das Festbacken von Schneeklumpen verhindert.*

Gleit|win|kel, der (Flugw.): *Winkel, den die Gleitbahn eines Flugzeugs im Landeanflug mit der Erdoberfläche bildet.*

Gleit|zeit, die: **a)** *(bei gleitender Arbeitszeit) Zeitspanne außerhalb der Fixzeit, in der der Arbeitnehmer Arbeitsbeginn bzw. -ende frei wählen kann;* **b)** *(in Stunden ausgedrückte) Summe der Zeit, die ein Arbeitnehmer gegenüber der insgesamt nötigen Stundenzahl zu viel oder zu wenig abgeleistet hat:* mir fehlen noch 3 Stunden G.; **c)** (ugs.) *gleitende Arbeitszeit.*

Gleit|zeit|ur|laub, der: *zusätzlicher Urlaubstag bzw. Urlaub, den ein Arbeitnehmer, eine Arbeitnehmerin für ersparte Gleitzeit* (b) *nimmt.*

Glen|check ['glɛntʃɛk], der; -[s], -s [engl. glencheck, aus: glen = Tal (im schott. Hochland) u. check = Karomuster, eigtl. = Stoff mit Karomuster, wie er in Schottland getragen wird]: **a)** *aus hellen u. dunklen Fäden entstandenes großflächiges Karomuster:* der Stoff ist in G. gemustert; **b)** *Gewebe (Anzug- od. Mantelstoff), das in Glencheck* (a) *gemustert ist;* **c)** *Kleidungsstück aus Glencheck* (b).

Glẹt|scher, der; -s, - [walliserisch glačer, über das Vlat. zu lat. glacies = Eis]: *großes Eisfeld, aus Firneis gebildete Eismasse, die sich in einem Strom langsam zu Tal bewegt:* der G. schmilzt, geht zurück; der G. kalbt *(Eismassen brechen von ihm ab);* Am steilen Abbruch des -s schnallen sie die Steigeisen an und gehen ans Seil (Trenker, Helden 168).

Glẹt|scher|ab|fluss, der: vgl. Gletscherbach.

glẹt|scher|ar|tig ⟨Adj.⟩: *in der Art eines Gletschers.*

Glẹt|scher|bach, der: *unter einem Gletscher fließender u. am Ende der Gletscherzunge austretender, aus Schmelzwasser gespeister Bach.*

Glẹt|scher|brand, der: *im Hochgebirge durch ultraviolette Strahlung u. deren Reflexion an Schnee u. Eis hervorgerufener starker Sonnenbrand.*

Glẹt|scher|bril|le, die: *Schutzbrille für Touren auf einem Gletscher.*

Glẹt|scher|eis, das: *Eis eines Gletschers.*

Glẹt|scher|fahrt, die: *Gletschertour:* Für eine G. ist die Dreierseilschaft wohl die beste (Eidenschink, Eis 25).

Glẹt|scher|fall, der: *Gletschersturz.*

Glẹt|scher|feld, das: *[flache] zusammenhängende Oberfläche eines Gletschers.*

Glẹt|scher|floh, der: *kleines, schwarzes Insekt, das oft in Massen auf alpinen Schnee- u. Eisflächen auftritt.*

Glẹt|scher|kun|de, die: *Glaziologie.*

Glẹt|scher|milch, die (Geol.): *(durch mitgeführten feinsten Schutt) milchigtrübes Wasser eines Gletscherbachs.*

Glẹt|scher|müh|le, die (Geol.): *vom Wasser spiralförmig ausgespülter Schacht im Eis od. in einem früher von Gletschereis bedeckten Fels.*

Glẹt|scher|nel|ke, die: *als Staude wachsende Pflanze mit steifen, grasartigen, in Büscheln angeordneten Blättern u. roten, der Nelke ähnlichen Blüten, die als Steingartenpflanze beliebt ist.*

Glẹt|scher|schliff, der (Geol.): *durch die Reibung von Gletschereis u. Geröll auf dem Fels entstandener glatter Schliff.*

Glẹt|scher|spal|te, die: *Spalte im Gletschereis.*

Glẹt|scher|sturz, der: *stückweises Herabstürzen eines Gletschers an einer Felskante.*

Glẹt|scher|tisch, der (Geol.): *von einer Steinplatte bedeckter u. dadurch vor dem Abschmelzen geschützter, säulenartiger Eisblock auf einem Gletscher.*

Glẹt|scher|topf, der (Geol.): *durch Strudel entstandene Höhlung am Grund einer Gletschermühle.*

Glẹt|scher|tor, das (Geol.): *am Ende der Gletscherzunge im Eis entstandene gewölbeartige Austrittsöffnung für den Gletscherbach.*

Glẹt|scher|tour, die: *[mit Spezialausrüstung u. Seilsicherung zu unternehmende] Hochgebirgstour über einen Gletscher.*

Glẹt|scher|was|ser, das: *Schmelzwasser eines Gletschers.*

Glẹt|scher|zun|ge, die (Geol.): *nach vorn schmaler werdendes u. zungenartig auslaufendes Ende eines Gletschers:* Abfälle schoben sich wie eine G. ins Dickicht (Fels, Sünden 58).

Gle|ve ['gle:fə], die; -, -n [mhd. gleve < afrz. glaive < provenz. glavi = Vermischung von lat. gladius = Schwert u. clava = Keule]: **1.** *im MA. gebräuchliche hellebardenähnliche Waffe mit einschneidiger, messerförmiger Klinge.* **2.** *kleinste militärische Einheit der mittelalterlichen Ritterheere.* **3.** (Her.) *obere Hälfte einer Lilie in einem Wappen.*

Gli̱a, die; - [griech. glía = Leim]: *Neuroglia.*

Gli|a|di̱n, das; -s (Biol.): *einfache eiweißartige Verbindung im Getreidekorn (bes. in Roggen u. Weizen).*

Gli̱b|ber, der; -s (nordd.): *schlüpfrige, glitschige [gallertartige] Masse, schmierige Flüssigkeit.*

gli̱b|be|rig ⟨Adj.⟩ [mniederd. glibberich] (nordd.): *schlüpfrig, glitschig:* -e Quallen; Dotter, umschlossen von einem ... -en Eiweiß (Spiegel 36, 1987, 68).

gli̱b|bern ⟨sw. V.; hat⟩ [niederl. glibberen = gleiten, glitschen, viell. urspr. = glatt sein, glänzen u. verw. mit ↑gelb] (nordd.): *sich schwankend bewegen, wackeln:* der Boden glibbert unter meinen Füßen.

Gli̱b|ber|pud|ding, der (nordd. scherzh.): *mit Gelatine bereitete Nachspeise; Götterspeise.*

gli̱ch: ↑gleichen.

Glider ['gla̱idɐ], der; -s, - [engl. glider = Segelflugzeug, zu: to glide = gleiten]: *Flugzeug ohne eigenen motorischen Antrieb, Lastensegler; Gleit-, Segelflugzeug; Gleiter.*

Gli̱ed, das; -[e]s, -er [mhd. gelit, ahd. gilid; ge-Bildung zu gleichbed. mhd. lit, ahd. lid, eigtl. = Bewegliches, Biegsames (am Körper); 2: mhd. lit, ahd lid, Übers. von lat. membrum (virile)]: **1. a)** *(bei Mensch u. Tier) beweglicher, durch ein Gelenk mit dem Rumpf verbundener Körperteil:* kräftige, schmale, bewegliche -er; ein künstliches G. *(Prothese);* die -er sind ihm steif vor Kälte; mir tun alle -er weh; Da sah ich Pablo sich dehnen, sah ihn die Augen öffnen und die -er recken (Hesse, Steppenwolf 253); sei froh, dass du noch gesunde -er hast; alle -er von sich strecken; [vor Kälte, Schrecken] kein G. rühren können *(sich nicht bewegen können, wie gelähmt sein);* Die Männer, die ihr Blut und ihre heilen -er geopfert haben (Plievier, Stalingrad 242); an allen -ern zittern *(vor Angst od. Aufregung heftig, am ganzen Körper zittern);* die Angst, das Schwächegefühl, der Schrecken, die Krankheit steckte/saß ihm [noch] in den -ern *(hatte seinen ganzen Körper erfasst);* der Schreck fuhr ihm in die -er/durch alle -er *(erfasste ihn ganz, traf ihn schlagartig);* Eine Weile gingen wir schweigend nebeneinander her ..., ich mit gesenktem Kopf und schleppenden -ern (Fallada, Trinker 95); **b)** (Anat.) *Gliedteil zwischen zwei Gelenken:* ein Finger besteht aus drei -ern; ich habe mir ein G. am Mittelfuß verstaucht. **2.** *das äußere männliche Geschlechtsorgan; Penis:* das männliche G.; Durch nichts als ... Vorstellung ... gelangt das G. ... zur prächtigsten Erektion (Zwerenz, Kopf 16). **3.** *eines der ineinander greifenden Teilstücke, die zusammen eine Kette bilden:* eiserne -er; jede Kette ist so stark wie das schwächste ihrer -er; ein Armband aus goldenen -ern; Ü es fehlt noch ein G. in der Kette der Beweise; die Erzieher ... machen »das schwächste G.« der sozialen Kette aus (Spiegel 4, 1973, 79). **4.** *Teil eines Ganzen:* die -er eines Satzes, einer Gleichung; Die Mutter ... wünschte, dass er ein nützliches G. *(ein nützliches Mitglied)* der Gesellschaft würde (Erich Kästner, Fabian 182); so ist die Baumschicht im soziologischen Aufbau des Waldes die herrschende Schicht, die übrigen sind dienende -er (Mantel, Wald 16). **5. a)** *Reihe einer angetretenen Mannschaft:* das erste G. tritt einen Schritt vor; aus dem G. treten; ins G. zurücktreten; im G. stehen; der Mann im dritten G.; in Reihen zu drei -ern antreten!; Ü Es gibt Pausen auch für die tüchtigsten Völker, man muss nicht immer im ersten G. stehen (Augstein, Spiegelungen 40); Fräulein von Pahlen hatte nicht ins zweite G. zurücktreten wollen, was andere Frauen in der gleichen Situation ... getan hatten (Brückner, Quints 277); Die Täter waren unerfahrene »Anarchisten aus dem fünften G.« (Spiegel 18, 1975, 23); **b)** (geh. veraltet) *Geschlechterfolge, Generation:* er konnte seine Vorfahren bis ins zehnte G. zurückverfolgen; der die Missetat der Väter heimsucht an den Kindern bis ins dritte und vierte G. (2. Mos. 20, 5).

Gli̱e|der|arm|band, das: *aus einzelnen Gliedern* (3) *bestehendes Armband.*

Gli̱e|der|bau, der ⟨o. Pl.⟩: *Bau der Glieder* (1 a): ein Mann von kräftigem G.

Gli̱e|der|fü|ßer, der (Zool.): *(in sehr vielen Arten vorkommendes) wirbelloses Tier mit einem in zahlreiche Segmente gegliederten, von einem Panzer aus Chitin umgebenen Körper;* vgl. Arthropoden.

-glie|de|rig: ↑-gliedrig.

Gli̱e|der|kak|tus, der: *Kaktus mit flachen, aus einzelnen Gliedern* (4) *zusammengesetzten Sprossen u. großen, rosa bis tiefroten Blüten.*

Gli̱e|der|ket|te, die: *aus einzelnen Gliedern* (3) *bestehende Kette.*

gli̱e|der|lahm ⟨Adj.⟩: *(vor Müdigkeit, langem Verweilen in unveränderter Haltung o. Ä.) steif, unbeweglich in den Gliedern* (1 a).

Gli̱e|der|maß|stab, der: *Zollstock.*

Gli̱e|der|me|ter, der (schweiz.): *Zollstock.*

gli̱e|dern ⟨sw. V.; hat⟩ [zu ↑Glied]: **a)** *etw. Zusammenhängendes [übersichtlich u. schwerpunktmäßig, nach bestimmten Ge-*

sichtspunkten] in einzelne Abschnitte einteilen, ordnen: einen Aufsatz, Vortrag [klar, übersichtlich, gut, schlecht] g.; etw. nach bestimmten Gesichtspunkten g.; das Buch ist in einzelne Abschnitte gegliedert; eine hierarchisch gegliederte Organisation; eine reich gegliederte (Geogr.; *buchtenreiche*) Küste; eine reich gegliederte Fassade; **b)** ⟨g. + sich⟩ *in verschiedene, unterscheidbare, aber zusammenhängende Teile untergliedert sein:* die Lehre von der Politik gliedert sich in drei Gebiete; mein Referat gliedert sich wie folgt: ...; Ihrem Inhalt nach gliedern sich die Grundrechte in drei Hauptgruppen (Fraenkel, Staat 127).

Glie|der|pup|pe, die: *Puppe mit beweglichen Gliedern* (1 a); *Gelenkpuppe.*

Glie|der|rei|ßen, das (ugs.): *Gliederschmerz.*

Glie|der|satz, der (Sprachw.): *Satz, der aus mehreren Gliedern* (4) *besteht; Satzgefüge, Periode.*

Glie|der|schmerz, der: *ziehender Schmerz in einem Glied* (1 a) *od. in allen Gliedern.*

Glie|der|schwe|re, die: *subjektives Gefühl, als hätten Arme u. Beine an Gewicht zugenommen u. wären nur mit Anstrengung zu bewegen; bleierne Müdigkeit.*

Glie|der|sucht, die ⟨o. Pl.⟩ (landsch.): *Rheumatismus.*

Glie|der|tier, das ⟨meist Pl.⟩ (Zool.): *Vertreter einer Gruppe unterschiedlicher Tierstämme, deren gemeinsames Merkmal die Aufgliederung des Körpers in zahlreiche Segmente ist.*

Glie|de|rung, die; -, -en: **1. a)** *das Gliedern, Aufteilen:* eine G. nach bestimmten Gesichtspunkten; sich um eine übersichtliche G. bemühen; **b)** *das Gegliedertsein; Aufbau, Einteilung:* die gesellschaftliche G. eines Volkes; die Langhauswand zeigt differenzierte -en durch Wandsäulen und pilasterartige Bauglieder (Bild. Kunst III, 18). **2.** (nationalsoz.) *Organisationseinheit der NSDAP:* die Partei und ihre -en.

Glie|de|rungs|prin|zip, das: *Grundsatz der Einteilung:* nach einem einheitlichen G. suchen.

Glie|der|wurm, der: *Ringelwurm.*

Glie|der|zu|cken, das; -s: *unkontrollierte, krankhafte Bewegung der Glieder* (1 a).

Glie|der|zug, der: *aus eng aneinander gekoppelten Teilen bestehender [Triebwagen]zug bei Eisenbahn od. Straßenbahn.*

Glied|kir|che, die: *[verwaltungsmäßig] selbstständige Kirche als Glied einer größeren Vereinigung.*

Glied|ma|ße, die; -, -n ⟨meist Pl.⟩ [mhd. gelidemæʒe = Glied, Gliedmaßen, eigtl. = Maß, rechtes Verhältnis der Glieder]: *Glied* (1 a): die vorderen, hinteren -n des Hundes; gesunde, steife -n haben; sich die -n brechen; an den unteren -n gelähmt sein; Es war eine kleine Gestalt, ... doch mit kräftigen -n (Zuckmayer, Fastnachtsbeichte 197).

-glied|rig, -gliederig: in Zusb., z. B. grobglied[e]rig *(von grobem Gliederbau),* mehrglied[e]rig *(mit mehreren Gliedern* 3,4).

Glied|satz, der (Sprachw.): *abhängiger Satz in einem Satzgefüge; Nebensatz.*

Glied|staat, der: *einzelner Staat eines Bundesstaates od. Staatenbundes.*

glied|wei|se ⟨Adv.⟩: *Glied für Glied:* g. vortreten.

Gli|ma, die; - [isländ. glíma < anord. glīma]: *alte, noch heute übliche Form des Ringkampfs in Island.*

glim|men ⟨st., auch sw. V.; hat⟩ [mhd. glimmen, verw. mit ↑gleißen]: *ohne Flamme schwach brennen; schwach glühen:* die Zigaretten glimmten/(geh.:) glommen in der Dunkelheit; unter der Asche hat noch das Feuer geglimmt/(geh.:) geglommen; Die Glutbecken glommen nur noch schwach (Ransmayr, Welt 34); Hinter den Fenstern ... glimmt die Anzeige der Bordinstrumente (Heim, Traumschiff 159); Ü Irgendwo glimmt schon noch ein wenig Hoffnung (ran 2, 1980, 14); In ihren prüfenden Blicken ... glommen verborgene Gedanken (Apitz, Wölfe 259); Der Streit glomm unter der Oberfläche (Jaeger, Freudenhaus 124).

Glimm|ent|la|dung, die (Elektrot.): *Gasentladung, bei der gleichzeitig an den Elektroden eine schwach glühende Lichterscheinung u. zwischen ihnen eine leuchtende Säule entsteht.*

Glim|mer, der; -s, - [zu ↑glimmern]: **1.** *glänzendes Mineral, das in vielen Gesteinen in blättrig tafelartiger Form vorkommt:* Das Zinkblech der Brüstung ... glitzerte wie G. (Frisch, Montauk 206). **2.** (selten) *schwacher Glanz, Schimmer:* Weit draußen auf dem Atlantik ... ein G. von Sonne (Frisch, Montauk 93). **3.** (ugs.) *leichter Rausch* (1): ... dachte ich in meinem G., jetzt tritt mich 'n Pferd (Eppendorfer, St. Pauli 135).

glim|me|rig, glimmrig ⟨Adj.⟩ (veraltend): **1.** *schimmernd, schwach glänzend:* Wir treffen uns ... mit einem Archivrat ..., der mich ... mit glimmerigen Äuglein anplient (Zeller, Amen 121). **2.** *Glimmer* (1) *enthaltend:* -es Gestein.

glim|mern ⟨sw. V.; hat⟩ [mhd. glimmer(e)n = glänzen, leuchten, Iterativ-Intensiv-Bildung zu ↑glimmen]: *schimmern, schwach glänzen:* hinter einem Gitter von Reben glimmert der See (Frisch, Stiller 413); Da fiel sein Blick auf das Rotlicht, das am Instrumentenbrett glimmerte (Gaiser, Jagd 11).

Glim|mer|rau|pe: ↑Glimmraupe.

Glim|mer|schie|fer, der: *im Wesentlichen aus Glimmer u. Quarz bestehendes Gestein mit schieferartiger Struktur.*

Glim|mer|wurm: ↑Glimmwurm.

Glimm|lam|pe, die (Elektrot.): *meist als Signal- od. Kontrolllampe verwendete, überwiegend mit Neon gefüllte, kleine Lampe, die das bei der Glimmentladung entstehende rötlich glimmende Licht nutzt.*

Glimm|licht, das (Elektrot.): *bei einer Glimmentladung an den Elektroden auftretende, schwach glühende Lichterscheinung.*

Glimm|rau|pe, (auch:) Glimmerraupe, die (nordd.): *Leuchtkäfer.*

glimm|rig: ↑glimmerig.

Glimm|stän|gel, der [seit Anfang des 19. Jh.s zunächst als Ersatzwort für »Zigarre« verwendet] (ugs.): *Zigarette:* Auf 55 Millionen ... wird die Zahl der Amerikaner geschätzt, die vom G. nicht lassen können (Hamburger Morgenpost 25. 5. 85, 3); Der G. bringt in den Ländern der Gemeinschaft jährlich über 300 000 Menschen den Tod (Zivildienst 2, 1986, 1); eben drückt sie den G. aus, und schon schiebt sie sich einen neuen rein (Erné, Fahrgäste 228).

Glimm|strom, der (Elektrot., selten): *bei einer Glimmentladung fließender Strom.*

Glimm|wurm, (auch:) Glimmerwurm, der (nordd.): *Leuchtkäfer.*

[1]Glimpf, der; -[e]s, -e [H. u., vielleicht identisch mit spätmhd. glimpf = herabhängendes Gürtelende als Zierrat] (schweiz.): *Nadel zum Durchziehen* (1).

[2]Glimpf, der; -[e]s [mhd. g(e)limpf, ahd. gilimpf = angemessenes Benehmen, zu mhd. gelimpfen, ahd. gilimpfen = etw. angemessen tun, rücksichtsvoll sein, urspr. = schlaff, locker sein] in der Fügung **mit G.** (geh. veraltet; *glimpflich*): wir sind mit G. davongekommen.

glimpf|lich ⟨Adj.⟩ [mhd. gelimpflich, ahd. gilimpflīh, zu ↑[2]Glimpf od. zu mhd. gelimpf = angemessen, zu: gelimpfen (↑[2]Glimpf)]: **1.** *ohne größeren Schaden, ohne schlimme Folgen [abgehend]:* der -e Ausgang einer Sache; g. abgehen, verlaufen; das lief gerade noch einmal g. ab; Erst jetzt merkte ich, wie g. ich davongekommen war (Leonhard, Revolution 131); ◆ ⟨subst.:⟩ Seht, Vater! ich lese euch nur das Glimpflichste (*das, was euch noch am wenigsten verletzt;* Schiller, Räuber I, 1). **2.** *mild, schonend, nachsichtig:* ein -es Urteil; Schon vier Wochen nach der ... Kapitulation spielten ..., unter verhältnismäßig -er Aufsicht der sowjetischen Kulturoffiziere, die ersten Theater (Raddatz, Traditionen II, 403); er behandelte ihn nicht gerade g.; dass wir ... für ... abhanden gekommenes Werkzeug die Schelte bekamen – dafür sorgten schon die Handwerker, die keineswegs g. mit uns umgingen (Dönhoff, Ostpreußen 76). ◆ **3.** *rücksichtsvoll; mit der nötigen Behutsamkeit:* da das, was man für sie und ihren Liebsten tun würde, in der Stille, g. ... solle ausgerichtet werden (Mörike, Mozart 265).

Glio|blas|tom [glio-], das; -s, -e [zu griech. glía = Leim u. ↑Blastom] (Med.): *bösartiges Gliom.*

Gli|om, das; -s, -e [zu griech. glía = Leim] (Med.): *Geschwulst im Gehirn, Rückenmark od. an der Netzhaut des Auges.*

Glio|sar|kom [glio-], das; -s, -e [zu griech. glía = Leim u. ↑Sarkom] (Med. veraltet): *Glioblastom.*

Glis|sa|de, die; -, -n [frz. glissade, zu: glisser = gleiten] (Ballett): *Gleitschritt dicht über dem Boden.*

glis|san|do ⟨Adv.⟩ [ital. glissando, zu frz. glisser (↑Glissade) geb. nach accelerando u. Ä.] (Musik): *(über mehrere Töne hinweg) gleitend.*

Glis|san|do, das; -s, -s u. ...di (Musik): *das Gleiten (über mehrere Töne hinweg).*

Glis|son|schlin|ge [ˈglɪsn-], die; -, -n

[nach dem engl. Anatomen F. Glisson (1597–1677)] (Med.): *Zugvorrichtung zur Streckung u. Entlastung der Wirbelsäule bei der Behandlung von Wirbelsäulenerkrankungen.*

Glitsch|bahn, die, **Glit|sche,** die; -, -n (landsch.): *Rutschbahn auf dem Eis:* auch nach unten guckt er, auf den Weg, ob da nicht eine Glitsche ist, ... auf der das Fräulein ... ausrutschen könnte (Kempowski, Zeit 358).

glit|schen ‹sw. V.› [spätmhd. glitschen, glitzschen, Intensivbildung zu ↑gleiten]: **1.** (ugs.) *rutschen, [aus]gleiten* ‹ist›: die Seife ist mir aus der Hand geglitscht; die Füße trotteten und schleiften und glitschten über die Straße (Plievier, Stalingrad 347). **2.** (landsch.) *schlittern* (1 a) ‹hat/ist›: die Kinder sind über den gefrorenen See geglitscht.

glit|sche|rig, glitschrig ‹Adj.›: ↑glitschig (1).

glit|schig ‹Adj.› (ugs.): **1.** *schlüpfrig, glatt:* Schleie sind elend g. (Schnurre, Ich 95); der Torwart konnte den -en Ball nicht festhalten; Wo Buchen vorkommen, haben abgefallene Blätter und herbstliche Nässe den Weg g. gemacht (Berger, Augenblick 86); Die Latten unter den bloßen Füßen sind feucht, etwas g. (Frisch, Montauk 130); Ü auf dem -en Feld der Währungs- und Schuldenpolitik (NZZ 21. 12. 86, 11). **2.** (landsch.) *(von Kuchen o. Ä.) nicht richtig durchgebacken, nicht ganz ausgebacken, noch teigig:* der Kuchen, das Brot ist innen g.

glitsch|rig: ↑glitscherig.

Glit|ter, der; -s [zu landsch. glittern = flimmern, glänzen; gleiten, wohl Iterativbildung zu ↑gleiten]: *Flitter* (2): Ich war einer der ersten mit grünem Haar und G. ... Ich war ein Groupie (Frings, Männer 149); Ich liebe G. und schlechten Geschmack, Kitsch und Sentimentalität (Praunheim, Sex 30); Leo Kottke ohne G., ohne Glamour, ohne Allüren; er bringt seine Musik mit auf die Bühne ..., sonst nichts (MM 27. 10. 81, 16).

Glit|zer, der; -s (veraltet): *Flitter:* Bühnenbild und Kostüme ... voller G. und falschen Glanz (Praunheim, Sex 271).

Glit|zer|ding, das (ugs.): *etw., was durch seine auffällige Aufmachung u. Erscheinung, durch sein Glitzern o. Ä. auffällt:* was hast du denn da für ein G. am Finger?; Ü Ost-Berlin ... ihm fehlt ... im ... Vergleich mit dem G. jenseits der Mauer Atmosphäre und Ruf einer Weltstadt (Spiegel 52, 1987, 32).

glit|ze|rig, glitzrig ‹Adj.› (ugs.): *glitzernd:* -e Regentropfen.

Glit|zer|look, der (ugs.): *auffälliger Kleidungsstil mit viel Flitter, glänzenden Stoffen, Pailletten o. Ä.:* sie sei ganz sicher, im G. eher merkwürdig auszusehen. Da fühle sie sich ... wohler in ihren Jeans (Augsburger Allgemeine 6./7. 5. 78, XVI).

glit|zern ‹sw. V.; hat› [15. Jh.; Iterativbildung zu mhd. glitzen = glänzen, zu: glīȝen, ↑gleißen]: *im Licht immer wieder in kleinen, aber kräftigen silbrigen Funken vielfältig aufblitzen:* hell, bunt g.; das Eis glitzert in der Sonne; Der ... Schnee, der bisher gefallen war, glitzerte (Simmel, Stoff 673); im Rasen glitzerte der Tau (Geissler, Wunschhütlein 148); Schmuck ... Man konnte sich leicht ausrechnen, dass ... einige Millionen an Ohren, Hälsen, Armen und Fingern g. würden (Konsalik, Promenadendeck 82); Pailletten glitzern auf ihrem Kleid; ein glitzernder Brillant; Ü Rose sah den Bullen ins Auge, darin glitzerte unergründliche Gefahr (Apitz, Wölfe 233); ‹subst.:› in ihren Augen war ein Glitzern.

Glit|zer|sa|chen ‹Pl.› (ugs.): vgl. Glitzerding.

glitz|rig: ↑glitzerig.

glo|bal ‹Adj.› [zu ↑Globus]: **1.** *auf die ganze Erde bezüglich; weltumspannend:* ein -er Konflikt; -e Abrüstung; -es *(weltweit operierendes)* Unternehmen; -er Wettbewerb *(Wettbewerb der weltweit operierenden Unternehmen);* die Liste der -en Menschheitsprobleme (NBI 35, 1983, 28); die -e Beseitigung der sowjetischen und amerikanischen ... Raketen (Freie Presse 23. 11. 87, 1); galt es unter Klimaforschern als eine ausgemachte Sache, dass wir in einer Periode -er Abkühlung leben (MM 23. 11. 76, 3). **2. a)** *umfassend:* ein -es Wissen haben; **b)** *nicht ins Detail gehend, allgemein:* nur eine -e Vorstellung von etw. haben; Global gesehen ist die ... Ökonomie durch eine gewisse Ausgeglichenheit gekennzeichnet (NZZ 30. 8. 86, 27); (ugs.:) Global kann ich sagen, dass wir uns von Spiel zu Spiel gesteigert haben (Freie Presse 31. 12. 87, 4).

Glo|bal|ab|kom|men, das: vgl. Globalvereinbarung.

glo|ba|li|sie|ren ‹sw. V.; hat›: *auf die ganze Erde ausdehnen;* Und wozu die Wirtschaft eigentlich gut ist, die sich da so unentrinnbar globalisiert, scheint keinen von beiden zu interessieren. (Zeit 23. 4. 98, 62).

Glo|ba|li|sie|rung, die; -, -en: *das Globalisieren, Globalisiertwerden:* die G. der Wirtschaft; Nirgendwo ist die G. weiter fortgeschritten als auf den Finanzmärkten (Zeit 10. 5. 96, 30).

Glo|bal|lö|sung, die: *umfassende Lösung (für ein Problem o. Ä.).*

Glo|bal Play|er ['gloʊbl 'pleiə], der; - -s, - -s, (auch:) **Glo|bal|play|er,** der; -s, -s [engl. global player, aus: global (↑global) u. player = Spieler]: *Konzern, Unternehmen o. Ä. mit weltweitem Wirkungskreis:* alle wollen größer, stärker, mächtiger werden, um als Global Player im weltumspannenden Wettbewerb ganz vorn mitspielen zu können (Spiegel 20, 1998, 118); Um so weniger Einfluss haben Regierungen, die einst selbst Global Players der Weltwirtschaft waren (FR 23. 7. 96, 10).

Glo|bal|steu|e|rung, die (Wirtsch.): *Einsatz wirtschafts- u. finanzpolitischer Mittel zur Erreichung eines gesamtwirtschaftlichen Gleichgewichts.*

Glo|bal|strah|lung, die (Met.): *Summe aus Sonnen- u. Himmelsstrahlung.*

Glo|bal|stra|te|gie, die: *umfassende politische Strategie.*

Glo|bal|sum|me, die: *[ungefähre] Gesamtsumme.*

Glo|bal|ur|teil, das: *Pauschalurteil.*

Glo|bal|ver|ein|ba|rung, die: *umfassende Vereinbarung ohne genaue Festlegung von Einzelheiten.*

Glo|ben: Pl. von ↑Globus.

glo|be|trot|ten ‹sw. V.; ist› (scherzh.): *als Globetrotter in der Welt umherreisen:* Papa ... globetrottet irgendwo in der Welt umher (MM 7. 8. 72, 22).

Glo|be|trot|ter ['glo:bətrɔtɐ, 'glo:ptrɔtɐ, engl.: 'gloʊbtrɔtə], der; -s, - [engl. globetrotter, zu: globe = Erdball (< lat. globus, ↑Globus) u. to trot = traben]: *Weltenbummler.*

Glo|be|trot|te|rin, die; -, -nen: w. Form zu ↑Globetrotter.

Glo|bi|ge|ri|ne, die; -, -n ‹meist Pl.› [nlat., zu lat. globus (↑Globus) u. gerere = an sich tragen, haben, nach dem kugelförmigen Aussehen]: *in allen Meeren vorkommende kleine Foraminifere mit poröser Kalkschale, deren einzelne blasig aufgetriebene Kammern oft lange Schwebestacheln aufweisen.*

Glo|bi|ge|ri|nen|schlamm, der; -[e]s, -e u. ...schlämme: *aus den Schalen der Globigerinen entstandene, kalkreiche Ablagerung in der Tiefsee.*

Glo|bin, das; -s [zu lat. globus (↑Globus), nach dem kugelförmigen Aussehen der roten Blutkörperchen, in denen es enthalten ist] (Med., Biol.): *Eiweißbestandteil des Hämoglobins.*

Glo|bo|id, das; -s, -e [zu lat. globus, ↑Globus]: **1.** ‹meist Pl.› (Biol.): *kugelförmiges Gebilde, das in den Aleuronkörnern pflanzlicher Speichergewebe enthalten ist.* **2.** (Geom.) *Fläche, die von einem um eine beliebige Achse rotierenden Kreis erzeugt wird.*

Glo|bu|la|ria, die; -, ...ien [nlat., zu lat. globulus = Kügelchen, Vkl. von: globus, ↑Globus]: *Kugelblume.*

Glo|bu|li: Pl. von ↑Globulus.

Glo|bu|lin, das; -s, -e [zu lat. globulus = Kügelchen, nach dem kugelförmigen Aufbau der Moleküle] (Med., Biol.): *wichtiger Eiweißkörper des menschlichen, tierischen u. pflanzlichen Organismus (z. B. in Blutplasma, Milch, Eiern, Pflanzensamen u. a.).*

Glo|bu|lus, der; -, ...li [zu lat. globulus, Vkl. von: globus, ↑Globus] (Pharm.): *Arzneimittel in Form von kleinen Kügelchen.*

Glo|bus, der; - u. ...busses, -se, auch: ...ben [lat. globus = Kugel, eigtl. = Geballtes]: **1. a)** *Kugel mit dem Abbild der Erdoberfläche, kugelförmiges Modell der Erde, Erdglobus, -kugel* (b): ein Land auf dem G. suchen, zeigen; **b)** *Himmels-, Mondglobus;* **c)** (geh.) *Erdball, Erde:* die irrationalste Politik, die Menschen auf diesem G. je betrieben haben (Alt, Frieden 46); die neue Show ..., mit der sie ... um den ganzen G. touren (Popcorn 10, 1988, 12). **2.** (salopp) *[dicker, runder] Kopf:* zieh mal deinen G. ein!; du kriegst gleich eins an den G.

Glo|chi|di|um, das; -s, ...ien [zu griech. glōchís = Spitze, nach dem gezähnten Haken am Ende der Schalenklappen]: *Larvenform bestimmter im Süßwasser lebender Muscheln mit dreieckigen Scha-*

len, die in einem beweglichen, gezähnten, zum Festheften an Fischen dienenden Stachel auslaufen.

Glọck [↑Glocke] in Verbindung mit der in der vollen od. halben Stunde angegebenen Uhrzeit (landsch.): *genau um ...:* G. halb zwei verließ Onkel Johann ... das Haus (Fussenegger, Haus 18).

Glọ̈ck|chen, das; -s, -: Vkl. zu ↑Glocke (1, 2).

Glọ|cke, die; -, -n [mhd. glocke, ahd. glocca, clocca < air. cloc(c), lautm.; im Rahmen der Missionstätigkeit ir. Mönche übernahmen die Germanen mit der Sache auch das kelt. Wort]: **1. a)** *aus Metall bestehender, in der Form einem umgedrehten Kelch ähnlicher, nach unten offener, hohler Gegenstand, der durch einen im Innern befestigten Klöppel* (1 a) *zum Klingen gebracht wird:* eine schwere, bronzene G.; die G. läutet, tönt; die G. schlägt acht [Uhr], läutet Sturm; die G. zur letzten Runde (Sport; *das mit einer Glocke gegebene Signal für den führenden Läufer, Radfahrer o. Ä.*) ertönte; er läutet die -n; eine G. gießen; der Guss einer G.; eine Schnur mit vielen kleinen -n, Glöckchen; *[die beiden folgenden Wendungen gehen auf den alten Brauch zurück, Bekanntmachungen, öffentliche Rügen, drohende Gefahr usw. der Allgemeinheit mit einer Glocke (Schelle des Gemeindedieners, Kirchenglocke) anzukündigen] **etw. an die große G. hängen** (ugs.; *etw. [Privates, Vertrauliches] überall erzählen;* meist verneint gebr.; nach dem Brauch, die Teilnehmer einer Gerichtsversammlung durch das Läuten der großen Kirchenglocke zusammenzurufen): »Ich möchte nur«, sagt er zögernd, »dass man's nicht an die große G. hängt« (Werfel, Bernadette 348); **an die große G. kommen** (ugs.; *überall herumerzählt werden, in aller Leute Munde sein*): Einerseits war die Stadt so klein, dass man sich kannte, andererseits so groß, dass man inkognito leben konnte, wenn man das ... wollte. In Rostock kam nicht gleich alles an die große G. (Kempowski, Zeit 29); **wissen, was die G. geschlagen hat** (ugs.; *sich über den Ernst, die Bedrohlichkeit einer Situation im Klaren sein*): der Junge weiß, was die G. geschlagen hat, wenn er zu spät nach Hause kommt; Haben denn die bei uns Verantwortlichen wirklich noch nicht begriffen, was die G. geschlagen hat? (SZ 2. 3. 93, 15 [Leserbrief]); **die G. läuten hören, aber nicht wissen, wo sie hängt** (ugs.; *über etw. nicht genau Bescheid wissen [u. dennoch darüber reden]*); ◆ Wie viel ist die G. (*wie spät ist es;* Schiller, Fiesco IV, 3); **b)** (Fachspr., sonst veraltend) *Klingel:* die G. schrillte; Die G. über der Eingangstür, eine gewöhliche Schelle, ... hatte angeschlagen (Th. Mann, Krull 54); Er kam durch die Glastür, wo er vorher die G. gezogen hatte, herein (*wo er geläutet, geklingelt hatte;* Hesse, Steppenwolf 6); Fahrräder und Schlitten müssen mit mindestens einer hell tönenden G. ausgerüstet sein (Straßenverkehrsrecht, StVZO, 196). **2.** *etw., was einer Glocke* (1 a) *ähnlich ist:* die -n *(Blüten)* der Narzisse; Einen Augenblick ist es, als wollte sie schweben, von dem zur G. geblähten Rock getragen (Kempowski, Zeit 215). **3. a)** *Bowler:* ***jmdm. eins auf die G. geben** (salopp; *jmdm einen Schlag [auf den Kopf] versetzen; jmdn. verprügeln*); **eins auf die G. kriegen** (salopp; *einen Schlag [auf den Kopf] bekommen; verprügelt werden*); **b)** *runder Damenhut [aus Filz] mit [leicht gewellter] heruntergebogener Krempe.* **4.** *kreisrund geschnittener, vorn offener [mit einer Kapuze versehener] Umhang:* der Gentleman, der mit schwarzer G. über dem grauen Sportanzug durch Kensington Gardens stolziert (Reinig, Schiffe 115). **5.** *glockenförmiger Gegenstand, den man über etw. stülpt* (z. B. Butter-, Käse-, Kuchenglocke): sie legt den Käse, die restlichen Kuchenstücke unter die G.; Er musste den Gestank loswerden, der wie eine G. über ihm hing (Springer, Was 292); Ü eine G. von Nebel und Dunst hing über der Stadt. **6.** (Fechten) *halbkugelförmiger, aus Metall bestehender Schutz für die Hand oberhalb des Waffengriffs.*

Glọ|cken|ap|fel, der [nach der Form]: *gelblich rötlicher Apfel mit säuerlichem Geschmack.*

Glọ|cken|bal|ken, der: *Balken, an dem eine Glocke in einem Turm aufgehängt ist.*

Glọ|cken|blu|me, die: *(in vielen Arten vorkommende) Pflanze mit glockenförmigen, meist blauen Blüten.*

Glọ|cken|bo|je, die (Seew.): *Boje mit eingebauter Glocke, die durch die Bewegung im Seegang zum Anschlagen gebracht wird.*

Glọ|cken|bron|ze, die: *aus Kupfer u. Zinn bestehende Legierung zum Gießen von Glocken.*

Glọ|cken|form, die: *Form* (1 a) *einer Glocke.*

glọ|cken|för|mig ⟨Adj.⟩: *einer Glocke ähnlich; in der Form einer Glocke:* eine Dame mittleren Alters ... in einem mit Reiherfedern garnierten -en Sammethut (Th. Mann, Krull 146).

Glọ|cken|ge|läut, Glọ|cken|ge|läu|te, das: *das Läuten von einer od. mehreren Glocken:* Es war Sonntag, von überall her kam Glockengeläut (Bergengruen, Rittmeisterin 196).

Glọ|cken|gie|ßer, der: *jmd., der Glocken gießt u. Glockenstühle aufstellt* (Berufsbez.).

Glọ|cken|gie|ße|rei, die: *Handwerksbetrieb, in dem Glocken gegossen werden.*

Glọ|cken|gie|ße|rin, die; -, -nen: w. Form zu ↑Glockengießer.

Glọ|cken|guss, der: *das Gießen von Glocken:* »Die Glocke« haben wir ganz auswendig lernen müssen. Und vor kurzem hab' ich einen G. selbst miterlebt (Kempowski, Immer 78).

Glọ|cken|gut, das ⟨o. Pl.⟩ (Fachspr.): *Glockenspeise:* Vom Turm läutet nur eine Glocke, die beiden anderen sind ... ausgebaut ... und als G. zu kriegswichtigen Zwecken weiterverwendet worden (Zeller, Amen 216).

Glọ|cken|hei|de, die [↑[2]Heide (2)]: *niedrige, immergrüne Pflanze mit nadelförmigen Blättern u. lebhaft gefärbten, oft glockenförmigen Blüten, die zu mehreren an den Enden der Ästchen stehen; Erika* (a).

glọ|cken|hẹll ⟨Adj.⟩: *besonders hell u. klar [klingend]:* ein -es Lachen.

Glọ|cken|helm, der: *oberster Teil einer Glocke, an dem sich der Henkel zum Aufhängen befindet.*

Glọ|cken|ho|se, die: *Hose, deren Beine nach unten sehr weit geschnitten sind.*

Glọ|cken|klang, der: *Klang einer Glocke.*

glọ|cken|klar ⟨Adj.⟩: *hell u. klar klingend:* eine -e Stimme; Sie brach in ein -es Gelächter aus (Remarque, Triomphe 174).

Glọ|cken|klöp|pel, der: *Klöppel einer Glocke* (1 a).

Glọ|cken|läu|ten, das; -s: *Glockengeläut.*

Glọ|cken|man|tel, der: **1.** *Form, in die beim Glockenguss das Metall gegossen wird.* **2.** *Glocke* (4).

Glọ|cken|put|zen, das; -s (landsch.): *Klinkenputzen.*

Glọ|cken|re|be, die: *Kletterpflanze mit großen, glockenförmigen, blauvioletten od. weißen Blüten; Cobaea.*

glọ|cken|rein ⟨Adj.⟩: vgl. glockenhell.

Glọ|cken|rock, der: *[aus mehreren Bahnen zusammengesetzter] glockig fallender Rock.*

Glọ|cken|schlag, der: *Schlag einer Glocke zum Anzeigen der Zeit:* ***mit dem/auf den G.** (ugs.; *sehr pünktlich*): er betritt jeden Morgen mit dem G. das Büro; Richard Gremm denkt sich nichts, als mit dem G. zwölf Viktor die Gangway heraufeilt (Heim, Traumschiff 296).

Glọ|cken|schwen|gel, der: *Klöppel* (1 a).

Glọ|cken|seil, das: *Glockenstrang.*

Glọ|cken|spei|se, die [mhd. glockenspîse, zu: spîse = zum Guss (1 a) verwendete Metalllegierung; vgl. Speise (2)] (Fachspr.): *zum Glockenguss verwendete Legierung (z. B. Glockenbronze od. Gussstahl).*

Glọ|cken|spiel, das: **1.** *aus einer Reihung aufeinander abgestimmter Glocken bestehendes Werk, das, durch einen bestimmten Mechanismus angetrieben (meist mit Hämmern, die die Glocken anschlagen), bestimmte Melodien hervorbringt, häufig in Kirch- od. Stadttürmen aufgestellt u. mit einer Uhr gekoppelt ist:* Von der Kirche her begann ein barockes G. zu läuten (Augustin, Kopf 97); Auch sonst war die Stadt märchenhaft: alle Viertelstunden erklang ein G., als ob das Ganze eine Spieldose sei (Radecki, Tag 29). **2.** *Musikinstrument, das aus einer Reihung aufeinander abgestimmter Stäbe, Plättchen od. Röhren aus Metall besteht, die mit einem Hämmerchen angeschlagen werden:* das G. einer Feuerwehrkapelle.

Glọ|cken|strang, der: *starkes Seil, mit dessen Hilfe die Glocke zum Schwingen gebracht wird.*

Glọ|cken|stu|be, die: *mit Öffnungen versehener Raum im Glockenturm, in dem die Glocke aufgehängt ist.*

Glo|cken|stuhl, der: *Gerüst [in einem Glockenturm], in dem die Glocke aufgehängt ist.*

Glo|cken|ton, der: vgl. Glockenklang.

Glo|cken|ton|ne, die (Seew.): vgl. Glockenboje.

Glo|cken|tref|fer, der (Fechten): *auf die Glocke* (6) *aufkommender Treffer, der nicht gezählt wird.*

Glo|cken|turm, der: *eigens für eine Glocke, für die Glocken vorgesehener Turm einer Kirche, eines Rathauses o. Ä.*

Glo|cken|wei|he, die: [1]*Weihe* (1 a) *einer neuen Kirchenglocke.*

Glo|cken|zei|chen, das: *mit einer kleineren Glocke od. Klingel gegebenes Zeichen:* auf ein G. hin nahmen die Theaterbesucher wieder ihre Plätze ein.

Glo|cken|zug, der: *Zug od. Strang, mit dem eine Glocke zum Läuten gebracht wird:* der G. der Kirchenglocke.

glo|ckig ⟨Adj.⟩: *in der Form einer Glocke ähnlich:* -e und weite Röcke ..., die die Sitzfläche kaschieren (Dariaux [Übers.], Eleganz 94).

Glöck|ner, der; -s, - [mhd. glockenære] (veraltet): *jmd., der [als Kirchendiener o. Ä.] für das Läuten der Glocken zu sorgen hat.*

[1]**Glo|ria,** das; -s od. die; - [lat. gloria, H. u.] (meist iron.): *Ruhm, Glanz, Herrlichkeit:* Monarchisten, die sich ... an Preußens vergangener G. berauschen (Hörzu 44, 1975, 7); ↑Glanz (b).

[2]**Glo|ria,** das; -s [nach dem Anfangswort]: *Lobgesang in der christlichen Liturgie:* das G. singen.

[3]**Glo|ria,** das od. der; -s, -s [frz. gloria = [2]Gloria, scherzh. gebr. als Bez. für etw. Köstliches, Wohlschmeckendes] (Gastr.): *süßer, starker Kaffee, auf dem ein Löffel Kognak abgebrannt wird.*

[4]**Glo|ria,** die; -: *Gloriaseide.*

Glo|ria|sei|de, die ⟨o. Pl.⟩ [Fantasiebez.]: *Halbseidengewebe in Taft-, Köper- od. Atlasbindung, das meist als Futter- od. Schirmstoff verwendet wird.*

Glo|rie, die; -, -n [mhd. glōrie < lat. gloria, ↑[1]Gloria]: **1.** (geh.) *Ruhm, Glanz:* Bis Benfica wieder die G. früherer Zeiten ... umgibt, wird es allerdings noch ein Weilchen dauern (Kicker 82, 1981, 34); Militärisch fragwürdig, staatsmännisch falsch, war Napoleons Feldzug doch der Beginn sagenhafter G. (Jacob, Kaffee 162); Und dann schlief er ein, und während der Traum ihm das Bild jener versunkenen Glanzzeit vollends in aller G. zurückbeschwor, ... (Hesse, Sonne 36). **2.** (geh.) *Heiligenschein:* die Gestalt des Engels war von einer G. umgeben. **3.** *Lichterscheinung aus hellen farbigen Ringen um den Schatten eines Körpers (z. B. eines Flugzeugs od. Ballons) auf einer von Sonne od. Mond beschienenen Nebelwand od. der Oberfläche einer Wolke.*

Glo|ri|en|schein, der: *Heiligenschein:* von einem G. umgeben sein; Ü gelegentlich brauchte er solche moralischen Aufwertungen, ... da war der G. ehrlicher Fairness schon willkommen (Weber, Tote 223).

Glo|ri|et|te, die; -, -n [frz. gloriette < mlat. glorieta = kleines Gebäude, H. u.] (Archit.): *offener Gartenpavillon (im barocken od. klassizistischen Park).*

Glo|ri|fi|ka|ti|on, die; -, -en [(kirchen)lat. glorificatio = Verherrlichung]: *Verherrlichung; Glorifizierung.*

glo|ri|fi|zie|ren ⟨sw. V.; hat⟩ [kirchenlat. glorificare]: *verherrlichen:* er wurde als Held glorifiziert; Der Tod ... wurde von Klaus Mann ästhetisiert und zugleich glorifiziert (Reich-Ranicki, Th. Mann 205); Es grenzt an Schizophrenie, wenn man den Rennsport einmal verteufelt und das andere Mal glorifiziert (Hörzu 33, 1973, 91); Es gab nur einen Punkt, in dem Kennedy nicht bereit war, sein Land und dessen Geschichte zu g. (Basta 7, 1983, 31).

Glo|ri|fi|zie|rung, die; -, -en: *Glorifikation:* Diese posthume ... G. von Amerikas Heldengeneral ... ist so zwielichtig (Augsburger Allgemeine 22./23. 4. 78, 37); Die G. des Sports und bekannter Sportler ... ist ... üblich (Deschner, Talente 190).

◆ **glo|ri|ie|ren** ⟨sw. V.; hat⟩ [lat. gloriari]: *sich rühmen; prahlen:* und was den Fürsten in ihren Kram dient, da sind sie hinterher und gloriieren von Ruh' und Sicherheit des Reichs, bis sie die Kleinen unterm Fuß haben (Goethe, Götz I).

Glo|ri|o|le, die; -, -n [lat. gloriola] (bildungsspr.): *Heiligen-, Glorienschein:* die Gestalt der Heiligen ist von einer G. umgeben; Ü ... ist Kaiser Josef vor allem umwoben von der strahlenden G. der Toleranz (Friedell, Aufklärung 57).

glo|ri|os ⟨Adj.⟩ [lat. gloriosus] (meist iron.): *glorreich:* er hatte einen -en Auftritt; ein -er Reinfall; Der Käfer ... soll ein -es Comeback als Fortbewegungsmittel feiern (ADAC-Motorwelt 2, 1979, 12).

glor|reich ⟨Adj.⟩ (meist iron.): *großartig; glanzvoll:* eine -e Vergangenheit; das war eine -e Idee!; dieser Geist aus alten, -en Zeiten ... war plötzlich verpufft und verflogen (Göttinger Tageblatt 30. 8. 85, 6); Wo bleibt also ihre -e Freiheit, die sie sich wie einen verdorrten Lorbeer hinter den Spiegel stecken (Frisch, Stiller 232); Peking könnte Hongkong im Handstreich nehmen, ja es brauchte nur den Strom und das Wasser abzustellen, und Hongkong fiele so g. wie einst Shanghai (Weltwoche 17. 5. 84, 7).

Glo|sa, die; -, -s [span. glosa, ↑Glosse (3)] (Literaturw.): *Glosse* (3).

glo|sen ⟨sw. V.; hat⟩ [mhd. glosen] (landsch.): *schwach glühen, glimmen:* Bücher lagen glosend auf den Regalen ...; ein Stapel brannte noch (Ransmayr, Welt 19); aus den glosenden Holzresten steigen Rauchschwaden auf (Kisch, Reporter 157); Ü in seinen Augen gloste ein heimlicher Triumph (Giordano, Die Bertinis 767).

Glos|sa, die; - [griech. glõssa, ↑Glosse]: **1.** (Anat.) *Zunge.* **2.** (Literaturw.) *Glosse* (2).

Glos|sar, das; -s, -e [lat. glossarium < griech. glōssárion, eigtl. Vkl. von: glõssa, ↑Glosse]: **1.** *Sammlung von Glossen* (2). **2.** *selbstständig od. als Anhang eines bestimmten Textes erscheinendes Wörterverzeichnis [mit Erklärungen]:* jeder Band enthält ein nützliches G. seiner Hauptbegriffe.

Glos|sa|ri|um, das; -s, ...ien [↑Glossar] (veraltet): *Glossar.*

Glos|sa|tor, der; -s, ...oren [mlat. glossator]: *Verfasser von Glossen* (2), *bes. zu Rechtstexten.*

glos|sa|to|risch ⟨Adj.⟩: *die Glossen* (1, 4) *betreffend.*

Glos|se [Fachspr. auch: 'glo:sə], die; -, -n [mhd. glōse < lat. glossa = erläuternde Bemerkung < griech. glõssa = Zunge, Sprache; 3: span. glosa < lat. glossa]: **1. a)** *[spöttische] Bemerkung, Randbemerkung:* er muss über alles, zu allem seine -n machen; **b)** *knapper [polemischer] Kommentar (in Presse, Rundfunk od. Fernsehen) zu aktuellen Ereignissen od. Problemen:* eine G. schreiben; es müssen Dutzende von ... -n gewesen sein, die ich während der Zeit von 1933 bis 1937 oder 38 dort veröffentlichte (K. Mann, Wendepunkt 284). **2.** (Sprachw., Literaturw.) *in alten Handschriften erscheinende Erläuterung eines der Erklärung bedürftigen Ausdrucks:* die althochdeutschen, altfranzösischen -n; die G. steht am Rand, zwischen den Zeilen, im Text. **3.** (Literaturw.) *spanische Gedichtform, bei der jede Zeile eines vorangestellten vierzeiligen Themas als jeweiliger Schlussvers von vier Strophen wiederkehrt; Glosa.* **4.** *(in germanischer u. frühmittelalterlicher Zeit) erläuternde Randbemerkung zu einem Gesetzestext, in der in der Volkssprache bestimmte rechtssprachliche Fachausdrücke erklärt werden.*

Glos|sem, das; -s, -e [engl. glosseme] (Sprachw.): *(nach der Kopenhagener Schule) kleinste sprachliche Einheit, die nicht weiter reduzierbar ist.*

Glos|se|ma|tik, die; - [engl. glossematics] (Sprachw.): *Richtung des Strukturalismus (der Kopenhagener Schule), die unter Einbeziehung formallogischer u. wissenschaftsmethodologischer Prinzipien die Ausdrucks- u. Inhaltsseite der Sprache untersucht.*

Glos|se|ma|tist, der; -en, -en (Sprachw.): *Anhänger der Glossematik.*

Glos|se|ma|tis|tin, die; -, -nen (Sprachw.): w. Form zu ↑Glossematist.

Glos|sen|schrei|ber, der: *Verfasser von Glossen* (1 b, 2).

Glos|sen|schrei|be|rin, die: w. Form zu ↑Glossenschreiber.

glos|sie|ren ⟨sw. V.; hat⟩ [mhd. glōsieren < spätlat. glossari]: **1. a)** *mit [spöttischen, polemischen] Bemerkungen versehen, begleiten;* **b)** *mit einer Glosse* (1 b) *kommentieren:* er glossiert in unserer Zeitung die Tagesereignisse. **2.** (Sprachw., Literaturw.) *mit Glossen* (2) *versehen:* ein reich glossierter mittelalterlicher Text.

Glos|si|tis, die; -, ...itiden (Med.): *Entzündung der Schleimhaut der Zunge* (1); *Zungenentzündung.*

Glos|so|graf usw.: ↑Glossograph usw.

Glos|so|graph, der; -en, -en [zu griech. glõssa (↑Glosse) u. gráphein = schreiben] (Sprachw.): *Verfasser von Glossen (2).*

Glos|so|gra|phie, die [zu griech. glõssa (↑Glosse) u. ↑-graphie]; (Sprachw.): *das Erläutern durch Glossen* (2).

Glos|so|la|le, Glottolale, der u. die; -n, -n ⟨Dekl. ↑Abgeordnete⟩ [↑Glossolalie] (Psych.): *jmd., der im Zustand religiöser Ekstase fremdartige Laute u. unverständliche Worte hervorbringt; Zungenredner[in].*

Glos|so|la|lie, Glottolalie, die; - [zu griech. laleĩn = viel reden, schwatzen] (Psych.): *das Hervorbringen fremdartiger Laute u. unverständlicher Wörter im Zustand religiöser Ekstase; Zungenreden.*

Glos|so|ple|gie, die; -, -n [zu griech. plēgḗ = Schlag, Stoß] (Med.): *Lähmung der Muskulatur der Zunge* (1) *durch Ausfall des entsprechenden Hirnnervs.*

Glos|sop|te|ris, der; - [zu griech. glõssa (↑Glosse) u. ptéris = Farn] (Paläont.): *fossiler baumförmiger Farn mit langen zungenförmigen Blättern (wichtigster Vertreter der Glossopterisflora).*

Glos|sop|te|ris|flo|ra, die ⟨o. Pl.⟩ (Paläont.): *farnähnliche Flora Gondwanas (nach der dieser alte Kontinent rekonstruiert wurde); Gondwanaflora.*

Glos|sop|to|se, die; -, -n [zu griech. ptõsis = Fall] (Med.): *Zurücksinken der Zunge* (1) *bei tiefer Bewusstlosigkeit.*

Glos|so|spas|mus, der (Med.): *mit einem Krampf der Gesichtsmuskulatur verbundene Verkrampfung der Zunge* (1); *Zungenkrampf.*

glos|ten ⟨sw. V.; hat⟩ [mhd. glosten] (veraltet): *glosen:* ◆ Wenn noch ein Fünkchen Verstand in diesem Gehirne glostet (Schiller, Räuber II, 1).

glot|tal ⟨Adj.⟩ (Sprachw.): *in der Stimmritze gebildet:* ein -er Laut.

Glot|tal, der; -s, -e [zu griech. glõtta = attische Form von: glõssa, ↑Glosse] (Sprachw.): *in od. mit Beteiligung der Glottis artikulierter Laut; Kehlkopf-, Stimmritzenlaut.*

Glot|tis, die; -, ...ides [...ide:s; griech. glõttís, eigtl. = Mundstück der Flöte]: **a)** *das aus den beiden Stimmbändern bestehende Stimmorgan im Kehlkopf;* **b)** *die Stimmritze zwischen den beiden Stimmbändern im Kehlkopf.*

Glot|tis|schlag, der (Sprachw.): *der harte, plötzliche Ansatz von Vokalen beim Sprechen u. Singen.*

Glot|to|chro|no|lo|gie, die; - [zu griech. glõtta (↑Glottal) u. ↑Chronologie] (Sprachw.): *Teilgebiet der diachronischen Linguistik, die anhand etymologisch nachweisbarer Formen das Tempo sprachlicher Veränderungen, die Trennungszeiten von miteinander verwandten Sprachen zu bestimmen sucht.*

glot|to|gon ⟨Adj.⟩ (Sprachw. veraltend): *glottogonisch.*

Glot|to|go|nie, die; - [zu griech. gonḗ = Erzeugung] (Sprachw. veraltend): *wissenschaftliche Erforschung der Entstehung einer Sprache, bes. ihrer formalen Ausdrucksmittel.*

glot|to|go|nisch ⟨Adj.⟩ (Sprachw. veraltend): *die Glottogonie betreffend.*

Glot|to|la|le: ↑Glossolale.

Glot|to|la|lie: ↑Glossolalie.

Glotz|au|ge, das: **1.** ⟨meist Pl.⟩ (ugs.) *starr blickendes Auge, das [dummes] Staunen über etw. ausdrückt:* du wirst -n machen, wenn du das siehst. **2.** (Med.) *Exophthalmus:* Lewandowski ... schielt ... mit seinen -n zu uns herüber (Remarque, Westen 186); Zwei rote, runde Lichter durchdrangen wie die -n eines riesigen Ungetüms die Dunkelheit (Hauptmann, Thiel 28).

glotz|äu|gig ⟨Adj.⟩: **1.** *Glotzaugen* (1) *machend.* **2.** *unter Glotzaugen* (2) *leidend.*

Glot|ze, die; -, -n (salopp): *Fernsehgerät:* Abendunterhaltungen ... wie G., Kegeln, Biertischpolitik (Oxmox 5, 1985, 78); Zu viel G. *(zu viel fernsehen)* schwächt das Sprachvermögen (Stuttg. Zeitung 19. 10. 89, 20); in der G. läuft noch ein Krimi (Chotjewitz, Friede 235); Zweck der Übung ist, ... bewusster mit der »Glotze« umzugehen (Hörzu 39, 1978, 80); abends, stundenlang vor der G. sitzen.

glot|zen ⟨sw. V.; hat⟩ [mhd. glotzen, wahrsch. urspr. = glänzen, schimmern; blank sein u. verw. mit ↑gelb; Bedeutungsentwicklung über »leuchten, anstrahlen«]: **1.** (ugs., auch abwertend) *mit weit aufgerissenen od. hervortretenden Augen [u. dummer Miene] starren:* glotz nicht so dämlich!; »Is was? Nein? Was gibts denn dann zu g.?« (Spiegel 43, 1977, 73); »Glotz nicht so dämlich«, brüllte ihn ein Gestapomann an (Hörzu 14, 1984, 13); Jetzt saß er da, glotzte ausdruckslos auf einen Punkt (H. Weber, Einzug 329); Nun glotzt Pinneberg ... sehr böse auf seinen Chef (Fallada, Mann 52); Geschrei, Gerenne, im Kreis steht die glotzende Menge (Süskind, Parfum 8). **2.** (salopp) *fernsehen.*

Glot|zer ⟨Pl.⟩ (ugs.): *[große] Augen:* der Fahrer ... brüllte: »Ihr habt wohl keine G. im Schädel? ...« (Fels, Sünden 52).

Glotz|kas|ten, der, **Glotz|kis|te**, die (ugs.): *Fernsehgerät.*

Glotz|kopf, der (salopp abwertend): *Mensch mit großen Augen u. [dummem] starrendem Blick.*

Glot|zo|phon, (auch:) Glotzofon, das; -s, -e [scherzh. geb. nach der Endung in Grammophon u. Ä.] (salopp scherzh.): *Fernsehgerät:* weiß Gott, nicht jeden Abend bereitet das G. eitel Freude (Presse 15./16. 2. 69, 23).

Glo|xi|nie, die; -, -n [nach dem elsässischen Arzt B. P. Gloxin (gest. 1784)]: *(aus Südbrasilien stammende) Pflanze mit ovalen, weich behaarten Blättern u. großen, glockenförmigen, leuchtend blauvioletten Blüten auf kurzen Stielen.*

Glubsch|au|ge: ↑Glupschauge.

glub|schen: ↑glupschen.

Glu|ci|ni|um, das; -s [zu griech. glykýs = süß] (Chemie): frühere Bez. für ↑Beryllium.

gluck ⟨Interj.⟩: **1.** lautm. für das Glucken der Henne. **2.** lautm. für das Gluckern einer Flüssigkeit: R g., g., weg war er (scherzhafter Kommentar, der einen entsprechenden Vorgang begleitet, z. B. wenn jmd. untergeht, unter die Wasseroberfläche taucht); * **g., g. machen** (ugs. scherzh.; *Alkohol [aus der Flasche] trinken*).

Glück, das; -[e]s, -e ⟨Pl. selten⟩ [mhd. gelücke = Schicksal(smacht); Zufall < mniederd. (ge)lucke < mniederl. (ghe)lucke, H. u.]: **1.** ⟨o. Pl.⟩ *etw., was Ergebnis des Zusammentreffens besonders günstiger Umstände ist; besonders günstiger Zufall, günstige Fügung des Schicksals:* großes, unverdientes, unverschämtes G.; Währenddessen dauert der Krieg mit ... wechselndem G. für beide Parteien (Kronauer, Bogenschütze 378); [es ist] ein G. *(es ist nur gut),* dass dir das noch eingefallen ist; das ist dein G. *(es ist nur gut, günstig für dich),* dass du noch gekommen bist; Das torlose Remis hat sich der Gast ... verdient, wobei die Mannschaft allerdings ... auch das G. des Tüchtigen besaß (Kicker 6, 1982, 44); ihm lief das G. nach *(er hatte viel Glück);* er hat G. gehabt, dass ihm nichts passiert ist; G. im Unglück haben; mit diesen Plänen wirst du bei ihm kein G. haben *(keinen Erfolg haben, nichts erreichen);* er hat kein G. *(keinen Erfolg)* bei Frauen; mit Zimmerpflanzen hat sie kein, wenig G. *(sie gedeihen nicht bei ihr);* etw. bringt jmdm. G.; ein G. bringender Anhänger; ein G. verheißender Umstand; jmdm. viel G. für, zu etw. wünschen; [bei jmdm.] sein G. versuchen; er hat sein G. gemacht; R G. muss der Mensch haben!; mehr G. als Verstand haben; Die Suche nach dem G. ist eine der vergeblichsten Bemühungen (Eppendorfer, St. Pauli 112); mit etwas G. kann man das schon schaffen; noch nichts von seinem G. wissen (iron.; *noch nicht wissen, was einem an Unerfreulichem bevorsteht*); * **sein G. versuchen/probieren** *(etw. mit der Hoffnung auf Erfolg tun, unternehmen):* Swoboda ... versuchte sein G. als Komparse beim ... Stummfilm (Ziegler, Labyrinth, 154); **sein G. machen** *(erfolgreich sein, es zu etw. bringen):* ... hatte sie ... nicht mehr viel Aussichten auf das, was bei den Menschen sein G. machen heißt (Gaiser, Jagd 183); **auf gut G.** *(ohne die Gewissheit eines Erfolges, aufs Geratewohl):* wir werden es auf gut G. versuchen müssen; »Sie kennen nicht«, sagt Lambert auf gut G., »eine gewisse Esther Bernhardt?« (Heym, Schwarzenberg 95); **von G. sagen/reden können** *(etw. einem glücklichen Umstand verdanken);* **zum G.; zu jmds. G.** *(zu jmds. Vorteil, glücklicherweise):* zum G. sah ich den Lastwagen noch zeitig genug (Frisch, Homo 182); zu meinem G. hat mich niemand gesehen; **G. ab!** (Fliegergruß; dem Bergmannsgruß »Glück auf!« nachgebildet); **G. auf!** (Bergmannsgruß, im 16. Jh. von den Bergleuten im Erzgebirge als bergmännischer Gruß zur Unterscheidung von dem allgemeinen Gruß »Glück zu!« gebildet); **G. zu!** (veraltet; Zuruf, Grußformel). **2.** ⟨o. Pl.⟩ *das personifiziert gedachte Glück* (1); *Fortuna:* das G. ist blind, launisch, wechselhaft; das G. ist mit jmdm., gegen jmdn.; ihm lächelt, winkt das G.; das G. ist ihm gewogen; sie ist ein Kind, ein Liebling, ein Stiefkind des -s. **3. a)** ⟨o. Pl.⟩ *angenehme u. freudige*

Gemütsverfassung, in der man sich befindet, wenn man in den Besitz od. Genuss von etw. kommt, was man sich gewünscht hat; Zustand der inneren Befriedigung u. Hochstimmung: das wahre, höchste G.; ein zartes, kurzes, ungetrübtes, stilles G.; das G. der Liebe; Das G. der Freundschaft kannte er nicht (Reich-Ranicki, Th. Mann 33); etw., jmd. ist jmds. ganzes G.; sein G. mit Füßen treten; ich will deinem G. nicht im Wege stehen; manche Leute muss man zu ihrem G. zwingen; R du hast/das hat mir gerade noch zu meinem G. gefehlt (iron.; *du kommst/das kommt mir jetzt sehr ungelegen*); Spr G. und Glas, wie leicht bricht das *(das Glück kann überraschend, plötzlich zerstört werden);* jeder ist seines -es Schmied *(man hat sein Schicksal, Wohlergehen selbst in der Hand);* ***das junge G.*** (veraltend, noch scherzh.; *das junge Ehepaar*); **b)** *einzelne glückliche Situation; glückliches Ereignis, Erlebnis.*

Glück|ab, das; -s: Fliegergruß.

Glück|auf, das; -s: Bergmannsgruß.

Glück brin|gend: s. ↑Glück (1).

Glu|cke, die; -, -n [mhd. klucke, zu ↑glucken]: **1.** *Henne, die brütet od. ihre Küken führt:* die Küken verstecken sich unter den Flügeln der G.; sie wacht wie eine G. über ihre Kinder; Wie eine aufgescheuchte G. läuft Frau Schock von einem Kind zum anderen (Ossowski, Flatter 53); Ü Ich bin keine G. (ugs.; *keine Frau, die ihre Kinder im Übermaß behütet*). Trotzdem fehlt es meinen Kindern an nichts (Hörzu 8, 1983, 123); diese alte G. (salopp abwertend; *alte Frau*) hat mir gerade noch gefehlt (Rocco [Übers.], Schweine 61). **2.** *Nachtfalter mit plumpem, dicht behaartem Körper u. braun, gelb od. grau gefärbten Flügeln.*

glu|cken ⟨sw. V.; hat⟩ [mhd. glucken, lautm. für die Laute mehrerer Vogelarten, bes. für die Laute der Henne beim Brüten od. Locken, u. für die dunkel klingenden Laute von leicht bewegtem Wasser]: **1. a)** *(von der Henne) brüten [wollen]:* Die Glucke gluckte im Keller (Lentz, Muckefuck 132); **b)** *(von der Henne) tiefe Kehllaute hervorbringen u. damit die Küken locken.* **2.** (ugs.) *an ein und derselben Stelle sitzen, sich aufhalten u. keinen Antrieb haben, sich von dort wegzubewegen:* er gluckt den ganzen Tag zu Hause.

glü|cken ⟨sw. V.; ist⟩ [mhd. g(e)lücken = gelingen, zu ↑Glück]: *[durch günstige Umstände] das erstrebte Ergebnis, den gewünschten Erfolg haben; gelingen:* die Flucht schien zu g.; der Plan ist geglückt; die Torte ist dir wieder gut geglückt *(gut geraten);* Drei Leuten ist es ... geglückt, nachts durchzukommen und etwas Proviant zu holen (Remarque, Westen 81); Rotterdam ist ... ein Beispiel guten Bauens. Es ist hier gelungen, was Frankfurt ... nicht glückte (Koeppen, Rußland 74); dann, mit einemmal, glückt alles, auch das Unwahrscheinlichste (Geissler, Wunschhütlein 115); ein geglückter Versuch.

glu|cken|haft ⟨Adj.⟩ (ugs.): *in der Weise einer weiblichen Person, die sich wie eine Glucke* (1) *um ihre Kinder kümmert:* eine -e Besorgtheit; Ü Die Funktion des SPD-Vorsitzenden ... sei es ..., durch »gluckenhaftes Verhalten« ein Auseinanderbrechen der Partei zu verhindern (Welt 28. 7. 77, 1).

Glu|cken|haf|tig|keit, die; - (ugs.): *das Gluckenhaftsein.*

glu|ckern ⟨sw. V.⟩ [zu ↑glucken]: **1.** *(von einer Flüssigkeit) durch leichte [Wellen]bewegung leise, dunkel klingende Laute hervorbringen* ⟨hat⟩: eine Mulde, nahebei gluckerte ein Bach (Heym, Schwarzenberg 29); seine Wärmflasche *(das Wasser in der Wärmflasche)* ... gluckerte leise (Schnurre, Bart 166); eine gluckernde Quelle. **2.** *(von einer Flüssigkeit) sich fließend fortbewegen u. dabei leise, dunkel klingende Laute hervorbringen* ⟨ist⟩: der Wein gluckert in die Gläser; Ich wusch mich an der Quelle, die gleich neben dem Haus aus einem Röhrchen gluckerte (Loest, Pistole 213).

glück|haft ⟨Adj.⟩ (geh.): **a)** *mit Glück* (1) *verbunden:* Glückhafte Handelspolitik hieß also: Steigerung der Ausfuhr (Jacob, Kaffee 121); Erfahrungen, die zeigen, dass die derzeitige Struktur des ... Rundfunks ... wenig g. ist (Wochenpresse 43, 1983, 16); **b)** *Glück* (3) *enthaltend od. verheißend:* ein -er Tag.

Gluck|hen|ne, die; -, -n: *Glucke* (1).

glück|lich [spätmhd. g(e)lück(e)lich = vom Zufall abhängig; günstig, zu ↑Glück]: **I.** ⟨Adj.⟩ **1. a)** *vom Glück* (2) *begünstigt; erfolgreich:* der -e Gewinner; die Geschichte endete g.; die Mannschaft kam zu einem -en *(eher durch Glück als durch Können errungenen)* Sieg; **b)** *vorteilhaft; günstig:* es war eine -e Fügung; Du warst in der -en Situation, weder das Unheil des Krieges noch die Not der Nachkriegszeit zu erleiden (Danella, Hotel 13); der Zeitpunkt war nicht gerade g. gewählt. **2.** *von froher Zufriedenheit, Freude, Glück* (3) *erfüllt:* ein -er Mensch, eine -e Familie; eine -e Zeit; eine weiße ... Wand, über deren abblätternden Kalk in -eren Zeiten die Bilder des Filmvorführers gehuscht waren (Ransmayr, Welt 277); ein -es neues Jahr! (Glückwunschformel zum Jahreswechsel); er ist/hat eine -e Natur; wunschlos, grenzenlos, unsagbar g. sein; hause ich immer noch in dieser Laube ... Ich bin g. hier (Lentz, Muckefuck 7); Du weißt, dass wir alle nicht g. waren über diese plötzliche Heirat (Danella, Hotel 147); ich bin darüber sehr g.; jmdn. g. machen; g. verheiratet sein; ⟨subst.:⟩ Spr dem Glücklichen schlägt keine Stunde. **II.** ⟨Adv.⟩ *endlich, schließlich, zu guter Letzt:* jetzt haben wir es g. doch noch geschafft; (iron.:) jetzt hast du die Vase g. kaputtgekriegt!

glück|li|cher|wei|se ⟨Adv.⟩: *zum Glück, erfreulicherweise:* g. gab es keine Verletzten; Man braucht bei uns g. nicht viel Mut, um den Mächtigen zu widersprechen (Reich-Ranicki, Th. Mann 233).

glück|los ⟨Adj.⟩: *kein Glück habend, ohne Glück:* ein -er Politiker.

Glück|sa|che: ↑Glückssache.

Glücks|au|to|mat, der (seltener): *Spielautomat.*

Glücks|bo|te, der: *Überbringer einer glücklichen Nachricht:* dem Äthiopier waren noch alle Vogelschwärme ... -n gewesen (Ransmayr, Welt 66).

Glücks|bo|tin, die: w. Form zu ↑Glücksbote.

Glücks|bot|schaft, die: *glückliche Botschaft.*

Glücks|brin|ger, der: **1.** *etw., was Glück bringen soll:* das Hufeisen gilt als G. **2.** *männliche Person, die anderen Glück bringt:* für die jedem zugemessene Zeit sind sie (= die Götter) Bundesgenossen, Helfer und G. (Hagelstange, Spielball 276).

Glücks|brin|ge|rin, die; -, -nen: w. Form zu ↑Glücksbringer (2).

Glücks|bu|de, die (ugs.): *Bude auf einem Jahrmarkt o. Ä., in der man bei Spielen od. durch den Kauf von Losen etw. gewinnen kann.*

glück|se|lig ⟨Adj.⟩: *überglücklich:* Ein -es Lächeln breitete sich über ihr Gesicht (Werfel, Himmel 228); g. lächelnd sahen sie sich an.

Glück|se|lig|keit, die; -, -en: **1.** ⟨o. Pl.⟩ *glückseliger Zustand:* sie jubelte, tanzte vor G.; in G. schwelgen. **2.** *glückseliges Ereignis.*

gluck|sen ⟨sw. V.; hat⟩ [mhd. glucksen, zu ↑glucken]: **1.** *gluckern* (1): In den Nebenkeller führte ihn Großmutter, wo es ... gluckste und gluckerte, denn hier standen ... sieben ... Tonkruken (Lentz, Muckefuck 142). **2.** *dunkel klingende, unterdrückte Laute von sich geben:* sie gluckste vor Vergnügen; ⟨auch unpers.:⟩ es gluckste unter ihren Füßen, als würde sie über den Moosboden einer verregneten Heide gehen (Hilsenrath, Nacht 495); ⟨subst.:⟩ Im Wald war es still, nur manchmal das leise Glucksen des Baches (H. Weber, Einzug 160).

Gluck|ser, der; -s, - (südd.): **1.** *glucksendes Geräusch.* **2.** *Schluckauf.*

Glücks|fall, der: *als besonders glücklich, vorteilhaft, erfreulich empfundener Umstand, Zufall:* ein seltener G.; etw. einem G. verdanken; Ü »Ich bin ... der Meinung: Dr. Kreisky ist ein G. für Österreich ...« (profil 17, 1979, 12).

Glücks|fee, die (scherzh.): *weibliche Person, die jmdm. Glück bringt, die als Glücksbringerin betrachtet wird:* die G. spielen; bei der Verlosung als G. auftreten.

Glücks|ge|fühl, das: *Gefühl des Glücklichseins:* ein unbeschreibliches G. durchströmte ihn; Als der Bus in den neuen Stadtteil einfuhr, sah Jeanne die Wohnblocks ... sie spürte plötzlich ein brennendes G.: zu Hause! (H. Weber, Einzug 222).

Glücks|göt|tin, die: *Göttin des Glücks; Fortuna.*

Glücks|gü|ter ⟨Pl.⟩ (geh.): *materielle Güter, Reichtümer:* er war mit -n nicht gerade gesegnet.

Glücks|ha|fen, der (österr.): *Glückstopf.*

Glücks|hau|be, die: *die den Kopf eines Neugeborenen bei ausgebliebenem Blasensprung haubenartig überziehenden Eihäute* (nach dem Volksglauben ein Zeichen für Glückskinder): ***mit der G. ge-***

boren sein (veraltend; *von besonders vielen Glücksfällen begünstigt sein*).

Glụcks|haut, die: seltener für ↑Glückshaube: Mag übrigens sein, dass du mit einer G. geboren bist (Th. Mann, Krull 165); Er war nicht gerade in einer G. geboren (Chr. Wolf, Himmel 73).

Glụcks|jä|ger, der: *dem Glück nachjagender Mensch.*

Glụcks|kä|fer, der (volkst.): *Marienkäfer.*

◆ **Glụcks|kar|te,** die: *Glück bringende Spielkarte:* ... sahest zu der Betrügerin, wie sie ihren Günstling mit kleinen -n lockte (Schiller, Fiesco IV, 14).

Glụcks|kind, das: *jmd., der immer Glück hat, dem alles zufällt.*

Glụcks|klee, der: *Klee mit ausnahmsweise vierteiligem Blatt, der als Glücksbringer gilt.*

Glụcks|männ|chen, das (volkst.): *Alraune.*

Glụcks|mo|ment, der: *glücklicher Augenblick:* vermutlich kommt es nur auf die -e in unserem Leben an (Mayröcker, Herzzerreißende 99).

Glụcks|pfen|nig, der: *als Glück bringend geltender [gefundener] Pfennig.*

Glụcks|pil|le, die ⟨meist Pl.⟩ (ugs.): *Antidepressivum.*

Glụcks|pilz, der (ugs.): *jmd., der unvermutet od. oft Glück hat:* sie ist eben ein G.; Der Mann, der sich in den fetten Jahren für einen G. hielt, glaubt heute, dass er der größte Pechvogel ist (Hörzu 46, 1970, 8).

Glụcks|rad, das: **1.** *auf Jahrmärkten od. Volksfesten aufgestelltes Rad, das zu Verlosungen gedreht wird.* **2.** *Rad als Symbol für den Wechsel des Glücks.*

Glụcks|rit|ter, der (abwertend): *Abenteurer, der sich blind auf sein Glück verlässt:* Das Schiff, ein schwimmendes Spielkasino, auf dem G. und Multimillionäre die Roulettekugel rollen lassen (Freizeitmagazin 10, 1978, 54).

Glụcks|rit|te|rin, die; -, nen: w. Form zu ↑Glücksritter: Der Nimbus der Belle Epoque verpflichtet – auch wenn in den Prunksälen nur noch wenige Glücksritter und -nen in feinem Zwirn oder in Abendgarderobe um die Tische streifen (FR 25. 4. 98, 8).

Glụcks|sa|che, (seltener:) Glücksache, die: in der Verbindung **etw. ist [reine] G.** *(etw. ist allein einem glücklichen Zufall, Umstand zu verdanken):* einen funktionierenden Automaten zu finden ist schon G. *(dazu muss man Glück haben);* Denken ist G.! *(das war falsch gedacht!);* (iron.:) Fremdwörter sind G.; Benehmen ist G. (iron. Kommentar).

◆ **Glụcks|sä|ckel,** das: *(nach altem Volksglauben) Geldbeutel, dessen Inhalt sich nie erschöpft:* ... überlasse ich ihm die Wahl unter allen Kleinodien, die ich in der Tasche bei mir führe: die echte Springwurzel, ... auch ein G. (Chamisso, Schlemihl 23).

Glụcks|schmie|de, die (ugs. scherzh.): *Standesamt.*

Glụcks|schuss, der (Fußball): *Schuss, der völlig überraschend ins Tor geht.*

Glụcks|schwein|chen, das: *kleine Nachbildung eines als Glück bringend geltenden Schweines:* ein G. aus Marzipan.

Glụcks|spiel, das: *(behördlicher Genehmigung bedürfendes) Spiel, bei dem der Erfolg, Gewinn od. Verlust fast nur vom Zufall abhängt:* Toto, Lotto, Lotterien sind -e; das Hütchenspiel ist ein verbotenes G.; Ü dich in dem Gedränge aufzuspüren war ein richtiges G.

Glụcks|spie|ler, der: *jmd., der ein verbotenes Glücksspiel betreibt.*

Glụcks|spie|le|rin, die: w. Form zu ↑Glücksspieler.

Glụcks|stern, der: *als Glück bringend geltendes Gestirn:* unter einem G. geboren sein.

Glụcks|sträh|ne, die: *vorübergehend für jmdn. nicht abreißende Reihe glücklicher Zufälle:* eine G. haben; Jetzt ... trat alles ein, wie im Märchen. Sie war in einer G.! (H. Weber, Einzug 251).

Glụcks|tag, der: *bes. glücklicher Tag für jmdn.:* das ist ein G. heute, kaum zu fassen (Ossowski, Flatter 146).

Glụcks|topf, der: **1.** *Gefäß, in dem sich die Lose befinden, in den man hineingreift, um ein Los zu ziehen:* In letzter Zeit hat er in den G. gegriffen *(hat er Glück gehabt).* Er hat Hits am laufenden Band (Hörzu 42, 1977, 73). **2.** *Lotterie mit einem Glückstopf* (1).

glụck|strah|lend ⟨Adj.⟩: *sehr glücklich [aussehend]:* das -e Paar.

Glụcks|tref|fer, der: *von einem glücklichen Zufall begünstigter Treffer:* dieser Lottogewinn war ein richtiger G.; Er empfand es ... als G., dass man Mayworlds Assistenten auf die eigene Seite hatte ziehen können (Weber, Tote 229).

Glụcks|um|stand, der: *glücklicher Umstand.*

Glụcks|zahl, die: *für Glück bringend gehaltene Zahl:* die 13 ist meine G.

Glụcks|zu|fall, der: *glücklicher Zufall:* es ist ein ausgesprochener G., dass wir uns hier treffen.

glụck|ver|hei|ßend ⟨Adj.⟩: *Glück, etwas Günstiges, Positives in Aussicht stellend, erwarten lassend:* »Ohne ständige Hoffnung auf eine bessere Welt hätte ich manche Situation in meinem bisherigen Leben nicht überstanden. Schon der Anfang war nicht g.« (Tagesspiegel 2. 6. 99, 26); Das Jahr des Hasen, das als sehr g. gilt, hatten die Chinesen in Bangkok angefangen zu feiern (taz 17. 2. 99, 23).

Glụck|wunsch, der: *Wunsch für Glück u. Wohlergehen zu einem besonderen Fest od. Ausdruck der freudigen Anteilnahme an einem Erfolg, einer Leistung, einem freudigen Ereignis o. Ä.:* jmdm. die herzlichsten Glückwünsche aussprechen, übermitteln, senden; herzlichen G. zum Geburtstag.

Glụck|wunsch|adres|se, die: *Schreiben offiziellen Charakters, das Glückwünsche ausspricht:* eine G. an jmdn. richten.

Glụck|wunsch|kar|te, die: *Karte mit einem [vorgedruckten] Glückwunsch.*

Glụck|wunsch|schrei|ben, das: *[offizielles] Schreiben, mit dem man jmdm. seine Glückwünsche übermittelt.*

Glụck|wunsch|te|le|gramm, das: *Telegramm, mit dem man jmdm. seine Glückwünsche übermittelt.*

Glück|zụ, das; - (veraltet): Grußformel.

Glu|cọ|se: ↑Glukose.

Glu|co|sịd, das; -[e]s, -e ⟨meist Pl.⟩ (Chemie): *Glykosid.*

Glu|cos|urie: ↑Glukosurie.

Glụ|fe, die; -, -n [mhd. glufe, H. u.] (südd.): *Stecknadel.*

◆ **glụh, glụ̈h** ⟨Adj.⟩ [aus dem Md., Niederd., mniederd. glue, glo = glänzend, leuchtend, zu ↑glühen]: *glühend, glühend heiß:* der Ofen ist gluh (Rückert, Neuseeländisches Schlachtlied); Am Strande des gelobten Lands in glühem Stich des Sonnenbrands (C. F. Meyer, Die Gaukler).

Glụ̈h|bir|ne, die [für älteres Glasbirne, wohl nach dem ↑Glühstrumpf der Gaslampe]: *birnenförmige Glühlampe:* An der Decke brannten unverkleidete -n (Gaiser, Jagd 20); eine G. einschrauben, ausdrehen, auswechseln; Ich saß unter der nackten G. in meinem Zimmer (B. Vesper, Reise 399).

Glụ̈h|draht, der: *Draht in Glühbirnen, elektrischen Heizgeräten o. Ä., der durch den hindurchfließenden elektrischen Strom zum Glühen gebracht wird.*

glụ̈|hen ⟨sw. V.; hat⟩ [mhd. glüe(je)n, ahd. gluoen, urspr. = glänzen, schimmern, verw. mit ↑gelb]: **1. a)** *[ohne helle Flamme] rot leuchtend brennen; rot vor Hitze leuchten:* das Feuer glüht nur noch; die Zigaretten glühten in der Dunkelheit; die Herdplatte glüht; eine glühende Nadel; ⟨subst.:⟩ etw. zum Glühen bringen; Ü ihr Gesicht glühte [vor Begeisterung]; er hatte vor Eifer glühend rote Ohren; der Himmel glühte *(leuchtete rot)* von der untergehenden Sonne; heute ist es glühend *(sehr)* heiß; **b)** *etw. bis zum Glühen* (1 a) *erhitzen:* Eisen g.; das Eisen ist glühend heiß; das große Feuer ..., wo nicht Holz geglüht wurde, sondern Menschen (Wiechert, Jeromin-Kinder 354). **2.** (geh.) *von einer leidenschaftlichen Gemütsbewegung erfüllt, erregt, begeistert sein:* er glühte in Leidenschaft, vor Eifer, für seine Idee; er glühte danach, sich zu rächen; ⟨1. Part.:⟩ glühende Liebe, Begeisterung; glühender Hass; Meine Liebe, die eine Idee war ..., eine knabenhaft glühende Bewunderung (Stern, Mann 92); ein glühender Verehrer, Gegner; sie schilderte den Vorgang in glühenden Farben, mit glühenden Worten; jmdn. glühend bewundern; Ich springe auf, glühend *(von dem leidenschaftlichen Wunsch erfüllt),* ihm zu helfen (Remarque, Westen 201).

glụ̈|hend heịß, glụ̈|hend rọt: s. glühen (1).

Glü|he|rei, die; -, -en: *Abteilung eines Gießereibetriebes, in der der Guss thermisch nachbehandelt werden kann:* die Kollektive des Stahlwerkes, der Walzenstraßen, der Schmiedemaschine und der G. (Neues D. 8. 11. 76, 3).

Glụ̈h|fa|den, der: *dünner Wolframfaden in Glühbirnen.*

glụ̈h|fri|schen ⟨sw. V.; hat⟩ (Hüttenw.): *Gusseisen durch Glühen bei Temperaturen von 900 bis 1 000 °C in Sauerstoff ab-*

gebenden Mitteln unter Verringerung des Kohlenstoffgehaltes zäh u. leicht bearbeitbar machen; tempern.
glüh|heiß (selten): *glühend heiß:* An einem Kiosk aß ich Kartoffelpuffer, g. (Erné, Fahrgäste 262).
Glüh|hit|ze, die (selten): *Gluthitze.*
Glüh|ker|ze, die: *Vorrichtung, in der ein Draht od. Stift durch den hindurchfließenden elektrischen Strom zum Glühen gebracht wird u. die als Zündhilfe zum Anlassen von Dieselmotoren dient.*
Glüh|kopf|mo|tor, der (Technik): *Zweitaktmotor, bei dem der Kraftstoff während der Verdichtung in eine Kammer gespritzt wird, an deren glühender Wandung er sich entzündet.*
Glüh|lam|pe, die (Fachspr.): *Lichtquelle, bei der in einem luftleeren od. mit Gas gefüllten Hohlkörper aus Glas ein elektrisch leitender Faden od. Stift durch den hindurchfließenden Strom zum Glühen gebracht wird.*
Glüh|licht, das ⟨Pl. -er⟩: *von einem glühenden Körper ausgehendes Licht.*
Glüh|ofen, der (Technik): *Ofen, in dem Metalle geglüht werden.*
Glüh|strumpf, der: *aus einem mit einer Lösung getränkten Gewebe bestehender Teil einer Gaslampe o. Ä., der durch brennendes Gas zum Glühen gebracht wird u. dadurch einen hellen Lichtschein verbreitet.*
Glüh|wein, der: *erhitzter Rotwein mit Zucker od. Honig u. Gewürzen.*
Glüh|würm|chen, das (ugs.): *Leuchtkäfer.*
Glu|ko|se, (auch:) Glucose, die; - [zu griech. glykýs = süß] (Chemie): *Traubenzucker.*
Glu|ko|sid: ↑Glucosid.
Glu|kos|urie, (auch:) Glucosurie, die; -, -n [zu ↑Glukose u. griech. oũron = Harn] (Med.): *Glykosurie.*
Glum|pert, Klumpert, das; -s [zu ↑Gelump] (österr. mundartl.): *wertloses Zeug.*
Glum|se, die; - [poln. glomz(d)a] (nordostd.): *Quark:* die G., ein befremdliches Milchprodukt, ostisch gekäst (Spiegel 34, 1978, 160); Wir nannten unseren Handkäse G. Die Milch glumste, wurde glumsig (Grass, Butt 73).
glum|sen ⟨sw. V.; hat⟩ [zu ↑Glumse] (nordostd.): *(bes. von Milch) dickflüssig, klumpig werden.*
glum|sig ⟨Adj.⟩ (nordostd.): *(bes. von Milch) dickflüssig, klumpig.*
glu|pen ⟨sw. V.; hat⟩ [eigtl. = (mit halb geöffneten Augen) tückisch blicken, urspr. = klaffen, gähnen] (nordd.): ↑glupschen.
glupsch ⟨Adj.⟩ [zu ↑glupen] (nordd.): *(von jmds. Gesichtsausdruck, Blick) finster-drohend, böse:* er hat ihn g. angesehen.
Glupsch|au|ge, das ⟨meist Pl.⟩ (nordd.): *stark hervortretendes Auge:* Einstein hatte eigentlich etwas Kindliches im Wesen, so große -n (Katia Mann, Memoiren 122); ein Fisch ..., der mit großen -n durch die Maschen glotzte (Fels, Sünden 51); -n bekommen, machen *(neugierig, gierig gucken).*
glup|schen ⟨sw. V.; hat⟩ [zu ↑glupsch] (nordd.): *mit großen Augen dreinblicken.*
◆ **glu|sam** ⟨Adj.⟩ [zu ↑gluh] (landsch.) *mäßig warm:* ... kam in einen schönen Saal. Hier war es lieblich, g. mitten im Winter (Mörike, Hutzelmännlein 123).
Glut, die; -, -en [mhd., ahd. gluot, zu ↑glühen]: **1.** *glühende Masse:* die G. im Ofen; die G. der brennenden Zigarette; Die Erinnerungen sind da wie die G. unter der Asche (Bergengruen, Rittmeisterin 24); die G. anfachen, schüren, austreten; Sie aßen Kartoffeln, die sie ... in der G. gebraten hatten (Handke, Frau 105); Ü die G. des Abendhimmels; die sengende G. *(Hitze)* der Sonne; Die Sonne ... brannte mit mörderischer G. auf Täler und Hügel (Hasenclever, Die Rechtlosen 395); die G. *(Röte)* ihrer Wangen. **2.** (geh.) *Leidenschaftlichkeit:* die G. seiner Blicke; Camoes, der mit der ganzen G. seines Herzens ... litt (Schneider, Leiden 14).
Glu|ta|mat, das; -[e]s, -e [zu ↑Glutamin]: **1.** ⟨o. Pl.⟩ (Fachspr.) *Substanz von würzigem, fleischbrühartigem Geschmack, die Suppen od. Konserven zur Verfeinerung des Geschmacks zugesetzt u. auch in der Medizin als Mittel gegen mangelnde Konzentrationsfähigkeit verwendet wird.* **2.** ⟨meist Pl.⟩ (Chemie) *eines der neutralen Salze der Glutaminsäure.*
Glu|ta|min, das; -s, -e [zu ↑Gluten u. ↑Amin] (Chemie): *Aminosäure, die im menschlichen u. tierischen Organismus aus Glutaminsäure u. Ammoniak (unter Energieverbrauch) entsteht.*
Glu|ta|min|säu|re, die (Chemie): *Aminosäure in vielen eiweißhaltigen Nahrungsmitteln, die im Stoffwechsel der Zellen, bes. im Hirn, eine wichtige Rolle spielt u. daher zu therapeutischen Zwecken, bes. zur Erhöhung der geistigen Leistungsfähigkeit, verwendet wird.*
glut|äu|gig ⟨Adj.⟩: *mit dunklen, feurigen Augen:* eine -e Schöne; -e Kinder; Glutäugige junge Männer sorgten für Nachschub (Spiegel 14, 1984, 159).
Glu|ten, das; -s [lat. gluten = Leim]: *Kleber* (2).
Glut|hauch, der (geh.): *glühend heißer Lufthauch:* angeweht vom ersten G. der Wüste (Ceram, Götter 93).
glut|heiß ⟨Adj.⟩: *sehr, glühend heiß:* ich liege im -en Sand (Rocco [Übers.], Schweine 71).
Glut|hit|ze, die: *sehr große, sengende Hitze:* unter der G. leiden.
Glu|tin, das; -s [zu lat. glutinum = Leim] (Chemie): *als Hauptbestandteil der Gelatine vorkommender Eiweißstoff, der beim Auskochen von Knochen, Knorpel u. Sehnen entsteht.*
glut|rot ⟨Adj.⟩: *von dunklem, tiefem Rot:* sie wurde g. vor Scham.
Glut|rö|te, die: *tiefe Röte:* G. stieg ihr ins Gesicht.
Glut|tö|ter, der: *einem Stößel ähnlicher Gegenstand zum Ausdrücken einer Zigarette o. Ä.*
glut|voll ⟨Adj.⟩: *voller Glut* (2), *Leidenschaft, Begeisterung:* -e Augen; g. von etw. schwärmen.
Glut|wind, der: *sehr heißer, sengender Wind:* -e aus der Sahara.
Gly|ce|rid, das; -s, -e [↑Glyzerin] (Chemie): *Ester des Glyzerins.*
Gly|ce|rin: ↑Glyzerin.
Gly|ce|rol, das; -s (chem. Fachspr.): *Glycerin.*
Gly|cin, das; -s [zu griech. glykýs = süß]: **1.** *Glykokoll.* **2.** *ein fotografischer Entwickler.*
Gly|kä|mie, die; - [zu griech. glykýs = süß u. haĩma = Blut] (Med.): *normaler Zuckergehalt des Blutes.*
Gly|ko|gen, das; -s [zu griech. glykýs = süß u. ↑-gen] (Med., Biol.): *energiereiches, bes. in den Muskeln u. in der Leber gespeichertes, oft auch als tierische Stärke bezeichnetes Kohlehydrat.*
Gly|ko|ge|no|se, die; -, -n [zu ↑Glykogen] (Med.): *Stoffwechselerkrankung im Kindesalter mit übermäßiger Ablagerung von Glykogen bes. in Leber u. Niere, Glykogenspeicherkrankheit.*
Gly|ko|koll, das; -s [zu griech. glykýs = süß u. kólla = Leim] (Chemie): *im tierischen Organismus synthetisierbare, auch als Bestandteil von Gallensäuren vorkommende einfachste Aminosäure; Leimsüß.*
Gly|kol, das; -s, -e [Kurzwort aus griech. glykýs = süß u. ↑Alkohol]: *bes. als Frostschutz u. Desinfizierungsmittel verwendeter, zweiwertiger, giftiger Alkohol von süßem Geschmack.*
Gly|kol|säu|re, die ⟨o. Pl.⟩ (Chemie): *in Wasser leicht lösliche Substanz, die u. a. in Fruchtsäften, unreifen Weintrauben u. im Zuckerrohr vorkommt u. in der Gerberei zum Entkalken der Häute sowie zum Veredeln von Leder u. Pelzen verwendet wird.*
Gly|ko|ly|se, die; -, -n [↑Lyse]: *Aufspaltung des Traubenzuckers in Milchsäure im Organismus.*
Gly|ko|ne|us, der; -, ...een [lat. Glyconium (metrum) = glykonisches Versmaß, nach dem griech. Dichter Glykon] (Verslehre): *(in der Regel) achtsilbiger Vers der griechischen u. lateinischen Dichtung.*
Gly|ko|se, die; - [zu griech. glykýs = süß]: außerhalb der chemischen Fachsprache vorkommende, ältere Form für ↑Glucose.
Gly|ko|sid, das; -[e]s, -e ⟨meist Pl.⟩ (Chemie): *Pflanzenstoff, der in Zucker u. andere Stoffe, bes. Alkohole, gespalten werden kann.*
Gly|kos|urie, die; -, -n [2. Bestandteil zu griech. oũron = Harn] (Med.): *vermehrte Ausscheidung von Glucose im Harn; Glukosurie.*
Gly|phe, die; -, -n [griech. glyphḗ = das Schnitzen, Gravieren]: *Glypte.*
Gly|phik, die; - [griech. glyphikḗ (téchnē) = Schnitzkunst, Steinschneidekunst] (veraltet): *Glyptik.*
Gly|pho|gra|phie, (auch:) Glyphografie, die; -: *Glyptographie.*
Gly|pte, die; -, -n [griech. glyptós = in Stein, Erz, Holz geschnitzt, graviert, zu glýphein = ausmeißeln, einschneiden, schnitzen, gravieren]: *geschnittener Stein; Skulptur.*
Gly|ptik, die; - [griech. glyptikḗ (téchnē) = Schnitzkunst, Steinschneidekunst]: **1.** *Steinschneidekunst.* **2.** *die Kunst, mit*

Meißel od. Grabstichel in Stein od. Metall zu arbeiten.

Glyp|to|gra|phie, (auch:) Glyptografie, die; - [zu griech. glyptós (↑Glypte) u. ↑-graphie]: *Beschreibung der Glypten.*

Glyp|to|thek, die; -, -en [2. Bestandteil zu griech. thḗke = Behältnis; vgl. Bibliothek]: *Sammlung von Glypten.*

Gly|san|tin®, das; -s [Kunstwort]: *aus Glykol u. Glyzerin bestehendes Frostschutzmittel.*

Gly|ze|rid: ↑Glycerid.

Gly|ze|rin, (auch:) Glycerin, das; -s [frz. glycérine, geb. von dem frz. Chemiker M. E. Chevreul (1786–1889) zu griech. glykerós = süß, zu: glykýs = süß]: *dreiwertiger, farbloser, sirupartiger Alkohol, der in allen natürlichen Fetten enthalten ist u. z. B. zur Herstellung von Sprengstoff, von Cremes u. Salben, von Farbstoffen u. a. verwendet wird.*

Gly|ze|rin|sal|be, die: *Glyzerin enthaltende Salbe.*

Gly|ze|rin|sei|fe, die: *Glyzerin enthaltende Seife.*

Gly|ze|rin|trä|ne, die (Film, Ferns.): *künstliche Träne aus Glyzerin.*

Gly|zi|ne, Gly|zi|nie, die; -, -n [zu griech. glykýs = süß]: *als kletternder Strauch wachsende Pflanze mit großen, duftenden blauen, weißen od. lilafarbenen Blüten in langen, hängenden Trauben.*

Gm = Gigameter.

G-Man ['dʒi:mæn], der; -[s], G-Men ['dʒi:mɛn; engl.-amerik. g-man, Kurzwort für: government **man** = »Regierungsmann«]: *Sonderagent des FBI.*

GmbH [geːɛmbeˈhaː], die; -, -s: Gesellschaft mit beschränkter Haftung.

GMD = Generalmusikdirektor.

g-Moll ['ge:..., auch: '-'-], das; - (Musik): *auf dem Grundton g beruhende Molltonart;* Zeichen: g (↑g, G 2).

g-Moll-Ton|lei|ter, die (Musik): *auf dem Grundton g beruhende Molltonleiter.*

Gna|de, die; -, -n ⟨Pl. selten⟩ [mhd. g(e)nade, ahd. ginâda = (göttliches) Erbarmen, eigtl. = Hilfe, Schutz, zu einem Verb mit der Bed. »unterstützen, helfen«]: **1. a)** *Gunst eines sozial, gesellschaftlich o. ä. Höherrangigen gegenüber einem sozial, gesellschaftlich o. ä. auf niedrigerem Rang Stehenden:* die G. des Königs erlangen, verlieren; Ein großer ... Herr, der strafen kann und G. üben (Roth, Beichte 60); Er fleht ... die Kurfürstin an, für ihn G. zu erwirken (NJW 19, 1984, 1068); Der Verbannte ... war ... zum guten Ende doch wieder heimgekehrt in die G. des Imperators (Ransmayr, Welt 140); »... Meinst du, es macht mir Spaß, ewig und drei Tage von Vaters -n abzuhängen?« (M. L. Fischer, Kein Vogel 130); Ü eines wird uns zuteil: die G. des Augenblicks (Goes, Hagar 154); Er kam fast nicht dazu, an Karola zu denken: das war die G. der Arbeit, sie gewährte ihm Schutz (Fels, Afrika 117); ***die G. haben** (veraltet, noch iron.; *sich herablassen, so gnädig sein*): er hatte nicht die G., uns eintreten zu lassen; dass Königliche Hoheit ... die G. gehabt hat, ein Paar Stiefel bei mir zu bestellen (Th. Mann, Hoheit 48); **vor jmdm./vor jmds. Augen G. finden** *(vor jmdm. bestehen können, von ihm anerkannt, akzeptiert werden):* Die Suppe ließ sie zurückgehen ... Zum Glück fand das Lendensteak G. vor ihr (M. Walser, Seelenarbeit 213); **auf G. und/oder Ungnade** *(bedingungslos, auf jede Bedingung hin):* sich jmdm. auf G. und Ungnade ergeben, ausliefern; **aus G. [und Barmherzigkeit]** *(aus bloßem Mitleid);* **in -n** *(mit Wohlwollen);* **bei jmdm. in [hohen] -n stehen, sein** (geh.; *von jmdm. [sehr] geschätzt werden*): Was mich anlangt, stehe ich ja bei ihr in -n (A. Kolb, Daphne 42); als Verfechter der europäischen Integration war er beim Präsidenten nicht in G. (W. Brandt, Begegnungen 135); **jmdn. wieder in -n aufnehmen** (geh.; *jmdm. etw. nachsehen u. ihn in einem Kreis wieder aufnehmen*): wie sie gefleht hatten, ... man möchte sie wieder in -n aufnehmen ..., zum halben Lohn ihrethalben (Fallada, Blechnapf 211); **von jmds. -n** *(durch jmds. Gunst, durch jmdn. [bewirkt, geworden, zustande gekommen]):* Er ist Kaiser von Volkes -n (Thieß, Reich 540); Eine Armee von Amerikas -n (B. Vesper, Reise 465); **b)** (Rel.) *verzeihende Güte Gottes:* die göttliche G.; das ist kein Verdienst, sondern eine G. des Himmels; in den Besitz der G. gelangen. **2.** *Milde, Nachsicht in Bezug auf eine verdiente Strafe, Strafnachlass:* der Gefangene bat, flehte um G.; Ü Da war der Krieg, und der war ohne G. (Kant, Impressum 428); ***G. vor/für Recht ergehen lassen** *(von einer Bestrafung absehen, nachsichtig sein):* Er ... gibt mir ... bekannt, dass er noch einmal G. vor Recht ergehen lassen will (Remarque, Westen 118). **3.** ***Euer,** (auch:) **Ihro, Ihre -n** (veraltete Anrede an Personen von hohem Rang; vgl. [m]lat. vestra clementia): Euer -n haben/⟨seltener:⟩ hat gerufen; Gut meinen und gut handeln, Euer -n, das ist zweierlei! (Frisch, Cruz 11).

gna|den ⟨sw. V.⟩ [mhd. genâden, ahd. ginâdōn]: meist in der Fügung **gnade mir, dir usw. Gott!** *(wehe mir, dir usw.!):* wenn er jetzt nicht gleich kommt, dann gnade ihm Gott!; Der Himmel gnade Ihnen, wenn Ihnen auch in dieser Woche nichts einfällt! (Fallada, Jeder 238); ◆ ⟨mit Akk.-Obj.:⟩ Diesen Trinker gnade Gott (Rückert, Zechlied).

Gna|den|akt, der: *Akt der Gnade* (2): aufgrund eines -es wurde der Häftling vorzeitig entlassen.

Gna|den|be|weis, der: *Beweis von Gnade* (1, 2).

Gna|den|be|zei|gung, die: *Gnadenbeweis.*

Gna|den|bild, das (kath. Rel.): *an Wallfahrtsorten verehrtes, oft als wundertätig angesehenes Bild von Christus od. von Heiligen, bes. von Maria:* Über dem Altar ... stand das G. in einem gläsernen Schrein (Fussenegger, Haus 189).

Gna|den|brot, das ⟨o. Pl.⟩: *Versorgung [im Alter] trotz Arbeitsunfähigkeit aus Mitleid od. aus Dankbarkeit für früher geleistete Dienste:* einem Pferd das G. gewähren; er isst, bekommt bei ihnen das G.; Ständiger Gast war der alte Ahlers, ein Freund aus früheren Tagen wohl. ... Der kriegte da das G. (Kempowski, Zeit 91); Ü Sie sind ... an den Rand gedrängt worden und essen gerade noch ... ein G. in untergeordneten Verwaltungsstellungen (Kantorowicz, Tagebuch I, 455).

Gna|den|er|lass, der: *Amnestie.*

Gna|den|er|weis, der: *Gnadenakt:* ... wird einer Reihe von Strafgefangenen zum Weihnachtsfest ein G. zuteil (Welt 24. 11. 65, 13).

Gna|den|frist, die: *letzter Aufschub, der jmdm. gewährt wird:* jmdm. eine G. geben, gewähren, bewilligen; Als wir ... zum Pferdebegräbnis zum Bürgermeister kamen, war er fort, und das Pferd hatte eine G. bekommen (Normann, Tagebuch 65).

Gna|den|ge|halt, das (veraltend): *Ehrengehalt.*

Gna|den|ge|such, das: *Gesuch um Begnadigung:* ein G. beim Präsidenten einreichen.

Gna|den|hoch|zeit, die (landsch.): *der siebzigste Hochzeitstag.*

Gna|den|hof, der: *Hof, auf dem alte Nutztiere das Gnadenbrot bekommen.*

Gna|den|in|stanz, die (Rechtsspr.): *staatliche Instanz, der das Recht zur Begnadigung zusteht.*

◆ **Gna|den|ket|te,** die: *als Gunstbeweis, Zeichen des Wohlwollens verliehene Kette:* die alte Perücke, die man seit gestern herumgehn sieht mit der guldenen G. (Schiller, Wallensteins Lager 2).

Gna|den|kraut, das [Übers. des lat. Namens gratiola (Vkl. zu: gratia = Gnade), nach den heilsamen Eigenschaften der Pflanze] (Bot.): *auf feuchten Wiesen, an Flussrändern u. sumpfigen Stellen wachsende Pflanze mit länglich spitzen, scharf gesägten Blättern u. hellrosa bis weißlichen Blüten an einzeln stehenden langen Stängeln.*

Gna|den|lohn, der (veraltend): vgl. Gnadengehalt.

gna|den|los ⟨Adj.⟩: **a)** *ohne Gnade* (1 a), *mitleidlos:* ein -er Tyrann; Ü die Sonne brannte g.; **b)** *ohne Gnade* (2), *ohne Milde, ungemildert:* ein -es Urteil; **c)** *hart, rücksichtslos, erbarmungslos:* ein -er Konkurrenzkampf; jmdn., etw. g. ausnutzen, ausbeuten; Wucherzinsen sind üblich ..., und es wird g. eingetrieben (Spiegel 16, 1985, 98).

Gna|den|lo|sig|keit, die; -: *das Gnadenlossein.*

Gna|den|mit|tel, das ⟨meist Pl.⟩ (kath. Kirche): *Sakrament, bes. Sterbesakrament:* er starb, versehen mit den -n der katholischen Kirche *(mit Krankensalbung, Kommunion).*

Gna|den|ort, der ⟨Pl. -e⟩: *Wallfahrtsort:* Auf der nächsten Hügelkuppe steht ... die Wallfahrtskirche, der G. (Fussenegger, Haus 189).

gna|den|reich ⟨Adj.⟩ (geh.): *voller Gnade* (1 b): eine -e Zeit.

Gna|den|schuss, der: vgl. Gnadenstoß: er gab dem verletzten Pferd den G.

Gna|den|stoß, der [eigtl. = Stoß, den der Henker dem auf das Rad geflochtenen Verbrecher in das Herz oder Genick gibt, um ihm weitere Qualen zu ersparen]: *Stoß, Stich, mit dem man die Todesqualen eines Tieres beendet:* der Hirsch erhielt den G.; Ein ... Matador musste ihm (= einem Stier in der Arena) den G. geben (Th. Mann, Krull 436); Ü 1969 erhielt der Eishockeysport in Crimmitschau den G. (Freie Presse 22. 12. 89, 6).

Gna|den|tod, der (geh.): *Tod durch Euthanasie* (1): Die Diskussion um den G. kommt von neuem in Gang (Spiegel 40, 1983, 101).

Gna|den|ver|hei|ßung, die (christl. Rel.): *Zusicherung der Gnade Gottes.*

gna|den|voll ⟨Adj.⟩ (geh.): *voller Gnade* (1 b): eine -e Zeit.

Gna|den|weg, der ⟨o. Pl.⟩: **a)** *Begnadigung aufgrund eines Gnadengesuchs:* dem Häftling blieb nur noch der G. offen; **b)** *Verfahren der Begnadigung:* auf dem G., über den G. wurde ihm ein Teil der Strafe erlassen; In Hamburg kam ein aidskranker Gefangener ... im G. frei (Spiegel 3, 1986, 64).

gna|den|wei|se ⟨Adv.⟩: *aus Gnade:* jmdm. g. etw. geben; ⟨mit Verbalsubstantiven auch attr.:⟩ eine g. Aussetzung der Strafvollstreckung (MM 31. 5./1. 6. 75, 1).

gna|den|wür|dig ⟨Adj.⟩: *eines Gnadenerweises würdig:* der Strafgefangene gilt als nicht g.

Gna|den|wür|dig|keit, die: *das Gnadenwürdigsein:* Es kommt auf die G. des einzelnen Täters an, der seine Strafe verbüßt (Welt 15. 9. 88, 1).

Gna|den|zeit, die (geh.): *Zeit des Heils im christlichen Sinn:* das Geheimnis der Geschichte in ihren -en und ihren Gerichten (Thielicke, Ich glaube 62).

gnä|dig ⟨Adj.⟩ [mhd. g(e)nædec, ahd. g(i)nādīg = wohlwollend, barmherzig]: **1.** (oft iron.) *Gnade* (1 a) *zeigend, wohlwollend; nachsichtig:* sei doch so g., mir zu helfen!; sie nickte, lächelte g. *(herablassend);* Der berühmte Literaturkritiker ... war ... sehr g. (*wohlwollend in seinem Urteil;* Gregor-Dellin, Traumbuch 32); an der Spitze des Bonner Verteidigungsministeriums wurde das nicht g. aufgenommen (W. Brandt, Begegnungen 90); (in höflicher Anrede:) sehr geehrte -e Frau; (veraltet:) -er Herr, die -e Herrin; ⟨subst.:⟩ ich danke Ihnen, meine Gnädige, Gnädigste (veraltet; *gnädige Frau*); Auf einen Krach kam es der Gnädigen (veraltet; *der gnädigen Frau* [Bezeichnung von Hausangestellten für ihre »Herrschaft«]) bei solchen Anlässen nicht an (Kühn, Zeit 122). **2.** *Gnade* (2), *Milde, Nachsicht zeigend; schonungsvoll:* ein -er Richter; machen Sie es g. mit mir (scherzh.; *verfahren Sie nicht zu hart mit mir, schonen Sie mich*)! **3.** (Rel.) *(von Gott, den Göttern) voller Gnade* (1 b); *barmherzig:* ihr Dank an die Himmlischen für die -e Errettung (Thieß, Reich 425); Gott ist [zu] den Sündern g.

Gna|gi, das; -s [zu schweiz. Genage = Knochen, an dem noch Fleisch ist, zu ↑nagen] (schweiz.): *gepökelte Teile von Kopf, Gliedmaßen u. Schwanz des Schweins.*

gna|tho|gen ⟨Adj.⟩ [zu griech. gnathós = Kinnbacke u. ↑-gen] (Med.): *vom* [1]*Kiefer ausgehend, herrührend.*

Gna|tho|lo|gie, die; - [↑-logie]: *Wissenschaft u. Lehre vom gesunden u. vom krankhaft veränderten Kauapparat.*

gna|tho|lo|gisch ⟨Adj.⟩: *die Gnathologie betreffend:* Die Kiefer stünden schief, ... was ohne »-e Behandlung« schwere Kiefergelenkschäden verursachen könne (Spiegel 31, 1983, 41).

Gna|tho|schi|sis [...sç...], die; - [zu griech. schísis = das Spalten, Trennen] (Med.): *Kieferspalte.*

[1]**Gnatz,** der; -es, -e [mhd. gnaz = Schorf, auch: Knauserei, eigtl. = Zernagtes, Zerkratztes] (ugs.): *Ausschlag, Grind, Schorf.*

[2]**Gnatz,** der; -es, -e [zu ↑gnatzen] (ugs.): *mürrischer, übel gelaunter Mensch.*

gnat|zen ⟨sw. V.; hat⟩ [aus dem Niederd., urspr. lautm.] (ugs.): *mürrisch, übel gelaunt sein.*

gnat|zig ⟨Adj.⟩ (ugs.): *mürrisch, übel gelaunt, verdrossen:* g. sein.

Gneis, der; -es, -e [H. u., viell. zu mhd. g(a)neist = Funke, nach dem funkelnden Glanz]: *im Wesentlichen aus Quarz, Feldspat u. Glimmer bestehendes Gestein.*

gnei|sig ⟨Adj.⟩: *aus Gneis bestehend.*

gnei|ßen ⟨sw. V.; hat⟩ [eigtl. = in die Nase bekommen] (österr. mundartl.): *bemerken.*

◆ **gnid|der|schwarz** ⟨Adj.⟩ [zu niederd. Gnidder-, Gnittergold = Rauschgold, zu: gnittern, knittern = knistern] (nordd.): *glänzend schwarz:* g. und blank, wie frisch gebacken Brot (Storm, Schimmelreiter 14).

gnie|de|lig ⟨Adj.⟩ [zu ↑gniedeln] (nordostd.): *kratzend u. schlecht (ein Streichinstrument spielend):* Ein Streichquartett spielte da vorne ziemlich g. (Kempowski, Uns 155).

gnie|deln ⟨sw. V.; hat⟩ [aus dem Niederd., zu mniederd. gnīdeln, eigtl. = durch Hinundherreiben glätten] (nordostd.): *(ein Streichinstrument) schlecht spielen:* Gern sitzt er in einem Restaurant, da gniedeln Stehgeiger »Die Wacht am Rhein« (Kempowski, Zeit 369).

gniet|schig ⟨Adj.⟩ [auch: mürrisch, kratzbürstig, wohl verw. mit ↑Gnitte] (nordd. ugs.): *neidisch:* diese -en Typen, die den deutschen Armeen ihren Sieg nicht gönnen (Kempowski, Zeit 297).

Gnit|te, Gnit|ze, die; -, -n [mniederd. gnitte, eigtl. = stechendes Tier, zu dem auch ↑[1]Gnatz zugrunde liegenden Verb mit der Bed. »zerreiben, (zer)kratzen«] (nordd.): *kleine Mücke.*

Gnoc|chi ['njɔki] ⟨Pl.⟩ [ital. gnocco (Pl. gnocchi) = Mehlklößchen, Knödel, aus dem Venez.] (Kochk.): *Klößchen aus einem mit Kartoffeln und Mehl hergestellten Teig, die in verschiedenen Zubereitungsarten als Vorspeise [oder Beilage] gereicht werden.*

Gnom, der; -en, -en [H. u.; gepr. im 16. Jh. von dem dt. Arzt u. Naturforscher Paracelsus (1493–1541)]: **a)** *Kobold, Zwerg:* Er war ein kleiner ... Mann, der infolge seines großen Kopfes wie ein G. wirkte (Niekisch, Leben 252); Wir haben uns ... als Blumen verkleidet und als -e und Zwerge (Kempowski, Immer 197); der kleine Mann ... ich erinnere mich seiner als eines behänden -en (K. Mann, Wendepunkt 133); (auch als Schimpfwort:) dieser G.!; **b)** (ugs.) *sehr kleiner Mensch.*

Gno|me, die; -, -n [lat. gnome < griech. gnṓmē, eigtl. = Gedanke, Einsicht, zu: gignṓskein = erkennen] (Literaturw.): *lehrhafter [Sinn-, Denk]spruch in Versform od. in Prosa.*

gno|men|haft ⟨Adj.⟩: *wie ein Gnom geartet, wirkend, aussehend.*

Gno|mi|ker, der; -s, - [griech. gnōmikós (poiētḗs), zu: gnōmikós = in Form einer Gnome, zu: gnṓmē, ↑Gnome] (Literaturw.): *Verfasser von Gnomen.*

Gno|mi|ke|rin, die; -, -nen (Literaturw.): w. Form zu ↑Gnomiker.

gno|misch ⟨Adj.⟩ (Literaturw.): *die Gnome betreffend, in der Art der Gnome:* ein -er Dichter *(Spruchdichter);* -er Aorist (Sprachw.; *in Gnomen zeitlos verwendeter Aorist*); -es Präsens (Sprachw.; *in Sprichwörtern u. Lehrsätzen zeitlos verwendetes Präsens*).

Gno|mo|lo|gie, die; -, -n [zu griech. gnōmología = Reden in Denksprüchen] (Literaturw.): *Sammlung von Weisheitssprüchen u. Anekdoten.*

gno|mo|lo|gisch ⟨Adj.⟩ (Literaturw.): *die Gnomologie betreffend:* eine -e Sammlung.

Gno|mon, der; -s, ...one [griech. gnṓmōn = Zeiger an der Sonnenuhr; Richtschnur, eigtl. = Kenner, Beurteiler, zu: gnṓmē, ↑Gnome]: *senkrecht stehender Stab, aus dessen Schattenlänge sich die Höhe des Sonnenstandes bestimmen lässt:* Dieser so genannte G. gibt mit einem drittel Grad Genauigkeit die Senkrechte an (MM 17. 11. 69, 3).

gno|mo|nisch ⟨Adj.⟩: in der Fügung **-e Projektion** (Fachspr.; *nicht winkeltreue Zentralprojektion*).

Gno|se|o|lo|gie, die; - [zu griech. gnṓsis (↑Gnosis) u. ↑-logie] (Rel.): *Erkenntnislehre, -theorie.*

gno|se|o|lo|gisch ⟨Adj.⟩: *die Gnoseologie betreffend.*

Gno|sis, die; - [griech. gnṓsis = (Er)kenntnis, zu: gignṓskein, ↑Gnome] (Rel.): **1.** *[Gottes]erkenntnis.* **2.** *in der Schau Gottes erfahrene Welt des Übersinnlichen; hellenistische, jüdische u. bes. christliche Versuche der Spätantike, die im Glauben verborgenen Geheimnisse durch philosophische Spekulation zu erkennen u. so zur Erlösung vorzudringen.*

Gnos|tik, die; - [zu griech. gnōstikós = das Erkennen betreffend] (veraltet): *die Lehre der Gnosis.*

Gnos|ti|ker, der; -s, - (Rel.): *Vertreter der Gnosis* (2) *od. des Gnostizismus.*

Gnos|ti|ke|rin, die; -, -nen (Rel.): w. Form zu ↑Gnostiker.

gnos|tisch ⟨Adj.⟩ (Rel.): *die Gnosis od. den Gnostizismus betreffend.*

Gnos|ti|zis|mus, der; - (Rel.): **1.** *alle religiösen Richtungen, die die Erlösung durch [philosophische] Erkenntnis Gottes u. der Welt suchen.* **2.** *synkretistische religiöse Strömungen u. Glaubensgemeinschaften der späten Antike.*

Gno|to|bio|lo|gie, die; - [zu griech. gnōtós = erkennbar (zu: gignṓskein, ↑Gnome) u. ↑Biologie]: *Forschungsrichtung der [Mikro]biologie, die sich mit der keimfreien Aufzucht von Versuchstieren beschäftigt, um Aufschluss über ihr immunologisches Abwehrsystem zu erhalten.*

Gnu, das; -s, -s [hottentott. ngu]: *(in den Steppen Süd- u. Ostafrikas heimische) Antilope mit großem, gebogene Hörner tragendem Kopf, kurzem, glattem Fell u. einer Mähne an Stirn, Nacken, Hals u. Brust.*

Go, das; - [jap. go]: *japanisches Brettspiel, bei dem mit Steinen auf den Schnittpunkten von waagerechten u. senkrechten Linien Ketten zu bilden u. die vom Gegner auf die Schnittpunkte gesetzten Steine durch Umschließen mit eigenen Steinen zu gewinnen sind.*

Goal [go:l], das; -s, -s [engl. goal = Tor, eigtl. = Ziel, Endpunkt, H. u.] (österr., schweiz., sonst veraltet): *Tor, Treffer (z. B. beim Fußballspiel).*

Goal|get|ter, der; -s, - [engl., zu to get = bekommen, kriegen] (Sport, bes. österr. u. schweiz.): *Torjäger, Torschütze.*

Goal|lie, (auch:) **Goa|li**, der; -s, -s [engl. goalie] (schweiz. Sport): *Torhüter.*

Goal|kee|per [-ki:pɐ], der [↑Keeper] (Sport, bes. österr. veraltet u. schweiz.): *Torhüter.*

Goal|mann, der; -s ⟨Pl. ...männer⟩ (Sport, bes. österr.): *Torhüter.*

Go|be|let [gobə'le:; frz.: gɔ'blɛ], der; -s, -s [frz. gobelet = Becher, Vkl. von gleichbed. afrz. gobel, aus dem Gall.]: *Becher od. Pokal auf einem Fuß aus Gold, Silber od. Glas.*

Go|be|lin [gobə'lɛ̃:, frz.: gɔ'blɛ̃], der; -s, -s [frz. gobelins (Pl.), wohl nach dem Eigenn. les Gobelins einer frz. Teppich- u. Kunsttapetenfabrik]: *Wandteppich mit eingewirkten Bildern:* kostbare, schwere -s; Die Möbel sind alle echt, die Teppiche und -s alt (Remarque, Triomphe 394); einen G. wirken, weben; Ü die Sonne hing ihre ersten goldenen -s an die Häuserwände (Remarque, Triomphe 401).

Go|be|lin|ma|le|rei, die: *Malerei auf ripsartigem Stoff, die einen gewirkten Gobelin nachahmt.*

Go|be|lin|stich, der: *Stickereistich, der [halb]schräg od. senkrecht ausgeführt wird, und zwar meist über einen vorgespannten Faden, um die Stickerei zu verdichten.*

Go|be|lin|sti|cke|rei, die: *Stickerei in Gobelinstich, mit der Bezüge von Polstermöbeln, Kissen, Taschen o. Ä. verziert werden.*

Go|bi, die; -: Wüste in Innerasien.

Go|ckel, der; -s, - [wohl lautm.] (bes. südd., sonst ugs. scherzh.): **1.** *Hahn* (1 a): ein prächtiger G.; er stolziert wie ein G. über die Straße. **2.** (ugs. scherzh.) *Mann, der sich bes. männlich gibt u. auf sexuelle Abenteuer aus ist:* sie will von dem verliebten alten G. nichts wissen (Fallada, Jeder 184).

Go|ckel|hahn, der (ugs. scherzh. od. Kinderspr.): *Gockel:* Er stolzierte wie ein G. durchs Zimmer (K. Mann, Mephisto 177); sieh mal, ein G.!

go|ckeln ⟨sw. V.; hat⟩ (ugs. scherzh.): *sich wie ein Gockel* (2) *benehmen:* ⟨subst.:⟩ Will doch mal sehen, ob du noch zu was anderm taugst als zum Gockeln (Fallada, Herr 193); François de Angeli ... jagte ... schönen Frauen an Bord nach, umschwänzelte sie wie ein gockelnder Auerhahn (Konsalik, Promenadendeck 361).

Göd, der; -en, -en (bayr., österr. ugs.): *Pate.*

[1]**Go|de**, der; -n, -n [anord. goði = Priester] (hist.): *Priester u. Gauvorsteher im alten Island u. in Skandinavien.*

[2]**Go|de**: Nebenf. von ↑[1,2]Gote.

Go|del, Godl, die; -, -n [vgl. [1,2]Gote] (südd., österr. mundartl.): *Patin.*

Gode|mi|ché [go:tmi'ʃe:], der; -, -s [frz. godemiché, H. u.]: *künstliche Nachbildung des erigierten Penis, die von Frauen zur Selbstbefriedigung od. bei der Ausübung gleichgeschlechtlichen Verkehrs benutzt wird.*

Go|den, die; -, - [vgl. [1,2]Gote] (südd., österr. mundartl.): *Patin.*

Go|der, der; -s, - [mhd. goder = Gurgel, Schlund] (österr. ugs.): *Doppelkinn.*

Go|derl, das; -s, -n [Vkl. von ↑Goder]: nur in der Wendung **jmdm. das G. kratzen** (österr. ugs.; *jmdm. schöntun, schmeicheln*).

Go|det [gɔ'dɛ], das; -s, -s [frz. godet = falsche Falte, eigtl. = Napf, H. u.] (Schneiderei): *in Kleidungsstücken (bes. Röcken) eingesetzter keilförmiger Stoffteil:* Kleiderröcke zeigten raffinierte Gliederungen durch Falten, Plissees, Bahnen, -s (MM 5. 3. 71, 7).

Godl: ↑Godel.

Go|dron [go'drõ:], das; -s, -s [frz. godron, Vkl. von: godet, ↑Godet]: *ausgeschweifter* (2) *Rand, Buckel an Metallgegenständen.*

go|dron|nie|ren ⟨sw. V.; hat⟩ [frz. godronner]: *ausschweifen* (2), *fälteln.*

Goe|the|a|na ⟨Pl.⟩ [nlat. Bildung zum Namen J. W. Goethe]: *Werke von u. über Goethe.*

goe|thesch, goethisch ⟨Adj.⟩: *von Goethe stammend; nach Art Goethes:* -e (auch:) Goethe'sche Dramen; ihm gelangen Verse von -er (auch:) Goethe'scher Klarheit.

Goe|the|zeit, die; -: *Zeit der Weimarer Klassik:* Wir leben nicht mehr in der G. (Wohmann, Irrgast 163).

goe|thisch: ↑goethesch.

Gof, der od. das; -s, -en [H. u.] (schweiz. mundartl.): *[kleines, ungezogenes] Kind.*

Go-go-: [engl. go-go = aufreizend, begeisternd (von der Musik in Diskotheken u. Nachtklubs), auch: Tanz (in einer Diskothek), Verdoppelung von: go = los!, vorwärts!, zu: to go = gehen].

Go-go-Boy, der [engl. go-go boy]: *Vortänzer in einer Diskothek o. Ä.:* in der Stonewall-Bar ... Sie hatten dort Disco, -s und so Zeug (Praunheim, Armee 90).

Go-go-Girl, das [engl. go-go girl]: *Vortänzerin in einer Diskothek o. Ä.*

Go-go-Show, die: *von Go-go-Girls od. Go-go-Boys getanzte Show.*

Go-go-Stil, der ⟨o. Pl.⟩ [engl. go-go style]: *Tanzstil der Go-go-Girls od. Go-go-Boys.*

Goi, der; -[s], Gojim ['go:jɪm, go'ji:m; hebr. gôy]: jüdische Bez. für *Nichtjude:* Aber Sie wissen ja, wie das ist, wenn man einen G. Geschäfte machen lässt! (Hilsenrath, Nazi 202); Wir sind immer noch Juden und keine Gojim (Singer [Übers.], Feinde 37).

Go-in, das; -[s], -s [zu engl. to go in = hineingehen]: *unbefugtes [gewaltsames] Eindringen Demonstrierender in einen Raum od. ein Gebäude [um eine Diskussion zu erzwingen]:* nachdem der SDS mit einem »Go-in« eine Vorlesung von Bundesratsminister Carlo Schmid gestört hatte (MM 25. 11. 67, 2).

Goi|se|rer, der; -s, - ⟨meist Pl.⟩ [nach der österr. Stadt Bad Goisern] (österr.): *schwerer, genagelter Bergschuh.*

Go|jim: Pl. von ↑Goi.

Go|kart, der; -[s], -s [engl. go-kart, geb. zu: go-cart = Handwagen, Sportwagen, älter: Kinderwagen]: **1.** (Sport) *niedriger, unverkleideter kleiner Rennwagen.* **2.** *einem Gokart* (1) *nachgebildetes Kettcar.*

go|keln ⟨sw. V.; hat⟩ [zu ↑gaukeln] (ostmd.): *unvorsichtig mit Feuer umgehen, spielen.*

Go|lat|sche: ↑Kolatsche.

Gold, das; -[e]s [mhd. golt, ahd. gold, eigtl. = das Gelbliche od. Blanke, verw. mit ↑gelb]: **1.** *rötlich gelb glänzendes, weiches Edelmetall (chemisches Element);* Zeichen: Au (↑Aurum): reines, gediegenes, 24-karätiges G.; etw. glänzt wie G.; G. graben, waschen, schürfen; ein G. führender Fluss; der Ring ist aus massivem G.; Diese Lampe funkelte, als sei sie aus purem G. (Kuby, Sieg 149); G. in Form von Barren od. Münzen; vierteljährlich schnitt man ... die Coupons von den Staatsanleihen ab und bekam sie in G. *(in Goldmark)* ausbezahlt (Remarque, Obelisk 263); die Währung ist ans G. gebunden, in, durch G. gedeckt; einen Edelstein in G. fassen; etw. mit G. überziehen; Spr es ist nicht alles G., was glänzt *(der Schein trügt oft);* Ü Erlebnisstoff ..., den er in das G. seiner Poesie ummünzt (Niekisch, Leben 99); * **[noch] G. gegen etw./jmdn. sein** (ugs.; *weitaus erträglicher o. ä., viel weniger negativ zu beurteilen sein*): die Gleitzes waren G. gegen die R.s (M. Walser, Seelenarbeit 171); was die Kinder ... alles miteinander vorhaben, dagegen ist dein Kuno-Dieter noch G.! (Fallada, Jeder 274); meine Schuhe sind ziemlich abgetragen, deine jedenfalls sind noch G. dagegen; **treu wie G. sein** (*sehr treu u. zuverlässig sein;* Gold ist, bes. im MA., das Sinnbild der Treue, oft in Zusammenhang mit der Symbolik des goldenen Fingerringes); **G. in der Kehle haben** (*eine besonders schöne Singstimme haben;* eigtl. = eine so schöne Stimme haben, dass damit als Gesangskünstler viel Geld zu verdienen ist); **G. wert sein** *(sehr wertvoll, nützlich, gewinnbringend sein):* ein solides Fachwissen ist in dieser Branche G. wert. **2. a)** *Goldmünze:* etw. in G. bezahlen; * **nicht mit G. zu bezahlen/aufzuwiegen sein** *(überaus kostbar, unbezahlbar, unersetzbar sein);* **b)** *Gegenstand aus Gold:* er verwöhnte sie mit G. *(Schmuckstücken* *aus Gold)* und Edelsteinen; olympisches G. *(Goldmedaille)*; dass dieser winzige Vorsprung über G. und Silber *(die Gold- u. die Silbermedaille)* entschieden hatte (Maegerlein, Piste 123). **3. a)** *etw., was für jmdn. überaus wertvoll ist* (in bestimmten Fügungen): flüssiges G. *(Erdöl)*; schwarzes G. *(Kohle, Erdöl)*; Wie entstand das schwarze G.? ... Das Öl bildete sich in Jahrmillionen aus dem Faulschlamm der Meere (Hörzu 12, 1979, 30); weißes G. *(Elfenbein; Porzellan; Salz; Schnee in einem Wintersportgebiet)*; **b)** *goldene Farbe, goldener Glanz:* das G. der Sonne; das seidige G. ihres Haares; an diesem frühen Abend mit dem ersten klaren G. des Herbstes in der Luft (Remarque, Obelisk 226).

Gold|ader, die: *goldhaltige Gesteinsader.*

Gold|af|ter, der: *weißer Schmetterling mit gelbem Hinterleib, dessen Raupe ein Obstbaumschädling ist.*

gold|ähn|lich ⟨Adj.⟩: *dem Gold* (1) *ähnlich.*

Gold|amal|gam, das: *Legierung aus Gold u. Quecksilber.*

Gold|am|mer, die: *großer Finkenvogel mit goldgelber Bauchseite.*

Gold|am|sel, die [nach der gelben Färbung]: *Pirol.*

Gold|ar|beit, die: *in Gold ausgeführte Arbeit, Goldschmiedearbeit.*

gold|ar|tig ⟨Adj.⟩: *wie Gold* (1) *wirkend, aussehend:* -er Glanz.

Gold|auf|la|ge, die: *Auflage aus Gold (auf einem anderen Metall):* ein Armband mit 18-karätiger G.

Gold|aus|beu|te, die: *Menge des in einer Mine, einem Fluss o. Ä. gefundenen Goldes.*

Gold|bar|ren, der: *Block, Stange aus massivem Gold:* er hat einen Teil seines Vermögens in G. angelegt.

Gold|barsch, der [nach der Farbe der Bauchseite]: *Rotbarsch.*

Gold|be|ryll, der: *goldgelb gefärbter Beryll.*

Gold|be|stand, der: *Bestand* (2) *an Gold:* der G. eines Landes.

gold|be|stickt ⟨Adj.⟩: *mit einer Stickerei aus Goldfäden versehen:* ein -es Kissen.

gold|be|tresst ⟨Adj.⟩: *mit Goldtressen besetzt:* eine -e Livree; Er stand in seiner weißen, -en Kapitänskleidung auf der Brückennock (Konsalik, Promenadendeck 252).

Gold|blätt|chen, das: *Blättchen von fein ausgewalztem Gold.*

Gold|blech, das: *zu Blech ausgewalztes Gold:* breite Armbänder aus gemeinem G. (K. Mann, Mephisto 76).

gold|blond ⟨Adj.⟩: **a)** *(vom Haar) von goldglänzendem Blond:* -e Locken, Zöpfe; Auf der tiefbraunen Brust hatte er nur ein paar -e Haare (M. Walser, Pferd 19); ⟨subst.:⟩ ihr Haar ist von seidigem Goldblond; **b)** *mit Haar von goldglänzendem Blond:* ein -es kleines Mädchen.

Gold|bor|te, die: *aus flach ausgewalztem Golddraht hergestellte Borte, die an Uniformen u. Ornaten, zur Umrandung von Deckchen o. Ä. verwendet wird.*

Gold|bras|se, die, **Gold|bras|sen,** der: *(im Mittelmeer u. Atlantik vorkommende, als Speisefisch geschätzte) Meerbrasse mit goldgelben Längsstreifen auf den Körperseiten.*

gold|braun ⟨Adj.⟩: *von leuchtendem, ins Gelbliche spielendem Braun:* -e Augen; die Sahne verleiht dem Kaffee eine -e Farbe.

Gold|broi|ler, der (regional): *goldbraun gegrilltes Hähnchen:* Ü Urlaub, und nischt wie im Wasser liegen täte ich und dann zu G. rösten lassen (Kant, Impressum 379).

Gold|bro|kat, der: *mit Goldfäden durchwirkter Brokat:* schwere Gardinen aus G.

Gold|bron|ze, die: *goldähnlich aussehendes Messing mit sehr hohem Kupfergehalt.*

Gold|buch|sta|be, der: *gold[farb]ener Buchstabe:* der Grabstein trug eine Inschrift mit -n.

Gold|de|ckung, die: *Deckung der im Umlauf befindlichen Banknoten in einer festen Relation durch Goldbestände:* die G. dieser Währung ist gefährdet.

Gold|de|vi|sen ⟨Pl.⟩: *in einer Goldwährung bestehende Devisen.*

Gold|dol|lar, der: *offizielle Währungseinheit der USA seit dem Übergang zur reinen Goldwährung.*

Gold|dou|blé, Golddublee, das: *mit Gold überzogenes minderwertiges Metall.*

Gold|draht, der: *gold[farb]ener Draht.*

Gold|dros|sel, die [nach der goldenen Färbung]: volkst. Bez. für ↑Pirol.

Gold|druck, der: *das Bedrucken mit Goldbuchstaben od. goldenen Verzierungen:* ein mit G. versehener Buchrücken.

Gold|du|blee: ↑Golddoublé.

gold|durch|wirkt ⟨Adj.⟩: *mit Goldfäden durchwirkt:* -es Gewebe.

gold|echt ⟨Adj.⟩ (ugs.): *vollkommen aufrichtig u. vertrauenswürdig:* Die Trudel ist g. Sage ihnen, dass du nicht geschwatzt hast, Trudel! (Fallada, Jeder 74).

gol|den ⟨Adj.⟩ [mhd., ahd. guldīn, zu ↑Gold]: **1.** ⟨nur attr.⟩ *aus Gold bestehend:* eine -e Münze, Kette, Uhr, ein -er Ring, Becher. **2.** (dichter.) *von der Farbe des Goldes, goldfarben:* die -en Ähren; der -e Rebensaft; ihre Haare schimmerten, glänzten g.; Ü Ein Tiefdruckgebiet hat den -en Oktober endgültig verdrängt (MM 30. 10. 89, 1). **3.** *im höchsten Maß als gut, schön, glücklich empfunden; ideal, herausgehoben:* die -e Freiheit; die -e Jugendzeit; (iron.:) -en Zeiten entgegengehen; -e *(beherzigenswerte)* Worte, Lehren; er hat einen -en *(echten, vortrefflichen)* Humor; eine Schar von Auswanderern ... allen versprach Jason eine -e Zukunft am Schwarzen Meer (Ransmayr, Welt 204); als wären diese Zeiten g. gewesen (v. d. Grün, Glatteis 218).

Gol|den De|li|cious ['goʊldən dɪ'lɪʃəs], der; --, -- [engl., eigtl. = der goldene Köstliche]: *mittelgroßer Apfel mit dünner, grüngoldgelber, bräunlich punktierter Schale u. gelblichem, süßem Fruchtfleisch.*

Gol|den Goal ['goʊldən 'goʊl], das; - -s, - -s [engl.] (Fußball): *Spielentscheidung durch das erste gefallene Tor in einer Verlängerung* (3).

Gol|den Twen|ties ['goʊldən 'twɛntɪz] ⟨Pl.⟩ [engl.]: *die Zwanzigerjahre des 20. Jahrhunderts in den USA u. Westeuropa, die durch wirtschaftliche Prosperität gekennzeichnet waren:* ... und die Väter ..., deren Jugend in die G. T. fiel, die so golden gar nicht waren (MM 18. 4. 73, 45).

Gold|esel, der [nach dem Esel im grimmschen Märchen »Tischchen, deck dich!«, der auf Geheiß Goldstücke von sich gibt] (ugs.): *unerschöpfliche Geldquelle.*

Gold|fa|den, der: *gold[farb]ener Faden:* das Gewebe ist mit feinen Goldfäden durchwirkt.

gold|far|ben, gold|far|big ⟨Adj.⟩: *von der Farbe des Goldes.*

Gold|fa|san, der: **1.** *(in China heimischer) Fasan mit farbenprächtigem Gefieder u. goldgelbem Federschopf:* Ü sie, er ist ja dein G. (scherzh., oft abwertend; *besonderer Liebling*). **2.** (nationalsoz. ugs. abwertend) *höherer Funktionär der Nationalsozialistischen Deutschen Arbeiterpartei:* Parteibonzen, die hinter vorgehaltener Hand -e genannt wurden (Härtling, Hubert 348).

Gold|fe|der, die: *goldene Feder eines Füllfederhalters:* mit einer G. schreiben.

Gold|feld, das: *Lagerstätte von Gold:* die Entdeckung neuer -er.

Gold|fie|ber, das: *Goldrausch.*

Gold|fin|ger, der (seltener): *Ringfinger:* ◆ während er den Ring auf den G. der schmalen Hand schob (Storm, Schimmelreiter 58).

Gold|fisch, der: **1.** *(aus China stammender) Fisch mit rotgolden bis golden glänzendem, gedrungenem Körper.* **2.** (ugs. scherzh.) *(bes. im Hinblick auf eine Heirat) jmd., der ein ansehnliches Vermögen hat:* Da hat sich deine Tochter einen ganz schönen G. an Land gezogen (v. d. Grün, Glatteis 129).

Gold|fisch|glas, das: *Glas, in dem Goldfische* (1) *gehalten werden.*

Gold|flie|der, der [nach der leuchtend gelben Farbe der Blüten]: *Forsythie.*

Gold|flie|ge, die: *Schmeißfliege mit metallisch glänzendem, goldgrünem Körper.*

Gold|fo|lie, die: *goldfarbene Folie* (1): Sterne, Christbaumschmuck aus G.

Gold|fuchs, der [3: vgl. Fuchs (8), nach dem rötlichen Farbschimmer der Goldmünze]: **1.** *Fuchs mit hellerer, gelbroter Färbung.* **2.** *Pferd mit golden glänzendem Fell.* **3.** (veraltet) *Gold-, Geldstück:* das Leben war voller Ideale, und mit ein paar solcher Goldfüchse konnte man ins gelobte Land Italia reisen (Remarque, Obelisk 265).

Gold füh|rend: s. Gold (1).

Gold|fül|lung, die: *aus Gold bestehende Füllung eines Zahnes.*

Gold|fund, der: *Fund* (2) *von Gold:* Seit Jahrzehnten waren ... keine bedeutenderen -e mehr gemacht worden (Menzel, Herren 20).

gold|ge|fasst ⟨Adj.⟩: *mit einer Fassung* (1 a) *aus Gold:* Er war groß, schlank, blauäugig und trug eine -e Brille (Simmel, Stoff 678).

Gold|ge|halt, der: *Gehalt, Anteil an Gold:* der G. einer Münze.

gold|gelb ‹Adj.›: *von kräftigem, leuchtendem Gelb:* Die -en Augen eines Frosches starrten durch den grünen Schleier der Wasserpest (Strittmatter, Wundertäter 120); -er Honig.

gold|ge|lockt ‹Adj.› (geh.): *mit goldblonden Locken:* ein -er Jüngling, Engel.

gold|ge|rän|dert ‹Adj.›: *mit einem Goldrand:* eine -e Brille.

Gold|ge|wicht, das: *Karat.*

Gold|ge|win|nung, die: *das Gewinnen, Gewinnung von Gold.*

Gold|gier, die: *Gier nach Gold:* von G. erfasst, ergriffen werden, erfüllt sein.

gold|gie|rig ‹Adj.› (abwertend): *von einer Gier nach Gold besessen:* -e Abenteurer.

Gold|glanz, der: *Glanz [wie] von Gold:* der G. blendete sie.

gold|glän|zend ‹Adj.›: *glänzend wie Gold:* -e Metallbeschläge.

Gold|glas, das (bild. Kunst): *Glas mit einer Auflage von Blattgold, in die figürliche Darstellungen, Ornamente, Inschriften geritzt sind u. die meist wieder mit einer farblosen Glasschicht überzogen ist.*

Gold|grä|ber, der: *jmd., der nach goldhaltigem Gestein gräbt:* die improvisierten Siedlungen der G. zur Zeit des Goldrausches (Leonhard, Revolution 119).

Gold|grä|ber|fie|ber, das: *mit Besessenheit betriebene Suche nach Gold (in einem Gebiet, in dem Gold gefunden wird):* Ein Rausch ist über die Menschheit gekommen, dem G. der amerikanischen Kolonisationszeit vergleichbar (Gruhl, Planet 192).

Gold|grä|be|rin, die; -, -nen: w. Form zu ↑Goldgräber: Debbie McMaster, G. aus Truckee in Kalifornien, gewann den diesjährigen Meistertitel im Yukon-Jack-Wettschreien (Rheinpfalz 21. 1. 92, 24).

Gold|grä|ber|stim|mung, die ‹o. Pl.›: vgl. Goldgräberfieber: es herrscht G.

Gold|gru|be, die: **1.** *Goldlagerstätte, Goldmine:* Er (= Cortez) ging auf ein Landgut, führte als Erster in Cuba europäisches Hornvieh ein, beutete -n aus (Ceram, Götter 347). **2.** (ugs.) *sehr einträgliches Unternehmen, Lokal, Geschäft o. Ä.:* er hat aus dem kleinen Laden eine G. gemacht; dieses Restaurant ist wegen seiner guten Lage eine wahre G.; Die Würstchenbude war eine G. und legte den Grundstein für das Hotel (Danella, Hotel 47).

gold|grün ‹Adj.›: *grün mit einem goldenen Schimmer:* die g. schimmernden Flügel eines Insekts.

Gold|grund, der (Kunstwiss.): *gold[farb]ener Hintergrund bes. von byzantinischen Malereien u. abendländischen Malereien des Mittelalters:* der G. russischer Ikonen; auf G. malen.

Gold|haar, das: **1.** (geh.) *goldblondes Haar.* **2.** *Aster mit kleinen, dicht stehenden Blättern u. kleinen, goldgelben, haarigen Blütenköpfen.*

gold|haa|rig ‹Adj.› (geh.): *goldblond:* Dann kam noch ein schönes, gut gekleidetes, -es Mädchen (Seghers, Transit 55).

Gold|hähn|chen, das: *meist in kleinen Trupps auftretender Singvogel aus der Familie der Grasmücken mit graugrünem Gefieder u. leuchtend gelbem Scheitel; Regulus.*

gold|hal|tig, (österr.:) **gold|häl|tig** ‹Adj.›: *Gold enthaltend:* -es Gestein.

Gold|hams|ter, der: *Hamster mit goldbraunem, an der Bauchseite weißlichem Fell, der als Haustier [bei Kindern] sehr beliebt ist.*

Gold|han|del, der: *Handel mit Gold.*

Gold|ha|se, der [nach der Fellfarbe]: *Aguti.*

gold|hell ‹Adj.› (geh.): *hell wie Gold:* ...ließ sich ein Glas -en Rheinwein abzapfen (Bredel, Väter 189).

Gold|hor|tung, die: *das Horten von Gold.*

gold|hung|rig ‹Adj.›: *gierig nach Gold.*

gol|dig ‹Adj.› [frühnhd. guldig, zu ↑Gold]: **1.** (ugs.) **a)** *in seiner äußeren Erscheinung in einer Weise reizend, dass man es mit Rührung u. Zärtlichkeit feststellt:* ein -es kleines Mädchen; das Ferienkind ... Ein -es kleines Ding (Hörzu 38, 1975, 18); das Kleidchen ist ja g.!; **b)** (ugs.) *in menschlicher Hinsicht rührend nett:* dass du uns beim Umzug helfen willst, finde ich g.; (auch iron.:) »Sie sind aber g.«, sagte sie zum vorsitzenden Richter, »das durfte doch keiner wissen« (Spiegel 3, 1990, 73). **2.** (selten) *golden leuchtend:* der -e Schimmer der Abendsonne; Puffer aus Kartoffeln ... g. gebraten (Loest, Pistole 128).

Gold|jun|ge, der (ugs.): **1.** (Kosew.) *männliche Person, die man besonders gern mag:* ... ich bin nämlich Mamas G. Wenn mir was passiert, die würde sich das Leben nehmen (taz 1. 11. 91, 28); der G. aus Wien ... Zum 65. Geburtstag des Multitalents Peter Weck (MM 12. 8. 95, o. S.). **2.** (Sport) *Gewinner einer Goldmedaille:* Den WM-Titel ... wolle er in Ruhe in seiner Wahlheimat Monte Carlo feiern, wo der »Goldjunge« von der australischen Goldküste mit Freundin Selina lebt (FR 19. 8. 97, 14).

Gold|kä|fer, der: **1.** *goldgrüner, metallisch glänzender Käfer; Rosenkäfer:* Ü (Kosew.:) mein kleiner G. **2.** (ugs.) *reiches Mädchen.*

Gold|kä|fer|schuh, der (hist.): *um 1900 beliebter Damenschuh, dessen Leder mit einem Lack von bräunlichem Goldglanz überzogen war.*

Gold|kehl|chen, das; -s, - (ugs. iron.): *junger Gesangsstar, dem das Singen viel Geld einbringt:* Aus dem G. Heintje wurde Heintje Simons, aus seinem Drei-Oktaven-Tenor ein Beinahebariton (Hörzu 50, 1973, 51).

Gold|ket|te, die: *Kette aus Gold:* sie trug eine schmale G. um den Hals.

Gold|kind, das **1.** (Schülerspr.) *Klassenbester.* **2.** (ugs. Kosew.): vgl. Goldjunge (1): Auch davor werd' ich dich bewahren, mein G. (Bredel, Väter 248).

Gold|klau|sel, die (Wirtsch.): *Klausel, die einen Schuldner verpflichtet, am Zahlungstermin den Preis in Gold od. Goldwert zu zahlen.*

Gold|klum|pen, der: *Klumpen unbearbeiteten Goldes.*

Gold|knopf, der: *Knopf aus goldfarbenem Metall:* eine Livree mit Goldknöpfen.

Gold|kro|ne, die: **1.** *goldene Krone:* die G. der Königin. **2.** (Zahnt.) *Zahnkrone aus Gold.* **3.** Bez. für verschiedene Goldmünzen.

Gold|kurs, der (Börsenw.): *Kurs, Preis des Goldes.*

Gold|küs|te, die; -: Küstengebiet am Golf von Guinea.

Gold|lack, der: *kleiner Strauch mit stark duftenden, goldgelben, braunen od. dunkelroten Blüten.*

Gold|la|ger, das, **Gold|la|ger|stät|te,** die: *Lagerstätte von Gold.*

Gold|land, das: *Land, in dem Gold zu finden ist.*

Gold|lauf|kä|fer, der: *Goldschmied* (2).

Gold|le|der, das: *mit Blattgold beschichtetes, weiches Leder, das als Oberleder für leichte Damenschuhe (bes. Ballschuhe) verwendet wird.*

Gold|le|gie|rung, die: *Legierung von Gold mit einem anderen Metall, bes. mit Kupfer u. Silber.*

Gold|leis|te, die: *vergoldete Zierleiste für Bilderrahmen, Tapetenabschlüsse o. Ä.*

gold|lo|ckig ‹Adj.› (geh.): *gold gelockt.*

Gold|ma|cher, der: *Alchemist.*

Gold|ma|che|rei, die; - (abwertend): *Alchemie.*

Gold|ma|cher|kunst, die: *Alchemie.*

Gold|mäd|chen, das: vgl. Goldjunge.

Gold|ma|kre|le, die: *Makrele mit metallisch glänzendem Körper, die als Speisefisch geschätzt wird.*

Gold|mark, die: *(der Goldparität der deutschen Währung vor 1914 entsprechende) Rechnungseinheit während der Inflation (nach dem Ersten Weltkrieg):* Eine Billion Inflationsmark wird eine G. werden (Remarque, Obelisk 323).

Gold|markt, der (Wirtsch.): *Markt für Gold:* Einerseits ist das Gold zwar weiter eine wertbeständige Anlage, andererseits befürchten die Händler, dass auch der G. zusammenbrechen könnte (taz 29. 10. 97, 8).

Gold|me|dail|le, die: *[sportliche] Auszeichnung in Form einer Medaille aus Gold od. einem vergoldeten Metall, die für den ersten Platz verliehen wird:* eine G. erringen, gewinnen; Mit Max Hainle ... holte er auch die erste G. in einem Mannschaftswettbewerb (FAZ 13. 5. 61, 10).

Gold|me|dail|len|ge|win|ner, der: *Gewinner einer Goldmedaille.*

Gold|me|dail|len|ge|win|ne|rin, die: w. Form zu ↑Goldmedaillengewinner.

Gold|mi|ne, die: *Mine* (1 a) *mit goldhaltigem Gestein:* -n ausbeuten.

Gold|mull, der; -[e]s, -e [2. Bestandteil niederd. mull = Maulwurf < mniederd. mul = lockere Erde]: *in Südafrika heimisches Tier mit maulwurfähnlichem Körper u. braun od. grünlich golden glänzendem Fell, das sich von Insekten ernährt.*

Gold|mund|stück, das: *mit Goldpapier überzogenes Mundstück einer Zigarette:* Die Zigaretten waren importiert, kürzer als die amerikanischen und mit G. (Singer [Übers.], Feinde 196).

Gold|mün|ze, die: *Münze aus Gold od. einer Goldlegierung.*
Gold|nes|sel, die: *in feuchten Laubwäldern verbreitete Pflanze mit goldgelben Blüten, eiförmigen Blättern u. vierkantigem Stängel.*
Gold|or|fe, die: *orangegelbe bis rotgoldene Abart des Alands, die häufig in Gartenteichen gehalten wird.*
Gold|pa|pier, das: *goldfarbenes Papier:* Weihnachtssterne aus G. basteln.
Gold|pa|ri|tät, die (Wirtsch.): **a)** *im Goldstandard festgelegter Goldgehalt einer Währungseinheit;* **b)** *Wertverhältnis zwischen zwei Währungen aufgrund des festgelegten Feingoldgehaltes.*
Gold|par|mä|ne, die: *aromatischer, mittelgroßer Tafelapfel von süßem Geschmack mit duftender, rötlich gelber, rot gestreifter Schale.*
Gold|plat|tie|rung, die: *das Aufbringen einer dünnen Schicht Gold auf ein unedles Metall.*
Gold|plom|be, die (Zahnt.): *goldene Plombe in einem Zahn:* ... im Wartezimmer eines Zahnarztes, von dem ich mir einmal eine kleine G. machen ließ (Th. Mann, Krull 412).
Gold|pool, der (Wirtsch.): *(von 1961 bis 1968 bestehender) Zusammenschluss der wichtigsten europäischen für die Währungen zuständigen Behörden u. Banken zu dem Zweck, die Preisschwankungen bei Gold auszugleichen, um so das Vertrauen in die (an das Gold gebundenen) Währungen zu gewährleisten:* Allein von November 1967 bis März 1968 boten die westlichen Zentralbanken Gold im Wert von drei Milliarden Dollar an, um den Goldpreis zu drücken. Der G. gab auf, und der Goldmarkt wurde gespalten (taz 6. 6. 92, 7).
Gold|preis, der: *Preis des Goldes (im Handel an der Edelmetallbörse).*
Gold|pro|be, die: *Verfahren zur Feststellung des Goldgehalts einer Goldlegierung.*
Gold|punkt, der (Wirtsch.): *eine der beiden Grenzen, innerhalb deren die Wechselkurse bei Goldwährung schwanken können:* oberer, unterer G.
Gold|rah|men, der: *vergoldeter Bilderrahmen:* Ein großes Porträt Napoleons I. ... in schwerem ... G. (Kuby, Sieg 379).
Gold|rand, der: *gold[farb]ener Rand:* eine Brille, Tassen mit G.
Gold|rausch, der: *rauschhafter, fieberhafter Drang, Gold zu finden:* Tausende von Menschen gerieten in einen wahren G.; Der G. erfasste ihn wie viele andere (Ceram, Götter 45).
Gold|rau|te, die: *Goldrute.*
Gold|re|gen, der [2. Bestandteil wahrsch. nach den Blütentrauben, die, vom Wind bewegt, einem Goldregen ähnlich sehen]: **1.** *Zierstrauch od. Baum mit langen, hängenden, goldgelben Blütentrauben.* **2. a)** *Funkenregen, der beim Abbrennen bestimmter Feuerwerkskörper entsteht:* Feuerwerk ... über der Stadt, G. von den Balustraden der Kirchtürme herab (Böll, Haus 42); **b)** *[unerwarteter] Wohlstand, Reichtum:* die Funde von Bodenschätzen brachten dem Land einen G.
Gold|reich|tum, der: *Reichtum an Gold:* der G. eines Landes.
Gold|reif, der (geh.): *goldener Reif:* sie trug einen schmalen G. am Finger, am Handgelenk, im Haar.
Gold|re|net|te, die: *großer Tafelapfel von süßsaurem Geschmack mit ledriger, rötlich gelber, rot gestreifter Schale.*
Gold|re|ser|ve, die ⟨meist Pl.⟩: *Reserve an Gold (bei einer Goldwährung):* die -n eines Landes.
gold|rich|tig ⟨Adj.⟩ (ugs.): *völlig, genau richtig:* deine Entscheidung war g.; »Arbeit ist die beste Medizin«. Dieses Rezept war g. (Hörzu 43, 1973, 28); das hast du g. gemacht.
Gold|ring, der: *goldener Ring:* sie trug einen schmalen G. am Finger.
Gold|röhr|ling, der: *zur Familie der Röhrlinge gehörender Pilz mit goldgelbem, kuppelartig gewölbtem Hut u. rötlich gelbem, weiß beringtem Stiel, der mit seinem gelben, mild schmeckenden Fleisch als guter Speisepilz gilt.*
Gold|rös|chen, das [nach den leuchtend gelben Blüten]: *Kerrie.*
Gold|ru|te, die: *im Sommer blühende Staude mit goldgelben Blütenrispen.*
Gold|sand, der: *goldhaltiger Sand.*
Gold|schatz, der: **1.** *Schatz von Gold[gegenständen]:* ein sagenhafter G.; Die monetären Goldschätze häuften sich damals in den USA (Fort Knox) an (Fraenkel, Staat 362). **2.** (Kosew.) *Liebling:* komm her, mein G.
◆ **Gold|schaum,** der: *zum Vergolden verwendetes, zu dünnen Plättchen geschlagenes Gold:* Was dir dein Spiegel für massiv und ewig verkauft, ist nur ein dünner, angeflogener G. (Schiller, Kabale IV, 7).
Gold|schlä|ger, der: *jmd., der Blattgold in Handarbeit herstellt* (Berufsbez.).
Gold|schlä|ge|rin, die; -, -nen: w. Form zu ↑Goldschläger.
Gold|schmied, der: **1.** *Handwerker, der Schmuck od. künstlerisch gestaltete Gebrauchsgegenstände aus Gold od. anderen Edelmetallen anfertigt* (Berufsbez.). **2.** *goldgrüner Laufkäfer, der Insektenlarven, Schnecken u. Würmer frisst; Goldlaufkäfer.*
Gold|schmie|de|ar|beit, die: **1.** ⟨o. Pl.⟩ *Arbeit des Goldschmieds* (1): für die G. begabt sein. **2.** *künstlerischer Gegenstand aus der Hand eines Goldschmieds:* eine Ausstellung von -en.
Gold|schmie|de|hand|werk, das: *Handwerk des Goldschmieds.*
Gold|schmie|de|kunst, die ⟨o. Pl.⟩: *künstlerische Verarbeitung von Gold.*
Gold|schmie|din, die: w. Form zu ↑Goldschmied (1).
Gold|schmuck, der: *Schmuck aus Gold:* Ein alter G. mit Medaillon lag um ihren elfenbeinfarbenen Hals (Th. Mann, Krull 357).
Gold|schnitt, der: *die mit Blattgold versehenen Schnittflächen eines Buches.*
Gold|schnur, die: *Schnur aus zusammengedrehten Goldfäden.*
Gold|schrift, die: *aus gold[farb]enen Buchstaben, Zeichen bestehende Schrift:* der Name steht in G. über dem Eingang des Geschäfts.
Gold|sohn, der (ugs. Kosew.): *Sohn, der einem besonders lieb ist; Lieblingssohn:* du bist mein G.; Gleichviel, der G. ward abgefertigt zur Reise (Th. Mann, Joseph 528).
Gold|spit|ze, die: *aus Goldfäden hergestellte Spitze:* ein mit einer G. umrandetes Brokatdeckchen.
Gold|stan|dard, der (Wirtsch.): *Währungssystem, bei dem Gold Hauptfaktor der Währung ist.*
Gold|staub, der: *staubfein verteiltes Gold.*
Gold|stern, der: *auf Äckern und Wiesen wachsende, im Frühling blühende Pflanze mit sternförmigen, schwefel- bis grünlich gelben Blüten.*
Gold|sti|cke|rei, die: *Stickerei mit Goldfäden.*
Gold|stück, das (früher): *als Zahlungsmittel geltende Goldmünze:* ein Beutel mit -en; Ü meine Sekretärin ist ein wahres G.
Gold|su|cher, der: vgl. Goldgräber.
Gold|su|che|rin, die: w. Form zu ↑Goldsucher.
Gold|ton, der: *goldener Farbton:* in einem G. gehaltene Gardinen; Die Haut hat einen G., den Evelyn an niemandem zuvor gesehen hat (Baum, Paris 26).
Gold|to|pas, der: *durch starkes Erhitzen goldgelb gewordener Amethyst.*
Gold|tres|se, die: *von Goldfäden durchzogene Tresse:* eine mit -n besetzte Livree.
Gold|trop|fen ⟨Pl.⟩: *Naturheilmittel zur Behandlung von Herz- u. Kreislauferkrankungen, das u. a. fein verteiltes Gold enthält.*
Gold|über|zug, der: *Überzug von Gold auf einem unedlen Metall:* das Armband ist mit einem dünnen G. versehen.
Gold|uhr, die: *goldene [Taschen]uhr:* Er holte die altmodische flache G. seines Vaters heraus, die er immer trug (Baum, Paris 158).
gold|um|rän|dert, gold|um|ran|det ⟨Adj.⟩: *goldgerändert.*
Gold|vor|kom|men, das: *Vorkommen von Gold:* ein Land mit reichen G.
Gold|vor|rat, der: *Goldreserve:* die Goldvorräte des Landes sind erschöpft.
Gold|waa|ge, die: *Feinwaage für Edelmetall:* Sie beherrschten die Grundregeln der Musik und verstanden sich ebenso auf die Herstellung von -n (Stern, Mann 102); *** alles, jedes Wort auf die G. legen** (ugs.; 1. *alles wortwörtlich, übergenau nehmen:* du darfst nicht alles, was er bei dem Streit gesagt hat, auf die G. legen. 2. *in seinen Äußerungen sehr vorsichtig sein:* bei ihm muss man jedes Wort auf die G. legen).
Gold|wäh|rung, die (Wirtsch.): *Währungssystem, bei dem das Geld in unterschiedlicher Weise an das Gold gebunden ist od. aus ihm besteht.*
Gold|wa|ren ⟨Pl.⟩: *Gegenstände aus Gold.*
Gold|wä|sche, die: *das Abschlämmen od. Auswaschen von Gold aus Sand od. Gestein.*
Gold|wä|scher, der: *jmd., der Goldwäscherei betreibt.*

Gold|wä|sche|rei, die: *Gewinnung von Gold durch Goldwäsche.*

Gold|wä|sche|rin, die: w. Form zu ↑Goldwäscher.

Gold|was|ser, das: *wasserheller Gewürzlikör mit Zusätzen von Blattgold:* Danziger G. *(ein Likör).*

gold|wert ⟨Adj.⟩ (Finanzw.): *mit einem Wert, der sich in Gold ausdrücken lässt:* -e Devisen.

Gold|wert, der ⟨o. Pl.⟩: **1.** *Wert des Goldgehaltes in einem Gegenstand:* der G. des Uhrgehäuses ist gering. **2.** *Goldpreis:* er verpflichtete sich, die Schuld in Gold od. G. zurückzuzahlen.

Gold|zahn, der (ugs.): *Zahnkrone aus Gold.*

Go|lem, der; -s [hebr. golem = formlose Masse; ungeschlachter Mensch]: *nach der jüdischen Sage aus Lehm od. Ton künstlich erschaffenes, stummes menschliches Wesen, das oft gewaltige Größe u. Kraft besitzt [u. als Retter der Juden in Zeiten der Verfolgung erscheint]* (bekannt vor allem durch die Legende von Rabbi Löw, der um 1580 in Prag eine von ihm geknetete Tonfigur für einige Zeit belebt haben soll).

[1]**Golf,** der; -[e]s, -e [ital. golfo < vlat. colphus < griech. kólpos = Busen, Meerbusen, Bucht]: *größere Meeresbucht:* der G. von Genua.

[2]**Golf,** das; -s [engl. golf, aus dem Schott., H. u.] (Sport): *Rasenspiel mit Hartgummiball u. Schlägern, bei dem es gilt, den Ball mit möglichst wenig Schlägen in die einzelnen Löcher zu spielen:* G. spielen.

Golf|ball, der: [1]*Ball* (1), *mit dem* [2]*Golf gespielt wird.*

Golf|ball|lau|fen, das; -s (Leichtathletik): *Trainingsform, bei der jmd. auf einem Golfplatz einen Golfball von Loch zu Loch wirft u. dann hinterherläuft.*

gol|fen ⟨sw. V.; hat⟩ (ugs.): [2]*Golf spielen.*

Gol|fer, der; -s, - [engl. golfer]: *Golfspieler:* er wird nie ein guter G.

Gol|fe|rin, die; -, -nen: w. Form zu ↑Golfer.

Golf|ho|se, die: *Hose, die man beim Golfspiel trägt.*

Golf|leh|rer, der: *jmd., der im Golfspiel unterrichtet.*

Golf|leh|re|rin, die: w. Form zu ↑Golflehrer.

Golf|müt|ze, die: vgl. Golfhose.

Golf|platz, der: *Platz, auf dem* [2]*Golf gespielt wird.*

Golf|pro, der; -s, -s [2. Bestandteil kurz für ↑Profi] (Jargon): *jmd., der berufsmäßig* [2]*Golf spielt.*

Golf|schlag, der (Leichtathletik): *Beginn der Hammerwurfdrehungen aus einer starken Verdrehung der Wirbelsäule heraus (wie bei bestimmten Golfschlägen).*

Golf|schlä|ger, der: *Schläger, mit dem* [2]*Golf gespielt wird.*

Golf|schuh, der: vgl. Golfhose.

Golf|schuss, der (Eishockey): *mit der Vorhand ausgeführter Schuss, bei dem sehr weit Schwung geholt wird.*

Golf|schwung, der: *Schwung, mit dem der Golfschläger bewegt wird:* Golfschwünge üben.

Golf|spiel, das: [2]*Golf.*

Golf|spie|ler, der: *jmd., der das Golfspiel betreibt.*

Golf|spie|le|rin, die: w. Form zu ↑Golfspieler.

Golf|sport, der: [2]*Golf als sportliche Disziplin.*

Golf|staat, der ⟨meist Pl.⟩: *Anrainerstaat des Persischen Golfs.*

Golf|strom, der; -[e]s [nach dem Golf von Mexiko, der früher als Ursprungsgebiet angesehen wurde] (Geogr.): *Meeresströmung im Nordatlantik, die wärmeres Wasser aus den Subtropen in nördliche Breiten führt u. infolge der größeren Unterschiede zwischen Wasser- u. Lufttemperatur großen Einfluss auf Teile des europäischen Klimas hat.*

Golf|ta|sche, die: *Tasche, in der die Golfschläger transportiert werden.*

Golf|tur|nier, das: *Turnier beim* [2]*Golf.*

Gol|ga|tha, (ökum.:) **Gol|go|ta** [kirchenlat. golgotha < griech. golgothã < hebr. gulgolet = Schädel, Kopf]: Hügel bei Jerusalem als Kreuzigungsstätte Christi: Ü er erlebte hier sein Golgatha (geh.; *er musste hier seinen tiefsten Schmerz erleiden*).

Go|li|ard, Go|li|ar|de, der; ...den, ...den [frz. goliard < afrz. goliart, zu: gole = Schnauze < lat. gula = Kehle, Gurgel]: *umherziehender, kirchenfeindlicher französischer Kleriker u. Scholar bes. des 13. Jahrhunderts.*

Go|li|ath, der; -s, -s [riesenhafter Krieger der Philister, der nach 1. Sam. 17 vom jungen David im Zweikampf mit einer Steinschleuder getötet wurde]: *sehr großer Mensch von kräftigem Körperbau; Mensch von riesenhafter Gestalt:* im Vergleich zu seinem Bruder ist er ein wahrer [Riese] G.; Ü »David Mensch im Kampf gegen den anonymen G. Computer« (Spiegel 45, 1983, 302); Die ungeschlachte ... Backsteinkirche mit ihrem achteckigen G. von Turm (Berger, Augenblick 53).

Go|li|ath|frosch, der: *(in Westafrika heimischer) großer Frosch mit dunkler Färbung, zugespitzter Schnauze, großen Augen u. stark entwickelten Schwimmhäuten an den Hinterfüßen.*

Go|lil|la [go'lɪlja], die; -, -s [span. golilla, Vkl. von: gola = Halskrause; Kehle < lat. gula = Kehle, Gurgel]: *(im 17. Jahrhundert) [als Stütze unter dem Spitzenkragen getragener] kleiner, runder, gestreifter Leinenkragen.*

◆ **Gol|ler,** das; -s, -: [1]*Koller* (2 a): ... nimmt einen zweiten Pfeil heraus und steckt ihn in seinen G. (Schiller, Tell III, 3 [Bühnenanweisung]).

Göl|ler, das; -s, - [mhd. goller, koller < lat. collarium = Halsband] (schweiz.): *Schulterpasse an einem Kleidungsstück.*

Göl|ler|ket|te, die (schweiz.): *Halskette.*

göl|te: ↑gelten.

Go|mor|rha, (ökum.:) **Go|mor|ra:** ↑Sodom.

gon = Gon.

Gon, das; -s, -e ⟨aber: 5 Gon⟩ [griech. gōnia = Winkel] (Geodäsie): *Maßeinheit für ebene Winkel (100. Teil eines rechten Winkels;* Zeichen: gon).

Go|na|de, die; -, -n [zu griech. gonḗ = Erzeugung] (Biol., Med.): *Keimdrüse.*

go|na|do|trop ⟨Adj.⟩ [zu griech. tropḗ = Drehung, Hinwendung] (Biol., Med.): *auf die Keimdrüsen wirkend:* Ein Ovar z. B. produziert Follikelhormon, das die Produktion von -em Hormon der Hypophyse hemmt (Medizin II, 109).

Go|na|gra, das; -s [zu griech. góny = Knie u. -ágra (in Zus.) = Gicht] (Med.): *Gicht im Kniegelenk.*

Go|nar|thri|tis, die; -, ...itiden [zu griech. góny = Knie u. ↑Arthritis] (Med.): *Entzündung des Kniegelenks.*

Gon|del, die; -, -n [ital. gondola = kleines Schiff, aus dem Venez., H. u.]: **1.** *langes, schmales [zu einem Teil überdachtes] venezianisches Boot mit steilem, verziertem Vorder- u. Achtersteven, das im Stehen auf einer Seite gerudert wird:* in eine G. [ein]steigen; eine Fahrt mit der G. machen. **2.** *an Ballon, Luftschiff, Seilbahn o. Ä. meist hängend befestigte Kabine, befestigter Korb o. Ä. zur Aufnahme von Personen, Lasten o. Ä.:* aufgereiht an einer ... Trosse staken die -n einer Materialseilbahn (Ransmayr, Welt 228). **3.** *Ampel* (3). **4.** (landsch.) *einem Hocker ähnlicher Stuhl mit niedrigen Armlehnen.* **5.** *längerer, von allen Seiten zugänglicher Verkaufsstand in einem Kaufhaus.*

Gon|del|bahn, die: *Seilbahn.*

Gon|del|fahrt, die: *Fahrt mit einer Gondel* (1): eine G. machen.

Gon|del|füh|rer, der: *Gondoliere.*

gon|deln ⟨sw. V.; ist⟩ (ugs.): *gemächlich [ohne festes Ziel] fahren, reisen:* mit dem Fahrrad durch die Stadt g.; Meinen Sie, ich gondele zum Vergnügen durch diese gottverlassene Gegend? (Weber, Tote 122); Wir fuhren mit dem Zug nach Zwickau ... wir gondelten erst nach Reichenbach und von dort nach Rodewisch (Loest, Pistole 207); Das halbe Dutzend ..., das da fröhlich zwischen Sumatra und Malaysia über den Ozean gondelt (Heim, Traumschiff 252).

Gon|do|let|ta, die; -, -s [ital. gondoletta, Vkl. zu: gondola, ↑Gondel]: *in bestimmtem Abstand zu anderen über ein Band laufendes, kleines, überdachtes Boot (z. B. auf Parkseen):* Neue Postkarten ... Am häufigsten verlangt werden ... der Aerobus und der Kutzerweiher mit -s (MM 21. 5. 75, 17).

Gon|do|li|e|ra, die; -, ...ren [ital. gondoliera]: *(in die Kunstmusik übernommenes) italienisches Schifferlied im* $^{6}/_{8}$*- od.* $^{12}/_{8}$*-Takt.*

Gon|do|li|e|re, der; -s, ...ri [ital. gondoliere]: *jmd., der berufsmäßig eine Gondel* (1) *rudert.*

Gond|wa|na; -s: *Gondwanaland.*

Gond|wa|na|fau|na, die ⟨o. Pl.⟩: *für das Gondwanaland typische Fauna.*

Gond|wa|na|flo|ra, die ⟨o. Pl.⟩: *Glossopterisflora.*

Gond|wa|na|land, das ⟨o. Pl.⟩ [nach Gondwana, dem Reich der Gond in Indien südl. des Ganges, Ende des 19. Jh.s in die Fachliteratur eingeführt] (Paläont.): *große Landmasse der Südhalbkugel, die vom Ende des Präkambriums bis ins Mesozoikum bestand u. die alten Fest-*

landskerne Südamerikas, Afrikas, Vorderindiens, Australiens u. der Antarktis verband.

Gon|fa|lo|ni|e|re, der; -s, ...ri [ital. gonfaloniere = Schutzherr, eigtl. = Bannerträger, zu: gonfalone = Banner, Fahne, aus dem Germ.; vgl. Fahne]: früher in Italien u. in den Provinzstädten des Kirchenstaates übliche Bez. für *Stadtoberhaupt.*

Gong, der, selten: das; -s, -s [engl. (angloind.) gong < malai. (e)gung = Schallbecken aus Metall]: *[an Schnüren frei aufgehängte] runde Metallscheibe, die einen dumpf hallenden Ton hervorbringt, wenn man sie mit einem Klöppel anschlägt:* der G. ertönt, schlägt [zum Mittagessen, zur nächsten Runde], markiert Anfang u. Ende des Boxkampfs; da wenig später draußen ein G. zur Mahlzeit rief (Th. Mann, Krull 299); Sie schaute wie ein Federgewichtler, wenn der G. schlägt (Sommer, Und keiner 133); Holden ... schlug, anstatt an ein G., an eine verrostete Waschschüssel (Lynen, Kentaurenfährte 251); Ü weit draußen, im Osten, steigt der bronzene Mond empor, eine gehämmerte Scheibe, ein G., der schweigt (Frisch, Stiller 374).

gon|gen ⟨sw. V.; hat⟩: *mit dem Gong ein Zeichen für etw. geben:* der Kellner hat in der Halle [zum Essen] gegongt; ⟨unpers.:⟩ bald darauf gongte es *(ertönte der Gong)* zum Abendessen; Jetzt schlägt ... ein Mann mit dem Vorschlaghammer auf Eisenblech. Es gongt weithin *(es ist ein Geräusch wie von einem angeschlagenen Gong zu hören;* Berger, Augenblick 33).

Gon|go|ris|mus, der; - [span. gongorismo, nach dem span. Dichter L. de Góngora y Argote (1561–1627)]: *spanischer literarischer Stil des 17. Jh.s, der durch häufige Verwendung von Fremdwörtern, Nachbildungen der lateinischen Syntax, durch bewusst gesuchte u. überraschende Metaphern, rhetorische Figuren u. zahlreiche Anspielungen auf die antike Mythologie gekennzeichnet ist.*

Gon|go|rist, der; -en, -en: *Vertreter des Gongorismus.*

Gon|go|ris|tin, die; -, -nen: w. Form zu ↑Gongorist.

Gong|ruf, der: *mit dem Gong gegebenes Zeichen, durch das man zu etw. gerufen, aufgefordert wird:* nach dem G. zum Abendessen wendet man, schon dem Hafengebäude zustrebend, ... sehnsüchtig den Kopf zurück (Kaschnitz, Wohin 130).

Gong|schlag, der: *Schlag auf den Gong [als akustisches Zeichen für etw.]:* beim G. ist es acht Uhr (früher; Zeitansage im Rundfunk); Er kommt zu jeder Schicht fünf Minuten zu spät, ein Prinzip, das einzuhalten ihm ... schwerer fällt als das Eintreffen mit dem G. (Fries, Weg 117).

Go|ni|o|me|ter, das; -s, - [zu griech. gōnía, ↑Gon]: *Gerät zum Messen der Winkel zwischen [Kristall]flächen.*

Go|ni|o|me|trie, die; - [↑-metrie]: *Teilgebiet der Trigonometrie, das sich mit den Winkelfunktionen befasst; Winkelmessung.*

go|ni|o|me|trisch ⟨Adj.⟩: *das Messen mit dem Goniometer, die Goniometrie betreffend:* -e Funktionen *(Winkelfunktionen als Hilfsmittel bei der Berechnung von Seiten u. Winkeln eines Dreiecks; trigonometrische Funktionen).*

Go|ni|tis, die; -, ...itiden (Med.): *Gonarthritis.*

gön|nen ⟨sw. V.; hat⟩ [mhd. gunnen, ahd. giunnan, zu ahd. unnan = gönnen; gewähren, gestatten, H. u.]: **1.** *Glück u. Erfolg eines andern ohne Neid sehen, jmdm. etw. neidlos zugestehen:* jmdm. sein Glück g.; keiner gönnte dem andern den Erfolg (Thieß, Reich 268); Er gönnte Vierbein diesen Heimatflug von Herzen (Kirst, 08/15, 316); die Fischer ..., die gönnt keinem die Luft zum Atmen *(sie ist voller Missgunst;* Loest, Pistole 172); ich gönne es ihm, dass er endlich Professor geworden ist; das sei dir gegönnt *(das neide ich dir nicht [weil es mich gar nicht reizt]);* Die Freude gönne ich denen nicht *(ich möchte verhindern, dass sie Grund zur Schadenfreude über mich haben;* Ott, Haie 165); Sie haben Manieren, wie ich sie manchem meiner Standesgenossen g. *(wünschen)* würde (Th. Mann, Krull 283); (iron.:) diese Blamage gönne ich ihm; er kannte seinen Himmelstoß und schien ihm den Reinfall zu g. (Remarque, Westen 24). **2.** *jmdm., sich zuteil werden, zukommen lassen; jmdm. etw. gewähren:* jmdm., sich etwas [Gutes], einige Tage Ruhe und Erholung g.; Andy ... gönnte sich (ugs.; *leistete sich*) an der Bar einen doppelten Wodka (Spiegel 25, 1979, 154); R man gönnt sich ja sonst nichts (scherzh.; *entschuldigend gebraucht, wenn man sich etwas Besonderes leistet*); Die eine ihm ... gegönnte Stunde ... war ... herangerückt (Kronauer, Bogenschütze 409); das war mir nicht gegönnt! *(Bedauern ausdrückende Feststellung, die jmd. trifft, wenn ihm ein Bissen, den er gerade zum Mund führen wollte, auf den Boden fällt);* er gönnt ihr kein gutes Wort *(hat für sie kein freundliches, anerkennendes Wort übrig);* sie gönnte ihm keinen Blick *(sie würdigte ihn keines Blickes, beachtete ihn nicht);* Ü Regelmäßig gönne ich im Vorübergehen einen Blick dem barocken Grabmal (Bergengruen, Rittmeisterin 9); Das Gewissen wird ihnen keine Ruhe g. *(wird sie nicht zur Ruhe kommen lassen;* Kirst, 08/15, 744).

Gön|ner, der; -s, - [mhd. gunner, günner]: *einflussreiche, vermögende Persönlichkeit, die jmdn. in seinen Bestrebungen [finanziell] fördert:* er ist sein großer G.; einflussreiche G. besitzen; Arm, verlassen ... vegetierte er in elenden Quartieren, ... bis er einen unerwarteten G. fand (Ceram, Götter 92).

gön|ner|haft ⟨Adj.⟩ (abwertend): *einem anderen mit deutlicher Herablassung etw. Gutes zukommen lassend; bei den Freundlichkeiten, die man jmdm. erweist, zu sehr die eigene Überlegenheit durchblicken lassend:* mit -er Miene; er gab sich g.; Er machte eine -e Bewegung mit seiner Hand (Freizeitmagazin 10, 1978, 10); Er ist schon ziemlich betagt ..., manchmal leicht abzuspeisen und oft recht g. (Fels, Unding 238); Ich halte die Schale mit den Fischen, Opa verteilt sie g. (NNN 23. 9. 87, 5).

Gön|ner|haf|tig|keit, die; -: *gönnerhafte Art.*

Gön|ne|rin, die; -, -nen: w. Form zu ↑Gönner.

gön|ne|risch ⟨Adj.⟩ (seltener): *gönnerhaft:* endlich ... beantwortete Alf Bertini die Frage ... mit einem -en Ja (Giordano, Die Bertinis 374).

Gön|ner|mie|ne, die (abwertend): *Ausdruck freundlicher Herablassung:* jmdm. etw. mit G. überreichen.

Gön|ner|schaft, die; -: **1.** *Förderung durch einen Gönner:* jmds. G. genießen. **2.** *Gönner, die jmd. hat:* die ganze G. des Künstlers saß im Saal.

Go|no|blen|nor|rhö, die; -, -en [zu griech. gonḗ = Geschlecht u. ↑Blennorrhö] (Med.): *Augentripper.*

Go|no|cho|ris|mus, der; - [zu griech. chōrismós = Trennung] (Biol.): *Getrenntgeschlechtigkeit bei Tieren.*

Go|no|cho|rist, der; -en, -en ⟨meist Pl.⟩ (Biol.): *getrenntgeschlechtiges Tier.*

Go|no|kok|kus, der; -, ...kken [zu ↑Kokke]: *Bakterienart, die als der Erreger des Trippers gilt.*

Go|nor|rhö, die; -, -en [griech. gonórrhoia = Samenfluss (für den der eitrige Ausfluss gehalten wurde)]: *Geschlechtskrankheit, die sich in einer Entzündung der Schleimhäute der Harnröhre u. Geschlechtsorgane äußert [u. mit schmerzhaftem Brennen u. eitrigem Ausfluss einhergeht]; Tripper.*

go|nor|rho|isch ⟨Adj.⟩: *den Tripper betreffend, darauf beruhend.*

good|bye [ˈgʊd ˈbaɪ; engl. goodbye, zusgez. aus: God be with you = Gott sei mit dir]: *leb[t], leben Sie wohl!; auf Wiedersehen!* (englischer Gruß).

Good|will [ˈgʊdˈwɪl], der; -s [engl. goodwill = Wohlwollen]: **a)** (Wirtsch.) *Firmenwert, Geschäftswert;* **b)** *Ansehen, guter Ruf einer Institution o. Ä.:* ... in unserer Hauptstadt ..., der wir jährlich ca. 20 Mio. DM Gewerbesteuer zahlen und damit über einen entsprechenden G. verfügen (Delius, Siemens-Welt 61); **c)** *Wohlwollen, freundliche Gesinnung:* Der G. der Bürger gegenüber solchen Maßnahmen darf nicht verloren gehen, weil die Information nicht funktioniert (NZZ 21. 1. 83, 26).

Good|will|be|such, der: vgl. Goodwillreise.

Good|will|rei|se, die [nach engl. goodwill mission od. tour]: *Reise eines Politikers, einer einflussreichen Persönlichkeit o. Ä., um freundschaftliche Beziehungen zu einem anderen Land herzustellen od. zu festigen.*

Good|will|tour, die: *Goodwillreise:* der Minister macht eine, befindet sich auf G.

Go|pak, Hopak, der; -s, -s [russ. gopak, eigtl. = Hopser]: *bes. in der Ukraine u. in Weißrussland üblicher schneller Tanz im Zweivierteltakt für einen od. mehrere Tänzer.*

Gö|pel, der; -s, - [aus dem Ostmd., H. u.]: *durch im Kreis herumgehende Menschen od. Tiere bewegte große Drehvorrichtung* *zum Antrieb von Arbeitsmaschinen:* In meiner Fantasie sehe ich schweißtriefende ... Bauern in Gluthitze Wasser mit dem Schwungeimer auf ihr Feld schöpfen oder wie Tiere sich im G. drehen (Berger, Augenblick 84).

Gö|pel|werk, das: *Göpel.*

Gör, das; -[e]s, -en [aus dem Niederd., wahrsch. zu einem Adj. mit der Bed. »klein« (vgl. mhd. gōrec = klein, ahd. gōrag) u. urspr. = kleines hilfloses Wesen] (nordd., oft abwertend): **1.** ⟨meist Pl.⟩ *[schmutziges, unartiges] Kind:* er hat sechs -en zu versorgen; sollen sich die Eltern doch selbst um ihre -en kümmern! **2.** *[vorwitziges, freches kleines] Mädchen.*

gor: ↑gären.

Go|ra|lle, der; -n, -n: Angehöriger eines polnischen Bergvolkes in den Beskiden u. der Tatra.

Gor|ding, die; -, -s [niederd. < niederl. gording, zu: gorden = gürten] (Seemannsspr.): *Tau zum Zusammenholen der Segel.*

gor|disch: ↑Knoten (1 a).

Gö|re, die; -, -n [vgl. Gör] (nordd., oft abwertend): **1.** *Gör* (1). **2.** *Gör* (2): eine echte Berliner G.; Gaby ..., die kesse G. aus dem Ruhrpott, hat sich inzwischen in eine elegante junge Dame verwandelt (Freizeitmagazin 10, 1978, 5).

Gor|go|nen|haupt, das; -[e]s, ...häupter [nach dem in der griech. Sage vorkommenden weiblichen Ungeheuer Gorgo mit Schlangenhaaren u. versteinerndem Blick]: **1.** *bes. als Emblem auf Waffen u. Geräten der Antike erscheinender Kopf eines weiblichen Ungeheuers mit Schlangen anstelle der Haare:* das G. auf einem Harnisch; Ü (geh.:) das G. der Macht, des Krieges. **2.** *großer rötlicher, gelblicher od. weißer Schlangenstern mit sehr stark verzweigten Armen.*

Gor|gon|zo|la, der; -s, -s [nach dem gleichnamigen ital. Ort]: *mit Schimmelpilzen durchsetzter, [schnittfester] italienischer Weichkäse.*

Go|ril|la, der; -s, -s [engl. gorilla < griech. Gorillai, eigtl. = behaarte wilde Wesen (unklar, ob Menschen od. Tiere) in Afrika; westafrik. Wort]: **1.** *(in den Wäldern Äquatorialafrikas lebender) großer Menschenaffe mit stark vorspringender Schnauze, kleinen Augen, langen Armen u. dichtem, [braun]schwarzem Fell:* Ein Riesenkerl, Brustkorb wie ein G. (Hilsenrath, Nazi 246). **2.** (ugs.) *Leibwächter:* Neben dem Piloten sitzt ein bärtiger G. mit einem sechsschüssigen Trommelrevolver im Gürtel (Wiener 6, 1984, 55).

Gösch, die; -, -en [niederl. geus(je) = kleine Fahne] (Seemannsspr.): **a)** *kleine, rechteckige (an Feiertagen im Hafen gesetzte) Landesflagge;* **b)** *andersfarbige linke obere Ecke als Teil der Landes- od. Kriegsflagge.*

Gosch: ↑Gosche.

Go|sche, Gosch, **Go|schen,** die; -, Goschen [H. u.] (landsch. salopp, meist abwertend): *Mund:* Frau Karnbach ... riss die geschminkte Gosche auf (Bieler, Bär 236); ***eine große G. haben** (↑[1]Mund 1 a); **die G. halten** (↑[1]Mund 1 a): »Ruhe!«, brüllte er. »Halt die Goschen!«, kam es zurück (Hasenclever, Die Rechtlosen 420).

Go|scherl, das; -s, -[n]: **1.** (bayr., österr. fam.) ↑Gosche. **2.** (österr. salopp) *hübsches Mädchen.* **3.** (österr.) kurz für ↑Froschgoscherl: Stehkragen, Ärmelbündchen, Silberknopfreihen, ... -n und Spitzen am Mieder (Kronen-Zeitung 5. 10. 68, 9).

go|schert ⟨Adj.⟩ (österr. salopp): *in seinen Reden frech u. ausfallend:* ein -er Kerl.

Gösch|flag|ge, die; -, -n: *Gösch* (a): die G. des Heimathafens (Grass, Blechtrommel 34).

Go|se, die; -, -n [nach dem gleichnamigen Fluss durch Goslar]: *obergäriges, säuerlich-salziges, in offenen bauchigen, langhalsigen Flaschen gehaltenes Bier, das in der Gegend von Leipzig hergestellt wird.*

Go|sen|fla|sche, die: *Flasche, in der Gose abgefüllt wird bzw. abgefüllt ist.*

Go|sen|glas, das: *Glas, aus dem man Gose trinkt.*

Gos|lar: Stadt am Nordrand des Harzes.

Go-slow [goʊ'sloʊ], der od. das; -s, -s [engl. go-slow, zu: go slow! = geh, mach langsam!]: *Bummelstreik, Dienst nach Vorschrift [im Flugwesen]:* ein G. machen, veranstalten; In den Umschlaghäfen ... organisierten Schauerleute ein vielschichtiges »Go-slow«: Kräne und Gabelstapler fuhren plötzlich aufreizend langsam (Spiegel 36, 1974, 72).

Gos|pel, das od. der; -s, -s [engl. gospel < aengl. gōdspell = gute Botschaft, Evangelium, zu: spell = Erzählung, Rede, vgl. Beispiel]: kurz für ↑Gospelsong.

Gos|pel|sän|ger, der: *Gospelsinger.*

Gos|pel|sän|ge|rin, die: w. Form zu ↑Gospelsänger.

Gos|pel|sin|ger, der; -s, -[s] [engl. gospel singer]: *jmd., der Gospelsongs vorträgt.*

Gos|pel|sin|ge|rin, die; -, -nen: w. Form zu ↑Gospelsinger.

Gos|pel|song, der [engl. gospel song, eigtl. = Evangelienlied]: *(ursprünglich innerhalb des Gottesdienstes aus Zurufen der Gemeinde entstandenes) solistisches od. chorisches, einfach komponiertes geistliches Lied der nordamerikanischen Schwarzen, das Elemente des Spirituals, des Blues und des Jazz enthält u. durch einen ekstatischen Ausdruck gekennzeichnet ist.*

Gos|po|dar [russ. gospodar']: ↑Hospodar.

Gos|po|din, der; -s, ...da [russ. gospodin]: *Herr* (russische Anrede; meist in Verbindung mit dem Namen).

goss: ↑gießen.

Gos|se, die; -, -n [md. gosse, mniederd. gote, eigtl. = Stelle, wo etw. ausgegossen wird, zu ↑gießen]: **1.** *an der Bordkante entlanglaufende Rinne in der Straße, durch die Regenwasser u. Straßenschmutz abfließen:* die G. lief über, war verstopft; ich, der aussah, als hätte ich mich in der G. gewälzt (Fallada, Trinker 63); In einer Seitengasse ... rinnt das Spülwasser ... durch Röhren in die G. (Berger, Augenblick 8). **2.** (abwertend) *Bereich sozialer, moralischer Verkommenheit:* Als ich den berühmten Schauspieler Sowieso an einer der miesesten Klappen der Stadt wiederfand, erklärte er mir das so: Er brauche die G., sie sei das Leben (Bruder, Homosexuelle 65); aus der G. kommen; jmdn. aus der G. auflesen, ziehen (ugs.; *aus den übelsten Verhältnissen herausholen*); in der G. aufwachsen, enden; Wenn du so wenig Willen hast ... zu arbeiten oder was, ..., dann landest du in der G. (Aberle, Stehkneipen 41); in der G. liegen *(verkommen sein);* sich in der G. wälzen *(sich in seiner Verkommenheit wohl fühlen);* ***jmdn./jmds. Namen durch die G. ziehen/schleifen** *(sehr Schlechtes über jmdn. sagen u. ihn dadurch herabwürdigen):* Ich werde alles aufklären ..., wenn auch mein ehrbarer Name dabei ... durch die G. geschleift wird (Maass, Gouffé 147).

gös|se: ↑gießen.

Gös|sel, das; -s, -[n] [aus dem Niederd., Vkl. von: gos = Gans] (nordd.): *Küken einer Gans:* die Gans hat zehn G.; Ü alles Schnüffler und Stänkerer, diese Schalenbergs. Wie das G. (= die Tochter) schon stänkern kann, ... das muss ihnen von der Eierschale her ankleben (Fallada, Herr 128).

Gos|sen|jar|gon, der; -s, -s ⟨Pl. selten⟩: *Jargon der Gosse* (2); *ungepflegte, niedrige Ausdrucksweise:* Böll antwortete im G. (BM 10. 12. 74, 9).

Gos|sen|spra|che, die; -, -n ⟨Pl. selten⟩: *Gossenjargon:* daran erkennen Sie nur, wie fremd ... meiner Schwester und mir diese heutige Welt der G. ist (Wohmann, Irrgast 128).

Got|cha ['gɔtʃɐ], das; -s [engl.-amerik. gotcha, nach der Slangaussprache von: (I) got you! = (ich) hab dich (gekriegt, getroffen)!]: *Spiel, bei dem die Teilnehmer im freien Gelände mit Farbmarkierungswaffen auf Personen, Tiere u. Sachen schießen:* Beim »Gotcha«, das in den Siebzigerjahren in den USA aufkam, werden militärische Auseinandersetzungen nachgespielt. Die Teilnehmer beschießen sich mit Farbkugeln. (taz 2. 6. 93, 17).

[1]Go|te, der; -n, -n [mhd. göte, eigtl. = der zur ↑[2]Gote Gehörige] (landsch.): *Pate.*

[2]Go|te, die; -, -n [mhd. gote, göte, ahd. gota; vgl. gleichbed. aengl. godmōdor, aus: god = Gott u. mōdor = Mutter, eigtl. = Mutter in Gott, d. h. »geistliche Mutter«] (landsch.): *Patin.*

[3]Go|te, der; -n, -n: Angehöriger eines germanischen Volkes.

Go|tha, der; - [nach dem Verlagsort, der thüringischen Stadt Gotha]: *genealogisches Handbuch des europäischen Adels:* ... die (= seine Frau) ... außer Bibel, Gesangbuch und dem G., für den sie, nach Abstammung und Wesen durchaus bürgerlich, eine merkwürdige Vorliebe hegte, nie ein Buch gelesen hatte (Jens, Mann 48).

Go|thic No|vel ['gɔθɪk 'nɔvl], die; --, --s [engl. = gotischer Roman, aus: Gothic (↑gotisch) u. novel = Roman, über das Afrz. zu: lat. novellus, ↑Novelle] (Literaturw.): *in der Frühromantik entstandene englische Variante des Schauerromans,* *deren ausgeprägteste Stilzüge der unheimlich-fantastische Schauplatz des Geschehens sowie die realistische Gestaltung des Dämonischen, Irrationalen u. Grotesken sind.*

Go|thic Re|vi|val ['gɔθɪk rɪ'vaɪvəl], das; --[s] [engl. = gotische Wiederbelebung, aus: Gothic (↑gotisch) u. revival, ↑Revival] (Kunstwiss.): *(in England im 18. u. 19. Jahrhundert) Stilrichtung der Architektur u. des Kunstgewerbes, die auf Formelemente der Gotik zurückgreift.*

Go|tik, die; - [zu ↑gotisch]: *europäische Stilepoche (von der Mitte des 12. bis zum Ende des 15. Jahrhunderts) in [Sakral]architektur (mit Rippengewölben, Spitzbogen, Strebewerk, Maßwerk), [Architektur]plastik sowie Tafel- u. Buchmalerei:* die französische, englische, deutsche G.; Kathedralen, die Gewändeplastik, die Baukunst der G.; Frankreich kann als das Ursprungsland der G. angesehen werden (Bild. Kunst III, 22).

Go|tin, die; -, -nen: w. Form zu ↑[3]Gote.

go|tisch ⟨Adj.⟩ [1: nach mlat. gothicus; 2: nach frz. gothique, engl. Gothic = barbarisch, roh, mit Bezug auf den im Italien der Renaissance als barbarisch empfundenen ma. Baustil, der auf die Goten (= Germanen) zurückgeführt wurde]: **1.** *den Volksstamm der Goten betreffend:* die -e Sprache, Bibel, Schrift. **2. a)** *die Gotik betreffend, zu ihr gehörend, aus ihr stammend:* -e Dome, Gewölbe, Fenster; Hinter einem g. spitzen Torbogen lösen wir Eintrittskarten für das Regionalmuseum (Berger, Augenblick 102); die -e Schrift, Minuskel *(seit dem 12. Jh. aus der karolingischen Minuskel durch doppelte Brechung der Schäfte, Streckung der Schrift u. engeren Zusammenschluss der Buchstaben gebildete Schrift mit spitzbogigem Duktus als Vorform der Fraktur);* **b)** *für die Gotik typisch; an die Gotik erinnernd:* lange -e Finger, Hände.

[1]Go|tisch, die; -: *gotische (1, 2a) Schrift.*

[2]Go|tisch, das; -[s]: ↑Gotische (a).

Go|ti|sche, das; -n ⟨Dekl. ↑[2]Junge, das⟩: **a)** ⟨nur mit best. Art.⟩ *die gotische (1) Sprache;* **b)** *das die Gotik Kennzeichnende.*

go|ti|sie|ren ⟨sw. V.; hat⟩ (Kunstwiss.): *mit neugotischen Elementen versehen, verändern:* Castolovice war nicht eben das schönste aller Schlösser ... im vergangenen Jahrhundert war es gotisiert worden (Saarbr. Zeitung 4. 12. 79, II).

Got|lan|di|um, das; -[s] [nach der schwedischen Insel Gotland] (Geol. veraltet): *Silur.*

Gott, der; -es (selten in festen Wendungen -s), Götter [mhd., ahd. got, H. u.; viell. eigtl. = das (durch Zauberwort) angerufene Wesen od. = das (Wesen), dem (mit Trankopfer) geopfert wird]: **1.** ⟨o. Pl.; o. Art. außer mit attributiver Bestimmung⟩ *(im Monotheismus, bes. im Christentum) höchstes übernatürliches Wesen, das als Schöpfer Ursache allen Naturgeschehens ist, das Schicksal der Menschen lenkt, Richter über ihr sittliches Verhalten u. ihr Heilsbringer ist:* der allmächtige, dreieinige, gütige, gerechte G.; G. Vater, Sohn und Heiliger Geist; G., der Allmächtige; der liebe G.; G. der Herr; der G. der Juden, der Christen, der Muslime; G. existierte für ihn nicht mehr, kein Glaube gab ihm Kraft (Loest, Pistole 57); Der G., der Eisen wachsen ließ, muss ihn erschaffen haben: 1,84 m groß, 100 kg schwer (Hörzu 6, 1976, 22); G. ist barmherzig; das walte G.! (1. ev. Rel.; *das möge Gott uns schenken!* 2. ugs.; Bekräftigungsformel); G. segne dich!; G. [sei] mit dir!; G. mit uns! (Wahlspruch der preußischen Könige); so wahr mir G. helfe (Eidesformel); G. anbeten, [zum Zeugen] anrufen, ehren, preisen, lieben, loben, leugnen, lästern; G. für die Errettung danken; G. sei Lob und Dank!; wie es G. gefällt *(nach Gottes Willen);* das Reich -es; -es Wort (wie es in der Bibel steht), Segen, Wille; Auf See ... sind wir alle in -es Hand (Hörzu 24, 1980, 47); diesen sabbelnden Pfaffen ..., der von -es Ratschluss sprach (Rocco [Übers.], Schweine 51); mit -es Hilfe; vor -es Angesicht, Thron; -es Sohn *(Jesus);* die Mutter -es *(Jesu als des Gottmenschen);* an G. glauben; auf G. vertrauen; bei G. schwören; die Toten sind bei G.; »Hier ruht in Gott ...« (Inschrift auf einem Grabstein); vor G. und der Welt; zu G. beten, flehen; Spr was G. tut, das ist wohl getan (Strophenanfang eines barocken Kirchenliedes); was G. zusammengefügt hat, das soll der Mensch nicht scheiden (in Bezug auf die Ehe; Matth. 19, 6); hilf dir selbst, so hilft dir G.; wer G. vertraut, hat wohl gebaut/hat nicht auf Sand/der hat auf keinen Sand gebaut; -es Mühlen mahlen langsam [mahlen aber trefflich fein] *(für sein unrechtes, böses Tun wird man schließlich doch von Gott gestraft);* an -es Segen ist alles gelegen; bei G. ist kein Ding unmöglich (Lukas 1, 37); Ü Ich bin kein Kultusminister, ... und ich bin schon gar nicht der pädagogische liebe G. (Spiegel 3, 1975, 46); Maiwald, spiel hier nicht den lieben G.! (v. d. Grün, Glatteis 144); ***[großer/allmächtiger/guter/mein] G. [im Himmel]!, o/ach [du lieber/mein] G.!** (Ausrufe der Verwunderung, Bestürzung, des Bedauerns o. Ä.): Ich hatte eine Braut und war Soldat. Mein G., was waren wir noch jung! (Frisch, Nun singen 148); Allmächtiger G. – das Wappen! schrie der Wirt (Langgässer, Siegel 64); **[ach] G., ...** (am Satzanfang als Ausdruck einer Überlegung; *nun, ...*): [ach] G., ich kann nicht klagen; **grüß [dich, euch, Sie] G.!** (landsch. Grußformel); **G. zum Gruß!** (veraltete Grußformel); **behüt' dich G.!** (südd., österr. Abschiedsgruß); **vergelt's G.!** (landsch. Dankesformel); **G. behüte/bewahre; da sei G. vor!** (Ausrufe des Erschreckens, der Abwehr): du meinst, es wird gleich Scherereien mit der Polente geben ... Da sei G. vor (Bieler, Bonifaz 213); **G. steh mir/uns bei!** (Ausruf des Erschreckens); **wollte/gebe G., dass ...** *(hoffentlich ist es so, dass ...);* **G. soll mich strafen, wenn [nicht] ...** *(es ist bestimmt [nicht] wahr, dass ...);* **gnade dir** usw. **G.!** (ugs. Drohung): wenn du das tust, dann gnade dir G.!; **weiß G.** *(wahrhaftig, wirklich, gewiss, wie man doch weiß):* das wäre weiß G. nicht nötig gewesen; **G. weiß** (ugs.; *keiner weiß, es ist ungewiss*): G. weiß, wann sich das ändert; sie hat es G. weiß wem [alles] erzählt; ein Disziplinarverfahren ..., das G. weiß wie endet (Becker, Tage 135); **G. verdamm' mich** (derber Fluch); **so G. will** (ugs.; *wenn nichts dazwischenkommt*): so G. will, sehen wir uns nächstes Jahr wieder; **jmdn. hat G. im Zorn erschaffen** *(jmd. ist hässlich, abstoßend, sodass man am liebsten nichts mit ihm zu tun haben möchte);* **wie G. jmdn. geschaffen hat** (scherzh.; *nackt*): sie stand da, wie G. sie geschaffen hat; **G. hab ihn** usw. **selig** *(er ist nun auch schon gestorben;* als Einschub nach der Nennung einer verstorbenen Person): unser lieber Freund, G. hab ihn selig, sagte immer ...; **leben wie G. in Frankreich** (ugs.; *im Überfluss leben; ein unbekümmertes Wohlleben führen;* viell. vermischt aus den älteren Wendungen »leben wie ein Gott« u. »leben wie ein Herr [= ein Geistlicher] in Frankreich«, wobei letztere auf das Wohlleben der frz. Geistlichkeit im MA. anspielt); **jmds. G. sein** *(von jmdm. als sein höchstes Gut betrachtet u. aus einem übersteigerten Empfinden heraus abgöttisch geliebt werden):* er, das Geld ist ihr G.; **helf' G.!** (Zuruf an einen Niesenden; nach der Vorstellung, dass beim Niesen etw. Böses aus dem Menschen heraus- od. in ihn hineinfahre); **G. und die Welt** *(alles Mögliche, alle möglichen Leute):* Wir unterhielten uns ... über G. und die Welt (Christiane, Zoo 266); War abgehauen daheim, und dann hatte ich einen Hass auf G. und die Welt (Fichte, Wolli 360); er kennt G. und die Welt *(viele Leute);* **den lieben G. einen guten Mann sein lassen** (ugs.; *unbekümmert seine Zeit verbringen;* d. h. also, sich Gott nicht als Rachegott vorstellen): Ich hab' keine Lust, den ganzen Tag ... zu werkeln, während er den lieben G. einen guten Mann sein lässt (Fels, Sünden 114); **dass G. erbarm'** (ugs.; *erbärmlich schlecht;* gelegentlich als Beurteilung einer Leistung): sie spielte, sang, dass G. erbarm'; ein Novembernachmittag, kalt und regnicht, dass G. erbarm' (Th. Mann, Buddenbrooks 18); **G. sei Dank!** (ugs.; Ausruf der Erleichterung); **G. seis getrommelt und gepfiffen!** (ugs. scherzh.; freudiger Ausruf sichtlicher Erleichterung); **G. seis geklagt!** (ugs.; *leider!*); **G. befohlen!** (geh. veraltend; Abschiedsgruß); **dem lieben G. den Tag stehlen** (ugs.; *seine Zeit unnütz verbringen*); **um -es willen** (1. Ausruf des Schreckens, der Abwehr. 2. Ausdruck einer inständigen, dringenden Bitte: machen Sie um -es willen keine ... Methode daraus [Sommerauer, Sonntag 77]); **in -es Namen** (ugs.; *wie sehnlich gewünscht; schließlich einer Bitte entsprechend*): wenn ihr alles nicht passt, dann soll sie sich doch in -es Namen eine eigene Wohnung nehmen; die ersten Erfahrungen mit der Liebe ... mit vierzehn Jahren ist man in -es Namen noch nicht reif dafür (Ziegler, Kein Recht 302); **leider -es** (ugs.; *bedauerlicherweise*): leider -es ist es nun einmal so; **seinen Frieden mit G. machen** *(sich* *vor dem Sterben in Gottes Willen ergeben);* **jmd. ist [wohl] ganz und gar von G. verlassen!** (ugs.; Ausruf des Unwillens, der Missbilligung); **von -es Gnaden** (hist.; *durch die besondere Güte Gottes;* Übers. von lat. gratia dei): ein Herrscher von -es Gnaden; Von Psychologie versteht er so viel wie du von Astronautik, aber er hält sich für einen Zuchthausdirektor von -es Gnaden! (ugs. scherzh.; *rechnet sich eine besondere Qualität zu;* Ziegler, Kein Recht 225); **jmdn., etw. zu seinem G. machen** *(jmdn., etw. als sein höchstes Gut betrachten u. aus einem übersteigerten Empfinden heraus abgöttisch lieben).* **2.** *(im Polytheismus) kultisch verehrtes übermenschliches Wesen als personal gedachte Naturkraft, sittliche Macht:* heidnische Götter; die griechischen, germanischen Götter; Schönheit ist ein Geschenk der Götter *(ein herrliches Geschenk, mit dem man von der Natur bedacht werden, das man aber nicht erwerben kann);* Hermes ... ist der geschmeidige G. der Diebe (Th. Mann, Krull 206); ***wie ein junger G.** (*strahlend schön, großartig;* in der Regel nur auf Männer bezogen): wie ein junger G. spielen, tanzen; »Du bist ein Kerl«, sagte sie, »wie ein junger G.« (Fels, Sünden 31); **das wissen die Götter** (ugs.; *das ist ganz unbestimmt, ungewiss*): ob sich der frühere Erfolg je wiederholt, das wissen die Götter; **Götter in Weiß** (ugs. iron.; ↑Halbgott): Es ist ... Mode geworden, an dem Thron zu rütteln, auf dem Ärzte, gelegentlich auch »Götter in Weiß« genannt, sitzen sollen (Hörzu 20, 1976, 85).

gott|ähn|lich ‹Adj.›: *einem Gott ähnlich:* ein -es Wesen; eine -e Verehrung *(eine Verehrung wie für einen Gott);* Diejenigen, die davon überzeugt waren, beteten die Imame ... als g. an (Konzelmann, Allah 421).

Gott|ähn|lich|keit, die ‹o. Pl.›: *gottähnliche Beschaffenheit.*

gott|be|gna|det ‹Adj.› (emotional): *mit außergewöhnlichen künstlerischen, geistigen Gaben bedacht:* ein -er Künstler; Achille Ratti, ein gewöhnlicher Mensch ..., kein -er Geist (Werfel, Himmel 220).

gott|be|hü|te ‹Adv.› (österr.): *gottbewahre:* Eine passt auf die andere auf, ob die, g., schon wieder Glück gehabt hat mit dem Abnehmen (Doderer, Dämonen 73).

gott|be|wah|re ‹Adv.›: abwehrende od. verneinende Beteuerung; *auf keinen Fall, bestimmt nicht:* g., so etwas lasse ich mir doch nicht einfallen.

Gott|chen, das; -s, - [1: Vkl. von Gott (1); 2: Vkl. von ↑Gotte]: **1. *[ach] G.!** (Ausruf des [gerührten] Erstaunens, des Erschreckens, der Verwunderung): Ach G., das liebe Köpfchen (Döblin, Alexanderplatz 70); »Ich bin Ihr Bruder« ... »Bruder? ... Himmel, G.!« (Strittmatter, Wundertäter 179); Ach G., als ob ich das nicht von selbst begriffen hätte! (Hörzu 20, 1976, 30). **2.** (schweiz.) *Patenkind.*

Got|te, die; -, -n (schweiz.): [2]*Gote.*

◆ **Göt|te|ne** ‹Pl.› [Pl. von schweiz. mundartl. Götte = Pate, Nebenf. von ↑[2]Gote] (schweiz.): *Paten:* die G. machen es kürzer und können immerhin nachlaufen (Gotthelf, Spinne 8).

got|ten|froh ‹Adj.› [eigtl. = froh zu Gott]: schweiz., seltener für ↑gottfroh.

Got|ten|kind, das; -[e]s, -er (schweiz.): *Kind einer Patin.*

Gott|er|bar|men: nur in der Wendung **zum G.** (ugs.; 1. *jämmerlich, Mitleid erregend:* die Kinder weinten, froren zum G. 2. *jämmerlich schlecht in Bezug auf die Ausführung o. Ä. von etw.:* er spielte Geige zum G.; Es ist schon zum G. *[ist sehr bedauerlich],* dass so etwas noch 1973 geschrieben werden konnte [Wiedemann, Liebe 125]).

Göt|ter|baum, der: *(aus Ostasien stammender) hoch wachsender Baum mit großen gefiederten Blättern u. Blütenrispen mit grünlichen, streng riechenden Blüten.*

Göt|ter|berg, der: *Olymp.*

Göt|ter|bild, das: **1.** *in den Kult einbezogene bildliche Darstellung eines Gottes* (2). **2.** *überaus schönes Bildnis.*

Göt|ter|blu|me, die [nach der Übers. des 2. Bestandteils des griech. Pflanzennamens dōdekatheón = Zwölfgötterblume]: *(zu den Primelgewächsen gehörende früh blühende) Steingartenpflanze mit Blattrosette u. weißen od. roten Blütendolden.*

Göt|ter|bo|te, der (griech.-röm. Myth.): *Mittler, durch den die Götter mit den Menschen in Beziehung treten* (z. B. Hermes, der Bote des Zeus).

Göt|ter|däm|me|rung, die ‹o. Pl.› [falsche LÜ von aisl. ragna rökkr = Götterverfinsterung, das mit aisl. ragna rök = Götterschicksal vermischt wurde; der »Untergang der Götter« in Verbindung mit dem Weltbrand vor dem Beginn eines neuen Weltzeitalters ist eine eigentümliche Vorstellung der germ. Mythologie] (germ. Myth.): *Untergang von Göttern u. Welt vor Anbruch eines neuen Weltzeitalters:* Ü Das Abendrot der Zivilisation. Müde, gestaltlose G. (Remarque, Triomphe 105); Die G. wird wahr: Eine Welt geht zugrunde, eine andere steigt aus den Trümmern auf (Hartlaub, Muriel 288).

Göt|ter|fun|ke, Göt|ter|fun|ken, der (dichter): *etw., was gleichsam von den Göttern kommt u. in Begeisterung versetzt; begeisterndes Gefühl.*

Göt|ter|ga|be, die (dichter.): *gleichsam von den Göttern kommende herrliche Gabe:* Die Zeit ist eine G., dem Menschen verliehen, damit er sie nutze ... im Dienste des Menschheitsfortschritts (Th. Mann, Zauberberg 340).

Göt|ter|gat|te, der [der Ausdruck fand Verbreitung durch die Operette »Der Göttergatte« von F. Lehár 1904; H. u.] (ugs. scherzh.): *Ehemann:* was macht dein G.?; Beide (= Frauen) haben so ihre Probleme. Die eine wegen ihres Chefs ..., die andere wegen ihres -n (Hörzu 52, 1984, 66).

got|ter|ge|ben ‹Adj.› [spätmhd. gottergeben]: *mit allzu großer Selbstverständlichkeit untertänig u. willig jmdm. gegenüber, als müsse man sich in sein Schicksal fügen:* Die Soldaten warfen sich g. in den Dreck (Kirst, 08/15, 119); sie ... hat mich so angeschaut mit ihrem Lächeln, mit dem gewissen -en – als wollt' sie mir noch für was danken (Schnitzler, Liebelei 44); Anstöße geben, ... Initiative ergreifen, nicht immer bloß g. nicken und warten, dass einem die gebratenen Tauben ins Maul fliegen (Kempowski, Uns 160).

Gott|er|ge|ben|heit, die: *gottergebene Art.*

Göt|ter|ge|schenk, das: *Göttergabe.*

Göt|ter|ge|schlecht, das (Myth.): *Geschlecht von Göttern.*

Göt|ter|ge|stalt, die: **1.** *Gott* (2): die -en der nordischen Mythologie. **2.** *Götterstatue.*

göt|ter|gleich ‹Adj.›: *einem Gott, den Göttern gleich, ähnlich; wie ein Gott, die Götter:* Hindenburg ... glich mit seinem Schnurrbart eher einem Nussknacker ... als jenem -en Helden meiner Vorstellung (Dönhoff, Ostpreußen 16); sich g. wähnen.

Göt|ter|kind, das: *Götterliebling.*

Göt|ter|lieb|ling, der: *vom Schicksal begnadeter, begünstigter Mensch:* das Wunderkind gilt vielen als ein G.

Göt|ter|mahl, das (scherzh.): *erlesenes, großartiges Mahl.*

Göt|ter|mas|ke, die: *Maske eines heidnischen Gottes.*

Göt|ter|pflau|me, die [nach dem botanischen Namen Diospyros < griech. Diòs pyrós, eigtl. = Weizen des Zeus]: *Dattelpflaume* (1, 2).

Göt|ter|sa|ge, die: **a)** ‹Pl. selten› *bestimmte Mythologie:* die griechische G.; **b)** *einzelne Sage von einem Gott od. von Göttern:* eine Sammlung von -n.

Göt|ter|spei|se, die: **1. a)** ‹o. Pl.› *Ambrosia* (1); **b)** (scherzh.) *köstliche Speise.* **2.** *aus Gelatine mit Aromastoffen od. unter Verwendung von Fruchtsaft hergestellte Süßspeise.*

Göt|ter|spruch, der: *Urteil, Weissagung der Götter.*

Göt|ter|trank, der: **a)** ‹o. Pl.› *Nektar* (1); **b)** (scherzh.) *köstliches Getränk.*

Göt|ter|va|ter, der (Myth.): *höchster Gott:* Zeus als der G. der griechischen Mythologie.

Got|tes|acker, der [mhd. gotesacker, eigtl. = Gott geweihter Acker, urspr. Bez. für den in den Feldern liegenden Begräbnisplatz, im Unterschied zum Kirchhof] (landsch., geh.): *Friedhof.*

Got|tes|an|be|te|rin, die [nach der Haltung ihrer Fangbeine beim Lauern auf Beute]: *große, räuberisch lebende Heuschrecke von grüner, seltener graubrauner Farbe, deren Vorderbeine zu langen Greiforganen umgewandelt sind.*

Got|tes|be|griff, der: *Begriff, Vorstellung von Gott* (1): der christliche G.; Die ... Religionen haben ihre -e ... stets innig mit den ihnen zusagenden Hoffnungsaspekten verwoben (Rehn, Nichts 92).

Got|tes|be|weis, der: *Versuch, aus Vernunftgründen auf die Existenz Gottes zu schließen:* Die Frage nach Gott, das Suchen nach Gott wird zum G. (K. Mann, Wendepunkt 382).

Got|tes|bild, das: vgl. Gottesbegriff: Ein knechtisches Menschenbild lehnt Jesus so sehr ab wie ein patriarchisches G. (Alt, Frieden 107).

Got|tes|braut, die [mhd. gotes brūt] (geh. selten): *Braut Gottes, Christi (in Bezug auf eine Nonne, die Jungfrau Maria, die Kirche, die Seele).*

Got|tes|dienst, der [mhd. gotsdienst]: *[in einer Kirche stattfindende] gemeinschaftliche religiöse Feier zur Verehrung Gottes (im Allgemeinen in der katholischen Kirche als Messe, in der evangelischen Kirche als sonntags u. feiertags abgehaltener Predigtgottesdienst):* ein evangelischer, katholischer, ökumenischer G.; die -e beginnen in dieser Kirche um halb zehn; einen G. abhalten, besuchen; G. halten; am G. teilnehmen; zum G. gehen.

Got|tes|dienst|be|su|cher, der: *Besucher eines Gottesdienstes.*

Got|tes|dienst|be|su|che|rin, die: w. Form zu ↑Gottesdienstbesucher.

got|tes|dienst|lich ⟨Adj.⟩: *den Gottesdienst betreffend:* eine -e Versammlung.

Got|tes|dienst|ord|nung, die: *geregelte Einteilung der in einer Kirche innerhalb eines bestimmten Zeitabschnitts stattfindenden Gottesdienste:* die G. für die Feiertage, für den morgigen Sonntag.

Got|tes|eben|bild|lich|keit, die; -: *Eigenschaft des Menschen, Gottes Ebenbild zu sein:* Wer die G. des Menschen ernst nimmt, weiß um die Verwandtschaft seiner Seele mit Gott (Alt, Frieden 75).

Got|tes|ei|fe|rer, der: *jmd., der von seinem Glaubenseifer durchdrungen ist.*

Got|tes|ei|fe|rin, die: w. Form zu ↑Gotteseiferer.

Got|tes|er|fah|rung, die: *innere Erfahrung eines Menschen mit Gott.*

Got|tes|er|kennt|nis, die ⟨o. Pl.⟩: *Fähigkeit des Menschen zur Erkenntnis von Gottes Dasein u. Wesen.*

Got|tes|fer|ne, die ⟨o. Pl.⟩: *Gottferne:* in der G. leben.

Got|tes|frie|de, der [mhd. gotes vride, LÜ von mlat. treuga od. pax dei]: *zeitweilige Einstellung kriegerischer Auseinandersetzungen; im Mittelalter kirchliches Verbot der Fehde an bestimmten Tagen aus religiösen Gründen:* Wir haben -n vom Mittwoch bis zum Montag. Die Kirche hat ihn eingesetzt ... Wir haben Landfrieden, die ganze Woche. Der Kaiser hat ihn eingesetzt (Hacks, Stücke 13).

Got|tes|furcht, die [LÜ von lat. timor dei]: *Ehrfurcht vor Gott (u. daraus folgende fromme Lebensweise):* keine G. besitzen.

got|tes|fürch|tig ⟨Adj.⟩: *in der Ehrfurcht vor Gott lebend u. danach trachtend, seine Gebote zu erfüllen:* ein -er Mensch; ich habe Gott gehasst. Dabei war ich in einem sehr -en Haus aufgewachsen (Danella, Hotel 369); er war schlau und g. und hielt von der Jungfrau Maria mehr als von seiner Mutter (Strittmatter, Wundertäter 311).

Got|tes|ga|be, die: *wunderbare Gabe:* Ein ... Chor ... setzte ... die hochgeschulte G. seiner Stimmen ein zur Ausführung von Arien, Duetten (Th. Mann, Zauberberg 889).

Got|tes|ge|bä|re|rin, die ⟨o. Pl.⟩ [LÜ von lat. dei genetrix]: *Gottesmutter:* Die Theologen haben ihr (= Maria) den Titel G. gegeben (Ranke-Heinemann, Eunuchen 361).

Got|tes|ge|lahrt|heit, Got|tes|ge|lehrt|heit, die (veraltet): *Theologie.*

Got|tes|ge|lehr|te, der (veraltet): *Theologe.*

Got|tes|ge|richt, das: **a)** *Strafgericht, das Gott hält;* **b)** *Gottesurteil.*

Got|tes|ge|schenk, das: vgl. Gottesgabe: sie betrachtet ihre Genesung als G.

Got|tes|glau|be, der: *Glaube an Gott.*

Got|tes|gna|de, die: *Gnade Gottes.*

Got|tes|gna|den|tum, das; -s [nach der Formel »von Gottes Gnaden«] (hist.): *göttliche Legitimität des abendländischen Herrschers, bes. im Absolutismus:* der monarchische Gedanke verlor seinen religiös-universalen, im G. verankerten Charakter (Fraenkel, Staat 215).

Got|tes|haus, das [mhd. gotshūs, ahd. gotes hūs; LÜ von lat. templum dei bzw. domus od. casa dei] (oft geh.): *für den Gottesdienst bestimmtes Gebäude; Kirche* (mit dem Wort verbindet sich die Vorstellung von Weihe, Würde u. Feierlichkeit): ein evangelisches, christliches, jüdisches G.; Das G. wird wieder – wie in der griechischen Antike – die wesentliche Bauaufgabe und bleibt sie bis zum ausgehenden Mittelalter (Bild. Kunst III, 16).

Got|tes|kind, das (selten): *Menschenkind:* Das waren meine neuen Erfahrungen mit Kindern, auch die eines schwachsinnigen -es, in dem eine ganze unruhige, unlustige Familie ihren Mittelpunkt, ihre Stille fand (Kaschnitz, Wohin 80).

Got|tes|kind|schaft, die; -: *enge, persönliche Bindung des Menschen an Gott:* Die Kirche ist auch die Gemeinschaft, die ... am Erlösungswerk Jesu Christi ... Anteil hat, die dadurch die Versöhnung mit Gott, die G. empfängt (Glaube 1, 1967, 9).

Got|tes|knecht, der (im A. T.): **1.** *Name für den rechtgläubigen Israeliten.* **2.** *Ehrenname für einen von Gott Jahve Erwählten.* **3.** *der erwartete Messias.*

Got|tes|lamm, das ⟨o. Pl.⟩ [LÜ von lat. agnus dei]: *symbolische Bezeichnung Jesu.*

Got|tes|läs|te|rer, der: *jmd., der Gott lästert.*

Got|tes|läs|te|rin, die: w. Form zu ↑Gotteslästerer.

got|tes|läs|ter|lich ⟨Adj.⟩: *Gott lästernd:* -e Flüche, Reden; der Pächter ... flucht g., als er ihn (= den Kater) an die Stallwand knallt (Chr. Wolf, Nachdenken 28).

Got|tes|läs|te|rung, die: *[öffentliche] Beleidigung, Herabsetzung, Beschimpfung Gottes; Blasphemie:* was er da sagt, ist eine G.; wegen G. angeklagt werden.

Got|tes|leug|ner, der: *jmd., der Gott leugnet; Atheist.*

Got|tes|leug|ne|rin, die: w. Form zu ↑Gottesleugner.

got|tes|leug|ne|risch ⟨Adj.⟩: *Gott leugnend, atheistisch:* eine -e Einstellung.

Got|tes|leug|nung, die: *das Leugnen der Existenz Gottes.*

Got|tes|lohn, der ⟨o. Pl.⟩: *Belohnung einer guten Tat durch Gott:* sich mit etw. einen G. verdienen; ***um/für [einen] G.** *(unentgeltlich, ohne etw. für eine Leistung zu erhalten):* Nun soll niemand glauben, Amsel hätte die Gruppe ... um G. hergestellt: laut Diarium brachte sie zwei Gulden zwanzig ein (Grass, Hundejahre 72); Leider arbeiten nicht alle ... für G. (Lindlau, Mob 917).

Got|tes|mann, der ⟨Pl. ...männer⟩ [spätmhd. gottesmann = Prophet, ahd. gotesman = Priester] (geh., oft scherzh.): *[sich seinem Beruf mit Eifer hingebender] Geistlicher:* ein katholischer G.; Dass der G. für die Guerilla Waffen aus Guatemala eingeschmuggelt hat, steht für ihn außer Frage (taz 13. 1. 94, 11).

Got|tes|mut|ter, die ⟨o. Pl.⟩: *Maria, die Mutter Jesu als des Gottmenschen.*

Got|tes|na|tur, die ⟨o. Pl.⟩: *Natur* (2): Bewegung, draußen in der freien G. (Erné, Fahrgäste 185).

◆ **Got|tes|pfen|nig,** der: *Geld[stück], das nach Abschluss eines Vertrages an die Kirche od. die Armen gespendet wird:* Ü Einen Kuss han' ich euch zum G. erlaubt (Goethe, Götz I).

Got|tes|se|gen, der ⟨o. Pl.⟩ (selten): *von Gott kommender Segen* (2 a).

Got|tes|sohn, der ⟨o. Pl.⟩: *Jesus Christus, der Sohn Gottes.*

Got|tes|sohn|schaft, die; -: *Verständnis Jesu Christi als des Sohnes Gottes:* Darum lassen Sie die G. Christi, lassen Sie Ostern und Himmelfahrt ruhig auf sich beruhen (Thielicke, Ich glaube 32); der Stern von Bethlehem als himmlisches Zeichen für die G. des Jesus von Nazareth (Spiegel 53, 1974, 67).

Got|tes|staat, der ⟨o. Pl.⟩ [nach lat. civitas dei = Stadt, Gemeinde Gottes]: *(in Augustinus' »De civitate Dei«) der Staat Gottes, der aus der in Liebe zu ihm verbundenen Menschheit im Himmel u. auf Erden besteht.*

Got|tes|strei|ter, der: **1.** (selten) *jmd., der seinen Glauben streitbar vertritt.* **2.** (veraltet) *christlicher Glaubenskämpfer, Ritter [der Kreuzzüge].*

Got|tes|strei|te|rin, die; -, -nen (selten): w. Form zu ↑Gottesstreiter (1).

Got|tes|tag, der (dichter., selten): *Sonntag:* sogar das barbarische Ehepaar vom schlechten Russentisch hatte dem G. Rechnung getragen (Th. Mann, Zauberberg 156).

Got|tes|tisch, der (selten): *Altar.*

Got|tes|ur|teil, das (hist.): *bes. im MA. beim Fehlen sicherer Beweismittel angewandtes Verfahren (z. B. Feuerprobe, Zweikampf) zur Ermittlung des Schuldigen, wobei dem Ausgang des Verfahrens das als richtig angesehene Urteil Gottes entnommen wird:* ein G. sollte entscheiden; ... muss der Mann sich in den Dreck jagen lassen, muss jeden Befehl eines größenwahnsinnigen Anstreichers wie ein G. widerspruchslos hinnehmen (Kirst, 08/15, 216); Ü die Dorfbewohner sahen in dem Einsturz der Brücke ein G. *(einen göttlichen Richterspruch, eine von Gott verhängte Strafe).*

Got|tes|ver|eh|rung, die ⟨Pl. selten⟩: *Verehrung [eines] Gottes.*

Got|tes|volk, das ⟨o. Pl.⟩ (geh.): *Gemeinschaft der Christen:* Diese Aufgabe des -es suchen viele Christen zu erfüllen (Glaube 5, 1967, 9).

Got|tes|wort, das ⟨o. Pl.⟩: *Gottes Wort, wie es die Bibel enthält.*

Got|tes|wun|der, das (geh.): *Wunder, das Gott gewirkt hat:* Unmöglich, dass es (= das Kind) die Baracke verlassen hatte. Hier war ein G. geschehen (Apitz, Wölfe 254/255).

Gott|fer|ne, die ⟨o. Pl.⟩: *das Fernsein, die Abwesenheit Gottes:* Die Hölle ... kann uns schon ... hier und jetzt in ihr dämonisches Kraftfeld ziehen. Denn sie ist die G. in jeder Gestalt (Thielicke, Ich glaube 164).

gott|froh ⟨Adj.⟩ (schweiz. ugs.): *herzlich froh, außerordentlich erleichtert:* du kannst g. sein, dass bei dem Unfall nicht mehr passiert ist; vgl. gottenfroh.

gott|ge|fäl|lig ⟨Adj.⟩ (geh.): *wie Gott es haben will; auf Gottes Wohlgefallen gerichtet:* dass Adolf immer an Gott geglaubt habe und immer ein -es Leben gelebt habe (Chotjewitz, Friede 273); Ich lüge nicht. Das ist g. (Jahnn, Geschichten 117).

Gott|ge|fäl|lig|keit, die ⟨o. Pl.⟩: *das Gottgefälligsein.*

gott|ge|ge|ben ⟨Adj.⟩: **a)** *von Gott gegeben:* wahrscheinlich musste das Licht der -en Vernunft noch tausend weitere Jahre leuchten (Süskind, Parfum 20); Die Seele des Menschen, g., ... hat ihren Sitz zuhöchst in unserem Körper (Stern, Mann 137); **b)** *unabwendbar wie von Gott gegeben:* diese Kostenexplosion wird als g. hingenommen. So als sei sie unabwendbar gewesen (Hörzu 18, 1973, 22); ⟨subst.:⟩ schon wurde die apokalyptische Vorstellung als etwas Gegebenes (Gottgegebenes?) hingenommen und dem Alltag vermählt (Kaschnitz, Wohin 56).

gott|ge|sandt ⟨Adj.⟩ (geh. veraltend): *von Gott gesandt:* ein -er Retter, Helfer, Prophet.

gott|ge|weiht ⟨Adj.⟩: *bestimmt, im Dienste Gottes zu stehen:* ein -es Leben; Paulas Tochter ... wurde ... die erste Frau römischen Adels, die als -e Jungfrau lebte (Ranke-Heinemann, Eunuchen 64).

gott|ge|wollt ⟨Adj.⟩: *in Gottes Willen beschlossen, seinen Ursprung habend; als Gottes Wille verstanden:* in einem Land, in dem es eine gewachsene, hierarchische, scheinbar -e Ordnung gab (Dönhoff, Ära 42); etw. als g. hinnehmen.

gott|gläu|big ⟨Adj.⟩: **1.** (veraltet) *fromm, gottesfürchtig; Gott vertrauend.* **2.** (nationalsoz.) *(in der rassistischen Ideologie des Nationalsozialismus) ohne Zugehörigkeit zu einer Religionsgemeinschaft an Gott glaubend:* Frau Merkel ..., die war g. oder so was (Kempowski, Uns 49).

Gott|gläu|big|keit, die: *das Gottgläubigsein.*

gott|haft ⟨Adj.⟩ [mhd. gothaft] (selten): *wie ein Gott aussehend, wirkend; wie es einem Gott gemäß ist; göttlich:* Er war nicht gefasst gewesen, den Königsnamen ... dermaßen g. und prachtbehangen zu verstehen (Th. Mann, Joseph 683).

Gott|heit, die; -, -en [mhd., ahd. got(e)heit]: **1.** ⟨o. Pl.; nur mit best. Art.⟩ (geh.) *Gott* (1): das Geheimnis der Menschwerdung der G., an dem die Päpste in ihrer Art teilnehmen (Werfel, Himmel 220). **2.** *nicht eindeutig bezeichneter Gott* (2) *bzw. Göttin:* heidnische -en; ..., was so viel heißt wie Doppelsinn oder Zweideutigkeit. Der Begriff habe sogar ein ehrwürdiges Herkommen, denn die römische G. vor allen anderen sei Janus gewesen (Fest, Im Gegenlicht 395); ein Idol zu umarmen, das einer grausamen G. glich, der man sich ausliefern musste (Langgässer, Siegel 515); Ü Ich habe Ihnen Ihren Papa erklären wollen. Er ist eine finstere G. von unheimlicher Überlegenheit (Musil, Mann 494). **3.** ⟨o. Pl.⟩ (geh.) *das Gottsein; Göttlichkeit, göttliche Natur:* Was immer Sie von ihm (= Christus) halten – solange Sie ihm seine G. nicht glauben können, glauben Sie ihm wenigstens seine Menschlichkeit (Sommerauer, Sonntag 22).

Göt|ti, der; -s, - [vgl. [1]Gote] (schweiz.): *Pate:* hinaus zur Bedastraße, wo mein G. Johann Bischof ... eine Bäckerei hatte (Ostschweiz 31. 7. 84, 9).

Göt|ti|bub, der (schweiz. mundartl.): *männliches Patenkind eines Paten.*

got|tig|keit ⟨Adv.⟩ [wiener. godi(g)keit für älter: godikat < lat. quod dicat = was heißen soll] (österr. veraltet): *gewissermaßen, sozusagen; bei Gott, wirklich.*

Göt|ti|kind, das (schweiz. mundartl.): *Patenkind eines Paten.*

Göt|tin, die; -, -nen: *weibliche Gottheit:* Minerva, die römische G. der Weisheit; Ihr bleiches ... Gesicht ... glich nun dem einer keuschen G. (Langgässer, Siegel 239).

Göt|tin|gen: Stadt an der Leine.

[1]Göt|tin|ger, der; -s, -: Ew.

[2]Göt|tin|ger ⟨indekl. Adj.⟩.

Göt|tin|ge|rin, die; -, -nen: w. Form zu ↑[1]Göttinger.

Gott|kö|nig|tum, das ⟨o. Pl.⟩: *Idee u. Institution eines sakralen Herrschertums (bei Naturvölkern, im Alten Orient, im Hellenismus u. in der römischen Kaiserzeit).*

gött|lich ⟨Adj.⟩ [mhd. gotelich, ahd. gotlīh]: **1.** *Gott eigen, zugehörend; von Gott ausgehend, stammend:* die -e Gnade, Weisheit, Allmacht, Gerechtigkeit, Ordnung; die -e Offenbarung im Wort, in Jesus Christus; ein -es Gebot; nach -em und menschlichem Recht; Die Pilgerväter sahen im reformatorischen Geschehen ein -es Walten (Nigg, Wiederkehr 49); ⟨subst.:⟩ das Göttliche im Menschen. **2. a)** *einem Gott zugehörend:* die -en Attribute des Zeus; **b)** *einem Gott zukommend:* in diesem Land genießen bestimmte Tiere -e Verehrung. **3. a)** *einem Gott, einer Göttin ähnlich, gleich:* g. edle Gesichtszüge; »Sind wir pleite, oder geht es uns glänzend?« ... »Ich glaube, das weiß heute keiner mehr von sich in Deutschland. Nicht einmal der -e Stinnes ...« (Remarque, Obelisk 12); Muss er (= der Feldherr) nicht g. fühlen bei aller Macht, die ihm verliehen? (Kaiser, Villa 36); **b)** (oft scherzh.) *herrlich [sodass man nur staunen kann]:* weil er in seiner -en Faulheit von keinem der Details belastet ist (Fr. Wolf, Menetekel 18); Fräulein Grabke, die ... Gesangslehrerin, hatte ihr die Adresse von Fräulein Kalman gegeben, die ... eine Schülerin der »göttlichen« Emmy Destinn gewesen war (Bieler, Mädchenkrieg 26); g. singen, spielen; Sie blasen g. auf dem Bleistift! (H. Mann, Stadt 297).

Gött|lich|keit, die; -: *das Göttlichsein, göttliche Art.*

gott|lob ⟨Adv.⟩ [mhd. got(e)lob, ahd. got sī lob]: *zu jmds. Beruhigung, Erleichterung, Freude; Gott sei Lob u. Dank:* wir hatten g. immer schönes Wetter; g. ist es nicht weit bis dahin; in der Wohnung sind die Zimmer warm, mit Kohlen brauchen wir g. nicht zu sparen (v. d. Grün, Irrlicht 8).

gott|los ⟨Adj.⟩ [mhd. gotlōs]: **a)** *verwerflich:* eine -e Gesinnung; ein -es Leben führen; ein -es (ugs.; *freches, unverschämtes*) Mundwerk; **b)** *nicht an Gott glaubend, Gott leugnend:* Ich glaube, es gab keinen -eren Mann als unseren Vater (Chotjewitz, Friede 273); ... Rungholt. Die Leute dort waren g. (Brot und Salz 228).

Gott|lo|se, der u. die; -n, -n ⟨Dekl. ↑Abgeordnete⟩: *jmd., der gottlos* (b) *ist.*

Gott|lo|sen|be|we|gung, die ⟨o. Pl.⟩: *kommunistische atheistische Freidenkerbewegung.*

Gott|lo|sig|keit, die; -: **1.** *Nichtachtung Gottes, Verwerflichkeit.* **2.** *Unglaube, Gottesleugnung.*

Gott|mensch, der ⟨o. Pl.⟩: *Person, die Gott u. Mensch zugleich ist (in Bezug auf Jesus Christus).*

Gott|sei|bei|uns [auch: –'–––], der; - (verhüll.): *Teufel:* es müsste der G. selbst die Hand im Spiele haben, damit alles wieder zu Wasser werde wie so oft in meinem Leben (Werfel, Himmel 44).

gott|se|lig [auch: '–––] ⟨Adj.⟩ (veraltend): *in Gott selig, vom Glauben an Gott erfüllt:* ein -es Leben.

Gott|se|lig|keit [auch: '––––], die ⟨o. Pl.⟩ (veraltend): *das Seligsein in Gott.*

gotts|er|bärm|lich ⟨Adj.⟩ (salopp): **1.** *ganz erbärmlich* (1 a): der Flüchtling sah g. aus; sie heulte g. **2. a)** *in unangenehmer Weise äußerst groß, stark:* eine -e Hitze; **b)** ⟨intensivierend bei Adj. u. Verben⟩ *sehr, außerordentlich:* es war g. kalt; sie froren g.; Fritz wich nicht von der Schwiegermutter, einer Frau, die g. schielte (Kronauer, Bogenschütze 155).

gotts|jäm|mer|lich ⟨Adj.⟩ (salopp): vgl. gottserbärmlich: Er fror g. (Fels, Sünden 65).

Gotts|över|ste, der; -n, -n ⟨Dekl. ↑Abgeordnete⟩ [2. Bestandteil ↑oberst...] (österr. veraltend, iron.): *hoher, nobler, gnädiger Herr:* Der G. geht jetzt dort auf der Straßen, weißt wie? Mitn Marschallstab spaziert er herum (Kraus, Tage 112).

Gott|su|che, die: *intensives Streben, in seinem Leben Gott zu finden, ihm nahe zu kommen.*

Gott|su|cher, der: *jmd., der von Gottsu-*

che erfüllt ist: ein oberschlesischer G., ein Sektenbruder und trotziger Narr, der seinem geschnitzten Heiligen nachlief (Rolf Schneider, November 148); Rilke gehört zur gleichen Gruppe der wandernden G. und vereinsamten Beter (K. Mann, Wendepunkt 98).

Gọtt|su|che|rin, die; -, -nen: w. Form zu ↑Gottsucher.

Gotts|ver|dọ|ri ⟨Interj.⟩ [entstellt aus niederd. Gott verdomi = Gott verdamme mich] (nordd. derb): *zum Teufel:* Dann heißt es, die schon langsam rostig werdenden Knochen geölt und los, ins Feld! G., so alt sind wir doch noch nicht (Bredel, Väter 401).

Gott|va̲|ter, der ⟨o. Pl., meist o. Art⟩: *Gott der Vater als Person des dreieinigen Gottes (als Vater Jesu Christi u. als Schöpfer):* das Kirchenfenster zeigt eine Darstellung der Dreieinigkeit mit G., Christus und dem Heiligen Geist in Gestalt der Taube; Ü ein Süditaliener, der ... von G. Henry Ford mit einem Achselzucken entlassen wurde (Hamburger Morgenpost 28. 8. 85, 14).

gott|ver|dạm|mich ⟨Interj.⟩ [zusammengezogen aus »Gott verdamme mich«] (salopp): drückt Wut, Ärger, Schmerz o. Ä., seltener auch Anerkennung, Überraschung aus: g., tut das weh!; Gottverdammich! Könnt ihr nie Ruhe halten?! (Fallada, Trinker 166); g., bist du aber schnell wieder zurück!

gọtt|ver|dammt ⟨Adj.⟩ (salopp): *jmdm. höchst zuwider od. hinderlich, von ihm als schlimm, übel, verabscheuenswert empfunden:* diese -en Spitzbuben!; ein erfolgreicher Autor, ... der das ganze »gottverdammte Geschäft« hasst (Reich-Ranicki, Th. Mann 103); »Diese Meute!«, sagte Frieda. »Diese -e Meute! ...« (Schnurre, Bart 35).

gọtt|ver|flucht ⟨Adj.⟩ (salopp): *gottverdammt:* das ist wirklich eine -e Schweinerei; Das ist genau so traurig wie alles andere auf dieser g. preußischen Welt (Tucholsky, Zwischen 53).

gọtt|ver|ges|sen ⟨Adj.⟩: **1.** *nicht mehr an Gott denkend, sodass man den Maßstab für sein moralisches Verhalten verloren hat:* ein -er Mensch. **2.** (ugs.) *gottverlassen* (1): eine -e Gegend.

gọtt|ver|las|sen ⟨Adj.⟩: **1.** (ugs.) *abseits von allem Verkehr, von allem städtischen Getriebe gelegen, sodass man es als bedrückend u. trostlos empfindet:* was sollen wir denn in diesem -en Kaff? **2.** *von Gott verlassen od. dieses Gefühl empfindend:* während das Kennzeichen des heutigen Menschen seine -e Einsamkeit und Langeweile ist (Kaschnitz, Wohin 87); Bist unterwegs wie wir, g. allein in der wilden Nacht (A. Zweig, Grischa 48); sich g. vorkommen. **3.** *jmdm. wie von Gott verlassen, ohne Verstand erscheinend:* ich ... hatte ihn unbewusst gesucht in den -en Horden, die die Straßen und Bahnhöfe füllten (Seghers, Transit 80); Wer ... ist denn so g., dass er nicht sehen will, wo wir heute stehen? (Plievier, Stalingrad 293).

Gọtt|ver|las|sen|heit, die: *das Sich-von-Gott-verlassen-Fühlen:* Gerade hier bei St. Peter erlebte sie die tiefste G. ihres Lebens (Werfel, Himmel 185).

Gọtt|ver|trau|en, das: *Vertrauen auf Gott:* kein G. haben; wenn Havemann ernsthaft meint, der erste Mann im Kreml werde seine Ratschläge beherzigen ..., dann besitzt er ein solides G. (*ist er sehr naiv;* Pohrt, Endstation 83).

gọtt|voll ⟨Adj.⟩: **1.** (ugs.) *übermäßig komisch wirkend:* ein -er Anblick; du bist g.! *(du kommst auf merkwürdige Ideen).* **2.** (geh.) *in ergreifender Weise herrlich:* Noch einmal will uns die Liebe aufgehen, wie ein -er Morgen (M. Proust [Übers.], Tage der Freuden, Ullstein Bücher 71, S. 131); keineswegs war dieses sein (= Urvaters) g. mutiges Ich gesonnen, in Gott zu verschwinden, mit ihm eins zu werden (Th. Mann, Joseph 431); die junge Künstlerin spielte g.

Gọtt|we|sen, das: *göttliches Wesen; Gott:* ein G., das allem Irdischen entrückt ist, lässt uns kalt (Thielicke, Ich glaube 195).

◆ **Gott|wịll|chen,** das; -s, - [aus: in Gott willkommen!]: schweiz. Begrüßungsformel: Freudig tönten ihr die G. ... entgegen (Gotthelf, Spinne 9).

Götz: in der Fügung **G. von Berlichingen** (salopp verhüll.; *lass mich in Ruhe!;* nach dem ↑Götzzitat).

Gö̲t|ze, der; -n, -n [mhd. götz = Heiligenbild; bei Luther dann = falscher Gott; eigtl. = Kosef. von ↑Gott (wie z. B. »Hinz« zu Heinrich)]: **1.** *etw. [bildlich Dargestelltes] (Gegenstand, Wesen o. Ä.), was als Gott* (2) *verehrt wird:* heidnische -n; ein G. aus Gold; -n anbeten, verehren; sich einen -n schnitzen, machen; einem -n opfern; um einen -n herumtanzen. **2.** (geh. abwertend) *Person od. Sache, die zu jmds. Lebensinhalt wird, von der sich jmd. sklavisch abhängig macht, obwohl sie es nicht wert ist:* Fernsehen und schnelle Autos sind die -n der modernen Gesellschaft; Er (= dieser Vater) war ein leerer G. Aber woher hatte er diese Macht? (Hesse, Narziß 52); sie verfiel dem Alkohol derart, dass er zu ihrem -n wurde.

Gö̲t|zen|al|tar, der: *für einen Götzen errichteter Altar.*

Gö̲t|zen|an|be|ter, der; -s, -: *jmd., der einen Götzen* (1) *anbetet, verehrt:* der letzte der Imame. Er wird alle übrigen Religionen besiegen ... Er wird die G. vernichten (Konzelmann, Allah 419).

Gö̲t|zen|an|be|te|rin, die: w. Form zu ↑Götzenanbeter.

Gö̲t|zen|bild, das: *in den Kult einbezogene bildliche Darstellung eines Götzen* (1): ein G. anbeten, verehren; Ü Erwartete er sich Trost ... von Anarchisten ..., die schon wieder vor neuen -ern in die Knie sanken (K. Mann, Wendepunkt 211).

Gö̲t|zen|die|ner, der: **1.** *jmd., der Götzen* (1) *anbetet, verehrt.* **2.** (geh. abwertend) *jmd., der etw. als seinen Götzen* (2) *verehrt.*

Gö̲t|zen|die|ne|rin, die: w. Form zu ↑Götzendiener.

gö̲t|zen|die|ne|risch ⟨Adj.⟩: *in der Art eines Götzendieners* (1, 2) *handelnd, verfahrend.*

Gö̲t|zen|dienst, der ⟨o. Pl.⟩: **1.** *Verehrung von Götzen* (1). **2.** (geh. abwertend) *Verehrung einer Person od. Sache als Götze* (2): auch so etwas ist G.

Gö̲t|zen|glau|be, der: *Glaube an Götzen* (1).

gö̲t|zen|haft ⟨Adj.⟩: *auf jmdn., etw. wie auf einen Götzen bezogen:* eine -e Verehrung.

Gö̲t|zen|pries|ter, der: *Priester im Götzendienst* (1).

Gö̲t|zen|tum, das; -s: *Götzenglaube.*

Gö̲t|zen|ver|eh|rung, die ⟨o. Pl.⟩: *Verehrung von Götzen* (1, 2).

Götz|zi|tat, das; -[e]s [in Goethes Urfassung des »Götz von Berlichingen«, 3. Akt, die Worte: »er kann mich im Arsch lecken«]: *die Worte »leck mich am Arsch«:* er gebraucht ständig das G.; Das unter Autofahrern nicht allzu selten gebrauchte G. wurde nächtlichen Passanten ... auf eindrucksvoll-optische Weise in Erinnerung gebracht (MM 31. 1. 68, 10).

Gou|ache (österr. u. Fachspr. nur so), die; -, -n, (eingedeutscht:) Guasch [gu̯a(:)ʃ], die; -, -en [...ʃn̩; frz. gouache < ital. guazzo, eigtl. = Wasserlache < lat. aquatio = das Wasserholen]: **1.** ⟨o. Pl.⟩ *deckende Malerei mit Wasserfarben in Verbindung mit Bindemitteln u. Deckweiß, deren dicker Farbauftrag nach dem Trocknen eine dem Pastell ähnliche Wirkung ergibt.* **2.** *Bild in der Technik der Gouache* (1).

Gou|ache|ma|le|rei, die: vgl. Aquarellmalerei.

Gou|da [ˈga̯uda], der; -s, -s, **Gou|da|käse,** der; -s, - [nach der niederl. Stadt Gouda]: *[niederländischer] brotlaibförmiger, hell- bis goldgelber Schnittkäse mit runden bis ovalen Löchern u. von mildem bis pikantem Geschmack entsprechend der Reifezeit.*

Gou|dron [guˈdrõ:], der, auch: das; -s [frz. goudron = Teer < arab. qaṭrān]: *als wasserdichter Anstrich verwendete Mischung aus reinem Asphalt u. Rückständen aus der Erdöldestillation.*

Gourde [gurd], der; -, -s [gurd] ⟨aber: 30 Gourde⟩ [frz. gourde, nach der in den südl. USA u. in der Karibik gebräuchlichen ugs. Bez. (piastre) gourde, span. (perra) gorda für die silberne Eindollarmünze, zu span. gordo = dick, schwer < lat. gurdus = schwerfällig]: *Währungseinheit auf Haiti* (1 Gourde = 100 Centimes; Abk.: Gde., G).

Gour|mand [gʊrˈmã:], der; -s, -s [frz. gourmand, H. u.]: *jmd., der gern gut u. zugleich viel isst; Schlemmer:* Bekanntlich ist ... der G. ein Vielfraß (Hörzu 47, 1975, 22); Der Riese Hanfstängel war ein ... G.; er vertilgte Unmengen von belegten Broten (Cziffra, Ungelogen 89); Ü Aus dem Feinschmecker für Mädchen, aus dem Gourmet, wird ein G., ein Fresser (Kesten, Casanova 265).

Gour|man|di|se [gʊrmãˈdi:zə], die; -, -n [frz. gourmandise]: *besondere Delikatesse; Leckerbissen.*

Gour|met [gʊrˈmɛ, ...ˈme:], der; -s, -s [frz. gourmet, afrz. gormet = Gehilfe des Weinhändlers]: *jmd., der aufgrund sei-*

ner diesbezüglichen Kenntnisse in der Lage ist, über Speisen u. Getränke, bes. Wein, ein fachmännisches Urteil abzugeben, u. der gern ausgesuchte Delikatessen verzehrt, ohne jedoch unmäßig dabei zu sein; Feinschmecker: Bekanntlich ist der G. ein Feinschmecker und der Gourmand ein Vielfraß (Hörzu 47, 1975, 22); Vor 1 500 Käsesorten und 250 verschiedenen Salamis erblassen mitunter auch ausgepichte -s (Spiegel 15, 1978, 244); Hochfeine Pralinen ... erfreuen den Gaumen der -s (Spiegel 50, 1984, 5); dieses Restaurant ist eine Hochburg der -s.

Gour|met|füh|rer, der: vgl. Restaurantführer: die Noten der sechs auflagenstärksten G. (Sonntag Aktuell 7. 4. 91, 44).

Gour|met|lo|kal, das: *Feinschmeckerlokal:* Eine Reise durch ein paar -e war keine üble Sache (Danella, Hotel 255).

Gour|met|tem|pel, der (oft leicht abwertend): *von Feinschmeckern bes. geschätztes, renommiertes Feinschmeckerlokal.*

Gout [gu:], der; -s, -s [frz. goût < lat. gustus = das Kosten] (bildungsspr. veraltend): *jmds. persönlicher Geschmack:* etw. ist nicht nach jmds. G.; etw. nicht nach seinem G. finden.

gou|tie|ren [gu'ti:rən] ⟨sw. V.; hat⟩ [frz. goûter < lat. gustare = kosten] (bildungsspr.): *Geschmack an etw., Gefallen an etw.,* (selten:) *jmdm. finden:* man kann ihren Stil, sie durchaus g.; Ganz Amerika goutierte die Machophantasien eines Norman Mailer (Basta 7, 1983, 31); Lichtspiele von Seelenpein, Weltschmerz ..., die man in London, New York und Paris als »radikal deutsch« schätzt und goutiert (*genießt;* Spiegel 47, 1975, 186); Ein paar gelungene Teile des Romans lassen sich durchaus g. (Woche 27. 3. 98, 39); Carters Bruder Billy ... wurde vom Familienclan ... als Käufer ... nicht goutiert (*nicht gutgeheißen;* Spiegel 36, 1977, 94).

Gou|ver|nan|te [guvɛr'nantə], die; -, -n [frz. gouvernante, subst. 1. Part. von: gouverner = lenken, leiten < lat. gubernare, ↑Gouverneur]: **a)** (früher) *Erzieherin, Hauslehrerin:* Sie (= die Kinderfrau) ist noch immer im Haus und wird ... unsere ehemalige G. genannt (Fischer, Wohnungen 20); **b)** *weibliche, etwas altjüngferlich wirkende Person, die dazu neigt, andere zu belehren u. zu bevormunden:* sie ist eine richtige G.; ich bin alt genug und brauche keine G. *(Aufpasserin)* mehr.

gou|ver|nan|ten|haft ⟨Adj.⟩: *in der Art einer Gouvernante* (b); *wie eine Gouvernante* (b) *handelnd, geartet:* ein -er Zug in ihrem Wesen; Immer wieder mahnte sie, nahm den Zwillingen Messer und Gabel aus der Hand, kam sich lächerlich, g. vor (Härtling, Frau 223).

Gou|ver|nan|ten|kleid, das (veraltet): *meist schwarzes, hochgeschlossenes Kleid (wie es von Gouvernanten* a *getragen wurde):* Rolande stand an der Bar, kühl beobachtend, in ihrem schwarzen G. (Remarque, Triomphe 379).

Gou|ver|ne|ment [guvɛrnə'mã:], das; -s, -s [frz. gouvernement]: **a)** *Regierung, Verwaltung durch einen Gouverneur;* **b)** *Verwaltungsbezirk einer militärischen od. zivilen Behörde.*

gou|ver|ne|men|tal ⟨Adj.⟩ (schweiz., sonst veraltet): *regierungsfreundlich; Regierungs...:* eine -e Vorlage; Entgegen früheren -en Versprechungen wird ... keine »Lohnverbesserungskorrektur« stattfinden (NZZ 25. 12. 83, 13); Sie sind Filmkritiker bei einem angesehenen und -en Blatt (Muschg, Sommer 106); g. *(für die Vorlage der Regierung)* stimmen.

Gou|ver|neur [guvɛr'nø:ɐ̯], der; -s, -e [frz. gouverneur < lat. gubernator = Steuermann (eines Schiffes); Lenker, Leiter, zu: gubernare = das Steuerruder führen; lenken, leiten < griech. kybernān]: **a)** *höchster Exekutivbeamter eines größeren Verwaltungsbezirks, einer Provinz:* Der G. hat das Begnadigungsrecht und kann bei Notstand den Befehl über die Polizei selbst übernehmen (Dönhoff, Ära 81); hatte er einen Erlaubnisschein des -s von Kreta (Ceram, Götter 74); **b)** *höchster Exekutivbeamter einer Kolonie:* Nach den Worten des letzten britischen -s ... »ist es die Absicht der Regierung, den Krater zum Vorteil der Menschen zu entwickeln ...« (Grzimek, Serengeti 341); **c)** *oberster Befehlshaber einer Festung, Garnison od. eines Standorts:* das Volk von Maui ... marschierte mit ... Gebrüll um das Fort herum. Als der Herr G. besorgt aus seinem Befehlsgebäude schaute (Reinig, Schiffe 18); **d)** *höchster Exekutivbeamter eines Bundesstaates in den USA.*

GPS [ge:pe:'|ɛs], das; - [Abk. von **G**lobal **P**ositioning **S**ystem (= weltumspannendes Ortungssystem)]: *auf Signalen von Satelliten beruhendes, weltweit funktionierendes Hilfsmittel zur exakten Navigation od. Ortsbestimmung.*

GPU [ge:pe:'|u:], die; - [Abk. von russ. **G**osudarstvennoe **P**olitičeskoe **U**pravlenije = staatliche politische Verwaltung]: *sowjetische staatliche Geheimpolizei* (unter diesem Namen bis 1934).

GPU-Kel|ler, der; -s, -: *im Keller gelegene Haft- u. Vernehmungsräume der GPU:* An fünftausend Mann hatten in der Ruine des »Volkskommissariats für innere Angelegenheiten« (in den so genannten -n) Zuflucht gefunden (Plievier, Stalingrad 237).

G-Punkt ['ge'...], der; -[e]s, -e [nach dem dt. Gynäkologen Ernst Graefenberg, geb. 1881] (Med., Sexualk.): *hinter dem Eingang der Vagina gelegene, äußerst druckempfindliche erogene Stelle; Graefenbergpunkt:* Um ihre Lust zu steigern, sollte man besonders dem G. viel Aufmerksamkeit schenken (Coupé 4, 1991, 79).

Gr. = Greenwich; [2]Gros.

Gr.-2° = Großfolio.

Gr.-4° = Großquart.

Gr.-8° = Großoktav.

Graaf|fol|li|kel, der; -s, - [nach dem niederl. Anatomen R. de Graaf (1641-1673)] (Biol., Med.): *das reife Ei enthaltendes Bläschen im Eierstock.*

Grab, das; -[e]s, Gräber [mhd. grap, ahd. grab, urspr. = in die Erde gegrabene Vertiefung, zu ↑graben]: **a)** *für die Beerdigung eines Toten ausgehobene Grube:* ein offenes, leeres G.; ein G. ausschachten, zuschaufeln; Der Wachtmeister Asch schaufelte mit dem Obergefreiten ... ein großes G. (Kirst, 08/15, 631); an jmds. G. stehen; an jmds. offenes G. treten; im -e ruhen; jmdn. ins G. legen (geh.; *beerdigen*); R jmd. würde sich im Grab[e] herumdrehen (ugs.; *wäre entsetzt, sehr ärgerlich, sehr bekümmert*); Die Männer der ersten Stunde, die diese Demokratie aus der Taufe gehoben haben, würden sich im -e umdrehen (Spiegel 52, 1982, 10); Ü das G. seiner Träume; * **verschwiegen wie ein/das G. sein** (ugs.; *sehr verschwiegen, diskret sein*); **ein feuchtes/nasses G. finden; sein G. in den Wellen finden** (geh.; *ertrinken*); **ein frühes G. finden** (geh.; *früh sterben*); **sich** ⟨Dativ⟩ **selbst sein G. schaufeln/graben** *(selbst seinen Untergang herbeiführen);* **mit einem Fuß/Bein im -e,** (geh.:) **am Rande des -es [stehen]** *(dem Tod sehr nahe [sein]):* Ich stehe mit einem Fuße im -e, mir bleibt nur eine kurze Frist (Th. Mann, Buddenbrooks 514); Nur eine am Rande des -es Stehende erklärt ausdrücklich, sie habe diese Angst nicht (Mostar, Unschuldig 166); **jmdn. an den Rand des -es bringen** (geh.; *beinahe jmds. Tod verursachen*); **jmdn. ins G. bringen** (1. *an jmds. Tod schuld sein:* Meine Freunde werden mich noch einmal frühzeitig ins G. bringen [Kirst, Aufruhr 125]. 2. *jmdn. zur Verzweiflung bringen, völlig entnerven*); **ins G. sinken** (geh.; *sterben*); **jmdm. ins G. folgen** (geh.; *[kurz] nach jmdm. sterben*); **etw. mit ins G. nehmen** (geh.; *ein Geheimnis niemals preisgeben*): ... hätte der Tote ... sein Resümee über uns ... gezogen und die Bilanz unwiderruflich mit ins G. genommen (Gregor-Dellin, Traumbuch 160); **jmdn. zu -e tragen** (geh.; *jmdn. beerdigen*): Er trug einen Bruder zu -e (Loest, Nikolaikirche 310); **etw. zu -e tragen** (geh.; *etw., bes. einen Wunsch, eine Hoffnung, endgültig aufgeben*): seine Wünsche, Hoffnungen zu -e tragen; Bevor ein großes Sozialwerk zu -e getragen werde, sei das Gesundheitswesen neu zu strukturieren (Basler Zeitung 12. 5. 84, 31); **b)** *oft durch einen kleinen [geschmückten] Erdhügel [mit einem Kreuz, mit Grabstein od. -platte] kenntlich gemachte Stelle, wo ein Toter beerdigt ist:* ein eingefallenes G.; das G. der Eltern, der Mutter; Gräber ägyptischer Könige; ein G. bepflanzen, pflegen, einebnen, besuchen; Gräber schänden; ein G. öffnen; Auf der Schleife des Kranzes, mit der das frische G. ... geschmückt war, war zu lesen: ... (Reich-Ranicki, Th. Mann 152); durfte ich Maiglöckchen aufs G. legen (Maron, Überläuferin 17); Blumen auf jmds. G. legen; im G. liegen (fam.; *gestorben sein*); Ü die Schlucht war ein G. von Panzern, Sturm- und Flakgeschützen (Plievier, Stalingrad 347); die letzten Salutschüsse über dem -e der alten Zeit (Bergengruen, Rittmeisterin 80); * **das Heilige G.** *(Grab Jesu Christi; oft als plastische*

Darstellung im Kircheninnern): Konnten schon die römischen Cäsaren nicht Weltkaiser sein, ohne den Fuß ins Morgenland gesetzt zu haben, so konnte es der christliche Cäsar ohne den Besitz des Heiligen -es noch weniger (Stern, Mann 29); **das G. des Unbekannten Soldaten** (Name von Gedenkstätten für gefallene Soldaten); **bis ins/ans G.; bis über das G. hinaus** (geh.; *bis in den Tod; über den Tod hinaus; für immer; für alle Zeit*): Ich sage und predige es bis an mein G. (Kronauer, Bogenschütze 8); Dieser Mensch bringt es ... fertig, einem bis über das G. hinaus Unannehmlichkeiten zu bereiten (Seghers, Transit 24).

Grab|bei|ga|be, die (Archäol.): *einem Toten ins Grab mitgegebener Gegenstand:* eine G. aus der Bronzezeit.

Grab|be|lei, die; -, -en (bes. nordd. abwertend): *[dauerndes] Grabbeln.*

Grab|bel|kis|te, die: vgl. Grabbeltisch: Bücher, die nicht mehr ... zum gebundenen Ladenpreis verkauft werden können, gehen ... in die »Grabbelkisten« (Saarbr. Zeitung 27. 12. 79, 4).

grab|beln ⟨sw. V.; hat⟩ [aus dem Niederd., Iterativbildung zu: grabben = raffen, schnell an sich reißen] (bes. nordd.): **a)** *mit den Fingern [herum]tasten:* in der Aktentasche [nach etw.] g.; Er ... grabbelte unter den Schrank und zog tatsächlich eine Flasche hervor (Kempowski, Uns 266); **b)** *tastend, mit den Fingern herumwühlend [in die Hand] nehmen:* Kleingeld aus der Tasche g.

Grab|bel|sack, der; -[e]s, ...säcke (ugs.): *Sack [des Nikolaus] mit kleinen Geschenkpäckchen, aus dem man sich, ohne hineinzuschauen, eines nimmt.*

Grab|bel|tisch, der; -[e]s, -e (ugs.): *Verkaufstisch, auf dem eine ungeordnete Menge preisgünstiger Waren, meist Textilien, zum Verkauf angeboten wird:* Maxiware zu Minipreisen gibts nur am G. (Hörzu 38, 1976, 107).

Grab|ben ⟨Pl.⟩ [niederd. meist: Grappen, zu: grappen = greifen, fassen; also eigtl. = (aufgegriffener) Einfall, meist lustiger od. abwegiger Art] (nordd.): *närrische Einfälle, Schrullen, Grillen, dumme Gedanken:* manche Kollegen haben G. im Kopf, Flausen (Kant, Impressum 373).

Grab|be|pflan|zung, die: *Bepflanzung* (2) *eines Grabes* (b).

Gräb|chen, das; -s, -: ↑Grab.

Grab|denk|mal, das: *größerer, künstlerisch ausgestalteter Grabstein.*

Gra|be|ga|bel, die: *Grabgabel.*

Grab|ein|fas|sung, die: *Umrandung eines Grabes* (b): eine G. aus Stein.

Gra|be|land, das ⟨o. Pl.⟩: *vorübergehend kleingärtnerisch genutztes Brachland od. zukünftiges Bauland.*

Gra|be|ma|schi|ne, die (veraltet): *Bagger.*

gra|ben ⟨st. V.; hat⟩ [mhd. graben, ahd. graban]: **1. a)** *mit dem Spaten o. Ä. Erde umwenden, ausheben:* im Garten g.; er grub so lange, bis er auf Fels stieß; einen Meter tief g.; **b)** *durch Graben* (a) *schaffen, herstellen, anlegen:* ein Loch, ein Grab g.; einen Brunnen, Stollen [in die Erde] g.; Farhad soll durch den Berg einen Tunnel g. (Jahnn, Geschichten 54); auf beiden Seiten der Straße gruben sie Löcher in den Gehweg (Bieler, Bonifaz 9); sich einen Weg durch den Schnee g.; der Maulwurf hat sich einen Bau gegraben; Im Schnee graben sie sich eine Höhle (Trenker, Helden 246); Ü der Fluss hat sich ein neues Bett gegraben; das Alter hat tiefe Furchen in sein Gesicht gegraben. **2. a)** *grabend nach etw. suchen, durch Graben* (1) *aus der Erde zu fördern suchen:* nach Kohle, Erz, Gold g.; Als Knabe stromerte er zu allen Hünengräbern ... und verführte die Kameraden, mit ihm nach alten Urnen zu g. (Ceram, Götter 27); Ü Da müssen wir tief in den Archiven g., um ein Lebenszeichen des konservativen Nachwuchses zu entdecken (natur 8, 1994, 22); **b)** *durch Graben* (1) *aus der Erde gewinnen:* Torf g.; Ü seine Hände gruben mancherlei Gegenstände aus der Schublade (ugs., scherzh.; *holten sie suchend, wühlend heraus, kramten sie hervor*). **3.** (geh.) *durch Ritzen, Kratzen, Meißeln o. Ä. eingraben:* eine Inschrift [mit dem Meißel] in einen Gedenkstein g.; eine Inschrift in Kupfer g. *(gravieren);* Ü die Katastrophe hat mir diesen Namen für immer ins Gedächtnis gegraben *(eingeprägt).* **4.** (geh.) **a)** *wie grabend in etw. eindringen lassen; etw. in etw. bohren:* sie grub ihre Zähne in den Apfel; Er grub seine Fingernägel in die Handflächen (Sebastian, Krankenhaus 57); **b)** ⟨g. + sich⟩ *bohrend in etw. eindringen, sich in etw. bohren, wühlen, [hin]eingraben:* ihre Fingernägel gruben sich in seinen Arm; die Schaufeln des Baggers gruben sich ins Erdreich; Ü etw. gräbt sich in jmds. Gedächtnis *(prägt sich jmdm. ein);* Falten graben sich in jmds. Stirn (geh.; *entstehen auf jmds. Stirn, bilden Vertiefungen darauf*).

Gra|ben, der; -s, Gräben ['grɛ:bn̩; mhd. grabe, ahd. grabo, zu ↑graben]: **1.** *[für einen bestimmten Zweck ausgehobene] längere, schmale Vertiefung im Erdreich:* einen G. ausheben; Gräben [zur Bewässerung] anlegen; als das Haus gebaut wurde, hätte der G. gezogen werden müssen (Jägersberg, Leute 29); seinen Wagen in den G. *(Straßengraben)* fahren; in einen G. fallen, stürzen; über einen G. springen; einen G. nehmen (bes. Sport; *beim Laufen, Reiten überqueren*); Ü die Gräben zwischen den streitenden Parteien haben sich vertieft; Natürlich gäbe es ... Meinungsverschiedenheiten, aber die Gräben verliefen nicht zwischen den einzelnen Mitgliedern mit ihren verschiedenen ... Standpunkten, sondern ... zwischen den Kräften, die den sozialen Fortschritt wollen, und den Kräften, die ihre Privilegien verteidigen (Saarbr. Zeitung 7. 7. 80, 12); In München tut sich zwischen den Lokalrivalen TSV 1860 und FC Bayern sogar ein politischer G. auf (Woche 7. 11. 97, 25); ***Gräben aufreißen** *(Feindschaften provozieren):* Wer Gräben aufreißt, schadet der Demokratie mehr als der Terrorismus selbst (Gregor-Dellin, Traumbuch 111). **2. a)** *Schützengraben:* einen G. verteidigen, einnehmen, aufrollen; der Panzer kurvte durch den G. (Plievier, Stalingrad 327); im [vordersten] G. liegen; Im Osten lag er jetzt (= als Soldat), berichtete von einer Verbrüderung zu Weihnachten mit dem gegenüberliegenden russischen G. (Kühn, Zeit 248); **b)** *Festungsgraben.* **3.** (Geol.) *eingesunkenes, lang gestrecktes Stück der Erdkruste.* **4.** *Orchestergraben:* Brückner reiste mit dem Cello nach China ... die Tätigkeit »im Graben« behagte ihm nicht, er war das Konzertpodium gewohnt (MM 17./18. 11. 84, 27).

Gra|ben|bag|ger, der: *Bagger zum Ausheben von Gräben.*

Gra|ben|bord, das (schweiz.): *Grabenböschung.*

Gra|ben|bö|schung, die: *Böschung eines Grabens* (1).

Gra|ben|bruch, der (Geol.): *Bruch* (6) *in Form eines Grabens* (3).

Gra|ben|kampf, der (Milit.): *Kampf im Schützengraben:* Mein Vater ... ging durch die Reihen der Gräber, in denen die Gefallenen der Grabenkämpfe zwischen dem 10. und dem 24. August 1917 lagen (Harig, Ordnung 155); Ü G. zwischen Modernisten und Traditionalisten (Spiegel 47, 1995, 12); Benjamin beschreibt das gut, diesen G. Brechts gegen Hitler (Heiner Müller, Krieg 227); Die Diskussion um die »neue Mütterlichkeit« führte zu Grabenkämpfen innerhalb der Frauenbewegung (Frings, Fleisch 45).

Gra|ben|kämp|fer, der: *jmd., der im Grabenkampf steht:* Ü die ideologischen G. der Jungsozialisten (Spiegel 51, 1983, 59).

Gra|ben|kämp|fe|rin, die: w. Form zu ↑Grabenkämpfer.

Gra|ben|krieg, der: vgl. Grabenkampf: Der Kompanieführer Röhm hatte im G. der Westfront erlebt, dass die alten ... Kommissformeln der Wirklichkeit des modernen Krieges nicht mehr gerecht wurden (Spiegel 24, 1984, 131); Ü Bergman weiß viel über ... die -e zwischen Mann und Frau (Spiegel 19, 1981, 260).

Gra|ben|rand, der: *Rand eines Grabens.*

Gra|ben|sen|ke, die (Geol.): *Graben* (3).

Gra|ben|soh|le, die: *Boden* (3) *eines Grabens.*

Gra|ben|sprung, der (Leichtathletik): *Sprung über den Wassergraben beim Hindernisrennen.*

Gra|ben|wand, die: vgl. Grabenböschung: ... erzählt der Soldat, wie er ... an einem völlig stillen Tag an der G. gelehnt und Pfeife geraucht habe (Zeller, Amen 19).

[1]**Grä|ber:** Pl. von ↑Grab.

[2]**Grä|ber,** der; -s, - (selten): *Grabstichel.*

Grä|ber|feld, das: *Feld* (1) *mit vielen Gräbern:* dass Rom auch ein einziges G. sei und in keiner anderen Stadt die Präsenz des Todes so ins Bewusstsein trete wie hier (Fest, Im Gegenlicht 377).

Grä|ber|fund, der ⟨meist Pl.⟩: *in einem alten Grab gefundener Gegenstand.*

Grä|ber|stra|ße, die: *von Gräbern gesäumte Straße.*

Gra|bes|dun|kel, das (geh.): *tiefes Dunkel [wie in einem Grab].*

gra|bes|kalt ⟨Adj.⟩ (geh.): *feuchtkalt [u.*

einen leichten Schauder verursachend]: g. war es in der dunklen Zelle (Apitz, Wölfe 250).

Gra|bes|käl|te, die (geh.): *[einen leichten Schauder auslösende] Kälte (wie in einem Grab):* in dem Kirchenraum herrschte G.

Gra|bes|kir|che, die: *Grabkirche:* Modelle der G. veranschaulichen ... den Architekturstil (Chic 9, 1984, 42).

Gra|bes|luft, die ⟨o. Pl.⟩ (geh.): *feuchtkalte, moderige Luft (wie in einem Grab).*

Gra|bes|nacht, die ⟨o. Pl.⟩ (dichter.): vgl. Grabesdunkel.

Gra|bes|rand, der: in der Wendung **am G.** (geh.; *dem Tod sehr nahe*).

Gra|bes|ru|he, die: *tiefe [ewige] Ruhe (wie im Grab).*

Gra|bes|stil|le, die: *tiefe Stille (wie im Grab).*

Gra|bes|stim|me, die ⟨o. Pl.⟩ (ugs.): *ernste, tiefe, wie von weit her kommende Stimme:* mit G. sprechen.

Gra|be|tier: ↑Grabtier.

Grab|fund, der: *Gräberfund.*

Grab|ga|bel, die: *vierzinkige Gabel zum Umgraben des Bodens.*

Grab|ge|läu|te, das: *Glockengeläute beim Begräbnis.*

Grab|ge|leit, das (geh.): *Geleit zu jmds. Beerdigung:* jmdm. das G. geben; das G. bilden.

Grab|ge|sang, der: *Gesang bei der Bestattung, Totenlied:* Ü diese Ereignisse waren der G. *(der Beginn des Untergangs)* der Demokratie.

Grab|ge|wöl|be, das: *als Begräbnisstätte dienendes Gewölbe* (2).

Grab|hü|gel, der: *Grab* (b).

Grab|in|schrift, die: *Inschrift auf einem Grabstein.*

Grab|kam|mer, die: vgl. Grabgewölbe.

Grab|ka|pel|le, die: *Kapelle für Begräbnisfeierlichkeiten.*

Grab|kir|che, die: vgl. Grablege: Die Kirche ... ist gleichzeitig G. des Hauses Habsburg und Zentrum des Reliquien- und Heiligenkultes (Bild. Kunst III, 28).

Grab|kreuz, das: *größeres, künstlerisch gestaltetes Kreuz für ein Grab (statt eines Grabsteins).*

Grab|land: ↑Grabeland.

Grab|le|ge, die; -, -n: *für mehrere Gräber bzw. Grabmäler einer königlichen, fürstlichen od. adligen Familie bestimmte Anlage (insbesondere im Chor einer Kirche):* Lorsch wurde die zentrale G. des Herrscherhauses (MM 23. 6. 72,9); Leider fanden sich keine Beigaben, sodass nicht klar ist, ob es sich um gleichzeitige oder spätere -n handelt (Archäologie 2, 1997, 49).

Grab|le|gung, die; -, -en: **1.** (geh. selten) *Begräbnis:* Mein Alltag ist beschwert von der Erinnerung an Totengesichter, von Vorbereitungen zu einer G. (Genet [Übers.], Totenfest 66). **2.** (Kunstwiss.) *Darstellung des Begräbnisses Christi in der Kunst.*

Grab|licht, das ⟨Pl. -er⟩: *auf Gräbern brennende Kerze od. brennendes Öllämpchen.*

Grab|lied, das: vgl. Grabgesang.

Grab|mal, das ⟨Pl. ...mäler, geh.: -e⟩: *Bauwerk, Monument od. größerer Gedenkstein als Erinnerungs- u. Gedenkzeichen für einen Toten, für eine Tote (mit einer Grabstätte verbunden od. selbst als Grabstätte dienend):* ***das G. des Unbekannten Soldaten** (vgl. Grab b).

Grab|mei|ßel, der: *Meißel zum Gravieren.*

Grab|mo|nu|ment, das: vgl. Grabmal.

Grab|ni|sche, die: *Nische (z. B. in einem Grabgewölbe) für die Beisetzung eines Toten.*

Grab|pfle|ge, die: *Pflege* (1 b) *eines Grabes.*

Grab|plat|te, die: **1.** *liegender Grabstein bes. in Form einer das Grab abschließenden großen Platte.* **2.** *an einer Außen- od. Innenwand der Kirche angebrachte od. darin eingelassene Gedenktafel für einen Toten* (im Format einer Grabplatte 1).

Grab|pre|digt, die: vgl. Grabrede.

Grab|re|de, die: *Rede bei der Beerdigung.*

Grab|schän|der, der: *jmd., der Grabschändung begeht.*

Grab|schän|de|rin, die: w. Form zu ↑Grabschänder.

grab|schän|de|risch ⟨Adj.⟩: *in der Weise eines Grabschänders; die Grabschändung betreffend.*

Grab|schän|dung, die: *Beschädigung, Verwüstung od. Beraubung eines Grabes.*

Grab|schau|fel, die: *kleine Schaufel zum Graben in der Erde.*

Grab|scheit, das (landsch.): *Spaten.*

grab|schen: ↑grapschen.

Grab|scher: ↑Grapscher.

Grab|schmuck, der: *aus Blumen, Pflanzen o. Ä. bestehender Schmuck auf einem Grab.*

Grab|schrift, die: *Grabinschrift.*

Grab|spruch, der: *Spruch auf einem Grabstein, Grabdenkmal o. Ä.*

gräbst: ↑graben.

Grab|stät|te, die: *Grab:* eine ehrwürdige G.; Die G. des barmherzigen Mystikers ... ist das wichtigste islamische Pilgerziel in Indien (a & r 2, 1997, 36).

Grab|stein, der: *Gedenkstein auf dem Grab:* jmdm. einen G. setzen; auf dem Friedhof sah man etliche frisch gesetzte -e.

Grab|ste|le, die: vgl. Stele.

Grab|stel|le, die: *Stelle für ein Grab:* eine G. kaufen.

Grab|sti|chel, der: *bes. beim Kupfer-, Stahl-, Holzstich gebrauchtes Werkzeug zum Gravieren u. Ziselieren.*

Grab|stock, der: *zugespitzter Stock zum Auflockern od. Umgraben des Bodens* (Vorform des Spatens).

gräbt: ↑graben.

◆ **Gräbt,** die; -, -e [mhd. (be)greb(e)de = Begräbnis(stätte)] (schweiz.): *Begräbnis mit kirchlicher Feier u. Leichenschmaus:* Damals säumte man sich nicht lange an der G. (Gotthelf, Spinne 117).

Grab|tier, Grabetier, das (Zool.): *Tier mit Gliedmaßen, die als Grabwerkzeuge ausgebildet sind.*

Grab|tuch, das ⟨Pl. ...tücher⟩: *Leichentuch.*

Gra|bung, die; -, -en (bes. Archäol.): *das Graben:* archäologische -en.

Gra|bungs|fund, der: *bei einer Grabung gemachter Fund.*

Gra|bungs|kam|pa|gne, die: *Kampagne* (3).

Grab|ur|ne, die: *Urne, die mit der Asche eines Toten beigesetzt wird.*

Grab|va|se, die: *Vase, die in das Erdreich des Grabes gesteckt werden kann.*

Grab|werk|zeug, das ⟨meist Pl.⟩ (Zool.): *Gliedmaße von Grabtieren.*

Grab|wes|pe, die: *Wespe, die für ihre Brut Nester in die Erde od. in morsches Holz gräbt.*

Grac|che ['graxə], der; -n, -n ⟨meist Pl.⟩: Angehöriger eines altrömischen Geschlechts.

Gracht, die; -, -en [niederl. gracht, eigtl. = Graben, identisch mit ↑Graft (niederl.-niederd. -cht- entspricht hochd. -ft-, vgl. Schacht)]: *schiffbarer Kanal in niederländischen Städten:* die -en von Amsterdam.

Gra|ci|o|so [gra'si̯o:zo], der; -s, -s [span. gracioso, Substantivierung von: gracioso = drollig, witzig, auch: lieblich < lat. gratiosus = lieblich] (Literaturw.): *komische Person (meist der lustige, seinen Herrn parodierende Bediente) im spanischen Barockschauspiel.*

grad (ugs.): ↑²gerade.

Grad, der; -[e]s, -e ⟨aber: 30 Grad⟩ [lat. gradus, eigtl. = Schritt, zu: gradi = (einher)schreiten]: **1. a)** *[messbare] Stufe, Abstufung des mehr od. weniger starken Vorhandenseins einer Eigenschaft, eines Zustandes; Stärke, Maß:* ein hoher, geringer G.; der G. der Feuchtigkeit, Helligkeit, Härte, Reife; ein hoher G. der Intelligenz, der Kultur; den höchsten G. der, an Reinheit erreichen; einen hohen G. von Verschmutzung, Verwahrlosung aufweisen; diese Annahme hat einen hohen G. der, an Wahrscheinlichkeit; Manche blieben stehen, küssten sich ... und bekundeten auf diese Weise den G. ihrer Zusammengehörigkeit (Ossowski, Liebe ist 160); (Chemie:) den G. der Konzentration einer Flüssigkeit feststellen; (Med.:) Verbrennungen ersten, vierten -es; ein Verwandter zweiten, dritten -es; Vater und Sohn sind Verwandte ersten -es; miteinander im dritten G. verwandt sein; bis zu einem gewissen -e *(in gewissem Maße)* übereinstimmen; das missfällt mir in hohem, in höchstem, im höchsten -e *(außerordentlich);* Er, dessen Sohn Klaus in hohem -e *(in hohem Maß)* drogenabhängig war (Reich-Ranicki, Th. Mann 75); sich in gewissem, nur in geringem -e *(Maße)* an etw. beteiligen; diese Farbe ist [um] einen G. *(Ton),* um einige -e dunkler; (geh.:) ein Künstler von hohen -en; Hallstatt ... ist ein kulturelles Zentrum von hohen -en (Caravan 1, 1980, 23); diese Schrift ist um einen G. (Druckw.; *Schriftgrad*) größer als jene; **b)** *Rang:* einen akademischen G., den akademischen G. eines Doktors der Philosophie erwerben; Der hat die Polizei bestochen, von den niedrigsten bis zu den höchsten -en (Hilsenrath, Nacht 243); ein Offizier im G. eines Obersten; **c)** (Math.) *die höchste Potenz, in der eine Unbestimmte*

(Variable od. Unbekannte) [in einer Gleichung] auftritt: eine Gleichung zweiten, dritten -es. **2.** ⟨häufiger: das⟩ *Maßeinheit einer gleichmäßig eingeteilten Skala für das mehr od. weniger starke Vorhandensein bestimmter Eigenschaften* (z. B. Wärme [der Luft]), *bes. Einheit für die Temperaturmessung:* 20 G. Celsius (20 °C, fachspr.: 20 °C); 80 G. Fahrenheit; es waren 35 G. [Celsius] im Schatten; draußen herrschten 25 G. Wärme, Kälte; gestern war es [um] einige G., -e kälter; 40 G. Fieber haben; das Thermometer zeigt minus 5 G./5 G. minus/5 G. unter null; etw. auf 80 G. erhitzen; das Thermometer stieg auf 30 G., steht auf, bei 30 G.; Wasser kocht bei 100 G.; Mit jedem G., um den die Temperatur der Luft über den Einöden ... stieg (Ransmayr, Welt 161); dass sich die Erde ... um ein halbes G. erwärmt habe (MM 25. 2. 91, 14); jedes G. ... kostet etwa sieben Prozent mehr Energie (Hörzu 39, 1987, 127); Zeichen: °. **3.** (Zeichen: °; vgl. Minute, Sekunde) **a)** *Maßeinheit für ebene Winkel (neunzigster Teil eines rechten Winkels):* der Winkel hat genau 30 G. (30°); ein Winkel von 32 G.; um 10 G. [mehr als etw. anderes] geneigt sein; sich um 180 G. drehen *(eine halbe Drehung machen);* ***sich um hundertachtzig G. drehen** *(zum entgegengesetzten Standpunkt übergehen);* **b)** (Geogr., auch Astron.) *Breiten- od. Längengrad:* der Ort liegt auf dem 51. G. nördlicher/südlicher Breite, auf dem 15. G. westlicher/östlicher Länge; der Ort liegt unter 51 G. (51°) nördlicher Breite und 15 G. (15°) westlicher Länge.

grad. = graduiert.

Grad|ab|tei|lung, die (bes. Geogr.): *von je zwei benachbarten Längen- u. Breitenkreisen eingeschlossenes Flächenstück.*

gra|da|tim ⟨Adv.⟩ [lat. gradatim, zu: gradus, ↑Grad] (veraltet): *schritt-, stufenweise; nach u. nach.*

Gra|da|ti|on, die; -, -en [lat. gradatio = Errichtung von Stufen]: **1.** (Fachspr.) *Abstufung* (z. B. der Helligkeitswerte einer Fotografie, eines Fernsehbildes): Damit komme ich mit Vergrößerungspapier der G. »Normal« zu ausgezeichneten Resultaten (Foto-Magazin 8, 1967, 44). **2.** (Rhet.) *Aneinanderreihung steigernder od. abschwächender Ausdrucksmittel:* Ü Eine G. der Leidenschaften (Deschner, Talente 147).

grad|aus usw.: geradaus usw.

Grad|bo|gen, der: **1.** *Messgerät zur Bestimmung von Höhen- u. Neigungswinkeln.* **2.** *Einstellskala für Höhen- bzw. Seitenrichtung bei Geschützen.*

gra|de, Gra|de: ↑¹,²gerade, Gerade.

Grad|ein|heit, die: *in Grad (2) ausgedrückte Maßeinheit.*

Grad|ein|tei|lung, die: *Einteilung in Grade* (2, 3).

Gra|del, Gradl, der; -s, - [H. u.] (südd., österr.): **1.** *bes. für Arbeitskleidung, Säcke o. Ä. verwendetes festes Gewebe aus Leinen u. Wolle mit eingewebtem [Fischgrät]muster.* **2.** *Kies, grober Sand.*

gra|den|wegs, gra|des|wegs, gra|de|wegs: ↑geradenwegs usw.

Grad|feld, das (bes. Geogr.): *Gradabteilung.*

Grad|gold, das (schweiz., oft scherzh.): *Rangabzeichen [der Offiziere].*

Grad|heit: ↑Geradheit: Deutsche Soldaten sollten doch ein Muster an G. und Anständigkeit sein (Kempowski, Zeit 373).

Gra|di|ent, der; -en, -en [zu lat. gradiens (Gen.: gradientis), 1. Part. von: gradi, ↑Grad] (Fachspr.): *Gefälle od. Anstieg einer Größe auf einer bestimmten Strecke.*

Gra|di|en|te, die; -, -n (Fachspr.): *von Gradienten gebildete Neigungslinie.*

Gra|di|ent|wind, der (Met.): *Wind der freien Atmosphäre, der eigentlich in Richtung des Luftdruckgradienten weht, jedoch infolge der Corioliskraft nahezu parallel zu den Isobaren verläuft.*

Gra|dier|ei|sen, das: *gezähnter Meißel des Bildhauers.*

gra|die|ren ⟨sw. V.; hat⟩ [mit französierender Endung zu ↑Grad]: **1. a)** (bildungsspr.) *verstärken, auf einen höheren Grad bringen;* **b)** *(bes. Salzsolen in Gradierwerken) allmählich konzentrieren.* **2.** *gradweise abstufen.* **3.** (Fachspr.) *in Grade* (bes. 2, 3) *einteilen.*

Gra|dier|haus, das: *Gradierwerk.*

Gra|die|rung, die; -en: *das Gradieren.*

Gra|dier|waa|ge, die: *Aräometer zur Bestimmung des Salzgehaltes einer Sole.*

Gra|dier|werk, das: *hohes, mit Reisig belegtes Holzgerüst, über das Sole herabrieselt, die durch erhöhte Verdunstung konzentriert wird* (früher zur Salzgewinnung, heute noch in Kurorten zur Erzeugung salzhaltiger u. heilkräftiger Luft).

-gra|dig, (österr. u. schweiz. in Maßangaben:) **-grä|dig:** in Zusb., z. B. dreigradig (mit Ziffer: 3-gradig), (österr., schweiz.:) dreigrädig (3-grädig): *von drei Grad* (bes. 3 a).

Grä|dig|keit, die; -, -en (Chemie): *Konzentrationsgrad.*

Grad|kreis, der (Math.): *Kreis mit Gradeinteilung.*

Gradl: ↑Gradel.

grad|li|nig: ↑geradlinig.

Grad|li|nig|keit: ↑Geradlinigkeit.

grad|mä|ßig ⟨Adj.⟩: *den Grad* (1 a) *betreffend:* g. verschieden; ⟨auch attr.:⟩ eine -e Veränderung.

Grad|mes|ser, der: *Maßstab für den Grad* (1 a) *von etw.:* der Preis ist kein G. für die Qualität; Wer soll denn der G. deiner Veränderung sein, wenn es deine bisherige Umwelt nicht ist? (Schnurre, Ich 48).

Grad|mes|sung, die: **1.** (Technik) *Winkelmessung.* **2.** (Vermessungsw.) *Bogenmessung (insbesondere bei Längen- u. Breitenkreisen).*

Grad|netz, das (bes. Geogr.): *Netz der Längen- u. Breitenkreise.*

Grad|ska|la, die: *in Grade* (2) *eingeteilte Skala:* Ü »Was für eine Art Groll?«, erkundigte sich der Rabbi ... »Bei Groll gibt es, genau wie bei anderen Dingen, eine ganze G.« (Kemelman [Übers.], Mittwoch 196).

Grad|stock, der (Seew. früher): *Jakobsstab.*

Grad|strich, der: *Markierungsstrich bei der Gradeinteilung.*

gra|du|al ⟨Adj.⟩ [mlat. gradualis, zu lat. gradus, ↑Grad] (bildungsspr.): *den Grad, Rang betreffend.*

Gra|du|a|le, das; -s, ...lien [mlat. graduale = Stufengebet, da dies meist auf den Stufen des Altars od. Lesepults vorgetragen wurde] (kath. Kirche): **1.** *kurzer liturgischer Messgesang nach der Epistel:* zwischen der Epistellesung und dem G., ... während der Lesung aus dem Tagesevangelium, fand ich Zeit, seinen Anblick zu überprüfen (Grass, Katz 114). **2.** *liturgisches Buch mit den Gesängen der ¹Messe* (1).

Gra|du|al|lied, das (Rel.): *(im evangelischen Gottesdienst) anbetendes u. lobpreisendes Gemeindelied zwischen den Schriftlesungen.*

Gra|du|al|psalm, der (kath. Kirche): vgl. Graduale (1).

Gra|du|al|sys|tem, das (Rechtsspr.): *Erbfolge nach dem Grad der Verwandtschaft zum Erblasser durch Eintritt der übrigen Erben der gleichen Ordnung in die Erbfolge eines ausfallenden Erben;* vgl. Parentelsystem.

Gra|du|a|ti|on, die; -, -en [frz. graduation, zu: grade, ↑Grad] (Fachspr.): *Gradeinteilung auf Messgeräten o. Ä.*

gra|du|ell ⟨Adj.⟩ [frz. graduel]: **1.** *dem Grad* (1 a) *nach:* ein -er Unterschied; -e Veränderungen, Verbesserungen; etw. unterscheidet sich nur g. **2.** *in Graden* (1 a), *gradweise:* -er Übergang.

gra|du|ie|ren ⟨sw. V.; hat⟩ [wohl unter Einfluss von frz. graduer < mlat. graduare]: **1.** (Hochschulw.) **a)** *einen akademischen Grad, Titel verleihen:* jmdn. [zum Ingenieur] g.; **b)** (selten) *einen akademischen Grad, Titel erwerben:* in einem Fach g. **2.** (Fachspr.) **a)** *gradweise abstufen;* **b)** *mit Gradeinteilung versehen.*

gra|du|iert ⟨Adj.⟩: **1.** *einen akademischen Grad, Titel besitzend.* **2.** *das Abschlusszeugnis einer Fachhochschule besitzend;* Abk.: grad., z. B. Ingenieur (grad.): der -e Ingenieur ist für viele Firmen interessanter als ein theoretisch hoch qualifizierter Diplomingenieur (Spiegel 8, 1977, 76).

Gra|du|ier|te, der u. die; -n, -n ⟨Dekl. ↑Abgeordnete⟩: *jmd., der graduiert ist.*

Gra|du|ier|ten|kol|leg, das: *Programm für ausgewählte Doktoranden, das mit einem Stipendium u. besonderer Förderung verbunden ist.*

Gra|du|ie|rung, die; -, -en: *das Graduieren* (1 a, 2).

Grad|un|ter|schied, der: *Unterschied im Grad* (1 a).

grad|wei|se ⟨Adv.⟩: *in Graden* (1 a); *Grad für Grad:* sich g. verändern; ⟨mit Verbalsubstantiven auch attr.:⟩ eine g. Veränderung.

Grae|cum, das; -s [zu lat. Graecum = griech. Sprache u. Literatur, zu: Graecus < griech. Graikós = griechisch; Grieche]: *bestimmte Kenntnisse der altgriechischen Sprache, die durch ein amtliches [Prüfungs]zeugnis nachweisbar sind:* das G. haben; das G. *(die Prüfung für das Graecum)* machen.

Grae|fen|berg|punkt, der; -[e]s, -e: *G-Punkt.*

¹Graf: ↑¹Graph.

²Graf: ↑³Graph.

³Graf, der; -en, -en [mhd. grāve, ahd. grāvo, grāfio < mlat. graphio, urspr. = königlicher Beamter < (m)griech. grapheús (byzantin. Hoftitel), eigtl. = Schreiber, zu griech. gráphein = schreiben]: **1.** (hist.) *königlicher Amtsträger (Beamter), der in seinem Amtsbezirk weitgehende administrative u. richterliche Befugnisse [sowie grundherrliche Rechte] hat.* **2. a)** ⟨o. Pl.⟩ *Adelstitel zwischen Fürst u. Freiherr:* Manfred G. [von] Senden; der Titel »Graf«; ***wie G. Koks [von der Gasanstalt]** (ugs. scherzh.; *übertrieben, stutzerhaft o. ä herausgeputzt*): musst du dich immer so rausputzen, Junge? Du siehst aus wie G. Koks von der Gasanstalt (Chotjewitz, Friede 123); **wie G. Rotz [von der Backe]** (salopp abwertend; *großspurig, anmaßend, dreist, unverschämt auftretend*); **b)** *Mann mit Grafentitel:* der Besitz des -en ...; die kleinen -en Siebenklingen ... baten mich artig, eine Partie Krocket mit ihnen zu spielen (Th. Mann, Krull 27).

-graf: ↑-graph.

Gra|fem usw.: ↑Graphem usw.

gra|fen ⟨sw. V.; hat⟩ (selten): *in den Grafenstand erheben:* Grafen, die ... von einem Landesherrn »gegraft« wurden (Dönhoff, Ostpreußen 198).

Gra|fen|bank, die (hist.): *Gesamtheit der Grafen mit Sitz u. Stimme im Reichstag des alten Deutschen Reiches (bis 1806).*

Gra|fen|fa|mi|lie, die: *gräfliche Familie.*

Gra|fen|ge|schlecht, das: *gräfliches Geschlecht.*

Gra|fen|kro|ne, die: *Krone eines Grafen.*

Gra|fen|stand, der: **1.** *Stand eines Grafen:* jmdn. in den G. erheben. **2.** *Gesamtheit der Grafen [eines Reichs].*

Gra|fen|ti|tel, der: *Titel eines Grafen.*

Gra|fen|wür|de, die: *Würde* (2) *eines Grafen.*

Gra|fe|o|lo|gie usw.: ↑Grapheologie usw.

Graf|fel: ↑Geraffel.

Graf|fel|werk, das (bayr., österr. ugs.): *wertloses Zeug.*

Graf|fi|a|to, Sgraffiato, der; -s, ...ti [ital. graffiato, eigtl. = 2. Part. von: graffiare = kratzen]: *Verzierung von Tonwaren durch Anguss einer Farbschicht, in die ein Ornament eingegraben wird.*

Graf|fi|to, der od. das; -[s], ...ti [1, 2: ital. graffito, zu: graffiare = kratzen; 3: nach engl. graffito] (Kunst): **1.** *in eine Wand eingekratzte [kultur- u. sprachgeschichtlich bedeutsame] Inschrift.* **2.** *in eine Marmorfliese eingeritzte, mehrfarbige ornamentale od. figurale Dekoration.* **3.** ⟨meist Pl.⟩ *auf Wände, Mauern, Fassaden usw. meist mit Spray gesprühte, gespritzte od. gemalte [künstlerisch gestaltete] Parole od. Figur:* Stell dir vor, es gäbe Krieg und keiner geht hin, lautet ein gängiger G. (Spiegel 9, 1982, 239); Er geht ein Stück an der Mauer entlang, betrachtet die Graffiti (Brückner, Quints 89).

Gra|fie: ↑Graphie.

-gra|fie: ↑-graphie.

Gra|fik, (auch:) Graphik, die; -, -en [griech. graphikḗ (téchnē) = Schreib-, Zeichenkunst, zu: graphikós = das Schreiben betreffend]: **1.** ⟨o. Pl.⟩ *künstlerische, bes. zeichnerische o. ä. Gestaltung von Flächen, vor allem mithilfe bestimmter Verfahren, die Abzüge, Vervielfältigungen [auf Papier] ermöglichen:* ein Meister der G.; eine Fachhochschule für G. **2.** ⟨o. Pl.⟩ *Gesamtheit von Erzeugnissen der Grafik* (1), *grafisches Schaffen:* der 1. Band des Œuvrekatalogs umfasst die G. **3.** *Werk der künstlerischen Grafik* (1): eine farbige G. von Picasso. **4.** *Schaubild, Illustration:* Das Ergebnis der Untersuchung zeigt die G. (Tag & Nacht 2, 1997, 4).

Gra|fi|ker, (auch:) Graphiker, der; -s, -: *Künstler, Zeichner, Techniker auf dem Gebiet der Grafik* (1).

Gra|fi|ke|rin, die; -, -nen: w. Form zu ↑Grafiker.

Gra|fik|kar|te, (auch:) Graphikkarte, die (EDV): *spezielle Steckkarte zur Erstellung [farbiger] Grafiken* (4) *auf dem Monitor eines Computers.*

Grä|fin, die; -, -nen [mhd. grǣvinne]: **1.** ⟨o. Pl.⟩ *Adelstitel zwischen Fürstin u. Freifrau:* Hilda G. [von] Senden. **2.** *Frau mit Grafentitel.* **3.** *Frau eines Grafen.*

Grä|fin|wit|we, die: *Witwe eines Grafen.*

gra|fisch, (auch:) graphisch ⟨Adj.⟩: **1.** *zur Grafik* (1) *gehörend, der Grafik eigentümlich, gemäß:* das -e Schaffen eines Künstlers; sie ist -e Zeichnerin bei einem Verlag; etw. g. gestalten; -es Gewerbe (veraltend; *Druckindustrie*). **2.** *durch Zeichnung[en], Schaubilder veranschaulicht, schematisch dargestellt:* eine -e Darstellung; eine mathematische Funktion g. darstellen; wirtschaftliche Zusammenhänge g. veranschaulichen; -es Rechnen (Math.; *zeichnerische Ermittlung von Lösungen mathematischer Gleichungen*). **3.** (bes. Sprachw.) *die zeichnerische Gestalt der Schriftzeichen betreffend, dazu gehörend:* ein -es Symbol; eine -e Variante.

Gra|fis|mus, (auch:) Graphismus, der; -, ...men (Kunst): *grafisches Gestaltungselement.*

Gra|fit usw.: ↑Graphit usw.

gräf|lich ⟨Adj.⟩ [mhd. grēflich]: **1.** *[zu] einem Grafen gehörend:* -er Besitz; eine alte Laterne, die früher den Hof eines ... -en Landsitzes beleuchtet haben mochte (H. Gerlach, Demission 264). **2.** *nach Art eines Grafen, wie ein Graf:* g. leben.

Gra|fo|lo|ge, Gra|fo|ma|nie, Gra|fo|spas|mus usw.: ↑Graphologe, ↑Graphomanie, ↑Graphospasmus usw.

Gra|fo|thek: ↑Graphothek.

Graf|schaft, die; -, -en [mhd. grāveschaft, ahd. grāsc(h)aft]: **1.** *Amts-, Herrschaftsbezirk des Grafen:* Die Hausmädchen ... kamen alle ... aus der G., also von einem der ... Güter (Dönhoff, Ostpreußen 12). **2.** *Gerichts- u. Verwaltungsbezirk, bes. in Großbritannien (County).*

Graf|schafts|be|zirk, der: *Bezirk einer Grafschaft* (2).

Graf|schafts|rat, der: *Bezirksparlament in Großbritannien.*

Graft, die; -, -en [mhd., ahd. graft, zu ↑graben; vgl. Gracht] (Fachspr., sonst veraltet): *Wassergraben um ein Schloss o. Ä.; Wallgraben:* ◆ Zu Ende des Weges ... lag der »Staatshof« ...; die »Graft«, welche sich rings umherzog, war besonders breit und tief (Storm, Staatshof 254).

Gräf|te, die; -, -n [mhd. greft, wohl geb. aus dem Pl. grefte von: graft, ↑Graft] (Fachspr., sonst veraltet): *Graft.*

Gra|fung, die; -, -en: *das Grafen:* Im Rheinland interessierte sich niemand für die Baronisierung oder die G. (Berndorff, Himmelbett 29).

Gra|ham|brot, das; -[e]s, -e [nach dem amerik. Arzt S. Graham (1794–1851), dem Verfechter einer auf Diät abgestellten Ernährungsform]: *Weizenschrot-Vollkornbrot in Kastenform (urspr. ohne Hefe u. Sauerteig hergestellt).*

¹Grain [greɪn], der; -s, -s [frz., engl. grain = Korn, kleine Menge < lat. granum = Korn]: *älteres Gewicht für feine Wägung (Gold, Silber, Diamanten u. Perlen).*

²Grain [grɛ̃:], das; -s, -s [frz. grain = Köper, eigtl. = Korn, wegen der aufgerauten Stoffoberfläche]: *bes. für Kleider verwendetes, zweischüssiges Ripsgewebe.*

grai|nie|ren [grɛˈni:rən] ⟨sw. V.; hat⟩ [frz. grainer, zu: grain, ↑²Grain] (Fachspr.): *Papier einseitig aufrauen, körnen, narben.*

grä|ko|la|tei|nisch ⟨Adj.⟩ [zu lat. Graecus, ↑Graecum]: *griechisch-lateinisch.*

Grä|ko|ma|ne, der; -n, -n: *jmd., der mit einer Art von Besessenheit alles Griechische liebt, bewundert u. nachahmt.*

Grä|ko|ma|nie, die; -: *besondere Vorliebe für die [alt]griechische Kultur; Sucht, die [alten] Griechen nachzuahmen.*

Grä|ko|ma|nin, die; -, -nen: w. Form zu ↑Gräkomane.

Grä|kum: ↑Graecum.

Gral, der; -s [mhd. grāl < afrz. graal, eigtl. = Gefäß, H. u.]: *(in der mittelalterlichen Dichtung) geheimnisvoller, Wunder wirkender Stein; geheimnisvolle, Leben spendende Schale [in der Christi Blut aufgefangen wurde]:* die Hüter des -s.

Grals|burg, die ⟨o. Pl.⟩: *(in der mittelalterlichen Dichtung) Burg, in der der Gral aufbewahrt wird.*

Grals|hü|ter, der: *(in der mittelalterlichen Dichtung) Angehöriger der auserwählten Schar keuscher Ritter u. Jungfrauen, die den Gral hüten:* Ü die G. der Verfassung; (scherzh.:) Diese griesgrämigen G. des guten Geschmacks (tip 12, 1984, 30); Vor zehn Jahren empörten sich die G. der Demokratie über das arrogante Gebaren der ... Ministerpräsidentin (Furche 6. 6. 84, 7); G. des guten Buches fragen sich, ob es erlaubt sei, Literatur zu Comics zu verbildern (Woche 28. 3. 97, 34).

Grals|hü|te|rin, die: *Frau, die etw. erhält, beibehält, bewahrt:* Hört man Frau Matthäus-Mayer unbefangen zu, hält man sie glatt für die G. einer rationalen Tarifpolitik (Welt 28. 12. 94, 2).

Grals|rit|ter, der: *(in der mittelalterlichen Dichtung) Ritter der Gralsburg.*

Grals|ro|man, der: *romanhafte Dichtung, die die Gralssage behandelt.*

Grals|sa|ge, die: *Sage vom Gral.*

Grals|su|che, die: *(in der mittelalterlichen Dichtung) Suche nach dem Gral, der nur von Auserwählten gefunden werden kann.*

gram ⟨Adj.⟩ [mhd., ahd. gram = zornig, wütend, im Ablaut zu ↑grimm stehend]: in der Verbindung **jmdm. g. sein** (geh.; *jmdm. böse sein*): Sie haben ihr nicht erlaubt, sich ein bisschen gehen zu lassen ... – darum ist sie Ihnen g. (Th. Mann, Hoheit 172); Er war dem Schicksal immer g., dass es ihn in die Wiege eines Mannes gelegt hat, der nur Oberpostsekretär war (Noack, Prozesse 33).

Gram, der; -[e]s [subst. aus der spätmhd. Verbindung grame muot = erzürnter Sinn] (geh.): *nagender Kummer, dauernde tiefe Betrübnis über jmdn. od. etw.:* großer, tiefer, verzehrender G.; Hüttenrauch sah es mit stillem G. (Muschg, Gegenzauber 35); Am meisten aber zehrte der G. um die Stadt ... an uns (Erh. Kästner, Zeltbuch 85); in G. versunken sein; von G. erfüllt; vom/von G. gebeugt; eine von G. gefurchte Stirn; sich vor G. verzehren; vor/aus G. über einen Verlust sterben; Er erkannte ..., dass der Junge ... von einem G. bedrückt sein musste (Jahnn, Nacht 73).

grä|meln ⟨sw. V.; hat⟩ [Iterativbildung zu ↑grämen] (bes. md., niederd.): *missmutig sein:* Lena grämelte daheim: Ihre Tochter sei um das höchste Fest ... gebracht worden (Strittmatter, Wundertäter 52).

grä|men ⟨sw. V.; hat⟩ [mhd., ahd. grem(m)en, urspr. = zornig, wütend machen, zu ↑gram] (geh.): **1.** *mit Gram erfüllen:* es grämte sie, dass man sie übergangen hatte; Die alte Geschichte hat ihn gegrämt (Drewitz, Eingeschlossen 124); das grämt mich nicht/wenig *(ist mir gleichgültig).* **2.** ⟨g. + sich⟩ *sich wegen einer Person, Sache gramvolle Gedanken machen, darüber traurig werden:* Was willst du mit einer Frau, die sich grämt und die unglücklich ist (Danella, Hotel 420); sich über/um jmdn., über einen Verlust g.; Dieses Mädchen schien sich nicht im Geringsten über die Ungerechtigkeit, die ihr widerfuhr, zu g. (R. Walser, Gehülfe 57); sich jmds., einer Sache wegen g.; sie hatte sich zu Tode gegrämt.

gram|er|füllt ⟨Adj.⟩: *von Gram erfüllt.*

Gram|fal|te, die (selten): *Kummerfalte.*

Gram|fär|bung, die; - [nach dem dänischen Bakteriologen H. C. J. Gram (1853–1938)] (Bakteriol.): *bestimmte Färbemethode od. Färbung, durch die sehr ähnlich aussehende Bakterien voneinander unterschieden werden können.*

gram|fest ⟨Adj.⟩: *grampositiv.*

gram|frei ⟨Adj.⟩: *gramnegativ.*

Gram|fur|che, die (selten): *Kummerfalte.*

gram|ge|beugt ⟨Adj.⟩: *von Gram gebeugt.*

gram|ge|furcht ⟨Adj.⟩: *von Gram gefurcht:* eine -e Stirn.

Gra|mi|ne|en ⟨Pl.⟩ [zu lat. gramen (Gen.: graminis) = Gras] (Bot.): *Gräser.*

gräm|lich ⟨Adj.⟩: *verdrießlich, [bekümmert u.] missmutig:* ein -er Mensch; ein -es Gesicht; das -e Wort von der amerikanischen Gefahr (ADAC-Motorwelt 4, 1986, 22); Er sah missmutig, ja geradezu g. aus (Konsalik, Promenadendeck 238); Thea Sassenholtz geriet an einen Konsularbeamten, der g. ... ihre Geschichte anhörte (Konsalik, Promenadendeck 258).

Gräm|lich|keit, die; -: *grämliche Art.*

Gramm, das; -s, -e ⟨aber: 2 Gramm⟩ [frz. gramme < lat. gramma, griech. grámma = Gewicht von $^1/_{24}$ Unze, eigtl. = Geschriebenes, Aufgezeichnetes, zu: gráphein = schreiben]: *tausendster Teil eines Kilogramms;* $^1/_{1000}$ *kg (Grundeinheit des metrischen Gewichtssystems):* 1 Kilogramm hat 1 000 G.; 1 000 G. sind 1 Kilogramm; 100 G. gekochten Schinken kaufen; Wir ... erhielten damals ... nur vierhundert G. nasses Brot am Tag (Leonhard, Revolution 131); der Preis eines G. Heroins/eines -s Heroin (Zeichen: g).

-gramm, das; -s, -e [griech. grámma in der Bed. »Geschriebenes; Schrift(zeichen)«; ↑Gramm]: in Zus., z. B. Autogramm, Barogramm.

Gramm|äqui|va|lent, das: *diejenige Menge eines chemischen Elements, die sich mit einem Grammatom Wasserstoff verbinden od. die entsprechende Menge Wasserstoff in einer Verbindung ersetzen kann.*

Gram|ma|tik, die; -, -en [lat. (ars) grammatica < griech. grammatikḗ (téchnē), zu: grammatikós = die Buchstaben, die Schrift betreffend]: **1.** *Teil der Sprachwissenschaft, der sich mit den sprachlichen Formen u. deren Funktion im Satz, mit den Gesetzmäßigkeiten, dem Bau einer Sprache beschäftigt; Sprachlehre (gegliedert in Phonetik, Morphologie u. bes. Syntax):* die historische, deskriptive, traditionelle, generative G.; die G. der deutschen Sprache, die deutsche G. beherrschen; Die lateinische G. ist mit Regeln gespickt wie ein Fisch mit Gräten (Thieß, Reich 405); gegen die G. verstoßen; die fehlerhafte G. *(grammatische Beschaffenheit)* einer Formulierung; Ü die G. (bildungsspr.; *gesetzmäßige Struktur u. Verlaufsform*) meteorologischer Phänomene; ... den Durchbruch ... zur unbewussten Struktur, vom bewussten Erleben zur unbewussten »Grammatik der Gefühle« (*der Sprache, Struktur der Gefühle;* Sloterdijk, Kritik 112); Da erzählen einem die Leute ..., was sie wollen und wie, entwerfen eine G. ihres »Lustverhaltens« (Frings, Liebesdinge 74). **2.** *wissenschaftliche Darstellung, Lehrbuch der Grammatik* (1); *Sprachlehre:* eine französische G.; eine G. der chinesischen Sprache; Ü das Werk soll eine G. (bildungsspr.; *eine Darstellung des Regelsystems, ein Regelbuch*) der bildenden Künste sein. **3.** (Philos., Logik) **a)** *[sprachliche] Struktur, [sprachlicher] Aufbau einer formalen Sprache;* **b)** ***logische G.** (Theorie der logischen Analyse sprachlicher Ausdrücke [in Wissenschaftssprachen u. formalen Sprachen]).*

Gram|ma|ti|ka|li|sa|ti|on, die; -, -en (Sprachw.): *das Absinken eines Wortes mit eigenständiger Bedeutung zu einem bloßen grammatischen Hilfsmittel* (z. B. ahd. lîch »Körper, Leib« zum Suffix -lich).

gram|ma|ti|ka|lisch ⟨Adj.⟩ [lat. grammaticalis] (Sprachw.): *grammatisch* (1): -e Fehler; g. korrekt schreiben, sprechen; Die Briefe in ihrer Schulmädchenschrift waren weder orthographisch noch g. richtig (Kuby, Rosemarie 149).

gram|ma|ti|ka|li|sie|ren ⟨sw. V.; hat⟩ (Sprachw.): *im Verlauf der Sprachentwicklung zum festen Bestandteil der Grammatik machen.*

Gram|ma|ti|ka|li|sie|rung, die; -, -en (Sprachw.): *das Grammatikalisieren; Grammatikalisation.*

Gram|ma|ti|ka|li|tät, die; - (Sprachw.): *Übereinstimmung mit den Regeln der Grammatik; grammatische Korrektheit.*

Gram|ma|ti|ker, der; -s, - [lat. grammaticus = Sprachgelehrter < griech. grammatikós]: *Wissenschaftler auf dem Gebiet der Grammatik* (1).

Gram|ma|ti|ke|rin, die; -, -nen: w. Form zu ↑Grammatiker.

Gram|ma|tik|re|gel, die: *grammatische Regel.*

Gram|ma|tik|the|o|rie, die: *Theorie der Grammatik.*

gram|ma|tisch ⟨Adj.⟩ (Sprachw.): **1.** *die Grammatik betreffend, zur Grammatik gehörend:* die -e Struktur einer Sprache; ein -er Fehler; -es Geschlecht *(Genus);* -er Wechsel *(Wechsel von stimmhaften u. stimmlosen Reibelauten im Germanischen u. dementsprechend von h und g, d und t, s und r im Neuhochdeutschen, je nach der Stelle des Akzents in der indogermanischen Grundsprache);* g. richtig schreiben; Sie spricht deutsch mit starkem Akzent, aber g. einwandfrei (Chotjewitz, Friede 185). **2.** *der Grammatik gemäß, den Regeln der Grammatik entsprechend, danach korrekt gebildet:* die Äußerung ist nicht g.

Gram|ma|ti|zi|tät, die; - (Sprachw.): *grammatische Beschaffenheit; Grammatikalität.*

Gramm|atom, das: *Menge eines chemischen Elements, die so viele Gramm enthält, wie das Atomgewicht angibt.*

Gram|mel, die; -, -n [viell. eigtl. = das harte Überbleibsel ausgelassenen Fetts, das beim Kauen zwischen den Zähnen knirscht]: **1.** (bayr., österr.) *Griebe.* **2.** (österr. ugs., bes. wiener.) *Dirne, Hure.*

Gram|mel|knö|del, der (österr.): *mit Speckgrieben gefüllter Kartoffelkloß.*

Gramm|ge|wicht, das: *Gewicht in Gramm.*

-gram|mig, (schweiz.:) **-gräm|mig** (Fachspr.): in Zusb., z. B. fünfziggrammig (mit Ziffern: 50-grammig), (schweiz.:) fünfziggrämmig (50-grämmig): *mit einem Gewicht von fünfzig Gramm.*

Gramm|ka|lo|rie, die (veraltet): *Kalorie.*

Gramm|mol, das: kurz für ↑Grammmolekül.

Gramm|mo|le|kül, das (Chemie, Physik): *Menge einer chemischen Verbindung, die so viele Gramm enthält, wie das Molekulargewicht angibt.*

Gram|mo, das, schweiz. gelegtl.: der; -s, -s (schweiz. od. ugs.): Kurzf. für ↑Grammophon.

Gram|mo|fon, Gram|mo|fon|kas|ten usw.: ↑Grammophon, Grammophonkasten usw.

Gram|mo|phon®, das, schweiz. gelegtl.: der; -s, -e [zu griech. grámma = Aufgezeichnetes (↑Gramm) u. phōnḗ = Stimme, Ton, Schall] (früher): *[mit einer Kurbel aufzuziehendes] Gerät [mit einem Schalltrichter] zum Abspielen von Schallplatten:* das G. spielt; Im dritten Stock dudelte ein G. (Remarque, Obelisk 266); Neben dem Rauchtisch ein kommodenartiges G. Vorn eine Art Tor zum Herauslassen der Musik (Kempowski, Tadellöser 16); Tanzgeschlürf ... zu den Klängen des -s (Th. Mann, Unordnung 691).

Gram|mo|phon|kas|ten, der: *Gehäuse, in dem sich das Grammophon befindet.*

Gram|mo|phon|mu|sik, die: *Musik aus einem Grammophon.*

Gram|mo|phon|na|del, die: *Nadel am Tonabnehmer zum Abtasten der rotierenden Schallplatte.*

Gram|mo|phon|plat|te, die (früher): *Schallplatte.*

Gram|mo|phon|trich|ter, der: *Schalltrichter am Grammophon.*

gramm|wei|se ⟨Adv.⟩: *in Mengen von wenigen Gramm:* eine Droge, ein Gewürz g. verkaufen; ⟨auch attr.:⟩ Rauschgift ... entsprechend dem Wert im -en Straßenverkauf (Lindlau, Mob 109).

Gram|my [Award] ['græmɪ (ə'wɔ:d)], der; -s, -s [engl., aus: grammy, geb. zu: gram = ugs. Kurzf. von gramophone = Grammophon (od. geb. nach Emmy = amerik. Name einer Auszeichnung für TV-Sendungen) u. award = (Preis)verleihung]: *(seit 1958 jährlich verliehener) amerikanischer Schallplattenpreis:* Die meisten -s ... heimste der ... Musiker Quincy Jones ... ein (MM 22. 2. 91, 12).

gram|ne|ga|tiv ⟨Adj.⟩: *bei der Gramfärbung den gebundenen Farbstoff rasch wieder abgebend u. auf Gegenfärbung (Rotfärbung) ansprechend.*

Gra|mo|la|ta, die; -, -s [ital. gramolata, substantiviertes Fem. des 2. Part. von: gramolare = kneten, geschmeidig machen]: *(in Italien viel getrunkene) Limonade mit Fruchtsaft, Früchten u. geschabtem Eis.*

gram|po|si|tiv ⟨Adj.⟩: *bei der Gramfärbung den (blauen) Farbstoff festhaltend.*

gram|seln ⟨sw. V.; hat⟩ [urspr. wohl = sich winden, drehen u. verw. mit ↑Krampf, ↑Kringel] (schweiz.): *(von Insekten) krabbeln, wimmeln:* ◆ ...als ob glühende Kohlen geboren würden ..., ihr gramselten über das Gesicht weg (Gotthelf, Spinne 63).

gram|ver|sun|ken ⟨Adj.⟩ (geh.): *in Gram versunken.*

gram|voll ⟨Adj.⟩: *voller Gram:* »Was machen wir nun mit dir? ...« Er schloss den Satz mit einer -en Handbewegung (Augsburger Allgemeine 27./28. 5. 78, XI).

Gran, das; -[e]s, -e ⟨aber: 20 Gran⟩ [1: lat. granum = Korn; 2: frz. grain, ↑[1]Grain] (früher): **1.** *sehr kleines Apothekergewicht* (meist etwa 65 mg): Ü sie hat bei der Kur kein G. *(kein bisschen, überhaupt nicht)* abgenommen; er bewältigte die Aufgabe, ohne ein G. *(eine Spur, ein bisschen)* seiner Sicherheit zu verlieren; darin ist/liegt ein G. Wahrheit *(daran ist etwas Wahres);* dass er keinen Funken Anstand im Leibe habe oder kein G. Vernunft (M. Walser, Seelenarbeit 271); er fühlt sich berufen, diesem Jammertal ein G. Lebensqualität zurückzugeben (Spiegel 38, 1976, 172). **2.** ↑Grän.

Grän, (auch:) Gran, das; -[e]s, -e ⟨aber: 20 Grän, Gran⟩: *sehr kleines Edelmetall- od. Juwelengewicht* (z. B. bei Juwelen: $^1/_4$ Karat, bei Gold: $^1/_{12}$ Karat).

Gra|na ⟨Pl.⟩ [lat. granum (Nom. Pl.: grana) = Korn] (Bot.): *farbstoffhaltige Körnchen in der farbstofflosen Grundsubstanz der Chromatophoren* (1).

Gra|na|da: Stadt u. Provinz in Südspanien.

Gra|na|dil|le: ↑Grenadille.

Gra|na|li|en ⟨Pl.⟩ [nlat. Bildung zu lat. granum (Nom. Pl.: grana) = Korn] (Fachspr.): *tropfenförmige, kugelartige od. andere Gebilde, die entstehen, wenn ein feiner Strahl aus flüssiger Schlacke od. Metall in strömendes Wasser hineinfließt.*

[1]Gra|nat, der; -[e]s, -e [aus dem Niederd. < fläm. grenat]: *in küstennahen Gewässern des Nordatlantiks u. seiner Nebenmeere vorkommende Garnele.*

[2]Gra|nat, der; -[e]s, -e, österr.: -en, -en [1: mhd. grânât < mlat. granatus < lat. (lapis) granatus = körniger, kornförmiger Edelstein, zu: granum = Korn; 2: wohl wegen des minderen Werts des Granats (1)]: **1.** *hartes, stark glänzendes, meist braunrotes Mineral, das als Schmuckstein beliebt ist.* **2.** (österr. ugs.) *Falschspieler.*

Gra|nat|ap|fel, der [mhd. grânâtapfel, nach lat. malum granatum = kernreicher Apfel]: *einem Apfel ähnliche, wohlschmeckende, zunächst rote, dann gelb werdende Beerenfrucht des Granatapfelbaums.*

Gra|nat|ap|fel|baum, der: *(in den Subtropen heimischer) rot blühender Baum od. Strauch mit Granatäpfeln als Früchten.*

Gra|nat|baum, der: *Granatapfelbaum.*

Gra|nat|bro|sche, die: *Brosche mit Granatsteinen.*

Gra|na|te, die; -, -n [1: ital. granata, urspr. = von Grenadieren geschleudertes Wurfgeschoss, das mit Pulverkörnern gefüllt ist, eigtl. = Granatapfel, nach Form u. Füllung]: **1.** *mit Sprengstoff gefülltes [Artillerie]geschoss:* die G. schlägt ein, krepiert; das jaulende Gebell der schweren -n (Ott, Haie 168); du sollst -n füllen und Zielfernrohre ... montieren (Borchert, Draußen 126); Im Herbst werde ich also ins Reich fahren, um dort -n zu drehen (Bieler, Mädchenkrieg 394); im Hagel der -n; die russischen Granatwerferbatterien begannen wieder, den Hof mit -n zu belegen (Plievier, Stalingrad 327). **2.** (Sport Jargon) *wuchtiger Schuss aufs Tor:* jmds. G. abwehren.

Gra|nat|ein|schlag, der: *Einschlag einer Granate.*

Gra|na|ten|ha|gel, der: *große Zahl einschlagender Granaten.*

gra|na|ten|voll ⟨Adj.⟩ [eigtl. = zum Bersten voll] (ugs.): *völlig betrunken.*

gra|nat|far|ben ⟨Adj.⟩: *granatrot.*

Gra|nat|feu|er, das: *Beschuss mit Granaten:* Er sei im Krieg in ein G. geraten (Harig, Weh dem 18); Ü Diese Show geht los wie ein G. (Freizeitmagazin 26, 1978, 34).

Gra|nat|fül|lung, die (Waffent.): *Sprengstofffüllung einer Granate.*

Gra|nat|ha|gel, der: *Granatenhagel.*

gra|nat|hal|tig ⟨Adj.⟩: *[2]Granat* (1) *enthaltend.*

Gra|nat|hül|se, die (Waffent.): *Hülse einer Granate.*

gra|na|tig ⟨Adj.⟩ (landsch. ugs.): *groß, stark:* eine -e Kälte; es war g. *(sehr)* kalt.

Gra|nat|ket|te, die: *Schmuckkette aus [2]Granat* (1).

Gra|nat|kopf, der (Waffent.): *Granate als [Spreng]kopf einer Treibladung.*

Gra|nat|loch, das: *durch den Einschlag einer Granate entstandenes Loch.*

Gra|nat|man|tel, der (Waffent.): *Granathülse.*

gra|nat|rot ⟨Adj.⟩: **a)** *von der Farbe des [2]Granats* (1); *braunrot;* **b)** *purpur-, korallenrot.*

Gra|nat|schmuck, der: *Schmuck aus [2]Granat* (1).

Gra|nat|split|ter, der: *Splitter einer explodierten Granate:* ... bin ich verwundet worden, ein kleiner, scharfer G. traf mich (Borkowski, Wer 132).

Gra|nat|stein, der: vgl. [2]Granat (1).

Gra|nat|tref|fer, der: *Treffer einer Granate.*

Gra|nat|trich|ter, der: vgl. Bombentrichter.

Gra|nat|wer|fer, der: *[aus Bodenplatte, Zweibein u. Rohr bestehendes] kleines Steilfeuergeschütz der Infanterie.*

Gra|nat|wer|fer|bat|te|rie, die: *Batterie* (1) *von Granatwerfern.*

Gra|nat|wer|fer|feu|er, das: *Feuer* (1) *von Granatwerfern.*

Gran Ca|na|ria; - -s: eine der Kanarischen Inseln.

[1]Grand, der; -[e]s [im Ablaut zu ↑Grind] (nordd.): *Kies.*

[2]Grand, der; -[e]s, -e [mhd., ahd. grant, H. u.] (bayr., österr.): *Wassertrog aus Stein.*

[3]Grand [grã:, auch: graŋ], der; -s, -s [gek. aus frz. grand jeu = großes Spiel, zu: grand, ↑Grandeur]: *höchstes Spiel im Skat, bei dem nur die Buben Trumpf sind:* [einen] G. mit vieren *(mit vier Buben)* spielen; * **G. Hand** *(Grand aus der Hand, bei dem der Skat nicht aufgenommen werden darf).*

Gran|de, der; -n, -n [span. grande, eigtl. = der Große < lat. grandis = groß]: *Angehöriger des spanischen Hochadels.*

Grande Dame [grã:d'dam], die; - -, -s -s [frz., aus: grand = groß (↑Grandeur) u. dame, ↑Dame]: *Grand Old Lady:* Hilde Spiel ... G. D. der österreichischen Literatur (MM 1./2. 12. 90, 62); Offenbar hat die G. D. des deutschen Feminismus ihren Triumphruf, Frauen hätten endlich »einen Turm für sich allein« erobert, ein wenig zu persönlich genommen (Spiegel 5, 1995, 62).

Gran|del, Gräne, (österr.:) Grane, die; -, -n [H. u.] (Jägerspr.): *(als Jagdtrophäe beliebter) Eckzahn im Oberkiefer beim Rotwild.*

Gran|deur [grã'dø:ɐ̯], die; - [frz. grandeur, zu: grand < lat. grandis = groß] (bildungsspr.): *Großartigkeit, Größe:* Überreste einstiger G.; Aristokraten und Militärs mitsamt ihren ... Hoffnungen auf künftige G. (Spiegel 41, 1981, 205).

Gran|dez|za, die; - [ital. grandezza < span. grandeza, zu: grande, ↑Grande]: *(bes. von Männern) hoheitsvoll-würdevolle Eleganz der Bewegung, des Auftretens:* er verneigte sich mit [spanischer] G.; er trat mit der G. eines Weltmannes auf.

Grand-Gui|gnol [grãgi'ɲɔl], das; -, -s [nach dem Namen des Pariser Theaters Le Grand-Guignol, das sich seit dem Ende des 19. Jh.s durch Spezialisierung auf Horrorstücke sein spezifisches Gepräge gab; aus frz. grand = groß u. guignol, ↑Guignol] (Literaturw., Theaterwesen): *Theaterstück der Horrorliteratur, auch des absurden Theaters mit bewusst plattabgeschmackter u. blutrünstiger, aber dennoch den Charakter des Naiven bewahrender Darstellungsweise.*

grand|gui|gno|lesque [grãgiɲɔ'lɛsk] ‹Adj.› [frz. grandguignolesque] (Literaturw., Theaterwesen): *in der Art eines Grand-Guignol gespielt, aufgeführt.*

Grand|ho|tel ['grã:...], das [frz. grand hôtel]: *großes Luxushotel.*

gran|dig ‹Adj.› [↑Grandeur] (landsch.): *groß[artig]; stark.*

gran|di|os ‹Adj.› [ital. grandioso, zu: grande = groß(artig)]: *großartig, überwältigend:* ein -er Anblick, Erfolg; das ist eine -e Idee; Berlin hat einen neuen, -en Anziehungspunkt (Prodöhl, Tod 31); (auch spött.:) das war doch ein -er Blödsinn; etw. g. bewältigen; mit diesem Projekt ist er g. *(obwohl in gewisser Weise großartig)* gescheitert; Gegen ihn hat er nicht nur schon einmal g. verloren (Woche 7. 3. 97, 1); ‹subst.:› Das Monumentale, alles ins Grandiose treibende Wesen gehört ... zum Charakter Roms (Fest, Im Gegenlicht 325).

Gran|di|o|si|tät, die; -: *Großartigkeit, Gewaltigkeit, überwältigende Größe, Pracht.*

gran|di|o|so ‹Adv.› [ital. grandioso, ↑grandios] (Musik): *großartig, erhaben.*

Grand Lit [grã'li:], das; --, -s-s [grã'li:; frz., eigtl. = großes Bett]: *breiteres Bett für zwei Personen.*

Grand Mal [grã'mal], das; -- [frz., eigtl. = großes Übel] (Med.): *großer epileptischer Anfall mit schweren Krämpfen u. Bewusstlosigkeit.*

Grand Old La|dy ['grænd 'oʊld 'leɪdɪ], die; ---, --...dies [-- ...dɪz; engl., eigtl. = große alte Dame, aus: grand = groß (< afrz. grant < lat. grandis, ↑Grandeur), old = alt u. ↑Lady]: *älteste bedeutende weibliche Persönlichkeit in einem bestimmten Bereich.*

Grand Old Man [-- 'mæn], der; ---, --Men [-- 'mɛn; engl., eigtl. = großer alter Mann]: *älteste bedeutende männliche Persönlichkeit in einem bestimmten Bereich:* Das jüngste Meisterwerk vom G. O. M. der amerikanischen Literatur (Spiegel 12, 1997, 141).

Grand ou|vert ['grã:u'vɛ:ɐ̯], der; - -[s] [- u'vɛ:ɐ̯(s)], - -s [- u'vɛ:ɐ̯s; zu ↑³Grand u. frz. ouvert = offen] (Skat): *Grand aus der Hand, bei dem der Spieler seine Karten offen hinlegen muss.*

Grand Prix [grã'pri:], der; - - [...'pri:(s)], - - [...'pri:s; frz.], (seltener:) **Grand|prix,** der; -, -: frz. Bez. für *Großer Preis:* er ist der Sieger des G. P., im G. P.; ihre Chancen beim G. P. sind nicht groß.

Grand|sei|gneur [grãsɛn'jø:ɐ̯], der; -s, -s u. -e [frz. grand seigneur = Standesherr] (bildungsspr.): *vornehmer, weltgewandter Mann:* Emil Ludwig ..., der sich ... den Lebensstil des -s angeeignet hatte (Niekisch, Leben 119).

grand|sei|gneu|ral ‹Adj.› (bildungsspr.): *in der Art eines Grandseigneurs, den Grandseigneur betreffend:* Das -e Gehabe Röders hat ihn wenig beeindruckt (Saarbr. Zeitung 30./31. 3. 85, 3).

Grand|slam ['grænd'slæm], der; -[s], -s, (auch:) **Grand Slam,** der; --[s], --s [engl. grand slam, übertr. vom Bridge u. eigtl. Bez. für den Gewinn von 13 Stichen, vgl. Schlemm] (Tennis): *Gewinn der internationalen Tennismeisterschaften von Großbritannien, Frankreich, Australien und den USA innerhalb eines Jahres durch einen Spieler, durch eine Spielerin:* den G. S. schaffen.

Grand|slam|tur|nier, (auch:) **Grand-Slam-Tur|nier,** das (Tennis): *Tennisturnier, das zum Erreichen des Grandslams gewonnen werden muss.*

Grand-Tou|ris|me-Ren|nen [grãtu'rism...], das [zu frz. grand tourisme = Grand-Tourisme-Wagen (1), eigtl. = sportlicher Reisewagen]: *Rennen für Grand-Tourisme-Wagen;* Kurzf.: ↑GT-Rennen.

Grand-Tou|ris|me-Wa|gen, der (Kfz-W.): **1.** *in kleinen Serien hergestellter Kraftwagen mit einem Höchstmaß an Leistung u. Komfort ohne Rücksicht auf Unterhaltungskosten.* **2.** *für Wettbewerbszwecke homologierter zweisitziger Kraftwagen od. Serientourenwagen [mit weitgehenden Veränderungen];* Kurzf.: ↑GT-Wagen.

Gra|ne, Grä|ne: ↑Grandel.

gra|nie|ren ‹sw. V.; hat› [zu lat. granum = Korn] (Fachspr.): **1.** *die Platte beim Kupferstich aufrauen.* **2.** *grainieren.* **3.** *granulieren* (1).

Gra|nier|stahl, der: *Wiegestahl.*

Gra|nit [auch: ...'nɪt], der; -s, (Arten:) -e [mhd. granīt < ital. granito, zu: granire = körnen, zu: grano < lat. granum = Korn]: *sehr hartes Gestein aus körnigen Teilen von Feldspat, Quarz u. Glimmer:* ein Denkmal aus G.; hart wie G.; ***bei jmdm. auf G. beißen** *(bei jmdm. mit einem Bestreben, einer Forderung o. Ä. auf unüberwindlichen Widerstand stoßen):* wie Persicke ... die drohende Anzeige wegen Körperverletzung ins Spiel bringt und damit bei Donath auf G. beißt (Bieler, Bär 25).

gra|nit|ar|tig ‹Adj.›: *in der Art von Granit; wie Granit geartet.*

Gra|nit|bil|dung, die: *Bildung, Entstehung von Granit.*

Gra|nit|block, der ‹Pl. ...blöcke›: *Block* (1) *von Granit.*

Gra|nit|bruch, der: *Granitsteinbruch.*

gra|ni|ten [auch: ...'nɪtn̩] ‹Adj.›: **1.** *aus Granit bestehend:* Das Messer wetzten sie ... am -en Bordstein (Kempowski, Uns 12). **2.** (geh.) *hart u. fest wie Granit:* ein Stoff von -er Härte; Ü ein Charakter von -er Härte; ein -er *(unumstößlicher)* Grundsatz.

Gra|nit|fels, Gra|nit|fel|sen, der: *Fels, Felsen aus Granit.*

Gra|nit|for|ma|ti|on, die (Geol.): *Formation* (4b) *aus Granit.*

Gra|nit|ge|bir|ge, das: *aus Granit bestehendes Gebirge.*

Gra|nit|ge|stein, das: *Granit.*

gra|nit|hal|tig ‹Adj.›: *Granit enthaltend.*

Gra|ni|ti|sa|ti|on, die; -, -en (Geol.): *Entstehung der verschiedenen Granite.*

gra|ni|tisch [auch: ...'nɪtɪʃ] ‹Adj.› (Geol., Mineral.): *zum Granit gehörend, nach Art des Granits:* -er Gneis.

Gra|ni|ti|sie|rung, die; -, -en (Geol.): *Granitisation.*

Gra|ni|tit [auch: ...'tɪt], der; -s, -e: *Granit einer Art, die hauptsächlich dunklen Glimmer enthält.*

Gra|nit|mas|siv, das: *Gesteinsmasse, Massiv aus Granit.*

Gra|nit|por|phyr, der (Mineral.): *Granit mit porphyrischer Struktur (feinkörnige Grundmasse mit eingesprengten Feldspatkristallen);* vgl. Quarzporphyr.

Gra|nit|qua|der, der, auch: die: vgl. Granitblock.

Gra|nit|stein|bruch, der: *Steinbruch, in dem Granit gebrochen wird.*

Gran|ne, die; -, -n [mhd. gran(e) = Barthaar; (Ähren)borste, ahd. grana = Barthaar; Gräte, eigtl. = die (Hervor)stechende, Spitze]: **1.** (Bot.) *borstenartige Spitze an den Spelzen von Gräsern u. Getreide:* -n tragende Gräser. **2.** *eines der zum Deckhaar gehörenden, über die Wollhaare hinausragenden, steifen, unterhalb ihrer Spitze verdickten Haare des Fells von Säugetieren.*

Gran|nen|haar, das: vgl. Granne (2).

Gran|nen|ha|fer, der: *Süßgras mit haferähnlicher Rispe.*

gran|nen|los ‹Adj.›: *ohne Grannen* (1); *keine Grannen aufweisend:* -e Gräser.

Gran|nen tra|gend: s. Granne (1).

gran|nig ‹Adj.›: *mit Grannen* (1); *borstig.*

Gran|ny Smith ['grænɪ 'smɪθ], der; --, -- [eigtl. = Oma Smith, nach M. A. Smith]: *glänzend grüner, saftiger, säuerlich schmeckender Apfel.*

Gra|no|di|o|rit [auch: ...'rɪt], der; -s, -e [zu lat. granum = Korn u. ↑Diorit] (Geol.): *verbreitetes, kieselsäurereiches Tiefengestein.*

Grans, der; -es, Gränse, **Gran|sen,** der; -s, - [mhd. grans, ahd. granso = vorderer Teil des Schiffs, H. u.] (bes. alemann.): *vorderer od. hinterer Teil eines Schiffes:*

◆ Mein Köcher aber mit der Armbrust lag am hintern Gransen *(im Heck)* bei dem Steuerruder (Schiller, Tell IV, 1).

Grant, der; -s [wohl zu ↑grantig] (bayr., österr. ugs.): *Übellaunigkeit, Unmut:* Macht mir keinen Spaß, aber ich krieg 'nen unheimlichen G. (Degener, Heimsuchung 131); einen G. wegen etw. haben.

gran|teln ⟨sw. V.; hat⟩ [vgl. grantig] (südd.): *grantig sein, sich grantig zeigen:* sie grantelte und wollte kein Interview geben; Erwin grantelte *(sagte grantelnd),* es gäbe keine Bäume in San Francisco (Spiegel 46, 1977, 120).

gran|tig ⟨Adj.⟩ [H. u., viell. eigtl. = spitz, scharf] (südd., österr. ugs.): *übel gelaunt; ärgerlich, unmutig:* Ich höre noch, wie er ... zu einem Kollegen ein paar -e Sprüche über die heutige Jugend macht (Ziegler, Labyrinth 207); Er stellt mich immer auf die Waage, und wehe, der Zeiger schlägt zu weit aus, dann wird er g. (Fels, Unding 240).

Gran|tig|keit, die; - (südd., österr. ugs.): *grantige Art.*

Grant|ler, der; -s, - (bayr., österr. ugs.): *jmd., der zum Granteln neigt.*

Grant|le|rin, die; -, -nen: w. Form zu ↑Grantler.

Grantl|hu|ber, der (bayr., österr. ugs.): *Grantler.*

Gra|nu|la: Pl. von ↑Granulum.

gra|nu|lär ⟨Adj.⟩ [zu lat. granulum = Körnchen] (Fachspr., bes. Chemie, Biol., Med.): *körnig, gekörnt.*

Gra|nu|lar|atro|phie, die; -, -n (Med.): *körnige Schrumpfung von Organen, bes. der Niere (auf der Oberfläche).*

Gra|nu|lat, das; -[e]s, -e [zu lat. granulum = Körnchen] (Fachspr.): *durch Granulieren in Körner zerkleinerte Substanz:* ein linsenförmiges G.

Gra|nu|la|ti|on, die; -, -en (Fachspr.): **1.** *Herstellung, Bildung einer körnigen [Oberflächen]struktur.* **2.** *körnige [Oberflächen]struktur.*

Gra|nu|la|ti|ons|ge|we|be, das (Med.): *sich neu bildendes Bindegewebe (bei Wunden, Entzündungen), das nach einiger Zeit in Narbengewebe übergeht.*

Gra|nu|la|tor, der; -s, ...oren: *Vorrichtung zum Granulieren* (1).

Gra|nu|len ⟨Pl.⟩ (Astron.): *auf der nicht gleichmäßig hellen Oberfläche der Sonne als körnige Struktur sichtbare, auf- u. absteigende Gasmassen, deren Anordnung sich innerhalb weniger Minuten ändert.*

gra|nu|lie|ren ⟨sw. V.⟩: **1.** (Fachspr.) *[an der Oberfläche] körnig machen, in körnige, gekörnte Form bringen* ⟨hat⟩. **2.** (Med.) *Körnchen, Granulationsgewebe bilden* ⟨ist/hat⟩.

Gra|nu|lie|rung, die; -, -en: **1.** *das Granulieren; Granulation* (1). **2.** (selten) *Granulation* (2).

Gra|nu|lit [auch: ...ˈlɪt], der; -s, -e: *hellfarbiger kristalliner Schiefer aus Quarz, Feldspat, ²Granat u. Rutil.*

gra|nu|li|tisch [auch: ...ˈlɪtɪʃ] ⟨Adj.⟩: *den Granulit betreffend; aus Granulit.*

Gra|nu|lom, das; -s, -e (Med.): *Geschwulst od. geschwulstähnliche Bildung aus Granulationsgewebe.*

gra|nu|lo|ma|tös ⟨Adj.⟩ (Med.): *mit der Bildung von Granulomen einhergehend.*

Gra|nu|lo|ma|to|se, die; -, -n (Med.): *Erkrankung, die mit der Bildung von Granulomen einhergeht.*

Gra|nu|lo|me|trie, die; - [↑-metrie]: *Gesamtheit der Methoden zur prozentualen Erfassung des Kornaufbaus von Sand, Kies, Böden od. Produkten der Grob- u. Feinzerkleinerung mithilfe von Sichtung, Siebung od. Sedimentation.*

gra|nu|lös ⟨Adj.⟩ [frz. granuleux, zu lat. granulum = Körnchen] (Fachspr.): *körnig, gekörnt.*

Gra|nu|lo|zyt, der; -en, -en ⟨meist Pl.⟩ [zu griech. kýtos = Höhlung, Wölbung] (Med.): *weißes Blutkörperchen von körniger Struktur.*

Gra|nu|lum, das; -s, ...la [lat. granulum = Körnchen]: **1.** (Pharm.) *in Form von Körnchen od. Kügelchen vorliegendes Arzneimittel.* **2.** (Biol., Med.) *körnchenähnliche Einlagerung, körnchenartige Struktur im Plasma einer Zelle* (z. B. in den Granulozyten). **3.** (Med.) *Gewebeknötchen im Granulationsgewebe.*

Grape|fruit [ˈgreːpfruːt, engl.: ˈgreɪp...], die; -, -s [engl. grapefruit, aus: grape = Traube u. fruit = Frucht, nach den traubenförmigen Blütenständen]: *große, runde Zitrusfrucht mit dicker, gelber Schale u. saftreichem, säuerlich-bitter schmeckendem Fruchtfleisch.*

Grape|fruit|baum, der: *zu den Zitrusgewächsen gehörender Baum mit geflügelten Blattstielen u. weißen Blüten in traubigen Blütenständen.*

Grape|fruit|saft, der: *Saft aus Grapefruits.*

¹Graph, der; -en, -en [zu griech. gráphein = schreiben] (bes. Math., Naturw.): *grafische Darstellung (z. B. von Relationen) in Form von [markierten] Knoten[punkten] u. verbindenden Linien (Kanten).*

²Graph, das; -s, -e (Sprachw.): *Schriftzeichen als kleinste Einheit in Texten, die durch Segmentierung von Geschriebenem gewonnen, im Unterschied zum Graphem aber noch nicht klassifiziert ist.*

-graph, (auch:) -graf, der; -en, -en [↑¹Graph]: in Zus., z. B. Autograph, Barograph.

Gra|phem, das; -s, -e [engl. grapheme, zu griech. gráphēma = Schrift] (Sprachw.): *kleinste bedeutungsunterscheidende Einheit in einem Schriftsystem, die ein Phonem bzw. eine Phonemfolge repräsentiert.*

Gra|phe|ma|tik, die; -: *Graphemik.*

gra|phe|ma|tisch ⟨Adj.⟩ (Sprachw.): *die Graphematik betreffend.*

Gra|phe|mik, die; - [engl. graphemics] (Sprachw.): *Wissenschaft von den Graphemen unter dem Aspekt ihrer Unterscheidungsmerkmale, ihrer Kombinierbarkeit u. ihrer Stellung im Alphabet.*

gra|phe|misch ⟨Adj.⟩ (Sprachw.): *die Graphemik betreffend.*

Gra|phe|o|lo|gie, die; - [zu griech. graphē̆ = Schrift u. ↑-logie]: **1.** *Wissenschaft von der Verschriftung von Sprache u. von den Schreibsystemen.* **2.** *Graphemik.*

gra|phe|o|lo|gisch ⟨Adj.⟩: *die Grapheologie betreffend.*

Gra|phie, (auch:) Grafie, die; -, -n [zu griech. graphḗ = Schrift; Darstellung] (Sprachw.): *Schreibung, Schreibweise.*

-gra|phie, (auch:) -grafie, die; -, -n [griech. -graphía, zu: gráphein = schreiben]: in Zus., z. B. Geographie, Röntgenographie.

Gra|phik usw.: ↑Grafik usw.

Gra|phis|mus: ↑Grafismus.

Gra|phit [auch: ...ˈfɪt], der; -s, (Arten:) -e [zu griech. gráphein = schreiben, zeichnen]: *weiches, schwarzgraues Mineral aus reinem Kohlenstoff.*

gra|phit|ar|tig ⟨Adj.⟩: *dem Graphit ähnlich.*

Gra|phit|bom|be, die: *Bombe, die (vom Flugzeug abgeworfen) in geringer Höhe explodiert und lange Fäden aus Kohlenstoff freigibt, die an Stromleitungen Kurzschlüsse verursachen.*

Gra|phit|elek|tro|de, die (Technik): *Elektrode aus Graphit.*

gra|phit|far|ben, gra|phit|grau ⟨Adj.⟩: *von der Farbe des Graphits; schwarzgrau.*

gra|phit|hal|tig ⟨Adj.⟩: *Graphit enthaltend.*

gra|phi|tie|ren ⟨sw. V.; hat⟩ (Technik): *mit Graphit überziehen.*

gra|phi|tisch [auch: ...ˈfɪtɪʃ] ⟨Adj.⟩ (Mineral.): **1.** *das Graphit betreffend; aus Graphit bestehend, Graphit enthaltend:* das -e Kristallgitter; -es Gestein. **2.** *graphitartig.*

Gra|phit|mi|ne, die: *Bleistiftmine aus Graphit.*

Gra|phit|stab, der (Technik): *aus Graphit bestehender Stab für bestimmte technische Anwendungsbereiche* (z. B. bei Elektroden).

Gra|phit|stift, der: *Bleistift mit Graphitmine.*

Gra|phit|tie|gel, der (Gießerei): *aus Graphit bestehender Schmelztiegel zum Schmelzen bestimmter Metalle (z. B. Aluminium) u. Legierungen.*

Gra|phit|zeich|nung, die (Kunst): *mit dem Bleistift od. einem nur aus Graphit bestehenden Stift gefertigte Zeichnung.*

Gra|pho|lo|ge, der; -n, -n [↑-loge]: *Fachmann auf dem Gebiet der Graphologie.*

Gra|pho|lo|gie, die; - [frz. graphologie, eingeführt zu Ende des 19. Jh.s von dem frz. Abt u. Schriftsteller J.-H. Michon, dem Begründer der modernen Graphologie; zu griech. gráphein = schreiben u. ↑-logie]: *Wissenschaft von der Deutung der Handschrift bes. als Ausdruck des Charakters.*

Gra|pho|lo|gin, die; -, -nen: w. Form zu ↑Graphologe.

gra|pho|lo|gisch ⟨Adj.⟩: *die Graphologie betreffend:* ein -es Gutachten.

Gra|pho|ma|nie, die; - (bildungsspr. abwertend): *Schreibwut.*

Gra|pho|spas|mus, der; -, ...men (Med.): *Schreibkrampf.*

Gra|pho|sta|tik, die; - (Bauw.): *zeichnerische Methode zur Lösung statischer Aufgaben.*

Gra|pho|thek, (auch:) Grafothek, die; -, -en [2. Bestandteil zu griech. thḗkē = Behältnis; vgl. Bibliothek]: *Kabinett, das grafische Originalblätter moderner Kunst ausleiht.*

Gra|pho|the|ra|pie, die; - (Psych.): *Befreiung von Erlebnissen od. Träumen durch deren Niederschrift.*

Grap|pa, der; -s, -s, (auch:) die; -, -s [ital. grappa, zu älter: grappo = Traube]: *italienischer Tresterbranntwein:* Herr Ober, bringen Sie bitte zwei G.; In einer Trattoria trank er im Stehen eine große G. (G. Roth, Winterreise 32).

grap|schen, grabschen ⟨sw. V.; hat⟩ [zu mundartl. grappen = raffen, hochd. Entsprechung von niederd. grabben, ↑grabbeln] (ugs.): **a)** *rasch ergreifen, an sich raffen:* etw. g.; ich grapschte mir, was ich gerade fand; Das »Mädchen« habe sich ... die Schachtel mit Aspirin vom Nachttisch gegrapscht (*weggenommen;* Frischmuth, Herrin 60); Du kannst natürlich ... schnurstracks in ein Geschäft gehen, einfach etwas grabschen und dann türmen (Kinski, Erdbeermund 31); [sich] jmdn. g. (1. *jmdn. fassen, packen.* 2. *jmdn. [er]greifen; festnehmen*); **b)** *schnell nach etw., irgendwohin greifen:* Man geht wohl davon aus, dass ein Kollege einer Kollegin nicht an den Busen grapscht (Zeit 44, 1991, 25); nach etw., unter etw. g.; Sie ... grapscht nach dem Buch, haut mirs ins Gesicht (Imog, Wurliblume 192).

Grap|scher, Grabscher, der; -s, - (salopp abwertend): *männliche Person, die eine Frau unsittlich berührt:* Unverbesserlichen »Grapschern« soll in Zukunft mit fristlosen Kündigungen das Handwerk gelegt werden (MM 6./7. 7. 91, 15); Den Freispruch eines ... Grabschers, den eine junge Serviererin wegen körperlicher Belästigung verklagt hatte, wollten Feministinnen ... nicht hinnehmen (taz 6. 12. 84, 6).

grap|sen ⟨sw. V.; hat⟩ [zu mundartl. grappen, ↑grapschen] (österr. ugs.): *stehlen.*

Grap|to|lith [auch: ...'lɪt], der; -s u. -en, -en ⟨meist Pl.⟩ [zu griech. graptós = geschrieben u. ↑-lith, wegen der Schriftzeichen gleichenden Abdrücke der Ablagerungen]: *in Familien erhaltenes, koloniebildendes, sehr kleines Meerestier mit einem chitinartigen äußeren Skelett.*

Gras, das; -es, Gräser [mhd., ahd. gras, eigtl. = das Keimende, Hervorstechende]: **1.** *(in vielen Gattungen u. Arten über die ganze Welt verbreitete) Pflanze mit einem durch Knoten* (2a) *gegliederten Halm, langen, schmalen Blättern u. bes. als Ähren od. Rispen ausgebildeten Blütenständen mit unscheinbaren Blüten:* Gräser sammeln; Das Lispeln der Gräser, das Rieseln und Rauschen ... ergab das große Tönen (L. Frank, Wagen 43). **2.** ⟨o. Pl.⟩ *Gesamtheit von Gräsern* (1), *grasähnlichen Pflanzen als Pflanzendecke; Rasen:* hohes, saftiges, grünes, dürres G.; das niedergetretene G. richtet sich wieder auf; das blühende G. steht so hoch (Seidel, Sterne 71); G. mähen, schneiden; die Kühe fressen G.; G. fressende Tiere; Kühle Luft drang zu mir, sie roch nach feuchtem G. (Simmel, Affäre 35); Joachim hatte einige Blumen in die kleine Vase ... gestellt; was eben im zweiten -e zu finden gewesen war (*nach dem ersten Grasschnitt nachgewachsenes frisches Gras;* Th. Mann, Zauberberg 22); sich ins G. legen; der Hang ist mit G. bewachsen; der Weg ist mit/von G. überwuchert; barfuß durch das [knie]hohe G. gehen; R wo der hinhaut/hintritt/hinfasst, da wächst kein G. mehr (ugs.; *er ist in seinem Tun ziemlich grob, hat eine ziemlich grobe Art*); * **das G. wachsen hören** (ugs. spött.; *an den kleinsten od. auch an eingebildeten Anzeichen zu erkennen glauben, wie die Lage ist od. sich entwickelt;* da es nicht gut möglich ist, dass jmd. das Gras wachsen hört, verspottet man mit dieser Wendung einen Menschen, der jede Kleinigkeit gleich für bedeutsam hält): Er hört das G. wachsen, er sieht Fehler, wo keine sind (Ruthe, Partnerwahl 34); »Der Lindlau wirds«, sagen diejenigen, die schon immer das G. wachsen hörten (Hörzu 30, 1971, 14); **das G. von unten besehen/betrachten/wachsen hören [können]** (salopp scherzh.; *tot sein, im Grab liegen*); **über etw. wächst G.** (ugs.; *eine unangenehme Sache wird mit der Zeit vergessen*): darüber ist längst G. gewachsen; man wollte über diese Sache G. wachsen lassen; **ins G. beißen** (salopp; *sterben;* vermutlich nach der antiken Vorstellung, dass der Kämpfer beim Todeskampf in Erde od. Gras beißt): Drei Maschinengewehre senden ihnen einen Hagel von Geschossen zu. ... Ein Mann wird in den Rücken getroffen, der beißt ins G. (Kempowski, Zeit 330); Der Präsident hatte ins G. gebissen. Das Warten auf den Nachfolger fing an (Bieler, Bär 395). **3.** (Jargon) *Haschisch; Marihuana:* was er tut, is rumsitzen und G. rauchen (Bukowski [Übers.], Fuck 105); Wir waren voll auf G., und niemand konnte mit uns kommunizieren, weil wir glasige Augen hatten (Spiegel 51, 1980, 163).

Gras|af|fe, der [1. Bestandteil nach dem im Frühjahr noch frischen u. grünen Gras als Ausdruck der Unerfahrenheit u. Unreife] (salopp abwertend, veraltend): *unreifer, eitler Mensch.*

Gras|ähr|chen, das: *einzelnes Ährchen einer Graspflanze.*

Gras|äh|re, die: *Blütenstand eines bestimmten Grases.*

Gras|an|ger, der (landsch.): *Anger.*

Gras|art, die: *bestimmte Art von Gras.*

gras|ar|tig ⟨Adj.⟩: *in der Art von Gras; wie Gras geartet.*

Gras|bahn, die (Sport): vgl. Sandbahn.

Gras|bahn|ren|nen, das: *Motorradrennen auf einer Grasbahn.*

gras|be|deckt ⟨Adj.⟩: *mit Gras bedeckt:* eine -e Fläche.

gras|be|wach|sen ⟨Adj.⟩: *mit Gras bewachsen.*

Gras|blatt, das ⟨meist Pl.⟩ (Bot.): *grasartiges Blatt.*

gras|blät|te|rig, gras|blätt|rig ⟨Adj.⟩ (Bot.): *mit Grasblättern.*

Gras|blü|te, die: **1.** ⟨o. Pl.⟩ *das Blühen des Grases; Zeit, in der das Gras blüht:* die Grasblüte ist noch nicht vorüber. **2.** *Blüte von Gras.*

Gras|bo|den, der: *grasbewachsener Boden.*

Gras|brand, der: vgl. Steppenbrand: die Feuerwehr, die im Nachbargrundstück einen G. löschen musste (Kinski, Erdbeermund 359).

Gras|bün|del, das: *Bündel von Gras.*

Gras|bü|schel, das: *Büschel Gras.*

Gras|but|ter, die (Landw.): *Butter aus Milch von Kühen, die Grünfutter bekommen, die auf die Weide gehen:* frisches Landbrot ... und einen gewaltigen Knollen gelber G. (Fallada, Herr 102); Die erste Butter im Jahr, die G., ...! Wenn das Vieh so grade eben auf der Weide ist (Kempowski, Uns 47).

Gräs|chen, das; -s, - u. Gräserchen: Vkl. zu ↑Gras (1).

Gras|dach, das: *mit Gras bewachsenes Dach:* wenn jedes fünfte Dach im Kernbereich unserer Großstädte ein G. ist (Welt 28. 7. 89, 15).

Gras|de|cke, die: *Pflanzendecke aus Gras.*

Gras|ebe|ne, die: *grasbewachsene Ebene.*

gra|sen ⟨sw. V.; hat⟩ [mhd. grasen = Gras schneiden; weiden, ahd. grasōn = Gras schneiden]: **1.** *Gras abfressen; weiden:* die Kühe grasen [auf der Weide]; Ich schlendere ... auf eine Herde Gnus zu, die weitab in der Ebene grasen (Grzimek, Serengeti 278); ⟨subst.:⟩ wir ... haben die Pferde zum Grasen auf die Sternenwiesen geschickt (Bergengruen, Rittmeisterin 448). **2.** (ugs.) *überall nach etw. suchen:* nach einem Zitat g.; Sie ... wohnte eine Weile irgendwo, ließ ihre Augen und Ohren g., bis sie das Land kannte (Rinser, Mitte 79).

Gra|ser, der; -s, - (Jägerspr.): *Zunge (bei Rot-, Reh-, Dam-, Gams-, Muffelwild).*

Grä|ser: Pl. von ↑Gras.

Grä|ser|chen: Pl. von ↑Gräschen.

Gras|eu|le, die: *Eulenfalter, dessen Raupe an Gras frisst.*

Gras|feld|bau, der ⟨o. Pl.⟩ (Landw.): *Graswirtschaft.*

Gras|flä|che, die: vgl. Grasboden.

Gras|fleck, der: **1.** *grasbewachsenes Stück Boden.* **2.** *durch zerquetschtes Gras verursachter grüner Fleck.*

Gras|fle|cken, der: *Grasfleck* (2).

Gras|flur, die: *grasbewachsenes Land:* In den Dörfern lassen die ... Quechua-Indianer ihre Herden, Schafe, Schweine und Lamas, auf den immer feuchten Kraut- und Grasfluren ... weiden (Konsalik, Promenadendeck 324).

Gras fres|send: s. Gras (2).

Gras|fres|ser, der (Zool.): *Gras fressendes Tier.*

Gras|frosch, der: *(meist im feuchten Wiesengelände lebender) gelb- bis dunkelbrauner, auf der Oberseite dunkel, auf der Unterseite weißlich gefleckter Frosch.*

Gras|fut|ter, das: *Gras als Futter für Tiere.*

Gras|füt|te|rung, die: *Fütterung bestimmter Tiere mit Gras.*

Gras|gar|ten, der: *[Obst]garten, dessen Fläche mit Gras bewachsen ist.*

gras|grün ⟨Adj.⟩: *leuchtend grün:* ein -er Pullover; der Apfel ist noch g. *(unreif).*

Gras|halm, der: *Halm des Grases:* Jeno kaute an einem G. (Schnurre, Bart 149).

Gras|hecht, der (Angeln): *junger Hecht,*

der sich hauptsächlich im Pflanzenbewuchs der Gewässer aufhält.

Gras|hirsch, der (Jägerspr.): *Rothirsch, der (im Vorsommer, vor Beginn der Ährenbildung des Getreides) nur Gras geäst hat.*

Gras|hüp|fer, der (ugs.): *Heuschrecke:* Schmetterlinge flattern durch den Garten, Wildbienen und Käfer brummen, G. springen (SZ 27. 3. 97, 10).

gra|sig ‹Adj.› [2: mhd. grasec, ahd. grasag]: **1.** *grasartig.* **2.** *mit Gras bewachsen:* Die Schritte seiner Mutter klangen dumpf im Ohr, wie sie sich auf dem -en Boden fortbewegte (H. Gerlach, Demission 157).

Gras|land, das ‹o. Pl.›: *grasbewachsenes Land:* In dem US-Bundesstaat sind seit Jahresbeginn bei mehr als 2 500 Bränden schon fast 100 000 Hektar Wald- und Grasland verbrannt (SZ 22. 4. 99, 1); Je näher sie dem Dschungel kamen ..., desto höher ragte der Wald auf ..., nur durch einen schmalen Buschstreifen von dem G. mit seinen vereinzelten Bauminseln getrennt (Kegel, Ölschieferskelett 430).

Gras|lauch, der (selten): *Schnittlauch.*

Gras|lei|nen, das (Textilind.): *weißes, glänzendes Gewebe aus Ramie.*

Gras|li|lie, die: *Lilie mit grasartigen Blättern.*

Gras|mahd, die (landsch.): [1]vgl. Mahd.

Gras|mä|her, der: *Grasmähmaschine.*

Gras|mäh|ma|schi|ne, die: *Maschine, mit der Gras gemäht wird.*

Gras|mot|te, die: *Graszünsler.*

Gras|mü|cke, die [mhd., ahd. gras(e)muc(ke), eigtl. = Grasschlüpferin, 2. Bestandteil verw. mit ↑schmiegen]: *(in vielen Arten weltweit verbreiteter) kleiner, meist unscheinbar gefärbter Singvogel mit feinem, spitzem Schnabel u. unauffälligem Gefieder.*

Gras|nar|be, die: *die oberste Bodenschicht dicht überziehende u. durchziehende Pflanzendecke, die sich durch die Verwachsung von Gräsern, Klee u. verschiedenen Kräuterarten bildet:* die G. abstechen, abheben; In den Koppeln, in denen die G. längst zertrampelt ist, steht der Schlamm knietief (Frischmuth, Herrin 68); Der größte Teil der Schafe lebt an der Westküste ... An den Deichen halten sie den Bewuchs niedrig und mit ihren spitzen Hufen die G. dicht (taz 15. 7. 99, 24).

Gras|nel|ke, die: *kleine Pflanze mit grasartigen Blättern u. trichterförmigen bis röhrenartigen weißen, rosa od. roten Blüten.*

Gras|pfad, der: *grasbewachsener Pfad; Pfad durch hohes Gras.*

Gras|pferd, Gras|pferd|chen, das [nach dem pferdeähnlichen Kopf]: *Heuschrecke.*

Gras|pflan|ze, die: vgl. Gras (1).

Gras|platz, der: **1.** *grasbewachsener Platz.* **2.** *Tennisplatz auf Rasen.*

gras|reich ‹Adj.›: *viel Grasfläche aufweisend.*

◆ **grass** ‹Adj.› [mhd. graȥ = zornig, wütend, ahd. graȥȥo (Adv.) = ernstlich, nachdrücklich, urspr. = spitz, scharf, verw. mit ↑Gras]: *wild, schrecklich, Grauen erregend:* weg mit dir, schwarzes, rauchendes Blut! weg, hohler, -er, zuckender Todesblick (Schiller, Räuber IV, 1); So kalt, so g. liegt alles vor mir (Goethe, Stella V).

Grass, das; - [engl. grass, eigtl. = Gras, nach den getrockneten Pflanzenteilen] (Jargon): *Marihuana:* der süßliche Geruch von gerauchtem G. (MM 7. 8. 70, 3).

Gras|saat, die: *Grassamen:* Auf den Böschungen war die G. noch nicht aufgegangen (Springer, Was 22).

Gras|sa|men, der: *Samen von Gräsern [für Rasen].*

Gras|sche|re, die: *Schere zum Schneiden von Gras.*

Gras|schnitt, der: **a)** *das Abmähen von Gras;* **b)** *abgemähtes Gras:* Nimmt man die landwirtschaftlichen Abfälle ... hinzu, das Stroh von den Feldern und die Streu in den Städten, ferner Laub und -e, die in den Städten beseitigt werden ... (natur 5, 1987, 32).

Gras|si|chel, die: *Sichel zum Schneiden von Gras.*

gras|sie|ren ‹sw. V.; hat› [zu lat. grassari = losgehen]: *(von Krankheiten, Missständen o. Ä.) um sich greifen; sich ausbreiten:* dort grassiert die Ruhr; in Europa grassierte das Schlagwort von den zornigen jungen Männern (Saarbr. Zeitung 28. 12. 79, I); Das Zechensterben grassiert seit 1958 (Woche 21. 3. 97, 13); eine grassierende Unsitte; Das hat nichts zu tun mit der in Deutschland grassierenden neoliberalen Debatte (Woche 19. 12. 97, 3).

Gras|ski, der: *(zum Skifahren auf Grashängen konstruierter) kurzer Ski mit beweglichem Band unter der Lauffläche.*

Gras|ski|fah|rer, der: *jmd., der Grasskifahren betreibt.*

Gras|ski|fah|re|rin, die: w. Form zu ↑Grasskifahrer.

Gras|ski|ren|nen, das: vgl. Skirennen.

gräss|lich ‹Adj.› [aus dem Niederd. < mniederd. greselīk = Schauder erregend, H. u.; im md. u. oberd. Sprachraum empfunden als Abl. von mhd. graȥ, ↑grass]: **1.** (emotional) *schauderndes Erschrecken hervorrufend:* ein -es Verbrechen; ein -er Anblick; sein Gesicht war g. entstellt. **2.** (ugs.) **a)** *äußerst unangenehme Gefühle hervorrufend:* -es Wetter; ein -er *(unausstehlicher)* Kerl; er glaubt, das ... Mädchen sei beeindruckt von ihm, ... weiß Gott, ein Trugschluss, sie fand ihn g. (Kronauer, Bogenschütze 199); **b)** *in unangenehmer Weise groß, stark:* -e Angst haben; jmdn. in -e Verlegenheit bringen; **c)** ‹intensivierend bei Adj. u. Verben:› *überaus; in höchstem Maße:* ich war g. müde, aufgeregt; wir haben uns dort g. gelangweilt; jeder verpatzte Versuch war g. teuer (Süskind, Parfum 94); Und wir laufen in dem gewaltigen und um diese Tageszeit natürlich g. überlaufenen Kaufhaus aus einer Abteilung in die andere (Hofmann, Fistelstimme 64).

Gräss|lich|keit, die; -, -en (emotional): **1.** ‹o. Pl.› *grässliche Art, Beschaffenheit:* die hohe und unwiderlegliche Beschönigung, die sie (= Idealität) der gemeinen G. der wirklichen Dinge angedeihen ließ (Th. Mann, Zauberberg 896). **2.** *grässliche Äußerung, Handlung; grässlicher Umstand:* die -en der Jagd auf die entflohenen Häftlinge schildern.

Gras|so|de, die (bes. nordd.): *abgestochenes Stück Grasnarbe:* Einer stach das Rechteck aus ..., der andere hob die -n mit der Schaufel ab und schichtete sie sorgfältig zu einer niedrigen Mauer (Kant, Aufenthalt 79).

Gras|spit|ze, die ‹meist Pl.›: *einzelne Spitze einer Graspflanze:* aus dem ... Schnee schauten noch welke -n (Handke, Frau 104).

Gras|stän|gel, der: *Grashalm.*

Gras|step|pe, die (Geogr.): *fruchtbare, von Gras u. Kräutern bewachsene Steppe:* Die Eisschilde hatten sich nach dem Ende der letzten Eiszeit auf ihre heutige Ausdehnung zurückgezogen, und in Nordafrika regnete es so viel, dass sich in der heutigen Sahara zu jener Zeit eine riesige G. ausbreitete (FAZ 1. 7. 98, N1).

Gras|strei|fen, der: *mit Gras bewachsener Streifen des Bodens.*

Gras|stück, das (landsch.) Grasfleck (1).

Gras|tep|pich, der (geh.): *dichte, weiche Grasdecke.*

Gras|topf, der [nach dem topfartigen Aussehen der Pflanzenbüschel]: *in niedrigen, dichten Büschen wachsende Sumpfpflanze (aus der Familie der Riedgräser) mit fadenförmigem Stängel u. borstenförmigen Blättern, die an der Spitze doldenartig gehäufte Blütenährchen tragen.*

gras|über|wach|sen ‹Adj.›: *von Gras überwachsen:* -e Pfade.

gras|über|wu|chert ‹Adj.›: *von Gras überwuchert:* auf der alten, -en Anfahrtsstraße (Grzimek, Serengeti 91).

Gras|wirt|schaft, die (Landw.): *agrarische Betriebsform, bei der der überwiegende Teil der Nutzfläche aus Grasland besteht.*

Gras|wuchs, der ‹o. Pl.›: *Wuchs von Gras.*

Gras|wur|zel|de|mo|kra|tie, die [1. Bestandteil LÜ von engl. grass roots = unterste Ebene, Grundlage] (Politik Jargon): *Basisdemokratie:* Die »Rückkehr zur G.« durch Mitgliederentscheidung ist nach Einschätzung des FDP-Politikers »ein wesentlicher Beitrag gegen die tatsächliche oder vermeintliche Politikverdrossenheit« (FAZ 1. 7. 95, 4).

Grat, der; -[e]s, -e [mhd. grāt = Bergrücken, Rückgrat; Gräte, Spitze, Stachel, ahd. grāt = Rückgrat, eigtl. = Spitze(s), Hervorstechendes]: **1.** *oberste Kante eines Bergrückens; [scharfe] Kammlinie:* ein schmaler G.; den G. eines Berges entlangwandern; Ich lerne, mit Seilen und Eispickeln umzugehen und mich schwindelfrei auf -en und in Gletscherzonen zu bewegen (Hartlaub, Muriel 300); über den G. zum Gipfel aufsteigen; Als die Oktobersonne über die -e emporstieg und die Leblosigkeit der Steinwüsten ... in ein unerbittliches Licht tauchte (Ransmayr, Welt 233); Ü Der G. zwischen notwendiger Jagdausrüstung und überzogener Aufrüstung ... ist äußerst schmal (natur 10, 1995, 39); bei dem Versuch, die Gesetze nicht zu verletzen, wandern sie auf einem schmalen G. **2.** (Bauw., Archit.) **a)** *schräg verlaufende Schnittlinie zweier Dachflächen;* **b)** *Schnittlinie zweier Gewölbeflächen.* **3.** (Fachspr.) *[beim Gießen, Stanzen usw. entstehende] scharfe, harte Kante; scharfkantiger Rand eines Werkstoffes:* dem Werkstück den G. *(die Gussnaht)* nehmen; der G. *(scharfkantige Rand)* eines gestanzten Teils; Da ist die Kannelierung, die den Körper der Säule ... aufteilt in Furchen einerseits und scharfkantig sie trennende -e andererseits (Bild. Kunst I, 212). **4.** (Textilind.) *aus der Gewebefläche heraustretende Bindungslinie mit schrägem Verlauf.*

Grä|te, die; -, -n [mhd. græte, urspr. Pl. von: grât, ↑Grat]: **1.** *Fischgräte:* dünne, feine -n; die -n entfernen; ihm ist eine G. im Hals stecken geblieben; an einer G. ersticken; einen Fisch von den -n befreien; ***-n im Gesicht haben** (salopp scherzh.; *unrasiert sein*). **2.** (salopp) *Knochen:* sich die -n brechen; Ü Gründe, dass ich dem die -n breche (salopp; *dass ich ihn zusammenschlage*), die hatte ick 'n paar mehr als du (Kant, Impressum 339); Der hätte dir sämtliche -n im Leib gebrochen (Jaeger, Freudenhaus 90); ***nur noch in den -n hängen** (*völlig abgearbeitet, erschöpft sein;* der Erschöpfte wird nur noch von seinen Knochen aufrecht gehalten, nicht mehr von seinem Willen).

Grä|ten|fisch, der (Zool.): *Knochenfisch.*

grä|ten|los ⟨Adj.⟩: *ohne Gräten.*

Grä|ten|mus|ter, das (Textilind.): *Fischgrätenmuster.*

Grä|ten|schritt, der: *Schritt mit fischgrätenartiger Spur, den der Skiläufer beim Aufstieg anwendet, indem er die Innenkante der mit den Spitzen weit nach außen gerichteten Skier belastet:* eine Steigung im G. nehmen.

grat|frei ⟨Adj.⟩ (Technik): *ohne Grat* (3): Eine Plasmastrahl sorgt für schmale Schnittfugen, die Schnittkanten sind meistens g. (VDI nachrichten 18. 5. 84, 13).

Grat|ge|wöl|be, das (Archit.): *Kreuzgratgewölbe.*

Grat|ho|bel, der (Handw.): *Hobel, mit dem Grate* (3) *geglättet werden.*

Gra|ti|al, das; -s, -e, **Gra|ti|a|le,** das; -s, ...lien [zu mlat. gratialis = Gunst erweisend; gefällig, zu lat. gratia, ↑gratis] (veraltet): **a)** *Dankgebet;* **b)** *Geschenk, durch das man seine Dankbarkeit zum Ausdruck bringt:* ◆ Man erklärte ihn (= den Wechsel) für eine Bestechung, für das Gratial der Stände (Lessing, Minna IV, 6).

Gra|ti|as, das; -, - [nach dem Anfang des Gebetes, lat. gratias agamus Deo = lasst uns Gott danken, zu lat. gratia, ↑gratis] (kath. Kirche): *[klösterliches] Dankgebet nach Tisch.*

Gra|ti|fi|ka|ti|on, die; -, -en [lat. gratificatio = Gefälligkeit, zu: gratificari, ↑gratifizieren]: *Sonderzuwendung, die der Arbeitnehmer vom Arbeitgeber zu bestimmten Anlässen erhält* (z. B. Weihnachtsgratifikation): eine G. bekommen, erhalten, zahlen; Der Anspruch auf eine G. entsteht, wenn die Zahlung dreimal vorbehaltlos geleistet wird (FAZ 11. 12. 98, 28).

gra|ti|fi|zie|ren ⟨sw. V.; hat⟩ [lat. gratificari = eine Gefälligkeit erweisen] (veraltet): *etw. als Sonderzuwendung zahlen:* Ich hatte vor, dir mehr als zehn Mark Zulage für deine Sonderleistung ... zu g. (Strittmatter, Wundertäter 229).

grä|tig ⟨Adj.⟩ [2: eigtl. = schlecht genießbar wie ein grätiger (1) Fisch]: **1.** *viele Gräten enthaltend:* -e Fische. **2.** (ugs.) *übellaunig, reizbar.*

Gra|tin [gra'tɛ̃:], das od. der; -s, -s [frz. gratin, zu: gratter, ↑gratinieren]: *überbackenes* [2]*Gericht:* Es gab Gesulztes vom Tafelspitz auf Schnittlauchsauce ..., Zanderfilets in Sesam-Ei-Hülle auf Blattspinat, geschmolzenen Tomaten und breiten Nudeln sowie ein G. von Erdbeeren und Rhabarber (FAZ 20. 4. 94, 9).

Grä|ting, die; -, -e u. -s [engl. grating = Gitter(werk)] (Seemannsspr.): *Gitterrost [auf Schiffen].*

gra|ti|nie|ren ⟨sw. V.; hat⟩ [frz. gratiner = am Rand des Kochtopfs festbacken, zu: gratter = abkratzen]: *überbacken, bis eine braune Kruste entsteht:* der Auflauf wird mit Käse bestreut und im Backofen gratiniert.

gra|tis ⟨Adv.⟩ [lat. gratis, urspr. Ablativ von: gratia = Dank; also eigtl. = um den bloßen Dank (und nicht um Belohnung)]: *ohne dass man etw. dafür bezahlen muss; unentgeltlich, kostenlos:* der Katalog ist g.; Eintritt g.!; bei der Frau des Metzgers ... durfte er sich alte, stinkende Fleisch- und Knochenreste aussuchen und g. mitnehmen (Süskind, Parfum 233); Beim Bäcker kriegten sie Extrasemmeln, knusprige und g. (Bieler, Bär 371); es gibt nichts g.; ***g. und franko** (ugs.; *umsonst*): Jahr für Jahr kommt Weder (72) mit einer Gruppe von Freiwilligen nach Zermatt, um g. und franko den Abfall in der ganzen Gegend zusammenzulesen (Basler Zeitung 27. 7. 84, 17).

Gra|tis|ak|tie, die: *Aktie, die der Aktionär ohne direkte Gegenleistung erhält.*

Gra|tis|an|zei|ger, der (schweiz.): *regelmäßig erscheinendes Inseratenblatt:* Nach einer relativ kurzen Vorbereitungszeit ist, wie bereits mitgeteilt, in der Region Bern erstmals ein G. erschienen (NZZ 29. 4. 83, 24).

Gra|tis|ar|beit, die: *unentgeltlich geleistete Arbeit:* Wer von den Jüngeren kann es sich heute noch leisten, Alte in G. zu betreuen (Brauchbar, Zukunft 53).

Gra|tis|bei|la|ge, die (Zeitungsw.): *kostenlose Beilage einer Zeitung od. Zeitschrift.*

Gra|tis|exem|plar, das: *Freiexemplar:* die ersten Nummern der neuen Zeitschrift werden als -e verteilt.

Gra|tis|fahrt, die: *Freifahrt.*

Gra|tis|ga|be, die: *kostenlose Gabe.*

Gra|tis|ka|ta|log, der: *kostenlos erhältlicher Katalog.*

Gra|tis|leis|tung, die: *gratis erbrachte Leistung.*

Gra|tis|mus|ter, das: *kostenloses Muster.*

Gra|tis|pro|be, die: *kostenlose Probe:* Sie erhalten auf Anfrage eine G. des neuen Produktes.

Gra|tis|pros|pekt, der: *kostenloser Prospekt:* fordern Sie bitte noch heute unseren unverbindlichen G. an.

Gra|tis|vor|stel|lung, die: *kostenlose Vorstellung* (3): eine G. geben.

Gra|tis|zu|ga|be, die: *kostenlose Zugabe.*

Gra|tis|zu|stel|lung, die: *kostenlose Zustellung.*

Grat|leis|te, die (Schreinerei): *in eine Vertiefung passende Leiste.*

Grätsch|ab|schwung, der (Turnen): *mit gegrätschten Beinen ausgeführter Abschwung vom Gerät.*

Grätsch|auf|schwung, der (Turnen): *mit gegrätschten Beinen ausgeführter Aufschwung auf das Gerät.*

grätsch|bei|nig ⟨Adj.⟩ (Turnen): *mit gegrätschten Beinen.*

Grät|sche, die; -, -n [zu ↑grätschen]: **1.** (Turnen) *[Stütz]sprung mit gegrätschten Beinen* (z. B. über Bock, Kasten): eine G. über das Pferd; mit G. [vom Reck] abgehen. **2.** (Turnen) *Stellung mit gegrätschten Beinen:* in die G. springen, gehen. Das Gejohle auf den Rängen nahm zu, je mehr das Tier vor Schwäche bebte: unendlich langsam knickte es mit den Vorderläufen ein, als versuchte es eine knochenbrecherische G. (Fels, Kanakenfauna 118). **3.** (Fußball) *das Grätschen* (3).

grät|schen ⟨sw. V.⟩ [Intensivbildung zu veraltet gräten, mhd. grëten = die Beine spreizen, wohl urspr. lautm.]: **1.** (Turnen) *die gestreckten Beine [im Sprung, Schwung] seitwärts spreizen* ⟨hat⟩: die Beine g.; mit gegrätschten Beinen. **2.** (Turnen) *einen Grätschsprung ausführen* ⟨ist⟩: über das Pferd g. **3.** (Fußball) *mit gestrecktem Bein auf den Ball (u. die Füße des Gegenspielers) zurutschen:* In der 23. Minute des Nordderbys grätschte Manfred Kaltz im Torraum in die Beine des Werder-Stürmers (Hamburger Morgenpost 20. 3. 84, 6).

Grätsch|schritt, der: *Schritt, mit dem eine Grätschstellung erreicht wird.*

Grätsch|sitz, der (Turnen): *Sitz mit gegrätschten Beinen.*

Grätsch|sprung, der (Turnen): *Sprung mit gegrätschten Beinen.*

Grätsch|stand, der ⟨o. Pl.⟩ (Turnen): *Stand mit gegrätschten Beinen.*

Grätsch|stel|lung, die (Turnen): vgl. Grätschsprung.

Grätsch|stoß, der (Schwimmen): *grätschende Bewegung der Beine beim Schwimmen.*

Grat|tier, das (Jägerspr.): *sich meist vereinzelt in den obersten Alpenregionen aufhaltende Gämse, bes. alter Gämsbock:* ◆ ... um ein armselig G. zu erjagen (Schiller, Tell IV, 3).

◆ **Grätt|lein,** das; -s, - [Vkl. von: Gratten, Nebenf. von ↑Krätten] (südd.): *kleiner Tragekorb:* Bald darauf kommt ... ein Bürgermädchen ...; trug ein G. am Arm (Mörike, Hutzelmännlein 150).

Grat|turm, der: *Fels auf dem Kamm eines Berges.*

Gra|tu|lant, der; -en, -en [lat. gratulans (Gen.: gratulantis), 1. Part. von: gratulari, ↑gratulieren]: *jmd., der jmdm. gratuliert:* die -en empfangen; Vertreter des Innenministeriums ..., des Landkreises und des Landesfeuerwehrverbandes haben sich zum offiziellen Festakt als -en angesagt (Heilbronner Stimme 12. 5. 84, 19).

Gra|tu|lan|tin, die; -, -nen: w. Form zu ↑Gratulant.

Gra|tu|la|ti|on, die; -, -en [lat. gratulatio, zu: gratulari, ↑gratulieren]: **1.** *das Gratulieren:* zur G. erscheinen. **2.** *Glückwunsch:* zahlreiche -en trafen ein; Die Kleberinnen kamen gelaufen, dem jungen Vater ihre G. darzubringen (Bredel, Väter 36).

Gra|tu|la|ti|ons|be|such, der: *Besuch, mit dem man eine Gratulation verbindet.*

Gra|tu|la|ti|ons|brief, der: *Brief, mit dem man jmdm. gratuliert:* einen G. schreiben, schicken; Hans Mayer hat die Aufführung gesehen, wie er mir später in dem G. zum Ausschluss aus dem Schriftstellerverband schrieb (Heiner Müller, Krieg 145).

Gra|tu|la|ti|ons|cour, die: *feierliche Beglückwünschung (bes. einer hoch gestellten Persönlichkeit) durch eine Vielzahl von Gratulanten:* sie ließ sich bei der G. ... bei einem Glas Sekt feiern (MM 23. 12. 74, 22).

Gra|tu|la|ti|ons|fax, das: vgl. Gratulationsbrief.

Gra|tu|la|ti|ons|kar|te, die: vgl. Gratulationsbrief.

Gra|tu|la|ti|ons|schrei|ben, das: *offizieller Gratulationsbrief:* sogar ein persönliches G. des Oberbürgermeisters hatte der hochbetagte Jubilar erhalten.

gra|tu|lie|ren ⟨sw. V.; hat⟩ [lat. gratulari, zu: gratus = willkommen]: *seine Glückwünsche aussprechen, Glück wünschen, jmdn. beglückwünschen:* jmdm. [schriftlich, mündlich] g.; jmdm. [herzlich] zum Geburtstag g.; jmdm. zum bestandenen Examen, zur Verlobung, zur Hochzeit, zu einer Beförderung, zu seiner Wahl, zum Gewinn der Meisterschaft g.; darf man [schon] g.?; ich gratuliere [Ihnen zu dieser Rede]; (ugs.:) gratuliere!; zu solchen Töchtern kann man Ihnen [nur] g. *(auf solche Töchter können Sie stolz sein);* * **sich** ⟨Dativ⟩ **g. können** (ugs.; *über etw. froh sein können*): zu diesem Schwiegersohn kannst du dir g.

Grat|wan|de|rer, der: *jmd., der in den Angelegenheiten, für die er verantwortlich ist, sehr riskant handelt u. an den Gefahren gerade noch vorbeikommt.*

Grat|wan|de|rin, die; -, -nen: w. Form zu ↑Gratwanderer.

Grat|wan|de|rung, die: **1.** *Wanderung auf einem Grat* (1): eine G. machen. **2.** *Vorgehensweise, bei der schon ein kleiner Fehler großes Unheil auslösen kann:* So bleibt der deutschen Stahlindustrie ... eine G. nicht erspart (Saarbr. Zeitung 5. 12. 79, 4); Die Untersuchung der Lohnpolitik der Gegenwart lässt erkennen, dass sich die Bevölkerung der hoch entwickelten Industriestaaten gewissermaßen auf einer G. befindet (Rittershausen, Wirtschaft 16).

Grät|zel, das; -s, -n [viell. zu mhd. gereiȝ = Umkreis] (österr. ugs.): *Teil eines Wohnviertels, einer Straße in einem Wohnviertel; Häuserblock.*

Grat|zie|gel, der: *Firstziegel.*

grau ⟨Adj.⟩ [mhd. grā, ahd. grāo, eigtl. = schimmernd, strahlend]: **1.** *im Farbton zwischen Schwarz u. Weiß* (z. B. von der Farbe der Asche, des Esels, dunkler Wolken): ein -er Anzug; -e Mauern; er hat schon -e Haare, -e Schläfen; sie hat -e Augen *(Augen mit grauer Iris);* eine -e *(fahle)* Gesichtsfarbe; -es Brot *(Graubrot);* die -e Substanz (Med.; *der an Nervenzellen reiche Teil des Gehirns u. des Rückenmarks*); heute ist ein -er *(wolkenverhangener)* Tag; der Himmel ist [heute] g.; sie ist ganz g. geworden *(hat graue Haare bekommen);* Edda fährt sich ... durch das kurz geschnittene Haar. Maximiliane sieht, dass diese Tochter schon g. wird (Brückner, Quints 132); g. melierte Schläfen; sein Haar war inzwischen g. meliert, was seine Erscheinung noch würdevoller machte (Danella, Hotel 30); alt und g. werden; er wurde g. *(fahl)* im Gesicht; der Himmel ist g. in g. *(es ist sehr trübe);* [ein Bild] g. in g. *(in grauen Farbtönen)* malen; Der Staub hatte sie alle g. gemacht (Härtling, Hubert 198); ein g. melierter Stoff; ein g. behaarter Kopf schaute um die Ecke; Eine g. getigerte Katze (Bieler, Mädchenkrieg 501). **2.** (ugs.) *sich an der Grenze der Legalität bewegend, nicht ganz korrekt:* -e Händler; alles ehrlich erworben, kein Schwarzbau, kein -es *(auf Schleichwegen erworbenes)* Material, alles korrekt bezahlt (Köhler, Hartmut 64); Die Waffentechnik ... wäre ohne -en Technologietransfer total veraltet (Spiegel 52, 1983, 5). **3.** *trostlos, öde:* dem -en Alltag entfliehen; alles erschien ihm g. [und öde]; Wo ich herkomme, ist alles g. und speckig (tip 12, 1984, 90); * **alles g. in g. sehen/malen** *(alles pessimistisch beurteilen, darstellen).* **4.** *[zeitlich weit entfernt u.] unbestimmt:* in -er Vorzeit *(in einer lange zurückliegenden Zeit);* eine Kirche mit einem roten Dach, doch die liegt ... in -er Ferne (Hofmann, Fistelstimme 222).

Grau, das; -s, -, ugs.: -s: **1.** *graue Farbe:* ein helles, dunkles G.; Über den Ohren ... mischt sich längst G. ins Rotblond (Stern, Mann 17); Es regnete an diesem Junitag ... das Pfarrhaus war in mildes G. gehüllt (Danella, Hotel 137); sie erschien ganz in G. *(in grauer Kleidung);* Ü Der Fall wird wohl nur ein leichtes G. auf der weißen Weste des intellektuellen Ex-Spions hinterlassen (Woche 4. 4. 97, 8). **2.** *Trostlosigkeit, Öde:* dem G. des Alltags entfliehen. **3.** *Unbestimmtheit [zeitlicher Ferne]:* im G. der Vorzeit entschwunden sein.

Grau|am|mer, die: *graubraune, auf der Unterseite weißlich braune Ammer.*

grau|äu|gig ⟨Adj.⟩: *mit grauen Augen; graue Augen habend:* Er war groß, hatte ein intelligentes -es Gesicht ohne Merkmale (Muschg, Sommer 57).

Grau|bär, der (selten): *Grizzlybär.*

Grau|bart, der: **1.** (selten) *grauer Bart.* **2.** (ugs.) *Mann mit ergrautem Bart:* mein Freund ist auf dem Foto links neben dem G. mit dem Strohhut zu sehen.

grau|bär|tig ⟨Adj.⟩: *einen grauen Bart habend, aufweisend:* Greisenhafte, -e Burschenschaftler, bewaffnet mit Bierkrügen und Gehstöcken, besingen feuchtfröhlich das schöne Heidelberg (FAZ 15. 3. 99, 51).

grau be|haart s. grau (1).

Grau|be|reich, der: *Grauzone:* Es gebe ... einen beträchtlichen »Graubereich« der öffentlichen Stimmung (W. Brandt, Begegnungen 327).

grau|blau ⟨Adj.⟩: *blau mit grauem Einschlag:* Wie ein Gänseblümchen unter Orchideen nimmt sich der Händler im abgetragenen -en Zweireiher zwischen den Teddys in glänzenden Hollywoodjäckchen aus (FAZ 28. 4. 99, 58).

grau|braun ⟨Adj.⟩: *braun mit grauem Einschlag.*

Grau|brot, das (landsch.): *Mischbrot (aus Roggen u. Weizen).*

Grau|buch, das (Dipl.): *Veröffentlichung mit grauem Einband od. Umschlag; Farbbuch; eine bei bestimmten Anlässen veröffentlichte Dokumentensammlung der belgischen, dänischen od. japanischen Regierung;* vgl. Blaubuch.

Grau|bün|den; -s: Kanton in der Schweiz.

[1]Grau|bünd|ner, der; -s, -: Ew.

[2]Grau|bünd|ner ⟨indekl. Adj.⟩: zum Frühstück gab es G. Speck und Butterbrote.

Grau|bünd|ne|rin, die; -, -nen: w. Form zu ↑[1]Graubündner.

grau|bünd|ne|risch ⟨Adj.⟩: *Graubünden, die Graubündner betreffend; aus Graubünden stammend.*

Grau|chen, das; -s, - (ugs. scherzh.): *Esel[chen].*

Gräue, die; - (seltener): **1.** *Grau* (1): Unter dem Regen schmolz sein Hut zu einem nassen Klumpen, die regnerische G. der Straße bedrückte ihn (Heckmann, Benjamin 9); Die Feuchtigkeit ... war bis zum Dachgebälk emporgekrochen und hatte mit den Jahren alles zu einer modernden G. werden lassen (Steimann, Aperwind 66). **2.** *Grau* (2): eine Medizin gegen die G. des Alltags (Börsenblatt 57, 1971, 4518).

Gräu|el, der; -s, - ⟨meist Pl.⟩ [mhd. griu(we)l = Grauen, Schrecken, zu: grüwen, ↑[2]grauen] (geh.): *grauenhafte, [moralisch] abstoßende Gewalttat:* die G. des Krieges; Von all diesen -n hatte sie in einer Zeitschrift gelesen (Hartlaub, Muriel 78); G. begehen, verüben; Der Abt des Klosters ... wäre wahrscheinlich ohnmächtig geworden, hätte er solche G. erlebt (Jacob, Kaffee 47); Ü Sie wollte ihnen die Wohnung zeigen, Zimmer ... voller G. *(Scheußlichkeiten),* mit scheußlichen Möbeln ... voll gestopft (Kuby, Sieg 320); * **jmdm. ein G. sein** *(von jmdm. als höchst widerwärtig angesehen werden):* mir ist der Kerl, die Gartenarbeit ein G.; Diese neuartigen Großraumbüros waren ihm ein G. (Prodöhl, Tod 255); Konservative Hinterbänkler, denen ihre (= Rita

Süssmuths) Vorstellungen von einer offenen Gesellschaft immer ein G. waren (Woche 3. 1. 97, 3).

Gräu|el|ge|schich|te, die: *Gräuelmärchen:* -n erzählen, verbreiten; er erschreckte seine kleine Schwester mit allen möglichen erfundenen -n.

Gräu|el|het|ze, die [bes. nationalsoz., nach ähnlichen Ausdrücken zur Zeit des 1. Weltkriegs]: *Hetze durch Verbreitung von Gräuelmärchen.*

Gräu|el|mär|chen, das: *[bewusst] auf Auslösung von Emotionen zielender, nicht den Tatsachen entsprechender Bericht von Gräueltaten:* Franz Werfel soll in Frankreich umgekommen sein; hoffentlich auch nur ein G. (K. Mann, Wendepunkt 359); G. verbreiten; es war die Zeit der G.

Gräu|el|mel|dung, die: *Meldung, Nachricht über begangene Gräuel:* neue -en kamen durchs Radio; Die Vereinten Nationen beschuldigte er, mit falschen -en Anhänger seines gestürzten Gegenspielers grundlos zur Flucht zu verleiten (FAZ 2. 9. 97, 7).

Gräu|el|nach|richt, die: *Gräuelmeldung:* -en verbreiten.

Gräu|el|pro|pa|gan|da, die [bes. nationalsoz., nach ähnlichen Ausdrücken zur Zeit des 1. Weltkriegs]: *Diffamierung des politischen Gegners durch die Verbreitung von Gräuelmärchen:* Der Assistent schlug auf den Tisch. »Das ist doch blanke G., was Sie hier treiben!« (Kant, Impressum 79).

Gräu|el|tat, die: *Schreckenstat, Gewalttat, Gräuel:* Den meisten ging es gut im Lager bis die -en in den Konzentrationslagern bekannt wurden (Wimschneider, Herbstmilch 141); -en verüben, ausführen; Berichte über -en während des Krieges; Wir ... haben ... zu erkennen gegeben, dass wir vor den -en unsrer früheren Machthaber schaudern (Augstein, Spiegelungen 15).

[1]**grau|en** ⟨sw. V.; hat⟩ [mhd. gräwen, ahd. grāwēn = grau werden; dämmern]: **1.** (geh.) *dämmern:* der Abend graut; Ich denke, es soll uns nicht langweilig werden, bis der Morgen graut (Frisch, Cruz 44); ein neuer Tag graut *(bricht an);* es begann gerade zu g., als sie das Haus verließen; ⟨subst.:⟩ beim ersten Grauen des Tages. **2.** (selten) *grau werden; ergrauen:* ihre Haare beginnen zu g.

[2]**grau|en** ⟨sw. V.; hat; unpers.⟩ [mhd. grūwen, ahd. (in)grūēn, H. u.]: *Grauen empfinden, sich fürchten:* mir/(seltener:) mich graut, wenn ich an morgen denke; bei diesem Gedanken graute ihr; vor diesem Menschen graut [es] mir; es graut mir heute schon vor der Prüfung; im Reisebüro geht es mir ganz gut, obschon mir vor dem Arbeitsbeginn wieder ein bisschen graut (Kronauer, Bogenschütze 314); Hoffentlich überstehe ich die Rückreise gut, mir graut vor der Bahnfahrt (Imog, Wurliblume 306); ⟨auch g. + sich:⟩ sich vor einer Begegnung g.; die Weiber sind komisch, wenn man Sargtischler ist. Grauen sich (Remarque, Obelisk 115).

Grau|en, das; -s, -: **1.** ⟨o. Pl.⟩ *Furcht, Entsetzen vor etw. Unheimlichem, Drohendem:* ein leises, tödliches G.; ein G. erfasst, überläuft jmdn.; ein G. vor etw. empfinden; Diese ... Männer ... flößten ihm das G. ein, das er manchmal auch vor dem eigenen Spiegelbild ... empfand (Kronauer, Bogenschütze 118); ein G. erregender Anblick; mit G. an etw. denken; Für das antike Rom sei der Tod kein von äußerstem G. erfüllter Einschnitt gewesen (Fest, Im Gegenlicht 358); die Unfallstelle bot noch am späten Nachmittag ein Bild des -s. **2.** *Grauen erregendes Ereignis:* das G., die G. des Atomkrieges schildern.

grau|en|er|re|gend ⟨Adj.⟩: *Grauen hervorrufend:* ein äußerst -er Anblick; die Fernsehbilder waren g.

grau|en|haft ⟨Adj.⟩: **1.** *Grauen hervorrufend:* ein -er Anblick; eine -e Entdeckung machen; Hussein ... lässt uns zerbombte Wohnhäuser sehen, weinende Mütter, hilflose Ärzte: -e Bilder (natur 4, 1991, 104); Kinder mit -en *(schrecklichen)* Missbildungen (Fest, Im Gegenlicht 328); eine Hungertragödie -esten Ausmaßes (Basler Zeitung 12. 5. 84, 5); die Verwüstungen waren g. **2.** (ugs.) **a)** *in besonders starkem Maße als unangenehm empfunden:* das ist ja eine -e Unordnung!; -e Angst haben; Bei dem Schriftstellertreffen hielt sie eine -e Rede (Gregor-Dellin, Traumbuch 60); Gaiman verfüge über einen -en Haarschnitt (Woche 4. 4. 97, 29); ... den unsichtbaren slowenischen Herbsthimmel, der ja einen ganz -en Winter ankündigen muss (Hofmann, Fistelstimme 47). **b)** ⟨intensivierend bei Adj. u. Verben⟩ *sehr, arg; in schrecklicher Weise:* es war g. kalt; Der Schlag war so g. laut und hart (Ott, Haie 235); sie hat sich g. gefürchtet; ein g. kitschiger Liebesroman.

grau|en|voll ⟨Adj.⟩: **1.** *grauenhaft* (1)*:* eine -e Entdeckung; was wir im Kriegsgebiet hörten und sahen, war g.; Ich sollte leiden, oder meine Leiden jedenfalls nicht verbergen, tausend Martern erfahren, eines -en und zugleich kläglichen Todes sterben (Handke, Niemandsbucht 145); Vielen erschien dieses Erlebnis so g. (Süskind, Parfum 312). **2.** (ugs.) *grauenhaft* (2)*:* Man müsste -e Mengen von Kalk und Asche transportieren (Loest, Nikolaikirche 31).

Grau|er|de, die (Geol., Landw.): *bestimmter Boden von geringer Fruchtbarkeit.*

Grau|er|le, die: *Erle mit heller, grauer Rinde; Weißerle.*

grau|far|ben ⟨Adj.⟩ (seltener): *von grauer Farbe.*

Grau|fär|bung, die: *von grauer Färbung.*

Grau|fäu|le, die: *mit Grauschimmel* (2) *verbundene, schädliche Fäule.*

Grau|fi|scher, der: *Fische jagender Eisvogel (mit schwarz-weißer Zeichnung, die ihn grau erscheinen lässt, u. mit Federschopf).*

grau|fle|ckig ⟨Adj.⟩: *mit grauen Flecken:* ... angelaufene Flaschen mit Stockflecken auf den Etiketts vor einem -en, gänzlich stumpfen Spiegel (Buchheim, Festung 539).

Grau|fuchs, der: *(bes. in Nordamerika vorkommender) Fuchs von grauer Färbung mit schwarzem Rückenstreifen u. rostbrauner Unterseite.*

Grau|gans, die: *Wildgans (mit dunkelgrauer, meist weißlich quer gebänderter Oberseite, hellgrauer Unterseite und hellgrauem Kopf):* Es ist mit uns wie mit den Graugänsen ... sie schlüpfen aus dem Ei, und was sie zuerst erblicken, ist ihre Mutter (Maron, Überläuferin 97).

grau ge|ti|gert: s. grau (1).

Grau|gie|ße|rei, die (Technik): vgl. Grauguss.

grau|grün ⟨Adj.⟩: *grün mit grauem Einschlag:* graugrüner Tang bedeckte die Mauern (Böll, Tagebuch 57); Etliche warteten nicht auf den Gestellungsbefehl, liefen freiwillig in die Kasernen ..., fluteten bald danach als einheitlich -e Masse auf die Bahnhöfe (Kühn, Zeit 242).

Grau|guss, der (Technik): *kohlenstoff- u. siliziumhaltiges graues Gusseisen von geringer Zugfestigkeit.*

Grau|haar, das: *graues Haar:* Hertha schreitet durch die Neustadt. Ihr G. weht. Ihr massiger Körper bebt vor Genugtuung (Köhler, Hartmut 67).

grau|haa|rig ⟨Adj.⟩: *mit grauem Haar:* ein -er Herr.

Grau|hörn|chen, das: *oberseits bräunlich graues od. schwarzes, unterseits weißliches Eichhörnchen (bes. im östlichen Nordamerika).*

Grau-in-grau-Ma|le|rei, die: vgl. Grisaille.

Grau|kap|pe, die [nach dem graubraunen Hut]: *Birkenröhrling.*

Grau|kar|di|nal, der: *Grauer Kardinal* (2).

Grau|kopf, der (ugs.): **1.** *Kopf mit grauem Haar.* **2.** *Mensch mit grauem Haar:* ein ... General ..., ein G. in Mantel und Schirmmütze (Plievier, Stalingrad 330).

grau|köp|fig ⟨Adj.⟩: **1.** vgl. Graukopf (1): ein -er Mann. **2.** vgl. Graukopf (2): sie ist bereits g.

grau|len ⟨sw. V.; hat⟩ [mhd. grūweln, griuweln = Furcht empfinden, zu ↑[2]grauen] (ugs.): **1. a)** ⟨g. + sich⟩ *[leichtes] Grauen empfinden:* sich vor der Dunkelheit g.; Ich graule mich, wenn ich mir das Haus ohne den Jungen vorstelle (Böll, Haus 194); Es ist doch eine Albernheit ..., sich dermaßen vor dem Tode zu g. (Th. Mann, Zauberberg 155); **b)** ⟨unpers.⟩ *jmdn. [leichtes] Grauen empfinden lassen:* mir/mich grault bei diesem Gedanken; es grault mir vor der Prüfung. **2.** *durch unfreundliches, unangenehmes Verhalten vertreiben:* jmdn. aus dem Haus g.; Es sind die Klüngeleien der Genossen, die schon derzeit Volker Hauff aus dem Amt gegrault haben (FAZ 16. 3. 95, 2).

[1]**grau|lich** ⟨Adj.⟩ [unter Anlehnung an »grau(l)en« zu ↑Gräuel]: **a)** *Graulen verursachend:* eine -e Höhle; **b)** *sich graulend:* »... Das ist der Kartenschreiber, der Klabautermann, wie ich ihn bei mir nenne.« »... Warum denn Klabautermann?« »... Vielleicht, weil er die Leute g. machen will.« (Fallada, Jeder 127).

[2]**grau|lich, [1]gräu|lich** ⟨Adj.⟩: *ins Graue spielend, mit grauem Einschlag:* ein -es Blau; Nicht in Flammenschrift, nicht in hellsichtigen Visionen wird in diesen Liedern die Apokalypse an die Wand gemalt, sondern in g. alltäglichen Farben aus Kneipe, Glotze und Arbeitsamt (Biermann, Klartexte 185).

[2]**gräu|lich** ⟨Adj.⟩ [mhd. griu(we)lich, zu: griu(we)l, ↑Gräuel]: **1.** *mit Abscheu u. Widerwillen verbundene Furcht erregend; scheußlich:* ein -es Verbrechen. **2.** (ugs.) **a)** *überaus unangenehm, sehr übel, schlecht:* ein -er Gestank; hier riecht es g.; ⟨subst.:⟩ es war ihr etwas Gräuliches widerfahren; **b)** ⟨intensivierend bei Adjektiven u. Verben⟩ *in kaum erträglicher, besonders übler Weise; sehr:* das tut g. weh; die Person fällt mir g. auf die Nerven (H. Mann, Unrat 80).

Grau|männ|chen, das: *eine der bes. in Sagen Nord- u. Mitteldeutschlands vorkommenden, kleinen, grauen Spukgestalten.*

Grau|mehl, das: *Roggenmehl:* Das aus Roggen hergestellte Auszugsmehl heißt G. (Bruker, Leber 225).

grau me|liert: s. grau (1).

Grau|pa|pa|gei, der: *(in Zentral- u. Westafrika beheimateter) grauer Papagei, der sehr sprechbegabt ist.*

Gräup|chen, das; -s, -: Vkl. zu ↑Graupe (1 a).

Grau|pe, die; -, -n ⟨meist Pl.⟩ [wahrsch. aus dem Slaw., vgl. gleichbed. obersorb. krupa, poln. krupa]: **1. a)** *enthülstes u. gerundetes Gersten- od. Weizenkorn:* eine Suppe mit -n als Einlage; ***[große] -n im Kopf haben** (ugs. spött.; ↑Rosine): Slavitzki ... prügelte mich täglich »wegen meiner -n im Kopf« (Hilsenrath, Nazi 32); **b)** ⟨Pl.⟩ *[Brei aus] Graupen als Teil eines Gerichts:* heute Mittag gibt es -n mit Speck; Es schmeckte ... besser noch als jene Kälberzähne genannten -n, die es ... viermal die Woche gab (Lentz, Muckefuck 145). **2.** (Bergmannsspr.) *Korn, Stückchen von [Zinn]erz.* **3.** (Textilind.) *verfilztes Faserbällchen, das bei der Wollbearbeitung abfällt od. bei der Fertigung ungleichmäßiger Garne verwendet wird.*

Grau|pel, die; -, -n ⟨meist Pl.⟩ [zu ↑graupeln]: *kleines [weiches] Hagelkorn:* Schnee mit -n.

grau|pel|ar|tig ⟨Adj.⟩: *in der Art von Graupeln; wie Graupeln geartet:* gegen Abend kann es zu -en Niederschlägen kommen.

grau|pe|lig, grauplig ⟨Adj.⟩: *in Form von Graupeln; mit Graupeln versehen:* -er Regen; hinter der Dickung, wo das Stangenholz begann, lag graupeliger Raureif in schmalen Streifen (Bieler, Bär 122).

grau|peln ⟨sw. V.; hat; unpers.⟩: *(von Niederschlag) in Form von Graupeln niedergehen:* es graupelte den ganzen Nachmittag.

Grau|pel|re|gen, der: *mit Graupeln vermischter Regen.*

Grau|pel|schau|er, der: *mit Graupeln vermischter Regenschauer:* Im Herbst war das überall gleiche Himmelszelt eine löchrige Plane, aus der G. stoben (Fels, Sünden 44).

Grau|pel|wet|ter, das ⟨o. Pl.⟩: vgl. Regenwetter.

Grau|pen|brei, der: vgl. Graupen (1 b).

Grau|pen|ge|richt, das: vgl. Graupen (1 b).

Grau|pen|müh|le, die: *Mühle zum Zermahlen von Graupen* (1 a).

Grau|pen|schleim, der: vgl. Graupensuppe.

Grau|pen|sup|pe, die: *Suppe mit Graupen* (1 a).

graup|lig: ↑graupelig.

Grau|rei|her, der: *Fischreiher:* Die Bestände der Kiebitze, G., Flussregenpfeifer, Rotschenkel haben sich weitgehend erholt (FAZ 17. 12. 97, 45).

graus ⟨Adj.⟩ [zu ↑Graus] (veraltet): *Grauen erregend, grausig:* ein -es Schicksal.

[1]**Graus,** der; -es [mhd. grūs(e), zu ↑grausen]: *Schrecken, Entsetzen:* die Sache war für viele ein G.; dem Waadtländer ist der Gedanke an einen Klinikaufenthalt ... ein G. (NZZ 30. 8. 86, 27); Joschka Fischer ... Für alteingesessene Basokraten ... ein G., weil sie nichts so sehr fürchten wie den Überdurchschnitt (natur 3, 1991, 36); wenn sie nach Mallorca fahren und ... allen anderen zum Gespött oder zum G. noch mal das Tanzbein schwingen (Pohrt, Endstation 33); es ist schon ein G. mit ihm *(ist schlimm mit ihm);* sie hat, oh G. (ugs. scherzh.; *oh Schreck*), alles falsch gemacht.

[2]**Graus,** der; -es [mhd. grūȥ = Korn (von Sand od. Getreide); (übertr.:) Geringstes, Winzigkeit, ahd. grūȥ = geschrotetes Getreidekorn, urspr. = Zerriebenes, verw. mit ↑groß] (veraltet): *Steinschutt, Geröll, grober Sand:* ◆ ... ist alles doch in Schutt und G. versunken (Goethe, Epimenides II, 6).

grau|sam ⟨Adj.⟩ [mhd. grū(we)sam = Grauen erregend, zu ↑[2]grauen; die heutige Bed. seit dem 16. Jh.]: **1. a)** *unmenschlich, roh u. brutal:* ein -er Mensch, Herrscher; -e Verbrechen, Taten, Strafen, Kriege; Diese Eingeborenen sind heimtückisch und g. (Hacks, Stücke 142); sie wurde g. behandelt, gefoltert; **b)** *sehr schlimm, hart:* Eine -e Kälte war auf die milden Vorfrühlingslüfte ... gefolgt (A. Kolb, Daphne 113); Ist das Wetter unbeständig, überfällt mich dieser ... Schmerz an der linken Stirnseite mit -er Regelmäßigkeit (v. d. Grün, Irrlicht 8); **c)** (ugs.) *sehr schwer zu ertragen:* sie hat eine -e Enttäuschung, Ernüchterung erfahren; es ist g. zu wissen, dass es keine Hilfe mehr gibt; **d)** *in besonders starkem Maße, wie eine Art Pein empfunden:* eine -e Verlegenheit; das ist ja g., wie unsere Mannschaft spielt. **2.** (ugs.) ⟨intensivierend bei Verben u. Adj.⟩ *sehr, überaus:* sich g. langweilen; eine g. lange Zeit warten müssen.

Grau|sam|keit, die; -, -en: **1.** ⟨o. Pl.⟩ *grausame Art:* seelische G.; Dass Gleichgültigkeit, bestenfalls, und G., schlimmstenfalls, menschliche Grundhaltungen den Tieren gegenüber sind, ist unbezweifelbar (Stern, Mann 64); Die Christenverfolgungen haben ... den Beweis gegeben, dass Mut und Glaube ... nicht auszurotten sind ..., weder durch viehische G. noch durch Verführung (Thieß, Reich 226); jmdn. mit großer, unerbittlicher G. verfolgen, misshandeln. **2.** *grausame Handlung:* furchtbare -en begehen; Berichte über unvorstellbare -en beim Fang von Robben (Kosmos 1, 1965, 8); so geht es jetzt um triviale -en wie Freiheitsberaubung, Körperverletzung und Nötigung (Woche 4. 4. 97, 8).

grau|sche|ckig ⟨Adj.⟩: *mit unregelmäßigen grauen Flecken:* es war ein altes Tier mit -em Fell.

Grau|schim|mel, der: *[weiß]graues Pferd.*

Grau|schlei|er, der: *Einschlag ins Schmutziggraue:* die Wäsche hat einen G.; Arbeiten an den Bogenfeldern ... zeigen einen unbekannten, grellfarbigen Michelangelo, ohne die »Grauschleier« (Spiegel 3, 1985, 5); Ü ..., weil der einheitliche G. über der ... Parteienlandschaft auch bei ... Urnengängen Wahlverdrossenheit aufkommen lässt (Wochenpresse 25. 4. 79, 3).

Grau|schnäp|per, der: *zu den Fliegenschnäppern gehörender, bräunlich grauer Singvogel mit weißlicher Brust u. geflecktem Kopf.*

grau|schwarz ⟨Adj.⟩: *schwarz mit grauem Einschlag:* ⟨subst.:⟩ Whistler hat die »Nocturne«, im Unterschied zu späteren Abzügen, nicht in Braun, sondern in Grauschwarz gedruckt (FAZ 28. 10. 95, 42).

grau|sen ⟨sw. V.; hat⟩ [mhd. grūsen, griusen, ahd. (ir)grū(wi)sōn, zu ↑[2]grauen]: **a)** ⟨unpers.⟩ *jmdn. Grausen empfinden lassen:* es grauste ihm/(auch:) ihn bei dem Anblick; vor diesem Menschen graust [es] mir; mir graust [es], wenn ich an die Prüfung denke; bei diesem Gedanken, vor diesem Augenblick hatte ihr/(auch:) sie oft gegraust; ein Zustand, ... vor dem ihn beim Lesen gegraust hatte (Loest, Pistole 85); **b)** ⟨g. + sich⟩ *Grausen empfinden:* sie graust sich vor Spinnen; Ich konnte mich schon immer vor unangenehmen Terminen g. (Kronauer, Bogenschütze 314).

Grau|sen, das; -s: *Schauder u. Entsetzen; Grauen* (1): jmdn. befällt ein G., kommt ein G. [vor jmdm., etw.] an; jetzt spürte Matthias Roth ... eine Art G. ... wie vor ... einer vegetationslosen Küste (Kronauer, Bogenschütze 266); schön war sie nicht. Wenn man die andere danebenhielt und dann an sie dachte – ein G. konnte einen ankommen (Feuchtwanger, Herzogin 103); sich mit G. abwenden; da kann man das große G. kriegen! (ugs.; *das ist abstoßend, entsetzlich, empörend!*); ***jmdn. packt/jmdm. kommt das kalte G.** *(jmd. ist entsetzt, entrüstet über etw. Bestimmtes):* wenn man die Zustände in diesem Pflegeheim sieht, dann packt einen das kalte G.

grau|sen|haft ⟨Adj.⟩ (selten): *grauenhaft, grausig:* ◆ Welch ein widerwärtig Zittern, hässlich -es Wittern (Goethe, Faust II, 7523 f.).

grau|sen|voll ⟨Adj.⟩ (selten): *grauenvoll, grausig:* Vatermord, rief der Herzog, -es Vorhaben (Hacks, Stücke 19).

grau|sig ⟨Adj.⟩ [zu ↑grausen]: **1.** *Grausen*

hervorrufend; grauenvoll, entsetzlich, fürchterlich: ein -es Verbrechen; eine -e Bluttat; ein -er Anblick; eine -e Entdeckung, einen -en Fund machen; die Spur des Todes auf dem Flugplatz von Teneriffa. Grausiges Ende von 577 Urlaubsträumen (Hörzu 16, 1977, 5); schon der Gedanke ist g.; die Leiche war g. verstümmelt; Es war ein g. schöner Leichenzug (Woche 28. 2. 97, 5). **2.** (ugs.) **a)** *in besonders starkem Maße wie eine Art Pein empfunden; sich kaum ertragen lassend; sehr schlimm:* eine -e Kälte; ich habe -en Hunger; der Motor streikte immer wieder, es war g.; **b)** ⟨intensivierend bei Verben u. Adj.⟩ *in kaum erträglicher Weise; sehr, überaus:* g. lügen; der Vortrag war g. langweilig; ich habe mich g. erkältet; Die Seele wollte mir heraus, zumal wenn wir ... das lange Treibnetz ... in das g. dümpelnde Boot zogen (Leip, Klabauterflagge 7).

Grau|sig|keit, die; -, -en [spätmhd. grausichkait]: **1.** ⟨o. Pl.⟩ *das Grausigsein:* »Wir müssen klar machen, warum wir Leichen ausstellen. Die G. soll nicht im Vordergrund stehen« (FAZ 6. 8. 98, 10). **2.** *grausige Handlung, grausiges Geschehnis.*

graus|lich ⟨Adj.⟩ [mhd. grūslich, griuslich, zu ↑[1]Graus] (bes. bayr., österr. ugs.): *leichtes Schaudern hervorrufend; abscheulich, grässlich; hässlich:* ein Anblick von -er Hässlichkeit; Sie (= die Häuser) zeigen noch heute, sofern man die Fassaden nicht geändert hat, recht -e Zierrate (Doderer, Wasserfälle 33); Sie hieß demnach: von Konterholz. Ich schreibe es nie, weil es g. klingt (Doderer, Dämonen 415).

Grau|specht, der: *Buntspecht mit einem schmalen schwarzen Haarbüschel am Schnabel, grauem Hals u. Kopf sowie (beim Männchen) leuchtend rotem Scheitel.*

Grau|spieß|glanz, der: *ein bleigraues kristallines Mineral.*

Grau|strah|ler, der (Physik): *Körper mit den physikalischen Eigenschaften eines schwarzen Strahlers, aber einer geringen Strahlungsintensität; grauer Körper.*

grau|sträh|nig ⟨Adj.⟩: *mit grauen Strähnen versehen.*

◆ **grau|taf|fent** ⟨Adj.⟩ [zu: Taffe(n)t, ältere Form von ↑Taft]: *aus grauem Taft:* ...steckte sogleich die Hand in die ... Schoßtasche seines ... -nen Rockes (Chamisso, Schlemihl 18).

Grau|tier, das (ugs. scherzh.): **a)** *Esel;* **b)** *Maultier.*

Grau|ton, der: *grauer Farbton:* die düsteren Grautöne der Felsenküste bei Tomi (Ransmayr, Welt 128); Ü Die schweizerische Maschinenindustrie bietet im Jubiläumsjahr ihrer Branchenorganisation ein Bild, in dem die Grautöne überwiegen und großflächiger werden (Schweizer Maschinenbau 16. 8. 83, 3).

Grau|wa|cke, die: *harter, grauer, feldspat- u. chloritreicher Sandstein.*

Grau|wal, der: *[schwarz]grauer, weißlich gefleckter Bartenwal im nördlichen Pazifischen Ozean.*

grau|weiß ⟨Adj.⟩: *weiß mit grauem Einschlag:* Dadurch verringert sich die Durchblutung, die Haut nimmt das typische -e Kolorit an, an dem Raucher(innen) sofort zu erkennen sind (FAZ 22. 6. 94, N1).

Grau|werk, das ⟨o. Pl.⟩: *graues Pelzwerk bes. vom sibirischen Eichhörnchen; Feh.*

Grau|wert, der: *Helligkeitswert, Abstufung von Grau:* Der Schwarz-Weiß-Film gibt diese Farben in -en wieder (Kosmos 3, 1965, 71); Durch geduldiges Lasieren versteht es der Künstler in seinen abstrakten Papierarbeiten, -e bis ins Tiefschwarz zu steigern (FAZ 3. 1. 98, 29).

grau|wol|len ⟨Adj.⟩: *aus grauer Wolle:* -e Socken.

Grau|wurst, die [nach dem grauen Belag, der sich nach dem Trocknen an der Luft auf der Wursthaut bildet] (landsch.): *Dauerwurst.*

Grau|zif|fer, die: *Dunkelziffer:* Siebzig Prozent Inflation und zehn Prozent Arbeitslosigkeit, die G. nicht dazugerechnet, lassen die Menschen ... verzweifeln (SZ 20. 5. 95, 8).

Grau|zo|ne, die [wohl nach engl. gray area]: *Übergangszone; Grenzbereich* (2b)*; zwielichtiger od. zweifelhafter Bereich, bes. zwischen Legalität u. Illegalität:* eine juristische G.; eine G. der Rechtsunsicherheit; Die Umstände des ... Todesfalls führen in jene G. medizinisch-juristischer Verantwortlichkeit (Spiegel 12, 1976, 49).

Gra|va|men, das; -s, ...mina ⟨meist Pl.⟩ [spätlat. gravamen = Beschwerlichkeit, bedrückende Last, zu lat. gravare, ↑gravierend] (bildungsspr.): **a)** *Beschwerde:* das Kabinett ..., gefolgt von der so genannten »roten Stube«, die einen Zugang von der hinteren Treppe hatte und daher von den Leuten benutzt wurde, die irgendwelche Wünsche oder Gravamina vorzutragen hatten (Dönhoff, Ostpreußen 206); **b)** *etw., was jmdn. belastet, bedrückt:* Peter Gauweiler: »Die absolute Mehrheit in Bayern – das ist unser G. ...« (Spiegel 8, 1993, 26).

Gra|va|ti|on, die; -, -en [spätlat. gravatio] (veraltet): *Beschwerung, Belastung.*

gra|ve ⟨Adv.⟩ [ital. grave < lat. gravis, ↑gravierend] (Musik): *langsam, schwer u. feierlich, ernst.*

Gra|ve, das; -s, -s: *Musikstück mit der Tempobezeichnung »grave«.*

Gra|ven|stei|ner, der; -s, - [nach dem dt. Namen des dän. Ortes Gråsten]: *Apfel mit glatter, duftender, hellgrüner bis gelber, leuchtend geflammter Schale u. süßsäuerlichem Geschmack.*

Gra|vet|ti|en [gravɛˈti̯ɛ̃ː], das; -[s] [nach der Felsnische La Gravette in Frankreich (Dordogne)] (Anthrop.): *Kulturstufe der Jüngeren Altsteinzeit (nach dem Aurignacien u. vor dem Solutréen).*

Gra|veur [graˈvøːɐ̯], der; -s, -e [frz. graveur, zu: graver, ↑gravieren]: *Metall-, Steinschneider; Stecher* (Berufsbez.); Der G. Joseph Barnard schuf eine orangerote Marke zu 1 Penny und eine blaue zu 2 Pence – beide ... mit einem unscharfen (und dadurch recht schmeichelhaften) Bildnis von Königin Victoria (Tagesspiegel 12. 1. 99, 12).

Gra|veur|ar|beit, die: *Gravierarbeit.*

Gra|veu|rin [...ˈvøːrɪn], die; -, -nen: w. Form zu ↑Graveur: Viele Leute möchten, dass der Ring oder Becher, den sie kaufen, mit einer Inschrift versehen wird ... Hier nun gehen die -nen und Graveure zu Werk (SZ 9. 12. 92, j6).

Gra|veur|sti|chel, der: *Grabstichel des Graveurs.*

gra|vid, gravide ⟨Adj.⟩ [lat. gravidus, eigtl. = beschwert, zu: gravis, ↑gravierend] (Med.): *schwanger:* g. sein, werden; Wenn Mädchen ... schon früh ... gravide werden, so geschieht das in der Regel ..., ohne dass sie ihre Rolle als Mutter bewusst erleben (Studium 5, 1966, 288).

Gra|vi|da, die; -, ...dae [lat. gravida] (Med.): *schwangere Frau.*

gra|vi|de: ↑gravid.

Gra|vi|di|tät, die; -, -en [lat. graviditas] (Med.): *Schwangerschaft:* In einer weiteren Studie verfolgten die Wissenschaftler das Plazenta-Wachstum unsportlicher und sportlicher Frauen während der G. (SZ 25. 2. 93, ws2).

Gra|vier|an|stalt, die: *Werkstätte, in der Gravierarbeiten ausgeführt werden.*

Gra|vier|ar|beit, die: **1.** *das Gravieren* (1), *Gravierung* (1). **2. a)** *Gravierung* (2); **b)** *mit Gravierungen verzierter Gegenstand.*

gra|vie|ren ⟨sw. V.; hat⟩ [frz. graver, urspr. = eine Furche, einen Scheitel ziehen < mniederl., mniederd. graven = graben]: **1.** *(eine Verzierung, Schrift o. Ä.) in hartes Material verschiedener Art [ein]schneiden, ritzen, stechen:* er ... begann Inschriften zu hinterlassen, ... zuerst waren es nur die Tische im Keller ..., die er mit Nägeln und einem Taschenmesser gravierte (Ransmayr, Welt 253); Ihr Vorname Heliodora war in den Lauf (= des Gewehrs) graviert (Hauptmann, Schuß 64); etw. in etw. g. lassen. **2.** *mit einer Gravierung versehen:* Bestecke, Ringe, eine silberne Uhr g. lassen; Der Teller trug die goldenen Buchstaben J und B. Auch die Messer und Gabeln waren graviert (Simmel, Affäre 24).

gra|vie|rend ⟨Adj.⟩ [1. Part. von mhd. gravieren = jmdm. etw. zur Last legen < lat. gravare = schwer machen, zu: gravis = schwer, gewichtig; drückend] (bildungsspr.): *schwer ins Gewicht fallend, schwerwiegend u. sich möglicherweise nachteilig auswirkend:* ein -er Unterschied, Fehler; Nach dem -en Zuschauerrückgang in den jüngsten Spielen war der Klub in Liquiditätsschwierigkeiten geraten (Saarbr. Zeitung 3. 12. 79, 16); Der bei hohen Drehzahlen laute Motor und die beim Rangieren schwergängige Lenkung bleiben bei einer Schlussbetrachtung als -e Mängel hängen (ADAC-Motorwelt 2, 1983, 28); der Verlust, der Vorwurf war [ziemlich] g.; die Folgen seines Leichtsinns sind g.; Der Anschlag vom Montagabend gehört ... zu den -sten der letzten zwölf Jahre (NZZ 9. 12. 82, 1); etw. als g. ansehen.

Gra|vier|kunst, die ⟨o. Pl.⟩: *Kunst des Gravierens.*

Gra|vier|ma|schi|ne, die: *Maschine, mit*

der Gravierungen verschiedener Art mechanisch ausgeführt werden können.

Gra|vier|na|del, die: *Gravierstichel.*

Gra|vier|sti|chel, der: *Graveurstichel.*

Gra|vie|rung, die; -, -en: **1.** *das Gravieren.* **2.** *eingravierte Schrift, Verzierung:* auf der Rückseite des Medaillons war eine G. zu erkennen; »Aber wer weiß, ob die G. echt ist und nicht nur die Konkurrenz täuschen sollte?« (FAZ 27. 1. 97, 31).

Gra|vier|werk|zeug, das: *zum Gravieren verwendetes Werkzeug.*

Gra|vi|me|ter, das; -s, - [zu lat. gravis, ↑gravierend] (Physik): *Gerät zum Messen der Schwerkraft, der Schwerkraftänderungen.*

Gra|vi|me|trie, die; - [↑-metrie]: **1.** (Physik) *Messung der Schwerkraft, Schwerkraftänderungen.* **2.** (Chemie) *Verfahren, das sich der Messung einer Stoffmenge durch Gewichtsbestimmung bedient; Gewichtsanalyse.*

gra|vi|me|trisch ⟨Adj.⟩: *die Gravimetrie betreffend.*

Gra|vis, der; -, - [zu lat. gravis, ↑gravierend] (Sprachw.): *[Betonungs]zeichen, Akzent (`) für den fallenden Ton* (z. B. à).

Gra|vi|sphä|re, die; -, -n (Physik, Astron.): *Bereich eines Himmelskörpers, worin dessen [messbare] Schwerkraft die Schwerkraft anderer Himmelskörper übersteigt.*

Gra|vi|tät, die; - [lat. gravitas, zu: gravis, ↑gravierend] (bildungsspr.): *[steife] Würde; Gemessenheit im Gehaben:* Die seltsame G. solcher Feiern in Sizilien. Vom Ritual der Begrüßungen ... bis hin zu den wechselnden Auftritten vor dem Fotografen (Fest, Im Gegenlicht 36); Elektra ... behält die G. einer Archaik, die sich stur vor der Geschichte verschließt (FAZ 16. 3. 94, 33).

Gra|vi|ta|ti|on, die; - [zu lat. gravis, ↑gravierend] (Physik, Astron.): *Anziehungskraft zwischen Massen, bes. die in Richtung auf den Erdmittelpunkt wirkende Anziehungskraft der Erde; Schwerkraft* (a): die G. der Erde, des Mondes, der Planeten; der G. unterliegen; die Aufhebung der G. im Weltall.

Gra|vi|ta|ti|ons|dif|fe|ren|zi|a|ti|on, die (Geol.): *das Absinken von Kristallen durch die Schwerkraft bei Erstarrung einer Schmelze.*

Gra|vi|ta|ti|ons|ener|gie, die ⟨o. Pl.⟩: *die durch die Schwerkraft aufbringbare Energie.*

Gra|vi|ta|ti|ons|feld, das (Physik, Astron.): *Bereich in der Umgebung eines Körpers, in dem er auf andere Körper eine Anziehungskraft ausübt:* wir brauchen noch immer bessere Daten über die Größe und Form der Erde und ihres -es (Gibson [Übers.], Zukunft 155); Ü Am dritten Tag seiner Reise geriet er ins olfaktorische G. von Orléans (Süskind, Parfum 149).

Gra|vi|ta|ti|ons|ge|setz, das ⟨o. Pl.⟩: *(von Newton formuliertes) Naturgesetz der Gravitation:* Es war aber bereits Newton, der diese allmähliche Drehung der Ellipsenachse kannte und als Test für die Gültigkeit seines -es benutzte (BdW 7, 1987, 82).

Gra|vi|ta|ti|ons|kon|stan|te, die (Physik, Astron.): *im newtonschen Gravitationsgesetz enthaltene Konstante.*

Gra|vi|ta|ti|ons|kraft, die (Physik, Astron.): *als Gravitation wirkende Kraft.*

Gra|vi|ta|ti|ons|wel|le, die (Physik, Astron.): *sich im Vakuum mit Lichtgeschwindigkeit wellenförmig ausbreitende Störung des Gravitationsfeldes.*

Gra|vi|ta|ti|ons|wir|kung, die: *Wirkung der Gravitation.*

Gra|vi|ta|ti|ons|zen|trum, das: *Schwerpunkt, zentraler Bezugs- od. Anziehungspunkt:* Im Klima von Pluralität und Freiheit ebenso wie durch den wachsenden Wohlstand Mittel- und Osteuropas wird Berlin zu einem gewaltigen G. der Kultur und innovativer Wirtschaftszweige heranwachsen (FAZ 27. 5. 98, 18).

gra|vi|tä|tisch ⟨Adj.⟩ [zu ↑Gravität]: *mit [steifer] Würde; würdevoll; ernst u. gemessen:* mit -er Miene; in -em Ernst; g. schreiten; der Hahn spaziert g. im Hühnerhof umher.

gra|vi|tie|ren ⟨sw. V.; hat⟩ [frz. graviter, zu lat. gravitas, ↑Gravität]: **1.** (Physik, Astron.) *sich infolge der Gravitation in einer bestimmten Richtung bewegen.* **2.** (bildungsspr.) *hinstreben, hinneigen, tendieren:* der Fetischismus gravitiert zur Mythologie (Adorno, Prismen 13); Der Marktpreis eines Erzeugnisses gravitiert immer zum natürlichen Preis (Jacob, Kaffee 215); ... und insgesamt gravitiert die Publikation doch ein wenig in Richtung der guten alten Philologie (FAZ 19. 4. 95, 13).

Gra|vi|ton, das; -s, ...onen [zu lat. gravitas, ↑Gravität] (Physik): *Elementarteilchen des Gravitationsfeldes.*

Gra|vur, die; -, -en [zu ↑gravieren]: *eingravierte Verzierung, Schrift o. Ä.:* eine silberne Taschenuhr ... mit der G. versehen: »Für David Groth von David Blumenthal« (Kant, Impressum 46); Die Schritte der Kirchenbesucher haben das flache Linienwerk der Reliefs abgetreten und nur die tieferen -en übrig gelassen (Fest, Im Gegenlicht 404).

Gra|vü|re, die; -, -n [frz. gravure, zu: graver, ↑gravieren]: **1.** *Gravur:* eine eisenbeschlagene Truhe voller -n und Alben (Hildesheimer, Tynset 146). **2.** *Erzeugnis der Kunst des Gravierens* (z. B. Kupfer-, Stahlstich), *bes. auf photomechanischem Wege hergestellte Tiefdruckform u. der davon hergestellte Druck.*

Gray [grei], das; -[e]s, - [nach dem brit. Physiker Louis Harold Gray (1905–1965)]: *Maßeinheit der Energiedosis* (Zeichen: Gy).

Graz: Hauptstadt der Steiermark.

[1]Gra|zer, der; -s, -: Ew.

[2]Gra|zer ⟨indekl. Adj.⟩: zahllose Touristen bevölkerten die G. Innenstadt.

Gra|ze|rin, die; -, -nen: w. Form zu ↑[1]Grazer.

[1]Gra|zie, die; - [lat. gratia = Anmut, Lieblichkeit]: *Anmut, Liebreiz:* G. haben; Klaus Mann ... erzählt mit Bewunderung von einem Menschen, ... in dessen irisierendem Wesen ... ebenso viel G. wie Dekadenz zu finden ist (Reich-Ranicki, Th. Mann 197); unterm Vivat der Gäste stolzierte das Paar mit königlicher G. in den Saal (Zuckmayer, Fastnachtsbeichte 30); sich mit [natürlicher, tänzerischer, lässiger] G. bewegen; Ernst Toller war ein schlanker, schöner Mann von mittlerer Größe. Seine Bewegungen waren voll G. (Niekisch, Leben 98); Ü sich mit G. (scherzh.; *Geschick*) aus der Affäre ziehen.

[2]Gra|zie, die; -, -n ⟨meist Pl.⟩ (röm. Myth.): *eine der drei Göttinnen der Anmut:* die drei -n; R die -n haben nicht an seiner, ihrer Wiege gestanden (scherzh. verhüll.: *er, sie ist nicht hübsch*); Ü Angeblich nahmen es die mandeläugigen -n (= Prostituierten) mit Preisen ... nicht so genau (Göttinger Tageblatt 30. 8. 85, 9); da kommen die drei -n (scherzh. od. iron.; *drei zusammengehörende weibliche Personen*).

gra|zil ⟨Adj.⟩ [unter Einfluss von frz. gracile < lat. gracilis = schlank, schmal]: *fein gebildet, zartgliedrig, zierlich:* ein -es Mädchen; er, sie hatte als Kind eine -e Figur; ein baumlanger Böhme, breitschultrig, ... etwas zu baumlang für die -e Lila (Frisch, Gantenbein 363); ... was man einen schönen Jüngling nennt: schlank und mittelgroß, g. wie ein Mädchen (Konsalik, Promenadendeck 189); sie ist klein und g.; Da ihre Beine um eine Spur zu kurz geraten waren, nahm sich ihr Gang nicht besonders g. aus, sondern eher zuschreitend, fast ein wenig zu wacker (Strauß, Niemand 157).

Gra|zi|li|tät, die; - [frz. gracilité < lat. gracilitas]: *grazile Beschaffenheit, Gestalt, Form.*

gra|zi|ös ⟨Adj.⟩ [frz. gracieux < lat. gratiosus, zu: gratia, ↑[1]Grazie]: *mit, voll Grazie; anmutig:* eine -e Bewegung; schlanke, feingliedrige Menschen mit dem schwarzen Haar und der gelblichen Haut der Mongolen. Frauen und junge Männer sind von natürlicher Anmut und -er Schönheit (Berger, Augenblick 141); Sie dankt mit einem -en Neigen ihres ... Hauptes (Remarque, Obelisk 164); Sie war nicht schön, aber sie hatte sehr viel Charme. ... ihre Bewegungen wirkten g. (Sebastian, Krankenhaus 44); g. sein; sich selbstbewusst und g. bewegen; Ü Er ging durch Zimmer und kleine Säle ..., an -en Möbelchen vorbei (Dürrenmatt, Grieche 96).

gra|zi|o|so ⟨Adv.⟩ [ital. grazioso < lat. gratiosus, ↑graziös] (Musik): *anmutig, mit Grazie.*

Gra|zi|o|so, das; -s, -s u. ...si: *Satz von anmutigem Charakter.*

grä|zi|sie|ren ⟨sw. V.; hat⟩ [spätlat. graecissare, graecizare < griech. graikízein = griechisch sprechen]: **1.** *nach altgriechischem Muster formen.* **2.** *die alten Griechen nachahmen.*

Grä|zi|sie|rung, die; -, -en: *das Gräzisieren.*

Grä|zis|mus, der; -, ...men: *altgriechische Spracheigentümlichkeit in einer nicht griechischen Sprache, bes. in der lateinischen.*

Grä|zist, der; -en, -en: *jmd., der sich wis-*

senschaftlich mit dem Altgriechischen u. der altgriechischen Kultur befasst: Der Autor zeigt, was er als G. alles vermag. Souverän überblickt er die weitläufige Landschaft spätantiker Reinigungs- und Entsühnungskulte (FAZ 24. 3. 98, L 23).

Grä|zis|tik, die; -: *Wissenschaft von der altgriechischen Sprache u. Kultur.*

Grä|zis|tin, die; -, -nen: w. Form zu ↑Gräzist.

Grä|zi|tät, die; - [spätlat. graecitas] (bildungsspr.): *Wesen der altgriechischen Sprache, Sitte, Kultur.*

GRD = internationaler Währungscode für: Drachme (1).

◆ **Grec|bor|te** ['grɛk...], die; -, -n [aus frz. grec = griechisch u. ↑Borte]: *Randverzierung mit mäanderartigem Muster:* ...und ... das Kaffeeservice rundweg bewundert. »...Wie reizend diese G.« (Fontane, Jenny Treibel 183).

Green|back ['gri:nbɛk], der; -[s], -s [engl. greenback, aus: green = grün u. back = Rücken, Rückseite]: **a)** (Bankw.): *amerikanische Schatzanweisung mit dem Aussehen von Banknoten mit grünem Aufdruck auf der Rückseite;* **b)** (Jargon) *Dollar:* Die großen Chemie- und Autokonzerne... sind also nicht mehr so stark vom Kurs des »Greenbacks« abhängig (MM 23. 1. 97, 6); Für die kommenden Monate sagt der ... Währungsexperte einen wachsenden Druck auf den »Greenback« voraus (Welt 11. 8. 81, 1).

Green|horn ['gri:nhɔ:n], das; -s, -s [engl. greenhorn, eigtl. = Tier mit grünem (= noch nicht ausgewachsenem) Geweih]: *Anfänger, Neuling:* Cora und ich hielten uns auf kriminellem Gebiet nicht eben für -s (Noll, Häupter 248); Sie sehen überhaupt nicht aus wie ein G. Zu meiner Zeit konnte man einen Einwanderer aus einer Meile Entfernung erkennen. Sie sehen aus wie eine Amerikanerin (Singer [Übers.], Feinde 168).

Green|peace ['gri:npi:s; engl. = grüner Frieden]: internationale Organisation von Umweltschützern: Ende Oktober wurde G. Deutschland in der Nordsee vor Helgoland aktiv (Spiegel 16, 1982, 65).

Green|wich ['grɪnɪdʒ, ...ɪtʃ]: Stadtteil von London; Abk.: Gr.

Green|wi|cher ['grɪnɪdʒɐ, ...ɪtʃɐ] (indekl. Adj.): G. Zeit *(westeuropäische Zeit, bezogen auf den Nullmeridian, der durch Greenwich geht).*

Gre|ga|ri|ne, die; -, -n [lat. gregarius = zur Herde gehörig, zu: grex (Gen.: gregis) = Herde, Schar, da diese Einzeller meist in großer Zahl vorkommen] (Zool.): *einzelliger tierischer Schmarotzer, der im Innern von wirbellosen Tieren lebt.*

Grège [grɛ:ʒ], die; - [frz. (soie) grège = ungezwirnt(e Seide) < ital. greggio = roh, H. u.]: *Seidengarn aus parallel liegenden Rohseidenfäden, die nicht durch Drehung, sondern durch den Seidenleim zusammengehalten werden.*

Grège|sei|de, die; -: *Grège.*

Gre|go|ri|a|nik, die; - [nach Papst Gregor I. (um 540–604)]: **1.** *Kunstform des gregorianischen Gesangs:* sie beschäftigt sich mit der G.; G. *(gregorianischer Gesang),* von Mönchen gesungen (Kempowski, Uns 229); Er gefiel sich als Publikumsschreck und Populist, verarbeitete Jazz und G., war zuzeiten Romantiker und Elektroniker ... (FAZ 6. 8. 99, 48). **2.** *den gregorianischen Gesang betreffende Forschung.*

Gre|go|ri|a|ni|ker, der; -s, -: *Forscher auf dem Gebiet der Gregorianik.*

Gre|go|ri|a|ni|ke|rin, die; -, -nen: w. Form zu ↑Gregorianiker.

gre|go|ri|a|nisch: ↑Gesang (2); ↑Kalender (2).

gre|go|ri|a|ni|sie|ren (sw. V.; hat) (Musik): *in der Manier des gregorianischen Gesangs komponieren.*

Gre|gors|mes|se, die; - (bild. Kunst): *(im Spätmittelalter häufige) Darstellung der Legende, nach der Christus dem vor dem Altar knienden Papst Gregor I. (um 540–604) erschien.*

Greif, der; -[e]s u. -en, -e[n] [1: mhd. grīf(e) < ahd. grīf(a) < spätlat. gryphus < lat. grypus, gryps < griech. grýps, zu: grypós = gekrümmt (wie eine Habichtsnase), krummnasig]: **1.** *(früher häufig als Wappentier verwendetes) geflügeltes Fabeltier mit dem Kopf [u. den Krallen] eines Adlers u. dem Körper eines Löwen:* die ... Stadtschule, da bauscht sich die gelbe Fahne mit dem G. (Kempowski, Zeit 118). **2.** *Greifvogel:* Der Frühherbst ist auch die Zeit der ziehenden -e (NNN 19. 9. 87, 3).

Greif|arm, der (Technik): *Geräte- od. Maschinenteil, mit dem etw. automatisch gegriffen o. Ä. wird:* Ein G. positioniert die Werkstücke, sie werden von einem Roboter zusammengefügt, der G. entfernt sie wieder (FAZ 1. 12. 98, T1).

Greif|bag|ger, der: *Bagger mit einem sich zangenartig schließenden Greifer:* Ich lenkte im Slalom an Bauwagen und abgestellten -n vorbei nach Westen (Versper, Reise 238).

greif|bar (Adj.): **1.** *sich in der nächsten Umgebung befindend, sich ohne besondere Mühe u. ohne größeren Zeitaufwand ergreifen lassend:* die Unterlagen g. haben; alles, was g. war, nahm sie mit; Reinsiepe, ... dessen Fahrer eine Maschinenpistole ... g. nahe liegen hatte (Heym, Schwarzenberg 247); Ü der Termin ist in -e Nähe *(ganz nahe)* gerückt; die Berge sind g. *(ganz)* nahe; Marées ... Sein Einfluss ist bei Franz Marc ... g., aber auch bei Schlemmer (Fest, Im Gegenlicht 275); Er wollte seine Eindrücke notieren, solange sie ihm g. waren (Woche 28. 3. 97, 50). **2.** *verfügbar:* das Geld ist erst im nächsten Jahr g.; die Ware ist im Moment nicht g. *(nicht auf Lager);* Alle -en Veröffentlichungen des ... Wissenschaftlers wurden ... durchgesehen (Weber, Tote 182); sie wollte den Wirt sprechen, aber der war nicht g. (ugs.; *den konnte man nicht erreichen, finden*). **3. a)** *konkret:* -e Ergebnisse; die Verhandlungen führten zu keinem -en Resultat; (subst.:) Inzwischen sammelte die Polizei auch schon Zeugenaussagen ..., was freilich nicht viel Greifbares an den Tag brachte (Erné, Fahrgäste 147); **b)** *deutlich erkennbar; offenkundig:* hier bieten sich -e Vorteile; jene Unterredung mit g. bürgerlichem Inhalt (Th. Mann, Hoheit 235).

grei|fen (st. V.; hat) [mhd. grīfen, ahd. grīfan, gemeingerm. Verb (vgl. got. greipan, aengl. grīpan]: **1.** *ergreifen, [in die Hand] nehmen, packen:* einen Stein g.; Arlecq griff einen Wassereimer, ging zur Pumpe (Fries, Weg 106); etw. mit der Zange g.; Ich stand auf, griff mir die ... Leier, die an der Wand aufgehängt war (Hagelstange, Spielball 228); Da verschwindet der Besitzer ... hinter einem Vorhang, greift sich etwas aus dem Lagerraum (Grass, Blechtrommel 651); ich griff *(nahm)* mir noch ein Stück Kuchen; * **zum Greifen nah[e]** *(nicht mehr in weiter Ferne, sondern ganz nah):* die Berge waren am Abend zum G. nah; der Erfolg schien zum G. nah[e]. **2.** *fangen, fassen; gefangen nehmen:* einen Dieb g.; Als die Gestapo am nächsten Tag ... vorfuhr, ... war seine Reaktion offenbar ganz spontan: nur nicht sich g. lassen (Dönhoff, Ostpreußen 141); Mit 13 haben die mich zum ersten Mal gegriffen (Degener, Heimsuchung 147); den werde ich mir mal g. (ugs.; *stellen, um ihn zu rügen*); (subst.:) die Kinder spielen Greifen (landsch.; *Fangen*). **3.** (geh.) *in bestimmter Absicht, zu einem bestimmten Tun ergreifen:* Er ... steckte den Kugelschreiber ein und griff zum Skizzenblock (H. Gerlach, Demission 24); zur Zigarette g. *(rauchen);* abends greift sie gern zu einem Buch *(liest sie gern);* zur Feder g. *(zu schreiben anfangen, schriftstellerisch tätig werden);* Ü so greifen wir denn ... zum Äußersten (Hildesheimer, Legenden 148); zu einer fragwürdigen Methode g. *(Zuflucht nehmen);* Der Staat griff zu immer schärferen Mitteln (Mehnert, Sowjetmensch 55); Da ... keine Schreibkraft frei war, musste ich zur Selbsthilfe g. (Weber, Tote 150); Er griff zu Scherzen und zum Plauderton (Woche 8. 1. 99, 15); Doch statt klar zu sagen, dass die »Auferstehung« nur eine Interpretation ist, greift man weiter zu erbärmlichen Ausflüchten (Woche 28. 3. 97, 32). **4. a)** *die Hand nach jmdm., etw. ausstrecken [um ihn, es zu ergreifen]:* nach dem Glas, nach seinem Hut g.; das Kind greift Hilfe suchend nach der Hand der Mutter; wie arm die Leute sind ..., wie gierig sie nach dem Trinkgeld greifen (Schwaiger, Wie kommt 122); Als es endlich so weit ist, greift er hastig nach dem Mikrofon (Woche 14. 11. 97, 3); sie wollte sich festhalten, aber ihre Hand griff ins Leere *(sie fand keinen Halt);* der Betrunkene hatte ihm ins Steuer gegriffen und damit den Unfall verursacht; Ü nach der Macht, Krone g. *(die Macht, Königsherrschaft anstreben);* * **hinter sich g. müssen** (Ballspiele Jargon; *den Ball nicht halten können, als Torwart ein Tor hinnehmen müssen*): der Torwart musste zweimal hinter sich g.; **um sich g.** *(sich ausbreiten):* das Feuer greift um sich; Eine ... Unsitte hat in den letzten Jahren um sich gegriffen ... (Gruhl, Planet 101); dass nunmehr auch die Auffassung um sich griff, der Mensch werde ... nicht in den Garten Eden ... zurückkehren (Fest, Im Gegenlicht 169); die Epidemie griff rasch um sich; **b)** *die Hand nach etw. ausstrecken, um es zu berühren:* an seine Mütze g.; sie griff sich an die Stirn (als Zeichen der Begriffsstutzigkeit); in Frühlokalen hatte sie herumgesessen, wo ihr die Besoffenen an die Bluse griffen (Sommer, Und keiner 374); Kollegen greifen ihnen an den Busen oder unter den Rock (Spiegel 22, 1996, 112); Ü diese öffentlichen Beschimpfungen griffen an seine Ehre (geh.; *tasteten seine Ehre an*); diese traurige Geschichte greift ihr ans Herz (geh.; *geht ihr nahe, rührt sie*). **5.** *(durch Bewegungen der Hand auf einem Musikinstrument) zum Erklingen bringen:* einen Akkord [auf der Gitarre, auf dem Klavier] g.; ihre Hand ist gerade groß genug, um eine Oktave zu g. *(zu umspannen).* **6.** (bes. Technik) *fest aufliegen, einrasten o. Ä., sodass ein bestimmter Vorgang richtig vonstatten geht; genügend Reibungswiderstand haben:* auf dem vereisten Boden griffen die Räder nicht; das Zahnrad greift nicht mehr richtig; wobei auf dem feuchten Papier die Bleistifte nicht mehr recht griffen (Handke, Niemandsbucht 817); Ü diese Methoden greifen nicht mehr *(wirken nicht mehr);* wenn die Umstellung der forstlichen Wirtschaftsweise hin zu einem naturnahen Waldbestand erst einmal greift (natur 10, 1995, 36); Chronische Verdauungsprobleme, Hauterkrankungen, Allergien oder Rückenschmerzen ... seien »eine Domäne der Naturheilverfahren. Die greifen oft besser als die Schulmedizin« (Woche 4. 4. 97, 22); **7.** ⟨nur in einer zusammengesetzten Zeitform⟩ *schätzen, veranschlagen:* diese Zahl ist sehr, ist zu niedrig gegriffen; das Auto ist hoch gegriffen noch 2000 Mark wert; Ü die Parallele ist keineswegs zu hoch gegriffen *(nicht übertrieben; keineswegs abwegig).*

Grei|fer, der; -s, -: **1.** (Technik) *aus zwei schaufelartigen, in einem Gelenk beweglichen Schalen bestehende Vorrichtung an Kränen u. Baggern, mit der Sand, Steine, Kohle o. Ä. aufgenommen u. an eine andere Stelle gebracht werden können.* **2.** (salopp abwertend) *Polizist:* er ist den -n entkommen; Als die G. kamen (Degener, Heimsuchung 49); G. an der Wohnungstür (Loest, Nikolaikirche 445).

Greif|fuß, der (Zool.): *Fuß, der (dadurch, dass die große Zehe den anderen Zehen gegenübergestellt werden kann) Greifbewegungen ausführen kann.*

Greif|hö|he: in der Fügung: **in G.** *(in einer Höhe angebracht o. Ä., die mit ausgestrecktem Arm zu erreichen ist):* das Messer hängt in G.; Eines Nachts malte er den ... Fahnenmast ... mit frischer Farbe bis in G. an (Lentz, Muckefuck 68).

◆ **greif|lich** ⟨Adj.⟩ [mhd. griflich]: *greifbar:* Ihm fehlt es ... gar zu sehr am g. Tüchtighaften (Goethe, Faust II, 8249 f.).

Greif|re|flex, der: *reflexbedingtes Schließen der Hände bei Berührung der Handflächen, bes. bei Säuglingen.*

Greifs|wald: Stadt in Vorpommern.

[1]**Greifs|wal|der,** der; -s, -: Ew.

[2]**Greifs|wal|der** ⟨indekl. Adj.⟩.

Greifs|wal|de|rin, die; -, -nen: w. Form zu ↑[1]Greifswalder.

Greif|trupp, der (ugs.): *für die Verhaftung bestimmter Personengruppen zusammengestellte Gruppe von Polizisten o. Ä.:* Statt den Unterkunftslosen Wohnungen zu besorgen, will man Sondergesetze schaffen, Sondereinrichtungen, polizeiliche -s (Klee, Pennbrüder 82); Die Polizei werde jeden, der sich auf Demonstrationen vermumme oder Symbole verbotener Organisationen zeige, sofort festnehmen. Dazu halte man starke -s bereit (FAZ 29. 4. 97, 5).

Greif|vo|gel, der: *Vogel mit kräftigen Beinen, deren Zehen starke, gekrümmte, spitze Krallen aufweisen, die dem Greifen u. Töten der Beute dienen.*

Greif|zan|ge, die: *zangenähnliches Gerät zum Ergreifen von etw., was nicht mit den Händen ergriffen werden kann od. nicht angefasst werden soll.*

Greif|zir|kel, der: *Taster* (6).

grei|nen ⟨sw. V.; hat⟩ [mhd. grīnen, ahd. grīnan = lachend od. weinend den Mund verziehen] (ugs. abwertend): **1.** *[schmerzlich den Mund verziehend] leise u. kläglich vor sich hin weinen:* das Kind greint; Sie greinte, wischte sich mit dem Handrücken über die Augen (Strittmatter, Wundertäter 284); ein greinender Junge. **2.** *weinerlich klagen, jammern:* die Stimme einer Frau plärrte und greinte (Fels, Unding 209); ⟨subst.:⟩ Manchmal kamen Laute aus seinem Mund, eine Art hilfloses Greinen (Bastian, Brut 84); Ü Noch mehr Programme, noch mehr Kanäle, noch mehr Fernsehen: Da greint der Kulturkritiker (Woche 7. 11. 97, 50); »Die Kaffeehäuser«, greinte ein Flugblatt, »sind große Feinde des Fleißes geworden ...« (Jacob, Kaffee 96).

greis ⟨Adj.⟩ [mhd. grīs < mniederd. grīs, eigtl. = grau] (geh.): *alt, betagt (mit ergrautem, weißem Haar u. erkennbaren Zeichen des Alters, der Gebrechlichkeit):* sein -er Vater; -es *(von Alter ergrautes, weißes)* Haar; Den haben sie, samt Gattin, nach Polen deportiert. Das -e Paar – beide schon über siebzig – ist dort zugrunde gegangen (K. Mann, Wendepunkt 443); der Alte ... blickte mit seinen -en *(alten)* ... Augen in die schönen, schwarzen des Jünglings (Th. Mann, Joseph 79); Nikla schaute ... dem Pfarrer zu: Wie er ... nun das Barett abnimmt –, g. *(grau)* ist er geworden, der Herr Pastor, sehr g.! (Andres, Die Vermummten 125).

Greis, der; -es, -e [mhd. grīse, Substantivierung von: grīs, ↑greis]: *alter od. alt wirkender [körperlich hinfälliger] Mann:* ein rüstiger, würdiger G.; 1967 verbrauchte jeder Bundesbürger, -e und Kinder eingerechnet, ... für DM 50,– Medikamente (Spiegel 18, 1968, 176); Er hatte ... die schlaffe Maske eines hilflosen -es (Feuchtwanger, Erfolg 274); Ich kam mir wie ein G. vor (Koeppen, Rußland 99).

Grei|sen|al|ter, das: *Altersstufe des alten, betagten Menschen:* an der Schwelle des -s; Ich ... dachte an den alten Tolstoi, der sein Leben lang aus den gedeckten Tischen und wohlhabenden Manieren nicht herauskam, und im hohen G. heimlich weglief, um wenigstens draußen auf der Landstraße zu sterben (FAZ 24. 12. 98, 31).

grei|sen|haft ⟨Adj.⟩: *wie ein Greis, eine Greisin geartet; in der Art eines [altersschwachen] Greises:* sein -es Äußeres; ein Achtzigjähriger ..., der ... mit jedem ein paar Worte wechselte, ehe er sich in -er Umständlichkeit zu Tisch setzte (Fest, Im Gegenlicht 339); mit seiner g. geäderten Partisanenhand zeigt er auf eine bestimmte Stelle (Hofmann, Fistelstimme 145); Kinder mit -en Gesichtern.

Grei|sen|haf|tig|keit, die; -: *greisenhaftes Äußeres, Verhalten; Senilität:* Das volle Gesicht des Fünfzigjährigen wurde von einem Schatten von G. verdüstert (Schneider, Taganrog 6).

Grei|sen|hand, die (geh.): *Hand eines Greises; greisenhafte Hand:* eine zitterige G.; Der tief zerfurchte Stamm des alten Ölbaums setzte meinem Rücken zu, während ich auf seinem zutage liegenden Wurzelwerk wie auf den Knochen einer G. saß (Stern, Mann 41).

Grei|sen|haupt, das: **1.** (geh.) *Haupt eines Greises:* er schüttelte sein G. **2.** (Bot.) *aus Mexiko stammender, sehr hoch wachsender Säulenkaktus mit lockigen, weißen u. grauen Borstenhaaren.*

Grei|sen|krank|heit, die: *Alterskrankheit.*

Grei|sen|stim|me, die: *dünne u. brüchige Stimme eines alten Menschen.*

Grei|sin, die; -, -nen: w. Form zu ↑Greis: ... schmunzelte man nun über die Darstellung der Queen Victoria als rheumageplagte, Whisky nippende und zahnlose G., die im Rollstuhl durch die Prunkräume des Buckingham-Palastes geschoben wurde (FAZ 25. 8. 98, 36).

greis|lich ⟨Adj.⟩ (südd., österr. ugs.): *grauslich.*

Greiß|ler, der; -s, - [Nebenf. von: Gräußler, Gräusler, zu ↑[2]Graus] (bes. ostösterr.): *kleiner Lebensmittelhändler:* Geradeso wie die G. sterben, hört sich auch die seelsorgsame Nahversorgung ... durch die Kirche auf (Brandstetter, Altenehrung 88).

Greiß|le|rei, die; -, -en (bes. ostösterr.): *kleines Lebensmittelgeschäft:* Der ehemalige VEW-Arbeiter hat sich mit seiner österreichischen Frau selbständig gemacht und eine G. mit türkischen Importwaren und Gemüse eröffnet (Wiener 11, 1983, 81).

Greiß|le|rin, die; -, -nen: w. Form zu ↑Greißler.

grell ⟨Adj.⟩ [mhd. grel = zornig, heftig, zu: grelen = laut schreien, lautm.]: **1. a)** *in unangenehmer Weise hell, blendend hell:* die -e Sonne; durch das Fenster fällt -es Tageslicht; Die Gegend war jetzt in -es Licht getaucht (Simmel, Stoff 616); Es war ganz still in dem großen Atelier, das die vielen -en Scheinwerfer erhitzten (Simmel, Stoff 603); eine g. beleuchtete Vase; g. brannte das Vormittagslicht auf die Straße herunter (Broch, Versucher 65); Nesselbrands Schuppen blitzten im Mondlicht auf, so g., dass Ben die Augen zukniff (Funke, Drachenreiter 288); Ü Ein -er *(blendend heller)* Mittag, ohne Sonnenbrille fast unerträglich (Frisch, Montauk 205); **b)** *(von Farben) in auffallender, dem Auge oft unangenehmer Weise hervorstechend, stark kontrastreich:* ein -es Rot; Er liebte schrille Töne, -e Farben und starke Effekte (Reich-Ranicki, Th. Mann 122); eine -e Neonreklame; die Farbe ist mir zu g.; ein Mädchen mit g. geschminktem Mund; ein Plakat flammte g. vor meinen Augen auf (Hesse, Steppenwolf 231); Ü eine Begebenheit in -en Farben schildern; ein -er *(scharfer)* Gegensatz; Wie sehr die Eleganz des alten Films -en Effekten gewichen ist, illustriert nichts besser als das Arbeitsgerät des Schakals (Woche 13. 3. 98, 36). **2.** *schrill, durchdringend laut:* -e Schreie, Pfiffe; ihre Stimme tönte g. an mein Ohr; je öfter ich den Köter ... zu verjagen suchte, desto -er wurde sein Gebell (v. d. Grün, Irrlicht 19); Ü Pamelas -e Manieriertheiten waren nicht nach seinem Geschmack (K. Mann, Wendepunkt 123).

grell be|leuch|tet: s. grell (1 a).

grell|bunt ‹Adj.›: *von greller Buntheit:* ein -es Kleid; auf die Reihe ihrer -en Likörflaschen senkte sich der Staub (Ransmayr, Welt 259); Das Bangkok, in das es das Ehepaar ... verschlug, war mal g. und mal düster, doch immer chaotisch, laut und hektisch (FAZ 10. 5. 99, 50).

Grel|le, die; -: **1. a)** *blendende, gleißende, als unangenehm empfundene Helligkeit von Licht:* die G. der Neonröhre schmerzte in den Augen; Ich ... sah nichts, war, bis sich die Pupillen an die plötzliche G. gewöhnt hatten, geblendet (Innerhofer, Schattseite 32); Das ... Licht ... fiel auf sein Gesicht, ... ein Ausdruck erstarrter Stumpfheit lag in seinem Blick, der sich vor der G. zu Boden senkte (Erné, Fahrgäste 28); Ü Diese Gegenwelt zur augenblendenden G. des öffentlichen Lebens stellen in Byzanz die Klöster dar (Thieß, Reich 431); **b)** *besonders starke Leuchtkraft einer Farbe; oft als unangenehm empfundene leuchtende Buntheit:* die G. des Rots stach hervor. **2.** *durchdringende, schrille Schärfe von Tönen:* die G. der Pfiffe.

grel|len ‹sw. V; hat›: **1.** *grelles Licht verbreiten:* Längst grellt die Sonne erbarmungslos über den Berggrat (natur 8, 1991, 48). **2.** *grell klingen, ertönen:* Das Signalhorn eines Funkwagens grellte zu ihnen her (Bastian, Brut 106).

grell|far|ben, grell|far|big ‹Adj.›: *von einer grellen Farbe:* -e Plakate; erkennbar an ihrem ausschließlichen Wochenendgewand, dem grellfarbenen Trainingsanzug (Handke, Niemandsbucht 802); Batterien grellfarbiger Getränke zogen ... vorbei (Muschg, Sommer 30).

grell|gelb ‹Adj.›: *von einem grellen Gelb:* ein -es Kostüm.

Grell|heit, die; -: *Grelle.*

grell|rot ‹Adj.›: *in, von grellem Rot:* ein g. geschminkter Mund; Die blassen, erregten Lippen von eben lächelten ihm nun g. und sanft zu (Kronauer, Bogenschütze 22).

grell|weiß ‹Adj.›: *von einem grellen, blendenden Weiß:* in der Dämmerung sahen wir die -en Häuser des Dorfes.

Gre|lots [grəˈlo:] ‹Pl.› [frz. grelots (Pl.) = Schellen, Glöckchen, nach dem Aussehen]: *[als Randverzierung angebrachte] Posamentenstickerei in Form von Knötchen u. kleinen Schlingen.*

Gre|mi|a|le, das; -s, ...lien [mlat. gremiale, zu lat. gremium, ↑Gremium] (kath. Kirche früher): *Tuch, das dem Bischof bei der* [1]*Messe* (1) *über den Schoß gelegt wird, wenn er auf dem Faldistorium sitzt.*

Gre|mi|al|vor|ste|her, der (österr.): *Vorsitzender eines Gremiums:* Kein Liter Wein, klagt der G. des österreichischen Weinhandels ..., ist derzeit ins Ausland zu verkaufen (Wirtschaftswoche 31, 1985, 96).

Gre|mi|al|vor|ste|he|rin, die: w. Form zu ↑Gremialvorsteher.

Gre|mi|en|ar|beit, die: *[Mit]arbeit in Gremien:* Wenn eine Organisation ... es sich erlaubt, 70 bis 80 Prozent ihrer Arbeit auf G. zu beschränken, dann fehlt die Zeit für Inhalte (taz 8. 3. 99, 26).

Gre|mi|um, das; -s, ...ien [spätlat. gremium = ein Arm voll, Bündel (eigtl. = das, was man im Schoß fassen kann) < lat. gremium = Schoß]: *zur Erfüllung einer bestimmten Aufgabe gebildete Gruppe von Experten; beschlussfassende Körperschaft; Ausschuss:* ein internationales G. von Fachleuten; ein G. bilden; einem G. angehören; in einem G. mitarbeiten.

Gre|na|da; -s: Inselstaat im Karibischen Meer.

Gre|na|dier, der; -s, -e [frz. grenadier = Handgranatenwerfer, zu: grenade = Granate, eigtl. = Granatapfel; vgl. Granate]: *Infanterist.*

Gre|na|dil|le, Granadille, die; -, -n [frz. grenadille = Passionsblume < span. granadilla = Blüte der Passionsblume, eigtl. Vkl. von: granada = Granatapfel]: *essbare Frucht verschiedener Arten von Passionsblumen.*

Gre|na|din [grənaˈdɛ̃], das od. der; -s, -s [frz. grenadin = aus der span. Stadt Granada]: *kleine gespickte [u. glacierte], in Butter gebratene Fisch- od. Fleischscheibe.*

[1]**Gre|na|di|ne,** die; - [frz. grenadine, zu: grenade, ↑Grenadier]: *Saft, Sirup aus Granatäpfeln.*

[2]**Gre|na|di|ne,** die; - [frz. grenadine, eigtl. = genarbte Seide]: *leichtes, durchbrochenes Gewebe aus Naturseide.*

Gren|del: ↑Grindel.

Grenz|ab|fer|ti|gung, die (Zollw.): *Abfertigung durch den Zoll an der Grenze:* Erstmals werden jetzt an der Grenze zwischen Ostslawonien und Serbien kroatische und serbische Polizisten und Zöllner gemeinsam die G. übernehmen (taz 7. 5. 96, 9).

Grenz|ab|schnitt, der (bes. Milit.): *Abschnitt einer Grenze* (1 a).

Grenz|aus|gleich, der: **1.** (veraltend) *(innerhalb der EG) an den Grenzen erhobene Abgabe auf landwirtschaftliche Produkte, durch die inländische Produkte gegenüber der Konkurrenz billigerer Importe geschützt werden sollen:* Von den Bonnern verlangte Paris, sie müssten binnen vier Jahren den so genannten G. abbauen (Spiegel 50, 1983, 30). **2.** *Währungsausgleich* (2).

Grenz|bach, der: *eine Grenze* (1 b) *markierender Bach.*

Grenz|bahn|hof, der: *vor od. an einer Grenze liegender Bahnhof.*

Grenz|ball, der (Ballspiele): *Spiel zwischen zwei aus jeweils sechs Personen bestehenden gegnerischen Parteien, die versuchen, durch Weitwürfe den Ball über die hintere Grenze des Spielfeldes der gegnerischen Partei zu schleudern.*

Grenz|baum, der: **1.** *Baum, der eine Grenze markiert:* Grenzbäume ... wurden stets dort gepflanzt, wo es keine natürlichen Grenzen wie Bäche, Flüsse oder Schluchten gab (FR 23. 4. 93, 6). **2.** *Schlagbaum:* Aus Angst vor kontaminierten Hähnchenschenkeln ... würde manch einer lieber heute als morgen die Grenzbäume wieder herunterlassen *(die freie Einfuhr unterbinden;* Tagesspiegel 6. 6. 99, 24).

Grenz|be|am|te, der: *Beamter, der an einer Grenze Dienst tut.*

Grenz|be|am|tin, die: w. Form zu ↑Grenzbeamte.

Grenz|be|fes|ti|gung, die ‹meist Pl.›: *Verteidigungsanlage zum Schutz einer Grenze:* ... Überreste eines römischen Kastells, das den Limes überwachte. Dieser ist den meisten als römische G. bekannt (FAZ 10. 12. 98, R6).

Grenz|be|ge|hung, die: *offizieller Gang entlang einer Grenze* (1 a, b) *zum Zweck der Überprüfung o. Ä.*

Grenz|be|las|tung, die: **1.** (Technik) *äußerste Belastung eines Materials, einer Konstruktion o. Ä.* **2.** (Steuerw.) *Gesamtheit der auf ein Einkommen, einen Gewinn erhobenen Abgaben:* Daher schauen Finanzwissenschaftler bei einem neuen Steuertarif als Erstes auf die G.: Diese verdeutlicht, wie es um die Leistungsanreize in einer Volkswirtschaft bestellt ist (FAZ 30. 5. 97, 19).

Grenz|be|reich, der: **1.** *Umkreis der Grenze:* Anlagen ..., die im Nachbarlande im G. errichtet werden (Saarbr. Zeitung 29./30. 12. 79, 3); Fabrikgebäude in aufstrebender Allgäuer Industriestadt, G. Österreich/Schweiz, zu verkaufen oder zu verpachten (Augsburger Allgemeine 6./7. 5. 78, 19). **2. a)** *Bereich, in dem keine Steigerungen mehr möglich sind; äußerste Grenze für etw.:* die Geschwindigkeit von 180 km/h liegt bei diesem Wagen bereits im G.; **b)** *Bereich, in dem sich zwei Fachgebiete o. Ä. berühren, aneinander angrenzen:* eine der reizvollsten Aufgaben im G. zwischen Entwicklung und Produktion (SZ 1. 3. 86, 72); Zweifellos verfügte er über ein gutes Gespür für die -e zwischen Ökonomie und Psychologie (W. Brandt, Begegnungen 172).

Grenz|be|rich|ti|gung, die: *Korrektur eines Grenzverlaufs.*

Grenz|be|trieb, der (Wirtsch.): *Betrieb,*

der gerade seine Kosten decken, aber keine Gewinne erzielen kann; unrentabler Betrieb.

Grenz|be|völ|ke|rung, die: *an einer Landesgrenze lebende Bevölkerung.*

Grenz|be|woh|ner, der: *jmd., der an einer Landesgrenze, in einem Grenzbezirk wohnt.*

Grenz|be|woh|ne|rin, die: w. Form zu ↑Grenzbewohner.

Grenz|be|zirk, der: **a)** vgl. Grenzgebiet (1); **b)** *Zollgrenzbezirk.*

Grenz|dorf, das: *an einer Grenze* (1 a) *liegendes Dorf.*

Grenz|durch|bruch, der: *gewaltsames Durchbrechen einer Grenze* (1 b): den Einheiten gelang der G. überraschend schnell; Am 19. Dezember wagte er dann nachts den G. Dabei tötete er zwei Grenzsoldaten der DDR (FAZ 21. 5. 93, 5).

Gren|ze, die; -, -n [mhd. greniz(e), aus dem Westslaw., vgl. poln. granica, russ. granica, zu russ. gran' = Ecke; Grenze, eigtl. also = Ecke, Kante, Rand, verw. mit ↑Granne]: **1. a)** *(durch entsprechende Markierungen gekennzeichneter) Geländestreifen, der politische Gebilde (Länder, Staaten) voneinander trennt:* die G. zwischen Spanien und Frankreich; die G. *(der Grenzübergang)* war gesperrt, war dicht; die G. verläuft quer durch den Harz; die G. sichern, bewachen, überschreiten, verletzen; Als 1961 die G. in Berlin geschlossen wurde ... (H. Weber, Einzug 87); die deutsch-französische G. passieren; jenseits, diesseits der G.; auch Menschen mit legalen Pässen wurden an der G. zurückgehalten; In den sechziger ... Jahren träumte ich häufig, ich sei in der DDR, ich sei versehentlich ... hinter die G. geraten (Gregor-Dellin, Traumbuch 96); jmdn. über die G. abschieben; einen Flüchtling über die G. bringen; der Handel erstreckt sich über die -n der einzelnen Länder hinaus; sie wohnen an der G. *(im Grenzgebiet);* an der G. nach Bayern sei ... ein italienischer Lastwagenfahrer erschossen worden (Rolf Schneider, November 75); Rajasthan ... bildet die G. zu Pakistan (a&r 2, 1997, 46); er ist über die grüne G. gegangen (ugs.; *hat illegal, an einem unkontrollierten Abschnitt das Land verlassen*); **b)** *Trennungslinie zwischen Gebieten, die im Besitz verschiedener Eigentümer sind od. sich durch natürliche Eigenschaften voneinander abgrenzen:* die G. des Grundstücks verläuft unterhalb des Waldstücks; die -n der Prärie; die -n unserer kleinen Wirtschaften sind abgesteckt, alles ist ordentlich eingetragen (Kafka, Schloß 62); der Wald, der bisher nur die ferne, weiche G. der Felder gewesen war (Geissler, Wunschhütlein 22); eine G. ziehen, berichtigen; dieser Fluss, das Gebirge bildet eine natürliche G.; Seewärts vom Kanal beginnt Dithmarschen, und hier ist auch gleich die G. zwischen Geest und Marsch (Kant, Aufenthalt 8); **c)** *nur gedachte Trennungslinie unterschiedlicher, gegensätzlicher Bereiche u. Erscheinungen o. Ä.:* die G. zwischen Kirche und weltlicher Ordnung, Hell und Dunkel, Kindheit und Jugend; die -n zwischen Kunst und Kitsch sind fließend *(es gibt keine eindeutige Trennung);* die allenthalben forcierte Industrialisierung hat die -n zwischen Stadt und Dorf vielfach verwischt (Mehnert, Sowjetmensch 41); bald ging das Villenviertel in die eigentliche Stadt über; auf der G. standen Villen aus der Gründerzeit (Sebastian, Krankenhaus 36); das rührt schon an die -n des Lächerlichen *(das ist schon fast lächerlich).* **2.** ⟨meist Pl.⟩ *Begrenzung, Abschluss[linie], Schranke:* eine zeitliche G.; jmdm., einer Entwicklung sind [enge] -n gesetzt; der Fantasie sind keine -n gesetzt; die -n des Erlaubten, Möglichen, der Belastbarkeit überschreiten; Ich glaube nicht an die -n des Fortschritts (Strauß, Niemand 69); Bürgermeisterin Riemeyer sieht die -en des Wachstums (Woche 14. 3. 97, 58); Alles hat seine -n (Bieler, Mädchenkrieg 24); sein Ehrgeiz kannte keine -n *(war grenzenlos, maßlos);* Einmal aber war ihre Beziehung schon hart an der G. Es kriselte (Grossmann, Liebe 116); er ist an der [äußersten] G. des Machbaren angelangt; ... ihm, der nur so deutlich meine -n gewiesen hatte (Stern, Mann 48); die Entwicklung stößt an technische, wissenschaftliche, verfassungsmäßige -n; etw. ist in -n *(in einem bestimmten Maß)* erlaubt; Es scheint ..., dass seine Homoerotik in den -n pubertärer Schwärmerei blieb (Reich-Ranicki, Th. Mann 48); jmdn. in seine -n verweisen; ihr Stolz war ohne -n *(war grenzenlos, sehr groß);* die -n wahren, beachten *(nicht über ein bestimmtes Maß hinausgehen; Maß halten);* sie kennt ihre -n *(weiß, wie weit sie gehen kann, was sie leisten kann);* ***sich in -n halten** *(nicht übermäßig groß, gut, nicht überragend sein):* seine Leistungen halten sich in -n; Die Verblüffung der ... Gastgeber hielt sich in -n (Gregor-Dellin, Traumbuch 41).

gren|zen ⟨sw. V.; hat; unpers.⟩ [mhd. grenizen = abgrenzen]: **1.** *eine gemeinsame Grenze mit etw. haben; benachbart sein:* die Felder grenzen an die Autobahn; Deutschland grenzt an Österreich. **2.** *einer Sache nahe kommen, ihr sehr ähnlich, verwandt sein:* Eine Sparsamkeit, die an Geiz grenzte (Kempowski, Zeit 157); Jedes Wort ..., das sie in tausend Meter Entfernung sprachen, war klar zu verstehen. Das grenzte an Zauberei (v. d. Grün, Glatteis 29); manchmal grenzte es (= das Verhalten Stillers) wirklich schon an Verfolgungswahn (Frisch, Stiller 131); Diese an Autismus grenzende Interessenpolitik (Woche 7. 3. 97, 22); ◆ ... dass auf diesem großen Rund der Erde kein Elend an das meine grenze (*heranreiche;* Schiller, Don Carlos I, 2).

gren|zen|los ⟨Adj.⟩: **1.** *unendlich; unüberschaubar ausgedehnt:* die -e Weite des Himmels; ... dem -en Raum ..., in dem wir leben, auf einem Stern unter Milliarden ... Sternen (Simmel, Stoff 198); ⟨subst.:⟩ sich im Grenzenlosen verlieren. **2.** *uneingeschränkt, bedingungslos:* mit -em Gottvertrauen; ihre Liebe war g. **3. a)** *sehr groß, maßlos:* ein Gefühl der -en Einsamkeit, Angst; -e Erleichterung machte sich breit; Was ist das für eine -e Unverschämtheit, um diese Zeit hier Sturm zu klingeln? (Simmel, Stoff 206); ein Ausdruck -en Ekels; ihre Verachtung für ihn war g.; In Holland ist das Angebot an Wasserstrecken nahezu g. (a&r 2, 1997, 70); **b)** ⟨intensivierend bei Adj. u. Verben⟩ *sehr, überaus:* ich war g. allein mit mir und meinem Missgeschick (Fallada, Trinker 12).

Gren|zen|lo|sig|keit, die; -: **1.** *grenzenlose Weite; Unendlichkeit.* **2.** *Uneingeschränktheit:* Die G. deiner Macht wird nur noch von der G. deiner Phantasie übertroffen (Stern, Mann 313).

Gren|zer, der; -s, - (ugs.): **1.** *Grenzbewohner.* **2.** *Angehöriger einer Einheit, die zur Überwachung der Grenze* (1 a) *eingesetzt ist; Grenzposten:* der tschechische G. hatte unsern Koffer durchsucht (Fühmann, Judenauto 31); der Flüchtling wurde von -n abgeführt; Vor einem winzigen Obstladen steht ein Offizier der G. und unterhält sich angeregt mit einer stattlichen, trotz ihrer vollen Figur sehr schönen Frau (Berger, Augenblick 95).

Gren|ze|rin, die; -, -nen: w. Form zu ↑Grenzer: Die Grenzer kommen, richtiger: -nen. Das ist schlimmer ..., weil Frauen viel strenger sind (Zeit 26. 7. 96, 8).

Grenz|fall, der: **1.** *Fall, der zwischen zwei [od. mehreren] Möglichkeiten liegt u. sich daher nicht eindeutig bestimmen lässt:* Hier liegt ein G. zwischen der glatten Unterschlagung und der Technik des Rösselsprungs vor (Enzensberger, Einzelheiten I, 38); Aber Grenzfälle, bei denen sich ein Dissens nicht auflösen lässt, kann es immer geben (Spiegel 18, 1976, 92). **2.** *Sonderfall:* Einen G. der Revolution stellen die »gewaltlose Aktion« (Gandhi) und die »Revolution by Consent« ... dar (Fraenkel, Staat 300); die »fortschrittliche« neue (Kultur) treibt in die Isolierung ... und in Grenzfällen in die Sprachlosigkeit (Gehlen, Zeitalter 34).

Grenz|fi|nan|zer, der (österr. selten): *Finanzer:* Man sah manchmal verwundete G., auch hie und da einen toten Grenzgendarm (Roth, Radetzkymarsch 233).

Grenz|fi|nan|ze|rin, die: w. Form zu ↑Grenzfinanzer.

Grenz|fluss, der: *Fluss, der eine Grenze bildet.*

Grenz|for|ma|li|tät, die ⟨meist Pl.⟩: *beim Grenzübertritt zu erledigende Formalität wie Pass- u. Zollkontrolle u. a.*

Grenz|fra|ge, die: *Grenzproblem.*

Grenz|gän|ger, der: *jmd., der regelmäßig eine [Landes]grenze passiert, um in dem Gebiet jenseits der Grenze zu arbeiten, in die Schule zu gehen o. Ä.:* er ist als G. in Frankreich beschäftigt; Aus der Schweiz kamen diese Parteizeitungen, von -n wurden sie herübergebracht (Kühn, Zeit 129); Ü Max Ophüls, ein G. zwischen verschiedenen ... Medien (Saarbr. Zeitung 8. 7. 80, 6).

Grenz|gän|ge|rin, die; -, -nen: w. Form zu ↑Grenzgänger: Nach Informationen des Flüchtlingsrats Brandenburg soll die illegale G. vor einiger Zeit aus Deutschland abgeschoben worden sein (taz 30. 4. 96, 4).

Grẹnz|ge|biet, das: **1.** *direkt an einer [Landes]grenze liegendes Gebiet:* die Kontrolle in den -en wurde verstärkt. **2.** *Sachgebiet, das zu mehreren benachbarten Disziplinen o. Ä. gerechnet werden kann:* Die Pharmakologie ist ein G. zu anderen nichtmedizinischen Disziplinen, die sich auch mit Arzneistoffen befassen (Medizin II, 183).

Grẹnz|ge|wäs|ser, das: vgl. Grenzfluss.

Grẹnz|gra|ben, der: *eine Grenze markierender Graben.*

Grẹnz|haus, das: *Haus, in dem Grenzkontrollen durchgeführt werden.*

Grẹnz|jä|ger, der (früher): *Grenzposten.*

Grẹnz|kar|te, die: *Ausweispapiere für den kleinen Grenzverkehr.*

Grẹnz|kon|flikt, der: *[bewaffnete militärische] Auseinandersetzung zwischen zwei Staaten wegen des Verlaufs einer gemeinsamen Grenze.*

Grẹnz|kon|trol|le, die: **1.** *amtliche Kontrolle von Personen od. Sachen, die eine Landesgrenze passieren.* **2.** *die Grenzkontrolle* (1) *ausübende Person od. Gruppe:* Herr Rohlfs dachte ja gar nicht daran, ... von der G. zwei verhaftete Personen zu übernehmen (Johnson, Mutmaßungen 124).

Grẹnz|kon|troll|punkt, der (bes. DDR): *Kontrollpunkt:* ein Siebzehnjähriger, den man am G. Friedrichstraße ... angehalten hatte (Weber, Tote 10).

Grẹnz|kos|ten ⟨Pl.⟩ (Wirtsch.): *Kosten, die sich an der Grenze der Unwirtschaftlichkeit bewegen:* eine Ware zu G. anbieten, abgeben; Große Weltagenturen kämpften mit deutschsprachigen Diensten um Anteile am deutschen Markt, wobei sie sich interessante Marktsegmente herausgriffen und diese zu G. kalkulierten (FAZ 4. 7. 98, 23).

Grẹnz|krieg, der: *(meist auf das Grenzgebiet beschränkter) Krieg wegen des strittigen Verlaufs der Grenze zwischen zwei Staaten:* ... müssen auch jene 400 000 Menschen mit Nahrungsmittelhilfe versorgt werden, die im Zusammenhang mit dem eritreisch-äthiopischen G. ihre Wohngebiete verlassen haben (FAZ 24. 6. 99, 1).

Grẹnz|land, das ⟨Pl. ...länder selten⟩: *Grenzgebiet* (1).

Grẹnz|leh|re, die (Technik): *Messgerät, mit dem geprüft wird, ob ein Werkstück in seinen Ausmaßen innerhalb bestimmter Grenzwerte bleibt.*

Grẹnz|li|nie, die: **1.** (veraltend) *Grenze.* **2.** (Ballspiele) *das Spielfeld begrenzende Linie.*

Grẹnz|mark, die (hist.): *Grenzgebiet* (1), *Grenzland.*

Grẹnz|maß, das: *größtes od. kleinstes zulässiges Maß eines fertigen Werkstücks.*

Grẹnz|mau|er, die: *Mauer, die eine Grenze markiert.*

Grẹnz|mes|ser, der (veraltet): *Landmesser.*

grẹnz|mün|dig ⟨Adj.⟩ (DDR ugs.): *die Voraussetzungen zur Reise ins westliche Ausland erfüllend:* als Rentner ist er g.

grẹnz|nah ⟨Adj.⟩: *in der Nähe einer Grenze gelegen:* -e Gebiete.

Grẹnz|nut|zen, der (ökon.): *Zuwachs des Nutzens durch den Verbrauch einer zusätzlichen Einheit eines Gutes* (1): es gibt auch Fortschrittskosten, die schneller wachsen als der Nutzen. Man hat es also ökonomisch gesprochen mit einem abnehmenden G. zu tun (FAZ 19. 6. 97, 37).

Grẹnz|nut|zen|schu|le, die: *volkswirtschaftliche Richtung, die den Wert eines Gutes* (1) *aus der subjektiven Schätzung des Nutzens durch den Verbraucher erklärt.*

Grẹnz|ort, der ⟨Pl. -e⟩: *in der Nähe einer Grenze gelegener Ort.*

Grẹnz|po|li|zei, die: *Polizei des Bundes u. der Länder mit der Aufgabe des Grenzschutzes, bes. der Bundesgrenzschutz.*

Grẹnz|po|li|zist, der: vgl. Grenzpolizei.

Grẹnz|po|li|zis|tin, die: w. Form zu ↑Grenzpolizist.

Grẹnz|pos|ten, der: *Wachtposten an der Grenze.*

Grẹnz|preis, der: *äußerster Preis:* den G. nicht überschreiten.

Grẹnz|pro|blem, das: **1.** *Problem im Zusammenhang mit dem Verlauf einer Grenze:* das G. wird im Friedensvertrag geregelt. **2.** *Problem, das zwei od. mehrere Sachgebiete berührt.*

Grẹnz|punkt, der: *Punkt, der eine Grenze bezeichnet; äußerster Punkt; Grenze* (2): an einem G. angelangt sein *(nicht weiterkommen).*

Grẹnz|rain, der: *Rain, der ein Stück Land, bes. einen Acker, abgrenzt.*

Grẹnz|raum, der: vgl. Grenzgebiet (1).

Grẹnz|re|ge|lung, die: *Regelung eine gemeinsame Grenze betreffend:* eine für beide Staaten annehmbare G.

Grẹnz|re|gi|on, die: vgl. Grenzgebiet (1).

◆ **Grẹnz|schei|de,** die: *Grenzlinie:* Er hatte vorher einen geraden Strich gezogen als G. (Keller, Romeo 16).

Grẹnz|schutz, der: **1.** *Sicherung der Landesgrenze.* **2.** (ugs.) *Bundesgrenzschutz.*

Grẹnz|schüt|zer, der ⟨meist Pl.⟩ (ugs.): *Angehöriger des Bundesgrenzschutzes:* Die G. nahmen die ... Frau mit ins nahe gelegene Geschäftszimmer und sperrten sie dort in die Zelle (Woche 9. 1. 98, 27).

Grẹnz|schüt|ze|rin, die: w. Form zu ↑Grenzschützer: bewaffnete Frauen gibt es nicht nur auf dem Bildschirm. Als Polizistinnen und -nen gehören sie in Deutschland längst zum Alltag (taz 14. 7. 99, 6).

Grẹnz|si|che|rung, die: *Grenzschutz* (1).

Grẹnz|si|tu|a|ti|on, die: *ungewöhnliche Situation, in der nicht die üblichen Mittel, Maßnahmen zu ihrer Bewältigung Anwendung finden können:* die -en menschlicher Existenz; Eine Erfahrung, die ich schon oft gemacht habe: in -en kann man das Schicksal bezwingen (Schnurre, Schattenfotograf 269).

Grẹnz|sol|dat, der: *Soldat des Grenzschutzes* (2): Auf der einen Seite stand ein finnischer G., auf der anderen ein Rotarmist (Leonhard, Revolution 11).

Grẹnz|sol|da|tin, die: w. Form zu ↑Grenzsoldat.

Grẹnz|stadt, die: vgl. Grenzort.

Grẹnz|sta|ti|on, die: *Grenzbahnhof:* der vierschrötige Sohn der Niederlande, der uns an der G. Kaffee und Kuchen verkaufte (K. Mann, Wendepunkt 139).

Grẹnz|stein, der: *Stein, der eine Grenze markiert:* umgefallene, römische -e.

Grẹnz|strah|len ⟨Pl.⟩ (Med.): *zur Behandlung bestimmter Hauterkrankungen angewandte Röntgenstrahlen, die wegen ihrer geringen Energie nur geringfügig die Haut durchdringen.*

Grẹnz|strei|tig|keit, die ⟨meist Pl.⟩: *Streitigkeit, die eine gemeinsame Grenze der Streitenden betrifft.*

Grẹnz|trup|pe, die ⟨meist Pl.⟩ (DDR Milit.): *Teil der Nationalen Volksarmee, dessen Aufgabe die Grenzsicherung sowie die Gewährleistung von Sicherheit u. Ordnung im Grenzgebiet ist.*

Grẹnz|über|gang, der: **1.** *das Überschreiten, Passieren einer Grenze.* **2.** *mit bestimmten Anlagen versehene bewachte Stelle, an der man offiziell eine Grenze überschreiten kann:* Die beiden Politiker waren in Erez, dem G. zwischen Israel und dem Gazastreifen, zusammengekommen (SZ 12. 7. 99, 7).

grẹnz|über|schrei|tend ⟨Adj.⟩: *über Landesgrenzen hinausgehend:* -er Handel, Verkehr; -e Umweltprobleme; ein -es regionales Entwicklungsprogramm (Saarbr. Zeitung 19. 12. 79, 13); -e Zusammenarbeit, Kooperation; dass die Themen ... g. analysiert werden, um Wege zur Lösung der Probleme zu erschließen (Badische Zeitung 12. 5. 84, 17).

Grẹnz|über|schrei|tung, die: **1.** *das Überschreiten von Landesgrenzen:* die gewaltsame G. über den Sambesi. **2.** *Missachtung, Überschreitung von Grenzen* (1 c, 2): über die permanenten -en in Fragen der künstlerischen Leitung (Henze, Reiselieder 473).

Grẹnz|über|tritt, der: *Grenzübergang* (1): Welch erregender Moment, der erste G.! Dies war also das Ausland! (K. Mann, Wendepunkt 139).

Grẹnz|ver|kehr, der: *Verkehr über die Grenzen eines Staates hinweg:* Tatsächlich läuft der G. trotz aller PKK-Drohungen genauso dicht wie zuvor (Spiegel 30, 1998, 116); kleiner G. *(erleichterter Grenzübergang für Grenzgänger od. für kurzfristige Grenzübertritte).*

Grẹnz|ver|lauf, der: *Verlauf einer Grenze:* den G. korrigieren; Zu einem Zusatzprotokoll wurde die Bildung einer Kommission vereinbart, die die Markierung der Grenzen überprüfen und zur Regelung mit dem G. im Zusammenhang stehender Probleme beitragen sollte (W. Brandt, Begegnungen 521).

Grẹnz|ver|let|zung, die: *das Verletzen einer Grenze* (1 a) *durch [bewaffneten] illegalen Grenzübertritt:* sich der wiederholten G. schuldig machen.

Grẹnz|ver|trag, der: *Vertrag über eine Grenzregelung.*

Grẹnz|wa|che, die: **1.** *Grenzposten.* **2.** *Grenzschutz* (1).

Grẹnz|wacht, die (schweiz.): *militärisch organisierte Polizei für die Überwachung der Grenze.*

Grenz|wäch|ter, der (bes. schweiz.): vgl. Grenzwacht.

Grenz|wäch|te|rin, die: w. Form zu ↑Grenzwächter: Bisher ist noch kein Fluchtfall einer -in in Uniform bekannt geworden (Welt 9. 1. 87, 4).

Grenz|wall, der: *dem Schutz einer Grenze dienender* ²*Wall.*

Grenz|wert, der: **1.** *äußerster Wert, der nicht überschritten werden darf:* -e festlegen, festsetzen; ein G. von 35 Mikrogramm Blei; Für mich ist die Frage, würdest du das deinen Kindern geben, ein viel schärferes Entscheidungskriterium als eine gesetzliche Vorschrift oder irgendein G. (natur 6, 1991, 36); die drastische Herabsetzung vieler -e für die zulässigen Emissionen (CCI 2, 1986, 11). **2.** (Math.) *Zahlenwert, nach dem eine Folge reeller Zahlen hinstrebt; Limes.*

Grenz|wis|sen|schaft, die: **1.** *Wissenschaft, die sowohl zu dem einen als auch zu dem anderen von zwei benachbarten Wissenschaftsbereichen gehören kann.* **2.** ⟨meist Pl.⟩ *wissenschaftliche Beschäftigung mit Phänomenen (aus dem Bereich der Parapsychologie u. a.), die dem rationalen Denken nicht zugänglich sind; Esoterik* (3): Ein Bücherstand mit einem vielfältigen Angebot von Schriften aus dem Bereich der -en (NZZ 14. 4. 85, 9).

Grenz|zei|chen, das: *Zeichen (z. B. Stein od. Pfahl), mit dem eine Grenze markiert wird.*

Grenz|zie|hung, die ⟨o. Pl.⟩: *das Ziehen einer Grenze:* eine vorläufige, endgültige G.; Tanz auf dünnem Eis – das erste Buch der jungen Schwedin Pernilla Glaser – wird die leidige Diskussion der G. zwischen Literatur für Erwachsene und Literatur für Jugendliche neu entfachen (Zeit 20. 5. 99, 58).

Grenz|zwi|schen|fall, der: *politischer od. militärischer Zwischenfall an einer Landesgrenze:* Bei einem neuen G. auf der koreanischen Halbinsel haben südkoreanische Militärs einen Soldaten aus Nordkorea erschossen (FR 10. 9. 97, 2).

Gre|po, der; -s, -s: Kurzwort für ↑Grenzpolizist.

Gret|chen|fra|ge, die [nach der von Gretchen an Faust gerichteten Frage »Nun sag, wie hast du's mit der Religion?«, Goethe, Faust I, 3415]: *unangenehme, oft peinliche u. zugleich für eine bestimmte Entscheidung wesentliche Frage [die in einer schwierigen Situation gestellt wird]:* »Wenn man Sie fragen würde, Herr Quint, diese Generalfrage oder auch G., die man jedem Politiker ... stellen muss: Lieber rot als tot?« (Brückner, Quints 273); G.: Wie halten Sie's in Sachen Sport (Hörzu 1, 1979, 24); Auch die G. der Klimatisierung und der begleitenden Raumkühlung wird mit einbezogen (CCI 2, 1997, 34).

Gret|chen|fri|sur, die [nach der üblichen Frisur, mit der Gretchen aus Goethes »Faust« im Theater auftritt]: *Frisur aus zum Kranz aufgesteckten geflochtenen Zöpfen.*

Greu|be, die; -, -n [mhd. griube, ahd. griubo, Nebenformen zu ↑Griebe] (schweiz.): *Griebe.*

Greu|ben|wurst, die (schweiz.): *Griebenwurst.*

Greu|el usw.: frühere Schreibung für ↑Gräuel usw.

greu|lich: frühere Schreibung für ↑²gräulich.

Grey|er|zer, der; -s, -, **Grey|er|zer Kä|se,** der; --s, --: *dem Emmentaler ähnlicher Schweizer Hartkäse aus dem Greyerzer Land; vgl. Gruyère.*

Grey|hound ['greɪhaʊnd], der; -[s], -s [engl. greyhound < aengl. grīghund, zu: grīg = Hund u. hund = Jagdhund]: **1.** *in England bes. für Rennen gezüchteter Windhund:* über die grausame Massenzucht irischer -s, die mit EU-Geldern gefördert wird (Spiegel 22, 1998, 238). **2.** Kurzf. von ↑Greyhoundbus: Und das muss der Leser uneingeschränkt mögen, der seine (= Andreas Altmanns) Beschreibung einer Reise mit dem G. durch Amerika von New York bis San Francisco ertragen will (Zeit 22. 7. 99, 42).

Grey|hound|bus, der [engl.-amerik. Greyhound (bus), nach dem Firmensymbol der Greyhound Corp., einem Windhund (= engl. greyhound, ↑Greyhound), u. wohl auch mit Bezug auf die graue Farbe der Busse (engl. grey = grau)]: *Omnibus einer (amerikanischen) Buslinienengesellschaft im Überlandverkehr:* Er flog dreimal durchs Abitur, tourte mit dem G. für 99 Dollar durch Amerika, wo er sein Taschengeld als Pokerspieler aufbesserte (Stern 42, 1998, 168); Südafrika mit dem Bus: Eine siebzehntägige Tour mit dem G. vermittelt Windrose ... (Zeit 8. 4. 98, 69).

Gri|blet|te, die; -, -n [frz. griblette, Vermischung von: riblette = Fleischschnitte u. gril = Rost] (veraltet): *kleine, gespickte Fleischschnitte.*

Grie|be, die; -, -n [mhd. griebe, ahd. griobo, eigtl. = Grobes, wohl verw. mit ↑Griebs, ↑grob]: **1.** ⟨meist Pl.⟩ **a)** *Rückstand von ausgelassenem Speck;* **b)** *würfelförmiges Stückchen Speck:* Zum Frühstück Leberwurst mit -n (Chotjewitz, Frieden 134). **2.** (landsch.) *Ausschlag am Mund:* eine G. bekommen, haben.

Grie|ben|fett, das: *Fett mit Grieben* (1 a).

Grie|ben|schmalz, das: vgl. Griebenfett.

Grie|ben|wurst, die: *Wurst mit Grieben* (1 b); *Blutwurst.*

Griebs, der; -es, -e [spätmhd. grubs, grobis, H. u., viell. verw. mit ↑Griebe, ↑grob] (landsch.): **1.** *Kerngehäuse von Apfel od. Birne:* Wer in den Apfel beißt, muss auch den G. schlucken (Bieler, Bär 233). **2.** * **jmdn. am G. packen** (landsch.; *jmdn. an der Kehle, Gurgel packen*).

Grie|che, der; -n, -n: Ew.: ihr Mann ist G.; dann lud ich ihn eines Nachts zum Essen beim -n (ugs.; *in ein griechisches Restaurant*) ... ein (Eppendorfer, St. Pauli 210).

Grie|chen|land; -s: Staat auf der Balkanhalbinsel.

Grie|chen|tum, das; -s: **1.** *griechisches Wesen; griechische Eigenart:* sein G. verleugnen. **2.** *Hellenismus.*

Grie|chin, die; -, -nen: w. Form zu ↑Grieche.

grie|chisch ⟨Adj.⟩ [mhd. kriechisch, ahd. chriehhisc < lat. Graecus < griech. Graikós]: *Griechenland, die Griechen betreffend:* die -e Geschichte, Kultur, Sprache; das -e Alphabet; -e Buchstaben; ein -er *(klassischer)* Tempel; die -e *(klassische)* Tragödie; -es Feuer *(als Kampfmittel im Altertum u. im MA. verwendete Mischung von leicht explosiven u. brennbaren Stoffen);* -es Kreuz *(Kreuzform mit gleich langen, im rechten Winkel zueinander stehenden Armen);* Ihr Zuhälter ... war ... gewachsen wie ein -er Gott (Simmel, Stoff 587); die -e Antike.

Grie|chisch, das; -[s]: **a)** ↑Griechische; **b)** *altgriechische Sprache u. Literatur als Lehrfach:* sie unterrichtet G.; in G. eine Zwei haben; morgen haben wir kein G. (Schülerspr.; *keinen Griechischunterricht*).

Grie|chi|sche, das; -n ⟨mit best. Art.⟩: *die griechische Sprache.*

grie|chisch-ka|tho|lisch ⟨Adj.⟩: *einer mit Rom vereinigten, in Lehre u. Verfassung den Papst anerkennenden orthodoxen Nationalkirche angehörend:* -e Kirche *(mit Rom unierte, bei eigenen Gottesdienstformen in Lehre u. Verfassung den Papst anerkennende orthodoxe Nationalkirche):* der -e Teil der Rumänen.

grie|chisch-or|tho|dox ⟨Adj.⟩: *der von Rom getrennten Ostkirche od. einer ihrer unabhängigen Nationalkirchen angehörend:* die Bevölkerung ist hier g.; die -e Kirche *(die unabhängige Nationalkirche Griechenlands).*

grie|chisch-rö|misch ⟨Adj.⟩: **1.** (Ringen) *nur Griffe oberhalb der Gürtellinie gestattend:* Ringen im -en Stil. **2.** *griechisch-katholisch.*

grie|chisch-uniert ⟨Adj.⟩: *griechisch-katholisch.*

Grie|chisch|un|ter|richt, der: *Unterricht in der altgriechischen od. neugriechischen Sprache.*

Grie|fe, die; -, -n [mhd. griefe] (md.): *Griebe.*

grie|meln ⟨sw. V.; hat⟩ [H. u.] (westmd.): *schadenfroh in sich hineinlachen:* ich griem[e]le; Meinen Gräfin nun das Buch oder die Landschaft ..., versetzt Loantien grienend und griemelnd (Burger, Blankenburg 124).

Grien, das; -s [mhd. gri(e)n, eigtl. = Zerriebenes] (bes. alemann.): *Kies.*

grie|nen ⟨sw. V.; hat⟩ [niederd. Form von ↑greinen] (nordd.): *grinsen:* sie griente verlegen, dreckig; Mit blinden Augen, den grauen Vollbart sorgfältig gelockt, die Zipfelmütze aus der Stirn geschoben, Pfeife im Mundwinkel, griente ein Gartenzwerg wie ein Kleingärtner, der eine ortsgemäße Unsterblichkeit errungen hat, ins Kameraobjektiv (Kunert, Paradies 70); Er konnte nicht lachen, nicht einmal g. (Bastian, Brut 77); ⟨subst.:⟩ Er trägt seine eisige Stille und sein unbrüderliches Grienen auf den Markt (Strauß, Niemand 125).

gries ⟨Adj.⟩ [mhd. grīs, ↑greis] (landsch. veraltend): *grau:* das Wetter ist g. und regnerisch; Ü die Bauern und Büdner aus den 68 Dörfern dieser -en Gegend (Neues D. 18. 7. 78, 8).

grie|se|grau ‹Adj.› (landsch.): *eintönig grau [u. trüb]:* Ein -er Tag. Der neunte Mai (Hamburger Rundschau 15. 5. 85, 3).

Grie|sel|fie|ber, das; -s (nordd.): *Schüttelfrost.*

grie|seln ‹sw. V.; hat› [verw. mit ↑grausen, gruseln] (nordd.): *[vor Kälte, Furcht, Ekel] erschauern.*

Gries|gram, der; -[e]s, -e [älter nhd. = mürrische Stimmung, Missmut < mhd. grisgram = Zähneknirschen, rückgeb. aus: grisgramen, ahd. grisgramōn = mit den Zähnen knirschen; murren, brummen, 1. Bestandteil wohl zu ↑grieseln, 2. Bestandteil zu ↑gram] (abwertend): *griesgrämiger Mensch:* Sonst werde ich ein früh gealterter G. (Becker, Tage 128); Ludwig Hardekopf war ein ... menschenscheuer G., der wenig sprach (Bredel, Väter 390); Mit Beraterhilfe versucht sich der notorische G. (= Charles) und exzentrische Einzelgänger ein neues Erscheinungsbild als »Prince Charming« zu verpassen (Stern 22, 1999, 44).

gries|grä|mig, (selten:) **gries|grä|misch, gries|gräm|lich** ‹Adj.› [im 15. Jh. grisgramig]: *ohne ersichtlichen Grund schlecht gelaunt, unfreundlich, mürrisch u. dadurch eine Atmosphäre der Freudlosigkeit u. Unlust um sich verbreitend; verdrossen:* ein -er Mensch; Das hör ich gerne. Es klingt anders als griesgrämige Tiraden unserer Parteiwebel (Kantorowicz, Tagebuch I, 326); g. sein, dreinschauen; Matthias Roth wollte aber nicht griesgrämig werden und erinnerte sich daher an ... den Cognac, den er sich zum Mokka gegönnt hatte (Kronauer, Bogenschütze 112); Babatz, der Chauffeur ..., klappte griesgrämig den Mantelkragen hoch (Bieler, Bär 122).

Grieß, der; -es, (Sorten:) -e [mhd. grieȝ, ahd. grioȝ = Sand, Kies; grob gemahlenes Mehl, eigtl. = Zerriebenes, Zerbröckeltes, verw. mit ↑groß]: **1.** *körnig gemahlenes geschältes Getreide (bes. Weizen), das zum Kochen verwendet wird:* ein Brei, ein Pudding aus G. **2.** (Med.) *körniges Konkrement:* Ablagerungen in den Nieren in Form von G.

Grieß|brei, der: *Brei aus Grieß:* »Andere Kinder« ... äßen angebrannten G. ebenso gern wie Schokoladentorte (K. Mann, Wendepunkt 30); Die Enkelkinder unter zwölf bekamen abends Haferflocken, Buchweizengrütze, G. oder Milchreis mit Zimt (Zeit 6. 10. 95, 68); die Reisenden ... klettern über die Kalkterassen von Pamukkale, die wie erstarrter G. unter den nackten Füßen liegen (Zeit 25. 3. 99, 63).

grie|ßeln ‹sw. V.; hat›: **1.** *körnig werden, bröckeln.* **2.** ‹unpers.› *(als Niederschlag) in kleinen Körnern niederfallen:* es fängt an zu g.

grie|ßig ‹Adj.› [mhd. grieȝec]: *[fein]körnig:* -er Sand; sie rebelten das Maiskorn von den Kolben und zerrieben es in der altertümlichen Steinmühle zu dem -en Mehl (Fussenegger, Zeit 31).

Grie|ßig, das; -s: *Bienenkot.*

Grieß|kloß, der ‹meist Pl.›: *aus steifem Grießbrei u. a. bereiteter Kloß.*

Grieß|klöß|chen, das: *Klößchen aus Grießbrei als Suppeneinlage.*

Grieß|koch, das [↑²Koch] (österr., auch südd.): *Grießbrei:* an einem Dienstag ... gibt es zum Abendessen G. (Sobota, Minus-Mann 343).

Grieß|pud|ding, der: *Pudding aus Grieß.*

Grieß|schmar|ren, der (österr.): *Süßspeise aus geröstetem Grieß.*

Grieß|sup|pe, die: *unter Verwendung von Grieß hergestellte Suppe.*

Grieß|zu|cker, der: *Kristallzucker.*

Grieve: ↑James Grieve.

griff: ↑greifen.

Griff, der; -[e]s, -e [mhd., ahd. grif, zu ↑greifen]: **1. a)** *das Greifen; Zugriff:* ein rascher, derber, eiserner, kräftiger G.; sich jmds. -en entwinden; ich ... tat einen herrlichen G. in die ... mit Pralinés angefüllte Kristallschale (Th. Mann, Krull 56); der hastige G. nach einer Zigarette (Jens, Mann 122); Doch, anfangs habe ich jeden G. an die Pistolentasche als eine Bewegung auf mein Ende gedeutet (Kant, Aufenthalt 79); ***der G. zu etw.** (verhüll.; *Hinwendung in einer Art Sucht zu einem Genussmittel, einer Droge*): der G. zur Tablette, Zigarette, Flasche; **mit jmdm., etw. einen guten/glücklichen G. getan haben** *(mit jmdm., etw. eine gute Wahl getroffen haben);* **einen glücklichen G. haben** *(Glück haben):* Deine Eltern plagen sich sehr, aber sie haben keinen glücklichen G. und verstehen das Wirtschaften nicht (Werfel, Bernadette 375); **einen G. in die [Laden]kasse tun** (verhüll.; *Geld stehlen*); **mit -en und Kniffen** *(mit List u. Spitzfindigkeiten);* **b)** *Handgriff, Handhabung:* ein geübter, falscher G.; bei ihr sitzt jeder G. *(sie ist sehr geschickt);* die Soldaten übten ihre -e am Gewehr; sie beherrscht spielend selbst die schwierigsten -e *(Fingerstellungen, mit denen jeweils bestimmte Töne auf einem Musikinstrument erzeugt werden können);* der Ringer wendete zur Verteidigung einige verbotene -e *(mit Hand od. Arm ausgeführte greifende Bewegungen)* an; der Turner wechselte den G. *(die Haltung der Hände u. Unterarme am Gerät);* mit wenigen -en etw. rasch erledigen; das mache ich mit einem G., das ist mit einem G. *([mühelos] im Nu)* getan; ***-e kloppen/**(seltener:) **klopfen** (Soldatenspr.; *Griffe am Gewehr üben*); **etw. im G. haben** (1. *etw., was mit den Händen getan wird, routinemäßig beherrschen:* Das Boot hatte ich langsam im G. [Plenzdorf, Leiden 132]. 2. *jmdn., etw. unter Kontrolle haben:* Er war einer der wenigen Lehrer, die unsere Klasse fest im G. hatten [Wilhelm, Unter 84]; Jetzt spürte Axt, dass er seine Zuhörer im G. hatte. Sie hingen an seinen Lippen [Kegel, Ölschieferskelett 100]; Die Arbeit, ... hatte er so gut im G., dass er gleichzeitig auch noch die Schüler in Schach halten konnte [Innerhofer, Schattseite 47]; Die Polizei zu holen zeigte, dass die Anstaltsführung die Situation überhaupt nicht im G. hatte [Eppendorfer, Kuß 68]; Fangen Sie mit Ihren Berichten an, sobald Sie die Lage im G. haben [Ruark ‹Übers.›, Honigsauger 427]); **etw. in den G. bekommen/** (ugs.:) **kriegen** *(in der Lage sein, etw. Schwieriges o. Ä. zu bewältigen, damit fertig zu werden):* eine Seuche, den Rauschgiftmissbrauch in den G. bekommen; ... würde das meiste nun davon abhängen, wie die portugiesische Regierung die schwierigen Wirtschaftsprobleme in den G. bekäme (W. Brandt, Begegnungen 633); »Ich habe nicht mehr weiterdenken können, ich konnte mich nicht mehr in den G. bekommen«, schluchzte sie (Saarbr. Zeitung 8./9. 12. 79, 15). **2.** *Teil einer Sache in Form einer Klinke, eines Knaufs, eines Henkels, Bügels o. Ä., der ein Zupacken der Hand, ein In-die-Hand-Nehmen ermöglicht:* ein lockerer G.; der G. ist lose, ist abgebrochen; der G. des Spazierstocks ist aus Holz, Bambus; Söffchen muss die Traghand wechseln. »Der G. schneidet gewaltig ins Fleisch.« (Jägersberg, Leute 234); den Koffer am G. packen; Er ... schleifte die Kiste am G. in die Nähe des Fensters (Böll, Adam 63); ein Schirm ohne G. **3.** (Weberei) *durch Anfühlen feststellbare Beschaffenheit eines Gewebes:* dieser Seidenstoff hat einen besonders weichen G. **4.** ‹meist Pl.› (Jägerspr.) *Klaue des Greifvogels.* **5.** (Fachspr.) [1]*Haftung:* Ihr Belag (= der Belag der Autoreifen) muss ... aus der Mischung sein, die noch in extremsten Schräglagen G. hat (ADAC-Motorwelt 5, 1986, 176).

griff|be|reit ‹Adj.›: *zum raschen Greifen, zum raschen In-die-Hand-Nehmen aufbewahrt, bereitgelegt:* Hut und Mantel sind g.; etw. g. haben; Die flexibel und mobil gehaltene Einrichtung bietet dem Kunden die Ware übersichtlich und g. (Heilbronner Stimme 12. 5. 84, 22); Griffbereit stellte er seine Kamera auf den Nachttisch (Konsalik, Promenadendeck 95).

Griff|brett, das: *am Hals von Saiteninstrumenten festgeleimtes schmales Brett, auf das die darüber gespannten Saiten beim Greifen der Töne niedergedrückt werden:* die Finger, die sich ... auf dem G. abmühten, denn sie waren zu dick (Erné, Kellerkneipe 19).

Grif|fel, der; -s, - [1: mhd. griffel, ahd. griffil, unter Einfluss von: grīfan (↑greifen) zu: graf < lat. graphium < griech. grapheĩon = Schreibgerät]: **1.** *Schreibstift für Schiefertafeln:* Zu meinen Krallenfüßen, unter meinem mörderischen Thronsitz, steht mein liebster Sohn Manfred aus der Bianca Lancia und spricht, während er Wachstafel und G. aus dem Gewand zieht, zu mir herauf (Stern, Mann 300). **2.** (Bot.) *stielartiger Fortsatz eines Fruchtknotens, der die Narbe trägt.* **3.** ‹meist Pl.› (salopp) *Finger:* Bond ... schlägt dem Erzschurken ... mal wieder auf die gierigen G. (Spiegel 52, 1990, 180).

Grif|fel|bürs|te, die (Bot.): *(am Griffel 2 bestimmter von Insekten bestäubter Blüten befindliche) bürstenartige Anordnung von Haaren, die den Blütenstaub (auch noch nach dem Vertrocknen der Staubblätter) festhalten.*

grif|fel|för|mig ‹Adj.›: *der Form eines Griffels* (1) *ähnlich.*

Grịf|fel|fort|satz, der (Anat.): *griffelförmiger Knochenfortsatz.*

Grịf|fel|kas|ten, der (früher): *kleiner Behälter zum Aufbewahren der Griffel* (1): was für einen komischen G. der mitbrachte! ... bunt und auffällig beschriftet (Harig, Weh dem 22).

Grịf|fel|spit|zer, der: **1.** *Gerät zum Spitzen von Griffeln* (1). **2.** (landsch. veraltend) *übertrieben spitzfindiger Mensch.*

grịf|fel|spit|zig ⟨Adj.⟩ (landsch. veraltend): *übertrieben spitzfindig, haarspalterisch.*

grịff|fest ⟨Adj.⟩: *einen festen, nicht beweglichen Griff* (2) *habend:* ein -es Messer.

grịff|güns|tig ⟨Adj.⟩: *für das Zugreifen günstig:* der Feuerlöscher ist leicht zugänglich und g. angebracht; Alle Bedienungselemente liegen g. in Fahrerreichweite (ADAC-Motorwelt 1, 1987, 37).

grịf|fig ⟨Adj.⟩ [mhd. griffec]: **1.** *leicht, gut zu ergreifen, zu umfassen, zu handhaben; handlich:* Im steilen, gut -en Fels wird mit dem Gesicht zur Wand abgestiegen (Eidenschink, Fels 46); das Lenkrad dieses Wagentyps ist äußerst g.; diese Bohrmaschine ist sehr g.; eine Stahlfeder ... Nicht groß, handlich ... Hervorragend g. liegt sie in seiner Hand (Ossowski, Flatter 184); Ü Hera, ... die Hände auf die -en Hüften gestützt (Hagelstange, Spielball 47); Lore, ... meine Frau Lore, ist kleiner, gedrungener, -er (Kirst, 08/15, 28). **2. a)** *gut greifend* (6): Gute Fahrzeugbeherrschung durch -es Profil (Spiegel 43, 1975, 59); **b)** *so beschaffen, dass etw. darauf gut greifen kann:* eine -e Fahrbahn; -er Schnee; Wachsspezialisten mixen den -sten Belag für die unzähligen Steigungen (Zeit 14. 3. 75, 63). **3.** *(von Textilien) fest gewebt, nicht lappig:* ein -es Kammgarngewebe für Herrenanzüge; schwerer, -er Seidenstoff. **4.** (bes. österr.) *(von Mehl) grobkörnig, locker:* -es Mehl eignet sich für Backwaren aus lockerem Teig. **5.** (Jargon) *wirkungsvoll; treffend; prägnant:* auf ... Transparenten ... war immer wieder die -e Formulierung zu lesen: »Kein Blut für Öl!« (natur 3, 1991, 25); die Erarbeitung von »griffigen« Werbemitteln und Textgrundlagen (Weltwoche 17. 5. 84, o. S.); Jetzt heiße es eben, ... die »positiven Aspekte einer ökologischen Steuerreform g. in Headlines zu fassen« (Woche 27. 3. 98, 5).

Grịf|fig|keit, die; -: *das Griffigsein:* Bei bituminösen Fahrbahnen wird heute ebenfalls eine möglichst große Helligkeit und G. angestrebt (ADAC-Motorwelt 7, 1979, 5).

Grịff|loch, das: *Öffnung in der Wandung des Rohrs von Blasinstrumenten, die mit den Fingerkuppen geschlossen wird, um die Tonhöhe zu verändern.*

grịff|los ⟨Adj.⟩: **1.** *nicht mit einem Griff* (2) *versehen, ohne Griff.* **2.** *keinen Halt bietend, findend:* Sind die Kamine griff- und trittlos, werden die Hände und der Rücken an die glatte und die Füße an die raue Seite gestemmt (Eidenschink, Fels 43); Autos und Omnibusse, die Räder g. in Schneewehen mahlend, wurden zu unfreiwilligen Nachtquartieren (Spiegel 8, 1966, 34). **3.** (Turnen) *ohne Griff* (1 b), *ohne das Turngerät mit den Händen zu greifen ausgeführt:* ein -er, g. geturnter Umschwung.

grịff|nah ⟨Adj.⟩: *zum Greifen nah; sich mit einem Handgriff erreichen lassend:* in dieser Schublade kann man das Schreibpapier g. unterbringen.

Grịff|nä|he, die: *greifbare Nähe:* etwas in G. unterbringen.

Grif|fon [grɪˈfõ:], der; -s, -s [frz. griffon, eigtl. = Greif (1), afrz. grif < spätlat. gryphus, ↑Greif]: *als Jagd- od. Schutzhund gehaltener, mittelgroßer, kräftiger Vorstehhund mit rauem bis struppigem, grauem od. [weiß]braunem Fell.*

Grịff|re|gis|ter, das (Fachspr.): *mit Ausbuchtungen versehenes Register* (1 b); *Daumenregister.*

Grịff|schrift, die (Musik): *Notation, bei der die auf einem Instrument auszuführenden Griffe meist mit Buchstaben od. Zahlen bezeichnet sind.*

Grịff|ta|bel|le, die: *Vorlage, die die möglichen Fingergriffe auf einem Musikinstrument in Form eines Schemas erfasst:* er vermisst schon wieder seine G.

Grịff|tech|nik, die (Ringen): *die zur Durchführung eines Griffs erforderliche Technik:* Komisch daran ist oft allein schon die atemberaubende G., das aberwitzige Wuseln von Finger und Bogen, jene skurrile Pantomime, die auch ohne akustische Rückendeckung ihre Wirkung nicht verfehlen würde (Orchester 7/8, 1994, 667).

Grịff|wech|sel, der (Turnen): *Wechsel von einem Griff in einen anderen.*

Grịff|wei|te, die: vgl. Griffnähe: etw. liegt in G., außer G.; Sorgfältig wickeln wir Frau Wolf in eine Decke ein, rücken ihr die Kissen zurecht und legen den elektrischen Türöffner, die Fernsehfernbedienung, das Telefon, die Lesebrille und die tagsüber benötigten Medikamente in G. (Zivildienst 5, 1986, 18); Ü zweimal hatte er einen Slalomsieg in G. gehabt (NZZ 1. 2. 83, 36).

gri|gnar|die|ren [grɪnjarˈdi:rən] ⟨sw. V.; hat⟩ [nach dem frz. Chemiker V. Grignard (1871–1935)] (Chemie): *nach einem bestimmten Verfahren Synthesen organischer Stoffe bilden.*

Grịll, der; -s, -s [engl. grill < frz. gril (neben: grille) < lat. craticulum (neben: craticula) = Flechtwerk, kleiner Rost]: **1. a)** *Gerät zum Rösten von Fleisch, Geflügel, Fisch o. Ä. auf einem* [1]*Rost* (a); **b)** *[zum Grillgerät gehörender] Bratrost:* die Steaks, Würste auf den G. legen; Fisch vom G. *(gegrillter Fisch).* **2.** kurz für ↑Kühlergrill.

Grịl|la|de [griˈja:də], die; -, -n [frz. grillade, zu: griller = grillen, rösten, zu: gril, ↑Grill]: *gegrilltes Stück Fleisch, Fisch, Geflügel o. Ä.; Rostbratenstück:* Auch -n lassen sich ... ausgezeichnet zubereiten (Saarbr. Zeitung 8. 10. 79, 32); Lecker zu den -n: knackiges Grünzeug (Hörzu 21, 1988, 139).

Grịl|le, die; -, -n [mhd. grille, ahd. grillo < lat. grillus, lautm.]: **1.** *den Heuschrecken ähnliches, bes. in der Nacht aktives Insekt, bei dem die männlichen Tiere einen zirpenden Laut hervorbringen:* abends zirpten die -n im Garten; in einem kleinen Teich trommelten Hunderte von Fröschen, und die -n schrillten (Musil, Mann 1532). **2. a)** *sehr sonderbarer, schrulliger Gedanke, Einfall:* »Komm doch rüber«, sagte er. »War doch Quatsch. Grillen von kleinen Mädchen« (Lynen, Kentaurenfährte 156); sie hat nichts als -n im Kopf; Sie (= die Eltern) sind ... sehr liebenswert, ..., aber nicht ohne ihre kleinen -n und Tücken (K. Mann, Wendepunkt 25); **b)** *unbegründet trübsinniger Gedanke:* seit sein Leben sich langsam neigte, seit seine Künstlerfurcht, nicht fertig zu werden, ... nicht mehr als bloße G. von der Hand zu weisen war (Th. Mann, Tod 9); ***-n fangen** (veraltend; *trüben Gedanken nachhängen;* drückt eigtl. aus, dass jemand einer nutzlosen Beschäftigung nachgeht; heute aber auf Grille 2 b bezogen u. im Sinne von »seltsamen Gedanken nachjagen« verstanden); **jmdm. die -n vertreiben/austreiben** (veraltend; *jmdn. aufheitern, von seinen trüben Gedanken abbringen*).

[1]**grịl|len** ⟨sw. V.; hat⟩ [engl. to grill < frz. griller, zu: gril, ↑Grill]: *auf dem Grill rösten:* Hähnchen g.; ⟨häufig im 2. Part.:⟩ gegrillte Schweinshaxen; etw. am Holzkohlenfeuer g.; Ü sich in der Sonne g. [lassen]; Man möchte eine neue Kundschaft ins Land locken, die nicht nur nach Spanien kommt, um sich zu g. (ADAC-Motorwelt 2, 1979, 45).

◆ [2]**grịl|len** ⟨sw. V.; hat⟩: **a)** *Grillen* (2 a) *haben, launenhaft sein:* Schmollt der Mann und grillt die Frau (Goethe, Faust I, 4247); **b)** *trübseligen Gedanken nachhängen:* Grille nicht bei Sommersonnenschein, dass es wieder werde Winter sein (Goethe, Der Narr epilogiert).

Grịl|len|fän|ger, der: *trüben Gedanken nachhängender Mensch.*

Grịl|len|fän|ge|rei, die; -: *seelische Verfassung, in der jmd. trüben Gedanken nachhängt.*

Grịl|len|fän|ge|rin, die: w. Form zu ↑Grillenfänger.

grịl|len|fän|ge|risch ⟨Adj.⟩: *grillenhaft.*

grịl|len|haft ⟨Adj.⟩: *launenhaft, sonderbar, wunderlich.*

Grịl|len|haf|tig|keit, die; -: *das Grillenhaft-, Wunderlichsein:* seine G. nimmt immer mehr zu.

Grịl|let|te [griˈlɛt(ə)], die; -, -n (regional): *gegrilltes Hacksteak.*

Grịll|fest, das: vgl. Grillparty: Das G. kann steigen, die Gastgeberin putzt sich schnell noch die Nase (Zeit 2. 10. 97, 69).

Grịll|ge|rät, das: *Grill* (1 a).

Grịll|ge|richt, das: *Gericht vom Grill* (1 a).

Grịll|hach|se, (südd.:) Grillhaxe, die: *gegrillte Hachse* (a).

Grịll|hähn|chen, das: vgl. Grillhachse.

Grịll|ha|xe: ↑Grillhachse.

Grịll|hüt|te, die: *Hütte* (1 b), *in der gegrillt wird, in der Grillpartys veranstaltet werden:* die Oftersheimer G. ist für den ganzen Sommer schon wieder ausgebucht.

gril|lie|ren [grɪˈli:rən, auch: griˈji:rən] (schweiz.): *grillen.*

gri̤l|lig ⟨Adj.⟩: *grillenhaft.*

Gri̤l|lig|keit, die; -: *Grillenhaftigkeit.*

Gri̤ll|par|ty, die: *Party, bei der gegrillt wird:* wir sind am nächsten Samstag zu einer G. eingeladen.

Gri̤ll|platz, der: *im Freien eingerichteter Platz mit einer od. mehreren Feuerstellen zum Grillen:* der Parkplatz befindet sich in der Nähe des -es.

Gri̤ll|res|tau|rant, das: *Restaurant, in dem hauptsächlich Grillgerichte serviert werden:* er feiert seinen runden Geburtstag morgen Abend in einem G.

Gri̤ll|room [...ru:m], der; -s, -s [engl. grillroom, zu ↑Grill u. room = Raum, Zimmer]: *Restaurant od. Speiseraum in einem Hotel, in dem hauptsächlich Grillgerichte serviert werden.*

Gri̤ll|rost, der: *Grill* (1 b).

Gri̤ll|sta|ti|on, die: *Bude* (1) *meist an der Straße, in der Würstchen o. Ä. gegrillt u. an Passanten verkauft werden:* zahlreiche Rundwanderwege und Trimmpfade, ein ganzes System von -en und Spielanlagen (G. Vesper, Lichtversuche 115).

Gri̤ll|steak, das: vgl. Grillhachse.

Gri|ma̤s|se, die; -, -n [frz. grimace, H. u., viell. aus dem Germ.]: *[bewusst] verzerrtes Gesicht, das etw. Bestimmtes, eine momentane Haltung o. Ä. zum Ausdruck bringt:* eine verächtliche G.; Der andere schnitt eine kleine freundliche G. (Mühel, Baum 6); -n schneiden, machen, ziehen; Die ... Züge des Possenreißers fielen in eine G. komischer Ratlosigkeit (Th. Mann, Tod 54); Jemand schneidet jemandem -n und sagt nichts, weil er traurig ist (Wohmann, Absicht 407); er verzog sein Gesicht zu einer G. des Ekels; sein Gesicht verzog sich zu einer scheußlichen G.

Gri|ma̤s|sen|schnei|der, der: *jmd., der gern Grimassen schneidet:* G. Jack Lemmon als Georg Kellermann in der turbulenten amerikanischen Filmkomödie »Nie wieder New York« (MM 14. 12. 79, 57); Keiner nutzte diese Erfolgsrezept so rasant und schamlos wie der hampelnde G. Jim Carrey (Spiegel 52, 1997, 199).

Gri|ma̤s|sen|schnei|de|rin, die: w. Form zu ↑Grimassenschneider: sie eignet sich nicht als G.

gri|mas|si̱e̱|ren ⟨sw. V.; hat⟩ [frz. grimacer]: *Fratzen, Grimassen schneiden:* Er ... grimassierte vor Anstrengung, sein Lachen zurückzuhalten (Molsner, Harakiri 32); er ... grimassierte, als ekelte ihn der Anblick (K. Mann, Vulkan 119); Und während Occursius noch Gregor zitierte, öffnete er, wie um die päpstliche erotische Anspielung zu widerlegen, mokant grimassierend Daumen und Zeigefinger (Stern, Mann 16).

gri̤mm ⟨Adj.⟩ [mhd. grim(me), ahd. grimm, eigtl. = grollend, brummig, lautm.] (veraltet): *grimmig:* Eine -e Herzlichkeit, die nicht benötigt, dass man einander mag (Spiegel 42, 1966, 40).

Gri̤mm, der; -[e]s [subst. Adj. aus der mhd. Fügung grimmer muot = zorniger Sinn] (geh. veraltend): *heftiger Zorn; verbissene Wut:* dumpfer, wilder G.; nach der Nachricht, dass er im Saal nicht auftreten konnte, war sein G. noch heftiger (Konsalik, Promenadendeck 105); seinen G. verbergen, unterdrücken; voller G. sein.

Gri̤mm|darm, der; -[e]s, ...därme [da hier der Sitz des »Bauchgrimmens« vermutet wurde, zu ↑²grimmen]: *zwischen Blinddarm u. Mastdarm verlaufender größter Teil des Dickdarms:* der aufsteigende, absteigende G.

¹gri̤m|men ⟨sw. V.; hat⟩ [mhd. grimmen = toben] (veraltet): *ärgern, mit Grimm erfüllen:* die Niederlage grimmte ihn ungemein.

²gri̤m|men ⟨sw. V.; hat; meist unpers.⟩ [in Anlehnung an ↑¹grimmen zu mhd. krimmen = zwicken, kneifen, verw. mit ↑krumm] (veraltet): *kolikartige Schmerzen haben:* es grimmt mir/mich im Bauch; ⟨subst.:⟩ ich verspürte ein heftiges Grimmen *(Bauchweh, Leibschmerzen).*

gri̤m|mig ⟨Adj.⟩ [mhd. grimmec, ahd. grimmīg, zu ↑grimm]: **1.** *voller Grimm; sehr zornig, wütend:* ein -es Gesicht machen; Vilshofen lachte ein -es Lachen (Plievier, Stalingrad 196); Er warf Schwefelfell einen -en Blick zu (Funke, Drachenreiter 71); die vielfarbigen Wappen ..., sehr schöne, sehr alte, sehr phantastische Heraldik, Schwäne, Störche, -e *(Furcht einflößende)* Löwen (Koeppen, Rußland 61); der Chef ist heute g. *(schlecht gelaunt);* der Mann lachte g.; g. dreinblicken, aussehen; Ü Das Grauen der Front versinkt, ... wir gehen ihm mit gemeinen und -en Witzen zuleibe (Remarque, Westen 102); Doch nun trifft Jospin auf die -e Realität der französischen Arbeitswelt (Woche 7. 11. 97, 29). **2.** *sehr groß, heftig; übermäßig:* eine -e Kälte; mit -em Hunger; Obwohl -e Stürme über die Berge jagten und die Teilnehmer von den langwierigen Erkundungsfahrten sehr erschöpft waren, brach er ... auf, um die fragliche Stelle zu erkunden (Trenker, Helden 275); Die Patientin verweigerte die Nahrungsaufnahme ... Nur ständige kleine Schlückchen Selterswasser erleichterten die -en Beschwerden (Lentz, Muckefuck 123).

Gri̤m|mig|keit, die; -: *Grimm:* er blickte voller G.

◆ **gri̤mm|kalt** ⟨Adj.⟩: (bes. südd.) *grimmig kalt:* Puh! Es ist g. (Schiller, Fiesco IV, 3).

Gri̤nd, der; -[e]s, -e [mhd., ahd. grint = Schorf, eigtl. = Zerriebenes, zu ↑Grund; 3, 4: mhd. grint, verächtlich für: Kopf, der Kopfgrind war früher eine weit verbreitete Krankheit]: **1. a)** *(durch Erkrankung der Haut od. durch mangelnde Körperpflege entstandener) Hautausschlag, der sich zu einer Kruste verhärtet:* juckender G.; Stanislaus ... wünschte den Häuslern Ausschlag, G. und Masern an den Hals (Strittmatter, Wundertäter 44); die Knie und Ellenbogen waren mit G. bedeckt; **b)** *Wundschorf:* auf der Wunde hatte sich G. gebildet; Zwar trug er Narben davon und Schrunde und G. ..., aber er lebte (Süskind, Parfum 27). **2.** (Bot.): *Pilzkrankheit bei bestimmten Pflanzen.* **3.** (Jägerspr.) *Kopf von Hirsch od. Gämse.* **4.** (schweiz. derb) *Kopf.*

Gri̤n|del, Grendel, der; -s, - [mhd. grindel, grendel, ahd. grintil = Riegel, (Quer)balken, grentil, urspr. = Gatter] (landsch.): **a)** *Pflugbaum;* **b)** *Schlagbaum.*

gri̤n|dig ⟨Adj.⟩ [mhd. grintec]: *[schmutzig u.] mit Grind* (1 a) *bedeckt:* Die Leute, zumeist elend gekleidete Frauen, -e, rotzige Kinder, standen zu einer dichten Traube gedrängt vor der schmalen Tür (Fussenegger, Zeit 115); ein Bettler mit -em Kopf; Ü Die Straße, an der das -e Mietshaus stand (Sommer, Und keiner 6).

Gri̤nd|wal, der; -[e]s, -e [aus dem Skandinavischen, vgl. schwed. grindval, norw. grindhval, dän. grindehval; aus dem Färöischen, aus: grind = Hürde, Pferch; Gitter (verw. mit ↑Grindel) u. val = Wal, also eigtl. = Wal, der (mit anderen) ein Gitter (um einen verfolgten Fischschwarm) bildet]: *schwarzer Delphin mit [weißer Kehle u.] kugelförmig vorgewölbter Stirn:* Ab und zu lässt sich eine Robbe oder ein G. sehen (Stern 6, 1999, 42).

Gri̤n|go, der; -s, -s [span. gringo, zu: griego = Grieche, nach der Wendung: hablar en griego = unverständlich reden, eigtl. = griechisch reden] (abwertend): *(in Südamerika) männliche Person, die nicht romanischer Herkunft ist.*

Gri̤n|sel, das; -s, -[n] [ablautende Vkl. von ↑Runse] (österr.): *Kimme am Gewehrlauf.*

gri̤n|sen ⟨sw. V.; hat⟩ [Intensivbildung zu veraltetem u. mhd. grinnen = weinerlich das Gesicht verziehen, weinen; vgl. greinen]: *böse, spöttisch od. auch dümmlich lächeln:* verächtlich, breit, unverschämt g.; dort duckte sich der dicke Freund des Kindes und grinste schief (Handke, Frau 71); irgendeine völlig überflüssige Versicherung ... Bei dieser Vorstellung musste Diethelm g. (Hölscher, Keine 9); ⟨subst.:⟩ ein schadenfrohes Grinsen; Sogar ein leichtes Grinsen gelang ihm (Fels, Sünden 133); sie begrüßte ihn mit spöttischem, breitem, unverschämtem G.; *** sich** ⟨Dativ⟩ **eins g.** (ugs.; *sich böse, spöttisch lächelnd lustig machen; sich in schadenfroher Weise amüsieren*): Die anderen ... sitzen sanft in ihren Beamtenstühlen und grinsen sich eins (Hörzu 10, 1981, 40).

Gri|ot [gri'o:], der; -s, -s [frz. griot, H. u., viell. zu port. criado = Diener, Knecht]: *(im nordwestlichen Afrika u. bei den Tuareg) einer eigenen Kaste angehörender fahrender Sänger u. Spaßmacher, der die mündliche Tradition bewahrt u. überliefert u. dem übernatürliche Kräfte zugeschrieben werden.*

Gri|per, der; -s, - [zu niederd. gripen = greifen] (Seemannsspr.): *kleiner vierarmiger Anker.*

grip|pa̱l ⟨Adj.⟩ (Med.): *die Grippe betreffend; von einer Grippe herrührend:* ein -er Infekt; Die hundertprozentig schützende Waffe gegen -e Infekte gibt es leider noch nicht (Focus 18, 1999, 254).

Grip|pe, die; -, -n [frz. grippe, eigtl. = Grille, Laune, zu: gripper = nach etwas haschen, greifen (aus dem Germ., verw. mit ↑greifen), nach der Vorstellung, dass diese Krankheit einen plötzlich u. launenhaft befällt]: **a)** (volkst.) *[mit Kopfschmerzen u. Fieber verbundene] Erkältungskrankheit:* die G. haben; sich eine G. einfangen; seine G. nehmen (ugs.; *wegen einer angeblichen od. vorgeschobenen Grippeerkrankung der Arbeit fernbleiben*); Darum nimmt Haferkamp bald seine G. Der beliebte Tatortkommissar ist amtsmüde (Hörzu 15, 1979, 18); mit G. im Bett liegen; **b)** (Med.) *Virusgrippe:* asiatische G.; an einer G. erkrankt sein; **c)** *Grippeepidemie:* die G. wütet derzeit im Land.

Grip|pe|an|fall, der: *anfallartig aufgetretene Grippe:* sie leidet hin und wieder an einem G.

grip|pe|ar|tig ⟨Adj.⟩: *einer Grippe ähnlich:* -e Erkrankungen; So hat sich gezeigt, dass die Therapie mit Interferon ... sehr vielseitige Nebeneffekte haben kann: -e Symptome, ... Geschmacksveränderungen und Durchfall gehören dazu (Brauchbar, Zukunft 100).

Grip|pe|epi|de|mie, die: *Epidemie, bei der unzählige Menschen an Grippe erkranken:* Die G. in China schwächt sich ab, aber in Burundi wütet Typhus, in Indien das Rotavirus B ... (Stern 9, 1999, 194); Das wahre Ausmaß der G. 1995/96 ist noch nicht ans Tageslicht gekommen (Zeit 26. 1. 96, 54).

Grip|pe|er|kran|kung, die: *Grippe* (a, b).

Grip|pe|imp|fung, die: *Schutzimpfung gegen Grippe* (b): eine geprüfte Krankenschwester, die -en vornahm und bei kleinen chirurgischen Eingriffen assistieren konnte (Kemelmann [Übers.], Mittwoch 34); Das Robert-Koch-Institut ... in Berlin rät besonders Angehörigen von Risikogruppen zur G. (Zeit 12. 12. 97, 43).

Grip|pe|kran|ke, der u. die: *an Grippe erkrankte Person.*

Grip|pe|pneu|mo|nie, die (Med.): *gefährliche, durch Grippe verursachte Lungenentzündung.*

Grip|pe|vi|rus, das, (außerhalb der Fachspr. auch:) der: *Grippe* (b) *verursachendes Virus; Influenzavirus:* Das Mittel Amantidinsulfat wird seit dreißig Jahren gegen Infektionen des G. Influenza A und bei der parkinsonschen Krankheit verabreicht (Zeit 31. 1. 97, 48); 16 Prozent der alten Menschen, die nicht gegen die Grippeviren geimpft waren, mussten in der Klinik behandelt werden (Vetter, Viren 10).

Grip|pe|wel|le, die: *Welle* (2 a) *von Grippeerkrankungen:* Von Großbritannien schwappt eine G. Richtung Mitteleuropa (Stern 3, 1999, 124).

Grip|pe|wet|ter, das (ugs.): *nasskaltes Wetter, bei dem man sich leicht eine Erkältung zuzieht.*

Grip|pe|zeit, die (ugs.): vgl. Grippewetter.

grip|pös ⟨Adj.⟩: *einer Grippe ähnlich:* ein -er Infekt.

Grips, der; -es, -e ⟨Pl. selten⟩ [eigtl. = Griff, Fassen, Subst. zu mundartl. grippsen = schnell fassen, raffen, Iterativbildung zu gleichbed. mundartl. grippen, Intensivbildung zu ↑greifen] (ugs.): *Verstand, Auffassungsgabe:* genügend G. für etw. haben; streng mal deinen G. an!; Der hat ... überhaupt keinen G. im Kopf (Spiegel 4, 1986, 176); Walter ... hätte bestenfalls den G. eines Kaninchens (Schnurre, Bart 33); für diese Tätigkeit braucht man jemanden mit G.

Gri|saille [griˈza:j], die; -, -n [...jən; frz. grisaille, zu: gris = grau]: **1.** (Malerei) **a)** ⟨o. Pl.⟩ *Malkunst in grauen, auch bräunlichen u. grünlichen Farbtönen; Grau-in-grau-Malerei;* **b)** *Gemälde in grauen, auch bräunlichen u. grünlichen Farbtönen:* -n von Giotto in Padua; Ü Die G. eines eintönigen, beliebigen Lebens, in graue Worte gefasst (MM 29. 1. 65, 23). **2.** ⟨o. Pl.⟩ *grau in grau gemusterter Seidenstoff.*

Gri|set|te, die; -, -n [frz. grisette = graues Tuch, Kleidung aus grauem Tuch, die z. B. von den frz. Näherinnen getragen wurde] (früher in Paris): **a)** *junge Näherin, Putzmacherin;* **b)** *leichtlebiges junges Mädchen.*

Gris|li|bär: ↑Grizzlybär.

Gri|son [griˈzõ:], der; -s, -s [frz. grison, eigtl. = Grautier, zu: gris = grau]: *(in Mittel- u. Südamerika heimischer) Marder mit langem, buschigem Schwanz u. dickem Fell, das an der Oberseite grau bis gelbgrau, an der Unterseite u. im Gesicht schwarz ist u. an Kopf u. Hals an beiden Seiten einen weißen Längsstreifen aufweist.*

Griss: ↑Geriss.

Grit, der; -s, (Arten:) -e [engl. grit, eigtl. = Grobes, Körniges] (Geol.): **a)** *grober Sand;* **b)** *grobkörniger Sandstein.*

Grizz|ly|bär [ˈgrɪsli...], (auch:) Grislibär, der; -en, -en [engl. grizzly (bear), eigtl. = Graubär, zu: grizzle, grizzly = grau < afrz. grisel, zu: gris = grau]: *großer nordamerikanischer Braunbär mit braungelbem bis schwarzem Fell:* In ganz British Columbia sind nur elf Prozent der Landesfläche für die Forstwirtschaft vorgesehen; weder die meisten Fischarten noch Schwarz- oder Grizzlybären sind bedroht (Focus 18, 1998, 65).

gr.-kath. = griechisch-katholisch.

grob ⟨Adj.; gröber, gröbste⟩ [mhd. grop, ahd. g(e)rob, wahrsch. verw. mit ↑groß in dessen urspr. Bed. »grobkörnig«]: **1. a)** *in seiner Beschaffenheit derb, stark:* -es Leinen, Papier; -er Draht; g. *(zu einem groben Faden)* gesponnenes Garn; **b)** *nicht sehr, nicht so fein [zerkleinert o. Ä.]:* -er Sand, Kies; ein -es *(weitmaschiges)* Sieb; Trockenmauern aus -em Feldgestein stützen die Terrassen (Frisch, Montauk 190); der Kaffee ist g. gemahlen; g. gestreifte *(mit breiten Streifen versehene)* Markisen; **c)** *(in Bezug auf Form, Aussehen) derb wirkend, ohne Feinheit:* sie hat -e Gesichtszüge, Hände; Ich hatte das Herz nicht, ihm zu sagen, ... dass ihr Gesicht g. sei, mit dicken Lippen und verkniffenen Augen (Schnabel, Marmor 22); -e *(mit Schmutz verbundene)* Arbeit. **2.** *nur auf das Allerwichtigste beschränkt, nicht ins Einzelne gehend; ungefähr; unscharf:* etwas in -en Umrissen, Zügen wiedergeben; das kostet uns im -en Durchschnitt zweihundert Mark pro Jahr; Für Musikauswahl und Themen bekommen die Producer nur -e Vorgaben (Woche 7. 3. 97, 46); Wir empfinden Symmetrie bereits dann, wenn sich zwei Hälften lediglich g. entsprechen – wie beim Gesicht (natur 1, 1996, 41); es waren, g. gerechnet, g. geschätzt 200 Leute anwesend; g. gesprochen; Jeder Mensch soll atmen können ... das ist, g. gesagt, die Ordnung, die zu schaffen ist (Plievier, Stalingrad 345); ⟨subst.:⟩ Mit Folklore lässt sich im Groben das Repertoire ... umschreiben (NNN 9. 11. 85, 3). **3. a)** *schwerwiegend u. offensichtlich:* ein -er Formfehler; -e Lügen; Sie haben sich der gröbsten Pflicht- und Ehrverletzung schuldig gemacht, die es gibt (Benrath, Konstanze 82); eine -e Irreführung; das war ein -er Irrtum; (Rechtsspr.:) g. fahrlässig handeln; sie hat die Vorschriften g. missachtet; -er Unfug (Rechtsspr.; *ungebührliches Verhalten, das geeignet ist, die Allgemeinheit zu belästigen, u. das damit die öffentliche Ordnung stört*); ⟨subst.:⟩ das Gröbste haben wir wohl überstanden; ***jmd. fürs Grobe [sein]** (ugs.; *jmd. [sein], der die weniger angenehme o. ä. Arbeit übertragen bekommt*): Charlie ist beim britischen Geheimdienst der Mann fürs G. (Spiegel 6, 1982, 208); **aus dem Gröbsten heraus sein** (ugs.; *das Schlimmste, die schwierigste Zeit [in einem bestimmten Ablauf] überstanden haben*): sie sind mit dem Aufbau jetzt aus dem G. heraus; ihre Kinder sind inzwischen aus dem G. heraus; **b)** *heftig, stark:* -e See (Seemannsspr.; *Meer mit starkem Wellengang*); Immer neue Niederschläge wechselten mit -en Windstößen ab (A. Kolb, Daphne 152). **4.** (abwertend) **a)** *im Umgangston mit anderen Menschen ohne Feingefühl, barsch u. unhöflich:* ein -er Mensch; -e Worte, Späße; eine -e Antwort; sie wurde g. [zu ihm]; jmdn. g. anfahren; jmdm. g. kommen (ugs.; *in unhöflicher, zurechtweisender Weise etw. zu jmdm. sagen*); **b)** *nicht sanft, sondern derb:* jmdn. g. anfassen; sei doch nicht so g., du tust mir ja weh!

Grob|an|spra|che, die (Milit.): *Meldung eines Standortes, bes. eines feindlichen Zieles, mit groben Kennzeichen:* die erste G. war wohl nicht ganz korrekt.

Grob|blech, das: *dickes Eisenblech:* dieses G. muss erst noch besser bearbeitet werden.

Grö|be, die; - (selten): *grobe Beschaffenheit.*

Grob|ein|stel|lung, die: *erste, ungefähre Einstellung eines Geräts:* der Auszubildende führt die G. aus.

grö|ber: ↑grob.

grob|fa|se|rig, grob|fas|rig ⟨Adj.⟩: *aus groben Fasern bestehend:* -es Holz; Das Fleisch ist g., woher hast du es? (Schwaiger, Wie kommt 126).

Grob|fei|le, die: *Feile zum groben Bearbeiten eines Werkstücks:* er ließ die G. in der Werkstatt liegen.

grob ge|mah|len: s. grob (1 b).

grob ge|spon|nen: s. grob (1 a).

grob ge|streift: s. grob (1 b).

Grob|heit, die; -, -en [mhd. gropheit]:

1. ⟨o. Pl.⟩ *ungeschliffene, grobe Wesensart; Gefühllosigkeit:* Es war der Ton gekränkter Kameradschaft, ein Ton zwischen Brüdern trotz allem. Die G., die er enthielt, brauchte nicht weh zu tun (Muschg, Gegenzauber 192); er ist bekannt für seine G.; wie die meisten Diener alter Schule war sie besonders empfindlich ... gegen die durch rasch erworbenen Reichtum verkleidete G. und Gewöhnlichkeit (Werfel, Himmel 167). **2.** *unhöfliche, grobe Äußerung od. Handlung:* jmdm. -en [ins Gesicht] sagen, an den Kopf werfen. **3.** (selten) *derbe, grobe Beschaffenheit:* die G. des Stoffes.

Gro|bi|an, der; -[e]s, -e [scherzh. Bildung aus ↑grob u. der lat. Namensendung -ian wie in Cassian, Damian] (abwertend): *ungehobelter, rücksichtsloser Mann:* er ist und bleibt ein G.; dieser G. hat mir fast den Arm gebrochen; Er heiratete eine verschüchterte ... Frau, die entsetzlich unter diesem G. zu leiden hatte (Ruthe, Partnerwahl 110).

gro|bi|a|nisch ⟨Adj.⟩: *in der Art eines Grobians; wie ein Grobian sich verhaltend:* Das Volk ... erkannte seine wirklichen Verbündeten in denen, die genügend Herz besaßen, um es hinter schwarzem Humor und -en Manieren verbergen zu können (Sloterdijk, Kritik 501); Mit ... einer selbst für die -en Gewohnheiten der Zeit oft maßlosen Polemik ... hat hier ein bedeutender Geist anfänglich durchaus vorhandene Sympathien und Möglichkeiten verspielt (P. Meier, Paracelsus 11); Max Beckmann ... galt ... als roh und g. (Fest, Im Gegenlicht 399); ***-e Dichtung** *(Dichtung des 15. u. 16. Jh.s, die grobes, unflätiges Verhalten, bes. bei Tisch, ironisch u. satirisch darstellte).*

Gro|bi|a|nis|mus, der; - (Literaturw.): *in der grobianischen Dichtung angeprangerte unflätige Verhaltensformen:* Dies nur eine Auswahl der geläufigsten Schimpfwörter aus dem Vokabular, welches wir literarisch dem so genannten G. zuordnen (P. Meier, Paracelsus 50).

Grob|in|for|ma|ti|on, die: *sich im Allgemeinen haltende, nicht detaillierte Information:* Kostenlose und unverbindliche G. auf ... Anfrage (Augsburger Allgemeine 29./30. 4. 78, 11).

grob|jäh|rig ⟨Adj.⟩ (Fachspr.): *(von Holz) dicke Jahresringe aufweisend.*

Grob|ke|ra|mik, die ⟨o. Pl.⟩: *Keramik* (1 a) *aus grob gekörnten Rohstoffen mit uneinheitlicher Struktur.*

grob|ke|ra|misch ⟨Adj.⟩: *die Grobkeramik betreffend:* die -e Industrie.

grob|klot|zig ⟨Adj.⟩: *ohne Feingefühl, barsch u. unhöflich:* -es Benehmen, Verhalten; er ist ein -er Kerl.

grob|kno|chig ⟨Adj.⟩: *von starkem, kräftigem Knochenbau:* eine -e Gestalt; Behutsamkeit, die Wolfram dem lang aufgeschossenen, -en Manne gar nicht zugetraut hätte (Heym, Schwarzenberg 278); Die beiden Frauen, g., auf dem Lande geboren (Grass, Katz 120).

Grob|korn, das ⟨o. Pl.⟩: **1.** (Schießen) *Art des Zielens, bei der das volle Korn in der Kimme sichtbar ist.* **2.** (Fot., Metallurgie) *grobes Korn* (4 a).

grob|kör|nig ⟨Adj.⟩: **1.** *aus groben Körnern* (4 b) *bestehend; mit körniger Struktur:* Auf sechs Küchenbrettern klebt ein -er Streichkäse (Zenker, Froschfest 55); -er Sand, -es Mehl. **2.** (Fot.) *(von Filmen) mit einer Schicht [verhältnismäßig] grober, unterschiedlich verteilter Körner* (4 a) *versehen.* **3.** (Metallurgie) *eine Struktur von [verhältnismäßig] groben Körnern* (4 b) *aufweisend.*

Grob|kör|nig|keit, die: *das Grobkörnigsein:* Die Regie zielt in allen Phasen des Bildprozesses, von der Ausleuchtung bis zur G. des fotografischen Abzugs, auf eine dem Inhalt konforme atmosphärische Stimmigkeit (FR 3. 3. 97, 7).

gröb|lich ⟨Adj.⟩: **1.** (geh.) *in grober Weise [vorgenommen], auf schlimme Art:* Das war Verkehrsgefährdung in -ster Weise (Bastian, Brut 150); ein -er Missbrauch, Verstoß; eine -e *(schwere, schlimme)* Missachtung der Vorschriften; jmdn. g. beleidigen; etw. g. *(sehr)* vernachlässigen; Bodakov habe seine staatsbürgerlichen Pflichten g. verletzt (Rolf Schneider, November 135); So g. haben Sie es an Rührung fehlen lassen über das Dasein dieser Sache (Th. Mann, Krull 416). **2.** (veraltet) *ein wenig grob* (1 b): -es Pulver.

grob|ma|schig ⟨Adj.⟩: *mit weiten Maschen:* ein -es Gitter; der Pulli ist sehr g. gestrickt.

Grob|ma|schig|keit, die; -: *das Grobmaschigsein.*

grob|nar|big ⟨Adj.⟩: *(von Leder) mit groben Narben bedeckt:* -es Leder.

grob|po|rig ⟨Adj.⟩: *grobe Poren aufweisend:* -es Leder; Bei Canneto ist selbst das -e ... Gestein am Rand des Meeres blau (Fels, Kanakenfauna 98).

Grob|rei|ni|gung, die: *erstes, grobes [Vor]reinigen:* Die G. der Demo-Strecke sollte gestern abgeschlossen sein, die Feinreinigung und die Säuberung der Restlachen erfolgt ... heute (Tagesspiegel 10. 7. 95, 7); Da es an Reinigungskräften fehlt, schwingen sie nach jeder Veranstaltung zur G. selber den Besen (Freie Presse 11. 11. 89, 8).

grob|schläch|tig ⟨Adj.⟩ (abwertend): *von großer, kräftiger, aber derber, plumper Gestalt:* ein -er Mann; Vielleicht würde er ... auf einen jener abgerissenen, -en Schafhirten stoßen (Ransmayr, Welt 182); eine Provinzstadt ...; sie erschien regenschmutzig, als schwarzbraune Szenerie, die Menschen g. und beschränkt (H. Lenz, Tintenfisch 95); Ü Dass Ansprüche und Methoden sich gegenüber dem -en Vorbild verfeinern (Enzensberger, Einzelheiten I, 92); Hass auf alles Deutsche, das sie g., maßlos und rechthaberisch fand (Stern, Mann 19).

Grob|schläch|tig|keit, die; - (abwertend): *Plumpheit, Derbheit:* er ist für seine G. bekannt.

Grob|schmied, der (veraltet): *Eisen-, Hufschmied.*

Grob|schnitt, der: *grob geschnittener Rauchtabak:* G. raucht man in geräumigen Pfeifen.

gröbs|te: ↑grob.

grob|stol|lig ⟨Adj.⟩ [zu ↑Stollen (3)]: *(von Autoreifen) mit grobem Profil:* Mit ihrem -en Profil sind die Winter- den Sommerreifen vor allem im Neuschnee und bei Matsch deutlich überlegen (ADAC-Motorwelt 10, 1980, 50).

Grob|struk|tur, die: **1.** *oft mit bloßem Auge erkennbarer geometrischer Aufbau von festen Stoffen.* **2.** *Größe, Anordnung u. Eigenschaften der Kristalle, aus denen sich ein kristalliner Körper zusammensetzt.*

Grob|zeug: ↑Kroppzeug.

groch|sen ⟨sw. V.; hat⟩ [mhd. grogezen, lautm.] (alemann.): *ächzen, jammern:* Fleisch schlug sich in Fleisch. Stieß und riss. Das grochste und wimmerte (Steimann, Aperwind 20).

Grö|deln ⟨Pl.⟩ [wohl zu mundartl. grödeln, grüdeln = graben, scharren] (Bergsteigen): *unter die Bergschuhe zu bindende kleine Eisen als Hilfen beim Steigen.*

Gro|den, der; -s, - [mniederd. grōde, zu: groien = wachsen] (nordd.): *[mit Gras bewachsenes] angeschwemmtes Vorland von Deichen:* die Schafe der Koogbauern weideten auf dem G.

Grö|faz, der; -, -e: iron. Abk. für **größ**ter **F**eldherr **a**ller **Z**eiten: Hitler kehrt auf die Leinwand zurück ... Syberberg ... hat soeben seine Version des G. abgedreht (Spiegel 17, 1977, 233); Kniefall vorm babylonischen G. (= Saddam Hussein; Spiegel 5, 1991, 198).

Grog, der; -s, -s [engl. grog, wahrscheinlich nach dem Spitznamen des engl. Admirals Vernon (1684–1757), Old Grog, den dieser wegen seines Überrocks aus grobem Stoff (engl. grogram) erhalten hatte. Vernon hatte befohlen, seinen Matrosen nur mit Wasser verdünnten Rum auszugeben]: *heißes Getränk aus Rum o. Ä. mit Zucker u. Wasser:* meine Mutter macht den besten G.; [sich] einen G. brauen; Unbeschwerter Ohnsorg-Abend. Mit steifem G., sanfter Brise und einem spielfreudigen Ensemble (Hörzu 18, 1983, 7).

grog|gy [ˈgrɔgi] ⟨Adj.⟩ [engl. groggy, eigtl. = vom Grog betrunken]: **1.** (Boxen) *schwer angeschlagen, nicht mehr kampf- und verteidigungsfähig:* der Boxer hing g. in den Seilen. **2.** (ugs.) *körperlich sehr erschöpft:* g. sein; g. heimkommen; nach dem Ausdauertraining fühlte sie sich völlig g.

grö|len ⟨sw. V.; hat⟩ [aus dem Niederd. < mniederd. grālen = laut sein, lärmen, zu ↑Gral, eigtl. = lärmendes Turnierfest im späteren MA. in niederd. Städten] (ugs. abwertend): **a)** *(bes. von Betrunkenen) laut u. misstönend singen od. schreien:* Die Besoffenen sind seit längerer Zeit verschwunden, man hört sie in der Ferne g. (Imog, Wurliblume 80); die Zuschauer grölten vor Begeisterung; ⟨häufig im 1. Part.:⟩ grölende Stimmen, eine grölende Menge; **b)** *laut in nicht sehr schöner Weise singend [od. schreiend] von sich geben:* die Menge grölte alte Karnevalslieder; Jetzt war das Lied von dem Mädchen in Hamburg fällig, das für Geld alles machte. Sie grölten es mit Inbrunst (Kirst, 08/15, 539); Bis Dessau dröhnte der Gesang in Donaths Ohren, und als die Jungens über den Bahnsteig an ihm vorbeizogen, grölte ihr Anführer wie zum Abschied die letzten Takte (Bieler, Bär 250); ... wer das Jahr über im Keller des Branntweiners Abend für Abend Zoten gegrölt hatte ... (Ransmayr, Welt 88); Dann hatten sie ... noch im Suff gegrölt: Und wir fahren, und wir fahren, und wir fahren gegen Engelland (Kuby, Sieg 303).

Grö|le|rei, die; -, -en (abwertend): *anhaltendes Grölen:* die dauernde G. ging ihnen mächtig auf die Nerven.

Groll, der; -[e]s [mhd. grolle = Zorn, ablautende Bildung zu mhd. grel, ↑grell] (geh.): *heimliche, eingewurzelte Feindschaft od. verborgener Hass, zurückgestauter Unwille, der durch innere od. äußere Widerstände daran gehindert ist, sich nach außen zu entladen, u. Verbitterung hervorruft:* heimlicher, finsterer G.; Neunjähriger großmütterlicher G. entlud sich (Grass, Hundejahre 26); Sein geheimer G. richtete sich gegen den Bataillonskommandeur, der auf der Apfelsineninsel Santorin saß (Strittmatter, Wundertäter 486); Simon fühlt einen leisen G. in sich aufsteigen, den krampfhaften G. des Alters gegen seine Erben (Waggerl, Brot 230); einen G. auf jmdn. haben, gegen jmdn. hegen; sie sagte das alles ohne G.; »Was glaubst du«, redete sie sich in G., »eine andere wäre ihm schon längst durchgegangen ...« (Marchwitza, Kumiaks 51); ... da er mit bewusst zur Schau gestelltem Selbstbewusstsein seinen tiefen G. über die Niederlage ... überspielen wollte (Saarbr. Zeitung 5. 12. 79, 6); Der Landrat fraß seinen G. in sich rein (Bieler, Bär 312).

grol|len ⟨sw. V.; hat⟩ [mhd. grollen = zürnen; höhnen, spotten] (geh.): **1.** *Groll haben [u. ihn äußern]; zürnen; ärgerlich, verstimmt sein:* sie grollt seit Tagen; er grollt [mit] seinem Vater [wegen dieser Entscheidung]; Die beiden Charaktere könnten Frau und Mann sein. Sie, die naturwüchsige Bejaherin aus Selbsterhaltungs-, aus Frischhaltegründen, und nebenan der grollend Unvernünftige, dem vom Denken nur der grieslige Bodensatz der Negation verblieb (Strauß, Niemand 204); Ü mit dem Schicksal, über eine Entwicklung g. **2.** *dumpf rollend dröhnen, donnern:* der Donner grollt; Aber noch immer grollten im Abflug nach Westen wie weichende Fronten von Donner die Geschwader der großen Bomber über der See (Gaiser, Jagd 101); ⟨subst.:⟩ das Grollen des Donners, der Geschütze, der Front; Draußen einmal das Kollern eines Truthahns, das Grollen eines Nachtflugzeugs (Handke, Niemandsbucht 645); der Boden ... ist von Erdstößen und dumpfem Grollen unaufhörlich erschüttert (Thieß, Reich 52); Das Wehen der Luft und auch die Stille, zu der auch das niagarafallhafte Grollen auf der fernen Autobahn ... gehörte (Handke, Niemandsbucht 812).

Gro|ma, die; -, Gromae [...mɛ; spätlat. groma, wohl zu griech. gnṓmōn, ↑Gnomon]: *Messgerät der römischen Landmesser.*

Gro|ma|tik, die; - [zu spätlat. gromaticus = die Landvermessung, das Ausmessen eines Feldlagers betreffend]: *römische Technik der Landvermessung u. des Baues von Feldlagern.*

Gro|ma|ti|ker, der; -s, - [spätlat. gromaticus] (klass. Philologie): *römischer Landvermesser als [Fach]schriftsteller.*

Grön|land; -s: dänische Insel im Atlantischen Ozean.

[1]Grön|län|der, der; -s, -: Ew.

[2]Grön|län|der, der; -s, - [nach einer von den Bewohnern Grönlands verwendeten Bootsart] (veraltet): *Kajak.*

Grön|län|de|rin, die; -, -nen: w. Form zu ↑[1]Grönländer.

Grön|land|fah|rer, der: *Walfänger* (1).

Grön|land|fah|re|rin, die: w. Form zu ↑Grönlandfahrer.

grön|län|disch ⟨Adj.⟩: *Grönland, die [1]Grönländer betreffend; von den [1]Grönländern stammend, zu ihnen gehörend.*

Grön|land|wal, der: *im nördlichen Eismeer lebender großer Wal:* Während der Nordkaper in Küstennähe schon damals selten geworden war, gab es im hohen Norden einen noch langsameren und dabei speck- und bartenreicheren Glattwal, den mächtigen G. (BdW 9, 1987, 40).

Groom [gru:m], der; -s, -s [engl. groom < mengl. grome, eigtl. = Knabe]: **1.** (veraltet) *junger Diener, Page:* Gleich waren drei, vier galonierte -s und grün beschürzte Hausdiener um mein Gefährt beschäftigt (Th. Mann, Krull 323). **2.** *Reitknecht.*

Groove ['gru:v], der; -s [engl. groove = Rinne, Furche, übertr.: Routine, eingefahrenes Gleis, eigtl. = Grube, verw. mit ↑Grube] (Jargon): *Art und Weise, etw. musikalisch darzubieten, die innere Begeisterung, Anteilnahme o. Ä. erkennen lässt:* Der Blechsatz kracht knackig wie Blood, Sweat & Tears oder Eisbergsalat, und die Rhythmusgruppe weiß, was G. ist (Spiegel 39, 1994, 144); Erna hat den G., das Feeling, die Musikalität (Hörzu 1, 1992, 7); Das Titelstück »Chaos« überzeugt durch einen treibenden G. und eine überraschende Hookline (MM 3./4. 7. 93, 48).

Groo|ving ['gru:vɪŋ], das; -[s] [engl. grooving, zu: to groove = (auf)rillen, zu: groove, ↑Groove] (Straßenbau): *Herstellung einer aufgerauten Fahrbahn mit Rillen auf Startpisten, Autobahnen u. Ä.*

Grop|pe, die; -, -n [mhd. groppe, grope < ahd. groppo, wohl < mlat. corabus, eigtl. = Karpfen]: *räuberischer Süßwasserfisch von keulenförmiger Gestalt mit breitem Kopf, schuppenlosem Körper u. stacheligen Flossen.*

[1]Gros [gro:], das; - [gro:(s)], - [gro:s] [frz. gros, zu: gros = groß, dick < lat. grossus]: *überwiegender Teil einer Gruppe od. Anzahl:* das G. der Truppen begann zu meutern; Das G. der Funktionäre ahnte nichts vom Reichtum der Partei (Woche 17. 1. 97, 17); Das G. der Verschmutzungsquellen liegt zwischen Swinemünde und St. Petersburg (Woche 14. 3. 97, 57); Das G. der Käufer wird zu den schwächer motorisierten 929-Varianten greifen (ADAC-Motorwelt 4, 1987, 39); das G. *(der überwiegende Teil der Leute)* war dagegen; Grenouille ... verrichtete das G. der anfallenden Arbeiten (Süskind, Parfum 240); kleinere Parkplätze können das G. der Wagen ... aufnehmen (Saarbr. Zeitung 7. 12. 79, 23); Besonders die Altersgruppe der 15- bis 25-Jährigen stellt das G. der Selbstmordkandidaten (Nds. Ä. 22, 1985, 1); Beim G. der Teilnehmer wurden vorgefasste Einstellungen ... erhärtet (NZZ 30. 4. 83, 38).

[2]Gros, das; -ses, -se ⟨aber: 2 Gros⟩ [niederl. gros < frz. grosse (douzaine) = groß(es Dutzend)]: *12 Dutzend:* ein G. Schreibfedern lag/lagen auf dem Tisch; 2 G. Schreibfedern; Abk.: Gr.

Gro|schen, der; -s, - [älter: grosch(e), mhd. grosse < mlat. (denarius) grossus = Dickpfennig, zu lat. grossus = dick]: **1.** *Untereinheit der Währungseinheit von Österreich* (100 Groschen = 1 Schilling); Abk.: g: Als Arbeitslohn werden sechzehn G. pro Stunde bezahlt (Sobota, Minus-Mann 56). **2.** (ugs.) **a)** *Zehnpfennigstück:* Die G. und Markstücke klimpern bei jedem Schritt in seiner Hosentasche (Ossowski, Flatter 48); ein paar G. zum Telefonieren, Parken bereithalten; einen G. in einen Automaten einwerfen; Das waren nicht die schlechtesten Zeiten, als wir G., Cents und Räppli dreimal umdrehen mussten (Hörzu 1, 1979, 26); R das ist allerhand für'n G. (ugs.; *das ist unerhört*)!; Ü dafür gebe ich keinen G. *(nichts);* die Vorstellung war keinen G. wert (ugs.; *war miserabel*); der Mann hat nicht für'n G. *(nicht den geringsten)* Verstand; *** der G. fällt [bei jmdm.]** (ugs.; *jmd. versteht, begreift endlich etwas;* bei einem Warenautomaten wird durch Herabfallen der eingeworfenen Münze der Mechanismus ausgelöst, der die Ware freigibt): jetzt ist auch bei ihr der G. gefallen!; **der G. fällt bei jmdm. pfennigweise** (ugs.; *jmd. ist ziemlich begriffsstutzig, begreift nur langsam*); **nicht [ganz/(mehr) recht] bei G. sein** (salopp; *nicht recht bei Verstand sein*): Sie ist im Kopf nicht mehr recht bei G., so heißt es in Bossdom (Strittmatter, Der Laden 923); **b)** ⟨Pl.⟩ (scherzh.) *wenig Geld (als Besitz, Einnahme):* hat er nicht einen einzigen G. *(kein Geld)* in der Tasche (Zenker, Froschfest 130); seine [paar] G. zusammenhalten; wenn du die Venia Legendi hast, wirst du noch ein paar G. dazuverdienen (Erich Kästner, Fabian 59). **3.** (hist.) *alte europäische Silbermünze.*

Gro|schen|blatt, das (abwertend): *sensationell aufgemachte, anspruchslose, billige Zeitung:* warum kaufst du auch immer solche Groschenblätter?

Gro|schen|grab, das (scherzh.): **a)** *etw. (ein Spielautomat, ein Parkometer o. Ä.), in das immer wieder ein kleiner Geldbetrag eingeworfen werden muss, um es kontinuierlich [be]nutzen zu können;* **b)** *etw., was unrationell genutzt wird, wodurch Geld vergeudet wird:* Großes G.: Scharfe Kritik an der Führung der Luft- und Raumfahrtunternehmen übt ein Bericht des Wirtschaftsministeriums, der demnächst im Kabinett diskutiert wird (Spiegel 51, 1975, 32).

Grọ|schen|heft, das (abwertend): *billige, geistig anspruchslose Lektüre o. Ä. in Heftform; Heftchen* (2): sie hatte schon immer eine Vorliebe für diese Art von -en.

Grọ|schen|ro|man, der (abwertend): *Roman in der Form u. von dem Niveau eines Groschenhefts:* Rundfunkreporter, die alte Menschen ... aufgestöbert hatten, um sie nach Weihnachtserinnerungen auszufragen ... Wie in -en redeten sie (Innerhofer, Schattseite 71); »Der Wunsch nach einer besseren Welt wird illusionär befriedigt und mündet letzten Endes in der Anpassung«, meint Dieter Wellershoff zu den -en (Hörzu 16, 1983, 82).

grọ|schen|wei|se ⟨Adv.⟩: **a)** *in einzelnen Groschen; Groschen für Groschen;* **b)** (ugs.) *nach u. nach; allmählich.*

groß ⟨Adj.; größer, größte⟩ [mhd., ahd. grōȥ, urspr. = grobkörnig]: **1. a)** *in Ausdehnung [nach irgendeiner Richtung] od. Umfang den Durchschnitt od. einen Vergleichswert übertreffend:* ein -es Format; eine Karte in -em Maßstab zeichnen; Kleider in -en Größen; Frankfurt ist eine -e Stadt; ein Haus mit -en Fenstern; er fährt ein -es Auto; sie hat -e Hände, Augen; -e Eier, Kartoffeln; die Wohnung ist nicht g. genug; das Kleid wirkt, macht dich zu g.; nun gab es doch einen Mond heute Nacht, der g. in der Fensterscheibe aufging (Fries, Weg 151); eine -e *(lange)* Leiter; -e *(breite)* Geschäftsstraßen; -e *(ausgedehnte)* Waldgebiete; auf -er Flamme *(mit starker Hitze)* kochen; den -en Zeiger *(Minutenzeiger)* um einige Minuten vorrücken; der Junge ist sehr g. *(hoch gewachsen)* für sein Alter; das Wort steht g. *(in großen Buchstaben)* an der Tafel; jmdn. g. *(mit großen Augen, verwundert)* ansehen; Auf der linken Seite hatte er einen Bluterguss, g. wie ein Pfannkuchen (Ossowski, Flatter 135); ein g. gewachsener Mann *(ein Mann von hohem Wuchs);* ..., dass das Unglück der Welt so oft von kleinen Leuten herrührt; sie sind viel energischer und unverträglicher als g. gewachsene (Remarque, Westen 14); ein g. gemusterter Kleiderstoff *(ein Stoff mit einem großen Muster);* ein g. karierter Stoff, Mantel *(ein Stoff, Mantel mit großem Karomuster);* sein g. kariertes (ugs.; *sein anmaßendes, überhebliches*) Auftreten; g. machen (fam.; *Kot ausscheiden*); ***g. und breit** (*in aller Ausführlichkeit;* als Vorwurf, Kritik): das habe ich dir doch schon g. und breit erzählt!; **g. geschrieben werden** (ugs.; 1. *eine wichtige Rolle spielen, einen wichtigen Platz einnehmen; für wichtig erachtet werden:* Seit dem 11. April wird das Thema Brandschutz am Düsseldorfer Flughafen g. geschrieben [CCI 14, 1998, 12]; Sie sind nur aufs Geld aus, Verdienen wird bei ihnen g. geschrieben [Borowski, Wer 40]. 2. *leider nicht in großer Zahl, nur wenig vorhanden sein; [leider] nur selten möglich sein, vorkommen:* Freizeit wurde damals g. geschrieben); **b)** *eine bestimmte Länge, Höhe aufweisend, sich über einen bestimmten Bereich erstreckend:* ein 4 ha -es Grundstück; der Mann ist mindestens 2 Meter g.; diese Bluse ist mir zwei Nummern zu g. **2. a)** *eine höhere Anzahl von Lebensjahren habend, älter:* sein -er Bruder; ihre größere Schwester; wenn du größer bist, darfst du länger aufbleiben; ⟨subst.:⟩ unsere Große *(ältere Tochter);* mein Größter *(ältester Sohn);* **b)** *erwachsen:* [schon] -e Kinder haben; Ihr seid ein Herz und eine Seele, seid gemeinsam g. geworden *(aufgewachsen;* Bieler, Bär 155); in diesem Haus, mit diesen Grundsätzen bin ich g. geworden *(aufgewachsen);* »Ich bin in der Landwirtschaft g. geworden« ... »Damit hat sich bei mir die Liebe zum Tier frühzeitig herausgebildet (Freie Presse 13. 12. 84, 3); ⟨subst.:⟩ während die Kinder spielten, unterhielten sich die Großen; ***Groß und Klein** *(jedermann):* Groß und Klein hatte sich zu dem Schauspiel eingefunden. **3.** *verhältnismäßig viel Zeit beanspruchend, von verhältnismäßig langer Dauer:* ein -er Zeitraum; nach einer größeren Verzögerung; die -e Pause (Schulw., Theater) hat schon begonnen; die -en Ferien *(Sommerferien);* Diesen hat man jedoch nach genauer Prüfung ohne g. zu zögern dem potentiellen Auftraggeber zurückgeschickt (CCI 9, 1997, 4). **4.** *von verhältnismäßig beträchtlicher Menge, Anzahl; sich aus [vielen] einzelnen Bestandteilen od. Werten zusammensetzend:* eine -e Zuhörerschaft, Kundschaft haben; wir sind eine -e Familie; -e Zahlen, Summen, Beträge, Kosten; eine -e Auswahl an Schuhen; dass die -e Mehrheit der bisher untersuchten Unternehmen dem Einsatz von KZ-Häftlingen zugestimmt oder ihn sogar initiiert hat (Woche 3. 7. 98, 34); sie hat ein -es Vermögen; der größere Teil des gestohlenen Geldes wurde gefunden; nur -es Geld *(Geld [in Scheinen] von höherem Wert)* bei sich tragen; das -e *(viel)* Geld verdienen; eine -e Koalition (Politik; *Koalition der [beiden] zahlenmäßig stärksten Parteien im Parlament*); Bis der -e Schnee kam, gingen wir in Holzschuhen (Wimschneider, Herbstmilch 19); ⟨subst.:⟩ im Großen *(en gros)* verkaufen, handeln. **5.** *in hohem Grade, von starker Intensität:* -er Lärm, Beifall; unter -em Hunger, -er Hitze leiden; -e Angst, -e Sorgen haben; mit -er Kraft, Geduld; mit dem größten Vergnügen; einen -en Irrtum begehen; -e Fortschritte in etw. machen; -e Aufregungen, Schwierigkeiten überstehen; die Nachricht erregte -es Aufsehen; -en Wert auf etw. legen; in -er Eile sein; sie ist eine -e Schönheit; er ist ein -er Feigling, Esel; ihre Freude über das Geschenk war g.; der Leistungsdruck wird in den oberen Schulklassen immer größer; kein -er Esser sein *(nicht viel zu essen pflegen);* [k]ein -er *([kein] begeisterter, leidenschaftlicher)* Bastler sein; er war ihre -e Liebe *(der Mann, den sie am meisten geliebt hat);* So sind die Wepper-Brothers im Moment g. im Kinogeschäft *(haben großen Anteil am Kinogeschäft;* Hörzu 52, 1972, 18). **6. a)** *eine besondere Bedeutung habend, [ge]wichtig, maßgeblich:* die -en Öl fördernden Länder; die -e Welt des Sports; Ereignisse aus der -en Politik; ein -er Augenblick ist gekommen; das war der größte Tag, die größte Chance seines Lebens; er hat eine -e Rede gehalten; -e Worte, Gesten, Gefühle; Die -en Gefühle ..., Eifersucht und so fort (Kronauer, Bogenschütze 193); »Atheist« nennt sie sich ... Ein -es *(schwerwiegendes, bedeutsames)* Wort! (Strauß, Niemand 58); das spielt [k]eine -e Rolle; die -en *(weit verbreiteten, überregionalen)* Tageszeitungen; eine -e Anfrage (Parl.; *in einer Bundestagssitzung behandelte Frage an die Regierung*); ⟨subst.:⟩ Nun haben sie sich wieder in alle Winde zerstreut, die Großen dieser Welt, mit ihren Diplomaten, Generalen, Expertenstäben (Dönhoff, Ära 182); **b)** *mit überdurchschnittlichem Aufwand, überdurchschnittlicher Wirkung verbunden; großartig, glanzvoll:* ein -es Fest; Heute ist Kapitänscocktail und anschließend Begrüßungsdinner. Große Garderobe. Weißer Smoking (Konsalik, Promenadendeck 77); in -er Aufmachung erscheinen; die -e (iron.; *vornehme, feine*) Dame spielen; sie führt ein -es Haus *(besitzt ein luxuriöses Haus u. empfängt häufig Gäste, die in der Öffentlichkeit bekannt sind);* er spielt den -en Herrn (iron.; *spielt sich auf, protzt*); g. inszeniert als Fackelzug (Woche 14. 11. 97, 1); **c)** (ugs.) *in besonderer Weise, mit viel Aufwand verbunden:* eine Veranstaltung in -em Rahmen, Stil; g. ausgehen; das Jubiläum wurde g. gefeiert; der Artikel soll g. aufgemacht werden; ein g. angelegtes Forschungsprogramm; als die Spitzen der Sowjetunion ... in Pankow g. auftraten (Dönhoff, Ära 90); **d)** *von besonderer Fähigkeit, Qualität; bedeutend; berühmt:* sie ist eine -e Künstlerin; der -e Goethe hat dies einmal festgestellt; einen -en Namen, eine -e Vergangenheit haben; er ist der größte Sohn unserer Stadt; Katharina die Große (Abk.: d. Gr.); Unter den Pfälzergetränken ... gibt es eine Reihe ganz -er Gewächse (Horn, Gäste 88); ⟨subst.:⟩ er war einer der ganz Großen seines Fachs; Woolworth zählt ... in Deutschland zu den Großen des Handels (Augsburger Allgemeine 6./7. 5. 78, X). **7.** *wesentlich, hauptsächlich, Haupt-:* die -e Linie verfolgen; den -en Zusammenhang erkennen; der -e Durchschnitt, die -e Masse der Bevölkerung; etw. in -en Umrissen, Zügen berichten; eine Begebenheit g. umreißen; das -e Licht (ugs.; *die Decken-, Hauptbeleuchtung*) anmachen; ***im Großen und Ganzen** *(im Allgemeinen, alles in allem, aufs Ganze gesehen):* sie war im Großen und Ganzen mit den Vorschlägen einverstanden; in der Ausländergesetzgebung beugte man sich im Großen und Ganzen den Vorstellungen der Union (Woche 2. 1. 98, 5). **8.** (geh.) *großmütig, edel, selbstlos:* ein -es Herz haben; sie ist eine -e Seele; g. fühlen, handeln; g. denkend. **9.** (ugs.) **a)** *großartig, bewundernswert:* sein Spiel ist -e Klasse; das finde ich, das ist ganz g.!; (iron.:) Millie war g. im Sprücheklopfen (Lentz, Muckefuck 267); er steht jetzt ganz g. da *(ist in besonderem Maße erfolgreich gewesen);* **b)** *großspurig:* -e Reden schwingen; er redet immer so g. daher. **10.** (ugs.) *in hohem Grade, besonders, sehr:* wir haben nicht g. darauf geachtet; niemand freute sich g.; außer Egon hatte niemand Lust, g. zu laufen (Schnurre, Bart 146); soll ich mich g. darüber auslassen?; »Was ist das schon g. *(was ist das schon Besonderes):* ein amputiertes Bein; hier werden ganz andere Sachen wieder zurechtgepflastert« (Remarque, Westen 26); Daheim diskutiert man nicht g. über Politik (Spiegel 8, 1985, 43).

Groß|ab|neh|mer, der: *jmd., der [als Zwischenhändler] eine Ware in größeren Mengen kauft:* Was heute schon für unsere G. eine Selbstverständlichkeit ist, wird in kürzester Zeit auch für private Haushalte möglich sein (Spiegel 26, 1999, 80).

Groß|ab|neh|me|rin, die: w. Form zu ↑Großabnehmer.

Groß|ad|mi|ral, der (Milit. früher): **a)** (o. Pl.) *dem [General]feldmarschall entsprechender höchster Dienstgrad bei der Kriegsmarine;* **b)** *Offizier des Dienstgrades Großadmiral* (a).

Groß|agra|ri|er, der (veraltend): *Großgrundbesitzer:* Vor Jahren ... hat der Genosse Poche noch die G. enteignen wollen (Bieler, Bär 42); Was mit den durch die Flurbereinigung geschädigten und ruinierten Menschen geschehen soll, darüber haben sich unsere Politiker noch keine Gedanken gemacht. Wahrscheinlich werden sie durch das Arbeitsamt den neuen -n als Knechte vermittelt (Südd. Zeitung 28. 11. 86, 14).

Groß|agra|ri|e|rin, die: w. Form zu ↑Großagrarier.

Groß|ak|ti|on, die: *groß angelegte Aktion:* eine G. starten; Aufrufe zu -en für, gegen etw.; G. in Kaiserslautern unter dem Motto »Sicherer Schulweg ...« (ADAC-Motorwelt 10, 1980, 66).

Groß|ak|ti|o|när, der (Wirtsch.): *Aktionär, dem ein maßgeblicher Teil des Grundkapitals einer Aktiengesellschaft gehört:* Schweickart, 55, begann seine Laufbahn als politischer Referent in Bonn, bevor ihn der BMW-Großaktionär Herbert Quandt in seine Unternehmensgruppe holte (Spiegel 21, 1999, 88).

Groß|ak|ti|o|nä|rin, die: w. Form zu ↑Großaktionär: Die G. Deutsche Bank trägt bis zu 500 Millionen Mark zur Sanierung der KHD bei (Focus 23, 1996, 214).

Groß|alarm, der: *umfassender Alarm:* G. geben, auslösen.

Groß|al|mo|se|ni|er, der (hist.): *oberster Geistlicher des Klerus am französischen Hof (seit dem 15. Jh.).*

Groß|an|bie|ter, der: *jmd., der [als Zwischenhändler] eine Ware in größeren Mengen anbietet:* Trotz der etablierten G. zieht das Geschäft mit dem digitalen Hammer weiterhin pfiffige Existenzgründer an (Focus 11, 1999, 168).

Groß|an|bie|te|rin, die: w. Form zu ↑Großanbieter.

Groß|an|drang, der (schweiz.): *Massenandrang:* als während der Mustermesse noch G. zu Schifffahrten herrschte (Basler Zeitung 9. 10. 85, 23); Gerade dieser G. ist es, vor dem sich vorab die Neuzuzüger in Affoltern fürchten (Der Bund 11. 10. 83, 17).

groß an|ge|legt: s. groß (6c).

Groß|an|griff, der (Milit.): *mit großem militärischem Aufwand ausgeführter Angriff:* einen G. starten; Den Koreakrieg zu Beginn der fünfziger Jahre deutete der Westen als Auftakt zu einem sowjetischen G. in Europa (Spiegel 5, 1999, 113); Ü ... oder karibische Steeldrum-Bands einen G. auf die Trommelfelle starten (Zeit 22. 7. 99, 21); Ein G. der ausländischen Spitzenfahrer auf den letzten 40 km der 10. Etappe hat den Leader der Spanien-Rundfahrt... seine führende Position gekostet (NZZ 1./2. 5. 83, 27).

Groß|an|lass, der (schweiz.): *Großveranstaltung:* ein G. mit gegen 1200 Teilnehmern (NZZ 1./2. 5. 83, 27); Eindrücklicher Start zum 14. Titeltreffen der Leichtathleten Europas – die Eröffnung des -es ... gestaltete sich zu einer farbig-festlichen Überleitung ... (NZZ 28. 8. 86, 35).

groß|ar|tig (Adj.): **1. a)** *durch seine ungewöhnliche, bedeutende Art beeindruckend:* ein -es Bauwerk, Kunstwerk; eine -e Leistung, Erfindung; Ein -es, erschütterndes Buch (Bastian, Brut 43); **b)** (ugs.) *sehr gut, ausgezeichnet:* eine -e Idee; g. hast du das gemacht; wie schwer die Zeit gewesen war und wie g. Cornelius sie gemeistert hatte (Danella, Hotel 78); Als Übersetzerin macht sich Berta g. (Bieler, Bär 131); sich g. fühlen; **c)** (ugs.) *groß* (10): die Sache braucht keine -e Erklärung; Werkmeister, ... möchte sich hier nicht g. anpreisen (Saarbr. Zeitung 1. 12. 79, 41). **2.** (ugs. abwertend) *großspurig:* Tjaden winkt g. »Sie können rühren, Himmelstoß. Wegtreten« (Remarque, Westen 64); er tritt immer so g. auf.

Groß|ar|tig|keit, die: *großartige Art, Beschaffenheit:* Die G. der Natur, die ihn jetzt umgab, überwältigte ihn, und er vergaß, warum er hier war (Kegel, Ölschieferskelett 392); In all diesen -en steckte aber immer auch ein Zug von Kinderunruhe und Kinderneugier (Fest, Im Gegenlicht 124).

Groß|auf|ge|bot, das: *eine (zur Erledigung einer Aufgabe) aufgebotene große Anzahl:* ein G. an Polizisten; Das Bühnenbild... suggeriert weite Naturlandschaft, in der ein G. an Spitzenschauspielern agiert (Capital 2, 1980, 169).

Groß|auf|marsch, der (schweiz.): *Aufmarsch einer großen Anzahl von Menschen:* Die Fortsetzung der wilden Streiks nach einem ebenfalls inoffiziellen G. ... bedeutete ... (NZZ 11. 4. 85, 1).

Groß|auf|nah|me, die: **a)** (Fot.) *Nahaufnahme;* **b)** (Film) *Einstellung, in der ein Objekt (meist ein Gesicht od. ein Gegenstand) so gefilmt wird, dass es das ganze Bild beherrscht:* etw. in G. zeigen, darstellen.

Groß|auf|trag, der (Wirtsch.): *großer, bedeutender geschäftlicher Auftrag:* durch einen G. wurde die vor dem Konkurs stehende Firma gerettet.

◆ **groß|äu|gicht:** ↑großäugig: Ü ... hörte deine Despotenangst einen Mörder aus den Tapeten rauschen ... Ja, der -e Verdacht steckte zuletzt auch die häusliche Eintracht an (Schiller, Fiesco IV, 14).

groß|äu|gig (Adj.): *mit großen Augen:* Anja Bachmann hat, wir wir erst jetzt bemerken, etwas von Ingeborg Bachmanns Mund, die schwellend aufgeworfenen, hochgewölbten Lippen und den verwundert -en Blick (Gregor-Dellin, Traumbuch 69); g. sein.

Groß|bank, die (Pl. ...banken) (Bankw.): *Bank mit weit verzweigtem Filialnetz:* Der Referent ist erfahrener Bankpraktiker und als Justitiar einer G. sowie Lehrbeauftragter der Universität Hamburg mit diesen Fragen bestens vertraut (NJW 18, 1984, II).

Groß|bau|er, der: *Bauer, der viel Land [u. viel Vieh] besitzt.*

Groß|bäu|e|rin, die: w. Form zu ↑Großbauer.

groß|bäu|er|lich (Adj.): *einen Großbauern betreffend.*

Groß|baum, der: **1.** *großwüchsiger Baum:* Kastanien, Linden, Eschen sind Großbäume. **2.** (Seemannsspr.) *runde Holzstange od. Rohr aus Aluminium, an dem das Großsegel* (a) *mit seiner unteren Kante festgemacht ist.*

Groß|bau|stel|le, die: *große Baustelle:* Die G. am Frankfurter Kreuz führte zu erheblichen Verkehrsbehinderungen.

Groß|be|ben, das (Geol.): *ein größeres Gebiet betreffendes heftiges Erdbeben:* das G. forderte zahlreiche Menschenleben.

Groß|be|häl|ter, der: *großer Behälter:* im G. wird die Ware günstiger abgegeben.

Groß|be|trieb, der: **a)** *großer Gewerbe- od. Industriebetrieb (mit einer bestimmten Mindestzahl von Beschäftigten);* **b)** *großer landwirtschaftlicher Betrieb.*

groß|be|trieb|lich (Adj.): *einen Großbetrieb* (a, b) *betreffend, in der Art eines Großbetriebs* (a, b): Die nichtmarxistische Arbeitergeschichte ... interessierte sich mehr für den durch Industrialisierung, -e Arbeitsteilung ... geprägten Fabrikarbeiter (Historische Zeitschrift 243, 1986, 346); Nutzflächenreserven in kleinen, verstreuten Streifen und Parzellen. Großbetrieblicher Nutzung sind diese nicht ... zugänglich (NZZ 26. 8. 83, 14).

Groß|be|zü|ger, der (schweiz.): *Großabnehmer.*

Groß|be|zü|ge|rin, die: w. Form zu ↑Großbezüger.

Groß|bild, das: **a)** (Fot.) *großformatiges Bild;* **b)** *großes Fernsehbild:* Mit dem G. beginnt nämlich ein ganz anderes Fernsehen (Hörzu 26, 1976, 15).

Groß|bild|ka|me|ra, die (Fot.): *meist für professionelle Zwecke eingesetzte großformatige Kamera für Planfilme u. fotografische Platten.*

Groß|bild|schirm, der: *überdurchschnittlich großer Bildschirm:* Mit der Bilddiagonale von 86 Zentimetern setzt

Thomson auf den Käufer von -en, einen Markt, der in den letzten Jahren stetig zugenommen hat (Welt 18. 2. 91, 21).

groß|blät|te|rig, groß|blätt|rig ⟨Adj.⟩: *mit großen Blättern* (1): eine -e Pflanze.

groß|blu|mig ⟨Adj.⟩: **a)** *großblütig:* -e Kamille; **b)** *große Blumen als Muster aufweisend:* eine -e Tapete.

groß|blü|tig ⟨Adj.⟩: *mit großen Blüten:* eine -e Pflanze.

Groß|bour|geoi|sie, die (bes. marx.): *einflussreichster Teil der Bourgeoisie, der im Besitz von wichtigen Produktionsmitteln, Monopolen u. Großbanken ist:* die alte Lebensweise der G. ist ... vollständig liquidiert worden (Spiegel 38, 1976, 185).

Groß|brand, der: *Brand, der große Ausmaße hat:* Auf langen Tischen präsentieren die Teilnehmer des Architektenwettbewerbs ihre Entwürfe für den Neubau des drittgrößten deutschen Airports, den vor Jahresfrist ein G. verwüstete (Spiegel 15, 1997, 67).

Groß|bri|tan|ni|en; -s: England, Wales, Schottland u. Nordirland umfassende staatliche Einheit; ↑Brite; ↑Britin.

groß|bri|tan|nisch ⟨Adj.⟩.

Groß|buch|hand|lung, die: *Buchhandlung mit großen Räumlichkeiten u. überdurchschnittlich großem Sortiment.*

Groß|buch|sta|be, der: *Buchstabe aus der Reihe der großen Buchstaben eines Alphabets:* das Wort beginnt mit einem -n; der Name steht in -n auf der Tafel.

Groß|bür|ger, der: *Bürger des oberen Mittelstandes.*

Groß|bür|ge|rin, die: w. Form zu ↑Großbürger.

groß|bür|ger|lich ⟨Adj.⟩: *das Großbürgertum betreffend, zu ihm gehörend:* eine -e Wohnung; aus -en Verhältnissen stammen; An Rathenau ... faszinierte mich der liberale, gewiss g. geprägte Geist (W. Brandt, Begegnungen 185).

Groß|bür|ger|tum, das: *Gesamtheit der Großbürger:* Die »Viktorianische« Periode ... stellt die Glanzzeit des englischen -s dar (Fraenkel, Staat 69); Walther Rathenau, jener großbürgerliche Politiker, der wegen des Rapallovertrages im Auftrag des -s ermordet wurde (Berger, Augenblick 19).

Groß|che|mie, die: *Gesamtheit der großen Unternehmen der chemischen Industrie:* An Warnungen vor dem Risikopotential, das die deutsche G. ... darstellt, hatte es in den letzten Jahren nicht gemangelt (Spiegel 9, 1993, 18); Die nachlassende Investitionstätigkeit der G. und rückläufige Aktivitäten im Großanlagenbau haben vor allem die Exportnachfrage abgeschwächt (Chemische Rundschau 21. 8. 92, 6).

Groß|com|pu|ter, der: *Großrechner.*

Groß|con|tai|ner, der: *großer Container bes. für Frachten:* Schiffe pflügen das Weltmeer, als Decksladung silbrige G. (Köhler, Hartmut 58); Damit können auch schwere G. und Wechselbehälter transportiert werden (Bundesbahn 5, 1991, 515).

Groß|de|mons|tra|ti|on, die: *spektakuläre Demonstration* (1) *mit einem großen Aufgebot von Teilnehmern.*

groß den|kend: s. groß (8).

groß|deutsch ⟨Adj.⟩: **a)** *im 19. Jh. ein deutsches Reich durch den Zusammenschluss der deutschen Staaten u. Österreichs anstrebend;* **b)** (bes. nationalsoz.) *den staatlichen Zusammenschluss möglichst aller geschlossen siedelnden Deutschen in Mitteleuropa unter Vorherrschaft des Deutschen Reiches anstrebend:* ein -es Reich; die -e Idee; die Fahne der Bewegung, seit 1934 die Fahne des -en Reiches (B. Vesper, Reise 368); Ich bin zusammengeschossen worden im -en Krieg (Erné, Kellerkneipe 49).

Groß|deut|sche, der u. die: *Anhänger[in] großdeutscher* (a) *Bestrebungen.*

Groß|deutsch|land; -[s]: **1.** (nationalsoz.) **a)** *(in der expansionistischen Vorstellung der Nationalsozialisten) durch den Zusammenschluss aller geschlossen siedelnden Deutschen zu schaffendes Deutschland:* am Abend werden wir ... auf den Führer ... und G. vereidigt (Borkowski, Wer 85); **b)** *Deutsches Reich nach dem Anschluss Österreichs (im Jahre 1938):* Es ist der 20. April des Jahres neununddreißig. G. feiert den 50. Geburtstag seines Führers. (taz 25. 4. 94, 17). **2.** *Deutschland als (bes. seit der Wiedervereinigung bedrohlich empfundene) wirtschaftliche Großmacht:* Nicht nur Franzosen und Engländern sollte ein wirtschaftlich übermächtiges G. ein Albtraum sein (Spiegel 41, 1989, 10); zum großen Staatsakt, 13 Tage vor der Bundestagswahl, kommt die gesamte deutsche Politprominenz nach Bremen, um das Jahr fünf für G. am 3. Oktober zu feiern (taz 3. 6. 94, 21).

Groß|druck, der ⟨Pl. -drucke⟩ (Buchw.): *großer, gut lesbarer Druck:* Taschenbücher in G.

Groß|druck|buch, das (Buchw.): *Buch in Großdruck (bes. für alte Menschen u. Sehbehinderte).*

Grö|ße, die; -, -n [mhd. grœȥe, ahd. grôȥî]: **1. a)** ⟨Pl. selten⟩ *[Maß der] räumliche[n] Ausdehnung, Dimension; Umfang eines Körpers:* die G. eines Gefäßes, eines Hauses; die G. des Grundstücks beträgt 600 qm; Tische unterschiedlicher G.; ... kamen sie nach Trapani, einer ... Küstenstadt von mäßiger G. (Thieß, Legende 175); Knöpfe in allen -n; etwas in natürlicher G. darstellen; Eine hohe Gestalt, fast von der G. eines Basketballspielers (Strauß, Niemand 125); **b)** ⟨Pl. selten⟩ *zahlen-, mengenmäßiger Umfang:* die G. eines Volkes, einer Schulklasse; **c)** ⟨Pl. selten⟩ *[Maß der] Erstreckung eines Körpers in Länge od. Höhe; Körpergröße:* die G. eines Kindes; ein Mann von mittlerer G.; sie fiel durch ihre kleine G. (ugs.; *ihren kleinen Wuchs*) auf; Sie stellten sich nach der G. ... auf (Kuby, Sieg 78); er ... richtete sich ... zu seiner vollen G. auf (Roth, Beichte 168); **d)** *nach der Größe des menschlichen Körpers od. eines Körperteils genormtes Maß für Bekleidungsstücke:* kleine -n; eine Unterhose G. 7; sie braucht Kleider, Schuhe in G. 38, 40; der Anzug ist in allen -n erhältlich. **2. a)** (Physik) *quantitative u. qualitative Eigenschaft od. Merkmal einer physikalischen Erscheinung, das sich in einem zahlenmäßigen Wert ausdrücken lässt:* eine gegebene, unbekannte G.; Zeit war keine beständige G., nicht messbar, ablesbar am Kalender (Böll, Erzählungen 375); die Schwingungsdauer des Pendels ist eine G. der Zeit; **b)** (Astron.) *Größenklasse* (2): ein Stern erster G. **3.** ⟨Pl. selten⟩ **a)** *besondere Bedeutsamkeit, Tragweite:* die G. des Augenblicks, der Stunde, der Katastrophe; die geschichtliche G. dieser Herrscherin; **b)** *besonderer, jmdm. od. einer Sache innewohnender Wert; Großartigkeit:* die wahre, innere, menschliche G.; wirkliche G. zeigt sich erst in einer Niederlage (H. Mann, Stadt 185); die geschichtliche Größe dieses Königs (Thieß, Reich 582); Die Sage hat Attilas Persönlichkeit veredelt und diesen wilden Eroberer zu einem fürstlichen Manne und Helden von luziferischer G. erhoben (Thieß, Reich 180). **4.** *bedeutende, berühmte Persönlichkeit, Kapazität:* die geistigen -n einer Epoche; die -n der Wissenschaft, Kunst; sie ist eine G. auf dem Gebiet der Medizin.

Groß|ein|kauf, der: *über das normale Maß hinausgehender, großer Einkauf:* einen G. machen; je dominanter ein Konzern, um so günstigere Preise kann er beim G. von Hotelzimmern, Flugsites und anderen Serviceleistungen aushandeln (Zeit 9. 1. 98, 47).

Groß|ein|satz, der: *Einsatz vieler Menschen, Maschinen o. Ä.:* ein G. der Feuerwehr; der G. von Robotern und die Frage, was mit den freigesetzten Arbeitskräften geschieht, ist ungelöst (Kieler Nachrichten 30. 8. 84, 25).

groß|el|ter|lich ⟨Adj.⟩: *die Großeltern betreffend, zu ihnen gehörend:* die -e Wohnung; Die beiden rücken in die Jahre, da sich -e Instinkte betätigen wollen (Fussenegger, Zeit 295).

Groß|el|tern ⟨Pl.⟩: *die Eltern des Vaters, der Mutter; Großvater u. Großmutter:* die G. besuchen; Steven freute sich, seine G. so bald wiedersehen zu können.

Groß|el|tern|teil, der: *einer der beiden Großeltern.*

Groß|en|kel, der: *Urenkel* (a).

Groß|en|ke|lin, die: *Urenkelin.*

Grö|ßen|klas|se, die: **1.** *Klasse, in die etw. aufgrund seiner Ausmaße einzustufen ist:* Eier der G. 2. **2.** (Astron.) *Helligkeitsstufe eines Sterns.*

Grö|ßen|ord|nung, die: **1.** *[Zahlen]bereich, in welchem die Höhe, der Umfang, das Ausmaß von etw. anzusiedeln ist; Dimension:* kosmische -en; ein Unternehmen dieser G. *(Größe);* Sie versuchte, das Bild durch die Erinnerung zu korrigieren, vergeblich, wie sie sich als Erwachsene auch erfolglos bemüht hatte, die Bilder ihrer Kindheit nachträglich einer veränderten G. zu unterwerfen (Maron, Überläuferin 221); Die Probleme ... scheinen in der gleichen G. angesiedelt zu sein wie z. B. das Waldsterben (CCI 6, 1986, 8); Baukosten in der G. von 2 bis 3 Millionen DM. **2.** (Physik, Math.) *meist durch aufeinander folgende Zehnerpotenzen begrenzter Zahlbereich, in dem* *die Messzahl einer Größe* (2a), *einer Anzahl o. Ä. liegt.*

gro|ßen|teils ‹Adv.›: *zum großen Teil:* er hat seine Ferien g. zu Hause verbracht; die g. zerstörte Industriestadt Chemnitz (Heym, Schwarzenberg 12); Die Gegenstände stammen g. aus dem 16. Jahrhundert (Augsburger Allgemeine 10./11. 6. 78, 48); die Ergebnisse sind g. schon ausgewertet.

Grö|ßen|un|ter|schied, der: *Unterschied in der Größe* (1): ein geringer, auffälliger G.; zwischen beiden ist kein G. festzustellen; Plateauschuhe ironisieren nicht nur den G. zwischen den Geschlechtern. Sie ebnen Landesgrenzen ein (Zeit 8. 8. 97, 35); Das Satellitenbild lässt den G. der Äcker in Bayern und Thüringen erkennen (Focus 25, 1999, 144).

Grö|ßen|ver|hält|nis, das: **1.** *Verhältnis in Bezug auf die Größe zwischen gleichartigen, aber verschieden großen Personen od. Gegenständen:* ein Modell im G. 1 zu 100; Ü das sind amerikanische -se *(Maßstäbe, Kriterien, Richtlinien).* **2.** *Verhältnis in Bezug auf die Größe zwischen den einzelnen Teilen eines Gegenstandes; Proportion:* das Bild, die Rekonstruktion entspricht nicht den tatsächlichen -sen.

Grö|ßen|wahn, der: *[krankhaft] übersteigerter Geltungsdrang:* vielleicht war es Bescheidenheit, vielleicht auch G., vielleicht auch beides (Spoerl, Maulkorb 32); der Faschismus, der die leicht erregbaren Massen mit dem Gift rassistischen und nationalistischen -s infiziert (K. Mann, Wendepunkt 293); Streiken? Wegen dir? rief Rainer. Du leidest ja an G. (v. d. Grün, Glatteis 163); dann schwenkte ich in einem Anflug von G. das ganze Bündel meiner restlichen Geldscheine vor den gierigen Augen (Ziegler, Labyrinth 111).

Grö|ßen|wahn|sinn, der (ugs. abwertend): *Größenwahn.*

grö|ßen|wahn|sin|nig ‹Adj.› **a)** (Med., Psychol. veraltet) *an Größenwahn leidend;* **b)** (ugs. abwertend) *von Größenwahnsinn geprägt:* ein -er Despot; Da hätte also das alte Asien gegen seine g. gewordene Halbinsel Europa Recht, wenn es sagt: ... (Molo, Frieden 91); Wer von den Jüngeren hatte je vom Edikt von Nantes gehört, das den Hugenotten Gleichberechtigung zugestanden hatte und vom eitlen Ludwig töricht und g. aufgekündigt worden war? (Loest, Nikolaikirche 260).

Grö|ßen|wahn|sin|ni|ge, der u. die: **a)** (Med., Psychol.) *jmd., der an Größenwahn leidet;* **b)** (ugs. abwertend) *jmd., der größenwahnsinnig* (b) *ist.*

grö|ßer: ↑groß.

Groß|er|eig|nis, das: *Veranstaltung einer bestimmten Größenordnung, Ereignis von bestimmtem Rang:* ein sportliches G.; 1984 wurde in dem Stadion ... kein boxerisches G. ausgetragen (NZZ 14. 4. 85, 29); Der Wiener Erich Kunz ... sein Papageno war über die Jahre hin ein G. (Münchner Merkur 19. 5. 84, 11).

grö|ße|ren|teils, grö|ßern|teils ‹Adv.›: *zum größeren Teil; vorwiegend:* das Publikum besteht g. aus Abonnenten, Fußballfans.

Groß|er|zeu|ger, der: *Erzeuger* (2a), *der etw. in großer Menge produziert:* auch G. dürften von der vereinfachten Technik profitieren (Stuttgarter Zeitung 8. 5. 98, 8).

Groß|er|zeu|ge|rin, die: w. Form zu ↑Großerzeuger.

Gros|sesse ner|veuse [grosɛsnɛr'vø:z], die; - -, -s -s [...ø:z] [frz., zu: grossesse = Schwangerschaft u. nerveuse = die Nerven betreffend] (Med.): *eingebildete Schwangerschaft.*

Groß|fahn|dung, die: *mit großem Polizeieinsatz durchgeführte Fahndung:* Minuten waren ... vergangen, und schon lief ... eine G. an (Bastian, Brut 168); G. der Polizei [nach Schleusern]; Sie waren ihm, als die G. des Bundeskriminalamtes nach den Kunsträubern einsetzte, als Mitglieder der Sonderkommission vorgestellt worden (Prodöhl, Tod 189); Damit begann die beispiellose G. im westfälisch-niedersächsischen Grenzgebiet (Stern 32, 1999, 20); eine G. einleiten.

Groß|fa|mi|lie, die (Soziol.): *großer Familienverband [der aus Vertretern mehrerer Generationen besteht]:* die bäuerliche G.; Unsere Gesellschaft kennt sterile Altensilos dort, Jugendkriminalität hier – eine Folge der Auflösung der traditionellen G. (Hörzu 15, 1980, 74); wie es früher war: die Großväter und Großmütter im Verband der G. (Sommerauer, Sonntag 81); Ü Sie bilden in der Tat eine Art internationale G. *(einen internationalen Verbund)* (W. Brandt, Begegnungen 188).

Groß|feu|er, das: *Großbrand:* das G. vernichtete riesige Waldflächen.

Groß|feu|e|rungs|an|la|ge, die: *Feuerungsanlage mit großer Kapazität:* für -n bestehen besondere Emissionsrichtlinien.

groß|fi|gu|rig ‹Adj.›: *mit großen Figuren:* eine -e Abbildung; das Muster ist g.

Groß|flä|chen|wirt|schaft, die ‹o. Pl.›: *großflächige Bewirtschaftung des Bodens.*

groß|flä|chig ‹Adj.›: *sich über eine große Fläche erstreckend:* -e Waldschäden; -e Fenster; ein -es Gesicht *(Gesicht, das durch hohe Backenknochen o. Ä. ziemlich flach wirkt);* Auch -es Anpflanzen von Laubbäumen widerspricht dem internationalen Nationalparkkonzept (natur 9, 1995, 46); Als eine Sehenswürdigkeit, ja als eine Art von Kulturdenkmal, zeigten sich die hängenden Gärten erst einmal schon im Ganzen, in ihrem zierlichen, dabei so reichen und -en Für-sich-Sein (Handke, Niemandsbucht 963).

Groß|flug|ha|fen, der: *internationaler Flughafen mit sehr großer Kapazität:* der G. Frankfurt wird ständig ausgebaut.

Groß|flug|zeug, das: *Großraumflugzeug.*

Groß|fo|lio, das (Buchw.): *Buchformat in der Größe eines halben Bogens mit einer Höhe von mehr als 45 cm* (Abk.: Gr.-2°).

Groß|for|mat, das: *großes Format* (1): Fotos, Anzeigen, Kalender in/im G.; Das unerschöpfliche Gedankenarsenal des Lebenskenners aus dem 16. Jahrhundert ist längst Weltliteratur. Nun tritt es endlich vollständig in unverblümtem Deutsch auf und in einem opulenten G. (Spiegel 41, 1998, 162); Ü wenn ich ihn für einen edlen Menschen, für einen Albert Schweitzer in G. halte (Thielicke, Ich glaube 32).

groß|for|ma|tig ‹Adj.›: *von großem Format* (1): ein -er Kalender; -e Bücher, Bilder, Anzeigen; Eine andere, sehr -e Lithographie zeigte ein menschliches Paar (Rolf Schneider, November 159); Er ... suchte ein -es Foto mit der Lupe ab (Kant, Impressum 236).

Groß|fres|se, die (derb): *Großmaul.*

groß|fruch|tig ‹Adj.› (Fachspr.): *große Früchte hervorbringend:* die -e Kulturform einer Pflanze.

Groß|fürst, der (hist.): **1.** ‹o. Pl.› *russischer Ehren- u. Herrschertitel.* **2.** ‹o. Pl.› *Herrschertitel in Finnland, Litauen, Polen, Siebenbürgen.* **3.** *Träger des Titels Großfürst* (1, 2).

Groß|für|s|tin, die: w. Form zu ↑Großfürst: »Es ist schwer und schön zugleich, dass die Geschichte des Hauses Romanow wieder einen Platz in Russland einnimmt«, erklärte die G. anlässlich der Eröffnung einer Moskauer Ausstellung über die Zarenfamilie (Focus 22, 1993, 158).

groß|fürst|lich ‹Adj.›: *den Großfürsten, die Großfürstin betreffend, zu ihm, ihr gehörend:* die -en Güter erstreckten sich längs des Flusses.

groß|füt|tern ‹sw. V.; hat› (fam.): *großziehen:* ein Kind, ein Jungtier g.

Groß|ga|ra|ge, die: *Garage für eine große Zahl von Autos:* die neue G. wurde direkt unter dem Marktplatz gebaut.

Groß|ge|mein|de, die: *durch Eingemeindungen entstandene größere Kommune:* Wie es heißt, erhoffe man sich durch diesen Sternmarsch aus allen Stadtteilen zu einem zentral gelegenen Gasthaus eine Stärkung des Zusammengehörigkeitsgefühls der G. (Zeit 19. 11. 98, 16).

groß ge|mus|tert: s. groß (1a).

Groß|ge|rät, das: *großes Gerät:* im Straßenbau verwendete -e.

groß ge|wach|sen: s. groß (1a).

Groß|ge|wach|se|ne, der u. die; -n, -n ‹Dekl. ↑Abgeordnete›: *jmd., der groß* (1a) *gewachsen ist:* Der Dreitürer bietet zwei mittelgroßen Personen vorne und zwei Kindern hinten gut Platz. G. dagegen fühlen sich weniger wohl (NZZ 11. 4. 85, 9).

Groß|glock|ner [auch: '- - -], der; -s: höchster Berg Österreichs.

Groß|grund|be|sitz, der: **a)** *Grundbesitz von großer Ausdehnung;* **b)** ‹o. Pl.› *die Gesamtheit der Großgrundbesitzer:* Er war ... darauf aus, den preußischen G. ... zu ruinieren (K. Mann, Wendepunkt 251).

Groß|grund|be|sit|zer, der: *Eigentümer von Großgrundbesitz:* Im Gegensatz zur Enteignung der G. blieben diese Flächen (= Kirchenbesitz) nach 1945 durch die demokratische Bodenreform unangetastet (Freie Presse 30. 12. 89, 3).

Groß|grund|be|sit|ze|rin, die: w. Form zu ↑Großgrundbesitzer.

Groß|han|del, der: *als Bindeglied zwischen Hersteller u. Einzelhandel fungierender Wirtschaftszweig, der mit Waren in großen Mengen handelt; Engroshandel.*

Groß|han|dels|kauf|frau, die: vgl. Großhandelskaufmann.

Groß|han|dels|kauf|mann, der: *Kaufmann im Großhandel.*

Groß|han|dels|ket|te, die: *Ladenkette eines Großhandelsunternehmens.*

Groß|han|dels|kon|tor, das (DDR): *Organ des Großhandels, das Waren für den persönlichen Bedarf anbietet:* ein G. für Textilien; aus -en kamen Delikatessen, die nur bestimmte Kreise erreichten (J. Fuchs, Ende 126).

Groß|han|dels|preis, der: *Preis, zu dem der Großhandel die Waren [an die Wiederverkäufer] verkauft.*

Groß|han|dels|un|ter|neh|men, das: *Unternehmen* (2) *des Großhandels.*

Groß|han|dels|un|ter|neh|mer, der: *im Großhandel engagierter Unternehmer.*

Groß|han|dels|un|ter|neh|me|rin, die: w. Form zu ↑Großhandelsunternehmer.

Groß|han|dels|ver|band, der: *Interessenverband des Großhandels auf regionaler u. nationaler Ebene.*

Groß|händ|ler, der: *Kaufmann im Bereich des Großhandels; Großkaufmann; Grossist.*

Groß|händ|le|rin, die: w. Form zu ↑Großhändler.

Groß|hand|lung, die: *Geschäft, Unternehmen des Großhandels.*

◆ **Groß|heit,** die; -: *Größe* (3b): Sophroniens G. und Olindens Not (Goethe, Torquato Tasso II, 1).

groß|her|zig ⟨Adj.⟩ (geh.): *von selbstloser, nicht kleinlicher Gesinnung [zeugend]; tolerant:* eine -e Tat; sie ist ein -er Mensch; da sich ihre Selbstachtung in schwierigen Situationen meist darauf stützte, dass sie vorgab, ein bisschen -er zu sein, als sie tatsächlich war (Bieler, Mädchenkrieg 219); jmdm. g. verzeihen.

Groß|her|zig|keit, die; - (geh.): *selbstlose Gesinnung; Toleranz:* Die Haltung der Offenheit und christlichen G. muss für ihn aber auch in der Verkündigungsarbeit zum Ausdruck kommen (Vaterland 1. 8. 84, 15).

Groß|her|zog, der [LÜ von ital. granduca, urspr. Bez. für den Herrscher von Florenz]: **a)** ⟨o. Pl.⟩ *Fürstentitel im Rang zwischen König u. Herzog;* **b)** *Träger des Titels Großherzog* (a).

Groß|her|zo|gin, die: w. Form zu ↑Großherzog.

groß|her|zog|lich ⟨Adj.⟩: *den Großherzog, die Großherzogin, das Großherzogtum betreffend, zu ihm, ihr gehörend.*

Groß|her|zog|tum, das: *Herrschaftsbereich eines Großherzogs.*

Groß|hirn, das (Anat.): *aus zwei Hälften bestehender vorderster Teil des Gehirns, der den größten Teil der Schädelhöhle ausfüllt.*

Groß|hirn|rin|de, die: *mit zahlreichen Nervenzellen ausgestattete Partie an der Oberfläche des Großhirns.*

Groß|hun|dert, das (veraltet): *altes Zählmaß (120 Stück).*

Groß|in|dus|trie, die: **a)** *in besonders großem Umfang produzierender Industriezweig:* die Autoindustrie gehört zu den -n; ..., dass keine G. ... daran denken könnte, sich am See anzusiedeln (Kosmos 2, 1965, 52); Marxisten phantasieren ... gern von einem großen geheimen Demiurgen, einem superzynischen Trickser, der im Bund deutscher Industrieller oder gar auf einem Ministerposten ... sitzt und den Staat nach der Pfeife der -n tanzen lässt (Sloterdijk, Kritik 228); **b)** ⟨o. Pl.⟩ *Gesamtheit der Großindustrien* (a): die europäische G.

groß|in|dus|tri|ell ⟨Adj.⟩: *die Großindustrie betreffend, zu ihr gehörend:* die -e Produktion eines Stoffes; da entdeckte der westliche Kapitalismus im ausgebeuteten Proletarier einfach den Konsumenten und Kunden mit einer endlosen Zahl von Wünschen und Sehnsüchten, die er mittels technologischer Produktivitätssteigerung, steigenden Löhnen und -er Massenproduktion zu befriedigen gedachte (J. Fischer, Linke 196).

Groß|in|dus|tri|el|le, der u. die: *jmd., der einen od. mehrere große Industriebetriebe besitzt od. leitet:* Sogar für diejenigen -n, die Hitler gedient und finanziert haben, bringt er einen Schimmer von Verständnis auf (R.-Ranicki, Th. Mann 234).

Groß|in|qui|si|tor, der: *oberster Richter der spanischen Inquisition.*

Groß|in|ves|ti|tion, die: *Investition* (1) *in großem Umfang:* Offenbar im Bestreben, Banker und Politiker für derart Furcht einflößende -en zu gewinnen, prägte der Energiemanager einen Slogan, der auch abschreckend wirken könnte (Spiegel 1, 1992, 150).

Gros|sist, der; -en, -en [zu frz. gros, ↑[1]Gros] (Kaufmannsspr.): *Großhändler.*

Gros|sis|tin, die; -, -nen: w. Form zu ↑Grossist.

groß|jäh|rig ⟨Adj.⟩ (veraltend): *volljährig, mündig:* »Ich will nicht flirten, ich will ihr nur vorgestellt werden. Außerdem dürfte sie g. sein.« (Konsalik, Promenadendeck 251).

Groß|jäh|rig|keit, die; - (veraltend): *Volljährigkeit, Mündigkeit.*

Groß|ka|li|ber, das: *großes Kaliber:* Ü 1946 unterzeichnete er als Justizminister die weitreichende Amnestie, die vielen »schwarzen« -n gestattete, ihre Karriere im Staatsapparat fortzusetzen (Der Bund 9. 8. 80, 3).

groß|ka|li|be|rig, groß|ka|li|brig [zu ↑Kaliber] ⟨Adj.⟩: *(von Geschützrohren od. Geschossen) einen großen Durchmesser habend:* eine -e Faustfeuerwaffe; ein -es Geschütz; Das großspurige, vierradgetriebene Geländeauto und das acht- bis zwölffach vergrößernde Zielfernrohr auf der großkalibrigen Büchse sind für viele Jäger heute ein Muss (natur 10, 1995, 35); Ü Wir gehören ... einem bedeutenden Pharmakonzern an und genießen daher großkalibrige *(beträchtliche)* Unterstützung (NZZ 30./31. 8. 80, o. S.); weil die Leute großkalibrige *(große)* Dummköpfe sind (Tucholsky, Werke II, 220); der Sekt wurde großkalibrig (ugs.; *aufwendig*) in überzeugenden, silbernen Kübeln herangetragen (Augustin, Kopf 33).

Groß|kampf|schiff, das (Milit. veraltet): *Schlachtschiff.*

Groß|kampf|tag, der (Milit.): *Tag, an dem große Kämpfe stattfinden:* Vorbereitungen für den G.; Ü heute habe ich einen G. (ugs.; *besonders harten Arbeitstag*) hinter mir; Glatteis – zahlreiche Stürze mit Knochenbrüchen. Ein G. für Mediziner (SZ 4. 1. 96, 37).

Groß|ka|pi|tal, das (Jargon): **a)** *Gesamtheit der Großunternehmen:* die Interessen des westlichen -s (Spiegel 37, 1976, 133); **b)** *Gesamtheit der Großunternehmer und Großunternehmerinnen.*

Groß|ka|pi|ta|lis|mus, der: *Wirtschaftssystem, in dem das Großkapital bestimmend ist:* Die mehr vom G. denn von der Lehre Christi geprägte Politik der letzten Jahre hat stark zum Werteverlust beigetragen (taz 6. 1. 99, 18).

Groß|ka|pi|ta|list, der: *Vertreter des Großkapitals* (b): Ü du bist ja ein G. (scherzh.; *scheinst ja Geld zu haben*).

Groß|ka|pi|ta|lis|tin, die: w. Form zu ↑Großkapitalist.

groß|ka|pi|ta|lis|tisch ⟨Adj.⟩: *den Großkapitalismus betreffend, zu ihm gehörend, von ihm ausgehend:* die -en Interessen.

groß ka|riert: s. groß (1a).

Groß|kat|ze, die (Zool.): *großes katzenartiges Raubtier* (z. B. Tiger, Löwe, Leopard).

Groß|kauf|frau, die: vgl. Großkaufmann.

Groß|kauf|mann, der: **1.** *Grossist:* Auf dem Weg zum G. entschloss ich mich, mir außer Socken auch einen neuen Arbeitsanzug zu kaufen (Innerhofer, Schattseite 25). **2.** *Kaufmann, der Geschäfte in großem Stil betreibt:* er gehörte zu den Hamburger Großkaufleuten.

Groß|kind, das (schweiz.): *Enkelkind:* Die Kinder und später die -er bereiteten Marie Burki viel Freude (Solothurner Zeitung 31. 7. 84, 11).

Groß|ki|no, das: *modernes Kino, das mehrere große Säle umfasst:* Luxuriöse -s machen den Filmbesuch wieder zum Ereignis (Spiegel 52, 1991, 197); ein G. eröffnen.

Groß|kir|che, die: *Kirche* (3) *mit vielen Mitgliedern:* Mittlerweile breitet sich die Erwachsenentaufe immer stärker auch in den -n aus (Rhein. Merkur 18. 5. 84, 20).

Groß|kli|ma, das (Met.): *Klima größerer Gebiete, z. B. eines Landes, eines Kontinents; Makroklima.*

Groß|klub, der: *Sportklub, bes. Fußballklub, der aufgrund seiner sportlichen Leistung, bes. aber durch sein [internationales] Renommee u. seine Finanzkraft bekannt ist [u. im sportlichen Bereich einen großen Einfluss ausübt]:* dennoch sind bereits einige Anhaltspunkte vorhanden, dass jene -s, die mit hohen Investitionen eine Serie der Erfolglosigkeit abzubrechen erhofft hatten, zumindest vorläufig nicht an der Spitze mithalten können (NZZ 30. 8. 83, 25).

Groß|knecht, der (früher): *oberster Knecht auf einem Bauernhof.*

Groß|ko|a|li|ti|o|när, der: *Koalitionspartei, -partner in einer großen Koalition:* die ersten 100 Tage der großen Koalition hätten gezeigt, dass Fehler der früheren österreichischen -e ... vermieden werden konnten (Tiroler Tageszeitung 30. 4. 87, 2).

Groß|kon|zern, der: *großer, wichtiger Konzern:* Die -e mit ihren Gewinninteressen, die mit topgeschulten Werbeleuten brutal durchgesetzt werden (natur 9, 1991, 8); Die Basis für die Macht... der Rüstungswirtschaft... beruht zum einen auf der Tatsache, dass wichtige Rüstungsunternehmen selbst industrielle -e sind (Kelly, Um Hoffnung 66).

Groß|kop|fer|te (bes. bayr., österr.), **Groß|kop|fe|te,** der u. die; -n, -n [zu ↑Kopf] (ugs.): **a)** *einflussreiche, gesellschaftlich hoch gestellte Person:* ...dass hier ein Sonderrecht für Großkopfete praktiziert werden soll (Spiegel 25, 1975, 48); Spannungen zwischen West und Ost, vor allem gegen die »Großkopfeten« in Wien, gibt es schon länger (Kurier 2. 10. 93, 1); **b)** *jmd., der studiert [hat]; Intellektueller:* In einem Land, wo der Weiße Riese ... Frau Saubermann heiratet, ist für einen unrasierten Großkopfeten ... kein Platz mehr (Spiegel 34, 1967, 17); Sie setzt sich mit den geistigen Großkopfeten ihrer Zeit auseinander, zum Beispiel mit Goethe, der sie schätzte. In der Liebe kommt sie natürlich nicht zum Zuge (zitty 13, 1984, 46).

groß|köp|fig ⟨Adj.⟩: *mit großem Kopf:* Der kleine Mann, der sich hinter den Schreibtisch zurückzog, war eben der zarte, -e Amerikaner, der ... (Seghers, Transit 246).

Groß|koph|ta, der (hist.): *angeblich geheimer Oberer, Vorsteher eines (von Cagliostro erfundenen) ägyptischen Freimaurerbundes.*

Groß|kor|don, der [zu ↑²Kordon]: *höchste Klasse der Ritter- und Verdienstorden.*

Groß|kotz, der; -, -e [jidd. großkozen = schwerreicher Mann, auch: Wichtigtuer; viell. zu hebr. qazîn = Vorsteher, Anführer, volksetym. an ↑kotzen angeschlossen] (salopp abwertend): *Angeber:* Zum G. würde ich durch meinen Bucherfolg auch nicht werden (Lemke, Ganz 192).

groß|kot|zig ⟨Adj.⟩ (salopp abwertend): *widerlich aufschneidend, protzig:* ein -er Mensch; Es ist typisch, dass er so g. daherredet – er muss bei sich selber Eindruck schinden (Rechy [Übers.], Nacht 223); Milano hatte ein Haus in Bellerive gemietet, sehr g. (Danella, Hotel 151).

Groß|kot|zig|keit, die; - (salopp abwertend): *das Großkotzigsein.*

Groß|kraft|werk, das: *Kraftwerk von großer Kapazität:* Rettichs Konzept... Mix aus umweltfreundlichen Energieerzeugern, der eines Tages sogar -e überflüssig machen könnte (natur 2, 1991, 16).

Groß|kran|ken|haus, das: *Krankenhaus mit sehr großer Bettenzahl u. zahlreichen Abteilungen:* andererseits ist in dem technisierten G. und in der täglichen Praxis des Arztes Menschenfreundlichkeit nur in mäßig großen Lettern geschrieben (Spiegel 38, 1978, 239).

Groß|kre|dit, der: *Kredit, der einen bestimmten Prozentsatz vom Eigenkapital des Kreditinstituts übersteigt:* Das Bundeskabinett hat erwartungsgemäß dem zweiten G. an die DDR über 950 Millionen Mark (rund 800 Millionen Franken) zugestimmt (Oltner Tagblatt 26. 7. 84, 1).

Groß|kreis, der (Geom.): *größter Kreis einer Kugel, der sich dadurch ergibt, dass die Kugel von einer Ebene durch ihren Mittelpunkt geschnitten wird.*

Groß|kreuz, das: *Exemplar der höchsten Klasse bei den meisten Orden:* das G. des Eisernen Kreuzes.

Groß|kü|che, die: **1.** *große Küche (eines Hotels, einer Kantine o. Ä.), in der Essen für eine große Zahl von Personen gekocht wird.* **2.** *Unternehmen, das für Großabnehmer Essen zubereitet u. liefert:* die Firma bezieht das Essen von einer G.

Groß|kun|de, der: *(in wirtschaftlicher, strategischer o. ä. Hinsicht) besonders wichtiger Kunde:* Der Verkehrsverbund Rhein-Neckar (VRN) bietet das Jobticket Unternehmen und Behörden mit mindestens 100 Mitarbeitern an... Der G. zahlt einen Pauschalbetrag... pro Arbeitnehmer an den Verkehrsverbund (Rheinpfalz 27. 1. 93, 13); Verbilligungen für -n; der Umgang mit -n.

Groß|kund|ge|bung, die: *Kundgebung, an der eine große Menschenmenge teilnimmt.*

Groß|kun|din, die: w. Form zu ↑Großkunde.

Groß|la|ge, die: *größeres Anbaugebiet für Wein, das aus der Zusammenfassung einzelner kleinerer Weinlagen entstanden ist:* Es handelt sich mittlerweile auch nicht mehr nur um irgendwelche Weine aus -n. Betroffen sind erstmals auch Weine aus besseren, ja besten Lagen in diesem unserem Lande (Hamburger Rundschau 22. 8. 85, 14).

Groß|lo|ge, die: *Verband, in dem mehrere Freimaurerlogen zusammengeschlossen sind.*

groß|ma|chen, sich ⟨sw. V.; hat⟩ (ugs.): *sich rühmen; prahlen; sich wichtig machen:* du machst dich ganz schön groß; was er sich denkt, weiß ich nicht, vielleicht gar nichts, er will sich wohl einfach g. (Gaiser, Jagd 137).

Groß|macht, die: *Staat, der so viel Macht besitzt, dass er einzeln od. im Bündnis mit anderen Staaten einen erheblichen Einfluss auf die internationale Politik ausübt:* die G. Amerika; das Bündnis der Großmächte; In unserem Zusammenhang interessiert der Druck zur Produktionssteigerung, der von dem Machtstreben der Staaten, insbesondere der Großmächte, ausgeht (Gruhl, Planet 214); Ü die G. Sommer ist wieder angesagt (Zwerenz, Erde 31).

groß|mäch|tig ⟨Adj.⟩ (geh. veraltet): **1.** *sehr mächtig, einflussreich:* ein -er Herr, eine -e Königin; Die Bezirksverwaltung des MfS, die -e Behörde, die sich so gerne in Andeutungen erging (Loest, Nikolaikirche 244). Für sie ist Glaube etwas, das mit einem ringt, gewaltig, g., bis man zerbricht, oder man stiehlt sich vorher davon (Strauß, Niemand 56). **2.** (veraltend) *sehr groß:* -e Bäume; »Was hast du dich denn eben mit so einem -en Koffer abgeschleppt? ...« (Fallada, Jeder 228); sein -er Eigensinn (Th. Mann, Zauberberg 861).

Groß|mäch|tig|keit, die; -: *das Großmächtigsein.*

Groß|macht|po|li|tik, die: *von einer Großmacht, von den Großmächten betriebene Politik.*

Groß|macht|stel|lung, die: *Stellung, Bedeutung einer Großmacht:* das Land hat seine G. verloren.

Groß|magd, die (früher): vgl. Großknecht.

Groß|ma|ma, die (fam.): *Großmutter.*

Groß|manns|sucht, die ⟨o. Pl.⟩ (abwertend): *übersteigerter Geltungsdrang:* ihre G. kennt keine Grenzen; der Kontakt mit so hoch gestellten Leuten befriedigt seine G.; der Virus nationaler G. längst vergangener Epochen (Dönhoff, Ära 126).

groß|manns|süch|tig ⟨Adj.⟩ (abwertend): *von übersteigertem Geltungsdrang:* Bella figura war es um die ... Jahrhundertwende und danach, seine Oberhemden zum Bügeln nach London zu schicken. Sie ist eine Form der Generosität mit -en Zügen (Fest, Im Gegenlicht 271).

Groß|markt, der: **1.** (Wirtsch.) *Markt, auf dem vorzugsweise Wiederverkäufer ihren Bedarf decken.* **2.** (ugs.) *großes Geschäft, in dem man Lebensmittel, Bekleidung usw. meist günstig kaufen kann.*

Groß|markt|hal|le, die: *Markthalle.*

groß|ma|schig ⟨Adj.⟩: *mit weiten Maschen:* ein -es Netz.

Groß|ma|schi|ne, die (Fachspr.): *große, leistungsfähige Maschine* (1 a): Inzwischen sind bei der Reichsbahn, in den Braunkohle- und anderen Betrieben der DDR insgesamt 201 -n ... im Einsatz (Berliner Zeitung 25. 3. 78, 11); Dabei werden 90 Prozent der Bäume auf besonders zerstörerische Weise per Kahlschlag und mit -n geerntet (natur 4, 1994, 42).

groß|maß|stä|big (selten), **groß|maß|stäb|lich** ⟨Adj.⟩: *in großem Maßstab:* eine -e Landkarte.

Groß|mast, der (Seemannsspr.): *der zweite Mast von vorn bei einem mehrmastigen Segelschiff:* Mondschein strömte durch die offene Luke und wies ihnen die massige Säule des -es (Norfolk, Lemprière 660).

Groß|mäs|ter, der: *Mäster, der die Mast von Schlachttieren in großem Stil betreibt:* Die Staatsanwaltschaft Münster verdächtigt den G. ..., mehreren tausend Kälbern verbotene Wachstumsspritzen gegeben zu haben (Rheinpfalz 15. 8. 88, 1).

Groß|mäs|te|rin, die: w. Form zu ↑Großmäster.

Groß|maul, das (ugs. abwertend): *jmd., der prahlt; Angeber:* er ist ein schreckliches G.; Muhammad Ali ... gemeinhin als »Großmaul« bekannt (Spiegel 40, 1978, 282); Es wäre schon mal nötig in diesem Gewerbe, dass ein G. was tüchtig auf die Fresse brauche (Prodöhl, Tod 106).

groß|mäu|lig ⟨Adj.⟩ (ugs. abwertend): *prahlerisch, angeberisch:* Dass »nach Kenntnis dieser Tagebücher ... die Geschichte des Dritten Reiches in wesentlichen Teilen neu geschrieben werden« müsse, wie es im »Stern« hieß, sei denn doch eine »etwas -e Ankündigung« (Spiegel 18, 1983, 29).

Groß|mäu|lig|keit, die; -, -en (ugs. abwertend): **1.** ⟨o. Pl.⟩ *das Großmäuligsein.* **2.** *großmäulige Rede, Verhaltensweise:* Noch lebt die Welt davon, dass Ost und West sich gegenseitig als feige, hoch gerüstete Schwejks denken, die nach Abzug aller -en am Ende doch nur eins im Sinn haben, nämlich noch eine Weile diese Erde zu bewohnen (Sloterdijk, Kritik 419).

groß|mehr|heit|lich ⟨Adj.⟩ (schweiz.): *mit/in großer Mehrheit:* ein -er Beschluss; ihre Fraktion wird dem Rückweisungsantrag g. zustimmen (NZZ 4. 4. 84, 31).

Groß|meis|ter, der [1: mhd. grōȥmeister]: **1.** *Oberer eines Ritterordens.* **2.** *in der Freimaurerei Vorsitzender einer Großloge.* **3.** *internationaler Meister im Schachspiel.* **4.** (Jargon) *jmd., der in einem Fach, in seinem Beruf o. Ä. Großes leistet, ein Könner ist:* Der G. des Rockpianos, Elton John, ist wie sein Klub auf dem Weg nach oben (Weltwoche 17. 5. 84, 55); Die flotten und phantasievollen Kinderbücher, in denen sie bisweilen dem G. dieses Genres, Erich Kästner, heiter nacheiferte (Reich-Ranicki, Th. Mann 180); Ü Die Primitiv-Rechnung, dass, weil wir selbst G. im Vergessen sind, die anderen auch vergessen würden, ist nicht aufgegangen (Spiegel 20, 1987, 158).

Groß|meis|te|rin, die: w. Form zu ↑Großmeister (4).

Groß|mo|gul, der: **a)** *Titel nordindischer Herrscher vom 16. bis 19. Jahrhundert;* **b)** *Träger des Titels Großmogul* (a).

Groß|muf|ti, der: *übergeordneter Mufti in den Hauptstädten der Provinzen des Osmanischen Reiches.*

Groß|mut, die; -: *edle Gesinnung; Großzügigkeit:* G. gegen den Besiegten zeigen; Niemand hatte Rohdewald rehabilitiert, es bedeutete G. des Staates, Leuten wie ihm Arbeit zu bieten wie allen anderen und ihnen keine Steine in den Weg zu legen (Loest, Pistole 137); Jahrelang hatte sie seine Liebe, seine G. und sein Verständnis missbraucht (Wellershoff, Körper 241); Wer aus G. handelt, ... der fragt nicht nach Täuschung, noch nach Sicherheit (Musil, Mann 1177).

groß|mü|tig ⟨Adj.⟩ [mhd. grōȥmüetec = voll Selbstvertrauen]: *Großmut besitzend, zeigend:* eine -e Haltung, Tat; dass man sich zu diesem »großmütigen« Urteil aufgrund des Alters des Angeklagten entschlossen hätte (Bieler, Mädchenkrieg 391); gegen jmdn. g. sein, handeln; Damit Sie verstehen, was ich meine, müssen Sie nicht nur über all die Fehler und Ungenauigkeiten, die von mir beim Reden ständig begangen werden, g. hinwegsehen (Hofmann, Fistelstimme 60).

Groß|mü|tig|keit, die; - [mhd. grōȥmuotecheit]: *das Großmütigsein.*

Groß|mut|ter, die [mhd. grōȥmuoter, LÜ von frz. grand-mère]: **1.** *Mutter des Vaters od. der Mutter:* meine beiden Großmütter; meine G. väterlicherseits; ... welche Mittel aus -s Zeiten *(von früher)* heute so wirksam sind wie gestern (Hörzu 2, 1978, 102); der Teufel mit seiner G.; sie ist zum dritten Mal G. geworden *(sie hat ein drittes Enkelkind bekommen);* R das kannst du deiner G. erzählen! (ugs.; *das ist alles nicht wahr, das glaube ich dir nicht!*). **2.** (ugs.) *alte Frau.*

Groß|mut|ter|blatt, das (ugs.): *besonders gutes Blatt* (4b) *beim Skat.*

groß|müt|ter|lich ⟨Adj.⟩: **a)** *die Großmutter betreffend, zu ihr gehörend:* das -e Erbe; auf -er Seite; sie wuchs im -en Haus auf; **b)** *für eine Großmutter charakteristisch:* sie verzog das Kind mit -er Nachsicht.

Groß|mut|ter|skat, der (ugs.): *Großmutterblatt.*

Groß|nef|fe, der: *Enkel des Bruders od. der Schwester.*

Groß|nich|te, die: *Enkelin des Bruders od. der Schwester.*

Groß|of|fen|si|ve, die (Milit.): *militärische Offensive von großen Ausmaßen:* eine G. starten; In der sechsten Kriegsphase trugen die Iraner im Oktober 1984 an der Grenze 113 Kilometer nordöstlich von Bagdad eine G. vor, die allerdings auch zurückgeschlagen wurde (Vaterland 27. 3. 85, 2).

Gros|so|han|del, der [zu ↑in grosso] (Kaufmannsspr. veraltet): *Großhandel.*

Groß|ok|tav, das (Buchw.): *Buchformat in der Größe eines achtel Bogens mit einer Höhe bis zu 25 cm* (Abk.: Gr.-8°).

gros|so mo|do [spätlat. = auf grobe Weise] (bildungsspr.): *grob gesprochen, im Großen und Ganzen:* Innerhalb von 24 Stunden hätten in Teheran und Caracas, in Bagdad und Kuweit ehrgeizige und fähige Männer ihre Posten übernommen und grosso modo die gleiche Politik fortgesetzt (Spiegel 37, 1977, 41); Der politische Teil des Abkommens ist von den Serben grosso modo akzeptiert worden. Nicht unterschrieben haben die Kosovaren (Zeit 21. 3. 99, 7).

Groß|on|kel, der: **1.** *Bruder eines Großelternteils.* **2.** *Ehemann einer Großtante.*

Groß|pa|ckung, die: *große Packung einer bestimmten Ware:* eine G. Zigaretten; Der Experte in Entspannungstechniken und Autosuggestion kaufte sich eine G. Nikotinpflaster und buchte den längsten Langstreckenflug, den es gab, mit Rauchverbot natürlich (Zeit 22. 7. 99, 10).

Groß|pa|pa, der (fam.): *Großvater.*

Groß|par|tei, die: *Partei* (1a) *mit vielen Mitgliedern:* Aufgeschreckt durch die Wahlerfolge Jörg Haiders ... haben auch die beiden -en sich des Ausländerthemas angenommen (Tages Anzeiger 26. 11. 91, 8).

groß|po|rig ⟨Adj.⟩: *große Poren aufweisend:* -e Haut.

Groß|pro|duk|ti|on, die: *Produktion in großem Stil.*

Groß|pro|du|zent, der: *Produzent, der etw. im großen Stil produziert.*

Groß|pro|du|zen|tin, die: w. Form zu ↑Großproduzent.

Groß|pro|jekt, das: *Projekt von großen Ausmaßen:* ein G. starten; Das G. Messestadt beschäftigt Parteien, Gremien und Experten (FR 26. 7. 99, 16); Zwei -e zur Erforschung der Kernfusion (Spiegel 20, 1979, 240).

Groß|putz, der (landsch.): *Hausputz:* Wenn der jährliche G. beginnt, werden Deutschlands Hausfrauen zu Schwerarbeitern (Hörzu 42, 1982, 144).

Groß|quart, das (Buchw.): *Buchformat in der Größe eines viertel Bogens mit einer Höhe bis zu 40 cm* (Abk.: Gr.-4°).

Groß|rat, der (schweiz.): *Mitglied eines schweizerischen Kantonsparlaments.*

Groß|rä|tin, die: w. Form zu ↑Großrat: Während beispielsweise im Großen Rat des Kantons Aargau zehn freisinnige Frauen sitzen, bringt es die FdP Waadt nur gerade auf eine G. – bei insgesamt 70 Amtsinhabern (Solothurner Zeitung 25. 3. 87, o. S.).

groß|rät|lich ⟨Adj.⟩ (schweiz.): *den Großen Rat (das Kantonsparlament) betreffend, von ihm ausgehend.*

Groß|rats|de|bat|te, die (schweiz.): *Debatte* (b) *des Großrats.*

Groß|rats|prä|si|dent, der (schweiz.): *Präsident des schweizerischen Kantonsrats.*

Groß|rats|prä|si|den|tin, die: w. Form zu ↑Großratspräsident.

Groß|rats|sit|zung, die: vgl. Großratsdebatte.

Groß|raum, der: **1.** *Raum* (6), *der von größeren Gebieten gebildet wird:* ein wirtschaftlicher G.; im G. Stuttgart *(in Stuttgart u. seiner Umgebung);* Als namhafter internationaler Produzent von hochwertig veredelter Verpackung aus Papier strukturieren wir unseren Vertrieb im G. Wien neu (Standard 2. 10. 93, 15). **2.** *großer Raum:* Repräsentativer G. ... geeignet für Ausstellung (Badische Zeitung 12. 5. 84, o. S.).

Groß|raum|bü|ro, das: *Büro, das aus mehreren in einem Raum zusammengefassten Büros besteht:* Die meisten Arbeitnehmer haben keine Lust, in einem G. zu arbeiten (CCI 1, 1986, 5); In einem G. ist man allen Blicken ausgeliefert (Fels, Kanakenfauna 25).

Groß|raum|flug|zeug, das: *Flugzeug mit besonders großem Laderaum zum Transport von Personen od. Fracht.*

groß|räu|mig ⟨Adj.⟩: **1.** *sich über einen größeren, großen Raum erstreckend; große Gebiete betreffend:* eine -e Umfahrung der Unfallstelle; der Verkehr wird g. umgeleitet; dass das Waldsterben ... g. wirkende Ursachen hat (ADAC-Motorwelt 9, 1983, 38). **2.** *viel Raum bietend od. beanspruchend:* eine -e Wohnung.

Groß|räu|mig|keit, die; -: *das Großräumigsein.*

Groß|raum|jet, der: vgl. Großraumflugzeug: Die Boeing 747 ... soll durch eine völlig neue Generation von -s ersetzt werden, ein Flugzeug, in dem der Passagier nicht mehr »in der Röhre« reist, sondern in einem dreistöckigen »fliegenden Hotel« (Welt 25. 3. 92, 24).

Groß|raum|li|mou|si|ne, die: vgl. Großraumflugzeug.

Groß|raum|wa|gen, der: **1.** *Straßenbahnwagen, der aus zwei od. drei durch Gelenke miteinander verbundenen Wagen besteht:* Ohne zu denken, steigt er in den G. und schiebt sich durch die dicht gedrängt stehenden Menschen (Chotjewitz, Friede 246). **2. a)** *Reisezugwagen, bei dem die Sitze rechts u. links eines Mittelgangs angeordnet sind:* ab Sommerfahrplan 1987 soll der größte Teil der Intercity-Züge einen rollstuhlgerechten G. haben (Zivildienst 2, 1986, 16); **b)** *gedeckter Güterwagen mit großer Ladefläche für sperrige Güter od. [auf vier Achsen] mit besonderer Tragfähigkeit für Erze usw.*

Groß|raum|wirt|schaft, die (Wirtsch.): *die nationale Form der Volkswirtschaft überschreitende Form der Wirtschaft.*

Groß|raz|zia, die: *mit großem Polizeiaufgebot verbundene Razzia.*

Groß|re|chen|an|la|ge, die, **Groß|rech|ner,** der: *Rechner* (2), *der über eine große Leistung u. Speicherkapazität verfügt.*

Groß|reich, das (hist.): *Reich von großer räumlicher Ausdehnung.*

Groß|rei|ne|ma|chen, (seltener:) **Groß|rein|ma|chen,** das; -s (ugs.): *gründlicher Hausputz:* ein G. veranstalten.

groß|rus|sisch ⟨Adj.⟩: *einem nach Expansion strebenden Russland eigen:* Die Furcht, dass sich das aggressive -e Auftreten in Presseerklärungen eines Tages in Wirklichkeit verwandeln werde (Kursbuch 109, 1992, 165).

Groß|satz, der (Sprachw.): *Gliedersatz.*

Groß|schan|ze, die: *Sprungschanze für Weiten bis zu 120 m.*

Groß|schiff|fahrts|weg, der: *Schifffahrtsweg für große Schiffe.*

Groß|schirm, der: *großer Bildschirm.*

Groß|schnau|ze, die; -, -n (salopp): *Großsprecher:* eine Berliner G.

groß|schnau|zig, groß|schnäu|zig ⟨Adj.⟩ (salopp): *großsprecherisch:* ich habe ihn nie leiden mögen, den großschnauzigen Hund (Fallada, Mann 183).

Groß|schot, die (Seemannsspr.): *Schot, mit der das Großsegel bedient wird.*

groß|schrei|ben ⟨st. V.; hat⟩: *mit großem Anfangsbuchstaben schreiben:* Eigennamen werden großgeschrieben.

groß schrei|ben: s. groß (1 a).

Groß|schrei|bung, die: *das Schreiben mit großen Anfangsbuchstaben.*

Groß|schrift|stel|ler, der: *Schriftsteller, der sowohl in quantitativer als auch in qualitativer Hinsicht ein bedeutendes Werk hervorgebracht hat:* dass derjenige, der von Robert Musil ein »Großschriftsteller« genannt wurde, zugleich eine Art Großkaufmann war (Reich-Ranicki, Th. Mann 14).

Groß|schrift|stel|le|rin, die: w. Form zu ↑Großschriftsteller.

Groß|se|gel, das (Seemannsspr.): **a)** *am Großbaum festgemachtes Segel;* **b)** *Segel eines Bootes ohne Beisegel.*

Groß|seg|ler, der: *großes Segelschiff:* Jene Seeleute also, die einst noch auf -n das gefürchtete Sturmkap an der Südspitze Amerikas umsegelten (NNN 20. 9. 89, 3).

Groß|sen|der, der (Funkw.): *Funksender mit einer Ausgangsleistung von 100 kW od. darüber.*

Groß|se|rie, die: *große Serie* (1 b): ein Produkt in G. fertigen, produzieren.

Groß|sie|gel|be|wah|rer, der: **1.** *Siegelbewahrer.* **2.** *Lordsiegelbewahrer.*

Groß|sie|gel|be|wah|re|rin, die: w. Form zu ↑Großsiegelbewahrer. Ü Sie war die G., die Trägerin des häuslichen Schlüsselbunds *(sie besaß die häusliche Gewalt)* (Erné, Fahrgäste 257).

Groß|spiel, das (selten): *Grand.*

Groß|spre|cher, der (abwertend): *jmd., der gerne, häufig prahlt; Angeber, Aufschneider:* die G., die im Februar 1933 ... plötzlich verstummt waren (Kantorowicz, Tagebuch I, 43); Die Ziegenhirten haben wenig zu tun. So sind sie seit alten Zeiten schon Lügner, G., Ränkespinner (Jacob, Kaffee 8).

Groß|spre|che|rei, die; -, -en (abwertend): **1.** ⟨o. Pl.⟩ *Prahlerei, Angeberei, Aufschneiderei:* was er da sagt, ist ja alles nur G. **2.** *großsprecherische Äußerung:* ihre -en gehen mir auf die Nerven.

Groß|spre|che|rin, die: w. Form zu ↑Großsprecher.

groß|spre|che|risch ⟨Adj.⟩ (abwertend): *in der Weise eines Großsprechers; prahlerisch, angeberisch:* -e Worte; ... ob man ihm Versagen in seiner etwas -en Agrarpolitik vorwarf (W. Brandt, Begegnungen 113); ein sich feige duckender Untertan ..., so borniert wie g. (Reich-Ranicki, Th. Mann 128).

groß|spu|rig ⟨Adj.⟩: **1.** (selten) *mit großer Spurweite:* Das -e, vierradgetriebene Geländeauto und das acht- bis zwölffach vergrößernde Zielfernrohr ... sind für viele Jäger heute ein Muss (natur 10, 1995, 35). **2.** (abwertend) **a)** *im Auftreten u. Benehmen großtuerisch u. eingebildet, sich in dieser Weise aufspielend; anmaßend, überheblich, arrogant:* ein -er Mensch; -e Reden; ihr Auftreten wirkte g.; Da verspricht er ihnen g., er würde sich persönlich für sie einsetzen (elan 1, 1980, 13); **b)** *hochtrabend:* -e Pläne; mit einem etwas -en Fremdwort nennt man diesen ... Vorgang: Meditation (Sommerauer, Sonntag 70).

Groß|spu|rig|keit, die; - (abwertend): *anmaßende, überhebliche, arrogante Art.*

Groß|stadt, die: *große, mit pulsierendem Leben erfüllte Stadt mit vielen Einwohnern* (amtlich: Stadt mit mehr als 100 000 Einwohnern): in der G. leben, aufgewachsen sein; In Großstädten gibt es Kurse für Karate (Fels, Sünden 38).

Groß|stadt|be|völ|ke|rung, die: *Bevölkerung einer Großstadt.*

Groß|stadt|dschun|gel, der: *als bedrohlich, geheimnisvoll, undurchdringlich od. vielfältig u. abwechslungsreich empfundene Atmosphäre d. Großstadt:* Hier (= in New York) trifft man die seltsamsten Geschöpfe des -s: Schwarz gekleidete Streetworker, militante Feministinnen, schrille Punks, alte Hippies (taz 14. 6. 89, 13); das Überleben im G.

Groß|städ|ter, der: *jmd., der in der Großstadt lebt u. von ihr geprägt ist.*

Groß|städ|te|rin, die: w. Form zu ↑Großstädter.

Groß|stadt|ge|wühl, das: *in einer Großstadt herrschendes Gewühl* (2): im G. haben sie sich verloren; sich im G. zurechtfinden.

groß|städ|tisch ⟨Adj.⟩: *zu einer Großstadt gehörend; einer Großstadt, dem Leben in einer Großstadt entsprechend:* -er Verkehr; -es Kulturangebot.

Groß|stadt|kind, das: **1.** *in einer Großstadt aufwachsendes Kind:* Denn wo sonst, wenn nicht im zoologischen Garten, könnten -er die exotischen Tiere, die es zu schützen gilt, überhaupt als zu respektierende Lebewesen erfahren (Zeit 5. 1. 96, 23). **2.** *jmd., der in einer Großstadt aufgewachsen u. vom Leben in der Großstadt geprägt ist:* sie ist ein G. und fühlt sich nicht wohl auf dem Land.

Groß|stadt|lärm, der: *Lärm, bes. Verkehrslärm, der Großstadt.*

Groß|stadt|le|ben, das: *Leben* (2 b) *in der Großstadt; großstädtische Lebensweise:* Hermann und Juan sehen hinter ihr her und staunen, wie selbstbewusst sie auftritt und wie sie das G. meistert (Reitz, Zweite Heimat 463).

Groß|stadt|luft, die ⟨o. Pl.⟩: *geistig anregende, weltoffene Atmosphäre der Großstadt:* G. atmen.

Groß|stadt|mensch, der: *jmd., der (in einer Großstadt aufgewachsen u.) vom Leben in der Großstadt geprägt ist.*

Groß|stadt|pflan|ze, die (ugs.): vgl. Großstadtkind (2).

Groß|stadt|pflas|ter, das: *die Großstadt mit ihrem pulsierenden Leben [u. ihrer weltoffenen Atmosphäre]:* das G. hassen.

Groß|stadt|sumpf, der (abwertend): *lasterhaftes Treiben, Kriminalität in der Großstadt:* er ist im G. untergegangen.

Groß|stadt|ver|kehr, der: *Straßenverkehr, wie er in einer Großstadt herrscht.*

Groß|stein|grab, das (Archäol.): *Megalithgrab.*

Groß|stein|grä|ber|leu|te ⟨Pl.⟩ (Archäol.): *Megalithiker der jüngeren Steinzeit.*

größt...: ↑groß.

Groß|tan|te, die: vgl. Großonkel.

Groß|tat, die: *bedeutende, hervorragende, oft mit persönlichen Risiken verbundene Leistung:* kulturelle, wissenschaftliche -en; Eine 4,5 Milliarden Mark teure Anlage zur Rauchgasentschwefelung. eine umwelttechnische G. (natur 6, 1994, 36); Eine G. war auch die winterliche Ersteigung der Grandes Jorasses (Eidenschink, Eis 115).

Groß|tech|nik, die: *Technik, die durch den Einsatz von Großgeräten charakterisiert ist:* Die Reaktorkatastrophe ... und der Brandunfall ... führten uns die unberechenbaren Auswirkungen der G. vor Augen (natur 4, 1991, 35).

groß|tech|nisch ⟨Adj.⟩: *zur Großtechnik gehörend:* -e Anlagen; Für jedes Weltproblem bieten Technokraten -e Lösungen an (natur 2, 1991, 88).

Groß|tech|no|lo|gie, die: *zur Realisierung von Großprojekten nötige Technologie* (2): Widerstand ... gegen -n und andere Symbole des Expansionismus tut Not (Spiegel 52, 1981, 41).

Groß|teil, der: **a)** *größerer Teil, Hauptteil:* Fichte ... hatte den G. seines Lebens als Emigrant verbracht (Zwerenz, Kopf 9); Die Einzelfälle zeigen aber, dass schon die Beteiligung vieler an der Boykottierung jüdischer Geschäfte ausreichte, einen G. von ihnen zu ruinieren (Zeit 18. 7. 97, 13); Ich müsste einen G. der gelesenen Bücher noch einmal lesen (Innerhofer, Schattseite 202); Bis 1982 soll das Schloss zum G. renoviert sein (Wochenpresse 25. 4. 79, 20); **b)** *nicht unerheblicher Teil:* ein G. des Publikums ist offenbar anderer Meinung (Spiegel 20, 1975, 153); sie (= die Hunde) wissen auch, dass der Mensch zu einem G. aus Feigheit besteht (Schnurre, Bart 192).

groß|teils ⟨Adv.⟩: *zum großen Teil:* Diese Gletscherart ist ... das ganze Jahr über g. mit Firn bedeckt (Eidenschink, Eis 12).

größ|ten|teils ⟨Adv.⟩: *zum größten Teil, fast ausnahmslos, in der Hauptsache:* diese Erfolge gehen g. auf sein Verdienst zurück; Die 28 Bilder stammen g. aus dem Privatarchiv des Künstlers (NNN 6. 9. 83, 2).

Größt|maß, das: **1.** *größtes zulässiges Maß:* bei der Anfertigung von etw. das G. nicht überschreiten. **2.** *größtmöglicher Anteil:* sie besitzt ein G. an Geduld.

größt|mög|lich ⟨Adj.⟩: *so groß wie möglich:* -e Sicherheit, Vollständigkeit.

groß|tö|nend ⟨Adj.⟩ (geh. abwertend): *bedeutungsvoll [klingend]; hochtrabend:* -e Worte; er verkündete g., dass ...; die Luftwaffe, die die Nazipropaganda g. »Schwert am Himmel« nannte (Tages Anzeiger 28. 7. 84, 29).

Groß|tu|er, der; -s, - (abwertend): *jmd., der sich wichtig macht, der ständig prahlt; Angeber, Wichtigtuer:* Du hängst wohl mehr an deinem Leben, als du weißt. Du bist am Ende ein G. (Strittmatter, Wundertäter 495).

Groß|tu|e|rei, die (abwertend): **1.** ⟨o. Pl.⟩ *das [Sich]großtun.* **2.** *großtuerische Rede, Handlung:* Es verging kein Tag, an dem sie mir nicht aufgezählt hätte, wie viele Puppen sie dort gehabt hatte ... Aber diese -en hatten aufgehört (v. Rezzori, Blumen 216).

Groß|tu|e|rin, die; -, -nen: w. Form zu ↑Großtuer.

groß|tu|e|risch ⟨Adj.⟩ (abwertend): *prahlerisch, angeberisch, wichtigtuerisch.*

groß|tun ⟨unr. V.; hat⟩ (abwertend): *sich einer Sache rühmen; prahlen, sich wichtig tun:* vor seinen Freunden mit etw. g.; ⟨auch g. + sich:⟩ sie tut sich groß mit ihren Reisen; ⟨subst.:⟩ Als er aber einmal ein Strumpfband in seinem Koffer mitgebracht hatte, ... wurde er wegen dieses lächerlichen Großtuns viel verlacht (Musil, Törleß 53).

Groß|tür|ke, der (hist.): Bez. für den *Sultan des Osmanischen Reiches.*

Gros|su|lar, der; -s, -e [nlat. grossularia = Stachelbeere, nach der stachelbeerähnlichen Färbung, falsche Ableitung von frz. groseillier = Johannisbeerstrauch, auch: Stachelbeerstrauch < mlat. groselarius]: *grüne u. gelbgrüne Abart des [2]Granats* (1).

Groß|un|ter|neh|men, das (Wirtsch.): *sehr großes Unternehmen* (behördlich: Unternehmen, das über 5 000 Arbeitnehmer beschäftigt u. dessen Umsatz 250 Millionen DM übersteigt).

Groß|un|ter|neh|mer, der: *Eigentümer eines Großunternehmens.*

Groß|un|ter|neh|me|rin, die: w. Form zu ↑Großunternehmer.

Groß|va|ter, der [mhd. grōʒvater, LÜ von frz. grand-père]: **1.** *Vater des Vaters od. der Mutter:* meine beiden Großväter; sein G. mütterlicherseits; Es wimmelte von sonntäglichen Spaziergängern, von ... Großvätern mit herausgeputzten Enkeln (Dürrenmatt, Grieche 24); R als der G. die Großmutter nahm (scherzh.; *vor langer Zeit, als alles noch ganz anders war*); Ü Die meisten Regionalbahnen fahren noch mit -s *(mit überholter)* personalintensiver Signalsteuerung (natur 9, 1991, 82); H. C. Artmann ... ist der G. *(der Vorläufer)* von Punk und New Wave. Er weiß es nur nicht (Wiener 11, 1983, 16). **2.** (ugs.) *alter Mann.*

groß|vä|ter|lich ⟨Adj.⟩: **a)** *den Großvater betreffend, zu ihm gehörend, von ihm ausgehend:* der -e Sessel; der -e Rat; **b)** *in der Art u. Weise eines Großvaters; für einen Großvater charakteristisch:* -e Gefühle, Gewohnheiten; Ü Drinnen gab es einen -en *(aus der Mode gekommenen, leicht antiquierten)* Schaukelstuhl (Frisch, Stiller 301).

Groß|va|ter|ses|sel, der (ugs.): *bequemer Sessel mit hoher Lehne; Ohrensessel.*

Groß|va|ter|stuhl, der (ugs.): vgl. Großvatersessel.

Groß|ver|an|stal|tung, die: *Veranstaltung mit einer großen Zahl von Teilnehmenden.*

Groß|ver|band, der (Milit.): *Zusammenfassung mehrerer Truppenteile verschiedener Truppengattungen.*

Groß|ver|brau|cher, der: *Stelle, Institution o. Ä., die Waren in größeren Mengen benötigt u. bezieht* (z. B. eine Kantine): Rabatte für G.; Ü ich bin zurzeit ein G. von Tempotaschentüchern (ugs.; *verbrauche viele davon*).

Groß|ver|brau|che|rin, die: w. Form zu ↑Großverbraucher.

Groß|ver|bre|cher, der (selten): *Schwerverbrecher:* ich hatte ... das Gefühl, mit einer Bande von -n an einem Tisch zu sitzen (Ossowski, Bewährung 35).

Groß|ver|bre|che|rin, die: w. Form zu ↑Großverbrecher.

groß|ver|die|nen ⟨sw. V.; hat⟩ (selten): *viel Geld verdienen:* Ich großverdiene jetzt (Frisch, Stiller 465).

Groß|ver|die|ner, der: *jmd., der viel Geld verdient, der ein großes Einkommen hat:* Nach einer Untersuchung der ... Unternehmensberatung kamen die G. im Fahrzeugbau ... am besten weg (Spiegel 26, 1981, 89); sie gehört jetzt zu den -n.

Groß|ver|die|ne|rin, die: w. Form zu ↑Großverdiener.

Groß|ver|lag, der: *großer Verlag.*

Groß|ver|le|ger, der: *Eigentümer eines Großverlags:* Der australische G. ... hat die »Chicago Sun Times« gekauft (NZZ 22. 12. 83, 2).

Groß|ver|le|ge|rin, die: w. Form zu ↑Großverleger.

Groß|ver|sand|haus, das: *großes Versandhaus.*

Groß|ver|such, der: *groß angelegter Versuch* (3): einen G. starten; etw. in einem G. testen; Auf der Insel Fehmarn wird in einem ... G. eine Kläranlage zu 80 Prozent mit regenerativen Energien betrieben (natur 9, 1991, 77).

Groß|ver|tei|ler, der (schweiz.): *Großhandelsunternehmen:* Bei der Hausdurchsuchung fanden die Beamten 1011 Stangen Zigaretten sowie 213 Flaschen Spirituosen im Wert von mehr als 25 000 Franken. Das Diebsgut stammte aus Filialen von -n in Zürich (NZZ 14. 3. 85, 33).

Groß|vieh, das: *Gesamtheit der großen Nutztiere wie Rinder u. Pferde, Schweine u. Schafe.*

Groß|vieh|ein|heit, die (Landw.): *Wertzahl zur Erfassung des Viehbestandes eines landwirtschaftlichen Betriebes;* Abk.: GV, GVE: Vom raufutterverbrauchenden Viehbestand von 1 604 000 -en (GVE) entfallen 138 000 auf Pferde, Schafe und Ziegen und 1 466 000 auf Rindvieh (NZZ 13. 10. 84, 27).

groß|vo|lu|mig ⟨Adj.⟩ (Kfz.-T.): *von großem Volumen, voluminös:* -e Fahrzeuge, Motoren; unsere Minister fahren -e Autos mit Verbräuchen um die 20 Liter (ADAC-Motorwelt 9, 1980, 77).

Groß|vor|ha|ben, das: *Vorhaben, Projekt größeren Ausmaßes:* In einem zweiten Schritt wurden dann unter Zugrundelegen der »Sehr-wenig-Geld-Alternative« die G. im Zeitraum 1985–2000 erörtert (Marine 6, 1981, 182).

Groß|we|sir, der: *oberster, nur dem Sultan unterstellter Amtsträger des Osmanischen Reiches, der die Regierungsgeschäfte führt.*

Groß|wet|ter|la|ge, die (Met.): *Wetterlage über einem größeren Gebiet während des Zeitraums von mehreren Tagen;* Ü die politische G.; Es hat den Anschein, dass sich die sportpolitische G. ... leicht verbessert hat (Saarbr. Zeitung 9. 10. 79, 9).

Groß|wild, das: *großes Wild* (1), *bes. Raubwild der Tropen.*

Groß|wild|jagd, die: *Jagd auf Großwild.*

Groß|wild|jä|ger, der: vgl. Großwildjagd.

Groß|wild|jä|ge|rin, die: w. Form zu ↑Großwildjäger.

Groß|wirt|schaft, die: *besonders gut entwickelte Wirtschaft* (1).

Groß|wör|ter|buch, das: *Wörterbuch von großem Umfang.*

Groß|wuchs, der (Med.): *übermäßig großer Wuchs:* krankhafter G.

groß|wüch|sig ‹Adj.›: *von großem Wuchs.*

Groß|wür|den|trä|ger, der: *Träger einer hohen Auszeichnung.*

Groß|wür|den|trä|ge|rin, die: w. Form zu ↑Großwürdenträger.

groß|zie|hen ‹unr. V.; hat›: *(ein Kind od. ein junges Tier) so lange ernähren u. für es sorgen, bis es groß, selbstständig geworden ist:* sie hat fünf Kinder großgezogen; Jungtiere [mit der Flasche] g.; sie nahm das uneheliche Kind ... an eigen Statt und zog es unter Opfern groß (Musil, Mann 456).

groß|zü|gig ‹Adj.› [eigtl. = einen Zug ins Große habend]: **1.** *(von Menschen) sich über als unwichtig Empfundenes hinwegsetzend; Gesinnungen, Handlungen anderer gelten lassend; nicht kleinlich [denkend], tolerant:* Matzerath war g. genug, dem Ortsbauernführer den kleinen Fehler nachzusehen (Grass, Blechtrommel 371); auf einmal ... stellen sie wieder fest, ... dass ich zu g. *(nicht genau genug)* Buch führte (Lenz, Brot 134); **2. a)** *in Geldangelegenheiten, im Geben und Schenken nicht kleinlich; spendabel:* in -er Weise eine Sache finanziell unterstützen; sie war wenigstens so g., mir das Mittagessen zu bezahlen; Ü sie ging mit ihrer Zeit, mit dem Platz zu g. *(verschwenderisch)* um; Mit keiner Energie wird so g. *(verschwenderisch)* umgegangen wie mit der menschlichen (Spiegel 7, 1983, 183); Die ... oft zu g. *(in zu großer Menge)* verwendeten Insektizide (natur 2, 1991, 61); **b)** *von einer großzügigen* (2a) *Haltung zeugend:* ein -es Trinkgeld; gegen ein -es Lehrgeld stellte ihm sein Meister einige Matrosen zur Verfügung (Hildesheimer, Legenden 50). **3.** *große Ausmaße habend, weit[räumig], in großem Stil:* -e Bauten, Gartenanlagen; eine -e Raumaufteilung; Die Universität war ein Komplex von mehreren Bauten, ... sehr modern, sehr g. (Danella, Hotel 324).

Groß|zü|gig|keit, die; -: *großzügiges Wesen; großzügige Art.*

Grosz [grɔʃ], der; -, -e ['grɔʃɛ], Gen. Plur. -y ['grɔʃi] [poln. grosz < tschech. groš < spätmhd. grosche, ↑Groschen]: *Untereinheit der Währung in Polen* (100 Grosze = 1 Zloty).

gro|tesk ‹Adj.› [frz. grotesque < ital. grottesco, urspr. in Fügungen wie grottesca pittura Bez. für die seltsam und fantastisch anmutenden antiken Malereien in Grotten, Kavernen o. Ä., zu: grotta, ↑Grotte]: *durch eine starke Übersteigerung od. Verzerrung absonderlich übertrieben, lächerlich wirkend:* etw. nimmt immer -ere Formen an; alle ... wieherten, wenn die Passanten ausglitten, mit -en Verrenkungen den Sturz zu vermeiden suchten (Lentz, Muckefuck 153); eine -e Situation; auf dem winzigen Körperchen saß ein großer Schädel; seine Erscheinung wirkte g. (Niekisch, Leben 131); ihre Aufmachung wirkte, seine Behauptung war einfach g.

Gro|tesk, die; - ‹o. Pl.› [H. u.] (Druck- u. Schriftw.): *gleichmäßig starke Antiquaschrift ohne Serifen:* eine Überschrift in G.

Gro|tes|ke, die; -, -n: **1.** (Kunstwiss.) *fantastisch gestaltete Darstellung von Tier- u. Pflanzenmotiven in der Ornamentik der Renaissance u. der Antike.* **2.** (Kunstwiss., Literaturwiss.) *Darstellung einer verzerrten Wirklichkeit, die auf paradox erscheinende Weise Grauenvolles, Missgestaltetes mit komischen Zügen verbindet:* eine G. schreiben; eine Ausstellung mit vielen -n verschiedener Epochen; Ü der ganze Vorgang war eine G.; Ich stand unter dem Eindruck, eine politische G. miterlebt zu haben (Niekisch, Leben 70). **3.** *ins Verzerrte gesteigerter, karikierend übertreibender Ausdruckstanz:* die Gruppe tanzte eine wilde G.

gro|tes|ker|wei|se ‹Adv.›: *durch einen grotesken Umstand; in einer grotesken Weise:* Scheint die Sonne zu heiß, agieren wir trotzig und mosern. Kommt die Urlaubszeit, setzen wir uns dann ins Flugzeug, um g. in noch heißere Gefilde zu reisen (natur 7, 1994, 47).

Gro|tesk|film, der: *Filmgroteske.*

Gro|tesk|schrift, die: *Grotesk.*

Gro|tesk|tanz, der: *Groteske* (3).

Grot|te, die; -, -n [ital. grotta < vlat. crupta < lat. crypta, ↑Krypta]: *natürliche od. oft [in Renaissance- u. Barockgärten] künstlich angelegte Felsenhöhle von geringer Tiefe:* diese G. aus grauem Gestein ... hat keine Ähnlichkeit mit der holden Sirenengrotte von Capri, mit den unterirdischen -n der Isis (Langgässer, Siegel 156); eine G. aus Lavagestein, in der Steingutzwerge mit Schubkarren spielten (Böll, Haus 16).

Grot|ten|bau, der ‹Pl. -ten›: *künstlich angelegte Grotte.*

grot|ten|doof ‹Adj.› [1. Bestandteil wohl aus südd. krotten- (zu mundartl. Krotte = Kröte) mit ähnl. Bed. wie ↑hunde-, Hunde-] (salopp): *äußerst dumm:* ein -er Schlagertext.

grot|ten|falsch ‹Adj.› (salopp): *vollkommen falsch:* mit deiner Prognose hast du g. gelegen.

grot|ten|häss|lich ‹Adj.› (salopp): *äußerst hässlich:* er trug eine g. gemusterte Krawatte.

Grot|ten|olm, der: *aalähnlich lang gestreckter, blinder Schwanzlurch mit kleinen u. sehr dünnen Gliedmaßen:* finstere Räume, in denen ... -e sich gespenstisch bewegen (Kaschnitz, Wohin 69).

grot|ten|schlecht ‹Adj.› (salopp): *äußerst schlecht:* Sonne in Ordnung, aber -es Hotelzimmer und am Büfett tätowierte Engländer (Stern 40, 1998, 234).

Grot|ten|werk, das: *Dekoration für künstliche Grotten aus Steinen, Felsstücken, Muschelwerk u. Ä.*

Grot|to, das; -s, ...ti, auch: -s [aus dem Lombardischen, eigtl. = Weinkeller, zu ital. grotta, ↑Grotte]: *Weinschenke im Tessin.*

[1]Grot|zen, der; -s, - [1: vgl. mhd. groȝȝe, graȝ = Grotzen (2); Herz des Salatkopfes]: **1.** (mundartl.) *Kerngehäuse bes. vom Apfel.* **2.** (landsch.) *Wipfelsprosse von Nadelbäumen.*

[2]Grot|zen, der; -s, - [H. u.] (Kürschnerei): *oft dunkler gefärbte Rückenmitte eines Fells.*

Ground|hos|tess ['graʊnt-], die; -, -en [engl. ground hostess, zu: ground = Boden u. ↑Hostess]: *Angestellte einer Fluggesellschaft, der die Betreuung der Fluggäste auf dem Flughafen obliegt.*

Grou|pie ['gru:pi], das; -s, -s [engl. groupie, zu: group = (Musik)gruppe] (Jargon): **a)** *weiblicher Fan, der immer wieder versucht, in möglichst engen Kontakt mit der von ihm bewunderten Person od. Gruppe zu kommen;* **b)** *zu einer Gruppe, Organisation außerhalb der etablierten Gesellschaft gehörendes Mädchen.*

Gro|wi|an, der; -[e]s, -e (auch:) die; -, -en: = **gro**ße **Wi**ndenergie**an**lage zur Erzeugung von Elektrizität.

Growl [graʊl], der od. das; -s, -s [engl. growl = das Brummen, zu: to growl = brummen, wohl lautmalerisch] (Jazz): *Spielweise der Blechbläser, mit der bes. durch Posaunen u. Trompeten ein tiefes Grollen od. Brummen erzeugt wird.*

grub: ↑graben.

grub|ben: ↑grubbern.

Grub|ber, der; -s, - [engl. grubber, zu: to grub = graben]: *landwirtschaftliches Gerät mit in zwei od. mehr Reihen versetzt angeordneten starken Zinken zur Bearbeitung, bes. zur Lockerung, des Ackerbodens.*

grub|bern, grubben ‹sw. V.; hat›: **a)** *mit dem Grubber arbeiten;* **b)** *mit dem Grubber bearbeiten, lockern:* den Acker g.

Grüb|chen, das; -s, - [Vkl. von ↑Grube, eigtl. = kleine Grube]: *kleine Vertiefung im Kinn u. (beim Lachen entstehend od. sich vertiefend) in den Wangen:* ein Mädchen mit G. [in den Wangen]; Adalbert v. Bisswanges ... Wangen besaßen G., richtig niedliche, backfischhafte G. (Beheim-Schwarzbach, Freuden 38); wenn er lacht, bekommt, hat er G.

Gru|be, die; -, -n [mhd. gruobe, ahd. gruoba, zu ↑graben]: **1.** *[gegrabene, ausgebaggerte, künstlich angelegte] Vertiefung in der Erde:* eine tiefe, rechteckige G. ausheben, ausschachten; eine G. als Falle für Tiere mit Zweigen abdecken, tarnen; er konnte gerade noch in einer kleinen G. in Deckung gehen; den Müll, die Asche in die G. *(Abfallgrube)* werfen; Spr wer andern eine G. gräbt, fällt selbst hinein *(wer anderen schaden will, schadet sich dadurch oft nur selbst).* **2.** (veraltend) *[noch offenes] Grab:* den Sarg in die G. hinabsenken; die Trauernden warfen Blumen in die G.; Das Zeug, mit dem sie den Josef ausgespritzt hatten, als sie ihn in die G. legten, war erste Klasse (Fries, Weg 213); Ü Kaiser und Könige ..., die mächtig waren, bis sie einander die -n ihres Untergangs schaufelten (Koeppen, Rußland 180); ***in die, zur G. fahren** (geh. veraltet, auch noch salopp, iron.; *sterben*): Und am Ende fahren wir doch alle auf die gleiche Weise in die G. (Chr. Wolf, Himmel 306). **3.** (Bergbau) **a)** *technische Anlage, bes. unter der Erde, zum Abbau, zur Gewinnung, Förderung von mineralischen Rohstoffen, Bodenschätzen; Bergwerk, Zeche:* eine ergiebige, verfallene G.; eine G. stilllegen; in der größten Not hatte er (= ein Grubenbesitzer) seine G. veräußern müssen (Th.

Mann, Hoheit 129); in die G. einfahren; er arbeitet in der G. *(ist Bergarbeiter);* **b)** *die in einer Grube* (3 a) *beschäftigten Bergarbeiter:* Tatsächlich stieß man bald auf diesen tauben Gang ... Die ganze G. geriet in Aufregung (Zwerenz, Quadriga 284). **4.** (seltener) *[kleine] rundliche Vertiefung, Mulde:* die Sehnen am Hals ... und -n zwischen den Sehnen, Höhlen, die mir nie aufgefallen sind (Frisch, Gantenbein 130); Und bevor er antworten kann, zieht sie ... seinen Kopf in die G. zwischen ihren Brüsten (Fr. Wolf, Menetekel 362).

grü|be: ↑graben.

Grü|be|lei, die; -, -en: *dauerndes, oft als quälend empfundenes Grübeln:* unnütze -en; Hier versank er abermals in dumpfe G. (Hauptmann, Thiel 24); Häufig verfiel er in -en (Maegerlein, Triumph 105).

grü|beln ‹sw. V.; hat› [mhd. grübelen, ahd. grubilōn = (wiederholt) graben, Intensivbildung zu ↑graben]: *seinen meist einem schwierig erscheinenden Problem geltenden, oft quälenden, unnützen od. fruchtlosen Gedanken nachhängen; über eine Sache nachsinnen, in der man gerne zu einer Lösung od. Klärung kommen möchte:* ergebnislos g.; Vergebens grübelte Axel nach dem Grund der Fremdheit (Müthel, Baum 213); sie hat tagelang über dieses/über diesem Problem gegrübelt; Er blickte gen Himmel, grübelte um Erkenntnis und fragte sich, was hier zu tun sei (Kirst, Aufruhr 65); ‹subst.:› Er war ... wieder aufgewacht und ins Grübeln gekommen (Strittmatter, Wundertäter 426).

Gru|ben|an|teil, der: *Anteil* (1 b) *an einem Bergwerk.*

Gru|ben|ar|beit, die (Bergbau): *unter Tage verrichtete Arbeit in einem Bergwerk.*

Gru|ben|ar|bei|ter, der: vgl. Bergmann.

Gru|ben|ar|bei|te|rin, die: w. Form zu ↑Grubenarbeiter.

Gru|ben|aus|bau, der (Bergbau): *Absichern u. Offenhalten der für den Betrieb benötigten Teile einer Grube durch Abstützung, Festigung des Gebirges o. Ä.*

Gru|ben|bahn, die: *in einer Grube auf ebenen Strecken zur Förderung benutzte, auf Schienen laufende kleine Bahn.*

Gru|ben|bau, der ‹Pl. -e› (Bergbau): *planmäßig hergestellter, je nach Zweck verschieden gestalteter Hohlraum (wie Schacht, Stollen, Strecke u. a.) in einem Bergwerk.*

Gru|ben|be|sit|zer, der: *Besitzer einer Grube* (3 a).

Gru|ben|be|sit|ze|rin, die: w. Form zu ↑Grubenbesitzer.

Gru|ben|be|trieb, der (Bergbau): **a)** *alle Anlagen in einem Bergwerk, die unter Tage liegen;* **b)** *im Tagebau die Anlagen, die unter der Erdoberfläche liegen.*

Gru|ben|be|wet|te|rung, die (Bergbau): *Zuführung von Frischluft u. Abführung verbrauchter Luft bei unterirdischen Grubenbauen; Wetterführung.*

Gru|ben|bild, das (Bergbau): *(gesetzlich vorgeschriebene u. regelmäßig zu ergänzende) Planzeichnungen einer Grube.*

Gru|ben|brand, der: *Brand in einem Grubenbau (der meist durch sich selbst entzündende Kohle entsteht).*

Gru|ben|feld, das (Bergbau): *[zu einer Grube gehörendes] Gebiet, für das jmd. über das Recht zur Förderung der entsprechenden Bodenschätze verfügt.*

Gru|ben|gas, das: *in Steinkohlenbergwerken häufig sich entwickelndes farb- u. geruchloses, ungiftiges, aber leicht brennbares, explosives Gas.*

Gru|ben|ge|bäu|de, das (Bergbau): *Gesamtheit aller zu einem Bergwerk gehörenden Grubenbaue.*

Gru|ben|ge|zä|he, das (Bergbau): *Handwerkszeug der Bergleute.*

Gru|ben|hand|tuch, das: *Grubentuch.*

Gru|ben|holz, das (Bergbau): *zum Ausbauen, Abstützen o. Ä. der Stollen in einem Bergwerk bestimmtes od. dazu verwendetes Holz.*

Gru|ben|ka|ta|stro|phe, die: *in einem Bergwerk sich ereignendes Unglück größeren Ausmaßes.*

Gru|ben|lam|pe, die: *im Bergbau verwendete, tragbare Lampe, Sicherheitslampe des Bergmanns.*

Gru|ben|licht, das ‹Pl. -er› (Bergbau): *Grubenlampe.*

Gru|ben|pilz, der: *Pilz, der an den im Bergbau verwendeten Holzteilen wächst und dort erhebliche Schäden verursachen kann.*

Gru|ben|schmelz, der (Kunstwiss.): *Furchenschmelz.*

Gru|ben|tuch, das: *Handtuch aus Baumwolle od. Leinen mit blau u. grau od. weiß gewürfelter, dunkel getönter Musterung.*

Gru|ben|un|glück, das: vgl. Grubenkatastrophe.

Gru|ben|wa|gen, der (Bergbau): *Förderwagen.*

Gru|ben|was|ser, das: *Wasser, das sich in einem Grubenbau sammelt.*

Gru|ben|wehr, die (Bergbau): *für Rettungsmaßnahmen bei Unglücksfällen im Bergwerk ausgebildete Mannschaft.*

Gru|ben|zim|me|rung, die (Bergbau): **a)** ‹Pl. selten› *das Herstellen der Abstützung mit Grubenholz in einem Grubenbau;* **b)** *Abstützung aus Grubenholz in einem Grubenbau.*

Grüb|ler, der; -s, -: *jmd., der zum Grübeln neigt; grüblerischer Mensch:* er ist ein G.; Der G. ist wie ein Beschenkter, der die Gabe entwertet, indem er misstrauisch nach dem geheimen Grund für sie fragt (Stern, Mann 72).

Grüb|le|rin, die; -, -nen: w. Form zu ↑Grübler.

grüb|le|risch ‹Adj.›: *zum Grübeln neigend; [häufig] in Grübeleien versunken:* ein -er Geist; er wurde g. und sprach viel vor sich hin (Jens, Mann 111).

Gru|de, die; -, -n [aus dem Niederd. < mniederd. grude = Asche, H. u.]: **1.** ‹Pl. selten› *als Rückstand bei der Schwelung von Braunkohle gewonnener Koks.* **2.** (ugs.) kurz für ↑Grudeherd, ↑Grudeofen.

Gru|de|herd, der (früher): *für das Heizen mit Grudekoks konstruierter Herd.*

Gru|de|koks, der: *Grude* (1).

Gru|de|ofen, der: vgl. Grudeherd.

grü|e|zi [gek. aus: (Gott) gruezi-i = (Gott) grüße Euch]: schweiz. Grußformel.

Gruft, die; -, Grüfte [mhd., ahd. gruft, kruft, unter Einfluss von vlat. crupta (↑Grotte) zu ahd. girophti = Graben] (geh.): **a)** *Gewölbe, bes. als Grabstätte; Krypta:* die Pyramiden ... die ungeheuren Grüfte der Könige (Ceram, Götter 98); in die G. *(Krypta)* des Domes hinabsteigen; **b)** *[offenes] Grab:* Am Friedhof ... war eine alte G. um einen neuen Toten vervollständigt worden (Kronauer, Bogenschütze 191); Der Jüngling wurde ... in einer gemauerten G. beigesetzt (Jahnn, Geschichten 172); den Sarg in die G. hinablassen.

Gruf|ti, der; -s, -s (Jugendspr.): **1. a)** *Erwachsener, von dem man sich als Jugendlicher abgrenzen will;* **b)** *alter Mensch:* Von wegen »Gruftis«; da ist ein munteres Rentner-Quartett zugange (MM 4. 1. 1993, 25). **2.** *Jugendlicher, der schwarz gekleidet, mit schwarz gefärbtem Haar u. weiß geschminktem Gesicht auftritt u. (zusammen mit Gleichgesinnten) bes. Friedhöfe als Versammlungsort wählt:* Nachwuchs holen sich diese Sekten oftmals bei den so genannten -s – eigentlich harmlosen Jugendlichen mit schwarz gefärbten Haaren, die Gesichter leichenblass geschminkt, die Kleidung tiefschwarz (RNZ, Fernsehbeilage 15, 1992, 12).

grum|meln ‹sw. V.; hat› [zu veraltet grummen, ablautende Bildung zu ↑[1]grimmen] (landsch.): **1.** *ein rollendes, leise polterndes Geräusch verursachen:* den Donner g. hören; ‹subst.:› Sie hörten das Grummeln von Donner, ein Gewitter war im Anzug (Degenhardt, Zündschnüre 51). Ü Lange hatte es schon vernehmlich gegrummelt auf dem Parteitag Ende Januar (MM 31.5.1995, 2). **2.** *leise u. undeutlich [vor sich hin] sprechen; murmeln, brummeln:* unverständliche Worte g.; »Da lernt mans am besten«, grummelte Krohnert, »ein besseres Training gibt es nicht« (Lenz, Brot 27); ‹subst.:› Mir will nicht in den Kopf, dass von dem Grummeln unten in den Kirchen eine derartige Bedrohung ausgehen soll. Wir sind doch zu neunzig Prozent ein Land ohne Religion (Loest, Nikolaikirche 300).

Grum|met, das; -s, (auch:) Grumt, das; -[e]s [mhd. gruo(n)māt, zu: grüejen, ahd. gruoen = sprießen, grünen u. ↑[1]Mahd]: *durch den zweiten (od. dritten) Schnitt innerhalb eines Jahres gewonnenes Heu:* das G. mähen, machen, wenden; sie gingen noch einmal um den Teich, rochen die muffige Brise aus G. und altem Laub (Bieler, Mädchenkrieg 11).

Grum|met|ern|te, die: *zweite Heuernte innerhalb eines Jahres:* bei der G. helfen.

Grum|met|mahd, die (landsch.): *Grummeternte.*

Grum|pen ‹Pl.› [H. u.]: *die untersten, z. T. wertlosen, bei der Ernte oft schon braunen Blätter der Tabakpflanze:* bei der Einschreibung gab es für die losen G. 121,40 Mark, für gebündelte G. der Güteklasse I 170,01 Mark (MM 1. 10. 68, 15).

Grumt: ↑Grummet.

grün ⟨Adj.⟩ [mhd. grüene, ahd. gruoni, zu mhd. grüejen, ahd. gruoen = wachsen, grünen, urspr. entw. = wachsend, sprießend od. = grasfarben, verw. mit ↑Gras]: **1.** *von der Farbe frischen Grases, Laubes:* -e Wiesen, Wälder; -er Salat *(Blattsalat);* dieses Jahr hatten wir -e Weihnachten *(Weihnachten ohne Schnee);* eine -e Flasche; -e Farbe; Zu Mittag hatte es -e Bohnen gegeben (Bieler, Bonifaz 207); Dortmund wurde seit der Gartenschau sogar eine ... -e Stadt (*mit viel Grün;* v. d. Grün, Irrlicht 13); die Kirchenkuppel war giftig g. angestrahlt (Werfel, Himmel 170); ihre Augen sind g.; Klaus Heinrich sah mit Bangen, wie ... g. sein Gesicht war (*wie elend er aussah;* Th. Mann, Hoheit 193); die Ampel ist g. (ugs.; *zeigt Grün*); die Bäume werden wieder g. *(beginnen auszuschlagen);* etw. g. färben, streichen; ein g. gestreiftes, g. kariertes Handtuch; g. belaubte Bäume; ***jmdn. g. und blau/g. und gelb schlagen** (ugs.; *jmdn. heftig verprügeln*); **sich g. und blau/g. und gelb ärgern** (ugs.; *sich sehr ärgern*); **jmdm. wird es g. und blau/g. und gelb vor den Augen** (ugs.; *jmdm. wird übel*). **2. a)** *noch nicht ausgereift; unreif:* -e Äpfel, Tomaten; die Birnen sind noch zu g.; die Bananen werden g. geerntet; **b)** *frisch u. saftreich; noch nicht trocken, gedörrt:* -e Ware *(frisches Gemüse);* das Holz brennt schlecht, weil es noch zu g. ist; **c)** *frisch, roh, nicht durch Räuchern, Salzen, Trocknen o. Ä. konserviert:* -er Speck; -e *(ungesalzene)* Heringe. **3.** (oft abwertend) *noch wenig Erfahrung u. geistige Reife besitzend:* ein -er Junge, Bengel; Ratschläge von dir sind unerwünscht. Dafür bist du noch zu g. (Fallada, Jeder 99); manchmal wird sie zu g. (landsch.; *zu frech, vorlaut*). **4. a)** (Politik) *zu einer Partei gehörend, sie betreffend, zu deren hauptsächlichen Anliegen die Ökologie gehört:* -e Abgeordnete; eine -e Partei; -e Politik machen; g. wählen; **b)** *dem Umweltschutz verpflichtet, ihn fördernd:* -es Denken; -e Produkte kaufen; Die beteiligten Partnerversicherungen verpflichten sich im Gegenzug, die volle Summe der eingezahlten Prämien direkt in -e Projekte zu investieren (Zeit, 17.3.1995, 39). **5.** ***jmdm. nicht g. sein** (ugs.; *jmdm. nicht wohlgesinnt sein; jmdn. nicht leiden können;* grün verbindet sich hier über die urspr. Bed. »wachsend, sprossend, blühend« mit der Vorstellung des Gedeihlichen, Angenehmen, Günstigen): die beiden bekämpfen sich ... nicht nur laut Rolle vor der Kamera. Sie sind sich auch sonst nicht g. (Hörzu 32, 1971, 10).

Grün, das; -s, -, ugs.: -s: **1.** *grüne Farbe; grünes Aussehen:* ein helles, kräftiges G.; Über dem ... Park lag ein feines frisches G. (Geißler, Wunschhütlein 31); das satte G. der Wiese; die Ampel zeigt G. *(grünes Licht),* steht auf G.; ganz in G. *(in grüner Farbe);* ***[das ist] dasselbe in G.** (ugs.; *[das ist] so gut wie dasselbe, im Grunde nichts anderes*). **2.** ⟨o. Pl.⟩ *grünende Pflanzen[teile] (junge Triebe, frisches Laub o. Ä.):* das erste zarte G. des Frühlings; er sagte ..., dass er, sobald das erste G. herauskomme, verreisen werde (Petersen, Resonanz 68); Die zahlreichen Kinder wurden immer wieder angehalten, sorgsam mit dem Grün umzugehen (Freie Presse 14.2.90, 5); das Ufer ist mit üppigem G. bedeckt. **3.** (Golf) *mit kurz geschnittenem Rasen bedeckter letzter Abschnitt jeder Spielbahn (eines Golfplatzes):* den Ball aufs dritte G. schlagen. **4.** (Kartenspiel) *Farbe in der deutschen Spielkarte (die dem Pik der französischen Spielkarte entspricht):* G. sticht; G. ausspielen.

Grün|ab|fall, der: *Abfall von Pflanzen:* Kompostierung und Wiederverwertung von Mähgut und anderen Grünabfällen (natur 9, 1991, 26).

Grün|al|ge, die ⟨meist Pl.⟩: *(in zahlreichen Arten vorkommende) Alge von grüner Farbe, die vor allem im Plankton des Süßwassers vorkommt.*

Grün|an|la|ge, die ⟨meist Pl.⟩: *parkähnliche Anlage, bes. innerhalb einer Ortschaft.*

grün|äu|gig ⟨Adj.⟩: *grüne Augen habend.*

Grün|bee|re, die (landsch.): *Stachelbeere.*

grün be|laubt: s. grün (1).

grün|be|wach|sen ⟨Adj.⟩: *mit Grün* (2) *bewachsen:* -e Hügel.

grün|blau ⟨Adj.⟩: *einen blauen Farbton besitzend, der ins Grüne spielt.*

grün|blind ⟨Adj.⟩: *nicht die Fähigkeit besitzend, grüne Farbtöne zu unterscheiden.*

Grün|blind|heit, die: *das Grünblindsein; Deuteranop[s]ie.*

Grün|buch, das (Dipl.): *Veröffentlichung mit grünem Einband od. Umschlag, Farbbuch; eine bei bestimmten Anlässen veröffentlichte Dokumentensammlung der italienischen Regierung; vgl. Blaubuch.*

Grund, der; -[e]s, Gründe [mhd., ahd. grunt, eigtl. = Zerriebenes, Gemahlenes]: **1. a)** ⟨o. Pl.⟩ *Erdboden als Untergrund; Erdoberfläche, Boden:* sumpfiger, fester G.; man ... tappte auf dem weglosen G. (Gaiser, Jagd 70); das Haus wurde bis auf den G. *(bis aufs Fundament)* abgerissen; ein Loch in den felsigen G. bohren; ***den G. zu etw. legen** *(die Grundlage, Voraussetzung für etw. schaffen u. damit beginnen):* sie hat den G. zu dieser Wissenschaft, Politik gelegt; **in G. und Boden** *(zutiefst, sehr; völlig):* sich in G. und Boden schämen; er hat sie in G. und Boden verdammt; **jmdn. in G. und Boden reden** (1. *so lange u. heftig auf jmdn. einreden, dass es dieser schließlich aufgibt, Gegenargumente vorzubringen.* 2. *jmdn. nicht zu Wort kommen lassen*); **etw. in G. und Boden wirtschaften** *(etw. wirtschaftlich völlig ruinieren);* **von G. auf/aus** *(völlig, gänzlich, ganz u. gar):* etw. von G. auf erneuern, ändern; **aus dem G.** *(völlig, gänzlich; von Grund auf):* die Musik bezähmt die wilde Leidenschaft, ... heilt die Milzsucht aus dem G. (Wieland, Musarion 949ff.); **b)** ⟨o. Pl.⟩ (veraltend, noch landsch.) *Erdreich; [Acker]krume:* lehmiger, sandiger G.; der G. ist zu schwer für die Pflanzen; an ihren Stiefeln klebt der nasse G.; **c)** (bes. österr.) *Grundbesitz; Grundstück:* Der nachbarliche G. war noch unverbaut (Doderer, Wasserfälle 141); Die Tschechen geben ihren G. jetzt billiger her (Bieler, Mädchenkrieg 359); sie wohnen, wirtschaften auf eigenem G.; Im Landkreis Rottal-Inn steht ... ein Bauernhof mit neun Hektar G. (Wimschneider, Herbstmilch 5); ***G. und Boden** (*Land-, Grundbesitz;* seit dem frühen 15. Jh. bezeugter Ausdruck der Rechtsspr.): sie sitzt auf eigenem G. und Boden; der Wert meines G. und Bodens; **liegender G.** (*Liegenschaft* a, *Grundstück, Grundbesitz;* im Ggs. zur fahrenden Habe [↑Habe]): Geld muss ich haben, also verkauft nur einige liegende Gründe, lieber Rentmeister (Immermann, Münchhausen 88). **2.** (geh. veraltend) *kleines Tal, [Boden]senke:* ein waldiger, kühler, felsiger G.; die Gründe und Schluchten des Gebirges; Die Pflanze wuchs ... namentlich in dem stillen -e, wo er sie ... zuerst gesehen (Th. Mann, Zauberberg 537). **3.** ⟨o. Pl.⟩ **a)** *Boden eines Gewässers:* der moorige G. eines Tümpels; die Schwimmerin suchte G., fand keinen G., hatte endlich wieder G. unter den Füßen; Da hatte der Anker G. gefasst und schlierte durch den Schlamm (Schnabel, Marmor 86); der See war so klar, dass man bis auf den G. blicken konnte; auf dem tiefsten G. des Meeres; Schlammwolken, die aus dem G. des Weihers aufwirbeln (Gaiser, Jagd 39); Das Schiff lag mit dem Kiel auf dem G. (Schnabel, Marmor 36); ein feindliches Schiff in den G. bohren (geh.; *versenken*); auf G. laufen, geraten *(sich festfahren);* Ü im -e seines Herzens (geh.; *im Innersten*) verabscheute er diese Tat; ***einer Sache auf den G. gehen** *(einen Sachverhalt zu klären suchen);* **einer Sache auf den G. kommen** *(die wahren Ursachen, Motive für etw. herausfinden);* **im -e [genommen]** *(bei genauer Betrachtung; genau genommen; eigentlich):* im -e [genommen] hat er Recht; In Deutschland hat Vergil ... im -e nie den Ruhm des ersten und größten Dichters erlangt (Fest, Im Gegenlicht 259); **b)** (geh.) *unterste Fläche, Boden eines Gefäßes, Behälters:* auf dem G. des Fasses hat sich Zucker abgesetzt; die vermissten Sachen fanden sich schließlich auf dem G. des Koffers *(zuunterst im Koffer);* ein Glas bis auf den G. *(vollständig)* leeren. **4.** ⟨o. Pl.⟩ *einheitlich gestaltete od. wirkende Fläche, die den Hintergrund, den Untergrund für etw. bildet:* der G. der Tapete, des Stoffes ist gelb; weiße Ringe auf blauem G.; von dem dunklen G. hebt sich das Muster nicht ab; ◆ Hier standen rings, im -e *(im Hintergrund),* Leibtrabanten (Kleist, Krug 7). **5.** *Umstand, Tatbestand o. Ä., durch den sich jmd. bewogen fühlt, etw. Bestimmtes zu tun, od. der ein aus ihm folgendes Ereignis od. einen aus ihm folgenden anderen Tatbestand erklärt; Motiv, Beweggrund:* ein einleuchtender, hinreichender, schwerwiegender, triftiger, vernünftiger G.; der wahre G. für ihr Handeln war ...; taktische, berufliche, politische Gründe sprachen dagegen; was hat er als G. angegeben?; Gründe für etw. vorbringen; die Gründe des andern achten; es gibt keinen, nicht den geringsten G. zur Aufregung; ich habe G., misstrauisch zu sein; Darmstadt hatte ... allen G. zur Freude (Kicker 6, 1982, 40); dafür habe ich meine Gründe; die wackeren Männer ... werden ... schon ihre guten Gründe gehabt haben (Reich-Ranicki, Th. Mann 253); keinen G. zum Klagen haben; es besteht kein G. zur Aufregung; aus praktischen Gründen; sie haben aus unerfindlichen, aus verständlichen Gründen abgesagt; aus Gründen, die wir nicht zu vertreten haben; aus gutem G.; sie tat es aus dem einfachen G. (ugs.; *einfach deshalb*), weil ...; ohne ersichtlichen G.; Später, ... als er rasch und freilich nicht ohne G. zu einem der meistgeachteten ... Schriftsteller aufsteigen konnte (Reich-Ranicki, Th. Mann 109); ***auf G.** (↑aufgrund); **aus diesem kühlen -e** (ugs. scherzh.; *ganz einfach aus diesem Grund; deshalb*); **auf den G.** *(auf Grund):* ... den Kohlhaas ... auf den G. neuer Vergehungen zu stürzen (Kleist, Kohlhaas 73); **zum -e liegen** *(zugrunde liegen):* es schien dieser Nachricht ein Irrtum zum -e zu liegen (Kleist, Kohlhaas 61).

grund- (emotional verstärkend): drückt in Bildungen mit Adjektiven eine Verstärkung aus/*von Grund auf, durch und durch ...:* grundbrav, -gesund, -schlecht.

Grund-: bezeichnet in Bildungen mit Substantiven etw. als grundlegend, fundamental, die Grundlage darstellend: Grundbestandteil, -betrag, -lehrgang.

Grund|ab|lass, der (Technik): *bei Staudämmen, Talsperren o. Ä. tief am Grund sitzende, verschließbare Öffnung, die der Entleerung, der Entlastung bei Hochwasser o. Ä. dient.*

Grund|ak|kord, der (Musik): *auf dem Grundton (der ersten Stufe) einer diatonischen Tonleiter, auch auf der Quarte od. der Quinte aufgebauter Akkord:* die Wirkung des einfachen -s; Ü Sie gab ..., was man als den G. ihres Lebens heraushört: Liebe ..., Jugend ..., Schmerz (Gregor-Dellin, Traumbuch 147).

Grund|an|gel, die (Fischereiw.): *für die Grundangelei vorgesehene Angel.*

Grund|an|ge|lei, die (Fischereiw.): **a)** *das bei allen Fischen mögliche Angeln mit natürlichen Ködern;* **b)** *das Angeln, bei dem der mit Blei beschwerte Köder auf dem Grund des Gewässers ausgelegt wird.*

Grund|an|nah|me, die: *grundlegende Annahme* (3), *Ansicht, Vermutung.*

Grund|an|schau|ung, die: *grundlegende Anschauung; grundsätzliche, entscheidende Meinung.*

Grund|an|sicht, die: vgl. Grundanschauung.

grund|an|stän|dig ⟨Adj.⟩: *(in seinem Denken u. Handeln) ganz u. gar, absolut anständig:* ein -er Mensch; sie hat ihn immer für einen -en Kerl gehalten (Fallada, Mann 67).

Grund|an|strich, der: *meist bes. haltbarer, vor Korrosion schützender erster Anstrich, auf den weitere Farben aufgetragen werden.*

Grund|aus|bil|dung, die ⟨Pl. selten⟩ (Milit.): *erster, etwa drei Monate dauernder Abschnitt der Ausbildung eines Soldaten:* die militärische G. absolvieren.

Grund|aus|stat|tung, die: *Ausstattung mit den in einem bestimmten Zusammenhang unbedingt notwendigen Dingen:* eine G. mit Wäsche; Ü Doch Stadtfeindschaft gehört zur ideologischen G. der Ökopessimisten (Zeit 26.4.1996, 33); Der Kitsch wuchert als eine G. des Lebens in der Toskana wie überall in Italien (Gregor-Dellin, Traumbuch 141).

Grund|bass, der (Musik): **1.** *Reihe der tiefsten Töne eines Musikwerkes als Grundlage seiner Harmonie.* **2.** *Fundamentalbass.*

Grund|bau, der (Bauw.): **1.** ⟨o. Pl.⟩ *alle Techniken u. Arbeiten, die bei einem Bauwerk die in den Boden eingelassenen od. ihm unmittelbar aufsitzenden Bauteile betreffen.* **2.** ⟨Pl. -ten⟩ *Teil eines Bauwerks, der in den Boden eingelassen ist od. ihm unmittelbar aufsitzt.*

Grund|bau|stein, der: **1.** *Wichtiger, grundlegender Baustein* (3), *aus dem etw. besteht:* die -e des Lebens. **2.** *Elementarteilchen.*

Grund|be|darf, der: vgl. Grundausstattung: Im Gegenzug darf der Irak ... Nahrungsmittel, Medikamente und einige Güter des zivilen -s für die eigene Bevölkerung einführen (Zeit 7.11.1997, 3).

Grund|be|deu|tung, die: **1.** *grundlegende, wesentlichste Bedeutung, Aussage:* die G. einer These erkennen. **2.** (Sprachw.) *einem Wort zugrunde liegende Bedeutung; ursprünglicher Wortsinn:* die G. des Wortes ist heute untergegangen.

Grund|be|din|gung, die: *wesentlichste Bedingung; unerlässliche Voraussetzung:* ... diesem inneren Beharren auf Einsamkeit, Abstand, Reserve ..., als einer G. meines Lebens (Th. Mann, Krull 229).

Grund|be|dürf|nis, das: *einfaches, auch bei geringen Ansprüchen zum Leben notwendiges Bedürfnis.*

Grund|be|griff, der: **1.** *grundsätzlicher Begriff* (1); *grundlegender, fundamentaler Sinngehalt:* Vierkandt analysiert vor allem den G. der »Gruppe« (Fraenkel, Staat 113); Sie lassen sich ... von obsoleten und ideologischen -en leiten, wie zum Beispiel den Begriffen der Treue und Würde (Th. Mann, Hoheit 12). **2.** ⟨meist Pl.⟩ *einfachste, wesentliche Vorstellung, Auffassung von etw., auf der man weiter aufbauen kann; elementare Voraussetzung:* Ihr habt euch mitreißen lassen zur Revolution, ohne ihre -e zu kennen (Weiss, Marat 103); ... der vierzig Jahre lang vergeblich versucht hat, Menschen ... die -e der lateinischen Sprache beizubringen (Sebastian, Krankenhaus 79).

Grund|be|la|dung, die (Milit.): *vorgeschriebene Menge an Versorgungsgütern, die von Truppen[teilen] im Einsatz als Beladung mitzuführen ist; vgl. Gefechtsbeladung.*

Grund|be|sitz, der: **a)** *Eigentum an Land, Boden;* **b)** *Land, das jmds. Eigentum darstellt; Boden, den jmd. besitzt;* **c)** (selten) *Gesamtheit von Grundbesitzern.*

Grund|be|sit|zer, der: *jmd., der Grundbesitz hat.*

Grund|be|sit|ze|rin, die: w. Form zu ↑Grundbesitzer.

Grund|be|stand|teil, der: *grundlegender, wesentlicher Bestandteil von etw.*

Grund|be|trag, der (Rentenvers.): *Teil der Rente, der als Mindestleistung gewährt wird, unabhängig davon, wie viel der Versicherte selbst bezahlt hat.*

Grund|be|treu|ung, die: *Betreuung auf dem notwendigsten Niveau:* Vorrangige Aufmerksamkeit wurde ... dem ... Ausbau der medizinischen G. geschenkt (Freie Presse 10. 2. 89, 8).

Grund|bin|dung, die (Weberei): *Bindung* (3 a) *mit selbstständigem u. unverwechselbarem Charakter, die als Grundlage für andere, variierte Bindungen dient.*

Grund|bir|ne, die (landsch.): *Kartoffel.*

Grund|blatt, das (Bot.): *Blatt einer Pflanze, das sich in der Nähe des Bodens befindet u. mit mehreren zusammen eine Rosette bildet.*

Grund|brief, der (früher): *Urkunde über das Eigentum an einem Grundstück.*

Grund|buch, das [mhd. gruntbuoch] (Amts-, Rechtsspr.): *von dem zuständigen Amt geführtes öffentliches Verzeichnis der Grundstücke eines Bezirks mit den Angaben über die jeweiligen rechtlichen Verhältnisse.*

Grund|buch|amt, das: *Abteilung eines Amtsgerichts (auch einer Gemeindebehörde), die das Grundbuch führt.*

Grund|buch|ein|trag, der: *Eintrag im Grundbuch.*

Grund|buch|ein|tra|gung, die: *Eintragung ins Grundbuch.*

Grund|cha|rak|ter, der: *die wesentlichen Züge von etw. bestimmende Eigenart:* der düstere G. einer Landschaft, einer Komposition.

Grund|deutsch, das (Sprachw.): *für die Verständigung notwendiger geringster Bestand an Ausdrucksmitteln der deutschen Sprache in Wortschatz u. Grammatik.*

grund|ehr|lich ⟨Adj.⟩: *absolut ehrlich:* ein -er Mensch; Die verklagte Kundin und deren Ehemann machten auf den Richter einen -en Eindruck (MM 18. 1. 89, 7).

Grund|ei|gen|schaft, die: vgl. Grundcharakter.

Grund|ei|gen|tum, das: vgl. Grundbesitz (a).

Grund|ei|gen|tü|mer, der: vgl. Grundbesitzer.

Grund|ei|gen|tü|me|rin, die: w. Form zu ↑Grundeigentümer.

Grund|ein|heit, die: **1.** (Physik) *einem physikalischen (der quantitativen Messung von Größen dienenden) Maßsystem zugrunde gelegte Einheit:* Sekunde, Meter, Kilogramm sind -en. **2.** *Grundorganisation.*

Grund|ein|stel|lung, die: vgl. Grundanschauung.

Grund|eis, das: *Eis, das sich am Boden von Binnengewässern bildet.*

Grun|del, [1]**Grün|del**, die; -, -n, auch: der; -s, - [mhd. grundel, ahd. grundila, zu

↑Grund]: *in vielen Arten vorkommender, meist kleiner, schlanker Fisch mit bunt gezeichnetem Körper, der gewöhnlich am Grund eines Gewässers lebt.*

◆ [2]**Grün|del,** der; -s, - [mhd. grindel, ahd. grentil, ↑Grindel]: (landsch.) *Welle* (5), *Achse:* Das Wasserrad am halb verkohlten G. allein war stehen geblieben (Rosegger, Waldbauernbub 259).

Grund|ele|ment, das: vgl. Grundbestandteil.

grün|deln ‹sw. V.; hat›: *(von bestimmten Wasservögeln) am Grund von flachen Gewässern nach Nahrung suchen u. dabei Kopf u. Vorderkörper ins Wasser tauchen:* Enten, Gänse gründelten auf dem See; Heinroth beschreibt, wie ein Höckerschwan seine gründelnde Gattin angriff (Lorenz, Verhalten I, 208); Ü (scherzh.:) An der Seite eines steinernen Gastgebers ... kreuzte Elisabeth Teissier die Beine und gründelte im astrologischen Nähkästchen (Spiegel 49, 1981, 236).

grün|den ‹sw. V.; hat› [mhd. gründen, ahd. grunden]: **1. a)** *ins Leben rufen, schaffen:* eine Partei, einen Orden, einen Verein, ein Unternehmen g.; eine Familie g. *(heiraten);* er wird nie ein Heim g. (Remarque, Triomphe 45); die Siedlung, die Stadt wurde um 1500 gegründet; **b)** (ugs.) ‹g. + sich› *sich formieren* (2 a): die Gruppe hat sich im vergangenen Jahr gegründet; Die Umweltinitiative ... hat sich vor fünf Jahren als Reaktion auf die Reaktorkatastrophe in Tschernobyl gegründet (natur 7, 1991, 22). **2. a)** *für etw. eine andere Sache als Grundlage, Voraussetzung, Stütze benutzen; auf etw. aufbauen, mit etw. untermauern:* er gründete seine Hoffnung auf ihre Aussage; Auf diese Einsichten gründen wir unseren Heilungsplan (Freud, Abriß 41); die Ideen sind auf diese/(auch:) dieser Überzeugung gegründet; **b)** *in etw. seine Grundlage, seinen Grund, seine Stütze haben:* solche Parolen gründen auf der Scheinwahrheit, dass Geschichte von Einzelnen gemacht werde (Enzensberger, Einzelheiten I, 86); ... dass der Glaube in solch einem Erfahrungsbeweis gründet (Thielicke, Ich glaube 224); **c)** ‹g. + sich› *sich auf etw. stützen; auf etw. beruhen, aufbauen, fußen:* zwei Arten von Ehen. Die eine beruht auf Liebe, die andere gründet sich auf Vernunft (Leonhard, Revolution 84); Seine glänzende Praxis gründete sich hauptsächlich auf die Arbeit seines früheren Assistenten (Remarque, Triomphe 186). ◆ **3. a)** *(von Gewässern) einen Grund* (3 a) *von bestimmter Tiefe haben:* Stille Wasser gründen tief (Wieland, Don Sylvio I, 9); **b)** ‹g. + sich› *(von einem weichen Boden o. Ä.) [wieder] fest werden:* Da mählich gründet der Boden sich (Droste-Hülshoff, Der Knabe im Moor).

Grün|der, der; -s, -: *jmd., der die Grundlage für das Entstehen von etw. schafft, etw. ins Leben ruft, gründet:* der G. eines Verlags, einer Stadt; Eduard Knobloch, der G. des Klubs, erscheint (Remarque, Obelisk 147).

Grund|er|fah|rung, die: *wesentliche, für etw., für jmdn. entscheidende Erfahrung:* dass sie sich tarnen muss. Auch so eine G. aus tiefster Kindheit (H. Weber, Einzug 227).

Grün|de|rin, die; -, -nen: w. Form zu ↑Gründer: Zwischen 1977 und 1983 gründeten doppelt so viele Frauen wie Männer hier ein Unternehmen. Aber: Das durchschnittliche Alter der -nen liegt über vierzig Jahre (Höhler, Horizont 93).

Grün|der|jah|re ‹Pl.›: *Zeit im letzten Drittel des 19. Jahrhunderts (die Jahre nach 1871), in der während eines starken wirtschaftlichen Aufschwungs viele [industrielle] Unternehmen gegründet wurden u. eine rege Bautätigkeit (mit einer vergangene Baustile imitierenden Bauweise) einsetzte:* die stürmische wirtschaftliche Entwicklung der G.; ein Haus im Stil der G.

Grund|er|kennt|nis, die: vgl. Grunderfahrung.

grund|er|neu|ern ‹sw. V.; nur im Inf. u. im 2. Part. gebr.›: *von Grund auf erneuern:* das Gebäude wurde grunderneuert.

Grün|der|park, der: *Gelände, auf dem junge Unternehmer mithilfe öffentlicher Subventionen Firmen aufbauen u. zur Wettbewerbsfähigkeit führen können:* Städtische Gründer- und Technologieparks wollen diese durch den politischen Rahmen geschaffenen Schwierigkeiten junger Unternehmen punktuell überkompensieren: Durch gezielte Subventionsvergabe soll eine neue Gründungsdynamik entfacht werden (SZ 20. 10. 87, Beilage zukunft, 16).

Grün|der|va|ter, der ‹meist Pl.›: *an der Gründung von etwas entscheidend Beteiligter:* er war einer der Gründerväter, gehörte zu den Gründervätern der Universität.

Grund|er|werb, der (Rechtsspr.): *Erwerb von Grund und Boden.*

Grund|er|werbs|steu|er, (Steuerw.:) **Grund|er|werb|steu|er,** die: *auf den Erwerb von Grundstücken erhobene Steuer.*

Grün|der|zeit, die ‹o. Pl.›: *Gründerjahre:* Das Haus, ein Kasten aus der G. (Meckel, Suchbild 73); Die Bahnhöfe sehen meist noch aus wie in der G. um die Jahrhundertwende (Hörzu 48, 1983, 99).

grün|der|zeit|lich ‹Adj.›: *aus der Gründerzeit stammend:* Zukünftige Gebäudefluchten im Anschluss an die -e Speicherstadt (Welt, 30.11.1992, 32).

Grün|der|zeit|vil|la, die: *Villa im charakteristischen Baustil der Gründerzeit.*

grund|falsch ‹Adj.›: *ganz u. gar, völlig falsch:* das Verhalten, die Einstellung ist g.; Ein Biwak in einer Rinne, die von großen geröllbedeckten Flanken umsäumt ist, ist g. (Eidenschink, Fels 101).

Grund|far|be, die: **1.** (Malerei, Druckw.) *eine der drei Farben, aus denen andere Farben durch Mischung hergestellt werden können:* Rot, Blau und Gelb sind die -n. **2.** *Farbe, die der Untergrund von etw. hat od. die als erste Farbe aufgetragen wird u. auf die andere Farben aufgetragen werden.*

Grund|feh|ler, der: *hauptsächlicher Fehler:* hier liegt der G. bei ihrer Einschätzung der Lage.

Grund|fes|ten ‹Pl.› [mhd. gruntveste, ahd. gruntfestī = Unterbau, Fundament]: in festen Wendungen wie **an den G. von etw. rütteln** *(bei etw. eine grundsätzliche, entscheidende Änderung herbeiführen wollen):* jede Lockerung der Hallstein-Doktrin ... rüttele ja an den G. der ... Außenpolitik (Dönhoff, Ära 85); **etw. in seinen G./bis in seine G. erschüttern** *(etw. in seiner Gesamtheit infrage stellen, in Gefahr, ins Wanken bringen):* Als ... der XX. Parteitag in Moskau über die Bühne ging und den Ostblock in seinen G. erschütterte (Dönhoff, Ära 11).

Grund|flä|che, die: *untere, ebene Fläche eines Körpers, eines Raumes o. Ä.:* die runde G. eines Kegels; die G. eines Raumes ausmessen.

Grund|form, die: **1. a)** *Form, die etw. kennzeichnet, typisch für etw. ist; Hauptform:* die G. der Sonate; **b)** *ursprüngliche, elementare Form; Form, die anderen variierten, oft komplizierteren Formen zugrunde liegt:* alle diese Tänze haben sich aus drei -en entwickelt. **2.** (Sprachw.) *einfachster Bauplan eines Satzes, der als vorgegebenes Muster in einer Sprache den einzelnen in der Rede gebildeten Sätzen zugrunde liegt.* **3.** (Sprachw.) *Infinitiv.*

Grund|fra|ge, die: *grundsätzliche, für etw. entscheidende Frage; grundlegendes, wesentliches Problem:* soziale, politische -n.

Grund|frei|be|trag, der (Steuerw.): *Teil des Einkommens, der nicht der Steuer unterliegt.*

Grund|frei|hei|ten ‹Pl.›: *politische Freiheiten, auf die jeder Mensch aufgrund der Menschenrechte Anspruch hat:* wie können die G. des Bürgers in einer Demokratie verteidigt werden ...? (Hörzu 23, 1976, 79).

Grund|funk|ti|on, die: *grundlegende, hauptsächliche Funktion.*

Grund|ge|bir|ge, das (Geol.): *ältere Gesteinsschichten der Erde, bes. eines Gebirges, denen jüngere Schichten (eines Deckgebirges) auflagern.*

Grund|ge|bühr, die: *für das Recht der Inanspruchnahme bestimmter [öffentlicher] Einrichtungen als feststehender Mindestbetrag zu zahlende Gebühr:* eine monatliche G. für Strom u. Gas.

Grund|ge|dan|ke, der: *grundlegender Gedanke; einer Sache zugrunde liegende, sie bestimmende, für sie als Prinzip wirkende Idee.*

[1]**Grund|ge|halt,** der: *wesentlicher* [1]*Gehalt:* der G. seiner Ausführungen.

[2]**Grund|ge|halt,** das: *festes monatliches* [2]*Gehalt ohne die für bestimmte Leistungen gezahlten Zuschläge, Prämien o. Ä.*

grund|ge|scheit ‹Adj.›: *sehr klug:* -er Mensch.

Grund|ge|schirr, das (Seemannsspr.): *die Gesamtheit der Geräte, die nötig sind, um ein Schiff im Grund* (3 a) *zu verankern.*

Grund|ge|setz, das: **1.** *einer Sache zugrunde liegende, für sie entscheidende, sie bestimmende Gesetzmäßigkeit:* ein philosophisches, biologisches G.; ein G.

der modernen Wirtschaft, der Natur; Es gibt nämlich ein eisernes, unabdingbares G. in dieser Welt: Jedes Lebewesen hat die Aufgabe, alle in ihm vorhandenen Möglichkeiten zur bestmöglichen Entfaltung zu bringen (Natur 70). **2. a)** (früher) *verfassungsrechtlich bes. bedeutsames, für die Entwicklung einer Verfassung ausschlaggebendes Gesetz;* **b)** *für die Bundesrepublik Deutschland geltende Verfassung:* das G. wurde verkündet, trat in Kraft, sollte geändert werden; etw. verstößt gegen den Sinn des -es; Die Väter des -es wollten vermeiden, dass ... (Spiegel 41, 1982, 18); die »Staatsgewalt«, die doch laut G. vom Volke ausgeht (Kühn, Zeit 427); etw. ist im G. geregelt, verankert; der Minister, der laut G. sein Ressort in eigener Verantwortung leiten soll (Dönhoff, Ära 25); Nach dem G. darf niemand zu einer bestimmten Religion gezwungen werden (Hörzu 12, 1975, 113); Abk.: GG.

Grund|ge|setz|än|de|rung, die: *Änderung des Grundgesetzes:* sie behaupteten, das Wehrgesetz erfordere eine G. (Dönhoff, Ära 33).

grund|ge|setz|wid|rig ‹Adj.›: *dem Grundgesetz zuwiderlaufend.*

Grund|grö|ße, die (Math., Physik): *mathematische, physikalische Größe, die allen andern Größen in einem bestimmten Bereich zugrunde gelegt wird.*

grund|gü|tig ‹Adj.›: *sehr gütig, von Herzen gut:* sie ist eine -e Frau; (in Ausrufen des Erstaunens, Entsetzens:) [du] -er Himmel!; die Army lässt sich Zeit ... Grundgütiger Himmel, wie viel Zeit sich unsere Army lässt! (K. Mann, Wendepunkt 407).

Grund|hal|tung, die: **1.** *zuerst eingenommene Haltung, Stellung, Lage, aus der heraus andere Haltungen, Stellungen, Bewegungsabläufe entwickelt werden:* zwischen den einzelnen Übungsteilen immer wieder in die G. zurückkehren. **2.** *grundsätzliche innere Haltung, Einstellung:* jmds. geistige, seelische G.; Dass Gleichgültigkeit, bestenfalls, und Grausamkeit, schlimmstenfalls, menschliche -en den Tieren gegenüber sind (Stern, Mann 64).

grund|häss|lich ‹Adj.›: *sehr hässlich; von abstoßender Hässlichkeit:* er, sie ist g.

Grund|herr, der [mhd. gruntherre]: *mit den durch die mittelalterliche Organisationsform der Grundherrschaft gegebenen Rechten u. Befugnissen ausgestatteter Grundbesitzer:* Die alten Leute erinnerten sich noch, dorthin (= in die Zinsscheune) ihre Abgaben für den -n gebracht zu haben (Kühn, Zeit 12); die mittelalterliche Agrarverfassung von -en und hörigen Bauern (Fraenkel, Staat 88).

Grund|herr|schaft, die: *(vom Mittelalter bis ins 19. Jh. geltende) Form der Herrschaft des Adels u. der Kirche über Land u. abhängige Bauern, die den Landbesitz bewirtschafteten.*

grund|herr|schaft|lich ‹Adj.›: *die Grundherrschaft betreffend:* -e Rechte.

Grund|hol|de, der; -n, -n ‹Dekl. ↑Abgeordnete› [mhd. gruntholde, zu: grunt = Boden u. holde = Dienstmann]: *von einem Grundherrn abhängiger Bauer.*

Grund|idee, die: vgl. Grundgedanke: die G. ... war doch, dass wir uns in die Arbeit teilen sollten (Kemelman [Übers.], Mittwoch 30).

grun|die|ren ‹sw. V.; hat›: *auf etw. den ersten Anstrich, die erste Farb- od. Lackschicht als Untergrund auftragen:* die Wand muss man zuerst g.; Ü der große Platz lag noch im Schatten, ... während die Piazza noch mit kühlen blauen Schatten grundiert war (Andersch, Rote 153).

Grun|die|rung, die; -, -en: **1.** *das Grundieren:* schon bei der G. hätte er etwas sorgfältiger arbeiten müssen. **2.** *erster Anstrich; unterste Farb- od. Lackschicht, mit der etw. versehen wird, ist:* die G. ist noch nicht getrocknet.

Grund|in|dus|trie, die: *Grundstoffindustrie.*

Grund|ka|pi|tal, das (Wirtsch.): *in Aktien angelegtes Kapital, das die finanzielle Grundlage einer Aktiengesellschaft bildet.*

Grund|kar|te, die (Geogr.): *Geländekarte großen Maßstabs, die aufgrund der Genauigkeit des Maßstabs als Grundlage für die Erstellung von Karten kleinerer Maßstäbe dient.*

Grund|ka|te|go|rie, die; vgl. Grundbegriff (1).

Grund|kennt|nis, die ‹meist Pl.›: *elementares Wissen als grundlegende Voraussetzung für die weiteren Kenntnisse auf einem bestimmten Gebiet:* -se in einem Fach besitzen; G. der Grammatik; sich mathematische -se aneignen.

Grund|kon|sens, der: *im Grundsätzlichen bestehender Konsens über etw.:* ein gewisser G. über die Sache, über das Vorgehen ist nötig, ist gegeben.

Grund|kon|zep|ti|on, die: *ursprüngliche, grundlegende, für die weitere Gestaltung, den Aufbau von etw. wesentliche Konzeption.*

Grund|kurs, der: **a)** (Schulw.) *Grundkenntnisse vermittelnder Unterricht in einem bestimmten Fach, an dem im Gegensatz zum jeweils angebotenen Leistungskurs jeder Schüler teilnimmt;* **b)** *Kurs* (3 a), *der Grundkenntnisse in etw. vermittelt:* ein G. in Maschinenschreiben.

Grund|la|ge, die: *etw., auf dem man aufbauen, auf das man sich stützen kann, das Ausgangspunkt, Basis für etw. ist:* die geistigen, theoretischen, gesellschaftlichen, gesetzlichen -n; die -n für etw. schaffen, erwerben, legen; eine ... Konzeption, die als G. für die Verhandlungen dienen könnte (Dönhoff, Ära 113); die Behauptungen entbehren jeder G. *(sind frei erfunden; unwahr);* Ich habe ... den Handel auf ... gesicherte -n gestellt (Plievier, Stalingrad 213); etw. zur G. seiner Arbeit machen; Nichts ist ... bedenklicher, als Ciceros Texte zur G. geschichtlicher Darstellungen zu machen (Thieß, Reich 408); Ü du machst deine Lehrzeit ... Ich will, dass du ne ordentliche G. hast *(eine Ausbildung, auf der sich aufbauen lässt;* Andersch, Sansibar 41); Diese Übereinstimmung war eine gute G. *(Voraussetzung)* für die gemeinsame wochenlange Fahrt durch den Stillen Ozean (Konsalik, Promenadendeck 82); iss zuerst einmal tüchtig, damit du eine gute G. hast (ugs.; *damit du den Alkohol verträgst*).

Grund|la|gen|for|schung, die: *zweckfreie, nicht auf unmittelbare praktische Anwendung hin betriebene Forschung, die sich mit den Grundlagen einer Wissenschaft o. Ä. beschäftigt:* medizinische G.; G. betreiben.

Grund|last, die: **1.** ‹Pl.›: *alle auf einem Grundstück ruhenden Lasten, die der Grundeigentümer zu tragen hat.* **2.** (hist.) *alle (zur Zeit der Grundherrschaft) dem Grundherrn zustehenden, von den abhängigen Bauern zu leistenden Abgaben u. Dienste.* **3.** (Fachspr.) *die in einem Netz der Stromversorgung ständig zur Verfügung stehende Energiemenge.*

Grund|le|bens|mit|tel, das ‹meist Pl.›: vgl. Grundnahrungsmittel.

grund|le|gen ‹sw. V.; nur im Inf. u. im 2. Part. gebr.› (selten): *den Grund zu etw. legen:* diese Gedanken sind schon in der Bibel grundgelegt; Auf das Elternhaus so einwirken, dass frühzeitig die Lesebereitschaft grundgelegt wird (Börsenblatt 6. 12. 74, 1871).

grund|le|gend ‹Adj.›: **a)** *die Grundlage, die Voraussetzung für etw. bildend; wesentlich:* ein -er Unterschied; eine -e Voraussetzung; Fragen dieser Art deuten auf einen -en Wandel ... hin (Kemelman [Übers.], Mittwoch 101); eine -e *(wichtige)* Arbeit zu einem Thema; sie hat sich zu diesem Problem g. geäußert *(hat dazu einen wesentlichen Beitrag geliefert);* **b)** ‹intensivierend bei Adj. u. Verben› *sehr; ganz und gar; von Grund auf:* g. wichtige Erfahrungen; die Verhältnisse haben sich inzwischen g. geändert.

Grund|le|gung, die: *Schaffung einer Grundlage für etw.; Gründung:* die G. einer demokratischen Ordnung.

gründ|lich ‹Adj.› [mhd. gründlich, ahd. gruntlīhho (Adv.), eigtl. = auf den Grund gehend]: **a)** *sehr genau u. sorgfältig; gewissenhaft:* -e Arbeit leisten; sie ist ein sehr -er Mensch; -e *(umfassende, solide)* Kenntnisse; Da er ein -er Kenner der gotischen Baukunst ist, ... (Ostschweiz 31. 7. 84, 13); du musst den Raum g. sauber machen, putzen; er ist, arbeitet sehr g.; **b)** (ugs.) ‹intensivierend bei Verben› *sehr:* da hast du dich aber g. getäuscht, blamiert; Der Knöchel war nicht gebrochen, aber g. verstaucht (Konsalik, Promenadendeck 348); Nach dem Tod des Vaters sollte er die Wirtschaft führen. Dies misslang ihm g. *(ganz u. gar;* NJW 19, 1984, 1065).

Gründ|lich|keit, die; -: *das Gründlichsein; Gewissenhaftigkeit, Sorgfalt:* diese Tätigkeit verlangt G.; Sie suchten mit preußischer G. (Strittmatter, Wundertäter 448); die Hindernisse, die man ... herangeschleppt hatte und an denen nun mit deutscher G. weitergearbeitet wurde (W. Brandt, Begegnungen 10).

Gründ|ling, der; -s, -e [mhd. grundelinc]: *in vielen Arten vorkommender kleiner Fisch, der gewöhnlich in Schwärmen am Grund von Gewässern lebt.*

Grund|li|nie, die: **1.** (Math.) *unterste Linie, Gerade einer zweidimensionalen geometrischen Figur:* die G. angeben; von der G. ausgehen. **2.** (Sport, bes. Tennis, Volleyball) *die hintere Begrenzung des Spielfeldes markierende Linie:* den Ball an die G. spielen. **3.** *Grundzug:* Jetzt aber ist es Zeit, ... die alten -n der Politik zu überprüfen (Dönhoff, Ära 189).

Grund|li|ni|en|du|ell, das (Tennis): *Ballwechsel, bei dem der Ball immer wieder an die Grundlinie gespielt wird.*

Grund|li|ni|en|spiel, das ⟨o. Pl.⟩ (Tennis): *Spiel von der Grundlinie.*

Grund|lohn, der: vgl. [2]Grundgehalt.

grund|los ⟨Adj.⟩ [1: mhd. gruntlōs]: **1.** (selten) *keinen festen Untergrund, Boden besitzend:* sie mussten über -e *(aufgeweichte, schlammige)* Wege fahren; unser Leben gleicht einem Delirium, einem -en Wasser (Mayröcker, Herzzerreißende 164); Die Wege werden immer -er, mühsam wühlen sich die Gespanne durch den aufgeweichten Rübenacker (Dönhoff, Ostpreußen 110). **2.** *keine Ursache habend, ohne Grund; unbegründet:* -e Vorwürfe; dein Misstrauen war ganz g.; Sie vermuten g. irgendwelche Unredlichkeiten (Weber, Tote 166); Ich fürchte ..., Sie könnten g. zu lügen beginnen – Ihren Vorteil in der Lüge suchen (Jahnn, Geschichten 176).

Grund|lo|sig|keit, die; -: *Unbegründetheit:* die G. eines Verdachtes.

Grund|mau|er, die: *unter der Erde liegender Teil der Mauer eines Bauwerks; Fundament:* das Haus ist bis auf die -n *(völlig)* abgebrannt.

Grund|men|ge, die (Math.): *die Menge vorgegebener Elemente* (7).

Grund|mit|tel ⟨Pl.⟩ [LÜ von russ. osnovnye sredstva] (DDR Wirtsch.): *Anlagevermögen:* 1975 waren in der Volkswirtschaft der DDR G. im Werte von 577 Milliarden Mark eingesetzt (Wochenpost 6. 8. 76, 4).

Grund|mo|rä|ne, die (Geol.): *am Grunde eines Gletschers mitgeführte u. abgelagerte Moräne.*

Grund|mo|tiv, das: *für etw. bestimmendes Motiv.*

Grund|mus|ter, das: *Schema, das einer Sache, einem Verhalten o. Ä. zugrunde liegt:* Das politische G. der Moderne wird sich deshalb zivilisieren, d. h. im traditionellen Sinne ... wieder entpolitisieren (J. Fischer, Linke 179); das gleiche G. haben; Jeder Mensch hat ... ein ganz bestimmtes G., mit dem er ... auf Konflikte reagiert (ADAC-Motorwelt 2, 1986, 52).

Grund|nah|rungs|mit|tel, das: *die Grundlage der lebensnotwendigen Ernährung bildendes Nahrungsmittel:* Brot, Kartoffeln, Reis als G.; die Preise für die G. sind gestiegen.

Grund|netz, das (Fischereiw.): *Fangnetz, das (mit Stahlkugeln beschwert) über den Grund eines Gewässers gezogen wird:* in diesen Gewässern wird häufig mit -en gefischt.

Grund|norm, die ⟨meist Pl.⟩: *Norm von grundlegender Bedeutung:* Kritik und Selbstkritik ohne Ansehen der Person müssen wieder zu -en unserer Partei gehören (Freie Presse 30. 11. 89, 3).

Grün|don|ners|tag, der [mhd. grüene donerstac; H. u., wohl nach dem weit verbreiteten Brauch, an diesem Tag grünes Gemüse zu essen]: *Donnerstag vor Ostern (als Tag des letzten Abendmahls Christi begangen).*

Grund|ord|nung, die: *einer Sache zugrunde liegende, sie bestimmende, für sie als Prinzip wirkende Ordnung:* die politische G. eines Staates; Alle Kompetenzen zielen auf Schutz und Entfaltung der Verfassung als der rechtlichen G. des Gemeinwesens (Fraenkel, Staat 339); sich zur freiheitlich-demokratischen G. bekennen.

Grund|or|gan, das (Bot.): *eines der bei allen höheren Pflanzen auftretenden Organe* (Wurzel, Spross u. Blatt).

Grund|or|ga|ni|sa|ti|on, die: *kleinste organisierte Einheit bei [kommunistischen] Parteien u. größeren Organisationen:* ich ... schrieb eine Erklärung an die betreffende G. des Komsomol (Leonhard, Revolution 56); In den Führungsgremien und in den -en unserer Partei wurden ... die Positionen ... geprüft (W. Brandt, Begegnungen 122).

Grund|ori|en|tie|rung, die: *hauptsächliche, grundlegende Orientierung* (3 a), *Ausrichtung:* soziale, wissenschaftliche G.; Gerade in der heutigen Welt mit ihren vielfältigen Versuchungen und Reizangeboten wächst das Verlangen nach moralischer G. und einem verbindlichen Wertesystem (Zeit 24. 11. 95, 11).

Grund|pfand|recht, das (Rechtsspr., Bankw.): *in der Belastung eines Grundstücks (in Form von Hypothek, Grundschuld o. Ä.) bestehendes Recht.*

Grund|pfei|ler, der: *tragender Pfeiler:* der G. eines Gebäudes, einer Brücke; Ü die G. *(die wichtigsten, wesentlichen Elemente, Stützen)* eines Staatswesens; Die Erziehung im Elternhaus ... ist der G. eines guten Gemeinschaftsgefühls (Ruthe, Partnerwahl 172).

Grund|po|si|ti|on, die: *durch eine grundsätzliche Stellungnahme, Einstellung gekennzeichnete Position; Standpunkt, der jmds. Handeln, sein Verhältnis zu anderen im Wesentlichen bestimmt.*

Grund|preis, der: *Preis* (1), *zu dem in der Regel noch bestimmte Aufschläge hinzukommen.*

Grund|prin|zip, das: *entscheidendes, eine Sache grundsätzlich bestimmendes Prinzip:* das G. einer Politik.

Grund|pro|blem, das: vgl. Grundfrage.

Grund|re|chen|art, Grund|rech|nungs|art, die: *mit Zahlen vorgenommene Rechenart (Zusammenzählen, Abziehen, Malnehmen, Teilen).*

Grund|recht, das ⟨meist Pl.⟩ [mhd. gruntreht = Abgabe an den Grundherrn, Grundzins]: *verfassungsmäßig gewährleistetes, unantastbares Recht eines Bürgers gegenüber dem Staat:* ein G. auf Arbeit; die Wahrung der -e; -e garantieren, außer Kraft setzen.

grund|recht|lich ⟨Adj.⟩: *die Grundrechte betreffend, auf ihnen beruhend:* -e Garantien.

Grund|re|gel, die: *grundsätzlich geltende, wichtigste Regel; als unerlässliche Voraussetzung einer Sache zugrunde liegende Regel:* die -n eines Spiels lernen, beachten; Es gab nur eine G. des täglichen Lebens, die er beachten musste: er musste immer beschäftigt sein (Hollander, Akazien 112); sich etw. als G. einprägen.

Grund|ren|te, die: **1.** *aus dem Eigentum an Land, Boden bezogenes Einkommen.* **2.** *Mindestrente, auf die Bezieher von Kriegsopferrenten einen Anspruch haben.*

Grund|riss, der: **1.** (Math.) *senkrechte Projektion eines Gegenstandes auf einer waagerechten Ebene.* **2.** (Bauw.) *maßstabgerechte Zeichnung, Darstellung des waagerechten Schnittes eines Bauwerks:* der G. eines antiken Tempels; der Schuppen ... bestand nur aus einem Raum von fast quadratischem G. *(quadratischer Grundfläche;* Kuby, Sieg 149). **3. a)** *vereinfachtes, nur die Grundzüge von etw. darstellendes Schema:* eine Literaturgeschichte im G.; **b)** *kurz gefasstes Lehrbuch; Leitfaden:* ein G. der deutschen Grammatik.

Grund|satz, der: **a)** *feste Regel, die jmd. zur Richtschnur seines Handelns macht:* strenge, moralische Grundsätze; seine Grundsätze aufgeben; Was sich nicht schickt, schickt sich nicht. Ein Mensch muss Grundsätze haben (Hilsenrath, Nazi 20); an seinen Grundsätzen festhalten; das geht gegen seine Grundsätze; sie ist eine Frau mit/von Grundsätzen; **b)** *allgemein gültiges Prinzip, das einer Sache zugrunde liegt, nach dem sie ausgerichtet ist, das sie kennzeichnet; Grundprinzip:* demokratische, rechtsstaatliche Grundsätze; Daher denn ein unveräußerbarer G. jedes Kulturstaates die Unabsetzbarkeit und Unbestechlichkeit des Richters ist (Thieß, Reich 638).

Grund|satz|be|schluss, der: *Grundsatzentscheidung.*

Grund|satz|de|bat|te, die: *Debatte, in der Grundsätzliches diskutiert, geklärt wird:* Jetzt sei es ... zu spät, mit den Jungen eine G. zu führen (Loest, Pistole 174); Turbulenzen an den Finanzmärkten hat Duisenberg ebenso verhindert wie eine neue G. in Europa über die Risiken des gemeinsamen Geldes (Zeit 7. 5. 98, 3).

Grund|satz|dis|kus|si|on, die: vgl. Grundsatzdebatte.

Grund|satz|ent|schei|dung, die: *Entscheidung, durch die etw. grundsätzlich, über den Einzelfall hinaus festgelegt wird:* eine G. treffen.

Grund|satz|er|klä|rung, die: vgl. Grundsatzentscheidung.

Grund|satz|fra|ge, die: *grundsätzliche Frage.*

grund|sätz|lich ⟨Adj.⟩: **1.** *einen Grundsatz* (b) *betreffend [u. daher gewichtig]:* -e Fragen; ein -er Unterschied; Bedenken -er Art; er hat sich dazu g. geäußert; Werden wir doch einmal g.! *(befassen wir uns mit grundsätzlichen Fragen!;* Brückner, Quints 270). **2. a)** *einem Grundsatz* (a) *folgend, entsprechend; aus Prinzip, ohne Ausnahme:* Sie ... konnte ihre -e Verweigerung nicht deutlicher artikulieren (Kronauer, Bogenschütze 389); etw. g. ablehnen; **b)** *eigentlich, im Grunde, im Prinzip, mit dem Vorbehalt bestimmter Ausnahmen; im Allgemeinen, in der Regel:* er erklärte seine -e Bereitschaft, mit der Einschränkung, dass er erst später zur Verfügung stehen könne; Er hatte ihr brieflich sein -es Einverständnis mitgeteilt, aber eine Bedingung daran geknüpft (Bieler, Mädchenkrieg 322); g. bin ich dafür, aber nicht bei dieser Konstellation.

Grund|sätz|lich|keit, die; -: *grundsätzliche Art von etw.*

Grund|satz|pa|pier, das: *Papier* (2), *in dem bestimmte Grundsätze (z. B. einer Partei) niedergelegt sind:* ein G. vorlegen, erarbeiten.

Grund|satz|pro|gramm, das: *Plan, Programm, in dem Grundsätzliches festgelegt wird.*

Grund|satz|re|de, die: *Rede, in der Grundsätzliches vorgetragen wird:* eine G. halten.

Grund|satz|re|fe|rat, das: *Referat, in dem Grundsätzliches vorgetragen wird:* ein G. halten.

Grund|satz|treue, die: *das Festhalten an Grundsätzen:* Eine gewisse Art von deutscher G. siegte (W. Brandt, Begegnungen 445).

Grund|satz|ur|teil, das (Rechtsspr.): *höchstrichterliche Entscheidung [über ein vorher noch nicht grundsätzlich geklärtes u. daher häufig umstrittenes juristisches Problem].*

Grund|säu|le, die: *tragende Säule:* die -en eines Hauses, eines Tempels; Ü Die vier -en des ersten Textilrecyclingkonzepts (natur 4, 1991, 67).

◆ **Grunds|bo|den:** in der Fügung **in G.** (landsch.; *in Grund u. Boden*): der Kuckuck (= die Kuckucksuhr) ist zerschlagen, in G. geschlagen (Schiller, Räuber IV, 3).

Grund|schein, der: *Zeugnis (der Deutschen Lebens-Rettungs-Gesellschaft), das jmds. Grundkenntnisse, die Rettung eines Menschen aus dem Wasser betreffend, bescheinigt.*

Grund|schlag, der (Musik): *Beat* (1).

grund|schlecht ‹Adj.›: **a)** *in Art u. Qualität sehr minderwertig, sehr schlecht:* dieser vortreffliche Ägyptologe, aber -e Romancier (Ceram, Götter 135); **b)** *sehr schlimm, außerordentlich ungünstig, unangenehm:* so g. sei er noch niemals daran gewesen (Th. Mann, Zauberberg 743); **c)** *sehr böse, (moralisch gesehen) durch u. durch schlecht:* Wenn Sie mir auch beweisen können, dass eine Handlung ... g. ist (Genet [Übers.], Tagebuch 202).

Grund|schlepp|netz, das: vgl. Grundnetz.

Grund|schnel|lig|keit, die (Sport): *Fähigkeit, [kurze] Strecken ohne Temposchwankungen sehr schnell laufen zu können:* sie verfügt über eine enorme G.

Grund|schrift, die (Druckw.): *Schriftart, in der der überwiegende Teil eines Textes gesetzt ist.*

Grund|schuld, die (Rechtsspr., Bankw.): *finanzielle Belastung eines Grundstücks, die meist als Sicherheit für eine Forderung besteht.*

Grund|schu|le, die: *die vier ersten Klassen umfassende, von allen schulpflichtigen Kindern zu besuchende Schule.*

Grund|schü|ler, der: *Schüler einer Grundschule.*

Grund|schü|le|rin, die: w. Form zu ↑Grundschüler.

Grund|schul|leh|rer, der: *Lehrer an einer Grundschule.*

Grund|schul|leh|re|rin, die: w. Form zu ↑Grundschullehrer.

Grund|see, die (Seemannsspr.): *hohe, oft sich überschlagende Welle, die durch Auftreffen einer aus tiefem Wasser kommenden Welle auf Untiefen u. vor flachen Küsten entsteht.*

grund|so|lid, grund|so|li|de ‹Adj.›: *absolut solide.*

Grund|spra|che, die (Sprachw.): *tatsächlich bezeugte od. auch nur erschlossene Sprache, aus der mehrere verwandte Sprachen hervorgegangen sind, zu denen sie die gemeinsame Vorstufe darstellt:* Latein ist die G. der romanischen Sprachen.

grund|stän|dig ‹Adj.› (Bot.): *(von Blättern, die oft dicht gedrängt u. in einer Rosette angeordnet stehen) unmittelbar über dem Boden, am Grund eines Pflanzensprosses wachsend:* -e Blätter.

Grund|stein, der: *Stein, der in einer feierlichen Zeremonie symbolisch als erster Stein der Grundmauer eines Gebäudes gesetzt wird:* den G. einmauern; ***der G. zu etw. sein** *(der entscheidende Anfang von etw. sein):* ihr erstes Konzert war der G. zu einer großen, für eine große Karriere; **den G. zu etw. legen** (1. *mit der Grundsteinlegung symbolisch den Bau eines Gebäudes beginnen.* 2. *die Grundlage für die Entwicklung von etw. schaffen, die Entwicklung von etw. einleiten:* Die Würstchenbude war eine Goldgrube und legte den G. für das Hotel [Danella, Hotel 47]; dass dieses Geständnis ... den G. zu einer lange dauernden Liebe legte [Brecht, Groschen 90]).

Grund|stein|le|gung, die: *Feier zu Beginn der Bauarbeiten, bei der der Grundstein symbolisch als erster Stein gesetzt wird:* Die G. durch den Herrn Regierenden Bürgermeister ... wird in einigen Wochen sein (Prodöhl, Tod 24).

Grund|stel|lung, die: **1.** (bes. Turnen) *aufrechte Ausgangsstellung für eine Übung mit parallel nebeneinander stehenden Füßen:* Nach Arbeau ... gab es fünf -en, die alle auf dem Prinzip der auswärts gestellten Füße basierten (Grass, Hundejahre 270); nach dem Sprung wieder in die G. zurückkehren. **2.** (Musik) *Lage eines Akkordes mit dem untersten Ton als Grundton.* **3.** (Schach) *Stellung der Figuren beim Beginn einer Schachpartie vor dem ersten Zug.*

Grund|steu|er, die (Steuerw.): *auf Grundbesitz von den Gemeinden erhobene Steuer.*

Grund|stim|me, die (Musik): *Bass als Grundlage einer Komposition.*

Grund|stim|mung, die: *vorherrschende, etw. entscheidend beeinflussende, prägende Stimmung:* es herrschte eine fröhliche, optimistische G.; eine andere, eine nicht mehr heutige, nicht mehr gültige G. (Kuby, Sieg 180).

Grund|stock, der [zu ↑[1]Stock = ausschlagender Wurzelstock, Haupttrieb einer Pflanze]: *anfänglicher Bestand, der erweitert, auf dem aufgebaut werden kann:* diese Bücher waren der G., bildeten den G. für seine Bibliothek; Bedenk, dass dieser Tabak für uns den G. zu einer kleinen Fabrikation abgeben könnte (Brecht, Mensch 103); Du kannst bei uns eine Lehre machen, damit du später einen G. fürs Leben hast (Ziegler, Kein Recht 351).

Grund|stoff, der: **1.** (Chemie, selten) *Element* (5). **2.** *Rohstoff, Rohmaterial (als Ausgangsmaterial bes. für die weiterverarbeitende Industrie):* die -e Kohle und Erz; -e verarbeiten; Bei Erreichung eines gewissen Reifegrades gewann die Großmutter daraus (= aus vergorenem Sauerkirschensaft) einen G., den sie durch Zusatz reinen Alkohols zu einem ... Kirschlikör verwandelte (Lentz, Muckefuck 142).

Grund|stoff|in|dus|trie, die: *Industrie, durch die Grundstoffe gewonnen u. umgewandelt werden für die weiterverarbeitende Industrie.*

Grund|strö|mung, die: vgl. Grundstimmung: Unabhängig von dem kommunistischen Regime gibt es in diesen Völkern eine G. der Beunruhigung über Deutschland, die noch nicht verebbt ist (W. Brandt, Begegnungen 157).

Grund|stück, das: *abgegrenztes Stück Land, das jmds. Eigentum ist:* ein G. erben, bebauen; Sie ... stiegen ... über einen kleinen Zaun, der das G. gegen einen Feldweg abgrenzte (Simmel, Stoff 24); Er folgte Trampelpfaden durch verwilderte -e (Fels, Sünden 17); mit -en spekulieren.

Grund|stücks|be|sit|zer, der: *Besitzer eines Grundstücks.*

Grund|stücks|be|sit|ze|rin, die: w. Form zu ↑Grundstücksbesitzer.

Grund|stücks|ei|gen|tü|mer, der: *Eigentümer eines Grundstücks.*

Grund|stücks|ei|gen|tü|me|rin, die: w. Form zu ↑Grundstückseigentümer.

Grund|stücks|mak|ler, der: *Makler, der Grundstücke vermittelt.*

Grund|stücks|mak|le|rin, die: w. Form zu ↑Grundstücksmakler.

Grund|stücks|nach|bar, der: *jmd., dessen Grundstück an jmds. Grundstück grenzt.*

Grund|stücks|nach|ba|rin, die: w. Form zu ↑Grundstücksnachbar.

Grund|stücks|preis, der: *Kaufpreis eines Grundstücks.*

Grund|stücks|spe|ku|lant, der: *jmd., der mit Grundstücken spekuliert.*

Grund|stücks|spe|ku|lan|tin, die: w. Form zu ↑Grundstücksspekulant.

Grund|stücks|spe|ku|la|ti|on, die: *Bodenspekulation.*

Grund|stücks|ver|zeich|nis, das: *Verzeichnis über Grundstücke.*

Grund|stu|di|um, das: *(in bestimmten Fachgebieten) erster, in sich abgeschlosse-*

ner Teil eines Studiums: das G. wird in der Medizin mit einer Zwischenprüfung abgeschlossen; sie befindet sich noch im G.; Nur derjenige darf aufsteigen, der im G. die erforderlichen Leistungen erbracht hat (Zeit 19. 9. 98, 89).

Grund|stu|fe, die: **1.** (Päd.) *auf der Eingangsstufe aufbauende, dem dritten u. vierten Schuljahr entsprechende zweite Stufe der Grundschule.* **2.** [1]*Positiv.*

grund|stür|zend ‹Adj.› (selten): *vollständig, gründlich:* -e Veränderungen, Reformen; ein -er Wandel.

Grund|sub|stanz, die: *Substanz, aus der durch Weiterverarbeitung andere Substanzen hergestellt werden:* Moschus, Zibet und Ambra, berühmte -en für die Parfümherstellung (Welt 6. 10. 62, Frau).

◆ **Grund|sup|pe,** die [mhd. gruntsopfe]: *Bodensatz:* Ü Unsre Sinne sind nur die G. *(der Abschaum)* unsrer innern Republik (Schiller, Fiesco III, 10).

Grund|ta|rif, der: vgl. Grundgebühr.

Grund|tat|sa|che, die: *grundlegende Tatsache:* die Homoerotik gehörte ... zu den -en seiner Existenz (Reich-Ranicki, Th. Mann 49).

Grund|ta|xe, die: vgl. Grundgebühr.

Grund|ten|denz, die: *wesentliche, eine Sache im Ganzen bestimmende Tendenz.*

Grund|te|nor, der: vgl. Grundtendenz: der G. der Rede war ...; das ist ... der G. der neutestamentlichen Botschaft: dass wir im Glauben leben und eben nicht im Schauen (Thielicke, Ich glaube 88); die Äußerungen sind im G. gleich.

Grund|text, der (seltener): *Text, der anderen (bearbeiteten, übersetzten o. ä.) Texten zugrunde liegt; Urtext:* die Bibel aus dem G. übersetzen; Ü die »Ars poetica« des Horaz – neben der Poetik des Aristoteles der andere G. aller europäischen Dichtungslehre (Welt 12. 4. 62, Literatur).

Grund|the|ma, das: *Hauptthema.*

Grund|the|se, die: *grundlegende These.*

Grund|ton, der: **1.** (Musik) **a)** *Ton, auf dem ein aus Terzen bestehender Akkord aufgebaut ist;* **b)** *erster Ton einer Tonleiter (nach dem diese benannt wird).* **2.** (Akustik) *tiefster Ton eines einen Klang bildenden Gemisches von Tönen.* **3.** *Farbton, den der Untergrund von etw. hat:* der dunkle, grünliche G. einer Tapete. **4.** vgl. Grundstimmung: es herrschte ein optimistischer G. in der Versammlung.

Grund|tu|gend, die: *Kardinaltugend.*

Grund|übel, das: *Übel, das meist die Ursache anderer Übel, Missstände o. Ä. ist:* Was die Soziologen heutzutage als ein G. unserer gesellschaftlichen Existenz erkannt haben: die Diskontinuität unseres Daseins (Greiner, Trivialroman 117); Sind nicht Militärdiktaturen das afrikanische G.? (Spiegel 43, 1997, 214); Hier kann nur der Zahnarzt helfen, das G. an der Wurzel zu packen (Hörzu 13, 1976, 124).

grund|über|ho|len ‹sw. V.; hat›: *von Grund aus, vollständig überholen* (2): Das hölzerne Stationsgebäude wird gegenwärtig grundüberholt (Bundesbahn 4, 1987, 354); ein grundüberholtes Fahrzeug.

Grund|über|ho|lung, die: *das Grundüberholen.*

Grund|um|satz, der (Med.): *Energiemenge, die der Körper bei völliger Ruhe für die Aufrechterhaltung seiner Lebensvorgänge benötigt.*

Grün|dung, die; -, -en: **1.** *das Gründen* (1), *Gegründetwerden; Neuschaffung:* die G. einer Familie, einer Partei, eines Staates; wenige Jahre nur nach der glorreichen G. des Deutschen Reiches (Th. Mann, Krull 10); die G. des Staates Israel; Die G. der frühesten jüdischen Gemeinden im Gebiet des heutigen Deutschland (Fraenkel, Staat 141); -en von Fabriken und Warenagenturen (Maass, Gouffé 255). **2.** (Bauw.) **a)** *Grundbau* (1): bei der G. des Gebäudes auf diesem Gelände waren spezielle Maßnahmen nötig; **b)** *Grundbau* (2): ein Teil der G. hat dem Druck nicht standgehalten.

Grün|dungs|bank, die ‹Pl. ...banken› (Wirtsch.): *Bank, die sich vorwiegend mit der bei der Gründung eines Unternehmens notwendigen Finanzierung befasst.*

Grün|dungs|boom, der: *Boom bei der Gründung* (1) *von etw.:* in den Jahren des Aufschwungs herrschte ein wahrer G.

Grün|dungs|fei|er, die: *Feier anlässlich der Gründung eines Unternehmens, eines Vereins o. Ä.*

Grün|dungs|fest, das: vgl. Gründungsfeier.

Grün|dungs|fi|nan|zie|rung, die (Wirtsch.): *alle bei der Gründung eines Unternehmens notwendigen Maßnahmen zur Ermittlung der Art u. des Bedarfs von Kapital sowie zu dessen Beschaffung.*

Grün|dungs|jahr, das: *Jahr der Gründung.*

Grün|dungs|ka|pi|tal, das (Wirtsch.): *zur Gründung eines Unternehmens notwendiges Kapital.*

Grün|dungs|mit|glied, das: *Mitglied, das an der Gründung* (1) *von etw. mitgewirkt hat.*

Grün|dungs|prä|si|dent, der: vgl. Gründungsrektor.

Grün|dungs|prä|si|den|tin, die: w. Form zu ↑Gründungspräsident.

Grün|dungs|rek|tor, der: *[an der Gründung beteiligter] erster Rektor einer neuen Universität.*

Grün|dungs|rek|to|rin, die: w. Form zu ↑Gründungsrektor.

Grün|dungs|tag, der: *Tag der Gründung* (1) *von etw.*

Grün|dungs|va|ter, der: *Gründervater.*

Grün|dungs|ver|samm|lung, die (Wirtsch.): *Versammlung, auf der die Gründung eines Unternehmens durch die beteiligten Kapitaleigner vorgenommen wird.*

Grün|dungs|ze|re|mo|nie, die: *Zeremonie anlässlich der Gründung eines Unternehmens, eines Vereins o. Ä.*

Grün|dün|gung, die (Landw.): *(Art der) Düngung durch Unterpflügen von eigens zu diesem Zweck auf dem entsprechenden Boden angebauten Pflanzen.*

grund|ver|kehrt ‹Adj.›: *völlig falsch:* es ist g., so zu handeln.

Grund|ver|mö|gen, das: *aus Grund u. Boden, Gebäuden, Wohnungseigentum o. Ä. bestehendes unbewegliches Vermögen.*

grund|ver|schie|den ‹Adj.›: *ganz u. gar verschieden:* -e Dinge; die Geschwister sind g.; dass die Menschen in ihren ... Bedürfnissen g. sind (Hörzu 5, 1972, 105); Die Beweggründe ..., sich freiwillig zu melden, waren g. (Kirst 08/15, 918).

Grund|ver|sor|gung, die: *Versorgung mit dem Notwendigsten:* Mit künstlich niedrig gehaltenen Preisen soll die G. für die 1,25 Milliarden Chinesen sichergestellt werden (Spiegel 1, 1999, 130); Das Schiff soll Flüchtlingen medizinische G. bieten und Schiffbrüchige retten (Ruhr-Nachr. 1. 8. 79, 2).

Grund|vo|raus|set|zung, die: *sehr wichtige, entscheidende Voraussetzung.*

Grund|wahr|heit, die: *einer Sache zugrunde liegender, wesentlicher, nicht zu widerlegender Sachverhalt:* Was das praktische Verhältnis zu den Menschen ... anbelangt, so liegt die G. in der Tatsache, dass es nur ein deutsches Volk gibt (W. Brandt, Begegnungen 153); die -en einer Philosophie, der christlichen Religion.

Grund|was|ser, das ‹o. Pl.›: *Ansammlung von Wasser im Boden, das durch Versickern der Niederschläge od. aus Seen u. Flüssen in den Erdboden gelangt:* das G. steigt, sinkt ab; eine Verunreinigung des -s befürchten, verursachen; Niemand wäre auch damals auf die Idee gekommen, dass die hinten an die Lauben geklebten Torfmullklos schädlich für das G. sein könnten (Lentz, Muckefuck 67).

Grund|was|ser|ab|sen|kung, die (Tiefbau): *das Absenken* (2) *des Grundwasserspiegels.*

Grund|was|ser|kun|de, die: *Hydrogeologie.*

grund|was|ser|neu|tral ‹Adj.›: *das Grundwasser nicht belastend:* Tragetaschen aus Polyäthylen, die auf der Mülldeponie g. zerfallen.

Grund|was|ser|spie|gel, der: *Stand, Höhe des Grundwassers:* der G. sinkt, steigt; Die Kultur hat in Mitteleuropa im Allgemeinen den G. gesenkt (Thienemann, Umwelt 27).

Grund|was|ser|stand, der: *Grundwasserspiegel.*

Grund|wehr|die|ner, der (österr.): *Wehrpflichtiger, der den Grundwehrdienst leistet:* die Angelobung von rund 550 -n auf dem ehemaligen Antreteplatz (Wochenpresse 43, 1983, 17).

Grund|wehr|dienst, der: *erster Wehrdienst, der von einem Wehrpflichtigen (nach Musterung u. Einberufung) geleistet werden muss:* den G. leisten; er ist Soldat im G.

Grund|wehr|dienst|leis|ten|de, der: *jmd., der den Grundwehrdienst leistet:* So mancher G. würde auf der Stelle seine Mannschaftsunterkunft mit einem freundlich eingerichteten 3-Bett-Zimmer tauschen (Zivildienst 2, 1986, 3); Gelöbnis und Vereidigung sind für G. bzw. Freiwillige aus gutem Grund gesetzlich vorgeschrieben (Woche 30. 1. 98, 2).

Grund|wert, der ⟨meist Pl.⟩: *(im Bereich der Ethik) unveräußerlicher Wert* (3): Hier wie dort (= in Berlin wie in der norwegischen Wahlheimat) fand ich Solidarität, ein ausgeprägtes Gefühl für -e menschlichen Lebens (W. Brandt, Begegnungen 40).

Grund|wis|sen, das: *Wissen als Grundlage für eine weitere Ausbildung:* dass er ... in der elterlichen Gemischtwarenhandlung das kaufmännische G. erlernte (Prodöhl, Tod 6).

Grund|wis|sen|schaft, die: *Wissenschaft, die Grundlage einer anderen Wissenschaft ist.*

Grund|wort, das ⟨Pl. ...wörter⟩ (Sprachw.): *zweiter Bestandteil einer Zusammensetzung, der durch den ersten Teil (das Bestimmungswort) näher bestimmt wird.*

Grund|wort|schatz, der (Sprachw.): *für die Verständigung notwendiger geringster Bestand an Wörtern in einer bestimmten Sprache.*

Grund|zahl, die: **1.** *Kardinalzahl.* **2.** *Basis* (3 c).

Grund|zins, der [mhd. gruntzins] (früher): *an den Grundherrn zu entrichtende Abgabe für die Nutzung eines Stück Bodens.*

Grund|zug, der: *wesentliches, bestimmendes Merkmal; hauptsächlicher, grundlegender Zug:* ein G. ihres Wesens ist Versöhnlichkeit; es hat sich aus dem Augenschein ... ein Bild Klamms ausgebildet, das wohl in den Grundzügen stimmt (Kafka, Schloß 177); In seinen Grundzügen entstand dieses Gedankengebäude bereits in den vierziger Jahren (Fraenkel, Staat 189).

Grund|zu|stand, der (Physik): *der energieärmste Zustand eines atomaren Systems.*

¹Grü|ne, das; -n ⟨Dekl. ↑²Junge, das⟩: **1.** *grüne Farbe, Färbung:* die Farbe des Mantels spielt ins G. **2.** ⟨meist o. Art.⟩ (ugs.) **a)** *grüne Pflanzen [als Schmuck]:* ich sitze da auf den Steinen, da wächst überall schon Gras und Brennnesseln und anderes -s (Rinser, Jan Lobel 64); -s zu den Blumen binden; **b)** *Salat u. Gemüse (als Rohkost):* du musst mehr -s essen wegen der Vitamine; **c)** *Kräuter zum Würzen;* **d)** *Grünfutter, bes. für Kleinvieh.* **3.** * **im -n/ins G.** *(in der freien Natur/in die freie Natur):* Man muss ja nicht gleich ein schlechter Mensch sein, bloß weil man ein Haus im -n besitzt (Brot und Salz 331); sie wohnen draußen im -n.

²Grü|ne, der; -n, -n ⟨Dekl. ↑Abgeordnete⟩ [1: nach der grünen Uniform; 2: nach der Farbe des Scheins]: **1.** (ugs.) *Polizist:* dann schlagen die Verkäuferinnen ... Alarm ... Der Geschäftsführer kommt, ruft lauthals die -n (Degener, Heimsuchung 37). **2.** (salopp) *Zwanzigmarkschein.* **3.** (derb) *²Gelbe.*

³Grü|ne, die; - [mhd. grüene, ahd. gruonī] (selten): *grüne Farbe, das Grün* (1): die G. der Wälder.

⁴Grü|ne, der u. die; -n, -n ⟨meist Pl.; Dekl. ↑Abgeordnete⟩: *Angehörige[r] einer Partei, die bes. für ökologische Belange eintritt:* sie ist eine G. *(gehört der Partei der Grünen an);* die -n sind in den Landtag eingezogen; die Partei der -n; ein Abgeordneter der -n; ..., wie sich Christine Scheel erinnert, die Finanzexpertin der -n (Zeit 11. 2. 99, 21); schon deshalb werden sie viele wählen. Und Hoffnungen mit den -n verbinden (elan 2, 1980, 18).

Grün|ei|sen|erz, das (Mineral.): *meist in glänzender, kugeliger Ausbildung vorkommendes Mineral von grüner Farbe.*

grü|nen ⟨sw. V.; hat⟩ [mhd. grüenen, ahd. gruonēn] (geh.): *grün werden, sein; sprießen:* lange bevor ein Vogel sich in die Lüfte schwang oder ein Laubbaum grünte (Th. Mann, Krull 310); grünende Felder, Wiesen; Ü die Liebe, Hoffnung begann wieder zu g. (dichter.; *zu erwachen, aufzuleben, lebendig zu werden*); wir waren es nicht ... Uns grünt der einzige Ruhm ... nicht (dichter.; *uns wird er nicht zuteil, kommt er nicht zu;* Kaiser, Villa 29).

Grü|nen|ab|ge|ord|ne|te, der u. die: *Abgeordnete[r] der Partei der Grünen.*

Grün|fär|bung, die: *grüne Färbung von etw.:* die G. der Wälder im Frühling.

Grün|fäu|le, die: **1.** (Landw.) *nach fortgeschrittener od. bei voller Reife an Obst auftretende, durch einen grünlich stäubenden Schimmelpilz hervorgerufene Fäule.* **2.** (Forstw.) *an geschlagenen, feucht lagernden Laubholzbäumen auftretende, durch einen Schlauchpilz hervorgerufene Zersetzung des Holzes, die eine leuchtend grüne Verfärbung zur Folge hat.*

Grün|fil|ter, der, Fachspr. meist: das (Fot.): *beim Schwarz-Weiß-Fotografieren verwendetes grün gefärbtes Filter zur Dämpfung roter Farbtöne.*

Grün|fink, der: *zu den Finkenvögeln gehörender, olivgrüner, an Flügeln u. Schwanz gelb gezeichneter Singvogel, der vorwiegend in Gärten, Parkanlagen u. lichten Wäldern lebt.*

Grün|flä|che, die: **a)** *innerhalb einer Ortschaft angelegte, größere, mit Rasen [u. Zierpflanzen] bedeckte Fläche [als Teil einer Grünanlage]:* die -n des Stadtparks sind mit Blumenbeeten gesäumt; **b)** ⟨oft. Pl.⟩ *Gesamtheit der Erholungs- u. oft auch Sportmöglichkeiten bietenden Grünanlagen, Parks, Wälder o. Ä., die zu einer Ortschaft gehören:* die vielen -n machen die Stadt besonders reizvoll.

Grün|flä|chen|amt, das: *mit dem Anlegen u. der Unterhaltung öffentlicher Grünflächen betraute kommunale Behörde.*

Grün|fut|ter, das (Landw.): *in frischem Zustand als Futter verwendete Pflanzen:* im Sommer G. verfüttern; Ü bei uns gibt es viel G. (ugs. scherzh.; *gibt es viel Salat od. grünes Gemüse zu essen*).

Grunge [grandʒ], der; - [engl. grunge, zu engl.-amerik. grungy = schmutzig; unansehnlich; mies]: **1. a)** *Stil der Rockmusik, für den harte Gitarrenklänge u. eine lässige Vortragsweise typisch sind:* Dort (= in Seattle) entstand Ende der 80er-Jahre eine Musikrichtung irgendwo zwischen Heavy Metal und Punk, genannt G. (Sonntag Aktuell 25. 4. 93, 16); **b)** *Rockmusik im Stil des Grunge* (1 a). **2. a)** *Moderichtung* (1 a), *die bewusst unansehnlich, schmuddelig aussieht:* Der Rezessionslook naht. Sein Name: »Grunge« ...: abgewetzte Hosen, Karohemden, die wüst mit 70er-Jahre-Chic kombiniert werden, grobe Pullis, dazu klobige Schnürstiefel (Focus 3, 1993, 128); **b)** *Kleidung im Stil des Grunge* (2 a): Wer »in« sein will, trägt »Grunge« (Sonntag Aktuell 25. 4. 93, 16).

grün|gelb ⟨Adj.⟩: vgl. grünblau.

grün ge|streift: s. grün (1).

grün|gol|den ⟨Adj.⟩: *ein golden schimmerndes Grün aufweisend:* Der Glanz der untergehenden Sonne fällt durch die Oberlichter, und Laras Kopf flammt auf, ihre Augen sprühen -e Funken (Frischmuth, Herrin 47); Ü ein Teil unvergessenen dörflichen Kinderglücks wird lebendig. Grüngolden sind die Farben der Erinnerung (Chr. Wolf, Nachdenken 124).

grün|grau ⟨Adj.⟩: vgl. grünblau: Der -e Schneehimmel hängt tief über dem Wasser (Strauß, Niemand 220); Itzig Spiegels Augen sind grün. Oder: g. (Hilsenrath, Nazi 301).

Grün|gür|tel, der: *ein Stadtgebiet umgebende Grünflächen* (b): der G. der Stadt; was ist aus diesem Traum geworden? ... Statt eines -s hat man einen fast perfekten Schmutz- und Lärmgürtel geschaffen (SZ 10./12. 2. 79, 15); Die ... Alster ist umrahmt von dem G. uralter Linden und Kastanien (Bredel, Prüfung 18).

Grün|holz|frak|tur, die [mit Bezug auf die Biegsamkeit jungen wachsenden Holzes] (Med.): *Knochenbruch bei Kindern u. Jugendlichen, bei dem die (noch elastische) Knochenhaut zum Mindesten auf einer Seite unversehrt bleibt.*

Grün|horn, das ⟨Pl. ...hörner⟩: (selten) *Greenhorn.*

grün ka|riert: s. grün (1).

Grün|kern, der ⟨o. Pl.⟩: *unreif geernteter, gedörrter u. gemahlener Dinkel, der für Suppen verwendet wird.*

Grün|kern|mehl, das: *Mehl aus Grünkern.*

Grün|kern|sup|pe, die: *Suppe aus Grünkernmehl.*

Grün|kohl, der: *Gemüsekohl mit stark gekräuselten Blättern, der erst im Winter geerntet wird.*

Grün|kram, der (landsch.): *Gemüse, Salat, Kräuter o. Ä. (als Waren).*

Grün|kram|la|den, der (landsch.): *Gemüsegeschäft.*

Grün|kreuz, das ⟨o. Pl.⟩ [nach der Kennzeichnung der Behälter mit einem grünen Kreuz]: *(bes. im 1. Weltkrieg angewendeter) chemischer Kampfstoff.*

Grün|kreuz|gas, das: *Grünkreuz.*

Grün|la|ge, die: *Lage (eines Hauses, Grundstücks o. Ä.) im Grünen:* ein Haus in traumhafter G.

Grün|land, das ⟨o. Pl.⟩ (Landw.): *als Wiese, Weide o. Ä. genutzte landwirtschaftliche Bodenfläche.*

Grün|land|wirt|schaft, die (Landw.): *auf der Grundlage der Bewirtschaftung von Grünland arbeitende Landwirtschaft:* G. betreiben; Nasswiesen werden wieder zu wasserhaltenden Niedermooren, wenn die zur G. notwendigen Entwässerungsnetze mit der Zeit unwirksam werden (Tier 12, 1971, 42).

grün|lich ⟨Adj.⟩: *sich im Farbton dem Grün nähernd, ins Grüne spielend:* -es Licht; -e Farbtöne; g. schimmern; Buchen, deren Stämme g. wie alte Bronze ... emporstiegen zu ihrem Dach (A. Zweig, Claudia 26); g. gelbe Farbtupfer.

Grün|li|lie, die: *Liliengewächs mit langen, schmalen, oft weiß gestreiften Blättern u. kleinen, weißen Blüten; Chlorophytum.*

Grün|ling, der; -s, -e [1, 2, 3: zu ↑grün (1); 4: zu ↑grün (3)]: **1.** *Pilz mit gelblich weißem Fleisch, schwefelgelben Blättern u. einem gebuckelten, wellig gerandeten, olivgrünen Hut.* **2.** *Grünfink.* **3.** *luftgetrockneter, noch ungebrannter Mauerziegel.* **4.** (ugs.) *unerfahrener, unreifer Mensch:* Der Lehrling, der zum Wissen Einlass begehrende G., hat ... seine Unerschrockenheit zu bewähren (Th. Mann, Zauberberg 706).

Grün|mais, der (Landw.): *hauptsächlich als Viehfutter verwendeter, grün geernteter Mais.*

Grün|pflan|ze, die: *Pflanze, die wegen ihres schönen Blattwerks [als Zimmerpflanze] gehalten wird.*

Grün|pflü|cke, die (Landw., Gartenbau): *das Abpflücken grüner, noch unreifer Früchte bei bestimmten Obstsorten, das die am Baum verbleibenden Früchte bes. groß werden lässt.*

Grün|rock, der (scherzh.): **a)** *Förster;* **b)** *Jäger.*

Grün|rot|blind|heit, die: vgl. Rotgrünblindheit.

Grün|sand, der: *Glaukonitsand.*

Grün|schna|bel, der [zu ↑grün (3)] (oft abwertend): *junger, unerfahrener, aber oft vorlauter Mensch; Neuling, Anfänger:* zudem bist du ein G., der Liebe auf eine lächerliche Weise unkundig (Dorpat, Ellenbogenspiele 181).

Grün|span, der; -[e]s [mhd. grüenspān, LÜ von mlat. viride Hispanum = spanisches Grün (ein im MA. aus Spanien eingeführter künstlicher Farbstoff)]: *auf Kupfer u. Messing unter Einwirkung von Essigsäure u. Luft entstehender, giftiger, blaugrüner Überzug:* G. ansetzen; mit G. überzogen sein; An jeder von G. überzogenen Fibel haftete die Erinnerung an Frauen (Ransmayr, Welt 229); Ü Diese Geschichten waren alt, hatten ein wenig G. angesetzt (Strittmatter, Wundertäter 37).

Grün|specht, der [mhd. grüenspeht, ahd. gruonspeht]: *an der Oberseite graubis dunkelgrüner, ziemlich großer Specht mit rotem Kopf u. Nacken.*

Grün|stein, der: *Diabas.*

Grün|stich, der: *grünliche Verfärbung bes. eines Farbfotos:* die Fotos haben einen G.; das Grau der Wand, des Stoffes hat einen G.

grün|sti|chig ⟨Adj.⟩: *einen Grünstich aufweisend:* -e Farbtöne.

Grün|stift, der: *Schreibstift mit grüner Mine.*

Grün|strei|fen, der: *schmale, mit Rasen [Sträuchern u. Bäumen] bepflanzte Fläche vorwiegend zwischen zwei Fahrbahnen od. am Rand einer Fahrbahn:* er ist mit seinem Fahrzeug auf den G. geraten.

grun|zen ⟨sw. V.; hat⟩ [mhd. grunzen, ahd. grunnizōn, lautm.]: **1.** *(von bestimmten Tieren, bes. Schweinen) dunkle, raue, kehlige Laute ausstoßen:* die Schweine grunzten und quiekten; das Nashorn lag grunzend, aufgebläht da (Schneider, Erdbeben 45). **2.** (ugs.) *undeutlich im Grunzton äußern, sagen:* er grunzte irgendetwas und verschwand; »Das hat mir gerade noch gefehlt«, grunzte er (Faller, Frauen 133). **3.** (ugs.) *einen tiefen, kehligen Laut als Ausdruck des Behagens von sich geben:* Genüsslich trank er, grunzte vor Wohlbehagen (Bastian, Brut 93).

Grün|zeug, das ⟨o. Pl.⟩ (ugs.): **1. a)** *Kräuter zum Würzen von Salaten, Suppen u. a.:* du musst noch etwas mehr G. an den Salat tun; **b)** *Salate u. Gemüse [als Rohkost]:* an manchen Tagen isst sie nur G., um abzunehmen; eines Tages stellte sich ... heraus, dass im Spinat nicht mehr Eisen ist als in jedem anderen G. (H. Weber, Einzug 52); Ü auf der Brüstung neben ihr standen Töpfe mit G., Metzgerpalmen, wie wir sie nennen (Gaiser, Schlußball 187). **2.** *junge, unerfahrene Menschen, Jugendliche, denen noch die geistige Reife fehlt:* das G. will auch schon mitreden.

Grunz|och|se, der: *Jak.*

Grün|zo|ne, die: *Bereich in bzw. am Rand einer Stadt, der viel Grün aufweist:* Und um dies politisch irgendwie zu legitimieren, wurden knapp 46 Quadratkilometer kurzerhand als »Grünzone« deklariert, obwohl dort oft kaum ein Strauch wächst (Woche 19. 12. 97, 22).

Grupp, der; -s, -s [frz. group < ital. gruppo = Block, Satz, eigtl. = Gruppe] (Bankw.): *Paket aus Geldrollen.*

Grüpp|chen, das; -s, -: ↑[1]Gruppe (1 a, 2).

[1]Grup|pe, die; -, -n [frz. groupe < ital. gruppo, H. u.]: **1. a)** *kleinere Anzahl von [zufällig] zusammengekommenen, dicht beieinander stehenden od. nebeneinander gehenden Personen [die als eine geordnete Einheit erscheinen]:* eine kleine, größere G. Jugendlicher, Halbstarker, Erwachsener; überall standen noch -n herum; eine G. diskutierender/(seltener:) diskutierende Studenten; eine G. von Arbeitern, Touristen/(seltener:) eine G. Arbeiter, Touristen; eine G. von Bäumen stand vor dem Haus; eine G. Kinder, Reisender stieg aus/(auch:) stiegen aus; der Lehrer bildete -n zu je fünf Schülern; Für hundert Lire wird man in -n hinabgeführt (Koeppen, Rußland 198); **b)** *nach gemeinsamen Merkmalen vorgenommene Unterteilung, Klassifizierung:* die G. der starken Verben; In der Gegenwart lassen sich die Aufgaben der öffentlichen Verwaltung in drei -n gliedern (Fraenkel, Staat 344). **2.** *Gemeinschaft, Kreis von Menschen, die aufgrund bestimmter Gemeinsamkeiten zusammengehören, sich aufgrund gemeinsamer Interessen, Ziele zusammengeschlossen haben:* konservative, soziale, politische, therapeutische -n; an dem Werk hat eine ganze G. *(ein Team)* gearbeitet; er gehört einer G. literarisch interessierter Menschen an; die angedrohten Protestaktionen radikaler -n gegen den im Bau befindlichen ... Reaktor (Springer, Was 56); die Arbeit in der G. macht ihm Spaß; in der Sozialpsychologie unterscheidet man zwischen primären -n, z. B. die Familie, und sekundären -n, z. B. die Berufsgruppe. **3.** (Sport) *bestimmte Anzahl von Mannschaften od. Spielern, die zur Ermittlung eines Siegers od. einer Meisterschaft Qualifikationsspiele gegeneinander austragen.* **4.** (Milit.) *kleinste Einheit aller Truppengattungen:* mehrere -n bilden einen Zug; Eine G. des Geschwaders lag damals noch an einer östlichen Front (Gaiser, Jagd 136). **5.** (Geol.) *Zusammenfassung mehrerer die Altersfolge der Schichtgesteine betreffender Systeme.*

[2]Grup|pe, Grüp|pe, die; -, -n [aus dem Niederd. < mniederd. grüppe = kleiner Graben, vgl. mniederd. grope = (Jauche)grube, zu ↑Grube] (landsch.): **1.** *schmaler, der Entwässerung dienender Graben zwischen einzelnen Feldern:* die -n in der Marschweide reinigen. **2.** *(im Viehstall) am Boden verlaufende Rinne.*

grüp|peln, grup|pen ⟨sw. V.; hat⟩ [mniederd. gruppen]: *Abzugsgräben ausheben.*

Grup|pen|abend, der: *Beisammensein, Zusammenkunft einer Gruppe (einer Organisation) am Abend:* -e abhalten; sie trafen sich auf, zu -en.

Grup|pen|ak|kord, der (Wirtsch.): *Akkordarbeit, die von einer zusammenarbeitenden Gruppe von Arbeitern geleistet wird.*

Grup|pen|ak|kord|ler, der; -s, - (Wirtsch.): *jmd., der im Gruppenakkord arbeitet.*

Grup|pen|ak|kord|le|rin, die; -, -nen (Wirtsch.): w. Form zu ↑Gruppenakkordler.

Grup|pen|ar|beit, die ⟨o. Pl.⟩: **1.** *Arbeit, die in, von einer Gruppe verrichtet wird.* **2.** (Päd.) *Form des Unterrichts, bei der die Schülerinnen u. Schüler zur Förderung von Selbstständigkeit, Sozialverhalten u. Ä. in [kleinen] Gruppen zusammenarbeiten.*

Grup|pen|auf|nah|me, die: *fotografische Aufnahme einer Gruppe von Personen.*

grup|pen|be|wusst ⟨Adj.⟩ (Sozialpsych.): *ein Gruppenbewusstsein habend; das Gruppenbewusstsein betreffend, auf ihm beruhend, von ihm zeugend:* Ein -es Denken zu vermitteln, war mir ... nicht möglich (Ossowski, Bewährung 91).

Grup|pen|be|wusst|sein, das (Sozialpsych.): *Bewusstsein einer bestimmten [sozialen] Gruppe, einem Kreis von Menschen anzugehören, denen man aufgrund bestimmter Gemeinsamkeiten verbunden ist, denen gegenüber man Rechte u. Pflichten, Verantwortung hat; Sinn für die Gemeinschaft, in der man lebt:* Die Schwierigkeit, eine Großfamilie zusammenzuhalten und ein G. auszubilden (Wohngruppe 132).

Grup|pen|bild, das: vgl. Gruppenaufnahme: G. mit Dame; von den Schulabgängern wurde ein G. gemacht; Und zum steinzeitlichen G. gesellt sich der Mann mit den neuesten Errungenschaften seiner Evolution: Handy und Laptop (Zeit 26. 12. 97, 34).

Grup|pen|bil|dung, die: *Bildung, Entstehung einzelner Gruppen innerhalb einer größeren Gemeinschaft von Menschen od. Tieren:* eine G. unter Jugendlichen, in der Gesellschaft.

Grup|pen|den|ken, das; -s: *Denkweise einer bestimmten* [1]*Gruppe* (2) *[der sich das individuelle Denken des einzelnen Gruppenmitgliedes unterordnet]:* Eher könnte man sagen, manche Kreise meiner Partei hätten mich zu dieser Zeit für »zu rechts« gehalten. Ich versuchte, mich vom G. freizuhalten (W. Brandt, Begegnungen 165).

Grup|pen|druck, der ⟨o. Pl.⟩: *Gruppenzwang:* Dieses Gruppendenken stand im Vordergrund und ergab dann natürlich auch G. (Welt 27. 7. 89, 3).

Grup|pen|dy|na|mik, die; -, -en [engl. group dynamics] (Sozialpsych.): **a)** *Zusammenwirken, wechselseitige Beeinflussung der Mitglieder einer* [1]*Gruppe* (2); *Verhalten des Einzelnen zur Gruppe bzw. Zusammenhänge zwischen mehreren Gruppen:* bei jeder Gruppe von Leuten, die zusammenleben, gibt's grundlegende -en (Praunheim, Armee 242); **b)** *Wissenschaft von der Gruppendynamik* (a).

grup|pen|dy|na|misch ⟨Adj.⟩ (Sozialpsych.): *die Gruppendynamik* (a, b) *betreffend:* -e Prozesse; ein -es Phänomen, Training.

Grup|pen|ego|is|mus, der: *eigennütziges Verfolgen spezieller Interessen einer bestimmten Gruppe ohne Rücksichtnahme auf das Gemeinwohl:* eine schwere Krise ..., weil aus G. jeder mehr haben will, als er zu leisten gewillt ist (Spiegel 1/2, 1966, 24).

Grup|pen|ehe, die (Völkerk.): *bei einzelnen Naturvölkern übliche eheliche Verbindung einer bestimmten Anzahl von Männern u. Frauen; Gemeinschaftsehe.*

Grup|pen|ein|tei|lung, die: *nach bestimmten Gesichtspunkten vorgenommene Einteilung in Gruppen:* er war bei der G. der Touristen vom Reiseleiter vergessen worden.

Grup|pen|fo|to, das: vgl. Gruppenaufnahme.

Grup|pen|füh|rer, der: **a)** (Milit.) *Führer einer Gruppe* (4); **b)** (Wirtsch.) *Leiter einer Arbeitsgruppe in einer Abteilung.*

Grup|pen|füh|re|rin, die (Wirtsch.): w. Form zu ↑Gruppenführer (b).

Grup|pen|ge|spräch, das: *in, von einer* [1]*Gruppe* (2) *geführtes Gespräch:* Am liebsten hätten jetzt alle gelacht, aber das war während eines -s nicht üblich (Ossowski, Liebe ist 46).

Grup|pen|gym|nas|tik, die (Sport): *Übung, Vorführung gymnastischer Übungen [mit Ball, Reifen, Seil, Band], die von einer Gruppe von Turnerinnen synchron ausgeführt werden.*

Grup|pen|in|te|res|se, das ⟨meist Pl.⟩: *Interesse einer bestimmten [sozialen] Gruppe:* -n berücksichtigen.

Grup|pen|le|ben, das ⟨o. Pl.⟩: *das Zusammenleben, die gemeinsame Arbeit, Freizeitgestaltung o. Ä. in einer Gruppe:* Das G. wirkt sich bei der Bewusstwerdung der Persönlichkeitsstruktur ... positiv aus (Wohngruppe 31); Dann möchte ich noch mehr Frauen gewinnen, die sich an unserem G. beteiligen (Volk 3. 7. 64, 3).

Grup|pen|lei|ter, der: *Leiter einer* [1]*Gruppe* (2).

Grup|pen|lei|te|rin, die: w. Form zu ↑Gruppenleiter.

Grup|pen|lei|tung, die: *Leitung* (1 a, b) *einer Gruppe.*

Grup|pen|mit|glied, das: *Mitglied einer Gruppe.*

Grup|pen|mo|ral, die: *Moral, die in einer* [1]*Gruppe* (2) *herrscht, sich innerhalb einer* [1]*Gruppe* (2) *herausbildet:* die G. ist gesunken; gegen die G. verstoßen.

Grup|pen|nach|mit|tag, der (DDR): *am Nachmittag stattfindende Zusammenkunft einer organisierten Gruppe:* G. mit Jungpionieren (Trommel 40, 1976, 3).

Grup|pen|pä|da|go|gik, die: *spezielle Form der modernen Pädagogik, die bes. im Bereich der sozialen Arbeit mit Jugendlichen auf der Grundlage der Gruppenarbeit* (2) *praktiziert wird u. die ihre Aufgabe darin sieht, zur Gemeinschaft zu erziehen.*

Grup|pen|pi|o|nier|lei|ter, der (DDR): vgl. Pionierleiter.

Grup|pen|pi|o|nier|lei|te|rin, die (DDR): w. Form zu ↑Gruppenpionierleiter.

Grup|pen|prä|mie, die (Wirtsch.): *Prämie, die einzelnen im Gruppenakkord arbeitenden Arbeitern für besondere Leistungen ausgezahlt wird.*

Grup|pen|prü|fung, die: *Prüfung, Eignungsuntersuchung, Test mit mehreren Teilnehmern gleichzeitig.*

Grup|pen|psy|cho|lo|gie, die: *Gruppendynamik.*

Grup|pen|psy|cho|the|ra|pie, die: *Gruppentherapie.*

Grup|pen|rat, der (DDR): *aus mehreren Mitgliedern bestehende Leitung verschiedenster Organisationen:* offen und ehrlich berichteten uns die Pioniere aus dem G. der 7b, dass ... (Wochenpost 6. 6. 64, 5).

Grup|pen|rats|vor|sit|zen|de, der u. die (DDR): *Vorsitzende[r] eines Gruppenrats:* Die durchaus zu begrüßende Praxis, dass der G. bei Beginn der Stunde dem Lehrer die Klasse unterrichtsbereit meldet (Wochenpost 6. 6. 64, 5).

Grup|pen|rei|se, die (Touristik): *Reise, bei der für eine Gruppe von Personen ein Reisebüro die Organisation, die Reservierung von Flugkarten, Hotel o. Ä. übernimmt.*

Grup|pen|sex, der [amerik. group sex]: *sexuelle Beziehungen, Geschlechtsverkehr zwischen mehreren Personen [mit wechselnden Partnern]:* G., jene freie, zwanglose Konvertibilität von Körpern und körperlichen Zärtlichkeiten (Spiegel 51, 1969, 148).

Grup|pen|sieg, der (Sport): *Sieg, erster Platz innerhalb einer* [1]*Gruppe* (3).

Grup|pen|sie|ger, der (Sport): *Mannschaft od. Sportler, die bzw. der einen Gruppensieg errungen hat.*

Grup|pen|sie|ge|rin, die (Sport): w. Form zu ↑Gruppensieger.

grup|pen|spe|zi|fisch ⟨Adj.⟩: *für eine* [1]*Gruppe* (2) *kennzeichnend:* ein -es Verhalten; Es bilden sich Subkulturen, also Gruppen mit -em Normensystem (Schmidt, Strichjungengespräche 37).

Grup|pen|spiel, das (Sport): *innerhalb einer* [1]*Gruppe* (3) *ausgetragenes Spiel.*

Grup|pen|spra|che, die (Sprachw.): *Sondersprache einer bestimmten Gruppe innerhalb einer Sprachgemeinschaft* (z. B. Berufssprache, Jugendsprache).

Grup|pen|start, der (Sport): *bei Automobil- u. Motorradrennen üblicher Start einer ganzen Gruppe von Fahrzeugen zur gleichen Zeit.*

Grup|pen|tä|ter, der: *jmd., der als Mitglied einer Gruppe eine strafbare Handlung begeht:* Bei der Betrachtung des Attentäterphänomens muss man wohl unterscheiden zwischen Individualtätern ... und -n (Spiegel 21, 1981, 25).

Grup|pen|tä|te|rin, die: w. Form zu ↑Gruppentäter.

Grup|pen|test, der: vgl. Gruppenprüfung.

grup|pen|the|ra|peu|tisch ⟨Adj.⟩: *in der Weise der Gruppentherapie; auf der Gruppentherapie beruhend:* eine -e Behandlung; -e Sitzungen.

Grup|pen|the|ra|pie, die: **1.** (Med.) *gleichzeitige Behandlung mehrerer Patientinnen u. Patienten in einer Gruppe:* krankengymnastische Gruppen- oder Einzeltherapie (Gesundheit 1, 1975, 163). **2.** (Psych.) *psychotherapeutische Behandlung von mehreren in einer Gruppe zusammengefassten Patientinnen u. Patienten, die sich gegenseitig dabei unterstützen, ihre [meist ähnlichen] Schwierigkeiten zu analysieren u. zu überwinden:* ... lernen sie in G. ..., Gefühle wiederzuentdecken und ... Gemütsregungen ... zu äußern (Spiegel 39, 1976, 238).

Grup|pen|trai|ning, das (Sport): *Training mit Gruppen von Sportlerinnen u. Sportlern, die ihrer Leistung nach etwa gleich stark sind.*

Grup|pen|tur|nen, das: vgl. Gruppentraining.

Grup|pen|uni|ver|si|tät, die: *Universität, in der allen Gruppen Mitwirkung an der Selbstverwaltung zugestanden wird.*

Grup|pen|un|ter|richt, der: **1.** *Unterricht, den eine Gruppe von Schülerinnen u. Schülern gemeinsam erhält.* **2.** (Päd.) *Unterricht, bei dem eine Schulklasse od. ein Kursus in verschiedene Arbeitsgruppen aufgeteilt wird.*

Grup|pen|ver|band, der: [1]*Gruppe* (2): Niederländische Soldaten, die im G. einen Joint rauchen, können künftig entlassen werden (taz 16. 6. 98, 24).

Grup|pen|ver|samm|lung, die: *eine Gruppe betreffende Versammlung.*

Grup|pen|ver|si|che|rung, die (Versicherungsw.): *Versicherung für mehrere Personen zugleich.*

Grup|pen|vor|sit|zen|de, der u. die: vgl. Gruppenführer.

grup|pen|wei|se ⟨Adv.⟩: *in Gruppen:* die Schüler verließen g. das Gebäude; ⟨mit Verbalsubstantiven auch attr.:⟩ das -e Antreten.

Grup|pen|zwang, der: *durch eine Gruppe auf die Einzelnen ausgeübter Zwang:* Gruppenzwängen ausgesetzt sein; sich dem G. nicht entziehen können; Wenn mehrere Menschen zusammen wohnen ..., kann dies zu einem G. führen, der es dem einzelnen Mitglied fast unmöglich macht, sich ... einer Entscheidung zu widersetzen (Wohngruppe 132).

grup|pie|ren ⟨sw. V.; hat⟩ [zu ↑[1]Gruppe, vgl. frz. grouper]: **a)** *als Gruppe in eine bestimmte Ordnung bringen; in einer bestimmten Ordnung aufstellen; nach bestimmten Gesichtspunkten als Gruppe anordnen, zusammenstellen:* Kinder in einem Halbkreis g.; sie gruppierte Stühle um den Tisch; in sich abgerundete Stadtviertel, die man weniger nach Zweckmäßigkeit als nach den Gesetzen der Harmonie und Schönheit gruppiert hatte (Thieß, Reich 449); McDougall gruppiert ... die Instinkthandlungen von Menschen und von Tieren unter die Begriffe von ausgerechnet dreizehn übergeordneten Instinkten (*ordnet sie dort jeweils ein;* Lorenz, Verhalten I, 319); **b)** ⟨g. + sich⟩ *sich in bestimmter Weise formieren; sich in einer bestimmten Ordnung als Gruppe aufstellen, hinsetzen, lagern:* sich zu einem Kreis g.; die Kinder mussten sich immer wieder neu g.; In der Küche gruppierte sich schon der Zug der gravitätischen Kellner (Langgässer, Siegel 232); Wir gruppierten uns um den Tisch (Remarque, Obelisk 22); wo die Wolken ... sich um die Sonne gruppiert haben (Böll, Tagebuch 114).

Grup|pie|rung, die; -, -en: **1. a)** *das Gruppieren* (a), *Anordnen, Zusammenstellen:* Die überall zu beobachtende Tendenz zur G. von Einzelteilen zu je einem geschlossenen Ganzen (Natur 22); **b)** *das Gruppiertsein, Anordnung:* Es ist nur darauf zu achten, dass genügend Sitzgelegenheiten in gefälliger G. ... bereitgestellt werden (Horn, Gäste 15). **2.** *Gruppe von Personen, die sich zur Verfolgung bestimmter politischer, gesellschaftlicher o. ä. Ziele zusammengeschlossen hat, die [innerhalb einer größeren Organisation] eine bestimmte Linie vertritt:* Zwar wurden die oppositionellen Sozialisten dank deutlichen Gewinnen im flämischen Landesteil größte politische G. des Landes, doch verfügen die beiden Regierungsparteien weiterhin über eine klare Parlamentsmehrheit (Tages Anzeiger 14. 10. 85, 1); Ein gesunder und starker Mittelstand verhindert das Anwachsen von extremen -en und Parteien (Fraenkel, Staat 197).

Grup|po|id, das; -s, -e [zu ↑[1]Gruppe u. griech. -oeidḗs = ähnlich] (Math.): *Menge* (2), *in der eine zweistellige Verknüpfung definiert ist.*

Grus, der; -es, (Arten:) -e [aus dem Niederd. < mniederd. grūs = in kleine Stücke Zerbrochenes < mniederl. gruus = grob Gemahlenes, vgl. mhd. grūʒ = Sand-, Getreidekorn, verw. mit ↑groß]: **1.** (Geol.) *[durch Verwitterung] zerbröckeltes, körniges Gestein; Gesteinsschutt.* **2.** *fein zerbröckelte Kohle, grobkörniger Kohlenstaub:* In euren Waggons ... haben wir wieder keine Briketts gefunden, nur Krümel und G. (Hacks, Stücke 304).

grus|ar|tig ⟨Adj.⟩: *wie Grus beschaffen, aussehend:* -es Gestein; -e Kohle.

Grüsch, das; -[s] [mhd. grüsch, H. u.] (schweiz.): *Kleie.*

Gru|schel, die; -, -n [spätmhd. gruschel < mlat. grossularia] (landsch.): *Stachelbeere.*

[1]Gru|sel, der; -s (selten): *Empfindung des Gruselns; Angst:* wer die Uniform trägt von klein auf, wovor hat der schon G.? (Bieler, Bonifaz 217).

[2]Gru|sel, der; -s [zu ↑Grus] (landsch.): *grober Sand u. kleinere Steine, Kies.*

Gru|sel|ef|fekt, der: *die Empfindung des Gruselns, des Schauderns hervorrufende Wirkung:* in dem Film wird mit vielen -en gearbeitet; gleichzeitig aber ist diese Neugier und dieses Interesse von einem eigenartigen G. begleitet (Wohngruppe 7).

Gru|sel|film, der: *Film, der vom Thema u. von der Gestaltung her darauf abzielt, beim Zuschauer Gruseln hervorzurufen.*

Gru|sel|ge|schich|te, die: *Geschichte, Erzählung o. Ä. mit gruseligem Inhalt; Schauergeschichte:* sie lesen gerne -n; eine G. über Vampire; eine schöne G. mit viel Schauder und Schrecken und so (Brand [Übers.], Gangster 9); Ü die Medien, in denen ... Politiker zu Wort kommen und neben den -n (abwertend; *den Übertreibungen, Entstellungen*) auch die bislang vorliegende Wahrheit über die Dinge sagen (Hamburger Rundschau 22. 8. 85, 7).

gru|se|lig, (auch:) gruslig ⟨Adj.⟩: *Gruseln hervorrufend; schaurig, unheimlich:* eine -e Geschichte; die Sache war g., hörte sich g. an; Heute wirkt es für viele noch gruselig, dass Erklärungen eines Menschen in eine Lochkarte übersetzt werden; ein Röntgenbild erscheint uns nicht mehr gruselig (Noelle, Umfragen 31); Eine männliche Leiche ... Schön gruslig schipperte sie ... unter Westminster Bridge hindurch (Prodöhl, Tod 250).

Gru|sel|ka|bi|nett, das: *Kabinett* (1 b), *in dem Gegenstände o. Ä. ausgestellt sind, die ein Gruseln hervorrufen sollen:* Ü Russland hat eine neue Oppositionsbewegung, und die Anwesenheitsliste auf dem Gründungskongress umfasste das ganze G. des politischen Extremismus (FAZ 27. 9. 97, 3).

Gru|sel|mär|chen, das: vgl. Gruselgeschichte.

gru|seln ⟨sw. V.; hat⟩ [älter: grüseln, mhd. griuseln, Intensivbildung zu: griusen, grusen, ↑grausen]: **a)** ⟨unpers.⟩ *Grausen, Furcht empfinden; ängstlich schaudern; unheimlich zumute sein; erschauern:* in der Dunkelheit gruselte [es] ihr/(auch:) sie; es hat mir/(auch:) mich vor diesem Anblick gegruselt; Ihm gruselte sichtlich vor Franziskas unerhört blutigem Bild (Kant, Impressum 236); da kannst Du hineinrufen, dass es Dir selber gruselt vor Deiner Stimme (Frisch, Stiller 463); **b)** ⟨g. + sich⟩ *sich vor etw. Unheimlichem, Makabrem o. Ä. fürchten; Grausen, Furcht empfinden:* ich gruselte mich ein wenig [vor der Dunkelheit]; der Mensch braucht etwas, woran er sich reibt, wovor er sich gruselt (Szene 8, 1984, 21); er gruselt sich allein im dunklen Haus; ⟨subst.:⟩ Man spürte, wie manches von dem ... seinen politisch geschulten Landsleuten das G. *(einen Schauder)* den Rücken herunterjagte (Dönhoff, Ära 121); bei dem Anblick kann man das Gruseln lernen.

Gru|si|cal [ˈgruːzikl̩], das; -s, -s [zu gruseln geb. nach ↑Musical] (scherzh.): *[nach Art eines Musicals aufgemachter] Gruselfilm:* Tanz der Vampire, Polanskis weltberühmtes G. (MM 29. 8. 75, 17).

gru|sig ⟨Adj.⟩: *wie Grus beschaffen, aussehend; aus Grus bestehend:* eine -e Masse.

Gru|si|ni|en: russischer Name von Georgien.

Gru|si|ni|er, der; -s, -: Ew.

Gru|si|ni|e|rin, die; -, -nen: w. Form zu ↑Grusinier.

gru|si|nisch ⟨Adj.⟩: *Grusinien, die Grusinier betreffend; aus Grusinien stammend.*

Gru|si|nisch, das; -[s], ⟨nur mit best. Art.:⟩ **Gru|si|ni|sche,** das; -n: *grusinische Sprache.*

Grus|koh|le, die: *Grus* (2).

grus|lig: ↑gruselig.

Gruß, der; -es, Grüße [mhd. gruoʒ, rückgeb. aus ↑grüßen]: **1.** *Worte (häufig als formelhafte Wortverbindung), Gebärden als Höflichkeits- od. Ehrerbietungsbezeigung zwischen Personen beim Zusammentreffen, Sichbegegnen, bei einer Verabschiedung:* ein freundlicher, höflicher, förmlicher, ehrerbietiger, kurzer, stummer G.; mit militärischem G. *(Anlegen der Hand an die Kopfbedeckung);* ihr G. war sehr kühl; Grüße wechseln; einen G. entbieten; jmds. G. erwidern; auf jmds. G. nicht danken; dass er ... mit mechanisch gemurmeltem G. sein Käppchen lüftete (Langgässer, Siegel 493); ohne G. weggehen; er reichte ihm die Hand zum G. *(zur Begrüßung);* ich ... zucke sechs Meter vor ihm zu einem zackigen G. zusammen, den ich erst wegnehme, als ich sechs Meter hinter ihm bin (Remarque, Westen 118); *** der deutsche G.** (nationalsoz.; *das Grüßen mit Erheben des rechten Arms [u. den Worten »Heil Hitler!«]*): zäh, aber emsig kletterten rechte Arme in die vorschriftsmäßige Höhe des deutschen -es (Grass, Hundejahre 251); auch als Grußformel am Briefschluss: mit deutschem G. ...; **der Englische G.** (*katholisches Mariengebet, Ave-Maria;* zu ↑[2]englisch). **2.** *etw., was als Zeichen der Verbundenheit, des Gedenkens o. Ä. jmdm. übermittelt wird:* jmdm. herzliche, freundliche, beste, liebe Grüße senden; jmdm. Grüße ausrichten, bestellen, überbringen, übermitteln, schicken; einen G. an jmdn. mitgeben, unter einen Brief setzen, anfügen; Unter bunten Sonnenschirmen schreibt er seine Grüße aus Madrid (Koeppen, Rußland 48); sagen Sie ihm herzliche Grüße von mir; [einen] schönen G. von deiner Mutter (fam.; *deine Mutter lässt dir ausrichten*), du sollst sofort nach Hause kommen; in Grußformeln am Briefschluss: viele, herzliche, liebe Grüße euer ...; freundliche Grüße Ihr ...; als letzter/letzten G. *(auf Kranzschleifen gedruckt);* mit freundlichem G. [verbleibe ich] Ihr ...; als Grußformel am Briefschluss in der DDR: Ich hoffe sehr, dass meinem Antrag stattgegeben wird, und verbleibe mit sozialistischem G., ... (Becker, Tage 77); R [schönen] G. vom Getriebe, der Gang ist drin (scherzh.; *Äußerung, mit der jmd. die beim Autofahren durch schlechtes Schalten verursachten Geräusche kommentiert*); G. und Kuss, dein Julius! (scherzh.; *Floskel, mit der man jmds. Äußerung, Forderung, Behauptung o. Ä. begleitet od. beendet*); letzte Grüße aus Davos (scherzh.; *Äußerung, mit der jmd. das auffällige, lang anhaltende Husten eines andern kommentiert;* in Anspielung auf die Lungenheilstätten im Luftkurort Davos in der Schweiz); ***ein G. aus der Küche** *(Amuse-Gueule).*

Gruß|ad|res|se, die: *an bei einer Veranstaltung o. Ä. versammelte Personen gerichtetes offizielles Schreiben als Gruß, als Zeichen der Verbundenheit o. Ä.:* eine G. an einen Kongress richten; ... konnte Heinrich Mann eine von 130 Schriftstellern ... unterzeichnete G. überreicht werden (Reich-Ranicki, Th. Mann 110).

Gruß|an|spra|che, die: *kurze Ansprache, mit der die Gäste einer Veranstaltung begrüßt werden; Grußwort* (b): eine G. an den Kongress richten.

Grüß|au|gust, der (salopp scherzh. od. abwertend): *Empfangschef in einem Hotel, einer Gaststätte o. Ä.:* Walter Scheel ... macht wie am Dienstag kommender Woche in Ostberlin den G. (Spiegel 38, 1990, 141).

Gruß|be|kannt|schaft, die: *Bekanntschaft, die sich auf gegenseitiges Grüßen beschränkt.*

Gruß|bot|schaft, die: vgl. Grußadresse.

grü|ßen ⟨sw. V.; hat⟩ [mhd. grüeȥen, auch: anreden; herausfordern, ahd. gruoȥen = anreden; herausfordern, urspr. = zum Reden bringen, sprechen machen, wahrsch. lautm.]: **1.** *mit einem Gruß auf jmdn. zugehen, an jmdm. vorübergehen; jmdm. seinen Gruß entbieten:* freundlich, höflich g.; sie pflegt kaum, nur flüchtig zu g.; »He, Sie, können Sie nicht g.«, sagte einer. Ein Hauptmann (Sobota, Minus-Mann 68); Er lächelt und grüßt nach allen Seiten (Faller, Frauen 36); Viel hatte ich auf der Avenida zu g. (Th. Mann, Krull 405); jmdn. kurz, schweigend, zackig, mit einem Nicken, Lächeln, im Vorübergehen, von ferne g.; sie grüßen sich/(geh.:) einander nicht mehr; Teichmann grüßte ihn auch künftig nur stumm (Ott, Haie 334); wir kennen uns zwar nicht näher, aber wir grüßen uns; sei [mir] gegrüßt [in meinem Haus] (geh.; *ich begrüße dich, heiße dich willkommen*); ⟨g. + sich:⟩ grüßt du dich mit ihm? (ugs.; *kennst du ihn näher, so gut, dass ihr euch grüßt?*); ***grüß dich!** (ugs.; *Grußformel*): Zu Hause musste er klingeln und warten, bis seine Mutter die Haustür aufschloss. »Grüß dich!«, sagte er (Fels, Sünden 60). **2.** *jmdm. einen Gruß* (2) *zusenden; Grüße übermitteln:* grüße deine Eltern herzlich, vielmals [von mir]; grüß mir deinen Vater; ich soll auch von meiner Mutter g.; Übrigens lassen dich die jungen Leute g. (Fallada, Mann 129); Ü grüß mir die Heimat, die Berge (Äußerung, mit der jmd. seine Verbundenheit mit der Heimat, den Bergen o. Ä. ausdrückt); die Glocken der Stadt grüßten ihn schon von ferne (geh.; *waren schon von weitem zu hören*); So prächtig sich Salamanca bei der Ankunft bietet, so prächtig grüßt es den Fremdling (geh.; *liegt es vor ihm, bietet es sich ihm dar*) beim Abschied (Bamm, Weltlaterne 135); ***g. lassen** (ugs.; *so ähnlich sein wie etw. Bestimmtes anderes bzw. wie die Eigenarten einer bestimmten Person o. Ä., auf die es zurückgeht u. an die es erinnert; sich in Erinnerung rufen*): Ein grausamer Mord, ein zwischen Pflicht und Leidenschaft hin- und hergerissener Kommissar sowie eine undurchsichtige Verdächtige – Schimanski lässt grüßen (FR 8. 5. 99, 99); eine »ständig fortschreitende Organisierung« des Verbrechens ... »Palermo lässt g.« (Spiegel 9, 1988, 3); die Postmoderne zur Pestmoderne verballhornt. Karl Dall lässt g. (MM 14. 11. 90, 34).

Gruß|form, die: *Form des Grußes:* Im Plummbüttel vermisste Maximiliane das »Grüß Gott« als G., das sie im Fränkischen zu hören gewohnt war (Brückner, Quints 275).

Gruß|for|mel, die: *beim Gruß verwendete formelhafte Wortverbindung.*

Grüß|fuß, der: nur in der Wendung **mit jmd. auf dem G. stehen** (ugs.; *mit jmdm., ohne ihn näher zu kennen, in dem Maße bekannt sein, dass man einander beim Sichbegegnen grüßt*).

Grüß|hei|ni, der (salopp abwertend): *Grüßaugust.*

Gruß|kar|te, die: *Karte* (2), *mit der man jmdm. einen Gruß schickt.*

gruß|los ⟨Adj.⟩: *ohne zu grüßen:* sie ging g. weg, an ihnen vorbei.

Grüß|ma|xe, der (salopp scherzh. od. abwertend): *Grüßaugust.*

Gruß|ord|nung, die (Milit.): *Vorschrift für Soldaten, die Grußpflicht u. Art des Grußes festlegt.*

Gruß|pflicht, die (Milit.): *Pflicht für Soldaten, höhere Dienstgrade militärisch zu grüßen:* dieser Vierbein ... ist verwickelt in eine Ermittlungssache wegen nachlässiger Erfüllung der G. (Kirst, 08/15, 86).

Gruß|schrei|ben, das (seltener): *Grußadresse.*

Gruß|te|le|gramm, das: vgl. Grußadresse.

Gruß|wort, das ⟨Pl. -e⟩: **a)** vgl. Grußadresse; **b)** *kurze, zur Begrüßung der Teilnehmer einer Veranstaltung gehaltene Ansprache:* ein G. an die Teilnehmerinnen des Kongresses richten.

Grütz|beu|tel, der: *Balggeschwulst.*

Grütz|brei, der: *Brei aus Grütze* (1 a).

Grüt|ze, die; -, (Sorten:) -n [1: mhd. grütze, ahd. gruzzi; zu ↑Grieß; 2: entweder zu 1 im Ggs. zur Spreu od. umgebildet aus frühnhd. Kritz = Witz, Scharfsinn]: **1.** ⟨Pl. selten⟩ **a)** *geschälte, grob bis fein gemahlene Getreidekörner (bes. Hafer, Gerste, Buchweizen) zur Herstellung von Suppen, Brei, Grützwurst;* **b)** *Brei aus Grütze* (1 a): süße, dicke G.; ***rote G.** *(mit rotem Fruchtsaft [und roten Früchten wie Johannisbeeren, Erdbeeren u. Ä.] hergestellte Süßspeise).* **2.** ⟨o. Pl.⟩ (ugs.) *Verstand:* dazu braucht man nicht viel G.; sie hat allerhand, viel, kaum G. im Kopf; son Kerl, kann ja nicht denken, hat ja keine G. in seinem Deez (Döblin, Alexanderplatz 466); ich habe mehr G. im Kopf als ihr alle zusammen (Jaeger, Freudenhaus 306).

Grut|zen, der; -s, - [Nebenf. von ↑[1]Grotzen] (landsch.): **1.** *Kerngehäuse bes. beim Apfel.* **2.** (scherzh. od. abwertend) *kleiner Kerl, Knirps.*

Grütz|fut|ter, das: *gemahlene Getreidekörner als Futter für Geflügel, bes. für Küken.*

Grütz|kopf, der [a: geht von der Vorstellung aus, dass der Betreffende statt des Gehirns Grütze im Kopf hat]: **a)** (ugs. abwertend) *dummer Mensch:* so ein G.!; **b)** (ugs.) *Verstand:* streng deinen G. ruhig mal an; das geht wohl nicht in deinen G. hinein.

Grütz|müh|le, die: *Mühle zum Mahlen von Getreide.*

Grütz|sup|pe, die: vgl. Grützbrei.

Grütz|wurst, die (landsch.): *Wurst, die zum großen Teil aus Grütze* (1 a) *besteht.*

Gru|yère [gry'jɛ:r], der; -s [nach der Schweizer Landschaft Gruyère = Greyerz]: ↑Greyerzer [Käse].

Gs = Gauß.

G-Sai|te, die; -, -n: *auf den Ton g, G* (2) *gestimmte Saite eines Saiteninstruments.*

Gschaftl|hu|ber, (selten:) Geschaftlhuber, der; -s, - [aus südd., österr. mundartl. Gschaftl = Geschäft u. dem Familienn. Huber] (bes. südd., österr. abwertend): *jmd., der fast unangenehm betriebsam ist u. immer entsprechende Betätigungen sucht, die er dann besonders wichtig nimmt; Wichtigtuer:* Unser Freund Donald, der geborene Patschachter *(Tollpatsch),* hätte einen stets vor sich hin wieselnden Gschaftlhuber wie Micky wahrhaftig wahnsinnig gut brauchen können (profil 48, 1998, 152); weil es ihm nicht sehr gut ging und ein Geschaftlhuber Geld für ihn sammelte (Katia Mann, Memoiren 85).

Gschaftl|hu|be|rei, (selten:) Geschaftlhuberei, die; -, -en ⟨Pl. selten⟩ (bes. südd., österr. abwertend): *übertriebene Geschäftigkeit; Wichtigtuerei:* Das prägt sein Verhältnis zur Politik, das gelegentlich von aktiver Geschäftigkeit in allerhöchste Gschaftlhuberei abgleitet (Kurier 16. 3. 97, 2); Nachträglich könne auch eine Krankheit zum Geschenk werden. »Gerade dann«, so der Mainzer, »wenn damit die Erkenntnis verbunden ist, dass die inneren Werte in Leben und Arbeit wichtiger sind als pure Geschaftlhuberei« (Allgemeine Zeitung 15. 6. 98, 4).

Gschaftl|hu|be|rin, (selten:) Geschaftlhuberin, die; -, -nen (bes. südd., österr. abwertend): w. Form zu ↑Gschaftlhuber.

gscha|mig, (seltener:) **gschä|mig** ⟨Adj.⟩ (bayr., österr.): *verschämt:* der am 2. April 1725 in Venedig unehelich geborene Sohn einer Schauspielerin (= Casanova), dessen Vater vermutlich der standesgemäß gschamige Patrizier Michele Grimani war (profil 24, 1998, 112).

gschert: ↑geschert.

Gscher|te: ↑Gescherte.

Gschla|der, das; -s [zu: schledern, schludern = verschütten, sudeln] (österr. ugs. abwertend): *dünner Kaffee.*

G-Schlüs|sel, der; -s, - [nach dem Tonbuchstaben G, aus dem sich die Form des Zeichens entwickelt hat]: *Violinschlüssel.*

gschma|ckig, geschmackig ⟨Adj.⟩ (österr. ugs.): **a)** *gut gewürzt, pikant; geschmackvoll, wohlschmeckend:* -es Brot; ein -er Wein; **b)** (oft abwertend) *nett, gefällig; kitschig:* gschmackig präsentiert das Linzer Dorotheum ... seine Schätze (Oberösterr. Nachrichten, 22. 4. 80, 12); da (= in dem Buch von Lucka) erfährt man ... so ganz nebenbei, wie der Held überhaupt heißt. Das wirkt dort sehr nobel und geschmackig (Doderer, Strudlhofstiege 190).

Gschnas, das; -, - ⟨Pl. selten⟩ [älter: Geschneise, zu mhd. sneise = Reihe (gleichartiger Dinge)] (österr. ugs.): **1.** *Gschnasfest.* **2.** (landsch.) *wertloses Zeug.*

Gschnas|fest, das; -es, -e (österr.): *(bes. in Wien üblicher) [Künstler]maskenball.*

gschupft ⟨Adj.⟩ [mhd. schupfen = in schaukelnder, schwankender Bewegung sein] (österr. ugs.): *überspannt, verrückt, extravagant:* so ein -er Kerl!; sie ist ein bisschen g.

Gschwuf, der; -s, -e [wahrsch. zu: (umher)schweifen] (österr. ugs.): *Stutzer, Snob; Liebhaber.*

G-7-Staat [ge:'zi:bən...], der ⟨meist Pl.⟩ [G-7 = Abk. für: Die Großen 7 (engl. The Great 7)]: *Staat der Gruppe der Sieben* (Vereinigung der sieben wichtigsten westlichen Wirtschaftsnationen, d. h. Deutschland, Frankreich, Großbritannien, Italien, Japan, Kanada u. die USA): Anwalt für die Belange Russlands wolle er (= Bundeskanzler G. Schröder) sein, in der Europäischen Union und bei den -en (SZ 18. 11. 98, 3).

Gspaß, der; -, - [zu ↑Spaß] (bayr., österr. ugs.): *Spaß, Vergnügen:* das war ein G.!

gspa|ßig (bayr., österr. ugs.): *spaßig, komisch:* man lernt aus diesen -en Szenen die Menschen kennen (Kurier 18. 11. 96, 30).

Gspaß|la|berln ⟨Pl.⟩ [aus ↑Gspaß u. Laberl = Vkl. von: Lab = ↑Laib] (österr. salopp): *Busen.*

Gspritz|te: ↑Gespritzte.

Gspu|si, das; -s, -s [zu ital. sposa, sposo = Braut, Bräutigam < lat. sponsa, sponsus, ↑[1]Gespons] (südd., österr. ugs.): **1.** *Liebesverhältnis, Liebschaft:* Der US-Soldat ... hat ein G. mit der Dorfschönen (Hörzu 24, 1989, 67). **2.** *Liebste(r), Schatz:* ihr G. wohnt in der Stadt; er trifft sich abends mit seinem G.

GST = Gesellschaft für Sport und Technik (paramilitärische Organisation in der DDR).

Gstaad: schweizerischer Wintersport- und Kurort in den Berner Alpen.

Gstan|zel, Gstanzl, das; -s, -n [zu ital. stanza, ↑[1]Stanze] (bayr., österr. ugs.): *lustiges, volkstümliches, meist vierzeiliges Lied mit oft anzüglichem Text; Spottlied.*

Gstät|ten, Gstet|ten, die; -, - [H. u.] (österr.): *abschüssige, steinige Wiese.*

G-String ['dʒi:strɪŋ], die; -, -s u. der; -s, -s [engl. G-string, eigtl. = G-Saite, die um die Hüfte gehende Schnur wird scherzh. mit der Dicke einer G-Saite verglichen]: *als Slip getragenes Kleidungsstück, das aus einem nur die Geschlechtsteile bedeckenden Stoffstreifen besteht, der an einer um die Hüften geschlungenen Schnur befestigt ist.*

GT-Ren|nen, das; -s, -: kurz für ↑Grand-Tourisme-Rennen.

GT-Wa|gen, der; -s, -: kurz für ↑Grand-Tourisme-Wagen.

Gu|a|jak|baum, der [span. guayaco, aus dem Taino (Indianerspr. der Karibik)]: *(in Mittelamerika wachsender) Baum od. Strauch mit gegenständigen Blättern u. blauen od. purpurroten Blüten.*

Gu|a|jak|harz, das ⟨o. Pl.⟩: *aus dem Guajakholz gewonnenes Harz, das zur Herstellung von Guajakol u. in der Parfümerie zum Haltbarmachen von Düften verwendet wird.*

Gu|a|jak|holz, das ⟨o. Pl.⟩: *hartes, harzhaltiges, olivbraunes bis schwarzgrünes, streifiges Holz des Guajakbaums, das für den Schiffbau u. zu Drechslerarbeiten verwendet wird.*

Gu|a|ja|kol, das; -s: *[aus Guajakharz gewonnener] aromatischer Alkohol, der als Antiseptikum verwendet wird.*

Gu|a|jak|pro|be, die (Med.): *Untersuchung von Stuhl, Urin od. Magensaft auf Blutbeimengungen mithilfe einer aus Guajakharz hergestellten Tinktur.*

Gu|a|ja|va|baum, der; -[e]s, ...bäume [span. guayaba, aus einer mittelamerik. Indianerspr.]: *(in den Tropen u. Subtropen heimischer) Baum od. Strauch mit langen, flaumig behaarten Blättern, weißen Blüten u. Guajaven als Früchten.*

Gu|a|ja|ve, die; -, -n: *birnen- od. apfelförmige, rote od. gelbe Frucht des Guajavabaums mit rosa, weißem od. gelbem Fruchtfleisch.*

Gu|a|na|ko, das; älter: der; -s, -s [span. guanaco < Ketschua (südamerik. Indianerspr.) huanaco]: *ein dem Lama ähnliches, im westlichen u. südlichen Südamerika lebendes Tier mit langem, dichtem, fahl rotbraunem Fell.*

Gu|a|ni|din, das; -s: *zur Herstellung von Kunstharzen, Arzneimitteln, Farbstoffen o. Ä. verwendetes Oxidationsprodukt des Guanins.*

Gu|a|nin, das; -s: *erstmalig im Guano gefundener, in vielen pflanzlichen u. tierischen Organen vorkommender Bestandteil der Nukleinsäuren.*

Gu|a|no, der; -s [span. guano < indian. (Ketschua) huanu]: *aus Exkrementen von Seevögeln bestehender organischer Dünger:* Die Halligbauern sorgen sich, dass der scharfe G., der Vogeldreck, zunehmend Gräser verätzt (MM 4. 7. 89, 3).

Gu|a|ra|ni, (offizielle Schreibung:) **Gu|a|ra|ní,** der; -, -: *Währungseinheit in Paraguay* (1 Guarani = 100 Céntimos); Zeichen: G.

◆ **Gu|ar|dia,** die; -, -s [ital. guardia, zu: guardare = bewachen, aus dem Germ., verw. mit ↑Garde]: *Wache* (2): Dem Pavel wäre es nur ein Spiel und zugleich ein wahres Genügen gewesen, die G. anzurennen und zu Boden zu schlagen (Ebner-Eschenbach, Gemeindekind 47).

Gu|ar|dia ci|vil [-si'vil], die; -- [span., aus: guardia (< got. wardja, verw. mit ↑Garde) u. civil < lat. civilis, ↑zivil]: *spanische Gendarmerie.*

Gu|ar|di|an, der; -s, -e [ital. guardiano = Wächter < mlat. guardianus, zu got. wardja, ↑Guardia civil]: *jeweils auf drei Jahre ernannter Vorsteher eines Konvents der Franziskaner od. Kapuziner.*

Gu|ar|ne|ri, die; -, -s: *Geige aus der Werkstatt der Geigenbauerfamilie Guarneri aus Cremona (17./18. Jh.).*

Gu|asch, die: ↑Gouache.

Gu|a|te|ma|la; -s: Staat in Mittelamerika.

Gu|a|te|ma|la-Stadt: Hauptstadt von Guatemala.

Gu|a|te|mal|te|ke, der; -n, -n: Ew.

Gu|a|te|mal|te|kin, die; -, -nen: w. Form zu ↑Guatemalteke.

gu|a|te|mal|te|kisch ⟨Adj.⟩.

Gu|a|ve, die; -, -n: *Guajave.*

Gu|a|ya|na; -s: Landschaft im nördlichen Südamerika; vgl. Guyana.

gu|ber|ni|al ⟨Adj.⟩ (veraltet): *das Gubernium betreffend, Regierungs-.*

◆ **Gu|ber|ni|al|ge|schäf|te** ⟨Pl.⟩: *Regierungsgeschäfte:* ... die G. während seiner Abwesenheit dem Schlosshauptmann ... übergeben worden wären (Kleist, Kohlhaas 78).

◆ **Gu|ber|ni|al|of|fi|zi|ant,** der: *Regierungsbeamter:* als der G. mit seinem Gefolge von Häschern ... zu ihm herantrat (Kleist, Kohlhaas 80).

◆ **Gu|ber|ni|al|re|so|lu|ti|on,** die: *Regierungsbeschluss:* wie es zuginge, dass die G. von einem Freiherrn ... und nicht von dem Prinzen Christiern von Meißen, an den er sich gewendet, unterschrieben sei (Kleist, Kohlhaas 78).

◆ **Gu|ber|ni|um,** das; -s, ...ien [mlat. gubernium, zu lat. gubernare, ↑Gouverneur]: **a)** *Regierung, Gouvernement* (a): ... und das G. ... um die erforderten Pässe bat (Kleist, Kohlhaas 78); **b)** *Regierungs-, Gouvernementsgebäude:* ... verfügte sich ... mit dem Offizianten ... in das G. (Kleist, Kohlhaas 81).

Guck, Gucke, die; -, ...cken [viell. aus mlat. cuculla = Zipfelkapuze, auch: Tüte; vgl. Gugel] (südd.): *Papiertüte.*

Guck|au|ge, Guck|äug|lein, das (fam.): *Auge:* Ü er hat noch nicht das Berliner Guckauge (scherzh.; *den Blick des Berliners*) für solche Dinge (Tucholsky, Zwischen 22).

gu|cken ⟨sw. V.; hat⟩ [mhd. gucken, H. u.] (ugs.): **a)** *seine Blicke auf ein bestimmtes*

Ziel richten; sehen (2a): guck mal!; lass mich mal g.!; auf die Uhr, aus dem Fenster, durchs Schlüsselloch, in den Spiegel, jmdm. über die Schulter g.; Niemand konnte einem unter die Schädeldecke g. und dort etwa sehen, wie die Gedanken liefen (H. Gerlach, Demission 136); Ü die Illustrierte guckt *(ragt sichtbar)* aus der Koffertasche; **b)** *seine Umwelt, andere mit bestimmtem, die seelische Verfassung spiegelndem Gesichts-, Augenausdruck ansehen:* freundlich, finster g.; als er das Ergebnis hörte, hat er dumm geguckt *(war er betroffen, verblüfft, ratlos);* Kemal guckte erst ein bisschen doof *(verständnislos),* dann sagte er: »Von mir aus!« (Hornschuh, Ich bin 58); da hat er nur seinen Spaß, wenn man dumm guckt *(begriffsstutzig ist)* und ihn erst versteht, wenn man selber um die Ecke denkt (Kant, Impressum 87); **c)** *etw. betrachten, ansehen* (2): Bilder, Zeitschriften g.; einen Krimi im Fernsehen, ein Video g.; »Woher hatten Sie denn ein Bild von der Bundesrepublik?« ... »Ja wir haben Westfernsehen geguckt« *(haben Sendungen des Westfernsehens angesehen;* Klee, Pennbrüder 52); Wenn mir die Sendungen ... nicht zusagen, dann wird halt mal kein Fernsehen geguckt *(wird nicht ferngesehen;* Hörzu 10, 1974, 20); ⟨auch ohne Akk.-Obj.:⟩ sie haben bis zwölf Uhr geguckt *(das Fernsehprogramm verfolgt).*

Gu|cker, der; -s, - (ugs.): **a)** *kleines Fernglas, Vergrößerungsgerät; Operngucker;* **b)** *jmd., der aufdringlich od. neugierig jmdn. od. etw. betrachtet;* **c)** ⟨Pl.⟩ *Augen.*

Gu|cke|rei, die; - (ugs.): *beständiges, als lästig empfundenes [aufdringliches] Gucken* (a).

Gu|cke|rin, die; -, -nen (ugs.): w. Form zu ↑Gucker (b).

Gu|cker|sche|cken, Gugerschecken ⟨Pl.⟩ [zu: Gucker = Kuckuck u. Schecken = Flecken (vgl. scheckig), nach dem gefleckten Bauchgefieder des Kuckucks] (österr. ugs.): *Sommersprossen.*

gu|cker|sche|ckert ⟨Adj.⟩ (österr.): *sommersprossig:* ein Mäd'l ..., ein rothaariges Ding ..., ein -es (Herzmanovsky-Orlando, Gaulschreck 158).

Guck|fens|ter, das: *kleines [in einer Tür befindliches] Fenster, durch das man [unauffällig] beobachten kann, was draußen vorgeht.*

Gu|cki, der; -s, -s (ugs.): *kleines Gerät zum Betrachten von Diapositiven.*

Guck|in|die|luft, der; - (ugs.): *jmd., der beim Gehen nicht auf den Weg achtet:* Hans G.

Guck|in|die|welt, der; - (ugs.): *munteres, aufgewecktes Kind.*

Guck|kas|ten, der: **a)** (früher) *Vorrichtung zum Betrachten von Bildern, bei der das Bild durch Verwendung von Linsen u. Spiegeln unter vergrößertem Gesichtswinkel (in scheinbar natürlicher Entfernung) erscheint;* **b)** (ugs. scherzh.) *Fernseher.*

Guck|kas|ten|büh|ne, die: *vom Zuschauerraum durch einen Vorhang abtrennbare Bühne mit seitlichen Kulissen u. rückwärtigem Prospekt* (2).

Guck|loch, das: *Loch [in einer Tür od. Wand], durch das man hindurchgucken, jmdn., etw. beobachten kann, ohne selbst gesehen zu werden:* Die Tür hat ein G. *(einen Spion* 2a); Der Beamte, der ... durchs G. sieht, vertritt die Meinung, dass die zwei Straftäter zueinander passen wie die Faust aufs Auge (Ossowski, Flatter 189).

Gü|del|mon|tag, Gü|dis|mon|tag, der; -s, -e [wohl zu: Güdel = fetter, mit Speisen voll gestopfter Bauch] (schweiz.): *Rosenmontag.*

Gud|scha|ra|ti: ↑Gujarati.

Gu|el|fe [ˈgu̯ɛlfə, auch: ˈgɛlfə], der; -n, -n [ital. guelfo < mhd. welf = Bez. für einen Angehörigen des deutschen Fürstengeschlechts der Welfen] (hist.): *Anhänger der päpstlichen Politik in Italien während des Mittelalters u. Gegner der Gibellinen.*

[1]Gue|ril|la [geˈrɪl(j)a], die; -, -s [frz. guérilla < span. guerrilla, Vkl. zu: guerra = Krieg, aus dem Germ.]: **a)** *Guerillakrieg;* **b)** *einen Guerillakrieg führende Einheit.*

[2]Gue|ril|la, der; -[s], -s ⟨meist Pl.⟩ (veraltend): *Angehöriger einer [1]Guerilla* (b); *Partisan:* die -s haben mehrere ausländische Diplomaten entführt.

Gue|ril|la|füh|rer, der: *Führer einer [1]Guerilla* (b).

Gue|ril|la|füh|re|rin, die: w. Form zu ↑Guerillaführer.

Gue|ril|la|kampf, der: vgl. Guerillakrieg.

Gue|ril|la|kämp|fer, der: *jmd., der am Guerillakampf teilnimmt.*

Gue|ril|la|kämp|fe|rin, die: w. Form zu ↑Guerillakämpfer.

Gue|ril|la|krieg, der: *aus dem Hinterhalt geführter Kampf von Freischärlern* (b) *(gegen Besatzungsmächte od. auch gegen die eigene Regierung):* der G. fordert erste Opfer unter der Zivilbevölkerung; Ü dass ein höherer Beamter des Weißen Hauses einen »Guerillakrieg« gegen den Außenminister führe (Spiegel 46, 1981, 144).

Gue|ril|le|ra [...ˈje:ra], die; -, -s [span. guerrillera]: w. Form zu ↑Guerillero.

Gue|ril|le|ro [...ˈje:ro], der; -s, -s [frz. guérillero < span. guerrillero]: *[2]Guerilla [in Lateinamerika].*

Gu|fel, das; -s, Güfel [eigtl. = Höhlung, zu veraltet gauf = Höhlung der Hand, des Fußes; zu: gaufe, mhd. goufe = hohle Hand, ahd. coufama = Höhlung, die durch das Zusammenlegen der Hände entsteht; vgl. anord. gaupn = hohle Hand] (Bergsteigen): *bauchige Höhle in der Felswand.*

Gu|gel, die; -, -n [mhd. gugel, ahd. chugela, cucula < mlat. cuculla]: *(in der Zeit der Gotik) Kopfbedeckung für Männer in Form einer eng anliegenden [Zipfel]kapuze mit kragenartigem Schulterstück.*

Gu|gel|hopf (schweiz.), **Gu|gel|hupf** (südd., österr., seltener schweiz.), der; -[e]s, -e [2. Bestandteil wohl zu ↑hüpfen, wegen der sich nach oben hebenden Oberfläche]: *Napfkuchen:* Die Budweiser haben eine Bábovka, einen Gugelhupf, gebacken, aber der Kellner, unser Stubenältester, will sie erst morgen anschneiden (Bieler, Mädchenkrieg 398).

Gu|ger|sche|cken: ↑Guckerschecken.

Güg|gel, der; -s, - [wohl lautm.] (schweiz. mdal.): *Hahn.*

güg|gel|haft ⟨Adj.⟩ (schweiz.): *aufbrausend; ausgelassen.*

Güg|ge|li, das; -s, - (schweiz.): *Brathähnchen.*

Gug|gen|mu|sik, die; -, -en [zu schweiz. mundartl. guggen = in lang gezogenen Tönen blasen, lautm.] (schweiz. mundartl.): **1.** *absichtlich misstönende Musik von Fastnachtszügen.* **2.** *Gruppe, die verkleidet Guggenmusik* (1) *macht.*

Guide [frz.: gid, engl.: gaɪd], der; -s, -s [frz., engl. guide < mfrz. guide, zu: guider = führen < afrz. guier, aus dem Germ.]: **1.** *Reisebegleiter, der Touristen führt:* ... wird mir unser G. Hermann aus Haifa ... lebhaft in Erinnerung bleiben (MM 21. 11. 81, Reisebeilage). **2.** *Reiseführer o. Ä. als Handbuch:* Dieser kompetente G. bietet Hilfe und stellt über 100 getestete Grappe detailliert vor (Zeit 16. 12. 94, 47).

gu|i|do|ni|sch [gu̯iˈdo:nɪʃ] ⟨Adj.⟩ [nach dem ital. Musiktheoretiker Guido von Arezzo (etwa 992–1050)] (Musik): nur in der Wendung **guidonische Hand** *(Darstellung der Solmisationssilben durch Zeigen auf bestimmte Stellen der offenen linken Hand zur optischen Festlegung einer Melodie).*

Gui|gnol [giˈɲɔl], der; -s, -s [frz. guignol, zu: guigner = verstohlen blicken, eigtl. = mit den Augen Zeichen machen, wohl letztlich aus dem Germ. u. verw. mit ↑winken] (Literaturw.): **a)** *lustige Person des französischen Marionetten- und Handpuppentheaters, bes. des Kasperltheaters in Lyon;* **b)** *durch scharfe zeitgeschichtliche Satire ausgezeichnetes Puppenspiel des Lyoner Kasperltheaters.*

Guil|loche [giˈjɔʃ, gɪlˈjɔʃ], die; -, -n [...ʃn̩; frz. guilloche = Grabstichel, zu: guillocher = mit verschlungenen Windungen verzieren]: **1.** *Zeichnung verschlungener Linien auf Wertpapieren od. zur Verzierung auf Metall, Elfenbein u. Holz.* **2.** *Werkzeug zum Anbringen verschlungener [Verzierungs]linien.*

Guil|lo|cheur [...ˈʃø:ɐ̯], der; -s, -e [frz. guillocheur]: *jmd., der Guillochen herstellt; Linienstecher* (Berufsbez.).

Guil|lo|cheu|rin, die: w. Form zu ↑Guillocheur.

guil|lo|chie|ren [...ˈʃi:rən] ⟨sw. V.; hat⟩ [frz. guillocher]: *auf etw. Guillochen herstellen:* Banknoten g.

Guil|lo|ti|ne [gijo..., gɪljo...], die; -, -n [nach dem frz. Arzt Guillotin (1738–1814), der vorschlug, Hinrichtungen aus humanitären Gründen maschinell zu vollziehen]: *(während der Französischen Revolution) zur Vollstreckung der Todesstrafe eingeführte Vorrichtung, durch die mittels eines schnell herabfallenden Beils (Fallbeils) der Kopf vom Rumpf getrennt wird:* Der Angeklagte wurde ... 1976 mit der G. hingerichtet (Spiegel 42, 1984, 288); unter der G. sterben.

guil|lo|ti|nie|ren [...tiˈni:rən] ⟨sw. V.; hat⟩ [frz. guillotiner]: *mit der Guillotine hinrichten:* Ü Die Standbilder der Heiligen

... sind oft ohne Kopf, sie wurden genau wie ihre lebenden Ebenbilder während der Französischen Revolution guillotiniert (Zwerenz, Kopf 129).

[1]**Gui|nea** [gi...]; -s: Staat in Westafrika.

[2]**Gui|nea** ['gɪnɪ], die; -, -s [engl. guinea, frz. Guinée, da die Münze zuerst aus Gold geprägt wurde, das aus Guinea stammte]: **a)** *frühere englische Goldmünze;* **b)** *frühere englische Rechnungseinheit von 21 Schilling.*

Gui|nea-Bis|sau; -s: Staat in Westafrika.

Gui|nee [...'ne:(ə)], die; -, -n [...e:ən]: ↑[2]Guinea.

Gui|ne|er, der; -s, -: Ew. zu ↑[1]Guinea.

Gui|ne|e|rin, die; -, -nen: w. Form zu Guineer.

gui|ne|isch ⟨Adj.⟩: zu ↑[1]Guinea.

Gui|pure|spit|ze [gi'py:ɐ̯...], die; -, -n [↑Gipüre]: *Klöppelspitzenstoff aus mit Seide übersponnenen Baumwollfäden:* in G. oder Georgette zu einem Ball gehen.

Guir|lan|de [gɪr...] (veraltet): ↑Girlande.

Gui|tar|re [gi...]: ↑Gitarre.

Gu|ja|ra|ti [gu:dʒə...], Gudscharati, das; -s [nach dem Volksstamm der Gujar im nordwestl. Indien]: *Sprache in Indien.*

Gu|lag [Kurzwort aus russ. **G**lavnoe **U**pravlenije **Lag**erej], der; -[s], -s: **1.** ⟨ohne Pl.⟩ *Hauptverwaltung des Straflagersystems in der UdSSR (1930–1955).* **2.** *Straf- und Arbeitslager (in der UdSSR):* Wer die -s überlebte, dem drohte die Ausweisung nach Deutschland (Spiegel 6, 1991, 69).

Gu|lasch ['gʊlaʃ, 'gu:laʃ], das, auch: der; -[e]s, -e u. -s, österr. nur: das; -[e]s, -e [ung. gulyás hús = Pfefferfleischgericht, wie es von Rinderhirten im Kessel gekocht wird, zu: gulyás = Rinderhirt u. hús = Fleisch(gericht)]: *[scharf gewürztes] Gericht aus klein geschnittenem Rind-, auch Schweine- od. Kalbfleisch, das angebraten u. dann gedünstet wird:* ungarisches G.; ein saftiges G.; ***aus jmdm. G. machen** (ugs.; oft als [scherzhafte] Drohung; *jmdn. verprügeln; jmdm. gehörig die Meinung sagen, ihm in irgendeiner Weise einen Denkzettel verpassen*): Am liebsten stürzte er auf der Stelle los, ... G. aus ihnen zu machen, sich sein Geld wiederzuholen (Fallada, Jeder 204).

Gu|lasch|ka|no|ne, die (Soldatenspr. scherzh.): *fahrbare Feldküche:* Statt Lagerfeuer ... dampften jetzt zünftige -n (Springer, Was 303); Erbsensuppe aus der G.; An einer aufgestellten G. fasste einer zehn Schläge (Plievier, Stalingrad 331).

Gu|lasch|kom|mu|nis|mus, der (abwertend): *Kommunismus, der nur auf die Befriedigung materieller Bedürfnisse, auf die Hebung des Lebensstandards, nicht aber auf gesellschaftliche Veränderungen abzielt:* (János Kádár) Der Vater des »Gulaschkommunismus« (MM 7. 7. 89, 2).

Gu|lasch|sup|pe, die (Kochk.): *scharf gewürzte sämige Suppe mit gewürfeltem Fleisch, Tomaten, Paprika u. a.*

gül|den ⟨Adj.⟩ (dichter., sonst meist iron.): *golden:* Jugendbewegt trugen die Wandervögel am -en Band die Klampfe (Spiegel 39, 1966, 75); Die -e Sonne spiegelte auf den hellgelben Flächen – es war strahlendes Wetter (Tucholsky, Zwischen 11).

Gul|den, der; -s, - [mhd. guldin, gek. aus: guldīn pfenni(n)c = goldene Münze]: **1.** *vom 14. bis 19. Jh. bes. in Deutschland verbreitete Goldmünze (später auch Silbermünze).* **2.** *Währungseinheit in den Niederlanden* (1 Gulden = 100 Cents); Abk.: hfl = Hollands Florijn; vgl. Florin.

gül|disch ⟨Adj.⟩ (Bergmannsspr.): *goldhaltig:* -es Gestein, Erz.

Gül|disch|sil|ber, das: *goldhaltige Silberlegierung, die beim Treibprozess nach Beseitigung des Bleioxids zurückbleibt.*

Gül|le, die; - [mhd. gülle = Pfütze]: **1. a)** *flüssiger Stalldünger, der sich aus Jauche, Kot, eventuell Wasser sowie Resten von Einstreu u. Futter zusammensetzt; Flüssigmist:* Die Landwirtschaft lässt Gift und G. hemmungslos einfließen (Freie Presse 6. 12. 89, 5); **b)** (südwestd., schweiz.) *Jauche.* **2.** (südwestd. ugs. abwertend) *etw., was als schlecht, ärgerlich o. ä. empfunden, angesehen wird:* der Film ist eine große G.; (in Flüchen o. Ä.:) G.!; so eine G.!; verdammte G.!

Gül|le|fass: ↑Güllenfass.

gül|len ⟨sw. V.; hat⟩ (südwestd., schweiz.): *jauchen:* Es sind nur flache ... und nicht drainierte Böden zu g. (NZZ 26. 2. 86, 34).

Gül|len|fass, Güllefass, das (südwestd., schweiz.): *Jauchefass.*

Gul|ly, der, auch: das; -s, -s [engl. gully, eigtl. = Rinne, wohl zu: gullet = Schlund < afrz. goulet, Vkl. von: goule < lat. gula = Kehle]: *in die Straßendecke eingelassener Sinkkasten, durch den die Straßenabwässer in die Kanalisation abgeführt werden:* Wo jetzt nichts ist außer Beton, da war früher im Kopfsteinpflaster ein G. (Plenzdorf, Legende 8); der G. ist verstopft, läuft über; etw. in den G. werfen.

Gul|ly|plat|te, die: *Platte, mit der ein Gully abgedeckt ist.*

Gült, der: ↑Gülte.

Gült|brief, der (schweiz.): *Schuldbrief.*

Gül|te, die; -, -n [mhd. gülte = Einkommen, Zins, zu ↑gelten]: **1.** (veraltet) **a)** *Grundstückszinsen in Geld od. Naturalien;* **b)** *Gült* (a) *bezahlendes Gut* (2). **2.** (schweiz.) *bestimmte Art des Grundpfandrechts.*

gül|tig ⟨Adj.⟩ [mhd. gültic = teuer; zu zahlen verpflichtet, zu: gülte, ↑Gülte]: **a)** *rechtlich, gesetzlich o. ä. anerkannt u. entsprechend wirksam; Geltung habend:* ein -er Ausweis, Fahrschein; der Fahrplan ist ab 1. Oktober g.; diese Münze ist nicht mehr g.; einen Vertrag als g. anerkennen; **b)** *(als Verhaltensgrundsatz o. Ä.) allgemein anerkannt u. verbindlich; von bleibender Aussagekraft:* eine -e Maxime, Losung; dass die Geschichte ... eine ewig -e, trostlose Geschichte sei (Roth, Beichte 101); die einzigen Sätze in -er *(vollkommener, Bestand habender)* Prosa, die er je äußerte (Böll, Erzählungen 71).

Gül|tig|keit, die; -: **a)** *das Gültigsein* (a): dieser Vertrag hat keine G.; das Gesetz hat G. erlangt; **b)** *das Gültigsein* (b): ihre Prinzipien können allgemeine G. beanspruchen; etw. behält seine G.; ..., dass er in eine Zwischenwelt geraten war, in der die Gesetze der Logik keine G. mehr zu haben schienen (Ransmayr, Welt 220).

Gül|tig|keits|dau|er, die: *Zeit, während deren etw. Gültigkeit* (a) *besitzt.*

Gül|tig|keits|er|klä|rung, die: *die Gültigkeit* (a) *von etw. bestätigende, rechtskräftige Erklärung.*

Gu|lyás ['gʊlaʃ], das, -, - (österr.): ↑Gulasch.

Gum|ma, das; -s, -ta u. Gummen [zu lat. gummi, ↑[1]Gummi] (Med.): *bei Syphilis u. Tuberkulose in verschiedenen Organen auftretende gummiartige Geschwulst.*

Gum|mer, die; -, -n [md., auch: guckumer < lat. cucumer, cucumis, ↑Kukumer] (landsch.): *kleine Salatgurke.*

[1]**Gum|mi** [mhd. gummi < (m)lat. gummi(s), cummi(s) < griech. kómmi, aus dem Ägypt.]: **1.** der u. das; -s, (Arten:) -[s]: *durch Vulkanisation aus natürlichem od. synthetischem Kautschuk hergestelltes Produkt von hoher Elastizität:* Stiefel, Reifen aus G.; sie trug eine ... Waschschürze aus steifem G., die bis zum Hals reichte (Roehler, Würde 134); Sie schummelten eine Stunde raus, als sei ihr Arbeitstag aus G. *(als sei er dehnbar;* H. Gerlach, Demission 119); ***G. geben** (ugs.; *schnell [los]fahren;* bezogen auf den Abrieb der Autoreifen beim schnellen [An]fahren). **2.** ⟨o. Pl.⟩ kurz für ↑Gummiarabikum.

[2]**Gum|mi,** der; -s, -s: **1.** kurz für ↑Radiergummi. **2.** (salopp) kurz für ↑Gummischutz: Polnische Präservative sind teuer ... Dankbar nehmen die Mädchen die kostenlosen -s des Sozialarbeiterteams (Der Tagesspiegel 10. 7. 95, 12).

[3]**Gum|mi,** das; -s, -s (ugs.): kurz für ↑Gummiband.

Gum|mi|ab|satz, der: *Schuhabsatz aus Hartgummi.*

Gum|mi|ad|ler, der (ugs. scherzh.): *[zähes] Brathähnchen.*

Gum|mi|an|zug, der: *Schutzanzug aus Gummi.*

Gum|mi|ara|bi|kum, das; -s [zu lat. Arabicus = arabisch, wegen der Herkunft aus Ägypten]: *aus der Rinde verschiedener Akazienarten gewonnener, wasserlöslicher Milchsaft, der als Klebstoff u. Bindemittel verwendet wird.*

gum|mi|ar|tig ⟨Adj.⟩: *dem Gummi* (1) *ähnliche Eigenschaften aufweisend; wie Gummi:* ein -es Material.

Gum|mi|ball, der: *Ball aus Gummi:* der G. hat eine Delle bekommen; Eine dunkle Masse war unter den Zug geraten und wurde zwischen den Rädern wie ein G. hin und her geworfen (Hauptmann, Thiel 36).

Gum|mi|band, das ⟨Pl. ...bänder⟩: *dehnbares, meist schmales Band mit eingewebten Fäden aus Gummi o. Ä.:* ein ausgeleiertes G.; ein neues G. in etw. einziehen.

Gum|mi|bär, der: vgl. Gummipuppe.

Gụm|mi|bär|chen, das: *Süßigkeit aus gummiartiger Masse in Form eines Bärchens:* Fünf Pfennige bedeuteten ... zehn mehlbepuderte G., zwei Lakritzerollen (Lentz, Muckefuck 16).

Gụm|mi|baum, der: **1.** *Kautschukbaum.* **2.** *(in Ostindien u. im Malaiischen Archipel heimischer, als Zimmerpflanze kultivierter) Baum mit dicken, glänzend dunkelgrünen, großen Blättern.*

Gụm|mi|be|griff, der (ugs.): vgl. Gummiparagraph.

Gụm|mi|bein, das: in der Wendung **-e haben/bekommen** (ugs.; 1. *nicht die Kraft haben, stehen zu können.* 2. *große Angst haben*).

Gụm|mi|be|lag, der: *Belag* (2) *aus Gummi.*

gụm|mi|be|reift ⟨Adj.⟩: *mit Gummireifen ausgestattet:* -e Räder.

Gụm|mi|be|rei|fung, die: *Bereifung mit Gummireifen.*

Gụm|mi|bon|bon, der od. das: *Bonbon aus gummiartiger Masse:* Ich stand ... an der Kinokasse und kaufte ... -s in Erdbeer, Apfelsine und Zitrone (Reinig, Schiffe 111).

Gụm|mi|boot, das: *kleines, aufblasbares Boot aus Gummi.*

Gụm|mi|druck, der ⟨o. Pl.⟩: *Flexodruck.*

Gum|mi|elạs|ti|kum, das; -s [↑elastisch]: *Kautschuk.*

gum|mie̱|ren ⟨sw. V.; hat⟩: **a)** *eine Klebstoffschicht auf etw. auftragen:* Briefmarken g.; gummierte Briefumschläge, Klebstreifen; **b)** (Textilind.) *Latex od. Kunststoff auf ein Gewebe auftragen, um es wasserdicht zu machen:* Stoffe g.

Gum|mie̱|rung, die; -, -en: **1.** *das Gummieren.* **2.** *gummierte Fläche.*

Gụm|mi|fe|der, die: *aus Gummi bestehender Klotz als elastisches Konstruktionselement.*

Gụm|mi|floß, das: vgl. Gummiboot.

Gụm|mi|fluss, der ⟨o. Pl.⟩: *Erkrankung von Steinobst- u. Waldbäumen, wobei aus der Rinde ein gelber bis bräunlicher, gummiartiger Saft austritt; Gummose.*

Gụm|mi|ga|lo|sche, die: *Galosche.*

Gụm|mi|ge|schwulst, die: *Gumma.*

Gụm|mi|glo|cke, die: *(bes. im Trab- u. Springsport) über den Pferdehuf gestreifter Schutzüberzug aus Gummi.*

Gụm|mi|gutt, das; -s [zu malai. getah = Gummi]: *giftiges, grünlich gelbes Harz aus dem Saft ostindischer Bäume.*

Gụm|mi|hand|schuh, der: *(bei bestimmten Arbeiten getragener) Handschuh aus Gummi:* im Haushalt mit -en arbeiten.

Gụm|mi|harz, das: *Harz von verschiedenen Gewächsen, das als Klebstoff, als Verdichtungsmittel sowie für Emulsionen verwendet wird.*

Gụm|mi|haut, die (Med.): *Faltenhaut.*

Gụm|mi|hös|chen, das: *Windelhöschen.*

Gụm|mi|ho|se, die: vgl. Gummianzug.

Gụm|mi|kis|sen, das: *mit Luft gefülltes, aufblasbares Kissen aus Gummi.*

Gụm|mi|knie ⟨Pl.⟩ (ugs.): *vor Schwäche, von einer Anstrengung weiche, zitternde Knie:* G. haben; Er riss sich hoch, aber er sank wieder in den -n ein (Remarque, Triomphe 403).

Gụm|mi|knüp|pel, der: *[von der Polizei verwendeter] Schlagstock aus Hartgummi:* Blut lief ihm unter der Mütze hervor ... der G. hatte genau ins Ziel gefunden (Kühn, Zeit 332); mit -n auf die Menge einschlagen, gegen die Demonstranten vorgehen.

Gụm|mi|knüt|tel, der (selten): *Gummiknüppel.*

Gụm|mi|lack, der: *Schellack.*

Gụm|mi|lin|se, die (ugs.): *Objektiv mit veränderlicher Brennweite, Zoomobjektiv:* und die Manie, durch Kamerafahrten, duch überflüssige Schwenks und durch Spielereien mit der G. unentwegt Bewegung vorzutäuschen (Spiegel 50, 1975, 156).

Gụm|mi|lö|sung, die: *in Lösungsmitteln aufgelöster Kautschuk od. anderer Pflanzengummi zum Kleben von Gummi od. anderem Material:* Willi ... reparierte sein altes Fahrrad ... sogar G. und Rund- und Viereckflick waren noch da (Hilsenrath, Nazi 100).

Gụm|mi|lö|we, der (abwertend): *sich gefährlich gebärdender, aber nicht wirklich ernst zu nehmender Gegner:* Israels Militärs verglichen ihren zaudernden Premier Levi Eschkol mit Deutschlands -n Ludwig Erhard (Spiegel 24, 1967, 112).

Gụm|mi|lut|scher, der (fam.): vgl. Gummibärchen.

Gụm|mi|man|schet|te, die: *Manschette* (1 b, 4) *aus Gummi.*

Gụm|mi|man|tel, der: *Regenmantel aus Wasser abstoßendem Material.*

Gụm|mi|pa|ra|graph, der (ugs.): *Paragraph, der so allgemein od. unbestimmt formuliert ist, dass er die verschiedensten Auslegungen zulässt:* dieser G. ermöglicht den Behörden in jedem Fall ein Eingreifen.

Gụm|mi|pup|pe, die: *Puppe aus Gummi:* eine kleine, weiche G.; Sexzubehör wie Massagestäbe und -n (Spiegel 9, 1977, 180).

Gụm|mi|rad, das: *Rad mit Gummireifen:* ... verließen Zweispänner auf Gummirädern den Brauereihof (Grass, Hundejahre 315).

Gụm|mi|rad|ler, der (österr. ugs.): **a)** *zweirädriger Handwagen mit Gummirädern;* **b)** (veraltet) *[vornehme] Kutsche mit Gummirädern:* G., in denen die Tschirschkys, die Palavicinis ... einst gefahren sein mochten (Roth, Kapuzinergruft 106).

Gụm|mi|rei|fen, der: *Reifen aus Gummi, mit dem das Rad eines Fahrzeugs ausgestattet ist.*

Gụm|mi|ring, der: **a)** *dünner Ring aus Gummi, der etw. [Eingewickeltes] zusammenhalten soll;* **b)** *Ring aus Gummi für Wurfspiele im Freien;* **c)** *flacher, schmaler Ring zum Abdichten von Weckgläsern:* in der Treppenbutze, wo die Weckgläser ... stehen und die roten, talkumglänzenden -e (B. Vesper, Reise 117); **d)** *Gummidichtung in Form eines Ringes.*

Gụm|mi|sau|ger, der: *auf die Milchflasche des Säuglings aufgesetzter Sauger.*

Gụm|mi|schei|be, die: *als Dichtung dienende Scheibe aus Gummi.*

Gụm|mi|schlauch, der: *Schlauch aus Gummi.*

Gụm|mi|schuh, der: **a)** *Überschuh aus Gummi;* **b)** *Schuh aus Gummi.*

Gụm|mi|schür|ze, die: *bei bestimmten Arbeiten zu tragende Schürze aus Gummi.*

Gụm|mi|schutz, der: *Präservativ.*

Gụm|mi|soh|le, die: *Schuhsohle aus Gummi.*

Gụm|mi|stem|pel, der: *Stempel* (1).

Gụm|mi|stie|fel, der: *Stiefel aus Gummi:* Die Schäfte seiner grünen G. bauschten die Hosenbeine unter den Knien (Fels, Sünden 113).

Gụm|mi|strumpf, der: *fester Strumpf aus elastischem Material mit eingewebten Gummifäden:* ... ging sie zu einem Bandagisten und probierte für ihre wunden Beine Gummistrümpfe an (Werfel, Himmel 181).

Gụm|mi|tier, das: *[aufblasbares] Tier aus Gummi als Spielzeug.*

Gụm|mi|tuch, das: *als Unterlage dienendes Tuch aus Gummi:* Edith hat ... unter das Bettlaken ein großes G. gelegt (Chotjewitz, Friede 272).

Gụm|mi|twist, der od. das: [die Sprünge ähneln den beim ²Twist (1) ausgeführten Tanzbewegungen]: *Kinderspiel, bei dem zwischen u. über einem Gummiband, das zwischen zwei Mitspielenden aufgespannt ist, von einem, einer dritten Mitspielenden bestimmte Sprünge zu absolvieren sind:* Kinder spielen mit ausgeleierten Bändern G. (SZ 26. 1. 99, 10).

Gụm|mi|über|zug, der: *Präservativ.*

Gụm|mi|un|ter|la|ge, die: *Unterlage aus Gummi.*

Gụm|mi|wärm|fla|sche, die: *Wärmflasche aus Gummi.*

Gụm|mi|zel|le, die: *mit Gummi ausgekleidete Zelle für Tobsüchtige in einer Heilanstalt:* er wurde vorsorglich in einer G. untergebracht; Der ist schon lange reif für die G. (ugs.; Brasch, Söhne 63).

Gụm|mi|zug, der: **a)** *durch eingewebte Fäden aus Gummi dehnbar gemachtes Stück Stoff als Einsatz in einem Kleidungsstück, in Stiefeln o. Ä.:* Ein Paar Zugstiefeletten mit ausgeleierten Gummizügen (Remarque, Triomphe 74); **b)** *in ein Kleidungsstück eingezogenes Gummiband:* Ich hab am liebsten meine Matrosenbluse mit dem G. um den Bauch (Keun, Mädchen 109).

gum|mö̱s ⟨Adj.⟩ (Med.): *zum Gumma gehörend, Gummas bildend.*

Gum|mo̱|se, die; -, -n [zu ↑¹Gummi]: *Gummifluss.*

Gụm|pe, die; -, -n, **Gụm|pen**, der; -s, - [mhd. gumpe = Wasserwirbel, H. u.]: **1.** (südd.) *Wasseransammlung, Wasserloch; tiefe Stelle in Wasserläufen u. Seen:* Der Platz ..., begrenzt von einem ... schnell fließenden Wasser, das an einer Biegung eine so tiefe G. bildete, dass man darin ... untertauchen konnte (Kuby, Sieg 295). **2.** (Bergmannsspr.) *Schlammkasten.*

Gun [gan], das od. der; -s, -s [engl.-amerik. gun = Injektionsnadel, -spritze, eigtl. = Schusswaffe, Revolver] (Jargon): *Spritze, mit der Rauschgift in die Vene injiziert wird.*

Gun|del|re|be, die; -, -n [mhd. gunderebe, gundreb, ahd. gundreba, wohl nach dem verw. Kundelkraut u. zu mhd. rebe, ahd. reba (↑Rebe), nach der Ähnlichkeit des unteren Pflanzenteils mit Rebstöcken]: *kleine Pflanze mit Ausläufer bildendem Wurzelstock, runden bis nierenförmigen Blättern u. blauen, hellvioletten, seltener rosa od. weißen Blüten.*

Gun|der|mann, der; -[e]s [volksetym. umgedeutet aus mhd. gund(e)ram, ahd. gundera (unter Anlehnung an den m. Vorn. Gundram)]: *Gundelrebe.*

gunk|sen ⟨sw. V.; hat⟩ [wohl zu mhd. gumpen = springen, hüpfen, eigtl. = springen machen] (landsch., bes. ostmd.): *mit dem Arm stoßen:* er hat ihn gegunkst; ihr sollt euch nicht immer g.!

Gun|man ['gʌnmən], der; -s, Gunmen [-mən; engl. gunman, aus: gun = Schusswaffe, Revolver u. man = Mann]: *bewaffneter Gangster:* ... nach solch einem Etagenwechsel vom unteren Gangster und G. zum Gentlemancatcher (Fr. Wolf, Menetekel 449).

Gün|sel, der; -s, - [spätmhd. gunsel, mhd. cunsele < (m)lat. consolida, zu: consolidare = festigen, wohl wegen der heilenden u. Wunden schließenden Wirkung]: *(zu den Lippenblütlern gehörende) krautige Pflanze mit rötlichen, blauen od. gelben, in den Blattachseln sitzenden Blüten.*

Gunst, die; - [mhd. gunst, zu ↑gönnen (zur Bildung vgl. Kunst – können)]: **a)** *wohlwollende, freundlich entgegenkommende Haltung, Geneigtheit:* die G. der Wähler, des Publikums; als ihn die königliche G. auf den Sessel eines Ministers ... erhob (Schneider, Erdbeben 96); dass der stadtbekannte Professor ... seinem Sohn seit langem die väterliche G. entzogen hatte (Prodöhl, Tod 172); jmds. G. erlangen, genießen, verlieren; jmdm. seine G. schenken; Manche von ihnen (= den Mädchen) ... gaben ihre G. *(Liebe)* nur widerwillig und unter Feilschen um den höchsten Preis (Hesse, Steppenwolf 156); (geh.:) ich erfreute mich ihrer G.; in jmds. G., bei jmdm. in G. stehen *(von jmdm. sehr geschätzt u. begünstigt werden);* nach G./(landsch.:) nach G. und Gabe[n] *(parteilich, nicht objektiv)* urteilen; sich um jmds. G. bemühen; Ü die G. des Schicksals, der Stunde; hier ist ein Weg, hier sind Spielraum und G. der Umstände zur Entfaltung seiner Gaben (Th. Mann, Krull 85); **b)** *bestimmte Auszeichnung, die jmdm. als Zeichen od. Ausdruck der Gunst* (a) *gewährt wird:* jmdm. eine G. zuteil werden lassen, gewähren; Hier besaß er, als einzigartige G., ein Zelt ganz für sich allein (Erh. Kästner, Zeltbuch 50); (geh.:) einer G. teilhaftig werden; wie viel es bedeute und welch seltene G. es sei, vom Meister zu Tisch geladen zu werden (Hesse, Narziß 233); ***zu jmds. -en** (*zu jmds. Vorteil, Nutzen;* seit dem 15. Jh. in dieser Wendung umlautloser Dativ Pl. zu dem mhd. starken Pl. günste): sich zu jmds., seinen eigenen -en verrechnen; etw. zu seinen -en wenden; Die Handballspieler des SC Empor Rostock entschieden ... das »Rattenfängerturnier« zu ihren -en (Freie Presse 3. 1. 90, 5); Ausnahmebefugnisse zu -en bestimmter *(für bestimmte)* Staatsorgane (Fraenkel, Staat 319); Zu ihren -en *(zu ihrer Ehre; um ihr gerecht zu werden)* muss gesagt werden, dass ... (Hildesheimer, Legenden 41); ◆ **c)** ***mit G./mit -en** *(mit Verlaub):* Würd'ger Herr, mit G.! Ich sah euch einen Sack mit Pfennig' küssen (Grillparzer, Weh dem I); Mit -en, Herr Kaiser! Das lasst nur hübsch bleiben (Rückert, Der Kaiser und der Abt).

Gunst|be|weis, der, **Gunst|be|zei|gung,** die: *etw., was jmds. Gunst* (a) *deutlich zum Ausdruck bringt.*

Gunst|ge|werb|le|rin, die; -, -nen (scherzh.): *Prostituierte:* Tatsächlich besteht die Gelegenheit, auf der Suche nach freiberuflichen -nen in den Straßen ... fündig zu werden (Die Welt 9. 8. 78, 3).

güns|tig ⟨Adj.⟩ [mhd. günstic = wohlwollend]: **a)** *durch seine Art od. [zufällige] Beschaffenheit geeignet, jmdm. einen Vorteil od. Gewinn zu verschaffen, die Vorzüge einer Person od. Sache zur Geltung zu bringen, ein Vorhaben od. das Gedeihen einer Sache zu fördern:* eine -e Gelegenheit; ein -es Urteil, Vorzeichen; -e Bedingungen, Umstände; einen -en Eindruck machen; im -en Augenblick kommen; etw. in -em Licht darstellen *(durch seine Darstellung vorteilhaft erscheinen lassen);* das Licht ist, fällt nicht sehr g.; der Moment, das Wetter war g.; dieser Preis ist wirklich g.; Für das, was bevorstand, war es sicher g. *(von Vorteil),* mit einem Ausländer verheiratet zu sein (Bieler, Mädchenkrieg 433); etw. g. beurteilen; durch bestimmte Maßnahmen eine Entwicklung, die Wirtschaft g. beeinflussen; etw. zu -en Bedingungen *(billig im Hinblick auf den Wert der Ware)* kaufen; diese Änderung wirkte sich g. aus; das trifft sich g.; **b)** *wohlwollend, wohlgesinnt:* Die glückliche, allen Anfängen -e Zeit früher Unbefangenheit war vertan (Chr. Wolf, Nachdenken 181); (veraltet:) der -e Leser möge diese Mängel entschuldigen; die Nachricht wurde g. aufgenommen; ... den Freund ... in einem Kreis zu lassen, von dem ein Teil ... jenem nicht g. gesinnt war (Buber, Gog 52).

-güns|tig: drückt in Bildungen mit Substantiven aus, dass die beschriebene Sache bes. geeignet für etw., sehr günstig im Hinblick auf etw. ist: beitrags-, steuer-, tarifgünstig.

güns|ti|gen|falls, güns|tigs|ten|falls ⟨Adv.⟩: *im günstig[st]en Fall, bestenfalls; höchstens, allenfalls noch:* sie wird g. noch mithilfe eines Stocks gehen können; Filme französischen Ursprungs wiesen ihn als Halbstarken, günstigstenfalls als Unterweltplayboy aus (Spiegel 48, 1965, 173).

Günst|ling, der; -s, -e [LÜ von frz. favori, ↑Favorit] (abwertend): *jmd., der die Gunst bes. eines einflussreichen Menschen [meist aus fragwürdigen Gründen] genießt u. von ihm bevorzugt wird:* fürstliche -e; er galt als G. der Pompadour; der Schotte, der bis dahin ein G. des Heiligen Stuhls gewesen war (Stern, Mann 131); Schepilow, ... ein Geschöpf und G. Chruschtschows (Dönhoff, Ära 224); Ü Am Tor (= des Hydeparks) stehen auf ihren Kisten die Redner, auch sie -e der Freiheit (Koeppen, Rußland 173).

Günst|lings|wirt|schaft, die ⟨o. Pl.⟩ (abwertend): *Besetzung von Stellen mit begünstigten statt mit befähigten Personen:* Die G. war weit verbreitet und die Versorgung von ausgedienten Offizieren ... mit Försterposten alltäglich (Mantel, Wald 114).

Gupf, der; -[e]s, Güpfe, österr.: -e [mhd. gupf, H. u.] (südd., österr., schweiz. mundartl.): **a)** *Gipfel, Spitze;* **b)** *[oberer] abgerundeter Teil von etw.; bei einem Gefäß o. Ä. über den Rand ragender Teil des Inhalts:* auf der Tasse Kaffee einen G. mit Obers machen; der G. *(das stumpfere Ende)* des Eies.

Gup|py [...pi], der; -s, -s [nach R. J. L. Guppy, der von Trinidad aus ein Exemplar an das Britische Museum sandte]: *zu den Zahnkarpfen gehörender kleiner, schlanker Fisch (der als Aquarienfisch gehalten wird).*

Gur, die; - [zu ↑gären] (Geol.): *breiige, erdige, aus Gestein hervortretende Flüssigkeit.*

Gur|de, die; -, -n [frz. gourde = Kürbis(flasche) < mfrz. co(h)orde < lat. cucurbita] (früher): *am Riemen getragene flach-runde Pilger- u. Soldatenflasche (ursprünglich aus getrocknetem Kürbis).*

Gur|gel, die; -, -n [mhd. gurgel(e), ahd. gurgula < lat. gurgulio]: **a)** *vorderer Teil des Halses; Kehle:* jmdm. die G. zudrücken, abschnüren; einem Tier die G. durchschneiden; Er sprang auf, er fasste mich an der G., der Schwächling (Roth, Beichte 161); Der alte Feldwebel will auf dem Felde der Ehre fallen, die Hand an der G. des Feindes (Remarque, Obelisk 294); ***jmdm. die G. zuschnüren/zudrücken/abdrehen/zudrehen** (salopp; *jmdn. zugrunde richten, wirtschaftlich ruinieren*): Von was soll ich leben? Sie haben mir alles weggenommen. Jetzt drehen Sie mir die G. zu ... Sie Halsabschneiderin! (Brecht, Mensch 19); **jmdm. an die G. springen/fahren/gehen** (1. *jmdn. heftig attackieren:* Wenn ich meinem Mann sagen würde, kümmere dich um die Kinder, mach die Hausarbeit, ich gehe verdienen! Ja, der würde mir an die G. springen [Hörzu 4, 1975, 73]. 2. *tätlich angreifen:* ... den Libanon ..., wo Maroniten, Drusen und Moslems einander an die G. gehen [natur 4, 1991, 104]); **b)** ⟨Pl. selten⟩ *Schlund (bes. in Bezug auf das Trinken):* schließlich hatte man sich die G. gespült und die Zähne geputzt (H. Kolb, Wilzenbach 154); Ü die gewohnten Schimpfworte, die ihm so locker in der G. saßen (Hesse, Sonne 50); ***sich** ⟨Dativ⟩ **die G. schmieren/ölen** (salopp scherzh.; *Alkohol trinken*); **etw. durch die G. jagen** (ugs.; *etw. vertrinken*): er hat sein ganzes Vermögen durch die G. gejagt.

Gur|gel|mit|tel, das: *Mittel, das bei*

Halsentzündungen o. Ä. zum Gurgeln verwendet wird.

gur|geln ‹sw. V.; hat› [mhd. gurgeln]: **1.** *den Rachen spülen u. dabei ein gluckerndes Geräusch verursachen:* Er putzte sich die Zähne und gurgelte geräuschvoll (Baum, Paris 37); mit Kamille g.; sie musste dreimal täglich g.; ***einen g.** (ugs.; *Alkohol trinken*). **2. a)** *(von in Bewegung befindlichem Wasser) ein dunkles, dem Gluckern od. Murmeln ähnliches Geräusch hervorbringen:* da unten gurgelt ... der Fluss (Hausmann, Salut 7); Die Nacht über dem Watt ..., wenn die Sände bloßlagen und die Priele gurgelten (Gaiser, Jagd 24); Es regnete. Es gurgelte die ganze Nacht (Frisch, Homo 97); die Priele, Bäche gurgeln; Ü Lindenbergs Stimme überschlug sich; sie gurgelte und fauchte (Kirst, 08/15, 237); ein gurgelndes Röcheln; ‹subst.:› Seine Stimme versank plötzlich in ein mooriges, unverständliches Gurgeln (Remarque, Funke 43); **b)** *mit gurgelnder* (2 a) *Stimme sprechen, etw. von sich geben:* zusammenhanglose Worte, Unverständliches g.

Gur|gel|was|ser, das; -s, ...wässer: **a)** *Gurgelmittel;* **b)** *Mundwasser.*

Gürk|chen, das; -s, -: Vkl. zu ↑Gurke.

Gur|ke, die; -, -n [aus dem Westslaw.; vgl. poln. ogórek, tschech. okurka < mgriech. ágouros = Gurke, zu griech. áōros = unreif; die Gurke wird grün (»unreif«) geerntet]: **1. a)** *als Gemüse- u. Salatpflanze angebautes, dicht am Boden entlangwachsendes Gewächs mit großen, rauen Blättern u. fleischigen, länglichen, grünen od. grüngelblichen Früchten:* -n anbauen, im Treibhaus ziehen; -n legen *(Gurkensamen einsäen);* **b)** *Frucht der Gurke* (1 a): sauersüße, eingelegte -n; -n ernten, schälen, einmachen, schmoren; Salat aus -n. **2. a)** (salopp scherzh.) *[hässliche, große] Nase:* eine geschwollene G.; einen Schlag auf die G. kriegen; **b)** (derb) *Penis.* **3.** (salopp abwertend) *etw., was nichts [mehr] taugt:* der fährt eine ganz müde G. *(ein altes, langsames Auto).* **4.** (salopp scherzh.) *seltsamer Mensch:* das ist vielleicht eine G.

gur|ken ‹sw. V.; hat/ist› (salopp): **1.** *irgendwohin gehen, fahren:* zum Bahnhof, nach Hause g.; wollen wir noch ein Stück über die Autobahn g.? **2.** *jmdn. mit dem Auto, Motorrad irgendwohin bringen:* Kann ja sein, dass die Kerls wieder zurückkommen und uns nach Hause gurken (Degener, Heimsuchung 25).

gur|ken|ähn|lich ‹Adj.›: *in der Form einer Gurke ähnlich:* eine -e Form.

gur|ken|ar|tig ‹Adj.›: *in der Art einer Gurke ähnlich:* ein -er Geschmack.

gur|ken|för|mig ‹Adj.›: *wie eine Gurke geformt.*

Gur|ken|ge|würz, das: *Gewürz zum Einmachen von Gurken.*

Gur|ken|glas, das ‹Pl. ...gläser›: *Weckglas für Gurken.*

Gur|ken|ha|chel, die (österr.): *Gurkenhobel.*

Gur|ken|ho|bel, der: *Küchengerät, mit dem man Gurken* (1 b) *in Scheiben schneidet.*

Gur|ken|kern, der: *flacher, eiförmiger Same einer Gurke.*

Gur|ken|kraut, das ‹o. Pl.›: **1.** *Borretsch.* **2.** *Dill.*

Gur|ken|sa|lat, der: *Salat aus Salatgurken, die in Scheiben geschnitten u. in einer Marinade o. Ä. zubereitet werden.*

Gur|ken|scha|le, die: **1.** *Schale einer Gurke.* **2.** ‹Pl.› (Soldatenspr.) *Tressen der Unteroffiziere:* Kein schlechter Nachwuchs für das Unteroffizierkorps, wenn man bedenkt, dass sich beide, sobald sie erst die -n besäßen, akklimatisieren würden (Kirst, 08/15, 84).

Gur|kha, der; -[s], -[s] [engl. (angloind.) Gurkha, nach einem ostindischen Volk in Nepal]: *Soldat einer nepalesischen Elitetruppe in der indischen bzw. britischen Armee.*

gur|ren ‹sw. V.; hat› [mhd. gurren, lautm.]: **1.** *(von der Taube) kehlige, dumpfe, weich rollende, lang gezogene Töne in bestimmten Abständen von sich geben:* auf dem Hof gurrten die Tauben; ‹subst.:› Draußen das Elfuhrläuten, und als es verstummt ist, wieder das Gurren der Tauben (Frisch, Gantenbein 422). **2.** *mit gurrender Stimme sprechen, etw. von sich geben:* »Welch hübsches Kleid, Gerda«, gurrt Renée. »Schade, dass ich so etwas nicht tragen kann! ...« (Remarque, Obelisk 198).

Gurt, der; -[e]s, -e, (landsch., Fachspr. auch:) -en [mhd. gurt, zu ↑gürten]: **1. a)** *[umgeschnalltes] starkes, breites Band zum Halten, Tragen o. Ä.:* die -e eines Fallschirms; einen G. anlegen, lockern, arretieren, festmachen; er versuchte vergebens, sich zu bewegen, er war festgeschnallt, ... sein Kopf war hinten am Gestänge des Bettes mit -en festgebunden (Böll, Adam 27); sich im Auto, im Flugzeug mit einem G. anschnallen; **b)** *breiter Gürtel [einer Uniform]:* Blaugrau die Uniform, sparsame Aufschläge, leichter G. (Bieler, Bonifaz 66); den G. um-, ablegen; **c)** kurz für ↑Patronengurt. **2.** (Archit.) *durchgehender oberer od. unterer Stab eines Fachwerkträgers:* die Hausfront war durch -e gegliedert. **3.** (Technik) *waagerechter Teil an der Ober- od. Unterseite des Steges bei geformtem Stahl, Trägern, Holmen.*

Gurt|band, das ‹Pl. ...bänder›: **1.** *Band, aus dem ein Gurt* (1 a) *besteht:* ein G. von bestimmter Breite, Länge. **2.** *festgewebtes Band für den Bund eines Rocks od. einer Hose.*

Gurt|bett, das: *transportables Bett, in dessen Rahmen Gurte gespannt sind.*

Gurt|bo|gen, der (Archit.): *quer zur Längsachse eines Tonnengewölbes verlaufender, zur Verstärkung dienender Bogen, der die einzelnen Gewölbeeinheiten, die Joche voneinander trennt.*

Gur|te, die; -, -n (schweiz.): ↑Gurt: Herr Dr. K. pflegte die -n im Auto immer zu tragen (Bund 9. 8. 80, 6).

Gür|tel, der; -s, - [mhd. gürtel, ahd. gurtil, zu dem ↑gürten zugrunde liegenden Verb]: **1.** *festes Band [aus Leder], das – vorn mit einer Schnalle geschlossen – um Taille od. Hüfte getragen wird:* ein schmaler, breiter, lederner, geflochtener G.; den G. weiter, enger schnallen; das Kleid wird durch einen G. zusammengehalten; Man sah ihn ... in verschiedenen Toiletten, in schneeweißem Sportanzug mit rotem G. (Th. Mann, Krull 36); ***den G. enger schnallen** (ugs.; *sich in seinen Bedürfnissen einschränken*): die Bevölkerung musste den G. enger schnallen; Sollen doch die Leute den G. enger schnallen – Hauptsache, das System überlebt (Dönhoff, Ära 227). **2.** *[geographische] Zone, die etw. wie ein schmales Band umgibt:* ein G. von Gärten und Parks zieht sich rings um die Stadt; Um die Mitte des neunzehnten Jahrhunderts, während die Straßen von Paris – vor allem aber die Straßen Wiens! – einen G. von Kaffeehäusern tragen (Jacob, Kaffee 184); Wenn man den Nahen Osten bereist, also einen Teil jenes breiten -s, der von Indien und Indonesien bis zur nordafrikanischen Küste ... reicht (Dönhoff, Ära 162). **3.** *fast undehnbare, verstärkende Einlage zwischen Lauffläche u. Unterbau eines Fahrzeugreifens zur Stabilisierung der Lauffläche:* Die Ausbildung eines weichen -s erlaubt auch, im unteren Geschwindigkeitsbereich den Komfort zu verbessern (auto 8, 1965, 50).

gür|tel|ar|tig ‹Adj.›: *in seiner Art, Form einem Gürtel ähnlich.*

Gür|tel|ech|se, die: *in Steinwüsten u. Grassteppen Mittel- u. Südafrikas u. Madagaskars heimische Echse mit starken, langen Schuppen in gürtelartigen Querreihen.*

Gür|tel|flech|te, die: *Gürtelrose.*

gür|tel|för|mig ‹Adj.›: *die Form eines Gürtels* (1, 2) *aufweisend.*

Gür|tel|li|nie, die: **a)** *Taille:* bei diesem Kleid ist die G. betont; (Boxen:) Schläge unter die G. sind verboten; Ü Lüstern, frivol und eindeutig unter der G. *(unter Einbeziehung des sexuellen Bereichs)* gehen die Sketche zur Sache (Wochenblatt Mannheim 6. 3. 96, 4); Fehler machen wir alle, die habe auch ich gemacht. Aber die Angriffe gegen seine Person waren sehr hart unter der G. *(unfair)* (MM 15. 8. 94, 9); ***ein Schlag unter die G.** (ugs.; *unfaires, unerlaubtes Verhalten*): seine Äußerungen waren ein Schlag unter die G.; **b)** (Jargon) *Linie, über der die Fenster eines Autos beginnen:* das Modell hat eine niedrige G.; Betont niedrig liegt die G. Sie lässt Platz für große Fenster (auto 6, 1965, 57).

Gür|tel|lin|se, die (Optik): *in der Schifffahrt (z. B. für Positionslampen) verwendete ring- od. tonnenförmige Linse, die das Licht horizontal bündelt.*

gür|tel|los ‹Adj.›: *ohne Gürtel* (1): ein -es Kleid.

Gür|tel|rei|fen, der: *Fahrzeugreifen mit Gürtel* (3): ein Satz G.

Gür|tel|ro|se, die ‹o. Pl.› [nach der gürtelartigen Ausbreitung; 2. Bestandteil nach den hellroten Knötchen]: *(durch einen Virus verursachte) schmerzhafte Krankheit, bei der sich meist am Rumpf gürtelartig hellrote Knötchen ausbilden, die sich in Bläschen umwandeln; Herpes Zoster.*

Gür|tel|schlie|ße, die: vgl. Gürtelschnalle.

Gür|tel|schnal|le, die: *Schnalle am Gürtel:* die G. enger, weiter stellen.

Gür|tel|ta|sche, die: *[kleine] Tasche, die am Gürtel* (1) *getragen werden kann:* Dabei entriss der Mann der Frau ihre G., in der außer einem kleinen Geldbetrag auch Ausweispapiere waren (MM 9. 7. 92, 23).

Gür|tel|tier, das: *Säugetier mit einem lederartigen od. verknöcherten, mit Hornplatten versehenen Rückenpanzer, der sich am Rumpf aus gürtelartigen, gegeneinander beweglichen Ringen zusammensetzt.*

gur|ten ‹sw. V.; hat›: **1.** *auf einen Gurt* (1 c) *stecken:* mit zwei Kästen à dreihundert Schuss, gegurtet zu fünfzig (H. Kolb, Wilzenbach 157). **2. a)** *den Pferdesattel mit einem Gurt befestigen:* du musst den Sattel besser g.; ‹subst.:› Beim Gurten selber ziehen Sie stets den vorderen Riemen zuerst an (Dwinger, Erde 46); **b)** *sich [im Auto] mit einem Gurt anschnallen:* »...Erst g., dann starten« ist die Parole (MM 4. 11. 74, 15).

gür|ten ‹sw. V.; hat› [mhd. gürten, ahd. gurten, eigtl. = umzäunen, einhegen, (um-, ein)fassen] (geh., selten): **1.** *mit einem Gürtel versehen; etw. als einen Gürtel um jmdn., sich, etw. legen:* sich mit einer Schärpe g.; in einem ... Seidenkleid mit ... Tunika, deren Taille ein schwarzes Sammetband gürtete (Th. Mann, Krull 200); der Mantel war sportlich gegürtet; Ü und wo er (= der Geist) sich mit dem Schwerte gürtet *(den Gurt mit dem Schwert umlegt),* vernichtet ihn das Schwert (Thieß, Reich 147); Die Zeiten waren milder ... geworden, niemand brauchte seine Lenden mehr zu g. *(sich zu bewaffnen;* Wiechert, Jeromin-Kinder 243). **2.** *einem Reittier den Sattel auflegen:* Und gürtete einen Esel in der Frühe und nahm dich mit mir (Th. Mann, Joseph 104).

Gurt|ge|sims, das (Archit.): *zwischen den einzelnen Geschossen eines Gebäudes angebrachtes, umlaufendes Gesims.*

Gurt|ge|wöl|be, das (Archit.): *durch Gurtbögen verstärktes Tonnengewölbe, das eine Unterteilung in Joche ergibt.*

Gürt|ler, der; -s, - [mhd. gürtelære, zu ↑Gürtel]: *jmd., der aus Metall, Glas, Holz o. Ä. Beschläge (für Gürtel), Modeschmuck, kunstgewerbliche Gegenstände formt* (Berufsbez.).

Gürt|le|rin, die; -, -nen: w. Form zu ↑Gürtler.

Gurt|muf|fel, der (ugs.): *jmd., der beim Autofahren keinen Gurt anlegt:* ... da die Zahl der G. in Deutschland zunehme (MM 28. 5. 96, 4).

Gurt|ob|li|ga|to|ri|um, das (schweiz.): *Anschnallpflicht.*

Gurt|pflicht, die: *Anschnallpflicht.*

Gu|ru, der; -s, -s [Hindi guru < sanskr. guru, eigtl. = gewichtig, ehrwürdig]: *[als Verkörperung eines göttlichen Wesens verehrter] religiöser Lehrer im Hinduismus:* einem G. folgen; Ü Einen Führer müsste man haben! Einen G., ein Vorbild (Fichte, Wolli 37); US-Komponist Steve Reich, großer G. der Neutöner (Spiegel 44, 1976, 214); Hesse ... ist der »Guru« *(geistige Führer)* der Hippies und anderer Dropouts (MM 15. 7. 70, 28).

GUS [auch: ge|u:ˈ|ɛs], die; -: = **G**emeinschaft **U**nabhängiger **S**taaten (Verbindung von elf souveränen Staaten, die früher Teil der UdSSR waren).

Gu|sche, die; -, -n [H. u.] (md.): *Gosche:* Die G. hältst du! (Strittmatter, Wundertäter 38); das Kind hat eine süße G.

Gus|la, die; -, -s u. ...len, Gusle [serb., kroat. gusle]: *südslawische lautenförmige Kniegeige mit nur einer Saite, die über eine Felldecke gespannt ist.*

Gus|lar, der; -en, -en [serb., kroat. guslar]: *jmd., der bestimmte Gesänge auf der Gusla begleitet; Guslaspieler.*

Gus|le, die; -, - u. -n: ↑Gusla.

Gus|li, die; -, -s [russ. gusli]: *russisches zitherähnliches Zupfinstrument mit 5 bis 32 Saiten.*

Guss, der; Gusses, Güsse [mhd., ahd. guʒ, zu ↑gießen]: **1. a)** *das Gießen von Metall o. Ä. in eine Form:* der G. einer Plastik; es war eine Glocke aus gutem G. (Koeppen, Rußland 119); ***[wie] aus einem G.** *(in sich geschlossen, einheitlich, vollkommen in Bezug auf die Gestaltung):* das Werk, die Inszenierung ist [wie] aus einem G.; Wir haben nichts dem Zufall ... überlassen, hier ist alles von Architekten und wie aus einem G. (Spiegel 42, 1974, 176); **b)** *gegossenes Erzeugnis des Gießverfahrens:* der G. ist zersprungen. **2. a)** *mit Schwung geschüttete, gegossene Flüssigkeitsmenge:* Dann kam von oben ein G. Wasser. Es platschte auf ihn herunter (Jaeger, Freudenhaus 165); den Blumen einen G. Wasser geben; Schütt mir mal das Wasser über den Kopf. ...Bernhard schüttelte sich unter dem eiskalten G. aus des Pfarrers Ziehbrunnen (Kuby, Sieg 272); **b)** *(als Anwendung [innerhalb einer Kneippkur]) das Begießen des Körpers bzw. eines Körperteils mit Wasser:* kalte Güsse verabreichen, bekommen; **c)** (ugs.) kurz für ↑Regenguss: Ein kräftiger G., und ein vermeintlich wüstes Land wie die Sonora verwandelt sich ... in ein Blütenmeer (natur 7, 1994, 35); Bei dem Wetter können Sie nicht draußen bleiben, warten sie den G. ab, es muss ja mal wieder aufhören (v. d. Grün, Irrlicht 20). **3.** kurz für ↑Schokoladen-, ↑Zuckerguss: den Kuchen mit einem G. aus Schokolade, aus Puderzucker überziehen.

Guss|ar|beit, die: *gegossener Gegenstand, Guss* (1 b).

Guss|as|phalt, der: *in erhitztem Zustand aufgetragene Asphaltmasse, die nach dem Auftragen einen festen Belag bildet.*

Guss|bad, das: *Guss* (2 a).

Guss|be|ton, der: *breiig fließender Beton, der in die Verschalung gegossen wird [u. sich dort verteilt].*

Guss|bruch, der (Gießerei): *beim Gießen entstehender Abfall, der wieder verwendet wird.*

Guss|ei|sen, das: *graues, sprödes, nicht schmiedbares Roheisen von geringer Elastizität u. hoher Druckfestigkeit.*

guss|ei|sern ‹Adj.›: *aus Gusseisen hergestellt:* -e Straßenlaternen; ein -er Herd; in den Zementfußboden eingelassen war eine -e Platte (Lentz, Muckefuck 11); das Hammelnierenfett wurde in einer -en Pfanne ausgelassen (Grass, Hundejahre 171); Ü In dieser grundsoliden, oft genug -en *(verfestigten, erstarrten)* Beständigkeit wird deutsche bürgerliche Literatur nur noch im Ausland gelehrt (Rhein. Merkur 8, 1976, 29).

Guss|er|zeug|nis, das: vgl. Gussarbeit.

Guss|feh|ler, der: *beim Gießen entstandener Fehler in einer Gussarbeit.*

Guss|form, die: *Form, in die ein Metall o. Ä. zum Erstarren gegossen wird.*

Guss|glas, das: *durch Gießen u. Walzen hergestelltes Glas.*

Guss|mau|er|werk, das ‹Pl. selten› (Archit.): *altrömisches Mauerwerk, bei dem die äußeren Wandbegrenzungen gemauert u. der entstandene Zwischenraum mit einem Gemenge von Mörtel u. Steinen ausgegossen ist:* mit G. ausgeführte Wölbungen.

Guss|mo|dell, das (Gießerei): *Modell, mit dessen Hilfe die Gussform hergestellt wird.*

Guss|naht, die (Gießerei): *Naht, die an der Oberfläche von Gussstücken durch die Trennwände der Gussformen hervorgerufen wird.*

Guss|put|zer, der (Gießerei): *Arbeiter, der die Gussstücke reinigt u. glättet* (Berufsbez.).

Guss|put|ze|rei, die (Gießerei): *Abteilung in einer Gießerei, in der Gussstücke gereinigt u. geglättet werden.*

Guss|put|ze|rin, die (Gießerei): w. Form zu ↑Gussputzer.

Guss|re|gen, der: *heftiger, kurzer Regen.*

Guss|roh|ling, der (Gießerei): *Gussstück, das noch nicht bearbeitet ist.*

Guss|stahl, der: *in Tiegeln geschmolzener, schmiedbarer Stahl, der bes. zur Herstellung von Werkzeugen verwendet wird.*

Guss|stück, das (Gießerei): *gegossenes Werkstück:* fehlerhafte -e.

GUS-Staat, der ‹meist Pl.›: *Staat der GUS:* Bevor sich Boris Jelzin ... zurückzog, bezeichnete er ... eine ausländische Einmischung in afghanische Angelegenheiten als »direkte Bedrohung« der Südgrenze der -en (SZ 15. 10. 98, 3).

Guss|teil, das (Gießerei): vgl. Gussstück.

güst ‹Adj.; o. Steig.; nicht adv.› [aus dem Niederd. < mniederd. guste, H. u.] (bes. nordd.): *(von Kühen, Schafen u. a.) unfruchtbar, nicht Milch gebend:* Die Broschüre zeigt die Vorteile der Einzelhaltung -er und tragender Sauen auf (Börsenblatt Leipzig 51/52, 1973).

Güs|ter, der; -s, - [H. u.]: *(in Seen u. größeren Flüssen heimischer) Karpfenfisch mit hohem, graugrünem Rücken, hellen, silberglänzenden Seiten, stumpfem Maul u. großen Augen.*

gus|tie|ren ‹sw. V.; hat› [ital. gustare]: **1.** ↑goutieren. **2.** (österr.) *kosten, probieren; genießen:* Allein unter neun Rundreisen durch die USA kann man g., von einer Dauer zwischen neun und 15 Tagen (Kronenzeitung 2. 10. 93, 31).

gus|ti|ös ⟨Adj.⟩ [zu ↑Gusto] (österr.): *appetitlich, appetitanregend:* Das Lokal ist unauffällig ..., einziger Blickfang sind das -e Vorspeisenbuffet und das Sortiment der ... Rotweinflaschen (Wiener 11, 1983, 160).

Gus|to, der; -s, -s ⟨Pl. selten⟩ [ital. gusto; vgl. Gout] (bes. südd., österr.): **1.** *Neigung, Lust:* Ich schrieb mit G.; ich schrieb schnell und viel, jedes Jahr ein Buch (K. Mann, Wendepunkt 299); Die Beamten ... konfiszierten Bücher in rauen Mengen und offenbar nach eigenem G. *(Belieben)* (Spiegel 16, 1996, 253); das kannst du ganz nach G. machen. **2.** *Appetit:* G. auf mehr ... haben die Wiener Symphoniker ... bei ihrer Wiedergabe des Fragments gemacht (Kronen-Zeitung 22. 11. 83, 15); Beim Schweinefleisch sollten Sie nur den allernotwendigsten G. stillen, da dieses Fleisch fast nur aus Mastzuchtbetrieben stammt (Neue Kronen Zeitung 30. 3. 84, 22).

Gus|to|men|scherl, das; -s, -[n] (österr. salopp): *hübsches Mädchen.*

Gus|to|me|ter, das; -s, - (Med.): *Gerät zur Prüfung des Geschmackssinnes.*

Gus|to|me|trie, die; - (Med.): *Prüfung des Geschmackssinnes.*

Gus|to|stü|ckerl, das; -s, -[n] (österr.): *besonders gutes Stück:* ein G. vom Essen hat er sich bis zum Schluss aufgehoben; Ü Der Gefangenenchor, der ... zu den -n des Wiener Staatsopernchors zählt und ... hinreißend wirkt (Presse 11. 8. 69, 4).

gut ⟨Adj.; besser, best..., am besten⟩ [mhd., ahd. guot, urspr. = (in ein Gefüge) passend, verw. mit ↑Gatter, ↑Gitter]: **1. a)** *besonderen Ansprüchen, Zwecken genügend; von zufrieden stellender Qualität, ohne nachteilige Eigenschaften od. Mängel:* -e Qualität, Ware, Nahrung; ein -er Wein, Apfel, Stoff, Film, Witz; Er ... habe ... in Frankreich 1940 auch so manchen -en Tropfen geleert (Kempowski, Uns 143); ein -es Werkzeug, Buch; eine -e Leistung, Arbeit; das ist kein -es Deutsch; die besten Erträge; bei bester Gesundheit sein; sie hat eine -e Drei *(eine Drei, die fast schon eine Zwei ist)* in Deutsch; ein -es Gedächtnis, Gehör haben; einen -en Geschmack haben; noch -e Augen, Ohren haben *([trotz seines Alters] noch gut sehen, hören können);* du brauchst nicht so zu schreien, ich habe noch -e Ohren; für diese Arbeit braucht man eine -e *(gesunde, leistungsfähige)* Lunge; er hat einen -en *(sich für eine zeichnerische o. ä. Wiedergabe eignenden)* Kopf; aus -em Grund *(mit voller Berechtigung)* ist das so; der Kuchen ist mit einem halben Pfund -er Butter *(mit Butter und nicht mit anderem Fett)* gebacken; dein Vorschlag ist sehr g.; ihr ist nichts g. genug *(sie hat an allem etwas auszusetzen);* eine g. ausgebaute *(den Anforderungen genügende)* Organisation; eine g. fundierte Ausbildung; g. gelungene *(in gelungener Weise hergestellte)* Fotos; wie aus g. informierten, unterrichteten *(genau informierten, unterrichteten)* Kreisen verlautet, soll die Ministerin noch kommen; Das Bezirksgericht ... verurteilte einen g. beleumdeten und nicht vorbestraften Werkmeister (Vaterland 282, 1964, 4); (häufig in Formeln der Bekräftigung od. des Einverstandenseins:) also g.; nun g.; und damit g. *(genug);* schon gut *(es bedarf keiner weiteren Worte);* ... könnt ja mitsingen, wollt nicht, auch g. (Degener, Heimsuchung 9); g.! *(jawohl!);* das ist ja alles g. und schön *(zwar in Ordnung),* aber trotzdem will ich nicht; etw. für g. befinden; sein Aufsatz wurde mit [der Note] »gut« bewertet; seine Sache g. machen; g. lesen, schwimmen können; Vor zwanzig Jahren hatte ich nur einen Wunsch: Heiraten, g. verdienen (v. d. Grün, Glatteis 16); sie spielt besser Klavier als die andern; das kann er am besten; das Holz brennt g.; das Kostüm sitzt g.; ein g. sitzender *(eine gute individuelle Passform besitzender)* Anzug; am meisten erstaunte er über Chwostiks g. sitzende Krawatte (Doderer, Wasserfälle 51); eine g. angezogene Frau; Mein Vater konnte als Tischlermeister keinen g. gewachsenen Baum ... betrachten, ohne den Nutzwert ... abzuschätzen (Grass, Hundejahre 239); das Kind lernt g. *(leicht, ohne Schwierigkeiten);* Zuerst hatte ich ein bisschen Angst vor meiner Stiefmutter ... Aber dann verstanden wir uns bald sehr g. (Hornschuh, Ich bin 11); ⟨subst.:⟩ etwas Gutes kochen; daraus kann nichts Gutes werden; *** es g. sein lassen mit etw.** (ugs.; *etw. mit etw. erledigt sein lassen*): mit diesem Versuch lassen wir es jetzt g. sein; **b)** *seine Fähigkeiten erkennen lassend u. seine Aufgabe zur Zufriedenheit erfüllend:* ein -er Schüler, eine -e Arbeiterin; Wenn deinem Bruder was daran liegt, ein -er Schreiner zu werden, dann kann er sich bei mir sehen lassen (Kühn, Zeit 336); eine -e Regierung; er ist in der Schule sehr g.; ⟨subst.:⟩ die Besten ihres Faches; **c)** *wirksam, nützlich:* das ist das beste Mittel gegen Migräne; der Tee ist g. gegen/(auch:) für Husten; der Tee wird dir, deinem Magen g. tun *(eine gute Wirkung bei dir, deinem Magen haben);* seine Worte taten mir gut; Ü Ist doch klar, dass es einem g. tut, wenn man über ein Thema sprechen kann, über das man mehr weiß als andere (Kemelman [Übers.], Dienstag 42); wer weiß, wozu das g. ist; **d)** *für etw. günstig, passend, geeignet:* eine -e Gelegenheit; heute ist -es Wetter zum Angeln; unsere Aussichten sind g.; die Äpfel sind g. zum Kochen; der Augenblick war g. gewählt; es trifft sich g., dass du kommst; das hast du g. *(treffend)* gesagt; *** es g. getroffen haben** *(mit/bei etw. Glück haben):* er hat es in seinem Urlaub [mit der Unterkunft] g. getroffen; **für etw. g. sein** (ugs.; *die Voraussetzung für etw. bieten; einer bestimmten Erwartung entsprechen*): diese Stürmerin ist immer g. für ein Tor; **g. daran tun** *(in Bezug auf etw. richtig handeln):* du tust g. daran, dich nicht zu beteiligen. **2.** *angenehm, erfreulich; sich positiv auswirkend:* eine -e Nachricht; sie hatten -es Wetter, eine -e Fahrt; etw. zu einem -en Ende führen; [wir wünschen Ihnen ein] -es *(nur Erfreuliches u. Angenehmes enthaltendes)* neues Jahr!; er hat heute einen -en Tag *(einen Tag, an dem ihm alles gelingt);* mein erster Eindruck von der Sache war nicht besonders g.; Man mag das g. finden oder nicht; ohne das Fernsehen kommen wir nicht aus (Hörzu 13, 1975, 34); mir ist nicht g. *(ich fühle mich momentan körperlich nicht wohl, leide unter Schwächegefühl od. Brechreiz);* hier ist g. sein, leben (geh.; *ist, lebt man gern*); ein g. gepflegtes Auto; Ein g. gekleideter Mensch trat ein, bei dem ich weder die Herkunft abschätzen konnte noch das Alter (Seghers, Transit 120); g. gelaunt sein *(gute Laune habend, zeigend);* die Mutter lachte g. gelaunt; hier lässt sichs g. leben; die Bücher gehen g. *(lassen sich schnell verkaufen);* das Lokal, Geschäft geht g. *(bringt Gewinn);* Ich hab eine g. gehende Immobilienfirma in Hamburg (Danella, Hotel 199); es geht mir [wieder] g. *(ich befinde mich wieder in einem guten Gesundheitszustand);* es ist ihm längere Zeit nicht g. gegangen *(er war längere Zeit krank);* die Sache ist noch einmal g. gegangen *(hat einen guten Verlauf genommen);* ob es wohl auf die Dauer mit uns g. gehen wird? *(ob wir gut miteinander werden leben können?);* wenn das nur g. geht!; die Ehe ist g. gegangen (ugs.; *sie hat sich positiv entwickelt*); die Kinder haben es g. zu Hause *(ihre Eltern lassen ihnen alle Fürsorge angedeihen);* du bist g. dran (ugs.; *du kannst dich in Bezug auf etw. glücklich schätzen*); g. aussehen; ein g. aussehender Mann; Ein Reifendienst sorgt ... für das richtige Profil, der Karosseriemeisterbetrieb für einen g. aussehenden Datsun mit hohem Wiederverkaufswert (Saarbr. Zeitung 14. 3. 80, 23); der Braten riecht g.; die Kakteen können Sonne g. vertragen; ⟨subst.:⟩ jmdm. alles Gute wünschen; sie ahnte nichts Gutes; was bringst du Gutes?; es hat alles sein Gutes *(seine positive Seite);* das ist denn doch des Guten zu viel (iron.; *geht denn doch zu weit*)!; er hat mit seiner Kritik ein bisschen des Guten zu viel getan (iron.; *hat ... übertrieben*); *** bei jmdm. g. angeschrieben sein** (ugs.; *weil man sich irgendwie hervorgetan hat, von jmdm. so geschätzt werden, dass man auf Nachsicht od. Erfüllung seiner Wünsche rechnen kann;* vgl. 2 Mos. 32, 32; Luk. 10, 20; Offenb. 3, 5 u. a., nach dem Buch des Lebens, in das die Gerechten eingeschrieben werden). **3. a)** *in Bezug auf etw., gemessen an etw., verhältnismäßig reichlich:* eine -e Ernte; ein -es *(ertragreiches)* Jahr; g. betuchte (ugs.; *recht wohlhabende*) Mieter verderben die Preise (MM 10. 3. 70, 4); eine g. bezahlte *(mit guter Bezahlung verbundene)* Arbeit; g. bezahlte *(eine gute Bezahlung erhaltende)* Fachkräfte; eine g. dotierte Position; die Kinder g. situierter *(in guten wirtschaftlichen Verhältnissen lebender)* Leute; Bei Empfängen, die ... über den Rahmen eines g. situierten Haushaltes hinausgehen (Horn, Gäste 324); eine g. verdienende Managerin; mit -em *(großem)* Appetit essen; er hat einen -en Zug (ugs.; *trinkt viel auf einmal*); das kostet mich ein -es Stück *(viel)* Geld; ein gut[er] Teil [der] Schuld lag bei ihr; das hat noch -e Weile *(eilt nicht);* **b)** *reichlich bemessen; mindestens,* *wenn nicht noch mehr als:* eine -e Stunde; ein -er Liter Flüssigkeit; der Sack wiegt g. zwei Zentner; der Kaufmann hat g. gewogen; ***g. und gern[e]** (ugs.; *bestimmt [so viel], wenn nicht mehr*): bis dahin sind es noch g. und gern zehn Kilometer; wenn er sich klarmacht, dass ihm noch »gut und gerne« 25 Jahre bevorstehen (Spiegel 14, 1977, 84); **so g. wie** (ugs.; *einer Angabe fast völlig entsprechend, sodass Fehlendes, Abweichendes kaum von Belang ist*): das ist so g. wie sicher, wie gar nichts; die Arbeit ist so g. wie erledigt; Dieses Gebiet ist heute so g. wie unerforscht (Lorenz, Verhalten I, 307). **4. a)** *tadellos, anständig:* ein -es Benehmen; ein Kind aus -em Hause; in der Klasse herrscht ein -er Geist; die Ärztin hat einen -en Ruf; sich g. benehmen, aufführen; der Schüler hat auch im Internat nicht g. getan (landsch.; *hat Schwierigkeiten gemacht, keinen guten Einfluss ausgeübt*); **b)** *sittlich einwandfrei, wertvoll; auf eine religiöse, ethische Grundlage bezogen:* ein -er Mensch, Christ; eine -e Tat; für eine -e Sache kämpfen; verführt von ihrem mitleidigen, -en, liebevollen Herzen (Bergengruen, Rittmeisterin 277); ein -es *(gutartiges)* Kind; ein -es Herz haben *(gutartig u. hilfsbereit sein);* sie ist eine -e Seele (ugs.; *ein gutmütiger Mensch*); er ist ein -er Kerl (ugs.; *ist gutmütig, tut keinem etwas zuleide*); damit tust du ein -es Werk *(etw. Nützliches);* (verblasst:) -e Frau, wo denken Sie hin; ich hatte ein, dabei kein -es Gewissen *(war [dabei nicht] von der Richtigkeit meines Handelns überzeugt);* sie war immer g. zu den Kindern/(selten:) gegen die Kinder; dafür bin ich mir zu g. *(ich halte diese Sache für schlecht, zu gering u. tue so etwas nicht);* ein g. gemeinter *(aus einer [wenn auch nicht so erkannten] guten Absicht heraus vorgebrachter)* Rat, Vorschlag; ein ihr g. gesinnter *(wohlgesinnter)* Freund und Förderer; ein g. gesinnter Mensch *(ein Mensch von guter, edler Gesinnung);* du bist g., wie soll ich denn das in der kurzen Zeit schaffen? (iron.; *ich muss mich doch sehr wundern, dass du von mir verlangst, das in der kurzen Zeit zu schaffen*); jenseits von g. und böse sein (iron.: 1. *weltfremd sein.* 2. *aufgrund höheren Alters sexuell nicht mehr aktiv sein;* wohl in Anlehnung an die 1886 erschienene Schrift des dt. Philosophen Fr. Nietzsche »Jenseits von Gut u. Böse«); ⟨subst.:⟩ Gutes mit Bösem vergelten (nach 1. Mose 44,4); an das Gute im Menschen glauben; sie hat viel Gutes in ihrem Leben getan; (iron.; in herablassendem, nachsichtigem Ton:) Was die da machen, meine Gute, ist schlimmstes Provinztheater (K. Mann, Mephisto 254); ***im Guten wie im Bösen** *(mit Güte wie mit Strenge):* sie versuchten es mit dem Kind im Guten wie im Bösen, ohne Erfolg. **5.** *jmdm. in engerer Beziehung zugetan u. sich ihm gegenüber entsprechend verhaltend; freundlich gesinnt:* ein -er Freund, Kamerad; es waren -e Bekannte von ihm; auf -e Nachbarschaft!; bei etwas -em Willen *(innerer Bereitschaft)* wäre es gegangen; (fam.:) jmdm. g. sein; die beiden sind wieder g. miteinander/einander wieder g. (fam.; *sind wieder versöhnt*); seien Sie bitte so g. *(nett, freundlich),* und nehmen Sie das Paket mit!; sei so gut, mir das Ergebnis mitzuteilen; jmdm. g. zureden *(jmdn. in freundschaftlicher Art zu etw. ermuntern);* mit jmdm. g. stehen, auskommen; er meint es g. mit dir *(ist dir wohlgesinnt u. will auch hiermit nur dein Bestes);* Bestimmt ist sie wieder g., wenn ich ihr Grünlinge bringe. Und schöne feste Maronen (Bastian, Brut 158); * ⟨subst.:⟩ **im Guten** *(friedlich, ohne Streit):* etw. im Guten sagen; sich im Guten einigen. **6.** *nicht für den alltäglichen Gebrauch bestimmt, besonderen, feierlichen Anlässen vorbehalten:* seinen -en Anzug anziehen; dieses Kleid lasse ich mir für g. (ugs.; *für besondere Gelegenheiten*). **7.** *leicht, mühelos geschehend, sich machen lassend:* das Buch liest sich g.; hinterher hat, kann man g. reden; du hast g. lachen *(bist nicht in meiner unangenehmen Lage);* »Sie haben g. lachen, Herr Freitag. Sie sitzen auf dem richtigen Pferd.« (Kirst, 08/15, 816); es kann g. sein *(ist ohne weiteres möglich),* dass sie noch kommt; ich kann ihn nicht g. darum bitten *(es geht eigentlich nicht, dass ich ihn darum bitte).*

Gut, das; -[e]s, Güter [mhd., ahd. guot = Gutes; Güte; Vermögen, Besitz; Landgut]: **1.** *Besitz, der einen materiellen od. geistigen Wert darstellt:* ererbtes, gestohlenes, herrenloses, fremdes G.; lebenswichtige, geistige, irdische, ewige Güter; liegende, unbewegliche Güter *(Immobilien, Liegenschaften);* bewegliche, (veraltet:) fahrende Güter *(transportabler Besitz wie Möbel o. Ä.);* er hat all sein G. verschleudert; Indem die aristotelische Ethik nach dem Glück ... als höchstem G. des Menschen fragt (Fraenkel, Staat 262); R Gesundheit ist das höchste G.; Spr unrecht G. gedeihet nicht/tut selten gut. **2.** *landwirtschaftlicher [Groß]grundbesitz mit den dazugehörenden Gebäuden; Landgut:* ein großes, kleines G. pachten, erwerben; das väterliche G. übernehmen, bewirtschaften; sie hat sich auf ihre Güter *(ihren Landbesitz)* zurückgezogen. **3.** *Stück, Ware für den Transport; Frachtgut, Stückgut:* gefährliche Güter (Amtsspr.; *Gefahrengut*); Neben ... flüssigen Gütern und Stückgut im Export werden über den Seehafen Wismar auch noch ganz spezielle Güter umgeschlagen (NNN 20. 2. 85,3); sperriges, leicht verderbliches G.; mehr Güter mit der Bahn verschicken; Güter aufgeben, abfertigen, versenden, verzollen, mit dem Flugzeug befördern, zu Schiff verfrachten. **4. a)** (veraltet) *Stoff, der zur Herstellung von etw. verwendet, verarbeitet wird:* Die Mühle war in Gang, die Steine ... mahlten, viel G. lag still neben den fressenden Umdrehungen (Gaiser, Jagd 161); irdenes G. *(Tonware);* **b)** (Seemannsspr.) *Gesamtheit der Taue u. Seile in der Takelage eines Schiffes:* stehendes G. *(feste, zum Abspannen von Masten dienende Taue);* laufendes G. *(bewegliche, zum Bewegen von Segeln, Ladebäumen u. a. dienende Taue).*

-gut, das -[e]s: **1.** bezeichnet in Bildungen mit Substantiven oder Verben (Verbstämmen) – selten mit Adjektiven – die Gesamtheit von Dingen, die mit etw. in Zusammenhang stehen: Back-, Ernte-, Rüstungsgut. **2.** (seltener) bezeichnet in Bildungen mit Substantiven die Gesamtheit von Personen (bes. unter statistischen Gesichtspunkten): Menschen-, Patientengut.

gut|ach|ten ⟨sw. V.; nur im Inf. u. im 1. Part. gebr.⟩: *ein Gutachten abgeben:* Erst nach und nach sind Mediziner auch bereit, gegen Kollegen zu g. (Spiegel 1, 1985, 111); ein gutachtender Experte.

Gut|ach|ten, das; -s, -: *in bestimmter Weise auszuwertende [schriftliche] Aussage eines Sachverständigen in einem Prozess, bei einem bestimmten Vorhaben o. Ä.:* ein ärztliches, medizinisches, erbbiologisches, positives G.; ein G. anfordern, ausarbeiten, ausstellen, abgeben, vorlegen, liefern, erstatten, über etw. anfertigen; Wenn ich hier als Kaufmann mein G. abgeben *(meine Ansicht äußern)* soll (Th. Mann, Buddenbrooks 154).

Gut|ach|ter, der; -s, -: *Sachverständiger, der ein Gutachten abgibt:* einen G. bestellen, hinzuziehen; als G. fungieren.

Gut|ach|te|rin, die; -, -nen: w. Form zu ↑Gutachter.

gut|ach|ter|lich ⟨Adj.⟩: *von einem Gutachter herrührend, seitens eines Gutachters, durch einen Gutachter:* eine -e Stellungnahme; Eine -e Beurteilung aller Belange von Luft, Wasser, Boden, Natur und Reststoffen (Welt 2. 4. 90, 23).

gut|acht|lich ⟨Adj.⟩: *in der Form eines Gutachtens, in einem Gutachten:* eine -e Stellungnahme; g. erhärtete Beweise; etw. g. bestätigen, prüfen, untersuchen.

gut|ar|tig ⟨Adj.⟩: **1.** *von gutem, anständigem Wesen:* ein -es Kind; das Tier ist g. *(nicht widerspenstig od. gefährlich).* **2.** *keine Metastasen bildend u. das Leben des Patienten nicht gefährdend:* eine -e Geschwulst; der Tumor hat sich als g. erwiesen.

Gut|ar|tig|keit, die ⟨o. Pl.⟩: **1.** *gutartiges* (1) *Wesen:* So wie man sich irgendwann entschlossen hat, an die G. der Menschen zu glauben (Chr. Wolf, Nachdenken 220). **2.** ⟨Pl. selten⟩ *Ungefährlichkeit eines Tumors:* die Laboruntersuchung bestätigt die G. des Tumors; Genaueres, auch über -en, weiß man selbstverständlich erst nach den Operationen (Wohmann, Absicht 21).

gut aus|ge|baut: gut (1 a).

gut aus|se|hend: s. gut (2).

gut be|leum|det: s. gut (1 a).

gut be|tucht: s. gut (3 a).

gut be|zahlt: s. gut (3 a).

gut|brin|gen ⟨unr. Verb; hat⟩ (Kaufmannsspr.): *gutschreiben:* Zinsen g.; Weiterhin sind Entschädigungsleistungen von Versicherten oder andren Dritten und Verwertungserlöse gutzubringen (FR 14. 10. 87, Beilage Leasing).

gut|bür|ger|lich ⟨Adj.⟩: *von einer Qualität, Lebensart od. in einer Weise, wie sie dem Bürgertum entspricht; solide:* eine -e Küche *(Küche, die einfache, nicht verfeinerte Gerichte in reichlichen Portionen* *bietet);* eine -e Familie; dass die meisten Leute im -en Viertel ... einen Bogen machten um sie (Kühn, Zeit 257); Der ... Doktor ... bewirtete mich, nach -em Brauch, mit Kaffee und Streuselkuchen (K. Mann, Wendepunkt 224); das Ambiente ist g.

Gütlchen, das; -s, - [3: zu ↑gut, eigtl. = das gute, befreundete (Wesen)]: **1.** Vkl. zu ↑Gut (2). **2.** in der Wendung **sich** ‹Dativ› **an etw. ein G. tun** (ugs. scherzh.; *etw. reichlich genießen;* urspr. Vkl. von ↑Güte; eigtl. = sich selbst etwas Gutes erweisen): sich an Pfannkuchen ein G. tun; er tat sich ein G. daran, uns warten zu lassen. ◆ **3.** *(in der landsch. Bergmannsspr.) hilfreicher Geist in Zwergengestalt:* Den frommen G. nah verwandt, als Felschirurgen wohl bekannt; die hohen Berge schröpfen wir, aus vollen Adern schöpfen wir (Goethe, Faust II, 5848 ff.).

gut doltiert: s. gut (3 a).

Gutldünlken, das; -s [mhd. guotdunken]: *Befinden, Urteil über jmdn., etw. nach dem, was jmdn. persönlich gut dünkt:* Siebzig Millionen ins G. von dreitausend eigenmächtigen Herren gestellt! (A. Zweig, Grischa 151); nach [eigenem, seinem] G. mit jmdm., etw. verfahren; Im Rat ... wurden die Probleme formuliert, die die Volksversammlung dann nach ihrem G. entschied (Fraenkel, Staat 258).

Gülte, die; - [mhd. güete, ahd. guotī]: **1.** *freundlich-nachsichtige Einstellung gegenüber jmdm., das Gütigsein:* jmds. große, unendliche G.; die G. Gottes; sie war die G. selbst; seine G. gegen uns/uns gegenüber kannte keine Grenzen; hätten Sie die G. (geh.; *wären Sie so freundlich*), mir zu helfen?; jmdn. durch G. überzeugen; was die Männer auch in väterlicher G. zu ihm sagen mochten (Thieß, Legende 158); sich mit jmdm. in G. *(ohne Streit)* einigen; mit G. kommt man hier nicht weiter, ist hier nichts zu machen; er machte [ihr] einen Vorschlag zur G. *(zur gütlichen Einigung);* ein Blick voller G.; jmdn. voller G. ansehen; Ü durch eine besondere G. des Schicksals (Musil, Mann 373); * [in der folgenden Wendung steht »Güte« verhüll. für: Gott] **[ach] du meine/liebe G.!** (ugs.; Ausruf des Erschreckens, der Verwunderung, der Überraschung): bist du schwul geworden? Du liebe G.! (Baldwin [Übers.], Welt 122); Meine G., reich wären wir doch alle gerne! **2.** *[Grad der guten] Beschaffenheit eines Erzeugnisses, einer Leistung o. Ä.; [gute] Qualität:* die bekannte, viel gepriesene G. einer Ware; sodass die G. der Werke von den geschichtlichen Umständen abhängt (Musil, Mann 37); ein Erzeugnis erster G.; Nach Warnemünde fuhr man früher ... im »Coupé« ... Fünfzig Pfennig kostet das, dritter G. (*dritter Klasse;* Kempowski, Zeit 66); Eine Ökosünde allererster G. (ugs., iron.; *eine große Ökosünde*), das muss ich zugeben (natur 1, 1996, 19); in dieser G. bekommt man den Kuchen nur in einer bestimmten Konditorei.

Gutledel, der; -s: *Rebsorte mit runden, hellgrünen od. zartbraunen Beeren, die liebliche, leichte Weine liefert.*

gültelgelsilchert ‹Adj.›: *von verbürgter Güte:* Wir bauen für Sie Qualität, ... g., mit Festpreisen (MM 2. 4. 86, Beilage bauen u. wohnen 16).

Gültelgrad, der: vgl. Güteklasse.

Gültelklaslse, die: *Klasse, der eine Ware aufgrund ihrer Güte (2) zugeordnet ist:* Eier der höchsten, obersten G.

Gültelkonltrollle, die: *Prüfung der Qualität von Produkten nach der Gütevorschrift.*

Gultelnachtlgruß, der: *Gruß vor dem Schlafengehen.*

Gultelnachtlkuss, der: *Kuss beim Gutenachtsagen [in der Familie o. Ä.]:* der G. des Vaters, die Riten am Frühstückstisch (K. Mann, Wendepunkt 16); Mama gibt mir noch einen flüchtigen G.; schon lange erzählt sie mir keine Geschichten mehr (Hartlaub, Muriel 43).

Gultelnachtllied, das: vgl. Gutenachtkuss.

Gultenlberg-Gallalxie, Gultenberg-Gallalxis, die ‹o. Pl.› [nach dem Titel eines 1962 erschienenen Buches des amerik. Medienwissenschaftlers H. Marshall McLuhan (1911–1980); 1. Bestandteil = Name des Erfinders des Buchdrucks mit beweglichen Metalllettern, J. Gensfleisch zu Laden, genannt Gutenberg (1397 od. 1400–1468), 2. Bestandteil zu engl. galaxy = (beeindruckende) Menge, Masse, Schar, eigtl. Galaxie]: *die Welt der gedruckten Texte; die von den Printmedien bestimmte Welt:* »Wir haben ... das Spektrum erweitert: von der knochentrockenen Gutenberg-Galaxie in eine buntere Welt made for the medium ...« (SZ 26. 8. 97, 16).

Gultenlmorlgenlgruß, der: *Gruß am Morgen, Vormittag.*

Gülterlablferltilgung, die: **a)** *Annahme u. Ausgabe von Waren u. Frachten, die per Bahn befördert werden:* die G. nahm längere Zeit in Anspruch; **b)** *zum Güterbahnhof gehörende Stelle für die Annahme u. Ausgabe von Waren u. Frachten:* etw. auf der G. abholen.

Gülterlablwälgung, die (Rechtsspr.): *Prinzip, nach dem ein rechtlich geschütztes höherwertiges Gut im Falle eines Konfliktes dem geringerwertigen vorzuziehen ist:* eine G. vornehmen; Ü Auch in Fragen der Theologie muss der Papst mit dem Instrument der G. arbeiten (NZZ 30. 6. 84, 9).

Gülterlanlgelbot, das: *Warenangebot.*

Gülterlausltausch, der: *Austausch von Waren u. Frachten mit dem Ausland.*

Gülterlbahnlhof, der: *Bahnhof für den Güterumschlag von Straßen- auf Schienenfahrzeuge.*

Gülterlexlpeldiltilon, die: *Güterabfertigung.*

Gülterlfernlverlkehr, der: *Beförderung von Gütern mit Kraftfahrzeugen über die Grenzen des Güternahverkehrs hinaus.*

Gülterlgelmeinlschaft, die: *vermögensrechtlicher Zustand, in dem das Vermögen der Eheleute gemeinschaftlicher Besitz ist:* »Das Vermögen seiner Frau meint er wohl.« ... »Wir leben in G.«, rief er wütend (Fussenegger, Haus 264).

Gülterlhalfen, der: *kleinerer Hafen für den Güterumschlag:* Dort (= in Konstanz) hat man schon einen G. am ... Strohmeyerdorf und im Haupthafen (Kosmos 2, 1965, 53).

Gülterlhallle, die: vgl. Güterschuppen.

Gülterlnahlverlkehr, der: *Beförderung von Gütern mit Kraftfahrzeugen in einem Umkreis von 50 km vom Sitz des Transportunternehmens aus.*

Gülterlproldukltilon, die: *Produktion von Gütern, Waren.*

Gülterlrecht, das ‹o. Pl.› (Rechtsspr.): *vermögensrechtliche Beziehungen von Eheleuten.*

gülterlrechtllich ‹Adj.›: *das Güterrecht betreffend, ihm entsprechend.*

Gülterlschifflfahrt, die: *Gütertransport per Schiff.*

Gülterlschuplpen, der: *zu einem Güterbahnhof gehörende Halle für die vorübergehende Lagerung ankommender od. abgehender Güter.*

Gülterlspeilcher, der: vgl. Güterschuppen.

Gülterlstand, der (Rechtsspr.): *Ordnung der vermögensrechtlichen Beziehungen von Ehegatten untereinander:* gesetzlicher, vertraglicher G.

Gülterltalrif, der: *Tarif für die Beförderung von Gütern.*

Gülterltranslport, der: *Transport von Gütern.*

Gülterltrenlnung, die: *vermögensrechtlicher Zustand, in dem jeder Ehegatte sein eigenes Vermögen behält u. frei verwaltet:* in G. leben; eine Heirat mit G.

Gülterlumlschlag, der: *das Umladen von Gütern aus einem Transportmittel in ein anderes:* Anhalten für G. *(zum Ent- od. Beladen)* gestattet.

Gülterlverlkehr, der: *Beförderung von Gütern durch Verkehrsmittel wie Bahn, Kraftfahrzeug, Schiff, Flugzeug o. Ä.*

Gülterlwalgen, der: *Eisenbahnwagen, Waggon für den Gütertransport:* In Petropawlowsk hatte man noch einige offene G. mit verrosteten Maschinen angehängt (Leonhard, Revolution 113).

Gülterlzug, der: *aus Güterwagen bestehender Eisenbahnzug.*

Gültelsielgel, das: *Gütezeichen.*

Gültelterlmin, der (Rechtsspr.): *Güteverfahren.*

gülteltrielfend ‹Adj.› (iron.): *von Güte (1) triefend, sich durch ein Übermaß an Güte auszeichnend:* Es gibt da (= in den Todesanzeigen) nur ... -e Generäle ..., fast heilige Munitionsfabrikanten (Remarque, Obelisk 66).

Gültelverlfahlren, das (Rechtsspr.): *Verfahren im arbeitsgerichtlichen od. zivilrechtlichen Prozess mit dem Zweck, eine gütliche Einigung der Parteien herbeizuführen.*

Gültelverlhandllung, die (Rechtsspr.): *Teil der mündlichen Gerichtsverhandlung, der der gütlichen Beilegung eines Rechtsstreits od. einzelner Streitpunkte dient.*

Gültelvorlschrift, die: *Vorschrift hinsichtlich der Güte (2) eines Erzeugnisses.*

Gü|te|zei|chen, das: *auf einer Ware angebrachtes Zeichen, durch das die Überprüfung der Güte* (2) *bestätigt wird:* ein G. tragen, erhalten; Ü Der Name Troller ist ein G., legitimiert durch eine Riesenzahl exakter Porträts (MM 3. 6. 75, 24).

Gut|fin|den, das; -s (schweiz.): *Gutdünken.*

gut fun|diert: s. gut (1 a).

gut ge|hen: s. gut (2).

gut ge|hend, gut ge|klei|det, gut gelaunt: s. gut (2).

gut ge|lun|gen: s. gut (1 a).

gut ge|meint: s. gut (4b).

gut ge|pflegt: s. gut (1 a).

gut ge|sinnt: s. gut (4b).

Gut|ge|sinn|te, der u. die; -n, -n ⟨Dekl. ↑Abgeordnete⟩: *jmd. von guter Gesinnung.*

Gut|ge|wicht, das ⟨o. Pl.⟩ (Kaufmannsspr.): *über das erforderliche Gewicht einer Ware hinausgehendes Gewicht.*

gut|gläu|big ⟨Adj.⟩: *die eigene Aufrichtigkeit u. gute Absichten auch bei anderen voraussetzend u. ihnen [unvorsichtigerweise] Glauben schenkend:* ein -er Kunde; in der -en Annahme, dass ...; du bist viel zu g.; ... dass eine arbeitsame Frau g. dreißig Jahre lang einen Gottesschwindler über Wasser hält (Werfel, Himmel 121).

Gut|gläu|big|keit, die; -: *das Gutgläubigsein.*

gut|ha|ben ⟨unr. V.; hat⟩: *(meist eine Geldsumme) von jmdm. fordern können:* du hast bei mir noch einiges, zwanzig Mark gut; dass sie bei ihnen für wenigstens einen Tag Vertretung guthatte (Johnson, Ansichten 210).

Gut|ha|ben, das; -s, -: **a)** *zur Verfügung stehendes, gespartes Geld [bei einer Bank]; Geldsumme, die man von jmdm. fordern kann:* er hat noch ein großes, kleines G. auf der Bank, bei der Sparkasse, bei mir; der Kontoauszug weist ein G. von 450 Mark auf; **b)** (Buchf.) *Differenz zwischen der Summe der Gutschriften u. der Forderungen, bei der die Forderungen überwiegen.*

gut|hei|ßen ⟨st. V.; hat⟩: *etw. (von oft zweifelhaftem Charakter) für gut u. nützlich halten:* stillschweigend alles g.; er konnte eine solche Tat, diese skrupellosen Methoden niemals g.; und so etwas heißt du auch noch gut?; Unsere Hausordnung verlangt, dass das Hauskomitee ihn vorher gutheißt (Kemelman [Übers.], Dienstag 14); der ... Projektierungskredit wurde ... mit 58 gegen 39 Stimmen gutgeheißen (NZZ 30. 4. 83, 31); Der von allen Staaten gutgeheißene Maßnahmenkatalog (Tages Anzeiger 5. 11. 91, 8).

Gut|hei|ßung, die; -, -en ⟨Pl. selten⟩: *das Gutheißen; Billigung:* vorbehältlich einer G. durch das britische Kabinett (Bund 15. 10. 68, 2).

Gut|heit, die; -: *das Gutsein.*

gut|her|zig ⟨Adj.⟩: *von weicher Gemütsart u. anderen gegenüber wohlwollend, freundlich u. hilfsbereit:* ein -er Mensch; diesem Tadel hatte die dicke Frau ein -es Lächeln beigefügt (Bastian, Brut 163); sie ist g.

Gut|her|zig|keit, die; -: *das Gutherzigsein:* Er hätte ihn beinahe aus überlaufender G. geduzt (R. Walser, Gehülfe 37).

gü|tig ⟨Adj.⟩ [mhd. güetec = freundlich]: *anderen mit Freundlichkeit u. Nachsicht begegnend, ihnen wohlwollend zugetan od. diese Haltung erkennen lassend:* ein -er Mensch; ein -es Geschick hatte sie davor bewahrt, dass ...; zu g.! (iron.; *dass Sie mir etwas so Geringes anzubieten wagen!*); sich g. gegen jmdn. zeigen; g. lächeln; so kennt er seinen Katecheten, g. bis zur Selbstaufopferung, ein Träumer (Loest, Pistole 28); Wenn ich ... bitten dürfte, auf dieser Frage -st nicht weiter bestehen zu wollen (Th. Mann, Krull 120).

Gü|tig|keit, die; - (selten): *das Gütigsein:* die G. seines Wesens; (iron.; als Titel:) Sein ... Vetter ..., seine G., der Unterrabbiner der jüdischen Synagogengemeinde (Jahnn, Geschichten 89).

gut|klas|sig ⟨Adj.⟩ (bes. Sport): *hochklassig:* ein -es Turnier; eine -e Begegnung; Ein -es Spitzentreffen, schnell ... geführt (NNN 23. 9. 85, 6).

Gut|leut|haus, das; -es, ...häuser [verhüll. Bez. für außerhalb von Wohngebieten gelegene Häuser für Aussätzige] (früher): *Armenhaus.*

güt|lich ⟨Adj.⟩ [mhd. güetlich, ahd. guotlīh = gütig, freundlich]: *in freundlichem Einvernehmen der Partner zustande kommend; ohne dass es zu einer [weiteren] feindlichen Auseinandersetzung, zu einem Gerichtsurteil o. Ä. kommt:* eine -e Abmachung, Einigung, Verständigung; einen Streit g. beilegen, schlichten; Friedlich und g. wurde das Strafverfahren ... wegen Geringfügigkeit eingestellt (Prodöhl, Tod 72); ***sich an etw. g. tun** *(genießerisch u. behaglich etw. verzehren):* ich habe mich an der Suppe g. getan.

gut|ma|chen ⟨sw. V.; hat⟩: **1. a)** *ein Unrecht, einen Fehler wieder so gut wie möglich in Ordnung bringen:* ein Versäumnis, einen Schaden, eine Unhöflichkeit g.; und dann, sagte er, hätte er auch noch etwas gutzumachen (Schnurre, Bart 189); er hat viel an ihr gutzumachen *(hat ihr großes Unrecht getan);* Aber alles kann auch die Zeit nicht g. (*ausgleichen;* Gaiser, Schlußball 160); **b)** *sich für etw. erkenntlich zeigen, revanchieren:* Sie haben mir so oft geholfen, ich weiß gar nicht, wie ich das g. soll. **2.** *für sich einen Überschuss erzielen:* er hat bei dem Geschäft 50 Mark gutgemacht; Nach fünf Kilometern lag er schon vorne, hatte 14 Sekunden gegen Grönningen ... und 18 Sekunden vor Sixten Jernberg gutgemacht (Olymp. Spiele 23).

Gut|mensch, der (meist abwertend od. ironisch): *[naiver] Mensch, der sich in einer als unkritisch, übertrieben, nervtötend o. ä. empfundenen Weise im Sinne der Political Correctness verhält, sich für die Political Correctness einsetzt:* Der christliche G. par excellence, der soziale Projekte in den USA finanziell unterstützt, möchte ... noch möglichst viele Seelen für die Sache des Herrn gewinnen (FR 7. 1. 98, 16).

gut|mü|tig ⟨Adj.⟩: *seinem Wesen nach freundlich, hilfsbereit, geduldig, friedfertig, [in naiver, argloser Weise] nicht auf den eigenen Vorteil bedacht od. ein solches Wesen erkennen lassend:* ein -er Mensch, Charakter; Franz ist so ein -es Schaf (Döblin, Alexanderplatz 304); sie ist g. [veranlagt]; g. dreinblicken, nachgeben; Es war ein richtiges kleines Vorstadtkino. Eines von denen, die man g. *(ohne dass es herabsetzend gemeint ist)* Flohkiste nennt (Borchert, Geranien 32); Ü Das Fahrwerk verdient das Prädikat »gutmütig«. Die ... Spurtreue bleibt auch auf unebener Fahrbahn erhalten, und die Antriebseinflüsse sind kaum spürbar (ADAC-Motorwelt 7, 1986, 37).

Gut|mü|tig|keit, die; -: *das Gutmütigsein; gutmütiges Wesen:* Daher die unfassbare Rohheit der Deutschen »im Dienst«, die in so merkwürdigem Gegensatz zu ihrer privaten G. stand (Tucholsky, Werke II, 120).

gut|nach|bar|lich ⟨Adj.⟩: *von, in einer Art, wie sie unter guten Nachbarn üblich ist:* -e Beziehungen; ein -es Verhältnis pflegen; Wir hätten ... die Bereitschaft zu -er Zusammenarbeit zu bekunden (W. Brandt, Begegnungen 284).

Gut|punkt, der (Turnen): *zusätzlicher Pluspunkt für Technik, Ausführung u. Originalität bei der Bewertung einer Übung.*

Gut|sa|ge, die (selten): *das Gutsagen:* Ich konnte durch eine dringliche Empfehlung und G. bei den Amerikanern noch das Meine dazu beitragen (Kantorowicz, Tagebuch I, 319).

gut|sa|gen ⟨sw. V.; hat⟩: *sich für eine Person od. Sache verbürgen, um ihr durch seine positive Aussage zu nützen:* für einen Bekannten, jmds. Schuldlosigkeit g.; ehemalige russische Kriegsgefangene ... hatten für ihn gutgesagt (SZ 25. 9. 85, 11); ⟨subst.:⟩ dass ihm sein Gutsagen für den toten Blumenthal wüste Beschimpfungen eintrug (Kant, Impressum 51).

Guts|be|sit|zer, der: *Besitzer eines Gutes* (2).

Guts|be|sit|ze|rin, die: w. Form zu ↑Gutsbesitzer.

Gutsch, der; -[e]s, Gütsche [zu ↑Guss, eigtl. = Ausguss (2)] (schweiz.): **1.** *Regenguss.* **2.** *Guss* (2 a): etwas Muskat und Estragon in die Sauce und schließlich noch einen zünftigen G. Weinessig (Basler Zeitung 12. 5. 84, 57).

Gut|schein, der: *Schein, der den Anspruch auf eine Ware od. einen Betrag [für den man etw. kaufen kann] bestätigt:* ein G. auf/für eine Warenprobe, eine Tageszeitung, einen Kalender; -e ausgeben; jmdm. [zu Weihnachten] einen G. [im Wert von 100 DM] schenken.

Gut|schein|heft, das: *Heft mit mehreren Gutscheinen.*

gut|schrei|ben ⟨st. V.; hat⟩: *als Guthaben eintragen, anrechnen:* der überschüssige Betrag wird Ihrem Konto, Ihnen gutgeschrieben; Ich faltete Papiertüten ... So wurden meinem Konto pro Arbeitstag Fr. 1.50 gutgeschrieben (Ziegler, Konsequenz 15); Ü das Wesen eines Systems ..., dem Ausländer ... einige wirtschaftliche Errungenschaften gutzuschreiben geneigt waren (Rothfels, Opposition 94).

Gut|schrift, die: **a)** *eingetragenes Guthaben, gutgeschriebener Betrag:* eine hohe G. auf seinem Konto haben; **b)** *Bescheinigung über einen gutgeschriebenen Betrag.*

Gut|sel, das; -s, - [Vkl. zu gleichbed. Guts, eigtl. = Gutes] (landsch.): *Bonbon:* Fastnachtsumzug: Närrischer Lindwurm spuckt 100 Zentner G. (MM 26. 2. 81, 25).

Guts|haus, das: *zu einem Gut* (2) *gehörendes Wohnhaus.*

Guts|herr, der: *Gutsbesitzer als Vorgesetzter der auf seinem Gut Arbeitenden.*

Guts|her|ren|art, die: meist in der Fügung **nach G.** *([von Speisen] mit kräftigen Gewürzen, Speck u. a. zubereitet, wie es in der gehobenen ländlichen Küche üblich ist).*

Guts|her|rin, die: w. Form zu ↑Gutsherr.

Guts|herr|schaft, die: *Gutsherr od. -herrin mit Familie:* mancher Bauer machte Bankrott und war froh, wenn die G. sein Land übernahm (Dönhoff, Ostpreußen 173).

Guts|hof, der: *Gut* (2) *[im Hinblick auf die dazugehörenden Gebäude].*

Guts|in|spek|tor, der: *diplomierter od. staatlich geprüfter Landwirt in einem landwirtschaftlichen Großbetrieb.*

Guts|in|spek|to|rin, die: w. Form zu ↑Gutsinspektor.

gut si|tu|iert: s. gut (3 a).

gut sit|zend: s. gut (1 a).

Guts|le, das; -s, - (südd.): **a)** *[Weihnachts]plätzchen;* **b)** *Bonbon.*

gut|spre|chen ‹st. V.; hat› (veraltend): *gutsagen.*

gut|ste|hen ‹unr. V.; hat; südd., österr., schweiz. auch: ist› (veraltend): *bürgen, gutsagen:* der mich gewählt hat, der steht mir für den Weg und seinen Fortgang gut (Goes, Hagar 145); sie (= diese Welt) duldete ... seine (= des Besuchers) Gegenwart auf eine nicht geheuere, für nichts gutstehende Weise (Th. Mann, Zauberberg 657).

Guts|ver|wal|ter, der: *Verwalter eines Gutes* (2).

Guts|ver|wal|te|rin, die: w. Form zu ↑Gutsverwalter.

Gut|ta|per|cha, die; - od. das; -[s] [zu malai. getah = Gummi u. percha = Baum, der Guttapercha absondert]: *kautschukähnliches Produkt aus dem Milchsaft einiger Bäume Südostasiens, das vor allem als Isoliermittel u. zur Herstellung von wasserdichten Verbänden* (1) *verwendet wird.*

Gut|ta|per|cha|pa|pier, das: *dünn ausgewalzte Guttapercha.*

gut|tä|tig ‹Adj.› (veraltet): *Gutes tuend:* ein -er Mensch.

Gut|ta|ti|on, die; -, -en [zu lat. gutta = Tropfen] (Bot.): *tropfenförmige Wasserausscheidung an Blatträndern u. -spitzen bestimmter Pflanzen.*

Gut|temp|ler, der; -s, - [engl. Good Templar, aus: good = gut u. Templar = Templer]: **a)** *Mitglied des Guttemplerordens;* **b)** *Antialkoholiker.*

Gut|temp|ler|or|den, der; -s: *in Amerika 1852 gegründeter, international verbreiteter Bund, dessen Mitglieder sich zur Abstinenz gegenüber Alkohol verpflichten.*

Gut|ti, das; -s: *Gummigutt.*

gut|tie|ren ‹sw. V.; hat› [mit französierender Endung zu lat. gutta = Tropfen] (Bot.): *(von Pflanzen) Wasser in Tropfen ausscheiden.*

Gut|ti|o|le®, die; -, -n [zu lat. gutta = Tropfen u. ↑Phiole]: *Fläschchen, mit dem man Medizin einträufeln kann.*

gut tun: s. gut (1 c, 4 a).

gut|tu|ral ‹Adj.› [zu lat. guttur = Kehle]: **a)** *kehlig klingend:* eine -e Sprache; Er besaß eine -e, raue Stimme, die klang, als müsse er sich räuspern (Kemelman [Übers.], Mittwoch 84); seine Aussprache ist sehr g.; **b)** (Sprachw. veraltend) *im Bereich der Kehle gebildet:* ein -er Laut.

Gut|tu|ral, der; -s, -e (Sprachw. veraltend): *mithilfe von Zunge u. Gaumen gebildeter Konsonant; Gaumenlaut:* ein palataler, velarer G.

Gut|tu|ra|lis, der; -, ...les [...le:s] (Sprachw. veraltet): *Guttural.*

Gut|tu|ral|laut, der: *Guttural.*

gut un|ter|rich|tet: s. gut (1 a).

gut ver|die|nend: s. gut (3 a).

gut|wil|lig ‹Adj.› [mhd. guotwillic, ahd. guotwilīg]: **1.** *bei etw. guten Willen zeigend; geneigt u. bereit, sich dem Willen od. Wunsch anderer zu fügen; freiwillig, ohne andern Schwierigkeiten zu machen:* ein -er Schüler, ein -es Mädchen; er war kräftig und gesund, packte jede Arbeit geschickt und g. an (Danella, Hotel 21); Das eine stand fest: Die Franzosen waren da und gingen nicht mehr g. weg (Marchwitza, Kumiaks 169); etw. g. hergeben, herausgeben, aufgeben; Ich gehe nur zu Fuß – g. steig' ich nicht in Ihren Wagen (Hochhuth, Stellvertreter 48). **2.** *keine bösen Absichten gegen jmdn. verfolgend; wohlgesinnt:* -e Leute hielten ihn für einen Gottverwandten, böswillige für einen Bastard des Teufels (Strittmatter, Wundertäter 59); für jeden, der sich g. damit befasst, ist das klar ..., für Klatsch ist kein Raum (Kafka, Schloß 198).

Gut|wil|lig|keit, die; -: *das Gutwilligsein.*

Gu|ya|na; -s: Staat im Norden Südamerikas; vgl. Guayana.

Gu|ya|ner, der; -s, -: Ew.

Gu|ya|ne|rin, die; -, -nen: w. Form zu ↑Guyaner.

gu|ya|nisch ‹Adj.›.

Gu|yot [gÿi'jo:], der; -s, -s [nach dem amerik. Geographen u. Geologen schweiz. Abstammung A. H. Guyot (1807–1884)] (Geol.): *(bes. häufig im Pazifischen Ozean auftretender) unter der Meeresoberfläche aufragender Tafelberg aus vulkanischem Gestein.*

GV (Jargon) = Geschlechtsverkehr.

Gwirkst, das; -s (österr. ugs.): *Gewirkst.*

gwun|de|rig, gwun|drig: *gewunderig.*

Gy = Gray.

Gym|kha|na [gʏm'ka:na], das; -s, -s [unter Einfluss von engl. gymnasium = Sporthalle, -schule u. Hindi geind-khāna = Tennisplatz geb., urspr. nach ind. Vorbild von engl. Soldaten ausgetragener Wettkampf]: *Geschicklichkeitswettbewerb, bes. für [Leicht]athleten, Reiter, Kraftwagenfahrer u. Wassersportler.*

Gym|naes|tra|da [...nɛ...], die; -, -s [zu ↑Gymnastik u. span. estrada = Straße]: *alle vier Jahre in einem andern Land stattfindendes internationales Turnfest (ohne Wettkämpfe) mit gymnastischen u. turnerischen Vorführungen.*

gym|na|si|al ‹Adj.›: *das Gymnasium betreffend, zum Gymnasium gehörend:* der -e Deutschunterricht; die -e Oberstufe; Alf ... findet zu einer erotischen Freundschaft mit Felix, einem -en Mitschüler (Hohmann, Engel 304).

Gym|na|si|al|bil|dung, die ‹o. Pl.›: *Schulbildung, die man auf dem Gymnasium erworben hat.*

Gym|na|si|al|di|rek|tor, der: *Direktor eines Gymnasiums.*

Gym|na|si|al|di|rek|to|rin, die: w. Form zu ↑Gymnasialdirektor.

Gym|na|si|al|klas|se, die: *Schulklasse eines Gymnasiums.*

Gym|na|si|al|leh|rer, der: *Lehrer an einem Gymnasium.*

Gym|na|si|al|leh|re|rin, die: w. Form zu ↑Gymnasiallehrer.

Gym|na|si|al|pro|fes|sor, der (österr., sonst veraltet): *Lehrer an einem Gymnasium; [Ober]studienrat:* Da ... Katia nicht ins Gymnasium gehen konnte, kamen die -en zu ihr (Reich-Ranicki, Th. Mann 239).

Gym|na|si|al|pro|fes|so|rin, die: w. Form zu ↑Gymnasialprofessor.

Gym|na|si|al|stu|di|um, das (österr.): *Schulzeit auf dem Gymnasium.*

Gym|na|si|arch, der; -en, -en [griech. gymnasíarchos] (hist.): *Leiter eines Gymnasiums* (2).

Gym|na|si|ast, der; -en, -en: *Schüler eines Gymnasiums* (1).

Gym|na|si|as|tin, die; -, -nen: w. Form zu ↑Gymnasiast.

Gym|na|si|um, das; -s, ...ien [lat. gymnasium < griech. gymnásion, Sportstätte, wo mit nacktem Körper geturnt wird, zu: gymnázesthai = mit nacktem Körper Leibesübungen machen, zu: gymnós = nackt; dann auch = Versammlungsstätte der Philosophen u. Sophisten]: **1. a)** *zur Hochschulreife führende höhere Schule:* ein humanistisches *(altsprachliches)*, neusprachliches, mathematisch-naturwissenschaftliches, musisches *(die musischen Fächer besonders pflegendes)* G.; das G. besuchen; aufs G. gehen, kommen, wechseln; **b)** *Gebäude, in dem sich ein Gymnasium* (1 a) *befindet.* **2.** *im Altertum, besonders in Griechenland, Übungs- u. Wettkampfanlage zur körperlichen Ertüchtigung [u. Ausbildung für den Kampf] der Jugend:* In den großen Städten gab es jeweils mehrere Gymnasien, die kleinen Städte und die Heiligtümer mit Wettkampfbetrieb verfügten über je eine derartige Übungsstätte (Bild. Kunst I, 178).

Gym|nast, der; -en, -en [1: griech. gymnastḗs]: **1.** *(im alten Griechenland) jmd.,* *der mit den Athleten gymnastische Übungen macht, sie auf den Wettkampf vorbereitet.* **2.** *Heilgymnast, Krankengymnast.*

Gym|nas|tik, die; - [griech. gymnastikḗ (téchnē), zu: gymnázesthai, ↑Gymnasium]: *[rhythmische] Bewegungsübungen zu sportlichen Zwecken od. zur Heilung bestimmter Körperschäden:* morgendliche, rhythmische, künstlerische G.; G. treiben, machen.

Gym|nas|ti|ker, der; -s, -: *jmd., der Gymnastik treibt.*

Gym|nas|ti|ke|rin, die; -, -nen: w. Form zu ↑Gymnastiker.

Gym|nas|tik|leh|rer, der: *jmd., der Gymnastikunterricht gibt.*

Gym|nas|tik|leh|re|rin, die: w. Form zu ↑Gymnastiklehrer.

Gym|nas|tik|saal, der: *Turnsaal.*

Gym|nas|tik|schu|le, die: *Schule, in der Gymnastikunterricht erteilt wird:* Sie leitete eine G., ließ sich aber auch ... in jeder Saison als Solotänzerin sehen (K. Mann, Wendepunkt 120).

Gym|nas|tik|übung, die: *gymnastische Übung* (3).

Gym|nas|tik|un|ter|richt, der: *Unterricht in Gymnastik.*

Gym|nas|tin, die; -, -nen: *Heilgymnastin, Krankengymnastin.*

gym|nas|tisch ⟨Adj.⟩: *die Gymnastik betreffend, zu ihr gehörend; durch Gymnastik den Körper trainierend:* -e Übungen; Sie kamen nach Waldläufen ..., nach gründlicher -er Vorbereitung in jene Lager (Maegerlein, Piste 38); das Training war rein g.; sie sind g. gut trainiert.

gym|nas|ti|zie|ren ⟨sw. V.; hat⟩ (bes. Reiten): *die Gliedmaßen u. Muskeln des Pferdes [u. Reiters] für höchste Anforderungen systematisch durchbilden:* Die Seitengänge sollen ... dazu dienen, das Pferd in allen seinen Gliedern zu g.! (Dwinger, Erde 145).

Gym|nas|ti|zie|rung, die; - (bes. Reiten): *das Gymnastizieren:* Ich nehme mir pro Tag eine Lektion vor, die das Pferd lernen soll. Diese bereite ich durch G. und leichte Übungen vor (FR 21. 10. 95, 7).

Gym|net, der; -en, -en [griech. gymnḗs, eigtl. = der Nackte]: *Leichtbewaffneter im antiken griechischen Heer.*

Gym|no|lo|gie, die; - [↑-logie]: *Wissenschaft der Leibeserziehung, des Sports u. der Bewegungstherapie.*

Gym|no|so|phist, der; -en, -en [griech. gymnosophistḗs]: *indischer Asket in der griechischen Literatur u. in der Historiographie.*

Gym|no|sper|me, die; -, -n [zu griech. gymnós = nackt u. spätlat. sperma, ↑Sperma] (Bot.): *Nacktsamer.*

Gy|nä|kei|on, das; -s, ...eien [griech. gynaikeĩon, zu: gynḗ, ↑Gynäkologie]: *Frauengemach des altgriechischen Hauses.*

Gy|nä|ko|kra|tie, die; -, -n [griech. gynaikokratía = Frauenherrschaft] (Soziol.): *Matriarchat:* In Sparta ... Es war eine echte Frauenherrschaft, eine G. (Dierichs, Männer 276).

Gy|nä|ko|lo|ge, der; -n, -n [↑-loge]: *Facharzt, Wissenschaftler auf dem Gebiet der Gynäkologie; Frauenarzt.*

Gy|nä|ko|lo|gie, die; - [zu griech. gynḗ (Gen.: gynaikós) = Frau u. ↑-logie]: *Fachrichtung der Medizin, die sich mit Frauenkrankheiten u. Geburtshilfe befasst; Frauenheilkunde.*

Gy|nä|ko|lo|gin, die; -, -nen: w. Form zu ↑Gynäkologe.

gy|nä|ko|lo|gisch ⟨Adj.⟩: *die Gynäkologie betreffend, zur Gynäkologie gehörend:* eine -e Untersuchung, Operation; jmdn. g. untersuchen.

Gy|nä|ko|mas|tie, die; -, -n [zu griech. mastós = (Mutter)brust] (Med.): *Vergrößerung der Brustdrüsen beim Mann [aufgrund hormoneller Störungen].*

gy|nä|ko|phob ⟨Adj.⟩ (Psych.): *die Gynäkophobie betreffend.*

Gy|nä|ko|pho|bie, die; - [↑Phobie] (Psych.): *neurotische Abneigung gegen alles Weibliche.*

Gy|nä|ko|sper|mi|um, das; -s, ...ien (Biol.): *Samenfaden, der ein X-Chromosom enthält u. damit das Geschlecht als weiblich bestimmt.*

Gy|nan|der, der; -s, - [zu griech. gýnandros = zwitterhaft, zu: gynḗ (↑Gynäkologie) u. anḗr (Gen.: andrós) = Mann] (Biol.): *fehlentwickeltes Lebewesen (bes. Insekt), das sowohl männliche als auch weibliche Geschlechtsmerkmale zeigt.*

Gy|nan|drie, die; -, -n (selten:) **Gy|nan|dris|mus,** der; -, ...men: **1.** (Biol.) *Vorkommen von männlichen u. weiblichen Geschlechtsmerkmalen bei einem Tier.* **2.** (Med.) *Ausbildung von Körpermerkmalen des weiblichen Geschlechts bei einer männlichen Person.*

Gy|nan|dro|mor|phis|mus, der; -, ...men: **1.** (Biol.) *Scheinzwittertum; Ausbildung von sekundären männlichen u. weiblichen Geschlechtsmerkmalen bei einem Tier.* **2.** (Med.) *Gynandrie* (2).

Gy|nan|thro|pos, der; -, ...thropen u. ...poi [zu griech. ánthrōpos = Mann, Mensch] (veraltet): *menschlicher Zwitter.*

Gy|na|tre|sie, die; -, -n [↑Atresie] (Med.): **a)** *angeborenes Fehlen der weiblichen Geschlechtsöffnung;* **b)** *Verschluss der Mündungen od. Kanäle einzelner Geschlechtsorgane, z. B. von Gebärmutter, Scheide, Eileiter (z. B. durch infektionsbedingte Vernarbung).*

Gy|nä|ze|um, das; -s, ...een [lat. gynaeceum < griech. gynaikeĩon, ↑Gynäkeion]: **1.** *Gynäkeion.* **2.** (Bot.) *Gesamtheit der weiblichen Blütenorgane, der Fruchtblätter einer Pflanze.*

Gy|no|di|ö|zie, die; - [zu griech. gynḗ (↑Gynäkologie) u. ↑Diözie] (Bot.): *das Auftreten von Zwitterblüten u. weiblichen Blüten auf jeweils verschiedenen Pflanzen derselben Art.*

Gy|no|ga|met, der; -en, -en ⟨meist Pl.⟩ (Med.): *Eizelle, weibliche Geschlechtszelle.*

Gy|no|ge|ne|se, die; -, -n (Biol.): *Eientwicklung durch Scheinbefruchtung.*

gy|no|ge|ne|tisch ⟨Adj.⟩: *die Gynogenese betreffend, in der Art einer Gynogenese [sich vollziehend]:* eine -e Entwicklung des Eis.

Gy|no|mo|nö|zie, die; - [↑Monözie] (Bot.): *das Vorkommen von Zwitterblüten u. weiblichen Blüten auf ein u. derselben Pflanze einer Art.*

Gy|no|phor, der; -s, -en [zu griech. phoreĩn = (in sich) tragen] (Bot.): *stielartige Verlängerung der Blütenachse zwischen Staubblättern u. Fruchtknoten.*

Gy|nos|te|gi|um, das; -s, ...ien [zu griech. stégos = Dach] (Bot.): *in Blüten vorkommendes stiftförmiges Gebilde, das durch das Verwachsen der Antheren mit dem Stempel entstanden ist.*

Gy|nos|te|mi|um, das; -s, ...ien [zu griech. stḗmōn = Aufzug am Webstuhl, (Kett)faden] (Bot.): *in Orchideenblüten vorkommendes stiftförmiges Gebilde, das durch das Verwachsen des Griffels mit einem oder zwei Staubblättern entstanden ist.*

Gy|nö|ze|um, das; -s, ...een [zu griech. gynaikeĩon, ↑Gynäkeion (beeinflusst von: oikíon = Haus, Wohnung)] (Bot.): *Gynäzeum* (2).

Gy|re, die; -, -n [zu griech. gŷros = Kreis] (Kristallographie): *Drehachse.*

Gy|ro|an|trieb, der; -[e]s, -e [zu griech. gŷros = Kreis] (Kfz-T.): *Antriebssystem, das die kinetische Energie eines in Rotation versetzten Schwungrades ausnutzt* (z. B. beim Gyrobus).

Gy|ro|bus, der; -ses, -se: *(besonders in der Schweiz verwendeter) Bus, der durch Speicherung der kinetischen Energie seines rotierenden Schwungrades angetrieben wird.*

gy|ro|ma|gne|tisch ⟨Adj.⟩ (Physik): *kreiselmagnetisch, auf der Wechselwirkung von Drehimpuls u. magnetischem Moment beruhend:* -e Kompasse.

Gy|ro|me|ter, das; -s, -: *Drehungsmesser für Drehgeschwindigkeit.*

Gy|ros, das; -, - [ngriech. gŷros, eigtl. = Umdrehung, Kreis; vgl. Giro]: *griechisches Gericht aus Schweine-, Rind-, Hammelfleisch, das an einem senkrecht stehenden Drehspieß gebraten u. dann portionsweise abgeschnitten wird.*

Gy|ro|skop, das; -s, -e [zu griech. skopeĩn = betrachten, beschauen]: *Messgerät für den Nachweis der Achsendrehung der Erde.*

Gy|ro|va|ge, der; -n, -n [mlat. gyrovagus, zu lat. vagus = unstet, umherschweifend]: *(in der frühchristlichen Kirche) der umherziehende, nicht klösterliche Mönch.*

Gytt|ja, die; -, ...jen [schwed. gyttja = Schlamm] (Geol.): *am [zeitweise belüfteten] Boden von nährstoffreichen Gewässern abgelagerter Schlamm organischer Herkunft.*

H

h, H [ha:], das; - (ugs.: -s), - (ugs.: -s) [mhd., ahd. h]: **1.** *achter Buchstabe des Alphabets, ein Konsonant:* ein kleines h, ein großes H schreiben. **2.** (Musik) *siebenter Ton der Grund-(C-Dur-)Tonleiter:* auf dem Klavier ein h anschlagen.

h = Hekto...; hora (Stunde); 8 h = 8 Stunden, 8 Uhr; hochgestellt: 8^h = 8 Uhr; h-Moll.

h = Zeichen für das plancksche Wirkungsquantum.

[1]**H** = H-Dur; [2]Henry; Hydrogenium.

[2]**H** [eɪtʃ] (Drogenjargon): *Heroin:* Mensch, Alter, bist du bekloppt. Du bist 16, du kannst doch kein H nehmen (Christiane, Zoo 77); Habe mich zwei Tage voll gepumpt mit H (Spiegel 37, 1981, 108).

ha = Hektar[e].

ha [ha(:)] ⟨Interj.⟩: **1.** Ausruf der [freudigen] Überraschung: ha, da kommt sie ja schon!; ha no (schwäb.; *nun, was soll das heißen?*): »Vielleicht sorgst du ... dafür, dass alles unter uns bleibt.« »Ha no«, sagte der schwäbische Obergefreite, »was soll i denn mache?« (Kuby, Sieg 137). **2.** Ausruf des Triumphes, der Überlegenheit: Ha, jetzt sollen sie nur kommen, die Haifische (Kisch, Reporter 20).

hä [hɛ(:)] ⟨Interj.⟩ (salopp): *he* (3): »Dann zahlen andre besser, hä?« (Strittmatter, Wundertäter 13).

Ha = Hahnium.

h. a. = huius anni, hoc anno.

Haag, Den: Residenzstadt u. Regierungssitz der Niederlande.

Haag, der; -s: ↑Den Haag: im, in H.; vgl. 's-Gravenhage.

[1]**Haa|ger,** der; -s, -: Ew.

[2]**Haa|ger** ⟨indekl. Adj.⟩.

Haa|ge|rin, die; -, -nen: w. Form zu ↑[1]Haager.

Haar, das; -[e]s, -e [mhd., ahd. hār, eigtl. = Raues, Struppiges, Starres]: **1.** *beim Menschen u. bei den meisten Säugetieren auf der Haut [dicht] wachsendes, feines, fadenförmiges Gebilde aus Hornsubstanz:* graue, (geh.:) silberne, weiße -e an der Schläfe; die -e wachsen, fallen ins Gesicht, hängen in die Stirn, fallen [ihm] aus; [sich] ein graues H. auszupfen, ausreißen; [sich] die -e schneiden lassen; [sich] die -e waschen, trocknen, föhnen, färben, tönen; die -e kämmen, bürsten, toupieren; Kreti hat -e auf der Brust *(hat eine behaarte Brust;* Bieler, Bonifaz 150); Spr krause -e, krauser Sinn *(wer krause Haare hat, ist eigenwillig);* lange -e, kurzer Verstand (*wer lange Haare hat, hat nicht viel Verstand, Intelligenz;* meist auf Frauen bezogen); Ü einer ihrer Aussprüche ... sträubte ihm die -e *(verursachte in ihm ein Gefühl des Schauderns, des Entsetzens;* Musil, Mann 1294); ***jmdm. stehen die -e zu Berge/sträuben sich die -e** (ugs.; *jmd. ist in höchstem Maße erschrocken, entsetzt*); **ein H. in der Suppe/in etw. finden** (ugs.; *an einer sonst guten Sache etw. entdecken, was einem nicht passt*); **kein gutes H. an jmdm., etw. lassen** (ugs.; *nur Schlechtes über jmdn., etw. sagen; alles, was jmd. tut, schlecht finden, kritisieren;* vgl. keinen guten Faden an jmdm. lassen [↑Faden 1]); **jmdm. die -e vom Kopf fressen** (ugs. scherzh.; 1. *auf jmds. Kosten sehr viel essen.* 2. *kaum satt zu bekommen sein*); **-e auf den Zähnen haben** (*von schroffer, herrschsüchtiger, streitbar-aggressiver, rechthaberischer Wesensart sein [u. sich auf diese Weise behaupten];* meist auf Frauen bezogen; vermutl. hergeleitet von starker Behaarung als Zeichen von Männlichkeit, die sich sogar auf den Zähnen [älter: auf der Zunge] zeige); **-e lassen [müssen]** (ugs.; *nur mit gewissen Einbußen etw. durchführen, ein gestecktes Ziel erreichen können;* bezogen auf die Haare, die einem bei einer Schlägerei ausgerissen werden): -e lassen musste vor allem die SPD (Spiegel 50, 1975, 25); **sich** ⟨Dativ⟩ **über, wegen,** (seltener:) **um etw. keine grauen -e wachsen lassen** (ugs.; *sich wegen etw. keine unnötigen Sorgen machen, sich über etw. nicht im Voraus aufregen, grämen*); **sich** ⟨Dativ⟩ **die -e raufen** *(vor Ratlosigkeit, Verzweiflung nicht wissen, was man tun soll);* **jmdm. kein H./niemandem ein H. krümmen [können]** (ugs.; *niemandem etw. zuleide tun [können]*); **an einem H. hängen** (ugs.; *sehr unsicher sein; in Bezug auf das Gelingen von einer bloßen Kleinigkeit abhängen*); **etw. an/bei den -en herbeiziehen** (ugs.; *etw. anführen, was nicht od. nur sehr entfernt zur Sache gehört; Begründungen von sehr weit herholen*); **sich an den eigenen -en aus dem Sumpf ziehen** (↑Sumpf); **auf ein H./aufs H.** (ugs.; *ganz genau, exakt*): In Hans Castorps Fall glich der erste Oktobertag auf ein H. dem letzten Septembertag (Th. Mann, Zauberberg 316); **sich in die -e fahren/geraten/kriegen** (ugs.; *Streit miteinander anfangen, bekommen*): wegen mir, da haben sie (= Eltern) sich in die -e gekriegt (Schmidt, Strichjungengespräche 83); **sich in den -en liegen** (ugs.; *sich heftig streiten*); **um ein H.** (ugs.: 1. *es hätte nicht viel gefehlt, und ...; beinahe, fast:* um ein H. wäre es schief gegangen; In seinem Schrecken hätte Klingbeil um ein H. einen Auffahrunfall verursacht [Prodöhl, Tod 230]. 2. *ganz wenig, eine winzige Kleinigkeit:* er ist nur um ein H. größer als seine Schwester); **nicht [um] ein H., [um] kein H.** (ugs.; *nicht, um nichts*): er hat sich [um] kein H. geändert; Silvi wurde ... um kein H. besser als wie immer behandelt (R. Walser, Gehülfe 139); **ums H.** (↑um ein Haar 1): ums H. hätte er (= der Reporter) seinen »Aufsager« geschmissen (Spiegel 1/2, 1977, 21). **2.** ⟨o. Pl.⟩ **a)** *die Gesamtheit der Haare auf dem Kopf des Menschen; das Kopfhaar:* sie hat schönes, blondes, rotes, braunes, schwarzes, helles, dunkles, lockiges, krauses, glattes, volles H.; das H. lang, kurz, offen, [in der Mitte] gescheitelt tragen; die Zöglinge haben alle kurz geschnittenes H., nur Lucien trägt sein H. schulterlang (Ziegler, Kein Recht 366); Die Ukrainerin band sich Blumen ins H. (Lentz, Muckefuck 205); **b)** *(bei den meisten Säugetieren) Behaarung; Fell:* das weiche, seidige H. des Hundes; Mit diesem (= dem Striegel) fahre ich dem Pferde am ganzen Körper ... gegen das H. (Dwinger, Erde 79). **3.** ⟨meist Pl.⟩ (Bot.) *haarähnliches Gebilde, das in großer Zahl bes. Blätter u. Stängel bestimmter Pflanzen bedeckt:* die Unterseite der Blätter ist mit -en bedeckt.

haar|ähn|lich ⟨Adj.⟩: *dem, einem Haar* (1) *ähnlich.*

Haar|an|satz, der: **1.** *Stelle, an der der Haarwuchs rund um den Kopf u. im Nacken beginnt, bes. an der Stirn:* Der Schuss traf John Miller unter dem H. in die Stirn (Zwerenz, Quadriga 266). **2.** *der nur wenige Millimeter lange Teil des Haares unmittelbar über der Kopfhaut:* den H. nachtönen.

haar|ar|tig ⟨Adj.⟩: vgl. haarähnlich.

Haar|aus|fall, der: *über das normale Maß des Haarwechsels hinausgehender*

Ausfall der Kopfhaare (beim Menschen) od. der Körperhaare (beim Tier): H. haben; den H. stoppen; ein Mittel gegen H.

Haar|balg, der ⟨Pl. ...bälge⟩: *Teil des Haares, der die Haarwurzel umschließt.*

Haar|band, das ⟨Pl. ...bänder⟩: *Band, das im Haar getragen wird, um es zu ordnen, zusammenzuhalten od. zum Schmuck:* ein H. tragen.

Haar|be|sen, der: *Besen aus Tierhaar.*

Haar|beu|tel, der: *(im 18. Jh. gebräuchlicher) schwarzer, gummierter Taftbeutel, in den das lange Nackenhaar der weiß gepuderten Perücke des Mannes gesteckt wird.*

Haar|beu|tel|tracht, die ⟨o. Pl.⟩: vgl. Haarbeutel.

Haar|bo|den, der: *Kopfhaut:* Er hatte sich verschiedenerlei angewöhnt; etwa das Massieren des -s mit Franzbranntwein (Doderer, Wasserfälle 114).

haar|breit ⟨Adv.⟩: *sehr dicht, ganz nahe:* er stand h. vor einer Bestrafung.

Haar|breit: in der Fügung **nicht [um] ein/ [um] kein H.** (*ganz u. gar nicht, überhaupt nicht;* in Bezug auf einen Standpunkt, den jmd. nicht aufgeben will): er ließ nicht [um] ein H. von seiner Meinung ab.

Haar|bürs|te, die: *Bürste für die Kopfhaare.*

Haar|bü|schel, das: *Büschel von Haaren:* Man erzählte, dass sie die Schüler an den Ohren zog, ihnen die Nase umdrehte, ganze H. ausriss (H. Weber, Einzug 168).

Haar|creme, die: *Pomade.*

Haar|de|cke, die: *Haarkleid.*

haar|dünn ⟨Adj.⟩: *so dünn, fein wie ein Haar.*

Haar|dutt, der (landsch.): *Dutt.*

Haar|ei|sen, das (Fachspr.): *gekrümmtes Messer mit zwei Griffen zum Entfernen der Oberhaut u. der Haare von Fellen vor dem Gerben.*

haa|ren [sich] ⟨sw. V.; hat⟩: *Haare verlieren:* der Hund haart [sich]; der Teppich, das Fell haart.

Haar|ent|fer|ner, der; -s, -: *chemisches Mittel zum Entfernen von Körperhaaren.*

Haar|er|satz, der (Fachspr.): *Perücke, Toupet.*

Haa|res|brei|te: in der Wendung **um H.** (1. *um eine winzige Kleinigkeit [in Bezug auf eine unangenehme od. gefährliche Situation]:* um H. wäre es zu einer Katastrophe gekommen; Nur um H. dem Tod entronnen ist am Samstag ein 15-jähriger Junge [MM 14. 5. 79, 15]. 2. *ein ganz klein wenig; nur ein wenig [in Bezug auf jmds. Standpunkt o. Ä.]:* nicht um H. von seiner Meinung abweichen).

Haar|far|be, die: *Farbton des Kopfhaars.*

Haar|fär|be|mit|tel, das: *Präparat, Mittel zum Färben der Haare:* Henna als H. verwenden.

haar|fein ⟨Adj.⟩: *sehr dünn, sehr fein, zart; so fein wie ein Haar:* Ü Ich ... bemühe mich, deine Ansichten zu begreifen ... Aber es geht eben nur bis zu einer -en Grenze (Erné, Kellerkneipe 323).

Haar|fes|ti|ger, der: *wässrige chemische Lösung, die nach dem Waschen in das feuchte Haar gerieben wird, damit die Frisur ihre Form behält.*

Haar|filz, der: **1.** *Filzart, bei der als Rohstoff Tierhaar verwendet wird.* **2.** *verfilztes Haar:* Wulff ... schlägt den Schädel ... gegen die Wand. ... Blut fließt in breiten Bahnen aus verschwitztem H. (Zwerenz, Kopf 44).

Haar|fran|se, die; -, -n ⟨meist Pl.⟩: *herabhängende Haarsträhne:* Lange, schwarze -n reichen bis zu den Augenbrauen (Degener, Heimsuchung 69).

Haar|fri|sur, die: *Frisur.*

Haar|garn, das (Textilind.): *grobes, hartes Garn aus Tierhaar.*

Haar|garn|tep|pich, der (Textilind.): *Teppich aus Haargarn.*

Haar|ge|fäß, das ⟨meist Pl.⟩ (Med.): *Kapillare* (1): Durch das regelmäßige Saufen waren die kleinen -e der Haut längst geplatzt (Sommer, Und keiner 38).

haar|ge|nau ⟨Adj.⟩ (ugs.): *sehr genau, ganz genau (in Bezug auf die Übereinstimmung mit etw.):* er gab eine -e Schilderung des Vorganges; Was sie über Andreas gesagt hatte ..., das stimmte h. (Danella, Hotel 81); Er bevorzuge den Handkantenschlag ..., allerdings müsse man h. treffen (Loest, Pistole 148); Alles war ... h. wie in jenem Traum (Süskind, Parfum 282); etw. h. *(bis in alle Einzelheiten)* erzählen.

Haar|glanz, der: *Glanz des Haares.*

Haar|gum|mi, der, (auch:) das: *Haarband aus Gummi.*

Haar|gur|ke, die: *bes. in tropischen Gebieten vorkommende Pflanze mit kleinen, weißen od. grünlich gelben Blüten u. ledrig-holzigen, meist borstig behaarten Früchten, die zur Begrünung von Mauern u. Balkonen kultiviert wird.*

haa|rig ⟨Adj.⟩ [spätmhd. haarig]: **1.** *[stark, dicht] behaart:* -e Beine; Esau ist h. überall, und dein Kind ist glatt (Th. Mann, Joseph 205). **2.** (selten) *aus Haar bestehend:* Tante Millie trägt sehr dicke -e Einlagen in ihrer Frisur (Keun, Mädchen 62). **3.** *Schwierigkeiten, Unwägbarkeiten od. gewisse Gefahren in sich bergend; nicht einfach zu lösen:* eine -e Sache, Angelegenheit; für sie hatten sich die Dreharbeiten unerwartet h. gestaltet (Hörzu 40, 1970, 123).

Haar|kamm, der (selten): *Einsteckkamm:* Nicht wenige Damen ... hatten sich mit dem steilen H. und der Mantilha versehen (Th. Mann, Krull 429).

Haar|klam|mer, die: *kleiner, einer Klammer ähnlicher Gegenstand aus Metall, mit dem das Haar od. etw. im Haar befestigt werden kann.*

Haar|kleid, das (geh.): *Fell* (a): in ihm (= im Stall) gibt es keinen Regen, der sein (= des Pferdes) H. abwäscht (Dwinger, Erde 43).

haar|klein ⟨Adj.⟩: *bis ins kleinste Detail; sehr, ganz genau [darlegend, schildernd]:* mit -em Befehl (H. Kolb, Wilzenbach 39); etw. h. beschreiben; jmdm. etw. h. mitteilen, erzählen.

Haar|klem|me, die: *Haarklammer.*

Haar|kno|ten, der: *Knoten* (1 b): Ihr H. im Nacken war dick und schwer (H. Lenz, Tintenfisch 8).

Haar|kos|me|tik, die: *Schönheitspflege des Haares.*

Haar|krank|heit, die: *Erkrankung der Haare.*

Haar|kranz, der: **a)** *(bei Männern) verbliebener Kranz von Haaren bei einem auf dem Oberkopf kahl gewordenen Schädel:* Der Hüne mit dem weißen H. schweigt (Hörzu 37, 1974, 6); stämmiger Mann mit Glatze, die von einem grauen H. umgeben war (Gregor-Dellin, Traumbuch 114); **b)** *rund um den Kopf gelegter, festgesteckter Zopf.*

◆ **Haar|kräus|ler,** der; -s, - [zu ↑kräuseln (1)]: *Friseur:* das ... Komtesschen, das mich, wie Meister Coquerel, den H., mit einem roten Kopf empfängt (Mörike, Mozart 219).

Haar|kro|ne, die: **1.** *zu einem Krönchen aufgesteckte Zöpfe.* **2.** (selten) *Schopf:* »Den roten Hund kennen wir doch!« ... Willys H. leuchtet auch nachts (Remarque, Obelisk 328).

Haar|künst|ler, der (oft scherzh.): *Friseur [der sein Handwerk meisterhaft beherrscht].*

Haar|künst|le|rin, die: w. Form zu ↑Haarkünstler.

Haar|lack, der: *Flüssigkeit zum Aufsprühen, die der fertigen Frisur Halt u. Glanz gibt.*

Haar|lem [...lɛm]: Stadt in den Niederlanden.

[1]Haar|le|mer, der; -s, -: Ew.

[2]Haar|le|mer ⟨indekl. Adj.⟩.

Haar|le|me|rin, die; -, -nen: w. Form zu ↑[1]Haarlemer.

Haar|li|ne|al, das: *Stahllineal mit messerartiger Messkante.*

Haar|ling, der; -s, -e: *(zu den Läusen gehörendes) kleines, flügelloses Insekt, das im Federkleid der Vögel od. im Fell von Säugetieren lebt.*

Haar|lo|cke, die: *Locke* (a): jmdm. eine H. schenken; Mombour schaut in den Mond, ... der nun nicht mehr einer silbernen H. ... gleicht (Penzoldt, Mombour 13).

haar|los ⟨Adj.⟩: *ohne jeden Haarwuchs; keine Haare habend:* Herr Radau ... war ein großer, anscheinend völlig -er Mann (Bieler, Bonifaz 151).

Haar|lo|sig|keit, die; -: *das Haarlossein:* Glum, ... dessen Zahnlosigkeit, dessen H. manchmal erschreckten (Böll, Haus 108).

Haar|mark, das (Biol.): *innerste Gewebesubstanz des tierischen u. menschlichen Haares.*

Haar|ma|sche, die (österr.): *Schleife, Band für das Haar:* das kleine Mädchen trägt eine rote H.

Haar|mensch, der: *Mensch mit anormal starker Behaarung des Körpers.*

Haar|mo|de, die: *Frisurenmode.*

Haar|mör|tel, der (Fachspr.): *Mörtel aus Kalk od. Gips, dem (zur Verhinderung von Rissbildungen) Tierhaare zugesetzt sind.*

Haar|na|del, die: **a)** *U-förmig gebogener Draht, mit dem Knoten u. Hochfrisuren festgesteckt werden;* **b)** *Ziernadel aus Edelmetall od. Horn, die im Haar getragen wird.*

Haar|na|del|kur|ve, die: *[durch das Gelände bedingte] sehr enge Kurve, die in* *der Form einer Haarnadel* (a) *gleicht:* Bei der Talfahrt geriet der ... Omnibus ... in einer H. von der Fahrbahn ab (MM 2. 5. 67, 11).

Haar|netz, das: *[feines] Netz, das über das Haar gezogen wird, um es zusammenzuhalten od. als Schmuck:* flüssiges H. *(ein Haarlack, der der Frisur besondere Festigkeit verleiht);* Ich kannte sie als schwarz gekleidete Frau ... mit Hutnadel, H. und gichtigen Fingern (Meckel, Suchbild 17).

Haar|öl, das: *Öl, das zum Einfetten u. Legen der Haare verwendet wird.*

Haar|pfeil, der: *Ziernadel in Pfeilform zum kunstvollen Aufstecken langer Haare.*

Haar|pfle|ge, die: *Pflege des Kopfhaares.*

Haar|pfle|ge|mit|tel, das: *Mittel für die Haarpflege.*

Haar|pin|sel, der: *feiner Pinsel aus Tierhaar.*

Haar|po|ma|de, die: *Pomade.*

Haar|pracht, die (scherzh.): *schönes, volles, meist langes Haar:* An der wehenden H. ist er ... schnell zu erkennen (Hörzu 46, 1972, 12).

Haar|pu|der, der, ugs. auch: das: **a)** (früher) *Puder zum Einpudern der Perücke;* **b)** *Trockenshampoo.*

◆ **Haar|putz,** der: *kunstvolle Frisur od. Perücke:* der Sturm ... möchte ihr leicht den H. verderben (Schiller, Fiesco IV, 13).

Haar|raub|wild, das (Jägerspr.): *zu den Säugetieren gehörendes Raubwild.*

Haar|reif, der: *bes. als Schmuck im Haar getragener offener Reif:* einen H. tragen.

Haar|riss, der: *feinster, für das bloße Auge oft unsichtbarer [Oberflächen]riss bei [sprödem] Material verschiedenster Art:* der Lack, die Glasur weist zahlreiche Haarrisse auf.

Haar|röhr|chen, das (Physik): *Kapillare* (2).

Haar|schaf, das (Landw.): *Hausschaf, das (im Gegensatz zum Wollschaf) wegen seines Fleisches u. seiner Milch gehalten wird.*

haar|scharf ‹Adj.›: **1.** *sehr nah; so dicht, dass es beinahe zu einer [gefährlichen] Berührung gekommen wäre:* der Stein flog h. an ihr vorbei; Ü er ... sieht nicht den Tod, der h. *(unmittelbar)* daneben steht (Koeppen, Rußland 9); das ging h. an einer Niederlage vorbei; Ein schönes Spiel, ... h. am Rande der Wirklichkeit (Chr. Wolf, Nachdenken 78). **2.** *sehr genau, sehr exakt:* Für solche Sachen habe sie kein -es Gedächtnis (R. Walser, Gehülfe 96); wenn er h. beobachtete (Winckler, Bomberg 108).

Haar|sche|re, die: *Schere zum Schneiden der Kopf- od. Barthaare.*

Haar|schlei|fe, die: *zur Schleife gebundenes Band, das (bes. von Mädchen) im Haar getragen wird.*

Haar|schmuck, der: *Nadeln, Spangen, Schleifen, Diademe, die als Schmuck im Haar getragen werden.*

Haar|schne|cke, die: *Zopf, der über dem Ohr spiralenförmig (wie ein Schneckenhaus) aufgesteckt wird:* Toni mit den -n und dem Goldreif überm Mittelscheitel (Schnurre, Schattenfotograf 159).

Haar|schnei|de|ma|schi|ne, die: *[elektrisches] Gerät zum Haarschneiden.*

Haar|schnei|der, der (veraltend, noch volkst.): *Herrenfriseur:* seine Haare wachsen ihm über den Kragen hinab, als wären die H. ausgestorben (Frisch, Cruz 30).

Haar|schnitt, der: *Schnitt, durch den das Haar eine bestimmte Form bekommt; durch Schneiden des Haars hervorgebrachte Frisur:* ein guter, modischer, kurzer H.; jmdm. einen H. machen.

Haar|schopf, der: **a)** *dichtes, kräftiges, kürzeres, wuscheliges Kopfhaar:* Sein ... Gesicht unter dem braunen H. leuchtete (Wendtland, Eisprinzeßchen 3); **b)** (selten) *Haarsträhne:* dann rollt sie damit (= mit der Brennschere) einen H. nach dem anderen auf (Imog, Wurliblume 302).

Haar|schwund, der: *allmählicher (endgültiger) Verlust des Haupthaares.*

Haar|sei|te, die: **1.** (Textilind.) *Außenseite eines Textilgewebes.* **2.** (Gerberei) *Außenseite des Fells; Narbenseite.*

Haar|sieb, das: *Sieb aus feinstem Drahtgeflecht.*

Haar|spal|ter, der (abwertend): *jmd., der unwichtigen Kleinigkeiten übertriebene Bedeutung beimisst u. diese als Argumentation für od. gegen etw. heranzieht; jmd., der spitzfindig ist.*

Haar|spal|te|rei, die (abwertend): *Spitzfindigkeit, Wortklauberei:* das sind alles -en.

Haar|spal|te|rin, die; -, -nen: w. Form zu ↑Haarspalter.

haar|spal|te|risch ‹Adj.› (abwertend): *(bes. bei der Beurteilung von etw.) übertrieben kleinlich u. spitzfindig.*

Haar|span|ge, die: *[als Schmuck] im Haar getragene Spange, die Strähnen zusammenhalten soll.*

Haar|spit|ze, die: *Ende eines einzelnen Haars:* die -n spalten sich, brechen ab; Wenn sie der schrecklichen Stunde ... gedachte, wurde sie jäh rot bis zu den -n (Werfel, Himmel 121).

Haar|spit|zen|ka|tarrh, der (scherzh.): *Schmerzempfindlichkeit des Haares bei Berührung [nach einer durchzechten Nacht]:* H. haben.

Haar|spray, der od. das: *Spray, der auf das frisierte Haar aufgesprüht wird, um der Frisur Halt u. Glanz zu geben.*

Haar|stern, der: **a)** *(zu den Stachelhäutern gehörendes) Meerestier mit kelchförmigem Körper u. gefiederten* (2), *meist verzweigten Armen, das am Untergrund festgewachsen ist;* ◆ **b)** *Komet:* über dem Ort steht ein H. (Büchner, Dantons Tod III, 6).

Haar|sti|list, der (seltener): *Hair-Stylist.*

Haar|sti|lis|tin, die: w. Form zu ↑Haarstilist.

Haar|stop|pel, die ‹meist Pl.› (ugs.): *kurzes, erst wenig aus der Haut hervorgewachsenes Bart- od. Kopfhaar:* Wo der Pfad in ihr eigenes Dorf abzweigte, stand dieser Chemiker ... und hielt seine kurzen -n in den lauen Abendwind (Chr. Wolf, Himmel 13).

Haar|sträh|ne, die: *Strähne* (1).

Haar|strang, der: **1.** *stärkere Strähne langen Haares.* **2.** *zu den Doldenblütlern gehörende Pflanze mit gefiederten Blättern u. kleinen, weißen, gelblichen od. rötlichen Blüten.*

haar|sträu|bend ‹Adj.›: **a)** *Entsetzen hervorrufend; grauenhaft:* so war es unerhört, wenn Schwester Turo die ihre (= Geschichte), die h. war im schlimmsten Sinne, dennoch an Franziskas Kindbett erzählte (Kant, Impressum 282); Afrika-Bücher erzählen von -en Abenteuern mit Löwen oder Schlangen (Grzimek, Serengeti 247); **b)** *Empörung, Ablehnung, Ärger hervorrufend; unglaublich:* was der für Witze erzählt hat – h.! (Hörzu 25, 1975, 18).

Haar|strich, der: **1.** *sehr dünner Strich (in der Handschrift, bei Federzeichnungen, Radierungen u. a.):* Immer nur schön schreiben ..., immer nur sauberen Rand lassen, H. ..., saubere Häkchen (Fussenegger, Haus 389); Ü ... wandten sie sich diesen reizvollen Dingen wieder zu – um einen H. *(ein kleines bisschen)* zu unbefangen (A. Zweig, Grischa 348). **2.** *Richtung, in die die Haare wachsen, bes. bei Tieren.*

Haar|teil, das: *dem eigenen Haar ähnlicher, an einem Ende lose zusammengefasster Haarstrang, der zur Ergänzung der Frisur in das eigene Haar eingekämmt wird.*

Haar|tol|le, die (ugs.): **a)** *über einen Kamm gewickeltes u. mit diesem auf dem Kopf befestigtes Deckhaar, Hahnenkamm* (3); **b)** *in die Stirn fallende Haarsträhne, Locke:* Helmut Schmidt ... mit locker fallender H. (Spiegel 7, 1976, 147).

Haar|tracht, die (veraltend): *(in einer bestimmten Zeit, bei einer bestimmten sozialen Schicht o. Ä.) übliche Art, das Haar zu tragen; Frisur.*

Haar|trock|ner, der: *Warmluftgerät zum Trocknen nasser Haare.*

Haar|tru|he, die (Gaunerspr.): *Vagina.*

Haar|turm, der: *zu einer Hochfrisur aufgestecktes, hochgetürmtes langes Haar:* So eine Wasserstoffblondine, deren H. höher als ihr Minirock lang war (M. Walser, Seelenarbeit 42).

Haar|wä|sche, die: *das Waschen der Kopfhaare.*

Haar|wasch|mit|tel, das: *Shampoo.*

Haar|was|ser, das ‹Pl. ...wässer›: *Flüssigkeit zur Pflege der Haare:* Bei Chaim Finkelstein lernte ich ... unterscheiden zwischen H., Rasierwasser, Gesichtswasser (Hilsenrath, Nazi 36).

Haar|wech|sel, der: *(vor allem bei Säugetieren) kontinuierlich od. periodisch auftretender Wechsel der Behaarung.*

Haar|werk, das (selten): *alle, die gesamten Haare; Fell:* Pferde ..., denen sich selbst unter zottigem und reifbedecktem H. die Hungerriefen abzeichneten (Plievier, Stalingrad 112).

Haar|wi|ckel, der: *Lockenwickler.*

Haar|wild, das (Jägerspr.): *alles Wild, das ein Fell hat.*

Haar|wir|bel, der: *Stelle, an der das Haar in kreisförmiger Anordnung aus der [Kopf]haut wächst.*

Haar|wuchs, der: **1.** *das Wachsen, Wachstum der Haare:* den H. förderndes Mittel. **2.** *Bestand an Haaren:* dichter, spärlicher H.

Haar|wuchs|mit|tel, das: *Mittel, das das Wachstum der Haare fördern soll.*

Haar|wur|zel, die: *in der [Kopf]haut befindlicher Teil des Haares.*

Haar|zwie|bel, die: *unterster, zwiebelförmig verdickter Teil der Haarwurzel.*

Hab: in der Fügung **H. und Gut** (geh.; *alles, was jmd. besitzt*): sein ganzes H. und Gut verschenken; Alec ... akzeptierte ..., dass ... sie ihren vollen Anteil an seinem H. und Gut verdiente (Ruark [Übers.], Honigsauger 473).

Hab-Acht-Stel|lung: ↑Habt-Acht-Stellung: Das Einzige, was ich von den Grenzposten der DDR wahrnahm, war ihre stramme H. (W. Brandt, Begegnungen 120); eine H. einnehmen; Athleten in H. (Lenz, Brot 136).

Ha|ba|ner, der; -s, - [H. u.]: *(im 19. Jh. zwangskatholisierter) Nachkomme der Hutterer in Mähren u. in Siebenbürgen.*

Ha|ba|ne|ra, die; -, -s [span. (danza) habanera, eigtl. = (Tanz) aus ↑[1]Havanna (span. = La Habana)]: *kubanischer Tanz in ruhigem 2/4-Takt (auch in Spanien heimisch).*

Ha|ba|ner|fa|yence, die; -, -n ⟨meist Pl.⟩: *(bes. im 17. u. 18. Jh.) von den Habanern hergestellte volkstümliche Fayence.*

Ha|ba|ne|rin, die, -, -nen: w. Form zu Habaner.

Hab|chen: in der Fügung **H. und Babchen, H.-Babchen** (ostmd.; *Habseligkeiten;* viell. zu schles. Bäbchen = Wickelkind od. bloß reimender Zusatz).

Hab|da|la, die; -, -s [hebr. havdalah, eigtl. = Unterscheidung] (jüd. Rel.): *vom jüdischen Hausherrn in der häuslichen Feier am Ausgang des Sabbats od. eines Feiertags gesprochenes lobpreisendes Gebet.*

Ha|be, die; - [mhd. habe, ahd. haba, zu ↑haben] (geh.): *jmds. Besitz; die Gesamtheit dessen, was jmdm. gehört:* alle bewegliche H.; unsere ganze H.; ... trugen eilende Räder den Jüngling und seine wenige, in einem Köfferchen verstaute H. seinem neuen Lebensziel ... entgegen (Th. Mann, Krull 142); sie saßen neben den glühenden Balken, die gerettete H. um sich gehäuft (Wiechert, Jeromin-Kinder 363); seine einzige H. verlieren; ***fahrende H.** (Rechtsspr. veraltet; noch scherzh.; *beweglicher Besitz;* bezog sich urspr. wohl auf den Viehbestand); **liegende H.** (Rechtsspr. veraltet; *Grundbesitz*).

Ha|be|as|kor|pus|ak|te, die; - [lat. habeas corpus = (dass) du habest den Körper (vor Gericht) = Anfangsworte ma. Erlasse, die anordneten, den Verhafteten dem Gericht vorzuführen]: *1679 vom englischen Oberhaus erlassenes Gesetz zum Schutze der persönlichen Freiheit, nach dem niemand verhaftet od. in Haft gehalten werden darf, ohne dass ein Gerichtsbeschluss darüber vorliegt.*

ha|be|los ⟨Adj.⟩ [mhd. habelōs] (geh., selten): *besitzlos, unvermögend:* Dorothy liebt diese stolzen, -en Carreteros (Fr. Wolf, Menetekel 19).

ha|be|mus Pa|pam [lat. = wir haben einen Papst]: Ausruf von der Außenloggia der Peterskirche nach vollzogener Papstwahl.

ha|ben ⟨unr. V.; hat⟩ [mhd. haben, ahd. habēn, urspr. = fassen, packen, verw. mit ↑heben]: **I. 1. a)** *(als Eigentum o. Ä.) besitzen, sein Eigen nennen:* ein Haus, ein Auto, viele Bücher h.; einen großen Besitz, viel Geld, Eigentum, Vermögen h.; Nach acht Tagen hatte er kein Geld mehr und fuhr nach Hause (Böll, Adam 62); Immer wieder deutet er an, er habe einiges an Pfandbriefen (Chotjewitz, Friede 76); ich möchte, will das h.; Leute, die hatten, was er nicht hoffen konnte zu h. (Johnson, Ansichten 87); sie hat nichts (ugs.; *hat keinerlei Besitz, ist arm*); Vielleicht ist es menschlich, dass man das, was man hat, für selbstverständlich ... hält (Dönhoff, Ära 199); wir habens ja! (scherzh. od. iron.; *wir haben genug Geld, um uns das leisten zu können*); Großvater ... legt ein Sparbuch an, deponiert den ersten Hunderter, dreieinhalb Prozent h. und nicht h. sind sieben Mark (Bieler, Bonifaz 206); R man hats oder man hats nicht (ugs.; *Begabung o. Ä. muss man mitbringen, kann man nicht erwerben od. erlernen*); (scherzh. od. iron.:) wer hat, der hat; was man hat, das hat man *(es ist besser, sicherer, etw. Bestimmtes [wenn auch nicht völlig Befriedigendes] zu haben als gar nichts);* (in Bezug auf Personen:) Kinder, viele Freunde h.; er hat eine nette Frau; sie hat Familie; jmdn. zum Freund, zur Frau h.; **b)** *über etw. verfügen:* Zeit, Muße h.; er hat gute Beziehungen; ausgebreitete Kenntnisse h.; ihr habt Erfahrung auf diesem Gebiet; **c)** *(als Eigenschaft o. Ä.) besitzen, aufweisen; jmdm., einer Sache als Eigenschaft o. Ä. zukommen:* blaue Augen, lange Beine, schlechte Zähne h.; ein gutes Gedächtnis h.; Sie haben Manieren, wie ich sie manchem meiner Standesgenossen gönnen würde (Th. Mann, Krull 283); sie hat Geduld, Mut, Ausdauer; Lene hat auch ihre Vorzüge (Kempowski, Zeit 192); die Sachen haben wenig Wert; das hat keine Bedeutung; **d)** *[vorübergehend] von etw. ergriffen, befallen sein; etw. [heftig] empfinden, verspüren:* Hunger, Durst h.; er hatte Angst, Sorgen, Zweifel; den Wunsch h., jmdm. zu helfen; die Hoffnung h., etwas zu erreichen; was hast du denn? *(was bedrückt dich?);* »Ich weiß gar nicht, was Sie haben«, sagte ich. »Das ist doch auch 'ne ganz schöne Gegend« (Bieler, Bonifaz 170); Husten, Fieber h.; ich habe kalt (landsch.; *mir ist kalt*); ***dich hats wohl!** (ugs.; *du bist wohl nicht ganz bei Verstand!*). **2.** verblasst **a)** in Verbindung mit Abstrakta, drückt das Vorhandensein von etw. bei jmdm. aus: das Recht, die Pflicht, die Idee, den Einfall, den Gedanken h., etw. zu tun; er hat Schuld an dem Unfall; **b)** in Verbindung mit einem Adj. + »es«, charakterisiert die Umstände, den Zustand o. Ä., worin sich jmd. befindet: es gut, schwer, schön h.; Besser als hier drin konnte ich es nie wieder h. (Bieler, Bonifaz 77); Wir hatten es famos bei unserem Puffmütterchen (K. Mann, Wendepunkt 137); sie hat es eilig (ugs.; *ist in Eile*); ihr habt es warm hier *(es ist warm in eurer Wohnung o. Ä.);* **c)** in Verbindung mit »zu« u. einem Inf., drückt aus, dass das im Verb Genannte in einem bestimmten Maß für jmdn. vorhanden, da ist: nichts zu essen h.; viel zu tun h.; sie haben kaum noch etwas zu hoffen, zu erwarten; **d)** in Verbindung mit einem Inf. u. einer Raumangabe; drückt aus, dass jmdm. etw. an einem bestimmten Ort u. in bestimmter Weise zur Verfügung steht: seine Kleider im Schrank hängen h.; (landsch., bes. berlin. mit Inf. mit »zu«:) 5000 Mark auf der Bank zu liegen h. **3.** in Verbindung mit »zu« u. einem Inf. **a)** *etw. Bestimmtes tun müssen:* viel zu erledigen h.; noch eine Stunde zu fahren h.; du hast zu gehorchen; jetzt hat er ihm wöchentlich Rapport zu geben (Grass, Hundejahre 473); **b)** (verneint) *etw. Bestimmtes tun dürfen, sollen; zu etw. Bestimmtem berechtigt sein:* er hat hier nichts zu befehlen. **4.** drückt aus, dass etw., ein bestimmter Sachverhalt o. Ä. [für jmdn.] besteht, existiert; *sein:* heute habe ich keine Schule *(heute ist keine Schule);* ich hatte im Urlaub schönes Wetter; wir haben Sonntag, den 1. Juni; in Südamerika haben sie jetzt Sommer; draußen haben wir 30° im Schatten. **5.** *aus einer bestimmten Menge, Anzahl bestehen, sich zusammensetzen o. Ä.:* ein Kilo hat 1000 Gramm; das Mietshaus hat 20 Wohnungen. **6.** *bekommen, erhalten, jmdm. zuteil werden o. Ä.:* kann ich mal das Handtuch h.?; als Dankesformel: hab Dank! (geh.; *ich danke dir*); R wie hätten Sie es/Sies [denn] gern? *(wie möchten Sie bedient, behandelt o. Ä. werden?);* da/jetzt hast dus!; da/jetzt haben wirs, habt ihrs! (ugs.; *nun ist das, was ich befürchtet habe, eingetreten*); ***zu h. sein** *(zu kaufen, erhältlich sein):* das Buch ist im Laden nicht mehr zu h. *(ist vergriffen);* ein echter Dürer ist für zwei Flaschen Whisky zu h. (K. Mann, Wendepunkt 112). **[noch/wieder] zu h. sein** (ugs.; *noch nicht od. nicht mehr verheiratet sein u. darum als möglicher Partner, als mögliche Partnerin infrage kommen;* aus der Kaufmannsspr., eigtl. = zu kaufen sein, erhältlich sein); **für etw. zu h. sein** (1. *sich für etw. gewinnen lassen* [häufig verneint]: für solche heiklen Unternehmungen ist er nicht zu h. 2. *etw. sehr gerne mögen, sich zu etw. nicht lange bitten lassen:* für ein gutes Glas Wein ist er immer zu h.; Für Byrrh-Cassis war Schoenberg nicht zu h. Rotwein war ihm lieber [Kuby, Sieg 337]). **7.** (ugs.) *(als Unterrichtsfach in der Schule) lernen:* wir haben im Gymnasium Latein und Griechisch. **8.** (ugs.; in Bezug auf etw., was in Mode, was allgemein verbreitet ist o. Ä.) *verwenden, gebrauchen, tragen o. Ä.:* man hat wieder längere Röcke; das, diesen Brauch hat man heute nicht mehr. **9.** (ugs.) *gefangen, gefasst, gefunden u. Ä. haben:* die Polizei hat den Ausbrecher; Habe ich dich endlich, du Schweinehund? (Remarque, Obelisk 314); ich habs!, jetzt hab ichs (ugs.; *habe es gera-*

ten, gefunden o. Ä.). **10.** (salopp) *mit einer Frau, mit einem Mann schlafen:* er hat sie gehabt; gestern Nacht hat sie ihn endlich gehabt; *** [nicht] leicht zu h. sein** *([keinerlei] Bereitschaft zu sexuellem Kontakt, zum Beischlaf zeigen).* **11.** ⟨unpers.⟩ (landsch., bes. südd., österr.) *existieren, vorhanden sein, vorkommen, geben:* hier hat es, hats viele alte Häuser; heute hats draußen 30° im Schatten; Es hat Parkplätze bei Bahnhöfen; aber es ist bequemer, mit dem Auto in die Stadt zu fahren (NZZ 29. 4. 83, 28); gammelige Industriebuden habe es die Menge (Kant, Aufenthalt 155). **12.** ⟨h. + sich⟩ **a)** (ugs. abwertend) *sich übermäßig aufregen über etw., viel Aufhebens machen um etw.:* hab dich nicht so! *(stell dich nicht so an!);* die Frau Brest hatte sich vielleicht! Da durfte kein Steinchen in dem Sand sein (Kant, Impressum 24); Klaus sei ein spinnerter Hammel, er solle sich nicht so h. (M. Walser, Pferd 64); **b)** (ugs.) *sich streiten:* die haben sich vielleicht wieder gehabt! **13.** ⟨h. + sich; unpers.⟩ (salopp) *erledigt, abgetan sein:* gib mir 50 Mark dafür, und damit hat sichs/ und die Sache hat sich; Bringt man'n paar Blumen mit, nicht, und denn hat sich das wieder, nicht. Ist wieder alles vergessen (Aberle, Stehkneipen 13); R hat sich was (1. ugs.; *das kommt gar nicht infrage:* hat sich was mit Spielengehen. Zuerst werden die Schularbeiten gemacht!; 2. *das trifft nicht zu:* Ich dachte, ich könnte mich auf ihn verlassen, aber hat sich was!). **14.** verblasst, in Verbindung mit verschiedenen Präp.: er wird schon merken, was er **an** ihr gehabt hat *(wie nützlich u. hilfreich sie für ihn gewesen ist);* er hat einen sehr spöttischen Ton an sich *(ist sehr spöttisch);* das hat er so an sich (ugs.; *das ist eine Angewohnheit von ihm*); Was habe ich an mir, was mache ich falsch, dass man mir so leicht ... die kalte Schulter zeigt? (*was habe ich für eine Eigenschaft, dass ...?;* Strauß, Niemand 87); das hat nichts **auf** sich *(die Sache hat keine Bedeutung);* was hat es damit auf sich? *(was bedeutet das, was steckt dahinter?);* sie hatten ihren Sohn **bei** sich *(ihr Sohn war in ihrer Begleitung);* sie haben ihre Mutter bei sich *(ihre Mutter lebt bei ihnen);* Haben Sie einen Bleistift bei sich? (Bieler, Bonifaz 44); ich habe kein Geld bei mir *(habe kein Geld mitgenommen);* die Sache, der Plan hat einiges **für** sich *(ist von Vorteil);* etw. **gegen** jmdn., etw. h. *(gegen jmdn., etw. eingestellt, eingenommen sein);* er hatte alle gegen sich *(alle waren gegen ihn eingenommen);* Unwillkürlich hat heute jeder von uns etwas gegen den Fortschritt (Musil, Mann 1234); sie hatte nichts dagegen, wenn er Freunde mitbrachte *(hatte nichts dagegen einzuwenden);* er hat die Prüfung **hinter** sich *(hat sie überstanden);* in dieser Sache hat sie die ganze Partei hinter sich *(die ganze Partei unterstützt sie darin);* etw. hat es **in** sich (ugs.; *etw. hat eine Eigenschaft, die man ihm von außen nicht ansieht*); er hat etwas **mit** der Frau (ugs.; *hat ein Verhältnis mit ihr*); er wusste auch, dass sie bis jetzt noch nichts Schärferes, wie er das nannte, mit einem Mann gehabt hatte (Kant, Impressum 189); Der Beruf ist ungesund. Die Bäcker haben es oft mit der Lunge (*sind oft lungenkrank;* Nossack, Begegnung 397); er hats mit dem Fotografieren (ugs.; *fotografiert mit Begeisterung*); sie haben noch nie etwas miteinander gehabt (ugs.; *haben noch nie miteinander Streit gehabt*); der Besuch war nur zwei Tage bei uns, sodass wir nur wenig **von** ihm, voneinander hatten *(wenig Zeit zu längerem Beieinandersein, Austausch o. Ä. hatten);* er hat viel von seiner Mutter *(ist seiner Mutter im Wesen od. in bestimmten Zügen sehr ähnlich);* von dem Vortrag hatte ich nur wenig *(hatte wenig Nutzen davon);* er hat eine schwere Prüfung **vor** sich *(sie steht ihm bevor);* Sie wissen wohl nicht, wen Sie vor sich h.? *(wer die vor Ihnen stehende, Respekt, Achtung o. Ä. erwartende Person ist?);* »Schrei nicht so rum!«, brüllte der Mann. »Was glaubst du, wen du vor dir hast?« (*mit wem du es zu tun hast?;* Fels, Sünden 14). **II.** dient als Hilfsverb in der Verbindung mit dem 2. Part. der Perfektumschreibung: ich habe gegessen; hat er sich das selbst ausgedacht?; Hat Mies van der Rohe den ... »Barcelona«-Sessel nicht selbst entworfen? Fachleute vermuten: Eine seiner Favoritinnen hat (Spiegel 14, 1977, 234).

Ha̱|ben, das; -s [gek. aus »er soll haben«] (Kaufmannsspr., Bankw.): **1.** *alles, was jmd. hat od. einnimmt, Guthaben:* ihr H. ist klein; Soll und H. *(Ausgaben u. Einnahmen).* **2.** *Habenseite.*

Ha̱|be|nichts, der; -[es], -e [mhd. habeniht] (abwertend): *jmd., der keinen [nennenswerten] Besitz, kein Vermögen hat; jmd., der mittellos, arm ist:* Sie hatte es sich anders vorgestellt, als sie ihren Vater ... weich knetete, bis der zu ihrer Heirat mit dem H. in München Ja und Amen sagte (Kühn, Zeit 326); Ü Italien zählte im 19. Jahrhundert zu den -en der Welt (Fest, Im Gegenlicht 332); die atomaren -e sollen ... auf Atomwaffen verzichten (Spiegel 10, 1967, 17).

Ha̱|ben|pos|ten, der (Kaufmannsspr.): *Posten, Geldmenge auf der Habenseite.*

Ha̱|ben|sei|te, die (Kaufmannsspr., Bankw.): *rechte Seite eines Kontos, auf der Erträge, Vermögensabnahmen u. Schuldenzunahmen verbucht werden:* auf der H. stehen; Ü diesen Erfolg kannst du auf der H. verbuchen *(er fällt ins Gewicht).*

ha̱|bent su̱a fa̱|ta li|be̱l|li [lat., nach Terentianus Maurus, Carmen heroicum, V. 258] (bildungsspr.): *Bücher haben (auch) ihre Schicksale.*

Ha̱|ben|zin|sen ⟨Pl.⟩ (Bankw.): *Zinsen, die von Geldinstituten auf die Guthaben der Kunden gezahlt werden.*

Ha̱|ber, der; -s [mhd. habere, ahd. habaro, ↑Hafer] (südd., österr., schweiz. mundartl.): *Hafer.*

Ha̱|ber-Bo̱sch-Ver|fah|ren, das; -s [nach den dt. Chemikern F. Haber u. C. Bosch] (Chemie): *wichtigstes großtechnisches Verfahren zur Herstellung von Ammoniak.*

Ha̱|be|rer, der; -s, - [wohl aus dem Jidd., vgl. hebr. ḥaver = Gefährte] (österr. ugs.): **1.** *Verehrer:* sie hat schon wieder einen neuen H. **2.** *Freund, Kumpan, Zechbruder:* Zwei Freunde, Pjotr, der väterliche Typ ..., und dessen H. René (Spiegel 15, 1984, 208).

Ha̱|ber|feld|trei|ben, das; -s, - [eigtl. = Ziegenfelltreiben, 1. Bestandteil entstellt aus: Haberfell = Ziegenfell, vgl. Habergeiß]: *(früher in Bayern u. Tirol ausgeübte) Form der Selbstjustiz, mit der außerhalb der juristischen Gewalt liegende moralische Vergehen verfolgt werden, indem der Schuldige in ein Ziegenfell gesteckt u. umhergetrieben wird:* Ü Die Kostenentwicklung im Gesundheitswesen, obgleich weltweit, ist ein willkommener Anlass für ein H. gegen die Ärzte (Bayer. Ärzteblatt [München] 1, 1976).

Ha̱|ber|geiß, die; -, -en [zu: Haber, wahrsch. = (Ziegen)bock (vgl. aengl. hæfer) u. Geiß = Ziege, als verdeutlichender Zusatz wegen der Gleichlautung mit Haber = Hafer; 1: nach dem meckernden Laut beim Balzflug; 2: nach der angeblichen Ähnlichkeit mit einer Ziege; 3: nach dem häufig als Ziegenkopf gestalteten Puppenkopf]: **1.** (landsch. veraltet) *Bekassine.* **2.** (südd.) *Brauchtumsgestalt, Nachtgespenst.* **3.** (südd.) *Strohpuppe, die demjenigen Bauern aufs Dach gesetzt wird, der als Letzter das Einfahren des Getreides beendet.* **4.** (alemann.) *Brummkreisel.*

◆ **Ha̱|ber|mus,** das [aus ↑Haber u. ↑Mus]: (landsch.) *Haferbrei:* ... und müssten H. und Erbsenkost aus einer hölzernen Bütte gemeinschaftlich essen (Keller, Frau Regel 188).

◆ **Ha̱|ber|pfei|fe,** die: *Haberrohr:* sie hätten oft ... ein Brummen gehört, das sie mit nichts als mit dem Tone einer H. zu vergleichen wüssten. Vielleicht war es sein Winseln, mit hohler ... Stimme (Büchner, Lenz 98).

◆ **Ha̱|ber|rohr,** das [für gleichbed. lat. avena, eigtl. = Hafer, auch: Halm, Rohr (1 a)]: *Hirtenflöte:* des Waldes Melodie floss aus dem H. (Schiller, Die Künstler).

Ha̱|ber|sack, der; -[e]s, -säcke (veraltet): **a)** *Hafersack;* **b)** *einem Tornister ähnlicher Ranzen:* Die Soldaten sind ... beschwert mit Degengurt, Patronentasche, Tornister, H. (Hacks, Stücke 187).

Ha̱b|gier, die; - (abwertend): *von anderen als unangenehm u. abstoßend empfundenes, rücksichtsloses Streben nach Besitz od. Vermehrung des Besitzes:* seine H. kennt keine Grenzen; Der ... Hass der Armen gegen die Reichen ist viel weniger gemeine H. als Empörung gegen einen Missbrauch der Rechte (Thieß, Dämonen 38).

ha̱b|gie|rig ⟨Adj.⟩ (abwertend): *voller Habgier, von Habgier geprägt:* betrügerische Geschäfte eines -en und skrupellosen Fuhrunternehmers (Prodöhl, Tod 249); Deine Großmutter ... war geizig, h., aber sehr geschäftstüchtig (Borkowski, Wer 40).

ha̱b|haft ⟨Adj.⟩ [mhd. habhaft = Besitz habend]: **1. * jmds., einer Sache h. werden**

(1. geh.; *jmdn., den man gesucht hat, finden, ausfindig machen [u. festnehmen]; jmdn. in seine Gewalt bekommen:* die Polizei konnte des Täters h. werden; Die Untersuchung gegen Nüesch steht still, solange man seiner nicht h. werden kann [NZZ 25. 12. 83, 7]. 2. *etw. in seinen Besitz bekommen, etw. erlangen, sich etw. aneignen:* er nahm alles an sich, dessen er h. werden konnte; eine Manier, deren ich rasch aufs täuschendste h. wurde [Th. Mann, Krull 43]; ⟨selten auch attr.:⟩ Es ginge und geht um ... den Inbegriff des scheinbar -en Glückes [Hagelstange, Spielball 325]; ◆ ⟨auch mit Akk.-Obj.:⟩ Ich habe lange nach dem Lied getrachtet, aber es nie ganz h. werden können [Cl. Brentano, Kasperl 349]; als Knabe stahl ich Gold und Juwelen, wo ich sie h. werden konnte [E. T. A. Hoffmann, Fräulein 56]). **2.** (landsch.) *sehr sättigend, schwer:* das war die -este Mahlzeit seit langem.

Ha|bicht, der; -s, -e [mhd. habech, ahd. habuch, viell. verw. mit ↑heben in dessen urspr. Bed. »fassen, packen« u. eigtl. = Fänger, Räuber]: **1.** *(in vielen Arten vorkommender) größerer Greifvogel mit braunem Gefieder, langen, kräftigen Krallen, starkem, gebogenem Schnabel u. meist kurzen, runden Flügeln.* **2.** *Hühnerhabicht.*

Ha|bichts|ad|ler, der: *Adler, dessen Gestalt u. Verhaltensweise an den Habicht erinnert.*

Ha|bichts|au|ge, das (geh.): *scharf beobachtender Blick eines Menschen.*

Ha|bichts|fang, der: *das Fangen von Habichten mithilfe eines Habichtskorbs.*

Ha|bichts|ge|sicht, das (selten): *Gesicht eines Menschen, das an einen Habicht erinnert.*

Ha|bichts|korb, der (Jagdw.): *Fanggerät aus Holz u. Drahtgeflecht für den Fang von Raubvögeln.*

Ha|bichts|kraut, das [lat. hieracium < griech. hierákion, zu: hiérax = Habicht, Motiv der Benennung nicht geklärt]: *(in vielen Arten vorkommendes) Kraut mit langen, blattlosen Stängeln mit meist gelben, orangefarbenen od. roten zungenförmigen Blüten.*

Ha|bichts|na|se, die: *[meist starke] hakenförmig nach unten gebogene Nase, die an den Schnabel eines Habichts erinnert.*

Ha|bichts|pilz, der [nach den schwarzbraunen Schuppen des Hutes, die an das Gefieder eines Habichts erinnern]: *essbarer Pilz von weißlicher Färbung, dessen Hut eine schwarzbraune, schuppige Oberseite hat.*

Ha|bichts|schwamm, der: *Habichtspilz.*

ha|bil ⟨Adj.⟩ [lat. habilis, zu: habere, ↑Habitus] (bildungsspr. veraltet): *geschickt, fähig; gewandt, geübt:* Alles bleibt im konventionellen Rahmen, logios, h., wohl temperiert (Deschner, Talente 140).

ha|bil.: ↑habilitatus: sie ist Dr. phil. habil.

Ha|bi|li|tand, der; -en, -en [mlat. habilitandus, Gerundivum von habilitare = geschickt, fähig machen, zu lat. habilis, ↑habil]: *jmd., der zur Habilitation zugelassen ist.*

Ha|bi|li|tan|din, die; -, -nen: w. Form zu ↑Habilitand.

Ha|bi|li|ta|ti|on, die; -, -en [mlat. habilitatio]: *Verfahren zum Erwerb der Venia Legendi an Hochschulen u. Universitäten durch Anfertigung einer schriftlichen Arbeit od. mehrerer kleiner Schriften:* er hatte ihm sogar die H. angeboten (Sebastian, Krankenhaus 173).

Ha|bi|li|ta|ti|ons|schrift, die: *umfangreichere, wissenschaftliche Arbeit, die zur Habilitation vorgelegt wird.*

ha|bi|li|ta|tus ⟨Adj.⟩ [mlat. habilitatus, adj. 2. Part. von: habilitare, ↑habilitieren]: *habilitiert;* Abk.: habil.

ha|bi|li|tie|ren ⟨sw. V.; hat⟩ [mlat. habilitare, ↑Habilitand]: **a)** *die Venia Legendi an einer Hochschule od. Universität erwerben:* in München, bei Professor N. N. h.; ⟨auch: h. + sich⟩ ... bevor er sich in Berlin für Kunstgeschichte habilitierte (Muttersprache 6, 1965, 192); **b)** *jmdm. die Venia Legendi erteilen:* sie wurde 1998 habilitiert; Jacobi, der seine Hoffnungen, bei Struppler habilitiert zu werden, schwinden sieht (Spiegel 14, 1969, 90).

[1]Ha|bit [auch: haˈbɪt, ˈhabɪt], der, auch: das; -s, -e [frz. habit, ↑Habitus]: **a)** *Amtskleidung, Ordenstracht:* der H. der Karmeliter; unter ... dem weitschweifigen H. der Vincentinerin (Hildesheimer, Legenden 166); **b)** (bildungsspr. abwertend) *Aufzug; Kleidung [für eine bestimmte Gelegenheit, einen bestimmten Zweck]:* das ihm gemäße H. war die Uniform (Heym, Schwarzenberg 76); hohnsprechende -e, die da (= im Internat) gefordert wurden (Fussenegger, Haus 516); er erschien in einem seltsamen H.

[2]Ha|bit [ˈhæbɪt], das, auch: der; -s, -s [engl. habit, ↑Habitus] (Psych.): *Gewohnheit, Erlerntes; Anerzogenes; Erworbenes.*

Ha|bi|tat, das; -s, -e [1: lat. habitatio = das Wohnen, die Wohnung; 2: engl. habitat]: **1. a)** (Biol.) *Standort einer bestimmten Tier- od. Pflanzenart:* ... um das Verhalten bedrohter Tierarten in ihrem natürlichen H. zu beobachten (NZZ 23. 10. 86, 6); **b)** *Wohnplatz von Ur- u. Frühmenschen;* **c)** (seltener) *Aufenthaltsort, Wohnstätte:* Soweit dies überhaupt möglich ist, lernt man die Berber aber viel besser in ihrem eigentlichen H. kennen (Wochenpresse 13, 1984, 66). **2.** *kapselförmige Unterwasserstation, in der Aquanauten wohnen können:* Die Aquanauten tauchen unter ihrem H. in einer ständig offen stehenden Luke auf (MM 9. 2. 69, 3).

ha|bi|tu|a|li|sie|ren ⟨sw. V.; hat⟩ (Psych., Soziol.): **1.** *zur Gewohnheit werden:* Es sind nämlich auch die zur Arbeit notwendigen Bewusstseinsfunktionen habitualisiert (Gehlen, Zeitalter 105). **2.** *zur Gewohnheit machen.*

Ha|bi|tu|a|li|sie|rung, die; -, -en (Psych., Soziol.): *das Habitualisieren.*

Ha|bi|tu|a|ti|on, die; -, -en [engl. habituation]: **a)** (Psych.) *Gewöhnung;* **b)** (bildungsspr.) *physische u. psychische Gewöhnung an Drogen.*

Ha|bi|tué [(h)abiˈtye:], der; -s, -s [frz. habitué] (österr., sonst veraltet): *immer wiederkehrender Besucher, Stammgast:* Bei der Unzahl der Cafés ist der Raum nie so beschränkt, dass der H. dort nicht Akten und Briefe schreiben könnte (Jacob, Kaffee 197).

ha|bi|tu|ell ⟨Adj.⟩ [frz. habituel]: **1.** (bildungsspr.) *gewohnheitsmäßig; ständig:* -e Kritik; Auf nervöse Konstitution deutete ... das -e Schulterzucken (Th. Mann, Krull 124). **2.** (Psych.): *verhaltenseigen; zur Gewohnheit geworden, zum Charakter gehörend:* eine -e Reaktionsweise; Zu Beginn einer Liebesbeziehung ... treten die bevorzugten Schlaflagen, die h. charakterologischen Posititionen, ... oft weitgehend zurück (Dunkell, Körpersprache 128).

Ha|bi|tus [auch: ˈha:...], der; - [lat. habitus = Gehabe; äußere Erscheinung; Haltung; Verhalten, persönliche Eigenschaft; zu: habere = haben, an sich tragen]: **1. a)** *Gesamterscheinungsbild einer Person nach Aussehen u. Verhalten:* Ich hielt ihn, seinem H. und der Art seines Sprechens nach ..., für einen der vielen Kunststudenten (Jens, Mann 155); **b)** *auf einer bestimmten Grundeinstellung aufgebautes, erworbenes Auftreten; Haltung:* Seinem geistigen H. nach gehörte er unzweifelhaft zur Linken (Niekisch, Leben 156); **c)** *Benehmen, Gebaren:* vor dessen Glastür sich gerade zwei altmodisch gekleidete Herren mit leicht übertriebenem H. voneinander verabschiedeten (Zuckmayer, Herr 13). **2.** (Med.) *Besonderheiten im Erscheinungsbild eines Menschen [aus denen auf bestimmte Krankheiten geschlossen werden kann]:* Mein Freund war seinem H. und seiner Veranlagung nach niemals ein süchtiger Mensch (Jens, Mann 162). **3.** (Biol.) *Körperbeschaffenheit, äußere Gestalt von Tieren, Pflanzen od. Kristallen:* Die Gestalt des Baumes, der so genannte H., gibt den einzelnen Baumarten das typische Äußere (Mantel, Wald 18); Wer einmal das Glück hat, die Verhaltensweise der Wasseramsel in ihrem natürlichen Biotop beobachten zu können, der wird von ihrem H. fasziniert sein (NNN 21. 3. 87, 3).

◆ **Hab|küch|lein,** das; -s, - [aus schweiz. mundartl. Hab = eine bestimmte Art Sauerteig (spätmhd. in: urhab = Sauerteig, zu ↑heben) u. ↑[2]Küchlein]: (schweiz. ugs.) *in Butter gebackenes Hefegebäck:* ... zwei Teller. Hoch aufgetürmt lagen auf denselben die appetitlichen Küchlein, H. auf dem einen, Eierküchlein auf dem andern (Gotthelf, Spinne 7).

hab|lich ⟨Adj.⟩ [mhd. habelich]: **1.** (veraltet) **a)** *die Habe betreffend;* **b)** *geschickt, tüchtig.* **2.** (schweiz.) *wohlhabend:* ein -er Bauer; das Dorf ist sehr h.; ein -er *(stattlicher)* Bau.

Ha|boob [həˈbu:b; engl. haboob < arab. habūb]: ↑Habub.

Hab|schaft, die; -, -en (veraltet): *Eigentum, Habe, Besitz.*

Hab|se|lig|keit, die; -, -en ⟨meist Pl.⟩: *[dürftiger, kümmerlicher] Besitz, der aus meist wenigen [wertlosen] Dingen be-*

steht: auf der Flucht konnten sie nur ein paar -en mitnehmen; Ich packe meine -en und ziehe drei Stockwerke höher (Sobota, Minus-Mann 75).

Hab|sucht, die; - (abwertend): *charakterliche Veranlagung, aufgrund deren der Drang besteht, ständig sein Vermögen zu mehren u. seinen Besitz zu erweitern:* Im Innern regiere die nackte H. der Barone (Feuchtwanger, Herzogin 185).

hab|süch|tig ⟨Adj.⟩ (abwertend): *voller Habsucht, von Habsucht geprägt:* der gemeine und hinterlistige, -e und grausame Mörder (Mostar, Unschuldig 17).

Habt-Acht-Stel|lung, die; -, -en [nach dem milit. Kommando »habt Acht!« = stillgestanden!] (österr.): *stramme [militärische] Haltung.*

Ha|bub, der; -[s] [arab. habūb]: *heißer, meist aus nördlicher Richtung wehender Sand- od. Staubsturm in Ägypten u. im Sudan.*

Ha|bu|tai, der; -[s], -s [jap. habutai]: *Japanseide.*

Háček ['ha:tʃɛk], das; -s, -s [tschech. háček, eigtl. = Häkchen]: *(bes. in slawischen Sprachen verwendetes) diakritisches Zeichen in Form eines Häkchens, das einen Zischlaut od. einen stimmhaften Reibelaut angibt* (z. B. tschech. č [tʃ], ž [ʒ]).

hach ⟨Interj.⟩: Ausruf der freudigen Überraschung, einer gewissen Begeisterung, des spöttischen Triumphes: h., ist das schön!; Hach, ich werde noch einen Schwips kriegen (Keun, Mädchen 144).

Ha|ché [(h)a'ʃe:]: ↑Haschee.

[1]Ha|chel, die; -, -n [mhd. hachel, ahd. ahil, eigtl. = Spitzes] (landsch.): **a)** *Granne;* **b)** *Stachel, Nadel:* In Stanislaus war die H. einer kleinen Unruhe hängen geblieben (Strittmatter, Wundertäter 123).

[2]Ha|chel, das; -s, -, auch: die; -, -n [zu ↑Hechel] (österr.): *Küchenhobel.*

ha|cheln ⟨sw. V.; hat⟩ [zu ↑[1]hecheln] (österr.): *(Gemüse) mit einem Hachel hobeln.*

Ha|chi-Dan ['hatʃida:n], der; -, - [jap. hachi-dan, zu: hachi = acht u. dan, ↑Dan] (Budo): *achter Dan:* im H. trägt man einen rotweißen Gürtel.

Hach|se, (südd.:) Haxe, die; -, -n [mhd. hahse, ahd. hāhsina = Kniebug des Hinterbeines, bes. vom Pferd, H. u.]: **a)** *unterer Teil des Beines von Kalb u. Schwein;* **b)** (ugs. scherzh.) *Bein:* zieh deine [langen] -n ein!; pass auf, sonst brichst du dir die -n.

Ha|ci|en|da [a'si̯ɛnda] usw.: ↑Hazienda usw.

[1]Hack [hɛk, engl.: hæk], der; -[s], -s [Kurzf. von engl. hackney = Kutschpferd]: *keiner bestimmten Rasse angehörendes Reitpferd.*

[2]Hack, das; -s [zu ↑hacken] (ugs., bes. nordd.): *Hackfleisch:* Filets salzen, das H. darauf verteilen, aufrollen, mit Küchengarn ... umwickeln (Hörzu 8, 1976, 92).

Hack|ab|stand, der (Verhaltensf.): *Hackordnung.*

Hack|bank, die ⟨Pl. ...bänke⟩: *Holzklotz o. Ä., auf dem der Fleischer Knochen durchhackt.*

Hack|bau, der ⟨o. Pl.⟩ (Landw.): *Bearbeitung des Bodens mit einer Hacke.*

Hack|beil, das: *kleines Beil, das der Fleischer zum Zerhacken von Knochen verwendet.*

Hack|block, der ⟨Pl. ...blöcke⟩: *Hackklotz:* seine dicken Hände ... man hätte sie sich besser am H. eines Fleischerladens vorgestellt (Erné, Fahrgäste 53).

Hack|bra|ten, der (Kochk.): *in der Form eines länglichen Brotlaibs gebratenes Hackfleisch; falscher Hase.*

Hack|brett, das: **1.** *kleines Brett, das in der Küche zum Schneiden u. Hacken von Fleisch, Gemüse u. Kräutern verwendet wird.* **2.** (Musik) *der Zither ähnliches Saiteninstrument mit trapezförmigem Schallkasten, das mit Klöppeln geschlagen wird; Tympanon* (2): Zither und H. erklingen (MM Ostern 74, 13).

[1]Ha|cke, die; -, -n [mhd. hacke, zu ↑hacken]: **1.** *Gerät zur Bearbeitung des Bodens, das aus einem [langen] Holzstiel u. einem aufgesetzten, mit einer Spitze od. Schneide versehenen Blatt aus Stahl besteht:* eine spitze, stumpfe, breite H.; Er schwang wieder die H. und traf diesmal mitten auf den Stein (Kuby, Sieg 27); mit einer H. den Boden bearbeiten. **2.** (Landw.) *das Hacken* (1): bestimmte Knollenfrüchte erfordern während des Wachstums mehrere -n. **3.** (österr.) *Beil, Axt.*

[2]Ha|cke, die; -, -n, (seltener auch:) [1]Hacken, der; -s, - [aus dem Niederd. < mniederd. hakke, wohl verw. mit ↑Haken] (landsch.): **a)** *Ferse:* wund gelaufene Hacken; eine Blase an der Hacke, am Hacken haben; er tritt mir auf die Hacken; jmdm. [fast] die Hacken abtreten *(ganz dicht hinter jmdm. hergehen [u. ihm gelegentlich auf die Hacken treten]);* *** sich an jmds. Hacken/sich jmdm. an die Hacken hängen, heften** *(jmdn. hartnäckig verfolgen);* **jmdm. [dicht] auf den Hacken sein/bleiben/sitzen** (1. *hinter jmdm. her sein, jmdn. verfolgen u. dabei dicht, unmittelbar hinter ihm sein, bleiben:* die Polizei blieb dem Täter dicht auf den Hacken. 2. *jmdn. in Bezug auf Leistung bald erreicht, eingeholt haben:* nach der dritten Runde war die Kandidatin ihrem Gegner dicht auf den Hacken); **jmdm. nicht von den Hacken gehen** *(jmdn. dauernd mit einer Sache behelligen, verfolgen, bedrängen);* **b)** *Absatz des Schuhs:* abgetretene, schiefe Hacken; Schuhe mit hohen Hacken tragen; Die Sohlen waren plötzlich nicht mehr da ... man hörte das Knirschen unter der Hacke (Eppendorfer, Ledermann 126); die Hacken zusammenschlagen, zusammennehmen (Soldatenspr. veraltend; *als Untergebener beim Einnehmen einer militärischen Haltung die Absätze hörbar gegeneinander schlagen*); *** sich ⟨Dativ⟩ die Hacken [nach etw.] ablaufen/abrennen** *(einen weiten Weg, [oft] viele Wege wegen etw. machen; sich eifrig um etw. bemühen):* Brauchst dich ja nicht zu bedanken, aber ich renne mir deinetwegen die Hacken ab, und nu stehe ich da (Bieler, Bär 420); **die Hacken voll haben; einen im Hacken haben** (nordd.; *betrunken sein*): weil wir schon so ziemlich die Hacken voll hatten, lachten wir wie toll (Kempowski, Uns 138); **sich auf der Hacke umdrehen, umwenden; auf der Hacke kehrtmachen** (↑Absatz): wenn's brenzlig wird, auf der Hacke kehrtzumachen, sich hinter einer Zeitung zu verkriechen (Dierichs, Männer 98); **c)** *Fersenteil des Strumpfes od. der Socke:* ein Loch in der Hacke, im Hacken haben.

Ha|cke|beil, das (landsch.): *Hackbeil.*

Ha|cke|brett, das (landsch.): *Hackbrett.*

ha|ckeln ⟨sw. V., hat⟩ [eigtl. = mit dem Beil hacken, zu ↑Hacken] (österr. ugs.): *arbeiten, einen Job haben:* er hackelt bei einer Viehverwertungsgenossenschaft.

ha|cken ⟨sw. V.; hat⟩ [mhd. hacken, ahd. hacchōn, viell. eigtl. = mit einem hakenförmigen Gerät bearbeiten u. verw. mit ↑Haken; 6: engl. to hack, eigtl. = (auf der Computertastatur) hacken]: **1. a)** *mit der [1]Hacke arbeiten:* gestern habe ich drei Stunden im Garten gehackt; Ü auf dem Klavier h. *(einzelne Töne hart u. laut anschlagen, ohne zusammenhängend zu spielen);* **b)** *(Erde, Boden) mit der [1]Hacke bearbeiten, auflockern:* das Beet, den Weinberg, den Rüben-, den Kartoffelacker h. **2. a)** *mit der Axt, mit dem Beil zerkleinern, in Stücke schlagen:* Holz h.; die Kiste in Stücke h.; den alten Stuhl zu Brennholz h.; Ü ... und werden dann unsere Stadt kurz und klein h. (Thieß, Reich 359); **b)** *mit einer Hacke, mit der Spitze, Kante von etw. wiederholt auf eine Fläche schlagen u. dadurch eine Vertiefung, einen Durchbruch o. Ä. entstehen lassen:* mit dem Absatz ein Loch ins Eis h.; eine Grube h.; **c)** *jmdn., sich mit einer [1]Hacke* (1), *einem Beil o. Ä. an einer bestimmten Körperstelle verletzen:* ich habe mir/mich, ihr/sie ins Bein gehackt. **3.** *durch kurze, schnelle Schläge mit einem scharfen Messer zerkleinern:* Zwiebeln, Petersilie h.; gehackter Spinat. **4.** *(meist von Vögeln) mit dem Schnabel heftig schlagen, picken:* der Papagei hackt nach ihm, hackt ihr/sie in die Hand; die Tiere (= Vögel) werden zwar zahm, aber weißt du, wie sie hacken? (Frischmuth, Herrin 104); Ü Er ist ein Oppositionsmann ... Er hackt auf alles Bestehende *(greift es heftig an;* Th. Mann, Zauberberg 144). **5.** (Sport Jargon) *grob, unfair, rücksichtslos spielen:* schon in den ersten Minuten begann der Gegner zu h. **6.** *durch geschicktes Ausprobieren u. Anwenden verschiedener Computerprogramme mithilfe eines Personalcomputers über eine spezielle Telefonleitung unberechtigt in andere Computersysteme eindringen.*

[1]Ha|cken: ↑[2]Hacke.

[2]Ha|cken, die; -, - [eigtl. = Beil, im Sinne von »Arbeit mit dem Beil« allgemein auf eine Tätigkeit übertragen (zur Bedeutungsübertragung vgl. [1]Hacke 2)] (österr. ugs.): *Arbeit, Beschäftigung:* bis ich wieder eine H. habe.

Ha|cken-Bal|len-Dre|hung, die (Leichtathletik): *Fußbewegung des Drehbeins beim Hammerwerfen, die äußerst schnell u. in einem Zug von der Ferse über die Außenkante des Fußes zurück zur Ferse verläuft.*

Ha|cken|dorn, der (Leichtathletik): *Metallstift im Absatz (1) des Sprung-, Renn- od. Speerwerferschuhs.*

Ha|cken|schuh, der (ugs.): *Damenschuh mit hohem, schlankem Absatz (1).*

Ha|cken|trick, der (Fußball): *Trick, bei dem der Ball mit der ²Hacke (a) gespielt wird, um den Gegner auszuspielen od. zu umspielen; Absatztrick.*

Ha|cke|pe|ter, der; -s [2. Bestandteil der als Gattungsname gebrauchte Vorname »Peter«] (nordd.): **a)** *Hackfleisch;* **b)** (Kochk.) *(mit verschiedenen Zutaten angemachtes) rohes, mageres Hackfleisch vom Rind; Tatarbeefsteak.*

Ha|cker, der; -s, - [3: engl. hacker]: **1.** (landsch.) *Arbeiter im Weinberg, der den Boden lockert.* **2.** (Sport Jargon) *grober, unfairer, rücksichtsloser Spieler.* **3.** [auch: ˈhɛkə] *jmd., der hackt* (6): In einem Wettbewerb werden jetzt die weltbesten H. und Kode-Knacker aufgefordert, den Kode von Protect zu knacken (Spiegel 11, 1987, 106).

Hä|cker, der; -s, - (landsch.): *Hacker* (1).

Ha|cke|rin, die; -, -nen: w. Form zu ↑Hacker.

Hä|cke|rin, die; -, -nen: w. Form zu ↑Häcker.

Hä|cker|le, das; -s (Kochk.): *(als Brotaufstrich od. zu Pellkartoffeln gegessene) fein gewiegte, mit Speck od. Fleisch u. Zwiebeln vermischte Salzheringe.*

Hä|cker|ling, der; -s (veraltend): *Häcksel:* ◆ und H. streuen wir vor die Tür (Goethe, Faust I, 3576).

Hack|fleisch, das: *rohes, durch den Fleischwolf getriebenes Fleisch von Schwein od. Rind:* ***aus jmdm. H. machen** (ugs.; oft als [scherzhafte] Drohung; 1. *jmdn. verprügeln.* 2. *jmdm. gehörig die Meinung sagen, ihm in irgendeiner Weise einen Denkzettel verpassen*).

Hack|frucht, die ⟨meist Pl.⟩ (Landw.): *auf dem Feld angebaute Pflanze, bei der während des Wachstums der Boden wiederholt durch Hacken gelockert werden muss* (z. B. Rüben, Kartoffeln, Kohl): Wie die Hackfrüchte stehen ..., lässt sich noch nicht genau übersehen (Welt 19. 8. 65, 9).

Hack|klotz, der: *Holzklotz, auf dem z. B. Holz gehackt od. Fleisch zerhackt wird.*

Hack|ma|schi|ne, die: **1.** (Landw.) *Maschine zur Lockerung u. Krümelung der Bodenoberfläche u. zur Vernichtung von Wildkräutern.* **2.** *bei der Herstellung von Holzfaserplatten u. Zellstoff eingesetzte Maschine zum Zerkleinern von Holz.*

Hack|mes|ser, das: **a)** *Blatt von Werkzeugen, die zum Hacken u. Spalten dienen;* **b)** *Buschmesser.*

Hack|ord|nung, die (Verhaltensf.): *Form der Rangordnung im Zusammenleben von Vögeln, bes. Hühnern, bei der der Ranghöhere den Rangniederen vom Futterplatz weghackt:* Ü Die H. innerhalb der akademischen Hierarchie zeigt sich im grellsten Licht (Rhein. Merkur 18. 5. 84, 19); Wenn du als Strafgefangener noch keinen Posten hast und auch sonst nichts, bist du der absolute Untermensch. Du bist der Arsch. In der H. ganz unten (Eppendorfer, Kuß 38).

Hack|pflug, der: vgl. Hackmaschine (1).

Häck|sel, der, auch: das; -s: *klein gehacktes Grünfutter, Heu od. Stroh, das als Viehfutter verwendet wird:* ***H. im Kopf haben** (veraltend; *sehr dumm sein*).

Häck|sel|dre|scher, der (Landw.): *kombinierte Häcksel- u. Dreschmaschine, die Ähren ausdrischt u. das übrig bleibende Stroh häckselt.*

Häck|se|ler: ↑Häcksler.

Häck|sel|ma|schi|ne, die: *Maschine, die Heu, Stroh od. Grünfutter zerkleinert.*

Häck|sel|mist, der (Landw.): *Mist aus gehäckseltem Stroh.*

häck|seln ⟨sw. V.; hat⟩: *Heu, Stroh od. Grünfutter zerkleinern.*

Häck|sel|stroh, das (Landw.): *gehäckseltes Stroh.*

Hack|sil|ber, das: *(im Mittelalter als Münzen verwendete) zerkleinerte Silberstücke.*

Häcks|ler, der; -s, -: *Häckselmaschine.*

Hack|steak, das: *zu einer flachen Scheibe geformtes, zu bratendes od. gebratenes Hackfleisch.*

Hack|stock, der (landsch.): *Hackklotz.*

Hack|stück, das (landsch.): *Hackbraten.*

Hack|wald|wirt|schaft, die (Fachspr.): *Bewirtschaftung von Flächen, die die Nutzung gleichzeitig für Land- u. Forstwirtschaft ermöglicht.*

Had|dock [ˈhædɔk], der; -[s], -s [engl. haddock, H. u.] (Kochk.): *kalt geräucherter Schellfisch ohne Kopf u. Gräten.*

¹Ha|der, der; -s [mhd. hader = Streit, Zank; Injurienprozess, urspr. = (Zwei)kampf] (geh.): **a)** *[über lange Zeit] schwelender, mit Erbitterung ausgetragener Streit, Zwist:* unsinniger H.; der ständige H. war zermürbend; der alte H. flammte wieder auf; Derart engagierte Firmen wehren sich dagegen, dass politischer H. ... die werbliche Wirkung ihres Aufwands mindert (Rhein. Merkur 18. 5. 84, 32); mit jmdm. in H. leben, liegen; **b)** *Unzufriedenheit, Aufbegehren:* So ist es nur natürlich, dass auch die minderen Menschen mit H. erfüllt werden (Hacks, Stücke 22).

²Ha|der [mhd. hader, ahd. hadara, viell. zu einem Wort mit der Bed. »(Ziegen)junges« u. urspr. = Kleidungsstück aus Ziegenfell; Kleidung aus (Ziegen)fell galt als weniger wertvoll als diejenige aus Tuch]: **a)** der; -s, -n (österr., südd.): *Stoffreste, -abfälle; Lumpen;* **b)** der; -s, - (ostmd.): *Scheuertuch, Putzlappen:* Erika sollte die alten Vorhänge nicht etwa verbrennen, sondern H. daraus schneiden (Bieler, Bär 244).

¹Ha|de|rer, (auch:) Hadrer, der; -s, - [zu ↑¹Hader; eigtl. = Streiter, Kämpfer] (Jägerspr.): *aus dem Oberkiefer seitlich der Schnauze hervortretender Eckzahn des Keilers.*

²Ha|de|rer, der; -s, - [zu ↑²Hader] (veraltet): *Lumpensammler.*

ha|de|rig, (auch:) hadrig, **hä|de|rig,** (auch:) hädrig ⟨Adj.⟩ [↑¹Hader] (alemann.): *zänkisch, streitsüchtig.*

Ha|der|kat|ze, die [zu ↑¹Hader] (veraltend): *zänkische Frau:* Spr Armut ist eine H. (*Armut macht missgünstig, zänkisch;* Fr. Wolf, Zwei 127).

Ha|der|lump, der [zu ↑²Hader; wohl wegen oftmals abgerissener Kleidung] (österr. abwertend): *liederlicher Mensch, verkommenes Subjekt:* ...ob sie ihn für einen Erpresser, einen bestechlichen -en oder pfäffischen Hanswurst halte (Werfel, Himmel 41).

ha|dern ⟨sw. V.; hat⟩ [mhd. hadern = streiten, necken, zu ↑¹Hader] (geh.): **a)** *(mit jmdm. um etw.) rechten, streiten:* sie arbeitete unermüdlich, ohne zu h.; Nicht nur die Pächter der 28 Kleingärten hadern mit der Stadt (Westd. Zeitung 11. 5. 84, 11); **b)** *unzufrieden sein u. [sich] deshalb [be]klagen od. aufbegehren:* mit sich und der Welt, mit dem Schicksal h.; Mit dem Pech ihrer Elf hadern die Dänen (BM 14. 6. 84, 15); Die Ausbilder haderten natürlich etwas mit dem Wetter (Werftstimme 16. 8. 84, o. S.).

ha|dern|hal|tig ⟨Adj.⟩ [zu ↑²Hader] (Fachspr.): *(von Papier) in der Herstellungssubstanz Stoffreste od. Lumpen enthaltend:* -es Papier.

Ha|dern|krank|heit, die (Med.): *Milzbrandinfektion der Lunge bei Personen, die regelmäßig mit [Sortieren von] Lumpen, Fellen u. Häuten zu tun haben.*

Ha|dern|pa|pier, das (Fachspr.): *holzfreies Papier, zu dessen Herstellung ausschließlich ²Hadern verarbeitet werden.*

Ha|der|wachl, der; -s, -[n] [unter Einfluss von ↑²Hader zu tschech. halama = Lümmel, Bengel] (österr. abwertend): *jmd., der nur Dummheiten im Kopf hat u. nicht recht ernst zu nehmen ist:* Die Sozis – das sind die größten Feinde von unsereinem, die's gibt, und überhaupt von jedem, der kein H. oder Lamperl ist (Doderer, Dämonen 954).

Ha|des, der; - [griech. Hádēs, nach dem griech. Gott der Unterwelt] (griech. Myth.): Unterwelt, Totenreich: ***jmdn. in den H. schicken** (dichter. veraltet; *jmdn. töten*).

Ha|dith, der, auch: das; -, -e [arab. hadīt = Mitteilung, Erzählung]: *einer der gesammelten Aussprüche, die dem Propheten Mohammed zugeschrieben werden u. die neben dem Koran die wichtigste Quelle für die religiösen Vorschriften im Islam sind.*

Had|rer: ↑¹Haderer.

had|rig, häd|rig: ↑haderig, häderig.

Ha|drom, das; -s, -e [zu griech. hadrós = stark, kräftig] (Bot.): *leitendes u. speicherndes Element des Wasser leitenden Gefäßbündels bei Pflanzen.*

Ha|dron, das; -s, ...onen [zu griech. hadrós, ↑Hadrom] (Physik): *Elementarteilchen, das starker Wechselwirkung mit anderen Elementarteilchen unterliegt.*

ha|dro|zen|trisch ⟨Adj.⟩ (Bot.): *konzentrisch um ein leitendes Gefäßbündel angeordnet.*

Hadsch, der; - [arab. ḥağğ]: *Wallfahrt nach Mekka zur Kaaba, der zentralen Kultstätte des Islam, die jeder Moslem wenigstens einmal in seinem Leben unternehmen soll.*

Had|schar, der; -s [arab. (al-)ḥağar (al-aswad) = (schwarzer) Stein]: *schwarzer, an einer Ecke der Kaaba eingemauerter Stein, den die Mekkapilger küssen.*

Ha̲d|schi, der; -s, -s [arab. ḥāǧǧī]: **1.** *Ehrentitel für jmdn., der einen Hadsch unternommen hat.* **2.** *christlicher Jerusalempilger im Orient.*

Hae|ma̲n|thus [hɛ...], der; -, ...thi [zu griech. haĩma = Blut u. ánthos = Blume, weil einige Arten blutrot blühen]: *(aus einer Zwiebel wachsende, häufig in Töpfen gezogene) Pflanze mit meist zwei ledrigen Blättern u. reich blühender Blütendolde mit weißen, roten od. orangefarbenen Blüten.*

Hae|moc|cu̲lt-Test® [hɛ...], der [zu griech. haĩma = Blut u. lat. occultus = verborgen] (Med.): *zur Früherkennung von Darmkrebs angewendetes Verfahren, bei dem Stuhlproben mithilfe einer Lösung auf das Vorhandensein von Blut im Stuhl untersucht werden:* Dieser »Haemoccult-Test« ist einfach durchführbar, nicht teuer und ermöglicht einen relativ sicheren Befund (Hörzu 17, 1977, 161).

[1]**Ha̲|fen**, der; -s, Häfen [aus dem Niederd. < mniederd. havene, urspr. = Umfassung; Ort, wo man etw. bewahrt od. birgt, verw. mit ↑heben in dessen urspr. Bed. »fassen«]: *natürlicher od. künstlich angelegter Anker- u. Liegeplatz für Schiffe, der mit Einrichtungen zum Abfertigen von Passagieren u. Frachtgut ausgestattet ist:* ein eisfreier H.; der Hamburger H.; der H. von, in Hamburg; ein Schiff läuft den H. an, aus dem H. aus, in den H. ein, liegt, ankert im H.; Rolf erklärt mir alles Wissenswerte über den H. und seine wirtschaftliche Bedeutung (Schwaiger, Wie kommt 33); *** den H. der Ehe ansteuern** (scherzh.; *heiraten wollen*); **in den H. der Ehe einlaufen; im H. der Ehe landen** (scherzh.; *[nach längerer, eventuell bewegter Junggesellenzeit] heiraten [meist von Männern]).*

[2]**Ha̲|fen**, der; -s, Häfen [mhd. haven, ahd. havan, urspr. = Gefäß, Behältnis, verw. mit ↑heben in dessen urspr. Bed. »fassen«]: **a)** (südd., schweiz., österr.) *großes [irdenes] Gefäß; Schüssel, Topf:* ein H. aus Steingut, aus Gusseisen; **b)** (nordd.) *großes, hohes Glasgefäß;* **c)** (Technik) *zum Schmelzen von Glas verwendetes Gefäß aus feuerfester Keramik.*

[1]**Hä̲|fen**: Pl. von ↑[1,2]Hafen.

[2]**Hä̲|fen**, der; -s, - (österr.): **1.** ↑[2]Hafen (a). **2.** (ugs.) *Gefängnis:* nachdem er ... zu zwei Jahren H. verurteilt wurde (Wochenpresse 5. 6. 84, 13); Weihnachten im H. (Wiener 6, 1984, 121).

Ha̲|fen|ab|ga|be, die ⟨meist Pl.⟩: *Hafengebühr.*

Ha̲|fen|amt, das: *Behörde, die den Verkehr im Hafen beaufsichtigt u. regelt.*

Ha̲|fen|an|la|gen ⟨Pl.⟩: **1.** *Gesamtheit aller zu einem Hafen gehörenden Einrichtungen.* **2.** *Gebiet einer [Binnen]stadt, das zum Hafen ausgebaut wurde.*

Ha̲|fen|ar|bei|ter, der: *jmd., der gegen Lohn im Hafen bei Schiffsreparaturen, beim Ein- u. Ausladen von Schiffen u. Ä. beschäftigt ist:* Er ... verdient seinen Lebensunterhalt als H. (Hohmann, Engel 328).

Ha̲|fen|ar|bei|te|rin, die: w. Form zu ↑Hafenarbeiter.

Ha̲|fen|arzt, der: *Arzt der Gesundheitsbehörde zur Überwachung u. Durchführung der internationalen Gesundheitsvorschriften im Seeverkehr.*

Ha̲|fen|auf|sicht, die: *mit der Kontrolle u. Überwachung des Hafens betraute Behörde.*

Ha̲|fen|aus|fahrt, die: *Ausfahrt* (2 a) *eines Hafens.*

Ha̲|fen|bahn, die: *im Hafengelände verkehrende Eisenbahn, die den Hafen mit dem Eisenbahnnetz verbindet:* Jetzt kommt die H. herangeschnauft mit einem Klingelmann vorweg (Kempowski, Zeit 429).

Ha̲|fen|bahn|hof, der: *Bahnhof der Hafenbahn.*

Ha̲|fen|bas|sin, das: *Hafenbecken.*

Ha̲|fen|bau, der: **1.** ⟨o. Pl.⟩ *das Bauen von Häfen.* **2.** ⟨Pl. -ten⟩ *zu den Hafenanlagen gehörendes Gebäude.*

Ha̲|fen|be|cken, das: *Wasserbecken eines Hafens:* Manch älterer Hafenfreund wird sich heute wehmütig an die Zeit erinnern, als es in den H. noch regelrecht wimmelte. Da lagen an den Kaimauern die Frachtschiffe aus aller Welt ... (FR 4. 2. 98, 6).

Ha̲|fen|be|hör|de, die: *Hafenamt.*

Ha̲|fen|blo|cka|de, die: *Blockade eines feindlichen Hafens.*

Ha̲|fen|bucht, die: *Bucht, in der ein Hafen liegt.*

Ha̲|fen|ca|fé, das: *Café im Bereich, in der Nähe eines Hafens.*

Ha̲|fen|damm, der: *Hafenmole.*

Ha̲|fen|ein|fahrt, die: *Fahrrinne, in der die Schiffe in den Hafen einlaufen.*

Ha̲|fen|feu|er, das: *Leuchtfeuer, das die Hafeneinfahrt bezeichnet.*

Ha̲|fen|funk, der: *Funkverkehr zwischen dem Hafen u. den ein- od. auslaufenden Schiffen.*

Ha̲|fen|gas|se, die: *Gasse in der Nähe des Hafens.*

Ha̲|fen|ge|bühr, die: *Gebühr, die pro Schiff für die Benutzung des Hafens u. der Hafenanlagen bezahlt werden muss.*

Ha̲|fen|ge|län|de, das: *zum Hafen gehörendes Gelände.*

Ha̲|fen|geld, das: *Hafengebühr.*

Ha̲|fen|ge|sund|heits|be|hör|de, die: *Behörde, die Gesundheitsvorschriften im Seeverkehr überwacht.*

Ha̲|fen|hand|buch, das: *Buch, in dem Wassertiefen, Liegeplätze usw. der Häfen eines bestimmten Gebiets genau verzeichnet sind.*

Ha̲|fen|kai, der: *Kai.*

Ha̲|fen|ka|pi|tän, der: *Amtsperson, der die Verwaltung des Hafens untersteht.*

Ha̲|fen|ka|pi|tä|nin, die: w. Form zu ↑Hafenkapitän.

Ha̲|fen|knei|pe, die: *Kneipe im Bereich od. in der Nähe eines Hafens:* Wir verprassen die restlichen Lire in unserer H. (Hörzu 25, 1987, 125).

Ha̲|fen|kom|man|dant, der: *Hafenkapitän der Kriegsmarine.*

Ha̲|fen|kran, der: *Kran, der zu Arbeiten in Docks verwendet wird.*

Ha̲|fen|lot|se, der: *Lotse, der Schiffe in die Docks manövriert.*

Ha̲|fen|meis|ter, der: *jmd., dem die Verwaltung eines Hafens untersteht.*

Ha̲|fen|meis|te|rin, die: w. Form zu ↑Hafenmeister: Erst in diesem Jahrhundert wuchs Baltimore wieder zu einem schmucken Städtchen, und Peg Davies ... kam hier vierzig Jahre lang der ehrenvollen Tätigkeit als H. nach (Zeit 5. 3. 98, 60).

Ha̲|fen|mo|le, die: *Damm, der Hafeneinfahrt u. Hafen gegen Brandung, Strömung u. Versandung schützen soll:* Großmutter Sinaida war nun tot, gestorben im Schatten von Zitronenbäumen, in der Nähe von -n (Rolf Schneider, November 169).

Ha̲|fen|pa|pie|re ⟨Pl.⟩: *von der Hafenbehörde ausgestellte Papiere, die die Ein- u. Ausfahrt eines Schiffes sowie seinen Aufenthalt im Hafen betreffen:* »Ich warte nur noch auf die H.«, sagte er (Andersch, Rote 258).

Ha̲|fen|plan, der: *Plan, der über Fahrwasser u. Liegeplätze eines Hafens genaue Auskunft gibt.*

Ha̲|fen|po|li|zei, die: *Abteilung der Polizei, die für öffentliche Ordnung u. Sicherheit im Hafen zuständig ist.*

Ha̲|fen|rund|fahrt, die: *Rundfahrt in einem Hafen (mit einem Kutter od. Motorboot):* in Alkmaar geht es auf den Käsemarkt und in Rotterdam zur H. aufs Schiff (FR 3. 4. 98, 2).

Ha̲|fen|schen|ke, die: vgl. Hafenkneipe.

Ha̲|fen|schif|fer, der: *jmd., der in großen Häfen alle Arten von Schiffen fährt od. schleppt u. auch laden u. löschen kann* (Berufsbez.).

Ha̲|fen|schif|fe|rin, die: w. Form zu ↑Hafenschiffer.

Ha̲|fen|schlep|per, der: *Schlepper* (1) *für den Dienst im Hafen.*

Ha̲|fen|schleu|se, die: *Schleuse, die das Hafenbecken absperrt.*

Ha̲|fen|stadt, die: *Stadt, die einen Hafen hat.*

Ha̲|fen|um|schlag, der: *Gesamtheit der Güter, die während eines bestimmten Zeitraumes in einem Hafen umgeschlagen werden.*

Ha̲|fen|ver|wal|tung, die: vgl. Hafenamt.

Ha̲|fen|vier|tel, das: *Stadtgebiet, in dem der Hafen liegt:* im düsteren, schmutzigen, übel riechenden H; Wuchtige Straßenschneisen wurden mitleidslos durch intakte Altstadtviertel geschlagen, das alte H. radikal saniert (FR 12. 8. 98, 6).

Ha̲|fen|wa|che, die: vgl. Hafenaufsicht.

Ha̲|fen|was|ser, das ⟨Pl. -wasser⟩: *(meist stark verschmutztes, übel riechendes) Wasser des Hafenbeckens:* In der plötzlichen Stille hörte ich das träge H. gegen die Schiffswandung schlabbern (Fallada, Herr 57).

Ha̲|fen|zoll, der: **1.** *Gebühr, die für ausländische Erzeugnisse, die über einen Hafen eingeführt werden, zu entrichten ist.* **2.** ⟨o. Pl.⟩ *Behörde, die den Hafenzoll* (1) *erhebt.*

Ha̲|fer, der; -s, (Fachspr.:) - [(spät)mhd. haber, aus dem Mittel- u. Niederd. < mniederd. haver(e) < asächs. hafero, viell. zu dem germ. Wort für »(Ziegen)bock« (vgl. Habergeiß) u. eigtl. = Futter für den Ziegenbock]: **a)** *Getreide-*

art mit locker ausgebreiteten od. nach der Seite ausgerichteten Rispen: H. anbauen, säen, ernten; der H. steht gut, ist reif; **b)** *Frucht der Haferpflanze:* H. schroten, mahlen, zu Haferflocken verarbeiten; An H. braucht das Pferd bei Heuhäcksel mindestens 5 Pfund (Dwinger, Erde 50); ***jmdn. sticht der H.** (ugs.; *jmd. ist [zu] übermütig:* urspr. von Pferden, die durch zu reichliche Fütterung von Hafer übermütig werden): was machst du denn da, dich sticht wohl der H.!; als habe es sich ... um den übermütigen Einfall von Kindern gehandelt, die der H. sticht (Dönhoff, Ära 70).

Ha|fer|brand, der ⟨o. Pl.⟩ (Bot.): *schwarzer, durch einen Brandpilz verursachter krankhafter Belag auf dem Hafer.*

Ha|fer|brei, der: *dickflüssiger Brei, der aus Haferflocken u. Milch od. Wasser zubereitet wird.*

Ha|fer|brot, das: *Brot, das aus einer Mischung von Mehl, Hafermehl u. anderen Zutaten gebacken wird.*

Ha|fer|feld, das: vgl. Getreidefeld.

Ha|fer|flo|cken ⟨Pl.⟩: *von den Spelzen befreite, in Form von Flocken gepresste Haferkörner, die als Nahrungsmittel dienen.*

Ha|fer|flo|cken|brei, der: *Haferbrei.*

Ha|fer|ge|bäck, das: *aus Hafergrieß hergestelltes Gebäck.*

Ha|fer|grieß, der: *Grieß aus Hafer* (b).

Ha|fer|grüt|ze, die: **a)** *Grütze aus Haferkörnern;* **b)** *Brei, Gericht aus Hafergrütze* (a).

Ha|fer|hart|brand, der ⟨o. Pl.⟩ (Bot.): *Haferbrand.*

Ha|fer|ka|kao, der: *Gemisch aus Kakaopulver, Hafermehl u. Gewürzen.*

Ha|fer|korn, das ⟨Pl. ...körner⟩: *Frucht des Hafers.*

Ha|ferl, Hä|ferl, das; -s, -n [zu ↑²Hafen] (österr. ugs.): **a)** *Tasse:* auf einmal bricht das Häferl vom Henkel, der heiße Kaffee ergießt sich über Lottes Seidenkleid (Basta 7, 1983, 103); **b)** *Nachttopf.*

Ha|ferl|lan|dung, die [scherzh. Anspielung darauf, dass der Springer bei der Landung eine Haltung einnimmt, als sei er im Begriff, sich auf einen Nachttopf (= Haferl b) zu setzen] (Skispringen Jargon): *Landung des Skispringers mit leicht gespreizten, in den Knien eingeknickten Beinen, parallel geführten Skiern u. Rücklage bei vorgeneigtem Oberkörper.*

Ha|ferl|schuh, der [nach dem scherzhaften Vergleich mit einem Haferl] (österr.): *fester Halbschuh, dessen Verschnürung von einer in Fransen auslaufenden Lasche überdeckt wird.*

Ha|fer|mark, das: *vor dem Quellen u. Walzen geschrotete Haferkörner; sehr feine Haferflocken.*

Ha|fer|mehl, das: *Mehl aus Hafer* (b).

Ha|fer|mo|tor, der (ugs. scherzh.): *Pferd:* Überall ... Autos. Doch mittenmang wie einst -e (BM 9. 10. 74, 3).

Ha|fer|mü|dig|keit, die (Landw.): *schlechtes Wachstum des Hafers bei wiederholtem Anbau auf demselben Feld.*

Ha|fer|pflau|me, die [viell., weil die Früchte mit dem Hafer zusammen im August reifen]: **a)** *(als Baum od. Strauch wachsende) Pflaume mit kugeligen, gelblich grünen od. blauschwarzen süßen Früchten; Spilling;* **b)** *Frucht der Haferpflaume* (a).

Ha|fer|sack, der: *Futtersack, der eingespannten Pferden zum Fressen um den Hals gehängt wird.*

Ha|fer|schle|he, die: *Haferpflaume.*

Ha|fer|schleim, der: *(bes. als Krankenkost gereichter) sämiger Brei aus mit Wasser gekochten Haferflocken.*

Ha|fer|schrot, der od. das: *geschrotete Haferkörner.*

Ha|fer|stich, der: *(beim Pferd) Kolik, die durch zu viel Hafer im Futter hervorgerufen wird.*

Ha|fer|stroh, das: *Stroh des ausgedroschenen Hafers:* H. ist ein gutes Raufutter für Pferde.

Ha|fer|stroh|bad, das: *medizinisches Bad* (1 a) *gegen rheumatische Erkrankungen, Gelenkleiden u. Kreislaufbeschwerden, bei dem dem Badewasser ein Sud von Haferstroh zugesetzt wird.*

Ha|fer|sup|pe, die: *Suppe mit Haferflocken od. Hafergrütze.*

Ha|fer|wurz, die: *hoch wachsende Pflanze, deren Blätter dem Hafer ähnlich sehen u. deren Wurzeln als Gemüse verwendet werden.*

Haff, das; -[e]s, -s, selten: -e [aus dem Niederd. < mniederd. haf = Meer]: **1.** *durch eine Nehrung od. Inseln vom offenen Meer abgetrenntes Gewässer an einer Flachküste:* das Kurische H.; weil die Nehrungen und -e wegen des Fehlens des Nilschlamms immer mehr ... überspült werden (MM 23. 12. 74, 3). ◆ **2.** (nordfries.) *Meer:* ... blieb der Gang nordwärts nach dem H. hinaus für Hauke Haien die beste Unterhaltung (Storm, Schimmelreiter 13).

Haff|küs|te, die: *Küstenstreifen mit aneinander gereihten Haffs.*

Ha|fis, der; - [arab. hāfiz]: *(in den islamischen Ländern) Ehrentitel eines Mannes, der den Koran auswendig kennt.*

Haf|lin|ger, der; -s, - [nach dem Südtiroler Dorf Hafling (ital. Avelengo) bei Meran]: *kleines, gedrungenes Pferd mit meist braunem Fell, heller Mähne u. hellem Schweif, das besonders als Zug- u. Tragtier eingesetzt wird.*

Haf|lin|ger|ge|stüt, das: *Gestüt, in dem Haflinger gezüchtet werden.*

Haf|ner (österr., schweiz. nur so), (auch:) **Häf|ner,** der; -s, - [zu ↑²Hafen] (südd.): *Töpfer, [Kachel]ofensetzer* (Berufsbez.): Per sofort oder nach Übereinkunft gesucht selbstständiger Hafner (Bund 9. 8. 80, 18).

Haf|ne|rei, die; -, -en (südd., österr., schweiz.): *Töpferei, Ofensetzerwerkstatt.*

Haf|ne|rin, Häf|ne|rin, die; -, -nen: w. Form zu ↑Hafner, Häfner.

Haf|ner|ke|ra|mik, die: *mit [Blei]glasuren verzierte Keramik.*

Haf|ni|um [auch: 'ha:...], das; -s [nach dem nlat. Namen Hafnia für Kopenhagen, den Wohnsitz des dän. Physikers N. Bohr (1885–1962), der das mit Röntgenstrahlen entdeckte Element theoretisch vorhersagte]: *glänzendes, leicht walz- u. ziehbares Metall (chemisches Element;* Zeichen: Hf).

¹Haft, die; - [mhd. haft = Fesselung, Gefangenschaft; Beschlagnahme, ahd. hafta = Verbindung, Verknüpfung, verw. mit ↑heben in dessen urspr. Bed. »fassen, packen«]: **1.** *Gewahrsam; Gefängnis:* aus der H. entfliehen; jmdn. aus der H. entlassen, in H. halten, behalten; sich in H. befinden; Ü aus der ewigen H. des Grabes gibt es kein Entfliehen (Mostar, Unschuldig 16); Dann aber ließ sich mein Gefühl nicht mehr in der H. halten (Hagelstange, Spielball 72); ***jmdn. in H. nehmen** *(jmdn. inhaftieren):* Anfang Juni 1959 wird Pohlmann ... zu 16 Monaten Gefängnis verurteilt, jedoch nicht sofort in H. genommen (Noack, Prozesse 12). **2.** *Haftstrafe; [leichte] Freiheitsstrafe:* darauf stehen fünf Tage H.; seine H. verbüßen; er wurde zu lebenslänglicher H. verurteilt.

²Haft, der; -[e]s, -e[n] (veraltet): *Haken; Spange; etw., was etw. anderes zusammenhält:* Auf einer Kiste ... lag eine gesprungene Steingutschüssel; drei -en waren in die Scherbe eingesetzt (Steimann, Aperwind 19).

-haft [mhd., ahd. -haft, eigtl. = (mit etw.) behaftet, urspr. = gefangen; von etw. eingenommen u. adj. Part. zu dem ↑heben zugrunde liegenden Verb mit der Bed. »fassen, packen«]: drückt in Bildungen mit Substantiven aus, dass die beschriebene Person oder Sache vergleichbar mit jmdm., etw. oder so geartet wie jmd., etw. ist: baby-, novellen-, rattenfängerhaft.

Haft|an|ord|nung, die: *Anordnung einer Haft.*

Haft|an|stalt, die: *Gefängnis.*

Haf|ta|ra, die; -, ...roth [hebr. haftarah = Abschluss] (jüd. Rel.): *Lesung aus den biblischen Büchern der Propheten im jüdischen Gottesdienst an Sabbaten, Festen u. Fasttagen.*

Haft|aus|set|zung, die (Rechtsspr.): *vorübergehende Unterbrechung der Haft.*

haft|bar ⟨Adj.⟩: in den Verbindungen **jmdn. für etw. h. machen** (bes. Rechtsspr.; *jmdn. für etw. verantwortlich machen, zur Rechenschaft ziehen [u. Schadenersatz verlangen]*): er kann für den Unfall nicht h. gemacht werden *(haftet nicht im Sinne der Haftpflicht dafür);* **für etw. h. sein** (bes. Rechtsspr.; *für etw. bürgen, haften, einstehen müssen*): für den Schaden, für die Schulden, persönlich [nicht] h. sein; Ü wenn man für fünfhundert Millionen Gläubige ... h. ist (*die Verantwortung hat;* Hochhuth, Stellvertreter 85).

Haft|bar|keit, die; -: *Ersatzpflicht.*

Haft|bar|ma|chung, die (bes. Rechtsspr.): *das Haftbarmachen.*

Haft|be|din|gun|gen ⟨Pl.⟩: *Bedingungen, unter denen jmd. eine Freiheitsstrafe verbüßen muss:* verschärfte, unmenschliche H.; sie forderten eine Erleichterung der H.

Haft|be|fehl, der (Rechtsspr.): *schriftliche richterliche Anordnung zur Verhaftung einer Person:* einen H. gegen jmdn. ausstellen; H. war keiner ergangen, so konnten die Verurteilten ... das Gericht verlassen (Kühn, Zeit 62); Die Staatsanwaltschaft erwirkte gegen den Brandstifter H. (Degener, Heimsuchung 99).

Haft|be|schwer|de, die (Rechtsspr.): *Beschwerde eines, einer Beschuldigten gegen einen Haftbefehl:* Der Rechtsanwalt ... hat unterdessen erneut H. eingelegt (MM 25. 10. 90, 18).

Haft|creme, die: vgl. Haftsalbe.

Haft|dau|er, die: *Dauer der Haft [zu der jmd. verurteilt ist].*

Haf|tel, der od. das (österr. nur das); -s, - [zu ↑[2]Haft] (südd., österr.): *Häkchen od. Öse zum Zusammenhalten eines Kleidungsstückes:* ein H. annähen.

Haf|tel|ma|cher, der (südd., österr.): *jmd., der Haftel herstellt;* * **aufpassen wie ein H.** (landsch.; *sehr genau, gespannt aufpassen*).

Haf|tel|ma|che|rin, die: w. Form zu ↑Haftelmacher.

häf|teln, hefteln ⟨sw. V.; hat⟩ (landsch.): *durch ein Haftel schließen; mit einem Haftel befestigen.*

[1]**haf|ten** ⟨sw. V.; hat⟩ [mhd. haften, ahd. haftēn, wahrsch. zu dem unter ↑-haft genannten adj. Part.]: **a)** *aufgrund seiner Haftfähigkeit [in bestimmter Weise] an, auf etw. festkleben:* das Klebeband, das Etikett haftet gut, schlecht; das Pflaster haftete nicht auf der feuchten Haut; **b)** *sich [hartnäckig] an, auf der Oberfläche von etw., in einem Material festgesetzt haben:* Staub, Schmutz, Farbe haftet an den Schuhen, war an den Schuhen h. geblieben; das Parfüm haftet lange auf der Haut; schimmernde Tropfen hafteten ... auf den Blättern der Rose (Th. Mann, Hoheit 195); die schmieren sich ein bisschen Parfüm an die Kleidung, nur damit dieser Gestank nicht so zutage tritt, der in der Kleidung haftet (Klee, Pennbrüder 112); Er schaut in eingecremte Kindergesichter, an denen der Staub h. bleibt (Zenker, Froschfest 44); Ü ein Makel haftet an ihm *(er ist mit einem Makel behaftet, trägt einen Makel an sich);* bei ihm haftet nichts (ugs.; *er hat ein schlechtes Gedächtnis, vergisst alles*); Es haftet nicht der Eindruck, den man ... mitgenommen hat (Gregor-Dellin, Traumbuch 131); haftende Eindrücke; von den Vorlesungen und Vorträgen ist nicht viel h. geblieben; **c)** *(in Bezug auf die Reifen eines Autos) Bodenhaftung haben:* auf der regennassen Straße haften die Reifen schlecht.

[2]**haf|ten** ⟨sw. V.; hat⟩ [mhd. (Rechtsspr.) haften = bürgen, identisch mit ↑[1]haften, Bedeutungsentwicklung wohl in Anlehnung an ↑[1]Haft]: **a)** *für jmdn., jmds. Handlungen, für etw. die* [2]*Haftung tragen, im Falle eines eintretenden Schadens o. Ä. Ersatz leisten müssen:* Eltern haften für ihre Kinder; wir haften nicht für Ihre Garderobe; die Transportfirma haftet für Beschädigungen; für jmds. Schulden h. (Rechtsspr.; *bürgen, Sicherheit leisten*); **b)** (Rechtsspr.; Wirtsch.) *als Gesellschafter eines Unternehmens, als Unternehmen in bestimmter Weise mit seinem Vermögen eintreten müssen:* beschränkt, unbeschränkt, einzeln, gesamtschuldnerisch, mit seinem Vermögen h.; ein persönlich haftender Gesellschafter; auf Schadenersatz h. (Rechtsspr.; *im Hinblick auf Schadenersatz die Haftung tragen*); **c)** *für jmdn., etw. einem anderen gegenüber verantwortlich sein, einstehen müssen:* er haftet [mir] dafür, dass niemandem etw. zustößt; nun hafte die Stadt mit ihrer Ehre für ... die Kaiserin (*trage die Verantwortung für ihre Sicherheit;* Benrath, Konstanze 78); So wurde Berlin auch Ausgangspunkt für den Weltkrieg und schließlich für den Holocaust. Wir alle haften für unsägliches Leid, das im deutschen Namen geschehen ist (R. v. Weizsäcker, Deutschland 73).

haf|ten blei|ben: s. [1]haften (b).

Haft|ent|las|se|ne, der u. die; -n, -n ⟨Dekl. ↑Abgeordnete⟩: *jmd., der aus der Haft entlassen worden ist:* Allein in Nordrhein-Westfalen sind etwa 16000 H. ... mit 50 bis 75 Millionen Mark verschuldet (Welt 16. 8. 76, 16).

Haft|ent|las|sung, die: *Entlassung aus der Haft.*

Haft|ent|schä|di|gung, die (Rechtsspr.): *finanzielle Entschädigung, die jmdm. für eine nicht gerechtfertigte Haft von staatlicher Seite zuteil wird.*

Haft|er|leich|te|rung, die (Rechtsspr.): *Erleichterung der Haft durch bestimmte Maßnahmen (wie Urlaub o. Ä.).*

Haft|er|ste|hungs|un|fä|hig|keit, die (schweiz.): *Haftunfähigkeit.*

Haft|eti|kett, das: *selbstklebendes Etikett.*

[1]**haft|fä|hig** ⟨Adj.⟩ (Rechtsspr.): [1]*Haftfähigkeit habend.*

[2]**haft|fä|hig** ⟨Adj.⟩: *fähig, imstande, an etw. zu* [1]*haften* (a, c).

[1]**Haft|fä|hig|keit,** die ⟨o. Pl.⟩ (Rechtsspr.): *körperlicher u. geistiger Zustand eines, einer Gefangenen, der die Durchführung der Haft gestattet:* In Ludwigshafen bescheinigte ein weiterer Arzt dem Tunesier H. Er sitzt jetzt in der Vollzugsanstalt (MM 22. 8. 75, 15).

[2]**Haft|fä|hig|keit,** die ⟨o. Pl.⟩: *das* [2]*Haftfähigsein.*

Haft|frist, die: *Frist, während der jmd. für etw.* [2]*haften muss.*

Haft|glas, das ⟨meist Pl.⟩ (selten): *Kontaktlinse.*

Haft|grund, der (Rechtsspr.): *Grund, die Untersuchungshaft anzuordnen.*

Haft|haar, das ⟨meist Pl.⟩: *an den Beinen verschiedener Insekten ausgebildetes weiches, röhrenförmiges Haftorgan.*

Haft|kom|plex, der (bes. Psych.): *Haftpsychose.*

Häft|ling, der; -s, -e: *Person, die sich in Haft befindet:* entlassene, entsprungene -e; eine Anstalt für weibliche -e; der Hungerstreik eines politischen -s (Ziegler, Konsequenz 65).

Häft|lings|hil|fe, die: *gesetzlich festgelegte Unterstützung für Häftlinge und deren Angehörige.*

Häft|lings|klei|dung, die: *Kleidung, die ein Häftling in der Zeit seiner Haft tragen muss:* Wenn es schneite in diesem Winter und die SS-Leute in Pelzmänteln umhergingen und die Häftlinge einer nach dem anderen zusammenbrachen, konnte Stirner dank seines »Onkels« warme Unterwäsche unter seiner H. tragen (Zeit 27. 1. 95, 70)

Haft|lin|se, die (selten): *Kontaktlinse.*

Haft|or|gan, das ⟨meist Pl.⟩: *Organ, mit dessen Hilfe manche Pflanzen od. Tiere an [glatten] Flächen Halt finden.*

Haft|pflicht, die: *vom Gesetz vorgeschriebene Verpflichtung zum Ersetzen eines Schadens, der einem anderen zugefügt wurde.*

haft|pflich|tig ⟨Adj.⟩: *verpflichtet zu haften.*

haft|pflicht|ver|si|chert ⟨Adj.⟩: *gegen im Rahmen der Haftpflicht zu ersetzende Schäden versichert:* h. sein.

Haft|pflicht|ver|si|che|rung, die: *Versicherung, die für den Versicherungsnehmer anfallende Schadensersatzpflichten übernimmt.*

Haft|prü|fung, die (Rechtsspr.): *Prüfung, ob ein Haftbefehl berechtigt war od. ob Haftverschonung anzuordnen ist:* Haftprüfung. Ein Dreiersenat entscheidet, dass ich in Haft bleibe (Sobota, Minus-Mann 296).

Haft|prü|fungs|ver|fah|ren, das (Rechtsspr.): *innerhalb bestimmter Fristen erforderliche richterliche Nachprüfung der Voraussetzungen für die Fortdauer der Untersuchungshaft.*

Haft|psy|cho|se, die (bes. Psych.): *Psychose, mit der ein Häftling auf die Erfahrung des Inhaftiertseins u. Isoliertseins reagiert.*

Haft|re|ak|ti|on, die: vgl. Haftpsychose.

Haft|rei|bung, die (Physik): *Reibung zweier fester Körper, die in dem Augenblick wirksam wird, in dem sie sich in Bewegung setzen:* wo doch die rollenden Räder eine optimale H. besitzen (Frankenberg, Fahren 80).

Haft|rei|bungs|kraft, die: *Kraft, die durch Haftreibung hervorgerufen wird.*

Haft|rei|bungs|zif|fer, die: *Ziffer, die die Stärke der Haftreibung ausdrückt.*

Haft|rei|fen, der: *(bes. für winterliche Straßenverhältnisse geeigneter) Autoreifen mit besonders guter Bodenhaftung.*

Haft|rich|ter, der: *Richter beim Amtsgericht, der nach der Verhaftung eines Verdächtigen den Haftbefehl erlässt u. prüft, ob dieser aufrechtzuerhalten ist:* Er wurde zunächst in Polizeigewahrsam genommen und dann dem H. vorgeführt (MM 30. 9. 75, 18).

Haft|rich|te|rin, die: w. Form zu ↑Haftrichter.

Haft|sal|be, die (Pharm.): *Salbe, deren spezielle Grundlage auf Schleimhäuten u. verletzten Hautstellen besonders gut haftet.*

Haft|scha|le, die: *Kontaktlinse.*

Haft|schicht, die: *Klebstoffschicht:* die neuen Zettelchen mit H. werden immer beliebter.

Haft|schmie|re, die: *Mineralölprodukt zum Schmieren von Maschinen, das auch bei schlechter Witterung haftet.*

Haft|span|nung, die (Physik): *mechanische Spannung, die an der Grenzfläche zwischen einer Flüssigkeit u. einem festen Körper wegen unterschiedlicher Größe* *der molekularen Anziehungskraft auftritt.*

Haft|stra|fe, die (Rechtsspr. früher): *von einem Gericht verhängte Freiheitsstrafe.*

Haft|sum|me, die (Bankw.): *Betrag, mit dem die Mitglieder einer Genossenschaft über ihren Geschäftsanteil hinaus haften.*

Haft|über|prü|fung, die: *Haftprüfung.*

haft|un|fä|hig ⟨Adj.⟩ (Rechtsspr.): *nicht* [1]*haftfähig:* dass Gefangene, die »manifest an Aids ... erkrankt« sind, »nicht allein deshalb h.« seien (Spiegel 3, 1986, 64).

Haft|un|fä|hig|keit, die (Rechtsspr.): *Zustand, in dem jmd. nicht* [1]*haftfähig ist.*

[1]**Haf|tung,** die; -: *das* [1]*Haften; Verbindung, Kontakt:* die Reifen hatten keine H. mehr; da hatten alle ihre Fahrt so stark verringert, dass sie die H. mit dem Boden nicht mehr verloren (Maegerlein, Piste 44).

[2]**Haf|tung,** die; -, -en ⟨Pl. selten⟩: **1.** *das* [2]*Haften* (a); *Verantwortung für den Schaden eines anderen:* der Besitzer trägt die H. **2.** *das* [2]*Haften* (b): Gesellschaft mit beschränkter H.

Haf|tungs|aus|schluss, der (Rechtsspr.): *vertragliche Vereinbarung, dass die Verantwortlichkeit einer Person in bestimmten Fällen ausgeschlossen od. beschränkt ist.*

Haf|tungs|be|scheid, der (Steuerw.): *Bescheid des Finanzamts, dass jmd. anders neben od. anstelle des Steuerpflichtigen für die Zahlung der Steuer haftet.*

Haf|tungs|be|schrän|kung, die (Steuerw., Rechtsspr.): *Beschränkung der Haftung.*

Haft|un|ter|bre|chung, die (Rechtsspr.): *Haftaussetzung.*

Haft|ur|laub, der (Rechtsspr.): *kürzere Unterbrechung der Haft, die aus bestimmten (z. B. familiären) Gründen gewährt wird.*

Haft|ver|mö|gen, das ⟨o. Pl.⟩: [2]*Haftfähigkeit.*

Haft|ver|schär|fung, die (Rechtsspr.): *Verschärfung der Verordnungen im Strafvollzug.*

Haft|ver|scho|nung, die (Rechtsspr.): *Aussetzung des Vollzugs eines Haftbefehls, wenn weniger einschneidende Maßnahmen (z. B. regelmäßiges Melden bei einer Behörde) auszureichen scheinen:* Nach fünftägiger Untersuchungshaft wurde ihm H. gewährt, die auch jetzt nicht aufgehoben wurde (MM 7. 1. 81, 10); Anträge auf H. und ein Straferlass nach zwei Dritteln Gefängniszeit wurden abgelehnt (Spiegel 12, 1984, 121).

Haft|wir|kung, die: *Wirkung, Stärke des* [1]*Haftens, Klebens.*

Haft|ze|her, der; -s, -: *mit Haftorganen an den Zehen ausgestatteter Gecko.*

Haft|zeit, die: *Zeit, in der jmd. eine Haftstrafe verbüßt:* Der Angeklagte Holzer sei während der H. an Tuberkulose erkrankt (Prodöhl, Tod 113).

Hag, der; -[e]s, -e, schweiz.: Häge [mhd. hac = Dorngesträuch, Gebüsch; Gehege, Einfriedung, ahd. hag = Einhegung; (von einem Wall umgebene) Stadt, urspr. = Flechtwerk, Zaun] (dichter. veraltend, noch schweiz.): **a)** *Hecke; Einfriedung aus Gebüsch o. Ä.;* **b)** *[umfriedeter] Wald:* ein H. von Tannen starrte gesplittert, kronenlos (Kaschnitz, Wohin 39).

Ha|ga|na, die; - [hebr. hăğanā, eigtl. = Schutz, Verteidigung]: *zur Zeit des britischen Mandats (1920–1948) in Palästina tätige jüdische militärische Widerstandsorganisation, aus der sich die reguläre Armee Israels entwickelte.*

Ha|ge|bu|che, die: *Hainbuche.*

Ha|ge|but|te, die; -, -n [spätmhd. hage(n)butte, zu mhd. hagen = Dornbusch u. butte = Frucht der Heckenrose]: **a)** *kleine, orangefarbene bis rote Frucht der Heckenrose;* **b)** (ugs.) *Heckenrose.*

Ha|ge|but|ten|mar|me|la|de, die: *aus dem Fruchtfleisch von Hagebutten* (a) *hergestellte Marmelade.*

Ha|ge|but|ten|tee, der: *aus getrockneten Hagebutten* (a) *hergestellter Tee:* Beim H. erzählt Janda ausführlich von der Untersuchungshaft (Zenker, Froschfest 139).

Ha|ge|but|ten|wein, der: *aus Hagebutten* (a) *bereiteter Wein* (2).

Ha|ge|dorn, der ⟨Pl. -e⟩: *Weißdorn.*

Ha|gel, der; -s, - ⟨Pl. selten⟩ [mhd. hagel, ahd. hagal, urspr. wohl = kleiner, runder Stein]: **1.** *Niederschlag in Form von meist erbsengroßen, körnigen Eisstückchen:* der H. trommelt gegen die Scheiben; der H. vernichtet die Apfelblüte; das heulende Elend stürzt wie H. auf mich los (Remarque, Obelisk 236). **2.** *wie ein Hagelschauer niedergehende große Menge von etw.:* ein H. von Steinen; Drei Maschinengewehre senden ihnen einen H. von Geschossen zu (Kempowski, Zeit 330). **3.** (Jägerspr.) *grober Schrot.*

Ha|gel|bö, die: *Bö, die Hagel mit sich führt.*

ha|gel|dicht ⟨Adj.⟩ (seltener): *sehr dicht (so wie die Hagelkörner während eines Schauers niedergehen):* -e Hiebe; Den Blitzsiegen schloss sich verteilter Schlagabtausch an, dann prasselte es h. (Loest, Pistole 68); Mit Flüchen nicht von dieser Welt deckte Recha die Adoptivtochter so h. zu, als wäre Jehova selbst rächend am Werk (Giordano, Die Bertinis 556).

ha|gel|dürr ⟨Adj.⟩: *überaus dürr u. knochig:* ein -er Kerl; Hinter dem ... Koloss reckt sich ... ein -es Männlein (Fr. Wolf, Menetekel 21).

Ha|gel|fei|er, die (kath. Kirche): *Bittgottesdienst u. Flurprozession zum Schutz der Felder vor Hagelschlag.*

Ha|gel|ge|schmack, der: *unangenehmer Beigeschmack des Weines, der sich nach Hagelschlag durch die Pilzflora in den angeschlagenen Weinbeeren entwickeln kann.*

Ha|gel|korn, das: **1.** *einzelnes Eisstückchen des Hagels* (1). **2.** (Med.) *hagelkorngroße Geschwulst unter der Haut des Augenlides.*

ha|geln ⟨sw. V.⟩ [mhd. hagelen]: **1.** ⟨unpers.⟩ *(von Niederschlag) als Hagel zur Erde fallen* ⟨hat⟩: gestern hat es gehagelt; es hagelt Taubeneier (ugs.; *es fallen Hagelkörner so groß wie Taubeneier*). **2.** *in dichter Menge niederprasseln, über jmdn., etw. hereinbrechen* ⟨ist⟩: Geschosse hagelten auf die Stellungen; eh man sich versieht, hageln einem aus dem schwarzen Loch ganze Wolken hart surrender Schmeißfliegen auf Mund und Augen (Kinski, Erdbeermund 37); ⟨auch unpers.; hat:⟩ nach den Einschlägen hagelte es Steine und Erdbrocken; Ü Dichter hagelten seine Worte auf die Köpfe (Erné, Fahrgäste 27); es hagelt Vorwürfe, Fragen, Proteste, Verwünschungen; Sofort hagelte es Meldungen über einen Koalitionskrach (W. Brandt, Begegnungen 243); Als die Polackenkinder eingegliedert wurden, hagelte es Prügel (Fels, Sünden 118).

ha|gel|neu ⟨Adj.⟩ (landsch.): *ganz neu.*

Ha|gel|scha|den, der: *Schaden, der durch Hagelschlag verursacht wird.*

Ha|gel|schau|er, der: *plötzlicher, nur kurze Zeit niedergehender Hagel.*

Ha|gel|schie|ßen, das: *früher bes. im Alpengebiet verbreitetes, gegen die Wolken eines vermeintlichen Hagelwetters gerichtetes Schießen mit Kanonen, Böllern o. Ä., um Hagelschlag zu vermeiden.*

Ha|gel|schlag, der: *heftig niedergehender, Schäden anrichtender Hagel [mit großen Körnern]:* fast die gesamte Ernte wurde durch H. vernichtet.

Ha|gel|schlo|ße, die (landsch.): *Hagelkorn.*

Ha|gel|schnur, die [nach den Gliedern des Eiweißstrangs, die an Hagelkörner erinnern] (Zool.): *paariges, spiralig gedrehtes Gebilde im Eiklar von Vogeleiern, das den Dotter an beiden Polen mit der Schale verbindet.*

Ha|gel|sturm, der: vgl. Hagelwetter: heiße Sonne, Hagel- und Föhnstürme, wie man es hier im Dezember erleben kann (Kaschnitz, Wohin 107).

Ha|gel|ver|si|che|rung, die: *Schadenversicherung, bei der der Versicherer für den Schaden haftet, der bes. an Getreide durch Hagelschlag entsteht.*

Ha|gel|wet|ter, das ⟨o. Pl.⟩: *Unwetter mit Hagelschlag:* ein H. prasselte auf uns herab; Ü darauf entlud sich ein neues H. von Schimpfworten (Hauptmann, Thiel 17).

Ha|gel|zu|cker, der: *grobkörniger Zucker zum Bestreuen von Backwerk.*

ha|ger ⟨Adj.⟩ [spätmhd. hager, H. u.]: *(auf den menschlichen Körper od. einzelne Körperteile bezogen) mager u. sehnig od. knochig, ohne Rundungen [dazu häufig groß, hoch aufgeschossen]:* ein -er Alter; -e Arme, Finger; ein -es Gesicht, eine -e Gestalt, Statur haben; Svob, sonnengebräunt ..., dazu etwas -er, jedenfalls straff im Gesicht (Frisch, Gantenbein 375).

Hä|ger, He|ger, der; -s, - [viell. zu ↑Höcker] (landsch. veraltet): *(bes. in Flussmündungen gelegene) Sandbank.*

Ha|ger|keit, die; -: *das Hagersein:* sehnige H.; über dem Gesicht, dessen intelligente H. von einem unausgesprochenen Wissen humorvoll durchleuchtet war (Maass, Gouffé 78).

ha|gern ⟨sw. V.; ist⟩ (selten): *abmagern; hager werden:* ihre Beine ... waren auf ... die Knochen gehagert (Fussenegger, Haus 561).

◆ **ha|ge|stolz** ⟨Adj.⟩: *einem Hagestolz entsprechend; unverheiratet:* Das ist der Vorteil von uns verrufnen -en Leuten (Kleist, Krug 10).

Ha|ge|stolz, der; -es, -e [mhd. hagestolz, volksetym. umgedeutet aus älterem hagestalt < ahd. haga-, hagustalt; 2. Bestandteil zu einem germ. Verb mit der Bed. »besitzen«, also eigtl. = Hagbesitzer, Besitzer eines (umfriedeten) Nebengutes, dessen Kleinheit einen Hausstand nicht erlaubte] (veraltet): *älterer, eingefleischter, etwas kauziger Junggeselle:* Ein reicher alter H. lässt sich von seiner Magd charmant-listig in die Ehefalle locken (chic 9, 1984, 25).

Hag|ga|da, die; -, ...doth [hebr. haggadah = Erzählung]: *erbaulich belehrende Erzählung biblischer Stoffe in der talmudischen Literatur.*

Ha|gi|as|mos, der; - [spätgriech. hagiasmós = Weihe, Heiligung, zu: hagiázein = weihen, heiligen, zu griech. hágios = heilig] (orthodoxe Kirche): *(zur Erinnerung an die Taufe Jesu eingerichtete) Weihe[handlung], bes. die Weihe des Wassers am Epiphanienfest.*

Ha|gi|o|graph, der; -en, -en [zu griech. hágios = heilig u. gráphein = schreiben] (bildungsspr.): *Verfasser von Heiligenleben.*

Ha|gi|o|gra|pha, Ha|gi|o|gra|phen ⟨Pl.⟩ [griech. hagiógrapha = heilige Schriften] (Rel.): *griechische Bezeichnung des dritten (vor allem poetischen) Teils des Alten Testaments.*

Ha|gi|o|gra|phie, die; -, -n (bildungsspr.): *Erforschung u. Beschreibung von Heiligenleben.*

Ha|gi|o|gra|phin, die; -, -nen: w. Form zu ↑Hagiograph.

ha|gi|o|gra|phisch ⟨Adj.⟩ (bildungsspr.): *die Hagiographie betreffend:* in den -en Arbeiten über Franz von Assisi oder Aurelius Augustinus (Brandstetter, Altenehrung 112).

Ha|gi|o|la|trie, die; -, -n [zu griech. latreía, ↑Latrie] (bildungsspr.): *Verehrung der Heiligen.*

Ha|gi|o|lo|gie, die; - [↑-logie] (bildungsspr. veraltend): *Hagiographie.*

Ha|gi|o|lo|gi|on, das; -, ...ien [mgriech. hagiológion]: *liturgisches Buch mit Lebensbeschreibungen der Heiligen in der orthodoxen Kirche.*

ha|gi|o|lo|gisch ⟨Adj.⟩ (bildungsspr.): *hagiographisch.*

Ha|gi|o|nym, das; -s, -e [zu griech. ónyma = Name] (bildungsspr.): *Deckname, der aus dem Namen eines Heiligen od. einer kirchlichen Persönlichkeit besteht.*

ha|ha [ha'ha(:)], **ha|ha|ha** [haha'ha(:)] ⟨Interj.⟩: das Lachen wiedergebender Ausruf.

Hä|her, der; -s, - [mhd. heher, ahd. hehara, lautm.]: *(in verschiedenen Arten vorkommender) größerer, in Wäldern lebender Vogel mit buntem Gefieder, der helle, krächzende Warnrufe ausstößt* (z. B. Eichel-, Tannenhäher).

Hahn, der; -[e]s, Hähne, Fachspr. landsch. auch: -en [1: mhd. hane, ahd. hano, eigtl. = Sänger (wegen seines charakteristischen Rufs bes. am Morgen); 3: nach der Ähnlichkeit mit dem Kopf eines Hahns]: **1. a)** ⟨Pl. Hähne⟩ *männliches Haushuhn:* die Hähne krähen; er stolziert umher wie ein H. [auf dem Mist]; Hähnchen *(junge Hähne)* mästen, braten, grillen; R wenn der H. Eier legt (scherzh.; *niemals*): wann wird der mit dieser Arbeit wohl fertig werden? Wenn der H. Eier legt; Spr ein guter H. wird selten fett; wenn der H. kräht auf dem Mist, ändert sich das Wetter oder es bleibt, wie es ist; * **der gallische/welsche H.** *(Sinnbild Frankreichs);* **kalekutischer H.** (veraltet; *Truthahn;* wohl lautm. od. nach der fälschlich angenommenen Herkunft aus Kalikut = alter Name der ind. Stadt Kozhikode); **H. im Korb sein** (ugs.; 1. *als Mann in einem überwiegend aus Frauen bestehenden Kreis im Mittelpunkt stehen:* Du bist hier geboren, du kennst jede Ecke. Wo du dich zeigst, bist du H. im Korb [Bieler, Bär 155]. 2. [seltner] *besondere Beachtung finden, bevorzugt behandelt werden:* die drei jungen Eisbären waren der H. im Korb; auf dem Dorf sind Touristen immer der H. im Korb); **nach jmdm., etw. kräht kein H.** (ugs.; *niemand kümmert sich um jmdn., etw., fragt nach jmdm., etw.*): kein H. wird nach dir krähen, wenn du tot im Straßengraben liegst (Danella, Hotel 438); Wenn der Typ da in der Arrestzelle eingegangen wäre, hätte kein H. danach gekräht (Ependorfer, Kuß 48); **von etw. so viel verstehen wie der H. vom Eierlegen** (ugs.; *von etw. nicht die mindeste Ahnung haben*); **jmdm. den roten H. aufs Dach setzen** (veraltet; *jmds. Haus anzünden;* viell. nach der Ähnlichkeit des Hahnenkamms mit der auflodernden Flamme); **vom H. betrampelt/beflattert sein** (salopp; *nicht recht bei Verstand, bei Sinnen sein*): den soll ich stören? Ich bin ja nicht vom H. beflattert (A. Zweig, Grischa 341); ◆ ⟨auch: -en, -en:⟩ ich behaglich unterdessen hätt' einen -en aufgefressen (Goethe, Diné zu Koblenz); Ein paar welsche -en hatten wir (Iffland, Die Hagestolzen I, 7); **b)** ⟨Pl. Hähne u. -en⟩ (Jägerspr.) *männliches Tier von Hühnervögeln, Trappen u. a.* **2.** ⟨Pl. Hähne⟩ *Wetterfahne [auf Kirchtürmen], deren Form der Gestalt eines Hahnes nachgebildet ist.* **3.** ⟨Pl. Hähne, landsch., Fachspr.: -en⟩ *Vorrichtung zum Öffnen u. Schließen von Rohrleitungen:* ein undichter H.; der H. tropft; alle Hähne aufdrehen, ab-, zudrehen; Sie ... verschwand für einen Augenblick im Badezimmer, ließ kurz das Wasser aus dem H. schießen (Härtling, Hubert 100); er hat sämtliche -en aufgedreht (Frisch, Stiller 280). **4.** ⟨Pl. Hähne⟩ *Vorrichtung an Schusswaffen zum Auslösen des Schusses:* den H. spannen.

Hähn|chen, das; -s, -: **1.** Vkl. zu ↑Hahn (1). **2.** *Brathähnchen.*

Hah|ne|bal|ken, der: *Hahnenbalken* (1): Er musste auch bis unter den H. der Scheune klettern (Fallada, Herr 183).

Hah|ne|bam|pel, Hahnepampel, der; -s, - [md., zu: Hann(e) = Kurzf. von: Johannes u. Bampel = gutmütiger Trottel] (landsch. Schimpfwort): *schwerfälliger, ungeschickter Mensch.*

Hah|nen|bal|ken, der [auf diesen Balken setzte sich nachts der Haushahn]: **1.** (Bauw.) *die Dachsparren verbindender Querbalken im Dachgerüst eines Hauses.* **2.** (veraltend) *Galerie* (4 b).

Hah|nen|fe|der, die: *farbige Schwanzfeder eines Hahns* (1 a).

Hah|nen|fuß, der: *(in vielen Arten vorkommende) Pflanze mit kleinen gelben od. seltener weißen Blüten u. hahnenfußähnlich geformten Blättern.*

Hah|nen|fuß|ge|wächs, das ⟨meist Pl.⟩ (Bot.): *Pflanze mit einzeln od. in Dolden od. Trauben stehenden, strahligen Blüten u. einer Balg- od. Schließfrucht.*

Hah|nen|kamm, der [2: nach dem hahnenkammartig verflachten Blütenstand des Fuchsschwanzes bzw. den im Jugendstadium fleischroten Endästen des Traubenziegenbartes]: **1.** *fleischiger, roter, gezackter Hautlappen auf dem Kopf des Hahnes* (1 a). **2.** (ugs.) Bez. für verschiedene Pflanzen (z. B. Fuchsschwanz 2, Traubenziegenbart). **3.** (ugs.) *Haartolle* (a).

Hah|nen|kampf, der: **1.** *(in Südostasien, Lateinamerika u. vereinzelt in Südeuropa veranstalteter) Wettkampf zwischen zwei abgerichteten [u. mit eisernen Sporen versehenen] Hähnen* (1 a). **2.** (Gymnastik) *Übung, bei der jeweils zwei Teilnehmende mit auf der Brust verschränkten Armen, auf einem Bein hüpfend, versuchen, einander zu rempeln, bis einer das Gleichgewicht verliert u. das angezogene Bein auf den Boden setzen muss.*

◆ **Hah|nen|kraht,** der; -[e]s, -e [mhd. han(e)krât, zu: krât = das Krähen]: *Hahnenschrei:* ... legte sich selbst zum Schlafe, der ihm oft nur beim ersten H. zu Willen war (Storm, Schimmelreiter 73).

Hah|nen|kü|ken, das: *männliches Küken eines Huhns:* H. sind ockergelb mit hellbraunen Rückenstreifen und haben einen weißen Fleck auf dem Kopf. Hennenküken dagegen sind hellbraun ... (FR 9. 10. 97, 39).

Hah|nen|ruf, der: *Hahnenschrei.*

Hah|nen|schrei, der: *das morgendliche Krähen des Hahnes* (1 a) *kurz vor od. bei Sonnenaufgang:* beim, mit dem ersten H. aufstehen.

Hah|nen|schwanz, der: *Gesamtheit der Schwanzfedern des Hahnes.*

Hah|nen|sporn, der: *nach hinten zeigender, dicht über dem Fuß sitzender, spornenartiger Auswuchs am hinteren Teil des Beines beim Hahn* (1 a).

Hah|nen|tritt, der: **1.** *kleine, weißliche Keimscheibe auf dem Eidotter.* **2.** ⟨o. Pl.⟩ kurz für ↑Hahnentrittmuster. **3.** *(beim Pferd) fehlerhafter Gang mit ruckartigem Hochheben eines od. beider Hinterbeine.*

Hah|nen|tritt|mus|ter, das (Textilind.): *zweifarbiges Muster aus kleinen Karos mit geradlinigen Verlängerungen an den Ecken, die an den Fußabdruck eines Hahnes erinnern.*

Hah|ne|pam|pel: ↑Hahnebampel.

Hah|ne|pot, der, auch: das; -s, -en, selten: die; -, -en [niederd. = Hahnenpfote, nach der Ähnlichkeit mit dem Fuß eines Hahnes] (Seemannsspr.): *Tau mit zwei* *od. mehreren auseinander laufenden Enden, die an verschiedenen Stellen einer hochzuhebenden Last o. Ä. angebracht werden.*

Hah|ni|um, das; -s [von den USA vorgeschlagene Bez. nach dem Entdecker der Kernspaltung O. Hahn (1879–1968)]: frühere Bez. für *Dubnium;* (Zeichen: Ha).

Hahn|rei, der; -s, -e [aus dem Niederd. < spätmniederd. hanerei; 2. Bestandteil eigtl. = Kastrat (vgl. ostfriesisch hānrūne = Kapaun, niederl. ruin = Wallach), also eigtl. = verschnittener Hahn; dem verschnittenen Hahn setzte man, um ihn aus der Hühnerschar herauszufinden, die abgeschnittenen Sporen in den Kamm, wo sie fortwuchsen u. eine Art von Hörnern bildeten; vgl. jmdm. Hörner aufsetzen (↑Horn 1)] (veraltend abwertend): *Ehemann, den seine Frau mit einem anderen Mann betrogen hat:* sie hat ihn zum H. gemacht; Bin ich ein geborener H.? (Remarque, Obelisk 174).

Hai, der; -[e]s, -e [niederl. haai < isländ. hai < anord. hār, eigtl. = Dolle, urspr. wohl = Haken, viell. nach der hakenförmigen Schwanzflosse]: *(im Meer lebender) großer Raubfisch mit großer Schwanzflosse u. mit an der Unterseite weit zurückliegendem Maul, in dem mehrere Reihen spitzer Zähne stehen:* Ein Fischer verkauft auf dem Fischmarkt einen H. für ca. 48 Mark. Ein H. erwirtschaftet als Attraktion für Tauchtouristen jedoch einen Wert von 50 000 Mark pro Jahr (Spiegel 32, 1997, 83); Die zunehmende Konkurrenz unter Finanzdienstleistern spiegelt sich in der Werbung wider. Auffallend oft kommt ein besonders aggressives Tier zum Einsatz: der H. (Spiegel 23, 1997, 106); der schlechte Ruf des -s als Meeresräuber; angriffslustige -e.

-hai, der; -[e]s, -e (ugs. abwertend): kennzeichnet in Bildungen mit Substantiven eine Person, die sich rücksichtslos und skrupellos durch etw. oder auf einem bestimmten Gebiet bereichert: Börsen-, Finanz-, Kredit-, Miethai.

Hai|duck, Hai|duk: ↑Heiduck.

Hai|fa: Hafenstadt in Israel.

Hai|fisch, der: *Hai.*

Hai|fisch|flos|se, die: *Flosse eines Hais:* Die Trümmer ... hoben sich in das Horizontflimmern gleich düsteren -n (Plievier, Stalingrad 201).

Hai|fisch|flos|sen|sup|pe, die: *Suppe aus den Flossen des Hais.*

Hai|fisch|ge|biss, das (ugs. abwertend): *Gebiss mit sehr spitzen, scharfen Zähnen:* so wild er mit seinem eisgrauen Vollbart und dem gelben H. auch aussah (Schnurre, Bart 42).

Hai|fisch|haut, die (Textilind.): *Gewebe aus mattiertem Reyon, dem ein Muster eingeprägt ist, das der Haut des Haifischs ähnelt.*

Hai|fisch|kra|gen, der [nach der Ähnlichkeit mit einem geöffneten Haifischmaul] (Mode): *breit auslaufender Hemdkragen mit spitzen Enden:* der starre H. mit einem geflissentlichen Schlips (Johnson, Mutmaßungen 99).

Hai|fisch|kra|gen|hemd, das: *Hemd mit einem Haifischkragen:* Anzug mit H. und schwarzem Schlips (Johnson, Mutmaßungen 170).

Hai|fisch|le|der, das: *gegerbte, geschliffene Haut des Haifischs, die zum Beziehen von Dosen, Schirm- u. Stockgriffen u. Ä. verwendet wird.*

Haik, das od. der; -[s], -s [arab. hā'ik]: *(bes. von der ärmeren Bevölkerung in Nordafrika getragenes) Kleidungsstück, das aus einem langen, breiten Stoffstreifen besteht, der beim Verlassen des Hauses über Kleid u. Kopf drapiert wird.*

Hai|kai, Hai|ku, (auch:) Hokku, das; -[s], -s [jap.]: *aus drei Zeilen mit insgesamt 17 Silben bestehende japanische Gedichtform:* Der fromme Mann hat eine Reihe von Lyrikbänden veröffentlicht, meist in der klassisch strengen Form des Haiku (Spiegel 37, 1990, 227).

Hain, der; -[e]s, -e [mhd. (md.) hain < mhd. hagen, ahd. hagan = Dorngesträuch = eingefriedeter Platz, zu ↑Hag] (dichter.): *kleiner [lichter] Wald:* ein sonniger H.; Er ... sprach vom bitteren Geschmack der wilden Orangen aus den -en von Sulona (Ransmayr, Welt 18); ein heiliger H. *(unantastbarer Zufluchtsort im Kult verschiedener Religionen).*

hain|ar|tig ⟨Adj.⟩: *einem Hain ähnlich angelegt:* der Waldaufbau locker und h. (Mantel, Wald 25).

Hain|blu|me, die [nach der Übersetzung des nlat. bot. Namens Nemophila, zu griech. némos = Hain u. phileīn = lieben, nach dem Standort]: *krautige Pflanze mit gelappten od. geschlitzten Blättern u. glockenförmigen weißen, blauen od. gefleckten Blüten, die als Rabatte od. zum Einfassen von Beeten angepflanzt wird.*

Hain|bu|che, die [nach der häufigen Verwendung zu Einfriedungen (↑Hain, Hag) u. wegen der Ähnlichkeit des Stammes u. der Blätter mit der Buche]: *Laubbaum mit glattem, grauem, seilartig gedrehtem Stamm, gesägten Blättern u. hängenden, kätzchenähnlichen Blütenständen; Weißbuche.*

Hair-Sty|list ['hɛ:ɐstailɪst], der; -en, -en [aus engl. hair = Haar u. ↑Stylist]: *Friseur mit künstlerischem Anspruch.*

Hair-Sty|lis|tin, die: w. Form zu ↑Hair-Stylist.

Ha|iti; -s: Staat in Mittelamerika im Bereich der Westindischen Inseln.

Ha|iti|a|ner, der; -s, -: Ew.

Ha|iti|a|ne|rin, die; -, -nen: w. Form zu ↑Haitianer.

ha|iti|a|nisch ⟨Adj.⟩.

Ha|iti|enne [(h)ai'ti̯ɛn], die; - [frz. haïtienne, nach der Insel Haiti]: *fein gerippter, taftartiger Rips aus Naturseide od. Reyon mit abwechselnd stärker u. schwächer betonten Rippen.*

Ha|ji|me ['hadʒime] ⟨o. Art.⟩ [jap. = anfangen!] (Budo): *Kommando des Kampfrichters, mit dem er die Kämpfer auffordert, den Kampf zu beginnen.*

Ha|ka|ma, der; -[s], -s [jap. = Pluderhose] (Budo): *beim Kendo getragener plissierter Hosenrock.*

Häk|chen, das; -s, -: **a)** Vkl. zu ↑Haken (1): Spr was ein H. werden will, krümmt sich beizeiten *(wenn man etw. werden will, muss man sich schon als junger Mensch darum bemühen);* **b)** (ugs.) *diakritisches Zeichen* (z. B. Háček, Cedille).

Hä|kel|ar|beit, die: **a)** *mit einer Häkelnadel auszuführende Handarbeit;* **b)** *etw. Gehäkeltes:* diese Tischdecke ist eine schöne H.

Hä|kel|de|cke, die: *gehäkelte Decke* (1).

Ha|ke|lei, die; -, -en (Sport Jargon): *das Hakeln* (2): ... nach einem stets ansehenswerten Spiel, das trotz gelegentlicher -en nicht so hart geführt wurde (NNN 18. 3. 85, 3).

Hä|ke|lei, die; -, -en: **1.** *Häkelarbeit* (a). **2.** (ugs.) *kleiner, harmloser Streit:* Er ... nahm die zahlreichen -en nicht ernster, als sie wohl gemeint waren (MM 12. 5. 69, 13). **3.** (Sport Jargon) ↑Hakelei.

Hä|kel|garn, das: *zum Häkeln geeignetes Garn.*

Hä|kel|ha|ken, der (landsch.): *Häkelnadel:* Beine, die aussahen wie H., so dünn waren sie (Schnurre, Bart 14).

◆ **hä|ke|lig,** häklig ⟨Adj.⟩ [zu ↑Haken (2)]: **1.** *mit Schwierigkeiten verbunden; nicht einfach zu bewältigen:* Der Mann begab sich gleich den andern Morgen an die Arbeit. So häkelig sie war, ... alles zumal geriet so wohl (Mörike, Hutzelmännlein 153). **2.** *von [übertriebenen] Bedenken bestimmt, skeptisch:* Besteht hingegen die Regierung ... aus häkligen Geldmännern (Keller, Die Leute von Seldwyla I, Einleitung 18).

Hä|kel-Look, der: *Musterung, Aussehen (eines gewirkten Stoffes, Kleidungsstücks o. Ä.), das den Eindruck einer Häkelarbeit erweckt:* Knopfmanschetten akzentuieren diesen fein gestrickten Pulli im aktuellen H. (Herrenjournal 1, 1966, 65).

Hä|kel|mus|ter, das: **a)** *unterschiedliche Kombination verschiedener gehäkelter Maschen zu einem bestimmten Muster;* **b)** *Vorlage für Häkelmuster* (a).

ha|keln ⟨sw. V.; hat⟩ [zu ↑haken]: **1.** (landsch.) *Fingerhakeln machen.* **2.** (Sport) **a)** (Fußball, Eishockey) ↑haken (4); **b)** (Rugby) *den Ball mit der Ferse stoßen;* **c)** (Ringen) *ein gewinkeltes Bein od. einen Fuß um den Fuß od. das Bein des Gegners schließen u. ihn, es blockieren.* **3.** (Jägerspr.) *(von Gämsen) mit den Hörnern den Feind angreifen, mit dem artgleichen Rivalen kämpfen.* **4.** (ugs.) *haken* (3): Die Federung ist straff, der Motor recht laut, und die Schaltung hakelt etwas (ADAC-Motorwelt 6, 1982, 25).

hä|keln ⟨sw. V.; hat⟩ [zu mhd. hækel, Vkl. von: hāke(n), ↑Haken; urspr. = (wie) mit Häkchen fassen]: **1. a)** *(eine Handarbeit) mit einer Häkelnadel herstellen, anfertigen:* ein Kinderjäckchen h.; **b)** *eine Häkelarbeit machen:* sie häkelt [viel, gerne]; sie häkelt an einer Decke *(ist mit dem Häkeln einer Decke beschäftigt);* Ü er häkelt (scherzh.; *arbeitet, schreibt*) schon lange an seiner Diplomarbeit. **2.** (landsch.) *sich [in harmloser, lustiger Weise] streiten; necken, frotzeln:* Die anderen frotzeln, häkeln, stänkern (Sobota, Minus-Mann 109); schau dir die Leute an, die du h. kannst (Sobota, Minus-

Mann 87); die beiden häkeln sich ständig; ich häk[e]le mich mit ihr. **3.** (Fußball, Eishockey, bes. südd.) ↑haken (4).

Hä|kel|na|del, die: *rundes Stäbchen aus Metall, Kunststoff o. Ä., das an einem Ende einen Haken hat, mit dem beim Häkeln das Garn aufgenommen u. durch eine Schlinge od. bereits gearbeitete Masche gezogen wird:* eine H. der Stärke 1.

Hä|kel|spit|ze, die: *Häkelarbeit, die wie ein feines durchbrochenes Gewebe aussieht.*

ha|ken ‹sw. V.; hat› [spätmhd. haken]: **1.** *mit einem Haken an etw. hängen, befestigen:* die Feldflasche an das Koppel h. **2.** *hakenförmig um etw. legen, in etw. hängen:* den Daumen in die Westentasche h.; er hakte sich den Zwicker über die Nase (Maass, Gouffé 246). **3.** *hängen bleiben, klemmen:* der Schlüssel hakt im Schloss; nur der Rückwärtsgang hakte *(ließ sich nur schwer, nicht reibungslos schalten)* im Testwagen (ADAC-Motorwelt 2, 1983, 24); Ü es hakt (ugs.; *es geht nicht weiter; die Sache geht nicht voran*); Dass es da oft in der Rechtschreibung hakt (ugs.; *Mängel gibt*) ..., ist keinem zu verdenken (Szene 8, 1985, 10). **4.** (Sport) **a)** (Eishockey, Hockey, Polo) *mit der Krümmung des Stocks, dem abgewinkelten unteren Ende des Schlägers behindern, zurückhalten:* den durchbrechenden Stürmer h.; **b)** (Fußball) *den Gegner von hinten beim Spielen des Balles, am Weiterlaufen hindern, indem man ihm mit angewinkeltem Fuß ein Bein od. beide Beine wegzuziehen versucht.*

Ha|ken, der; -s, - [mhd. hāke(n), ahd. hāko, urspr. wohl auch = Spitze, Pflock]: **1. a)** *winkelig od. rund gebogenes Stück Metall, Holz od. Kunststoff zum Anhaken, Festhaken von etw.:* ein eiserner H.; einen H. in die Wand schlagen; kein Fisch geht an den H. *(Angelhaken);* eine komplette Angelausrüstung ... Gummifische, H., Köder, Messer (Zeit 28. 1. 99, 59); Hier werden dem Angler ausgezeichnete Möglichkeiten geboten, kapitale Waller an den H. zu bekommen (Fisch 2, 1980, 90); den Mantel an, auf einen H. *(Kleiderhaken)* hängen; das Boot mit einem H. *(Bootshaken)* ans Ufer ziehen; das Bild vom H. *(Bilderhaken)* nehmen; ***einen H. schlagen** *([von einem Hasen] im Laufen plötzlich die Richtung ändern, um Verfolger zu täuschen u. dadurch Vorsprung zu gewinnen);* **etw. auf den H. nehmen** (*etw. abschleppen* 1 a): Die »Makarska« wurde inzwischen von Schleppern auf den H. genommen (Hamburger Abendblatt 31. 7. 79, 1); **mit H. und Ösen** (ugs., auch: Sport Jargon; mit allen erdenklichen, fairen wie unfairen Mitteln): es war ein Spiel mit H. und Ösen; einen Machtkampf mit H. und Ösen kann sich die SPD schlecht leisten (MM 4. 9. 74, 2); **b)** *hakenförmiges grafisches Zeichen:* die Lehrerin machte einen H. hinter Ullas Namen (Borchert, Draußen 65). **2.** (ugs.) *verborgene Schwierigkeit; etw. [zunächst nicht Erkanntes], was eine Sache, die Lösung eines Problems o. Ä. erschwert, behindert:* da liegt, sitzt der H.; es gibt einen H. [dabei]; das Angebot hat [irgend]einen H.; Ein ganz großer H. beim Telefongeschäft liegt darin, dass keinerlei schriftliche Unterlagen über Angebot und Bestellung vorhanden sind (Brückenbauer 11. 9. 85, 8); Doch halt! Einen H. hat die Sache: Bei Karla gibt es keinen Gänsebraten mit Klößen (Zeit 22. 12. 98, 59). **3.** (Boxen) *mit angewinkeltem Arm von unten nach oben geführter Schlag:* er wurde von einem linken H. getroffen. **4.** (Jägerspr.) **a)** *Eckzahn im Oberkiefer des Rotwildes; Grandel;* **b)** ‹Pl.› *Eckzähne des weiblichen Wildschweins in Ober- u. Unterkiefer.*

Ha|ken|auf|ga|be, die (Volleyball): *seitlich von oben gespielte Aufgabe* (4).

Ha|ken|bein, das [nach dem hakenförmigen Fortsatz bei der Menschenhand]: *Handwurzelknochen mit hakenförmigem Fortsatz in der Hand des Menschen u. in den Vorderextremitäten von Reptilien u. Säugetieren.*

Ha|ken|bol|zen, der: *hakenförmig gebogener Bolzen.*

Ha|ken|büch|se, die (früher): *Handfeuerwaffe mit Hakenstange.*

ha|ken|för|mig ‹Adj.›: *krumm, gebogen wie ein Haken.*

Ha|ken|gurt, der: *breiter, mit Haken versehener Gurt des Feuerwehrmanns.*

Ha|ken|kreuz, das: **a)** *gleichschenkliges Kreuz mit vier in die gleiche Richtung weisenden, rechtwinklig geknickten, spitzwinkligen od. abgerundeten Armen:* Fritz und Elfie schenkten mir ein H. mit Perlen, das alte schöne hinduistische Symbol für Leben (Praunheim, Sex 209); **b)** *Hakenkreuz* (a) *als Symbol der Nationalsozialistischen Deutschen Arbeiterpartei:* -e an eine Wand schmieren; er ... wurde eingekeilt zwischen Leuten, die das von ihm verachtete, belächelte H. anstecken hatten (Kühn, Zeit 257); Jeder brachte Gegenstände mit, die er für »typisch deutsch« hielt: Markstücke, Biergläser, Beethovenplatten, Bauhausbilder, -e (Zeit 7. 1. 99, 49); -e und antisemitische Aufschriften. Man kann sie heute an vielen Stellen auf den Straßen polnischer Städte finden (Zeit 3. 12. 98, 10).

Ha|ken|kreuz|bin|de, die: *Armbinde mit dem Hakenkreuz* (b): In den Straßen wimmelte es nur so von Leuten mit -n (Hilsenrath, Nazi 42).

Ha|ken|kreuz|fah|ne, die: *Fahne mit dem Hakenkreuz* (b).

Ha|ken|lei|ter, die: *kleine, tragbare Feuerwehrleiter, die am oberen Ende mit Haken zum Einhängen an Gebäudevorsprüngen o. Ä. versehen ist:* Die Männer stiegen mit einer H. zu den Kindern auf den Balkon und gelangten so in die Wohnung (MM 16. 5. 75, 19).

Ha|ken|na|del, die (Textilind.): *zur Herstellung von Wirkwaren verwendete Nadel, deren Spitze hakenförmig gebogen ist.*

Ha|ken|na|se, die: *stark abwärts gebogene große Nase.*

ha|ken|na|sig ‹Adj.›: *eine Hakennase habend:* Jöche ... war über die dampfende Brühe gebeugt mit seinem -en Kantengesicht (Johnson, Mutmaßungen 39).

Ha|ken|pass, der (Basketball): *Pass, bei dem der seitlich ausgestreckte Arm über die Schulter hochgezogen u. über den Kopf geworfen wird:* der H. wird häufig beim Schnellangriff mit Ausreißer angewendet.

Ha|ken|pflug, der: *primitiver Pflug, der aus einer Astgabelung angefertigt ist od. der aus einer Zugstange u. einem daran in spitzem Winkel befestigten Haken besteht.*

Ha|ken|schla|gen, das; -s (Jägerspr.): *(von Hasen) abruptes Abbiegen, Ändern der Richtung während des schnellen Laufs mit der Absicht, Verfolger zu täuschen.*

Ha|ken|schlüs|sel, der: *einem Schraubenschlüssel ähnliches Werkzeug, das an einem Ende in einen Haken ausläuft u. mit dem runde Muttern und Bohrungen od. Nuten angezogen u. gelöst werden können.*

Ha|ken|schna|bel, der: *(von Vögeln) hakenförmig gebogener Schnabel.*

Ha|ken|schüt|ze, der: *Schütze mit einer Hakenbüchse.*

Ha|ken|stan|ge, die (früher): *in eine Gabel auslaufende Stange, auf die die Hakenbüchse gelegt wurde.*

◆ **Ha|ken|stock,** der: *Stock mit gekrümmtem Griff:* Langsam und gebeugt ging an einem H. der Großvater um das Haus (Gotthelf, Spinne 5).

Ha|ken|ver|schluss, der: *Verschluss mit Haken und Ösen.*

Ha|ken|wurm, der: *parasitischer Fadenwurm, der sich in der Wand des Zwölffinger- u. Dünndarmes festbeißt u. Blut saugt.*

Ha|ken|wurm|krank|heit, die: *durch Hakenwürmer hervorgerufene Krankheit bei Mensch u. Tier.*

Ha|ken|zan|ge, die (bes. Schmiedehandwerk): *Zange mit hakenförmig gebogenen Enden.*

ha|kig ‹Adj.›: *hakenförmig, wie ein Haken:* dieser Kopf mit der großen, -en Nase (Ransmayr, Welt 94); Mit -er Sütterlinschrift trug sie sie in die Karteikarte ein (Schnurre, Schattenfotograf 313).

Ha|kim, der; -s, -s [arab. hakīm] (im Orient): **1.** *Arzt.* **2.** *Gelehrter, Weiser.* **3.** *Herrscher; Gouverneur; Richter.*

Häk|lein, das; -s, -: Vkl. zu ↑Haken.

Hak|ler, der; -s, - [zu ↑hakeln] (Rugby): *mittlerer Spieler der ersten Reihe bei einem Gedränge:* der H. muss seine Außenstürmer oberhalb und unterhalb der Arme fassen.

◆ **häk|lig:** ↑häkelig.

Ha|la|cha, die; -, ...chot [hebr. hălạkạ̄ = Gesetz] (jüd. Rel.): *aus der Bibel abgeleitete verbindliche Auslegung der Thora.*

ha|la|chisch ‹Adj.›: *die Halacha betreffend, ihr gemäß:* wenn sie (= die Trauung) nach den -en, d. h. den religiösen jüdischen Gesetzen verboten ist (MM 27. 10. 72, 57).

Hal|la|li, das; -s, -[s] [frz. hallali, H. u.] (Jägerspr.): **a)** *Jagdruf (auch Jagdhornsignal), wenn das gehetzte Wild auf einer Parforcejagd gestellt ist:* das H. erschallt; Ü US-Senator McCarthy, der Anfang der fünfziger Jahre zum H. gegen linke

Künstler und Intellektuelle geblasen hatte (Spiegel 48, 1981, 255); **b)** *Signal, das das Ende einer Jagd anzeigt:* das H. blasen; **c)** *Ende der Jagd:* zum H. blasen.

halb ⟨Adj. u. Bruchz.⟩ (als Ziffer: ½) [mhd. halp, ahd. halb; urspr. = (durch)geschnitten, gespalten; 4: frühnhd., aber schon ahd. halb]: **1.** *die Hälfte von etw. umfassend; zur Hälfte:* eine -e Stunde; das -e Hundert *(50);* ein -es Dutzend; ein -er Meter; eine -e Note (Musik; *Note, die die Hälfte des Zeitwerts einer ganzen Note hat*); eine -e Umdrehung; er hat die -e Strecke zurückgelegt; sich auf -em Wege *(in der Mitte)* treffen; das Lied einen -en Ton tiefer anstimmen; Für die Tätigkeit steht eine -e Stelle ... zur Verfügung (Saarbr. Zeitung 12./13. 7. 80, XIII); Der Arbeiterjunge Kurt ... ist schon beinahe sein -es Leben auf der Flucht (Freie Presse 17. 11. 88, 6); ⟨indekl. bei geographischen Namen o. Art.:⟩ h. Europa war besetzt; alle -e[n] Stunden/alle -e Stunde; es ist h. eins; es hat h. [eins] geschlagen; drei Minuten bis, nach, vor h. [eins]; die Flasche war h. leer; ein h. leerer Zuschauerraum; die Wanne ist nicht einmal h. voll; durch die h. offene Tür gehen; er hat den Apfel h. aufgegessen; sie hat sich h. umgedreht, erhoben; Otto Brasch schloss die Augen h. (Loest, Pistole 164); das Restaurant ..., das an diesem warmen Sommerabend nur h. besetzt war (Danella, Hotel 214); * **h. ..., h.** *(teils ..., teils, das eine wie das andere; je zur Hälfte):* h. Kunst, h. Wissenschaft; h. lachend, h. weinend; mit einer h. resignierten, h. zornigen Handbewegung (Reich-Ranicki, Th. Mann 253); **[mit jmdm.] h. und h./halbe-halbe machen** (ugs.; *Gewinn od. Verlust genau miteinander teilen*). **2. a)** *unvollständig, unvollkommen; teilweise* (häufig in Verbindung mit »nur« o. Ä.): Es war nicht mal die -e Wahrheit (Spiegel 5, 1980, 79); er hat nur -e Arbeit/die Arbeit nur h. getan; das Fleisch ist erst h. gar, ist noch h. roh; Die Wirkung wird nur h. sein (Sebastian, Krankenhaus 190); die Birnen h. reif abnehmen; er ist h. erblindet; h. verdaute Speisen; ein h. vollendeter Roman; ein erst h. fertiges Haus; nur h. zuhören; zu Hause läuft sie immer h. bekleidet herum; wir saßen erst h. wach am Frühstückstisch; bis zum Mittagessen bin ich immer nur h. wach; in meinem h. wachen Zustand bekam ich kaum etwas von der Unterhaltung mit; h. gare Kartoffeln; (bes. Fußball:) h. links, rechts spielen; * **nichts Halbes und nichts Ganzes [sein]** *(zu unzureichend [sein], als dass man etw. damit anfangen könnte);* **b)** *vermindert, abgeschwächt, mit geringerer Stärke:* mit -er Kraft; bei -em Licht arbeiten; mit -er *(gedämpfter)* Stimme sprechen; einen -en *(flüchtigen)* Blick auf etw. werfen; die Sonne ist h. aus dem Nebel hervorgekommen; das ist h. so schlimm. **3.** *fast [ganz], beinahe, so gut wie:* ein h. nackter Mann; h. verrottete Balken; schon h. verwelkte Blumen; sie ist -e Medizinerin; das sind ja noch -e Kinder!; Musste man dieses -e Kind auf diesen Weg treiben? (Danella, Hotel 15); der Alte ist h. blind; h. blind vor Tränen lief er durch die Straßen; er hat schon h. zugestimmt; er musste wohl h. gedöst haben (Kronauer, Bogenschütze 124); (ugs. übertreibend:) das dauert ja eine -e Ewigkeit *(sehr lange);* das -e Dorf *(sehr viele Dorfbewohner)* war zusammengekommen; ich bin h. verdurstet; h. verhungertes Vieh; sie wurde h. erfroren gefunden; sie schlugen ihn zusammen und ließen ihn h. tot liegen; ein h. totes *(völlig erschöpftes)* Tier; sich h. totlachen; in der Disco sind wir h. erstickt; wie lange noch werden Männer ihre Frauen h. tot schlagen?; ***h. und h.** (ugs.; *beinahe, fast ganz*): du gehörst schon h. und h. dazu. ◆ **4.** ⟨Präp. mit Gen. (nachgestellt)⟩: [2]*halber:* Vielleicht auch irrt sie zweifelhaft im Labyrinth der ... Burg, den Herrn erfragend fürstlicher Hochbegrüßung h. (Goethe, Faust II, 9145 ff.).

Hạlb|af|fe, der: *(zu den Affen gehörendes) meist als Baumbewohner lebendes, nachtaktives Säugetier mit sehr großen Augen u. zum Greifen ausgebildeter Großzehe u. Daumen.*

Hạlb|af|fix, das (Sprachw.): *Präfix od. Suffix als Wortbildungsmittel, das als eigenständiges Wort empfunden wird* (z. B. *stein*reich, erfolgs*geil*).

hạlb|amt|lich ⟨Adj.⟩ (Politik, Nachrichtenw.): *von amtlichen Stellen nahe stehenden, gut unterrichteten Kreisen kommend; nicht ganz amtlich; nicht ganz sicher verbürgt; offiziös:* eine -e Nachricht, Zeitung.

Hạlb|au|to|mat, der: *Automat* (1 b), *bei dem einzelne Arbeitsvorgänge (z. B. das Einlegen von Werkstücken) noch von Hand erledigt werden müssen.*

Hạlb|au|to|ma|tik, die: *halbautomatische Vorrichtung.*

hạlb|au|to|ma|tisch ⟨Adj.⟩: *selbsttätig funktionierend mit einigen von Hand auszuführenden Griffen:* ein -es Getriebe.

hạlb|bat|zig ⟨Adj.⟩ [eigtl. = nur einen halben Batzen (2) wert] (schweiz.): **a)** *ungenügend, unzulänglich:* eine -e Arbeit, Lösung; Dieses Dilemma ... frontal anzugehen, scheint der Regierung jedoch offenbar nicht opportun, sodass sie es lieber mit eher -en Mitteln umschifft (NZZ 31. 8. 87, 15); ◆ **b)** *ohne Ansehen, nichts geltend:* ... wo jedes -e Herrenknechtlein das Recht zu haben meint, gesessene Bauern verachten zu können (Gotthelf, Spinne 31).

hạlb be|klei|det: s. halb (2 a).

Hạlb|bil|dung, die ⟨o. Pl.⟩ (abwertend): *lückenhafte, oberflächliche Bildung* (1).

hạlb|bit|ter ⟨Adj.⟩: *(von Schokolade) eine bestimmte Geschmacksrichtung aufweisend, die zwischen süß u. bitter liegt.*

hạlb|blind ⟨Adj.⟩: **1.** *fast, beinahe blind:* ein alter, -er Mann. **2.** *ziemlich blind* (3), *trübe, angelaufen:* Dann sah er sein Gesicht in einem -en Spiegel (H. Weber, Einzug 242).

Hạlb|blut, das [LÜ von engl. half-blood]: **1.** *Tier, bes. Pferd, dessen Eltern verschiedenen Rassen entstammen.* **2.** *Person, deren Elternteile verschiedenen Menschentypen angehören* (wird gelegentlich als abwertend empfunden).

Hạlb|bo|gen, der: *halber Bogen* (1 a): Hoch die Axt im H., den Körper mit aufgerichtet, schmetternder Schlag (Nachbar, Mond 295).

Hạlb|bru|der, der: *Stiefbruder* (a): Der zehn Jahre ältere H. ist schon aus dem Haus (Spiegel 48, 1975, 78).

hạlb|bür|tig ⟨Adj.⟩ (Genealogie): *(von Geschwistern) nur einen Elternteil gemeinsam habend.*

Hạlb|da|mast, der: *Damastimitation mit glatten Musterkonturen; Damassin.*

Hạlb|de|ckung, die (Rentenvers.): *Anzahl von entrichteten Beiträgen, die der halben Zeit zwischen Eintritt in die Versicherung u. Rentenbeginn entspricht:* es fehlen noch 5 Monatsbeiträge bis zur H.

hạlb|dun|kel ⟨Adj.⟩: *zwischen hell u. dunkel, noch nicht ganz lichtlos:* im halbdunklen Flur steht ein weißer Schemen vor ihnen (Fallada, Mann 6).

Hạlb|dun|kel, das: *dämmrige Beleuchtung:* der Raum lag im H.; Es dauerte eine Weile, bis sich seine Augen an das H. der Kellerwohnung gewöhnt hatten (Hilsenrath, Nazi 104).

Hạl|be, der, die u. das; -n, -n ⟨Dekl. ↑Abgeordnete⟩ (ugs.): *(bei Bier u. anderen alkoholischen Getränken) halber Liter:* Herr Ober, noch einen -n; zwei H. bitte!; dass er nach der zweiten -n schon bezahlt und aufsteht (Augsburger Allgemeine 11./12. 2. 78, IV); er hat sich noch ein -s genehmigt.

Hạlb|edel|stein, der (fachsprachl. veraltet): *Schmuckstein:* ein Tisch mit einer Platte aus orientalischem Achat, einem H., und geschnitzten Schlangenfüßen (taz 23. 12. 98, 21).

hạl|be-hạl|be: ↑halb (1).

-hal|ben [erstarrte Kasusform (Dativ Pl. u. Gen. Sg.) von mhd. halbe, ahd. halba = Hälfte, Seite, eigtl. = von ... Seite(n) u. im übertragenen Sinne = wegen]: in Zus., z. B. allenthalben, meinethalben.

[1]**hạl|ber** ⟨Adv.⟩ [erstarrte Flexionsform von ↑halb] (landsch.): ↑halb: es ist h. zwölf.

[2]**hạl|ber** ⟨Präp. m. Gen. (nachgestellt)⟩ [erstarrte Flexionsform von mhd. halbe, ahd. halba = Hälfte, Seite, also eigtl. = von der Seite des ... (od. der ...) aus] (geh.): *wegen, um ... willen:* der guten Ordnung h.; dringender Geschäfte h. verreisen; Wir möchten dies der Korrektheit h. hier zur Kenntnis geben (NNN 12. 2. 86, 6); Am späten Nachmittag wollten sie zurückfahren, seines Fußes h., falls es nicht besser damit würde (Domin, Paradies 47).

-hal|ber: **1.** drückt in Bildungen mit Substantiven aus, dass einer Sache Genüge getan, entsprochen wird: *um ... willen:* gerechtigkeits-, pflichthalber. **2.** kennzeichnet in Bildungen mit Substantiven etw. als Grund, als Ursache: *aufgrund von ...:* ferien-, krankheitshalber.

hạlb er|blin|det: s. halb (2 a).

hạlb er|fro|ren: s. halb (3).

hạlb er|stickt: s. halb (3).

hạlb|er|wach|sen ⟨Adj.⟩: *fast, noch nicht ganz erwachsen:* eine Witwe mit drei -en Töchtern.

Hạlb|er|zeug|nis, das: *Halbfabrikat.*

Halb|esel, der: *(in Asien heimisches, zur Familie der Pferde gehörendes) Tier mit gelbem bis rotbaunem Fell, langen Ohren u. langem, in einer Quaste endendem Schwanz.*

Halb|fa|bri|kat, das (Wirtsch.): *halbfertiges Erzeugnis; Ware zwischen Rohstoff u. Fertigfabrikat, die schon verschiedene Fertigungsstufen hinter sich hat, aber noch weitere durchlaufen muss.*

halb|fer|tig ⟨Adj.⟩: *fast, noch nicht ganz fertig.*

Halb|fer|tig|fa|bri|kat, das: *Halbfabrikat.*

Halb|fer|tig|wa|re, die: *Halbfabrikat.*

halb|fest ⟨Adj.⟩: **a)** (Physik) *in einem zwischen fest u. flüssig liegenden Aggregatzustand; gallertig;* **b)** *[noch] nicht ganz fest zusammenhaltend od. zusammengehörend, leicht lösbar:* eine -e Wortverbindung; eine relativ große Anzahl fester u. -er phraseologischer Verbindungen (Deutsche Literaturzeitung 4/5, 1973, 357).

halb|fett ⟨Adj.⟩ (Druckw.): **a)** *in einer Schriftart, deren Strichdicke zwischen mager u. fett liegt:* ein Wort h. setzen; **b)** *(von Nahrungsmitteln, bes. Milchprodukten, Margarine u. Ä.) einen reduzierten Fettanteil in der Trockenmasse enthaltend.*

Halb|fi|gur, die (Kunstwiss.): *dargestellte menschliche Figur mit Kopf, Oberkörper u. Oberarmen.*

Halb|fi|gu|ren|bild, das (Kunstwiss.): *Bild, auf dem eine Halbfigur dargestellt ist.*

Halb|fi|nal, der (schweiz.), **Halb|fi|na|le,** das (Sport): *Spielrunde bei einem Wettbewerb, für die sich vier Spielende od. Mannschaften qualifiziert haben u. aus der die Teilnehmenden am Finale ermittelt werden:* das H. erreichen.

Halb|flie|gen|ge|wicht, das (Schwerathletik): **a)** ⟨o. Pl.⟩ *niedrige Gewichtsklasse;* **b)** *Sportler der Gewichtsklasse Halbfliegengewicht* (a).

Halb|flie|gen|ge|wicht|ler, der; -s, -: *Halbfliegengewicht* (b).

Halb|flie|gen|ge|wicht|le|rin, die; -, -nen: w. Form zu ↑Halbfliegengewichtler.

Halb|flüg|ler, der (seltener): *Schnabelkerf.*

Halb|for|mat, das (Fot.): *halbes Kleinformat.*

Halb|franz, das; - (Buchw.): *Bucheinband in der Art eines Franzbandes, bei dem aber nur der Rücken [u. die Ecken] aus Leder gefertigt werden.*

Halb|franz|band, der: *in Halbfranz gebundenes Buch.*

Halb|gans, die (Zool.): *zur Gattung der Enten gehörender Vogel, bei dem (wie bei den Gänsen) beide Geschlechter gleiche Färbung haben.*

halb|gar ⟨Adj.⟩ (Kochk.): *nicht ganz weich gekocht od. durchgebraten:* -es Fleisch.

halb|ge|bil|det ⟨Adj⟩ (abwertend): *Halbbildung habend.*

Halb|ge|bil|de|te, der u. die; -n, -n ⟨Dekl. ↑Abgeordnete⟩ (abwertend): *jmd., der halbgebildet ist.*

Halb|ge|fro|re|ne, das ⟨Dekl. ↑[2]Junge, das⟩: *in Formen eingefrorenes, cremeartiges Speiseeis.*

Halb|ge|schoss, das (Archit.): *niedriges Zwischengeschoss.*

Halb|ge|schwis|ter ⟨Pl.⟩: *Stiefgeschwister* (a): Seine anderen H. kann er nicht leiden (Ossowski, Flatter 8).

Halb|ge|viert, das (Druckw.): *einzelne Type des Ausschlusses* (2 a) *von der halben Größe eines Gevierts* (2).

◆ **halb|ge|wach|sen** ⟨Adj.⟩: *halbwüchsig:* -e Jungen und Mädchen drängten sich um die Pforte (Storm, Söhne 6).

halb|ge|walkt ⟨Adj.⟩ (ugs): *zweifelhaft, fragwürdig, undurchsichtig:* ein -er Kerl; ⟨subst.:⟩ Das Halbgewalkte auf dem Gebiet der heutigen Klassikerpflege ... zeigt Wolff (= Buchhändler) möglichst gar nicht (Zeit 13, 1958, 8).

Halb|glat|ze, die: *nicht vollständige Glatze; kahle Stelle bes. im vorderen Bereich des Kopfes.*

Halb|gott, der [spätmhd., ahd. halbgot, LÜ von lat. semideus]: **1.** (Myth.) *Gestalt, die aus der Verbindung eines göttlichen Wesens mit einem menschlichen stammt; Heros.* **2.** (iron.) *mächtige, einflussreiche [u. gefürchtete] Person:* Halbgott Rommel konnte Afrika nicht halten (Loest, Pistole 68); Der H. des Kinderglaubens (= Vater) war ein nervöser Mann (Meckel, Suchbild 74); ***Halbgötter in Weiß** (ugs. iron.; *die [Krankenhauschef]ärzte*): Seitdem kämpft er – gegen den Hochmut von Halbgöttern in Weiß, für Alternativen zum Medizinbetrieb der Chefärzte (Stern 46, 1981, 162).

Halb|heit, die; -, -en (abwertend): *halbe, unfertige Sache, Handlung; unvollkommene Lösung:* die H. *(Unentschlossenheit)* des Wollens; das sind doch nur -en!; sich nicht mit -en abspeisen lassen; Unter dieses Schreiben gehörte die Unterschrift von Max, sonst klang es nach H. und fragwürdiger Denunziation (Ossowski, Liebe ist 280).

halb|her|zig ⟨Adj.⟩: *nur mit halbem Herzen [getan], ohne rechte innere Beteiligung [geschehend]:* eine -e Antwort; das kleine -e Bekenntnis zu einem kleinen -en Manuskript (H. Weber, Einzug 357); Ihr Verlag entschließt sich nur zu -er Werbekampagne (Erné, Fahrgäste 184); nur h. zustimmen.

Halb|her|zig|keit, die; -: *das Halbherzigsein:* Das Konzept erweckt den Eindruck der H. (Freie Presse 30. 12. 89, 4).

halb|hoch ⟨Adj.⟩: *auf halber Höhe, bis zur halben Höhe [reichend]* (bes. Sport): eine halbhohe Vorlage; er gab den Ball h. weiter.

Halb|idi|ot, der (ugs. abwertend): *jmd., der sich dumm anstellt, der nicht ernst genommen wird:* man behandelt uns, als ob wir alle -en wären.

hal|bie|ren ⟨sw. V.; hat⟩ [mhd. halbieren]: **1.** *in zwei Hälften, zwei gleiche Teile teilen:* eine Apfelsine h.; einen Winkel, eine Strecke h.; **2. a)** *um die Hälfte verringern:* Um die Öleinfuhr bis 1990 zu h., ... (Saarbr. Zeitung 24. 12. 79, 2); **b)** ⟨h. + sich⟩ *sich um die Hälfte verringern:* das Wirtschaftswachstum hat sich halbiert; Bis 1990 wird sich der Verkauf der normalen Langspielplatten h. (Hamburger Abendblatt 27. 8. 85, 16).

Hal|bie|rung, die; -, -en: *das Halbieren.*

Halb|in|sel, die [LÜ von lat. paeninsula, eigtl. = Fastinsel]: *Gebiet, das von drei Seiten von Wasser umschlossen ist, Insel mit nur einer [schmalen] Landverbindung zum Festland.*

Halb|jahr, das: **a)** *Zeitspanne von einem halben Kalenderjahr:* im ersten H. 1976; **b)** *beliebiger, aber in sich eine Einheit bildender Zeitraum von rund 6 Monaten; Semester.*

Halb|jah|res|bi|lanz, Halbjahrsbilanz, die: *Bilanz nach Ablauf eines halben Jahres.*

Halb|jah|res|in|for|ma|ti|on, die (regional): *Halbjahreszeugnis.*

Halb|jah|res|kurs, Halbjahrkurs, der: *ein halbes Jahr dauernder Kurs.*

Halb|jah|res|zeug|nis, Halbjahrszeugnis, das: *Zeugnis nach Ablauf der ersten Hälfte eines Schuljahres.*

halb|jäh|rig ⟨Adj.⟩: **1.** *ein halbes Jahr alt:* ihr -er Sohn. **2.** *ein halbes Jahr dauernd:* eine -e Ausbildung.

halb|jähr|lich ⟨Adj.⟩: *alle halbe Jahre wiederkehrend, jeweils nach einem Halbjahr stattfindend:* -e Bezahlung; h. durchgeführte Kontrollen.

Halb|jahrs|bi|lanz: ↑Halbjahresbilanz.

Halb|jahrs|kurs: ↑Halbjahreskurs.

Halb|jahrs|zeug|nis: ↑Halbjahreszeugnis.

Halb|ju|de, der: **a)** (nationalsoz.): *(in der rassistischen Ideologie des Nationalsozialismus) Person mit zwei jüdischen Großelternteilen:* der Hamburger Kaufmannssohn, nach den Nürnberger Gesetzen »Halbjude« (Zeit 18. 4. 97, 7); Klima, 62, ist in Prag geboren und verbrachte – als H. – drei Jahre seiner Kindheit im Konzentrationslager von Theresienstadt (Spiegel 2, 1994, 153); **b)** *Person mit einem jüdischen Elternteil (wird gelgentlich als abwertend empfunden):* Ihre Beanstandungen bezogen auch subtile Benachteiligungen – Bezeichnungen wie beispielsweise »Halbjude« – mit ein (FR 1. 12. 98, 5).

Halb|jü|din, die: w. Form zu ↑Halbjude: Daneben gab es auch Menschen, die nach politischer Verfolgung durch die Nationalsozialisten Deutschland den Rücken kehrten – etwa die Tochter einer »Halbjüdin«, die schon 1946 ihre Heimat verließ (FR 14. 2. 97, 19).

halb|jü|disch ⟨Adj.⟩: *von nur einem jüdischen Elternteil abstammend:* Staatsfeindliche Äußerungen der Jüdin ... und der drei -en Söhne (Giordano, Die Bertinis 385).

Halb|kan|ton, der: *eine eigene Verwaltungseinheit bildende Kantonshälfte mit eigenem Namen* (z. B. Basel-Stadt, Basel-Land[schaft]).

Halb|ket|ten|fahr|zeug, das (bes. Milit.): *geländegängiges Fahrzeug, bei dem die Antriebsräder durch Gleisketten ersetzt sind, die Lenkung aber über normale Räder erfolgt.*

Halb|kon|ser|ve, die: *Präserve.*

Halb|kon|so|nant, der: vgl. Halbvokal.

Halb|kreis, der: *Hälfte eines Kreises; eine halbe Drehung umschreibender Kreisbogen:* sie umstanden den Sprecher im H., mussten einen H. bilden.

halb|kreis|för|mig ⟨Adj.⟩: *die Form eines Halbkreises aufweisend:* ein Ornament mit -en Elementen.

Halb|ku|gel, die: *(über einer kreisförmigen Grundfläche liegende) halbe Kugel:* die nördliche, südliche H. der Erde.

halb|ku|gel|för|mig ⟨Adj.⟩: *die Form einer Halbkugel aufweisend:* Holzkisten ..., über denen -e Lampenschirme aus aneinander geklebten Pappbechern hingen (Ossowski, Liebe ist 16).

halb|ku|ge|lig ⟨Adj.⟩ halbkugelförmig: Ihr kleiner Hintern hatte die Sandkuchen zertrümmert und zwei -e Abdrücke hinterlassen (Lentz, Muckefuck 42).

Halb|kup|pel, die (Archit.): *halbe (längs od. quer durchschnittene) Kuppel.*

halb|lang ⟨Adj.⟩: *etwa die Mitte zwischen lang u. kurz bildend, in halber Länge:* ein -es Kleid; die Haare h. tragen; R [nun] mach [aber, mal] h.! (ugs.; *spiel dich nicht so auf, übertreib nicht so!*).

halb|laut ⟨Adj.⟩: *in halber Lautstärke, mit gedämpfter Stimme [gesprochen]:* eine -e Unterhaltung; Die Anneliese nahm die Schachtel gleich und entzifferte h. den Preis (Sommer, Und keiner 326).

Halb|le|der, das ⟨meist o. Art.⟩ (Buchw.): *fester Einband mit Lederrücken [u. -ecken].*

Halb|le|der|band, der: *in Halbleder gebundenes Buch.*

halb leer: s. halb (1).

halb|lei|nen ⟨Adj.⟩: *aus Halbleinen:* -e Bettwäsche.

Halb|lei|nen, das: **1.** *Mischgewebe, das zur Hälfte Leinen, zur Hälfte eine andere Faser (Baumwolle, Wolle o. Ä.) enthält:* eine Tischdecke, Geschirrtücher aus grobem H. **2.** ⟨meist o. Art.⟩ (Buchw.) *fester Einband mit Rücken [u. Ecken] aus Leinen od. einem anderen Gewebe.*

Halb|lei|nen|band, der: *in Halbleinen (2) gebundenes Buch.*

Halb|lei|nen|ho|se, die: *Hose aus Halbleinen* (1).

Halb|lein|wand, die: *Halbleinen* (1).

Halb|lei|ter, der (Elektrot.): *kristalliner Stoff, der bei Zimmertemperatur den Strom leitet, bei tiefen Temperaturen aber isoliert.*

Halb|lei|ter|ma|te|ri|al, das: *Stoff, Material, aus dem ein Halbleiter besteht.*

Halb|lei|ter|plätt|chen, das: *sehr kleines, dünnes Plättchen aus Halbleitermaterial.*

Halb|lei|ter|technik, die: *Technik, die sich bes. mit der Entwicklung u. den Anwendungsmöglichkeiten von Halbleitern befasst.*

Halb|licht, das: *dämmeriges, schwaches Licht:* ein H., das weder Umrisse zeichnete noch Schatten (Gaiser, Jagd 66); Die hoch am Meer entlanggeführte Autobahn lag schon im H. (Fest, Im Gegenlicht 14).

halb|link... ⟨Adj.⟩ (bes. Fußball): *zwischen (gedachter) Längsachse u. linker Außenlinie befindlich:* er schoss aus -er Position.

Halb|lin|ke, der u. die (bes. Fußball): *zwischen Linksaußen u. Mittelstürmer[in] eingesetzte[r] Spieler[in]:* als -r spielen.

halb|links ⟨Adv.⟩ (bes. Fußball): *in halblinker Position:* h. spielen.

Halb|li|ter|fla|sche, die: *Flasche von einem halben Liter Fassungsvermögen.*

halb|mast ⟨Adv.⟩ [LÜ von engl. halfmast]: *(von Fahnen) nur bis zur halben Höhe des Mastes hinaufgezogen (als Zeichen offizieller Trauer):* h. flaggen; die Fahnen auf h. setzen; Ü Trotz des 0:1 wehen in Bremen die Fahnen nicht auf h. (*ist man nicht niedergeschlagen, traurig, enttäuscht;* Kicker 6, 1982, 39).

halb|matt ⟨Adj.⟩: *nicht ganz matt, noch leicht glänzend:* -es Papier; eine -e Oberfläche.

Halb|mes|ser, der; -s, - (Math.): *halber Durchmesser; Radius.*

Halb|me|tall, das (Chemie): *chemisches Element, das teils metallische, teils nicht metallische Eigenschaften besitzt* (z. B. Antimon, Arsen, Bor).

halb|me|ter|dick ⟨Adj.⟩: *in einer Dicke, Breite von einem halben Meter:* eine -e Mauer; der Schutt lag h.

halb|mi|li|tä|risch ⟨Adj.⟩: *paramilitärisch:* eine -e Organisation.

Halb|mo|nats|schrift, die: *zweimal monatlich erscheinende Zeitschrift.*

Halb|mond, der: **1.** ⟨o. Pl.⟩ *Mond, der zur Hälfte, als ab- od. zunehmende Sichel, sichtbar ist:* die Kirche mit der zerschossenen Kuppel, durch die der matte Schein des -s fiel (Weber, Tote 21). **2.** *Gegenstand, Figur, Gebilde in der Form des Halbmondes* (1): der türkische H. *(Wahrzeichen des Islams);* seine ... schlanken Hände mit den violetten -en der Nägel (Zwerenz, Quadriga 77).

halb|mond|för|mig ⟨Adj.⟩: *in Form eines Halbmondes, einer Mondsichel:* -e Kekse.

halb nackt: s. halb (3).

Halb|nel|son, der (Ringen): *Nackenhebel, bei dem nur ein Arm eingesetzt wird.*

halb|of|fen ⟨Adj.⟩ (Amtsspr.:) **a)** *(von Anstalten, Gefängnissen u. Ä.) den Insassen bedingt freien Ausgang gewährend:* Strafvollzug in einem -en Gefängnis; ... überstellte man ihn in das -e Jugendheim von Soundso (Amendt, Sexbuch 223); **b)** *eine nicht ganztägige Versorgung, Betreuung umfassend:* -e Fürsorge.

halb|part ⟨Adv.⟩ [zu ↑Part]: meist in der Verbindung **[mit jmdm.] h. machen** (ugs.; *etw. [gemeinsam Erworbenes od. durch ein Verbrechen Erbeutetes] mit dem andern zur Hälfte teilen*): wenn ich dir eine sichere Adresse nenne, wollen wir dann h. machen? (Th. Mann, Krull 160).

Halb|pen|si|on, die ⟨meist o. Art.; o. Pl.⟩: *Unterkunft (in einem Hotel, einer Pension o. Ä.) mit Frühstück u. nur einer (mittags od. abends einzunehmenden) warmen Mahlzeit:* wir nehmen nur H.

Halb|prä|fix, das (Sprachw.): vgl. Halbaffix.

Halb|pro|fil, das: *Ansicht des Kopfes, des Gesichts in leichter Drehung zur Seite:* ein Foto im H.

halb|recht... ⟨Adj.⟩ (bes. Fußball): vgl. halblink....

Halb|rech|te, der u. die (bes. Fußball): vgl. Halblinke.

halb|rechts ⟨Adv.⟩ (bes. Fußball): vgl. halblinks.

halb|reif ⟨Adj.⟩: *noch nicht ganz reif:* -e Früchte; die Tomaten werden h. geerntet.

◆ **halb|reu|ig** ⟨Adj.⟩: *mit den ersten Anzeichen von Reue:* Hört' ich sie nicht selbst h. sagen: wenn's nicht geschehen wär', geschäh's vielleicht nie (Goethe, Götz V).

halb|rund ⟨Adj.⟩: *in der Form eines Halbkreises od. einer Halbkugel:* die -e Apsis; -e Vertiefungen; Links vom Eingang ist das -e Büfett (Schädlich, Nähe 89).

Halb|rund, das: *Halbkreis:* ein H. bilden; im H.; Die steinernen, nach unten abfallenden Bänke ... schienen aus dem H. heraus in den Himmel zu wachsen (Ossowski, Liebe ist 138).

Halb|satz, der: *Teilsatz.*

Halb|säu|le, die (Kunstwiss.): *zur Hälfte in die Mauer eingebundene, zur Hälfte plastisch hervortretende Säule.*

Halb|schat|ten, der: **a)** (Optik, Astron.) *Bereich, in dem (von einem bestimmten Punkt aus gesehen) von einem dazwischentretenden Körper nur ein Teil einer Lichtquelle verdeckt wird* (z. B. bei Mondfinsternissen); **b)** *hellerer Schatten, der durch ein nicht völlig lichtundurchlässiges Medium entsteht:* sich in den H. setzen.

Halb|scheid, die; - [zu ↑scheiden] (veraltet, noch landsch.): *Hälfte:* *** H. machen** *(Gewinn od. Verlust genau miteinander teilen).*

halb|schei|dig ⟨Adj.⟩: *halb, hälftig:* Die Mauern des Gebäudes standen h. auf der Grenze der Grundstücke (Mein Eigenheim 2, 1973, 64 [Zeitschrift]).

◆ **Halb|schied,** die; -, (landsch. auch:) der; -[e]s: (bes. md. u. nordd.) *Hälfte:* aber der ... hat den H. der Kosten dazu beizutragen (Storm, Söhne 31).

halb|schläch|tig ⟨Adj.⟩ [zu veraltet Schlag = Art, Geschlecht] (geh. veraltend): *nicht eindeutig, schwankend, unklar; unvollkommen:* Denn das Leben im Leibe ist niemals Seligkeit, sondern h. und zum Teil unangenehm (Th. Mann, Joseph 301).

Halb|schlaf, der: *Dämmerzustand zwischen Schlafen u. Wachen:* im H. liegen; Im H. hörte Hellgrewe, wie jemand beim Fegen mit dem Besen hin und wieder gegen ein Möbelstück stieß (H. Weber, Einzug 235).

Halb|schlei|er, der: *das Gesicht nur zur Hälfte bedeckender Schleier.*

Halb|schlum|mer, der: *Halbschlaf.*

Halb|schluss, der (Musik): *Kadenz* (1), *die auf betontem Taktteil mit der Dominante* (2b) *schließt.*

Halb|schran|ke, die (Eisenb.): *einteilige Bahnschranke, die nur jeweils die rechte Hälfte der Straße sperrt.*

Halb|schuh, der: *nur bis zu den Knöcheln reichender, leichterer Schuh.*

Halb|schuh|tou|rist, der (abwertend): *jmd., der unerfahren u. leichtsinnig ohne Bergstiefel u. entsprechende Ausrüstung Hochgebirgstouren unternimmt:* In den

Monaten Juli und August stürmen nämlich an Rekordtagen rund 200, meist ausländische -en das 4478 Meter hohe Matterhorn (Hannoversche Allgemeine Zeitung 4. 7. 79, 14).

Hạlb|schur, die (Landw.): *Schur, die alle halbe Jahre vorgenommen wird.*

hạlb|schü|rig ‹Adj.› [urspr. von der in der Qualität schlechteren Wolle halbjährlich geschorener Schafe gesagt] (veraltet): *unvollkommen, minderwertig:* ◆ Eine Musik, die den heiligen und profanen Charakter vermischt, ist gottlos, und eine -e, welche schwache, jammervolle, erbärmliche Empfindungen auszudrücken Belieben findet, ist abgeschmackt (Goethe, Maximen u. Reflexionen über Kunst).

Hạlb|schür|ze, die: *Schürze ohne Latz.*

Hạlb|schwer|ge|wicht, das (Schwerathletik): **1.** ‹o. Pl.› *Gewichtsklasse zwischen Mittelgewicht u. Schwergewicht:* einen Wettkampf im H. austragen. **2.** *Sportler[in] der Gewichtsklasse Halbschwergewicht* (1).

Hạlb|schwer|ge|wicht|ler, der; -s, -: *Halbschwergewicht* (2).

Hạlb|schwer|ge|wicht|le|rin: w. Form zu ↑Halbschwergewichtler.

Hạlb|schwes|ter, die: *Stiefschwester.*

Hạlb|sei|de, die: *seidig glänzendes Gewebe aus Seide u. Baumwolle.*

hạlb|sei|den ‹Adj.›: **1.** *aus Halbseide:* eine -e Bluse. **2.** (ugs. abwertend) **a)** (veraltend) *homosexuell;* **b)** *[in aufdringlicher, geschmackloser Weise schick, teuer aufgemacht u. dabei] unseriös; anrüchig, zwielichtig:* eine -e Type; ein -es Milieu, Hotel; reichlich -e *(unseriöse)* Methoden; Das Lokal, eine -e Tanzbude (Sobota, Minus-Mann 266); Warenterminhandel, der Millionengewinne über Scheinfirmen und -e Rechtsanwaltsbüros in die Kassen der Wirtschaftsverbrecher leitete (Spiegel 9, 1988, 73).

Hạlb|sei|de|ne, der; -n, -n ‹Dekl. ↑Abgeordnete› (ugs. veraltend abwertend): *Homosexueller.*

Hạlb|sei|den|ge|we|be, das: *Gewebe aus Halbseide.*

Hạlb|sei|ten|blind|heit, die (Med.): *Hemianopie.*

Hạlb|sei|ten|läh|mung, die (Med.): *Hemiplegie.*

hạlb|sei|tig ‹Adj.›: **a)** (Med.) *nur auf einer Seite [des Körpers]:* -e Kopfschmerzen sind ein typisches Migränesymptom; er ist h. gelähmt; Auf manchen Streckenabschnitten wird die Straße h. zum Parken freigegeben (Rheinpfalz 7. 7. 84, 10); **b)** *über eine halbe [Buch]seite, ein halbes Blatt gehend:* eine -e Anzeige.

hạlb|staat|lich ‹Adj.› (DDR): *unter Beteiligung des Staates betrieben:* eine -e Nachrichtenagentur; -e Betriebe.

Hạlb|stamm, der (Gartenbau): *Zuchtform von Gehölzen, bes. Obstbäumen, mit relativ kurzem Stamm.*

hạlb|stark ‹Adj.› (ugs. abwertend): *zu den Halbstarken gehörend, wie ein Halbstarker:* -e Motorradfans; 90 Lehrlinge, und keiner von uns benahm sich h. (B. Vesper, Reise 533).

Hạlb|star|ke, der; -n, -n ‹Dekl. ↑Abgeordnete› (ugs. abwertend): *Jugendlicher, der, meist in Gesellschaft von Gleichgesinnten, sich laut produzierend in der Öffentlichkeit auftritt (u. auf diese Weise seinem inneren Protest gegen die Welt der Erwachsenen Ausdruck gibt):* eine Gruppe von -n auf Motorrädern; die betrunkenen -n, die mit den Bierdosen rumwarfen (Christiane, Zoo 29).

hạlb|steif ‹Adj.›: *nicht vollständig erigiert:* Der -e Schwanz des Vaters liegt brav wie ein Jagdhund zwischen den Oberschenkeln (Jelinek, Lust 226).

Hạlb|stie|fel, der: *Stiefel mit kurzem, nur eben über die Knöchel reichendem Schaft.*

◆ **Hạlb|stieg,** der; -[e]s, -e [aus: ein halber Stieg, ↑²Stiege]: *(als Maßeinheit) 10 Stück:* Ihr seid in der Tat um ein H. Jahre jünger geworden (Storm, Schimmelreiter 35).

Hạlb|stock, der ‹Pl. - u. ...stöcke› (österr.): *niedrigeres Zwischengeschoss.*

hạlb|stock: ↑halbstocks.

hạlb|stocks ‹Adv.› (Seemannsspr.): *halbmast.*

Hạlb|stock|werk, das (österr.): *Halbstock.*

Hạlb|stoff, der (Fachspr.): *aus Lumpen, Altpapier u. pflanzlichen Stoffen gewonnener Faserstoff als Rohmaterial zur Papierherstellung.*

Hạlb|strauch, der (Bot.): *Pflanze, die eine Zwischenform zwischen Strauch u. Staude darstellt.*

Hạlb|strumpf, der: *Kniestrumpf.*

hạlb|stün|dig ‹Adj.›: *eine halbe Stunde dauernd:* ein -es Referat.

hạlb|stünd|lich ‹Adj.›: *jede halbe Stunde, alle halbe Stunde [stattfindend]:* Personenschifffahrt – mit -en Abfahrten zwischen 10.30 Uhr und 16.30 Uhr (Volksblatt 17. 6. 84, 4).

Hạlb|stür|mer, der (bes. Fußball): *Stürmer in der Verbindung zwischen Abwehr u. Angriff; Mittelfeldspieler.*

Hạlb|stür|me|rin, die: w. Form zu ↑Halbstürmer.

Hạlb|suf|fix, das (Sprachw.): vgl. Halbaffix.

hạlb|tä|gig ‹Adj.›: *einen halben Tag dauernd:* ein -er Ausflug.

hạlb|täg|lich ‹Adj.›: *alle halbe Tage [stattfindend]:* im -en Wechsel.

hạlb|tags ‹Adv.›: *den halben Tag über:* nur h. arbeiten.

Hạlb|tags|ar|beit, die: *auf die Hälfte der normalen Arbeitszeit zugeschnittene Arbeit* (1 d): eine H. suchen.

Hạlb|tags|be|schäf|ti|gung, die: *Halbtagsarbeit.*

Hạlb|tags|kraft, die: *einem Betrieb halbtags zur Verfügung stehende Arbeitskraft* (2): er arbeitet als H. in einem Verlag; Staatsanwältin Rosemarie Pook, als H. seit drei Jahren mit der Aktenpflege befasst (Spiegel 12, 1976, 52).

Hạlb|tags|schu|le, die: *Schule, in der die Kinder nur vormittags unterrichtet werden.*

hạlb|tags|wei|se ‹Adv.›: *halbtags:* Gesucht ... Haushälterin, h., zur Betreuung unserer neunjährigen Tochter (Basler Zeitung 9. 10. 85, 43); ‹mit Verbalsubstantiven auch attr.:› eine -e Beschäftigung.

Hạlb|tau|cher, der: *Bohrinsel, die auf Tanks schwimmt u. für Tiefen zwischen 200 u. 400 Metern bestimmt ist.*

Hạlb|tax|abon|ne|ment, das (schweiz.): *Abonnement zum Bezug von Fahrkarten zum halben Preis.*

Hạlb|teil, das, auch: der: *Hälfte.*

Hạlb|ton, der ‹Pl. ...töne›: **1.** (Musik) *kleinstes Intervall des diatonischen Systems; kleine Sekunde.* **2.** (Malerei) *Tönung im Übergang zwischen Licht u. Schatten:* viele Halbtöne verwenden.

hạlb tot: s. halb (3).

Hạlb|to|ta|le, die (Film): *Einstellung, die die handelnde Person od. Gruppe mit der näheren Umgebung erfasst.*

Hạlb|trau|er, die (früher): *nach Ablauf der ersten Trauerzeit getragene Trauerkleidung, die dunkel, aber nicht mehr nur schwarz ist:* H. anlegen.

hạlb|tro|cken ‹Adj.›: *(bes. von Weinen) im Geschmack zwischen trocken u. lieblich liegend.*

halb ver|daut: s. halb (2 a).

halb ver|hun|gert: s. halb (3).

Hạlb|vers, der (Verslehre): *Hemistichion.*

halb ver|welkt: s. halb (3).

Hạlb|vo|kal, der (Sprachw.): *unsilbischer, wie ein Konsonant ausgesprochener Vokal* (z. B. das *i* in Nation [als *j* gesprochen, daher auch als Halbkonsonant bezeichnet] od. das *u* im Diphthong *au*).

halb voll: s. halb (1).

halb voll|en|det: s. halb (2 a).

halb wach: s. halb (2 a).

◆ **hạlb|wach|sen** ‹Adj.›: *halbwüchsig:* ... noch aus Zeiten her, wo ich ein h. Ding war (Fontane, Jenny Treibel 6).

Hạlb|wahr|heit, die ‹häufiger Pl.›: *Aussage o. Ä., die zwar nicht falsch ist, aber auch nicht vollständig den Tatsachen entspricht, einen Sachverhalt nicht vollständig offen legt:* das sind lauter -en; der Brief enthält nur -en; voller Entsetzen belauschte er ihre Streitigkeiten, ihre harten Stimmen, ihre -en und ihre kleinen Lügen (Tikkanen, Mann 73).

Hạlb|wai|se, die: *Minderjährige[r] mit nur noch einem Elternteil.*

Hạlb|wa|re, die (Wirtsch.): *Halbfabrikat.*

◆ **hạlb|weg:** ↑halbwegs: und wenn ihr h. ehrbar tut (Goethe, Faust I, 2027).

hạlb|we|ge (veraltet, noch landsch.): ↑halbwegs.

hạlb|wegs ‹Adv.›: **1.** (veraltend) *auf halbem Wege:* Das Dorf lag h. zwischen Breslau und dem Riesengebirge (Danella, Hotel 84); jmdm. h. *(den halben Weg)* entgegenkommen. **2.** *einigermaßen, leidlich, in mäßigem Grade:* h. überzeugt sein; das ist mir h. klar; sich wie ein h. zivilisierter Mensch benehmen; Jeder h. vernünftige Beitrag wird sofort abgewürgt (Innerhofer, Schattseite 100); Die Fingernägel sind sauber, die Haare h. gekämmt (Ossowski, Flatter 179).

Hạlb|welt, die ‹o. Pl.› [LÜ von frz. demimonde] (leicht abwertend): *elegant auftretende, aber zwielichtige, anrüchige Gesellschaftsschicht:* der H. angehören;

Bordellbesitzer, Manager von Nachtklubs und Spielhallen verwandeln Berufsboxveranstaltungen zu Zunfttreffen der deutschen H. (Spiegel 44, 1984, 220).

Hạlb|welt|da|me, die (leicht abwertend): *der Halbwelt angehörende Frau.*

Hạlb|wel|ter|ge|wicht, das (Boxen): **a)** *Gewichtsklasse, etwas leichter als das Weltergewicht;* **b)** *Sportler[in] der Gewichtsklasse Halbweltergewicht* (a).

Hạlb|wel|ter|ge|wicht|ler, der; -s, -: *Halbweltergewicht* (b).

Hạlb|wel|ter|ge|wicht|le|rin, die; -, -nen: w. Form zu ↑Halbweltergewichtler.

Hạlb|werts|zeit, die (Physik): *(bei radioaktiven Stoffen) Zeitspanne, innerhalb deren die Hälfte der Atome zerfällt:* Elemente mit langer H.

hạlb|wild ⟨Adj.⟩: *weder ganz gezähmt, domestiziert, noch ganz wild:* Ziel der Aktion ist es vor allem, die Vermehrung -er Katzen einzudämmen (FR 7. 1. 97, 1).

Hạlb|wis|sen, das (abwertend): vgl. Halbbildung.

Hạlb|wol|le, die: *Faser od. Gewebe mit mindestens 50% Wollanteil.*

hạlb|wol|len ⟨Adj.⟩: *aus Halbwolle.*

hạlb|wüch|sig ⟨Adj.⟩: *noch nicht[ganz] erwachsen:* er hinterließ drei -e Kinder; Als -er Junge träumt er, er könne fliegen (Chotjewitz, Friede 182); Den Terror der -en Banden (NZZ 21. 12. 86, 1); Ein paar -e Schnösel drücken sich in den Hauseingängen herum (Kempowski, Zeit 428).

Hạlb|wüch|si|ge, der u. die; -n, -n ⟨Dekl. ↑Abgeordnete⟩: *Jugendliche[r], noch nicht Erwachsene[r]:* Das Schlimmste waren die herumstreunenden -n (Perrin, Frauen 37); Ich hatte bei einer ähnlichen Gelegenheit als H. ihren großen Zorn erregt (Dönhoff, Ostpreußen 46); Ich lernte als -r, mit Anstand zu Pferde sitzen (Stern, Mann 66).

Hạlb|zeit, die [LÜ von engl. half-time] (Sport): **1.** *Hälfte der Spielzeit:* in der zweiten H. drehte die Mannschaft auf; Unter den Westrivalen ein Spiel mit zwei verschiedenen -en (Kicker 6, 1982, 33); Ü nach der ersten H. der EWG-Konferenz von Luxemburg (Spiegel 24. 1. 66, 15). **2.** *Pause nach der ersten Spielhälfte:* bei H. stand es unentschieden; Ü Über 5000 Besucher hatten die Ausstellung ... bei H. gesehen (Saarbr. Zeitung 7. 7. 80, 20).

Hạlb|zeit|pfiff, der (Sport): *Pfiff des Schiedsrichters, der das Ende der ersten Spielhälfte ankündigt.*

Hạlb|zeug, das: *Halbfabrikat.*

Hạl|de, die; -, -n [mhd. halde, ahd. halda = Abhang, Substantivbildung zu einem germ. Adj. mit der Bed. »geneigt, schief, schräg« u. eigtl. = die Schiefe]: **1.** (geh.) *[sanft] abfallende Seite eines Berges od. Hügels, Bergabhang:* eine lichte H.; die riesigen Disteln, die auf den steinigen -n wucherten (Hagelstange, Spielball 256). **2. a)** (Bergbau) *künstliche Aufschüttung von Schlacke od. tauben Gesteinsmassen:* alte -n begrünen; **b)** *Aufschüttung von [zurzeit] nicht verkäuflichen [Kohle]vorräten:* die -n zum Verkauf in revierferne Gebiete verlagern; Rund fünf Millionen Kubikmeter -n lagern inzwischen in der Umgebung des Bergwerks (Welt 23. 2. 90, 23); Ü -n *(große Lager)* unverkaufter Ware; obwohl ihre Firmen nur noch für die H. *(für eine ungewollte Lagerhaltung)* produzieren (Gruhl, Planet 271); ***auf H.** *(auf Lager, in Vorrat):* eine große Zahl von auf H. befindlichen Wagen; Mittlerweile dürften rund 142000 Tonnen Sultaninen auf H. liegen (Hamburger Abendblatt 20. 3. 84, 15).

Ha|lẹ́ř ['halɛ:rʃ], der; -, - (aber: 2 Haléře, 10 Haléřů) [tschech. haléř < dt. (veraltet) Haller, ↑Heller]: *Untereinheit der tschechischen Krone.*

hạlf: ↑helfen.

Half [ha:f], der; -s, -s [engl. half, kurz für halfback, ↑Halfback] (Ballspiele, österr. veraltend): *Spieler in der Position eines Läufers:* er stand mit dem Gesicht zum eigenen Goal und der H. dicht hinter ihm (Torberg, Mannschaft 105).

Hạl|fa|gras: ↑Alfagras.

Half|back ['ha:f...], der [engl. halfback; aus: half = halb u. back, ↑[2]Back] (schweiz.): svw. ↑Half.

Half|court ['ha:fkɔ:t], der; -s, -s [zu engl. court = Hof, Feld, Abteilung] (Tennis): *zum Netz hin gelegener Teil des Spielfeldes:* der Spieler zeigte große Sicherheit im H. *(beim Spielen dicht am Netz).*

Half|pen|ny ['heɪpnɪ], der; -[s], -s [engl. halfpenny, aus: half = halb u. penny, ↑Penny] (füher): *kleinste britische Münze.*

Half|pipe ['ha:fpaɪp], die; -, -s [engl. halfpipe, eigtl. = Halbrohr, aus: half = halb u. pipe = Rohr]: *untere Hälfte einer waagerechten Röhre aus Holz, Beton o. Ä., in der Kunststücke mit dem Skateboard od. (bei Ausstattung mit einer Schneeoberfläche) mit dem Snowboard ausgeführt werden können:* H.? Ein monströses, senkrecht aufgestelltes U, zumeist aus Sperrholz, an dessen beiden oberen Enden Terrassen angebracht sind (Zeit 4. 10. 96, 76); Man trifft sich nicht mehr auf der Piste, sondern in der H. (Zeit 6. 12, 96, 63); H. Das ist eine 120 Meter lange und 15 Meter breite Schneerinne, die an beiden Seiten in drei Meter hohe Wände übergeht (Zeit 7. 2. 97, 73).

Half|rei|he ['ha:f...], die (Fußball, österr.): *Läuferreihe einer Mannschaft.*

Hạ̈lf|te, die; -, -n [aus dem Niederd. < mniederd. helfte, zu: half = halb]: **a)** *einer der zwei gleich großen Teile eines Ganzen:* die obere, untere H.; eine H. ist fertig, die andere folgt; die H. der Schülerinnen und Schüler ist krank; Nur die H. der Rocker ist gemeingefährlich (Degener, Heimsuchung 167); [die] Kinder zahlen die H.; einen Apfel in zwei -n zerschneiden; Die Heizung im Zug nach Strakonice erwärmte sich erst auf der H. der Strecke (Bieler, Mädchenkrieg 150); in der ersten H. des vorigen Jahrhunderts; die meisten Szenen spielten sich in der gegnerischen H. (Sport; *auf der Spielfeldhälfte des Gegners)* ab; die Kosten werden je zur H. vom Bund und von den Ländern getragen; Er hatte seine Zigarette schon zur H. geraucht (Kronauer, Bogenschütze 180); [gut] die H. *(sehr viel davon)* ist gelogen; ich habe die H. *(viel)* vergessen; Er muss erst einmal sprechen lernen, er vernuschelt ja die H. (*viel von dem, was er sagt;* Danella, Hotel 146); ***meine bessere H.** (ugs. scherzh.; *meine Ehefrau,* [seltener:] *mein Ehemann*); **meine schönere H.** (ugs. scherzh.; *meine Ehefrau*); **die H. abstreichen [müssen, können]** (ugs.; *nicht alles glauben [können]*); **b)** (ugs.) *einer von zwei verschiedenen Teilen eines Ganzen:* ich kriege immer die kleinere H.!; Die eine, kleinere H. war in Stalingrad-Nord, die andere, größere H. in Stalingrad-Mitte konzentriert (Plievier, Stalingrad 237).

hạ̈lf|ten ⟨sw. V.; hat⟩ (selten): *halbieren:* einen Gewinn h.; Er nahm sich die dicksten Holzkloben vor, hälftete sie, hälftete die Hälften und viertelte die Viertel (Brückner, Quints 309).

[1]Hạlf|ter, der od. das; -s, -, veraltet auch: die; -, -n [mhd. halfter, ahd. halftra, eigtl. = Handhabe]: *Zaum ohne Gebiss u. Trense für Pferde u. Rinder mit Riemen zum Führen od. Anbinden des Tieres:* Dann habe sie es am H. genommen, umgedreht und versucht, es zurück in die Box zu bringen (Frischmuth, Herrin 60).

[2]Hạlf|ter, das; -s, -, auch: die; -, -n [älter nhd. Hulfter, Holfter, mhd. hulfter = Köcher, zu mhd. hulft, ahd. hul(u)ft = Hülle]: *[ursprünglich am Sattel getragene] Tasche für Pistolen:* eine Pistole in einem H. am Gürtel tragen.

hạlf|tern ⟨sw. V.; hat⟩ [zu [1]Halfter]: *anhalftern.*

Hạlf|ter|rie|men, der: *am [1]Halfter befestigter Riemen zum Führen u. Anbinden eines Zugtieres.*

hạ̈lf|tig ⟨Adj.⟩: *aus zwei Hälften bestehend; in Hälften geteilt; je zur Hälfte:* ein -er Anteil; Aufsichtsrat mit -er *(je zur Hälfte aus Arbeitgeber- u. Arbeitnehmervertretern bestehender)* Besetzung; sie haben den Gewinn h. geteilt; Den Rest sollen Bund und Land h. finanzieren (MM 9. 6. 89, 40); Zu seiner Vergrößerung kann die Rücksitzlehne auch h. abgeklappt werden (NZZ 2. 2. 83, 33).

Half|time ['ha:ftaɪm], die; -, -s [engl. halftime, aus: half (↑Half) u. time = Zeit] (Sport): *Halbzeit.*

Hạ̈lf|tung, die; -, -en: *das Hälften.*

Half|vol|ley ['ha:f...], der [zu ↑Volley] ([Tisch]tennis): *Ball, der im Augenblick des Abprallens vom Boden od. von der Platte geschlagen wird:* einen H. spielen.

Ha|lịd, das; -[e]s, -e [zu griech. háls (Gen. halós) = Salz]: *Halogenid.*

Ha|lier ['halie:r], der; -, - (aber: 2 Haliere, 10 Halierov) [slowak. halier < dt. (veraltet) Haller, ↑Heller]: *Untereinheit der slowak. Krone.*

Ha|lis|te|rẹ|se, die; - [zu griech. háls (Gen.: halós) = Salz u. stérēsis = Beraubung] (Med.): *Weichwerden der Knochensubstanz durch Entmineralisierung aufgrund von hormonellen Störungen od. Vitaminmangel.*

Ha|lịt [auch: ...'lɪt], der; -s, -e: **a)** *Steinsalz;* **b)** *Salzgestein* (z. B. Kalisalz, Gips).

hal|ky|o̱|nisch ⟨Adj.⟩ [lat. halcyonius]: ↑alkyonisch.

Hall, der; -[e]s, -e ‹Pl. selten› [mhd. hal, zu mhd. hellen, ahd. hellan = schallen, ertönen, verw. mit ↑hell]: **a)** (geh.) *Schall (bes. hinsichtlich der allmählich schwindenden, schwächer werdenden hörbaren Schwingungen):* der H. der Schritte in der Nacht; der dumpfe H. der fernen Granateinschläge; Danach wieder nichts als der H. der eigenen Stimme (Fest, Im Gegenlicht 341); **b)** *Nachhall, Widerhall, Echo:* ohne H.; (Funkt.:) Mit dem H. kann er (= Tonmeister) jede unreine Stimme verschönen (Kraushaar, Lippen 19); die Nachbearbeitung einer Aufnahme durch Hinzufügung von H., Veränderung der Lautstärken (NJW 19, 1984, 1110).

Hal|le, die; -, -n [mhd. halle, ahd. halla, eigtl. = die Bergende]: **1.** *größeres Gebäude, das [vorwiegend] aus einem einzigen hohen Raum besteht:* die H. *(Fabrikhalle)* dröhnte vom Lärm der Maschinen; das Werk baut eine neue H.; Das Wummern der Maschinen in der großen H. war nur als leises Vibrieren zu spüren (H. Gerlach, Demission 84); unseren Messestand finden Sie in H. 3; Springreiten in der H. *(Reithalle);* der Zug verlässt die H. *(Bahnhofshalle).* **2.** *größerer, oft repräsentativen Zwecken, als Entree, Empfangshalle, allgemeiner Aufenthaltsraum o. Ä. dienender Raum in einem [öffentlichen] Gebäude:* eine geräumige H. mit modernen Sesseln; in der H. des Hotels, des Postamts; In der H. saßen einige alte Damen und legten Patience (Salomon, Boche 30).

Hall|ef|fekt, der; -[e]s, -e: *(bei elektronischer Musik) durch Hall, Nachhall hervorgerufener klanglicher Effekt:* der sehr häufige Einsatz von -en (MM 24. 5. 88, 28).

Hal|lel, das; -s [hebr. hallel = preise!, zu: hillel = preisen] (jüd. Rel.): *jüdischer Lobgesang an hohen Festtagen* (Psalm 113–118).

hal|le|lu|ja ‹Interj.› [aus kirchenlat. halleluia, alleluia < hebr. hällělû-yah = preiset Jahwe!]: (aus den Psalmen übernommener gottesdienstlicher Freudenruf) *lobet den Herrn:* Christ ist erstanden, h.!; h. amen; Ü endlich bin ich fertig, h.! (scherzh. Ausruf der Erleichterung und Freude).

Hal|le|lu|ja, das; -s, -s: *liturgischer Freudengesang:* das H. singen; ein H. anstimmen; In der Höhe sprühte ein Chor energischer Knabenstimmen auf und verlor sich mit seinem H. im Rund (Werfel, Himmel 185).

Hal|le|lu|ja|blick, der (ugs. iron.): *frommer Augenaufschlag:* jedenfalls ließ er es bei einem H. und winkte ab (Bieler, Bonifaz 15).

Hal|le|lu|ja|mäd|chen, das (ugs. scherzh. veraltend): *Angehörige der Heilsarmee.*

hal|len ‹sw. V.; hat› [spätmhd. hallen, zu ↑Hall]: **a)** *(von einem [lauten] Geräusch o. Ä.) sich in einem bestimmten Bereich – einen Hall* (a) *erzeugend – weithin fortpflanzen, schallen:* seine Stimme hallte durch das leere Haus; ein Schuss hallt durch die Nacht; wo im Frühjahr das Eis unter weit hallendem Donner riss (Dönhoff, Ostpreußen 121); Ü Seine Warnung »rette deine Seele« hallt wie ein einziger Schrei mit zwingender Gewalt durch sein Buch (Nigg, Wiederkehr 84); **b)** *(in einem geschlossenen od. weiten Raum) nachhallen, widerhallen:* seine Schritte hallten im Dom; das hallende Echo der Stimmen; ‹auch unpers.:› sie klatschte in die Hände, dass es hallte; Es hallt in den leeren weißen Zimmern (Frisch, Montauk 83); **c)** *von einem Hall* (a) *erfüllt sein:* der ganze Hof hallte [von seinen Schritten]; Hallo! rief ich, dass die Höhle hallte (Schnabel, Marmor 119); Explosionen, von denen die Gänge hallten (Koeppen, New York 15).

hal|len|ar|tig ‹Adj.›: *in der Art einer Halle* (1) *gebaut, wirkend:* ein -er Raum.

Hal|len|bad, das: *Schwimmbad in einer Halle* (1).

hal|len|ba|den ‹sw. V.; hat; meist im Inf. u. im 2. Part.› (ugs.): *im Hallenbad baden:* Ob Sie im Winter hallenbaden oder eine Reise in sonnige Breiten gebucht haben ... (MM 10. 11. 72, 9).

Hal|len|bau, der ‹Pl. -ten›: *Halle* (1), *hallenartiges Bauwerk.*

Hal|len|fuß|ball, der: *Fußball in der Halle.*

Hal|len|hand|ball, der: *Handball in der Halle.*

Hal|len|haus, das (Archäol.): *(in Skandinavien u. Norddeutschland) frühgeschichtliches germanisches lang gestrecktes, hallenartiges Haus, das zu Wohnzwecken, gelegentlich auch als Kult- u. Versammlungsstätte dient.*

Hal|len|ho|ckey, das: *in einer Halle* (1) *gespieltes Hockey.*

Hal|len|kir|che, die (Archit.): *Kirche, bei der die Seitenschiffe die gleiche Höhe haben wie das Mittelschiff u. der gesamte Bau von einem einzigen Dach überspannt wird.*

Hal|len|schwimm|bad, das: *Hallenbad.*

Hal|len|ser, der; -s, -: Ew. zu ↑Halle (Saale).

Hal|len|se|rin, die; -, -nen: w. Form zu ↑Hallenser.

Hal|len|spiel, das (Sport): *in einer Halle* (1) *stattfindendes Spiel.*

Hal|len|sport, der: vgl. Hallenspiel.

Hal|len|ten|nis, das: *in einer Halle* (1) *gespieltes Tennis.*

Hal|len|tur|nier, das: *Turnier (z. B. Tennis, Springreiten) in einer Halle* (1).

Hal|len|welt|meis|ter|schaft, die (Sport): *in einer Halle* (1) *ausgetragene Weltmeisterschaft.*

Hal|ler, der; -s, -: Ew. zu ↑Halle (Westf.).

Hal|le|rin, die; -, -nen: w. Form zu ↑Haller.

Hal|le (Saa|le): Stadt an der mittleren Saale.

hal|lesch ‹Adj.› zu ↑Halle (Saale).

Hal|le (Westf.): Stadt am Teutoburger Wald.

hal|lig ‹Adj.› [zu ↑Hall] (selten): *mit starkem Hall* (b): dieser Raum ist sehr h.

Hal|lig, die; -, -en [aus dem Niederd. < nordfries. halig, H. u.]: *kleinere, bei Sturmflut überflutete Insel (an der Westküste Schleswig-Holsteins):* die H. Hooge; die -en melden Land unter.

Hal|lig|bau|er, der: [1]*Bauer auf einer Hallig.*

Hal|lig|bäu|e|rin, die: w. Form zu ↑Halligbauer.

Hal|lig|be|völ|ke|rung, die: *auf einer Hallig, auf den Halligen lebende Bevölkerung.*

Hal|lig|ge|mein|de, die: *Gemeinde* (1 a, 2) *auf einer Hallig.*

Hal|lig|leu|te ‹Pl.›: *Bewohnerinnen und Bewohner der Halligen.*

Hal|li|masch, der; -[e]s, -e [H. u.]: *meist in Büscheln (an Baumstümpfen) wachsender brauner Pilz mit weißen Lamellen u. bräunlichen Schuppen auf dem Hut:* Er identifizierte den krankheitsverursachenden Pilz als H. (MM 10. 8. 78, 14).

hal|lisch ‹Adj.› zu ↑Halle (Saale).

Hall|jahr, das; -[e]s, -e [nach dem Hall des Widderhorns, das zu Beginn eines solchen Jahres geblasen wurde] (bibl.): *alle 50 Jahre wiederkehrendes Jahr des Feierns; Jubeljahr.*

hal|lo [urspr. wohl Zuruf an den Fährmann am anderen Ufer; 3: nach engl. hallo]: **1.** [meist: 'halo] Ruf, mit dem man jmds. Aufmerksamkeit auf sich lenkt; Zuruf: h., ist da jemand?; h., Sie haben etwas verloren!; h.! (Meldung am Telefon, bes. wenn eine Verbindung unterbrochen ist). **2.** [meist: ha'lo:] Ausdruck freudiger Überraschung: h., da seid ihr ja!; h., wie haben wir's denn?; h., einfach stark!; ‹subst.:› man ... winkte den Gästen ein Hallo zu (Borchert, Geranien 61). **3.** [meist: 'halo] (ugs.) Grußformel: h., Leute!; sag deiner Tante noch schnell Hallo/(auch:) hallo; Ich begann, mich auf lächelndes Nicken ... zu beschränken und guten Abend oder h. zu sagen (Wellershoff, Körper 179).

Hal|lo, das; -s, -s: *lautes [freudiges] Rufen; allgemeine freudige Aufregung, Geschrei:* lautes H. empfing ihn; jmdn. mit großem H. verabschieden; Der plötzliche Start von über tausend Menschen unter großem H., dass der gefrorene Boden zitterte (Alpinismus 2, 1980, 19).

Hal|lo|dri, der; -s, -[s] [wohl zu ↑Allotria] (bayr., österr. ugs.): *meist jüngerer, unbeschwerter, oft leichtfertiger u. etw. unzuverlässiger Mann:* Der Knecht Uli ... ist ein rechter H. Er trinkt, und kein Mädchen ist vor ihm sicher (Hörzu 19, 1983, 68); Meine Tochter ist kein schlampiges Verhältnis für einen hergelaufenen H. (Kühn, Zeit 343).

Hal|lo|re, der; -n, -n ‹meist Pl.›: hist. Bez. für *Salinenarbeiter in Halle (Saale).*

Hal|lo|ween [hæləʊ'i:n], das; -[s], -s [engl., zu: hallow (veraltet) = Heiliger (< aengl. hālga, zu: hālig = heilig) u. eve = Vorabend < aengl. æfen, ↑Sonnabend]: *(bes. in den USA gefeierter) Tag vor Allerheiligen.*

Hall|statt|kul|tur, die; - [nach einem bei Hallstatt in Oberösterreich gefundenen Gräberfeld] (Archäol.): *mitteleuropäische Kultur der Hallstattzeit.*

Hall|statt|zeit, die; - (Archäol.): *Kulturperiode am Anfang der älteren Eisenzeit (etwa 700 bis 450 v. Chr.).*

hal|statt|zeit|lich ‹Adj.›: *aus der Hallstattzeit stammend, zu ihr gehörend, für sie charakteristisch:* -e Schlangenfibeln.

Hal|lu|zi|nant, der; -en, -en: *jmd., der an Halluzinationen leidet.*

Hal|lu|zi|nan|tin, die; -, -nen: w. Form zu ↑Halluzinant.

Hal|lu|zi|na|ti|on, die; -, -en [lat. (h)al(l)ucinatio = Träumerei]: *vermeintliche, eingebildete, durch Sinnestäuschung hervorgerufene Wahrnehmung; Sinnestäuschung:* optische, akustische -en; das war eine H.; -en haben; an -en leiden; Was Sie sehen und Tür nennen, ist eine H. (Zwerenz, Quadriga 160).

hal|lu|zi|na|tiv [engl. hallucinative], **hal|lu|zi|na|to|risch** ‹Adj.› (Fachspr.): *auf Halluzination beruhend, in Form einer Halluzination:* -e Traumbilder.

hal|lu|zi|nie|ren ‹sw. V.; hat› [lat. (h)al(l)ucinari = gedankenlos sein] (Fachspr.): *eine Halluzination, Halluzinationen haben; einer Sinnestäuschung unterliegen:* zu h. beginnen; halluzinierende Psychotiker; die vorwiegend visuellen halluzinierten *(als Halluzination aufgenommenen)* Wahrnehmungen (Hacker, Aggression 180).

hal|lu|zi|no|gen ‹Adj.› [zu griech. -genḗs = hervorrufend] (Med.): *Halluzinationen hervorrufend:* -e Drogen; Ecstasy wirkt h.

Hal|lu|zi|no|gen, das; -s, -e (Med.): *halluzinogene Droge.*

[1]**Halm,** der; -[e]s, -e [mhd. halm, ahd. hal(a)m, verw. z. B. mit lat. culmus = Halm]: *schlanker, durch knotenartige Verdickungen gegliederter, biegsamer Stängel von Gräsern:* die -e biegen sich im Wind; das Getreide auf dem H. *(vor der Ernte)* verkaufen; die Felder stehen hoch im H. *(das Getreide ist gut gewachsen u. fast reif);* der Mann ... zerteilte die Menge wie -e eines Ährenfeldes (Jaeger, Freudenhaus 222).

[2]**Halm,** der; -[e]s, -e (landsch. fachspr.) [mhd. halm[e], ↑[2]Helm]: **a)** *[2]Helm* (1); **b)** *Teil einer Gabel, aus dem Zinken u. Steg herausgearbeitet sind.*

Hal|ma, das; -s [griech. hálma = Sprung]: *Brettspiel für 2–4 Personen, bei dem jeder Spieler seine Steine möglichst schnell auf die gegenüberliegende Seite des Spielfeldes zu bringen versucht.*

Hälm|chen, das; -s, -: Vkl. zu ↑Halm.

Halm|flie|ge, die: *sehr kleine Fliege, deren Larven sich in den Halmen von Gras u. Getreide festsetzen u. dort Schäden verursachen.*

Halm|frucht, die ‹meist Pl.›: *Getreide[art].*

halm|tra|gend ‹Adj.› (Bot.): *(von bestimmten Pflanzen) einen [1]Halm hervorbringend:* Schilf ist eine -e Pflanze.

hal|my|ro|gen ‹Adj.› [zu griech. halmyrós = salzig u. ↑-gen] (Geol.): *(von Salzlagerstätten) durch Ausfällung aus dem Meerwasser entstanden.*

Hal|my|ro|ly|se, die; - [↑Lyse] (Geol.): *Verwitterung von Gestein auf dem Meeresgrund unter dem Einfluss des Meerwassers.*

Ha|lo, der; -[s], -s u. Halonen [lat. halo (Akk. von: halos) = Hof um Sonne od. Mond < griech. hálōs]: **1.** (Physik) *(durch Reflexion, Beugung u. Brechung der Lichtstrahlen an kleinsten Teilchen hervorgerufener) Hof um eine Lichtquelle:* ein H. um die Sonne. **2.** (Med.) *[dunkler] Ring um die Augen.*

ha|lo|bi|ont ‹Adj.› [zu griech. háls (↑halogen) u. biōn (Gen.: bioũntos), 1. Part. von: bioũn = leben] (Biol.): *(von Tier u. Pflanze) an salzreichen Stellen lebend, vorkommend.*

Ha|lo|bi|ont, der; -en, -en (Biol.): *Tier- od. Pflanzenart, die vorzugsweise an salzreichen Stellen lebt, vorkommt.*

Ha|lo|ef|fekt [auch: 'heɪloʊ...], der (Psych.): *Beeinflussung bei der Beurteilung bestimmter Einzelzüge einer Person durch den ersten Gesamteindruck od. die bereits vorhandene Kenntnis von anderen Eigenschaften.*

Ha|lo|er|schei|nung, die (Physik): *Auftreten eines Halos* (1).

ha|lo|gen ‹Adj.› [zu griech. háls (Gen.: halós) = Salz u. -genḗs = verursachend] (Chemie): *Salz bildend.*

Ha|lo|gen, das; -s, -e (Chemie): *chemisches Element, das ohne Beteiligung von Sauerstoff mit Metallen Salze bildet; Salzbildner* (z. B. Brom, Chlor).

Ha|lo|ge|nid, das; -[e]s, -e [zu griech. -eidḗs = -gestaltig] (Chemie): *aus der Verbindung eines Halogens mit einem (meist metallischen) Element entstandenes Salz* (z. B. Kochsalz).

Ha|lo|ge|nid|salz, das (Chemie): *Halogenid.*

ha|lo|ge|nie|ren ‹sw. V.; hat› (Chemie): *ein Halogen (in eine [organische] Verbindung) einführen:* Wärmepumpen mit halogenierten Kohlenwasserstoffen (CCI 10, 1985, 39).

Ha|lo|gen|lam|pe, die: *sehr helle Glühlampe mit einer Füllung aus Edelgas, der eine geringe Menge von Halogen beigemischt ist.*

Ha|lo|gen|leuch|te, die: vgl. Halogenlampe.

Ha|lo|gen|schein|wer|fer, der (Kfz-T.): *Scheinwerfer mit Halogenlampen.*

Ha|lo|gen|was|ser|stoff, der ‹meist Pl.› (Chemie): *Kohlenwasserstoff, bei dem die Wasserstoffatome ganz od. teilweise durch Halogene ersetzt sind.*

Ha|lo|gen|was|ser|stoff|säu|re, die ‹meist Pl.› (Chemie): *Säure, die aus einem Halogen u. Wasserstoff besteht* (z. B. Salzsäure).

Ha|lo|id, das; -[e]s, -e [zu griech. -oeidḗs = ähnlich]: *Halogenid.*

Ha|lo|id|salz, das: *Halogenidsalz.*

Ha|lo|me|ter, das; -s, -: *Messgerät zur Bestimmung der Konzentration von Salzlösungen.*

Ha|lo|nen: Pl. von ↑Halo.

ha|lo|niert ‹Adj.› (Med.): *von einem Hof umgeben, umrändert:* -e Augen.

Ha|lo|pe|ge, die; -, -n [zu griech. háls (Gen.: halós) = Salz u. pēgḗ = Quelle]: *kalte [koch]salzhaltige Quelle.*

ha|lo|phil ‹Adj.› [zu griech. phileĩn = lieben] (Biol.): *halobiont.*

Ha|lo|phyt, der; -en, -en [zu griech. phytón = Pflanze] (Bot.): *auf salzreichem Boden (vor allem an Meeresküsten) wachsende Pflanze; Salzpflanze.*

Ha|lo|ther|me, die; -, -n: *warme [koch]salzhaltige Quelle.*

[1]**Hals,** der; -es, Hälse [1, 2: mhd., ahd. hals, eigtl. = Dreher (des Kopfes); 4: nach den im Hals (2) entstehenden Lauten]: **1.** *(beim Menschen u. bestimmten Wirbeltieren) Körperteil, der Rumpf u. Kopf miteinander verbindet u. bes. die Bewegung des Kopfes ermöglicht:* ein schlanker, kurzer, gedrungener, ungewaschener H.; sie reckten die Hälse, um etwas sehen zu können; sich den H. brechen; einem Tier den H. umdrehen *(es töten);* bis an den H./bis zum H. im Wasser stehen; Wenn der losgeht, dann möchte ich dem am liebsten gleich an den H. springen (*ihn würgen;* Schmidt, Strichjungengespräche 83); eine Amsel saß mit eingezogenem H. in den unteren Ästen (Strittmatter, Wundertäter 248); jmdm. um den H. fallen *(ihn in einem plötzlichen, heftigen Gefühl von Zuneigung, Freude od. Kummer umarmen);* R da steh ich nun mit meinem gewaschenen H. (ugs.; *nun war alle Mühe umsonst u. ich bin der Dumme, der Blamierte;* nach dem Witz, in dem ein kleiner Junge sich darüber ärgert, dass er sich umsonst den Hals gewaschen hat, weil der angesagte Besuch nicht gekommen ist); ***H. über Kopf** (ugs.; *überstürzt, sehr eilig u. ohne vorherige Planung;* urspr. »über H. und Kopf«, »über H., über Kopf« mit der Vorstellung des Sichüberschlagens): sie haben H. über Kopf das Land verlassen; sie hat sich H. über Kopf in ihn verliebt; **einen [dicken] H. haben** (ugs.; *wütend sein*): ich hab' es nicht gemacht, um die Geheimdienste zu entlarven, sondern nur, weil es eine Unverschämtheit war und ich einen dicken H. hatte (Spiegel 17, 1981, 55); **seinen H. riskieren** (↑Kopf 1); **sich** ‹Dativ› **nach jmdm., etw. den H. verrenken** (ugs.; *erwartungsvoll od. neugierig nach jmdm., etw. Ausschau halten*): ... fuhr sie ihn in einer Lautstärke an, dass es die Schrammelmusik übertönte und die Gäste sich die Hälse nach ihr verrenkten (Kühn, Zeit 292); **einen langen H. machen** (ugs.; *sich recken, um [über andere hinweg] etw. sehen zu können*); **jmdm. den H. abschneiden/umdrehen/brechen** (ugs.; *jmdn. [wirtschaftlich] zugrunde richten, ruinieren*): mit solchen Werbemethoden schneidet man den kleinen Geschäftsleuten den H. ab; **jmdn./jmdm. den H. kosten, jmdm. den H. brechen** (ugs.; *jmds. Verderben sein, jmdn. ruinieren;* urspr. bez. auf das Gehängtwerden): Würde ihm der Leichtsinn oder die Ängstlichkeit den H. brechen? (Kronauer, Bogenschütze 145); **sich** ‹Dativ› **die Schwindsucht, die Pest** o. Ä. **an den H. ärgern** (ugs.; *sich über längere Zeit so sehr über jmdn., etw. ärgern, dass man schließlich dadurch krank wird*); **jmdn., etw. am/auf dem H. haben** (ugs.; *mit jmdm., etw. belastet sein; viel Mühe od. Ärger mit jmdm., etw. haben*): sie hat immer ziemlich viel am H.; er hatte Verfahren wegen unberechtigter Führung akademischer Titel am H. (Spiegel 49, 1966,

44); hoffentlich kommt er nicht auf die Idee, sich allein davonzuschleichen. Dann hab' ich sie auf dem H. (Kronauer, Bogenschütze 301); **sich jmdm. an den H. werfen** (ugs.; *sich jmdm. aufdrängen*): So hat Paul zugesehen, wie sich Paula dem Schauspieler an den H. warf, obwohl der seine Frau bei sich hatte (Plenzdorf, Legende 27); **jmdm. jmdn. auf den H. schicken/hetzen** (ugs.; *jmdn., der unerwünscht ist, zu jmdm. schicken*): Wenn du die Lehre hinschmeißt, hetzt er uns bestimmt die Polizei auf den H. (Ziegler, Kein Recht 343); **sich** ‹Dativ› **jmdn., etw. auf den H. laden** (ugs.; *sich mit jmdm., etw. belasten u. dadurch viel Arbeit u. Verantwortung auf sich nehmen*); **bis zum/über den H.** (ugs.; *völlig, total*): ich stecke bis über den H. in Arbeit, in Schulden; **sich um den/um seinen H. reden** (ugs.; *sich durch unvorsichtige Äußerungen um seine Position, seine Existenz bringen*); **jmdm. mit etw. vom Hals[e] bleiben** (ugs.; *jmdn. mit etw. nicht belästigen*); **sich** ‹Dativ› **jmdn., etw. vom Hals[e] halten** (ugs.; *sich mit jmdm., auf etw. nicht einlassen*); **sich** ‹Dativ› **jmdn., etw. vom Hals[e] schaffen** (ugs.; *sich von jmdm., etw. befreien; jmdn., der, etw., was einem lästig ist, abschütteln*): Lea war nach einer Lüge zumute, ... die ihr Barbaras Fragen vom H. schaffen würde (Ossowski, Liebe ist 161). **2.** *der Rachenraum mit Kehlkopf, Luft- u. Speiseröhre als Sitz der Atem- u. Stimmwege; Schlund, Kehle:* ein rauer, entzündeter, trockener H.; mein H. tut weh; das Bier rann ihm eiskalt den H. hinunter; die ungeheuren Menschenmassen, die sich im Zirkus, in den Stadien und auf den Tribünen ... vor Begeisterung die Hälse wund schrien (Ransmayr, Welt 45); jmdm. den H. zudrücken (ugs.; *jmdn. erwürgen*); aus dem H. riechen; Ich lauschte, bis mir das Herz im H. schlug (Schnurre, Bart 9); eine Gräte war ihm im H. stecken geblieben; er hat es im H. (ugs.; *hat Halsschmerzen*); Ü sein Geld durch den H. jagen *(viel trinken)*; Wozu ich der immer mein teures Geld in den H. stecke *(sie immer aushalte)*, gleich morgen schmeiße ich sie raus (Fallada, Mann 80); ***den H. nicht voll [genug] kriegen [können]** (ugs.; *nie genug bekommen [können]*): eine Tournee de force, als könnte dieser Künstler den H. nicht voll kriegen (Spiegel 31, 1987, 146); **aus vollem Hals[e]** *(sehr laut)*: sie lachten aus vollem H.; **etw. in den falschen H. bekommen** (ugs.; *etwas gründlich missverstehen [u. deshalb übel nehmen]*; geht von der Vorstellung aus, dass etwas in die Luftröhre statt in die Speiseröhre gerät u. dabei einen heftigen Hustenreiz hervorruft): Du und dein Humor! Den kriegen die anderen noch in den falschen H. (Heim, Traumschiff 38); **etw. hängt/wächst jmdm. zum Hals[e] heraus** (ugs.; *jmd. ist einer Sache überdrüssig;* geht von der Tatsache aus, dass Tieren, die sich überfressen haben, das letzte Stück zum Halse heraushängen kann): dein ewiges Gejammere hängt mir zum H. heraus; Vermutlich hat er diese Frage schon hundertmal gehört, und vermutlich hängt sie ihm ... längst zum H. heraus (Hörzu 23, 1979, 18). **3. a)** *der [sich verjüngende] obere Teil einer Flasche od. Ampulle:* eine Weißweinflasche mit langem H.; **b)** *langer, schmaler Teil zwischen Körper u. Wirbeln des Saiteninstrumentes, auf dem das Griffbrett liegt u. über den die Saiten gespannt sind:* der H. einer Geige, Gitarre, Laute; **c)** (Med.) *sich verjüngender Teil eines Knochens od. Hohlorgans, der meist das Verbindungsstück zu einem anderen Teil od. Organ bildet:* der H. des Oberschenkelknochens, der Gebärmutter; **d)** (Archit.) *(bei der griechischen Säule) Teil des Säulenschaftes unmittelbar unter dem Kapitell:* der H. einer Säule. **4.** (Jägerspr.) *das Bellen eines Jagdhundes:* der Hund gibt H.; der Hund riss Helmold den Riemen aus der Hand und hetzte mit hellem -e weiter (Löns, Gesicht 146).

[2]Hals, der; -es, -en [a: [1]Hals (3) als Bez. für den sich verjüngenden Teil eines Gegenstandes] (Seemannsspr.): **a)** *untere, vordere Ecke eines Segels;* **b)** *Tau, mit dem die untere Ecke eines Segels nach vorn gezogen wird.*

Hals|ab|schnei|der, der (ugs. abwertend): *jmd., der einen anderen auf skrupellose Weise übervorteilt; Wucherer:* Diesem Lebensstil haben sich mit der Zeit auch die Notare angeschlossen. Auch sie sind H. (NJW 19, 1984, 1058).

Hals|ab|schnei|de|rin, die: w. Form zu ↑Halsabschneider.

hals|ab|schnei|de|risch ‹Adj.› (ugs. abwertend): *darauf aus, darauf abzielend, andere skrupellos zu übervorteilen:* ein -er Immobilienhai; -e Methoden, Preise.

Hals|ader, die: *Halsschlagader.*

Hals|an|satz, der: *Ansatz* (4) *des Halses.*

Hals|aus|schnitt, der: *Ausschnitt eines Kleidungsstückes am Hals:* ein tiefer, spitzer H.

Hals|band, das ‹Pl. ...bänder›: **a)** *[Leder]riemen um den Hals eines Hundes od. anderen Haustieres:* dem Hund ein H. anlegen, ihn am H. führen; **b)** (veraltend) *[wertvolle] breite Halskette;* **c)** *fest um den Hals getragenes [Samt]band [mit Anhänger].*

Hals|ber|ge, die; -, -n [mhd. halsberge, ahd. halsperga, eigtl. = was den Hals birgt]: **a)** *metallener Halsschutz der Ritterrüstung;* **b)** *Kettenhemd;* ◆**c)** (scherzh.) *Halstuch:* die Männer saßen in ihren Schwarzmänteln und schwarzen Platthüten und weißen -n (Heine, Rabbi 454).

Hals|ber|ger, der; -s, -: *Schildkröte mit der Fähigkeit, den Kopf durch Krümmen des Halses in den Panzer zurückzuziehen.*

Hals|bin|de, die: **a)** (früher) *unter dem Kragen des Uniformrocks getragenes Band zum Schonen des Stoffs:* Kinn an die H., Brust raus, Bauch rein (Kirst, 08/15, 796); **b)** (veraltend) *Krawatte:* ◆... knüpft noch immer alle Morgen ihrem Gemahl die H. um (Raabe, Chronik 142).

Hals|bräu|ne, die (veraltend): *Bräune* (2).

hals|bre|che|risch ‹Adj.›: *sehr gewagt, tollkühn, lebensgefährlich (sodass man sich den Hals dabei brechen kann):* eine -e Fahrt, Kletterpartie; ein -es *(gefährliches)* Unternehmen; Jürgen Lemke fuhr h. Vom Pflaster getriezt, weinten die Reifen (Bastian, Brut 177); Ü -e Devisen- und Börsenspekulationen (Prodöhl, Tod 272); ... den h. virtuosen Part in Vivaldis Concerto in D-Dur (Saarbr. Zeitung 24. 12. 79, 26/28/30).

Hals|bünd|chen, das: vgl. Bündchen.

Häls|chen, das; -s, -: Vkl. zu ↑[1]Hals.

Hal|se, die; -, -n [zu ↑[1]Hals in der urspr. Bed. »Dreher«] (Seemannsspr.): *das [2]Halsen:* eine H. machen; Kommandant Hinrichsen lässt vorsichtig eine Wende und eine H. fahren (Hamburger Abendblatt 24. 8. 85, 73).

Hals|ei|sen, das [mhd. halsīsen]: *(im MA. [als Folterwerkzeug benutztes]) breites Eisenband, das Gefangenen eng um den Hals gelegt wird.*

[1]hal|sen ‹sw. V.; hat› (selten): *umarmen, (jmdm.) liebevoll um den Hals fallen:* Die jungen Leute halsten und herzten sich (Brandstetter, Altenehrung 58).

[2]hal|sen ‹sw. V.; hat› (Seemannsspr.): *den Kurs eines Segelschiffes ändern, indem man es mit dem Heck durch die Richtung dreht, aus der der Wind weht.*

Hal|sen|tau, das; -[e]s, -e (Seemannsspr.): [2]*Hals* (b).

Hals|ent|zün|dung, die: *mit Halsschmerzen, Schluckbeschwerden [u. Fieber] einhergehende entzündliche Erkrankung der Rachenschleimhaut.*

hals|fern ‹Adj.› (Mode): *(von einem Kragen) nicht eng am Hals anliegend:* ein Pullover mit -em Kragen.

Hals|fis|tel, die (Med.): *Fistel* (1) *im Hals.*

◆ **hals|ge|fähr|lich** ‹Adj.›: *lebensgefährlich:* Wo's h. ist, da stellt mich hin (Schiller, Tell II, 2).

Hals|ge|richt, das [mhd. halsgerichte = Befugnis, über den Hals, d.h. über Leben u. Tod zu richten]: *(vom späten MA. bis zur früheren Neuzeit) Gericht zur Aburteilung von schweren Verbrechen.*

-hal|sig in Zusb., z.B. kurzhalsig (mit kurzem [1]Hals).

Hals|ket|te, die: *Kette, die als Schmuck um den Hals getragen wird:* Sie ... griff nach ihrer H., hob sie bis unter ihr Kinn (Bieler, Mädchenkrieg 88).

Hals|kra|gen, der: **a)** *den Hals umschließender Kragen:* ein enger, runder, gesteifter H.; Ü ungewiss ..., ob nicht schließlich der Gendarm einen doch noch am H. packen wird *(ergreifen, verhaften wird;* A. Zweig, Grischa 86); **b)** *breites, steifes, abstehendes Gestell, das einem verletzten Tier um den Hals gelegt wird, um es daran zu hindern, seine Wunden zu lecken.*

Hals|krau|se, die: **a)** *gefältelter Kragen (bei einigen Trachten u. bestimmten Formen des Talars):* Sie (= Kaufleute) tragen eng anliegende Beinkleider und eine H. unterm Knebelbart (Kempowski, Zeit 7); **b)** *stark ausgebildetes Federkleid am Hals (bei den Männchen verschiedener Vögel, bes. der Hühnervögel).*

Hals|län|ge, die (Pferdesport): *Länge eines Pferdehalses (als Maß für den Ab-*

stand zwischen den Pferden): in der Zielgeraden lag er um zwei -n zurück; den Konkurrenten um eine H. schlagen.

hals|los ⟨Adj.⟩: *ohne Hals; mit [fast] unmittelbar auf dem Rumpf sitzendem Kopf:* Willi zog etwas den Kopf zwischen die Schultern ..., sodass er jetzt mit seinem riesigen Mützenschirm wie eine -e alte Krähe wirkte (Schnurre, Bart 79).

Hals|mus|kel, der: *den Hals bewegender Muskel.*

hals|nah ⟨Adj.⟩ (Mode): *eng am Hals anliegend, hochgeschlossen:* ein -er Kragen; Die Pullover haben einen Rollkragen, einen -en oder einen V-förmigen Ausschnitt (Herrenjournal 2, 1966, 14).

Hals-Na|sen-Oh|ren-Arzt, der: *Facharzt für Erkrankungen im Bereich von Ohren, Nase, Nebenhöhlen u. Rachenraum;* Abk.: HNO-Arzt.

Hals-Na|sen-Oh|ren-Ärz|tin, die: w. Form zu ↑Hals-Nasen-Ohren-Arzt.

Hals|par|tie, die: *Bereich des Halses:* ein Tuch verdeckte die faltige H.

◆ **Hals|pro|zess,** der [vgl. Halsgericht]: *Prozess, der mit der Verurteilung zum Tode enden kann:* ... wird nichts leichter sein, als den Vater mit einem H. zu bedrohen (Schiller, Kabale III, 1).

Hals|schlag|ader, die: *Schlagader am Hals:* Sein Brustkasten hob und senkte sich gewaltig, sogar seine H. schwoll an (Kinski, Erdbeermund 17).

Hals|schlei|fe, die: *am Hals gebundene Schleife [bei einem Kleidungsstück]:* die H. einer Bluse; ein Hündchen mit H.

Hals|schmerz, der ⟨meist Pl.⟩: **1.** *durch eine Entzündung im Bereich des* [1]*Halses* (2) *verursachter Schmerz:* sie hat starke -en. **2.** (salopp) *(bes. im Zweiten Weltkrieg) Gier nach einem [an den Hals zu tragenden] Orden.*

Hals|schmuck, der: vgl. Halskette.

hals|starr ⟨Adj.⟩ (selten): *halsstarrig:* Vorsteher des Postamtes, ein h. rechtlich Denkender, Beamter (Johnson, Mutmaßungen 8).

Hals|star|re, die (selten): *Genickstarre.*

hals|star|rig ⟨Adj.⟩ (abwertend): *[gegen bessere Einsicht] auf seinem Willen, seiner Meinung beharrend; starrköpfig:* ein -er Mensch; selbst dann blieb er h. und tobte und verlangte Schadenersatz (Baum, Bali 112); »Ich will aber nicht«, sagte er h.

Hals|star|rig|keit, die; - (abwertend): *halsstarrige Haltung, Dickköpfigkeit:* Verbitterung, H., vielleicht auch Angst hätten ihn jedoch veranlasst, seinen Wohnsitz im Hotel zu behalten (Fest, Im Gegenlicht 137).

◆ **Hals|stra|fe,** die: *Hinrichtung durch den Strang od. das Schwert:* ihm stand, nach dem drakonischen schwedischen Gesetze, eine H. bevor, wenn der König nicht Gnade vor Recht ergehen ließ (C. F. Meyer, Page 149).

Hals|stück, das: *Fleischstück vom Hals eines Schlachttieres.*

Hals|tuch, das ⟨Pl. ...tücher⟩: *(als Schutz gegen Kälte od. als schmückendes Accessoir) um den Hals getragenes Tuch:* ein seidenes H. umbinden.

Hals|um|schlag, der: *Halswickel.*

Hals- und Bein|bruch: ↑Beinbruch.

Hal|sung, die; -, -en (Jägerspr.): *Halsband des Jagdhundes.*

Hals|weh, das ⟨o. Pl.⟩ (ugs.): *Halsschmerzen:* Oben im Haus lag meine Mutter im Bett und hatte H. (Lentz, Muckefuck 120).

Hals|wei|te, die; -, -n: *Umfang des Halses (als Maß für Kragenweite u. Halsausschnitt).*

Hals|wen|der, der; -s, -: *Schildkröte, die ihren [sehr langen] Hals seitlich unter den Panzer zurückziehen kann.*

Hals|wi|ckel, der (Med.): *zur Linderung od. Heilung (z. B. bei Angina) um den Hals gelegter feuchter Umschlag.*

Hals|wir|bel, der (Anat.): *zum Hals gehörender Wirbel:* Stanislaus riss grüßend den Kopf herum, dass die H. knackten (Strittmatter, Wundertäter 330).

Hals|wir|bel|bruch, der: *Bruch* (2a) *eines Halswirbels.*

[1]**halt** ⟨Partikel⟩ [mhd., ahd. halt = mehr, vielmehr, Komp. zu ahd. halto = sehr, urspr. viell. = geneigt u. verw. mit unter ↑Halde genanntem germ. Adj.] (bes. südd., österr., schweiz.): **1.** [2]*eben* (II 1): das ist h. so; Wir sind h. alte Leute (Ossowski, Liebe ist 304); Die machen h. ihren Job da, und wenn die Revision beendet ist, dann werden sie wieder entlassen (Wallraff, Ganz unten 209). **2.** [2]*eben* (II 2): ich meine h., da müssten wir unbedingt helfen; es wäre mir h. recht, wenn du mitkommen könntest; du musst dich h. wehren; Eine Vizekönigin gibt es nach unserem Wissen nur einmal auf der Welt, h. in Merzig (Saarbr. Zeitung 5. 10. 79, 44).

[2]**halt** ⟨Interj.⟩ [Imperativ von ↑halten]: *nicht weiter!; anhalten!; aufhören!; stopp!:* h.! Wer da? (Milit.; Anruf der Wache); Abteilung h. (militärisches Kommando); h. (ugs.; *bleibt hier, bleibt stehen*), ihr dürft hier nicht herein!; du gießt jetzt so lange, bis ich h. sage.

Halt, der; -[e]s, -e u. -s [spätmhd. halt = das Halten, Aufenthalt, Ort; Bestand]: **1.** ⟨o. Pl.⟩ *etw., woran man sich festhalten kann, woran etw. befestigt wird; Stütze; das Gehalten-, Gestütztwerden, das Befestigtsein:* einen H., nach einem festen H. suchen; nach einem H. greifen; der Bergsteiger fand auf dem glatten Grund keinen H.; sie verlor den H.; das Regal hat keinen richtigen H.; ... macht Ihr Haar leichter formbar, gibt Fülle und H. (Freizeitmagazin 26, 1978, 21); Ü sie ist sein moralischer H.; inneren H. *(Festigkeit, Sicherheit)* haben; jeden H. verlieren; an jmdm., etw. [einen] festen H. *(Rückhalt, moralische Unterstützung)* haben; Als sie, die H. zu sein hatte, H. suchte, war daher nichts da, woran sie sich hätte halten können (Domin, Paradies 146). **2.** *[kurzes] Anhalten; [kurze] Unterbrechung [einer Fahrt]:* ein plötzlicher H.; Der H. am Aussichtsplatz war nur kurz (Konsalik, Promenadendeck 333); Auf der Rückfahrt sind kurze -s in Chartres und Paris vorgesehen (MM 21./22. 4. 79, 26); ohne H. ans Ziel fahren; ***H. machen** *([an]halten; stehen bleiben; stoppen):* H. machen, um auszuruhen; wir machen im nächsten Dorf H.; die Kompanie machte vor dem Kasernentor H.; **vor jmdm., etw. nicht H. machen** *(jmdn., etw. nicht ausnehmen, nicht verschonen):* von einem kaustischen Witze beseelt, der selbst vor dem Kaiser nicht H. machte (Thieß, Reich 322); **vor nichts [u. niemandem] H. machen** *(vor keiner Tat zurückschrecken; skrupellos sein);* **jmdm., einer Sache H. gebieten** (geh.; ↑Einhalt). **3.** (schweiz. veraltend) *Gehalt, [Flächen]inhalt:* Grundbesitz im -e von 20 Jucharten Land.

halt|bar ⟨Adj.⟩: **1. a)** *(von Lebensmitteln u. Ä.) nicht leicht verderbend; über längere Zeit genießbar bleibend:* lange -e Lebensmittel; etw. durch Zusätze h. machen *(konservieren);* Obst und Gemüse in Konserven werden ganz einfach dadurch h. gemacht, dass sie luftdicht verschlossen und dann kurz erhitzt werden (Hörzu 40, 1982, 35); **b)** *nicht leicht verschleißend, nicht leicht entzweigehend; von fester, dauerhafter Beschaffenheit; strapazierfähig:* -e Stoffe, Tuche; die schweren Nagelschuhe sind sehr h.; Ü die Verbindung, der Friede erwies sich als sehr h.; Keine Sorge: Schlechte Ehen sind die -sten *(sind am beständigsten, werden am seltensten geschieden;* Wohmann, Absicht 28). **2. a)** *sich aufrechterhalten lassend; glaubhaft, einleuchtend o. ä. seiend:* (meist verneint): diese Theorie ist bestimmt nicht h.; wenn man anfänglich nicht ... dem Konsumenten Dinge versprochen hätte, die nicht h. waren (e&t 5, 1987, 95); die Rahmenstellenpläne sind nicht h. (NZZ 26. 8. 83, 28); **b)** (selten) *sich halten* (6a), *erfolgreich verteidigen lassend* (meist verneint): unter diesen Umständen ist die Stadt, die Festung nicht h.; ... wird amtlicherseits in Paris die Lage weiterhin als kaum h. bezeichnet (NZZ 27. 8. 86, 4); **c)** *sich beibehalten lassend:* sein erster Platz in diesem Wettkampf ist wohl kaum h.; **d)** (Ballspiele) *(von einem Ball, einem Schuss) so geworfen, geschossen, dass er gehalten* (3a), *gefangen, abgewehrt werden kann:* dieser Ball war h.; ein -er Flachschuss brachte die Führung.

Halt|bar|keit, die; -: *haltbare Beschaffenheit.*

Halt|bar|keits|da|tum, das: *Datum, bis zu dem ein Lebensmittel garantiert haltbar* (1a) *ist.*

Halt|bar|keits|dau|er, die: *Zeitraum, in dem etw. haltbar* (1a) *ist:* eine Konserve von nahezu unbegrenzter H.

Hal|te, die, -, -n: **1.** (Turnen) *Teil einer Turnübung, bei dem der Körper kurze Zeit in einer bestimmten Stellung gehalten wird:* eine H. dauert am Barren zwei, an den Ringen drei Sekunden. ◆ **2.** *Halt* (2): ***H. machen** *(Halt machen):* ⟨mit Aussparung des Verbs:⟩ Den schönen Lauf, den ihr Sohn gerade zum Geheimen Rat und Gesandten ansetzte, so auf einmal H. zu sehen (Goethe, Werther II, 24. März).

Hal|te|ball, der (Basketball): **a)** *Ball, der von zwei gegnerischen Spielern gleichzeitig gefasst wird, ohne dass ihn einer für sich gewinnen kann;* **b)** *Ball, den ein Spie-*

ler zu lange hält u. nicht in der vorgeschriebenen Frist abgibt.

Hąl|te|bo|gen, der (Musik): *bogenförmiges grafisches Zeichen, durch das die Zeitwerte zweier Noten mit gleicher Tonhöhe addiert werden.*

Hąl|te|bucht, die (Verkehrsw.): *Ausbuchtung der Fahrbahn am Straßenrand zum Anhalten:* Neue -en und Wendeschleifen (MM 9. 10. 75, 27).

Hąl|te|griff, der: **1.** *(in Autos, öffentlichen Verkehrsmitteln u. Ä. angebrachter) Griff zum Sichfesthalten:* Am Haltegriff ... hielt er sich nur mit einem Finger fest (Fels, Unding 295). **2.** (Budo) *Griff, mit dem der Gegner auf der Matte unter Kontrolle zu halten versucht wird.*

Hąl|te|gurt, der: *Sicherheitsgurt:* Mitfahrer tödlich verletzt ... -e waren keine angelegt (MM 18. 6. 75, 15).

Hąl|te|kind, das (veraltet): *Kind, das sich bei einer Familie in Pflege befindet; Pflegekind.*

Hąl|te|kraft, die (Bergsteigen): *aus Reibung bzw. Klemmwirkung bestehende Kraft, die den Haken in einem Riss od. im Eis festhält.*

Hąl|te|lei|ne, die: *Leine, mit der jmd., etw. festgehalten wird.*

Hąl|te|li|nie, die (Verkehrsw.): *Linie quer zur Fahrspur, an der [vor Ampeln] angehalten werden muss.*

hąl|ten ⟨st. V.; hat⟩ [mhd. halten, ahd. haltan, urspr. = Vieh halten, hüten]: **1. a)** *ergriffen, gefasst haben u. nicht loslassen; festhalten:* eine Stange, die Tasse am Henkel, das Seil an einem Ende h.; das Steuerrad nicht mehr h. können; würden Sie bitte einen Augenblick meinen Schirm, das Kind h.?; haltet ihn, haltet den Dieb! *(lasst ihn nicht entkommen!);* ich halte Ihnen die Tasche; er hielt ihr *(half ihr in)* den Mantel; Der Kapellmeister hielt sich plötzlich mit beiden Händen den Kopf *(nahm ihn in die Hände;* H. Mann, Stadt 95); er hielt *(stützte)* die Leiter; jmds. Hand, ein Kind an, bei der Hand h.; die Mutter hält das Baby im Arm, in den Armen; er hielt den Draht mit den Fingern, mit einer Zange; etw. unterm Arm h.; Zwischen seinen Händen hielt er eine doppelte Schnur, die mit ihren Enden über beide Mittelfinger lief (Sommer, Und keiner 5); Er konnte das Mundstück des Tauchretters nicht zwischen den Lippen h. (Ott, Haie 360); *** **sich nicht h. lassen; nicht zu h. sein** *(sich nicht aufrechterhalten lassen):* diese These, Theorie lässt sich nicht h., ist nicht zu h.; **an sich h.** *(sich zusammennehmen, beherrschen):* sie hätte am liebsten geweint, aber sie hielt an sich; ich musste an mich h., als ich das sah; er konnte nicht mehr länger an sich h. und brach in lautes Gelächter aus; Er konnte nicht länger an sich h. und verprügelte die Baetge (Prodöhl, Tod 68); **b)** *bewirken, dass etw. in seiner Lage, seiner Stellung o. Ä. bleibt, Halt hat; Befestigung, Halt, Stütze o. Ä. für etw. sein:* nur ein paar Stützbalken halten das baufällige Gemäuer; zwei Schleifen halten den Vorhang [an der Seite]; ihre Haare wurden von einem Band [nach hinten] gehalten; das Regal wird von zwei Haken gehalten *(ist mit zwei Haken befestigt);* die Schraube hat nicht viel zu h. *(wird kaum belastet).* **2. a)** *an eine bestimmte Stelle bewegen u. dort in einer bestimmten Lage, Haltung, Stellung lassen:* den Arm ausgestreckt, den Kopf gesenkt h.; die Hand an, gegen den Ofen h.; ein Dia gegen das Licht h.; das Kind über das Taufbecken h.; Ich holte die zehn Fünfzigmarkscheine aus der Tasche und hielt sie ihr unter die Nase *(hielt sie ihr mit demonstrativer Geste hin;* Simmel, Affäre 37); du brauchst dir gar nicht die Zeitung vors Gesicht zu halten; Sie stand eine Weile, dann rief sie laut dreimal ein kaschubisches Wort und hielt die Arme wie eine Schüssel (Grass, Butt 693); **b)** ⟨h. + sich⟩ *eine bestimmte Körperhaltung einnehmen, haben:* sie hält sich sehr aufrecht; er hält sich schlecht, nicht gut; **c)** ⟨h. + sich⟩ *an einer bestimmten Stelle, in einer bestimmten Lage, Stellung verharren, bleiben:* er hielt sich nur ein paar Sekunden auf dem wilden Pferd; Während der Heimfahrt kamen seine Freunde auf die Idee, am langen Berg hinter Rochlitz zu probieren, wer sich am längsten im Sattel hielt *(wer am längsten im Sitzen weiterradelte;* Loest, Pistole 61); (meist in Verbindung mit »können«:) sie konnte sich an der abschüssigen Stelle nicht mehr h. und rutschte ab; Ü der Läufer hat sich über Jahre hinweg in der Weltspitze gehalten. **3.** (Ballspiele) **a)** *(einen aufs Tor zukommenden Ball) abfangen, abwehren, am Passieren der Torlinie hindern:* einen Ball, einen Strafstoß h.; **b)** *die aufs Tor zukommenden Bälle in einer bestimmten Weise halten* (3a): der junge Torhüter hielt großartig. **4.** *zum Bleiben bewegen, zurückhalten; nicht weggehen lassen:* du kannst gehen, es hält dich niemand; was hält uns hier, bei dieser Firma, in dieser Stadt eigentlich noch?; die Firma versuchte alles, um den Facharbeiter zu h.; es hält ihn [hier] nichts mehr; er ließ sich nicht h.; Meinen Sie wirklich, dass Sie fähig sind, eine Frau wie Sophie zu h.? (Bieler, Mädchenkrieg 558); sie dachte: Es ist eine Affenschande, was ich alles anstelle, um diesen Mann zu h. (H. Weber, Einzug 276). **5.** *bei sich, in sich behalten; nicht ausfließen, herauslaufen lassen; zurückhalten:* der Teich, das Fass hält das Wasser; den Urin h.; (meist verneint in Verbindung mit »können«:) sie konnte das Wasser *(den Urin)* kaum noch, nicht mehr h. **6. a)** (Milit.) *erfolgreich verteidigen:* die Soldaten hielten die Festung; die Stadt, das Gebiet war nicht [länger] zu h.; Pitomnik sollte gehalten werden, wenigstens ... so lange, bis die Bunker ... geräumt sein würden (Plievier, Stalingrad 140); **b)** *nicht aufgeben, nicht weggeben müssen; sich nicht wegnehmen lassen:* er wird seine Gaststätte, seinen Laden nicht mehr lange h. können; schon im zweiten Jahr ... hatte Cyane erkannt, dass die Villa ... nicht zu h. war (Ransmayr, Welt 132); **c)** *(eine erworbene Stellung in einer Rangskala o. Ä.) erfolgreich verteidigen, nicht abgeben, nicht verlieren:* der Läufer konnte seinen Vorsprung bis ins Ziel h.; einen Rekord h. *(innehaben).* **7.** ⟨h. + sich⟩ **a)** *sich mit Erfolg behaupten; erfolgreich bestehen; Bestand haben:* das Geschäft, das Unternehmen, die Kneipe hält sich [wider Erwarten]; Hier konnten sich keine Läden h. (Fels, Sünden 27); wir werden uns, die Stadt wird sich nicht mehr lange [gegen den Feind] h. können; er hat sich [als Kanzler] lange gehalten; Ü das Stück konnte sich lange h. *(blieb lange auf dem Spielplan);* **b)** *sich in bestimmter Weise durchsetzen; in bestimmter Weise eine Situation meistern, den Anforderungen genügen:* du hast dich in der Prüfung gut, hervorragend gehalten; wenn er sich weiterhin so [gut, wacker] hält, wird er siegen; des ... Kollegen, der sich, wie er selbst, tapfer hielt, so gut es sich machen ließ (Kronauer, Bogenschütze 341). **8. a)** *in gleicher Weise weiterführen, beibehalten:* den Kurs, die Richtung h.; es fiel ihm schwer, das hohe [Anfangs]tempo zu h.; Der Kapitän des andern Schiffs hatte die Route gehalten (Domin, Paradies 152); den Ton, die Melodie, den Takt h.; Aranjuez-Saiten halten genaue Stimmung (NMZ 1, 1984, 13); Er stieg leicht bis zum G an, darüber hatte er bereits Mühe, das A ohne Umschlag der Stimme zu h. (Thieß, Legende 109); Diät h.; sie wollen Verbindung miteinander h.; schließlich waren sie Söhne eines preußischen Offiziers, der guten Kontakt zum Hof hielt (Zeit 30. 12. 94, 26); Er hielt am Mittwoch ständigen Kontakt mit Außenminister Rusk (Welt 9. 9. 65, 4); **b)** *(einen bestimmten [inneren] Zustand) bewahren, nicht aufgeben:* Ordnung, Disziplin h.; Frieden, Freundschaft [mit jmdm.] h.; ihr müsst jetzt Ruhe h. (ugs.; *euch ruhig verhalten*); **c)** *einer einmal eingegangenen Verpflichtung nachkommen, sie einhalten, erfüllen, nicht davon abgehen; (ein Versprechen o. Ä.) nicht brechen:* sein Wort, einen Eid, Schwur, einen Vertrag h.; er hat sein Versprechen, die Gebote nicht gehalten; was sie verspricht, hält sie auch; Der Termin kann nicht gehalten werden (Freie Presse 15. 11. 88, 3); Ich hielt die kühne Wette, in deiner Gegenwart ein Verbrechen zu begehen (Dürrenmatt, Richter 84); Ü der Film hielt nicht, was er, was die Reklame versprach *(er hat die Erwartungen nicht erfüllt, hat enttäuscht);* dass diese nicht zimperliche Ankündigung hält, was sie verspricht (Reich-Ranicki, Th. Mann 118); **d)** ⟨h. + sich⟩ *einer Vorschrift, Vorlage, Verpflichtung o. Ä. entsprechend handeln:* du musst dich an dein Versprechen, an unsere Abmachungen h.; sich an die Gesetze, an einen Vertrag h.; dass sich viele Konzerne nicht an die Absprache gehalten haben (Basler Zeitung 2. 10. 85, 5); Ich soll mich an die Heimordnung h. ... und ihm vertrauen (H. Weber, Einzug 144); **e)** ⟨h. + sich⟩ *sich nach etw. richten, an etw. orientieren:* du solltest dich mehr an die Tatsachen h.; Meist hält er sich an die Ratschläge des Trainers (Frischmuth, Herrin 120); dass ich mich bei der Schilderung meiner Jugend nicht ängstlich an die Jahresfolge halte (Th. Mann, Krull 32); ich halte mich lieber an die Augenzeugen *(gehe lieber von deren Aussagen aus);* ich halte mich lieber an das, was ich selbst gehört, gesehen habe; er hat sich bei der Verfilmung [eng] an die literarische Vorlage gehalten. **9.** ⟨h. + sich⟩ **a)** *sich (mit etw., seinen Ansprüchen, Anforderungen, Anliegen o. Ä.) an jmdn. wenden:* wenn du in diesem Punkt etwas erreichen willst, musst du dich an den Direktor h.; ich halte mich also an dich, wenn es so weit ist; Sie müssen sich an Ihre Versicherung h. und nicht an uns; **b)** *jmds. Nähe, Gesellschaft suchen u. bestrebt sein, mit ihm in Kontakt zu bleiben:* ich halte mich lieber an ihn, auf ihn kann man sich wenigstens verlassen; Doc war prima, an den würde ich mich h. (Küpper, Simplicius 183); So wie Lara sich an die Freundin des Trainers hält, hält sie sich an Else (Frischmuth, Herrin 77). **10.** *auf etw. besonderen Wert legen; auf sich od. etw. besonders achten; um etw. bemüht sein:* sehr, streng auf Ordnung, Anstand, Sitte h.; Da sie aus unbedeutenden Verhältnissen stammt, hält sie besonders auf Förmlichkeit (Werfel, Bernadette 347); Damit sie so alt wird, hält Eliza Hansen auf Diät (Hamburger Abendblatt 30. 5. 79, 11); er hielt sehr genau darauf, dass alles seinen geregelten Gang ging; er ist jemand, der [etwas] auf Sauberkeit hält; * **auf sich h.** *(auf sein Ansehen, seinen Ruf, sein Image bedacht sein):* wer [ein bisschen] auf sich hält, kann sich in so einer Kaschemme nicht sehen lassen; Wer sich leisten kann, etwas auf sich zu h., zeigt es und zieht aus der Stadt heraus in die Vororte (Roehler, Würde 83). **11. a)** *auf jmds. Seite sein u. ihm beistehen, zu ihm stehen; jmds. Partei ergreifen, hinter ihm stehen:* treu zu jmdm. h.; die meisten haben doch zu dir gehalten; auch in der größten Bedrängnis hat er zu mir gehalten; Deine Mutter hält sowieso zu mir (Fels, Sünden 12); Sie nahm sich vor, fest zu ihrem August zu h. (Kühn, Zeit 78); **b)** ⟨in Verbindung mit »es«⟩ *Sympathie für jmdn., etw. haben; [gefühlsmäßig] für jmdn., etw. sein:* er hält es [lieber] mit den Anspruchslosen, Fröhlichen *(sucht ihre Gesellschaft);* Sie werden es doch nicht mit den Roten h.? *(auf ihrer Seite stehen?;* Brot und Salz 93); er spricht ... von der Neigung, es auf jeden Fall mit der Obrigkeit zu h. (Reich-Ranicki, Th. Mann 227); er hält es mehr mit seiner Mutter *(ist mehr seiner Mutter zugetan);* er hält es stets mit der Bequemlichkeit *(ist sehr bequem);* man erzählt sich, dass sie es mit ihrem Chef hält (verhüll.; *dass sie mit ihm ein Liebesverhältnis hat*); Ü während der Doktor an seinem Grapefruitjuice saugt und Al Flagg und Adda es mit dem Tee halten (*Tee trinken;* Fr. Wolf, Menetekel 225); **c)** ⟨in Verbindung mit »es«⟩ *nach jmds. Vorbild handeln, es jmdm. gleichtun:* ich halte es da mit meiner Mutter, die immer sagte: »Morgenstund hat Gold im Mund«; sie hält es mit ihrem Vater, der Ratenkäufe aus Prinzip ablehnt. **12. a)** ⟨h. + sich⟩ *eine bestimmte räumliche Position, Stelle, einen bestimmten Platz einnehmen u. beibehalten:* Wanda fiel auf, weil sie dick und riesig war, sich gerne abseits hielt (Lentz, Muckefuck 33); Sie hielten sich auf den erleuchteten Hauptwegen (M. L. Fischer, Kein Vogel 182); er hielt sich immer an ihrer Seite, dicht hinter ihr; Still hielt er sich zu mir (veraltend; *blieb er an meiner Seite;* Th. Mann, Herr 79); er lotste Gabler ins Freie, hielt sich bewusst links (*auf der linken Seite;* Loest, Pistole 244); das Flugzeug hielt sich auf einer Höhe von 8 000 m; **b)** ⟨h. + sich⟩ *eine bestimmte Richtung einschlagen u. beibehalten, verfolgen:* wenn du an dem Punkt angekommen bist, hältst du dich am besten immer [nach] links; wir müssen uns ostwärts, nach Norden, Richtung Stadt h.; **c)** (Seemannsspr.) *auf etw. Kurs, Richtung nehmen, zusteuern:* der Dampfer hielt auf die Küste; wir mussten nach Süden, südwärts h. **13.** *mit einer Schusswaffe [auf etw.] zielen; eine Schusswaffe auf etw. richten:* auf eine Zielscheibe, auf einen Hasen h.; du musst [genau] in die Mitte, mehr nach rechts h. **14. a)** *zu seiner Verfügung, zu seinem Nutzen, Vergnügen haben u. unterhalten:* Haustiere, Kühe, Hühner h.; willst du dir wirklich ein Pferd, einen Hund h.?; ich wehre mich dagegen, in einer Wohnung ohne Garten ein Tier zu h. (Schwaiger, Wie kommt 75); während die Eichkatze ... in Gefangenschaft ihrer Wildheit wegen nur schwer oder gar nicht zu h. ist (Stern, Mann 53); Ü sie können sich kein Auto h. *(leisten);* sich einen Chauffeur h. *(einen Chauffeur beschäftigen);* ich werde in der nächsten Zeit kaum Gelegenheit haben, mir eine Freundin zu h. (Heim, Traumschiff 396); Die Finanzmagnaten hielten sich Fußballer, wie man sich früher Rennpferde gehalten habe (Scholl-Latour, Frankreich 266); **b)** *(eine Zeitung, Zeitschrift o. Ä.) abonniert haben:* er hält mehrere Zeitungen. **15.** *für jmdn., etw. in bestimmter Weise sorgen, mit jmdm., etw. in bestimmter Weise umgehen:* seine Kinder streng h.; die Gefangenen wurden straff gehalten; er wurde bei ihnen gehalten wie der eigene Sohn; dass Herr de Chamant mit dem Ausbruch des Krieges seine Tochter wie eine Gefangene hält (Langgässer, Siegel 341); er hält seine Bücher, sein Auto sehr gut; Die Pflanzen ... waren immer sehr sauber und tadellos gehalten (Hesse, Steppenwolf 21). **16. a)** *der Meinung, Auffassung sein, dass sich jmd. in bestimmter Weise verhält, etw. in einer bestimmten Weise beschaffen ist; jmdn., etw. als jmdn., etw. betrachten, auffassen:* jmdn. für ehrlich, aufrecht, gerissen, falsch h.; er wurde für tot gehalten; du hältst dich wohl für besonders klug?; He, du, hältst du mich für blöd? (Schwaiger, Wie kommt 106); zwei Freunde, die nichts voneinander wissen und ... sich für etwas anderes halten, als sie sind (Remarque, Obelisk 252); etw. für gesichert, wahrscheinlich h.; Brigitte hatte Jettes Aufbruch von Anfang an für unsolidarisch und egozentrisch gehalten (Ossowski, Liebe ist 354); Halten Sie ... einen Wechsel des Partners für wünschenswert? (Schreiber, Krise 91); ich halte das nicht für gut, halte es für das Beste, wenn er jetzt geht; weil ich es für unredlich halte, ihn in falschen Hoffnungen zu belassen (Hackethal, Schneide 212); sie hat es nicht für möglich gehalten; ich habe dich immer für meinen Freund gehalten; Indes hielt man ihn für einen Simulanten (Niekisch, Leben 362); er hält sich für etwas Besonderes; ich hielt sie für ihre Zwillingsschwester; ◆ der gnädige Herr hielt Euch tot (Schiller, Räuber IV, 3); **b)** *über jmdn., etw. in bestimmter Weise denken, ein bestimmtes Urteil haben:* von jmdm. nicht viel h. *(eine geringe Meinung von ihm haben, ihn nicht besonders schätzen);* von einer Sache viel, eine ganze Menge, wenig, nichts h.; Von supranationalen Institutionen halten diese Franzosen nicht viel (Dönhoff, Ära 121); was hältst du davon? *(wie denkst du darüber?);* **c)** ⟨in Verbindung mit »es«⟩ *in bestimmter Weise verfahren, vorgehen:* er ging nicht gleich nach Hause, wie er es sonst immer gehalten hatte; Und wie haltet ihr es mit dem Essen? Geht ihr betteln? Oder stehlen? (Danella, Hotel 13); wie hältst du es mit der Steuererklärung?; wie hältst du es mit der Religion? *(was denkst du über die Religion, was hast du für ein Verhältnis zu ihr?);* damit kannst du es/das kannst du h., wie du willst. **17.** *stattfinden lassen, veranstalten; durchführen, abhalten:* einen Gottesdienst h.; eine Vorlesung, eine Ansprache h.; Man hielt ein kleines Abschiedsfest (Muschg, Sommer 222); er hält einen guten Unterricht; wann wollt ihr Hochzeit h.?; (häufig verblasst:) er hielt Selbstgespräche; der Hamster hält seinen Winterschlaf; Rat h. (geh.; *sich beraten*); Wir hielten eine kurze Ratschlagung (Bergengruen, Rittmeisterin 88); Geh du nur getrost in die Kirche. Ich halte derweilen meinen Frühschoppen (Fels, Sünden 25); Wache h. *(auf Wache stehen, aufpassen).* **18. a)** *in seinem augenblicklichen [guten] Zustand bleiben; in der gleichen Weise, Form bestehen bleiben:* die Rosen halten sicher noch zwei Tage; ob das Wetter wohl h. wird?; Hoffentlich halten aber die Autopreise (ADAC-Motorwelt 4, 1985, 3); ⟨meist h. + sich:⟩ wenn sich das Wetter hält, fahren wir morgen; Jeder, der Blumen schenkt, kauft sie selbstverständlich möglichst spät, denn dann sind sie frischer und halten sich länger (Augsburger Allgemeine 13./14. 5. 78, 46); diese Waren halten sich [lange] *(verderben nicht so leicht, sind haltbar);* Aprikosen mindestens 4 Wochen durchziehen lassen. Im unangebrochenen Glas halten sie sich mehrere Monate (e&t 6, 1987, 142); sie hat sich gut gehalten (ugs.; *sie sieht jünger aus, als sie ist*); Ich sehe viel jünger aus, als ich bin. Ich habe mich, wie man so sagt, gut gehalten (Konsalik, Promenadendeck 321); **b)** *trotz Beanspruchung ganz bleiben, in unversehrtem Zustand erhalten bleiben, nicht entzweigehen, nicht defekt werden:* die Schuhe halten lange, haben lange gehalten; die Klebung hielt; das muss gelötet werden, sonst hält es nicht richtig; ob die Farbe wohl h. wird?; der Nagel hält *(sitzt fest, löst sich nicht heraus);* das Seil hat nicht gehalten *(ist gerissen);* das Eis hält *(bricht nicht, trägt);* die Frisur hat nicht lange gehalten *(hat sich nach kurzer Zeit wieder aufgelöst);* Ü ihre Freundschaft hielt nicht lange *(ging nach kurzer Zeit in die Brüche, hatte keinen Bestand);* es ist entscheidend, dass dieses Regime nicht länger als noch sechs Monate hält (elan 2, 1980, 12). **19.** in verblasster Bed. **a)** *veranlassen, bewirken, dass ein bestimmter Zustand, eine bestimmte Verfassung, Situation, Lage erhalten bleibt; in einem bestimmten Zustand lassen, bewahren:* die Tür verschlossen h.; ein Land besetzt h.; sie wird dir das Essen warm h.; die Speisen kühl, frisch h.; die Temperatur in diesem Raum wird immer konstant, auf 30° Celsius gehalten; etw. versteckt h.; obwohl wir uns hinter Zeitungen verschanzt hielten (Becher, Prosa 123); er hält sich immer abseits; die Augen geschlossen h.; Sie müssen viel Sport treiben, das hält jung, fit; Weist ein Partner den anderen zurück, werden ... die ausgeklügeltsten Manöver ... entwickelt, um ihn auf Distanz zu h. (Dunkell, Körpersprache 145); jmdn. bei [guter] Laune h.; sich im Gleichgewicht h.; jmdn. in Bewegung, in Spannung h.; die Maschine muss die ganze Nacht über in Gang gehalten werden; die Akten unter Verschluss h.; er muss sich stets zur Verfügung h.; Mit zwölf Zivildienstleistenden ... und einigen ehrenamtlichen Helfern wird der Betrieb am Laufen gehalten (ugs.; *aufrechterhalten;* Zivildienst 2, 1986, 24); **b)** *in bestimmter Weise, in einer bestimmten Art gestalten, anlegen, fertigen:* den einen der beiden Räume wollen wir ganz in Dunkel, in Grün h.; ‹meist im 2. Part.:› das Zimmer war in Weiß und Gold gehalten; ... einen eleganten Raum, ... mit Gruppen niedriger Sitzmöbel und Tischen ausgestattet und in warmen Farben gehalten (M. L. Fischer, Kein Vogel 8); seine Ansprache war in knappen Worten, war sehr allgemein gehalten; Es war in einer sehr exakten und bestechend ordentlichen Handschrift gehalten (*abgefasst, geschrieben;* Schnurre, Bart 131). **20.** *in seiner Vorwärtsbewegung innehalten, zum Stillstand kommen; Halt machen, stehen bleiben, anhalten, stoppen; sich nicht weiter fortbewegen:* das Auto, die Straßenbahn hielt, musste h.; der Zug hielt plötzlich auf freier Strecke; Noch nie hat ein Zug gehalten, um mich mitzunehmen (Maron, Überläuferin 183); wir hielten genau vor der Tür; der Schnellzug hält hier nicht, hält nur zwei Minuten *(hat hier keinen, nur zwei Minuten Aufenthalt);* ‹subst.:› er konnte den Wagen nicht mehr zum Halten bringen; Ü (in formelhafter Verwendung; vgl. auch ²halt!:) halt, haltet, halten Sie [mal] (ugs.; *einen Augenblick bitte, einen Moment mal*), wie war das noch? ◆ **21.** *unterhalten* (2 b), *betreiben:* ... wo in einer Bude alte und neue Stiefel zu Kauf standen ... der schöne blondlockige Knabe, der die Bude hielt ... (Chamisso, Schlemihl 69).

Hal|te|punkt, der: *[Bedarfs]haltestelle, bes. an einer Bahnlinie:* auf Gleiswegen von Marienehe über den Hauptbahnhof und die Hafenbahn bis zum vorhandenen H. Dierkow-West (NNN 14. 11. 83, 6).

Hal|ter, der; -s, - [mhd. haltære = Hirt; Bewahrer; Inhaber, ahd. haltāri = Erlöser; Empfänger]: **1. a)** *Vorrichtung, an der etw. befestigt werden kann, die etw. (an einer bestimmten Stelle) hält:* die Rolle Toilettenpapier hing an einem H.; Die eisernen Feuerböcke sind so gemacht, dass sie einen H. tragen, in den man sein Glas stellen kann (Remarque, Triomphe 143); **b)** *Teil eines Gegenstands, an dem etw. gehalten wird; Griff:* der Dübelbohrer hat einen H. aus Plastik; **c)** (ugs.) kurz für ↑[Füll]federhalter: mit dem neuen H. kann er viel besser schreiben; **d)** (ugs.) kurz für ↑Strumpfhalter, ↑Sockenhalter: die Strümpfe, Socken am H. befestigen; **e)** (ugs.) kurz für ↑Büstenhalter: mein H. ist zu eng; ihre linke Brust sprang aus dem H. (Lynen, Kentaurenfährte 38). **2. a)** kurz für ↑Fahrzeughalter: der H. des verunglückten Fahrzeugs; Diejenigen privaten H. von Kraftfahrzeugen, die für den Verkauf einen Automarkt benutzen (NJW 19, 1984, 1124); **b)** kurz für ↑Tierhalter: H. von Hunden haben eine Steuer zu entrichten. **3.** (österr.) *Viehhirte.*

Häl|ter, der; -s, - (Fachspr.): **a)** *im fließenden Wasser befindlicher transportabler Behälter, in dem lebende Fische vorübergehend untergebracht werden können;* **b)** *kleiner, frostsicherer Teich.*

Hal|ter|bub, der (österr.): *Hirtenjunge.*

Hal|te|re, die; -, -n ‹meist Pl.› [2: lat. halteres < griech. haltẽres]: **1.** (Zool.) *kolbenförmiges (entwicklungsgeschichtlich einen umgebildeten Flügel darstellendes) paariges Organ mancher Insekten, das während des Flugs im Gleichtakt mit den anderen Flügeln, jedoch deren Bewegung entgegengesetzt, mitschwingt.* **2.** *(im alten Griechenland) beim Weitsprung zur Steigerung des Schwunges benutztes hantelartiges Stein- od. Metallgewicht.*

Hal|te|rie|men, der: *Riemen zum Festhalten, in einem Auto, in öffentlichen Verkehrsmitteln.*

Hal|te|rin, die; -, -nen: w. Form zu ↑Halter (2).

hal|ter|los ‹Adj.›: *ohne Halter* (1 d) *[zu tragen]:* die langen Beine steckten in goldschimmernden -en Strümpfen (Zeit 10. 7. 92, 12).

hal|tern ‹sw. V.; hat›: *(in einer Halterung, mithilfe einer Halterung) festklemmen, befestigen:* ... vor dessen freiem Ende, durch einen ... Hohlkörper gehaltert, sich eine ... Reflektorscheibe befindet (Funkschau 21, 1971, 2196).

häl|tern ‹sw. V.; hat› (Fachspr.): *im Hälter aufbewahren, transportieren:* Quicklebendiger Aalnachwuchs, optimal gehältert und transportiert (Fisch 2, 1980, 164 [Anzeige]).

Hal|te|rung, die; -, -en: *Haltevorrichtung, durch die etw. an einer bestimmten Stelle so befestigt od. gehalten wird, dass es jederzeit zum Zwecke des Gebrauchs wieder abnehmbar ist:* die Gurte aus der H. nehmen; den Schlauch, den Feuerlöscher in die H. hängen; Wie er den Amnestierten von der Maschine weggerissen hatte, als der Schraubstock aus der H. flog (Brasch, Söhne 64).

Häl|te|rung, die; -, -en (Fachspr.): *das Hältern, Gehältertwerden.*

Hal|te|schwung, der (Skisport): *Abschwingen* (2), *das zum Halten führt.*

Hal|te|seil, das: vgl. Halteleine.

Hal|te|si|gnal, das: *Signal, das ein Anhalten gebietet.*

Hal|te|stan|ge, die: **a)** *Stange, an der man sich halten kann:* mit den Knien gegen die vordere Lehne gestemmt, mit den Händen an der H. (Johnson, Mutmaßungen 123); **b)** *Stange, die etw. hält:* während Nella es (= das Gartentor) mit einem heftigen Ruck beiseite schob, sodass es gegen die H. schlug (Böll, Haus 160).

Hal|te|stel|le, die: *Stelle, an der öffentliche Verkehrsmittel anhalten, um Fahrgäste aus- od. einsteigen zu lassen:* wo ist die nächste H.?; Wir fahren mit der Bahn, die paar -n (H. Gerlach, Demission 180); Er achtete auf die -n, denn er kannte die Gegend nicht (Becker, Tage 86); wie weit ist es bis zur nächsten H.?

Hal|te|stel|len|in|sel, die: *Verkehrsinsel, an der sich eine od. mehrere Haltestellen befinden.*

Hal|te|tau, das: vgl. Halteleine.

Hal|te|tech|nik, die: *Technik der Haltegriffe* (2).

Hal|te|teil, der (Turnen): *in einer Halte bestehender Teil einer Turnübung.*

Hal|te|tros|se, die: *Trosse, die vor allem dazu verwendet wird, große Schiffe an ihrem Liegeplatz zu vertäuen.*

Hal|te|ver|bot, das: **1.** (Verkehrsw.) **a)** *Verbot, (als Lenker eines [Kraft]fahrzeugs) innerhalb eines bestimmten Bereichs zu halten:* auf Autobahnen besteht ein allgemeines H.; das Zeichen bedeutet [absolutes, eingeschränktes] H.; **b)** *Bereich, in dem Halteverbot* (1 a) *besteht:* er parkte im [absoluten, eingeschränkten] H.; Ich stelle das Auto ins H. (Sobota, Minus-Mann 287). **2.** *Verbot, ein bestimmtes Tier zu halten:* ein allgemeines H. für Hunde, Greifvögel verhängen.

Hal|te|ver|bots|schild, das (Verkehrsw.): *Verkehrsschild, das ein Halteverbot anzeigt.*

Hal|te|vor|rich|tung, die: *Vorrichtung, durch die etw. gehalten* (1) *wird.*

Hal|te|zei|chen, das: **1.** *Haltesignal.* **2.** (Musik) *Fermate.*

hal|tig ‹Adv.› (Bergmannsspr.): *Erz enthaltend:* -es Gestein.

-hal|tig, (österr.:) **-häl|tig:** drückt in Bildungen mit Substantiven aus, dass die beschriebene Sache etw. enthält: dioxin-, proteinhaltig.

Halt|li|nie, die (amtl.): *Haltelinie.*

halt|los ‹Adj.›: **1.** *ohne inneren, seelischen, moralischen Halt, labil, ohne innere Festigkeit:* ein -er Mensch; diese junge Frau ist völlig h.; Wie kam es schließlich, dass Carlo ... zu trinken und zu spielen begann und h. und krank wurde? (Jens,

Mann 110). **2.** *unbegründet, einer kritischen Prüfung, einer sachlichen Beurteilung nicht standhaltend; aus der Luft gegriffen:* -e Behauptungen, Anschuldigungen; wer wird sich um solch -en Klatsch kümmern! (Broch, Versucher 86). **3.** (selten) *ohne Halt* (1); *ohne Festigkeit:* Die Wahl des Weges auf Gletschern erfordert Umsicht und Erfahrung, besonders ... wenn der erste Winterschnee die Spalten weich und h. überbrückt hat (Eidenschink, Eis 33).

Halt|lo|sig|keit, die; -: **1.** *haltloses* (1) *Wesen:* Vielleicht wäre ich trotz allem in meiner H. auch nur eine Art Strolch geworden (Werfel, Himmel 197). **2.** *Beschaffenheit, Zustand, der haltlos* (2), *unbegründet ist:* bald musste er die H. seiner Beschuldigungen einsehen.

Halt|re|gel, die (Schlagball): *Regel, die besagt, dass ein Läufer stehen bleiben muss, wenn der Ball gestoppt od. das Spiel unterbrochen wird.*

Halt|schild, das (früher): *Stoppschild.*

Halt|si|gnal, das: *Haltesignal:* ein H. überfahren; Ü (dieser Vertrag ist) ein weithin erkennbares H. für Abenteurer (Neues D. 17. 6. 64, 2).

Hal|tung, die; -, -en [mhd. haltunge]: **1.** ⟨Pl. selten⟩ *Art u. Weise, bes. beim Stehen, Gehen od. Sitzen, den Körper, bes. das Rückgrat, zu halten; Körperhaltung:* eine gute, gebückte, gerade, aufrechte, [nach]lässige H.; eine amtliche, dienstliche H. einnehmen; aus starren gelben Augen blickte sie zur Seite, ihre H. war von selbstverständlicher Anmaßung (Rolf Schneider, November 79); Etwa 200 vor dem Haus versammelte Gleichgesinnte nehmen gegenüber der Polizei eine drohende H. ein (MM 10. 5. 80, 1); Dann versucht der Staatsanwalt, exakt die H. des erschossenen Desperados einzunehmen, horizontal auf dem Rücken, in einer leichten Linksseitenlage (Spiegel 39, 1993, 35); die H. durch gymnastische Übungen korrigieren; in [un]bequemer, verkrampfter H. dasitzen; weil nur Helena keine Anleitung brauchte, um in klassischer H. dazustehen (Geissler, Wunschhütlein 185); Gegrüßt wurde in strammer H. (Kühn, Zeit 318); Änderungen, die der Verkäufer in serviler H. ... vorzunehmen versprach (Thieß, Legende 119); dem Turner, dem Skispringer wurden wegen schlechter H. Punkte abgezogen; H. annehmen, (selten:) einnehmen (Milit.; *strammstehen*); Ich, Herr Hauptfeld, sagte der Bildhauer, und deutete H. an (Kuby, Sieg 39). **2. a)** ⟨Pl. selten⟩ *innere [Grund]einstellung, die jmds. Denken u. Handeln prägt:* eine sittliche, religiöse, liberale, progressive, konservative H.; eine fortschrittliche, ablehnende, zögernde, klare, zwiespältige, undurchsichtige H. in, zu einer Frage einnehmen; Sie ist in dieser Zeit das einzige Familienmitglied, das die politische H. des Vaters eindeutig und scharf zu kritisieren wagt (Reich-Ranicki, Th. Mann 185); Dem Präsidenten versuchte ich zu erklären, welche H. wir nach meiner Meinung zum westlichen Bündnis und zu Europa mit einem wieder vereinigten Deutschland einnehmen sollten (Spiegel 42, 1993, 172); Die Gründung der Nationalliberalen Partei entsprach einem ... Umschwung in der H. des deutschen Bürgertums (Fraenkel, Staat 185); **b)** ⟨Pl. selten⟩ *Verhalten, Auftreten, das durch eine bestimmte innere Einstellung, Verfassung hervorgerufen wird:* eine mutige, entschlossene H. zeigen; eine vornehme, ruhige, selbstbewusste H. zeichnete ihn aus; die Uniform schreibt ihrem Träger eine bestimmte äußere H. vor; jmdn. aus seiner reservierten H. locken; sie war beispielhaft, vorbildlich in ihrer H.; **c)** ⟨o. Pl.⟩ *Beherrschtheit; innere Fassung:* feste H. zeigen, bewahren; die H. verlieren, wiedergewinnen; Der Resident Berginck zog heftig an seiner Zigarre, um sich H. zu geben (Baum, Bali 191); etw. in, mit H. aufnehmen, hinnehmen, geschehen lassen, tun; um H. kämpfen, ringen. **3.** ⟨o. Pl.⟩ *Tierhaltung:* die H. von Zuchtvieh; Nicht nur auf dem Erikshof hatte man sich auf die H. von Dam- und Rotwild verlegt (Brückner, Quints 137); junge, frische, bratfertige Qualitätsgänse aus natürlicher H. (Abend 11. 11. 80, 7).

Hal|tungs|feh|ler, der: **1.** (Med.) *[angeborene] fehlerhafte Körperhaltung.* **2.** (Sport) *Abweichung von der für eine Übung vorgeschriebenen Körperhaltung.*

Hal|tungs|man|gel, der ⟨meist Pl.⟩: vgl. Haltungsfehler.

Hal|tungs|no|te, die (Sport): *Note, mit der die Körperhaltung bei einer Übung bewertet wird.*

Hal|tungs|scha|den, der (Med.): *Haltungsfehler, der auf eine krankhafte Veränderung des Knochengerüsts zurückzuführen ist.*

Hal|tungs|übung, die: *Turn- od. Gymnastikübung zur Kräftigung der Muskeln, die für eine gute Körperhaltung wichtig sind.*

Halt|ver|bot, das (amtl.): *Halteverbot* (1): Der Wagen stand im eingeschränkten H. (*Halteverbot* 1 b; MM 30. 1. 75, 17).

Halt|ver|bots|zo|ne, die (Verkehrsw.): *Halteverbot* (1 b).

Ha|lun|ke, der; -n, -n [zu tschech. holomek = Halunke, urspr. = bewaffneter Amtsdiener; Henkersknecht, älter = armer Junge vornehmer Herkunft, der bei einem Adligen als Diener arbeitet, eigtl. = Junggeselle, zu: holý = bartlos; nackt, also eigtl. = Bartloser]: **a)** (abwertend) *jmd., der Böses tut, andere gemein od. hinterhältig schädigt; schlechter Mensch:* das sind doch alles Gauner und -n; dieser H. von Wirt (Remarque, Triomphe 36); Die Gesellschaft hat euch abgeschrieben! Banditen, windige Rechtsbrecher, -n ...! (Ziegler, Kein Recht 217); **b)** (scherzh.) *Schlingel, Lausbub:* na, ihr [kleinen] -n?; verschwindet bloß, ihr -n!

Ha|lun|ken|streich, der: *gemeine Tat eines Halunken.*

Hal|wa, das; -[s] [arab. halwā]: *Süßspeise aus geröstetem Sesamsamen, Honig od. Sirup u. Zucker.*

Häm, das; -s [zu griech. haĩma = Blut] (Biol., Med.): *Bestandteil des Hämoglobins, der diesem seine Farbe gibt.*

häm-, Häm-: ↑hämo-, Hämo-.

Ha|ma|da: ↑Hammada.

Ha|ma|dan [pers.: hæmæˈdɑːn], der; -[s], -s [nach der gleichnamigen Stadt im Iran]: *handgeknüpfter Teppich mit Rhomben im Mittelfeld u. stilisierten Blüten in den Haupt- u. Nebenborten.*

Hä|mag|glu|ti|na|ti|on, die; -, -en [zu griech. haĩma = Blut u. ↑Agglutination] (Med.): *Zusammenballung, Verklumpung von Blutkörperchen der gleichen Art außerhalb der Blutgefäße.*

Hä|mag|glu|ti|nin, das; -s, -e [zu ↑Hämagglutination] (Med.): *Bestandteil des Blutserums, der eine Agglutination der Blutkörperchen bewirkt.*

Hä|ma|go|gum, das; -s, ...ga [zu griech. haĩma = Blut u. agōgós = (herbei)führend, zu: ágein = führen, leiten] (Med.): *Arzneimittel, das Blutungen herbeiführt od. fördert.*

Hä|ma|lops, der; - [zu griech. haimaléos = blutig (zu: haĩma = Blut) u. ṓps = Auge] (Med.): *Hämophthalmus.*

Ha|mam, der; -[s], -s [türk. hamam < arab. hammām, ↑Hammam]: *türkisches Bad:* der Prophet sieht nicht gern Nacktes, sogar im H., im berühmten türkischen Bad nicht (Kunze, Jahre 65).

Ha|ma|me|lis, die; - [griech. hamamēlís = Mispel]: *Zaubernuss.*

Ham and Eggs [ˈhæm ənd ˈɛgz] ⟨Pl.⟩ [engl. ham and eggs = Schinken und Eier]: engl. Bez. für *Spiegeleier mit Schinken[speck].*

Hä|man|gi|om, das; -s, -e [zu griech. haĩma = Blut u. aggeĩon = Gefäß] (Med.): *gutartige Geschwulst der Blutgefäße, Blutschwamm.*

Hä|mar|thro|se, die; -, -n [zu griech. haĩma = Blut u. ↑Arthrose] (Med.): *Bluterguss in einem Gelenk.*

hä|mat-, Hä|mat-: ↑hämato-, Hämato-.

Hä|ma|te|me|sis, die; - [zu griech. haĩma = Blut u. émesis = Erbrechen] (Med.): *Blutbrechen.*

Hä|ma|thi|dro|se, Hä|ma|ti|dro|se, die; -, -n (Med.): *Hämhidrose.*

Hä|ma|tin, das; -s [zu griech. haĩma = Blut] (Med.): *Derivat des Hämoglobins.*

Hä|ma|ti|non, das; -s [zu griech. haimátinos = blutig (rot)] (Kunst): *(in der Antike häufig verwendete) kupferhaltige rote Glasmasse.*

Hä|ma|tit [auch: ...ˈtɪt], der; -s, -e [lat. haematites < griech. haimatítēs (líthos), eigtl. = blutiger Stein (wegen der roten Färbung des Roteisensteins)] (Geol.): *aus Eisenoxid bestehendes stahlgraues bis schwarzes Mineral, das als Eisenerz abgebaut wird; Blutstein.*

hä|ma|to-, Hä|ma|to-, (vor Vokalen:) hämat-, Hämat- [zu griech. haĩma (Gen.: haímatos) = Blut] ⟨Best. von Zus. mit der Bed.⟩: *Blut* (z. B. hämatogen, Hämatogramm, Hämaturie).

Hä|ma|to|blast, der; -en, -en ⟨meist Pl.⟩ [zu griech. blastós = Spross, Trieb] (Med.): *Hämoblast.*

hä|ma|to|gen ⟨Adj.⟩ [↑-gen] (Med.): **1.** *aus dem Blut stammend* (z. B. von Bakterien, die durch das Blut verschleppt worden sind). **2.** *Blut bildend.*

Hä|ma|to|gramm, das; -s, -e [↑-gramm] (Med.): *Hämogramm.*

Hä|ma|to|i|din, das; -s [zu griech. -eidḗs = gestaltet; ähnlich, zu: eĩdos = Aussehen, Gestalt] (Med.): *bei Blutaustritt aus Gefäßen entstehender eisenfreier Farbstoff des Hämoglobins.*

Hä|ma|to|kol|pos, der; - [zu griech. kólpos = Busen; [1]Schoß (2); Scheide] (Med.): *Ansammlung von Menstrualblut in der Scheide bei Scheidenverschluss.*

Hä|ma|to|krit, der; -en, -en [zu griech. krínein = scheiden, trennen] (Med.): **a)** *Maß für den prozentualen Anteil der roten Blutkörperchen am Gesamtblut;* **b)** *Glasröhrchen mit Gradeinteilung zur Bestimmung des Verhältnisses der roten Blutkörperchen zum Blutplasma.*

Hä|ma|to|krit|wert, der (Med.): *prozentualer Anteil der Blutzellen an der Gesamtblutmenge.*

Hä|ma|to|lo|ge, der; -n, -n [↑-loge] (Med.): *auf die Hämatologie spezialisierter Mediziner.*

Hä|ma|to|lo|gie, die; - [↑-logie] (Med.): *Lehre vom Blut u. den Blutkrankheiten.*

Hä|ma|to|lo|gin, die; -, -nen (Med.): w. Form zu ↑Hämatologe.

hä|ma|to|lo|gisch ⟨Adj.⟩ (Med.): *die Hämatologie betreffend.*

Hä|ma|tom, das; -s, -e (Med.): *Ansammlung von Blut außerhalb der Blutbahn in den Weichteilen; Bluterguss.*

Hä|ma|to|me|tra, die; - [zu griech. mḗtra = Gebärmutter] (Med.): *Ansammlung von Menstrualblut in der Gebärmutter bei Verschluss des Muttermundes.*

Hä|ma|to|pha|ge, der; -n, -n ⟨meist Pl.⟩ [zu griech. phageĩn = essen, fressen] (Med., Biol.): *Blut saugender Parasit.*

Hä|ma|to|pho|bie, die; -, -n (Psych.): *krankhafte Aversion gegen Blut.*

Hä|ma|to|pneu|mo|tho|rax, der; -[es], -e [↑Pneumothorax] (Med.): *Bluterguss u. Luftansammlung im Brustfellraum (z. B. bei Rippenbruch).*

Hä|ma|to|po|e|se, die; - [zu griech. poíēsis = das Verfertigen] (Med.): *Blutbildung, bes. die Bildung der roten Blutkörperchen.*

hä|ma|to|po|e|tisch ⟨Adj.⟩ (Med.): *Blut bildend.*

Hä|ma|tor|rhö, die; -, -en [zu griech. rhoḗ = Fließen, Fluss] (Med.): *Blutsturz* (a).

Hä|ma|to|se, die; -, -en (Med.): *Hämatopoese.*

Hä|ma|to|sko|pie, die; -, -n [zu griech. skopeĩn = betrachten] (Med.): *Blutuntersuchung.*

Hä|ma|to|sper|mie, die; - (Med.): *Hämospermie.*

Hä|ma|to|tho|rax, der; -[es], -e [↑Thorax] (Med.): *Bluterguss in die Brusthöhle.*

Hä|ma|to|to|xi|ko|se, die; -, -n (Med.): *Hämotoxikose.*

Hä|ma|to|xy|lin, das; -s [zu griech. xýlon = Holz]: *pflanzlicher Farbstoff, der aus dem Holz des südamerikanischen Blutholzbaumes durch Extraktion mit Äther hergestellt wird.*

Hä|ma|to|ze|le, die; -, -n [zu griech. kḗlē = Geschwulst] (Med.): *geschwulstartige Ansammlung von geronnenem Blut in einer Körperhöhle, bes. in der Bauchhöhle (z. B. als Folge einer Verletzung).*

Hä|ma|to|ze|pha|lus, der; - [zu griech. kephalḗ = Kopf] (Med.): *Blutansammlung im Gehirn als Folge einer Hirnblutung.*

Hä|ma|to|zo|on, das; -s, ...zoen ⟨meist Pl.⟩ [zu griech. zõon = Lebewesen; Tier]: *tierischer Parasit, der im Blut anderer Tiere od. des Menschen lebt.*

Hä|ma|to|zyt, der; -en, -en ⟨meist Pl.⟩ [zu griech. kýtos = Höhlung, Wölbung] (Med.): *Hämozyt.*

Hä|ma|tu|rie, die; -, -n [zu griech. oũron = Harn] (Med.): *Ausscheidung nicht zerfallener roter Blutkörperchen mit dem Urin; Blutharnen; Harnblutung.*

Ham|burg: Stadt u. Bundesland an der Elbe.

[1]Ham|bur|ger, der; -s, -: Ew.

[2]Ham|bur|ger [engl.: ˈhæmbəːgə], der; -s, - u. (bei engl. Ausspr.) -s [kurz für: Hamburger Steak]: *zwischen den getoasteten Hälften eines Brötchens servierte heiße Frikadelle aus Rinderhackfleisch:* Der H., eine pappige, nach nichts schmeckende Sesamsemmel mit Hackfleischfladen, verschafft ihm dieses Erfolgserlebnis (Spiegel 22, 1981, 72).

[3]Ham|bur|ger ⟨indekl. Adj.⟩: der H. Hafen.

Ham|bur|ge|rin, die; -, -nen: w. Form zu ↑[1]Hamburger.

ham|bur|gern ⟨sw. V.; hat⟩: *Hamburger Mundart sprechen.*

ham|bur|gisch ⟨Adj.⟩: Altona ist seit 1937 h.

Hä|me, die; - [zu ↑hämisch]: *hämische Haltung, hämische Freude:* Nicht immer ersetzt routinierte H. die journalistische Recherche (Spiegel 30, 1980, 10); Die H. der Konkurrenz war ihnen damit gesichert (Münchner Rundschau 16. 9. 83, 2); Ein Grund zum Mitleid? Gewiss! Aber kein Grund zur H. und Schadenfreude (Frau im Spiegel 43, 1977, 9); Beißende Häme oder purer Zynismus, heute selbstverständliche Bestandteile politischer Kritik ... (Woche 7. 2. 97, 34).

[1]Ha|me|ler, der; -s, - (selten): Ew. zu ↑Hameln.

[2]Ha|me|ler ⟨indekl. Adj.⟩ (selten): zu ↑Hameln.

Ha|me|le|rin, die; -, -nen (selten): w. Form zu ↑[1]Hameler.

Ha|meln: Stadt an der Weser.

[1]Ha|mel|ner, der; -s, -: Ew.

[2]Ha|mel|ner ⟨indekl. Adj.⟩.

Ha|mel|ne|rin, die; -, -nen: w. Form zu ↑[1]Hamelner.

ha|melnsch ⟨Adj.⟩ ↑[2]*Hamelner.*

Ha|men, der; -s, - [1: mhd. hame, ahd. hamo, viell. identisch mit mhd. hame, ahd. hamo, ↑hämisch; 2. mhd. ham(e), ahd. hamo, eigtl. = Sichbiegendes, viell. zu: hamal (↑Hammel) od. < lat. hamus = (Angel)haken; 3: H. u.]: **1.** (Fachspr.) **a)** *großes [beutelförmiges] Fangnetz;* **b)** *[kleines, mit einem Stiel, Griff versehenes] Handnetz zum Fischen.* **2.** (selten) *Angelhaken [aus Zinn od. Messing in Form eines Fisches].* **3.** (landsch.) *Kummet.*

Häm|hi|dro|se, Häm|hi|dro|sis, Hä|mi|dro|se, Hä|mi|dro|sis, die; - [zu griech. haĩma = Blut u. ↑Hidrose] (Med.): *Absonderung rot gefärbten Schweißes; Blutschwitzen.*

Hä|mi|glo|bin, das; -s [↑Globin] (Med.): *Methämoglobin.*

Hä|min, das; -s, -s [zu griech. haĩma = Blut] (Biol., Med.): *Oxidationsprodukt des Häms.*

hä|misch ⟨Adj.⟩ [mhd. hem[i]sch, zu: hem = danach trachtend zu schaden, wahrsch. im Sinne von »verhüllt« zu mhd. ham(e), ahd. hamo, ↑Leichnam]: *auf eine hinterhältige Weise boshaft; heimlich Freude, Triumph empfindend über etw., was für einen anderen unangenehm, peinlich ist; in boshafter Weise schadenfroh:* -e Blicke, Reden, Bemerkungen; -e Schadenfreude; Eine ganze Reihe tätowierter Fans sparte im Zuhörerraum nicht mit -en Kommentaren (Wiesbadener Kurier 4. 6. 85, 1); seine Bemerkungen waren ziemlich h.; h. grinsen; Das Buch ... ist überhaupt keine -e Niedermache (Woche 27. 3. 98, 29); Ü Selbst der Regen fiel in Wellenlinien, bis ihn h. die Gossen schluckten (Fries, Weg 41).

Ha|mit, der; -en, -en, **Ha|mi|te,** der; -n, -n: Angehöriger einer Völkergruppe in Afrika.

ha|mi|tisch ⟨Adj.⟩: *zu den Hamiten gehörend, von ihnen stammend, sie betreffend:* -e Sprachen.

ha|mi|to|se|mi|tisch ⟨Adj.⟩ (Sprachw.): *die Sprachen in Nord-, Nordost- u. Zentralafrika betreffend, die semitisch od. mit dem Semitischen verwandt sind:* -e Sprachen.

Häm|ling, der; -s, -e [zu ↑Hammel] (selten): *jmd., der kastriert worden ist; Verschnittener, Kastrat.*

Ham|ma|da, Hamada, die; -, -s [arab. hammādaʰ = die Unfruchtbare] (Geogr.): *Stein- u. Felswüste.*

Ham|mal, der; -s, -s [arab. hammāl]: *Lastträger im Vorderen Orient.*

Ham|mam, der; -[s], -s [arab. hammām]: *Badehaus im Vorderen Orient.*

Ham|mel, der; -s, -, seltener: Hämmel [mhd. hamel, spätahd. hamal, zu ahd. hamal = verstümmelt, urspr. = gekrümmt]: **1. a)** *verschnittener Schafbock:* einen H. mästen, schlachten; sich wie die H. (ugs.: *geduldig, ohne sich dagegen zu wehren od. aufzulehnen*) abtransportieren lassen; R um [wieder] auf besagten H. zu kommen (*um wieder zum eigentlichen Thema zurückzukommen;* nach frz. revenons à nos moutons = kehren wir zu unseren Hammeln zurück!; in einer französischen Posse aus dem 15. Jh. ruft dies ein Richter einem Tuchhändler zu, der seinen Schäfer wegen der Veruntreuung von Hammeln verklagt hat, aber dann immer von den sechs Ellen Tuch spricht, um die ihn der Anwalt des Verklagten geprellt hat; wohl nach Martial, Epigramme VI, 19); **b)** ⟨o. Pl.⟩ kurz für ↑Hammelfleisch, -braten: zwei Pfund H. bestellen, kaufen, [an]braten; bei ihm gibt es heute H.; Die Dritte bekundete Appetit auf H. mit Bohnen (Kirst, 08/15, 426). **2.** (derbes Schimpfwort) *dummer, einfältiger, grober Mensch:* so ein H.; Darauf sagte Hel in einem genauso grotesken Bairisch, Klaus sei ein spinnerter H. (M. Walser, Pferd 64).

Ham|mel|bein, das (selten): *Bein eines Hammels:* ***jmdm. die -e lang ziehen** (ugs.; *jmdn. zurechtweisen, scharf tadeln;* vermutlich darauf bezogen, dass der Fleischer dem geschlachteten Hammel die Beine lang zieht, um ihn zu enthäuten); **jmdn. bei den -en nehmen/kriegen** (ugs.; 1. *bei den Füßen fassen.* 2. *jmdn. zur Verantwortung ziehen*).

Ham|mel|bra|ten, der: *Braten aus Hammelfleisch.*

Ham|mel|fleisch, das: *Fleisch vom Hammel* (1 a).

Ham|mel|her|de, die: *Herde von Hammeln:* eine große H.; wie eine H. (salopp abwertend; *undiszipliniert, konfus, ungeordnet*) durcheinander laufen; Ü diese H. (salopp abwertend; *dieser ungeordnete Haufen*)!; was kann er vom Konvent erwarten, von dieser feigen, verschüchterten H., die geduldig ihr Ja blökt (St. Zweig, Fouché 63).

Ham|mel|keu|le, die: *Keule des Hammels* (1 a).

Ham|mel|sprung, der [weil die Abgeordneten wie Hammel hinter ihren Vorsitzenden, den »Leithammeln«, den Saal betreten] (Parl.): *Verfahren der Abstimmung, bei dem alle Abgeordneten den Saal verlassen u. durch drei verschiedene Türen, die Zustimmung, Ablehnung od. Stimmenthaltung bedeuten, wieder betreten (wobei die Stimmen gezählt werden):* beim »Hammelsprung«, bei dem sämtliche Abgeordnete den Saal verlassen müssen, um ihn anschließend wieder durch die »Ja«-, »Nein«- oder »Enthaltungs«-Türen zu betreten (MM 20. 1. 88, 2).

Ham|mer, der; -s, Hämmer [mhd. hamer, ahd. hamar, eigtl. = (Werkzeug aus) Stein]: **1.** *Werkzeug zum Schlagen od. Klopfen aus einem je nach Verwendungszweck eckigen [u. nach vorn spitz zulaufenden] od. einem abgerundeten [Metall]klotz u. einem darin eingepassten kurzen, meist hölzernen Stiel:* ein kleiner, schwerer H.; er hatte drei verschiedene Hämmer; mit einem stumpfen H. den Putz von der Wand klopfen; Der Sonnenschein schlug mir auf den Kopf wie ein H. (Simmel, Affäre 100); H. und Zirkel im Ährenkranz *(Symbol der Solidarität von Arbeitern, Intelligenz u. Bauern in der DDR);* ...ob einer später seinen Wehrdienst abriss unter der Fahne mit H. und Zirkel (Spiegel 34, 1983, 69); H. und Sichel *(kommunistisches Symbol der Solidarität von Arbeitern u. Bauern);* An seiner Mütze prangten der Sowjetstern und das Zeichen H. und Sichel (Leonhard, Revolution 11); Ü Wenn der Kristall einmal zersprungen war unter dem H. des Zweifels (Remarque, Triomphe 313); ***wissen, wo der H. hängt** (ugs.; *Bescheid wissen, sich genau auskennen; sich in einer bestimmten Situation zurechtfinden*); **jmdm. zeigen, wo der H. hängt** (ugs.; *jmdm. gehörig die Meinung sagen, ihn zurechtweisen*); **unter den H. kommen** (*öffentlich versteigert werden;* weil das Höchstgebot bei der Versteigerung durch einen Hammerschlag des Auktionators bestätigt wird): das Haus kommt unter den H.; Die Ölbohrplattform ... in Schottland kommt unter den H., weil die Kapitalkosten angesichts der tieferen Erdölpreise ihrem Eigentümer zu hoch sind (NZZ 26. 10. 86, 9); **etw. unter den H. bringen** *(etw. versteigern lassen).* **2.** (Technik) **a)** *Werkzeugmaschine zum Umformen von Werkstücken;* **b)** (veraltet) kurz für ↑Hammerwerk. **3.** (Musik) *mit Filz bezogener Klöppel, mit dem die Saiten des Klaviers angeschlagen werden.* **4.** (Anat.) *eines der drei Gehörknöchelchen im menschlichen Ohr, das in der Form einem Hammer ähnelt.* **5.** (Leichtathletik) *an einem starken Draht befestigte Kugel aus Metall, die geschleudert wird.* **6. a)** ⟨o. Pl.⟩ (Fußball Jargon) *große Schusskraft:* dieser bullige Stürmer besitzt, hat einen unwahrscheinlichen H. [im Bein]; Interessantester Mann ... mit einem unheimlichen H. In dieser Saison brachte er es ... auf 36 Treffer (Hamburger Morgenpost 24. 5. 85, 13); **b)** (Ballspiele Jargon) *besonders wuchtiger Schuss:* mit einem tollen H. erzielte er den Ausgleich. **7.** (ugs.) **a)** *grober, schwerer, schwerwiegender Fehler:* da hast du dir aber einen H. geleistet!; in seinem Diktat waren einige dicke Hämmer [drin]; ***einen H. haben** (ugs.; *leicht verrückt sein*): du hast wohl 'nen H.!; **b)** *Unverschämtheit, Ungeheuerlichkeit; Übel, harter Schlag* (5): die Mieterhöhung war ein dicker H.; Nach und nach kamen dann die ganzen Hämmer raus: Das sei unnatürlich, eine Sünde und diene nicht der Fortpflanzung (Grossmann, Schwul 82); Dann kam für mich der H.: 12. August, Einberufungsüberprüfung (Spiegel 40, 1983, 129); Noch so ein H., sagten die Kumpel, und Franz schneidet sich die Pulsadern durch (Loest, Pistole 125); **c)** *großartige Sache, tolle Angelegenheit; riesiger Erfolg:* die Platte ist ein H.; Wenn es dieses Auto zum Preis des alten RX-7 gäbe, dann wäre das ein H. (ADAC-Motorwelt 7, 1986, 17); dass man lieber ein paar Wochen später, dafür aber mit einem richtigen H. rauskommen soll (B. Vesper, Reise 561); das ist der H. *(einfach toll)*! **8.** (derb) *Penis:* Die Männer und Jungen ließen beim Schiffen und Baden stolz ihre Hämmer sehen, man lachte, und alles war ganz normal (Degenhardt, Zündschnüre 140).

häm|mer|bar ⟨Adj.⟩: *sich mit einem Hammer* (1) *bearbeiten lassend.*

Häm|mer|bar|keit, die; -: *hämmerbare Beschaffenheit.*

Häm|mer|chen, das; -s, -: Vkl. zu ↑Hammer.

Ham|mer|fisch, der (veraltet): *Hammerhai.*

ham|mer|för|mig ⟨Adj.⟩: *die Form eines Hammers* (1) *besitzend.*

Ham|mer|griff, der: **a)** (Leichtathletik) *Griff, mit dem man den Hammer* (5) *fasst;* **b)** (Tennis) *Kontinentalgriff.*

Ham|mer|grund|stück, das: *nicht unmittelbar an die Straße grenzendes Grundstück mit Zufahrt über ein anderes, unbebaubares Grundstück.*

Ham|mer|hai, der: *(in tropischen u. subtropischen Meeren lebender) Hai mit schlankem Körper u. einer Verbreiterung am Kopfende, die der Form eines Hammers* (1) *ähnelt.*

Ham|mer|kla|vier, das (veraltet): *Klavier.*

Ham|mer|kopf, der: **a)** *Teil des Hammers* (1), *mit dem man schlägt;* **b)** (Leichtathletik) *Metallkugel des Hammers* (5).

Ham|mer|ku|gel, die: *Hammerkopf* (b).

Häm|mer|lein, das; -s, -: **1.** Vkl. zu ↑Hammer. **2.** (veraltet) *Kobold, böser Geist; Teufel:* Meister H. (1. *Teufel.* 2. *Scharfrichter*).

Häm|mer|ling, der; -s, -e (veraltet): *Hämmerlein* (2).

Ham|mer|lock, der; -[s], -s [zu engl. lock = Fessel] (Ringen): *Griff, bei dem der gebeugte Arm des Gegners auf den Rücken nach oben gedreht wird.*

Ham|mer|me|cha|nik, die: *Mechanik des Hammerklaviers.*

Ham|mer|müh|le, die: *Mühle mit Hammerschlagwerk.*

Ham|mer|mu|schel, die: *(im Indischen Ozean vorkommende) Muschel mit langen, hammerförmigen, schwärzlich braunen Schalen u. schöner Perlmuttschicht.*

häm|mern ⟨sw. V.; hat⟩ [mhd. hemeren]: **1. a)** *mit dem Hammer* (1) *arbeiten, schlagen, klopfen:* wir hörten ihn im Keller h.; die Handwerker hämmerten den ganzen Tag; ⟨auch unpers.:⟩ überall ratterten Maschinen und zischte und hämmerte es (Schnurre, Bart 9); **b)** *mit dem Hammer* (1) *bearbeiten:* Blech, Zinn, Silber h.; Ü die Kunst, Worte so fein zu h., dass sie wie unsichtbare Strahlen in Herzen drangen (Strittmatter, Wundertäter 274); **c)** *[durch Bearbeitung] mit einem Hammer* (1), *hämmernd herstellen:* Kupfergefäße h.; eine gehämmerte Schale, gehämmerter Schmuck; Ü erzählt Bunyan, wie ein Christenleben gehämmert wird – viel stärker, als er es mit seinen Kesseln tat (Nigg, Wiederkehr 32). **2.** *in kurzen [rhythmischen] Abständen heftig an, auf, gegen etw. schlagen, klopfen:* [mit den Fäusten] an die Wand h.; jedenfalls erzwingt er sich, indem er mit dem Fingerring ans Mikrofon hämmert, wieder Ruhe und Aufmerksamkeit (Richartz, Büroroman 150); Oben hämmerte Rosa gegen die Mansardentür (Jaeger, Freudenhaus 308); Sie hämmert damit auf meinen Kopf und die Schläfen (Straessle, Herzradieschen 128); er hämmert (Boxen Jargon; *schlägt sehr schnell und immer wieder*) in die Körperpartien des Gegners; man hört einen Specht h. *(an der Baumrinde klopfen);* ⟨subst.:⟩ Es war kein dumpfes Pochen mehr, sondern ein wütendes Hämmern (Ott, Haie 183); Ü Hagelkörner hämmerten an die Fensterscheiben, auf das Dach; der Klöppel hämmert gegen die Glocke; Absätze, Schritte hämmern über das Parkett; Ihre

Stöckelabsätze hämmerten (Härtling, Hubert 105). **3.** *(in Bezug auf Herz u. Puls) heftig, rasch schlagen, klopfen:* der Puls der Sprinterin hämmert; sein Herz hämmerte bis in den Hals [hinein]; Das sagt sie ganz lässig, während ihr Herz vor Aufregung hämmert (Freizeitmagazin 26, 1978, 11); in seinen Schläfen hämmerte das Blut *(das pulsierende Blut, der Puls);* Ü Es wachsen Schwielen darin und Wasserblasen, heiß und hart, in denen der Schmerz hämmert (Müller, Niederungen 28). **4.** (ugs.) *ein Geräusch, das dem von Hammerschlägen ähnlich ist, hervorbringen; mit einem anhaltenden, einem Stakkato ähnlichen Geräusch in Tätigkeit sein:* eine Schreibmaschine, ein Klavier hämmerte im Nebenraum; aus den Autos hämmern laut und protzig Diskoklänge (SZ 18. 5. 84, 15); Am andern Morgen hämmerte ihn der Wecker *(riss ihn der Wecker mit hämmerndem Geräusch)* aus dem Schlaf (Fels, Unding 23). **5.** (ugs.) **a)** *laut, abgehackt, kunstlos spielen:* Auf dem ... Flügel hatte einer ... einen Rag gehämmert (Fries, Weg 282); Die Bordkapelle hämmerte einen dreifachen Tusch (Konsalik, Promenadendeck 345); **b)** *(mit der Schreibmaschine) langsam, ungeschickt, unangenehm laut schreiben:* nebenan hämmert jemand auf einer Schreibmaschine; Er spannte einen Bogen ein und hämmerte ... ein paar Worte darauf (Kuby, Sieg 364); ... dessen Beamte jeden zweiten Tag eine »Nötigungsanzeige« in ihre Schreibmaschine hämmern (ADAC-Motorwelt 1, 1987, 43). **6.** (ugs.) *(durch häufiges, wiederholtes Hinweisen, Erinnern od. dgl.) jmdm. etw. fest, nachdrücklich einprägen:* man muss ihm das immer wieder ins Bewusstsein, in den Schädel h.; er hämmert dem Leser diese eine Aufgabe unaufhörlich ins Gewissen (Nigg, Wiederkehr 83). **7.** (Fußball Jargon) *[den Ball] mit Wucht [in eine bestimmte Richtung] schießen:* aus vollem Lauf aufs Tor h.; einen Ball ins Tor h.

Ham|mer|schlag, der: **1. a)** *Schlag mit dem Hammer* (1); **b)** (Technik) *beim Schmieden von glühendem Stahl entstehender oxidischer Überzug, der in Form kleiner Schuppen abspringt.* **2.** (Textilind.) *Seidenstoff, der in seinem Aussehen einem gehämmerten Blech ähnelt.* **3.** (Sport) **a)** (Boxen) *(nach den Regeln nicht erlaubter) Schlag mit der Faust auf den Kopf od. in das Genick des Gegners;* **b)** (Faustball) *Schlag, der mit der schmalen Außenseite der Faust durchgeführt wird;* **c)** (Gymnastik) *Übung, bei der man in Schrittstellung rechts das Gewicht auf das linke Bein verlagert, den Rumpf leicht zurücklegt u. die hochgehaltenen Fäuste nach vorn schwingt, wobei der Rumpf mit Schwung nach vorn gebracht wird.*

Ham|mer|schlag|werk, das (Technik): *Maschine zum groben Zerkleinern harter Stoffe durch Schlagen mit schnell umlaufenden Hämmern* (1).

Ham|mer|schmied, der (veraltet): *Schmied in einem Hammerwerk.*

Ham|mer|schmie|de, die: *Hammerwerk.*

Ham|mer|stiel, der: *Stiel eines Hammers* (1).

Ham|mer|wer|fen, das; -s (Leichtathletik): *Disziplin, bei der der Hammer* (5) *möglichst weit geworfen werden muss.*

Ham|mer|wer|fer, der (Leichtathletik): *jmd., der das Hammerwerfen betreibt.*

Ham|mer|werk, das: *Schmiede, in der große Hämmer* (2a) *durch Wasser- od. Dampfkraft betrieben werden:* ein Industriegebiet ..., das aus dem Bergbau der Gegend und den alten -en erwachsen ist (Heym, Schwarzenberg 33).

Ham|mer|wurf, der (Leichtathletik): **a)** ⟨o. Pl.⟩ *Hammerwerfen;* **b)** *Wurf im Hammerwerfen:* er gewann den Wettbewerb mit einem H. von 79,20 m.

Ham|mer|wurf|ring, der (Leichtathletik): *Wurfring, der mit Bandeisen in der Erde abgesteckt ist u. aus dem heraus der Hammer* (5) *geworfen wird.*

Ham|mer|ze|he, die (Med.): *im mittleren Gelenk nach unten abgeknickte deformierte Zehe (die sich oft über eine benachbarte Zehe schiebt).*

Ham|mond|or|gel ['hæmənd...], die; -, -n [nach dem amerik. Erfinder L. Hammond (1895–1973)]: *elektroakustisches Tasteninstrument mit variierbarer Klangfarbe, das bes. in der Unterhaltungsmusik verwendet wird.*

Hamm|rich, der; -[e]s, -e [niederd. ham(m)rīk, aus: ham(m) = von Gräben umgebenes Wiesenland auf der Geest (< mniederd. ham) u. rīk = reich < mniederd. rik(e), eigtl. wohl = Gebiet mit vielen Wiesen] (nordd.): *tief gelegenes [Weide-, Wiesen]land; Sietland:* eine geplante Flurbereinigung im H. ... zwischen Hatshausen ... und Timmel (MM 11. 3. 85, 14).

hä|mo-, Hä|mo-, (vor Vokalen:) häm-, Häm- [griech. haĩma = Blut]: ⟨Best. von Zus. mit der Bed.:⟩ *Blut* (z. B. hämodynamisch, Hämoblast, Hämagglutination).

Hä|mo|blast, der; -en, -en ⟨meist Pl.⟩ [zu griech. blastós = Spross, Trieb] (Med.): *Blut bildende Zelle im Knochenmark; Stammzelle.*

Hä|mo|chro|ma|to|se, die; -, -n [↑Chromatose] (Med.): *bräunliche Verfärbung von Haut u. Gewebe durch eisenhaltige Pigmente infolge Zerstörung roter Blutkörperchen; Siderophilie.*

Hä|mo|cy|a|nin: ↑Hämozyanin.

Hä|mo|di|a|ly|se, die; -, -n (Med.): *Blutwäsche.*

Hä|mo|dy|na|mik, die; -: *Lehre von den physikalischen Grundlagen der Blutströmung.*

hä|mo|dy|na|misch ⟨Adj.⟩: *die Hämodynamik betreffend.*

Hä|mo|dy|na|mo|me|ter, das; -s, - (Med.): *Quecksilbermanometer zur Messung des (arteriellen) Blutdrucks.*

Hä|mo|glo|bin, das; -s (Med.): *Farbstoff der roten Blutkörperchen* (Zeichen: Hb).

hä|mo|glo|bi|no|gen ⟨Adj.⟩ [↑-gen] (Med.): **a)** *aus Hämoglobin entstanden;* **b)** *Hämoglobin bildend.*

Hä|mo|glo|bi|nu|rie, die; -, -n [zu griech. oũron = Harn] (Med.): *Auftreten von gelöstem, reinem Blutfarbstoff im Urin infolge plötzlichen Blutzerfalls.*

Hä|mo|gramm, das; -s, -e [↑-gramm] (Med.): *tabellarische Zusammenfassung der zur Beurteilung eines Blutbildes wichtigen Befunde.*

Hä|mo|lym|phe, die; -, -n (Biol.): *die alle Zellen, Gewebe u. Organe umgebende Körperflüssigkeit wirbelloser Tiere ohne geschlossenen Blutkreislauf.*

Hä|mo|ly|se, die; -, -n ⟨meist Pl.⟩ [↑Lyse] (Med.): *Auflösung der roten Blutkörperchen durch Austritt des roten Blutfarbstoffs infolge Einwirkung von Blutgiften; Erythrolyse, Erythrozytolyse.*

Hä|mo|ly|sin, das; -s, -e (Med.): *Antikörper, der durch Oberflächenveränderung roter Blutkörperchen deren Zerfall bewirkt.*

hä|mo|ly|tisch ⟨Adj.⟩ (Med.): *Hämolyse bewirkend; mit Hämolyse verbunden.*

Hä|mo|pa|thie, die; -, -n [↑-pathie] (Med.): *Erkrankung des Blutes bzw. der Blut bildenden Organe; Blutkrankheit.*

Hä|mo|phi|lie, die; -, -n [zu griech. philía = (Vor)liebe; Neigung] (Med.): *Bluterkrankheit.*

Hä|moph|thal|mus, der; - [zu griech. ophthalmós = Auge] (Med.): *Blutung in den Glaskörper des Auges aus Gefäßen des Strahlenkörpers od. der Netzhaut, auch in die Vorderkammer od. Regenbogenhaut; Hämalops.*

Hä|mop|to|e, Hä|mop|ty|se, Hä|mop|ty|sis, die; - [zu griech. ptýsis = das Spucken, ptýein = spucken] (Med.): *Bluthusten, Blutspucken.*

Hä|mor|rha|gie, die; -, -n [griech. haimorragía = Blutfluss, Blutsturz] (Med.): *starke Blutung; vermehrtes Ausströmen von Blut.*

hä|mor|rha|gisch ⟨Adj.⟩ (Med.): *zu Blutungen führend; mit Blutungen zusammenhängend.*

Hä|mor|rhe|o|lo|gie, die; - [zu griech. rhéos = das Fließen u. ↑-logie] (Med.): *Teilgebiet der Hämatologie, das sich mit dem Fließverhalten des Blutes unter normalen u. pathologischen Bedingungen befasst.*

hä|mor|rhe|o|lo|gisch ⟨Adj.⟩ (Med.): *die Hämorrheologie betreffend, darauf beruhend.*

hä|mor|rho|i|dal ⟨Adj.⟩ (Med.): *die Hämorrhoiden betreffend, durch sie hervorgerufen.*

Hä|mor|rho|i|dal|lei|den, das: *im Auftreten von Hämorrhoiden bestehendes Leiden.*

Hä|mor|rho|i|dal|sal|be, die (Med.): *Heilsalbe, die bei Hämorrhoidalleiden angewendet wird.*

Hä|mor|rho|i|de, Hä|mor|ri|de, die; -, -n ⟨meist Pl.⟩ [lat. haemorrhoides (Pl.) < griech. haimorrhoídēs (Pl.), eigtl. = Blutfluss] (Med.): *knotenförmig hervortretende Erweiterung der Mastdarmvenen um den After herum:* Arzneien gegen Bagatellleiden wie Hämorriden und Krampfadern zahlt der Patient selbst (Woche 14. 2. 97, 17).

Hä|mor|rho|i|den|schau|kel, die (ugs. scherzh.): *altes, klappriges Fahrrad, Motorrad od. Auto.*

Hä|mo|si|de|rin, das; -s [zu griech. sídēros = Eisen] (Med.): *eisenhaltiger, gelblicher Blutfarbstoff, der aus zerfallenden, sich auflösenden roten Blutkörperchen stammt.*

Hä|mo|si|de|ro|se, die; -, -n (Med.): *vermehrte Ablagerung von Hämosiderin in inneren Organen.*

Hä|mo|sit, der; -en, -en ⟨meist Pl.⟩ [zu griech. sĩtos = Speise] (Biol., Zool., Med.): *tierischer, pflanzlicher od. bakterieller Blutparasit.*

Hä|mo|spa|sie, die; - [zu griech. spásis = Saugen] (Med.): *örtliche Ansaugung des Blutes in der Haut mittels einer luftleer gemachten Glas- od. Gummiglocke; [trockenes] Schröpfen.*

Hä|mo|sper|mie, die; - [zu ↑Sperma] (Med.): *Entleerung von Samenflüssigkeit mit Beimengung von Blut.*

Hä|mo|spo|ri|di|um, das; -s, ...ien u. ...ia ⟨meist Pl.⟩ [zu griech. spóros = Saat, Samen] (Biol., Med.): *einzelliger Blutparasit (z. B. der Erreger der Malaria).*

Hä|mos|ta|se, die; -, -n [zu griech. stásis = Stehen, Stillstand] (Med.): **1.** *Stillstand der Blutzirkulation, Blutstockung* (z. B. in Entzündungsgebieten). **2.** *Blutstillung.*

Hä|mos|ta|ti|kum, das; -s, ...ka (Med.): *Hämostyptikum.*

hä|mos|ta|tisch ⟨Adj.⟩: *hämostyptisch.*

Hä|mos|typ|ti|kum, das; -s, ...ka [zu griech. styptikós = zusammenziehend] (Med.): *blutstillendes Mittel.*

hä|mos|typ|tisch ⟨Adj.⟩ (Med.): *blutstillend.*

Hä|mo|the|ra|pie, die; -, -n: *Eigenbluttherapie.*

Hä|mo|tho|rax, der; -[es], -e (Med.): *Hämatothorax.*

Hä|mo|to|xi|ko|se, die; -, -n (Med.): *durch Vergiftung hervorgerufene Schädigung der Blutzellen bzw. des Knochenmarks.*

Hä|mo|to|xin, das; -s, -e ⟨meist Pl.⟩ (Med.): *die roten Blutkörperchen schädigendes bakterielles od. chemisches Blutgift.*

Hä|mo|zy|a|nin, das; -s [zu griech. kýanos, ↑Zyan] (Biol.): *blauer Blutfarbstoff mancher wirbelloser Tiere.*

Hä|mo|zyt, der; -en, -en ⟨meist Pl.⟩ [zu griech. kýtos = Höhlung, Wölbung] (Med.): *Blutkörperchen.*

Ham|pe|lei, die; -, -en (ugs., meist abwertend): *dauerndes Hampeln:* diese H. musst du dir abgewöhnen.

Ham|pel|mann, der; -[e]s, ...männer [zu ↑hampeln]: **1. a)** *aus Holz, Pappe od. dgl. hergestelltes, an die Wand zu hängendes Kinderspielzeug in Gestalt eines Mannes (bes. eines Kaspers, einer Märchenfigur od. dgl.), der, wenn man an einem daran befestigten Faden zieht, Arme u. Beine waagerecht vom Körper abspreizt u. Unterschenkel u. Unterarme nach unten baumeln lässt:* ein bunter, hölzerner H.; Vielleicht hätte ein anderer sich einen H. an die Wand gehängt und ihm das Gesicht des Betriebsleiters gegeben (H. Gerlach, Demission 155); Er lässt den H. allerlei Kunststücke ausführen, bis die Schnur zerreißt (Joho, Peyrouton 28); Ü Er spielt oft den H. oder Clown und stört den Unterricht (Chotjewitz, Friede 20); **b)** (ugs. abwertend) *schwacher, willenloser Mensch, der leicht zu lenken u. zu beeinflussen ist:* dieser H. plappert nur nach, was der Chef sagt; die Befehle der amerikanischen Imperialisten und ihrer Bonner Hampelmänner (B. Vesper, Reise 418); Burkhards H. spielen? Nein. So geht's nicht (Heim, Traumschiff 280); ***jmdn. zu einem, seinem H. machen; einen H. aus jmdm. machen** *(jmdn. ganz von sich abhängig machen, zu einem willenlosen, gefügigen Werkzeug machen):* lass dich doch nicht zu seinem H. machen!; Ein grüner Umweltminister, der... sich zum H. der Hoechst AG machen lässt, ist untragbar (taz 8. 12. 86, 5). **2. a)** (Handball) *Abwehraktion des Torwarts, bei der er im Sprung die Arme seitlich nach oben streckt u. die Beine abspreizt:* der H. ist immer noch eine der besten Möglichkeiten der Abwehr im Hallenhandballtor; **b)** (Gymnastik) *Übung, bei der man aus der Grundstellung in eine leichte Grätsche springt, gleichzeitig beide Arme seitlich hochschwingt, über dem Kopf in die Hände klatscht u. anschließend wieder die Ausgangsposition einnimmt.*

ham|peln ⟨sw. V.; hat⟩ [aus dem Niederd., H. u.] (ugs.): **a)** *sich [von einem Bein auf das andere hüpfend] unruhig hin u. her bewegen:* hör auf [bei Tisch] zu h.!; Ian Anderson... spielt wie eh und je auf einem Bein stehend und hampelt auf der Bühne wie ein wild gewordener Akrobat (MM 21. 10. 87, 32); **b)** *sich hampelnd* (a) *irgendwohin bewegen* ⟨ist⟩: durch die Gegend, über die Tanzfläche, über die Bühne h.

Hams|ter, der; -s, - [mhd. hamastra, ahd. hamustro, aus dem Slaw.]: *(in mehreren Arten vorkommendes) kleines Nagetier mit gedrungenem Körper, meist stummelartigem Schwanz u. großen Backentaschen, mit deren Hilfe es Nahrungsvorräte für den Winterschlaf in einem unterirdischen Bau zusammenträgt:* er hält sich Vorräte wie ein H.; R ich glaub, mein H. bohnert (ugs.; *ich bin aufs Höchste erstaunt, überrascht, empört, entrüstet*).

Hams|ter|ba|cke, die ⟨meist Pl.⟩ (fam.): *volle, runde, dicke Backe:* Die -n der dicken kleinen Frau sind rot von Rouge und Rage (Hörzu 20, 1976, 29).

Hams|ter|bau, der ⟨Pl. -e⟩: *Bau* (5a) *eines Hamsters.*

Hams|te|rer, der; -s, - (ugs.): *jmd., der hamstert.*

Hams|ter|fahrt, die: *Fahrt [aufs Land] zum Zwecke des Hamsterns:* -en mit meinem Vater, an Sommer- und Herbsttagen vor der Währungsreform (Meckel, Suchbild 114).

Hams|te|rin, die; -, -nen (ugs.): w. Form zu ↑Hamsterer.

Hams|ter|kauf, der: *(bei drohender od. befürchteter Verknappung od. Verteuerung bestimmter Waren des täglichen Bedarfs, bes. von Lebensmitteln, vorgenommener) Einkauf von [weit] über den unmittelbaren Bedarf hinausgehenden Mengen solcher Waren zur Schaffung eines Vorrats:* Gerüchte über Preiserhöhungen ... haben... zu Hamsterkäufen insbesondere bei Kaffee und Schokolade geführt (Welt 22. 7. 77, 1).

hams|tern ⟨sw. V.; hat⟩: **1. a)** *Hamsterkäufe vornehmen:* als bekannt wurde, dass Tabak und Alkoholika teurer werden sollten, fingen die Menschen an zu h.; ⟨subst.:⟩ Dieser Kühlschrank ist wie Alaska: nicht zu füllen. Wenn es je zu einer Nahrungsmittelknappheit kommen sollte, kann ich im Hamstern ganz groß werden (Spiegel 37, 1994, 35); **b)** *(angesichts einer drohenden Knappheit) horten:* Lebensmittel, Zigaretten, Benzin h. **2. a)** *(in Notzeiten, in denen Lebensmittel knapp sind) [mit geeigneten Tauschobjekten] aufs Land fahren, um bei Bauern [auf dem Tauschweg] Lebensmittel zu bekommen:* an die Jahre nach dem Krieg, als viele aufs Land fuhren, um zu h. (MM 10. 11. 86, 28); ⟨subst.:⟩ zum Kohlenklauen, zur Schule, zum Hamstern auf die Dörfer, auf den schwarzen Markt nach Berlin (Johnson, Ansichten 97); **b)** *hamsternd* (2a) *erwerben:* Kartoffeln, Speck, Getreide h. **3.** (ugs.) *einheimsen:* Die meisten Titel ... hamsterte die Kölnerin (BZ 12. 6. 84, 65); Leo Kirch ... hat Filmrechte in Milliardenhöhe gehamstert (Woche 14. 3. 97, 25).

Hams|ter|preis, der: *(durch Hamsterkäufe) überhöhter Preis von bestimmten Waren:* sie mussten -e für das Fleisch bezahlen.

Hams|ter|wa|re, die: *durch Hamstern erworbene Ware.*

Han: ↑²Chan.

Ha|na|fi|te: ↑Hanefite.

Hand, die; -, Hände u. (bei Maßangaben:) - [mhd., ahd. hant, wahrsch. eigtl. = Greiferin, Fasserin]: **1.** *von Handwurzel, Mittelhand u. fünf Fingern gebildeter unterster Teil des Armes bei Menschen u. Affen, der die Funktionen des Haltens, Greifens usw. hat:* die rechte, linke H.; schmale, klobige, feingliedrige, schöne, verarbeitete Hände; feuchte, kalte Hände haben; seine Hände zitterten; Ihre H. knallt unverhofft in sein Gesicht (Ossowski, Flatter 193); Aber als sie das Bonbon nehmen wollte, zog ich die Hand zurück (Thor, Ich 9); der Saum ist eine H. breit; ein, zwei H./Hände breiter Saum; sie hat bei der Arbeit eine ruhige, sichere H., sie arbeitet mit ruhiger, sicherer H. *(ihre Handbewegungen bei der Arbeit sind ruhig, sicher);* Ihm ging der Ruf nach, dass er im Alkoholrausch eine ganz besonders sichere H. habe. Er galt in der ganzen Stadt als guter Operateur (Hackethal, Schneide 204); keine H. frei haben; jmdm. die H. geben, reichen, drücken, schütteln, küssen; küss die H.! (in Wien noch übliche, sonst veraltete, an weibliche, seltener auch an hoch gestellte männliche Personen gerichtete Grußformel); Ach, der Herr Hofschauspieler ist noch unterwegs. Küss die H., Maestro! (Ziegler, Labyrinth 95); Mathis ... hatte unsinnige Angst vor Händen, besonders vor versteckten; niemals gab er H., und wer ihn verstören wollte, brauchte ihm nur mit der H. in der Tasche einen

Schritt näher zu treten (Muschg, Gegenzauber 94); Hände hoch [oder ich schieße]! (Aufforderung, die Hände zu erheben); sich die Hände waschen; Tante Anna wischte sich die Hände an der Schürze ab und trat aus der Küchentür (Lentz, Muckefuck 180); Du wirst dir die H. abfrieren, warnt Großmutter (Schwaiger, Wie kommt 8); es war so dunkel, dass man die H. nicht vor den Augen sehen konnte; jmdm. die H. darauf geben *(versichern, fest versprechen),* dass ...; H. drauf! *(versprich es mir/ich verspreche es dir!);* sie hatte die Hände voll Kirschen; eine H. voll schwarze[r] Kirschen; ein paar H./Hände voll Reis; Wir folgten dem Trauerzug und warfen jeder eine H. voll Erde in die Grube (Erné, Fahrgäste 123); eine H. voll *(einige wenige)* Demonstranten; Mühlleithen, das ist eine H. voll Häuser auf einem Wiesenteller (Loest, Pistole 207); Als Sorgenkinder der atomaren Abrüster sind bis heute nicht einmal eine H. voll *(nicht einmal fünf)* Staaten in zwei Regionen übrig geblieben: Indien und Pakistan in Südasien, Israel und der Iran im Nahen und Mittleren Osten (Zeit 14. 4. 95, 3); jmdm. die H. zur Versöhnung bieten, reichen (geh.; *seine Bereitschaft zur Versöhnung kundtun*); Wie kommt es, dass der wilde Marder den Käfig und die menschliche H. gut erträgt, während die Eichkatze, die winters die fütternde H. nicht scheut, in Gefangenschaft ihrer Wildheit wegen nur schwer oder gar nicht zu halten ist ...? (Stern, Mann 53); sie nahm das Kind an die H.; nimm dem Kind das Messer aus der H., aus den Händen!; Der Fisch flutscht ihm aus der H. auf die Erde (Ossowski, Flatter 107); die letzten Extrablätter wurden ihm förmlich aus der H. gerissen; die Tiere fraßen [uns] aus der H.; sie legte ihre Arbeit aus der H. *(legte sie vorübergehend beiseite, hörte vorübergehend damit auf);* sie aßen [ihr Picknick] aus der H. *(ohne Zuhilfenahme von Bestecken, Tellern);* Ein paar Dutzend Männer saßen vor ihrem Bier, bissen auf Virginias oder aßen Kartoffelpuffer aus der H. (Bieler, Mädchenkrieg 335); eine Zigeunerin las ihm [seine Zukunft] aus der H. *(aus den Handlinien);* jmdn. bei der H. nehmen *(ihn führen);* etw. in der H., in [den] Händen haben, halten, tragen; das Messer in die H. nehmen; er hat schon lange kein Buch mehr in die H. genommen *(kein Buch mehr gelesen);* den Kopf in die Hände stützen; sie klatschten in die Hände; die Kinder gingen H. in H. *(hielten sich an den Händen);* Dann machen sie H. in H. einen Spaziergang über die Felder (Frischmuth, Herrin 86); jmdm. etw. in die H. drücken *(jmdm. [beiläufig od. verstohlen] etw. geben);* Der Meister hatte ihm eine Schutzbrille in die H. gedrückt (Fels, Sünden 86); mit sanfter H. über etw. streichen; sie war sich ... vor Ungeduld einige Male mit der H. durchs Haar gefahren (H. Weber, Einzug 304); Häuser zum Wohnen, Straßen, alles das, was wir mit unseren Händen schaffen können (Kühn, Zeit 55); sich mit Händen und Füßen (scherzh.; *durch viele Gesten, gestikulierend*) verständlich machen; der Brief ist mit der H. geschrieben; das Kleid ist von H. genäht; Wer strickt mir einen Pullover im Boutiquestil von H.? (NNN 23. 9. 87, 4); Er erhielt zwei Briefe, beide waren von H. geschrieben (Ziegler, Konsequenz 233); Zwei der Druckventile, im oberen Teil des Reaktors, mussten von H. geöffnet werden (Spiegel 8, 1977, 155); eine Sonate für vier Hände/zu vier Händen (Musik; *vierhändig zu spielen*); er nahm einen Bleistift zur H. *(in die Hand);* R H. aufs Herz! (Aufforderung, seine Meinung, Überzeugung ehrlich zu sagen; urspr. eine Gebärde beim Ablegen eines Eides); nicht in die hohle H.! (ugs.; *nicht eimal geschenkt, auf keinen Fall*); besser als in die hohle H. geschissen (derb; *besser als gar nichts*); Spr eine H. wäscht die andere *(ein Dienst zieht einen Gegendienst nach sich);* Der Gewährsmann ... hatte Herbert Leibig nicht enttäuscht, und das sollte, wie jetzt zu hören war, dessen Schade nicht sein. Eine H. wäscht die andere (Ossowski, Liebe ist 108); ***die öffentliche H., die öffentlichen Hände** *(der Staat als Verwalter des öffentlichen Vermögens):* dies wiederum entlastet die öffentlichen Hände bei den Neubauprogrammen erheblich (Gut wohnen 1, 1979, 14); Hieraus ergibt sich aus volkswirtschaftlicher Sicht ein Handlungsbedarf für die öffentlichen Hände (CCI 8, 1985, 30); **die Tote H.** (Rechtsspr.; *öffentlich-rechtliche Körperschaft o. Ä., die ihr Eigentum nicht veräußern od. vererben kann*); **jmds. rechte H.** *(jmd., der in einer einem anderen untergeordneten Position diesem wichtige Arbeiten abnimmt, ihn bei seiner Arbeit unterstützt):* Jetzt begleitete der ZDL ihn auch in den Schulunterricht und wurde dort gleichsam seine rechte H. Tafelanschriebe, Anfertigung und Austeilung von Kopien, Bedienung der Unterrichtsmedien (Zivildienst 5, 1986, 15); **jmdm. rutscht die H. aus** (ugs.; *jmd. schlägt einen anderen im Affekt*): wie diese linken Zeitungsfritzen den armen Direktor Conrad fertig gemacht haben, bloß weil ihm mal die H. ausgerutscht ist (Ziegler, Gesellschaftsspiele 141); **jmdm. sind die Hände/Hände u. Füße gebunden** *(jmd. kann nicht so handeln od. entscheiden, wie er möchte, weil seine Handlungs-, Entscheidungsfreiheit durch bestimmte äußere Umstände entscheidend eingeengt ist):* Rüfenacht waren die Hände gebunden, weil Landert ihn selber vor Jahren in einen peinlichen Skandal verwickelt hatte (Ziegler, Liebe 57); **eine lockere H. haben** (ugs.; ↑Handgelenk); **freie H. haben** *(tun können, was man will):* Zwar hat der Berichterstatter freie H., in welchem Umfang er über derartige Sitzungen berichtet, lückenlos braucht sein Bericht nicht zu sein (NJW 19, 1984, 1127); **H. und Fuß haben** (*gut durchdacht sein;* urspr. bezogen auf jmdn., der unversehrt, nicht verstümmelt ist, sodass man sich voll auf seine körperliche Leistungsfähigkeit verlassen kann): der Plan muss aber H. und Fuß haben; Das alles hatte H. und Fuß und sprach für die Gewissenhaftigkeit des Professors (Weber, Tote 96); **[bei etw. selbst mit] H. anlegen** *(bei einer Arbeit [aus freiem Antrieb] mithelfen):* der Chef muss selbst mit H. anlegen; sie bestand darauf, überall mit H. anzulegen, und das Komische war, dass sie sich immer die schwersten Arbeiten aussuchte (Hilsenrath, Nacht 44); **die/seine/die hohle H. aufhalten/hinhalten** (ugs.; *für Trinkgelder, finanzielle Zuwendungen o. Ä. sehr empfänglich sein*); **keine H. rühren** (ugs.; *jmdm. nicht helfen, nicht beispringen, obwohl man sieht, dass er sich sehr abmühen muss*); **H. an sich legen** (geh.; *sich mit einer Waffe töten, Selbstmord begehen*): Ein Segelmacher, der dem Wasser zuvorkam und H. an sich legte, starb als Erster (Ransmayr, Welt 34); **H. an jmdn. legen** (geh.; *jmdn. tätlich angreifen [u. töten]*); **[die] letzte H. an etw. legen** *(die letzten abschließenden Arbeiten an etw. ausführen);* **jmdm. die H. [zum Bund] fürs Leben reichen** (geh.; *jmdn. heiraten*); **sich/**(geh.:) **einander die H. reichen können** *(im Hinblick auf ein bestimmtes, meist negativ beurteiltes Verhalten gleich sein):* ihr beide könnt euch die H. reichen, von euch ist einer so unzuverlässig wie der andere; **jmdm. die Hände schmieren/versilbern** (ugs.; *jmdn. bestechen*); **alle/beide Hände voll zu tun haben** (ugs.; *sehr beschäftigt sein; viel zu tun, viel Arbeit haben; mit etw. große Mühe haben*): ich habe im Augenblick beide Hände voll zu tun, kannst du nicht ein anderes Mal kommen?; Eine Abwehr hat alle Hände voll zu tun mit diesem Fußballer (Kicker 6, 1982, 4); **sich** ⟨Dativ⟩ **die H. für jmdn., etw. abhacken/abschlagen lassen** (ugs.; *sich vorbehaltlos u. uneingeschränkt für jmdn., etw. verbürgen*); **jmdm. auf etw. die H. geben** *(von etw. fest überzeugt sein u. dies jmdm. versichern):* das wird so kommen, darauf geb ich dir die H.; **die Hände in den Schoß legen, in die Taschen stecken** (1. *sich ausruhen, einmal nichts tun.* 2. *sich untätig verhalten, wo man eigentlich helfend eingreifen müsste*); **die/seine H. auf etw. halten** (ugs.; *dafür sorgen, dass etw. nicht verschwenderisch ausgegeben od. verbraucht wird*); **die H. auf der Tasche halten** (ugs.; *nicht leicht Geld ausgeben, geizig sein*); **die/seine H. auf etw. legen** (geh.; *von etw. Besitz ergreifen*); **bei etw. die/seine H., seine Hände [mit] im Spiel haben** *(bei etw. heimlich beteiligt sein):* schon nach wenigen Tagen war klar, dass der CSU-Chef ... seine H. im Spiel hatte bei der Aktion (W. Brandt, Begegnungen 55); **überall seine H./seine Hände im Spiel haben** *(überall mitreden u. seinen Einfluss geltend machen);* **seine Hände in Unschuld waschen** (geh.; *beteuern, dass man an einer Sache nicht beteiligt war u. darum nicht zur Verantwortung gezogen werden kann, dass man mit bestimmten Vorgängen nichts zu tun hat;* nach Matth. 27, 24 u. Ps. 26, 6; Pilatus wusch sich vor der Verurteilung Jesu die Hände zum Zeichen, dass er an seinem Tode unschuldig sei); **für jmdn., etw. die/seine H. ins Feuer**

legen (*sich vorbehaltlos u. uneingeschränkt für jmdn., etw. verbürgen;* bezogen auf die ma. Feuerurteile, bei denen der Angeklagte, um seine Unschuld zu beweisen, seine Hand ins Feuer halten musste u. als unschuldig galt, wenn er keine Verbrennungen erlitt): Dafür jedenfalls möchte ich die H. ins Feuer legen: der Obertertianer ... ist nur durch Herrn Blocks Blick zu seiner Tat vergiftet worden (Erné, Fahrgäste 55); **die H. in anderer, fremder Leute Taschen haben** (*auf Kosten anderer leben);* **die Hände überm Kopf zusammenschlagen** (ugs.; *über etwas sehr verwundert od. entsetzt sein;* eigtl. eine Gebärde, durch die man in der Gefahr den Kopf zu schützen sucht); **die/seine H. über jmdn. halten** (geh.; *jmdm. Schutz, Beistand gewähren;* nach einem alten Rechtsbrauch, nach dem jmd., dem das Begnadigungsrecht zustand, die Hand über einen Angeklagten od. Verurteilten halten konnte, wodurch dieser außer Verfolgung gesetzt wurde); **jmdm. die Hände unter die Füße breiten** (ugs.; *jmdm. alles so leicht machen wie nur möglich, ihm alle Schwierigkeiten aus dem Weg räumen*); **die/seine H. von jmdm. abziehen** (geh.; *jmdm. seinen Schutz, seine Hilfe od. Zuwendung entziehen;* nach 4. Mos. 14, 34); **zwei linke Hände haben** (ugs.; *für manuelle Arbeiten sehr ungeeignet sein*); **eine lockere/lose H. haben** (*dazu neigen, jmdm. schnell eine Ohrfeige zu geben);* **eine milde/offene H. haben** (*gern geben; freigebig sein);* **eine glückliche H. [bei etw.] haben, zeigen, beweisen** (*bei etw. besonderes Geschick haben, zeigen, intuitiv richtig handeln, vorgehen):* bei der Auswahl der Bewerber hatte er keine glückliche H.; der Trainer ... bewies einmal mehr seine glückliche H., als er ... einen Mann von der Bank holte, der ... gegen den Bundesligisten besonders motiviert war (Kicker 82, 1981, 50); **eine grüne H. haben** (ugs.; *bei der Pflege von Pflanzen in Bezug auf das Gedeihen guten Erfolg haben*): Es grünt und blüht auf allen Wegen ... Haben Sie eine grüne H.? (Hörzu 14, 1977, 5); **klebrige Hände haben** (ugs.; *zum Stehlen neigen*); **schmutzige Hände haben** (geh.; *in eine ungesetzliche Angelegenheit verwickelt, an etw. [mit]schuldig sein*); **linker H., rechter H.** (*links/ rechts):* Linker H. jetzt der Park, Laubwald und Wiesen (Bastian, Brut 157); Er wusste, dass rechter H. gleich eine untergeordnete Straße ... kommen musste (Bastian, Brut 102); **an H.** ↑anhand; **jmdm. etw. an die H. geben** (*jmdm. etw. geben, überlassen, zur Verfügung stellen, was dieser für einen bestimmten Zweck braucht):* der Beauftragte des Unternehmens hat ihm alles Material an die H. gegeben, das er für seine Arbeit braucht; Dadurch wird dem Leser ein umfassendes Werk zur Besteuerung der betrieblichen Altersversorgung ... an die H. gegeben (NJW 19, 1984, XXVIII); **jmdm. [bei etw.] an die H. gehen** (*jmdm. bei einer Arbeit durch Handreichungen o. Ä. helfen, ihn bei der Arbeit unterstützen):* sie klagte darüber, dass ihr bei der Hausarbeit nie jemand an die H. ginge; **jmdn. an der H. haben** (ugs.; *jmdn. kennen, zu jmdm. Verbindung haben, den man gegebenenfalls für bestimmte Dienste in Anspruch nehmen kann*): er hat einen guten Rechtsanwalt an der H.; **sich** ‹Dativ› **etw. an beiden Händen abzählen/abfingern können** (ugs.; *sich etw. leicht denken, etw. leicht vorhersehen können*); **[klar] auf der H. liegen** (ugs.; *ganz offenkundig, klar erkennbar, eindeutig sein*): Es lag auf der Hand, dass der Ausgang der Volksabstimmung nicht nur für die französische Innenpolitik ... Folgen haben würde (W. Brandt, Begegnungen 161); Die Sache liegt ganz klar auf der H. Wir müssen weg (Brot und Salz 229); Die Vorteile ... liegen auf der H. Sie sind preiswerter als aufwendige Modellversuche (CCI 2, 1995, 15); **[bar] auf die [flache] H.** (ugs.; *sofort in bar [und ohne weitere Abzüge]*): sie wollte keinen Scheck, sondern alles bar auf die flache H.; wo jeder Werktätige das ihm Zukommende entweder bar auf die H. erhält oder auf sein Lohnkonto überwiesen (Heym, Schwarzenberg 197); Viertausendfünfhundert Mark! ... Legt denen viertausendfünfhundert bar auf die H.! (Brot und Salz 9); **auf die H. bekommen** (*als Bargeld erhalten):* er gibt immer alles aus, was er auf die H. bekommt; Unser Meister bekommt weniger auf die H. als die guten Facharbeiter bei uns (Freie Presse 14. 10. 89, 3); **jmdn. auf Händen tragen** (*jmdn., dem man zugetan ist, sehr verwöhnen, alles für ihn tun;* nach Ps. 91, 11, 12); **aus der H.** (*ohne Unterlagen, ohne genauere Prüfung):* so aus der H. kann ich es nicht genau sagen; **aus erster H.** (1. *vom ersten Besitzer:* Gebrauchtwagen aus erster Hand; er hat das Auto aus erster H. gekauft. 2. *[in Bezug auf Informationen, Nachrichten] aus sicherer Quelle:* die Nachricht ist, stammt aus erster H.; Alles weitere Geschehen verlief, wie Gertie Baetge dank ihrer Informationen aus erster H. es Klaus Speer prophezeit hatte [Prodöhl, Tod 64]); **aus zweiter H.** (1. *gebraucht, nicht neu:* etw. aus zweiter H. kaufen. 2. *vom zweiten Besitzer:* er hat sein Auto aus zweiter H. 3. *von einem Mittelsmann:* die Nachricht stammt aus zweiter H.); **aus, von privater H.** (*von einer Privatperson):* etw. von privater H. kaufen; **jmdm. aus der H. fressen** (ugs.; *jmdm. so ergeben sein od. von jmdm. innerlich so abhängig sein, dass man alles tut, was er von einem erwartet od. verlangt*): Bruder Benno ... frisst dem Kaplan aus der H., weil er um seine Existenz bangt (Ziegler, Gesellschaftsspiele 31); **etw. aus der H. geben** (1. *etw. weggeben, [vorübergehend] einem anderen überlassen, anvertrauen:* ein wertvolles Buch nicht aus der H. geben; Wer gibt solche lebenswichtigen Trümpfe ohne Not aus der H.? [Gruhl, Planet 301]. 2. *ein Amt od. dgl. nicht länger innehaben wollen, auf seine Weiterführung verzichten:* der Senior hat die Leitung des Unternehmens aus der H. gegeben); **[aus der] H. spielen** (Skat; *ohne den Skat aufzuheben spielen*): einen Grand aus der H. spielen; ich spiele Pik H.; **jmdm. etw. aus der H. nehmen** (*jmdm. etw. entziehen, wegnehmen):* man hat vergeblich versucht, ihm die Entscheidungsgewalt wieder aus der H. zu nehmen; diese Rechte lassen wir uns nicht mehr aus der H. nehmen; **etw. bei der H. haben** (1. *etw. greifbar haben:* hast du einen Bleistift bei der H.? 2. *um etw. nicht verlegen sein, etw. parat haben:* natürlich haben die beiden Ausreden bei der H.); **[mit etw.] schnell/rasch bei der H. sein** (ugs.; *sehr schnell, voreilig, unbedacht urteilen, sich äußern, reagieren* usw.): er ist [allzu] schnell bei der H., einen anderen zu verurteilen; flink war er mit dem Urteilen und Verurteilen bei der H. (Loest, Pistole 52); **durch jmds. H./ Hände gehen** (*im Laufe der Zeit, einer gewissen Zeit von jmdm. bearbeitet, behandelt, gebraucht werden):* wie viel Patienten sind in all den Jahren durch seine Hände gegangen?; in diesen 22 Jahren ..., in denen zirka 20 500 Kinder durch die Hände der Schwester in den Beratungsstellen hindurchgegangen sind (Vaterland 27. 3. 85, 26); **[schon/bereits] durch viele Hände gegangen sein** (*schon häufig den Besitzer gewechselt haben);* **hinter vorgehaltener H.** (*im Geheimen, inoffiziell):* etw. hinter vorgehaltener H. sagen; bei den Immunologen sprach man hinter vorgehaltener H. davon, dass der israelische Forscher nicht mehr ganz richtig im Kopf sei (Spiegel 10, 1988, 160); ... bei dessen Verlobten er einmal nicht hatte landen können, wie der Oetzinger hinter vorgehaltener H. verbreitet hatte (Kühn, Zeit 71); **[mit jmdm.] H. in H. arbeiten** (*so [mit jmdm.] zusammenarbeiten, dass man sich gegenseitig ergänzt, sodass im Arbeitsablauf Stockungen vermieden werden):* Der VEB Turbinenbau ... und vor allem die Energiewirtschaft müssen beim Wiederingangsetzen mit uns H. in H. arbeiten (Freie Presse 29. 11. 89, 5); **mit etw. H. in H. gehen** (*mit etw. einhergehen* 2): mit einer Rezession geht meist ein Ansteigen der Arbeitslosigkeit H. in H.; Selbstmitleid und Missgunst gehen jetzt H. in H. (Reich-Ranicki, Th. Mann 174); die Schwankungen unseres Selbstbewusstseins, die H. in H. mit unserer Geschichte gehen und unsere Identität beeinflussen (R. v. Weizsäcker, Deutschland 42); **in die Hände spucken** (ugs.; *ohne Zögern u. mit Schwung an die Arbeit gehen*); **jmdm., einer Sache in die H./in die Hände arbeiten** (*etw. tun, womit man unbeabsichtigt jmdm. hilft, einer Sache Vorschub leistet):* durch sein Verhalten hat er den Gangstern in die Hände gearbeitet; **jmdn., etw. in die H./ in die Hände bekommen/kriegen** (*[durch Zufall] einer Person od. Sache habhaft werden):* die Dokumente darf er niemals in die H. bekommen; wenn sie ihn in die Hände bekommen, ist er verloren; Mit dem Mikrofon hat der Komödiant oder Vortragskünstler auf der Bühne eine unschlagbare Waffe in die H. bekommen (Gregor-Dellin, Traumbuch 119); **jmdm. in die H./in die Hände fallen, kommen** (*durch Zufall von jmdm. gefunden werden):* diese Lampe ist mir beim Stöbern auf einem Trödelmarkt in die Hände gefallen; in einer Buchhandlung fällt ihr Thomas Manns Erzählung in die Hände (Reich-Ranicki, Th. Mann 102); **jmdm. in die Hände fallen** (1. *in jmds. Besitz kommen:* die Dokumente sind einem ausländischen Geheimdienst in die Hände gefallen.; ... um es aber ... wieder aufzulesen, als fürchte er, dass es einem Unberufenen in die Hände fallen könnte [Hilsenrath, Nacht 236]. 2. *in jmds. Gewalt geraten:* der Spähtrupp ist dem Feind in die Hände gefallen); **jmdn., etw. in jmds. H. geben** (geh.; *jmdn., etw. jmdm. überantworten*): Die Zukunft des deutschen Volkes war völlig in die H. der Sieger gegeben (Niekisch, Leben 382); **etw. in der H. haben** (1. *etw. [worauf man sich stützen kann, was einem eine Handhabe bietet] haben:* er hat wichtige Dokumente in der H., womit er sie erpressen kann. 2. *Entscheidungsgewalt über etw. besitzen:* Jetzt habt ihr es nämlich in der H. Wenn ihr wollt, tunkt ihr unsereinen ein, ganz mir nichts, dir nichts [Frischmuth, Herrin 89]); **jmdn. in der H. haben** *(jmdn. in seiner Gewalt haben, ihn lenken können; jmds. völlig sicher sein):* bis ich mich ... im Netz meines schlechten Gewissens verstrickte. Er wusste, dass er mich in der H. hatte (Ziegler, Labyrinth 241); sie haben es gewusst ... sie haben ihn über mehr als ein Jahrzehnt in der H. gehabt (Härtling, Hubert 335); **sich in der H. haben** *(sich in der Gewalt, unter Kontrolle haben, sich beherrschen können):* ihre Spannung ist nicht geringer als seine, aber sie hat sich besser in der H. (Heym, Nachruf 222); Jürgen glaubt, sich einigermaßen in der H. zu haben (Chotjewitz, Friede 251); **etw. in Händen halten** *(über etw. verfügen):* Er ... ist sich .. der Macht, die er in Händen hält, ... gar nicht bewusst (Dönhoff, Ära 58); **etw. in jmds. H./Hände legen** (geh.; *jmdn. mit etw. betrauen*): Er führe am Nachmittag nach Berlin, teilte er mit, und legte die Leitung des Turniers kommissarisch in die Hände von Pittelbach (Loest, Pistole 141); **in jmds. H. liegen/stehen** (geh.; *in jmds. Macht, Verantwortung gegeben sein*); **etw. in die H. nehmen** *(sich einer Sache annehmen, sich um etw. kümmern):* Sie war froh, dass Paul alles in die H. nahm, was sie schleifen lassen musste (Plenzdorf, Legende 153); **in jmds. H. sein** *(in jmds. Gewalt sein);* **in festen Händen sein** (ugs.; *einen festen Freund, eine feste Freundin haben, nicht mehr frei sein für eine Bindung*): Dabei ist auch sie längst wieder in festen Händen: Ihr derzeitiger Freund ist der Fotograf (Hörzu 44, 1976, 51); **in guten, sicheren** usw. **Händen sein** *(in guter, sicherer* usw. *Obhut, Betreuung sein);* **jmdm. etw. in die H./in die Hände spielen** *(jmdm. etw. zuspielen):* der Geheimdienst spielte dem Generaldirektor das brisante Dossier in die Hände; **jmdm. etw. in die H. versprechen** *(jmdm. etw. fest versprechen);* **in jmds. H./Hände übergehen** *(in jmds. Besitz übergehen):* mit der gesamten Erbschaft ging auch die Firma in die Hände der Nichte über; **mit Händen zu greifen sein** *(offenkundig, für jedermann erkennbar, wahrnehmbar sein):* die Spannung im Raum war mit Händen zu greifen; **sich mit Händen und Füßen [gegen jmdn., etw.] sträuben/wehren** (ugs.: *sich auf das Heftigste [gegen jmdn., etw.] wehren, sträuben:* als man sie festnehmen wollte, wehrte sie sich mit Händen und Füßen; Goldberg wehrt sich mit Händen und Füßen gegen die feministische Front [Wilhelm, Unter 147]; Reagan hat sich bis jetzt mit Händen und Füßen gewehrt, einem Gesetz seine Zustimmung zu erteilen, dem auch nur der leiseste Geruch von Protektionismus anhaftet (taz 8. 1. 87, 3); **mit leeren Händen** (1. *ohne eine Gabe mitzubringen:* zu der Party war keiner mit leeren Händen gekommen. 2. *ohne in einer bestimmten Sache etw. erreicht zu haben, ohne greifbares positives Ergebnis:* auf keinen Fall wollte sie von ihrer Mission mit leeren Händen zurückkommen); **mit leichter H.** *(ohne Anstrengung od. krampfhafte Bemühung);* **mit der linken H.** (ugs.; *ohne jede Anstrengung, ganz mühelos*): seine Schularbeiten macht er mit der linken H.; **mit sanfter H.** *(auf sanfte* 4 b *Art);* **mit starker/fester H.** *(tatkräftig, streng):* der Monarch regierte sein Volk mit fester H.; **mit vollen Händen** *(in verschwenderisch großer Menge):* sein, das Geld mit vollen Händen ausgeben, verschenken, zum Fenster hinauswerfen; Sie verteilten mit vollen Händen Informationsbroschüren und Kondome: Gestern war Weltaidstag (taz 2. 12. 94, 21); Die Männer fressen und saufen und huren, sie verschleudern das unter Todesgefahr verdiente Geld mit vollen Händen (Zeit 3. 1. 97, 39); **um jmds. H. anhalten/bitten** (geh. veraltend; *jmdm. einen Heiratsantrag machen*): so wurde die selbstsichere und keineswegs auf den Mund gefallene Studentin auch von jenen umgeben, die um ihre H. anhielten (Reich-Ranicki, Th. Mann 240); **jmdn. um jmds. H. bitten** (geh. veraltend; *jmdn. [dessen Tochter man heiraten möchte] um die Einwilligung bitten, jmdn. zu heiraten*); **unter der H.** *(im Stillen, heimlich u. unter Missachtung geltender Regeln):* etw. unter der H. regeln, verkaufen; etw. unter der H. erfahren; Informationen unter der H. weitergeben; einen Posten unter der H. vergeben; Handelsbeziehungen, die auch schon zur Zeit der Apartheid unter der H. mit Dutzenden von afrikanischen Ländern bestanden, wurden offiziell besiegelt (taz 10. 4. 92, 8); unter der H. *(über inoffizielle Kanäle)* hörte man freilich alliierte Ratschläge (W. Brandt, Begegnungen 297); **etw. unter den Händen haben** *(etw. in Arbeit haben);* **jmdm. unter den Händen zerrinnen** *([bes. in Bezug auf Geld, Vermögen] sich schnell verringern, aufzehren);* **von jmds. H.** (geh.; *durch jmdn., jmds. Tat*): schwerer ... lag der Tod Viktors auf ihm, der von seiner H. gestorben war (Hesse, Narziß 195); **jmdm. [gut, flott** usw.**] von der H. gehen** *([in Bezug auf eine Arbeit, Tätigkeit] von jmdm. rasch, ohne Schwierigkeiten erledigt, geschafft werden):* Da gibt es Zeiten, wo alles nur so flutscht und die Arbeit von der H. geht (Freie Presse 19. 11. 87, 3); Faul bist du nicht, ... und dusslig kannst du auch nicht sein, sonst würde dir nicht alles so flott von der H. gehen (Danella, Hotel 173); **etw. von langer H. vorbereiten, planen** usw. (*etw. lange u. sorgfältig vorbereiten, planen* usw.; vgl. spätlat. longa manu = langsam [eigtl. = mit langer Hand]): Die Polizeiaktion war von langer H. vorbereitet (MM 20. 5. 75, 17); Die Flucht nach Übersee hatte Casper offensichtlich von langer H. geplant (Spiegel 46, 1993, 124); von langer H. eingefädelte Betrügereien mit immensen Gewinnspannen (Zeit 15. 2. 85, 20); **etw. von der H. weisen** *(etw. [als unzutreffend, unzumutbar, abwegig] zurückweisen):* ich würde das nicht ohne weiteres von der H. weisen; **sich nicht von der H. weisen lassen/nicht von der H. zu weisen sein** *(offenkundig sein, nicht zu verkennen sein, sich nicht ausschließen lassen;* wohl mit Bezug darauf, dass etwas, was sich auf der Hand befindet, deutlich sichtbar ist): diese Möglichkeit ist nicht [ganz] von der H. zu weisen; Der Riesenessay ist antithetisch entworfen und dies mit so großer Konsequenz, dass sich der Gedanke an ... Schwarzweißmalerei nicht immer von der H. weisen lässt (Reich-Ranicki, Th. Mann 170); ... wie die Dinge sich nun einmal entwickelt hatten, war es nicht ganz von der H. zu weisen, dass der Christengott über die Heidengötter so etwas wie einen Sieg davongetragen hatte (Thieß, Reich 231); **von der H. in den Mund leben** *(seine Einnahmen sofort für seine Lebensbedürfnisse wieder ausgeben [müssen]; ohne finanziellen Rückhalt leben);* **von H. zu H. gehen** *(häufig den Besitzer wechseln);* **zur linken H., zur rechten H.** *(links, rechts);* **zu treuen Händen** (geh., oft scherzh.; *[in Bezug auf etw., was man einem anderen zur vorübergehenden Benutzung, zur Aufbewahrung od. dgl. anvertraut] zur guten, sorgsamen Behandlung, Verwahrung od. dgl.):* vor seiner Abreise hatte er das Haus und die Schlüssel seinem Freund zu treuen Händen übergeben; hier hast du meinen Pulli zu treuen Händen – Wiedersehen macht Freude; **etw. zur H. haben** *(etw. greifbar, verfügbar, bereit haben):* So wenigstens lehrt es ein kleines Buch, das ich zur H. habe (Frisch, Montauk 104); **zur H. sein** *(greifbar, verfügbar, vorhanden sein):* eine Schere war gerade nicht zur H.; **mit etw. zur H. sein** *(etw. bereit, verfügbar haben, damit zur Stelle sein):* mit guten Angeboten ist er stets zur H.; In der Bundeshauptstadt war man zwar oft mit starken Worten zur H., doch scheute man dafür das ... volle Engagement (W. Brandt, Begegnungen 34); **jmdm. zur H. gehen** *(jmdm. bei einer Arbeit durch Handreichungen helfen):* Er sollte dem Leiter der Finanzabteilung zur H. gehen (Härtling, Hubert 248); Das lag an der verwitweten Frau Ferber, die ihm in der Küche zur H. ging (Brückner, Quints 58); **zu Händen** ([bei Briefanschriften an eine übergeordnete Stelle in Verbindung mit dem Namen der Person, in deren Hände die Postsache gelangen soll] *zu übergeben an*): zu Händen [von] Herrn Müller, (selten:) des Herrn Müller; Abk.: z. H., z. Hd., z. Hdn. **2.** ⟨o. Pl.⟩ (veraltend) kurz für [Hand]schrift: eine saubere, leserliche, ausgeschriebene H. **3.** ⟨o. Pl., ugs. gelegtl.: Hände; meist ohne Art.⟩ (Fußball) *Handspiel:* absichtliche H.; angeschossene H. *(unabsichtliches Handspiel, bei dem sich Hand od. Arm nicht zum Ball bewegen);* der Schiedsrichter pfiff H., entschied auf H.; Hand! (Ruf, wenn ein Spieler den Ball mit der Hand berührt). **4.** (Boxen Jargon) *Schlag, Treffer:* er brachte im Nahkampf immer einige Hände mehr unter als sein Gegner; nach einer schweren rechten H. *(Schlag mit der rechten Faust)* musste er auf die Bretter. **5.** ⟨o. Pl.⟩ (Reiten) **a)** kurz für ↑Vorhand (3); **b)** kurz für ↑Mittelhand (2); **c)** kurz für ↑Hinterhand (2).

Hand|ab|wehr, die: **1.** (Ballspiele) *Abwehr des auf das Tor zukommenden Balls mit der Hand.* **2.** (Boxen) *Abwehr eines gegnerischen Schlags mit der geöffneten Hand.*

Hand|ab|zug, der: **1.** (Druckerspr.) *mit der Handpresse hergestellter Abzug eines Bleisatzes.* **2.** (Fot.) *einzeln, von Hand angefertigter Abzug von einem Negativ od. Diapositiv.*

Hand|ak|te, die: *Akte, die bestimmte dienstliche Schriftstücke enthält u. die man zu einer Sitzung od. dgl. mitnimmt:* Vier Stunden suchten die Ermittler am vergangenen Dienstag intensiv in den Kanzleiräumen und im Archivkeller nach den »Handakten Schönberg« des Kieler Rechtsanwalts und Ewer-Mandanten Wolfgang Kubicki, 41 (Spiegel 31, 1993, 38).

Hand|än|de|rung, die (schweiz.): *Übergang von Eigentum (bes. Grundbesitz, Wertpapieren) von einer Person auf eine andere:* In acht Monaten nach der H. hat die neue Eigentümerin ... den »Löwen« zu einem vollständig erneuerten ... Aussehen verholfen (NZZ 9. 12. 82, 32); Verhandlungen über eine H. des 45%-Pakets, das bisher dem Banco Ambrosiano gehörte (Tages Anzeiger 10. 7. 82, 11).

Hand|än|de|rungs|steu|er, die (schweiz.): *bei einer Handänderung fällige Steuer.*

Hand|an|trieb, der: *mit der Hand, manuell erfolgender Antrieb:* eine Bohrmaschine, Mühle, Pumpe mit H.

Hand|ap|pa|rat, der: **1.** (Fernspr.) *Teil des Telefonapparates, der Hör- u. Sprechmuschel enthält; Hörer.* **2.** *für einen bestimmten Zweck, z. B. als Hilfsmittel für eine wissenschaftliche Arbeit, am Arbeitsplatz bereitgestellte Anzahl von häufig gebrauchten Büchern:* sich einen H. zusammenstellen.

Hand|ar|beit, die: **1.** ⟨o. Pl.⟩ **a)** *körperliche, mit der Hand, mit Muskelkraft verrichtete, ausgeführte Arbeit:* dieser Beruf erfordert sowohl Kopf- als auch H.; er verrichtet überwiegend H.; **b)** *mit der Hand geleistete, nicht von Maschinen übernommene Arbeit, bes. zur Herstellung von etw.:* Die fachgerechte Restaurierung erfordert H. von Spezialisten (Hamburger Abendblatt 24. 8. 85, 4); die Möbel werden hier noch in H. gefertigt, hergestellt; Damals gab es noch keine Gabelstapler im Hafen. In den Luken wurde mit H. gerückt und geschoben (Hamburger Abendblatt 12. 5. 84, 6). **2.** *in Handarbeit* (1 b) *hergestellter Gegenstand:* der Schmuck ist eine wundervolle H. **3.** *in einer bestimmten Technik (z. B. Sticken, Stricken, Nähen) mit der Hand hergestellte Arbeit aus textilen Werkstoffen:* sie macht gerne -en; sie sitzt an einer H. **4.** ⟨o. Pl.⟩ (ugs.) kurz für Handarbeitsunterricht.

hand|ar|bei|ten ⟨sw. V.; hat⟩: *eine Handarbeit* (3) *ausführen:* sie handarbeitet gerne, hat immer gerne gehandarbeitet; überhaupt handarbeitete sie ihr Leben lang, davon wurden dann die Augen so blass (Mayröcker, Herzzerreißende 19).

Hand|ar|bei|ter, der: *jmd., der Handarbeit* (1 a) *verrichtet.*

Hand|ar|bei|te|rin, die: w. Form zu ↑Handarbeiter.

Hand|ar|beits|garn, das: *[farbiges] Garn verschiedener Art für Stick- u. Häkelarbeiten.*

Hand|ar|beits|ge|schäft, das: *Einzelhandelsgeschäft, das die für Handarbeiten* (3) *benötigten Materialien führt.*

Hand|ar|beits|heft, das: *mit Arbeitsanleitungen, Mustern u. zahlreichen Abbildungen versehene Druckschrift, die Anregungen zu Handarbeiten* (3) *gibt.*

Hand|ar|beits|korb, der: *Korb, in dem in Arbeit befindliche Handarbeiten* (3) *aufbewahrt werden.*

Hand|ar|beits|leh|re|rin, die: *Lehrerin, die Unterricht in Handarbeit* (3) *erteilt.*

Hand|ar|beits|stun|de, die: *Unterrichtsstunde in dem Schulfach Handarbeit* (3).

Hand|ar|beits|un|ter|richt, der: *Unterricht, in dem das Anfertigen von Handarbeiten* (3) *gelehrt wird:* Die alte Fuckruschen gab H. in der Dorfschule, aber die Kinder mochten sie nicht (Lentz, Muckefuck 170).

Hand|at|las, der: *kleiner, handlicher Atlas.*

Hand|auf, das; -s, -s (Rugby): *das Niederlegen des Balles durch einen Spieler im eigenen Malfeld.*

Hand|auf|he|ben, das; -s: *das Erheben der Hand bei in die Höhe gestrecktem Arm (bei einer nicht geheimen Abstimmung):* eine Abstimmung durch H.

Hand|auf|le|gen, das; -s, **Hand|auf|le|gung,** die (bes. Rel.): *Geste des Auflegens der Hand od. beider Hände auf das Haupt eines Menschen (od. auf einen Gegenstand) zum Zwecke der Segnung od. auch der Heilung von Krankheiten.*

Hand|aus|ga|be, die (Buchw.): *kleinere, handliche Ausgabe eines größeren Druckwerks.*

Hand|bad, das: vgl. Armbad.

Hand|ball, der: **1.** ⟨o. Pl.⟩ *zwischen zwei Mannschaften ausgetragenes Ballspiel, bei dem der Ball nach bestimmten Regeln mit der Hand in das gegnerische Tor zu werfen ist.* **2.** *im Handball* (1) *verwendeter Ball.*

Hand|bal|len, der: *Muskelpolster an der Innenseite der Handfläche, bes. an der Handwurzel:* Als er das Gitter wieder in den Zementfalz zurückzwängte, zwickte er sich den H. blasig (Sommer, Und keiner 5).

Hand|bal|ler, der; -s, - (ugs.): *Handballspieler.*

Hand|bal|le|rin, die; -, -nen: w. Form zu ↑Handballer.

hand|bal|le|risch ⟨Adj.⟩: *den Handball* (1) *betreffend:* Im soliden -en Können, dem ausgeprägten Kollektivgeist (Freie Presse 17. 11. 88, 5).

Hand|ball|mann|schaft, die: *aus 12 Spielern bestehende Mannschaft beim Handball* (1).

Hand|ball|spiel, das: *Handball* (1).

Hand|ball|spie|ler, der: *jmd., der Handball* (1) *spielt.*

Hand|ball|spie|le|rin, die: w. Form zu ↑Handballspieler.

Hand|ball|trai|ner, der: *Trainer einer Handballmannschaft.*

Hand|ball|trai|ne|rin, die: w. Form zu ↑Handballtrainer.

Hand|ball|tur|nier, das: *im Handball* (1) *ausgetragenes Turnier.*

Hand|be|cken, das: *kleines Waschbecken zum Händewaschen.*

hand|be|dient ⟨Adj.⟩: *von Hand, manuell bedient:* die -en Fernsprechvermittlungen wurden auf Selbstwählbetrieb umgestellt (Delius, Siemens-Welt 22).

Hand|be|die|nung, die ⟨o. Pl.⟩: *von Hand, manuell erfolgende Bedienung* (2): eine Anlage für, mit H.

Hand|beil, das: *kleines, handliches Beil.*

Hand|be|sen, der: *kleiner Besen, bei dem der kurze Stiel an einer Schmalseite der Bürste angebracht ist, sodass der Besen mit einer Hand geführt werden kann:* die Asche von Handschriften, schwarze schmierige Klumpen, wurde mit H. und Kehrschaufeln entfernt (Ransmayr, Welt 139).

Hand|be|trieb, der ⟨o. Pl.⟩: **1.** *von Hand erfolgender, manueller Betrieb* (2 a): der Polizist schaltete die Ampelanlage auf H.; Manche Bauern besaßen zwar noch ein altes Butterfass für H., aber das war eine zeitraubende Prozedur (Lentz, Muckefuck 139). **2.** (salopp scherzh.) *Selbstbefriedigung:* Ich sag immer, besser ein Uwe im Bett als H. (Borell, Romeo 144).

hand|be|trie|ben ⟨Adj.⟩: *mit der Hand betrieben:* eine -e Pumpe, Bohrmaschine, Mühle; wie mit der -en Getreidereinigungsmaschine die Spreu vom Weizen getrennt wurde (NNN 31. 7. 86, 1).

hand|be|trieb|lich ⟨Adj.⟩: *im Handbetrieb:* die Lagerstätte wird h. abgebaut.

Hand|beu|ger, der (Anat.): *Muskel, der die Beugung der Hand ermöglicht.*

Hand|be|we|gung, die: **1.** *mit der Hand ausgeführte Bewegung:* eine schwungvolle H.; Ich ... streifte mit matten -en die Strohflusen von meiner Uniform (Böll, Mann 44). **2.** *als Geste ausgeführte Bewegung der Hand:* eine wegwerfende, abwinkende, verächtliche, abschließende, einladende H. machen; Er hüstelte auch einige Male, gab aber sofort durch eine beschwichtigende H. zu verstehen, dass er keinesfalls drängen wolle (Weber, Tote

104); Mit einer H. forderte er mich auf, Platz zu nehmen (Leonhard, Revolution 235).

Hand|bi|bli|o|thek, die: **1.** *größerer Handapparat* (2). **2.** *im Lesesaal einer öffentlichen Bibliothek aufgestellte, für die Besucher frei zugängliche größere Anzahl bes. von Nachschlagewerken, die nur innerhalb des Lesesaals benutzt werden dürfen.*

Hand|boh|rer, der: *handbetriebener Bohrer* (1).

Hand|brau|se, die: *mit einem Schlauch verbundene Brause, die zum Zweck des Duschens in die Hand genommen u. bewegt werden kann.*

hand|breit ⟨Adj.⟩: *eine Hand* (1) *breit:* ein -er Spalt; das Band, der Streifen ist etwa h.; die Tür stand h. (ugs.; *einen handbreiten Spalt weit)* offen.

Hand|breit, die; -, -: *Breite einer Hand* (1) *als Maßeinheit:* der Rock muss eine/ zwei H. länger sein; die Tür stand eine H. offen; Unermüdlich flogen Mauersegler eine H. über den Wellen (Berger, Augenblick 29); Ü Er hat ... sich keine H. von der Verantwortung zurückgezogen (W. Brandt, Begegnungen 88).

Hand|brei|te, die: *Breite einer Hand* (1): Dabei heftet er den Schlitz, den er in das Gewand geschnippelt hatte, wieder zu, bis auf eine H., die über dem Knie offenbleibt (Spiegel 3, 1994, 98); die Kugel verfehlte ihr Ziel um H.

Hand|brem|se, die: *Bremse, die mit der Hand betätigt wird:* die H. [an]ziehen, lösen; Verstärktes Scheppern und das Ratschen der H. Nun hielt man wieder (Erné, Fahrgäste 102); den Wagen mit angezogener H. und eingelegtem Gang stehen lassen; Ü wie schnell man den Faden verlieren kann, wenn man meint, mit »angezogener H.« zum Ziel kommen zu können (Kicker 82, 1981, 7).

Hand|buch, das [LÜ von lat. manuale]: *Buch in handlichem Format, das den Stoff eines bestimmten Wissensgebietes od. dgl. in systematischer, lexikalischer Form behandelt:* das Werk heißt »H. der Kernenergie«; Die Konzentration auf die Fakten steht einem H. gut an, die Deutung kann es getrost dem Leser überlassen (Zeit 20. 1. 95, 4); Alles in allem keine komplizierte Konstruktion und ausgestattet mit den von IBM dem PC beigegebenen Handbüchern, war der Nachbau kein Kunststück (taz 11. 11. 86, 8).

Hand|bürs|te, die: vgl. Nagelbürste.

Händ|chen, das; -s, -: Vkl. zu ↑Hand (1): gib mir dein H.!; * **[mit jmdm.] H. halten** (ugs.; *sich [mit jmdm.] zärtlich bei den Händen halten*): Wir saßen stundenlang in Cafés am Neckar, knutschten und hielten H. (Siems, Coming out 151); ein H. haltendes Pärchen; H. haltend schlenderten sie durch den Park; **jmdm. das H. halten** *(jmdm. unterstützend, tröstend beistehen):* soll ich mitkommen und dir im Wartezimmer das H. halten oder schaffst du es alleine?; Journalismus ... kann häufig eine Entwurzelung bedeuten, die auch für Männer qualvoll ist, denen indes oft noch von Ehefrau oder Lebensgefährtin das Süppchen gekocht und das H. gehalten wird (taz 24. 6. 88, 10); **für etw. ein [feines] H. haben** (ugs.; *für etw. Geschick haben*).

Händ|chen|hal|ten, das; -s (ugs.): *zärtliches Sich-bei-den-Händen-Halten:* Wird es zum H. kommen? Oh, wie war so was wichtig damals, ...! (Hörzu 16, 1977, 37); (iron.:) Wie sich Kanzler Kohl das Zelebrieren historischer Ereignisse vorstellt, hat er am Beispiel seines -s mit Mitterrand über den Gräbern von Verdun im Jahr 1984 erklärt (Spiegel 11, 1994, 19).

Hand|chi|rur|gie, die: *Teilgebiet der Chirurgie, das sich mit der chirurgischen Versorgung bei Verletzungen der Hände beschäftigt.*

Hand|creme, die: *Creme für die Pflege der Hände.*

Hand|deu|tung, die: *Chirologie* (1).

Hand|dienst, der (früher): *in Handarbeit (ohne den Einsatz von Zugtieren o. Ä.) zu leistender Frondienst.*

hand|dres|siert ⟨Adj.⟩ [↑dressieren (2b, c)] (österr.): *(in Bezug auf bestimmte Speisen) mit der Hand verziert:* -e Lebkuchen.

Hand|druck, der: **1.** ⟨Pl. ...drucke⟩ *mithilfe einer Handpresse vom Künstler selbst hergestellter Abdruck von einer grafischen Originalplatte.* **2.** ⟨Pl. ...drucks⟩ *mit der Hand bedruckter Stoff.*

Hän|de: Pl. von ↑Hand.

Hän|de|ab|trock|ner, der: *Händetrockner.*

Hän|de|druck, der ⟨Pl. ...drücke⟩: **a)** *(bei der Begrüßung od. Verabschiedung od. als Geste, die ein bestimmtes Gefühl ausdrücken soll, vorgenommenes) Drücken der Hand eines Gegenübers:* ein fester, freundschaftlicher H.; jmdn. mit H. begrüßen; Der H., den er tauschen musste, war ihm lästig (Fels, Sünden 74); **b)** *Art, jmdm. die Hand zu geben:* er hat einen festen H.

Hän|de|hand|tuch, das: *Handtuch, das zum Abtrocknen der Hände bestimmt ist.*

Hän|de|klat|schen, das; -s: *das In-die-Hände-Klatschen:* die Gäste wurden mit freundlichem H. begrüßt.

[1]Han|del, der; -s [spätmhd. handel = Handel(sgeschäft); Rechtsstreit, rückgeb. aus ↑handeln]: **1.** *Teilbereich der Wirtschaft, der sich dem Kauf u. Verkauf von Waren, Wirtschaftsgütern widmet; Gesamtheit der Handelsunternehmen; Geschäftswelt* (1): der H. hält eine Preiserhöhung für unvermeidlich; die Verbände von H. und Industrie, H. und Gewerbe. **2. a)** *das Kaufen u. Verkaufen, Handeln* (1a) *mit Waren, Wirtschaftsgütern:* ein blühender, lebhafter H.; der H. mit Waffen wurde untersagt; es begann unter der Jugend in der Stadt ein schwunghafter H. mit Frankenknochen (Küpper, Simplicius 42); **b)** *Warenaustausch; Geschäftsverkehr:* der internationale, innerdeutsche, überseeische H.; eine Ausweitung des -s anstreben; den H. mit dem Ausland unterbinden; wir [be]treiben mit diesen Ländern H.; H. treibende Völker; dass die für die EG geltenden technischen Normen unmittelbare Auswirkungen auch für alle Staaten haben, die mit der Gemeinschaft H. treiben (Brückenbauer 11. 9. 85, 25); das Medikament wurde aus dem H. gezogen *(wird nicht mehr verkauft);* das Buch ist [nicht mehr] im H. *(ist [nicht mehr] lieferbar);* ein neues Produkt in den H. bringen *(zum Kauf anbieten);* Durch eine ungenügende Fertigungskontrolle kommen Geräte in den H., die schlecht abgestimmt sind (Hamburger Abendblatt 30. 5. 79, 43); * **H. und Wandel** (veraltend; *das gesamte geschäftliche u. gesellschaftliche Leben u. Treiben in einem Gemeinwesen*); **c)** *[Laden]geschäft, kleineres Unternehmen:* er hat, betreibt in der Vorstadt einen kleinen H. mit Gebrauchtwagen; sie haben einen H. in Obst u. Gemüse aufgemacht; wo sein Vater ... seit vielen Jahren den gewinnträchtigen H. mit Registrierkassen führte (Kühn, Zeit 269). **3.** *[geschäftliche] Abmachung, Vereinbarung, bei der etw. ausgehandelt wird; Geschäft* (1a): ein vorteilhafter, günstiger H.; der H. ist nicht zustande gekommen; einen H. mit jmdm. [ab]schließen, machen, eingehen; sich auf, in einen H. einlassen; Geben Sie mir die Hälfte des Wertes ... und der H. soll richtig *(gültig)* sein (Th. Mann, Krull 187); * **mit jmdm. in den H. kommen** *(mit jmdm. ins Geschäft kommen, in etw. übereinkommen).*

[2]Han|del, der; -s, Händel ⟨meist Pl.⟩ [↑[1]Handel]: **a)** (geh.) *Streit, handgreifliche Auseinandersetzung:* die beiden haben einen H. auszutragen; Händel suchen, stiften, anfangen; Händel mit jmdm. haben; Könnt ihr den H. nicht unter euch ausmachen ...? (Th. Mann, Herr 55); Die Kaiserin will eine Art Abwehrdienst ... ins Leben rufen, um den blutigen Händeln ... vorzubeugen (Benrath, Konstanze 140); ◆ **b)** *Sache, Angelegenheit:* Der Offizier der Runde blieb bei uns stehen und wollte eben fragen, was wir hier so spät zu schaffen hätten ... Ich sagte ihm kurz den ganzen H. (Cl. Brentano, Kasperl 349).

han|del|bar ⟨Adj.⟩: *(bes. von Wertpapieren) gehandelt* (2) *werdend, im Handel* (2b) *erhältlich:* Da aber in Zürich nur die jeweils international attraktivsten Werte einer Gesellschaft ... durchgehend h. sind ... (NZZ 26. 10. 86, 19).

Hand|elf|me|ter, der (Fußball): *wegen eines Handspiels im Strafraum verhängter Strafstoß.*

◆ **Hän|del|füh|rer,** der: *streitsüchtiger, stets Händel suchender Mensch:* ... den er jetzt als einen grauen Narren, H. und Müßiggänger vor sich sah (Keller, Romeo 21).

[1]han|deln ⟨sw. V.; hat⟩ [mhd. handeln = mit den Händen fassen, bearbeiten; tun, ahd. hantalōn = berühren; bearbeiten, zu ↑Hand]: **1. a)** *mit etw. einen [1]Handel (2c), ein Geschäft betreiben* (Kaufmannsspr.): die Firma handelt [en gros, en détail] in Getreide; ich hand[e]le mit Gebrauchtwagen, mit Südfrüchten; neben mir ein jüngerer Fluggast, der, wie sich herausstellt beim Champagner, mit Bomben handelt (Frisch, Montauk 66);

b) *mit jmdm. im Geschäftsverkehr stehen, [1]Handel* (2b) *treiben:* mit ausländischen Firmen, mit vielen Ländern h.; die Eingeborenen handelten mit den Einwanderern. **2.** *etw. verkaufen, vertreiben; zum Kauf anbieten:* dieses Papier wird nicht an der Börse gehandelt; Industriegeschäfte, bei denen von Strohmännern große Aktienpakete zwischen Tans eigenen, verschachtelten Firmen meist auf Termin und Kredit gehandelt wurden (NZZ 30. 8. 86, 19); Spargel wird heute für 12,50 DM das Kilo gehandelt; Heute werden die wenigen echten Bugattis ... unter Liebhabern mit 60 000 bis 70 000 Mark gehandelt (Freizeitmagazin 26, 1978, 28); (Sport Jargon:) der Außenstürmer werde unter Wert gehandelt (Kicker 6, 1982, 4); Ü Sie wird beim SFB als zukünftige Leiterin der Hauptabteilung Unterhaltung gehandelt (*ist als solche im Gespräch;* Hörzu 35, 1989, 23); Unter Autofahrern werden verschiedene Gegenmaßnahmen gehandelt (*spricht man von verschiedenen Gegenmaßnahmen;* ADAC-Motorwelt 7, 1986, 67). **3.** *über den Preis einer zum Kauf angebotenen Ware verhandeln:* sie versucht [beim Einkaufen, in Modeboutiquen] immer zu h.; Sie handeln um den Fahrpreis. Als ob es das in einer deutschen Straßenbahn schon mal gegeben hätte (Bieler, Bonifaz 32); er lässt nicht mit sich h. *(lässt sich von seinen [Preis]vorstellungen, Absichten nicht abbringen);* ⟨subst.:⟩ Sie wollen, wie echte Orientalen, den Teppich nicht in den ersten fünf Minuten verkaufen, sondern das Handeln genießen (Dönhoff, Ära 184). **4. a)** *aufgrund eines Entschlusses tätig werden, bewusst etwas tun:* schnell, unverzüglich h.; wir müssen h., ehe es zu spät ist; nicht reden, h.!; auf Befehl, aus innerer Überzeugung, Verantwortung h.; im Affekt, in Notwehr, nach Vorschrift h.; Dabei ... kommt es darauf an, möglichst früh zu h. (Saarbr. Zeitung 24. 12. 79, 11/13/15); Er muss unter dem Druck einer unerbittlichen Notwendigkeit gehandelt haben (Th. Mann, Buddenbrooks 18); das handelnde Subjekt; ⟨subst.:⟩ rasches Handeln ist jetzt notwendig; **b)** *sich in einer bestimmten Weise verhalten* (1b): eigenmächtig, richtig, fahrlässig, verantwortungslos, edelmütig h.; er hat sehr selbstsüchtig, wie ein Ehrenmann gehandelt; In Wirklichkeit handelt der Mensch aber vorwiegend nach seiner Neigung und von Zufällen getrieben (Dönhoff, Ära 8); ⟨subst.:⟩ vorbildliches Handeln; **c)** *sich in bestimmter Weise einem anderen gegenüber verhalten, benehmen:* gut, schlecht, treulos, als Freund an jmdm., gegen jmdn. h. **5. a)** (geh.) *ausführlich über etw. sprechen, etw. besprechen:* Aristoteles, der aber nur auf dem Gebiet der Meerestiere wirklich weiß, wovon er handelt (Stern, Mann 65); Der Theologe will vom unbekannten Heiligen h. und handelt vom bekannten Unheiligen (Brandstetter, Altenehrung 111); über ein Thema, einen Gegenstand h.; **b)** *zum Thema haben, behandeln:* das Buch handelt von der/über die Entdeckung Amerikas. **6.** ⟨h. + sich; unpers.⟩ **a)** *jmd., etw. Bestimmtes sein:* bei dem Fremden handelte es sich um einen Bruder seiner Frau; »Riesling« ... bedeutet ..., dass es sich um eine kleinbeerige Traubensorte handelt (Horn, Gäste 90); es kann sich nur noch um Sekunden h. *(es kann nur noch wenige Sekunden dauern);* **b)** *um etw. gehen, auf etw. ankommen:* es handelt sich darum, möglichst wirksam zu helfen; es kann sich jetzt nicht darum h., ob sich das Ganze lohnt oder nicht. ◆ **7.** ***mit jmdm. h. gehen** *(mit jmdm. verhandeln):* Aufs Ungehoffte war ich nicht bereitet; doch sollt' ich's auch erwarten: wusst' ich nicht, dass ich mit einem Weibe h. ging (Goethe, Iphigenie I, 3).

[2]han|deln ['hɛndl̩n] ⟨sw. V.; hat⟩ [engl. to handle] (Jargon): *handhaben, gebrauchen:* mir ist egal, wie du das handelst.

Hạn|dels|ab|kom|men, das: *Abkommen über Handelsbeziehungen zwischen verschiedenen Staaten.*

Hạn|dels|agent, der (österr., sonst veraltet): *Handelsvertreter.*

Hạn|dels|agen|tin, die (österr., sonst veraltet): w. Form zu ↑Handelsagent.

Hạn|dels|aka|de|mie, die (österr.): *höhere Handelsschule.*

Hạn|dels|aka|de|mi|ker, der (österr. ugs.): *Absolvent einer Handelsakademie:* In einem Ordensspital wird ein H. zur Mitarbeit im Verwaltungsbereich des Krankenhauses ... aufgenommen (Presse 8. 6. 84, 15).

Hạn|dels|aka|de|mi|ke|rin, die (österr. ugs.): w. Form zu ↑Handelsakademiker.

Hạn|dels|ar|ti|kel, der: vgl. Handelsware.

Hạn|dels|at|ta|ché, der: *Attaché, der einer Botschaft als Berater in Fragen des Handels zugeteilt ist.*

Hạn|dels|aus|tausch, der: *Austausch, Geschäftsverkehr bes. zwischen verschiedenen Ländern im Bereich des Handels.*

Hạn|dels|bank, die ⟨Pl. -en⟩: *Bank, die sich mit der Finanzierung u. Abwicklung von Geschäften bes. im Bereich des Außenhandels befasst.*

Hạn|dels|be|schrän|kung, die: *Beschränkung des Handelsaustauschs mit anderen Ländern durch erschwerende Maßnahmen* (z. B. Zölle, Bewirtschaftung der Devisen).

Hạn|dels|be|trieb, der: *Unternehmen, das Handel treibt.*

Hạn|dels|be|triebs|leh|re, die ⟨o. Pl.⟩: *spezielle Form der Betriebswirtschaftslehre, die sich bes. mit der Unternehmensform des Handelsbetriebs befasst.*

Hạn|dels|be|voll|mäch|tig|te, der u. die: *Handlungsbevollmächtigte.*

Hạn|dels|be|zie|hun|gen ⟨Pl.⟩: *den Handelsaustausch betreffende Beziehungen [zwischen Staaten].*

Hạn|dels|bi|lanz, die: **1.** *Bilanz eines Handelsunternehmens:* die für die Öffentlichkeit bestimmte H. mit der Gewinn- und Verlustrechnung (Delius, Siemens-Welt 55). **2.** *Gegenüberstellung der zusammengefassten Werte der Warenimporte u. -exporte einer Volkswirtschaft für eine bestimmte Periode:* die deutsche, deutsch-japanische H.; ein Defizit, Plus, Überschuss in der H.; Das Loch in der H. mache ihm keine Sorgen, so der Premier, solange das goldene Prag stehe (Zeit 20. 12. 96, 3); aktive H. *(Bilanz, bei der der Wert der Ausfuhren den der Einfuhren übersteigt);* passive H. *(Bilanz, bei der der Wert der Einfuhren den der Ausfuhren übersteigt).*

Hạn|dels|blo|cka|de, die: *gegen den Handel eines Landes gerichtete Blockade* (1): Washington hat außerdem eine H. gegen Teheran verhängt, weil es die dortige Regierung der Unterstützung des Terrorismus bezichtigt. (SZ 29. 7. 97, 6).

Hạn|dels|boy|kott, der: *Ausschluss eines Landes, eines Unternehmens vom Handelsaustausch:* Der amerikanische Präsident Bill Clinton hat keine glückliche Hand bewiesen, als er den H. seines Landes gegen den Iran verkündete (Zeit 5. 5. 95, 30).

Hạn|dels|brauch, der: *eingebürgerter Brauch unter Geschäftsleuten, der eine gewisse rechtliche Verbindlichkeit hat; Usance.*

Hạn|dels|brief, der (Kaufmannsspr.): vgl. Geschäftsbrief.

Hạn|dels|buch, das (Kaufmannsspr.): vgl. Geschäftsbuch.

◆ **Hạn|del|schaft,** die; -: *Handel* (2a): Meister Bläse ward ein reicher Mann mit solcher H. in wenig Jahren (Mörike, Hutzelmännlein 159).

Hạn|dels|damp|fer, der (veraltend): *Frachtdampfer, Frachter.*

Hạn|dels|de|le|ga|ti|on, die: *Vertretung von Personen, die in offizieller Mission im Ausland die Handelsbeziehungen eines Landes knüpft, pflegt.*

Hạn|dels|dün|ger, der: *industriell hergestelltes anorganisches Düngemittel im Gegensatz zum natürlichen Dünger.*

hạn|dels|ei|nig, handelseins: in den Verbindungen **[mit jmdm.] h. werden/sein** *(nach einigem Hin u. Her in Bezug auf einen Geschäftsabschluss [mit jmdm.] einig werden/sein):* Im Bordellviertel wurde er mit einer jüngeren Frau handelseinig (Fels, Unding 217); wird man handelseins, spannt sich der Bauer gleich selber vor seinen Wagen und zieht ihn (= den Käse) zur Waage (Koeppen, Rußland 61).

Hạn|dels|ein|rich|tung, die (DDR): *Laden* (1); *Geschäft* (2b) *einer Handelsorganisation* (2): Die Backwarenverkaufsstelle ist nach den Verkaufsstellen »Gesunde Ernährung«, »Fischwaren« und »Farben und Lacke« die vierte H., die in der Kreisstadt Artern rekonstruiert wird (Freiheit 21. 6. 78, 6); Vorrang haben -en für Waren des täglichen Bedarfs, Obst und Gemüse (Freie Presse 14. 2. 90, 1).

hạn|dels|eins: ↑handelseinig.

Hạn|dels|em|bar|go, das: *Verbot des Handelsaustauschs mit einem bestimmten Land; den Handel betreffendes Embargo.*

Hạn|dels|fach, das ⟨o. Pl.⟩: *kaufmännischer Arbeitsbereich:* im H. arbeiten.

Hạn|dels|fach|pa|cker, der: *jmd., der Waren von Hand od. maschinell zum Ver-*

sand u. Verkauf mit der vorgesehenen Verpackung versieht (Berufsbez.).

Han|dels|fach|pa|cke|rin, die: w. Form zu ↑Handelsfachpacker.

Han|dels|fach|wirt, der: *jmd., der eine Ausbildung an einer kaufmännischen Fachschule absolviert hat* (Berufsbez.).

Han|dels|fach|wir|tin, die: w. Form zu ↑Handelsfachwirt.

han|dels|fä|hig ‹Adj.›: *geeignet, gehandelt, verkauft zu werden:* -e Güter; Das ... hilft, gerade in diesem Jahr mehr hochwertiges, -es Tafelobst zu gewinnen (NNN 6. 9. 83, o. S.).

Han|dels|fir|ma, die: *Firma, die Handel treibt.*

Han|dels|flag|ge, die: *Flagge eines Handelsschiffs, durch die es seine Nationalität zu erkennen gibt.*

◆ **Han|dels|flor,** der [zu ↑ [1]Flor]: *Blüte* (3) *des Handels:* ... und das gute Göthaborg im schönsten H. immer frischer und herrlicher emporblühte (E. T. A. Hoffmann, Bergwerke 3).

Han|dels|flot|te, die: *Gesamtheit der unter der Flagge eines Landes fahrenden Handelsschiffe.*

Han|dels|frei|heit, die ‹o. Pl.›: **1.** *Möglichkeit, Recht zu uneingeschränktem Handel* (2b): Für die stark exportorientierte deutsche Wirtschaft lässt sich die H. innerhalb der EG freilich ... kaum in Geld bewerten (Saarbr. Zeitung 3. 10. 79, 5). **2.** (selten) *Handlungsfreiheit.*

han|dels|gän|gig ‹Adj.›: vgl. handelsfähig.

Han|dels|gärt|ner, der (Fachspr.): *jmd., der gärtnerische Erzeugnisse vertreibt.*

Han|dels|gärt|ne|rei, die (Fachspr.): *Handelsbetrieb, der gärtnerische Erzeugnisse vertreibt.*

Han|dels|gärt|ne|rin, die (Fachspr.): w. Form zu ↑Handelsgärtner.

Han|dels|ge|brauch, der: vgl. Handelsbrauch.

Han|dels|ge|hil|fe, der: *Handlungsgehilfe.*

Han|dels|ge|hil|fin, die: w. Form zu ↑Handelsgehilfe.

Han|dels|geist, der ‹o. Pl.›: *Geschäftsgeist.*

Han|dels|geo|gra|phie, die: *Teilbereich der Geographie, der sich mit den geographischen Bedingtheiten des Güteraustauschs befasst.*

Han|dels|ge|richt, das: *Gericht, das für die Entscheidung handelsrechtlicher Streitigkeiten zuständig ist.*

han|dels|ge|richt|lich ‹Adj.›: *das Handelsgericht betreffend:* eine -e *(von einem Handelsgericht gefällte)* Entscheidung.

Han|dels|ge|schäft, das: **1.** *kaufmännisches Unternehmen (Einzel- od. Großhandelsunternehmen).* **2.** *Rechtsgeschäft, Rechtshandlung eines Kaufmanns in seiner Eigenschaft als Unternehmer.*

Han|dels|ge|sell|schaft, die: *Gesellschaft* (4b), *die ein Handelsunternehmen unter gemeinsamer Firma betreibt:* eine H. gründen; offene H. (*Personengesellschaft, die auf den Betrieb eines Handelsgewerbes gerichtet ist, mit unbeschränkter persönlicher Haftung der Gesellschafter;* Abk.: OHG).

Han|dels|ge|setz, das: *Gesetz, das den Handel betrifft.*

Han|dels|ge|setz|buch, das ‹o. Pl.›: *Gesetzbuch, das den Bereich des geschäftlichen Handels betrifft* (Abk.: HGB).

Han|dels|ge|setz|ge|bung, die: vgl. Handelsgesetzbuch.

Han|dels|ge|wer|be, das: *Gewerbe, das sich dem Handel in Form von Kauf u. Verkauf von Gütern widmet; kaufmännisches Gewerbe.*

Han|dels|ge|wicht, das (Kaufmannsspr.): *Trockengewicht einer Ware unter Berücksichtigung einer bestimmten Norm für den Feuchtigkeitsgehalt.*

Han|dels|ge|wohn|heit, die: *Handelsbrauch.*

Han|dels|grö|ße, die (Kaufmannsspr.): *genormte, handelsübliche Größe einer Ware.*

Han|dels|gut, das ‹meist Pl.›: *Ware, die gehandelt wird.*

Han|dels|ha|fen, der: *Hafen, der dem Umschlag von Handelsgütern dient.*

Han|dels|haus, das (veraltend): *größeres [traditionsreiches] kaufmännisches Unternehmen:* ein namhaftes H.; 1846 ... ging er ... nach Petersburg, ein Jahr später gründete er ein H. (Ceram, Götter 45).

Han|dels|hemm|nis, das (Wirtsch.): *staatliche Maßnahme, die den freien internationalen Austausch von Gütern behindert* (z. B. Zölle, Devisenbewirtschaftung u. a.).

Han|dels|herr, der (veraltet): *Kaufmann, der einem Handelshaus vorsteht.*

Han|dels|hoch|schu|le, die (früher): *Wirtschaftshochschule.*

Han|dels|ju|de, der (veraltet): *jüdischer Händler, bes. Viehhändler:* die ... -n mit flatterndem Bart und Kaftan (K. Mann, Wendepunkt 206); Die ältesten Spuren der Dresdner Bank gehen auf die Zeit von Friedrich August III. zurück, denn am 7. Dezember 1771 wurde der »Handelsjude« Jakub Kaskele aus Warschau zum kurfürstlich-sächsischen Hofagenten ernannt (Dresdner Neueste Nachrichten 13. 11. 98, 7).

Han|dels|kam|mer, die: ↑Industrie- und Handelskammer.

Han|dels|ka|pi|tal, das: *Kapital, das einem Unternehmen dauernd zur Verfügung steht.*

Han|dels|kauf, der (Kaufmannsspr.): *Kauf, Geschäft über Waren od. Wertpapiere, bei dem wenigstens einer der Partner Kaufmann ist:* ein einseitiger, zweiseitiger H. *(Handelskauf, bei dem einer bzw. beide Beteiligte Kaufleute sind).*

Han|dels|ket|te, die (Kaufmannsspr.): **1.** *Weg, den eine Ware vom Erzeuger des Rohprodukts bis zum Käufer durchläuft.* **2.** *Zusammenschluss von Groß- u. Einzelhändlern zum Zweck eines günstigeren Ein- u. Verkaufs.*

Han|dels|klas|se, die (Kaufmannsspr.): *Güteklasse für landwirtschaftliche Produkte u. Fisch:* Äpfel der H. I.

Han|dels|klau|sel, die (Wirtsch.): *Klausel* (1) *in Kaufverträgen, die bes. die Liefer- u. Zahlungsbedingungen regelt.*

Han|dels|kom|pa|nie, die (hist.): *im Handel mit fernen Ländern tätige, mit Privilegien, Monopolen u. a. ausgestattete mächtige Handelsgesellschaft.*

Han|dels|kon|tor, das: *(bes. zur Zeit der Hanse) ständige Niederlassung von Kaufleuten im Ausland.*

Han|dels|kor|res|pon|denz, die: *kaufmännische Korrespondenz.*

Han|dels|krieg, der (selten): *Wirtschaftskrieg.*

Han|dels|leh|rer, der: *Lehrer, der bes. an Handelsschulen kaufmännische u. allgemeine Fächer unterrichtet.*

Han|dels|leh|re|rin, die: w. Form zu ↑Handelslehrer.

Han|dels|macht, die: *Staat, der durch seinen Handel eine entscheidende Machtposition hat.*

Han|dels|mak|ler, (Rechtsspr.:) **Han|dels|mäk|ler,** der: *selbstständiger Kaufmann, der gewerbsmäßig Verträge über Gegenstände des Handelsverkehrs, bes. Waren u. Wertpapiere, vermittelt.*

Han|dels|mak|le|rin, (Rechtsspr.:) **Han|dels|mäk|le|rin,** die: w. Formen zu ↑Handelsmakler, Handelsmäkler.

Han|dels|mann, der ‹Pl. ...leute, selten: ...männer› (veraltet): *Handel treibender, Kaufmann:* ◆ Verkauft? Und wiederum verkauft? Und wiederum von dem berühmten H. in Süden? (Schiller, Don Carlos II, 8); ... noch andere hätten einen kleinen Kram ... so erweitert und veredelt, dass sie nun als reiche Kauf- und Handelsmänner erschienen (Goethe, Dichtung u. Wahrheit 5).

Han|dels|ma|ri|ne, die: vgl. Handelsflotte: Seit 1944 hatten wir nichts mehr von unserem Sohn Karl William gehört. Er war bei der H. (Hörzu 15, 1985, 28).

Han|dels|mar|ke, die (Kaufmannsspr.): *vom Handel geschaffene Marke, unter der bestimmte Waren vertrieben werden:* eine eingetragene H.; Dabei gehen Aldi und Konsorten höchst clever vor. Sie setzen auf -n, damit die Kunden die Preise nicht direkt vergleichen können (Handelsblatt 11. 11. 98, 12); Um bei diesem Spiel zu gewinnen, müssen die Hersteller sich entscheiden: entweder billige -n *(unter Handelsmarken vertriebene Artikel)* in Massen produzieren oder aber als klassischer Markenartikler ständig Innovationen ... in den Markt drücken (Zeit 24. 5. 96, 17).

Han|dels|maß, das: vgl. Handelsgewicht.

han|dels|mä|ßig ‹Adj.›: *handelsüblich.*

Han|dels|ma|tu|ra, die (österr., schweiz.): *Reifeprüfung an einer Handelsschule:* In Schwyz aufgewachsen, besuchte er das Kollegium Maria Hilf ... und schloss 1963 mit der H. ab (Vaterland 27. 3. 85, 17).

Han|dels|mes|se, die: *[2]Messe* (1), *auf der Handelsfirmen ausstellen, vertreten sind.*

Han|dels|me|tro|po|le, die: *Stadt, die im Hinblick auf den [1]Handel* (1) *große Bedeutung hat:* die Stadt entwickelte sich zu einer H.

Han|dels|mi|nis|ter, der: *Minister, der für den Bereich des [1]Handels* (1) *zuständig ist.*

Han|dels|mi|nis|te|rin, die: w. Form zu ↑Handelsminister.

Han|dels|mi|nis|te|ri|um, das: vgl. Handelsminister.

Han|dels|miss|brauch, der (Kaufmannsspr.): *gegen die Sitten des Handelsbrauchs verstoßendes Verhalten von Kaufleuten.*

Han|dels|mis|si|on, die: *konsularische Vertretung in einem anderen Land, die bes. die Handelsbeziehungen mit diesem fördern soll.*

Han|dels|mo|no|pol, das: *Monopol in einem bestimmten Bereich des* [1]*Handels* (1).

Han|dels|mün|ze, die (früher): *[im Inland nicht als gesetzliches Zahlungsmittel geltende] von einer Regierung eigens für Zwecke des Handelsverkehrs mit anderen Staaten geprägte Münze.*

Han|dels|na|me, der: *Firma* (1 b).

Han|dels|na|ti|on, die: vgl. Handelsmacht.

Han|dels|netz, das: *Netz von Handelsbetrieben gleicher od. ähnlicher Art, die über eine Region verteilt sind:* ein genossenschaftliches H.

Han|dels|nie|der|las|sung, die: *Niederlassung eines Handelsunternehmens in einer Stadt, an einem Ort.*

Han|dels|ob|jekt, das: *Gegenstand eines [Tausch]handels:* die in den Tropen wild wachsende Ananasfrucht, die wohl wegen ihres Wohlgeschmacks ein beliebtes H. wurde (Kosmos 1, 1965, 18).

Han|dels|or|gan, das (DDR): *Einrichtung, die dem Handel dient.*

Han|dels|or|ga|ni|sa|ti|on, die: **1.** *Organisation, die dem* [1]*Handel* (2 a) *dient:* eine internationale H. **2.** ⟨o. Pl.⟩ (DDR) *staatliches Handelsunternehmen, das Warenhäuser, Gaststätten u. a. betreibt;* Abk.: HO.

Han|dels|pa|ckung, die (Kaufmannsspr.): vgl. Handelsgröße.

Han|dels|pa|pier, das (Börsenw.): *Wertpapier, das gehandelt wird.*

Han|dels|part|ner, der: *Land, seltener auch Unternehmen, mit dem ein anderes Land od. Unternehmen Handel treibt.*

Han|dels|part|ne|rin, die: w. Form zu ↑Handelspartner.

Han|dels|platz, der: vgl. Handelsstadt.

Han|dels|po|li|tik, die: *Teilbereich der Wirtschaftspolitik, die dem Außenhandel gewidmet ist.*

han|dels|po|li|tisch ⟨Adj.⟩: *die Handelspolitik betreffend.*

Han|dels|prä|fe|renz, die ⟨meist Pl.⟩: *Vergünstigung, die ein Staat einem anderen im Handel gewährt.*

Han|dels|pri|vi|leg, das ⟨meist Pl.⟩ (früher): *(bestimmten Einzelpersonen, Handelsgesellschaften, Städten verliehenes) den Handel betreffendes Privileg (z. B. das Recht, Zölle zu erheben).*

Han|dels|recht, das: vgl. Handelsgesetz.

han|dels|recht|lich ⟨Adj.⟩: *das Handelsrecht betreffend.*

Han|dels|re|gis|ter, das: *vom Amtsgericht geführtes öffentliches Verzeichnis, in dem die Namen der Inhaber und Inhaberinnen von Gewerbebetrieben eingetragen werden:* eine Firma im H. löschen, ins H. eintragen.

Han|dels|rei|sen|de, der u. die: *Handelsvertreter, Handelsvertreterin.*

Han|dels|rich|ter, der: *ehrenamtlicher Richter in einer Kammer für Handelssachen.*

Han|dels|rich|te|rin, die: w. Form zu ↑Handelsrichter.

Han|dels|sa|che, die ⟨meist Pl.⟩: *Streitsache im Bereich des Handels.*

Han|dels|schiff, das: *zur Handelsflotte gehörendes Schiff.*

Han|dels|schiff|fahrt, die: vgl. Handelsschiff.

Han|dels|schran|ke, die ⟨meist Pl.⟩: *gegen die Freizügigkeit des Handelsverkehrs gerichtete staatliche Schranke:* -n aufrichten, abbauen.

Han|dels|schu|le, die: *auf einen kaufmännischen Beruf vorbereitende Fachschule:* eine höhere H.

Han|dels|schü|ler, der: vgl. Handelslehrer.

Han|dels|schü|le|rin, die: w. Form zu ↑Handelsschüler.

Han|dels|schul|leh|rer, der: *Lehrer an einer Handelsschule.*

Han|dels|schul|leh|re|rin, die: w. Form zu ↑Handelsschullehrer.

Han|dels|span|ne, die (Kaufmannsspr.): *Differenz zwischen Einkaufs- u. Verkaufspreis einer Ware:* eine hohe, niedrige H.

Han|dels|sper|re, die: *Handelsembargo.*

Han|dels|spra|che, die: *Sprache, die zwischen Handelspartnern im internationalen Handelsverkehr in bestimmten Bereichen vorwiegend zur Verständigung gebraucht wird.*

Han|dels|staat, der: *Staat mit ausgedehntem Außenhandel.*

Han|dels|stadt, die: *Stadt, die ausgedehnten Handel treibt.*

Han|dels|stand, der ⟨o. Pl.⟩: vgl. Kaufmannsstand.

Han|dels|stra|ße, die (hist.): *bes. dem Transport von Handelswaren dienende Straße.*

Han|dels|teil, der (veraltet): *Wirtschaftsteil (einer Zeitung).*

han|dels|üb|lich ⟨Adj.⟩: *so wie es im* [1]*Handel* (2 a) *üblich, gebräuchlich ist:* eine -e Verpackung, Größe; Mit 13 hat er von allen -en Autos Karteikarten angelegt (Chotjewitz, Friede 124).

Hän|del|sucht, die (geh. veraltend): *Streitsucht.*

hän|del|süch|tig ⟨Adj.⟩ (geh. veraltend): *streitsüchtig.*

Hän|del|süch|tig|keit, die (geh. veraltend): *Streitsüchtigkeit.*

Han|dels|un|ter|neh|men, das: vgl. Handelsfirma.

Han|dels|usance, die ⟨meist Pl.⟩: *Handelsbrauch.*

Han|dels|ver|bin|dung, die ⟨meist Pl.⟩: *Handelsbeziehung:* das Unternehmen hat vielfältige -en nach Übersee.

Han|dels|ver|ein|ba|rung, die ⟨meist Pl.⟩: *Handelsabkommen:* die zwei Staaten trafen neue -en.

Han|dels|ver|kehr, der ⟨o. Pl.⟩: vgl. Geschäftsverkehr (1).

Han|dels|ver|trag, der: *Vertrag, durch den längerfristige Handelsbeziehungen zwischen Einzelunternehmen od. Staaten festgelegt werden.*

Han|dels|ver|tre|ter, der: *jmd., der berufsmäßig für ein od. mehrere Unternehmen ständig die Vermittlung od. den Abschluss von Geschäften betreibt; Handelsagent.*

Han|dels|ver|tre|te|rin, die: w. Form zu ↑Handelsvertreter.

Han|dels|ver|tre|tung, die: **1.** *Handelsmission.* **2.** *von einem Land mit staatlichem Außenhandelsmonopol eingerichtete, mit konsularischen Befugnissen ausgestattete Vertretung in einem Land, mit dem Handelsbeziehungen unterhalten werden.*

Han|dels|volk, das: *Handel treibendes, in erster Linie vom Handel mit anderen Ländern lebendes Volk:* die Phönizier waren ein großes H.

Han|dels|vo|lu|men, das (Wirtsch.): *Volumen des Außenhandels in einem bestimmten Zeitraum.*

Han|dels|wa|re, die: *Ware, die gehandelt wird; Handelsartikel:* dass das Buch keine H. aus Eisen und Stahl ist, sondern dass an jedem Buch auch noch ein Mensch hängt, der ... in qualvollem, jahrelangem Ringen sein Credo zu Papier gebracht hat (Spiegel 5, 1994, 13).

Han|dels|weg, der: **1.** *Verkehrsweg, auf dem der Transport von Handelsgütern stattfindet:* der Rhein ist ein bedeutender H. **2.** *über den Handel führender Weg einer Ware vom Hersteller zum Verbraucher:* der normale H. führt über den Großhandel.

Han|dels|wert, der (Kaufmannsspr.): *der im Geschäftsverkehr bei einem Verkauf zu erzielende Durchschnittspreis.*

Han|dels|zei|tung, die (selten): *Zeitung, die hauptsächlich über Vorgänge in Handel u. Wirtschaft orientiert.*

Han|dels|zen|trum das: vgl. Handelsmetropole.

Han|dels|zweig, der: *Branche des Handels.*

Han|del|trei|ben|de, der u. die; -n, -n ⟨Dekl. ↑Abgeordnete⟩: *jmd., der berufsmäßig Handel treibt*

Hand|emp|find|lich|keit, die ⟨o. Pl.⟩ (Technik): *Störungsanfälligkeit von Hochfrequenzschaltungen bei Annäherung der Hand.*

Hän|de|paar, das: *Paar Hände:* ein H. streckt sich nach ihm aus.

Hän|de|rin|gen, das: *das Die-Hände-Ringen.*

hän|de|rin|gend ⟨Adj.⟩: **a)** *die Hände ringend:* weinende und -e Frauen; **b)** *verzweifelt, flehentlich:* h. bitten; Ü wir suchen h. (ugs.; *dringend*) eine Aushilfskraft; Vielmehr versucht er h. außer den dreien noch weitere Zivis ... zu gewinnen (Zivildienst 5, 1986, 11).

Hän|de|schüt|teln, das; -s: *das Sich-die-Hände-Schütteln:* Ein Drittel aller Erkältungen wird nicht durch Anniesen oder Anhusten übertragen, sondern durch H. (Hörzu 49, 1979, 152).

Hän|de|trock|ner, der: *Gerät zum Trocknen der Hände mit Heißluft.*

Hand|eu|le, die (nordd.): *Handbesen.*

Hän|de|wa|schen, das; -s: *das Sich-die-Hände-Waschen:* das H. nicht vergessen; zum H. geht bitte ins Bad.

Hand|exem|plar, das (Bibliotheksw.): *Buch zum persönlichen Gebrauch, zum Handgebrauch.*

Hand|fäus|tel, der: *schwerer Hammer aus Stahl mit kurzem, hölzernem Stiel, bes. für die Bearbeitung von Stein.*

Hand|fe|ger, der: *Handbesen:* ***rumlaufen, rumrennen** usw. **wie ein wild gewordener H.** (landsch. salopp; 1. *zerzaust, unfrisiert o. ä. umherlaufen.* 2. *unruhig, aufgeregt umherlaufen*).

Hand|feh|ler, der (Hockey): *Fehler beim Handstoppen* (2).

Hand|fei|le, die: *kleine, handliche Feile.*

Hand|fer|tig|keit, die: *Fertigkeit, Geschicklichkeit der Hände, bes. für handwerkliche Arbeiten.*

Hand|fes|sel, die ⟨meist Pl.⟩: [1]*Fessel zum Fesseln einer Hand:* jmdm. -n anlegen, die -n abnehmen; der Ermordete trug -n aus Klebeband; ich durchschnitt seine -n; Dem ... in Fuß- und Handfesseln vorgeführten Angeklagten wird ... erpresserischer Menschenraub und Untreue vorgeworfen (SZ 21. 10. 98, 7).

hand|fest ⟨Adj.⟩ [mhd. handveste = in feste Hand genommen; mit den Händen tüchtig arbeitend, kräftig]: **1.** *(in Bezug auf die Erscheinung eines Menschen) kräftig gebaut, derb, robust wirkend:* -e Burschen; die Kellnerin war eine -e Person; sie ist ganz h. **2.** *deftig, nahrhaft:* eine -e Mahlzeit; Auch die »Holzknechtkrapfen« ... schmecken nach -em, hausgemachtem Graukäse (e&t5, 1987, 183); ein -er *(kräftiger)* Glühwein zum Aufwärmen (Saarbr. Zeitung 28. 12. 79, 22); ⟨subst.:⟩ etw. Handfestes essen. **3.** *handgreiflich* (1), *konkret* (2), *sich nicht übersehen, ignorieren, leugnen lassend:* -e Vorschläge, Beweise, Informationen; beim Hohenrain stehen -e wirtschaftliche Interessen auf dem Spiel (Basler Zeitung 12. 5. 84, 38); Dagegen stehen jedoch -e technische und wirtschaftliche Gründe (ADAC-Motorwelt 7, 1979, 5); Eine -e *(große)* Überraschung brachte bereits das erste Spiel (LNN 31. 7. 84, 18); ein -er *(großer)* Krach, Skandal; eine *(heftige)* -e Prügelei; jmdn. h. *(schwer)* betrügen. ◆ **4.** ***jmdn. h. machen** *(jmdn. verhaften, festnehmen;* eigtl. = in feste Hand nehmen): Die Missetäter wurden h. gemacht und dem Richter übergeben (Hebel, Schatzkästlein des rheinischen Hausfreundes. Frankfurt a. M.: insel taschenbuch 719, 1984, S. 217).

Hand|fes|te, die; -, -n [mhd. hantveste = Handhabe, schriftliche Versicherung mit eigenhändiger Unterschrift]: *(im MA) [ein bestimmtes Privileg verleihende] feierliche Urkunde.*

Hand|feu|er|lö|scher, der: *mit der Hand zu bedienender Feuerlöscher.*

Hand|feu|er|waf|fe, die: *Feuerwaffe, die von einer Person getragen u. mit der Hand betätigt werden kann.*

Hand|flä|che, die: *Innenfläche der Hand* (1).

Hand|flüg|ler, der: *Flattertier.*

hand|för|mig ⟨Adj.⟩: *die Form einer Hand aufweisend:* -e Blätter.

Hand|fur|che, die ⟨meist Pl.⟩: *Handlinie.*

Hand|ga|lopp, der (Reiten): *kurzer, ruhiger Galopp.*

Hand|gas, das (Kfz-T.): *mit der Hand zu betätigender Gashebel:* Rollstuhl, Fahrrad, Treppenlift oder H. fürs Auto: Schäuble macht mit jedem Gerät, auf das er angewiesen ist, ungewollt kostenlose und gleichzeitig unbezahlbare Publicity (Focus 38, 1994, 206); der Wagen, die Maschine hat H.

hand|ge|ar|bei|tet ⟨Adj.⟩: *in Handarbeit* (1b) *hergestellt:* -er Schmuck; das Möbelstück ist h.

Hand|ge|brauch, der ⟨o. Pl.⟩: *täglicher Gebrauch, ständige Benutzung:* Geschirr für den, zum H.

hand|ge|bun|den ⟨Adj.⟩: *von Hand gebunden:* ein -es Buch.

hand|ge|fer|tigt ⟨Adj.⟩: vgl. handgearbeitet.

hand|ge|knüpft ⟨Adj.⟩: *mit der Hand geknüpft:* ein -er Teppich.

Hand|geld, das [urspr. Geld, das jmdm. bei der Anwerbung in die gelobende Hand gezahlt wird]: **1.** (früher) *symbolische Anzahlung einer kleinen Geldsumme beim mündlichen Abschluss eines Vertrages.* **2.** *beim Abschluss bestimmter Arbeitsverträge gezahlte Geldsumme an die sich verdingende Person:* nachdem er ein H. ... erhalten hatte, fuhr er ... an Bord des niederländischen Schiffes nach Batavia (Rolf Schneider, November 190); Dazu kommt der Aufwand, der getrieben werden muss, um den Mann anzulocken. Im Fußball heißt das H. (Bayernkurier 19. 11. 77, 6).

Hand|ge|lenk, das: *Gelenk zwischen Hand* (1) *u. Unterarm:* ich habe mir das H. verstaucht; mit einem Schlag aus dem H. *(durch Bewegung der Hand u. ohne große Armbewegung)* brachte er den Ball übers Netz; Die Gangschaltung ist aus dem H. zu bedienen (Freizeitmagazin 12, 1978, 34); ***ein lockeres/loses H. haben** (ugs.; *leicht zum Schlagen geneigt sein*): sein Vater hat ein lockeres H.; **aus dem H. [heraus]** (ugs.; 1. *aus dem Stegreif, ohne nachzudenken:* Das kann ich Ihnen so aus dem H. nicht sagen [Martin, Henker 90]. 2. *[in Bezug auf eine Tätigkeit, die jmd. verrichtet] ohne Mühe, mit Leichtigkeit:* seine ... Schreibstubenmiene, ... mit der er Routinesachen gewissermaßen aus dem H. zu erledigen pflegte [Kirst, 08/15, 83]); **etw. aus dem H. schütteln** (ugs.; *etw. mühelos, mit großer Leichtigkeit tun, zustande bringen*): er hat schon in der Schule alles aus dem H. geschüttelt.

hand|ge|macht ⟨Adj.⟩: vgl. handgearbeitet: -e Spätzle, Brezeln, Knödel.

hand|ge|malt ⟨Adj.⟩: *mit der Hand gemalt:* ein Service mit -em Dekor.

hand|ge|mein: nur in der Verbindung **[mit jmdm.] h. werden** (*[gegen jmdn.] handgreiflich werden;* eigtl. = mit den Händen zusammen seiend, zu veraltet gemein = gemeinsam).

Hand|ge|men|ge, das: **1.** *tumultartige Situation, bei der es zu Tätlichkeiten, Schlägereien unter den Anwesenden kommt:* zwischen den Demonstranten und der Polizei kam es zu einem H.; ... er ... habe seine Frau in einem H. mit einem unbekannten Mann gefunden (Prodöhl, Tod 264). **2.** (Milit.) *Nahkampf.*

hand|ge|näht ⟨Adj.⟩: *mit der Hand genäht:* ein -er Saum.

Hand|ge|päck, das: *Gepäck, das man auf einer Reise im Zug bei sich hat, nicht aufgibt; kleineres Gepäckstück:* Mithilfe von Metalldetektoren ... und Durchsuchen des -s wurden ... 221 Schusswaffen ... entdeckt (Spiegel 44, 1977, 34).

Hand|ge|päck|auf|be|wah|rung, die: vgl. Gepäckaufbewahrung.

Hand|ge|rät, das: **1.** *handliche, leichte Ausführung eines Gerätes:* Sind Haue, Spaten und Rechen genug? Sind die -e heutzutage überhaupt robust genug, sodass sie auch etwas aushalten? (Salzburger Nachr. 30. 3. 84, VI). **2.** (bes. Gymnastik) *kleineres Gerät, mit dem bestimmte Übungen ausgeführt werden u. das in der Regel in der Hand gehalten wird:* zu den -en gehören Keule, Stab, Reifen u. a.

hand|ge|recht ⟨Adj.⟩: **1.** (veraltend) *sich beim Anfassen gut in die Hand fügend:* eine -e Form. **2.** *bequem mit der Hand zu erreichen, zu greifen:* etw. h. hinlegen, aufstellen; Ich zerstanze Teigklumpen ... in jeweils dreißig kleinere Teigstücke ..., schiebe sie dem Vater h. zu, und der Vater formt Semmeln daraus (Strittmatter, Der Laden 161).

hand|ge|säumt ⟨Adj.⟩: *mit der Hand gesäumt.*

Hand|ge|schick|lich|keit, die ⟨o. Pl.⟩: *Geschicklichkeit im Gebrauch der Hände bei bestimmten Tätigkeiten.*

hand|ge|schlif|fen ⟨Adj.⟩: *mit der Hand geschliffen.*

hand|ge|schmie|det ⟨Adj.⟩: *mit der Hand geschmiedet; schmiedeeisern.*

hand|ge|schöpft ⟨Adj.⟩: *(in Zusammenhang mit der Papierherstellung) durch Mit-der-Hand-Schöpfen des Papierbreis aus der Bütte gewonnen:* -es Papier.

hand|ge|schrie|ben ⟨Adj.⟩: *mit der Hand geschrieben:* ein -er Brief; Als sie ... den Deckel angehoben hatte, erkannte sie die -e Partitur (Bieler, Mädchenkrieg 530).

hand|ge|setzt ⟨Adj.⟩: *im Handsatz hergestellt:* ein -es Manuskript.

hand|ge|spon|nen ⟨Adj.⟩: *mit der Hand gesponnen.*

hand|ge|steu|ert ⟨Adj.⟩: *(von technischen Anlagen u. dgl.) von Hand gesteuert:* eine -e Signalanlage; in den Außenbezirken kann der Bus h. weiterfahren (ADAC-Motorwelt 8, 1982, 13).

hand|ge|stickt ⟨Adj.⟩: *mit der Hand gestickt.*

hand|ge|strickt ⟨Adj.⟩: *mit der Hand gestrickt:* -e Strümpfe; Ü (oft abwertend:) -e *(unprofessionelle, nicht ganz zeitgemäße, etwas naiv, hausbacken wirkende)* Methoden.

hand|ge|webt ⟨Adj.⟩: *mit der Hand gewebt:* Er hatte eine braune, -e Jacke (B. Vesper, Reise 331).

Hand|ge|weih, das (Jägerspr.): *Handkrone.*

Hand|glo|cke, die: *kleine, mit einem Griff od. Stiel versehene Glocke, die mit der Hand betätigt wird:* auf dem Präsidententisch steht eine H.

Hand|gra|na|te, die: *mit Sprengstoff gefüllter Hohlkörper [an einem Stiel], der im Nahkampf mit der Hand auf ein Ziel geschleudert wird.*

hand|greif|lich ⟨Adj.⟩: **1.** *unübersehbar, sichtbar vor Augen liegend; konkret fassbar:* ein -er Erfolg, Beweis; etwas bremst das scheinbar doch so -e *(deutlich spürbare)* und mittelbare Glücksgefühl und drängte es zurück (Gregor-Dellin, Traumbuch 89); jmdm. etw. h. vor Augen führen *(so, dass es unmittelbar einleuchtet).* **2.** *in der Weise, dass man jmdn. tätlich angreift od. von jmdm. angegriffen wird:* eine -e Auseinandersetzung; es gibt Situationen, in denen er leicht gegen andere h. wird *(andere tätlich angreift);* sie haben sich h. auseinander gesetzt; Mutter wird böse, manchmal sogar h. *(manchmal schlägt sie sogar zu;* Hörzu 8, 1977, 114).

Hand|greif|lich|keit, die: **1.** *konkrete Fassbarkeit, Sichtbarkeit, Erkennbarkeit:* die H. der Missstände. **2.** ⟨meist Pl.⟩ *Tätlichkeit:* es kam zu -en; eine H. ... gegen Abwehrspieler Klute (Tagesspiegel 20. 10. 85, 14).

Hand|griff, der: **1.** *zur Verrichtung einer Arbeit, zu einer Tätigkeit gehörende greifende Handbewegung:* ein falscher, stereotyper H.; bei dieser heiklen Arbeit muss jeder H. sitzen; die notwendigen -e lernen, üben; Das ist eintönig und anstrengend, derselbe H.: einen Packen nehmen, umwenden und zum Packer schieben (Brot und Salz 364); der Schaden war mit einem H., mit ein paar -en *(mit minimalem Arbeitsaufwand)* behoben; das Sofa lässt sich mit wenigen -en in ein Bett verwandeln; er fand sich nicht bereit, ab und zu einen H. für sie zu tun *(ihr ein wenig zu helfen, mit anzufassen).* **2.** *Griff* (2): rechts über der Tür ist ein rot bemalter H., mit einem dünnen Draht plombiert (Grzimek, Serengeti 27); sich am H. festhalten.

hand|groß ⟨Adj.⟩: *etwa von, in der Größe einer Hand* (1): ein -er Fleck.

◆ **Hand|groß,** die; -, - (landsch.): *Menge, die man mit einer Hand fassen, halten kann; geringe Menge:* wo noch eine H. Butter im Hafen war, da wurde gleich geküchelt (Gotthelf, Spinne 56).

hand|hab|bar ⟨Adj.⟩: *in bestimmter Weise zu handhaben* (1): ein leicht, schwer -er Apparat; Was diese Hefte bestens h. macht, sind übersichtliche Gliederung, umfangreiche Illustration (NNN 12. 2. 86, 5); Ü Jeder Mensch ... verliert durch diesen Umstand seine Widerborstigkeit und wird h. (Kunert, Paradies 52).

Hand|hab|bar|keit, die; -: *das Handhabbarsein.*

Hand|ha|be, die; -, -n [mhd. hanthabe, ahd. hanthaba = Griff, Henkel]: **1.** *etw., was ein auf ein bestimmtes Ziel gerichtetes Vorgehen ermöglicht, erlaubt:* [k]eine rechtliche, gesetzliche, juristische H. [gegen jmdn., etw.] haben; jmdm. eine H. für ein Einschreiten geben; Auch die Ärzte sahen keine H. zum Einschreiten (Saarbr. Zeitung 10. 10. 79, 11); dass die geltenden Umweltschutzgesetze keine ausreichende H. böten, den Kapitän zu bestrafen (Prodöhl, Tod 237). **2.** (selten) *Handgriff:* ◆ ... einen derben Stock, dessen H. mit Leder und runden Messingnägeln ... beschlagen war (Mörike, Mozart 260).

hand|ha|ben ⟨sw. V.; hat⟩ [mhd. hanthaben = fest fassen, halten]: **1.** *(ein Werkzeug, Instrument, etw., was man bei seinem Gebrauch in der Hand hält, mit der Hand führt) führen, bedienen, gebrauchen:* etw. geschickt h.; dieses Gerät ist leicht, einfach zu h.; sie hatte gelernt, Hammer und Meißel zu h., ohne dass die Werkzeuge kaputtgingen (Brückner, Quints 180); sie lernte auch Klavier spielen und die Mandoline h. *(spielen;* Fussenegger, Haus 434). **2.** *etw. [bei dessen Auslegung, Ausführung od. Anwendung ein gewisser Spielraum gegeben ist] in bestimmter Weise aus-, durchführen, praktizieren:* die Vorschriften werden hier sehr lax gehandhabt; so haben wir es immer gehandhabt; Die Sache müsste einigermaßen diskret gehandhabt werden – ein Kundenauftrag (Saarbr. Zeitung, 5. 10. 79, 10); Die Rechtsprechung möchte er wie die Gesetzgebung so h., dass der Fortbestand des Gemeinwesens gesichert ist (NJW 19, 1984, 1082).

Hand|ha|bung, die; -, -en: *das Handhaben:* das Gerät zeichnet sich durch seine einfache H. aus.

Hand|hal|tung, die: *Haltung der Hand (bei einer bestimmten Tätigkeit, Verrichtung).*

Hand|har|mo|ni|ka, die: *Harmonika, bei der auf Druck u. Zug des Balges verschiedene Töne erklingen u. die Knopftasten diatonisch angeordnet sind.*

Hand|he|bel, der: *mit der Hand zu betätigender Hebel.*

hand|hoch ⟨Adj.⟩: *etwa so hoch, wie eine Hand lang* (1) *ist:* handhohes Gras; Die ... Flut stieg höher, handbreit, h., bis zu den Waden (Kuby, Sieg 281).

Han|di|cap, Handikap ['hɛndikɛp], das; -s, -s [engl. handicap, H. u.]: **1.** *etw., was für jmdn., etw. eine Behinderung od. einen Nachteil bedeutet:* etw. ist für jmdn. ein schweres H.; Das größte Handikap der Fahnder indes ist ein Personalproblem; (Spiegel 36, 1993, 147); Selbst das Handicap, dem hebräischen Text nur durch die sehr gute deutsche Simultanübersetzung folgen zu können, konnte dem Stück nichts von seiner Wirkung nehmen (taz 20. 6. 90, 24). **2.** (bes. Badminton, Golf, Polo, Pferderennen) *durch eine Vorgabe für den leistungsschwächeren Spieler, für das weniger leistungsfähige Pferd entstehender Ausgleich gegenüber dem Stärkeren:* ein H. festsetzen; Er hätte jagen, lesen, Klavier spielen und sein Handikap 16 beim Golf verbessern können (Spiegel 19, 1993, 190).

han|di|ca|pen, handikapen ['hɛndikɛpn̩] ⟨sw. V.; hat⟩ [engl. to handicap]: *eine Behinderung, einen Nachteil für jmdn., etw. darstellen; jmdm. ein Handicap auferlegen:* die schlechten Wetterverhältnisse handicapten uns sehr; der Verein war durch das Ausfallen einiger Spieler gehandicapt *(benachteiligt);* ⟨subst.:⟩ Jede einzelne Benotung entscheidet mit darüber, ob man in der Gruppe der Aussichtsreichen bleiben darf oder nach unten zu den Gehandikapten *(Benachteiligten)* gestoßen wird (Richter, Flüchten 152).

han|di|ca|pie|ren [handika...] ⟨sw. V.; hat⟩ (schweiz.): *handicapen:* Wenn einer das Pech hat, in der starken Gruppe kämpfen zu müssen, ist er natürlich bös handicapiert (Blick 30. 7. 84, 17).

Han|di|cap|per, Handikapper ['hɛndikɛpɐ], der; -s, - [engl. handicapper] (Segeln, Pferderennen): *jmd., der bei Rennen mit der Festsetzung der Handicaps* (2) *beauftragt ist; Ausgleicher* (2).

Han|di|cap|pe|rin, Handikapperin ['hɛndikɛpərɪn], die; -, -nen: w. Formen zu ↑Handicapper, Handikapper.

Han|di|cap|spiel, Handikapspiel, das (Sport): *Spiel, bei dem der schwächere Spieler eine Punktvorgabe erhält.*

-hän|dig [zu ↑Hand (1)]: in Zus., z. B. eigenhändig *(mit eigener Hand),* vierhändig *(mit vier Händen).*

Han|di|kap: ↑Handicap.

han|di|ka|pen: ↑handicapen.

Han|di|kap|per: ↑Handicapper.

Han|di|kap|pe|rin: ↑Handicapperin.

Han|di|kap|spiel: ↑Handicapspiel.

Hand|in|nen|flä|che, die, **Hand|in|ne|re,** das (selten): *Innenfläche der Hand.*

hän|disch ⟨Adj.⟩ (südd., österr. ugs.): *mit der Hand; manuell:* eine Arbeit h. ausführen; einfach einen Knopf zu betätigen ist jedenfalls erheblich angenehmer als die -e Abtauprozedur (Presse 18./19. 1. 69, 12); (EDV Jargon:) eine Korrektur h. ausführen.

Hand|ka|me|ra, die: *Kamera, die bei der Aufnahme in der Hand gehalten u. nicht auf einem Stativ befestigt wird.*

Hand|kan|te, die: *äußere Schmalseite der Hand (mit der, bes. im Karate, ein bestimmter Schlag ausgeführt wird):* da hauen sie mit hornigen -n zolldicke Eichenbalken durch (Fels, Sünden 38).

Hand|kan|ten|hieb (seltener), **Hand|kan|ten|schlag,** der: *Schlag mit der Handkante.*

Hand|kar|re, die (bes. md., nordd.), **Hand|kar|ren,** der (bes. südd., österr.): *Handwagen.*

Hand|kä|se, der (landsch.): *aus Quark mit Kümmel u. Salz hergestellter, mit der Hand geformter, kleiner Käse von flacher, kreisrunder Form:* * **Handkäs mit Musik** (landsch.; *Handkäse, der mit einer Marinade aus Essig, Öl, Zwiebeln u. Pfeffer übergossen gegessen wird*).

hand|kehr|um ⟨Adv.⟩ (schweiz.): **1.** *plötzlich, unversehens:* Teams, deren Namen immer wieder zu verblassen scheinen, aber h. wieder an Glanz gewinnen (NZZ 11. 4. 85, 35). **2.** *andererseits, gleichzeitig auch.*

Hand|kehr|um: nur in der Fügung **im H.** (schweiz.; *im Handumdrehen*).

hand|klein ⟨Adj.⟩: *so klein, dass es in eine Hand passt:* -e Wörterbüchlein.

Hand|kno|chen, der: *Knochen der Hand.*

Hand|kof|fer, der: *kleinerer Koffer, der sich gut tragen lässt.*

hand|ko|lo|riert ⟨Adj.⟩: *mit der Hand koloriert* (1)*:* ein -er Druck, Kupferstich.

Hand|kom|mu|ni|on, die (kath. Kirche): *Form des Empfangs der Kommunion* (1)*, bei der die Hostie in die Hand des Kommunizierenden gelegt wird.*

Hand|korb, der: *kleinerer, handlicher Korb mit Henkel.*

Hand|krau|se, die: *gekrauster od. gefältelter Stoffstreifen als Abschluss am unteren Rand eines langen Ärmels.*

Hand|kreis, der (Gymnastik): *mit den Händen beschriebener Kreis.*

Hand|krei|sen, das; -s (Gymnastik): *Übung, bei der mit den Händen eine kreisförmige Bewegung ausgeführt wird.*

Hand|kro|ne, die (Jägerspr.): *Hirschgeweih, bei dem die Spitzen des obersten Geweihteils ähnlich den Fingern einer Hand in einer Reihe stehen.*

Hand|kur|bel, die: *mit der Hand zu betätigende Kurbel.*

Hand|kuss, der: **a)** *(von einem Herrn gegenüber einer Dame) bei der Begrüßung zum Zeichen der Verehrung angedeuteter Kuss auf den Handrücken:* einen H. andeuten; jmdn. mit H. begrüßen; *** mit H. etw. tun** *(auf das Angebot, etw. zu tun, gern, ohne Zögern eingehen):* sie haben die abgelegten Kindersachen mit H. [an]genommen; In diesem Fall hätte sie das Flugticket auf ihre künftige Schwiegermutter überschreiben lassen. »Die wäre mit H. geflogen, um ihren in Venezuela lebenden Sohn zu besuchen«, räumte die Angestellte ein. (SZ 30. 7. 98, 8); **zum H. kommen** (österr.; *bei etw. draufzahlen, Schaden erleiden*): Jetzt passiert, wovor wir gewarnt haben ... die sozial Schwachen kommen zum H. (Presse 30. 3. 84, 1); auch als Unbeteiligte kann man weiterhin zum H. kommen. Denn Hausdurchsuchungen dürfen ... auch bei am Finanzvergehen Unbeteiligten vorgenommen werden (Neue Kronen Zeitung 12. 5. 84, 38); **b)** *(gegenüber einem geistlichen Würdenträger, bes. Papst od. Bischof) Kuss auf den an der Hand getragenen Ring als Zeichen der Ehrerbietung vonseiten des Gläubigen.*

Hand|lam|pe, die: *in der Hand zu haltende elektrische Lampe [mit langer Schnur], die bei bestimmten Arbeiten zum Ausleuchten verwendet wird.*

hand|lang ⟨Adj.⟩: *etwa von, in der Länge einer Hand* (1): Navassa-Anoli heißt der -e Leguan jetzt nach seiner Entdeckung. (SZ 24. 8. 98, 11); der Stiel ist etwa h.

◆ **hand|lan|gen** ⟨sw. V.; hat⟩: *als Handlanger arbeiten, zur Hand gehen:* Einer von den Malern ... hatte bei dem Theater in der Residenz gehandlangt (Goethe, Lehrjahre II, 3).

Hand|lan|ger, der; -s, - [mhd. hantlanger]: **1. a)** *ungelernter Arbeiter, Hilfsarbeiter im Baugewerbe:* seine Mutter verdiente ehrlich ihr Geld als Bügelfrau ..., und er war H. auf dem Bau geworden (Konsalik, Promenadendeck 189); Wer hilft mir in Feierabendtätigkeit als H. bei Bauarbeiten? (NNN 18. 1. 84, 6); **b)** (abwertend) *jmd., der nur untergeordnete Arbeit für andere verrichtet:* er betrachtet ihn als seinen H.; Adolf ... bäckt Kuchen ... Die Kinder werden zu Laufburschen und -n (Chotjewitz, Friede 131). **2.** (abwertend) *jmd., der sich ohne Skrupel zum Zuarbeiter od. Helfer bei einem verwerflichen Tun gebrauchen lässt; Büttel* (3): ein H. der Unterdrücker; er ließ sich nicht zum H. des Regimes machen; Vermutlich war Baumholz nur ein gedungener H. gewesen (Weber, Tote 38); In den Kasernen unterhöhlen kommunistische H. die Moral der Truppe (Chotjewitz, Friede 252); Ü sie sind, ohne es zu ahnen, auch H. der Dekadenz (Spiegel 13, 1985, 227).

Hand|lan|ger|ar|beit, die ⟨meist Pl.⟩ (abwertend): *untergeordnete Arbeit, Hilfsarbeit.*

Hand|lan|ger|dienst, der ⟨meist Pl.⟩ (oft abwertend): **1.** *Hilfsdienst:* jmdm. -e leisten; -e für jmdn. tun; 62,5 Prozent aller portugiesischen Paschas verweigern im Haushalt jedweden H. (taz 29. 6. 95, 20); Später wurde Bleistein Viktor zu -en am Grillbüffet zugeteilt (Fels, Unding 136). **2.** *Beihilfe zu etw. Verwerflichem:* -e für jmdn. tun; Er war bemüht, bei den Beamten den Eindruck eines kleinen verführten Ganoven zu erwecken, der seine -e verrichtet hatte (Prodöhl, Tod 105); Die Oberen des Verbandes, deren Vorgänger ähnlich wie viele Kirchenfürsten in der Nazi-Zeit bereitwillig -e leisteten (Spiegel 15, 1993, 190); Auch in der Dresdner St.-Petri-Kirche waren dreiste Räuber am Werk, die vermutlich -e für Kunsthändler aus dem Westen ausführten (taz 27. 6. 91, 22).

Hand|lan|ge|rin, die; -, -nen: w. Form zu ↑Handlanger (1 b, 2).

hand|lan|gern ⟨sw. V.; hat⟩ (ugs. scherzh.): *sich als Handlanger* (1) *betätigen.*

Hand|la|ter|ne, die: vgl. Handlampe.

Hand|lauf, der: *den oberen Abschluss des Treppengeländers bildender Teil (in Form eines Rohrs, einer Stange od. dgl.), an dem man sich mit der Hand festhalten kann.*

Hand|leis|te, die: vgl. Handlauf.

Händ|ler, der; -s, - [spätmhd. hand[e]ler = jmd., der etw. tut, vollbringt, verrichtet; Unterhändler, zu ↑handeln]: *jmd., der als Kaufmann einen* [1]*Handel* (2 b) *betreibt:* der H. verdient an dem Auto rund 1 500 Mark; Die Einwohner, kleine Handwerker, H. und Fischer (Jens, Mann 102); Bodo Ledderhose, ein H. in Häuten und altem Eisen (Remarque, Obelisk 137); ein ambulanter, fliegender H. *(Händler, der seine Waren nicht in einem Ladengeschäft anbietet, sondern [umherziehend] an einem Stand, Karren);* die Engländer sind eine »Nation von -n«, die angeblich ganz andere Interessen haben als die Kontinentaleuropäer (Dönhoff, Ära 129); Angesichts des Ausmaßes der Bedrohung halte ich es überdies für richtig, die Strafbestimmungen für H. mit illegalem Nuklearmaterial zu verschärfen (Spiegel 34, 1994, 24); Ü dass er (= der Zeitungsverleger) aus einem Verkäufer neuer Nachrichten zu einem H. mit öffentlicher Meinung wurde (Fraenkel, Staat 224).

Händ|ler|boot, das: *Boot eines Händlers, der [im Hafen ankernde od. vorüberfahrende] Schiffe mit Waren des täglichen Bedarfs versorgt; Bumboot.*

Händ|ler|ge|schäft, das (Börsenw.): *Geschäft mit Wertpapieren, bei dem alle Beteiligten selbst Händler sind, die zum Börsenhandel zugelassen sind.*

Händ|le|rin, die; -, -nen: w. Form zu ↑Händler.

händ|le|risch ⟨Adj.⟩: *einen Händler, den Handel betreffend, charakterisierend:* -es Denken; Die freien Reichsstädte wurden zu Hochburgen -er und unternehmerischer Vielfalt (Scholl-Latour, Frankreich 386).

Händ|ler|netz, das (Kaufmannsspr.): *Netz* (2 d) *von [Vertrags]händlern.*

Händ|ler|vier|tel, das: vgl. Geschäftsviertel.

Händ|ler|volk, das: **1.** *Handel treibendes Volk.* **2.** *die Händler als Berufsstand, in ihrer Gesamtheit:* An beiden Tagen von 10 bis 18 Uhr Markttreiben und Hofhaltung, fahrende Spielleute, Handwerker und H. Leipziger Volkszeitung 30. 5. 97, 2).

Hand|le|se|kunst, die: *Chiromantie.*

Hand|le|ser, der (selten): *Chiromant.*

Hand|le|se|rin, die; -, -nen (selten): *Chiromantin.*

Hand|leuch|te, die: vgl. Handlampe.

Hand|le|xi|kon, das: *kleineres, handliches Lexikon.*

hand|lich ⟨Adj.⟩ [mhd. hantlich = mit der Hand verrichtet]: **1.** *(bes. von Gebrauchsgegenständen) sich gut in der Hand halten lassend, sich (dank bestimmter Eigenschaften) leicht, bequem handhaben lassend:* ein -er Staubsauger; das Buch hat ein -es Format; Der Computerbenutzer profitiert ... vor allem durch kleinere und -ere Geräte (Hamburger Abendblatt 21. 5. 85, Beilage 12); Er brauchte nach Steinen nicht zu graben, denn die -sten Kiesel lagen ... zu Dutzenden vor seinen Füßen (Augsburger Allgemeine 22./23. 4. 78, XIX); das Gerät ist nicht sehr h.; (Jargon:) ein -es *(wendiges, nicht zu großes, leicht zu fahrendes)* Auto; Bereits vor einem Jahr hat sie in derselben hübsch und h. ausgestatteten Reise-Reihe des Schöffling-Verlages einen Band über die Insel Lesbos veröffentlicht (Zeit 19. 7. 96, 46); Ü auf der Suche nach einem -en *(passenden, einleuchtenden)* Verbotsgrund (NZZ 29. 1. 83, 29). **2.** (schweiz.) **a)** *behände;* **b)** *tüchtig, kräftig, fest zufassend:* ◆ mit -en Manieren *(auf resolute Art u. Weise)* setzte die Hebamme die Gotte hinter den Tisch (Gotthilf, Spinne 9); **c)** *mit der Hand:* etw. h. anfassen.

Hand|lich|keit, die; -: *das Handlichsein.*

Hand|ling ['hændlɪŋ], das; -s [engl. handling, zu: to handle = handhaben]: *Handhabung, Gebrauch:* Fahrzeuge mit gutem, sicherem H.; Für die Einführung in das Sortiment spreche das geringe Gewicht der Flaschen ..., das leichte H. und auch der Sicherheitsaspekt (MM 13. 9. 88, 7); Texter – begeisterungsfähig, auch wenn's schwierig wird. Kompetent in der Beratung. Sicher im H. Kreativ in Text und Konzept (Zeit 1. 9. 95, 85).

Hand|li|nie, die: *über bestimmte Grundformen hinaus individuell ausgeprägte Linie in der Innenfläche der Hand beim Menschen u. bei einigen Säugetieren, bes. Affen:* etw. aus jmds. -n lesen.

Hand|li|ni|en|deu|tung, die ⟨o. Pl.⟩: *Deutung der Handlinien (in der Chiromantie).*

Hand|loch, das: *(bei bestimmten Maschinen) Öffnung, die es erlaubt, etwa zur Wartung od. Reparatur, mit der Hand an im Innern liegende Teile heranzukommen.*

Hand|lon|ge, die (Kunstkraftsport; Turnen): *an einer Leine, die von zwei Hilfestellung gebenden Personen gehalten wird, befestigter Sicherheitsgürtel, der bei schwierigen Übungen einen Sturz verhindern soll.*

◆ **hand|los** ⟨Adj.⟩: *der Hand, den Händen beim Klettern keine Möglichkeit bietend, sich festzuhalten:* Handlos und schroff ansteigend starren ihm die Felsen, die unwirtlichen, entgegen (Schiller, Tell IV, 1).

Hand|lung, die; -, -en [mhd. handelunge]: **1.** *das Handeln* (4 b), *[bewusst ausgeführte] Tat:* eine [un]überlegte, vorsätzliche, strafbare, unverantwortliche H.; eine kultische, feierliche H. *(Zeremonie);* eine symbolische H.; kriegerische -en; die einzige politische H., die ich verstehe, ist der Amoklauf (Handke, Frau 83); für seine -en einstehen müssen, bestraft werden; sich zu einer unbedachten H. hinreißen lassen. **2.** *Abfolge von zusammenhängenden, miteinander verketteten Ereignissen, Vorgängen, die das dramatische Gerüst einer Dichtung eines Films od. dgl. bildet; Fabel, Plot:* eine verwickelte, fesselnde, spannende H.; die H. des Stückes, Films, Buches; die Einheit der H. im Drama; der Roman hat sehr wenig H.; Die übrigen Erstlingsromane entpuppen sich durchweg als längere Erzählungen mit engem Blickwinkel, sie bieten mehr Zustände und Beschreibungen als -en oder Konflikte (Spiegel 52, 1993, 155); Ü Ort der H. *(Ort des Geschehens, Tatort)* war ein Steinbruch in der Nähe des Städtchens. **3.** (veraltend) *Handelsunternehmen, Laden, Geschäft* (fast nur noch in Zus.): eine zoologische H.; er betreibt eine kleine H. ◆ **4.** *Handel[sverkehr]* (2 a): Denk an ... die H., den Feldbau, die Gewerbe (Goethe, Egmont II).

Hand|lungs|ab|lauf, der: *Ablauf einer Handlung* (2).

Hand|lungs|agent, der (veraltet): *Handelsvertreter.*

hand|lungs|arm ⟨Adj.⟩: *arm an Handlung* (2): ein -er Film; es sollen -e Szenen gewesen sein (Muschg, Gegenzauber 91).

Hand|lungs|art, die (Sprachw.): *Aktionsart.*

Hand|lungs|be|darf, der: *Notwendigkeit, [politisch] zu handeln:* es besteht derzeit [kein] H.; Falls sich wider Erwarten im Laufe des nächsten Jahres konjunkturpolitischer H. einstellen sollte, würde man rechtzeitig über Gegensteuerungsmaßnahmen zu entscheiden haben (Saarbr. Zeitung 9. 10. 79, 1).

Hand|lungs|be|voll|mäch|tig|te, der u. die: *jmd., der mit einer Handlungsvollmacht ausgestattet ist.*

Hand|lungs|dra|ma, das (Literaturw.): *Drama, dessen Ablauf sich vor allem aus den situationsbedingten u. auf Entscheidungen der beteiligten Personen beruhenden Handlungen ergibt u. dessen Schwerpunkt weniger auf der Darstellung einzelner Charaktere liegt.*

hand|lungs|fä|hig ⟨Adj.⟩: **1.** *aufgrund gegebener Voraussetzungen fähig, in der Lage zu handeln, tätig zu werden:* eine -e Regierung, Mehrheit; ein -es Parlament; der Magistrat ist nicht mehr h.; als Gruppe sind die Afrikaner äußerst h. (Muschg, Gegenzauber 273). **2.** (Rechtsspr.) *aufgrund gegebener persönlicher Voraussetzungen in der Lage, bestimmte Rechtshandlungen verantwortlich zu tätigen:* da sie in dieser Stellung ... auch zivilrechtlich h. ... sein müssten (Bund 9. 8. 80, 17).

Hand|lungs|fä|hig|keit, die ⟨o. Pl.⟩: *das Handlungsfähigsein.*

Hand|lungs|frei|heit, die ⟨o. Pl.⟩: *Freiheit, unabhängig, nach eigenem Wunsch od. Ermessen zu handeln:* er verlangte volle H.; jmds. H. einschränken; die Russen ... hätten glauben können, sie besäßen H. nicht nur in Indien, sondern auch im Nahen Osten (W. Brandt, Begegnungen 408).

Hand|lungs|ge|hil|fe, der (Rechtsspr.): *kaufmännischer Angestellter.*

Hand|lungs|ge|hil|fin, die (Rechtsspr.): w. Form zu ↑Handlungsgehilfe.

Hand|lungs|mus|ter, das: *Muster* (2), *für das Handeln:* all dies (und es sind die klassischen H. der Außenpolitik) findet sich auch bei Genscher wieder (Zeit 19. 7. 85, 5); Es gab noch niemals so viele Möglichkeiten wie heute, Gewalt als ein erfolgreiches H. zu erleben (Spiegel 3, 1994, 74); Regeln verstehe ich als H., denen man folgen kann, auch ohne sie zu kennen, ohne sie beschreiben zu können (Heringer, Holzfeuer 296).

hand|lungs|reich ⟨Adj.⟩: *reich an Handlung* (2): eine -e Erzählung.

Hand|lungs|rei|sen|de, der u. die (Kaufmannsspr.): **a)** *jmd., der als Handlungsgehilfe außerhalb des Betriebes, dem er angehört, Geschäfte im Namen u. für Rechnung des Unternehmens abschließt;* **b)** *Handelsvertreter.*

Hand|lungs|satz, der (Sprachw.): *Satz mit einem Handlungsverb.*

Hand|lungs|sche|ma, das: **1.** *schematischer Aufbau einer literarischen Handlung.* **2.** *Schema, nach dem gehandelt wird:* Wenn im Schnitt mehr als 50 Prozent der Autofahrer aggressiv auf fehlerhaftes Verhalten anderer reagieren, muss man sich fragen, ob dieses H. nicht auch auf andere Bereiche des Lebens übertragbar ist (Focus 39, 1993, 217).

Hand|lungs|spiel|raum, der: *Spielraum, der jmdm. für sein Handeln zur Verfügung steht:* Der zugedachte H. gestattet eine sehr weitgehende Entfaltung unternehmerischer Fähigkeiten (NZZ 25. 12. 83, 20); der Gesetzgeber, für den hier noch H. besteht (CCI 7, 1986, 2); dass sich die Selbstverwirklichungsbedürfnisse vieler Menschen auf private Handlungsspielräume verlagern werden (Szene 6, 1983, 16).

Hand|lungs|strang, der: *Strang einer [komplexen, aus mehreren Strängen bestehenden] Handlung* (2): Doch das ist in Jose Saramagos Roman »Das Memorial« nur ein H. unter vielen, die alle zuletzt in Mafra zusammenlaufen (Zeit 23. 1. 87, 49); Allzu straff hat Wenders die Handlungsstränge nicht miteinander verwoben. Er setzt auf Stimmung, Situation, Bilderkraft – und Darsteller (Spiegel 21, 1993, 215); ... aber wie das Material bändigen, die Handlungsstränge führen, denn natürlich sind es ihrer mehr als einer nur ... und die Stränge müssen verknüpft werden miteinander (Heym, Nachruf 397).

hand|lungs|un|fä|hig ⟨Adj.⟩: *unfähig zu handeln:* eine -e Regierung; Wer vor Schreckangst h. wird, muss den Beruf wechseln (Hackethal, Schneide 39).

Hand|lungs|un|fä|hig|keit, die: *Unfähigkeit zu handeln.*

Hand|lungs|verb, das (Sprachw.): *Verb, das eine Tätigkeit benennt, die auf ein Objekt gerichtet ist (z. B. lieben, danken, gedenken, spotten).*

Hand|lungs|ver|lauf, der: vgl. Handlungsablauf.

Hand|lungs|voll|macht, die: *Vollmacht, die dazu berechtigt, im Namen eines Handelsunternehmens Rechtshandlungen vorzunehmen.*

Hand|lungs|wei|se, die: *Art u. Weise, in der jmd. (in einer bestimmten Situation) handelt, gehandelt hat:* eine korrekte, unverantwortliche H.; Immerhin möchte ich dir erklären, warum deine H. mir dermaßen traurig und schrecklich vorkommt (Reich-Ranicki, Th. Mann 185); In ihrem Glaubenseifer legt sie die Hadithe (Sammlungen von Aussprüchen und -n des Propheten) oft strenger aus als ihre moslemische Verwandtschaft in der Türkei (Spiegel 8, 1993, 74); Der belgische Rechtsprofessor Lode Van Outrive, Autor des Berichts, sieht sich an die H. »eines autoritären Regimes« erinnert: »Eine Polizei zu schaffen, die sich jeder parlamentarischen Kontrolle entzieht, ist zutiefst undemokratisch.« (Spiegel 25, 1993, 61).

Hand|ma|le|rei, die: **1.** ⟨o. Pl.⟩ *das Malen mit der Hand.* **2.** *mit der Hand ausgeführte Malerei:* Porzellanteller mit H.

Hand|mehr, das; -s (schweiz.): *durch Handaufheben festgestellte Mehrheit bei einer Abstimmung:* Gemeinden, in denen die Landräte mit offenem H., anlässlich der Gemeindeversammlung, erkoren werden (NZZ 4. 4. 84, 26).

Hand|mi|xer, der: *kleines mit der Hand zu führendes elektrisches Gerät zum Rühren, Mixen, Quirlen u. dgl.; Handrührer; Handrührgerät.*

Hand|müh|le, die: *kleine, mit der Hand zu betätigende Mühle zum Zerkleinern, Schroten u. a. im Haushalt.*

Hand|or|gel, die (schweiz., sonst veraltet): **1.** *Drehorgel.* **2.** *Ziehharmonika.*

hand|or|geln ⟨sw. V.; hat⟩ (schweiz., sonst veraltet): *Handorgel spielen.*

Hand|out, Hand-out ['hɛndaut], das; -s, -s [engl. handout, zu: to hand out = aus-, verteilen]: *an Teilnehmer einer Tagung, eines Seminars od. dgl. ausgegebenes Informationsmaterial.*

Hand|pa|pier, das: *handgeschöpftes Papier, Bütten.*

Hand|pferd, das: *im Gespann rechts von der Deichsel eingespanntes Pferd; Beipferd* (a).

Hand|pfle|ge, die ⟨o. Pl.⟩: *das Pflegen der Hände u. der Fingernägel; Maniküre* (1): H. betreiben; eine Creme für die H.

Hand|pflü|cke, die (landsch.): *das Pflücken, Ernten von Obst, Gemüse mit der Hand:* sie (= die Buschbohne)... wächst bei H. gut nach (MM 13. 3. 71, 56).

Hand|pres|se, die: *im Buch- u. Steindruck verwendete, von Hand betriebene Presse zur Herstellung von Probeabzügen, Liebhaberdrucken u. Grafiken.*

Hand|pres|sen|druck, der: **1.** ⟨o. Pl.⟩ *Technik des Druckens mit der Handpresse.* **2.** ⟨Pl. -e⟩ *mit der Handpresse hergestellter* [2]*Druck* (1 b).

Hand|pum|pe, die: *kleine, mit der Hand zu betätigende Pumpe.*

Hand|pup|pe, die: *im Puppenspiel verwendete Puppe, bei der der Kopf aus einem festen Material geformt u. mit einer Höhlung für den Zeigefinger versehen ist, während der Körper nur aus einer Stoffhülle besteht, die der Puppenspieler mit der Hand u. dem unteren Teil des Arms ausfüllt, wodurch er die Puppe führen u. Bewegungen ermöglichen kann.*

Hand|pup|pen|spiel, das: vgl. Puppenspiel.

Hand|pup|pen|the|a|ter, das: vgl. Puppentheater.

◆ **Hand|queh|le, Hand|que|le,** die; -, -n [2. Bestandteil landsch. (bes. md.) Nebenform von ↑Zwehle] (landsch., bes. md.): *Handtuch:* ...brachte ein Handbecken nebst Gießfass und Handquele (Goethe, Dichtung u. Wahrheit 5).

Hand|ram|me, die (Bauw.): *Ramme aus Holz, die von zwei bzw. vier Personen von Hand betätigt wird.*

Hand|rei|chung, die: **1. a)** *Hilfeleistung, die darin besteht, dass jemand einem anderen bei einer Arbeit, bes. einer manuellen Tätigkeit, zur Hand geht:* er ist zu bequem zur kleinsten H.; [jmdm.] eine H. machen; -en tun, leisten; **b)** *Dienstleistung:* auf einem selbst gemalten Reklameschild offeriert ein »Elektronikus« seine -en (Zeit 3. 5. 85, 57); Kranke werden mit einem Übermaß an ärztlichen -en versorgt, schlucken zu viele und zu teure Pillen (Zeit 19. 7. 85, 9). **2. a)** *Empfehlung, Richtlinie (für ein Verhalten, für den Umgang mit etw. Bestimmtem, für den Gebrauch von etw. Bestimmtem od. dgl.):* Doch diese Beschlüsse sind als H. nur noch bedingt tauglich (Spiegel 40, 1984, 22); Die beiden großen Parteien haben alles geboten, was sie in diesem Wahlkampf an H. für den unentschlossenen Wähler zu bieten haben (SZ 24. 8. 98, 4); **b)** *Handreichungen* (2 a) *enthaltende Schrift:* Caracos »Brevier« ist diesem Titel zum Trotz kein Buch zum Nachbeten, sondern eine H. für Ungläubige (Zeit 3. 4. 87, 70); Die Sonderschau, für die es einen reich bebilderten Katalog sowie eine pädagogische H. für Kinder gibt, ist täglich von 9 bis 18 Uhr ... geöffnet (SZ 6. 9. 92, 19); die EKD spricht sich in der H. allerdings nicht kategorisch gegen eine Befruchtung außerhalb des Mutterleibes aus (MM 4. 11. 85, 13). **3.** *Handout.*

Hand|riss, der (Vermessungsw.): *bei der Vermessung von Grundstücken angefertigter maßstäblicher Grundriss, in den alle für eine Grundfläche wichtigen Zahlen u. Daten eingetragen werden.*

Hand|rü|cken, der: *Oberseite der Hand* (1) *ohne die Finger:* Die Mila warf dem Hund ein Stück Fleisch hin, trank Bier und wischte sich mit dem H. die Lippen trocken (Simmel, Affäre 118).

Hand|rüh|rer, der; -s, -, **Hand|rühr|ge|rät,** das: *Handmixer.*

Hands [hɛnts, auch: hændz], das; -, - [zu engl. hand = Hand] (Fußball österr., schweiz.): *Handspiel, Hand* (4).

Hand|sack, der (Fachspr.): *(bei bestimmten Arbeiten) zum Schutz der Hand getragener Handschuh ohne ausgearbeitete Finger.*

Hand|sä|ge, die: *mit der Hand geführte Säge, bei der das Sägeblatt in einen Rahmen aus Holz eingespannt ist.*

hand|sam ⟨Adj.⟩ (landsch.): **1. a)** *leicht, bequem handhabbar; handlich:* Kurzstreckenjet »Boeing 737-200«: Einst ein -es Fluggerät, heute allerlei Mucken (Spiegel 8, 1983, 200); Nun bleiben zwar viele Manuskripte ungedruckt, nie aber solche, die ein aktuelles Thema, in angenehmer Form, von -em Umfang und aus einer originellen Perspektive abhandeln (taz 19. 6. 93, 19); wie in einem der ... Videos gezeigt, sinnierte er intensiv auch über besonders -e Mechanismen für seine häusliche Klospülung (FR 7. 2. 98, 9); **b)** *leicht auszuführen, zu bewerkstelligen.* **2.** *anstellig, geschickt.* **3.** *umgänglich, verträglich:* der -e Hebenstreit entpuppte sich als eigensinniger Querulant (Kuby, Sieg 153); Vor allem einige der älteren Pädagogen hätten »eine negative Einstellung gegenüber den Schülern«, und einer »brüllt und schreit recht viel«, falls die Jugendlichen nicht so h. sind, wie er es gerne hätte (SZ 29. 4. 98, 54); Er hatte mir eine kleine kastanienbraune Stute ausgesucht... Sie sei h. und habe keine Allüren, sagte Jacques (FNP 5. 4. 96, 1); Die rund 80 Delegierten verhielten sich in der Diskussion auch recht h. Keine Stimme erhob sich, um etwa die Verhandlungsdelegation zu kritisieren (FR 25. 6. 97, 1).

Hand|satz, der: **1.** ⟨o. Pl.⟩ *von Hand durchgeführter Satz* (3 a). **2.** *von Hand hergestellter Satz* (3 b).

Han|dschar, Kandschar, der; -s, -e [arab. ḫanǧar] (früher): *im Vorderen Orient u. auf dem Balkan gebräuchliche, dolchartige Waffe mit zweischneidiger, langer Klinge.*

Hand|schau|fel, die: *Schaufel mit kurzem Stiel, die zusammen mit dem Handbesen bes. zum Aufnehmen von Kehricht gebraucht wird.*

Hand|schel|le, die ⟨meist Pl.⟩: *mit einem Schloss versehene aus einem aufklappbaren stabilen Metallring bestehende Handfessel, die durch eine kurze Kette mit einer zweiten gleichartigen verbunden ist:* -n tragen; jmdm. -n anlegen; den Gefangenen in -n abführen; Fritz Persch sah, wie der mit -n gefesselte Aster mit blutig geschlagenem Gesicht vorbeigeführt wurde (Kühn, Zeit 363).

hand|scheu ⟨Adj.⟩ (Jägerspr.): *(von Hunden) aus Angst vor Schlägen der Aufforderung herbeizukommen nicht od. nur zögernd Folge leistend.*

Hand|schlag, der: **1.** (selten) *mit der Hand ausgeführter Schlag:* jmdm. einen H. versetzen. **2.** ⟨Pl. selten⟩ *das Hinreichen bzw. Ergreifen der entgegengestreckten Hand des Gegenübers zum Händedruck bei der Begrüßung od. Verabschiedung, auch als symbolische Geste der Bekräftigung bei Abschluss eines Vertrages od. bei einer Abmachung:* jmdn., sich/(geh.:) einander durch/per/mit H. begrüßen; einen Vertrag durch H. besiegeln. **3.** in der Wendung **keinen H. tun** (ugs.; *[zum Ärger für andere] nichts arbeiten*): der Faulpelz hat heute noch keinen H. getan; Das Honorar war sehr ordentlich, in weniger als drei Jahren rund 140 000 Mark. Merkwürdig nur, dass die Gattin dafür keinen H. tun musste (Zeit 4. 8. 95, 43); in der Mittagspause haben sie mir mein ganzes Handwerkszeug gestohlen, und ich steh' ... da ..., und ich kann keinen H. tun (Fallada, Blechnapf 258).

Hand|schlie|ße, die: *Handschelle.*

Hand|schmeich|ler, der; -s, - (ugs.): *kleiner glatter Gegenstand bes. in Form einer Kugel od. einer Kette aus kleinen Kugeln, den man in der Hand hin u. her bewegt bzw. durch die Hand gleiten lässt.*

Hand|schrei|ben, das: **a)** *persönlicher [handgeschriebener] Brief:* Die größte Sensation der Autographenauktion ... ist ein H. von René Descartes an Thomas Hobbes (SZ 29. 6. 98, 15); Als Bundespräsident Heuss ihm zum 50. Geburtstag ... das Großkreuz des Bundesverdienstordens überreichte und ein »herzlich gehaltenes H.« beilegte ... (taz 8. 5. 91, 13); der Ministerpräsident gratulierte dem Hundertjährigen mit einem, per H.; **b)** (veraltend) *Empfehlungsschreiben.*

Hand|schrift, die [mhd. hantschrift, auch = eigenhändige Unterschrift]: **1.** *die einem Menschen eigene, für ihn charakteristische Schrift, die er, mit der Hand schreibend, hervorbringt:* eine gestochene, klare Schrift war es, und Großmutter stand hinter mir, und sie sagte, das sei eine sympathische, anständige H. (Schwaiger, Wie kommt 32); eine steile, [un]leserliche, ausgeschriebene H. haben; seine H. ist schwer zu entziffern; * **eine gute, kräftige H. haben/schreiben**

(ugs.; *beim Austeilen von Schlägen hart zuschlagen*): Natürlich bekam der Bub seine Lektion auf den Hosenboden, und Anna schrieb eine kräftige H. (Kühn, Zeit 239). **2.** *charakteristisches Gepräge, das jmd. seinen [künstlerischen] Hervorbringungen, seinen Taten aufgrund seiner persönlichen Eigenart verleiht:* das Werk trägt die H. des Künstlers; Sowohl die Abfahrtspiste der Herren wie die Bobbahn ... trugen die H. unerfahrener Organisatoren (NZZ 2. 2. 83, 31); mehrere »Unfälle« von Unterweltsgrößen aus dem Reeperbahnmilieu wiesen ebenfalls Röhls H. auf (Prodöhl, Tod 107). **3.** *handgeschriebener Text aus der Zeit vor der Erfindung des Buchdrucks, bes. aus der Zeit des Mittelalters:* eine wertvolle alte H.; eine H. aus dem 14. Jahrhundert; Abk.: Hs. (Pl.: Hss.). ◆ **4. a)** *eigenhändig geschriebenes Schriftstück:* So zeigen ihr' Exzellenz meine falschen -en auf (Schiller, Kabale I, 5); **b)** *eigenhändig unterschriebener Schuldschein:* Ich habe seine Equipage verkauft und komme, seine H. einzulösen (Lessing, Minna I, 6); wenn mir meines Weibes Tugend und mein eigener Wert nicht H. genug ausgestellt hätten (*nicht Bürgschaft genug gewesen wären;* Schiller, Fiesco II, 16).

Hand|schrif|ten|ab|tei|lung, die: *Abteilung einer Bibliothek, die alte Handschriften* (3) *aufbewahrt.*

Hand|schrif|ten|deu|ter, der (selten): *Graphologe.*

Hand|schrif|ten|deu|te|rin, die (selten): w. Form zu ↑Handschriftendeuter.

Hand|schrif|ten|deu|tung, die: *Graphologie.*

Hand|schrif|ten|druck, der ‹Pl. ...drucke› (Druckw.): *Faksimile einer Handschrift* (3).

Hand|schrif|ten|kun|de, die ‹o. Pl.›: *Wissenschaft, die sich mit der Erforschung von alten Handschriften* (3) *befasst; Paläographie.*

Hand|schrif|ten|kun|di|ge, der u. die; -n, -n ‹Dekl. ↑Abgeordnete›: *jmd., der sich in der Handschriftenkunde auskennt.*

Hand|schrif|ten|pro|be, die: *Probe von jmds. Handschrift* (1).

Hand|schrift|le|ser, der (EDV): *Lesegerät, das in der Lage ist, handschriftliche Texte zu lesen.*

hand|schrift|lich ‹Adj.›: **1.** *mit der Hand geschrieben; in Handschrift* (1): eine -e Bewerbung, Mitteilung; ... die versucht hatten, einige -e Kompositionen Händels aus den Flammen zu retten (Bieler, Mädchenkrieg 250); eine der aufgeschlagenen Ausgaben ist Julius Streicher h. gewidmet (Gregor-Dellin, Traumbuch 134). **2.** *in einer Handschrift* (3) *überliefert:* -e Texte, Quellen.

Hand|schuh, der [mhd. hantschuoch, ahd. hantscuoh]: *die Hand [u. die Finger einzeln] umschließendes Kleidungsstück:* wollene, schweinslederne, gestrickte, gehäkelte, gefütterte, dicke, warme -e; ein Paar -e; -e tragen, anziehen; seine -e überstreifen; etw. mit -en anfassen; ***jmdm. den H. hinwerfen/vor die Füße werfen/ins Gesicht schleudern, werfen** (↑Fehdehandschuh); **den H. aufnehmen/aufheben** (↑Fehdehandschuh); **jmdn. mit -en anfassen** (↑Glacéhandschuh).

Hand|schuh|ehe, die [als Nachweis der Vollmacht diente urspr. ein Handschuh] (Rechtsspr.): *(bes. in Südamerika geübte Praxis der) Heirat, bei der die Beteiligten bei der Zeremonie der Trauung nicht anwesend zu sein brauchen.*

Hand|schuh|fach, das: *Fach im Armaturenbrett eines Autos, in dem kleinere Gegenstände abgelegt werden können.*

Hand|schuh|grö|ße, die: vgl. Schuhgröße.

Hand|schuh|kas|ten, der: **1. a)** *Handschuhfach;* **b)** *Teil der Flurgarderobe, der als Ablage für Handschuhe vorgesehen ist.* **2.** *Vorrichtung, die es ermöglicht, Arbeiten mit radioaktiven od. hochgiftigen Stoffen auszuführen, bestehend aus einem Behälter, in den mit einer seiner Wände fest verbundene Handschuhe hineinreichen.*

Hand|schuh|le|der, das: *Leder, aus dem bes. Handschuhe hergestellt werden.*

Hand|schuh|ma|cher, der: *Handwerker, der Handschuhe herstellt* (Berufsbez.).

Hand|schuh|ma|che|rin, die: w. Form zu ↑Handschuhmacher.

Hand|schuh|num|mer, die: vgl. Handschuhgröße: ***etw. ist [nicht] jmds. H.** (ugs.; *etw. entspricht, gefällt jmdm. [nicht]*).

Hand|schutz, der ‹Pl. -e›: **1.** ‹o. Pl.› *Schutz der Hand od. der Hände bei bestimmten Arbeiten u. Sportarten:* Asbesthandschuhe zum wirksamen H. **2.** *etw., was dem Handschutz* (1) *dient:* der korbförmige H. des Degens; die Maschine läuft nicht an, solange der H. nicht runtergeklappt ist; du solltest als H. Asbesthandschuhe tragen; ich skate nie ohne H.; Beide haben die Füße durch Holzpantinen geschützt, den ledernen H. übergestülpt. An ihnen vorbei gleitet auf der Walzstraße ein glühender Stahlklotz (FR 2. 2. 98, 3).

Hand|schutz|rie|men, der (Turnen): *die Innenfläche der Hand schützendes, mit einem Riemen um das Handgelenk befestigtes weiches Leder.*

Hand|schweiß, der: *von den Handinnenflächen abgesonderter Schweiß.*

Hand|schwin|ge, die ‹meist Pl.›: *große Schwungfeder im Vogelflügel.*

Hand|se|gel, das (Eissegeln): *mit der Hand gehaltenes Segel, mit dem der Eissegler manövriert.*

Hand|set|zer, der (Druckw.): *Setzer, der Handsatz* (2) *herstellt.*

Hand|set|ze|rin, die (Druckw.): w. Form zu ↑Handsetzer.

hand|si|gniert ‹Adj.›: *(vom Künstler, vom Verfasser) mit einem handschriftlichen Namenszug versehen:* ein -es Exemplar; die Grafik ist vom Künstler h.

Hand|skiz|ze, die: *[mit wenigen Strichen angefertigte] Skizze:* [von etw.] eine H. anfertigen; dann übertrug er ... seine grobe H. der Fundstelle fein säuberlich auf den Maßstab 1 : 100 (Kirst, Aufruhr 123).

Hand|spie|gel, der: *mit einem Stiel versehener, kleiner, runder od. ovaler Spiegel, den man mit der Hand halten kann.*

Hand|spiel, das (Fußball): *regelwidriges Berühren u. Spielen des Balles mit der Hand.*

Hand|stand, der (Turnen): *Übung, bei der der Körper mit dem Kopf nach unten, bei ausgestreckten Armen auf die Hände gestützt, im Gleichgewicht gehalten wird:* einen H. machen; Rolle rückwärts in den H.; Festwagen, auf welchen sportliche Jünglinge Handstände vollführen (Schädlich, Nähe 14).

Hand|stand|bar|ren, der (Turnen): *kurzer, niedriger Barren, an dem bes. der Handstand geübt wird.*

Hand|stand|brü|cke, die (Gymnastik, Turnen): *Übung, bei der man sich in der Rückenlage befindet, den Rücken nach innen wölbt u. sich dabei auf die Handflächen u. Fußsohlen od. Zehen stützt.*

Hand|stand|dre|hung, die (Turnen): *Übung, bei der man im Handstand eine Drehung um einen Arm herum ausführt.*

Hand|stand|ge|hen, das (Gymnastik): *Übung, bei der man sich im Handstand vorwärts bewegt, indem man das Körpergewicht abwechselnd von einem auf den anderen Arm verlagert.*

Hand|stand|kip|pe, die (Turnen): *Übung, bei der der Körper aus dem Handstand in der Hüfte gewinkelt wird, gleichzeitig die Arme gebeugt werden u. dann ein plötzliches Strecken der gewinkelten Hüfte erfolgt.*

Hand|stand|sprung, der (Turnen): *Sprung [über ein Gerät], bei dem man einen Handstand ausführt.*

Hand|stand|über|schlag, der (Turnen): *Übung, bei der man in den Handstand springt, sich dann mit den Händen kräftig abdrückt u. einen Überschlag ausführt.*

Hand|stäu|ber, der; -s, - (landsch.): *Handfeger.*

Hand|stein, der (landsch. veraltend): *Ausguss* (1 a).

Hand|steu|e|rung, die: **a)** ‹o. Pl.› *mit der Hand vorgenommene Steuerung einer technischen Apparatur;* **b)** *Einrichtung, die eine Steuerung mit der Hand ermöglicht.*

Hand|sti|cke|rei, die: *mit der Hand ausgeführte Stickerei.*

Hand|stock, der (nordd.): *Spazierstock.*

hand|stop|pen ‹sw. V.; hat; nur im Inf. u. im 2. Part. gebr.›: **1.** (Leichtathletik) *[etw.] mit der Stoppuhr stoppen:* ich muss die Läufe h.; der Lauf wurde handgestoppt; **2.** (Hockey) *den Ball mit der Hand abfangen:* ‹subst.:› Handstoppen ist im Hockey erlaubt.

Hand|stop|per, der (Hockey): *Spieler, der den ins Tor gespielten Ball mit der Hand stoppt.*

Hand|stop|pe|rin, die (Hockey): w. Form zu ↑Handstopper.

Hand|streich, der [spätmhd. handstreich, urspr. = Schlag mit der Hand; später LÜ von frz. coup de main = Überrumpelung, plötzlicher Überfall] (bes. Milit.): *Aktion, bei der ein Gegner in einem blitzartigen Überfall überrumpelt wird:* Ein H. gegen West-Berlin war nicht auszuschließen (W. Brandt, Begegnungen 36); der Diktator wurde durch einen H. entmachtet; die Festung war in einem/im H. besetzt worden; Ü Wozu der Kanonier Wagner ... volle drei Wochen brauchte, das schaffte Vierbein in knapp drei Stunden: er eroberte sich die Dame im H. (*in kürzester Frist;* Kirst, 08/15, 18).

Hand|strick|ap|pa|rat, der: *mit der Hand zu bedienender Strickapparat.*

Hand|stück, das (Geol.): *etwa handgroße Gesteinsprobe für Lehr- u. Anschauungszwecke.*

Hand|ta|sche, die: *(bes. von Frauen verwendete) in der Hand od. mittels Henkel[n] am Arm od. über der Schulter zu tragende kleinere Tasche zum Mitführen bestimmter Utensilien:* eine lederne, geräumige H.; eine H. für den Abend; Als der junge Mann sein Bewusstsein wiedererlangte, stellte er fest, dass der Unbekannte seine H. durchsucht und das Geld entwendet hatte (MM 9. 7. 79, 13).

Hand|ta|schen|raub, der: *das Rauben* (1 a) *einer Handtasche auf offener Straße.*

Hand|ta|schen|räu|ber, der: *jmd., der einen Handtaschenraub begeht.*

Hand|ta|schen|räu|be|rin, die: w. Form zu ↑Handtaschenräuber.

Hand|tel|ler, der: *Innenfläche der Hand* (1) *vom Handgelenk bis zum Ansatz der Finger:* Seine Erregung bescherte ihm einen ungesunden Schweiß in den -n (Fels, Sünden 71).

hand|tel|ler|breit ⟨Adj.⟩: *etwa von, in der Breite eines Handtellers:* ein -er Spalt.

hand|tel|ler|groß ⟨Adj.⟩: *etwa von, in der Größe eines Handtellers:* eine -e Wunde.

Hand|ten|nis, das: [2]*Indiaca.*

Hand|trom|mel, die: *kleine, mit der Hand geschlagene Trommel.*

Hand|tuch, das ⟨Pl. ...tücher⟩ [mhd. hanttuoch, ahd. hantuh]: **1.** *aus einem Baumwollstoff, bes. aus Frottee od. aus Halbleinen hergestelltes [schmales, längliches] Tuch von unterschiedlicher Größe zum Abtrocknen:* ein frisches, gebrauchtes, weiches H.; das blaue H. ist für die Hände; lass das Geschirr erst ein bisschen abtropfen, sonst wird das H. zu schnell nass; die Handtücher wechseln; ***schmales H.** (ugs. scherzh.; *sehr schmaler, schlankwüchsiger Mensch*); **das H. werfen/schmeißen** (1. Boxen; *[als Sekundant] die Aufgabe eines Kampfes signalisieren, indem man das Handtuch od. den Schwamm in den Ring wirft.* 2. ugs.; *resignierend aufgeben:* Mitten in der Beweisaufnahme warf die Staatsanwaltschaft das H. [taz 29. 1. 87, 1]; Ich habe auch an Rücktritt gedacht, aber letztlich bin ich nicht der Typ, der schnell das H. wirft [Zeit 6. 6. 97, 63]; Mich wundert, dass die... erneuerungsbereiten Kräfte in der CSU nicht längst das H. geschmissen und diesen unbeweglichen Haufen längst verlassen haben [SZ 12. 7. 97, 31]). **2.** (ugs.) **a)** *Raum, der im Verhältnis zu seiner Länge sehr schmal ist:* dieses H. eignet sich nicht als Kinderzimmer; Die Küche war nicht mehr als ein H., drei Meter lang und anderthalb breit (Fallada, Mann 225); **b)** *Fläche, die im Verhältnis zu ihrer Länge sehr schmal ist:* Unser Grundstück mit einer Breite von 15 m ist recht schmal und kann als »Handtuch« bezeichnet werden (Wohnfibel 46).

Hand|tuch|au|to|mat, der: *(bes. auf öffentlich zugänglichen Toiletten verwendeter) Automat, der eine Handtuchrolle enthält, von der der Benutzer sich zum Gebrauch jeweils ein sauberes Stück herausziehen kann.*

Hand|tuch|drell, der: *Handtuchstoff aus Drell.*

Hand|tuch|ge|stell, das: *Gestell, auf dem man in Gebrauch befindliche Handtücher ablegt.*

Hand|tuch|hal|ter, der: *bes. im Bad an der Wand angebrachte Stange[n] zum Darüberhängen der in Gebrauch befindlichen Handtücher.*

Hand|tuch|rol|le, die: *zu einer dicken Rolle aufgerolltes Handtuch.*

hand|tuch|schmal ⟨Adj.⟩: *im Verhältnis zur Länge sehr schmal:* Sie gerieten in ein kleines, -es Vorstadtkino (Chr. Wolf, Himmel 41); Die ... Wohnsilos von damals werden jetzt wieder abgerissen, durch ... oft -e 30-Etagen-Wolkenkratzer ... ersetzt (Zeit 28. 11. 86, 51); an Togos fünfzig Kilometer langer Küste, dem gefälligsten Teil dieses -en Landes (MM 7. 8. 86, 3).

Hand|tuch|stän|der, der: vgl. Handtuchgestell.

Hand|tuch|stoff, der: *Stoff, aus dem Handtücher* (1) *gemacht werden.*

Hand|um|dre|hen: nur in der Fügung **im H.** *([überraschend] schnell [u. mühelos]):* die Arbeit war im H. erledigt; eine Schönheit wird im H. zur Hässlichkeit (Kronauer, Bogenschütze 106); auf diese Weise hat es dann mit der Wohnung im H. geklappt (Augsburger Allgemeine 27./28. 5. 78, XI).

Hand|ver|kauf, der ⟨o. Pl.⟩: **1.** *(in Apotheken erfolgender) Verkauf von Arzneimitteln, die nicht der Rezeptpflicht unterworfen sind.* **2.** *Verkauf von Waren auf der Straße, in Lokalen, auf Messen od. dgl.:* Für den H. auf der »afa« gibt es interessante Sonderangebote (Augsburger Allgemeine 29./30. 4. 78, XLII).

Hand|ver|käu|fer, der (Jargon): *jmd., der etw. im Handverkauf* (2) *vertreibt.*

Hand|ver|käu|fe|rin, die (Jargon): w. Form zu ↑Handverkäufer.

hand|ver|le|sen ⟨Adj.⟩: **1.** *von Hand verlesen:* -e Oliven, Früchte; diese Nüsse sind teurer, weil sie h. sind. **2.** *nach bestimmten [nicht offengelegten, nicht akzeptablen] Kriterien sorgfältig ausgewählt:* ein paar -e Experten, Studiogäste; eine -e Mannschaft, Delegation; Die Manager seines Unternehmens, -e Günstlinge (FR 17. 8. 98, 2); der Diktator wurde von einer Schar -er Journalisten begleitet; Das Publikum war h.: Minister und Verwaltungsbeamte, die gerade Blairs erste Kabinettsumbildung überstanden hatten, sowie einige Journalisten und Fotografen (Zeit 24. 9. 98, 19).

Hand|ver|mitt|lung, die (Fernspr.): *manuelle, nicht durch Direktwahl erfolgende Herstellung von Telefonverbindungen.*

Hand voll: s. Hand (1).

Hand|wa|gen, der: *mit der Hand zu ziehender od. zu schiebender kleiner [Leiter]wagen:* Am folgenden Montag ... rückten ein Geselle und ein Lehrjunge mit dem H. an (G. Vesper, Laterna 46).

hand|warm ⟨Adj.⟩: *(bes. in Bezug auf Wasser, Waschlauge) nur mäßig warm; so warm, dass die Temperatur beim Prüfen mit der Hand als angenehm empfunden wird:* -es Wasser; das Waschwasser soll nicht mehr als h. sein; etw. h. waschen; Wie trinken Sie Ihren Cognac am liebsten? Stilvoll im Schwenker, h. nach einem schönen viergängigen Menu? (Zeit 8. 8. 97, 22).

Hand|wasch|be|cken, das: *[kleineres] Waschbecken zum Waschen der Hände.*

Hand|wä|sche, die: **1.** *das Waschen von Wäsche, die nicht gekocht zu werden braucht, mit der Hand:* das Waschmittel eignet sich für H. bis 40°. **2.** ⟨o. Pl.⟩ *Wäsche, die man mit der Hand wäscht od. die nur für das Waschen mit der Hand geeignet ist:* die H. ist trocken.

Hand|we|ber, der: *Weber, der nicht maschinell, sondern auf dem Webstuhl webt.*

Hand|we|be|rei, die: vgl. Weberei.

Hand|we|be|rin, die: w. Form zu ↑Handweber.

Hand|web|stuhl, der: *Webstuhl.*

Hand|wech|sel, der (veraltend): *Besitzerwechsel (bes. bei Immobilien).*

Hand|wei|ser, der (selten): *Leitfaden:* Reservate zur Erhaltung des Landschaftscharakters in seiner Eigentümlichkeit und Ursprünglichkeit waren das Ziel, für das der »Kosmos« in Stuttgart schon am Beginn dieses Jahrhunderts in seinem »Handweiser für Naturfreunde« eintrat (Welt 22. 10. 49, 4).

Hand|werk, das; -s, -e [mhd. hantwerc = Werk der Hände, Kunstwerk; Gewerbe, Zunft, ahd. hantwerc(h)]: **1. a)** *[selbstständige] berufsmäßig ausgeübte Tätigkeit, die in einem durch Tradition geprägten Ausbildungsgang erlernt wird u. die in einer manuellen, mit Handwerkszeug ausgeführten produzierenden od. reparierenden Arbeit besteht:* ein bodenständiges, Holz verarbeitendes, künstlerisches H.; das H. des Schneiders, Töpfers; ein H. ausüben, [be]treiben, [er]lernen; Es gibt Müller, die mehr verstehen als ein ehrliches H. (Waggerl, Brot 91); **Spr** H. hat goldenen Boden *(ein Handwerksberuf bietet die Gewähr für ein gesichertes Auskommen);* Klappern gehört zum H. *(wer als Gewerbetreibender Erfolg haben will, kann auf Werbung nicht verzichten);* **b)** *jmds. Beruf, Tätigkeit; Arbeit [mit der sich jmd. ernährt]:* das Umgraben ist ein mühsames H.; Überschallfliegerei ist ein hartes, aber solides H. (Westd. Zeitung 7. 7. 84, o. S.); sein H. beherrschen, kennen, verstehen *(in seinem Beruf tüchtig sein);* Der Fall endete mit dem Tod des Opfers, weil der Notarzt sein H. nicht perfekt beherrschte (ADAC-Motorwelt 9, 1980, 32); Warum haben sie sich dem Handwerk des Krieges verschrieben? (Hamburger Abendblatt 22. 7. 85, 8); * **jmdm. das H. legen** (*jmds. üblem Treiben ein Ende setzen;* urspr. bezogen auf einen Handwerker, der sich gegen Vorschriften der Innung verging u. der dafür mit einem Verbot, sein Handwerk weiter auszuüben, bestraft wurde): dass weder hierzulande noch in Italien die Staatsgewalt in der Lage ist, einer Hand voll mordender Fanatiker das H. zu legen (Frau im Spiegel 29, 1978, 5); **jmdm. ins H. pfuschen** (*sich in einem Bereich betätigen, für den ein anderer zuständig ist;* urspr. bezogen auf jmdn., der ein Handwerk ausübte, ohne der Zunft anzugehören). **2.** ⟨o. Pl.⟩ *Berufsstand der Handwerker:* Handel, Industrie und H.; er fördert das H., ... baut Straßen (Trenker, Helden 30).

Hand|wer|ke|lei, die; -, -en (ugs. abwertend): *unsachgemäßes handwerkliches Arbeiten:* bei seiner H. kommt nie was Richtiges zustande; Auf unsere Instandhaltung umgemünzt, heißt das, ... von der H. und überwiegend manuellen Arbeit zur industriemäßigen Instandhaltung zu kommen (Freiheit 11. 7. 78, 8); Ü Hat schon mal jemand das außenpolitische Konzept der jetzigen Bundesregierung gesehen? Ist da etwas anderes als H. und Durchwursteln? (FR 21. 10. 97, 18).

hand|wer|keln ⟨sw. V.; hat⟩ (scherzh.): *laienhaft handwerklich arbeiten, sich mit handwerklicher Arbeit beschäftigen:* er handwerkelt gerne.

Hand|wer|ker, der; -s, - [mhd. hantwerker]: *jmd., der berufsmäßig ein Handwerk ausübt:* er ist selbstständiger H.; für eine Reparatur einen H. kommen lassen; wir haben die H. im Haus; Ü er ist ein guter H. *(er beherrscht die Techniken, die er für seine Arbeit braucht, gut),* aber es fehlt ihm die schöpferische Gabe.

Hand|wer|ker|ge|nos|sen|schaft, die: *Genossenschaft selbstständiger Handwerker u. Handwerkerinnen.*

Hand|wer|ke|rin, die; -, -nen: w. Form zu ↑Handwerker.

Hand|wer|ker|schaft, die; -: *Gesamtheit der Handwerker:* die H. ist in Innungen vereinigt.

Hand|wer|ker|stand, der ⟨o. Pl.⟩: *Berufsstand der Handwerker.*

Hand|wer|ker|zunft, die: vgl. Zunft.

hand|werk|lich ⟨Adj.⟩: *zum Handwerk* (1 a) *gehörend; ein Handwerk* (1 a) *betreffend:* ein -er Beruf; ein großes -es Können; Er baute und erneuerte mit großem Fleiß, enormem -em Geschick und finanziellem Gespür Häuser, vermietete sie und investierte in neue Objekte (SZ 20. 8. 96, 32); die Möbel sind h. hervorragend gearbeitet; Gestalter aus fünf verschiedenen Nationen, die sich vor fünf Jahren zusammenschlossen, um sich für die Anerkennung des h. gearbeiteten Schmucks einzusetzen (FR 16. 7. 93, 7); Ü ein h. hervorragend gemachter Film; »Time Out Of Mind« ist allein durch -es Können, durch die Hingabe des Musikers an sein Material gestaltet (Zeit 10. 10. 97, 59).

Hand|werks|be|ruf, der: *handwerklicher Beruf.*

Hand|werks|be|trieb, der: *Betrieb eines selbstständigen Handwerkers.*

Hand|werks|bur|sche, der (früher): *Handwerksgeselle [auf Wanderschaft].*

Hand|werks|ge|sel|le, der: *Handwerker, der die Gesellenprüfung gemacht hat.*

Hand|werks|ge|sel|lin, die: w. Form zu ↑Handwerksgeselle.

Hand|werks|in|nung, die: vgl. Innung.

Hand|werks|kam|mer, die: *Interessenvertretung des Handwerks* (2) *in Form einer Körperschaft des öffentlichen Rechts.*

Hand|werks|kunst, die ⟨o. Pl.⟩: *auf einem Handwerk* (1 a) *basierende Kunst:* In Oberammergau florieren nämlich außer der Holzschnitzerei noch andere Zweige traditioneller H.: Hinterglasmalerei, Holzschnitt, Töpferei, Arbeiten in Wachs und Keramik (FR 5. 12. 98, 5).

Hand|werks|leh|re, die: *Lehre in einem Handwerksberuf.*

Hand|werks|mann, der ⟨Pl. ...leute⟩ (veraltet): *Handwerker.*

hand|werks|mä|ßig ⟨Adj.⟩: *handwerklich:* eine -e Ausführung.

Hand|werks|meis|ter, der: *Meister in einem Handwerksberuf.*

Hand|werks|meis|te|rin, die: w. Form zu ↑Handwerksmeister.

Hand|werks|rol|le, die: *von einer Handwerkskammer geführtes Verzeichnis, in das die selbstständigen Handwerker mit dem von ihnen betriebenen Handwerk eingetragen werden.*

Hand|werks|zeug, das ⟨o. Pl.⟩: *bei handwerklichen Arbeiten, bei der Ausübung eines Handwerks benötigtes Werkzeug:* er trägt sein H. in einer Tasche bei sich; Ü Bücher sind das H. des Philologen; Er hat ... das H. der Begriffe auf die Vielfalt der historischen Wirklichkeit hin erweitert (Fraenkel, Staat 113).

Hand|werks|zunft, die: vgl. Zunft.

Hand|werks|zweig, der: *Zweig* (2 b) *des Handwerks:* das Aufkommen neuer -e.

Hand|win|de, die: *mit der Hand zu bedienende, kleinere Winde.*

Hand|wi|scher, der (schweiz.): *Handbesen.*

Hand|wör|ter|buch, das: vgl. Handlexikon.

Hand|wur|zel, die: *Teil des Skeletts der Hand zwischen Mittelhand u. Unterarm.*

Hand|wur|zel|kno|chen, der ⟨meist Pl.⟩: *zur Handwurzel gehörender Knochen.*

Han|dy ['hɛndi], das; -s, -s [zu engl. handy = griffbereit, greifbar; praktisch, zu: hand = Hand]: *Mobiltelefon:* Der Geschäftsführer hatte die Faxen dicke, nachdem immer mehr Gäste mit dem H. in der Brusttasche ihre Bedeutung durch das Kommunikationsgerät demonstrierten (MM 13. 5. 94, 30).

Han|dy|man ['hɛndimæn], der; -, ...men [...mən; scherzh. Umdeutung von engl. handyman = Bastler, Heimwerker (engl. handy = geschickt; praktisch) zu »Mann mit Handy«] (scherzh.): *Benutzer eines Handys:* Mancher H. musste sein Gespräch jäh unterbrechen, weil ihm plötzlich der Airbag entgegenschlug (FR 28. 2. 98, 19).

Han|dy|num|mer, die: *Nummer, unter der eine Verbindung* (4 b) *mit einem Handy hergestellt werden kann.*

hand|zahm ⟨Adj.⟩: *in höchstem Maße zahm* (1 a), *zahm genug, um selbst menschliche Berührungen nicht zu scheuen:* ein -er Uhu, Alligator, Delphin; Einen ausgewachsenen Wolf h. zu machen, das würde kaum gelingen (Grzimek, Tiere 60); Ü Per Pille werde es bald möglich sein, Casanovas in -e Ehemänner zu verwandeln, versprach Bild seinen weiblichen Lesern – und schockte die männlichen (Spiegel 42, 1994, 285); Kritische Journalisten werden h., wenn Hennemann Geschichten erzählt (taz 22. 2. 96, 22).

Hand|zei|chen, das: **1. a)** *mit der Hand gegebenes Zeichen:* jmdm. ein H. geben; sich durch H. verständigen; ein Polizist regelte den Verkehr durch H.; Radfahrer müssen ihre Absicht abzubiegen durch H. signalisieren; Grinsend bedeutet er dem verdutzten Fahrer mit H., dass die Frontscheibe eine Reinigung vertragen könnte, und seift drauflos (taz 23. 2. 94, 20); **b)** *(bei einer Abstimmung) Erheben der Hand zum Zeichen der Zustimmung od. Ablehnung:* die Abstimmung erfolgt durch/per H.; Wer dafür ist, den bitte ich um das H. (taz 28. 6. 91, 23). **2.** *(von jmdm., der nicht schreiben kann) mit der Hand ausgeführtes Zeichen anstelle des Namenszugs:* ein H. unter den Vertrag setzen. **3.** (Musik) *Darstellung eines Tones durch eine bestimmte Stellung der Hand.* **4.** *Hausmarke* (1).

Hand|zeich|nung, die: **1.** *eigenhändige Zeichnung eines Künstlers:* eine H. von Dürer. **2.** *skizzenhafte [technische] Darstellung ohne Zuhilfenahme von Zeichengerät.*

Hand|zeit, die (Leichtathletik): *mit der Stoppuhr gestoppte Zeit.*

Hand|zeit|nah|me, die (Leichtathletik): *Zeitnahme, bei der mit der Stoppuhr gestoppt wird.*

Hand|zet|tel, der: *bedrucktes Blatt Papier, das zum Zweck der Information verteilt wird:* H. drucken lassen, verteilen.

◆ **Hand|zweh|le**, die: (landsch., bes alemann.) *Handtuch:* Das Tuch ... war eine gute leinene H. (Keller, Romeo 77).

ha|ne|bü|chen ⟨Adj.⟩ [älter: hagebüchen = grob, derb, klotzig < mhd. hagenbüechīn = aus Hagebuchenholz bestehend (↑Hainbuche), nach dem sehr knorrigen Holz] (abwertend): *empörend, unerhört* (2), *skandalös:* ein -er Unsinn; -e Frechheiten, Unverschämtheiten, Lügen, Behauptungen, Unterstellungen, Beschuldigungen; Gestützt auf die -en Aussagen dieser »Zeugen«, fällt Blutrichter Rothaug samt Beisitzern das Urteil: Leo Katzenberger wird im Juni 1942 hingerichtet (Zeit 16. 1. 98, 14); Lektoren, die weit jünger waren, ... überfuhren den Chef mit -er Dreistigkeit (Loest, Pistole 239); Es war geschmacklos und h. (Lentz, Muckefuck 178); Rechtsanwälte stöhnen über h. kurze Einspruchsfristen und darüber, dass sie ihre Klienten oft gar nicht zu sehen bekommen (SZ 23. 2. 96, 26).

Ha|ne|fi|te, Hanafite, der; -n, -n [nach dem Gründer Abu Hanifa (699–767)]: *Anhänger einer der Rechtsschulen im sunnitischen Islam.*

Hanf, der; -[e]s [mhd. han(e)f, ahd. hanaf, aus einer ost- od. südosteuropäischen Spr.]: **1.** *hoch wachsende, krautige Pflanze, deren Stängel Fasern enthalten, aus denen Seile u. a. hergestellt werden, deren Samen ölhaltig sind u. aus deren Blättern, Blüten, Blütenständen Haschisch und Marihuana gewonnen wird:* H. anbauen, ernten, hecheln, rösten, schwingen, darren; ***[wie der Vogel] im H. sitzen** (veraltend; *es gut haben;* weil es im Hanffeld viel Futter für den Vogel gibt). **2.** *aus den Stängeln der Hanfpflanze gewonnene Faser:* H. ist eine sehr vielseitig verwendbare Naturfaser; H. spinnen; Seil, Netz aus H.; und dann gibt es... Hanfjeans und überhaupt sehr viel aus H., dem Stoff der Zukunft (Zeit 15. 9. 95, 85). **3.** *Samen der Hanfpflanze:* die Vögel mit H. füttern.

Hanf|an|bau, der ⟨o. Pl.⟩: *Anbau* (2) *von Hanf* (1).

Hanf|bre|che, die: vgl. Breche.

Hanf|dar|re, die: **1.** ⟨o. Pl.⟩ *das Darren von Hanf* (1). **2.** *Darre* (1 a) *zum Trocknen von Hanf* (1).

han|fen, hän|fen ⟨Adj.⟩: *aus Hanf* (2): ein -es Seil.

Hanf|ern|te, die: *Ernte des Hanfs* (1).

Hanf|fa|ser, die: *Hanf* (2).

Hanf|feld, das: *mit Hanf* (1) *bebautes Feld.*

Hanf|garn, das: vgl. Hanfseil.

Hanf|korn, das: *Hanfsamen.*

Hanf|ku|chen, der: *bei der Gewinnung von Hanföl aus Hanfsamen anfallender eiweißreicher Rückstand, der als Viehfutter verwendet wird.*

Hänf|ling, der; -s, -e [mhd. henfelinc, zu ↑Hanf, weil der Vogel vorwiegend Hanfsamen frisst]: **1.** *(zu den Finken gehörender) kleiner bräunlicher od. grauer Singvogel, bei dem das Männchen während der Brutzeit an Stirn u. Brust rot gefärbt ist.* **2.** (leicht abwertend) *Mensch von dünner, schwächlicher Statur:* Vater hatte uns öfter scherzhaft »Hänflinge« genannt. Einen H. konnte jeder aus dem Hemd pusten (Wilhelm, Unter 17).

Hanf|öl, das: *aus Hanfsamen gewonnenes Öl, das bei der Seifenherstellung verwendet wird.*

Hanf|pflan|ze, die: *Hanf* (1).

Hanf|rös|te, die (Fachspr.): *Röste* (2 a).

Hanf|sa|men, der: *Samen des Hanfs* (1).

Hanf|schnur, die: vgl. Hanfseil.

Hanf|schwin|ge, die: *Gerät zum Schwingen* (8) *des Hanfs* (1).

Hanf|seil, das: *hanfenes Seil.*

Hanf|stän|gel, der: *Stängel der Hanfpflanze.*

Hanf|strick, der: vgl. Hanfseil.

Hang, der; -[e]s, Hänge [spätmhd. hanc = Neigung, zu ↑[1]hängen]: **1.** *schräg abfallende Seite eines Bergs; Abhang:* ein steiler, bewaldeter H.; die nördlichen Hänge der Voralpen; den H. hinaufklettern; Weil meine Eltern ein schönes Haus am H. gehabt hätten (M. Walser, Pferd 50); Der Mann ... hatte dort eine Skifahrerin gerammt, die gerade vom Pistenrand aus quer zum H. in die Strecke einfuhr (SZ 5. 1. 99, 6). **2.** ⟨o. Pl.⟩ *Neigung zu einer bestimmten [negativ bewerteten] Verhaltensweise, besondere Vorliebe für etw. Bestimmtes:* ein krankhafter, gefährlicher, ausgeprägter H. [zu etw.]; den H. haben, etw. zu tun; ein H. zum Nichtstun, zum bedingungslosen Gehorsam, zur Bequemlichkeit, zur Übertreibung; ich habe einen H. zum Ausgefallenen (Frischmuth, Herrin 104); Alles verrät einen H. zum Monumentalen (Berger, Augenblick 85); ... hat der Angeklagte einen gewissen H. zu Messerstechereien (Saarbr. Zeitung 11. 7. 80, 19/21). **3.** (Turnen) *Haltung, bei der man an den Händen od. Beinen am Gerät hängt od. mit einem anderen Körperteil so darauf aufliegt, dass der Körper den Boden nicht berührt:* in den H. gehen; aus dem H. abspringen.

Hang|ab|fahrt, die (Ski): *Abfahrt an einem Hang.*

hang|ab|wärts ⟨Adv.⟩: *den Hang hinab.*

Han|gar [auch: -'-], der; -s, -s [frz. hangar, eigtl. = Schuppen, Schirmdach, aus dem Germ., urspr. = Gehege um das Haus]: *große Halle zur Unterbringung, Wartung u. Reparatur von Flugzeugen u. Luftschiffen.*

Hang|auf|wind, der: *Aufwind an einem Hang.*

Hang|brü|cke, die: *an einen Hang gebautes brückenähnliches Bauwerk zur Führung eines Verkehrsweges.*

Hän|ge|arsch, der (derb): *Gesäß, bei dem die Gesäßbacken schlaff nach unten hängen:* Hunderte von Gesichtern... sieht er sich für eine Rolle an: »Schon wieder du, Ruggero? Nein, diesmal nicht. Ich brauche einen H. mit grünen Augen.« (Spiegel 35, 1994, 191); »Krieg ich sofort wieder empörte Leserinnenbriefe von allen, die einen Mann mit H. haben.« (FNP 14. 9. 98, 1).

Hän|ge|ba|cke, die ⟨meist Pl.⟩: *schlaffe, nach unten hängende Backe:* Ein früher markantes Gesicht ist unter -n und hinter Schweinsäugelchen kaum noch auszumachen (Chotjewitz, Friede 94).

Hän|ge|bahn, die: *Schwebebahn:* Den Zuschlag erhielt der Kölner Ingenieur und Zuckerfabrikant Eugen Langen für seine »einschienige H.« (Zeit 20. 12. 96, 13); 50 000 Quadratmeter Hallen... sollen im neuen Industriepark bis Juli 1998 für zehn Betriebe bezugsfertig und über eine vollelektronische H. mit der Autoproduktion verbunden sein (FR 25. 9. 97, 15).

Hän|ge|bal|ken, der (Bauw.): *waagrechter, von unten nicht unterstützter Balken eines Hängewerks.*

Hän|ge|bank, die ⟨Pl. ... bänke⟩ (Bergbau): *Mündung eines Förderschachts an der Erdoberfläche, wo die Förderung aus der vertikalen Richtung in die horizontale übergeht.*

Hän|ge|bauch, der: **a)** *dicker, stark nach unten hängender Bauch:* Er hatte noch keine geschwollenen Füße und keinen H. (Zeit 31. 3. 95, 72); **b)** *(von [Haus]tieren) stark vergrößerter, durchhängender Bauch.*

Hän|ge|bauch|schwein, das: *(in Vietnam gezüchtetes) kleines, meist schwarzes Schwein mit kleinen Stehohren u. ausgeprägtem Hängebauch.*

Hän|ge|baum, der: *Baum mit herabhängenden Zweigen.*

Hän|ge|bir|ke, die: *Birke mit langen, dünnen herabhängenden Zweigen.*

Hän|ge|bo|den, der: **a)** *an der Decke eines Raums aufgehängte Bretterkonstruktion als Zwischendecke:* einen H. einziehen; **b)** *Raum zwischen Zimmerdecke u. Hängeboden* (a): Als Sophie zögerte, holte Botticelli ein Paket vom H. (Bieler, Mädchenkrieg 519).

Hän|ge|brü|cke, die: *mit Ketten, Seilen od. Kabeln an Pfeilern aufgehängte Brücke.*

Hän|ge|brust, die: *schlaff nach unten hängende Brust* (2): Sie hatte faltige Schultern, Hängebrüste, und die Rippenpartie war von einer fahlen und kalten Haut wie bei einem Frosch überzogen (MM 28. 2. 87, 44); So erfand man »Germania« im Narrenkostüm, als Harlekin mit blonden Zöpfen und H., ein zwitterhafter Conferencier (Spiegel 21, 1996, 219).

Hän|ge|bu|che, die: vgl. Hängebirke.

Hän|ge|bu|sen, der: *Hängebrust:* Krähenfüße und H. sind keine Krankheit (MM 28./29. 6. 80, 64); Die hat nicht einmal einen Büstenhalter an, obwohl sie einen H. hat (Gabel, Fix 179).

Hän|ge|dach, das: *durchhängendes, in der Mitte nicht abgestütztes Dach.*

Hän|ge|ge|rüst, das: *hängendes Baugerüst für Montage- u. Instandsetzungsarbeiten.*

Hän|ge|glei|ten, das; -s: *Drachenfliegen.*

Hän|ge|glei|ter, der: *Gleitflugzeug ohne Sitz, bei dem der Pilot mit den Armen in einem Gestell hängt.*

Hän|ge|gurt, der: *an einem Balken od. an der Decke befestigter Bauchgurt zum Stützen verletzter großer Haustiere.*

Hän|ge|kleid, das: *gerade geschnittenes, ohne Gürtel zu tragendes [Kinder]kleid; Hänger* (1 b).

Hän|ge|kom|mis|si|on, die: *Kommission, die über Auswahl u. Anordnung der Bilder einer Ausstellung entscheidet.*

Hän|ge|lam|pe, die: *von der Decke herabhängende Lampe.*

Hän|ge|leuch|te, die: vgl. Hängelampe.

Hän|ge|lip|pe, die: *große, nach unten hängende Unterlippe.*

han|geln ⟨sw. V.; ist/hat⟩: *sich im Hang* (3) *fortbewegen, wobei die Hände abwechselnd weiter greifen:* am Reck h.; ⟨h. + sich; hat:⟩ er hat sich an einem über den Bach gespannten Seil ans andere Ufer gehangelt; Ü Aber nicht geschäftig ... wie die andern Aktenträger, die sich von Chef zu Chef hangelten ... und an Direktorentüren klopften (Härtling, Hubert 258).

Hän|ge|mat|te, die [niederl. hangmat (älter: hangmak), volksetym. umgedeutet aus: hangen = hängen u. mat = Matte < frz. hamac < span. hamaca < arawakisch (Indianerspr. der Antillen) (h)amaca]: *aus einem länglichen Stück*

Segeltuch od. einem aus kräftigen Schnüren geknüpften Netz bestehende (mittels an den beiden kurzen Seiten befestigten Schnüren) über dem Boden aufzuspannende Unterlage zum Ausruhen od., bes. auf Schiffen, zum Schlafen: in einer H. ruhen, schaukeln; Ü Deutschlands Arbeitnehmer ... feiern zu oft krank, kassieren fröhlich Stempelgeld und räkeln sich in der sozialen H. (*profitieren in unbilligem Maße vom so genannten sozialen Netz;* Hörzu 41, 1981, 133).

Hän|ge|mö|bel, das: *an der Wand befestigtes, hängendes Möbelstück.*

han|gen ⟨st. V.; hat⟩ [↑[1]hängen] (schweiz., landsch., sonst veraltet): ↑[1]hängen: ***mit Hangen und Bangen** (geh.; *mit großer Angst, voller Sorge, Sehnsucht:* Hüsch ... bewältigte das Abitur mit Hangen und Bangen und entkam der Wehrmacht und dem Krieg durch ein Fußleiden [FNP 22. 10. 96, 1]; eigtl. Langen [= Sehnen] u. Bangen).

[1]**hän|gen** ⟨st. V.; hat; südd., österr., schweiz. auch: ist⟩ [Vermischung der starken Formen von mhd. hāhen, ahd. hāhan = aufhängen mit den schwachen Formen von mhd., ahd. hengen = hängen machen u. mhd. hangen, ahd. hangēn = [1]hängen]: **1. a)** *[mit dem oberen Ende] an einer bestimmten Stelle [beweglich] befestigt sein:* das Bild hängt an der Wand, über dem Sofa; an dem Baum hingen Äpfel; die Wäsche hängt auf der Leine, auf dem Trockenboden; er hat seinen Hut, Mantel in der Garderobe h. lassen, (selten:) gelassen; dass ... viele dicke und breite Brocken von blutrotem Fleisch in der Metzgerei am Haken hingen (Alexander, Jungfrau 51); Das Schrotgewehr hing an einem Landkartenhaken (Sommer, Und keiner 100); Der Schlüsselbund hing an ihrer Hüfte (Sommer, Und keiner 161); Fahnen hingen aus den Fenstern; der Anzug hing über einem Bügel im Schrank; in ihren Wimpern hingen Tränen; An der Wand hinter Frau Klatt hängen zwei Kalender (Richartz, Büroroman 17); Vehlgast hatte noch mitten in der Kurbelei am Fallschirm gehangen (Gaiser, Jagd 198); die Gardinen hängen *(sind angebracht);* der Mörder soll h. *(soll durch Erhängen getötet werden);* das Bild hängt schief; die Lampe hängt zu tief; ⟨mit Vertauschung des Subjekts:⟩ der Schrank hängt voller Kleider *(im Schrank hängen viele Kleider);* der Baum hing voller Früchte *(war mit Früchten beladen);* Ü In den Nachbarhäusern hingen die Leute aus den Fenstern *(lehnten sie sich weit hinaus).* Endlich gab es mal wieder was zu sehen bei uns (Drewitz, Eingeschlossen 206); über dem Meer hing der Mond; Das Flugzeug ... hing noch sicher in der Luft (Grzimek, Serengeti 290); **b)** *sich an etw. festhalten u. von unten keinen Halt mehr haben, frei schweben:* der Bergsteiger hing an einem Felsen; aber was halfen sie (= Kniffe und Tricks) ihm jetzt, wo er außenbords an der Want eines stampfenden Kutters hing? (Hausmann, Abel 146); **c)** *sich an jmdm. festhalten [u. schwer nach unten ziehen]:* jmdm. am Hals h.; Ohne Scham hängt sie an der Schulter eines typischen Schieberjünglings (Remarque, Obelisk 52); **d)** *an einem Fahrzeug befestigt sein [u. gezogen werden]:* das Boot, der Wohnwagen hängt am Auto; Ü Das andere Auto hängt dicht *(fährt ständig ganz dicht)* hinter Ihnen (ADAC-Motorwelt 1, 1987, 40). **e)** *angeschlossen sein:* der PC hängt am Netz; der Fernseher hängt am Kabel, an der Dachantenne; das Haus hängt an der Fernheizung, an der Kanalisation. **2. a)** *vom Eigengewicht nach unten gezogen werden, schwer u. schlaff nach unten fallen, ohne festen Halt herabhängen:* die Zweige der Birke hängen [bis auf die Erde]; Blumen mit hängenden Köpfen; Telefonkabel hingen auf die Schienen; das ... Schulterstück, das abgefetzt noch an einem Faden des Mantels hing (Plievier, Stalingrad 193); die Haare hingen ihm ins Gesicht; der Anzug hing ihm am Leib *(war ihm zu groß);* fürchterlich, wie sein Bauch hängt; mit hängenden Schultern; im Sessel h. *(unordentlich u. nur zum Teil auf dem Sessel sitzen);* Bowie hängt lässig im Stuhl ... Jede Geste ist kalkuliert (Szene 6, 1983, 42); der Boxer hängt in den Seilen; ***sich h. lassen** *(sich gehen lassen, keine Energie mehr für etw. aufbringen, sich willenlos der Inaktivität überlassen):* Aber Papa. Lass dich doch nicht so h. Du kannst doch nichts dafür (Brot und Salz 419); **b)** *sich zur Seite neigen:* der Wagen hängt nach rechts. **3.** (geh.) *[unbeweglich] in der Luft schweben:* feuchte Nebel hingen über der Stadt; Weiter hinten hing über dem See die dunkle Rauchfahne von einem Dampfer (Lentz, Muckefuck 120); abgestandener Rauch hängt im Zimmer; Desodorierendes Odeur hängt in der verbrauchten Luft (Degener, Heimsuchung 67); Ü im Raum hing eine lähmende Spannung, die jeden Augenblick zu zerreißen drohte (Apitz, Wölfe 122). **4. a)** *sich festgesetzt haben, haften:* an den Schuhen hängt Schmutz; der Dreck bleibt an, in den Sohlen h.; die Kletten bleiben an der Kleidung h.; Ü ihre Blicke hingen an ihm; Ihre Augen hängen an dem Klarinettisten (Frischmuth, Herrin 64); **b)** *festhängen:* mit dem Ärmel an einem Rosenstrauch h.; [mit dem Ärmel] an einem Nagel h. bleiben; auf der Autobahn München–Salzburg blieben Lastkraftwagen ohne Schneeketten an den Steigungen h. (Freie Presse 14. 2. 90, 4); der Mechanismus der Spieluhr hängt irgendwo; »Zum Ersten, zum Zweiten, zum Zweiten, zum Zweiten«. Das hört sich an, als ob die Platte hängt (FR 26. 10. 98, 5); das Programm, das System, der Computer hängt (EDV; *reagiert nicht auf Benutzereingaben*); Ü die Angriffe blieben im Mittelfeld h. (Sport; *konnten die gegnerische Abwehr nicht passieren*); Entgegen allen Erwartungen blieb die Kugelstoßweltrekordhalterin ... im Vorkampf h. (Sport; *schied sie aus*) und konnte nicht um die Medaillen konkurrieren (NZZ 28. 8. 86, 35); er ist in der Schule zweimal h. geblieben (ugs.; *musste zweimal eine Klasse wiederholen*); ***jmdn. h. lassen** (ugs.; *bei jmdm. eine versprochene [Hilfe]leistung nicht ausführen, jmdn. im Stich lassen*): die Lieferanten haben ihn h. lassen; Sie haben den deutschen Fußball h. gelassen. Und sie haben letztendlich auch mich und die anderen Spieler im Stich gelassen (Kieler Nachrichten 30. 8. 84, 14). **c)** (ugs.) *nicht vorwärts kommen; stocken:* der Prozess hängt; **d)** (ugs.) *zurück sein, nicht mitkommen:* in Mathematik h.; Opris, der Rumäne (= ein Läufer) wird langsamer, hängt ein wenig (Lenz, Brot 35); **e)** (ugs.) *lange irgendwo bleiben [u. nicht weggehen]:* der Kerl hängt jeden Abend in der Kneipe; wir sind gestern Abend in der Kneipe h. geblieben; Ich bin hier nach dem Krieg h. geblieben (Brot und Salz 318); Sie hat sich den Ort nicht ausgesucht, an dem sie h. geblieben ist (Brückner, Quints 94); Wir suchen Wärme und finden keine, da hängt man in der Disko, aber da ist auch alles Scheiße und Mist (Hörzu 40, 1984, 17); Ein ganzes Pädagogenseminar hängt am Tresen und schreit nach Bier (Hamburger Rundschau 11. 8. 83, 3); Auf allen Partys hängen Leute in der Ecke und knutschen (Amendt, Sexbuch 45); wo hängt denn der Bursche bloß?; er hängt den ganzen Tag am Telefon *(telefoniert ständig);* Ü bei jeder Einzelheit h. bleiben; Bei der Lektüre einer umfangreichen Biographie bleibe ich zuweilen an einem Satz h., der unabsichtlich jene Wirkung hat (Gregor-Dellin, Traumbuch 138); **f)** ***bei jmdm. h.** (landsch.; 1. *bei jmdm. nichts gelten, nicht [mehr] angesehen sein.* 2. *bei jmdm. Schulden haben*). **5.** *von jmdm., etw. abhängig sein:* der weitere Verlauf der Verhandlungen hängt an ihm, an seiner Geschicklichkeit; Übrigens wäre ich in der vorigen Woche um ein Haar entlassen worden. Es hat nur an einem einzigen Wort gehangen (Loest, Pistole 95); wo[ran] hängt (ugs.; *fehlt*) es denn? **6.** *sich von jmdm., etw. nicht trennen mögen, auf jmdn. etw. nicht verzichten mögen, jmdn. etw. nicht verlieren wollen:* am Geld, am Leben, an der Heimat h.; er hängt sehr an seiner Mutter; Er habe sie lange nicht leiden mögen, an seinen Kindern habe sie allerdings sofort gehangen (Kronauer, Bogenschütze 154).

[2]**hän|gen** ⟨sw. V.; hat⟩ [↑[1]hängen]: **1. a)** *jmdn., etw. mit dem oberen Ende an einer bestimmten Stelle frei beweglich befestigen:* das Bild an die Wand h.; die Wäsche an, auf die Leine h.; Er hängte seinen Anorak auf den Bügel, legte seine Tasche auf den Stuhl (H. Gerlach, Demission 93); den Anzug in den Schrank h.; eine Fahne aus dem Fenster h.; ich hängte mir den Fotoapparat über die Schulter; Vielleicht hätte ein anderer sich einen Hampelmann an die Wand gehängt und ihm das Gesicht des Betriebsleiters gegeben (H. Gerlach, Demission 155); du hängst dir alles Geld auf den Leib (ugs.; *gibst alles Geld für Kleidung aus*); ein Bild niedriger h.; Ü die Leute hängten sich, die Köpfe aus den Fenstern *(lehnten sich weit hinaus);* Die Sowjets verstanden es meisterhaft, diese ihre Konditionen immer höher zu h. (Dön-

hoff, Ära 216); **b)** ⟨h. + sich⟩ *sich so an etwas festhalten, dass man daran zu hängen kommt:* sich an einen Ast, an eine Sprosse h.; Ü Sie hängte sich jetzt in seinen Arm und zog ihn über die Straße (Hilsenrath, Nacht 362); sich ans Telefon, an die Strippe h. (ugs.; *zu einem bestimmten Zweck telefonieren*); Mädels, hängt euch ans Telefon und lasst euch schnell in unsere Gästeliste eintragen (tango 9, 1984, 100); War das für die Bürgerfrau, die mit den Arbeitern gegangen war, der Anlass, sich in der Zelle in Stadelheim ans vergitterte Fenster zu h.? (*sich am Fenster zu erhängen?;* Kühn, Zeit 266); **c)** ⟨h. + sich⟩ *jmdn., etw. ergreifen u. festhalten u. mit seinem Gewicht nach unten ziehen:* sich jmdm. an den Hals, an den Arm h.; **d)** *etw. an einem Fahrzeug befestigen [um es zu ziehen]:* das Boot, den Wohnwagen ans Auto h.; **e)** *anschließen:* den Akku ans Ladegerät h.; den Computer ans Netz h.; die Spülmaschine an eine Warmwasserleitung h. **2.** *hängen lassen, schwer u. schlaff nach unten bewegen, fallen lassen:* den Arm aus dem Wagenfenster, die Beine ins Wasser h.; er hängte den Kopf *(war betrübt);* die Blumen hängten die Köpfe *(begannen zu welken).* **3.** ⟨h. + sich⟩ **a)** *sich festsetzen, festkleben:* der Lehm hängte sich an die Schuhe; Ü sich an jmdn. h. *(sich jmdm. aufdringlich anschließen; jmdm. lästig fallen);* Bevor er das Lokal betreten hatte, wäre es ihm nie in den Sinn gekommen, sich an einen Mann zu h. (Konsalik, Promenadendeck 189); Fast täte ihr Sonja Leid, dass die sich an einen wie mich gehängt habe (Gabel, Fix 23); **b)** *dicht folgen, verfolgen:* der Detektiv hängte sich an den Dieb; er ... hängte sich in bravouröser Fahrt als schnellster Engländer hinter die beiden Ferrari (Frankenberg, Fahrer 97); **c)** (ugs.) *sich unaufgefordert einmischen:* häng dich nicht in meine Angelegenheiten!; Hängt sich da in diese Geschichte mit den Juden! (Bobrowski, Mühle 126). **4.** ⟨h. + sich⟩ *sich jmdm., einer Sache zuwenden, sich an jmdn., etw. gefühlsmäßig binden u. sich nicht mehr davon trennen wollen:* sich ans Leben, ans Geld h.; Es taugt nichts, sich an Menschen zu h., Anna (Fallada, Jeder 256). **5. a)** *mit einem um den Hals gelegten Strick an etw. aufhängen u. dadurch töten:* jmdn. [an den Galgen] h.; ⟨subst.:⟩ jmdn. zum Tod durch Hängen verurteilen; R ich will mich h. lassen, wenn ... (ugs.; *ich bin mir meiner Sache ganz sicher* [Beteuerungsformel]); *** mit Hängen und Würgen** *(mit großer Mühe; gerade noch):* er bestand die Prüfung mit Hängen und Würgen; Das einzige Lied, das ich mit Hängen und Würgen ... von mir geben konnte, war »Ade, du mein lieb' Heimatland« (Hörzu 20, 1980, 22); **b)** ⟨h. + sich⟩ *sich erhängen.*

Han|gen|de, das; -n ⟨Dekl. ↑²Junge, das⟩ (Bergmannsspr.): *Gesteinsschicht über einer Lagerstätte:* den Rest ... hängt er an Drähten unter dem -n auf (Spiegel 26, 1966, 28).

Hän|ge|nel|ke, die: *Nelke einer Art, bei der Blüten u. Blattwerk nach unten hängen.*

Hän|ge|ohr, das ⟨meist Pl.⟩: *großes, herabhängendes Ohr:* ein Hund mit -en.

Hän|ge|par|tie, die (Schach): *vorläufig abgebrochene, später fortzusetzende Schachpartie:* Auch nach den -n beim Interzonen-Schachturnier der Herren in Rio de Janeiro hat sich an der Reihenfolge ... nichts geändert (Saarbr. Zeitung 11. 10. 79, 15); Ü Bangemann hat mit seiner Ankündigung, am 1. Januar in die EG-Kommission abzuwandern, eine H. *(eine Zeit der Ungewissheit, der ungeklärten Verhältnisse, des Hinhaltens)* beendet (Spiegel 22, 1988, 18).

Hän|ge|pflan|ze, die: vgl. Hängenelke.

Hän|ge|pul|ver, das (Soldatenspr. scherzh.): *Hängolin.*

Han|ger, der; -s, - (Seemannsspr.): *Tau, an dem der Ladebaum hängt.*

Hän|ger, der; -s, -: **1. a)** *weit geschnittener, lose fallender Damenmantel;* **b)** *lose fallendes, gürtelloses [(bes. für Kinder) mit einer Passe gearbeitetes] Kleid.* **2.** (ugs.) *Anhänger* (2): ein Lastwagen mit H.; Das Auto war ein Kombi. Es hatte eine Kupplung für einen H. (Plenzdorf, Legende 109). **3.** (Jargon) *ungewolltes Steckenbleiben beim Sprechen, Vortragen, bes. bei Schauspielern, Sängern:* Sie wurden gefeiert trotz Pannen und -n (Spiegel 6, 1986, 173); Ein H. im Text ist eine Kleinigkeit, Pannen sind eingeplant (tip 12, 1984, 61).

Hän|ge|reck, das (Sport): *Trapez* (2).

Han|gerl, das; -s, -n (österr.): **1.** *Kinderlätzchen.* **2.** *Wischtuch [des Kellners].*

Hän|ge|säu|le, die (Bauw.): *senkrechter Balken, an dem der Hängebalken eines Hängewerks aufgehängt ist.*

Hän|ge|schloss, das: *Vorhängeschloss.*

Hän|ge|schrank, der: *an die Wand zu hängender Schrank.*

Hän|ge|schul|ter, die ⟨meist Pl.⟩: *nach vorn gezogene Schulter (bei schlechter Körperhaltung).*

Hän|ge|stel|lung, die (Schach): vgl. Hängepartie.

Hän|ge|stre|be, die (Bauw.): *schräger Balken, der die Hängesäule des Hängewerks abstützt.*

Hän|ge|tal, das (Geogr.): *Seitental, dessen Sohle an der Einmündung höher liegt als die Sohle des Haupttals.*

Hän|ge|tit|te, die ⟨meist Pl.⟩ (derb): *Hängebrust:* wenn du so weitermachst, hast du mit dreißig -n (Rocco [Übers.], Schweine 133).

Hän|ge|ul|me, die: vgl. Hängebirke.

Hän|ge|wei|de, die: vgl. Hängebirke.

Hän|ge|werk, das (Bauw.): *aus Holz, Stahl od. Beton gefertigte Tragkonstruktion für Brücken od. Decken, bei der die Last des waagrechten Hängebalkens mithilfe einer Aufhängevorrichtung über Hängesäulen u. -streben auf die Auflager übertragen wird.*

Hän|ge|zeug, das: **1.** (Bergbau) *Messgerät, das zur Bestimmung von räumlichen Koordinaten an einer Messkette aufgehängt wird.* **2.** *Hängegurt.*

Hang|fahrt, die (Ski): *Hangabfahrt.*

hän|gig ⟨Adj.⟩ [spätmhd. hängig = (herab)hängend; 3: zu ¹hängen (4d)]: **1.** (schweiz.) *anhängig, noch nicht entschieden, vor einer Entscheidung stehend:* ein -es Verfahren; der Prozess ist h.; Betschart hat sich auch mit einer Interpellation im Kantonsrat gegen diese Zumutungen gewehrt. Die Antwort ist noch h. (Vaterland 27. 3. 85, 35). **2.** (Fachspr.) *an einem Hang* (1) *gelegen; abschüssig.* **3.** (landsch.) *(von Kindern) noch nicht ganz wach, munter; unausgeschlafen, lustlos, unlustig.*

Hang|keh|re, die (Turnen): *Übung, bei der man im Hang* (3) *mit od. ohne Schwingen eine halbe Drehung ausführt.*

Hang|kip|pe, die (Turnen): *Schwebekippe.*

Hang|la|ge, die: **1.** *Lage (eines Grundstücks, Hauses usw.) am Hang:* Die Bauarbeiten seien durch die H. und die verschärften Bestimmungen der Wasserschutzzonen erschwert (taz 15. 4. 92, 24); ein Haus in [leichter, bester] H. **2.** ⟨meist Pl.⟩ *Fläche im Bereich eines Hangs:* steile, schwer zu bewirtschaftende, erosionsgefährdete, lawinengefährdete -n; Die jungen, widerstandsfähigen Mischwälder können nur in den wuchskräftigen -n nachwachsen, nicht aber in den extrem gefährdeten Hochlagen (SZ 1. 8. 96, 43); Für den Norden der Bergstraße, wenig mehr als 400 Hektar bestockter Fläche, die man wegen ihrer vorzüglichen -n nicht mit dem rheinhessischen ebenen Massenanbau zusammenwerfen wollte (FR 9. 4. 92, 2).

Hän|go|lin, das; -s [aus der Soldatenspr.; nach dem Muster anderer Namen von Präparaten zu ↑¹hängen gebildet, weil es bewirkt, dass der Penis hängt, d. h. nicht erigiert] (salopp): *Mittel zur Dämpfung der sexuellen Erregbarkeit von Männern:* Ein CPA-Präparat namens »Androcur« wird deshalb erfolgreich zur »Triebdämpfung bei Sexualdeviationen und/oder bei Hypersexualität« verordnet. Die gefangenen Sittlichkeitsverbrecher nennen es »Hängolin« (Spiegel 34, 1994, 149).

Hang-over ['hæŋ'oʊvə], der; -s [engl. hangover, zu: to hang over = überhängen, übrig bleiben] (ugs.): *²Kater.*

Hang|se|geln, das (Sport): *Segelflug an Hängen* (1).

Hang|stand, der (Turnen): *Haltung, bei der man mit Armen od. Händen am Gerät hängt u. gleichzeitig mit den Füßen auf dem Boden od. dem Gerät steht.*

Hang|start, der (Segelfliegen): *Start eines Segelflugzeugs am Hang* (1) *mit einem Gummiseil.*

Hang|tä|ter, der [zu ↑Hang (2)] (Rechtsspr.): *Täter, der aufgrund eines Hangs zu strafbaren Handlungen straffällig geworden ist u. dazu neigt, immer wieder Straftaten zu begehen:* ein unverbesserlicher H.; Die Staatsanwaltschaft bezeichnet die Beschuldigten in der Anklageschrift als »gefährliche H.«, die mit dem Ziel der Unterbringung in Sicherungsverwahrung angeklagt worden seien (Tagesspiegel 17. 3. 98, 10).

Hang|tä|te|rin, die (Rechtsspr.): w. Form zu ↑Hangtäter.

Han|gul, der; -s, -s [engl. hangul, aus dem Hindi]: *(in Kaschmir heimischer) Rothirsch mit relativ schlankem Körper u. breit ausladendem Geweih.*

Hang|waa|ge, die (Turnen): *Übung, bei der man den Körper im Hang* (3) *in der Waagrechten hält.*

Hang|wech|sel, der (Turnen): *Wechsel von einem Hang* (3) *in einen anderen.*

Hang|wind, der: *Wind an einem Hang* (1).

Han|ke, die; -, -n [H.u.] (Reiten): *den Oberschenkel u. Hüft- u. Kniegelenk umfassende Körperpartie des Pferdes.*

Han|ne|mann: in der Redensart **H., geh du voran!** (Aufforderung, [bei etw. Unangenehmem] voranzugehen, den Anfang zu machen; aus dem Schwank von den Sieben Schwaben; landsch. Kosef. des m. Vorn. Johannes).

Hän|nes|chen|the|a|ter, das; -s [Vkl. von Hannes, Kurzf. des m. Vorn. Johannes] (rhein.): *Puppentheater, in dem mit Stockpuppen gespielt wird.*

Han|ni|bal ad (fälschlich meist: ante) **por|tas!** [lat. = Hannibal an (vor) den Toren; Schreckensruf der Römer im 2. Punischen Krieg; nach T. Livius, Ab urbe condita 23,6] (bildungsspr. scherzh.): *Gefahr ist im Anzug, Gefahr droht.*

Han|no|ver [...fɐ]: Landeshauptstadt von Niedersachsen.

[1]Han|no|ve|ra|ner [...və...], der; -s, -: **1.** Ew. **2.** *starkes, großes, meist braunes Warmblutpferd.*

[2]Han|no|ve|ra|ner ‹indekl. Adj.›: Der schärfere Wettbewerb mache die Konzentration nötig, erklärte der H. Konzern (Stuttgarter Zeitung 24. 10. 98, 20).

Han|no|ve|ra|ne|rin, die: w. Form zu ↑[1]Hannoveraner (1).

han|no|ve|risch [...fə...]; **han|nö|ve|risch** [...fə...]; **han|no|versch** [...fɐʃ]; **han|nö|versch** [...fɐʃ] ‹Adj.›: *Hannover, die Hannoveraner betreffend.*

Ha|noi: Hauptstadt von Vietnam.

Hans, der; -, Hänse [nach dem Vornamen Hans, Kurzf. des m. Vorn. Johannes] (volkst.): *männliche Person,* in Bezeichnungen wie: H. Guckindieluft *(Guckindieluft);* H. Hasenfuß *(Hasenfuß);* H. Huckebein (*Rabe;* nach einer Gestalt von Wilhelm Busch); H. im Glück (*jmd., der bei allen Unternehmungen Glück hat; Glückspilz;* nach einer Märchengestalt); H. Langohr *(Esel);* H. Liederlich *(unzuverlässiger Mensch);* H. Taps (*Taps* 1); R ich will H. heißen, wenn ... (*ich bin mir meiner Sache ganz sicher* [Beteuerungsformel]); Spr jeder H. findet seine Grete *(jeder Mann findet eine zu ihm passende Frau);* ***der Blanke H.** (dichter.; *die Nordsee bei Sturm;* wohl nach der weiß schimmernden Gischt): Der Blanke H. rückt vor. Die Flut stieg an der Nordseeküste noch höher als vor 14 Jahren (MM 5. 1. 76, 3).

Han|sa|plast®, das; -[e]s [2. Bestandteil zu mlat. (em)plastrum, ↑Pflaster]: *Verbandpflaster, Wundschnellverband.*

Häns|chen, das; -s, -: Vkl. zu ↑Hans: Spr was H. nicht lernt, lernt Hans nimmermehr *(was man in jungen Jahren nicht lernt, lernt man als Erwachsener erst recht nicht).*

Hans|dampf [auch: ˈ– –], der; -[e]s, -e (ugs.): *jmd., der sich überall auskennt, über alles Mögliche [oberflächlich] Bescheid weiß, sich geschäftig um viele Dinge kümmert:* er ist ein richtiger H.; ***H. in allen Gassen** *(Hansdampf):* Eine ganz selbstbewusste, starke Persönlichkeit, immer fröhlich, immer lustig, irgendwo ein H. in allen Gassen (Spiegel 36, 1985, 89).

Han|se, die; - [mhd. hanse = Kaufmannsgilde, Genossenschaft, ahd. hansa = Kriegerschar, Gefolge, H.u.] (hist.): *zur Vertretung gemeinsamer, vor allem wirtschaftlicher Interessen gebildeter Zusammenschluss von Handelsstädten im MA.*

Han|se|at, der; -en, -en: **1.** (hist.) *der Hanse angehörender Kaufmann.* **2.** *Bewohner einer der sieben Hansestädte* (b), *bes. aus der vornehmen Bürgerschicht:* -en, die das Understatement lieben ..., werden den Katalog widerwillig und mit Grausen studieren (Szene 8, 1984, 30).

Han|se|a|ten|geist, der: *hanseatischer* (2b) *Geist.*

Han|se|a|tin, die; -, -nen: w. Form zu ↑Hanseat (2).

han|se|a|tisch ‹Adj.›: **1.** *die Hanse betreffend, zur Hanse gehörend.* **2. a)** *die Hanseaten* (2) *betreffend; zur vornehmen Bürgerschicht der Hansestädte* (b) *gehörend;* **b)** *kühle, unaufdringliche Vornehmheit wie die der Hanseaten* (2) *zeigend:* -e Zurückhaltung; Prostitution, illegale Vergnügungen, die man mit -em Dünkel nicht in den eigenen Reihen dulden wollte, aber doch gebraucht hat (Eppendorfer, St. Pauli 181); ich wurde hier ... in eine Familie aufgenommen, in der es nie klimatisiert und h. nett zuging (Erné, Kellerkneipe 157).

Han|se|bund, der: *Hanse.*

Han|se|kog|ge, die: *zur Flotte der Hanse gehörende Kogge, Kogge eines Hanseaten* (1).

Han|sel, der; -s, -[n] [Koseform von ↑Hans] (landsch. abwertend): *unbedeutende, nicht weiter zu beachtende [männliche] Person:* Die Party ist in vollem Gang ... und dann kommt da dieser H. und kippt einem blutroten Wein über die Hose oder wahlweise über den Rock (taz 12. 6. 97, 28); Becker höhnt: »Mit den paar -n *(mit den viel zu wenigen Leuten)* wollen wir Weltmeisterschaften und Olympische Spiele bestreiten?« (SZ 24. 1. 97, 47); ***den H. machen** (ugs.; *sich für die undankbarste Rolle zur Verfügung stellen*): »Ich hab' keine Lust, wieder den H. zu machen und für ihn alle Anträge zu schreiben.« (FR 9. 4. 97, 2).

Han|sel|bank, die ‹Pl. ...bänke› (österr.): *Heinzelbank.*

Hän|se|lei, die; -, -en: *das Hänseln:* hört auf mit der H.!

hän|seln ‹sw. V.; hat› [mhd. hansen = unter gewissen (scherzhaften) Zeremonien in eine Kaufmannsgilde aufnehmen, zu ↑Hanse]: *sich über jmdn. ohne Rücksicht auf dessen Gefühle lustig machen, indem man ihn immer wieder verspottet, ohne dass er sich wehren kann:* die Mitschüler hänselten ihn dauernd wegen seiner abstehenden Ohren; gutmütig ließ er sich h.; Oder willst du, dass man sie von Anfang an als Gastarbeiterkinder hänselt? (Ossowski, Liebe ist 47).

Han|se|stadt, die: **a)** (hist.) *der Hanse angehörende Stadt;* **b)** *eine der sieben norddeutschen Städte Bremen, Hamburg, Lübeck, Wismar, Rostock, Stralsund u. Greifswald.*

Han|se|städ|ter, der: *Einwohner einer Hansestadt.*

Han|se|städ|te|rin, die: w. Form zu ↑Hansestädter.

han|se|städ|tisch ‹Adj.›: *zu einer Hansestadt gehörend.*

han|sisch ‹Adj.›: **a)** (hist.) *zur Hanse gehörend:* das -e Kontor von Nowgorod; **b)** *hansestädtisch.*

Hans|narr [auch: ˈ– –], der: *Narr, einfältiger Mensch.*

Han|som [ˈhænsəm], der; -s, -s [nach dem engl. Architekten J. A. Hansom (1803–1882)]: *zweirädrige englische Kutsche mit zwei Sitzplätzen u. Verdeck, bei der sich der Kutschbock erhöht hinter den Sitzen befindet.*

Hans|wurst, der; -[e]s, -e, scherzh. auch: ...würste: **1.** *derbkomische Figur des deutschen Theaters des 18. Jh.s:* er inspiriert makabre und satirische Traditionen und macht Narren und Harlekine, -e und Kasperl zu stehenden Figuren einer großen Lachtradition (Sloterdijk, Kritik 232). **2.** *dummer Mensch, den man nicht ernst nimmt, der sich lächerlich macht:* dieser armselige H.!; Lüg mich nicht an, du H., elender! Ich glaub' dir kein Wort! (Ziegler, Kein Recht 219).

Hans|wurs|te|rei, die; -, -en: *Hanswurstiade.*

Hans|wurs|ti|a|de, die; -, -n: **1.** *Possenspiel des 18. Jh.s, in dem Hanswurst* (1) *die Hauptrolle spielt.* **2.** *Scherz, Spaß[macherei].*

Han|tel, die; -, -n [niederd. hantel = Handhabe, zu ↑Hand]: **1.** (Turnen) *Gerät zur Gymnastik od. zum Konditionstraining, bestehend aus zwei durch einen Griff verbundenen Kugeln od. Scheiben:* mit der H. turnen. **2.** (Gewichtheben) *Eisenstange, an deren Enden Gewichte in Form von Scheiben angebracht sind; Scheibenhantel.*

han|tel|för|mig ‹Adj.›: *die Form einer Hantel aufweisend.*

Han|tel|ge|wicht, das (Gewichtheben): *gesamtes Gewicht der Hantel* (2).

Han|tel|gym|nas|tik, die: *mit Hanteln* (1) *durchgeführte Gymnastik.*

han|teln ‹sw. V.; hat›: *mit der Hantel turnen, trainieren.*

Han|tel|trai|ning, das: *Training mit Hanteln* (1).

han|tie|ren ‹sw. V.; hat› [spätmhd. hantieren, mniederd. hantēren = Kaufhandel treiben; handeln, verrichten, tun < mniederl. hantēren, hantieren = mit jmdm. umgehen, Handel treiben < afrz. hanter = mit jmdm. umgehen, jmdn. häufig besuchen, H.u.]: **a)** *geschäftig [mit den Händen] arbeiten, tätig sein, wirtschaften:* der Koch hantierte am

Herd, in der Küche; geschäftig, emsig h.; er möge schließlich um Gottes willen langsam h., gemächlich und langsam, wie es sich für einen Handwerker gehöre (Süskind, Parfum 118); Adolf ... beginnt im Schlafzimmer zu rumpeln. Später hört man ihn im Wohnzimmer h. (Chotjewitz, Friede 132); **b)** *etw. handhaben, mit etw. umgehen, etw. benutzen:* mit einem Schraubenschlüssel am Auto h.; Maximiliane hantiert geschickt mit dem Waffeleisen (Brückner, Quints 50); ‹auch mit Akk.-Obj.:› Jenen Trenchcoat, den Humphrey Bogart so unnachahmlich als Requisit hantierte (Wochenpresse 13, 1984, 69); man habe ihm gefälligst eine Bratsche zu reichen, wenn man ihn schon dazu zwingen wolle, ein Instrument zu h. (Jonke, Schule 76).

Han|tie|rung, die; -, -en: **1.** *das Hantieren:* Er hebt die Bootsplanken an, schöpft das Wasser aus dem Boot, legt die Ruder ein, gewohnte -en (Brückner, Quints 92). ◆ **2. a)** *Beruf, Gewerbe:* so fanden sich zuletzt Philosophen in allen Fakultäten, ja in allen Ständen und -en (Goethe, Dichtung u. Wahrheit 7); **b)** *Beschäftigung, Geschäft:* sie treiben allerlei H., und eine ist ihnen so gut wie die andere (Keller, Kammacher 204).

han|tig ‹Adj.› [mhd. handec = bitter, scharf, ahd. handeg, hantag = schwer; bitter; hart, streng, wohl zu einem Verb mit der Bed. »stacheln, stechen«] (österr., bayr.): **a)** *bitter, herb:* ein -er Kaffee; -es Bier; es schmeckt h.; **b)** *unfreundlich, barsch:* die Serbin Katharina Miljkovic, gelernte Kellnerin, eine -e, vife Hausmeisterin (profil 11, 1996, 88).

Ha|num, die; - [türk. Hanım (efendi) < pers. ḫānum]: Höflichkeitsanrede an Frauen im Türkischen u. Persischen; *[gnädige] Frau, [gnädiges] Fräulein.*

Ha|o|ma, Hauma, der; - [awest.]: *(im Parsismus) heil- u. zauberkräftige Pflanze, aus der ein Rauschtrank hergestellt wird.*

Ha|o|ri, der; -[s], -s [jap.]: *über dem Kimono getragener knielanger Überwurf mit angeschnittenen Ärmeln.*

ha|pa|xanth, ha|pa|xan|thisch ‹Adj.› [zu griech. hápax = einmal u. ánthos = Blüte] (Bot.): *(von Pflanzen) nur einmal blühend u. dann absterbend.*

Ha|pax|le|go|me|non [auch: ...'gɔ...], das; -s, ...mena [griech. hápax legómenon = einmal Gesagtes] (Literaturw.): *nur einmal belegtes, in seiner Bedeutung oft nicht genau zu bestimmendes Wort einer [nicht mehr gesprochenen] Sprache.*

ha|pe|rig, haprig ‹Adj.› (nordd. veraltend): *stockend:* es geht h.

ha|pern ‹sw. V.; hat; unpers.› [aus dem Niederd. < mniederl. hāperen = stottern, H. u.]: **a)** *[vorübergehend] nicht zur Verfügung stehen, fehlen:* es hapert an Nachwuchskräften; am Geld haperte es; In manchen Küchen hapert es weniger an Stellflächen als an Steckdosen (Bayernkurier 19. 5. 84, 33); **b)** *nicht klappen, um etw. schlecht bestellt sein:* es hapert mit der Versorgung; Bloß mit dem Gesang hapert es reichlich. Neben dem pulsierenden Rhythmus und den bissigen Bläsersätzen wirken eure Stimmen schlapp, kraftlos und blass (tango 9, 1984, 38); in Latein hapert es bei ihm *(ist er schwach).*

Haph|al|ge|sie, die; - [zu griech. haphḗ = Berührung u. álgēsis = Schmerz] (Med.): *übermäßige Schmerzempfindlichkeit der Haut bei jeder Berührung* (z. B. bei Hysterie).

ha|plo|dont ‹Adj.› [zu griech. háploos = einfach u. odoús (Gen.: odóntos) = Zahn] (Biol.): *(von den Zähnen niederer Wirbeltiere) wurzellos u. kegelförmig.*

Ha|plo|dont, der; -en, -en (Biol.): *einfacher, kegelförmiger Zahn.*

Ha|plo|gra|phie, (auch:) Haplografie, die; -, -n [↑-graphie] (Fachspr.): *fehlerhafte Auslassung eines von zwei gleichen od. ähnlichen Lauten od. Silben in geschriebenen od. gedruckten Texten.*

ha|plo|id ‹Adj.› [griech. haploeidḗs = einfach] (Biol.): *(von Zellkernen) nur einen einfachen Chromosomensatz enthaltend.*

ha|plo|kau|lisch ‹Adj.› [zu griech. kaulós = Stiel] (Bot.): *(von Pflanzen) nur einen, mit einer Blüte abschließenden Stängel aufweisend; einachsig.*

Ha|plo|lo|gie, die; -, -n [↑-logie] (Sprachw.): *Verschmelzung zweier gleicher od. ähnlicher Silben* (z. B. »Zaube*rin*« statt »Zauber*er*in«, »Ad*ap*tion« statt »Ad*apta*tion«).

Ha|plont, der; -en, -en [zu griech. ṓn (Gen.: óntos) = seiend, lebend] (Biol.): *Lebewesen, dessen Zellen einen einfachen Chromosomensatz aufweisen.*

Ha|plo|pha|se, die (Biol.): *die beim geschlechtlichen Fortpflanzungsprozess regelmäßig auftretende Phase mit nur einem einfachen Chromosomensatz.*

ha|plos|te|mon ‹Adj.› [zu griech. stḗmōn = Faden] (Bot.): *(von Blüten) nur einen Staubblattkreis aufweisend.*

Häpp|chen, das; -s, -: **1.** Vkl. zu ↑Happen: Ein H. Büchsenfleisch auf ein halbes Brötchen war sinnlos (Loest, Pistole 169). **2.** *Appetithappen:* Einem rund einstündigen Blick hinter die Kulissen ... schloss sich eine gesellige Plauderei bei Sekt und H. an (Saarbr. Zeitung 10. 10. 79, 21).

häpp|chen|wei|se ‹Adv.›: **1.** *in kleinen Happen:* sein Frühstücksbrot h. essen. **2.** *in kleinen, [zögernd] aufeinander folgenden Teilen; nach u. nach:* Stolz klopft sie auf ein dickes schwarzes Buch: »Da stehen alle meine Ideen drin.« Verraten will sie die allerdings nur h. (Hamburger Morgenpost 22. 5. 85, 7).

hap|pen ‹sw. V.; hat› [zu ↑Happen] (niederd. veraltend): *zubeißen, abbeißen, zuschnappen.*

Hap|pen, der; -s, - [aus dem Niederd., wohl urspr. Kinderspr.] (ugs.): *kleines Stück, kleine Menge eines [festen] Nahrungsmittels; Bissen:* ein guter, tüchtiger H.; Er stopfte sich voll; jeder H. war eine kleine Köstlichkeit (Fels, Sünden 99); sie war schon nach ein paar H. satt; er hat noch keinen H. *(nichts)* gegessen; ich möchte vorher gern noch einen H. (ugs.; *eine Kleinigkeit)* essen; Ich begab mich zurück zu meinem Sitz und aß nun selber einen H. (Heym, Schwarzenberg 159); Ü das ist ein fetter H. *(ein großer Gewinn, ein einträgliches Geschäft);* diesen [fetten] H. *(dieses einträgliche Geschäft)* will er sich nicht entgehen lassen; Die Autorin porträtiert jene 19 Männer ... mit einem ordentlichen H. Ironie (tip 12, 1984, 3).

Hap|pe|ning ['hɛpənɪŋ], das; -s, -s [engl. happening, eigtl. = Ereignis]: *[öffentliche] Veranstaltung von Künstlern, die – unter Einbeziehung des Publikums – ein künstlerisches Erlebnis [mit überraschender od. schockierender Wirkung] vermitteln will:* ein H. veranstalten; Was denn die Vorwürfe von Jette mit Aktionen, -s und Projekten und den Leuten, die sich um diese Kunst bemühten, zu tun hätten (Ossowski, Liebe ist 103).

Hap|pe|nist [hɛpə'nɪst], der; -en, -en: *Künstler, der Happenings veranstaltet.*

Hap|pe|nis|tin, die; -, -nen: w. Form zu ↑Happenist.

hap|pig ‹Adj.› [zu ↑happen]: **1.** (nordd. veraltend) *gierig:* h. nach etw. sein; Die stark auf money orientierte Regentenfamilie Marcos ist h. auf Devisen und beschlagnahmt einfließende Gelder sofort (profil 46, 1983, 26). **2.** (ugs.) *unzumutbar hoch, überhöht, überzogen:* Lausiger Service, -e Preise – Bahnkunden klagen über Speise- und Schlafwagen (Spiegel 49, 1979, 101); die Beates ... Gehaltskonto um eine -e Geldbuße geschmälert hätte (ADAC-Motorwelt 11, 1986, 133); er stellt ganz schön -e Ansprüche, Forderungen; Griechisch und Latein. Das war doch 'n bisschen h. *(zu viel)* gewesen (Kempowski, Uns 11); Sie sprachen von einer »Weltstadt in Aktion« ... Ist das nicht ein bisschen h.? *(übertrieben?;* Spiegel 1/2, 1972, 38).

hap|py ['hɛpi] ‹indekl. Adj.› [engl. happy, zu älter: hap = Glück; Zufall, Geschick < anord. happ] (ugs.): *glücklich, sehr zufrieden, gut gelaunt:* Nelsen weiß, dass es zu seinem Job gehört, die Sponsoren h. zu halten (Basta 7, 1983, 92); Helga ... wird h. sein, wenn sie hört, dass du kommst (Danella, Hotel 114); ich war schon vor lauter Vorfreude ganz h. (Christiane, Zoo 93); Diese Geschichte beginnt wie eine bürgerliche Romanze, und sie endet auch h. *(hat einen glücklichen Ausgang;* Spiegel 35, 1981, 164).

Hap|py|end ['hɛpi'lɛnt], das; -[s], -s, (auch:) **Hap|py End,** das; --[s], --s [zu engl. happy ending = glückliches Ende]: *[unerwarteter] glücklicher Ausgang eines Konflikts, einer Liebesgeschichte:* ein unerwartetes H.; der Film endete mit einem H.

hap|py|en|den [hɛpi...] ‹sw. V.; hat; meist im Präs. od. Inf.› (ugs.): *[doch noch] einen glücklichen Ausgang nehmen; ein Happyend finden:* Das uralte Traumfabrikmärchen von der kleinen Sekretärin und dem verliebten Chef, das mit einer Heirat happyendet (MM 28. 2. 76, 46).

Hap|py few ['hɛpɪ 'fju:] ‹Pl.› [engl. (the) happy few, zu: few = wenige; den Ausdruck bezieht Heinrich V. in Shakespeares gleichnamigem Drama auf die kleine Schar seiner Kampfgefährten (IV, 3)] (bildungsspr.): *kleine Schar von Auserwählten, erlesener Kreis* (3 b).

hap|rig: ↑ haperig.

Hap|ten, das; -s, -e ⟨meist Pl.⟩ [zu griech. háptein = heften, berühren, angreifen] (Med.): *eiweißfreie organische Verbindung, die die Bildung von Antikörpern im Körper verhindert.*

Hap|te|re, die; -, -n ⟨meist Pl.⟩ [zu griech. háptein = (an)heften, berühren] (Bot.): *Haftorgan bei verschiedenen Algen, Flechten u. Moosen.*

Hap|tik, die; - [zu griech. háptein, ↑ Hapten] (Psych.): *Lehre vom Tastsinn.*

hap|tisch ⟨Adj.⟩ (Psych.): *den Tastsinn, das Tasten betreffend, auf dem Tastsinn beruhend, mithilfe des Tastsinns [erfolgend].*

Hap|to|nas|tie, die; -, -n [zu griech. háptein (↑ Hapten) u. ↑ Nastie] (Bot.): *durch Berührungsreiz ausgelöste Wachstumsbewegung pflanzlicher Organe unabhängig von der Reizrichtung* (z. B. das Einrollen der Blattränder bei Fleisch fressenden Pflanzen).

Hap|to|tro|pis|mus, der; -, ...men [zu griech. trópos = Wendung] (Bot.): *durch Berührungsreize ausgelöste Wachstumsbewegung pflanzlicher Organe in deutlicher Beziehung zur Reizrichtung* (z. B. das Festklammern bei Rankenpflanzen).

har ⟨Interj.⟩ (landsch.): Zuruf an ein Pferd: *nach links!*

Ha|ra|ki|ri, das; -[s], -s [jap. harakiri, zu: hara = Bauch u. kiru = schneiden]: *(in Japan) [ritueller] Selbstmord durch Bauchaufschlitzen; Seppuku:* H. machen, begehen; Ü gesellschaftliches, politisches, wirtschaftliches H. begehen *(sich gesellschaftlich, politisch, wirtschaftlich zugrunde richten);* Warten wir ab, bis die verruchte Kapitalistenklasse H. gemacht hat (Prodöhl, Tod 253).

Ha|ram, der; -s, -s [arab. haram, eigtl. = (das, was) verboten (ist); heilig (u. für Ungläubige verboten)]: **1.** *geweihter Bezirk im islamischen Orient (z. B. die Gebiete von Mekka u. Medina).* ◆ **2.** *Harem* (1): Komm vor itzt nur mit in meinen H., eine Sängerin zu hören, die ich gestern erst gekauft (Lessing, Nathan II, 3).

ha|ran|gie|ren ⟨sw. V.; hat⟩ [frz. haranguer, zu: harangue = feierliche Ansprache < mlat. harenga, H. u.] (veraltet): **1. a)** *eine langweilige, überflüssige Rede halten;* **b)** *jmdn. mit einer Rede, mit einer Unterhaltung langweilen.* **2.** *anreden, ansprechen.*

Ha|ra|re: Hauptstadt von Simbabwe.

Ha|rass, der; -es, -e [frz. harasse, H. u.] (Fachspr.): *Lattenkiste, Korb zum Verpacken zerbrechlicher Waren wie Glas, Porzellan:* Täglich werden 8 000 -e Vollgut ausgeliefert, 7 000 -e Leergut zurückgenommen (NZZ 25. 10. 86, 38).

harb ⟨Adj.⟩ [mhd. harw, ↑ herb] (bayr., österr. mundartl.): **1.** *böse, verärgert, beleidigt:* jetzt ist er h.; * **jmdm. h. sein** *(ärgerlich, böse auf jmdn. sein).* **2.** *schön, ins Gemüt gehend:* ein -es Wiener Lied.

Här|chen: Vkl. zu ↑ Haar.

Har|dan|ger|ar|beit, die; -, -en [nach der norw. Landschaft Hardanger]: *bes. in Norwegen für Blusen u. Schürzen verwendete Durchbruchstickerei in grobem Gewebe mit geometrischer Musterung.*

Har|dan|ger|fie|del, die; -, -n: *volkstümliches norwegisches Streichinstrument in Form einer kleinen Violine mit vier Griff- u. vier Resonanzsaiten.*

Har|dan|ger|stoff, der; -[e]s, -e: *grob gewebter Baumwollstoff (bes. als Unterlage bei der Hardangerarbeit).*

Hard|bop ['ha:d...], der; -[s], -s [engl. hardbop, geb. nach ↑ Bebop, zu: hard = hart]: *(zu Beginn der 1950er-Jahre entstandener Jazzstil, der stilistisch eine Fortsetzung, gleichzeitig jedoch eine Glättung u. z. T. Vereinfachung des Bebop darstellt.*

Hard|co|py ['ha:dkɔpɪ], die; -, ...ies [...pɪz], (auch:) **Hard Co|py,** die; --, -...ies [engl., eigtl. = feste (im Sinne von »gegenständliche«) Kopie] (EDV): [2]*Ausdruck* (1 b) *von im Computer gespeicherten Daten od. Texten über einen Drucker* (2) *od. Plotter (im Unterschied zur Softcopy).*

Hard|core ['ha:dkɔ:], der; -s, -s [1: engl. hard core = harter Kern] **1.** (Physik) *vermuteter] harter innerer Kern von Elementarteilchen.* **2.** kurz für ↑ Hardcorefilm, -porno.

Hard|core|film, der: *Hardcoreporno.*

Hard|core|por|no, der: *pornographischer Film, in dem geschlechtliche Vorgänge z. T. in Großaufnahme u. mit genauen physischen Details gezeigt werden.*

Hard|co|ver ['hɑ:d'kʌvə], das; -s, -s, (auch:) **Hard Co|ver,** das; --s, --s [engl., aus hard = hart, fest u. ↑ Cover] (Buchw.): *Buch mit festem Einbanddeckel:* Wenn der eine neue Gruselgeschichte schreibt, verkauft er vom H. 300 000 bis 400 000 Stück (Falter 23, 1983, 24).

Hard|co|ver|ein|band, (auch:) **Hard-Co|ver-Ein|band,** der (Buchw.): *fester Einbanddeckel bei Büchern.*

Hard|disk ['ha:d...], die; -, -s, (auch:) **Hard Disk,** die; --, --s [engl.] (EDV): engl. Bez. für *Festplatte.*

Hard|drink ['hɑ:d'drɪŋk], der; -s, -s, (auch:) **Hard Drink,** der; --s, --s [engl. aus: hard = stark (wirkend) u. ↑ Drink]: *hochprozentiges alkoholisches Getränk.*

Hard|drug ['hɑ:d'drʌg], die; -, -s (auch:) **Hard Drug,** die; --, --s [engl., eigtl. = harte Droge] (Jargon): *Rauschgift, das süchtig macht* (z. B. Heroin).

Har|de, die; -, -n [aus dem Niederd. < mniederd. harde, herde] (früher): *Verwaltungsbezirk, der mehrere Dörfer od. Höfe in Schleswig-Holstein umfasst:* ◆ auf seinem Hofe ..., den er in einer der nördlichen -n besaß (Storm, Schimmelreiter 4).

Hard|edge ['hɑ:d'ɛdʒ], die; -, (auch:) **Hard Edge,** die; --, **Hard-Edge-Ma|le|rei,** die, **Hard-Edge-Pain|ting** [...'peɪntɪŋ], das; - [engl. hard-edge (painting), aus: hard edge = harte Kante (u. painting = Malerei)]: *Richtung in der modernen Malerei, die klare geometrische Formen u. kontrastreiche Farben verwendet.*

Har|des|vogt, der; -[e]s, ...vögte [zu ↑ Harde] (früher): *Amtsvorsteher einer Harde.*

Hard|li|ner ['hɑ:d'laɪnə], der; -s, - [engl. hard-liner, zu: hard = hart u. line = Linie (8)]: *Vertreter eines harten [politischen] Kurses:* Seine hohltönenden Warnungen vor dem Kommunismus wiesen ihn immer wieder aufs Neue als H. der Union aus (Spiegel 29, 1985, 148); jemand, der den taffen H. geben würde und nicht ... den Bedenkenträger gegenüber der eigenen Sache, wäre fehl am Platz (Woche 8. 1. 99, 26).

Hard|rock ['hɑ:d'rɔk], der; -[s], (auch:) **Hard Rock,** der; --[s] [engl., eigtl. = harter [2]Rock]: *Stilrichtung der Rockmusik, für die sehr einfache harmonische und rhythmische Struktur sowie extreme Lautstärke typisch sind.*

Hard|sel|ling ['hɑ:d'sɛlɪŋ], das; - (auch:) **Hard Sel|ling,** das; -- [engl. hard selling, eigtl. = hartes Verkaufen] (Wirtsch.): *Anwendung aggressiver Verkaufsmethoden.*

Hard|stuff ['hɑ:d'stʌf], der; -s, -s (auch:) **Hard Stuff,** der; --s, --s [engl. hard stuff, eigtl. = harter Stoff] (Jargon): *starkes Rauschgift* (z. B. Heroin, LSD).

Hard|top ['hɑ:dtɔp], das od. der; -s, -s [engl. hard-top, aus: hard = fest u. top = Verdeck]: **1.** *abnehmbares Dach von Sportwagen.* **2.** *Sportwagen mit einem abnehmbaren Dach.*

Hard|ware ['hɑ:dwɛə], die; -, -s [engl. hardware, eigtl. = harte Ware]: *(im Unterschied zur Software) Gesamtheit der technisch-physikalischen Teile einer Datenverarbeitungsanlage.*

Ha|rem, der; -s, -s [türk. harem < arab. harīm, zu: haram, ↑ Haram]: **1.** *(in den Ländern des Islams) abgetrennte Frauenabteilung der Wohnhäuser, zu der kein fremder Mann Zutritt hat.* **2. a)** *größere Anzahl von Frauen eines reichen orientalischen Mannes;* **b)** *Gesamtheit der im Harem* (1) *wohnenden Frauen:* Ü Paschas mit heimlichem H. dürfen sich nicht wundern, wenn sie eines Tages verlassen werden (Hörzu 41, 1976, 147); er macht mit seinem ganzen H. (scherzh.; *seiner Frau u. seinen Töchtern*) einen Ausflug.

Ha|rems|da|me, die: *in einem Harem lebende Frau:* so viel Platz ..., dass die -n einst ungesehen eine kühle Brise und den Blick auf das Treiben außerhalb des Palastbezirks genießen konnten (a & r 2, 1997, 49).

Ha|rems|frau, die: *Haremsdame:* er folgte dem Heer erst später, mit beachtlichem Tross allerdings, zu dem die meisten der -en gehörten (Konzelmann, Allah 112).

Ha|rems|wäch|ter, der: *kastrierter Mann, der einen Harem bewacht.*

hä|ren ⟨Adj.⟩ [mhd. hærīn, zu ↑ Haar] (geh.): *aus [Ziegen]haar, [Ziegen]fell gefertigt:* ein -es Gewand.

Hä|re|si|arch, der; -en, -en [lat. haeresiarches < griech. hairesiárchēs]: *Begründer u. geistliches Oberhaupt einer [altkirchlichen] Häresie* (1), *die meist nach ihm benannt wird.*

Hä|re|sie, die; -, -n [(kirchen)lat. haeresis

< griech. haíresis, eigtl. = das Nehmen; Wahl]: **1.** (kath. Kirche) *von der offiziellen Kirchenmeinung abweichende Lehre.* **2.** (bildungsspr.) *Ketzerei* (2), *verdammenswerte Meinung:* Für viele ist Frieden heute noch eine H. (Alt, Frieden 115).

Hä|re|ti|ker, der; -s, - [(kirchen)lat. haereticus]: **1.** (kath. Kirche) *jmd., der von der offiziellen Kirchenlehre abweicht:* er ... lauschte einer hochkarätigen Debatte islamischer Wissenschaftler mit dem Häretiker Hans Küng über »Wege zur Welt-Zivilisation« (Woche 11. 4. 97, 17). **2.** (bildungsspr.) *Ketzer* (2).

Hä|re|ti|ke|rin, die; -, -nen: w. Form zu ↑Häretiker.

hä|re|tisch ‹Adj.› [kirchenlat. haereticus < griech. hairetikós]: **1.** (kath. Kirche) *von der offiziellen Kirchenlehre abweichend:* Nach der Kirchenlehre ist ein Papst, der die Häresie nicht erwürgt, ein -er Papst (Saarbr. Zeitung 5./6. 4. 80, II). **2.** (bildungsspr.) *ketzerisch* (2), *verdammenswert.*

Har|fe, die; -, -n [1: mhd. har(p)fe, ahd. har(p)fa, wahrsch. zu einem Verb mit der Bed. »(sich) drehen, (sich) krümmen«, entw. mit Bezug darauf, dass das Instrument mit gekrümmten Fingern gezupft wird, od. bezogen auf die gekrümmte Form; 2: nach der harfenähnlichen Form]: **1.** *großes, etwa dreieckiges Saiteninstrument mit senkrecht gespannten Saiten, die mit beiden Händen gezupft werden:* H. spielen; die H. zupfen; auf der H. spielen. **2.** (landsch.) *großes Gestell zum Trocknen von Heu od. Getreide.*

har|fen ‹sw. V.; hat› [mhd. harpfen] (geh.): *Harfe spielen:* viele aber harften und flöteten, schlugen Lauten und Pauken (Th. Mann, Joseph 142); Ü und nur über unseren Ebenen, an unseren Klippen harft der Wind seine alten Heldenlieder (Geissler, Nacht 104).

Har|fe|nist, der; -en, -en: *jmd., der [berufsmäßig] Harfe spielt.*

Har|fe|nis|tin, die; -, -nen: w. Form zu ↑Harfenist: in einigen Instrumentengruppen aber sind Frauen noch immer ein Kuriosum. Die H. ist obligat (Rheinpfalz 4. 1. 92, 32).

Har|fen|klang, der: *Klang einer Harfe.*

Har|fen|spiel, das: *Spiel auf der Harfe.*

Har|fen|spie|ler, der: *Harfenist.*

Har|fen|spie|le|rin, die: w. Form zu ↑Harfenspieler.

Harf|ner, der; -s, - (veraltet): *Harfenspieler.*

Harf|ne|rin, die; -, -nen (veraltet): w. Form zu ↑Harfner.

Ha|ri|dschan, Ha|ri|jan, der; -s, -s [engl. harijan < Hindi harijana = Person Gottes, gepr. von dem indischen Freiheitskämpfer Gandhi (1869–1948)]: *Inder, der keiner Kaste angehört.*

Har|ke, die; -, -n [aus dem Niederd. < mniederd. harke, urspr. lautm. (nach dem scharrenden, kratzenden Geräusch, das das Gerät beim Harken verursacht)] (bes. nordd.): *Gerät zur Garten- u. Feldarbeit mit langem Stiel u. quer angeordneten Zinken, das zum Glätten der Erde od. zum Zusammenholen von Laub o. Ä. dient; Rechen:* das Beet mit der H. glätten; ***jmdm. zeigen, was eine H. ist** (salopp; *jmdm. nachdrücklich u. unmissverständlich die Meinung sagen; jmdn. deutlich belehren, ihm zeigen, wie etwas viel besser, richtig gemacht wird;* viell. nach der Erzählung vom Bauernsohn, der aus der Stadt zurückkehrt u. vorgibt, nicht mehr zu wissen, was eine H. ist, u. es erst wieder weiß, als er auf die Zinken tritt u. ihm der Stiel an den Kopf schlägt).

har|ken ‹sw. V.; hat› [mniederd. harken] (bes. nordd.): **a)** *(ein Beet o. Ä.) mit der Harke eben machen, glätten:* nach dem Umgraben muss man das Beet h.; **b)** *mit der Harke von Laub o. Ä. befreien [u. glätten]; mit der Harke säubern u. glätten:* den Rasen h.; Arbeitslose ... harken die Grünsäume der Parkplätze (Woche 14. 3. 97, 58); Die Wege sind geharkt, die Beete wie an der Schnur gezogen (Ossowski, Flatter 144); **c)** *mit der Harke von etw. entfernen:* Laub, geschnittenes Gras vom Rasen h.; Er winkte einem Gärtner zu, der das faulende Laub aus den Büschen harkte (Sebastian, Krankenhaus 95); **d)** *mit der Harke zusammenholen u. aufhäufen:* Laub, Heu h.

Har|le|kin [...ki:n], der; -s, -e [frz. arlequin < ital. arlecchino, zu afrz. maisnie Hellequin = Hexenjagd; wilde, lustige Teufelsschar, H. u.]: **1.** *(der Figur des Narren in der Commedia dell'Arte entsprechende) in Theater, Zirkus o. Ä. in bunter Kleidung, oft mit Schellen u. Narrenkappe auftretende lustige Figur:* Ü er ist ein richtiger H. *(alberner Spaßmacher, Possenreißer).* **2.** *Stachelbeerspanner.*

Har|le|ki|na|de, die; -, -n [frz. arlequinade]: *Hanswurstiade:* Darum gehe ich Abend für Abend in Willis Keller und lausche den klavieristischen -n meines noch immer verehrten Professors (Erné, Kellerkneipe 272).

har|le|ki|nisch ‹Adj.›: *in der Art des Harlekins.*

Harm, der; -[e]s [mhd. harm, ahd. haram, urspr. wahrsch. = Qual, Schmach, Schande] (geh.): *zehrender, großer innerlicher Schmerz, Kummer; Gram:* ihr Gesicht, scheu mit einem Zug von H., der schon immer gewesen ist, ein gutes Gesicht (Frisch, Montauk 111).

Har|ma|ge|don: ↑Armageddon.

Har|mat|tan, der; -s [aus einer nordwestafrik. Spr.] (Geogr.): *trockener, von der Sahara zur atlantischen Küste Afrikas wehender Nordostwind.*

här|men ‹sw. V.; hat› [mhd. hermen = plagen, quälen, ahd. harmen, zu ↑Harm]: **a)** ‹h. + sich› (geh.) *sich grämen, sich sehr sorgen:* man sah es ihm an, dass er sich härmte (Broch, Versucher 243); sie härmt sich um ihr Kind; sich zu Tode h.; **b)** (veraltend) *bekümmern; tief bedrücken:* der Verlust härmte ihn.

harm|los ‹Adj.› [urspr. = frei von Schaden; ohne Leid, später Bedeutungsentlehnung aus engl. harmless = unschädlich, ungefährlich]: **1.** *keine [unsichtbaren, versteckten] Gefahren in sich bergend; ungefährlich:* eine -e Verletzung; ein -es Tier; ich werde ihn entwöhnen ... Ich werde ihn umstellen auf -e Präparate (Danella, Hotel 478); auch wenn die Operation für sich allein ein -er Eingriff ist (Hackethal, Schneide 186); dieses Schlafmittel ist ganz h.; Nur, dass ihr einmal seht, wie gefährlich eine so h. aussehende Schneedecke sein kann (Alpinismus 2, 1980, 42); die Krankheit verläuft h. *(ohne Komplikationen);* es fing alles ganz h. an *(ohne dass man Schlimmes vermutet hätte).* **2. a)** *ohne verborgene Falschheit; ohne böse Hintergedanken; arglos:* ein -er Mensch; eine -e Frage; ein -er *(nicht anstößiger)* Witz; sie ist ein -es *(naives, einfältiges)* Geschöpf; »Durch Überzeugung?«, schlug Schlehbusch, -es Gemüt, vor (Heym, Schwarzenberg 53); h. fragen, lachen; **b)** *ohne größeren Anspruch:* ein -es Vergnügen; Beide Teams hätten heute wohl ohne Torhüter auskommen können. Das war ein im Großen und Ganzen recht -es *(ohne den nötigen Einsatz geführtes, uninteressantes)* Spiel (Saarbr. Zeitung 8. 10. 79, 18).

Harm|lo|sig|keit, die; -, -en: **1.** ‹o. Pl.› *das Harmlossein; Ungefährlichkeit; Unschädlichkeit.* **2.** *harmloses* (2) *Wesen, Verhalten:* er fragte ihn in aller H.; mit gespielter H.

Har|mo|nie, die; -, -n [lat. harmonia < griech. harmonía, eigtl. = Fügung]: **1. a)** (Musik) *wohltönender Zusammenklang mehrerer Töne od. Akkorde:* die H. eines Dreiklangs; **b)** *ausgewogenes, ausgeglichenes Verhältnis von Teilen zueinander; Ausgewogenheit, Ebenmaß:* die H. der Farben, Formen; das Schloss in seiner weit gegliederten H. war wie ein Märchentraum (Danella, Hotel 338); Auch dieser saftige und vollmundig schmeckende Silvaner weist die im Jahrgang 1985 oft vorkommende Eleganz und H. auf (e&t 6, 1987, 108). **2.** *innere und äußere Übereinstimmung; Einklang, Eintracht:* die körperliche, seelische, geistige H. zwischen zwei Menschen; Klärung der Besitz- und Eigentumsverhältnisse unter Wahrung der Rechtsstaatlichkeit und sozialer H. (Freie Presse 15. 2. 90, 7); die H. ist gestört; Es hat Völker und Stämme gegeben, die in völliger H. mit der Natur lebten (Gruhl, Planet 39).

Har|mo|nie|be|dürf|nis, das: *Bedürfnis nach Harmonie* (2).

har|mo|nie|be|dürf|tig ‹Adj.›: *durch ständiges Bemühtsein um Harmonisierung, um ein gutes Einvernehmen gekennzeichnet, geprägt:* ich bin wohl konfliktscheu, aber das kann man auch positiv formulieren: h. (MM 11./12. 3. 89, 53).

Har|mo|nie|leh|re, die: **a)** ‹o. Pl.› *Teilgebiet der Musikwissenschaft, das sich mit den harmonischen Verbindungen von Tönen u. Akkorden im musikalischen Satz befasst;* **b)** *von einem Musikwissenschaftler od. Komponisten aufgestellte Theorie, die sich mit den harmonischen Verbindungen von Tönen u. Akkorden befasst.*

Har|mo|nie|mu|sik, die: **1.** *von Blech- u. Holzblasinstrumenten ausgeführte Musik.* **2.** *Harmonieorchester:* Pfarrer Gebhard Amman dankte in der Ansprache der H. für ihre eifrige Teilnahme bei kirchlichen Anlässen (Vorarlberger Nachr. 28. 11. 68,5).

Har|mo|nie|or|ches|ter, das: *aus Holz- u. Blechbläsern bestehendes Orchester.*

har|mo|nie|ren ‹sw. V.; hat›: **1. a)** *(von Tönen, Akkorden o. Ä.) angenehm zusammenklingen;* **b)** *gut zusammenpassen, ein als angenehm empfundenes Ganzes bilden:* Hut und Mantel harmonieren [farblich] nicht miteinander; Motor, Getriebe und Fahrwerk harmonieren sehr gut miteinander (ADAC-Motorwelt 7, 1982, 19); Das Mehl der Gerste eignet sich gut für Süßspeisen ... und harmoniert auch gut mit Früchten (e&t 6, 1987, 87). **2.** *gut miteinander auskommen, in gutem Einvernehmen stehen:* die Eheleute harmonieren gut miteinander; Der 20-Jährige war bereits Paarläufer und fand ... eine Partnerin, mit der er ... gut harmoniert (Freie Presse 23. 11. 87, 4); Wie gut eine Hausgemeinschaft harmoniert, merkt man besonders bei Krankheit (Freie Presse 11. 11. 88, Beilage 4).

Har|mo|nik, die; - [lat. harmonice < griech. harmonikḗ] (Musik): *Lehre von der Harmonie* (1 a).

Har|mo|ni|ka, die; -, -s u. ...ken [engl. harmonica (gepr. von dem amerik. Naturwissenschaftler B. Franklin, 1706 bis 1790, für die 1762 von ihm entwickelte Glasharmonika), nach lat. harmonicus (↑harmonisch), wegen der Eigenart des Instruments, nur harmonische Akkorde ertönen zu lassen]: *Musikinstrument, bei dem Zungen* (3) *durch Luftzufuhr (durch den Mund bzw. einen Balg) in Schwingung versetzt werden* (z. B. Mund-, Zieh- od. Handharmonika).

har|mo|ni|kal ‹Adj.› (Musik): *den Gesetzen der Harmonie folgend, entsprechend.*

Har|mo|ni|ka|tür, die: *Falttür.*

Har|mo|ni|ker, der; -s, - [zu griech. harmonikós = Musikkundiger]: *Musiktheoretiker im alten Griechenland.*

har|mo|nisch ‹Adj.› [lat. harmonicus < griech. harmonikós, zu: harmonía, ↑Harmonie]: **1. a)** (Musik) *den Gesetzen der Harmonielehre entsprechend; Wohlklänge enthaltend, wohlklingend:* ein -er Akkord; eine Melodie klingt h.; **b)** *in Farbe, Form, Geschmack, Geruch o. Ä. gut zusammenpassend; ein ausgewogenes Ganzes bildend:* ein -er Wein; Sein Wein verfügt über eine angenehme Fülle, viel Frucht, eine -e, nicht zu geringe Säure (e&t 6, 1987, 108); Wir wählten als Vorspeise die h. gewürzte Schneckencremesuppe (Saarbr. Zeitung 7. 12. 79, IX); h. aufeinander abgestimmte Farben, Formen. **2.** *im Einklang mit sich, mit anderen; in Übereinstimmung, im guten Einvernehmen [stehend]:* ein -es Zusammenwirken, Betriebsklima; Von den Jungen mit Elternhaus haben zwei Drittel unharmonische Verhältnisse, ein Drittel mehr oder weniger -e Verhältnisse (Schmidt, Strichjungengespräche 75); eine -e Ehe führen; die Sitzung verlief sehr h.

har|mo|ni|sie|ren ‹sw. V.; hat› [frz. harmoniser]: **1.** (Musik) *eine Melodie mit passenden Akkorden od. Figuren begleiten od. versehen.* **2.** *in Übereinstimmung, in Einklang bringen; harmonisch gestalten:* verschiedene Vorschläge, Baumaßnahmen h.; die EG ... begann nicht mehr nur die Wirtschaftspolitik, sondern auch die Außenpolitik zu h. (Tages Anzeiger 10. 7. 82,2); Ein Rassengesetz, das die Beziehungen zwischen weißen und farbigen Briten h. sollte (Augsburger Allgemeine 14. 2. 78,2).

Har|mo|ni|sie|rung, die; -, -en: **1.** *das Harmonisieren* (1,2). **2.** (Wirtsch.) *wirtschaftspolitische Abstimmung einzelner Maßnahmen verschiedener Staaten aufeinander:* die H. der Getreidepreise in der EG.; Montis Ehrgeiz konzentriert sich auf die H. der unterschiedlichen Steuersätze im Europa der 15 (Woche 4. 4. 97, 18).

har|mo|nis|tisch ‹Adj.›: **1.** (bildungsspr.) *die gegenseitige Anpassung, Harmonisierung betreffend:* wenn uns heute auch die -e Idee vom Individuum als mikrokosmischem Spiegel des Makrokosmos verloren gehen musste ... (Sloterdijk, Kritik 942). **2.** (Musik) *nach den Gesetzen der Harmonielehre* (a) *gestaltet.*

Har|mo|ni|um, das; -s, ...ien u. -s [frz. harmonium, gepr. von dem frz. Orgelbauer A. F. Febain (1809–1877) zu griech. harmonía, ↑Harmonie]: *Tasteninstrument, bei dem durch einen Tretbalg Zungen* (3) *zum Tönen gebracht werden.*

Har|mo|no|gramm, das; -s, -e [zu ↑Harmonie u. ↑-gramm] (Wirtsch.): *grafische Darstellung von zwei od. mehr voneinander abhängenden Arbeitsabläufen (als Hilfe zur Koordination).*

Har|most, der; -en, -en [griech. harmostḗs, zu: harmózein = zusammenfügen, verbinden] (hist.): *Befehlshaber in den vom antiken Sparta nach dem Peloponnesischen Krieg besetzten Städten.*

Harn, der; -[e]s, -e [mhd. harn, ahd. har(a)n, eigtl. = das Ausgeschiedene] (Physiol., Med.): *in den Nieren gebildete, klare gelbliche Flüssigkeit, mit der ein Teil der Stoffwechselschlacken aus dem Körper ausgeschieden wird; Urin:* Von jeder Mannschaft mussten nach jedem Spiel jeweils zwei Kicker H. lassen (Spiegel 26, 1978, 158); Harnsäure ist ein Produkt, das durch den H. ausgeschieden wird (Hörzu 17, 1986, 144).

Harn|ab|gang, der (Med.): *das Abfließen, Ausscheiden des Harns:* Je stärker die Drüse vergrößert ist, umso mehr behindert sie den H. (Hörzu 38, 1979, 149).

Harn|bla|se, die: *im Becken gelegenes stark dehnbares Hohlorgan zur Aufnahme des Harns.*

Harn|blu|tung, die (Med.): *Hämaturie.*

Harn|drang, der: *[starkes] Bedürfnis, Harn zu lassen:* Das krampfartige Kotzen führt zu H. (Chotjewitz, Friede 155).

har|nen ‹sw. V.; hat› [spätmhd. harnen] (selten): *die Harnblase entleeren, urinieren.*

Harn|ent|lee|rung, die: *Entleerung, Ausscheidung des Harns.*

Harn|fla|sche, die: *flaschenförmiges Gefäß, das bettlägerigen Männern zur Harnentleerung dient.*

Harn|grieß, der: *Harnsand.*

Harn|haut, die (Zool.): *Allantois.*

Har|nisch, der; -s, -e [mhd. harnasch = Harnisch, kriegerische Ausrüstung < afrz. harnais, H. u.]: *Ritterrüstung:* den H. anlegen; ***in H. sein** *(zornig sein;* eigtl. = die Rüstung anhaben u. daher zum Kampf bereit sein); **jmdn. in H. bringen** *(jmdn. so reizen, dass er zornig, wütend wird):* Da kann es Frauen schon in H. bringen, wenn dieser gesellschaftlichen Realität von Frauendasein ein Idealbild à la Peter F. gegenübersteht (Dierichs, Männer 274); **in H. geraten/** (seltener:) **kommen** *(im Verlauf eines Ereignisses wütend, zornig werden).*

Harn|lei|ter, der (Anat., Med.): *dünner Kanal zwischen Niere u. Harnblase.*

Harn|or|gan, das ‹meist Pl.› (Anat., Med.): *Organ, das der Bildung u. Ausscheidung von Harn dient.*

Harn|röh|re, die (Anat., Med.): *Ausführungsgang aus der Harnblase.*

Harn|ruhr, die (Med.): *krankhaft vermehrte Ausscheidung von Harn.*

Harn|sack, der (Zool.): *Allantois.*

Harn|sand, der ‹o. Pl.› (Med.): *kleine u. kleinste feste Bestandteile des Harns.*

Harn|säu|re, die: *im Harn gelöste, weiße, geruchlose Kristalle bildende chemische Verbindung als ein Endprodukt des Eiweißstoffwechsels.*

Harn|sper|re, die (Med.): *vollständige Blockierung des Harnabgangs.*

Harn|stau|ung, die (Med.): *Stauung des Harns bei Behinderung des Harnabgangs.*

Harn|stoff, der ‹o. Pl.› (Med., Chemie): *Stickstoffverbindung im Harn von Säugetieren als wichtigstes Endprodukt des Eiweißstoffwechsels.*

Harn|stoff|ruhr, die (Med.): *Azoturie.*

Harn|strahl, der: *Strahl von Harn bei der Harnentleerung:* den Teststreifen in den H. halten.

harn|trei|bend ‹Adj.›: *die Ausscheidung von Harn fördernd:* -e Mittel; Kaffee wirkt h.

Harn|ver|gif|tung, die (Med.): *Urämie.*

Harn|ver|hal|tung, die: *Unfähigkeit, Harn zu lassen; Ischurie.*

Harn|we|ge ‹Pl.› (Med.): *Gesamtheit von Nierenbecken, Harnleiter, -blase u. -röhre.*

Harn|wegs|in|fek|ti|on, die (Med.): *entzündliche Erkrankung der Harnwege.*

Harn|zu|cker, der (Med.): *mit dem Harn ausgeschiedener Blutzucker.*

Harn|zwang, der ‹o. Pl.› (Med.): *schmerzhafter, häufiger Harndrang.*

Har|pa|gon [frz.: arpaˈgõ], der; -s, -s [nach der Hauptfigur des Lustspiels »Der Geizige« von Molière] (bildungsspr. veraltet): *Geizhals.*

◆ **Har|pun,** der; -s, -e: *Harpune:* einer (= ein Delphin) ward mit dem H. getroffen (Goethe, Italien. Reise 13. 5. 87 [Sizilien]).

Har|pu|ne, die; -, -n [niederl. harpoen < frz. harpon, eigtl. = Eisenklammer, zu: harpe = Klaue, Kralle, aus dem Germ.]: *zum Fang von Wassertieren benutzter Wurfspeer od. pfeilartiges Geschoss aus Eisen mit Widerhaken u. Halteleine.*

Har|pu|nen|ge|schütz, das: *Geschütz, mit dem Harpunen abgeschossen werden.*

Har|pu|nen|ka|no|ne, die: vgl. Harpunengeschütz.

Har|pu|nier, der; -s, -e [niederl. harpoenier]: *jmd., der eine Harpune wirft oder abschießt.*

har|pu|nie|ren ⟨sw. V.; hat⟩ [niederl. harpoeneren]: *mit der Harpune treffen, arbeiten:* einen Wal h.

Har|pu|nie|rer, der; -s, -: ↑Harpunier: Ein einziger H. ... schoss in der Saison 1934/35 nicht weniger als 456 Wale (BdW 9, 1987, 42).

Har|py|ie [...jə], die; -, -n [lat. Harpyia < griech. Hárpyia, eigtl. = Räuberin]: **1.** (griech. Myth.) *Sturmdämon in Gestalt eines Mädchens mit Vogelflügeln.* **2.** *in Süd- u. Mittelamerika heimischer, dem Adler ähnlicher, großer Greifvogel.*

har|ren ⟨sw. V.; hat⟩ [mhd. harren, H. u.] (geh.): *mit bestimmter innerer Erwartung über eine gewisse Zeit hin auf ein Ereignis od. eine Person warten:* wir harrten seiner; man harrte auf Nachzügler; den ganzen Sabbat harrte ich vergebens auf ein Wort von ihm (Buber, Gog 18); dass sie nun ohne Mann bleiben und unbestimmt wie ein junges Mädchen h. werde (Musil, Mann 800); Ü neue Aufgaben harren seiner; diese Angelegenheit harrt der Erledigung *(sollte, müsste noch erledigt werden);* Weitere Entwürfe für das Haus sind bestätigt und harren der Ausführung (NNN 24. 3. 87, 3); Hier harren noch eine ganze Reihe hochinteressanter Fragen der Beantwortung (*sollten erforscht u. beantwortet werden;* Lorenz, Verhalten I, 147).

Har|ris|tweed [ˈhærɪstwiːd], **Har|ris-Tweed,** der; -s [engl. Harris (tweed)®, nach Harris, einem Teil der Hebrideninsel Lewis with Harris]: *handgesponnener u. handgewebter Tweed:* ein Mantel aus H.

harsch ⟨Adj.⟩ [aus dem Niederd. < mniederd. harsk = rau, hart, zu einem Verb mit der Bed. »kratzen, reiben«]: **1. a)** (selten) *rau, eisig:* ein -er Wind; **b)** *(von Schnee) vereist, mit einer Eiskruste überzogen:* eine -e Skipiste; Sie holte mir das Fahrrad aus dem Graben und setzte es in den -en Schnee (v. d. Grün, Irrlicht 6). **2.** (geh.) *unfreundlich, barsch:* -e Worte; Das trug dem Berufsverkäufer -e Kritik gläubiger Christen ein (Weltwoche 26. 7. 84, 23); sich h. über etw. äußern; Und er musste auch zugeben, dass das, was er so h. moniert, nichts anderes ... ist (Spiegel 1/2, 1972, 94).

Harsch, der; -[e]s: *hart gefrorener, eisverkrusteter Schnee:* im H. einbrechen; Sie erreichten den ersten weichen Schnee, dann wurde er fester und ging allmählich in H. über (Weber, Tote 175).

har|schen ⟨sw. V.; hat⟩: *hart gefroren, krustig sein:* der Schnee harscht.

har|schig ⟨Adj.⟩: *(vom Schnee) hart gefroren, vereist, krustig.*

Harsch|schnee, der: *Harsch.*

Harst, der; -[e]s, -e [spätmhd. harst, Nebenf. von mhd. harsch = Haufen, Schar] (schweiz.): **1.** (hist.) *Vorhut des altschweizerischen Heeres.* **2.** *Schar, Haufen, Menge:* Nun hat sich wieder wie vor Jahresfrist ein H. von reformierten Schweizer Pfarrern in die politische Arena geworfen (NZZ 24. 5. 63, 31); Nur wenige dieser Passagiere reisten Richtung Österreich weiter. Der große H. verbringt die Weihnachtsfeiertage in der Schweiz (NZZ 27. 12. 78, 23).

hart [mhd. (md.) hart, hert(e), ahd. herti] ⟨Adj.; härter, härteste⟩: **1. a)** *nicht weich od. elastisch, sondern fest u. widerstandsfähig; kaum nachgebend:* ein -er Stein; -es Brot, Holz; -e Knochen; eine -e *(nur wenig federnde)* Matratze; -e *(hart gekochte)* Eier; ein -er Bleistift *(Bleistift mit harter Mine);* eine -e Zahnbürste *(Zahnbürste mit nicht sehr elastischen Borsten);* -es *(nicht sehr geschmeidiges)* Leder; die Kartoffeln sind noch h. *(noch nicht gar);* h. wie Stahl; h. gefrorener Boden; h. gebrannte Ziegel; h. gekochte/ (landsch.:) gesottene Eier; der Bauch ist h. geschwollen; **b)** *(in Bezug auf Geld) stabil, sicher:* eine -e Währung; -e Devisen; in -er D-Mark bezahlen; Die D-Mark ... hat die Chance, bald die härteste Währung der Welt zu sein (Clipper 11, 1976, 34); Trichet (54), einer der Väter des harten Franc (Woche 14. 11. 97, 25); **c)** *(in Bezug auf Wasser) kalkhaltig:* Leitungswasser ist härter als Quellwasser; **d)** *abgehärtet, robust u. widerstandsfähig:* Cowboys sind -e Burschen; Heute kann der härteste Finsterling Haare bis zu den Hacken haben, und der netteste Kerl eine Bürste (Plenzdorf, Legende 218); R gelobt sei, was h. macht (F. Nietzsche, Zarathustra, 3. Teil, Der Wanderer); ***h. im Nehmen sein** *(durch Misserfolg, Kritik o. Ä. nicht aus dem seelischen Gleichgewicht gebracht werden, damit fertig werden):* Das liegt daran, dass sie ein fröhliches Berliner Selbstbewusstsein hat, und zum zweiten ist sie h. im Nehmen (Hörzu 45, 1984, 43). **2.** *mühevoll, schwer [erträglich]:* -e Arbeit; eine -e Jugend, -e Jahre hinter sich haben; der Tod seiner Frau war ein -er Schlag für ihn; es ist h., im Exil leben zu müssen; Der erste Sieg des Clubs ... war h. erkämpft (Kicker 6, 1982, 34); So erlebten sie ihn einmal anders, nämlich wie h. er schon Stunden vor dem Konzert arbeitet (Freizeitmagazin 26, 1978, 7); Das Leben ist härter, als ich dachte (A. Zweig, Claudia 135); über Jutta floss eine Welle von Müdigkeit, der Tag war h. gewesen (Loest, Pistole 235); es kommt mich h. an *(es fällt mir schwer),* dir das zu sagen. **3. a)** *ohne Mitgefühl; unbarmherzig, streng:* ein -er Friedensvertrag; -e Gesetze; ein -es Urteil; ein -es *(nicht zu erweichendes)* Herz haben; -e Augen; ein -er politischer Kurs; das sind -e Worte; In der Prozessberichterstattung der Zeitungen erfuhr Ringendahls Auftritt -e Kritik (Prodöhl, Tod 149); eine -e Lehre, Schule; Deyhle gilt als einer der härtesten *(strengsten, unnachgiebigsten, rücksichtslosesten)* Manager der Republik (Woche 3. 7. 98, 9); die Leiden hatten sie h. gemacht; jmdn. h. anfassen *(sehr streng behandeln);* Krämer, von Zichkowski kommend, musste h. durchgreifen (Apitz, Wölfe 209). **b)** *(von jmds. Äußerem) nicht mild, empfindsam, weich, sondern scharf u. streng:* -e Züge; ein -es Gesicht; ihr Mund wirkte h. und energisch; **c)** *durch scharfe Konturen u. Kontraste, durch Spitzen, Kanten, Ecken gekennzeichnet:* -e Linien, Figuren, Umrisse; -e *(grelle, kontrastreiche)* Farben. **4. a)** *von großer [als unangenehm empfundener] Stärke, Intensität:* ein -er Winter; Kälte zog ein, es gab einen -en Temperatursturz (Erné, Fahrgäste 253); ein -er *(stimmloser)* Konsonant; ein -es *(scharf akzentuiertes, unmelodisches)* Französisch sprechen; Steigleder deklamierte h. akzentuiert, als hämmere er seine Wörter (H. Lenz, Tintenfisch 32); Der Sound fetzt, klingt h. und brutal nach aufreibendem Heavyrock (Freizeitmagazin 26, 1978, 34); auf See sind -e *(hochprozentige)* Drinks und Politik tabu (Hörzu 52, 1977, 15); -e Drogen *(starkes, abhängig machendes Rauschgift wie Heroin, LSD);* -e *(sehr schädliche, zerstörerische)* Umweltgifte in Batterien, Lacken, Farben, Bioziden (Communale 15. 12. 83, 5); Kinos dürfen eigentlich keine -en Pornos *(Hardcorepornos)* zeigen (Zeit 19. 9. 75, 42); **b)** *heftig, wuchtig:* ein -er Aufprall, Ruck; eine -e Auseinandersetzung; h. aneinander geraten *(sich heftig streiten);* der h. *(heftig, stark)* bedrängte Gegner wehrte sich verbissen; eine h. *(heftig, stark)* umkämpfte Festung; einen sicheren Platz im h. umkämpften Markt der Einbauküchenhersteller (Saarbr. Zeitung 21. 12. 79, IX); der Verteidiger stieg sehr h. ein (Sport; *spielte mit vollem körperlichem Einsatz*); Ich weiß aber, dass ich zwar h., aber fair spiele und nie jemand verletzen will (Kicker 6, 1982, 36); ***es geht, kommt h. auf h.** *(es geht schonungslos ums Ganze):* Wir ziehen den Karren aus dem Dreck, wir geben uns Rückendeckung, wenn's h. auf h. geht (Bieler, Bär 156). **5.** ⟨in Verbindung mit Präp.⟩ *ganz dicht, nahe:* das Haus liegt h. an der Straße; er fuhr h. am Abgrund vorbei; h. an der Grenze des Erlaubten; Er dankte allen, die ihren Dienst – oft h. an der Grenze der seelischen Belastbarkeit – leisteten (Zivildienst 5, 1986, 22); der Stürmer blieb h. am Ball; h. am Wind segeln (Seemannsspr.; *bei schräg von vorn kommendem Wind segeln*); h. (Seemannsspr.; *geradewegs, direkt*) auf etw. zuhalten.

hart be|drängt: s. hart (4b).

Hart|be|ton, der: *aus Zementmörtel mit besonderen Zuschlagstoffen hergestellter Beton für Fußboden- u. Treppenbeläge.*

hart|blätt|rig ⟨Adj.⟩ (Bot.): *harte Blätter besitzend:* eine -e Pflanze.

Hart|blei, das: *Legierung aus Blei u. Antimon.*

Hart|brand, der ⟨o. Pl.⟩ (Bot.): *Gerstenbrand, Haferbrand.*

Hart|brand|zie|gel, der (früher): *Vormauerziegel.*

Har|te, der; -n, -n ⟨Dekl. ↑Abgeordnete⟩ (ugs.): *[ein Glas] Schnaps:* einen -n kippen.

Här|te, die; -, -n [mhd. herte, ahd. hartī]: **1. a)** *das Hartsein; Widerstand, Festig-*

keit: die H. des Stahls, des Holzes; dieses Material gibt es in verschiedenen -n; **b)** (in Bezug auf Geld) *Stabilität:* die H. der deutschen Mark; Die Schweiz stellt dank ... der H. ihrer Währung ... einen Anziehungspunkt für ausländische Gelder dar (Presse 7. 6. 84, II); **c)** *Gehalt (des Wassers) an Kalk; Wasserhärte:* ein Versuch, dem Wasser seine H. zu nehmen; **d)** *das Abgehärtetsein, Robustheit u. Widerstandsfähigkeit:* den Spielern fehlt noch die nötige H. **2.** *harte* (2) *Bedingung, schwere Belastung:* die H. des Schicksals ertragen; um unnötige -n bei den deutschen politischen Emigranten zu lindern (Leonhard, Revolution 130); auf den vielfältigen -n des täglichen Lebens in einer nicht sehr menschenfreundlichen Welt (Oxmox 6, 1963, 137); soziale -n *(Benachteiligungen, Ungerechtigkeiten)* vermeiden; R das ist die H.! (Jugendspr.; *das ist eine Zumutung, eine Unverschämtheit!; das ist ungeheuerlich, unzumutbar!*); der dritte, das war absolut die H. Er war Alkoholiker, hat mich geschlagen (Spiegel 39, 1991, 286). **3.** *Strenge, Unerbittlichkeit, Unbarmherzigkeit:* die H. des Gesetzes zu spüren bekommen; etw. mit rücksichtsloser H. durchsetzen; Ein berühmtes, gebrochenes Opfer diktatorischer H. (Ransmayr, Welt 128); Sie war von der erbarmungslosen H. des Alters, nicht mehr fähig zu Mitgefühl, zu Schmerz, zu Liebe (Danella, Hotel 207). **4. a)** *harte* (4 a) *Beschaffenheit; [als unangenehm empfundene] Intensität, Stärke:* die H. der Töne; Das Licht von Rom. Auffallend seine H., die stets die Linien hervorholt (Fest, Im Gegenlicht 364); **b)** *Heftigkeit, Wucht, Schärfe:* die H. des Aufpralls; der Gegner brachte eine unnötige H. ins Spiel, spielte mit gesunder H. (Fußball Jargon; *mit einem bis an die Grenze des Erlaubten gehenden körperlichen Einsatz*); eine Debatte in aller H. austragen.

Hä̱r|te|aus|gleich, der: *finanzieller Ausgleich beim Auftreten sozialer Härten.*

Ha̱r|te|beest, das; -s, -s [niederl. hartebeest, zu: hert = Hirsch u. beest = Tier]: *(in der südafrikanischen Steppe heimische) Kuhantilope.*

Hä̱r|te|fall, der: **a)** *(bei strenger Einhaltung od. Anwendung von Vorschriften eintretender) Fall von sozialer Belastung od. Ungerechtigkeit:* Die Unmöglichkeit oder Unzumutbarkeit, den Lebensunterhalt im Heimatland sicherzustellen, begründet noch keinen besonderen H. (NJW 19, 1984, XLII); **b)** (ugs.) *jmd., dessen Situation einen Härtefall* (a) *darstellt:* Vermietbar sind diese Häuser nur noch an soziale Härtefälle, ... Alkoholiker, Studenten (Chotjewitz, Friede 129).

Hä̱r|te|fonds, der: *Geldfonds, dessen Mittel für Menschen, die sich in einer Notlage befinden, bestimmt sind.*

Hä̱r|te|grad, der: *Grad der Härte* (1 a).

Hä̱r|te|klau|sel, die (Rechtsspr.): vgl. Härteparagraph.

Hä̱r|te|mit|tel, das: *chemischer Stoff, der Metallen zur Erreichung größerer Härte* (1 a) *zugesetzt wird.*

hä̱r|ten ‹sw. V.; hat› [mhd., ahd. herten]: **a)** *hart* (1 a) *machen:* Stahl h.; Da wir keine Waffen mehr besaßen, wurden Bambusspeere geschnitzt ..., die man im Feuer härtete (Perrin, Frauen 37); gehärtetes Fett; **b)** *hart* (1 a) *werden:* Beton härtet innerhalb weniger Tage; Ich will einen Stoff machen, der erst formbar ist, dann aber selbst härtet (Gehlen, Zeitalter 10); ‹auch h. + sich:› ... auch härteten sich an der Luft die zerknitterten, fein geäderten Flügel (Gaiser, Schlußball 210); **c)** ‹h. + sich› (selten) *sich hart, widerstandsfähig machen:* sich durch Sport h.

Hä̱r|te|ofen, der (Metallurgie): *Ofen zum Härten von Stahl.*

Hä̱r|te|pa|ra|graph, der (Rechtsspr.): *Paragraph, der Härtefälle* (a) *vermeiden od. ausgleichen soll.*

Hä̱r|te|prü|fung, die: **a)** (bes. Metallurgie, Mineralogie) *Prüfung, der ein Werkstoff zum Feststellen der Härte* (1 a) *unterzogen wird;* **b)** *Härtetest.*

Hä̱r|ter, der; -s, -: *chemisches Mittel, das Kunstharzen, Stahl o. Ä. zum Härten zugesetzt wird.*

hä̱r|ter: ↑hart.

Hä̱r|te|re̱i, die; -, -en: *Abteilung in Metallbetrieben, in der die Metalle gehärtet werden.*

Hä̱r|te|ska|la, die: *in 10 Stufen eingeteilte Skala, nach der die Härte* (1 a) *von Edelsteinen u. Mineralien eingeteilt wird.*

hä̱r|tes|te: ↑hart.

Hä̱r|te|stu|fe, die: *Stufe auf der Härteskala.*

Hä̱r|te|test, der: *Test auf Belastbarkeit, Widerständsfähigkeit o. Ä.:* Autoreifen im H.; Ü Den H. einer globalen Finanzkrise könnte der Euro ... kaum bestehen (Woche 28. 1. 97, 15); Politiker im H.

Hä̱r|te|ver|fah|ren, das: *Verfahren zum Härten von Metall.*

Ha̱rt|fa|ser, die: *steife, harte Faser aus verschiedenen Tropenpflanzen* (z. B. Sisal- od. Kokosfaser).

Ha̱rt|fa|ser|plat|te, die: *unter hohem Druck gepresste Holzfaserplatte:* ein Schrank aus -n.

Ha̱rt|fett, das: *gehärtetes tierisches od. pflanzliches Fett.*

Ha̱rt|fut|ter, das (veraltend): *Körnerfutter.*

ha̱rt ge|brannt: s. hart (1 a).

ha̱rt ge|fro|ren: s. hart (1 a).

ha̱rt ge|kocht: s. hart (1 a).

Ha̱rt|geld, das ‹o. Pl.›: *Münzen im Unterschied zu Geldscheinen.*

ha̱rt|ge|sot|ten ‹Adj.›: **a)** *(aufgrund seiner Erlebnisse) nicht mehr zu beeindrucken, für Gefühle nicht empfänglich; berechnend, kalt:* ein -er Manager, Unterhändler; ein Absacken der Maschine und der -ste Nihilist beginnt die Hände zu falten (Ziegler, Labyrinth 117); **b)** *unbelehrbar, unzugänglich, verstockt:* ein -er Sünder; Den Tankwarten ist völlig klar, dass sie es ... nicht mit -en Betrügern zu tun haben (ADAC-Motorwelt 4, 1986, 76).

ha̱rt ge|sot|ten: s. hart (1 a).

Ha̱rt|ge|stein, das: *besonders harter Naturstein* (z. B. Granit).

Ha̱rt|glas, das ‹o. Pl.›: *besonders hartes Glas* (1).

Ha̱rt|gum|mi, der u. das: *durch Vulkanisation gewonnenes Produkt aus Natur- od. Kunstkautschuk.*

Ha̱rt|guss, der: *besonders hartes Gusseisen.*

ha̱rt|her|zig ‹Adj.›: *ohne Mitgefühl; vom Leid, Schicksal anderer nicht berührt; unbarmherzig:* ein -er Mensch; seinen Mitmenschen gegenüber h. sein; Wir werden bestimmt nicht h. und stur nach den Paragraphen entscheiden (Hamburger Abendblatt 20. 3. 84, 13).

Ha̱rt|her|zig|keit, die; -, -en **1.** ‹o. Pl.› *hartherziges Wesen, Verhalten.* **2.** (seltener) *hartherzige Handlung.*

Ha̱rt|heu, das [mhd. harthöuwe]: *Johanniskraut.*

Ha̱rt|holz, das: *sehr festes u. schweres Holz* (z. B. Buchsbaum, Ebenholz).

ha̱rt|hö|rig ‹Adj.›: **1.** (veraltet) *schwerhörig.* **2.** *mit Absicht etw. überhörend; auf eine Aufforderung o. Ä. nicht reagierend.*

Ha̱rt|hö|rig|keit, die; -: *das Harthörigsein.*

Ha̱rt|kä|se, der: *Käse von fester, trockener Beschaffenheit im Unterschied zum Weichkäse.*

Ha̱rt|kern|gra|na|te, die (Milit.): *Geschoss ohne Sprengladung, dessen Durchschlagskraft nur auf der Energie des Aufpralls beruht.*

ha̱rt|köp|fig ‹Adj.› (landsch.): **a)** *starrsinnig, eigensinnig, dickköpfig:* ein -es Kind; sich h. weigern; **b)** *von beschränkter Auffassungsgabe:* ein -er Schüler.

Ha̱rt|köp|fig|keit, die; - (landsch.): *das Hartköpfigsein.*

Ha̱rt|laub|ge|wächs, das: *(bes. in den Mittelmeerländern heimische) immergrüne Pflanze mit ledrigen Blättern* (z. B. Oleander, Lorbeer, Ölbaum, Rosmarin, Korkeiche).

ha̱rt|lei|big ‹Adj.›: **1.** (veraltend) *an Verstopfung leidend; verstopft.* **2.** *(Aufforderungen, Wünschen gegenüber) hartnäckig, unnachgiebig, unzugänglich, stur:* -e Leute zu überreden versuchen; die Anwälte sind h. Sie wollen eine Entscheidung heute (Göttinger Tageblatt 30. 8. 85, 5).

Ha̱rt|lei|big|keit, die; -: **1.** (veraltend) *Verdauungsstörung, Verstopfung.* **2.** *das Hartleibigsein.*

Hä̱rt|ling, der; -s, -e [2: zu landsch. veraltet hart = von beißendem, scharfem Geschmack]: **1.** (Geol.) *Erhebung in einem Gelände, die infolge ihres widerstandsfähigeren Gesteins weniger abgetragen wurde u. deshalb über ihre Umgebung hinausragt.* **2.** (veraltet) *spät gewachsene Weintraube, die die nötige Reife nicht mehr erreicht.*

ha̱rt|lö|ten ‹sw. V.; hat; meist nur im Inf. u. 2. Part.›: *bei einem Schmelzpunkt von über 450 °C löten.*

Ha̱rt|mann, der ‹Pl. ...männer› (scherzh. veraltend): *runder, steifer, schwarzer Herrenhut.*

ha̱rt|mäu|lig ‹Adj.›: *(von Pferden) am Maul unempfindlich u. daher die Zügel nicht spürend u. schwer zu lenken:* ein -er Gaul; Ü Sie sind h. *(dickköpfig, eigensinnig)* wie ein oller Maulesel (Fallada, Jeder 193).

Hart|mäu|lig|keit, die; -: *das Hartmäuligsein.*

hart|mel|kig ⟨Adj.⟩: *sich schwer melken lassend:* eine -e Kuh, Ziege.

Hart|mel|kig|keit, die; -: *das Hartmelkigsein.*

Hart|me|tall, das: *Metall von besonderer Härte u. Widerstandsfähigkeit.*

Hart|mo|nat, Hart|mond, der [mhd. hertemānōt, ahd. hertimānōd, zu ↑hart in der Bed. »hart gefroren«] (veraltet): *Januar* (auch: *November, Dezember*).

hart|nä|ckig ⟨Adj.⟩ [15. Jh., eigtl. = einen harten (= unbeugsamen) Nacken habend]: **a)** *eigensinnig an etw. festhaltend, auf seiner Meinung beharrend, unnachgiebig:* ein -er Bursche; h. schweigen; sich h. weigern; **b)** *beharrlich ausdauernd; nicht bereit, auf- od. nachzugeben:* -en Widerstand leisten; Die hartnäckigsten Vorbehalte hatten die niedergelassenen Ärzte (Woche 4. 4. 97, 21); ein -er Lügner; Raka seufzte ein wenig, denn Lambons -e Fragewut war anstrengend (Baum, Bali 77); der Antragsteller war sehr h.; h. fragen, suchen; **c)** *schwer zu vertreiben; langwierig:* ein -er Schnupfen; eine -e Erkältung; Man kann, wenn der Fleck besonders h. ist, ihn dazwischen immer wieder mit etwas Zitronensaft einreiben (Horn, Gäste 157); dieses Missverständnis hat sich h. gehalten (Spiegel 44, 1983, 39).

Hart|nä|ckig|keit, die; -: *das Hartnäckigsein, hartnäckiges Wesen.*

Hart|pa|ckung, die: *Zigarettenschachtel aus festem Karton.*

Hart|pa|pier, das (Technik): *Schichtpressstoff aus Papier u. Harz (der bes. als Isolierstoff in der Elektrotechnik verwendet wird).*

Hart|pap|pe, die: *besonders steife u. feste Pappe zur Herstellung von Koffern u. Ä.*

Hart|platz, der (Sport): *Sportplatz, bes. Tennisplatz, mit einer festen [wasserundurchlässigen] Oberfläche; Allwetterplatz.*

Hart|por|zel|lan, das: *bei hoher Temperatur gebranntes Porzellan, das besonders fest u. widerstandsfähig ist.*

Hart|rie|gel, der [mhd. hartrügele, ahd. hart(t)rugil; der Name bezieht sich auf das harte Holz]: *als Strauch wachsende Pflanze mit doldenartigen Blüten u. weißen, roten, blauen od. schwarzen Steinfrüchten.*

hart|rin|dig ⟨Adj.⟩: *eine harte Rinde besitzend.*

Hart|säu|fer, der (salopp): *Trinker, der meist nur Schnaps trinkt.*

Hart|säu|fe|rin, die (salopp): w. Form zu ↑Hartsäufer.

Hart|schä|del, der (ugs.): *Dickschädel.*

hart|schä|de|lig, hart|schäd|lig ⟨Adj.⟩ (ugs.): *dickschädelig:* Was können Sie bei so hartschädligen Typen schon anderes einsetzen als das bisschen Geduld (Heim, Traumschiff 386).

hart|scha|lig ⟨Adj.⟩: *eine harte Schale* (1) *besitzend:* eine -e Frucht.

Hart|schier, der; -s, -e [ital. arciere = Bogenschütze, zu: arco = Bogen < lat. arcus] (hist.): *Angehöriger der Leibgarde des bayrischen Königs:* Nach Irrwegen durch belebte Straßen ... stand er vor der Residenz vor den Wache haltenden -en, den königlichen Leibgardisten (Kühn, Zeit 18).

Hart|spi|ri|tus, der: *durch bestimmte Zusätze in feste Form gebrachter Brennspiritus:* H. für einen Spirituskocher.

hart um|kämpft: s. hart (4b).

Har|tung [vgl. ↑Hartmonat], der; -s, -e (veraltet): *Januar.*

Här|tung, die; -, -en: *das Härten.*

Hart|wa|re, die [engl. hardware = Metall-, Eisenwaren] (Fachspr.): *Haushaltsgegenstand od. -gerät:* 30 000 Artikel ..., die sich nach Umsätzen gegliedert in 50 Prozent -n, 25 Prozent Textilien und 25 Prozent Lebensmittel aufteilen (MM 24. 8. 72, 6).

Hart|wei|zen, der: *klebereicher Weizen, der für die Herstellung von Teigwaren verwendet wird; Durumweizen.*

Hart|wei|zen|grieß, der: *Grieß aus Hartweizen:* Nudeln aus H.

Hart|wurst, die: *sehr feste Dauerwurst; Salami.*

Ha|rus|pex, der; -, -e u. Haruspizes [...tse:s; lat. haruspex]: *(bei den Etruskern u. Römern) Person, die aus den Eingeweiden von Opfertieren wahrsagt.*

Ha|rus|pi|zi|um, das; -s, ...ien [lat. haruspicium]: *(bei den Etruskern u. Römern) Wahrsagung aus den Eingeweiden von Opfertieren.*

[1]**Harz,** das; -es, -e [mhd. harz, ahd. harz(uh), H. u.]: *bes. aus dem Holz von Nadelbäumen austretende, zähflüssig-klebrige Absonderung von starkem Duft u. weißlicher bis gelbbrauner Färbung:* H. durch Einritzen der Rinde gewinnen; es riecht nach H.; die Tannenzweige sind klebrig von H.

[2]**Harz,** der; -es: deutsches Mittelgebirge.

harz|ar|tig ⟨Adj.⟩: *dem Harz ähnlich:* eine -e Masse.

Harz|bil|dung, die: *das Sichbilden, Austreten von Harz.*

har|zen ⟨sw. V.; hat⟩ [mhd. herzen = mit Pech ausstreichen, zu ↑Harz]: **1.** *Harz absondern:* der Baum, das Holz harzt. **2.** (Forstw.) *einen Baum anritzen, um Harz zu gewinnen:* Kiefern h.; ⟨subst.:⟩ In den Wäldern ist das Harzen der Kiefern in vollem Gange (NNN 27. 6. 85, 3). **3.** *mit Harz bestreichen.* **4.** (schweiz., auch landsch.) *schwer, schleppend vonstatten gehen:* die Verhandlungen harzen; es harzt mit dem Bau der Autobahn; Was die Konsolidierung der Fälligkeiten 1987 betrifft, scheint es nicht nur auf der Schuldnerseite zu h. (NZZ 26. 10. 86, 15).

Har|zer, der; -s, -, **Har|zer Kä|se,** der; --s, -- [nach dem ↑[2]Harz]: *Magermilchkäse aus Sauermilch:* H. mit Kümmel, mit Weißschimmel.

Har|zer Rol|ler, der; --s, -- [1: nach dem rollenden Schlag des Vogels]: **1.** *gelb gefiederter, besonders schön singender Kanarienvogel.* **2.** *zu einer Rolle abgepackter Harzer Käse.*

Harz|ge|ruch, der: *Geruch nach Harz.*

har|zig ⟨Adj.⟩ [spätmhd. harzig, zu ↑[1]Harz]: **1.** *reich an Harz; Harz enthaltend:* -es Holz; -e *(vom Harz klebrige)* Hände; Das Baubüro war ein roher Bretterverhau, der h. *(nach Harz)* roch (Fels, Sünden 55). **2.** (schweiz., sonst landsch.) **a)** *schwierig, langwierig:* Nach -en und letztlich erfolglosen Diskussionen mit dem designierten Käufer (NZZ 31. 8. 87, 17); Nicht minder h. verlaufen die Verhandlungen im Bauhauptgewerbe (NZZ 9. 12. 82, 15); **b)** *zähflüssig, schleppend:* -er Rückreiseverkehr; ein enormer Erwartungsdruck auf den Athleten. Für mich ist der -e Start der Schweizer keine Katastrophe (LNN 31. 7. 84, 15).

Harz|öl, das: *aus Harz durch Destillation gewonnenes Öl.*

Harz|säu|re, die: *im Harz enthaltene Säure.*

Harz|sei|fe, die ⟨meist Pl.⟩: *Salz der Harzsäure, das bei der Herstellung von Seife verwendet wird.*

Ha|sard, das; -s [frz. (jeu de) hasard = Glück(sspiel) < afrz. hasart = Würfelspiel, zu arab. yasara = würfeln]: *Hasardspiel:* das Ganze artete zu einem H. aus; ***H. spielen** *(leichtsinnig sein, leichtfertig sein, sein Glück aufs Spiel setzen).*

Ha|sar|deur [...'dø:ɐ̯], der; -s, -e [frz. hasardeur] (oft abwertend): *jmd., der verantwortungslos handelt u. alles aufs Spiel setzt.*

Ha|sar|deu|rin, die; -, -n (oft abwertend): w. Form zu ↑Hasardeur.

ha|sar|die|ren ⟨sw. V.; hat⟩ [frz. hasarder] (bildungsspr.): *alles aufs Spiel setzen, wagen:* er hat als Politiker fortgesetzt hasardiert.

Ha|sard|spiel, das; -[e]s, -e: **a)** *Glücksspiel:* verbotene -e; Das Verfassen von Bühnenstücken wurde Agatha Christies großes Abenteuer, das einem H. ähnelte (Chic 9, 1984, 32); **b)** *Unternehmung, bei der jmd. ohne Rücksicht auf andere u. auf sich selbst alles aufs Spiel setzt:* das H. der Generäle.

Ha|sard|spie|ler, der: *Hasardeur.*

Ha|sard|spie|le|rin, die: w. Form zu ↑Hasardspieler.

Hasch, das; -s (ugs.): kurz für ↑Haschisch: Sie tranken viel, sie rauchten H., sie koksten (Danella, Hotel 143); Es gibt zwei große Beatschuppen, in denen auch H. und andere Sachen gehandelt werden (Chotjewitz, Friede 108).

Ha|schee, das; -s, -s [frz. (viande) hachée = gehacktes (Fleisch), zu: hacher = (zer)hacken] (Kochk.): *Gericht aus Hackfleisch od. in kleine Würfel geschnittenem, mit einer Soße pikant abgeschmecktem Fleisch.*

Ha|sche|mit, Haschimit, der; -en, -en [nach Haschim (gestorben um 540 n. Chr.), der als Urgroßvater des Propheten Mohammed gilt]: *Angehöriger einer arabischen Dynastie in Jordanien u. im Irak.*

ha|sche|mi|tisch, haschimitisch ⟨Adj.⟩: *die Haschemiten betreffend, von ihnen abstammend.*

[1]**ha|schen** ⟨sw. V.; hat⟩ [mhd. (md.) (er)haschen, eigtl. = fassen, packen] (veraltend): **1.** *schnell [mit den Händen] ergreifen, fangen:* Schwalben haschen die Insekten im Flug; sich [gegensei-

tig]/(geh.:) einander h.; R hasch mich, ich bin der Frühling! (scherzh., spött.; dient der Charakterisierung einer älteren, bes. einer weiblichen Person, die zu jugendlich zurechtgemacht ist). **2.** *[mit den Händen] schnell nach jmdm. od. etw. greifen:* nach jmds. Hand, nach einer Fliege h.; Dann hascht er nach einem der Scheine, dreht ihn um und prüft, ob er echt sei (Remarque, Obelisk 343); Ü nach Ruhm, Beifall h.

[2]**ha|schen** ‹sw. V.; hat› [zu ↑Hasch] (ugs.): *Haschisch rauchen od. in anderer Form zu sich nehmen:* auf der Fete wurde gehascht; Ein Vater, der abends Bier oder härtere alkoholische Getränke in größeren Mengen zu sich nimmt, braucht ebenso Hilfe wie sein vielleicht 14-jähriger Sohn, der hascht (Saarbr. Zeitung 7. 12. 79, IV); Im Rahmen des Ermittlungsverfahrens hatte er auch zugegeben, immer wieder mal zu h. Für die Ordnungsbehörde war das Grund genug, ihm die Fahrerlaubnis zu entziehen (SZ 5. 6. 97, 43).

Ha|schen, das; -s [↑[1]haschen] (landsch.): *Fangen:* Er schaute eine Weile den spielenden Kindern zu. Sie spielten H. (Hilsenrath, Nacht 119).

Häs|chen, das; -s, -: **1.** Vkl. zu ↑Hase (1 a). **2.** Vkl. zu ↑Hase (3 b): komm mal zu mir, mein H., ich helfe dir.

[1]**Ha|scher,** der; -s, - [vgl. mhd. hæchen, hēchen = schluchzen, jammern] (österr. ugs.): *armer, bedauernswerter Mensch.*

[2]**Ha|scher,** der; -s, - [zu ↑Hasch] (ugs.): *jmd., der Haschisch raucht:* ... was es für eine Gesellschaft sei, in der er verkehre, lauter H. (Petersen, Resonanz 68); An Jugendkultur stand in den Siebzigern nicht viel zur Auswahl – »man wurde Popper, H. oder Rocker« (SZ 19. 6. 97); ein Treffpunkt für H.

Hä|scher, der; -s, - [zu ↑[1]haschen] (geh. veraltet): *Person, die in bestimmtem Auftrag jmdn. verfolgt, hetzt u. zu ergreifen versucht:* die H. sind hinter ihm her; Dazu der Thrill, auf Pfaden entlangzustapfen, hinter deren Büschen früher die H. hockten, um die Schmuggler auf frischer Tat zu ertappen (a & r 2, 1997, 82); Der wegen Raubmordes ... gesuchte Landfahrer ... ist während einer Fahndung seinen -n in Frauenkleidung entkommen (MM 1. 2. 68, 10).

Ha|sche|rin, die; -, -nen (ugs.): w. Form zu ↑[2]Hascher.

Ha|scherl, das; -s, -n (südd., österr. ugs.): *armes, bedauernswertes Wesen, Kind:* die Entwicklung einer jungen Frau, vom H. zur selbstständigen Frau (Playgirl 5, 1991, 9).

ha|schie|ren ‹sw. V.; hat› [frz. hacher, ↑Haschee] (Kochk.): *(Fleisch) fein hacken, zu Haschee verarbeiten.*

Ha|schi|mit usw.: ↑Haschemit usw.

Ha|schisch, das, auch: der; -[s] [arab. hašīš, eigtl. = Gras, Heu]: *aus dem Blütenharz einer indischen Hanfsorte gewonnenes Rauschgift:* H. rauchen, schmuggeln; Sie erzählte, dass sie H. probiert habe (H. Lenz, Tintenfisch 36); Alkohol und Nikotin sind legal, der Besitz kleiner Mengen von Haschisch oder Marihuana ist verboten. Überzeugt Sie diese Aufteilung? (Spiegel 47, 1998, 66).

Ha|schisch|rau|cher, der: *jmd., der [regelmäßig] Haschisch raucht.*

Ha|schisch|rau|che|rin, die: w. Form zu ↑Haschischraucher.

Ha|schisch|zi|ga|ret|te, die: *selbst gedrehte Zigarette, deren Tabak mit Haschisch vermischt ist.*

Hasch|mich, der [[1]vgl. haschen (1)]: in der Wendung **einen H. haben** (salopp; *nicht recht bei Verstand sein*): Was soll man dazu sagen? Da hat, so scheint es, der und jener einen H. (Hannoversche Allgemeine Zeitung 4. 7. 79, 5).

Ha|se, der; -n, -n [mhd. hase, ahd. haso, eigtl. = der Graue, wahrsch. altes Tabuwort]: **1. a)** *wild lebendes Nagetier mit langen Ohren, einem dichten, weichen, bräunlichen Fell u. langen Hinterbeinen:* er ist furchtsam wie ein H.; der H. macht Männchen, hoppelt, schlägt Haken; einen -n hetzen, schießen, abziehen, braten; R da liegt der H. im Pfeffer (ugs.; *das ist der entscheidende Punkt, die eigentliche Ursache;* mit Bezug auf den fertig zubereiteten Hasenbraten in einer scharf gewürzten Soße, womit angedeutet wird, dass jmd. aus einer bestimmten Lage nicht mehr herauskommt); *** ein alter H.** (ugs.; *jmd., der sehr viel Erfahrung [in einer bestimmten Sache] hat*): Wir schauten mitunter neidisch rüber zu den alten -n, bei denen es flutschte (Junge Welt 29. 6. 77, 4); **heuriger H.** (ugs.; *Neuling;* der ältere Hase hat Erfahrung darin, dem Jäger zu entkommen, im Gegensatz zu einem erst einjährigen Hasen): es macht ihm Spaß, die heurigen -n herumzukommandieren; der neulich auf der Baustelle Herbersbach? Das war auch kein heuriger H. (Brot u. Salz 200); **falscher H.** *(Hackbraten);* **sehen, wissen, erkennen, begreifen, wie der H. läuft** (ugs.; *erkennen, vorhersagen können, wie eine Sache weitergeht;* nach der Vorstellung, dass ein erfahrener Jäger nach kurzer Zeit beobachtenden Abwartens erkennen kann, in welche Richtung ein Hase flieht, auch wenn er viele Haken schlägt): Nein, halt den Mund, Junge, jetzt hilft das auch nichts mehr, hast du denn nicht begriffen, wie der H. hier läuft (Prodöhl, Tod 117); **b)** *männlicher Hase* (1 a); **c)** *Hasenbraten, -gericht:* es gibt heute -e; **d)** (landsch.) *Kaninchen.* **2.** (Sport Jargon) *Schrittmacher* (3). **3. a)** (salopp) *Mädchen, Frau:* Gehen wir in die Orchidee, da kenn' ich zwei -n (Sobota, Minus-Mann 164); Er redet auch daheim meistens übers Tanzen oder über die tollen -n, die man dabei aufreißen kann (Zenker, Froschfest 13); **b)** Kosewort, bes. für Kinder.

[1]**Ha|sel,** der; -s, - [mhd. hasel, ahd. hasala, H. u.]: *dem [1]Döbel ähnlicher Fisch mit stark gegabelter Schwanzflosse.*

[2]**Ha|sel,** die; -, -n [mhd. hasel, ahd. hasal, H. u.]: *als Strauch wachsende Pflanze mit Kätzchen* (4) *als Blüten, die vor der Belaubung erscheinen, u. Nüssen als Früchten.*

Ha|se|lant, der; -en, -en [zu ↑haselieren] (veraltet): *Spaßmacher, Possenreißer:* ◆ ... und malte mir schon aus, wie ich die -en und Fischesser da anfahren wollte (Keller, Pankraz 40).

Ha|sel|busch, der: *Hasel[nuss]strauch.*

Ha|sel|huhn, das: *kleines Waldhuhn mit rostbraunem bis grauem, dunkel u. weiß-lich gezeichnetem Gefieder.*

ha|se|lie|ren ‹sw. V.; hat› [mhd. haselieren, wohl < afrz. harceler = necken] (veraltet): *derbe Späße machen, treiben; lärmen, toben:* ◆ meine Kerls draußen fangen an zu stürmen und zu h. *(ungestüm zu lärmen),* als käm' der Jüngste Tag (Schiller, Räuber II, 3).

Ha|sel|kätz|chen, das [zu ↑[2]Hasel]: *lange, herabhängende männliche Blüte des Haselnussstrauches.*

Ha|sel|maus, die: *braunes Nagetier mit langem Schwanz, das sich bes. von Haselnüssen ernährt.*

Ha|sel|nuss, die [mhd. haselnuȝ, ahd. hasalnuȝ]: **1.** *Haselnussstrauch.* **2.** *Frucht des Haselnussstrauches in Form einer kleinen, hartschaligen Nuss mit rundem, ölhaltigem, wohlschmeckendem Kern.*

Ha|sel|nuss|boh|rer, der: *goldgelb behaarter Rüsselkäfer, der mit seinem langen Rüssel unreife Haselnüsse anbohrt u. Eier hineinlegt.*

Ha|sel|nuss|ge|wächs, das: *als Laubbaum od. Strauch wachsende Pflanze einer den Birkengewächsen nahe stehenden Familie* (z. B. Hasel, Hainbuche).

ha|sel|nuss|groß ‹Adj.›: *von der Größe einer Haselnuss:* ein -es Loch; die Hagelkörner waren fast h.

Ha|sel|nuss|kern, der: *Kern der Haselnuss:* zu dem Backrezept braucht man 200 g geriebene -e.

Ha|sel|nuss|kranz, der: *Kranzkuchen mit Haselnüssen.*

Ha|sel|nuss|ma|kro|ne, die: *Makrone, deren Teig hauptsächlich aus Haselnüssen besteht.*

Ha|sel|nuss|strauch, der: *als Strauch wachsende Pflanze mit gesägten Blättern, Kätzchenblüten u. Haselnüssen als Früchten.*

Ha|sel|ru|te, die: *von einer [1]Hasel geschnittene Rute.*

Ha|sel|strauch, der: *Haselnussstrauch.*

Ha|sel|wurz, die: *kriechende Pflanze mit nierenförmigen, dunkelgrünen Blättern u. glockenförmiger, außen bräunlicher u. innen roter Blüte.*

ha|sen|ar|tig ‹Adj.›: *ähnlich wie ein Hase, in der Art von Hasen.*

Ha|sen|au|ge, das [nach dem Volksglauben, dass der Hase mit offenen Augen schlafe] (Med.): *krankhaftes Klaffen der Lidspalte, unvollständiger Lidschluss als Folge einer Muskellähmung.*

Ha|sen|balg, der: [1]*Balg* (1 a) *eines Hasen:* den H. abziehen.

Ha|sen|bo|fist, (auch:) **Ha|sen|bo|vist,** der [wohl wegen der Ähnlichkeit mit der Blume eines Hasen, die der Pilz im frühen Stadium seines Wachstums hat]: *weißer, birnenförmiger, jung essbarer, später braun zerstäubender Pilz.*

Ha|sen|bra|ten, der: *Braten aus dem Fleisch des Hasen.*

Ha|sen|brot, das [weil man es zurückbringt mit der scherzh. Erklärung, man habe es einem Hasen abgenommen, dem man zuvor den Schwanz mit Salz bestreut habe] (ugs. scherzh. veraltend): *für die Reise od. die Arbeit als Proviant mitgenommenes, aber nicht verzehrtes u. trocken gewordenes Brot:* Ede, dessen H. ich aß, wenn er abends aus seinem Taxenkontor heimkam (Lentz, Muckefuck 57).

Ha|sen|fell, das: *Fell des Hasen.*

Ha|sen|furcht, die (ugs.): *Furchtsamkeit, das Hasenfüßigsein.*

Ha|sen|fuß, der [mhd. hasenvuoʒ; die Fähigkeit des Hasen, sehr schnell zu entfliehen, wird als Furchtsamkeit gedeutet] (ugs., spött. abwertend): *überängstlicher, schnell zurückweichender, Entscheidungen lieber aus dem Weg gehender Mensch:* sei kein H.!; Die proletarischen Hasenfüße geben sich den Anschein bemühtesten Fleißes (Zwerenz, Kopf 24).

ha|sen|fü|ßig ⟨Adj.⟩: *überängstlich, furchtsam:* Die ungewollte Selbstparodie des sanften Mannes als -er Grinser (Frings, Liebesdinge 146).

Ha|sen|ha|cke, die [aus dem Niederd.; viell. nach der Ähnlichkeit des geschwollenen Laufs mit dem Hinterlauf eines Hasen] (Tiermed.): *(bei Pferd od. Rind) geschwulstartige Anschwellung am hinteren Sprunggelenk.*

Ha|sen|herz, das: *Hasenfuß.*

ha|sen|her|zig ⟨Adj.⟩: *hasenfüßig:* Diese radikale Zäsur ... war die letzte Chance für ein senil gewordenes Theater. Dennoch wittern -e Unkenrufer natürlich Gefahr für das Haus (Woche 27. 3. 1998, 33).

◆ **Ha|sen|het|ze,** die [↑Hetze (3)]: *Hasenjagd:* als ... der Junker Wenzel von Tronka ..., von der H. kommend, in den Schlossplatz sprengte (Kleist, Kohlhaas 10).

Ha|sen|jagd, die: *Jagd auf Hasen.*

Ha|sen|jun|ge, das; -n (österr.): *Hasenklein.*

Ha|sen|kam|mer, die (Jägerspr.): *Revier[teil] mit den meisten Hasen.*

Ha|sen|kla|ge, die (Jagdw.): *Instrument, das den Klagelaut eines Hasen nachahmt.*

Ha|sen|klein, das; -s: **1.** *Innereien (wie Herz, Leber, Lunge, Magen) eines Hasen mit Hals, unteren Rippen u. Läufen.* **2.** *Gericht aus Hasenklein* (1).

Ha|sen|maus, die: *bes. in den Anden Südamerikas vorkommendes, zu den* [1]*Chinchillas gehörendes, geschickt kletterndes u. springendes, goldbraunes bis graues Nagetier mit buschigem Schwanz u. großen Ohren.*

Ha|sen|ohr, das [1: volksetym. falsch für Hasel-; 2: nach der Ähnlichkeit mit dem Ohr des Hasen]: **1.** *zu den Doldengewächsen gehörende Staude mit kleinen, gelben Blüten.* **2.** *ohrförmiger, wohlschmeckender Speisepilz.*

Ha|sen|pa|nier, das [der Schwanz des Hasen, heute weidm. »Blume« genannt, hieß früher »Panier« (= Banner)]: in der Wendung **das H. ergreifen** (*eilig weglaufen, fliehen;* weil der Schwanz des Hasen bei der Flucht in die Höhe steht).

Ha|sen|pest, die (Med.): *Seuche bei wild lebenden Nagetieren, die auch auf Menschen übertragen werden kann.*

Ha|sen|pfef|fer, der (Kochk.): *mit vielerlei Gewürzen eingelegtes, geschmortes u. mit einer pikanten Soße aus der Marinade abgeschmecktes Hasenklein.*

ha|sen|rein ⟨Adj.⟩: *(von einem Jagdhund) so abgerichtet, dass er Hasen aufstöbert, aber ohne Befehl nicht verfolgt:* ***nicht ganz h.** (ugs.; *verdächtig; nicht ganz einwandfrei*): nach Bekanntwerden seiner von der Staatsanwaltschaft als nicht h. bezeichneten Manipulationen aus Anlass der Oberbürgermeisterwahl (MM 19. 1. 89, 24).

Ha|sen|schar|te, die [nach den beweglichen Nasenlöchern des Hasen, die seine Lippe gespalten erscheinen lassen] (ugs.): *Lippenspalte; Cheiloschisis.*

ha|sen|schar|tig ⟨Adj.⟩: *eine Hasenscharte aufweisend:* ein -es Gesicht.

Hä|sin, die; -, -nen: w. Form zu ↑Hase (1 b, 2).

Hä|si|ta|ti|on, die; - [frz. hésitation < lat. haesitātio] (veraltet): *Zögern, Zaudern.*

hä|si|tie|ren ⟨sw. V.; hat⟩ [frz. hésiter < lat. haesitāre] (veraltet): *zögern, zaudern.*

Has|lin|ger, der; -s, - [zu ↑[2]Hasel] (österr. ugs.): *Stock aus Haselholz, Prügelstock.*

Has|pe, die; -, -n [mhd. haspe = Türhaken, Garnwinde, ahd. haspa = Knäuel Garn, H. u.]: *einfache hakenähnliche Vorrichtung zum Einhängen von Türen u. Fenstern:* Mit tiefer Besorgnis sah ich die Tür in ihren -n wanken (Fallada, Herr 134).

Has|pel, die; -, -n, seltener: der; -s, - [mhd. haspel = Seil-, Garnwinde, ahd. haspil = Garnwinde, u. mhd. haspe, ahd. haspa, ↑Haspe] (Technik): **a)** *zylinderförmige Vorrichtung zum Auf- od. Abwickeln von Fäden, Drähten, Bändern o. Ä.;* **b)** (Textilind.) *Textilmaschine, mit der Garn von der Spule abgewickelt u. strangförmig aufgewickelt wird;* **c)** (bes. Bergbau) *Seilwinde zum Heben u. Senken von Lasten:* Hauer ... schießen eine Ader an, der Schrapper holt das Salz, die -n heulen, füllen die Abzüge (Grass, Blechtrommel 649); **d)** (Gerberei) *Bottich, dessen Inhalt durch ein Schaufelrad in Bewegung gehalten wird;* **e)** *Vorrichtung, die das Getreide den Schneidwerkzeugen beim Mähdrescher o. Ä. zuführt.*

Has|pe|lei, die; -, -en (ugs. abwertend): *schnelles, überhastetes Reden, Handeln, Arbeiten.*

Has|pel|garn, das: *auf eine Haspel gewickeltes Garn.*

Has|pel|kreuz, das: *aus kreuz- od. sternförmig angebrachten Balken bestehende, nur in einer Richtung drehbare Sperre als Durchlass für Fußgänger.*

has|peln ⟨sw. V.; hat⟩ [spätmhd. haspelen = Garn wickeln]: **1.** *auf eine od. von einer Haspel winden; spulen, ab-, aufwickeln:* Garn h.; den Faden auf die Spule, von der Spule h. **2.** (ugs.) **a)** *hastig, überstürzt sprechen:* hasp[e]le doch nicht so, ich kann dich kaum verstehen!; »Wir alle verstehen Sie!«, haspelt Jana (Heim, Traumschiff 185); der -de Hintze, der die Wörter ohne Punkt und Komma herausstößt (Woche 9. 1. 98, 2). **b)** *hastig, überstürzt arbeiten.*

Has|pel|rad, das (Technik): *Rad zum Antreiben o. Ä. einer Haspel.*

Has|pel|spu|le, die (Textilind.): *Spule einer Haspel* (b).

has|plig ⟨Adj.⟩ (ugs.) *haspelnd* (2): das Kind ist, wirkt h.; h. sprechen, arbeiten.

Hass, der; -es [mhd., ahd. haʒ, eigtl. = Leid, Kummer, Groll]: *heftige Abneigung; starkes Gefühl der Ablehnung u. Feindschaft gegenüber einer Person, Gruppe od. Einrichtung:* wilder, blinder, tödlicher H.; kalter H. schlug ihm entgegen; Der Tag war vergällt, und der H. fraß an mir (Gaiser, Schlußball 73); H. bei jmdm. [im Herzen] nähren; Gerade die repressiven Vorlagen ... schüren den H. auf alles Fremde, Schwache (Woche 14. 2. 97, 3); H. auf/gegen jmdn. empfinden, entwickeln; Er war es auch, der Tolstois verblendeten H. auf Shakespeare schlüssig erklärt hat (Reich-Ranicki, Th. Mann 64); sich den H. der Kollegen zuziehen; er tat es aus H.; ihre Liebe schlug in H. um; jmdn. mit seinem H. verfolgen; von H. erfüllt sein; ***[einen] H. auf jmdn., etw. haben, kriegen** (ugs.; *auf jmdn. wütend, über etw. zornig sein, werden*): sie hatte H. auf den Burschen, der ihr die Vorfahrt genommen hatte; Man hatte einen H. auf dieses Essen, auf diese matschigen Kartoffeln (Eppendorfer, Ledermann 12).

Hass|aus|bruch, der: *plötzlich ausbrechender, heftiger Hass auf jmdn., etw.*

has|sen ⟨sw. V.; hat⟩ [mhd. haʒʒen, ahd. haʒʒēn, haʒʒōn, urspr. auch = verfolgen]: **1. a)** *Hass gegen jmdn. empfinden; eine feindliche Einstellung jmdm. gegenüber haben:* seine Feinde h.; jmdn. im Stillen, heimlich, glühend, erbittert h.; Attila, von seiner Zeit als ein Teufel gehasst und als ein Gott verehrt (Thieß, Reich 181); die beiden haben sich/(geh.:) einander zutiefst gehasst; ein klassisches Geschöpf dieser Wiener Gesellschaft, die sich so innig küsst und hasst (Woche 20. 2. 98, 19); ... zwischen zwei sich hassende Völker gestellt (Schneider, Erdbeben 64); ⟨subst.:⟩ jmdn. das Hassen lehren; **b)** *einen Widerwillen, eine deutliche Abneigung gegen etw. empfinden, es nicht mögen, als unangenehm empfinden:* das hasse ich auf den Tod, wie die Pest; Julia hat furchtbar geschrien, als sie das Ding auspackte. Ich wusste nicht, dass sie Ratten so hasst (Woche 3. 1. 97, 32); sie hasste es, laut zu sprechen; Sie hasste es, verspottet zu werden, ausgelacht zu werden (Alexander, Jungfrau 112). **2.** (Jägerspr.) *(bes. von Greifvögeln) im Angriff herabstoßen:* dass Singvögel, ähnlich wie auf Eulen, auch auf den Kuckuck »hassen« und ihn oft vertreiben (Kosmos 12, 1965, 532).

has|sens|wert ⟨Adj.⟩: *Hass rechtfertigend, verdienend:* ein -es Benehmen; ihre Art war, schien ihm h.; sodass ihr im Verlauf der Franzosenzeit das Napoleonische zuerst verdächtig, dann widerlich, zum Schluss h. wurde (Grass, Butt 463).

Has|ser, der; -s, - [mhd. haʒʒer, haʒʒære]

(seltener): *jmd., der hasst, zu Hassausbrüchen neigt:* ... als egozentrischer H. und Monomane verschrien (NJW 19, 1984, 1071).

hass|er|füllt ‹Adj.›: *Hass empfindend, zeigend; voller Hass:* Dr. Schwarme warf einen -en Blick auf seine Frau (Konsalik, Promenadendeck 362); von einem -en Verlangen nach Rache an den Kommunisten zur vollkommenen, gedankenlosen und zynischen Amnesie der siegreichen postkommunistischen Eliten (Woche 18. 4. 97, 18); jmdn. h. ansehen.

Has|se|rin, die; -, -nen (seltener): w. Form zu ↑Hasser.

Hass|ge|fühl, das: *Gefühl, Empfindung des Hasses auf jmdn., etw.*

Hass|ge|sang, der (abwertend): **a)** *[gefühlsbetonte, ständige] Äußerung des Hasses (bes. gegen eine Gruppe, ein Volk, eine Einrichtung):* Diesem H. auf die Feinde der Freiheit ... gab er den Untertitel »Romantisches Fragment« (SZ 30. 12. 96, 12); **b)** *Gesang, mit dem in meist primitiver Weise demonstrativ der Hass, die Abneigung gegen jmd. ausgedrückt wird:* von der Straße her schallten die Hassgesänge der randalierenden Rowdys; Ü Unterschiedslos alles verfällt dem Ressentiment eines zu kurz Gekommenen. In seinem künstlerischen Bewusstsein ... gibt es nichts mehr, was den Übergang zum rassistischen H. verhidern kann (Zeit 21. 3. 97, 16).

häs|sig ‹Adj.› [mhd. haȥȥec = voll Haß] (schweiz. mundartl.): *mürrisch, verdrießlich:* -e Verkäuferinnen.

Has|si|um, das; -s [Hassium = nlat. Name für Hessen; das Element wurde von einer Arbeitsgruppe der Gesellschaft für Schwerionenforschung in Darmstadt (Hessen) entdeckt]: *Transuran 108 (chemischer Grundstoff;* Zeichen: Hs).

häss|lich ‹Adj.› [mhd. heȥ[ȥe]lich, haȥlich, ahd. haȥlīh, urspr. = feindselig, voller Hass]: **1.** *von unschönem Aussehen, das ästhetische Empfinden verletzend; abstoßend:* ein -es Gesicht, Mädchen; ein -er Mensch, Mann; -e Farben, Vorstadtstraßen; Sarowskis Köter, h. wie der Teufel, schnüffelten an den Pelzstiefeln (Gaiser, Jagd 34); er sah erschreckend h. aus; Dessen Sohn ... eifert dagegen Kurt Cobain nach, indem er sich mit einer Schrotflinte erschießen will und h. verkrüppelt überlebt (Woche 20. 12. 96, 39); R Ärger macht h. **2. a)** *eine menschlich unerfreuliche Haltung erkennen lassend; gemein:* -e Redensarten; das war sehr h. von dir; sei doch nicht so h. [zu deiner Schwester]!; h. von jmdm. sprechen; **b)** *unangenehm, unerfreulich:* ein -er Vorfall; Es soll zu einer -en Szene gekommen sein (Brot und Salz 42); -es Wetter; ein -er Husten plagte ihn; Im Augenblick hörte sie -es Knattern. Auf einem ... Weg raste ein Mopedfahrer (Bastian, Brut 43).

◆ **häss|li|chen** ‹sw. V.; hat› [gepr. von Goethe]: *hässlich machen, erscheinen lassen:* Den schönsten Boten, Unglücksbotschaft hässlicht ihn (Goethe, Faust II, 9437).

Häss|lich|keit, die; -, -en [spätmhd. heßligkeyt]: **1.** ‹o. Pl.› **a)** *hässliches Aussehen:* ein Anblick von erschreckender, faszinierender H.; **b)** *hässliche Gesinnung (als eine sich auf die Mitmenschen übel auswirkende Eigenschaft):* ... war ... weder von Habsucht noch von Rache oder einer anderen inneren H. eine Spur zu entdecken (Musil, Mann 797). **2.** (seltener) *menschlich unerfreuliche Handlung, gemeine Worte:* das war eine H. von ihm; man hat uns nur -en gesagt; obgleich ich seine -en kenne (Genet [Übers.], Miracle 23).

Hass|lie|be, die: *starke Gefühlsbindung, die aufgrund von Disharmonie od. Nichtübereinstimmung zwischen Hass u. Liebe wechselt:* Die Geschichte einer H. zweier Kulturen, die sich im Laufe der Geschichte immer wieder schmerzhaft und fruchtbar berühren (Spiegel 48, 1979, 287); Leidenschaften gibt es hier nur als gewaltförmige Affekte, die in masochistische Selbstverletzung oder sadistische H. münden (Woche 28. 11. 97, 48); mit einer Art H. an jmdm. hängen; von der H., die Ludwig II. mit dem erheblich älteren Richard Wagner verband (Reich-Ranicki, Th. Mann 216).

Hass|ti|ra|de, die (abwertend): *unsachlicher, nur von Hass diktierter Wortschwall:* Der Krieg geht weiter. Hasstiraden ertönen diesseits und jenseits des Ärmelkanals (Hörzu 40, 1976, 61); fast 200 Tagebuchseiten. Gewaltige -n gegen die Kollegen, den Betrieb (Chotjewitz, Friede 167).

hass|ver|zerrt ‹Adj.›: *(in Bezug auf den Blick o. Ä.) von Hass verzerrt:* mit -em Gesicht.

hass|voll ‹Adj.› (seltener): *voller Hass, hasserfüllt:* wie Rohdewald sich auch gab, gelassen oder spöttisch oder h. oder voller Nichtachtung (Loest, Pistole 133).

Hast, die; - [aus dem Niederd. < mniederd. ha(e)st < niederl. haast < afrz. haste = Hast, Eile, aus dem Germ.]: *große, überstürzte Eile; (oft von innerer Unruhe od. der Angst, nicht rechtzeitig fertig zu werden verursachtes) planloses, aufgeregtes Handeln:* Die allgemeine H. ergriff ihn (H. Mann, Unrat 18); in fliegender H. begann er dort mit dem Reifenwechsel (ADAC-Motorwelt 9, 1980, 30); ... zu einer sichtlich in H. zusammengezimmerten Tribüne (Heym, Schwarzenberg 204); mit rasender H.; ohne H., voller H. fortgehen.

hast: ↑haben.

has|te [zusgez. aus »hast du«]: in den Verbindungen **[was] h., was kannste** (ugs.; *äußerst schnell [um etw. zu schaffen, einer Gefahr o. Ä. zu entgehen]*): sie sahen den Stier kommen und rannten h., was kannste davon; **h. was, biste was** (ugs.; *wer vermögend od. reich ist, ist auch angesehen*).

has|ten ‹sw. V.; ist› [aus dem Niederd. < mniederd. hasten < mniederl. haesten, zu ↑Hast] (geh.): *sehr eilig, von innerer Unruhe getrieben, gehen:* sie hasteten zum Bahnhof; Ein Schwarm von Technikern hastete durch das Studio (Ziegler, Labyrinth 126); Er hastet von Termin zu Termin (Gruhl, Planet 348); Ü »Fort, fort, hinweg damit und damit auch«, hasteten ihre Worte (Th. Mann, Krull 203).

has|tig ‹Adj.› [aus dem Niederd. < mniederd. hastich < mniederl. haestich]: *aus Aufgeregtheit u. innerer Unruhe heraus schnell [u. mit entsprechenden Bewegungen] ausgeführt:* -e Schritte, Atemzüge; der Affe suchte mit ein paar -en Sätzen das Weite (Funke, Drachenreiter 107); »Tut mir wirklich Leid, Frau Schmitz«, sagt sie deshalb mit -er Versöhnlichkeit (Heim, Traumschiff 84); seine Bewegungen wurden immer -er; h. sprechen; h. essen, trinken; h. rauchen; Er übernahm sich finanziell, vermehrte h. seine Planung und Produktion (Strauß, Niemand 50).

Has|tig|keit, die; -: *nervöse Hast, Überstürzung.*

hat: ↑haben.

Hatch|back ['hætʃbæk], das; -s, -s [engl. hatchback, eigtl. = Heckklappe, aus: hatch = Luke u. back = Heck]: engl. Bez. für *Schräghecklimousine.*

Hat|schek: ↑Háček.

Hät|schel|lei, die; -, -en (abwertend): *[dauerndes] Hätscheln.*

Hät|schel|kind, das; -[e]s, -er: **1.** (oft abwertend) *[allzu] zärtlich behandeltes, verwöhntes, bevorzugtes Kind:* die Kleine ist das H. der ganzen Familie. **2.** *von jmdm. verwöhnte, vor anderen bevorzugte Person:* Gerade jene »Kultur- und Kunstschaffenden«, die ... jahrelang die -er der Partei waren (Spiegel 43, 1977, 47); es hatte genügt, um die Kritiker derart zu reizen, dass sie ... über das einstige H. herfielen (Erné, Fahrgäste 159); Ü hyperstabil wie das H. der Heiligen Bundesbank, die Mark (Woche 21. 3. 97, 10).

hät|scheln ‹sw. V.; hat› [wahrsch. zu ↑hatschen] (oft abwertend): **1.** *[übertrieben] zärtlich liebkosen:* sie hätschelte ihr Kind, den kleinen Hund. **2.** *jmdn. verwöhnen u. vor andern bevorzugen:* der junge Autor wurde anfangs von der Presse gehätschelt; Von Paris damals gehätschelt, hatte Bokassa sich ungestraft zum Diktator aufgeschwungen (Bremer Nachrichten 20. 5. 85, 3). **3.** *an einer Sache innerlich hängen, sich ihr liebevoll, hingebungsvoll widmen:* Eine Zeit lang hegte, ja hätschelte ich den Plan, mich in einen Kibbuz aufnehmen zu lassen (Erné, Kellerkneipe 219).

hat|schen ‹sw. V.; ist› [urspr. = gleiten, rutschen, streicheln, wohl laut- od. bewegungsnachahmend] (bayr., österr. ugs.): **a)** *lässig, schleppend gehen; schlendern;* **b)** *hinken:* Zwar trug er Narben davon ... und einen leicht verkrüppelten Fuß, der ihn h. machte, aber er lebte (Süskind, Parfum 27); **c)** (salopp) *gehen, laufen:* wegen dieser Sache bin ich durch die halbe Stadt gehatscht; Wenn du wieder h. kannst, dann geh' ich mit dir Weißwürscht essen (Spiegel 12, 1991, 154).

Hat|scher, der; -s, - (österr. ugs.): **1.** *alter, ausgetretener Schuh.* **2.** *langer, mühseliger Marsch.*

hat|schert ‹Adj.› (österr. ugs.): *schwerfällig, hinkend:* er hat einen -en Gang.

hat|schi [auch: 'hatʃi], hatzi ‹Interj.›

[lautm.] (ugs.): das Niesen nachahmender Ausruf: h. machen.

◆ **Hat|schie|gar|de,** die; -, -n [zu Ha(r)tschier = Bogenschütze < ital. arciere, zu: arco = Bogen < lat. arcus]: *kaiserliche Leibgarde:* die H. ... in schwarzsamtnen Flügelröcken (Goethe, Dichtung u. Wahrheit 5).

hat|te, hät|te: ↑haben.

Hat|trick ['hættrɪk], der; -s, -s [engl. hat trick, eigtl. = Huttrick; nach einem früher beim Kricket geübten Brauch, den Vollbringer dieser Leistung mit einem Hut zu beschenken]: **a)** (bes. Fußball, Handball) *drei in unmittelbarer Folge vom gleichen Spieler im gleichen Spielabschnitt erzielte Tore:* der junge Spieler erzielte in dieser Begegnung einen lupenreinen Hattrick; **b)** (Sport) *dreimaliger Erfolg (in einer Meisterschaft o. Ä.):* Die Schweizerin ist die siebte Spielerin, der in Melbourne der H. gelang (taz 1. 2. 99, 16).

Hatz, die; -, -en [südd. Form von ↑Hetze]: **1. a)** (Jägerspr.) *Hetzjagd mit Hunden (bes. auf Wildschweine):* eine H. veranstalten; **b)** *Verfolgung, Einkreisung eines Flüchtenden:* die H. auf einen entflohenen Häftling; die Tatsache, dass das Stück im Zweiten Weltkrieg spielt, dass von der H. auf einen vermeintlichen Juden die Rede ist (Weltwoche 26. 7. 84, 29); Ü Schließlich sitzt allen Süßstoffherstellern die H. auf Cyclamat ... noch im Nacken (Wochenpresse 13, 1984, 58). **2.** (ugs., bes. bayr.) *eiliges, angestrengtes Sichbemühen um etw.; das Hetzen:* wozu diese H.?

Hatz|band, das ⟨Pl. ...bänder⟩ (Jägerspr.): *Halsband eines Jagdhundes, Hatzhundes.*

Hatz|hund, der (Jägerspr.): *für die Hatz* (1 a) *in besonderer Weise abgerichteter Hund.*

hat|zi [auch: 'hatsi]: ↑hatschi.

Hatz|lei|ne, die (Jägerspr.): *am Hatzband befestigte Leine zum Festhalten des Hundes.*

Hatz|rie|men, der (Jägerspr.): *Hatzleine.*

Hatz|rü|de, der: vgl. Hatzhund.

Hau, der; -[e]s, -e [mhd. hou = Hieb, Holzhieb, Schlagstelle im Wald, zu ↑hauen]: **1.** (Forstw. veraltet) *Stelle im Wald, an der Holz geschlagen wird.* **2.** (salopp) *Schlag, Hieb:* * **einen H. [mit der Wichsbürste] haben** (*nicht recht bei Verstand sein;* aus der Vorstellung, jmd. habe einen Schlag auf den Kopf bekommen): Sie hatte einen echten H. Aber den hatte ich auch (Christiane, Zoo 237).

Hau|bank ⟨Pl. ...bänke⟩ (landsch.): **1.** (Dachdeckerei) *Werkbank zum Zurichten von Schieferplatten.* **2.** *Hackklotz.*

hau|bar ⟨Adj.⟩ (Forstw.): *zum Fällen geeignet:* die -en Bäume markieren.

Hau|barg, (auch:) Hauberg, der; -[e]s, -e [eigtl. = Ort, wo man das Heu birgt (= verwahrt), zu ↑Heu u. ↑bergen]: *großes [auf einer Warft errichtetes] Bauernhaus in Nordfriesland mit hohem Reetdach, unter dem in der Mitte das Heu gestapelt wird.*

Hau|bar|keits|al|ter, das (Forstw.): *Alter, in dem bestimmte Bäume eines Waldbestandes am günstigsten für die wirtschaftliche Nutzung gefällt werden.*

Häub|chen, das; -s, -: Vkl. zu ↑Haube.

Hau|be, die; -, -n [mhd. hūbe, ahd. hūba, zu ↑hoch in dessen urspr. Bed. »gewölbt, (nach oben) gebogen«, eigtl. = die Gebogene]: **1. a)** *aus weichem od. gestärktem, oft gefälteltem Stoff gefertigte, dem Kopf angepasste [die Ohren bedeckende] Kopfbedeckung für eine weibliche Person:* die -n der Krankenschwestern, einer Volkstracht; eine H. tragen; Ü Riccardo, ein dreijähriger Italiener ... mit ernstem Gesicht, einer H. aus schwarzem, glänzendem Haar (Gregor-Dellin, Traumbuch 106); die Berge haben weiße -n aufgesetzt *(auf den Berggipfeln ist Schnee gefallen);* * [die folgenden Wendungen beziehen sich auf die Haube als früher zur Tracht gehörende Kopfbedeckung verheirateter Frauen] **unter die H. kommen** (ugs. scherzh.; *von jmdm. geheiratet werden*): die jüngste Tochter ist nun auch unter die H. gekommen; Unter die H. kam vor ein paar Tagen Nicky Stevens (Bravo 29, 1976, 57); **unter der H. sein** (ugs. scherzh.; *verheiratet sein*); **jmdn. unter die H. bringen** (ugs. scherzh.; *jmdn. mit jmdm. verheiraten*): Sie wollten ihn schon lange unter die H. bringen (Quick 14, 1958, 22); **b)** (südd., österr.) *[Woll]mütze:* dem Kind eine H. aufsetzen; **c)** (hist.) *Kopfbedeckung eines Kriegers; Sturm-, Pickelhaube.* **2. a)** (Kfz-W.) kurz für ↑Motorhaube: die H. schließt nicht; viel Kraft unter der H. haben *([von einem Auto] einen starken Motor haben);* Manche Lastwagen verkündigen stolz, dass sie beispielsweise 330 PS unter ihrer H. haben (MM 1./2. 2. 75, 35); **b)** kurz für ↑Trockenhaube: sie musste [beim Friseur] vierzig Minuten unter der H. sitzen; **c)** (Zool.) *Büschel von schmückenden Kopffedern bei einigen Vögeln;* **d)** *schützende od. schmückende Bedeckung über etw.:* den Kaffee unter der H. *(dem Kaffeewärmer)* warm halten.

Hau|ben|ler|che, die: **1.** *Lerche mit hoher, spitzer Haube* (2 c) *u. gelbbraunen Schwanzseiten.* **2.** (scherzh.) *Nonne, Ordensschwester:* »Guten Tag, Schwester!«, rief er zurück ... und fragte sich, ob er ... der H. erklären musste, wen sie eigentlich begrüßte (Bieler, Bär 411).

Hau|ben|mei|se, die: *Meise mit hoher, spitzer, schwarz-weiß gesprenkelter Haube* (2 c).

Hau|ben|tau|cher, der: *großer, graubrauner, von Fischen lebender Wasservogel mit langem Hals u. schwarzer Haube* (2 c).

Hau|berg: ↑Haubarg.

Hau|bit|ze, die; -, -n [spätmhd. hauf(e)niz < tschech. houfnice = Steinschleuder] (Milit.): *Geschütz mittleren od. schweren Kalibers mit kurzem Rohr:* eine schwere H. in Stellung bringen; * **voll wie eine H. sein** (↑Strandhaubitze).

◆ **Hau|bit|zen|spiel,** das [zu ↑Spiel (4) im Sinne von »Zusammengehörendes, -wirkendes«]: *gleichzeitiges Feuern mehrerer Haubitzen:* Eben als die russischen Truppen, unter einem heftigen H. von außen eindrangen (Kleist, Marquise 250).

Hauch, der; -[e]s, -e [rückgeb. aus ↑hauchen] (geh.): **1. a)** *sichtbarer od. fühlbarer Atem:* der letzte H. *(Atemzug)* eines Sterbenden; -e wehten von Mund zu Mund (Kaiser, Villa 13); den H. eines andern in seinem Gesicht spüren; man sah den H. vor dem Mund; Sie verstand nicht, was er sagte. Sie fühlte nur ... den H. *(das Hauchen)* seines Atems (Bieler, Mädchenkrieg 529); Ü der göttliche H.; unterm sengenden H. des Todes (Hesse, Narziß 289); **b)** *leichter Luftzug:* der kühle H. des Abendwindes; die Sonne brannte heiß, kein H. war zu spüren; Vom Gletscher her weht ein eisiger H. zu uns herüber (Hartlaub, Muriel 138); **c)** *kaum wahrnehmbarer Geruch, leichter Duft:* ein H. von Weihrauch; Ein H. von Teer, von Salz, von Seewind kam herein (Zuckmayer, Herr 152). **2.** *sehr dünne, schleierartige o. ä. Schicht:* Raureif lag als zarter H. auf den Ästen; einen H. Rouge auftragen. **3. a)** *besondere Atmosphäre; entstehender, sich ausbreitender Eindruck; Flair:* ein H. des Orients; ein H. von Hollywood; Wer einen H. fremder Länder in sein Zuhause holen will (Hamburger Abendblatt 30. 5. 79, 41); die roten Teppiche, die ja Staatsbesuchen stets einen H. von Pracht verleihen (Saarbr. Zeitung 12./13. 7. 80, 16); **b)** *zaghafte Regung von etw., Anflug, leise Spur:* ein H. von Melancholie; der H. eines Lächelns; Ihm schien, als ginge ein H. von Geborgenheit von dieser Frau aus (Weber, Tote 242); Über meinem Leben hat ein H. Frömmigkeit gelegen (Brückner, Quints 206); **c)** *geringstes Anzeichen, Andeutung, Schimmer:* von all dem drang nicht ein H. in Loests Erlebniswelt hinüber (Loest, Pistole 48); dem wäre wohl jeder H. Fußballverstand abgesprochen worden (Freie Presse 21. 8. 89, 5); Gegen Wimbledonsieger John McEnroe ... hatte sein Landsmann ... nicht den H. einer (ugs.; *nicht die geringste*) Chance (Badische Zeitung 12. 5. 84, 13).

hauch|dünn ⟨Adj.⟩: **1.** *ganz besonders dünn:* -er Stoff; die alte Herdmutter, die ... die -en sardinischen Brotfladen bäckt (Chotjewitz, Friede 191); Den Weißkohl waschen und in -e Streifen ... schneiden (e&t 7, 1987, 105); die Creme h. auftragen. **2.** *äußerst knapp, gerade noch ausreichend:* eine -e Mehrheit; ein -er Vorsprung, Sieg; Ein -er Überhang von 89 Stimmen rettete ihm seine Pfründe (Wochenpresse 46, 1983, 14); Alle diese Begegnungen endeten h. mit 5:4 Treffern (BM 22. 10. 85, 15).

hau|chen ⟨sw. V.; hat⟩ [mhd. (md.) hūchen, wohl lautm.]: **1. a)** *aus [weit] geöffnetem Mund warme Atemluft auf etw. gerichtet ausstoßen:* auf seine Brille, gegen die Fensterscheiben, in die klammen Finger h.; **b)** *durch Hauchen* (1 a) *irgendwo entstehen lassen:* ein Guckloch in eine vereiste Scheibe h.; Ü die Hügel im Süden waren mit dem zartesten Blau auf den Horizont gehaucht (Geissler, Nacht 91); jmdm. einen Kuss auf die Stirn h. (geh.; *einen leichten Kuss fast ohne Be-*

rührung geben). **2.** *[etw. Geheimes, Intimes] fast ohne Ton aussprechen:* das Jawort h.; jmdm. etw. ins Ohr h.; seine Worte schien er nur zu h. (Schaper, Kirche 130); »Marian ...«, hauchte er, denn Sprechen war verboten. »Tak?«, hauchte es zurück (Apitz, Wölfe 139).

hauch|fein ⟨Adj.⟩: *ganz besonders fein:* eine -e Zeichnung; einen mild geräucherten San-Daniele-Schinken, ebenfalls h. geschnitten (e&t 5, 1987, 188).

Hauch|laut, der (Sprachw.): *in der Stimmritze gebildeter Reibelaut* (z. B. ein h).

hauch|zart ⟨Adj.⟩: *ganz besonders zart:* -e Stoffe; ein -es Negligé.

Hau|de|gen, der [urspr. = Hiebwaffe, zweischneidiger Degen, dann übertr. auf den Mann, der ihn führt; zu ↑hauen]: *[älterer] kampferfahrener, draufgängerischer Soldat, Kämpfer:* Der italienische Kampfgenosse Hitlers war ... von den ... Fallschirmtruppen des -s Otto Skorzeny befreit worden (Spiegel 11, 1978, 151); Ü Bei den etablierten Parteien macht man sich ein wenig lustig über den H. *(Draufgänger),* der robuste Methoden liebt (NZZ 27. 1. 83, 25).

◆ **Hau|de|rer,** der; -s, - [zu ↑haudern]: *Fuhrmann, Mietkutscher:* ... fuhr ich ... in dem bequemen Wagen eines -s (Goethe, Dichtung u. Wahrheit 8).

◆ **hau|dern** ⟨sw. V.; hat⟩ [wohl verw. mit ↑heuern]: *als Fuhrmann, Mietkutscher fahren, transportieren:* Also blieb der Jobbi bei der Armee, hauderte hin und her, ... handelte auch ein wenig und gewann Hüte voll Geld (Hebel, Schatzkästlein 51).

Haue, die; -, -n [1: mhd. houwe, ahd. howa = Hacke; 2: Pl. von mhd. hou, ↑Hau]: **1.** (südd., österr.) *Hacke:* ... wo sie (= Kohle) den Hieben der -n nicht nachgab (Marchwitza, Kumiaks 62). **2.** ⟨o. Pl.⟩ (fam.) *Schläge, [leichte] Prügel:* wenn du jetzt nicht endlich artig bist, kriegst du H.; gleich gibt es H.!

hau|en ⟨unr. V.; haute/hieb, gehauen/(landsch.:) gehaut⟩ [mhd. houwen, ahd. houwan u. mhd. houwen, ahd. houwōn (sw. V.)]: **1.** ⟨hat; haute/(selten auch:) hieb⟩ (ugs.) **a)** *(bes. ein Kind) schlagen, prügeln; Schläge austeilen:* jmdn. windelweich, grün und blau h.; er hat den Jungen immer wieder gehauen; wenn er zornig wurde, haute er gleich; mit was für einem ... Sadismus er um sich h. konnte, wahllos und ungerecht (Ott, Haie 359); ⟨h. + sich:⟩ musst du dich dauernd mit den anderen, müsst ihr euch dauernd h.!; Beim Spiel Hannover gegen Essen ... haben wir uns mit 250 Hannoveranern und Hamburgern gegen 150 Bremer und Essener gehauen (*hatten wir eine Schlägerei mit ihnen;* Woche 3. 7. 98, 8); * **jmdm. eine h.** *(jmdm. eine Ohrfeige geben):* er ... bedauerte, nicht ... dem Feigling dort vorn schon von hier aus eine h. zu können (Bastian, Brut 95); **b)** *[mit der Hand, einem Stock o. Ä.] auf einen Körperteil schlagen:* jmdm. freundschaftlich, anerkennend auf die Schulter h.; Einige ... hieben sich wiehernd auf die Schenkel (Fels, Sünden 45); er hat ihm/(seltener:) ihn auf den Mund gehauen; ich haute ihm/(seltener:) ihn ins Gesicht; das zehn Monate alte Kind hieb er mit der Faust in den Rücken (MM 15. 2. 83, 8); **c)** *jmdm. etw. auf einen Körperteil schlagen:* einem Schüler das Heft um die Ohren h.; Die derbe Schwarze hieb einem halb Betrunkenen, der sie betastete, den Fächer um den Kopf (H. Mann, Stadt 25). **2.** *(mit einer Waffe) kämpfend schlagen, angreifen* ⟨hat; hieb/(ugs.:) haute⟩: mit dem Schwert h.; er hieb mit dem Degen auf den Angreifer; Adlige Vettern treffen sich inmitten des Feldzugs ... und umarmten sich, wenn sie einander vom Pferd gehauen *(im Kampf vom Pferd gestoßen)* hatten (Gaiser, Jagd 136); R das ist gehauen wie gestochen (ugs.; *das ist ein u. dasselbe; es ist gleichgültig, ob man es so od. so macht;* nach der Wendung der Fechtersprache »das ist weder gehauen noch gestochen«, die Waffe wird so ungeschickt geführt, dass nicht erkennbar ist, ob es ein Hieb od. ein Stich ist); ◆ * **nicht gehauen und nicht gestochen sein** (*nicht genau zu bestimmen sein;* vgl. die vorangehende Redewendung): Wenn ihr doch Eure Reden lassen wolltet. Geschwätz, gehauen nicht und nicht gestochen (Kleist, Krug 9). **3.** (ugs.) *durch Schlagen in zerstörerischer Absicht in einen entsprechenden Zustand bringen* ⟨hat; haute⟩: er hat alles in Scherben, in tausend Stücke gehauen; er hat ihn blutig, mit einem Schlag k. o. gehauen; Ü das haut mich noch einmal in einundzwanzig Stücke (*bringt mich an den Rand der Verzweiflung; entnervt mich völlig;* Kant, Impressum 166). **4.** ⟨hat; haute⟩ **a)** (ugs.) *(mit einem Werkzeug) etw. in etw. [hinein]schlagen:* einen Nagel in die Wand, einen Pflock in die Erde h.; die Spritze schien schon zu wirken, die sie mir irgendwo im Dunkeln in den Arm gehauen *(ohne besondere Sorgfalt injiziert)* hatte (Böll, Mann 28); **b)** *durch Schlagen auf jmdn., etw. od. in etw. entstehen lassen, herstellen:* Stufen in den Fels h.; er hatte ihm ein Loch in den Kopf gehauen; eine aus, in Stein gehauene Figur. **5.** (ugs.) **a)** *auf, gegen etw. schlagen* ⟨hat; haute/(auch:) hieb⟩: ärgerlich haute sie [mit dem Stock] an die Wand; er haute mit der Faust auf den Tisch, gegen die Tür; Er hieb mit der Faust auf die Hupe (Fels, Sünden 54); Dann aber hieb Alf Bertini in die Tasten *(spielte so kraft-, schwungvoll),* dass die Töne in Überfülle aus der geöffneten Kirche schlugen (Giordano, Die Bertinis 377); **b)** (selten) *auf, gegen etw. stoßen* ⟨ist; haute⟩: sie ist mit dem Kopf an die Schrankecke, [mit der großen Zehe] gegen einen Stein gehauen; **c)** *auf etw. fallen, auftreffen* ⟨ist; haute⟩: das Flugzeug haute in den Acker; Ein Splitter ist gegen meinen Helm gehauen (Remarque, Westen 52). **6.** ⟨hat; haute⟩ (salopp) **a)** *unachtsam, ungeduldig werfen, schleudern:* er haut die Schuhe in die Ecke, die Mappe auf den Tisch; Die haut sofort *(legt voller Hast, Ungeduld)* die Schnitzel in die Pfanne (Brot und Salz 405); da erwischte Schubert ein Ding und haute es ins Netz *(erwischte einen Ball und schoss ihn mit Wucht ins Tor;* Loest, Pistole 203); Ü Einmal strich er einen Abschnitt ... an und haute *(setzte eilig und ohne Sorgfalt)* noch zwei Ausrufungszeichen dahinter (Ott, Haie 189); **b)** ⟨h. + sich⟩ *sich [unvermittelt, eilig, ungestüm] hinlegen, fallen lassen:* übermüdet haute ich mich aufs Bett; In der Nähe der Schilderpfosten haut Schocker sich auf die Erde und schläft dort (Ossowski, Flatter 14). **7.** (landsch.) *fällen* ⟨hat; haute⟩: diese Bäume können gehauen werden. **8.** (landsch.) *mit einem Beil zerkleinern, hacken* ⟨hat; haute⟩: Holz h.; (veraltend:) Fleisch h. **9.** (landsch.) *mähen* ⟨hat; haute⟩: eine Wiese h. **10.** (Bergbau) *losschlagen* ⟨hat; haute⟩: Erz h.

Hau|er, der; -s, - [1, 2: mhd. houwer]: **1.** (Bergmannsspr.) *im Bergwerk an der Abbaustelle arbeitender Bergmann mit abgeschlossener Ausbildung* (früher Berufsbez.): Von den 1 151 Arbeitern unter Tage kamen heute nur 4 H. zur Arbeit (B. Vesper, Reise 343). **2.** (Jägerspr.) *aus dem Unterkiefer seitlich der Schnauze hervorstehender Eckzahn des Keilers:* ein Keiler mit starken -n; Ü Man hatte ihm ein Gebiss verpasst, seine Kiefer mit groben -n entstellt (Fels, Sünden 21). **3.** (südd., österr.) *Weinbauer, Winzer.*

Häu|er, der; -s, - (bes. österr.): ↑Hauer (1).

Hau|er|chen, das; -s, - ⟨meist Pl.⟩ (fam.): *Zahn eines Kleinkindes:* putz dir schön deine H.!

Hau|e|rei, die; -, -en (ugs. abwertend): *Prügelei, Schlägerei:* in der Kneipe gab es dauernd -en.

Hau|er|wein, der [zu ↑Hauer (3)] (österr.): *unmittelbar vom Winzer gelieferter Wein:* in diesem Landgasthof gibt es H.

◆ **Hauf,** der; -[e]s, -en: ↑Haufen (3): Sie kommen mit hellem H. (*mit der Hauptstreitmacht;* Goethe, Götz III).

Häuf|chen, das; -s, -: Vkl. zu ↑Haufen (1, 3 a): nur ein H. Asche blieb zurück; * **[dastehen, aussehen] wie ein H. Unglück** (ugs.; *sehr niedergeschlagen, betrübt [dastehen, aussehen]*); **nur noch ein H. Unglück, Elend sein** (ugs.; *vor Alter, Krankheit völlig zusammengefallen sein*).

Hau|fe, der; -ns, -n (veraltend selten): ↑Haufen.

häu|feln ⟨sw. V.; hat⟩ [15. Jh., eigtl. = Häufchen machen]: **1.** (Gartenbau, Landw.) *mit der Hacke o. Ä. die lose Erde um Hackfrüchte in Reihen wallartig aufhäufen:* Kartoffeln h. **2.** *zu meist kleineren Haufen aufschichten:* Erde, das Heu h.; Wir hätten die Holzkohle h. müssen (Brot und Salz 333); Der Schnee ... war an den Bürgersteigen zu halbmeterhohen Wällen gehäufelt (Bieler, Bär 76); Hier und da sind Laubpyramiden gehäufelt (a&r 2, 1997, 82).

häu|fen ⟨sw. V.; hat⟩ [mhd. hūfen, ahd. hufōn, houfōn]: **1. a)** *an einer Stelle übereinander schichten, setzen, legen, zu einem Haufen, Häufchen anwachsen lassen:* Dazu häufte er ein Kegelchen des hellbraunen Pulvers auf die nach oben gedrehte Handkante (Lentz, Muckefuck

195); das Essen auf den Teller h. *(reichlich auffüllen);* Ü Ehre, Liebe auf jmdn. h.; Ich aber bin den Dingen zu nahe, häufe in meinem Kopf Einzelheit auf Einzelheit (Stern, Mann 59); **b)** *in größerer Menge sammeln:* für den Notfall Vorräte h.; Gelehrte ..., die ein langes Gelehrtenleben lang Bücher zu Bibliotheken gehäuft haben (Augsburger Allgemeine 6./7. 5. 78, VIII). **2.** ⟨h. + sich⟩ *bedeutend zunehmen; zahlreicher, mehr werden:* die Abfälle, die Geschenke häufen sich; Wenn sich die Vierteldollarmünzen in seiner knautschigen Mütze häufen, kauft er sich ne Pulle Bourbon (a & r 2, 1997, 52); die Beweise häufen sich; Die Arbeit häuft sich: Neuerscheinungen, Termine, Leserbriefe (elan 2, 1980, 33).

Hau|fen, der; -s, - [mhd. hūfe, ahd. hūfo = Haufe, Menge, Schar]: **1.** *Menge übereinander liegender Dinge, Anhäufung; hügelartig Aufgehäuftes:* ein großer H. Kartoffeln, Sand; ein H. trockenes Stroh; ein H. faulender/(seltener:) faulende Orangen lag/lagen auf dem Tisch; H. von Abfällen beseitigen; sie kehrte, legte, warf alles auf einen H.; Der ... an den Strand gespülte Tang war bereits an den beiden Vortagen zusammengeharkt und auf H. gesetzt worden (NNN 1. 9. 86, o. S.); Brennholz in/zu H. stapeln; einen [großen, kleinen] H. machen (ugs. verhüll.; *seinen Darm entleeren*); ... haben ihre Hunde so abgerichtet, dass sie mir auf meinem Rasen ihre H. (ugs.; *ihren Kot*) ablegen (v. d. Grün, Glatteis 35); Ü Man sollte mit einer Schaufel einmal diesen traurigen H. abgenutzter Worte hochheben können, um zu sehen, was darunter ist (Dönhoff, Ära 89); * **etw. über den H. werfen/schmeißen** (ugs.; *etw., bes. etw. Geplantes, umstoßen, zunichte machen, vereiteln;* mit Bezug auf das in einem Haufen regellos Übereinandergeworfene): Die moderne Stressforschung ... wirft auch die meisten unserer Vorstellungen von Überlastung über den H. (Zivildienst 5, 1986, 27); dass man nach einer einzigen Begegnung bereit ist, ... die ganze Karriere über den H. zu schmeißen (Heim, Traumschiff 410); **über den H. rennen/fahren/reiten** (ugs.; *unvorsichtig od. mutwillig umrennen, überfahren, umreiten;* vgl. über den Haufen werfen); **über den H. schießen/knallen** (ugs.; *rücksichtslos niederschießen;* vgl. über den Haufen werfen): Der Hund ... verdient eine Strafe ebenso wenig wie ich, wenn ich ihn in der Notwehr über den H. schieße (NJW 19, 1984, 1086). **2.** (ugs.) *eine große Anzahl, Menge; sehr viel:* das ist ein H. Arbeit; dann steht mir noch ein H. Lauferei bevor (Weber, Tote 147); einen H. Kleider besitzen; Wir aßen Schnitzel und einen H. Gemüse, Erbsen und Möhren (Loest, Pistole 202); das kostet einen H. Geld; Ein H. ist zu verdienen dabei, wirklich ein H. (NZZ 25. 10. 86, 42). **3. a)** *Schar, Menge; [zufällige] Ansammlung (von Menschen od. Tieren):* ein H. Neugieriger/(selten:) Neugierige stand/standen umher; dichte H. von Flüchtlingen; Da traf Sylvester ... einen ganzen H. Landsleute (Muschg, Gegenzauber 295); Kurz vor acht drängten sich die Landgänger wieder als massiver, rumorender H. vor dem Ausgang (Konsalik, Promenadendeck 453); Man hat nie so viele langweilige Leute auf einem H. *(beieinander, beisammen)* gesehen wie in Saratoga Springs (Maass, Gouffé 334); * **in hellen H.** (*in großer Zahl; zu sehr vielen;* zu niederd. de hele hoop = der ganze Haufen [niederd. he(e)l = ganz], urspr. von der Bed. des Haufens als [Haupt]truppe herkommend); **b)** *Gemeinschaft; durch Zufall zusammengekommene, aber doch als Einheit auftretende od. gedachte Gruppe:* die Schulklasse war ein verschworener H.; in einen üblen H. *(eine Bande)* hineingeraten; zum großen H. *(zur Masse, zum Durchschnitt)* gehören; **c)** (Soldatenspr.) *kleinerer Verband von Soldaten, Trupp:* ein verlorener H. *(ein [Vor]trupp, der allmählich aufgerieben wird);* Der Soldat in der Frontsituation wusste sich geborgen und aufgehoben im Kreise seiner Kameraden, seines »Haufens« (Natur 68); Ruland ... kann es kaum erwarten, wieder bei seinem H. an der Front zu sein, bei einem Panzerregiment der Heeresgruppe Nord (Zeller, Amen 91); zu seinem H. zurückkehren; zu welchem H. gehört ihr?; **zum alten H. fahren** (veraltet verhüll.; *sterben*).

Hau|fen|dorf, das: *unregelmäßig zusammengewachsenes, nicht an einem Straßenzug entlang aufgebautes Dorf.*

hau|fen|wei|se ⟨Adv.⟩ (ugs.): *in beträchtlicher Anzahl, großen Mengen; sehr viel:* er hat h. Geld; In den Zimmern fanden die Löschtrupps h. Grillanzünder (Göttinger Tageblatt 30. 8. 85, 9); Fehler ... die machen wir immer noch h. *(sehr häufig, im Übermaß;* Grossmann, Beziehungsweise 260).

Hau|fen|wol|ke, die: *Kumulus:* Einige weiße -n hingen über dem Watt (Wellershoff, Körper 222).

häu|fig ⟨Adj.⟩ [urspr. = in Haufen vorhanden]: **a)** *in großer Zahl vorkommend, sich wiederholt ereignend:* -e Besuche; ein -er Fehler; menschliches Versagen ist die -ste *(am meisten auftretende)* Ursache; War er vielleicht ein lästiger, plötzlich allzu -er *(zu oft kommender)* Gast? (Kronauer, Bogenschütze 411); Wenn die Mitarbeiter h. *(oft)* wechseln, ist mit dem Betriebsklima etwas faul (Richartz, Büroroman 14); Immer -er *(öfter, in immer größerer Zahl)* lassen sich Chirurgen von Rechnern und Robotern assistieren (Woche 14. 11. 97, 29); ◆ **b)** *zahlreich, in großer Zahl, Menge:* das Mädchen wurde blass, als sie das Blut erblickte, das h. über den weißen Arm floss (Eichendorff, Ahnung und Gegenwart XI, 125); ... küsste sie, indem ihm h. die Tränen flossen (Kleist, Kohlhaas 29).

Häu|fig|keit, die; -, -en ⟨Pl. selten⟩: *häufiges Vorkommen:* die H. einer Pflanze, eines Phänomens.

Häu|fig|keits|zahl, Häu|fig|keits|zif|fer, die: *Zahl, die angibt, wie oft ein Ereignis innerhalb einer Zeitspanne eintritt od. eine bestimmte Erscheinung sich wiederholt.*

Häuf|lein, das; -s, -: *Häufchen.*

Häu|fung, die; -, -en: **1.** *Lagerung in großen Mengen:* H. von landwirtschaftlichen Vorräten bei staatlichen Stellen (Fraenkel, Staat 23). **2.** *Ansammlung, häufiges Vorkommen (von Erscheinungen, Ereignissen):* eine H. von Konflikten, von Korruptionsfällen; Sorge bereite ihm allerdings die mit den Anmeldeziffern steigende H. der Zweiradunfälle (Saarbr. Zeitung 30. 11. 79, 31).

Hauf|werk, das; -s (Bergmannsspr.): *durch Losschlagen gewonnene [aufgehäufte] Mineralmasse:* Wenn das H. abgefahren ist, wird die Gebirgsoberfläche mit einer dicken Spritzbetonschicht versiegelt (Welt 2. 8. 86, 28).

Hau|he|chel, die; -, -n [1. Bestandteil zu ↑Heu, 2. Bestandteil ↑Hechel, mit der die Pflanze wegen ihrer Dornen verglichen wird]: *(zu den Schmetterlingsblütlern gehörende) oft dornige Pflanze mit behaarten Blättern u. rosa, gelben od. weißlichen [traubig angeordneten] Blüten.*

Hau|klotz, der: *Hackklotz:* Holz auf dem H. hacken; Ü er ist ein H. *(unempfindlicher, nicht feinbesaiteter Mensch).*

Hau|ma: ↑Haoma.

Hau|meis|ter, der: *Vorarbeiter der Waldarbeiter einer Revierförsterei* (Berufsbez.).

Hau|mes|ser, das: *Buschmesser.*

Häu|nel: ↑Heindl.

häu|neln ⟨sw. V.; hat⟩ (österr. mundartl.): *mit einer kleinen Hacke, einem Häunel bearbeiten (um den Boden zu lockern u. Unkraut zu beseitigen):* den Garten, die Kartoffeln h.

Haupt, das; -[e]s, Häupter [mhd. houbet, ahd. houbit, eigtl. = Gefäß, Schale; zur Bedeutungsentwicklung vgl. Kopf]: **1.** (geh.) *Kopf:* sein H. neigen, aufstützen; sein H. [vor Scham, Schmerz] verhüllen; er schüttelte sein weises, graues, greises H. (ugs. oft scherzh.; *gab seiner Ablehnung od. Verwunderung Ausdruck;* nach dem Anfang der ersten Strophe von A. von Chamissos Gedicht »Das Schloss Boncourt«: Ich träum' als Kind mich zurücke/und schüttle mein greises Haupt); bloßen, entblößten -es/mit bloßem, entblößtem H. *(ohne Kopfbedeckung);* erhobenen -es/mit erhobenem H. vor jmdm. stehen; Die Elefanten wackelten traurig mit den hundertjährigen Häuptern (Bamm, Weltlaterne 186); R vor einem grauen -e *(einem alten Menschen)* sollst du aufstehen; er zählt die Häupter seiner Lieben (scherzh.; *sieht nach, ob alle da sind;* nach Schillers Gedicht »Die Glocke«); Ü die schneebedeckten Häupter *(Gipfel)* der Berge; * **bemoostes H.** (scherzh. veraltend; *Student, der schon viele Semester studiert hat*); **gekröntes H.** (geh.; *regierender Fürst, regierende Fürstin; Herrscher, Herrscherin*); **an H. und Gliedern** (bildungsspr.; *völlig, ganz u. gar; in jeder Hinsicht;* nach mlat. tam in capite quam in membris; aus einer kirchlichen Reformschrift des 14. Jh.s): den Staat an H. und Gliedern reformieren; den Weg freigeben für eine Wirtschaftsreform an H. und Gliedern (Spiegel 11, 1978, 34);

jmdn. aufs H. schlagen (geh.; *völlig besiegen, vernichten*); **zu Häupten** (geh.; *oben, in Höhe des Kopfes, am Kopfende*): Die Kapelle stellte sich zu Häupten des Verstorbenen auf (Bieler, Bonifaz 129). **2.** (geh.) *wichtigste Person; [An]führer:* das H. einer Familie; er war das H. der Verschwörung; die Häupter der drei Regierungen bekräftigten ihre Auffassung (Dönhoff, Ära 154); Die führenden Häupter aus Adel, Wirtschaft und Regierung (Delius, Siemens-Welt 18).

Haupt-: kennzeichnet in Bildungen mit Substantiven jmdn. als maßgebliche, wichtigste Person od. etw. als wesentliche, bedeutungsvollste Sache: Hauptakteur, -attraktion, -sorge.

Haupt|ab|neh|mer, der: *wichtigster Käufer [für einen bestimmten Artikel].*

Haupt|ab|neh|me|rin, die: w. Form zu ↑Hauptabnehmer.

Haupt|ab|schnitt, der: *wichtigster Abschnitt (z. B. eines Buches).*

Haupt|ab|tei|lung, die: *wichtige, große, einflussreiche Abteilung einer Behörde, einer Firma o. Ä.*

Haupt|ach|se, die: *wichtigste Achse* (1, 3 a, 4).

Haupt|ader, die: *wichtigste Verkehrsader:* Also trieb ich zunächst einmal die große H. hinauf und hinab, ... mich irgendwo niederzulassen (Erné, Fahrgäste 262).

Haupt|ak|ti|on, die: ↑Haupt- und Staatsaktion.

Haupt|ak|zent, der (Sprachw.): *stärkste Betonung:* diese Silbe trägt den H.; Ü auf etw. den H. legen *(etw. als das Wichtigste betrachten).*

Haupt|al|tar, der: *im Chor der Kirche stehender Altar.*

haupt|amt|lich ‹Adj.›: *in einem als Beruf ausgeübten Amt tätig od. durch eine solche Tätigkeit gekennzeichnet:* ein -er Bürgermeister, Parteisekretär; die Stellung ist nicht h.; er ist nicht h. tätig.

Haupt|an|ge|klag|te, der u. die (Rechtsspr.): *angeklagte Person, gegen die sich die meisten Anklagepunkte richten.*

Haupt|an|lie|gen, das: *wichtigstes Anliegen:* Kandidaten ..., denen der Schutz der Umwelt H. der Politik ist (NZZ 21. 12. 86, 26).

Haupt|an|schluss, der: *Fernsprechanschluss, der unmittelbar an das Fernsprechnetz angeschlossen ist.*

Haupt|an|stren|gung, die: vgl. Hauptarbeit.

Haupt|ar|beit, die: *der hauptsächliche, größte Teil einer Arbeit.*

Haupt|ar|gu|ment, das: *wichtigstes Argument.*

Haupt|at|trak|ti|on, die: *größte, beeindruckendste Attraktion* (2): die Seiltänzer galten als die H. des Zirkus; H. des Friedhofs ist ein Rennwagen aus Granit (a&r 2, 1997, 12).

Haupt|auf|ga|be, die: *wichtigste Aufgabe* (2).

Haupt|au|gen|merk, das: *besondere, einer bestimmten Person od. Sache hauptsächlich geltende Aufmerksamkeit:* sein H. auf etw. richten; Sein H. hat er ohnehin auf sein Wirken im Verein gelegt (Kicker 82, 1981, 28).

Haupt|aus|schuss, der: *wichtigster Ausschuss* (2).

Haupt|bahn, die: *wichtige, gut ausgebaute Eisenbahnstrecke.*

Haupt|bahn|hof, der: *größter, bes. für den Personenverkehr wichtigster Bahnhof einer Stadt* (Abk.: Hbf.).

Haupt|be|deu|tung, die (Sprachw.): *wichtigste, bekannteste Bedeutung eines Wortes.*

Haupt|be|din|gung, die: *wichtigste, unbedingt zu erfüllende Bedingung* (1).

Haupt|be|griff, der: *grundlegender, wichtigster Begriff* (1): Freiheit gehört zu den -en seines Denkens.

Haupt|be|las|tungs|zeu|ge, der (Rechtsspr.): *Belastungszeuge, der die wesentlichsten, entscheidenden Aussagen machen kann; wichtigster Belastungszeuge.*

Haupt|be|las|tungs|zeu|gin, die (Rechtsspr.): w. Form zu ↑Hauptbelastungszeuge.

Haupt|be|ruf, der: *hauptsächlich ausgeübter Beruf:* Rudolf, im H. Ministerialrat im Hessischen Finanzministerium (Prodöhl, Tod 110).

haupt|be|ruf|lich ‹Adj.›: *den Hauptberuf betreffend, darauf bezogen:* eine -e Tätigkeit; Die pfälzischen Pflanzer, zu 80 Prozent -e Landwirte, können ihre Ware ... problemlos ... absetzen (Saarbr. Zeitung 5. 10. 79, 30); h. *(im Hauptberuf)* ist er Lehrer.

Haupt|be|schäf|ti|gung, die: *hauptsächlich ausgeübte Tätigkeit.*

Haupt|be|stand|teil, der: *wichtigster Bestandteil.*

Haupt|boots|mann, der: vgl. Hauptfeldwebel.

Haupt|buch, das (Kaufmannsspr.): *Buch, in dem alle geschäftlichen Vorgänge verzeichnet u. sämtliche Konten systematisch geführt werden.*

Haupt|buch|hal|ter, der: *leitender Buchhalter in einem Betrieb.*

Haupt|buch|hal|te|rin, die: w. Form zu ↑Hauptbuchhalter.

Haupt|büh|ne, die: *größte, zentral gelegene Bühne eines Theaters (im Unterschied etwa zur Seitenbühne).*

Haupt|dar|stel|ler, der (Theater, Film): *Schauspieler, der für die Hauptrolle od. eine der Hauptrollen in einem Stück od. Film eingesetzt ist:* der H. des Stücks ist erkrankt; Ü die nächsten Minuten gehörten den Schiedsrichtern als -n (Tagespost 7. 12. 82, 16).

Haupt|dar|stel|le|rin, die (Theater, Film): w. Form zu ↑Hauptdarsteller.

Haupt|deck, das: *oberstes durchlaufendes Deck eines Schiffes.*

Haupt|ei|gen|schaft, die: *hervorstechende Eigenschaft, wichtigstes Merkmal.*

Haupt|ein|gang, der: *eigentlicher [größerer], meist an der Vorderseite gelegener Eingang zu einem Gebäude, Saal, Park o. Ä.*

Haupt|ein|nah|me|quel|le, die: *wichtigste, entscheidendste Einnahmequelle.*

Haupt|ein|wand, der: *wichtigster Einwand.*

Häup|tel, das; -s, -[n] (südd., österr.): *Kopf einer Gemüsepflanze:* ein H. Salat, Kraut.

Häup|tel|sa|lat, der (südd., österr.): *Kopfsalat:* Reichlich angeboten werden Paprika und H. (Neue Kronen Zeitung 3. 8. 84, 48).

Häup|ter, der; -s, - (Binnenschifffahrt veraltend): *Lotse auf der Elbe, der in einem kleinen Boot vorausfährt:* Auch ein H. kam hier an Bord, der um 1 400 Mark unser Schiff nach Dresden, Koswig, Werben, Lauenburg führte (Kisch, Reporter 32).

Haupt|er|be, der: *²Erbe, der den größten Teil einer Hinterlassenschaft erhält:* Christian Rötzel, H. des rötzelschen Stahlunternehmens, in zwei Jahren laut Testament Alleinherrscher über die Werke (Prodöhl, Tod 126).

Haupt|er|bin, die: w. Form zu ↑Haupterbe.

Haupt|er|geb|nis, das: *wichtigstes, entscheidendes Ergebnis:* das H. der Verhandlungen.

Haupt|er|zeug|nis, das: *wichtigstes Erzeugnis (einer Firma, eines Gebietes o. Ä.).*

Haup|tes|län|ge, die: in der Fügung **um H.** (geh.; *um die Länge eines Kopfes*): jmdn. um H. überragen.

Haupt|etap|pe, die: *wichtigste, entscheidende Etappe:* die H. einer Entwicklung; die Ausbildung soll in drei -n durchgeführt werden.

Haupt|fach, das: **1.** *Studienfach, in dem jmd. ein Vollstudium absolviert:* im H. Romanistik studieren. **2.** *wichtiges Schulfach:* sie mochte besonders die Hauptfächer Deutsch und Mathematik.

Haupt|fak|tor, der: *wichtigster Faktor* (1).

Haupt|feind, der: *größter, gefährlichster Feind.*

Haupt|fein|din, die: w. Form zu ↑Hauptfeind.

¹Haupt|feld, das (Sport): **1.** *größtes Feld* (8), *größte noch geschlossene Gruppe von Teilnehmenden an einem Lauf, einem Rennen:* nach der dritten Runde liefen die drei deutschen Läufer alle noch im H. **2.** *Gruppe der gesetzten Teilnehmer in einem Feld* (9) *der Teilnehmer, die sich nicht mehr in Ausscheidungswettkämpfen qualifizieren müssen:* Zurzeit führt ihn der Computer als Nummer 247, was kaum einmal zum direkten Sprung ins H. eines Grand-Prix-Turniers reicht (tennis magazin 10, 1986, 80).

²Haupt|feld, der; -s, -s (Soldatenspr.): kurz für ↑Hauptfeldwebel: der H. meldete ihm die Kompanie angetreten (H. Kolb, Wilzenbach 152); Ich, Herr H., sagte der Bildhauer und deutete Haltung an (Kuby, Sieg 39).

Haupt|feld|we|bel, der (Milit.): **a)** *(bei der Bundeswehr) Dienstgrad in der Gruppe der Unteroffiziere mit Portepee;* **b)** *Träger des Dienstgrades eines Hauptfeldwebels* (a); **c)** (früher) *Kompaniefeldwebel.*

Haupt|fi|gur, die: *wichtige Figur* (5 c), *zentrale Gestalt bei einem Geschehen, in* *einer Dichtung od. ihrer künstlerischen Wiedergabe:* Sie enttarnen -en und lassen enge Verbindungen zwischen dem deutschen Mob und der Cosa Nostra erkennen (Lindlau, Mob 202).

Haupt|film, der: *eigentlicher, angekündigter Film einer Filmvorführung, der meist nach einem Beiprogramm gezeigt wird:* Vor dem H. hatte es ein langes Beiprogramm gegeben (H. Gerlach, Demission 223).

Haupt|fluss, der: *größter Fluss* (1) *eines Landes, Kontinents:* der Murray ist der H. Australiens.

Haupt|for|de|rung, die: *wichtigste Forderung* (1 a): Dass sie ihre -en durchsetzen könne, habe die SPD voriges Jahr ja beim Kindergeld gezeigt (Woche 31. 1. 97, 5).

Haupt|fra|ge, die: *entscheidende, das wichtigste Anliegen enthaltende Frage.*

Haupt|funk|ti|on, die: *wichtigste Funktion* (1).

Haupt|gang, der: **1.** *zentraler Gang, Flur in einem großen [öffentlichen] Gebäude, von dem Seitengänge abgehen.* **2.** *Hauptgericht:* Als Lustig beim H. seinen Zwicker abnahm, glaubte Sellmann, er tue es, um das Elend auf seinem Teller nicht mitansehen zu müssen (Bieler, Mädchenkrieg 43).

Haupt|gas|lei|tung, die: vgl. Hauptleitung.

Haupt|ge|bäu|de, das: *größtes, wichtigstes Haus von zusammengehörenden Gebäuden:* die Aula befindet sich im H. der Universität.

Haupt|ge|dan|ke, der: vgl. Hauptfrage.

Haupt|ge|fahr, die: *größte Gefahr.*

Haupt|ge|fah|ren|herd, der: *größter Gefahrenherd.*

Haupt|ge|frei|te, der u. die (Milit.): **a)** *höchster Dienstgrad in der Gruppe der Mannschaften;* **b)** *Träger, Trägerin des Dienstgrades eines Hauptgefreiten* (a).

Haupt|ge|gen|stand, der: *wichtigster Gegenstand* (2).

Haupt|ge|richt, das: *am meisten sättigendes [Fleisch]gericht einer aus mehreren Gängen bestehenden Mahlzeit.*

Haupt|ge|schäft, das: *zentrales Geschäft eines Unternehmens mit mehreren Filialen.*

Haupt|ge|schäfts|stra|ße, die: *zentral gelegene [verkehrsreiche] Straße mit großen Läden u. Kaufhäusern in einer Stadt.*

Haupt|ge|schäfts|zeit, die: *(im Allgemeinen am Nachmittag nach Büroschluss einsetzender) Zeitraum eines Tages, in dem in einer Stadt der Einkaufsbetrieb am lebhaftesten ist.*

Haupt|ge|sprächs|the|ma, das: *wichtigstes, am meisten interessierendes Gesprächsthema:* Die Männer, ihre Arbeit, ihr Verhalten, ihre Probleme sind das H. (Chotjewitz, Friede 69).

Haupt|ge|wicht, das: *stärkster Nachdruck, wichtigster Punkt, der zu berücksichtigen ist:* das H. auf den Aspekt des Umweltschutzes legen.

Haupt|ge|winn, der: *größter Gewinn (bei Lotterien, Preisausschreiben o. Ä.):* der H. entfiel auf die Losnummer 131214; Ü Dass die Kleine inzwischen überhaupt bereit war, sich Derartiges anzuhören, war schon beinah ein H. (ugs.; *ein großer Erfolg;* Bastian, Brut 64).

Haupt|ge|win|ner, der: *Gewinner eines Hauptgewinns.*

Haupt|ge|win|ne|rin, die: w. Form zu ↑Hauptgewinner.

Haupt|gläu|bi|ger, der: *Gläubiger, der unter mehreren die höchsten Forderungen an jmdn. hat.*

Haupt|gläu|bi|ge|rin, die: w. Form zu ↑Hauptgläubiger.

Haupt|gleis, das (Eisenb.): *dem schnellen [Durchgangs]verkehr, nicht dem Rangieren vorbehaltenes Gleis.*

Haupt|got|tes|dienst, der: *am frühen Vormittag stattfindender [Sonntags]gottesdienst.*

Haupt|grund, der: *eigentlicher Grund für ein Verhalten, Geschehen o. Ä.*

Haupt|haar, das ⟨o. Pl.⟩ (geh.): *gesamtes Haar auf dem Kopf eines Menschen.*

Haupt|ha|fen, der: *wichtigster Hafen eines Landes.*

Haupt|hahn, der: **1.** *zentraler Absperrhahn an einer Rohrleitung, der die Versorgung mit Wasser, Gas, Öl o. Ä. für ein Haus od. ein ganzes Gebiet regelt.* **2. a)** (veraltend) *stärkster Hahn im Hühnerhof;* **b)** (Verbindungsw.) *starker Mann, Anführer.*

Haupt|harst, der (schweiz.): *größte Schar, Gruppe:* Zahlenmäßig den H. des Personals stellen die Teilzeitangestellten (NZZ 10. 8. 84, 16).

Haupt|haus, das: *Hauptgebäude.*

Haupt|hin|der|nis, das: *größtes Hindernis.*

Haupt|in|halt, der: *wesentlicher, hauptsächlicher Inhalt.*

Haupt|in|te|res|se, das: *stärkstes Interesse:* sein H. gilt den Tigern (Fichte, Wolli 484).

Haupt|kampf, der (Boxen): *wichtigster Kampf einer Boxveranstaltung.*

Haupt|kampf|li|nie, die (Milit.): *Front* (2 a).

Haupt|ka|pi|tel, das: *wichtigstes Kapitel (z. B. eines Buches).*

Haupt|kas|se, die: *zentrale Zahlstelle.*

Haupt|ka|ta|log, der: *zentraler Katalog einer Bibliothek.*

Haupt|kenn|zei|chen, das: vgl. Hauptmerkmal.

Haupt|kenn|zif|fer, die (DDR): *wichtige Zahl in einem Wirtschaftsplan:* Dem Wettbewerb der Hauerkollektive liegt als H. die Einhaltung bzw. Senkung der Kosten zugrunde (Neues D. 9. 6. 64, 1).

Haupt|kerl, der (ugs. scherzh. veraltend): *jmd., der sehr tüchtig ist od. es zu sein meint.*

Haupt|kon|tin|gent, das: *größtes Kontingent.*

Haupt|last, die: *schwerste, größte Last:* die H. der Arbeit tragen.

Haupt|leh|rer, der (früher): *Leiter einer kleinen Volks- od. Sonderschule od. erster Lehrer an einer Grundschule.*

Haupt|leh|re|rin, die (früher): w. Form zu ↑Hauptlehrer.

Haupt|lei|tung, die: *zentrale [Rohr]leitung (für Wasser, Gas, Strom od. Telefon), von der Nebenleitungen abgehen.*

Haupt|leu|te: Pl. von ↑Hauptmann.

Häupt|ling, der; -s, -e [urspr. = (Familien)oberhaupt, Anführer, seit dem Erscheinen von Coopers Indianererzählungen in der 1. Hälfte des 19. Jh.s speziell für das Oberhaupt eines Stammes bei Naturvölkern (als Übers. von engl. chief)]: **1.** *Stammesführer, Vorsteher eines Dorfes bei Naturvölkern:* der weise H. beschwichtigte seine Krieger. Die Trommler bearbeiten die mannshohen Tamtams weiter, während der junge H. seinem Zeremonienmeister seine kurzen Befehle erteilt (a & r 2, 1997, 98). **2.** (iron. abwertend) *Anführer [einer Bande], leitende Persönlichkeit:* Die -e des sowjetischen KGB und des Ministeriums für Staatssicherheit (Hamburger Abendblatt 24. 8. 85, 25).

häupt|lings ⟨Adv.⟩ (veraltet): **a)** *kopfüber; mit dem Kopf zuerst:* h. die Treppe hinunterstürzen; **b)** *zu Häupten; am Kopfende:* In der Kajüte, h. an seiner Koje ..., war eine rote Locke befestigt (Jahnn, Geschichten 7).

Haupt|ma|cher, der (ugs.): *Chef, Leiter, Anführer:* wer ist denn der H. hier?

Haupt|ma|che|rin, die (ugs.): w. Form zu ↑Hauptmacher.

Haupt|macht, die ⟨o. Pl.⟩ (veraltend): *hauptsächliche Streitkräfte, größter Teil des Heeres.*

Haupt|mahl|zeit, die: *am meisten sättigende, meist warme Mahlzeit am Tage.*

Haupt|man|gel, der: *schwerwiegendster Mangel.*

Haupt|mann, der ⟨Pl. ...leute⟩ [mhd. houbetman, ahd. houpitman = Oberster, Anführer]: **1. a)** *Offiziersdienstgrad der dritten Stufe (zwischen Oberleutnant u. Major):* er wurde zum H. befördert; **b)** *Träger des Dienstgrades eines Hauptmanns* (1 a), *Führer einer Kompanie od. Batterie:* Der wahre Name der zunächst als Sophie Turenge durch die Gazetten gegeisterten Greenpeace-Jägerin sei Dominique Prieur. Sie sei H. der französischen Armee (Rheinpfalz 23. 8. 85, 3). **2.** (veraltet) *Führer einer [Söldner]truppe, Bande.*

Haupt|mas|se, die: *größte Menge, Masse:* Die H. des herabfallenden Schuttes fing Asam mit seinem Körper auf (Augustin, Kopf 198); er kam mit der H. der Läufer ins Ziel.

Haupt|ma|ta|dor, der (ugs.): *eigentlicher Anführer, verantwortlicher Organisator.*

Haupt|merk|mal, das: *wichtiges, hauptsächliches Kennzeichen.*

Haupt|mie|te, die (österr.): **a)** ⟨o. Pl.⟩ *das Mieten einer Wohnung als Hauptmieter;* **b)** *zur Hauptmiete* (a) *gemietete Wohnung:* Suche für Tochter nette H. (Kronen-Zeitung 22. 11. 83, 49 [Anzeige]).

Haupt|mie|ter, der: *jmd., der eine Wohnung direkt vom Hausbesitzer gemietet hat [von der er einzelne Räume an Untermieter weitervermieten kann].*

Haupt|mie|te|rin, die: w. Form zu ↑Hauptmieter.

Haupt|mo|tiv, das: **1.** *wichtigstes formales Element, wichtigster Gegenstand eines Kunstwerks:* der Mensch als H. der Fotografie. **2.** *wichtigster, hauptsächlicher Beweggrund:* Eifersucht war das H. seiner Tat.

Haupt|nah|rung, die: *wichtigste, hauptsächliche Nahrung:* die H. dieser Tiere besteht aus Insekten.

Haupt|nah|rungs|mit|tel, das: vgl. Hauptnahrung.

Haupt|nen|ner, der (Math.): *kleinstes gemeinsames Vielfaches für die Nenner mehrerer ungleichnamiger Brüche, auf das jeder dieser Brüche erweitert werden kann (um Addition u. Subtraktion zu ermöglichen); Generalnenner.*

Haupt|nut|zen, der: *hauptsächlicher Nutzen.*

Haupt|per|son, die: *wichtigste reale od. erdichtete, erfundene Person:* die -en des Dramas; er fühlte sich immer als H.

Haupt|por|tal, das: vgl. Haupteingang.

Haupt|post, die, **Haupt|post|amt,** das: *wichtigstes [größtes] Postamt einer Stadt.*

Haupt|preis, der: *größter Preis bei einem Preisausschreiben o. Ä.*

Haupt|pro|be, die: **a)** *Generalprobe;* **b)** *letzte wichtige Probe vor der [öffentlichen] Generalprobe.*

Haupt|pro|blem, das: *hauptsächliches Problem:* das H.: Die meisten Alkoholkranken geben ihre Sucht nicht zu (Augsburger Allgemeine 13./14. 5. 78, 6).

Haupt|pro|dukt, das: vgl. Haupterzeugnis.

Haupt|pro|gramm, das: vgl. Hauptfilm: Ihr habt doch Porno nach Mitternacht, wozu dann noch Sexualität im H. (Woche 31. 12. 97, 2).

Haupt|punkt, der: *wichtigster Punkt einer gedanklichen Abfolge:* einen Vortrag in seinen -en wiedergeben.

Haupt|quar|tier, das (Milit.): *Sitz der Führung einer Armee, eines Heeres:* große Lagebesprechung im H.; Ü Das Café Central war das H. der Wiener Boheme (Jacob, Kaffee 203); Soeben erst hat das Unternehmen mit dem Bau eines neuen -s im australischen Melbourne begonnen (Woche 14. 2. 97, 11).

Haupt|raum, der: vgl. Hauptgebäude.

Haupt|rech|nungs|art, die: *Grundrechenart.*

Haupt|red|ner, der: *jmd., der (bei einer Veranstaltung) das Hauptreferat hält.*

Haupt|red|ne|rin, die: w. Form zu ↑Hauptredner.

Haupt|re|fe|rat, das: *wichtigstes Referat (bei einer Veranstaltung).*

Haupt|re|fe|rent, der: vgl. Hauptredner.

Haupt|re|fe|ren|tin, die: w. Form zu ↑Hauptreferent.

Haupt|re|gel, die: *wichtigste [Grund]regel.*

Haupt|rei|se|zeit, die: *Zeit, in der die meisten Urlaubsreisenden unterwegs sind.*

Haupt|rol|le, die: *wichtigste Rolle in einem Bühnenstück od. Film:* beide Schauspieler waren schon in -n zu sehen; Ü die H. [in, bei etw.] spielen *([in, bei etw.] die wichtigste Person sein);* die, eine H. spielen *(von größter Bedeutung sein).*

Haupt|run|de, die (Fußball): *in einem Pokalwettbewerb auf die Vorrunde folgende Spielrunde.*

Haupt|sa|che, die [frühnhd.; spätmhd. houbetsache = Rechtsstreit, Prozess]: *das Wichtigste; etw., was in erster Linie berücksichtigt werden muss:* Geld war für ihn die H.; Fürs Erste sind wir in Deckung, das ist die H. (Frisch, Nun singen 135); (ugs.:) H., du bist gesund; wer das Denken zur H. macht, der kann es darin ... weit bringen (Hesse, Steppenwolf 23); ***in der/**(seltener:) **zur H.** *(als Wichtigstes, in erster Linie, hauptsächlich):* es wurden in der H. folgende Bücher benutzt: ...; Ihre Mitglieder sind zur H. Firmen eines für unser Land bedeutenden Wirtschaftszweiges (Weltwoche 17. 5. 84, 58); Barbie besteht zur H. aus einem Haarschopf (SZ 3. 1. 97, 1).

haupt|säch|lich [auch: -'--]: **I.** ⟨Adv.⟩ *in erster Linie, vor allem:* das ist h. deine Schuld; h. im Norden herrschte Trockenheit; seine Tätigkeit beschränkt sich h. auf praktische Dinge; Außerdem haben wir heute h. Amerikaner hier (Danella, Hotel 257); Prinzessin Anne ... zahlte die Rechnung h. mit Rabattmarken (Woche 27. 3. 98, 30). **II.** ⟨Adj.⟩ *die Hauptsache ausmachend:* das -e Anliegen; die -ste (ugs.; *wichtigste*) Frage; Eine Reihe von Versprechungen trug deshalb den -sten Einwänden und Befürchtungen Rechnung (NZZ 30. 8. 86, 29).

Haupt|sai|son, die: *Zeit des stärksten Betriebes u. Andrangs in den Erholungsorten; Hauptreisezeit:* in der H. war kein Zimmer mehr frei.

Haupt|satz, der: **1.** (Sprachw.) *(allein od. als übergeordneter Satz in einem Satzgefüge stehender) selbstständiger Satz.* **2.** *grundlegender Satz einer Wissenschaft.* **3.** (Musik) *das Hauptthema in der Grundtonart vorführender erster Teil der Exposition* (3 a).

Haupt|schar|füh|rer, der (nationalsoz.): *Unterführer in der SA u. SS.*

Haupt|schiff, das (Archit.): *zentraler Raum in einer Kirche, Mittelschiff.*

Haupt|schiff|fahrts|stra|ße, die: *besonders wichtige Schifffahrtsstraße.*

Haupt|schiff|fahrts|weg, der: *Hauptschifffahrtsstraße.*

Haupt|schlag, der: *entscheidender Schlag, zur Niederlage führender Angriff:* den H. führen.

Haupt|schlag|ader, die: *aus der linken Herzkammer kommende größte Arterie, von der sämtliche anderen Schlagadern ausgehen; Aorta:* das Geschoss hatte die H. getroffen; Ü auf dem Mittleren Ring, der 28 Kilometer langen H. der Metropole, formieren sich täglich 140 000 Autos zur größten Blechlawine der Republik (Woche 28. 3. 97, 16).

Haupt|schluss, der (Elektrot.): *Reihenschaltung.*

Haupt|schlüs|sel, der: *Schlüssel, der zu mehreren od. allen Schlössern eines Hauses o. Ä. passt.*

Haupt|schrift|lei|ter, der (veraltend): *Chefredakteur.*

Haupt|schrift|lei|te|rin, die (veraltend): w. Form zu ↑Hauptschriftleiter.

Haupt|schul|ab|schluss, der: *an einer Hauptschule erworbener Schulabschluss:* Der bei vielen fehlende H. soll im Lauf der Therapie nachgeholt werden (MM 4. 9. 79, 10).

Haupt|schuld, die ⟨o. Pl.⟩: *größte Schuld, das meiste Verschulden:* ihn trifft die H.

Haupt|schul|di|ge, der u. die: *jmd., der die Hauptschuld an etw. hat.*

Haupt|schuld|ner, der: **a)** *jmd., der einem Gläubiger die größte Summe schuldet;* **b)** (Rechtsspr.) *bei einer Bürgschaft eigentlicher, ursprünglicher Schuldner (für den der Bürge einstehen muss).*

Haupt|schuld|ne|rin, die: w. Form zu ↑Hauptschuldner.

Haupt|schu|le, die: *auf der Grundschule aufbauende, im Allgemeinen das 5. bis 9. Schuljahr umfassende weiterführende Schule:* Jedenfalls konnte ich mehr erleben als alle Mädchen aus meiner Klasse in der H. (Degener, Heimsuchung 147).

Haupt|schü|ler, der: *Schüler einer Hauptschule:* Auf der einen Seite waren in den Pausen die Oberschüler, auf der anderen die H. (Christiane, Zoo 320).

Haupt|schü|le|rin, die: w. Form zu ↑Hauptschüler.

Haupt|schul|leh|rer, der: *Lehrer an einer Hauptschule.*

Haupt|schul|leh|re|rin, die: w. Form zu ↑Hauptschullehrer.

Haupt|schwein, das (Jägerspr.): *starker, mindestens siebenjähriger Keiler.*

Haupt|schwie|rig|keit, die: *größte Schwierigkeit.*

Haupt|se|gel, das (Seemannsspr.): *großes Segel, das zur normalen Besegelung gehört (im Unterschied zum Beisegel).*

Haupt|se|mi|nar, das (Hochschulw.): *(auf Proseminaren aufbauendes) Seminar für fortgeschrittene Semester.*

Haupt|si|che|rung, die (Elektrot.): *Sicherung* (2 a) *für einen größeren Stromkreis, z. B. den eines Hauses od. einer Wohnung.*

Haupt|si|gnal, das (Eisenb.): *wichtigstes [durch ein Vorsignal angekündigtes] Signal, das einen Streckenabschnitt freigibt od. sperrt.*

Haupt|sor|ge, die: *größte Sorge:* ihre H. galt den Kindern.

Haupt|spaß, der (ugs.): *großer, herrlicher Spaß.*

Haupt|spei|cher, der (EDV): *Arbeitsspeicher.*

Haupt|stadt, die [mhd. houbetstat]: *[größte] Stadt eines Landes, in der sich der Regierungssitz befindet.*

Haupt|städ|ter, der: *Bewohner einer Hauptstadt.*

Haupt|städ|te|rin, die; -, -nen: w. Form zu ↑Hauptstädter.

haupt|städ|tisch ⟨Adj.⟩: *zu einer Hauptstadt gehörend, von einer Hauptstadt geprägt:* -e Repräsentationsbauten.

Haupt|stär|ke, die: *jmds. persönliche größte Fähigkeit.*

Haupt|stoß|rich|tung, die: *wesentliche, entscheidende Stoßrichtung.*

Haupt|stra|fe, die (Rechtsspr.): *für eine Tat verhängte eigentliche Strafe, neben der noch Nebenstrafen verhängt werden können.*

Haupt|strang, der (Technik): *wichtigster Strang einer Leitung.*

Haupt|stra|ße, die: **1. a)** *wichtigste [Geschäfts]straße eines Ortes;* **b)** *verkehrsreiche [Durchgangs]straße.* **2.** (schweiz.) *Vorfahrtsstraße.*

Haupt|stre|cke, die: *wichtigste Eisenbahnstrecke.*

Haupt|stück, das [spätmhd. houbetstück = Kopfstück, auch: schweres Geschütz]: **a)** *Hauptabschnitt;* **b)** (ev. Rel.) *einer der fünf Abschnitte des Lutherischen Katechismus.*

Haupt|stu|di|um, das: *Studium nach dem Grundstudium (bis zum Studienabschluss):* die Vertröstung, den Sinn der Übung werde man später im H. verstehen, sei weder didaktisch sinnvoll noch entspreche sie internationalen Standards (Tagesspiegel 30. 3. 99, 29).

Haupt|sturm|füh|rer, der (nationalsoz.): *mittlerer Rang in der SA u. SS.*

Haupt|stüt|ze, die: *stärkste, wichtigste Stütze.*

Haupt|sün|de, die (kath. Rel.): *Todsünde.*

Haupt|tal, das: *großes, weites Tal, in das kleinere Täler münden:* In seinem Unterlauf ..., wo er in die flache Talsohle des -es mündet, schaltete derselbe Wildbach von Erosion auf geologische Ablagerung um (Weltwoche 10. 9. 87, 33).

Haupt|tä|tig|keit, die: *wichtigste Tätigkeit.*

Haupt|teil, der: *wesentlicher Teil.*

Haupt|te|nor, der: *hauptsächlicher* [2]*Tenor, Inhalt:* der H. eines Gespräches.

Haupt|the|ma, das: *wichtigstes Thema (eines Gespräches, eines Musikwerkes o. Ä.).*

Haupt|ti|tel, der: **1.** *eigentlicher Titel einer Abhandlung, eines Buches o. Ä. (dem oft noch ein erläuternder Untertitel beigegeben ist).* **2.** (Druckw.) *eigentliche, alle wesentlichen Urheber- u. Titelangaben enthaltende Titelseite eines Buches.*

Haupt|ton, der: **1.** ⟨Pl. ...töne⟩ (Musik) *Ton, der mit einem Doppelschlag, Triller o. Ä. versehen ist.* **2.** ⟨o. Pl.⟩ *Hauptakzent.*

Haupt|tor, das: vgl. Haupteingang.

Haupt|tref|fer, der: *Hauptgewinn.*

Haupt|trep|pe, die: *größte von mehreren Treppen, die zu einem Gebäude, Gelände gehören.*

Haupt|tu|gend, die: *wichtigste, vorherrschende Tugend.*

Haupt|typ, Haupt|ty|pus, der ⟨meist Pl.⟩: *wesentliche Art, Ausprägung.*

Haupt|übel, das: *größtes, tiefstgreifendes Übel:* Das H. der Österreicher lag in der viel zu defensiven Einstellung, der ständigen Verzögerung (Salzburger Nachr. 30. 3. 84, 11).

Haupt- und Staats|ak|ti|on, die: in der Wendung **eine Haupt- und Staatsaktion aus etw. machen** (1. *etw. Unbedeutendes, bes. ein Vergehen, einen Fehler, aufbauschend, übertreibend darstellen, bewerten.* 2. *etw. mit zu großem Aufwand betreiben, in Szene setzen;* nach den Stücken der deutschen Wanderbühnen des 17. u. frühen 18. Jahrhunderts mit ernsten »Hauptaktionen« u. derb-komischen »Staatsaktionen«).

Haupt|un|ter|schied, der: *wichtigster, deutlichster Unterschied.*

Haupt|ur|sa|che, die: *wichtigste, wesentlichste Ursache:* Als H. für die ernste Lage nannte sie die zu geringe Selbstkostensenkung (Freie Presse 3. 1. 90, 1).

Haupt|ver|ant|wort|li|che, der u. die: vgl. Hauptschuldige.

Haupt|ver|ant|wor|tung, die ⟨o. Pl.⟩: *größte Verantwortung:* die H. [für etw.] tragen.

Haupt|ver|band[s]|platz, der (Milit.): *großer, zentraler Verbandplatz, bes. für die Verwundeten, die von den Truppenverbandplätzen kommen.*

Haupt|ver|die|ner, der: *Person, die das meiste Geld für den Unterhalt der Familie verdient.*

Haupt|ver|die|ne|rin, die: w. Form zu ↑Hauptverdiener.

Haupt|ver|dienst, das: *größtes Verdienst:* Für Ludwig Marcuse bestand Heinrich Manns H. in dieser Zeit darin, »dass er der Welt demonstrierte: Hier ist einer, der nicht nachgibt« (Reich-Ranicki, Th. Mann 146).

Haupt|ver|fah|ren, das (Rechtsspr.): *sich an das Eröffnungsverfahren anschließendes eigentliches Gerichtsverfahren im Strafprozess.*

Haupt|ver|hand|lung, die (Rechtsspr.): *umfassende mündliche Verhandlung* (b) *als wichtigster Teil des Hauptverfahrens:* Der vorsitzende Richter warf ihm vor, schon vor der H. in einem Radiointerview sein Gutachten abgegeben zu haben (Spiegel 18, 1978, 220).

Haupt|ver|kehr, der: *größter Teil des Verkehrs:* über diese Brücke fließt der H.

Haupt|ver|kehrs|ader, die: *wichtigste Verkehrsader:* Frankfurts H. vor dem Hauptbahnhof (Saarbr. Zeitung 27. 6. 80, 1).

Haupt|ver|kehrs|stra|ße, die: *für den Verkehr bes. wichtige Straße in einer Ortschaft.*

Haupt|ver|kehrs|zeit, die: *Zeit des starken Berufsverkehrs; Rushhour.*

Haupt|ver|le|sen, das; -s [zu: verlesen = genau untersuchen, ausforschen] (Milit. schweiz.): *Appell vor Ausgang od. Urlaub:* beim H. fehlen; Abends in Samaden wäre ich beim H. in die hintere Reihe getreten (Frisch, Gantenbein 84).

Haupt|ver|samm|lung, die (Wirtsch.): **a)** *mindestens einmal im Jahr stattfindende Zusammenkunft der Aktionäre einer Aktiengesellschaft;* **b)** *Gesamtheit der zur Hauptversammlung* (a) *zusammengekommenen Aktionäre.*

Haupt|ver|wal|tung, die: *oberste Verwaltung.*

Haupt|vor|stand, der: *Vorstand, der eine Vereinigung, Organisation zentral, überregional leitet.*

Haupt|wa|che, die: *zentrale Polizeidienststelle eines Ortes.*

Haupt|wacht|meis|ter, der: **a)** kurz für ↑Polizeihauptwachtmeister; **b)** (früher) *bei der Artillerie dem Hauptfeldwebel* (b) *entsprechender Dienstgrad.*

Haupt|wacht|meis|te|rin, die: w. Form zu ↑Hauptwachtmeister (a).

Haupt|weg, der: *breiter Weg (z. B. durch einen Park, Friedhof o. Ä.), von dem kleinere Seitenwege abzweigen.*

Haupt|werk, das: **1.** *wichtigstes Werk eines Künstlers:* die drei Romane, die als seine -e gelten (Reich-Ranicki, Th. Mann 213). **2.** (Musik) *Gesamtheit der wichtigsten, den klanglichen Grundstock einer Orgel bildenden Register.* **3.** *zentrales Werk einer großen Firma mit mehreren Teilbetrieben.*

Haupt|wert, der: *größter, wichtigster Wert* (3, 4).

Haupt|wi|der|stand, der: *stärkster, größter Widerstand.*

Haupt|wir|kung, die: *stärkste, effektivste Wirkung.*

Haupt|wohn|sitz, der: *Ort, an dem jmd. seinen ersten Wohnsitz hat.*

Haupt|wort, das ⟨Pl. ...wörter⟩ [im 17. Jh. in die grammatische Terminologie eingeführt] (Sprachw.): *Substantiv.*

Haupt|wör|te|rei, die (abwertend): *übermäßiger Gebrauch von Substantivierungen, übertriebener Nominalstil.*

haupt|wört|lich ⟨Adj.⟩: *substantivisch.*

Haupt|zeu|ge, der (Rechtsspr.): *wichtigster Zeuge [der Anklage od. der Verteidigung].*

Haupt|zeu|gin, die (Rechtsspr.): w. Form zu ↑Hauptzeuge.

Haupt|ziel, das: *wichtigstes Ziel:* Unser H. ist, frei zu sein (Dönhoff, Ära 170).

Haupt|zug, der: **1.** *eigentlicher, fahrplanmäßiger Fernzug im Unterschied zum Entlastungszug.* **2.** *wichtigstes Charakteristikum:* die Hauptzüge seines Charakters; etwas in den Hauptzügen *(in groben Umrissen)* darstellen.

Haupt|zweck, der: *eigentlicher, wichtigster Zweck.*

hau ruck ⟨Interj.⟩: [im Rhythmus sich wiederholender] Ruf, der gleichzeitige Bewegungen beim Heben od. Schieben einer schweren Last bewirken soll.

Hau|ruck, das; -s: *Ausruf »hau ruck!«:* ein Rad war verklemmt, und erst nach dreimaligem H. konnte sie den Wagen zur Seite schieben; Ü Mit H. *(schwungvoll, überstürzt u. gewaltsam)* geht hier nichts mehr (Spiegel 37, 1974, 46).

Hau|ruck|fuß|ball, der ⟨o. Pl.⟩ (Sport Jargon): *mit großem körperlichem Einsatz, ohne Technik u. Eleganz gespielter Fußball* (2).

Hau|ruck|ver|fah|ren, das: *mit großer Eile, ohne die gebotene Sorgfalt u. ohne besondere Rücksichtnahme auf andere vorangetriebene Planung, unternommene Maßnahme:* Die Behörde ordnet dagegen im »Hauruckverfahren« ... einfach an: »Ein Erlass ist ein Erlass.« (Zeit 19. 9. 75, 13).

Haus, das; -es, Häuser [mhd., ahd. hūs, eigtl. = das Bedeckende, Umhüllende]: **1. a)** *Gebäude, das Menschen zum Wohnen dient:* ein großes, kleines, altes, mehrstöckiges, schmales, verwinkeltes H.; armselige, einfache, saubere, verkommene, baufällige, moderne Häuser; das väterliche H.; das H. seiner Eltern; die Häuser sind hier sehr hellhörig *(haben so dünne Wände, dass der Schall durchdringt);* das H. ist auf ihn, in andere Hände übergegangen; Dafür wird es aber an allem mangeln, was stattdessen nicht gebaut wird: Häuser zum Wohnen,

Straßen (Kühn, Zeit 55); ein H. bauen, einrichten, beziehen, bewohnen; ein H. [ver]mieten, [ver]kaufen; ein H. renovieren, verputzen, umbauen, abbrechen; ein eigenes H. haben, besitzen; H. an H. *(nebeneinander)* wohnen; jmdn. aus dem Haus[e] jagen; er führte seine Gäste durch das ganze H.; im elterlichen Haus[e] wohnen; Als leitungsgebundene Energie kommt Erdgas unterirdisch ins H. (Tag & Nacht 2, 1997, 13); Ü das irdische Haus (geh.; *der Leib, Körper des Menschen*); das letzte H. (geh.; *der Sarg*); ein enges, stilles H. (dichter.; *das Grab*); * **H. und Hof** *(der gesamte Besitz):* er hat H. und Hof verspielt, vertrunken; **Häuser auf jmdn. bauen** *(jmdm. im Überschwang unerschütterlich vertrauen);* **[jmdm.] ins H. stehen** (ugs.; *[jmdm.] bevorstehen*): eine Neuerung steht [ihm] ins H.; Wieder stand Krach ins H. (Grass, Butt 496); Stimmungsumschwung bei den Unternehmen, ... deren Jubiläen nun ins H. standen (Woche 3. 7. 98, 34); Die so geschmückte Politikerin steht am Mittwoch dieser Woche dem Bundeskanzler ins H. (Spiegel 44, 1979, 149); **b)** *Gebäude, das zu einem bestimmten Zweck errichtet wurde:* das große *(bes. für Aufführungen von Opern, großen Schauspielen o. Ä. bestimmte),* kleine *(bes. für kleinere Bühnenstücke bestimmte)* H. des Theaters war bis auf den letzten Platz ausverkauft; das weltberühmte Orchester hat auf seinen Tourneen volle Häuser *(seine Konzerte sind ausverkauft);* Die Commodores ... landeten prompt einen Hit und konnten ... vor ausverkauften Häusern in der ganzen Welt spielen (Zivildienst 2, 1986, 35); H. *(Hotel, Pension)* Meeresblick; das H. des Herrn (geh.; *Gotteshaus*); das Weiße H. in Washington *(der Amtssitz des Präsidenten der USA);* ein öffentliches H. (verhüll.; *Bordell*); das erste H. *(Hotel)* am Platz[e]; (DDR:) Anlässlich des 1. Mai wurden gestern im Schweriner H. der Freundschaft Arbeitskollektive und Persönlichkeiten unseres Betriebs mit hohen staatlichen Auszeichnungen geehrt (Schweriner Volkszeitung 29. 4. 78, 1); der Chef ist zurzeit nicht im Haus[e] *(im Gebäude der Firma);* Ü den Bau des gemeinsamen europäischen -es (Spiegel 24, 1989, 22); * **H. der offenen Tür** *(Gelegenheit, bei der Betriebe, Verwaltungsstellen usw. von allen Bürgern besichtigt werden können);* **c)** *Wohnung, Heim, in dem jmd. ständig lebt:* jmdm. das/sein H. verbieten, öffnen; Am nächsten Tag durchzog Bratenduft das H. (Lentz, Muckefuck 143); die Lieferung erfolgt frei H. (Kaufmannsspr.; *ohne zusätzliche Transportkosten bis zum Bestimmungsort*); das ganze H. auf den Kopf stellen (ugs.; *so sehr nach etw. suchen, dass alles in Unordnung gerät*); bei dieser Kälte gehe ich nicht aus dem Haus[e]; außer Haus[e] *(nicht im Haus, auswärts)* sein, essen; Die Franzosen, soweit noch in Paris vorhanden, hielten sich lieber in den Häusern (Lentz, Muckefuck 155); Hinterher hatte sie den Doktor Rudolf Roth beschuldigt, er habe ihr die Polizei ins H. geholt (Rolf Schneider, November 76); nach Haus[e] gehen, fahren, kommen; jmdn. nach Haus[e] begleiten, bringen; Den bringst du mir nicht mit nach H. (Hörzu 27, 1981, 58); er bringt rund 3 000 Mark nach Haus[e] *(hat einen Nettoverdienst von rund 3 000 Mark);* der Bettler ging von H. zu H.; einige Zeit von -e (ugs.; *von zu Hause*) fortbleiben; an diesem Abend blieb, war, saß er zu Haus[e]; er fühlt sich schon ganz [wie] zu Haus[e] *(fühlt sich in einer neuen Umgebung nicht mehr fremd);* Er war ein Emigrant, ein Exilierter, nicht aus politischen Gründen, sondern weil er sich nirgends zu -e fühlte (Reich-Ranicki, Th. Mann 219); er sagte, er möchte von zu -e abhauen (Petersen, Resonanz 158); Mutter ... ist seitdem täglich zehn Stunden von zu -e fort (Borkowski, Wer 15); R mein H., meine Welt; komm du nur nach Haus[e]! (Drohung als Ankündigung von Strafe, Schelte o. Ä.); Ü 32 Jahre sind die beiden jetzt verheiratet, die Kinder sind erwachsen und aus dem H. (*wohnen nicht mehr bei den Eltern;* Hörzu 42, 1985, 124); ein Paket, einen Brief nach Haus[e] *(an die Angehörigen)* schicken; der Reichstag wurde nach Haus[e] geschickt (ugs.; *wurde aufgelöst*); sie ist, wohnt noch zu Haus[e] *(bei den Eltern);* er war in Berlin zu -e *(wohnte in Berlin);* Dabei ist ein Smoking für Lisa, die unter den Schiebern in der Roten Mühle zu -e ist *(sich dort aufhält u. auskennt),* wahrhaftig nichts Neues (Remarque, Obelisk 292); der Brauch des Osterreitens ist in der Lausitz zu Haus[e] *(wird dort gepflegt; ist dort üblich; kommt von dort);* Ob Literatur oder Journalismus, Theater oder Film – sie war überall zu -e (*kannte sich überall bestens aus;* Reich-Ranicki, Th. Mann 181); ich bin für niemanden/für dich bin ich immer zu Haus[e] *(zu sprechen);* der Verein spielt, tritt am Samstag zu Haus[e] (Sport Jargon; *auf dem eigenen Platz; vor einheimischem Publikum*) [zum Wettkampf] an; * **das H. hüten** *(aus irgendeinem Grund nicht mit andern nach draußen gehen [können], zu Hause bleiben [müssen]);* **jmdm. das H. einrennen/einlaufen** (ugs.; *jmdn. ständig wegen einer Sache zu Hause aufsuchen u. bedrängen*); **jmdm. ins H. schneien/geschneit kommen** (ugs.; *überraschend, unerwartet jmdn. besuchen, bei jmdm. auftauchen*); **auf einem bestimmten Gebiet/in etw. zu -e sein** (ugs.; *sich mit, in etw. genau auskennen; mit, in etw. gut Bescheid wissen*); **mit etw. zu -e bleiben** (ugs.; *etw. für sich behalten; jmdn. mit der Mitteilung einer Belanglosigkeit verschonen*): bleib du mit deinen Weisheiten lieber zu -e!; ◆ wie unangenehm wird es ihn überraschen, wenn er hört, ich sei in dieser Nacht nicht zu -e *(nach Hause)* gekommen (Hauff, Jud Süß 399). **2. a)** (ugs.) *Gesamtheit der Hausbewohner:* das H. war vollzählig versammelt; das ganze H. lief zusammen, rannte auf die Straße; **b)** *Gesamtheit von Personen, die sich in einer bestimmten Funktion in einem bestimmten Haus* (1 b) *aufhalten, dort tätig sind:* das Hohe H. *(Parlament);* die beiden Häuser *(Kammern)* des Parlaments; er hatte alle Geschäftsfreunde seines -es *(seiner Firma)* geladen; dass der ... Nachfolger Samuel Fischers ... ihn, den ... prominentesten Autor des -es *(Verlags),* schlechterdings übervorteilen wollte (Reich-Ranicki, Th. Mann 15); das ganze H. *(gesamte Theaterpublikum)* klatschte begeistert Beifall; **c)** (geh.) *Familie:* ein gastliches, bürgerliches, angesehenes H.; ich wünsche Ihnen und Ihrem Haus[e] alles Gute; sie kommt aus bestem -e; ... ihren Besuch, der den Nebenzweck hatte, Ulrich wieder für ihr H. zu gewinnen (Musil, Mann 308); er ist nicht mehr Herr im eigenen H. *(hat in der Familie nichts mehr zu sagen);* er verkehrt in den ersten Häusern *(angesehensten Familien)* der Stadt; (in Grußformeln am Briefschluss:) herzliche Grüße, mit den besten Grüßen von H. zu H.; * **von Haus[e] aus** (1. *von der Familie her:* von H. aus ist er sehr begütert; Und Arleq ..., von Haus aus gut katholisch [Fries, Weg 36]. 2. *seit jeher, von Natur aus:* Sie bringen von Haus aus für viele Fragen den notwendigen Sachverstand mit [Fraenkel, Staat 282]. 3. *ursprünglich, eigentlich:* von Hause aus heißt er einfach Guha, hat sich aber den asketischen Namen Kamadamana beigelegt [Th. Mann, Tod u. a. Erzählungen 146]); **d)** *Haushalt, Wirtschaft, Hauswesen einer Familie:* jmdm. das H. besorgen; ein großes H. führen *(häufig Gäste haben u. sie aufwendig bewirten);* Meine Eltern machten, wie man sagt, ein ziemliches H. (*gaben oft Gesellschaften;* Katia Mann, Memoiren 11); jmdn. ins H. nehmen; * **H. und Herd** *(eigener Hausstand);* **[mit etw.] H. halten** (*[mit etw.] sparsam wirtschaften; mit etw. sparsam, haushälterisch umgehen;* mhd. hūs halten = das Haus bewahren): mit dem Wirtschaftsgeld, den Vorräten H. halten müssen; er hielt mit seinen Kräften nicht H. *(teilte sie sich nicht ein);* **sein/das H. bestellen** (geh.; *vor einer längeren Abwesenheit, vor dem Tode seinen Besitz, seine Angelegenheiten ordnen; ein Testament machen;* nach Jesaja 38, 1). **3.** *Dynastie, [Herrscher]geschlecht:* das H. Davids; ein Angehöriger des -es Habsburg; das H. Rothschild; Ist er (= Kaspar Hauser) wirklich der Prinz aus regierendem -e, den ruchlose Verwandte in der Wildnis ausgesetzt haben? (K. Mann, Wendepunkt 134); sie stammt vom kaiserlichen -e ab. **4.** (ugs. scherzh.) *Person, Mensch:* er ist ein fideles, gemütliches H.; wie gehts, altes H. *(alter Freund)*?; er ist schon ein tolles H. *(ein verrückter, überspannter Kerl);* ... mit einem Archivrat der Kasseler Landesbibliothek, einem ungemeinen gelehrten H. (Zeller, Amen 121). **5.** (Astrol.) **a)** *Tierkreiszeichen in seiner Zuordnung zu einem Planeten;* **b)** *einer der zwölf Abschnitte, in die der Tierkreis eingeteilt ist:* Im H. des Aszendenten stieg die Waage auf ... Neptun bezog das zehnte, das H. der Lebensmitte ... Saturn war es, der im dritten H. in Opposition zu Jupiter mein Herkommen infrage stellte (Grass, Blechtrommel 51).

[1,2]Hau|sa: ↑[1,2]Haussa.

Haus|al|tar, der: *kleiner Altar an einer bestimmten Stelle des Wohnzimmers od. im Andachtsraum eines Hauses.*

Haus|an|dacht, die: *Andacht im Familienkreis, in einem Heim, einer Anstalt o. Ä.*

Haus|an|ge|stell|te, die: *weibliche Person, die in einem Haushalt für die Hausarbeit angestellt ist.*

Haus|an|schluss, der: **1.** *Anschluss einer Versorgungsleitung im Haus.* **2.** *Fernsprechanschluss in einer Nebenstellenanlage.*

Haus|an|ten|ne, die: *Antenne auf dem Dach eines Hauses, die von dessen Bewohnern genutzt werden kann.*

Haus|an|zug, der: *bequemer, aus Hose u. Jacke bestehender Anzug, der zu Hause getragen wird.*

Haus|apo|the|ke, die: *kleiner Schhrank o. Ä. mit einer Zusammenstellung von Medikamenten, mit Verbandszeug u. Ä. für den häuslichen Bedarf, die häusliche Krankenpflege.*

Haus|ar|beit, die: **1.** *im Haushalt anfallende Arbeit (wie Putzen, Waschen, Kochen).* **2.** *[umfassende] schriftliche Arbeit, die von einem Schüler zu Hause angefertigt wird:* Schocker ... schreibt, rechnet, macht -en, als wollte er ein Professor werden (Ossowski, Flatter 21).

Haus|ar|beits|tag, der (früher): *arbeitsfreier [bezahlter] Tag für berufstätige Frauen mit eigenem Haushalt:* Vor dem Bundesverfassungsgericht will ein Junggeselle einen »Hausarbeitstag« erzwingen – wie er Frauen zusteht (Spiegel 52, 1979, 48).

Haus|ar|rest, der: *Strafe, bei der dem Bestraften verboten ist, das Haus zu verlassen:* jmdn. unter H. stellen; er steht unter H.

Haus|ar|ti|kel, der: *Verkaufsgegenstand eines Geschäfts, der in dessen eigener Produktion hergestellt wurde.*

Haus|arz|nei, die (veraltet): vgl. Hausmittel.

Haus|arzt, der: *[langjähriger] Arzt [einer Familie], der bei auftretenden Krankheiten als Erster in Anspruch genommen wird u. auch Hausbesuche macht.*

Haus|ärz|tin, die: w. Form zu ↑Hausarzt.

Haus|auf|ga|be, die: *vom Lehrer aufgegebene Arbeit, die der Schüler zu Hause erledigen muss:* die Kinder müssen zuerst noch ihre -n machen, erledigen; er sitzt schon stundenlang an seinen, über seinen -n; Ü Der Westen, rügen Bonner Diplomaten, »macht seine -n nicht« (ugs.; *erledigt nicht die notwendigen Arbeiten, leistet nicht die nötige Vorarbeit, kommt seinen Pflichten nicht nach;* Spiegel 2, 1990, 66); So einfach liegen die Dinge also nicht, dass eine eilfertige Opposition die -en der Regierung *(die von der Regierung zu erledigenden notwendigen Arbeiten)* erledigt (Woche 28. 2. 97, 1).

Haus|auf|ga|ben|be|treu|ung, die: *das Betreuen, Beaufsichtigen der Hausaufgaben.*

Haus|auf|ga|ben|heft, das: *Aufgabenheft für die Hausaufgaben.*

Haus|auf|satz, der: vgl. Hausaufgabe.

Haus|au|tor, der: *Autor, der [ausschließlich] für einen bestimmten Verlag schreibt, an einen bestimmten Verlag vertraglich gebunden ist.*

Haus|au|to|rin, die: w. Form zu ↑Hausautor.

haus|ba|cken ⟨Adj.⟩ [backen = 2. Part. von [1]backen, das in Zus. ohne ge- steht, vgl. altbacken]: **1.** (veraltet) *selbst gebacken:* -e Brötchen. **2.** *bieder, langweilig u. ohne Reiz:* eine langweilige, -e Person; Warum hinterlässt sein eigenes Ensemble diesen etwas -en Eindruck? (Wiener 11, 1983, 127); So h. die Konstruktion aussieht, sie ist der letzte Schrei (ADAC-Motorwelt 4, 1983, 58).

Haus|ball, der: *häusliche Tanzveranstaltung in festlichem Rahmen.*

Haus|bank, die ⟨Pl. -en⟩: *Bank, mit der ein Kunde seine regelmäßigen Geschäfte abwickelt.*

Haus|bar, die: **a)** *spezielles Möbelstück od. Fach eines [Wohnzimmer]schrankes zum Aufbewahren von Spirituosen:* Sie ging zu ihrer kleinen H. neben dem Fernseher (Wellershoff, Körper 109); **b)** *kleinere Ausführung einer [1]Bar* (2) *zu Hause;* **c)** *[in einer Hausbar* (a, b) *aufbewahrte] Auswahl verschiedener Spirituosen für den privaten Bedarf:* Bibi Jenisch ... war ... hinausgegangen, kaum dass ... Drautzmann die H. hatte anfahren lassen (Gaiser, Schlußball 192).

Haus|bau, der ⟨Pl. -ten⟩: **1.** ⟨o. Pl.⟩ *das Bauen, Errichten eines Hauses, Gebäudes:* jmdm. beim H. helfen. **2.** (seltener) *zu errichtendes od. fertig errichtetes Haus, Gebäude:* Die Zahl der neu begonnenen Hausbauten ist nahezu auf den auf das Jahr hochgerechneten Rekordstand von 1,72 Millionen Einheiten gestiegen (Handelsblatt 28. 8. 98, 10).

Haus|be|darf, der: *Hausgebrauch:* ein kleiner Gemüsegarten für den H.

Haus|berg, der: **a)** (ugs.) *in der Nähe einer Stadt gelegener u. von deren Bewohnern zahlreich u. oft besuchter Berg:* der Feldberg ist der H. der Freiburger; Von Sturmböen getrieben, jagen dicke Schneewolken über den »Ben«, wie die Bewohner von Fort William ihren H. nennen (Spiegel 14, 1995, 167). **b)** (Sport Jargon) *Berg, auf dessen Abfahrtsstrecken ein Skifahrer ständig trainiert, sodass er sie besonders gut kennt:* die Rotwand im Schlierseer Tourengebiet wurde bald ihr H. (Maegerlein, Piste 86).

Haus|be|set|zer, der: *jmd., der eine Hausbesetzung vornimmt:* Polizisten zerstreuten die Gruppe der H. (MM 8. 5. 79, 10); Halten Sie es für sinnvoll, mit -n zu diskutieren? (Blanc, Tatort 74).

Haus|be|set|ze|rin, die; -, -nen: w. Form zu ↑Hausbesetzer.

Haus|be|set|zung, die: *widerrechtlicher gemeinschaftlicher Einzug in ein leer stehendes, zum Abbruch bestimmtes Haus:* Studenten protestieren: H. gegen Wohnungsnot (MM 13. 5. 80, 12).

Haus|be|sit|zer, der: *jmd., der ein od. mehrere Häuser besitzt.*

Haus|be|sit|ze|rin, die: w. Form zu ↑Hausbesitzer.

Haus|be|sor|ger, der (österr.): *Hausmeister:* Gegen zehn klingelte er am Kohlenmarkt den H. heraus und stieg zu Fräulein Kalman hinauf (Bieler, Mädchenkrieg 305).

Haus|be|sor|ge|rin, die; -, -nen (österr.): w. Form zu ↑Hausbesorger.

Haus|be|sor|ger|pos|ten, der (österr.): *Posten* (2 a) *eines Hausbesorgers.*

Haus|be|sor|ger|stel|le, die (österr.): vgl. Hausbesorgerposten.

Haus|be|such, der: *Besuch, den ein Arzt od. jmd. als Vertreter einer amtlichen Stelle jmdm. zu Hause abstattet.*

Haus|be|woh|ner, der: *Bewohner eines Hauses, in einem Haus Wohnender.*

Haus|be|woh|ne|rin, die: w. Form zu ↑Hausbewohner.

Haus|bi|bli|o|thek, die: *Bibliothek eines Heims, einer Anstalt o. Ä.*

Haus|block, der ⟨Pl. ...blöcke u. -s⟩ (seltener): *Häuserblock:* Sie ging mit dem Mädchen an der Hand um den H. spazieren (Johnson, Ansichten 242).

Haus|bock, der [2. Bestandteil als Bez. für Käfer mit großen, dem Gehörn eines Bockes ähnlichen Fühlern]: *kleiner, schwarzer Käfer mit länglichem Körper, der in Häusern im Holz der Balken, Dachsparren u. Ä. Schäden anrichtet:* Er hatte bald herausgefunden, dass das Holzmehl nichts mit Holzwürmern oder Holzböcken oder anderen Schädlingen zu tun hatte (H. Gerlach, Demission 93).

Haus|boot, das: *Boot, das als Wohnung dient u. entsprechend eingerichtet ist:* Ja, da war ich bei so einer Kommune da, auf so einem H. (Fichte, Wolli 317); Fast alle Wasserwege Frankreichs ... lassen sich mit -en befahren (a & r 2, 1997, 70).

Haus|brand, der ⟨o. Pl.⟩: *Brennmaterial zum Heizen von Wohnräumen:* die Haushalte mit niedrigem Einkommen könnten sich einer Verteuerung des leichten Heizöls als H. nicht entziehen (Saarbr. Zeitung 11. 7. 80, 4).

Haus|brand|koh|le, die: *zum Heizen von Wohnräumen verwendete Kohle.*

Haus|brand|ver|sor|gung, die: *Versorgung mit Hausbrand.*

Haus|brauch, der (seltener): *in einer Familie, einer Anstalt, einem Unternehmen o. Ä. üblicher, gepflegter Brauch:* Ist es eigentlich H. im ORF, Personalfragen ausschließlich in der Gerüchteküche auszutragen? (Basta 6, 1984, 16).

Haus|brief|kas|ten, der: *Briefkasten* (b).

Haus|brun|nen, der: *Brunnen, der zum Haus gehört.*

Haus|buch, das: **1.** *Buch zum häufigen häuslichen Gebrauch:* die Bibel, das H. der christlichen Familie. **2.** (veraltet) *Haushaltsbuch.* **3.** (DDR) *von einem Hausbesitzer od. -verwalter geführtes Buch mit den Personaldaten der Hausbewohner:* wie ja auch DDR-Besucher sich ... noch ins jeweilige H. einzutragen haben (Saarbr. Zeitung 12./13. 7. 80, I).

Haus|bur|sche, der: *jüngerer Angestellter eines Hotels, dessen Aufgabenbereich sich auf Dienstleistungen wie Koffertragen, Schuheputzen o. Ä. erstreckt.*

Häus|chen, das; -s, -: **1.** Vkl. zu ↑Haus

(1a): das H. mit den Gartengeräten ist abgebrannt; * **[ganz/rein] aus dem H. geraten/fahren** (ugs.; *[in freudiger Erregung] außer sich geraten*): Ich saß in der ersten Reihe, und die Leute um mich herum gerieten völlig aus dem H. (Kraushaar, Lippen 10); **[ganz/rein] aus dem H. sein** (ugs.; *[in freudiger Erregung] außer sich sein;* ahmt wohl frz. »Les Petites-maisons« [= Name einer Nervenheilanstalt in Paris] nach): Sie sei, sagte sie, ganz aus dem H. vor Begeisterung (M. Walser, Seelenarbeit 208); **jmdn. aus dem H. bringen** (ugs.; *jmdn. in [freudige] Erregung versetzen*): Mein Hintern hat schon so manchen Mann aus dem H. gebracht (Hilsenrath, Nazi 18). **2.** (fam.) *primitiv gebaute Toilette außerhalb des Hauses:* aufs H. gehen.

Haus|dach, das: *Dach* (1): mein Großvater ... sah, wie rundherum auf den Hausdächern ... weiße Leintücher gehisst wurden (Innerhofer, Schattseite 160).

Haus|da|me, die: *weibliche Person, die [in einer besonderen Vertrauensstellung] einem größeren Haushalt vorsteht od. zur Betreuung eines [allein stehenden älteren] Menschen angestellt ist.*

Haus|de|tek|tiv, der: *von einem Kaufhaus o. Ä. angestellter Detektiv, der Warendiebstähle verhindern od. aufklären soll.*

Haus|de|tek|ti|vin, die: w. Form zu ↑Hausdetektiv.

Haus|die|ner, der: vgl. Hausbursche.

Haus|die|ne|rin, die: w. Form zu Hausdiener.

Haus|dra|chen, der (ugs. abwertend): *zänkische, herrschsüchtige Ehefrau od. Hausangestellte:* Wo der H. in 8 Stunden zum totalen Weibchen wird (Welt 8. 2. 79, 3); Ein reicher ... Hagestolz lässt sich von seiner Magd charmant-listig in die Ehefalle locken, um dann seinerseits zum Sklaven dieses prügelnden -s zu werden (Chic 9, 1984, 25).

Haus|durch|su|chung, die (bes. österr., schweiz.): *Haussuchung:* Ich fordere Sie auf, mir Ihren Wohnungsschlüssel für eine H. zu übergeben (Brasch, Söhne 27).

Haus|ecke, die: *durch zwei senkrecht aufeinander stoßende Hausmauern gebildete Ecke.*

Haus|eh|re, die [1: mhd. hūsēre]: **1.** (veraltet) *Familienehre.* **2.** (veraltet, noch scherzh.) *Ehefrau, Hausfrau.*

haus|ei|gen ‹Adj.›: *zu einem Haus, Hotel, einer Firma gehörend; dem Besitzer eines Hauses, Hotels, einer Firma gehörend, ihm unterstehend:* In den nächsten drei Jahren sollen möglichst alle -en Benzinmotoren auf die Neuentwicklung umgestellt werden (Woche 17. 1. 97, 35); ... engagierte sich Hemloke einen im Profisport gescheiterten Berufsboxer als Organisator einer -en Schutztruppe (Prodöhl, Tod 14); ... verwies mich mit meinen Francs sofort an die -e Wechselkasse (Saarbr. Zeitung 6./7. 10. 79, 31); Hotel mit -em Skilift.

Haus|ei|gen|tü|mer, der: vgl. Hausbesitzer.

Haus|ei|gen|tü|me|rin, die: w. Form zu ↑Hauseigentümer.

Haus|ein|fahrt, die: **a)** *zu einem Haus gehörende Einfahrt* (2a); **b)** (österr.) *Hauseingang, Hausflur.*

Haus|ein|gang, der: *Eingang* (1a), *der in ein Haus führt:* im H. stehen; Die Bemalung von Hauseingängen soll den Bewohnern Glück und langes Leben bescheren (a&r 2, 1997, 33).

hau|sen ‹sw. V.; hat› [mhd. hūsen, ahd. hūson = wohnen, sich aufhalten; sich wüst aufführen]: **1. a)** (ugs. abwertend) *unter schlechten Wohnverhältnissen leben:* in einer Baracke, einer Hütte h.; diese kleinen Zimmer, in denen wir zu viert h. mussten (Hörzu 29, 1972, 32); Er dachte daran, dass sie seit rund zehn Jahren allein in diesem Loch hauste (Bieler, Bär 267); **b)** (abwertend) *abgesondert, einsam wohnen, sodass niemand Einblick in die Lebensweise bekommt:* auf abgelegenen Burgen hausten Raubritter; die oft bizarren Seelenlabyrinthe von Greisinnen ..., die isoliert in einem Frankfurter Betonsilo hausen (Spiegel 32, 1979, 146); **c)** (ugs., oft scherzh.) *wohnen:* wir hausen jetzt in einer gemütlichen, kleinen Dachwohnung. **2.** (ugs. abwertend) *wüten; Verwüstungen anrichten:* der Sturm, das Unwetter hat in verschiedenen Gegenden schlimm gehaust; wie die Vandalen h.; Die Franzosen haben ja ziemlich gehaust in Hamburg (Kempowski, Zeit 220). **3.** (veraltet) *gut haushalten; sparen.* ◆ **4.** *in ehelicher Gemeinschaft zusammenleben:* wo ein Patchen von mir ... diente, auf die er gar viel hielt; er wollte einmal mit ihr h. (Cl. Brentano, Kasperl 352).

Hau|sen, der; -s, - [mhd. hūsen, ahd. hūso, H. u.]: *großer Stör mit kurzer Schnauze, großer, halbmondförmiger Mundöffnung u. abgeplatteten Barteln, der vor allem wegen seines als Kaviar zubereiteten Rogens wertvoll ist.*

Hau|sen|bla|se, die: *aufbereitete Innenhaut der Schwimmblase des Hausens u. anderer Störe, die zum Klären von Wein, als Appreturmittel u. als Klebstoff verwendet wird.*

Haus|ent|bin|dung, die: *Hausgeburt.*

Hau|ser, der; -s, - [zu veraltet hausen = wirtschaften] (bayr., westösterr.): *Haushälter, Wirtschaftsführer.*

Häu|ser: Pl. von ↑Haus.

Häu|ser|block, der ‹Pl. -s, selten: ...blöcke›: *mehrere aneinander gebaute Häuser [die von vier Straßen umrahmt sind], Block* (3) *von Wohnhäusern:* Er ging hinter ihr her, fast einen H. lang (Chic 9, 1984, 88); eine kleine Straße, die nur aus ein paar -s besteht (Praunheim, Armee 110).

Häu|ser|chen ‹Pl.›: Vkl. zu ↑Häuser.

Häu|ser|flucht, die: vgl. Häuserreihe.

Häu|ser|front, die: *Front einer Häuserreihe.*

Häu|ser|grup|pe, die: *Gruppe von beieinander stehenden Häusern.*

Hau|se|rin, Häu|se|rin, die; -, -nen (bayr., westösterr.): w. Form zu ↑Hauser.

Häu|ser|kampf, der (Milit.): *Kampf um Häuser eines Ortes.*

Häu|ser|mak|ler, der: *Makler, der Häuser zum Kaufen od. Mieten vermittelt* (Berufsbez.).

Häu|ser|mak|le|rin, die: w. Form zu Häusermakler.

Häu|ser|meer, das: *aus einer gewissen Entfernung, bei einem gewissen Überblick gesehene, dicht beieinander stehende Häuser in großer Zahl:* Die Zahl der Selbstmordversuche freilich ... sei ungewöhnlich hoch in diesem H. (Hörzu 9, 1978, 147).

Häu|ser|rei|he, die: *in einer Reihe nebeneinander stehende od. aneinander gebaute Häuser.*

Häu|ser|ru|i|nen ‹Pl.›: *Ruinen von Häusern:* Sand, Abfallhaufen, H. und Gräber bergen Urkunden des Staates und der Tempel (horizont 12, 1977, 27).

Häu|ser|schlucht, die (oft abwertend): *Straße mit hohen Häuserfronten zu beiden Seiten:* in jener Nacht ..., in der die Tränengaspatronen in den -en detonierten (Welt 15. 12. 80, 3).

Häu|ser|vier|tel, das: *[kleinerer] Teil einer Stadt, der dicht mit Wohnhäusern bebaut ist.*

Häu|ser|wand, die: vgl. Häuserfront.

Häu|ser|zei|le, die: *Häuserreihe.*

Haus|fas|sa|de, die: *vordere, gewöhnlich der Straße zugekehrte Außenseite eines Hauses.*

Haus|flag|ge, die (Seew.): *im Topp eines Schiffes geführte Flagge mit Farbe u. Zeichen der Reederei.*

Haus|flur, der: *Treppenhaus u.* [1]*Flur* (a) *innerhalb eines Hauses, an dessen Seiten sich die Türen zu den angrenzenden Wohnungen befinden.*

Haus|frau, die [a: mhd. hūsvrou(we)]: **a)** *einen Haushalt führende [Ehe]frau:* Beruf: H.; Damit ist auch schon die Frage beantwortet, warum so viele -en einen Beruf ausüben (Gruhl, Planet 156); **b)** (südd., österr.) *Vermieterin bes. eines möblierten Zimmers.*

Haus|frau|en|art, die: meist in der Wendung **nach/auf H.** *([von Speisen] so zubereitet, wie es eine Hausfrau* (a) *macht):* marinierte Heringe nach H.

Haus|frau|en|bri|ga|de, die (DDR): *aus nicht berufstätigen Hausfrauen zusammengesetzte freiwillige Arbeitsgruppe, die in Betrieben aushilft.*

Haus|frau|en|nach|mit|tag, der (DDR): *am Nachmittag stattfindende [kulturelle] Veranstaltung für Hausfrauen.*

Haus|frau|en|pflicht, die: *Pflicht, die sich aus den Aufgaben einer Hausfrau ergibt:* die tägliche Arbeit im Büro und ihre -en überforderten sie.

Haus|frau|en|tu|gend, die (meist spött.): *Tugend, die eine gute Hausfrau haben soll:* Parteistellen ..., die ihrerseits das Einmachen als eine gute deutsche H. propagierten (Böll, Haus 71).

haus|frau|lich ‹Adj.›: *einer Hausfrau entsprechend, zu ihr gehörend:* -e Pflichten, Fähigkeiten; Frau Himly besitzt -e Fertigkeiten (Schädlich, Nähe 73).

Haus|frau|lich|keit, die; -: *hausfrauliche Art.*

Haus|freund, der: **1.** *langjähriger, vertrauter Freund des Hauses, der Familie.*

2. (scherzh. verhüll.) *Liebhaber der Ehefrau:* sie hat, hält sich einen H.

Haus|freun|din, die: w. Form zu ↑Hausfreund (1).

Haus|frie|de[n], der: *gutes Einvernehmen der Hausbewohner, Familienmitglieder untereinander.*

Haus|frie|dens|bruch, der (Rechtsspr.): *Verletzung des Hausrechts durch widerrechtliches Eindringen od. unbefugtes Verweilen in dem Besitztum, in Räumlichkeiten o. Ä. eines anderen:* das ist H.; H. begehen; Im Bahnhof rumgetrieben, Hausverbot gekriegt, sofort wieder reingelatscht, festgenommen wegen H. (Degener, Heimsuchung 37).

Haus|front, die: vgl. Hausfassade.

Haus|fun|da|ment, das: *Fundament* (1 a) *eines Hauses.*

Haus|gang, der (südd., österr., schweiz.): *Hausflur:* Der H. und das Treppenhaus waren geweißelt worden (Sommer, Und keiner 355).

Haus|gans, die: *(als Zuchtform aus der Graugans hervorgegangene) Gans* (1 a).

Haus|gar|ten, der: *Garten bei einem Haus.*

Haus|gast, der (Gastr.): *zahlender Gast, der in einem Hotel, einer Pension o. Ä. wohnt:* ein Parkplatz, Strand für Hausgäste.

Haus|ge|brauch, der: in der Fügung **für den H.** *(für den Bedarf im privaten Haushalt, im Hauswesen, für den eigenen Bedarf):* ein Nutzgarten für den H.; Er ließ sich für den H. das gleiche Stehkragenhemd wie Kaschka nähen (Bieler, Mädchenkrieg 106); Ü seine Kenntnisse reichen für den H. *(für die durchschnittlichen Ansprüche des Alltags).*

Haus|ge|burt, die: *Geburt, bei der die Frau nicht im Krankenhaus, sondern zu Hause entbindet:* Früher waren -en an der Tagesordnung (Saarbr. Zeitung 24. 12. 79, 8/10/12); Neue Studien zeigen: Für gesunde Frauen ist eine Hausgeburt nicht gefährlicher als eine Entbindung in der Klinik (Woche 20. 12. 96,31); Für -en, die manches für sich haben mögen, ist solch technischer Aufwand kaum machbar (Spiegel 31, 1980, 138).

Haus|ge|hil|fin, die: vgl. Haushaltshilfe.

Haus|geist, der: **1.** *zu einem Haus gehörender* [2]*Geist* (3). **2.** (scherzh.) *bes. emsige u. daher geschätzte Hausangestellte.*

Haus|geld, das (früher): *finanzielle Unterstützung, die eine Krankenversicherung im Falle eines Krankenhausaufenthaltes des Mitglieds an dessen Familie zahlt.*

haus|ge|macht ⟨Adj.⟩: *nicht in einem Geschäft gekauft, sondern im eigenen Haus hergestellt, selbst gemacht:* -e Wurst, Nudeln; Die -en Ravioli sind ein Traum (a & r 2, 1997, 85); Hier und da war der Apfelstrudel h. und kam warm aus dem Ofen (ADAC-Motorwelt 11, 1986, 89); Ü eine -e *(selbst verschuldete, nicht von außen hereingetragene)* Inflation; Ein großer Teil der Probleme ist h., verursacht durch Fehler und Versäumnisse der Landesregierung (Hamburger Abendblatt 23. 5. 85, 15).

Haus|ge|mein|schaft, die: **1.** *Gemeinschaft, in der jmd. mit anderen in einem Haus[halt] lebt.* **2.** *alle Bewohner eines Hauses unter dem Aspekt gemeinschaftlichen gesellschaftlichen Handelns.*

Haus|ge|mein|schafts|lei|tung, die (DDR): *von der Hausgemeinschaft* (2) *gewählte Leitung:* Der Vertreter der Partei der Arbeiterklasse dankte auch unserem Parteifreund Voigt für dessen gutes Mitwirken in seiner H. (National-Zeitung [DDR] 5. 11. 76, 3).

Haus|ge|nos|se, der [mhd. hûsgenōȥ]: *jmd., der mit anderen zusammen in einem Haushalt lebt.*

Haus|ge|nos|sen|schaft, die [mhd. hûsgenōȥschaft] (veraltend): *Hausgemeinschaft* (1).

Haus|ge|nos|sin, die: w. Form zu ↑Hausgenosse.

Haus|ge|rät, das ⟨Pl. selten⟩ [mhd. hûsgeræte] (veraltend): *zu einem Haushalt gehörende Möbel, Gegenstände:* auf dem Boden steht nicht mehr gebrauchtes H.

haus|ge|schnei|dert ⟨Adj.⟩: *selbst geschneidert.*

Haus|ge|setz, das (früher): *Sonderregelung bes. vermögens- u. erbrechtlicher Fragen für die Familien des Hochadels.*

Haus|ge|sin|de, das [mhd. hûsgesinde] (veraltet): *Hauspersonal.*

Haus|ge|wer|be|trei|ben|de, der u. die (Rechtsspr.): *jmd., der in eigener Arbeitsstätte mit nicht mehr als zwei fremden Hilfskräften im Auftrag von Firmen o. Ä. Waren herstellt, bearbeitet od. verpackt.*

Haus|glo|cke, die: **1.** *Glocke am Eingang eines Hauses, die jmd. betätigt, der eingelassen werden will.* **2.** (landsch.) *Klingel an der Haustür.*

Haus|gott, der ⟨meist Pl.⟩ (Rel.): *heidnischer Gott, der Haus u. Familie beschützt u. der durch Opfer im Haus verehrt wird.*

Haus|gril|le, die: *Heimchen.*

Haus|hal|le, die (selten): *Eingangshalle eines großen Hauses.*

Haus|halt, der; -[e]s, -e [zu ↑haushalten]: **1.** *Wirtschaftsführung mehrerer [in einer Familie] zusammenlebender Personen od. einer einzelnen Person:* ein H. mit fünf Personen; der H. kostet viel Geld; Wir sind kein H., sondern ein Paar (Frisch, Montauk 194); einen mustergültigen H. führen; den H. machen; jmdm. den H. besorgen; einen H. auflösen, gründen; Anschaffungen für den H. machen; im H. helfen; Ü der hormonelle, seelische H. eines Menschen; Wo ist der Platz des Menschen im H. der Natur? (Stern, Mann 54). **2.** *zu einem Haushalt* (1) *gehörende Personengruppe; Familie:* die meisten -e beziehen eine Tageszeitung; die Stadtwerke versorgen auch die privaten -e mit Gas und Strom; etw. an alle -e verschicken. **3.** (Wirtsch.) *Einnahmen u. Ausgaben einer Stadt, eines Staates, einer öffentlichen Einrichtung o. Ä.; Etat:* der öffentliche H.; die -e des Bundes und der Länder sind nicht ausgeglichen; den H. für das kommende Jahr aufstellen; Im Bundesfinanzministerium überlegt man sich, wie die Löcher im H. gestopft werden können (DM 5, 1966, 7).

Haus|halt|ar|ti|kel usw: ↑Haushaltsartikel usw.

haus|hal|ten ⟨st. V.; hat; meist nur im Infinitiv gebr.⟩ [mhd. hûs halten = das Haus bewahren]: **1.** *sparsam wirtschaften; mit etw. sparsam, haushälterisch umgehen:* mit dem Wirtschaftsgeld, den Vorräten h.; er kann nicht h.; Da ich mit meinem Volontärlohn h. musste, war meine Entscheidung klar (Weltwoche 17. 5. 84, 67); Ü Musst du mit jedem Tropfen Gefühl so h.? Fehlt es dir so sehr daran? (Muschg, Gegenzauber 405). **2.** (veraltet) *einen Haushalt* (1) *führen:* ◆ Baumgartens Weib, der haushält zu Alzellen, wollt' er zu frecher Ungebühr missbrauchen (Schiller, Tell I, 4).

Haus|hal|ter, Haus|häl|ter, der; -s, - (veraltet): **1. a)** *jmd., der jmdm. den Haushalt* (1) *führt;* **b)** *Familienvorstand, Hausvater:* ◆ Ich habe ein Amt, das seinen guten Haushälter nähren kann (Schiller, Kabale I, 2). **2.** *jmd., der haushalten kann.*

Haus|häl|te|rin, die: *weibl. Person, die berufsmäßig bes. für allein stehende Personen den Haushalt* (1) *besorgt.*

haus|häl|te|risch ⟨Adj.⟩: *geschickt in Haushaltsfragen; sparsam, wirtschaftlich:* die Portugiesen ... sind ein -es, nüchternes Volk (Saarbr. Zeitung 4. 12. 79, 2); Die -e Nutzung des Bodens werde nicht konsequent durchgesetzt (NZZ 20. 8. 83, 22); etw. h. nutzen; mit etw. h. umgehen.

Haus|halts|ar|ti|kel, der: *Gegenstand, der in einem Haushalt* (1) *benötigt wird.*

Haus|halts|auf|lö|sung, die: *das Auflösen eines Haushalts* (1).

Haus|halts|aus|gleich, der (Verwaltungsspr.): *Deckung der öffentlichen Ausgaben durch öffentliche Einnahmen.*

Haus|halts|aus|schuss, der (Verwaltungsspr.): *Ausschuss, der für den Haushalt* (3) *verantwortlich ist.*

Haus|halts|buch, das: *kleines Buch, Heft, in das die Ausgaben für den Haushalt eingetragen werden.*

Haus|halts|bud|get, das: *Budget für einen Haushalt* (1, 3).

Haus|halts|de|bat|te, die (Verwaltungsspr.): *Debatte über den geplanten Haushalt* (3).

Haus|halts|de|fi|zit, das (Verwaltungsspr.): *Defizit im Haushalt* (3).

Haus|halts|ex|per|te, der: *Experte in Haushaltsfragen.*

Haus|halts|ex|per|tin, die: w. Form zu ↑Haushaltsexperte.

Haus|halts|fehl|be|trag, der (Verwaltungsspr.): vgl. Haushaltsdefizit.

Haus|halts|fra|ge, die: *Frage, die die Führung eines Haushalts* (1, 3) *betrifft; Frage zum Haushalt.*

Haus|halts|füh|rung, die: *Führung des Haushalts* (1).

Haus|halts|geld, das: *bestimmte Geldsumme, die für die Führung eines Haushalts* (1) *vorgesehen ist, zur Verfügung steht:* sein H. mit einem kleinen Nebenverdienst aufbessern; mit dem H. nicht auskommen.

Haus|halts|ge|rät, das: *Gerät, das im Haushalt* (1) *verwendet wird.*

Haus|halts|ge|setz, das (Verwaltungsspr.): *gesetzliche Festlegung des Haushaltsplanes.*

Haus|halts|hil|fe, die: *meist weibliche Person, die stundenweise die Hausfrau bei der Hausarbeit unterstützt:* Utes Schwester ... kam anno siebenundvierzig als H. zu einer Zahlmeisterfamilie mit drei Kindern (H. Lenz, Tintenfisch 120).

Haus|halts|jahr, das: **1.** (Verwaltungsspr.) *Rechnungsjahr, für das ein Haushaltsplan festgelegt wird.* **2.** *Jahr, das ein Mädchen in einer fremden Familie verbringt, um die Führung eines Haushalts* (1) *zu erlernen.*

Haus|halts|kas|se, die: **a)** ‹o. Pl.› *Geldmittel, die für den Haushalt* (1) *bestimmt sind:* Lebensmittelpreise sprengen die H. (Hörzu 18, 1976, 75); **b)** *Behältnis, in dem das Haushaltsgeld verwahrt wird.*

Haus|halts|ma|schi|ne, die: vgl. Haushaltsgerät.

haus|halts|mä|ßig ‹Adj.› (seltener): *etatmäßig.*

Haus|halts|mit|tel ‹Pl.› (Verwaltungsspr.): *Geld, das für den Haushalt* (3) *zur Verfügung steht.*

Haus|halts|ord|nung, die (Verwaltungsspr.): vgl. Haushaltsplan: Die zahlreichen Einzelheiten des Budgetwesens regelt die H. (Fraenkel, Staat 9).

Haus|halts|pa|ckung, die: *Packung einer Ware, die größer ist als die übliche u. dadurch preiswert an den Verbraucher abgegeben werden kann.*

Haus|halts|pe|ri|o|de, die (Verwaltungsspr.): vgl. Haushaltsjahr (1).

Haus|halts|plan, der (Verwaltungsspr.): *Plan, der der Feststellung u. Deckung des Finanzbedarfs dient, der zur Erfüllung der staatlichen Aufgaben im Bewilligungszeitraum* (1) *voraussichtlich notwendig ist.*

Haus|halts|pla|nung, die: *Erstellung eines Haushaltsplans.*

Haus|halts|po|li|tik, die (Verwaltungsspr.): vgl. Finanzpolitik.

haus|halts|po|li|tisch ‹Adj.› (Verwaltungsspr.): *die Haushaltspolitik betreffend, auf ihr beruhend, zu ihr gehörend:* -e Entscheidungen, Fragen.

Haus|halts|por|ti|on, die: vgl. Haushaltspackung.

Haus|halts|pos|ten, der: *einzelner Posten des Haushalts* (3): Die Arbeitsbeschaffungsprogramme für Jugendliche sind ... durch Einsparungen bei anderen -en gedeckt (Woche 14. 11. 97, 25).

Haus|halts|recht, das (Verwaltungsspr.): *Gesamtheit der Rechtsnormen, die die Planung u. Aufstellung, Verwaltung u. Kontrolle der Haushalte* (3) *regeln.*

haus|halts|recht|lich ‹Adj.› (Verwaltungsspr.): *das Haushaltsrecht betreffend; auf dem Haushaltsrecht basierend.*

Haus|halts|rei|ni|ger, der: *Reinigungsmittel, das im Haushalt* (1) *verwendet wird.*

Haus|halts|schu|le, die: *Haushaltungsschule.*

Haus|halts|si|che|rungs|ge|setz, das (Verwaltungsspr.): *Gesetz zur Sicherung des Haushaltsplans.*

Haus|halts|sum|me, die: *einzelner Betrag, der im Haushalt* (1, 3) *verbraucht wird.*

Haus|halts|tag, der (früher): *Hausarbeitstag.*

haus|halts|üb|lich ‹Adj.›: *einem Haushalt* (1) *angemessen, für ihn passend:* Abgabe der Sonderangebote nur in -en Mengen.

Haus|halts|vo|lu|men, das: *Umfang eines Haushalts* (3).

Haus|halts|vor|stand, der: *Haushaltungsvorstand.*

Haus|halts|waa|ge, die: *Waage* (1) *zum Abwiegen kleinerer Mengen, wie sie in einem Haushalt* (1) *benötigt werden.*

Haus|halts|wa|ren ‹Pl.›: *Haushaltsartikel:* ein Geschäft für H.

Haus|halts|wä|sche, die: *Wäsche, die in einem Haushalt* (1) *verwendet wird (wie Handtücher o. Ä.).*

Haus|halts|we|sen, das ‹o. Pl.› (Verwaltungsspr.): *Gesamtheit dessen, was mit einem Staatshaushalt zusammenhängt.*

Haus|hal|tung, die: **1.** *Haushalt* (1, 2). **2.** *Haushaltsführung; Wirtschaftsführung.*

Haus|hal|tungs|ar|ti|kel, der: *Haushaltsartikel.*

Haus|hal|tungs|buch, das: *kleineres Buch, Heft, in das die Ausgaben für den Haushalt* (1) *eingetragen werden.*

Haus|hal|tungs|kos|ten ‹Pl.›: *Kosten, die durch einen Haushalt* (1) *entstehen.*

Haus|hal|tungs|schu|le, die: *hauswirtschaftliche Berufsfachschule.*

Haus|hal|tungs|vor|stand, der: *jmd., der in einem Haushalt* (1) *Entscheidungen trifft; Familienoberhaupt:* 283 Mark für Haushaltungsvorstände und Alleinstehende (Spiegel 52, 1976, 42).

Haus|hal|tungs|we|sen, das ‹o. Pl.›: *Gesamtheit dessen, was mit Haushaltung, Haushaltungsführung zusammenhängt.*

Haus-Haus-Ver|kehr, der (Verkehrsw.): *Beförderung von Gütern vom Haus des Versenders zum Haus des Empfängers:* eine reibungslose Abwicklung Ihrer Güter im H. (Capital 2, 1980, 110).

Haus|herr, der [1: mhd. hûsherre]: **1.** *Familienoberhaupt [als Gastgeber]; Haushaltungsvorstand.* **2.** (Rechtsspr.) *jmd., der berechtigt ist, über ein Haus od. eine Wohnung als Eigentümer od. als Mieter zu verfügen.* **3.** (südd., österr.) *Hausbesitzer, Vermieter.* **4.** ‹Pl.› (Sport Jargon) *Mannschaft, die den Gegner auf ihrem eigenen Platz, vor ihrem eigenen Publikum empfängt:* Die Partie war schon nach einer Viertelstunde entschieden, als die -en ... 3:0 in Front lagen (Augsburger Allgemeine 6./7. 5. 78, 24).

Haus|her|rin, die: w. Form zu ↑Hausherr (1, 2, 3).

haus|hoch ‹Adj.› (emotional): *sehr hoch:* haushohe Flammen; mehr als hundert Meter Schornstein waren verschwunden, seitlich ein haushoher Schuttberg (G. Vesper, Laterna 26); Ü ein haushoher *(eindeutiger, überlegener)* Sieg; den Gegner h. schlagen (Sport; *ihm eine schwere Niederlage beibringen*); jmdm. h. *(beträchtlich)* überlegen sein; Sie hatte h. *(sehr überlegen)* eine Wahl gewonnen (Dierichs, Männer 223).

Haus|hof|meis|ter, der [mhd. hûshovemeister] (früher): *Verwalter eines großen Haushalts [auf einem Landgut], der die Aufsicht über das Personal führte.*

Haus|huhn, das: *(zu den Hühnervögeln gehörender, in vielen Rassen gezüchteter, bes. seiner Eier wegen gehaltener) größerer, flugunfähiger Vogel von schlanker bis gedrungener Gestalt u. unterschiedlicher Färbung des Gefieders mit einem roten Kamm* (2 a) *auf dem Kopf u. zwei roten, herabhängenden Hautlappen unterm Schnabel.*

Haus|hund, der: *Hund* (1 a).

hau|sie|ren ‹sw. V.; hat› [spätmhd. hausieren]: *von Haus zu Haus gehen u. Waren zum Kauf anbieten, damit handeln:* mit bunten Tüchern h. [gehen]; dass ich aussah wie einer von den Männern, die bei meiner Mutter hausierten (Böll, Und sagte 6); ‹subst.:› Betteln und Hausieren verboten!; Ü mit etw., einer Geschichte, einer Idee h. [gehen] (ugs. abwertend; *überall aufdringlich von etw. sprechen; etw. allen Leuten erzählen*); Der Eurofighter als nationales ABM-Projekt? Seit Monaten gehen die Befürworter des Kampfjets mit der magischen Arbeitsplatzzahl 18 000 h. (ugs. abwertend; *bringen sie immer wieder als Argument vor;* Woche 1. 11. 97, 5); Wer klärt die Alternativen, die mit ihrer Empfindsamkeit hausieren (ugs., abwertend; *immer wieder auf sie verweisen*), darüber auf ...? (Pohrt, Endstation 61).

Hau|sie|rer, der; -s, -: *jmd., der hausiert:* Seit Jahren ohne Aufträge, zog er als H. über Land, monatelang (G. Vesper, Laterna 22).

Hau|sie|re|rin, die; -, -nen: w. Form zu ↑Hausierer: Hausierer und vor allen Dingen auch -nen brachten die Wirkwaren ... an den Mann (MM 17. 1. 92, 25).

Hau|sier|ge|wer|be|schein, der: *amtliche Bescheinigung, die zum Hausieren berechtigt.*

Hau|sier|han|del, der: *von Hausierenden betriebener* [1]*Handel* (2 a).

Haus|in|dus|trie, die: *Heimindustrie.*

Haus|in|schrift, die: *über dem Hauseingang angebrachte Inschrift.*

haus|in|tern ‹Adj.›: *(innerhalb eines Hauses, einer Firma, eines Hotels o. Ä.) nur die jeweiligen eigenen Verhältnisse betreffend:* -e Angelegenheiten unterliegen der Geheimhaltung; Sie werden durch -e Schulung exakt auf ihr Aufgabengebiet vorbereitet (Hamburger Abendblatt 24. 8. 85, 67); ... wenn das h. »P 2000« genannte Projekt im nächsten Jahr so richtig angelaufen ist (Spiegel 10. 8. 98, 76).

Haus|in|woh|ner, der (bes. südd.): *Hausbewohner:* Für die herzliche Anteilnahme ... danken wir ... allen Verwandten, Bekannten und den -n (Augsburger Allgemeine 11./12. 2. 78, 36 [Anzeige]).

Haus|in|woh|ne|rin, die (bes. südd.): w. Form zu ↑Hausinwohner.

Haus|ja|cke, die: *bequeme, leichte Jacke für zu Hause.*

Haus|jop|pe, die: *Hausjacke für Männer.*

Haus|ju|rist, der: **1.** *von einer Firma, Bank o. Ä. angestellter Jurist, der sich ausschließlich mit den rechtlichen Belangen befasst.* **2.** *Jurist, der einen Betrieb o. Ä. in rechtlichen Angelegenheiten berät u. an den sich der Betrieb in Rechtsfragen immer wendet.*

Haus|ju|ris|tin, die: w. Form zu ↑Hausjurist.

Haus|ka|len|der, der: *für die ganze Familie geeigneter, volkstümlicher Kalender in Buchform (mit Erzählungen u. Sprüchen, Abbildungen o. Ä.).*

Haus|ka|nin|chen, das: *aus dem Wildkaninchen gezüchtetes, als Haustier gehaltenes Kaninchen.*

[1]**Haus|ka|pel|le,** die: *in den Gebäudekomplex eines Schlosses, Krankenhauses o. Ä. integrierte* [1]*Kapelle.*

[2]**Haus|ka|pel|le,** die: **a)** *kleinere Gruppe von Musikern, die in einer Bar, einem Café o. Ä. ein ständiges Engagement haben;* **b)** (früher) *kleineres Orchester im Dienst eines Fürsten.*

Haus|ka|plan, der: *Kaplan in den Diensten eines geistlichen od. weltlichen Würdenträgers.*

Haus|kat|ze, die: *(von der Wildkatze abstammendes, zu den Säugetieren zählendes) als Haustier gehaltenes, kleineres Tier mit schlankem Körper, kleinem rundem Kopf, einem langen Schwanz u. weichem Fell, das bevorzugt Mäuse jagt.*

Haus|kit|tel, der: *Kittel, der meist bei der Hausarbeit getragen wird.*

Haus|klatsch, der ⟨o. Pl.⟩ (ugs. abwertend): *Klatsch* (2 a), *der in einem Haus mit mehreren Bewohnern erzählt wird.*

Haus|kleid, das: vgl. Hausanzug.

Haus|knecht, der [spätmhd. hūskneht] (veraltet): vgl. Hausbursche.

Haus|kon|zert, das: *im häuslichen Kreise veranstaltetes Konzert.*

Haus|kor|rek|tor, der (Buchw.): *Korrektor, der in einer Druckerei arbeitet u. dort die Hauskorrekturen durchführt.*

Haus|kor|rek|to|rin, die (Buchw.): w. Form zu ↑Hauskorrektor.

Haus|kor|rek|tur, die (Buchw.): *Korrektur, die noch in der Druckerei, unmittelbar nach der Fertigstellung des Satzes vorgenommen wird, um möglichst alle Satzfehler verbessern zu können.*

Haus|krach, der (ugs.): *Streit zwischen den verschiedenen Bewohnern, Parteien eines Hauses:* wegen der Treppenreinigung ist wieder ein H. fällig; Ü ... offene Kritik an Michels. Ein neuer H. *(vereinsinterne Streitigkeiten um den Trainer)* in Köln scheint anzustehen (Kicker 6, 1982, 39).

Haus|kran|ken|pfle|ge, die: *Pflege eines Kranken nicht im Krankenhaus, sondern zu Hause.*

Haus|kreuz, das: **1.** (ugs. abwertend) *zänkische Ehefrau.* ◆ **2.** *Störung des Friedens in einem engeren Kreise:* Das zerstörte die ganze Freude und brachte in unsern kleinen Zirkel ein böses H. (Goethe, Italien. Reise 8. 12. 1786 [Rom]).

Haus|lat|schen, der ⟨meist Pl.⟩ (ugs.): *Hausschuh.*

Häus|le|bau|er, der [1. Bestandteil schwäb. Vkl. von ↑Haus] (ugs., oft spöttisch): *jmd., der als Bauherr ein Haus baut [u. dabei viele Arbeiten in Eigenleistung ausführt]:* das traditionelle Land der »Häuslebauer«, Baden-Württemberg (Saarbr. Zeitung 14. 3. 80, 4); Mit Steuervorteilen ... hilft der Staat jährlich den Häuslebauern und -käufern (BdW 9, 1987, 22/23).

Haus|leh|rer, der: *Lehrer, der bei einer Familie fest angestellt ist, um die Kinder im Hause der Eltern zu unterrichten.*

Haus|leh|re|rin, die: w. Form zu ↑Hauslehrer.

Häus|ler, der; -s, - (früher): **1.** *Dorfbewohner, der ein kleines Haus ohne Land besitzt:* die Arbeiter zum großen Teil H., die noch ein Fetzchen Acker und ein paar Karnickel und Hühner haben (Heym, Schwarzenberg 33). **2.** *Dorfbewohner, der bei einem anderen zur Miete wohnt; Einlieger* (a).

Häus|le|rin, die; -, -nen: w. Form zu ↑Häusler: Die -nen, in schwarzer Tracht, mit am Kinn gebundenen weißen Kopftüchern (Bieler, Mädchenkrieg 357).

Haus|leu|te ⟨Pl.⟩ [2: mhd. hūsliute]: **1.** (landsch.) *[Ehe]paar, das Hausbesitzer ist u. das ganze Haus od. Wohnungen darin vermietet.* **2.** (schweiz., sonst veraltend) *Mieter eines Hauses.* **3.** *Hausmeister u. dessen Frau.* **4.** (selten) *Mitbewohner eines Hauses.*

haus|lich ⟨Adj.⟩ (schweiz.): *sparsam.*

häus|lich ⟨Adj.⟩ [mhd. hūslīche = ein Hauswesen besitzend; ansässig]: **1. a)** *die Familie, das Zuhause betreffend, dazu gehörend, damit zusammenhängend:* -e Arbeiten, Sorgen, Pflichten, Angelegenheiten; wie sind deine -en Verhältnisse?; -es Glück; **b)** *zu Hause befindlich, stattfindend:* In meiner Abwesenheit hat er Frau Gerda Kiffke, die in -er Gemeinschaft mit mir lebt, in sittlicher Hinsicht belästigt (Ossowski, Flatter 164); durch -e Pflege wurde er rasch gesund; Ein Vater kämpfte zehn Jahre dafür, dass sein behinderter Sohn h. betreut wird (Zeit 16. 7. 98, 13). **2. a)** *das Zuhause u. das Familienleben liebend:* er, sie ist [nicht] sehr h.; *** sich [bei jmdm., irgendwo] h. niederlassen, einrichten** (ugs.; *Anstalten machen, längere Zeit [bei jmdm., irgendwo] wohnen zu bleiben*): Dvorski ... hatte den Keller wieder ausgeschaufelt und sich mit seiner Frau und dem Baby h. eingerichtet (Hilsenrath, Nacht 50); **b)** *in Sachen, die den Haushalt betreffen, tüchtig, erfahren:* ein -er junger Mann.

Häus|lich|keit, die; -: **1.** *das [gerne] Zuhausesein während des Feierabends, während der Freizeit:* die H. lieben. **2.** *hauswirtschaftliche Tüchtigkeit.*

Haus|ma|cher|art, die: meist in der Wendung **nach H.** *(wie hausgemacht):* eingelegte Heringe nach H.; Ü Hochschulpolitik nach H. (*sehr provinzielle Hochschulpolitik;* Spiegel 48, 1977, 66).

Haus|ma|cher|kost, die: *Hausmannskost.*

Haus|ma|cher|lei|nen, das (Textilind.): *mit dem Handwebstuhl od. auch industriell hergestelltes Leinengewebe, das wegen des groben Garns u. der hohen Fadendichte sehr haltbar ist.*

Haus|ma|cher|wurst, die: *Leberwurst, Blutwurst o. Ä. in der Art, wie sie bei Hausschlachtung auf dem Land hergestellt wird:* Dort gab es Speck, Kaffee und Hausmacherwürste (Meckel, Suchbild 115).

Haus|macht, die ⟨o. Pl.⟩: **1.** (früher) *Territorien, die sich im erblichen Besitz des [regierenden] Fürstengeschlechts befinden.* **2.** *(innerhalb einer Institution) auf Personen basierende Macht, über die jmd. fest verfügt u. mit der er politische, wirtschaftliche Ziele durchzusetzen vermag:* eine solide H. half dem Politiker ins Ministeramt; Ohne H. in Gremien und Sender ... übernahm der konfliktfreudige Journalist die etwas verstaubte Anstalt (Spiegel 22, 1985, 81).

Haus|mäd|chen, das: *Hausangestellte, Hausgehilfin.*

Haus|magd, die (veraltet): *weibliche Person, die im Haus die groben Arbeiten verrichtet.*

Haus|mak|ler, der: *Häusermakler.*

Haus|mak|le|rin, die: w. Form zu ↑Hausmakler.

Haus|mann, der [1: mhd. hūsman = Hausherr; Hausbewohner; Burgwart; 2. Analogiebildung zu ↑Hausfrau]: **1.** (veraltend) *Hausmeister* (1). **2.** *einen Haushalt führender [nicht berufstätiger Ehe]mann:* Haben Hausmänner, die für ihre Familien den gesamten Haushalt in Ordnung halten, kochen, Kinder versorgen, die gleichen Probleme wie Hausfrauen? (Hörzu 15, 1976, 64).

Haus|man|nit [auch: ...ˈnɪt], der; -s [nach dem dt. Mineralogen J. F. L. Hausmann (1782–1859)] (Geol.): *bräunlich schwarzes, metallisch glänzendes Mineral, das in körnigen od. gröberen Formen mit anderen Manganerzen vorkommt.*

Haus|manns|kost, die: *einfaches, kräftiges Essen:* gute saarländische H., die jedoch oft nicht gut angenommen werde (Saarbr. Zeitung 7. 12. 79, IX); trotz seiner Vorliebe für Delikatessen lässt er nichts auf H. kommen; frühere Weinkeller, die zu kleinen Restaurants mit regionaler H. und Wein aus eigenem Anbau wurden (a&r 2, 1997, 84); Ü H. *(durchschnittliche Qualität)* ist nicht gefragt bei einem Länderspiel (Welt 13. 5. 65, 6).

Haus|man|tel, der: *bequemes, einem Mantel ähnliches Kleidungsstück, das im Haus getragen wird.*

Haus|mär|chen, das: *Märchen, das im häuslichen Kreis erzählt wird:* die H. der Brüder Grimm.

Haus|mar|ke, die: **1. a)** *Zeichen einer Familie od. Institution zur Kennzeichnung des Eigentums;* **b)** *besonderes Markenfabrikat einer Einzelhandelsfirma.* **2.** (ugs.) **a)** *von jmdm. bevorzugtes Genussmittel:* dieser Obstler ist meine H.; **b)** *in Weinkellereien u. Gaststätten angebotener, meist unetikettierter, offener u. sehr preisgünstiger Wein.*

Haus|mau|er, die: vgl. Hauswand.

Haus|maus, die: *Maus, die sich vorwiegend in menschlichen Behausungen ansiedelt.*

Haus|mei|er, der [LÜ von spätlat. major domus, ↑Majordomus] (hist.): *Inhaber* *des wichtigsten fränkischen Hofamtes u. Anführer der Gefolgsleute:* Karl Martell, Sohn der Nebenfrau eines -s, eines Kanzlers des Fränkischen Reiches (Konzelmann, Allah 130); Ü Als zweiter zieht der frühere H. der Familie Flick, Eberhard von Brauchitsch, samt Tross in den Saal (Göttinger Tageblatt 30. 8. 85, 5).

Haus|meis|ter, der [mhd. hûsmeister = Hausherr]: **1.** *jmd., der vom Hausbesitzer angestellt ist, um in einem größeren Gebäude für die Instandhaltung, die Reinigung, Einhaltung der Ordnung u. Ä. zu sorgen.* **2.** (schweiz. veraltend) *Hausbesitzer.*

Haus|meis|te|rin, die: w. Form zu ↑Hausmeister: eine Reihe von Schimpfworten, wie sie Münchner -nen in nicht zu übertreffender Vielfalt seit jeher beherrschen (Kühn, Zeit 110).

Haus|metzg, die (schweiz.): *Hausschlachtung.*

Haus|metz|ge|te, die (schweiz.): **1.** *Schlachtfest.* **2.** *(in Gasthäusern mit eigener Metzgerei) Schlachtplatte.*

Haus|mit|tei|lung, die: **1.** *Mitteilung einer Person od. Abteilung an eine andere Person od. Abteilung innerhalb einer Firma o. Ä.* **2.** (Wirtsch.) *für den Kunden bestimmte periodische Druckschrift eines Unternehmens.*

Haus|mit|tel, das: *in der Familie, im privaten Gebrauch lange erprobtes u. bewährtes Mittel gegen Krankheiten:* ein altbewährtes H. gegen Fieber sind Wadenwickel.

◆ **Haus|mo|bi|li|en** ⟨Pl.⟩: *Einrichtung* (2 a), *Möbel:* dann wurde das eiserne Gitterwerk von der Pforte abgebrochen und ... samt allen entbehrlichen H. nach und nach in Geld umgesetzt (Immermann, Münchhausen 89).

Haus|müll, der: *(im Unterschied zum Industriemüll) bes. in Haushalten anfallender Müll.*

Haus|mu|sik, die ⟨o. Pl.⟩: *häusliche Musikpflege im Familien- od. Freundeskreis.*

Haus|mut|ter, die [3: vermutlich nach der Fruchtbarkeit des Falters u. weil er sich, angelockt durch das Licht, gern in Häusern aufhält]: **1.** (veraltet) *Hausfrau u. Mutter einer Familie.* **2.** *Vorsteherin einer [Jugend]herberge, eines Heims o. Ä.* **3.** (Zool.) *großer Falter mit braunen Vorderflügeln u. gelben, schwarz gerandeten Hinterflügeln, dessen Raupe nachts an Gemüsepflanzen u. Gräsern frisst.*

Haus|müt|ter|chen, das (ugs. scherzh., auch abwertend): *junges Mädchen od. junge Frau, die sich mit besonderer Hingabe der Hausarbeit widmet [u. kaum andere Interessen hat]:* Was dabei herauskommt, sind H. ohne Interesse am Leben der Gesellschaft oder an Politik (Hörzu 43, 1978, 144); Des fügsamen -s, des enervierenden Putzteufels wird man eines Tages überdrüssig (Dierichs, Männer 251).

Haus|na|me, der (früher): *Name zur Kennzeichnung eines privaten od. öffentlichen Gebäudes.*

Haus|num|mer, die: *Nummer, mit der die einzelnen Häuser einer Straße bezeichnet sind:* wir suchen das Gebäude mit der H. 53; sie wohnen in H. *(im Haus mit der Hausnummer)* 45; * **jmds. H. sein** (salopp; *ganz nach jmds. Geschmack sein*): Klasse Idee, sagt Stopper, das Baby wäre genau meine H. (Degener, Heimsuchung 123).

Haus|or|den, der: *Orden eines Fürstengeschlechts, der an Außenstehende wegen besonderer Verdienste verliehen wird.*

Haus|ord|nung, die: *vom Vermieter eines [Wohn]hauses, von der Leitung eines Heims o. Ä. erlassene Vorschriften für das Verhalten der Bewohner, Insassen o. Ä. u. hinsichtlich der Benutzung bestimmter, zum Haus gehörender Einrichtungen.*

Haus|par|tei, die (österr.): *Mietpartei.*

Haus|per|le, die (ugs. scherzh.): *Perle* (2 b).

Haus|per|so|nal, das: *zu einem Haushalt gehörendes Personal.*

Haus|pfle|ge, die: **1.** (Amtsspr.) *Hilfe zur Weiterführung eines Haushalts, in dem keiner der Angehörigen fähig ist, den Haushalt zu führen.* **2.** *Pflege eines Kranken in seiner Wohnung durch ausgebildetes Pflegepersonal.*

Haus|pfle|ge|rin, die: vgl. Raumpflegerin.

Haus|platz, der: **1.** (landsch.) *[kleiner] Platz im Treppenhaus vor der Wohnungstür.* **2.** (Sport Jargon) *Platz, auf dem jmd. immer trainiert u. den er genau kennt.*

Haus|pos|til|le, die (früher): *Sammlung religiöser u. erbaulicher Sprüche u. Erzählungen, die in der Familie gelesen werden:* abends las er aus der H. vor; Ü (spött.:) Dem konservativen Lord gehört die »Daily Mail«, die reaktionäre H. des englischen Kleinbürgers (Woche 4. 4. 97, 16).

Haus|putz, der: *gründliche Reinigung der zu einem Haushalt gehörenden Räume:* deutsche Frauen ... sind beispielsweise – beim großen deutschen H. – imstande, noch zusätzlich die betonierte Kellertreppe zu bohnern (Spiegel 15, 1977, 114).

Haus|rat, der; -[e]s [mhd. hûsrât = das für einen Haushalt erforderliche Gerät, vgl. Rat]: *Gesamtheit der zu einem Haushalt gehörenden Sachen (wie Möbel, Küchengeräte).*

Haus|rat|ver|si|che|rung, die (Versicherungsw.): *Versicherung des Hausrates gegen Feuer, Wasser u. Einbruch.*

◆ **Haus|räu|ki,** die; -, ...kenen [mhd. hûsröuche, hûsrouche = eigene Haushaltung, eigener Herd, eigtl. = Stätte des Hausrauchs, zu ↑Rauch im Sinne von »Rauch des häuslichen Herdes« (als Sinnbild für den festen Wohnsitz, dessen Mittelpunkt der brennende Herd ist)] (schweiz. mundartl.): *Festessen am ersten Abend nach dem Einzug in ein neues Haus, zu dem Nachbarn u. Freunde eingeladen werden:* Als endlich das Haus erbauet war, zogen sie hinüber ... und gaben als so genannte H. eine Kilbi, die drei Tage lang dauerte (Gotthelf, Spinne 103).

Haus|recht, das (Rechtsspr.): *Recht des Besitzers od. Benutzers einer Wohnung od. eines Hauses, jmdm. zu verbieten, die Wohnung od. das Haus zu betreten od. sich darin aufzuhalten:* das H. ausüben; von seinem H. Gebrauch machen.

Haus|rind, das: *vom Auerochsen abstammendes, als Haustier gehaltenes Rind.*

Haus|rock, der (seltener): *Hausjacke:* Um geschlechtlichen Kontakt mit ihrem Mann zu vermeiden, schlief eine Frau in einem H., der bis zum Hals zugeknöpft war (Dunkell, Körpersprache 145).

Haus|ru|i|ne, die: *Ruine eines einzelnen Hauses.*

[1]**Haus|sa,** [1]Hausa, der; -[s], -[s]: Angehöriger eines negriden Volkes in Nordafrika.

[2]**Haus|sa,** [2]Hausa, das; -: *Sprache der Haussa.*

Haus|samm|lung, die: *Sammlung, bei der die Helfer von Haus zu Haus gehen u. in Wohnungen um Spenden bitten:* die diesjährige Sammlung für das Müttergenesungswerk ... Wir führen keine H. durch und bitten Sie deshalb bei der Straßensammlung um eine großzügige Spende (Kontakt 4, 1975, 3 [Zeitschrift]).

Haus|schaf, das: *vom Wildschaf abstammendes, als Haustier gehaltenes Schaf.*

Haus|schan|ze, die (Sport Jargon): *Schanze, auf der ein Skispringer ständig trainieren kann u. die er deshalb besonders gut kennt.*

Haus|schild, das (früher): *an Häusern angebrachtes* [2]*Schild als Hauszeichen.*

[1]**haus|schlach|ten** ⟨sw. V.; hat; nur im Inf. u. 2. Part. gebr.⟩ (selten): *auf dem eigenen Hof, Anwesen selbst schlachten.*

[2]**haus|schlach|ten** ⟨Adj.⟩ (selten): *hausgemacht; selbst hergestellt:* -e Wurst.

Haus|schlach|tung, die: *das Schlachten auf dem eigenen Hof, Anwesen.*

Haus|schlüs|sel, der: *Schlüssel für die Haustür.*

Haus|schnei|de|rin, die: *Schneiderin, die in das Haus des Kunden kommt, um dort zu arbeiten.*

Haus|schuh, der: *bequemer, leichter Schuh, der nur im Haus getragen wird.*

Haus|schwamm, der: *Pilz, der das beim Bau eines Hauses verwendete Holz zerstört.*

Haus|schwein, das: *aus dem europäischen Wildschwein gezüchtetes, als Nutztier gehaltenes Schwein:* Jede Wohnung hat einen kleinen Garten mit einem ... Stall für das H. (Chotjewitz, Friede 146).

Hausse [ˈhoːs(ə), oːs], die; -, -n [...sn̩; frz. hausse, eigtl. = Erhöhung, zu: hausser = erhöhen, über das Vlat. zu lat. altus = hoch]: **1.** (Wirtsch.) *allgemeiner Aufschwung:* Holland erlebte eine H. an Chopsuey und Haifischflossen (Spiegel 22, 1966, 104); Ü Wie lange diese H. des Überraschungsteams noch anhält, lässt sich nicht abschätzen (NZZ 23. 12. 83, 37). **2.** (Börsenw.) *Steigen der Börsenkurse:* Seit Ende November haben die Rentenpapiere wieder H. (Capital 1, 1967, 29); wer wie Amery auf H. spekuliere, der brauche einen langen Atem (Bieler, Mädchenkrieg 255).

Haus|se|gen, der (früher): *Segensspruch über der Tür eines Hauses, an der Wand eines Zimmers:* * **bei jmdm. hängt der H. schief** (ugs. scherzh.; *in jmds. Familie,*

Ehe hat es Streit gegeben, u. es herrscht noch eine gereizte Stimmung): Wenn Edith ihn zur Ziehung der Lottozahlen zu wecken vergisst, hängt der H. schief (Chotjewitz, Friede 79).

◆ **hau|ßen** ⟨Adv.⟩ [mhd. hūzen, zusgez. aus: hie ūzen = hier außen] (md.): *draußen* (a): Bleibet h., folg' ihm keiner (Goethe, Faust I, 1260); Da h. sind auch immer Blumen (Goethe, Werther II, 30. November).

Hausse|spe|ku|la|ti|on, die (Börsenw.): *Spekulation auf die Hausse von Börsenkursen.*

Haus|si|er [(h)o'si̯e:], der; -s, -s [frz. haussier] (Börsenw.): *jmd., der auf Hausse spekuliert.*

haus|sie|ren [(h)o'si:rən] ⟨sw. V.; ist⟩ [frz. hausser] (Börsenw.): *im Kurswert steigen:* Kupfer haussierte infolge des Streiks (Welt 24. 9. 66, 18); Unabhängig von der Kursentwicklung der übrigen Industriewerte haussierten zuletzt die Rohstoffholdings aus Südafrika und Australien (Capital 2, 1980, 200).

Haus|spruch, der: *Hausinschrift.*

Haus|stand, der ⟨o. Pl.⟩ (geh.): *Ehe u. Familie mit dazugehörigem Haushalt* (1): [mit jmdm.] einen H. gründen.

Haus|stre|cke, die (Sport Jargon): *Strecke, auf der ein Sportler ständig trainieren kann u. die er deshalb besonders gut kennt:* Mit dem Streckenrekord von 6:53,5 Stunden ... beherrschte John Surtees auf dem Vier-Liter-Ferrari seine H. souverän (Welt 24. 5. 65, 16); Ü die Auswertung demoskopischer Umfragen war sozusagen seine H.

Haus|su|chung, die: *polizeiliche Durchsuchung einer Wohnung, eines Hauses nach tatverdächtigen Personen od. zwecks Beschlagnahme bestimmter Gegenstände:* Das wird sich entscheiden, wenn die H. und einige andere Dinge abgeschlossen sind (Brasch, Söhne 40).

Haus|tau|be, die: *gezüchtete, als Haustier gehaltene* ¹*Taube* (1 a).

Haus|tau|fe, die: *zu Hause, in einer Privatwohnung o. Ä., nicht in der Kirche vorgenommene Taufe.*

Haus|tech|nik, die: *Gesamtheit der fest in ein Gebäude einzubauenden technischen Ausrüstungen:* In Wolkenkratzern wie dem Frankfurter Eurotower kümmert sich TDE sogar um die gesamte H. inklusive Sprinkleranlage, Heizkörper und Klospülung (Woche 11. 4. 97, 13).

haus|tech|nisch ⟨Adj.⟩: *die Haustechnik betreffend, zu ihr gehörend:* Regel- und Sicherheitskomponenten für Gasverbrennungsanlagen im industriellen und -en Bereich (CCI 2, 1997, 30).

Haus|tee, der: *aus Kräutern hergestellter Tee, der als Hausmittel verwendet wird.*

Hau|stein, der: *behauener Naturstein [als schmückende Verblendung von Mauerwerk].*

Haus|te|le|fon, das: *Telefon, das [nicht an das Fernsprechnetz angeschlossen ist, sondern nur] innerhalb eines großen Hauses zwischen einzelnen Räumen Verbindungen herstellt.*

Haus|tenn, das (schweiz.): *Tenne eines Hauses.*

Haus|tier, das: **1.** *vom Menschen gezüchtetes, an Menschen gewöhntes, nicht frei lebendes Tier, das aus wirtschaftlichen Gründen gehalten wird* (z. B. Pferd, Kuh, Schaf, Ziege, Huhn, Gans). **2.** *Heimtier.*

Haus|toch|ter, die: *junges Mädchen, das für eine bestimmte Zeit in einer fremden Familie lebt, um dort die Führung eines Haushalts zu erlernen.*

Haus|tor, das: *Tor vor der Einfahrt eines Hauses.*

Haus|to|ri|um, das; -s, ...ien [zu lat. haustor = Schöpfer, Sauger, zu: haurire = schöpfen, saugen] ⟨meist Pl.⟩ (Bot.): **1.** *Saugwarze od. -wurzel pflanzlicher Schmarotzer.* **2.** *zu einem Saugorgan umgewandelte Zelle im Embryosack der Samenpflanze, die Nährstoffe zum wachsenden Embryo* (2) *leitet.*

Haus|trau|ung, die: *Trauung, die von einem Geistlichen zu Hause, in einer Privatwohnung o. Ä., nicht in der Kirche vorgenommen wird.*

Haus|trep|pe, die: *Außentreppe an der Eingangstür eines Hauses.*

Haus|trunk, der (Fachspr.): **1.** *Tresterwein, der lediglich zum Eigengebrauch bestimmt ist.* **2.** *Bier, das Brauereien an ihre Arbeitnehmer zu deren eigenem Verbrauch abgeben.*

Haus|tür, die: *Tür am Eingang eines Hauses:* vor der H. stehen; Ü den Odenwald [direkt] vor der H. haben (ugs.; *in unmittelbarer Nähe des Odenwaldes leben*); Die USA wollten dies vor ihrer H. *(in ihrer unmittelbaren Nachbarschaft)* um jeden Preis verhindern (Alt, Frieden 38).

Haus|tür|schlüs|sel, der: *Schlüssel, mit dem die Haustür zu verschließen od. aufzuschließen ist.*

Haus|ty|rann, der (ugs.): *Familienmitglied, meist Familienvater, von dem die Familie tyrannisiert wird.*

Haus|ty|ran|nin, die (ugs.): w. Form zu ↑Haustyrann.

Haus|übung, die: vgl. Hausaufgabe.

Hau|sung, die; -, -en ⟨Pl. selten⟩ (veraltet): *Wohnung.*

Haus|un|ter|richt, der: *Unterricht, der einem Kind nicht in der Schule, sondern zu Hause erteilt wird.*

Haus|ur|ne, die: *vorgeschichtliches Behältnis für Feuerbestattung, das die Form eines kleinen Hauses hat.*

Haus|va|ter, der: **1.** (veraltet) *Familienvater; Familienoberhaupt.* **2.** *Leiter einer Anstalt, eines Heims o. Ä.*

haus|vä|ter|lich ⟨Adj.⟩: *einem Hausvater entsprechend, von der Art, wie sie einen Hausvater kennzeichnet:* Der Wahlmonarch Charles de Gaulle mit ... der -en Bedächtigkeit eines Ludwig XVIII. (Scholl-Latour, Frankreich 112).

Haus|ver|bot, das: *Anordnung, die jmdm. das Betreten einer Räumlichkeit, eines Gebäudes verbietet:* Im Bahnhof rumgetrieben, H. gekriegt, sofort wieder reingelatscht, festgenommen wegen Hausfriedensbruch (Degener, Heimsuchung 37).

Haus|ver|samm|lung, die (DDR): *Versammlung der Vertreter aller Mietparteien eines Wohnhauses.*

Haus|ver|stand, der: *auf alltägliche Dinge des Lebens gerichteter [u. nur diese erfassender] praktischer Verstand.*

Haus|ver|trau|ens|mann, der ⟨Pl. ...leute, (selten:) ...männer⟩ (DDR): *Vertreter einer Hausgemeinschaft.*

Haus|ver|wal|ter, der: *jmd., der vom Hausbesitzer mit der Verwaltung eines Hauses beauftragt ist.*

Haus|ver|wal|te|rin, die: w. Form zu ↑Hausverwalter.

Haus|ver|wal|tung, die: **a)** *Erledigung aller mit einem Haus zusammenhängenden Angelegenheiten;* **b)** *Institution, Person, Personengruppe, die für die Hausverwaltung* (a) *zuständig ist.*

Haus|wand, die: *Mauer, Außenwand eines Gebäudes.*

Haus|wart, der (schweiz.): *Hausmeister.*

Haus|war|tin, die (schweiz.): w. Form zu ↑Hauswart.

Haus|war|tung, die ⟨o. Pl.⟩ (schweiz.): *Wartung eines [Miets]hauses, wie sie zum Tätigkeitsbereich eines Hausmeisters gehört:* Zu vermieten ... 3-Zimmer-Wohnung ... mit Übernahme der H. – Entschädigung für H. von 3 Doppelblöcken (90 Wohnungen) 1450 Fr. monatlich (Tages Anzeiger 10. 7. 82, 44 [Anzeige]).

◆ **Haus|we|ben,** das; -s [zu Weben = Gewebe, Gewebtes] (landsch.): *Gesamtheit dessen, was im Hause gewebt wird:* ein großer Steinwürfel, der den Zweck hat, dass auf ihm das Garn zu den H. mit einem hölzernen Schlägel geklopft wird (Stifter, Granit 18).

Haus|wein, der: *Hausmarke* (2 b).

Haus|we|sen, das ⟨o. Pl.⟩ (veraltend): *Gesamtheit dessen, was mit der Führung u. Organisation eines Haushalts, der Hauswirtschaft* (1) *zusammenhängt.*

Haus|wirt, der [mhd. huswirt]: **1.** *Hausbesitzer, von dem jmd. eine Wohnung gemietet hat:* Adolf weigert sich, eine Heizung auf eigene Kosten einzubauen. Dafür ist der H. zuständig (Chotjewitz, Friede 129). **2.** (veraltet) *Familienoberhaupt.*

Haus|wir|tin, die: w. Form zu ↑Hauswirt (1).

Haus|wirt|schaft, die: **1.** ⟨o. Pl.⟩ *selbstständige Wirtschaftsführung, Bewirtschaftung eines privaten Haushalts.* **2.** (Wirtsch.) *Wirtschaftsform (als erste Stufe der wirtschaftlichen Entwicklung), bei der ausschließlich für den Eigenbedarf produziert wird.* **3.** (DDR) *persönliches Eigentum der Genossenschaftsbauern an landwirtschaftlichen Nutzflächen, Viehbeständen, Wirtschafts- u. Wohngebäuden u. an Wirtschaftsgeräten.*

Haus|wirt|schaf|te|rin, die: *Hauswirtschaftsgehilfin in einem ländlichen Haushalt* (Berufsbez.).

haus|wirt|schaft|lich ⟨Adj.⟩: *die Hauswirtschaft* (1) *betreffend.*

Haus|wirt|schafts|ge|hil|fin, die: *in einem Haushalt angestellte, helfende weibliche Person* (Berufsbez.).

Haus|wirt|schafts|leh|re|rin, die: *Lehrerin, die Hauswirtschaft* (1) *unterrichtet.*

Haus|wirt|schafts|lei|te|rin, die: *Leiterin eines großen ländlichen Haushalts* *od. des Haushalts einer Anstalt, eines Heims o. Ä.* (Berufsbez.).

Haus|wirt|schafts|meis|te|rin, die: *Hausfrau, die mehrere Jahre einen [eigenen] Haushalt geführt hat u. nach einer Prüfung hauswirtschaftliche Lehrlinge ausbilden darf* (Berufsbez.).

Haus|wirt|schafts|pfle|ge|rin, die (regional): *Sozialarbeiterin, die bestimmte der Fürsorge bedürfende Personen betreut, indem sie sie pflegt, ihnen im Haushalt hilft, für sie kocht, die Wäsche besorgt usw.*

Haus|wirt|schafts|schu|le, die: *Schule für Hauswirtschaft.*

Haus|wurf|sen|dung, die: *Sendung, bes. der Werbung dienende Mitteilung, Warenprobe o. Ä., die in den Briefkasten jedes einzelnen Haushalts geworfen wird.*

Haus|wurz, die [mhd., ahd. hūswurz]: *(zu den Dickblattgewächsen gehörende) Pflanze mit fleischigen, rosettenartig angeordneten Blättern, deren Blütenstände auf einem langen, aus der Rosette herauswachsenden Stängel sitzen.*

Haus|zei|chen, das: vgl. Hausname.

Haus|zei|le, die: *Häuserzeile.*

Haus|zeit|schrift, die: *Zeitschrift einer Firma als Mittel der betrieblichen Öffentlichkeitsarbeit.*

Haus|zelt, das: *kleineres Zelt von der Form eines Giebeldaches.*

Haus|zie|ge, die: *als Haustier gehaltene Ziege.*

Haus|zier|de, die (veraltet, noch scherzh.): *Ehefrau.*

Haus|zins, der (südd., schweiz.): *Miete.*

Haus-zu-Haus-Ver|kehr, der: *Haus-Haus-Verkehr.*

Haut, die; -, Häute [mhd., ahd. hūt, eigtl. = die Umhüllende]: **1. a)** *aus mehreren Schichten bestehendes, den gesamten Körper von Menschen u. Tieren gleichmäßig umgebendes äußeres Gewebe, das dem Schutz der darunterliegenden Gewebe u. Organe, der Atmung, der Wärmeregulierung u. a. dient:* eine zarte, rosige, helle, empfindliche, weiche, trockene, lederne, runzlige, unreine, dunkle H.; die glatte, glitschige H. des Aals abziehen; die abgeworfene H. einer Schlange; seine H. ist rau, rissig geworden; seine H. war von der Sonne verbrannt, ist zu wenig durchblutet; Das Wasser war kühl, ... und die H. ihrer Füße wurde schrumpelig (Strittmatter, Wundertäter 476); dennoch prickelte ihm die H. vor Erregung (Feuchtwanger, Erfolg 802); die H. hat sich gerötet; Es ist fast alles schmal und eng in diesem Gesicht, die H. sehr dünn über die Knochen gestrammt (Richartz, Büroroman 14); die H. in der Sonne bräunen, gegen Sonnenbrand einölen; Allmählich darf der Lehrling mehr machen: Fäden abschneiden ... Gefäße abbinden, die H. nähen (Hackethal, Schneide 91); ich habe mir die H. abgeschürft, verbrannt; Waschbenzin beißt die H. weg, brennt (Ossowski, Flatter 165); es war sehr heiß, die Damen zeigten viel H. (ugs. scherzh.; *waren sehr leicht, spärlich bekleidet, tief dekolletiert*); durch das zerzauste Gefieder konnte man stellenweise die H. des Vogels sehen; die knusprig gebratene H. der Gans mag er besonders gern; die Farbe, Pigmentierung der H.; die Jacke auf der bloßen H. *(unmittelbar auf dem Körper)* tragen; wir waren alle durchnässt bis auf die H. *(völlig durchnässt);* das Mittel muss in die H. eingerieben, einmassiert werden; Über die entblößte H. sah man rote Schauer laufen (H. Mann, Stadt 181); Spr aus fremder H., aus anderer Leute H. ist gut, leicht Riemen schneiden *(mit dem Geld anderer lässt sich leicht wirtschaften; auf Kosten anderer kann man gut leben);* ***nur/ bloß noch H. und Knochen sein; nur/bloß noch aus H. und Knochen bestehen** (ugs.; *völlig abgemagert sein*); **seine H. retten** (ugs.; *sich retten*); **die H. versaufen** (salopp; ↑Fell 1 a); **jmdm. die H. gerben** (salopp; ↑Fell 1 a); **seine H. zu Markte tragen** (1. ugs.; *sich voll für jmdn., etw. einsetzen u. sich dabei selbst gefährden;* nach der Vorstellung von der Haut als dem allerletzten Eigentum, das man einsetzt: wer sich den Machthabern entgegenstellte, trug die eigene H. zu Markte [Erné, Kellerkneipe 103]. 2. ugs. scherzh.; *als Prostituierte, Callgirl, Stripteasetänzerin o. Ä. arbeiten*); **seine H. [möglichst] teuer/so teuer wie möglich verkaufen** (ugs.; *sich mit allen Kräften wehren, verteidigen; es einem Gegner so schwer wie möglich machen*); **sich seiner H. wehren** (ugs.; *sich energisch wehren, verteidigen*): Schließlich war die Madeleine kein heuriger Hase und würde sich ihrer H. schon wehren (Fallada, Herr 16); **aus der H. fahren** (ugs.; *sehr ärgerlich, voller Ungeduld sein; wütend, zornig werden;* nach dem Bild einer sich häutenden Schlange): man könnte aus der H. fahren, wenn man so etwas sieht; es ist, um aus der H. zu fahren; **nicht aus seiner H. [heraus]können** (ugs.; *nicht anders handeln, sich verhalten können, als es der eigenen Veranlagung, Anschauung entspricht; sich nicht ändern können*): Er konnte nicht aus seiner H., wusste aber, wie er seine Schwäche zu steuern hatte (Loest, Pistole 133); nicht alles von der bösen Seite sehen, ein bisschen Liebe zu den Menschen, ... niemand kann aus seiner H. heraus (Frisch, Stiller 439); **sich** ⟨Dativ⟩ **etw. nicht aus der H. schneiden können** (ugs.; ↑Rippe 1); **sich in seiner H. wohl fühlen** (ugs.; *zufrieden sein mit seiner Lage, Situation, mit den Gegebenheiten, Lebensumständen*); **jmdm. ist wohl in seiner H.** (ugs.; *jmd. ist zufrieden mit seiner Lage, seinen Lebensumständen; jmd. fühlt sich sehr behaglich*); **nicht in jmds. H. stecken mögen** (ugs.; *nicht an jmds. Stelle, nicht in jmds. übler Lage sein mögen*); **in keiner guten/gesunden H. stecken** (ugs.; *oft krank werden, kränkeln*); **mit heiler H. davonkommen** (ugs.; *etw. ungestraft, unverletzt überstehen*); **mit H. und Haar[en]** (ugs.; *völlig, ganz u. gar, restlos*): er hat den ganzen Rest mit H. und Haar[en] aufgegessen, verschlungen; er hat sich dieser Arbeit mit H. und Haar[en] verschrieben; sie ist ihm mit H. und Haar[en] verfallen; **[jmdm.] unter die H. gehen/dringen** (ugs.; *jmdn. sehr erregen, ihn unmittelbar, im Innersten berühren; bei jmdm. starke Empfindungen auslösen;* nach engl. to get under someone's skin): der Film geht unter die H.; Es muss etwas geschehen. Etwas Großes. Etwas, das unter die H. geht (Hörzu 43, 1984, 16); Dem dringt nichts unter die H.! (Sebastian, Krankenhaus 53); **b)** *Fell, Haut* (1 a) *bestimmter größerer Tiere als haltbar gemachtes, aber noch nicht gegerbtes Rohmaterial für Leder; Tierhaut:* die H. wird abgezogen und gegerbt; ***auf der faulen H. liegen** (ugs.; *faulenzen, nichts tun*); **sich auf die faule H. legen** (ugs.; *zu faulenzen anfangen, sich dem Nichtstun hingeben*): Lea ... hörte schon das Gejammer der Mutter, den Vorwurf, dass Nachbars Kinder ihren Schuppen bereits voll hätten, während Lea auf der faulen H. lag (Ossowski, Liebe ist 115). **2. a)** *hautähnliche Schicht, Hülle, Schale:* die Zwiebel hat sieben Häute; der Pfirsich hat eine feste H.; von Pilzen, Mandeln die H. abziehen; die Wurst mit der H. essen; der Samen in der Hülse ist von einer feinen, zarten, durchsichtigen H. bedeckt; **b)** *dünne Schicht, die auf der Oberfläche einer Flüssigkeit steht, sich darauf gebildet hat:* er verabscheut die H. auf der heißen Milch. **3.** ⟨o. Pl.⟩ *etw. wie eine Haut* (1 a) *umgebende, glatte äußere Schicht als Abdeckung, Verkleidung, Bespannung o. Ä.:* die H. des Freiballons glänzte in der Sonne; ein Schiff, Flugzeug mit einer silbern glänzenden H. *(Außenhaut).* **4.** (in Verbindung mit bestimmten, meist positiv charakterisierenden attributiven Adj.; ugs.) *Mensch, Person:* er ist eine ehrliche H.; Ich bin eine grundehrliche H., Beate (Weber, Tote 80); Nee, nee, Richardchen, bist 'ne gute H., aber das sind hier Männersachen (Döblin, Alexanderplatz 87).

Haut|ab|schür|fung, die: *oberflächliche Verletzung der Haut.*

haut|ar|tig ⟨Adj.⟩: *der Haut ähnlich, wie Haut wirkend, beschaffen:* -es Gewebe.

Haut|arzt, der: *Facharzt für Haut- u. oft auch Geschlechtskrankheiten; Dermatologe.*

Haut|ärz|tin, die; -, -nen: w. Form zu ↑Hautarzt.

Haut|at|mung, die (Med., Zool.): *Atmung (Austausch von Sauerstoff u. Kohlendioxid) durch die Haut.*

Haut|atro|phie, die (Med.): *Schwund, Abbau von Bestandteilen der Haut, die dadurch fahl, trocken, dünn u. runzlig wird.*

Haut|aus|düns|tung, die: *Ausdünstung durch die Haut.*

Haut|aus|schlag, der: *Ausschlag* (1).

Haut|bak|te|rie, die (Med.): *auf der (gesunden) Haut lebende Bakterie.*

Haut|bank, die ⟨Pl. -en⟩: *Gewebebank zur Aufbewahrung von menschlicher Haut für Transplantationszwecke.*

Haut|blü|te, die (Med.): *Effloreszenz* (1).

Haut|bois [(h)o'bo̯a], die; -[...a(s)], [...as; frz., ↑Oboe]: frz. Bez. für *Oboe.*

Haut|bräu|ne, die: *Bräune* (1): Wollen Sie ... bei Sonnenlicht eine leichte H. verstärkt wiedergeben, benutzen Sie ein Gelbfilter (Foto-Magazin 8, 1968, 29).

Häut|chen, das; -s, -: **a)** Vkl. zu ↑Haut (2); **b)** *kleines, dünnes, feines häutiges od. hautartiges Gebilde.*

Haut|creme, die: *der Pflege der Haut dienende Creme.*

Haute Coif|fure [(h)o:tkoa'fy:ɐ], die; -- [frz., geb. nach ↑Haute Couture, zu: haut = hoch u. ↑Coiffure]: *für die Mode (bes. in Paris u. Rom) tonangebende Kunst des Frisierens:* ein Meister der H. C.

Haute Cou|ture [(h)o:tku'ty:ɐ], die; -- [frz., zu: haut = hoch u. couture = das Nähen, Schneidern]: *für die Mode (bes. in Paris) tonangebende Schneiderkunst; tonangebendes schöpferisches Modeschaffen:* H. C. aus Amerika – daran muss sich Europa erst gewöhnen (MM 20./21. 2. 82, 51); sie trägt vorwiegend Modelle der H. C.

Haute Cou|tu|rier [(h)o:tkuty'rie:], der; --s, --s [zu ↑Haute Couture; frz. couturier = (Damen)schneider]: *Modeschöpfer der Haute Couture.*

Haute|fi|nance [(h)o:tfi'nã:s], die; - [frz. haute finance]: *Hochfinanz.*

Haute|lisse [(h)o:t'lɪs], die; -, -n [...sn; frz. haute lice = Schaft mit senkrecht aufgezogener Kette, zu: haut = hoch u. lice < lat. licium, ↑Litze]: *gewirkter Wand-, Bildteppich mit senkrecht geführter Kette.*

Haute|lisse|stuhl, der: *Webstuhl mit senkrechter Führung der Kette (bes. für Gobelins u. Teppiche); Hochwebstuhl.*

Haute|lisse|we|be|rei, die: *Weberei auf Hautelissestühlen.*

häu|ten ⟨sw. V.; hat⟩ [mhd. (ent-, uʒ)hiuten]: **1. a)** *einem Tier die Haut, das Fell abziehen:* Rinder h.; einen Hasen mit einem Messer h.; **b)** *von etw. die Haut* (2a) *abziehen, entfernen:* Tomaten, Pfirsiche h.; Die Bohnen in kochendem Wasser 3 Minuten blanchieren, abgießen und h. (e&t6, 1987, 11); »Mein zweiter«, sage ich und häute die Wurst (Frisch, Stiller 28). **2.** ⟨h. + sich⟩ *die Haut von sich abstreifen, abwerfen; die äußeren Schichten der den Körper umgebenden Decke abstoßen u. erneuern:* Schlangen, Krebse häuten sich.

haut|eng ⟨Adj.⟩: *sehr eng, sich dem Körper anschmiegend, eng anliegend:* ein -es Kleid; -e Jeans; Eitelkeit brachte ihn ins Gerede: dicke Klunker um den Hals, -es Leder von Kopf bis Fuß (Hörzu 42, 1983, 50); Die Hosen sind, wie auch in den Kollektionen der anderen Kollegen an der Seine, h. geschneidert (BM 20. 10. 85, 20); ⟨subst.:⟩ Hautenges oder auch Körpernahes ist in diesem Sommer nicht gefragt (Hörzu 28, 1979, 83).

Haut|ent|zün|dung, die: *entzündliche Reaktion der Haut, die mit Rötung, Schwellung, Bläschen-, Schuppenbildung, Juckreiz o. Ä. einhergeht; Dermatitis.*

Haute|ri|vi|en [(h)o:tri'viɛ̃:], das; -[s], **Hau|te|ri|vi|um,** das; -s [nach dem Ort Hauterive im Kanton Neuenburg (Schweiz)] (Geol.): *Stufe der unteren Kreide.*

Haut|er|kran|kung, die: *Hautkrankheit.*

Haute|vo|lee [(h)o:tvo'le:], die; - [frz. (des gens) de haute volée = (Leute) von hohem Rang, zu: haut = hoch (< lat. altus) u. volée = Rang, Stand; (Auf)flug, zu: voler = fliegen < lat. volare] (oft spött. abwertend): *vornehme Gesellschaftsschicht; bessere, feine Gesellschaft:* ... da Damen der H. für wohltätige Zwecke so gut wie alles zu tun bereit sind (Hildesheimer, Legenden 51); Die Mitglieder gehörten im Allgemeinen zum gesättigten Bürgertum, zur H. der kleinen Städte und Landbezirke (Niekisch, Leben 161).

Haut|fal|te, die: *Falte* (2).

Haut|far|be, die: *Farbton der menschlichen Haut (der bes. ein Merkmal der Menschentypen darstellt):* eine dunkle, helle, blasse, gelbliche, gesunde H.; sie wurden wegen ihrer [schwarzen] H. diskriminiert; In diesem Jahr haben 90 Länder Delegationen nach Genf geschickt, alle -n *(Vertreter aller Menschentypen)* und alle politischen Schattierungen (Welt 22. 7. 65, 5).

Haut|farn, der ⟨meist Pl.⟩: *(bes. in den Tropen u. Subtropen heimischer) Farn mit sehr zarten, hautähnlichen feinen Blättern.*

Haut|fet|zen, der: *sich ablösendes od. abgerissenes Stück Haut.*

Haut|flech|te, die: *Flechte* (3).

Haut|flüg|ler, der (Zool.): *Insekt mit zwei häutigen, durchsichtigen Flügelpaaren* (z. B. Wespe, Biene, Ameise).

haut|freund|lich ⟨Adj.⟩: *angenehm, schonend für die Haut, ihr nicht schadend, sie nicht angreifend:* ein -es Gewebe, Reinigungsmittel; die Seife ist besonders h.; Materialien aus Mikrofasern sind h., superleicht und waschmaschinentauglich - was man von reiner Seide nicht gerade behaupten kann (SZ 26. 3. 98, Beilage).

Haut|ge|fäß, das: *Blutgefäß der Haut.*

Haut|ge|lee, der od. das: *nicht fettende, wasserlösliche Hautcreme von geleeartiger Beschaffenheit.*

Haut|ge|we|be, das: *Gewebe, aus dem die Haut besteht.*

Haut|gout [o'gu:], der; -s [frz. haut-goût, zu: haut = hoch, stark (< lat. altus) u. goût, ↑Gout]: *eigentümlich scharfer, würziger Geschmack u. Geruch, den das Fleisch [von Wild] nach dem Abhängen annimmt:* der leichte H. des Hirschbratens; Ü ihn umgibt der H. der Halbwelt; ... wenn ihr der scheußliche H. des Grabes anhaftet (Th. Mann, Zauberberg 350).

Haut|grieß, der: *von Oberhaut bedeckte stecknadelkopfgroße weißliche Knötchen in der Haut.*

hau|tig ⟨Adj.⟩ [zu ↑Haut]: **1.** (seltener) *von einer faltigen Haut* (1a) *[lose] umgeben:* ein Dinosaurier in voller Lebensgestalt ... Wir gingen ... vorbei an ... den -en Hinterbeinen (Th. Mann, Krull 348). **2.** (landsch.) *mit Haut, Sehnen o. Ä. durchsetzt, durchwachsen:* -es Fleisch; der Gulasch war ihm zu h.

häu|tig ⟨Adj.⟩ [mhd. (wīʒ)hiutec = (weiß)häutig]: **1.** *wie Haut* (1a) *beschaffen; aus zarter Haut, feinem, hautartigem Gewebe:* die -en Flügel von Bienen, Wespen, Ameisen. **2.** *hautig* (2).

Haut|ju|cken, das; -s: *Juckreiz der Haut.*

Haut|klam|mer, die (Med.): *dem Verschluss verletzter od. operativ geöffneter Haut dienende Klammer anstelle einer Naht.*

Haut|kli|nik, die: *Krankenhausabteilung, Klinik zur Behandlung von Hautkrankheiten.*

Haut|kon|takt, der: *Kontakt mit der menschlichen Haut (bes. eines Neugeborenen mit der Haut der Mutter):* der wichtige erste H. eines Babys mit der Mutter; Wer aus dem tiefen Schlaf, der tiefen Bewusstlosigkeit ins Leben zurückgeholt werden soll, braucht professionelle wie private Zuwendung von Anfang an. Braucht Stimmen, H., Musik (FR 10. 2. 99, 31); jeglicher H. mit diesem Mittel ist zu vermeiden.

Haut|krank|heit, die: *krankhafte Veränderung der Haut mit bestimmten Symptomen; Dermatose.*

Haut|krat|zer, der: *Kratzer an der Oberfläche der Haut:* Ist die Gewalteinwirkung halbscharf und nicht allzu stark, so entsteht ein H. (Medizin II, 49).

Haut|krebs, der: *bösartige Wucherung der Haut.*

Haut|lap|pen, der: *Lappen* (3a): die H. am Kopf mancher Vögel.

Haut|lei|den, das: *Hautkrankheit.*

Haut|leis|ten ⟨Pl.⟩: *an der Oberfläche der Haut ausgebildete, bes. an den Handflächen u. den Fußsohlen als Muster von Linien erkennbare Erhebungen, in denen der Tastsinn lokalisiert ist.*

Haut Mal [o'mal], das; -- [frz. haut mal, zu: haut = hoch, stark (< lat. altus) u. mal = das Schlechte, Übel; Schmerz, Krankheit < lat. malum] (Med.): *Grand Mal.*

Haut|ma|le|rei, die (Völkerk.): *bei bestimmten Naturvölkern übliche Bemalung der Haut.*

Haut|mil|be, die: *in der Haut als Parasit lebende Milbe, die bestimmte Hautkrankheiten verursacht.*

haut|nah ⟨Adj.⟩: **1.** *unmittelbar unter der Haut gelegen:* -es Gewebe; -e Muskulatur. **2.** (ugs.) **a)** *sehr nahe* (1), *in unmittelbarer Nähe [erfolgend], keinen Spielraum lassend:* -e Tierszenen; etw. h. [mit]erleben; Man erlebt Fußball wie noch nie, ist h. dabei (ran 3, 1980, 34); attraktives Wohnen im Grünen und doch h. am Zentrum (Heilbronner Stimme 12. 5. 84, 50); Er umarmte sie, presste sich h. *(mit Hautkontakt)* an sie (Freizeitmagazin 12, 1978, 10); So h. beschützt hat sich wohl selten ein deutscher Bundespräsident gefühlt (Allgemeine Zeitung 6. 2. 85, 3); (Sport Jargon:) der Torjäger wurde h. gedeckt; **b)** *unmittelbar, sehr nahe* (3a): -e Beziehungen zur Polizei; die Ergebnisse liegen h. beieinander; Dann sollte versucht werden, eine Textversion zu erstellen, die sich h. am englischen Original orientiert (NMZ 1, 1984, 11).

haut|näh|rend ⟨Adj.⟩: *nährende, pflegende Stoffe für die Haut enthaltend:* eine -e Creme.

Haut|öl, das: *flüssiges, fetthaltiges Hautpflegemittel (wie Bade-, Massage-, Sonnenschutzöl).*

Haut|pan|zer, der: *Chitinpanzer.*
Haut|pfle|ge, die: *Pflege der Haut.*
Haut|pfle|ge|mit|tel, das: *Mittel zur Hautpflege.*
Haut|pilz, der: *in der Haut wachsender Pilz, der Entzündungen der Haut u. bestimmte Hautkrankheiten verursacht.*
Haut|pilz|er|kran|kung, die: *durch Hautpilze hervorgerufene Hautkrankheit.*
Haut|plas|tik, die: *Dermatoplastik.*
Haut|re|ak|ti|on, die: *auf einen bestimmten Reiz o. Ä. erfolgende Reaktion, Veränderung der Haut* (z. B. Rötung).
Haut|re|flex, der (Med.): **1.** *über die Haut auslösbarer Muskelreflex.* **2.** *reflektorische Veränderung der Haut* (z. B. Gänsehaut).
Haut|reiz, der: *Reiz* (1), *der auf die Haut ausgeübt wird.*
Haut|reiz|mit|tel, das (Med.): *zu erhöhter Durchblutung u. Rötung der Haut führendes Mittel.*
Haut|rei|zung, die: **1.** *das Reizen der Haut.* **2.** *durch Reizen der Haut hervorgerufene Veränderung (wie Rötung, Entzündung) der Haut.*
Haut|re|li|ef ['(h)o:-], das; -s, -s u. -e [frz. haut-relief, zu: haut = hoch (< lat. altus) u. ↑Relief]: *Hochrelief.*
Haut|rö|tung, die: vgl. Hautreizung (2).
Haut|sack, der: *ausgeprägte Hautfalte; Ausstülpung der Haut:* Die Hautsäcke unter den Augen waren an diesem Tag besonders dunkel (Simmel, Affäre 164).
Haut|sal|be, die: *Salbe zur Behandlung, Heilung von Hautkrankheiten, -verletzungen.*
Haut-Sau|ternes [oso'tɛrn], der; - [nach der südwestfrz. Stadt Sauternes]: *weißer Bordeauxwein.*
Haut|sche|re, die: *speziell für das Abschneiden der Nagelhaut verwendete Schere.*
Haut|schicht, die: *Schicht der Haut:* Da Röntgenstrahlen ... ein tiefes Eindringvermögen haben, bleibt ihre Wirkung nicht ... auf die oberste H. beschränkt (Medizin II, 323).
haut|scho|nend ⟨Adj.⟩: vgl. hautfreundlich.
Haut|schrift, die (Med.): *Dermographie.*
Haut|schup|pe, die: *[abgeschilferte] Schuppe der Haut.*
Haut|schwund, der (Med.): *Hautatrophie.*
Haut|se|hen, das; -s (Parapsych.): *Fähigkeit mancher Menschen, mit der Haut Farben u. a. zu unterscheiden.*
Haut|sinn, der ⟨meist Pl.⟩: *Fähigkeit der Haut, einen Reiz durch ein entsprechendes Hautsinnesorgan wahrzunehmen.*
Haut|sin|nes|or|gan, das: *in der Haut liegendes Sinnesorgan, das die Empfindung äußerlich einwirkender Reize (wie Druck- u. Berührungsreize, Temperatur-, Schmerzreize u. a.) ermöglicht.*
Haut|spe|zi|a|list, der: vgl. Hautarzt.
Haut|spe|zi|a|lis|tin, die: w. Form zu ↑Hautspezialist.
Haut|stel|le, die: *Stelle auf der Oberfläche der Haut:* Elli holte dann Salbe und verband ihm die zerfressenen -n (Ossowski, Flatter 166).
Haut|stück, das: *Teilstück der Haut.*
haut|sym|pa|thisch ⟨Adj.⟩: vgl. hautfreundlich.
Haut|talg, der: *von den Drüsen der Haarbälge abgesondertes Fett.*
Haut|tem|pe|ra|tur, die: *von verschiedenen Faktoren (wie Durchblutung, Temperatur der Umgebung u. a.) abhängige Temperatur der Oberfläche der Haut.*
Haut|trans|plan|ta|ti|on, die (Med.): *Überpflanzung von Haut zum Schließen großer Hautwunden od. bei starken Verbrennungen.*
Haut|tu|ber|ku|lo|se, die: *durch Tuberkelbazillen hervorgerufene, oft chronische Hautkrankheit.*
Haut|typ, der: *durch Ausprägung bestimmter Merkmale (Farbe, Empfindlichkeit o. Ä.) gekennzeichnete Beschaffenheit der Haut eines Menschen:* ein blasser, heller, dunkler, normaler, empfindlicher H.; Make-up nach dem H. aussuchen.
Haut|über|emp|find|lich|keit, die: *Überempfindlichkeit der Haut.*
Haut|über|pflan|zung, die: *Hauttransplantation.*
Haut|über|tra|gung, die: *Hauttransplantation.*
Häu|tung, die; -, -en: **a)** *das Häuten, Abstreifen der Haut;* **b)** *das Sichhäuten:* die H. einer Schlange.
Haut|un|rein|heit, die: *durch Verstopfung der Talgdrüsen u. der Haarbalgdrüsen entstandener Pickel.*
haut|ver|jün|gend ⟨Adj.⟩: *die Haut pflegend, straffend, glättend u. dadurch jünger, frischer erscheinen lassend:* eine -e Creme.
Haut|ver|let|zung, die: vgl. Hautwunde.
Haut|ver|pflan|zung, die: *Hauttransplantation.*
haut|ver|träg|lich ⟨Adj.⟩: *schonend für die Haut, ihr nicht schadend, sie nicht angreifend:* eine -e Seife.
Haut|wolf, der: *Wundsein, Entzündung in Bereichen der Haut, die sich flächenhaft berühren (z. B. an den Oberschenkeln) u. sich bei Bewegung häufig aneinander reiben.*
Haut|wun|de, die: *Wunde an der Oberfläche, bei der vorwiegend die Haut verletzt ist.*
Hau|werk, das [zu ↑hauen] (Bergmannsspr.): *Haufwerk.*
Ha|va|mal [...va...], das; -s [anord. = Sprüche des Hohen]: *in der Edda enthaltene Sammlung von Lebensregeln, Zauberliedern u. Abenteuern Odins in Spruchform.*
[1]**Ha|van|na:** Hauptstadt Kubas.
[2]**Ha|van|na,** die; -, -s: *Zigarre aus feinen kubanischen Tabaken mit vollem, aromatischem Geschmack.*
[3]**Ha|van|na,** der; -: *Zigarrentabak, der hauptsächlich als Deckblatt* (2) *gebraucht wird.*
Ha|van|na|zi|gar|re, die: [2]*Havanna.*
Ha|va|rie, die; -, -n [niederl. averij, frz. avarie < ital. avaria < arab. 'awār = Fehler, Schaden; 2: wohl nach russ. avarija]: **1.** (Seew., Flugw.) **a)** *Unfall von Schiffen u. Flugzeugen:* es kam zu einer H.; Knapp einer Katastrophe entgingen am Mittwoch fünf Rheinschiffe nach einer H. (MM 6. 12. 68, 13); **b)** *durch einen Unfall verursachter Schaden an Schiffen od. ihrer Ladung u. an Flugzeugen:* das Schiff lag mit schwerer H. im Hafen. **2.** *Beschädigung, Schaden an größeren Maschinen, technischen Anlagen:* die Behebung einer H. in einem Kraftwerk; beim Entstehen eines hohen Überdrucks infolge einer H. im Anlagensystem (Neues D. 13. 6. 64, Beilage 5). **3.** (bes. österr.) **a)** *Unfall eines Kraftfahrzeugs:* der Fahrer des Wagens hat sich bei der H. nicht verletzt; **b)** *durch einen Unfall entstandener Schaden an einem Kraftfahrzeug:* das Auto wurde mit schwerer H. abgeschleppt.
ha|va|rie|ren ⟨sw. V.; hat⟩: **1.** (Seew., Flugw.) *einen Unfall haben u. dabei beschädigt werden:* zwei Flugzeuge havarierten über einem Wohngebiet; Fünf Schiffe havarierten auf dem Rhein (MM 6. 12. 68, 13); ⟨oft im 2. Part:⟩ ein havariertes Boot, Schiff. **2.** (bes. österr.) *einen Autounfall haben:* ein Lastwagen havarierte auf der Landstraße; ⟨oft im 2. Part:⟩ mit der Zustimmung der österreichischen Behörden sorgten CS-Grenzorgane für den Abtransport des schwer havarierten *(durch einen Unfall schwer beschädigten)* Kraftfahrzeugs (Presse 28. 4. 69, 7).
Ha|va|rist, der; -en, -en (Seew.): **1.** *havariertes Schiff:* Eine Armada von Schiffen ... hielt auf den -en zu ..., um eine Katastrophe zu verhindern (MM 8. 9. 66, 8). **2.** *Eigentümer eines havarierten Schiffes.*
Ha|va|ris|tin, die; -, -nen: w. Form zu ↑Havarist (2).
Ha|vel [...f|], die: rechter Nebenfluss der Elbe.
Ha|ve|lock ['ha:vələk], der; -s, -s [nach dem engl. General Sir Henry Havelock (1795–1857)] (veraltet): *langer Herrenmantel mit pelerinenartigem Umhang, der die Ärmel ersetzt:* Der Rittmeister nahm im Flur H., Stock und Hut (Fussenegger, Haus 268).
ha|ve, pia ani|ma [lat.]: *sei gegrüßt, fromme Seele!* (Inschrift auf Grabsteinen o. Ä.).
Ha|ve|rei, die; -, -en [niederl. averij] (veraltend): *Havarie* (1).
Ha|waii; -s: **1.** Hauptinsel der Hawaii-Inseln. **2.** Bundesstaat der USA auf den Hawaii-Inseln.
Ha|wai|i|a|ner, der; -s, -: Ew.
Ha|wai|i|a|ne|rin, die; -, -nen: w. Form zu ↑Hawaiianer.
Ha|waii|gi|tar|re, die: *große Gitarre mit leicht gewölbter Decke u. 6 bis 8 Stahlsaiten, bei der durch eine besondere Griffart ein charakteristischer vibrato- u. glissandoartiger Effekt erzielt wird.*
Ha|waii|hemd, das: *buntes, mit Motiven, die für Hawaii als typisch gelten (z. B. Palmen), bedrucktes Herrenhemd mit halbem Arm, das meist über der Hose getragen wird.*
Ha|waii-In|seln ⟨Pl.⟩: Inselgruppe im mittleren Nordpazifik.
ha|wai|isch ⟨Adj.⟩.
Haw|thorne-Ef|fekt ['hɔ:θɔ:n...], der; -[e]s [nach einer industriesoziolog. Un-

tersuchung, die zwischen 1927 u. 1932 in den Hawthorne-Werken der Western Electric Co. in Chicago durchgeführt wurde] (Soziol., Psych.): *Einfluss, den die bloße Teilnahme an einem Experiment auf die Versuchsperson u. damit auf das Versuchsergebnis auszuüben vermag.*

Ha|xe, die; -, -n (südd.): *Hachse:* er bläfft und kneift es (= das Schaf) so lang in die -n, bis es wieder bei der großen Schar ist (Grzimek, Serengeti 285).

Ha|zi|en|da, die; -, -s, auch: ...den [span. hacienda]: *Landgut, Farm bes. in Süd- u. Mittelamerika.*

Ha|zi|en|de|ra, die; -, -s: w. Form zu ↑Haziendero.

Ha|zi|en|de|ro, der; -s, -s [zu ↑Hazienda nach span. hacendero]: *Besitzer einer Hazienda:* Sie bedankten sich spontan für die überschwängliche Gastfreundschaft des -s (Cotton, Silver-Jet 131).

Hb = Hämoglobin.

HB = Brinellhärte.

Hbf. = Hauptbahnhof.

H-Bom|be, die; -, -n [nach dem chem. Zeichen H für Wasserstoff]: *Wasserstoffbombe.*

h. c. = honoris causa.

HD-Dis|ket|te [ha:'de:...], die [Abk. für engl. **h**igh **d**ensity = hohe Dichte] (EDV): *Diskette mit großer Speicherkapazität.*

H-Dur ['ha:..., auch: '–'–], das; -: *auf dem Grundton H beruhende Durtonart;* Zeichen: H (↑h, H 2).

H-Dur-Ton|lei|ter, die: *auf dem Grundton H beruhende Durtonleiter.*

he [mhd. hē] (ugs.): **1.** Zuruf, mit dem jmds. Aufmerksamkeit erregt werden soll: he [du], hörst du nicht?; he, komm mal her!; he, was macht ihr denn da? **2.** Ausruf, der Erstaunen, Empörung, Abwehr ausdrückt: he, was soll denn das!; he, lass das gefälligst!; he, so geht es ja nun auch nicht!; sie ... hörten ... hinter den Schiebetüren einen Schuss fallen. He?! rief Bernhard (Kuby, Sieg 279). **3.** Ausruf, der einer Frage zur Verstärkung nachgestellt wird: wo kommt ihr denn jetzt her, he?

He = Helium.

Head|ban|ging ['hɛdbɛŋɪŋ], das; -s [zu engl. headbanger = Verrückter, eigtl. jmd., der seinen Kopf ruckartig bewegt]: *heftiges rhythmisches Nach-vorne-Schleudern des Kopfes als eine Art Tanzbewegung beim Hard Rock:* Drinnen wurde der Kicker Lars Ricken beim H. beobachtet (Woche 19. 12. 97, 46); Im Hof in der Neuen Mauerstraße brachten krachender Hardrock und Heavy Metal das Publikum zum Rasen. Kein obszöner Text, kein Gitarren-Riff, das nicht mit heftigem H. begleitet wurde (FNP 4. 9. 95, 13).

Head|hun|ter ['hɛd...], der; -s, - [engl. headhunter, eigtl. = Kopfjäger, aus: head = Kopf u. ↑Hunter]: *jmd., der Führungskräfte abwirbt:* Eine wachsende Zahl von Unternehmen lässt sich ihr Spitzenpersonal von -n anwerben (Spiegel 22, 1985, 59).

Head|hun|te|rin ['hɛdhʌntərɪn], die; -, -nen: w. Form zu ↑Headhunter.

Head|line ['hɛdlaɪn], die; -, -s [engl. headline, zu: head = Kopf, Überschrift u. line = Linie, Zeile] (Zeitungsw., Werbespr.): *hervorgehobene [bes. auffallende] Überschrift in einer Zeitung, Anzeige o. Ä.; Schlagzeile:* Die großen Zeitungen bringen in der H. die politischen und wirtschaftspolitischen Ereignisse (Fr. Wolf, Menetekel 448).

Head|li|ner ['hɛdlaɪnɐ], der; -s, - [engl.-amerik. headliner]: *Person, Sache, die immer wieder in den Schlagzeilen der Zeitungen, auf Plakaten o. Ä. auftaucht.*

Head|quar|ter ['hɛdkwɔ:tə], das; -s, -s [engl. headquarters, aus: head- = Haupt- u. quarters, Pl. von: quarter = Quartier]: engl. Bez. für *Hauptquartier.*

Hea|ring ['hɪərɪŋ], das; -[s], -s [engl. hearing, zu: to hear = (an)hören] (bes. Politik): *[öffentliches] Befragen u. Anhören von Sachverständigen, Zeugen zu einem bestimmten Fall durch das Parlament, durch Ausschüsse o. Ä.; Anhörung:* Am Donnerstag beginnt der Bundestag mit seinen -s über die Notstandsgesetzgebung (Welt 4. 11. 67, 2); ... hatte in Bonn ein öffentliches H. zum Thema Zigarettenwerbung für Schlagzeilen gesorgt (Spiegel 37, 1985, 82).

He|au|to|gno|mie, die; - [zu griech. heautós = selbst u. gnṓmē = Erkenntnis] (Philos.): *Selbsterkenntnis.*

He|au|to|no|mie, die; - [zu griech. nómos = Gesetz] (Philos.): *Selbstgesetzgebung.*

He|au|to|sko|pie, die; - [zu griech. skopeĩn = betrachten, schauen, also eigtl. = das Sich-selbst-Sehen] (Med., Psych.): *Doppelgängerwahn.*

Hea|vi|side|schicht ['hɛvɪsaɪd...], die; - [nach dem brit. Physiker O. Heaviside (1850–1925)] (Physik): *elektrisch leitende Schicht in der Atmosphäre, die mittellange u. kurze elektrische Wellen reflektiert.*

hea|vy ['hɛvɪ] ⟨indekl. Adj.⟩ [engl. heavy < aengl. hefig, zu: hebban = (er)heben, verw. mit ↑heben] (Jugendspr.): *schwer, schwierig:* die Sache ist h.; Vater Gustav hat's ja auch wirklich h. gehabt, immer grübel, grübel, wenn er an seine Söhne dachte (Lindenberg, El Panico 18).

Hea|vy|me|tal ['hɛvɪ'mɛtl], das; -[s], (auch:) **Hea|vy Me|tal,** das; - -[s] [engl., eigtl. = Schwermetall], **Hea|vy|rock** ['hɛvɪ-], der; -[s], (auch:) **Hea|vy Rock,** der; - -[s] [engl.]: *aggressivere Variante des Hard Rock.*

Heb|am|me ['he:plamə, auch: 'he:bamə], die; -, -n [mhd. heb(e)amme, eigtl. = Hebe-Amme, volksetym. umgedeutet aus ahd. hev(i)anna, eigtl. = Großmutter, die das Neugeborene (vom Boden) aufhebt, zu: hevan = heben u. ana = Ahnin, Großmutter]: *an einer speziellen Lehranstalt ausgebildete, staatlich geprüfte Geburtshelferin* (Berufsbez.): Hole so schnell wie möglich ... die H. Kakeldütt (Fallada, Herr 170); Ü So wurde der Krieg die H. des neuen Deutschen Reiches (Niekisch, Leben 29).

Heb|am|men|ta|sche, die: *dickbauchige, längliche [Leder]tasche (wie sie bes. von Hebammen benutzt wird).*

Heb|do|ma|dar, der; -s, -e, **Heb|do|ma|da|ri|us,** der; -, ...ien [(m)lat. hebdomadarius, zu: hebdomada = Anzahl von sieben (Tagen) zu griech. hebdomás (Gen.: hebdomádos) = Siebenzahl] (kath. Kirche): *katholischer Geistlicher, der in der ihm turnusmäßig zugewiesenen Woche (7 Tage) bestimmte, bes. liturgische Aufgaben erfüllt.*

[1]He|be (griech. Myth.): Göttin der Jugend.

[2]He|be, die; -, -n [nach ↑[1]Hebe, die den Göttern den Nektar einschenkt] (bildungsspr., oft scherzh.): *Kellnerin, die Getränke serviert, ausschenkt.*

He|be|arm, der: *Hebebaum.*

He|be|bal|ken, der: *Hebebaum.*

He|be|baum, der [mhd. hebeboum]: *Stange aus Eisen od. hartem Holz, mit der unter Ausnutzung der Hebelwirkung Lasten angehoben werden.*

He|be|bock, der (Technik): *Vorrichtung, mit der etw. (z. B. Kraftfahrzeuge) [hydraulisch] gehoben werden kann; Heber* (3).

He|be|büh|ne, die (Technik): *Vorrichtung mit einer [hydraulisch bewegten] Plattform, Schienen o. Ä., mit der etw. (z. B. Kraftfahrzeuge, Lasten) od. Personen zur Verrichtung von Arbeiten hochgehoben werden können.*

He|be|fi|gur, die (Eiskunstlauf, Rollkunstlauf): *Figur, bei der der Partner beim Weitergleiten u. Sichdrehen die Partnerin ein- od. beidarmig über den Kopf hebt.*

He|be|griff, der (Ringen): *Griff, mit dem der Gegner emporgehoben wird.*

He|be|kran, der: *bes. zum Heben von Lasten verwendeter Kran.*

He|bel, der; -s, - [spätmhd. hebel, zu ↑heben]: **1. a)** (Physik) *um eine Achse od. einen Punkt drehbarer, starrer [stabförmiger] Körper, mit dessen Hilfe Kräfte übertragen werden:* ein einarmiger, zweiarmiger H.; Lastarm und Kraftarm eines -s; **b)** *einfaches Werkzeug in Form einer Stange o. Ä., mit dem unter Ausnutzung der Hebelkraft schwere Lasten, Gegenstände gehoben u. von der Stelle bewegt werden können:* mit einem H. konnte der Felsbrocken schließlich angehoben und fortbewegt werden; Ü Hier also sitzt der einzig wirksame H. *(Ansatzpunkt, Wirkungsmöglichkeit)* für die deutsche Wiedervereinigung (Dönhoff, Ära 217); Öffentliche Investitionen sind immer noch der zuverlässigste H., um nachhaltige Beschäftigungseffekte auszulösen (Woche 28. 11. 97, 24); Diese Unterhaltung ... wurde der eigentliche H. *(in ihr lag der eigentliche Grund)* zum überraschenden Siege des Kaisers (Thieß, Reich 505); ***ökonomischer H.** (DDR; *Maßnahme zur möglichst planmäßigen Entwicklung, Förderung der Wirtschaft;* LÜ aus dem Russ.): Ideologische Arbeit, ökonomische H., Wettbewerb und Bildungsarbeit wirken ... zusammen (Neues D. 21. 6. 64, 3); **[irgendwo] den H. ansetzen** (ugs.; *eine Sache in bestimmter Weise in Angriff nehmen, anpacken, mit ihr beginnen*): man muss nur den H. an der richtigen Stelle ansetzen; **am H. sitzen** *(an* *der Macht sein, eine entscheidende Machtposition innehaben);* **am längeren H. sitzen** *(mächtiger, einflussreicher als der Gegner sein, die günstigere Position innehaben):* Sie müssen endlich einsehen, dass die Behörden am längeren H. sitzen (Ziegler, Konsequenz 131). **2.** *Griff an einer Maschine, einem Apparat, Gerät zum Ein- u. Ausschalten, Einstellen, Steuern o. Ä.:* einen H. bedienen, betätigen, [her]umlegen; wie er den H. der Weiche umwarf und pfiff (Schnabel, Marmor 66); du musst auf den richtigen H. drücken; * **alle H. in Bewegung setzen** (ugs.; *alle denkbaren, nur möglichen Maßnahmen ergreifen, alles aufbieten*): Meine Frau setzte alle H. in Bewegung, um mir zu Hilfe zu kommen (Niekisch, Leben 348). **3.** (Judo) *Hebelgriff* (2).

He|bel|arm, der (Physik): *Teil eines Hebels* (1) *zwischen dem Drehpunkt u. dem Punkt, an dem die Kraft wirkt:* der kurze und der lange H.; die beiden -e eines Hebels; * **am längeren H. sitzen** (↑Hebel): Warum sitzen die kalten Rechner und Realisten immer am längeren H. ...? (Thielicke, Ich glaube 38).

He|bel|druck, der ⟨Pl. ...drücke; Pl. selten⟩: *das Bedienen, Betätigen eines Hebels* (2): er setzte die Maschine mit einem H. in Gang.

He|bel|ge|setz, das ⟨o. Pl.⟩ (Physik): *Gesetz, nach dem bei einem Hebel* (1) *Gleichgewicht herrscht, wenn das Produkt aus Last u. Lastarm u. das Produkt aus Kraft u. Kraftarm gleich sind.*

He|bel|griff, der: **1.** (Ringen) *Griff, bei dem der Angreifer seine Arme od. seinen Oberkörper als Hebel* (1) *ansetzt.* **2.** (Judo) *Griff, bei dem es das Ziel ist, den Gegner durch Verdrehen od. Überdehnen der Armgelenke zur Aufgabe zu zwingen.*

He|bel|kraft, die: *durch einen Hebel* (1) *bewirkte Kraft.*

He|bel|mi|scher, der (Fachspr.): *Einhandmischer.*

he|beln ⟨sw. V.; hat⟩: *mit einem Hebelgriff hochheben, fortbewegen:* der andere hebelte ihn schon vom Stuhl, führte ihn durch den Korridor (Johnson, Ansichten 159); wir ... hebeln uns mit dem Oberarm nach rechts hinten (Siems, Coming out 81).

He|be|mit|tel, das: *Hebezeug.*

he|ben ⟨st. V.; hat⟩ [mhd. heben, ahd. hevan, heffan; urspr. = fassen, packen, ergreifen, nehmen]: **1. a)** *nach oben, in die Höhe bewegen, bringen; hochheben, emporheben:* eine Last, ein Gewicht mühelos, mit Leichtigkeit, mit einer Hand h.; der Bahnhofsvorsteher hebt die Kelle; der Dirigent hob den Taktstock; die Fotografen hoben wie auf Kommando ihre Kameras; er hob sein Glas *(erhob es, nahm es vom Tisch auf)* und trank auf ihr Wohl; und alle drei ... hoben ihre Röcke *(nahmen sie in die Höhe;* Ott, Haie 194); die Dünung hob das Schiff [in die Höhe]; er hob den Arm *(erhob ihn, streckte ihn hoch),* um sich bemerkbar zu machen; er hob *(reckte)* die Faust und drohte; er hob die Hand gegen seinen Bruder (geh.; *holte zum Schlag gegen ihn aus*); gleichmütig die Schultern, Achseln h. *(hochziehen);* sie solle nur nicht die Brauen h. *(fragend, zweifelnd hochziehen;* Chr. Wolf, Nachdenken 141); sie hob die Augen (geh.; *blickte hoch*); er hob den Blick zu ihr (geh.; *sah zu ihr auf*); das Gewicht konnte auch dieser Gewichtheber nicht mehr h. (Gewichtheben; *nicht gestreckt über dem Kopf halten*); er hat einen neuen Rekord gehoben *(beim Gewichtheben aufgestellt);* er hat früher auch gehoben *(war auch Gewichtheber);* Ü er hob seine Stimme (geh.; *sprach lauter [u. höher]*); * **einen h.** (ugs.; *etw. Alkoholisches trinken*): komm, wir heben noch einen; wir gehen noch einen h.; **jmdn. hebt es** (ugs.; *jmd. muss sich [beinahe] übergeben, bekommt einen Brechreiz*): nach dem ausgiebigen Alkoholgenuss hat es ihn ganz schön gehoben; wenn ich das nur rieche, hebt es mich; **b)** *hochnehmen, in die Höhe bewegen u. in eine bestimmte andere Lage, an eine andere Stelle bringen:* jmdn. auf eine Bahre h.; sie hoben den Sieger auf die Schultern; sie hob das Kind aus dem Wagen; eine Tür aus den Angeln h.; ich hob den Geldschein in die Höhe; sie hob das Kind über das Fensterbrett ins Freie; er hob den Ball in den Strafraum, über den Torwart ins Tor (Fußball; *schoss ihn mit steiler Flugbahn, schlug ihn von unten hoch in einem Bogen*); **c)** ⟨h. + sich⟩ *sich durch Heben* (1 a, b) *von schweren Lasten zuziehen:* du hast dir einen Bruch gehoben; er hat sich im Lauf der Jahre geradezu einen Buckel gehoben. **2.** ⟨h. + sich⟩ **a)** (geh.) *sich in eine andere, erhöhte Lage, Stellung bringen, bewegen:* Plötzlich hob sich Rosalie auf ihre Zehenspitzen (Langgässer, Siegel 524); Witt hob sich aus dem Sitz (Gaiser, Jagd 141); **b)** *in die Höhe gehen, nach oben bewegt werden; hochgehen:* die Schranke hebt sich langsam; der Vorhang hob sich immer wieder unter dem tosenden Beifall; der Dampfer hob und senkte sich in der Dünung; **c)** *(irgendwo) in die Höhe, nach oben steigen; auf-, hochsteigen:* das Flugzeug hob sich in die Luft, in den grauen Himmel; der Nebel hebt sich allmählich; Dann hob sich von der Stelle eine Rauchsäule (Gaiser, Jagd 89); **d)** (geh.) *(irgendwo) in die Höhe ragen, auf-, emporragen:* der Vordersteven hob sich aus dem Wasser; die Türme der Kathedrale heben sich in den abendlichen Himmel. **3.** *aus der Tiefe heraufholen, bergen; von unten zutage fördern:* ein gesunkenes Schiff h.; der Luxusdampfer konnte nur noch als Wrack gehoben werden; er machte sich auf, um einen [verborgenen, vergrabenen] Schatz zu h. *(auszugraben).* **4. a)** *in seiner Wirkung, Entfaltung fördern, begünstigen; steigern, verbessern:* das Niveau, den Lebensstandard, den Wohlstand eines Landes h.; das hat sein Selbstbewusstsein gehoben; seine Gegenwart hob ihren Mut, ihre Laune, Stimmung; Vielleicht könnte so ein Verbot auch die Moral in der deutschen Wirtschaft h. (Woche 28. 2. 97, 11); war ich ... stets bestrebt ..., meine politische Bildung zu h. (Leonhard, Revolution 279); diese Werbung hebt den Umsatz; der dunkle Hintergrund hebt die Farben *(lässt sie besser hervortreten, steigert ihre Wirkung);* **b)** ⟨h. + sich⟩ *in seiner Wirkung, Entfaltung gefördert, begünstigt werden; sich steigern, verbessern:* der Handel, der Wohlstand hat sich in letzter Zeit sehr gehoben; seine Stimmung, sein Wohlbefinden hob sich zusehends. **5.** (landsch.) **a)** *halten* (1 a): kannst du mal einen Moment den Hammer, die Tasche h.?; ich hebe dir das Kind, damit du die Hände frei hast; er hat den abwärts rollenden Wagen nicht mehr h. *(aufhalten, festhalten, anhalten)* können; **b)** ⟨h. + sich⟩ *festhalten* (3): heb dich am Geländer, damit du nicht hinfällst!; du kannst dich an mir h. **6.** (landsch.) *halten* (1 b): das Seil muss dick sein, sonst hebt es nicht; der Nagel hebt; was du da zusammengeklebt hast, hebt nicht. **7.** (landsch.) *einziehen* (8 a): Steuern, Gebühren h.; ... waren die Beiträge zu den Kosten der Flurbereinigung, solange der endgültige Beitragsmaßstab noch nicht vorlag, nach einem von der Flurbereinigungsbehörde zu bestimmenden vorläufigen Beitragsmaßstab zu h. (Rheinpfalz 7. 7. 84, 38). **8.** ⟨h. + sich⟩ (veraltend) *sich (beim Kürzen von Bruchzahlen) aufheben, ausgleichen:* drei gegen drei [das] hebt sich. **9.** ⟨h. + sich⟩ (dichter.) *beginnen, aufkommen; sich erheben:* von neuem hob sich der Gesang der Pilger; draußen hob sich der Sturm.

He|be|phre|nie, die; -, -n [zu griech. hḗbē = Jugend u. phrḗn = Geist] (Psych., Med.): *als Form der Schizophrenie bes. im Jugendalter auftretende Erkrankung, in deren Verlauf der Patient den Kontakt zur ihn umgebenden Realität mehr u. mehr verliert.*

He|be|prahm, der: *Prahm zum Heben von Schiffen.*

He|ber, der; -s, -: **1.** (Fachspr., bes. Chemie) *Vorrichtung, Gerät in Gestalt einer Röhre zur Entnahme von Flüssigkeiten aus offenen Gefäßen mithilfe von Luftdruck.* **2.** kurz für ↑Gewichtheber. **3.** *Hebebock.*

He|be|rin, die; -, -nen: w. Form zu ↑Heber (2).

◆ **Hé|ber|tist** [he...], der; -en, -en [nach dem Gründer u. Führer der Gruppierung, dem frz. Journalisten J. R. Hébert (1757–1794)]: *(während der Französischen Revolution) Angehöriger der radikalsten Gruppe im Nationalkonvent:* man hat die -en nur aufs Schafott geschickt, weil sie nicht systematisch genug verfuhren (Büchner, Dantons Tod I, 4).

He|be|satz, der (Steuerw.): *von den Gemeinden für ein Rechnungsjahr zu bestimmender Prozentsatz bei Gewerbe- u. Grundsteuer, durch den in gewissem Umfang das jeweilige Steueraufkommen beeinflusst wird.*

He|be|schiff, das: *Schiff mit Spezialausrüstung zum Heben* (3) *gesunkener Schiffe.*

He|be|schmaus, der [zu veraltet heben = richten]: *Bewirtung der Bauarbeiter durch den Bauherrn beim Richtfest; Richtschmaus.*

He|be|stan|ge, die: *Hebebaum.*

He|be|werk, das: kurz für ↑Schiffshebewerk.

He|be|zeug, das (Technik): *Vorrichtung zum Heben [u. Senken] von Lasten u. Personen.*

-he|big: drückt in Bildungen mit Kardinalzahlen aus, dass die beschriebene Sache eine bestimmte Anzahl von Hebungen (4) aufweist: sechshebig (z. B. sechshebige Verse).

He|brä|er, der; -s, -: (bes. im A. T.) Angehöriger des israelitischen Volkes.

He|brä|er|brief, der; -[e]s: *in Briefform abgefasste Schrift des Neuen Testaments.*

He|brai|cum, das; -s [spätlat. Hebraicus = hebräisch < griech. Hebraïkós]: *bestimmte Kenntnisse der hebräischen Sprache, die bes. für das Theologiestudium durch ein amtliches [Prüfungs]zeugnis nachweisbar sind:* das H. haben; das H. *(die Prüfung für das Hebraicum)* machen.

He|brai|ka ⟨Pl.⟩ (Buchw.): *Werke über die hebräische Geschichte, Kultur, Sprache.*

he|brä|isch ⟨Adj.⟩: *die Hebräer betreffend, zu ihnen gehörend.*

He|brä|isch, das; -[s]: **a)** *das Hebräische;* **b)** *hebräische Sprache u. Literatur als Lehrfach.*

He|brä|i|sche, das; -n ⟨nur mit best. Art.⟩: *die hebräische Sprache.*

He|bra|is|mus, der; -s, ...men: *charakteristische sprachliche Erscheinung des Hebräischen in einer anderen Sprache, bes. im Griechischen des Neuen Testaments.*

He|bra|ist, der; -en, -en: *Wissenschaftler auf dem Gebiet der Hebraistik.*

He|brais|tik, die; -: *Wissenschaft von der hebräischen Sprache u. Kultur (bes. des Alten Testaments).*

He|brais|tin, die; -, -nen: w. Form zu ↑Hebraist.

he|brais|tisch ⟨Adj.⟩: *die Hebraistik betreffend, zum Gebiet der Hebraistik gehörend.*

He|bri|den ⟨Pl.⟩: schottische Inselgruppe.

He|bung, die; -, -en: **1.** *das Heben* (3): es gab Probleme bei der H. des Wracks; er wollte bei der H. *(beim Ausgraben)* des Schatzes dabei sein. **2.** ⟨o. Pl.⟩ *das Heben* (4), *Steigern, Verbessern; Förderung:* Ich habe Texte zu entwerfen ... über die H. der Volksgesundheit und über Erlebnisschulung (Zeller, Amen 25); durch H. von Produktivität, Einkommen und Lebensstandard (Fraenkel, Staat 53); das trug nicht gerade zur H. seines Wohlbefindens, der allgemeinen Stimmung bei. **3.** (Geol.) *das Sichheben von Teilen der Erdkruste, z. B. bei vulkanischer Aktivität.* **4.** (Verslehre) *betonte Silbe eines Wortes im Vers.*

He|chel, die; -, -n [mhd. hechel, ahd. hachele, urspr. = Haken, Spitze, zu ↑Haken] (Landw.): *kammartiges Gerät, an dessen spitzen Metallstiften Flachs- u. Hanffasern gereinigt, geglättet u. voneinander getrennt werden:* die harten Fasern des Flachses, die in den Fingern schnitten, wenn ich sie über die H. schlug (B. Vesper, Reise 192); ***jmdn., etw. durch die H. ziehen** (veraltend; *jmdn., etw. durchhecheln* 2).

He|che|lei, die; -, -en (ugs. abwertend): *spöttisches, boshaftes Gerede über andere; Klatsch:* die -en der Nachbarinnen sind unerträglich.

◆ **He|chel|krä|mer,** der [eigtl. = umherziehender Hechelverkäufer]: *Hausierer:* Hatte sie doch selbst vor vierzig Jahren ein Schwesterchen verloren, das genau dem fremden H. glich (Droste-Hülshoff, Judenbuche 27).

He|chel|ma|schi|ne, die; -, -n: *nach dem Prinzip einer Hechel arbeitende Maschine.*

[1]**he|cheln** ⟨sw. V.; hat⟩ [mhd. hecheln, hacheln]: **1.** *mit der Hechel od. in der Hechelmaschine bearbeiten:* Flachs, Hanf, Jute h.; ⟨subst.:⟩ beim Hecheln den Werg, die Kurzfasern auskämmen. **2.** (ugs. abwertend) **a)** *spöttische, boshafte Reden über andere führen; über jmdn., etw. herziehen, klatschen:* man hechelte viel über ihn, über seine Affären; schnitt ihm Puck eine Grimasse und hechelte *(sagte boshaft, spöttisch):* »Haben Sie das gesehen? ...« (Sebastian, Krankenhaus 18); **b)** (veraltend) *durchhecheln, schlecht machen:* diese Gewohnheit der Leute, ihre eigene Art zu h. und sich selbst dabei auszunehmen (Th. Mann, Joseph 543).

[2]**he|cheln** ⟨sw. V.; hat⟩ [zu veraltet hechen = keuchen, lautm.]: **a)** *(bes. von Hunden) mit offenem Maul u. heraushängender Zunge rasch u. hörbar atmen:* Senta wartete ab und hechelte kurz (Grass, Hundejahre 47); der Schäferhund kam hechelnd angelaufen; Ü Jumbo und Abel zogen hechelnd vor Hast die Leine ein (Hausmann, Abel 56); **b)** (bes. Med.) *rasch u. oberflächlich atmen (bes. als bewusst eingesetzte Atemtechnik).*

Hech|se: ↑Hachse.

Hecht, der; -[e]s, -e [1: mhd. hech(e)t, ahd. hechit, hachit, zu ↑Haken, viell. nach den scharfen Zähnen des Fisches; 4: wohl nach der hechtgrauen Färbung]: **1.** *(zu den Knochenfischen gehörender) räuberisch lebender Fisch mit lang gestrecktem, auf dem Rücken dunkel olivgrün bis graugrün, auf der Bauchseite weißlich gefärbtem Körper, schnabelartig abgeflachtem Maul u. starken Zähnen:* einen H. fangen, angeln; der Baron sprang wie ein schießender H. hoch vom Bock (Winckler, Bomberg 25); ***der H. im Karpfenteich sein** (ugs.; *durch seine Anwesenheit, bes. in einer langweiligen, nicht sehr aktiven Umgebung, Unruhe schaffen;* gepr. von dem dt. Historiker H. Leo [1799–1878], der den frz. Kaiser Napoleon III. in einem Aufsatz so nannte). **2.** (ugs.) *männliche Person, von der meist mit einer gewissen Bewunderung, Anerkennung gesprochen wird:* das ist vielleicht ein H.!; Promiske Männer zum Beispiel gelten als tolle -e (Frings, Liebesdinge 177); er ist noch ein ganz junger H. **3.** (ugs.) kurz für ↑Hechtsprung. **4.** (salopp) *dichter Tabaksqualm, sehr verbrauchte Luft in einem Raum:* hier drinnen ist wieder ein H., dass man kaum atmen kann!

hecht|blau ⟨Adj.⟩: *von der Farbe eines Hechtes; blaugrau.*

hech|ten ⟨sw. V.; hat⟩ [zu ↑Hecht, nach der Ähnlichkeit der Bewegung mit der eines schnellenden Hechtes]: **a)** (Turnen, Schwimmen) *einen Hechtsprung ausführen, machen:* er hechtet besonders elegant [ins Wasser, vom Kasten]; **b)** *sich mit einem Hechtsprung irgendwohin bewegen:* der Torwart hechtete in die bedrohte Ecke, nach dem Ball; Von der offenen Terrasse hechtete Walter Matern in das nasse Gras (Grass, Hundejahre 224).

hecht|grau ⟨Adj.⟩: *hechtblau:* er ... trug schmale, gut sitzende Beinkleider in -em Flanell (Augustin, Kopf 150).

Hecht|rol|le, die (Turnen): *Rolle vorwärts mit gehechtetem Ansprung.*

Hecht|sprung, der: **1.** (bes. Turnen) *Sprung [über ein Gerät] mit gestrecktem Körper:* ein H. mit ganzer Drehung am Langpferd; er war mit einem H. durchs Fenster entkommen; H. zu den Eltern ins Bett: Allheilmittel gegen sonntägliche Morgenstille (Hörzu 13, 1979, 102). **2.** (Schwimmen) *flach angesetzter Kopfsprung ins Wasser mit völlig gestrecktem Körper.*

Hecht|sup|pe, die: nur in der Wendung **es zieht wie H.** (ugs.; *es zieht sehr, es herrscht starker Luftzug;* H. u.).

[1]**Heck,** das; -[e]s, -e u. -s [aus dem Niederd. < mniederd. heck = Umzäunung (vgl. [2]Heck); der Platz des Steuermanns auf dem hinteren Oberteil des Schiffes war früher zum Schutz gegen überkommende Wellen mit einem Gitter umgeben]: *hinterster Teil eines Schiffes, Flugzeugs, Autos:* als das H. sich steil aus dem Ozean hebt, weiß jeder, dass es jetzt nur noch das nackte Leben zu retten gibt (Menzel, Herren 67); am H. der Jacht wehte eine Flagge; über das H. absacken; das Höhenruder des Flugzeugs befindet sich am H.; der Motor sitzt im H.; Auf Anhieb wurde er mit dem 295-PS-Sechzehnzylinder, dessen H. so gerne ausbrach, fertig (Frankenberg, Fahrer 31); der Wagen hat einen großen Gepäckraum im H.

[2]**Heck,** das; -[e]s, -e [zu ↑[1]Hecke] (nordd.): **1.** *eingezäuntes Stück Land; Weide, Koppel.* **2.** *Gattertür einer Koppel:* dass Lena Tarn ... den dreibeinigen Milchbock von festem Holz in der Hand hatte, um ihn am H. der Weide niederzulegen (Frenssen, Jörn Uhl 276).

Heck|an|ker, der (Seemannsspr.): *Anker am Heck eines Schiffes.*

Heck|an|trieb, der (Kfz-T.): *auf die Hinterräder wirkender Antrieb; Hinterradantrieb.*

Heck|an|trieb|ler, der; -s, -: *Kraftfahrzeug mit Heckantrieb.*

[1]**He|cke,** die; -, -n [mhd. hecke, ahd. hegga, verw. mit ↑Hag]: **a)** *Anzahl dicht beieinander stehender Sträucher, Büsche mit vielen Zweigen; Gesträuch:* im hinteren Teil des Gartens wuchert eine riesige H.; Er war in ein Dornenfeld geraten! Es war ein Gewirr niedriger -n mit sehr scharfen Dornen (Brecht, Geschichten 112); **b)** *als Umzäunung, Begrenzung an-*

gepflanzte, dichte, in sich geschlossene, ineinander verwachsene u. meist in eine bestimmte Form geschnittene Reihe von Büschen, Sträuchern: eine gestutzte, niedrig gehaltene, beschnittene H.; Die -n und Obstbaumgärten der Normandie flogen vorüber (Remarque, Triomphe 435); eine H. um das Grundstück anlegen, anpflanzen.

[2]**He|cke,** die; -, -n [rückgeb. aus ↑hecken] (veraltet): **1. a)** *Zeit der Paarung u. des Brütens; Brutzeit:* das Weibchen verlässt das Nest nicht während der H.; **b)** *Ort der Paarung u. des Brütens:* die Vögel haben ihre H. verlassen. **2.** *Brut von Vögeln od. Wurf von kleineren Säugetieren:* eine ganze H. von Mäusen.

◆ **He|cke|feu|er:** mundartl. Nebenf. von ↑Heckenfeuer.

he|cken ⟨sw. V.; hat⟩ [mhd. hecken = sich begatten (von Vögeln), wahrsch. Nebenf. von ↑hacken] (veraltet, noch landsch.): *(von Vögeln u. kleineren, sich rasch vermehrenden Säugetieren) mehrere Junge auf einmal ausbrüten, werfen:* im Keller haben wieder Mäuse geheckt; Ü das Geld soll bei der Sparkasse h. (scherzh.; *sich dort schnell vermehren, viele Zinsen tragen*); Weshalb die Angst vermehren? Sie heckt *(vermehrt sich rasch)* so wie eine Ratte (Strittmatter, Wundertäter 253).

◆ **He|cken|feu|er,** das; -s, - [zu ↑hecken in der alten Bed. »in großer Zahl hervorbringen, reichlich erzeugen«]: *anhaltendes Gewehrfeuer der Infanterie, wobei immer abwechselnd einzelne Schützen aus dem Glied* (5 a) *vorspringen u. schießen:* Ü Wir losen nicht, sondern suchen die Handfesten (= als Geschworene) aus. – Das muss gehen. Das wird ein gutes Heckefeuer geben (Büchner, Dantons Tod III, 2).

He|cken|land|schaft, die: *Kulturlandschaft, bei der die Parzellen, Felder u. Wiesen zur Einhegung u. zum Schutz gegen Wind mit Hecken umgeben sind.*

He|cken|ro|se, die: *als Strauch wachsende wilde Rose mit kräftigen, gekrümmten Stacheln, schwach behaarten Blättern, rosa bis weißen Blüten u. Hagebutten als Früchten.*

He|cken|sche|re, die: *Gartengerät in Gestalt einer großen Schere zum Beschneiden von angelegten* [1]*Hecken, bestimmten Ziersträuchern o. Ä.*

He|cken|schüt|ze, der [für frz. franc-tireur, ↑Franktireur; nach ähnlichen veralteten Zus. mit »Hecke«, die heimliches, verbotenes Tun bezeichnen] (abwertend): *jmd., der aus dem Hinterhalt auf eine Person schießt:* in den zentralalbanesischen Schufbergen sei am Freitag ein Zivilist durch einen -n getötet worden (Dolomiten 1. 10. 83, 1).

He|cken|schüt|zin, die (abwertend): w. Form zu ↑Heckenschütze.

Heck|fän|ger, der (Seemannsspr.): *Fangschiff, bei dem das Schleppnetz nicht seitwärts, sondern über das Heck ausgeworfen u. eingeholt wird.*

Heck|fens|ter, das: *Fenster im Heck eines Autos.*

Heck|flag|ge, die (Seemannsspr.): *Flagge am Heck eines Schiffes, Bootes.*

Heck|flos|se, die: *flossenähnliche Verzierung der Karosserie am Heck mancher Autos.*

He|ckicht, das; -s, -e (selten): *aus* [1]*Hecken* (1) *bestehendes Dickicht.*

he|ckig ⟨Adj.⟩ (selten): **a)** *als* [1]*Hecke* (1), *wie eine* [1]*Hecke:* ein -er Strauch; die Pflanze wächst h.; **b)** *viele* [1]*Hecken* (1) *aufweisend; mit* [1]*Hecken bestanden:* ein -es Grundstück.

Heck|klap|pe, die: *größere Klappe, die den Koffer-, Laderaum bes. von Personenwagen mit Fließheck verschließt.*

heck|las|tig ⟨Adj.⟩: *mit dem Heck zu tief nach unten sinkend:* ein -es Auto; das Boot ist, schwimmt h.; Beladen reagierte er (= der Wagen) etwas h. *(schwerfällig im Heck),* war aber ... mühelos in der Spur zu halten (ADAC-Motorwelt 6, 1975, 108).

Heck|las|tig|keit, die; -: *das Hecklastigsein.*

Heck|la|ter|ne, die: vgl. Heckflagge.

Heck|meck, der; -s [H. u.; wohl affektive Doppelung (mit Anschluss an meckern)] (ugs. abwertend): *unnötige Umstände; Getue, Aufhebens; überflüssiges, nichts sagendes Gerede:* mach nicht so viel H. und komm jetzt!; was der wieder einen H. redet, macht; Dabei gab es in einer Tour H. wegen der Haare (Plenzdorf, Leiden 61); Ich habe mir das langsam, ohne viel H. aufgebaut (Hörzu 12, 1973, 151); die vitale Joy, deren erfrischend natürlich zur Schau getragene Sinnlichkeit und deftige Geradheit sich wohltuend vom überkandidelten H. vieler ihrer Kolleginnen abheben (MM 4./5. 11. 72, 6).

Heck|mo|tor, der: *im Heck eingebauter Motor.*

Heck|pfen|nig, der; -s, -e [zu ↑hecken] (scherzh.): *Münze, die man nicht ausgeben soll, weil sie nach dem Volksglauben immer wieder neue Münzen erzeugt, immer für einen Geldvorrat sorgt.*

Heck|rad|damp|fer, der: *Raddampfer, bei dem die Räder am Heck angebracht sind u. hinter dem Schiff arbeiten.*

Heck|schei|be, die: *Scheibe des Heckfensters:* heizbare H.

Heck|schei|ben|wi|scher, der: *an der Heckscheibe angebrachter Scheibenwischer.*

Heck|spoi|ler, der: *Spoiler an der Rückseite eines Autos.*

Heck|star|ter, der (Flugw.): *Flugzeug, dessen Längsachse bei Start u. Landung senkrecht nach oben weist.*

Heck|traw|ler, der: *Heckfänger.*

Heck|trieb|ler, der: *Heckantriebler.*

Heck|tür, die: **1.** *Tür am Heck von Kombi- od. Lieferwagen, die den Laderaum verschließt.* **2.** (selten) *Heckklappe.*

Heck|wel|le, die (Seemannsspr.): *am Heck eines Schiffes entstehende, sich seitlich ausbreitende Welle.*

he|da (veraltend): *hallo* (1): Heda! Wohin mit der Gitarre? (Frisch, Cruz 15); »Heda!« ruft Lisa den Polizisten an (Remarque, Obelisk 346).

He|de, die; -, -n [aus dem Niederd. < mniederd. hēde, eigtl. = Gehecheltes] (nordd.): *Abfall von Hanf od. Flachs; Werg.*

he|den ⟨Adj.⟩ (nordd.): *aus Hede bestehend, hergestellt.*

He|de|rich, der; -s, -e ⟨Pl. selten⟩ [mhd. hederich, ahd. hederīh, wahrsch. zu lat. hederaceus = efeuähnlich]: *(zu den Kreuzblütlern gehörende) Pflanze mit weißen od. gelben, hellviolett geäderten Blüten u. Schotenfrüchten.*

Hedge|ge|schäft ['hɛdʒ-], das; -[e]s, -e [zu engl. hedge = zur Abdeckung eines Risikos abgeschlossenes Geschäft, eigtl. = Hecke; Schutz, verw. mit ↑[1]Hecke] (Wirtsch.): *besondere Art eines Warentermingeschäfts (z. B. Rohstoffeinkauf), das zur Absicherung gegen Preisschwankungen mit einem anderen, auf den gleichen Zeitpunkt terminierten Geschäft (z. B. Produktverkauf) gekoppelt wird.*

Hed|ging ['hɛdʒɪŋ], das; -[s], -s [engl. hedging, zu: to hedge = absichern, eigtl. = mit einer [1]Hecke o. Ä. umgeben, zu: hedge, ↑Hedgegeschäft] (Wirtsch.): *Hedgegeschäft.*

He|do|nik, die; - [zu griech. hēdonikós = zum Vergnügen gehörend, zu: hēdonḗ = Vergnügen, Lust]: *Hedonismus.*

He|do|ni|ker, der; -s, -: *Hedonist.*

He|do|ni|ke|rin, die; -, -nen: w. Form zu ↑Hedoniker.

He|do|nis|mus, der; - (Philos.): *in der Antike begründete philosophische Lehre, Anschauung, nach der das höchste ethische Prinzip das Streben nach Sinnenlust u. -genuss ist, das private Glück in der dauerhaften Erfüllung individueller physischer u. psychischer Lust gesehen wird:* Es ist ein Lichtblick in dieser vom H. zerfressenen westlichen Welt, dass ... (Petersen, Resonanz 33).

He|do|nist, der; -en, -en: **1.** (Philos.) *Anhänger, Vertreter der Lehre des Hedonismus.* **2.** (bildungsspr.) *jmd., dessen Verhalten vorwiegend von der Suche nach Lustgewinn, Sinnengenuss bestimmt ist:* Aretino, Boccaccio, Casanova ... schrieben die Geschichte der Liebe. Die Werke dreier burlesker -en sind ein lachendes Kompendium der Erotik (Börsenblatt 8, 1968, 436).

He|do|nis|tin, die; -, -nen: w. Form zu ↑Hedonist.

he|do|nis|tisch ⟨Adj.⟩: **1.** (Philos.) *den Hedonismus betreffend, auf ihm beruhend, zu ihm gehörend:* -e Gedanken, Werke; h. argumentieren. **2.** (bildungsspr.) *den Hedonisten* (2) *betreffend; in der Art eines Hedonisten; nach Lustgewinn, Sinnengenuss strebend:* -es Glücks- und materielles Erfolgsstreben (Universitas 5, 1966, 501); ich wohne schön, jeder Ausblick und jeder Anblick ein -es *(Freude bringendes)* Fest (Wohmann, Absicht 101).

He|dschra, die; - [arab. hiğra^{h} = Auswanderung]: *Auswanderung Mohammeds im Jahre 622 von Mekka nach Medina, Beginn der islamischen Zeitrechnung.*

Heer, das; -[e]s, -e [mhd. her(e), ahd. heri, urspr. subst. Adj. u. eigtl. = das zum Krieg Gehörige]: **1. a)** *Gesamtheit der Streitkräfte, gesamte Streitmacht eines Staates, Landes; Armee:* das starke, siegreiche, geschlagene H. eines Landes; das feindliche H. ist in Bereitschaft; das stehende H. (Milit.; *der auch im Frieden in ständiger Bereitschaft stehende Teil eines Heeres*); Mein Vater konnte nur freikommen, wenn ich ... mich zum H. meldete (Seghers, Transit 220); **b)** *für den Landkrieg bestimmter Teil der Streitkräfte eines Staates, Landes:* Erst als das H. ... zwei Stunden von Caserta entfernt lagerte (Brecht, Geschichten 31); ... den offiziellen Regierungsaufruf, dem H. und der Marine beizutreten (Seghers, Transit 192). **2.** *sehr große Anzahl, große Menge:* ein H. von Urlaubern bevölkerte den Strand; ein H. [von] Ameisen krabbelte/krabbelten über den Weg; Sie werden ein H. an Ordnungskräften benötigen (Spiegel 48, 1965, 48); ich ... betrachtete die -e von Flaschen (Th. Mann, Krull 11); als sie das H. der Krapfen auf dem Tisch erblickten (Kuby, Sieg 348).

Heer|bann, der [mhd. herban, ahd. heriban = Aufgebot der waffenfähigen Freien zum Kriegsdienst] (hist.): **a)** *(im frühen deutschen MA.) vom König od. Herzog erlassener Aufruf, militärisches Aufgebot* (5 a) *zum Kriegsdienst:* dem H. folgen; **b)** *durch den Heerbann* (a) *aufgebotenes Kriegsheer:* ein mächtiger, starker H.; **c)** *zu zahlende Strafe bei Nichtbefolgung des Heerbanns* (a).

Hee|res|amt, das ⟨o. Pl.⟩: *dem Führungsstab* (1 a) *des Heeres unterstellte Dienststelle der Bundeswehr, die für die Materialbeschaffung u. -verwaltung sowie die Ausbildung der einzelnen Truppengattungen zuständig ist.*

Hee|res|be|richt, der (Milit.): *Bericht, Nachrichten der Heeresleitung über die neuesten Ereignisse auf einem Kriegsschauplatz.*

Hee|res|be|stand, der ⟨meist Pl.⟩: *Bestand, vorhandener Vorrat an Dingen, die zur Ausrüstung, Versorgung, Verwaltung o. Ä. eines Heeres* (1) *benötigt werden:* Fahrzeuge, Nahrungsmittel, Wolldecken aus Heeresbeständen.

Hee|res|dienst, der ⟨o. Pl.⟩: *militärischer Dienst im Heer* (1 b).

Hee|res|dienst|vor|schrift, die (Milit.): *den Heeresdienst betreffende Vorschrift des Verteidigungsministeriums;* Abk.: HDV.

Hee|res|flie|ger, der (Milit.): **1.** *Soldat der Truppengattung Heeresflieger* (2). **2.** ⟨Pl.⟩ *zu den Kampfunterstützungstruppen gehörende Truppe des Heeres, deren Aufgaben der Transport von Truppen, Material usw., die Panzerabwehr sowie Verbindungs- u. Aufklärungsflüge sind.*

Hee|res|flug|ab|wehr|trup|pe, die (Milit.): *zu den Kampfunterstützungstruppen gehörende Truppe des Heeres, deren Aufgabe der Luftkampf gegen feindliche Flugzeuge in niedrigeren u. mittleren Höhen ist.*

Hee|res|grup|pe, die (Milit.): *mehrere Armeen umfassender Teil des Heeres* (1 b): die geschlagene H. Don (Plievier, Stalingrad 146); Ruland ... kann es kaum erwarten, wieder bei seinem Haufen an der Front zu sein, bei einem Panzerregiment der H. Nord (Zeller, Amen 91).

Hee|res|gut, das ⟨o. Pl.⟩: *für das Heer* (1 b) *bestimmte Ausrüstungsgegenstände, Waren o. Ä.*

Hee|res|lei|tung, die (Milit.): *oberste Kommandobehörde eines Heeres* (1 b).

Hee|res|lie|fe|rant, der: *vorwiegend Heeresgut liefernder Fabrikant.*

Hee|res|lie|fe|ran|tin, die: w. Form zu Heereslieferant.

Hee|res|re|form, die: *Reform des Heeres* (1): In der H. scheiterte die Durchführung liberaler Grundsätze an der preußischen Reaktion (Fraenkel, Staat 185).

Hee|res|säu|le: ↑Heersäule.

Hee|res|ver|wal|tung, die (Milit.): *Gesamtheit aller mit Ausrüstung, Versorgung, Unterbringung o. Ä. eines Heeres* (1 b) *befassten Dienststellen.*

Hee|res|zug: ↑Heerzug.

Heer|fahrt, die [mhd. hervart, ahd. herfart]: *(im MA.) Kriegszug [der Lehnsleute].*

Heer|füh|rer, der [spätmhd. herfuerer]: *[oberster] Befehlshaber eines Heeres im Krieg.*

Heer|hau|fe[n], der (veraltet): *Teil eines Feldheeres, [ungeordnete] größere Anzahl Bewaffneter, Soldaten:* feindliche Heerhaufen marschierten auf die Stadt zu.

Heer|la|ger, das: *Feldlager:* Der gesamte ... Airport ... glich dem H. einer schwerbewaffneten Truppe (Cotton, Silver-Jet 5); Die Kaserne hatte sich zum H. erweitert (Kirst, 08/15, 348).

Heer|säu|le, (seltener:) Heeressäule, die (geh.): *Feldheer in Marschordnung, in langer Kolonne:* die Russen ... rücken systematisch vor, mal die eine H., mal die andere (Heym, Nachruf 341).

Heer|schar, die ⟨meist Pl.⟩ [mhd. herschar] (veraltet): *Teil eines Feldheeres; Truppe:* germanische -en; dass für Ostpreußen nur eine einzige Armee zur Verfügung stand, die den vielfach überlegenen russischen -en standhalten musste (Dönhoff, Ostpreußen 16); Ü auf die Anzeige hin meldeten sich ganze -en (ugs.; *eine große Menge*) von Bewerbern; Eine Örtlichkeit zum Übernachten also, die ohne aufwendige Hoteleinrichtungen wie Rezeption, Halle, Restaurant und -en von Personal auskommt (Wiener 6, 1984, 110); die himmlischen -en (bibl.; *die Engel*).

Heer|schau, die [mhd. herschouwe = Besichtigung eines Heeres] (veraltend): *Aufzug, Aufmarsch von Truppen vor Befehlshabern:* Als der Morgen ... anbrach ..., konnte der Befehlshaber H. halten (Ceram, Götter 361); Ü Der Parteitag soll Lafontaines H. werden (Woche 28. 11. 97, 1).

Heer|stra|ße, die [mhd. herstrāʒe, ahd. heristrāʒa] (veraltet): *breite Straße, die bes. für den Durchzug von Truppen geeignet ist.*

Heer|we|sen, das ⟨o. Pl.⟩: *alles, was mit dem Heer* (1) *zusammenhängt einschließlich Funktion, Organisation u. Verwaltung.*

Heer|zug, (seltener:) Heereszug, der: **1.** *in einem langen Zug, in langer Kolonne sich bewegendes Feldheer:* der H. näherte sich langsam der befestigten Stadt. **2.** *Feldzug* (1): Der H. über See war der Versuch, England ... tödlich zu treffen (Ceram, Götter 91).

He|fe, die; -, (Arten:) -n [mhd. heve, ahd. hevo, zu ↑heben, eigtl. = Hebemittel]: **1.** *aus Hefepilzen bestehende Substanzen, die als Gärungs- u. Treibmittel bei der Herstellung bestimmter alkoholischer Getränke u. zum Treiben von Teig für bestimmte Backwaren verwendet werden:* in Brauereien werden verschiedene -n verwendet; H. zum Backen kaufen, ansetzen; Kuchen mit H. backen; Ü die kleine Partei ist die H. (geh.; *treibende Kraft*) bei der Verwirklichung der Reformen. **2.** (geh. abwertend) *übler, verkommener Teil einer Bevölkerungsschicht:* Hier verkehrte und schlief nur das letzte an H. und Ausgestoßenen, Kroppzeug (Lynen, Kentaurenfährte 29); aus der H. des Volks aufgelesen (Jacob, Kaffee 127).

He|fe|brot, das: *aus Hefeteig hergestelltes Brot.*

He|fe|ge|bäck, das: *aus Hefeteig hergestelltes Gebäck.*

He|fe|kloß, der: *aus Hefeteig hergestellter, in Salzwasser gekochter od. in Dampf gegarter Kloß:* die Hefeklöße müssen noch aufgehen; ***aufgehen wie ein H.** (ugs. scherzh.; *[ziemlich schnell] sehr dick werden*): sie ist in letzter Zeit aufgegangen wie ein H.

He|fe|kranz, der: *aus Hefeteig hergestellter Kranzkuchen.*

He|fe|ku|chen, der: *aus Hefeteig hergestellter Kuchen.*

He|fe|kur, die: *naturheilkundliche Kur, durch die mithilfe künstlich gezüchteter, Vitamin-B-haltiger Hefepilze die Darmflora günstig beeinflusst wird.*

He|fen|brot usw. (veraltet, aber noch landsch.): ↑Hefebrot usw.

He|fe|pilz, der: *(zahlreiche Vitamine, bes. Vitamin B enthaltender) einzelliger, mikroskopisch kleiner Schlauchpilz, der sich durch Sprossung vermehrt u. Gärung bewirkt.*

He|fe|stück, das: **1.** *bei der Zubereitung von Hefeteig im Voraus aus Hefe, Wasser od. Milch u. etwas Mehl angesetzte kleine Teigmenge, die, nachdem sie aufgegangen ist, mit der eigentlichen Teigmasse vermischt wird; Vorteig.* **2.** (selten) *Hefestückchen.*

He|fe|stück|chen, das: *kleines, aus Hefeteig hergestelltes Gebäckstück [mit Füllung u. Glasur].*

He|fe|teig, der: *Kuchen- od. auch Brotteig, bei dem Hefe als Treibmittel verwendet wird:* den H. gut durchkneten und noch einmal gehen lassen.

He|fe|wei|zen, das: *Weizenbier, das durch eine Mischgärung von Hefen u. Milchsäurebakterien gewonnen wird u. von Natur trüb ist.*

He|fe|zopf, der: *aus Hefeteig hergestellter Zopf* (2).

he|fig ⟨Adj.⟩: *Hefe enthaltend; nach Hefe schmeckend:* ein -er Bodensatz; der Teig schmeckt etwas h.

Hef|ner|ker|ze, die [nach dem dt. Elektrotechniker F. von Hefner-Alteneck (1845–1904)] (Physik veraltet): *Einheit der Lichtstärke* (Zeichen: HK).

[1]**Hẹft**, das; -[e]s, -e [mhd. hefte, ahd. hefti, eigtl. = das Fassende, Packende, verw. mit ↑heben] (geh.): *Griff einer Stichwaffe, seltener auch eines Werkzeugs:* das H. des Messers, der Sichel; er ... stieß dem Tiere blitzschnell den schmalen und blanken Stahl bis halb zum H. in den Nacken (Th. Mann, Krull 435); * **das H. ergreifen/in die Hand nehmen** (geh.; *die Leitung von etw., die Macht übernehmen*); **das H. in der Hand haben/behalten** (geh.; *die Macht innehaben; Herr der Lage sein, bleiben*): weiße Söldner hatten das H. in der Hand; die Mannschaft behielt während des gesamten Spiels das H. in der Hand; **das H. aus der Hand geben** (geh.; *die Leitung von etw. abgeben, die Macht aus der Hand geben*); **jmdm. das H. aus der Hand nehmen/winden** (geh.; *jmdm. die Leitung von etw. wegnehmen, die Macht entreißen*): Vieles entfällt ..., wenn man sich das H. nicht aus der Hand winden lässt (Werfel, Bernadette 363).

[2]**Hẹft**, das; -[e]s, -e [rückgeb. aus ↑heften (3b)]: **a)** *bestimmte Anzahl von Blättern, die durch einen Einband zusammengehalten werden:* ein dünnes, voll geschriebenes, leeres H.; der Lehrer lässt die -e einsammeln, austeilen; etw. in ein H. eintragen; Jedoch schrieb sich der Bub auch den kleinsten Betrag in ein blau liniertes H. (Sommer, Und keiner 35); **b)** *Nummer einer Zeitschrift:* von dieser Zeitschrift sind nur einige -e erschienen; der Beitrag erscheint in H. 5; das Werk erscheint in einzelnen -en *(Lieferungen);* **c)** *kleineres, nicht gebundenes Druckerzeugnis; dünnes, broschiertes Buch; Druckschrift:* ein H. Gedichte; ein H. mit Kurzgeschichten; ein bebildertes H., betitelt »Der Kakteenzüchter« (Hildesheimer, Legenden 109).

Hẹft|chen, das; -s, -: **1.** *kleines, dünnes* [2]*Heft* (a, c). **2.** (oft abwertend) *dünne, nicht gebundene Druckschrift, die Comics, Kriminal- u. Groschenromane, Pornos o. Ä. zum Inhalt hat:* Sie gehen ins Kino und im Sommer baden. Sie lesen H. und zeigen sich Pornofotos (Ossowski, Bewährung 15). **3.** *Block in Form eines Heftchens (1), der Fahrscheine, Briefmarken o. Ä. enthält.*

Hẹft|chen|ro|man, der (ugs.): *Dreigroschenheft.*

Hẹf|tel, das; -s, - (omd.): ↑Haftel.

Hẹf|tel|ma|cher, der (omd.): ↑Haftelmacher.

hẹf|ten (sw. V.; hat) [mhd., ahd. heften = haftend machen, befestigen, zu dem ↑-haft zugrunde liegenden Adj.]: **1.** *mit einer Klammer, Nadel, Reißzwecke o. Ä. oft nur provisorisch, vorläufig an etw. befestigen, anbringen:* einen Zettel an die Tür, ans schwarze Brett h.; jmdm. einen Orden an die Brust h.; Goron ... heftete das Zeitungsblatt ... in die Mappe (Maass, Gouffé 345); Ü den Sieg an seine Fahnen h. (geh.; *siegen*); man wird den üblichen Ruhm an die römischen Adler h. (geh.; *sie werden ruhmreich sein;* Thieß, Reich 513); Keine Legende wird sich an seinen Namen h. *(wird sich mit seinem Namen verbinden;* Hochhuth, Stellvertreter 65). **2.** (geh.) **a)** *(die Augen, den Blick) unverwandt, starr auf jmdn., etw. richten, gerichtet halten u. nicht davon abwenden:* er heftete seine Augen fest auf sie, auf ihr Gesicht, auf den Boden; Er heftete den Blick starr auf die Ecke der Zöllnerbude (Schaper, Kirche 131); **b)** (h. + sich) *(von Augen, Blicken) sich unverwandt, starr auf jmdn., etw. richten u. sich nicht davon abwenden:* sein Blick heftete sich auf ihn, auf sein Gesicht; dass ihre Augen sich mit stillem Forschen auf seinen linken Arm, auf seine Hand hefteten (Th. Mann, Hoheit 199). **3. a)** (Schneiderei) *mit Nadeln od. mit locker u. in weiten Abständen durch das Gewebe geführten Stichen vorläufig zusammenhalten:* die zugeschnittenen Stoffteile zuerst h.; den Saum, die Naht [mit ein paar Stichen] h.; **b)** (Buchbinderei) *mit Fäden od. Klammern aus dünnem Draht zu einem Heft, Buchblock zusammenfügen, verbinden:* die gefalteten Bogen werden zuerst geheftet; die Broschüre ist nur geheftet.

Hẹf|ter, der; -s, -: **1.** *Mappe, in der Schriftstücke mittels einer Klammer, eines Bügels o. Ä. abgeheftet werden; Schnellhefter:* Sie nahm einen roten H. zur Hand, in dem eine Unzahl voll gekritzelter Blätter lagen (Dorpat, Ellenbogenspiele 213). **2.** *kleinere Heftmaschine zum Zusammenheften einzelner Blätter.*

Hẹft|fa|den, der: *Faden aus Heftgarn.*

Hẹft|garn, das: *lose gedrehter Zwirn von geringer Festigkeit, der bes. zum Heften in der Schneiderei verwendet wird.*

hẹf|tig (Adj.) [mhd. heftec = haftend; beharrlich, zu dem ↑-haft zugrunde liegenden Adj.; die heutige Bed. wohl unter Einfluss von mhd. heifte = ungestüm]: **1.** *von starkem Ausmaß, großer Intensität; sich mit großer Stärke, Wucht, großem Schwung, Ungestüm auswirkend; in hohem Maße, stark, gewaltig:* ein -er Sturm, Regen; ein -er Aufprall, Schlag; einen -en Schmerz verspüren; eine -e Leidenschaft, Liebe; Sogleich einem -en Antrieb nachgebend, betrat er die erste, zierliche Gartenanlage (Kronauer, Bogenschütze 264); eine -e *(leidenschaftlich geführte)* Auseinandersetzung, Kontroverse; -e *(erbitterte)* Kämpfe; sie dreht sich mit einer -en *(plötzlichen, abrupten)* Bewegung um; die Schmerzen waren h., wurden immer -er; So h. ist die Überraschung, dass der Kapitän erst nach Sekunden seine Sprache wiedererlangt (Heim, Traumschiff 384); seine Freude war nicht so h. *(war nicht so ungestüm)* wie meine Freude (Lenz, Brot 23); es regnet, schneit h.; er warf die Tür h. ins Schloss; h. weinen, schimpfen; h. atmen, zittern; Der Vortrag war ein Riesenerfolg. Heftig applaudierte das gelehrte Publikum (Süskind, Parfum 182); Heftig zog er an seiner Zigarette (Bastian, Brut 145); Aus dem Wohnwagen qualmte es -er (Böll, Adam 31); Er fror viel -er als in der Nacht (Kronauer, Bogenschütze 405); sich h. *(leidenschaftlich)* verlieben; sie haben sich h. *(leidenschaftlich, erbittert, sehr)* gestritten, gewehrt; das Gerücht wurde vom Regierungssprecher h. *(sehr nachdrücklich)* dementiert. **2.** *leicht erregbar, aufbrausend, nicht gelassen; ungezügelt, unbeherrscht:* sie ist unberechenbar in ihrer -en Art; er ist ein sehr -er Mensch; er antwortete in -em *(scharfem)* Ton; Jedesmal ... wurde er abweisend und beinahe h. (Jens, Mann 111); er antwortete, reagierte viel zu h., noch -er als sie.

Hẹf|tig|keit, die; -, -en: **1.** (o. Pl.) *das Heftigsein; große Stärke, Intensität, Wucht; starkes Ausmaß:* Dabei kam ihm plötzlich der Gedanke, und zwar mit der H. eines elektrischen Schocks (Bieler, Mädchenkrieg 147); der Sturm, die Kämpfe nahmen an H. zu; sie betrieb alles mit der gleichen H.: schlafen, essen, freuen, weinen (Baum, Paris 58). **2. a)** (o. Pl.) *heftige (2) Art; das Aufbrausen, Erregtsein; Ungezügeltheit, Unbeherrschtheit:* seine H. war ihr nicht neu; die H. *(Schärfe)* seines Tones war verletzend; **b)** *heftige (2) Äußerung, Handlung:* Während man sich in ihrer Heimat nach so vielen -en an die Kehle oder in die Haare gegangen wäre (Bieler, Mädchenkrieg 51); Meinem Vater ... begegnete ich mit -en (Jahnn, Geschichten 23).

Hẹft|klam|mer, die: **1.** *kleine Klammer aus Draht, mit der Papier- od. Druckbogen maschinell zusammengeheftet werden.* **2.** *Büroklammer.*

Hẹft|ma|schi|ne, die: *Maschine zum Zusammenheften von Druckbogen, gefalzten Papierbogen (für Broschüren od. Bücher) mittels Klammern aus Draht od. Fäden.*

Hẹft|pflas|ter, das: *mit einem Klebstoff [u. einer Auflage aus Mull] versehener Gewebe- od. Plastikstreifen zum Bedecken von Wunden, Befestigen von Verbänden o. Ä.:* ein H. auf die Wunde kleben; das H. wieder abreißen; Als man einer Brillenschlange den Mund mit H. zuklebte (Grzimek, Serengeti 186).

Hẹft|stich, der (Schneiderei): *locker u. in weiten Abständen durch ein Gewebe geführter Stich, mit dem zwei Stoffteile vorläufig aneinander geheftet werden.*

Hẹft|zwe|cke, die: *Reißzwecke.*

Hẹft|zwirn, der: *Heftgarn.*

He̱|ge, die; - [mhd. hege, ahd. hegī = Umzäunung, zu ↑hegen] (Forstw., Jagdw.): *Gesamtheit der Maßnahmen zur Pflege u. zum Schutz von Pflanzen u. Tieren (bes. Wild u. Fischen):* diese Baumart bedarf besonders der H.; in der H. und Pflege des Wildes (Mantel, Wald 75); Ü Der Begriff der Autorität, ... mit unendlicher Mühe, H. und Pflege wenigstens in den Gundzügen wiederhergestellt, ist achtlos zertreten worden (Dönhoff, Ära 22).

He|ge|li|a̱|ner, der; -s, - [nach dem dt. Philosophen G. W. F. Hegel (1770 bis 1831)]: *Anhänger, Vertreter der Philosophie Hegels od. einer der philosophischen Richtungen, die sich an Hegel anschließen.*

He|ge|li|a̱|ne|rin, die; -, -nen: w. Form zu ↑Hegelianer.

he|ge|li|a̱|nisch (Adj.): *die Philosophie in der Nachfolge Hegels, den Hegelianismus betreffend, darauf beruhend, dazu gehörend; dem Hegelianismus entspre-*

chend, gemäß: -e Gedanken, Schriften; Die -e Tradition und ein wohl kaum vermeidbarer Europazentrismus dürften dafür verantwortlich sein, dass ... (Bahro, Alternative 49); h. argumentieren.

He|ge|li|a|nis|mus, der; -: *Gesamtheit der philosophischen Richtungen im Anschluss an Hegel.*

he|gelsch ‹Adj.›: *die Philosophie Hegels betreffend, ihr entsprechend; in der Art Hegels:* einen -en, (auch:) Hegel'schen Standpunkt vertreten; -es, (auch:) Hegel'sches Gedankengut.

He|ge|maß|nah|me, die (Forstw., Jagdw.): *Maßnahme zur Hege von Pflanzen u. Tieren.*

He|ge|meis|ter, der: *Forstbeamter, dem die Hege des Wilds obliegt.*

He|ge|meis|te|rin, die: w. Form zu ↑Hegemeister.

He|ge|mon, der; -en, -en [griech. hēgemṓn, zu: hēgeĩsthai = (an)führen]: *Fürst, der über andere Fürsten herrscht.*

he|ge|mo|ni|al ‹Adj.›: *die Hegemonie betreffend, auf ihr beruhend, sie erstrebend:* -e Bestrebungen, Ansprüche.

He|ge|mo|ni|al|an|spruch, der: *Anspruch eines Staates auf Vorherrschaft, auf eine Vormachtstellung.*

He|ge|mo|ni|al|macht, die: *Hegemonialstaat.*

He|ge|mo|ni|al|staat, der: *Staat, der die Vorherrschaft, eine Vormachtstellung innehat, auszubauen trachtet.*

He|ge|mo|nie, die; -, -n [griech. hēgemonía, eigtl. = das Anführen]: **1.** *Vorherrschaft, Vormachtstellung, die ein Staat gegenüber einem od. mehreren anderen Staaten besitzt:* im Osten unter dem Zwang der sowjetischen H. (Fraenkel, Staat 216); Nichts aber ist schlimmer für die Europäer als eine amerikanische H. (W. Brandt, Begegnungen 154). **2.** *faktische Überlegenheit politischer, wirtschaftlicher o. ä. Art:* kulturelle, politische, militärische H.; die wirtschaftliche H. einer Gesellschaftsschicht; Es ist dies eine Art Abmachung, mit der die USA ihre militärisch-politische H. in Europa sichern wollen (Welt 23. 1. 65, 4).

He|ge|mo|ni|kon, das; - [spätlat. hegemonicon < griech. hēgemonikón = das leitende Prinzip, zu: hēgemonikós, ↑hegemonisch]: *(in der stoischen Philosophie) der herrschende Teil der Seele, die Vernunft.*

he|ge|mo|nisch ‹Adj.› [griech. hēgemonikós = zum Anführer gehörend, ihm eigen]: *die Hegemonie betreffend, auf ihr beruhend.*

he|gen ‹sw. V.; hat› [mhd. hegen = umzäunen, umschließen; abgrenzen, schonen, pflegen, bewahren, ahd. heg(g)an = mit einem Zaun, einer Hecke umgeben, zu ↑Hag]: **1. a)** (bes. Forstw., Jagdw.) *(Tiere u. Pflanzen) mit entsprechenden Maßnahmen pflegen u. schützen:* diese Tierarten müssen gehegt werden; der Förster hegt den Wald, das Wild; den Garten, neu angelegte Baumkulturen h.; **b)** *jmdm., einer Sache sorgfältige Pflege angedeihen lassen; sorgsam über jmdn., etw. wachen:* Daphne und Franz hegten ihn wie einen jungen Bruder (A. Kolb, Daphne 70); sie verbringt ihre Tage fast nur noch damit, ihre Antiquitäten zu h.; ***h. und pflegen** (1. *mit liebevoller Fürsorge umgeben:* als er krank war, hat sie ihn gehegt und gepflegt [wie eine Mutter ihr Kind]. 2. *sich in besonderer Weise bemühen, etw. aufrechtzuerhalten:* seinen Ruf h. und pflegen; Man hat der Regierung in Bonn häufig vorgeworfen, sie hege und pflege ihre Illusionen und sei nicht bereit, den Realitäten ins Auge zu blicken [Dönhoff, Ära 85]). **2.** (geh.) *als Empfindung, als Vorhaben o. Ä. in sich tragen, bewahren; nähren:* Ich hege, wie es scheint, knabenhafte Ideale (Rinser, Mitte 191); eine Abneigung, [einen] tiefen Groll, ein Misstrauen gegen jmdn. h.; Achtung, freundschaftliche Gefühle für jmdn. h.; Ebenso hegen die Unmusikalischen häufig eine stille verzweifelte Liebe zu Liederkränzen (Sommer, Und keiner 29); (häufig verblasst:) keine Illusionen h. *(haben);* Zweifel h. *(zweifeln);* einen Wunsch, Wünsche h. *(wünschen);* bestimmte Erwartungen h. *(etw. Bestimmtes erwarten);* So fantastische Pläne hegte *(hatte)* man (Fallada, Blechnapf 229); Ihren Andeutungen in den letzten Briefen nach zu urteilen, hegen Sie zwar eine bestimmte Vermutung *(vermuten Sie etw. Bestimmtes;* Weber, Tote 20).

[1]**He|ger,** der; -s, -: kurz für ↑Wildheger.

[2]**He|ger:** ↑Häger.

He|ge|rin, die; -, -nen: w. Form zu ↑[1]Heger.

He|ge|ring, der (Jagdw.): *Zusammenschluss von Jägern innerhalb eines bestimmten Gebiets zur einheitlichen Ausübung von Jagd u. Hege.*

He|ge|wald, der: *zu bestimmten Zwecken geschonter, nicht der normalen forstwirtschaftlichen Nutzung unterliegender Wald.*

He|ge|zeit, die (Jägerspr.): *Schonzeit.*

He|gu|me|nos, der; -, ...oi [spätgriech. hēgoúmenos = Vorsteher, subst. 1. Part. von: hēgeĩsthai, ↑Hegemon]: *Vorsteher eines orthodoxen Klosters; Igumen.*

Hehl, das, auch: der; -[e]s [mhd. hæle = Verheimlichung, ahd. hāla = das Verbergen, zu ↑hehlen]: **1.** in der Wendung **ein/** (auch:) **einen H. aus etw. machen** (üblicherweise verneint; *etw. verheimlichen, verbergen*): er machte aus seiner Abneigung kein[en], nie ein[en] H.; Magda, die keinen H. daraus machte, dass er ihr gefiel, hatte keine große Mühe, ihn zu verführen (Danella, Hotel 47); Er machte kein H. daraus, wie sehr er es bedauerte (Ott, Haie 151); ich sah keinerlei Anlass, ein H. daraus zu machen (Th. Mann, Krull 116). ◆ **2.** ***es nicht/kein[en] H. haben** *(nicht verhehlen):* Er hat es keinen H., dass wir um seinetwillen hieher berufen sind – gestehet ein, er brauche unsers Arms, sich zu erhalten (Schiller, Piccolomini V, 1).

hehl|len ‹sw. V.; hat› [mhd. heln, ahd. helan = bedecken, verbergen, verstecken, ablautend verw. mit ↑hüllen, ↑Halle]: **1.** (veraltet) *verbergen, verheimlichen, verhehlen:* ◆ Beschlüsse ..., die man vor uns zu h. nötig achtet (Schiller, Wallensteins Tod I, 5). **2.** (selten) *eine Straftat, bes. einen Diebstahl od. einen Raub, verbergen helfen.*

Heh|ler, der; -s, - [mhd. helære]: *jmd., der Hehlerei begeht:* einen H. anklagen; Spr der H. ist schlimmer als der Stehler (urspr. in Bezug auf Gestohlenes, dann: *jmd., der [aus Eigennutz] etw. Unrechtes, Übles unterstützt od. verheimlicht, ist oft schlimmer als der eigentliche Täter*).

Heh|le|rei, die; -, -en (Rechtsspr.): *Straftat, die darin besteht, dass jmd. wegen eines Vorteils eine strafbare Handlung einer anderen Person, durch die sich diese fremde Dinge angeeignet hat, verheimlicht, sich von diesen Dingen selbst aneignet, sie ankauft, weiterverkauft, an ihrem Absatz mitwirkt o. Ä.:* gewohnheitsmäßige H.; sich der fortgesetzten H. schuldig machen; Somit entfällt mangels Tatbestandes der Vorwurf der H. (Noack, Prozesse 179).

Heh|le|rin, die; -, -nen: w. Form zu ↑Hehler.

hehr ‹Adj.› [mhd., ahd. hēr = erhaben, vornehm; herrlich; heilig; hochmütig, urspr. = grau(haarig), ehrwürdig] (geh.): *durch seine Großartigkeit, Erhabenheit beeindruckend; erhaben, Ehrfurcht gebietend:* ein -er Anblick, Augenblick; -e Ideale haben; ein Hochgebirgstal, gebildet von heroisch aufsteigenden, schneebedeckten, -en Bergriesen (L. Frank, Wagen 24); die Hausfrauenrealität ist nicht so h., wie's oben steht. In Wirklichkeit sind Frauen Einkäuferinnen, Hausverweserinnen (Dierichs, Männer 266); (oft auch leicht iron.:) um so weniger, je mehr er noch an die -e, saubere Welt des Amateursports glaubt (Augsburger Allgemeine 11./12. 2. 78, II).

Heh|re, Hehr|heit, die; - (geh. veraltet): *das Hehrsein; Erhabenheit.*

hei ‹Interj.› [mhd. hei]: Ausruf ausgelassener Freude, Munterkeit, Lustigkeit: h., war das eine Fahrt!; h., ist das ein Vergnügen!; Hei, wie der Wind ins Gesicht bläst, wie die Mähnen uns umflattern! (Dwinger, Erde 175).

Hei|a, die; -, -[s] ‹Pl. selten› (Kinderspr.): *Bett:* jetzt aber ab in die H.! *(jetzt ist es Zeit, schlafen zu gehen!);* Vor der Haustür meint Jenny ...: »Geht endlich auch in die H. Ihr alten Bummelanten. Morgen ist auch noch ein Tag.« (Grass, Hundejahre 645); Und wenn man nun noch nicht gleich in die H. will ...? (Film 12, 1966, 46); dann sind wir eben überall rum, und im ersten Stock haben wir den Jungen aus der H. geholt (Bieler, Bär 140).

heia: in der Wendung **h. machen** (Kinderspr.; *schlafen;* meist in Aufforderungen): wir wollen jetzt h. machen; du musst jetzt erst mal h. machen.

Heia|bett, das; -[e]s, -en (Kinderspr.): *Heia.*

heia|po|peia ‹Interj.› (Kinderspr.): ↑eiapopeia.

hei|da [auch: 'haida] ‹Interj.›: *hei:* Heida, eine glänzende Versammlung, wie meinen Vater nicht bessere umringen (Hacks, Stücke 64).

[1]**Hei|de,** der; -n, -n [mhd. heiden, ahd.

heidano = Heide, wohl über das Got. (vgl. got. haiÞno = Heidin) zu gleichbed. spätgriech. (tà) éthnē, eigtl. = die Völker, Pl. von griech. éthnos = Volk u. volksetym. angelehnt an ↑²Heide] (Rel., sonst veraltend): *jmd., der nicht der christlichen, jüdischen od. muslimischen Religion angehört; jmd., der nicht an Gott glaubt [u. noch bekehrt werden muss]:* H. sein; Denn ein Halbchrist, ein »Laumann« ... ist schlimmer dran als ein saftiger H. (Thielicke, Ich glaube 111); die -n bekehren; den -n das Evangelium verkünden; Ü »Es wird gebetet, deshalb ist die Tür offen«, erwidert sie ... »Tür zu!« schreien wir ... »Heiden« (abwertend; *gottlose, pietätlose Gesellen*), zwitschert sie, macht aber doch die Tür zu (Remarque, Westen 177).

²**Hei|de**, die; -, -n [mhd. heide, ahd. heida, eigtl. = unbebautes, wild grünendes Land, Waldgegend; Heidekraut]: **1.** *weite, meist sandige u. überwiegend baumlose Ebene, die bes. mit Heidekrautgewächsen u. Wacholder bewachsen ist:* eine öde, unfruchtbare, blühende H.; die grüne H.; durch die H. wandern; Er durchquerte die schmale H. eines Hochtales (Ransmayr, Welt 14); * **... dass die H. wackelt** (salopp; *sehr heftig;* oft als Drohung): wenn du wieder nicht hörst, bekommst du Prügel, dass die H. wackelt. **2.** ⟨o. Pl.⟩ *Heidekraut:* duftende, blühende, vertrocknete H.; H. pflücken. **3.** (nordd., ostmd.) *kleinerer [Nadel]wald [auf Sandboden].*

Hei|de|bo|den, der: *in Teilen Nordwestdeutschlands aus braunem Waldboden auf nährstoffarmem Sandstein u. Sand nach der Verdrängung von Wäldern als Folge der Schafweidewirtschaft entstandener Boden mit grauer Oberschicht:* Kartoffeln von H.

Hei|de|brand, der: *Brand einer Heidefläche.*

Hei|de|brot, das (landsch.): *Bauernbrot, wie es in den nordwestdeutschen Heidegebieten gebacken wird.*

Hei|de|flä|che, die: *aus ²Heide* (1) *bestehende Fläche.*

Hei|de|gar|ten, der: *Garten mit Heidekraut, Gräsern, Wacholder o. Ä.*

Hei|de|ge|biet, das: *aus ²Heide* (1) *bestehendes Gebiet.*

Hei|de|ho|nig, der: *aus einem Heidegebiet, von Heideflächen stammender, aus den Blüten des Heidekrauts gewonnener Honig.*

Hei|de|korn, das ⟨o. Pl.⟩ [eigtl. = Pflanze, die aus dem Land der ¹Heiden kommt]: *Buchweizen.*

Hei|de|kraut, das ⟨o. Pl.⟩: *(auf Sand- u. Moorboden) in Zwergsträuchern wachsende Pflanze mit kleinen, nadelähnlichen Blättern u. sehr kleinen, meist lilaroten Blüten, die in Trauben am oberen Teil der Stängel sitzen.*

Hei|de|kraut|ge|wächs, das ⟨meist Pl.⟩: *in vielen verschiedenen Arten vorkommende, in [Zwerg]sträuchern wachsende Pflanze mit zuweilen nadelförmigen Blättern u. meist glockenförmigen Blüten.*

Hei|de|land, das ⟨o. Pl.⟩: *aus ²Heide* (1) *bestehende Nutzungsfläche.*

Hei|de|land|schaft, die: *aus ²Heide* (1) *bestehende Landschaft.*

Hei|del|bee|re, die; -, -n [mhd. heidelber, zu älter mhd. heitber, ahd. heitperi = auf der ²Heide wachsende Beere]: **1.** *(zu den Heidekrautgewächsen gehörender, in Wäldern u. Heiden wachsender) Zwergstrauch mit kleinen, eiförmigen, fein gesägten Blättern u. blauschwarzen Beeren, die zu Saft, Kompott, Marmelade o. Ä. verarbeitet werden; Blaubeere.* **2.** *Frucht der Heidelbeere* (1): -n pflücken.

Hei|del|beer|kraut, das ⟨o. Pl.⟩: *Sträucher der Heidelbeere.*

Hei|del|berg: Stadt am unteren Neckar.

Hei|de|ler|che, die: *in baumarmen, trockenen Landschaften u. Heidegebieten lebende Lerche.*

Hei|de|moor, das: *Moor in der ²Heide* (1).

Hei|den- [in der Vorstellung der Christen waren die Heiden etw. Schreckliches, Furchterregendes] (ugs. emotional verstärkend): drückt in Bildungen mit Substantiven einen besonders hohen Grad von etw. aus: Heidenmühe, -respekt, -schreck, -stunk.

Hei|den|angst, die ⟨o. Pl.⟩ (ugs. emotional verstärkend): *sehr große Angst vor jmdm., etw.:* vor einer Prüfung, Entdeckung, Strafe eine H. haben; die Kinder hatten eine H. vor ihm; dass Textdichter, Unternehmer und Schauspieler eine H. vor dem Publikum haben und ihm nur das servieren, was es erfahrungsgemäß beklatscht (Tucholsky, Werke II, 18); Das Gas ging nur an bestimmten Stunden und hatte wenig Druck. Immer eine H., dass es für die Suppe nicht reichte (Kempowski, Tadellöser 423).

Hei|den|ar|beit, die ⟨o. Pl.⟩ (ugs. emotional verstärkend): *mit sehr viel Mühe, großem Zeitaufwand verbundene Arbeit:* das ist eine H.; 20 Glas Sauerkirschen, an die sie nicht rührt. Sie hat die ein paar Tage vor dem Tod ihres Mannes eingemacht, eine H., das Entsteinen (Kronauer, Bogenschütze 308).

Hei|den|christ, der: *(im Ur- und Frühchristentum im Unterschied zum Judenchristen) Christ nicht jüdischer Herkunft.*

Hei|den|chris|ten|tum, das: *(in ur- u. frühchristlicher Zeit) durch die Mission des Apostels Paulus unter den nicht jüdischen Völkern begründetes Christentum.*

Hei|den|chris|tin, die: w. Form zu ↑Heidenchrist.

hei|den|christ|lich ⟨Adj.⟩: *den Heidenchristen betreffend, auf das Heidenchristentum bezüglich.*

Hei|de|nel|ke, die: *(vor allem in Heidegebieten u. in Kieferwäldern wachsende) Nelke mit purpurroten, innen weiß punktierten u. dunkel gestreiften Blüten u. graugrünen Blättern, die auch als Zierpflanze für Heidegärten verwendet wird.*

Hei|den|geld, das ⟨o. Pl.⟩ (ugs. emotional verstärkend): *sehr große Geldsumme:* die neue Stadtbahn hat ein H. gekostet; Nebenher betreibt er einen ganz lukrativen Pariserversand, damit verdient er ein H. (Ziegler, Kein Recht 235).

Hei|den|krach, der ⟨o. Pl.⟩ (ugs. emotional verstärkend): **1.** vgl. Heidenlärm. **2.** *sehr lauter, heftiger Streit:* Weidel hat immer seinen Kuli gefunden, bis sie mit H. auseinander gingen (Seghers, Transit 75).

Hei|den|lärm, der (ugs. emotional verstärkend): *sehr großer, als äußerst störend empfundener Lärm:* wir saßen zu nahe bei der Musik, ein H. (Frisch, Homo 125); sie machten einen H. im Treppenhaus.

hei|den|mä|ßig ⟨Adj.⟩ (ugs. emotional verstärkend): *äußerst groß, unmäßig, sehr viel:* eine -e Anstrengung; sie haben daran h. Geld verdient.

Hei|den|mis|si|on, die: *Missionierung der Heiden.*

Hei|den|res|pekt, der (ugs. emotional verstärkend): *aus bestimmtem Grund bestehender großer Respekt vor jmdm., etw.:* die Klasse hat vor diesem Lehrer einen H.

Hei|den|rös|chen: ↑Heideröschen.

Hei|den|spaß, der ⟨o. Pl.⟩ (ugs. emotional verstärkend): *sehr großer Spaß:* das Spiel machte ihm einen H.

Hei|den|spek|ta|kel, der (ugs. emotional verstärkend): vgl. Heidenlärm: Das Dorf tobt. Die Kinder bilden Spalier und machen einen H. (Tucholsky, Werke I, 160).

Hei|den|tem|pel, der: *heidnischer Tempel:* Was ist Rom? Wo ist Rom? ... die steinernen Götter ..., die H., die Christenkirchen ...? (Welt 12. 5. 62, Geistige Welt 2).

Hei|den|tum, das; -s [mhd. heidentuom, ahd. heidantuom]: **a)** *Zustand des Nicht-zum-Christentum-bekehrt-Seins; Religionen u. religiöse Vorstellungen der ¹Heiden:* im antiken H.; Das war ein aus dem H. überkommener Brauch (Kühn, Zeit 302); **b)** *Gesamtheit der ¹Heiden, heidnische Welt:* das H. bekehren.

Hei|den|volk, das: *heidnisches Volk.*

Hei|de|rös|chen, Heidenröschen, das; -s, -: *kleine krautige Pflanze mit schmalen Blättern, holzigem Stängel u. zitronen- bis goldgelben, selten weißen Blüten.*

Hei|de|ro|se, die: *Heideröschen.*

hei|di ⟨Interj.⟩ [Verstärkung von ↑hei]: Ausruf zur Kennzeichnung einer schnellen Fortbewegung, eines raschen Fortgangs von etw.: sie setzten sich auf den Schlitten, und [ab] h. ging's den Berg hinunter; Und h.! rannte die Bestie (= das Pferd; Winckler, Bomberg 176); Ich sollt' mal zur Marine kommen, ich sag' euch, Bootsmann wär' ich schnell, und dann h.! (Nachbar, Mond 6); ⟨auch als Adv.:⟩ * **h. gehen** (ugs.; ↑hopsgehen 2); **h. sein** (ugs.; ↑hops 1).

Hei|din, die; -, -nen: w. Form zu ↑¹Heide.

Heid|jer, der; -s, - [aus dem Niederd.] (nordd. ugs.): *Bewohner der [Lüneburger] Heide:* In der niedersächsischen CDU brummt es wie in den Bienenstöcken der H. im Spätsommer (Rheinpfalz 14. 1. 92, 3).

heid|nisch ⟨Adj.⟩ [mhd. heidenisch, ahd. heidanisc]: *die ¹Heiden u. ihren Kult betreffend, dazu gehörend, von dorther stammend; für die ¹Heiden charakteristisch, ihrer Art entsprechend:* eine -e Kultstätte; ein -er Brauch; -e Mysterien;

-e Kunst; in -er *(vorchristlicher)* Zeit; Daphnes Blut hingegen hatte einen recht -en Schuss *(Daphne hatte keine strenge christliche Moralauffassung).* Das Gebot der Sittenstrenge trat für ihr Gutdünken mit der Hässlichkeit in Kraft (A. Kolb, Daphne 63); und der Zweck des Staates wird, wie es gut h. ist, zum Gesetz des Sittlichen (Th. Mann, Zauberberg 553); h. leben, denken.

Heid|schnu|cke, die; -, -n [1. Bestandteil zu ↑²Heide, 2. Bestandteil H. u., viell. zu (m)niederd. snukken = einen Laut ausstoßen, lautm.]: *(in der Lüneburger Heide gezüchtetes) kleines, genügsames Schaf mit grauem bzw. weißem Fell u. kurzem Schwanz.*

Hei|duck, der; -en, -en [1: ung. hajdúk, Pl. von: hajdú = Fußsoldat]: **1.** *Angehöriger einer ungarischen Söldnertruppe im 15. u. 16. Jahrhundert, Freischärler zur Unterstützung Österreichs in den Türkenkriegen.* **2.** (seit dem 18. Jahrhundert) *Diener eines Magnaten in Österreich-Ungarn.* **3.** ⟨meist Pl.⟩ (landsch.; oft scherzh. in Bezug auf Kinder) *jmd., der durch widerrechtliches, eigenmächtiges Handeln, durch unberechenbares Verhalten andere in Erstaunen setzt:* das sind vielleicht -en!; wer weiß, was die [beiden] -en inzwischen schon wieder angestellt haben.

Hei|er|mann, der; -[e]s, ...männer [H. u., viell. zu ↑²Heuer, da früher der Seemann 5 Mark Handgeld erhielt] (ugs.): *Fünfmarkstück:* Es gibt ... welche, die für 'nen H. den Tag lang ... arbeiten (Degener, Heimsuchung 38); ein H. war damals ein Vermögen wert, dafür konnte man ein ganzes Schützenfest kaufen (Lentz, Muckefuck 69).

hei|kel ⟨Adj.; heikler, -ste⟩ [16. Jh., H. u.]: **1.** *schwierig, gefährlich (sodass man nicht recht weiß, wie man sich verhalten soll):* eine heikle Sache; ein heikles Thema, Problem; einen heiklen Punkt, eine heikle Frage berühren; Thomas Mann, der übrigens im Nachruf verschiedene Werke seines Sohnes erwähnt, doch den heiklen »Mephisto« verschweigt (Reich-Ranicki, Th. Mann 198); Nun zum Bergschuh, wohl dem -sten Bekleidungsstück des Bergsteigers (Eidenschink, Fels 13); Sicherheitsnadeln hielten -ste *(delikate)* Stellen von Röcken und Hemden zusammen (Lynen, Kentaurenfährte 191); die Sache, Angelegenheit ist ziemlich, äußerst h.; ihre Lage wurde immer heikler. **2.** (landsch.) *wählerisch [im Essen], schwer zufrieden zu stellen:* Vier gierige Kinder und einen heiklen ... Mann unter so abnormen Umständen durchzufüttern war gewiss keine Kleinigkeit (K. Mann, Wendepunkt 52); im Gefängnis dürfe man ohnehin nicht h. sein (Ziegler, Labyrinth 205); er ist in diesen Dingen, in diesem Punkt sehr h.; Fee ist mit Wäsche immer h. gewesen (Muschg, Gegenzauber 404); Was ihr Alter betrifft, war Teta h. *(empfindlich)* wie jede Frau (Werfel, Himmel 85).

heik|lig ⟨Adj.⟩ (veraltet): *heikel.*

heil ⟨Adj.⟩ [mhd., ahd. heil = gesund; unversehrt, gerettet, urspr. wohl Wort des kultischen Bereichs]: **a)** *unversehrt, (bei etw.) unverletzt:* -e Glieder haben; die Haut war gerissen, alles andere war h. geblieben; h. am Ziel ankommen; er hat den Unfall h. überstanden; wenn wir hier nur h. herauskommen; **b)** *wieder gesund; geheilt:* das Knie, die Wunde ist inzwischen h.; dass man die Schmerzen mit der Aussicht ertragen kann, wieder h. zu werden (Remarque, Westen 92); **c)** (bes. nordd.) *nicht entzwei od. [teilweise] zerstört, sondern ganz, intakt:* nach dem Bombenangriff gab es nur noch wenige -e Häuser; eine -e *(nicht zerrissene od. reparaturbedürftige)* Hose; Ich weiß, dass Sie aus dem Kriege kommen und kein -es Hemd besitzen *(jetzt äußerst arm sind;* Kaiser, Villa 106); die Stadt war im Krieg h. geblieben; das Glas war noch h. *(nicht zerbrochen, hatte noch keinen Sprung);* eine Jacke, Puppe h. machen (Kinderspr., fam.; *ausbessern, reparieren*); Ü die Filme taugen nichts, weil sie die -e Welt *(illusionäre Intaktheit der Welt od. eines bestimmten Bereichs in jmds. Vorstellung)* zeigen und die Gesellschaft nicht verändern (Hörzu 18, 1973, 36); doch nun verwirrte mich das alles nicht mehr, die Welt war wieder h. (Fühmann, Judenauto 13).

Heil, das; -[e]s [mhd. heil = Glück; (glücklicher) Zufall; Gesundheit; Heilung, Rettung, Beistand, ahd. heil = Glück, Verwandtschaft mit ↑heil nicht sicher geklärt]: **a)** *etw., was jmdm. das ersehnte Gute bringt; jmds. Wohlergehen, Glück:* Kein Grund also für Politiker und Wirtschaftler, fasziniert in den Süden zu blicken, als käme von dort das H. der neuen Techniken (Hamburger Abendblatt 23. 5. 85, 23); sein H. in der Entsagung, Zukunft, Vergangenheit suchen; sein H. nur im Alkohol sehen; (scherzh.:) ein Amulett, das ihm bei dem Kampf gegen Foreman ... H. und Sieg und fette Beute bringen soll (Hörzu 37, 1974, 15); bei jmdm. [mit etw.] sein H. versuchen *(Erfolg zu haben versuchen);* Denken Sie nicht ans H. *(Wohl)* der Kirche – Sie könnten keinem Menschen mehr helfen! (Hochhuth, Stellvertreter 126); (als Gruß- od. Wunschformel:) H. den Siegern!; H. Hitler! (nationalsoz.; offiziell vorgeschriebene Grußform, bei der meist der rechte Arm schräg nach oben gestreckt wurde); wenn sie das graue Auto des Führers erblickten, schrien sie H. (Feuchtwanger, Erfolg 570); »H. Hitler«, sagte Greck (Böll, Adam 54); Gut H.! (alter Turnergruß); Ski H.! (Gruß der Skiläufer); * **sein H. in der Flucht suchen** *(fliehen, davonlaufen);* **b)** (Rel.) *Erlösung von Sünden u. ewige Seligkeit:* das ewige H.; das H. seiner Seele; Gott ..., der das H. der Welt will (Glaube 1, 1967, 9); Für euch, denen das Wort vom H. gesagt ist (Thielicke, Ich glaube 173); sie hofften, auf diese Weise zum H. zu gelangen; Gott hat die einen zum H., die anderen zum Verderben bestimmt (Fraenkel, Staat 153).

Heil|an|äs|the|sie, die (Med.): ältere Bez. für *Neuraltherapie.*

Hei|land, der; -[e]s, -e [mhd., ahd. heilant, subst. 1. Part. von mhd., ahd. heilen (↑heilen), LÜ von kirchenlat. salvator, LÜ von griech. sōtḗr]: **1.** ⟨o. Pl.⟩ (christl. Rel.) *Jesus Christus als Erlöser der Menschen:* der gekreuzigte H.; unser Herr und H. [Jesus Christus]; eine ... Reihe von Darstellungen des gemarterten -s (Feuchtwanger, Erfolg 37). **2.** (geh.) *Erlöser, Retter, Helfer:* jmds. H. sein; Die ... Gesellschaft Deutschlands war in das Stadium eingetreten, in der sie nach -en suchte (Niekisch, Leben 31).

Heil|an|stalt, die (veraltend): **a)** *Anstalt für Kranke od. Süchtige, die einer längeren, in Krankenhäusern nicht durchführbaren Behandlung bedürfen:* eine H. für Tuberkulosekranke, Alkoholiker; **b)** *psychiatrische Krankenanstalt:* Er hatte ... als Leiter einer großen H. während des Dritten Reiches die Euthanasie angewandt (Mostar, Unschuldig 19).

Heil|an|zei|ge, die (Med.): *bei einer bestimmten Krankheit angezeigte Anwendung bestimmter Heilmittel od. Behandlungsmethoden; Indikation.*

Heil|bad, das: **1.** *Kurort mit Heilquellen.* **2.** *medizinisches Bad zu therapeutischen Zwecken.*

heil|bar ⟨Adj.⟩ [mhd. heilbære = Glück bringend]: *sich aufgrund bestimmter Voraussetzungen heilen lassend; die Voraussetzung zu einer Heilung bietend:* eine -e Krankheit; obwohl ... lediglich vierzehn verschiedene chemotherapeutische Wirkstoffe sinnvoll sind, um die -en Tumorformen zu behandeln (Welt 10. 7. 89, 19); Blutkrebs ist nicht h. (Schwaiger, Wie kommt 134).

Heil|bar|keit, die; -: *das Heilbarsein.*

Heil|be|hand|lung, die: *zu Heilzwecken angewandte Behandlung.*

Heil|be|helf, der (österr.): *Heilmittel.*

Heil|be|ruf, der: *Beruf (des Arztes, Zahnarztes, Heilpraktikers), der die Ausübung der Heilkunde zum Gegenstand hat.*

heil|brin|gend ⟨Adj.⟩: **1.** *göttliches Heil* (b) *bringend:* die -e Botschaft. **2.** *Heilung bringend:* eine -e Wirkung, Kur; ein Rezept gegen Hämorrhoiden ..., das sich als h. erwies (Bieler, Bonifaz 162).

Heil|brin|ger: ↑Heilsbringer.

Heil|brin|ge|rin, die; -, -nen: w. Form zu ↑Heilbringer.

Heil|brun|nen, der (geh.): *Gesundbrunnen* (a).

Heil|butt, der [nd. hille-, hilligbutt = Butt, der an Heiligentagen (= Festtagen) gegessen wird]: *(in nördlichen Meeren lebender) großer, zu den Raubfischen gehörender Fisch mit graubrauner bis schwärzlicher Oberseite u. auf der rechten Seite des Kopfes sitzendem Augenpaar.*

Heil|die|ner, der (veraltet): *Gehilfe eines Chirurgen [im Lazarett].*

Heil|ef|fekt, der: *heilende Wirkung eines Medikaments.*

hei|len ⟨sw. V.⟩ [1: mhd. heilen, ahd. heilen; 2: mhd. heilen, ahd. heilēn]: **1.** ⟨hat⟩ **a)** *gesund machen:* jmdn. von seiner Krankheit/mit einem neuen Medikament h.; Der Wunderdoktor Gröning, der die Kranken durch Handauflegen heilt (Schnabel, Marmor 144); er ist als geheilt [aus dem Krankenhaus] entlassen worden; Ü Ob sich damit unsre Umwelt h. lässt? (tip 12, 1984, 25); **b)** *durch entsprechende ärztliche, medikamentöse o. ä. Behandlung beheben, beseitigen:* eine Krankheit, ein Leiden, den Krebs h.; eine Entzündung durch/mit Penizillin h.; Dass die Tante mit ihm (= dem Tee) sogar Knochenbrüche heilt ..., das weiß man in der ganzen Gegend (Bobrowski, Mühle 136); Konnte der heilige Franz den Aussatz h.? (Zuckmayer, Herr 143); heilende Maßnahmen; Ü Sie lächelte den Chauffeur an und heilte den Missmut auf seinem Gesicht (Böll, Haus 163); ein biologisches Produkt zur Regenerierung von Böden, Bäumen und Pflanzen, das u. a. Waldsterben stoppt und heilt (NZZ 28. 8. 86, 32); der Schaden wird geheilt (ugs.; *behoben*); **c)** *von einem falschen Glauben, einem Laster o. Ä. befreien:* jmdn. vom Trinken, von seiner Angst, einer fixen Idee h.; Aber Stalins Säuberung, sein Terror und seine Gräuel haben mich vom Kommunismus geheilt (Spiegel 48, 1965, 170); davon bin ich für immer geheilt (ugs.; *[in Bezug auf etw. Bestimmtes] ich bin durch schlechte Erfahrungen klug geworden, lasse mich auf so etwas nicht mehr ein*); da sie von ihren Erwartungen geheilt war *(aufgrund schlechter Erfahrungen keine Erwartungen mehr hegte),* zog sie sich auf ein genügsames Schweigen zurück (Lenz, Brot 133). **2.** *gesund werden* ⟨ist⟩: die Wunde heilt [schnell, komplikationslos, ohne Narbenbildung]; der Muskelriss ist geheilt; Ü Darüber schien die Feindschaft der Spittelbrüder langsam h. *(vergehen)* zu wollen, da sie nicht mehr den ganzen Tag beisammen waren (Hesse, Sonne 33); (bes. Elektrot.:) MKT- und ML-Kondensatoren heilen bei Durchschlägen selbst (*regenerieren sich;* Elektronik 12, 1971, A 5).

Hei|ler, der; -s, - (geh.): *jmd., der andere heilt:* Ein Helfer, ein H., ein Wiederbeleber, an dem Schulterstück ... den Äskulapstab mit Schlange, organisiert er den hemmungslosen Verlauf des Sterbens (Plievier, Stalingrad 242); Ü Die Zeit ... sei nicht nur ein großer H., sondern auch ein großer Lehrer (FAZ 5. 10. 61, 4).

Heil|er|de, die: *pulverisierte Moorerde o. Ä. mit hohem Gehalt an Kieselsäure, Mineralstoffen u. Spurenelementen, die äußerlich als Packung bei Hauterkrankungen od. innerlich bei Krankheiten des Magen-Darm-Traktes angewendet wird.*

Heil|er|folg, der: *durch die Heilbehandlung erzielter Erfolg.*

Hei|le|rin, die; -, -nen (geh.): w. Form zu ↑Heiler.

Heil|er|zie|hung, die: *Erziehung von gestörten od. behinderten Kindern u. Jugendlichen.*

Heil|fak|tor, der: *Faktor, der die Heilung bewirkt.*

Heil|fas|ten, das; -s: *ärztlich verordnetes Fasten, das eine Heilung bewirken soll.*

Heil|fie|ber, das (Med.): *künstlich hervorgerufenes Fieber zur Behandlung fieberloser chronischer Krankheiten, bes. Nervenkrankheiten:* In der Fieberhitze eines künstlich gesetzten -s sterben die Krankheitserreger ab (Natur 101).

Heil|fleisch, das: vgl. Heilhaut: gutes H. haben.

heil|froh ⟨Adj.⟩ (ugs.): *erleichtert, dass etw. gerade noch gelungen ist, sich in bestimmter Weise entwickelt hat od. dass man einer unangenehmen Situation gerade noch entgehen konnte:* h. über etw. sein; sie waren h., entkommen zu sein; er war h., dass man ihn verschonte; Wir sind alle h., dass wir eine Ruhe haben im Land wie noch nie (M. Walser, Eiche 82).

Heil|für|sor|ge, die: *unentgeltliche Versorgung durch den Truppenarzt für Angehörige der Bundeswehr.*

Heil|ge|hil|fe, der (veraltend): *jmd., der im medizinischen Bereich technische Hilfe leistet* (z. B. Krankenpfleger, Sanitäter): der H. ... pinselte die Risse mit Jod aus (Fühmann, Judenauto 66).

Heil|ge|hil|fin, die (veraltend): w. Form zu ↑Heilgehilfe.

Heil|gym|nast, der: *Krankengymnast.*

Heil|gym|na|stik, die: *Krankengymnastik.*

Heil|gym|nas|tin, die: *Krankengymnastin.*

Heil|haut, die ⟨o. Pl.⟩: *jmds. Haut im Hinblick auf die Vernarbung von Wunden:* eine gute, schlechte H. haben; Das ... bindegewebige Fasergerüst ... benötigt zur Festigung je nach ... individueller »Heilhaut« mehrere Wochen, bis die Vernarbung abgeschlossen ist (Medizin II, 266).

hei|lig [mhd. heilec, ahd. heilag, entw. zu einem germ. Subst. mit der Bed. »Zauber; günstiges Vorzeichen, Glück« (verw. mit ↑Heil) od. zu ↑heil]: **I.** ⟨Adj.⟩ **1. a)** *im Unterschied zu allem Irdischen göttlich vollkommen u. daher verehrungswürdig:* der -e Gott, Gottessohn; die Heilige Dreifaltigkeit; die -e Kirche; der -e (*von der katholischen Kirche heilig gesprochene;* Abk.: hl.) Augustinus; Heilige Drei Könige (*Dreikönige* [6. Januar]); die Heilige Familie (kath. Kirche; *die häusliche Gemeinschaft des Kindes u. Jünglings Jesus mit Maria u. Joseph*); die Heiligen Drei Könige *(nach Matth. 2, 1–12 die drei Weisen aus dem Morgenland, die dem neugeborenen »König der Juden« in Bethlehem huldigten);* der Heilige Stuhl (↑Stuhl 3); Gott allein ist h.; ***jmdn. h. sprechen** (kath. Kirche; *jmdn. durch eine feierliche päpstliche Erklärung unter die Heiligen aufnehmen:* Ü Du. Pfarrer auf der Kanzel. Wenn sie dir morgen befehlen, du sollst ... den Krieg h., dann gibt es nur eins: sag NEIN! [Borchert, Draußen 126]); **b)** *von göttlichem Geist erfüllt; göttliches Heil spendend:* die -e Taufe, Messe; das -e Abendmahl, Pfingstfest; die -en Sakramente; das Sakrament ist eine -e Handlung; -e Gesänge; Unter den -en Texten, die sich mit dem Tier befassen, regte mich nur eine Stelle zum Nachdenken an, jene, wo Gott Adam auffordert, die Tiere zu benennen (Stern, Mann 65); die Heilige Allianz *(zwischen Russland, Österreich u. Preußen 1815 geschlossener Bund mit der Absichtserklärung, die Prinzipien der christlichen Religion zur Grundlage der Innen- u. Außenpolitik zu machen);* **c)** (veraltend) *von sittlicher Reinheit zeugend, sehr fromm:* sie führte ein -es Leben; er war ein -er Mann; **d)** *durch einen göttlichen Bezug eine besondere Weihe besitzend:* ein -er Hain; zwölf ist eine -e Zahl; wir besuchten in Jerusalem die -en *(durch die Anwesenheit u. das Wirken Jesu geheiligten)* Stätten; die -e Woche *(Karwoche);* wie denn Joseph von babylonischen Frauen wusste, welche, der Ischtar oder Mylitta h. *(geweiht),* ... in Tempelzellen wohnten (Th. Mann, Joseph 50); Ü Boris betritt den -en Rasen von Wimbledon (Hamburger Abendblatt 8. 7. 85, 9). **2.** (geh.) *durch seinen Ernst Ehrfurcht einflößend; unantastbar:* ein -er Schauer, Zorn, Eifer; eine -e Stille, Begeisterung, Entschlossenheit, Pflicht; das -ste der Güter; jmds. -ste Gefühle verletzen; im Namen des großen, -en Vaterlandes (R. Walser, Gehülfe 42); war den beiden Quangels das sonntägliche Schreiben ... zur Gewohnheit geworden, zu einer -en Gewohnheit (Fallada, Jeder 122); Kunst ist eine zu -e Sache, als dass sie ihren Namen für Propagandamachwerke hergeben dürfte (Raddatz, Traditionen 475); eine -e Scheu vor etw. haben; das ist mein -er Ernst *(es ist mir in tiefster Seele ernst damit);* er schwor bei allem, was ihm h. war; ihnen ist nichts h. *(sie haben vor nichts Achtung);* die Gebote, den Sonntag h. halten *(als heilig achten, respektieren);* Die persönliche Unabhängigkeit ist ihnen h. *(sie ist für sie unantastbar;* Brückenbauer 37, 1985, 12). **3.** (ugs.) *(von etw. Unangenehmem) groß, entsetzlich:* mit jmdm. seine -e Not haben; davor habe ich einen -en Respekt *(das tue ich äußerst ungern).* **II.** ⟨Adv.⟩ (landsch.) *wahrhaftig:* ich habe h. nichts damit zu tun; Leih mir zehn Mark – am nächsten Freitag bekommst du sie bestimmt wieder – h. wahr! (Fallada, Jeder 17).

Hei|lig|abend, der; -s, -e: *Heiliger Abend* (↑Abend 1).

Hei|li|ge, der u. die; -n, -n ⟨Dekl. ↑Abgeordnete⟩: **a)** (kath. Kirche) *jmd., der sein Leben für den Glauben hingegeben od. die christlichen Tugenden heroisch gelebt hat u. deshalb von den Gläubigen verehrt u. um Fürbitte bei Gott angerufen werden darf:* Augustinus ist ein -r; die -n anrufen; in dem ... Haus mit ... dem ... Papierladen, über dessen Eingang ein -r *(die plastische Darstellung eines Heiligen)* in einer ... Nische stand (Simmel, Stoff 16); die Gemeinschaft der -n *(der geheiligten Christenheit, der getauften Christen, der Gläubigen);* **b)** (ugs.) *sehr frommer, tugendhafter Mensch:* der andere – scheußliches Ammenwort – der ganz große H. (Langgässer, Siegel 195); Die Mitglieder des Zentralkomitees sind, was die Moral betrifft, selbst nicht gerade H. (Spiegel 52, 1965, 59); das ist ein sonderbarer, komischer -r (ugs. iron.; *seltsamer Mensch*).

Hei|li|ge|drei|kö|nigs|tag: ↑Dreikönigstag: ein kalter Heilige[r]dreikönigstag; die Heilige[n]dreikönigstage 1975 und 1976; am Vorabend des Heilige[n]dreikönigstages; am Heilige[n]dreikönigstag.

hei|li|gen ‹sw. V.; hat› [mhd. heiligen, ahd. heilagōn]: **1.** (geh.) **a)** *durch völlige Hingabe an Gott sittlich vollkommen machen:* dass er (= Gott) dich heilige für ewig (Th. Mann, Joseph 120); dass ich ... versuchen sollte, mich zu reinigen und mein Leben zu h. nach dem Vorbild des Herrn (Nigg, Wiederkehr 103); **b)** *[einem] Gott od. religiösen Zwecken widmen; weihen:* Dann ging er weiter über das Land mit den Seinen, die Gottes waren, und heiligte neu nach seinem Geist die Anbetungsstätten der Leute des Landes (Th. Mann, Joseph 116); eine geheiligte Kirche. **2.** *heilig halten:* den Feiertag, Sonntag h.; Selbst »Knollengesicht« Luschke ... pflegte das Wochenende zu h. *(am Wochenende nicht zu arbeiten;* Kirst, 08/15, 8); geheiligt werde dein Name (Vaterunser); das ist ein geheiligtes Recht, eine geheiligte Tradition; (iron.:) er betrat die geheiligten Räume des Direktors. **3.** *als gerechtfertigt u. moralisch unantastbar erscheinen lassen, hinstellen:* dass ihn der Wunsch beseelte, durch seine Ziele die Verschlungenheit seiner Wege zu h. (A. Kolb, Schaukel 117); mit dem Opfer ihres Lebens, das alle Irrtümer heiligt (Kantorowicz, Tagebuch I, 41).

Hei|li|gen|bild, das: *bildliche Darstellung eines, einer Heiligen.*

Hei|li|gen|fest, das: *Festtag eines, einer Heiligen.*

Hei|li|gen|fi|gur, die: *Plastik eines, einer Heiligen:* die -en füllen das Gewände des Kirchenportals.

Hei|li|gen|kult, der: *Heiligenverehrung.*

Hei|li|gen|le|ben, das [LÜ von lat. vita sanctorum]: *Lebensbeschreibung eines, einer Heiligen.*

Hei|li|gen|le|gen|de, die: *Legende um das Leben od. legendarische Lebensbeschreibung eines, einer Heiligen.*

Hei|li|gen|schein, der: *in der bildlichen Darstellung Lichtschein od. Strahlenkranz um das Haupt einer der göttlichen Personen od. eines, einer Heiligen:* so stand ihm der blässliche Glutball (= die Sonne) ein paarmal wie eine Art H. um den Kopf (Schnurre, Bart 46); Ü jmdn., sich mit einem H. umgeben *(jmdm., sich als etwas Besseres darstellen, als es der Wirklichkeit entspricht);* seinen H. einbüßen *(seinen Nimbus u. seine Anziehungskraft verlieren).*

Hei|li|gen|schrein, der: *Schrein zur Aufbewahrung von Reliquien.*

Hei|li|gen|ver|eh|rung, die: *Verehrung von Heiligen in der katholischen Kirche.*

hei|lig hal|ten: s. heilig (I 2).

Hei|lig|keit, die; - [mhd. heilecheit, ahd. heiligheit]: **1. a)** *heiliges* (1 a) *Wesen:* die H. Gottes; dass sie (= die Kinder) aber unschuldig im Sinne wirklicher Reinheit und engelhafter H. seien, ist ... ein ... Aberglauben (Th. Mann, Krull 60); Seine H. (Titel des Papstes); Eure H. (Anrede des Papstes); **b)** *das Heiligsein* (1 b, d): die H. der Ehe; **c)** (veraltend) *heiliges* (1 c), *sehr frommes Wesen, Leben:* das böse Gewissen durch krasse H. zum Schweigen zu bringen (Thieß, Reich 185). **2.** (geh.) *heiliger* (2) *Charakter; Unantastbarkeit:* die H. seines Zorns; die H. des privaten Eigentums gehört zu den Merkmalen der Agrargesellschaft (Gehlen, Zeitalter 72).

hei|lig|mä|ßig ‹Adj.›: *in der Art eines Heiligen, einem Heiligen vergleichbar:* Auch dieser -e Ehemann sündigt, weil ... (Ranke-Heinemann, Eunuchen 164); Franz Baeumker, Heilige und -e Christen ... des Bistums Aachen (Buchtitel 1950).

hei|lig spre|chen: s. heilig (I 1 a).

Hei|lig|spre|chung, die; -, -en (kath. Kirche): *das Heiligsprechen, Heiliggesprochenwerden.*

Hei|lig|tum, das; -s, ...tümer [mhd. heilectuom, ahd. heiligtuom]: **a)** *heilige* (1 d) *Stätte zur Verehrung [eines] Gottes:* antike, römische, christliche Heiligtümer; ein H. des Dionysos; die Göttin aber, deren H. hier oben auf dem Penang Hill auf riesigen Terrassen ruht, ... (Heim, Traumschiff 335); ein H. schänden, entweihen; Ü Für die Iren aber ist Clonmacnoise ein nationales H. geblieben (ADAC-Motorwelt 1, 1983, 46); vor dem italienischen H. (Ballspiele Jargon; *Tor*) spielten sich turbulente Szenen ab; **b)** *heiliger* (1 d), *der Verehrung würdiger Gegenstand:* die Bundeslade ist ein H.; Ü diese Bücher sind sein/für ihn ein H. *(sind ihm besonders wertvoll, teuer);* In seiner Brieftasche trug er ... stets einen handschriftlichen Brief von Laurence Olivier bei sich, den er als sein H. bezeichnete (Gregor-Dellin, Traumbuch 115); meine Familie ist mein H. (Szene 8, 1984, 31).

Hei|li|gung, die; -, -en ‹Pl. selten› [mhd. heiligunge, ahd. heiligunga] (geh.): *das Heiligen* (1, 2).

Heil|kli|ma, das: *therapeutisch wirksames Klima.*

heil|kli|ma|tisch ‹Adj.›: *ein Heilklima betreffend, aufweisend:* ein -er Kurort.

Heil|kraft, die: *Heilung bewirkende od. fördernde Kraft in etw.:* die Heilkräfte der Natur; die H. einer Pflanze, einer Quelle nutzen; Großmutter setzte ihre Tees an, die sonst immer halfen, hier versagte die H. der Kräuteraufgüsse (Lentz, Muckefuck 97).

heil|kräf|tig ‹Adj.›: *Heilkraft besitzend:* -e Quellen; Mönche standen um eine Barke am Ufer; sie sammelten den -en Schlamm (Carossa, Aufzeichnungen 151).

Heil|kraut, das: vgl. Heilpflanze.

Heil|kun|de, die ‹o. Pl.›: *Wissenschaft u. praktische Ausübung der Medizin.*

heil|kun|dig ‹Adj.›: *Erfahrungen auf dem Gebiet der Heilkunde besitzend:* Ibn-Sina, der große -e Araber.

Heil|kun|di|ge, der u. die; -n, -n ‹Dekl. ↑Abgeordnete›: *jmd., der heilkundig ist.*

heil|kund|lich ‹Adj.›: *die Heilkunde betreffend, zu ihr gehörend.*

Heil|kunst, die ‹Pl. selten›: *ärztliche Kunst; die Medizin unter dem Gesichtspunkt der erfolgreichen Bekämpfung von Krankheiten.*

heil|los ‹Adj.› [frühnhd. = ohne gute Gesundheit]: **1.** *(meist in Bezug auf üble Dinge) in hohem Grade [vorhanden]; sehr schlimm, ungeheuer:* ein -es Durcheinander; eine -e Unordnung, Verwirrung, Misswirtschaft; er bekam einen -en Schreck; auch noch im -esten Elend (Schnabel, Anne 8); Es war doch unter dem armen alten Schilde oft h. munter zugegangen! (Hesse, Sonne 12); sie waren h. zerstritten, verschuldet; er rief die nach Ende der Kreuzzüge arbeitslos gewordenen Deutschritter aus Palästina ins Kaschubenland. Sie kamen und räumten mit allem, was pruzzisch war, h. auf (Grass, Butt 138). **2.** (veraltend) *gottlos, nichtswürdig, abscheulich:* ein -er Mensch.

Heil|ma|gne|tis|mus, der: *(angeblich) heilende Wirkung der dem Menschen innewohnenden magnetischen Kräfte auf [Nerven]kranke.*

Heil|mas|sa|ge, die: *Massage zu Heilzwecken.*

Heil|me|tho|de, die: *bei einer Heilbehandlung angewandte Methode.*

Heil|mit|tel, das: *zu Heilzwecken angewandtes [Arznei]mittel, durchgeführte Maßnahme:* chemische, natürliche H.; ... hatte sie ... das Rotweinglas ... als unfehlbares H. gegen Heiserkeit zur Hälfte geleert (Hollander, Akazien 23); die Entwicklung neuer H.; Ü das magische H. Liebe.

Heil|nah|rung, die: *zu Heilzwecken verordnete Nahrung, bes. für Säuglinge.*

Heil|pä|da|go|ge, der: *in [Erziehungs]heimen o. Ä. tätiger, speziell für schwer erziehbare Kinder ausgebildeter Erzieher* (Berufsbez.).

Heil|pä|da|go|gik, die: *Teilgebiet der Pädagogik, das sich mit der Heilerziehung befasst.*

Heil|pä|da|go|gin, die: w. Form zu ↑Heilpädagoge.

heil|päd|ago|gisch ‹Adj.›: *die Heilpädagogik betreffend, zu ihr gehörend, ihr entsprechend:* ... werden diese Drei- bis Zwölfjährigen (= hirngeschädigte Kinder) von Erziehern, Sonderschullehrern und dem Facharzt ... h. betreut (Wochenpost 26. 6. 64, 22).

Heil|pflan|ze, die: *Pflanze, die wegen ihres Gehalts an Wirkstoffen zu Heilzwecken verwendet wird.*

Heil|prak|ti|ker, der: *mit behördlicher Erlaubnis praktizierender Heilkundiger ohne [abgeschlossene] ärztliche Ausbildung* (Berufsbez.).

Heil|prak|ti|ke|rin, die: w. Form zu ↑Heilpraktiker.

Heil|pro|zess, der: *Heilungsprozess:* Durchblutungsfördernde Wirkstoffe beschleunigen den H. (Freizeitmagazin 26, 1978, 35).

Heil|quel|le, die: *Quelle mit heilkräftigem Wasser.*

Heil|ruf, der: *Ruf »Heil«, mit dem eine Menge jmdm. zujubelt.*

Heil|sal|be, die: *Salbe, die die Heilung fördert.*

heil|sam ‹Adj.› [mhd. heilsam, ahd. heilesam = heilbringend]: **1.** *nutzbringend, förderlich:* eine -e Ermahnung, Lehre, Strafe, Ernüchterung; -e Worte; In den vergangenen Monaten hat es eine tief gehende, oft erregte, im Ergebnis -e Auseinandersetzung über diese Themen gegeben (R. v. Weizsäcker, Deutschland 44); der Schock, diese Erfahrung war für ihn h.; Anstatt des Stellenabbaus wäre hier eine nicht durch starre Ämterklassifizierung charakterisierte Lohnpolitik viel -er (Schweizer Maschinenbau 16. 8. 83, 31). **2.** (veraltend) *heilkräftig:* Der Epomeo war als erloschener Vulkan bezeichnet, dem -e Wasser entsprängen (Carossa, Aufzeichnungen 120).

Heil|sam|keit, die; -: *das Heilsamsein.*

Heils|ar|mee, die ⟨o. Pl.⟩ [LÜ von engl. Salvation Army]: *internationale, militärisch organisierte christliche Organisation, die (mit Auftritten auf Straßen u. Plätzen) gegen das Laster kämpft u. sich vor allem der Armen u. Verwahrlosten annimmt:* sie ist Offizier in der H.; schon morgen müsste ich also die H. um eine warme Suppe angehen (Habe, Namen 93); Nur einer hat mir geholfen. Ein alter Mann von der H., der kam mich besuchen (Ziegler, Kein Recht 237).

Heils|ar|mist, der; -en, -en: *Angestellter der Heilsarmee.*

Heils|ar|mis|tin, die; -, -nen: w. Form zu ↑Heilsarmist.

Heils|bot|schaft, die ⟨o. Pl.⟩: *(von der christlichen Kirche verkündete) Botschaft von der Erlösung der Welt durch Jesus Christus; Evangelium* (1a): ihre (= der Kirche) Anstrengung, im Bemühen um die Menschen eine neue und immer zeitgemäße Form der H. zu suchen (Zeit 10. 12. 65, 9); Ü die Phase ..., in der die kommunistische H. ihre angebliche Unfehlbarkeit einbüßte (Dönhoff, Ära 198).

Heils|brin|ger, Heilbringer, der (Rel.): *Gott, göttliche Person, die den Gläubigen das ihnen in der Religion zugesprochene Heil* (b) *zuteil werden lässt:* Ü die Industrie als H.

Heils|brin|ge|rin, die; -, -nen (Rel.): w. Form zu ↑Heilsbringer.

Heil|schlaf, der (Med.): *künstlich herbeigeführter, über längere Zeit andauernder Schlaf, bei dem die Regenerationsvorgänge zur Selbstheilung u. Wiedererlangung der Kräfte genutzt werden; Schlafkur.*

Heil|schlamm, der: *zu Heilzwecken verwendeter Schlamm.*

Heil|se|rum, das (Med.): *zur Immunisierung bei Infektionen o. Ä. verwendetes Blutserum, das große Mengen Antikörper enthält.*

Heils|er|war|tung, die: *Erwartung göttlichen Heils:* Ü Je mehr die große Mehrheit und letztlich auch die Politik gegenüber den Experten in passive H. versinkt, ... (Richter, Flüchten 103).

Heils|ge|schich|te, die ⟨o. Pl.⟩ (Theol.): *Geschichte als fortgesetztes göttliches Handeln an, für u. mit Menschen.*

Heils|leh|re, die ⟨o. Pl.⟩: vgl. Heilsbotschaft: Ü Die Ufologie, die auf der Schnittstelle zwischen esoterischem Geisterglauben und Hightech-Faszination blüht, gilt Experten nun als H. mit eindeutig religiösem Charakter (Woche 11. 4. 97, 26).

Heils|not|wen|dig|keit, die (kath. Kirche): *Notwendigkeit, bestimmte Dinge zu tun bzw. notwendiges Vorhandensein bestimmter Dinge, um das Heil* (b) *zu erreichen (z. B. der Glaube, Zugehörigkeit zur Kirchengemeinschaft).*

Heils|ord|nung, die ⟨o. Pl.⟩: *die Ordnung der Welt in Bezug auf den göttlichen Heilsplan.*

Heils|plan, der ⟨o. Pl.⟩: *sich in der Heilsgeschichte offenbarender Plan Gottes mit der Welt:* Wenn aber der auf Christus zielende H. Gottes von Anfang der Welt an besteht (Glaube 1, 1967, 9).

Heils|sol|dat, der: *jmd., der nebenberuflich für die Heilsarmee tätig ist.*

Heils|sol|da|tin, die: w. Form zu ↑Heilssoldat.

Heils|spie|gel, der: *spätmittelalterliches Erbauungsbuch einer illustrierten Heilsgeschichte vom Sündenfall bis zum Jüngsten Gericht (nach dem Vorbild des anonymen Speculum humanae salvationis).*

Heils|tat, die: *heilbringende Tat:* die Geburt Christi als H. Gottes.

Heil|stät|te, die: *Spezialklinik zur Behandlung chronischer Infektionskrankheiten (z. B. Tuberkulose).*

Hei|lung, die; -, -en ⟨Pl. selten⟩ [mhd. heilunge]: **1.** *das Heilen* (1a, b): die H. der Kranken, einer Krankheit; -en dieser Krankheit wurden ... bisher nicht beobachtet (Medizin II, 175); bei verschiedenen Ärzten, in einem Klima H. suchen; von einer wirklichen H. ist keine Rede. **2.** *das Heilen* (2), *Gesundwerden:* die H. der Wunde zog sich hin; die H. des Bruches durch bestimmte Maßnahmen unterstützen. **3.** *das Heilen* (1c), *seelische Befreiung von etw.:* die Lebensmüden ..., für deren Schmerz es keine H. gab (Koeppen, Rußland 185); Im einfachen Leben würden die Menschen am ehesten H. von überkritischem Denken, lähmenden Zweifeln und der Versuchung finden (Saarbr. Zeitung 4. 10. 79, 1).

Hei|lungs|me|tho|de, die (selten): *Heilmethode.*

Hei|lungs|mög|lich|keit, die: *Möglichkeit der Heilung* (1).

Hei|lungs|pro|zess, der: *Prozess der Heilung* (2).

Hei|lungs|ver|lauf, der: vgl. Heilungsprozess.

Hei|lungs|vor|gang, der: vgl. Heilungsprozess.

Heil|ver|fah|ren, das: **a)** *alle vom Arzt in einem Krankheitsfall angeordneten Maßnahmen zur Wiederherstellung der Gesundheit;* **b)** *im Rahmen der gesetzlichen Rentenversicherung medizinische Maßnahmen, Behandlung in Spezialanstalten, Kur- u. Badeorten zur Erhaltung od. Wiederherstellung der Erwerbsfähigkeit:* der Arzt beantragte ein H.

heil|voll ⟨Adj.⟩ (veraltet): *heilsam:* Was einem jungen Menschen ... durch ausgewogene Strenge und zeitnahe Führung vermittelt wird, wirkt sich h. auf das ganze Leben ... aus (Vaterland 282, 1968, 11).

Heil|was|ser, das: *heilkräftiges Wasser einer Heilquelle:* Die stoßende Kraft, mit der das kohlensaure H. aus dem Berg pulste (Steimann, Aperwind 66); Heilwässer dienen als Arzneimittel der Vorbeugung, Heilung oder Linderung von Krankheiten (Tag & Nacht 2, 1997, 11).

heil|wirk|sam ⟨Adj.⟩: *heilkräftig:* -e Extrakte.

Heil|wir|kung, die: *Wirkung von etwas auf den Heilungsprozess:* man darf sich in das Bett der Mutter legen, dem eine ganz besondere H. zugesprochen wird (Kempowski, Zeit 194); ... kann die Übertragung vom Tierversuch am Menschen auch zur Erprobung der H. am Kranken führen (Medizin II, 188).

Heil|zweck: meist in der Fügung **zu -en** *(zum Zwecke der Heilung):* die Tiefenbestrahlung des lebenden Gewebes zu -en (Gehlen, Zeitalter 29).

heim ⟨Adv.; elliptisch od. verselbstständigt aus unfesten Zusammensetzungen wie heimkommen, heimholen o. ä.⟩ [mhd., ahd. heim = nach Hause, adv. erstarrter Akk. von ↑Heim]: **a)** *wieder nach Hause, in die Heimat zurück:* Da sagte Jan: »Sie sind heimgekommen. ... Olenski ... ließ die Arme hängen. »Heim«, murmelte er bitter (Rinser, Jan 55); Entledigt man sich der Schuldfrage durch das passende Auftauchen Floras ...? Eine Auslandsdeutsche h. ins Reich *(das ehemalige Deutsche Reich als Mutterland;* Fries, Weg 83); ◆ **b)** *zu Hause:* Heim bauen die Weiber und Kinder den Herd (Bürger, Neuseeländisches Schlachtlied); Wär' ich erst wieder h. bei meinem Ohm (Grillparzer, Weh dem II).

Heim, das; -[e]s, -e [mhd., ahd. heim, urspr. = Ort, wo man sich niederlässt, Lager]: **1.** ⟨Pl. selten⟩ *jmds. Wohnung, Zuhause (unter dem Aspekt von Geborgenheit, angenehmer Häuslichkeit):* ein eigenes, behagliches, stilles, trautes H.; das H. schmücken; ❡jmdm. ein gemütliches H. einrichten; in ein neues H. einziehen; wenn ... alles nach Annehmlichkeiten strebt, nach Autos, aufwendigen -en, Musiktruhen, Fernsehapparaten (Dönhoff, Ära 40). **2. a)** *öffentliche Einrichtung, die der Unterbringung eines bestimmten Personenkreises (z. B. Alte, Kranke, schwer erziehbare Jugendliche) dient:* ein H. für Obdachlose; das H. wurde aufgelöst; aus einem H. entlassen werden; in ein H. kommen, eingewiesen werden; im H. leben; sie ist in drei -en gewesen; ... konnte auch hier jeder Student, der darum bat, Unterkunft im H. der Hochschule erhalten (Leonhard, Revolution 71); **b)** *öffentliche Einrichtung, die der Unterbringung von Erholungsuchenden dient:* die -e des Müttergenesungswerks; die Kinder wurden in ein H. des DRK verschickt; **c)** *Gebäude, in dem ein Heim* (2a, b) *untergebracht ist:* das H. ist abgebrannt; **d)** *Haus für Veranstaltungen, Zusammenkünfte eines Klubs od. Vereins:* ein neues H. errichten, bauen.

Heim|abend, der: *geselliger Abend einer Gruppe in einem Heim* (2).

Heim|ar|beit, die: **a)** *gewerbliche Arbeit, die nicht in den Betriebsräumen des Arbeitgebers, sondern für diesen in der eigenen Wohnung ausgeführt wird:* eine H. bekommen; etw. in H. herstellen, anfertigen; Minderjährige Kinder werden »in H.« beschäftigt – wie es das Gesetz verbietet! (ran 2, 1980, 8); **b)** *in Heimarbeit* (a) *hergestelltes Erzeugnis:* Wenn sie gestern nach Böhmisch-Krumma gegangen wäre, um H. auszutragen (Fühmann, Judenauto 8).

Heim|ar|bei|ter, der: *jmd., der Heimarbeit* (a) *leistet.*

Heim|ar|bei|te|rin, die: w. Form zu ↑Heimarbeiter.

Hei|mar|me|ne [bildungsspr.: ...ne], die; [griech. heimarménē, zu: heímartai = durch das Schicksal ist bestimmt, 3. Pers. Sg. Perf. von: meíresthai = als Anteil erhalten] (griech. Philos.): *das unausweichliche Verhängnis, Schicksal.*

Hei|mat [...a:t], die; -, -en ⟨Pl. selten⟩ [mhd. heim(u)ot(e), ahd. heimuoti, heimōti, aus ↑Heim u. dem Suffix -ōti]: **a)** *Land, Landesteil od. Ort, in dem man [geboren u.] aufgewachsen ist od. sich durch ständigen Aufenthalt zu Hause fühlt (oft als gefühlsbetonter Ausdruck enger Verbundenheit gegenüber einer bestimmten Gegend):* München ist seine H.; Israel ist meine H., aber Deutschland ist mein Zuhause (Hörzu 49, 1980, 26); Wien ist meine zweite H. *(ich fühle mich jetzt in Wien zu Hause, obwohl ich nicht dort geboren bin);* seine alte H. wiedersehen; die H. verlieren, verlassen, aufgeben müssen; die Heimat lieben, verteidigen; er hat keine H. mehr; er hat in Deutschland eine neue H. gefunden; ein Schlepper mit einem warmen Licht, tröstlich, als berge er tausend -en (Remarque, Triomphe 357); sie ... haben mit ihren Kindern ein Recht auf H. angemeldet; sie folgte ihm in seine Heimat *(sie zog mit ihm [nach der Heirat] in seine Heimat);* jmdm. zur H. werden; Ü Eines Tages lernte sie den christgermanischen Kreis ... kennen ... und fühlte sich mit einem Mal in ihrer wahren H. (Musil, Mann 312); jmds. geistige, politische H.; **b)** *Ursprungs-, Herkunftsland eines Tiers, einer Pflanze, eines Erzeugnisses, einer Technik o. Ä.:* die H. dieser Fichte ist Amerika; Deutschland gilt als die H. des Buchdrucks.

Hei|mat|abend, der: *Abendveranstaltung mit heimatlichen, Liedern, Tänzen o. ä. Beiträgen.*

Hei|mat|adres|se, die: *Heimatanschrift.*

Hei|mat|an|schrift, die: *Anschrift von jmds. Hauptwohnsitz (im Unterschied z. B. zur Urlaubsanschrift).*

hei|mat|be|rech|tigt ⟨Adj.⟩: **a)** *wohnberechtigt;* **b)** (schweiz.) *an einem bestimmten Ort Bürgerrecht besitzend:* Es tut zum Beispiel wenig zur Sache, dass Roland ... in Sellenbüren h. ist (Muschg, Gegenzauber 90).

Hei|mat|be|rech|ti|gung, die: *Wohnberechtigung.*

Hei|mat|blatt, das: *Heimatzeitung.*

Hei|mat|dich|ter, der: *Dichter, Schriftsteller, dessen Werk in der heimatlichen Landschaft mit ihrem Volkstum wurzelt.*

Hei|mat|dich|te|rin, die: w. Form zu ↑Heimatdichter.

Hei|mat|dich|tung, die: *Dichtung, die vom Erlebnis der heimatlichen, bes. ländlichen Landschaft u. ihrer Menschen geprägt ist.*

Hei|mat|er|de, die ⟨o. Pl.⟩: *heimatliche Erde als Ausdruck der Verbundenheit mit der Heimat.*

Hei|mat|fest, das: *Fest, bei dem die engere Heimat mit ihrer Geschichte u. ihrem Brauchtum im Mittelpunkt steht.*

Hei|mat|film, der: *im ländlichen Milieu spielender Film, in dem die Verwurzelung der handelnden Personen in ihrer engeren Heimat gezeigt wird.*

Hei|mat|for|scher, der: *jmd., der sich mit der Heimatforschung beschäftigt.*

Hei|mat|for|sche|rin, die: w. Form zu ↑Heimatforscher.

Hei|mat|for|schung, die: *Erforschung von Natur u. Geschichte der heimatlichen Landschaft.*

Hei|mat|freund, der: *jmd., der sein Interesse an Natur u. Geschichte seiner Heimat [durch eine Mitgliedschaft in einer entsprechenden Vereinigung] bekundet:* dem Verein der -e angehören.

Hei|mat|freun|din, die: w. Form zu ↑Heimatfreund.

Hei|mat|front, die (nationalsoz.): *heimatlicher Betrieb, Bereich o. Ä., in dem mit allen Mitteln daran gearbeitet wird, den Krieg gewinnen zu helfen.*

Hei|mat|ge|fühl, das: *Gefühl einer engen Beziehung zur Heimat.*

Hei|mat|ge|mein|de, die: **1.** vgl. Heimatort. **2.** (schweiz.) *Gemeinde, in der jmd. das Bürgerrecht besitzt.*

hei|mat|ge|nös|sig ⟨Adj.⟩ (schweiz.): *heimatberechtigt* (b): sie ist in Frauenfeld h.

Hei|mat|ge|schich|te, die: **a)** *Teil der Geschichtswissenschaft, der sich mit der Geschichte eines [kleineren] Landesteils befasst;* **b)** *Darstellung, die die Heimatgeschichte* (a) *zum Thema hat.*

Hei|mat|ha|fen, der: *Hafen, in dem ein Schiff in das Schiffsregister eingetragen ist:* Dieses U-Boot war vor kurzem in den H. zurückgekehrt (Menzel, Herren 96).

Hei|mat|ka|len|der, der: *Kalender mit Abbildungen u. kleinen Geschichten, der für einen eng umgrenzten Landschaftsraum bestimmt ist.*

Hei|mat|kun|de, die ⟨o. Pl.⟩ (früher): *Geschichte, Geographie u. Biologie einer engeren Heimat (als Unterrichtsfach).*

Hei|mat|kund|ler, der; -s, -: *Heimatforscher.*

Hei|mat|kund|le|rin, die; -, -nen: w. Form zu ↑Heimatkundler.

hei|mat|kund|lich ⟨Adj.⟩: *die Heimatkunde betreffend, zu ihr gehörend:* -er Unterricht; ein -es Thema.

Hei|mat|kunst, die ⟨o. Pl.⟩: *sich in Kunsthandwerk u. Heimatdichtung ausprägende, auf dem Boden von Landschaft u. Tradition gewachsene Kunst.*

Hei|mat|land, das ⟨Pl. ...länder⟩ [2: LÜ von engl. homeland]: **1.** *Land, aus dem jmd. stammt u. in dem er seine Heimat hat:* Damit die Menschen in ihrem H. bleiben, ist es ... wichtig, die Unterschiede im Lebensniveau ... auszugleichen (Freie Presse 3. 1. 90, 4); * **[o du mein] H.!** *(Ausruf ungeduldiger Entrüstung;* wohl verhüllend für [o du mein] Heiland): »Heimatland!« schimpft sie, »jetzt sag' ich es dir zum 451. Mal, dass ... (Hörzu 45, 1982, 36). **2.** *Homeland:* In den Heimatländern dürfen sich die südafrikanischen Stämme schon jetzt ihre lokale Selbstverwaltung wählen (Spiegel 44, 1976, 148).

hei|mat|lich ⟨Adj.⟩: **a)** *in der Heimat befindlich, zu ihr gehörend:* die -e Sprache; die -en Berge; er ... strebt die Straße hinab, dem -en *(in seinem Zuhause befindlichen [u. daher vertrauten])* Schreibtisch zu (Remarque, Obelisk 260); **b)** *die Heimat in Erinnerung bringend, so ähnlich wie in der Heimat:* ... ergriff ihn mit einer -en Wehmut die Glocke des Wasserverkäufers (Schneider, Erdbeben 42); Was ihn hier berührte, war h., aber warum nur? (Doderer, Wasserfälle 10); alles mutet mich hier h. an.

Hei|mat|lie|be, die ⟨o. Pl.⟩: *Liebe zur Heimat.*

Hei|mat|lied, das: *die Heimat besingendes Lied.*

hei|mat|los ⟨Adj.⟩: *keine Heimat mehr besitzend:* -e Emigranten; Ü als Schicksal des geistig -en Menschen (Nigg, Wiederkehr 19).

Hei|mat|lo|se, der u. die; -n, -n ⟨Dekl. ↑Abgeordnete⟩: *jmd., der heimatlos ist.*

Hei|mat|lo|sig|keit, die; -: *das Heimatlossein.*

Hei|mat|mu|se|um, das: *Museum mit naturkundlichen u. kulturgeschichtlichen Sammlungen der engeren Heimat.*

Hei|mat|ort, der ⟨Pl. -e⟩: **a)** *Ort, in dem jmd. [geboren u.] aufgewachsen ist, seine Heimat hat;* **b)** *Heimathafen.*

Hei|mat|pfle|ge, die: *Erhaltung des Charakters der Heimat durch Umweltschutz, Pflege der Kulturdenkmäler, Bräuche o. Ä.*

Hei|mat|pres|se, die: vgl. Heimatzeitung.

Hei|mat|prin|zip, das ⟨o. Pl.⟩ (schweiz.): *Grundsatz des Strafrechts, nach dem eigene Staatsangehörige, die im Ausland straffällig geworden sind, nicht ausgeliefert, sondern im eigenen Land abgeurteilt werden.*

Hei|mat|recht, das ⟨Pl. selten⟩: *Recht, in einem Ort, Land weiterhin leben zu dürfen:* Wir haben beschlossen, ihr Gast- und Heimatrecht zu gewähren (Hagelstange, Spielball 54/55); eine Art H. erwerben; Ü ... wird daher auch künftighin die deduktive ... Methode ... gerade in der Forstwirtschaft besonderes H. beanspruchen können (Mantel, Wald 90).

Hei|mat|schein, der (österr. veraltet, schweiz.): *Bescheinigung, die jmdn. als Heimatberechtigten ausweist.*

Hei|mat|schrift|stel|ler, der: vgl. Heimatdichter.

Hei|mat|schrift|stel|le|rin, die: w. Form zu ↑Heimatschriftsteller.

Hei|mat|schuss, der (Soldatenspr.): *Schussverletzung, aufgrund deren man in die Heimat versetzt werden kann:* General Jänicke hatte zwar nicht den berühmten H. erhalten (Plievier, Stalingrad 262).

Hei|mat|schutz|trup|pe, die ⟨o. Pl.⟩: *Truppe des Territorialheeres der Bundeswehr mit der Aufgabe, die Operationsfrei-*

heit der eigentlichen Kampftruppen u. -verbände durch die Sicherung wichtiger Gebiete u. Anlagen zu gewährleisten.

Hei|mat|spra|che, die: *in einem Landesteil, in jmds. engerer Heimat gesprochene Sprache.*

Hei|mat|staat, der: *Staat, aus dem man stammt, dessen Staatsangehörigkeit man besitzt.*

Hei|mat|stadt, die: vgl. Heimatort (a).

Hei|mat|tag, der: *Heimatfest:* Das Städtchen feierte wie jedes Jahr seinen H. (Chr. Wolf, Himmel 99).

Hei|mat|tref|fen, das: *Treffen der Heimatvertriebenen zum Gedenken an die verlorene Heimat.*

hei|mat|ver|bun|den ⟨Adj.⟩: *seiner Heimat verbunden.*

Hei|mat|ver|tei|di|gung, die ⟨o. Pl.⟩: *Verteidigung des Heimatstaates.*

hei|mat|ver|trie|ben ⟨Adj.⟩: *aus der Heimat vertrieben:* ein -er Deutscher *(jmd., der nach 1945 die Ostgebiete des Deutschen Reiches bzw. die deutschen Siedlungsgebiete außerhalb der Reichsgrenzen von 1937 verlassen musste).*

Hei|mat|ver|trie|be|ne, der u. die: *jmd., der heimatvertrieben ist:* Der Gesamtdeutsche Block BHE (Block der -n und Entrechteten) ist eine Interessenpartei der aus dem Osten stammenden Vertriebenen (Fraenkel, Staat 249).

hei|mat|ver|wur|zelt ⟨Adj.⟩: *in seiner Heimat verbunden.*

Hei|mat|zei|tung, die: *Zeitung bes. mit Lokalberichten u. -nachrichten, die nur für ein engeres Gebiet bestimmt ist:* der Konkurrenzkampf mit den großen Tageszeitungen macht den kleineren -en das Leben schwer; Die Festtagsausgabe der H. ... war fast so umfangreich wie ein Weltstadtblatt (Fels, Unding 109); für die H. schreiben.

heim|be|ge|ben, sich ⟨st. V.; hat⟩: *sich nach Hause begeben.*

heim|be|glei|ten ⟨sw. V.; hat⟩: *nach Hause begleiten.*

Heim|bi|lanz, die (Sport Jargon): *Verhältnis der als Heimmannschaft errungenen u. abgegebenen Punkte.*

heim|brin|gen ⟨unr. V.; hat⟩: **a)** *heimbegleiten;* **b)** *nach Hause schaffen, tragen, befördern:* das Heu trocken h.; wenn er Pralinen oder Parfüm heimbrachte, würde Amy vermuten, er sei betrunken (Kemelman [Übers.], Mittwoch 103); Ü weil ihre Väter und Brüder nicht den Sieg heimgebracht hatten (Wiechert, Jeromin-Kinder 500).

Heim|bür|ge, der [mhd. heimbürge, ahd. heimburgo = Dorfschulze, eigtl. = Schützer des Heims] (veraltet): *Dorfrichter, Schöffe.*

Heim|bür|gin, die (md.): *Leichenfrau.*

Heim|chen, das; -s, - [wahrsch. Vkl. zu mhd. heime, ahd. heimo = Hausgrille od. verdunkelte Zus., vgl. mhd. heimamuch, umgestellt aus: mücheime, ahd. mūhheimo (1. Bestandteil wohl zu got. mūka- »sanft«)]: **1.** *gelblich braune Grille, die sich im Dunkeln in warmen Räumen od. auch im Freien durch lautes Zirpen bemerkbar macht:* Im Backhaus sangen die H. (Strittmatter, Wundertäter 78). **2.** (ugs. abwertend) *unscheinbare, unauffällige, unbedeutende Frau:* seine Frau ist ein richtiges H.; *** H. am Herd[e]** *(eine naive, nicht emanzipierte Frau, die sich mit ihrer Rolle als Hausfrau und Ehefrau zufrieden gibt;* nach dem Titel der Erzählung von Ch. Dickens (1812–1870) »Cricket on the hearth«): Annemarie, die vernachlässigte, beiseite geschobene, in die Ecke gestellte Landratsfrau, das H. am Herd (Bieler, Bär 262).

Heim|com|pu|ter, der: *kleinerer, aber relativ leistungsfähiger Computer für den privaten Anwendungsbereich, bes. für Spiel u. Hobby.*

Heim|de|cke, die: *Decke* (2) *mit buntem Dekor.*

heim|dür|fen ⟨unr. V.; hat⟩ (ugs.): *sich heimbegeben dürfen, nach Hause dürfen:* der Patient durfte endlich heim.

heim|ei|gen ⟨Adj.⟩: *einem Heim* (2) *gehörend:* -e Möbel, Wäsche.

Heim|ein|wei|sung, die: *Einweisung in ein Heim* (2 a): mit 2 Jahren erste H., seit dem 17. Lebensjahr fast ständig im Heim (Schmidt, Strichjungengespräche 11).

Heim|elf, die (Fußball): *auf eigenem Platz spielende Mannschaft.*

hei|me|lig ⟨Adj.⟩: *eine behagliche, gemütliche, wohlige Atmosphäre verbreitend:* ein -es [Wohn]zimmer, Haus; Wir sitzen in einem -en Lokal (Sobota, Minus-Mann 177); Der Wald wurde -er (Strittmatter, Wundertäter 120); ... wollte mir die Metrostation ... h., fast wohnlich vorkommen (Grass, Blechtrommel 731).

Hei|me|lig|keit, die; -: *heimelige Art.*

Hei|men, das; -s, - [mhd. heim, unter Einfluss des Adv. heimen, ahd. heimina = vom Hause] (schweiz.): *Heimet.*

Heim|er|folg, der (Sport): *Heimsieg.*

Heim|er|zie|her, der: *Erzieher in einem Kinder- od. Jugendheim* (Berufsbez.).

Heim|er|zie|he|rin, die: w. Form zu ↑Heimerzieher.

Heim|er|zie|hung, die: *Erziehung von Waisen, körperlich u. seelisch gefährdeten, schwer erziehbaren, behinderten Kindern od. Jugendlichen in einem besonderen Heim* (2 a).

Hei|met, das; -s, - [mundartl. Nebenf. von ↑Heimat] (schweiz.): *kleines bäuerliches Anwesen.*

heim|fah|ren ⟨st. V.⟩: **a)** *nach Hause, in seinen Heimatort fahren* ⟨ist⟩: sie will übers Wochenende h.; Ü Setzen Sie ihm einen Grabstein in Form einer Flasche ... Trinken Sie einen Gedächtnisschluck auf die heimgefahrene (verhüll.; *gestorbene*) Schnapsdrossel (Remarque, Obelisk 295); **b)** *mit einem Fahrzeug nach Hause befördern, bringen* ⟨hat⟩: jmdn. h.

Heim|fahrt, die: *Fahrt nach Hause, in den Heimatort:* die H. antreten; allmählich an die H. denken müssen.

Heim|fall, der ⟨o. Pl.⟩: *(im Lehns-, Erbbau- od. alten Erbrecht) das Zurückfallen* (5) *eines Eigentums an die ursprünglich Berechtigten od. den Staat (z. B. beim Tod des letzten Eigentümers, wenn keine Erben vorhanden sind).*

heim|fal|len ⟨st. V.; ist⟩: *(im Lehns-, Erbbau- od. alten Erbrecht) als Eigentum an die ursprünglich Berechtigten od. den Staat zurückfallen.*

heim|fin|den ⟨st. V.; hat⟩: *den Weg zurück, nach Hause, in die Heimat finden:* der Arzt sah sich aufmerksam um ..., um später ohne mich heimzufinden (Seghers, Transit 87); Ich habe heimgefunden und bin doch noch in der Fremde (Jens, Mann 69).

heim|flie|gen ⟨st. V.; ist⟩: *an seinen Heimatort, in die Heimat fliegen.*

heim|füh|ren ⟨sw. V.; hat⟩: **1. a)** *(jmdn., der der Betreuung bedarf) nach Hause führen, geleiten:* einen Blinden, einen alten Menschen h.; **b)** (geh. veraltet) *(eine weibliche Person) heiraten:* ein Mädchen, eine Braut h.; er führte sie als seine Frau, Gattin heim. **2.** (geh.) *zur Heimkehr veranlassen:* die Sorge um seine Familie führte ihn wieder heim; Diesem besseren Deutschland zu dienen ..., das ist die Aufgabe, die mich heimführt (Kantorowicz, Tagebuch I, 103).

Heim|füh|rung, die: *das Heimführen* (1 a): Mein Vater war für die H. Hesiones (Hagelstange, Spielball 193).

Heim|gang, der ⟨Pl. selten⟩ (geh. verhüll.): *(als Ausdruck christlicher Einstellung) Tod:* der H. der Mutter; Erst als der Tote in der Familiengruft beigesetzt worden war, erfuhr Karin vom H. ihres Schwiegervaters (Wendtland, Eisprinzeßchen 40).

heim|ge|ben ⟨st. V.; hat⟩ (landsch.): *heimzahlen:* Sobald Heller ermattet beiseite hockte, gab er ihm sein Schimpfen heim (Hesse, Sonne 30).

heim|ge|gan|gen: ↑heimgehen.

Heim|ge|gan|ge|ne, Heim|ge|gang|ne, der u. die; -n, -n ⟨Dekl. ↑Abgeordnete⟩ (geh. verhüll.): *(als Ausdruck christlicher Einstellung) Verstorbene[r]:* wir danken für die tröstenden Worte am Grabe unserer -n.

heim|ge|hen ⟨unr. V.; ist⟩: **a)** *nach Hause gehen:* wir müssen jetzt endlich h.; **b)** (geh. verhüll.) *[im Glauben an ein Jenseits als eigentliche Heimat des Menschen] sterben:* er ist gestern [in Frieden] heimgegangen; Ihr unerschütterlicher Glaube an Christus ließ sie furchtlos h. (Augsburger Allgemeine 27./28. 5. 78, 36); **c)** ⟨unpers.⟩ *sich zu Fuß od. in einem Fahrzeug nach Hause begeben:* jetzt gehts heim *(wollen wir nach Hause gehen, fahren o. Ä.);* solange es heimging *(man heimwärts flog)* und die Motoren verlässlich donnerten (Gaiser, Jagd 102).

heim|gei|gen ⟨sw. V.; hat⟩ [urspr. = ehrenvoll mit Musik nach Hause begleiten] (salopp): *heimleuchten* (2).

heim|ge|schä|digt ⟨Adj.⟩: *(von Kindern, Jugendlichen) durch den Aufenthalt, das Aufwachsen in einem Heim* (2 a) *seelisch geschädigt.*

heim|ho|len ⟨sw. V.; hat⟩: *nach Hause, in seinen Heimatort, in die Heimat holen:* jmdn. aus dem Krankenhaus [zu sich] h.; Ü ... hatte es (= Österreich) der Führer und Befreier nicht heimgeholt, um es als Heimat zu verwenden ...? (Strittmatter, Wundertäter 462); Gott hat ihn heimgeholt (geh. verhüll.; *er ist gestorben*).

Heim|in|dus|trie, die: *in Heimarbeit be-*

triebene Industrie: die meisten so genannten »Antiquitäten« sind in moderner ägyptischer H. hergestellt (Ceram, Götter 167).

hei|misch ‹Adj.› [mhd. heimisch, ahd. heimisc = zum Heim, zur Heimat gehörend, einheimisch; zahm; nicht wild wachsend]: **a)** *das eigene Land betreffend, dazu gehörend; in einer bestimmten Heimat vorhanden, von dort stammend; einheimisch:* die -e Bevölkerung, Regierung, Wirtschaft, Industrie; -e Pflanzen; diese Tiere sind in Asien h.; Andere gingen ins Ausland, um dort das neue Verfahren h. zu machen (Bild. Kunst III, 58); der Mannschaft gelang der erste Saisonsieg vor -em Publikum (Sport, bes. Ballspiele; *vor dem Heimpublikum*); **b)** *zum eigenen Heim, zur vertrauten häuslichen, heimatlichen Umgebung gehörend:* ich denke ... an meine -e Studierstube in F. (Jens, Mann 95); Durch die Avenue de l'Opéra ... kehrte ich in die -e Rue Saint-Honoré zurück (Th. Mann, Krull 193); Bei nasskalter Witterung erkämpfte sich der Aufsteiger ... vor -er Kulisse einen 3:1-Erfolg (Saarbr. Zeitung 17. 12. 79,6); **c)** *wie zu Hause, vertraut:* er fühlte sich, war in Berlin h.; in einer fremden Stadt, Umgebung schnell h. werden *(sich schnell einleben);* Es folgten ... die DDR-Flüchtlinge, die in der Bundesrepublik nicht h. werden konnten (Klee, Pennbrüder 48); Ü in einem Fach, einer Wissenschaft h. (selten; *bewandert, beschlagen*) sein.

Heim|kehr, die; -: *das Heimkehren:* die H. der Urlauber, der Kriegsgefangenen, der Emigranten; die H. aus dem Krieg, von einer Reise.

heim|keh|ren ‹sw. V.; ist›: *nach Hause, an seinen Heimatort, in die Heimat zurückkehren:* mit leeren Händen, als Sieger, als Held h.; nach längerer Abwesenheit h.; aus der Gefangenschaft, aus dem Krieg, von der Arbeit, vom Feld, von einer Expedition h.; die Schwalben waren zu ihren alten Nestern heimgekehrt (Wiechert, Jeromin-Kinder 240).

Heim|keh|rer, der; -s, -: *jmd., der [aus dem Krieg] heimkehrt.*

Heim|keh|re|rin, die; -, -nen: w. Form zu ↑Heimkehrer.

Heim|keh|rer|schiff, das: *Schiff mit Heimkehrern.*

Heim|keh|rer|trans|port, der: *Transport mit, von Heimkehrern.*

Heim|kind, das: *Kind, das in einem Heim* (2a) *aufwächst:* Ein Film ... über die oft zwangsläufige Entwicklung von -ern zu »Knackis« (Spiegel 12, 1977, 96).

Heim|ki|no, das: **a)** (oft scherzh.) *Filmvorführung zu Hause mit einem Schmalfilmprojektor;* **b)** (ugs. scherzh.) *Fernsehen* (1): War er nicht wirklich noch ein bisschen zu jung dafür, in Filzpantoffeln vor dem H. *(Fernsehgerät)* zu sitzen ...? (H. Weber, Einzug 409).

heim|kom|men ‹st. V.; ist›: *nach Hause kommen; an seinen Heimatort, in die Heimat zurückkommen:* müde, niedergeschlagen h.; aus dem Ausland, aus dem Krieg, aus dem Büro, von der Arbeit h.; er wird bald h.

heim|kön|nen ‹unr. V.; hat› (ugs.): *sich heimbegeben können, nach Hause können.*

Heim|kunft, die; - (geh.): *das Heimkommen:* ... kündigte er uns seine baldige H. an in einem schönen, bewahrenswerten ... Brief (Kantorowicz, Tagebuch I, 398); Bei unserer H. überraschte uns ein Telefonanruf des Bayerischen Rundfunks (Maegerlein, Triumph 142).

heim|lau|fen ‹st. V.; ist›: *nach Hause gehen, laufen:* man sollte die Knarre an jeden Ast hängen und h. (A. Zweig, Grischa 21).

◆ **Heim|lein,** das; -s, -: *Heimchen* (1): ein einziges H. sang am staubigen Rain (Mörike, Hutzelmännlein 119).

Heim|lei|ter, der: *Leiter eines Heims* (2a).

Heim|lei|te|rin, die: w. Form zu ↑Heimleiter.

Heim|lei|tung, die: *ein Heim* (2a) *leitende Person[en].*

heim|leuch|ten ‹sw. V.; hat›: **1.** (veraltend) *jmdn. mit einer Lampe, Fackel nach Hause geleiten:* Nie war andererseits erlebt worden, dass er (= der Portier) je einem Trunkenen heimgeleuchtet hätte (Winckler, Bomberg 56). **2.** (salopp) *jmdn. tadelnd zurückweisen, jmdm. eine Abfuhr erteilen:* dem hab ich aber heimgeleuchtet!

heim|lich ‹Adj.› [mhd. heim(e)lich = vertraut; einheimisch; vertraulich, geheim; verborgen, ahd. heimilîh = zum Hause gehörend, vertraut, zu ↑Heim]: **1.** *(aus Scheu vor Bloßstellung od. weil man ein Verbot umgehen will) vor andern verborgen; so unauffällig, dass andere nicht merken, was geschieht:* -es Misstrauen; -e Tränen; ein -er Anhänger, Liebhaber; mit -em Erstaunen, Behagen; er war von dem -en Ehrgeiz beseelt, Künstler zu werden; Makarios ist indes mehr denn je der -e *(der eigentliche, wenn auch nicht proklamierte)* Held von immer mehr Hellenen (Spiegel 30, 1974, 57); die Verhandlungen, Zusammenkünfte sind h.; da die Tiere anfänglich so außerordentlich h. sind, dass ich auch die Henne kaum je auf der Nistplatzsuche beobachten konnte (Lorenz, Verhalten I, 233); h. triumphieren, auf die Uhr sehen; jmdm. h. zürnen, etw. gewähren; sich h. Notizen machen; jmdm. h. etw. zuflüstern; sich h. mit jmdm. treffen; ‹subst.:› So ein Heimlicher... nun kriecht er hier zur Nachtzeit auf den Treppen herum! (Fallada, Jeder 49); ***h., still und leise** (ugs.; *lautlos, ohne Geräusch, unbemerkt*): Sie erschrecken mich. Sie kommen immer so h., still und leise (Hochhuth, Stellvertreter 145); **h. tun** (abwertend; *sich geheimniskrämerisch verhalten*): sie tat immer sehr h. [mit ihren Verabredungen]. **2.** (österr., sonst veraltet) *heimelig:* Diotima sah Arnheim am Fenster ihrer Küche stehn, ein sonderbar -er Anblick (Musil, Mann 1036); ◆ So vertraulich, so h. hab' ich nicht leicht ein Plätzchen gefunden (Goethe, Werther I, 26. Mai).

heim|li|cher|wei|se ‹Adv.› (selten): *heimlich* (1).

heim|lich|feiß ‹Adj.› [2. Bestandteil alemann. feiß = fett, feist] (schweiz.): *seinen Besitz, ein Können verheimlichend; heuchlerisch.*

Heim|lich|keit, die; -, -en [mhd. heim(e)lîchkeit]: **1.** ‹meist Pl.› *etw., was geheim, verborgen bleibt:* verbotene -en; mit jmdm. -en haben; ... bleibt Gottes H. für uns verhüllt (Thielicke, Ich glaube 89). **2.** *Verborgenheit, in der nichts bemerkt werden kann:* sie ... betastete ihn in der H. der Nacht (Musil, Mann 1356); in aller H. *(heimlich)* ausziehen.

Heim|lich|tu|er, der; -s, - (abwertend): *jmd., der heimlich tut.*

Heim|lich|tu|e|rei, die; -, -en (abwertend): *das Heimlichtun:* Deine verdammte H.! Illegalitätsfimmel! (Apitz, Wölfe 53); Sie haben ein so offenes Verhältnis zu ihren Eltern, dass es gar keine -en gibt (Hörzu 20, 1973, 18).

Heim|lich|tu|e|rin, die; -, -nen (abwertend): w. Form zu ↑Heimlichtuer.

heim|lich tun: s. heimlich (1).

Heim|mann|schaft, die (Sport): *auf eigenem Platz, in eigener Halle o. Ä. antretende Mannschaft:* Die Rollen der beiden Mannschaften sind unterschiedlich, die H. vereinigt auf sich alle Sympathien, die Gäste ... gelten ... als Feinde (Hörzu 44, 1975, 42).

Heim|markt, der (schweiz.): *Binnenmarkt:* Der H. ist aber nicht genügend groß, um die progressiv steigenden Entwicklungskosten zu amortisieren; Exporte sind somit unerlässlich (NZZ 27. 8. 84, 13).

heim|müs|sen ‹unr. V.; hat› (ugs.): *sich heimbegeben müssen, nach Hause müssen:* meine Tochter ist krank, ich muss heim.

Heim|mut|ter, die: *Leiterin eines Heims* (2a) *mit familiärer Struktur, familiärem Charakter.*

heim|neh|men ‹st. V.; hat›: *nach Hause nehmen:* jmdn., etw. mit h.; Du kannst dir aber ein paar Formulare h. (Zenker, Froschfest 199).

Heim|nie|der|la|ge, die (Sport): *auf eigenem Platz, in eigener Halle o. Ä. erlittene Niederlage:* Mit ganz einfachen Mitteln gelang es den Mannheimern, Rot-Weiß Essen die vierte H. dieser Saison beizubringen (Kicker 6, 1982, 44).

Heim|nie|re, die: *künstliche Niere, mit der ein Patient zu Hause eine Entgiftung des Blutes durchführen kann:* Über 2000 Bundesbürger leben mit »Heimniere« (MM 13. 11. 72, 15).

Heim|nim|bus, der (Sport): *Nimbus, den eine Mannschaft dadurch gewonnen hat, dass sie seit längerer Zeit auf eigenem Platz, in eigener Halle o. Ä. unbesiegt geblieben ist:* Borussia Mönchengladbach, die stärkste Auswärtsmannschaft der Bundesliga ..., zerbrach den H. von Werder (Kicker 6, 1982, 39).

Heim|ord|nung, die: *in einem Heim* (2a) *geltende Hausordnung:* Ich soll mich an die H. halten, meine Lehre ordentlich zu Ende führen und ihm vertrauen (H. Weber, Einzug 144).

Heim|or|gel, die: *elektronische Orgel für den Hausgebrauch.*

Heim|per|so|nal, das: *Personal eines Heims* (2a).

Heim|platz, der: *Platz, Unterkunftsmöglichkeit in einem Heim* (2a): für jmdn. einen H. suchen.

Heim|pre|mi|ere, die (Sport): *Wettkampf, Spiel, bei dem die Heimmannschaft zum ersten Mal [in der laufenden Saison] auf eigenem Platz, in eigener Halle o. Ä. auftritt.*

Heim|pu|bli|kum, das (Sport): *heimisches Publikum (das seine Mannschaft bei einem Spiel, Wettkampf auf dem eigenen Platz, in eigener Halle o. Ä. besonders unterstützt).*

Heim|punkt, der (Sport): *auf eigenem Platz, in eigener Halle o. Ä. errungener Punkt.*

Heim|recht, das ⟨o. Pl.⟩ (Sport): *Recht, Berechtigung, ein Spiel, einen Wettkampf auf eigenem Platz, in eigener Halle o. Ä. auszutragen:* Borussia hat in der ersten Begegnung H.

Heim|rei|se, die: *Rückreise an den Heimatort, in die Heimat:* seine H. war für den 20. August vorgesehen; die H. antreten; ... unsere H. über Korea ... zu machen (K. Mann, Wendepunkt 180).

heim|rei|sen ⟨sw. V.; ist⟩: *in den Heimatort, in die Heimat [zurück]reisen.*

Heim|re|kord, der (Sport): *auf eigenem Platz, in eigener Halle o. Ä. aufgestellter, die Heimspiele betreffender Rekord.*

Heim|sau|na®, die: *kleine Sauna für die private Nutzung.*

heim|schi|cken ⟨sw. V.; hat⟩: *nach Hause schicken.*

heim|schwach ⟨Adj.⟩ (Sport): *auf eigenem Platz, in eigener Halle o. Ä. oft eine schwache Leistung bietend und wenig erfolgreich:* eine -e Elf; die Mannschaft gilt als, ist erstaunlich h.

Heim|schwä|che, die ⟨o. Pl.⟩ (Sport): *häufige, auffällige Schwäche, Erfolglosigkeit bei auf eigenem Platz, in eigener Halle o. Ä. ausgetragenen Wettkämpfen, Spielen.*

Heim|sei|te, die: *Homepage.*

Heim|se|rie, die (Sport): *längere Zeit anhaltende Folge von Siegen od. Niederlagen in auf eigenem Platz, in eigener Halle o. Ä. ausgetragenen Wettkämpfen, Spielen.*

Heim|sieg, der (Sport): *auf eigenem Platz, in eigener Halle o. Ä. errungener Sieg.*

Heim|si|phon, der: *Gerät für den Hausgebrauch zur Herstellung von Sodawasser.*

Heim|son|ne, die: *Höhensonne für die private Nutzung:* Ich empfehle meiner Frau, sich mit einer H. auf den Urlaub vorzubereiten (Hörzu 23, 1982, 108).

Heim|spiel, das (Sport): *auf eigenem Platz, in eigener Halle o. Ä. ausgetragenes Spiel:* Es fiel uns auf, dass Fortuna Düsseldorf erstmals seit dem 26. August 1981 ein H. verlor (Kicker 6, 1982, 32); Ü Die Theatergruppe 83, die schon mit ihrem »Welttheater« ein H. in der theaterfreundlichen Markthalle gewann (tango 9, 1984, 54).

heim|spiel|stark ⟨Adj.⟩ (Sport): *heimstark.*

heim|stark ⟨Adj.⟩ (Sport): *bei Wettkämpfen, Spielen auf eigenem Platz, in eigener Halle o. Ä. meist besonders gut u. erfolgreich:* Ein -er Gegner wartet (MM 12./13. 12. 87, 19); die schottischen Klubs sind als h. gefürchtet.

Heim|stär|ke, die ⟨o. Pl.⟩ (Sport): *Stärke, [häufiges] erfolgreiches Auftreten bei auf eigenem Platz, in eigener Halle o. Ä. ausgetragenen Wettkämpfen, Spielen.*

Heim|statt, die (geh.): *Stätte, wo jmd., etw. heimisch werden kann, seinen festen Aufenthaltsort findet:* Sein Geburtshaus ist heute wundervoll restauriert und die H. des Kulturbundes (NNN 21. 3. 87, 1); ein Westchor, der ... zu dem ... Zweck errichtet wurde, dem neuen Patron eine H. zu bieten (Curschmann, Oswald 178); rund 20 000 Kilometer fuhren sie (= Fundstücke) durch zwei Ozeane um Afrika herum ... nach London, um im Britischen Museum eine neue H. zu finden (Ceram, Götter 276); Ü Der Medienwelt, ungewiss und schillernd, H. des schönen Scheins, begegnete der Kanzler stets skeptisch. (Woche 13. 3. 98, 19).

Heim|stät|te, die: **1.** ⟨Pl. selten⟩ *Heimstatt:* eine neue H. finden; jmdm. eine H. bieten; Ein Trupp der Rotarmisten goss Benzin in die drei Treppenhäuser und steckte die H. von hundert Berlinern in Brand (Borkowski, Wer 142); Ü das Unmögliche verdient, sobald es das Absonderliche überflügelt, wahrlich eine geruhsame H. (Kusenberg, Mal 60). **2.** *von Bund, Land, Gemeinde[verband] od. gemeinnütziger Siedlungsgesellschaft bevorzugt an Vertriebene, Heimkehrer, Kriegsgeschädigte ausgegebenes, unter bestimmten Bedingungen vererbbares Grundstück mit Einfamilienhaus, Nutzgarten od. landwirtschaftlichem bzw. gärtnerischem Anwesen.*

◆ **heim|stel|len** ⟨sw. V.; hat⟩: *anheim stellen:* Ach, es ist doch besser, ich stell's dem Himmel heim (Schiller, Wallensteins Tod V, 6).

heim|su|chen ⟨sw. V.; hat⟩ [mhd. heime suochen = in freundlicher od. feindlicher Absicht zu Hause aufsuchen, überfallen]: **1.** *als etw. Unerwünschtes, Unheilvolles o. Ä. über jmdn., etw. kommen; befallen:* ein Krieg, eine Dürre, Seuche suchte das Land heim; Dies sind die Folgen eines heftigen Sturmtiefs, das am Freitag die Alpennordseite heimgesucht hat (NZZ 21. 12. 86, 7); die furchtbaren Ereignisse, die Ihr Land und uns alle heimgesucht haben (Seghers, Transit 198); er wurde von einer schweren Krankheit, von Gewissensqualen heimgesucht; Es sind wohl eher hellhäutige und stark schwitzende Menschen, die von Stechmücken heimgesucht werden (Luzerner Tagblatt 31. 7. 84, 21); er fiel in einen unruhigen, von Albträumen heimgesuchten Schlaf (Hilsenrath, Nacht 256); (iron.:) Gritzan ... wurde heimgesucht von der Liebe (Lenz, Suleyken 128). **2.** *bei jmdm. in einer ihn schädigenden od. für ihn unangenehmen, lästigen Weise eindringen:* Einbrecher suchten das Lager heim; von Feinden heimgesucht werden; sie wurden am Wochenende von der Verwandtschaft heimgesucht.

Heim|su|chung, die; -, -en [1, 3: mhd. heimsuochunge = Hausfriedensbruch; 2: frühnhd. = Besuch]: **1.** *Schicksalsschlag, den man als Prüfung od. Strafe von Gott empfindet:* wie hilflos das Land und die Bevölkerung immer wieder in jedem Jahrhundert ... den kriegerischen -en preisgegeben war (Dönhoff, Ostpreußen 130); dieser Major ... war eine ewige H. für ihn, eine pausenlose Demütigung (Kirst, 08/15, 241); sie hatten viele -en zu ertragen. **2.** (christl. Rel.) *Begegnung der mit Jesus u. Johannes dem Täufer schwangeren Frauen Maria u. Elisabeth im Hause Elisabeths:* das Fest der H. Mariä (kath. Rel.; *des Besuchs von Maria bei Elisabeth;* urspr. am 2. Juli, dann am 31. Mai); auf dem Altarbild ist eine H. dargestellt. **3.** (südd.) *Haussuchung.*

Heim|tex|ti|li|en ⟨Pl.⟩: *Textilien der Innendekoration* (z. B. Teppiche, Dekorations- u. Gardinenstoffe, Tisch- u. Wolldecken).

Heim|tier, das: *Tier, das in einem Haushalt gehalten werden kann* (z. B. Hund, Katze, Meerschweinchen, Hamster, Papagei, Terrarientier).

Heim|trai|ner, der: **1.** *Hometrainer.* **2.** *jmd., der einen Sportler in seinem heimatlichen Verein trainiert.*

Heim|trai|ne|rin, die: w. Form zu ↑Heimtrainer (2).

heim|trau|en, sich ⟨sw. V.; hat⟩: *sich trauen, nach Hause zu seiner Familie zu gehen* ⟨meist verneint⟩: er traute sich mit seinem schlechten Zeugnis nicht heim.

Heim|tü|cke, die; - [Zus. aus haimliche (= heimliche) Dück od. hemische (= hämische) Dück]: *hinterlistige Bösartigkeit, heimtückisches Wesen:* jmds. H. fürchten, nicht erkennen; Der Staatsanwalt hatte Anklage erhoben wegen Mordes und hatte bei der Ausführung der Tat H. (Rechtsspr.; *Ausnutzung der Wehr- od. Arglosigkeit des Opfers im Mordfall*) angenommen (Noack, Prozesse 152); Ü Furcht ... vor der unberechenbaren H. des Fiebers (Thorwald, Chirurgen 155).

Heim|tü|cker, der; -s, - (ugs.): *heimtückischer Mensch:* H. in der Maske des Biedermannes? (Böll, Haus 127); dies sah ihm ähnlich, dem alten H., dem Raubold (Fallada, Herr 197).

heim|tü|ckisch ⟨Adj.⟩: *bei völliger Verborgenheit nach außen hin in gefährlicher Weise bösartig od. davon zeugend:* eine -e Art; ein -er Überfall; Diese Eingeborenen sind h. und grausam (Hacks, Stücke 142); jmd. h. ermorden; Ü eine -e Krankheit; Solche -e Schlaglöcher sind eine Riesengefahr für uns (Hamburger Abendblatt 20. 5. 85, 3); ich gehe durch den -en Nebel gerade auf das Licht zu (Hofmann, Fistelstimme 96).

heim|tun ⟨unr. V.; hat⟩ (schweiz. ugs.): *heimweisen.*

Heim|volks|hoch|schu|le, die: *Volkshochschule in Internatsform, die sich in mehrmonatigen Lehrgängen, Kurzseminaren od. Wochenendtagungen an [junge] Menschen wendet.*

Heim|vor|teil, der ⟨o. Pl.⟩ (Sport): *Vorteil, der einer Mannschaft daraus erwächst, dass sie auf eigenem Platz, in eigener Halle o. Ä. antritt:* die Elf konnte den H. nicht nutzen; Ü In Baden-Baden 1981 hätte der deutsche NOK-Präsident als Gastgeber H. (Saarbr. Zeitung 11. 7. 80, 6).

heim|wärts ⟨Adv.⟩ [mhd. heimwert, ahd. heimwartes]: *nach Hause; in Richtung Heimat:* h. gehen; h. segeln; Die Weiber waren bereits im Begriffe, h. zu eilen (Broch, Versucher 64).

Heim|weg, der: *Weg* (2) *nach Hause, zum Heimatort:* Um sechs Uhr früh wurde er abgelöst und trat ohne Verzug den H. an (Hauptmann, Thiel 29); Die letzte Straßenbahn ... war längst abgefahren, als wir uns auf den H. machten (Salomon, Boche 45); auf dem H. sprachen wir kein Wort (Bergengruen, Rittmeisterin 319).

Heim|weh, das ⟨o. Pl.⟩ [urspr. med. Fachausdruck in der Schweiz]: *große Sehnsucht nach der fernen Heimat od. einem dort wohnenden geliebten Menschen, bei dem man sich geborgen fühlte:* heftiges, starkes, furchtbares H. befiel ihn; [nach jmdm., einem Ort] H. haben, bekommen; an/unter H. leiden; aus H. ging sie wieder nach Deutschland zurück; er ist krank vor H.; Dante hatte an den Höfen der oberitalienischen Tyrannen vor H. nach Florenz gefiebert (Edschmid, Liebesengel 31); Ü Das H. nach dem Vorgestern, das die meisten Menschen hierzulande bestimmt, ist bedrückend (Frisch, Stiller 292); aus einem gewissen H. nach der Tugend (Schnitzler, Liebelei 103).

heim|weh|krank ⟨Adj.⟩: *an Heimweh leidend:* ein -es Kind; h. sein.

Heim|wehr, die: *aus den Grenz- u. Nationalitätskämpfen entstandener militärähnlicher Selbstschutzverband des österreichischen Bauern- u. Bürgertums (1918–36).*

heim|wei|sen ⟨st. V.; hat⟩ (schweiz.): *(jmdn., etw.) erkennen u. einzuordnen wissen:* ◆ alle Dinge wusste sie heimzuweisen und zu beurteilen (Keller, Kammacher 220).

heim|wer|ken ⟨sw. V.; meist nur im Inf. u. 1. Part. gebr.⟩: *als Heimwerker arbeiten:* wir wollen h.; heimwerkende Bastelfreunde; ⟨subst.:⟩ viel Geld sparen durch Heimwerken.

Heim|wer|ker, der: *jmd., der zu Hause handwerkliche Arbeiten ausführt.*

Heim|wer|ke|rin, die; -, -nen: w. Form zu ↑Heimwerker.

Heim|we|sen, das [mhd. heimwesen = Hauswesen] (schweiz.): *Anwesen; ländlicher Besitz:* ein stattliches H.; ..., als er mit dem Traktor auf dem elterlichen H. unterwegs war (NZZ 19. 8. 83, 7).

heim|wol|len ⟨unr. V.; hat⟩: *sich heimbegeben wollen, nach Hause wollen:* Ich habe jetzt genug von allem. Ich will heim (Seghers, Transit 216).

heim|zah|len ⟨sw. V.; hat⟩: **a)** *etw. Böses, von dem man sich persönlich betroffen fühlt, bei günstiger Gelegenheit mit etw. Bösem erwidern:* jmdm. etw. tüchtig, doppelt h.; es handle sich bloß um einen »Racheakt«, mit dem ein Berufskollege dem Zürcher Großunternehmen h. wolle (NZZ 29. 8. 86, 27); seine Gemeinheit werde ich ihm damit h., dass ich sein Geheimnis verraten werde; **b)** (veraltend) *[dankbar] vergelten:* Das erste Werk, das er hier machen und mit dem er die Gastfreundschaft des Klosters h. wollte, ... sollte gleich den alten Werken ... ganz zum Bau ... des Klosters gehören (Hesse, Narziß 379).

heim|zie|hen ⟨unr. V.⟩: **a)** *nach Hause ziehen, sich heimbegeben* ⟨ist⟩: müde, enttäuscht zog er heim; **b)** ⟨unpers.⟩ *jmdn. die Sehnsucht, den Wunsch empfinden lassen, sich heimzubegeben* ⟨hat⟩: es zog mich, ihn heim.

Heim|zög|ling, der: *Zögling eines Heims* (2 a): dass das asoziale Verhalten der -e und späteren Kriminellen kein genetisches, sondern ein soziales Erbe darstellt (Ossowski, Bewährung 8).

heim|zu ⟨Adv.⟩ (landsch.): *auf dem Weg nach Hause; heimwärts:* h. ging die Fahrt rascher, war das Wetter besser; Der Feldweg h. ist noch schmerzhafter als vorher das Hochwuchten der letzten Gabel Streu (M. Walser, Seelenarbeit 258).

heim|zün|den ⟨sw. V.; hat⟩ (schweiz.): *heimleuchten* (2): Einer wie der andere schimpfte. Entweder war es ein höherer Offizier, der irgendetwas Ungeheuerliches begangen haben sollte, oder es wurde irgendeinem Staats- oder Zivilbeamten heimgezündet (R. Walser, Gehülfe 128).

Hein: ↑Freund (1).

Heindl, das; -s, -n [mundartl. Vkl. von südd., österr. Haue = [1]Hacke (1)] (österr. mundartl.): *kleine Hacke.*

heindln ⟨sw. V.; hat⟩ (bayr., österr. mundartl.): *mit einer kleinen Hacke den Boden lockern und das Unkraut heraushauen:* den Garten, die Kartoffeln h.

Hei|ni, der; -s, -s [eigtl. Kosef. Heini des m. Vorn. Heinrich] (ugs. Schimpfwort): *dumme, einfältige männliche Person; jmd., über den man sich geärgert hat od. den man nicht leiden mag:* so ein doofer H.!; kehren Sie die Kartoffelschalen zusammen, Sie H.! (Bieler, Bonifaz 107); die -s von der Versicherung, das sind unverschämte Kerle (v. d. Grün, Glatteis 313).

-hei|ni, der; -s, -s (ugs. abwertend): kennzeichnet in Bildungen mit Substantiven – selten mit Verben (Verbstämmen) – eine männliche Person, die sehr allgemein durch etw. charakterisiert ist: Pomaden-, Kaugummi-, Reklame-, Versicherungsheini.

Hein|rich: in den Wendungen **den flotten H. haben** (salopp; *Durchfall haben*); **den müden H. spielen/auf müden H. machen** (ugs.; *langsam sein beim Arbeiten, sich nicht anstrengen*): Jetzt mach aber nicht auf müden H. ...! (Fr. Wolf, Zwei 148); **der grüne H.** (österr.; *die grüne Minna;* ↑Minna).

heint ⟨Adv.⟩ [gek. aus: heinacht = diese Nacht; vgl. heute] (landsch.): **1.** *heute Nacht.* **2.** *heute.*

Heinz, der; -en, -en, [1]**Hein|ze,** der; -n, -n [nach dem m. Vorn. Heinz (= Heinrich), da das Gestell einer menschlichen Gestalt ähnlich sieht] (südd.): **1.** *Holzgestell zum Trocknen von Klee u. Heu.* **2.** *Stiefelknecht.*

[2]**Hein|ze,** die; -, -n (schweiz.): *Heinz* (1).

Hein|zel|bank, die ⟨Pl. ...bänke⟩ (österr.): *Werkbank mit einer Klemmvorrichtung zur Bearbeitung von Holz.*

Hein|zel|männ|chen, das ⟨meist Pl.⟩ [Heinzel = Kosef. des m. Vorn. Heinz, nach dem Volksglauben, durch derartige Namensgebungen die Hausgeister günstig stimmen zu können]: *(im Volksglauben) hilfreicher Geist in Zwergengestalt, der in Abwesenheit der Menschen deren Arbeit verrichtet:* jetzt brauchten wir die H., die alles wieder sauber machen; Ü Ich ... machte alle Arbeit ohne die »Heinzelmännchen«, die es heute gibt, wie ... Waschmaschine usw. (Hörzu 51, 1974, 96).

hei|o|po|peio ⟨Interj.⟩: *eiapopeia.*

Hei|rat [...a:t], die; -, -en [mhd., ahd. hīrāt, urspr. = Hausbesorgung, dann: Ehestand, 1. Bestandteil verw. mit ↑Heim, zum 2. Bestandteil vgl. Rat]: *das Eingehen, Schließen einer Ehe; eheliche Verbindung:* eine späte, reiche, [un]standesgemäße H.; ihre H. steht bevor; eine H. [mit jmdm.] eingehen; eine H. stiften, vermitteln, zustande bringen, hintertreiben; eine H. aus Liebe; seine H. mit einer vermögenden Frau; eine H. zwischen Blutsverwandten; Die Karoline braucht ... die Einwilligung in die H. von ihren Eltern (Kühn, Zeit 75); mit, nach ihrer H. war sie aus dem Berufsleben ausgeschieden; vor seiner H. hat er ein unstetes Leben geführt; Ü die gerade bekannt gewordene H. *(Zusammenschluss)* zwischen dem deutschen Pharmahersteller Farbwerke Hoechst AG und der französischen Gesellschaft Roussel-Uclaf (Presse 14. 10. 68, 3).

hei|ra|ten ⟨sw. V.; hat⟩ [mhd. hīratēn]: **a)** *eine, die Ehe eingehen, schließen:* jung, früh, spät, zum zweiten Mal h.; er hat nicht geheiratet *(er ist ledig geblieben);* sie mussten h. (ugs. verhüll.; *sie heiraten, weil sie ein Kind erwarteten*); ⟨subst.:⟩ mit dem Heiraten warten; nichts vom Heiraten wissen wollen; **b)** *mit jmdm. eine Ehe eingehen, schließen:* die Tochter des Nachbarn, einen Autoschlosser h.; jmdn. vom Fleck weg *(auf der Stelle, sofort)* h.; sie hat ihn [aus Dankbarkeit, gegen den Willen ihrer Eltern, des Geldes wegen] geheiratet; So ist Paul geheiratet worden (Plenzdorf, Legende 13); die beiden haben sich geheiratet; er hat Geld (ugs.; *ein reiches Mädchen*) geheiratet; **c)** *durch Heirat an einen bestimmten Ort kommen u. dort leben:* aufs Land, ins Ausland, nach Amerika h.; Von Jahrzehnt zu Jahrzehnt reisen die Menschen mehr herum und heiraten in immer entferntere Gegenden (Grzimek, Serengeti 175).

Hei|rats|ab|sicht, die ⟨meist Pl.⟩: *Absicht zu heiraten:* -en haben; jmds. -en durchkreuzen.

Hei|rats|al|ter, das: **a)** *Alter, in dem üblicherweise Ehen eingegangen werden:* das durchschnittliche H. ist gestiegen; **b)** *Alter, in dem jmd. [nach geltendem Recht] heiraten kann:* das H. erreicht haben.

Hei|rats|an|non|ce, die: *Annonce in einer Zeitung o. Ä., in der man einen geeigneten Partner für die Ehe sucht.*

Hei|rats|an|trag, der: *von einem Mann einer Frau unterbreiteter Vorschlag, miteinander die Ehe einzugehen:* er machte ihr einen H.; einen H. bekommen, ablehnen.

Hei|rats|an|zei|ge, die: **1. a)** *die Namen u. das Hochzeitsdatum u. a. enthaltende Briefkarte, mit der ein Hochzeitspaar seine Heirat Verwandten, Freunden u. Bekannten mitteilt:* -n verschicken; **b)** *Anzeige in einer Zeitung, durch die ein Hochzeitspaar seine Heirat offiziell bekannt gibt:* seine H. in die Zeitung setzen. **2.** *Heiratsannonce.*

Hei|rats|buch, das: *Personenstandsbuch, das zur Beurkundung der Eheschließungen dient.*

Hei|rats|bü|ro, das: *Heiratsinstitut.*

Hei|rats|er|laub|nis, die: *(z. B. für Minderjährige) Erlaubnis zu heiraten.*

hei|rats|fä|hig ⟨Adj.⟩: *das Alter [erreicht] habend, in dem eine Heirat [nach dem geltenden Recht] möglich ist:* [noch nicht] h. sein; im -en Alter sein *(alt genug sein, um heiraten zu können).*

Hei|rats|fä|hig|keit, die ⟨o. Pl.⟩: *Ehemündigkeit:* Dabei sah man ihr von Monat zu Monat weniger an, dass sie erst im nächsten Frühjahr sechzehn werden würde und die H. nach dem Gesetz erlangte (Kühn, Zeit 43).

hei|rats|freu|dig ⟨Adj.⟩: *heiratslustig.*

Hei|rats|ge|dan|ke, der ⟨meist Pl.⟩: *Heiratsabsicht:* sich mit -n tragen.

Hei|rats|ge|such, das: *Gesuch um eine Heiratserlaubnis.*

Hei|rats|gut, das ⟨o. Pl.⟩ [mhd. hîrâtguot] (österr., sonst veraltet): *Mitgift, Aussteuer.*

Hei|rats|in|sti|tut, das: *Eheanbahnungsinstitut.*

Hei|rats|kan|di|dat, der (scherzh.): *Ehekandidat.*

Hei|rats|kan|di|da|tin, die (scherzh.): w. Form zu ↑Heiratskandidat.

hei|rats|lus|tig ⟨Adj.⟩ (scherzh.): *gewillt, gesonnen zu heiraten.*

Hei|rats|markt, der (scherzh.): **a)** ⟨o. Pl.⟩ *Rubrik in einer Zeitung, Zeitschrift, unter der Heiratsannoncen abgedruckt sind;* **b)** *Veranstaltung o. Ä., bei der viele Leute im heiratsfähigen Alter zusammentreffen, bei der sich die Gelegenheit zum Kennenlernen eines möglichen Ehepartners ergibt.*

Hei|rats|plan, der ⟨meist Pl.⟩: *Heiratsabsicht:* jmds. Heiratspläne billigen.

Hei|rats|schwin|del, der: *das Vorspiegeln von Heiratsabsichten zu dem Zweck, von dem Partner Geld od. andere Werte zu erlangen.*

Hei|rats|schwind|ler, der: *jmd., der Heiratsschwindel betreibt.*

Hei|rats|schwind|le|rin, die: w. Form zu ↑Heiratsschwindler.

Hei|rats|ur|kun|de, die: *standesamtliche Urkunde, die die Eheschließung bescheinigt.*

Hei|rats|ur|laub, der: *Urlaub, den ein Soldat, ein Häftling zum Zweck der Eheschließung erhält:* Dirk kommt für zehn Tage auf H. ... Die Ziviltrauung findet in Nipoolds Wohnstube statt (Zeller, Amen 214).

Hei|rats|ver|mitt|ler, der: *jmd., der gewerbsmäßig Ehen vermittelt* (Berufsbez.).

Hei|rats|ver|mitt|le|rin, die: w. Form zu ↑Heiratsvermittler.

Hei|rats|ver|mitt|lung, die: **1.** *gewerbsmäßige Vermittlung von Ehen:* Die zweite Schiene der Geschäfte mit südostasiatischen Frauen sind die -en. (taz 8. 3. 88, 3).**2.** *Eheanbahnungsinstitut:* Girshen ... plaziert seine Suchanzeige bei vivah.com, einer von Dutzenden, zumeist kostenlosen indischen -en im Internet. (Zeit 24. 10. 97, 82).

Hei|rats|ver|mitt|lungs|in|sti|tut, das: *Eheanbahnungsinstitut.*

Hei|rats|ver|spre|chen, das: *Eheversprechen.*

hei|rats|wil|lig ⟨Adj.⟩: *gewillt zu heiraten.*

Hei|rats|wunsch, der: *Ehewunsch.*

hei|rats|wü|tig ⟨Adj.⟩ (ugs. scherzh.): *darauf versessen, fest entschlossen, sich zu verheiraten:* Mädchen nannte er h. und albern (Bastian, Brut 35).

hei|sa [ˈhai̯za, ˈhai̯sa], heißa, heißassa ⟨Interj.⟩ [aus ↑hei u. sa! = Lockruf für einen Jagdhund < mhd. za < (a)frz. çà! = hierher!] (veraltet): Ausruf der Freude od. der Ermunterung: h., jetzt gehts los!

hei|schen ⟨sw. V.; hat⟩ [mhd. (h)eischen, ahd. (h)eiscon = fordern, fragen, urspr. = suchen, trachten nach]: **a)** (geh.) *(in Bezug auf eine Handlung, einen Vorgang o. Ä.) gebieterisch, mit Nachdruck fordern, verlangen:* etw. heischt Beifall, Anerkennung, Zustimmung; Ulrichs Erstaunen ... heischte eine Erklärung (Musil, Mann 273); der Befehl ... war bindend gewesen; zwei Mann, so heischte er, waren ... freizustellen (Fühmann, Judenauto 111); ein Aufmerksamkeit, Respekt heischender Blick; **b)** (geh. veraltend) *um etw. bitten:* Hilfe, Mitleid h.; ein ... Vorsitzender, der ... um Nachsicht heischend *(bittend)* einräumt, man habe sich ein wenig außerhalb der Legalität bewegt (Welt 19. 5. 65, 6); ◆ **c)** *betteln* (1): Hast du brav geheischen? – Wenig genug (Goethe, Götz V).

hei|ser ⟨Adj.⟩ [mhd. heis(er), ahd. heis(i), urspr. = rau]: *(von der menschlichen Stimme) durch Erkältung od. durch vieles Reden, Singen, Schreien u. Ä. rau u. fast tonlos [u. flüsternd]:* ein -es Lachen; eine -e Stimme haben; ich bin heute ganz h.; ihre Stimme war, klang h.; h. sprechen; sich h. schreien; sie sprach h.; er hat sich die Kehle h. geredet *(sich bemüht, jmdn. durch eindringliches Reden von etwas zu überzeugen);* Ü das -e Tuten aus dem Hafen (Frisch, Stiller 71); Ein paar Mal pfiff ... h. und gellend die Industriebahn herüber (Schnurre, Bart 102).

Hei|ser|keit, die; -, -en ⟨Pl. selten⟩ [mhd. heiserheit]: *das Heisersein:* durch die H. seiner Stimme war er nur schwer zu verstehen; ein Mittel gegen Husten und H.; sie leidet an nervöser H.

heiß ⟨Adj.⟩ [mhd., ahd. heiȥ, urspr. = brennend (heiß)]: **1.** *sehr warm, von [relativ] hoher Temperatur:* -es Wasser; -er Kaffee, Tee; die -en Länder *(Länder mit hohen Durchschnittstemperaturen, tropische Länder);* eine -e Gegend; -e Hände, einen -en Kopf haben; -e Quellen; Zuerst die -en Kompressen! (Hilsenrath, Nazi 307); ein -es Bad nehmen; -e *(in heißem Wasser gebrühte)* Würstchen; Vorsicht, das Bügeleisen, der Topf, der Heizkörper ist h.!; der Tag war drückend, sommerlich h.; ihm ist, wird h. *(er fängt an zu schwitzen);* das Kind ist ganz h. (fam.; *es fiebert*); h. *(in wenigen Stunden bei höherer Temperatur)* geräucherter Schinken; die Achse war h. gelaufen; ⟨subst.:⟩ ein Paar Heiße (ugs.; *heiße Würstchen*); R dich haben sie wohl [als Kind] zu h. gebadet! (salopp; *du hast wohl den Verstand verloren!*); Ü h.! (scherzh. bei bestimmten Spielen; *du bist nahe an der gesuchten Sache*); Man schien sich einig, den Sieg zu nutzen, solange er h. war (*erst kurze Zeit zurücklag;* Bieler, Mädchenkrieg 468); Auch die Songs von ... Bill Withers sind nicht mehr ganz h. (*neu;* Augsburger Allgemeine 11./12. 2. 78, XVIII); ***es überläuft jmdn. h. und kalt; es läuft jmdm. h. und kalt den Rücken hinunter** *(jmdn. schaudert, jmd. ist betroffen);* **nicht h. und nicht kalt/weder h. noch kalt sein** *(in unbefriedigender Weise unentschieden, unzureichend sein):* was er in der Sache unternimmt, ist nicht h. und nicht kalt. **2. a)** *heftig, erbittert, hitzig:* ein -er Kampf; eine -e Debatte; bei der Auseinandersetzung ging es h. her; eine h. umstrittene Frage; der h. *(unter Aufbietung aller Kräfte)* umkämpfte Stützpunkt; die Stadt war h. *(erbittert)* umkämpft; sich h. reden *(sich beim Reden über etw. Bestimmtes erhitzen, in Schwung kommen);* **b)** *mit großer Intensität empfunden; leidenschaftlich* (3): -e Liebe; ihr -ester Wunsch ist eine Puppe; ... stieg ihm nun erst einmal die -e Wut aus der Bauchgegend in den Kopf (Kühn, Zeit 73); Da stieg zum ersten Mal in seinem langen, bösen Leben Angst in ihm auf, schwarze, -e Angst. (Funke, Drachenreiter 417); Wir wünschen mit -em Herzen, dass dieses Buch helfe (Grzimek, Serengeti 7); etw. h. ersehnen; h. begehrt, erfleht, ersehnt, geliebt; -en (ugs. verstärkend; *besten*) Dank; das Kind liebt seinen Teddybär h. und innig *(sehr, von Herzen);* ***h. auf jmdn., etw. sein** (ugs.; ↑wild): wir waren ganz h. darauf, endlich wieder Fußball zu spielen. **3.** *erregend, aufreizend:* -e Musik; -e Rhythmen; das Casino, in dem der Amerikaner mit seinen drei Tänzerinnen am Abend eine -e Show abzog (Freizeitmagazin 10, 1978, 13); Sie hatten Probleme mit Pickeln und panische Angst vor dem Älterwerden, sie kamen an die wirklich -en Miezen nicht ran (Tempo 12, 1988, 75); Sie mögen zwar h. aussehen, die Damen ..., aber musikalisch kommen sie über das Geplärr ... nicht hinaus (Hörzu 50, 1976, 92). **4. a)** (ugs.) *gefährlich, hei-*

kel, mit Konflikten geladen: ein -es Thema; die Radikalen kündigten einen -en Sommer an; eine -e Gegend; Wegen des bevorstehenden Ferienbeginns ... ist zumindest auf den Urlauberrouten mit einem -en Wochenende zu rechnen (Saarbr. Zeitung 9. 7. 80, 1); Hände weg, die Sache ist h.! (Prodöhl, Tod 187); die Grenze gilt immer noch als h.; vgl. Draht, Ware; **b)** (Kernphysik) *(von Räumen, Teilen von Anlagen od. Stoffen) stark radioaktiv:* -e Substanzen, Teilchen; eine -e Zelle *(abgeschlossener Teil einer Kernkraftanlage, in der, von außen gesteuert, extrem radioaktive Stoffe bearbeitet werden);* -e Chemie *(Gebiet der Kernchemie, das sich mit durch Bestrahlung hochradioaktiv gewordenen Stoffen befasst).* **5.** (ugs.) *viel versprechend:* ein -er Tipp; hinter einer -en Sache her sein; Just hat er (= Al Gore) auch der Biotechnologie, der neuen -en Branche im Silicon Valley, mehr Zuwendung aus Washington versprochen (Woche 7. 11. 97, 19); als sei er noch immer der Enthüllungsjournalist auf der Jagd nach einer -en *(sensationellen)* Story (Spiegel 18, 1986, 28); Das brachte mich schon nach den ersten Schlucken auf einen -en Gedanken (Brot und Salz 410); (Sport:) eine -e *(hohe)* Favoritin; In der deutschen Mannschaft ... fehlten zwei, die zu den -esten *(aussichtsreichsten)* Anwärtern auf eine Medaille zählten (Maegerlein, Triumph 31). **6.** (ugs.) *(von sportlichen Fahrzeugen) sehr schnell u. spritzig:* Den 5,3-Liter-V-8-Turbofire-Motor der Corvette gibt es bei der Iso-Rivolta in 3 verschiedenen »heißen« Varianten (Herrenjournal 2, 1966, 112); vgl. Ofen. **7. a)** (ugs.) *(von Hunden u. Katzen) paarungsbereit, brünstig:* die Hündin ist h.; **b)** (salopp) *(von Menschen) geschlechtlich erregt:* ... den Trick ..., mit dem sie mich neulich h. gemacht hatte (Lynen, Kentaurenfährte 38). **8.** (Jugendspr.) *in begeisternder Weise schön, gut; großartig, stark* (8): ein -es Buch; eine -e Bluse; als sie vorhin stundenlang vor ihrem Kleiderschrank herummachte, um sich in den -esten Look zu werfen (Freizeitmagazin 10, 1978, 10); der Junge ist h., aus dem wird mal was!; etw. h. finden.

hei|ßa, hei|ßas|sa: ↑heisa.

heiß be|gehrt: s. heiß (2b).

Heiß|be|hand|lung, die (Med.): *Behandlung mit Heißluft od. heißem Dampf zu Heilzwecken.*

heiß|blü|tig ⟨Adj.⟩: *von leicht erregbarem Temperament; impulsiv, leidenschaftlich reagierend:* ein -er Südländer; Vielleicht kann ich noch zugunsten etwaiger -er Verfechterinnen der Emanzipation der Frau hinzufügen, ... (Kemelman [Übers.], Dienstag 38); h. sein.

Heiß|blü|tig|keit, die; -: *das Heißblütigsein.*

Heiß|dampf, der: *sehr heißer Dampf für technische od. medizinische Zwecke.*

Heiß|dampf|ma|schi|ne, die: *mit Heißdampf betriebene Maschine.*

¹hei|ßen ⟨st. V.; hat⟩ [mhd. heiʒen, ahd. heiʒʒan = auffordern, befehlen; sagen; nennen, wohl eigtl. = antreiben, zu etw. drängen; 1: aus dem passivischen Gebrauch der alten Bed. »nennen«]: **1.** *den Namen haben, sich nennen, genannt werden:* der Junge heißt Peter Müller; wie heißt du [mit Vor-, Nachnamen]?; sie wusste noch, wie der Hund geheißen hatte (Danella, Hotel 86); früher hat sie anders geheißen (landsch. ugs: gehießen); Matern ... versprach, den Schaden beheben zu wollen ... mit einem Kitt, der »Alleskleber« hieß (Grass, Hundejahre 289); wie heißt die Firma, die Straße?; er heißt nach seinem Großvater *(er trägt den gleichen Vornamen wie sein Großvater);* Die Bucht ... heißt nach dem großen Forscher Speke-Bucht (Grzimek, Serengeti 96); der Krampen von Dörfern, die sich ... moselauf erstrecken: Köverich, Dezem, Törnich – und wie sie heißen *(und so weiter;* Andres, Die Vermummten 19); R (ugs. Ausdruck der Bekräftigung eines vorher genannten Sachverhalts): er hätte ihm nach Strich und Faden das faule Fell gegerbt, so wahr er Christoph Kumiak hieß (Marchwitza, Kumiaks 10); wenn es sich so verhält, heiße ich Hans, Emil, Meier/will ich Hans, Emil, Meier h. (ugs.; *so verhält es sich ganz gewiss nicht*). **2. a)** (veraltend) *nennen* (1a): sie haben das Kind [nach seinem Vater] Wilhelm geheißen; die Hügelstätte Luz ..., die er dann Bethel, Haus Gottes, geheißen hatte (Th. Mann, Joseph 35); **b)** (geh.) *nennen* (1b): jmdn. seinen Freund, einen Angeber, Lügner h.; Brokat oder wie man das heißt (Gaiser, Jagd 125); er heißt das ein unchristliches Reden (Trenker, Helden 138); jmdn. dumm, launisch h.; das muss man eine großartige Leistung h.; das heiße ich pünktlich [sein]. **3. a)** ⟨in Verbindung mit einem Inf. + Akk.⟩ (geh.) *das Verlangen äußern, dass etw. Bestimmtes geschehe; zu etw. auffordern:* er hieß mich stehen bleiben; wer hat dich kommen heißen/(seltener:) geheißen?; er hieß ihn ein ehrlicher Mensch werden; Er hieß den Kutscher das Tier antreiben (Jahnn, Geschichten 196); Es hat Sie doch kein Mensch geheißen, Sie sollten Ärztin werden, hm? (Sebastian, Krankenhaus 50); **b)** ◆ ⟨in Verbindung mit einem Inf. + Dativ:⟩ Wann hieß ich dir die Schrift an Burleigh geben (Schiller, Maria Stuart V, 14); ⟨mit Dativobj.:⟩ Du weißt es von unserer seligen Mutter, dass unser Vater ... ausdrücklich ihr geheißen hat: »Zerreiße es ...« (Storm, Söhne 12). **4.** *einer Äußerung o. Ä. in einem anderen Zusammenhang, einem Wort in einer anderen Sprache o. Ä. entsprechen; das Gleiche bedeuten, aussagen, ausdrücken:* Neutral hieß also damals für die Neutralen selbst: antiwestlich (Dönhoff, Ära 166); »guten Abend« heißt auf Französisch »bon soir«; er weiß, was es heißt *(bedeutet),* Verantwortung zu tragen; das will [nicht] viel, schon etwas h.; das soll nun etwas h.! (ugs. abwertend; *soll Eindruck machen!*); »Romantisch!« ... Was heißt das schon! (Remarque, Obelisk 64); (in einer Verärgerung ausdrückenden Antwort, die eine vorangegangene Äußerung aufgreift:) was heißt hier: morgen? Das wird sofort gemacht; Er wollte, du hättest nicht verkauft ... Was soll denn das nun wieder h.? (Remarque, Obelisk 14); (als Erläuterung od. Einschränkung von etw. vorher Gesagtem; Abk.: d. h.:) ich komme morgen, das heißt, nur wenn es nicht regnet; Die meisten von ihnen waren Angler; das heißt, nicht von Beruf, sie hatten nur Hunger (Schnurre, Bart 53); und das Ende heißt *(ist, bedeutet)* immer Zerstörung, Verfall (Koeppen, Rußland 176); In dieser Situation nachzurüsten heißt, die Katastrophe wahrscheinlicher zu machen (Alt, Frieden 44); Ein Buch veröffentlichen heißt das Publikum um ein Urteil bitten (Denneny [Übers.], Lovers 181). **5.** *den Wortlaut haben, lauten:* der Titel des Romans heißt »Krieg und Frieden«; der Werbespruch, sein Motto heißt: ...; Mein Werbespruch heißt: Radau bleibt Radau (Bieler, Bonifaz 152). **6.** (geh. veraltend) ⟨unpers.⟩ **a)** *(als Vermutung, Behauptung o. Ä.) gesagt werden:* es heißt, er sei ins Ausland gegangen; Jetzt hieß es *(verlautete es, wurde gesagt)* ..., von Marseille sollten Schiffe nach Mexiko abfahren (Seghers, Transit 104); Nun hieß es plötzlich *(wurde als Parole ausgegeben),* dies alles sei »illegal« (Dönhoff, Ära 101); **b)** *(an einer bestimmten Stelle) zu lesen sein, geschrieben stehen:* bei Hegel heißt es, ...; in dem Abkommen heißt es ausdrücklich, dass ...; im Eingangsartikel hieß es: »Die Menschen werden frei ... geboren ... (Fraenkel, Staat 125); in seinem Brief hatte es geheißen, er wolle zurückkommen. **7.** ⟨unpers.⟩ (geh.) *nötig, geboten sein:* noch heißt es abwarten; Von zarten und schwebenden Dingen heißt es zart und schwebend reden (Th. Mann, Krull 101); da heißt es aufgepasst/aufpassen! *(gilt es aufzupassen!).*

²hei|ßen ⟨sw. V.; hat⟩ [mit Übernahme der Ausspr. von gleichbed. niederl. hijsen]: *hissen:* er heißte die Fahne.

heiß er|fleht: s. heiß (2b).

heiß er|sehnt: s. heiß (2b).

heiß ge|liebt: s. heiß (2 b).

Heiß|ge|tränk, das (Kochk.): *heißes Getränk.*

Heiß|hun|ger, der: *[plötzlich auftretender] besonders großer Hunger* (1b) *auf etw. Bestimmtes:* Manchmal habe ich so einen richtigen H. auf Schokoladenkuchen (Borkowski, Wer 66); mit wahrem H. fiel er über den Erbseneintopf her; Ü Man spürte es ... an dem H., mit dem man sich in Polen auf westliche Literatur, auf moderne Kunst und Jazz stürzte (Dönhoff, Ära 152).

heiß|hung|rig ⟨Adj.⟩: *mit Heißhunger:* h. verschlang er sein Essen.

heiß|lau|fen ⟨st. V.; ist⟩ (Technik): *(von Maschinenteilen aufgrund von unzureichender Schmierung od. mangelnder Kühlung) durch Reibung heiß werden:* der Motor läuft heiß, ist heißgelaufen; ⟨auch h. + sich:⟩ die Achsen haben sich heißgelaufen; Ü noch während der Sendung liefen die Drähte, die Telefone heiß *(gab es eine Vielzahl von Anrufen);* Lorenz ... ließ die Kontrahenten (= einer Gesprächsrunde)... nicht h. *(nicht zu* *sehr in Erregung kommen;* Hörzu 38, 1975, 39); Als in Nussloch vor zwei Jahren der Streit um den Steinbruch heißlief, ... (Communale 15. 12. 83, 5).

Heiß|lei|ter, der (Elektrot.): *Stoff, dessen Fähigkeit, den Strom zu leiten, bei zunehmender Temperatur immer größer wird.*

Heiß|luft, die: *künstlich erhitzte Luft:* eine Behandlung mit H.; die Hände mit H. trocknen.

Heiß|luft|bad, das: *Schwitzbad in trockener Heißluft; irisch-römisches Bad; türkisches Bad.*

Heiß|luft|bal|lon, der: *Freiballon, bei dem der Auftrieb durch periodisches Aufheizen der in der Ballonhülle enthaltenen Luft mit einem mitgeführten Propangasbrenner erzeugt wird.*

Heiß|luft|be|hand|lung, die: *Behandlung mit Heißluft.*

Heiß|luft|dampf|bad, das: *Kombination von trockenem Heißluftbad mit feuchtem Dampfbad u. anschließender Abkühlung u. Massage; russisch-römisches Bad.*

Heiß|luft|du|sche, die: *(als Haartrockner, in der Medizin u. in der Technik verwendeter) elektrisch betriebener Ventilator, dessen Luftstrom erwärmt werden kann.*

Heiß|luft|ge|blä|se, das: *Gebläse* (1 a), *mit dem Heißluft erzeugt wird.*

Heiß|luft|ge|rät, das: *Gerät, mit dem Heißluft erzeugt wird.*

Heiß|luft|hei|zung, die: *mit Heißluft betriebene Heizung.*

Heiß|luft|herd, der: *Elektroherd, dessen Backofen mit einem Gebläse für Heißluft ausgestattet ist (um durch die intensive Luftumwälzung ein gleichmäßiges Bräunen von Gebäck, Braten o. Ä. zu ermöglichen).*

Heiß|luft|trock|ner, der: vgl. Heißluftdusche.

Heiß|man|gel, die: *beheizte Mangel zum Glätten von Wäsche, die feucht durchläuft.*

Heiß|sporn, der ⟨Pl. -e⟩ [nach engl. hotspur]: *hitziger, draufgängerischer Mensch:* nur mit Mühe konnte man die -e besänftigen; Theoderich war ja nicht nur der wilde H. (Carossa, Aufzeichnungen 32).

heiß|spor|nig ⟨Adj.⟩ (selten): *hitzig u. draufgängerisch.*

heiß um|kämpft: s. heiß (2 a).

heiß um|strit|ten: s. heiß (2 a).

Heiß|was|ser, das (bes. Technik): *heißes Wasser:* das vorbereitete H. auf dem Gasherd (Johnson, Ansichten 99); Erzeugung und Speicherung von H.

Heiß|was|ser|ap|pa|rat, der: *Heißwasserbereiter.*

Heiß|was|ser|be|rei|ter, der: *elektrisch od. mit Gas beheiztes Gerät zur Bereitung [u. Speicherung] von heißem Wasser.*

Heiß|was|ser|spei|cher, der: *Wasserbehälter, in dem heißes Wasser erzeugt u. gespeichert wird.*

Heiß|wel|le, die: *(heute nicht mehr übliche) Dauerwelle, bei der das Haar über geheizte Spulen gewickelt wird.*

Heis|ter, der; -s, - [mhd. heister = junger Buchenstamm, mniederd. he(i)ster, 1. Bestandteil viell. zu einem Verb mit der Bed. »(ab)schlagen«, zum 2. Bestandteil -ter (-der) vgl. Teer]: **1.** (Gartenbau) *junger Laubbaum (aus einer Baumschule).* **2.** (landsch.) *Buche.*

-heit, die; -, -en [mhd., ahd. -heit, zum Suffix erstarrtes Subst. ahd. heit = Person, Persönlichkeit; Gestalt, urspr. = Leuchtendes, Scheinendes, verw. mit ↑heiter]: **1.** bildet mit Adjektiven und zweiten Partizipien – seltener mit Adverbien oder Zahlwörtern – die entsprechenden Substantive, die dann einen Zustand, eine Beschaffenheit, Eigenschaft ausdrücken: Andersheit, Durchdachtheit, Kultiviertheit, Sinnvollheit. **2. a)** bezeichnet in Bildungen mit Substantiven eine Personengruppe: Christenheit; **b)** bezeichnet in Bildungen mit Substantiven eine Eigenschaft oder Handlung von jmdm.: Narrheit.

hei|ter ⟨Adj.⟩ [mhd. heiter, ahd. heitar, eigtl. = leuchtend]: **1.** *durch Unbeschwertheit, Frohsinn u. innere Ausgeglichenheit gekennzeichnet; fröhlich:* ein -es Gemüt, Wesen, Gesicht; ein -es Lachen; er ist ein -er Mensch; sie nahm alles mit -er Ruhe, Gelassenheit; er war immer h. [und zufrieden/vergnügt]; die Gesellschaft war vom reichlichen Alkoholgenuss schon sehr h. *(ausgelassen, laut u. fröhlich)* geworden; ein -er *(erheiternder)* Roman; -e Musik, Dichtung; den vermaledeiten Satz ... vom ernsten Leben und der -en *(schwerelosen, von allem Irdischen unberührten)* Kunst (Andres, Liebesschaukel 64); -er *(nicht düster wirkender, nicht in seiner architektonischen Gliederung lastender)* deutscher Spätbarock (Seidel, Sterne 38); ein heller, -er *(freundlicher, heller)* Raum; die Sache hat auch eine -e *(erheiternde)* Seite; R das ist ja h., kann ja h. werden! (ugs. iron.; *da steht uns noch einiges bevor, das kann noch unangenehm werden!*); Junge, Junge, jetzt wird's h.! (ugs.; *jetzt kann noch allerhand passieren!;* v. d. Grün, Glatteis 278). **2.** *(in Bezug auf die Witterung o. Ä.) nicht trüb, wolkenlos u. hell, sonnig:* -es Wetter; ein -er Tag; gegen Mittag wurde es, wurde der Himmel h.; h. bis wolkig.

Hei|te|re, die; - (schweiz. ugs.): *Heiterkeit.*

Hei|ter|keit, die; - [mhd. heiterkeit = Klarheit]: **1. a)** *das Heitersein* (1), *heitere Gemütsverfassung:* eine leise, beglückende innere H.; die H. des Gemüts; H. erfüllt jmdn.; nun ... kam eine ganz wunderbare H. über ihn (Geissler, Wunschhütlein 22); **b)** *durch Lachen o. Ä. nach außen hin sichtbar werdende fröhliche, aufgelockerte Stimmung; [lautes] Gelächter:* eine laute, lärmende H.; etw. erregt H., trägt zur allgemeinen H. bei. **2.** *heitere* (2) *Beschaffenheit:* Dieser Herbst ... war von einer stetigen H., die Tage folgten einander klar und hell (Feuchtwanger, Erfolg 509).

Hei|ter|keits|aus|bruch, der: *Ausbrechen in fröhliches, lautes Gelächter:* seine Bemerkung hatte einen großen H. zur Folge.

Hei|ter|keits|er|folg, der: *große Heiterkeit* (1 b), *die jmd., meist unbeabsichtigt, durch ein ungeschicktes Verhalten, eine Äußerung von unfreiwilliger Komik o. Ä. erntet:* mit etw. einen [großen] H. haben, erzielen, erringen.

Hei|ti, das; -[s], -s [anord. heiti = Name, Benennung, verw. mit ↑[1]heißen] (Literaturw.): *(in der altnordischen Dichtung) bildliche Umschreibung eines Begriffes durch eine einfache eingliedrige Benennung* (z. B. »Renner« statt »Ross«). Vgl. Kenning.

Heiz|an|la|ge, die: *Anlage zum Beheizen eines Gebäudes.*

Heiz|ap|pa|rat, der: vgl. Heizgerät.

heiz|bar ⟨Adj.⟩: *mit einer Möglichkeit zum Heizen* (1 b) *versehen; sich heizen lassend:* -e Räume; eine -e *(beheizbare)* Heckscheibe; Er schläft in der Bodenkammer, die nicht h. ist (Chotjewitz, Friede 82).

Heiz|bar|keit, die; -: *das Heizbarsein.*

Heiz|de|cke, die: *elektrisch erwärmbare Decke.*

Heiz|ef|fekt, der: *Wirkungsgrad einer Heizanlage.*

Heiz|ele|ment, das (Elektrot.): *Teil einer elektrischen Heizvorrichtung, in dem die elektrische Energie in Wärme umgewandelt wird.*

hei|zen ⟨sw. V.; hat⟩ [mhd., ahd. heizen (heiȥen), urspr. = heiß machen, zu ↑heiß]: **1. a)** *einen Ofen anzünden, die Heizung o. Ä. in Betrieb nehmen (um einen Raum, ein Gebäude o. Ä. zu erwärmen):* ab Oktober wird geheizt; in diesem Jahr musste auch im Sommer öfter geheizt werden; in der Küche ist nicht geheizt; Ü man friert bei diesem Hundewetter ... und sollte wenigstens innerlich ein bisschen h. (scherzh.; *sich mit einem alkoholischen Getränk aufwärmen;* Geissler, Nacht 80); **b)** *(einen Raum, ein Gebäude o. Ä.) erwärmen, warm machen:* ein Zimmer, das Haus h.; der Saal lässt sich nicht h.; die Wohnung war gut, schlecht geheizt; in den Becken sah man die Röhren bloßliegen, welche die Böden heizten (Gaiser, Jagd 120); **c)** *(einen Ofen, bestimmte technische Anlagen) mit Heizmaterial beschicken, anheizen:* den Backofen, Dampfkessel [mit Holz] h.; Männer, die die Öfen heizten (Plievier, Stalingrad 242); Jeden Donnerstag wurde der Ofen mit Reisig geheizt (Lentz, Muckefuck 200). **2. a)** *als Brennstoff verwenden:* Holz, Kohle h.; **b)** *(in bestimmter Weise, mit einem bestimmten Brennstoff) Wärme erzeugen:* elektrisch, mit Öl, mit Kohle h. **3.** ⟨h. + sich⟩ *(von Räumen) sich in bestimmter Weise erwärmen lassen:* das Zimmer, das Haus heizt sich schlecht. **4.** (ugs.) *(mit einem Kraftfahrzeug) sehr schnell fahren:* Tätig ist er seit drei Jahren als Motorradkurier, wo er zu denen zu gehören scheint, die sogar nach eigener Einschätzung wie verrückt durch die Straßen von Zürich heizen (NZZ 13. 10. 84, 11).

Heiz|ener|gie, die: **a)** *zum Heizen* (1) *verwendeter Energieträger:* H. ist knapp und teuer (Haus 2, 1980, 9); **b)** *zum Heizen* (1) *benötigte Energie* (2): H. sparen.

Hei|zer, der; -s, - [mhd. heiȥer]: *jmd., der Heizungs- u. Kesselanlagen bedient* (Berufsbez.).

Hei|ze|rin, die; -, -nen: w. Form zu ↑Heizer.
Heiz|flä|che, die: *Wärme ausstrahlender Teil der Oberfläche eines Heizkörpers.*
Heiz|gas, das: *brennbares Gas zum Heizen.*
Heiz|ge|rät, das: *kleineres Gerät zum (zusätzlichen) Heizen von Räumen:* das H. ausstellen, einschalten.
Heiz|kel|ler, der (ugs.): *Heizungskeller.*
Heiz|kes|sel, der: *Kessel einer Heizungsanlage, in dem die Wärme erzeugt wird.*
Heiz|kis|sen, das: *elektrisch erwärmbares, flaches Kissen, dessen Temperatur stufenweise reguliert werden kann u. das zur örtlichen Wärmebehandlung o. Ä. dient:* das H. ein-, ausschalten.
Heiz|kör|per, der: **a)** *in den zu beheizenden Räumen aufgestellter, aus zusammenhängenden Rohren, Platten, Lamellen o. Ä. bestehender Hohlkörper (als Wärme abstrahlender Teil einer Heizungsanlage):* in dem Neubau wurden die H. montiert; den H. abdrehen *(durch Drehen an einem dazu bestimmten Griff die Wärmeabgabe drosseln od. unterbinden);* Burkert sei plötzlich vom Stuhl und gegen einen H. gefallen (Spiegel 17, 1983, 28); **b)** *Heizelement.*
Heiz|kos|ten ⟨Pl.⟩: *durch Heizen entstehende Kosten.*
Heiz|kos|ten|bei|hil|fe, die: *vom Sozialamt sozial benachteiligten Personen gewährter Zuschuss zu den Heizkosten.*
Heiz|kos|ten|pau|scha|le, die: *Pauschalbetrag, den der Mieter für die Heizkosten zahlt u. der jährlich mit den tatsächlichen Kosten verrechnet wird.*
Heiz|kraft, die: *Kraft zum Heizen, die einer Sache innewohnt.*
Heiz|kraft|werk, das: *Kraftwerk, aus dessen Abdampf die Wärme zur Deckung des industriellen od. privaten Wärmebedarfs gewonnen wird.*
Heiz|lei|ter, der (Elektrot.): *elektrischer Leiter [zur Wärmeerzeugung] mit hohem elektrischem Widerstand.*
Heiz|lüf|ter, der: *elektrisch betriebenes Heizgerät, dessen Wärme durch einen Ventilator in den Raum geblasen wird.*
Heiz|ma|te|ri|al, das: *zum Heizen verwendetes Material* (z. B. Kohle, Koks, Holz, Öl).
Heiz|mat|te, die: *Heizdecke.*
Heiz|ofen, der: *transportabler, elektrisch od. mit Gas beheizter Ofen.*
Heiz|öl, das: *bei der Aufbereitung von Erdöl anfallender flüssiger Brennstoff, der als Heizmaterial dient:* leichtes *(dünnflüssiges)* H. für die Haushaltungen, schweres *(zähflüssiges)* H. für die Industrie.
Heiz|pe|ri|o|de, die: *Periode des Jahres, während der geheizt werden muss:* Der Mieter kann grundsätzlich nicht verlangen, dass außerhalb der H. geheizt wird (MM 12./13. 8. 67, 36).
Heiz|plat|te, die: **1.** *elektrisch beheizte Kochplatte.* **2.** *elektrisch beheizte Platte zum Warmhalten von Speisen.*
Heiz|raum, der: vgl. Heizungskeller.
Heiz|rohr, das: *Rohr einer Heizungsanlage, durch das das erwärmte Wasser, der Dampf o. Ä. geleitet wird.*
Heiz|schlan|ge, die: *Heizgerät mit schlangenförmig gebogenen Rohren.*
Heiz|son|ne, die: *transportables elektrisches Heizgerät, in dem die von glühenden Drähten erzeugte Wärme über einen reflektierenden Schirm in eine bestimmte Richtung ausgestrahlt wird.*
Heiz|spi|ra|le, die: *durch elektrischen Strom zum Glühen gebrachte Spirale in einem Heizgerät.*
Heiz|stoff, der: *Heizmaterial.*
Heiz|strah|ler, der: *elektrisches Heizgerät, bei dem die von glühenden Drähten erzeugte Wärme in den Raum reflektiert wird.*
Heiz|strom, der: *ein Heizgerät o. Ä. speisender elektrischer Strom.*
Heiz|tech|nik, die: *Heizungstechnik.*
Hei|zung, die; -, -en: **1. a)** *Einrichtung, Anlage zum Beheizen von Räumen, Gebäuden o. Ä.; Zentralheizung:* eine elektrische H.; die H. ist an-, abgestellt; die H. ein-, abschalten; die H. bedienen, warten; **b)** (ugs.) *Heizkörper:* Waschlappen zum Trocknen auf die H. legen. **2.** ⟨o. Pl.⟩ *das Heizen:* Miete mit H.
Hei|zungs|an|la|ge, die: *Heizanlage.*
Hei|zungs|bau, der ⟨o. Pl.⟩: *Bau* (1) *von Heizanlagen.*
Hei|zungs|bau|er, der; -s, -: *Installateur, der im Heizungsbau arbeitet* (Berufsbez.).
Hei|zungs|bau|e|rin, die; -, -nen: w. Form zu ↑Heizungsbauer.
Hei|zungs|kel|ler, der: *Kellerraum, in dem sich die Heizanlage befindet.*
Hei|zungs|mon|teur, der: *jmd., der Heizungsanlagen installiert u. wartet* (Berufsbez.).
Hei|zungs|mon|teu|rin, die: w. Form zu ↑Heizungsmonteur.
Hei|zungs|rohr, das: *Heizrohr:* -e verlegen.
Hei|zungs|tank, der: *Tank für die Aufnahme von flüssigen od. gasförmigen Brennstoffen.*
Hei|zungs|tech|nik, die: *Teilgebiet der Technik, das sich mit dem Bau von Heizungsanlagen beschäftigt.*
Heiz|vor|rich|tung, die: *Vorrichtung zum Heizen.*
Heiz|werk, das: *Fernheizwerk.*
Heiz|wert, der: *Wärmemenge, die bei der Verbrennung eines Brennstoffes frei wird:* der H. von Braunkohle beträgt 2 000 kcal.
Heiz|zeit, die: vgl. Heizperiode.
He|ka|te (griech. Myth.): Göttin der Nacht u. der Unterwelt.
He|ka|tom|be, die; -, -n [lat. hecatombe < griech. hekatómbē = kultisches Opfer von 100 Stieren, zu: hekatón = hundert u. boûs = Stier] (bildungsspr.): *einem unheilvollen Ereignis o. Ä. zum Opfer gefallene, erschütternd große Zahl von Menschen:* dem Erdbeben fielen -n von Menschen zum Opfer.
hekt-, Hekt-: ↑hekto-, Hekto-.
Hek|tar [auch: -ˈ-], das, auch, schweiz. nur: der; -s, -e ⟨aber: 10 -⟩ [frz. hectare = 100 Ar, aus ↑Hekt- u. ↑[1]Ar]: *Flächenmaß (bes. landwirtschaftlich genutzter Bodenflächen) von 100 Ar:* 6 H. Ackerboden; Das Anwesen umfasst etwa dreihundert H. besten Wald-, Acker- und Weidegeländes (Fr. Wolf, Menetekel 43); Zeichen: ha.
Hek|tare, die; -, -n (schweiz.): *Hektar:* Der schweizerischen Landwirtschaft steht gegenwärtig eine Nutzfläche von rund 1,08 Millionen -n zur Verfügung (NZZ 13. 10. 84, 27); Außerhalb des eigentlichen Heimareals ein paar -n Land, das vor wenigen Jahren ... erworben werden konnte (Ziegler, Gesellschaftsspiele 11).
Hek|tar|er|trag, der ⟨meist Pl.⟩ (Landw.): *Ertrag pro Hektar:* Höhere Hektarerträge in den Teichen sowie geeigneten Seen ohne zusätzlichen Einsatz von Futter sollen erreicht werden (Demokrat 19. 8. 82, o. S.).
Hek|tik, die; - [zu ↑hektisch]: *übersteigerte Betriebsamkeit, fieberhafte Eile, Hast, mit der jmd. etw. tut, mit der etw. geschieht, abläuft:* die H. des modernen Lebens, des Großstadtverkehrs; in der H. *(vor lauter Eile)* etw. vergessen; H. verbreiten; Nur keine H.!; Wo man hinsah, herrschte H. (Süskind, Parfum 74); Turnschuhe sind das Beste. Besonders mittwochs, wenn alle auf einmal kommen und die H. ausbricht (Hamburger Rundschau 11. 8. 83, 3); ... als viel später Walter Müller bös gefoult wurde. Doch da war bereits die H. im Spiel (Saarbr. Zeitung 4. 12. 79, 7); Das Geschäft sei lebhaft, wenn auch nicht mit der H. am internationalen Markt zu vergleichen (Saarbr. Zeitung 4. 10. 79, 17).
Hek|ti|ker, der; -s, -: **1.** (ugs.) *jmd., der hektisch* (1) *ist:* der H. macht mich ganz krank; Der H. Otto hat keine Erziehung (Spiegel 29, 1985, 133). **2.** (veraltet) *Schwindsüchtiger.*
Hek|ti|ke|rin, die; -, -nen: w. Form zu ↑Hektiker.
hek|tisch ⟨Adj.⟩ [2: mlat. hecticus = an chronischer Brustkrankheit leidend, schwindsüchtig < griech. hektikós = den Zustand, die Körperbeschaffenheit betreffend; chronisch (bes. von Fieber)]: **1.** *von Unruhe, Nervosität u. Hast gekennzeichnet; von einer übersteigerten Betriebsamkeit erfüllt; fieberhaft, aufgeregt:* eine -e Atmosphäre, Eile; eine -e Jagd nach dem Geld; -es Getriebe; die entfesselte Konkurrenz führt zwangsläufig zu einer -en Nachfrage nach allem Neuen (Gruhl, Planet 249); der Beginn des Winterschlussverkaufs war h.; der Tag war h. gewesen; h. hin und her laufen; sie fuhr mit den Armen h. in der Luft herum (Kronauer, Bogenschütze 102); Nach dem großen Sieg ... begann sich unser kleines Land h. zu entwickeln (Hilsenrath, Nazi 383); Das Lokal, in dessen Innerem sich einige Jugendliche an h. flackernden Spielautomaten zu schaffen machten (Fest, Im Gegenlicht 149); Ü eine Persönlichkeit, frappant durch die -e *(eine unruhige Wirkung verbreitende)* Auffälligkeit ihrer Kleidung (Thieß, Legende 161). **2. a)** (Med. veraltend): *in Begleitung der Lungentuberkulose auftretend:* -es Fieber; eine -e Röte *(fleckigblaurote Gesichtsfarbe bei schwerer Lungentuberkulose);* Ü Und Joschka Fi-

schers Gefolgsleute – den Machtwechsel 1998 starr im Blick – offenbaren sich als grüne Chamäleons mit h. aufblühendem Rot-Anteil. (Woche 21. 3. 97, 1); Bier oder Wein hatte diese Gesichter h. gerötet (Thieß, Frühling 33); ◆ **b)** *schwindsüchtig:* ... die wie alte -e Leute immer fallen zu wollen schienen (Droste-Hülshoff, Judenbuche 63).

hek|to-, Hek|to-, (vor Vokalen:) hekt-, Hekt- [frz. hect(o)-, zu griech. hekatón = hundert] ⟨Best. in Zus. mit der Bed.⟩: *hundertfach, vielfach* (z. B. Hektoliter, Hektar).

Hek|to|graf usw. ↑Hektograph usw.

Hek|to|gramm, das; -[e]s, -e ⟨aber: 5 -⟩ [frz. hectogramme, aus: hecto- (↑hekto-, Hekto-) u. gramme, ↑Gramm]: *Maßeinheit von 100 Gramm;* Zeichen: hg.

Hek|to|graph, (auch:) Hek|to|graf, der; -en, -en [eigtl. = Hundertschreiber, zu griech. gráphein = schreiben] (veraltend): *Apparat zum Vervielfältigen von Schriftstücken u. Zeichnungen, bei dem das mit Anilintinte beschriebene Original auf eine mit Gelatine beschichtete Druckplatte übertragen wird, von der eine größere Anzahl von Abzügen abgenommen werden kann.*

Hek|to|gra|phie, (auch:) **Hek|to|gra|fie,** die; -, -n: **1.** ⟨o. Pl.⟩ (veraltend) *Verfahren, mithilfe des Hektographen Vervielfältigungen herzustellen.* **2.** *mithilfe eines Hektographen hergestellte Vervielfältigung.*

hek|to|gra|phie|ren, (auch:) hek|to|gra|fie|ren ⟨sw. V.; hat⟩: *[mithilfe eines Hektographen] vervielfältigen:* Flugblätter, ein Rundschreiben h.; In einer ... hektographierten und noch vor der Verteilung beschlagnahmten Kampfschrift ... (Ransmayr, Welt 128).

Hek|to|li|ter [auch: ...'lıtɐ, '- - - -], der (schweiz. nur so) od. das; -s, - [frz. hectolitre]: *Maßeinheit von 100 Litern;* Zeichen: hl.

Hek|to|me|ter [auch: '- - - -], der (schweiz. nur so) od. das; -s, - [frz. hectomètre]: *Maßeinheit von 100 Metern;* Zeichen: hm.

Hek|to|pas|cal [auch: '----], das; -s, -: *Maßeinheit von 100 Pascal;* Zeichen: hPa

Hek|tor: 1. (griech. Myth.) trojanischer Held. **2.** [nach dem häufig gebrauchten Hundenamen Hektor]: in der Wendung **rangehen wie H. an die Buletten** (landsch. salopp: *ein Vorhaben tatkräftig anpacken, zielstrebig durchführen*).

Hek|to|ster [auch: '- - -], der; -s, -e u. -s ⟨aber: 3 -⟩ [frz. hectostère, zu: hecto- (↑hekt-, Hekt-) u. stère, ↑Ster]: *(bes. für Holz gebrauchtes) Hohlmaß, Raummaß von 100 Kubikmetern;* Zeichen: hs.

Hek|to|watt [auch: '- - -], das; -s, -: *Maßeinheit von 100 Watt.*

He|ku|ba: in der Wendung **jmdm. H. sein/werden** (bildungsspr. selten; *gleichgültig sein/werden; jmdn. nicht [mehr] interessieren;* nach Shakespeares »Hamlet«, in dem auf die Stelle bei Homer angespielt wird, wo Hektor zu seiner Gattin Andromache sagt, ihn bekümmere das Leid seiner Mutter Hekuba weniger als das ihre): zu vieles wird zu umständlich angepackt, anderes zu penetrant auf dem Silbertablett gereicht; Lotte wird einem bald H. (Spiegel 45, 1975, 175).

Hel, die; - ⟨meist o. Art.⟩ [wahrsch. »die Bergende«, verw. mit ↑hehlen] (germ. Myth.): **1.** Totenreich, in dem alle auf dem Land Gestorbenen ihre Wohnstätte haben. **2.** Göttin der Hel (1).

He|lan|ca®, das; - [Kunstwort]: *hochelastisches Kräuselgarn aus Nylon.*

hel|lau ⟨Interj.⟩ (Karnevalsruf, bes. in Mainz): *hoch!, hurra!:* h. rufen; ⟨subst.:⟩ die fröhlichen »Helaus« der Karnevalisten waren überall in den Straßen zu hören.

◆ **Hel|bar|te,** die; -, -n: *Hellebarde:* an einer von Rost zerfressenen H. (Keller, Romeo 37).

Held, der; -en, -en [1: mhd. helt, H. u.; 3: wohl nach engl. hero (< lat. heros, ↑Heros)]: **1. a)** (Myth.) *durch große u. kühne Taten bes. in Kampf u. Krieg sich auszeichnender Mann edler Abkunft (um den Mythen u. Sagen entstanden sind):* die -en des klassischen Altertums, der germanischen Sage; **b)** *jmd., der sich mit Unerschrockenheit u. Mut einer schweren Aufgabe stellt, eine ungewöhnliche Tat vollbringt, die ihm Bewunderung einträgt:* H. in der 500-er Klasse war der ... Franzose Christian Saron (Yamaha): Der Viertelliter-Weltmeister kämpfte sich vom zehnten Startplatz bravourös nach vorn (Bremer Nachrichten 20. 5. 85, 22); die von den schweren Bergungsarbeiten Heimkehrenden wurden als -en gefeiert; Der Straßenrennsport ist nicht zuletzt eine Bühne für die ganz großen -en; jene unvergessenen ... Anquetil, Altig, Wolfshohl, Junkermann, Merckx (Saarbr. Zeitung 27. 6. 80, I); **c)** *jmd., der sich durch außergewöhnliche Tapferkeit im Krieg auszeichnet u. durch sein Verhalten zum Vorbild [gemacht] wird:* ein großer, tapferer H.; da wollte ich mal so ein H. werden wie der alte Blücher (Borkowski, Wer 44); namenlose -en des Weltkriegs; unsere gefallenen -en (in pathetischer Redeweise; *die gefallenen Soldaten*); Ich bin kein H., ich bin Geschäftsmann (Kirst, 08/15, 847); aus den Gefallenen machten sie -en; (abwertend:) er spielt sich gerne als H./(veraltet:) als -en auf; du bist mir [ja] ein [rechter/netter/schöner] H.! (scherzh. od. iron.; *was du da gemacht, was du dir da geleistet hast, ist nicht besonders rühmlich*); ihr seid mir zwei [traurige] -en!; (scherzh. od. spött.:) na, ihr -en, was habt ihr denn da angestellt?; spiel doch nicht immer den -en! *(tu doch nicht so, als könnte dich nichts verletzen!);* R die -en sind müde [geworden] (*scherzhafte od. spöttische Feststellung in Bezug auf eine Gruppe od. einen Einzelnen, der bei seiner Tätigkeit an einem Punkt angelangt ist, an dem sein Elan nachlässt, er zurücksteckt, an dem Resignation in ihm Platz greift o. Ä.;* nach dem ins Deutsche übertragenen Titel des französischen Films »Les héros sont fatigués«, 1955); ***kein H. in etw. sein** (ugs. scherzh. od. spött.; *[bes. in Bezug auf die Begabung eines Schülers für ein bestimmtes Fach] nicht bes. gut sein*): in Mathematik ist er kein H., nicht gerade ein H.; **der H. des Tages, des Abends sein** *(aufgrund einer besonderen Tat o. Ä. vorübergehend im Mittelpunkt des Interesses stehen).* **2.** (DDR) *jmd., der auf seinem Gebiet Hervorragendes, gesellschaftlich Bedeutendes leistet:* in Aveiro, wo das 40-jährige ZK-Mitglied José Bernardino, ein anderer H. des Widerstandes, die Organisation führt (horizont 12, 1977, 15); ... den -en von Bratsk, ... den Erbauern des größten Wasserkraftwerkes der Welt (Neues D. 7. 6. 64, 1); ***H. der Arbeit** (DDR; 1. *für hervorragende, der Gesamtheit dienende Leistungen von vorbildlichem Charakter verliehener Ehrentitel.* 2. *Träger[in] des Ehrentitels;* LÜ von russ. Geroj Truda: die junge Laborantin Renate Haucke, H. der Arbeit aus dem Rohrkombinat [Neues D. 20. 5. 76, 1]). **3.** ⟨Pl. selten⟩ *männliche Hauptperson eines literarischen o. ä. Werks:* der naive, tragische H.; Dabei unterläuft ihm nicht der berüchtigte Fehler, dem jugendlichen -en seiner Autobiographie Überlegungen und Erfahrungen zuzuschreiben, die in Wirklichkeit aus späteren Zeitabschnitten stammen (Reich-Ranicki, Th. Mann 233); das Stück hat einen negativen -en (Literaturw.; *eine Hauptperson, die keine heldischen Eigenschaften besitzt, die dem Geschehen passiv gegenübersteht*); dieser Schauspieler spielt heute den jugendlichen -en (veraltet; *die jugendliche Hauptperson* [Rollenfach im Theater]).

Held|bock, der; -[e]s, -böcke [1. Bestandteil nach dem stattlichen Äußeren; 2. Bestandteil vgl. Hausbock]: *großer, in alten Eichen lebender Bockkäfer mit schwärzlich braunen Flügeldecken; Eichenbock.*

Hel|den|ba|ri|ton, der: vgl. Heldentenor.

Hel|den|brust, die (scherzh. od. iron.): *Brust eines Mannes:* komm an meine H.!

Hel|den|dar|stel|ler, der (Theater): *Darsteller im Rollenfach des Helden* (3).

Hel|den|dich|tung, die (Literaturw.) ⟨o. Pl.⟩: *Dichtung, die alte Heldensagen zum Gegenstand hat.*

Hel|den|epos, das (Literaturw.): *epische Dichtung des Mittelalters, die Stoffe u. Gestalten der Heldenlieder aufgreift u. durch breite Schilderung, Einschiebung von Episoden u. Ä. erweitert.*

Hel|den|fach, das ⟨o. Pl.⟩ (Theater): *Rollenfach des Helden* (3).

Hel|den|fried|hof, der: *Soldatenfriedhof.*

Hel|den|ge|denk|tag, der (nationalsoz.): *Gedenktag für die Toten des Ersten u. Zweiten Weltkriegs.*

Hel|den|ge|dicht, das: *Heldenlied.*

Hel|den|ge|sang, der: *Heldenlied.*

Hel|den|ge|stalt, die: *Gestalt* (3 b) *eines Helden* (3).

Hel|den|grab, das: *Soldatengrab.*

Hel|den|grei|fer, der: *Heldenklau.*

hel|den|haft ⟨Adj.⟩: *besonderen Mut, besondere Tapferkeit, Unerschrockenheit, innere Kraft beweisend, zeigend:* ein -er Kampf; ein -er Entschluss; (spött.:) den -en Entschluss fassen, nicht mehr zu rauchen; je mehr du von dieser Tat erzählst, desto weniger lässt sich entscheiden, ob sie ... h. oder feig gewesen ist (Kafka, Schloß 198); Wir werden sie (= die Partisanen) h. und todesmutig bekämpfen (Bieler, Mädchenkrieg 415); Die -e *(mit Entschlossenheit für ihre Ziele kämpfende)* Arbeiterklasse ist dabei, die Planaufgaben ... zu überbieten (Neues D. 8. 11. 76, 5).

Hel|den|hal|tung, die (Joga): *Haltung, bei der man auf der einen Gesäßhälfte sitzt u. das andere Bein über das am Boden liegende Knie derart kreuzt, dass beide Knie fest übereinander liegen, wobei die Hände gefaltet auf das obere Knie gelegt werden.*

Hel|den|kel|ler, der (Soldatenspr.): *Unterstand, Bunker; Luftschutzkeller.*

Hel|den|klau, der (Soldatenspr.): *jmd., der damit beauftragt ist, die mögliche Abkömmlichkeit von Zivilisten u. nicht im Feld stehenden Soldaten für den Waffendienst zu überprüfen, Soldaten für den Frontdienst aufzuspüren:* In diesem Stadium des Krieges waren Kettenhunde und ein Haufen von -s und Kriegsverlängerern schnell dabei, einem ... ein Loch in den Schädel zu pusten (Lentz, Muckefuck 276).

Hel|den|lied, das (Literaturw.): *strophische, im Stabreim abgefasste, episch-balladeske Dichtung (der germanischen Völker des 5. bis 8. Jahrhunderts), deren Stoff der germanischen Heldensage entnommen ist.*

Hel|den|mut, der: *besonderer Mut, besondere Tapferkeit, Unerschrockenheit.*

hel|den|mü|tig ‹Adj.›: *Heldenmut besitzend, beweisend; heldenhaft:* ein -er Einsatz; h. kämpfen, untergehen.

Hel|den|mut|ter, die: **1.** (Theater) *Rollenfach der Mutter eines Helden* (3). **2.** *Mutter, die ein Kind in dem Bewusstsein zur Welt bringt u. aufzieht, dass es zum Helden* (1 c) *[u. zum Heldentod] bestimmt ist:* Die Nazis haben niemals Mutterschaft gefördert, im Gegenteil wollten sie die »reine« H. (Spiegel 27, 1981, 12).

Hel|den|po|se, die (abwertend): *Pose eines Helden.*

Hel|den|rol|le, die (Theater): *Rolle eines Helden* (3) *im Schauspiel, in der Oper.*

Hel|den|sa|ge, die (Literaturw.): *die in den Bereich der Sage gehörende mündliche od. schriftliche Überlieferung aus der heldischen Frühzeit eines Volkes.*

Hel|den|stück, das (meist iron.): *Heldentat:* da hast du dir ja ein H. geleistet *(es war alles andere als rühmlich, was du da gemacht hast).*

Hel|den|tat, die: *heldenhafte Tat:* bei der Bergung der Opfer haben die Helfer eine H., wahre -en vollbracht; während die ganze Nation sich an den -en *(dem tapferen Kampf)* unserer ... Armee begeisterte (K. Mann, Wendepunkt 56); (spött.:) was du dir da geleistet hast, war keine H. *(war nicht sehr rühmlich).*

Hel|den|te|nor, der: **1.** [1]*Tenor* (1), *der für die Rollen von Helden geeignet ist:* jugendlicher H. *(geringere Höhe, dafür aber umso stärkere Durchschlagskraft erfordernder Tenor);* schwerer H. *(Sonorität u. ein Höchstmaß an Klangentfaltung erfordernder Tenor).* **2.** *Sänger mit der Stimmlage des Heldentenors* (1).

Hel|den|tod, der (geh.): *Tod (eines Soldaten) auf dem Schlachtfeld:* Was willst du den Dreck auch noch lesen, diese gemeinen Lügen, die sie allen schreiben? Dass er den H. gestorben ist für seinen Führer und sein Volk? (Fallada, Jeder 10); ihr Sohn hat in Russland den H. gefunden *(er ist dort gefallen).*

Hel|den|tum, das; -s [geb. von Chr. M. Wieland (1733–1813) für Heroismus]: *heldenhafte Denk- u. Handlungsweise, Haltung:* unerschrockenes, aufopferndes, stilles, wahres H.; Schlagzeilen: Ein leuchtendes Beispiel ... Unsagbares H. (pathetisch; *große Tapferkeit)* unserer Soldaten (Plievier, Stalingrad 232); so zog es Ulrich ... zum täglichen H. des Guttuns (Musil, Mann 28).

Hel|den|ver|eh|rung, die: *Verehrung von Helden.*

Hel|den|zeit|al|ter, das: *Heroenzeit.*

Hel|der, der od. das; -s, - [aus dem Niederd., wohl zu (m)niederd. helden = neigen, schräg abhängen, da das Deichvorland sich vom Deichfuß bis zur offenen See hin abflacht; verw. mit ↑Halde]: *uneingedeichtes Marschland.*

Hel|din, die; -, -nen: **1. a)** (geh.) *bes. tapfere, opfermütige Frau, die sich für andere einsetzt, eingesetzt hat:* man musste sie als H. bezeichnen; **b)** weibl. Form zu ↑Held (1 b). **2.** *weibliche Hauptperson eines literarischen Werks:* weil die H. irgendeines Romans, der ihr sehr gefiel, Schauspielerin war (Schwarzer, Unterschied 54).

hel|disch ‹Adj.› (geh.): **1.** *den od. die Helden* (1 a) *betreffend:* die -e Frühzeit eines Volkes. **2.** *heldenhaft:* seine hohen Türme sind ... erstarrte Mahnmale eines -en Protestantismus (Koeppen, Rußland 68).

Held|speer, der; -[e]s, -e [nach dem amerik. Leichtathleten F. Held (* 1927), der den Speer zusammen mit seinem Bruder entwickelte] (Leichtathletik): *Wurfspeer aus Holz mit starkem Schaft u. leichter, kurzer Spitze:* -e zeichnen sich durch eine stabilere Fluglage aus.

Hel|fe, die; -, -n [zu ↑helfen] (Weberei): *feines, in der Mitte mit einer Öse versehenes Drähtchen aus Stahl zum Durchziehen der Kettfäden am Webstuhl.*

hel|fen ‹st. V.; hat› [mhd. helfen, ahd. helfan; H. u.]: **1.** *jmdm. durch tatkräftiges Eingreifen, durch Handreichungen od. körperliche Hilfestellung, durch irgendwelche Mittel od. den Einsatz seiner Persönlichkeit ermöglichen, [schneller u. leichter] ein bestimmtes Ziel zu erreichen; jmdm. bei etw. behilflich sein, Hilfe leisten:* [jmdm.] bereitwillig, tüchtig h.; kann ich dir h.?; er dankte allen, die [ihm] geholfen hatten *(die ihm beigesprungen waren);* jmdm. finanziell h. *(jmdn. finanziell unterstützen);* [jmdm.] auf dem Feld, bei/(schweiz.:) an der Arbeit, im Haushalt h.; sie hat mir in einer schwierigen Situation mit ihrem Rat geholfen *(beigestanden);* er hilft ihm aufräumen; Helfen Sie Ihr Land befreien (Hilsenrath, Nazi 211); sie half ihm, das Gepäck zu verstauen; Er half ihr, den Tisch zu decken (Wellershoff, Körper 136); sie hat ihm suchen h./geholfen; sie hat ihm beim Suchen geholfen; er tat, als hülfe/(selten:) hälfe er ihr gern; jmdm. in den Mantel, über die Straße h. *(beim Anziehen des Mantels, Überqueren der Straße behilflich sein);* den Armen h. *(sie unterstützen, ihre Not lindern);* dieser Arzt hat mir geholfen (ugs.; *hat mir zur Wiederherstellung meiner Gesundheit, zur nachhaltigen Besserung meines Leidens verholfen*); jmdm. ist nicht zu h. *(bei jmdm. ist alle Hilfe, sind alle guten Ratschläge zwecklos, vergebens);* jmdm. ist nicht mehr zu h. *(jmd. ist aufgrund seiner schweren Krankheit, seiner schweren Verletzungen nicht mehr zu retten);* ich wusste mir nicht [mehr] zu h. *(sah, fand keinen Ausweg [mehr] aus der für mich schwierigen Situation);* er weiß sich immer zu h.; R ich kann mir nicht h., [aber] ... *(ich kann nicht anders [als in der folgenden Weise denken, urteilen, empfinden]):* Ich kann mir nicht h., Trudel, wenn ich mir das so vorstelle, wie ich in der Fabrik herumschleiche ..., es passt nicht zu mir (Fallada, Jeder 311); ich werde, will dir h./dir werde, will ich h.! (ugs. als Drohung in Bezug auf ein bestimmtes unerwünschtes Tun bes. von Kindern; *wehe, du tust das [noch einmal]!*); ◆ ‹mit Akk.-Obj.:› Lieber Pappe, ich helfe dich (Goethe, Künstlers Erdenwallen 1); Und was hilft's Ihn, Herr Wirt (Lessing, Minna I, 2). **2.** *im Hinblick auf die Erreichung eines angestrebten Zieles förderlich sein, die Durchführung einer bestimmten Absicht o. Ä. erleichtern; nützen:* seine Flinte würde ihm h., sich zu nähren (Gaiser, Jagd 70); die Zeit wird dir h., den Schmerz, den Verlust zu überwinden; da hilft kein Jammern und kein Klagen; mit dieser Feststellung ist uns nicht, wenig geholfen; Zur Urteilsfindung half das nicht (Delius, Siemens-Welt 112); dieses Medikament, die Kur hat ihr geholfen; Wenig später half nur noch das Morphium (Reich-Ranicki, Th. Mann 219); das Mittel hilft bei/gegen Kopfschmerzen *(bewirkt eine Linderung, Beseitigung der Kopfschmerzen);* ‹unpers.:› es hat uns viel, kaum geholfen, dass ...; was hilft es dir, wenn ...; was hilfts, wir können ja doch nichts daran ändern; es hilft nichts *(es gibt keinen anderen Weg),* wir müssen jetzt anfangen.

Hel|fer, der; -s, - [mhd. helfære, ahd. helfāri]: *jmd., der einem anderen bei etw. hilft, ihn bei etw. unterstützt:* ein freiwilliger, ehrenamtlicher, tüchtiger H.; er war für uns ein H. in der Not; Gregor muss H. *(Mittäter)* und Mitwisser gehabt haben (Fallada, Herr 207); sie hat an ihm einen verlässlichen H. *(Mitarbeiter, eine Stütze bei der Arbeit);* er ist H. in Steuersachen (veraltet; *Steuerbevollmächtigter*); Ü die Waschmaschine ist ein unentbehrlicher H. im Haushalt.

Hel|fer|griff, der (Turnen): *beim Helfen u. Sichern angewendeter Handgriff:* die am häufigsten gebrauchten -e sind Stütz- und Drehgriff.

Hel|fe|rin, die; -, -nen [mhd. helfærinne]: w. Form zu ↑Helfer.
Hel|fers|hel|fer, der [spätmhd. helffershelffer, urspr. = Mithelfer im Streit, Kampfgenosse] (abwertend): *jmd., der einem andern bei der Ausführung einer unrechten Tat hilft; Mittäter, Komplize; Spießgeselle:* Die Polizei gibt vor, nach Banditen und ihren -n zu suchen (Chotjewitz, Friede 186).
Hel|fers|hel|fe|rin, die (abwertend): w. Form zu ↑Helfershelfer.
Hel|fer|syn|drom, das (Psych.): *auf der Unfähigkeit, seine Bedürfnisse zu äußern, beruhende psychische Störung, die sich in einem übertriebenen Bedürfnis zu helfen zeigt.*
helf|gott ‹Interj.› (südd., österr. veraltend): Ausruf, Wunsch, wenn jmd. geniest hat.
Hel|ge, die; -, -n, [1]**Hel|gen,** der; -s, - [aus dem Niederd. < mniederd. helgen, Nebenf. von: hellinge, ↑Helling]: *Helling.*
[2]**Hel|gen,** der; -s, - [zu ↑heilig, da diese Bilder urspr. als Buchzeichen zu verwendende Heiligenbilder waren] (schweiz. mundartl., meist abwertend): *kleines Bild, kleine Fotografie:* Verschiedene H., solche mit rosa ... Sonnenuntergang, waren am Dienstagmittag zwar noch zu haben, ... (Vaterland 27. 3. 85, 17).
Hel|gen|buch, das (schweiz. mundartl.): *Bilderbuch.*
Hel|go|land; -s: Felseninsel in der Deutschen Bucht.
[1]**Hel|go|län|der,** der; -s, -: Ew.
[2]**Hel|go|län|der** ‹indekl. Adj.›.
Hel|go|län|de|rin, die; -, -nen: w. Form zu ↑[1]Helgoländer.
hel|go|län|disch ‹Adj.›.
he|li|a|kisch ‹Adj.› [zu griech. hēliakós = die Sonne betreffend, zur Sonne gehörend, zu: hḗlios = Sonne]: *auf die Sonne bezüglich:* -er Auf- und Untergang *(Erscheinen u. Verschwinden bes. der sonnennahen Gestirne am Horizont bei Untergang bzw. Aufgang der Sonne).*
He|li|an|the|mum, das; -s, ...themen [zu griech. hḗlios = Sonne u. ánthemon = Blume] (Bot.): *Sonnenröschen.*
He|li|an|thus, der; -, ...then [zu lat. helianthes < griech. hēlianthés = Pflanzenname, zu: hḗlios = Sonne u. ánthos = Blume] (Bot.): *Sonnenblume.*
He|li|kes ‹Pl.› [lat. helices < griech. hélikes, zu: hélix, ↑Helikon] (Kunstwiss.): *(am korinthischen Kapitell) die aus dem Blattkorb aufsteigenden Volutenstängel.*
[1]**He|li|kon,** das; -s, -s [zu griech. hélix, ↑Helix]: *runde Basstuba (bes. in der Militärmusik verwendet).*
[2]**He|li|kon,** der; -[s]: Gebirge in Böotien.
He|li|kop|ter, der; -s, - [engl. helicopter < frz. hélicoptère, zu griech. hélix (↑Helix) u. pterón = Flügel]: *Hubschrauber.*
he|lio-, He|lio- [zu griech. hḗlios = Sonne] ‹Best. von Zus. mit der Bed.›: *sonnen-, Sonnen-* (z. B. heliozentrisch, Heliogravüre).
He|lio|bio|lo|gie, die: *Teilgebiet der Biologie, das sich mit dem Einfluss der Sonne auf die Biosphäre befasst.*
he|lio|bio|lo|gisch ‹Adj.›: *die Heliobiologie betreffend, auf ihr beruhend.*
He|lio|dor, der; -s, -e [zu griech. dō̃ron = Geschenk, also eigtl. = Geschenk der Sonne]: *(aus Südwestafrika stammender) Goldberyll von gelber bis gelblich grüner Farbe.*
He|lio|graf usw. ↑Heliograph usw.
He|lio|graph, (auch:) **He|lio|graf,** der; -en, -en [↑-graph]: **1.** (Astron.) *astronomisches Fernrohr mit fotografischem Gerät für Aufnahmen von der Sonne.* **2.** (Nachrichtent.) *Gerät für die Nachrichtenübermittlung durch Blinkzeichen mithilfe des Sonnenlichts.*
He|lio|gra|phie, (auch:) **He|lio|gra|fie,** die; - [↑-graphie]: **1.** (Druckw.) *älteres Druckverfahren, das sich zur Herstellung von Druckplatten für den Tiefdruck der Fotografie bedient.* **2.** (Nachrichtent.) *das Zeichengeben mit dem Heliographen* (2).
he|lio|gra|phisch, (auch:) **he|lio|grafisch** ‹Adj.›: **1.** *den Heliographen betreffend; mithilfe des Heliographen erzeugt.* **2.** *die Heliographie betreffend, auf ihr beruhend.*
He|lio|gra|vü|re, die; -, -n (Druckw.): **1.** ‹o. Pl.› *älteres Verfahren zur Herstellung von Ätzungen auf Kupferplatten für den Tiefdruck mithilfe der Fotografie.* **2.** *mit dem Verfahren der Heliogravüre hergestellter Druck.*
He|lio|me|ter, das; -s, -: *spezielles Fernrohr zur Bestimmung kleiner Winkel zwischen zwei Gestirnen.*
he|lio|phil ‹Adj.› [zu griech. phileĩn = lieben] (Biol.): *(von Tieren od. Pflanzen) sonnige Standorte, Lebensräume liebend.*
he|lio|phob ‹Adj.› [zu griech. phobeĩn = fürchten] (Biol.): *(von Tieren od. Pflanzen) sonnige Standorte, Lebensräume meidend.*
He|li|os (griech. Myth.): Sonnengott.
He|lio|sis, die; - (Med.): **1.** *Sonnenstich.* **2.** *Hitzschlag.*
He|lio|skop, das; -s, -e [zu griech. skopeĩn = beschauen] (Astron.): *die Intensität der Strahlen abschwächendes Gerät zur direkten Beobachtung der Sonne.*
He|lio|stat, der; -[e]s u. -en, -en [zu griech. statós = gestellt, stehend] (Astron.): *Instrument zur Sonnenbeobachtung, das dem Sonnenlicht stets die gleiche Richtung gibt.*
He|lio|the|ra|pie, die; - (Med.): *Heilbehandlung mit Sonnenlicht u. -wärme.*
he|lio|trop ‹Adj.› [zu ↑[1]Heliotrop]: **1.** *von der Farbe der Blüten des* [1]*Heliotrops* (1). **2.** ↑heliotropisch.
[1]**He|lio|trop,** das; -s, -e [1: lat. heliotropium < griech. hēliotrópion, eigtl. = was sich zur Sonne hinwendet]: **1.** *(in zahlreichen Arten vorkommende) krautige od. als Halbstrauch wachsende Pflanze mit kleinen, bläulich violetten, nach Vanille duftenden Blüten; Sonnenwende.* **2.** ‹o. Pl.› *blauviolette Farbe (nach den Blüten des* [1]*Heliotrops* 1). **3.** (früher) *mit zwei Spiegeln versehenes Gerät zum Sichtbarmachen von Geländepunkten bei der Erdvermessung.*
[2]**He|lio|trop,** der; -s, -e [zu ↑[1]Heliotrop, weil er nach alter Vorstellung das Sonnenlicht blutrot zurückwirft]: *dunkelgrüner Edelstein mit blutroten Einsprengseln von Jaspis.*
He|lio|tro|pin, das; -s [der Duft ähnelt dem des [1]Heliotrops (1)]: *farblose, süßlich vanilleartig riechende, kristalline Substanz, die zur Duftstoff- u. Seifenherstellung verwendet wird.*
he|lio|tro|pisch ‹Adj.› (Bot. veraltet): *phototropisch.*
He|lio|tro|pis|mus, der; - (Bot. veraltet): *Phototropismus.*
he|lio|zen|trisch ‹Adj.› (Astron.): *auf die Sonne als Mittelpunkt der Welt bezogen:* -es Weltsystem *(von Kopernikus entdecktes u. aufgestelltes Planetensystem mit der Sonne als Weltmittelpunkt).*
He|lio|zo|on, das; -s, ...zoen ‹meist Pl.› [zu griech. zō̃on = Tier, Lebewesen] (Zool.): *Sonnentierchen.*
He|li|port, der; -s, -s [engl. heliport, Kurzwort aus helicopter (↑Helikopter) u. airport (↑Airport)]: *Landeplatz für Hubschrauber.*
he|lisch ‹Adj.›: *heliakisch.*
He|li|ski|ing [...ski:ɪŋ], das; -[s] [Kurzwort aus engl. helicopter (↑Helikopter) u. skiing = Skilaufen]: *das Abfahren von einem Berggipfel, zu dem der Skiläufer mit einem Hubschrauber gebracht worden ist:* die Diskussion ums H. ... Diese lärmende Aufstiegshilfe hatte in den fünfziger Jahren in der Schweiz begonnen (Spiegel 17, 1977, 239).
He|li|um, das; -s [engl. helium, gelehrte Bildung des 19. Jh.s der brit. Wissenschaftler J. N. Lockyer (1836–1920) u. E. Frankland (1825–1899); zu griech. hḗlios = Sonne]: *bes. zum Füllen von Ballons, Thermometern u. Lampen verwendetes, farbloses Edelgas mit großer Wärmeleitfähigkeit (chemisches Element);* Zeichen: He
He|lix, die; -, Helices [...tse:s; griech. hélix = Windung, Spirale]: **1.** (Anat.) *äußerer Rand der Ohrmuschel beim Menschen.* **2.** (Chemie): *wendelförmige Anordnung der Bausteine von Makromolekülen.*
He|li|zi|tät, die; - (Physik): *Maß für die Polarisation* (1 b) *eines Elementarteilchens mit einem bestimmten Spin* (1).
hel|ko|gen ‹Adj.› [zu griech. hélkos = Geschwür u. ↑-gen] (Med.): **a)** *aus einem Geschwür entstanden;* **b)** *zu einem Geschwür führend.*
Hel|ko|ma, das; -[s], -ta [zu griech. hélkos = Geschwür] (Med. selten): *Ulkus.*
Hel|ko|se, die; -, -n (Med. selten): *Ulzeration.*
hell ‹Adj.› [mhd. hel = glänzend; tönend, ahd. -hel (in Zus.) = tönend, verw. mit ↑Hall, urspr. nur auf akustische Sinneseindrücke bezogen]: **1. a)** *von Tageslicht od. künstlichem Licht erfüllt; mit viel Helligkeit:* ein -es Treppenhaus, Zimmer; die Räume, Flure sind h. und freundlich; in dem Raum war es nicht sehr h. *(der Raum war nur schwach erleuchtet);* die Lampen, die hohen Fenster machen das Zimmer sehr h. *(geben ihm viel Licht);* die Fenster waren h. erleuchtet; draußen wird es schon h. *(der Morgen dämmert);* im Sommer ist, bleibt es länger h. *(die Nacht bricht später an);*

die Fenster waren h. erleuchtet; ein h. erleuchteter Saal; Ein h. erleuchteter Linienbus fuhr in der Nacht ... um einen großen Platz herum und verschwand in der Dunkelheit (Handke, Frau 113); **b)** *(in Bezug auf bestimmte atmosphärische Verhältnisse) klar, nicht trüb; von Helligkeit, Sonnenschein erfüllt:* ein -er Tag; -e Mondnächte; -es, klares Wetter; er hatte bis in den -en Morgen *(sehr lange)* geschlafen; nach dem Gewitter wurde der Himmel wieder h. *(klar, wolkenlos);* die Tat geschah am -en Tag[e] (ugs.; *mitten am Tage; vor aller Augen*); Ü eine -ere Zukunft; **c)** *viel Licht ausstrahlend, verbreitend, spendend, reflektierend:* eine -e Glühbirne; -es Licht; ein -er Schein; ein h. leuchtender, h. strahlender Stern; die Lampe ist mir zu h.; der Mond scheint h.; die Flammen lodern h.; h. glänzend, h. scheinend, h. lodernd. **2.** *(von Farben) nicht sehr kräftig, von nicht sehr intensiver Färbung, mit Weiß untermischt:* -e Farben, Tapeten; sie hat sehr -e Haut, -e Augen; ein -es Rot, Blau; Sandfontänen zeichneten sich ... auf dem -en Dunkel des östlichen Himmels ab (Böll, Adam 14); In -en, leichten Sachen sieht sie rundum frisch und niedlich aus (Freizeitmagazin 26, 1978, 31); -e *(blonde)* Haare; -es Bier *(Bier von gelblicher Farbe).* **3.** *(von einer Gehörempfindung) hoch klingend, klar, nicht dumpf:* ein -er Ton, Vokal; ein -es Lachen; das -e Geläute der Glocken; eine -e Stimme; h. klingen, tönen; Ingeborg, die zuweilen, mitten im Flüstern und Tuscheln, h. auflachte (Lentz, Muckefuck 173); ein h. klingender Ton; es gab Frauenröcke, die h. läuteten von den Münzen, mit denen sie benäht waren (Rilke, Brigge 74). **4. a)** *klug, intelligent; von leichter, rascher Auffassungsgabe:* er ist ein -er Junge, ein -er Kopf; sie ist sehr h., -er als die anderen; Hell von Verstand und mit lebhaftem Interesse begabt (R. Walser, Gehülfe 21); **b)** *geistig klar, bei vollem Bewusstsein, davon zeugend:* Geistesgestörte haben zwischendurch oft -e Augenblicke; Fouché ... weiß ... aber auch, dass Napoleon sie (= seine Zornausbrüche) manchmal schauspielerhaft, mit -em Bewusstsein einschaltet (St. Zweig, Fouché 125); die kaum merkliche Erschütterung ... genügte, um ihn h. und wach zu machen (Th. Mann, Zauberberg 863). **5. a)** *in uneingeschränktem Maße vorhanden, sich äußernd; sehr groß; absolut:* das ist ja der -e Wahnsinn, Unverstand!; In ihrer Stimme klang -e Verzweiflung (Danella, Hotel 225); er geriet in -e Wut, Aufregung, Empörung, Begeisterung; an etw., jmdm. seine -e Freude haben; daran wirst du deine -e Freude haben! (iron.; *das wird dir schlecht bekommen, damit wirst du Ärger haben!*); **b)** ‹intensivierend bei Verben u. Adjektiven› *sehr, hellauf:* über diesen Unsinn musste sie h. lachen; h. begeistert sein; Elisabeth von Waldenburg war ... offenbar h. entzückt über den Besuch (Danella, Hotel 333).

Hel|la|di|kum, das; - [zu griech. Hellás (Gen.: Helládos) = Griechenland]: *bronzezeitliche Kultur auf dem griechischen Festland.*

hel|la|disch ‹Adj.›: *das Helladikum betreffend.*

Hel|las, Hellas' (bildungsspr.): Griechenland: Der griechisch-bulgarische Gegensatz ist gerade im Norden von H. ein noch immer zündender Brandstoff in allen politischen Schlammschlachten (Allgemeine Zeitung 4. 6. 85, 3).

hell|auf ‹Adv.›: (in Bezug auf die emotionell-spontane Äußerung einer bestimmten, meist positiven Einstellung zu etw.) *sehr, überaus:* sie war von der Idee h. begeistert; er lachte h., als er davon hörte.

hell|äu|gig ‹Adj.›: *mit hellen Augen.*

hell|blau ‹Adj.›: *von hellem Blau; vgl. blau.*

hell|blond ‹Adj.›: **a)** *von hellem Blond:* -e Haare; **b)** *mit hellblondem Haar:* ein -es Mädchen.

hell|braun ‹Adj.›: *von hellem Braun; vgl. blau.*

hell|dun|kel ‹Adj.› (Malerei, selten): *zwischen Licht u. Schatten spielend; hell mit dunklen Farben wechselnd.*

Hell|dun|kel, das [LÜ von frz. clair-obscur, LÜ von ital. chiaroscuro]: **a)** (Malerei) kurz für ↑Helldunkelmalerei; *Clair-obscur;* **b)** *(bes. in der Malerei) das Zusammenspiel von Licht u. Schatten, von hellen u. dunklen Farben.*

Hell-Dun|kel-Adap|[ta|]ti|on, die (Physiol.): *Anpassung der Lichtempfindlichkeit des Auges an die jeweiligen Lichtverhältnisse.*

Hell|dun|kel|ma|le|rei, die ‹o. Pl.›: *Gestaltungsweise der Malerei, bei der eine Lichtquelle die Farben verschieden hell u. dunkel erscheinen lässt.*

Hell|dun|kel|schnitt, der (Grafik): *durch Verwendung von zwei Druckplatten hergestellter Holzschnitt.*

hel|le ‹Adj.› (landsch., bes. berlin.): *aufgeweckt, gescheit:* nicht sehr h. sein; Die Lehrerin ... lobte ihn, sagte, er sei h., doch etwas ernst (Grass, Blechtrommel 558); aber wir waren h. *(schlau, gewitzt),* stellten uns dumm und versicherten, wir wollten das Tier ja nicht zum Schlachten (Küpper, Simplicius 96); R Mensch, sei h., bleib Junggeselle!

[1]**Hel|le,** die; - [mhd. helle] (geh.): *(bes. auf Atmosphärisches bezogen) Helligkeit, helles Licht:* blendende, flimmernde, gleißende H.; Eine ungewisse, rötliche H. steht am Horizont (Remarque, Westen 47).

[2]**Hel|le,** das; -n, -n ‹aber: 2 -; Dekl. ↑[2]Junge, das› [↑hell]: *[ein Glas] helles Bier:* ein -s, zwei H. bitte!; ein kleines -s trinken; mit den alten Häusern und der alten Kneipe gegenüber, wo wir früher Limo schlauchten und jetzt manchmal ein -s zischen (Loest, Pistole 179).

Hel|le|bar|de, die; -, -n [älter: helle[n]barte < mhd. helmbarte, aus: helm (↑[2]Helm) u. barte, ↑[1]Barte]: *(im späten MA.) Stoß- u. Hiebwaffe, die aus einem langen Stiel mit axtförmiger Klinge u. scharfer Spitze besteht.*

Hel|le|bar|dier, der; -s, -e, **Hel|le|bar|dist,** der; -en, -en: *mit einer Hellebarde bewaffneter Landsknecht.*

Hel|le|gat, Hel|le|gatt, das; -s, -en u. -s [aus dem Niederd., eigtl. = Höllenloch, zu mniederd. hell = Hölle u. gatt, ↑Gatt]: *(auf Schiffen) kleiner, winkliger Raum zur Aufbewahrung von Vorräten, Schiffszubehör u. Ä.*

hel|len, sich ‹sw. V.; hat› [mhd. hellen = aufleuchten, zu ↑hell] (dichter.): *sich erhellen, aufhellen:* ◆ So leuchtet's und schwanket und hellet hinan (Goethe, Faust II, 8476).

Hel|le|ne, der; -n, -n: *Grieche.*

Hel|le|nen|tum, das; -s: *Wesen, Kultur der Hellenen.*

Hel|le|nin, die; -, -nen: w. Form zu ↑Hellene.

hel|le|nisch ‹Adj.› [zu griech. Hellás = Griechenland]: *das antike Griechenland betreffend:* die -e Kultur.

hel|le|ni|sie|ren ‹sw. V.; hat› [griech. hellēnízein]: *nach griechischem Vorbild gestalten; griechische Sprache u. Kultur nachahmen:* Die Einflüsse der antiken Klassik sind in Mittelasien nichts Neues. Das alte Baktrien im Oasengebiet ... war stark hellenisiert (Berger, Augenblick 119).

Hel|le|nis|mus, der; - [1 b: gepr. von dem dt. Historiker J. G. Droysen (1808–1884)]: **1. a)** *Griechentum;* **b)** *nachklassische Kulturepoche von Alexander dem Großen bis zur römischen Kaiserzeit, die durch die wechselseitige Durchdringung griechischer u. orientalischer Kulturelemente gekennzeichnet war.* **2.** *nachklassische griechische Sprache des Hellenismus* (1 b).

Hel|le|nist, der; -en, -en: **1.** *jmd., der sich wissenschaftlich mit dem nachklassischen Griechentum befasst:* Ein General Napoleons, H. aus Passion, begann sofort die Übertragung (Ceram, Götter 107). **2.** *(im N. T.) Griechisch sprechender, zur hellenistischen Kultur neigender Jude der Spätantike.*

Hel|le|nis|tik, die; -: *Wissenschaft, die sich mit der altgriechischen Sprache u. Kultur befasst.*

Hel|le|nis|tin, die; -, -nen: w. Form zu ↑Hellenist (1).

hel|le|nis|tisch ‹Adj.›: *den Hellenismus betreffend, dazu gehörend, darauf beruhend:* -e Kunst; in der -en Zeit.

Hel|le|no|phi|lie, die; - [zu griech. philía = Liebe, Zuneigung]: *Liebe zum Hellenismus; Vorliebe für die hellenistische Kultur.*

Hel|ler, der; -s, - [mhd. heller, haller, gek. aus Haller pfenninc, nach der Reichsstadt Schwäbisch Hall, der ersten Prägestätte]: *(heute nicht mehr gültige) kleine Münze aus Kupfer od. Silber:* ***keinen/nicht einen [roten, lumpigen, blutigen] H. wert sein** (ugs.; *nicht das Geringste, gar nichts wert sein*): der ist auch Doktor, aber der ist keinen roten H. wert, wenn man mal Bauchschmerzen hat. Weil er nämlich Doktor der Volkswirtschaft ist (Kemelman [Übers.], Mittwoch 84); **keinen [roten, lumpigen] H. [mehr] haben, besitzen** (ugs.; *kein Geld [mehr] haben; völlig mittellos dastehen*); **keinen [roten] H. für jmdn., etw. geben** (ugs.; *für jmdn., etwas keine Chance sehen; für jmdn., et-*

was das Schlimmste befürchten); **bis auf den letzten H./auf H. und Pfennig** (ugs.; *[von Geld] vollständig, bis auf den letzten Rest*): er hat das Geld, seine Schulden bis auf den letzten H. zurückgezahlt; Die Rechnung ... stimmt auf H. und Pfennig (*stimmt genau;* Hörzu 18, 1973, 22); dann werden wir abrechnen. Haargenau – auf H. und Pfennig (Kirst, 08/15, 761).

Hel|le|rist|nin|ger ⟨Pl.⟩ [norw. helleristningar, zu: helle = Steinplatte u. riste = ritzen] (Archäol.): *Felsenzeichnungen, -bilder der Jungstein- u. Bronzezeit in Schweden u. Norwegen.*

hell er|leuch|tet: s. hell (1 a).

hel|ler|licht ⟨Adj.⟩ (berlin.): *helllicht:* die ist imstande und baumelt sich am -en Tage ... auf (Fallada, Jeder 385).

Hel|les|pont, der; -[e]s: in der Antike u. im MA. Name der ↑Dardanellen.

hell|far|ben, hell|far|big ⟨Adj.⟩: *von heller Farbe, in hellen Farben gehalten:* -e Kleidung, Schuhe; Kongonis, hellfarbige Kuhantilopen machen uns Platz (Grzimek, Serengeti 57); Nach dem Einbruch flohen die Täter in einem hellfarbenen Mittelklassewagen (NZZ 27. 8. 83, 32).

Hell|gat, Hell|gatt: ↑Hellegat, Hellegatt.

hell|gelb ⟨Adj.⟩: *von hellem Gelb; vgl. blau.*

◆ **hell|ge|stirnt** ⟨Adj.⟩ [zu ↑Gestirn]: *sternhell:* eine jener Frühlingsnächte, die zwar lau genug und h. sind (Heine, Rabbi 457).

hell glän|zend: s. hell (1 c).

hell|grau ⟨Adj.⟩: *von hellem Grau; vgl. blau.*

hell|grün ⟨Adj.⟩: *von hellem Grün; vgl. blau.*

hell|grun|dig ⟨Adj.⟩: *von, mit heller Grundfarbe, hellem Grund:* doch sind auch einige wirkungsvolle -e Dessins zu erwähnen (Herrenjournal 3, 1966, 58).

hell|haa|rig ⟨Adj.⟩: *mit hellen Haaren.*

hell|häu|tig ⟨Adj.⟩: *von heller Hautfarbe:* so erkennen wir wandernde Horden, die in Griechenland einfallen, -e Achäer, aus dem Norden kommend (Ceram, Götter 84).

hell|hö|rig ⟨Adj.⟩: **1.** (veraltet) *mit außerordentlich gutem Gehör ausgestattet:* er ist sehr h.; Ü Bäcker Kofahl kriegte nur selten Mehl. Da musste man h. sein (*musste man aufpassen, dass man es rechtzeitig erfuhr;* Kempowski, Uns 107); * **h. werden** *(stutzig werden und daraufhin weitere Entwicklungen aufmerksam verfolgen):* Politiker begannen h. zu werden (Kirst, 08/15, 954); als die ersten Flüchtlinge das Land verließen, wurde man h.; **jmdn. h. machen** *(jmdn. stutzig machen und dessen Aufmerksamkeit schärfen):* die Vorgänge hatten ihn h. gemacht; Die Diskussionen um die geplanten S-Bahn-Bauten in der Stadt Zürich ... haben mindestens die Stadtzürcher Stimmbürger h. gemacht (NZZ 26. 1. 83, 23). **2.** *(bes. von Räumen, Gebäuden o. Ä.) den Schall leicht durchlassend, schalldurchlässig:* eine -e Wohnung; Die Wände sind sehr h., und überall ... gibt es Schlüssellöcher zum Durchgucken (Imog, Wurliblume 145).

Hell|hö|rig|keit, die: *hellhörige* (2) *Beschaffenheit.*

hellicht: frühere Schreibung für: ↑helllicht

Hel|li|gen: Pl. von ↑Helling.

Hel|lig|keit, die; -, -en [zu ↑hell]: **1.** ⟨o. Pl.⟩ *Zustand des Hellseins* (1); *Lichtfülle:* die H. des Tages; die unnatürliche, künstliche H. eines elektrisch beleuchteten Raumes; ihre Augen gewöhnten sich langsam an die H.; Ein bisschen Sonnenlicht kam in diesem Augenblick durch die Wolken und legte einen schwachen Schimmer gelbe H. ins Zimmer (H. Gerlach, Demission 170). **2. a)** ⟨o. Pl.⟩ *Licht-, Beleuchtungsstärke:* die H. einer Glühbirne; Es muss Anfang der zwanziger Jahre gewesen sein, als die ersten zwei elektrischen Lampen im Schloss H. spendeten (Dönhoff, Ostpreußen 88); wenn das Licht in den Karbidlampen an H. verliert (Kempowski, Zeit 253); **b)** (Astron.) *Leuchtkraft eines Himmelskörpers:* -en bestimmen; ein Stern mit der H. 2,1.

Hel|lig|keits|ab|nah|me, die: *Nachlassen der Helligkeit* (1, 2 a).

Hel|lig|keits|grad, der: *Grad, bestimmte Abstufung der Helligkeit.*

Hel|lig|keits|ka|ta|log, der (Astron.): *Sternkatalog, der für jeden aufgeführten Stern Angaben über die Helligkeit* (2 b) *macht.*

Hel|lig|keits|reg|ler, der (Elektrot.): *Vorrichtung zur stufenlosen Steuerung der Helligkeit* (2 a) *von Glüh- u. Leuchtstofflampen; Dimmer.*

Hel|lig|keits|stu|fe, die: *Stufe, Grad der Helligkeit.*

Hel|lig|keits|zu|nah|me, die: *Zunahme der Helligkeit.*

Hel|ling, die; -, -en u. Helligen, auch: der; -s, -e [aus dem Niederd. < mniederd. hellinge, heldinge = Schräge, Abhang, zu: hellen, helden = abschüssig sein, verw. mit ↑Halde] (Schiffbau): *Bauplatz für den Bau von Schiffen mit einer od. mehreren zum Wasser geneigten Ebenen für den Stapellauf.*

hell klin|gend: s. hell (3).

hell leuch|tend: s. hell (1 c).

hell|licht ⟨Adj.⟩: **a)** (selten) *hell u. licht:* ein -er Raum; in Amsterdam-Zuid, einer der großen modernen, -en Vorstädte (Schnabel, Anne 28); **b)** nur in bestimmten Fügungen: **es ist -er Tag** *(es ist mitten am Tag);* **am/**(selten:) **beim -en Tag** *([in Bezug auf ein Geschehen, eine Handlung] mitten am Tag, wo man es eigentlich nicht erwartet):* das Verbrechen geschah am -en Tag; Jetzt gibt es wieder Bombenangriffe, und zwar am -en Tag! (Borkowski, Wer 70); Ein Traumschreck bei -em Tag (Frisch, Gantenbein 420).

hell|li|la ⟨Adj.⟩: *von hellem Lila; vgl. blau.*

hell lo|dernd: s. hell (1 c).

hell|rot ⟨Adj.⟩: *von hellem Rot; vgl. blau.*

hell|se|hen ⟨nur im Inf. gebr.⟩: *(angeblich) entfernt stattfindende od. zukünftige Ereignisse wahrnehmen, die außerhalb jeder normalen Sinneswahrnehmung liegen:* man sagt, er könne h.; wie soll ich das wissen, ich kann doch nicht h.! (ugs.; *es ist doch unmöglich, das zu wissen!*); du kannst wohl h.? (ugs.; *Gedanken lesen*).

Hell|se|her, der [LÜ von frz. clairvoyant]: *jmd., der hellsehen kann.*

Hell|se|he|rei, die; - (abwertend): *das Hellsehen:* Viele der hier befindlichen Wesen verfügen über Kräfte, die Sie als übernatürlich ansehen würden, wie zum Beispiel Telepathie, H. (Stories 72 [Übers.], 42).

Hell|se|he|rin, die: w. Form zu ↑Hellseher.

hell|se|he|risch ⟨Adj.⟩: *in der Art eines Hellsehers; wie ein Hellseher.*

Hell|sicht, die (geh.): *Hellsichtigkeit.*

hell|sich|tig ⟨Adj.⟩: *scharfsichtig, vorausssehend:* ein -er Leser wird diese Zeilen verstehen; -e Mahner haben schon frühzeitig darauf aufmerksam gemacht.

Hell|sich|tig|keit, die; -: *das Hellsichtigsein.*

hell strah|lend: s. hell (1 c).

Hell|strom, der (Elektrot.): *Strom, der in der Photozelle u. a. bei Beleuchtung fließt.*

◆ **Hel|lung,** die; -, -en: **a)** *helle Stelle:* Bald dünkte es ihnen, eine H. zu bemerken, die stärker wurde, je näher sie kamen (Novalis, Heinrich 79); **b)** *Helligkeit, helles Licht:* wir fanden uns bei allzu großer H. in sehr gedrängter, unbequemer Stellung (Goethe, Faust II, 10079 f.).

hell|wach ⟨Adj.⟩: **a)** *ganz, völlig wach* (1): Obwohl ich ... nicht ausreichend geschlafen hatte, fühlte ich mich h. und übermunter (Simmel, Stoff 601); ich liege ... im Halbschlaf, werde aber plötzlich h. (Normann, Tagebuch 13); Ü vor mir war Gregors Gesicht, das mich mit einem so starken Ausdruck von Hass ansah, dass ich sofort h. wurde (*blitzschnell gespannt aufmerkte wegen der Gefahr, die hier zu drohen schien;* Fallada, Herr 230); **b)** *sehr wach* (2): die Studenten ... als -e Vertreter des neuen Denkens (Kant, Impressum 319).

Hell|wer|den, das; -s: *Anbrechen des Tages; Morgendämmerung:* eine gute Stunde vor dem H. steht es (= das Gnu) auf (Grzimek, Serengeti 202).

[1]**Helm,** der; -[e]s, -e [mhd., ahd. helm, eigtl. = der Verhüllende, Schützende, zu ↑hehlen]: **1.** *zum Schutz im Kampf u. zugleich als Schmuck getragene, den ganzen Kopf bedeckende Haube aus getriebenem Metall als Teil der Rüstung eines Kriegers:* Ritter mit H. und Harnisch. **2. a)** kurz für ↑Stahlhelm: der lehmbeschmierte H. des Verwundeten lag ... still (Wiechert, Jeromin-Kinder 465); **b)** kurz für ↑Schutzhelm: der H. des Grubenarbeiters, Bauarbeiters, des Polizisten, des Feuerwehrmannes; den H. aufsetzen, festschnallen, abnehmen; einen H. tragen; **c)** kurz für ↑Sturzhelm: der H. des Motorradfahrers, des Fahrradfahrers. **3.** (Archit.) *das kegel-, zelt- od. pyramidenförmige Dach eines Turmes; Turmhelm.* **4.** (Technik) *als Abzug dienender Aufsatz (z. B. bei einem Schornstein).*

[2]**Helm,** der; -[e]s, -e [mhd. helm, halm[e] = Axtstiel, verw. mit ↑[1]Holm]: **1.** *Stiel von Werkzeugen zum Hämmern u. Ha-*

cken (z. B. von Axt, Hammer). **2.** (selten) *Pinne* (1).

Helm|busch, der: *Federbusch auf der Spitze des* [1]*Helms* (1).

Helm|dach, das (Archit.): [1]*Helm* (3).

Helm|de|cke, die: *Stoffstück, das urspr. Kopf- u. Nackenteil des Helms gegen die Sonne schützte u. später zum schmückenden Wappenbestandteil wurde.*

Helm|fens|ter, das: *Helmgitter.*

helm|för|mig ⟨Adj.⟩: *in der Form eines* [1]*Helms* (1).

Helm|git|ter, das: *der das Gesicht schützende, gitterartige Teil des mittelalterlichen* [1]*Helmes* (1); *Visier.*

Helm|glo|cke, die: *glockenförmiger Kopfteil des mittelalterlichen* [1]*Helmes* (1).

Hel|min|tha|go|gum, das; -s, ...ga [zu ↑Helminthe u. griech. agōgós = führend, treibend] (Med.): *Mittel gegen Wurmkrankheiten.*

Hel|min|the, die; -, -n ⟨meist Pl.⟩ [griech. hélmi(n)s (Gen.: hélminthos) = (Eingeweide)wurm] (Med.): *Eingeweidewurm.*

Hel|min|thi|a|sis, die; -, ...thiasen (Med.): *Wurmkrankheit.*

Hel|min|tho|lo|gie, die; - [↑-logie] (Med.): *Lehre von den Helminthen.*

Hel|min|tho|se, die; -, -n (Med.): *Helminthiasis.*

Helm|klein|od, das: *Helmzier.*

Helm|kro|ne, die (Heraldik): *Laubkrone, die ursprünglich den* [1]*Helm* (1) *des Königs schmückte u. später in die Wappen des Adels aufgenommen wurde.*

Helm|schau, die: *bei einem mittelalterlichen Turnier vorgenommene Prüfung der Wappen u. Helmzierden, durch die die Teilnahmeberechtigung der Träger festgestellt wurde.*

Helm|schmied, der: *mittelalterlicher Handwerker, der ausschließlich* [1]*Helme* (1) *u. Hauben herstellte.*

Helm|schmuck, der: *Schmuck des* [1]*Helms* (1) (z. B. Federbusch, Flügel).

Helm|spit|ze, die: *oberster Teil des* [1]*Helms* (1), *an dem der Helmschmuck befestigt ist.*

Helm|sturz, der: *Helmgitter.*

Helm|stutz, der: *Helmbusch.*

Helm|zei|chen, das: *Helmzier.*

Helm|zier, die ⟨Pl. -den⟩: *Verzierung des* [1]*Helms* (1) *in Form von Büffelhörnern, Flügeln o. Ä., die in das jeweilige Wappen aufgenommen wurde.*

He|lo|dea: ↑Elodea.

He|lo|des, die; - [zu griech. helṓdēs, ↑Elodea] (Med. selten): *Malaria.*

He|lo|phyt, der; -en, -en [zu griech. hélos = Sumpf u. phytón = Pflanze] (Bot.): *Sumpfpflanze.*

He|lot, der; -en, -en, (seltener:) **He|lo|te,** der; -n, -n [griech. heilṓtēs, H. u.]: *Staatssklave im alten Sparta:* Ü Die Frage, ob die Gesellschaft in arbeitende Vollbürger, erschwingliche Dienstboten und alimentierte -en zerfällt, ist eine Frage, die viele Millionen Einzelne existentiell betrifft (taz 7. 2. 96, 10).

He|lo|ten|tum, das; -s: *Staatssklaverei im alten Sparta:* Ü Der Marsch ins moderne H. wird im Paragraphendschungel des Sozialhilferechts ... und Arbeitsförderungsrechts ... mit stiller bürokratischer Libido vorangebracht. (taz 7. 8. 98, 10).

He|lo|tis|mus, der; - (Biol.): *Symbiose, aus der der eine Partner (Tier od. Pflanze) größeren Nutzen zieht als der andere.*

Hel|sin|ki: Hauptstadt von Finnland.

Hel|ve|ti|en; -s [nlat. Helvetia] (bildungsspr.): Name für ↑Schweiz: Wer gestern bei der Einfahrt in -s heimlicher Hauptstadt ... (Basler Zeitung 27. 8. 80, 1).

Hel|ve|ti|er, der; -s, -: Angehöriger eines keltischen, in das Gebiet der Schweiz eingewanderten Stammes.

Hel|ve|ti|e|rin, die; -, -nen: w. Fom zu ↑Helvetier.

Hel|ve|ti|ka ⟨Pl.⟩ [zu lat. Helveticus = helvetisch, nlat. = schweizerisch] (Buchw.): *Werke über die Schweiz.*

hel|ve|tisch ⟨Adj.⟩.: *schweizerisch:* die Helvetische Republik; Helvetisches Bekenntnis; Abk.: H. B.

Hel|ve|tis|mus, der; -, ...men [zu lat. Helvetius = helvetisch, nlat. = schweizerisch] (Sprachw.): *schweizerische Spracheigentümlichkeit* (z. B. Blocher = Bohnerbesen): » ...bei ein paar Kollegen haben Sie den letzten Zwick an der Geißel.« Ein H. (Muschg, Gegenzauber 200).

hem [həm; hm̩]: ↑hm.

He|man [ˈhiːmɛn], der; -[s], Hemen [...mɛn; engl. he-man, aus: he = männlich; männliches Wesen u. man = Mann]: *besonders männlich u. potent wirkender Mann:* Er wuchs in die Rolle eines routinierten H. hinein, und sie gefiel ihm (Kuby, Rosemarie 25); Die meisten dieser Grobheiten entsprangen der notorischen Hemingway-Pose des hartgesottenen »Heman«, die viel innere Unsicherheit überdeckte (Spiegel 19, 1981, 252).

Hemd, das; -[e]s, -en [mhd. hem(e)de, ahd. hemidi, eigtl. = das Verhüllende, Bedeckende]: **1. a)** *von männlichen Personen als Oberbekleidung getragenes, den Oberkörper bedeckendes Kleidungsstück aus leichtem Stoff, das mit Ärmeln u. einem Kragen versehen ist u. vorne meist durchgeknöpft wird; Oberhemd:* ein bügelfreies, seidenes, gestreiftes, lang-, kurzärmeliges H.; sein H. hing ihm unordentlich aus der Hose und war zerrissen (Kuby, Sieg 259); ein frisches, sauberes, weißes H. anziehen; ein H. ausbessern, waschen, stärken, bügeln; das H. in die Hose stecken; er trug sein H. über der Brust geöffnet; Er knöpft sein ... H. auf, wirft es auf den Boden ..., und ich denke nur daran, dass ich es waschen muss (Schwaiger, Wie kommt 80); das H. wechseln; er wechselt die Meinung, seine Freunde wie das H. (ugs. abwertend; *sehr häufig*); tritt dir nicht aufs H.! (ugs. scherzh.; sagt man, wenn jmd. ein H. anhat, das zu kurz ist); er saß nur im H. *(ohne das zur vollständigen Kleidung gehörende Jackett)* da; die blauen -en (DDR; *Blauhemden* 1) der FDJ; Ich bin aus Wien geflohen vor der Brutalität brauner -en (*der Braunhemden* 2 *der Nazis;* Remarque, Triomphe 300); R das H. ist/liegt mir näher als der Rock (*der eigene Vorteil ist mir wichtiger als der eines anderen;* nach dem Ausspruch »tunica propior pallio est« in der Komödie »Trinummus« [V, 2, 30] des röm. Dichters Plautus, um 250–184 v. Chr.); **b)** *als Unterwäsche getragenes, über die Hüften reichendes, schmal geschnittenes, meist ärmelloses u. mit Trägern versehenes Kleidungsstück; Unterhemd:* nass bis aufs H. *(völlig durchnässt)* sein; R mach dir nicht ins H. (salopp; *stell dich nicht so an*)!; das zieht einem [ja] das H. aus! (ugs.; als Ausdruck unangenehmen Erstaunens; *das ist ja unmöglich, unerträglich!*); ein Schlag, und du stehst im H. [da]! (ugs.; als Drohung); ***halbes H.** (salopp; 1. *jugendlicher Gernegroß.* 2. *schmächtiger Mann*); **kein [ganzes] H. [mehr] auf dem/am Leib haben, tragen** (ugs.; *völlig heruntergekommen u. mittellos sein*); **das letzte/sein letztes H. hergeben; sich** ⟨Dativ⟩ **das letzte/sein letztes H. vom Leib reißen; sich** ⟨Dativ⟩ **bis aufs [letzte] H. ausziehen** (ugs.; *alles, was man besitzt, opfern, hergeben*); **jmdm. das H. über den Kopf ziehen** (ugs.; *jmdm. alles, was er hat, wegnehmen*); **sich** ⟨Dativ⟩ **das H. ausziehen lassen** (ugs.; *sich ausnutzen lassen*); **jmdn. bis aufs H. ausziehen/ausplündern** (ugs.; *jmdm. so gut wie alles wegnehmen, ihn völlig ausplündern;* ursprünglich von Räubern gesagt, die ihren Opfern nur das Hemd auf dem Leib ließen); **alles bis aufs H. verlieren** (ugs.; *nur das Nötigste retten können*); **jmdm. [eine Delle] ins H. treten** (salopp, als Drohung: 1. *jmdn. nachdrücklich zurechtweisen.* 2. *an jmdm., auf den man sehr wütend ist, seine Wut auslassen*). **2.** *(bes. früher) über den Kopf gezogenes, weit geschnittenes, langes Kleidungsstück mit Ärmeln:* Er ... trug ein schwarzes, kasackartiges H. mit einer kleinen Silberspange (Jens, Mann 33).

Hemd|är|mel (österr.): ↑Hemdsärmel: Er warf den Rock ab, krempelte die H. bis an die Achseln auf (Doderer, Wasserfälle 13).

hemd|är|me|lig (österr.): ↑hemdsärmelig.

Hemd|blu|se, die: *Damenbluse, die im Schnitt dem Oberhemd ähnlich ist.*

Hemd|blu|sen|kleid, das: *Kleid, dessen Oberteil wie eine Hemdbluse geschnitten ist.*

Hemd|brust, die: *gestärkter Einsatz im Vorderteil eines Frackhemdes:* Der sah ja wirklich fein aus, beinahe herrschaftlich in seinem dunklen Gehrock, den karierten Hosen und der gestärkten H. (Kühn, Zeit 33).

Hemd|chen, das; -s, -: **1.** *Hemd* (1 b) *für Kinder.* **2.** *Hemd* (1 b) *aus zartem Gewebe für Damen.*

Hem|den|ge|schäft, das: *Fachgeschäft für Herrenoberhemden.*

Hem|den|knopf, der: *Knopf für ein Hemd* (1 a).

Hem|den|kra|gen, der: *Kragen eines Hemdes* (1 b).

Hem|den|matz, der (fam. scherzh.): *kleines Kind, das nur ein Hemdchen anhat.*

Hẹm|den|stoff, der: *Stoff (aus Baumwolle od. Chemiefaser) für Herrenoberhemden.*
Hẹm|den|zip|fel, der: *unterer Teil des [Ober]hemdes, der in der Hose steckt.*
Hẹmd|ho|se, die (veraltend): *Wäschestück für Frauen u. Kinder, bei dem Hemd u. Hose durchgehend aneinander gearbeitet sind.*
◆ **hẹm|dig** ⟨Adj.⟩: (landsch.) *nur mit einem Hemd[chen] bekleidet:* Saß da ein Enkelein mit rot geschlafenen Backen, h. und einen Apfel in der Hand (Mörike, Hutzelmännlein 129).
Hẹmd|ja|cke, die: *Jacke, die in der Art eines Oberhemdes geschnitten ist.*
Hẹmd|kleid, das: *hemdartig geschnittenes, lose herabhängendes, kurzes Kleid; Hänger.*
Hẹmd|knopf: ↑Hemdenknopf.
Hẹmd|kra|gen: ↑Hemdenkragen.
Hẹmds|är|mel, der ⟨meist Pl.⟩: *Ärmel eines Oberhemdes:* die H. aufkrempeln, hochrollen; ***in -n** (ugs.; *ohne Jackett od. Pullover, nur mit Oberhemd bekleidet*): Jakob in -n rauchend lehnte an der offenen Tür (Johnson, Mutmaßungen 62).
hẹmds|är|me|lig ⟨Adj.⟩: **1.** *in Hemdsärmeln:* an der Theke standen -e Männer; die Herren, zu einem Teil bereits h., ... lustwandelten (A. Zweig, Grischa 238). **2.** (ugs.) *betont salopp:* eine -e Art, Redeweise; Mag man auch hier und da Klagen über mangelnde Hygiene hören oder über den -en *(sorglosen)* Umgang der Jugoslawen mit ihrer Bausubstanz (ADAC-Motorwelt 8, 1980, 30); Da dieser Untergrundkampf ... zumeist h. geführt wurde (*nicht mit der nötigen Straffheit;* Spiegel 29, 1966, 21); er ist mir etwas zu h.
Hẹmds|är|me|lig|keit, die; -: *betont saloppe Art:* Hoffa glaubt, dass gerade seine Methode der H. den Erfolg verbürgt (FAZ 23. 9. 61, 7).
Hẹmd|ta|sche, die: *[Brust]tasche an einem Hemd.*
Hẹmd|zip|fel: ↑Hemdenzipfel.
He|me|ra|lo|pie, die; - [zu griech. hēméra = Tag, alaós = blind u. ōps (Gen.: ōpós) = Auge] (Med.): *Nachtblindheit.*
He|me|ro|phyt, der; -en, -en [zu griech. hḗmeros = zahm, veredelt u. phytón = Pflanze] (Bot.): *Pflanze, die nur im menschlichen Kulturbereich richtig gedeiht.*
he|mi-, He|mi- [griech. hēmi-] ⟨Best. in Zus. mit der Bed.⟩: *halb-, Hälfte* (z. B. hemizyklisch, Hemisphäre).
He|mi|al|gie, die; -, -n [zu griech. álgos = Schmerz] (Med.): *Kopfschmerz auf einer Seite des Kopfes; Migräne.*
He|mi|an|äs|the|sie, die; -, -n (Med.): *Unempfindlichkeit der Nerven einer Körperhälfte.*
He|mi|ano|pie, He|mi|anop|sie, die; -, -n [zu griech. a(n)- = nicht, un- u. ōps (Gen.: ōpós) = Auge] (Med.): *Ausfall einer Hälfte des Gesichtsfeldes; Halbseitenblindheit.*
He|mi|ata|xie, die; -, -n [↑Ataxie] (Med.): *Bewegungsstörungen einer Körperhälfte.*
He|mi|atro|phie, die; -, -n [↑Athropie] (Med.): *Schwund von Organen, Geweben u. Zellen der einen Körperhälfte.*
He|mi|edrie, die; - [zu griech. hédron = (Sitz)fläche; Grundlage] (Mineral.): *Auftreten einer Kristallform, bei der nur die Hälfte der möglichen Flächen ausgebildet ist.*
he|mi|ẹdrisch ⟨Adj.⟩ (Mineral.): *(von Kristallen) nur die Hälfte der möglichen Flächen ausgebildet habend.*
He|mi|epes, der; -, - [spätgriech. hēmiepés] (Verslehre): *[unvollständiger] halber Hexameter.*
He|mi|kra|nie, die; -, -n [griech. hēmikranía = Schmerz an einer Kopfhälfte, zu: kránion = Schädel]: *Hemialgie.*
He|mi|me|ta|bo|len ⟨Pl.⟩ (Biol.): *Insekten mit Hemimetabolie.*
He|mi|me|ta|bo|lie, die; - [↑Metabolie] (Biol.): *Verwandlung der Insektenlarve zum fertigen Insekt ohne die sonst übliche Einschaltung eines Puppenstadiums.*
he|mi|mọrph ⟨Adj.⟩ [zu griech. morphḗ = Gestalt] (Mineral.): *(von Kristallen) an zwei entgegengesetzten Enden verschieden ausgebildet.*
He|mi|o|le, die; -, -n [zu griech. hēmíolos = anderthalb] (Musik): **1.** *(in der Mensuralnotation seit dem 15. Jahrhundert) drei durch Schwärzung gekennzeichnete Noten, die für zwei nicht geschwärzte Noten stehen.* **2.** *(in der Musik des 17.–19. Jahrhunderts) das Umschlagen des zweimal dreiteiligen Taktes in den dreimal zweiteiligen Takt.*
He|mi|o|pie, He|mi|op|sie, die; -, -n [zu griech. ōps (Gen.: ōpós) = Auge]: *Hemianopie.*
He|mi|pa|re|se, die; -, -n [↑Parese] (Med.): *halbseitige, leichte Lähmung; leichtere Form einer Hemiplegie.*
he|mi|pe|la|gisch ⟨Adj.⟩ [↑pelagisch]: **1.** (Biol.) *(von Tieren u. Pflanzen) im Übergang vom Pelagial* (1) *zum Benthal schwimmend od. schwebend:* -e Pflanzen, Tiere. **2.** (Geol.) *(von Sedimenten) dem Meeresboden zwischen dem Schelf u. der Tiefsee bis 2 400 m angehörend.*
He|mi|ple|gie, die; -, -n [zu griech. plēgḗ = Schlag] (Med.): *halbseitige Lähmung.*
He|mi|plẹ|gi|ker, der; -s, -: *jmd., der halbseitig gelähmt ist.*
He|mi|plẹ|gi|ke|rin, die; -, -nen: w. Form zu ↑Hemiplegiker.
he|mi|plẹ|gisch ⟨Adj.⟩ (Med.): **a)** *halbseitig gelähmt;* **b)** *mit einer halbseitigen Lähmung verbunden.*
He|mi|ptẹ|re, die; -, -n ⟨meist Pl.⟩ [zu griech. pterón = Flügel, eigtl. = Halbflügler] (Zool.): *Schnabelkerf.*
He|mi|spạs|mus, der; -, ...men (Med.): *halbseitiger Krampf.*
He|mi|sphä|re, die; -, -n [lat. hemisphaerium < griech. hēmisphaírion = Halbkugel, zu: sphaîra, ↑Sphäre]: **1.** (bildungsspr.) *eine der beiden bei einem gedachten Schnitt durch den Erdmittelpunkt entstehenden Hälften der Erde; Erdhälfte, Erdhalbkugel:* die törichte Annahme, die heutige Welt zerfiele in zwei -n (Thielicke, Ich glaube 252); die nördliche H. (selten; *Nordhalbkugel*); die südliche H. (selten; *Südhalbkugel*); die östliche und die westliche H. *(die Alte u. die Neue Welt);* Wir brauchten Reisegeld ..., auf dass wir nicht kleben blieben ... in der östlichen H. (*in Europa;* Seghers, Transit 219); Ü dieses Land gehört zur östlichen, westlichen H. *(zum Osten bzw. Westen im Sinne des kommunistischen bzw. kapitalistischen Systems).* **2.** *Himmelshalbkugel.* **3.** (Med.) *(rechte bzw. linke) Hälfte des Groß- u. Kleinhirns.*
he|mi|sphä|risch ⟨Adj.⟩: *die Hemisphäre betreffend.*
He|mi|sti|chi|on [griech. hēmistíchion, zu: stíchion = kleiner Vers], **He|mi|sti|chi|um** [lat. hemistichium < griech. hēmistíchion], das; -s, ...ien (Verslehre): *in der altgriechischen Metrik halber Vers* (1) *(eines durch Zäsur geteilten Verses).*
He|mi|sti|cho|my|thie, die; -, -n [↑Stichomythie] (Literaturw.): *aus Hemistichien bestehende Form des Dialoges in einem Versdrama.*
He|mi|to|nie, die; -, -n [zu ↑Tonus] (Med.): *halbseitiger Krampf mit schnellem Wechsel des Muskeltonus.*
He|mi|zel|lu|lo|se, die; -, -n: *gemeinsam mit Zellulose als Zellwandbestandteil des Holzes auftretendes Kohlenhydrat.*
he|mi|zy|klisch [auch: ...'tsyk...] ⟨Adj.⟩: **1.** *halbkreisförmig.* **2.** (Bot.) *(von Blütenblättern) teils quirlig, teils spiralförmig angeordnet.*
Hẹm|lock|tan|ne, die; -, -n [engl. hemlock = Schierling, H. u.]: *(in Asien u. Nordamerika heimische) Kiefer mit je zwei silbrigen Streifen auf der Unterseite der Nadeln u. kleinen, meist kugelförmigen Zapfen; Schierlingstanne, Tsuga.*
Hẹm|me, die; -, -n (veraltet): *Bremse.*
hẹm|men ⟨sw. V.; hat⟩ /vgl. gehemmt/ [mhd. hemmen, hamen = aufhalten, hindern, eigtl. = mit einem Zaun umgeben, einpferchen]: **a)** *dem Lauf, der Bewegung von etw. Widerstand entgegensetzen u. sie dadurch [bis zum Stillstand] verlangsamen, bremsen:* die rasche Fahrt des Wagens h.; den Lauf des Flusses durch eine Staumauer h.; Gleichzeitig hemmte aufgrund derselben Erwägung auch der Nachbar seinen Schritt (Mehnert, Sowjetmensch 70); Ü nichts kann den Lauf des Schicksals h.; **b)** *einen Vorgang, ein Tun in seinem Ablauf durch Widerstand, bestimmte Maßnahmen o. Ä. aufhalten; für jmdn., etw. in bestimmter Hinsicht ein Hemmnis sein:* den Fortschritt, das Wachstum, die Entfaltung der Wirtschaft h.; jmdn. in seiner Entwicklung, Arbeit h.; einen hemmenden Einfluss auf jmdn., etw. ausüben; Ein eingespielter Apparat, welcher jeden ausscheidet, der ihn hemmt (Chr. Wolf, Himmel 163); Bei ihrem Erlass wurde der Hauptnachdruck darauf gelegt, dass die Träger der drei Gewalten sich gegenseitig hemmen (Fraenkel, Staat 120); ◆ **c)** *bremsen* (a): Die Baronin befahl dem Kutscher, ordentlich zu h. und anzuhalten (Ebner-Eschenbach, Gemeindekind 119).
Hẹmm|ket|te, die: *Kette, die in die Radspeichen gehängt wird, um eine Bremswirkung zu erzielen.*
Hẹmm|klotz, der: *Bremsklotz.*
Hẹmm|nis, das; -ses, -se: *etw., was sich hemmend, erschwerend auswirkt; Hin-*

dernis: ein großes H. für den Ablauf der Verhandlungen; Das zugezogene Leiden war ein schweres H. bei der Bewältigung der Arbeiten (Herrenjournal 3, 1966, 76); -se überwinden; auf -se stoßen.

Hẹmm|schuh, der: *keilförmige Vorrichtung, mit der ein Fahrzeug abgebremst od. gegen Wegrollen gesichert wird; Bremsschuh, -klotz:* Ü Sein fatalistisch gedeuteter Determinismus wurde immer wieder zum H. schöpferischer sozialistischer Aktion (Fraenkel, Staat 193); jmdm., einer Sache einen H. *(ein Hindernis)* in den Weg legen.

Hẹmm|schwel|le, die (bes. Psych.): *sittliche Norm o. Ä., die jmdn. hindert, etw. Bestimmtes zu tun:* eine H. durchbrechen, überschreiten.

Hẹmm|stoff, der (Chemie): *Substanz, die chemische od. elektrochemische Vorgänge einschränkt od. verhindert.*

Hẹm|mung, die; -, -en: **1.** *das Hemmen* (b), *Gehemmtwerden:* eine H. des Wachstums, der Entwicklung. **2. a)** *etw., was jmdn. in seinem Inneren [aufgrund einer bestimmten sittlichen Norm] daran hindert, etw. Bestimmtes zu tun:* eine moralische H.; er kennt, hat keine -en *(keine Bedenken),* so zu handeln; von Skoda ... bedrängt, entschließt sich Semmelweis endlich, seine inneren -en zu überwinden und ... eine ... Überprüfung seiner Arbeit zu fordern (Thorwald, Chirurgen 194); Ich hatte eine H. ..., in sein Gesicht zu blicken (Frisch, Gantenbein 81); Krause erteilte diese ... Auskünfte ohne jede H. *(ohne irgendwelche Skrupel),* auch ohne sonderlich zu zögern (Kirst, 08/15, 355); **b)** ⟨Pl.⟩ *(jmdn. in der Entfaltung seiner Persönlichkeit sehr behindernde, beeinträchtigende) innere Unsicherheit, die sich bes. in Verkrampftheit u. Unsicherheit im Auftreten äußert; Gehemmtheit:* schwere seelische -en haben; unter -en leiden; er ist ein Mensch voller -en; jmdm. seine -en nehmen; du leidest doch sonst nicht unter -en! (iron. od. scherzh.; *bist doch sonst nicht so bescheiden!*). **3.** *(bei Uhren) Vorrichtung, die das Gehwerk kurzzeitig unterbricht u. dadurch nur in bestimmten Abständen weiterlaufen lässt.*

Hẹm|mungs|bil|dung, die (Med.): *Hemmungsfehlbildung.*

Hẹm|mungs|fehl|bil|dung, die (Med.): *Fehlbildung, bei der durch vorzeitige Hemmung der Entwicklung ein bestimmter embryonaler Zustand erhalten bleibt* (z. B. Wolfsrachen).

hẹm|mungs|los ⟨Adj.⟩: *ohne Hemmungen* (2a); *leidenschaftlich, zügellos:* ein -er Mensch; -e Leidenschaft; Sollte die Beliebtheit der Erzählung eben damit zu tun haben, also mit ihrer übergroßen Deutlichkeit, mit ihrer schon -en *(keine Zurückhaltung zeigenden)* Direktheit? (Reich-Ranicki, Th. Mann 100); in seinen Genüssen völlig h. sein; sich h. seiner Leidenschaft hingeben; h. schreien, fluchen; Der Mann schmatzte h. (Fels, Sünden 76); Über einen toten Wellensittich musste sie h. heulen (Schreiber, Krise 149).

Hẹm|mungs|lo|sig|keit, die; -, -en: *hemmungsloses Verhalten, hemmungslose Art:* Ihre Redeweise ist von einer gewissen H. (Th. Mann, Krull 115).

Hẹm|mungs|nerv, der (Med.): *Nerv, der die Funktion eines Organs hemmt od. hindert.*

Hẹm|mungs|re|ak|ti|on, die (Med.): *serologisches Verfahren zur Hemmung einer Antigen-Antikörper-Reaktion durch eine andere Reaktion.*

Hẹmm|werk, das (Technik): **1.** *Sperrgetriebe, das die gegenseitige Beweglichkeit zweier miteinander verbundener Glieder hemmt.* **2.** *Hemmung* (3).

He|na|de, die; -, -n [zu griech. hén = eins] (Philos.): *Einheit (im Gegensatz zur Vielheit), Monade.*

Hen|de|ka|gon, das; -s, -e [zu griech. héndeka = elf u. gōnía = Ecke, Winkel]: *Elfeck.*

Hen|de|ka|sy̱l|la|bus, der; -, ...syllaben u. ...syllabi [griech. hendekasýllabos = elfsilbig] (Verslehre): *elfsilbiger Vers; vgl. Endecasillabo.*

Hen|di|a|dy|oin, das; -s, -, (seltener:) **Hen|di|a|dys,** das; -, - [mlat. hendiadyoin, hendiadys < griech. hèn dià dyoĩn = eins durch zwei] (Rhet.): **1.** *die Ausdruckskraft stärkende Verbindung zweier synonymer Substantive od. Verben* (z. B. bitten und flehen). **2.** *besonders in der Antike beliebtes Ersetzen eines Attributs durch eine reihende Verbindung mit »und«* (z. B. die Masse und die hohen Berge statt: die Masse der hohen Berge).

Hẹn|ding, die; -, -ar [isländ. hending < anord. hending] (Verslehre): *Silbenreim der nordischen Skaldendichtung, der zunächst als Binnenreim neben dem Stabreim u. später (bei den isländischen Skalden) als Endreim erscheint.*

Hẹndl, das; -s, -n [Vkl. zu ↑Henne] (bayr., österr.): **a)** *[junges] Huhn;* **b)** *Brathuhn, -hähnchen.*

Hẹngst, der; -[e]s, -e [15. Jh.; mhd. heng[e]st, ahd. hengist = Wallach, H. u.]: **a)** *männliches Pferd;* **b)** *(von Eseln, Kamelen, Zebras) männliches Tier.*

Hẹngst|de|pot, das (Landw.): *staatlicher Betrieb (Landgestüt), in dem die Deckhengste während der deckfreien Zeit gehalten werden.*

Hẹngst|foh|len, das: *neugeborenes bzw. junges männliches Pferd.*

Hẹngst|fül|len, das: *Hengstfohlen.*

He|nis|mus, der; - [zu griech. hén = eins] (Philos.): *Weltdeutung von einem Urprinzip aus.*

Hẹn|kel, der; -s, - [zu ↑henken in der alten Bed. »hängen machen«]: **a)** *meist schlaufenförmig gebogener, seitlich od. über der Öffnung angebrachter Teil eines Behältnisses, der dazu dient, das Behältnis aufzuhängen od. bequem anzufassen:* der H. der Tasse ist abgebrochen, abgeschlagen; den Krug, die Kanne am H. fassen; ein Korb mit zwei -n; Der Tee wurde nicht in Tassen gereicht, sondern in Schalen ohne H. (Leonhard, Revolution 120); **b)** (landsch.) *Aufhänger* (1).

Hẹn|kel|be|cher, der: vgl. Henkelglas.

Hẹn|kel|glas, das: *Glas mit Henkel.*

Hẹn|kel|kan|ne, die: *Kanne mit einem Henkel an einer Seite od. über der Öffnung.*

Hẹn|kel|korb, der: *Korb mit Henkel[n].*

Hẹn|kel|kreuz, das: *lateinisches Kreuz mit einem Henkel am oberen Ende.*

Hẹn|kel|krug, der: *Krug mit Henkel[n].*

hẹn|kel|los ⟨Adj.⟩: *ohne Henkel.*

Hẹn|kel|mann, der (ugs.): *Gefäß zum Transportieren einer warmen Mahlzeit, das aus mehreren kleinen zylindrischen Schüsseln besteht, die übereinander gesetzt in ein Traggestell eingehängt werden:* Fänä hatte immer Schlosser werden wollen. ... Er sah sich, H. unterm Arm, vom Haus ins Werk ... ziehen (Degenhardt, Zündschnüre 123); wenn sie auf offenem Feuer am Bau ihre Henkelmänner heiß machen (Spiegel 11, 1986, 62); Danach aßen wir mit Blechlöffeln den lauwarmen Schweinekohl aus dem H. (Grass, Butt 693).

hẹn|keln ⟨sw. V.; hat⟩ (selten): **a)** *am Henkel fassen u. tragen;* **b)** *einhenkeln.*

Hẹn|kel|tas|se, die: *größere Tasse:* * **die große H.** (ugs. scherzh.; *Nachttopf*).

Hẹn|kel|topf, der: vgl. Henkelkrug.

hẹn|ken ⟨sw. V.; hat⟩ /vgl. Gehenkte/ [mhd., ahd. henken = hängen machen; (auf)hängen; ↑[1]hängen] (veraltend): *am Galgen aufhängen, durch den Strang hinrichten:* der Mörder wurde verurteilt und gehenkt; wo der Scharfrichter der US-Armee wartete, der innerhalb von 15 Jahren schon mehr als 300 Soldaten gehenkt hatte (Spiegel 31, 1970, 50).

Hẹn|ker, der; -s, - [mhd. henker = Scharfrichter]: *jmd., der die Todesstrafe vollstreckt; Scharfrichter:* die Vollstreckungsordre lag in den Akten, die Anstalten waren getroffen, der H. bestellt, das Publikum wartete (Mostar, Unschuldig 40); jmdn. dem H. *(der Justiz zur Vollstreckung der Todesstrafe)* überantworten, überliefern, ausliefern; er solle sich schuldig bekennen, weil das der einzige Milderungsgrund wäre, der ihn vor dem H. *(der Vollstreckung der Todesstrafe)* bewahren könne (Wiener 10, 1983, 57); Ü o mein Gott, eine Armee ... und Generale H. der eigenen Armee, H. der eigenen Männer! (Plievier, Stalingrad 200); * **sich den H. um etw. scheren/den H. nach etw. fragen** (salopp; *sich nicht im Geringsten um etw. kümmern, auf etw. keinerlei Rücksicht nehmen*); **zum H. gehen/sich zum H. scheren** (salopp; *verschwinden*); (Flüche:) **hols der H.!;** hol mich der H.!; weiß der H.!; beim, zum H.!

Hẹn|ker|beil: ↑Henkersbeil.

Hẹn|ker|hand: ↑Henkershand: weil der tiefste Sturz des Mörders der Sturz in den Schandtod von Henkerhänden ist (Reinig, Schiffe 125).

Hẹn|kers|beil, das: *Beil des Henkers, mit dem er den zum Tode Verurteilten enthauptet.*

Hẹn|kers|frist, die: *Gnadenfrist:* jmdm. eine H. gewähren.

Hẹn|kers|hand, die: meist in der Verbindung **durch/von H.** (geh.; *durch Hinrichtung*): der Tod durch, von H.; durch, von H. sterben.

Hẹn|kers|knecht, der: *Gehilfe des Henkers bei der Hinrichtung:* man kann sie mit den -en vergleichen, die ... bei Hexenverbrennungen den Scheiterhaufen herrichteten (NJW 19, 1984, 1086).

Hẹn|kers|mahl, das (geh.), **Hẹn|kers|mahl|zeit,** die: **1.** (früher) *letztes Essen vor der Hinrichtung, das der Verurteilte selbst wählen durfte:* Zuerst hielt man noch an etlichen Förmlichkeiten fest: Eine Glocke läutete – das Armesünderglöcklein – ... und den Delinquenten war noch eine kleine Henkersmahlzeit zugerichtet worden (Niekisch, Leben 347). **2.** (scherzh.) *letzte [gemeinsame] Mahlzeit vor einer [längeren] Trennung, vor einem Ereignis, dessen Ausgang einem ungewiss erscheint, einer Entscheidung, die etw. Unwiderrufliches hat, o. Ä.:* Oberst Ludwig hatte ... gebeten, erst noch sein Abendessen einnehmen zu dürfen, und bei der Lage der Dinge hatte er sich gefragt, ob es nicht die H. war, die er einnahm (Plievier, Stalingrad 324).

Hẹn|na, die; - od. das; -[s] [arab. hinnā']: **1.** *Hennastrauch.* **2.** *rotgelber Farbstoff, der aus den zerriebenen Blättern u. Stängeln des Hennastrauches gewonnen wird u. der u. a. zum Färben der Haare verwendet wird:* Er hatte sich sogar das Haar mit H. rot gefärbt (Christiane, Zoo 79).

Hẹn|na|strauch, der: *(in Asien u. Afrika heimischer) dem Liguster ähnlicher Strauch mit gelben bis ziegelroten, in Rippen angeordneten Blüten, der Henna* (2) *liefert.*

Hẹn|ne, die; -, -n [mhd. henne, ahd. henna, zu ↑Hahn]: **a)** *weibliches Haushuhn;* **b)** *weibliches Tier der Hühnervögel (einschließlich Fasanen), der Straußen- u. Trappenvögel.*

Hẹn|ne|gat, Hẹn|ne|gatt, das; -[e]s, -en u. -s [niederl. hennegat, aus ↑Henne u. ↑Gatt; der Durchlass wird scherzh. mit dem After einer Henne verglichen] (Seew.): *²Koker für den Ruderschaft* (2).

Hẹn|nen|kü|ken, das: *weibliches Küken eines Huhns:* Hahnenküken sind ockergelb ... H. dagegen sind hellbraun mit einem »satt dunkelbraunen« Rückenstreifen (FR 9. 10. 97).

Hen|nin [ɛ'nɛ̃], der, auch: das; -s, -s [frz. hennin, H. u., viell. aus dem Niederl.]: *(bis ins 15. Jh. von Frauen getragene) hohe, kegelförmige Haube, die das ganze Haar bedeckt u. von deren Spitze ein Schleier (bis zur Erde] herabhängt; burgundische Haube.*

He|no|the|ịs|mus, der; - [zu griech. hén (Gen.: henós) = eins, einer u. theós = Gott] (Rel.): *religiöse Haltung, die sich in der Verehrung eines Gottes ausdrückt, ohne die Existenz anderer Götter zu leugnen od. ihre Verehrung zu verbieten.*

he|no|the|ịs|tisch ⟨Adj.; o. Steig.⟩: *den Henotheismus betreffend, ihm entsprechend, auf ihm beruhend.*

Hen|ri-deux-Stil [ãri'dø-], der ⟨o. Pl.⟩ [nach Henri II. (= Heinrich II.; frz. deux = zwei; der Zweite), König von Frankreich (1519–1559)]: *zweite Stilperiode der französischen Renaissance während der Regierung Heinrichs II. u. seiner Nachfolger (1547–1589).*

Hen|ri|qua|tre [ãri'katr], der; -[s] [...tr], -s [...tr] [nach Henri IV. (= Heinrich IV.; frz. quatre = vier; der Vierte), König von Frankreich (1553–1610)]: *Spitzbart mit beidseitig nach oben gezwirbeltem Schnurrbart.*

Hen|ry ['hɛnri], das; -, - [nach dem amerik. Physiker J. Henry (1797–1878)] (Physik): *Maßeinheit für die Selbstinduktion* (1 Voltsekunde/1 Ampere; Zeichen: H).

He|or|to|lo|gịe, die; - [zu griech. heortḗ = Fest(tag) u. ↑-logie]: *wissenschaftliche Darstellung der kirchlichen Feste.*

He|or|to|lọ|gi|um, das; -s, ...ien [griech. heortológion = Festkalender]: *kirchlicher Festkalender.*

He̱|par, das; -s, Hepata [lat. hepar < griech. hē̃par (Gen.: hḗpatos)] (Med.): *Leber.*

He|pa|rịn, das; -s (Med.): *aus der Leber gewonnene, die Blutgerinnung hemmende Substanz.*

He̱|par|pro|be, die [zu ↑Hepar, nach der leberartigen Farbe des bei der Reaktion entstehenden Natrium(poly)sulfids] (Chemie): *Verfahren zum Nachweis von Schwefelverbindungen.*

he|pat-, He|pat-: ↑hepato-, Hepato-.

He̱|pa|ta: Pl. von ↑Hepar.

He|pa|tal|gịe, die; -, -n [zu griech. álgos = Schmerz] (Med.): *Leberschmerz, Leberkolik.*

he|pa|tạl|gisch ⟨Adj.⟩ (Med.): **a)** *die Hepatalgie betreffend;* **b)** *mit Leberschmerzen verbunden.*

He|pa|tar|gịe, die; -, -n [zu griech. argía = Untätigkeit] (Med.): *Ausfall der Leberfunktionen mit Bildung giftiger Stoffwechselprodukte.*

He|pa|tek|to|mịe, die; -, -n [↑Ektomie] (Med.): *operative Entfernung eines geschädigten Leberlappens od. der gesamten Leber mit anschließender Lebertransplantation.*

He|pa̱|ti|ca, He|pa̱|ti|ka, die; -, ...ken [nlat., zu lat. hepaticus < griech. hēpatikós = die Leber betreffend] (Bot.): *Leberblümchen.*

He|pa|ti|sa|ti|o̱n, die; -, -en (Med.): *leberähnliche verdichtete Beschaffenheit der Lunge bei einer Lungenentzündung.*

he|pa̱|tisch ⟨Adj.⟩ (Med.): *zur Leber gehörend, die Leber betreffend.*

He|pa|ti̱|tis, die; -, ...titi̱den (Med.): *Leberentzündung.*

he|pa|to-, He|pa|to-, (vor Vokalen:) hepat-, hepat- [griech. hē̃par (Gen.: hḗpatos)] ⟨Best. in Zus. mit der Bed.⟩: *Leber-* (z. B. hepatogen, Hepatopathie, Hepatalgie).

he|pa|to|ge̱n ⟨Adj.⟩ [↑-gen] (Med.): **1.** *in der Leber gebildet (z. B. von der Gallenflüssigkeit).* **2.** *(von Krankheiten) von der Leber ausgehend.*

He|pa|to|gra|phịe, (auch:) **He|pa|to|gra|fịe,** die; -, -n [↑-graphie] (Med.): *röntgenologische Darstellung der Leber mithilfe von Kontrastmitteln.*

He|pa|to|li̱th, [auch: ...'lɪt], der; -s u. -en, -e[n] [↑-lith]: *Leberstein.*

He|pa|to|lo̱|ge, der; -n, -n [↑-loge] (Med.): *Facharzt mit speziellen Kenntnissen auf dem Gebiet der Hepatologie.*

He|pa|to|lo|gịe, die; - [↑-logie] (Med.): *Lehre von der Leber (einschließlich der Gallenwege), ihren Funktionen u. Krankheiten.*

He|pa|to|lo̱|gin, die; -, -nen (Med.): w. Form zu ↑Hepatologe.

He|pa|to̱m, das; -s, -e (Med.): *Geschwulstbildung der Leber.*

He|pa|to|me|ga|lịe, die; -, -n [zu griech. mégas (megal-) = groß] (Med.): *Vergrößerung der Leber (als Krankheitssymptom).*

He|pa|to|pa|thịe, die; -, -n [↑-pathie] (Med.): *Leberleiden.*

He|pa|to̱|se, die; -, -n (Med.): *Erkrankung mit degenerativer Veränderung der eigentlichen Leberzellen.*

He|pa|to|to|xä|mịe, die; -, -n [↑Toxämie] (Med.): *Blutvergiftung durch Zerfallsprodukte der erkrankten Leber.*

He|phai̱s|tos, He|phä̱st, He|phä̱s|tus (griech. Myth.): Gott des Feuers u. der Schmiedekunst.

Heph|the|mi|me|re̱s, die; -, - [spätgriech. hephthēmimerḗs, zu griech. heptá = sieben u. spätgriech. hēmimerḗs = zur Hälfte]: *(in der antiken Metrik) Einschnitt nach sieben Halbfüßen bzw. nach der ersten Hälfte des vierten Fußes im Hexameter; vgl. Penthemimeres, Trithemimeres.*

Hep|ta|cho̱rd, der od. das; -[e]s, -e [lat. heptachordus = siebensaitig < griech. heptáchordos, zu: chordḗ = Saite] (Musik): *Folge von sieben diatonischen Tonstufen; große Septime.*

Hep|ta|go̱n, das; -s, -e [griech. heptágōnos = siebeneckig, zu: gōnía = Ecke, Winkel]: *Siebeneck.*

Hep|ta̱|me|ter, der; -s, - [spätlat. heptameter, zu griech. heptá = sieben, geb. nach ↑Hexameter] (Verslehre): *siebenfüßiger Vers.*

Hep|ta̱n, das; -s [zu griech. heptá = sieben] (Chemie): *Kohlenwasserstoff mit sieben Kohlenstoffatomen (der wichtiger Bestandteil des Erdöls u. Benzins ist).*

Hep|ta|teu̱ch, der; -s [spätlat. heptateuchus < griech. heptáteuchos = siebenbändiges Buch, zu: teũchos = Buch]: *die ersten sieben Bücher des Alten Testaments.*

Hep|ta|to̱|nik, die; - [griech. heptátonos = siebentönig, zu tónos, ↑²Ton] (Musik): *diatonische Tonleiter mit sieben Stufen.*

Hep|to̱|de, die; -, -n (Physik): *Elektronenröhre mit sieben Elektroden.*

Hep|to̱|sen ⟨Pl.⟩ [zu griech. heptá = sieben] (Biochemie): *einfache Zuckerarten mit sieben Sauerstoffatomen im Molekül.*

he̱r ⟨Adv.⟩ [mhd. her, ahd. hera, zu einem idg. Pronominalstamm mit der Bed. »dieser«]: **1.** *zum Standort, in die Richtung des Sprechers [als Aufforderung, sich in Richtung auf den Sprecher zu bewegen od. ihm etw. zuteil werden zu lassen]:* h. zu mir!; Bier h.!; h. mit dem Geld, Schmuck!; h. damit!; Früher gings uns gut, heute gehts uns schlecht – also wieder h. mit der alten Regierung! (Remarque, Obelisk 265); Ü wo ist er h. *(geboren)*?; Obwohl Christina darüber viel besser Bescheid weiß, ... denn dort ist sie h. (*dort ist sie geboren;* Bobrowski, Mühle 36); *** **mit jmdm., etw. ist es nicht weit h.**

(ugs.; *jmd., jmds. Leistung o. Ä. lässt eine gewisse Unzulänglichkeit erkennen*); **hinter jmdm. h. sein** (ugs.; 1. *nach jmdm. fahnden:* die Polizei ist schon lange hinter dieser Bande h.; Ist die etwa schon wieder hinter mir h.? Ich hab ihr doch ausdrücklich erklärt, sie kriegt das Geld nächste Woche zurück! [Freizeitmagazin 26, 1978, 10]. 2. *sich um jmdn. in erotisch-sexueller Hinsicht intensiv bemühen:* Womöglich denkt er, ich bin hinter ihm h. und will ihn mir angeln [Hörzu 33, 1971, 37]); **hinter etw. h. sein** (ugs.; *etw. unbedingt haben wollen*): hinter diesem Buch ist sie schon lange h. **2.** *vom gegenwärtigen Zeitpunkt aus eine bestimmte Zeit zurückliegend, vergangen:* das ist schon einen Monat, lange [Zeit], noch gar nicht so lange h.; das dürfte schon Jahre h. sein; Das ist auch 'ne Ewigkeit h., da war ich wohl zehn oder elf Jahre (Schmidt, Strichjungengespräche 129); lang, lang ists h.; Der Träumer hatte die letzten Tage h. (veraltet; *während der letzten Tage bis zu diesem Zeitpunkt*) die Stunde ihrer Rast nicht geteilt (Th. Mann, Joseph 518). **3.** ⟨als Verstärkung der Präp. »von«:⟩ von – h. **a)** *von einem entfernten Punkt aus [in Richtung Sprecher]:* sie grüßte vom Nachbartisch h.; Stadtbahnrasseln vom Hochdamm h. (Johnson, Ansichten 188); Zum Beispiel laufen alle Pfade von Süden h. gegen die Oldoway-Schlucht (Grzimek, Serengeti 314); **b)** *von einem zurückliegenden Zeitpunkt aus [bis zur Gegenwart des Sprechenden]:* von früher h.; das bin ich von meiner Kindheit, meiner frühesten Jugend h. gewöhnt; Auf einer Bretterwand kleben noch bunte Plakate von den Vorstellungen h. (Remarque, Westen 103); **c)** *von jmdm. od. etw. [als Voraussetzung] aus gesehen; von etw. aus seine Wirkung entfaltend:* man ist sich klar darüber, dass dieser Wagen von Konzeption und Form h. ausgezeichnete Verkaufschancen hat (auto 6, 1965, 11); ...und da ich von Mama h. ziemlich viel von den Lassenthins abbekommen habe (Fallada, Herr 8); für diesen Film, der von der Problematik h. psychologisch erstklassig durchdacht war (Hörzu 16, 1977, 151).

he|rab ⟨Adv.⟩ [mhd. her abe, aus ↑her u. ↑ab] (geh.): *herunter* (1) (in gehobener Sprache in Zus. für herunter ...).

he|rab|bli|cken ⟨sw. V.; hat⟩ (geh.): **1.** *heruntersehen* (1). **2.** *jmdn., etw. abschätzig u. mit dem Gefühl der Überlegenheit ansehen:* [mitleidig, mit Verachtung] auf jmdn. h.

he|rab|bren|nen ⟨unr. V.⟩ (geh.): **1.** *herunterbrennen* (1) ⟨hat⟩: die Sonne brennt auf die öde Steppe herab. **2.** *herunterbrennen* (2) ⟨ist⟩: Das Feuer im Ofen ging aus, die Lampe brannte herab (A. Kolb, Schaukel 25).

he|rab|ei|len ⟨sw. V.; ist⟩ (geh.): *von einer höher gelegenen Stelle nach unten an den Ort des Sprechenden eilen.*

he|rab|fal|len ⟨st. V., ist⟩ (geh.): **a)** *herunterfallen* (a): Tropfen fallen herab; vor Staunen fiel ihr Kinn herab *(klappte es nach unten);* mit Einsetzen des Beifalls fiel der Vorhang herab *(senkte sich der Vorhang vor der Bühne);* sie wurde durch herabfallende Trümmer, Gesteinsbrocken verletzt; **b)** *herunterfallen* (b): ihr (= der Glühbirne) Licht fiel herab auf die Platte (Gaiser, Jagd 106); Ü Finsternis, Nacht fällt auf die Stadt herab (dichter.; *es wird plötzlich dunkel*).

he|rab|fle|hen ⟨sw. V.; hat⟩ (geh.): *vom Himmel für jmdn. erflehen:* die Mutter flehte Gottes Segen auf ihr Kind herab.

he|rab|flie|ßen ⟨st. V.; ist⟩: *herunterfließen.*

he|rab|glei|ten ⟨st. V.; ist⟩: *heruntergleiten:* Der langgliedrige Knabe glitt wie eine Schlange vom Bett herab und huschte hinaus (Kuby, Sieg 385).

he|rab|ha|geln ⟨sw. V.; ist⟩: *wie ein Hagelschauer auf jmdn. herunterprasseln:* Beschimpfungen, Schläge hagelten auf ihn herab.

he|rab|hän|gen ⟨st. V.; hat⟩: *herunterhängen.*

he|rab|ho|len ⟨sw. V.; hat⟩ (geh.): *herunterholen* (1).

he|rab|kom|men ⟨st. V.; ist⟩ (geh.): **1.** *herunterkommen* (1). ◆ **2.** *durch schlechtes Wirtschaften herunterkommen* (2): In dem nach und nach sotanerweise herabgekommenen so genannten Schlosse Schnick-Schnack-Schnurr musste sich der alte Baron ... kümmerlich und einsam behelfen (Immermann, Münchhausen 89).

he|rab|las|sen ⟨st. V.; hat⟩: **1.** (geh.) *herunterlassen* (1): das Gitter, den Rollladen, den Vorhang h.; einen Korb an einem Seil h.; der Gefangene hat sich mit einem Strick an der Mauer herabgelassen; Ein herabgelassenes Beiboot fing ihn wieder ein (Rolf Schneider, November 191). **2.** ⟨h. + sich⟩ **a)** (veraltend) *sich als in einer bestimmten Ordnung höher Stehender einem niedriger Stehenden zuwenden:* der Fürst ließ sich zu seinen Leuten herab; **b)** (iron.) *sich schließlich zu etw. bereit finden, was man eigentlich als unter seiner Würde betrachtet:* wirst du dich noch h., meine Frage zu beantworten?; Victor Hugo ... hat sich ... einmal zu einer angenehmen Bemerkung über de Lafite herabgelassen (Werfel, Bernadette 28); **c)** (selten) *in geistiger Hinsicht von einer höheren Stufe sich jmdm. zuwenden:* Jesus ... tut das schlechthin Unerwartete. Er lässt sich herab zu diesem armen Zweifler (Thielicke, Ich glaube 234).

he|rab|las|send ⟨Adj.⟩: *jmdn. mit einer hochmütigen u. gönnerhaften Freundlichkeit behandelnd u. einen [eingebildeten] Rangunterschied deutlich fühlen lassend:* ein -er Gruß; In Goethes Aufsätzen und Erinnerungen, Briefen und Gesprächen findet sich ... nur auffallend wenig über Lessing: einige eher dürftige und meist -e Äußerungen (Reich-Ranicki, Th. Mann 64); sie war sehr h. zu uns; »Haben Sie etwas Neues hereingekriegt?«, fragte er h. (Remarque, Obelisk 215).

He|rab|las|sung, die; -: *herablassendes Benehmen:* Er wurde alsdann sehr liebenswürdig, aber doch wohl auf eine Art, die an H. grenzte (Hauptmann, Schuß 32).

he|rab|min|dern ⟨sw. V.; hat⟩: **a)** *der Intensität nach abschwächen; reduzieren:* die Geschwindigkeit h.; Ü Der Trunk schaffte ihm Erleichterung, wenn die Leute ... ihm die Hoffnungen herabzumindern suchten (Marchwitza, Kumiaks 12); **b)** *im Wert herabsetzen:* ihre Fähigkeiten, Leistungen wurden herabgemindert; die Gefahr h. *(bagatellisieren).*

He|rab|min|de|rung, die: *das Herabmindern, Herabgemindertwerden.*

he|rab|reg|nen ⟨sw. V.; ist⟩: *von einer oberhalb des Sprechenden gelegenen Stelle wie Regen auf ihn niederfallen:* auf jmdn. Konfetti h. lassen; dicke Tropfen regneten herab; Ü eine Flut von Schimpfwörtern regnet auf sie herab.

he|rab|rie|seln ⟨sw. V.; ist⟩ (geh.): *von einer oberhalb des Sprechenden gelegenen Stelle nach unten rieseln.*

he|rab|rin|nen ⟨st. V.; ist⟩ (geh.): vgl. herabfließen.

he|rab|ru|fen ⟨st. V.; hat⟩ (geh.): **1.** *herunterrufen.* **2.** *herabflehen:* Vater Seraphim rief Gottes Segen über den Arzt herab (Schaper, Kirche 38); Pfarrer Pavelonis rief den Schutz des Himmels auf den französischen Präsidenten herab (Scholl-Latour, Frankreich 328).

he|rab|schla|gen ⟨st. V.⟩: **1.** (geh.) *abschlagen u. nach unten fallen lassen* ⟨hat⟩: die Eiszapfen von der Dachrinne h. **2.** (geh.) *herunterfallen* ⟨ist⟩: armselige Deckung vor herabschlagenden Splittern (Remarque, Westen 53).

he|rab|schwe|ben ⟨sw. V.; ist⟩ (geh.): *von dort oben hierher nach unten schweben:* Engel schwebten auf die Erde herab.

he|rab|se|hen ⟨st. V.; hat⟩: *herabblicken.*

he|rab|sen|ken, sich ⟨sw. V.; hat⟩: **1.** *von dort oben hierher nach unten sinken* (3 b): die Zweige senken sich herab; über dem ... Flugplatz senkte sich aus dem grauverhangenen Himmel eine viermotorige Maschine herab (Simmel, Affäre 236); Ü der Nebel, der immer dichter sich herabsenkte (Broch, Versucher 339); Dunkelheit, die Nacht senkt sich [über die Stadt] herab (dichter.; *es beginnt dunkel, Nacht zu werden*). **2.** (geh.) *mit geringem Gefälle stetig in eine Richtung schräg nach unten verlaufen:* die Straße senkt sich in sanften Windungen ins Tal herab.

he|rab|set|zen ⟨sw. V.; hat⟩: **1.** *niedriger, geringer werden lassen; reduzieren, senken:* den Preis, die Kosten h.; Dass Ortsumfahrungen ... auch die Umweltbeeinträchtigungen herabsetzen, ist wohl auch hierzulande bekannt (auto touring 12, 1978, 21); die Waren wurden [im Preis] stark herabgesetzt *(wurden zu stark herabgesetzten Preisen verkauft);* mit herabgesetzter Geschwindigkeit fahren. **2.** *den Wert, die Bedeutung einer Person od. Sache ungerechtfertigt schmälern, indem man abschätzig darüber redet:* jmds. Verdienste, Leistungen, Fähigkeiten h.; Der Verfasser ist nicht daran interessiert, Konkurrenten und Gegner persönlich herabzusetzen (Meier, Paracelsus 264); herabsetzende Worte sagen.

He|rab|set|zung, die; -, -en: *das Herabsetzen* (1, 2).

he|rab|sin|ken ⟨st. V.; ist⟩: **1.** (geh.) *he-*

runtersinken: der Ballon sinkt herab; Ü die Nacht sinkt herab (dichter.; *es wird Nacht*). **2.** *auf ein bestimmtes, gesellschaftlich, moralisch, künstlerisch als niedrig erachtetes Niveau absinken:* Du bist ... zu einem ekelhaften Materialisten herabgesunken (Remarque, Obelisk 69); diese Bühne ist zu einem [richtigen] Provinztheater herabgesunken.

he|rab|stim|men ⟨sw. V.; hat⟩ [urspr. = Musikinstrumente einen od. mehrere Töne tiefer stimmen]: *auf jmds. Stimmung drücken u. dadurch bei ihm ein Gefühl der Hoffnungslosigkeit u. der Mutlosigkeit hervorrufen:* die Überschwemmung mit Medaillen ... stimmte sie nur noch mehr herab (Fussenegger, Zeit 441); Was stimmt das Kind herab in der neuen, hellen Wohnung...? D. Kühn, Schumann 308).

he|rab|sto|ßen ⟨st. V.⟩ (geh.): **1.** *herunterstoßen* ⟨hat⟩: der Mörder hat sie vom Kliff herabgestoßen. **2.** *sich stoßartig nach unten bewegen* ⟨ist⟩: der Raubvogel stieß plötzlich auf das Feld herab.

he|rab|strö|men ⟨sw. V.; ist⟩: *in Strömen herabfließen.*

he|rab|stu|fen ⟨sw. V.; hat⟩: *auf eine niedrigere Stufe setzen, stellen; herunterstufen.*

he|rab|stür|zen ⟨sw. V.⟩: **1.** *von dort oben hierher nach unten stürzen* ⟨ist⟩: Felsbrocken stürzten herab. **2.** ⟨h. + sich⟩ *sich von dort oben hierher nach unten fallen lassen* ⟨hat⟩: Farhad stürzt sich vom Felsen herab (Jahnn, Geschichten 54).

he|rab|trop|fen ⟨sw. V.; ist⟩: *heruntertropfen.*

he|rab|wür|di|gen ⟨sw. V.; hat⟩: **a)** *auf verletzende Weise nicht mit dem nötigen Respekt, nicht seiner Würde, seinem Wert entsprechend behandeln:* jmdn. in aller Öffentlichkeit, jmds. Namen, Verdienste h.; **b)** ⟨h. + sich⟩ *sich erniedrigen.*

He|rab|wür|di|gung, die; -, -en: *das [Sich]herabwürdigen, das Herabgewürdigtwerden.*

he|rab|zie|hen ⟨unr. V.; hat/ist⟩ (geh.): *herunterziehen.*

He|rai|on, Heräon, das; -s, -s [griech. hēraĩon]: *Tempel, Heiligtum der griechischen Göttin Hera, bes. in Olympia u. auf Samos.*

He|ra|kles (griech. Myth.): Halbgott u. Held.

He|ra|kli|de, der; -n, -n: *Nachkomme des Herakles.*

He|ra|kli|te|er, der; -s, -: *Schüler, Anhänger des altgriechischen Philosophen Heraklit (etwa 550–480 v. Chr.).*

He|ral|dik, die; - [aus frz. (science) héraldique eigtl. = Heroldskunst, zu: héraut = Herold; nach der dem Herold zukommenden Aufgabe, bei Ritterturnieren, die nur dem Adel offen standen, die Wappen der einzelnen Kämpfer zu prüfen]: *(von den Herolden 1 entwickelte) Wappenkunde; Heroldskunst.*

He|ral|di|ker, der; -s, -: *jmd., der sich mit Wappenkunde beschäftigt; Wappenforscher.*

He|ral|di|ke|rin, die; -, -nen: w. Form zu ↑Heraldiker.

he|ral|disch ⟨Adj.⟩: *die Heraldik betreffend:* Bei Gravuren wurden Darstellungs- und Bearbeitungsweisen erwartet, die von antiken und -en Sujets abweichen (Schmuck 1984/85, 32); ein Zwergadler ... fliegt in wellenförmiger Bahn mit angewinkelten Schwingen wie ein -er *(in der Heraldik vorkommender)* Vogel (Kosmos 3, 1965, 128).

he|ran ⟨Adv.⟩ [aus ↑her u. ↑an]: *von dort hierher, in die Nähe des Sprechenden od. einer Sache:* nur h., ihr zwei!; rechts h. *(an die rechte Seite);* sie sind bis auf einen halben Meter h. (ugs.; *ein halber Meter fehlt noch, bis sie ihr Ziel erreicht haben*); ⟨als Verstärkung der Präp. »an«:⟩ es standen nur ein paar Häuser bis an das Wasser h. (Jahnn, Geschichten 7).

he|ran|ar|bei|ten, sich ⟨sw. V.; hat⟩: *sich mit Mühe, Anstrengung einem bestimmten Ziel nähern:* sich durch das Geröll an die Unglücksstelle, an die Verunglückten h.; Gewehre knattern. Von drüben arbeiten sie sich heran (Remarque, Westen 84).

he|ran|bil|den ⟨sw. V.; hat⟩: **1.** *in einer besonderen Weise auf ein bestimmtes Ziel hin ausbilden:* die Firma bildet Fachkräfte selbst heran; dann wird sich herausstellen, ob sie geeignet ist, als deine Nachfolgerin herangebildet zu werden (Danella, Hotel 215); Wir sind im Begriff, zu rechtsradikalen Terroristen herangebildet zu werden (Wiener 11, 1983, 62). **2.** ⟨h. + sich⟩ *im Verlauf einer erfolgreichen Ausbildung entstehen, sich entwickeln:* ein Talent bildet sich heran.

He|ran|bil|dung, die; -, -en: *das Heranbilden* (1), *Herangebildetwerden.*

he|ran|blü|hen ⟨sw. V.; ist⟩ (schweiz.): *heranwachsen:* die Schar der heranblühenden Enkelkinder.

he|ran|bran|den ⟨sw. V.; ist⟩: *brandend herankommen.*

he|ran|brau|sen ⟨sw. V.; ist⟩: *an den Ort des Sprechenden brausen; sich dem Sprechenden brausend nähern:* Plötzlich brauste ein feldgrauer Mercedes mit den SS-Runen heran, und der holte mich ab (Küpper, Simplicius 51).

he|ran|bre|chen ⟨st. V.; ist⟩: **1.** *branden.* **2.** (schweiz.) *anbrechen* (3): ein Zeitalter der Schlagworte droht heranzubrechen.

he|ran|brin|gen ⟨unr. V.; hat⟩: **1.** *in die Nähe des Sprechenden od. einer anderen Person, einer Sache bringen:* der stolze Paradetrab, in dem so einer (= Hund), mit angezogenem Kopf, das Flugwild oder den Hasen im Maule heranbringt (Th. Mann, Krull 388); Die Munitionsholer brachten im Morgengrauen die Munition heran (Plievier, Stalingrad 8); Ü die anderen Fahrer des Feldes an den Spitzenreiter h. *(heranführen).* **2.** *mit einer Sache vertraut machen:* man sollte die jungen Menschen vorsichtig an diese Probleme h.

he|ran|drän|gen ⟨sw. V.; hat⟩: *in die Nähe des Sprechenden drängen.*

he|ran|dür|fen ⟨unr. V.; hat⟩ (ugs.): *herankommen, -fahren, -gehen o. Ä. dürfen.*

he|ran|ei|len ⟨sw. V.; ist⟩: *in die Nähe des Sprechenden, einer Sache eilen.*

he|ran|fah|ren ⟨st. V.; ist⟩: *in die Nähe, an den Ort des Sprechenden, nahe an eine bestimmte Stelle fahren:* an einen Fußgängerüberweg nur mit mäßiger Geschwindigkeit h.

he|ran|füh|ren ⟨sw. V.; hat⟩: **1. a)** *jmdn. in die Nähe, an den Ort des Sprechenden führen* (1 a); **b)** *etw. in die Nähe einer bestimmten Stelle führen* (6): die Lupe an die Augen h.; Unser Wasser soll aber aus Frankenberg durch mehrere Orte herangeführt werden (Freie Presse 14. 10. 89, 1); **c)** *in die Nähe einer bestimmten Stelle führen* (7 b): der Weg führt nahe an die Bucht heran; **d)** *eine Gruppe o. Ä. anführend, zu jmdm. aufschließen:* der britische Läufer führte die Verfolgergruppe an den Führenden heran. **2.** *jmdm. etw. näher bringen u. sein Interesse dafür wecken:* jmdn. an eine neue Aufgabe, ein Problem h.; Söhne und Töchter ..., die man später an die politische Arbeit heranführte (Leonhard, Revolution 228); die Möglichkeit bestand, durch entsprechende Absprachen mit dem einzigen Wettbewerber ARD den Zuschauer auch an anspruchsvollere Sendungen heranzuführen (Woche 21. 3. 97, 20).

he|ran|ge|hen ⟨unr. V.; ist⟩: **1.** *sich jmdm., einer Sache nähern:* dicht, bis auf zwei Meter an den Zaun h.; Als Abel näher heranging, hob sie (= das Mädchen) die entzündeten Lider (Hausmann, Abel 61). **2.** *mit etw. beginnen; etw. in Angriff nehmen, anpacken:* mutig an eine Sache, an eine schwierige Aufgabe h.; Hier war von außen an ein Problem herangegangen worden (Loest, Pistole 230).

he|ran|glei|ten ⟨st. V.; ist⟩: *in die Nähe des Sprechenden, von etw. gleiten.*

he|ran|heu|len ⟨sw. V.; ist⟩: *sich heulend in die Nähe des Sprechenden od. einer anderen Person, einer Sache bewegen:* Die ersten Luftminen heulten heran (Degenhardt, Zündschnüre 231); ein heranheulender Krankenwagen.

he|ran|ho|len ⟨sw. V.; hat⟩: *in die Nähe des Sprechenden od. einer anderen Person, einer Sache holen.*

he|ran|kämp|fen, sich ⟨sw. V.; hat⟩: *sich zu einem bestimmten Ort durchkämpfen.*

he|ran|kar|ren ⟨sw. V.; hat⟩ (ugs.): *(mit einer Karre, einem Karren od. karrenähnlichen Fahrzeug) heranschaffen, an den Ort des Sprechenden bringen:* einmal karrte er zehn Eimer Marmelade heran (Loest, Pistole 74); Otto und seine Ostfriesenjungs düsen mit dem Privatjet nach Rostock und karren eigenes Equipment heran (natur 2, 1996, 20); In Omnibussen sind sie herangekarrt worden... Ziel: das »Glücksrad« (Hörzu 47, 1992, 30).

he|ran|kom|men ⟨st. V.; ist⟩: **1. a)** *sich jmdm., einer Sache nähern; näher kommen:* sie kam langsam heran; Die Sekretärin aber hatte ihn entdeckt ... und kam mit festen Schritten heran (Kronauer, Bogenschütze 125); die Tiere kamen dicht, bis auf wenige Meter an die Einzäunung heran; Ü etw. an sich h. lassen (ugs.; *nicht voreilig aktiv werden, sondern abwarten, wie sich etw. gestaltet, wenn es akut wird*); **b)** *in zeitliche Nähe rücken:* endlich kamen die Ferien, der Urlaub und Weihnachten heran. **2. a)** *he-*

ranreichen (1): ich komme an das oberste Regal ohne Trittleiter nicht heran; sie kam mit der Hand nicht an den Hebel heran; Ü an seine Leistung kommst du nicht heran; Gerd Müller kann ich natürlich nicht mehr erreichen, aber vielleicht komme ich noch an Uwe Seelers Torquote heran (Kicker 82, 1981, 15); **b)** *die Möglichkeit haben, sich etw. zu beschaffen; sich Zugang zu etw. verschaffen:* wie bist du an die verbotenen Bücher herangekommen?; Dies hat ... zur Folge, dass seine Firma nicht mehr an das Getreide herankommt (Nordschweiz 29. 3. 85, 1); er kommt an sein Geld nicht heran *(es liegt auf einem Konto fest);* Du glaubst gar nicht ..., wie schwer es ist, jetzt, vierundsiebzig, noch an Fakten heranzukommen (*sie in Erfahrung zu bringen;* Loest, Pistole 164); Ü an sie ist nicht heranzukommen (1. *sie ist aufgrund ihrer Stellung nur schwer zu erreichen.* 2. *sie ist unzugänglich, verschlossen*); an die Täter kommt man nicht heran *(man kann sie nicht zur Rechenschaft ziehen);* ***nichts an sich h. lassen** (ugs.; *sich innerlich gegen alle Dinge, die einen seelisch aus dem Gleichgewicht bringen könnten, abschirmen*); **c)** *in den Grenzbereich von etw. kommen:* das kommt schon nahe heran an unerlaubte Entfernung von der Truppe (H. Kolb, Wilzenbach 67).

he|ran|kön|nen ‹unr. V.; hat› (ugs.): vgl. herandürfen.

he|ran|krie|chen ‹st. V.; ist›: *in die Nähe des Sprechenden, von etw. kriechen.*

he|ran|las|sen ‹st. V.; hat›: **1.** *hierher, in die Nähe von sich, jmdm. od. etw. kommen lassen:* lass die Kinder nicht so dicht [an dich] heran, sie stecken sich noch an; Dicht h. Erst feuern auf Befehl (Plievier, Stalingrad 181); an seine Schallplatten, Briefmarkensammlung lässt er niemanden heran *(er erlaubt niemandem, sie zu berühren, näher zu betrachten, sich damit allein zu beschäftigen);* an diesen Fall lässt sie niemanden heran *(sie erlaubt niemand anderem, diesen Fall zu bearbeiten);* ***jmdn. nicht/niemanden/keinen an sich h.** *(jmdm. keine Möglichkeit geben/niemandem, keinem die Möglichkeit geben, sich einem zu nähern* 1c, *mit einem persönlicheren Kontakt aufzunehmen).* **2.** (selten) *ranlassen* (2).

he|ran|lo|cken ‹sw. V.; hat›: *in die Nähe, an den Ort des Sprechenden locken.*

he|ran|ma|chen, sich ‹sw. V.; hat› (ugs.): **1.** *mit etw. tatkräftig beginnen; etw. in Angriff nehmen:* sich an die Arbeit h. **2.** *sich jmdm. in bestimmter Absicht auf nicht besonders feine Art nähern:* sich an ein Mädchen h.; Wo kämen wir hin, wenn ... sich jeder Unhold an pubertierende Kinder h. könnte? (Ziegler, Kein Recht 292); er hat sich an den Chef herangemacht; die Gefahr bestand, dass ... kriminelle Elemente ... dazusteigen und sich ... an den Fahrgast heranmachen (MM 31. 7. 74, 9).

he|ran|müs|sen ‹unr. V.; hat›: **1.** vgl. herandürfen. **2.** (ugs.) *eine Arbeit, Aufgabe übernehmen müssen:* schon als Kind musste ich im Haushalt heran *(mithelfen).*

he|ran|na|hen ‹sw. V.; ist› (geh.): **1.** *sich nähern:* ich sah die Bewaffneten h. **2.** *herankommen* (1 b): es besagt nur, dass ich den Augenblick h. fühlte (Benrath, Konstanze 37); der herannahende Winter.

he|ran|neh|men ‹st. V.; hat›: *(bei einer bestimmten Arbeit, mit bestimmten Anforderungen) stark beanspruchen.*

he|ran|pfei|fen ‹st. V.›: **1.** *sich mit pfeifendem Geräusch dem Ort des Sprechenden nähern* ‹ist›: Manchmal pfeift eine Granate heran (Remarque, Westen 200). **2.** *durch Pfiff zu verstehen geben heranzukommen* ‹hat›: ich pfiff den Hund heran.

he|ran|pir|schen, sich ‹sw. V.; hat›: *heranschleichen* (b): Dagegen entgeht ihm, wie sich Adjutant Andropow heranpirscht und hinter dem Sofa stehen bleibt (Bieler, Bär 159).

he|ran|rei|chen ‹sw. V.; hat›: **1.** *etw. erreichen* (1): das Kind kann noch nicht an das Regal h. **2.** *jmdm., einer Sache qualitätsmäßig gleichkommen:* an ihr, ihre Leistung reicht so schnell keine h.; Sendungen ..., die an die alliierten Rundfunksendungen des Westens heranreichten (Leonhard, Revolution 225). **3.** (landsch.) *für etw. reichen, lang genug sein:* diese Schnur reicht nicht heran.

he|ran|rei|fen ‹sw. V.; ist›: **a)** *allmählich den Zustand der Reife erreichen:* Getreide, Früchte reifen heran; ein Schimmelkäse, der in einer nahe gelegenen Käserei herangereift war (Brückner, Quints 58); Ü einen Entschluss, die Ausführung eines Plans h. lassen; dass in all diesen Jahren auf ideologischem Gebiet Probleme heranreiften, die der Lösung harrten (horizont 12, 1977, 12); **b)** *langsam [durch Vervollkommnung] zu etw. Bestimmtem werden:* der Jugendliche ist zum Erwachsenen herangereift; sie reifte zur großen Künstlerin heran.

he|ran|rol|len ‹sw. V.›: **a)** *etw. in die Nähe des Sprechenden, an eine bestimmte Stelle rollen* ‹hat›: Das Flugzeug ... kam genau vor dem Flughafengebäude zum Stehen. Gangways wurden herangerollt (Simmel, Stoff 526); **b)** *in die Nähe, an den Ort des Sprechenden rollen* ‹ist›: sie ... machte das Geräusch heranrollender Panzer (Böll, Adam 36).

he|ran|rü|cken ‹sw. V.›: **a)** *etw. in die Nähe des Sprechenden, nahe an eine bestimmte Stelle rücken* ‹hat›: den Stuhl an den Tisch h.; ich rückte mir den Ohrensessel heran (Bieler, Bonifaz 158); **b)** *in die Nähe des Sprechenden, nahe an eine bestimmte Stelle rücken* ‹ist›: dicht an jmdn., an den Ofen h.; alle aber rückten näher an Bochow heran. Noch leiser fuhr dieser fort (Apitz, Wölfe 355); **c)** *herankommen* (1 b) ‹ist›: So rückte der Tag heran (Winckler, Bomberg 199); je näher Weihnachten heranrückte, ... (v. d. Grün, Glatteis 56).

he|ran|ru|fen ‹st. V.; hat›: *zu sich, an eine bestimmte Stelle rufen:* Meinck rief ein Taxi heran (Weber, Tote 14).

he|ran|schaf|fen ‹sw. V.; hat›: *an den Ort des Sprechenden, zum Sprechenden, an eine bestimmte Stelle schaffen* (5).

he|ran|schie|ben ‹st. V.›: **1.** ‹hat› **a)** *etw. in die Nähe von jmdm., etw. schieben;* **b)** ‹h. + sich› *sich in die Nähe von jmdm., etw. schieben:* Langsam schiebt sich ein Demonstrationszug vom Markt her heran (Remarque, Obelisk 218). **2.** (salopp) *träge, schwer, langsam, schleppend herankommen* ‹ist›: mit langen Messern schlitzten die Fouriere das Fleisch und teilten den Männern aus, die in Schlangen heranschoben (Gaiser, Jagd 184).

he|ran|schlei|chen ‹st. V.›: **a)** *in die Nähe von jmdm., etw., an den Ort des Sprechenden schleichen* ‹ist›: ..., war es mir, als ob eine andere menschliche Gestalt heranschliche (Jahnn, Geschichten 34); **b)** ‹h. + sich› *sich in die Nähe von jmdm., etw., an den Ort des Sprechenden schleichen* ‹hat›: Da ein tiefer Graben mir gute Deckung bot, konnte ich mich nahe genug an die Vögel h. (Lorenz, Verhalten I, 30).

he|ran|schlen|dern ‹sw. V.; ist›: *in die Nähe, an den Ort des Sprechenden, an eine bestimmte Stelle schlendern.*

he|ran|schlep|pen ‹sw. V.; hat›: **a)** *schleppend heranbringen:* Die Bude wird ... mit Matratzen belegt, die wir aus den Häusern heranschleppen (Remarque, Westen 163); **b)** ‹h. + sich› *sich in die Nähe, an den Ort des Sprechenden, an eine bestimmte Stelle schleppen* (6).

he|ran sein: s. heran.

he|ran|sol|len ‹unr. V.; hat› (ugs.): vgl. herandürfen.

he|ran|spren|gen ‹sw. V.; ist›: *im schnellen Galopp herankommen* (1 a): wenn die Tuareg anreiten in schneeweißen Burnussen und ihre Gewehre schwingen und bis an den Fuß der Schanze heransprengen (Loest, Pistole 12).

he|ran|ste|hen ‹st. V.; ist› (österr.): *fällig sein:* Ein solcher Fall steht jetzt wieder in einem westlichen Land heran (*steht ... bevor;* Vorarlberger Nachr. 9. 11. 68, o. S.).

he|ran|stür|men ‹sw. V.; ist›: *sich in wilder Bewegung nähern.*

he|ran|tas|ten, sich ‹sw. V.; hat›: **1.** *sich in die Nähe von jmdm., etw., an den Ort des Sprechenden tasten:* ich tastete mich in der Dunkelheit an die Leiter heran. **2.** *sehr vorsichtig an eine Sache herangehen* (2): sich an ein Problem h.; wir können – um uns an das Geheimnis heranzutasten – an große, heilige Bildwerke denken, an Ravenna vielleicht (Goes, Hagar 39).

he|ran|tra|gen ‹st. V.; hat›: **1.** *in die Nähe, an den Ort des Sprechenden, an eine bestimmte Stelle tragen:* wenn sich ein Weibchen eingefunden hat und nun dauernd in der Mulde sitzen bleibt und die vom Männchen herangetragenen Zweige ordnet (Lorenz, Verhalten I, 233). **2.** *(ein Anliegen o. Ä.) jmdm. gegenüber vorbringen:* Offerten und Angebote regionaler und überregionaler Firmen, die spontan an die Direktion des Unternehmens herangetragen worden sind, stehen noch zur Diskussion (Nordschweiz 29. 3. 85, 9); an die Regierung herangetragene Wünsche.

he|ran|trau|en, sich ‹sw. V.; hat› (ugs.): *sich in die Nähe von jmdm., etw. trauen:*

er traute sich nicht an den bärenstarken Kerl heran; weil er sich bei etwas Granatfeuer mit seinem Kessel nicht nahe genug herantraute, sodass unsere Essenholer einen viel weiteren Weg machen mussten (Remarque, Westen 10); Ü sich nicht an eine Sache h. *(sich nicht trauen, sie in Angriff zu nehmen).* Subventionierung von Mieten... Bereiche, an die sich bisher niemand herangetraut hat (Woche 14. 3.97, 33).

he|ran|tre|ten ‹st. V.; ist›: **1. a)** *in die Nähe, an den Ort des Sprechenden, an eine bestimmte Stelle treten:* der Arzt trat näher an das Bett der Kranken heran; Hauptmann Tomas sprang heraus, trat an einen Mann heran (Plievier, Stalingrad 153); Treten Sie wieder heran und sagen Sie uns einmal ganz genau, ... (Th. Mann, Krull 117); **b)** *entstehen u. dadurch jmdn. zwingen, sich mit der Sache auseinander zu setzen:* Probleme, Fragen, Zweifel, Versuchungen, Anfechtungen treten an jmdn. heran; Das Unglück tritt in beständig sich verändernder Form an den Christen heran (Nigg, Wiederkehr 148). **2. a)** *sich mit etw. an jmdn. wenden:* mit Bitten, Vorschlägen, Eingaben, Resolutionen an das Komitee h.; Er war sogar von sich aus an die Verfolgten herangetreten, um ihnen zu helfen (Hochhuth, Stellvertreter 268); Mit einer entsprechenden Initiative sind jetzt die rotgrünen Regierungen... an die Bahn herangetreten (natur 7, 1991, 18); **b)** *an etw. herangehen* (2), *sich mit etw. auseinander setzen:* Eine weltbekannte Firma war an das Projekt zunächst mit Skepsis herangetreten (Welt 25. 11. 65, 13); Die Art, wie Winckelmann an die Kunst und ihre Geschichte herantrat (Friedell, Aufklärung 193).

he|ran|wach|sen ‹st. V.; ist›: *allmählich ein bestimmtes Stadium der Reife erreichen:* das Mädchen ist zur Frau herangewachsen; die heranwachsende Generation; eine wenige Tage alte Graugans ..., die bis dahin bei ihren Eltern herangewachsen *(aufgewachsen)* ist (Lorenz, Verhalten I, 140); Ü Ringsumher wuchsen Konkurrenten heran *(bildeten sich allmählich Konkurrenten heraus;* Koeppen, New York 15); Er sträubte sich... gegen die in diesen Wochen und Monaten heranwachsende Idee eines gemeinschaftlichen Lebens (Henze, Reiselieder 210).

He|ran|wach|sen|de, der u. die; -n, -n ‹Dekl. ↑Abgeordnete›: **a)** *jmd., der heranwächst:* von manch einem Gespräch hat der H. mit Sicherheit profitiert (Reich-Ranicki, Th. Mann 229); **b)** (Rechtsspr.) *jmd., der das achtzehnte, aber noch nicht das einundzwanzigste Lebensjahr vollendet hat:* Jung, der zur Tatzeit strafrechtlich gesehen noch -r war (MM 3. 5. 66, 11); ..., ob der Angeklagte bei Begehung der Tat noch -r oder schon 21 Jahre alt war (Welt 9. 11. 88, 4).

he|ran|wa|gen, sich ‹sw. V.; hat›: *wagen, sich jmdm., einem Tier, Gegenstand zu nähern:* das Kind wagte sich nicht an den knurrenden Hund heran; Ü sie hat sich an dieses heikle Problem, an diese schwierige Frage noch nicht herangewagt *(hat noch nicht gewagt, sich damit auseinander zu setzen).*

he|ran|win|ken ‹sw. V.; hat›: *zu sich winken:* Er winkte einen Diener heran, flüsterte ihm ins Ohr (Bieler, Bonifaz 162); Der Beamte winkte ein Taxi heran (Remarque, Triomphe 229).

he|ran|wol|len ‹unr. V.; hat› (ugs.): vgl. herandürfen.

he|ran|zie|hen ‹unr. V.›: **1. a)** vgl. heranrücken (a) ‹hat›: Großvater ... zog mit der Krücke vom Nachbartisch einen freien Stuhl heran (Borkowski, Wer 46); **b)** *sich [langsam] stetig [dem Ort des Sprechenden] nähern* ‹ist›: eine Gruppe junger Leute zog lärmend und lachend heran; Ü das Gewitter ist von Westen herangezogen. **2.** ‹hat› **a)** *aufziehen, zum Gedeihen bringen:* Pflanzen, junge Tiere [sorgsam] h.; **b)** *systematisch auf ein bestimmtes Ziel hin, zu einem bestimmten Zweck ausbilden:* du musst dir rechtzeitig einen Nachfolger h.; Musste man wirklich mit solchen Methoden Genossen zu Funktionären h.? (Leonhard, Revolution 186). **3.** ‹hat› **a)** *jmdn. beauftragen, eine bestimmte Sache zu überprüfen u. seine Meinung, sein Urteil abzugeben:* zur Klärung dieser Frage wurden Sachverständige, Fachleute herangezogen; **b)** *[bei etw.] zu einem bestimmten Zweck einsetzen:* ausländische Arbeitskräfte h.; Hierfür wird der Schüler Karl Kaiser aufgrund der Notverordnung ... zum langfristigen Notdienst herangezogen (Lentz, Muckefuck 237); Ein Asyl suchender Ausländer ... kann zur Leistung gemeinnütziger und zusätzlicher Arbeit ... herangezogen werden (NJW 19, 1984, XL); der gemeinsame Vorteil, ... für welchen die Ersparnisse beider Gruppen herangezogen werden mussten (Hofstätter, Gruppendynamik 97). **4.** *für etw. in Betracht ziehen, verwenden; bei etw. berücksichtigen* ‹hat›: einen Paragraphen, sämtliche Quellen h.; etw. zum Vergleich h.; Die Röntgenaufnahmen der Operation wurden herangezogen und mit dem Bein des exhumierten Leichentorsos verglichen (Prodöhl, Tod 199); Hinsichtlich der Stromerzeugung sollte die Kernenergie nur eingesetzt werden, wenn nachgewiesen ist, die Kohle kann nicht herangezogen werden (Saarbr. Zeitung 5. 10. 79, 28).

He|ran|zie|hung, die: *das Heranziehen.*

He|rä|on: ↑Heraion.

He|rat, der; -[s], -s [nach der Stadt Herat in Afghanistan]: *dichter, kurz geschorener, meist rotgrundiger Teppich mit Heratimuster.*

He|ra|ti|mus|ter, das [zu ↑Herat]: *aus Rosetten, Sternen, Blüten u. Blättern in geometrischer Anordnung bestehendes Teppichmuster.*

he|rauf ‹Adv.› [mhd. her ūf, ahd. hera ūf, aus ↑her u. ↑auf]: **1.** *von dort unten hierher nach oben:* h. geht die Fahrt langsamer als hinunter; ‹als Verstärkung der Präp. »von«:› vom Tal h. **2.** (ugs.) *von Süden nach Norden (vom Norden aus betrachtet):* sie hat von Bayern h. nach Norddeutschland geheiratet.

he|rauf|ar|bei|ten, sich ‹sw. V.; hat›: **1.** *von einer [unterhalb des Sprechenden gelegenen] Stelle nach oben arbeiten* (3b): Würmer, die sich aus der feuchten Gartenerde heraufarbeiten (Remarque, Obelisk 28). **2.** *sich hocharbeiten:* sich vom Lehrling zum Filialleiter h.; er hat sich in die Spitze des Unternehmens heraufgearbeitet.

he|rauf|be|för|dern ‹sw. V.; hat›: *von dort unten hierher nach oben befördern.*

he|rauf|be|mü|hen ‹sw. V.; hat›: **1.** *bitten, freundlicherweise heraufzukommen:* darf ich Sie noch einmal auf die Bühne h.? **2.** ‹h. + sich› *freundlicherweise heraufkommen:* Wollen Sie sich h., dort ist das Mikrophon (Hacks, Stücke 312).

he|rauf|be|schwö|ren ‹st. V.; hat›: **1.** *durch bestimmte [unüberlegte, unbedachte] Handlungen eine missliche Situation o. Ä. verursachen:* eine Gefahr, einen Streit, Unheil h.; Das Fernsehen beschwört nur Konflikte in der Familie herauf (Eltern 2, 1980, 28); ob es klug von den Alliierten war, von Deutschland bedingungslose Kapitulation zu fordern, ob nicht die angedrohten Strafen und die geplante Zerstückelung verzweifelten Widerstand heraufbeschworen haben (Loest, Pistole 72). **2.** *an etw. Vergangenes erinnern u. es [zur Mahnung] eindringlich darstellen:* die Vergangenheit, die Freuden der Jugend, die Schrecken des Krieges, das Erlebnis der Flucht h.; vielleicht möchte ich manchmal nichts als eine Kindheitsidylle h. (Mayröcker, Herzzerreißende 158).

he|rauf|bit|ten ‹st. V.; hat›: *(jmdn.) bitten heraufzukommen.*

he|rauf|brin|gen ‹unr. V.; hat›: **a)** *von dort unten hierher nach oben bringen* (1, 2); **b)** *als Gast mit herauf in die Wohnung bringen:* sie durfte ihren Freund nicht mit h.

he|rauf|däm|mern ‹sw. V.; ist› (geh.): *(vom ersten Tageslicht) sich allmählich vom Horizont her über den Himmel verbreiten:* der Morgen dämmert herauf; Ü eine neue Zeit dämmert herauf *(bricht an).*

he|rauf|drin|gen ‹st. V.; ist›: *von dort unten hierher nach oben dringen:* Lärm, Lachen, ein Duft drang zu mir herauf.

he|rauf|dür|fen ‹unr. V.; hat› (ugs.): **1.** *heraufkommen, -gehen, -fahren o. Ä. dürfen.* **2.** *heraufgebracht* (2) *werden dürfen.*

he|rauf|ei|len ‹sw. V.; ist›: *von dort unten hierher nach oben eilen.*

he|rauf|fah|ren ‹st. V.›: **1.** *von dort unten hierher nach oben fahren* (1 a, 2 a) ‹ist›. **2.** *von dort unten hierher nach oben fahren* (4 b, 7) ‹hat›.

he|rauf|füh|ren ‹sw. V.; hat›: **1.** *von dort unten hierher nach oben führen* (1, 7 b). **2.** (geh.) *in die Wege leiten, vorbereiten u. verwirklichen, den Auftakt zu etw. geben:* ... hat ... ihn auserwählt, ... ein neues Zeitalter ... heraufzuführen (Thieß, Reich 340).

he|rauf|he|ben ‹st. V.; hat›: *von dort unten hierher nach oben heben.*

he|rauf|ho|len ‹sw. V.; hat›: *von dort unten hierher nach oben holen* (1 a, b).

he|rauf|klet|tern ⟨sw. V.; ist⟩: *von dort unten hierher nach oben klettern.*

he|rauf|kom|men ⟨st. V.; ist⟩: **1.** *von dort unten hierher nach oben kommen:* meine Mutter kam die Treppe herauf. **2. a)** *am Horizont erscheinen u. am Himmel aufwärts steigen:* der Mond, die Sonne kommt herauf; **b)** *nahen, unmittelbar bevorstehen u. sich ankündigen:* ein Unwetter kommt herauf; Böllerschüsse, die vor einer heraufkommenden Hochwassergefahr warnten (Lenz, Brot 158); **c)** *von unten nach oben getragen werden:* vom Tal kommt das Geläute der Glocken, grauer Nebel herauf; Von der Wohnung Zierfuß kam ein pumperndes Geräusch herauf (Sommer, Und keiner 274).

he|rauf|kön|nen ⟨unr. V.; hat⟩ (ugs.): vgl. heraufdürfen.

he|rauf|krie|chen ⟨st. V.; ist⟩: *von dort unten hierher nach oben kriechen.*

He|rauf|kunft, die; - [zu ↑heraufkommen (2)] (geh.): *allmähliches Sichereignen, Wirklichkeitwerden von etw.*

he|rauf|las|sen ⟨st. V.; hat⟩ (ugs.): *heraufkommen* (1) *lassen.*

he|rauf|lau|fen ⟨st. V.; ist⟩: *von dort unten hierher nach oben laufen.*

he|rauf|müs|sen ⟨unr. V.; hat⟩ (ugs.): vgl. heraufdürfen (1).

he|rauf|neh|men ⟨st. V.; hat⟩: *heraufholen.*

he|rauf|rei|chen ⟨sw. V.; hat⟩: **1.** *von dort unten hierher nach oben reichen, geben:* er reichte den Eimer aus dem Graben herauf. **2.** (ugs.) *von dort unten hierher nach oben reichen* (3): die Leiter reicht bis zum Dach herauf.

he|rauf|ren|nen ⟨unr. V.; ist⟩: vgl. herauflaufen.

he|rauf|ru|fen ⟨st. V.; hat⟩: **1.** *von einer [unterhalb des Sprechenden gelegenen] Stelle nach oben rufen.* **2.** *etw. Vergangenes, Vergessenes wieder bewusst werden lassen:* Er nannte es das Licht der Toten, weil es die Erinnerung heraufrief (Wiechert, Jeromin-Kinder 558).

he|rauf|schaf|fen ⟨sw. V.; hat⟩: *von dort unten hierher nach oben schaffen.*

he|rauf|schal|len ⟨sw. V.; hat⟩: *von dort unten hierher nach oben schallen.*

he|rauf|schal|ten ⟨sw. V.; hat⟩ (ugs.): *hochschalten.*

he|rauf|schau|en ⟨sw. V.; hat⟩ (landsch.): *heraufsehen.*

he|rauf|schi|cken ⟨sw. V.; hat⟩: *von dort unten hierher nach oben schicken* (1, 2 a).

he|rauf|schie|ßen ⟨st. V.⟩: **1.** ⟨hat⟩ **a)** *von dort unten hierher nach oben schießen;* **b)** *etw. durch Schießen von dort unten hierher nach oben befördern.* **2.** ⟨ist⟩ **a)** *sich äußerst heftig u. schnell nach oben bewegen:* Da schießt das Wasser durch das Schott herauf (Bobrowski, Mühle 92); **b)** (ugs.) *mit großer Eile u. Heftigkeit herauflaufen:* sie kam zu mir heraufgeschossen. **3.** (selten) *schnell wachsen u. eine beachtliche Höhe erreichen* ⟨ist⟩: es schossen schon wieder Jungstämme herauf (Gaiser, Schlußball 209).

he|rauf|se|hen ⟨st. V.; hat⟩: *von dort unten hierher nach oben sehen.*

he|rauf|set|zen ⟨sw. V.; hat⟩: *erhöhen, anheben:* die Preise, Mieten h.; das Mindestalter für Bewerber h.; Hypothekenschuldner von Sparkassen müssen damit rechnen, dass die Zinsen für ihre Darlehen heraufgesetzt werden (Welt 20. 8. 65, 11).

He|rauf|set|zung, die; -, -en: *das Heraufsetzen; Heraufgesetztwerden.*

he|rauf|sol|len ⟨unr. V.; hat⟩ (ugs.): vgl. heraufdürfen (1).

he|rauf|sprin|gen ⟨st. V.; ist⟩: **a)** *von dort unten hierher nach oben springen;* **b)** (ugs.) *heraufeilen.*

he|rauf|stei|gen ⟨st. V.; ist⟩: **1.** *von dort unten hierher nach oben steigen:* sie werden heute nicht mehr [den Berg] bis zu mir h. können; steig bitte [die Treppe] herauf und hilf mir!; Ü Klänge, Nebelwolken steigen vom Tal herauf. **2.** (geh.) **a)** *aufsteigen* (5): Erinnerungen stiegen in ihr herauf; **b)** *(von einem Zeitabschnitt) anbrechen, beginnen:* die Dämmerung steigt herauf; die neu heraufsteigende Zeit eines bürgerlich demokratischen Individualismus (Thieß, Reich 37).

he|rauf|stür|zen ⟨sw. V.; ist⟩: *gehetzt nach oben eilen.*

he|rauf|tö|nen ⟨sw. V.; ist⟩: vgl. heraufschallen.

he|rauf|tra|gen ⟨st. V.; hat⟩: *nach oben tragen.*

he|rauf|wol|len ⟨unr. V.; hat⟩: vgl. heraufdürfen (1).

he|rauf|zie|hen ⟨unr. V.⟩: **1.** *von dort unten hierher nach oben ziehen* ⟨hat⟩ *(1, 2 a, b, 5 a).* **2.** *vom Horizont her sichtbar werden u. näher kommen* ⟨ist⟩: ein Unwetter, ein Gewitter zieht herauf; Ü ein heraufziehendes Unheil, Schicksal; Soziologen sehen schon nicht mehr die Zwei-Drittel-Gesellschaft in den Industriestaaten h. (Woche 17. 1. 97, 1); In großer Offenheit ... sprachen wir über die heraufziehende Ölkrise (W. Brandt, Begegnungen 330). **3.** ⟨ist⟩ **a)** *von dort unten hierher nach oben ziehen* (7): [vom Erdgeschoss] in den dritten Stock h.; wir sind von München heraufgezogen *(in diesen in Norddeutschland gelegenen Ort gezogen);* **b)** *von dort unten hierher nach oben ziehen* (8).

he|raus ⟨Adv.⟩ [mhd. her ūȥ, ahd. hera ūȥ, aus ↑her und ↑aus]: *von dort drinnen hierher nach draußen:* h. mit euch [an die frische Luft]!; h. aus dem Bett, den Federn (ugs.; *aufstehen*)!; h. mit dem Geld (ugs.; *geben Sie/gib das Geld her*)!; die ersten Schneeglöckchen sind schon h. (ugs.; *haben schon zu blühen begonnen*); er ist aus dem Knast h. (ugs.; *entlassen*); mein Blinddarm ist schon lange h. (ugs.; *operativ entfernt*); der Splitter ist h. (ugs.; *entfernt*); aus dem Trubel der Stadt h. sein (ugs.; *sich davon entfernt haben*); Ü aus diesem Alter bin ich langsam h. (ugs.; *ich bin nicht mehr in diesem Alter*); aus einer schwierigen Situation, einem Dilemma h. sein (ugs.; *eine schwierige Situation, ein Dilemma überstanden haben*); der Termin ist noch nicht h. (ugs.; *steht noch nicht fest*); es ist noch nicht h. (ugs.; *entschieden*), wann sie abreist; Es ist noch nicht h. (ugs.; *steht noch nicht fest*), ob die Damen in England um 1830 so ausgesehen haben (Tucholsky, Werke II, 305); das neue Modell, der neue Film ist h. (ugs.; *ist auf dem Markt, ist öffentlich zugänglich*); endlich ist sie mit ihrem Wunsch, ihrem Anliegen h. (ugs.; *hat sie ihren Wunsch, ihr Anliegen zur Sprache gebracht*); die ganze Geschichte, Wahrheit, der ganze Schwindel ist h. (ugs.; *öffentlich bekannt geworden*); wer der Täter war, ist noch nicht h. (ugs.; *bekannt*); ⟨als Verstärkung der Präp. »aus«:⟩ aus ... h. (↑aus 2).

he|raus|ar|bei|ten ⟨sw. V.; hat⟩: **1. a)** *Teile innerhalb eines Ganzen so bearbeiten, gestalten, dass sie sich plastisch abheben;* **b)** *innerhalb eines größeren Zusammenhangs das, worauf es ankommt, deutlich machen, hervorheben:* Unterschiede, verschiedene Standpunkte h.; auf Zufälligkeit käme es nicht an, das Typische gälte es bei dieser Persönlichkeit herauszuarbeiten (Loest, Pistole 160). **2.** ⟨h. + sich⟩ *sich unter Anstrengung aus etw. befreien:* sich aus dem Gestrüpp, Schlamm h.; eine pelzvermummte Gestalt arbeitete sich keuchend heraus (= aus der Schneewehe; Schnurre, Bart 162). **3.** (ugs.) *(Arbeitszeit) vor- od. nacharbeiten:* freigenommene Arbeitsstunden h.

He|raus|ar|bei|tung, die; -, -en: *das Herausarbeiten* (1).

he|raus|bei|ßen ⟨st. V.; hat⟩: **1.** *durch Abbeißen ein Stück aus einem Ganzen lösen.* **2.** ⟨h. + sich⟩ (selten) *ausbeißen* (1).

he|raus|be|kom|men ⟨st. V.; hat⟩: **1.** *aus etw. lösen, entfernen können:* den Nagel [aus dem Brett], den Fleck [aus dem Kleid] nicht h. **2. a)** (ugs.) *die Lösung von etw. finden:* die Mathematikaufgabe h.; **b)** *etw., was verborgen od. unklar ist u. worüber man gern Bescheid wüsste, durch geschicktes Vorgehen ermitteln:* ein Geheimnis h.; es war nichts/kein Wort aus ihr herauszubekommen *(es gelang uns nicht, ihr etw. [über das, was wir gern gewusst hätten] zu entlocken);* so viel hatte er über die Angelegenheit Gimpf herausbekommen (Plievier, Stalingrad 60); Sie wollten mich fangen. Sie haben herausbekommen, dass ich hier bin (Remarque, Obelisk 250); Man hat nicht herausbekommen, wer sie eigentlich war (Grzimek, Serengeti 117); Es war unmöglich, um diese Zeit herauszubekommen, wo Kahn wohnte (Sebastian, Krankenhaus 88). **3.** *eine bestimmte Summe als Wechselgeld zurückgezahlt bekommen:* So besoffen sind wir nicht, ... Da bekomme ich noch was heraus (Zenker, Froschfest 107).

he|raus|beu|gen, sich ⟨sw. V.; hat⟩: *sich von dort drinnen hierher nach draußen beugen.*

he|raus|bil|den ⟨sw. V.; hat⟩: **a)** ⟨h. + sich⟩ *allmählich aus etw. entstehen, sich aus etw. entwickeln:* Es hatten sich in den zwei Jahren nach dem Ende der Sowjetherrschaft keine Parteien h. können, die im Lande Fuß gefasst hätten (Ruge, Land 304); aus der jahrelangen geschäftlichen Partnerschaft hat sich ein Vertrauensverhältnis herausgebildet; Für die Wiederholungswahl haben sich verschiedene Formen herausgebildet (Fraenkel, Staat 356); Es ist merkwürdig, was für eine Etikette sich gerade für das Unglück herausgebildet hat! (Remarque, Triomphe 254); **b)** (selten) *hervorbringen, entwickeln:* Es sind ... Verbindungen von Elementen, die ... etwas überraschend Neues herausbilden (Thieß, Reich 417).

He|raus|bil|dung, die; -, -en: *das [Sich]herausbilden.*

he|raus|bit|ten ‹st. V.; hat›: *jmdn. bitten herauszukommen.*

he|raus|bli|cken ‹sw. V.; hat› (geh.): *heraussehen.*

he|raus|boh|ren ‹sw. V.; hat›: *durch Bohren entfernen.*

he|raus|bo|xen ‹sw. V.; hat›: **1.** (Fußball, Handball) *herausfausten.* **2.** (ugs.) *sich für jmdn. einsetzen u. ihn aus einer schwierigen Situation befreien.*

he|raus|bre|chen ‹st. V.›: **1. a)** *brechend aus einem Ganzen lösen* ‹hat›: ein paar Fliesen aus der Wand h.; Ü In der SPD-Fraktion, die ganz entschieden von sich weist, eine Stimme aus den beiden anderen Lagern herausgebrochen zu haben (Saarbr. Zeitung 1. 12. 79, 17); **b)** *sich durch starken Druck o. Ä. [brechend] aus einem Ganzen lösen* ‹ist›: große Stücke brachen aus der Felswand heraus. **2.** *(von Gefühlsäußerungen) plötzlich u. unvermittelt zum Ausbruch kommen* ‹ist›: Zorn, Hass brach aus ihm heraus; da war es aus ihr herausgebrochen, nicht zu halten, dieser schreckliche Schrei (Fallada, Herr 170); »Herr, schütze mich vor meinen Freunden«, bricht es aus Blüm heraus, »mit meinen Gegnern komme ich allein zurecht«. (Woche 14. 11.97, 3). **3.** (selten) *herausschlagen* (2): der Wagen war noch nicht auf der Straße zur Zanzaschlucht eingebogen, als Flammen aus den Gebäuden herausbrachen (Plievier, Stalingrad 189). **4.** (ugs.) *erbrechen* (2a) ‹hat›: das ganze Essen wieder h.

he|raus|brin|gen ‹unr. V.; hat›: **1.** *von dort drinnen hierher nach draußen bringen:* bitte, bring uns doch noch einen Liegestuhl [auf die Terrasse] heraus! **2.** (ugs.) *herausbekommen* (1): die Rotweinflecken habe ich nicht mehr herausgebracht. **3. a)** *ein Werk, einen Autor veröffentlichen:* das Gesamtwerk Goethes als Taschenbuchreihe h.; das Theater hat ein neues Stück herausgebracht *(aufgeführt);* **b)** *in den Handel, auf den Markt bringen:* eine neue Briefmarkenserie, ein neues Automodell h.; Irgendeiner hat Gedichte von Hamberger vertont und als Langspielplatte herausgebracht (Zenker, Froschfest 188); er hatte ihr gesagt, er wolle sie [ganz] groß h. (ugs.; *mit aufwendiger Werbung der Öffentlichkeit bekannt machen, vorstellen*). **4.** (ugs.) *herausbekommen* (2). **5.** *(von Lauten, Tönen o. Ä.) von sich geben; hervorbringen:* vor Aufregung konnte sie kein Wort h.; Er war solchen Kerlen ... nicht gewachsen. Deshalb brachte er nur heraus: »Entschuldige ...« (Prodöhl, Tod 40).

he|raus|brül|len ‹sw. V.; hat›: *die Beherrschung verlierend plötzlich brüllend äußern:* seinen ganzen Ärger h.

he|raus|des|til|lie|ren ‹sw. V.; hat›: **1.** (Chemie) *einen bestimmten Anteil durch Destillation aus einem Gemisch gewinnen.* **2.** *klar herausarbeiten* (1b): die Grundidee aus dem Text h.; Denn wie sollte ein theologischer Lehrsatz aussehen, den man aus dieser Geschichte h. wollte? (Thielicke, Ich glaube 244).

he|raus|dre|hen ‹sw. V.; hat›: *durch Drehen entfernen:* die Birne [aus der Fassung] h.; Ü er hatte das Gefühl, sich glänzend herausgedreht zu haben *(sich mit Gewandtheit aus einer unangenehmen Situation befreit zu haben;* Remarque, Triomphe 118).

he|raus|drin|gen ‹st. V.; ist›: *von dort drinnen hierher nach draußen dringen.*

he|raus|drü|cken ‹sw. V.; hat›: **1.** *von dort drinnen hierher nach draußen drücken:* Zahnpasta aus der Tube h.; ... sagte sie und drückte Wasser und Spucke zwischen ihren Lippen heraus (Hausmann, Abel 119). **2.** *einen Körperteil (bes. Brust, Bauch, Hüfte) durch eine bestimmte Haltung vorwölben:* er zog den Bauch ein und drückte die Brust heraus; als er sie da so stehen und den Arsch nach der Seite h. sah (H. Gerlach, Demission 140).

he|raus|dür|fen ‹unr. V.; hat›: *herauskommen, -gehen, -fahren o. Ä. dürfen.*

he|raus|ei|tern ‹sw. V.; ist›: *mit Eiter aus einer Wunde abgesondert werden.*

he|raus|fah|ren ‹st. V.›: **1.** ‹ist› **a)** *von dort drinnen hierher nach draußen fahren* (1a): der Zug fährt aus dem Bahnhof heraus; **b)** *von dort drinnen hierher nach draußen fahren* (2a): sie ist/kam mit dem Wagen aus der Garage, Einfahrt herausgefahren; **c)** *zu einem außerhalb gelegenen Ort fahren* (2a), *um hier jmdn. zu besuchen o. Ä.* ‹meist 2. Part. + kommen›: Eines Sonntags kam nämlich ein Amerikaner zu Carr Hartley herausgefahren (Grzimek, Serengeti 141). **2.** *von dort drinnen hierher nach draußen fahren* (3b, 6) ‹hat›. **3.** ‹ist› (ugs.) **a)** *nach draußen fahren* (9a): erschrocken aus dem Bett h.; **b)** *entschlüpfen* (2): gerade dieses Wort musste ihr h.!; Gustl biss sich auf die Zunge. Sonst wäre ihm herausgefahren: »Sie wären damit bestimmt auch nicht zufrieden.« (Kühn, Zeit 207). **4.** (Sport) *durch schnelles, geschicktes Fahren erzielen* ‹hat›: eine gute Zeit, einen Vorsprung, einen Rekord, einen Sieg h. **5.** (Jägerspr.) *ausfahren* (14) ‹ist›. **6.** (Jägerspr.) *ausfahren* ‹hat›.

he|raus|fal|len ‹st. V.; ist›: **1. a)** *von dort drinnen hierher nach draußen fallen* (1a): die Äpfel sind aus dem Korb, das Kind ist aus dem Bett herausgefallen; **b)** *von dort drinnen hierher nach draußen fallen* (7b): aus den Türen herausfallendes graues Licht (Plievier, Stalingrad 306). **2.** *in auffallender Weise anders sein als üblich u. sich deshalb außerhalb einer bestimmten Ordnung bewegen:* Vorgänge, die aus aller Konvention herausfallen; sie fällt [mit ihrer Meinung] aus dem Kreis der Befragten heraus; Sie gab sich ja Mühe hineinzupassen, sie fiel nicht aus bloßem Übermut heraus (Chr. Wolf, Nachdenken 45).

he|raus|faus|ten ‹sw. V.; hat› (Handball, Fußball): *(vom Torwart) den Ball mit der Faust, den Fäusten wegstoßen u. so abwehren.*

he|raus|feu|ern ‹sw. V.; hat›: *[fristlos] entlassen.*

he|raus|fil|tern ‹sw. V.; hat›: **1. a)** *(meist etw. Unreines od. nicht Verwendungsfähiges) durch einen Filter* (1) *von etw. trennen, absondern:* Trübstoffe [aus Fruchtsäften] h.; **b)** *(bestimmte Frequenzen) durch einen Filter* (4) *aussondern:* Im 25-HZ-Filter werden alle Frequenzanteile oberhalb und unterhalb der Mittenfrequenz herausgefiltert (Elektronik 12, 1971, 427). **2.** *aus einer Menge [als infrage kommend, brauchbar, geeignet] heraussuchen, aussondern:* aus einer Vielzahl von Schriften das Original h.; unbeschreibliche Geduld ist vonnöten, aus ... Gutachten und Tatindizien bewertbares Material herauszufiltern (Noack, Prozesse 116); Die beiden Wissenschaftler filterten aus einer Testgruppe die Personen heraus, die sich am entschiedensten zum Umweltschutz bekannt hatten (natur 1, 1996, 18); Ü Wird eine Rechenmaschine also irgendwann ... aus dem Muster von Gehirnströmen einzelne Gedanken, Gefühle und Stimmungen h. können? (natur 3, 1994, 32).

he|raus|fin|den ‹st. V.; hat›: **1.** *den Weg von dort drinnen hierher nach draußen finden, den Ausgang finden:* sie fand aus dem Labyrinth des Parks nur schwer heraus; nur schwer aus dem Bett h. *(ungern aufstehen);* ‹auch h. + sich:› ich habe mich aus dem Hochhaus kaum herausgefunden; Ü wir werden uns aus dem Schlamassel schon h. **2. a)** *eine Person od. Sache als die gesuchte in einer Menge finden:* die gewünschten Gegenstände schnell aus einem großen Haufen h.; **b)** *durch Nachforschungen entdecken:* sie haben den Fehler, die Ursache des Unglücks herausgefunden; Schicken Sie uns nach Miami ..., wir finden da heraus, wo Stonehouse abgeblieben ist (Prodöhl, Tod 276); Finde heraus, was er gesehen hat (Funke, Drachenreiter 81); Auf welche Wirkstoffe die Hersteller nun im Einzelnen setzen, ist für den Verbraucher nach wie vor nicht herauszufinden (Test 5, 1989, 67 [Zeitschrift]).

he|raus|fi|schen ‹sw. V.; hat› (ugs.): *jmdn., etw. aus etw. fischen* (2).

he|raus|flie|gen ‹st. V.›: **1.** ‹ist› **a)** *von dort drinnen hierher nach draußen fliegen* (1, 2, 4, 11); **b)** (ugs.) *herausfallen* (1). **2.** *ausfliegen* (2c) ‹hat›: man hat Frauen und Kinder aus der Stadt herausgeflogen.

he|raus|flie|ßen ‹st. V.; ist›: *von dort drinnen hierher nach draußen fließen.*

He|raus|for|de|rer, der; -s, -: **a)** *jmd., der einen anderen zum Kampf herausfordert;* **b)** (Sport) *jmd., der einen Titelinhaber herausfordert* (1b).

He|raus|for|de|rin, die; -, -nen: w. Form zu ↑Herausforderer.

he|raus|for|dern ‹sw. V.; hat›: **1. a)** *jmdn. auffordern, sich zum Kampf zu stellen:* er forderte seinen Nebenbuhler [zum Duell] heraus; **b)** (Sport) *einen Titelinhaber zu einem Kampf um seinen Titel auffordern.* **2.** *heraufbeschwören; jmdn. be-*

wusst reizen, um eine Reaktion zu erreichen; provozieren: eine Gefahr, das Schicksal leichtfertig, tollkühn h.; Protest, Kritik h.; Wo immer die beiden in diesen Tagen gesehen wurden, forderten sie jenes boshafte, manchmal gehässige Gerede heraus (Ransmayr, Welt 123); ihre Äußerungen forderten alle zum Widerspruch heraus; Seine Bücher sind schlecht, aber sie sind es in so außerordentlicher Weise, dass sie zu leidenschaftlichem Widerstand herausfordern (Reich-Ranicki, Th. Mann 161).

he|raus|for|dernd ⟨Adj.⟩: *durch unverhohlen aufreizende, anmaßende Art eine Reaktion verlangend:* ein -es Benehmen; er sah sie h. an.

He|raus|for|de|rung, die; -, -en: **1.** *das Herausfordern* (1 a, 2). **2.** (Sport) **a)** *das Herausfordern* (1 b): sein Recht auf H. wurde bestätigt; **b)** *Kampf, bei dem ein Herausforderer* (b) *mit einem Sportler um einen Titel kämpft:* er hat sich auf die H. gut vorbereitet. **3.** *Anlass, tätig zu werden; Aufgabe, die einen fordert* (3): eine künstlerische, kulturelle, berufliche H.; die -en des 21. Jahrhunderts; Trotz der technischen Pannen bedeutet der Start der Rakete einen bedeutenden Erfolg für die europäische Raumfahrtindustrie und eine H. an die USA (Saarbr. Zeitung 27. 12. 79, 15); Krebskrankheiten sind heute eine große H. für Chirurgen (MM 11. 6. 86, 3); eine neue H. suchen; unsre Mahnung an Luis, das Alter nicht mehr als H. zur Leistung ... anzusehen (Gregor-Dellin, Traumbuch 68).

He|raus|for|de|rungs|kampf, der: *Herausforderung* (2 b).

he|raus|fres|sen ⟨st. V.; hat⟩: **1.** *(meist von Tieren) einen Teil aus einem Ganzen fressen.* **2.** ⟨h. + sich⟩ (salopp) *(von jmdm., der ursprünglich schlecht ernährt ist) sehr viel essen u. dadurch wohlgenährt, dick werden:* er hat sich bei euch ganz schön herausgefressen; herausgefressene Parteibonzen.

he|raus|füh|len ⟨sw. V.; hat⟩: *durch starkes Einfühlungsvermögen bemerken.*

he|raus|füh|ren ⟨sw. V.; hat⟩: **1. a)** *von dort drinnen hierher nach draußen führen* (1): sie wurde zu uns herausgeführt; **b)** *durch seine Führung, Beratung o. Ä. bewirken, dass jmd., etw. aus einer unangenehmen Situation, Lage herauskommt:* jmdn. aus einer Krise h. **2.** *von [dort] drinnen [hierher] nach draußen führen* (7 b): dieser Weg führt aus dem Wald heraus. **3.** *nach draußen führen* (7 c): sein Weg führte ihn zu uns heraus.

he|raus|fut|tern ⟨sw. V.; hat⟩ (ugs.): **1.** [1]*auffüttern* (b): die Kinder h. **2.** ⟨h. + sich⟩ *herausfressen* (2).

he|raus|füt|tern ⟨sw. V.; hat⟩ (ugs.): [1]*auffüttern* (b).

He|raus|ga|be, die; -: *das Herausgeben* (2, 4).

he|raus|ge|ben ⟨st. V.; hat⟩: **1.** *von dort drinnen hierher nach draußen geben* (1 a), *reichen:* er gab den Koffer durchs Fenster heraus. **2.** *jmdn. od. etw., in dessen Besitz man sich gebracht hat od. dessen Besitz einem zustand, freigeben, jmdm. auf Verlangen [wieder] aushändigen, dem eigentlichen Besitzer [wieder] überlassen:* etw. ungern, widerwillig h.; die Beute, den Gefangenen h.; sie wollte die Schlüssel nicht h.; Der Fourier soll eine Decke h. (Gaiser, Jagd 141); Alle amtlichen Nachprüfer waren sich einig: Ein schuldhafter Fehler wurde nicht gemacht. Deshalb brauchen die Unterlagen nicht herausgegeben werden (Hackethal, Schneide 50). **3. a)** *beim Bezahlen Wechselgeld zurückgeben:* [jmdm.] zu wenig, zu viel, falsch h.; sie gab [mir] auf 20 Mark heraus; können Sie h.? *(haben Sie passendes Kleingeld?);* **b)** (landsch.) *jmdm. auf eine Äußerung eine gebührende Antwort erteilen:* ich habe [ihm] ganz schön herausgegeben. **4. a)** *für die Veröffentlichung eines Druckwerks die Verantwortung tragen:* eine Zeitschrift, ein Buch h.; seine Aufsätze wurden in Buchform von einem bekannten Verlag herausgegeben *(veröffentlicht);* Goethes Werke, herausgegeben (Abk.: hrsg., hg.) von ...; **b)** *[als etw. Neues] herausbringen* (3 b): die Post gibt wieder einen Satz Wohlfahrtsmarken heraus; Gedenkmünzen h.; **c)** *[als Gesetz o. Ä.] erlassen, zur Kenntnis bringen:* eine Anweisung, einen Erlass h.; Der Bundesvorstand kann einstimmige Empfehlungen h. (Fraenkel, Staat 275). **5.** (selten) *zu sich Genommenes wieder von sich geben; erbrechen:* nimmt Enderlin ein paar Löffel, muss aber alles wieder h. (Frisch, Gantenbein 229).

He|raus|ge|ber, der; -s, -: *jmd., der ein Druckwerk herausgibt* (4 a); Abk.: Hrsg., Hg.

He|raus|ge|be|rin, die; -, -nen: w. Form zu ↑Herausgeber.

he|raus|ge|hen ⟨unr. V.; ist⟩: **1.** *von dort drinnen hierher nach draußen gehen:* man sah sie aus dem Haus h.; ***aus sich** ⟨Dativ⟩ **h.** *(allmählich seine Schüchternheit, seine Hemmungen überwinden, lebhaft werden u. sich frei u. unbefangen äußern):* was meine Gefühle für Judith betrifft, bin ich feig. Ich habe mich immer geniert, ihr gegenüber aus mir herauszugehen (Handke, Brief 16). **2.** *sich aus etw. lösen, entfernen lassen:* der Fleck, der Schmutz geht nicht [mehr aus der Tischdecke, dem Kleid] heraus; der Korken geht leicht heraus.

He|raus|geld, das ⟨Pl. selten⟩ (schweiz.): *Wechselgeld* (a): Der Kollege zahlte 1,50 und ließ das H. als Service liegen (National-Zeitung 4. 10. 68, 3).

he|raus|glei|ten ⟨st. V.; ist⟩: *von dort drinnen hierher nach draußen gleiten.*

he|raus|grau|len ⟨sw. V.; hat⟩ (ugs.): *hinausgraulen.*

he|raus|grei|fen ⟨st. V.; hat⟩: *aus einer größeren Anzahl auswählen:* ein paar Leute h.; Reineboth ging die Reihen ab und notierte sich im Kopf bereits jeden Häftling, den er sich h. wollte (Apitz, Wölfe 204); Ü um ein Beispiel herauszugreifen: die Sicherheit auf den Autobahnen; Zuerst hatte er nur hier und dort einen Abschnitt herausgegriffen (Sebastian, Krankenhaus 120).

he|raus|gu|cken ⟨sw. V.; hat⟩ (ugs.): **a)** *heraussehen;* **b)** *[länger als das darüber liegende Bedeckende sein u. deshalb] zu sehen sein:* dein Hemd guckt aus der Hose heraus; dein Unterrock guckt heraus.

he|raus|ha|ben ⟨unr. V.; hat⟩ (ugs.): **1.** *aus etw. entfernt haben:* den Schmutz aus der Wäsche, den Nagel aus der Latte h.; sie wollte die Mieter aus der Wohnung h. *(entfernt wissen, sehen).* **2. a)** *etw. begriffen, verstanden haben u. es beherrschen:* den Trick, Dreh h.; er hatte schnell heraus, wie das gemacht wird; Nach zehn Minuten habe ich es heraus, die Pfanne so zu schwenken (Remarque, Westen 165); **b)** *die Lösung von etw. gefunden haben:* das Rätsel h.; ich habe noch nicht heraus, was mir unangenehmer ist: Nizza, wenn es voll ist, oder Cannes, wenn es leer ist (Tucholsky, Werke I, 459); **c)** *durch Ermittlungen festgestellt haben:* die Polizei hatte bald heraus, wer der Dieb war; Sehr bald hat man heraus, dass ein gewisser Couriol vier gesattelte und total erschöpfte Pferde bei einem Gastwirt eingestellt ... hat (Mostar, Unschuldig 22). **3.** *wiederhaben, zurückbekommen:* das Geld, den vollen Preis wieder h.; Die Kommode ... hab ich von einem Schreinergesellen gekauft, ist dem sein Gesellenstück. ... der Geselle wollte die Materialkosten wieder h. (Kühn, Zeit 42).

he|raus|hal|ten ⟨st. V.; hat⟩: **1.** *von dort drinnen hierher nach draußen halten:* die Kinder hielten bunte Fähnchen aus den Zugfenstern heraus. **2.** (ugs.) **a)** *dafür sorgen, dass jmd., ein Tier außerhalb eines bestimmten Bereichs, Gebiets o. Ä. bleibt:* die Hühner aus dem Garten, Privatpersonen aus dem militärischen Sperrgebiet h.; ... wollte man diese wandernden Hirten aus dem Nationalpark h. (Grzimek, Serengeti 258); **b)** *aus einem bestimmten Interesse von etw. fern halten u. nicht in etw. verwickeln lassen:* bitte, halte du dich aus dieser Sache heraus!; Gustl Kühn wollte sich eigentlich h., was ging ihn so eine Kirche an (Kühn, Zeit 369); Er sucht sein Vaterland mit allen Kniffen aus dem Konflikt herauszuhalten (Hochhuth, Stellvertreter 65).

[1]**he|raus|hän|gen** ⟨st. V.; hat⟩: *aus etw. nach draußen* [1]*hängen* (1 a): Fahnen hingen [aus den Fenstern] heraus; ihm hängt das Hemd aus der Hose heraus; Ü die Zunge hängt ihr schon heraus (ugs.; *sie ist schon total erschöpft*) von der dauernden Rennerei.

[2]**he|raus|hän|gen** ⟨sw. V.; hat⟩: **1.** *nach draußen* [2]*hängen* (1 a): die Wäsche zum Trocknen h.; Sie ging sofort zum Kleiderschrank und hängte das Kostüm heraus (Jaeger, Freudenhaus 195). **2.** (ugs.) *in einer als unangenehm empfundenen Weise herauskehren, hervorkehren:* den Direktor, die Fachfrau h.; es macht ihm Spaß, den Flegel herauszuhängen *(sich wie ein Flegel zu benehmen);* für meinen Geschmack hängt er sein Geld zu sehr heraus *(protzt er zu sehr mit seinem Geld).*

he|raus|hau|en ⟨unr. V.; haute heraus, hat herausgehauen⟩: **1. a)** *durch Schlagen, Hauen* (7) *aus einem größeren Ganzen entfernen:* kranke Bäume aus dem

Forst h.; einen Stein aus der Mauer h.; **b)** *durch Hauen* (5a) *aus etw. hervortreten, entstehen lassen:* ein Relief aus dem Marmor h. **2.** (ugs.) *durch persönlichen körperlichen Einsatz aus einer schwierigen, gefährlichen Situation im Kampf, bei einer Schlägerei befreien:* er hat ihn bei der Schlägerei herausgehauen; da er ungepanzert ... seine bedrohten Mannschaften aus den persischen Kriegern herausgehauen hat (Thieß, Reich 282); Ü der auf den Mob spezialisierte Verteidiger und Anwalt ... haut ... seine Mandanten nicht nur hinterher heraus, sondern sagt ihnen, was sie zu tun und zu lassen haben (Lindlau, Mob 88). **3.** (ugs.) *herausholen, herausschlagen:* ihnen war es gelungen, diesen Monat einen besseren Lohn herauszuhauen (Marchwitza, Kumiaks 53).

he|raus|he|ben ‹st. V.; hat›: **1.** *von dort drinnen hierher nach draußen heben:* das Kind aus dem Gitterbett, der Wanne h.; Aus einem Schlitten wurde eine Gestalt herausgehoben (Plievier, Stalingrad 90). **2. a)** *hervorheben, von seiner Umgebung abheben* (3b): das Pathos, mit dem sie Unbedeutendes heraushob (Jens, Mann 32); **b)** ‹h. + sich› *sich von seiner Umgebung abheben* (3a): das Muster hebt sich [aus dem dunklen Untergrund] gut/kaum heraus.

he|raus|hel|fen ‹st. V.; hat›: **a)** *helfen, aus etw. herauszukommen* (1a): jmdm. aus dem Wagen h.; **b)** *helfen, aus einer unangenehmen Situation, Lage herauszukommen* (2b): jmdm. aus Schwierigkeiten h.; Sonst teilt nach kurzer Zeit eine Projektgruppe dieser Art immer nur die Isolation derjenigen, denen sie aus ihrer Isolation h. soll (Richter, Flüchten 309).

he|raus|ho|len ‹sw. V.; hat›: **1. a)** *von dort drinnen hierher nach draußen holen:* den Koffer aus dem Gepäckraum h.; **b)** *aus einer Zwangs-, Notlage befreien:* die eingeschlossenen Bergleute h. **2.** (ugs.) **a)** *eine bestimmte Leistung abgewinnen:* Wenn ich in einem Rennen aus einem Pferd alles heraushole, kann es eine Weile nicht mehr starten (Frischmuth, Herrin 119); Er hat mehrfach das Letzte aus ihnen herausgeholt beim Infanteriedienst (Kirst, 08/15, 135); es werden also aus der kompressorlosen 1,5-Liter-Maschine 200 bis 210 PS herausgeholt (Frankenberg, Fahren 35); mehr ist aus diesem Motor nicht herauszuholen; Die Mannschaft hat mitbekommen, wie man auch aus weniger guten Spielen das Optimum h. kann (Kicker 6, 1982, 38); **b)** *durch besondere Fähigkeiten, besonderes Geschick als Vorteil erreichen, als Gewinn o. Ä. erzielen:* sie hat bei dem Handel, den Verhandlungen viel herausgeholt; die Unterhändler konnten mehr h., als erwartet worden war; aus jmdm. Geld h. *(es an ihm verdienen);* Sie legte sich jeden Franc zurück, den sie aus ihren unsicheren Gästen herausholte (Seghers, Transit 76); **c)** (bes. Sport) *durch Leistung, besondere Fähigkeiten o. Ä. erreichen, erzielen, zustande bringen:* die Sportlerin holte einen beachtlichen Erfolg, einen Sieg heraus; sie konnten einen sicheren Vorsprung h.; Hier holte er ... die Sekunde heraus *(war er die Sekunde schneller),* die seinen Sieg bedeutete (Maegerlein, Piste 44). **3.** (ugs.) *durch [geschickte] Fragen von jmdm. erfahren:* die Polizei konnte aus dem Tatverdächtigen nicht viel h.; Mum ... konnte dann aber, nachdem sie die näheren Umstände meiner Fahrt aus mir herausgeholt hatte, ihr Vergnügen darüber nicht ganz verhehlen (Muschg, Gegenzauber 300). **4.** (ugs.) *herausarbeiten* (1b) *u. deutlich sichtbar darstellen:* bei dieser Aufführung wurde die Tragik des Werkes nicht genügend herausgeholt.

he|raus|hö|ren ‹sw. V.; hat›: **a)** *(aus einem Gemisch von Tönen, Stimmen, Worten, Geräuschen) mit dem Gehör wahrnehmen:* da stieß er ein hohes helles Lachen aus, das man sofort aus allen Geräuschen und allem Kinderlachen am Strand heraushörte (Gregor-Dellin, Traumbuch 53); **b)** *an jmds. Worten etw. nicht direkt Ausgesprochenes erkennen:* aus jmds. Äußerung, Reden seine Enttäuschung h.; ... konnte ich aus den ganzen Reden h., wie sie noch an ihm hing (Aberle, Stehkneipen 24).

he|raus|ixen ‹sw. V.; hat› [wohl nach dem math. Zeichen x für unbekannte Größen] (ugs.): *durch intensives Nachdenken, Überlegen herausfinden.*

he|raus|ka|ta|pul|tie|ren ‹sw. V.; hat›: *aus etw. katapultieren:* der Pilot konnte sich mithilfe des Schleudersitzes aus der Maschine h.; Ü man werde die FDP aus den Parlamenten »herauskatapultieren« (W. Brandt, Begegnungen 295).

he|raus|keh|ren ‹sw. V.; hat›: *eine Stellung, eine Eigenschaft sehr betonen u. durch sein Verhalten auf deren Wichtigkeit hinweisen:* den Vorgesetzten, den Chef h.; begnügte sie sich, mit ständig tränenfeuchten Schnäuztüchlein das bemitleidenswerte, bis zur totalen Hörigkeit abhängige Opfer ihres despotischen Gemahls herauszukehren (Prodöhl, Tod 113); Er redete sächsischer als alle anderen hier und kehrte auch in Wortwahl und Wurstigkeit gern den Proleten heraus (Loest, Nikolaikirche 232); Man müsse Basini gegenüber wohl für jeden Fall Ernst und Strenge h. *(besonders ernst und streng auftreten),* stets aber auch ihm mit Wohlwollen entgegentreten (Musil, Törleß 55).

he|raus|ken|nen ‹unr. V.; hat›: *aus einer Menge o. Ä. heraus eine bestimmte Person od. Sache erkennen.*

he|raus|kit|zeln ‹sw. V.; hat› (ugs.): *dort, wo man an bestimmte Grenzen stößt, noch etw. erreichen; abnötigen, abringen:* In tagelanger Kleinarbeit hat er ... noch etwa zehn PS aus dem 1300-ccm-Motor seines Mazda herausgekitzelt (Neue Kronen Zeitung, Magazin 19, 1984, 28); Aus Artikel 59 des Grundgesetzes kitzelte der Staatssekretär Kompetenzen für seinen Chef heraus, die bislang noch kein Verfassungsrechtler entdeckt hatte (Spiegel 21, 1975, 26); Die Story läuft ab mit allem, was Spannung herauskitzelt (Hörzu 38, 1974, 10); er kitzelt aus den zwölf Saiten Unmögliches heraus. Keine Frage: Das ist hohe Gitarrenkunst (MM 27. 10. 81, 16).

he|raus|kla|mü|sern ‹sw. V.; hat› (ugs.): *ausklamüsern.*

he|raus|klau|ben ‹sw. V.; hat› (landsch.): *etw. einzeln aus einer Fülle klauben.*

he|raus|klet|tern ‹sw. V.; ist›: *von dort drinnen hierher nach draußen klettern.*

he|raus|klin|geln ‹sw. V.; hat›: *jmdn. durch Betätigen der Türglocke od. des Telefons veranlassen, an die Tür od. ans Telefon zu gehen:* Gegen zehn klingelte er am Kohlenmarkt den Hausbesorger heraus (Bieler, Mädchenkrieg 305).

he|raus|klin|gen ‹st. V.; hat›: **1.** *von dort drinnen hierher nach draußen klingen:* Aus der Kajüte klang Harmonikaspiel heraus (Hausmann, Abel 18). **2.** *in etw. andeutungsweise zum Ausdruck kommen:* ... aus der (= der Kulturkritik)... der Traditionsprozess ... herausklingt (Gehlen, Zeitalter 93); aus ihren Worten klang ein Lob heraus.

he|raus|klop|fen ‹sw. V.; hat›: **1.** *durch Klopfen aus etw. entfernen:* den Staub aus der Kleidung h. **2.** *jmdn. durch Klopfen veranlassen, an die Tür od. an das Fenster zu gehen:* wir mussten sie mitten in der Nacht h.

he|raus|kom|men ‹st. V.; ist›: **1. a)** *von dort drinnen hierher nach draußen kommen:* aus dem Zimmer h.; ich habe sie [aus dem Haus] h. sehen; **b)** *durch etw. hindurch ins Freie dringen:* aus dem Schornstein kommt schwarzer Qualm heraus; die ersten Frühlingsblumen kommen heraus *(beginnen zu blühen).* **2. a)** *einen Raum, Bereich o. Ä. verlassen [können]:* sie ist nie aus ihrer Heimatstadt herausgekommen; Ihre Eltern, sehr deutsche Juden, ... sind 1938 noch herausgekommen und wurden über neunzig Jahre alt (Frisch, Montauk 169); aus der Haft, einer Anstalt h.; du kommst viel zu wenig heraus (1. *gehst zu selten an die frische Luft.* 2. *unternimmst zu selten etw.*); Ü aus dem Staunen nicht h. *([über etw.] nicht genug staunen können);* **b)** (ugs.) *einen Ausweg aus etw. finden:* wir müssen sehen, dass wir aus dieser peinlichen Situation heil h.; ... ohne Hinweis, wie er aus seiner ehelichen Misere herauskäme (Kühn, Zeit 174); Der MSV wird alles versuchen, um aus dem Schlamassel herauszukommen (Kicker 6, 1982, 10). **3. a)** *auf den Markt kommen:* ein neues Modell, Fabrikat kommt heraus; **b)** *etw. in den Handel bringen:* der Verlag ist im Herbst mit einem neuen Taschenlexikon herausgekommen; **c)** *(von einem Druckwerk o. Ä.) veröffentlicht werden, erscheinen:* sein Roman kommt demnächst als Taschenbuch heraus; Demnächst soll »Vor dem Ruhestand« auch in Leipzig h. *(Premiere haben;* MM 3. 10. 86, 68); **d)** (ugs.) *öffentlichen Erfolg haben, populär werden:* diese Sängerin, Schriftstellerin ist ganz groß herausgekommen; Dennoch ist man überzeugt, dass der Fußballsport in den USA »groß h. wird« (Saarbr. Zeitung 28. 12. 79, 8). **4.** *gut u. deutlich* *wahrgenommen, erkannt werden [können]:* die Farben kommen [auf dieser Aufnahme nicht] gut heraus; leider kamen die Zusammenhänge, die komischen Züge des Stückes [bei dieser Aufführung] nur unklar heraus; die Bässe kommen nicht genügend heraus. **5.** (ugs.) **a)** *in einer bestimmten Weise zum Ausdruck kommen, formuliert werden:* der Vorwurf kam etwas zu scharf heraus; **b)** *etw. erst nach einigem Zögern äußern, zur Sprache bringen:* mit einem Wunsch, einem Anliegen h.; Droste kam nun mit der Geschichte von der Gasrechnung heraus (Baum, Paris 160); Jetzt kam Andreas mit dem Trumpf heraus, den er sich bis zuletzt aufgehoben hatte. »... ich habe meine erste Fernsehrolle bekommen ...« (Danella, Hotel 114). **6. a)** (ugs.) *sich als [positives] Ergebnis, Resultat, als Lösung zeigen; sich ergeben:* bei der Addition kommt eine hohe Summe heraus; Die Bahn ist schwer ..., und darum wird (= bei dem Wettlauf) kein Rekord h. (Lenz, Brot 9); was ist eigentlich noch dabei herausgekommen *(ist man noch zu einem Ergebnis gekommen)*?; bei den Verhandlungen, bei der Arbeit ist nicht viel herausgekommen; Das ändert also nichts an dem kritischen Einwand, dass beim Kampf gegen den Krebs unterm Strich nichts herauskomme (Spiegel 41, 1978, 217); etw. kommt auf eins, auf dasselbe, aufs Gleiche heraus *(bleibt sich gleich);* **b)** (schweiz.) *ausgehen, sich in einer bestimmten Weise gestalten:* wie wäre es wohl herausgekommen, wenn ich dich nicht geweckt hätte?; in solchen Fällen kommt es nie gut heraus; **c)** (ugs.) *[öffentlich] bekannt werden:* wenn der Schwindel herauskommt, gibt es einen Skandal; er wollte nicht, dass die Sache herauskam (Kemelman [Übers.], Dienstag 195); Wenn die Wahrheit herauskam, landete er in einer Strafkompanie (Loest, Pistole 83); es wird wohl nie h., wer der Täter war. **7.** (ugs.) **a)** *aus dem Takt, aus dem Rhythmus einer ablaufenden Folge kommen:* ich komme beim Tanzen immer so leicht heraus; ich muss noch einmal von vorn lesen, ich bin herausgekommen; **b)** *infolge einer längeren Pause bestimmte musische, sportliche o. ä. Fähigkeiten mit der Zeit verlieren:* wenn man nicht jeden Tag übt, kommt man allmählich ganz heraus. **8.** (ugs.) *beim Kartenspiel beginnen; als Erster die erste Karte ausspielen:* wer kommt heraus? **9.** (ugs.) *bei einer Lotterie o. Ä. gezogen werden, gewinnen:* die Nummer meines Loses ist wieder nicht herausgekommen; ich bin im ersten Rang herausgekommen.

he|raus|kön|nen ⟨unr. V.; hat⟩ (ugs.): vgl. herausdürfen.

he|raus|krab|beln ⟨sw. V.; ist⟩ (ugs.): *von dort drinnen hierher nach draußen krabbeln.*

he|raus|krat|zen ⟨sw. V.; hat⟩: *aus etw. durch Kratzen herausholen.*

◆ **he|raus|kre|teln** ⟨sw. V.; hat⟩ [niederd. kreteln = zanken, zu: kreet = Streit, Zank, mniederd. krēte, krīt; vgl. kritteln]: (nordd.) *redegewandt verteidigen:* Dich, Hauke, wird dein Großknecht schon h. (Storm, Schimmelreiter 39).

he|raus|krie|chen ⟨st. V.; ist⟩: vgl. herauskrabbeln.

he|raus|krie|gen ⟨sw. V.; hat⟩ (ugs.): **1.** *herausbekommen (1–3).* **2.** *herausbringen (5).*

he|raus|kris|tal|li|sie|ren ⟨sw. V.; hat⟩: **1. a)** *[bei chemischen Prozessen] in Form von Kristallen gewinnen:* aus einer Lösung Salze h.; **b)** ⟨h. + sich⟩ *sich bei chemischen Prozessen in Form von Kristallen absondern:* diese Kristalle haben sich bei der Destillation der Lösung herauskristallisiert. **2. a)** *klar herausarbeiten:* die wesentlichen Punkte aus einem Referat h.; **b)** ⟨h. + sich⟩ *sich klar herausbilden:* im Laufe des Gesprächs kristallisierten sich zwei verschiedene Meinungen heraus; bei den Gründen der Abwanderung ... kristallisierten sich zwei Hauptursachen heraus (Saarbr. Zeitung 6. 12. 79, 17); nach vier Wettkampftagen kristallisiert sich heraus, dass einige unserer Sommersportler zu schwach sind (Neue Kronen Zeitung 2. 8. 84, 29).

he|raus|la|chen ⟨sw. V.; hat⟩: *plötzlich anfangen, laut zu lachen, ohne sich Zurückhaltung aufzuerlegen:* Als er sah, wie ich, um nicht laut h. zu müssen, die Lippen zusammenpresste (Ziegler, Konsequenz 82).

he|raus|lan|gen ⟨sw. V.; hat⟩ (ugs.): **1.** *von dort drinnen hierher nach draußen reichen.* **2.** *herausnehmen* (1 a): ... öffnete sie leise den Schrank und langte die Waffe heraus (Bieler, Mädchenkrieg 186).

he|raus|las|sen ⟨st. V.; hat⟩ (ugs.): **1.** *herauskommen, -gehen lassen:* das Kind, den Hund [nicht] aus dem Haus h.; Da war sie nun aufgestanden, hatte das Fenster geöffnet, um die Fliege herauszulassen (Alexander, Jungfrau 93); Rauch durch die Nase h. *(entweichen lassen);* Wieder ließ Madame Guttier ein empörtes Schnauben heraus *(ließ ... vernehmen;* Zuckmayer, Fastnachtsbeichte 63); Ü kurz bevor er ging, ließ er die große Neuigkeit heraus *(teilte er die lange zurückgehaltene Neuigkeit mit).* **2.** (ugs.) *fortlassen* (2): Er musste einige Schwierigkeiten h., er sprang am Schluss keine doppelten Sprünge mehr (Maegerlein, Triumph 153). **3.** (selten) *außerhalb von etw. lassen:* Soll ich dir ein Paar frischer Socken vielleicht gleich aus dem Schrank h.? (Becher, Prosa 139).

he|raus|lau|fen ⟨st. V.⟩: **1.** *von dort drinnen hierher nach draußen laufen* ⟨ist⟩: aus dem Haus h.; der Torwart lief heraus *(lief aus dem Tor heraus)* und fing die Flanke ab; ⟨subst.:⟩ Schumacher hatte durch leichtsinniges Herauslaufen fast ein Tor verschuldet (Kicker 6, 1982, 33). **2.** *herausfließen* ⟨ist⟩. **3.** *in einem Laufwettbewerb durch schnelles Laufen erzielen* ⟨hat⟩: einen guten, beachtlichen Platz h.; einen Sieg h.; vor dem letzten Wechsel hatte die Staffel einen Vorsprung von vier Metern herausgelaufen.

he|raus|legen ⟨sw. V.; hat⟩: *von dort drinnen hierher nach draußen [für jmdn. bereit]legen:* den Kindern frische Kleider h.

he|raus|le|sen ⟨st. V.; hat⟩: **1.** *lesend [u. interpretierend] einem Text entnehmen, daraus ersehen:* man hat Dinge aus dem Roman herausgelesen, die der Autor gar nicht beabsichtigt hatte; Hochmut und Verachtung ließen sich aus ihren maschinenschriftlich verfassten Sätzen nicht h. (Rolf Schneider, November 211); aus seinem Brief habe ich herausgelesen, dass er Kummer hat; Der Konsul hat aus meinen Papieren herausgelesen, dass mir das Visum erteilt wurde (Seghers, Transit 233); Ü Er hatte eine besondere Leidenschaft dafür, aus der gemeinsten Handlung doch noch einen Rest von Anstand herauszulesen (Erné, Fahrgäste 17); Eher glaubte Felix, so etwas wie Trotz aus ihrem Gesicht h. zu können (Ossowski, Liebe ist 155). **2.** (ugs.) *durch Auslesen aus einer größeren Menge entfernen:* Claudine war damit beschäftigt, aus ... Kaffee-Ersatz ... die echten Kaffeebohnen herauszulesen (Seghers, Transit 126).

he|raus|lo|cken ⟨sw. V.; hat⟩: **1.** *von dort drinnen hierher nach draußen locken:* das Kaninchen aus dem Bau h.; Ü jmdn. aus seiner Reserve h. *(ihn auf geschickte Weise dazu bringen, seine Zurückhaltung aufzugeben, aus sich herauszugehen).* **2.** *durch geschicktes Vorgehen etw. Gewünschtes von jmdm. (aus dessen materiellem od. geistigem Besitz) erhalten:* sie brachte es fertig, eine größere Summe, das Geheimnis aus ihm herauszulocken; die anderen Sträflinge fragen, hänseln ihn, wollen Geschichten h. (Loest, Pistole 22).

he|raus|lö|sen ⟨sw. V.; hat⟩: **1.** *durch Auflösen aus etw. entfernen:* Durch die Alkoholbehandlung ... sind die meisten Fettsubstanzen ... herausgelöst (Medizin II, 60). **2.** *aus einem Ganzen, aus einem zusammengehörenden Verband entfernen; herausfiltern* (2): Wörter aus dem Textzusammenhang h.

he|raus|lü|gen ⟨st. V.; hat⟩: *durch Lügen aus einer misslichen Lage, von einem Verdacht befreien:* Stumpfsinn von der Frau, den Kerl herauszulügen (Baum, Paris 73); wie er sich wohl aus dieser Lage herauslügt?

he|raus|ma|chen ⟨sw. V.; hat⟩ (ugs.): **1.** *aus etw. entfernen:* die Flecken aus dem Kleid h.; die Kerne aus den Kirschen h. **2.** ⟨h. + sich⟩ **a)** *sich [erholen u.] körperlich gut entwickeln:* das Kind hat sich [nach der Krankheit] gut herausgemacht; **b)** *sich in wirtschaftlicher, gesellschaftlicher Hinsicht gut entwickeln:* sie hat sich groß herausgemacht und ist Besitzerin eines Kinos geworden (Ott, Haie 291).

he|raus|mo|del|lie|ren ⟨sw. V.; hat⟩: *durch besondere Formgebung deutlich machen u. betonen:* Die »Rastignac«-Linie ist bei diesen Anzügen ... noch konsequenter als bisher herausmodelliert (Herrenjournal 3, 1966, 52); Ü Ich habe dies in einigen diesbezüglichen Arbeiten bereits herauszumodellieren *(herauszuarbeiten)* versucht (Deutsche Literaturzeitung 1, 1973, Sp. 62).

he|raus|müs|sen ⟨unr. V.; hat⟩ (ugs.): **1.** vgl. herausdürfen. **2.** *(nach dem*

Schlaf) aufstehen müssen: in der Woche muss ich jeden Morgen früh heraus. **3.** *gesagt, ausgesprochen werden müssen:* das musste mal heraus.

He|raus|nah|me, die; -, -n [zum 2. Bestandteil vgl. Abnahme]: *das Herausnehmen, Herausgenommenwerden.*

he|raus|nehm|bar ⟨Adj.⟩: *sich herausnehmen* (1) *lassend.*

he|raus|neh|men ⟨st. V.; hat⟩: **1. a)** *aus dem Inneren eines Behälters o. Ä. nehmen, entfernen:* Geld aus dem Portemonnaie h.; Er ging aber erst zu dem Schrank und öffnete ihn, um die paar Sachen herauszunehmen (Gaiser, Jagd 118); **b)** *(ein Organ) operativ entfernen:* [jmdm.] die Polypen, den Blinddarm h.; dem Nazi Kästl waren die Mandeln herausgenommen worden (Sommer, Und keiner 259). **2.** *jmdn. nicht länger in seiner gewohnten Umgebung lassen:* sie hat das Kind aus der Schule herausgenommen; in der 70. Minute nahm der Trainer den enttäuschenden Spieler heraus (bes. Ballspiele; *ließ ihn nicht länger spielen, sondern ersetzte ihn durch einen anderen*). **3.** ⟨h. + sich⟩ (ugs.) *sich dreisterweise erlauben; sich anmaßen:* sich zu viel, allerhand h.; er nahm sich Freiheiten heraus, die ihm nicht zustanden; vorzuführen, was man sich h. konnte, wenn man nur genug Geld und Renommee besaß, schien ihm eine Befriedigung eigener Art zu sein (Prodöhl, Tod 17); Er fiel aus dem Rahmen, geschniegelt und mit kühn besitzergreifenden Zärtlichkeiten, die er sich herausnahm (Erné, Fahrgäste 141); Ich wäre wohl die Letzte, die sich h. könnte, dir Vorwürfe zu machen (Danella, Hotel 176).

he|raus|ope|rie|ren ⟨sw. V.; hat⟩: *aus etw. durch eine Operation entfernen.*

he|raus|pau|ken ⟨sw. V.; hat⟩ [zu Studentenspr. pauken = fechten] (ugs.): *jmdn. aus einer misslichen, gefährlichen Situation befreien:* Die Anwälte des Reeders Dr. Bernhold paukten Kapitän Neviger schnell wieder aus der Untersuchungshaft heraus (Prodöhl, Tod 237).

he|raus|pi|cken ⟨sw. V.; hat⟩ (ugs.): *aus einer größeren Menge durch Picken herausholen:* die Vögel haben die Sonnenblumenkerne herausgepickt; Ü Überhaupt stehen die Preise Kopf ... – mehr denn je kommt es darauf an, sich die günstigsten Angebote ... herauszupicken (Gute Fahrt 2, 1974, 31).

he|raus|plat|zen ⟨sw. V.; ist⟩ (ugs.): **1.** *plötzlich in lautes, sich nicht länger zurückhalten lassendes Lachen ausbrechen:* plötzlich geschah es dem Konsul, völlig unerwartet für ihn selbst und zu seiner größten Beschämung, dass er herausplatzte. Prustend lachte er los (Th. Mann, Zauberberg 597). **2.** *etw. spontan u. unvermittelt äußern:* mit einer Frage, Bemerkung h.; sie platzte sofort mit dieser Neuigkeit heraus; Wie die Kleine so plaudert und völlig ungeniert herausplatzt mit allem, was ihr gerade einfällt (Hörzu 40, 1974, 39).

he|raus|pres|sen ⟨sw. V.; hat⟩: **1.** *aus etw. pressen:* die letzten Tropfen Flüssigkeit h. **2.** *von jmdm. unter Ausübung von Druck, Anwendung von Gewalt erlangen:* aus jmdm. eine größere Summe, ein Geständnis h.; Man kann nun, je nach Veranlagung, Leistungen h. oder sie hervorlocken (Kirst, 08/15, 941).

he|raus|prü|geln ⟨sw. V.; hat⟩ (ugs.): **1.** *jmdn. durch Prügel dazu bringen, etw. mitzuteilen:* die Wahrheit aus jmdm. h. **2.** *durch Prügeln befreien:* sie mussten ihren Freund h. **3.** *durch Prügel herausbringen, entfernen:* diese Allüren werde ich ihm h.

he|raus|prus|ten ⟨sw. V.; hat⟩ (ugs.): *prustend herauslachen:* Fell legte sich die Hand auf den Mund, um nicht h. zu müssen (Plievier, Stalingrad 189).

he|raus|pum|pen ⟨sw. V.; hat⟩: *durch Pumpen aus etw. entfernen.*

he|raus|put|zen ⟨sw. V.; hat⟩: *so schmücken, putzen, dass es ins Auge fällt:* sie putzt sich immer sehr heraus; die Kinder [festlich] h.; die Wagen für den Festumzug [prächtig] h.; hier ein Professor, da eine sonntäglich herausgeputzte Bäckersfrau (Dürrenmatt, Richter 126); Ü Leipzig und Halle putzen ihre Zentren heraus (Woche 14. 3.97, 58); Cottbus sprang als Ausrichter ein und putzte sich für die 2,4 Millionen Besucher derart mit neuen Hotels, Restaurants und Straßen heraus (Woche 11. 44.97, 41).

he|raus|quel|len ⟨st. V.; ist⟩: **1.** *quellend herausdringen:* aus der Vertiefung quoll Wasser heraus; Ü eine Menschenmenge quoll aus dem Kino heraus. **2.** *unnatürlich geschwollen hervortreten* (2 b): durch die Anstrengung quollen die Augen heraus.

he|raus|quet|schen ⟨sw. V.; hat⟩ (ugs.): *herauspressen.*

he|raus|ra|gen ⟨sw. V.; hat⟩: **1.** *aus etw. [in die Höhe] ragen:* die beiden Steinplatten, die aus der Wand herausragten, dort, wo der Kamin gewesen war (Böll, Tagebuch 42). **2.** *durch seine Bedeutung hervortreten, sich von seiner Umgebung abheben:* ihre Leistung ragte weit über den Durchschnitt heraus; aus all diesen gigantischen Kämpfen ragt nun ... der Kampf um Stalingrad heraus (Plievier, Stalingrad 292); ⟨häufig im 1. Part.:⟩ ein herausragender *(ausgezeichneter, bedeutender)* Schriftsteller, Forscher; Ereignisse von herausragender *(besonderer, überdurchschnittlicher)* Bedeutung.

he|raus|re|cken ⟨sw. V.; hat⟩ (ugs.): *einen Körperteil reckend vorstrecken:* den Arm h.

he|raus|re|den ⟨sw. V.; hat⟩: **1.** ⟨h. + sich⟩ (ugs.) **a)** *sich durch Ausreden von einem Verdacht o. Ä. befreien:* sie versuchte sich damit herauszureden, dass sie nichts davon gewusst hätte; **b)** *sich als Ausrede auf etw. berufen:* sie redete sich auf das schlechte Wetter heraus; haben wir nicht ... versucht, uns auf Fräulein von Trense herauszureden, die uns plötzlich als Bundesfreundin und Mitangeklagte erschien (Bergengruen, Rittmeisterin 278). **2.** (selten) *etw., was geheim bleiben sollte, preisgeben, ohne es zu wollen; ausplaudern:* In lauten Delirien ... hatte er alles herausgeredet (Plievier, Stalingrad 228).

he|raus|rei|chen ⟨sw. V.; hat⟩: **1.** *von dort drinnen hierher nach draußen reichen:* kannst du mir bitte den Koffer h.? **2.** (ugs.) *lang genug sein u. deshalb von dort drinnen bis zu einer Stelle hierher nach draußen reichen* (3): das Kabel reicht nicht heraus aufs Dach.

he|raus|rei|ßen ⟨st. V.; hat⟩: **1.** *aus etw. reißen* (5 a): eine Seite [aus dem Heft] h.; Pflanzen mit den Wurzeln aus der Erde h.; den Fußboden, die Türen h. lassen; ich musste mir einen Zahn h. (ugs.; *ziehen*) lassen; der Grieche riss nur eine Schublade seines Schreibtisches heraus (Geissler, Nacht 168); Ü jmdn. aus seiner vertrauten Umgebung, aus der Arbeit, aus seiner Traurigkeit, Lethargie, aus einem Gespräch h.; ... den Heiland ..., der ihn aus aller Qual des Zweifels herausriss (Thielicke, Ich glaube 29). **2.** (ugs.) **a)** *jmdm. aus einer bedrängten Lage helfen, jmdn. aus Schwierigkeiten befreien:* seine Freunde h.; ihre Aussage hat ihn herausgerissen; **b)** *Fehler, Mängel einer Sache wieder aufwiegen, ausgleichen:* die Eins im Aufsatz reißt die Drei im Diktat heraus; das sind Punkte, die den VW 1200 herausreißen (auto 7, 1965, 30); Im schlimmsten Fall habe ich ja noch den »Schützenautomaten«, der reißt alles heraus (R. Walser, Gehülfe 39).

he|raus|rei|ten ⟨st. V.⟩: **1.** *von dort drinnen hierher nach draußen reiten* ⟨ist⟩. **2.** (ugs.) ⟨hat⟩ **a)** *durch Reiten als Leistung abgewinnen:* Bei der echten Dressur des Reitpferdes wird alles, was es zeigen kann, in diesem Augenblick erst wirklich herausgeritten (Dwinger, Erde 146); **b)** *durch geschicktes o. ä. Reiten erzielen:* die deutsche Mannschaft konnte einen Sieg h.

he|raus|ren|nen ⟨unr. V.; ist⟩: *von dort drinnen hierher nach draußen rennen.*

he|raus|rü|cken ⟨sw. V.⟩: **1. a)** *aus einem Raum, einer Reihe hierher nach draußen rücken* (1 a) ⟨hat⟩: die Stühle auf die Veranda h.; **b)** *aus einem Raum, einer Reihe hierher nach draußen rücken* (2 a) ⟨ist⟩: kannst du noch ein Stück zu mir h.? **2.** (ugs.) **a)** *sich nach anfänglichem Weigern von etw. [was man besitzt] trennen; herausgeben* (2) ⟨hat⟩: ungern etw. h.; endlich hat sie das Geld herausgerückt; sie mussten ihre Beute wieder h.; Ich würde mich freuen, wenn ich bei Gelegenheit etwas von Ihnen lesen dürfte. Wie ist es – rücken Sie etwas heraus? (Bastian, Brut 66); Ü ich musste sie lange ansehen, bevor sie das Wort herausrückte (Chr. Wolf, Nachdenken 60); **b)** *nach längerem Zögern aussprechen* ⟨ist⟩: mit einem Anliegen, einer Absicht, einer Bemerkung, einem Geheimnis h.

he|raus|ru|fen ⟨st. V.; hat⟩: **1.** *von dort drinnen hierher nach draußen rufen:* etw. zum Fenster h.; sie rief etw. zu uns heraus; Die Wirtshaustür öffnete sich, und Veith rief heraus: »Kommt! ...« (Bieler, Bonifaz 183). **2.** *durch Rufen auffordern, veranlassen herauszukommen* (1 a): jmdn. aus einer Sitzung h.; ... hatte er Oberstleutnant U. aus der Morgengymnastik h. lassen müssen (Plievier, Stalingrad 20); das begeisterte Publikum rief den Schauspieler [noch dreimal] heraus *(forderte ihn durch starken Applaus auf, vor den Vorhang zu kommen).* **3.** (selten) *aus einer Emotion heraus etw. laut rufen:* Sie ... rief diese rohbehauenen Verse so wild und schön heraus, wie sie waren (Musil, Mann 704).

he|raus|rut|schen ⟨sw. V.; ist⟩: **1.** *von dort drinnen hierher nach draußen rutschen:* der Geldbeutel rutschte ihm [aus der Tasche] heraus; das Hemd war ihm aus der Hose herausgerutscht. **2.** (ugs.) *von jmdm. unüberlegt, übereilt ausgesprochen werden; jmdm. ungewollt entschlüpfen:* die Bemerkung war ihr einfach so herausgerutscht; Scheißdreck! – Entschuldigen Sie, das ist mir nur so herausgerutscht (Ziegler, Kein Recht 51).

he|raus|sau|gen ⟨sw., geh. auch: st. V.; hat⟩: *von dort drinnen hierher nach draußen saugen.*

he|raus|schaf|fen ⟨sw. V.; hat⟩ (ugs.): **1.** *von dort drinnen hierher nach draußen schaffen* (5). **2.** ⟨h. + sich⟩ (landsch.) *durch eigene Kraft, durch eigenen Antrieb aus bestimmten Schwierigkeiten herauskommen:* sie hat sich mühsam aus ihrer Misere herausgeschafft.

he|raus|schä|len ⟨sw. V.; hat⟩: **1. a)** *durch Entfernen der Schale herauslösen:* die Nuss h.; Ü während Gönnern sich aus dem Mantel herausschälte (Plievier, Stalingrad 254); **b)** *durch Schälen entfernen:* Wenn man den Apfel retten will, wird man gezwungen sein, die giftige oder faule Stelle herauszuschälen (Leonhard, Revolution 36). **2. a)** *aus einem größeren Zusammenhang lösen u. gesondert betrachten:* die religiösen Elemente dieses Romans h.; **b)** ⟨h. + sich⟩ *allmählich deutlich, erkennbar werden:* langsam schälte sich das wahre Tatmotiv heraus; immer deutlicher schälte sich aus den Veränderungen der Jahre das Wesen heraus, das geblieben war (A. Zweig, Claudia 80); es schält sich die ganze Ungeheuerlichkeit dessen, was da geschehen war, heraus (Woche 2. 1.98, 34); Nicht selten schält sich im Lauf der Berufswahlvorbereitung heraus, dass der zunächst im Vordergrund stehende Wunschberuf sich doch als weniger geeignet erweist (NZZ 30. 8. 86, 31); **c)** ⟨h. + sich⟩ *sich im Verlauf von etw. deutlich als jmd., etw. erweisen:* dieses Problem schälte sich in der Diskussion als dringlichstes heraus; eine kleine Jagd, aus der sich der deutsche Meister als bester Kletterer herausschälte (FAZ 1. 7. 61, 10).

he|raus|schau|en ⟨sw. V.; hat⟩ (landsch.): **1. a)** *heraussehen:* zum Fenster h.; **b)** *herausgucken* (b): dein Unterrock schaut heraus; Dreiviertellang war der Mantel, und aus der Brusttasche hatten zwei schwarze Kämme herausgeschaut (Sommer, Und keiner 200). **2.** (ugs.) **a)** *als Gewinn zu erwarten sein:* bei diesem Geschäft schaut nicht viel heraus; **b)** *als [positives] Ergebnis zu erwarten sein:* mehr als ein dritter Platz schaute nicht heraus (Skipper 8, 1979, 38).

he|raus|schi|cken ⟨sw. V.; hat⟩: *von dort drinnen hierher nach draußen schicken* (2 a).

he|raus|schie|ben ⟨st. V.; hat⟩: *von dort drinnen hierher nach draußen schieben.*

he|raus|schie|ßen ⟨st. V.⟩: **1.** ⟨hat⟩ **a)** *von dort drinnen hierher nach draußen schießen:* die Entführer haben aus dem Auto herausgeschossen; **b)** *durch Schießen entfernen:* Aus geschlossenen Pulks war nicht ein einziges Flugzeug sicher herausgeschossen worden (Gaiser, Jagd 122). **2.** ⟨ist⟩ **a)** *sich äußerst heftig u. schnell nach außen bewegen:* Er ... bremste ... scharf, weil aus einer Einfahrt ein Porsche herausschoss (Zwerenz, Quadriga 193); Der Kajak taucht völlig ein ins Wasser, schießt im nächsten Moment mit dem Boden nach oben wieder heraus (a & r 2, 1997, 111); Ein Blutstrahl schießt *(dringt äußerst heftig)* heraus (= aus der Wunde; Grzimek, Serengeti 266); **b)** (ugs.) *mit großer Eile u. Heftigkeit herauslaufen:* sie kam plötzlich aus dem Haus herausgeschossen. **3.** (Fußball) *durch das Schießen mehrerer Tore ein bestimmtes Ergebnis erzielen* ⟨hat⟩: die Italiener schossen eine 2:0-Führung heraus.

he|raus|schin|den ⟨st. V.; hat⟩ (ugs.): *herausschlagen* (3): Wir reisen zu den Wilden. Du musst mit, Pielemann, schind Urlaub raus (H. Mann, Unrat 121); Mit letzter Energie und Konzentration versuche ich noch vor dem Ziel, wertvolle Zehntelsekunden herauszuschinden (Maegerlein, Piste 91).

he|raus|schla|gen ⟨st. V.⟩ [3: urspr. = durch Prägeschlag viele Münzen aus einem Stück Metall anfertigen]: **1.** ⟨hat⟩ **a)** *durch Schlagen aus etw. entfernen:* eine Zwischenwand h.; **b)** *durch Schlagen entstehen lassen:* Funken aus einem Stein h. **2.** *aus etw. hierher nach draußen schlagen, dringen* ⟨ist⟩: Feuer schlug aus dem Dachstuhl heraus; Da springt sie auf und reißt die Tür zu Horsts Zimmer auf, kein Tonbandkrach schlägt heraus (Loest, Pistole 175). **3.** (ugs.) *mit Geschick, Schlauheit aus, bei einer Sache für sich gewinnen* ⟨hat⟩: eine Menge Geld, einen Vorteil h.; dass auch sie nur zu denen gehörte, die sich darum bemühten, aus allem das Beste für sich selbst herauszuschlagen (Stories 72 [Übers.], 10); Die Strategie, so hohe Subventionen wie möglich herauszuschlagen, hatte Erfolg (Hamburger Abendblatt 20. 3. 84, 15).

he|raus|schlei|chen ⟨st. V.⟩: **a)** *von dort drinnen hierher nach draußen schleichen* ⟨ist⟩: vorsichtig aus dem Zimmer h.; **b)** ⟨h. + sich⟩ *sich von dort drinnen hierher nach draußen schleichen* ⟨hat⟩: sie hat sich leise aus dem Haus herausgeschlichen.

he|raus|schlep|pen ⟨sw. V.; hat⟩: **1.** *von dort drinnen hierher nach draußen schleppen:* die Möbelpacker schleppten einen Schrank heraus (Borkowski, Wer 27). **2.** ⟨h. + sich⟩ *sich von dort drinnen hierher nach draußen schleppen:* trotz Schmerzen konnte er sich aus dem brennenden Haus h.

he|raus|schleu|dern ⟨sw. V.; hat⟩: *von dort drinnen hierher nach draußen schleudern:* der Vulkan schleudert Fontänen von Asche und Steinen heraus; sie wurde bei dem Zusammenprall aus dem Auto herausgeschleudert; Ü Worte, Anklagen h.

he|raus|schlüp|fen ⟨sw. V.; ist⟩: *von dort drinnen hierher nach draußen schlüpfen:* Herr Belfontaine schlüpfte eilig unter der Decke heraus (Langgässer, Siegel 12); Ü ihm ist ein unbedachtes Wort herausgeschlüpft.

he|raus|schme|cken ⟨sw. V.; hat⟩: **a)** *mit dem Geschmackssinn aus einem Gemisch wahrnehmen:* Gewürze h.; **b)** *durch sein besonders kräftiges, charakteristisches Aroma geschmacklich hervortreten:* Origano und Salbei schmecken stark heraus.

he|raus|schmei|ßen ⟨st. V.; hat⟩ (ugs.): *herauswerfen.*

he|raus|schmug|geln ⟨sw. V.; hat⟩: *aus einem Land, einem Gebäude o. Ä. schmuggeln* (1, 2).

he|raus|schnei|den ⟨unr. V.; hat⟩: *aus einem Ganzen durch Schneiden entfernen:* Es müsse ja ein großes Stück aus dem Magen herausgeschnitten werden (Hackethal, Schneide 119).

he|raus|schöp|fen ⟨sw. V.; hat⟩: *von dort drinnen durch Schöpfen entnehmen.*

he|raus|schrau|ben ⟨sw. V.; hat⟩: *durch Schrauben aus etw. entfernen:* die Birne aus der Fassung h.

he|raus|schrei|ben ⟨st. V.; hat⟩: *einen Teil eines Textes für einen bestimmten Zweck abschreiben:* ich habe mir die wichtigsten Stellen der Rede herausgeschrieben.

he|raus|schrei|en ⟨st. V.; hat⟩: *aus einer Emotion heraus schreiend äußern, laut verkünden:* seinen Schmerz, seinen Hass h.; Vilshofen hatte den herausgeschrienen Namen und die Stimme wie eine fremde vernommen (Plievier, Stalingrad 259).

he|raus|schüt|teln ⟨sw. V.; hat⟩: *durch Schütteln aus etw. entfernen; durch Schütteln zum Vorschein bringen:* Ravic zog eine Aluminiumröhre aus der Tasche und schüttelte ein paar Tabletten heraus (Remarque, Triomphe 41).

he|raus|schüt|ten ⟨sw. V.; hat⟩: *von dort drinnen hierher nach draußen schütten.*

he|raus|schwem|men ⟨sw. V.; hat⟩: *ausschwemmen.*

he|raus|schwin|deln ⟨sw. V.; hat⟩ (ugs.): vgl. herauslügen.

he|raus|se|hen ⟨st. V.; hat⟩: *von dort drinnen hierher nach draußen sehen.*

he|raus sein: s. heraus.

he|rau|ßen ⟨Adv.⟩ (südd., österr.): *hier draußen:* aber diese Menschen standen im Garten h. (Innerhofer, Schattseite 44).

he|raus|sol|len ⟨unr. V.; hat⟩ (ugs.): vgl. herausdürfen.

he|raus|spie|len ⟨sw. V.; hat⟩ (bes. Ballspiele): *durch gutes, planmäßiges Spielen erzielen:* Das Tor haben wir doch schön herausgespielt (MM 27. 11. 81, 13); Mühelos herausgespieltes 2:0 gegen Uruguay (MM 18. 6. 74, 5); Barcelona spielte sich wohl eine leichte Feldüberlegenheit heraus *(erwarb sie sich;* Vaterland 3. 10. 68, 13).

he|raus|spren|gen ⟨sw. V.⟩: **1.** *aus einem*

Ganzen durch Sprengen entfernen ⟨hat⟩. **2.** (veraltend) *scharf herausreiten* (1) ⟨ist⟩: die Reiter sprengten aus dem Wald heraus.

he|raus|sprin|gen ⟨st. V.; ist⟩: **1.** *von dort drinnen hierher nach draußen springen* (1 b): aus dem Fenster h. **2. a)** *sich durch einen Sprung (in Glas, Porzellan o. Ä.) aus etw. lösen:* aus der Fensterscheibe ist ein Eckchen herausgesprungen; **b)** *aus einem Gefüge o. Ä. springen* (3): die Sicherung ist herausgesprungen. **3.** *hervorspringen* (2): aus dem ovalen Ganzen sprang die Nase ... wie der Schnabel eines Papageis scharf heraus (A. Zweig, Grischa 202). **4.** *sich als Gewinn, Vorteil o. Ä. (für jmdn.) aus etw. ergeben:* bei der Sache springt nichts, eine Menge, viel Geld [für sie] heraus; ich ... will aber spaßeshalber einmal das Vertragsangebot abwarten, um zu sehen, was dabei eigentlich finanziell herausspringt (Gregor-Dellin, Traumbuch 38); beim internationalen Turnier ..., bei dem lediglich ein siebter Platz heraussprang (Augsburger Allgemeine 27/28. 5. 78, 27).

he|raus|sprit|zen ⟨sw. V.; ist⟩: **1.** *aus dem Inneren von etw. nach außen spritzen:* Es (= das Blut) spritzte in einem puckernden ... Strahl ... heraus (Remarque, Triomphe 221). **2.** (ugs.) *von dort drinnen hierher nach draußen rennen.*

he|raus|spru|deln ⟨sw. V.⟩: **1.** *aus dem Inneren von etw. nach außen sprudeln* ⟨ist⟩: Ü Wir stehen zu allem, was aus uns herausgesprudelt ist (MM 9. 1. 76, 29). **2.** *hastig, überstürzt, ungestüm [u. dadurch undeutlich artikuliert] vorbringen* ⟨hat⟩: Fragen h.; sie sprudelte diese Sätze [nur so] heraus.

he|raus|staf|fie|ren ⟨sw. V.; hat⟩ (ugs. scherzh.): *herausputzen:* die hat vielleicht ihr Kind herausstaffiert!; Sie hatten sich herausstaffiert wie die Märchenprinzen (Bieler, Bonifaz 94); Zu dritt in viereinhalb Zimmer, in eine vollkommen herausstaffierte Wohnung (Brot und Salz 267).

he|raus|ste|chen ⟨st. V.; hat⟩: **1. a)** *sich deutlich, klar, scharf von seiner Umgebung abheben:* die Fichten stachen in dunklem Grün heraus; Ich stach mit meinen alten Kleidern unangenehm heraus (Klee, Pennbrüder 8); **b)** *einer Sache deutliche, klare, scharfe Umrisse geben:* Neonröhren verstärkten die Transparenz, stachen dunkle Blumen heraus (Böll, Haus 163). **2.** (Eishockey) *ausstechen* (4).

he|raus|ste|cken ⟨steckte/stak heraus, hat herausgesteckt⟩: **1.** ⟨steckte heraus⟩ *von dort drinnen hierher nach draußen stecken:* eine Fahne [aus dem Fenster] h.; den Kopf [zur Tür] h. *(herausstrecken).* **2.** ⟨steckte heraus⟩ (ugs.) *herauskehren.* **3.** ⟨stak heraus⟩ *herausragen:* Pricken staken aus dem Boden des Watts heraus.

he|raus|ste|hen ⟨unr. V.; hat; südd., österr., schweiz. auch: ist⟩: *hervor-, herausragen:* im Schuh stehen ein paar Nägel heraus; Die Pfähle, mit denen man ein Freibad abgesteckt hatte, standen weit aus dem Sand und Schlamm heraus (Klepper, Kahn 62).

he|raus|stei|gen ⟨st. V.; ist⟩: *von dort drinnen hierher nach draußen steigen.*

he|raus|stel|len ⟨sw. V.; hat⟩: **1.** *von dort drinnen hierher nach draußen stellen:* die Gartenmöbel auf die Veranda h.; einen Spieler h. *(nicht mehr mitspielen lassen).* **2.** *in den Mittelpunkt rücken; hervorheben:* Ansprüche, Aufgaben, Grundsätze, Ergebnisse klar, scharf h.; dass der Krieg zumindest als antifaschistischer Befreiungskrieg geführt würde, um das gemeinsame Ziel mit den anderen, von den Nazis unterdrückten Völkern deutlich herauszustellen (Leonhard, Revolution 92); Merkmale, eine Persönlichkeit h.; Das Bücherverbrennen ist immer als besonderes Beispiel für den Faschismus herausgestellt worden (Kant, Impressum 315); die Kritik stellte diesen jungen Künstler besonders heraus. **3.** ⟨h. + sich⟩ *sich [als etw. Bestimmtes] erweisen:* in den Verhandlungen hat sich ihre Unschuld herausgestellt; ihre Angaben stellten sich als falsch heraus; es wird sich h., ob du Recht hast; Aber gnade Ihnen Gott, ... wenn sich h. sollte, dass Sie den Versuch machen, Soldaten meiner Batterie zu schikanieren (Kirst, 08/15, 187); Eine hoch gewachsene Frau mit farblosem Haar ist zu Anneli getreten. Wie sich herausstellt, ist es die Pfarrersfrau (Berger, Augenblick 54); die Rede stellte sich als übler Angriff heraus.

he|raus|sto|ßen ⟨st. V.; hat⟩: **1.** *von dort drinnen hierher nach draußen stoßen.* **2.** *heftig und gepresst von sich geben, sagen:* »Was wollen sie von Höfel?« Hastig hatte es Schüpp herausgestoßen (Apitz, Wölfe 148); Obwohl er das letzte Wort mit Verachtung herausstieß (Thieß, Legende 98). **3.** (Jägerspr.) *(von Hunden) Wild aufjagen, ohne es durch Stehenbleiben vorher anzuzeigen.*

he|raus|stre|cken ⟨sw. V.; hat⟩: *von dort drinnen hierher nach draußen strecken:* die Maus streckte vorsichtig den Kopf zum Loch heraus; wie eine Schildkröte, deren Kopf abgeschlagen wird, egal ob sie ihren Hals herausstreckt oder zurückzieht (Woche 28. 2.97, 3); jmdm. die Zunge h. *(jmdm. die Zunge zeigen u. damit Triumph od. Verachtung ausdrücken).*

he|raus|strei|chen ⟨st. V.; hat⟩: **1.** *aus einem Text streichen:* einige Sätze aus dem Manuskript h.; Der Dirigent ... hatte ... sich daran gemacht, mit dem Rotstift eine Arie nach der anderen aus der Partitur herauszustreichen (Henze, Reiselieder 175). **2.** *(durch übermäßig starke Betonung od. lobende Erwähnung) auf jmdn., sich, etw. besonders aufmerksam machen:* sich, seine Frau, seine Verdienste h.; Die Regierungspartei ... vermochte ihre Leistungen zu wenig herauszustreichen (Tages Anzeiger 14. 10. 85, 3); ... indem er, nicht ohne einen Anflug von Ironie, seine Pünktlichkeit herausstrich (Fest, Im Gegenlicht 60).

he|raus|strö|men ⟨sw. V.; ist⟩: **1.** *von dort drinnen hierher nach draußen strömen:* Unmengen von Wasser strömten durch die Bruchstelle heraus. **2.** *in großer Anzahl aus etw. herauskommen:* die Besucher strömten durch die Tore heraus; Durch diese Öffnung können aber die schnellen Neutronen frei h. (NZZ 24. 8. 83, 31).

he|raus|stür|zen ⟨sw. V.; ist⟩: *von dort drinnen hierher nach draußen stürzen* (1 a, 2 a).

he|raus|su|chen ⟨sw. V.; hat⟩: *kritisch prüfend aus einer Anzahl [gleichartiger] Dinge od. Personen auswählen u. von den übrigen trennen:* alle schlechten Äpfel aus den Horden h.; er sucht sich seine Leute schon gut heraus; Es schien, als freute er sich auf den Brief, den er sich aus der Post herausgesucht hatte (Sebastian, Krankenhaus 20).

he|raus|tra|gen ⟨st. V.; hat⟩: *von dort drinnen hierher nach draußen tragen.*

he|raus|trei|ben ⟨st. V.; hat⟩: *von dort drinnen hierher nach draußen treiben:* die Pferde aus der Koppel h.; Ü er hatte genug gesagt von dem, was die Angst aus ihm herausgetrieben hatte (Apitz, Wölfe 157).

he|raus|tren|nen ⟨sw. V.; hat⟩: *von einem Stück abtrennen u. herausnehmen.*

he|raus|tre|ten ⟨st. V.⟩: **1.** *aus einem Raum, einer Reihe hierher nach draußen treten* ⟨ist⟩: er sah sie aus dem Haus h.; jeder zweite [aus dem Glied, der Reihe] h.!; Ü Ihr gegenüber trat sie aus ihrer sonstigen Zurückhaltung heraus *(gab sie ihre sonstige Zurückhaltung auf;* A. Kolb, Daphne 55); Die Alliierten ... werden aus ihrer aufreizenden und zugleich beängstigenden Passivität h. (Dönhoff, Ära 83). **2.** *hervortreten, zum Vorschein kommen* ⟨ist⟩: das Wasser ist schon so weit abgeflossen, dass der Untergrund heraustritt; Gefäße, aus denen ein Schlauch heraustrat (Wiechert, Jeromin-Kinder 139); sie wurde so wütend, dass ihre Halsschlagader heraustrat *(sie zeichnete sich deutlich ab);* Ü Erst im letzten Jahrzehnt des Jahrhunderts treten die Künstler aus der Anonymität des Werkstattbetriebes heraus (Bild. Kunst III, 58). **3.** (Jägerspr.) **a)** *austreten* (3) ⟨ist⟩; **b)** *(Niederwild) absichtlich heraustreiben* ⟨hat⟩.

he|raus|trom|meln ⟨sw. V.; hat⟩ (ugs.): *so lange mit den Fäusten an jmds. Tür o. Ä. trommeln, bis geöffnet wird:* jmdn. nachts h.

he|raus|trop|fen ⟨sw. V.; ist⟩: *aus dem Inneren eines Behälters hierher nach draußen tropfen.*

he|raus|tun ⟨unr. V.; hat⟩ (ugs.): *[aus dem Inneren] nach außen legen, setzen, stellen.*

he|raus|wach|sen ⟨st. V.; ist⟩: **1.** *aus etw. nach draußen wachsen, wachsend aus etw. herauskommen* (1 b): die Pflanze wächst schon unten aus dem Topf heraus; die gefärbten Haare h. lassen *(die Haare so lange wachsen lassen, bis der gefärbte Anteil ohne Schwierigkeit durch Schneiden entfernt werden kann);* Da der Jugendliche gleichzeitig herauswächst aus dem familiären Gefüge (Nds. Ä. 22, 1985, 27). **2.** *für ein Kleidungsstück, einen Gebrauchsgegenstand o. Ä. zu groß werden:* das Kind ist aus dem Mantel, den Schuhen, dem Kinderstühlchen herausgewachsen.

he|raus|wa|gen, sich ‹sw. V.; hat›: *wagen herauszukommen* (1 a): Jene, die sofort nach der Arbeit in ihr Zimmerchen gingen und sich nicht mehr herauswagten (Leonhard, Revolution 32).

he|raus|wäh|len ‹sw. V.; hat›: **1.** *aus einer Anzahl [gleichartiger] Dinge od. Personen auswählen:* Der Pförtner ... wählt mich aus dem wartenden Haufen heraus (Seghers, Transit 55). **2.** *hinauswählen:* alle »Stalinisten« wurden aus dem Führungsgremium der KP herausgewählt (Dönhoff, Ära 49).

he|raus|wa|schen ‹st. V.; hat›: **a)** *durch Waschen aus etw. entfernen:* die Flecken aus der Tischdecke h.; Ü Blutkrebs ist nicht heilbar, aber hier kann man die vielen weißen Blutkörperchen vorübergehend h. (Schwaiger, Wie kommt 134); **b)** (landsch.) *(ein Wäschestück o. Ä.) kurz mit der Hand waschen; durchwaschen:* ich muss noch schnell die Unterwäsche, den Pulli h.

he|raus|wer|fen ‹st. V.; hat›: **1.** *von dort drinnen hierher nach draußen werfen:* bitte wirf mir das Portemonnaie aus dem Fenster heraus; Ü das ist doch herausgeworfenes *(unnütz ausgegebenes)* Geld. **2.** (ugs.) *hinauswerfen* (2).

he|raus|win|den, sich ‹st. V.; hat›: *sich durch besonderes Geschick aus einer unangenehmen, heiklen Lage befreien:* er wusste, dass er sich h. musste, um zu überstehen (Kirst, 08/15, 876).

he|raus|win|ken ‹sw. V.; hat›: **a)** *durch Winken auffordern, veranlassen herauszukommen* (1 a): sie wurden am Kontrollpunkt herausgewinkt; **b)** *durch Zeichen gebendes Winken beim Herausfahren* (1 b) *dirigieren:* sie hat mich aus der Parklücke herausgewinkt.

he|raus|wirt|schaf|ten ‹sw. V.; hat›: *durch geschicktes Wirtschaften als Gewinn erzielen:* aus dem Betrieb war nicht mehr herauszuwirtschaften; ... mit einem Minimum von Kapitaleinsatz musste ein Maximum an Gewinn herausgewirtschaftet werden (Thieß, Reich 598).

he|raus|wol|len ‹unr. V.; hat› (ugs.): vgl. herausdürfen.

he|raus|wür|gen ‹sw. V.; hat›: **1.** *durch Würgen [wieder] hervorbringen:* das Fleisch wieder h. **2.** *mühsam u. undeutlich sprechen:* »Limonade«, würgt sie heraus (Remarque, Obelisk 183).

he|raus|zer|ren ‹sw. V.; hat›: *von dort drinnen hierher nach draußen zerren.*

he|raus|zie|hen ‹unr. V.›: **1.** ‹hat› **a)** *von dort drinnen hierher nach draußen ziehen:* die Schublade h.; einen Zettel h.; Ede zog seine lederne Geldkatze heraus und zählte ein paar Scheine auf den Tisch (Lentz, Muckefuck 108); jmdn. aus dem Teich h.; Ü Sprechen Sie! Muss ich alles aus Ihnen h.? (ugs.; *können Sie nicht aus eigenem Antrieb Auskunft geben?;* Thieß, Legende 142); **b)** *aus einem Bereich, einer Gruppe o. Ä. zu einem bestimmten Zweck aussondern, herausnehmen:* aus der Westfront sollen Truppen herausgezogen werden, um sie nach Süden in Marsch zu setzen (Plievier, Stalingrad 143). **2.** *aus einem Gebiet, Ort wegziehen* ‹ist›: Ziehen die Armeen der wilden Tiere ... aus Übermut aus dem Nationalpark heraus? (Grzimek, Serengeti 317). **3.** *als Auszug, Exzerpt herausschreiben* ‹hat›: einige Antworten aus dem Fragebogen h.

he|raus|züch|ten ‹sw. V.; hat›: *durch Züchten aus bereits Bestehendem entstehen lassen:* eine neue Sorte, Rasse h.

herb ‹Adj.› [mhd. har(e), flektiert: har(e)wer, H. u., viell. eigtl. = schneidend; rau]: **1.** *(in Bezug auf den Geschmack, Geruch von etw.) keine gefällige Süße besitzend, sondern ein wenig scharf, leicht bitter od. säuerlich:* -er Wein; der -e Duft des Herbstlaubs; dieses Parfüm ist mir zu h.; h. riechen; auch die besonders karotinstarken Sorten schmecken oft etwas -er als bei Möhren üblich (e&t 5, 1987, 25). **2.** *Kummer verursachend, schwer zu ertragen; schmerzlich, bitter:* eine -e Enttäuschung; ein -er Verlust, Rückschlag; eine -e Niederlage hinnehmen müssen; Der Rücktritt des ersten Vorsitzenden ... stellt einen -en Einschnitt in der Vereins- und Tierparkleitung dar (Rheinpfalz 7. 7. 84, 15); sie wurde h. enttäuscht. **3. a)** *nicht lieblich, sondern von strengem, verschlossen wirkendem Wesen:* ein -es Gesicht; ein -er Zug um den Mund; eine -e Schönheit; Seine Tochter ... ist ein zurückhaltendes, etwas h. wirkendes Mädchen (Danella, Hotel 121); **b)** *(in Bezug auf eine Äußerung, Handlungsweise) hart, unfreundlich; besonders streng u. scharf:* -e Worte; -e Kritik; jenes kurze, fast böse »Adieu« haftete ihr wie ein -er Abschiedsgruß im Ohr (A. Kolb, Daphne 149).

Her|ba|list, der; -en, -en [zu lat. herba = Pflanze, Gras]: *Heilkundiger, der auf Kräuterheilkunde spezialisiert ist.*

Her|ba|lis|tin, die; -, -nen: w. Form zu ↑Herbalist.

◆ **her|ban|nen** ‹sw. V.; hat›: *durch Zauber herbeischaffen u. bannen* (2): Wenn ich ihn nicht herbanne, so sagt: Ein altes Weib, das Warzen und Sommerflecken vertreibt, verstehe mehr von der Sympathie als ich (Goethe, Götz II).

Her|bar, das; -s, ...ien u. **Her|ba|ri|um,** das; -s, ...ien [spätlat. herbarium = Kräuterbuch]: *systematisch angelegte Sammlung gepresster u. getrockneter Pflanzen u. Pflanzenteile.*

her|be (veraltet): ↑herb.

Her|be, die; - (geh.): *Herbheit.*

her|bei ‹Adv.› [aus ↑her u. ↑bei]: *von einer entfernt liegenden Stelle an den Ort des Sprechenden, auf den Sprechenden zu:* alles h.!; alle Mann h.!; h. zu mir!

her|bei|brin|gen ‹unr. V.; hat›: **1.** *von einer entfernt liegenden Stelle zum Sprechenden bringen:* Bei einer Zwischenlandung ... bringen Beduinen Flugzeugbenzin aus einem Notlager auf Eseln herbei (Grzimek, Serengeti 16). **2.** *jmdm. verschaffen, an die Hand geben:* Indizien, Beweise h.

her|bei|drän|gen ‹sw. V.; hat›: *sich von einer entfernt liegenden Stelle an einen bestimmten Ort, zum Sprechenden drängen:* sie drängten herbei; ‹meist h. + sich:› sie drängten sich herbei.

her|bei|ei|len ‹sw. V.; ist›: *schnellstens herbeikommen:* zu Hunderten eilten die Leute von allen Seiten herbei, um ihn zu hören (Nigg, Pilgers Wiederkehr 43).

her|bei|fah|ren ‹st. V.; ist›: vgl. heranfahren.

her|bei|flie|gen ‹st. V.; ist›: *von einer entfernt liegenden Stelle zum Sprechenden fliegen:* der gezähmte Falke ist herbeigeflogen.

her|bei|füh|ren ‹sw. V.; hat›: **1.** (selten) *der Grund sein, Gelegenheit dafür bieten, dass jmd. von einer entfernt liegenden Stelle an einen bestimmten Ort zum Sprechenden kommt:* die Neugier führt sie herbei; da der Zufall mich nun einmal herbeigeführt hatte (K. Mann, Wendepunkt 228). **2.** *bewirken, dass etw. [Entscheidendes] geschieht, dass es zu etw. kommt:* eine Entscheidung, den Untergang, das Ende h.; eine Aussprache zwischen zwei Partnern h.; der Schock führte den Tod herbei; ihr Eingreifen führte eine Wende herbei; Das Vergessen scheint ... kein passiver Vorgang, der sozusagen von selbst geschieht, sondern etwas, das von uns herbeigeführt wird (Gregor-Dellin, Traumbuch 113).

her|bei|ho|len ‹sw. V.; hat›: *von einer entfernt liegenden Stelle an einen bestimmten Ort, zum Sprechenden holen.*

her|bei|kom|men ‹st. V.; ist›: *von einer entfernt liegenden Stelle an einen bestimmten Ort, zum Sprechenden kommen.*

her|bei|las|sen, sich ‹st. V.; hat› (häufig iron.): *sich nach längerem Zögern endlich zu etw. bequemen, bereit finden:* sich zur Mithilfe h.; würdest du dich nun endlich h., mir den Fall zu erklären?; dann hatte sich Müller herbeigelassen, diese oder jene Arie zum Besten zu geben (Brot und Salz 212).

her|bei|lau|fen ‹st. V.; ist›: *von einer entfernt liegenden Stelle an einen bestimmten Ort, zum Sprechenden laufen.*

her|bei|lo|cken ‹sw. V.; hat›: *von einer entfernt liegenden Stelle an einen bestimmten Ort, zum Sprechenden locken:* der Köder lockt die Tiere herbei; Vorträge, die er hielt, lockten die Leute in Scharen herbei (Erh. Kästner, Zeltbuch 137); Ü er wollte den Tod h. (Jahnn, Geschichten 94).

her|bei|re|den ‹sw. V.; hat›: *durch fortwährendes Reden Wirklichkeit werden lassen:* ein Unglück, einen Missstand h.; Die Bundesbank möchte den wirtschaftlichen Aufschwung h. – in Sicht ist er nicht (Spiegel 43, 1983, 25).

her|bei|ru|fen ‹st. V.; hat›: *von einer entfernt liegenden Stelle an einen bestimmten Ort, zum Sprechenden rufen:* Hilfe h.; Den Barmann ruft er mit einer gezierten Handbewegung herbei (Chotjewitz, Friede 108).

her|bei|schaf|fen ‹sw. V.; hat›: *von einer entfernt liegenden Stelle an einen bestimmten Ort, zum Sprechenden schaffen:* er forderte ihn auf, das Zeug unter allen Umständen herbeizuschaffen; jmdn. tot oder lebendig h.

her|bei|schlep|pen ‹sw. V.; hat›: *schleppend herbeibringen* (1): Die Waren, die der Kantinenpächter persönlich herbeischleppte, hatten nahezu Friedensqualität (Kirst, 08/15, 388).

her|bei|seh|nen ⟨sw. V.; hat⟩: *sehnlichst wünschen, dass jmd., etw. Bestimmtes da sei, dass jmd. Bestimmtes komme, etw. Bestimmtes eintreffe:* einen bestimmten Tag, einen geliebten Menschen h.; Keine achtundvierzig Stunden trennen ihn vom Entlassungstermin, den er sich so heiß herbeigesehnt hat (Fallada, Blechnapf 13); Wie jeder Reisende hatte auch ich das Ziel und damit das Ende der Fahrt herbeigesehnt (Koeppen, Rußland 130); Nicht, dass die arabischen Länder den Kommunismus herbeisehnten (Dönhoff, Ära 162).

her|bei|strö|men ⟨sw. V.; ist⟩: *in großer Anzahl herbeikommen:* die Besucher, die Neugierigen strömten herbei; Das Publikum ... staute sich vor dem Pavillon, es strömte von allen Seiten herbei (Th. Mann, Krull 26).

her|bei|stür|zen ⟨sw. V.; ist⟩: vgl. herbeilaufen.

her|bei|win|ken ⟨sw. V.; hat⟩: *durch Winken auffordern herbeizukommen:* ein Taxi, den Ober h.

her|bei|wün|schen ⟨sw. V.; hat⟩: vgl. herbeisehnen: sosehr er Sophie diesen Abend gönnte, so sehr wünschte er dessen Ende herbei (Bieler, Mädchenkrieg 144).

her|bei|zau|bern ⟨sw. V.; hat⟩: *durch Zaubern herbeibringen:* ich wünschte, ich könnte ihn/könnte dir das Geld gleich h.; die Monarchie müsse fallen und durch Errichtung der Republik werde die Natur des Menschen sich ändern und Glück und Gleichheit herbeigezaubert werden (Th. Mann, Krull 387).

her|bei|zie|hen ⟨unr. V.; hat⟩: *von einer entfernt liegenden Stelle heranziehen* (1a): sie zog sich einen Stuhl herbei; jmdn. am Ärmel h.; Ü Seine Anwesenheit zog andere Briten herbei *(bewirkte, dass sich auch andere Briten einfanden;* K. Mann, Wendepunkt 281).

her|bei|zi|tie|ren ⟨sw. V.; hat⟩: *zu sich zitieren:* Anstatt einen Arzt herbeizuzitieren, versteckt er ... die Leiche (Hörzu 29, 1973, 53); der herbeizitierte Priester ging auf den Amerikaner zu (Kirst, 08/15, 888).

her|be|kom|men ⟨st. V.; hat⟩: **a)** *etw., was man braucht, auf irgendeine Art u. Weise beschaffen, ausfindig machen:* wo soll ich das denn h.?; Wo die Indios das Material für ihre kärglichen Behausungen herbekommen hatten, war auf den ersten Blick schleierhaft (Cotton, Silver-Jet 13); **b)** *jmdn. an den Ort des Sprechenden bringen:* ich will mal sehen, ob ich ihn h. kann.

her|be|mü|hen ⟨sw. V.; hat⟩ (geh.): **1.** *jmdn. an den Ort des Sprechenden bemühen:* darf ich Sie einmal h.? **2.** ⟨h. + sich⟩ *sich an den Ort des Sprechenden bemühen:* ich danke Ihnen, dass Sie sich herbemüht haben.

her|be|or|dern ⟨sw. V.; hat⟩: *an den Ort des Sprechenden beordern:* Wir haben ... Colonel Molloy ... gebeten, aus Nairobi in Kenia eine kleine Leihmaschine herzubeordern (Grzimek, Serengeti 123).

Her|ber|ge, die; -, -n [mhd. herberge, ahd. heriberga, zu: heri (↑Heer), eigtl. = ein das Heer bergender Ort]: **1. a)** *einfaches Gasthaus o. Ä., in dem jmd. [für die Nacht] Unterkunft findet:* Da sie kein eigentliches Ziel hatten, eben nur hofften, auf ein Gasthaus oder eine H. zu stoßen, ... (Jahnn, Nacht 93); Diese Wanderarbeiter waren sehr heikel mit dem Essen, und nicht selten wechselte deswegen eine Gruppe von einer H. zu der andern (Handke, Niemandsbucht 844); **b)** kurz für ↑Jugendherberge: Zur Jugendherberge ging es über einen grünen Fluss, die H. lag im Unterdorf (Lentz, Muckefuck 200). **2.** ⟨Pl. selten⟩ (veraltet) *gastliche Aufnahme:* Ihr fragtet mich, warum ich gerade bei euch H. nehmen *(unterkommen)* wolle (Buber, Gog 20); um H. bitten.

her|ber|gen ⟨sw. V.; hat⟩ [mhd. herbergen, ahd. heribergōn] (veraltet): **1.** *in einer Herberge wohnen:* Wir waren wohlgelitten, weil wir ehrlich handelten, hatten unsere guten Häuser, wo wir h. durften (Augsburger Allgemeine 3./4. 6. 78, 23). **2.** *jmdm. Aufnahme gewähren, Unterkunft bieten; beherbergen:* niemand wollte sie im Hause h.; Ü Sie sah rund aus ...; niemand aber wäre auf den Gedanken gekommen, dass sie ... ein lebendiges Kind in ihrem Körper ... herbergte (A. Zweig, Grischa 373). ◆ **3.** *Unterkunft finden, haben; wohnen:* meine Art, mir irgend an einem vertraulichen Ort ein Hüttchen aufzuschlagen und da mit aller Einschränkung zu h. (Goethe, Werther I, 26. Mai); Warum herbergst du ... in dieser Höhle Raum? (Kleist, Käthchen V, 10).

Her|bergs|el|tern ⟨Pl.⟩: *Herbergsvater u. Herbergsmutter:* Die jungen H. ... halten die Buden in Schuss (MM 24. 4. 86, 22).

Her|bergs|mut|ter, die ⟨Pl. ...mütter⟩: vgl. Herbergsvater.

Her|bergs|va|ter, der: *Leiter, Verwalter einer Jugendherberge:* ... als Paul Gerhard Kleist die Tür der Jugendherberge zuschloss und den Schlüssel beim H. abgab (Lentz, Muckefuck 212).

her|be|stel|len ⟨sw. V.; hat⟩: *an den Ort des Sprechenden, zu sich bestellen:* ein Taxi, einen Patienten [für 9 Uhr] h.

her|be|ten ⟨sw. V.; hat⟩: *routinemäßig, ohne Ausdruck u. innere Beteiligung o. Ä. hersagen:* Corinna konnte doch nicht das ganze Bordbuch h. (Hausmann, Abel 97).

Herb|heit, (veraltend:) **Her|big|keit,** die; -: *das Herbsein.*

her|bi|kol ⟨Adj.⟩ [zu lat. herba = Pflanze, Gras u. colere = (an einem bestimmten Ort) wohnen] (Zool.): *(von Tieren) auf grünen Pflanzen lebend; Kräuter bewohnend.*

her|bit|ten ⟨st. V.; hat⟩: *an den Ort des Sprechenden, zu sich bitten:* Dann, ..., Punkt acht, betrat Tschanz das Haus des Alten im Altenberg, von ihm dringend für diese Stunde hergebeten (Dürrenmatt, Richter 137).

her|bi|vor ⟨Adj.⟩ [zu lat. herba = Pflanze, Gras u. vorare = fressen, verschlingen]: *(von Tieren) nur von pflanzlicher Nahrung lebend; Kräuter fressend.*

Her|bi|vo|re, der; -n, -n: *Tier, das sich überwiegend od. ausschließlich von krautigen od. grasartigen Pflanzen ernährt.*

her|bi|zid ⟨Adj.⟩ [zu lat. herba = Pflanze, Gras u. caedere (in Zus. -cidere) = töten]: *Pflanzen vernichtend.*

Her|bi|zid, das; -[e]s, -e: *chemisches Mittel zur Unkrautvernichtung:* Gegen Unkräuter gibt es -e (BM 9. 4. 78, 84).

her|bli|cken ⟨sw. V.; hat⟩: *in Richtung auf den Sprechenden blicken.*

Herb|ling, der; -s, -e [↑herb]: *unreife Frucht aus später Blüte.*

her|brin|gen ⟨unr. V.; hat⟩: *an den Ort des Sprechenden bringen.*

Herbst, der; -[e]s, -e [mhd. herbest, ahd. herbist, eigtl. = (am besten) zum Pflücken geeignet(e Zeit), Ernte]: **1.** *Jahreszeit zwischen Sommer u. Winter als Zeit der Ernte u. der bunten Färbung der Blätter von Laubbäumen:* ein früher, später, regnerischer, kalter, milder, schöner, trüber, klarer, sonniger, goldener H.; der Deutsche H. (Jargon; *Herbst des Jahres 1977, als in Deutschland durch bestimmte gesetzgeberische u. administrative Maßnahmen die innere Sicherheit, die durch bestimmte Ereignisse gefährdet schien, gefestigt werden sollte*); es wird H.; ihnen steht ein heißer H. *(eine gefährliche, durch Konflikte gekennzeichnete Zeit nach den ereignislosen Sommermonaten)* bevor; der Boden schmatzt, da fault noch das Laub der verlorenen -e (Frisch, Nun singen 106); [im] vergangenen H., [im] H. 89 waren sie in Meran; im/zum H. eingeschult werden; vor H. nächsten, dieses Jahres, vor dem H. ist nicht an die Fertigstellung zu denken; Ü der H. des Lebens (dichter.; *die Zeit des Alterns*); H. (geh.; *Spätzeit*) des Mittelalters (Titel eines Buches v. J. Huizinga). **2.** (landsch.) *Weinlese; Obsternte:* der H. hat begonnen, ist eingebracht; in den H. gehen *(zur Weinlese, Ernte in den Weinberg, Obstgarten gehen).*

Herbst|abend, der: *Abend eines Herbsttages; Abend im Herbst.*

Herbst|an|fang, der: *Anfang, Beginn des Herbstes* (zwischen 20. u. 23. September).

Herbst|as|ter, die: *im Spätsommer u. Herbst blühende, in Stauden wachsende Aster mit rötlichen, blauen od. weißen Blüten.*

Herbst|blu|me, die: *im Herbst blühende Blume.*

herbs|teln ⟨sw. V.; hat; unpers.⟩ (südd., österr.): *herbsten* (1): Es herbstelte. Am Morgen lagen Nebelfladen in den Wiesen (Strittmatter, Wundertäter 26).

herbs|ten ⟨sw. V.; hat⟩: **1.** ⟨unpers.⟩ *allmählich Herbst werden:* ... sah man die beiden oft, sobald es herbstete, von der Sandgrube aus ... mit Körben in die Pilze gehen (Grass, Butt 455). **2.** (landsch.) *Trauben ernten, die Weinlese abhalten:* Eine sehr schlechte Ernte ... Viele kleinere Weinbauern werden gar nicht erst h. (DM 45, 1965, 14).

Herbs|tes|an|fang (dichter.): ↑Herbstanfang.

Herbst|fä|den ⟨Pl.⟩: *Altweibersommer* (2).

Hẹrbst|far|ben ⟨Pl.⟩: *dem Herbstlaub entsprechende gelbe, rote, braune Farbtöne.*
Hẹrbst|fär|bung, die: *rote, gelbe, braune Färbung der Blätter von Laubbäumen im Herbst.*
Hẹrbst|fe|ri|en ⟨Pl.⟩: *Schulferien im Herbst.*
Hẹrbst|fur|che, die (Landw.): *Winterfurche:* die Kartoffelernte ist nahezu geborgen. Auf rund 1,3 Millionen Hektar wird gegenwärtig die H. gezogen (Neues D. 8. 11. 76, 1).
Hẹrbst|him|mel, der: *Himmel, wie er für den Herbst charakteristisch ist:* die klaren Farben des -s.
Hẹrbst|kleid, das: **1.** *wärmeres, im Herbst getragenes Kleid.* **2.** (Jägerspr.) *Gefieder, das Vögel im Herbst u. Winter tragen.*
Hẹrbst|kol|lek|ti|on, die: *Kollektion der Herbstmode:* auf der Modenschau wurde die neue H. gezeigt.
Hẹrbst|kos|tüm, das: *Kostüm für den Herbst.*
Hẹrbst|laub, das: *bunt gefärbtes Laub der Bäume im Herbst.*
hẹrbst|lich ⟨Adj.⟩: *zum Herbst gehörend; dem Herbst entsprechend, wie im Herbst:* ein -er Duft; -e Stürme; das Wetter ist schon richtig h.; das Laub färbt sich h.; die Bäume wurden bereits im August h. gelb; Die Meisen zirpten leise in den Kiefern über dem Barackendach. Es roch h. (Strittmatter, Wundertäter 443); Ü Wenn jemand sein -es Fleisch bedenken will (Wohmann, Absicht 73); So trägt die Pestchronik von St. Gallen ihre Kennzeichnung – die -e Mischung von Trauer und Heiterkeit (Jünger, Capriccios 27).
hẹrbst|lich gẹlb: s. herbstlich.
Hẹrbst|ling, der; -s, -e (landsch.): **1.** *im Herbst reifende Frucht.* **2.** *im Herbst, zu spät geborenes Kalb.* **3.** *Reizker.*
Hẹrbst|ma|nö|ver, das (Milit.): *im Herbst stattfindendes Manöver:* das große H. der Nato.
Hẹrbst|meis|ter, der (bes. Fußball): *Mannschaft, die nach der im Herbst beendeten ersten Hälfte der zur Meisterschaft zählenden Spiele den ersten Platz einnimmt.*
Hẹrbst|meis|ter|schaft, die (bes. Fußball): **a)** *Wettkampf zur Ermittlung des Herbstmeisters;* **b)** *Sieg in der Herbstmeisterschaft* (a).
Hẹrbst|mes|se, die: *im Herbst stattfindende* [2]*Messe* (1).
Hẹrbst|mo|de, die: *Mode für den Herbst:* in der neuen H. geben die Farben Rot und Grau den Ton an.
Hẹrbst|mo|nat, der: **a)** ⟨o. Pl.⟩ (veraltet) *September;* **b)** *in den Herbst fallender Monat (September, Oktober, November).*
Hẹrbst|mond, der ⟨o. Pl.⟩ (dichter. veraltet): *Herbstmonat* (a).
Hẹrbst|ne|bel, der: *Nebel im Herbst.*
Hẹrbst|punkt, der (Astron.): *Punkt, in dem die Sonne bei Herbstanfang steht.*
Hẹrbst|re|gen, der: *Regen, wie er im Herbst fällt:* Schwer niedergedrückt ging ich durch einen schwer herabrauschenden H. nach Hause (Fallada, Trinker 5).
Hẹrbst|rü|be, die: *Wasserrübe.*
Hẹrbst|son|ne, die ⟨o. Pl.⟩: *schwächer werdende Sonne im Herbst:* Am nächsten Tag schien eine milde, kraftlose H. (Simmel, Affäre 216).
Hẹrbst|sturm, der: *Sturm im Herbst.*
Hẹrbst|tag, der: *Tag im Herbst:* milde, kühle, regnerische, neblige -e.
Hẹrbst-Ta̲g|und|nạcht|glei|che, die: *Äquinoktium im Herbst.*
Hẹrbst|wind, der: *Wind, wie er im Herbst weht.*
Hẹrbst|zeit|lo|se, die; -, -n [zu mhd. zītelōse, ahd. zītelōsa = früh blühende Frühlingsblumen, also eigtl. = nicht zur richtigen Zeit blühende Blumen; frühnhd. auf spät blühende Herbstblumen übertragen]: *(zu den Liliengewächsen gehörende) Pflanze, deren lanzettförmige Blätter im Frühling u. blassviolette, krokusähnliche Blüten im Herbst erscheinen.*
hẹrb|sü̲ß ⟨Adj.⟩: *den Geschmack von herber Süße habend.*
Her|cu|la̲|ne|um: römische Ruinenstadt am Vesuv.
her|cu|la̲|nisch ⟨Adj.⟩: *Herculaneum betreffend; aus Herculaneum stammend.*
Her|cu|la̲|num: ↑Herculaneum.
He̲rd, der; -[e]s, -e [mhd. hert, ahd. herd, eigtl. = der Brennende, Glühende]: **1.** *Vorrichtung zum Kochen, Backen u. Braten, bei der die Töpfe auf kleinen runden, elektrisch beheizten Platten, auf Gasbrennern od. auf einer über einem Holz- od. Kohlefeuer angebrachten großen Herdplatte* (b) *erwärmt werden u. in die meist auch ein Backofen eingebaut ist:* ein elektrischer, offener, zweiflammiger H.; ein H. mit vier [Koch]platten, Brennstellen, Flammen; den H. anzünden, anmachen; sie steht den ganzen Morgen am H. (ugs.; *sie ist den ganzen Morgen mit Kochen beschäftigt*); ich habe gerade das Essen auf dem H. (ugs.; *ich bin gerade dabei, das Essen zu kochen*); den Wasserkessel auf den H. stellen, vom H. nehmen; das Feuer im H. anzünden, schüren; Spr eigener H. *(Hausstand, Haushalt)* ist Goldes wert; ***am heimischen/ häuslichen H.** *(zu Hause, in der Geborgenheit des eigenen Heims).* **2. a)** *Stelle, von der aus sich etw. Übles weiterverbreitet:* ein H. der Unruhe, des Aufruhrs; viele Verbrechen deuten darauf hin, dass sie einen gemeinsamen H. haben (Schneider, Taganrog 10); Die Nähe zu einem Kernkraftwerk stellt für die unmittelbar betroffene Bevölkerung einen ständigen H. von Ängsten dar (Baselland. Zeitung 21. 3. 85, 1); **b)** (Med.) *im Körper genau lokalisierter Ausgangspunkt für eine Krankheit:* die Behandlung flacher -e von fraglich bösartigem Charakter (Medizin II, 337); **c)** (Geol.) *Ausgangspunkt von Erdbeben od. vulkanischen Schmelzen.* **3.** (Technik) *Teil des Hochofens, der das einzuschmelzende Gut aufnimmt.*
He̲rd|ap|fel, der ⟨meist Pl.⟩ [volksetym. angelehnt an Herd; eigtl. Erdapfel] (alemann.): *Kartoffel.*
He̲rd|buch, das [zu ↑Herde] (Landw.): *Zuchtbuch für Zuchttiere.*
He̲rd|buch|bul|le, der (Landw.): vgl. Herdbuchvieh: Der Dorfnachtwächter durfte seine dürre Kuh gratis von Marschners -n decken lassen (Strittmatter, Wundertäter 317).
He̲rd|buch|vieh, das (Landw.): *Vieh, das in das Herdbuch eingetragen ist.*
He̲rd|buch|zucht, die (Landw.): *von einem Zuchtverband od. einer Behörde durch das Herdbuch kontrollierte Zucht von Nutztieren.*
He̲rd|do|sis, die (Med.): *Gesamtdosis von Strahlen, z. B. Röntgenstrahlen, die zur Behandlung eines Krankheitsherdes angewandt werden.*
He̲r|de, die; -, -n [mhd. hert, ahd. herta, viell. urspr. = Haufen, Reihe, Rudel]: **1.** *größere Anzahl von zusammengehörenden zahmen od. wilden Tieren der gleichen Art [unter der Führung eines Hirten od. eines Leittiers]:* eine große, stattliche H.; eine H. Rinder, Elefanten; wie eine H. ängstlicher Schafe; die H. ist versprengt; eine H. hüten; nächtelang tönt die Klage der Hirten, wenn sie sich mit der ziehenden H. am Abend begegnen (Schneider, Leiden 63). **2. a)** (abwertend) *große Anzahl unselbstständig denkender, handelnder Menschen, die sich willenlos führen od. treiben lässt:* die entsetzlich verstörte ... H., die sich, sobald die Sirene ertönt, in den Schutz der Flaktürme drängt (Langgässer, Siegel 610); ***mit der H. laufen; der H. folgen** *(sich in seinem Tun u. Denken der Masse anschließen);* **b)** (geh.) *Anzahl Schutzbefohlener; kirchliche Gemeinde:* Es war eine versprengte H., die Vater Seraphim um sich sammelte (Schaper, Kirche 18).
He̲r|den|in|stinkt, der: *Herdentrieb.*
He̲r|den|mensch, der (abwertend): *Herdentier* (2): das werde ich nicht mitmachen, so im Pulk. Ich laufe diesen Kilometer lieber allein. Ich bin kein H. (Konsalik, Promenadendeck 79).
He̲r|den|tier, das: **1.** *in einer Herde* (1) *lebendes, zu einer Herde gehörendes Tier.* **2.** (abwertend) *unselbstständiger Mensch, der sich einer größeren Gruppe anschließt, ohne sich in irgendeiner Form abzuheben.*
He̲r|den|trieb, der ⟨o. Pl.⟩: **1.** *(bei bestimmten Tierarten) Trieb, Instinkt, in Herden* (1) *zusammenzuleben:* dass solche Vögel, die nicht die Spur von richtigem Artbewusstsein besitzen, doch in einer Situation einen starken H. zu ihresgleichen entwickeln, nämlich im Fluge (Lorenz, Verhalten I, 13). **2.** (abwertend) *Neigung, sich sozialen Gruppen [u. deren Führern] anzuschließen u. deren Verhalten nachzuahmen:* Dazu kommt ein alter, tierischer H.: Allein sind diese Leute nichts, wenn sie nicht in dumpfer Masse auftreten, ist ihnen nicht wohl (Tucholsky, Werke II, 120).
He̲r|den|vieh, das: vgl. Herdentier (1, 2).
he̲r|den|wei|se ⟨Adv.⟩: *in Herden* (1); *scharenweise.*
He̲rd|er|kran|kung, die (Med.): *durch einen Herd* (2 b) *hervorgerufene Erkrankung.*
He̲rd|feu|er, das: *Feuer in einem mit Kohle o. Ä. geheizten Herd:* das H. knis-

terte laut (Simmel, Stoff 21); Wenn eine Römerin heiratete, so brachte sie eine Schaufel Feuersglut vom elterlichen Herd, um damit ihr H. zu entzünden (Radecki, Tag 88).

Herd|frisch|ver|fah|ren, das (Technik): *Verfahren der Stahlerzeugung, bei dem unerwünschte Verunreinigungen des Metalls im Schmelzbad verbrannt werden.*

Herd|in|fek|ti|on, die (Med.): *Fokalinfektion.*

Herd|mul|de, die: *Kochmulde:* Eine moderne H. vor dem Fenster, ein Geschirrspülautomat – hier wurde wirklich an alles gedacht, was die Küchentechnik zurzeit bieten kann (Wohnfibel 66).

Herd|ofen, der (Technik): *Hochofen, bei dem sich das einzuschmelzende Gut in einem wannenförmigen Herd* (3) *befindet.*

Herd|plat|te, die: **a)** *Kochplatte eines Elektroherdes;* **b)** *mit meist mehreren, durch einen Satz Herdringe zu verschließenden Öffnungen versehene Eisenplatte, die einen Kohleherd bedeckt.*

Herd|re|ak|ti|on, die (Med.): **1.** *einen Herd* (2b) *im Körper hervorrufende Reaktion auf einen den Organismus schädigenden Stoff.* **2.** *verstärkte od. erneute entzündliche Reaktion eines Herdes* (2b) *auf einen Reiz.*

Herd|ring, der: *Eisenring, mit dem Öffnungen der Herdplatte* (b) *vergrößert od. verkleinert werden:* jeden Abend hebt Frau Banzlewer mit dem Feuerhaken die innersten, rußigen -e ab und legt von oben ein Brikett in die Feuerstelle (Zeller, Amen 255).

Herd|stel|le, die: *bestimmte, meist mit Herdringen versehene Stelle einer Herdplatte* (b), *auf die Töpfe gestellt werden.*

Herd|steu|er, die (schweiz.): *Personalsteuer, die an die Führung eines eigenen Haushaltes gebunden ist.*

her|dür|fen ⟨unr. V.; hat⟩ (ugs.): **1.** *herkommen, -fahren, -gehen o. Ä. dürfen.* **2.** *hergebracht werden dürfen.*

◆ **Herd|weg,** der; -[e]s, -e [zu ↑Herde]: *Trift* (2b): Ü Ich wäre ein H., wenn Monsieur ... (*ich hätte mit so vielen Männern Geschlechtsverkehr, wie eine Herde auf ihrer Trift an Tieren zählt, wenn Monsieur Recht hätte, mit dem, was er sagt;* Büchner, Dantons Tod I, 5).

he|re|die|ren ⟨sw. V.; hat⟩ [zu lat. heres (Gen.: heredis) = Erbe] (veraltet): *erben* (1a).

he|re|di|tär ⟨Adj.⟩ [frz. héréditaire < lat. hereditarius]: **1.** *die Erbschaft, das Erbe, die Erbfolge betreffend.* **2.** (Biol., Med.) *erblich, die Vererbung betreffend:* Untersuchungen an eineiigen Zwillingen hätten ergeben, dass der -e Faktor eine große Rolle spielt (Reform-Rundschau 12, 1969, 26).

He|re|di|tät, die; -, -en [lat. hereditas] (veraltet): **1.** *Erbschaft.* **2.** *Erbfolge.*

He|re|do|de|ge|ne|ra|ti|on, die; -, -en [zu lat. heres (Gen.: heredis) = Erbe u. ↑Degeneration] (Med.): *erbliche Degeneration* (1) *in bestimmter Geschlechterfolge* (z. B. als Folge von Inzucht).

He|re|do|pa|thie, die; -, -n [↑-pathie] (Med.): *Erbkrankheit.*

her|ei|len ⟨sw. V.; ist⟩: *heraneilen.*

he|rein ⟨Adv.⟩ [mhd. her în, aus ↑her u. ↑²ein]: *von dort draußen hierher nach drinnen:* immer weiter h. in den Keller drang das Wasser; [nur/immer] h.! *(komm[en Sie] bitte herein!; bitte eintreten!);* ⟨subst.:⟩ sie klopfte an der Küchentür und trat ein, ohne auf ein Herein zu warten (Kuby, Sieg 93).

he|rein|be|kom|men ⟨st. V.; hat⟩ (ugs.): *mit etw., was man wieder verkaufen will, beliefert werden:* neue Ware h.

he|rein|be|mü|hen ⟨sw. V.; hat⟩ (geh.): **1.** *bitten, freundlicherweise hereinzukommen:* darf ich Sie h.? **2.** ⟨h. + sich⟩ *sich die Mühe machen, so freundlich sein hereinzukommen:* ich danke Ihnen, dass Sie sich hereinbemüht haben.

he|rein|bit|ten ⟨st. V.; hat⟩: *bitten hereinzukommen.*

he|rein|bli|cken ⟨sw. V.; hat⟩: *in etw. blicken, von dort draußen hierher nach drinnen blicken.*

he|rein|bre|chen ⟨st. V.; ist⟩: **1. a)** *[ab]brechen u. nach innen stürzen, fallen:* Eine brennende Seitenwand brach herein (Bieler, Bonifaz 237); hereinbrechende Gesteinsbrocken; **b)** *(von großen Wassermassen) sich mit großer Gewalt über etw. ergießen:* hereinbrechende Wassermassen, Fluten; die See, die fauchend über den Albatros hereinbrach (Ott, Haie 121); Ü eine Flut von Beschimpfungen brach über den Redner herein. **2.** (geh.) **a)** *jmdn. plötzlich, unerwartet u. hart treffen:* eine Katastrophe, ein Unheil, ein Unglück brach [über das Land, über die Familie] herein; ...Angst vor einem ungeheuren Strafgericht, das nach einer Niederlage über Deutschland und auch über ihn h. würde (Loest, Pistole 72); **b)** *plötzlich beginnen, anbrechen:* der Abend, die Nacht, der Winter bricht herein; bei hereinbrechender Dunkelheit.

he|rein|brin|gen ⟨unr. V.; hat⟩: **1.** *von dort draußen hierher nach drinnen bringen:* sie brachte die bestellten Waren herein. **2.** (ugs.) *Investitionen, Verluste o. Ä. ausgleichen, wettmachen:* Produktions-, Geld-, Zeitverluste, Unkosten wieder h.; Die Kriege sollten, falls man sie gewann, die dafür verwendeten Gelder wieder h. (Thieß, Reich 454).

he|rein|drän|gen ⟨sw. V.; hat⟩: *von dort draußen hierher nach drinnen drängen:* das Publikum drängte herein; Nachdem der Hofstaat die Reihen hinter dem König gefüllt hatte, drängte das Volk herein (Schneider, Erdbeben 29); Ü eine breite Rinne, die sich von der offenen See hereindrängt (Hausmann, Abel 34).

he|rein|drin|gen ⟨st. V.; ist⟩: *von dort draußen hierher nach drinnen dringen* (1): Manchmal ... drangen Gerüchte aus dem Sitzungssaal herein (Th. Mann, Krull 107).

he|rein|dür|fen ⟨unr. V.; hat⟩ (ugs.): **1.** *hereinkommen, -gehen, -fahren o. Ä. dürfen.* **2.** *hereingebracht werden dürfen.*

he|rein|fah|ren ⟨st. V.⟩: **1.** *von dort draußen hierher nach drinnen fahren* (1a, 2a) ⟨ist⟩. **2.** *von dort draußen hierher nach drinnen fahren* (4b, 7) ⟨hat⟩.

he|rein|fal|len ⟨st. V.; ist⟩: **1.** *von dort draußen hierher nach drinnen fallen* (1, 7b). **2.** (ugs.) **a)** *von jmdm. getäuscht, betrogen werden u. dadurch Schaden, Nachteile haben:* bei einem Kauf arg, sehr, furchtbar h.; mit der neuen Angestellten sind wir ganz schön hereingefallen; **b)** *aus Gutgläubigkeit od. Dummheit auf jmdn., etw. eingehen u. dadurch einer Täuschung zum Opfer fallen:* auf einen Trick h.; Seit sie vor zwei Jahren auf einen Hochstapler hereingefallen waren (Danella, Hotel 232).

he|rein|flie|gen ⟨st. V.; ist⟩: **1.** *von dort draußen hierher nach drinnen fliegen:* ein Schmetterling ist hereingeflogen. **2.** (salopp) *hereinfallen* (2).

he|rein|füh|ren ⟨sw. V.; hat⟩: *von dort draußen hierher nach drinnen führen:* führen Sie den Gast bitte herein.

He|rein|ga|be, die (Ballspiele): *von außen nach innen gespielter Ball, gespielte Vorlage:* ein Flankenlauf des Rechtsaußen mit einer präzisen H. brachte den Ausgleich.

he|rein|ge|ben ⟨st. V.; hat⟩: **1.** *hereinreichen.* **2.** (Ballspiele) *den Ball nach innen [vors Tor] spielen;* der Rechtsaußen gab den Ball gefühlvoll in die Mitte herein.

He|rein|ge|schmeck|te, der u. die; -n, -n ⟨Dekl. ↑Abgeordnete⟩ [zu ↑hereinschmecken] (bes. schwäb.): *jmd., der irgendwo lebt, wo er nicht [geboren u.] aufgewachsen ist:* Man war ein »Hereingeschmeckter«, wenn man sich von auswärts her in Nördlingen niederließ (Niekisch, Leben 13).

he|rein|glei|ten ⟨st. V.; ist⟩: *sich rasch, geschmeidig u. geräuschlos von dort draußen hierher nach drinnen bewegen.*

he|rein|ho|len ⟨sw. V.; hat⟩: **1.** *von dort draußen hierher nach drinnen holen.* **2.** (ugs.) **a)** *(Gewinne, Werte o. Ä.) auf eine bestimmte Weise erarbeiten, einbringen:* die Firma holt zurzeit viel Kapital herein; sie hat es geschafft, einen großen Auftrag hereinzuholen; Bremer Reisefachleute, die übrigens 40 Prozent ihres Umsatzes mit Geschäftsreisen hereinholen (Welt 25. 2. 76, 1); **b)** *hereinbringen* (2): Um die verlorene Zeit wieder hereinzuholen, ... (Saarbr. Zeitung 10. 7. 80, 11).

he|rein|klet|tern ⟨sw. V.; ist⟩: *von dort draußen hierher nach drinnen klettern.*

he|rein|kom|men ⟨st. V.; ist⟩: **1.** *von dort draußen hierher nach drinnen kommen, in einen Raum o. Ä. eintreten.* **2.** (ugs.) **a)** *(von Verkaufsgütern) dem Geschäft, Händler o. Ä. geliefert werden:* die Sommerkollektion kommt bereits im März herein; **b)** *eingenommen werden, sodass Geld zur Verfügung steht:* ich ging damals auf den Bau arbeiten, ... damit Geld hereinkam (Gaiser, Schlußball 163); **c)** *sich als Investition o. Ä. lohnen, bezahlt machen:* Da ist keine Zeit vergeudet, die Zeit kommt immer herein (Gaiser, Schlußball 163).

he|rein|kön|nen ⟨unr. V.; hat⟩ (ugs.): vgl. hereindürfen (1).

he|rein|krie|chen ⟨st. V.; ist⟩ (ugs.): *von dort draußen hierher nach drinnen kriechen.*

he|rein|krie|gen ⟨sw. V.; hat⟩ (ugs.): *hereinbekommen.*

he|rein|las|sen ⟨st. V.; hat⟩ (ugs.): *hereinkommen* (1) *lassen:* wollen wir ihn h.?; Ü die geschlossenen Vorhänge ließen das Licht nur dämmernd herein (Th. Mann, Buddenbrooks 41).

he|rein|lau|fen ⟨st. V.; ist⟩: **1.** *von dort draußen hierher nach drinnen laufen.* **2.** *(von Wasser o. Ä.) nach drinnen fließen:* das Wasser lief unter der Kellertür herein.

he|rein|le|gen ⟨sw. V.; hat⟩: **1.** *von dort draußen hierher nach drinnen legen.* **2.** (ugs.) *durch geschicktes Vorgehen zu etw. veranlassen u. dabei Schaden zufügen:* der Vertreter hatte sie beim Kauf des Staubsaugers hereingelegt; der ... in den Westen kam und in Wirklichkeit Doppelagent war, wobei er unsere CIA-Kollegen hereinlegte und in Wirklichkeit nur zum Schein für sie arbeitete (Zwerenz, Quadriga 277).

he|rein|lo|cken ⟨sw. V.; hat⟩: *von dort draußen hierher nach drinnen locken.*

he|rein|müs|sen ⟨unr. V.; hat⟩ (ugs.): vgl. hereindürfen (1).

He|rein|nah|me, die; -, -n [zum 2. Bestandteil vgl. Abnahme]: *das Hereinnehmen, Hereingenommenwerden.*

he|rein|neh|men ⟨st. V.; hat⟩: **1.** *[nehmen u.] mit hereinbringen:* die Stühle vom Balkon h.; nimm den Hund [nicht] mit herein! **2.** *in eine Gruppe, Liste o. Ä. dazunehmen, aufnehmen:* Hereingenommen wurden ... hauptsächlich Aufträge kleinerer bis mittlerer Größenordnung (Kieler Nachrichten 30. 8. 84, 25).

he|rein|nö|ti|gen ⟨sw. V.; hat⟩: *jmdn. nötigen hereinzukommen.*

he|rein|plat|zen ⟨sw. V.; ist⟩ (ugs.): *plötzlich, unerwartet u. ungebeten bei andern, in einem Kreis von Personen erscheinen:* Was hattet ihr euch eigentlich gestern Abend gedacht, als ihr bei Asch hereingeplatzt seid und euch dort wie die Elefanten im Porzellanladen aufgeführt habt (Kirst, 08/15, 440).

he|rein|ras|seln ⟨sw. V.; ist⟩ (salopp): **1.** *hereinfallen* (2 a). **2.** *durch eigenes Versagen, eigene Schuld in eine schwierige, aussichtslose Situation geraten.*

he|rein|reg|nen ⟨sw. V.; hat⟩: *in einen Raum regnen.*

he|rein|rei|chen ⟨sw. V.; hat⟩: *von dort draußen hierher nach drinnen reichen* (1 a, 3).

he|rein|rei|ßen ⟨st. V.; hat⟩: **1.** *von außen nach innen reißen, gewaltsam ziehen, zerren.* **2.** *hineinreiten* (2): Das habe ich befürchtet. Du reißt Mutter auch herein (Fallada, Jeder 223).

he|rein|rei|ten ⟨st. V.⟩: **1.** *von dort draußen hierher nach drinnen reiten* ⟨ist⟩: durch das Tor h. **2.** *hineinreiten* (2) ⟨hat⟩.

he|rein|ren|nen ⟨unr. V.; ist⟩: *von dort draußen hierher nach drinnen rennen.*

he|rein|rie|chen ⟨st. V.; hat⟩ (ugs.): *reinriechen.*

he|rein|ru|fen ⟨st. V.; hat⟩: **1.** *von dort draußen hierher nach drinnen rufen; von draußen jmdm., der sich drinnen befindet, zurufen:* sie rief durch das geöffnete Fenster »Guten Morgen!« herein. **2.** *durch [Auf]rufen auffordern hereinzukommen:* die Kinder [zum Essen] h.

he|rein|schaf|fen ⟨sw. V.; hat⟩: *von dort draußen hierher nach drinnen schaffen.*

he|rein|schau|en ⟨sw. V.; hat⟩: **1.** (landsch.) *hereinsehen.* **2.** (ugs.) *[unangemeldet] einen kurzen Besuch machen; vorbeischauen:* Er ... tat so, als sei er nur eben mal vorbeigekommen und schaue herein (Kuby, Sieg 345).

he|rein|schei|nen ⟨st. V.; hat⟩: *(von Licht) von dort draußen hierher nach drinnen scheinen.*

he|rein|schi|cken ⟨sw. V.; hat⟩: *von dort draußen hierher nach drinnen schicken* (2 a): schicken Sie ihn herein!

he|rein|schie|ben ⟨st. V.; hat⟩: **a)** *von dort draußen hierher nach drinnen schieben;* **b)** ⟨h. + sich⟩ *sich von dort draußen hierher nach drinnen schieben:* sie schob sich unbemerkt durch die schmale Öffnung herein.

he|rein|schlei|chen ⟨st. V.⟩: **a)** *schleichend hereinkommen* ⟨ist⟩; **b)** ⟨h. + sich⟩ *sich von dort draußen hierher nach drinnen schleichen* ⟨hat⟩: das Kätzchen hat sich hereingeschlichen.

he|rein|schlep|pen ⟨sw. V.; hat⟩: **a)** *von dort draußen hierher nach drinnen schleppen:* ringsherum standen Koffer, lagen Schlafsäcke, lagen Sachen, und es wurden von Fahrern noch immer mehr hereingeschleppt (Plievier, Stalingrad 140); **b)** ⟨h. + sich⟩ *sich von dort draußen hierher nach drinnen schleppen:* mit letzter Kraft schleppte sie sich herein.

he|rein|schlüp|fen ⟨sw. V.; ist⟩: *von dort draußen hierher nach drinnen schlüpfen.*

he|rein|schme|cken ⟨sw. V.; hat⟩ [zu landsch. schmecken = riechen] (bes. schwäb.): *erst seit kurzer Zeit irgendwo wohnen.*

he|rein|schmug|geln ⟨sw. V.; hat⟩: *in ein Land, in ein Gebäude o. Ä. schmuggeln* (1, 2).

he|rein|schnei|en ⟨sw. V.⟩: **1.** vgl. hereinregnen ⟨hat⟩. **2.** (ugs.) *unangemeldet, überraschend zu jmdm. kommen* ⟨ist⟩: Entschuldigen Sie, wenn ich noch so spät hereinschneie (Sebastian, Krankenhaus 203); Was willst du denn? Schneist hier herein und spielst dich auf? (Fels, Unding 240).

he|rein|se|hen ⟨st. V.; hat⟩: **1.** *in etw. sehen, von dort draußen hierher nach drinnen sehen:* durch die dichten Gardinen kann man hier nicht h. **2.** *hereinschauen* (2): Mein Vater sah mittags herein, wenn er aus dem Geschäft kam (Kempowski, Tadellöser 116).

he|rein|sol|len ⟨unr. V.; hat⟩ (ugs.): vgl. hereindürfen (1).

he|rein|spa|zie|ren ⟨sw. V.; ist⟩ (ugs.): *unbefangen, zwanglos in einen Raum o. Ä. hereinkommen:* [immer nur] hereinspaziert [meine Herrschaften]!

he|rein|ste|cken ⟨sw. V.; hat⟩: *in etw., von dort draußen hierher nach drinnen stecken:* den Kopf zur Tür h.

he|rein|steh|len, sich ⟨st. V.; hat⟩: *sich von dort draußen hierher nach drinnen stehlen.*

he|rein|stei|gen ⟨st. V.; ist⟩: *von dort draußen hierher nach drinnen steigen.*

he|rein|stel|len ⟨sw. V.; hat⟩: *von dort draußen hierher nach drinnen stellen.*

he|rein|sto|ßen ⟨st. V.; hat⟩: *von dort draußen hierher nach drinnen stoßen:* die Polizisten stießen ihn durch die Tür herein.

he|rein|strö|men ⟨sw. V.; ist⟩: *von dort draußen hierher nach drinnen strömen* (b, c).

he|rein|stür|men ⟨sw. V.; ist⟩: *von dort draußen hierher nach drinnen stürmen:* Die Gefangenen kommen nach vier Uhr von der Arbeit. Der erste, der zur Türe hereinstürmt, ist Bernd (Sobota, Minus-Mann 143).

he|rein|stür|zen ⟨sw. V.; ist⟩: *von dort draußen hierher nach drinnen stürzen* (1 a, 2 a, b).

he|rein|tra|gen ⟨st. V.; hat⟩: *von dort draußen hierher nach drinnen tragen.*

he|rein|tre|ten ⟨st. V.; ist⟩ (selten): *eintreten* (1).

he|rein|wa|gen, sich ⟨sw. V.; hat⟩: *wagen hereinzukommen.*

he|rein|we|hen ⟨sw. V.⟩: **1.** ⟨hat⟩ **a)** *(vom Wind o. Ä.) von dort draußen hierher nach drinnen wehen:* der Wind hat hereingeweht; **b)** *etw. von dort draußen hierher nach drinnen wehen:* der Wind hat die Blätter hereingeweht. **2.** *vom Wind o. Ä. von dort draußen hierher nach drinnen geweht werden* ⟨ist⟩: Blätter sind hereingeweht; Ü dann wehte auch in das Fahrerhaus die Grausamkeit dieser ... Nacht herein (Plievier, Stalingrad 97).

he|rein|wer|fen ⟨st. V.; hat⟩: *von dort draußen hierher nach drinnen werfen:* sie hat Steine hereingeworfen.

he|rein|win|ken ⟨sw. V.; hat⟩: **1.** *von dort draußen hierher nach drinnen winken:* sie hat im Vorbeigehen hereingewinkt. **2.** *jmdn. durch Winken veranlassen hereinzukommen:* vom Balkon aus wurden wir hereingewinkt.

he|rein|wol|len ⟨unr. V.; hat⟩ (ugs.): vgl. hereindürfen (1).

he|rein|zer|ren ⟨sw. V.; hat⟩ (ugs.): *von dort draußen hierher nach drinnen zerren.*

he|rein|zie|hen ⟨unr. V.⟩: **1.** *von dort draußen hierher nach drinnen ziehen* ⟨hat⟩: den Karren in den Hof h.; schnell zog er sie ins Haus herein. **2.** *die Innenseite der Fahrbahn ansteuern, indem man das Lenkrad einschlägt* ⟨hat⟩: da die Kurve sich verengt, bleiben sie (= die Fahrer) sehr lange außen und ziehen die Wagen erst spät herein (Frankenberg, Fahren 58). **3.** *einziehen* (5) ⟨ist⟩: sie zogen singend ins Stadion herein. **4.** (selten) *hierher einziehen* (7) ⟨ist⟩. **5.** ⟨unpers.⟩ *(als Zugluft) von dort draußen hierher nach drinnen ziehen* ⟨hat⟩: es zieht durch die Fensterritzen herein.

He|re|ke, der; -s, -s [nach dem türk. Ort Hereke]: *sehr fein geknüpfter türkischer Teppich.*

He|re|ro, der; -[s], -[s] u. die; -, -[s]: Angehöriger bzw. Angehörige eines südwestafrikanischen Bantustammes.

her|fah|ren ⟨st. V.⟩: **1.** *an den Ort des Sprechenden fahren* (1 a, 2 a) ⟨ist⟩. **2.** *an den Ort des Sprechenden fahren* (4 b, 7) ⟨hat⟩.

Her|fahrt, die; -, -en: *Fahrt von einem Ort hierher.*

her|fal|len ⟨st. V.; ist⟩: **1.** *jmdn., ein Land o. Ä. unerwartet hart angreifen; sich auf jmdn. stürzen:* brutal über jmdn. h.; auch seine Gegner selber scheuten sich nicht, mit Fußtritten und Prügeln über ihn herzufallen (Thieß, Reich 336); Nelson hatte endlich die französische Flotte gefunden und war über sie hergefallen (Ceram, Götter 91); In Halle zerrten vier Soldaten ... eine Passantin in einen Sanitätswagen und fielen nacheinander über sie her (*vergewaltigten sie;* Spiegel 10, 1995, 107); Ü mit Fragen über jmdn. h. *(ihn mit Fragen bestürmen);* mit Vorwürfen über jmdn. herfallen *(ihm heftige Vorwürfe machen);* die Zeitungen sind über die Politikerin hergefallen *(haben sie heftig kritisiert);* Sollte ich einzelne Blätter im Betrieb ans schwarze Brett heften? Die Arbeitskollegen würden über mich h., weil intime Dinge drinstanden (v. d. Grün, Glatteis 212). **2.** *hastig, gierig u. in großen Mengen von etw. zu essen, fressen beginnen:* über das Brot h.; dann vergisst sie es und fällt mit ihrem gefräßigen Mund über ihr Frühstück her (Remarque, Obelisk 9).

her|fin|den ⟨st. V.; hat⟩: *den Weg hierher, zum Ort des Sprechenden finden.*

her|flie|gen ⟨st. V.; ist⟩: *in die Richtung, an den Ort des Sprechenden fliegen.*

her|füh|ren ⟨sw. V.; hat⟩: **1.** *an den Ort des Sprechenden führen* (1 a, 7 c). **2.** *in Richtung auf den Sprechenden verlaufen:* der Weg führt direkt her.

her|für ⟨Adv.⟩ [mhd. her für] (veraltet): *hervor.*

He̱r|ga|be, die; - (selten): *das Hergeben* (1).

He̱r|gang, der; -[e]s, ...gänge ⟨Pl. selten⟩: *Verlauf eines Geschehens (im Hinblick auf seine Wiedergabe, Schilderung, Rekonstruktion):* den H. von etw. schildern, rekonstruieren; sich an den H. der Ereignisse genau erinnern; Er kann Ihnen über den H. des Unglücks wirklich nichts aussagen, weil er ja später erst heimkam (Prodöhl, Tod 136).

he̱r|ge|ben ⟨st. V.; hat⟩: **1. a)** *auf den weiteren Besitz von etw. verzichten u. es für einen bestimmten Zweck, für andere zur Verfügung stellen:* etw. ungern, freiwillig h.; sein Geld, seine Ersparnisse für etw. h.; Die Tschechen geben ihren Grund jetzt billig her (Bieler, Mädchenkrieg 359); Manches hätte sie hergegeben, Gesundheit, Beruf (Bastian, Brut 108); viele Mütter mussten im Krieg ihre Söhne h. (verhüll.; *haben ... ihre Söhne verloren*); sie gibt alles, ihr Letztes her *(sie ist sehr altruistisch, opferfreudig);* **b)** *dem Sprechenden reichen:* gib mir bitte mal das Buch, den Kuli, das Weinglas her! **2.** *sich in den Dienst einer zweifelhaften Sache stellen:* wie konntest du dich dafür/dazu h.?; dazu gebe ich meinen Namen nicht her *(ist mir mein Name zu gut, bin ich mir zu schade).* **3.** *aus sich heraus Leistungen vollbringen:* eine Frau muss im Beruf einiges h.; es war erstaunlich, ... was für sonore Flötentöne die gleiche Stimme hergab (K. Mann, Wendepunkt 87); sie lief, was ihre Beine hergaben *(so schnell sie konnte).* **4.** *liefern, erbringen:* das Thema gibt viel, nichts her; Von welcher Seite aus ließ sich das Dorf fotografieren? Es gab nichts her (Brückner, Quints 193); Er war so verbittert wegen Eliane, die für die Anklage einfach nichts hergab (Muschg, Gegenzauber 289); Da die Containerschiffe optisch nicht viel hergeben, ist der Matrose vom Aussterben bedroht (Woche 9. 1. 98, 40); Weihnachten muss das Essen was h. (v. d. Grün, Glatteis 94); Warum verhalten sie (= Außenseiter) sich so, dass sie Stoff für sensationelle Schlagzeilen hergeben? (Degener, Heimsuchung 167).

he̱r|ge|bracht: 1. ↑herbringen. **2.** ⟨Adj.⟩ *in früheren Zeiten in dieser Form eingeführt u. beibehalten; dem Brauch entsprechend:* -e Verhaltensweisen; Das -e, aus den mittelalterlichen Zünften stammende... Lehrlings- und Meistersystem sei dafür ungeeignet (Woche 7. 3.97, 9); Nach langen Beratungen ... nahm die Prozedur den -en Verlauf (Fest, Im Gegenlicht 250); solange wir nach dem -en Rezept verfahren (NBI 39, 1989, 2).

he̱r|ge|brach|ter|ma̱|ßen ⟨Adv.⟩: *wie man es [von alters her] gewöhnt ist, wie es bei jmdm. Brauch ist.*

he̱r|ge|hen ⟨unr. V.; ist⟩: **1.** *mit jmdm. gehen, jmdn. begleiten u. dabei hinter, vor od. neben ihm gehen:* neben jmdm. h.; hintereinander h. **2.** (südd., österr.) *herkommen* (1): geh her zu mir! **4. *h. und etw. tun** (ugs.; *ohne lange zu überlegen, ohne Umstände etw. tun, was bei anderen Befremden o. Ä. auslöst*): sie tut immer so freundlich, und dann geht sie her und zeigt mich an; Und dann ist die hergegangen und hat mir so quasi das Messer auf die Brust gesetzt (Aberle, Stehkneipen 26); ... wenn die Kirche nun hergeht und diese mythologische Suppe mit einigen modernen existentialistischen Gewürzen versetzt (Thielicke, Ich glaube 244). **3.** ⟨unpers.⟩ (ugs.) *in bestimmter Weise zugehen* (5): es ging laut, lustig, toll her; Wenn es bei dem auch nicht so aufwendig herging wie beim Druckereibesitzer, so fehlte ... kaum etwas zu einem behäbigen Beamtenwohlstand (Kühn, Zeit 65); auf der Party ging es hoch her *(war man ausgelassen, hat man ausgiebig gefeiert);* bei der Diskussion wird es heiß h. *(man wird heftig diskutieren);* ***es geht über jmdn. her** (ugs.; *es wird schlecht über jmdn. geredet; jmd. wird heftig kritisiert*); **es geht über etw. her** (ugs.; *es wird sehr viel von etw. verbraucht*): über unseren Wein ist es sehr/ganz schön hergegangen; Ohne Begleitung durften sie nicht mehr hinaus. Wie das über Mutters Tabakbestand herging! ... für jeden Aufsichtsdienst einen Pfeifenkopf Tabak (H. Grzimek, Tiere 76).

he̱r|ge|hö|ren ⟨sw. V.; hat⟩: *zu dem hier erwähnten Thema, Aufgabenbereich gehören; hierher gehören:* Sie ... unterbrach den anderen mitten in seiner Rede mit etwas, das nicht im mindesten hergehörte (Gaiser, Schlußball 170).

he̱r|ge|lau|fen: 1. ↑herlaufen. **2.** ⟨Adj.⟩ (abwertend) *von zweifelhafter Herkunft; aus ungeordneten, undurchsichtigen Verhältnissen kommend u. nichts geltend:* ein -er Habenichts; Ja, was meints denn ihr, Lumpengesindel, -es (Kühn, Zeit 60).

He̱r|ge|lau|fe|ne, der u. die; -n, -n ⟨Dekl. ↑Abgeordnete⟩ (abwertend): *hergelaufene* (2) *Person:* mit Bürgern, »welche schon etwa fünf Jahre am Platze wohnen in einer patrizischen Stellung als, Altdahiesige' ... angesichts der erst seit Jahresfrist „Hergelaufenen' *(Zugezogenen)...«* (FAZ 8. 4. 61, 49).

he̱r|ha|ben ⟨unr. V.; hat⟩ (ugs.): *von jmdm., irgendwoher haben:* keiner weiß genau, wo dieser Kerl das viele Geld herhat; wo hast du diese Nachricht her?; wenn ich nur wüsste, wo der Junge dieses Schimpfwort herhat *(von wem er es in seinen Sprachgebrauch übernommen hat);* wo hat das Kind die Begabung, Eigenschaft her *(von wem hat es sie geerbt)?*

he̱r|hal|ten ⟨st. V.; hat⟩: **1.** *etw. in Richtung auf den Sprechenden halten, sodass er es erreichen kann:* kannst du bitte deinen Teller h.? **2.** meist in Verbindung mit »müssen«: *[anstelle eines anderen, von etw. anderem] zu, für, als etw. benutzt werden:* sie muss für die anderen h.; Die Juden und die Homosexuellen z. B. haben in unserer Kultur schon immer für Stigmatisierung h. müssen (Schmidt, Strichjungengespräche 44); etw. muss als Vorwand h.; sie musste wieder [als Zielscheibe des Spottes] h.; Auch als Ausflucht hält das Erdbeben her. Der Busfahrer ... erklärt damit die Verspätungen, der Hotelportier das nächtliche Poltern in den Heizungsrohren (Fest, Im Gegenlicht 246).

he̱r|ho|len ⟨sw. V.; hat⟩: *an den Ort des Sprechenden holen:* den Arzt, ein Taxi h.; Die haben zehn Fahrer vom Werk in Bremen hergeholt, die sollen jetzt Streikbrecher machen (v. d. Grün, Glatteis 175); Ü er war es, der dem Urteil erst das von weit hergeholte geschichtliche Gepräge gegeben hat (Plievier, Stalingrad 333); ***weit hergeholt** *(allzu gesucht u. daher nur bedingt als Argument zulässig):* diese Argumente scheinen weit hergeholt; Zugegeben, die beiden ersten Szenarien erscheinen sehr weit hergeholt (natur 8, 1991, 1).

he̱r|hö|ren ⟨sw. V.; hat⟩: *aufmerksam auf die Worte des hier Sprechenden hören:* alle mal h.!; Hört doch mal einen Augenblick her! Ich bin doch der Matrose Bonifaz, euer guter Freund! (Bieler, Bonifaz 232).

◆ **He̱|ri|bann,** der; -[e]s [ahd. heriban]: *Heerbann* (a): Sie folgten, wenn der H. erging, dem Reichspanier (Schiller, Tell II, 2).

He̱|ring, der; -s, -e [mhd. hærinc, ahd. hārinc, H. u.; 3: wohl nach dem Vergleich mit der schlanken Form des Fisches]: **1.** *(in großen Schwärmen bes. in den nördlichen Meeren auftretender) Fisch mit grünlich blauem Rücken u. silberglänzenden, leicht gewölbten Körperseiten, der als Speisefisch verwendet wird:* grüne, gesalzene, geräucherte, marinierte -e; Im Krieg waren wir froh, wenn es sauren H. gab (Bieler, Bonifaz 165); die -e laichen; -e wässern, fangen; er ist dünn wie ein H.

(ugs. scherzh.; *sehr dünn*); sie saßen, standen in der Straßenbahn wie die -e (ugs. scherzh.; *dicht gedrängt*). **2.** (ugs. scherzh.) *dünner, schmaler Mann:* so ein H.!; Er ist und bleibt ein magerer H. (Remarque, Westen 7). **3.** *schmaler Holz- od. Metallpflock, der mit einer Nase od. Kerbe zum Einhängen der Zeltschnüre versehen ist u. der beim Aufbau eines Zeltes am Zeltrand in den Boden geschlagen wird; Zeltpflock:* In dem breiigen Matsch halten die -e nicht, immer wieder platschen die nassen Zeltbahnen auf die Männer herab (Kempowski, Zeit 304).

He|rings|bän|di|ger, der (ugs.): **1.** (scherzh.) *jmd., der ein Fisch- od. Lebensmittelgeschäft betreibt.* **2.** *jmd., der beruflich Heringe fängt.*

He|rings|bän|di|ge|rin, die: w. Form zu ↑Heringsbändiger.

He|rings|brü|he, die (südd.): *Heringslake.*

He|rings|fang, der ⟨o. Pl.⟩: *gewerbsmäßig betriebener Fang von Heringen:* auf H. gehen.

He|rings|fän|ger, der: *speziell für den Heringsfang ausgerüstetes Fangschiff.*

He|rings|fass, das: *Fass aus Holz, in dem [Salz]heringe gelagert werden.*

He|rings|fi|let, das: *Filet vom Hering.*

He|rings|fi|scher, der: *Fischer, der den Heringsfang als Broterwerb betreibt* (Berufsbez.).

He|rings|fi|sche|rei, die: *Heringsfang.*

He|rings|hai, der: *Hai mit relativ gedrungenem, blauschwarzem bis dunkelgrauem Körper, weißlicher Unterseite u. nasenartig spitz nach vorn ausgezogener Stirn, der sich besonders von Heringen, Makrelen u. Sardinen ernährt.*

He|rings|kö|nig, der: *(im Mittelmeer u. im Ostatlantik lebender) großer, zu den Knochenfischen gehörender Fisch mit seitlich stark zusammengedrücktem Körper, bräunlichem Rücken u. gelben bis orangefarbenen Längsstreifen u. einem großen, schwarzen Fleck etwa in der Mitte der Körperseiten; Petersfisch.*

He|rings|la|ke, die: *Salzlösung, in der Heringe eingelegt sind od. eingelegt waren.*

He|rings|log|ger, der: *Logger zum Heringsfang mit Treibnetzen.*

He|rings|milch, die ⟨o. Pl.⟩: *Milch* (3) *des männlichen Herings.*

He|rings|mö|we, die: *an Meeresküsten, breiten Flüssen, Seen u. in Mooren lebende Möwe mit meist gelben Beinen u. weißem Körper, deren Rücken u. Oberseiten der Flügel schiefergrau bis schwarz sind.*

He|rings|ro|gen, der: *Rogen des Herings.*

He|rings|sa|lat, der: *Salat aus klein geschnittenen, gesalzenen od. sauren Heringsfilets mit Mayonnaise, Gewürzgurken, Zwiebeln u. anderen Zutaten.*

He|rings|schwarm, der: *große Anzahl zusammen schwimmender Heringe.*

He|rings|stipp, der: *in Mayonnaise mit [zerriebener Heringsmilch u.] weiteren Zutaten zubereitete Heringsfiletstücke.*

He|rings|ton|ne, die: vgl. Heringsfass.

he|rin|nen ⟨Adv.⟩ (südd., österr.): *hier drinnen.*

He|ris, der; -, - [nach dem iran. Ort Heris]: *rot- od. elfenbeingrundiger persischer Teppich, meist mit einem rhombenartig gestalteten Medaillon mit Arabesken u. geometrischen Ornamenten im Grund.*

her|ja|gen ⟨sw. V.⟩: **1.** ⟨hat⟩ **a)** *jmdn. in die Richtung des Sprechenden, zum Sprechenden jagen:* er hat den Hund, die Hühner hergejagt; **b)** *jmdn. vor sich hertreiben; jmdn. jagen u. dabei dicht hinter ihm sein:* ich habe ihn vor mir hergejagt; dass russische Panzer die Haufen vor sich herjagten (Plievier, Stalingrad 154). **2.** *jmdm. schnell nachlaufen, um ihn einzuholen* ⟨ist⟩: sie ist hinter mir hergejagt.

Her|ko|ga|mie, die; - [zu griech. hérkos = Trennwand, Zaun u. gámos = Ehe; Befruchtung] (Bot.): *starke räumliche Trennung von Narben u. Staubblättern bei Zwitterblüten, durch die eine Selbstbestäubung verhindert od. erschwert wird.*

her|kom|men ⟨st. V.; ist⟩: **1.** *an den Ort des Sprechenden, zum Sprechenden kommen:* komm bitte mal her! **2.** *jmdn., etw. als Grundlage, Ursprung haben; von jmdm., etw. stammen:* Mit mir ist es noch anders, weil ich von meiner Mutter und einer alten Rasse herkomme (Wiechert, Jeromin-Kinder 662); wo kommen Sie her *(wo sind Sie geboren, aufgewachsen; aus welchem Ort o. Ä. stammen Sie)*?; Prévost kommt ... vom empfindsamen Roman des 17. Jahrhunderts her *(steht in dieser Tradition;* Greiner, Trivialroman 25). **3.** *irgendwo hergenommen werden können:* wo soll denn das Geld auch h.?; du fragst nicht, wo der Schnaps herkommt, irgendwoher kommt er schon (Bobrowski, Mühle 51).

Her|kom|men, das; -s: **1.** *Brauch, Sitte, Überlieferung:* Schlimmeres konnte nicht ausgesprochen werden in einem Hause, welches so streng das H. einhielt (Kusenberg, Mal 149). **2.** *jmds. gesellschaftliche Herkunft als Glied in der Reihe eines Geschlechtes:* Leute von hohem, bürgerlichem H.; Es ist eine Frage des -s ... Die Hanburys sind seit der Kolonialzeit bedeutende Leute in dieser Gegend gewesen (Kemelman [Übers.], Dienstag 18); angesichts unseres -s war eine solche Äußerung, wenn auch nicht revolutionär, so doch mindestens ... (Dönhoff, Ostpreußen 47).

her|kömm|lich ⟨Adj.⟩: *der überkommenen Art, dem Herkommen* (1) *gemäß, entsprechend:* Es gab schon in alten Zeiten köstliche Fastenrezepte, die die -e Ansicht widerlegen, historische Küche sei stets gleichbedeutend mit Völlerei (Augsburger Allgemeine 11./12. 2. 78, I); Ob die größere Verbundenheit zwischen Mutter und Tochter nur Folge -er Erziehung ist (Eltern 2, 1980, 83); Vor allem aber verläuft die Kommunikation technisch viel schneller als auf -em Postwege (Woche 11. 4. 97, 16); Angesichts der Knappheit der -en *(althergebrachten)* Energieträger Öl, Gas und Kohle ... (Badische Zeitung 12. 5. 84, 19); Er war ein hochchristlicher Herr gewesen, ... streng h. gesinnt (Th. Mann, Zauberberg 38).

her|kömm|li|cher|wei|se ⟨Adv.⟩: *wie seit langem üblich, gewohnt:* Die Löhne der Waldarbeiter standen h. an der untersten Stufe der Lohnhierarchie (Mantel, Wald 46).

her|kön|nen ⟨unr. V.; hat⟩ (ugs.): vgl. herdürfen.

her|krie|gen ⟨sw. V.; hat⟩: **1.** (ugs.) *herbekommen.* **2.** (nordd.) *hervorholen:* kriegt eure Hefte her, wir schreiben ein Diktat!

Her|ku|les, der; -, -se: **1.** lat. Form von ↑Herakles. **2.** *Mensch mit großer Körperkraft:* ein H. sein; von den Ohren abwärts sind diese -se wie ein einziger massiver Klotz (Wolfe [Übers.], Radical 77); produziere dich nie als geistiger H., wenn eine neue Hose dasselbe erreicht (Remarque, Obelisk 292). **3.** (schweiz.) *Lukas.* **4.** ⟨o. Pl.⟩ Sternbild am nördlichen Sternenhimmel.

Her|ku|les|ar|beit, die [nach den zwölf Arbeiten od. Kämpfen des Herkules (Herakles), die dieser auf Weisung des Delphischen Orakels zu vollbringen hatte]: *ungeheuer schwere, großen Kräfteaufwand erfordernde Arbeit.*

Her|ku|les|keu|le, die [verschiedene Darstellungen zeigen den Sagenhelden mit einer Keule]: **1.** *Flaschenkürbis mit langen, keulenförmigen Früchten.* **2.** *(bes. in Laubwäldern vorkommender) Ständerpilz mit keulenförmiger, runzliger Oberfläche.*

Her|ku|les|kraut, das [nach der Übers. des botan. nlat. Namens Heracleum]: *Bärenklau* (1).

her|ku|lisch ⟨Adj.⟩ (bildungsspr.): *besonders stark [wie Herkules]:* über -e Kräfte verfügen; Gerda hat einen -en Bruder, der über die Familienehre wacht (Remarque, Obelisk 148).

Her|kunft, die; -, ...künfte [zum 2. Bestandteil vgl. Abkunft]: **1.** ⟨Pl. selten⟩ *soziale Abstammung; bestimmter sozialer, nationaler, kultureller Bereich, aus dem jmd. herkommt:* einfacher, bäuerlicher, niederer H. sein; Vor Ihnen sitzt ein Angeklagter, der seine proletarische H. nicht ... beweisen muss (Bieler, Bär 351); Derzeit trägt er das Haar in der Mitte gescheitelt; das sieht sehr bieder aus und offenbart seine H. (Woche 2. 1. 98, 47); er ist nach seiner H. Franzose. **2.** ⟨Pl. selten⟩ *Ursprung einer Sache:* die H. des Wortes ist unklar; diese Waren sind englischer H.; Die Germanistik sollte sich im grimmschen Sinne als eine Wissenschaft von den deutschen Herkünften und Eigenschaften entfalten (Der Monat 197, 1965, 16 [Zeitschrift]).

Her|kunfts|an|ga|be, die: **1.** *Herkunftsbezeichnung.* **2.** (Sprachw.) *Angabe der Herkunft eines Wortes, etymologische Angabe.*

Her|kunfts|be|zeich|nung, die: *Bezeichnung des Herkunftslandes einer Ware; Herkunftsangabe* (1).

Her|kunfts|land, das ⟨Pl. ...länder⟩: *Land, aus dem ein Importartikel o. Ä. kommt.*

Her|kunfts|ort, der ⟨Pl. -e⟩: vgl. Herkunftsland.

Her|kunfts|spra|che, die (Sprachw.): *Gebersprache.*

Her|kunfts|zei|chen, das: *Zeichen des Herkunftslandes.*

her|lan|gen ⟨sw. V.; hat⟩: **1.** (ugs.) *herreichen* (1): lang mir mal bitte die Zeitung her. **2.** (landsch.) *herreichen* (2): die Leine langt grad her.

her|las|sen ⟨st. V.; hat⟩: *an den Ort des Sprechenden kommen lassen.*

her|lau|fen ⟨st. V.; ist⟩: **1.** *in Richtung auf den Sprechenden, zum Sprechenden laufen.* **2.** *mit jmdm. laufen; jmdn. begleiten u. dabei hinter, vor od. neben ihm laufen:* neben der Präsidentin h.; Ü als ... die kompliziertesten theologischen Systeme mit einer krausen Philosophie neben dem Leben herlaufen, hat das Christentum ... die neue Erde bereitet (Thieß, Reich 133).

her|le|gen ⟨sw. V.; hat⟩ (ugs.): *in die Nähe des Sprechenden, zum Sprechenden legen.*

her|lei|ern ⟨sw. V.; hat⟩ (selten): *herunterleiern.*

her|lei|hen ⟨st. V.; hat⟩ (ugs.): *leihweise hergeben* (1 a); *ausleihen:* sie wollte die Platten nicht gern h.; Ü Meine Freunde hatten kleine, unbedeutende »Liaisons«, Frauen, die man ablegte, manchmal sogar herlieh (Roth, Kapuzinergruft 15).

her|lei|ten ⟨sw. V.; hat⟩: **a)** *aus etw. entwickeln, folgern; ableiten* (2 a): eine Formel h.; Ansprüche, Rechte aus seiner Stellung h.; ...vermeinten wir nicht, das Recht einseitig aus dem Erfolg der Waffen h. zu können? (Plievier, Stalingrad 166); Ein Mordbeweis lässt sich daraus nicht h. (Konsalik, Promenadendeck 203); **b)** *in der Abstammung auf jmdn., etw. zurückführen:* ein Wort aus dem Arabischen h.; sie leitet ihren Namen, ihr Geschlecht von den Hugenotten her; **c)** ⟨h. + sich⟩ *aus etw. stammen, einer Sache entstammen; von jmdm. abstammen:* sich aus altem Adel h.; dieses Wort leitet sich vom Lateinischen her; Übrigens soll ihr Vater der gotische Gaukönig Ludolf gewesen sein, von dem sich mein ... Gotenfreund Ludger herleitete (Grass, Butt 97).

Her|lei|tung, die; -, -en: *das [Sich]herleiten, Hergeleitetwerden.*

Her|ling, der; -s, -e [zu ↑herb od. landsch. (veraltet) hart = von beißendem Geschmack, vgl. Härtling 2] (veraltet): **a)** *harte, unreife, saure Weintraube;* **b)** *Härtling* (2).

Her|lit|ze [auch: -'- -], die; -, -n [mhd. nicht belegt, ahd. harlezboum, erlizboum, H. u.]: *Kornelkirsche.*

her|lo|cken ⟨sw. V.; hat⟩: *an den Ort des Sprechenden locken.*

her|ma|chen ⟨sw. V.; hat⟩ (ugs.): **1.** ⟨h. + sich⟩ **a)** *etw. energisch in Angriff nehmen; sofort mit der Arbeit an etw., Beschäftigung mit etw. beginnen:* sich über die Arbeit h.; er machte sich sofort über das Buch her; die Kinder machten sich über das Obst her *(begannen, gierig davon zu essen);* **b)** *über jmdn. herfallen* (1): sie haben sich zu mehreren über ihn hergemacht und ihn übel zugerichtet; Ü sich über den Redner h. *(ihn heftig kritisieren).* **2. a)** *aufgrund seiner rein äußeren Beschaffenheit einen bestimmten Eindruck machen, ansprechend sein:* das Geschenk macht viel, wenig, nicht genug her; sie macht zu wenig her mit ihrem bescheidenen Auftreten; **b)** *viel Wesens um jmdn., etw. machen; jmdn., etw. wichtig nehmen u. viel darüber reden:* von einer Errungenschaft, einem Erfolg viel h.; von diesem Kraftwerk war in den Medien allerhand hergemacht worden (Loest, Pistole 229); er macht gar nichts von sich her *(er ist sehr bescheiden).*

Her|man|dad [span.: ɛrman'dað], die; - [span. (Santa) Hermandad = (Heilige) Bruderschaft, zu: hermano = Bruder < lat. germanus]: **a)** *(im ausgehenden Mittelalter) Bündnis kastilischer u. aragonesischer Städte gegen Übergriffe des Adels u. zur Wahrung des Landfriedens;* **b)** (früher) *Gendarmerie in Spanien:* *** die heilige H.** (veraltet iron.; *die Polizei*).

Her|mä|on, das; -s [griech. hérmaion, eigtl. = Gewinn, den man dem Hermes zuschreibt, zu: hermaĩos = Gewinn bringend, eigtl. = von Hermes stammend] (veraltet): *glücklicher Fund, Glücksfall.*

Her|ma|phro|dis|mus, der; - (Biol., Med.): ↑*Hermaphroditismus.*

Her|ma|phro|dit, der; -en, -en [lat. hermaphroditus < griech. hermaphróditos, nach Hermaphróditos, dem zum Zwitter gewordenen Sohn des Hermes u. der Aphrodite] (Biol., Med.): *Zwitter; Individuum (Mensch, Tier od. Pflanze) mit Geschlechtsmerkmalen von beiden Geschlechtern:* Im primitiven Denken war der H. das ursprüngliche Modell des Menschen (Wolff [Übers.], Bisexualität 11).

her|ma|phro|di|tisch ⟨Adj.⟩ (Biol., Med.): *zweigeschlechtig; zwittrig.*

Her|ma|phro|di|tis|mus, der; - (Biol., Med.): *Zweigeschlechtigkeit; Zwittrigkeit.*

Her|me, die; -, -n [lat. Herma, Hermes < griech. Hermẽs, eigtl. = (Statue des) Hermes]: *Pfeiler od. Säule, die mit einer Büste (ursprünglich des Gottes Hermes) gekrönt ist.*

[1]**Her|me|lin,** das; -s, -e [mhd. hermelīn, ahd. harmilī(n) = Vkl. von: harmo = Wiesel, H. u.]: **1.** *großes Wiesel mit im Winter weißem, im Sommer braunem Fell u. weißer bis gelblicher Bauchseite.* **2.** *Hermelinkaninchen.*

[2]**Her|me|lin,** der; -s, -e [mhd. hermilīn]: **1.** *Pelz aus dem weißen Winterfell des* [1]*Hermelins* (1): ein Mantel aus H. **2.** (Heraldik) *(heute meist aufgemaltes stilisiertes) weißes Fell mit regelmäßig versetzten Schwanzspitzen des* [1]*Hermelins* (1), *mit dem Wappen od. Schilde bespannt werden.*

Her|me|lin|ka|nin|chen, das: *kleines, weißes Hauskaninchen mit auffallend kurzen Ohren u. kurzhaarigem Fell.*

Her|me|lin|kra|gen, der: *Kragen aus* [2]*Hermelin* (1).

Her|me|lin|spin|ner, der [wegen der Ähnlichkeit der weißen Flügelbehaarung mit dem [2]Hermelin] (Zool.): *(im Mai u. Juni auftretender) Schmetterling mit weißen Flügeln u. auf der Oberseite schwarzem Hinterleib.*

Her|me|neu|tik, die; - [griech. hermēneutikḗ (téchnē), zu: hermēneutikós = auf die Erklärung, Interpretation bezüglich, zu: hermēneúein = deuten, auslegen]: **1.** *wissenschaftliches Verfahren der Auslegung u. Erklärung eines Textes (bes. der Bibel) od. eines Kunst- od. Musikwerks:* die Methode, aus den verschiedensten Merkmalen Echtheit, Art und Geschichte eines Werkes abzulesen, das Werk also zu deuten, heißt H. (Ceram, Götter 38). **2.** *das Verstehen von Sinnzusammenhängen in Lebensäußerungen aller Art aus sich selbst heraus (z. B. in Kunstwerken, Handlungen, geschichtlichen Ereignissen).*

her|me|neu|tisch ⟨Adj.⟩: **1.** *einen Text o. Ä. erklärend, auslegend:* -e Vorgehensweise. **2.** *die Hermeneutik* (2) *betreffend:* -er Zirkel *(Zirkelschluss, der darin besteht, dass jede Erkenntnis, die jmd. zu gewinnen sucht, auf bereits vorhandener, aus eigener Erfahrung gewonnener Erkenntnis beruht).*

Her|mes (griech. Myth.): Götterbote, u. a. Gott des Handels, Begleiter der Toten in den Hades.

Her|mes|bürg|schaft, die [nach der Hermes Kreditversicherungs-AG, die die Ausfuhrgarantien im Namen des Bundes gewährt] (Wirtsch.): *von der deutschen Bundesregierung geleistete Garantie für Exportgeschäfte:* Waren durch -en absichern; Bonn hingegen stützt einen Milliardenauftrag des Elektrokonzerns Siemens mit einer H. ab (Spiegel 46, 1997, 220).

Her|me|tik, die; -, -en [1: zu ↑hermetisch; 2: nach engl. hermetic = luftdicht]: **1.** ⟨o. Pl.⟩ (veraltend) *Alchemie u. Magie:* Ü In der fieberhaften H. des Zauberberges aber erfährt dieser schlichte Stoff eine Steigerung (Th. Mann, Zauberberg XI). **2.** *luftdichte Apparatur:* Die Ursache für den Defekt an der H. der Landekapsel wird noch geprüft (MM 3. 7. 71, 1).

Her|me|ti|ker, der; -s, - [↑hermetisch]: **1.** *Anhänger des ägyptisch-spätantiken Gottes der Magie u. Alchemie.* **2.** (bildungsspr.) *Schriftsteller mit vieldeutiger, dunkler Ausdrucksweise (bes. der alchemistischen, astrologischen u. magischen Literatur).*

Her|me|ti|ke|rin, die; -, -nen: w. Form zu ↑Hermetiker.

her|me|tisch ⟨Adj.⟩ [1: nlat. hermetice, eigtl. = mit geheimnisvollem Siegel versehen, nach dem sagenhaften altägypt. Weisen Hermes Trismegistos, der die Kunst erfunden haben soll, eine Glasröhre mit einem geheimnisvollen Siegel luftdicht zu verschließen; 2: nach dem Schrifttum einer spätantiken religiösen Offenbarungs- u. Geheimlehre, als deren Verfasser Hermes Trismegistos angesehen wird]: **1. a)** *so dicht, verschlossen, dass nichts eindringen od. austreten kann:* Nach einer störungsfreien Kopplung und genauen Überprüfung der -en Verbindung zwischen den Raumflugkörpern stieg die Expedition in die Station um (NNN 23. 8. 82, 1); h. verschlossene Ampullen; **b)** *durch eine Maßnahme o. Ä.*

so beschaffen, dass niemand eindringen od. hinausgelangen kann: ein Gebäude, militärisches Gelände h. abriegeln; Beäugte den Stacheldraht, der ihn ... Jahre lang fast h. von der Außenwelt abgeschnitten hatte (Lentz, Muckefuck 260). **2.** (bildungsspr.) *vieldeutig, dunkel (in Bezug auf das Verständnis); eine geheimnisvolle Ausdrucksweise bevorzugend:* -e Literatur (*philosophisch-okkultistische Literatur der Hermetiker* 2).

her|me|ti|sie|ren ⟨sw. V.; hat⟩: *dicht verschließen, luft- u. wasserdicht machen.*

Her|me|tis|mus, der; - [1: ital. ermetismo, gepr. von dem ital. Literaturhistoriker F. Floral (1891–1962); 2: frz. hermétisme, zu ↑hermetisch 2]: **1.** (Literaturw.) *Richtung der modernen italienischen Lyrik.* **2.** (bildungsspr.) *Dunkelheit, Vieldeutigkeit der Aussage als Wesenszug der modernen Poesie.*

Her|mi|ta|ge [ɛrmiˈtaːʒ], der; - [frz. (h)ermitage]: *französischer Wein (vorwiegend Rotwein) aus dem Anbaugebiet um die Gemeinde Tain-l'Hermitage im Rhonetal.*

her|müs|sen ⟨unr. V.; hat⟩ (ugs.): **a)** *aus dringlichen Gründen herkommen* (1) *müssen:* es muss sofort ein Arzt her; da muss ein Fachmann her; **b)** *herbei-, angeschafft werden müssen:* Geld, ein neuer Kühlschrank muss her!

her|nach ⟨Adv.⟩ [mhd. her nāch, ahd. hera nāh = nach dieser Zeit, aus ↑her u. ↑nach] (landsch.): **a)** *unmittelbar nach einem bestimmten Geschehen, das in der Vergangenheit od. Zukunft liegt; danach:* einen Tag h.; wenn ich es ... von der Kanzel sage, dass sie Heiden sind, ... h. im Wirtshaus brüsten sie sich ... noch damit (Broch, Versucher 55); erst kürzlich hatte er sich einer Gallen- und h. einer Herzoperation unterziehen müssen (Basler Zeitung 12. 5. 84, 55); Zum Glück ließ sich das Ergebnis als Teilerfolg verkaufen. Eilig zückten die Betriebsratsvorsitzenden und Bezirkssekretäre h. ihr Handy, um die Stimmung vor Ort zu sondieren (Woche 21. 3.97, 13); **b)** *in näherer, nicht genau bestimmter Zukunft; nachher:* ich komme h. noch bei dir vorbei.

her|neh|men ⟨st. V.; hat⟩: **1. a)** *etw., was man braucht, irgendwoher beschaffen, sich zu Eigen machen; herbekommen:* wo soll ich das h.?; Er soll im Monat paar hundert Mark Alimente zahlen. Wo nimmt er's bloß her? (Bieler, Bonifaz 210); wo nimmt sie nur die Kraft, Geduld her?; R wo h. und nicht stehlen?; **b)** (landsch.) *an sich, zu sich, zur Hand nehmen.* **2.** (landsch.) *jmdm. physisch od. psychisch sehr zusetzen, ihn stark beanspruchen:* jmdn. bei einer militärischen Übung h.; die Arbeit, Krankheit, die schlechte Nachricht hat sie sehr hergenommen; Hat Sie furchtbar hergenommen, dieses Unglück, wie? (Roth, Radetzkymarsch 90); Odell war durch den schwierigen Aufstieg so hergenommen, dass er nicht mehr weitersteigen konnte (Trenker, Helden 291). **3.** (landsch.) **a)** *sich jmdn. vornehmen:* ich muss [mir] das Kind mal h., es ist so ungezogen; **b)** *jmdn. verprügeln:* da habe er den jungen Mann wirklich wüst hergenommen. Den Stock ... habe er ihm auf Kopf und Schultern entzweigeschlagen (R. Walser, Gehülfe 106).

Her|nie, die; -, -n [lat. hernia (Gen.: herniae) = Bruch, urspr. = Eingeweide]: **1.** (Med.) *Eingeweidebruch:* -n ... entstehen vorzugsweise dort, wo eine natürliche Öffnung der Bauchdecke besteht (Hackethal, Schneide 66). **2.** (Biol.) *durch Pilze erzeugte, krankhafte Wucherung an Kohlpflanzen.*

her|nie|der ⟨Adv.⟩ [mhd. her nider, ahd. hera nider, aus ↑her u. ↑nieder] (geh.): *von dort oben hierher nach unten; herab, herunter.*

her|nie|der|bre|chen ⟨st. V.; ist⟩ (geh.): *herabstürzen* (1).

her|nie|der|bren|nen ⟨unr. V.; hat⟩ (geh.): *herunterbrennen* (1).

her|nie|der|fah|ren ⟨st. V.; ist⟩ (geh.): *von dort oben hierher nach unten fahren.*

her|nie|der|fal|len ⟨st. V.; ist⟩ (geh.): *von dort oben hierher nach unten fallen:* warmer Regen fällt in schweren Tropfen auf uns hernieder.

her|nie|der|ge|hen ⟨unr. V.; ist⟩ (geh.): *niedergehen* (2 a): Regen mit Schnee vermischt ging unablässig hernieder (Th. Mann, Krull 134).

her|nie|der|hän|gen ⟨st. V.; ist⟩ (geh.): *von dort oben hierher nach unten* [1]*hängen* (2 a): Ü der Himmel hing schwer hernieder (Kirst, 08/15, 348).

her|nie|der|pras|seln ⟨sw. V.; ist⟩ (geh.): *von dort oben hierher nach unten prasselnd fallen.*

her|nie|der|schwe|ben ⟨sw. V.; ist⟩ (geh.): *herabschweben.*

her|nie|der|sen|ken, sich ⟨sw. V.; hat⟩ (geh.): *herabsenken.*

her|nie|der|sin|ken ⟨st. V.; ist⟩ (geh.): *herabsinken.*

her|nie|der|stei|gen ⟨st. V.; ist⟩ (geh.): *heruntersteigen.*

Her|ni|o|to|mie, die; -, -n [zu ↑Hernie u. griech. tomḗ = das Schneiden, der Schnitt] (Med.): *Operation einer Hernie* (1).

He|roa: Pl. von ↑Heroon.

he|ro|ben ⟨Adv.⟩ (südd., österr.): *hier oben.*

He|roe, der; -n, -n [geb. nach dem lat. Akk. Sg. heroem, ↑Heros] (bildungsspr.): **1.** *Heros* (1). **2.** *heldenhafter Mann, Held:* dass man allzu sehr den unter seiner Leistung zusammenbrechenden Menschen als den -n der Leistung gefeiert hat (Hollander, Der Mensch 150).

He|ro|en|kult, He|ro|en|kul|tus, der ⟨Pl. selten⟩ (bildungsspr.): *kultische Verehrung eines Heros* (1), *von Heroen:* Ü (abwertend:) mit jmdm. einen H. treiben.

He|ro|en|tum, das; -s (bildungsspr.): *Heldentum.*

He|ro|en|zeit, die ⟨Pl. selten⟩ (bildungsspr.): *Zeit, in der Helden* (1 a) *leben; Heldenzeitalter.*

He|ro|i|de, die; -, -n ⟨meist Pl.⟩ [lat. heroides < griech. hērōídes, eigtl. = die Halbgöttinnen, ↑Heros; nach dem spätlat. Grammatiker Priscianus (um 500 n. Chr.) Titel einer von dem röm. Lyriker Ovid (43 v. Chr. bis etwa 17 n. Chr.) herausgegebenen Sammlung fiktiver Briefe von Heroinen, z. B. von Penelope an Odysseus] (Literaturw.): *Gedicht als fiktiver [Liebes]brief eines weltlichen od. biblischen Helden bzw. einer Heldin.*

He|ro|ik, die; - (bildungsspr.): *Heldenhaftigkeit.*

[1]**He|ro|in,** das; -s [gelehrte Bildung zu griech. hḗrōs = Held; heroisch bedeutete im MA. »stark, kräftig«]: *(früher auch als Medikament verwendetes) aus einem weißen, pulverförmigen Morphinderivat bestehendes, sehr starkes, süchtig machendes Rauschgift.*

[2]**He|ro|in,** die; -, -nen [lat. heroine < griech. hērōínē]: **1.** (bildungsspr.) *Heldin.* **2.** (Theater) *Heroine.*

he|ro|in|ab|hän|gig ⟨Adj.⟩: vgl. drogenabhängig.

He|ro|in|ab|hän|gi|ge, der u. die; -n, -n ⟨Dekl. ↑Abgeordnete⟩: *jmd., der heroinabhängig ist.*

He|ro|i|ne, die; -, -n [↑[2]Heroin]: **1.** (Theater) *Darstellerin einer weiblichen Heldenrolle auf der Bühne.* **2.** *Heldin:* Ingeborg Wolff schlüpfte in verschiedene Kostümierungen, von der Panpuschenhausfrau zur mondänen H. mit riesigem Räderhut (MM 16. 1. 81, 30); Tatsächlich sind die großen -n wie Betty Friedan, Kate Millett und Gloria Steinem 1975 eher historische Größen als noch Führerinnen einer Bewegung (MM 3./4. 5. 75, 33).

He|ro|i|nis|mus, der; - [zu ↑[1]Heroin] (Med.): *Heroinsucht.*

He|ro|in|sucht, die: *durch Missbrauch von* [1]*Heroin entstandene Sucht.*

he|ro|in|süch|tig ⟨Adj.⟩: *süchtig nach* [1]*Heroin.*

He|ro|in|süch|ti|ge, der u. die: *jmd., der heroinsüchtig ist.*

he|ro|isch ⟨Adj.⟩ [lat. heroicus < griech. hērōikós] (bildungsspr.): **1.** *heldenhaft:* Die Niederlage im Golfkrieg hat der Feldmarschall ... längst in einen -en Sieg umgedeutet (Woche 7. 11.97, 29); es gab andererseits die vielen Schicksale, die tapferen, -en, die unbeweint ihren fürchterlichen Gang nahmen (Kronauer, Bogenschütze 106); Dann bemerkt er, indem er auf die Vitrinen mit den Zeugnissen einer -en Vergangenheit deutet ... (Berger, Augenblick 114); (spött.:) er fasste den -en Plan, sich von ihr zu trennen. **2.** *von erhabener Wirkung:* -e Landschaft (Kunstwiss.; 1. *Darstellung einer idealen Landschaft mit Gestalten der antiken Mythologie.* 2. *Darstellung einer dramatisch bewegten, monumentalen idealen Landschaft*); -er Vers (Literaturw.; *Vers des [englischen] Epos*).

he|ro|i|sie|ren ⟨sw. V.; hat⟩ (bildungsspr.): *jmdn. als Helden verherrlichen, zum Helden erheben:* einen Guerillaführer h.; Ü Weiß er ..., dass ihn nur die Niederlage erwartet, die er jetzt durch sein Opfer h. will? (Lenz, Brot 148).

He|ro|is|mus, der; - (bildungsspr.): *Heldentum, Heldenmut.*

He|rold, der; -[e]s, -e [spätmhd. heralt < afrz. heralt, aus dem Germ., eigtl. =

Heeresbeamter, 1. Bestandteil zu ↑Heer, 2. Bestandteil zu ↑walten]: **1.** (früher) *wappenkundiger Hofbeamter.* **2. a)** (früher) *Ausrufer u. Bote eines Fürsten:* Sie waren um vieles flinker als die von Hektor ausgesandten -e, die zwei Opferlämmer herbeischaffen sollten (Hagelstange, Spielball 121); **b)** (geh.) *jmd., der eine wichtige Nachricht verkündet:* der besagte Sänger sei vor seiner Kirchenliederzeit der kehlstärkste H. Großdeutschlands gewesen (Handke, Niemandsbucht 171).

He|rolds|amt, das (früher): *aus den Funktionen des Herolds entstandene, für Rang-, Titel- u. Wappenfragen zuständige Behörde.*

He|rolds|bild, das (früher): *durch die Bemalung von Schilden entstandene, ungegenständliche Figur.*

◆ **He|rolds|kam|mer,** die: *(in Preußen bis 1919) Behörde, der die Regelung aller den Adel betreffenden Standesangelegenheiten obliegt:* des Rechnungsrats Schmidt aus der H. (Fontane, Jenny Treibel 5).

He|rolds|kunst, die ⟨o. Pl.⟩ (veraltet): *Heraldik.*

He|rolds|li|te|ra|tur, die: *mittelalterliche Literatur, in der die Beschreibung fürstlicher Wappen nach einem festen Schema mit der Huldigung ihrer gegenwärtigen od. früheren Träger verbunden wird; Wappendichtung.*

He|rolds|meis|ter, der (früher): *Leiter eines Heroldsamts.*

He|rolds|stab, der (früher): *Stab eines Herolds als Zeichen seiner Würde.*

He|rons|ball, der; -[e]s, ...bälle [nach dem altgriech. Mathematiker Heron (2. Hälfte des 1. Jhs. n. Chr.)]: *Gefäß mit fast bodenlanger Röhre, aus der mithilfe des Druckes zusammengepresster Luft hochgetragenes Wasser ausgespritzt wird* (als Prinzip z. B. beim Parfümzerstäuber).

He|ro|on, das; -s, ...roa [griech. hērōon]: *Grabmal u. Tempel eines Heros* (1).

He|ros, der; -, ...oen [lat. heros < griech. hḗrōs, wahrsch. eigtl. = Beschützer]: **1.** (griech. Myth.) *zwischen Göttern u. Menschen stehender Held, Halbgott, der im Leben große Taten vollbracht hat u. nach seinem Tod die Fähigkeit erlangt, den Menschen aus eigener Macht Hilfe zu leisten.* **2.** (bildungsspr.) *heldenhafter Mann, Held:* Der H. der Schlacht war der von vielen Legenden umrankte siegreiche Feldherr General von Hindenburg (Dönhoff, Ostpreußen 14); Ü Sepp Maier verkündet's vom Krankenlager: In zwei Monaten spielt er wieder. Ein H., der auch unter Schmerzen weiß, was das Volk von ihm erwartet (MM 18. 7. 79, 2); Mies van der Rohe ... dieser H. der Moderne (Spiegel 23, 1989, 234).

He|ros|trat, der; -en, -en [nach dem Griechen Herostratos, der 356 v. Chr. den Artemistempel zu Ephesus in Brand steckte, um berühmt zu werden] (bildungsspr.): *Verbrecher aus Ruhmsucht.*

He|ros|tra|ten|tum, das; -s (bildungsspr.): *durch Ruhmsucht motiviertes Verbrechertum.*

he|ros|tra|tisch ⟨Adj.⟩ (bildungsspr.): *aus Ruhmsucht Verbrechen begehend:* Mit fünf Pistolenschüssen streckte der -e Lennon-Fan ... den Beatle ... vor seiner Wohnung in New York nieder (Spiegel 51, 1980, 162).

Herp|an|gi|na, die; -, ...nen [zu ↑Herpes u. ↑Angina] (Med.): *bes. bei Kindern auftretende, durch Viren verursachte gutartige Infektionskrankheit.*

Her|pes, der; -, ...etes ⟨Pl. selten⟩ [lat. herpes < griech. hérpēs (Gen.: hérpētos) = schleichender Schaden] (Med.): **a)** *mit seröser Flüssigkeit gefülltes Hautbläschen, das verkrustend eintrocknet; Ausschlag am Mund; Griebe;* **b)** *(virusbedingte) entzündliche Haut- u. Schleimhauterkrankung mit Ausbildung zahlreicher, sich meist gruppenförmig zusammenschließender seröser Bläschen an den Übergängen zwischen Haut u. Schleimhaut (im Bereich der Nase, der Lippen u. der äußeren Geschlechtsteile).*

Her|pes Zos|ter, der; -- [griech. zōstḗr = Gürtel] (Med.): *Gürtelrose.*

her|pe|ti|form ⟨Adj.⟩ [zu ↑Herpes u. lat. forma = Gestalt, Form] (Med.): *einem Bläschenausschlag, dem Herpes ähnlich.*

her|pe|tisch ⟨Adj.⟩ (Med.): *den Herpes betreffend, die für einen Herpes charakteristischen Bläschen aufweisend.*

Her|pe|to|lo|gie, die; - [zu griech. herpetón = kriechendes Tier u. ↑-logie] (Zool.): *Teilgebiet der Zoologie, das sich mit der Erforschung der Lurche u. Kriechtiere befasst.*

her|plap|pern ⟨sw. V.; hat⟩: *gedankenlos, naiv plappern.*

Herr, der; -n (selten: -en), -en [mhd. hē̆r(re), ahd. herro, zu dem Komp. hēriro = älter, ehrwürdiger, erhabener, zu: hēr, ↑hehr; wahrsch. LÜ von mlat. senior = Herr, eigtl. = Komp. von lat. senex = alt]: **1. a)** *Mann (auch als übliche höfliche Bezeichnung für eine männliche Person im gesellschaftlichen Verkehr):* ein junger, älterer, freundlicher, vornehmer, feiner H.; ein H. im Smoking, mit Brille; die -en forderten zum Tanz auf; ein H. möchte Sie sprechen; die Geschäftsleitung besteht aus drei -en; Ein Mann mit solchen Kenntnissen muss füglich als Akademiker bezeichnet werden, obwohl ihm der Privatunterricht durch gelehrte -en eindeutig mehr gebracht hat als das Hochschulstudium (Meier, Paracelsus 211); hier gibt es alles für den -n!; ein besserer *(sozial höher gestellter)* H.; ein feiner, sauberer H. (iron.; *ein Mensch mit fragwürdigen Charaktereigenschaften*); der geistliche H. (landsch.; *Pfarrer*); bei den -en (Sport; *der Mannschaft der Herren*) siegte die deutsche Staffel; * **Alter H.** (1. ugs. scherzh.; *Vater.* 2. Verbindungsw.; *ehemaliges aktives Mitglied einer Verbindung*): Als »Alte Herren« halten sie ... jenen skurrilen Männerbünden die Treue, die noch vor zehn Jahren an Nachwuchsmangel abzusterben drohten [Spiegel 30, 1980, 50]; **Alte -en** (Sport; *[Altersklasse der] Spieler über 32 Jahre; Mannschaft dieser Altersklasse*): die Alten -en der Borussia sicherten sich den Turniersieg; **möblierter H.** (ugs. veraltend, noch scherzh.; *Mann, der in einem möblierten Zimmer zur Miete wohnt*); **die -en der Schöpfung** (ugs. scherzh.; *die Männer*); **b)** *gebildeter, kultivierter, gepflegter Mann:* Aus Klaus wird nie ein H.! (Riess, Cäsar 422); er spielt gern den großen -en *(benimmt sich, als ob er vornehm u. reich wäre).* **2. a)** titelähnliche, auch als Anrede verwendete Bezeichnung für eine erwachsene Person männlichen Geschlechts: H. Minister/Direktor/Doktor; lieber H. Müller; nur mit -n [Professor] Müllers Einverständnis; ich erwarte den Besuch des -n [Ministers] Müller; die Rede des -n Abgeordneten Müller; H. Ober, bitte eine Tasse Kaffee; ich habe -n Maier getroffen; Niemand sagte etwas dazu, auch der H. Klassenlehrer nicht (Henze, Reiselieder 30); die Geistesblitze des -en Verfassers (Börsenblatt 55, 1966, 3 994); Moltzahn erschien mit Bruns und Hager zum Haareschneiden der »Herren Luftwaffenhelfer«, wie er höhnisch erklärte (Borkowski, Wer 91); was wünschen Sie, mein H.?; was wünscht der H.?; aber meine -en, wozu diese Aufregung?; Ist gut, gnä' H. Dann werde ich jetzt servieren (Simmel, Affäre 21); »Sind Sie die Frau des Werkmeisters Otto Quangel?« »Ja, lieber H. Schon achtundzwanzig Jahre.« (Fallada, Jeder 289); * **meine -en!** (salopp; Ausruf des Unverständnisses, einer leichten Entrüstung); **b)** (geh.) als Zusatz bei Verwandtschaftsbezeichnungen: Ihr H. Vater, Bruder, Gemahl; (spöttisch in der Unterhaltung über eine nicht anwesende Person:) der Vater dieses Schnipflers war allerdings als Metzger aufgekauft worden ... Und der H. Sohn hing herum und wartete auf ein Chemiestudium (M. Walser, Seelenarbeit 181). **3.** *jmd., der über andere od. über etw. herrscht; Gebieter; Besitzer:* ein gütiger, gnädiger, gerechter, strenger H.; Jesus Christus, der H.; der H. Jesus; der H. des Hauses; sind Sie der H. dieses Hundes?; Gott der H.; Der H. der Stunde ist nicht mehr Napoleon Bonaparte, sondern endlich ... Joseph Fouché (St. Zweig, Fouché 194); der H. der Welt *(Gott);* der H. über Leben und Tod *(Gott);* er ist H. über einen großen Besitz *(er hat einen großen Besitz);* der Eroberer machte sich zum -n über das Land; der junge H. (veraltend; *Sohn des Besitzers, des Hausherrn*); mein H. und Meister/Gebieter (scherzh.; *mein Mann*); die gestrengen -en (landsch.; *die Eisheiligen*); er duldet keinen -n über sich *(ordnet sich niemandem unter);* Maria, die Mutter des -n *(Jesu);* Die Knaben werden nach wie vor zu -en und Paschas erzogen (Dierichs, Männer 145); R wie der H., so's Gescherr (die negativen Eigenschaften eines Vorgesetzten, der Eltern o. Ä. lassen sich auch an den Untergebenen, den Kindern o. Ä. feststellen; wohl nach dem Zitat aus den »Satirae« des röm. Satirikers C. Petronius Arbiter [gestorben 66 n. Chr.]: Qualis dominus, talis et servus); R niemand kann zwei -en dienen (nach Matth. 6, 24; vgl. auch Luk. 16, 13); Ü Detlef Panitsch am Regiepult hakt einen Musiktitel im Sendeprotokoll ab. Er ist H. über 14 Regler, mit denen er vier Tonbandmaschinen, ... und vieles mehr einschaltet (elan 2, 1980, 33); ***sein eigener H. sein** *(von niemandem abhängig, an niemandes Weisungen gebunden sein; sich nach niemandem richten müssen);* **H. der Lage, der Situation sein/bleiben** *(in einer kritischen Situation die Übersicht, die Kontrolle haben/behalten);* **einer Sache** ‹Gen.› **H. werden** *(eine Schwierigkeit überwinden; etw. bewältigen):* Man kann nur sehr schwer seiner Dummheit alleine H. werden (Strauß, Niemand 119); wie man des Besucheransturms H. werden könnte, der über die Villenidylle hereinbräche (Woche 25. 4. 97, 29); **nicht mehr H. seiner Sinne sein** *(nicht wissen, was man tut; die Selbstbeherrschung verlieren);* **über jmdn., etw. H. werden** *(etw. bewältigen; sich durchsetzen; die Oberhand behalten);* **über jmdn., sich, etw. H. sein** *(jmdn., sich, etw. in der Gewalt haben):* er ist nicht mehr H. über sich selbst; er war plötzlich nicht mehr H. über das Auto; **aus aller -en Länder[n]** (geh.; *von überall her*): Heute sind bei uns Juden aus aller -en Länder (Hilsenrath, Nazi 186). **4.** (christl. Rel.) *Gott* (1) ‹mit bestimmtem Art. außer in der Anrede›: den -n anrufen; dem -n danken; liebe Brüder u. Schwestern im -n (Anrede eines Geistlichen an die Gemeinde od. Ordensbrüder u. -schwestern); H., hilf uns!; er ist ein großer Jäger vor dem -n (scherzh.; *begeisterter, passionierter Jäger;* nach 1. Mose 10, 9).

Herr|chen, das; -s, -: **1.** Vkl. zu ↑Herr (1 a). **2.** *Herr* (3) *des Hundes:* Sechs Hunde und zwei junge Katzen haben wieder neue H. (MM 16. 8. 71, 8); Kommissar Rex und Willy Wuff haben ihren H. längst den Rang abgelaufen (Spiegel 39, 1996, 260). **3.** (ugs. scherzh.) *[sehr] junger Mann.*

Her|rei|se, die; -, -n: vgl. Herfahrt.

Her|ren|abend, der: *Gesellschaft nur für Herren* (1 a): Geblieben sind den Wehrrichtern die Kontaktbesuche bei der Truppe, inklusive »Herrenabende« mit Offizieren und Soldaten (Spiegel 15, 1982, 25).

Her|ren|an|zug, der (selten): *Anzug* (1).

Her|ren|arm|band|uhr, die: *Armbanduhr für Herren* (1 a).

Her|ren|ar|ti|kel, der ‹meist Pl.›: *zur Kleidung des Herrn gehörender, für seinen Bedarf hergestellter Artikel* (z. B. Strümpfe, Handschuhe, Schal, Oberhemd).

Her|ren|aus|stat|ter, der: *Fachgeschäft mit Kleidung für den anspruchsvolleren Herrn:* Er hat wieder angefangen, Tennis zu spielen, benutzt gelegentlich eine Höhensonne, auch den H. hat er gewechselt (Schreiber, Krise 12).

Her|ren|bad, das (veraltet): *nur für den Herrn* (1 a) *zugelassener Teil einer öffentlichen Badeanstalt.*

Her|ren|bank, die (hist.): *Sitzplatz des Herrenstandes bei feierlichen Gerichtsversammlungen.*

Her|ren|be|glei|tung, die ‹o. Pl.›: *Begleitung durch einen Herrn* (1): sie war in H., wurde oft in H. gesehen.

Her|ren|be|kannt|schaft, die: *Bekannter, Freund einer Frau:* woher soll ich all ihre -en kennen?; ***eine H. machen** (ugs.; *einen Mann, Herrn* 1 *kennen lernen*).

Her|ren|be|klei|dung, die: *Bekleidung für Herren* (1 a).

Her|ren|be|such, der: *Besuch eines Herrn* (1), *eines Mannes bei einer Frau:* die Vermieterin duldet keine -e.

Her|ren|brot, das (veraltet): **1.** *im Gegensatz zum Brot für das Gesinde feines, weißes Brot.* **2.** *Beköstigung, die der Herr* (3) *seinem Gesinde zukommen lässt:* H. essen *(bei einem Herrn dienen)* müssen.

Her|ren|coif|feur, der: *Herrenfriseur.*

Her|ren|dienst, der (veraltet): *einem Herrn* (3) *zu leistender Dienst.*

Her|ren|dop|pel, das ([Tisch]tennis, Badminton): *Spiel von je zwei Herren* (1 a) *gegeneinander.*

Her|ren|ein|zel, das ([Tisch]tennis, Badminton): *Spiel von zwei Herren* (1 a) *gegeneinander.*

Her|ren|es|sen, das: **1.** (veraltet) *ausgesuchte, schmackhafte Speise.* **2.** *Festessen, an dem nur Herren* (1 a) *teilnehmen.*

Her|ren|fah|rer, der [1: geb. nach Herrenreiter; 2: vgl. Herrenreiter]: **1.** (Autorennen) *Rennfahrer, der im eigenen Wagen fährt, nicht Werksfahrer ist.* **2.** (Trabrennen) *Fahrer, der das Fahren nicht berufsmäßig betreibt u. als Amateur an einem Trabrennen teilnimmt.* **3.** (iron.) *Fahrer eines größeren Autos, der so fährt, als ob ihm allein die Straße gehörte.*

Her|ren|fahr|rad, das: *Fahrrad für Herren* (1 a).

Her|ren|fest, das (kath. Rel.): *liturgischer Gedenktag des heilsgeschichtlichen Handelns Christi.*

Her|ren|fin|ken, der (schweiz. mundartl.): *warmer Hausschuh für Herren* (1 a).

Her|ren|fri|seur, der: *Friseur für Herren* (1 a).

Her|ren|ge|deck, das: *Gedeck* (2 b) *speziell für Herren* (1 a): Hocken wir uns als Auftakt an den Tresen einer Bar ... bestellen ein H. (Frings, Liebesdinge 281).

Her|ren|ge|sell|schaft, die: **1.** *Zusammensein, Gesellschaft von Herren* (1). **2.** ‹o. Pl.› *Begleitung von Herren* (1): sie war in H.

her|ren|haft ‹Adj.› (selten): *in der Art eines Herrn* (1, 3).

Her|ren|hand|schuh, der: *Handschuh für Herren* (1 a).

Her|ren|haus, das: **1.** *herrschaftliches Wohnhaus auf einem Gut od. großen Besitztum:* Dann setzte ich mich auf eine Bank im Garten und sah unser altes Haus an, ... ein einfaches lang gestrecktes H. im Fachbau (Fallada, Herr 212); In den stattlichen Herrenhäusern wohnten im 17. und 18. Jahrhundert reiche Amsterdamer Kaufleute (a & r 2, 1997, 70). **2.** (früher) *erste Kammer des preußischen Landtags u. des österreichischen Reichsrats.*

Her|ren|hemd, das: *Oberhemd.*

Her|ren|hof, der: *Fronhof.*

Her|ren|ho|se, die: *Männerhose.*

Her|ren|hut, der: *Hut für Herren* (1 a).

Her|ren|jah|re: in dem Sprichwort: Spr Lehrjahre sind keine H. ↑Lehrjahr.

Her|ren|klas|se, die (selten): *herrschende Klasse.*

Her|ren|kleid, das (schweiz.): *Anzug* (1).

Her|ren|klei|dung, die: *Kleidung für Herren* (1 a).

Her|ren|kom|mo|de, die: *Kommode für Herrenunterwäsche.*

Her|ren|kon|fek|ti|on, die: *Konfektion für Herren* (1 a).

Her|ren|le|ben, das: *bequemes, sorgloses Leben ohne Arbeit.*

◆ **Her|ren|leu|te** ‹Pl.›: *reiche Grundbesitzer, die Freie sind:* Der wackern Männer kenn ich viele dort, und angesehen große H. (Schiller, Tell I, 2).

her|ren|los ‹Adj.›: **a)** *keinen Herrn* (3) *habend:* das ist eine -e Katze, und wer weiß, wie lange sie nichts mehr gefressen hat (Rinser, Jan Lobel 67); einem -en jungen Hund gleich (Stern, Mann 88); nach dem frühen Tod der Eltern und der halbwegs -en Erziehung in den Straßen von Palermo (Fest, Im Gegenlicht 121); **b)** *[anscheinend] niemandem gehörend; [anscheinend] keinen Besitzer habend:* am nächsten Morgen ... fand der Strandvogt am Wasser -e Männerkleider (Schreiber, Krise 9); Dann bewarb sie sich um die -e Kantine im Finanzamt Charlottenburg (Woche 13. 3. 98, 30).

Her|ren|ma|ga|zin, das: *Magazin, das bes. auf den Geschmack männlicher Leser zugeschnitten ist.*

Her|ren|man|gel, der: *Mangel an Herren* (1 a): in der Tanzstunde herrschte, war permanent H.

Her|ren|mann|schaft, die: *Sportmannschaft, die aus Herren* (1 a) *besteht.*

Her|ren|man|tel, der: *Mantel für Herren* (1 a).

her|ren|mä|ßig ‹Adj.› (selten): *einem Herrn* (1, 3) *gemäß, entsprechend.*

Her|ren|mensch, der: *jmd., der sich anderen überlegen fühlt u. sich ihnen gegenüber auch entsprechend verhält:* bei ihm, bei seinem autoritären Gehabe assoziiere ich automatisch den -en (Spiegel 17, 1981, 49); der Ortsgruppenleiter der NSDAP, ein junger Mann in brauner Uniform, kehrte den -en heraus (Scholl-Latour, Frankreich 459).

Her|ren|mo|de, die: *Mode für Herren* (1 a).

Her|ren|mo|ral, die [nach dem dt. Philosophen F. Nietzsche (1844–1900), der darunter ein ethisches Verhalten verstand, das sich durch Selbstbewusstheit u. den Mut zur Distanz gegenüber den vermeintlich Minderwertigen u. Schwachen auszeichnete]: *[ethisches] Verhalten von Menschen, die sich anderen überlegen fühlen u. sich auch entsprechend verhalten.*

Her|ren|ober|be|klei|dung, die: **1.** *Oberbekleidung für Herren* (1 a). **2.** *Herrenoberbekleidungsindustrie.*

Her|ren|ober|be|klei|dungs|in|dus|trie, die ‹o. Pl.›: *Industriezweig des Bekleidungsgewerbes, der Herrenoberbekleidung herstellt.*

Her|ren|par|tie, die: **1.** *Ausflug, an dem*

nur Herren (1) *teilnehmen.* **2.** *Herrengesellschaft* (1).

Her|ren|pilz, der [eigtl. = der »Herr« unter den Pilzen; der Pilz gilt als vorzüglichster Pilz unter den Speisepilzen] (landsch.): *Steinpilz.*

Her|ren|pul|li, der (ugs.): *Pulli für Herren* (1 a).

Her|ren|pul|lo|ver, der: *Pullover für Herren* (1 a).

Her|ren|rad, das: *Herrenfahrrad.*

Her|ren|ras|se, die: *Gruppe von Menschen gleicher Herkunft, die weiße Hautfarbe haben u. sich anderen überlegen fühlen:* dass diese Weltmächte das kleine Deutschland zermalmen werden und damit vom Nationalsozialismus befreien und von der wahnwitzigen Idee, dass die Deutschen die H. seien (Zeller, Amen 47); Warum sind sie so, die Deutschen, fragte er sich ... Wo sie auftreten, demonstrieren sie die H. (Konsalik, Promenadendeck 372); Während der Kolonialzeit herrschte ... Ausgangssperre – aber nur für die Melanesier, nicht für die weiße »Herrenrasse« (a & r 2, 1997, 96).

Her|ren|recht, das: *rechtliche Befugnisse eines Herrn* (3).

Her|ren|rei|ter, der [LÜ von engl. gentleman rider] (Reiten): *Reiter, der sein eigenes Pferd reitet.*

Her|ren|sak|ko, der, auch: das: *Sakko für Herren* (1 a).

Her|ren|sa|lon, der: *Friseursalon für Herren* (1 a).

Her|ren|sat|tel, der: *Reitsattel für Herren* (1 a), *der den Spreizsitz erfordert.*

Her|ren|sau|na, die: *Sauna als Teil von [Bade]einrichtungen, die vorwiegend zur Aufnahme homosexueller Kontakte dienen:* Zunächst erhielten alle Betreiber einer H. ein »Merkblatt zur Bekämpfung der Prostitution in Saunabädern ...« (Spiegel 4, 1986, 68).

Her|ren|schirm, der: *Regenschirm für Herren* (1 a).

Her|ren|schnei|der, der: *Schneider, der Herrenoberbekleidung* (1) *anfertigt* (Berufsbez.).

Her|ren|schnei|de|rei, die: *Schneiderei für Herrenoberbekleidung* (1).

Her|ren|schnei|de|rin, die: w. Form zu ↑Herrenschneider.

Her|ren|schnitt, der: *von Frauen getragene Frisur, die den kurzen Haarschnitt der Männer nachahmt.*

Her|ren|schuh, der: *Schuh für Herren* (1 a).

Her|ren|schwamm, der [vgl. Herrenpilz] (landsch.): *Steinpilz.*

Her|ren|sitz, der: **1.** ⟨o. Pl.⟩ *Reitsitz im Herrensattel:* Wieso reitet sie nicht wie jedermann heute in Hosen und H., frage ich mich (Hartlaub, Muriel 71). **2.** vgl. Herrenhaus: Als besonders dringlich gilt die Konservierung vieler Hunderter verlassener -e (MM 23./24. 8. 75, 50).

Her|ren|so|cke, die, (schweiz., sonst landsch.:) **Her|ren|so|cken,** der: *Socke für Herren* (1 a).

Her|ren|stand, der (hist.): *über den Rittern stehende Angehörige des Adels.*

Her|ren|strumpf, der (ugs.): *Herrensocke.*

Her|ren|ta|schen|tuch, das: *Taschentuch für Herren* (1 a).

Her|ren|tier, das ⟨meist Pl.⟩ (veraltend): [2]*Primat.*

Her|ren|toi|let|te, die: *Toilette* (2 a) *für Herren* (1 a).

Her|ren|tor|te, die: *nicht sehr süße Torte mit einem leichten Alkoholgeschmack.*

Her|ren|trai|ner, der: **1.** *Trainer, der eine Mannschaft od. eine Gruppe männlicher Sportler trainiert.* **2.** (schweiz.) *Trainingsanzug für Herren* (1 a).

Her|ren|tum, das; -s (geh.): *Art, Wesen eines [Feudal]herrn; das Herrsein.*

Her|ren|uhr, die: *Uhr für Herren* (1 a).

Her|ren|un|ter|wä|sche, die: *Unterwäsche für Herren* (1 a).

Her|ren|ve|lo, das (schweiz.): *Herrenfahrrad.*

Her|ren|wä|sche, die: *Herrenunterwäsche.*

Her|ren|wein, der: *kerniger, kräftiger, fruchtiger, rassiger Wein mit angenehmer Säure.*

Her|ren|welt, die ⟨o. Pl.⟩ (scherzh.): *Gesamtheit der Herren* (1).

Her|ren|wes|te, die: *Weste für Herren* (1 a).

Her|ren|win|ker, der (ugs. scherzh.): *seitlich von den Schläfen bogenförmig abstehende Haarlocke bei einer weiblichen Person.*

Her|ren|witz, der: *derber, frivoler Witz, der üblicherweise erzählt wird, wenn Männer unter sich sind.*

Her|ren|zim|mer, das: *Zimmer, in dem der Hausherr seine [männlichen] Gäste empfängt [u. in dem geraucht wird].*

Herr|gott, der; -s [mhd. herregot; zusger. aus der Anrede herre got]: **1.** (fam.) *Gott:* unser H.; der liebe H. im Himmel; zu seinem H. beten; R unser H. hat einen großen Tiergarten (ugs. scherzh.; *es gibt viele seltsame Mitmenschen*); *** H. noch mal!** (derber Ausruf ungeduldiger Entrüstung). **2.** (südd., österr.) *Kruzifix.*

herr|gött|lich ⟨Adj.⟩ (schweiz.): *wie ein Gott.*

Herr|gotts|frü|he: nur in der Wendung **in aller H.** (*schon bei Anbruch des Tages, in der Morgendämmerung, im Morgengrauen;* zum Ausdruck der Verstärkung): dies sei der Grund gewesen, dass ich in aller H. Max Wolfram aus dem Bett holte (Heym, Schwarzenberg 152).

Herr|gotts|kä|fer, der [nach altem Volksglauben werden bestimmte Käfer, die weit verbreitet u. beliebt sind, mit göttlichen, heiligen od. himmlischen Wesen in Verbindung gebracht u. oft als Mittler zu Gottheiten und himmlischen Mächten angesehen] (landsch.): *Marienkäfer.*

Herr|gotts|schnit|zer, der (südd., österr.): *Holzbildhauer, der vorwiegend religiöse Figuren, bes. Kruzifixe, schnitzt.*

Herr|gotts|schnit|ze|rin, die: w. Form zu ↑Herrgottsschnitzer.

Herr|gotts|tag, der (schweiz.): *Fronleichnamstag.*

Herr|gotts|win|kel, der (südd., österr.): *(in katholischen Bauernstuben) Ecke, die mit dem Kruzifix geschmückt ist [u. in der auch andere Andachtsgegenstände verwahrt werden]:* In allen Häusern hing nun schon ein Hitlerbild, dafür haben manche das Kreuz im H. weggetan (Wimschneider, Herbstmilch 79).

her|rich|ten ⟨sw. V.; hat⟩: **1. a)** *etw. durch vorbereitende Maßnahmen in einen solchen Zustand bringen, dass es benutzt werden kann:* ein Zimmer für den Gast h.; Schütrumpfs haben ihr das Sofa im Wohnzimmer hergerichtet (Chotjewitz, Friede 228); **b)** *etw. durch Reparaturen o. Ä. in einen gebrauchsfertigen Zustand bringen:* er hat das Dach wieder hergerichtet; Die alten Warenhäuser ... hat man im Stil des 19. Jahrhunderts wieder hergerichtet (a & r 2, 1997, 62); **c)** (landsch., bes. südd., österr.) *hinlegen, bereitlegen, zurechtlegen:* Die Mutter richtet zwei Wurstbrote für Janda her (Zenker, Froschfest 134); Sagen Sie denen in der Personalabteilung, sie sollen mir morgen das Geld h. (Sobota, Minus-Mann 177). **2.** ⟨h. + sich⟩ (landsch., bes. südd., österr.) *sich zu einem bestimmten Anlass zurechtmachen* (2): sich für den Theaterbesuch h.; Peer soll sich ja nicht einbilden, ich hätte es nötig, mich für ihn besonders herzurichten (Gabel, Fix 150); wie hast du dich denn hergerichtet *(in was für einem merkwürdigen Aufzug erscheinst du denn)*?

Her|rich|tung, die; -, -en: *das Herrichten.*

Her|rin, die; -, -nen: **1.** w. Form zu ↑Herr (3). **2.** (früher) *Anrede für die Herrin* (1).

her|risch ⟨Adj.⟩ [mhd. her[i]sch = erhaben, herrlich; nach Art eines Herrn sich benehmend]: *immer herrschen wollend; gebieterisch, mit hochmütigem Stolz befehlend:* ein -es Wesen, Auftreten; Mit der Hand machte er eine hochmütige, -e Bewegung zu dem Anwalt hin (Simmel, Affäre 163); eine -e Person, Frau; sie ist sehr h.; er forderte h. sein Recht; In Dresden steigen wir in ein privates Taxi. Der alte Fahrer verbietet uns h., die Tür selbst zu schließen (Berger, Augenblick 77).

herr|je, herr|je|mi|ne ⟨Interj.⟩ [zusgez. aus Herr Jesu (Domine)] (ugs.): Ausruf des Erstaunens od. Entsetzens: Ach herrje, ich darf ja gar nichts über meine Vergangenheit erzählen. Sag das bloß niemandem weiter (Leonhard, Revolution 155); Herrjemine, was hab ich für einen Hunger! (Richartz, Büroroman 50).

Herr|lein, das; -s; - ⟨Pl. selten⟩ [mhd. herrelīn, Vkl. zu ↑Herr] (veraltet): *junger Herr.*

herr|lich ⟨Adj.⟩ [mhd., ahd. hērlich, zu hēr, ↑hehr]: *in einem so hohen Maße gut, schön, dass es sich nicht besser, schöner denken lässt:* ein -er Tag, Abend; eine -e Aussicht; -e Stoffe, Kleider; sie war eine -e Frau; ... vom Geruch des Brotes und der -en Leberwurst (Remarque, Obelisk 348); und, überall nachlässig dazwischengestreut, geschliffene Edelsteine vom -sten Farbenspiel (Th. Mann, Krull 96); das Wetter, der Urlaub war h.; Der Kaviar war wie immer gut. Der ungesalzene Lachs war wie immer h. (Koeppen, Rußland 142); der Kuchen schmeckt einfach h.; Was immer Heinrich Mann publiziert, Thomas Mann findet es h. (Reich-Ranicki, Th. Mann 161); sie lebten h. und in Freuden *(es ging ihnen sehr gut);* ⟨subst.:⟩ Sauerkraut kann auch etwas Herrliches sein! (Remarque, Obelisk 101).

Herr|lich|keit, die; -, -en: **1. a)** ⟨o. Pl.⟩ *das Herrlichsein; in höchstem Maße empfundene u. erfreuende Schönheit, Großartigkeit:* die H. der Natur, der Welt; Kurze H., versunkener Reichtum, verlorener Krieg (Plievier, Stalingrad 259); die H. *(Erhabenheit, Vollkommenheit, Größe)* Gottes; ist das die ganze H.? (iron.; *ist das alles?*); es ist schon vorbei mit der weißen H. *(mit dem Schnee);* Mit seiner H. (iron.; *herausragenden Stellung*) als Außenminister ist es bald zu Ende (Sieburg, Blick 77); **b)** ⟨meist Pl.⟩ *etw. Herrliches:* die -en der antiken Kunst, des Lebens; dass gerade zu der Zeit in dem Heim irgendeine Westberliner Schauspielerin zu Gast war, die die Türen schmiss und das Bad und andere -en mit Beschlag belegte (Berger, Augenblick 46); auf all diese -en musste sie nun verzichten; der Bauchladen mit den bunten pharmazeutischen -en (Sobota, Minus-Mann 150). **2.** ⟨o. Art.⟩ (hist.) Anrede für eine hohe Persönlichkeit.

Herrn|hu|ter, der; -s, - [nach der Stadt Herrnhut (Sachsen)]: *Angehöriger der Herrnhuter Brüdergemeine (einer aus dem Pietismus hervorgegangenen Freikirche).*

Herr|schaft, die; -, -en [mhd. hērschaft = Hoheit, Herrlichkeit, Würde; Hochmut; Recht u. Besitztum eines Herrn; Obrigkeit; oberherrliches Amt u. Gebiet; Herrscherfamilie; Herr u. Herrin, ahd. herscaf(t) = Herrschaft (1); Würde; ehrenvolles Amt, zu: hēr, ↑hehr; schon früh beeinflusst von ↑Herr]: **1.** ⟨o. Pl.⟩ *Recht u. Macht, über jmdn. zu herrschen:* eine absolute, unumschränkte, autoritäre, demokratische H.; die H. des Staates, der Parteien, des Systems; H. und Verbrechernatur Hitlers seien inzwischen ausführlich untersucht (Fest, Im Gegenlicht 392); der Diktator bemächtigte sich der H. über das Land; die H. [über jmdn., etw.] innehaben, ausüben, an sich reißen, antreten; seine H. über die ganze Welt ausweiten wollen; unter der H. *(Regierungs-, Befehlsgewalt)* des Kaisers, des Proletariats; sie waren unter die H. *(Regierung)* der Spanier gekommen; zur H. gelangen, kommen *(die Regierungsnachfolge antreten);* Ü der Fahrer verlor die H. über das Auto *(konnte das Auto nicht mehr steuern).* **2. a)** ⟨Pl.⟩ *Damen u. Herren [in Gesellschaft]:* ältere, vornehme -en; fremde -en sind angekommen; »Da wohnen eigentlich keine Leute, sondern -en«, witzelt der Vater (Kühn, Zeit 119); die -en werden gebeten, ihre Plätze einzunehmen; meine sehr verehrten -en!; (ugs.:) Alles, was ich da sage, -en, ist nicht ganz ernst gemeint (Werfel, Himmel 91); * **Alte -en** (ugs. scherzh.; *Eltern*); **b)** (veraltend) *Dienstherr von Hausangestellten u. seine Angehörigen:* die -en sind ausgegangen; seiner H. treu ergeben sein; bei einer feinen, gütigen H. dienen; **c)** *Person, die über jmdn. herrscht, bzw. Personen, die über jmdn. herrschen:* die allerhöchsten -en (veraltend; *der Kaiser u. die Kaiserin*); wenn die ferne H. starb, gab es keine Stiftung, kein Legat für die vielen leeren Hilfskassen des Ortes (G. Vesper, Laterna 31); ... Grenzlandbauern. Zu viele Heere sind hier schon durchmarschiert. Und wer Krieg und Plünderungen überlebte, wurde von der H. drangsaliert (Frischmuth, Herrin 30). **3.** (hist.) *Besitztum, Landgut eines Freiherrn od. Standesherrn:* Die H. Konnern ... besteht aus ungefähr dreizehntausend Morgen (Hauptmann, Schuß 22); drei Tage vor der Rückkehr des Sankt Galler Abtes in seine H. (Meier, Paracelsus 89). **4.** * **H. [noch mal]!** (ugs.; Ausruf des Unwillens; verhüll. für ↑Herrgott 1): Also dienstags und freitags. H.! Heute ist ja Dienstag! (Bieler, Mädchenkrieg 246).

herr|schaft|lich ⟨Adj.⟩: **a)** *zu einer Herrschaft* (2b) *gehörend, bei einer Herrschaft angestellt:* ein -er Diener; **b)** *einer Herrschaft* (2b) *gemäß u. entsprechend vornehm u. großzügig in seiner Anlage, Ausstattung o. Ä.:* ein -es Haus; Im Innenraum bietet der Ford geradezu -e Platzverhältnisse: Die Beinfreiheit im Fond übertrifft die der Konkurrenten (ADAC-Motorwelt 12, 1986, 20); An Werktagen konnte er meist gar nicht umhin, den -en (der Herrschaft 2b gehörenden) Wagen wahrzunehmen (Dönhoff, Ostpreußen 157).

Herr|schafts|an|spruch, der: *Anspruch auf Herrschaft* (1) *über ein Gebiet.*

Herr|schafts|ap|pa|rat, der: *der Aufrechterhaltung der Herrschaft* (1) *dienende Mittel u. Menschen:* Die Erinnerungen Jakub Bermans, der einstigen grauen Eminenz des kommunistischen -s in Polen (NZZ 19. 12. 86, 5).

Herr|schafts|be|reich, der: *Bereich, auf den sich jmds. Herrschaft* (1) *erstreckt.*

Herr|schafts|form, die: *Form der Ausübung von Herrschaft* (1).

herr|schafts|frei ⟨Adj.⟩: *frei von Herrschaft* (1): eine -e, klassenlose Gesellschaft; -e Kommunikation unter den Erwachsenen und zwischen Erwachsenen und Heranwachsenden (Wohngruppe 9).

Herr|schafts|ge|biet, das: *Gebiet, das unter jmds. Herrschaft* (1) *steht.*

Herr|schafts|ge|walt, die: *Gewalt, über jmdn. zu herrschen:* staatliche H.; Sie geben ... den Eltern unbedingte H. über ihre Kinder (Wohngruppe 9).

Herr|schafts|in|stru|ment, das: *Möglichkeit, Mittel, etw., jmdn. zu beherrschen:* Im absoluten Staat ... war die staatliche Verwaltung H. des Monarchen (Fraenkel, Staat 343).

herr|schafts|los ⟨Adj.⟩: *ohne Herrscher u. Herrschaft* (1): die Verbreitung des gewaltfreien Widerstandes als Mittel des gewaltfreien Kampfes für eine neue -e Gesellschaft (Kelly, Um Hoffnung 41).

Herr|schafts|lo|sig|keit, die; -: *herrschaftsloser Zustand.*

Herr|schafts|ord|nung, die (bes. Soziol.): *durch bestimmte Verhältnisse zwischen Herrscher u. Beherrschtem geprägte Gesellschaftsordnung.*

Herr|schafts|struk|tur, die ⟨meist Pl.⟩: *Struktur der institutionalisierten Ausübung von Macht.*

Herr|schafts|sys|tem, das: vgl. Herrschaftsform: totalitäre, monopolistische, feudale, politische -e.

Herr|schafts|ver|hält|nis|se ⟨Pl.⟩: *Gegebenheiten, Zustände, die die Ausübung der Macht betreffen:* Es gab ganze Bereiche, ... in denen sich durch die neuen Gremien die alten H. praktisch nicht geändert hatten (Nuissl, Hochschulreform 55); Momente ..., die ... der Stabilisierung der jeweils gegebenen H. zuwiderlaufen (Enzensberger, Einzelheiten I, 15).

Herr|schafts|wis|sen, das (bes. Soziol.): *[der Ausübung von Herrschaft* 1 *über andere dienendes] Wissen, das sich jmd. aufgrund seiner Stellung, seiner Dienstobliegenheiten angeeignet hat und das anderen nicht zugänglich ist.*

Herrsch|be|gier|de, die (selten): *Begierde, über jmdn., etw. zu herrschen.*

herrsch|be|gie|rig ⟨Adj.⟩ (selten): *begierig, über jmdn., etw. zu herrschen.*

herr|schen ⟨sw. V.; hat⟩ [mhd. hērschen, hērsen, ahd. hērisōn = Herr sein, [be]herrschen, zu: hēr, ↑hehr]: **1.** *Herrschaft* (1) *ausüben; regieren u. über Land u. Leute Befehlsgewalt haben:* allein, unumschränkt, seit Generationen h.; ein König herrscht in diesem Land, über das Volk; der Diktator herrscht durch Terror; die herrschende Partei, Klasse; das herrschende Haus; ⟨subst.:⟩ Dagegen gibt es nach wie vor Herrschende und Beherrschte (Enzensberger, Einzelheiten I, 71); Ü Auch hierzulande herrscht das Geld (Frisch, Stiller 232). **2.** *in einer bestimmten, auffallenden Weise [allgemein] verbreitet, [fortdauernd] vorhanden, deutlich fühlbar sein:* überall herrschte Freude, Trauer, große Aufregung; hier herrscht reges Leben; seit Tagen herrscht in diesem Gebiet Nebel; draußen herrschen/(ugs. auch:) herrscht 30° Wärme; eine drückende Hitze herrscht über dem Land; Besorgnis herrsche auch darüber, dass ... (Freie Presse 3. 1. 90, 6); Bei der Fortuna herrschte nach dem Pokaltriumph logischerweise eine tolle Stimmung (Kicker 82, 1981, 49); Unruhe herrscht derzeit in der deutschen Kältemittelbranche (CCI 9, 1997, 4); An Modellen zur Bewältigung der Krise in der Altersversicherung herrscht kein Mangel (Woche 14. 11. 97, 13); Während der Kolonialzeit herrschte *(war)* in den Straßen ab 21 Uhr Ausgangssperre (a&r 2, 1997, 96); es herrscht Schweigen, Einigkeit; es herrschte eine furchtbare Kälte in diesem Winter; es herrschte »Zucht und Ordnung« (Kempowski, Immer 66); die herrschende Meinung; die herrschenden Ansichten. **3.** (selten) *in herrischem Ton sagen; jmdn. anherrschen:* »Schert euch auseinander, dalli! In die Blocks!«, herrschten sie (= die Blockführer; Apitz, Wölfe 283).

Herr|scher, der; -s, - [mhd. herscher,

ahd. hērisāri]: *jmd., der herrscht* (1), *der die Macht innehat; Machthaber, Monarch, Fürst, Regent:* ein grausamer, gerechter, absoluter, gnädiger H.; der H. des Landes; H. über ein Land, ein Volk sein; als H. einem Volk gebieten, über ein Land eingesetzt werden; er spielt sich gerne als H. auf *(ist herrschsüchtig);* die Auffassung der Herrschaft als einer zweiseitigen Pflichtbindung von H. und Untertanen (Fraenkel, Staat 267); zum H. gekrönt werden; er machte sich zum H. über ein Land.

Herr|scher|blick, der: *alles umfassender, stolzer und gebieterischer Blick.*

Herr|scher|ge|schlecht, das: *Geschlecht, das eine Reihe von Herrschern hervorgebracht hat.*

Herr|scher|haus, das: *Herrschergeschlecht.*

Herr|sche|rin, die; -, -nen [mhd. herscherin]: w. Form zu ↑Herrscher.

Herr|scher|kult, der: *sakrale Verehrung eines Herrschers.*

herr|scher|lich ⟨Adj.⟩: *einem Herrscher gemäß, entsprechend; wie ein Herrscher; als Herrscher auftretend:* Diese Oberen streben gemäß ihrem -en Charakter nach Repräsentation (Reinig, Schiffe 130); das Ebenbild des -en Gottes (Glaube 1, 1967, 2).

Herr|scher|na|tur, die: **a)** *Mensch mit charakteristischer Herrschernatur* (b): er ist eine typische H.; **b)** ⟨o. Pl.⟩ *Wesensart, die deutlich zeigt, dass jmd. befähigt ist zu herrschen* (1): seine H. geht manchmal mit ihm durch.

Herr|scher|paar, das: *der Herrscher eines Landes und seine Frau:* das H. traf zu einem Staatsbesuch in der Hauptstadt ein.

Herr|scher|tum, das; -s (geh.): *das Herrschersein.*

Herr|scher|wür|de, die: *Würde* (3) *eines Herrschers, einer Herrscherin.*

Herrsch|sucht, die ⟨o. Pl.⟩: *übersteigertes Verlangen, andere zu beherrschen.*

herrsch|süch|tig ⟨Adj.⟩: *von Herrschsucht zeugend, voller Herrschsucht:* ... verändert sich Geoffrey in einen gefühlskalten, -en Menschen (Spiegel 16, 1985, 286); seine Chefin war alles andere als h.

her|rü|cken ⟨sw. V.; ist⟩: *in die Nähe des Sprechenden rücken.*

her|ru|fen ⟨st. V.; hat⟩: *zum Sprechenden rufen.*

her|rüh|ren ⟨sw. V.; hat⟩: *in etw.,* (selten:) *jmdm. seine Ursache, seinen Ursprung haben:* die Narben rühren von einer Kriegsverletzung her; das rührt von ihrem Leichtsinn her; Das dumpfe Brausen in der Ferne, das von den eiligen Fahrzeugen auf der Autobahn herrührt (Berger, Augenblick 52); Das Wasser war von einem Schwarz, das nicht allein von der Finsternis draußen herrührte (Handke, Niemandsbucht 448).

her|sa|gen ⟨sw. V.; hat⟩: **1.** *auswendig sprechen, aufsagen:* einen Text, ein Gedicht h. **2.** *hinsagen.*

her|schaf|fen ⟨sw. V.; hat⟩: *an den Ort des Sprechenden schaffen.*

her|schau|en ⟨sw. V.; hat⟩ (südd., österr.): *hersehen:* ***[da] schau her!** *(wer hätte das gedacht!; sieh an!):* Ah, schau her, da ist ja der Doktor! (Roth, Radetzkymarsch 55).

her|schen|ken ⟨sw. V.; hat⟩: *(meist von kleineren Dingen) auf den weiteren Besitz von etw. verzichten u. es jmd. anders schenken:* seine schwarze Katze, die er vor dem Sommer hergeschenkt hat, weil Evi ... von den Katzenhaaren einen Dauerschnupfen bekommen hat (Zenker, Froschfest 140).

her|schi|cken ⟨sw. V.; hat⟩: *jmdn., etw. zum Sprechenden schicken.*

her|schie|ben ⟨st. V.; hat⟩: **a)** *zum Sprechenden schieben;* **b)** *sich hinter jmdm. od. einem Gegenstand befinden u. ihn schieben:* sie schob das Kind, den Kinderwagen vor sich her; Ü ich habe die Entscheidung lange vor mir hergeschoben; da aber die Zukunft immer vor uns hergeschoben wurde (Chr. Wolf, Nachdenken 126).

her|schlei|chen ⟨st. V.⟩: **a)** *zum Sprechenden schleichen* ⟨ist⟩: sie ist vorsichtig hergeschlichen; **b)** ⟨h. + sich⟩ *sich zum Sprechenden schleichen* ⟨hat⟩: Auch Stacho hatte sich hergeschlichen (Degenhardt, Zündschnüre 73); **c)** *schleichend jmdm. folgen; furchtsam, gedrückt hinter jmdm. hergehen* ⟨ist⟩: Etwas ... kam wieder über ihn, als er hinter der Menge herschlich (Baldwin [Übers.], Welt 96).

her|schlep|pen ⟨sw. V.; hat⟩: *jmdn., etw. zum Sprechenden schleppen.*

her|schrei|ben ⟨st. V.; hat⟩: **1.** *etw. an diese Stelle hier hinschreiben.* **2.** ⟨h. + sich⟩ (geh.) *in etw. seinen Ursprung haben; von etw. kommen:* Gags, die sich meist von angelsächsischen Mustern herschreiben (Enzensberger, Einzelheiten I, 82).

her|se|hen ⟨st. V.; hat⟩: *in Richtung auf den Sprechenden sehen:* Ich verdrehte die Augen, räusperte und schnäuzte mich, bis Elli zu mir hersah (Bieler, Bonifaz 87).

her sein: s. her (1, 2).

her|set|zen ⟨sw. V.; hat⟩: **1.** *an den Ort, in die Nähe des Sprechenden setzen* (2 a): ich werde Ihnen eine Flasche Wein h. (Fallada, Herr 228). **2.** ⟨h. + sich⟩ *sich zum Sprechenden setzen:* setz dich h. [zu mir]! **3. *hinter jmdm. h.** *(jmdm. nachsetzen):* der Hund setzte hinter dem Flüchtenden her.

her|sol|len ⟨unr. V.; hat⟩ (ugs.): vgl. hermüssen.

her|stam|men ⟨sw. V.; hat⟩: **1.** *abstammen:* sie stammt von deutschen Einwanderern her. **2.** *herkommen* (2): wo sein Vermögen herstammt, weiß man nicht genau; Seinen Geburtsort kannte niemand, noch wusste man, wo er herstammte (*in welchem Ort o. Ä. er geboren wurde;* Mishima [Übers.], Maske 32).

her|stel|len ⟨sw. V.; hat⟩: **1.** *gewerbsmäßig in laufender Produktion anfertigen:* etw. maschinell, von Hand, synthetisch, billig h.; Autos serienmäßig h.; Einzelteile in Heimarbeit h.; Festzuhalten ist also, dass Kunststoffe nur dann hergestellt werden können, wenn Rohöl zur Verfügung steht (Gruhl, Planet 106); im Ausland hergestellte Produkte. **2. a)** *durch bestimmte Anstrengungen zustande bringen, schaffen:* [telefonisch] eine Verbindung, einen Kontakt h.; eine Verbindung zwischen der Insel und dem Festland h.; die Schule wird immer bemüht sein, ein gutes Verhältnis zum Elternhaus herzustellen; endlich waren Ruhe und Ordnung hergestellt; viel wird man von dem alten Gemäuer nicht herausreißen können; trotzdem scheint es mir möglich, hier eine Wohnlichkeit h. zu können (Frisch, Montauk 191); **b)** ⟨h. + sich⟩ *hergestellt* (2 a), *erreicht werden:* Am Nachmittag stellte sich ... langsam eine Übersicht her (Gaiser, Jagd 96). **3.** *in den ursprünglichen guten Zustand zurückversetzen:* Das Ziel wurde erreicht, der Friede hergestellt (Thieß, Reich 265); er war so weit ... hergestellt *(genesen),* dass er sein Einglas eingeklemmt halten ... konnte (Plievier, Stalingrad 268). **4.** *an den Ort, in die Nähe des Sprechenden stellen:* wenn du willst, kannst du den Koffer h.

Her|stel|ler, der; -s, -: **1.** *jmd., der etw. industriemäßig herstellt* (1); *Produzent einer Ware.* **2.** (Buchw.) *Angestellter eines Verlags, der in der Herstellung* (4) *tätig ist* (Berufsbez.).

Her|stel|ler|be|trieb, der: *Betrieb, in dem ein Produkt, Produkte hergestellt werden.*

Her|stel|ler|fir|ma, die: *Firma, in der ein Produkt, Produkte hergestellt werden.*

Her|stel|le|rin, die: w. Form zu ↑Hersteller.

Her|stel|ler|mar|ke, die: *Warenzeichen.*

Her|stel|ler|werk, das: *Herstellerbetrieb.*

Her|stel|lung, die; -, -en: **1.** ⟨o. Pl.⟩ *das Herstellen* (1): serienmäßige, maschinelle H. von Gütern, Waren; ... beschäftigte sich der Schlossherr von Stift Neuburg mit ... der H. von allerlei heilsamen Pulvern (K. Mann, Wendepunkt 127). **2.** ⟨o. Pl.⟩ *das Herstellen* (2 a): die H. diplomatischer Beziehungen; Soweit es daher zur H. der Beziehungen zwischen Künstler und Publikum der publizistischen Medien bedarf (NJW 19, 1984, 1144). **3.** ⟨o. Pl.⟩ *das Herstellen* (3): die Arbeiten zur H. des Altbaus. **4.** ⟨Pl. selten⟩ *Abteilung eines Verlags, die für die satztechnische Herstellung* (1) *von Verlagswerken, die Kalkulation u. Überwachung der Druck- u. Bindearbeiten zuständig ist.*

Her|stel|lungs|ar|bei|ten ⟨Pl.⟩: *Arbeiten, die für die Herstellung* (3) *von etw. erforderlich sind:* die H. nahmen mehrere Tage in Anspruch.

Her|stel|lungs|art, die: *Art der Herstellung.*

Her|stel|lungs|kos|ten ⟨Pl.⟩: *Kosten für die Herstellung eines Produkts; Fertigungskosten.*

Her|stel|lungs|land, das: *Land, in dem ein Produkt hergestellt* (1) *wird; Herkunftsland.*

Her|stel|lungs|preis, der: *Herstellungskosten:* Entrichtet schon der Käufer einer illustrierten Zeitung nur einen Bruchteil ihres -es (Enzensberger, Einzelheiten I, 13).

Her|stel|lungs|pro|zess, der: *Ablauf der Herstellung* (1).

Her|stel|lungs|ver|fah|ren, das: *zur Herstellung eines Produktes angewandtes Verfahren.*

her|stol|pern ‹sw. V.; ist›: vgl. herlaufen (2): vor, hinter, neben jmdm. h.

her|stür|zen ‹sw. V.; ist›: **1.** *abrupt, hastig u. erregt laufen:* hinter jmdm. h. **2.** *in äußerster Eile aufgeregt zum Sprechenden laufen:* auf diese Nachricht hin ist sie sofort hergestürzt.

her|tra|gen ‹st. V.; hat›: **1.** *etw. in die Richtung des Sprechenden, zum Sprechenden tragen.* **2.** *jmdn., etw. tragen u. dabei hinter, vor od. neben jmdm. gehen:* das Paket neben, hinter ihr h.; Meine Freunde haben mich vor den Deutschen hergetragen (Seghers, Transit 81).

her|trei|ben ‹st. V.; hat›: **1.** *jmdn., etw. in Richtung auf den Sprechenden, zum Sprechenden treiben.* **2.** *sich dicht hinter jmdm. vorwärts bewegen u. ihn antreiben:* Der Scharführer stürzte aus dem Bad und trieb mit Flüchen die Menschen vor sich her (Apitz, Wölfe 15).

her|trot|ten ‹sw. V.; ist›: vgl. herlaufen (2): Sie holen zwei Esel, und wir alle trotten hinter den Grautieren her zu einer Wellblechhütte (Grzimek, Serengeti 32).

Hertz, das; -, - [nach dem dt. Physiker H. Hertz, 1857–1894] (Phys.): *Maßeinheit der Wellenfrequenz* (Zeichen: Hz).

he|rü|ben ‹Adv.› [aus ↑her u. ↑²üben; vgl. hüben] (südd.; österr.): *hier auf dieser Seite; diesseits:* Am anderen Ufer kam ich zu einer gelben Kirche, deren rötlicher Campanile mir schon h. aufgefallen war (Carossa, Aufzeichnungen 11).

he|rü|ber ‹Adv.› [mhd. her über, (spät)ahd. hara(hera) ubere, zu ↑her u. ↑über]: *von dort drüben hierher.*

he|rü|ber|be|mü|hen ‹sw. V.; hat› (geh.): **1.** *jmdn. von dort drüben hierher [zum Sprechenden] bemühen* (3). **2.** ‹h. + sich› *sich von dort drüben hierher [zum Sprechenden] bemühen* (2).

he|rü|ber|bit|ten ‹st. V.; hat›: *bitten, herüberzukommen* (a, b).

he|rü|ber|bli|cken ‹sw. V.; hat›: *von dort drüben hierher [zum Sprechenden] blicken.*

he|rü|ber|brin|gen ‹unr. V.; hat›: *von dort drüben, aus einem anderen Raum o. Ä. hierher [zum Sprechenden] bringen.*

he|rü|ber|drin|gen ‹st. V.; ist›: *von dort drüben hierher [zum Sprechenden] dringen.*

he|rü|ber|dür|fen ‹unr. V.; hat› (ugs.): **1.** *herüberkommen, -gehen, -fahren o. Ä. dürfen.* **2.** *herübergebracht werden dürfen.*

he|rü|ber|fah|ren ‹st. V.›: **1.** *von dort drüben hierher [zum Sprechenden] fahren* (1 a, 2 a) ‹ist›. **2.** *von dort drüben hierher [zum Sprechenden] fahren* (3 b, 6) ‹hat›.

he|rü|ber|flie|gen ‹st. V.›: **1.** *von dort drüben [über etw. Trennendes hinweg] hierher [zum Sprechenden] fliegen* (1, 4, 8, 11) ‹ist›. **2.** *von dort drüben [über etw. Trennendes hinweg] hierher [zum Sprechenden] fliegen* (7), *mit einem Luftfahrzeug befördern, transportieren* ‹hat›.

he|rü|ber|füh|ren ‹sw. V.; hat›: **1.** *jmdn. von dort drüben hierher [zum Sprechenden] führen* (1 a). **2.** *von dort drüben hierher [zum Sprechenden] führen* (7 b).

he|rü|ber|ge|ben ‹st. V.; hat›: *von dort drüben hierher [in die Hand des Sprechenden] geben:* würden Sie mir bitte die Speisekarte h.?

he|rü|ber|ge|hen ‹unr. V.; ist›: *von dort drüben, von einem anderen Raum, Ort o. Ä. hierher [zum Sprechenden] gehen.*

he|rü|ber|grü|ßen ‹sw. V.; hat›: *von dort drüben hierher [zum Sprechenden] grüßen:* sie grüßte von der Theke zu uns/ihnen herüber; Ü Burgen grüßten auf der Fahrt zu uns herüber.

¹he|rü|ber|hän|gen ‹st. V.; hat›: *von dort drüben bis auf diese Seite ¹hängen* (1 a): die Zweige hängen [über den Zaun] in unseren Garten herüber.

²he|rü|ber|hän|gen ‹sw. V.; hat›: *etw. von dort drüben hierher [zum Sprechenden] ²hängen* (1 a): kannst du das Bild nicht an diese Wand h.?

he|rü|ber|hel|fen ‹st. V.; hat›: *helfen herüberzukommen* (a): komm, ich helfe dir [über den Zaun, Bach] zu mir herüber!

he|rü|ber|ho|len ‹sw. V.; hat›: **a)** *von dort drüben, aus einem anderen Raum o. Ä. hierher [zum Sprechenden] holen;* **b)** *aus einem anderen Land o. Ä. hierher [in das Land o. Ä. des Sprechenden] holen:* sie hat ihre Eltern aus der DDR herübergeholt; Englisches Militär, das aus Indien herübergeholt wurde (Grzimek, Serengeti 113).

he|rü|ber|klet|tern ‹sw. V.; ist›: *von dort drüben über ein Hindernis hinweg hierher [zum Sprechenden] klettern.*

he|rü|ber|kom|men ‹st. V.; ist›: **a)** *von dort drüben, von einem anderen Raum o. Ä. hierher [zum Sprechenden] kommen:* sie kam an unseren Tisch herüber; ... von einem halben Dutzend angeschlagener Divisionen, die über die Brücken herüberkamen (Plievier, Stalingrad 31); **b)** *hierher [zum Sprechenden] kommen, um einen nachbarlichen Besuch zu machen:* komm doch nachher [auf ein Glas Wein] zu uns herüber!; **c)** vgl. herüberholen (b): sie sind in den Sechzigerjahren [aus Italien] herübergekommen; Amerikanische Ingenieure kamen extra herüber zu uns, um dieses Meisterwerk deutscher Bahnbaukunst zu studieren (L. Frank, Wagen 25).

he|rü|ber|kön|nen ‹unr. V.; hat›: vgl. herüberdürfen.

he|rü|ber|lan|gen ‹sw. V.; hat› (landsch.): *herüberreichen.*

he|rü|ber|las|sen ‹st. V.; hat›: *herüberkommen* (a) *lassen.*

he|rü|ber|lau|fen ‹st. V.; ist›: *von dort drüben, von einem anderen Raum, Ort o. Ä. hierher [zum Sprechenden] laufen.*

he|rü|ber|lo|cken ‹sw. V.; hat›: *von dort drüben [über etw. Trennendes hinweg] hierher [zum Sprechenden] locken.*

he|rü|ber|müs|sen ‹unr. V.; hat› (ugs.): vgl. herüberdürfen (1).

he|rü|ber|rei|chen ‹sw. V.; hat›: **1.** *von dort drüben hierher [zum Sprechenden] reichen* (1 a): würdest du mir bitte das Salz, den Aschenbecher h.? **2.** *von dort drüben bis hierher [zum Sprechenden] reichen* (3): das Kabel reicht nicht [bis zu mir] herüber.

he|rü|ber|ret|ten ‹sw. V.; hat›: *hinüberretten.*

he|rü|ber|rü|cken ‹sw. V.›: **1.** *von dort drüben hierher [zum Sprechenden] rücken* ‹hat›: den Stuhl h. **2.** *durch Rücken seinen Platz von dort drüben hierher [zum Sprechenden] verlegen* ‹ist›: sie ist zu mir herübergerückt.

he|rü|ber|ru|fen ‹st. V.; hat›: *von dort drüben [über etw. Trennendes hinweg] hierher [zum Sprechenden] rufen.*

he|rü|ber|schaf|fen ‹sw. V.; hat›: *von dort drüben [über etw. Trennendes hinweg] hierher [zum Sprechenden] schaffen.*

he|rü|ber|schal|len ‹sw. u. st. V.; ist/hat›: *von dort drüben [über etw. Trennendes hinweg] hierher [zum Sprechenden] schallen.*

he|rü|ber|schau|en ‹sw. V.; hat›: **1.** (landsch.) *herübersehen* (1). **2.** (ugs.) *herübersehen* (2).

he|rü|ber|schi|cken ‹sw. V.; hat›: *von dort drüben, von einem anderen Raum, Ort o. Ä. hierher [zum Sprechenden] schicken.*

he|rü|ber|schlei|chen ‹st. V.›: **a)** *von dort drüben [über etw. Trennendes hinweg] hierher [zum Sprechenden] schleichen* ‹ist›; **b)** ‹h. + sich› *sich von dort drüben [über etw. Trennendes hinweg] hierher [zum Sprechenden] schleichen* ‹hat›.

he|rü|ber|schwim|men ‹st. V.; ist›: *von der gegenüberliegenden Seite hierher [zum Sprechenden] schwimmen.*

he|rü|ber|schwin|gen, sich ‹st. V.; hat›: *sich von dort drüben [über etw. Trennendes hinweg] hierher [zum Sprechenden] schwingen.*

he|rü|ber|se|hen ‹st. V.; hat›: **1.** *von dort drüben hierher [zum Sprechenden] sehen.* **2.** *herübergehen, -kommen* (a) *u. nach jmdm., etw. sehen* (9 a).

he|rü|ber|sol|len ‹unr. V.; hat› (ugs.): vgl. herüberdürfen (1).

he|rü|ber|sprin|gen ‹st. V.; ist›: **1.** vgl. herüberklettern. **2.** (ugs.) *schnell, eilig herüberlaufen:* sie ist kurz zu mir herübergesprungen.

he|rü|ber|stei|gen ‹st. V.; ist›: vgl. herüberklettern.

he|rü|ber|stel|len ‹sw. V.; hat›: *von dort drüben, von einem anderen Raum hierher [zum Sprechenden] stellen.*

he|rü|ber|tö|nen ‹sw. V.; ist›: vgl. herüberschallen.

he|rü|ber|tra|gen ‹st. V.; hat›: *jmdn., etw. von dort drüben [über etw. Trennendes hinweg] hierher [zum Sprechenden] tragen:* Ü der Wind trug die Geräusche herüber (Plievier, Stalingrad 153).

he|rü|ber|wach|sen ‹st. V.; ist›: *von dort drüben [über etw. hinweg] hierher wachsen:* die Äste wachsen immer weiter in unseren Garten herüber; Ü lass mal eine Zigarette h.! (ugs. scherzh.; *gib mir mal bitte eine Zigarette!*).

he|rü|ber|wech|seln ‹sw. V.; ist, (auch:) hat›: *von der gegenüberliegenden auf diese Seite wechseln.*

he|rü|ber|we|hen ‹sw. V.›: **1.** ‹hat› **a)** *von*

dort drüben hierher [zum Sprechenden] wehen: Wenn der Wind zu uns herüberweht, bringt er den Blutdunst mit (Remarque, Westen 93); **b)** *etw. von dort drüben hierher [zum Sprechenden] wehen:* der Sturm hat die Blätter herübergeweht. **2.** *von dort drüben hierher [zum Sprechenden] gebracht u. dabei akustisch wahrnehmbar werden* ⟨ist⟩: mit dem Wind wehten Detonationen zu uns herüber (Degenhardt, Zündschnüre 85).

he|rü|ber|wer|fen ⟨st. V.; hat⟩: *von dort drüben hierher [zum Sprechenden] werfen.*

he|rü|ber|wol|len ⟨unr. V.; hat⟩: vgl. herüberdürfen (1).

he|rü|ber|zie|hen ⟨unr. V.⟩: **1.** *von dort drüben hierher [zum Sprechenden] ziehen* ⟨hat⟩: jmdn., den Stuhl h.; Ü jmdn. zu sich h. *(jmdn. für sich, seinen Standpunkt, seine Absichten, Pläne o. Ä. gewinnen).* **2.** *von dort drüben hierher [zum Sprechenden] ziehen* (7, 8) ⟨ist⟩.

he|rum ⟨Adv.⟩ [mhd. her umb(e), aus ↑her u. ↑um]: **1.** *in kreis- od. bogenförmiger Richtung od. Bewegung:* im Kreis h.; das Buch steht verkehrt h. *(mit dem Rücken zur Wand od. auf dem Kopf)* im Regal; eine grüne Wiese, nicht gerade sehr eben und nicht einmal ein Zaun h. (Grzimek, Serengeti 14); Ü Die Sache ist jedenfalls gleich h. *(durch Weitererzählen bekannt)* in der ganzen Gegend (Bobrowski, Mühle 143); Es ist noch längst nicht überall h. *(hat sich noch nicht überall herumgesprochen),* welchen Fährnissen und Unbequemlichkeiten Automobilisten ausgesetzt sind, wenn ... (ADAC-Motorwelt 4, 1983, 13). **2.** ⟨als Verstärkung der Präp. »um«⟩ **a)** *in [ungefähr] kreisförmiger Anordnung um etw.; rund, rings um einen Ort o. Ä.:* um den Platz h. stehen alte Linden; die Gegend um X h. ist dicht besiedelt; **b)** *in jmds. Nähe, engerer Umgebung:* sie registriert nicht einmal mehr, was um sie h. geschieht; Die Menschen um mich h. schwatzten unaufhörlich (Seghers, Transit 283); Während alle um ihn h. wussten, wie es um ihn stand (Maegerlein, Piste 41); Die Mutter, die den ganzen Tag ... um das Kind h. ist, muss gar nicht so viel spielen (Brigitte 5, 1974, 114). **3.** ⟨in Verbindung mit der Präp. »um«⟩ (ugs.) *(in Bezug auf Raum-, Zeit-, Mengenangaben o. Ä.) etwa, ungefähr:* es kostet so um 100 Mark h.; um Weihnachten h.; Der Münchner Zug geht erst um zwölf h. (Fallada, Jeder 193); sie ist um [die] 60 h. *(etwa 60 Jahre alt).* **4.** *vergangen, verstrichen, vorüber, vorbei:* die Ferien sind, die Woche ist schon fast wieder h.; Es sind schon viele Stunden h. (Johnson, Geschichten 38).

he|rum|al|bern ⟨sw. V.; hat⟩: *anhaltend albern:* Schon als Junge hatte er am liebsten im Wasser herumgealbert (Kronauer, Bogenschütze 240).

he|rum|är|gern, sich ⟨sw. V.; hat⟩ (ugs.): *sich im Verlauf von etw. immer wieder über jmdn., etw. ärgern müssen [ohne eine Änderung zu erzielen].*

he|rum|bal|gen, sich ⟨sw. V.; hat⟩ (ugs.): *sich anhaltend, dauernd mit jmdm. balgen:* Xanthippe ... balgt sich mit einem anderen Pferd herum und beißt es kräftig in den Hals, als es ihr lästig wird (Frischmuth, Herrin 95).

he|rum|bal|lern ⟨sw. V.; hat⟩ (ugs.): *herumschießen* (1).

he|rum|bas|teln ⟨sw. V.; hat⟩ (ugs.): *über längere Zeit hin [ohne sichtbaren Erfolg] an etw. basteln* (2): Sie näherten sich den vier Männern, die im Scheinwerferlicht damit beschäftigt waren, an einem rechteckigen Schaltkasten herumzubasteln (Cotton, Silver-Jet 25); Ü Seit 1976 bastelt nun die Regierung am Künstlersozialversicherungsgesetz herum (Saarbr. Zeitung 21. 12. 79, 10).

he|rum|be|kom|men ⟨st. V.; hat⟩ (ugs.): *herumkriegen.*

he|rum|bes|sern ⟨sw. V.; hat⟩ (ugs.): *über längere Zeit immer wieder [ohne Erfolg] Verbesserungen an etw. anbringen.*

he|rum|bie|gen ⟨st. V.; hat⟩: vgl. herumdrücken (1).

he|rum|bies|tern ⟨sw. V.; ist⟩ (landsch. ugs.): *herumirren:* Da soll ein Regiment Schwandt irgendwo h. (Plievier, Stalingrad 125).

he|rum|bin|den ⟨st. V.; hat⟩: *um etw. binden, durch Binden um etw. befestigen.*

he|rum|blät|tern ⟨sw. V.; hat⟩: *über längere Zeit flüchtig, wahllos in etw. blättern* (1).

he|rum|bli|cken ⟨sw. V.; hat⟩: *hierhin u. dorthin blicken.*

he|rum|blö|deln ⟨sw. V.; hat⟩: *anhaltend blödeln:* Ob wir zusammen lachten, ob wir uns unsere Liebe zu verstehen gaben, ob wir herumblödelten wie zwei Schulbuben (Ziegler, Labyrinth 139).

he|rum|boh|ren ⟨sw. V.; hat⟩ (ugs.): **1.** *über eine längere Zeit in etw. bohren* (1). **2.** *über längere Zeit immer wieder bohren* (4, 5).

he|rum|bos|seln ⟨sw. V.; hat⟩ (ugs.): *über längere Zeit an etw. bosseln* (1 a): die Leute in Grüneiche sind mehr fürs Basteln. Sie ... bosseln nach Feierabend an ihren Lauben herum (Fries, Weg 274).

he|rum|brin|gen ⟨unr. V.; hat⟩ (ugs.): **1.** *herumkriegen* (2): Auf die Art brachte er seine vierstündige Wache schnell herum (Ott, Haie 231). **2.** *durch Erzählen überall bekannt machen:* Ich werds h., was hier gespielt wird (Fr. Wolf, Zwei 273). **3.** *herumkriegen* (1).

he|rum|bro|deln ⟨sw. V.; hat⟩ (österr. ugs.): *sehr langsam sein; bei einer Tätigkeit nicht vorwärts kommen.*

he|rum|brül|len ⟨sw. V.; hat⟩ (ugs.): vgl. herumschreien: Heute aber brüllt er auf der Straße herum, krakeelt (Strauß, Niemand 124).

he|rum|bum|meln ⟨sw. V.⟩ (ugs.): **1.** *über längere Zeit bummeln* (1) ⟨ist⟩. **2.** (abwertend) *bei einer Tätigkeit anhaltend bummeln* (2) ⟨hat⟩.

he|rum|deu|teln ⟨sw. V.; hat⟩ (ugs.): *an etw. deuteln.*

he|rum|dok|tern ⟨sw. V.; hat⟩ [zu ↑Doktor 2] (ugs.): **1.** *durch dilettantische Methoden zu heilen versuchen:* Er hatte einen Splitter im Arm, und ein Sanitäter dokterte an ihm herum (Schnurre, Fall 28). **2.** *alles versuchen, um etw. wieder in Gang, in Ordnung zu bringen:* er hat lange am Motor herumgedoktert; es handelt sich um ein Manuskript, an dem herumgedoktert worden ist (Spiegel 36, 1967, 79).

he|rum|dö|sen ⟨sw. V.; hat⟩: *über längere Zeit dösen.*

he|rum|dre|hen ⟨sw. V.; hat⟩: **1.** *[einmal] um die eigene Achse drehen:* sich im Kreis, den Schlüssel im Schloss h. **2.** (ugs.) *auf die andere Seite drehen; umdrehen, [um]wenden:* sich schnell, langsam, ängstlich h.; die Matratze, die Tischdecke h. **3.** (ugs.) *(bei jmdm.) eine Änderung ins Gegenteil vornehmen (z. B. in Bezug auf bestimmte Ziele); ins Gegenteil umändern:* jmdn. h.; Weil ich weiß, dass der Dekan das Ganze ja sowieso herumdreht und ganz anders erzählt (Hofmann, Fistelstimme 215). **4.** (ugs.) *über eine längere Zeit an etw. drehen [ohne dadurch etw. zu erreichen]:* an den Schaltern, den Knöpfen des Radios h.; er dreht dauernd am Radio herum *(betätigt ... die Knöpfe des Radios).*

he|rum|drü|cken ⟨sw. V.; hat⟩: **1.** *von der einen Seite auf die andere drücken* (1 d): den Hebel h. **2.** ⟨h. + sich⟩ (ugs.) *sich vor etw. drücken* (5): man hatte sich um eine Entscheidung herumgedrückt; Die Mediziner könnten sich nicht länger h. um die Erörterung der bisherigen Ergebnisse und künftigen Möglichkeiten der Gentechnologie (Tagesspiegel 13. 6. 84, 10). **3.** ⟨h. + sich⟩ (ugs.) *sich längere Zeit irgendwo, in jmds. Nähe aufhalten, ohne etw. [Nützliches] zu tun;* sich in Lokalen, auf der Straße h.; dass er wegen Saufens entlassen worden sei, sich an der Bahnhofstoilette zwei Tage herumgedrückt habe (Klee, Pennbrüder 14); den Meineidmichel, der, darum bemüht, unauffällig zu erscheinen, sich in einer Ecke um einen Pfeiler herumdrückte (Kühn, Zeit 101). **4.** (selten) *herumdrucksen:* »... wie denkt ... das Volk über mich?« Der ehrliche Mann, überrumpelt, drückte unbehaglich herum, das Volk liebe und ehre sie geziemend (Feuchtwanger, Herzogin 44).

he|rum|druck|sen ⟨sw. V.; hat⟩ (ugs.): *immer wieder zögernd u. nicht direkt etw. aussprechen, sich zu etw. äußern:* Zwei SS-Offiziere haben mich besucht, mit Leichenbittermienen, haben eine Weile herumgedruckst, dann endlich gesagt, dass Vater nicht mehr am Leben ist (Härtling, Hubert 166).

he|rum|er|zäh|len ⟨sw. V.; hat⟩: *herumtragen* (2): Vor seinem Tod hatte Zagajski herumerzählt, er habe interessantes Beweismaterial ... zusammengetragen (Spiegel 35, 1983, 95).

he|rum|ex|pe|ri|men|tie|ren ⟨sw. V.; hat⟩ (ugs.): *ohne festen Plan immer aufs Neue [erfolglos] an etw. experimentieren:* ... werden sich Eltern und Pädagogen über Vorschulerziehung Gedanken machen und fragen, wie lange noch an unseren Kindern herumexperimentiert werden soll (Hörzu 9, 1973, 77).

he|rum|fah|ren ⟨st. V.⟩: **1.** *rund um etw. fahren* (1 a, 2 a) ⟨ist⟩: um den Platz h. **2.** (ugs.) **a)** *planlos, ziellos in der Gegend umherfahren; spazieren fahren* ⟨ist⟩: im

Auto h.; Hier ist Bengt Berg mit einem Dampfer herumgefahren (Grzimek, Serengeti 43); **b)** *jmdn. an verschiedene Orte einer bestimmten Gegend fahren* (7) ⟨hat⟩: ich habe ihn in der Stadt herumgefahren. **3. a)** *sich mit einer heftigen, plötzlichen Bewegung umwenden, herumdrehen* (2) ⟨ist⟩: Er fuhr unvermittelt herum, um die Wirkung seiner Beschreibung auf Frau Bartels zu prüfen (Kronauer, Bogenschütze 79); Plötzlich fuhr sie heftig herum, ohne selbst zu wissen, aus welchem Grunde (Hauptmann, Thiel 31); **b)** (ugs.) *mit einer ziellosen schnellen Bewegung über etw. streichen, wischen* ⟨hat/ist⟩: mit der Hand im Gesicht h.; er fuhr sich dauernd mit dem Zeigefinger im Kragen herum (Schnurre, Bart 93); **c)** (ugs.) *etw. heftig gestikulierend hin u. her bewegen* ⟨ist⟩: sie fuhr aufgeregt mit den Armen in der Luft herum.

he|rum|fau|len|zen ⟨sw. V.; hat⟩ (ugs.): *mit Faulenzen die Zeit verbringen.*

he|rum|fin|gern ⟨sw. V.; hat⟩ (ugs.): **1.** *längere Zeit ständig fingern* (1 a), *etw. befingern:* an einem Knoten h., um das Paket zu öffnen; Mandelstein trat unsicher vor, fingerte an seiner Hutkrempe herum (Funke, Drachenreiter 71); in der Jacke, Tasche, Packung nach Zigaretten h.; Papa fingerte verlegen mit seinem Einglas herum (*hielt es unruhig in den Fingern;* Fallada, Herr 148). **2.** *(in sexueller Absicht) längere Zeit eine Körperstelle mit den Fingern berühren, betasten:* Daniela ... betrachtete den jungen Mann, der an ihren edlen Knien herumfingerte (Erné, Fahrgäste 74).

he|rum|fla|nie|ren ⟨sw. V.; ist⟩: *flanieren.*

he|rum|flan|kie|ren ⟨sw. V.; ist⟩ [zu südd., österr., schweiz. flankieren, flanggieren = müßig herumgehen, herumlungern; vgl. frz. (ugs.) flanquer = sich hinpflanzen] (österr. ugs.): *umherziehen; sich herumtreiben.*

he|rum|flat|tern ⟨sw. V.; ist⟩ (ugs.): **1.** *ohne eine bestimmte Richtung irgendwohin flattern* (1 a, 2). **2.** *um jmdn., etw. flattern* (3 a).

he|rum|fle|geln, sich ⟨sw. V.; hat⟩ (ugs. abwertend): *irgendwo in betont nachlässiger Haltung herumsitzen.*

he|rum|flie|gen ⟨st. V.⟩ (ugs.): **a)** *ohne bestimmtes Ziel, festgesetzte Richtung fliegen* (1, 2, 4 a) ⟨ist⟩; **b)** *jmdn., etw. an verschiedene Orte einer Gegend fliegen* (7) ⟨hat⟩: Denn hin und wieder müssen wir jemanden von der Regierung h. (Grzimek, Serengeti 214).

he|rum|fra|gen ⟨sw. V.; hat⟩ (ugs.): *verschiedene Leute fragen:* im Betrieb, im Bekanntenkreis, in der Nachbarschaft, unter den Kollegen h.; Wo immer man kurz vor Weihnachten an den Universitäten herumfragt, hört man Berichte von überraschenden Aktionen, überfüllten VVs und Fachbereichssitzungen (taz 22. 12. 88, 4).

he|rum|fuch|teln ⟨sw. V.; hat⟩ (ugs.): *(mit etw.) fuchtelnde Bewegungen ausführen:* Thomas ... bespritzt absichtlich Schlumberger, der wild mit den Händen herumfuchtelt und schreit (Ziegler, Kein Recht 372); ... wurde ich aus dem Schlaf geschreckt durch das Gebrüll meines Vaters, der mit einem Revolver herumfuchtelte (Perrin, Frauen 12).

he|rum|füh|ren ⟨sw. V.; hat⟩: **1. a)** *nacheinander an verschiedene Orte führen* (1), *um etw. zu zeigen:* einen Besucher [im Haus, im Museum, in der Stadt, im Betrieb] h.; Ein Stabsfeldwebel ... führt mich herum ... wie ein stolzer kleiner Besitzer in seinem Fabrikchen (Gaiser, Jagd 137); **b)** *(um etw.) führen* (1): jmdn. um den Platz h.; Er führte den Kutscher auf Umwegen um mehrere Blocks herum (Kirst, 08/15, 447). **2. a)** *(um etw.) führen* (7 a): die Bahntrasse wird um das Naturschutzgebiet herumgeführt; **b)** *(um etw.) führen* (7 b): die Straße geht nicht durchs Dorf, sondern sie führt [darum] herum; die Autobahn führt [in weitem Bogen] um die Stadt herum.

he|rum|fuhr|wer|ken ⟨sw. V.; hat⟩ (ugs. abwertend): *[unkontrolliert u. planlos] hantieren:* Sie hörte mich nicht eintreten, denn sie fuhrwerkte mit dem Staubsauger herum (Muschg, Gegenzauber 395); Ü Die Lissaboner stehen mit Tränen in den Augen vor den Absperrungen und schauen zu, wie Kräne in den hohlen Eingeweiden der alten Gebäude herumfuhrwerken (taz 7. 1. 89, 23).

he|rum|fum|meln ⟨sw. V.; hat⟩ (ugs.): **1. a)** *(an etw.) fummeln* (1 a): Die Brieftasche steckt in Ernsts Jacke, ... Ernst greift danach, fummelt herum (Heim, Traumschiff 358); **b)** *sich [in unsachgemäßer, ungeschickter, schädlicher Weise] (an etw.) zu schaffen machen:* Er fummelte eine Zeit lang an der Waffe herum, versuchte, hinter das Funktionsprinzip zu kommen (Saarbr. Zeitung 2. 10. 79, 10); Zugegeben, die Vorstellung vom ahnungslosen Kleinkriminellen, der am nuklearen Zündknopf herumfummelt, ... ist ausgesprochen ungemütlich (taz 13. 10. 92, 10); Darüber hinaus haben Unbekannte an den Bremsen seines Autos herumgefummelt (taz 18. 12. 95, 3); Ü »Wir Liberale sind nicht bereit, am Asylrecht unserer Verfassung herumzufummeln« (taz 1. 8. 90, 7). **2.** *(an jmdm.) fummeln* (1 d): Er hat mir schon immer gefallen. Er hat nicht, wie alle andern, sofort an mir herumgefummelt (Gabel, Fix 6).

he|rum|gam|meln ⟨sw. V.; hat⟩ (ugs.) *rumgammeln:* Bryna Lifshitz, eine 19-Jährige im vierten Semester, gibt dem Präsidenten Recht: »Warum ich nicht herumgammele und stattdessen alle Vorlesungen besuche? Weil ich dafür bezahle.« (SZ 9. 6. 97, 36).

he|rum|ge|ben ⟨st. V.; hat⟩: *(in einer Runde, einem Kreis von Menschen) von Hand zu Hand geben:* ein Buch, Informationsblatt h.

he|rum|ge|hen ⟨unr. V.; ist⟩: **1.** (ugs.) *[ziellos] von einer Stelle zur andern gehen:* im Haus, im Garten, in der Stadt, im Zimmer h.; Er ... ging selbstvergessen kauend in der Wohnung herum (Wellershoff, Körper 33). **2. a)** *in einer Runde, Gesellschaft von einem zum andern gehen:* Sie geht herum und gibt jedem von uns die Hand (Remarque, Westen 186); Dann bin ich mit dem Mikro herumgegangen und habe gesagt: »Ihr habt doch bestimmt Fragen?« Aber das Echo: Null (Zeit 11. 10. 96, 25); **b)** (ugs.) *in einer Runde, Gesellschaft von einem zum anderen gereicht werden:* das Foto, der Pokal ging [im Kreis der Versammelten] herum; eine Sammelbüchse, den Klingelbeutel h. lassen; **c)** (ugs.) *durch Weitererzählen verbreitet werden:* die Neuigkeit ging in der ganzen Stadt herum. **3. a)** *im Kreis, im Bogen (um etw.) gehen:* ums Haus, um den Tisch, um eine Pfütze h.; sollen wir da durchwaten oder lieber h.?; Wenn ich zum Beispiel um eine Plastik herumgehe, dann sehe ich die einmal vom Hintern her und einmal vom Busen her (taz 9. 3. 96, 22); **b)** *jmdm., einer unangenehmen Sache ausweichen:* die beiden gehen immer umeinander herum; Um die Erhöhung des Treibstoff-Preises ... wird herumgegangen wie um den heißen Brei (taz 14. 11. 97, 14). **4.** (ugs.) *vergehen, verstreichen:* der Urlaub, die schöne Zeit ist viel zu schnell herumgegangen; die Zeit, das Jahr wollte und wollte nicht h.

he|rum|geis|tern ⟨sw. V.; ist⟩ (ugs.): *[wider Erwarten] irgendwo allein herumgehen* (1), *sich zu schaffen machen:* was geisterst du denn noch, schon wieder hier herum?; Passanten fiel dann der Mann auf, wie er im geschlossenen Café herumgeisterte (MM 13. 6. 80, 23); Ü diese revolutionären Ideen geistern schon lange im Volk herum; Sodann scheint in der israelischen Führung immer noch die Vorstellung herumzugeistern, der PLO-Terror könne mit militärischen Mitteln ausgerottet werden (Basler Zeitung 2. 10. 85, 2).

he|rum|gon|deln ⟨sw. V.; ist⟩ (ugs.): *gemächlich herumfahren* (2 a): Es wird den drei Millionen Radlern jetzt untersagt, auf den Hauptstraßen herumzugondeln (FR 14. 3. 93, 6); Allein wollte er diesmal »h. und die Olivenernte beobachten«, beschied Fischer seine Realo-Freunde (Spiegel 48, 1996, 41).

he|rum|grei|fen ⟨st. V.; hat⟩: **1.** *greifend die Finger einer Hand (um etw.) herumlegen:* er kann bequem um ihr Handgelenk h. **2.** *eine greifende Hand (um etw.) herumführen:* sie griff um den Torpfosten herum und tastete nach der Klinke.

he|rum|gu|cken ⟨sw. V.; hat⟩ (ugs.): *sich umsehen* (1): Ein Glück, dass der Radio-Bremen-Redakteur Michael Augustin manchmal in Antiquariaten herumguckt (taz 14. 12. 91, 37); ⟨subst.:⟩ Währenddessen begeht Nierstein die beiden »Tage der offenen Winzerhöfe und Weinkeller« zum Probieren und ungezwungenen Herumgucken (FR 17. 9. 98, 25).

he|rum|ha|ben ⟨unr. V.; hat⟩ (ugs.): *rumhaben* (2): was machst du, wenn du deinen Ersatzdienst herumhast?

he|rum|ha|cken ⟨sw. V.; hat⟩ (ugs.): **1.** *sich hackend* (1 a) *betätigen:* wie lange wollen die da eigentlich noch h.?; An den Wochentagen hackten sie auf den Feldern herum, mit großen Strohhüten auf dem Kopf (Faller, Frauen 7); Ü er hackte auf der Schreibmaschine, auf seinem

Laptop herum; Der soll im Irrenhaus stundenlang auf einer einzigen Klaviertaste herumgehackt haben (taz 22. 9. 97, 23). **2.** *(an jmdm., etw.) dauernd etw. auszusetzen, zu kritisieren haben:* Sie kritisierte mich ständig und hackte auf mir herum (Missildine [Übers.], Kind 322); Wenn immer so auf den Beamten herumgehackt wird, kann ich das durch die Erfahrungen, die ich hier gemacht habe, wirklich nicht bestätigen (taz 5. 7. 90, 25); So wurde auch bei Schaltkonferenzen der ARD-Verantwortlichen gern auf Küppersbuschs Show herumgehackt (taz 8. 10. 97, 18).

he|rum|häm|mern ⟨sw. V.; hat⟩ (ugs.): *sich hämmernd betätigen, zu schaffen machen:* müsst ihr da die ganze Zeit so laut h.?; auf einem Stück Blech, an einem Werkstück h.; In Clint Eastwoods Western »Unforgiven« sieht man ihn ... an seinem Haus h. und davon schwärmen, wie er in Zukunft ... auf der Veranda sitzen und den Sonnenuntergang betrachten wird (taz 17. 2. 96, 35); Ü er hämmerte auf dem Klavier herum; Dicke Polizeibeamte schnarchen auf alten Stühlen oder hämmern auf einer Triumph-Schreibmaschine herum (taz 22. 10. 97, 22); die stämmige Tahitianerin mit dem grauen Bubikopf hämmert beim Reden mit den Fäusten in der Luft herum (taz 5. 9. 95, 11).

he|rum|ham|peln ⟨sw. V.; hat⟩ (ugs.): *rumhampeln:* musst du die ganze Zeit so h.?; Jan und Julia aus der »Verbotenen Liebe« präsentieren dann im Wechsel die »Tagesschau«, während Sülo ... wie Jörg Kachelmann vor der Wetterkarte herumhampelt (taz 25. 3. 96, 14).

he|rum|hän|gen ⟨st. V.; hat⟩ (ugs.): **1.** *[unordentlich, störend] hängen, aufgehängt sein:* etw. h. lassen; was hängt da eigentlich seit Tagen für ein Mantel herum?; bei Regen hängt die Wäsche immer in der Wohnung herum; Kleidungsstücke von Erich ... hingen an Haken herum (Baldwin [Übers.], Welt 353). **2.** *rumhängen* (1): Steffis Eltern, die ein Modegeschäft haben, in dem Steffis Vater nie anzutreffen ist, weil er ständig in Wirtschaften herumhängt (Gabel, Fix 48); eine nicht geringe Zahl von Kindern, die wegen Überlastung ihrer Mütter nachmittags isoliert sind, irgendwo verloren herumhängen (Richter, Flüchten 247).

he|rum|han|tie|ren ⟨sw. V.; hat⟩ (ugs.): *damit beschäftigt sein, (an, mit etw.) zu hantieren* (a, b): an etw. h.; ich hörte sie in der Küche h.; Ihre Nachbarin hantiert mit einer Pocket-Kamera herum (SZ 7. 4. 98, 37)

he|rum|het|zen ⟨sw. V.⟩ (ugs.): **1.** vgl. herumjagen (1) ⟨hat⟩: Der Osteuropäer hetzte den Gegner auf dem Platz herum, spielte die Bälle ... einen bis zwei Meter vor die Grundlinie (NZZ 26. 1. 83, 29). **2.** *herumjagen* (2) ⟨ist⟩: ... huldigte am 1. März dem auf US-Staatsbesuch herumhetzenden Staatsoberhaupt (profil 26. 3. 84, 86).

he|rum|ho|cken ⟨sw. V.; hat; südd., österr., schweiz.: ist⟩ **1.** (ugs.): *herumsitzen* (1): Da hockten sie herum in den Schulsälen, dösten vor sich hin oder droschen mit abgegriffenen Karten einen Schafkopf (Kühn, Zeit 277). **2. a)** *im Bogen, im Kreis (um etw.) hocken* (1 a): wir hockten um ein Feuer herum; **b)** (ugs., bes. südd.) *herumsitzen* (2): sie hockten um ihn herum und lauschten seiner Erzählung. **3.** ⟨h. + sich⟩ **a)** *sich im Kreis, im Bogen (um jmdn., etw.) hocken:* wir hockten uns um die Feuerstelle; **b)** (ugs., bes. südd.) *sich (um jmdn., etw.) herumsetzen:* hockt euch doch um den Tisch herum.

he|rum|hor|chen ⟨sw. V.; hat⟩ (ugs., bes. südd., österr.): *sich umhören, herumfragen:* bei Kollegen, im Bekanntenkreis h.; horch doch mal herum, was die andern dazu meinen; Soll vielleicht jeder Wirt verpflichtet werden, der Staatspolizei über seine Gäste zu berichten? Oder sollen Polizisten in Zivil beim Heurigen h.? (Standard 20. 2. 92, 23); »Bei dieser Gelegenheit kannst du ein bisschen h.«, hatte Krämer gesagt und das Abhören ausländischer Sender damit gemeint (Apitz, Wölfe 114).

he|rum|hüp|fen ⟨sw. V.; ist⟩ (ugs.): **1.** *sich hüpfend [hin und her] bewegen:* [auf einem Bein] im Zimmer h. **2.** *sich hüpfend (um jmdn., etw. herum) bewegen:* um einen Busch h.

he|rum|hu|ren ⟨sw. V.; hat⟩ (salopp abwertend): *mit wechselnden Partnern geschlechtlich verkehren:* so ein freches kleines Biest, das herumhurt (Remarque, Triomphe 132).

he|rum|ir|ren ⟨sw. V.; ist⟩ (ugs.): *durch die Gegend irren; umherirren:* Noch ist nicht bekannt, wie viel hunderttausend Flüchtlinge, von jeder Hilfe abgeschnitten, im Bergland von Zaire herumirren (Zeit 22. 11. 96, 12).

he|rum|ja|gen ⟨sw. V.⟩ (ugs.): **1.** *von einem Ort zum anderen jagen* (3 a), *schicken* ⟨hat⟩: jmdn. in der Gegend h. **2.** *[ziel- u. planlos] wie gehetzt von einer Stelle zur andern eilen* ⟨ist⟩: er jagte wie wild in der Gegend herum.

◆ **he|rum|ka|te|che|sie|ren** ⟨sw. V.; hat⟩ [zu ↑katechisieren]: *schulmeistern, abfragen:* Musst' er nicht einen Betteljungen, der bloß auf einen Pfennig aufsah, h. ...? (Jean Paul, Wutz 23).

he|rum|kau|en ⟨sw. V.; hat⟩ (abwertend): *anhaltend (an etw., auf etw.) kauen:* er kaute auf einer Speckschwarte herum; musst du ständig an deinem Bleistift h.?

he|rum|klet|tern ⟨sw. V.; ist⟩: *sich kletternd von einem Ort zum andern bewegen:* die Kinder klettern den ganzen Tag in den Felsen herum.

he|rum|klim|pern ⟨sw. V.; hat⟩ (ugs. abwertend): *klimpern* (2 a): musst du die ganze Zeit auf dem Klavier h.?

he|rum|kno|beln ⟨sw. V.; hat⟩ (ugs.): *(an etw.) knobeln* (2): wie lange willst du eigentlich noch an dem blöden Rätsel h.?

he|rum|knut|schen ⟨sw. V.; hat⟩ (salopp abwertend): *knutschen:* Natürlich regt er sich darüber auf, weil Bölkoff sich grundsätzlich über alles aufregt. Erst recht, wenn vor seinen Augen herumgeknutscht wird (SZ 31. 3. 98, 16).

he|rum|kom|man|die|ren ⟨sw. V.; hat⟩ (ugs.): *(jmdn.) ständig kommandieren* (2): Ich hatte viel Streit zu Hause mit meinem Bruder, weil der mich ständig herumkommandierte (Ziegler, Kein Recht 25).

he|rum|kom|men ⟨st. V.; ist⟩ (ugs.): **1. a)** *beim Versuch, sich (um jmdn., etw.) herumzubewegen, Erfolg haben:* er kam mit dem Laster nicht um die enge Biegung herum; Sie (= die Kurve) ist so eng, dass ein Omnibus zurückstoßen musste, um herumzukommen (Frankenberg, Fahren 73); **b)** *(um etw.) herumgefahren, herumgelaufen kommen:* sie kam gerade um die Ecke herum; **c)** *etw. umschließen, umfassen können:* der Stamm ist so dick, dass ich mit den Armen nicht herumkomme. **2.** *etw. Unangenehmes umgehen, vermeiden können:* um eine Erhöhung der Steuern werden wir nicht h.; ich bin um die Kriegsgefangenschaft herumgekommen (Kühn, Zeit 400). **3.** *reisend an verschiedene Orte kommen:* wenig, [nicht] viel, weit h.; der Reporter ist viel in der Welt herumgekommen; vielleicht war das Beste an seinem Beruf ..., dass er herumkam und immer wieder neue Menschen kennen lernte (Loest, Pistole 248). **4.** *mit etw. der Reihe nach fertig werden, etw. schaffen, bewältigen können:* mit den Festvorbereitungen [einfach nicht] h.; Man kommt nicht herum mit der Arbeit (Normann, Tagebuch 80). **5.** *durch Gerede von einem zum anderen getragen werden:* jetzt soll der Feller sogar Bescheid wissen, dann kommt es herum in der Gemeinde (Bobrowski, Mühle 99).

he|rum|krab|beln ⟨sw. V.; ist⟩ (ugs.): vgl. herumkriechen: Sogar an die Kleinen haben die Gießener gedacht. Für sie soll es eine Höhle geben, in der sie h. können (Zeit 14. 2. 97, 32).

he|rum|kra|kee|len ⟨sw. V.; hat⟩ (ugs. abwertend): *krakeelen:* Und wenn der »Biberpelz« womöglich Pflichtlektüre ist, werden die Kids sich langweilen und h. (FNP 26. 3. 98, 1)

he|rum|kra|men ⟨sw. V.; hat⟩ (ugs.): *kramen* (1 a): Mummel ... kramte wohl eine Viertelstunde lang in einer großen Holzkiste herum (Jens, Mann 79); Ich kramte in meinen Taschen herum und suchte meine Mundharmonika hervor (Fallada, Herr 12).

he|rum|kreb|sen ⟨sw. V.; hat⟩ (ugs.): **a)** *mit dem, was man tut, viel Mühe u. wenig Erfolg haben:* Der Sport ist ein Teil der Gesellschaft, nicht schlechter oder besser. Die Starken trumpfen auf, die Schwachen krebsen herum (FR 5. 11. 97, 17); Ich wollte vor allem darlegen, dass viele, die in der Steuerstatistik mit einem Einkommen an der Armutsgrenze erscheinen, keineswegs am Existenzminimum herumkrebsen (Spiegel 12, 96, 28); Die Republikaner krebsen seit Jahren an der Zwei-Prozent-Marke herum, trotz hochschießender Arbeitslosigkeit (SZ 10. 2. 97, 4). **b)** *schwach u. kränklich sein u. nicht zu Kräften kommen:* seit seiner Krankheit im letzten Jahr krebst er nur noch herum.

he|rụm|krie|chen ⟨st. V.; ist⟩ (ugs.): **1.** *[ziellos durch die Gegend] kriechen:* in dem Terrarium krochen nur ein paar Schildkröten herum; Der Händler an der Ecke kann ... notfalls selbst unter dem Schreibtisch h., falls der Kunde mit der Verkabelung nicht klarkommt (Zeit 19. 11. 98, 48). **2.** *sich kriechend (um etw.) herumbewegen:* um etw. h.

he|rụm|krie|gen ⟨sw. V.; hat⟩: **1.** (salopp) *durch beharrliches Reden, geschicktes Vorgehen zu einem bestimmten, ursprünglich abgelehnten Verhalten bewegen:* jmdn. zu etw. h.; schließlich hat er uns doch herumgekriegt; wenn einer von ihnen im Westöstlichen Diwan liest, legt er es bloß darauf an, intellektuelle englische Fräuleins herumzukriegen – wie überhaupt die anderen im Urlaub nur auf Sex aus sind (taz 7. 3. 92, 17). **2.** (ugs.) *(eine bestimmte Zeit) hinter sich bringen:* ich weiß nicht, wie ich die Woche ohne sie h. soll.

he|rụm|kri|ti|sie|ren ⟨sw. V.; hat⟩ (ugs.): *andauernd kritisieren* (2): ständig an jmdm. h.; Wir sollten also nach den Erfahrungen, die hinter uns liegen, an diesem System nicht h., sondern heilfroh sein, dass wir es haben! (Dönhoff, Ära 43).

he|rụm|krit|teln ⟨sw. V.; hat⟩ (ugs. abwertend): *(an jmdm, etw.) kritteln:* Statt am Sozialsystem herumzukritteln, sollte die Bundesbank lieber durch eine bessere Geldpolitik die Schaffung von Arbeitsplätzen fördern (Zeit 24. 3. 95, 40).

he|rụm|krit|zeln ⟨sw. V.; hat⟩ (ugs.): *wahllos u. ohne Überlegung kritzeln:* du sollst nicht immer in deinen Büchern h.

he|rụm|ku|rie|ren ⟨sw. V.; hat⟩ (ugs.): *längere Zeit [ohne rechten Erfolg] versuchen, jmdn., etw. zu heilen:* vorher kann man nur an gewissen Symptomen h. (Welt 11. 11. 61, 9).

he|rụm|kur|ven ⟨sw. V.; ist⟩ (ugs.): *herumfahren* (1, 2 a): Neugierige Urlauber, die mit ihren Leihwagen zur falschen Zeit im falschen Viertel herumkurven, gehen ein hohes Risiko ein (Zeit 18. 7. 97, 9).

he|rụm|kut|schie|ren ⟨sw. V.⟩ (ugs.) **1.** *herumfahren* (2 a) ⟨ist⟩: Frau Karnbach kutschiert ein bisschen in der Gegend herum, obwohl das Benzin knapp ist (Bieler, Bär 80). **2.** *herumfahren* (2 b) ⟨hat⟩: unzählige Staats- und Regierungschefs steuern einen Mercedes, nicht zu vergessen der Papst, der sich mit einer besonders schweren, gepanzerten Karosse h. lässt (taz 13. 11. 93, 11).

he|rụm|la|bo|rie|ren ⟨sw. V.; hat⟩ (ugs.): *an einer Krankheit leiden u. sie ohne rechten Erfolg zu überwinden versuchen:* Wochenlang hatte er an der Erkältung herumlaboriert (M. Walser, Seelenarbeit 42).

he|rụm|lan|gen ⟨sw. V.; hat⟩ (ugs.): **1.** *herumreichen* (1): einen Joint h. **2.** *herumreichen* (2): die Schnur langt nicht ganz [um das Paket] herum. **3.** *herumgreifen:* er versuchte, von links um den Motor herumzulangen, um die Schraube zu erreichen.

he|rụm|lau|fen ⟨st. V.; ist⟩: **1.** vgl. herumgehen (1): im Wald, auf der Straße h.; ich bin stundenlang in der Stadt herumgelaufen; Eine Unmenge Verbrecher läuft frei herum auf der Insel, die so groß ist wie Bayern und Thüringen zusammen (SZ 31. 5. 95, 10); ... damit sie von seinen frei herumlaufenden Tieren nicht verletzt würden (Frischmuth, Herrin 104). **2.** vgl. herumgehen (3 a). **3.** *herumführen* (2 b): um das Gelände läuft ein Zaun herum. **4.** (ugs.) *sich, in einer bestimmten Art gekleidet, in einer bestimmten Aufmachung im Freien aufhalten, in der Öffentlichkeit zeigen:* dort kann man das ganze Jahr mit kurzen Hosen h.; wie ein Hippie, Landstreicher h.; die Transvestiten, die in Frauenkleidern herumlaufen (Bruder, Homosexuelle 81); In der Grundschule war es verboten gewesen, mit nackten Knien herumzulaufen (Mishima [Übers.], Maske 34); so kannst du doch nicht h.!

he|rụm|le|gen ⟨sw. V.; hat⟩ (ugs.): **1.** *von der einen Seite auf die andere legen:* sie legten den Verletzten vorsichtig herum. **2.** *(um etw.) legen:* eine Bandage [um etw.] h.; an den verbindenden Zwischenstücken, die als Rahmen um vier Florentiner Mosaike herumgelegt sind, wird weitergearbeitet (Zeit 10. 3. 95, 95). **3.** ⟨h. + sich⟩ *sich (um etw.) legen:* wie ein Kranz sollen sich neun Filmsäle um den Altbau h., 3.000 Besucher kann das Filmtheater aufnehmen (taz 30. 3. 95, 32).

he|rụm|lie|gen ⟨st. V.; hat; südd., österr., schweiz. auch: ist⟩: **1.** *rings um etw. liegen:* die um das Zentrum herumliegenden Bezirke. **2.** (ugs. abwertend) **a)** *die Zeit damit verbringen zu liegen:* den ganzen Tag faul h.; Überall saßen und lagen Mitglieder der Bande betrunken und lallend herum (Dürrenmatt, Grieche 139); **b)** vgl. herumstehen (3): das Spielzeug lag in der Küche herum; so viele Zigarettenstummel lagen auf den Regalen herum (Baldwin [Übers.], Welt 331); Dieses Paket ist ein paar Tage herumgelegen (Spiegel 17, 1981, 55).

he|rụm|lüm|meln ⟨sw. V.; hat⟩ (ugs.): **1.** *in betont nachlässiger, unmanierlicher Weise herumliegen, -sitzen:* ... wenn ihr gerade Musik hört, vor dem Fernseher hockt, mit dem Computer spielt oder auf dem Bett herumlümmelt (FR 28. 5. 94, 9); ⟨auch h. + sich:⟩ Sie war das durch alle Poren Erotik verströmende Luder, das sich exzentrisch auf dem Flügel herumlümmelte und dem Pianisten ... in die Tasten zu fallen drohte (taz 1. 3. 94, 19). **2.** *herumlungern:* Adina, Gianetta und die anderen lümmeln da herum wie brandenburgische Kiddies vor der dörflichen Imbissbude (Tagesspiegel 11. 4. 98, 24).

he|rụm|lun|gern ⟨sw. V.; hat/ist⟩ (salopp): *nichts zu tun wissen u. sich irgendwo untätig aufhalten:* ... wenn hier die Obdachlosen herumlungern (Klee, Pennbrüder 79).

he|rụm|ma|chen ⟨sw. V.; hat⟩ (ugs.): **1.** *rummachen* (1): eine Schnur [um etw.] h. **2.** *rummachen* (2): wieso machst du schon wieder an dem Moped herum?; du sollst nicht immer an meinen Haaren h.; nicht lange h. *(keine Umstände machen, nicht lange zögern).* **3.** (salopp) *rummachen* (3): »... Meine Tochter würde sich nie mit einem verheirateten Mann einlassen ...« Sie selbst habe auch nie mit verheirateten Männern herumgemacht (Spiegel 4, 1999, 212).

he|rụm|mä|keln ⟨sw. V.; hat⟩ (ugs.): *fortwährend mäkeln:* immer schon habe ich mich unzeitgemäß verhalten, und immer schon haben sie alle an mir herumgemäkelt (Mayröcker, Herzzerreißende 74).

he|rụm|ma|ni|pu|lie|ren ⟨sw. V.; hat⟩: *sich manipulierend (an etw.) zu schaffen machen:* »Dies zeigt, dass jemand an den Riegeln herummanipuliert hat, seit die Estonia 1980 die Werft verließ« (FR 12. 6. 97, 34); Jeder Mensch sei eine einmalige Schöpfung, an der nicht herummanipuliert werden dürfe (SZ 25. 2. 97, 1); Da wird an Zahlen herummanipuliert, so lange bis die Euro-Hürde überwunden ist (Woche 30. 4. 98, 32).

he|rụm|maul|len ⟨sw. V.; hat⟩ (salopp): *fortwährend maulen:* Die Strafe ... sei ungerecht, Pernfors habe ungerügt h. können, so viel er wollte: »Schwedisch klingt wohl lustiger.« (taz 22. 1. 90, 14).

he|rụm|me|ckern ⟨sw. V.; hat⟩ (ugs.): *fortwährend meckern:* Anne meckert dann wieder an meiner Figur herum (Danella, Hotel 194).

he|rụm|mot|zen ⟨sw. V.; hat⟩ (salopp): *fortwährend motzen:* statt nur herumzumotzen sollte er lieber mal einen konstruktiven Vorschlag machen; sie motzt an allem herum.

he|rụm|murk|sen ⟨sw. V.; hat⟩ (salopp): *(an etw.) murksen* (1): wie lange willst du noch an dem Motorrad h.?; Wenn man also nicht weiter weiß, dann murkst man an der Verfassung herum. Das kennen wir doch schon aus leidiger Erfahrung (SZ 8. 8. 97, 9).

he|rụm|nör|geln ⟨sw. V.; hat⟩ (ugs.): *(an jmdm., etw.) nörgeln:* Dabei ist die Liebe dieser beiden eh schon auf dem Nullpunkt. Sie nörgeln ständig aneinander herum (FR 11. 9. 93, 2).

he|rụm|pfu|schen ⟨sw. V.; hat⟩ (ugs.): *herummurksen:* ... was Delacroix wohl darüber gedacht haben würde, dass 200 Jahre später irgendein Hanswurst per Mouseclick in seinem Bild herumpfuscht (FR 23. 8. 95, 8).

he|rụm|pla|gen, sich ⟨sw. V.; hat⟩ (ugs.): *sich (mit jmdm., etw.) fortwährend [erfolglos] plagen:* Untersuchungen an ägyptischen Mumien zeigten, dass sich schon die Pharaonen ... mit Rheuma herumplagten (Hörzu 1, 1979, 22).

he|rụm|prie|men ⟨sw. V.; hat⟩ (landsch.): vgl. herumbosseln.

he|rụm|pro|bie|ren ⟨sw. V.; hat⟩ (ugs.): *nacheinander Verschiedenes ausprobieren:* ein bisschen h.; er hat so lange [an dem Schloss] herumprobiert, bis er es aufhatte; Aber wir bewegen uns vorwärts, indem wir experimentieren und herumprobieren (Zeit 17. 10. 97, 82); Michael Ballhaus und ich haben herumprobiert, wie lange eine Einstellung stehen muss, damit das Auge sie richtig wahrnimmt. Wir sind auf drei Einzelbilder gekommen (Spiegel 45, 1993, 224).

he|rum|pus|seln ⟨sw. V.; hat⟩ (ugs.): *mit Geduld u. übertriebener Sorgfalt an etw. arbeiten:* Was pusseln Sie denn dauernd an Ihren Schuhen herum (Weber, Tote 124).

he|rum|quä|len, sich ⟨sw. V.; hat⟩ (ugs.): vgl. herumplagen: Zu häufig hatte er sich in den letzten Wochen und Monaten mit allen möglichen Verletzungen h. müssen (FR 5. 7. 97, 12).

he|rum|ra|sen ⟨sw. V.; ist⟩ (salopp): *fortwährend ziellos durch die Gegend rasen:* Er wird nicht mehr so oft mit seinem Lieblingsspielzeug, einem Sportwagen des Typs Corvette h. können (FR 18. 7. 97, 2).

he|rum|ra|ten ⟨st. V.; hat⟩ (ugs.): *lange versuchen, etw. zu erraten:* Wir rieten lange herum, wie Walter das geschafft haben könnte (Schnurre, Bart 33).

he|rum|rät|seln ⟨sw. V.; hat⟩ (ugs.): *lange über jmdn., etw. rätseln:* lange an etw. h.; Im Gegensatz zu vielen im eigenen Lande rätseln die anderen in Europa nicht viel herum an diesem Kanzler (Zeit 1. 11. 96, 6).

he|rum|re|den ⟨sw. V.; hat⟩ (ugs.): *um nicht über das eigentliche Thema sprechen zu müssen, über anderes reden:* um etw. h.; Reden wir nicht drum herum. Helmut Kohl hat einen neuen Nebenkanzler. Sein Name? Edmund Stoiber, ganz klar (Zeit 23. 8. 96, 16).

he|rum|rei|chen ⟨sw. V.; hat⟩: **1.** *[in einer Runde] von einem zum anderen reichen:* ein Tablett, eine Flasche, ein Foto h.; Ratte steckt sich eine Zigarette an, reicht die Schachtel anschließend herum (Degener, Heimsuchung 156); Gegenüber im dritten Stock wird ein Joint herumgereicht, die Leute hocken in ihrer Küche zuhauf und kichern (taz 7. 11. 92, 18); Ü Winckelmann ... wurde in Rom in den höchsten Kreisen der Gesellschaft, vor allem der kirchlichen, herumgereicht (ugs.; *allen möglichen Personen vorgestellt;* Riess, Cäsar 191). **2.** (ugs.) *(um etw.) reichen* (3): der Riemen reicht nicht ganz [um den Koffer] herum.

he|rum|rei|sen ⟨sw. V.; ist⟩ (ugs.): *von einem Ort zum andern reisen, auf Reisen sein:* Wir haben eine ganze Reihe von Leuten: drei in Saudi-Arabien und zwei in Amman und andere, die herumreisen (taz 24. 1. 91, 15); Jetzt, da sie die Farm verkauft hatten, reisten sie viel im Land herum (Wellershoff, Körper 127).

he|rum|rei|ßen ⟨st. V.; hat⟩: **1. a)** *mit einem heftigen Ruck in eine andere Richtung reißen:* das Steuer [des Autos], den Wagen h.; die Tuareg reißen ihre Pferde herum und verschwinden im hochquellenden Staub (Loest, Pistole 12); Ü Zwar konnte sie den ersten Satz nach einem 1:4-Rückstand noch h., lag aber, bevor sie sich versah, gleich wieder mit 0:4 zurück (taz 23. 1. 91, 18); **b)** (ugs.) *(an jmdm., etw.) wiederholt reißen:* jmdm. an den Haaren h.; reiß doch nicht so an der Hundeleine herum! **2.** ⟨h. + sich⟩ (landsch. ugs.) *sich herumschlagen* (2b).

he|rum|rei|ten ⟨st. V.; ist⟩: **1. a)** (ugs.) *[ziellos] durch die Gegend reiten:* in der Gegend h.; er ist den ganzen Tag herumgeritten; **b)** *im Bogen, im Kreis (um jmdn., etw.) reiten:* um ein Waldstück h. **2.** (salopp) **a)** *fortwährend über ein u. dasselbe [unerfreuliche] Thema sprechen, ohne sich davon abbringen zu lassen:* auf der dummen Geschichte ist er jetzt lange genug herumgeritten; Der Bildungssenator habe sich inzwischen entschuldigt ..., deswegen wolle er auf dem Punkt nicht mehr h. (taz 18. 9. 89, 18); **b)** *jmdn. fortwährend wegen derselben Sache kritisieren, ihm mit derselben unangenehmen Sache lästig fallen:* nun reite doch nicht dauernd auf mir, ihm herum!; du Idiot hast Mitleid mit Menschen, die auf dir herumgeritten sind (Innerhofer, Schattseite 75).

he|rum|re|keln, sich ⟨sw. V.; hat⟩ (ugs. abwertend): *sich rekeln:* du sollst dich hier nicht so h.

he|rum|ren|nen ⟨unr. V.; ist⟩: **1.** (ugs.) *herumlaufen* (1): [hektisch, wie wild] in der Gegend h. **2.** (ugs.) *im Bogen, im Kreis (um etw.) rennen:* um ein Hindernis h.; Die Tatsache, dass die Anwohner wollen, dass man stupide auf gepflasterten Wegen um einen künstlichen See herumrennt (abwertend; *herumgeht*)... (taz 25. 5. 89, 19); **3.** *herumlaufen* (4): von den Männern, die immer in den gleichen Klamotten herumrennen und sich die Unterhosen nach wie vor von den Müttern kaufen lassen (taz 5. 10. 91, 35).

he|rum|rüh|ren ⟨sw. V.; hat⟩ (ugs.): *fortwährend (in etw.) rühren:* er saß da und rührte in seiner Tasse herum; Ü warum musst du immer wieder in der alten Geschichte h. *(immer wieder darauf zurückkommen, dich damit beschäftigen).*

he|rum|rut|schen ⟨sw. V.; ist⟩ (ugs.): *fortwährend hin u. her rutschen:* das schöne Kleid sei schon zerknittert und fleckig, das komme davon, wenn man auf dem Boden herumrutsche (Hartlaub, Muriel 25); da mussten wir den ganzen Tag und die halbe Nacht auf den Knien h. (Ziegler, Kein Recht 264).

he|rum|schar|wen|zeln ⟨sw. V.; ist⟩ (ugs. abwertend): **a)** *scharwenzeln* (1): vor jmdm., in jmds. Nähe h.; **b)** *sich scharwenzelnd* (2) *(um jmdn.) herumbewegen:* stattdessen scharwenzeln Kellner um mich herum, schenken zu oft nach, rücken Schüsseln zurecht, haben mich ständig im Blick (FR 31. 10. 98, 1).

he|rum|schau|en ⟨sw. V.; hat⟩ (landsch.): **1.** *sich umsehen* (1): auf einer Messe h.; Ü Wenn ich so in der Theaterlandschaft herumschaue, muss ich sagen, nur ganz dumme Fußballtrainer würden ähnlich ihre Mannschaft zusammenstellen wie manche Intendanten ihre Ensembles (taz 8. 3. 97, 42). **2.** *sich umsehen* (2): dort hinten sitzt er, aber schau jetzt nicht herum.

he|rum|schi|cken ⟨sw. V.; hat⟩: *von einem Ort zum andern, von einem zum andern schicken:* ein Rundschreiben, einen Boten h.; ⟨subst.:⟩ Auch das Herumschicken von Patienten mit unklarer Diagnose von einem Arzt zum anderen könnte ... entfallen (FR 13. 11. 98, 30).

he|rum|schie|ßen ⟨st. V.⟩ (ugs.): **1.** *ziellos durch die Gegend schießen* ⟨hat⟩: in der Gegend h.; Trotzdem ein Versuch der Ursachenforschung: Wie kommt's, dass zwei Polizisten wild herumschießen? (SZ 8. 1. 99, 1). **2.** *sich blitzschnell umwenden* ⟨ist⟩: »Knobloch!«, schnauze ich ... hinter ihm her. Er schießt herum wie von einer Lanze in den Rücken getroffen (Remarque, Obelisk 123).

he|rum|schla|gen ⟨st. V.; hat⟩: **1.** vgl. herumwickeln: Packpapier um den Korb h. **2.** ⟨h. + sich⟩ **a)** (ugs.) *sich fortwährend mit jmdm. schlagen:* mit wem hast du dich denn wieder herumgeschlagen?; **b)** (ugs.) *sich gezwungenermaßen fortwährend mit jmdm., etw. abmühen, angestrengt auseinander setzen:* sich mit Problemen, Zweifeln h.; Dort muss sich der 43-Jährige noch immer mit einem starken rechten bis reaktionären Flügel h. (FR 4. 9. 98, 24); Er fragte sich, weshalb er sich mit einem Fall herumschlug, der gar nicht in sein Ressort gehörte (Ziegler, Liebe 55); Komponisten ... schlugen sich mit der damaligen Technik der Schallplattenaufnahme herum (tango 9, 1984, 32).

he|rum|schlei|chen ⟨st. V.; ist⟩ (ugs.): **1.** *schleichend herumgehen:* Des Nachts schleicht nämlich Tante Grete hierorts herum – durch stille Gassen ... – bewaffnet mit einer Spraydose! (SZ 28. 10. 96, 37). **2.** *im Kreis, im Bogen um jmdn., etw. schleichen:* Ein Teil der Jagdgruppe schleicht im großen Bogen um die Beute herum (FR 18. 7. 98, 120).

[1]**he|rum|schlei|fen** ⟨sw. V.; hat⟩: **1.** *hierhin u. dorthin schleifen:* Er tritt und knufft sie, reißt sie an den Haaren, er schleift sie herum und trägt seinen Zynismus zur Schau, indem er in ihrer Anwesenheit ungerührt Kuchen mampft (SZ 31. 1. 97, 14). **2.** (landsch.) willst du den Koffer etwa die ganze Zeit [mit dir] h.?

[2]**he|rum|schlei|fen** ⟨st. V.; hat⟩ (ugs.): *sich schleifend (an etw.) zu schaffen machen:* sie schleift und poliert aufs Feinsinnigste an einer gewöhnlichen Wand herum (taz 13. 11. 93, 35).

he|rum|schlen|dern ⟨sw. V.; ist⟩ (ugs.): *ohne festes Ziel u. ohne bestimmte Richtung hierhin u. dorthin schlendern:* auf der Promenade, in einem Supermarkt h.; Keiner dreht sich mehr um, wenn junge Männer in schmuddeligen Jeans mit einer Kalaschnikow über dem Arm herumschlendern (SZ 18. 3. 97, 3).

he|rum|schlep|pen ⟨sw. V.; hat⟩ (ugs.): **1.** *herumtragen* (1a): eine schwere Aktentasche [mit sich] h.; Er ist mit der Unschlittkerze verbunden, die er immer im Brustbeutel mit sich herumschleppt (B. Vesper, Reise 174); jetzt schleppe ich den Brief schon drei Tage mit mir herum und vergesse immer, ihn einzuwerfen; Ü eine Krankheit, eine Erkältung, ein Virus mit sich h.; Als Tschechen schleppen Danny und sein Autor mehr Geschichte (und Geschichten) mit sich herum und verfügen über mehr Biographie als ganz Kanada (Zeit 4. 2. 99, 43); ein Problem mit sich h. *(es nicht lösen können u. als ständige Belastung empfinden);* Warum hast du die Geschichte so lange mit dir herumgeschleppt? *(für dich behalten, nicht erzählt?);* (Härtling, Hubert 355). **2.** *von einem Ort zum andern schleppen* (4b): schwere Kisten h.; Ü sie hat mich in der ganzen Stadt herumgeschleppt *([gegen meinen Willen] von einem Ort zum anderen geführt).*

he|rum|schlie|ßen ⟨st. V.; hat⟩ (ugs.): *den Schlüssel im Schloss herumdrehen.*

he|rum|schlin|gen ⟨st. V.; hat⟩: *(um etw.) schlingen.*

he|rum|schmei|ßen ⟨st. V.; hat⟩ (ugs.): **1.** *herumwerfen* (1): müsst ihr eure Klamotten hier überall h.?; Ü mit Fremdwörtern h.; Dass überall dort, wo es um die Unterstützung sozialer Belange geht, um kleinste Beträge gerungen, in anderen Bereichen jedoch Geld nur so herumgeschmissen wird... (General-Anzeiger 8. 2. 96, 6). **2.** *herumwerfen* (2): er schmiss den Hebel herum.

he|rum|schnel|len ⟨sw. V.; ist⟩ (ugs.): *aus einer Richtung in eine andere schnellen:* plötzlich schnellt der Kopf herum.

he|rum|schnüf|feln ⟨sw. V.; hat⟩ (ugs. abwertend): *(in etw., an einem bestimmten Ort) schnüffeln* (4): irgendjemand hat in meinen Sachen herumgeschnüffelt; Als der Kommissär wieder einmal in der Druckerei von Maximus Ernst herumschnüffelte (Kühn, Zeit 129).

he|rum|schnup|pern ⟨sw. V.; hat⟩ (ugs.): *suchend hier u. dort schnuppern:* Fräulein Mauler schnuppert in der Luft herum. – Plötzlich weiß sie, was da für ein Geruch ist (Richartz, Büroroman 233).

he|rum|schrau|ben ⟨sw. V.; hat⟩ (ugs.): **1.** *[unfachmännisch] (an etw.) schrauben:* an der Skibindung sollte man als Laie nicht selbst h.; Ü Es ist ja schon dreist, wenn eine Partei, die ständig an der Verfassung herumschraubt und sie nach und nach demontiert, von anderen einen Treueeid auf eben diese Verfassung einfordern will (SZ 5. 1. 99, 19). **2. a)** *sich mit Schraubenschlüsseln u. anderem Werkzeug an etw. zu schaffen machen, um eine Reparatur od. eine ähnliche Arbeit auszuführen:* Als die Mechaniker während des ... Zeittrainings an seinem Rennwagen herumschraubten, saß Michael Schumacher noch entspannt im Cockpit (SZ 29. 7. 95, 36); **b)** *sich damit beschäftigen, an etw. zu schrauben* (2a): Dann lieber daheim bleiben, im Trockenen, und ein bisschen in der Garage h. (taz 15. 7. 96, 23).

he|rum|schrei|en ⟨st. V.; hat⟩ (ugs. abwertend): **1.** *anhaltend u. unbeherrscht laut schimpfen, schelten:* Der Chef ist in allen Lagen Mensch geblieben... Ich habe nie erlebt, dass er in der Kabine herumgeschrien oder jemand vor der Mannschaft angeschnauzt hat (SZ 27. 3. 97, 38). **2.** *fortwährend schreien:* »Verhaltensauffällig« war sie damals, sagt Leichtenberger. Sie hat viel herumgeschrien in ihrer Angst und Wut (taz 30. 9. 97, 13).

he|rum|schub|sen ⟨sw. V.; hat⟩ (ugs.): **1.** *hierhin u. dorthin schubsen:* In einer Kaserne mussten wir die Nacht verbringen... Am nächsten Morgen kam ein Soldat. Einer, der uns am Vorabend rüde herumgeschubst hatte (SZ 10. 2. 96, 15). **2.** *herumstoßen:* Er wurde in seinem Leben nur herumgeschubst und von seinen leiblichen Eltern abgewiesen, in Heime und Internate gesteckt (SZ 21. 12. 95, 20).

he|rum|schwa|dro|nie|ren ⟨sw. V.⟩: **1.** (abwertend) *schwadronieren* (1) ⟨hat⟩: Die gute alte journalistische Tradition, Politiker mit gezielten Fragen zu konfrontieren, zählt offenbar nichts mehr. Stattdessen darf bis zum Überdruss herumschwadroniert werden (FR 14. 1. 97, 9). ◆ **2.** *sich herumtreiben, umherstreifen* ⟨hat/ist⟩: ... seinen Bruder ..., der mit Spielern und Buben im Lande herumschwadroniert, mehr Mädels betrügt, als ein anderer kennt (Goethe, Claudine von Villa Bella 1 [1. Fassung]); Sieh dich vor, Hauptmann! ... Ganze Haufen böhmische Reiter schwadronieren im Holz herum (Schiller, Räuber II, 3).

he|rum|schwän|zeln ⟨sw. V.; ist⟩ (ugs. abwertend): **a)** *herumscharwenzeln* (a): vor jmdm., in jmds. Nähe h.; was schwänzelt der Kerl denn schon wieder hier herum?; **b)** *herumscharwenzeln* (b): Außerdem war er falsch. Er schwänzelte um meine Eltern herum und sprach ihnen in schamloser Weise nach dem Munde (Th. Mann, Buddenbrooks 98).

he|rum|schwär|men ⟨sw. V.; ist⟩ (ugs.): *ziellos schwärmend, in Schwärmen umherfliegen:* über dem Tümpel schwärmten Insekten herum; Ü ⟨oft im 1. Part.:⟩ die herumschwärmenden *(herumziehenden)* Horden nomadisierender Barbaren (Thieß, Reich 598).

he|rum|schwen|ken ⟨sw. V.⟩ (ugs.): **1.** ⟨hat⟩ **a)** *hin u. her schwenken:* angesichts der abschreckend monströsen Oberweiten, die manche Bierzeltbesucherinnen neuerdings im Volksdrogenrausch zu entblößen und statt der Bierkrüge herumzuschwenken pflegen (SZ 24. 9. 97, 1); **b)** *in eine andere Richtung schwenken* (4): Er schwenkte den Rollstuhl herum (Erich Kästner, Schule 36); Sobald die Aufbauten vom Unterbau der Brent Spar freigekommen sind, werden sie herumgeschwenkt und auf dem Deck der Thialf abgesetzt (Handelsblatt 16. 12. 98, 45). **2.** *in eine andere Richtung schwenken* (3) ⟨ist⟩: Feinhals schwenkte rechts herum, trat durch eine Tür und war auf dem Schulhof (Böll, Adam 65); Ü Am westlichen Ortsrand ... soll die Umgehung ... um die Wohnbebauung h. (FR 30. 5. 98, 31).

he|rum|schwim|men ⟨st. V.; ist⟩: **1. a)** *(in etw.) schwimmen* (1a): Die 5000 Junglachse, die im Zuchttank der schottischen Firma Otter Ferry herumschwimmen, haben gewaltigen Appetit (Spiegel 12, 1996, 104); **b)** (ugs.) *(in etw.) schwimmen* (4a): was schwimmt denn da in der Suppe herum?; Mitunter schwimmt einiges an Müll in dem Gewässer herum (General-Anzeiger 18. 7. 97, 6). **2.** *im Bogen, im Kreis (um jmdn., etw.) schwimmen* (1a): im Kreis h.; um ein Hindernis h.; er sprang ins Wasser und schwamm ein paar Mal um das Boot, um das Becken herum; Die gefräßige Schnecke riecht Beute. Arglos schwimmt ein Clownfisch um ihr Schneckenhaus herum (Spiegel 35, 1996, 160).

he|rum|schwir|ren ⟨sw. V.; ist⟩ (ugs.): **1.** *[schwirrend] herumfliegen:* in der Luft schwirrten Tausende von Insekten herum; im Durchschnitt schwirrt in jedem Kubikzentimeter Weltraum ein versprengtes Gasatom herum (Spiegel 3, 1994, 168); ⟨oft im 1. Part.:⟩ Andere Zwangsarbeiter wurden von herumschwirrenden Splittern erschlagen (Spiegel 39, 1994, 242); Bis zu fünfzehn Prozent der Bettlägerigen werden in Krankenhäusern durch herumschwirrende Krankheitserreger angesteckt (Zeit 30. 1. 87, 36); Ü Ich habe nicht geschlafen, und mir ist ein ganzer Katalog von Gedanken im Kopf herumgeschwirrt (FNP 22. 6. 98, 1). **2.** *schwirrend (um jmdn., etw.) herumfliegen:* um jede Laterne schwirrten Hunderte von Faltern herum; Ü Ihren Redefluss unterstreicht sie mit dramatischen Gesten, etwa wenn sie den um sie herumschwirrenden Ärzten konspiratorisch zuwinkt (Spiegel 19, 1994, 228).

he|rum sein: s. herum (1, 2b, 4).

he|rum|set|zen ⟨sw. V.; hat⟩: **a)** ⟨h. + sich⟩ *sich zu mehreren im [Halb]kreis (um jmdn., etw.) setzen:* sie setzten sich im Halbkreis um das Feuer herum; **b)** *im [Halb]kreis um etw. setzen* (2a): die Kinder wurden um einen runden Tisch herumgesetzt.

he|rum|sit|zen ⟨unr. V.; hat; südd., österr., schweiz. auch: ist⟩: **1.** (ugs.) *müßig dasitzen:* ich kann nicht tatenlos h.; die imperative Aufforderung des Kommandanten, endlich etwas zu unternehmen, statt im Hotel herumzusitzen (Ziegler, Liebe 107); Die einzige Aufgabe des Vizepräsidenten ist herumzusitzen, bis der Präsident stirbt (Spiegel 51, 1976, 202). **2.** *im [Halb]kreis (um etw.) sitzen:* um den Tisch, um den Ofen h.

he|rum|spa|zie|ren ⟨sw. V.; ist⟩ (ugs.): **a)** *hierhin u. dorthin spazieren:* Nie vorher hatte ich ungestört in der Nachbarschaft herumspazieren können (Spiegel 48, 1993, 109); **b)** *im Kreis, im Bogen (um etw.) spazieren:* um den Berg h.

he|rum|spie|len ⟨sw. V.; hat⟩ (ugs.): **1.** *(an, mit etw.) spielen* (1b): spiel nicht mit dem Besteck herum!; das Ding interessierte mich, ich spielte daran herum und drückte zufällig auf einen weißen Knopf (v. d. Grün, Glatteis 29); die Geschichte von dem jungen Mann, der in seiner engen, kalten Mansardenbude sitzt, in der einen Hand ein Glas Selters, mit der anderen an sich herumspielend (Spiegel 49, 1994, 178); Ü Der Regisseur hat ein bisschen mit dem Text und an dem Text herumgespielt (Zeit 18. 4. 86, 48). **2.** *auf einem Musikinstrument dieses u. jenes spielen [um etwas auszuprobieren]:* Fänä ... nahm die Mundharmonika, spielte bisschen herum und dann die »Moorsoldaten« (Degenhardt, Zündschnüre 20).

he|rum|spi|o|nie|ren ⟨sw. V.; hat⟩ (ugs.): vgl. herumschnüffeln: Ich glaube, die meisten Deutschen können sich gar nicht vorstellen, wie selbstherrlich manche Behörden bei den Mitbürgern fremder Nationalität herumspionieren dürfen (Spiegel 43, 1994, 67).

he|rụm|spre|chen, sich ⟨st. V.; hat⟩: *von einem dem anderen erzählt werden u. dadurch allgemein bekannt werden:* Es hat sich natürlich schnell herumgesprochen, dass Max Rosenfeld und ich Juden sind (Hilsenrath, Nazi 206).

he|rụm|sprin|gen ⟨st. V.; ist⟩ (ugs.): *springend herumlaufen:* ... dass er (= der Büffel) wild herumsprang und im Zorn einen Busch angriff (Grzimek, Serengeti 119); die Kinder springen im Garten herum *(tollen spielend herum).*

he|rụm|sprit|zen ⟨sw. V.⟩ (ugs.): **1.** *hierhin u. dahin spritzen* ⟨hat⟩: Neulich haben sie im Treppenhaus des Jugendclubs mit Feuerlöschern herumgespritzt (taz 9. 3. 96, 21); ⟨subst.:⟩ und ich kann Ihnen bestätigen, dass das Herumspritzen mit Champagner überaus ekelhaft aussieht (taz 18. 9. 98, 20). **2.** *hierhin u. dahin spritzen* ⟨ist⟩: wenn sie Steaks brät, spritzt das Fett in der ganzen Küche herum; Ein kleiner Hund spielt mit dem herumspritzenden Wasser (Zeit 13. 2. 87, 49).

he|rụm|spu|ken ⟨sw. V.; hat/ist⟩ (ugs.): *herumgeistern:* in dem Haus spukt nachts ein Geist herum; Ü Die phantastischsten Dinge über den Segen der Atomkraft hätten damals in den Köpfen herumgespukt: die Urbarmachung arktischer Eiswüsten und afrikanischer Steppen, die Kultivierung der Urwälder durchs Atom ... (taz 2. 10. 86, 8); Schlimmer geht's nimmer. Dieser Gedanke dürfte Deutschlands »Arbeitslosen-Präsident« Bernhard Jagoda im Kopf herumgespukt sein, als er vor Kameras und Mikrofone treten musste (FNP 6. 2. 97, 2).

he|rụm|stän|kern ⟨sw. V.; hat⟩ (ugs. abwertend): *[dauernd, bei jeder Gelegenheit] stänkern* (1): hör endlich auf, hier herumzustänkern!

he|rụm|ste|hen ⟨unr. V.; hat; südd., österr., schweiz. auch: ist⟩: **1.** (ugs.) vgl. herumsitzen (1): der Hausdiener und der Kutscher standen verlegen herum (Hilsenrath, Nazi 12). **2.** vgl. herumsitzen (2): sie standen um einen Tisch herum. **3.** (ugs.) *ungeordnet, nutzlos stehen* (1 d) *[u. deshalb im Weg sein]:* in der Küche standen leere Flaschen herum; der Sandstrand, auf dem einige Strandkörbe herumstanden (Wellershoff, Körper 220); du kannst die Bücher haben, bei mir stehen sie doch nur herum *(stehen sie doch nur ungelesen im Regal).*

he|rụm|stel|len ⟨sw. V.; hat⟩: **a)** ⟨h. + sich⟩ vgl. herumsetzen (a): Wir haben uns zum Schutz um sie herumgestellt (taz 25. 3. 94, 22); **b)** vgl. herumsetzen (b): etw. um etw. h.

he|rụm|stie|ren ⟨sw. V.; hat⟩ (österr. ugs.): **1.** *herumstöbern:* »Man weiß ja, dass unmittelbar nach dem Tode Johann Strauß' ..., da die Seele eines Künstlers auf Walzerschwingen in die Ewigkeit einzog, im Nebenzimmer bereits ... im ›Nachlass‹ herumgestiert wurde ...« (Karl Kraus in: »Die Fackel«, Nr. 21, Ende Oktober 1899) (Salzburger Nachrichten 7. 1. 92, o. S.). **2.** *herumstochern:* Ähnlich stelle ich mir die Panik in einem Ameisenhaufen vor, wenn so ein gedankenloser Halunke mit einem Stock drin herumstiert (Neue Kronen Zeitung 30. 1. 97, 16).

he|rụm|stö|bern ⟨sw. V.; hat⟩ (ugs.): *(in etw., an einem bestimmten Ort) stöbern* (1): Zwei Häftlinge ... stöberten in den abgelegten Sachen herum (Apitz, Wölfe 14).

he|rụm|sto|chern ⟨sw. V.; hat⟩ (ugs.): *(in etw.) stochern:* mit einem Stock in der Mülltonne h.; ich hatte keinen Hunger und stocherte nur im Essen herum (Hohmann, Engel 93); Nach dem Abendessen, bei dem das Ehepaar Schwarme schon appetitlos in den Speisen herumstocherte (Konsalik, Promenadendeck 181); Er stocherte hinter der vorgehaltenen Hand mit einem Spieß aus Plast in seinen Zähnen herum (H. Gerlach, Demission 57); Ü in jmds. Vergangenheit, Privatleben h.

he|rụm|stol|zie|ren ⟨sw. V.; ist⟩ (ugs.): *hierhin u. dorthin stolzieren:* der Gouverneur der Bastille stolziert herum und kräht wie ein Gockel (taz 1. 11. 90, 15).

he|rụm|sto|ßen ⟨st. V.; hat⟩ (ugs.): *(jmdn., bes. ein Kind) immer wieder verstoßen, abschieben u. so daran hindern, in irgendeiner Gemeinschaft seinen festen Platz zu finden:* er ist als Kind nur herumgestoßen worden; Sicher hatte man sie oft angeschrien und herumgestoßen (Simmel, Affäre 109).

he|rụm|strei|chen ⟨st. V.; ist⟩: **1.** *durch die Gegend streichen* (4 a). **2.** *in bestimmter Absicht um jmdn., etw. schleichen, sich in der Nähe einer Person od. Sache aufhalten u. sie beobachten:* Er ... streicht um das Mädchen herum wie ein Schießhund (Gaiser, Jagd 52).

he|rụm|strei|fen ⟨sw. V.; ist⟩ (ugs.): *durch die Gegend streifen* (4 a): Ich streife zwei Tage lang herum, bis ich so müde werde, dass ich mich irgendwo zusammenkauere und in tiefen Schlaf falle (Kinski, Erdbeermund 202).

he|rụm|strei|ten, sich ⟨st. V.; hat⟩ (ugs. abwertend): *sich [überflüssigerweise] streiten:* streitet euch nicht lange herum, sondern fangt endlich an zu arbeiten; ich hab doch keine Lust, mich mit dem Kerl herumzustreiten; Ich stritt mich mit Doc herum über Heine (Küpper, Simplicius 195).

he|rụm|streu|nen ⟨sw. V.; ist⟩ (abwertend): *durch die Gegend streunen:* er lässt den Hund einfach den ganzen Tag [in der Gegend, in der Stadt] h.; Ein wildes, zur Legende gewordenes Leben begann. Er streunte herum, fing sich wieder auf (Basler Zeitung 2. 10. 85, 35); ⟨oft im 1. Part.:⟩ herumstreunende Katzen; Das Schlimmste waren die herumstreunenden Halbwüchsigen (Perrin, Frauen 37).

he|rụm|strol|chen ⟨sw. V.; ist⟩ (ugs. abwertend): *durch die Gegend strolchen:* Unsere Mütter durften freilich nicht wissen, dass wir am Kai herumstrolchten (Berger, Augenblick 6).

he|rụm|stro|mern ⟨sw. V.; ist⟩ (salopp abwertend): *durch die Gegend stromern:* Jeden Werktag pünktlich um 13 Uhr verfällt der malerische Stadtkern in einen zwei Stunden dauernden Schlaf, dessen Ruhe nur von herumstromernden Fremden gestört wird (taz 23. 12. 87, 8).

he|rụm|su|chen ⟨sw. V.; hat⟩ (ugs.): *sich damit beschäftigen, nach etw. Bestimmtem zu suchen:* Eigentlich wollte sie Arbeitsrichterin werden, aber da war damals in Bremen keine Stelle frei. Lange h. konnte sie nicht. Ihr Mann studierte noch (taz 15. 11. 91, 39).

he|rụm|sump|fen ⟨sw. V.; hat⟩ (salopp abwertend): *sich sumpfend* (2) *die Zeit vertreiben:* das Gesocks, mit dem ihr herumsumpft (Baldwin [Übers.], Welt 41).

he|rụm|tän|zeln ⟨sw. V.; ist⟩: **1.** *tänzelnd herumgehen:* Wie ein Sack plumpste Graciano Rocchigiani nach dem Gong auf den Hocker in der Ecke, während er in den Pausen zuvor noch provokant im Ring herumgetänzelt war (taz 12. 12. 94, 19). **2.** *im Bogen, im Kreis (um jmdn., etw.) tänzeln:* Eduard tänzelt um Gerda herum wie ein Mittelschullehrer, der Walzer übt (Remarque, Obelisk 198).

he|rụm|tan|zen ⟨sw. V.; ist⟩: **1.** (ugs.) *sich ausgelassen wie im Tanz bewegen:* Bis die beiden sich kriegen, müssen sie viel zwischen wackelnden Pappmaché-Kulissen h. und Liedchen singen (taz 29. 3. 97, 27). **2.** *im [Halb]kreis (um jmdn., etw.) tanzen:* Bis 22.30 Uhr jedenfalls war nichts weiter geschehen, als dass auf dem Platz zwei Feuer brannten, um die einige Hexen ... herumtanzten (taz 2. 5. 95, 21); er tanzte dauernd um sie herum *(war dauernd in unruhiger Bewegung, einmal von der, einmal von jener Seite sich ihr nähernd).*

he|rụm|tap|pen ⟨sw. V.; ist⟩ (ugs.): *tappend herumlaufen:* orientierungslos h.; Ü ⟨subst.:⟩ »Mein blindes Herumtappen im Leben ist unerträglich geworden«, bekennt sie 1939 (Zeit 12. 4. 96, 50).

he|rụm|tat|schen ⟨sw. V.; hat⟩ (salopp): *sich tatschend (an jmdm., etw.) zu schaffen machen:* an jmdm., etw. h.

he|rụm|te|le|fo|nie|ren ⟨sw. V.; hat⟩ (ugs.): *verschiedene Leute anrufen u. mit ihnen telefonieren:* um das herauszukriegen musste ich stundenlang h.; Aus dem Kreis der Unterstützer Junkers wird gepetzt, Kowalski habe herumtelefoniert und versucht, seine Kontrahentin zu »desavouieren« (taz 18. 12. 97, 19).

he|rụm|ti|gern ⟨sw. V.; ist⟩ (salopp): *durch die Gegend, von einem Ort zum andern tigern:* Es ist, als würde sich das Wohnzimmer ausdehnen. Wenn er redend herumtigert, wirkt es erbärmlich klein, ein Käfig (Zeit 1. 8. 97, 12).

he|rụm|to|ben ⟨sw. V.⟩ (ugs.): **1.** *herumtollen* ⟨hat/ist⟩: da können die Kinder nach Herzenslust h. **2.** *sich wild, wie wahnsinnig gebärden, toben, rasen* ⟨hat⟩: Wer geht schon gerne in eine Kneipe, in der zwei betrunkene Schläger herumtoben? Polizisten sind Menschen wie wir alle (Tagesspiegel 28. 2. 99, 25).

he|rụm|tol|len ⟨sw. V.; ist⟩: *ausgelassen u. mit einer lauten Fröhlichkeit herumlaufen:* sie war ... sehr beliebt unter den Kameradinnen, mit denen sie wild herumtollte (Brod, Annerl 7).

he|rụm|tra|gen ⟨st. V.; hat⟩ (ugs.): **1. a)** *überallhin mit sich tragen:* seinen Aktenkoffer mit sich h.; Ü ein Problem mit sich h. *(es nicht lösen können u. als ständige Belastung empfinden);* im Kreis der Familie, die nicht ahnte, welch ungeheuerliches Geheimnis sie mit sich herumtrugen (H. Gerlach, Demission 247); Viren, die das Nervensystem befallen ..., könnten lange Zeit unerkannt herumgetragen werden und plötzlich Krankheiten hervorrufen (taz 16. 6. 93, 18); **b)** *hierhin u. dorthin tragen:* ein Kind [auf dem Arm] h. **2.** (abwertend) *allen möglichen Leuten weitererzählen:* ich möchte auf keinen Fall, dass das im Betrieb herumgetragen wird.

he|rụm|tram|peln ⟨sw. V.⟩ (salopp abwertend): **1.** *(auf etw., an einer bestimmten Stelle) trampelnd* (3) *herumlaufen* ⟨ist⟩: im Blumenbeet, auf dem frisch eingesäten Rasen h.; für Weidezäune, die überhaupt erst notwendig geworden sind, seit Touristenhorden im Gelände herumtrampeln (Spiegel 33, 1994, 56). **2.** *(auf jmdm., etw.) trampeln* (1) ⟨hat/ist⟩: Die unbekannten Mörder hatten ihn niedergeschlagen und dann auf seinem Schädel herumgetrampelt (Spiegel 3, 1994, 71); »Damals haben Sie doch einen alten Mann überfallen und sind auf dem herumgetrampelt«, erinnert sich der Richter (Zeit 17. 9. 98, 80); Ü auf jmdm. h. *(jmdn. äußerst rücksichtslos behandeln):* Trampelt nicht dennoch die deutsche Bundeswehr aux Champs-Elysees – oh, Champs-Elysees – ein bisschen auf der französischen Seele herum? (Spiegel 25, 1994, 38); auf jmds. Nerven h. *(jmdn. durch rücksichtsloses Verhalten sehr aufregen);* auf jmds. Gefühlen h. *(jmdn. durch rücksichtsloses Verhalten kränken).*

he|rụm|trei|ben ⟨st. V.; hat⟩: **1.** *[ohne bestimmtes Ziel] durch die Gegend treiben* (1): wir konnten ... die Pferde auf den Waldwegen oder am Strand h. (Bergengruen, Rittmeisterin 263). **2.** ⟨h. + sich⟩ (ugs. abwertend) *sich bald hier, bald dort aufhalten; müßig herumlaufen:* sie schwänzen die Schule und treiben sich [in der Stadt] herum; er hat seinen Arbeitsplatz gekündigt und treibt sich jetzt nur noch herum; sich in Bars h.; wo hast du dich wieder den ganzen Tag herumgetrieben?; Mit Kerlen sollte sie sich herumgetrieben haben? (Lederer, Liebe 35); (scherzh.:) wo treibst du dich eigentlich herum? *(wo bist du eigentlich?);* ... warum uns die Lehrer Angst machten, wenn sich ein Schulinspektor im Ort herumtrieb (*aufhielt;* Innerhofer, Schattseite 84); treibt er sich wieder in der Welt herum? (*ist er wieder auf Reisen?;* Fallada, Herr 19).

He|rụm|trei|ber, der; -s, - (ugs. abwertend): **1.** *jmd., der sich in der Gegend herumtreibt:* 5000 bis 7000 jugendliche Ausreißer, H. und Obdachlose leben als »Straßenkinder« in Deutschland (SZ 30. 11. 95, 6). **2.** *jmd., der einen liederlichen, unsteten Lebenswandel führt u. nichts Sinnvolles tut:* Er war der Außenseiter, der ... den Mythos vom spielenden H. nicht nur besang, sondern lebte (SZ 17. 5. 97, 18); Da träumt eine junge Frau den Traum von der kleinen Freiheit und lässt die Verlobung mit dem Nachbarsjungen wegen eines schicken -s platzen (taz 9. 9. 95, 36).

He|rụm|trei|be|rei, die (ugs. abwertend): *das Sichherumtreiben:* Schon mit zwölf riss der kleine Mitchum von zuhause aus, wurde mit 15 wegen H. zur Arbeit als Kettensträfling verurteilt (SZ 3. 7. 97, 13).

He|rụm|trei|be|rin, die; -, -nen (ugs.): **1.** w. Form zu ↑Herumtreiber (1): die zwölfjährige H. wurde von der Polizei aufgegriffen und ihren Eltern überstellt. **2.** w. Form zu ↑Herumtreiber (2): In ihrer Performance »The American Chestnut« schlüpft die 39-jährige New Yorkerin in verschiedene Rollen – die der alternden, betrogenen Ehefrau, der Plätzchen backenden Hausfrau oder der H., die von Lastwagenfahrern vergewaltigt wird (SZ 17. 7. 96, 16).

he|rụm|tre|ten ⟨st. V.; ist/hat⟩: *herumtrampeln* (2): ... dass Roland H. den 46-Jährigen zunächst zu Boden geschlagen haben und anschließend auf seinem wehrlosen Opfer herumgetreten sein muss (Bonner General-Anzeiger, Stadtausgabe Bonn 14. 8. 93, 8); Den Überfall hatte eine Passantin beobachtet. »Ich sah, wie ein Mann auf etwas herumgetreten hat«, sagte die Frau (Berliner Zeitung 28. 11. 98, 18); Ü Für eine Zigarette geht manch einer meilenweit, selbst wenn er dabei auf seinen Prinzipien und auf dem einen oder anderen Parteifreund herumtritt (Zeit 22. 11. 96, 2).

◆ **he|rụm|tril|len** ⟨sw. V.; hat⟩ [zu trillen = Nebenf. von ↑drillen]: *antreiben, herumkommandieren:* Er nahm keine andern Arbeiter als die besten und trillte sie noch sehr herum, ... dass sie ihm folgten (Stifter, Bergkristall 17).

he|rụm|trö|deln ⟨sw. V.; hat⟩ (ugs.): *fortwährend trödeln:* Es werde zu viel ... »herumgetrödelt«, die Zeit nicht effektiv genutzt (taz 6. 12. 88, 9).

he|rụm|trö|len ⟨sw. V.; hat⟩ (schweiz. ugs.): *fortwährend [den Gerichtsablauf] leichtfertig verzögern.*

he|rụm|tum|meln, sich ⟨sw. V.; hat⟩ (ugs.): *sich [nur zum Vergnügen] (an einem bestimmten Ort) aufhalten:* »... wurde bei uns die Losung ausgegeben, den Aufwand einzuschränken, in der Öffentlichkeit äußerst bescheiden aufzutreten, ... uns nicht dauernd nur auf Golfplätzen herumzutummeln ...« (Zeit 24. 5. 96, 4); Friedrich Schiller schrieb 1788 seiner Charlotte: »Mir ist es immer ein unaussprechliches Vergnügen gewesen, mich im möglichst kleinsten körperlichen Raume im Geiste auf der großen Erde herumzutummeln.« (Zeit 7. 1. 99, 43).

he|rụm|tun ⟨unr. V.; hat⟩ (südd. ugs.): *sich viel u. umständlich unnötige Mühe u. Arbeit machen:* »Was brauchen wir da so lange herumzutun, wir müssen schnell handeln, je eher, desto besser«, erklärte der Aufsichtsrats-Chef (Berliner Zeitung 24. 2. 99, 45).

he|rụm|tur|nen ⟨sw. V.⟩ (ugs.): **1.** *sich damit beschäftigen zu turnen* ⟨hat⟩: die Kinder können solange am Reck h. **2.** *sich [ohne dazu berechtigt zu sein] (an einem bestimmten Ort) kletternd, krabbelnd, springend od. laufend hierhin und dorthin bewegen* ⟨ist⟩: auf dem Dach h.; Nur kann ich natürlich nicht dulden, dass Unbefugte in meinem LKW herumturnen (Kirst, 08/15, 473).

he|rụm|va|ga|bun|die|ren ⟨sw. V.; ist⟩ (abwertend): **1.** *nicht sesshaft sein u. ohne feste Bleibe im Land umherziehen:* Als ... die Stiftung Pro Juventute allen Fahrenden, Zigeunern und Jenischen nachstellte, um ... sie zum Verzicht auf ihr Herumvagabundieren zu zwingen (FR 7. 10. 98, 61). **2.** *herumstreifen, herumreisen, ständig den Aufenthaltsort wechseln:* »Jetzt rächt sich die Entscheidung von Bundeskanzler Schröder, Herrn Öcalan trotz Haftbefehl wegen Mordverdachts frei h. zu lassen«, sagte Koch (FR 17. 2. 99, 2); Ü in einer Welt, in der zwar Geld und Kapital frei h. dürfen, nicht aber die meisten Menschen (SZ 12. 3. 98, 14).

he|rụm|va|gie|ren ⟨sw. V.; ist⟩ (österr. ugs., sonst veraltet): *herumstrolchen:* ◆ wie ich ... nicht in der Welt h. ... solle (Eichendorff, Taugenichts 6).

he|rụm|wäl|zen ⟨sw. V.; hat⟩ (ugs.): **1. a)** *auf die andere Seite wälzen* (1 a): sie wälzten den Stein, den Toten herum; **b)** *sich auf die andere Seite wälzen* (1 b): Peteprê zuckte die Achseln und wälzte sich herum auf den Bauch, um den Knetern seine gewaltige Rückseite zur Behandlung darzubieten (Th. Mann, Joseph 1184); Er wälzte sich völlig herum, so dass er nun auf dem Bauche neben ihr lag (Th. Mann, Buddenbrooks 99). **2.** *sich wälzen* (2 a): sich im Dreck h.; sich schlaflos im Bett h.

he|rụm|wan|dern ⟨sw. V.; ist⟩: **1. a)** (ugs.) *durch die Gegend wandern:* in den Ferien wollen wir ein bisschen im Harz h.; **b)** (ugs.) *herumlaufen:* so wandert sie ruhelos im Garten herum (Katia Mann, Memoiren 80). **2.** *im Bogen, im Kreis (um etw.) wandern:* um den Berg h.; Ü Langsam wandert der weiße Zeiger des Höhenmessers um das Zifferblatt herum (Grzimek, Serengeti 160).

he|rụm|wen|den ⟨unr. V.; wendete/wandte herum, hat herumgewendet/herumgewandt⟩: **1.** *umwenden* (1): »Ich danke Ihnen«, sagte die Konsulin herzlich, indem sie ihm nochmals die Hand reichte, deren Fläche sie ganz weit herumwandte (Th. Mann, Buddenbrooks 223). **2.** ⟨h. + sich⟩ *sich umwenden* (2): Plötzlich vernahm er hinter sich ein Geräusch, das ihn zusammenzucken und sich jäh h. ließ (Th. Mann, Buddenbrooks 483).

he|rụm|wer|fen ⟨st. V.; hat⟩: **1.** (ugs.) *[unachtsam] dahin u. dorthin werfen:* die Kinder warfen ihr Spielzeug im Zimmer herum; Ü Friedrich, der Held des Romans, kommt aus dem Staunen darüber nicht heraus, »... wie leicht sie mit Namen herumwarfen, die er nie ohne heilige, tiefe Ehrfurcht auszusprechen gewohnt war« (MM 10. 3. 88, 36); ⟨subst.:⟩ Das wahllose Herumwerfen mit der Faschismus-Vokabel ist die letzte Kampfesdisziplin, in der die heimische Intelligenz noch Meister ist (Spiegel 18, 1993, 63). **2.** *heftig u. mit Schwung in eine andere Richtung, auf die andere Seite drehen, werfen* (2 d): einen Hebel, das Steuer [des Bootes] h.; den Kopf h.; ⟨h. + sich:⟩ sie warf sich schlaflos [im Bett] herum *(drehte sich heftig von einer Seite auf die andere);* »Was ist meinem Herrn!«, rief er bestürzt, indem er sich eilig herumwarf (Th. Mann, Joseph 104).

he|rum|wer|keln ⟨sw. V.; hat⟩: *sich damit beschäftigen zu werkeln:* Lanrue dagegen, ein sanfter, untersetzter Mensch, werkelt an diesem Tag schon seit Stunden in seinem Anbau herum (Spiegel 43, 1994, 98); Ü Hier ... werkeln so viele Filmemacher parallel am Ton ihrer neuesten Werke herum, dass sie sich wirklich nicht alle Namen merken kann (Spiegel 50, 1993, 178).

he|rum|wer|wei|ßen ⟨sw. V.; hat⟩ (schweiz. ugs.): *herumrätseln.*

he|rum|wi|ckeln ⟨sw. V.; hat⟩: *(um etw.) wickeln:* er wickelte eine Schnur, eine Plane [um die Kiste] herum; Jede menschliche Zelle hat 46 Chromosomen. Sie bestehen aus einem sehr langen Erbgutmolekül (DNA), das um kleine Eiweißkügelchen herumgewickelt ist (SZ 2. 4. 97, 12); ⟨h. + sich:⟩ bei dem Aufprall hat sich der Wagen regelrecht um den Baum herumgewickelt.

he|rum|wir|beln ⟨sw. V.⟩: **1.** *im Kreise, aus der einen in die andere Richtung wirbeln* (3) ⟨hat⟩: Wie in der Trommel eines Wäschetrockners werden da die Kartoffelstäbchen herumgewirbelt (Spiegel 44, 1994, 109); Nils Christes »Strings« ... ist für athletische Tänzer gedacht, die ihre Partnerinnen wie Federn heben und herumwirbeln (MM 16. 2. 87, 28). **2.** *sich wirbelnd [um die eigene Achse] drehen, sich wild im Kreise drehen* ⟨ist⟩: ... wie er rast und brüllt, die Pedale traktiert, auf seinem Drehstuhl herumwirbelt und ... mit Fäusten auf die Tastatur haut (Zeit 6. 12. 85, 57).

◆ **he|rum|wir|ten** ⟨sw. V.; hat⟩ [zu: wirten = Hausherr sein, Haus u. Besitz verwalten, zu ↑Wirt]: *sich im Haushalt, im Haus betätigen, mit einer Hausarbeit beschäftigt sein:* dabei wirtete sie um das lustige Herdfeuer herum (Rosegger, Waldbauernbub 49).

he|rum|wirt|schaf|ten ⟨sw. V.; hat⟩ (ugs.): *sich zu schaffen machen, herumhantieren:* ich hörte sie in der Küche h.; Fünfeinhalb Milliarden Menschen wirtschaften inzwischen auf dem brodelnden, rundum verkabelten Erdball herum (Spiegel 8, 1993, 140).

he|rum|wüh|len ⟨sw. V.; hat⟩ (ugs.): **a)** *sich damit beschäftigen, (in etw.) zu wühlen* (1 a): im Dreck h.; der Hund hat wieder im Blumenbeet herumgewühlt; **b)** *sich damit beschäftigen, (in etw.) zu wühlen* (1 b): im Müll, in einem Papierkorb h.; was wühlst du da in meinen Sachen, in meinem Schreibtisch herum?; Ü Seine Wahlkampfhelfer haben im Privatleben und in der Vergangenheit des Gegners herumgewühlt (taz 5. 11. 92, 3).

he|rum|wursch|teln, he|rum|wurs|teln ⟨sw. V.; hat⟩ (salopp abwertend): *wursteln:* Wie Kohl und seine Regierung herumwurstelten, sei »unfassbar« (Spiegel 8, 1993, 23).

he|rum|wu|seln ⟨sw. V.; ist⟩ (ugs.): **1.** *unruhig u. mit flinken geschickten Bewegungen herumlaufen:* überall wuselten Kinder herum; ⟨oft im 1. Part.:⟩ ein Fernsehstudio mit fahrbarer Kamera und einer großen Anzahl herumwuselnder Techniker (taz 6. 7. 98, 19). **2.** *wuselnd* (a) *(um jmdn., etw.) herumlaufen:* Es sind ein paar Hilfskräfte ..., die um die Tische herumwuseln (taz 7. 12. 96, 11); Sie blickte gelangweilt auf ihren silbernen Mercedes ..., während die halb so großen dunkelhäutigen und schwarzhaarigen Mexikaner um sie herumwuselten (Zeit 6. 9. 96, 49).

he|rum|zan|ken, sich ⟨sw. V.; hat⟩ (ugs. abwertend): *sich [überflüssigerweise] zanken:* Da hat er aus Stadt- und Kirchenarchiven herausgekramt, dass der Dichter Leopold Schefer als Zeitverwalter des Schlosses von Pückler sich mit seinem Kollegen Fouqué herumzankte, der Kriegskontributionen eintreiben musste! (taz 22. 9. 89, 16).

he|rum|zei|gen ⟨sw. V.; hat⟩ (ugs.): *verschiedenen, allen möglichen Leuten zeigen:* zeig den Brief, die Fotos bitte nicht überall herum; Aus Brasilien kommt er mit Juanita zurück, die er stolz im Dorf herumzeigt (taz 13. 10. 92, 12).

he|rum|zer|ren ⟨sw. V.; hat⟩ (ugs.): **1.** *hierhin u. dorthin zerren:* Zwei Studentinnen müssen sich – wenn auch nur kurzzeitig – ihrer Freiheit berauben lassen, als rüde Blauhemden sie an Händen und Füßen herumzerren (taz 13. 7. 93, 21). **2.** *damit beschäftigt sein, (an jmdm., etw.) zu zerren:* musst du denn immer so an der Leine h.?; Ü die Wohnung war zu eng, meine Mutter und mein Mann haben sich nicht verstanden, mit den Kindern gab's Probleme. Und alle haben an mir herumgezerrt (Zeit 28. 3. 86, 42).

he|rum|zie|hen ⟨unr. V.⟩: **1.** ⟨ist⟩ **a)** (ugs.) *unstet von einem Ort zum anderen ziehen* (8): mit dem Zirkus, im Wohnwagen [in der Welt] h.; früher sind sie viel zusammen herumgezogen *(haben sie viel zusammen unternommen);* ⟨subst.:⟩ Nur weil die Tundra beim besten Willen nicht anders zu bewirtschaften ist, konnten die Sowchosenleiter den Tschuktschen das Herumziehen nicht gänzlich verbieten (Focus 5, 1994, 68); **b)** *im Kreis, Bogen (um etw.) ziehen* (8): der Festzug zog um das Rathaus herum. **2.** (ugs.) *hierhin u. dorthin ziehen; überall, wohin man geht, mit sich ziehen* (1, 2 a) ⟨hat⟩: Meine Perücke bestand aus zwei Widderhörnern, an meinem weiten Mantel musste ich ausgestopfte Widder auf Kufen mit mir herumziehen (Spiegel 42, 1993, 252). **3.** ⟨hat⟩ **a)** ⟨h. + sich⟩ *sich in einem Bogen, in einem Kreis (um etw.) ziehen* (9): um das Grundstück zieht sich eine Hecke herum; **b)** *(um etw.) ziehen* (17 b): wir werden einen Zaun um das Gelände h.; **c)** *(um jmdn., etw.) ziehen* (5 b): eine Folie um etw. h.; sie zog die Wolldecke fest um sich herum. **4.** (landsch.) *hinhalten* (2 a): sobald der ... Mann ... sich losgesagt hatte von dem Frauenzimmer, das ihn ... herumzog (Maass, Gouffé 259).

he|rum|zi|geu|nern ⟨sw. V.; ist⟩ (salopp abwertend): *herumziehen, ohne festen Wohnsitz [u. richtigen Beruf] sein u. ein ungeordnetes, unstetes Leben führen:* Wie er dann krank geworden ist, hat er, der Lois, ihm in die Hand hinein versprechen müssen, dass er daheim bleibt und nicht in der Welt herumzigeunert (Passauer Neue Presse 19. 9. 98, o. S.); Ü ⟨subst.:⟩ Neulich hat sie wieder in den Briefen von Rosa Luxemburg an deren Geliebten Leo gelesen. »Mir ist das Herz so schwer vor Ermüdung vom äußeren und inneren Herumzigeunern ...« (Stern 45, 1996, 34).

he|run|ten ⟨Adv.⟩ (südd., österr.): *hier unten.*

he|run|ter ⟨Adv.⟩ [mhd. her under, aus ↑her u. ↑unter]: **1.** *von dort oben hierher nach unten:* h. mit euch!; ⟨als Verstärkung der Präp. »von«:⟩ von den Bergen h. wehte ein kalter Wind; Ü vom Elefanten h. (ugs.; *hinunter* 1 b) bis zu den ziegengroßen Gazellen; auf der Fahrt von Hamburg h. *(von dem im Norden gelegenen Hamburg in Richtung Süden);* wir werden immer langsamer, bis h. auf 50 Kilometer (*bis wir eine Geschwindigkeit von 50 Kilometer pro Stunde haben;* Grzimek, Serengeti 131); ***h. sein** (ugs.: 1. *am Ende seiner Kräfte sein:* völlig mit den Nerven h. sein. 2. *grad-, wertmäßig o. ä. gesunken sein:* das Fieber ist h. 3. *heruntergewirtschaftet sein*). **2.** *von einer bestimmten Stelle, Fläche fort:* h. [damit] vom Tisch!

he|run|ter|bam|meln ⟨sw. V.; hat⟩ (salopp): *herunterbaumeln.*

he|run|ter|bau|meln ⟨sw. V.; hat⟩ (ugs.): *von dort oben hierher nach unten baumeln* (1).

he|run|ter|be|kom|men ⟨st. V.; hat⟩ (ugs.): **1.** *von dort oben hierher nach unten tragen, schaffen können:* wie willst du die schwere Kiste in den Keller h.? **2.** *von etw. lösen, entfernen können:* den Deckel [vom Glas], den Schmutz, Lack [von etw.] nicht h. **3.** *hinunterschlucken können:* ich bekomme keinen Bissen mehr herunter.

he|run|ter|be|mü|hen ⟨sw. V.; hat⟩: **1.** *jmdn. zu sich nach unten bemühen.* **2.** ⟨h. + sich⟩ *sich zu jmdm. nach unten bemühen.*

he|run|ter|be|ten ⟨sw. V.; hat⟩ (salopp): **a)** *routinemäßig u. ohne innere Beteiligung beten:* er begann die Sequenz des Freitags vor Palmarum herunterzubeten (Grass, Katz 73); **b)** *schlecht, eintönig u. ohne Interesse vortragen:* er betete alle Mineralien herunter: Plutonite und Vulkanite, amorphe und kristalline Gesteinskörper (Grass, Hundejahre 269).

he|run|ter|beu|gen, sich ⟨sw. V.; hat⟩: *sich von dort oben hierher nach unten [zum Sprechenden] beugen:* Er beugte sich zu ihr herunter, und als sein Atem warm über ihr Haar strich, ... (Baum, Paris 14).

he|run|ter|bie|gen ⟨st. V.; hat⟩: vgl. herunterdrücken (1).

he|run|ter|bit|ten ⟨sw. V.; hat⟩: *jmdn. bitten herunterzukommen.*

he|run|ter|bli|cken ⟨sw. V.; hat⟩: *heruntersehen.*

he|run|ter|bre|chen ⟨st. V.; ist⟩: **1.** *[ab]brechen u. nach unten fallen:* Die Zimmerdecke war heruntergebrochen, Möbel und Teppich übersät mit Putzteilen und Holzstücken (taz 11. 1. 92, 32). **2.** *etw auf bestimmte Verhältnisse übertragen* (4), *anwenden* (2): Doch die Medien ... müssen solch schwer verständliche Themen h. auf den Alltag ihrer Leser, dem Thema etwas Ereignishaftes geben, um Interesse zu wecken (taz 24. 2. 99, 15); Fraktionssprecher Andreas Lojewski erklärte, das Bundesgesetz müsse auf Bremer Verhältnisse heruntergebrochen werden (taz 20. 2. 98, 21); Hajo Hoffmann, Oberbürgermeister von Saarbrücken ..., versuchte in einem Schlusswort, die theoretische Debatte auf konkrete kommunalpolitische Schritte herunterzubrechen (*die schrittweise Umsetzung der theoretischen Debatte auf kommunalpolitischer Ebene aufzuzeigen;* taz 10. 3. 97, 6); ... mit der Tatsache, dass eine ungeheuer komplizierte politische und soziale Wirklichkeit immer wieder heruntergebrochen werden muss auf wenige simple Ja-nein-Entscheidungen (*sich auf wenige Ja-nein-Entscheidungen reduziert;* Zeit 29. 4. 98, 9).

he|run|ter|brem|sen ⟨sw. V.; hat⟩: *durch Bremsen die Geschwindigkeit eines Fahrzeugs verringern:* den Wagen von 200 auf 120 km/h h.

he|run|ter|bren|nen ⟨unr. V.⟩: **1.** *(von der Sonne) eine starke, sengende Hitze nach unten strahlen* ⟨hat⟩: die Sonne brennt auf die Steppe herunter. **2.** *vollkommen abbrennen; sich durch Brennen verzehren* ⟨ist⟩: das Haus ist bis auf die Grundmauern heruntergebrannt; während das Wachs mit winzigem Knistern unaufhaltsam herunterbrannte (Langgässer, Siegel 442); Teta wechselte gerade eine heruntergebrannte Kerze aus (Werfel, Himmel 75).

he|run|ter|bret|tern ⟨sw. V.; ist⟩ (ugs.): *mit großer Geschwindigkeit herunterfahren* (1).

he|run|ter|brin|gen ⟨unr. V.; hat⟩: **1. a)** *von dort oben hierher nach unten bringen;* **b)** *nach unten [zum Sprechenden] bringen, begleiten.* **2.** (ugs.) *herunterbekommen* (3): Seine letzte Angst war, dass er das geweihte Brot nicht herunterbringe (Plievier, Stalingrad 201). **3.** (ugs.) *herunterbekommen* (2): die alte Tapete haben wir kaum heruntergebracht. **4.** (ugs.) *in einen sehr schlechten Zustand bringen; ernstlich schädigen, ruinieren:* eine Firma h.; schade um sein schönes Geschäft, denn er wird's h. (Süskind, Parfum 66); diese Krankheit hat ihn sehr heruntergebracht.

he|run|ter|brö|ckeln ⟨sw. V.; ist⟩: *abbröckeln* (1 a).

he|run|ter|drü|cken ⟨sw. V.; hat⟩: **1.** *nach unten drücken:* die Klinke h. **2.** (ugs.) *durch Einflussnahme verringern, auf ein niedrigeres Niveau bringen, senken:* Löhne, Preise h.

he|run|ter|dür|fen ⟨unr. V.; hat⟩ (ugs.): **1.** *herunterkommen, -gehen, -fahren o. Ä. dürfen.* **2.** *heruntergebracht* (1 a) *werden dürfen.*

he|run|ter|fah|ren ⟨st. V.⟩: **1.** *von dort oben hierher nach unten fahren* (1 a, 2 a) ⟨ist⟩. **2.** *von dort oben hierher nach unten fahren* (4 b, 7) ⟨hat⟩. **3.** *stetig herabmindern* (a) ⟨hat⟩: Schon jetzt hat das Unternehmen die Kapazität einiger Anlagen für Massenprodukte heruntergefahren (MM 24. 11. 73, 7); Ü Solange die gesetzliche Rentenversicherung ihre ... Leistungen für die Altersversorgung immer weiter herunterfährt (Spiegel 38, 1985, 12); die Verwaltung hat die Verschuldung der Stadt von 248 Millionen Mark 1979 auf 223 Millionen 1982 heruntergefahren (Communale 15. 12. 83, 1). **4.** (EDV) *nach einem bestimmten Verfahren beenden [wobei Anwendungen geschlossen, Programme gestoppt u. Daten gespeichert werden]:* das Betriebssystem, das Programm, den Computer h.; Die Beamten ... zogen einfach die Stromstecker der Computer, anstatt die Maschinen ordnungsgemäß herunterzufahren. Dieses Verfahren kann beim typischen Netzrechner leicht zum Verlust aller Daten führen (Zeit 4. 4. 97, 78).

he|run|ter|fal|len ⟨st. V.; ist⟩: **a)** *von dort oben hierher nach unten fallen:* von der Leiter, vom Stuhl h.; er ist die Treppe heruntergefallen; mir ist etw. heruntergefallen; Ihm fielen die Kinnladen herunter (*klappten ... nach unten;* v. d. Grün, Glatteis 31); **b)** *von dort oben hierher nach unten geworfen werden, nach unten dringen:* zertretenes Gras, auf das der Schein der Leuchtröhren herunterfiel (Gaiser, Schlußball 198).

he|run|ter|flie|gen ⟨st. V.; ist⟩: **1.** *von dort oben hierher nach unten fliegen.* **2.** (ugs.) *herunterfallen, herunterstürzen* (1 a).

he|run|ter|flie|ßen ⟨st. V.; ist⟩: *von dort oben hierher nach unten fließen.*

he|run|ter|füh|ren ⟨sw. V.; hat⟩: *von dort oben hierher nach unten führen* (1 a, 7 b).

he|run|ter|ge|ben ⟨st. V.; hat⟩: *von dort oben hierher nach unten geben, reichen:* geben Sie mir bitte die Vase vom Schrank herunter.

he|run|ter|ge|hen ⟨unr. V.; ist⟩: **1.** *von dort oben hierher nach unten gehen* (1): sie gingen vorsichtig den Berg herunter. **2.** (ugs.) **a)** *sich (auf der Straße) in eine Richtung entfernen:* er ging die Straße herunter; **b)** *eine Stelle räumen:* geh doch endlich vom Hocker herunter!; sie bat ihn, mit seinen Sachen vom Tisch herunterzugehen *(seine Sachen herunterzunehmen).* **3.** (ugs.) **a)** *die Höhe von etw. um ein bestimmtes Maß senken:* auf eine Flughöhe von 100 Metern h.; mit den Preisen h.; **b)** *in der Stärke, im Wert o. Ä. abnehmen, sinken:* mein Fieber ist heruntergegangen; **c)** *sich mit etw. der Erde nähern; etw. nach unten neigen, senken:* Er aber geht mit dem Kopf herunter, als wolle er eine orientalische Verbeugung machen (Remarque, Obelisk 330).

he|run|ter|ge|kom|men: **1.** ↑herunterkommen. **2.** ⟨Adj.⟩ **a)** *in einem gesundheitlich, moralisch, wirtschaftlich o. ä. schlechten Zustand:* eine -e Firma; die Familie war h.; **b)** *in äußerlich schlechtem Zustand; verwahrlost:* nach einer langwierigen Fahrt durch -e Vorstadtviertel (Fest, Im Gegenlicht 316); dann war da noch eine -e Gestalt im Schlapphut (Kühn, Zeit 145); er sieht sehr h. aus.

he|run|ter|gie|ßen ⟨st. V.; hat⟩: **1.** *von dort oben hierher nach unten gießen:* einen Eimer Wasser auf die nächtlichen Ruhestörer h. **2.** ⟨unpers.⟩ (ugs.) *stark regnen:* wenn es so heruntergießt, geht man am besten nicht aus dem Haus.

he|run|ter|glei|ten ⟨st. V.; ist⟩: *von einer [oberhalb des Sprechenden gelegenen] Stelle nach unten gleiten* (1 b): geschmeidig glitt sie vom Barhocker herunter; Mit schlurrendem Geräusch glitt das ... Tauwerk vom Kajütendach herunter (Hausmann, Abel 38).

he|run|ter|han|deln ⟨sw. V.; hat⟩ (ugs.): *durch Handeln* (3) *den Preis von etw. senken:* Da ich den ohnehin lächerlich niedrigen Preis noch um ein Drittel h. kann (Gregor-Dellin, Traumbuch 151).

he|run|ter|hän|gen ⟨st. V.; hat⟩: *nach unten* [1]*hängen* (1 a, 2 a).

he|run|ter|has|peln ⟨sw. V.; hat⟩ (ugs.): *abhaspeln* (1, 2).

he|run|ter|hau|en ⟨unr. V.; hat⟩: **1.** * **jmdm. eine/ein paar h.** (salopp; ↑runterhauen 1). **2.** (ugs. abwertend) *runterhauen* (2): In drei Tagen haut er ein 80 Seiten dünnes Drehbuch herunter (Spiegel 14, 1977, 205).

he|run|ter|he|ben ⟨st. V.; hat⟩: *hebend* (1 a) *von etw. herunternehmen* (1), *herunterholen* (1): den Koffer [aus dem Gepäcknetz], das kleine Kind vom Stuhl h.

he|run|ter|hel|fen ⟨st. V.; hat⟩ (ugs.): *jmdm. nach unten helfen.*

he|run|ter|ho|len ⟨sw. V.; hat⟩: **1.** *von dort oben hierher nach unten holen* (1 a, b). **2.** (ugs.) *(ein Flugzeug o. Ä.) abschießen.*

he|run|ter|kan|zeln ⟨sw. V.; hat⟩ (ugs.): *abkanzeln.*

he|run|ter|klap|pen ⟨sw. V.⟩: **a)** *von oben nach unten klappen* (1) ⟨hat⟩: einen Sitz, den Deckel des Klaviers, den Mantelkragen h.; **b)** *nach unten klappen, sich ruckartig nach unten bewegen* ⟨ist⟩: sein Unterkiefer klappte herunter; er wartet an der Tür. Sein Kinn klappt herunter, dann grinst er (Sobota, Minus-Mann 324); **c)** *nach unten wenden, nach unten schlagen* ⟨hat⟩: den Kragen h.; Der Mann trug eine Russenmütze mit heruntergeklappten Ohrenschützern (Fels, Sünden 113).

he|run|ter|klet|tern ⟨sw. V.; ist⟩: *von dort oben hierher nach unten klettern.*

he|run|ter|kom|men ⟨st. V.; ist⟩: **1.** *von dort oben hierher nach unten kommen:* die Treppe h.; Eichhörnchen ... Eins kam dicht hinter uns den Stamm herunter (Wellershoff, Körper 200); eine Gestalt, die den Weg herunterkam (*sich auf dem Weg näherte;* Plievier, Stalingrad 99). **2.** (ugs.) **a)** *durch bestimmte Einflüsse einen Abstieg erfahren, herabsinken, verkommen:* nach dem Tode ihres Vaters ist sie arg heruntergekommen; der Spielplatz ist zum Fixertreffpunkt heruntergekommen; so ist Händels Musik im 19. Jahrhundert mehr und mehr heruntergekommen (Orchester 7/8, 1984, 653); **b)** *(von einem Betrieb o. Ä.) aufgrund schlechter Führung o. Ä. nur noch wenig od. keinen Gewinn bringen:* die Spinnerei kam unter seiner Leitung total herunter; **c)** *durch Krankheit o. Ä. in einen sehr schlechten körperlichen Zustand geraten:* er ist durch sein Trinken sehr heruntergekommen. **3.** (ugs.) *von einem schlechten Leistungsstand auf einen besseren kommen:* von einer schlechten Note h. **4.** (Jargon): *die Abhängigkeit von einer Droge o. Ä. überwinden:* wie bist du von den harten Drogen wieder heruntergekommen?

he|rụn|ter|kön|nen ‹unr. V.; hat› (ugs.): vgl. herunterdürfen (1).

he|rụn|ter|krat|zen ‹sw. V.; hat›: *abkratzen* (1 a).

he|rụn|ter|krem|peln ‹sw. V.; hat›: *den aufgekrempelten Teil eines Kleidungsstückes wieder in die ursprüngliche Lage bringen.*

he|rụn|ter|krie|chen ‹st. V.; ist›: *von dort oben hierher nach unten kriechen.*

he|rụn|ter|krie|gen ‹sw. V.; hat› (ugs.): *herunterbekommen.*

he|rụn|ter|küh|len ‹sw. V.; hat› (Jargon): *durch Kühlen die Temperatur [einer Sache] verringern:* Die Temperatur muss mit einem aufwendigen Verfahren heruntergekühlt *(herabgesetzt)* werden, dennoch ist es etwa 24 Grad warm (Spiegel 16, 1984, 72); die 2000 Lieferwagen, die vom Morgengrauen bis in den Nachmittag hinein mit ihrer auf sechs Grad heruntergekühlten Fracht auf Achse sind (Weltwoche 17. 5. 84, 69).

he|rụn|ter|kur|beln ‹sw. V.; hat›: *durch Kurbeln auf eine niedrigere Höhe bringen:* das Seitenfenster h.; der Portier kurbelte gerade die Markisen herunter (Bieler, Mädchenkrieg 69).

he|rụn|ter|la|den ‹st. V.› (EDV): *von einem [meist größeren] Computer auf einen Arbeitsplatzcomputer übertragen:* sich ein Programm vom Internet [auf den eigenen PC] h.

he|rụn|ter|lan|gen ‹sw. V.; hat› (landsch. ugs.): **1.** *herunterreichen.* **2.** *runterhauen* (1).

he|rụn|ter|las|sen ‹st. V.; hat›: **1.** *von dort oben hierher nach unten sinken, gleiten lassen:* die Rollläden h.; sich, einen Korb/Eimer an einem Seil h. **2.** *herunterkommen* (1) *lassen.*

◆ **he|rụn|ter|lau|ern** ‹sw. V.; hat›: *von dort oben lauernd hierher nach unten blicken:* dass ihm das große, rote Siegel, wenn er gerade herunterlauerte, sichtbar wurde (C. F. Meyer, Amulett 12).

he|rụn|ter|lau|fen ‹st. V.; ist›: **1.** *von dort oben hierher nach unten laufen:* den Hügel, die Treppe h. **2.** *an, über etw. nach unten fließen:* Tränen liefen die Wangen herunter; Der Schweiß läuft ja nur so an einem herunter (Plievier, Stalingrad 288).

he|rụn|ter|lei|ern ‹sw. V.; hat› (salopp): **1.** (abwertend) *einen [auswendig gelernten] Text schlecht, eintönig u. ohne Interesse vortragen:* Es ist jeden Morgen dieselbe Routine ... Tefillin legen ... und dabei das Morgengebet h. (Hilsenrath, Nacht 167). **2.** *herunterkurbeln:* Ich ließ ihn herankommen und leierte das Fenster herunter (Bieler, Bonifaz 8).

he|rụn|ter|le|sen ‹st. V.; hat›: **1.** (abwertend) *ohne Ausdruck, innere Beteiligung ablesen:* einen Text, eine Rede h. **2.** *ohne Schwierigkeiten rasch u. flüssig [vor]lesen:* einen fremdsprachigen Text glatt h.

he|rụn|ter|ma|chen ‹sw. V.; hat› (salopp): **a)** *in seiner Qualität schonungslos herabsetzen, an jmdm., etw. nichts Gutes lassen:* der Rezensent hat den Film, den Schauspieler heruntergemacht; **b)** *in erniedrigender Weise zurechtweisen:* jmdn. vor versammelter Mannschaft h.

he|rụn|ter|müs|sen ‹unr. V.; hat› (ugs.): vgl. herunterdürfen (1).

he|rụn|ter|neh|men ‹st. V.; hat›: **1.** *von dort oben hierher nach unten nehmen* (5). **2.** *nehmen u. entfernen; wegnehmen:* kannst du bitte deine Sachen vom Tisch h.?; ich nahm ... ihre Arme von mir herunter (Th. Mann, Krull 254).

he|rụn|ter|pras|seln ‹sw. V.; ist›: *prasselnd nach unten fallen.*

he|rụn|ter|pur|zeln ‹sw. V.; ist› (ugs.): *von dort oben hierher nach unten purzeln.*

he|rụn|ter|put|zen ‹sw. V.; hat› (salopp): *in erniedrigender Weise zurechtweisen:* Am liebsten hätte er ... ihr eine runtergehauen für die großkotzige Art, mit der sie ihn heruntergeputzt hatte (Prodöhl, Tod 58); Seine Lehrherren hatten ihn oft vor der Kundschaft heruntergeputzt (elan 2, 1980, 30).

he|rụn|ter|ras|seln ‹sw. V.› (ugs.): **1.** *rasselnd nach unten gleiten* ‹ist›: er ließ die Rollläden h. (Jaeger, Freudenhaus 49). **2.** *fehlerfrei, aber ohne innere Beteiligung hastig u. monoton aufsagen* ‹hat›.

he|rụn|ter|rei|chen ‹sw. V.; hat›: **1.** *heruntergeben.* **2.** (ugs.) *von einer weiter oben gelegenen Stelle bis nach unten reichen* (3): die Zweige des Baums reichen bis zu mir herunter; unverändert reichte der Nebel bis in das Gras herunter (Gaiser, Jagd 119).

he|rụn|ter|rei|ßen ‹st. V.; hat›: **1. a)** *etw. von dort oben hierher nach unten reißen:* Das Großsegel sank, von den Händen ... der beiden heruntergerissen, in sich zusammen (Hausmann, Abel 54); **b)** *etw. von jmdm., sich, etw. durch Reißen entfernen:* ein Pflaster, einen Verband h.; ein Plakat, die Tapete h.; Ü nun, da ihm das falsche Gesicht heruntergerissen ist (*da er entlarvt ist;* Reinig, Schiffe 126). **2.** (landsch.) *abreißen* (4). **3. a)** (salopp) *abreißen* (5): »Hat es dir beim Militär gefallen?« »... Ich habe meine zwei Jahre heruntergerissen. Wie das so ist.« (Kirst, 08/15, 215); **b)** (ugs.) *allzu schnell vortragen:* ein Musikstück h. **4.** (salopp) *heruntermachen* (a). **5.** (südd., österr.) in der Fügung **wie heruntergerissen** (*zum Verwechseln ähnlich;* zu: reißen = zeichnerisch entwerfen, also eigtl. = wie abgezeichnet, abgemalt): Diese Frau ist wie heruntergerissen eine zweite Marlene Dietrich (Quick 19, 1958, 29).

He|rụn|ter|rei|ßer, der; -s, - (Ringen): *Griff, durch den der Gegner zu Boden gerissen wird.*

he|rụn|ter|ren|nen ‹unr. V.; ist›: *von dort oben hierher nach unten rennen.*

he|rụn|ter|rin|nen ‹st. V.; ist›: *von dort oben hierher nach unten rinnen:* An den nackten Armen rann der Schweiß in Streifen herunter (Plievier, Stalingrad 42).

he|rụn|ter|rol|len ‹sw. V.›: **1.** ‹ist› **a)** *von dort oben hierher nach unten rollen;* **b)** *in einer rollenden Bewegung nach unten fallen:* von der Pritsche ... rollte ein Körper herunter (Plievier, Stalingrad 229). **2.** (ugs.) *etw. nach unten rollen* ‹hat›: Sie rollte am Fenster die Verdunkelungsjalousie herunter (Bieler, Bonifaz 84); die Ärmel h. *(herunterkrempeln).*

he|rụn|ter|ru|fen ‹st. V.; hat›: **1.** *jmdn. zu sich nach unten rufen.* **2.** *von dort oben hierher nach unten rufen.*

he|rụn|ter|rut|schen ‹sw. V.; ist›: *von oben nach unten [zum Sprechenden] rutschen:* Ein anderer kleiner Junge ... rutscht das Geländer herunter (Wilhelm, Unter 163).

he|rụn|ter|sä|beln ‹sw. V.; hat› (salopp): *absäbeln.*

he|rụn|ter|sa|gen ‹sw. V.; hat› (ugs. abwertend): *einen [auswendig gelernten] Text schlecht, eintönig u. ohne Interesse vortragen.*

he|rụn|ter|schaf|fen ‹sw. V.; hat›: *von dort oben hierher nach unten schaffen:* er hat die Kisten vom Dachboden heruntergeschafft.

he|rụn|ter|schal|ten ‹sw. V.; hat› (ugs.): *(bei Motorfahrzeugen) in einen niedrigeren Gang schalten.*

he|rụn|ter|schau|en ‹sw. V.; hat› (landsch.): *herunterblicken* (1, 2).

he|rụn|ter|schi|cken ‹sw. V.; hat›: *jmdn., etw. von oben nach unten [zum Sprechenden] schicken.*

he|rụn|ter|schie|ßen ‹st. V.›: **1.** ‹hat› **a)** *von dort oben hierher nach unten schießen:* der Gangster schoss vom Dach herunter; **b)** *etw., was sich auf etw. befindet, durch Schießen entfernen:* die Spatzen vom Dach h. **2.** ‹ist› **a)** *sich äußerst heftig u. schnell nach unten bewegen:* Sie schoss über den letzten Steilhang ... herunter (Maegerlein, Piste 79); **b)** (ugs.) *mit großer Eile u. Heftigkeit nach unten laufen.*

he|rụn|ter|schla|gen ‹st. V.›: **1.** *durch Schlagen gewaltsam nach unten holen* ‹hat›: Kastanien vom Baum h. **2.** *nach unten wenden* ‹hat›: die Hutkrempe h. **3.** (landsch.) *(von Personen) herunterfallen* (a) ‹ist›.

he|rụn|ter|schlei|chen ‹st. V.› (ugs.): **a)** *von dort oben hierher nach unten schleichen* ‹ist›; **b)** ‹h. + sich› *sich von dort oben hierher nach unten schleichen* ‹hat›.

◆ **he|rụn|ter|schlin|geln** ‹sw. V.; hat›:

wie einen Schlingel ausschimpfen, als Schlingel behandeln: Ich säße gleichwohl auf dem Richterstuhle dort und schält' und hunzt' und schlingelte mich herunter (Kleist, Krug 3).

he|run|ter|schlu|cken ⟨sw. V.; hat⟩ (ugs.): *hinunterschlucken.*

he|run|ter|schmei|ßen ⟨st. V.; hat⟩ (ugs.): *herunterwerfen.*

he|run|ter|schnei|den ⟨unr. V.; hat⟩ (ugs.): *abschneiden* (1 a).

he|run|ter|schnur|ren ⟨sw. V.; hat⟩ (salopp): *einen [auswendig gelernten] Text hastig u. ohne Betonung vortragen.*

he|run|ter|schrau|ben ⟨sw. V.; hat⟩: **1.** *durch Schrauben die Höhe von etw. verringern:* den Docht der Petroleumlampe h.; Veronja schraubte die Petroleumlampe tiefer herunter (Hilsenrath, Nazi 141); Ü seine Ansprüche h. *(in seinen Ansprüchen bescheiden[er] werden);* gleichzeitig aber mussten die finanziellen Erwartungen heruntergeschraubt *(reduziert)* werden (Weltwoche 26. 7. 84, 24). **2.** ⟨h. + sich⟩ *(von einem Flugzeug o. Ä.) sich auf eine niedrigere Höhe, nach unten schrauben* (5).

he|run|ter|schüt|teln ⟨sw. V.; hat⟩: *von etw. durch Schütteln nach unten befördern:* die Pflaumen [vom Baum] h.

he|run|ter|schüt|ten ⟨sw. V.; hat⟩: *von dort oben hierher nach unten schütten.*

he|run|ter|schwin|gen ⟨st. V.⟩: **1.** ⟨h. + sich⟩ *sich von dort oben hierher nach unten schwingen* ⟨hat⟩. **2.** (Ski) *in Schwüngen von dort oben hierher nach unten fahren* ⟨ist⟩: Er schwang so schön und zugleich so traumhaft herunter, mit vorbildlich schmaler Bretterführung (Maegerlein, Piste 100).

he|run|ter|se|geln ⟨sw. V.; ist⟩ (salopp): *herunterfallen* (a).

he|run|ter|se|hen ⟨st. V.; hat⟩: **1.** *von dort oben hierher nach unten sehen:* er sah vom Balkon zu uns herunter; ... zur Kaje hinauf, von der ein paar Neugierige auf das Schiff heruntersahen (Hausmann, Abel 174); an der Wand, Fassade h. *(von oben bis unten seinen Blick darüber gleiten lassen);* an jmdm. h. *(jmdn. von Kopf bis Fuß mustern).* **2.** *herabblicken* (2).

he|run|ter sein: s. herunter (1).

he|run|ter|set|zen ⟨sw. V.; hat⟩: *herabsetzen.*

he|run|ter|sin|ken ⟨st. V.; ist⟩ (selten): **1.** *von dort oben hierher nach unten [zum Sprechenden] sinken:* Er beschreibt das H. in den Flussschlamm, das Sichhochkämpfen, um den blauen Himmel wieder sehen zu können, das Schwerwerden durch die mit Wasser gefüllten Lungen. (taz 4. 2. 91, 23). **2.** *herabsinken* (2): Der schlitzohrige Anwalt ist auf das geistige Niveau eines Dreijährigen heruntergesunken (taz 26. 9. 91, 16).

he|run|ter|sol|len ⟨unr. V.; hat⟩ (ugs.): vgl. herunterdürfen (1).

he|run|ter|spie|len ⟨sw. V.; hat⟩ (ugs.): **1.** *(ein Musikstück) völlig ausdruckslos spielen.* **2.** *bewusst als unbedeutende, geringfügige Angelegenheit darstellen:* eine Affäre h.; Die von dem Zahnarzt alarmierten Behörden haben dessen Ergebnisse heruntergespielt (Kelly, Um Hoffnung 146).

he|run|ter|sprin|gen ⟨st. V.; ist⟩: **1.** *von dort oben hierher nach unten [zum Sprechenden] springen* (1 b): vom Podium h. **2.** (ugs.) *nach unten eilen, schnell, eilig herunterlaufen.*

he|run|ter|stei|gen ⟨st. V.; ist⟩: *von oben nach unten [zum Sprechenden] steigen:* vom Berg h.

he|run|ter|sto|ßen ⟨st. V.; hat⟩: *jmdn., etw. von oben nach unten [zum Sprechenden] stoßen:* jmdn. die Treppe h.

he|run|ter|strei|fen ⟨sw. V.; hat⟩: *von etw. nach unten streifen* (3 a): Das Shampoo ist dermaßen ergiebig, dass man sich den Schaum von den Haaren h. und sich damit dann die Füße waschen kann (taz 26. 9. 88, 16).

he|run|ter|stu|fen ⟨sw. V.; hat⟩: *niedriger einstufen:* Der Ankauf von Schmuggelzigaretten war vom Gesetzgeber 1994 von einem Straftatbestand zu einer Ordnungswidrigkeit heruntergestuft worden (taz 24. 5. 96, 4); Tatsächlich ... waren die Busfahrer in den Bummelstreik getreten, weil sie befürchteten, tariflich heruntergestuft *(in eine niedrigere Lohn-, Gehaltsgruppe eingestuft)* zu werden (taz 24. 3. 94, 21).

he|run|ter|stür|zen ⟨sw. V.⟩: **1. a)** *von dort oben hierher nach unten [zum Sprechenden] stürzen* (1 a) ⟨ist⟩; **b)** ⟨h. + sich⟩ *sich von dort oben hierher nach unten [zum Sprechenden] stürzen* (4) ⟨hat⟩. **2.** (ugs.) *gehetzt nach unten eilen* ⟨ist⟩. **3.** (ugs.) *hinuntergießen* (2) ⟨hat⟩: Herr Gitzler stürzte den Inhalt des Glases, ohne abzusetzen, herunter (Langgässer, Siegel 262).

he|run|ter|tra|gen ⟨st. V.; hat⟩: *von dort oben hierher nach unten [zum Sprechenden] tragen.*

he|run|ter|trans|for|mie|ren ⟨sw. V.; hat⟩ (Fachspr.): *(elektrischen Strom) durch Transformieren auf eine geringere Spannung bringen:* Das ... Werk ist eines von drei Hamburger Abspannwerken, in denen die elektrische Spannung von 380.000 Volt auf 110.000 Volt heruntertransformiert wird (taz 29. 4. 97, 21); Ü Was bei Bukowski noch eine gewisse Gossenromantik verheißt, wird von Kleman auf die nackte Profanität heruntertransformiert (*reduziert;* taz 4. 9. 93, 14).

he|run|ter|trop|fen ⟨sw. V.; ist⟩: *in Tropfen nach unten fallen:* immer stärker tropfte das Wasser herunter.

he|run|ter|wer|fen ⟨st. V.; hat⟩: **1.** *von dort oben hierher nach unten [zum Sprechenden] werfen:* wirfst du mir bitte den Schlüssel herunter?; Wenn du aber ... vom Dachboden eine Handgranate herunterwirfst, ... (Bieler, Bonifaz 10). **2.** (ugs.) *(unabsichtlich) herunterfallen lassen.*

he|run|ter|wirt|schaf|ten ⟨sw. V.; hat⟩ (ugs.): *abwirtschaften* (b): Die verwahrloste Spinnerei und die heruntergewirtschaftete Trikotagenfabrik gehörten Christine (Bieler, Mädchenkrieg 256).

he|run|ter|wol|len ⟨unr. V.; hat⟩ (ugs.): vgl. herunterdürfen (1).

he|run|ter|wür|gen ⟨sw. V.; hat⟩ (ugs.): *hinunterwürgen:* Seine Mutter ... legte ihm das beste Stück des Bratens vor, doch er konnte keinen Bissen h. (Borell, Romeo 37); Ü manches im Leben hat er h. müssen (*ohne Widerspruch hinnehmen müssen;* Spoerl, Maulkorb 11).

he|run|ter|zie|hen ⟨unr. V.⟩: **1.** ⟨hat⟩ **a)** *von dort oben hierher nach unten ziehen* (1, 2 a, b, 5 a); **b)** *nach unten ziehen* (12): die Mundwinkel h.; Wer will, darf sich das Kleidungsstück etwas h., aber keinesfalls weiter als bis zum Bauchnabel (taz 10. 1. 98, 24); **c)** *ziehend von etw. entfernen:* bitte, ziehen Sie den Stiefel mit einem Ruck herunter! (Plievier, Stalingrad 98); Sorgfältig studierten sie diesen Text. Als Heini Stiegler dann das noch leimfeuchte Plakat h. wollte, ... (Kühn, Zeit 297). **2.** ⟨ist⟩ **a)** *von dort oben hierher nach unten ziehen* (7): [vom dritten Stock] ins Erdgeschoss h.; wir sind von Hamburg hier *(nach Süddeutschland)* heruntergezogen; **b)** *von dort oben hierher nach unten ziehen* (8): die Musikkapelle zog die Straße herunter. **3.** *jmdn. durch seinen Einfluss auf eine geistig, moralisch od. sozial niedrigere Ebene ziehen* ⟨hat⟩: Ich träume von einem Streit zwischen uns und einer Konkurrenz, wo wir uns nicht gegenseitig h., ... sondern wo wir uns gegenseitig anspornen, uns in unseren besten Gedanken und Fähigkeiten aneinander messen und darin voneinander profitieren (taz 20. 3. 89, 24). **4.** ⟨h. + sich⟩ *von einer [oberhalb des Sprechenden gelegenen] Stelle nach unten verlaufen* ⟨hat⟩: der Weg zieht sich bis zum See herunter.

her|vor ⟨Adv.⟩ [für mhd. her vür, aus ↑her u. ↑für] (geh.): **1.** *von dort hinten hierher nach vorn.* **2.** *aus, zwischen, unter etw. heraus:* h. mit euch!; ⟨als Verstärkung der Präp. »aus«:⟩ vielleicht beobachteten mich längst aus einem Trichter h. zwei andere Augen (Remarque, Westen 149).

her|vor|an|geln ⟨sw. V.; hat⟩ (ugs.): *hervorholen:* Krawattke tauchte bereitwillig unter die Pritsche und angelte dort das Nachtgeschirr hervor (Kirst, 08/15, 815).

her|vor|bli|cken ⟨sw. V.; hat⟩: *hinter, aus, unter, zwischen etw. herausblicken.*

her|vor|bre|chen ⟨st. V.; ist⟩ (geh.): *durch etw. durchbrechend* (3) *plötzlich zum Vorschein kommen:* die Reiter brachen aus dem Gebüsch hervor; die ersten Schneeglöckchen brechen hervor; die Quelle, die am Anfang der Wege hervorbrach (Langgässer, Siegel 144); Ü Zorn, Hass brach aus ihm hervor; ein ... klares Gerechtigkeitsgefühl, das bei jeder Gelegenheit hervorbricht (Sieburg, Blick 12).

her|vor|brin|gen ⟨unr. V.; hat⟩: **1.** *aus, unter, zwischen etw. herausholen, zum Vorschein bringen.* **2. a)** *aus sich herauswachsen u. sich entwickeln lassen:* viele Blüten h.; der Baum bringt unzählige Früchte hervor; Ü die Stadt hat große Musiker hervorgebracht; Das jüdische Volk bringt zuweilen moralische Persönlichkeiten von höchstem Range hervor (Niekisch, Leben 79); **b)** *aus eigener schöpferischer Leistung entstehen lassen:*

der Dichter brachte bedeutende Werke hervor; Der Regisseur, Roberto Rossellini, hat unter dem Fascismus nur Mittelmäßiges hervorgebracht (K. Mann, Wendepunkt 423). **3. a)** *herausbringen* (5): der Jüngling brach nur in Tränen aus, ohne ein Wort hervorzubringen (Buber, Gog 102); Schließlich brachte er »Schafft das Ding über Bord« zwischen seinen Zähnen hervor (Ott, Haie 313); **b)** *ertönen, erklingen lassen:* Töne, eine Melodie [auf einem Instrument] h.

Her|vor|brin|gung, die; -, -en: *das Hervorgebrachte* (2b): Sein erster Roman ... war mir lieb und bedeutsam vor allen anderen -en neuer amerikanischer Literatur (K. Mann, Wendepunkt 318).

her|vor|drän|gen ⟨sw. V.; hat⟩: *aus dem Hintergrund, aus Verborgenem nach vorn [zum Sprechenden] drängen.*

her|vor|drin|gen ⟨st. V.; ist⟩ (geh.): *etw. Bedeckendes durchdringen; aus dem Inneren von etw. nach außen dringen.*

her|vor|ge|hen ⟨unr. V.; ist⟩ (geh.): **1.** *in etw. seinen Ursprung haben:* aus der Ehe gingen drei Kinder hervor; mehrere bedeutende Künstler und Politiker gingen aus dieser Stadt hervor. **2.** *sich am Ende von etw. in einer bestimmten, positiv zu wertenden Lage, Beschaffenheit befinden:* aus einem [Wett]kampf siegreich, als Sieger h.; Frankreich, das aus den napoleonischen Eroberungskriegen nahezu ungerupft hervorging (Augstein, Spiegelungen 101). **3.** *sich als Folgerung aus etw. ergeben; sich aus etw. entnehmen lassen:* aus dem Brief, aus der Antwort geht hervor, dass ...; wie aus dem Zusammenhang hervorgeht, ... **4.** *sich allmählich stufenweise unter bestimmten Bedingungen, durch bestimmte Einwirkungen entwickeln:* Bei vernünftiger Handhabung geht eines aus dem anderen hervor, nur muss eben die Rangfolge beachtet bleiben (Mantel, Wald 102).

her|vor|gu|cken ⟨sw. V.; hat⟩ (ugs.): **1.** *hervorblicken.* **2.** *aus, hinter, unter, zwischen etw. herausgucken* (b): Seine Haare guckten strähnig unter dem Hut hervor (Jens, Mann 79).

her|vor|he|ben ⟨st. V.; hat⟩: *Gewicht, Nachdruck auf etw. legen; etw. nachdrücklich betonen, unterstreichen:* Es sei aber an dieser Stelle ausdrücklich hervorgehoben, dass die Bakteriophagen und die übrigen Viren nicht etwa in allen Eigenschaften übereinstimmen (Medizin II, 132).

Her|vor|he|bung, die: *das Hervorheben.*

her|vor|ho|len ⟨sw. V.; hat⟩: *aus, unter, zwischen etw. herausholen* (1a): Bruno fragte: »Brauchst du Geld?« und holte ein paar Geldscheine hervor (Handke, Frau 36).

her|vor|keh|ren ⟨sw. V.; hat⟩ (geh.): *herauskehren:* Geplauder ... mit einem Mann, der den Geistreichen heute Abend h. wollte (Kronauer, Bogenschütze 119); Es hatte ihm Spaß gemacht, ein bisschen aufzutrumpfen, sein Amt hervorzukehren (Weber, Tote 215).

her|vor|kei|men ⟨sw. V.; ist⟩: *als Keim durch die Erdoberfläche dringen.*

her|vor|klau|ben ⟨sw. V.; hat⟩ (landsch.): *unter, zwischen etw. herausklauben.*

her|vor|kom|men ⟨st. V.; ist⟩: *hinter, unter, zwischen, aus etw. herauskommen* (1a).

her|vor|kra|men ⟨sw. V.; hat⟩ (ugs.): *durch Kramen finden u. herausholen* (1a): Ich kramte neulich in der Kanzlei diese fast fünfzehn Jahre alten Briefentwürfe wieder hervor (Stern, Mann 47).

her|vor|krie|chen ⟨st. V.; ist⟩: *hinter, unter, zwischen etw. herauskriechen.*

her|vor|leuch|ten ⟨sw. V.; hat⟩: *hinter, unter, zwischen etw. leuchtend sichtbar sein.*

her|vor|lo|cken ⟨sw. V.; hat⟩: **1.** *hinter, unter, aus etw. herauslocken* (1). **2.** *herauslocken* (2).

her|vor|lu|gen ⟨sw. V.; hat⟩ (landsch., sonst dichter.): *hervorgucken.*

her|vor|quel|len ⟨st. V.; ist⟩: **1.** *unter, zwischen etw. herausquellen* (1): Und dann quollen Tränen unter den geschlossenen Lidern hervor (Hausmann, Abel 61); unter dem Hut quoll ihr Haar hervor. **2.** *herausquellen* (2).

her|vor|ra|gen ⟨sw. V.; hat⟩: **1.** *unter, zwischen, aus etw. herausragen* (1): Er bemerkte, dass ein Bein der Hose keinen Fuß hatte. Ein schmutziger, splittriger Holzstumpf ragte stattdessen darunter hervor (Remarque, Triomphe 424). **2.** *herausragen* (2): Unter ... den Leitern der Opposition ragt Carl Friedrich Goerdeler als Persönlichkeit hervor (Rothfels, Opposition 93); Alle Datierung im frühen Babylon geschah nach einem hervorragenden Ereignis, das im vergangenen Jahre stattgefunden hatte (Ceram, Götter 355).

her|vor|ra|gend ⟨Adj.⟩: *durch Begabung, Können od. Qualität hervorstechend; sehr gut:* ein -er Redner; einer der -sten Wissenschaftler auf diesem Gebiet; eine -e Qualität, Leistung; einen -en Eindruck machen; der Wein ist h.; der Apparat arbeitet, funktioniert h.; Die Spitzen der Gesellschaft verfügen über genügend Zufluchtsorte, wo man h. untertauchen kann (Prodöhl, Tod 288); seine Leute sind h. geschulte, germanische Söldner (Thieß, Reich 525); ⟨subst.:⟩ er hat Hervorragendes geleistet.

her|vor|rü|cken ⟨sw. V.; hat⟩ (selten): *etw. aus dem Hintergrund, etw., was hinter etw. verborgen ist, nach vorn [zum Sprechenden] rücken.*

Her|vor|ruf, der; -[e]s, -e: *starker Beifall, mit dem ein Künstler, Redner o. Ä. aufgefordert wird, noch einmal vor den Vorhang, aufs Podium zu kommen:* auch nach der letzten Zugabe gab es noch zahlreiche -e.

her|vor|ru|fen ⟨st. V.; hat⟩: **1.** *durch Rufen auffordern, veranlassen hervorzukommen:* das Kind aus seinem Versteck h.; einen Schauspieler, Pianisten [immer wieder] h. *(durch starken Applaus auffordern, vor den Vorhang, auf das Podium zu kommen).* **2.** *bewirken, zur Folge haben:* [bei jmdm.] Aufregung, Erstaunen, Empörung, Begeisterung, Verwunderung, Unbehagen, Unwillen h.; seine Bemerkung rief allgemeines Gelächter, große Heiterkeit hervor; sie rief durch ihre Äußerung großes Missfallen hervor; Superlative rufen immer Widerspruch hervor (Reich-Ranicki, Th. Mann 63); diese Krankheit wird durch einen Virus hervorgerufen.

her|vor|schau|en ⟨sw. V.; hat⟩ (landsch.): *hervorgucken.*

her|vor|schei|nen ⟨st. V.; hat⟩: vgl. hervorleuchten.

her|vor|schie|ßen ⟨st. V.⟩: vgl. hervorschnellen.

her|vor|schim|mern ⟨sw. V.; hat⟩: *hinter, unter, zwischen etw. schimmernd sichtbar sein:* Sehr kleines Gesicht, dünne, mondbleiche Haut, sodass an der Schläfe die Ader blau hervorschimmert (Strauß, Niemand 7).

her|vor|schnel|len ⟨sw. V.; ist⟩: *hinter, unter, zwischen, aus etw. hervor nach draußen schnellen, von dort hinten hierher nach vorn schnellen:* Es roch nach ... dem fischigen Geruch des Flusses selber, aus dem die Weißfische und Aale manchmal blinkend hervorschnellten (Schröder, Wanderer 104).

her|vor|se|hen ⟨st. V.; hat⟩: *[ein Stück] unter etw., bes. einer Bekleidung, zu sehen sein:* stets sahen unter seiner ... Soutane schwarzseidene Strümpfe und Lackschuhe hervor (Th. Mann, Krull 76).

her|vor|sprie|ßen ⟨st. V.; ist⟩: *aus etw. sprießen.*

her|vor|sprin|gen ⟨st. V.; ist⟩: **1.** *springend* (1b) *hervorkommen:* hinter der Tür h. **2.** *auffallend stark hervortreten* (2b): Aus seinem glatt rasierten Gesicht ... sprang die Nase ungewöhnlich waagrecht hervor (Th. Mann, Hoheit 159); ⟨oft im 1. Part.:⟩ ein hervorspringender Fels; ein hervorspringendes Kinn.

her|vor|spru|deln ⟨sw. V.⟩: **1.** *sprudelnd hervorkommen; heraussprudeln* (1) ⟨ist⟩. **2.** *heraussprudeln* (2) ⟨hat⟩: Rumpler sprudelte abermals seinen ... haarsträubenden Bericht hervor (Kirst, 08/15, 186).

her|vor|ste|chen ⟨st. V.; hat⟩: **1.** *spitz aus etw. heraussstehen:* die Schulterblätter stachen unter der Haut hervor (Simmel, Affäre 109). **2.** *sich deutlich, scharf von seiner Umgebung abheben:* leuchtende Farben, die aus dem Dunkel hervorstechen; Besonders das ... sehr gut gespielte Saxophon sticht angenehm hervor (Oxmox 6, 1983, 137); hervorstechende Merkmale, Eigenschaften; In den prägnanten Erinnerungen an die Berühmtheiten bewährt sich Golo Manns hervorstechender Sinn für das Wesentliche (Reich-Ranicki, Th. Mann 229).

her|vor|ste|hen ⟨unr. V.; hat; südd., österr., schweiz. auch: ist⟩: *auffallend vorstehen* (1): Ihr Gesicht mit den hervorstehenden Backenknochen wirkt altmodisch (Chotjewitz, Friede 185).

her|vor|sto|ßen ⟨st. V.⟩: **1.** *hervortreten* (2b) ⟨ist⟩: Archaische Formen (= des Gesichts), aus denen Mund u. Kinn negerhaft weiblich hervorstießen (Jahnn, Geschichten 165). **2.** *herausstoßen* (2) ⟨hat⟩: Die letzte Frage hatte er in ganz anderem Ton hervorgestoßen, fast drohend (Fallada, Herr 128).

her|vor|stre|cken ⟨sw. V.; hat⟩: *hinter, unter, zwischen etw. herausstrecken.*
her|vor|strö|men ⟨sw. V.; ist⟩: *hinter, unter, zwischen etw. herausströmen.*
her|vor|stür|zen ⟨sw. V.; ist⟩: *hinter, unter, zwischen etw. heraus nach vorn stürzen.*
her|vor|su|chen ⟨sw. V.; hat⟩: *etw. unter anderen Dingen suchen u. zum Vorschein bringen.*
her|vor|tau|chen ⟨sw. V.; ist⟩: *auftauchen* (1).
her|vor|trau|en, sich ⟨sw. V.; hat⟩: *sich trauen hervorzukommen.*
her|vor|trei|ben ⟨st. V.; hat⟩: *aus dem Inneren nach außen treiben:* die Wahrnehmung der Leiden meines Genossen trieb ungeahnte Ausbrüche blutrünstiger Wildheit aus mir hervor (Zwerenz, Kopf 218).
her|vor|tre|ten ⟨st. V.; ist⟩: **1.** *hinter, aus, unter, zwischen etw. heraus nach vorn treten:* hinter dem Vorhang, aus dem Dunkel h.; Ü (geh.:) die Sonne trat aus den Wolken hervor. **2. a)** *deutlich sichtbar, erkennbar werden:* Die Ähnlichkeit (= Constantins) mit Daphne tritt ... mit großer Deutlichkeit hervor (A. Kolb, Daphne 187); seine Begabung trat schon früh hervor; **b)** *auf etw. Ebenem, einer Fläche o. Ä. als Erhebung o. Ä. in Erscheinung treten, als Erhebung o. Ä. daraus hervorkommen:* Deutlich treten die Umrisse der Berge hervor (Trenker, Helden 171); seine Backenknochen traten deutlicher hervor als sonst (Ott, Haie 112); an den Schläfen hervortretende Adern. **3. a)** *mit etw. an die Öffentlichkeit treten:* der junge Autor ist jetzt mit einem Roman hervorgetreten; **b)** *in einer bestimmten Eigenschaft in der Öffentlichkeit auftreten* (3 b) *u. sich hervortun:* Erika Pluhar ist auch als Chansonsängerin hervorgetreten.
her|vor|tun ⟨unr. V.; hat⟩: **1.** (selten) *heraustun:* Da sah Jaakob, wie sie hervortat aus ihrem Kasten ... Kleider, Hemd und Kittel (Th. Mann, Joseph 206). **2.** ⟨h. + sich⟩ **a)** *etw. Besonderes leisten, sodass es Vergleichbares übertrifft:* sich sehr, nicht sonderlich h.; er hat sich als brillanter Mathematiker hervorgetan; **b)** *bewusst auf die eigenen Fähigkeiten aufmerksam machen, sie zeigen, damit wichtig tun:* Anstatt dich mit einer ernsten Arbeit zu befassen, heckst du einen ganz und gar verrückten Schwindel aus, nur um dich billig hervorzutun (Werfel, Bernadette 164).
her|vor|wach|sen ⟨st. V.; ist⟩: *herauswachsen* (1): aus dem Gestein, dem Sand h.; Ü das Hauptwerk einer organischen Handschriftengruppe, deren Bildschmuck aus der spätantiken Tradition hervorwächst (Bild. Kunst I, 65).
her|vor|wa|gen, sich ⟨sw. V.; hat⟩: *sich wagen hervorzukommen.*
her|vor|wür|gen ⟨sw. V.; hat⟩: *herauswürgen.*
her|vor|zau|bern ⟨sw. V.; hat⟩: *wie durch Zauberei hervorbringen* (1): Auf ein geheimes Zeichen hin ... lösten sie sich aus der Versammlung heraus, zauberten aus einer Ecke ihre Instrumente und Noten hervor (Jahnn, Geschichten 168).
her|vor|zer|ren ⟨sw. V.; hat⟩: *hinter, unter, zwischen etw. herauszerren.*
her|vor|zie|hen ⟨unr. V.; hat⟩: *hinter, unter, zwischen, aus etw. herausziehen* (1 a): ein Päckchen Zigaretten, ein paar Geldscheine h.; Er ... zog umständlich unter seiner Joppe eine große Blume hervor (Musil, Mann 497); Da fühle ich meine Finger nass werden. Als ich sie hinter seinem Kopf hervorziehe, sind sie blutig (Remarque, Westen 202).
◆ **her|wach|sen** ⟨st. V.; ist⟩: *herkommen* (3): er sah noch weniger ab, wo das geringste Mittagbrot h. sollte (Keller, Kleider 3).
her|wärts ⟨Adv.⟩ [mhd. herwert; ↑-wärts]: *auf dem Weg von dort hierher [zum Sprechenden], auf dem Herweg.*
Her|weg, der: *Weg* (2, 3 a) *hierher [zum Ort des Sprechenden]:* auf dem H.
her|wer|fen ⟨st. V.; hat⟩: *hierher in Richtung auf den Sprechenden, zum Sprechenden werfen.*
her|win|ken ⟨sw. V.; hat⟩: **1.** *hierher zum Sprechenden winken* (1 a): kennst du sie? Sie hat eben hergewinkt. **2.** *durch Winken auffordern herzukommen; herbeiwinken.*
her|wol|len ⟨unr. V.; hat⟩: vgl. herdürfen (1): ich habe nicht hergewollt, aber sie hat mich gezwungen.
Herz, das; -ens (med. auch stark gebeugt: des Herzes, dem Herz), -en [mhd. herz(e), ahd. herza, altes idg. Wort]: **1. a)** *Organ, das den Blutkreislauf durch regelmäßige Zusammenziehung u. Dehnung antreibt u. in Gang hält:* ein gesundes, kräftiges, gutes, schwaches H.; Beinahe acht Monate lang hat ein Kalb mit einem künstlichen, elektrisch angetriebenen -en *(Kunstherzen)* überlebt (Spiegel 2, 1984, 161); das H. schlägt [regelmäßig], klopft, pocht, hämmert, flattert; sein H. hat versagt, arbeitet nicht mehr; ihr H. ist angegriffen, nicht ganz in Ordnung; Der Wärter fühlte, wie sein H. in schweren, unregelmäßigen Schlägen ging (Hauptmann, Thiel 17); Als nach vier Minuten Massage auf Leben und Tod das H. ansprang (Hackethal, Schneide 39); das H. wollte ihm vor Freude zerspringen (geh.; *er war freudig erregt*); ihm stockte das H. vor Schreck (geh.; *er erschrak heftig*); vor Angst schlug ihr das H. bis zum Hals [hinauf]; sein H. krampfte sich bei dem Anblick zusammen; der Arzt hat das H. untersucht, abgehorcht; ein H. verpflanzen; eine Operation am offenen -en *(am Herzen bei geöffnetem Brustkorb);* sie hat es schon seit Jahren am Herz[en], mit dem Herz[en] (ugs.; *ist herzkrank*); jmdn. ans, an sein H. drücken (geh.; *an sich, an die Brust drücken, umarmen*); Ü er hat schon viele -en gebrochen *(oft Erfolg bei Frauen gehabt);* * **jmdm. dreht sich das H. im Leib[e] herum** *(jmd. ist über etw. sehr bekümmert, von etw. schmerzlich berührt);* **jmdm. blutet das H.** *(jmd. ist von etw. schmerzlich berührt u. voller Mitleid):* beim Anblick der hungernden Kinder blutete ihm das H.; **jmdm. lacht das H. im Leib[e]** *(jmd. ist über etw. sehr erfreut, von etw. freudig angetan);* **das, jmds. H. schlägt höher** *(jmd. ist erwartungsvoll, voller freudiger Erregung):* der Anblick ließ sein H., ließ die -en höher schlagen; **jmdm. das H. brechen** (geh.; *jmdm. unerträglich großen Kummer bereiten [sodass es ihm die Lebenskraft raubt]*): der tragische Tod des einzigen Kindes brach ihr das H.; **jmdm. das H. abdrücken** (geh.; *jmdn. sehr bedrücken*): Der tüchtigen Ex-Briefträgerin Eva Kluge hätte es das H. abgedrückt, wenn sie gehört hätte, wie sehr sie und ihr ehemaliger Liebling Karlemann in der Leute Munde waren (Fallada, Jeder 159); **das H. auf dem rechten Fleck haben** *(eine vernünftige, richtige Einstellung haben; ein tüchtiger, hilfsbereiter, uneigennütziger Mensch sein);* **jmdn., etw. auf H. und Nieren prüfen** (ugs.; *jmdn., etw. gründlich, eingehend prüfen;* nach Psalm 7, 10); **jmdn.** (ein Kind) **unter dem -en tragen** (dichter.; *ein Kind erwarten; schwanger sein*); **b)** *als Speise dienendes Herz* (1 a) *bestimmter Schlachttiere:* ein Pfund H. kaufen; es gab [gedünstetes] H. in Burgundersoße. **2.** (meist geh.) *in der Vorstellung dem Herzen* (1 a) *zugeordnetes, in ihm lokalisiert gedachtes Zentrum der Empfindungen, des Gefühls, auch des Mutes u. der Entschlossenheit:* ein gütiges, gutes, treues, fröhliches, mutiges, tapferes, warmes *(gütiges),* goldenes *(treues),* edles *(großmütiges),* weiches *(mitleidiges),* kaltes *(gefühlloses),* hartes *(mitleidloses)* H.; einsames H. *(Person, die sich einsam fühlt)* sucht Partnerin zum Verwöhnen; Sein H. war angefüllt gewesen mit gespannter Freude (*er war freudig erregt, voll freudiger Spannung;* Feuchtwanger, Erfolg 536); sein Schicksal rührte, bewegte, ergriff die -en der Menschen; er wollte nicht sagen, was ihm das H. bedrückte; obwohl das Thema sein H. bedrängt (Werfel, Bernadette 265); Halte dein H. im Zaum *(bezähme dich, dein Gefühl)* ... und wirf nicht dein Auge auf eines anderen Habe (Th. Mann, Tod u. a. Erzählungen 224); diese Frau hat kein H./ein H. aus Stein *(ist herz-, mitleid-, gefühllos);* er hat das H. eines Löwen *(er ist sehr mutig, tapfer);* er steht ihrem -en sehr nahe *(sie empfindet sehr viel für ihn);* er nahm traurigen -ens *(traurig)* Abschied; kannst du das reinen/(veraltend:) reines -ens *(mit gutem Gewissen)* behaupten?; im Grunde seines -ens *(im Innersten)* hatte er das schon immer verabscheut; Das war eine Verheißung, die sich den Menschen ins H. grub (*ins Innerste drang;* Feuchtwanger, Erfolg 542); Er wollte ja diese verstockte junge Frau wohl nur ins H. treffen (*sie im Innersten anrühren, treffen;* Musil, Mann 1354); die junge Sportlerin hatte sich in die -en des Publikums geturnt *(hatte mit ihrer Leistung die Sympathien des Publikums gewonnen);* Man gehe Kurven mit mehr H. *(beherzter)* an, wenn man auf der Innenseite sitze (ADAC-Motorwelt 5, 1982, 128); seine Worte kamen von -en *(waren aufrichtig, ehrlich gemeint);* zu -en gehende *(herzbewegende)* Worte; R man kann einem Menschen nicht ins H. sehen *(es lässt sich nie genau*

ergründen, was ein anderer denkt, fühlt); Spr wes das H. voll ist, des geht der Mund über (*wenn jmd. von etw. sehr angetan, berührt, begeistert ist, dann muss er es auch zum Ausdruck bringen;* nach der Lutherschen Übers. von Matth. 12, 34); * **ein H. und eine Seele sein** (*unzertrennlich, sehr einig miteinander sein;* nach Apg. 4, 32): Für Pacecoi gab es nur Tino ... Sie waren in allem ein H. und eine Seele (Borell, Romeo 258); **jmds. H. hängt an etw.** *(jmd. möchte etw. sehr gerne haben, behalten):* lass ihm doch das Spielzeug, wenn sein H. so sehr daran hängt!; **jmds. H. gehört einer Sache** (geh.; *jmds. Interesse ist ganz auf etw. gerichtet; jmd. betreibt etw. mit Leidenschaft, lebt für etw.*): sein H. gehört der Musik, dem Fußball; **jmdm. ist, wird das H. schwer/jmdm. ist, wird [es] schwer ums H.** *(jmd. ist, wird sehr traurig, hat großen Kummer);* **jmdm. rutscht, fällt das H. in die Hose[n]** (ugs., oft scherzh.; *jmd. bekommt plötzlich Angst;* volkst. scherzh. Bezug auf das Sinken des Muts, wobei wohl die Vorstellung mitspielt, dass Angst auf die Eingeweide schlägt u. zur unfreiwilligen Entleerung des Darms führen kann); **alles, was das H. begehrt** *(alles, was man sich wünscht, was man nur haben möchte, wozu man Lust hat);* **das H. in die Hand/in beide Hände nehmen** *(seinen ganzen Mut zusammennehmen);* **nicht das H. haben, etw. zu tun** *(es nicht über sich bringen, nicht den Mut haben, etw. zu tun):* er hatte nicht das H., ihr die Nachricht zu überbringen; (auch ohne Verneinung:) komm nur her, wenn du das H. [dazu] hast!; **sich** ⟨Dativ⟩ **ein H. fassen** *(all seinen Mut zusammennehmen, sich überwinden [um etw. Unangenehmes zu tun, in Angriff zu nehmen]);* **sein H. an jmdn., etw. hängen** (geh.; *jmdm., einer Sache seine ganze Aufmerksamkeit, Liebe zuwenden*); **sein H. [an jmdn.] verlieren** (geh.; *sich in jmdn. verlieben*): Ariadne sah den Todgeweihten, und des Minos Tochter verlor ihr H. an ihn (Ceram, Götter 82); **jmdm. sein H. schenken** (dichter.; *jmdn. sehr lieben, jmdm. seine ganze Liebe zuwenden*): Hier ... war ihm erlaubt ..., sein H. einem bewunderten, älteren, klügeren Freunde zu schenken (Hesse, Narziß 40); **sein H. für jmdn., etw. entdecken** (geh.; *unvermutet Interesse für jmdn., etw. zeigen; sich [plötzlich] für jmdn., etw. begeistern;* nach dem Lustspiel »Sie hat ihr Herz entdeckt« von Wolfgang Müller von Königswinter, 1865): erst in späteren Jahren entdeckte er sein H. für die Kunst; **ein H. für jmdn., etw. haben** *(jmdm. gegenüber mitfühlend, hilfsbereit sein):* er hat ein H. für Kinder, für die Welt des Theaters; ...lebte ein größerer Dichter, der wirklich ein H. für die Armen gehabt hat (Thieß, Reich 36); **jmdm. sein H. ausschütten** (*sich jmdm. anvertrauen; jmdm. seine Not od. seine Sorgen schildern;* nach 1. Sam. 1, 15); **jmdm. das H. schwer machen** *(jmdn. sehr traurig machen):* Warum willst du dir und mir das H. schwer machen, indem du dich an alles erinnerst? (Fallada, Herr 54); **das H. auf der Zunge haben/tragen** (geh.; *alles aussprechen, was einen bewegt; offenherzig, zu gesprächig sein);* **jmds. H./alle -en im Sturm erobern** (geh.; *jmds. Sympathie/alle Sympathien schnell gewinnen, schnell bei allen beliebt sein*); **jmdm. das H. zerreißen** (geh.; *jmdn. tief schmerzen);* **seinem -en einen Stoß geben** *(den inneren Widerstand überwinden u. sich rasch zu etw. entschließen):* Diaghilew gibt seinem -en einen Stoß und besucht Nijinsky (Riess, Cäsar 336); **seinem -en Luft machen** (ugs.; *sich vom Ärger befreien; das, was einen ärgert u. bedrückt, aussprechen*); **leichten -ens** *(leicht; ohne dass es einem schwer fällt):* da konnte er leichten -ens zustimmen; **schweren/blutenden -ens** *(nur sehr ungern; tief bekümmert):* sie ließ das Kind nur schweren -ens allein weggehen; **jmdm. am -en liegen** *(für jmdn. ganz persönlich von großer Wichtigkeit sein):* die Kinder und ihre Erziehung liegen ihm besonders am -en; **jmdm. jmdn., etw. ans H. legen** *(jmdn. bitten, sich um jmdn. od. etw. besonders zu kümmern):* vor der Abreise legte sie ihm noch einmal die Blumen, die Pflege der Blumen ans H.; **jmdm. ans H. gewachsen sein** *(jmdm. besonders lieb geworden sein):* Sie hätte sich gern ein wenig um den Chef gekümmert, der ihr seit gestern Abend sehr ans H. gewachsen war (H. Weber, Einzug 351); **etw. auf dem -en haben** *(ein persönliches Anliegen haben):* na, was hast du denn auf dem -en?; Wunderlich merkte sofort, dass der Kleine etwas auf dem -en hatte (Apitz, Wölfe 87); **jmdm. aus dem -en gesprochen sein** *(jmds. Meinung, Ansicht genau entsprechen):* was du da sagst, ist mir [ganz] aus dem -en gesprochen; **aus seinem -en keine Mördergrube machen** (*offen aussprechen, was man denkt u. fühlt;* frei nach der lutherschen Übers. von Matth. 21, 13): sie sollen antworten, ohne aus ihrem -en eine Mördergrube zu machen (Hörzu 41, 1976, 20); **aus tiefstem -en** (geh.; *sehr, aufrichtig*): etw. aus tiefstem -en bedauern, verabscheuen; **sich in die -en [der Menschen] stehlen** (geh.; *die Sympathie, Zuneigung vieler gewinnen*); **jmdn. ins/in sein H. schließen** *(jmdn. lieb gewinnen, sehr gern haben):* Wenn Jockum erst einmal jemand ins H. geschlossen hat, dann ist sein Vertrauen grenzenlos (Tikkanen [Übers.], Mann 73); **jmdn. ins H. treffen** (ugs.; *jmdn. zutiefst verletzen, sehr kränken*): dieser Vorwurf traf ihn ins H.; **mit H. und Hand** (veraltet; *sowohl mit herzlicher Zuneigung wie mit entsprechenden Handlungen; voll u. ganz;* aus dem Gedicht »Mein Vaterland« von Hoffmann von Fallersleben, 1839); **mit halbem -en** (geh.; *ohne rechte innere Beteiligung, mit wenig Interesse*): Schon seit Anfang des Jahres waren viele der Redakteure nur noch mit halbem -en bei der gewohnten Arbeit (Leonhard, Revolution 270); er gab seine Zustimmung nur mit halbem -en; **es nicht übers H. bringen, etw. zu tun** *(zu etw. nicht fähig sein):* Wir müssten ihn längst entlassen haben, bringen es aber nicht übers H. (Grzimek, Serengeti 130); **sich** ⟨Dativ⟩ **etw. vom -en reden** (geh.; *über etw., was einen bedrückt, mit einem anderen sprechen*): er musste sich einmal seinen Kummer vom -en reden; **von -en gern** *(sehr gern);* **von [ganzem] -en** (1. *sehr herzlich, aufrichtig:* jmdm. von [ganzem] -en danken, alles Gute wünschen. 2. *aus voller Überzeugung:* dazu kann ich von ganzem -en Ja sagen; nach Matth. 22, 37); **sich** ⟨Dativ⟩ **etw. zu -en nehmen** (1. *etw. beherzigen:* er nahm sich ihre Worte, Ermahnungen zu -en. 2. *etw. schwer nehmen:* nimm dir die Sache doch nicht so zu -en; nach 2. Sam. 13, 20); **jmdm. aufs H. fallen** *(deprimierend auf jmdn. wirken):* Man musste einen Tag länger wegen der Zurüstungen warten. Lenz fiel das aufs H. (Büchner, Lenz 91). **3.** *geliebte Person, Liebling* (meist in der Anrede): »Du verwöhnst mich viel zu sehr, mein H.!« sagte er lächelnd (Wendtland, Eisprinzeßchen 41). **4. a)** *zentraler innerster Teil von höheren Pflanzen:* das H. des Salats hat die zartesten Blätter; **b)** *innerster Bereich von etw.; Zentrum* (1), *Mittelpunkt:* im -en eines Landes, von Europa liegen, gelegen sein; Die Straße liegt im -en Brüssels (Zivildienst 5, 1986, 8); **c)** *Zentrum* (2), *Herz-, Kernstück:* Thermodrucker, separate Eingabetastatur und Armbanduhr. Letztere ist sozusagen das H. des Systems (Tages Anzeiger 28. 7. 84, 29); die Cafeteria bildet das H. der Grünanlage. **5.** *Figur, Gegenstand in Herzform:* schokoladene -en; ein H. aus Marzipan; an einer Kette trug sie ein kleines H. aus Gold; ein H. zeichnen, malen; den Teig ausrollen und -en ausstechen; * **Tränendes H.** *(Pflanze mit hellgrünen, fiederteiligen Blättern u. meist rosa u. weiß gefärbten, herzförmigen Blüten in hängenden Trauben; Herzblume).* **6. a)** ⟨meist o. Art.; o. Pl.⟩ *[dritthöchste] Farbe im Kartenspiel; Cœur:* H. sticht, ist Trumpf; nach diesem Stich hätte er H. ziehen, spielen müssen; **b)** ⟨Pl. Herz⟩ *Spiel mit Karten, bei dem Herz* (6 a) *Trumpf ist:* er hat [ein] H. ohne zwei gespielt; dieses H. wirst du verlieren; **c)** ⟨Pl. Herz⟩ *Spielkarte mit Herz* (6 a) *als Farbe:* er hat sein einziges H. abgeworfen; er hat noch mindestens drei H. auf der Hand.

◆ **her|zäh|len** ⟨sw. V.; hat⟩: *aufzählen* (b): als der Fremdling mir alle seine Kenntnisse und Fertigkeiten herzuzählen begann (C. F. Meyer, Amulett 9).

Herz|ak|ti|on, die: vgl. Herztätigkeit.

herz|al|ler|liebst ⟨Adj.⟩ (veraltend): *sehr lieb, ganz allerliebst:* ein -es Kind.

Herz|al|ler|liebs|te, der u. die; -n, -n ⟨Dekl. ↑Abgeordnete⟩ (veraltend): *Liebste[r], Geliebte[r].*

Herz|an|fall, der: *mit Beklemmung, Angstgefühlen, Atemnot, Schmerzen einhergehende, plötzlich einsetzende Unregelmäßigkeit der Herztätigkeit:* einen H. bekommen, erleiden; einem H. erliegen.

Herz|angst, die ⟨o. Pl.⟩ (volkst.): *Angina Pectoris.*

Herz|ano|ma|lie, die (Med.): *Anomalie* (b) *des Herzens* (1 a).

Herz|ass [auch: –'–], das: [2]*Ass* (1) *der Farbe Herz* (6 a).

Hẹrz|asth|ma, das: *bei Herzkranken auftretendes Asthma.*

Hẹrz|at|ta|cke, die: *Herzanfall:* eine H. bekommen, erleiden; Vater hat eine H., erklärte Mutter (Bund 9. 8. 80, 29).

hẹr|zau|bern ⟨sw. V.; hat⟩: *herbeizaubern.*

Hẹrz|au|to|ma|tis|mus, der (Med.): *Fähigkeit des Herzens, eigenständig in rhythmischer Tätigkeit zu sein.*

Hẹrz|bad, das: *speziell für Herzkranke geeigneter Badeort (vor allem mit kohlendioxidhaltiger Heilquelle).*

hẹrz|be|klem|mend ⟨Adj.⟩: *in beängstigender Weise beklemmend, bedrückend, beengend:* es herrschte eine -e Atmosphäre.

Hẹrz|be|klem|mung, die: *vom Herzen ausgehende, sich am Herzen bemerkbar machende Beklemmung; Angina Pectoris; Stenokardie.*

Hẹrz|be|schwer|den ⟨Pl.⟩: *durch Unregelmäßigkeit der Herztätigkeit o. Ä. verursachte Beschwerden.*

Hẹrz|beu|tel, der (Anat.): *(bei Mensch, Wirbeltieren u. verschiedenen anderen Tierarten) mit einer Flüssigkeit gefüllte äußere Hülle des Herzens; Perikard.*

Hẹrz|beu|tel|ent|zün|dung, die (Med.): *Entzündung des Herzbeutels; Perikarditis.*

hẹrz|be|we|gend ⟨Adj.⟩: *Rührung hervorrufend; ergreifend:* eine -e Geschichte; ein -er Brief; bis eine griechische Lanze ... diese Kehle zerschlug, aus der so kluge Worte und so -e Töne kamen (Hagelstange, Spielball 116); etwas h. erzählen, vortragen.

Hẹrz|bin|kerl, das; -s, -n [2. Bestandteil Vkl. von ↑Binkel (1)] (bayr., österr. ugs.): *Herzblatt* (2).

Hẹrz|blatt, das: **1.** (Gartenbau) *inneres, junges, noch nicht voll entwickeltes Blatt einer Pflanze.* **2.** *geliebte Person; bes. Kind, das man von Herzen lieb hat; Liebling* (meist in der Anrede): jmds. H. sein; was willst du denn noch haben, mein H.?

Hẹrz|blätt|chen, das; -s, -: Vkl. zu ↑Herzblatt.

hẹrz|blätt|rig ⟨Adj.⟩ (Bot.): *mit herzförmigen Blättern:* ein -es Kleeblatt.

Hẹrz|block, der ⟨Pl. ...blöcke; selten⟩ (Med.): *Störung der Herztätigkeit, wobei in bestimmten Fällen Vorhöfe u. Kammern des Herzens völlig unabhängig voneinander in einem eigenen Rhythmus schlagen:* Bei einem Mann ... setzte der H. innerhalb von 20 Sekunden ein, nachdem er eine Flasche eiskalte Cola getrunken hatte (Hamburger Abendblatt 27. 8. 85, 11).

Hẹrz|blu|me, die: *Pflanze mit hellgrünen, fiederteiligen Blättern u. meist rosa u. weiß gefärbten, herzförmigen Blüten in hängenden Trauben; Tränendes Herz.*

Hẹrz|blut, das [mhd. herzebluot]: bes. in den Wendungen **sein H. für jmdn., etw. hingeben** (geh.; *sich ganz für jmdn., etw. einsetzen, aufopfern*); **etw. mit seinem H. schreiben** (geh.; *etw. mit großem innerem Engagement schreiben*): sie hat das Buch, diesen Brief mit ihrem H. geschrieben.

Hẹrz|bräu|ne, die (volkst.): *Angina Pectoris.*

hẹrz|bre|chend ⟨Adj.⟩ (geh.): *herzbewegend:* Die Kapelle auf dem kleinen Podium nahm die Worte auf, es wurde eine -e Saxophonmelodie daraus (Baum, Paris 14).

Hẹrz|bru|der, der: ↑Herzensbruder.

Hẹrz|bu|be [auch: -'- -], der: *Bube* (2) *der Farbe Herz* (6 a).

Hẹrz|chen, das; -s, -: **1.** Vkl. zu ↑Herz (3, 5). **2.** (abwertend) *naive, ahnungslose Person; allzu gutgläubiger Mensch:* du bist mir vielleicht ein H.; Magda Schneider ... nachdem sie vor dem Krieg als unschuldiges H. abgestempelt worden war (MM 17. 5. 91, 40); ⟨oft in der Anrede:⟩ Ich will Ihnen mal was sagen, H. (Hörzu 45, 1977, 52); (spött.:) das Leben ist ein ganz verzwicktes Geschäft, mein H. (Baldwin [Übers.], Welt 369).

Hẹrz|chi|rurg, der: *Chirurg, der sich auf die Herzchirurgie spezialisiert hat.*

Hẹrz|chi|rur|gie, die: *spezielles Gebiet der Chirurgie, das sich mit den operativen Eingriffen am Herzen befasst.*

Hẹrz|chi|rur|gin, die: w. Form zu ↑Herzchirurg.

Hẹrz|da|me [auch: -'- -], die: *Dame* (2 b) *der Farbe Herz* (6 a); Ü Auf der Leinwand jagt Harry Piel ... skrupellose Unholde und findet nur wenig Zeit, ab und an in den Armen seiner H. *(der Dame seines Herzens)* zur Ruhe zu kommen (Zivildienst 10, 1986, 15).

Hẹrz|drü|cken: in der Wendung **nicht an H. sterben** (ugs.; *frei über alles, bes. auch Unangenehmes, reden; seine Meinung ohne Hemmungen äußern*).

Hẹr|ze, das; -ns, -n (dichter., veraltet): ↑Herz (2).

Her|ze|go|wi|na [auch: ...'vi:na], die; -: südlicher Teil von Bosnien und Herzegowina.

hẹr|zei|gen ⟨sw. V.; hat⟩ (ugs.): **1.** *jmdn. sehen lassen, jmdm. vorzeigen:* zeig doch mal das Foto her!; Zeig mal deine Händchen her, wie lang deine Finger sind ... (Th. Mann, Krull 159); Lebenszweck einer Waage-Eva ist ... eine ... Bindung mit einem Partner, den man auch h. kann *(mit dem man sich sehen lassen kann;* Hörzu 42, 1975, 105). **2.** *zum Sprechenden, in Richtung auf den Sprechenden deuten, weisen.*

Hẹr|ze|leid, das; -[e]s (geh.): *großer seelischer Schmerz, Kummer; tiefes Leid:* Kummer und H. hatten ihre Spuren in seinem Gesicht hinterlassen.

hẹr|zen ⟨sw. V.; hat⟩ [mhd. herzen = mit einem Herzen versehen] (geh.): *liebevoll umarmen; liebkosend an sich, ans Herz drücken:* sie herzte ihre Kinder; Du ... bist Jaakob, mein Schwestersohn, das ist nachgewiesen. Lass dich h. (Th. Mann, Joseph 242); Anne dagegen war von geradezu umwerfender Vitalität, küsste, herzte und streichelte ihn immer wieder (Konsalik, Promenadendeck 97); sie herzten und küssten sich.

Hẹr|zens|an|ge|le|gen|heit, die: *etw., was für jmdn. ganz persönlich von großer Wichtigkeit ist, was jmdm. besonders am Herzen liegt:* die Trauerrede für den Verstorbenen selbst zu halten war ihm eine H.; meine große Liebe und wahre H., meine Passion ... blieb Europa (K. Mann, Wendepunkt 187); sie hat eine besondere Vorliebe für die -en *(Liebesdinge, -angelegenheiten)* anderer Leute.

Hẹr|zens|angst, die (geh.): *große Angst, Furcht:* in all ihrer H. wusste sie nicht, wohin sie sich wenden sollte.

Hẹr|zens|be|dürf|nis, das: in der Verbindung **jmdm. [ein] H. sein** (geh.; *für jmdn. ganz persönlich von großer Wichtigkeit sein; jmdm. ein inneres Bedürfnis sein*): die Reise zu ihrer Mutter war ihr ein H.; Soeft begrüßte ihn wie einen lang ersehnten Bruder, den in seine Arme zu schließen ihm H. war (Kirst, 08/15, 841).

Hẹr|zens|bil|dung, die ⟨o. Pl.⟩ (geh.): *feines Gefühl, Befähigtsein für den verständnisvollen, taktvollen Umgang mit Menschen:* Kavalier der alten Schule bietet einer Dame mit H., zwischen 55 bis 62 Jahren, gleichwertige Partnerschaft (Mannheimer Wochenblatt 13, 1980, 4); So etwas können nur Menschen ohne H. tun und solche, die völlig gefühllos sind (Hörzu 14, 1979, 161).

◆ **Hẹr|zens|brast,** der; -[e]s [zu: Brast = schwerer Kummer, schwere Sorge, zu mhd. bresten, ↑Gebresten]: *großer seelischer Schmerz, Kummer:* ...vertrieb er sich die Zeit, samt seinem H., auf das Anmutigste und Beste (Mörike, Hutzelmännlein 176).

Hẹr|zens|bre|cher, der; -s, -: *Mann, der viel Erfolg bei Frauen hat:* Die Army hatte gerufen, und der hüftenschwingende H. (= E. Presley) hatte sich die Uniform angezogen und war einer von 1.300 Soldaten der dritten amerikanischen Panzerdivision aus Fort Hood, die ... in Bremerhaven anlandeten (taz 24. 8. 98, 23); An ihrer Seite der große italienische H. Marcello Mastroianni (Freizeitmagazin 10, 1978, 18); In den 16 Filmen, die mit ihm gedreht wurden, tritt Müren nicht nur als H. auf, sondern auch als starke männliche Gestalt, die andere Männer verprügelt, wenn sie ein Auge auf die Geliebte werfen (taz 5. 10. 96, 15).

Hẹr|zens|bre|che|rin, die; -, -nen: w. Form zu ↑Herzensbrecher.

Hẹr|zens|bru|der, der (veraltet): **1.** *Bruder, an dem man besonders hängt.* **2.** *Freund, zu dem man eine besonders enge Beziehung hat.*

Hẹr|zens|bund, der (geh.): *auf herzlicher Zuneigung beruhender* [1]*Bund zwischen zwei Menschen:* einen H. schließen.

Hẹr|zens|dieb, der (veraltend, noch scherzh.): *Herzensbrecher.*

Hẹr|zens|die|bin, die (veraltend, noch scherzh.): w. Form zu ↑Herzensdieb.

Hẹr|zens|er|gie|ßung, die, **Hẹr|zens|er|guss,** der (geh. veraltend): *sehr persönliches, meist wortreiches, überschwänglich formuliertes Bekenntnis.*

Hẹr|zens|freu|de, die: *große, tief empfundene Freude.*

Hẹr|zens|freund, der (veraltend): *sehr vertrauter Freund; Freund, zu dem man eine besonders enge Beziehung hat.*

Hẹr|zens|freun|din, die (veraltend): w. Form zu ↑Herzensfreund.

Hẹr|zens|grund, der: in der Fügung **aus H.** *(aus voller Überzeugung; aus tiefstem Herzen):* jmdn., etw. aus H. lieben, verachten, hassen; sie seufzte aus H.

hẹr|zens|gu̲t ⟨Adj.⟩ [mhd. herzeguot]: *von uneingeschränkt herzlicher, gütiger Art; sehr gutmütig u. dabei oft etw. unkritisch:* die gute Fee, die jeden Wunsch erfüllt wie eine -e Mutter (Wilhelm, Unter 88); Im Grunde ist mein Mann ein -er Mensch. Er hat auch immer gut für uns gesorgt (Grossmann, Liebe 14); Dieser biedere Mensch, von dem ich nur sagen kann, dass er ebenso hartnäckig wie h. ist (Böll, Schweigen 94).

Hẹr|zens|gü|te, die (geh.): *große, von Herzlichkeit geprägte Güte.*

Hẹr|zens|jun|ge, der: vgl. Herzenskind.

Hẹr|zens|kind, das: *Kind, das man von Herzen liebhat; Liebling* (meist in der Anrede).

Hẹr|zens|lust, die: in der Fügung **nach H.** *(ganz so, wie man es sich wünscht, wie man gerade Lust dazu hat):* während der Ferien konnten sie dort nach H. schlafen, spielen, schalten und walten; nach H. essen und trinken; Manchmal ... nahm ich mir vor, ihr im Dunkeln aufzulauern und sie nach H. zu verprügeln (H. Weber, Einzug 122).

Hẹr|zens|nei|gung, die (geh.): *von Gefühlswärme bestimmte innere Neigung.*

Hẹr|zens|not, die (geh.): *große innere Bedrängnis, Notlage, Zwangslage:* er habe Höfel in seiner H. allein gelassen (Apitz, Wölfe 135).

Hẹr|zens|qual, die (geh.): *große innere Qual.*

Hẹr|zens|sa|che, die: *Herzensangelegenheit:* gerade deshalb war ihm die Betreuung der antifaschistischen deutschen Literatur eine H. (K. Mann, Wendepunkt 276); Für Ökonomen ist der Freihandel eine H. (Zeit 4. 2. 99, 26); Auch in -n *(Liebesdingen, -angelegenheiten)* sind Sie nun kein Pechvogel mehr (Bild und Funk 9, 1967, 31).

Hẹr|zens|trost, der (geh.): *Trost für ein unglückliches Herz.*

Hẹr|zens|ver|här|tung, die (geh.): *Herzlosigkeit, Mitleidlosigkeit.*

Hẹr|zens|wär|me, die ⟨o. Pl.⟩ (geh.): *Herzlichkeit* (a), *Warmherzigkeit:* von jeher hatten sie es vermieden, einander beim Vornamen zu nennen, einzig und allein aus Scheu vor zu großer H. (Th. Mann, Zauberberg 15).

Hẹr|zens|wunsch, der: *sehnlichster, innigst gehegter Wunsch:* eine solche Reise zu machen war schon immer sein H., ein H. von ihm.

Hẹrz|ent|zün|dung, die: *Karditis.*

hẹrz|er|freu|end ⟨Adj.⟩: *innerlich froh stimmend, sehr erfreuend.*

hẹrz|er|fri|schend ⟨Adj.⟩: *sehr angenehm, natürlich u. dabei anregend wirkend; erfreulich ungekünstelt u. belebend:* sie hat eine -e Art, Natürlichkeit; das war ein -er Spaß; »Das ist ein -er Anblick«, meinte Simon, »diese Frau müsste den ärgsten Pessimisten in gute Laune versetzen, wenn sie ihn nur anschaut ...« (Danella, Hotel 249); das Gespräch mit ihm war geradezu h.; sie lachte so h., dass er mitlachen musste; Über eines sind sich die Leser einig: Das Buch ist h. geschrieben, schon deshalb macht es Spaß (elan 1, 1980, 33).

hẹrz|er|grei|fend ⟨Adj.⟩: *sehr ergreifend, nahe gehend; im Innersten anrührend:* eine -e Geschichte, Szene; Wahrlich -e Klagegesänge stimmte Luis über die Sozialisten an, die Österreich durch die Mietgesetze und eine schleichende Form des Kommunismus angeblich ruinierten (Gregor-Dellin, Traumbuch 158); sie hat [ganz] h. geweint.

hẹrz|er|qui|ckend ⟨Adj.⟩: *herzerfrischend.*

hẹrz|er|schüt|ternd ⟨Adj.⟩ (geh.): *herzergreifend.*

hẹrz|er|wei|chend ⟨Adj.⟩: *herzergreifend.*

Hẹrz|er|wei|te|rung, die: *Erweiterung, Vergrößerung des Herzens (vor allem als Folge ungewöhnlicher körperlicher Belastung z. B. beim Hochleistungssport).*

Hẹrz|fäu|le, die: *Pflanzenkrankheit, bei der die Herzblätter vergilben u. abfallen.*

Hẹrz|feh|ler, der: *Abweichung vom normalen Bau des Herzens, die zu Störungen der Herztätigkeit führt:* Ein großes Loch in der Vorhofscheidewand des Herzens – ein angeborener H., der ihr Leben bald beendet hätte (Wochenpost 13. 6. 64, 5); einen H. haben, operieren.

Hẹrz|flat|tern, das; -s (Med.): *unregelmäßige Herztätigkeit.*

Hẹrz|flim|mern, das; -s (Med.): *vom Eigenrhythmus des Herzens abweichende Bewegungen zahlreicher Fasern od. Fasergruppen des Herzmuskels mit unregelmäßiger Herzschlagfolge u. Ausfall der Pumpleistung des betroffenen Herzabschnitts od. des ganzen Herzens.*

Hẹrz|form, die: *Form (eines Gegenstands), die mit zwei symmetrisch in einer Spitze auslaufenden Rundungen der Form des Herzens* (1 a) *ähnlich ist:* ein Lebkuchen in H.

hẹrz|för|mig ⟨Adj.⟩: *Herzform aufweisend:* ein -es Blatt; der Ausschnitt des Kleides ist h.

Hẹrz|fre|quenz, die (Med.): *Anzahl der Herzschläge in der Minute.*

Hẹrz|funk|ti|on, die (Med.): *Funktion des Herzens* (1 a); *Herztätigkeit:* die H. prüfen.

Hẹrz|funk|ti|ons|stö|rung, die (Med.): *Störung der Herzfunktion.*

Hẹrz|ge|gend, die ⟨o. Pl.⟩: *Umgebung des Herzens:* Schmerzen, Stiche in der H. haben; Bei Selbstmord wird von Rechtshändern in die rechte, von Linkshändern in die linke Kopfhälfte geschossen oder in die H. (Medizin II, 48).

hẹrz|ge|liebt ⟨Adj.⟩ (geh): *sehr, innig geliebt:* -es Brüderchen.

Hẹrz|ge|räusch, das ⟨oft Pl.⟩ (Med.): *neben den normalen Herztönen auftretende Geräusche der Herztätigkeit, die auf eine krankhafte Veränderung hindeuten.*

Hẹrz|ge|spann, das [mhd. herzgespan, früher als Heilpflanze gegen das Herzgespann gebraucht, eine Krankheit, die man sich als eine Spannung der das Herz umgebenden Haut vorstellte]: *auf Schuttplätzen u. an Wegrändern wachsendes Unkraut mit kleinen rötlichen od. blassrosa Blüten.*

hẹrz|ge|win|nend ⟨Adj.⟩ (geh.): *Sympathie, Zuneigung erweckend; sehr gewinnend, liebenswert, sympathisch:* ein -es Wesen; von -er Fröhlichkeit sein; h. lachen.

Hẹrz|gru|be, die: *Magengrube.*

hẹrz|haft ⟨Adj.⟩ [mhd. herzehaft = mutig; besonnen, verständig]: **1. a)** (veraltend) *beherzt, mutig, unerschrocken, entschlossen:* ein -er Entschluss; er sah dem Gegner h. ins Auge; **b)** *von beträchtlicher Heftigkeit, Festigkeit, Größe, Stärke o. Ä., von gehörigem Ausmaß; ordentlich, kräftig:* ein -er Händedruck, Kuss; In Lübeck wurde sie von ihrem Schwiegersohn Marten in Empfang genommen. Eine kleine -e Umarmung genügte (Brückner, Quints 117); ein -es Lachen; einen -en Schluck nehmen; sie packten alle h. zu; Er gähnte laut und h. (Sebastian, Krankenhaus 88). **2.** *nahrhaft, gehaltvoll; von kräftigem, würzigem Geschmack:* ein -es Frühstück, Essen; Junges -es Lammfleisch an einer ungarischen Paprikasauce (NZZ 30. 8. 86, 12); Völlig durchgegoren präsentiert sich der Silvaner sogar als ein -er, charaktervoller Tropfen (e&t 6, 1987, 110); der Eintopf war, schmeckte sehr h.; Die Aprikosen 10 Minuten sanft kochen lassen und zum Schluss mit Salz und Tabasco h. abschmecken (e&t 6, 1987, 21); ⟨subst.:⟩ er isst gern etwas Herzhaftes.

◆ **hẹrz|haf|tig** ⟨Adj.⟩: *herzhaft* (1 a): Der kleine Strauß war h. und hat gestern auf dem Römer dem Stechen zugesehen und hat geglaubt, man kenne ihn nicht (Heine, Rabbi 470).

Hẹrz|haf|tig|keit, die; -: **1.** (veraltend) *Mut, Entschlossenheit, Furchtlosigkeit.* **2.** *das Herzhaftsein* (2).

Hẹrz|hy|per|tro|phie, die (Med.): *Zunahme der Herzmuskulatur u. damit der Größe u. des Gewichts des Herzens bei länger andauernder, vermehrter Beanspruchung* (z. B. beim Hochleistungssport).

hẹr|zie|hen ⟨unr. V.⟩: **1.** ⟨hat⟩ **a)** (ugs.) *durch Ziehen an den Ort des Sprechenden bewegen:* sich den Stuhl, Tisch h.; jmdn. zu sich h.; **b)** *ziehend* (1 a, b) *mit sich führen:* einen Handwagen, Karren, Schlitten, ein Kind hinter sich h.; einen Hund an der Leine hinter sich h.; In einer stilleren Gasse wurde sie von Franziska angesprochen, die einen Caddie hinter sich herzog (Handke, Frau 42); Ü das Flugzeug zieht einen weißen Kondensstreifen hinter sich her. **2.** *vor, hinter od. neben jmdm., einem Fahrzeug o. Ä. hergehen* (1), *herlaufen* (2) ⟨ist⟩: vor den Fackelträgern zog eine Musikkapelle her; die Kinder zogen hinter dem Zirkuswagen, neben der Musikkapelle her; Hausgansküken ..., die in eng geschlossenem Haufen hinter der Mutter herziehen (Lorenz, Verhalten I, 258). **3.** *an den Ort des Sprechenden umziehen* ⟨ist⟩: sie sind vor ein paar Jahren, erst kürzlich hergezogen. **4.** (ugs.) *über einen Abwesenden schlecht, gehässig reden, indem man besonders dessen [angebliche] Feh-*

ler u. Schwächen hervorhebt u. schonungslos beredet ⟨ist/hat⟩: die Nachbarn zogen in übler Weise über das Mädchen her; Deine Gäste ziehen über mich her. Sie lästern und zischeln (Strauß, Niemand 35); wenn er über politische Naivität seines Parteivorsitzenden herzieht (Spiegel 38, 1974, 25).

her|zig ⟨Adj.⟩: *durch besondere Anmut, Niedlichkeit o. Ä. Gefallen erregend; reizend, wonnig:* ein -es Kind, Kleidchen; Dabei rümpfte sie ihr -es Stumpfnäschen (Kisch, Reporter 106); ist die Kleine nicht h.?; sie lacht, plappert so h.

Herz|in|farkt, der: *Zerstörung von Gewebe des Herzmuskels durch Verstopfung der Herzkranzgefäße u. dadurch unterbrochener Versorgung mit Blut; Myokardinfarkt:* einen H. bekommen, haben; Die Ärzte diagnostizierten im Nachhinein einen milden H. und verordneten ihm vier Wochen Ruhe (Schreiber, Krise 241); an einem H. sterben.

Herz|in|nen|haut, die: *Endokard.*

Herz|in|nen|haut|ent|zün|dung, die: *Endokarditis.*

herz|in|nig ⟨Adj.⟩ (veraltend): *sehr innig, sehr herzlich, tief empfunden:* das war ihr -ster Wunsch; sich h. umarmen, verabschieden; wieder nickten die beiden, der eine von der Wand, der andere wieder aus seinem Stuhl, nickten lange und h. (Muschg, Gegenzauber 98).

herz|in|nig|lich ⟨Adj.⟩ [mhd. herzeinneclich] (veraltend): *herzinnig.*

Herz|in|suf|fi|zi|enz, die (Med.): *Funktionsschwäche des Herzens* (1 a).

Herz|ja|gen, das; -s: *Tachykardie.*

Herz-Je|su-Bild, das: *Andachtsbild, auf dem Jesus mit dem Herzen auf der Brust dargestellt ist, das von einer Gloriole umstrahlt od. von Dornen umwunden ist [u. aus dem Flammen schlagen].*

Herz-Je|su-Ver|eh|rung, die ⟨o. Pl.⟩ (kath. Kirche): *mystische Verehrung des Herzens Jesu, die dieses als Symbol des ganzen Menschen Jesus Christus, vor allem seiner aufopfernden Liebe, versteht.*

Herz|kam|mer, die: *in je einer der beiden voneinander getrennten Hälften des Herzens gelegener, von starken Muskeln gebildeter Hohlraum; Ventrikel:* die rechte, linke H.

Herz|kas|per, der (ugs.): *Herzanfall, Herzjagen.*

Herz|ka|the|ter, der (Med.): *der Untersuchung des Herzens dienender, dünner, biegsamer Katheter, der, mit einer physiologischen Kochsalzlösung gefüllt, durch ein entfernt vom Herzen gelegenes Blutgefäß (meist eine Vene) eingeführt u. bis ins Herz vorgeschoben wird:* Die Sondierung des Herzens mittels des -s ... ermöglicht eine verfeinerte Diagnostik der meist recht komplizierten Defekte (Medizin II, 296).

Herz|ka|the|te|ri|sie|rung, die, **Herz|ka|the|te|ris|mus,** der (Med.): *Untersuchung des Herzens mithilfe eines Herzkatheters.*

Herz|kir|sche, die [nach der herzförmigen Rundung]: *Süßkirsche mit meist dunkelrotem, saftigem Fruchtfleisch.*

Herz|klap|pe, die: *klappenartige, wie ein Ventil den Blutstrom steuernde Gewebsbildung im Herzen.*

Herz|klap|pen|de|fekt, der (Med.): *Herzklappenfehler.*

Herz|klap|pen|ent|zün|dung, die (Med.): *entzündliche Erkrankung der Herzinnenhaut an den Herzklappen.*

Herz|klap|pen|feh|ler, der (Med.): *(angeborener od. durch entzündliche Herzerkrankungen entstandener) Defekt der Herzklappen.*

Herz|klaps, der [zu ↑Klaps od. volkst. gek. aus ↑Kollaps] (ugs.): *Herzkollaps, -versagen, -schlag:* sie bekam vor Schreck fast einen H.

Herz|klop|fen, das; -s: *verstärktes, beschleunigtes Schlagen des Herzens:* starkes, heftiges H. haben, bekommen; sie sah den entscheidenden Stunden mit H. *(mit einiger Aufregung)* entgegen.

Herz|knacks, der (ugs.): *Herzfehler.*

Herz|kohl, der (landsch.): *Wirsing.*

Herz|kol|laps, der: *Herzversagen.*

Herz|kö|nig [auch: -'--], der: *König* (2 b) *der Farbe Herz* (6 a): den H. ausspielen; Ü als sich herausstellt, dass der von Mama auserwählte Favorit das krasse Gegenteil von Jennifers eigenem H. *(Geliebten)* ist (Bild u. Funk 16, 1966, 45).

Herz|krampf, der: *krampfartige Erscheinung am Herzen (bes. bei Angina Pectoris).*

herz|krank ⟨Adj.⟩: *an einer Herzkrankheit leidend:* -e Patienten; er ist seit Jahren h.

Herz|krank|heit, die: *Erkrankung des Herzens.*

Herz|kranz|ge|fäß, das ⟨meist Pl.⟩: *Blutgefäß des Herzens, das die Muskulatur des Herzens mit Blut versorgt; Koronargefäß.*

Herz-Kreis|lauf-Er|kran|kung, die (Med.): *krankhafte Veränderung des Herzens u. der Schlagader, bes. der Herzkranzgefäße.*

Herz|kur|ve, die: *Kardioide.*

Herz|land, das ⟨o. Pl.⟩: *als Mittelpunkt für etw. geltendes, zentral gelegenes Land:* Von jenem Tag an war Zaire, ... das riesige H. Afrikas, integrierender Bestandteil ... (Scholl-Latour, Frankreich 495).

Herz|lei|den, das: *Herzkrankheit.*

herz|lei|dend ⟨Adj.⟩: *herzkrank.*

herz|lich ⟨Adj.⟩ [mhd. herze(n)lich]: **1. a)** *Warmherzigkeit, eine von innen kommende Freundlichkeit besitzend, ausstrahlend, zeigend; voller Gefühlswärme u. liebevoll entgegenkommend:* -e Worte, Blicke; ein -es Lächeln; Sintenis schickte Hermann sein Buch »Askanische Heimat« mit einer -en Widmung (Bieler, Bär 58); Tatsächlich hatte die Herzogin Elisabeth in ihrem nicht nur höflichen, sondern auch -en Brief Simon und Cornelius ebenfalls eingeladen (Danella, Hotel 325); die Menschen waren -en Wesens (Koeppen, Rußland 113); er war sehr h. zu mir; Wenn ich aber sehe, wie die Waadtländer h. untereinander sind (Vaterland 26. 7. 84, 3); sie waren, standen sehr h. miteinander; wir wurden h. empfangen; **b)** *dem innersten Gefühl entsprechend; aufrichtig, ehrlich gemeint; von Herzen kommend:* -en Anteil an jmds. Schicksal nehmen; mit jener sonderbaren Mischung von -em Mitfühlen und kalter Beobachtung (Hesse, Narziß 266); nun habe ich noch eine -e *(dringende, mir am Herzen liegende)* Bitte; sein Gruß war, klang nicht gerade h.; sich h. bei jmdm. bedanken; die Verleihung des Ordens ..., zu welcher Papa und ich dir h. gratulieren (Th. Mann, Krull 400); häufig in Gruß-, Dank-, Wunschformeln: -e Grüße; -en Dank, Glückwunsch; -es Beileid; als Briefschluss: h. dein ...; -st euer ... **2.** ⟨verstärkend bei Adj. u. Verben⟩ *sehr; recht, ziemlich, überaus:* der Vortrag war h. langweilig, schlecht; das ist h. wenig; h. gern!; Die Packung und der Markenname, beide h. unattraktiv, werden ... (Tages Anzeiger 30. 7. 84, 37); das süße, durchsichtig schimmernde Honiggold der Steine entzückte mich so h., dass ... (Th. Mann, Krull 157); als er das hörte, musste er h. lachen.

Herz|lich|keit, die; -, -en: **1.** ⟨o. Pl.⟩ **a)** *von innen kommende Freundlichkeit; herzliches* (1 a) *Wesen, Entgegenkommen:* Die ungewohnte H., die ihm hier entgegenschlug, machte ihn verlegen (Kirst, 08/15, 348); mit innerer, strahlender, theatralischer H.; einen Besuch voller H. empfangen; **b)** *Aufrichtigkeit, Echtheit, Ehrlichkeit; herzliche* (1 b) *Art:* er zweifelte an der H. ihrer Anteilnahme. **2.** *herzliche Verhaltensweise, Äußerung:* sich für eine H. bedanken; Nach meinem Dafürhalten ist es bloße Sentimentalität, zu sagen, sie seien »auch Menschen«, mit den -en von solchen (Th. Mann, Krull 222).

herz|lieb ⟨Adj.⟩ (veraltend): *herzallerliebst.*

Herz|liebs|te, der u. die (veraltet): *Herzallerliebste[r].*

herz|los ⟨Adj.⟩ [mhd. herzelōs]: *kein Mitleid zeigend; ohne Mitgefühl; gefühllos, hart:* ein -er Mensch; eine -e Tat; das war sehr h. von ihm; h. handeln.

Herz|lo|sig|keit, die; -, -en: **a)** ⟨o. Pl.⟩ *das Herzlossein, herzlose Haltung, herzloses Verhalten:* seine Handlungsweise zeugt von großer H.; **b)** *herzlose Bemerkung, Handlung:* solche -en war er allmählich von ihr gewöhnt.

Herz-Lun|gen-Ma|schi|ne, die: *medizinisches Gerät, das als künstlicher Ersatz für den natürlichen Körperkreislauf des Blutes für kürzere Zeit die Funktion des Herzens u. der Lunge übernehmen kann.*

Herz|mas|sa|ge, die: *rhythmisches Zusammendrücken, Pressen des Herzens, um die Herztätigkeit aufrechtzuerhalten od. wieder in Gang zu bringen (bes. als Maßnahme der ersten Hilfe):* Schwerstarbeit: H. bei geschlossenem Brustkorb (Hackethal, Schneide 39).

Herz|mit|tel, das (ugs.): *Arzneimittel zur Unterstützung u. Verbesserung der Herztätigkeit.*

Herz|mu|schel, die: *[essbare] Muschel mit rundlich herzförmigen, stark gerippten Schalen.*

Herz|mus|kel, der: *zwischen der Innenhaut u. dem Herzbeutel gelegene Muskel-*

schicht, Muskelgewebe des Herzens; Myokard.

Herz|mus|kel|ent|zün|dung, die (Med.): *Myokarditis,*

Herz|mus|kel|schwä|che, die (Med.): *Kontraktionsschwäche des Herzmuskels.*

Herz|mus|ku|la|tur, die (Anat.): vgl. Beinmuskulatur.

herz|nah ⟨Adj.⟩: *in unmittelbarer Nähe des Herzens gelegen:* -e Gefäße; Der Lymphabstrom erfolgt in -e große Blutadern (Medizin II, 19).

Herz|neu|ro|se, die (Med.): *mit einer panischen Angst [vor einem Stillstehen des Herzens] verbundenes, anfallweise auftretendes, heftiges Herzklopfen.*

Her|zog [...tso:k], der; -s, Herzöge, seltener: -e [mhd. herzoge, ahd. herizogo, wohl aus dem Got., urspr. = Heerführer, 1. Bestandteil zu ↑Heer, 2. Bestandteil zu ↑ziehen]: **1. a)** *(in germanischer Zeit) für die Dauer eines Kriegszugs gewählter od. durch Los bestimmter Heerführer;* **b)** *(von der Merowingerzeit an) über mehrere Grafen gesetzter königlicher Amtsträger mit zunächst vorwiegend militärischen Aufgaben, später zum Teil stammesherrschaftlichen Befugnissen [u. Unabhängigkeit vom König].* **2. a)** ⟨o. Pl.⟩ *Adelstitel eines Angehörigen des hohen Adels im Rang zwischen König u. Fürst* (als Bestandteil des Familiennamens hinter dem Vornamen stehend): der Besitz H. Meiningens, des -s [von] Meiningen; Anschrift: Herrn Friedrich H. [von] Meiningen; Briefanrede: sehr geehrter Herr H. [von] Meiningen; **b)** *Angehöriger des hohen Adels im Rang zwischen König u. Fürst; Träger des Adelstitels Herzog* (2 a): der H. kommt; die deutschen Herzöge; sie traf mit mehreren Herzögen Europas zusammen.

Her|zo|gin, die; -, -nen [mhd. herzoginne]: **1.** w. Form zu ↑Herzog. **2.** *Frau eines Herzogs.*

Her|zo|gin|mut|ter, die ⟨Pl. ...mütter⟩: *Mutter eines regierenden Herzogs.*

her|zog|lich ⟨Adj.⟩: *einen Herzog, den Titel od. Stand eines Herzogs betreffend, zu ihm gehörend, ihm zustehend:* die -e Familie; Man bedeutete ihm, dass sein Vater ... ein -er Kaufmann gewesen sei (Jahnn, Geschichten 163); -er Besitz; das -e Wappen.

Her|zogs|hut, der; -[e]s, ...hüte: *ähnlich der Königskrone bei bestimmten Zeremonien getragene Kopfbedeckung eines Herzogs in Gestalt einer Purpurkappe.*

Her|zogs|wür|de, die; -: *mit dem Titel, den Ehren, den Befugnissen eines Herzogs verbundener Rang.*

Her|zog|tum, das; -s, ...tümer [mhd., spätahd. herzog(en)tuom]: *Territorium mit einem Herzog als Oberhaupt; Besitz, Herrschaftsbereich eines Herzogs:* Er besitzt mehrere Herzogtümer. Das ist Schwaben, ist Bayern und Österreich. Drei Herzogtümer. Das ganze Reich hat sieben (Hacks, Stücke 9).

Herz|ope|ra|ti|on, die: *operativer Eingriff am Herzen.*

Herz|pa|ti|ent, der: *an einer Herzkrankheit leidender od. am Herzen operierter Patient.*

Herz|pa|ti|en|tin, die: w. Form zu ↑Herzpatient.

Herz|pe|ri|o|de, die (Med.): *(regelmäßig wiederkehrende) Phase der Herztätigkeit, die Zusammenziehung u. Dehnung, Kontraktion u. Erschlaffung umfasst* (Systole u. Diastole).

Herz|punkt, der (geh.): *wesentlicher, wichtigster Punkt; etw., worauf es ankommt; Kernpunkt:* diese Lösung hängt sogar mit dem H. des Evangeliums zusammen (Thielicke, Ich glaube 198).

Herz|rhyth|mus, der (Med.): *Schlagrhythmus des Herzens; Zusammenziehung, Kontraktion u. Erweiterung, Erschlaffung des Herzmuskels in ihrer exakten zeitlichen Abfolge* (Systole u. Diastole).

Herz|rhyth|mus|stö|rung, die (Med.): *Störung des normalen Herzrhythmus.*

Herz|schall, der (Med.): *Herzton.*

Herz|schei|de|wand, die (Med.): *Scheidewand zwischen linker u. rechter Herzkammer.*

Herz|schlag, der: **1. a)** *durch Zusammenziehung, Kontraktion der Herzmuskulatur entstehender Schlag des Herzens:* ihr Herz ging so heftig, dass sie glaubte, alle Anwesenden müssten ihre Herzschläge vernehmen; er hatte einen H. lang (geh.; *für einen Augenblick*) das Gefühl, dies alles schon einmal erlebt zu haben; für eines -s Länge (geh.; *für eine ganz kurze Zeit*) war sie wunschlos glücklich (Wendtland, Eisprinzeßchen 6); **b)** ⟨o. Pl.⟩ *rhythmische Abfolge der Herzschläge* (1 a): sein H. stockte, setzte für einen Moment aus; Sein H. dröhnt wie in einem leeren Fass (Ossowski, Flatter 200); einen langsamen, beschleunigten H. haben; Ü der H. (geh.; *das pulsierende Leben*) einer Großstadt; Camões hat ihnen etwas von seinem starken H. (geh.; *seiner Lebenskraft*) gegeben (Schneider, Leiden 110). **2.** *zum Tod führender plötzlicher Ausfall der Herztätigkeit:* einen H. erleiden; einem H. erliegen; Die Eltern tot, vom H. hingerafft (K. Mann, Wendepunkt 434).

Herz|schlag|fol|ge, die: *Abfolge der Herzschläge* (1 a): Unregelmäßigkeiten der H. (Medizin II, 295).

Herz|schmerz, der ⟨meist Pl.⟩: *vom Herzen ausgehender Schmerz; Schmerz in der Herzgegend:* heftige, starke -en haben.

Herz|schritt|ma|cher, der: **1.** (Anat.) *Teil des Herzens, von dem die elektrische Erregung für jeden Herzschlag* (1 a) *ausgeht.* **2.** (Med.) *[in den Körper implantiertes] durch Batterien betriebenes Gerät, das bei schweren Störungen der Herztätigkeit die elektrischen Impulse zur periodischen Reizung der Herzmuskulatur liefert.*

Herz|schwä|che, die: *Herzinsuffizienz.*

Herz|sen|kung, die (Med.): *Senkung des Herzens ohne krankhaften organischen Befund, Kardioptose.*

Herz|spen|der, der: *Verstorbener, dessen Herz einem Herzkranken transplantiert wird.*

Herz|spen|de|rin, die: w. Form zu ↑Herzspender.

Herz|spe|zia|list, der: *Kardiologe.*

Herz|spe|zia|lis|tin, die: w. Form zu ↑Herzspezialist.

herz|stär|kend ⟨Adj.⟩: *das Herz* (1 a) *stärkend, die Herztätigkeit unterstützend:* ein -es Mittel.

Herz|stär|kung, die ⟨o. Pl.⟩: *Stärkung des Herzens* (1 a), *Unterstützung der Herztätigkeit:* zur H. nahm sie eine Arznei.

Herz|stär|kungs|mit|tel, das: *Herzmittel.*

Herz|stich, der ⟨meist Pl.⟩: *kurz anhaltender, stechender Schmerz in der Herzgegend.*

Herz|still|stand, der (Med.): *Aufhören der Herztätigkeit:* In aller Regel liegt ein Fehler zugrunde, wenn in der OP-Abteilung ein H. eintritt (Hackethal, Schneide 37).

Herz|stol|pern, das; -s: *unregelmäßige Herztätigkeit, bei der die Empfindung entsteht, das Herz würde kurz aufhören zu schlagen u. danach rasch seine Tätigkeit wieder aufnehmen:* Als Rhythmusstörung gilt etwa das harmlose H. nach durchzechter Nacht (Spiegel 11, 1979, 18).

Herz|stück, das (geh.): *wesentlicher, wichtigster Teil; etw., Teilstück, auf das es ankommt; Kernstück:* zwei Särge in dem hellen Gartensaal, der das H. des Hauses war (Dönhoff, Ostpreußen 216); Der Motor ... besteht aus lediglich acht Teilen. Das H. ist ein frei fliegender Stufenkolben (Münchner Rundschau 16. 9. 83, 1); Die Frage, ob die Umweltverträglichkeitsprüfung (UVP) das »Herzstück« des neuen Bundesgesetzes über den Umweltschutz (USG) sei (NZZ 30. 8. 86, 31).

Herz|tam|po|na|de, die (Med.): *tamponartiger Verschluss des Herzbeutels durch Blutgerinnsel.*

Herz|tä|tig|keit, die: *Arbeit, Tätigkeit des Herzens, durch die das Blut in die Arterien gepumpt wird.*

◆ **herz|tau|send** ⟨Adj.⟩: *herzallerliebst:* Adies, -er Schatz (Cl. Brentano, Kasperl 364).

Herz|tod, der: *innerhalb kürzester Zeit durch den plötzlichen Ausfall der Herztätigkeit herbeigeführter Tod.*

Herz|ton, der ⟨Pl. ...töne; meist Pl.⟩ (Med.): *durch die Herztätigkeit entstehender, regelmäßig sich wiederholender Ton:* die Herztöne des Patienten wurden immer schwächer.

Herz|trans|plan|ta|ti|on, die: *Transplantation des Herzens eines Verstorbenen in den Körper eines lebenden Menschen, dessen erkranktes Herz operativ entfernt wird.*

Herz|trop|fen ⟨Pl.⟩: *herzstärkende, herzwirksame Tropfen* (2).

her|zu ⟨Adv.⟩ [mhd. her zuo, ahd. hera (hara) zuo, aus ↑her u. ↑zu] (geh.): *von dort hierher, auf den Sprechenden zu; herbei.*

her|zu|ei|len ⟨sw. V.; ist⟩ (geh.): *eilends herzukommen; herbeieilen:* Matthieu eilte herzu, nahm ihn in die Arme (Jahnn, Nacht 136).

her|zu|kom|men ⟨st. V.; ist⟩ (geh.): *von*

dort auf den Sprechenden zukommen; herbeikommen.

her|zu|tre|ten ⟨st. V.; ist⟩: *von einer entfernt liegenden Stelle auf den Sprechenden zutreten:* Die Aufseherin trat herzu, und ich nahm den Hut und bezahlte (Seghers, Transit 259).

Herz|ver|fet|tung, die: *Fettherz.*

Herz|ver|grö|ße|rung, die: *Herzhypertrophie.*

Herz|ver|pflan|zung, die: *Herztransplantation.*

Herz|ver|sa|gen, das; -s: *Aufhören, Unterbrechung od. starke Verminderung der Herztätigkeit:* die Untersuchung habe erwiesen, dass sie an akutem H. gestorben sei (MM 27./28. 9. 75, 24).

Herz|weh, das ⟨o. Pl.⟩ [2: mhd. herzewē]: **1.** (veraltet) *Herzschmerzen.* **2.** (geh.) *großer Kummer, Schmerz; tiefes Leid.*

herz|wirk|sam ⟨Adj.⟩: *bei bestimmten Herzkrankheiten günstig auf das Herz, die Herztätigkeit einwirkend:* Die -en Glykoside aus der Digitalisdroge (Medizin II, 199); das Mittel ist nicht speziell h.

her|zy|nisch ⟨Adj.⟩ [nach dem antiken Namen Hercynia silva (= Herzynischer Wald) für das deutsche Mittelgebirge] (Geol.): *(vom Bau der Erdkruste) parallel zum Nordrand des [2]Harzes von Nordwesten nach Südosten verlaufend.*

herz|zer|rei|ßend ⟨Adj.⟩: *tiefstes Mitgefühl, Mitleid erweckend; jammervoll, erschütternd:* eine -e Abschiedsszene; sie weinte [ganz] h.; Katharina ... warf sich dann plötzlich in seinen Schoß und schluchzte so h., dass ... (Bieler, Mädchenkrieg 153); (iron.:) Das ist h., ein Mensch ohne Vernunft (Hacks, Stücke 170).

Hes|pe|ri|de, die; -, -n ⟨meist Pl.⟩ [griech. Hesperídes, eigtl. = Töchter des Westens] (griech. Myth.): *eine der Hüterinnen der goldenen Äpfel im Garten der Götter.*

Hes|pe|ri|din, das; -s [1828 von dem frz. Apotheker Lebreton entdeckt u. nach den Äpfeln der Hesperiden benannt] (Chemie, Med.): *in den Fruchtschalen von Orangen vorkommendes, in Wasser schwer lösliches Glykosid mit hemmender Wirkung auf die Gewebsdurchlässigkeit.*

Hes|pe|ri|en ⟨Pl.⟩ [lat. Hesperia < griech. hespéria = Westen, zu: hespérios = abendlich, westlich] (im Altertum dichter.): *Land gegen Westen (bes. Italien u. Spanien).*

hes|pe|risch ⟨Adj.⟩ [zu griech. hésperos = abendlich, westlich; Abend; Abendstern] (bildungsspr.): *abendländisch, weltlich:* Über der Lyrik Quasimodos liegt nicht jene -e Helligkeit, wie man sie ... vermuten könnte *(seine Lyrik ist dunkel, vieldeutig;* FAZ 19. 8. 61, 2).

Hes|pe|ros, Hes|pe|rus, der; - [lat. Hesperus, Hesperos < griech. hésperos] (griech. Myth.): der Abendstern.

Hes|se, der; -n, -n: Ew.

Hes|sen; -s: Bundesland der Bundesrepublik Deutschland.

Hes|sen|land, das: vgl. Hessen.

Hes|sen-Nas|sau; -s: ehemalige preußische Provinz.

Hes|si|an [ˈhɛsɪən], das u. der; -[s] [engl. hessian, eigtl. = hessisch, Hesse; wohl nach der engl.-amerikan. Bez. hessian für einen groben, ungeschlachteten Menschen]: *grobes, naturfarbenes Jutegewebe in Leinenbindung, das bes. für Säcke verwendet wird.*

Hes|sin, die; -, -nen: w. Form zu ↑Hesse.

hes|sisch ⟨Adj.⟩: *Hessen, die Hessen betreffend; aus Hessen stammend.*

Hes|tia (griech. Myth.): Göttin des Herdes.

He|sy|chas|mus, der; - [zu griech. hēsychía = Ruhe, Stille, hḗsychos = ruhig, still]: *im orthodoxen Mönchtum der Ostkirche eine mystische Bewegung, die durch stille Konzentration das göttliche Licht zu schauen sucht.*

He|sy|chast, der; -en, -en [griech. hēsychastḗs]: *Anhänger des Hesychasmus.*

[1]He|tä|re, die; -, -n [griech. hetaíra, eigtl. = Gefährtin]: **1.** *(in der Antike) meist hochgebildete, oft politisch einflussreiche Freundin, Geliebte bedeutender Männer.* **2.** (bildungsspr.) *Prostituierte:* ... sofern nicht die damit verbundenen erotischen Sublimationsbedürfnisse des Mannes von -n oder Geishas befriedigt werden (Schelsky, Soziologie 35).

[2]He|tä|re, der; -n, -n [zu griech. hetaĩros = Gefährte, Genosse; ↑[1]Hetäre]: **a)** *freier Gefolgsmann, Adliger am makedonischen Hof, der dem König beratend zur Seite stand;* **b)** *im makedonischen Heer Angehöriger der Adelsreiterei.*

He|tä|rie, die; -, -n [griech. hetaireía]: *[alt]griechische (meist geheime) politische Verbindung.*

he|ter-, He|ter-: ↑hetero-, Hetero-.

he|te|ro ⟨indekl. Adj.⟩ (ugs.): kurz für ↑heterosexuell: wie soll ich denn wissen, wer schwul und wer h. ist? (Siems, Coming out 188).

He|te|ro, der; -s, -s (ugs.): kurz für ↑Heterosexuelle(r): Gerade das Auffallen war immer meine größte Sorge – nur nichts anders machen als die -s (Jaekel, Ghetto 25).

he|te|ro-, He|te|ro-, (vor Vokalen auch:) heter-, Heter- [griech. héteros] ⟨Best. in Zus. mit der Bed.⟩: *anders, fremd, ungleich, verschieden:* heterodont, heterogen; Heterosexualität.

he|te|ro|blas|tisch ⟨Adj.⟩ [zu ↑Blastom]: **1.** (Bot.) *(von Jugend- u. Folgeformen pflanzlicher Organe) unterschiedlich ausgebildet.* **2.** (Mineral.) *(von der Korngröße bei metamorphen Gesteinen) ungleich entwickelt.*

He|te|ro|chro|mie, die; -, -n [zu ↑Chrom] (Med., Biol.): *unterschiedliche Färbung normalerweise gleichfarbiger Gewebe- od. Organteile* (z. B. der Iris der Augen).

He|te|ro|chro|mo|som, das; -s, -en (Med., Biol.): *Geschlechtschromosom.*

he|te|ro|cy|clisch: ↑heterozyklisch.

he|te|ro|dont ⟨Adj.⟩ [zu griech. odoús (Gen.: odóntos) = Zahn] (Biol.): *(vom Gebiss fast aller Säugetiere) mit verschiedenartigen Zähnen (wie Schneide-, Eck-, Backenzähnen) ausgestattet.*

He|te|ro|don|tie, die; - (Biol.): *das Vorhandensein eines heterodonten Gebisses.*

he|te|ro|dox ⟨Adj.⟩ [griech. heteródoxos = von anderer Meinung, zu: dóxa = Meinung; Lehre]: **1.** (Rel.) *von der herrschenden Kirchenlehre abweichend; andersgläubig.* **2.** (Schach) *Schachprobleme betreffend, die nicht den normalen Spielbedingungen entsprechen, dem Fairychess angehören.*

He|te|ro|do|xie, die; -, -n [griech. heterodoxía = verschiedene, irrige Meinung] (Rel.): *Lehre, die von der offiziellen Kirchenlehre abweicht; Irrlehre.*

he|te|ro|fi|nal ⟨Adj.⟩ (Philos.): *durch einen anderen als den ursprünglichen Zweck bestimmt.*

he|te|ro|fon usw.: ↑heterophon usw.

he|te|ro|ga|me|tisch ⟨Adj.⟩ [zu ↑Gamet] (Biol.): *verschiedengeschlechtliche Gameten bildend.*

He|te|ro|ga|mie, die; - [zu griech. gámos = Ehe] (Soziol.): *Ungleichheit der Partner bei der Wahl des Gatten, bes. hinsichtlich sozialer Herkunft u. kultureller Prägung, des Alters, der Konfession o. Ä.*

he|te|ro|gen ⟨Adj.⟩ [griech. heterogenḗs, ↑-gen] (bildungsspr.): *nicht gleichartig im inneren Aufbau; uneinheitlich, aus Ungleichartigem zusammengesetzt; ungleichmäßig aufgebaut, ungleichartig, nicht homogen:* eine -e Masse, Gruppe, Schicht; Bei einem national so -en Staat wie Jugoslawien ist es manchmal schwierig, die Einheit zu wahren (W. Brandt, Begegnungen 628); diese Bevölkerung ist auch politisch äußerst h. (NZZ 25. 12. 83, 21); h. zusammengesetzt sein.

He|te|ro|ge|ne|se, die; - (Med.): *anormale, gestörte Gewebsentwicklung.*

He|te|ro|ge|ni|tät, die; -: *Verschiedenartigkeit, Ungleichartigkeit, Uneinheitlichkeit im Aufbau, in der Zusammensetzung.*

He|te|ro|go|nie, die; - [zu griech. gonḗ = das Entstehen, Erzeugung]: **1.** (Biol.) *besondere Form des Generationswechsels bei Tieren (z. B. bei Wasserflöhen), wobei auf eine sich geschlechtlich fortpflanzende Generation eine andere folgt, die sich aus unbefruchteten Eiern entwickelt.* **2.** (bes. Philos.) *Entstehung von Neuem, Nichtangelegtem.*

he|te|ro|grad ⟨Adj.⟩ [↑Grad] (Statistik): *auf quantitative Unterschiede gerichtet:* -e Methoden anwenden.

he|te|ro|graf usw.: heterograph usw.

He|te|ro|gramm, das; -s, -e [↑-gramm] (Sprachw.): *in entlehnten Schriftsystemen die übernommene Schreibung ganzer fremdsprachlicher Wortformen, die jedoch in der eigenen Sprache zu lesen sind.*

he|te|ro|graph, (auch:) heterograf ⟨Adj.⟩ [↑-graph] (Sprachw.): *orthographisch verschieden geschrieben bei gleich lautender Aussprache; Heterographie aufweisend.*

He|te|ro|gra|phie, (auch:) Heterografie, die; - [↑-graphie] (Sprachw.): **1.** *Verwendung gleicher Schriftzeichen für unterschiedliche Laute* (z. B. *ch* im Deutschen für den Achlaut und den Ichlaut). **2.** *unterschiedliche Schreibung von Wörtern mit gleicher Aussprache* (z. B. Kaffee – Café, viel – fiel).

He|te|ro|hyp|no|se, die: *Versenkung in Hypnose durch Fremde.*

He|te|ro|kar|pie, die; - [zu griech. karpós = Frucht] (Bot.): *das Auftreten verschiedengestaltiger Früchte bei einem Pflanzenindividuum.*

he|te|ro|klin ⟨Adj.⟩ [zu griech. klínē = Lager, Bett] (Bot.): *(von Pflanzen) sich durch Fremdbestäubung fortpflanzend.*

He|te|ro|kli|sie, die; - [zu griech. klísis = Deklination, Konjugation] (Sprachw.): *Flexion eines Nomens, bei der verschiedene Stammformen zu einem Paradigma vereinigt sind* (z. B. griech. hēpar, Gen.: hēpatos).

he|te|ro|kli|tisch ⟨Adj.⟩ (Sprachw.): *(von Nomen) in den Flexionsformen verschiedene Stämme aufweisend.*

He|te|ro|kli|ton, das; -s, ...ta [griech. heteróklitos = von verschiedener Deklination] (Sprachw.): *Nomen, das eine, mehrere od. alle Kasusformen nach mindestens zwei verschiedenen Deklinationstypen bildet od. bei dem sich verschiedene Stammformen zu einem Paradigma ergänzen* (z. B. der Staat, des Staates [stark] – die Staaten [schwach]).

He|te|ro|ko|ty|lie, die; - [zu griech. kotýlē = Höhlung; Napf; zu ↑Kotyledone] (Bot.): *Einkeimblätt[e]rigkeit infolge Rückbildung des zweiten Keimblattes.*

he|te|ro|log ⟨Adj.⟩ [zu griech. lógos = Rede, Wort, wissenschaftliche Untersuchung; Suffix mit der Bed. »entsprechend«] (bes. Med.): *abweichend, nicht übereinstimmend, artfremd:* 412 Frauen behandelte er durch -e Insemination *(künstliche Befruchtung mit nicht vom Ehemann stammendem Samen)* erfolgreich (Hörzu 45, 1972, 173).

he|te|ro|mer ⟨Adj.⟩ [zu griech. méros = (An)teil]: *in Bezug auf die Blattkreise einer Blüte, in denen verschieden gegliedert die Zahl der Glieder wechselt.*

He|te|ro|me|rie, die; - (Bot.): *verschiedene Gliederung in Bezug auf die Blattkreise einer Blüte, die alle unterschiedlich viele Glieder aufweisen.*

he|te|ro|me|sisch ⟨Adj.⟩ [zu griech. mésos = mitten] (Geol.): *(von Gestein) in verschiedenen Medien gebildet.*

He|te|ro|me|ta|bo|lie, die; - [↑Metabolie] (Biol.): *schrittweise Metamorphose bei Insekten ohne Puppenstadium.*

he|te|ro|morph ⟨Adj.⟩ [griech. heterómorphos, zu: morphḗ = Gestalt, Form] (Chemie, Physik, Biol.): *anders-, verschiedengestaltig; auf andere, verschiedene Weise gebildet, gestaltet:* die h. ausgebildeten Tierformen beim Generationswechsel.

He|te|ro|mor|phie, die; -, **He|te|ro|mor|phis|mus,** der; -: **1.** (Chemie) *bei manchen Kristallarten auftretende Unstimmigkeit im Aufbau.* **2.** *das Auftreten, Vorhandensein verschiedener Tier- od. Pflanzenformen innerhalb einer Art.*

He|te|ro|mor|pho|se, die; -, -n (Biol.): *bei Pflanzen u. Tieren auftretende Form der Regeneration, bei der anstelle eines verloren gegangenen Teils, Organs ein anders organisiertes, gestaltetes gebildet wird* (z. B. ein Fühler anstelle eines Augenstiels bei bestimmten Krebsen).

he|te|ro|nom ⟨Adj.⟩ [zu griech. nómos = Gesetz]: **1.** (bildungsspr.) *[verwaltungsmäßig] unselbstständig, abhängig; von fremden Gesetzen abhängend:* ein -er Staat. **2.** (Zool.) *(von bestimmten Tieren, z. B. Insekten) ungleichwertig hinsichtlich der einzelnen Körperabschnitte.*

He|te|ro|no|mie, die; -: **1.** (bildungsspr.) *[verwaltungsmäßige] Abhängigkeit, Unselbstständigkeit; von außen her bezogene Gesetzgebung.* **2.** (Philos.) *Abhängigkeit von anderer als der eigenen sittlichen Gesetzlichkeit.* **3.** (Zool.) *heteronome Gliederung, Ungleichartigkeit, Ungleichwertigkeit der Abschnitte eines Tierkörpers.*

he|te|ro|nym ⟨Adj.⟩ (Sprachw.): *die Heteronymie betreffend.*

He|te|ro|nym, das; -s, -e [zu griech. ónyma = Name] (Sprachw.): **1.** *Wort, das von einer anderen Wurzel od. einem anderen Stamm gebildet ist als ein Wort, mit dem es sachlich eng zusammengehört* (z. B. Schwester – Bruder). **2.** *Wort, das in einer anderen Sprache, Mundart od. einem anderen Sprachsystem dasselbe bedeutet* (z. B. dt. Bruder – frz. frère; Samstag – Sonnabend; Orange – Apfelsine).

He|te|ro|ny|mie, die; - (Sprachw.): **1.** *Bildung sachlich zusammengehörender Wörter von verschiedenen Wurzeln (Stämmen).* **2.** *das Vorhandensein mehrerer Wörter aus verschiedenen Sprachen, Mundarten od. Sprachsystemen bei gleich bleibender Bedeutung.*

he|te|ro|phag ⟨Adj.⟩ [zu griech. phageĩn = essen, fressen] (Biol.): **1.** *(von Tieren) sowohl pflanzliche als auch tierische Nahrung fressend.* **2.** *(von Parasiten) auf verschiedenen Wirtstieren od. -pflanzen schmarotzend.*

he|te|ro|phil ⟨Adj.⟩ [zu griech. phileĩn = lieben] (bildungsspr.): *eine Liebesbeziehung, erotische Kontakte zwischen verschiedengeschlechtlichen Partnern ausdrückend, aufweisend:* Die wechselweise homo- und heterophilen Abenteuer des Prinzgemahls waren Gegenstand zahlreicher Anekdoten (Spiegel 35, 1983, 124).

He|te|ro|phi|lie, die; - [zu griech. philía = Liebe, Zuneigung] (bildungsspr.): *Liebesbeziehung, erotische Kontakte zwischen verschiedengeschlechtlichen Partnern.*

he|te|ro|phob ⟨Adj.⟩ [zu griech. phobeĩn = fürchten] (bildungsspr., Fachspr.): *eine starke [krankhafte] Abneigung gegen das andere Geschlecht habend.*

He|te|ro|pho|bie, die; - [↑Phobie] (bildungsspr., Fachspr.): *[krankhafte] Angst vor dem anderen Geschlecht.*

he|te|ro|phon, (auch:) heterofon ⟨Adj.⟩ [griech. heteróphōnos = verschiedenstimmig]: **1.** (Musik) *im Charakter der Heterophonie.* **2.** (Sprachw.) *verschieden lautend, bes. bei gleicher Schreibung* (z. B. Schoß [ʃo:s] = Mitte des Leibes gegenüber Schoß [ʃɔs] = junger Trieb).

He|te|ro|pho|nie, (auch:) Heterofonie, die; - [griech. heterophōnía = Verschiedenheit des Tones, der Stimme, zu: phōnḗ = Ton, Stimme] (Musik): *auf der Grundlage eines bestimmten Themas improvisiertes Zusammenspiel von zwei od. mehreren Stimmen, die tonlich u. rhythmisch völlig selbstständig, spontan durch bestimmte Verzierungen vom Thema abweichen.*

He|te|ro|pho|rie, die; -, -n [zu griech. phoreĩn = tragen, bringen] (Med.): *durch ein Ungleichgewicht in der Spannung der Augenmuskeln hervorgerufene vorübergehende Abweichung eines Auges aus der Parallelstellung.*

He|te|ro|phyl|lie, die; - [zu griech. phýllon = Blatt] (Bot.): *verschiedenartige Ausprägung, unterschiedliche Gestaltung der Laubblätter einer einzelnen Pflanze.*

he|te|ro|pisch ⟨Adj.⟩ [zu griech. ópsis = das Sehen; Aussehen, Erscheinung] (Geol.): *(von Gestein) in verschiedener Fazies* (1) *vorkommend.*

He|te|ro|plas|tik, die; -, -en (Med.): *Verpflanzung von Organen, Gewebeteilen auf ein Lebewesen einer anderen Art* (z. B. vom Tier auf den Menschen).

he|te|ro|plo|id ⟨Adj.⟩ [geb. nach ↑diploid] (Biol.): *eine von dem normalen Chromosomensatz einer Zelle abweichende Chromosomenzahl aufweisend.*

he|te|ro|po|lar ⟨Adj.⟩ (Physik): *entgegengesetzt elektrisch geladen:* -e Bindung *(Zusammenhalt zweier Molekülteile durch entgegengesetzte elektrische Ladung beider Teile).*

He|te|ro|se|mie, die; -, -n [zu griech. sēmeĩon = Zeichen] (Sprachw.): *unterschiedliche Bedeutung des gleichen Wortes in verschiedenen Sprachsystemen* (z. B. *schnuddelig* = obersächs. *unsauber,* berlin. *lecker*).

He|te|ro|se|xu|a|li|tät, die; - (Sexualk.): *sich auf das andere Geschlecht richtendes sexuelles Empfinden u. Verhalten.*

he|te|ro|se|xu|ell ⟨Adj.⟩: *die Heterosexualität betreffend, auf ihr beruhend, für sie charakteristisch; in seinem sexuellen Empfinden u. Verhalten zum anderen Geschlecht hinneigend:* -e Männer, Frauen; Das Mädchen ... stößt in seiner -en Beziehung zum Manne auf den großen Unbekannten (Graber, Psychologie 37).

He|te|ro|se|xu|el|le, der u. die; -n, -n ⟨Dekl. ↑Abgeordnete⟩: *heterosexuell veranlagte männliche bzw. weibliche Person:* der H. verhält sich in solchen Fällen genauso wie der Homosexuelle.

He|te|ro|sis, die; - [griech. hetérōsis = Veränderung] (Biol.): *Auftreten einer im Vergleich zur Elterngeneration [in bestimmten Merkmalen] leistungsstärkeren Filialgeneration.*

He|te|ro|ske|das|ti|zi|tät, die; -, -en [zu griech. skedastikós = zum Zerstreuen gehörend] (Statistik): *signifikante Ungleichheit in der Streuung* (1) *der Ergebnisse von Stichproben in Bezug auf die der Erhebung zugrunde liegenden statistischen Gesamtheit* (1).

He|te|ros|mie, die; -, -n [zu griech. osmḗ = Geruch; Geruchssinn] (Med.): *Störung des Geruchssinns.*

He|te|ro|som, das; -s, -en [zu griech. sōma = Körper] (Biol.): *Heterochromosom.*

He|te|ro|sper|mie, die; - [↑Sperma]

(Biol.): *verschiedenartige Ausbildung der männlichen Geschlechtszellen bei Individuen derselben Art* (z. B. bei manchen Schnecken u. Schmetterlingen).

He|te|ro|sphä|re, die; - (Met.): *der obere Bereich der Atmosphäre (etwa ab 100 km Höhe).*

He|te|ro|spo|ren ⟨Pl.⟩ (Biol.): *der Größe u. dem Geschlecht nach ungleich differenzierte Sporen* (z. B. bei Farnen).

He|te|ro|spo|rie, die; - (Biol.): *Ausbildung von Heterosporen.*

He|te|ro|ste|reo|typ, das ⟨meist Pl.⟩ (Soziol.): *(verhältnismäßig fest gefügtes) Bild, das eine Person od. Personengruppe von einer anderen Person od. Personengruppe hat; Fremdbild.*

He|te|ro|sty|lie, die; - [zu ↑Stylus] (Bot.): *das Vorkommen mehrerer Blütentypen auf verschiedenen Pflanzen derselben Art.*

He|te|ro|te|le|o|lo|gie, die [↑Teleologie], **He|te|ro|te|lie,** die; - [zu griech. télos = Ziel, Zweck] (Philos.): *Unterordnung unter fremde, durch anderes bestimmte Zwecke.*

he|te|ro|therm ⟨Adj.⟩ [zu griech. thermós = warm] (Zool.): *(von Kriechtieren) die eigene Körpertemperatur der Temperatur der Umgebung angleichend, wechselwarm.*

He|te|ro|to|nie, die; -, -n [zu ↑Tonus] (Med.): *Schwankungen des mittleren arteriellen Blutdrucks zwischen normalen u. erhöhten Werten.*

He|te|ro|to|pie, die; -, -n [zu griech. tópos = Ort, Stelle] (Med.): **1.** *an unüblicher Stelle des Körpers od. von Organen ablaufender Vorgang.* **2.** *Bildung von Gewebe od. Körperteilen an atypischer Stelle* (z. B. von Knorpelgewebe im Hoden).

he|te|ro|to|pisch ⟨Adj.⟩ (Geol.): *(von Gestein) in verschiedenen Räumen gebildet.*

He|te|ro|trans|plan|ta|ti|on, die (Med.): *Transplantation von Organen, Gewebeteilen auf ein Lebewesen einer anderen Art* (z. B. vom Tier auf den Menschen).

he|te|ro|trop ⟨Adj.⟩ (Bot., Physik): *anisotrop.*

he|te|ro|troph ⟨Adj.⟩ [zu griech. trophḗ = Nahrung] (Biol.): *in der Ernährung auf Körpersubstanz od. Stoffwechselprodukte anderer Organismen angewiesen:* -e Pflanzen.

He|te|ro|tro|phie, die; - (Biol.): *Ernährungsweise heterotropher Organismen; Ernährung durch Aufnahme organischer Nahrung.*

He|te|ro|tro|pie, die; - (Bot., Physik): *Anisotropie.*

he|te|ro|zerk ⟨Adj.⟩ [zu griech. kérkos = Schwanz] (Zool.): *(von der Schwanzflosse bestimmter Fische) ungleich ausgebildet.*

He|te|ro|ze|te|sis, die; - [zu griech. zḗtēsis = das Suchen; Untersuchung] (bes. Philos.): **1.** *falsche Beweisführung mit beweisfremden Argumenten.* **2.** *verfängliche Frage mit verschiedenen Antwortmöglichkeiten.*

He|te|rö|zie, die; -, -n [zu griech. oikía = Haus] (Biol.): *(von Parasiten) Entwicklung auf verschiedenen Wirtsorganismen.*

he|te|rö|zisch ⟨Adj.⟩ [zu griech. oikía = Haus] (Bot.): *diözisch:* -e Parasiten *(Schmarotzer, die eine Entwicklung auf verschiedenen Wirtsorganismen durchmachen).*

he|te|ro|zön ⟨Adj.⟩ [zu griech. koinós = gemeinsam] (Zool.): *(von Tieren) eine Entwicklung in verschiedenen Lebensräumen durchlaufend* (z. B. Frösche, deren Larven im Wasser leben, die als erwachsene Tiere aber Landbewohner sind).

he|te|ro|zy|got ⟨Adj.⟩ [↑Zygote] (Biol.): *mit ungleichartigen mütterlichen u. väterlichen Erbanlagen versehen; mischerbig.*

He|te|ro|zy|go|tie, die; - (Biol.): *Mischerbigkeit.*

he|te|ro|zy|klisch [auch: ...'tsyk...], (auch:) he|te|ro|cy|clisch ⟨Adj.⟩: **1.** (Bot.) *(von Blüten, deren Blattkreise unterschiedlich viele Blätter enthalten) verschiedene Quirle* (3) *aufweisend.* **2.** (Chemie) *im Kohlenstoffring auch andere Atome enthaltend.*

He|thi|ter, (ökum.:) Hetiter, der; -s, -: Angehöriger eines indogermanischen Kulturvolkes in Kleinasien.

He|thi|te|rin, (ökum.:) Hetiterin, die; -, -nen: w. Form zu ↑Hethiter.

he|thi|tisch, (ökum.:) hetitisch ⟨Adj.⟩: **a)** *die Hethiter betreffend;* **b)** *in der Sprache der Hethiter.*

He|thi|tisch, das; -[s] u. ⟨nur mit best. Art.:⟩ **He|thi|ti|sche,** das, -n; *die Sprache der Hethiter.*

He|thi|to|lo|ge, der; -n, -n [↑-loge]: *Wissenschaftler auf dem Gebiet der Hethitologie.*

He|thi|to|lo|gie, die; - [↑-logie]: *Wissenschaft von den Hethitern u. den Sprachen u. Kulturen des alten Kleinasiens.*

He|thi|to|lo|gin, die; -, -nen: w. Form zu ↑Hethitologe.

He|ti|ter: ↑Hethiter.

He|ti|te|rin: ↑Hethiterin.

he|ti|tisch usw: ↑hethitisch usw.

Het|man, der; -s, -e, auch: -s [poln. hetman < spätmhd. (ostmd.) häuptmann = Hauptmann]: **1.** *vom König eingesetzter Oberbefehlshaber des Heeres in Polen u. Litauen.* **2.** *frei gewählter Führer der Kosaken mit militärischer u. ziviler Befehlsgewalt.*

Het|sche|petsch, die; -, - [H. u.; vgl. tschech. šipek = Heckenrose, Hagebutte] (bayr., österr. ugs.): *Hagebutte.*

Het|scherl, das; -s, -n (österr. ugs.): *Hagebutte.*

Hetz, die; -, -en ⟨Pl. selten⟩ [urspr. = Hetzjagd auf Tiere] (österr. ugs.): *Spaß, Vergnügen, Belustigung:* das war eine H.!; Und wenn das alte Schwein gar noch selber da gewesen wäre ..., das hätte erst eine H. gegeben! (K. Mann, Mephisto 312).

Hetz|ar|ti|kel, der (abwertend): *Zeitungsartikel, in dem gegen jmdn., etw. gehetzt* (3), *bes. politische Hetze* (2) *betrieben wird:* zur gleichen Zeit ... bringt die katholische Laienpresse H. (Mostar, Unschuldig 81).

Hetz|blatt, das (abwertend): *Zeitung, Zeitschrift, Flugschrift o. Ä., die politische Hetze* (2) *betreibt.*

Het|ze, die; -, -n ⟨Pl. selten⟩ [rückgeb. aus ↑hetzen]: **1.** *übertriebene Eile, große Hast; das Getriebensein:* das war wieder eine große, schreckliche, furchtbare H. heute; die H. des Alltags hat sie krank gemacht; in fürchterlicher H. mussten wir die Koffer packen; Dann können zum Beispiel Berufstätige ihre Behördengänge ohne H. erledigen (Hamburger Abendblatt 24. 5. 85, 3). **2.** ⟨o. Pl.⟩ (abwertend) *unsachliche, gehässige, verleumderische, verunglimpfende Äußerungen u. Handlungen, die Hassgefühle, feindselige Stimmungen u. Emotionen gegen jmdn., etw. erzeugen:* eine wilde, böse, infame, maßlose, massive H. gegen jmdn., ein Land entfesseln, entfachen, betreiben; sie wurde durch planvolle H. ruiniert. **3.** (Jägerspr.) *Hetzjagd.*

het|zen ⟨sw. V.⟩ [mhd., ahd. hetzen; eigtl. = hassen machen, zum Verfolgen bringen, Veranlassungswort zu ↑hassen]: **1.** ⟨hat⟩ **a)** *vor sich hertreiben, -jagen; scharf verfolgen:* Wild mit Hunden [zu Tode] h.; der Hund hetzt den Hasen; die Polizei hetzte den Verbrecher [durch die Straßen]; man hetzte *(jagte)* sie mit Hunden vom Hof; Vor dem Fenster draußen brüllte der rothaarige Sergeant herum, hetzte die Kolonne im Laufschritt zu einem Truck (Kühn, Zeit 408); Wall fühlte sich jetzt gehetzt (Bastian, Brut 164); Ü der freudlose Fanatismus, mit dem er ... seine Leute unnachgiebig hetzte *(zur Eile, zu beschleunigter Arbeit o. Ä. antrieb;* Maass, Gouffé 10); ein gehetzter *(rastloser, gejagter)* Mensch; **b)** *(ein Tier, bes. einen abgerichteten Hund) dazu veranlassen, dazu bringen, auf jmdn. loszugehen, jmdn. zu verfolgen:* die Hunde auf jmdn. h.; Ü (abwertend:) die Polizei auf jmdn. h. **2. a)** *in großer Eile sein; etw. mit Hast erledigen; hastig arbeiten; sich bei etw. sehr beeilen, abhetzen* ⟨hat⟩: bei dieser Arbeit braucht niemand zu h., wir haben genügend Zeit; sie hetzt den ganzen Tag ohne auszuruhen; ⟨häufiger h. + sich:⟩ »Du sollst dich nicht h.«, sagt er. »Es kommt jetzt auf einen Tag nicht an ...« (Fallada, Mann 123); **b)** *sich in großer Eile, Hast fortbewegen, irgendwohin begeben; rennen, hasten, jagen* ⟨ist⟩: wir mussten sehr h., sind sehr gehetzt, um noch rechtzeitig am Bahnhof zu sein; über den Zebrastreifen h.; Mit großen Schritten hetzte er den Flur entlang, in Richtung auf das Stationszimmer (Sebastian, Krankenhaus 83); durch lange Gänge hetzten die Umsteiger (Fries, Weg 210); Donath hetzte über die Steinplatten, packte die Lenkstange und riss das Gartentor auf (Bieler, Bär 90); sie hetzt von einem Termin zum andern; er hetzte zur Post; Dann fuhr er mit dem Lift zum Sonnendeck und hetzte auf Zehenspitzen zur Suite 004 (Konsalik, Promenadendeck 126). **3.** ⟨hat⟩ (abwertend) **a)** *Hetze* (2) *gegen jmdn., etw. betreiben; Hass entfachen, schüren; Schmähreden führen, lästern:* er hetzt ständig; »Olle Ziege«, denkt sie böse. »Immer h. und stänkern ...« (Fallada, Mann 106); gegen seine Kollegen, gegen die Regierung, gegen die gleitende Arbeitszeit h.; In der Fertigung seien seit Wochen wiederholt Flugblätter aufgetaucht, in denen gegen die Betriebsleitung gehetzt werde (Chotjewitz, Friede 216); **b)** *jmdn. durch Hetze* (2) *zu etw. veranlassen, aufstacheln:* zum Krieg h.; Wird man nicht meinen, er hätte zum Brand der Synagoge ... gehetzt? (Bieler, Bär 77).

Het|zer, der; -s, -: *jmd., der hetzt, Hetze* (2) *betreibt:* Hören Sie doch nicht auf den englischen Funk. Wenn das stimmte, was die H. da erzählen (Hochhuth, Stellvertreter 144).

Het|ze|rei, die; -, -en: **1.** ⟨o. Pl.⟩ *fortwährendes Hetzen* (2), *übertriebene, als lästig empfundene Eile, Hast:* jeden Morgen diese H. zum Zug; Du mit deiner H., sagte Sabine. Jetzt stehen wir da wie bestellt und nicht abgeholt (M. Walser, Pferd 58). **2.** (ugs. abwertend) **a)** ⟨o. Pl.⟩ *fortwährendes, wiederholtes Hetzen* (3), *Aufstacheln, Aufwiegeln, Lästern;* **b)** *hetzerische Äußerung, Handlung.*

Het|ze|rin, die; -, -nen: w. Form zu ↑Hetzer.

het|ze|risch ⟨Adj.⟩: *Hetze* (2) *betreibend, verbreitend; der Hetze* (2), *Hetzerei* (2) *dienend:* -e Schriften, Bücher; -e Reden führen; Flugblätter mit -em Inhalt.

hetz|hal|ber ⟨Adj.⟩ (österr. ugs.): *zum Spaß:* ich habe es ja nur h. gesagt.

Hetz|hund, der: *für die Hetzjagd od. zur Verfolgung von Menschen abgerichteter Hund.*

Hetz|jagd, die: **1.** (Jagdw.) *Jagd jeder Art, bei der Wild, bes. Schwarzwild, mit Hunden gehetzt* (1 a) *wird:* eine H. veranstalten; Ü Nach der tödlichen H. auf einen algerischen Asylbewerber im brandenburgischen Guben will die Staatsanwaltschaft schon im März Anklage gegen die elf Tatverdächtigen erheben. (taz 27. 2. 99, 6); durch alle Räume des Hauses ging die H. *(das Rennen, Sichjagen, -verfolgen)* der Kinder. **2.** *Hetze* (1), *große Eile, Hast:* ich möchte mal einen Tag ohne H. verbringen.

Hetz|kam|pa|gne, die (abwertend): *Kampagne, Aktion, mit der massiv gegen jmdn., etw. gehetzt* (3), *bes. politische Hetze* (2) *betrieben wird:* Weil Strauß alle Schliche der Regierung genau analysiert und erkennt, musste er die größte H. der Nachkriegsgeschichte über sich ergehen lassen (Saarbr. Zeitung 5./6. 6. 80, 2).

Hetz|mel|dung, die (abwertend): vgl. Hetzartikel.

Hetz|or|gan, das (abwertend): *Hetzblatt.*

Hetz|pa|ro|le, die ⟨meist Pl.⟩ (abwertend): *schlagwortartig formulierte hetzende* (3) *Äußerung:* in München habe ... eine Studentengruppe ... Mauern und Wände mit -n beschmiert (Harig, Weh dem 170).

Hetz|peit|sche, die: *Peitsche, mit der Tiere od. Menschen gehetzt* (1 a) *werden:* Ü die H. des Fließbandes.

Hetz|pla|kat, das: *Hetze* (2) *verbreitendes Plakat.*

Hetz|pres|se, die (abwertend): *Presse, die politische Hetze* (2) *betreibt.*

Hetz|pro|pa|gan|da, die (abwertend): vgl. Hetzkampagne: Besonders unsere Schule in Halle war eine Hochburg antisemitischer H. (Hilsenrath, Nacht 503).

Hetz|re|de, die (abwertend): *zu etw. aufhetzende* (b) *Rede.*

Hetz|schrift, die (abwertend): vgl. Hetzartikel.

Hetz|ti|ra|de, die ⟨meist Pl.⟩ (abwertend): *zu etw. aufhetzendes Gerede o. Ä.:* die von -n strotzende Rede des Chefideologen; Von dieser Zeit bis zu seiner Ermordung im Jahre 1921 war gerade Matthias Erzberger besonderen -n der Presse ausgesetzt (ran 2, 1980, 29).

Heu, das, -[e]s [mhd. höu[we], ahd. houwi; verw. mit ↑hauen, eigtl. = das zu Hauende od. das Gehauene]: **1.** *getrocknetes Gras, das als Viehfutter verwendet wird:* nasses, duftendes H.; eine Fuhre H.; Noch liegt das zweite H. auf den Hochwiesen (Fr. Wolf, Zwei 135); H. machen *(Gras mähen u. dann trocknen lassen; auch: Heu wenden, ernten, einfahren u. a.);* sie sind dabei, das H. zu wenden, aufzuladen, einzufahren; er [ver]füttert fast nur H.; Er steckte uns ... auf den Heuboden und ließ uns das frisch eingestakte H. festtreten (Lentz, Muckefuck 192); im H. schlafen, übernachten; die Bauern gehen, fahren schon ins H. (ugs.; *gehen schon zum Heumachen*); an einem Sommernachmittag ..., an dem der Duft von frischgemähtem H. ... durch alle geöffneten Fenster drang (Klepper, Kahn 26); ***mit jmdm. ins H. gehen** (ugs.; *mit jmdm. sexuell verkehren;* in ländlichen Gegenden waren Heuschober u. Heuböden bes. für Mägde u. Knechte bevorzugte Plätze für ein ungestörtes Zusammensein); **sein H. im Trockenen haben** (↑Schäfchen 1). **2.** (ugs.) *[viel] Geld:* der hat vielleicht H.! **3.** (Jargon verhüll.) *Marihuana.*

Heu|asth|ma, das: vgl. Heuschnupfen.

Heu|baum, der: *Stange, die der Länge nach über dem Heuwagen liegt u. der Befestigung des Heufuders dient; Wiesbaum.*

Heu|blu|me, die ⟨meist Pl.⟩: *aus dem Heu gewonnenes Gemisch aus Blüten, Samen u. Pflanzenteilen verschiedener Gräser u. Blumen, das in der Heilkunde verwendet wird.*

Heu|blu|men|bad, das: *Bad mit Absud aus Heublumen zur Behandlung von Gicht, Rheuma o. Ä.*

Heu|bo|den, der: **1.** *Boden[raum] über den Stallungen o. Ä. zum Speichern des Heus:* bevor ich folgen konnte, kuschelten beide im H. überm Kaninchenstall (Lentz, Muckefuck 39). **2.** (salopp scherzh.) *oberster Rang im Theater.*

Heu|büh|ne, die (schweiz.): *Heuboden.*

Heu|che|lei, die; -, -en (abwertend): **a)** ⟨o. Pl.⟩ *[fortwährendes] Heucheln; Verstellung; Vortäuschung nicht vorhandener Gefühle, Eigenschaften o. Ä.:* es war alles nur, nichts als H.; Sein ganzes Dasein war eine geschmacklose Pose und aufdringliche H. (Friedell, Aufklärung 86); Andererseits hatte Sophie es sich in den Kopf gesetzt, dass Christines Langeweile reine H. war (Bieler, Mädchenkrieg 59); in seinem Tun lag keine H.; **b)** *heuchlerische Äußerung, Handlung:* Er lässt einen Satz folgen, der ihm Unbehagen bereitet, weil er eine H. enthält ...: »Sie beide sind doch gebildete Männer.« (Loest, Pistole 30); mit solchen -en kommst du bei mir nicht weit.

heu|cheln ⟨sw. V.; hat⟩ [älter = schmeicheln, vgl. mhd. hûchen = sich ducken, kauern (verw. mit ↑hocken)]: **1.** *nicht seine wirklichen Gedanken äußern; etw. anderes sagen, als man denkt; sich anders geben, als man ist; sich verstellen:* du heuchelst doch nur, wenn du ihm immer Recht gibst; so ahnungslos kann sie nicht sein, sie heuchelt nur. **2.** *(nicht vorhandene Gefühle, Gemütszustände, Eigenschaften) als vorhanden erscheinen lassen, vortäuschen, vorgeben:* Mitgefühl, Ergebenheit, Reue, Freude h.; sie heuchelte Erstaunen, Verwunderung; wenn man in bedrängter Lage sorglose Unbefangenheit h. möchte (Th. Mann, Hoheit 81); Während er Liebe heuchelte, hatte er etwas ganz anderes im Sinn (Geissler, Nacht 156); Tönende Reden wurden gehalten, jeder heuchelte Interesse, beteuerte beste Absichten (Presse 23. 2. 79, 13); er antwortete mit geheuchelter Ruhe, Liebenswürdigkeit.

Heuch|ler, der; -s, -: *jmd., der [fortwährend] heuchelt:* Welch feiger H.! Er hat sich also zu erkennen gegeben (H. Mann, Stadt 273).

Heuch|le|rin, die; -, -nen: w. Form zu ↑Heuchler: ihre Stiefmutter war eine bösartige H. (Wendtland, Eisprinzeßchen 42).

heuch|le|risch ⟨Adj.⟩: **a)** *einem Heuchler entsprechend, in der Art eines Heuchlers; von Heuchelei bestimmt; unaufrichtig, voller Verstellung:* ein -er Mensch, Freund; sie hat ein -es Wesen; h. reden; »Ich hätte es ohnehin getan«, erklärt Riesenfeld h. (Remarque, Obelisk 243); **b)** *von Heuchelei zeugend, Heuchelei enthaltend; geheuchelt:* -e Worte, Gesten, Tränen; er begegnete ihr auf der Beerdigung mit -er Teilnahme.

Heuch|ler|mie|ne, die: *heuchlerische, scheinbar freundliche Miene.*

Heu|die|le, die (schweiz.): *Heuboden.*

heu|en ⟨sw. V.; hat⟩ [mhd. höuwen; zu ↑Heu] (landsch.): *Heu machen, Heu ernten:* Da wir im Regen nicht h. konnten (Molo, Frieden 279).

heu|er ⟨Adv.⟩ [mhd. hiure, ahd. hiuru, zusgez. aus: hiu jâru = in diesem Jahr] (südd., österr., schweiz.): **a)** *dieses Jahr, in diesem Jahr[e]:* die Leistungsdifferenz wird im nächsten Jahr sicher nicht so frappant sein wie h. (auto touring 12, 1978, 56); Die Aktionäre gingen h. zum sechsten aufeinander folgenden Mal leer aus (NZZ 12. 10. 85, 13); **b)** *dieser Tage, in diesen Tagen, heute:* sein Geburtstag jährt sich h.; Fahren wir h. ins Bad? (Zenker, Froschfest 155).

[1]Heu|er, der; -s, - [mhd. höuwer] (landsch.): *Heumacher.*

[2]Heu|er, die; -, -n [mniederd. hûre, zu ↑heuern] (Seemannsspr.): **1.** *Lohn eines Seemannes:* die H. ausbezahlen, nicht bekommen; Der Kapitän konnte den

Matrosen keine H. zahlen (MM 28. 5. 66, 11); Seine erste H. hatte er vertan, aber schon die zweite sparte er (Bredel, Väter 393). **2.** *Anstellung eines Seemanns auf einem Schiff:* vielleicht werden sie nichts dagegen haben, wenn ich dann H. auf einem ihrer Frachter nehme (Andersch, Sansibar 156); im Hamburger Hafen wurde nachgeforscht, da war kein Junge, der eine H. gesucht hatte (Danella, Hotel 382).

Heu|er|baas, der: *Vermittler von Stellungen für Seeleute auf Schiffen.*

Heu|er|bü|ro, das: *Stellenvermittlungsbüro für Seeleute.*

[1]**heu|ern** ‹sw. V.; hat› [mhd. hūren = mieten, H. u.] (Seemannsspr.): **1.** (seltener) *anheuern:* die Besatzung für ein Schiff h.; er ließ sich bei der Hochseefischerei h. **2.** (veraltend) *(ein Schiff) mieten, chartern.*

◆ [2]**heu|ern** ‹sw. V.; hat› [zusgez. aus: heuraten, Nebenf. von ↑heiraten]: *heiraten:* zu Ostern übers Jahr wirst du mich h. (Kleist, Käthchen IV, 2).

Heu|ern|te, die: **1.** *das Ernten, Einbringen des Heus.* **2.** *Gesamtheit des geernteten od. zu erntenden Heus:* da in diesem Jahr auch die H. besonders gut ausgefallen ist (Welt 19. 8. 65, 9).

Heu|ert, [1]Heuet, der; -s, -e ‹Pl. selten›: *Heumonat.*

Heu|er|ver|trag, der [zu ↑[2]Heuer]: *Arbeitsvertrag eines Seemanns.*

[1]**Heu|et:** ↑Heuert.

[2]**Heu|et,** der; -s (südd. auch:) die; - (südd., schweiz.): *Heuernte.*

Heu|feim, der, **Heu|fei|me,** die, **Heu|fei|men,** der (nordd., md.): vgl. Heuschober.

Heu|fie|ber, das ‹o. Pl.›: vgl. Heuschnupfen.

Heu|for|ke, die (nordd.): *Heugabel.*

Heu|fu|der, das: *Ladung eines Heuwagens.*

Heu|fuh|re, die: *Fuhre von Heu.*

Heu|ga|bel, die: *landwirtschaftliches Gerät mit langem Stiel u. drei od. vier Zinken zum Aufheben o. Ä. des Heus:* mit der H. das Heu aufladen, aufstecken.

Heu|har|ke, die (nordd.): *Heurechen.*

Heu|hau|fen, der: *zu einem Haufen zusammengerechtes Heu.*

Heu|hol|ler, der; -s, - (Boxen Jargon): *seitlich weit ausholender Schlag mit fast gestrecktem Arm, den der Gegner frühzeitig erkennen kann.*

Heu|hüp|fer, der (ugs.): *Heuschrecke.*

Heu|hüt|te, die (landsch.): *Gestell zum Trocknen von Heu.*

Heu|la|de|ma|schi|ne, die (Landw.): *Maschine, die an den Heuwagen angehängt wird u. im Fahren das gemähte Heu auflädt.*

Heu|la|der, der (Landw.): *Heulademaschine.*

Heul|af|fe, der: *Brüllaffe* (1).

Heul|bo|je, die: **1.** (Seew.) *Boje mit eingebauter Sirene, die durch Wind u. Seegang zum Tönen gebracht wird.* **2.** (ugs. abwertend) *laut, schlecht singender [Pop]sänger:* Presley-Gegner nannten den Sänger ... verächtlich »Heulboje« (Hörzu 43, 1970, 38).

heu|len ‹sw. V.; hat› [mhd. hiulen, hiuweln, zu mhd. hiuwel, ahd. hūwila = Eule, also eigtl. = wie eine Eule schreien]: **1. a)** *(von bestimmten Tieren) klagende, lang gezogene, meist durchdringende, hohe Laute ausstoßen:* die Hunde, Schakale, Wölfe heulten; Ü der Sturm heulte [ums Haus]; Der Wind heulte ... in hundert verschiedenen Lauten durch die Takelage (Hausmann, Abel 74); **b)** *(von bestimmten Apparaten, Geräten) einen lang gezogenen, durchdringenden, meist hohen [an- u. abschwellenden] Ton von sich geben, hervorbringen:* die Sirenen, Motoren heulten. **2.** (ugs.) *[laut klagend, mit lang gezogenen, hohen Tönen heftig] weinen:* laut, erbärmlich, bitterlich h.; warum sollen Jungen nicht h. dürfen?; Über einen toten Wellensittich musste sie hemmungslos h. (Schreiber, Krise 149); sie heulte um ihre Puppe; er heulte vor Freude, vor Rührung, vor Wut; deswegen brauchst du doch nicht zu h.; ‹subst.:› ... dass der Witz ein sehr gutes Mittel sein konnte, wenn einem zum Heulen zumute war *(wenn man sehr traurig, deprimiert war;* Ott, Haie 293); * **Heulen und Zähneklappern/Zähneknirschen** (oft scherzh.; *große Furcht, großes Entsetzen;* nach Matth. 8, 12): jetzt wird gebummelt, und kurz vor der Prüfung herrscht dann wieder Heulen und Zähneknirschen; ... ging dann und wann eines davon (= von den Gläsern u. Ä.) zu Bruch, so herrschte Heulen und Zähneklappern im Hause (Werfel, Himmel 89); **zum Heulen sein** (ugs.; *sehr traurig, deprimierend sein*): es ist zum Heulen, wie schlecht vorbereitet unsere Boxstaffel in diesen Kampf gegangen ist; ein Diener reicht ihm die Pickelhaube, unter der sein abgemagerter Kopf verschwindet, es ist zum Heulen, aber es ist feierlich! (Bieler, Bonifaz 162).

Heu|ler, der; -s, - [4: nach dem klagenden Ruf, den die Jungtiere von sich geben]: **1.** (ugs.) *einzelner Heulton:* Ein lang gezogener H., eine gewaltige Luftdruckwelle, die uns von den Stühlen warf. Das Krachen ... hörten wir gar nicht mehr (Lentz, Muckefuck 225). **2.** *kleinerer Feuerwerkskörper, der einen Heul- od. Pfeifton von sich gibt:* die Kinder kauften H., Kracher und Knallfrösche. **3.** (salopp) *ausgezeichnete, tolle, erfolgreiche Sache:* das ist ja ein H.!; Der US-Film ... zählt zu den großen -n der Filmgeschichte (Spiegel 6, 1983, 216); Diese »ultraleichten« ... Fluggeräte sind der neueste H. der amerikanischen Flugfans (MM 7. 9. 82, 20); * **der letzte H. sein** (salopp; 1. *etw. besonders Tolles, Großartiges, Anerkennungswertes sein:* die neue Platte von den Stones ist der letzte H.! 2. *etw. besonders Schlechtes, Enttäuschendes, Ärgerliches sein:* das Buch kannste vergessen – der letzte H., sag' ich dir!). **4.** *junger Seehund:* Ist überhaupt ein Ende des Robbensterbens abzusehen, bevor der letzte H. tot ist? (Spiegel 32, 1988, 52).

Heu|le|rei, die; -, -en ‹Pl. selten› (abwertend): *lang anhaltendes, häufiges Heulen* (2), *Weinen:* deine H. geht allen auf die Nerven.

Heul|laut, der: vgl. Heulton.

Heul|lie|se, die, **Heul|pe|ter,** der, **Heul|su|se,** die [2. Bestandteil die als Gattungsnamen gebrauchten Vornamen Liese, Peter, Suse] (ugs. abwertend): *weibliche, seltener männliche Person, die leicht zu weinen beginnt, häufig weint:* Einige der Forsyte-Frauen sind Schmollerinnen und hysterische Heulsusen (Hörzu 19, 1973, 147).

Heul|ton, der: *durchdringender lang gezogener od. aufheulender, meist hoher Ton:* der H. einer Sirene.

Heul|ton|ne, die: *Heulboje.*

Heul|tri|ne, die: vgl. Heulsuse.

Heu|ma|cher, der: **1.** *jmd., der Heu macht, erntet.* **2.** (Boxen Jargon) *Heuholer.*

Heu|ma|che|rin, die: w. Form zu ↑Heumacher (1).

Heu|mahd, die: *das Mähen von Gras, das zu Heu getrocknet wird.*

Heu|mo|nat, Heu|mond, der ‹Pl. selten› [mhd. höumānōt, ahd. hewimānōth] (veraltet): *Juli.*

Heu|och|se, der [eigtl. = Heu fressender Ochse] (Schimpfwort): *nicht begreifender, bornierter Mensch.*

Heu|pferd, das: *Heuschrecke:* ein riesiges Insekt ... Ein schönes grünes H. (M. Walser, Pferd 127).

Heu|pres|se, die (Landw.): *Vorrichtung zum Pressen von Heu.*

◆ **heu|ra|ten:** Nebenf. von ↑heiraten: ... der eine privilegierte Buhlerin heuratete (Schiller, Kabale I, 7).

Heu|rau|fe, die: *Raufe für Heu.*

Heu|re|chen, der (bes. md., südd.): *hölzerner Rechen zum Heuwenden.*

Heu|rei|ter, der (österr.): *Gestell zum Trocknen von Heu.*

heu|re|ka! ‹Interj.› [griech. heúrēka = ich habe (es) gefunden; angeblicher Ausruf des griech. Mathematikers Archimedes (um 285–212 v. Chr.) bei der Entdeckung des hydrostatischen Grundgesetzes] (bildungsspr.): freudiger Ausruf, bes. bei der Lösung eines schwierigen Problems: Heureka, der Groschen war gefallen! (Sprachpflege 7, 1980, 144).

◆ **heu|ren:** ↑[2]heuern: Denn h. wollt' ich sie (Kleist, Krug 7).

Heu|reu|ter, der (südd.): *Heureiter.*

heu|rig ‹Adj.› [mhd. hiurec, zu ↑heuer] (südd., österr., schweiz.): *diesjährig:* im -en Januar, Frühjahr; Während im abgelaufenen Jahr eine Rekordzahl ... verzeichnet werden konnte, sieht es im -en Jahr eher mager aus (auto touring 2, 1979, 26); Die 25 M-Coupés für Österreich aus der -en Gesamtproduktion von 1 000 Einheiten sind schon verkauft (Wochenpresse 5. 6. 84, 38).

Heu|ri|ge, der; -n, -n ‹Dekl. ↑Abgeordnete› (bes. österr.): **1. a)** *junger Wein im ersten Jahr, Wein der letzten Lese:* -n trinken; beim -n sitzen; Heuriger ist ganz einfach der jeweils jüngste Wein (e & t 7, 1987, 125); **b)** *Lokal, in dem neuer Wein aus den eigenen Weinbergen ausgeschenkt wird (bes. in der Umgebung Wiens):* Ein echter -r darf nur Wein aus eigenem Anbau anbieten (SZ 12. 1. 88, 31). **2.** ‹meist Pl.› *erste Frühkartoffel.*

Heu|ri|gen|abend, der: *geselliger Abend in einem Heurigenlokal.*

Heu|ri|gen|ka|pel|le, die: *Kapelle, die mit volkstümlicher Musik in Heurigenlokalen o. Ä. aufspielt.*

Heu|ri|gen|lo|kal, das: *Heurige* (1b).

Heu|ri|gen|sän|ger, der: vgl. Heurigenkapelle: Die deutschen Österreicher waren Walzertänzer und H. (Roth, Radetzkymarsch 101).

Heu|ri|gen|schen|ke, die: *Heurige* (1b).

Heu|ris|tik, die; - [zu griech. heurískein = finden, entdecken]: *Lehre, Wissenschaft von den Verfahren, Probleme zu lösen; methodische Anleitung, Anweisung zur Gewinnung neuer Erkenntnisse.*

heu|ris|tisch ⟨Adj.⟩: *die Heuristik betreffend, auf ihr beruhend, mit ihren Mitteln arbeitend, zu ihr gehörend:* -e Methoden; ein -es Prinzip *(Arbeitshypothese, vorläufige Annahme als Hilfsmittel der Forschung, Untersuchung, Erklärung);* Der Plan des imposanten ... Werks ... orientiert sich an der »-en Annahme« einer Konstituierung der Sprache durch die »unteilbare Wirkeinheit« von Bild, Wort und Begriff (Mitteilungen des Deutschen Germanistenverbandes 4, 1971, 29 [Zeitschrift]).

Heu|schnup|fen, der: *Nasen- u. Bindehautkatarrh, der durch Überempfindlichkeit gegenüber Blütenstaub hervorgerufen wird.*

Heu|scho|ber, der (südd., österr.): *im Freien aufgeschichteter [hoher] Heuhaufen.*

Heu|schreck, der; -[e]s, -e (österr.): *Heuschrecke.*

Heu|schre|cke, die [mhd. höuschrecke, ahd. houscrecho, 2. Bestandteil zu ↑schrecken in der älteren Bed. »(auf)springen«]: *Pflanzen fressendes Insekt mit häutigen Flügeln u. meist zu kräftigen Sprungbeinen ausgebildeten Hinterbeinen, dessen Männchen zirpende Laute hervorbringt:* In dem Windlicht auf Frau Meldes Schreibtisch saß eine riesige H. (Bieler, Bonifaz 217).

Heu|schre|cken|pla|ge, die: *massenhaftes Auftreten bes. von Wanderheuschrecken.*

Heu|schre|cken|schwarm, der: *Schwarm von Heuschrecken:* wie Heuschreckenschwärme fallen die Touristen in die Feriengebiete ein.

Heu|schwa|de, die: vgl. Schwade.

Heu|sprin|ger, der (ugs.): *Heuschrecke.*

Heu|sta|del, der (südd., österr., schweiz.): *Scheune zum Aufbewahren von Heu:* Übernachtet hatte ich in einem H. (Frisch, Gantenbein 78).

Heu|stock, der ⟨Pl. ...stöcke⟩ (österr., schweiz.): *Vorrat an Heu [auf dem Heuboden]:* Da ein Großteil des gestohlenen Gutes ... im H. des Bauern ... entdeckt werden konnte (Sonntagspost 3. 12. 67, 5).

heut (ugs.), **heu|te** ⟨Adv.⟩ [mhd. hiute, ahd. hiut(u), zusgez. aus: hiu tagu = an diesem Tage]: **1.** *an diesem Tage, am gegenwärtigen Tag; an dem Tag, der gerade abläuft:* Laufend wird hier was abgeladen: gestern Ziegel, heute Holz, morgen Zement (Brot und Salz 317); welches Datum haben wir h.?; h. ist Montag, der 10. Januar; h. gehen wir ins Theater; ich werde dies noch h. erledigen; h. früh, (österr.:) Früh; h. Morgen; h. Mittag; h. Abend; h. in einer, über eine Woche; h. in acht Tagen; h. vor vierzehn Tagen; seit h., von h. an läuft ein neuer Film; für h. genug; dies ist die Zeitung von h.; ab h. ist das Geschäft durchgehend geöffnet; das geschieht nicht h. und nicht morgen *(das dauert noch eine Weile);* Das war ... vor fünf Jahren, ich weiß es noch wie heute (*als wäre es heute erst gewesen;* Brot und Salz 341); ***h. oder morgen** (ugs.; *in allernächster Zeit*): das ändert sich h. oder morgen; **lieber h. als morgen** (ugs.; *[aus dem Wunsch heraus, eine unangenehme Situation zu ändern] am liebsten sofort, möglichst gleich*): ... sie verlange nach der Welt und werde dem Kloster lieber heute als morgen entfliehen (Schneider, Erdbeben 58); **h. und hier** (seltener für: hier und h.; ↑hier 1a): Die Sorben machen heut und hier tatkräftig mit (Berger, Augenblick 58); **von h. auf morgen** *(sehr schnell, innerhalb kürzester Zeit; [in Bezug auf eine Veränderung] sehr überraschend [eingetreten], ohne dass man damit gerechnet hat, darauf vorbereitet war):* Andreas verließ sie. Von heute auf morgen (Danella, Hotel 268). **2.** *in der gegenwärtigen Zeit; heutzutage:* Er hätte Sportlehrer werden sollen ... Aber nicht heute. Vor hundert Jahren (M. Walser, Pferd 137); Junge Fräuleins rauchen heute nun mal (Gabel, Fix 14); niemand kann heute *(gegenwärtig, zu diesem Zeitpunkt)* sagen, wie viele Konzessionen ... gemacht werden müssen (Dönhoff, Ära 51); vieles ist h. anders als früher; h. gibt es mehr Möglichkeiten der Heilung; die Jugend von h.; der Mann, die Frau von h.; das Hollywood der späten zwanziger Jahre ... Nicht das Hollywood von heute (K. Mann, Wendepunkt 169); ⟨subst.:⟩ das Heute *(die gegenwärtige Zeit, die Gegenwart);* heute – das ist das »Heute« meiner Schuljahre – heute weiß man, dass das Licht Schwingung ist (Natur 42).

heu|tig ⟨Adj.⟩ [mhd. hiutec, ahd. hiutīg]: **1.** *heute* (1) *stattfindend, von diesem Tag:* die -e Veranstaltung; die -e Zeitung; bis auf den, bis zum -en Tag *(bis zu diesem Tag, bis jetzt).* **2.** *in der jetzigen, der gegenwärtigen Zeit vorhanden, lebend; derzeitig, gegenwärtig:* der -e Stand der Forschung; erst in der Barockzeit erhält St. Peter seine -e Gestalt (Bild. Kunst III, 25); Fünf Kinder sind für -e Zeiten viel (Brückner, Quints 123); Ziel müsse es sein, einen Staat zu schaffen, in welchem -e und kommende Generationen sich geborgen fühlen können (NZZ 30. 8. 83, 15); ⟨subst.:⟩ die Heutigen *(die heute lebenden Menschen)* wissen nichts mehr davon.

heu|ti|gen|tags [auch: '- - - -] ⟨Adv.⟩ (veraltend): *in der gegenwärtigen Zeit, Epoche; in der jetzigen Zeit, in der man als Zeitgenosse lebt:* ... fürchten die Menschen h. die Langeweile mehr als den Tod (Habe, Namen 18); so sah es in der Verwaltung noch h. so idyllisch-altfränkisch aus wie seinerzeit in seinem eigenen Kontor (Th. Mann, Zauberberg 39); nein, so was gibt's h. noch (Becher, Prosa 111); das Kloster existiert noch h. *(bis zum heutigen Tag, bis heute, bis jetzt).*

heut|zu|ta|ge ⟨Adv.⟩: *in der gegenwärtigen Zeit, wie sie dem Zeitgenossen [gegenüber einer früheren] erscheint:* Mit guten Manieren kommt man h. nicht weit (Remarque, Obelisk 47); Wer macht denn h. noch so was? (Brot und Salz 343); Bei einiger Selbstzucht und Beschränkung sollte es Ihnen möglich sein, selbst bei den h. herrschenden politischen Verhältnissen ein Publikum zu finden (Grass, Blechtrommel 205).

Heu|wa|gen, der: *mit Heu beladener Wagen.*

Heu|wen|der, der (Landw.): *fahrbares Gerät zum Heuwenden.*

Heu|wurm, der [die Schäden fallen zeitlich mit der Heuernte zusammen]: *Larve der 1. Generation des Traubenwicklers.*

He|vea, die; -, ...veae [...veɛ] u. Heveen [aus einer südamerik. Indianerspr.] (Bot.): *tropischer Baum, aus dem Kautschuk gewonnen wird.*

hex-, Hex-: ↑hexa-, Hexa-.

he|xa-, He|xa-, (vor Selbstlauten oft auch:) hex-, Hex- [griech. héx = sechs] ⟨Best. in Zus. mit der Bed.⟩: *sechs* (z. B. hexagonal, Hexagramm, hexangulär).

He|xa|chord, der od. das; -[e]s, -e [griech. hexáchordos = sechssaitig, -stimmig, zu: chordḗ = Saite]: *(in der mittelalterlichen Musiktheorie) Aufeinanderfolge von sechs Tönen in der diatonischen Tonleiter.*

He|xa|de|zi|mal|sys|tem, das ⟨o. Pl.⟩ (Math., EDV): *Zahlensystem mit der Grundzahl 16.*

he|xa|disch ⟨Adj.⟩ [zu griech. hexás (Gen.: hexádos) = die Zahl Sechs] (Math.): *auf der Zahl Sechs als Grundzahl aufbauend.*

He|xa|e|der, das; -s, - [griech. hexáedron, zu: hédra = Fläche] (Math.): *Sechsflächner, Würfel.*

he|xa|e|drisch ⟨Adj.⟩ (Math.): *sechsflächig.*

He|xa|eme|ron, das; -s [lat. hexaemeron < griech. hexaḗmeron, zu: hēméra = Tag] (christl. Rel.): *die (in 1. Mos. 1 ff. geschilderte) innerhalb von sechs Tagen vollzogene Erschaffung der Erde durch Gott.*

He|xa|gon, das; -s, -e [lat. hexagonum < spätgriech. hexágōnon, zu: gōnía = Winkel, Ecke] (Math.): *Sechseck.*

he|xa|go|nal ⟨Adj.⟩: *von der Form eines Hexagons; sechseckig.*

He|xa|gramm, das; -s, -e [↑-gramm]: *sechsstrahliger Stern aus zwei gleichseitigen ineinander geschobenen Dreiecken.*

he|xa|mer ⟨Adj.⟩ [griech. hexamerḗs, zu: merós = (An)teil] (Bot.): *sechsteilig, sechszählig* (z. B. Blüten).

He|xa|me|ter, der; -s, - [lat. hexameter, zu griech. hexámetros = aus sechs Versfüßen bestehend] (Verslehre): *aus sechs Versfüßen (meist Daktylen) bestehender epischer Vers (dessen letzter Versfuß um eine Silbe gekürzt ist).*

he|xa|me|trisch ‹Adj.›: *den Hexameter betreffend; in Hexametern verfasst:* -e Verse.

He|xan, das; -s, -e [zu griech. héx = sechs, wegen des Anteils von sechs Kohlenstoffatomen] (Chemie): *sich leicht verflüchtigender Kohlenwasserstoff, eine farblose, leicht entzündliche Flüssigkeit, die wesentlicher Bestandteil des Benzins u. des Petroleums ist.*

he|xan|gu|lär ‹Adj.› [zu ↑hexa-, Hexa- u. lat. angularis = winklig, eckig] (Math.): *sechswinklig.*

he|xa|plo|id ‹Adj.› [geb. nach ↑diploid] (Biol.): *(von Zellen) einen sechsfachen Chromosomensatz aufweisend.*

He|xa|po|da ‹Pl.›, **He|xa|po|den** ‹Pl.› [zu griech. hexápodos = sechsfüßig, zu: póus (Gen.: podós) = Fuß] (Zool.): *Insekten.*

He|xa|sty|los, der; -, ...stylen [zu lat. hexastylos < griech. hexástylos = mit sechs Säulen, zu: stŷlos = Säule] (Archit.): *Tempel mit sechs Säulen [an der Vorderfront].*

He|xa|teuch, der; -s [zu griech. teũchos = Buch] christl., bes. kath. Rel.: *die das Buch Josua u. die fünf Bücher Mose umfassenden ersten sechs Bücher des Alten Testaments.*

He|xe, die; -, -n [mhd. hecse, hesse, ahd. hagzissa, hag(a)zus(sa); 1. Bestandteil wahrsch. verw. mit ↑Hag, also wohl eigtl. = auf Zäunen od. in Hecken sich aufhaltendes dämonisches Wesen, 2. Bestandteil wohl verw. mit norw. mdal. tysja = Elfe]: **1.** *im Volksglauben, bes. in Märchen u. Sage auftretendes weibliches dämonisches Wesen, meist in Gestalt einer hässlichen, buckligen alten Frau mit langer, krummer Nase, die mit ihren Zauberkräften den Menschen Schaden zufügt u. oft mit dem Teufel im Bunde steht:* eine böse, alte H.; die Kinder wurden von einer H. verzaubert, in Vögel verwandelt. **2.** *als mit dem Teufel im Bunde stehend betrachtete, über angebliche Zauberkräfte verfügende Person:* sie wurde als H. verfolgt und schließlich verbrannt. **3.** (abwertend) *[hässliche] bösartige, zänkische, unangenehme weibliche Person* (oft als Schimpfwort): Von mir aus kann sie verrecken, die alte H.! (Ziegler, Gesellschaftsspiele 183); (mit dem Unterton widerstrebender Anerkennung bestimmter Eigenschaften wie Durchtriebenheit, Raffiniertheit od. Temperament:) diese kleine H.!; Eine junge und gefährliche H. (Remarque, Obelisk 233); Die Frau Bürgermeister wurde als mannstolle H. verschrien (Fels, Sünden 103).

he|xen ‹sw. V.; hat›: **a)** *mit außergewöhnlicher Schnelligkeit, Geschicklichkeit [wie mithilfe übernatürlicher magischer Mittel] Dinge vollbringen, ausführen:* wie hast du das so schnell geschafft? Du kannst wirklich h.; ich kann doch nicht h. (ugs.; *so schnell geht es nicht, so schnell kann ich das nicht schaffen, erledigen);* bei ihr geht alles wie gehext (ugs.; *sehr schnell*); **b)** *mit magischen Kräften bewerkstelligen, herbeischaffen o. Ä.; herbeizaubern:* Regen, ein Gewitter h.; »Du kannst nicht h., dass ich drei Zwölfen hintereinander schieße?« (Strittmatter, Wundertäter 138).

he|xen|ar|tig ‹Adj.›: *im Aussehen, Wesen einer Hexe* (1) *ähnlich:* wenn ich zu Besuch bei einer alten -en Tante war und dort plötzlich zwei junge Mädchen auftauchten, hielt ich es sofort für etwas Angezetteltes (Kronauer, Bogenschütze 174).

He|xen|be|sen, der (Bot.): *Missbildung an Laub- u. Nadelbäumen in Gestalt von besenähnlich nach allen Richtungen wachsenden Zweigen.*

He|xen|ei, das: **1.** *Hühnerei, bei dem der Dotter fehlt.* **2.** *Teufelsei.*

He|xen|ein|mal|eins, das: *Wort- u. Zahlenrätsel mit mehrfachem Sinn; magisches Quadrat:* Jeder Lehrer hat seine eigene Trainingsmethode entwickelt und schwört selbstverständlich auf sie, als sei sie das H. *(eine Zauberformel;* Welt 20. 7. 65, 7).

He|xen|fett, das: vgl. Hexensalbe.

he|xen|haft ‹Adj.›: *hexenartig:* ein -es Benehmen, Aussehen.

He|xen|haus, das [nach dem Haus der Hexe in dem Märchen »Hänsel und Gretel«]: *kleines, verwunschenes Haus [einer Hexe].*

He|xen|häus|chen, das: **1.** *Hexenhaus.* **2.** *mit Süßigkeiten verziertes Häuschen aus Lebkuchen; Knusperhäuschen, Lebkuchen-, Pfefferkuchenhäuschen.*

He|xen|jagd, die [2: LÜ von engl. witch-hunt]: **1.** vgl. Hexenverfolgung. **2.** (abwertend) *unbarmherzige, meist unrechtmäßige Verfolgung u. Verurteilung von Menschen:* eine H. auf Andersdenkende; H. gegen Prager Bürgerrechtler (Spiegel 6, 1977, 4); die Presse veranstaltete eine H. auf den Politiker.

He|xen|kes|sel, der [nach dem Kessel, in dem eine Hexe (1) ihren Zaubertrank kocht]: *Ort, an dem ein große Bedrängnis verursachendes, Gefahr bergendes, unüberschaubares u. unentwirrbares, laut lärmendes Durcheinander herrscht:* vor Beginn der Olympischen Spiele gleicht Mexico City einem H. (Express 4. 10. 68, 1); das Stadion, die Innenstadt war während der Demonstration ein gefährlicher H.; ... führte der VfL Gummersbach im H. der überfüllten Philipshalle (Bremer Nachrichten 20. 5. 85, 22).

He|xen|kraut, das [wahrsch. Übers. von griech. Kirkaia = Kraut der Zauberin Circe, Name einer nicht näher identifizierten Pflanze]: *(zu den Nachtkerzengewächsen gehörende) Staude mit kleinen, weißen, traubenartig angeordneten Blüten.*

He|xen|kü|che, die: *Ort, an dem sich etwas in wildem Aufruhr befindet, an dem ein Naturschauspiel mit Heftigkeit abläuft o. Ä.:* in den ... Tagen, an denen der Wind wieder bis Sturmstärke zunahm und die Oberfläche der See in eine brodelnde H. verwandelte (Ott, Haie 120); die H. eines Feuer speienden Berges.

He|xen|kunst, die: vgl. Hexerei.

He|xen|mehl, das (volkst.): *aus den reifen Sporen verschiedener Bärlapparten hergestelltes Pulver* (z. B. als Puder gegen Wundsein).

He|xen|meis|ter, der: *(nach dem Volksglauben) männliche Person mit den dämonischen Fähigkeiten einer weiblichen Hexe; Zauberer:* du bist ein wahrer H.! *(hast die Sache schnell u. exakt erledigt!);* ich bin doch kein H.! *(so schnell kann ich das nicht schaffen!).*

He|xen|milch, die [wegen der angeblich geheimnisvollen Kräfte des Saftes]: **1.** (Med.) *milchartige Absonderung aus der Brustdrüse neugeborener Knaben u. Mädchen.* **2.** *milchiger, weißer Saft der Wolfsmilchgewächse.*

He|xen|pro|zess, der: *(im Mittelalter u. in der frühen Neuzeit) Prozess gegen eine Person, der man vorwirft eine Hexe zu sein.*

He|xen|ring, der: **1.** *in ringförmiger Anordnung wachsende Pilze bestimmter Pilzarten.* **2.** (Jägerspr.) *durch Rehwild während der Brunft kreisförmig niedergetrampelte Stelle in Getreidefeldern od. Wiesen.*

He|xen|sab|bat, der: **1.** *(im Volksglauben) an vielen Orten (z. B. auf Bergeshöhen, Hügeln) stattfindende ausschweifende Zusammenkunft der Hexen, bes. während der Walpurgisnacht.* **2.** (bildungsspr.) *großer, heilloser Wirrwarr; Durcheinander, wüstes, lärmendes, hemmungsloses Treiben:* die Versammlung, die Zusammenkunft war ein wahrer H.

He|xen|sal|be, die: *(im Volksglauben) aus bestimmten narkotischen Pflanzen hergestelltes Mittel, mit dem sich die Hexen vor ihrer Ausfahrt einreiben.*

He|xen|schuss, der [nach altem Volksglauben beruht die Krankheit auf dem Schuss einer Hexe] (volkst.): *plötzlich auftretende, heftige, von der Wirbelsäule ausstrahlende Kreuzschmerzen; Lumbago:* einen H. haben; Erwachte früh mit einem H. (Hilsenrath, Nazi 306).

He|xen|stich, der [nach dem Volksglauben hebt die Hexe beim Schwur auf den Teufel die linke Hand] (Handarb.): *beim Sticken verwendeter, von links nach rechts mit schrägen, gekreuzten Einzelstichen verlaufender Zierstich.*

He|xen|tanz, der: vgl. Hexensabbat (2): In unserem Lager begann der H. Manche weinten, manche beteten, mancher versuchte, sich das Leben zu nehmen (Seghers, Transit 7).

He|xen|tanz|platz, der: *(im Volksglauben) Versammlungsplatz der Hexen.*

He|xen|ver|bren|nung, die: *Verbrennung einer als Hexe* (2) *verdächtigten Person:* im Mittelalter gab es zahllose -en; Justiz – das ist immer noch ein wenig Inquisition, ein wenig H. (Noack, Prozesse 5).

He|xen|ver|fol|gung, die: *grausame Verfolgung von als Hexen* (2) *verdächtigten Personen.*

He|xen|wahn, der: *[zu grausamen Handlungen verleitender] Irrglaube, nach dem bestimmte Personen Hexen* (2) *seien:* Wiederbelebung des -s, des Aberglaubens mitten im 20. Jahrhundert? (Hörzu 1, 1972, 26).

He|xen|zwirn, der: *auf anderen Pflan-*

zen kletternde, andere Pflanzen umschlingende, lange Sprosse bildende Pflanze (z. B. Waldrebe).

Hẹ|xer, der; -s, - (seltener): *männliche Hexe* (2): Auch Hexen und H. wurden in Memmingen verbrannt (Spiegel 38, 1988, 24).

He|xe|rei, die; -, -en ‹Pl. selten›: *das Hexen; Zauberei:* das ist, das klingt ja wie H.; was er ... an Schnelligkeit hinzauberte, war für die Laien reine H., aber auch für die Fachleute ganz erstaunlich (Maegerlein, Triumph 104).

Hẹ|xe|rich, der; -s, -e (selten): *Hexer.*

Hẹ|xis, die; - [griech. héxis, zu: échein = haben] (Philos.): *Haben, Beschaffenheit, Zustand* (z. B. bei Aristoteles die Tugend als Hexis der Seele).

hẹ|xisch ‹Adj.› (selten): *von einer Hexe ausgehend; hexenhaft, hexenartig:* -e Künste; Ob ihm an seinem Weib ... -es Treiben aufgefallen sei (Grass, Butt 193).

He|xit, der; -s, -e [zu griech. héx = sechs] (Chemie): *sechswertiger, der Hexose verwandter Alkohol.*

He|xo|de, die; -, -n [zu griech. héx = sechs u. hodós = Weg] (Elektrot.): *Elektronenröhre mit sechs Elektroden.*

He|xo|gen, das; -s [nach dem sechsgliedrigen Ring seines Moleküls]: *hochexplosiver Sprengstoff.*

He|xo|se, die; -, -n [zu griech. héx = sechs] (Chemie): *einfacher Zucker mit sechs Kohlenstoffatomen im Molekül.*

hey [hei] ‹Interj.› [engl. hey] (bes. Jugendspr.): **1.** Zuruf, mit dem man jmds. Aufmerksamkeit zu erregen sucht: Hey! Wo willst'n hin? (Bukowski [Übers.], Fuck 90). **2.** Ausruf, der Erstaunen, Empörung, Abwehr o. Ä. ausdrückt: »Hey«, sagte der Junge, »wollen Sie mich bescheißen?« (Fels, Sünden 30). **3.** Grußformel: Wir ... riefen ... an und sagten: »Hey, Antia Bryant kommt in die Stadt.« (Praunheim, Armee 229).

Hf = Hafnium.

hfl = holländischer Gulden.

hg = Hektogramm.

Hg = Hydrargyrum.

hg., hrsg. = herausgegeben.

Hg., Hrsg. = Herausgeber/-in; Herausgeber/-innen.

HGB = Handelsgesetzbuch.

Hi|at, der; -s, -e, **Hi|a|tus,** der; -, - [...tu:s; lat. hiatus, eigtl. = Kluft]: **1.** (Med.) *Öffnung, Spalt im Muskel od. im Knochen.* **2.** (Sprachw.) *das Aufeinanderstoßen zweier verschiedenen Wörtern od. Silben angehörender Vokale* (z. B. sagte er od. Kooperation). **3.** (Geol.) *Zeitraum, in dem in einem bestimmten Gebiet im Unterschied zu einem benachbarten keine Ablagerung stattfindet.* **4.** (Prähist.) *Zeitraum ohne Funde (der auf eine Unterbrechung der Besiedlung eines bestimmten Gebietes schließen lässt); Fundlücke.*

Hi|a|tus|her|nie, die (Med.): *meist durch Bindegewebsschwäche od. Überdehnung des Zwerchfells bedingtes Eindringen des Magenmundes, von Teilen des Magens od. der Eingeweide durch die am Durchtritt der Speiseröhre durch das Zwerchfell bestehende Lücke in die Brusthöhle; Zwerchfellbruch.*

Hi|a|wa|tha [haɪə'wɔθə, auch: hia'va:ta], der; -[s], -s [nach einem sagenhaften nordamerikanischen Indianerhäuptling]: *Gesellschaftstanz in den zwanziger Jahren.*

hib|be|lig, hippelig ‹Adj.› [zu ↑hibbeln] (nordd. ugs.): *hastig in den Bewegungen; unruhig, nervös; zappelig:* Die (= Polizeibeamte) waren auch ängstlich. Sie waren sehr hibbelig und wollten das alles sehr schnell durchziehen (Spiegel 34, 1988, 29).

Hib|be|lig|keit, Hippeligkeit, die; - (nordd. ugs.): *das Hibbeligsein.*

hib|beln, hippeln ‹sw. V.; hat› [Nebenf. von niederd., ostmd. hippeln, wohl ablautende Bildung zu ↑hoppen] (nordd. ugs.): *kleine [unregelmäßige] Sprünge machen, sich hüpfend hin u. her bewegen:* Nach zwei Jahren Pause hibbelt Otto Waalkes endlich wieder mit ungebremstem Wahnsinn über die Bühne (Spiegel 45, 1983, 304).

Hi|ber|na|kel, das; -s, -[n] ‹meist Pl.› [lat. hibernaculum = Winterquartier, zu: hibernare = überwintern, zu: hibernus, ↑hibernal] (Bot.): *auf dem Grund des Gewässers überwinternde Knospe von Wasserpflanzen; Winterknospe.*

hi|ber|nal ‹Adj.› [lat. hibernalis, zu: hibernus = winterlich, zu: hiems = Winter] (veraltet): *den Winter, die Wintermonate betreffend, winterlich:* -e Ornithologie, was das Futterbrett betrifft (Burger, Blankenburg 65).

Hi|ber|na|ti|on, die; -, -en [lat. hibernatio = das Überwintern] (Med.): *künstlich herbeigeführter, lang dauernder Schlafzustand nach Herabsetzung der Körpertemperatur (als Ergänzung zur Narkose od. als Heilschlaf).*

Hi|bẹr|ni|en; -s: Irland zur Zeit der Römer.

Hi|ber|ni|sie|rung, die; -, -en (Med.): *Hibernation.*

Hi|bis|kus, der; -, ...ken [lat. (h)ibīscus, ↑Eibisch]: *Eibisch:* die Wärme eines tropischen Frühlings ... mit dem Duft von H. und Mimosen (Remarque, Triomphe 167).

Hi|bis|kus|tee, der: *Tee aus Hibiskus.*

hic et nunc [lat.] (bildungsspr.): *hier und jetzt; sofort, auf der Stelle:* es gilt, die Sache h. et n. zu entscheiden.

hịck ‹Interj.› (ugs.): lautm. für den Schluckauf.

hi|ckeln ‹sw. V.; hat› [mhd. hickeln = springen, hüpfen] (md., südd.): **1.** *hinken, humpeln.* **2.** *auf einem Bein hüpfen.*

Hi|cker, der; -s, -, **Hi|cker|chen,** das; -s, - [zu ↑hick] (fam.): *Schluckauf.*

Hịck|hack, das, auch: der; -s, -s [wohl verdoppelnde Bildung mit Ablaut zu ↑hacken, in Anlehnung an Formen wie Zickzack u. a.] (ugs.): *nutzlose Streiterei; törichtes, zermürbendes Hin-und-her-Gerede:* das innerparteiliche H. um die Verteilung der Finanzen; Nach monatelangem H. beglich der Maler die Rechnung doch noch (Spiegel 50, 1984, 85).

^{1}**Hi|cko|ry** ['hɪkori, auch: 'hɪkərɪ], der; -s, -s, auch: die; -, -s [engl. hickory, kurz für: pohickery < Algonkin (nordamerik. Indianerspr.) pawcohiccora = Brei aus zerstampften Nüssen des Hickorybaums]: *(im östlichen Nordamerika u. in China heimischer) Baum mit gefiederten Blättern u. glattschaligen, essbaren Nüssen als Früchten.*

^{2}**Hi|cko|ry,** das; -s: *Holz des Hickorybaums.*

Hi|cko|ry|baum, der: *Hickory* (1).

Hi|cko|ry|holz, das: ^{2}*Hickory.*

hick|sen ‹sw. V.; hat› [zu ↑hick] (landsch.): *Schluckauf haben:* manchmal muss er h.; ‹subst.:› Er bemühte sich nicht, das Schlucken – er nannte es Hicksen – zu unterdrücken (Zwerenz, Quadriga 81).

hic Rho|dus, hic sal|ta! [lat. = hier (ist) Rhodos, hier springe!; nach der lat. Übers. einer Fabel Äsops] (bildungsspr.): *hier gilt es; hier zeige, was du kannst!; hier musst du handeln, dich entscheiden.*

Hi|dal|go, der; -s, -s [span. hidalgo, Zus. aus: hijo = Sohn u. algo = etwas, also eigtl. = Sohn von etwas, Sohn des Vermögens]: **1.** *Angehöriger des niederen spanischen Adels:* im Vorübergehen bestahl ich auch manchmal einen reichen H. (Genet [Übers.], Tagebuch 91). **2.** ‹-[s], -[s]› *frühere mexikanische Goldmünze.*

Hid|den|see: Insel in der Ostsee.

^{1}**Hid|den|se|er,** der; -s, -: Ew.

^{2}**Hid|den|se|er** ‹indekl. Adj.›: H. Goldschmuck.

Hid|den|se|e|rin, die; -, -nen: w. Form zu ↑^{1}Hiddenseer.

Hi|droa ‹Pl.› [zu griech. hidrṓs = Schweiß] (Med.): *Bläschen auf der Haut als Folge abnormer Schweißabsonderung.*

Hi|dro|se, Hi|dro|sis, die; - [1: griech. hídrōsis] (Med.): **1.** *Schweißbildung und -ausscheidung.* **2.** *Erkrankung der Haut infolge krankhafter Schweißabsonderung.*

Hi|dro|ti|kum, das; -s, ...ka (Med.): *schweißtreibendes Mittel.*

hi|dro|tisch ‹Adj.› (Med.): *schweißtreibend:* ein -es Mittel.

Hi|dschra: ↑Hedschra.

hie ‹Adv.› [mhd. hie, ahd. hiar = hier]: nur in den Wendungen **h. und da** (1. *an manchen Stellen, stellenweise:* Ein paar Disteln, etwas Sauerampfer, h. und da Löwenzahn und eine Reihe Fußstapfen auf Ihrem Rasen [Martin, Henker 84]. 2. *von Zeit zu Zeit, manchmal:* Imma Spoelmann und Klaus Heinrich gaben ihr h. und da ein gutes Wort [Th. Mann, Hoheit 228]); **h. ... h./h. ...da** *(auf der einen Seite dieser, dieses, auf der andern jener, jenes als Gegner bzw. gegnerische Positionen [zwischen denen man sich entscheiden muss]):* h. Theoretiker, h. Praktiker; h. Tradition, da Fortschritt; man müsse doch die Dinge voneinander zu scheiden wissen, h. revolutionäre Pflicht, h. Zirkus (Heym, Schwarzenberg 201).

hie- ‹vor Präpositionen, die mit Konsonant beginnen›: (südd., österr., sonst veraltet): *hier-* (z. B. hiebei, hiedurch).

hieb: ↑hauen.

Hieb, der; -[e]s, -e: **1. a)** *(heftiger) Schlag* (1a): der H. hat gesessen; einen H. auffangen, abwehren; jmdm. einen H. über den Kopf geben; Einer bekommt einen H. gegen das Kinn (Remarque, Obelisk 331); (Fechten:) auf H. fechten; Spr auf den ersten H. fällt kein Baum *(ein größeres Unternehmen nimmt längere Zeit in Anspruch u. verlangt deshalb Geduld);* Ü einen H. *(eine bloßstellende Bemerkung, einen Tadel)* einstecken; *** einen H. haben** (salopp; *nicht recht bei Verstand sein*): »Der hat wohl einen H., der Gute«, sagte Bernd kopfschüttelnd (H. Gerlach, Demission 251); **auf einen H.** (ugs.; *mit einem Mal*): Wäre es denn nicht vorteilhaft, Donath verkaufte alles auf einen H. ...? (Bieler, Bär 25); Die Bäurin ... trank ihr Glas wie ein Mannsbild auf einen H. leer (Strittmatter, Wundertäter 22); **b)** ‹Pl.› (ugs.) *Prügel* (2): -e bekommen; gleich setzt es -e; Auch der zu Hilfe eilende Küster bezog -e (MM 8. 5. 67, 8). **2.** *durch einen Hieb* (1a) *verursachte Wunde od. Narbe.* **3.** (landsch. veraltend) **a)** *Schluck (Alkohol):* Stanislaus trank einen mächtigen H. Bier auf seine Brüder im Geiste (Strittmatter, Wundertäter 223); **b)** *leichter Alkoholrausch.* **4.** ‹o. Pl.› (Forstw.) *das Fällen von Bäumen zum Zweck der Verjüngung.* **5.** (Technik) *unter einem bestimmten Winkel eingeschlagene od. eingefräste Vertiefung mit stehen bleibender Schneidkante an Feilen.*

Hieb|art ↑Hiebsart.

hie|bei [auch: '– –; ↑hie-](südd., österr., sonst veraltet): ↑hierbei.

◆ **Hie|ber,** der; -s, -: *Hiebwaffe mit gerader Klinge:* ... hat den alten H. ... mit dem Paradedegen eines herzoglich württembergischen Lieutenants vertauscht (Hauff, Jud Süß 385).

hieb|fest ‹Adj.›: nur in der Fügung **hieb- und stichfest** (*durch mögliche Einwände od. Angriffe in seiner Gültigkeit nicht zu erschüttern, unwiderlegbar, fundiert;* nach einer Zauberhandlung, die jmdn. unverwundbar machen sollte): hieb- und stichfeste Argumente; tatsächlich waren seine Verträge ... vom juristischen Standpunkt aus hieb- und stichfest (Ruark [Übers.], Honigsauger 269).

hieb|reif: ↑hiebsreif.

Hiebs|art, die (Forstw.): *Art u. Weise, wie ein Hieb* (4) *angelegt wird* (z. B. Kahlhieb).

hiebs|reif ‹Adj.› (Forstw.): *reif zum Hieb* (4).

Hieb|waf|fe, die: *mit einer [doppelten] Schneide versehene Waffe, mit der geschlagen wird* (z. B. Schwert, Säbel).

Hieb|wun|de, die: *durch einen Hieb* (1a) *verursachte Verletzung.*

◆ **hie|dan|nen** ‹Adv.› [älter für: hindan(nen), mhd. hin dan, aus ↑hin u. ↑dannen]: *(von einem Ort) weg, fort:* Ja, Herr, mit Gottes Hülfe getrau' ich mir's und helf' uns wohl h. (Schiller, Tell IV, 1).

hie|durch [auch: '– –; ↑hie-] (südd., österr., sonst veraltet): ↑hierdurch.

Hie|fe, die; -, -n [mhd. hiefe, H. u.] (südd.): *Hagebutte.*

Hie|fen|mark, das (südd.): *Hagebuttenmarmelade.*

Hie|fer|schwan|zel, Hie|ferschwanzl, das; -s, - [aus österr. Hieffer = Hüfte (mhd. hüffe-, zu huf = Hüfte) u. Schwanz = Endstück] (österr.): *besonders zum Kochen geeignetes Rinderlendenstück.*

hie|für [auch: '– –; ↑hie-] (südd., österr., sonst veraltet): ↑hierfür: Allerdings waren h. und werden auch in Zukunft beträchtliche Investitionen nötig sein (Schweizer Maschinenbau 16. 8. 83, 5).

hie|ge|gen [auch: '– – –; ↑hie-] (südd., österr., sonst veraltet): ↑hiergegen.

hie|her ‹Adv.› [auch: '– –; ↑hie-] (südd., österr., sonst veraltet): ↑hierher: ◆ Dass nur ... bis h. meine Grundsätze standhielten (Schiller, Fiesco IV, 12).

hielt: ↑halten.

hie|mal ‹Adj.› [lat. hiemālis, zu: hiems = Winter] (veraltet): *winterlich.*

hie|nie|den [auch: '– – –; ↑hie-] ‹Adv.› [aus ↑hie- u. veraltet nieden = in der Tiefe, unten, mhd. niden(e), ahd. nidana, verw. mit ↑nieder] (veraltet, noch dichter.): *auf dieser Erde, im Diesseits:* ... den Weg des Unglücks, welchen wir h. in der Regel zu wandeln haben (Dürrenmatt, Grieche 74).

hier ‹Adv.› [mhd. hie(r), ahd. hiar, zu dem unter ↑her genannten idg. Pronominalstamm]: **1. a)** (räumlich; hinweisend) *an dieser Stelle, an diesem Ort, an dem der Sprecher sich befindet od. auf den er hindeutet:* h. in Europa; der Laden ist h. gegenüber; h. oben, vorn, hinten, drin[nen], draußen; Die Dummheit wurde schon h. unten bestraft (Werfel, Himmel 152); Der Tower selbst wieder lässt an den historischen Kreml denken, ... Blut und Macht und Schätze und Besucher h. wie dort *(an beiden Orten;* Koeppen, Rußland 170); von h. aus, von h. bis zum Waldrand sind es noch 5 Minuten; h. steht geschrieben: ...; h. hat er gewohnt; Hier bei uns sind die Berge 3 000 bis 4 000 Meter hoch (Grzimek, Serengeti 58); Bloß auf und davon, drei Tage h., fünf Tage dort (Kronauer, Bogenschütze 200); h. sein (auch für *zugegen sein*); er ist gestern noch h. gewesen; wann soll der Zug h. sein *(ankommen)*?; h. bleiben; wir müssen ihn h. behalten; du kannst das Buch h. lassen; »Denk daran, ... dass du uns Zigaretten h. lässt.« (Böll, Adam 32); »Haben Sie uns keinen Wagen h. gelassen? Wie sollen wir denn weg? (Böll, Adam 39); wo ist h. *(in dieser Stadt, diesem Stadtteil)* die Post?; du h.? (ugs.; *du bist auch anwesend?*); h. *(an diesem Telefonanschluss)* [spricht] Franz Mayer; (als Antwort beim Namenaufrufen:) Schulze! – H.! *(zur Stelle, anwesend!);* er ist nicht von h. *(kein Einheimischer);* Ü Ich habe den Bühnendreck bis h.! (salopp; *er widersteht mir;* Erné, Fahrgäste 328); er ist ein bisschen h. (salopp abwertend; *er ist geistig ein wenig beschränkt;* mit entsprechender Geste); du bist wohl h., nicht von h. (salopp; *du bist wohl nicht recht bei Verstand*); *** h. und da/dort** (1. *an manchen Stellen, an einigen Orten:* der dunkle Park, h. und da von einer Laterne erhellt [Koeppen, Rußland 193]. 2. *von Zeit zu Zeit, manchmal, bisweilen:* »Denkt vielleicht h. und da an meine Worte ...« [Leonhard, Revolution 195]); **h. und jetzt/heute** (geh.; *jetzt, in diesem Augenblick, ohne Verzug*): du musst dich h. und jetzt entscheiden; Hier und jetzt musste sich zeigen, wer am fleißigsten gearbeitet hat (Olymp. Spiele 21); ‹subst.:› Menschen ..., die am Hier und Heute *(an der Gegenwart)* nicht genug hatten (Kaschnitz, Wohin 172); **b)** ‹nachgestellt› bezieht sich auf jmdn., etw. in unmittelbarer Nähe, auf den bzw. worauf der Sprecher ausdrücklich hinweist: unser Freund h.; wer hat das h. angerichtet?; »Sah der Hof h. schon immer so aus ...?« (Plievier, Stalingrad 310); **c)** zur Verdeutlichung einer Geste, mit der der Sprecher dem Angeredeten etwas überreicht, erteilt: Hier habt Ihr eine Mark (Hacks, Stücke 58); Hier ist Ihr Laufzettel. Sie können gehen (Grass, Hundejahre 435); h., nimm das Buch!; **d)** *in dem vorliegenden Zusammenhang, Fall, Punkt:* auf dieses Problem wollen wir h. nicht weiter eingehen; h. irrst du; h. muss die Kritik einsetzen; h. geht es um Leben und Tod. **2.** *zu diesem [genannten] Zeitpunkt, in diesem Augenblick:* in der Tat ist vieles neu an der h. beginnenden Epoche (Dönhoff, Ära 191); *** von h. an** *(von diesem Zeitpunkt an):* von h. an hat sich vieles verändert.

hier-, Hier-: ↑hiero-, Hiero-.

hier|amts [auch: –'–] ‹Adv.› (österr. Amtsspr.): *hier bei dieser Behörde, auf diesem Amt* (Abk.: h. a.).

hie|ran [auch: '– –] ‹Adv.›: **1. a)** *an dieser Stelle, diesem Ort, diesem Gegenstand o. Ä. hier; an der soeben erwähnten Stelle, dem soeben erwähnten Ort, Gegenstand o. Ä.:* das ist das Rathaus, h. sind wir doch eben schon mal vorbeigekommen; der Schiffbrüchige hatte eine Planke entdeckt und sich h. festgehalten, bis er gerettet wurde; **b)** *an diese Stelle, diesen Ort, diesen Gegenstand o. Ä. hier; an die soeben erwähnte Stelle, den soeben erwähnten Ort, Gegenstand o. Ä.:* das ist der Schulneubau, und h. schließen sich die Turn- und Schwimmhalle sowie der Sportplatz an; er suchte sich im Kirschbaum einen starken Ast, h. lehnte er dann die Leiter und stieg hinauf. **2. a)** *an der soeben erwähnten Sache, Angelegenheit o. Ä.:* sie glaubt nicht an den Erfolg unserer Sache, aber h. kann es nicht den geringsten Zweifel geben; h. wird deutlich, kann man erkennen, dass ...; **b)** *an die soeben erwähnte Sache, Angelegenheit o. Ä.:* das war seine einzige Chance, h. klammerte er sich bis zuletzt; im Anschluss h.

Hie|rarch [hi̯e..., hi...], der; -en, -en [griech. hierárchēs]: *oberster Priester im antiken Griechenland:* Ü Die Erneuerung ... für das Mediensystem ... wird nicht von den Parteien kommen, ebenso wenig von den Verlegern oder den -en *(den Mächtigen, den Herrschenden)* in den Rundfunkanstalten (Sonntagsblatt 20. 5. 84, 25).

Hie|rar|chie [hi̯e..., hi...], die; -, -n [griech. hierarchía = Priesteramt, zu: hierós = heilig; gottgeweiht u. árchein = der Erste sein, Führer sein]: **a)** *[pyramidenförmige] Rangfolge, Rangordnung:*

eine strenge, staatliche, militärische H.; die H. der Beamten, der katholischen Kirche; ein Beitrag zur Demokratisierung durch Abbau von -n (Nuissl, Hochschulreform 47); Ü eine H. der Werte; **b)** *Gesamtheit der in einer Rangfolge Stehenden:* Veränderungen in der sowjetischen H. *(Führungsspitze;* Welt 17. 10 64, 2); Eine komplizierte H. von Geschäftsleuten, Pförtnern ... und Hausburschen bediente hier ... den Apparat (Enzensberger, Einzelheiten I, 201).

hie|rar|chisch ‹Adj.›: *der Hierarchie entsprechend, in der Art einer Hierarchie streng gegliedert:* eine -e Ordnung; -e Strukturen abbauen; Der -e Aufbau der Firma tritt jetzt deutlicher zutage (Chotjewitz, Friede 145); In dem Vorzeigeverein gebe es kein -es Denken (Hamburger Morgenpost 24. 5. 85, 12).

hie|rar|chi|sie|ren ‹sw. V.; hat› (bildungsspr.): *in einer Hierarchie* (a) *anordnen, abstufen.*

Hie|rar|chi|sie|rung, die; -, -en: *das Hierarchisieren:* ein Ressortmodell ... H. der ... Arbeit, H. der Ressorts untereinander (Courage 2, 1978, 52).

hie|ra|tisch ‹Adj.› [lat. hieraticus < griech. hieratikós, zu: hierós = heilig]: **1.** *priesterlich; heilige Gebräuche od. Heiligtümer betreffend:* -e Schrift *(von Priestern vereinfachte Hieroglyphenschrift).* **2.** (bild. Kunst) *(bes. in der archaischen griechischen od. in der byzantinischen Kunst) streng, starr:* in -er Haltung.

hie|rauf [auch: '- -] ‹Adv.› [aus ↑hier u. ↑auf]: **1. a)** *auf dieser Stelle, dieser Unterlage, diesem Gegenstand o. Ä. hier; auf der soeben erwähnten Stelle, Unterlage, dem soeben erwähnten Gegenstand o. Ä.:* in der Ecke stand ein Tischchen; h. lag eine Decke aus Spitze; **b)** *auf diese Stelle, diese Unterlage, diesen Gegenstand o. Ä. hier; auf die soeben erwähnte Stelle, Unterlage, den soeben erwähnten Gegenstand o. Ä.:* in der Ecke stand ein Tischchen; h. legte sie eine Decke aus Spitze. **2. a)** *auf der soeben erwähnten Sache, Angelegenheit o. Ä.:* er hatte einen Plan vorgelegt; h. fußten dann alle weiteren Überlegungen; **b)** *auf die soeben erwähnte Sache, Angelegenheit o. Ä.:* der vorgelegte Plan ist gut; wir werden h. noch zu sprechen kommen. **3. a)** *nach dem soeben erwähnten Vorgang, Ereignis o. Ä.; danach, [so]dann:* Greifer zog seine Taschenuhr hervor und verglich sie mit seiner Armbanduhr; h. blickte er auf die Wanduhr (Kirst, 08/15, 846); **b)** *auf den soeben erwähnten Umstand, das soeben erwähnte Ereignis hin; infolgedessen:* er schwankte, h. stützte man ihn.

hie|rauf|hin [auch: '- - -] ‹Adv.›: *hierauf* (3 b): er fehlte zu häufig; h. hat man ihm gekündigt.

hie|raus [auch: '- -] ‹Adv.› [aus ↑hier u. ↑aus]: **1.** *aus diesem Raum, Gefäß, Behältnis o. Ä. hier; aus dem soeben erwähnten Raum, Gefäß, Behältnis o. Ä.:* sie fanden einen Brunnen; h. schöpften sie Wasser. **2. a)** *aus der soeben erwähnten Sache, Angelegenheit, aus dem soeben erwähnten Vorgang o. Ä.:* er hat ein Schreiben hinterlassen; h. kann man ersehen, ...; **b)** *aus diesem Stoff, dieser Materie o. Ä. hier; aus dem soeben erwähnten Stoff, der soeben erwähnten Materie o. Ä.:* sie haben Erdbeeren gepflückt und wollen h. Marmelade kochen; **c)** *aus dieser Quelle, Unterlage, aus diesem Werk hier; aus der soeben genannten Quelle, Unterlage, dem soeben genannten Werk:* seine Briefe sind erhalten; h. stammen die Zitate.

hier be|hal|ten: s. hier (1 a).

hier|bei [auch: -'-] ‹Adv.› [aus ↑hier u. ↑bei]: **1.** *nahe bei dieser Stelle, diesem Ort, diesem Gegenstand o. Ä. hier; nahe bei der soeben erwähnten Stelle, dem soeben erwähnten Ort, Gegenstand:* auf dem Tisch lagen Zeitungen; h. lag der Brief. **2.** *im Verlauf des soeben Erwähnten, bei dieser Gelegenheit, währenddessen:* das Rad dreht sich sehr schnell; h. kann man sich verletzen. **3.** *bei der soeben erwähnten Sache, Angelegenheit o. Ä., hinsichtlich des soeben Erwähnten:* h. handelt es sich um ....

hier blei|ben: s. hier (1 a).

hier|durch [auch: -'-] ‹Adv.› [aus ↑hier u. ↑durch]: **1.** *hier hindurch:* wir müssen h. gehen. **2.** *aufgrund, infolge des soeben erwähnten Geschehens, Verhaltens, Umstandes o. Ä.:* einer der Bäume musste gefällt werden; h. war eine Lücke entstanden. **3.** *hiermit* (3): h. teilen wir Ihnen mit, dass ....

hie|rein [auch: -'-, mit bes. Nachdruck: '- -] ‹Adv.› [aus ↑hier u. ↑[2]ein]: **1.** *in diesen Raum, dieses Behältnis, Gefäß o. Ä. hier hinein; in den soeben erwähnten Raum, das soeben erwähnte Behältnis, Gefäß o. Ä. hinein:* der Schrank hat eine Schublade; h. habe ich den Zettel gelegt. **2.** *in die soeben erwähnte Angelegenheit, Situation o. Ä.:* der Plan ist undurchdacht; er ist nicht bereit, h. einzuwilligen.

hier|für [auch: -'-, mit bes. Nachdruck: '- -] ‹Adv.› [aus ↑hier u. ↑für]: **1.** *für den soeben genannten Zweck, das soeben genannte Ziel:* er ist auf dem besten Wege, die Einzigen, die eines Tages solche Maßnahmen ... garantieren könnten, aus der h. erforderlichen Schlüsselposition zu vertreiben (Dönhoff, Ära 202). **2.** *hinsichtlich der soeben genannten Sache, im Hinblick darauf:* h. habe ich kein Interesse. **3.** *als Gegenleistung, Entschädigung für dieses hier, für das soeben Erwähnte:* was gibst du mir h.?

hier|ge|gen [auch: -'- -, mit bes. Nachdruck: '- - -] ‹Adv.› [aus ↑hier u. ↑gegen]: **1.** *gegen, an, auf, in Richtung auf diese Stelle, diesen Gegenstand hier; gegen, an, auf, in Richtung auf die soeben erwähnte Stelle, den soeben erwähnten Gegenstand:* h. ist er gefahren. **2.** *(als Angriff, Abwehr, Ablehnung) gegen die soeben erwähnte Sache, Angelegenheit o. Ä.:* sich h. verwahren. **3.** *im Vergleich, im Gegensatz zu dem hier Gezeigten, Dargestellten:* h. ist sein Spiel stümperhaft.

hier|her [auch: -'-, mit bes. Nachdruck: '- -] ‹Adv.› [aus ↑hier u. ↑her]: *an diese Stelle, diesen Ort hier:* auf dem Wege h. ist er verunglückt; »Ausziehen, alle Sachen h. auf den Tisch« (Sobota, Minus-Mann 73); h. fahren, kommen, laufen, ziehen; ich glaube nicht, dass dieser Stuhl h. gehört; alle blickten, schauten h.; sich h. bemühen, wagen; jmdn. h. bemühen, bitten, bringen; h. eilen, fliegen, führen, gelangen, holen; sie wurde h. geschickt; ich weiß nicht, wie ich die Sachen h. kriegen soll; h. legen, locken; wir wollen das Kind mit h. nehmen *(an diesen Ort hier mitnehmen);* h. reisen; h. rufen; Genosse Leonhard, Sie sind von der Komintern h. gerufen *(an diesen Ort hier beordert)* worden (Leonhard, Revolution 147); h. schaffen, schleppen, setzen, stellen, tragen, treiben; das Boot treibt kieloben h.; wir sind vor einem Jahr h. gezogen; wir wundern uns beide, wie wir es überhaupt bis h. geschafft haben (Remarque, Westen 169); Ü h. *(in den hier gestellten Zusammenhang)* gehörige Fragen; die h. *(zu der soeben, zuletzt genannten Gruppe, Kategorie)* gehörigen Tiere; du weißt doch, dass du h. gehörst *(in unsere Familie, unsere Gemeinschaft gehörst);* h. *(zu dieser Gruppe)* gehört die Mehrzahl dieser Tiere; was du sagst, gehört nicht h. *(ist hierfür nicht wichtig, relevant);* »Sie entschuldigen, das gehört vielleicht nicht h., aber ... was wird eigentlich aus Papas Landhaus ...?« (Bieler, Mädchenkrieg 489); Ich weiß nicht, ob ich den Mann jemals wieder h. kriege *(ob ich es fertig bringe, dass er noch einmal hierher kommt;* H. Weber, Einzug 130); die Angst hat mich h. getrieben; R bis h. und nicht weiter *(das ist die äußerste Grenze, mehr ist nicht möglich od. zulässig;* nach Hiob 38, 11): Der Wahlspruch der Loyalisten wird zum kategorischen Imperativ einer ganzen Stadtbevölkerung. No Pasaran! Bis h. und nicht weiter! (K. Mann, Wendepunkt 343).

hier|he|rauf [auch: - -'-, mit bes. Nachdruck: '- - -] ‹Adv.›: **1.** *an diese Stelle, diesen Ort hier nach oben:* [bis] h. kommen. **2.** *an dieser Stelle, auf diesem Weg, in dieser Richtung hier nach oben:* h. führt ein besserer Weg.

hier|her be|mü|hen, hier|her bit|ten, hier|her bli|cken, hier|her brin|gen: s. hierher.

hier|her ei|len, hier|her fah|ren, hierher flie|gen, hier|her füh|ren, hierher ge|hö|ren: s. hierher.

hier|her ge|hö|rig: s. hierher.

hier|her ge|lan|gen, hier|her ho|len, hier|her kom|men, hier|her kriegen: s. hierher.

hier|her lau|fen, hier|her le|gen, hierher lo|cken, hier|her neh|men: s. hierher.

hier|her rei|sen, hier|her ru|fen, hierher schaf|fen, hier|her schau|en: s. hierher.

hier|her schi|cken, hier|her schleppen, hier|her set|zen, hier|her stellen: s. hierher.

hier|her tra|gen, hier|her trei|ben: s. hierher.

hier|he|rum [auch: - -'-, mit bes. Nachdruck: '- - -] ‹Adv.›: **1.** *an dieser Stelle, auf diesem Weg, in dieser Richtung hier herum:* wir gehen besser h. **2.** (ugs.) *hier* *irgendwo:* er muss h. sein Büro haben; Der Bagger (= der Baggersee) ist bei weitem das Beste h. *(in dieser Gegend;* Loest, Pistole 178).

hier|her wa|gen, hier|her zie|hen: s. hierher.

hier|hin [auch: -'-, mit bes. Nachdruck: '- -] ⟨Adv.⟩ [aus ↑hier u. ↑hin]: *an diese Stelle, diesen Ort hin; an die soeben erwähnte Stelle, den soeben erwähnten Ort hin:* etw. h. legen, setzen, stellen; setzen wir uns doch h.; die Fläche reicht bis h.; in seiner Aufregung lief er h. und dorthin *(lief er ziellos umher);* sie schaute bald h., bald dorthin *(sie schaute unablässig in alle Richtungen);* die Flut kommt bis h.; Bis h. hatte Erich lesen können (Erné, Fahrgäste 179); bis h. stimme ich dir bei.

hier|hi|nab [auch: - -'-, mit bes. Nachdruck: '- - -] ⟨Adv.⟩: *an dieser Stelle, auf dieser Seite, in dieser Richtung hier hinab:* ins Dorf geht es h.

hier|hi|nauf [auch: - -'-, mit bes. Nachdruck: '- - -] ⟨Adv.⟩: *an dieser Stelle, auf dieser Seite, in dieser Richtung hier hinauf:* zur Burg geht es h.

hier|hi|naus [auch: - -'-, mit bes. Nachdruck: '- - -] ⟨Adv.⟩: **1.** *an dieser Stelle, auf diesem Weg, in dieser Richtung hier hinaus.* **2.** *aus diesem Raum, Behältnis, Gefäß o. Ä. hier hinaus; aus dem soeben erwähnten Raum, Behältnis, Gefäß o. Ä. hinaus.*

hier|hi|nein [auch: - -'-, mit bes. Nachdruck: '- - -] ⟨Adv.⟩: **1.** *an dieser Stelle, auf diesem Weg, in diese Richtung hier hinein.* **2.** *in diesen Raum, dieses Behältnis, Gefäß o. Ä. hier hinein; in den soeben erwähnten Raum, das soeben erwähnte Behältnis, Gefäß o. Ä. hinein.*

hier|hin le|gen, hier|hin set|zen, hierhin stel|len: s. hierhin (1).

hier|hin|ter [auch: -'- -, mit bes. Nachdruck: '- - -] ⟨Adv.⟩: **1.** *hinter diesem Gegenstand, Raum, Gebäude o. Ä. hier; hinter dem soeben erwähnten Gegenstand, Raum, Gebäude o. Ä.* **2.** *hinter diesen Gegenstand, Raum, dieses Gebäude o. Ä. hier; hinter den soeben genannten Gegenstand, Raum, das soeben genannte Gebäude o. Ä.*

hier|hi|nü|ber [auch: - -'- -, mit bes. Nachdruck: '- - - -] ⟨Adv.⟩: *über diesen Ort, Gegenstand o. Ä. hier hinüber, über den soeben erwähnten Ort, Gegenstand hinüber.*

hier|hi|nun|ter [auch: - -'- -, mit bes. Nachdruck: '- - - -] ⟨Adv.⟩: **1.** *unter diesen Gegenstand o. Ä. hier hinunter; unter den soeben erwähnten Gegenstand o. Ä. hinunter.* **2.** *an dieser Stelle, auf dieser Seite, in dieser Richtung hier hinunter.*

hie|rin [auch: -'-, mit bes. Nachdruck: '- -] ⟨Adv.⟩ [aus ↑hier u. ↑[1]in]: **1.** *in diesem Raum, Gefäß, Gegenstand o. Ä. hier, in dem soeben genannten Raum, Gefäß, Gegenstand o. Ä.:* im Garten war ein kleiner Teich; h. schwammen Goldfische. **2.** *in dieser Beziehung; hinsichtlich dieser [Tat]sache, Angelegenheit:* Er meinte ..., dass wir unsere östlichen Gesprächspartner glaubten bekehren zu können. Hierin freilich irrte er (Dönhoff, Ära 96); h. liegt ein verborgener Sinn, der freilich nicht leicht zu erkennen ist (Nigg, Wiederkehr 130); h. gebe ich dir Recht.

hie|rin|nen [auch: -'- -, mit bes. Nachdruck: '- - -] ⟨Adv.⟩ (veraltet): *hierin.*

hier|lands [auch: -'-, mit bes. Nachdruck: '- -] ⟨Adv.⟩ (veraltet): *hierzulande.*

hier las|sen: s. hier (1 a).

hier|mit [auch: -'-, mit bes. Nachdruck: '- -] ⟨Adv.⟩ [aus ↑hier u. ↑mit]: **1. a)** *mit diesem Gegenstand hier, dessen man sich bedient; mit dem soeben genannten Gegenstand;* **b)** *mit dem soeben erwähnten Mittel; durch diese Art des Vorgehens o. Ä.* **2.** *mit der soeben erwähnten Sache, Angelegenheit o. Ä., mit der man sich beschäftigt:* h. kann ich nichts anfangen; Einstweilen muss man ... h. vorlieb nehmen (Dönhoff, Ära 224). **3.** *[gleichzeitig] mit diesem Geschehen, Vorgang, Zustand:* h. *(mit diesen Worten)* erkläre ich die Ausstellung für eröffnet; »Kameraden«, sagte ich. »Ich trete h. aus eurem Klub aus.« (Remarque, Obelisk 336); »... sonst schreie ich auch, mögen dann die Leute denken, was sie wollen.« Und h. *(im gleichen Moment)* fing Brenten bereits zu schreien an (Bredel, Väter 300); h. (Amtsspr.; *durch diese Bescheinigung, dieses Schreiben o. Ä.*) wird bestätigt, erkläre ich, dass ...; »Wir bestätigen h., dass Genosse Leonhard in den ersten Kursus ... aufgenommen ist.« (Leonhard, Revolution 71).

hier|nach [auch: -'-, mit bes. Nachdruck: '- -] ⟨Adv.⟩ [aus ↑hier u. ↑nach]: **1.** *der soeben erwähnten Sache, Angelegenheit o. Ä. entsprechend:* h. kann man sich richten. **2.** *der soeben erwähnten Sache, Angelegenheit o. Ä. zufolge; demnach:* ich habe den Untersuchungsbericht gelesen; h. wäre der Angeklagte schuldig. **3.** *nach der soeben erwähnten Sache, dem soeben erwähnten Vorgang o. Ä.; im Anschluss an das soeben Erwähnte; hierauf.*

hier|ne|ben [auch: -'- -, mit bes. Nachdruck: '- - -] ⟨Adv.⟩ [aus ↑hier u. ↑neben]: **a)** *neben diesem Gegenstand, neben dieser Sache o. Ä. hier; neben dem soeben erwähnten Gegenstand, neben der soeben erwähnten Sache:* ein Bücherregal, h. ein bequemer Sessel; **b)** *neben diesen Gegenstand, neben diese Sache o. Ä. hier; neben den soeben erwähnten Gegenstand, neben die soeben erwähnte Sache:* h. passt kein Schrank mehr.

[1]**Hi|e|ro|du|le** [hie..., hi...], der; -n, -n [lat. hierodulus < griech. hieródoulos, zu: hierós = heilig u. doũlos = Sklave]: *Tempelsklave des griechischen Altertums.*

[2]**Hi|e|ro|du|le,** die; -, -n [griech. hieródoulos]: *Tempelsklavin des Altertums, die der Gottheit gehörte u. deren Dienst u. a. in sakraler Prostitution bestand:* In Korinth soll es zur Zeit des Paulus an die Tausend »Hierodulen« gegeben haben (Wiedemann, Liebe 86).

Hie|ro|gly|phe, die; -, -n [zu griech. hieroglyphiká (grámmata) = heilige Schriftzeichen (der altägyptischen Bilderschrift)]: **1.** *Schriftzeichen einer Bilderschrift:* wir sehen Bruchstücke von Vasen ..., bedeckt mit wunderlichen Bildern und Zeichen, -n und Keilschriften (Ceram, Götter 33). **2.** ⟨Pl.⟩ (scherzh.) *schwer od. nicht lesbare Schriftzeichen einer Handschrift:* deine -n kann ja niemand entziffern.

Hie|ro|gly|phen|schrift, die; -, -en: *Schrift in Hieroglyphen* (1).

Hie|ro|gly|phik, die; -: *Wissenschaft von den Hieroglyphen* (1).

hie|ro|gly|phisch ⟨Adj.⟩: **1.** *die Hieroglyphen betreffend, den Hieroglyphen zuzuordnen:* -e Schrift; Sie (= die Hieroglyphen) zeigten sich auf Tempelwänden, ... ja selbst Schreibzeuge ... trugen -e Zeichen (Ceram, Götter 99). **2.** *in der Art von Hieroglyphen, rätselhaft verschlungen:* -e Zeichen, Figuren.

Hi|e|ro|gramm, das; -s, -e [↑-gramm]: *Zeichen einer geheimen altägyptischen Priesterschrift, die ungewöhnliche Hieroglyphen aufweist.*

Hi|e|ro|kra|tie, die; -, -n [zu griech. krateĩn = herrschen]: *Priesterherrschaft, Regierung eines Staates durch Priester.*

Hi|e|ro|mant, der; -en, -en [griech. hieromántis, zu: mántis = Seher]: *jmd., der aus Opfern (bes. geopferten Tieren) weissagt.*

Hi|e|ro|man|tie, die; -: *Kunst der Weissagung aus [Tier]opfern.*

Hi|e|ro|mo|na|chos, der; -, ...choi [...xɔy; ngriech., mgriech. hieromónachos, zu griech. monachós, ↑Mönch]: *zum Priester geweihter Mönch in der orthodoxen Kirche.*

Hi|e|ro|nym, das; -s, -e [zu griech. ónyma = Name]: *heiliger Name, der jmdm. beim Eintritt in eine Kultgemeinschaft gegeben wird.*

Hi|e|ro|ny|mie, die; -: **a)** *Namenswechsel beim Eintritt in eine Kultgemeinschaft;* **b)** *Ersatz des Individualnamens durch den Kulttitel in altgriechischen Inschriften.*

Hi|e|ro|phant, der; -en, -en [lat. hierophantes < griech. hierophántēs, zu: phaínein = erklären, zeigen]: *Oberpriester u. Lehrer der heiligen Bräuche im Griechenland der Antike, bes. in den Eleusischen Mysterien.*

hier|orts [auch: -'-, mit bes. Nachdruck: '- -] ⟨Adv.⟩: *an diesem Ort, in dieser Stadt, Gegend, Umgebung hier:* Es gibt h. nur noch einen, der den Gast kennt (Brot u. Spiele 405); Er ... ist ..., weil er sich h. nicht auskennt, gegen einige ... Laternen getorkelt (Bieler, Bär 264).

Hier|ro ['jɛrrɔ], früher **Fer|ro;** -s: *westlichste der Kanarischen Inseln.*

Hier|sein, das: *das Anwesendsein, Vorhandensein:* Der Beamte fragte mich nach dem Zweck meines -s (Seghers, Transit 65); das ... sei ein Grund ihres -s, denn man könne doch die Eltern nicht so im Ungewissen lassen (Ossowski, Liebe ist 377).

hier|selbst [auch: -'-, mit bes. Nachdruck: '- -] ⟨Adv.⟩ [aus ↑hier u. ↑selbst] (veraltet): *an diesem Ort, an dieser Stelle hier.*

hie|rü|ber [auch: -'- -, mit bes. Nachdruck: '- - -] ⟨Adv.⟩ [aus ↑hier u. ↑über]:

1. a) *über dieser Stelle, diesem Gegenstand o. Ä. hier; über der soeben erwähnten Stelle, dem soeben erwähnten Gegenstand o. Ä.;* **b)** *über diese Stelle, diesen Gegenstand o. Ä. hier; über die soeben erwähnte Stelle, den soeben erwähnten Gegenstand:* Vom 6. Juli an wird ... eine Eisenbahnbrücke restauriert, was zur Folge hat, dass der Eisenbahnverkehr h. dann nur eingleisig verlaufen kann (Wiesbadener Kurier 4. 6. 85,3). **2. a)** (geh.) *währenddessen:* er hatte sich ein Fernsehstück angesehen und war h. eingeschlafen; **b)** *über die soeben erwähnte Sache, Angelegenheit; was die soeben erwähnte Sache, Angelegenheit betrifft:* Es ist nicht erwiesen, ob sich auch Bunjan der Wiedertaufe unterzog, da jede Angabe h. fehlt (Nigg, Wiederkehr 42); Es ist wichtig, sich h. im Klaren zu sein (Dönhoff, Ära 173).

hie|rum [auch: -'-, mit bes. Nachdruck: '--] ⟨Adv.⟩ [aus ↑hier u. ↑um]: **1.** *um diesen Ort, Gegenstand o. Ä. hier herum; um den soeben erwähnten Ort, Gegenstand o. Ä. herum:* das Haus hat einen kleinen Vorgarten; h. soll eine Hecke gepflanzt werden. **2.** *um die soeben erwähnte Sache, Angelegenheit:* h. geht es nicht; du musst dich einmal h. kümmern.

hie|run|ter [auch: -'--, mit bes. Nachdruck: '---] ⟨Adv.⟩ [aus ↑hier u. ↑unter]: **1. a)** *unter dieser Stelle, diesem Gegenstand hier; unter der soeben erwähnten Stelle, dem soeben erwähnten Gegenstand:* h. *(unter der Fußmatte)* ist der Schlüssel; **b)** *unter diese Stelle, diesen Gegenstand o. Ä. hier; unter die soeben erwähnte Stelle, den soeben erwähnten Gegenstand o. Ä.:* h. *(unter den Schrank)* war der Ball gerollt. **2.** *unter der soeben erwähnten Sache, Angelegenheit o. Ä.:* er ist früher einmal straffällig geworden, h. hat er jetzt schwer zu leiden. **3. a)** *unter der soeben erwähnten Gruppe, Kategorie o. Ä.:* 179 Personen kamen bei dem Flugzeugunglück ums Leben, h. befanden sich auch einige Deutsche; **b)** *unter die soeben erwähnte Gruppe, Kategorie o. Ä.:* in der heutigen Zeit nehmen Stoffwechselkrankheiten immer mehr zu; h. fallen z. B. Diabetes und Gicht.

hier|von [auch: -'-, mit bes. Nachdruck: '--] ⟨Adv.⟩ [aus ↑hier u. ↑von]: **1.** *von dieser Stelle, diesem Gegenstand hier [entfernt]; von der soeben genannten Stelle, dem soeben genannten Gegenstand [entfernt]:* einige Meter h. entfernt. **2. a)** *von diesem Gegenstand o. Ä. hier; von dem soeben erwähnten Gegenstand, der soeben erwähnten Sache o. Ä. [als Ausgangspunkt]:* machen Sie bitte h. eine Kopie; ... sei ... das Geplauder ... wie ein netter kleiner Flirt für sie gewesen ... Hiervon war Hans Castorp nun peinlich berührt (Th. Mann, Zauberberg 422); **b)** *von der soeben erwähnten Sache, Angelegenheit; hinsichtlich der soeben erwähnten Sache, Angelegenheit:* er neigt ein wenig zum Aufschneiden, aber h. abgesehen ist er ein netter Kerl; h. höre ich heute zum ersten Mal; es ist eine dumme Sache, aber er weiß h. gar nichts. **3.** *als Folge des soeben erwähnten Vorgangs, Zustands o. Ä.; durch die soeben erwähnte Sache, Angelegenheit [verursacht]:* h. kommt es, dass ...; er hatte einen Unfall; h. rührt sein etwas schwerfälliger Gang. **4.** *von der soeben erwähnten Menge als [An]teil:* es waren sechzig Tote, h. zwei Deutsche. **5.** *von dieser Sache hier als Grundlage, aus diesem Material hier:* kannst du mir h. eine Bluse nähen?

hier|vor [auch: -'-, mit bes. Nachdruck: '--] ⟨Adv.⟩ [aus ↑hier u. ↑vor]: **1. a)** *vor dieser Stelle, vor diesem Gegenstand o. Ä. hier; vor der soeben erwähnten Stelle, dem soeben genannten Gegenstand o. Ä.;* **b)** *vor diese Stelle, vor diesen Gegenstand o. Ä. hier; vor die soeben genannte Stelle, den soeben erwähnten Gegenstand o. Ä.* **2.** *vor der soeben erwähnten Sache, Angelegenheit, im Hinblick darauf:* h. hat er großen Respekt; Die Strömung ist an dieser Stelle reißend. Ich habe immer h. gewarnt.

hier|wi|der [auch: -'--, mit bes. Nachdruck: '---] ⟨Adv.⟩ [aus ↑hier u. ↑wider] (veraltet): *hiergegen* (1, 2).

hier|zu [auch: -'-, mit bes. Nachdruck: '--] ⟨Adv.⟩ [aus ↑hier u. ↑zu]: **1. a)** *zu dieser Sache, diesem Gegenstand hier [hinzu], zu der soeben erwähnten Sache, dem soeben erwähnten Gegenstand o. Ä. [hinzu]; mit der erwähnten Sache zusammen:* das Kleid ist schwarz; h. trägt sie eine rote Kette; h. *(zu diesem Essen)* gehört ein Bier; **b)** *zu der soeben erwähnten Gruppe, Kategorie o. Ä.:* h. gehören eine Reihe von Personen; Singvögel gibt es mit vielen Arten; h. gehören auch die Sperlinge. **2.** *zu dem soeben genannten Zweck, Ziel; für den soeben genannten Zweck:* h. raten, Glück wünschen. **3.** *hinsichtlich der soeben erwähnten Sache, Angelegenheit o. Ä.:* »... der Prinz wünscht meine Bücher zu sehen. Darf ich Sie bitten, sich h. zu äußern?« (Th. Mann, Hoheit 197).

hier|zu|lan|de, (auch:) **hier zu Lan|de** ⟨Adv.⟩ [aus ↑hier u. ↑zulande]: *in diesem Lande, dieser Gegend, dieser Gesellschaft, unter diesen Leuten hier:* Eine Tür war drapiert mit schwarzen ... Schärpen, wie man es hierzulande tut, wenn ein Toter im Hause liegt (Seghers, Transit 111); Italienische Möbel, für ihr Design berühmt und hierzulande recht teuer (Capital 2, 1980, 8).

hier|zwi|schen [auch: -'- -, mit bes. Nachdruck: '- - -] ⟨Adv.⟩ [aus ↑hier u. ↑zwischen]: **a)** *zwischen diesen Personen, Gegenständen, Sachen o. Ä. hier; zwischen den soeben erwähnten Personen, Gegenständen, Sachen o. Ä.:* auf dem Tisch lag ein Stoß Zeitungen u. h. war der Brief geraten; **b)** *zwischen diese Personen, Gegenstände, Sachen o. Ä. hier; zwischen die soeben erwähnten Personen, Gegenstände, Sachen o. Ä.:* stelle dich doch h., von hier aus siehst du alles.

hie|sig ⟨Adj.⟩ [wahrsch. aus hie (↑hier) u. mhd. -wēsec (z. B. in: abewēsec; vgl. Wesen), also eigtl. = hierseiend]: *hier befindlich; hier einheimisch, ansässig; von hier stammend:* -e Gebräuche; die -e Bevölkerung; Die berühmte Schauspielerin gastierte zurzeit im -en Stadttheater (Danella, Hotel 31); Wir waren nur hierher gezogen, weil der Vater an der -en Zeitung Arbeit gefunden hatte (NZZ 12. 4. 85, 35); (veraltend:) -en Ort[e]s; Sein Vater war ... zugewandert. Doch seine Mutter soll h. gewesen sein (Grass, Butt 287); ⟨subst.:⟩ er ist kein Hiesiger *(Einheimischer);* Seine Kriminalgeschichten spielten in England ..., zwei Versuche, Kriminalgeschichten im Hiesigen *(hier, in diesem Land)* anzusiedeln, waren gescheitert (Loest, Pistole 232).

hieß: ↑[1]heißen.

Hie|ve, die; -, -n [zu ↑hieven] (Fachspr.): *Last, die beim Laden od. Löschen auf einmal an den Ladehaken gehängt wird.*

hie|ven ⟨sw. V.; hat⟩ [engl. to heave = (hoch-, empor)heben, verw. mit ↑heben] (bes. Seemannsspr.; sonst ugs.): *(eine Last) heraufziehen, hochwinden, heben:* eine Last an Deck h.; Der Lastwagen ... konnte ... schließlich mit Hilfe ... einer Seilwinde der Berufsfeuerwehr wieder auf die Straße gehievt werden (NZZ 21. 12. 86, 7); Riesenlaster standen herum. Von ihren Verdecken hievten Arbeiter mit Flaschenzügen ... mannshohe Rollen Kupfertiefdruckpapier (Simmel, Stoff 157); (ugs.:) Er ging ... um den VW herum, hievte seinen Koffer auf den hinteren Sitz (Zwerenz, Quadriga 96); (scherzh.:) ob ich nicht wüsste, dass sie Großvater ... mal mit seinem Rollstuhl ins Palast-Theater gehievt hätten? (Kempowski, Uns 124); Ü Man munkelt, dass Mehlig ihn ... auf diesen Posten gehievt (ugs.; *ihm diesen Posten verschafft*) habe (Chotjewitz, Friede 216).

hie|von ⟨Adv.⟩ [auch: '--; ↑hie-] (südd., österr., sonst veraltet): ↑hiervon.

hie|vor ⟨Adv.⟩ [auch: '--; ↑hie-] (südd., österr., sonst veraltet): ↑hiervor.

hie|zu ⟨Adv.⟩ [auch: '--; ↑hie-] (südd., österr., sonst veraltet): ↑hierzu: ◆ was ich h. denke (Chamisso, Schlemihl 18).

Hif|fe: usw. ↑Hiefe usw.

Hi-Fi ['haifi, auch: 'haɪ'faɪ]: = **Hi**gh **Fi**delity.

Hi-Fi-An|la|ge, die: *Anlage, die eine originalgetreue Wiedergabe von Tonaufnahmen ermöglichen soll.*

Hi-Fi-Turm, der: vgl. Stereoturm.

Hift|horn, das ⟨Pl. ...hörner⟩ [frühnhd. hift = Jagdruf mit dem Jagdhorn, wohl zu ahd. hiūfan = klagen] (Jägerspr.): *einfaches, aus einem ausgehöhlten Stierhorn angefertigtes Jagdhorn:* den großen Theoderich ..., der da ... H. blasend, dem Höllenrachen entgegenreitet (Carossa, Aufzeichnungen 7).

high [haɪ] ⟨Adj.⟩ [engl. high, eigtl. = hoch] (Jargon verhüll.): *in euphorieähnlichem Zustand nach dem Genuss von Rauschgift:* Wir hatten im Auto eine geraucht, und Burton war gleich h. (B. Vesper, Reise 13); Poppers ist eine Art Äther für Herzkranke, den man einatmet, was für kurze Zeit unheimlich h. macht (Praunheim, Sex 49); Ü wir waren alle echt h. (ugs.; *in euphorischer Stimmung*); Wenn ich irgendwo frischen Kuchen roch, da war ich richtig h. (ugs.; *in Hochstimmung;* Eppendorfer, Ledermann 11).

High|ball ['haibɔ:l], der; -s, -s [engl.-amerik. highball, H. u.]: *Longdrink auf der*

Basis von Whisky mit zerkleinerten Eisstücken, Zitronenschale u. anderen Zusätzen.

High|board ['haibɔ:d], das; -s, -s [zu engl. high (↑high) u. board = Brett, Tisch]: *halbhohes Möbelstück mit Schubfach- u. Vitrinenteil.*

High|brow ['haibraʊ], der; -[s], -s [engl. highbrow, eigtl. = hohe Stirn] (bildungsspr., oft scherzh. od. abwertend): *Intellektueller; jmd., der sich übertrieben intellektuell gibt.*

High Church ['hai'tʃɔ:tʃ], die; - - [engl. High Church, aus: high (↑high) u. church = Kirche]: *Richtung der englischen Staatskirche, die eine Vertiefung der liturgischen Formen anstrebt; englische Hochkirche.*

High Fi|de|li|ty ['hai fɪ'dɛlɪtɪ], die; - -, (auch:) **High|fi|de|li|ty,** die; - [zu engl. high (↑high) u. fidelity = Treue, genaue Wiedergabe] (Rundfunkt.): **1.** *originalgetreue Wiedergabe (z. B. bei Qualitätsschallplatten).* **2.** *Lautsprechersystem, das eine originalgetreue Wiedergabe ermöglichen soll.*

High|heels ['hai'hi:ls], (auch:) **High Heels** ⟨Pl.⟩ [engl. high heels, aus: high (↑high) u. heels, Pl. von: heel = Absatz (1)]: *hochhackige Schuhe; Stöckelschuhe:* Zwölf junge Damen ... Wer von ihnen ... wird Miss Rheinland-Pfalz? Unentbehrliches Utensil sind schwarze H. (Rheinpfalz 7. 9. 92, 15).

High|im|pact ['hai̯ 'ɪmpɛkt], der; -s, -s, (auch:) **High Im|pact,** der; - -s, - -s [engl., aus ↑high u. ↑Impact] (Sport): *hoher Grad, große Belastung, starke Wirkung:* ... alle, die den größeren körperlichen Stress des herkömmlichen Aerobics (»High Impact«) reduzieren ... wollen (MM 17. 2. 88, 17).

High|ja|cker, (auch:) **High Ja|cker,** der: ↑Hijacker.

High|life ['haɪlaɪf; auch: '–'–], das; -[s], (auch:) **High Life,** das; - -[s] [engl. high life = das Leben der Oberschicht, aus: high (↑high) u. life = Leben]: *exklusives Leben neureicher Gesellschaftskreise:* ihr Bedürfnis nach Prominentenglamour und H. ließ sich in Amerika nicht befriedigen (Spiegel 5, 1982, 162); Ü bei uns ist heute H. (ugs.; *wir feiern heute*); eine ziemlich geile Zeit ... Jeden Zahltag H. (*ging es hoch her;* Stern 41, 1980, 146).

High|light ['hailaɪt], das; -[s], -s, (auch:) **High Light,** das; - -[s], - -s [engl. highlight, aus: high (↑high) u. light = Licht] (Jargon): *Höhepunkt, Glanzpunkt eines [kulturellen] Ereignisses:* Die Minidisk dürfte eines der -s auf der Funkausstellung ... werden (Welt 27. 5. 91, 21); H. des Programms ist eine Frisuren-Styling-Make-up-Show (Wiener 6, 1984, 117); Einige -s aus alten Sendungen dürfen auch nicht fehlen (MM 22./23. 12. 90, 55); Sein neuer Film ... gilt als H. *(als herausragendes Produkt)* der ... französischen Filmindustrie (Spiegel 46, 1978, 261).

high|ligh|ten ['hailaitn̩] (EDV): *auf einem Bildschirm optisch (z. B. durch Unterlegung einer Kontrastfarbe) hervorheben:* alle Textsegmente können mit Mausklick gehighlightet werden.

High|noon ['hai'nu:n], der; -[s], -s, (auch:) **High Noon,** der; - -[s], - -s [nach dem amerik. Wildwestfilm »High Noon« (1952); engl. high noon = Mittag (1 a)]: *spannungsgeladene Atmosphäre [wie im Wildwestfilm]:* H. in Bonn. Die beiden Männer maßen sich kühl, als sie im Arbeitszimmer Kiesingers ... zusammentrafen (Spiegel 32, 1967, 28); wie im Westernfilm ist der gutmütige Held, weil bis aufs Blut gereizt, zum Kämpfer geworden. H. für den Westen, für die gesamte Welt (Spiegel 5, 1980, 86).

High|ri|ser ['hairaɪzə], der; -[s], -, (auch:) **High Ri|ser,** der; - -[s], - - [engl. high-riser, aus: high (↑high) u. riser = (die Höhe vergrößerndes) Zwischenstück]: *Fahrrad od. Moped mit hohem, geteiltem Lenker u. Sattel mit Rückenlehne.*

High|school ['haisku:l], die; -, -s, (auch:) **High School,** die; - -, - -s [engl. high school, aus: high (↑high) u. school = Schule]: amerik. Bez. für *höhere Schule.*

High Sno|bi|e|ty ['hai snɔ'baɪətɪ], die; - -, (auch:) **High|sno|bi|e|ty,** die; - [scherzh. geb. zu engl. high (↑high), ↑Snob u. engl. society = Gesellschaft]: *Gruppe der Gesellschaft, die durch entsprechende snobistische Lebensführung Anspruch auf Zugehörigkeit zur High Society erhebt.*

High So|ci|e|ty ['hai sə'saɪətɪ], die; - -, (auch:) **High|so|ci|e|ty,** die; - [engl. high society, aus: high (↑high) u. society = Gesellschaft]: *gesellschaftliche Oberschicht, die vornehmsten Kreise der Gesellschaft:* Jean Marais ... will ... seine Biographie veröffentlichen. Wie es heißt, sehen etliche Mitglieder von Frankreichs H. diesen Enthüllungen mit gemischten Gefühlen entgegen (Hörzu 4, 1974, 10).

[1]**High|tech** ['haɪ'tɛk], der; -[s] [Kunstwort aus engl. high style = hoher (= hochwertiger, gehobener) Stil und technology = Technologie]: *durch die Verwendung industrieller Materialien u. Einrichtungsgegenstände gekennzeichneter Stil der Innenarchitektur:* Ein neuer innenarchitektonischer Trend zeichnet sich ab: »Hightech« (Spiegel 26, 1979, 182).

[2]**High|tech,** das; -[s], auch die; - [engl. high tech, gekürzt aus high technology = Hochtechnologie]: *Hochtechnologie:* Bezüglich der H., der fortgeschrittenen Technologie, ist ein Vorsprung der USA zu sehen (CCI 3, 1986, 7); allerhand handliches H. vom Allerfeinsten (Zeitmagazin 48, 1988, 20).

High|tech|in|dus|trie, die: *Industrie, die Produkte der Hochtechnologie herstellt.*

High|tech|pro|dukt, das: *industrielles Produkt aus dem Bereich der Hochtechnologie.*

High|way ['haiweɪ], der; -s, -s [engl. highway]: **a)** engl. Bez. für *Haupt-, Landstraße;* **b)** amerik. Bez. für *Fernstraße.*

hi|hi, hi|hi|hi ⟨Interj.⟩: Ausruf, der Schadenfreude, hämisches, kicherndes Lachen ausdrückt.

Hi|ja|cker ['hai̯dʒɛkɐ], der; -s, - [engl. hijacker, eigtl. = Straßenräuber]: *Luftpirat:* Eine ... Boeing 727 wurde ... nach Kuba entführt, wo sich der H. ergab (Presse 30. 3. 84, 10).

Hi|ja|cke|rin, die; -, -nen: w. Form zu ↑Hijacker.

Hi|ja|cking ['hai̯dʒɛkɪŋ], das; -[s], -s: *Flugzeugentführung.*

Hi|la: Pl. von ↑Hilum.

Hi|la|ri|tät, die; - [lat. hilaritas, zu hilaris, hilarus < griech. hilarós = heiter, fröhlich] (veraltet): *Heiterkeit, Fröhlichkeit.*

hilb ⟨Adj.⟩ [viell. verw. mit mhd. heln, ↑hehlen] (schweiz.): *windgeschützt:* wir suchten uns eine -e Stelle.

Hil|fe, die; -, -n [mhd. hilfe, ahd. hilfa, zu ↑helfen]: **1. a)** *das Helfen; das Tätigwerden zu jmds. Unterstützung:* nachbarliche, ärztliche, finanzielle H.; Ihnen ... muss ich danken für die kundige H. (Lenz, Suleyken 44); er hat es geschafft ohne fremde H.; wie sehr er auf die freundschaftliche H. der Patronne angewiesen war (Kuby, Sieg 322); H. für/(bes. schweiz.:) an behinderte Kinder; die Töchter sind mir eine große H. *(ersparen mir viel eigene Arbeit)* im Haushalt; Wenn Sie mal meine H. brauchen sollten ..., Sie wissen, wo ich wohne (Andersch, Sansibar 30); ... dass er ihr selbstlos ... seine H. anbot (Musil, Mann 1059); diese Merksätze sind kleine -n *(dienen als Stütze)* für das Gedächtnis; jmdm. H. *(Beistand)* leisten; sie wollen H. zur Selbsthilfe leisten beim Anpflanzen von Bäumen (E + Z 7, 1981, 34); telefonisch H. herbeirufen *(jmdn. zu Hilfe rufen);* eine H. bringende Maßnahme; sich H. suchend umschauen; jmdm. beim Turnen -n *(Hilfestellungen)* geben; mit unserer H. hat er es geschafft; jmdn. um H. bitten, angehen; um H. rufen; jmdn. zu H. rufen; niemand kam dem Verunglückten zu H.; [zu] H.! (Ruf, mit dem jmd. zu verstehen gibt, dass er od. jmd. anders sich in einer Notlage befindet, aus der er bzw. dieser sich nicht allein befreien kann); er nimmt beim Essen die Hände zu H.; Falls Ihr Beauftragter mit der Störung ... nicht aufhört, sind wir entschlossen, die bewaffnete Macht gegen ihn zu H. zu nehmen (H. Mann, Stadt 141); jmds. Gedächtnis zu H. kommen *(nachhelfen);* * **erste H.** *(Maßnahmen, die ein Laie sogleich an der Unfallstelle noch vor der ärztlichen Behandlung an dem Verunglückten durchführt):* erste H. leisten; ein Kurs in erster H.; **mit H.** (↑mithilfe); **b)** *finanzielle Unterstützung:* -n bereitstellen; mit staatlicher H.; den von dem Erdbeben Betroffenen wurde unbürokratische H. *(von der öffentlichen Hand gewährte finanzielle Unterstützung, die um der Dringlichkeit willen nicht den üblichen Behördengang durchläuft)* zuteil; **c)** ⟨meist Pl.⟩ (Reiten) *Übermittlung der Anweisungen des Reiters an das Pferd durch Schenkeldruck, Gewichtsverlagerung, Sporen, Zügel o. Ä.:* Das Pferd ... zeigte mit lebhaftem Ohrenspiel, dass es konzentriert auf die Befehle seines Reiters – man nennt es -n – wartete (NZZ 21. 8. 83, 27). **2.** *Hilfsmittel:* als die ... Verrichtungen der Zugarbeit (= am

Webstuhl) durch mechanische -n ersetzt wurden (Kasack, Webstuhl 7). **3.** *Person, die [im Haushalt] bei der Arbeit hilft; Hilfskraft:* Mittelbach konnte eine H. ins Haus nehmen, die ihm die Wirtschaft in Ordnung hielt (Bredel, Väter 131); vielleicht kann man auch eine H. nehmen, einen Mann, der die letzten Griffe tut (Waggerl, Brot 228).

hi̲l|fe|be|dürf|tig ‹Adj.›: *der Hilfe* (1) *bedürftig:* sie stand immer -en Menschen zur Seite.

Hi̲l|fe brin|gend: s. Hilfe (1 a).

Hi̲l|fe|er|su|chen, das: *Ersuchen um Hilfe, Beistand.*

hi̲l|fe|fle|hend ‹Adj.›: *Hilfe, Beistand erflehend.*

Hi̲l|fe|leis|tung, die: *Hilfe* (1), *die man jmdm. in bestimmter Form leistet od. unter gewissen Umständen zu leisten verpflichtet ist:* materielle, medizinische H.; eine H. für jemand, der in Gefahr ist (Seghers, Transit 260); (Rechtsspr.:) Gegen mehrere Gäste, die ... untätig zugesehen hatten, schwebt ein Verfahren wegen unterlassener H. (Welt 9. 11. 65, 11).

Hi̲l|fe|ruf, der: *Ruf, Signal, mit dem jmd. um Hilfe in einer schlimmen Lage bittet:* die verzweifelten -e einer Ertrinkenden; der H. eines Schiffes in Seenot; -e auffangen, aussenden; Ü Nachrichten aus Frankreich ..., lauter -e, desparate Bitten um amerikanische Visen (K. Mann, Wendepunkt 361).

hi̲l|fe|ru|fend ‹Adj.›: *um Hilfe rufend.*

Hi̲l|fe|schrei, der: vgl. Hilferuf.

Hi̲l|fe|stel|lung, die: **1.** (Turnen) **a)** ‹o. Pl.› *sachgerechte, fachkundige Beobachtung u. Unterstützung bei einer Turnübung:* [jmdm.] H. geben; **b)** *jmd., der Hilfestellung* (1) *leistet.* **2.** *Hilfe, Unterstützung, die man jmdm. zuteil werden lässt:* praktische, telefonische, technische H.; Die H. aus den USA führte zu einer neuen Welle von Strafverfahren und Verurteilungen (Spiegel 26, 1998, 60); Wir haben ... mit unserem eigenen Überleben zu tun und können uns nicht leisten, auch noch unseren Mitschwestern H. zu geben (Perrin, Frauen 266).

Hi̲l|fe su|chend: s. Hilfe (1 a).

hi̲lf|los ‹Adj.› [mhd., ahd. helf(e)lōs]: **a)** *auf Hilfe angewiesen [ohne sie zu erhalten]:* ein -er Greis; Der Polizist spricht in sein Funkgerät ..., dass eine -e Person in der ehemaligen Villa ... angetroffen wurde (Degener, Heimsuchung 57); Er musste h. *(ohne etwas unternehmen zu können)* zusehen, wie Betrüger seinen Betrieb verkauften (Spiegel 36, 1979, 178); h. und verlassen sein; h. *(ratlos, unschlüssig)* mit den Achseln zucken; **b)** *unbeholfen, ungeschickt:* Frau Sellmann und Katharina. Es hätte ihrer -en Redensarten nicht bedurft, um Sophie zu beweisen, dass sie Bescheid wussten (Bieler, Mädchenkrieg 309); ein -er Blick; eine -e Geste; h. ein paar Worte stammeln.

Hi̲lf|lo|sig|keit, die; -: **a)** *das Hilflossein;* **b)** *Unbeholfenheit, Ungeschicklichkeit.*

hi̲lf|reich ‹Adj.› [mhd. helferīche] (geh.): **1.** *andern mit seiner Hilfe in einem entsprechenden Fall zur Verfügung stehend; hilfsbereit, helfend:* ein -er Mensch; jmdm. h. zur Seite stehen. **2.** *in einer bestimmten [schwierigen] Situation nützlich:* h. wäre es, wenn sie jetzt käme; das bloße Kritisieren ist jetzt wenig h.

Hi̲lfs|ak|ti|on, die: *Aktion, durch die Notleidenden geholfen werden soll:* eine H. für die Flüchtlinge durchführen, in Gang setzen.

Hi̲lfs|ar|bei|ter, der: *ungelernter, nicht qualifizierter Arbeiter:* er hat es nicht weiter gebracht als bis zum H.; Er war ... wissenschaftlicher H. (ugs.; *Assistent*) beim Städtetag (Zeit 7. 2. 75, 2); dass noch in den 20er-Jahren ein wissenschaftlicher Assistent ein wissenschaftlicher H. war, ohne dass jemand dies als anstößig empfunden hätte (Heringer, Holzfeuer 180).

Hi̲lfs|ar|bei|te|rin, die: w. Form zu ↑Hilfsarbeiter: Frau Kästl ging in die Großmarkthalle als H. (Sommer, Und keiner 29).

Hi̲lfs|as|sis|tent, der: *studentische Hilfskraft an einer Hochschule, die bei der Durchführung von Lehrveranstaltungen eingesetzt wird:* ... damals noch Student der Freien Universität Berlin. Bald danach wurde er wissenschaftlicher H. (Spiegel 38, 1994, 96).

Hi̲lfs|as|sis|ten|tin, die: w. Form zu ↑Hilfsassistent.

hi̲lfs|be|dürf|tig ‹Adj.›: **a)** *schwach u. auf Hilfe angewiesen:* er ist alt und h. geworden; **b)** *auf materielle Hilfe angewiesen, Not leidend:* -e Familien, Flüchtlinge; ‹subst.:› den Hilfsbedürftigen beistehen, Unterstützung gewähren.

Hi̲lfs|be|dürf|tig|keit, die: *das Hilfsbedürftigsein.*

hi̲lfs|be|reit ‹Adv.›: *[immer] bereit, anderen zu helfen, behilflich zu sein:* ein -er Mensch; er ist [nicht] sehr h.

Hi̲lfs|be|reit|schaft, die: *[ständige] Bereitschaft, anderen zu helfen, behilflich zu sein:* an jmds. H. appellieren; auf jmds. H. angewiesen sein.

Hi̲lfs|bi|schof, der (kath. Kirche): *Weihbischof.*

Hi̲lfs|brem|ser, der (ugs. scherzh.): *jmd., der [vorübergehend] eine Hilfstätigkeit ausübt* (z. B. Hilfsassistent); Führen dürft ihr nicht, aber als H. nehmen wir euch (Zeit 16. 1. 98, 17).

Hi̲lfs|brem|se|rin, die; -, -nen (ugs. scherzh.): w. Form zu ↑Hilfsbremser.

Hi̲lfs|dienst, der: **1.** *Dienst für Hilfszwecke.* **2. a)** *Organisation, die eingerichtet wird, um in einer Notsituation od. einem Katastrophenfall zu helfen;* **b)** *ständige Einrichtung, Organisation für Hilfeleistungen in bestimmten [Not]fällen.*

Hi̲lfs|feu|er|wehr, die: *Gruppe, die die eigentliche Feuerwehr in Notfällen unterstützt.*

Hi̲lfs|fonds, der: *Fonds zur finanziellen Unterstützung Hilfsbedürftiger.*

Hi̲lfs|geist|li|che, der u. die (ev. u. kath. Kirche): *in der Seelsorge tätige[r], dem Pfarrer unterstellte[r] Geistliche[r].*

Hi̲lfs|gel|der ‹Pl.›: *als Beihilfe verwendete Geldbeträge.*

Hi̲lfs|gut, das ‹meist Pl.›: *Lebensmittel, Kleidungsstücke, Medikamente u. Ä., die Not leidenden Menschen in Kriegs-, Notstands- u. Katastrophengebieten zuteil werden:* Die Hilfsgüter – Milchpulver, Medikamente, Kleidung und Decken – trafen mit einer Sondermaschine ein (Bauern-Echo 12. 7. 78, 2); die Verschiffung von Hilfsgütern im Rahmen des Hilfsprogramms (Welt 9. 9. 65, 4).

Hi̲lfs|kas|se, die (früher): *Vereinigung zur gegenseitigen Hilfe im Falle von Krankheit, Arbeitslosigkeit, Tod u. a.:* Die -n waren eine gute Sache, das musste man den Sozialdemokraten lassen (Kühn, Zeit 54).

Hi̲lfs|ko|mi|tee, das: *Komitee, das mit der Leitung einer Hilfsaktion betraut ist.*

Hi̲lfs|kon|struk|ti|on, die: **1.** (Geom.) *vorübergehend benutzte Nebenkonstruktion, die zur Lösung einer Aufgabe führt:* eine H. zeichnen. **2.** *Gedanke, Überlegung, mit der man sich einer Sache, einem Problem anzunähern sucht:* eine gedankliche H.; diese Überlegung ist eine reine H.; Ist das alles nicht eine tröstliche H., die sie sich zurechtbasteln ...? (Thielicke, Ich glaube 38).

Hi̲lfs|kraft, die: *zur Mithilfe, Unterstützung bei bestimmten Arbeiten angestellte [Arbeits]kraft:* technische, wissenschaftliche Hilfskräfte.

Hi̲lfs|kreu|zer, der: vgl. Hilfsschiff.

Hi̲lfs|leh|rer, der: *Lehrer ohne Planstelle, der aushilfsweise unterrichtet.*

Hi̲lfs|leh|re|rin, die: w. Form zu ↑Hilfslehrer.

Hi̲lfs|li|nie, die (Geom.): vgl. Hilfskonstruktion.

Hi̲lfs|maß|nah|me, die ‹oft Pl.›: *Maßnahme, durch die jmdm. geholfen, jmd. unterstützt wird:* -n ergreifen.

Hi̲lfs|mit|tel, das: **a)** *Mittel zur Arbeitserleichterung od. zur Erreichung eines bestimmten Zweckes:* technische H.; es fehlt an geeigneten -n; Formeln, mit deren Hilfe man, auch ohne die komplizierten technischen H., Sprengstoffe herstellen konnte (Roth, Beichte 130); unerlaubte H. benutzen; **b)** ‹Pl.› *finanzielle od. materielle Mittel, die jmdm. eine Notlage überwinden helfen sollen:* H. für die Opfer bereitstellen; **c)** *zum Ausgleich eines bestehenden körperlichen Defektes dienender Gegenstand:* Prothesen als orthopädische H.

Hi̲lfs|mo|tor, der: *an einem Fahrrad, in einem Segelflugzeug od. Boot befindlicher [nachträglich eingebauter] Motor für den Bedarfsfall:* ein Fahrrad mit H.

Hi̲lfs|or|ga|ni|sa|ti|on, die: *Organisation, die in Notsituationen, Katastrophenfällen u. kriegerischen Auseinandersetzungen Hilfe leistet:* Ich sah, dass die -en für überlebende Naziopfer wie Pilze aus der Erde schossen (Hilsenrath, Nazi 176).

Hi̲lfs|po|li|zist, der (ugs.): *jmd., der, ohne als Polizist ausgebildet zu sein, aushilfsweise bei der Polizei beschäftigt ist:* Nachts gingen zwei Streifen durchs Dorf: »Hilfspolizisten« (B. Vesper, Reise 104).

Hi̲lfs|po|li|zis|tin, die (ugs.): w. Form zu ↑Hilfspolizist.

Hi̲lfs|pre|di|ger, der: *Hilfsgeistlicher.*

Hilfs|pre|di|ge|rin, die: w. Form zu ↑Hilfsprediger.

Hilfs|pro|gramm, das: *Programm einer Hilfsaktion:* die Verschiffung von Hilfsgütern im Rahmen des -s 1964/65 (Welt 9. 9. 65, 4).

Hilfs|quel|le, die ⟨meist Pl.⟩: **a)** *Material (bes. Literatur), das bei einer wissenschaftlichen Untersuchung benutzt wird;* **b)** *Quelle, die ein Land ausbeutet u. für seine Wirtschaft nutzbar macht; Ressource;* **c)** *Hilfsmittel* (b): Des Öfteren unternahm er Fahrten nach Mainz, ... die wohl der Beschaffung klingender Münze, der Auffindung neuer -n galten (Th. Mann, Krull 67).

Hilfs|rich|ter, der: *von der Justizverwaltung einem Gericht für eine vorübergehende Tätigkeit zugeteilter (noch nicht zum Richter auf Lebenszeit ernannter) Richter.*

Hilfs|rich|te|rin, die: w. Form zu ↑Hilfsrichter.

Hilfs|ru|der, das (Flugw.): *zusätzliches Steuer, das bestimmten Aufgaben dient;* vgl. Gegenruder.

Hilfs|satz, der (Math., Logik): *Teilaussage eines mathematischen Satzes, die eigenständig bewiesen wird.*

Hilfs|schiff, das (Milit.): *als Kriegsschiff benutztes Handelsschiff.*

Hilfs|schu|le, die (veraltet): *Sonderschule für lernbehinderte Kinder.*

Hilfs|schü|ler, der (veraltet): *Schüler, der eine Sonderschule besucht:* Sonderschüler ... »Lernbehinderte«, wie sie heute heißen, nachdem das Wort »Hilfsschüler« zum Schimpfwort geworden ist (MM 5. 9. 75, 33); Nun stehen Sie doch nicht da wie ein H., der was ausgefressen hat! (Molsner, Harakiri 102).

Hilfs|schü|le|rin, die (veraltet): w. Form zu ↑Hilfsschüler.

Hilfs|schul|leh|rer, der (veraltet): *Lehrer an einer Sonderschule.*

Hilfs|schul|leh|re|rin, die (veraltet): w. Form zu ↑Hilfsschullehrer.

Hilfs|schwes|ter, die: *Krankenschwester ohne fachliche Ausbildung.*

Hilfs|she|riff, der: *Hilfskraft eines Sheriffs* (2): Ü Einmal erlebte ich ihn als Freund oder als H. (ugs.; *als Helfer*) oder auch als Retter in der Not (H. W. Richter, Establishment 230).

Hilfs|spra|che, die: *Welthilfssprache.*

Hilfs|stoff, der: *Stoff* (2a), *der einem Produkt bei der Herstellung zugesetzt wird:* -e gehen in das Erzeugnis ein (Rittershausen, Wirtschaft 75).

Hilfs|tä|tig|keit, die: *Tätigkeit, mit der jmd. bei einer beruflichen Arbeit aushilft.*

Hilfs|trupp, der: *Trupp von Helfern.*

Hilfs|trup|pe, die ⟨meist Pl.⟩ (Milit.): *Reservetruppe (als Verstärkung).*

Hilfs|verb, das (Sprachw.): *Verb, das zur Bildung der zusammengesetzten Formen eines Verbs dient; Hilfszeitwort* (im Deutschen: haben, sein, werden).

hilfs|wei|se ⟨Adv.⟩: *ersatzweise od. als zusätzliche Hilfe:* Die Fakultätskonferenz hob ihre Beschlüsse nicht auf, stimmte aber h. noch einmal ... ab (Nuissl, Hochschulreform 121).

Hilfs|werk, das: *Institution zur Unterstützung bedürftiger Personen:* das Evangelische H.

hilfs|wil|lig ⟨Adj.⟩: *bereit, jmdm. in einer bestimmten Angelegenheit o. Ä. zu helfen.*

Hilfs|wil|li|ge, der u. die; -n, -n ⟨Dekl. ↑Abgeordnete⟩: **1.** *jmd., der hilfswillig ist:* es meldeten sich viele H. **2.** ⟨nur: der⟩ *(im Zweiten Weltkrieg) Angehöriger eines von der deutschen Wehrmacht besetzten Landes, der [freiwillig] in der Wehrmacht nicht militärischen Dienst tat; Hiwi:* Die Reserven kamen an ... Es waren Volksdeutsche aus Bosnien. Man nannte sie H. Sie sahen mehr hilfsgezwungen aus (Strittmatter, Wundertäter 473).

Hilfs|wil|lig|keit, die; -: *das Hilfswilligsein.*

Hilfs|wis|sen|schaft, die: *Wissenschaft, die [hauptsächlich] Methoden u. Kenntnisse für andere Wissenschaften bereitstellt:* die Statistik ist eine H. für die empirische Sozialforschung.

Hilfs|zeit|wort, das: *Hilfsverb.*

Hilfs|zug, der: *bei Unfällen eingesetzter Sonderzug mit Sanitätseinrichtung u. anderen Hilfsmitteln.*

Hi|li: Pl. von ↑Hilus.

Hi|li|tis, die; -, ...itiden (Med.): *Entzündung im Bereich eines Hilus.*

Hill|bil|ly, der; -s, -s [...bılız, auch: ...lıs; engl.-amerik. hillbilly, aus: hill = Hügel u. Billy = Kosef. von William = Wilhelm]: **1.** (abwertend) *Hinterwäldler [aus den Südstaaten der USA].* **2.** *Hillbillymusic:* ihre Musik vereint Country und Folk, Blues und H. (Spiegel 38, 1984, 194).

Hill|bil|ly|mu|sic [...'mju:zık], (auch:) **Hill|bil|li|mu|sik,** die; - [engl. hillbilly music]: **1.** *ländliche Musik der Südstaaten der USA.* **2.** *kommerzialisierte volkstümliche Musik der Cowboys.*

Hil|le|bil|le, die; -, -n [viell. zu Hille = böses Weib, Hexe u. Bell(e) = Gesäßbacke, also eigtl. = Hexengesäß]: *früher bes. im Harz gebräuchliche hölzerne Tafel, gegen die mit zwei Klöppeln zu Signalzwecken geschlagen wurde.*

Hi|lum, das; -s, ...la [lat. hilum = kleines Ding] (Bot.): *Stelle, an der der Same angewachsen war.*

Hi|lus, der; -, ...li [zu ↑Hilum] (Anat.): *kleine Einbuchtung od. Vertiefung an einem Organ als Austrittsstelle für Gefäße u. Nerven.*

Hi|ma|la|ja, (auch:) **Hi|ma|la|ya** [auch: hima'la:ja], der; -[s]: Gebirge in Asien.

Hi|ma|ti|on, das; -[s], ...ien [griech. himátion]: *aus einem rechteckigen Stück Tuch bestehender mantelartiger Überwurf für Männer u. Frauen im antiken Griechenland.*

him|beer|ar|tig ⟨Adj.⟩: *in Aussehen, Geschmack an Himbeeren erinnernd.*

Him|bee|re, die; -, -n [mhd. hintber, ahd. hintperi, zu: hinta = Hinde, Hirschkuh u. ↑Beere; viell. = Gesträuch, in dem sich die Hirschkuh mit ihren Jungen verbirgt, od. Beere, die sie gern frisst]: **a)** *(zu den Rosengewächsen gehörende) als stachliger Strauch wachsende Pflanze mit hellgrünen, gefiederten Blättern, kleinen, weißen Blüten u. roten, aus vielen kleinen Früchtchen zusammengesetzten, essbaren Beeren;* **b)** *Frucht der Himbeere* (a).

Him|beer|eis, das: *Speiseeis mit Himbeergeschmack.*

him|beer|far|ben, him|beer|far|big ⟨Adj.⟩: *von der Farbe reifer Himbeeren.*

Him|beer|geist, der ⟨Pl. -e⟩: *Branntwein aus Himbeeren.*

Him|beer|ge|lee, das od. der: *Gelee aus Himbeeren:* H. kochen; ein Glas H.

Him|beer|ge|schmack, der ⟨o. Pl.⟩: *Geschmack von Himbeeren.*

Him|beer|kä|fer, der: *kleiner Käfer, dessen Larve in Himbeeren lebt.*

Him|beer|kra|cherl, das; -s, -n (österr. veraltend): *Himbeerlimonade.*

Him|beer|li|mo|na|de, die: *Limonade mit Himbeergeschmack.*

Him|beer|mar|me|la|de, die: *Marmelade aus Himbeeren.*

Him|beer|pflan|ze, die: *Himbeere* (a).

Him|beer|po|cken ⟨Pl.⟩: *tropische Infektionskrankheit mit himbeerartigem Hautausschlag; Frambösie.*

him|beer|rot ⟨Adj.⟩: *rot wie reife Himbeeren.*

Him|beer|saft, der: *Saft* (2b) *von Himbeeren.*

Him|beer|si|rup, der: *Sirup aus eingekochtem Himbeersaft.*

Him|beer|strauch, der: *Strauch der Himbeere* (a).

Him|beer|zun|ge, die: *himbeerfarben gerötete Zunge[nspitze] (bes. bei Scharlach).*

Him|mel, der; -s, - ⟨Pl. dichter.⟩ [mhd. himel, ahd. himil, viell. urspr. = Decke, Hülle (dann verw. mit ↑Hemd) od. urspr. = Stein (nach der alten Vorstellung des Himmels als Steingewölbe, dann verw. mit ↑Hammer]: **1.** *scheinbar über dem Horizont liegendes, halbkugelähnliches Gewölbe (an dem die Gestirne erscheinen):* ein blauer, wolkenloser, bewölkter H.; Der westliche H. stand in Flammen (Plievier, Stalingrad 74); der H. ist bedeckt, trübe, (geh.:) verhangen; der H. klärt sich auf, bezieht sich; eher stürzt der H. ein, als dass ... (ugs.; *es ist vollkommen ausgeschlossen, dass ...*); deine Mutter hat getan, als sei der H. eingestürzt (ugs.; *sie hat sich sehr aufgeregt;* Fels, Sünden 35); so weit der H. reicht *(so weit man sehen kann, überall);* die Sonne steht hoch am H., scheint vom H. herab; Was hat die Sowjets veranlasst, ... die Zivilmaschine vom H. zu holen (salopp; *abzuschießen;* Spiegel 37, 1983, 130); den Blick gen H. (geh.; *zum Himmel*) richten; in den H. ragen; unter [Gottes] freiem H. *(im Freien)* übernachten; Rauch steigt zum H.; zwischen H. und Erde *(frei in der Luft)* schweben; Ü der H. grollt (dichter.; *es donnert*); der H. lacht (dichter.; *die Sonne scheint*); der H. hat seine Schleusen geöffnet, (auch:) die Schleusen des -s haben sich geöffnet (dichter.; *es regnet in Strömen*); unter griechischem H., unter dem H. Griechenlands (dichter.; *in Griechenland*), unter südlichem H. *(im Süden)* leben; ***H. und Erde** *(Gericht aus Kartoffel- u. Apfelpüree mit gebratener Blut- u. Leberwurst;* nach den Kartoffeln in der »Erde«

u. den Äpfeln im »Himmel«): Samstags gab es ... H. und Erde mit gebratener Blutwurst (Alexander, Jungfrau 146); **H. und Menschen** (landsch.; *sehr viele Menschen*): H. und Menschen waren unterwegs; **den H. für eine Bassgeige/einen Dudelsack ansehen** (landsch.; *völlig betrunken sein*); **aus heiterem H.** (ugs. *[in Bezug auf unerfreuliche, plötzliche, nicht vorauszusehende Veränderungen] ganz wider Erwarten*); **jmdn., etw. in den H. heben** (ugs.; *jmdn., etw. übermäßig loben*): Ich habe Mrs. Schreier ... besucht ... Sie hat Sie in den H. gehoben und dies und das gesagt (Singer [Übers.], Feinde 190); **nicht [einfach] vom H. fallen** *(seine Vorbedingungen haben; etwas tun müssen für das Zustandekommen von etw.)*: Fortschritte fallen nicht einfach vom H. **2. a)** *der Hölle od. der Erde als dem Diesseits gegenübergestellter Aufenthalt Gottes (der Engel u. der Seligen)*: sie gelobte sich dem H. an (geh.; *wurde Nonne*); in den H. kommen (bes. christl. Rel.; *nach dem Tode nicht verdammt werden, sondern die Seligkeit erlangen*); Der hat ein gutes Herz und kommt bestimmt in den Himmel (Hörzu 39, 1978, 22); im H. sein (verhüll. bes. im Gespräch mit Kindern; *tot sein*); Herrgott im H., was soll ich denn tun? (Frisch, Cruz 59); ***H. und Hölle** (1. *Kinderspiel, bei dem jeder Teilnehmer auf einem Bein durch eine am Boden aufgezeichnete Figur aus Vierecken [u. darüber gezeichnetem Halbkreis] hüpfen muss [von der zwei Felder oft als »Himmel« u. als »Hölle« bezeichnet werden]*: die Stimmen der Kinder, die H. und Hölle spielten auf dem Bürgersteig [v. d. Grün, Glatteis 235]. 2. *Faltspiel für Kinder mit einem Stück Papier, das so gefaltet wird, dass die gefaltete Figur nach zwei Seiten geöffnet werden kann u. dem Ratenden je nach seiner Entscheidung Himmel od. Hölle weist*); **jmdm./für jmdn. hängt der H. voller Geigen** (geh.; *jmd. ist schwärmerisch glücklich u. blickt froh in die Zukunft*; wahrsch. nach Gemälden der späten Gotik od. der Frührenaissance, auf denen der Himmel mit musizierenden Engeln belebt dargestellt war); **H. und Hölle/Erde in Bewegung setzen** *(alles versuchen [andere zu aktivieren], um etw. zu ermöglichen)*: Inzwischen hatte meine Frau H. und Hölle in Bewegung gesetzt, um mich ausfindig zu machen (Hörzu 16, 1978, 78); **den H. offen sehen** (geh.; *sich am Ziel aller Wünsche glauben u. sehr glücklich sein*; nach Joh. 1, 51); **den H. auf Erden haben** (geh.; *es sehr gut haben*); **jmdm. den H. [auf Erden] versprechen** (emotional; *jmdm. das angenehmste Leben versprechen*); **aus allen -n fallen, stürzen, gerissen werden** (*tief enttäuscht, ernüchtert, desillusioniert werden*; nach Jes. 14, 12); **im sieb[en]ten H. sein, schweben; sich [wie] im sieb[en]ten H. fühlen** (ugs.; *voll Überschwang, über die Maßen glücklich sein*; nach der aus jüd. Tradition stammenden Vorstellung, dass der siebte u. oberste Himmel der Sitz Gottes sei): Klotz, der schwäbische Mittelstürmer ..., schwebte im siebten H. (Kicker 6, 1982, 39); **zum H. schreien** (*[durch sein Ausmaß] ein empörendes Unrecht sein*; nach 1. Mos. 4, 10): Oberschlesien ..., wo die größten Industrie- und Ackerbarone leben und wo das Elend der Landarbeiter zum H. schreit (Tucholsky, Werke II, 367); **zum H. stinken** (salopp; *[durch sein Übermaß] Abscheu erregend, skandalös sein*): Das Fehlverhalten der Unteroffiziere ... stinkt zum H. (Spiegel 20/21, 1976, 10); **b)** (verhüll.) *Gott, Schicksal, Vorsehung*: der H. bewahre, behüte uns davor!; dem H. sei Dank [dafür]!; »Geht es besser, junger Herr?« »O ja, viel besser!« »Dem H. sei Dank!« (Sacher-Masoch, Parade 188); etw. als ein Zeichen, eine Fügung des -s betrachten; ***gerechter/gütiger/[ach] du lieber H.!** (ugs.; Ausruf der Verwunderung, Bestürzung, des Bedauerns o. Ä.): Du lieber H. – über dieses entsetzliche Nationaldenken sind wir doch hinaus! (Hörzu 44, 1974, 12); **weiß der H.!** (ugs.; Ausruf der Bestätigung, Bekräftigung); **[das] weiß der [liebe] H., mag der [liebe] H. wissen** (ugs.; *da bin ich ratlos, wer soll das wissen; es ist unbekannt, unklar [wer, wie usw.]*): Wie ich wieder rauskam aus dem Schrebergartenhaus, weiß der H. (Degener, Heimsuchung 108); Woher Essen, Heizung für die nächste Woche zu nehmen ist, das weiß der liebe H. (Fallada, Mann 222); **um [des] -s willen!** (1. Ausruf des Erschreckens, der Abwehr. 2. Ausdruck einer inständigen Bitte: Paul hat ... ihn beschworen, um -s willen genügend Kisten mitzubringen [Plenzdorf, Legende 233]); (Flüche:) **H. noch ein!; H. noch [ein]mal!; H., Herrgott, Sakrament!;** (derb:) **H., Arsch und Zwirn/Wolkenbruch!;** (scherzh.:) **H., Gesäß und Nähgarn!;** (salopp:) **H., Sack [Zement]!;** (salopp veraltend:) **H., Bomben, Element!;** (salopp:) **H., Kreuz, Donnerwetter!** [zur Verstärkung der nachfolgenden Begriffe]. **3.** *[fest angebrachte] zum Teil hinten u. an den Seiten heruntergezogene Überdachung aus Stoff, Leder o. Ä.; Baldachin*: ein Thron mit einem kostbaren H.; ein Bett mit vier hohen Säulen, einem kleinen H. aus Chintz (Baum, Paris 46); die Kutsche hatte einen mit Samt beschlagenen H. **4.** (Kfz-T.) *innere Bespannung des Verdecks im Auto*: ein einfaches Roadsterverdeck ohne H. (auto 7, 1965, 40).

him|mel|an [auch: - -ˈ-] ⟨Adv.⟩ (dichter.): *zum Himmel empor*: Noch einmal ging ein Irrsinnsschrei h. (Plievier, Stalingrad 327).

him|mel|angst ⟨Adj.⟩: nur in der Fügung **jmdm. ist/wird h.** (emotional; *jmd. hat/bekommt große Angst angesichts einer Gefahr od. kaum zu bewältigender Schwierigkeiten*): so wurde ihm h., als ihn der alte Mann in ein unmäßiges Examen nahm (Kant, Impressum 92).

Him|mel|bett, das: *Bett mit einem Himmel* (3).

him|mel|blau ⟨Adj.⟩: *blau wie der wolkenlose Himmel; hell-, azurblau*: -e Augen.

Him|mel|don|ner|wet|ter ⟨Interj.⟩: meist in der Fügung **H. noch [ein]mal!** (salopp; Fluch): Ja, kann denn ein Mensch nicht auch mal schlappmachen, H. noch mal! (Molsner, Harakiri 18).

Him|mel|fahrt, die ⟨o. Pl.⟩ [mhd. himelvart, ahd. himilfart]: **1.** *Auffahrt Christi, Mariens, von Heiligen u. Propheten in den Himmel*: Christi, Mariä H. **2.** ⟨o. Art.⟩ *kirchlicher Feiertag zum Gedenken an die Himmelfahrt* (1) *Christi am 40. Tag nach Ostern*: (bes. nordd.:) zu/(bes. südd.:) an H.; bei uns an Christi H. (M. Walser, Seelenarbeit 60). **3.** (ugs.) *lebensgefährliche, riskante Unternehmung*.

Him|mel|fahrts|kom|man|do, das: **1.** *Auftrag, Unternehmen (bes. im Krieg), das mit großer Lebensgefahr verbunden ist*: Nach Intervention Jüngers ... setzte der Stellvertreter des Großadmirals das Urteil zur Bewährung aus – per H. an der Front (Spiegel 33, 1982, 156); Ü Jede Talk-Show ist ein kleines H. (Hörzu 41, 1976, 18). **2.** *Personen, die an einem Himmelfahrtskommando* (1) *teilnehmen*: Schiitische -s, im Iran ausgebildet, bedrohen gemäßigte Araber (Spiegel 51, 1983, 5).

Him|mel|fahrts|na|se, die (ugs. scherzh.): *nach oben gebogene Nase*: dieses verquollene Gesicht, das in eine winzige H. ausläuft (Rechy [Übers.], Nacht 182).

Him|mel|fahrts|tag, der: *Himmelfahrt* (2).

Him|mel|herr|gott ⟨Interj.⟩: meist in der Fügung **H. noch [ein]mal!** (salopp; Fluch).

Him|mel|herr|gott|sa|kra ⟨Interj.⟩ (österr., auch südd. salopp; Fluch).

him|mel|hoch ⟨Adj.⟩ (emotional): *unendlich hoch, sehr hoch*: himmelhohe Felsen; Ü den anderen h. überlegen sein; R h. jauchzend, zu[m] Tode betrübt (*zwischen äußerster Hochgestimmtheit u. extremer Niedergeschlagenheit krass wechselnd*; nach Goethe, Egmont III, 2).

Him|mel|hund, der (ugs.): *gewissenloser Mensch, Schuft*: (oft mit widerstrebender Anerkennung) der H. *(Teufelskerl)* hat es doch geschafft.

Him|mel|lau|don ⟨Interj.⟩ [nach dem österr. Feldmarschall G. E. Freiherr von Laudon (1717–1790)] (österr.; Fluch).

him|meln ⟨sw. V.; hat⟩ [mhd. himelen = in den Himmel aufnehmen; 2: nach der veralteten Bed. »in den Himmel kommen«]: **1.** (ugs.) *verzückt zum Himmel blicken, schwärmerisch blicken*. **2.** (landsch. salopp) *sterben*: der Alte geht bald h. (Spiegel 12, 1974, 52). **3.** (landsch.) *kaputtmachen, zerbrechen*: Er ... soff wie ein Loch und hatte mit 19 schon einen Wagen gehimmelt (Chotjewitz, Friede 75).

Him|mel|reich, das ⟨o. Pl.⟩ [mhd. himelrîche, ahd. himilrîhhi] (christl. Rel.): *Ort der ewigen Seligkeit; Paradies, Himmel* (2 a): ins H. kommen; irgendein Ziel muss der Mensch haben: Doktorhut oder Schützensilber, H. oder Eigenheim (Grass, Hundejahre 444); angstvolle Zeiten, denen Harmonie und Wohlsein als verdächtig und teuflisch galten, während Bresthaftigkeit ... einem Freibrief zum H. gleichkam (Th. Mann, Zauberberg 139); R des Menschen Wille ist sein H.; * **schlesisches H.** (Kochk.; *Kartoffel- od. Hefeklöße mit einer Soße aus Dörrobst u. Rauchfleisch*).

Him|mels|ach|se, die ⟨o. Pl.⟩ (Astron.): *auf beiden Seiten ins Unendliche verlängerte Erdachse.*

Him|mels|äqua|tor, der (Astron.): *Kreis an der Himmelskugel, der senkrecht auf der Himmelsachse steht u. die Himmelskugel in eine nördliche u. eine südliche Halbkugel teilt.*

Him|mels|bahn, die (dichter.): *von einem Gestirn am Himmel beschriebene Bahn:* die Sonne ... rollt, eine glühende Kugel, über die wolkenlos glatte H. (Kaiser, Villa 41).

Him|mels|blau, das [mhd. himelblā] (dichter.): *Blau des Himmels:* Er blickte zu dem Wipfel des Baums empor, der sich vor seinem Auge leise im H. bewegte (Musil, Mann 1167).

Him|mels|bläue, die (dichter.): *Himmelsblau.*

Him|mels|bo|gen, der ⟨o. Pl.⟩ (dichter.): *Himmel[sgewölbe].*

Him|mels|bo|te, der [mhd. himelbote] (dichter.): *Engel.*

Him|mels|braut, die (dichter.): *Nonne.*

Him|mels|brot, das ⟨o. Pl.⟩ [mhd. himelbrot, ahd. himilbrot] (bibl.): *Manna.*

Him|mel|schlüs|sel, Himmelsschlüssel, der, auch: das [mhd. himelslüzzel, ahd. himilsluzzil], **Him|mel|schlüs|sel|chen,** Himmelsschlüsselchen, das; -s, -: *Schlüsselblume* (1).

him|mel|schrei|end ⟨Adj.⟩: *durch sein Übermaß, seine schlechte Qualität o. Ä. empörend:* ein -es Unrecht; die hygienischen Verhältnisse waren h.

Him|mels|dom, der (dichter.): *Himmelsgewölbe, Firmament.*

Him|mels|er|schei|nung, die: *beobachtbare astronomische od. meteorologische Erscheinung am Himmel* (z. B. Sonnenfinsternis).

Him|mels|fes|te, die ⟨o. Pl.⟩ [mhd. himelveste] (dichter.): *Himmel[sgewölbe], Firmament.*

Him|mels|fürst, der ⟨o. Pl.⟩ [mhd. himelvürste] (christl. Rel.): *Gott (als Herrscher im Himmel).*

Him|mels|ga|be, die (geh.): *vom Himmel verliehene Gabe:* ich habe mich immer für alles entschuldigt, selbst für die wenigen Vorzüge ..., weil ich dachte ..., sie seien mir ohne eigene Anstrengung zugefallen, nämlich mir als -n in die Wiege gelegt worden (Mayröcker, Herzzerreißende 28).

Him|mels|ge|gend, die: *Himmelsrichtung.*

Him|mels|ge|wöl|be, das ⟨o. Pl.⟩: *Himmel* (1), *Firmament:* die Schnittpunkte der Himmelsachse mit dem H.; Es ist mir, als säße ich auf dem Pferd und ritte allein querfeldein ..., während hundert weiße Wolkenschiffe das riesige H. emporsegeln (Grzimek, Serengeti 223).

Him|mels|glo|bus, der (Astron.): *Globus, auf dem der Sternenhimmel als Kugel dargestellt ist; Sternglobus.*

Him|mels|gu|cker, der (ugs. scherzh.): *Astronom.*

Him|mels|kar|te, die (Astron.): *Sternkarte.*

Him|mels|ko|mi|ker, der (ugs. scherzh.): **a)** *Geistlicher;* **b)** *Frömmler:* Die Frömmler nenne ich H. (Hörzu 12, 1975, 113).

Him|mels|kö|ni|gin, die ⟨o. Pl.⟩ [mhd. himelküneginne] (kath. Rel.): *die Jungfrau Maria.*

Him|mels|kör|per, der (Astron.): *kosmischer Körper (als Gegenstand der Astronomie); Gestirn.*

Him|mels|ku|gel, die: **1.** ⟨o. Pl.⟩ *Kugel, die der Himmel scheinbar um die Erde herum bildet.* **2.** (Astron. veraltet) *Himmelsglobus.*

Him|mels|kun|de, die ⟨o. Pl.⟩: *Astronomie, Sternkunde.*

Him|mels|kund|ler, der; -s, -: *Astronom:* der zu seiner Zeit sehr populäre Astronom Bruno H. Buergel, Weimarer H. Nummer eins (Sloterdijk, Kritik 821).

Him|mels|kund|le|rin, die; -, -nen: w. Form zu ↑Himmelskundler.

Him|mels|kup|pel, die ⟨o. Pl.⟩: *Himmelsgewölbe:* Die Planeten beschreiben Kurven an der H. (BdW 7, 1987, 75).

Him|mels|kut|scher, der (scherzh.): *Flugzeugführer.*

Him|mels|la|bor, das (Raumf., bes. DDR), **Him|mels|la|bo|ra|to|ri|um,** das (Raumf.): *Raumlabor:* Das Himmelslaboratorium kommt ... schneller herunter, bleibt aber unter besserer Kontrolle (MM 30. 6./1. 7. 79, 37).

Him|mels|lei|ter, die [mhd. himelleiter] ⟨o. Pl.⟩: **1.** *(im A. T.) die von Jakob auf der Flucht vor seinem Bruder Esau im Traum geschaute Leiter, auf der Engel auf- u. niederstiegen:* Ü das gotische Bürgerhaus mit der »Himmelsleiter« *(steilen Treppe),* der steil durchs ganze Gebäude führenden Treppe (Kühn, Zeit 9). **2.** (Bot.) *Staude mit fiederteiligen Blättern u. blauen, violetten od. weißen Blüten.*

Him|mels|licht, das ⟨o. Pl.⟩: **1.** (dichter.) *vom Himmel* (1) *kommendes Licht.* **2.** (Astron., Met.) *Himmelsstrahlung.*

Him|mels|macht, die (dichter.): *himmlische, überirdische Macht:* die H. der Liebe, Zukunft; Denn die Liebe, notabene, ist eine H. (Zeit 5. 12. 97, 64).

Him|mels|me|cha|nik, die (Astron.): *Teilgebiet der Astronomie, das sich mit der Bewegung der Himmelskörper im freien Raum befasst.*

Him|mels|pfor|te, die [mhd. himelporte] (dichter.): *Himmelstür.*

Him|mels|pol, der (Astron.): *Schnittpunkt der Himmelsachse mit dem Himmelsgewölbe; Pol.* (1 b)

Him|mels|po|li|zist, der (ugs. scherzh.): *bewaffneter Flugbegleiter, der Flugzeugentführungen verhindern soll:* In den Vereinigten Staaten ist ... die Gründung einer regulären Truppe von bewaffneten Flugbegleitern, den so genannten »Himmelspolizisten«, beschlossen worden (MM 30. 10. 70, 23).

Him|mels|rich|tung, die: *(bes. in Bezug auf die Hauptrichtungen Osten, Süden, Westen, Norden) Gegend am Horizont:* aus allen -en *(überallher).*

Him|mels|rund, das (dichter.): *Himmelsgewölbe.*

Him|mels|schlüs|sel: ↑Himmelschlüssel.

Him|mels|schlüs|sel|chen: ↑Himmelschlüsselchen.

Him|mels|schrei|ber, der (ugs.): *Flugzeug, das mit Nebelpulver Werbesprüche an den Himmel schreibt.*

Him|mels|schrift, die (ugs.): *durch einen Himmelsschreiber an den Himmel geschriebene Reklameworte.*

Him|mels|spi|on, der (ugs.): *Flugkörper, der [bei militärischen Operationen] Fernsehbilder übermitteln kann; Nachrichtensatellit:* Auf der Luftfahrtschau ... wurde ein »Himmelsspion« genannter Flugkörper vorgestellt, der ... Fernsehbilder von Zielgebieten ... übermitteln kann (MM 6. 9. 72, 33); Den -en werden inzwischen schon kriegsentscheidende Wirkungen zugesprochen (Zeit 30. 6. 95, 35).

Him|mels|strah|lung, die (Astron., Met.): *durch Streuung des Sonnen-, Mond- u. Sternenlichts in der Erdatmosphäre verursachte Strahlung.*

Him|mels|strich, der (geh.): *Gegend, Zone:* unter diesem H.

Him|mels|stür|mer, Himmelstürmer, der (geh.): *jmd., der sich etwas zum Ziel gesetzt hat, was sich allem Anschein nach nicht verwirklichen lässt, für den aber entgegenstehende reale Gegebenheiten u. Schwierigkeiten kein Hindernis bedeuten.*

Him|mels|stür|me|rin, Himmelstürmerin, die (geh.): w. Form zu ↑Himmelsstürmer.

Him|mels|tor, das, **Him|mels|tür,** die [mhd. himeltür] (dichter.): *Eingang zum Himmel.*

him|mel|stür|mend ⟨Adj.⟩ (geh.): *alle Grenzen überschreitend, kein Maß kennend:* -e Begeisterung; -e *(hochfliegende)* Pläne.

Him|mel|stür|mer: usw. ↑Himmelsstürmer usw.

Him|mels|wa|gen, der ⟨o. Pl.⟩: *Großer Wagen, Großer* [1]*Bär.*

Him|mels|zei|chen, das [mhd. himelzeichen]: *Tierkreiszeichen.*

Him|mels|zelt, das ⟨o. Pl.⟩ (dichter.): *Himmelsgewölbe:* die Sterne blickten ... aus dem unerhellten, unendlich weit entrückten H. (Musil, Mann 1519).

Him|mels|zie|ge, die [nach einem dem Meckern einer Ziege ähnlichen Geräusch, das beim Sturzflug des Vogels durch Luftreibung an den Flügelspitzen od. den Schwanzfedern entsteht]: **1.** *Bekassine.* **2.** (ugs. abwertend) *frömmelnde ältliche weibliche Person.*

him|mel|wärts ⟨Adv.⟩ [↑-wärts] (geh.): *zum Himmel empor:* Bruster sah provokatorisch ... h. (Prodöhl, Tod 277); der auferstandene Tote, der von einem Engel h. geführt wird (Remarque, Obelisk 113).

him|mel|weit ⟨Adj.⟩ (ugs.): *einen großen Gegensatz zu jmdm., etw. darstellend:* ein -er Unterschied; h. verschieden; so persönlich war das alles, so h. entfernt von aller Sachlichkeit (Fallada, Jeder 358).

◆ **Himm|let|zer,** der; -s, -e [zu mhd. hime(l)litze = Blitz, Wetterleuchten, zu:

himel (↑Himmel) u. litzen = leuchten, H. u.]: (landsch.) *Blitz:* Der Mensch soll unserm Herrgott nicht entgegenarbeiten, und wenn der einmal einen H. aufs Haus wirft, so wird er auch wollen, dass es brennen soll (Rosegger, Waldbauernbub 78).

him|mlisch ⟨Adj.⟩ [mhd. himelisch, ahd. himilisc]: **1. a)** *den Himmel* (2a) *betreffend, zu ihm gehörend, dort befindlich:* der -e Vater *(der christliche Gott);* die -en Heerscharen *(die Engel);* die -en Mächte; ⟨subst.:⟩ die Himmlischen (1. *die Götter.* 2. *die Engel*); **b)** *von Gott ausgehend, gewirkt; göttlich:* eine -e Fügung. **2.** *jmds. Entzücken, höchstes Wohlbehagen hervorrufend:* Da stand dieses -e Mädchen Marlen und machte sich lustig über ihn (Strittmatter, Wundertäter 163); sie ist ein -es Wesen; (ugs.:) das Wetter war [einfach] h.; Wenn Sabine und Helmut mit ihnen ... ein Doppel spielen wollten, wäre das h. (M. Walser, Pferd 34). **3.** (ugs.) ⟨intensivierend bei Adj.⟩ *sehr, überaus:* die Schuhe sind h. bequem; Er fühlte sich h. wohl (Süskind, Parfum 156). **4.** (veraltet) *den Himmel* (1) *betreffend.*

hin ⟨Adv.⟩ [mhd. hin(e), ahd. hina, zu dem unter ↑her genannten idg. Pronominalstamm]: **I.** ⟨in Korrelation mit Präpositionen od. im Zusammenhang mit präpositionalen Verbindungen⟩ **1.** (drückt die Richtung auf einen Zielpunkt aus) **a)** (räumlich) *in Richtung auf; nach:* die Fenster [liegen] zur Straße h.; nach rechts h.; das Terrain fiel hier gegen die Pregelniederung h. ab (Dönhoff, Ostpreußen 25); auf Frankfurt h. (landsch.; *zu*); bis zu dieser Stelle h.; Du kannst mit der Straßenbahn bis h. fahren (Kunze, Jahre 14); (emphatisch:) h. zu jmdm. gehen (statt: zu jmdm. hingehen); (ugs.:) zu jmdm. h. sein *(zu jmdm. gegangen, gefahren o. Ä. sein);* eines Tages ... ist er hin zu Johanna und hat ihr klaren Wein eingeschenkt (Kant, Impressum 339); **b)** (zeitlich) *auf ... zu:* gegen Mittag h.; zum Winter h. **2.** (drückt die Erstreckung aus) **a)** (räumlich): über die ganze Welt h.; an der Mauer h. *(entlang);* vor sich h. *(ohne die Umwelt zu beachten, für sich)* murmeln, reden, gehen; **b)** (zeitlich): durch viele Jahre h. *(viele Jahre hindurch);* Über Jahre h. habe er versucht, ... der Tradition zu folgen (Fest, Im Gegenlicht 149); lange Zeit h. *(lange Zeit durch);* bis zu diesem Tag dürfte es noch lange h. sein *(dauern).* **3. a)** (ugs.) *verloren, weg:* das Geld, mein Vertrauen, der gute Ruf ist h.; R [was] h. [ist,] ist h.; futsch ist futsch, und h. ist h. *(das ist verloren, weg, für immer verschwunden);* **b)** (ugs.) *durch starke Beschädigung od. Abnutzung nicht mehr brauchbar:* die Vase, die Tasche ist h.; **c)** (ugs.) *völlig erschöpft:* ich verstehe nicht, warum ich so h. bin; **d)** (ugs.) *zugrunde gerichtet:* die Firma ist h.; **e)** (salopp) *gestorben, tot:* der Hund ist h.; ein Schlag, und du bist h.! (als Drohung); **f)** (ugs.) *hingerissen, von Begeisterung, Leidenschaft ergriffen:* von etw. ganz h. sein. **4. * auf ... hin** (1. *mit der Ziel-, Zweckrichtung auf:* etw. auf die Zukunft h. planen; auf etw. h. angelegt sein. 2. *in Hinsicht, im Hinblick auf:* jmdn., etw. auf etw. h. untersuchen. 3. *aufgrund einer Sache u. im Anschluss daran:* auf einen Verdacht h.; wir taten es auf seinen Rat h.; nachdem uns neulich jemand auf einen Test h. geschrieben hat [ADAC-Motorwelt 1, 1983, 20]). **II.** ⟨als abgetrennter Teil von Adverbien wie »wohin, dahin« in trennbarer Zus. mit einem Verb⟩ (bes. ugs.): wo gehst du h.? (statt: wohin gehst du?); (ugs.:) da will er nicht h. **III.** ⟨meist elliptisch⟩ (ugs.) *dahin:* [nichts wie] h. [zu ihm]!; ist es weit bis h.? **IV.** ⟨als Glied eines Wortpaars⟩ **1. a)** h. und zurück; bitte einmal Köln h. und zurück *(eine Fahrkarte für Hin- und Rückfahrt)!;* (landsch., österr., schweiz., sonst veraltet:) Amerikaflüge werden schon ab 6 000 S gehandelt. Hin und retour versteht sich (Salzburger Nachr. 17. 2. 86, 7); **b)** h. und her; er ist h. und her *(zurück)* mit dem Auto gefahren. **2. * nicht h. und nicht her langen/reichen** (ugs.; *überhaupt nicht langen/reichen*); **das ist h. wie her** (ugs.; *das bleibt sich gleich*); **h. oder her** (ugs.; *mehr od. weniger*): drei Stunden h. oder her, das macht doch nichts aus; **... hin, ... her, ...** (ugs.; *es bleibt sich gleich, ob ..., ob nicht ..., ... [trotzdem] ...*): Regen h., Regen her, die Arbeit muss [trotzdem] getan werden; Sohn h., Sohn her, er hätte nicht schweigen dürfen *(wenn er auch der Sohn war, er hätte [trotzdem] nicht schweigen dürfen);* Wussten sie doch längst, dass der Deutsche seine Nachtzeit braucht, Gäste h., Gäste her (Degener, Heimsuchung 18); **h. und her** *(ohne bestimmtes Ziel ständig die Richtung wechselnd, kreuz u. quer, auf u. ab):* h. und her gehen, schwanken; h. und her *(ohne zu einem Ende, zu einem Ergebnis, zu einer Einigung zu kommen)* reden, beraten; h. und her überlegen *(alle Möglichkeiten erwägen);* ich hab' mich am Bahnhof aufgehalten und wusste nicht h. und her (*wusste nicht, was ich machen sollte;* Schmidt, Strichjungengespräche 168); ⟨subst.:⟩ das Hin und Her (1. *Bewegung in wechselnden Richtungen:* das Hin und Her *[dauernde Kommen u. Gehen] der Boten.* 2. *vielfältiger Wechsel der Meinung[säußerung]en, Tendenzen, [Entwicklungs]richtungen]:* Ein Mitarbeiter von ... Egon Bahr rätselte nach dem Hin und Her um sein jüngstes Interview ... [Spiegel 19, 1977, 26]; es gab ein unerfreuliches Hin und Her [Thieß, Reich 314]; Sie rückte nach einigem Hin und Her mit der Sprache heraus [Seghers,Transit 22]); **h. und wieder** (1. *manchmal, zuweilen.* ◆ 2. *hin und her:* der notwendige schriftliche Verkehr wurde fortgesetzt, und eine Menge Zettel: »Der Herr Bruder wolle gelieben« oder »Dem Herrn Bruder zur gefälligen Unterweisung« gingen h. und wieder [Storm, Söhne 25]). **V.** vgl. hin sein.

hi|nab ⟨Adv.⟩ [mhd. hin abe, aus ↑hin u. ↑ab]: *hinunter* (in gehobener Sprache in Zus. für hinunter...).

hi|nan ⟨Adv.⟩ [aus ↑hin u. ↑an] (geh.): *hinauf:* den Hügel h.; zur Sonne h.

hi|nan|ar|bei|ten, sich usw. (geh.): ↑hinaufarbeiten, sich usw.

hin|ar|bei|ten ⟨sw. V.; hat⟩: *Anstrengungen unternehmen, sich einsetzen, um etw. zu erreichen, zu verwirklichen:* Sie arbeiten ... auf die Matura hin, sind also durch die Schule stark in Anspruch genommen (Ziegler, Kein Recht 35); ... soll ... auf die Ächtung der Folter und die Abschaffung der Todesstrafe hingearbeitet werden (Baselland. Zeitung 21. 3. 85, 2); darauf h., dass bald etw. geschieht.

hi|nauf ⟨Adv.⟩ [mhd. hin ūf, ahd. hina ūf, aus ↑hin u. ↑auf]: **1. a)** *[von hier unten] nach [dort] oben:* los, Jungs, h.!; den Berg h. vordringen; an den Beeten vorbei, durch die Baumschule, über die Wiese, den Bahndamm h. (Böll, Adam 48); den Fluss [weiter] h. [bis zur Quelle] begegnete ihnen niemand; h. und hinunter/hinab; h. an die Ostsee (ugs.; *nach Norden;* orientiert an der aufgehängten Landkarte); h. sein (ugs.; *nach oben gegangen, gefahren o. Ä. sein*); ⟨als Verstärkung u. Differenzierung von Präpositionen:⟩ am Hang h.; zum Gipfel h.; jmdn. bis h. begleiten; **b)** *(im Grad, Rang auf einer Stufenleiter) [bis] nach oben [steigend]:* vom einfachen Soldaten bis h. zum höchsten Offizier. **2.** ⟨als abgetrennter Teil von Adverbien wie »wohinauf, dahinauf« in trennbarer Zus. mit einem Verb⟩ (bes. ugs.): wo willst du h.?

hi|nauf|ar|bei|ten, sich ⟨sw. V.; hat⟩: **1.** *sich unter Anspannung der Kräfte, durch angestrengte Tätigkeit hinaufbewegen:* sich die Wand, sich an der Wand h.; wir ... arbeiteten uns auch noch das miserable Stück den Hügel hinauf (Chr. Wolf, Nachdenken 201); Ü der Raupenschlepper arbeitete sich den, am Hang hinauf. **2.** *hocharbeiten:* sich zum Abteilungsleiter h.; Wenn wir arm sind, müssen wir uns h. (Hacks, Stücke 247).

hi|nauf|be|för|dern ⟨sw. V.; hat⟩: *nach [dort] oben befördern:* Der Speiseaufzug kommt keinen Augenblick zur Ruhe, immer muss noch etwas hinaufbefördert werden (Kempowski, Zeit 269).

hi|nauf|be|ge|ben, sich ⟨st. V.; hat⟩ (geh.): **1.** *hinaufgehen:* sich die Treppe h. **2.** *sich an einen höher gelegenen Ort begeben:* sich zur dritten Etage, zur Direktion, auf die Dachterrasse h.

hi|nauf|be|glei|ten ⟨sw. V.; hat⟩: *jmdn. nach [dort] oben begleiten:* jmdn. die Treppe, zur dritten Etage h.

hi|nauf|be|mü|hen ⟨sw. V.; hat⟩: **1.** *nach [dort] oben bemühen.* **2.** ⟨h. + sich⟩ *sich nach [dort] oben bemühen.*

hi|nauf|be|we|gen ⟨sw. V.; hat⟩: *nach [dort] oben bewegen:* sich die Treppe, am Hang h.

hi|nauf|bit|ten ⟨st. V.; hat⟩: *bitten hinaufzukommen, -zugehen:* jmdn. zu sich h.; der Herr Direktor lässt Sie h.

hi|nauf|bli|cken ⟨sw. V.; hat⟩: *nach [dort] oben blicken:* an jmdm., zu jmdm. h.; ... war der Zirkus erfüllt von vielen Tausenden, die erwartungsvoll zur Kaisertribüne hinaufblickten (Thieß, Reich 533).

hi|nauf|brin|gen ⟨unr. V.; hat⟩: **1. a)** *nach [dort] oben bringen, schaffen;* **b)** *nach* *[dort] oben bringen, begleiten:* jmdn. h. **2.** ‹h. + sich› (österr.) *sich in eine höhere Stellung, in eine bessere, besser bewertete Stellung, soziale Lage bringen.*

hi|n<u>a</u>uf|die|nen, sich ‹sw. V.; hat›: *sich hochdienen:* er hat sich bis zum Abteilungsleiter, bis zum Küchenchef hinaufgedient.

hi|n<u>a</u>uf|dür|fen ‹unr. V.; hat› (ugs.): **1.** *hinaufgehen, -kommen, -fahren usw. dürfen:* ich kann wählen, wer zu mir auf die Planke hinaufdarf (Wellershoff, Körper 231). **2.** *hinaufgebracht* (1), *-gesetzt, -gestellt usw. werden dürfen:* darf der Koffer hinauf?

hi|n<u>a</u>uf|ei|len ‹sw. V.; ist›: *nach oben eilen:* die Treppe, zur Wohnung h.

hi|n<u>a</u>uf|fah|ren ‹st. V.›: **1.** *nach [dort] oben fahren* ‹ist›: mit dem Lift h.; den Berg, zur Burg h.; Ein Herr im Cutaway ... fuhr mit mir hinauf zum ersten Stock (Th. Mann, Krull 323); den Fluss h.; Ü nach Hamburg h. (ugs.; *in Richtung Norden nach Hamburg fahren*). **2.** *nach [dort] oben fahren* ‹hat›: jmdn., den Wagen h.

hi|n<u>a</u>uf|fal|len ‹st. V.; ist›: in der Wendung **die Treppe h.** (↑Treppe).

hi|n<u>a</u>uf|fin|den ‹st. V.; hat› (geh.): *nach [dort] oben finden:* sie hat nicht zu uns hinaufgefunden; ‹auch h. + sich› sich h.

hi|n<u>a</u>uf|flie|gen ‹st. V.; ist›: *nach [dort] oben fliegen:* der Häher ist auf die Tanne hinaufgeflogen.

hi|n<u>a</u>uf|füh|ren ‹sw. V.; hat›: **1.** *nach [dort] oben führen* (1 b), *geleiten:* ich werde Sie h. **2.** *nach [dort] oben führen* (7 b): die ... Treppe ..., die zum Wettbüro hinaufführt (Böll, Tagebuch 58); ein paar Stufen führen da hinauf (Broch, Versucher 10).

hi|n<u>a</u>uf|ge|ben ‹st. V.; hat›: *nach [dort] oben geben; reichen:* er klettert aufs Dach, ich gebe ihm eine lange Stange hinauf (Grzimek, Serengeti 126).

hi|n<u>a</u>uf|ge|hen ‹unr. V.; ist›: **1.** *nach [dort] oben gehen:* die Treppe h.; sie geht eine Straße hinauf zwischen wehenden Bäumen (Gaiser, Jagd 135); zur Wohnung, auf das Podium h. **2.** *steigen, sich nach oben bewegen:* auf 1 000 Meter Flughöhe h. **3.** *nach [dort] oben führen, verlaufen, sich nach [dort] oben erstrecken:* die Straße geht den Berg hinauf, [bis] zum Gipfel hinauf; ‹unpers.:› hinter der Biegung geht es *(geht der Weg, die Straße)* steil hinauf. **4.** (ugs.) **a)** *steigen, sich erhöhen:* die Mieten gehen hinauf; **b)** *(die Forderung, Leistung, den Grad [der Leistung]) steigern, erhöhen; mit etw. (auf einer Skala) nach oben gehen:* mit dem Preis h.; in den dritten Gang h.

hi|n<u>a</u>uf|ge|lan|gen ‹sw. V.; ist›: *nach [dort] oben gelangen:* eine Erhöhung des Chores, zu dem man über Stufen ... hinaufgelangt (Bild. Kunst III, 18).

hi|n<u>a</u>uf|ge|lei|ten ‹sw. V.; hat› (geh.): *nach [dort] oben geleiten:* jmdn. die Treppe h.

hi|n<u>a</u>uf|he|ben ‹st. V.; hat›: *nach [dort] oben heben:* die Verletzte auf die Bahre h.

hi|n<u>a</u>uf|hel|fen ‹st. V.; hat›: *nach [dort] oben helfen:* jmdm. die Treppe h.; jmdm. [auf etw.] h.

hi|n<u>a</u>uf|ja|gen ‹sw. V.›: **1.** *nach [dort] oben jagen* ‹hat›: die Kinder in die Wohnung h. **2.** *in großem Tempo laufen, fahren* ‹ist›: Wir jagten die Kurven des Knüllgebirges ... hinauf und wieder hinunter (Simmel, Affäre 50).

hi|n<u>a</u>uf|klet|tern ‹sw. V.; ist›: **1.** *nach [dort] oben, in die Höhe klettern:* [auf] den Baum h.; Sie (= die Steinböcke) führten ein ... einsiedlerisches Leben. Kletterten schroffe Felswände hinauf (Feuchtwanger, Erfolg 507). **2.** (ugs.) *steigen, sich erhöhen:* die Preise klettern [in schwindelnde Höhen] hinauf; Der Dollar ist um ... zehntausend Mark hinaufgeklettert (Remarque, Obelisk 177).

hi|n<u>a</u>uf|klim|men ‹st., auch: sw. V.; ist› (geh.): *hinaufklettern:* Mit bloßen Füßen sprang sie aus dem Boot, ... klomm die Böschung hinauf (Dorpat, Ellenbogenspiele 122); Ü Der Wagen klomm jetzt die Gassen des Montmartre hinauf (Remarque, Triomphe 358).

hi|n<u>a</u>uf|kom|men ‹st. V.; ist›: **1. a)** *nach [dort] oben kommen:* soll ich zu euch [in eure Wohnung] h.?; die Treppe h.; **b)** *hinaufgelangen:* wie soll ich [auf den Baum] h.? **2.** *in eine höhere Stellung, in eine bessere, besser bewertete Stellung, soziale Lage kommen.*

hi|n<u>a</u>uf|kön|nen ‹unr. V.; hat› (ugs.): vgl. hinaufdürfen.

hi|n<u>a</u>uf|krie|chen ‹st. V.; ist›: *nach [dort] oben kriechen:* die Schnecke kroch an der Mauer hinauf; Jumbo ... fiel hin und kroch auf allen vieren die Treppe hinauf (Hausmann, Abel 44); Ü der Zug kroch die Steigung hinauf.

hi|n<u>a</u>uf|kur|beln ‹sw. V.; hat›: *nach oben kurbeln:* das Seitenfenster h.

hi|n<u>a</u>uf|lan|gen ‹sw. V.; hat› (ugs.): **1.** *nach [dort] oben reichen, hinaufreichen:* [jmdm.] etw. h. **2.** *nach [dort] oben greifen, fassen:* [bis] auf den Schrank h. können; ich rücke mir eilig einen Stuhl an den großen Kleiderschrank in der Diele, ich lange hinauf und hole mir einen Handkoffer herunter (Fallada, Trinker 61).

hi|n<u>a</u>uf|las|sen ‹st. V.; hat›: *hinaufgehen, -kommen, -fahren usw. lassen:* Menschen, die in der Vorhalle warteten, um in die höhere Vorhalle hinaufgelassen zu werden (Seghers, Transit 205); jmdn. [zu jmdm.] h.

hi|n<u>a</u>uf|lau|fen ‹st. V.; ist›: *nach [dort] oben laufen, sich fortbewegen:* die Treppe h.; Käfer laufen an der Wand hinauf.

hi|n<u>a</u>uf|le|gen ‹sw. V.; hat›: *nach [dort] oben legen:* den Koffer auf den Schrank h.

hi|n<u>a</u>uf|len|ken ‹sw. V.; hat›: *nach [dort] oben lenken:* Der Arbeiter lenkte seinen Lastzug den Steilhang hinauf (Kuby, Sieg 52).

hi|n<u>a</u>uf|müs|sen ‹unr. V.; hat› (ugs.): vgl. hinaufdürfen.

hi|n<u>a</u>uf|rei|chen ‹sw. V.; hat›: **1.** *nach [dort] oben reichen, geben:* jmdm. etw. h. **2.** *[lang genug sein u. deshalb] bis nach [dort] oben reichen:* die Leiter reicht bis zum Balkon hinauf.

hi|n<u>a</u>uf|rei|ten ‹st. V.; ist›: *nach [dort] oben reiten:* den Berg h.; zur Burg h.

hi|n<u>a</u>uf|ren|nen ‹unr. V.; ist›: *nach [dort] oben rennen, laufen:* den Weg h.

hi|n<u>a</u>uf|ru|fen ‹st. V.; hat›: *nach [dort] oben rufen:* zum Fenster h.; sie rief die Treppe hinauf (Brand [Übers.], Gangster 21).

hi|n<u>a</u>uf|schaf|fen ‹sw. V.; hat›: **1.** *nach [dort] oben schaffen, bringen.* **2.** ‹h. + sich› (ugs.) *hinaufarbeiten, sich.*

hi|n<u>a</u>uf|schal|ten ‹sw. V.; hat› (Jargon): *(bei Motorfahrzeugen) in einen höheren Gang schalten.*

hi|n<u>a</u>uf|schau|en ‹sw. V.; hat› (landsch.): *nach [dort] oben schauen:* er wendete sich um ... und schaute fragend zu ihr hinauf (Baum, Paris 18); Junitag ... Man schaut hinauf ins Blaue. Man soll überhaupt nur h. im Leben (Hartung, Junitag 10).

hi|n<u>a</u>uf|schi|cken ‹sw. V.; hat›: *nach [dort] oben schicken:* das Kind zur Mutter h.; Ü Jan Marcins Italienerhahn ... schickt aus bebendem Hals einen Weckruf nach dem andern über die Baumkronen hinauf (Bobrowski, Mühle 230).

hi|n<u>a</u>uf|schie|ben ‹st. V.; hat›: **1.** *nach [dort] oben schieben.* **2.** ‹h. + sich› *sich nach [dort] oben schieben:* der Ärmel hat sich hinaufgeschoben; Ü Da schob sich jemand neben ihr die Treppe hinauf (Hausmann, Abel 133).

hi|n<u>a</u>uf|schie|ßen ‹st. V.›: **1.** ‹hat› **a)** *nach [dort] oben schießen;* **b)** (ugs.) *durch Raketenantrieb hinaufbefördern:* eine Rakete, jmdn. mit einer Rakete zum Mond h. **2.** ‹ist› **a)** *sich äußerst heftig u. schnell hinaufbewegen:* das U-Boot schoss [zur Oberfläche] hinauf; **b)** (ugs.) *mit großer Heftigkeit u. Eile hinauflaufen:* [wie der Blitz] die Treppe h.; zu jmdm. hinaufgeschossen kommen.

hi|n<u>a</u>uf|schlei|chen ‹st. V.›: **1.** *nach [dort] oben schleichen* ‹ist›. **2.** ‹h. + sich› *sich nach [dort] oben schleichen* ‹hat›.

hi|n<u>a</u>uf|schlep|pen ‹sw. V.; hat›: **1.** *nach [dort] oben schleppen.* **2.** ‹h. + sich› *sich nach [dort] oben schleppen.*

hi|n<u>a</u>uf|schnel|len ‹sw. V.; ist›: *sprunghaft steigen, sich sprunghaft erhöhen:* Stückzahlen um ein Vielfaches h. lassen.

hi|n<u>a</u>uf|schrau|ben ‹sw. V.; hat›: **1.** *[im Verlauf einer stetigen Entwicklung] erhöhen, steigern:* die Preise, die Produktion [um 10 Prozent] h. **2.** ‹h. + sich› *sich nach [dort] oben schrauben, in Windungen aufsteigen:* Der Bus schraubte sich auf einer abenteuerlichen Straße das Vulkanmassiv hinauf (Konsalik, Promenadendeck 327).

hi|n<u>a</u>uf|schwin|gen, sich ‹st. V.; hat›: *sich nach [dort] oben schwingen.*

hi|n<u>a</u>uf|se|hen ‹st. V.; hat›: *nach [dort] oben sehen:* zu jmdm., zu einem Fenster h.

hi|n<u>a</u>uf sein: s. hinauf (1 a).

hi|n<u>a</u>uf|set|zen ‹sw. V.; hat›: **1.** *nach [dort] oben setzen.* **2.** *(bes. Preise o. Ä.) erhöhen, heraufsetzen:* die Preise, Mieten h.; eine Ware im Preis h. *(ihren Preis erhöhen).*

hi|n<u>a</u>uf|sol|len ‹unr. V.; hat› (ugs.): vgl. hinaufdürfen.

hi|n<u>a</u>uf|sprin|gen ‹st. V.; ist›: **1.** *nach [dort] oben springen, in die Höhe sprin-*

gen: auf etw. h. **2.** (ugs.) *hinaufeilen:* in die Wohnung im dritten Stock h.; die Treppe h.

hi|nauf|star|ren ⟨sw. V.; hat⟩: *nach [dort] oben starren.*

hi|nauf|stei|gen ⟨st. V.; ist⟩: **1.** *nach [dort] oben steigen, gehen od. klettern.* **2.** *sich [schwebend] nach [dort] oben bewegen, aufsteigen:* Leuchtkugeln steigen zum Himmel hinauf.

hi|nauf|stei|gern ⟨sw. V.; hat⟩ (geh.): *energisch steigern, erhöhen:* die Leistungen, das Selbstbewusstsein h.

hi|nauf|sti|li|sie|ren ⟨sw. V.; hat⟩: *hochstilisieren:* etw. nicht zur persönlichen Tragödie h.

hi|nauf|stol|pern ⟨sw. V.; ist⟩: *sich stolpernd nach [dort] oben bewegen.*

hi|nauf|stür|zen ⟨sw. V.; ist⟩: *nach [dort] oben stürzen, gehetzt hinaufeilen:* die Treppen h.; zur Wohnung h.

hi|nauf|tas|ten, sich ⟨sw. V.; hat⟩: *sich nach [dort] oben tastend bewegen.*

hi|nauf|tra|gen ⟨st. V.; hat⟩: *nach [dort] oben tragen:* [jmdm.] das Gepäck in die Wohnung h.

hi|nauf|trans|for|mie|ren ⟨sw. V.; hat⟩ (Elektrot.): *durch Transformieren auf eine höhere Spannung bringen.*

hi|nauf|trei|ben ⟨st. V.; hat⟩: **1.** *nach [dort] oben treiben:* Vieh auf die Alm, den steilen Pfad h. **2.** *in die Höhe treiben, erhöhen:* die Preise, Kurse h.

hi|nauf|tun ⟨unr. V.; hat⟩ (ugs.): *hinauflegen, -stellen o. Ä.:* den Aktenordner wieder h.

hi|nauf|wach|sen ⟨st. V.; ist⟩: *nach [dort] oben wachsen:* der Efeu ist schon bis zum ersten Stock hinaufgewachsen.

hi|nauf|wa|gen, sich ⟨sw. V.; hat⟩: *sich nach [dort] oben wagen.*

hi|nauf|wei|sen ⟨st. V.; hat⟩: *nach [dort] oben weisen.*

hi|nauf|wer|fen ⟨st. V.; hat⟩: *nach [dort] oben werfen:* den Ball an der Mauer, [bis] zum Balkon, auf den Balkon h.; Ü im Fahren einen Blick [zu der Burg] h. *(kurz hinaufblicken).*

hi|nauf|win|den ⟨st. V.; hat⟩: **1.** (veraltet) *mit einer Winde nach [dort] oben ziehen, befördern:* den Eimer [auf das Baugerüst] h. **2.** ⟨h. + sich⟩ **a)** *sich in Drehungen, Windungen nach oben bewegen:* die Pflanze windet sich am Stamm hinauf; **b)** *in Windungen nach [dort] oben [ver]laufen:* der Pfad windet sich am Hang, den Hang hinauf, [bis] zum Gipfel hinauf; der Fluss windet sich nach Norden hinauf.

hi|nauf|wol|len ⟨unr. V.; hat⟩ (ugs.): vgl. hinaufdürfen.

hi|nauf|wuch|ten ⟨sw. V.; hat⟩: *hochwuchten.*

hi|nauf|zei|gen ⟨sw. V.; hat⟩: *nach [dort] oben zeigen:* der Pfeil zeigt [zum Gipfel] hinauf.

hi|nauf|zie|hen ⟨unr. V.⟩: **1.** ⟨hat⟩ **a)** *nach [dort] oben ziehen, ziehend hinaufbewegen, -bringen, -befördern;* **b)** *jmdn. bewegen, nach [dort] oben zu ziehen, zu gehen usw.:* das Heimweh zog ihn in die Berge hinauf; ⟨unpers.:⟩ es zog ihn nach Norden hinauf. **2.** ⟨ist⟩ **a)** *nach oben, in ein höheres Stockwerk [um]ziehen;* **b)** *nach [dort] oben ziehen, wandern, fahren, sich bewegen.* **3.** ⟨h. + sich; hat⟩ **a)** *sich bis [dort] oben hinziehen, erstrecken, nach [dort] oben verlaufen;* **b)** *sich nach [dort] oben hinziehen, allmählich ausdehnen, verlagern:* Waldbrand auf Elba, der sich langsam die Berge hinaufzieht (Gregor-Dellin, Traumbuch 67).

hi|naus ⟨Adv.⟩ [mhd. hin ūȥ, ahd. hina ūȥ, aus ↑hin u. ↑aus]: **1.** *aus diesem [engeren] Bereich in einen anderen [weiteren] Bereich [hinein], bes. [von drinnen] nach draußen:* h. mit dir an die frische Luft!; h. aus dem Hafen; h. in die Ferne; h. aufs Meer; den Weg h. [aus der Höhle] suchen; oben, unten, zur Seite h.; Ü die Ausbildung aus der Theorie h. in die Praxis verlagern; ⟨als Verstärkung od. Differenzierung von Präpositionen:⟩ auf ... h. *(für die lange Dauer von ...):* auf Monate h. planen, versorgt sein; durch ... h. *(durch etw. hindurch nach draußen):* durch die Tür h. entkommen, verschwinden; nach ... h. *(zu ... hin, auf der nach ... gelegenen Seite):* Er hatte sogar schon eine Wohnung ..., die Fenster nach hinten h. (Bieler, Mädchenkrieg 475); nach vorn, hinten, nach der Straße h. wohnen; über ... h. (1. *[räumlich] überschreitend, weiter als:* über diese Grenze h. war kein Vordringen mehr möglich. 2. *zeitlich, altersmäßig [bis] später, mehr als:* sie wird damit über Mittag h. beschäftigt sein; über die achtzig h. sein; bis über die achtzig h. rüstig bleiben. 3. *überschreitend, weiter [gehend] als:* sie gab ihm 20 Mark über sein Gehalt h.; an den Bankbeamten denken ..., der ihn ... warnte, sein Konto über die normalerweise eingeräumten Grenzen h. zu überziehen [Kronauer, Bogenschütze 9]; er hat darüber hinaus [nicht] viel Neues zu sagen); über etw. h. sein *(etw. überwunden, abgelegt haben):* über bestimmte Vorurteile h. sein; zu ... hinaus *(aus, durch ... hinaus):* zur Tür, zur Stadt h. **2.** ⟨als abgetrennter Teil von Adverbien wie »wohinaus, dahinaus« in trennbarer Zus. mit einem Verb⟩ (bes. ugs.): wo läuft das hinaus?

hi|naus|be|för|dern ⟨sw. V.; hat⟩: *nach draußen befördern:* die Verletzten aus dem Gefahrengebiet h.; den Abfall, Schmutz h.; Ü jmdn. [mit einem Fußtritt] h. *(hinauswerfen);* jmdn. unsanft h.; So legt man Geschäftspartner herein und befördert lästige Vertreter zur Tür hinaus (Schwaiger, Wie kommt 95).

hi|naus|be|ge|ben, sich ⟨st. V.; hat⟩: *sich nach draußen begeben.*

hi|naus|be|glei|ten ⟨sw. V.; hat⟩: *nach draußen begleiten:* den Besucher h.

hi|naus|bei|ßen ⟨st. V.; hat⟩: *durch Beißen aus etw. (Nest, Höhle o. Ä.) verdrängen, vertreiben:* den Eindringling [aus dem Nest] h.; Ü diese Loni Fink ... haben sie hinausgebissen (Fr. Wolf, Zwei 173).

hi|naus|be|mü|hen ⟨sw. V.; hat⟩: **1.** *nach draußen bemühen.* **2.** ⟨h. + sich⟩ *sich nach draußen bemühen, begeben.*

hi|naus|beu|gen, sich ⟨sw. V.; hat⟩: *hinaus aus etw., nach draußen beugen:* er hat sich, den Kopf [weit, zum Fenster] hinausgebeugt.

hi|naus|be|we|gen ⟨sw. V.; hat⟩: **1. a)** *nach draußen bewegen;* **b)** *weiter bewegen als:* etw. über eine Grenze h. **2.** ⟨h. + sich⟩ *sich nach draußen bewegen, begeben.*

hi|naus|bit|ten ⟨st. V.; hat⟩: *bitten hinauszukommen:* jmdn. h.

hi|naus|bla|sen ⟨st. V.; hat⟩: *durch Blasen aus etw. entfernen, hinausbewegen, -befördern.*

hi|naus|bli|cken ⟨sw. V.; hat⟩: *nach draußen blicken:* zum Fenster/aus dem Fenster h.; auf den Hof h.; Ü Das Zimmer blickte auf einen kleinen Garten hinaus (Koeppen, Rußland 158).

hi|naus|brin|gen ⟨unr. V.; hat⟩: **1.** *nach draußen bringen, tragen, befördern.* **2.** *nach draußen begleiten.* **3.** *es weiterbringen als etw.:* er hat es nie über den niedersten Dienstgrad hinausgebracht.

hi|naus|bug|sie|ren ⟨sw. V.; hat⟩ (Seemannsspr.): *nach draußen bugsieren* (1): ein Schiff [aus dem Hafen] h.; Ü (ugs.) sie hat den lästigen Vertreter hinausbugsiert.

hi|naus|den|ken ⟨unr. V.; hat⟩: *weiter denken als etw.:* über die Gegenwart h.

hi|naus|drän|gen ⟨sw. V.; hat⟩: **1. a)** *nach draußen drängen;* **b)** ⟨h. + sich⟩ *sich nach draußen drängen.* **2. a)** *jmdn. aus etw. drängen;* **b)** *aus einer Gemeinschaft, Stellung usw. drängen:* Sie ... fühlte mit unsagbarer Not, wie sie unaufhaltsam aus der Welt hinausgedrängt wurde (Musil, Mann 1527); jmdn. aus seinem Amt, seiner Stellung h.

hi|naus|drin|gen ⟨st. V.; ist⟩: *aus einem Bereich nach außen dringen:* von den Geschehnissen ist niemals etwas hinausgedrungen.

hi|naus|drü|cken ⟨sw. V.; hat⟩: **1.** *aus etw. drücken:* jmdn. aus dem Eingang h. **2.** *hinausdrängen* (2b). **3.** ⟨h. + sich⟩ (ugs.) *sich möglichst unauffällig aus einem Raum, Bereich entfernen, wegbegeben:* sich aus dem Zimmer h., sich zur Tür h.

hi|naus|dür|fen ⟨unr. V.; hat⟩: **1.** *hinausgehen, -kommen, -fahren usw. dürfen.* **2.** (ugs.) *hinausgebracht, -gesetzt, -gestellt usw. werden dürfen.* **3.** (ugs.) **a)** *weiter gehen, kommen, fahren usw. dürfen als etw.:* über eine Markierung nicht h.; **b)** *(z. B. im Grad, Stadium) weiter gehen, kommen, gelangen dürfen als etw.*

hi|naus|ei|len ⟨sw. V.; ist⟩: *nach draußen eilen.*

hi|naus|ekeln ⟨sw. V.; hat⟩ (ugs.): *durch unfreundliches Verhalten, schlechte Behandlung o. Ä. aus etw. vertreiben:* man versuchte auf jede Weise, den Angestellten hinauszuekeln.

hi|naus|ex|pe|die|ren ⟨sw. V.; hat⟩ (ugs.): *hinausschaffen:* sie hat allen Besuch aus dem Krankenzimmer hinausexpediert.

hi|naus|fah|ren ⟨st. V.⟩: **1.** ⟨ist⟩ **a)** *aus etw., nach draußen fahren* (1a, 2a): aus der Garage h.; zum Tor h.; **b)** *aus einem Bereich fahren, um [in der Ferne] ein Ziel zu erreichen:* zum Flugplatz h.; im Urlaub aufs Land, zu den Großeltern h. **2.** ⟨hat⟩ **a)** *(ein Fahrzeug) nach draußen fahren:* sie hat das Auto aus der Garage hinausgefahren; **b)** *jmdn., etw. nach* *draußen fahren, durch Fahren nach draußen befördern:* Sand h. **3.** *nach draußen fahren* (9a) ⟨ist⟩: der Hund fuhr aus der, zur Hütte hinaus. **4.** *weiter fahren als etw.* ⟨ist⟩: über die Markierung h.

hi|naus|fal|len ⟨st. V.; ist⟩: *nach draußen fallen* (1, 7b).

hi|naus|fens|tern ⟨sw. V.; hat⟩ (ugs.): *hinauswerfen* (3): einen betrunkenen Gast h.

hi|naus|feu|ern ⟨sw. V.; hat⟩ (ugs.): **1.** *nach draußen feuern* (3): sie hat die herumliegenden Sachen aus dem Zimmer hinausgefeuert. **2.** *feuern* (4): er ist von seinem Betrieb hinausgefeuert worden; »...hat er eine Zeit lang hier gewohnt?« »Bis ich ihn hinausgefeuert habe« (Kranz, Märchenhochzeit 29).

hi|naus|fin|den ⟨st. V.; hat⟩: *den Weg aus etw. finden* (1), *den Ausgang finden* (1): aus einer Höhle h.

hi|naus|flie|gen ⟨st. V.⟩: **1.** ⟨ist⟩ **a)** *nach draußen fliegen* (1, 2, 4, 11); **b)** (ugs.) *hinausfallen, -stürzen.* **2.** (ugs.) *hinausgeworfen* (2) *werden* ⟨ist⟩: in hohem Bogen h.; aus der neuen Stellung h.; »Ich will Ordnung in meinem Lokal!«, rief Leopold. »Wer nicht pariert, der fliegt hinaus!« (Jaeger, Freudenhaus 159). **3.** *ausfliegen* (2c) ⟨hat⟩. **4.** *weiter fliegen* (1, 2, 4, 11) *als etw.* ⟨ist⟩: über ein Ziel h.

hi|naus|füh|ren ⟨sw. V.; hat⟩: **1. a)** *nach draußen führen* (1a): jmdn. [aus einem Raum, aus dem Haus] h.; **b)** *aus etw. führen* (3b), *herausführen, -bringen:* das Unternehmen aus der Krise h. **2.** ***etw. gut, schlecht h.** (veraltet; *zu einem guten, schlechten Ende führen*). **3. a)** *nach draußen führen, [ver]laufen:* der Weg führt aus dem Wald hinaus; **b)** *(als Durchlass) nach draußen führen, gerichtet sein:* diese Tür führt in den Garten, auf die Straße hinaus. **4. a)** *weiter führen, [ver]laufen als etw.:* die Bremsspur führt über die Markierung hinaus; **b)** *weiter führen* (7c) *als etw.:* ihr Weg, ihre Reise führte sie weit über dieses Gebiet hinaus; **c)** *in seinem Verlauf, Ergebnis od. in seinen Folgen überschreiten, weiter gehen als etw.:* dieser Vorschlag führt weit über unsere ursprünglichen Absichten hinaus; Das ist ein ... Abenteuer, das weit über unsere Verhältnisse hinausführt (Zwerenz, Kopf 158).

hi|naus|ge|hen ⟨unr. V.; ist⟩: **1. a)** *nach draußen gehen:* aus dem Zimmer in den Garten h.; dass er, ohne ein Wort mit uns gesprochen zu haben, wieder hinausging *(den Raum verließ;* Jens, Mann 123); **b)** *nach draußen, nach außerhalb gesendet, gerichtet werden:* Telegramme gingen in alle Welt hinaus; **c)** ⟨unpers.⟩ *der richtige, vorgeschriebene Weg nach draußen, irgendwohin sein:* hier, durch diese Tür geht es hinaus. **2.** *nach draußen verlaufen:* die Straße geht zum Hafen hinaus. **3.** *nach etw. gelegen, gerichtet sein und Durchlass od. Durchblick haben, gewähren:* das Zimmer, das Fenster geht auf den, nach dem Garten, nach Westen hinaus. **4.** *überschreiten, weiter gehen als:* dies geht über meine Kräfte, meine Befugnisse hinaus; sie geht mit dieser Forderung noch über ihre Vorrednerin hinaus; weit über das übliche Maß h.; Was du durchgemacht hast, geht über alles hinaus, was ich ermessen kann (Loest, Pistole 137).

hi|naus|ge|lan|gen ⟨sw. V.; ist⟩: **1. a)** *aus etw., nach draußen gelangen;* **b)** *aus bestimmten Verhältnissen, Umständen usw. gelangen.* **2.** *weiter gelangen als:* über die bisherigen Erkenntnisse nicht h.

hi|naus|ge|lei|ten ⟨sw. V.; hat⟩ (geh.): *aus etw., nach draußen geleiten:* den Besuch, den Patienten aus dem Zimmer h.

hi|naus|glei|ten ⟨st. V.; ist⟩: *aus etw., nach draußen gleiten* (1b): Schwerfällig, fast geräuschlos glitt der Zug hinaus (Gaiser, Jagd 69).

hi|naus|grau|len ⟨sw. V.; hat⟩ (ugs.): *aus einem Raum, Bereich, einer Gemeinschaft usw. vertreiben:* jetzt hast du ihn endgültig hinausgegrault.

hi|naus|grei|fen ⟨st. V.; hat⟩: *einen weiteren Bereich erfassen u. beanspruchen als etw.; hinausreichen:* ihre Pläne greifen über das bisher Vorgesehene weit hinaus.

hi|naus|gu|cken ⟨sw. V.; hat⟩ (ugs.): *hinausblicken:* zum Fenster, auf die Straße h.

hi|naus|hal|ten ⟨st. V.; hat⟩: *nach draußen halten:* halte einmal deine Nase zum Fenster hinaus!; Wenn ich die Hand mit dem Taschentuch zum Fenster hinaushalte, flattert es nicht im Fahrtwind (Grzimek, Serengeti 322).

[1]**hi|naus|hän|gen** ⟨st. V.; hat⟩: *aus etw. [nach draußen]* [1]*hängen* (1a): die Gardinen hingen zum Fenster hinaus.

[2]**hi|naus|hän|gen** ⟨sw. V.; hat⟩: *nach draußen* [2]*hängen* (1a): Fahnen h.

hi|naus|he|ben ⟨st. V.; hat⟩: **1.** *nach draußen heben:* den Koffer zum Abteilfenster h. **2.** (geh.) **a)** *einen höheren Rang geben, über jmdn., über etw. erheben:* ihre Begabung hebt sie über den Durchschnitt weit hinaus; **b)** ⟨h. + sich⟩ *sich in bestimmten Eigenschaften über jmdn., etw. erheben.*

hi|naus|ja|gen ⟨sw. V.⟩: **1.** ⟨hat⟩ **a)** *nach draußen jagen:* ein Tier h.; **b)** *eilig hinausschicken:* eine Botschaft [in den Äther] h.; **c)** *eilig hinausschießen, abfeuern:* mehr als 60 Schuss h. **2.** *nach draußen jagen, eilen* ⟨ist⟩: Es kam auch vor, dass sich in der Nacht die anderen erhoben, dass sie in die Finsternis hinausjagten und sich auf dem schneebedeckten Land nach allen Richtungen hin versprengten (Plievier, Stalingrad 191).

hi|naus|ka|ta|pul|tie|ren ⟨sw. V.; hat⟩: **1.** *nach draußen katapultieren.* **2.** (Jargon) *jmdn. zwingen, eine Gemeinschaft o. Ä. schleunigst zu verlassen:* man hat ihn endgültig hinauskatapultiert; Die FDP hat sich schon aus allerhand Landesparlamenten hinauskatapultiert (Augsburger Allgemeine 10./11. 6. 78, 2).

hi|naus|klet|tern ⟨sw. V.; ist⟩: *[hinaus] aus etw., nach draußen klettern.*

hi|naus|kom|men ⟨st. V.; ist⟩: **1.** *nach draußen kommen:* auf die Straße h.; zur Tür, aus dem Haus h. **2.** vgl. herauskommen (2a): sie ist nie aus ihrer Heimatstadt hinausgekommen; »... machen Sie, dass Sie hinauskommen! Ich will jetzt schlafen.« (nachdrückliche Aufforderung, einen Raum o. Ä. zu verlassen; Fallada, Trinker 66). **3. a)** *(räumlich) weiter kommen, gelangen als etw.:* der Erste, der über den 89. Breitengrad hinauskam; **b)** *(z. B. im Grad, Stadium) weiter kommen als etw.; nicht bei etw. stehen bleiben* ⟨meist verneint⟩: über die Anfänge ist er nie hinausgekommen; über die Anfangsschwierigkeiten h. müssen; Im Pokalduell ... kamen die Hessen jedenfalls nie über die Rolle der »zweiten Geige« hinaus (Kicker 6, 1982, 45); über einen Punkt, Grad nicht h. **4.** (ugs.) *auf etw. hinauslaufen* (2): alle Bestrebungen kommen auf eine Veränderung der bestehenden Verhältnisse hinaus; was sie antwortete, kam auf eine Absage hinaus; etw. kommt auf eins, auf dasselbe hinaus *(es bleibt sich gleich).*

hi|naus|kom|pli|men|tie|ren ⟨sw. V.; hat⟩: **1.** *jmdn. bewegen, [sich zu verabschieden u.] den Raum zu verlassen, zu gehen:* einen lästigen Besucher h. **2.** *mit höflichen Worten u. Gesten verabschieden u. hinauslassen:* einen Gast h.

hi|naus|kön|nen ⟨unr. V.; hat⟩ (ugs.): vgl. hinausdürfen: wenn er nicht mehr mit dem Brett (= dem Surfbrett) hinauskönne, dann wolle er lieber sterben (Gregor-Dellin, Traumbuch 19).

hi|naus|krie|chen ⟨st. V.; ist⟩: *[hinaus] aus etw., nach draußen kriechen.*

hi|naus|lan|gen ⟨st. V.; hat⟩ (ugs.): **1.** *nach draußen reichen, hinausreichen:* [jmdm.] etw. h. **2.** *nach draußen greifen, fassen:* zum Fenster h.

hi|naus|las|sen ⟨st. V.; hat⟩: **1.** *hinausgehen, -fahren usw. lassen.* **2.** *jmdm. den Ausgang, die Tür, das Tor öffnen u. ihn hinauslassen* (1).

hi|naus|lau|fen ⟨st. V.; ist⟩: **1.** *nach draußen laufen:* auf die Straße, in den Garten, zur Tür h.; Koog ... griff nach seiner Pelzmütze, fand sie nicht und lief ohne Pelzmütze hinaus (Plievier, Stalingrad 229). **2.** *(im Verlauf einer Entwicklung) als Endpunkt erreichen, auf ein bestimmtes Ende zustreben:* der Plan läuft auf eine Stilllegung des Zweigwerkes hinaus; das läuft alles auf eins, auf dasselbe, auf das Gleiche, aufs Gleiche hinaus *(bleibt sich gleich);* Alles Reisen läuft inzwischen auf unterschiedliche Formen des Vorbeifahrens hinaus (Fest, Im Gegenlicht 404).

hi|naus|le|gen ⟨sw. V.; hat⟩: *nach draußen legen:* Wäsche zum Trocknen h.; sie haben sich in die Sonne hinausgelegt.

hi|naus|leh|nen, sich ⟨sw. V.; hat⟩: *nach draußen lehnen:* sich, den Kopf [weit] zum Fenster h.; Nicht h.! (Aufschrift an [Abteil]fenstern).

hi|naus|ma|chen, sich ⟨sw. V.; hat⟩ (ugs.): *einen Raum verlassen; zusehen, dass man hinauskommt:* mach dich hinaus!

hi|naus|ma|nö|vrie|ren ⟨sw. V.; hat⟩: *nach draußen manövrieren:* ein Schiff aus dem Verband h.; Ü sich, ein Unternehmen aus Schwierigkeiten h. *(durch geschicktes Vorgehen aus einer schwierigen Lage herausführen).*

hi|naus|mar|schie|ren ⟨sw. V.; ist⟩: *aus*

einem Raum o. Ä. marschieren: nach ihrer Darbietung marschierten die Funkenmariechen hinaus.

hi|n<u>au</u>s|müs|sen ⟨unr. V.; hat⟩ (ugs.): vgl. hinausdürfen.

hi|n<u>au</u>s|neh|men ⟨st. V.; hat⟩: *nach draußen [mit]nehmen* (meist in Verbindung mit »mit«): den Hund mit in den Garten h.

hi|n<u>au</u>s|pfef|fern ⟨sw. V.; hat⟩ (ugs.): *hinauswerfen* (3).

hi|n<u>au</u>s|po|sau|nen ⟨sw. V.; hat⟩ (ugs., oft abwertend): *ausposaunen:* musst du denn alles h.?; Der Großvater ... hatte ... überall seinen Stolz über seine vier Söhne hinausposaunt (Ruthe, Partnerwahl 110).

hi|n<u>au</u>s|prü|geln ⟨sw. V.; hat⟩: *mit Prügeln hinaustreiben:* der Wirt hatte einen Gast hinausgeprügelt.

hi|n<u>au</u>s|ra|gen ⟨sw. V.; hat⟩: **1.** *nach draußen ragen, überstehen:* die Ladung darf nicht über das Fahrzeug h. **2.** *sich über jmdn., etw. (in Bezug auf Wert, Bedeutung, Rang) erheben:* eine sportliche Limousine, die ... über den Standard der Klasse hinausragt (auto 6, 1965, 23).

hi|n<u>au</u>s|re|den, sich ⟨sw. V.; hat⟩: **1.** (südd., österr., schweiz.) *Ausreden, Ausflüchte gebrauchen:* er hat sich mir hinausgeredet. **2.** *jmdn., etw. anführen, um eine Ausrede für etw. zu haben:* sich auf eine Krankheit h. [wollen].

hi|n<u>au</u>s|rei|chen ⟨sw. V.; hat⟩: **1.** *nach draußen reichen, geben:* jmdm. den Koffer h. **2.** *[lang genug sein u. deshalb] [bis] nach draußen reichen:* die Schnur reicht bis zum Gartenzaun hinaus. **3.** *weiter reichen, sich weiter erstrecken als:* Eine allgemeine Bevorratung, die über die Zeitspanne von zwei Wochen hinausreicht (Kirst, 08/15, 377); die ... Form eines über die Familie hinausreichenden sozialen Verhaltens (Lorenz, Verhalten I, 249).

hi|n<u>au</u>s|rei|ten ⟨st. V.; ist⟩: *aus etw., nach draußen reiten:* nun konnte er ... schon früh in die Heide h. (Böll, Adam 22).

hi|n<u>au</u>s|ren|nen ⟨unr. V.; ist⟩: *aus etw., nach draußen rennen.*

hi|n<u>au</u>s|ret|ten, sich ⟨sw. V.; hat⟩: *sich nach draußen, ins Freie retten:* die Bewohner konnten sich aus dem brennenden Haus h.

hi|n<u>au</u>s|rü|cken ⟨sw. V.⟩: **1.** ⟨hat⟩ **a)** *nach draußen rücken:* den Tisch auf den Flur h.; **b)** *in zeitliche Ferne rücken, längere Zeit verschieben:* die Erfüllung ihrer Wünsche wurde dadurch um zwei Jahre hinausgerückt. **2.** ⟨ist⟩ **a)** *nach draußen rücken:* er rückte mit seinem Stuhl auf den Gang hinaus; **b)** *nach draußen rücken, hinausziehen:* die Soldaten rückten zum Tor hinaus; **c)** *in zeitliche Ferne rücken, längere Zeit verschoben werden:* die Aussicht auf erste Erfolge ist dadurch um zwei Jahre hinausgerückt.

hi|n<u>au</u>s|ru|fen ⟨st. V.; hat⟩: *nach draußen rufen:* etw. zum Fenster h., auf die Straße h.; Ü ich habe nicht vergeblich in die Welt hinausgerufen (Strauß, Niemand 87).

hi|n<u>au</u>s|schaf|fen ⟨sw. V.; hat⟩: *nach draußen schaffen, hinausbringen:* den Müll [in den Container] h.

hi|n<u>au</u>s|schau|en ⟨sw. V.; hat⟩: **1.** (landsch.) *hinausblicken.* **2.** (geh.) *weiter sehen u. denken als:* über die Gegenwart h.

hi|n<u>au</u>s|sche|ren, sich ⟨sw. V.; hat; meist in Aufforderungssätzen o. Ä.⟩ (ugs.): *sich nach draußen* [4]*scheren:* scher dich hinaus!

hi|n<u>au</u>s|schi|cken ⟨sw. V.; hat⟩: **1.** *auffordern, einen Raum zu verlassen, nach draußen zu gehen:* die Kinder [aus dem Zimmer, auf die Straße] h. **2.** *[zu einem fernen Ziel] schicken, senden:* Funksprüche h.

hi|n<u>au</u>s|schie|ben ⟨st. V.; hat⟩: **1. a)** *nach draußen schieben;* **b)** ⟨h. + sich⟩ *sich nach draußen schieben, bewegen:* sich zur Tür h.; Ü Buhnen schoben sich ins Wasser hinaus (Hausmann, Abel 119). **2. a)** *auf später verschieben, aufschieben:* Länger als je zuvor werden Heirat und Kinderkriegen hinausgeschoben (Spiegel 24, 1977, 217); die Krise kann sicherlich auch hinausgeschoben oder kompensiert werden (Schreiber, Krise 51); eine Entscheidung um einen Monat, bis in den Herbst h.; **b)** ⟨h. + sich⟩ *sich verschieben, sich hinauszögern.*

hi|n<u>au</u>s|schie|ßen ⟨st. V.⟩: **1.** *nach draußen schießen* ⟨hat⟩: die Leuchtpistole, mit ihr kann man Notsignale h. (Grzimek, Serengeti 166); zum Fenster h. **2.** ⟨ist⟩ **a)** *sich äußerst [heftig u.] schnell hinausbewegen;* **b)** (ugs.) *mit großer Eile u. Heftigkeit hinauslaufen:* [wie der Blitz] zur Tür h., hinausgeschossen kommen. **3.** *sich über etw. hinausbewegen* ⟨ist⟩: das Auto ist über die Markierung hinausgeschossen.

hi|n<u>au</u>s|schlei|chen ⟨st. V.⟩: **1.** *nach draußen schleichen* ⟨ist⟩: Wir schlichen aus dem Wohnzimmer in die Diele hinaus (Simmel, Stoff 699). **2.** ⟨h. + sich⟩ *sich nach draußen schleichen* ⟨hat⟩: sie hat sich unbemerkt hinausgeschlichen.

hi|n<u>au</u>s|schlep|pen ⟨sw. V.; hat⟩: **1.** *aus etw., nach draußen schleppen:* Der Diener schleppt das Gepäck hinaus (Frisch, Cruz 50). **2.** ⟨h. + sich⟩ *sich [hinaus] aus etw., sich nach draußen schleppen, bewegen.*

hi|n<u>au</u>s|schlüp|fen ⟨sw. V.; ist⟩: *aus etw., nach draußen schlüpfen:* Er wäre gern zur Tür hinausgeschlüpft, aber da stand dieses einschüchternde Weib und versperrte ihm den Weg (Jaeger, Freudenhaus 19).

hi|n<u>au</u>s|schmei|ßen ⟨st. V.; hat⟩ (ugs.): *hinauswerfen* (1 a, 2).

Hi|n<u>au</u>s|schmiss, der (ugs.): *Hinauswurf:* Es gibt Wirtshauskrakeeler, deren Gaststättenbesuche regelmäßig mit einem ... H. enden (MM 20./21. 5. 67, 41).

hi|n<u>au</u>s|schmug|geln ⟨sw. V.; hat⟩: *etw., jmdn., sich aus etw. (einem Land, einem Gebäude o. Ä.) nach draußen schmuggeln.*

hi|n<u>au</u>s|schrei|en ⟨st. V.; hat⟩: **1.** *nach draußen schreien:* zum Fenster h. **2.** (geh.) *herausschreien:* seinen Schmerz h.

hi|n<u>au</u>s|schwap|pen ⟨sw. V.; ist⟩: *aus etw. schwappen* (1 b): Wasser ist aus dem Becken hinausgeschwappt; Als er das Glas schwenkte ..., gab er Acht, dass nichts über den Rand hinausschwappte (Sommer, Und keiner 351).

hi|n<u>au</u>s|schwim|men ⟨st. V.; ist⟩: *sich schwimmend vom Ufer entfernen.*

hi|n<u>au</u>s|se|hen ⟨st. V.; hat⟩: *hinausblicken.*

hi|n<u>au</u>s sein: s. hinaus (1).

hi|n<u>au</u>s|set|zen ⟨sw. V.; hat⟩: **1. a)** *nach draußen setzen;* **b)** ⟨h. + sich⟩ *sich nach draußen setzen.* **2.** (ugs.) *hinauswerfen* (2): man hat ihn kurzerhand hinausgesetzt.

hi|n<u>au</u>s|sol|len ⟨unr. V.; hat⟩ (ugs.): vgl. hinausdürfen.

hi|n<u>au</u>s|spä|hen ⟨sw. V.; hat⟩: *nach draußen spähen:* er stand hinterm Vorhang und spähte auf die Straße hinaus.

hi|n<u>au</u>s|sprin|gen ⟨st. V.; ist⟩: **1.** *nach draußen springen:* zum Fenster h. **2.** (ugs.) *nach draußen eilen; schnell, eilig hinauslaufen* (1): in den Garten h.

hi|n<u>au</u>s|ste|hen ⟨unr. V.; hat; südd., österr., schweiz. auch: ist⟩: *hervorstehen, hinausragen:* über etw. h.; ... dessen Zwiebelturm über die Dächer hinausstand (Goldschmidt, Absonderung 168).

hi|n<u>au</u>s|steh|len, sich ⟨st. V.; hat⟩: *sich leise, heimlich aus einem Raum o. Ä. entfernen:* sie hatten sich unbemerkt aus dem Zimmer hinausgestohlen.

hi|n<u>au</u>s|stei|gen ⟨st. V.; ist⟩: *nach draußen steigen:* zum Fenster h. *(durch das Fenster einen Raum verlassen, sich entfernen).*

hi|n<u>au</u>s|stel|len ⟨sw. V.; hat⟩: **1. a)** *nach draußen stellen;* **b)** ⟨h. + sich⟩ *sich nach draußen stellen.* **2.** (Sport) *(einen Spieler) [für eine bestimmte Zeit] des Spielfelds verweisen, vom Platz stellen:* der Schiedsrichter stellte den Verteidiger hinaus.

Hi|n<u>au</u>s|stel|lung, die; -, -en (Sport): *das Hinausstellen* (2): es gab mehrere -en.

hi|n<u>au</u>s|stol|pern ⟨sw. V.; ist⟩ (ugs.): *stolpernd* (1 b) *einen Raum verlassen:* er stolperte hinaus, ohne sich zu verabschieden.

hi|n<u>au</u>s|stre|cken ⟨sw. V.; hat⟩: *nach draußen strecken:* den Kopf zum Fenster h.

hi|n<u>au</u>s|strö|men ⟨sw. V.; ist⟩: *aus etw., nach draußen strömen:* die Menge strömte aus dem Saal hinaus.

hi|n<u>au</u>s|stür|men ⟨sw. V.; ist⟩: *hinauseilen, hinausrennen.*

hi|n<u>au</u>s|stür|zen ⟨sw. V.⟩: **1.** *nach draußen stürzen, fallen; hinausfallen* ⟨ist⟩: er ist aus der Gondel hinausgestürzt. **2.** ⟨h. + sich⟩ *sich nach draußen stürzen* ⟨hat⟩: er stürzte sich zum Fenster hinaus. **3.** *nach draußen stürzen, gehetzt hinauseilen, -rennen* ⟨ist⟩: auf die Straße, aus dem Haus h.

hi|n<u>au</u>s|tra|gen ⟨st. V.; hat⟩: **1.** *nach draußen tragen:* das Geschirr aus dem Esszimmer [in die Küche] h. **2.** *in die Ferne, Weite tragen, bringen, vermitteln [u. verbreiten]:* eine Botschaft in die Welt h. **3.** *weiter tragen, treiben, befördern als etw.:* der Schwung trug sie weit über das Ziel hinaus.

hi|n<u>au</u>s|trau|en, sich ⟨sw. V.; hat⟩: *sich hinauswagen; nicht den Mut haben, die*

Wohnung, das Haus zu verlassen: bei der starken Brandung trauten sich einige Surfer nicht mehr hinaus; viele alte Menschen trauten sich nach Einbruch der Dunkelheit nicht mehr hinaus.

hi|n<u>au</u>s|trei|ben ⟨st. V.⟩: **1.** ⟨hat⟩ **a)** *nach draußen treiben:* das Vieh aus dem Stall, auf die Weide h.; **b)** *zwingen hinauszugehen, etw. zu verlassen:* jmdn. aus dem Haus h. **2.** *vom Ufer wegtreiben, getrieben werden* ⟨ist⟩.

hi|n<u>au</u>s|tre|ten ⟨st. V.⟩: **1.** *nach draußen treten* ⟨ist⟩: aus dem Haus, auf die Straße h.; vor die Tür h.; Aus der Kühle des Domes tritt man wieder hinaus in die heiße Mittagssonne (Bamm, Weltlaterne 20); ⟨subst.:⟩ Leben Sie wohl, Herr Seelsorger, rief er im Hinaustreten (Gaiser, Jagd 188); Ü ins Leben h. **2.** *nach draußen treten, durch einen Tritt hinausbefördern* ⟨hat⟩: den Ball aus dem Strafraum h.

hi|n<u>au</u>s|trom|pe|ten ⟨sw. V.; hat⟩ (ugs., oft abwertend): *[etw., was nicht bekannt werden sollte] überall erzählen:* was die Klatschblätter ... als Sensation hinaustrompeteten, war für ihn schon seit Jahren Realität (Hörzu 15, 1976, 10).

hi|n<u>au</u>s|tun ⟨unr. V.; hat⟩ (ugs.): *hinauslegen, -setzen, -stellen o. Ä.:* den Koffer aus dem Zimmer, auf den Gang h.

hi|n<u>au</u>s|wach|sen ⟨st. V.; ist⟩: **1.** *sich durch Wachsen über etw. hinaus erstrecken, sich über etw. erheben; größer werden als etw.:* der Baum ist übers Dach hinausgewachsen; Haben Sie sich schon einmal gefragt, warum über Elefantengröße heute kein Tier mehr hinauswächst? (Musil, Mann 270). **2.** *durch Wachsen u. Älter-, Reiferwerden überwinden, über etw. hinauskommen:* über das Alter des Spielens sind die Kinder hinausgewachsen. **3.** *durch Reiferwerden, durch Fortschritte, durch [unerwartete] Steigerung der bisherigen eigenen Leistung übertreffen, über jmdn., etw. hinauskommen:* sie ist über ihren Lehrer, ihr Vorbild hinausgewachsen; dass der Mensch befähigt ist, jederzeit über sich selbst hinauszuwachsen (Kaschnitz, Wohin 138).

hi|n<u>au</u>s|wa|gen, sich ⟨sw. V.; hat⟩: **1.** *sich nach draußen wagen:* sich aufs Meer h.; wir fliegen weiter südwärts, ... wagen uns hinaus in die Nubische Wüste (Grzimek, Serengeti 41); Ü sich ins Leben h. **2.** *sich weiter wagen als etw.:* sich über eine Abgrenzung h.

hi|n<u>au</u>s|wäh|len ⟨sw. V.; hat⟩: *jmdn. durch Abstimmen im Rahmen einer Wahl aus etw. entfernen, ihm die Mitgliedschaft entziehen:* mehrere Abgeordnete wurden aus dem Parlament hinausgewählt; wir brauchen euch, um einige Leute aus ihren Ämtern hinauszuwählen (Praunheim, Armee 304).

hi|n<u>au</u>s|wei|sen ⟨st. V.; hat⟩: **1.** *aus etw. [ver]weisen, fortweisen:* er wurde aus der Stadt hinausgewiesen; Er spürte: .... sie hätte ihn schimpflich hinausgewiesen (Hesse, Narziß 310). **2.** *auf etw. [ver]weisen, hinweisen, was jenseits von etw. liegt:* das Symbol weist über sich selbst hinaus.

hi|n<u>au</u>s|wer|fen ⟨st. V.; hat⟩: **1. a)** *nach draußen werfen:* Abfälle zum Fenster h.; **b)** *(Licht o. Ä.) nach draußen richten, fallen lassen:* Er ... steht geblendet in dem ungeheuren Licht, welches die Musikhallen, die Spezialitätentheater hinaus auf die Bürgersteige werfen (Th. Mann, Krull 93); einen Blick h. **2.** (ugs.) **a)** *(bes. etw., was man [an dieser Stelle] nicht gebrauchen kann) kurzerhand aus etw. entfernen, weg-, hinausschaffen:* die alten Möbel h.; **b)** *kurzerhand (bes. mit Heftigkeit, energischer Entschiedenheit) nach draußen weisen, hinausweisen:* Zwei Stunden dauert ihr ... Dialog. Dann wirft der Wirt uns alle hinaus (Chotjewitz, Friede 194); **c)** *durch Kündigung, Entlassung, Ausschluss o. Ä. kurzerhand aus etw. entfernen, zwingen, aus etw. wegzugehen, zwingen, etw. zu verlassen:* Diesen Jungen ... warf er vor zwei, drei Jahren hinaus, weil er die Hand in die Kasse gesteckt hatte (Kemelman [Übers.], Mittwoch 107); jmdn. aus der Firma h.; man hat ihn im hohen Bogen hinausgeworfen.

hi|n<u>au</u>s|wol|len ⟨unr. V.; hat⟩ (ugs.): **1.** vgl. hinausdürfen: ***hoch h.** (ugs.; *nach hohem [gesellschaftlichem] Rang streben*): er hat schon immer hoch hinausgewollt; Wer hoch hinauswill, muss erst einmal unten anfangen (Hörzu 4, 1980, 62). **2.** *letztlich beabsichtigen, letztlich zum Ziel haben, erstreben:* auf einen Kompromiss h.; Er habe auch keines der Flugblätter in den Betrieb gebracht, wenn Jürgen darauf hinauswolle (Chotjewitz, Friede 253).

Hi|n<u>au</u>s|wurf, der (ugs.): *das Hinauswerfen* (2): mit seinem Verhalten riskiert er einen H.

hi|n<u>au</u>s|zie|hen ⟨unr. V.⟩: **1.** ⟨hat⟩ **a)** *nach draußen ziehen, schleppen:* ein Flugzeug aus der Halle h.; jmdn. am Arm, mit sich h.; **b)** *jmdn. bewegen, nach draußen bzw. in die Ferne zu ziehen, hinaustreiben:* das Fernweh zog sie hinaus nach Australien; ⟨unpers.:⟩ es zog ihn zu ihr in den Garten hinaus. **2.** ⟨ist⟩ **a)** *nach draußen, nach auswärts [um]ziehen:* in die Vorstadt h.; **b)** *nach draußen, in die Ferne ziehen, wandern, fahren, sich bewegen:* die Truppen zogen zur, aus der Stadt hinaus. **3.** *nach draußen ziehen, dringen* ⟨ist⟩: den Rauch h. lassen. **4.** ⟨h. + sich⟩ *sich bis nach draußen hinziehen, erstrecken; nach draußen verlaufen* ⟨hat⟩: die Promenade zieht sich aus der Stadt bis nach Holzdorf hinaus. **5.** ⟨hat⟩ **a)** *in die Länge ziehen, hinziehen* (5 a): die Verhandlungen h.; **b)** ⟨h. + sich⟩ *sich in die Länge ziehen, sich hinziehen* (5 b): der Prozess zieht sich hinaus. **6.** ⟨hat⟩ **a)** *hinauszögern, verzögern, hinziehen* (6 a): die Abreise h.; ⟨subst.:⟩ Ihm gefällt dieses langwierige Zögern bei der Übergabe nicht, dieses endlose Hinausziehen der Reise (St. Zweig, Fouché 156); **b)** ⟨h. + sich⟩ *sich verzögern, sich hinziehen* (6 b): der Abflug zieht sich hinaus.

hi|n<u>au</u>s|zö|gern ⟨sw. V.; hat⟩: **1.** *durch Verzögerung hinausschieben:* seine Abreise h.; ... trank er ein Glas Bier und einen Schnaps, um seine Heimkehr hinauszuzögern (Böll, Haus 69); Früher hatte sie das Aufwachen h. können (Johnson, Ansichten 190); eine Entscheidung, das Ende h.; etw. um Jahre h. **2.** ⟨h. + sich⟩ *sich durch Verzögerung verschieben, hinausschieben:* der Abflug der Maschine zögerte sich hinaus.

Hi|n<u>au</u>s|zö|ge|rung, die; -, -en: *das Hinauszögern.*

Hi|na|y<u>a</u>|na, Hinajana, das; - [sanskr. hīnayāna = kleines Fahrzeug (der Erlösung)]: *strenge, nur mönchische Richtung des Buddhismus.*

Hi|na|y<u>a</u>|na: ↑Hinajana.

h<u>i</u>n|bau|en ⟨sw. V.; hat⟩: **1.** *an eine bestimmte Stelle bauen:* hier wird demnächst ein Parkhaus hingebaut; einen Pool könnte man ja auch noch h. (Danella, Hotel 349). **2.** ⟨h. + sich⟩ (ugs.) *sich in fester, gewichtiger Haltung hinstellen.*

h<u>i</u>n|be|för|dern ⟨sw. V.; hat⟩: *an einen bestimmten Ort befördern.*

h<u>i</u>n|be|ge|ben, sich ⟨st. V.; hat⟩: *sich an einen bestimmten Ort begeben:* sich [zu jmdm., an einen Ort] h.

h<u>i</u>n|be|kom|men ⟨st. V.; hat⟩ (ugs.): vgl. hinkriegen: etw. gut, nicht, einigermaßen h.; »Ja, ... wie haste das h., in so kurzer Zeit?« (Grass, Katz 148).

h<u>i</u>n|be|mü|hen ⟨sw. V.; hat⟩ (geh.): **1.** *jmdn. an einen bestimmten Ort bemühen.* **2.** ⟨h. + sich⟩ *sich an einen bestimmten Ort bemühen.*

h<u>i</u>n|be|or|dern ⟨sw. V.; hat⟩: *zu einer bestimmten Person od. Stelle beordern:* jmdn. zu sich h.; dass der Nachschub, den er hinbeordert hatte, teils gestohlen war (Grzimek, Serengeti 96).

h<u>i</u>n|be|stel|len ⟨sw. V.; hat⟩: *an einen bestimmten Ort bestellen:* wir wurden noch einmal [zu ihm] hinbestellt.

h<u>i</u>n|be|we|gen ⟨sw. V.; hat⟩: **a)** *zu einem bestimmten Ziel bewegen;* **b)** ⟨h. + sich⟩ *sich zu einem bestimmten Ziel bewegen, in eine bestimmte Richtung begeben:* die Menge begann sich zum Ausgang hinzubewegen; **c)** *in einer bestimmten Richtung bewegen:* den Bogen über die Saiten h.

h<u>i</u>n|bie|gen ⟨st. V.; hat⟩ (ugs.): **1.** *mit Geschick [wieder] in Ordnung bringen, [oberflächlich] bereinigen:* er hat [all]es so [geschickt] hingebogen, dass der Verdacht auf einen anderen fiel; wie hat sie das bloß hingebogen *(zustande gebracht)*?; Ich könnte die Angelegenheit so h., dass sie stillschweigend zu den Akten gelegt wird (Prodöhl, Tod 214). **2.** *jmdn. so erziehen, so in seiner Entwicklung beeinflussen, dass er sich so verhält, so ist, wie man es von ihm erwartet:* glaub nicht, du wärst unser erster Fall. Wir haben schon ganz andere hingebogen (Plenzdorf, Leiden 98).

h<u>i</u>n|bie|ten ⟨st. V.; hat⟩ (schweiz.): *hinhalten, reichen:* er bot ihm die Papiere hin.

h<u>i</u>n|blät|tern ⟨sw. V.; hat⟩ (ugs.): *(eine beträchtliche Summe [in Geldscheinen]) [be]zahlen:* für etw. drei Tausender, eine große Summe h. [müssen]; die Presseleute, die ... wissen wollten, welcher normale Mensch so viel Geld für ein Spielzeug hinblättert *(ausgibt;* Saarbr. Zeitung 27. 6. 80, 12).

H<u>i</u>n|blick, der: in der Fügung **im**/(seltener:) **in H. auf** (1. *mit Rücksicht auf, in*

Anbetracht, angesichts, wegen: im H. auf seine Verdienste hat man ihm das Amt des Vorsitzenden übertragen; Bauplastik ist wesentlicher Bestandteil des Gesamtbaues und daher immer in H. auf diesen zu betrachten [Bild. Kunst III, 47]. 2. *hinsichtlich, in Bezug auf:* im H. auf einen kürzlich erschienenen Bericht, im H. auf die kommende Legislaturperiode äußerte der Redner gewisse Bedenken).

hin|bli|cken ⟨sw. V.; hat⟩: *auf eine bestimmte Stelle blicken, seinen Blick irgendwohin richten:* zu/nach jmdm., etw. h.; wenn sie so ein graues Bündel ... liegen sahen, blickten sie kaum hin (Plievier, Stalingrad 94).

hin|brau|chen ⟨sw. V.; hat⟩ (ugs.): *hinzugehen, hinzukommen, hinzufahren usw. brauchen:* vorläufig brauchen wir nicht mehr hin.

hin|brei|ten ⟨sw. V.; hat⟩: **1.** *ausbreitend, auseinander breitend [hin]legen:* Altenhuden hatte ... Decke und Zeltbahn und Mantel wieder über Urbas hingebreitet (Plievier, Stalingrad 68). **2.** (geh.) **a)** *ausbreiten* (1b): Paris, das seine ganze Pracht mit gefallsüchtiger Generosität hinbreitet (K. Mann, Wendepunkt 422); **b)** ⟨h. + sich⟩ *sich ausbreiten* (3c): er ließ den Blick über die sich hinbreitende Steppe gehen.

hin|brin|gen ⟨unr. V.; hat⟩: **1. a)** *an einen bestimmten Ort bringen:* etw. [zu jmdm.] h.; soll ich dich h. (1. *hinbefördern.* 2. *hinbegleiten*)?; **b)** (ugs.) *fertig bringen:* er bringt die Arbeit einfach nicht hin; ob sie es einmal h. wird, pünktlich zu sein? **2.** *(Zeit) zubringen, verbringen:* die Tage, Jahre mit Arbeit h.; er wusste nicht, wie er seine Zeit h. sollte; So könnte ich leicht mein Leben h. (Stern, Mann 62).

hin|bü|geln ⟨sw. V.; hat⟩ (ugs.): *hinkriegen* (2): dass er den Wagen als »rollenden Schrotthaufen« für einen Apfel und ein Ei erworben hatte. Als tüchtiger Autoschlosser hatte er ihn im Laufe eines halben Jahres mit Bienenfleiß so nebenher hingebügelt (Borell, Romeo 342).

hin|däm|mern ⟨sw. V.; ist⟩: *dahindämmern:* ⟨subst.:⟩ Ein Arzt wird hinzugezogen, der Patient ... verweilt »im Hindämmern« (Reich-Ranicki, Th. Mann 37).

Hin|de, die; -, -n [mhd. hinde(n), ahd. hinta, eigtl. = die Geweihlose] (veraltet, dichter.): *Hirschkuh.*

hin|deich|seln ⟨sw. V.; hat⟩: *hinbiegen* (1), *deichseln:* wir haben ein saumäßiges Glück ... Und du hast es auch hingedeichselt (Fels, Sünden 76).

Hin|den|burg|licht, das; -[e]s, -er [bereits im Ersten Weltkrieg an der Ostfront benutzt; benannt nach dem Sieger der Schlacht von Tannenberg, dem späteren Reichspräsidenten P. v. Beneckendorff u. Hindenburg (1847 bis 1934)] (früher): *(bes. im Zweiten Weltkrieg) als Notbeleuchtung dienendes, aus einer Pappschale mit fester Brennmasse u. Docht bestehendes Licht:* dann saßen sie in der Stube am Tisch ..., -er brannten, sie tranken aus Tassen (Degenhardt, Zündschnüre 65).

hin|den|ken ⟨unr. V.; hat⟩: in der Verbindung **wo denkst du/denken Sie hin!** (ugs.; *da irrst du dich/irren Sie sich!; das muss ich zurückweisen!*): Der Staatsanwalt empört sich: wo er hindächte; diese Bücher ... seien Beweisstücke (Heym, Nachruf 830).

hin|der|lich ⟨Adj.⟩: **1.** *in der Bewegung hindernd; die Bewegungsfähigkeit beeinträchtigend:* ein -er Verband. **2.** *sich als ein Hindernis* (1) *erweisend:* das kann dir, für dich h. werden; dieser Vorfall war seiner Karriere, für seine Karriere sehr h.; sich h. auswirken; Nirgends ... stand etwas über den Umgang mit Brennnesseln. Sie waren beim Spielen h. (Lentz, Muckefuck 134).

hin|dern ⟨sw. V.; hat⟩ [mhd. hindern, ahd. hintarōn, eigtl. = zurückdrängen, zurückhalten, zu ↑hinter]: **1. a)** *jmdn. in die Lage bringen, dass er etw. Beabsichtigtes nicht tun kann, jmdm. etw. unmöglich machen; jmdn. von etw. abhalten:* der Knebel hinderte ihn am Sprechen; Also, sie schnarcht, hindert mich am Einschlafen (Imog, Wurliblume 117); der Polizist hinderte ihn an der Weiterfahrt; bestimmte Rücksichten hinderten ihn [daran], so zu handeln; der Nebel hinderte ihn nicht, noch schneller zu fahren; In einem längeren Gespräch ... zeigte es sich, dass er das Werk Thomas Manns kaum kannte, was ihn freilich nicht hinderte, dessen Romane ... als schwerfällig und langweilig zu verwerfen (Reich-Ranicki, Th. Mann 85); **b)** *bei etw. stören, behindern:* der Verband hindert [mich] sehr bei der Arbeit. **2.** (veraltet) *verhindern:* den Krieg h.

Hin|der|nis, das; -ses, -se [mhd. hindernis(se)]: **1.** *hindernder Umstand, Sachverhalt; Hemmnis, Schwierigkeit:* dieser Umstand ist kein H. für uns, für die Verwirklichung unseres Plans; ein H. aus dem Weg räumen, überwinden; eine Reise mit -sen; Die Arbeit ging planmäßig und ohne jedes H. voran (Jens, Mann 154); * **jmdm., einer Sache -se in den Weg legen** *(Schwierigkeiten machen; etw. erschweren):* dass ich ... alles zu besprechen bereit bin. Sie scheinen aber einer solchen Besprechung -se in den Weg legen zu wollen (Brecht, Mensch 126). **2.** *etw., was das direkte Erreichen eines Ziels, das Weiterkommen be- od. verhindert:* die hohe Mauer war ein unüberwindliches H.; selbst Betonröhren ... stellen für solche Substanzen kein H. dar (DÄ 47, 1985, 23); ein H. errichten, beseitigen, wegräumen. **3. a)** (Leichtathletik) *auf einer Strecke aufgebaute Vorrichtung (z. B. Querbalken auf zwei Pfosten in geringerer Höhe) od. Anlage (z. B. Wassergraben), die bei speziellen Laufwettbewerben (Hindernisläufen) übersprungen werden muss:* ein H. nehmen; über ein H. setzen; **b)** (Pferdesport) *auf dem Parcours od. auf einer Geländestrecke aufgebaute Vorrichtung (z. B. Oxer) od. Anlage (z. B. Graben, Wall), die übersprungen werden muss.* ◆ **4.** ⟨auch: die; -, -se:⟩ Und die H. treibt die Heftigen leicht vom Wege (Goethe, Hermann u. Dorothea 4, 149); Seliges Geschöpf! das den Mangel seiner Glückseligkeit einer irdischen H. zuschreiben kann (Goethe, Werther II, 30. November).

Hin|der|nis|bahn, die (Leichtathletik): *Bahn für Hindernisrennen.*

Hin|der|nis|bal|ken, der (Leichtathletik): *Querbalken des Hindernisses beim Hindernislauf.*

Hin|der|nis|fah|ren, das; -s (Pferdesport): *(zwei- od. mehrspänniges) Geschicklichkeitsfahren auf einem Parcours, der mit speziellen Schwierigkeiten (engen Gassen, Wendungen usw.) versehen ist.*

Hin|der|nis|feu|er, das: *rotes Dauerleuchtfeuer od. Blinklicht zur Markierung von Luftfahrthindernissen* (z. B. Schornsteinen, Türmen).

Hin|der|nis|kom|bi|na|ti|on, die (Pferdesport): *festgelegte Kombination von Hindernissen, die bei Springprüfungen zu überqueren sind.*

Hin|der|nis|lauf, der (Leichtathletik): *Laufwettbewerb, bei dem in bestimmten Abständen Hindernisse* (3a) *zu überwinden sind.*

Hin|der|nis|lau|fen, das; -s: vgl. Hindernislauf.

Hin|der|nis|läu|fer, der: *jmd., der an einem Hindernislauf teilnimmt.*

Hin|der|nis|läu|fe|rin, die: w. Form zu ↑Hindernisläufer.

Hin|der|nis|ren|nen, das: **1.** (Pferdesport) *Galopprennen über Hürden od. über andere Hindernisse; Hürdenrennen od. Jagdrennen:* »Wir kommen von einem Ausflug«, ... »der durch seine äußeren Umstände zu einer Art H. wurde ...« (H. Weber, Einzug 174). **2.** (Leichtathletik) *Hindernislauf.*

Hin|der|nis|stre|cke, die (Leichtathletik): *Hindernisbahn.*

Hin|der|nis|tech|nik, die (Leichtathletik): *Technik beim Überwinden der Hindernisse im Hindernislauf.*

Hin|der|nis|tur|nen, das: *[Übungs]turnen, bei dem bestimmte Geräte (z. B. Kletterstange, Tau, Leiter, Kasten) als Hindernisse dienen, die zu bewältigen sind.*

Hin|de|rung, die; -, -en: **1.** *das Hindern, Gehindertwerden:* ohne H. **2.** (veraltend) *das Verhindern, Verhindertwerden.*

Hin|de|rungs|grund, der: *Grund, der an etw. hindert:* das ist für mich kein H.; ... sehe ich keinen H., der Frauen vom sportlichen Autofahren ausschließen könnte (Frankenberg, Fahren 140).

hin|deu|ten ⟨sw. V.; hat⟩: **1.** *auf jmdn., etw., in eine bestimmte Richtung deuten:* [mit der Hand] auf jmdn. h. **2.** *hinweisen* (2): Den Briefwechsel, auf den ich hindeutete, unterhielt ich mit dem Direktor des Hotels (Th. Mann, Krull 85). **3.** *etw. anzeigen, auf etw. schließen lassen:* alle Anzeichen deuten auf eine Infektion hin; Die eigenartigen barocken Türmchen zwischen den spitzgiebligen Fenstern deuteten auf die baulichen Veränderungen ... Anfang des 17. Jahrhunderts hin (Berger, Augenblick 34).

Hin|di, das; -: *Amtssprache in Indien.*

Hin|din, die; -, -nen [zu ↑Hinde] (dichter.): *Hirschkuh.*

hin|don|nern ⟨sw. V.⟩: **1.** *sich mit donnerähnlichem Geräusch schnell [da]hinbewegen* ⟨ist⟩: der Zug ist über die Schienen hingedonnert. **2.** (ugs.) *mit Wucht aufprallend hinstürzen* ⟨ist⟩: sie ist beim Rollschuhlaufen mehrmals hingedonnert. **3.** (ugs.) *mit Wucht hinwerfen* ⟨hat⟩.

Hin|dos|tan [auch: '- - -]: ↑Hindustan.

hin|drän|gen ⟨sw. V.; hat⟩: **1. a)** *an einen bestimmten Ort, an eine bestimmte Stelle drängen:* alles drängte zu ihm hin, zum/nach dem Eingang hin; **b)** *einen Drang zu jmdm., zu einer Sache zeigen:* alles in ihm drängte zum Priesterberuf hin. **2.** ⟨h. + sich⟩ *sich an einen bestimmten Ort, an eine bestimmte Stelle drängen:* er drängte sich zum Schanktisch hin.

hin|dre|hen ⟨sw. V.; hat⟩ (ugs.): *hinbiegen* (2 a): das Ding konnte er auch schon irgendwie h. (Fallada, Jeder 135).

hin|drü|cken ⟨sw. V.; hat⟩: **1.** *an, auf eine bestimmte Stelle drücken:* die Stelle ist angekreuzt, Sie brauchen nur Ihren Stempel hinzudrücken; von wirklichem Interesse ... waren die mit dem Daumen hingedrückten, schwarzen Flecke (Plievier, Stalingrad 14). **2.** (landsch.) *jmdm. etw., was ihm unangenehm ist, deutlich machen od. ins Gedächtnis rufen:* sie drückte ihm immer wieder seinen Seitensprung hin.

[1]**Hin|du,** der; -[s], -[s] [pers. Hindū, zu: Hind = Indien]: *eingeborener Inder, der Anhänger des Hinduismus ist.*

[2]**Hin|du,** die; -, -[s] (selten), **Hin|du|frau,** die: *eingeborene Inderin, die Anhängerin des Hinduismus ist.*

hin|du|cken ⟨sw. V.; hat⟩: **1.** *an, auf eine bestimmte Stelle ducken:* den Kopf h. **2.** ⟨h. + sich⟩ *sich an, auf eine bestimmte Stelle ducken:* sich [auf den Boden] h.; sich flach h.; Ü hingeduckte Holzhäuser.

Hin|du|is|mus, der; -: *indische Volksreligion.*

hin|du|is|tisch ⟨Adj.⟩: *den Hinduismus betreffend, ihm zugehörend, eigentümlich.*

Hin|du|kusch, der; -[s]: zentralasiatisches Hochgebirge.

hin|durch ⟨Adv.⟩ [mhd. hin durch, aus ↑hin u. ↑durch]: **1.** *durch* (I 3); *über einen bestimmten Zeitraum hinweg:* mein ganzes Leben h. habe ich geträumt davon, in weiten und hohen Räumen wohnen ... zu können (Mayröcker, Herzzerreißende 125); Wir lebten hier ... den Krieg h. (Saarbr. Zeitung 5. 12. 79, VI); den Winter h.; ⟨als Verstärkung der Präp. »durch«⟩ durch ... h. (1. *durch* I 1: durch den Wald h. 2. *fortwährend, [be]ständig [in der langen Zeitdauer, der Vielfalt von]:* durch all die Jahre h.; der Name dieses Werkes blieb durch alles Gerede h. außer Zweifel [Ransmayr, Welt 54]). **2.** ⟨als abgetrennter Teil von Adverbien wie »wohindurch, dahindurch« in trennbarer Zus. mit einem Verb⟩ wo willst du h.?

hin|durch|ar|bei|ten, sich ⟨sw. V.; hat⟩: *sich durcharbeiten* (5).

hin|durch|drän|gen, sich ⟨sw. V.; hat⟩: *sich durchdrängen.*

hin|durch|dür|fen ⟨unr. V.; hat⟩ (ugs.): *hindurchgehen, -kommen, -fahren usw. dürfen.*

hin|durch|es|sen, sich ⟨unr. V.; hat⟩: *sich durchessen* (b): Während ich mich ... durch diesen Aufmarsch von Herrlichkeiten hindurchaß (Fallada, Herr 33).

hin|durch|fin|den ⟨st. V.; hat⟩: *sich durchfinden* (2): durch ein Gewühl h.; ⟨auch h. + sich:⟩ wie willst du dich hier h.?

hin|durch|flie|ßen ⟨st. V.; ist⟩: vgl. hindurchgehen (1 a, 2 b).

hin|durch|ge|hen ⟨unr. V.; ist⟩: **1. a)** *durch etw., zwischen etw. gehen, durchgehen:* durch die Tür, unter der Brücke h.; Ü in diesen 22 Jahren ..., in denen zirka 20 500 Kinder durch die Hände der Schwester in den Beratungsstellen hindurchgegangen sind (Vaterland 27. 3. 85, 26); **b)** *hinter sich bringen, durchleben, durchstehen:* durch eine harte Schule h.; wenn ein echter Mensch durch die Leiden, Laster, Irrtümer, Leidenschaften und Missverständnisse der Menschen hindurchgegangen ... ist (Hesse, Steppenwolf 178). **2. a)** *durch etw. dringen:* die Kugel ging durch den Körper hindurch; sein Blick ging durch sie, durch ihr Gesicht hindurch *(er blickte sie, ihr Gesicht an, ohne sie, es richtig wahrzunehmen, als würde er seinen Blick auf etw. dahinter Liegendes richten);* **b)** *(aufgrund seiner Form, Größe) durch eine enge Stelle o. Ä. bewegt, gebracht werden können:* der Schrank ist nicht [durch die Tür] hindurchgegangen. **3. a)** *durch etw. verlaufen:* der Weg geht durch einen Buchenwald hindurch; Wir würden uns nie hineintrauen, ginge nicht eine Eisenbahn hindurch (Grzimek, Serengeti 41); **b)** *sich durch einen Bereich, ein [Sach]gebiet usw. hindurch erstrecken.*

hin|durch|kön|nen ⟨unr. V.; hat⟩ (ugs.): vgl. hindurchdürfen.

hin|durch|krie|chen ⟨st. V.; ist⟩: *durch, zwischen, unter etw. kriechen:* unter der Absperrung, durch den Zaun h.

hin|durch|müs|sen ⟨unr. V.; hat⟩ (ugs.): vgl. hindurchdürfen: sie mussten durch den Sumpf hindurch; Ü Was geschieht eigentlich mit uns in dem Moment, durch den wir alle hindurchmüssen – in dem unser Herz aufhört zu schlagen (Hörzu 34, 1977, 97).

hin|durch|schau|en ⟨sw. V.; hat⟩: vgl. hindurchsehen.

hin|durch|schim|mern ⟨sw. V.; hat⟩: **1.** *durch etw. schimmern; schimmernd sich durch etw. hindurch zeigen:* durch den Nebel schimmerten vereinzelte Sterne hindurch. **2.** *sich durch etw. hindurch andeutungsweise zeigen:* durch die neue Formulierung schimmern die alten Vorurteile hindurch; etwas Fremdes ..., durch das meine wahre und eigentliche Bestimmung immerfort gleichsam sonnig hindurchschimmert (Th. Mann, Krull 15).

hin|durch|se|hen ⟨st. V.; hat⟩: *durch etw. sehen, blicken.*

hin|durch|sol|len ⟨unr. V.; hat⟩ (ugs.): vgl. hindurchdürfen.

hin|durch|zie|hen ⟨unr. V.⟩: **1.** *etw. durch etw. ziehen* ⟨hat⟩: den Faden durch das Nadelöhr h. **2.** *durch einen Ort, ein Gebiet ziehen* ⟨ist⟩: hindurchziehende Truppen. **3.** ⟨h. + sich⟩ *(als ein u. dasselbe) bis zum Ende in etw. enthalten sein, sich durchgängig zeigen, hindurchgehen* (3 b) ⟨hat⟩: dieser Gedanke zieht sich durch das ganze Buch hindurch.

hin|durch|zwän|gen ⟨sw. V.; hat⟩: *durch etw. zwängen:* etw., sich durch den Zaun h.

hin|dür|fen ⟨unr. V.; hat⟩ (ugs.): **1.** *hingehen, hinkommen, hinfahren usw. dürfen.* **2.** *hingebracht* (1 a), *-gesetzt, -gestellt usw. werden dürfen.*

Hin|dus|tan [auch: '- - -]; -s: **1.** früherer Name für Nordindien. **2.** Bezeichnung für Indien.

Hin|dus|ta|ni, das; -[s]: *frühere Amtssprache in Indien.*

hin|dus|ta|nisch ⟨Adj.⟩.

hin|ei|len ⟨sw. V.; ist⟩: **1.** *an einen bestimmten Ort eilen.* **2.** *sich eilend [da]hinbewegen; dahineilen* (1): zu jmdm., an einen Ort h. **3.** (geh.) **a)** *eilends weggehen; forteilen:* da eilt er hin; **b)** *rasch vergehen, vorbeigehen; dahineilen* (2).

hi|nein ⟨Adv.⟩ [mhd. hin īn, ahd. hina īn, aus ↑hin u. ↑[2]ein]: **1.** *aus einem [weiteren] Bereich in diesen anderen [engeren] Bereich, bes. [von draußen] nach [dort] drinnen:* h. [mit euch]!; den Weg h. [in die Höhle] suchen; oben, unten h.; [bis] [mitten] in die Stadt h.; zur Tür h.; Ü bis [tief] in die Nacht h. arbeiten; sie schlief wirklich bis in den Vormittag h. (Danella, Hotel 136); immer noch, bis in den Februar h., stand »Die Eiskönigin« auf dem Spielplan (Grass, Hundejahre 284); etw. bis in die Einzelheiten h. *(ausführlich)* schildern; bis ins Innerste h. *(sehr, zutiefst)* erschrecken. **2.** ⟨als abgetrennter Teil von Adverbien wie »wohinein, dahinein« in trennbarer Zus. mit einem Verb⟩ (bes. ugs.): wo fährt er h.?; da musst du h.

hi|nein|ar|bei|ten ⟨sw. V.; hat⟩: **1.** ⟨h. + sich⟩ *sich in etw. einarbeiten:* sich in eine Fragestellung h.; wie sehr er sich ... in die Barockliteratur hineingearbeitet hatte (H. W. Richter, Etablissement 134). **2.** ⟨h. + sich⟩ *sich unter starkem Arbeits-, Energieaufwand hineinbewegen:* der Bohrer arbeitet sich in die Wand hinein. **3.** *sinnvoll einarbeiten, einfügen:* ... habe ich in meine Dissertation Hunderte von Werken hineingearbeitet (Hofmann, Fistelstimme 19).

hi|nein|bau|en ⟨sw. V.; hat⟩: **1.** *durch Einbau* (1 b) *einfügen; einmontieren:* ein Teil in einen Motor h. **2. a)** *in eine Umgebung bauen; durch Bauen in eine Umgebung hineinstellen:* Anlagen, Häuser in ein Gelände h.; **b)** *in etw. bauen:* ein Haus in den Hang h.; ins Meer hineingebaute Molen (Plievier, Stalingrad 215).

hi|nein|be|för|dern ⟨sw. V.; hat⟩: *in etw. befördern:* das Gepäck ins Zugabteil h.

hi|nein|be|ge|ben, sich ⟨st. V.; hat⟩: *sich in etw. begeben:* sich in das Innere des Hauses h.

hi|nein|bei|ßen ⟨st. V.; hat⟩: *in etw. beißen:* in den Apfel h.; Im Mai ernten wir die ersten Radieschen ... Sie knacken, wenn man hineinbeißt (Lentz, Muckefuck 8).

hi|nein|be|kom|men ⟨st. V.; hat⟩ (ugs.): *hineinstecken, -schieben, -packen usw.*

können, weil die äußeren Verhältnisse, bes. der verfügbare Raum, od. die eigene Fähigkeit es zulassen: den Schlüssel nicht ins Schloss h.

hi|nein|be|mü|hen ⟨sw. V.; hat⟩: **1.** *in etw., nach drinnen bemühen:* darf ich Sie h.? **2.** ⟨h. + sich⟩ *sich in etw., sich nach drinnen bemühen, begeben:* wollen Sie sich bitte mit mir [ins Haus] h.?

hi|nein|be|we|gen ⟨sw. V.; hat⟩: *in etw. bewegen, mühsam hineinbringen:* den Schrank ins Zimmer h.

hi|nein|bit|ten ⟨st. V.; hat⟩: *bitten, [mit] hineinzukommen:* Mit ruhiger Selbstverständlichkeit ... schloss unser Begleiter die Tür ... auf und bat uns hinein (Leonhard, Revolution 218).

hi|nein|bla|sen ⟨st. V.; hat⟩: **1.** *ins Innere blasen.* **2.** *in ein Blasinstrument blasen.* **3.** *kräftig nach [dort] drinnen, ins Innere wehen:* der Wind blies durch die Ritzen in die Scheune h.

hi|nein|bli|cken ⟨sw. V.; hat⟩: *in etw. blicken.*

hi|nein|boh|ren ⟨sw. V.; hat⟩: **1.** *in etw. bohren:* der Stier ... glotzt mit Empörung auf das rote Manteltuch ..., bohrt seine Hörner hinein (Th. Mann, Krull 431); Ü Sie bohrten ihre Blicke in die Dunkelheit hinein (Apitz, Wölfe 112). **2.** ⟨h. + sich⟩ *sich in etw. bohren; bohrend eindringen:* das Flugzeugwrack hatte sich in den Acker hineingebohrt.

hi|nein|bren|nen ⟨unr. V.; hat⟩: *in etw. einbrennen:* ein Brandzeichen in das Fell des Tieres h.; sich mit der Zigarette ein Loch in den Pullover h.

hi|nein|brin|gen ⟨unr. V.; hat⟩: **1.** *hineinschaffen:* das Essen h. **2.** *durch entsprechende Maßnahme o. Ä. machen, dass etw. in einen bestimmten Zustand gebracht wird, kommt:* Ordnung, Sinn in etw. h. **3.** (ugs.) *hineinbekommen:* den Schlüssel nicht ins Schloss h.; dass er die Füße in die Schuhe nicht h. könnte (Plievier, Stalingrad 42).

hi|nein|bro|cken ⟨sw. V.; hat⟩: **1.** *in etw. brocken:* Brot [in die Suppe] h. **2.** (ugs.) *(insbes. [Hilfs]mittel) beisteuern, hinzugeben:* seinen Lohn in die Gemeinschaftskasse h.

hi|nein|bug|sie|ren ⟨sw. V.; hat⟩: *in etw. bugsieren.*

hi|nein|but|tern ⟨sw. V.; hat⟩ (ugs.): *buttern* (3): Insgesamt wollen die Tiroler 50 Millionen in das Surfprojekt h. (Wochenpresse 25. 4. 79, 17).

hi|nein|den|ken, sich ⟨unr. V.; hat⟩: *sich [nach]denkend od. [nach]empfindend hineinversetzen, vertraut machen:* sich in jmdn., sich in die Probleme, in eine Situation, in jmds. Lage h.; Ich verstehe das schon, kann mich da schon h. (Erné, Kellerkneipe 72).

hi|nein|deu|ten ⟨sw. V.; hat⟩: *etw. aufgrund eigener Deutung od. Vermutung in etw. zu erkennen glauben, was in Wirklichkeit nicht darin enthalten ist:* er hat viel zu viel in die Worte, in die Vorgänge hineingedeutet; menschliche Züge in die Natur h.

hi|nein|don|nern ⟨sw. V.; hat⟩ (ugs.): *in etw. donnern* (4 a): den Ball [ins Tor] h.

hi|nein|drän|gen ⟨sw. V.; hat⟩: **1.** *sich nach [dort] drin, ins Innere drängen, bewegen:* alles drängte [in den Raum] hinein; ⟨auch h. + sich:⟩ er hat sich als Letzter in den Wagen hineingedrängt; Ü sie hat sich in unsere Freundschaft hineingedrängt. **2. a)** *nach dort drin, ins Innere drängen:* jmdn. [in einen Raum] h.; **b)** *in einen Bereich, Zustand usw. drängen:* jmdn. in eine Rolle h.

hi|nein|drin|gen ⟨st. V.; ist⟩: *in etw. dringen:* durch das Leck ist sehr schnell Wasser in das Schiff hineingedrungen; Ü Keine Kunde von dem, was dort geschah, drang ins Lager hinein (Apitz, Wölfe 144).

hi|nein|drü|cken ⟨sw. V.; hat⟩: **1.** *in etw. drücken:* das Siegel in das Wachs h.; Seine Hände krampften sich in das Kissen, und er drückte sein Gesicht hinein (Ott, Haie 300). **2.** *drückend, pressend hineinstecken, -schieben, -packen usw.:* die Kleider in den Koffer h. **3.** ⟨h. + sich⟩ *sich in etw. drücken, drängen, drückend hineinbewegen; sich hineindrängen:* sich in die überfüllte Straßenbahn h.

hi|nein|dür|fen ⟨unr. V.; hat⟩: **1.** *hineingehen, -kommen, -fahren usw. dürfen:* Hunde dürfen hier nicht hinein. **2.** *hineingebracht, -gesetzt, -gestellt usw. werden dürfen:* Lebensmittel dürfen in diesen Schrank nicht hinein.

hi|nein|ei|len ⟨sw. V.; ist⟩: *sich eilig irgendwo hineinbegeben.*

hi|nein|fah|ren ⟨st. V.⟩: **1. a)** *in etw., nach drinnen fahren* (1 a, 2 a, 4 a) ⟨ist⟩: der Zug fährt in den Bahnhof hinein; Eine Zeit lang ist er regelmäßig nach München hineingefahren (M. Walser, Pferd 139); **b)** *in etw., nach drinnen fahren* (4 b) ⟨hat⟩; **c)** (ugs.) *(ein Fahrzeug, jmds. Fahrzeug) durch Heranfahren u. An-, Aufprallen beschädigen* ⟨ist⟩: jmdm. [hinten] h.; in jmds. Auto h. **2.** *mit einer schnellen Bewegung in etw. fahren* (9 a) ⟨ist⟩: Nachdem er ausgeraucht hatte, ... schnürte er die Schuhe zu, in die er vorher nur hineingefahren war (Loest, Pistole 79).

hi|nein|fal|len ⟨st. V.; ist⟩: **1.** *in etw. fallen* (1 a–c). **2.** *(von Licht o. Ä.) in einen Raum fallen* (7 b), *geworfen werden.* **3.** (selten) *hereinfallen* (2 b): Die Genarrten fallen auf die pathetische Geste hinein (St. Zweig, Fouché 208).

hi|nein|fin|den ⟨st. V.; hat⟩: **1.** *den Weg in etw. finden.* **2.** ⟨h. + sich⟩ **a)** *in etw. eindringen u. sich damit vertraut machen:* sich in eine Arbeit h.; **b)** *sich in etw. [hin]einleben u. damit abfinden:* sich in sein Schicksal h.

hi|nein|flie|gen ⟨st. V.⟩: **1.** ⟨ist⟩ **a)** *in etw. fliegen* (1): der Vogel flog wieder in den Käfig hinein; **b)** *in etw. fliegen* (2, 4): das Flugzeug, der Pilot flog in die Wolkenwand hinein; **c)** *in etw. fliegen* (11): der Stein flog ins Zimmer hinein. **2.** *in etw. fliegen, einfliegen* (2 c) ⟨hat⟩. **3.** (selten) *hereinfallen* (2) ⟨ist⟩: mit dem Kauf ist sie hineingeflogen.

hi|nein|flie|ßen ⟨st. V.; ist⟩: *in etw. fließen:* der Neckar fließt hier in den Rhein hinein.

hi|nein|fres|sen ⟨st. V.; hat⟩: **1.** ⟨h. + sich⟩ *sich in etw. fressen* (2 d). **2.** * **in sich h.** (1. *[von Tieren] gierig fressen, hineinschlingen.* 2. derb, meist abwertend; *[von Menschen] gierig essen, hineinschlingen.* 3. *in sich fressen* 1 b: Ärger, Kummer in sich h.).

hi|nein|füh|ren ⟨sw. V.; hat⟩: *in etw. führen.*

hi|nein|fun|ken ⟨sw. V.; hat⟩ (ugs.): vgl. dazwischenfunken.

hi|nein|ge|ben ⟨st. V.; hat⟩: *in etw. geben* (3 a): [in die Suppe] eine Prise Salz h.

hi|nein|ge|bo|ren ⟨Adj.⟩ [2. Part. zu ungebr. hineingebären]: *durch Zeit u. Ort der Geburt in eine bestimmte gesellschaftliche, geschichtliche Umgebung bzw. Situation hineingestellt.*

hi|nein|ge|heim|nis|sen ⟨sw. V.; hat⟩: *fälschlich die Meinung haben od. äußern, dass etw. auf geheimnisvolle, verborgene Weise in etw. enthalten sei:* in jmds. Äußerung bestimmte Absichten h.; Man geheimnisst heute in meine Vorträge Dinge hinein, die gar nicht drin waren (Spiegel 21, 1966, 74).

hi|nein|ge|hen ⟨unr. V.; ist⟩: **1.** *ins Innere gehen:* wollen wir ins Haus h.?; immer tiefer in den Wald h.; Ü ins Leben h.; natürlich ist der Dekan ... mit ganz bestimmten Erwartungen in das Gespräch hineingegangen (Hofmann, Fistelstimme 39). **2. a)** (Ballspiele) *den Gegenspieler im Zweikampf mit körperlichem Einsatz angreifen:* der Verteidiger ist in den Stürmer hart hineingegangen; **b)** (Boxen) *gegen jmdn. zum Nahkampf übergehen:* in den Gegner h. **3.** *Platz, Raum finden; hineinpassen:* in die Kanne gehen zwei Liter hinein; in den Koffer geht nichts mehr hinein; wie viel Menschen gehen in diesen Saal hinein?

hi|nein|ge|hö|ren ⟨sw. V.; hat⟩: *in etw. gehören:* die Sachen gehören nicht in diese Schublade hinein.

hi|nein|ge|lan|gen ⟨sw. V.; ist⟩: *in etw. gelangen:* durch ein offen stehendes Fenster waren die Diebe ins Haus hineingelangt.

hi|nein|ge|ra|ten ⟨st. V.; ist⟩: *in etw.* [1]*geraten* (1 a, b): in ein Unwetter, in einen Stau h.; in Schwierigkeiten, in eine Krise h.

hi|nein|gie|ßen ⟨st. V.; hat⟩: *in etw. gießen:* den Wein in sich h. *(hastig in großen Zügen trinken);* Ich ... gieße das dritte Bier in mich hinein (Remarque, Obelisk 121).

hi|nein|glei|ten ⟨st. V.; ist⟩: *in etw., ins Innere gleiten* (1 b): Wir gleiten in eine der schwarzgründigen Wolkenschluchten hinein (Grzimek, Serengeti 164); Ü nur darum war es möglich, dass sie nicht wieder ins alte Leben hineinglitt (Thieß, Reich 481).

hi|nein|grät|schen ⟨sw. V.; ist⟩ (bes. Fußball): **a)** *(in den ballführenden Gegner) mit einer Grätsche hineingehen* (2 a): er grätschte korrekt in den Mittelstürmer hinein; **b)** *mit einer Grätsche hineinspringen [u. den Ball spielen]:* in die Flanke h.

hi|nein|grei|fen ⟨st. V.; hat⟩: *in etw. greifen.*

hi|nein|gu|cken ⟨sw. V.; hat⟩ (ugs.): *in etw. gucken.*

hi|nein|hal|ten ⟨st. V.; hat⟩: **1.** *in etw. hal-*

ten: die Hand [ins Wasser] h. **2.** *mit etw. (einem Wasserschlauch, Maschinengewehr o. Ä.) mitten in eine Menge zielen u. treffen:* mit der Maschinenpistole [in eine Menschenmenge] h.

[1]**hi|nein|hän|gen** ⟨sw. V.; hat⟩: **1.** *in etw. hängen:* den Mantel in den Schrank h.; Sonst treiben sie sich herum, ... laufen bis an die Struga und hängen die Beine hinein (Bobrowski, Mühle 161). **2.** ⟨h. + sich⟩ (ugs. abwertend) *sich in etw. einmischen:* sich in fremde Angelegenheiten h.

[2]**hi|nein|hän|gen** ⟨st. V.; hat⟩: *in etw. hängen, hängend hineinragen, -reichen usw.:* die Zweige der Weide hingen [bis] ins Wasser hinein; Ein kurzer, vierschrötiger Kerl ... mit einer Bürste grauen Stachelhaares auf dem Kopf, das ... ihm in die roten Augen hineinhing (Plievier, Stalingrad 72).

hi|nein|he|ben ⟨st. V.; hat⟩: *in etw., ins Innere heben:* einen Verletzten in den Krankenwagen h.

hi|nein|hei|ra|ten ⟨sw. V.; hat⟩: *durch Heirat (in eine Familie) kommen:* in eine Familie h.

hi|nein|hel|fen ⟨st. V.; hat⟩: *in etw. helfen:* jmdm. in den Mantel, in die Straßenbahn h.

hi|nein|hor|chen ⟨sw. V.; hat⟩: **1.** *in etw. horchen:* ins Dunkel h. **2.** (geh.) *sich einfühlsam bemühen, den tieferen Gehalt, den eigentlichen Inhalt in etw. zu erfassen:* in den Text h.; in sich h.

hi|nein|hö|ren ⟨sw. V.; hat⟩: **1.** ⟨h. + sich⟩ *sich hörend mit etw. vertraut machen:* man muss sich in diese Musik langsam h. **2.** *kurz bei etw. zuhören, ein kurzes Stück von etw. anhören:* in einen Vortrag, eine Vorlesung h.; Vielleicht ist es am besten, wir hören noch einmal in das Sängertreffen ... hinein (Freie Presse 22. 6. 89, 6).

hi|nein|in|ter|pre|tie|ren ⟨sw. V.; hat⟩ (bildungsspr.): vgl. hineindeuten: in ihre Äußerungen wurde zu viel hineininterpretiert.

hi|nein|ja|gen ⟨sw. V.⟩: **1.** *nach drinnen jagen* ⟨hat⟩: sie jagte die Hühner wieder [in den Stall] hinein. **2.** *nach drinnen jagen, eilen* ⟨ist⟩: die Kinder sind schreiend [in ihr Zimmer] hineingejagt. **3.** (ugs.) *in etw. jagen* (3) ⟨hat⟩: den Ball [ins Tor] h.

hi|nein|klet|tern ⟨sw. V.; ist⟩: *in etw., ins Innere klettern.*

hi|nein|knien, sich ⟨sw. V.; hat⟩ (ugs.): *sich ausgiebig mit etw. beschäftigen, befassen:* sich in eine Arbeit, Aufgabe h.; Das Griechische war abenteuerlich. Da kniete ich mich hinein (Kempowski, Immer 181).

hi|nein|kom|men ⟨st. V.; ist⟩: **1.** *nach [dort] drin, ins Innere kommen:* kommen Sie [mit] hinein? **2. a)** *nach [dort] drin, ins Innere gelangen [können]:* wir kamen nicht [in das Zimmer] hinein, weil abgeschlossen war; **b)** *in eine Position o. Ä. hineingelangen [können]:* er versuchte, wieder in seinen alten Beruf hineinzukommen; Wenn wir nach ein paar Jahren zurückkehren, sind wir so heraus aus allem, dass wir in die alte Laufbahn nicht mehr hineinkommen (Dönhoff, Ära 174); **c)** *sich hineinfinden* (2 a): in die neue Arbeit, in die fremde Sprache h. **3.** (ugs.) *hineingebracht, -gelegt, -gesetzt usw. werden [sollen]:* kommen die Schuhe auch [in den Schrank] hinein?; in den Teig kommen 200 Gramm Butter hinein. **4.** *hineingeraten:* unverschuldet in etwas h.; in jmds. Gefühle kommt Hass hinein *(mischt sich Hass hinein);* in Wut h. *(wütend werden).*

hi|nein|kom|pli|men|tie|ren ⟨sw. V.; hat⟩: *mit höflichen Worten u. Gesten hineinbitten [u. -geleiten].*

hi|nein|kön|nen ⟨unr. V.; hat⟩: vgl. hineindürfen.

hi|nein|krab|beln ⟨sw. V.; ist⟩: *ins Innere von etw. krabbeln.*

hi|nein|krie|chen ⟨st. V.; ist⟩: *ins Innere kriechen:* ins Innere der Höhle h.; Ü Rosa wurde ganz klein vor so viel Amt, kroch in sich hinein und entschuldigte sich (Kühn, Zeit 234); ***jmdm. hinten h.** (derb; *sich in würdeloser Form unterwürfig-schmeichlerisch einem anderen gegenüber zeigen*).

hi|nein|krie|gen ⟨sw. V.; hat⟩ (ugs.): *hineinbekommen.*

hi|nein|la|chen ⟨sw. V.; hat⟩: in der Verbindung: **in sich h.** *(innerlich, nach außen hin kaum merklich lachen):* Der Trainer lacht leise in sich hinein (Frischmuth, Herrin 42).

hi|nein|lan|gen ⟨sw. V.; hat⟩ (ugs.): **1.** *hineinreichen:* er langte [ihr] die Post durchs Fenster h. **2.** *hineingreifen:* in seinen Geldbeutel h.

hi|nein|las|sen ⟨st. V.; hat⟩: *hineingehen, -fahren usw. lassen:* einen Besucher h. *(ihm den Eingang, die Tür, das Tor öffnen u. ihn einlassen).*

hi|nein|lau|fen ⟨st. V.; ist⟩: **1. a)** *ins Innere laufen, sich bewegen:* Ü in sein Verderben h. *(es durch eigenes Handeln herbeiführen);* **b)** *[aus Unachtsamkeit] in ein fahrendes Fahrzeug laufen u. davon erfasst werden:* in ein Auto h. **2.** *ins Innere fließen:* das Regenwasser ist in die Keller hineingelaufen; Wer noch Stiefel trägt, bindet sie oben ... zu, damit das Lehmwasser nicht so rasch hineinläuft (Remarque, Westen 199); Ü das Bier in sich h. lassen.

hi|nein|le|ben, sich ⟨sw. V.; hat⟩ (seltener): *sich einleben:* Er bewunderte die Christen und lebte sich bis zu dem Grade in den Sinn ihrer Religion hinein, dass er als erster Herrscher der Welt aus ihr die Idee von der geistigen Freiheit des Menschen evozierte (Thieß, Reich 275).

hi|nein|le|gen ⟨sw. V.; hat⟩: **1. a)** *ins Innere legen:* etw. in einen Koffer, in einen Schrank h.; bitte legen Sie dem Chef die Akten [in sein Zimmer] hinein; **b)** ⟨h. + sich⟩ *sich ins Innere legen:* ohne sich auszukleiden, legte er sich ins Bett hinein. **2. a)** *sein Gefühl o. Ä. bei etw. beteiligt sein lassen:* sein ganzes Gefühl in das Spiel, in den Vortrag h.; **b)** *hineindeuten:* in jmds. Worte etwas, einen bestimmten Sinn h. **3.** (ugs.) *hereinlegen* (2): ich will dich bestimmt nicht h. (Kühn, Zeit 194).

hi|nein|le|sen ⟨st. V.; hat⟩: **1.** ⟨h. + sich⟩ *sich einlesen.* **2.** *hineindeuten:* Mein Eindruck in Washington war, dass man in Europa zu viel in die Rede hineingelesen hatte (W. Brandt, Begegnungen 367).

hi|nein|leuch|ten ⟨sw. V.; hat⟩: **1.** *in etw. leuchten.* **2. a)** *in etw. Licht fallen lassen, werfen;* **b)** *in etw. Licht, Klarheit bringen:* in eine dunkle Angelegenheit h.

hi|nein|lo|cken ⟨sw. V.; hat⟩: *in einen Raum, ins Innere locken:* die Maus mit Speck in die Falle h.

hi|nein|löf|feln ⟨sw. V.; hat⟩ (ugs.): *löffelnd zu sich nehmen:* die Suppe h.; In der Ecke saß ein Straßenbahner, der Suppe in sich hineinlöffelte (Böll, Und sagte 52).

hi|nein|lot|sen ⟨sw. V.; hat⟩: **1.** *nach dort drin, ins Innere lotsen.* **2.** (ugs.) *dazu bewegen, [mit] hineinzugehen, -zufahren usw.:* er ließ sich von den Mädchen h. **3.** *hineinmanövrieren* (2).

hi|nein|ma|chen, sich ⟨sw. V.; hat⟩ (ugs.): *eilig bestrebt sein, nach drinnen zu gelangen; zusehen, dass man hineinkommt:* mach dich hinein!

hi|nein|ma|nö|vrie|ren ⟨sw. V.; hat⟩: **1.** *in etw. manövrieren:* das Schiff in die Lücke h. **2.** *durch Manövrieren, mehr od. weniger geschicktes Vorgehen in etw. [hinein]bringen:* jmdn. in eine [ausweglose] Situation h.

hi|nein|men|gen ⟨sw. V.; hat⟩: **1.** *hineinmischen* (1, 2). **2.** ⟨h. + sich⟩ (ugs.) *sich hineinmischen* (2): du solltest dich nicht in diesen Streit h.

hi|nein|mi|schen ⟨sw. V.; hat⟩: **1. a)** *in etw. mischen:* Er warf ein Stück Butter in die Pfanne, brach zwei Eier und mischte sie hinein (Remarque, Triomphe 425); **b)** ⟨h. + sich⟩ *sich einmischen* (1): in seine Gedanken mischte sich Trauer hinein. **2.** ⟨h. + sich⟩ *sich einmischen* (2): sich überall h.; Da können wir uns nicht h., ... das muss sie allein mit sich ausmachen (v. d. Grün, Glatteis 261).

hi|nein|müs|sen ⟨unr. V.; hat⟩: vgl. hineindürfen: Der Löffler hat mich hineingebracht ins Paketzustellamt. Dafür hab' ich in seine Partei h. (Kühn, Zeit 293).

hi|nein|neh|men ⟨st. V.; hat⟩: **1.** *ins Innere nehmen, verlagern o. Ä.:* den Hund mit [ins Haus] h. **2.** *in etw. [mit] aufnehmen:* jmdn. [in eine Gruppe] [mit] h.

hi|nein|pa|cken ⟨sw. V.; hat⟩: *in etw. packen:* die Sachen für die Reise in den Koffer h.; Ü zu viele Gedanken in einen Aufsatz h.

hi|nein|pas|sen ⟨sw. V.; hat⟩: **1. a)** *in etw. Platz haben:* in den Koffer passt nichts mehr hinein; **b)** *die entsprechende Größe haben, sodass es in etw. gefügt, gesteckt usw. werden kann:* das Buch passt in die Tasche nicht hinein; **c)** *in eine Gesamtheit, Umgebung usw. passen u. damit zusammenstimmen:* nur Männer ... Ein Kreis also, in den ich als blutjunger Schauspieleleve nicht unbedingt hineinpasste (Ziegler, Labyrinth 93). **2.** *etw. in etw. [ein]passen.*

hi|nein|pfer|chen ⟨sw. V.; hat⟩: *in einen Raum o. Ä. pferchen:* die Tiere in einen viel zu kleinen Stall h.; ... Viehwaggons. In die wurden wir verfrachtet, hineingepfercht (Erné, Kellerkneipe 249).

hi|nein|pfu|schen ⟨sw. V.; hat⟩: *in etw. pfuschen:* sich von niemandem in seine Arbeit h. lassen.

hi|nein|plat|zen ⟨sw. V.; ist⟩ (ugs.): *plötz-*

lich, unversehens [u. zu unpassender Zeit] hineinkommen, sich in etw. einstellen: sie platzte in die Versammlung hinein; die Nachricht platzte in die allgemeine Aufbruchsstimmung hinein.

hi|nein|pres|sen ⟨sw. V.; hat⟩: **1. a)** *in etw. pressen:* Wäsche in den Koffer h.; **b)** *durch Pressen in etw. erzeugen:* ein Muster [in den Kunststoff] h. **2.** *gewaltsam in etw. hineinbringen; hineinzwängen:* etw. in ein Schema h.

hi|nein|pro|ji|zie|ren ⟨sw. V.; hat⟩ (bildungsspr.): *(Gedanken, Vorstellungen usw.) auf jmdn., etw. übertragen, in jmdn., etw. hineinsehen:* menschliche Züge in die Natur h.; Wenn ich am Morgen mit dir telefoniere, habe ich mich in deine Person hineinprojiziert: ich hebe mit deiner Hand ab (Mayröcker, Herzzerreißende 84).

hi|nein|prü|geln ⟨sw. V.; hat⟩: **1.** *prügelnd hineintreiben.* **2.** *durch Prügel beibringen:* Disziplin in jmdn. h.

hi|nein|pum|pen ⟨sw. V.; hat⟩: **1.** *in etw. pumpen.* **2.** (ugs., meist abwertend) *in Fülle, [allzu] großer Menge hineinbringen:* Medikamente in jmdn. h.; Millionen in ein Unternehmen h.

hi|nein|quet|schen ⟨sw. V.; hat⟩: **1.** *in etw., ins Innere quetschen:* Kleidungsstücke [in den Koffer] h. **2.** ⟨h. + sich⟩ *sich in etw., ins Innere schiebend u. drängend hineinzwängen:* er quetschte sich in den überfüllten Anhänger hinein.

hi|nein|ra|gen ⟨sw. V.; hat⟩: **1.** *in etw. ragen.* **2.** *hinübergreifen, sich in etw. erstrecken:* Immer schien mir, ... dass also diese Erscheinung wie ein farbig-abenteuerlicher Rückstand aus grelleren Epochen in unser wohlgesittetes Zeitalter hineinragte (Th. Mann, Krull 131).

hi|nein|ra|sen ⟨sw. V.; ist⟩: *in großem Tempo hineinfahren, -laufen:* der Wagen raste in eine Gruppe von Fußgängern hinein.

hi|nein|re|den ⟨sw. V.; hat⟩: **1.** *in etw. reden:* ins Dunkel h.; ins Leere h. *(reden, ohne einen Zuhörer zu erreichen).* **2.** *sich redend ins Gespräch einmischen, dazwischenreden:* der Diskussionspartner sollte nicht [in die Ausführungen des anderen] h. **3.** (abwertend) *sich (redend u. Einfluss nehmend) einmischen:* jmdm. [in eine Angelegenheit] h. **4.** (landsch.) *auf jmdn. einreden:* in jmdn. h. **5.** ⟨h. + sich⟩ *durch Reden in einen bestimmten Zustand kommen:* sich in Wut h.; Er ... redete sich ... in hohe Begeisterung hinein (Gregor-Dellin, Traumbuch 92).

hi|nein|re|gie|ren ⟨sw. V.; hat⟩: *von außen her in unerwünschter Weise Einfluss ausüben, mitzubestimmen suchen:* es gehe ... nicht an, dass die Bonner FDP-Spitze in die niedersächsische FDP »hineinregiere« (SZ 25./26. 6. 77, 1).

hi|nein|reg|nen ⟨sw. V.; hat⟩: *in etw., ins Innere regnen:* bei dem Gewitterregen hat es überall hineingeregnet.

hi|nein|rei|chen ⟨sw. V.; hat⟩: **1.** *nach [dort] drinnen reichen, geben.* **2.** *in etw. reichen, sich erstrecken.*

hi|nein|rei|ßen ⟨st. V.; hat⟩: *in etw. reißen, gewaltsam ziehen, zerren:* er wurde in den Strudel hineingerissen; Ü jmdn. ins Verderben h.; Die Männer ... wurden in den ausbrechenden Massenwahn hineingerissen (Plievier, Stalingrad 331); ein Volk in den Untergang h.; jmdn. h.

hi|nein|rei|ten ⟨st. V.⟩: **1.** *in etw., ins Innere reiten* ⟨ist⟩: Schon als ich in die dunkle Nacht ... hineinritt, war mein Zorn zur Hälfte verraucht (Fallada, Herr 118). **2.** (ugs.) *durch ein bestimmtes Handeln in eine schwierige, unangenehme Lage bringen* ⟨hat⟩: jmdn. [in eine schwierige Lage] h.; Du bist im Begriff, ihnen auf den Leim zu kriechen, unsern Führern ... Sie reiten uns ins Ausweglose hinein (Kuby, Sieg 365); sie hat sich [selbst] hineingeritten.

hi|nein|ren|nen ⟨unr. V.; ist⟩: vgl. hineinlaufen (1).

hi|nein|ret|ten ⟨sw. V.; hat⟩: **1.** ⟨h. + sich⟩ **a)** *sich in etw., ins Innere retten;* **b)** (Sport) *etw., was einen vor der Niederlage bewahrt, mühsam erreichen:* sich ins Ziel h. **2.** vgl. hinüberretten (2).

hi|nein|rie|chen ⟨st. V.; hat⟩ (ugs.): vgl. reinriechen: bei einem Praktikum in den zukünftigen Arbeitsbereich h.; Riechen Sie erst mal ein wenig hinein ins Leben (Borchert, Draußen 33).

hi|nein|ru|fen ⟨st. V.; hat⟩: *nach drinnen, ins Innere rufen.*

hi|nein|rut|schen ⟨sw. V.; ist⟩: **1.** *in etw., ins Innere rutschen.* **2.** (ugs.) *hineinschlittern* (2): er ist da in eine unangenehme Situation hineingerutscht.

hi|nein|sau|gen ⟨st., seltener: sw. V.; hat⟩: *einsaugen:* Lindenberg sog ... die Kühle in sich hinein (Kirst, 08/15, 219).

hi|nein|schaf|fen ⟨sw. V.; hat⟩: *in etw. schaffen, bringen:* die Koffer ins Auto, in das Haus h.

hi|nein|schau|en ⟨sw. V.; hat⟩: **1.** (landsch.) *hineinsehen:* zur Tür h.; sie müssten in sich h., ... in ihre Bäuche hinunterblicken, falls das ging', da würden sie sich selber sehen (Loest, Pistole 186); »Was geht mich das an« ... »ich kann schließlich nicht h. in Sie« *(kann Ihre Motive nicht erkennen;* Frischmuth, Herrin 92). **2.** vgl. hereinschauen (2): kurz bei jmdm. h.

hi|nein|schau|feln ⟨sw. V.; hat⟩: *ins Innere von etw. schaufeln:* Kohlen in den Keller h.; Ü das Essen in sich h. (ugs.; *hastig, gierig o. ä. essen*); Sie sind hungrig und müde und schaufeln selbstvergessen in sich hinein (Frischmuth, Herrin 121).

hi|nein|schei|nen ⟨st. V.; hat⟩: *in etw., ins Innere scheinen:* die Sonne scheint ins Zimmer hinein.

hi|nein|schi|cken ⟨sw. V.; hat⟩: *in etw., ins Innere schicken.*

hi|nein|schie|ben ⟨st. V.; hat⟩: **1.** *in etw., ins Innere schieben.* **2.** ⟨h. + sich⟩ *sich in etw., ins Innere schieben.*

hi|nein|schie|ßen ⟨st. V.⟩: **1.** *in etw. schießen* ⟨hat⟩: in die Menge h.; dass er in den ... Elefanten fünfzehn Pfeile hineingeschossen hat (Grzimek, Serengeti 243). **2.** ⟨ist⟩ **a)** *in etw. schießen* (3b), *sich äußerst [heftig u.] schnell hineinbewegen;* **b)** (ugs.) *mit großer Eile u. Heftigkeit hineinlaufen.*

hi|nein|schla|gen ⟨st. V.; hat⟩: **1. a)** *in etw. schlagen, durch Schlagen hineintreiben:* einen Nagel in das Holz h.; **b)** *(Eier o. Ä.) aufschlagen u. einlaufen lassen.* **2.** *durch Schlagen in etw. erzeugen.*

hi|nein|schlei|chen ⟨st. V.⟩: **1.** *in etw., ins Innere schleichen* ⟨ist⟩. **2.** ⟨h. + sich⟩ *sich in etw., ins Innere schleichen* ⟨hat⟩.

hi|nein|schlep|pen ⟨sw. V.; hat⟩: **1.** *in etw., ins Innere schleppen.* **2.** ⟨h. + sich⟩ *sich in etw., ins Innere schleppen.*

hi|nein|schlin|gen ⟨st. V.; hat⟩: *gierig od. hastig essen, verschlingen:* das Essen [in sich] h.; Birnen ... ich schlang so ein halbes Kilo in mich hinein (B. Vesper, Reise 259).

hi|nein|schlit|tern ⟨sw. V.; ist⟩: **1.** *schlitternd in etw. gleiten, hineinrutschen.* **2.** (ugs.) *ohne sich von vornherein darüber klar zu sein, [nach u. nach] in eine Situation, Lage o. Ä. hineingeraten:* in eine Situation h.; Und dann war ein Tag gekommen, an dem er so richtig in Verlobung und Heirat hineingeschlittert war (Bredel, Väter 36).

hi|nein|schlüp|fen ⟨sw. V.; ist⟩: **1.** *nach [dort] drin schlüpfen:* zur Tür, ins Zimmer h. **2.** *in etw. schlüpfen:* in den Mantel h.; Ü schnell in die neue Rolle h.

hi|nein|schmug|geln ⟨sw. V.; hat⟩: **1.** *in etw., ins Innere schmuggeln:* Waffen [in ein Flugzeug] h. **2.** ⟨h. + sich⟩ *sich in etw., sich ins Innere schmuggeln:* sie schmuggelte sich in den Festsaal hinein.

hi|nein|schnei|den ⟨unr. V.; hat⟩: **1.** *einen Schnitt in etw. machen:* mit der Schere in den Stoff h. **2.** *etw. in etw. schneiden:* ein Loch in etw. h. **3.** *in Stücke schneiden u. in etw. hineingeben:* Fleisch in die Suppe h. **4.** (selten) **a)** *in etw. schneiden, scharf trennend eindringen:* die Wagenräder schneiden in den Lehmboden hinein; **b)** *sich hineinragend, scharf abgrenzend [dazwischen]schieben:* der Fjord schneidet tief in das Festland hinein.

hi|nein|schnei|en ⟨sw. V.⟩: **1.** *in etw., ins Innere schneien* ⟨unpers.; hat⟩. **2.** (ugs.) *hereinschneien* (2) ⟨ist⟩.

hi|nein|schrei|ben ⟨st. V.; hat⟩: *in etw. schreiben:* eine Widmung in ein Buch h.

hi|nein|schüt|ten ⟨sw. V.; hat⟩: *in etw., ins Innere schütten.*

hi|nein|se|hen ⟨st. V.; hat⟩: **1.** *ins Innere sehen, in etw. sehen:* zum Fenster h.; Ü in die Zeitung h. *(kurz in der Zeitung lesen).* **2.** (ugs.) *zu jmdm., in etw. mit bestimmter Absicht kurz hineingehen, -kommen:* [kurz] in seine Stammkneipe h.

hi|nein|set|zen ⟨sw. V.; hat⟩: **1.** *in etw. setzen:* die Katze ins Körbchen h. **2.** ⟨h. + sich⟩ **a)** *sich ins Innere setzen:* sich in die Wohnung h.; **b)** *sich in etw. setzen; eindringen u. sich ablagern:* Falten und Rillen, in die sich der Staub hineingesetzt hatte. **3.** (ugs.) *durch [amtliche] Anordnung jmdm. in etw. einen Wohn-, Arbeitsplatz, eine Stellung zuweisen:* wer hat uns den Spitzel [in die Abteilung] hineingesetzt?; dass er mein Geschäft kaufen und seinen Schwager h. will (Kemelman [Übers.], Mittwoch 120).

hi|nein|sin|ken ⟨st. V.; ist⟩: *in etw., ins Innere sinken.*

hi|nein|sol|len ⟨unr. V.; hat⟩: vgl. hineindürfen.

hi|n|ein|spä|hen ⟨sw. V.; hat⟩: *in etw., ins Innere spähen.*

hi|n|ein|spa|zie|ren ⟨sw. V.; ist⟩: *in etw., ins Innere spazieren:* in kleinen Gruppen spazierten sie in den Pavillon hinein; hineinspaziert, meine Herrschaften!

hi|n|ein|spie|len ⟨sw. V.; hat⟩: **1.** *in etw. durch Bedeutsamkeit u. Einfluss in gewissem Grade zur Geltung kommen, sich bemerkbar machen; für etw. in gewissem Grade bedeutsam sein u. in es hineinwirken:* hier spielen verschiedene Gesichtspunkte hinein; Nicht umsonst spielen die Freimaurerei und ihre Mysterien so stark in den »Zauberberg« hinein (Th. Mann, Zauberberg XV). **2.** (Sport) *den Ball von außen nach innen spielen:* der Außenläufer spielte den Ball in die Mitte, in den Strafraum hinein. **3.** ⟨h. + sich⟩ *durch gutes Spiel[en] in etw. gelangen, die Zugehörigkeit zu etw. erlangen:* sich in die Endrunde, in die Weltklasse h.; sich in die Herzen der Zuschauer h.

hi|n|ein|spre|chen ⟨st. V.; hat⟩: *in etw. sprechen:* ins Mikrofon h.

hi|n|ein|sprin|gen ⟨st. V.; ist⟩: **1.** *nach drinnen springen:* durch das Fenster h. **2.** (ugs.) *nach drinnen eilen; schnell, eilig hineinlaufen:* ich springe mal kurz [ins Haus] hinein, um nach den Kindern zu sehen.

hi|n|ein|ste|chen ⟨st. V.⟩: **1.** *in etw. stechen* ⟨hat⟩. **2.** *die Richtung scharf einhaltend hineinfahren* ⟨ist⟩: Ascari ... sticht gerade knapp vor Farina ... in diese Linksbiegung hinein (Frankenberg, Fahren 155).

hi|n|ein|ste|cken ⟨sw. V.; hat⟩: **1.** *in etw. stecken:* den Stecker [in die Steckdose], den Schlüssel [ins Schloss] h.; den Kopf zur Tür h. (ugs.; *sich zur Tür hineinbeugen, um hineinzusehen*). **2.** (ugs.) **a)** *hineinlegen, -setzen, -stellen:* alles Mögliche [in den Koffer, in die Bodenkammer] h.; **b)** *in etw. [zwangsweise] unterbringen, hineinbringen:* sechs Personen [in ein Zimmer] h. **3.** (ugs.) *für etw. aufwenden, auf etw. verwenden, um es in seinem Bestand, Wert od. Erfolg, Gelingen zu fördern:* viel Geld, Arbeit, Mühe in ein Unternehmen, Projekt, Geschäft, in eine Wohnung h.; dass dieses Manuskript absolut unbrauchbar war, dass es keinen Zweck hatte, ... noch einmal Zeit und Mühe hineinzustecken (Loest, Pistole 243).

hi|n|ein|ste|hen ⟨unr. V.; hat⟩ (Jägerspr.): *(von Fährten) in etw. verlaufen:* die Fährte steht in die Dickung hinein.

hi|n|ein|steh|len, sich ⟨st. V.; hat⟩: *sich in etw. stehlen:* sich in das Zimmer h.; Ü sich in jmds. Gedanken, Vertrauen, Herz h.

hi|n|ein|stei|gen ⟨st. V.; ist⟩: **1.** *in etw. einsteigen:* wieder [ins Auto] h. **2.** *in etw. steigen:* in den Schornstein, ins Geäst h. **3.** (ugs.) *stehend die Füße in etw. hineinstecken, um es anzuziehen:* in die Hose h.

hi|n|ein|stei|gern, sich ⟨sw. V.; hat⟩: **1.** *sich in einen Gemüts- u. Bewusstseinszustand immer mehr steigern:* sich in große Erregung, in einen Wutausbruch h.; sich in die Vorstellung, Illusion h., dass etwas Schreckliches, Schönes passiert sei; Er hatte sich ... in einen pathologischen Verfolgungswahn hineingesteigert (Prodöhl, Tod 74). **2.** *sich so intensiv mit etw. beschäftigen, dass man nicht mehr davon loskommt:* sich in eine Sache, ein Problem h.

hi|n|ein|stel|len ⟨sw. V.; hat⟩: **1.** *in etw. stellen:* die Flasche ins Medizinschränkchen h. **2.** *in etw. (eine Situation, einen Zusammenhang o. Ä.) stellen, setzen, hineinbringen:* eine Behauptung in eine Diskussion h.

hi|n|ein|stol|pern ⟨sw. V.; ist⟩: *stolpernd u. [fast] zu Fall kommend in etw. gehen, laufen, geraten:* Sie öffnete die Tür weit, und Vierbein, unschlüssig, stolperte schließlich über die Schwelle in die Wohnung hinein (Kirst, 08/15, 411); in eine Grube h.; Ü in eine Affäre, in eine Falle h.

hi|n|ein|stop|fen ⟨sw. V.; hat⟩: **1.** *in etw., ins Innere stopfen:* die Kleider in den Koffer h.; Hier zogen sie sich ... die Hemden über den Kopf, stopften sie in die Hosen hinein (Apitz, Wölfe 280). **2.** (ugs.) *hineinstecken* (2). **3.** (ugs.) *in [über]großer Menge zu sich nehmen, essen:* In einem Wagen sah er einen Mann ... mit beiden Händen Backobst in sich h. (Plievier, Stalingrad 160).

hi|n|ein|sto|ßen ⟨st. V.⟩: **1.** *in etw. stoßen* ⟨hat⟩: die Spitze [ins Fleisch] h. **2.** *durch einen Stoß od. durch wiederholte Stöße hineinbefördern, hineinbringen* ⟨hat⟩: jmdn. in eine Grube, ins Wasser h.; Ü er hat sie in Not und Elend hineingestoßen. **3.** (veraltend) *in eine Trompete, ein Horn o. Ä. stoßen* ⟨hat⟩: das Horn nehmen und h. **4.** ⟨ist⟩ **a)** *mit bestimmter Zielrichtung in etw. vordringen, hineindringen:* die Armee stieß von Westen her in das Gebiet hinein; **b)** *[mit einem Ruck] hineinfahren, -steuern:* in eine Lücke h., um zu parken; **c)** *plötzlich hineinfahren, dazwischenfahren:* der Habicht stieß in den Taubenschwarm hinein.

hi|n|ein|stre|cken ⟨sw. V.; hat⟩: *in etw., ins Innere strecken.*

hi|n|ein|strö|men ⟨sw. V.; ist⟩: *in etw., ins Innere strömen.*

hi|n|ein|stür|men ⟨sw. V.; ist⟩: *ins Innere stürmen.*

hi|n|ein|stür|zen ⟨sw. V.⟩: **1.** *in etw. stürzen* ⟨ist⟩: er war in eine Grube hineingestürzt. **2.** *jmdn. in etw. stürzen, mit einem Stoß hineinbefördern* ⟨hat⟩: sie stürzten ihn ins Wasser hinein; Ü jmdn. grundlos in Not und Elend, in Verwicklungen h. **3.** ⟨h. + sich⟩ *sich in etw. stürzen* ⟨hat⟩: sich mutig [ins Wasser] h.; Ü er stürzte sich wieder [in den Kampf, in die Arbeit] hinein. **4.** *ins Innere stürzen* ⟨ist⟩: [ins Haus] h.; Ich schob Paula beiseite, ... stürzte als Erster in die Hütte hinein (Heym, Schwarzenberg 167).

hi|n|ein|tap|pen ⟨sw. V.; ist⟩ (ugs.): **a)** *nach drinnen, ins Innere tappen:* in ein dunkles Zimmer h.; **b)** *tappend od. unvorsichtig gehend hineingeraten:* im Dunkeln in eine Pfütze h.; Ü in einen Hinterhalt h.; Christa T. muss den Verdacht gehabt haben, das sei eine Falle ..., und sie beschloss, nicht hineinzutappen (Chr. Wolf, Nachdenken 186).

hi|n|ein|tra|gen ⟨st. V.; hat⟩: **1.** *ins Innere tragen:* Pakete [ins Haus] h.; jmdn. auf einer Bahre [in die Unfallstation] h.; Ü den Ball ins Tor h. (Ballspiele Jargon; *durch Kombinieren, Dribbeln o. Ä. ins Tor bringen*). **2.** *hineinbringen u. sich auswirken lassen, verbreiten:* eine Botschaft in ein Land h.; Unruhe in die Betriebe h.; sachfremde Gesichtspunkte in eine Diskussion, Untersuchung h.

hi|n|ein|trau|en, sich ⟨sw. V.; hat⟩: *sich ins Innere eines Raumes trauen:* sie haben sich nicht in das fremde Haus hineingetraut.

hi|n|ein|trei|ben ⟨st. V.⟩: **1.** ⟨hat⟩ **a)** *ins Innere, in etw. treiben:* das Vieh [in den Stall] h.; **b)** *in etw. treiben, treibend hineinbewegen:* die Strömung treibt das Boot in die Bucht hinein; **c)** *jmdn. bewegen, nach drinnen, ins Innere zu gehen:* die Unruhe trieb ihn wieder hinein; **d)** *in etw. hineindrängen, verwickeln:* jmdn. in einen Konflikt h. **2.** ⟨hat⟩ **a)** *in etw. treiben, schlagen:* einen Nagel [in die Wand], einen Keil [in den Holzklotz] h.; **b)** *in etw. treiben, bohren [u. dadurch herstellen]:* einen Stollen in den Berg h. **3.** *in etw. getrieben, hineinbewegt werden* ⟨ist⟩: das Boot treibt in die Bucht hinein; Ü Jeder wusste, dass die Welt apathisch in einen neuen Krieg hineintrieb (Remarque, Obelisk 102).

hi|n|ein|tre|ten ⟨st. V.⟩: **1.** *hineingehen* ⟨ist⟩; zu jmdm. ins Zimmer h.; Der Dompteur ... trat durch eine kleine ... Pforte zu den fünf Bestien hinein (Th. Mann, Krull 226); **2.** *ins Innere, in etw. treten* ⟨ist/hat⟩: in eine Pfütze h.; Ü ins Leben h.

hi|n|ein|tun ⟨unr. V.; hat⟩: **1.** (ugs.) *in etw. tun, hineinbringen, -legen, -setzen, -stellen usw.:* die Bücher wieder in den Schrank h.; **2.** *eine entsprechende Bewegung o. Ä. in etw. vollführen:* einen Blick [in etw.] h.; Schritte in einen Raum h.

hi|n|ein|ver|set|zen ⟨sw. V.; hat⟩: **1.** *in etw. versetzen:* der Film versetzt die Zuschauer ins ferne Indien hinein; sich ins Mittelalter hineinversetzt fühlen. **2.** ⟨h. + sich⟩ *sich versetzen, hineindenken:* sich in jmdn., in jmds. Lage h.; Behutsam verfolgte er die Fäden, versuchte, sich in die Gedanken ... der Menschen hineinzuversetzen (H. Weber, Einzug 402).

hi|n|ein|wach|sen ⟨st. V.; ist⟩: **1.** *in etw. wachsen, sich durch Wachstum in etw. hinein ausdehnen:* der Nagel ist in das Fleisch hineingewachsen; Ü die Berge wachsen in den Himmel hinein. **2.** *durch Älterwerden, im Laufe der Zeit, der Entwicklung in etw. (in einen neuen Zustand o. Ä.) hineinkommen:* ins Mannesalter h. **3.** (ugs.) *wachsen, bis man hineinpasst:* in eine Hose h.; Ü in die Uniform h. *(die Lebensweise, das Verhalten, die Einstellung jmds., der in Uniform Dienst tut, allmählich annehmen).* **4.** *sich in etw. hineinleben, hineinarbeiten u. damit völlig vertraut werden:* in eine Aufgabe, Arbeit, Rolle, Gesellschaftsordnung h.; dass gerade Sie ... in eine Aufgabe h. könnten, die Ihrer Begabung entspräche (Grass, Hundejahre 564).

hi|nein|wa|gen, sich ⟨sw. V.; hat⟩: *sich ins Innere wagen.*

hi|nein|wäh|len ⟨sw. V.; hat⟩: *in etw. wählen; jmdn. durch Abstimmen im Rahmen einer Wahl in etw. hineinbringen:* jmdn. in eine Kommission h.

hi|nein|wer|fen ⟨st. V.; hat⟩: **1.** *ins Innere werfen:* den Ball durchs Fenster h. **2.** ⟨h. + sich⟩ *sich in etw. werfen, hineinfallen lassen:* sich mutig [ins Wasser] h.; sich in einen Sessel h. **3. a)** (geh.) *gewaltsam hineinbringen u. einsperren:* das Gefängnis, in das man ihn hineingeworfen hatte; **b)** *eilig in einen Bereich hineinbringen, -schicken:* Truppen in das Kampfgebiet h.; Ü Also warf man einen Mann wie Meternagel einfach in irgendwelche Aufgaben hinein (Chr. Wolf, Himmel 90). **4.** *(Licht o. Ä.) in etw. werfen, fallen lassen:* einen Blick [in etw.] h.; die Eiche warf ihren Schatten [ins Zimmer] hinein.

hi|nein|wir|ken ⟨sw. V.; hat⟩: *eine Wirkung zeigen, die sich in etw. hinein erstreckt:* Neue Bauelemente formen sich zu Typen, die weit in die Architektur des hohen und späten Mittelalters hineinwirken (Bild. Kunst III, 18).

hi|nein|wol|len ⟨unr. V.; hat⟩: vgl. hineindürfen: Polizisten, die jeden kontrollieren, der hier hinein- oder herauswill (Spiegel 41, 1978, 128).

hi|nein|wür|gen ⟨sw. V.; hat⟩: **1.** *mit Hast od. Mühe, Widerwillen zu sich nehmen:* das Essen, die Medizin [in sich] h. **2. *jmdm. eine/eins h.** (↑reinwürgen).

hi|nein|zer|ren ⟨sw. V.; hat⟩: **1.** *ins Innere zerren:* jmdn. in einen Hauseingang h. **2.** *in etw. zerren:* jmdn. in eine Angelegenheit, in einen Skandal h.; »Jetzt willst du mich wohl in deine verfluchten Weibergeschichten h.?« (Fallada, Herr 199).

hi|nein|zie|hen ⟨unr. V.⟩: **1.** *nach drinnen ziehen, schleppen* ⟨hat⟩: jmdn. am Arm mit sich ins Zimmer h. **2.** ⟨ist⟩ **a)** *in ein Haus, eine Wohnung o. Ä. ziehen;* **b)** *nach drinnen wandern, fahren, sich bewegen:* singend durch das Tor in die Stadt h. **3.** *nach drinnen ziehen, dringen* ⟨ist⟩: lass bitte die Tür zu, sonst zieht der Rauch ins Haus hinein! **4.** *(bei hoher Geschwindigkeit) das Lenkrad allmählich einschlagend in etw. hineinsteuern* ⟨hat⟩: den Wagen in die Kurve h. **5.** *in etw. ziehen, verwickeln* ⟨hat⟩: jmdn. in eine Angelegenheit, einen Skandal, ein Gespräch, einen Streit [mit] h.

hi|nein|zwän|gen ⟨sw. V.; hat⟩: **1.** *in etw. zwängen:* noch einige Sachen in den Koffer h. **2.** ⟨h. + sich⟩ *sich in etw. zwängend hineinbewegen:* er zwängte sich in die volle Bahn hinein; sich in eine Hose h.

hi|nein|zwin|gen ⟨st. V.; hat⟩: **1.** *ins Innere zwingen.* **2.** *in etw. (einen Zustand usw.) zwingen:* das Gehörte in ein Schema h.; jmdn. in eine Lebensform h.

hin|ewi|gen ⟨sw. V.; hat; unpers.⟩ [zu veraltet ewigen = ewig machen, verewigen, mhd. ēwigen] (selten): *jmdn. dahinraffen:* Was ist da der Tod? ... als es Frau Sagebiehl hingeewigt hatte, kam ein Professor aus Heidelberg (Kant, Impressum 65).

hin|fah|ren ⟨st. V.⟩: **1. a)** *an einen bestimmten Ort fahren* ⟨ist⟩: zu seinen Eltern h.; mit dem Auto, Zug h.; **b)** *jmdn., etw. an einen bestimmten Ort fahren* ⟨hat⟩: sie fuhren ihn [zum Revier] hin; wir können alles mit dem Wagen h. **2.** *sich fahrend [da]hinbewegen* ⟨ist⟩: Züge fuhren über die Ebene, am See hin. **3.** ⟨ist⟩ **a)** *sich fahrend entfernen; wegfahren:* da fährt sie hin!; **b)** (veraltet verhüll.) *sterben.* **4.** ⟨ist⟩ **a)** *über etw. fahren, streichen, wischen; entlangfahren, -streichen, -wischen:* mit der Hand glättend über die Decke h.; **b)** *in einer bestimmten Richtung, nach einer bestimmten Stelle hin eine rasche Bewegung machen:* er fuhr mit der Hand nach der Tasche hin.

Hin|fahrt, die; -, -en: *Fahrt hin zu einem bestimmten Ziel:* Hin- und Rückfahrt; auf/bei der H. war genügend Platz im Zug.

Hin|fall, der; -[e]s, ...fälle (schweiz.): **1.** *Eintreten der Hinfälligkeit.* **2.** *Wegfall; Entfallen.*

hin|fal|len ⟨st. V.; ist⟩: **1. a)** *zu Boden fallen, stürzen; hinstürzen:* stolpern und h.; lang, der Länge nach h.; er ließ sich h.; Ich gab ihr einen Stoß, dass sie rücklings hinfiel (Fallada, Trinker 64); **b)** (geh.) *sich jmdm. zu Füßen werfen; niederfallen:* vor jmdm. h. und ihn anflehen. **2.** *auf den Boden herunterfallen; herunterfallen:* das Buch ist [ihm] hingefallen; einen Teller h. lassen. **3.** (selten) *hinfällig* (2) *werden; wegfallen, entfallen:* Fällt mit diesem veralteten Weltbild nicht auch der Gehalt hin, den es birgt? (Thielicke, Ich glaube 244).

hin|fäl|lig ⟨Adj.⟩ [spätmhd. hinfellig = vergänglich; gehaltlos, mhd. hinvellic = hinfallend, sterbend]: **1.** *durch die mannigfachen Beschwerden des Alters geschwächt; gebrechlich, [alters]schwach, schwächlich:* ein -er Greis; h. werden; jedes Mal, wenn er bei ihm war, hatte er ihn ... -er gefunden (Kemelman [Übers.], Mittwoch 66). **2.** *gegenstandslos, ungültig:* die Beschuldigungen, die Pläne sind nunmehr h.

Hin|fäl|lig|keit, die; -: *das Hinfälligsein.*

hin|fet|zen ⟨sw. V.; hat⟩ (salopp): *in gekonnter, bewundernswerter Weise ausführen, darbieten:* eine Schlagerparodie h.

hin|fin|den ⟨st. V.; hat⟩: *zu jmdm., zu einem bestimmten Ort hin den Weg finden:* sie hat [zu uns, zu unserem Haus] hingefunden; ich laufe kreuz und quer, bis ich endlich hinfinde (Grzimek, Serengeti 156); ⟨auch h. + sich:⟩ ich habe mich doch noch hingefunden; Ü zu Gott h.

hin|flä|zen, sich ⟨sw. V.; hat⟩ (ugs. abwertend): *sich hinflegeln.*

hin|fle|geln, sich ⟨sw. V.; hat⟩ (ugs. abwertend): *sich in [betont] nachlässiger Haltung hinsetzen, halb hinsetzen, halb hinlegen.*

hin|flie|gen ⟨st. V.⟩: **1.** *an einen bestimmten Ort fliegen* (1, 2, 4) ⟨ist⟩: Raketen, die [zum Mond] hinfliegen; wir flogen mit einer Linienmaschine hin. **2.** *sich fliegend über, an etw. hinbewegen* ⟨ist⟩: der Ballon flog über das Meer hin. **3.** *mit einem Luft-, Raumfahrzeug hinbefördern* ⟨hat⟩: Soldaten, Medikamente [zur Unfallstelle] h. **4.** *(geschleudert, geworfen) sich rasch dahinbewegen* ⟨ist⟩: der Ball flog über die Köpfe hin. **5.** *sich rasch dahinbewegen* ⟨ist⟩: das Pferd flog über die Steppe hin. **6.** (ugs.) *[mit Schwung] hinfallen* ⟨ist⟩: er rutschte aus und flog hin.

hin|flie|ßen ⟨st. V.; ist⟩: **1.** *sich fließend nach einem bestimmten Ort hinbewegen, auf etw. zubewegen:* der Lech fließt nach der/zur Donau hin. **2.** *sich fließend dahinbewegen:* der Fluss fließt über die Ebene hin, an der Stadtgrenze hin.

Hin|flug, der; -[e]s, ...flüge: *Flug hin zu einem bestimmten Ziel:* Ich bestellte die Tickets. Einen Hin- und Rückflug für mich (Christiane, Zoo 314); auf dem/beim H.

hin|fort ⟨Adv.⟩ [mhd. hinnen vort] (geh., schweiz. gelegentl.): *von nun an, künftig:* er glaubte, die Dinge h. besser durchschauen zu können (Fries, Weg 220).

Hin|fracht, die; -, -en (Wirtsch.): **1.** *bei der Hinfahrt, beim Hinflug beförderte Fracht.* **2.** *Frachtkosten für die Hinfracht* (1).

hin|fris|ten ⟨sw. V.; hat⟩: *kümmerlich u. einförmig fristen:* sein Leben h.

hin|füh|ren ⟨sw. V.; hat⟩: **1. a)** *jmdn. an einen bestimmten Ort führen:* soll ich Sie [zu Ihrem Zimmer] h.?; Ü jmdn. zu Gott h. (Rel.; *jmdn. den Zugang zu Gott, zum Gottesglauben vermitteln*); **b)** *(bes. durch Erziehung, Bildung, Anleitung o. Ä.) zu etw. führen, bringen:* die Studenten durch gründliche Anleitung zu tieferem Verständnis h. **2.** *bis zu einem bestimmten Ort führen, verlaufen:* alle Straßen, die zur Stadt hinführen, werden gesperrt; wo würde denn das h., wenn alle so wären wie du? (Sommer, Und keiner 33); wo soll das h.? (ugs.; *wohin soll das führen, wo soll das enden, was soll daraus werden?*); vgl. hin (II). **3.** *über etw. hin, an etw. entlang verlaufen:* der Weg führt am Ufer hin, über die Ebene hin, zwischen Felsblöcken hin.

hin|für, hin|für|der ⟨Adv.⟩ [spätmhd. hinfur = ferner; spätmhd. hynfurder; vgl. fürder] (veraltet): *hinfort:* Wir hatten einander ... etwas gestoßen ..., aber hinfürder sei dessen nicht mehr gedacht! (Th. Mann, Joseph 151).

hing: ↑²hängen.

Hin|ga|be, die, -: **1. a)** *rückhaltloses Sichhingeben für/an jmdn., etw.:* selbstlose, religiöse H.; bedingungslose H. an Gott, an die Gemeinschaft, an die berufliche Arbeit; **b)** *große innere Beteiligung, hingebungsvoller Eifer; Leidenschaft:* mit H. Klavier spielen; einen Kranken voller H. pflegen; sich einer Sache, Arbeit mit H. widmen; die Arbeit verlangt äußerste H.; die Großmutter sang mit großer H. im Kirchenchor (Danella, Hotel 87). **2.** (geh. verhüll.) *sexuelles Sichhingeben der Frau.* **3. a)** (selten) *das [Hin]geben:* H. oder Empfang von Staatskrediten (Rittershausen, Wirtschaft 24); **b)** (geh.) *das Hingeben, Opfern:* H. des Vermögens; H. des Lebens.

hin|ga|be|fä|hig ⟨Adj.⟩: *fähig zur Hingabe* (1, 2).

Hin|ga|be|fä|hig|keit, die ⟨o. Pl.⟩: *das Hingabefähigsein.*

hin|gam|meln ⟨sw. V.; hat⟩ (ugs., oft abwertend): *ohne Initiative, träge u. gedankenlos dahinleben.*

Hin|gang, der; -[e]s, ...gänge ⟨Pl. selten⟩ (geh.): *Tod, Ableben.*

hin|ge|ben ⟨st. V.; hat⟩: **1.** (geh.) *opfern:* sein Vermögen, sein Leben, seine Söhne h. **2.** ⟨h. + sich⟩ **a)** *sich eifrig widmen od. völlig überlassen:* sich einer Arbeit, dem Vergnügen, dem Genuss, einem Wahn h.; darüber gebe ich mich keinen Illusionen hin; sich an eine Aufgabe h.; ganz der Aufgabe/an die Aufgabe hingegeben forschen; Ich gab mich ganz meiner täglichen Arbeit hin (v. d. Grün, Glatteis 148); **b)** (verhüll.) *mit einem Mann intime Beziehungen aufnehmen, haben:* sie gab sich ihm hin; ob sie aber bereit wäre, einem Manne sich hinzugeben, den sie ... nicht liebte, dessen Nähe sie schon als eine Entwürdigung empfand (Schneider, Erdbeben 73). **3.** *[hin]reichen, hinüberreichen:* jmdm. einen Bleistift h.

hin|ge|bend ⟨Adj.⟩: *Hingabe* (1) *zeigend, beweisend:* ein zuverlässiger, -er Freund; -e *(aufopfernde)* Pflege; -e *(eifrige)* Sammlertätigkeit; sich h. mit etw. beschäftigen.

Hin|ge|bung, die; -: *Hingabe* (1): etw. mit H. tun; Jedenfalls lauscht sie voller H. (Becker, Irreführung 89).

hin|ge|bungs|voll ⟨Adj.⟩: *voll Hingebung, Hingabe* (1): -e Arbeit; einen Kranken h. pflegen; Er brachte Nahrungsmittel aus Westberliner Delikatessenläden und kochte h. (Rolf Schneider, November 133).

Hin|ge|ewig|te, der u. die; -n, -n ⟨Dekl. ↑Abgeordnete⟩ [zu ↑hinewigen] (selten): *Tote[r], Gestorbene[r]:* Was ist da der Tod? ... hier werde ein -r befördert (Kant, Impressum 65).

hin|ge|ge|ben ⟨Adj.⟩: *sich hingebend; mit Hingabe* (1), *hingebungsvoll:* seiner Arbeit h., pfiff er vor sich hin (Broch, Versucher 273); Fotos ..., auf denen sie alle zu sehen waren, ... h. an die Pantomimenwelt (Fries, Weg 234); jmdm. h. zuhören.

hin|ge|gen ⟨Konj.⟩ [↑hin u. ↑gegen]: *dagegen, im Gegensatz dazu:* Verhaftungen hatte es keine gegeben, h. Prügel (Ossowski, Liebe ist 185); seine Frau h./(seltener:) h. seine Frau stimmte dafür; ⟨auch Adv.:⟩ h. fiel ihm ein, dass er doch gehen wollte.

hin|ge|gos|sen: 1. ↑hingießen. **2.** ⟨Adj.⟩ [2. Part. zu ↑hingießen] (ugs. scherzh.): *in zwangloser, gelöster Haltung (liegend, sitzend):* [malerisch] auf ein[em] Sofa h. daliegen, dasitzen.

hin|ge|haucht: ↑hinhauchen.

hin|ge|hen ⟨unr. V.; ist⟩: **1.** *zu jmdm., etw. gehen, jmdn., etw. aufsuchen, besuchen:* ungern zu jmdm., zu einem Vortrag h.; gehst du hin?; vgl. hin (II): wo gehst du hin?; ⟨auch unpers.:⟩ Na, wo geht's denn hin? (Gabel, Fix 55). **2. a)** *weggehen:* da geht er hin!; (scherzh.:) da geht er hin und singt nicht mehr! *(da geht er u. ist enttäuscht, niedergeschlagen!;* nach einer Stelle in dem Liederspiel »Die Kunst, geliebt zu werden« des dt. Liederkomponisten F. Gumbert, 1818–1896); **b)** (geh.) *sterben:* unser bester Freund ist hingegangen; **c)** *vergehen, verstreichen:* die Zeit, der Sommer ging hin; über *(bei)* diesen Arbeiten ging eine ganze Woche hin; über diese Ereignisse gingen Jahre hin. **3.** *sich gleitend, schweifend [da]hinbewegen, hingleiten:* sein Blick ging über die weite Landschaft hin; die Augen über etw. h. lassen. **4.** *(noch) unbeanstandet durchgehen:* dieser Aufsatz, diese Arbeit mag h., geht gerade noch hin *(geht noch an, ist gerade noch tragbar);* diesmal mag es h.; diese Bemerkungen mögen noch [eben] h. *(können [eben] noch hingenommen werden);* [jmdm.] etw. h. lassen *(durchgehen lassen);* ich will es noch einmal h. lassen *(durchgehen lassen, tolerieren);* etw. als etw. h. lassen *(gelten lassen).*

hin|ge|hö|ren ⟨sw. V.; hat⟩ (ugs.): *an einen bestimmten Ort gehören:* er hat keinen Ort, an den er so richtig hingehört; vgl. hin (II): wo gehört das hin?; Schließlich muss man wissen, wo man hingehört (Brot und Salz 326).

hin|ge|lan|gen ⟨sw. V.; ist⟩: *an einen bestimmten Ort, zu einem bestimmten Ziel gelangen:* er, das Gerücht ist [nach Rom, zu ihm] hingelangt.

hin|ge|ra|ten ⟨st. V.; ist⟩: *an eine bestimmte Stelle, an einen bestimmten Ort geraten:* er erzählte, wie er dort hingeraten war.

hin|ge|ris|sen: ↑hinreißen.

Hin|ge|ris|sen|heit, die; -: *das Hingerissensein:* Zu äußerster H. übrigens steigerte sich das Staunen ihrer ländlichen Zuhörer, wenn Alf ... mit seiner Mutter italienisch sprach (Giordano, Die Bertinis 421).

Hin|ge|schie|de|ne, der u. die; -n, -n ⟨Dekl. ↑Abgeordnete⟩ (geh. verhüll.): *Verstorbene[r].*

hin|ge|zo|gen: ↑hinziehen.

hin|gie|ßen ⟨st. V.; hat⟩: *auf eine bestimmte Stelle [aus]gießen; gießend hinschütten.*

hin|glei|ten ⟨st. V.; ist⟩: **1.** *sich gleitend hinbewegen:* über das Eis, durch das Wasser h.; die Hand über etw. h. lassen; mit der Hand über etw. h.; Ü den Blick über etw. h. lassen. **2.** (geh.) *vergehen:* die Zeit gleitet hin. **3.** (veraltend, geh.) *ausgleitend hinfallen:* auf der nassen Straße h.

hin|gu|cken ⟨sw. V.; hat⟩ (ugs.): *hinsehen.*

Hin|gu|cker, der; -s, -: *Sache od. Person, die aus dem Üblichen heraussticht u. damit große Aufmerksamkeit erregt:* ein H. im Putzmittelregal; Schon das Titelbild (Juhnke mit der unvermeidlichen Havanna) ist ein absoluter H. und Knüller (Zeit 9. 2. 96, 54).

hin|ha|ben ⟨unr. V.; hat⟩ (ugs.): vgl. hin (II): wo willst du das Bild h.?; wo wollt ihr den Atommüll h.? (Spiegel 2, 1988, 27.

hin|hal|ten ⟨st. V.; hat⟩: **1.** *entgegenstrecken, reichen:* das Glas, die Hand h.; jmdm. die Zigaretten h.; Ü Dafür habe ich in den letzten Monaten ... meine Knochen hingehalten *(habe ich mich eingesetzt;* Hörzu 23, 1982, 5). **2. a)** *durch irreführendes Vertrösten [immer weiter] auf etw. warten lassen:* jmdn. lange, immer wieder h.; die Gläubiger mit leeren Versprechungen h.; Sellmann schien es geschmacklos, den alten Herrn mit Redensarten hinzuhalten (Bieler, Mädchenkrieg 345); hinhaltend antworten; **b)** (bes. Milit.) *aufhalten, um Zeit zu gewinnen:* den Gegner h., bis Verstärkung eintrifft; hinhaltender Widerstand. **3.** (selten) *in seinem Zustand aufrechterhalten.*

Hin|hal|te|po|li|tik, die: vgl. Hinhaltetaktik.

Hin|hal|te|tak|tik, die: *Taktik, mit der man jmdn. hinhält* (2).

[1]**hin|hän|gen** ⟨sw. V.; hat⟩ (ugs.): *an eine bestimmte Stelle hängen.*

[2]**hin|hän|gen** ⟨st. V.; hat⟩ (ugs.): *durch dauerndes Verschieben unerledigt bleiben:* eine Sache lange h. lassen.

hin|hau|chen ⟨sw. V.; hat⟩: **1.** *kaum vernehmbar flüstern:* ein paar Worte h. **2.** *[gleichsam] hauchend an einer bestimmten Stelle hervorbringen, auf eine bestimmte Stelle bringen:* ein zartes Grün, [wie] auf die Wiesen hingehaucht; ein [auf die Wange] hingehauchter Kuss.

hin|hau|en ⟨unr. V.; haute hin, hat/ist hingehauen⟩: **1.** (ugs.) *auf eine bestimmte Stelle hauen, schlagen* ⟨hat⟩: mit dem Hammer h. **2.** ⟨hat⟩ (salopp) **a)** *mit Wucht an eine bestimmte Stelle werfen, stoßen, mit Wucht hinwerfen:* seine Tasche h.; **b)** *voller Unlust plötzlich aufgeben:* seine Arbeit, den Kram h.; Ich hab' reinen Tisch gemacht, den Scheiß hingehauen (Heim, Traumschiff 390). **3.** ⟨h. + sich; hat⟩ (salopp) **a)** *sich zum Ausruhen, Schlafen hinlegen:* sich zeitig h.; Kann ich nicht in mein Hotel gehen und mich 'n paar Stunden h.? (Prodöhl, Tod 90); **b)** *sich hinwerfen, sich zu Boden werfen.* **4.** ⟨hat⟩ (salopp) **a)** *niederwerfen, zu Boden werfen:* den Gegner h.; ⟨unpers.:⟩ im unteren Steilhang, im Zielschuss hat es mich hingehauen; **b)** *treffen, verblüffen u. erschüttern od. aus der Fassung bringen:* das hat mich hingehauen. **5.** *heftig hinfallen, -stürzen u. hart aufprallen* ⟨ist⟩: der Länge nach h. **6.** ⟨hat⟩ (salopp) **a)** (abwertend) *flüchtig anfertigen, nachlässig u. schnell machen:* eine Zeichnung h.; einen Aufsatz in einer halben Stunde h.; **b)** *kurz einwerfen, bemerken:* eine bissige Bemerkung h. **7.** (landsch. salopp) *sich beeilen* ⟨hat⟩: er hat ganz schön hingehauen. **8.** ⟨hat⟩ (salopp) **a)** *gut gehen, gelingen:* es, die Sache wird schon h.; Ich habe meine Lehre ... wieder aufgenommen, alles hat prima hingehauen (Bravo 29, 1976, 13); **b)** *gut, richtig, in Ordnung sein u. den Zweck treffen:* das haut so nicht hin!; 5 Liter hauen hin *(sind genug);* **c)** *einschlagen* (11 b), *wirken, Effekt machen:* dieser Vorschlag hat ganz schön h.

hin|ho|cken ⟨sw. V.⟩: **1.** ⟨h. + sich; hat⟩ **a)** *sich an eine bestimmte Stelle hocken* (1 b): er hockte sich auf die Türschwelle hin (Plievier, Stalingrad 229); **b)** (ugs.) *sich hinsetzen:* Na, hock dich mal ein Weilchen hin (Brot und Salz 354); Da hocke ich mich vor Schulaufgaben tagelang hin und pauke die Formen (elan 2, 1980, 29). **2.** (südd. fam.) *dasitzen* ⟨ist⟩.

hin|hor|chen ‹sw. V.; hat›: *lauschend hinhören:* Er vernahm die Töne eines Flügels, und wie er näher hinhorchte, stellte er fest, dass jemand Bach spielte (Dürrenmatt, Richter 40); Einen Augenblick horchten beide nach dem Kojenraum hin (Hausmann, Abel 79); ‹subst.:› Wichtiger ist das Hinhorchen auf den Gehalt des Wortes (Seidler, Stilistik 88).

hin|hö|ren ‹sw. V.; hat›: *genau auf etw. hören, [genau] zuhören:* genau, nicht richtig h.; Seine Frau schaltet den Fernseher ab. Wir hören gar nicht hin, sagt sie (Gabel, Fix 13); »Hör nur hin«, rief der Mann, »wie geschwollen der daherreden kann ...« (Fels, Sünden 62).

hin|hu|schen ‹sw. V.; ist›: **1.** *sich huschend (zu etw.) hinbewegen.* **2.** *sich huschend über, an etw. hinbewegen.*

hin|kau|ern, sich ‹sw. V.; hat›: *sich an eine bestimmte Stelle kauern:* Sie ... hat sich neben den Kocher hingekauert, um aus dieser ekligen Kanne heißes Wasser in die schmierigen Tassen ... zu schütten (Rocco [Übers.], Schweine 14).

Hin|ke|bein, das (ugs.): **1.** *steifes od. verletztes Bein, mit dem man hinkt.* **2.** *jmd., der hinkt; Hinkende[r]:* Da kommt das lange H. vom Nebenhaus. Der ungesellige Krüppel (Strauß, Niemand 124).

Hin|ke|fuß, der: vgl. Hinkebein.

Hin|kel, das; -s, - [mhd. (md.) hinkel, hünkel, zu: huoniclīn = Vkl. von: huon, ↑Huhn] ([west]md.): *Huhn.*

Hin|kel|stein, der [viell. volksetym. Umdeutung von Hünenstein zu »Hühnerstein«]: *unbehauener [vorgeschichtlich kultischer] Stein im Gelände, der durch seine ungewöhnliche [gedrungene] Gestalt auffällt.*

hin|ken ‹sw. V.› [mhd. hinken, ahd. hinkan, eigtl. = schief gehen]: **1.** ‹hat› **a)** *[infolge eines Gebrechens od. einer Verletzung an Bein od. Hüfte in der Fortbewegung behindert sein u. daher] in der Hüfte einknickend od. ein Bein nachziehend gehen:* seit dem Unfall hinkt sie; Dimmer, der seit Monaten schon aus dem Gips war, aber immer noch hinkte (Sommer, Und keiner 111); mit dem, auf dem rechten Bein h.; ein hinkender Gang; **b)** *(von Versen) rhythmisch schlecht, holperig sein:* hinkende Verse; **c)** *(von Vergleichen o. Ä.) nicht [ganz] zutreffen, passen:* der Vergleich hinkt; Alle Indexzahlen hinken; die einen mehr, die anderen weniger (Zeit 7. 2. 75, 62); Jeder Kundige weiß, dass es kein Bild gibt, das nicht hinkt (Thielicke, Ich glaube 163). **2.** *hinkend* (1) *irgendwohin gehen, laufen* ‹ist›: über die Straße h.; Mit schweren Sorgen auf dem Gesicht hinkt der Propagandaminister durch den Mosaiksaal (Plievier, Stalingrad 237).

Hin|ken|de, der u. die; -n, -n ‹Dekl. ↑Abgeordnete›: *jmd., der hinkt.*

Hink|jam|bus, der: *Choliambus.*

hin|klot|zen ‹sw. V.; hat› (ugs.): *(etw. Wuchtiges, Gewichtiges, roh Gestaltetes) an einer bestimmten Stelle errichten, hinstellen, erstellen:* Es gehört zum Konzept ..., keinen fertigen Platz (= Spielplatz) hinzuklotzen, sondern ihn wachsen zu lassen (Hamburger Rundschau 11. 8. 83, 7); hingeklotzte Hochhäuser.

hin|knal|len ‹sw. V.› (ugs.): **1.** *heftig, bes. knallend, hinwerfen* ‹hat›: das Buch [auf den Tisch] h.; Ü Gäste, denen man missmutig Kaffee und Kuchen hinknallte *(servierte;* Kronauer, Bogenschütze 109). **2.** *heftig hinfallen u. hart aufprallen* ‹ist›: Auf einmal steht er an der Tür und knallt so lang hin (Spiegel 1, 1978, 52).

hin|knien ‹sw. V.›: **1.** *sich an eine bestimmte Stelle knien; niederknien* ‹ist›. **2.** ‹h. + sich; hat› *hinknien* (1).

hin|kom|men ‹st. V.; ist›: **1.** *an einen bestimmten Ort kommen:* nach Rom h.; kommst du auch [zu der Versammlung] hin?; zu jmdm. h.; Da war die Stadt noch kleiner, da hat man noch zu Fuß überall h. können (Kühn, Zeit 8). **2.** (ugs.) vgl. hin (II): wo kommen die Bücher hin *(wohin sollen sie gestellt, gebracht usw. werden)*?; wo ist meine Uhr bloß hingekommen *(hingeraten, wohin ist sie verschwunden)*?; R wo kommen/kämen wir hin, wenn ...? *(was soll[te] denn werden, wenn ...?):* wo kommen wir hin, wenn das so bleibt?; wo kämen wir hin, wenn das so bliebe?; wo kämen wir ohne Gesetze hin *(was würde [aus uns] ohne Gesetze werden)*? **3.** (ugs.) *mit etw., was für eine bestimmte Zeit od. für die Herstellung von etw. reichen soll, auch auskommen:* mit den Vorräten h.; der Stoff ist knapp, aber wir kommen hin; Die meisten Gastarbeiter kommen mit dem garantierten Mindestlohn ... gerade so hin (Saarbr. Zeitung 21. 12. 79, 3). **4.** (ugs.) *in Ordnung kommen:* es wird schon alles irgendwie h., wieder h. **5.** (ugs.) *stimmen; richtig, ausreichend sein, das Richtige, das richtige [Aus]maß treffen, aufweisen:* das Gewicht kommt ungefähr hin.

hin|kön|nen ‹unr. V.; hat› (ugs.): vgl. hindürfen.

hin|krie|gen ‹sw. V.; hat› (ugs.): **1.** *[mit Geschick] zustande bringen, fertig bringen:* Ein SPD-Vorstandsmitglied sarkastisch: »Das haben die Macher doch prima hingekriegt. Jetzt ist der Haushalt total zerrüttet ...« (Spiegel 6, 1975, 27); Der hat mich mal im Knast besucht ... So was hat der hingekriegt (Degener, Heimsuchung 14); ich krieg' doch den Krawattenknoten nicht hin *(kann ihn nicht binden;* Schnurre, Ich 57). **2.** *in Ordnung bringen:* das kriegen wir wieder hin; Ü jmdn. wieder h. *(ärztlich heilen; gesund pflegen).*

hin|krit|zeln ‹sw. V.; hat›: *irgendwohin kritzeln, kritzelnd hinschreiben, -zeichnen:* ... meinen Brief ..., den ich am Frühstückstisch ... hastig hingekritzelt und auf der Fahrt zum Flughafen per Eilboten aufgegeben hatte (Ziegler, Labyrinth 118); hingekritzelte Zeichen.

hin|küm|mern ‹sw. V.; ist›: *dahinkümmern.*

Hin|kunft, die [zum 2. Bestandteil vgl. Abkunft]: in der Fügung **in H.** (österr.; *in Zukunft*): An dieser Stelle wollen wir in H. interessante Probleme ... zur Diskussion stellen (auto touring 12, 1978, 12).

hin|künf|tig ‹Adj.› (österr.): *[zu]künftig:* Maßnahmen, um h. Fehlentwicklungen zu vermeiden (Wochenpresse 5. 6. 84, 4).

hin|lan|gen ‹sw. V.; hat›: **1.** (ugs.) *an eine bestimmte Stelle langen, nach einer bestimmten Sache greifen, fassen:* er langte blitzschnell hin. **2.** (salopp) *zupacken, zuschlagen:* derb h.; die gegnerische Mannschaft langte ganz schön hin (Sport Jargon; *spielte hart, rücksichtslos [u. unfair]*). **3.** (salopp) *sich ungeniert bedienen, von etw. nehmen:* ausgiebig h.; Ungenierter denn je langen sie (= die Banken) bei den Gebühren für das Massengeschäft hin (Spiegel 12, 1976, 60). **4.** (ugs.) **a)** *ausreichen, hinreichen:* die Butter langt [nicht] hin; **b)** *auskommen, hinreichen:* mit dem Geld [nicht] h.

hin|läng|lich ‹Adj.›: *genügend, aus-, hinreichend:* für -en Ersatz sorgen; diese Tatsache ist mir h. *(zur Genüge)* bekannt.

hin|las|sen ‹st. V.; hat› (ugs.): *hingehen, -kommen, -fahren usw. lassen; erlauben hinzugehen, -zukommen usw.:* sie ließen ihn nicht [zu seinen Eltern] hin.

hin|lau|fen ‹st. V.; ist›: **1. a)** *an einen bestimmten Ort laufen:* zur Unfallstelle h.; wir sind [zu ihm] hingelaufen; **b)** (landsch., ugs.) *zu Fuß an einen bestimmten Ort gehen:* wir sind hingelaufen, nicht hingefahren; **c)** (ugs. abwertend) *sofort bzw. unablässig zu jmdm., etw. gehen:* du musst auch zu jeder Demonstration, Ausstellung h.!; der läuft ständig zum Chef hin, um sich zu beschweren; **d)** *nach einer bestimmten Stelle hin, auf eine bestimmte Stelle zu [ver]laufen:* die Fäden, die Straßen laufen nach/zu einem Punkt hin. **2. a)** *dahinlaufen, -rennen:* über den Rasen h.; **b)** *dahinfließen, -strömen;* **c)** *über, an, zwischen usw. etw. hin verlaufen:* über die Ebene hinlaufende Straßen.

hin|le|ben ‹sw. V.; hat›: *dahinleben.*

hin|le|gen ‹sw. V.; hat›: **1. a)** *etw. an eine bestimmte Stelle legen:* jemand hatte [ihr] einen anderen Schlüssel hingelegt; **b)** (ugs.) *(eine beträchtliche Summe) bezahlen:* dafür musste er 1 000 Mark h.; **c)** *aus der Hand legen, weglegen:* leg das Messer sofort hin!; den Hörer h. *(auflegen);* **d)** *jmdn. an eine bestimmte Stelle legen, betten; auf ein Lager legen, zur Ruhe legen:* sie trugen den Verletzten an den Straßenrand und legten ihn hin; ein Kind h. *(schlafen legen);* **e)** (ugs.) *zu Fall bringen:* R es hätte mich beinah hingelegt *(ich war völlig überrascht).* **2.** ‹h. + sich› **a)** *sich an eine bestimmte Stelle legen:* sich auf den Erdboden h.; sich flach h.; (militär. Befehl:) h.!; **b)** *sich schlafen legen; sich auf ein Lager, zur Ruhe legen:* sich zeitig h.; sich zum Sterben h. (geh.; *krank werden u. sterben*); **c)** (ugs.) *hinfallen* (1 a), *hinstürzen* (1): sich lang, der Länge nach h.; R da legst du dich [lang] hin (ugs.; *da bin ich bzw. ist man völlig überrascht*)!; **d)** (salopp) *zum Geschlechtsverkehr bereit sein:* dass die sich für jeden und sofort hinlegt (Gabel, Fix 94). **3.** (salopp) *mustergültig, gekonnt ausführen, darbieten:* einen Walzer h.; eine großartige Rede, Leistung h.

hin|lei|ten ‹sw. V.; hat›: **1.** *hinführen* (1). **2.** *hinlenken* (2).

hin|len|ken ⟨sw. V.; hat⟩: **1.** *hinsteuern* (1): den Kahn zum anderen Ufer h. **2.** *etw. auf ein bestimmtes Ziel hin, in einer bestimmten Richtung lenken, leiten, bewegen:* den Strom nach Nordosten h.; seine Schritte zum Bahnhof h.; Ü jmds. Blick, Aufmerksamkeit auf etw. h.; das Gespräch auf ein Thema h.

hin|lo|cken ⟨sw. V.; hat⟩: *an einen bestimmten Platz locken:* jmdn. [zu jmdm.] h.

hin|lüm|meln, sich ⟨sw. V.; hat⟩ (ugs. abwertend): *sich in betont nachlässiger od. unmanierlicher Weise halb hinsetzen, halb hinlegen.*

hin|ma|chen ⟨sw. V.⟩ (salopp): **1.** *an einer bestimmten Stelle befestigen, anbringen* ⟨hat⟩: man hatte die Tür entfernt und einen Vorhang hingemacht. **2.** *an einer bestimmten Stelle seine Notdurft verrichten* ⟨hat⟩: da hat einer, ein Hund hingemacht. **3.** (landsch.) *sich beeilen* (bes. in Aufforderungen) ⟨hat⟩: mach hin, wir müssen weg! **4.** ⟨hat⟩ **a)** (derb) *umbringen:* er hat die Alte hingemacht; **b)** *zerstören, dem Erdboden gleichmachen:* alles h.; **c)** *zugrunde richten, ruinieren:* Die Liberalen mit ihrer Freiheit machen doch das ganze Handwerk hin (Kühn, Zeit 29); **d)** ⟨h. + sich⟩ *sich körperlich ruinieren.* **5.** (ugs.) *sich (zu einem bestimmten anderen Aufenthalts-, Wohnort) hinbegeben* ⟨ist⟩: er lebt in der Türkei. Da ist er schon vor drei Jahren hingemacht; da (nach Capri) machen wir auch noch hin.

hin|ma|len ⟨sw. V.; hat⟩: *an eine bestimmte Stelle malen:* eine Figur h.

Hin|marsch, der; -[e]s, ...märsche: *Marsch hin zu einem bestimmten Ziel:* Hin- und Rückmarsch; auf dem H.

hin|mar|schie|ren ⟨sw. V.; ist⟩: *zu einem bestimmten Ziel marschieren.*

hin|met|zeln ⟨sw. V.; hat⟩: *niedermetzeln:* dass jeden Tag soundso viel unschuldige Leute in Vietnam hingemetzelt werden (Fichte, Wolli 97).

hin|mö|gen ⟨unr. V.; hat⟩ (ugs.): *hingehen, -kommen, -fahren usw. mögen.*

hin|mor|den ⟨sw. V.; hat⟩: *(wehrlose Menschen) sinnlos, auf grausame Weise töten:* Ich komme von der Bestattung meines jungen Nebenbruders ..., den die Griechen auf das grausamste hingemordet haben (Hagelstange, Spielball 49).

hin|mur|meln ⟨sw. V.; hat⟩: *murmelnd äußern:* ein paar hingemurmelte Worte.

hin|müs|sen ⟨unr. V.; hat⟩ (ugs.): vgl. hindürfen: Fänä müsste auch nochmal zu Pahlmann hin und den Richter fragen, ob ... (Degenhardt, Zündschnüre 39).

Hin|nah|me, die; -: *das Hinnehmen, das duldende An-, Aufnehmen.*

hin|nehm|bar ⟨Adj.⟩: *sich hinnehmen* (1) *lassend* (meist verneint): Die wirkliche Alternative besteht einzig und allein in der Frage, ob es h. ist, dass ... (Delius, Siemens-Welt 117); es ist nicht länger h., dass er immer früher geht.

hin|neh|men ⟨st. V.; hat⟩: **1.** *ohne eine Gefühlsregung o. Ä. auf-, annehmen, obgleich man eine entsprechende Reaktion erwarten könnte:* eine Beleidigung einfach h.; sein Schicksal [gelassen] h.; eine Niederlage h. müssen *(nichts dagegen tun können);* etw. als Tatsache, als unabänderlich h.; etw. nicht länger, nicht tatenlos h.; Ich möchte einmal erleben, dass er etwas ohne Widerspruch hinnimmt (Brot und Salz 340); dass Andreas schon heiratet ... Ich wundere mich, dass du das so ruhig hinnimmst (Danella, Hotel 117); es h., dass der Zug Verspätung hat. **2.** (selten) *in Anspruch nehmen, fesseln:* eine Leidenschaft, die jmdn. ganz hinnimmt; von den Ereignissen völlig hingenommen sein; hingenommen *(gebannt)* lauschen. **3.** (ugs.) *an einen bestimmten Ort mitnehmen:* den Hund [zu jmdm.] mit h.

hin|nei|gen ⟨sw. V.; hat⟩: **1. a)** *in eine bestimmte Richtung neigen:* den Kopf zu jmdm., zu etw. h.; **b)** ⟨h. + sich⟩ *sich in eine bestimmte Richtung neigen:* sich zu jmdm., zu etw. h. **2.** *einer Sache zuneigen; zu etw. neigen, tendieren:* zu der Auffassung h., dass sie nicht die Richtige ist.

Hin|nei|gung, die; -, -en ⟨Pl. selten⟩: *das Hinneigen* (2): die H. zu einem Vorbild, Interessenkreis.

hin|nen [mhd. hinnen, ahd hin(n)an(a); Weiterbildung von ↑hin]: in der Verbindung **von h.** (veraltet, geh.; *von hier weg*): von h. gehen, fahren.

hin|op|fern ⟨sw. V.; hat⟩: *opfernd hingeben, bes. sinnlos opfern:* am Ende des Krieges wurden die Soldaten sinnlos hingeopfert.

hin|pas|sen ⟨sw. V.; hat⟩ (ugs.): **a)** *seiner Form nach räumlich an eine bestimmte Stelle passen:* das Klötzchen passt genau hin; **b)** *seiner Eigenart nach in eine bestimmte Umgebung passen:* Ich gehe natürlich heute Abend nicht in das Offizierskasino ... Da passe ich nicht hin (Kirst, 08/15, 413).

hin|pfef|fern ⟨sw. V.; hat⟩ (ugs.): **1.** *(bes. mit dem Ausdruck der Erregung bzw. Geringschätzung) heftig hinwerfen, hinschleudern:* den Brief, die Schultasche h. **2.** *in scharfer, heftiger Form zu Papier bringen, äußern:* [jmdm.] eine Antwort h.; ein paar hingepfefferte Sätze.

hin|pflan|zen ⟨sw. V.; hat⟩: **1.** *an eine bestimmte Stelle pflanzen.* **2.** (ugs.) **a)** *nachdrücklich, unübersehbar an eine bestimmte Stelle stellen;* **b)** ⟨h. + sich⟩ *sich unübersehbar od. provokativ an eine bestimmte Stelle stellen:* sich vor jmdn. h.; Die Polizei zog es vor, ... sich draußen vor dem Eingang hinzupflanzen (Marchwitza, Kumiaks 116).

hin|pfu|schen ⟨sw. V.; hat⟩ (ugs.): *pfuschend ausführen, herstellen.*

hin|plap|pern ⟨sw. V.; hat⟩: *plappernd hinsagen, hinreden:* hingeplapperte Worte.

hin|plump|sen ⟨sw. V.; ist⟩ (ugs.): *auf träge, schwerfällige Weise [mit dumpf klatschendem Geräusch] hinfallen* (1 a, 2): sich, etw. h. lassen.

hin|pur|zeln ⟨sw. V.; ist⟩ (ugs.): *purzelnd hinfallen* (1 a, 2).

hin|raf|fen ⟨sw. V.; hat⟩: *dahinraffen.*

hin|re|den ⟨sw. V.; hat⟩: *dahinreden:* »... wir gehen nach Berlin.« »Ich dachte, du hast das vorhin nur so hingeredet« (Danella, Hotel 36).

hin|rei|ben ⟨st. V.; hat⟩ (südd.): *deutlich, hämisch zu verstehen geben:* jmdm. etw. h.

hin|rei|chen ⟨sw. V.; hat⟩: **1.** *reichend anbieten, reichen, hinüberreichen:* jmdm. ein Trinkgeld h. **2.** *sich bis zu einer bestimmten Stelle erstrecken:* bis zu einem Punkt h. **3. a)** *ausreichen, genügen:* das Geld reicht nicht hin; seine Kenntnisse reichen [dazu] nicht hin; Katharina hatte den Toussaint-Langenscheidt aus ihrem Zimmer geholt, weil ihr Französisch nicht hinreichte, um die Gebrauchsanweisung ... zu lesen (Bieler, Mädchenkrieg 130); **b)** (ugs.) *ausreichen* (2): mit dem Geld h.

hin|rei|chend ⟨Adj.⟩: *[nicht zu viel u.] nicht zu wenig für einen bestimmten Zweck, ein bestimmtes Erfordernis; ausreichend, genügend:* ein -es Einkommen; sich h. informieren; Quint entgegnete, dass er die Ansichten der eigenen Leute h. kenne (Brückner, Quints 286); die Fakten sind h. bekannt.

Hin|rei|se, die; -, -n: *Reise hin zu einem bestimmten Ziel:* Hin- und Rückreise; bei/auf der H.

hin|rei|sen ⟨sw. V.; ist⟩: *an einen bestimmten Ort, zu einem bestimmten Ziel reisen.*

hin|rei|ßen ⟨st. V.; hat⟩: **1.** *in eine bestimmte Richtung, an eine bestimmte Stelle reißen:* jmdn. zu sich h. **2.** *begeistern, bezaubern [u. dadurch eine entsprechende Emotion auslösen]:* der Sänger, die Musik riss die Zuschauer hin; jmdn. zur Bewunderung h.; das Publikum zu Beifallsstürmen h.; ⟨1. Part.:⟩ ein hinreißender Redner; sie ist hinreißend [schön]; ⟨2. Part.:⟩ von etw. ganz, völlig hingerissen *(überwältigt)* sein; hin- und hergerissen sein (ugs.; 1. *sich nicht entscheiden können.* 2. *von etw. begeistert sein*); hingerissen lauschen. **3.** *gefühlsmäßig überwältigen u. zu etw. verleiten:* so riss ihn das Schweigen seiner Schwester zu neuen Worten hin (Musil, Mann 769); sich [im Zorn] zu einer unüberlegten Handlung h. lassen; sich [von seiner Wut] h. lassen.

hin|ren|nen ⟨unr. V.; ist⟩: vgl. hinlaufen.

hin|rich|ten ⟨sw. V.; hat⟩ [urspr. auch: zugrunde richten, verderben]: **a)** *an jmdm. das Todesurteil vollstrecken:* jmdn. durch den Strang, auf dem/durch den elektrischen Stuhl, in der Gaskammer h.; **b)** *(von kriminellen Organisationen) in einem Racheakt töten, aus dem Weg räumen:* Siegfried Buback schließlich wurde im RAF-Jargon »hingerichtet«, weil er »direkt verantwortlich« gewesen sei für den Hungertod von ... Holger Meins (Spiegel 36, 1977, 32); die Mafia hat wieder einen Fahnder hingerichtet.

Hin|rich|tung, die; -, -en: *das Hinrichten:* eine H. vollziehen.

Hin|rich|tungs|be|fehl, der: *Befehl, eine Hinrichtung zu vollziehen.*

Hin|rich|tungs|kom|man|do, das: *Exekutionskommando.*

Hin|rich|tungs|stät|te, die: *Stätte, Platz für die Hinrichtung.*

hin|rot|zen ⟨sw. V.; hat⟩ (derb): **1.** *an eine bestimmte Stelle ausspucken:* wie hingerotzt [liegen]; Ü ein schnoddrig hingerotztes Jargonwort. **2. a)** *nachlässig hinstellen, -legen usw.:* sie rotzten die Kisten hin und verschwanden; **b)** *nachlässig anfertigen, machen:* den Artikel hat er in fünf Minuten hingerotzt.

hin|rü|cken ⟨sw. V.⟩: **1.** *an eine bestimmte Stelle rücken, schieben* ⟨hat⟩: den Stuhl [ans Fenster] h. **2.** *an eine bestimmte Stelle rücken, sich [ruckweise] an eine bestimmte Stelle schieben* ⟨ist⟩: er rückte zu ihr hin.

Hin|run|de, die; -, -n (Sport): vgl. Hinspiel.

hin|sa|gen ⟨sw. V.; hat⟩: *dahinsagen:* etw. nur beiläufig h.; das ist nur so hingesagt; das sagt man/sagt sich so [leicht] hin (ugs.; *das sagt man zwar leichtfertig/das sagt sich zwar leicht, aber in Wirklichkeit ist es nicht so einfach*).

hin|sau|sen ⟨sw. V.; ist⟩: **1.** (ugs.) **a)** *sich schnell an einen bestimmten Ort bewegen;* **b)** *sich schnell [da]hinbewegen.* **2.** (ugs.) *heftig, mit Schwung hinfallen* (1 a, 2).

hin|schaf|fen ⟨sw. V.; hat⟩: *an einen bestimmten Ort schaffen:* den Koffer [zum Bahnhof] h.

hin|schau|en ⟨sw. V.; hat⟩ (landsch.): *hinsehen.*

hin|schau|keln ⟨sw. V.; hat⟩ (salopp): *geschickt zustande bringen, fertig bringen, meistern; einer Sache geschickt zum Erfolg verhelfen:* das werden wir schon h.

Hin|scheid, der; -[e]s, -e (selten): *Hinschied.*

hin|schei|den ⟨st. V.; ist⟩ (geh. verhüll.): *sterben.*

Hin|schei|den, das; -s (geh. verhüll.): *Sterben, Ableben, Tod:* Sein H. bedeutet für uns einen herben Verlust (Saarbr. Zeitung 11. 10. 79, 11).

hin|schei|ßen ⟨st. V.; hat⟩ (derb): *an einem beliebigen Ort seinen Darm entleeren:* hier hat einer hingeschissen; R wo man hinscheißt *(überall [in dieser Gegend, Umgebung]);* Natur, wo man hinschiss (Grass, Katz 136).

hin|schi|cken ⟨sw. V.; hat⟩: *an einen bestimmten Ort schicken:* jmdn. [zu jmdm.] h.; jmdm. etw. h. (ugs.; *zuschicken*).

hin|schie|ben ⟨st. V.; hat⟩: **1.** *an eine bestimmte Stelle schieben:* jmdm. den Teller h. *(zuschieben).* **2.** ⟨h. + sich⟩ *sich schiebend hinbewegen:* sich zu jmdm. h.

Hin|schied, der; -[e]s, -e [zu ↑hinscheiden] (schweiz.): *Ableben, Tod:* Wir haben die schmerzliche Pflicht, Ihnen vom H. unseres verehrten ehemaligen Prokuristen ... Kenntnis zu geben (NZZ 30./31. 8. 80, 38).

hin|schie|len ⟨sw. V.; hat⟩: *zu jmdm., etw. schielen, auf eine bestimmte Stelle schielen:* verstohlen [zu/nach jmdm., nach etw.] h.

hin|schie|ßen ⟨st. V.; ist⟩: *sich sehr schnell [da]hinbewegen:* das Boot schoss über den See hin.

hin|schlach|ten ⟨sw. V.; hat⟩: *grausam hinmorden.*

hin|schla|gen ⟨st. V.⟩: **1.** *auf eine bestimmte Stelle schlagen* ⟨hat⟩. **2.** (ugs.) *der Länge nach hinfallen, hinstürzen u. hart aufprallen* ⟨ist⟩: Sie ist ... gestolpert und unglücklich hingeschlagen (Erné, Fahrgäste 73); lang/der Länge nach/längelang h.; R da schlag einer lang hin [und steh kurz wieder auf] *(das ist überraschend, erstaunlich, unglaublich)*!

hin|schlei|chen ⟨st. V.⟩: *an eine bestimmte Stelle schleichen* ⟨ist⟩: zu jmdm., zu einem Ort h.; ⟨h. + sich; hat:⟩ er hatte sich zu ihm hingeschlichen.

hin|schlep|pen ⟨sw. V.; hat⟩: **1.** *an einen bestimmten Ort schleppen.* **2. a)** ⟨h. + sich⟩ *sich mit großer Mühe [da]hinbewegen, an eine bestimmte Stelle schleppen* (z. B. vor Müdigkeit, Schwäche): sie schleppte sich zur Tür hin; **b)** ⟨h. + sich⟩ *unter ständigen Verzögerungen verlaufen; sich hinziehen:* der Prozess schleppte sich über/durch Jahre hin; **c)** *immer weiter verzögernd behandeln; verschleppen:* eine Angelegenheit h.; Die wichtigsten Dinge wurden unerledigt hingeschleppt (Feuchtwanger, Herzogin 141).

hin|schleu|dern ⟨sw. V.; hat⟩: *mit Vehemenz hinwerfen.*

hin|schlu|dern ⟨sw. V.; hat⟩ (ugs.): *oberflächlich, nachlässig zu Papier, auf die Leinwand o. Ä. bringen:* ein hingeschluderter Aufsatz.

hin|schmei|ßen ⟨st. V.; hat⟩ (salopp): *hinwerfen:* die Klamotten h.; Ü eine Arbeit h. (*einer Arbeit überdrüssig sein u. sie deshalb aufgeben* 7 d).

hin|schmel|zen ⟨st. V.; ist⟩: **1.** *zusammenschmelzen, schmelzend vergehen.* **2.** (ugs. iron.) *vor Rührung o. Ä. vergehen:* vor Glück, Rührung, Liebe fast h.; Es war läppisch zu glauben, dass sie sich von seinem Geschreibsel erweichen lassen und h. würde (Fels, Sünden 98).

hin|schmet|tern ⟨sw. V.; hat⟩ (ugs.): *mit Wucht hinwerfen.*

hin|schmie|ren ⟨sw. V.⟩: **1.** (ugs.) *schmierend (bes. flüchtig, nachlässig) hinschreiben, hinmalen o. Ä.* ⟨hat⟩. **2.** (landsch. salopp) *heftig hinfallen, hinstürzen* ⟨ist⟩.

hin|schrei|ben ⟨st. V.; hat⟩: **1. a)** *an eine bestimmte Stelle schreiben:* seinen Namen h.; **b)** *flüchtig, nachlässig, gedankenlos [nieder]schreiben:* das ist nicht einfach [so] hingeschrieben; Diesen Roman habe er dann »schnell und geläufig« hingeschrieben, wahrscheinlich innerhalb von einigen Wochen (Reich-Ranicki, Th. Mann 117). **2.** (ugs.) *an eine bestimmte Stelle, Firma, Behörde usw. schreiben:* er hat schon zweimal hingeschrieben, aber keine Antwort bekommen.

hin|schus|tern ⟨sw. V.; hat⟩ (abwertend): *schlecht u. recht anfertigen:* einen Aufsatz h.

hin|schüt|ten ⟨sw. V.; hat⟩: *auf eine bestimmte Stelle [aus]schütten.*

hin|schwe|ben ⟨sw. V.; ist⟩: *sich schwebend an, über usw. etw., jmdn. hinbewegen.*

hin|schwim|men ⟨st. V.; ist⟩: *an eine bestimmte Stelle schwimmen:* hin- und zurückschwimmen.

hin|schwin|den ⟨st. V.; ist⟩: *dahinschwinden.*

hin|se|geln ⟨sw. V.; ist⟩: **1.** *an einen bestimmten Ort, zu einem bestimmten Ziel segeln.* **2.** *über, an usw. etw. segeln, schwebend gleiten.* **3.** (ugs.) *mit Schwung hinfallen, hinstürzen [u. über den Boden rutschen]:* er segelte auf dem Parkett hin.

hin|se|hen ⟨st. V.; hat⟩: *auf eine bestimmte Stelle sehen, den Blick auf etw. Bestimmtes richten od. gerichtet halten:* er kann nicht h., wenn jemand blutet; nach/zu jmdm. h.; scharf h.; Ü Sein Optimismus hängt möglichenfalls damit zusammen, dass er nicht zu genau hinsieht (Reich-Ranicki, Th. Mann 146); ⟨subst.:⟩ bei genauerem Hinsehen bemerkt man den Unterschied; ihm wird schon vom bloßen Hinsehen übel.

hin|seh|nen, sich ⟨sw. V.; hat⟩: *sehnlich wünschen, an einem bestimmten Ort zu sein:* sich zu jmdm. h.

hin sein: s. hin (I 1 a, 2 b, 3).

hin|set|zen ⟨sw. V.; hat⟩: **1. a)** *an, auf eine bestimmte Stelle, einen bestimmten Platz setzen, stellen:* das Kind h.; ein Haus h. *(bauen);* **b)** *nieder-, absetzen:* den Koffer h.; R es hätte mich beinah hingesetzt (ugs.; *ich war sehr überrascht*). **2.** ⟨h. + sich⟩ **a)** *sich an, auf eine bestimmte Stelle, auf einen bestimmten Platz, bes. auf einen Sitzplatz, setzen:* setz dich hin!; sich gerade, aufrecht h.; sich h. und [Spanisch] lernen *(sich daranmachen [Spanisch] zu lernen);* **b)** (ugs.) *hinfallen u. dabei mit dem Gesäß auftreffen, aufs Gesäß fallen:* auf dem gebohnerten Parkett hat sich schon mancher hingesetzt; R ich hätte mich bald hingesetzt (ugs.; *ich war sehr überrascht*), als ich das hörte; **c)** (salopp) *sehr überrascht sein:* ich setz mich hin!; der wird sich h.!

Hin|sicht, die; -, -en ⟨Pl. selten⟩ (selten): *Blickwinkel, Gesichtspunkt:* Damit haben wir nicht nur ... eine erste inhaltliche Bestimmung gewonnen, sondern zugleich eine H., unter der alle Tempora ebenfalls betrachtet werden müssen (Wirkendes Wort 4, 1966, 220 [Zeitschrift]); Hier ist eine jener -en, in denen uns Wörterbuchbenutzer unbekannt sind (Nachdenken über Wörterbücher, hrsg. v. Günther Drosdowski, Helmut Henne u. Herbert Ernst Wiegand, Bibliographisches Institut AG, Mannheim 1977, S. 60); häufig in der Fügung **in ... H.** *(in ... Beziehung):* in dieser, mancher, gewisser, verschiedener, doppelter H.; Die »Buddenbrooks« ... waren in jeder H. ein Fehlschlag (Reich-Ranicki, Th. Mann 155); in vieler H. hatte er Recht; in wirtschaftlicher, in finanzieller H.; in H. auf ... *(hinsichtlich).*

hin|sicht|lich ⟨Präp. mit Gen.⟩ (Papierdt.): *in Bezug auf, bezüglich:* h. des Preises, der Bedingungen wurde eine Einigung erzielt; Unsre Produkte ... genießen h. Qualität und Angebot höchste Anerkennung (FR 1. 3. 85, A 57).

hin|sie|chen ⟨sw. V.; ist⟩ (geh.): *dahinsiechen.*

hin|sin|ken ⟨st. V.; ist⟩ (geh.): *umsinken, zu Boden sinken.*

hin|sit|zen ⟨unr. V.; ist⟩ (schweiz., österr.): *sich hinsetzen:* er solle doch ja gleich h. und etwas essen (M. Walser, Seelenarbeit 63).

hin|sol|len ⟨unr. V.; hat⟩ (ugs.): vgl. hindürfen.

Hịn|spiel, das; -[e]s, -e (Sport): *erstes von zwei festgesetzten, vereinbarten Spielen zwischen zwei Mannschaften:* Hin- und Rückspiel.

hịn|spin|nen ⟨st. V.; hat⟩ (selten): **a)** *fortspinnen* (a); **b)** ⟨h. + sich⟩ *fortspinnen* (b).

hịn|spre|chen ⟨st. V.; hat⟩: *nur so nebenbei, unverbindlich sprechen:* ein nur so hingesprochenes Wort.

hịn|sprin|gen ⟨st. V.; ist⟩ (ugs.): *hinlaufen, hineilen:* ich springe mal schnell hin und hole die Sachen ab.

hịn|spu|cken ⟨sw. V.; hat⟩: *an eine bestimmte Stelle spucken:* überall war hingespuckt worden; Ü wo man hinspuckt (salopp; *überall [in dieser Gegend, Umgebung]*); Wo du hinspuckst, nur Helden (Kirst, 08/15, 610); da kann man h. (ugs.; *diese Stelle, dieser Ort liegt sehr nahe*); Du kannst h., wo du willst, du wirst ihn immer treffen (Kirst, 08/15, 388).

hịn|star|ren ⟨sw. V.; hat⟩: **1.** *auf eine bestimmte Stelle starren:* nach, zu jmdm. h. **2.** *starrsinnig, hartnäckig auf, nach etw., jmdm. hinsehen.*

hịn|ste|hen ⟨unr. V.; ist⟩ (südd., schweiz., österr.): *sich hinstellen:* Er hatte nichts davon, vor etwas hinzustehen, nur um es anzuschauen (M. Walser, Seelenarbeit 210); Der Mann einer solchen Frau muss auch fest h., dass ihn andere ... nicht umwerfen (Augsburger Allgemeine 13./14. 5. 78, 28); ◆ Sagt, wo ich h. soll (Schiller, Tell III, 3).

hịn|steh|len, sich ⟨st. V.; hat⟩: *sich an eine bestimmte Stelle heimlich hinbegeben:* sich zu jmdm. h.

hịn|stel|len ⟨sw. V.; hat⟩: **1. a)** *an eine bestimmte Stelle od. in einen bestimmten Zusammenhang stellen:* ***etwas h. können** (ugs.; *sich etwas Beachtliches, bes. finanziell, leisten können*); **b)** ⟨h. + sich⟩ *sich an eine bestimmte Stelle stellen:* sich h. und warten; sich gerade, aufrecht h.; sich vor jmdn./(seltener:) jmdm. h. **2.** *abstellen, absetzen:* den Koffer h. **3. a)** *bezeichnen, charakterisieren:* eine Aussage als falsch h.; Schwarz war verlegen, bemühte sich jedoch, die ganze Angelegenheit als Witz hinzustellen (Kemelman [Übers.], Freitag 11); jmdn. als großen Dummkopf h.; jmdn. [jmdm.] als Beispiel, Vorbild h.; eine Sache so h., als sei/wäre sie einwandfrei; **b)** ⟨h. + sich⟩ *sich bezeichnen, charakterisieren:* sich als unschuldig h.; sich als guter Christ/(seltener:) als guten Christen h.

hịn|ster|ben ⟨st. V.; ist⟩ (geh.): *langsam [dahin]sterben:* die Pflanzen starben in der Hitze hin; Ü der hastige Entschluss starb hin unter dem unerbittlichen Einspruch der Vernunft (Th. Mann, Joseph 596).

hịn|steu|ern ⟨sw. V.⟩: **1.** *jmdn., etw. zu einem bestimmten Ziel, in Richtung auf ein bestimmtes Ziel steuern* ⟨hat⟩: das Schiff [zum Ufer] h. **2.** ⟨ist⟩ **a)** *auf ein bestimmtes Ziel zusteuern:* das Schiff steuerte, wir steuerten [mit unserem Schiff] zum Ufer hin; Ü wir steuerten zum Speisesaal hin; **b)** *eine bestimmte Absicht verfolgen, einer bestimmten Tendenz folgen:* auf ein Ziel h.

hịn|stre|ben ⟨sw. V.; hat⟩: *nach etw. streben, etw. erstreben:* auf, nach etw. h.

hịn|stre|cken ⟨sw. V.; hat⟩: **1.** *entgegenstrecken, hinhalten:* jmdm. zur Begrüßung, zur Versöhnung die Hand h. **2.** (geh. veraltet) *im Kampf töten, tot zu Boden strecken:* einen Gegner h.; ein Geschoss hatte ihn [auf den Schnee] hingestreckt. **3.** ⟨h. + sich⟩ *sich ausgestreckt hinlegen:* sich auf dem/den Boden h.; sich zur Ruhe h.; De Bruyn hatte sich ... auf eines der oberen Betten hingestreckt (Gaiser, Jagd 65). **4.** ⟨h. + sich⟩ *sich räumlich erstrecken:* sich am Fluss h.

hịn|strei|chen ⟨st. V.⟩: **1.** *hinfahren* (4 a) ⟨hat⟩. **2.** *sich ganz nah über, an usw. etw., jmdm. hinbewegen* ⟨ist⟩: der Vogel streicht über den Wald hin, am Waldrand hin.

hịn|streu|en ⟨sw. V.; hat⟩: *an eine bestimmte Stelle streuen:* den Vögeln Körner h.; Er blickte ... hinunter in die Tiefe, wo die Dörfchen, winzig, wie aus einer Spielzeugschachtel hingestreut, blau auf grünem Samt lagen (L. Frank, Wagen 17).

hịn|strö|men ⟨sw. V.; ist⟩: **a)** *an eine bestimmte Stelle, zu etw. strömen:* der Fluss strömt zum Meer hin; **b)** *sich in großer Zahl hinbewegen:* sie strömten in Scharen hin.

hịn|stür|zen ⟨sw. V.; ist⟩: **1.** *zu Boden fallen, stürzen; hinfallen* (1 a). **2.** *zu einer bestimmten Stelle stürzen, eilen:* zum Ausgang h.

◆ **hịnt** ⟨Adv.⟩ [mundartl. Form von ↑heint]: (landsch.) *heute [Nacht]:* gibt h. Nacht noch Regen genug (Goethe, Götz V).

hint|ạn-, (auch:) hintenan- [älter: hindan(n) = von hier weg, mhd. hin dan (↑hin, ↑dannen), schon früh als Zus. aus älter hint = hinten u. ↑an empfunden] (geh.): ⟨in Zus. mit Verben:⟩ *zurück-, an letzte[r], unbedeutende[r] Stelle.*

hint|ạn|blei|ben ⟨st. V.; ist⟩: *zurückbleiben* (4 a): der weit hintangebliebene Schüler.

hint|ạn|hal|ten ⟨st. V.; hat⟩ (geh.): *aufhalten, verhindern:* die Wirkung h.; Vernunft und Güte sind nicht einflussreich genug, um weiteres Unheil hintanzuhalten (K. Mann, Wendepunkt 449).

Hint|ạn|hal|tung, die; - (geh.): *das Hintanhalten.*

hint|ạn|set|zen ⟨sw. V.; hat⟩ (geh.): *zurücksetzen, vernachlässigen; unbeachtet, unberücksichtigt lassen:* die eigene Person, das Vergnügen, seine Pflichten h.; Er, der ohnehin Misstrauische ..., fühlt sich benachteiligt, herumgestoßen, hintangesetzt (Klee, Pennbrüder 130).

Hint|ạn|set|zung, die; - (geh.): *das Hintansetzen:* unter H. der eigenen Interessen.

hint|ạn|ste|hen ⟨unr. V.; hat⟩ (geh.): *zurückstehen:* private Interessen müssen h.

hint|ạn|stel|len ⟨sw. V.; hat⟩ (geh.): *zurückstellen:* private Interessen h.

Hint|ạn|stel|lung, die; - (geh.): *das Hintanstellen:* unter H. aller Wünsche.

hịn|ten ⟨Adv.⟩ [mhd. hinden(e), ahd. hintana, H. u.]: *auf der abgewandten od. zurückliegenden Seite, Rückseite; auf der entfernteren Seite, im zurückliegenden, entfernteren Teil, Abschnitt:* die Öffnung ist h.; jeder Wagen muss vorn und h. ein Kraftfahrzeugkennzeichen haben; h. bleiben *(zurückbleiben);* h. im Garten, im Auto; im Schubfach ganz [weit] h.; h. (verhüll.; *am Gesäß*) ein Geschwür haben; die anderen sind noch h. (ugs.; *in ziemlich weitem Abstand [von hier]*); ganz weit h.; da h., dort h.; h. *(weit weg)* im Wald; h. im Buch *(in dem Teil, der zuletzt kommt);* das wird weiter h. *(unten)* erklärt; Dann habe er das Radio bis h. *(bis zum Anschlag)* aufgedreht (Chotjewitz, Friede 49); ein Buch von vorn[e] bis h. *(ganz, gründlich)* lesen; jmdn. nach h. ziehen, zerren; nach h. gehen; nach h. *(nach dem Hintergrund der Bühne hin)* abgehen; (ugs.:) nach h. wohnen, gelegen sein; Er hatte sogar schon eine Wohnung ..., die Fenster nach h. hinaus (*nach der Hofseite;* Bieler, Mädchenkrieg 475); der Wind kommt von h. [her]; jmdn. von h. überfallen; etw. von vorn und h. *(von allen Seiten)* betrachten; das dritte Haus von h. *(das drittletzte Haus);* von h. *(vom Ende her)* anfangen; von h. (ugs.; *[Coitus] a tergo; [beim Geschlechtsverkehr] den Rücken dem Mann zuwendend*); (zur spött. Kennzeichnung übertriebener Aufmerksamkeit gegenüber jmdm.:) wenn er da ist, heißt es gleich Herr Meier h., Herr Meier vorn; ***h. und vorn[e]** (ugs.; *in jeder Weise, Beziehung, in allen Dingen; bei jeder Gelegenheit*): sie hatte es satt, den Alten h. und vorn zu bedienen (Kemelman [Übers.], Mittwoch 78); ihr Gehalt reicht h. und vorn[e] nicht; **weder h. noch vorn[e]** (ugs.; *in keiner Weise, Beziehung, nirgends*); **nicht [mehr] wissen, wo h. und vorn[e] ist** (ugs.; *sich überhaupt nicht mehr auskennen, zurechtfinden u. völlig verwirrt sein*); **es jmdm. vorn[e] und h. reinstecken** (salopp abwertend; *jmdn. übermäßig mit Geschenken, Zuwendungen bedenken*); **jmdm. h. hineinkriechen** (↑hineinkriechen); **h. nicht mehr hochkönnen** (ugs.; 1. *in einer schwierigen Lage, in Bedrängnis sein.* 2. *[alt u.] körperlich am Ende sein*); **h. Augen haben** (ugs.; *alles sehen, schnell bemerken, sehr aufmerksam, wachsam sein*); **h. keine Augen haben** (ugs.; *nicht sehen können, was hinter einem vor sich geht;* meist als ärgerliche Erwiderung auf einen Vorwurf); **h. bleiben** (ugs.; *zurückbleiben, in der Rang-, Reihenfolge an unbedeutender Stelle bleiben*); **h. sein** *(geistig, in der Entwicklung usw. zurückgeblieben sein);* **von h. durch die Brust [ins Auge]** (salopp scherzh.; 1. *nicht direkt, umständlich.* 2. *heimlich, durch die Hintertür:* Wir machen keinen Reichsrundfunk von h. durch die Brust ins Auge [Hörzu 4, 1975, 10]); **jmdn. am liebsten von h. sehen** (ugs.; *jmdn. sehr ungern bei sich sehen, jmds. Anwesenheit [durchweg] als lästig, störend empfinden u. sich freuen, wenn er bald wieder geht*); **jmdn. von h. ansehen** (salopp; *jmdm. den Rücken zukehren, ihm Nichtachtung, Verachtung zeigen*).

hin|ten|ạn-: vgl. hintan-.

hin|ten|ạn|ste|hen ⟨unr. V.; hat, südd.,

österr., schweiz.: ist⟩: *zurückstehen:* Musiker und Maler genießen ebenso große Hochachtung wie Architekten und Historiker. Die Politiker müssen da h. (Saarbr. Zeitung 6./7. 10. 79, SZ am Wochenende 4).

hin|ten|dran ⟨Adv.⟩ (ugs.): *an die hintere Stelle, hinten daran (an eine[r] Sache):* Mit dem Caravan h. war eine Höchstgeschwindigkeit von etwa 130 km/h zu erreichen (Caravan 1, 1980, 42).

hin|ten|drauf ⟨Adv.⟩ (ugs.): *hinten darauf (auf eine[r] Sache):* das Werkzeug findest du h. [auf dem Wagen]; ***jmdm. eins, ein paar h. geben** (ugs.; *jmdm. einen Schlag, ein paar Schläge aufs Gesäß geben*).

hin|ten|drein ⟨Adv.⟩ (selten): *hinterher* (1, 2).

hin|ten|he|raus ⟨Adv.⟩: *(bes. von Gebäudeteilen, Räumen) nach hinten [zu]:* h. gelegen sein, liegen.

hin|ten|he|rum ⟨Adv.⟩ (ugs.): **1. a)** *hinten um etw. herum, um die hintere Seite herum:* der Gast kam h. *(durch den Hintereingang);* man muss h. gehen; **b)** (verhüll.) *um das Gesäß herum, in der Gegend des Gesäßes:* sie ist h. fülliger geworden. **2.** *heimlich [u. illegal], auf versteckte Weise, auf Umwegen:* etw. h. erfahren, bekommen; Den Verdacht, sich h. ... Vorteile zugeschanzt zu haben, weist Zimmermann ... von sich (Spiegel 46, 1975, 84).

hin|ten|hin ⟨Adv.⟩: *nach hinten, zur Rückseite hin.*

hin|ten|nach ⟨Adv.⟩ (landsch., bes. südd., österr.): *hinterher* (2): Weil du's erst h. merkst, wenn etwas passiert ist (H. Lenz, Tintenfisch 91).

hin|ten|raus ⟨Adv.⟩ (ugs.): *hintenheraus.*

hin|ten|rum ⟨Adv.⟩: *hintenherum.*

hin|ten|über ⟨Adv.⟩: *nach hinten, rückwärts hinter sich:* Als der Stoß ihn traf, fiel er ... h. vom Wagen (Grzimek, Serengeti 154).

hin|ten|über|fal|len ⟨st. V.; ist⟩: *nach hinten überkippend fallen.*

hin|ten|über|kip|pen ⟨sw. V.; ist⟩: *nach hinten überkippen.*

hin|ten|über|schla|gen ⟨st. V.; ist⟩: *nach hinten überkippend hinschlagen:* sie ist beim Handstand hintenübergeschlagen.

hin|ten|über|sin|ken ⟨st. V.; ist⟩: *nach hinten überkippend hinsinken.*

hin|ten|über|stür|zen ⟨sw. V.; ist⟩: *hinten überkippend [hin]stürzen.*

hin|ten|über|wer|fen ⟨st. V.; hat⟩: *über sich nach hinten werfen:* den Ball h. *(über den Kopf nach hinten werfen).*

hin|ten|vor ⟨Adv.⟩: in Wendungen wie **jmdm. eins, etwas, ein paar h. geben** (landsch., bes. nordd.; ↑hintendrauf): Sie heben sein Jackett hoch und tun so, als ob sie ihm was h. geben wollten (Kempowski, Zeit 23).

hin|ter [Präp.: mhd. hinder, ahd. hintar, urspr. Komp., H. u.]: **I.** ⟨Präp.⟩ **1. a)** ⟨mit Dativ⟩ *auf der Rückseite von, auf der abgewandten Seite von:* h. dem Haus; im Kino h. jmdm. sitzen; h. dem/(ugs.:) hinterm Ladentisch stehen; h. dem Lenkrad sitzen *(am Steuer sitzen u. fahren);* die Sonne verbirgt sich h. den Wolken; Ich sah das Zeitungsblatt, h. dem er sich verschanzt hielt (Seghers, Transit 286); einer h. dem anderen *(hintereinander)* gehen; die Tür h. sich schließen; die anderen Läufer, einen Ort h. sich lassen *(hinter sich zurücklassen);* h. diesem Satz *(am Ende dieses Satzes)* steht ein Fragezeichen; drei Kilometer h. der Grenze verläuft eine Straße; in Haslau nämlich, h. *(jenseits von)* Eger, wo die Eltern ... wohnten (Bieler, Mädchenkrieg 309); drei Kilometer h. Köln *(als Köln drei Kilometer hinter uns lag)* streikte der Motor; eine große Strecke h. sich *(zurückgelegt)* haben; h. der Säule hervortreten; Ü geschlossen h. jmdm., h. einer Resolution stehen *(ihn, sie geschlossen unterstützen);* h. diesen Aktionen steht eine durchdachte Methode *(sie beruhen darauf);* auf einmal war etwas Grausames, etwas Wolfsmäßiges h. seinem freundlichen Lächeln (Koeppen, Rußland 42); ***h. ... her** *(hinter jmdm., hinter etw. in derselben [Bewegungs]richtung):* h. jmdm. her zum Ufer gehen; ⟨meist in trennbarer Zus. mit einem Verb:⟩ h. jmdm. herlaufen, her sein; **b)** ⟨mit Akk.⟩ *auf die Rückseite von, auf die abgewandte Seite von:* das Buch ist h. das/(ugs.:) hinters Regal gefallen; h. den Nebensatz ein Komma setzen; Ü sich geschlossen h. jmdn., h. etw. stellen. **2. a)** ⟨mit Dativ⟩ in Bezug auf Rang-, Reihenfolge an späterer, unbedeutenderer Stelle: h. jmdm. zurückstehen; h. der Entwicklung, den Anforderungen zurückbleiben; jmdn., etw. [weit] h. sich lassen *(übertreffen, überflügeln);* **b)** ⟨mit Akk.⟩ in Bezug auf Rang-, Reihenfolge an spätere, unbedeutendere Stelle: er ist in seinen Leistungen h. seine Vorgänger zurückgefallen. **3.** in Bezug auf eine erlebte, durchlebte, überstandene, durchlaufene Zeit **a)** ⟨mit Dativ⟩ etw. h. sich *(etw. erlebt, durchlebt, überstanden, durchlaufen)* haben; etw. liegt [weit] h. jmdm. *(jmd. hat etw. [lange] hinter sich);* **b)** ⟨mit Akk.⟩ diese Zustände reichen h. den *(in die Zeit vor dem)* Ersten Weltkrieg zurück. **4.** ⟨mit Dativ⟩ *folgend auf; nach:* h. jmdm. an die Reihe kommen; der Zug ist zehn Minuten h. der Zeit (landsch.; *hat zehn Minuten Verspätung*). **II.** ⟨als abgetrennter Teil von Adverbien wie »wohinter, dahinter«⟩ (ugs.): da sieht keiner h.; Da stehen nur ganz orthodoxe Bramahnen nicht h., wegen ihrer Abschaffung des Kastensystems (Fichte, Wolli 479). **III.** ⟨Adv.⟩ (ostmd., südd., österr.) *nach hinten:* h. in den Garten gehen.

hin|ter... ⟨Adj.⟩ [mhd. hinder, ahd. hintaro]: *hinten befindlich:* die hintere Tür; wie üblich, saßen an den hinteren Tischen die Übersetzer (Leonhard, Revolution 189); in der hintersten *(letzten)* Reihe sitzen; in der Eisenbahn ... wir stehen, um allein zu sein, auf der Plattform des hintersten Wagens (Frisch, Montauk 168); Harych, der ... aus dem hintersten Oberschlesien stammte (Loest, Pistole 249); bei einem Wettlauf einen der hinteren *(schlechten)* Plätze belegen; ⟨subst.:⟩ die Hinter[st]en konnten kaum etwas sehen; ***das Hinterste zuvorderst kehren** (ugs.; *alles auf den Kopf stellen;* ↑Kopf 1).

Hin|ter|ab|sicht, die: *unausgesprochene, versteckte Absicht.*

Hin|ter|achs|an|trieb, der: *Heckantrieb.*

Hin|ter|ach|se, die: *hintere Achse eines Fahrzeugs.*

Hin|ter|an|sicht, die: *hintere Ansicht* (3).

Hin|ter|aus|gang, der: *hinterer, an der Rückseite gelegener Ausgang:* den H. benutzen; das Haus durch den H. verlassen.

Hin|ter|ba|cke, die (ugs.): [2]*Backe, Gesäßhälfte:* Meist trägt sie Hosen ... Man kann da fast alles sehen, die -n sind vom Slip schräg geschnürt (Richartz, Büroroman 26).

Hin|ter|bank, die ⟨Pl. ...bänke⟩: **a)** *hintere Bank im Auto:* auf der H. sitzen; etw. auf die H. legen; er hat Mühe, die ausgehobene H. (= einer Limousine) wieder zu arretieren (Rolf Schneider, November 241); **b)** *hintere Bank eines Gestühls in einem Saal o. Ä.:* obwohl einer der Antreiber von der H. ... meinte: »Die liegen in den letzten Zügen« (Spiegel 36, 1982, 21).

Hin|ter|bänk|ler, der; -s, - [wohl nach der (unzutreffenden) Vorstellung, dass die unbedeutenderen Abgeordneten im Parlament weiter hinten sitzen; vgl. engl. backbencher = unbedeutender Abgeordneter (der nicht zur Regierung od. zum Schattenkabinett der Opposition gehört)]: **a)** *jmd., der auf der Hinterbank* (a) *sitzt:* schon ein einfacher Crashversuch mit Dummys zeigt, was mit einem ungesicherten H. passiert (ADAC-Motorwelt 12, 1983, 61); **b)** (Parl. Jargon abwertend): *Abgeordneter, der im Parlament nicht hervortritt:* Dass ein Dollar sechs Rubel wert ist, empfindet der Duma-Hinterbänkler als peinlich genug (Spiegel 32, 1998, 117).

Hin|ter|bänk|le|rin, die; -, -nen: w. Form zu ↑Hinterbänkler.

Hin|ter|bein, das: *eins der beiden hinteren Beine (bei Tieren):* der Hund hebt an jedem Baum das H.; ***sich auf die -e stellen/setzen** (1. ugs.; *sich wehren, sich widersetzen, sich sträuben, Widerstand leisten:* Die Schüler ... stellen sich auf die -e gegen die Betonierung und Zerstörung der Natur [tip 12, 1984, 61]. 2. *sich Mühe geben, sich anstrengen:* wenn er versetzt werden will, muss er sich auf die -e setzen; übertragen von der Verteidigungs- bzw. Angriffsstellung vierbeiniger Tiere wie z. B. des Pferdes od. des Bären).

hin|ter|blei|ben ⟨st. V.; ist⟩ (selten): *(bes. als nächster Angehöriger eines Verstorbenen, als Leidtragender) zurückbleiben:* hinterblieben war eine Familie mit fünf Kindern; ⟨subst.:⟩ der Tod verbindet, das Sterben und Hinterbleiben (Gregor-Dellin, Traumbuch 117).

Hin|ter|blie|be|ne, der u. die; -n, -n ⟨Dekl. ↑Abgeordnete⟩: *(bes. als nächster Angehöriger eines Verstorbenen, als Leidtragender) Zurückgebliebener.*

Hin|ter|blie|be|nen|be|zü|ge ⟨Pl.⟩: vgl. Hinterbliebenenrente.

Hin|ter|blie|be|nen|für|sor|ge, die: *(bes. im Rahmen der Sozialversicherung gewährte) staatliche Fürsorge für Hinterbliebene (bes. Witwen und Waisen).*

Hin|ter|blie|be|nen|pen|si|on, die (österr.): vgl. Hinterbliebenenrente.

Hin|ter|blie|be|nen|ren|te, die: *staatliche Rente für Hinterbliebene (bes. Witwen u. Waisen), die im Rahmen der Sozialversicherung gewährt wird.*

Hin|ter|blie|be|nen|ver|sor|gung, die ⟨o. Pl.⟩: *(staatliche) Versorgung für die Hinterbliebenen eines Beamten od. Soldaten (bes. für Witwen u. Waisen).*

[1]hin|ter|brin|gen ⟨unr. V.; hat⟩: **a)** *jmdn. heimlich u. unauffällig über etw., was ihm eigentlich nicht bekannt werden sollte, in Kenntnis setzen; zutragen:* jmdm. etw. h.; Man hat dem Pfarrer die sonderbare Beziehung Bernadettens zu Madame Millet schon hinterbracht (Werfel, Bernadette 180); ◆ **b)** (landsch.) *[mit]bringen:* ... und jedem von ihnen ein herrliches Geschenk hinterbracht hat (Stifter, Bergkristall 4).

[2]hin|ter|brin|gen ⟨unr. V.; hat⟩: **1.** (ostmd., südd., österr. ugs.) *nach hinten bringen:* sie hat die Sachen hintergebracht. **2.** (ostmd.) *es fertig bringen, etw. hinunterzuschlucken, zu essen od. zu trinken:* keinen Bissen h.

Hin|ter|brin|ger, der: *jmd., der jmdm. etw. [1]hinterbringt.*

Hin|ter|brin|ge|rin, die; -, -nen: w. Form zu ↑Hinterbringer.

Hin|ter|brin|gung, die; -, -en ⟨Pl. selten⟩: *das [1]Hinterbringen.*

Hin|ter|brust, die (Zool.): *dritter, letzter Abschnitt (Ring) der Brust (bei Insekten).*

Hin|ter|bü|cke, die (Turnen): *Hintersprung in Form einer Bücke.*

Hin|ter|büh|ne, die (Theater): **1.** *hinterer Teil der Bühne.* **2.** *rückwärtiger Teil [hinter] der Bühne.*

Hin|ter|darm, der (Zool.): *Enddarm* (2).

Hin|ter|deck, das (Seew.): *hinteres Deck.*

hin|ter|drein ⟨Adv.⟩ [aus ↑hinter u. ↑drein] (veraltend): *hinterher:* Zur Silberhochzeit flog er mit Nelly nach Konstantinopel ..., die Söhne immer h. (Gregor-Dellin, Traumbuch 139); die Kinder waren müde h. gelaufen.

hin|ter|drein|lau|fen ⟨st. V.; ist⟩ (veraltend): *hinterherlaufen.*

hin|te|re, [1]Hin|te|re, der u. die: ↑hinter....

[2]Hin|te|re, der; -n, -n ⟨Dekl. ↑Abgeordnete⟩ [mhd. hinder] (ugs., selten): *Gesäß.*

Hin|ter|eck|ke|gel, der (Kegeln): *hinterster Kegel der Kegelaufstellung.*

hin|ter|ei|nan|der ⟨Adv.⟩: **1.** *einer, eines hinter dem anderen:* sich h. aufstellen; h. hinaufklettern; h. hergehen; h. fahren, gehen, laufen; h. legen, setzen, stellen; Namen, Ziffern h. schreiben; Glühbirnen, Widerstände h. schalten; h. liegen, stehen; Ü zwei Freunde h. bringen (landsch.; *gegeneinander aufbringen*); über die Frage des richtigen Verhaltens sind die beiden h. gekommen (landsch.; *in Streit geraten*). **2.** *unmittelbar aufeinander folgend; nacheinander:* an drei Tagen h.; zweimal h.; acht Stunden h. arbeiten; die Vorträge finden h. statt; da sie jung geheiratet und ihre drei Kinder rasch h. bekommen hatte, waren sie schon aus dem Haus (Danella, Hotel 249).

hin|ter|ei|nan|der brin|gen, hin|ter|ei|nan|der fah|ren, hin|ter|ei|nan|der ge|hen: s. hintereinander (1).

hin|ter|ei|nan|der|her ⟨Adv.⟩: *einer, eines hinter dem anderen her.*

hin|ter|ei|nan|der kom|men, hin|ter|ei|nan|der lau|fen, hin|ter|ei|nan|der le|gen usw.: s. hintereinander (1).

Hin|ter|ei|nan|der|schal|tung, die; -, -en (Technik): *das Hintereinanderschalten; Reihenschaltung.*

hin|ter|ei|nan|der schrei|ben, hin|ter|ei|nan|der set|zen, hin|ter|ei|nan|der ste|hen, hin|ter|ein|an|der stel|len usw.: s. hintereinander (1).

hin|ter|ei|nan|der|weg ⟨Adv.⟩ (ugs.): *ohne Pause, ohne abzusetzen, nacheinander:* etw. h. verzehren, erledigen.

Hin|ter|ein|gang, der: *hinterer, an der Rückseite gelegener Eingang.*

hin|ter|es|sen ⟨unr. V.; hat⟩ (ostmd.): *aufessen, restlos hinunterschlucken.*

Hin|ter|feld, das (Tennis): *hinteres Feld (zwischen Aufschlaglinie u. Grundlinie).*

Hin|ter|feld|ler, der; -s, - (Football): *Spieler mit Verteidigungsaufgaben im Hintergrund des Spielgeschehens.*

Hin|ter|fes|sel, die: *[2]Fessel* (1) *des Hinterbeins.*

Hin|ter|flü|gel, der (Insektenkunde): *hinterer Flügel (bei einem Insekt).*

hin|ter|fot|zig ⟨Adj.⟩ [H. u.] (mundartl., bes. bayr.; sonst derb): *hinterhältig, hinterlistig, unaufrichtig:* die ihm eigene -e Art (Spiegel 21, 1985, 29).

Hin|ter|fot|zig|keit, die; -, -en (mundartl., bes. bayr.; sonst derb): **1.** ⟨o. Pl.⟩ *heimtückische, hinterhältige Art.* **2.** *heimtückische, hinterhältige Äußerung, Handlung.*

hin|ter|fra|gen ⟨sw. V.; hat⟩: *nach den Hintergründen, Voraussetzungen, Grundlagen von etw. fragen:* Voraussetzungen h.; etw. kritisch h.; wir alle müssen unsere eigenen Verhaltensmuster h. (Spiegel 49, 1979, 272); dass der Film ... gesellschaftliche Einrichtungen und Institutionen hinterfragt, Kritik übt (Petersen, Resonanz 119).

Hin|ter|front, die: **1.** *hintere Seite eines Gebäudes, hintere Front.* **2.** (salopp) *Rücken.*

hin|ter|fül|len ⟨sw. V.; hat⟩ (Bauw.): *den Hohlraum hinter, unter etw. mit stabilisierendem Material ausfüllen:* die Befestigung des vorher mit Kies hinterfüllten Bürgersteiges (Bergsträßer Anzeiger 5. 2. 71, 9).

Hin|ter|fül|lung, die: **1.** *das Hinterfüllen.* **2.** *Material, mit dem etw. hinterfüllt ist.*

Hin|ter|fuß, der: *Fuß des Hinterbeins.*

Hin|ter|gas|sen|ke|gel, der (Kegeln): *einer der zwei Kegel vor dem Hintereckkegel.*

Hin|ter|gau|men, der (Med., Phon.): *hinterer, weicherer Gaumen (mit dem Zäpfchen).*

Hin|ter|gau|men|laut, der: *Velar.*

Hin|ter|ge|bäu|de, das: vgl. Hinterhaus.

Hin|ter|ge|dan|ke, der: *unausgesprochene, versteckte Absicht, die einer Äußerung, Handlung zugrunde liegt:* sein H. dabei war, sich der Kontrolle zu entziehen; sie hatte dabei den -n, die Leser zu belehren; er tat es mit dem -n, dadurch einen Vorteil zu erlangen; etw. ohne -n tun, sagen.

[1]hin|ter|ge|hen ⟨unr. V.; hat⟩ [mhd. hindergān, urspr. = einen Feind umgehen u. von hinten anfallen]: **1.** *durch unaufrichtiges Verhalten täuschen, betrügen:* jmdn. h.; er hat seine Frau [mit einer Kollegin] hintergangen *(er hat [mit einer Kollegin] Ehebruch begangen);* sich von jmdm. hintergangen fühlen; Es wird der Zingel AG vorgeworfen, sie ... hintergehe die Öffentlichkeit in einer Art, die »an Frechheit grenze« (Vaterland 27. 3. 85, 35). **2.** (selten) *listig, schlau umgehen:* jmds. Anweisung h. **3.** (selten) *auf die Hintergründe von etw. zurückgehen:* ein Prinzip h.

[2]hin|ter|ge|hen ⟨unr. V.; ist⟩ (ostmd., südd., österr. ugs.): *nach hinten gehen.*

Hin|ter|ge|hung, die; -, -en ⟨Pl. selten⟩: *das [1]Hintergehen.*

Hin|ter|ge|stell, das (ugs. scherzh.): *Gesäß.*

Hin|ter|ge|trei|de, das (Landw.): vgl. Hinterkorn.

[1]hin|ter|gie|ßen ⟨st. V.; hat⟩ (Druckw.): *(Galvanos, Matern o. Ä.) mithilfe des Bleigusses unterlegen.*

[2]hin|ter|gie|ßen ⟨st. V.; hat⟩ (ostmd.): *hinuntergießen* (2): in Eile eine Tasse Kaffee h.

Hin|ter|glas|bild, das: *Hinterglasmalerei* (2).

Hin|ter|glas|ma|le|rei, die: **1.** ⟨o. Pl.⟩ *Kunst der Herstellung von Hinterglasmalereien* (2). **2.** *mit deckenden Farben auf die Rückseite einer durchsichtigen Glasfläche gemaltes Bild.*

Hin|ter|glied, das (Math.): *hinteres Glied* (z. B. eines Verhältnisses).

Hin|ter|glied|ma|ße, die ⟨meist Pl.⟩: *hintere Gliedmaße.*

Hin|ter|grund, der: **1. a)** *hinterer, abschließender Teil des Blickfeldes bzw. des im Blickfeld liegenden Raums, Bereichs (von dem sich die Gegenstände abheben):* ein heller, dunkler H.; der H. der Bühne, des Gemäldes; eine Stimme aus dem H.; im H. sitzen; Ü Sie schickten subalterne Leute ins Kabinett, begnügten sich, aus dem H. zu dirigieren (Feuchtwanger, Erfolg 10); * **jmdn., etw. in den H. drängen** *(in seiner Bedeutung stark zurückdrängen, der Beachtung, des Einflusses berauben):* jmdn., eine Frage, ein Problem in den H. drängen; **jmdn. in den H. spielen** *(jmdn. in den Hintergrund drängen);* **in den H. treten/rücken/geraten** *(stark an Bedeutung, Beachtung verlieren);* **sich im H. halten** *(sich zurückhalten, nicht [öffentlich] in Erscheinung treten [wollen]);* **im H. bleiben** *(nicht [öffentlich] in Erscheinung treten, nicht die Aufmerksamkeit auf sich ziehen [wollen]);* **im H. stehen** *(wenig beachtet werden);* **b)** *begleitender Teil od. Randbereich des Wahrgenommenen, des Erlebten:* der akustische H. **2. a)** ⟨Pl. selten⟩ *die wenig hervortretenden [vorgegebenen] Umstände, Bedin-*

gungen im Zusammenhang mit einer Situation od. einem Geschehen: der gesellschaftliche H.; die Handlung des Theaterstücks hat einen geschichtlichen H. *(beruht auf geschichtlichen Fakten),* spielt auf, vor dem H. der Französischen Revolution; im H. steht der Gedanke, dass sie das schon einmal gesagt hatte; ***im H. haben** (ugs.; *[als Überraschung] in Reserve haben*); **b)** *verborgene Zusammenhänge im Hintergrund* (2a), *die eine Erklärung für etw. enthalten:* Besorgnis erregend ist die Zunahme von Straftaten mit neofaschistischem H. (Freie Presse 30. 12. 89, 3); **3.** ⟨Pl. selten⟩ *Background* (2): Wir erwarten von unserem Verkaufsleiter einen gediegenen theoretischen H. (Presse 30. 3. 84, 17).

Hịn|ter|grund|ge|spräch, das: *Gespräch, in dem die Hintergründe* (2) *von etw. besprochen werden:* selten nur, und dann in vertraulichen -en mit Journalisten, artikuliert sich ... Kritik (Spiegel 52, 1979, 44); der Mord hat politische Hintergründe.

hịn|ter|grün|dig ⟨Adj.⟩: *schwer durchschaubar, aber eine tiefere Bedeutung enthaltend, rätselhaft u. bedeutsam:* ein -es Lächeln; -er Humor; h. fragen, antworten.

Hịn|ter|grün|dig|keit, die; -, -en: **1.** ⟨o. Pl.⟩ *hintergründige Art:* eine ... fantastische Geschichte im Berliner Bauarbeitermilieu mit vielen politischen Ansätzen und ebenso viel H. (NNN 3. 3. 88, 3). **2.** *hintergründige Äußerung.*

Hịn|ter|grund|in|for|ma|ti|on, die: *Information, die den Hintergrund* (2a) *von etw. erhellt:* Die »Tagesthemen« sollen mehr H. bieten (Spiegel 36, 1995, 63); -en benötigen, liefern.

Hịn|ter|grund|mu|sik, die: *als akustischer Hintergrund* (1b) *gedachte untermalende od. einstimmende Musik (bes. in Filmen od. in Räumlichkeiten wie Kaufhäusern, Restaurants usw.).*

Hịn|ter|grund|wis|sen, das: *die Fundierung bes. eines Fachgebietes darstellendes Wissen:* es fehlt ihm das theoretische H.; H. vermitteln.

Hịn|ter|hach|se, die (südd.): *Hachse* (a) *des Hinterbeins.*

hịn|ter|ha|ken ⟨sw. V.; hat⟩ (ugs.): *auf den Grund gehen, genauer nachforschen u. gegebenenfalls eingreifen:* da sollte man h.

Hịn|ter|halt, der; -[e]s, -e [mhd. hinderhalt]: **1.** *Ort, an dem man in feindlicher Absicht auf jmdn. lauert:* im H. lauern, liegen; jmdn. in einen H. locken; in einen H. geraten, fallen; jmdn. aus dem H. beobachten, überfallen; Schüsse aus dem H.; aus dem H. schießen; Ü aus dem, im H. (Sport; *aus, in nur scheinbar ungefährlicher Position, aus der heraus eine überraschende Aktion erfolgt*); ***im H. haben** (ugs.; *in Reserve haben*). **2.** ⟨o. Pl.⟩ (veraltet) **a)** *Zurückhaltung;* **b)** *Rückhalt;* ◆ **c)** *Hintergedanke:* weil sie hinter meinem Betragen immer Geheimnisse sucht und ich keine habe. – So gar keine? – Eh nun! einen kleinen H. (Goethe, Egmont III).

hịn|ter|hal|ten ⟨st. V.; hat⟩ (veraltet): **a)** *zurückhalten; vorenthalten:* ◆ Beraubt er nicht des eignen Bruders Kind und hinterhält ihm sein gerechtes Erbe? (Schiller, Tell II, 2); ◆ **b)** *hinterhältig, verlogen sein:* Ich habe nicht gelernt zu h. (Goethe, Iphigenie IV, 1).

hịn|ter|häl|tig ⟨Adj.⟩: *Harmlosigkeit vortäuschend, aber Böses bezweckend:* ein -er Mensch; ein -es Lächeln, Verhalten; ein -er Mord; die beiden Kriminalbeamten täuschten h. eine Panne ... vor (Prodöhl, Tod 162); Ü Die Treppe ist schäbig, schmal, h. (*ist gefährlich;* Koeppen, Rußland 185).

Hịn|ter|häl|tig|keit, die; -, -en: **1.** ⟨o. Pl.⟩ *das Hinterhältigsein, hinterhältiges Wesen.* **2.** *hinterhältige Handlung.*

Hịn|ter|hand, die: **1. a)** ***in der H. sein/sitzen** (1. Kartenspiel; *als Letzter ausspielen.* 2. *in der Lage sein, als Letzter u. in Kenntnis des Vorausgegangenen zu handeln bzw. sich zu äußern*); **in der H. haben** *(in Reserve haben);* **b)** (Kartenspiel) *Spieler, der in der Hinterhand sitzt.* **2.** *die Hinterbeine mit den Hinterbacken von größeren Säugetieren, bes. Pferden:* Das einzige Pferd, das sich auf die H. stellt, um vom Baum am Rande der Hofkoppel die Blätter zu fressen (Frischmuth, Herrin 13); Sofort drehen sie (= die Reiter) auf der H. um ... und jagen davon (Grzimek, Serengeti 180).

Hịn|ter|haupt, das (bes. Anat., sonst geh.): *Hinterkopf:* auf seinem H. wurde ein dichter, ... weißer Haarkranz sichtbar (Erné, Fahrgäste 243).

Hịn|ter|haupt|bein, Hinterhauptsbein, das: *den hintersten Abschnitt des Schädels bildender Knochen.*

Hịn|ter|haupt|la|ge, Hinterhauptslage, die (Med.): *Lage des Kindes bei der Geburt, bei der das Hinterhaupt zuerst austritt.*

Hịn|ter|haupt|loch, Hinterhauptsloch, das (Anat.): *Öffnung im Hinterhauptbein.*

Hịn|ter|haupts|bein: ↑Hinterhauptbein.

Hịn|ter|haupt|schä|del, Hinterhauptsschädel, der (Anat.): *Schädelabschnitt, der das Hinterhaupt bildet.*

Hịn|ter|haupts|la|ge: ↑Hinterhauptlage.

Hịn|ter|haupts|loch: ↑Hinterhauptloch.

Hịn|ter|haupts|schä|del: ↑Hinterhauptschädel.

Hịn|ter|haus, das: **a)** *Haus im Hinterhof eines an die Straße grenzenden Hauses:* sie wohnten in der Fasanenstraße im dritten H.; **b)** *hinterer Teil eines größeren an der Straße gelegenen Hauses.*

Hịn|ter|haus|woh|nung, die: *Wohnung im Hinterhaus.*

Hịn|ter|hecht, der (Turnen): *Hechtsprung in Form eines Hintersprungs.*

hin|ter|hẹr ⟨Adv.⟩ [aus ↑hinter u. ↑her]: **1.** *hinter jmdm., hinter etw. her; hinter jmdm., etw. in derselben [Bewegungs]richtung:* er voran, die andern h.; die Polizei war ihm h. (ugs.; *verfolgte ihn*); Ü in/mit seinen Leistungen h. sein (ugs.; *zurückgeblieben sein*); scharf h. sein (ugs.; *sich eifrig darum bemühen, sehr darauf bedacht sein*), dass kein Fehler unterläuft. **2.** [auch: ˈ- - -] *nachher, danach:* Natürlich ist man h. immer klüger (Hörzu 6, 1976, 8); Meine Mutter machte Bratkartoffeln ... Und für h. kochte sie einen Grießpudding (Kempowski, Uns 120).

hin|ter|hẹr|bli|cken ⟨sw. V.; hat⟩: *hinter jmdm., einer Sache herblicken.*

hin|ter|hẹr|fah|ren ⟨st. V.; ist⟩: *hinter jmdm., hinter etw. herfahren:* er ist [ihm] hinterhergefahren.

hin|ter|hẹr|ge|hen ⟨unr. V.; ist⟩: *hinter jmdm., hinter etw. hergehen:* sie ist [den Kindern] hinterhergegangen; Die D. ... ging unbekümmert auf den Balkon ihm hinterher (Johnson, Ansichten 92).

hin|ter|hẹr|hin|ken ⟨sw. V.; ist⟩: **1.** *hinter jmdm., hinter etw. hinkend hergehen; hinkend folgen.* **2.** *(zeitlich, in einer Entwicklung, Tätigkeit usw.) zurückbleiben:* der Entwicklung h.; die Landwirtschaft hinkt fast immer hinterher, weil die Industrie das Tempo bestimmt (Gruhl, Planet 145).

hin|ter|hẹr|kle|ckern ⟨sw. V.; ist⟩ (ugs. abwertend): **1.** *zurückbleiben und hinterherkommen:* bei einem Ausflug h. **2.** *sich mit etw. verspäten, mit etw. zu spät kommen:* mit der Erledigung von Aufträgen h.

hin|ter|hẹr|kom|men ⟨st. V.; ist⟩: **1.** *dahinter gegangen, gefahren, geflogen usw. kommen:* an der Spitze fuhren drei Motorräder, die anderen Fahrzeuge kamen hinterher. **2.** *danach kommen, erscheinen, sich zeigen:* wer weiß, was hinterherkommt!

hin|ter|hẹr|lau|fen ⟨st. V.; ist⟩: **1.** vgl. hinterherfahren (1): sie muss dauernd dem Kind h. **2.** *hinterhergehen, -wandern usw.* **3.** (ugs.) *sich in unangemessener Abhängigkeit von seinen Zwecken, Zielen überall eifrig bemühen, jmdn., etw. für sich zu gewinnen:* einem Auftrag h.; er muss seinen Schuldnern, den Außenständen h.; sie gehört ... zu der Sorte Frau, der »die Männer hinterherlaufen« (Schwarzer, Unterschied 73).

hin|ter|hẹr|ren|nen ⟨unr. V.; ist⟩: *hinterherlaufen* (1, 3).

hin|ter|hẹr|ru|fen ⟨st. V.; hat⟩: *hinter jmdm., hinter etw. herrufen.*

hin|ter|hẹr|schi|cken ⟨sw. V.; hat⟩: *hinter jmdm., hinter etw. herschicken:* jmdm. einen Boten h.; Ü er schickte ihm einen Fluch hinterher.

hin|ter|hẹr|schrei|en ⟨st. V.; hat⟩: *hinter jmdm., hinter etw. herschreien:* jmdm. Schimpfwörter h.

hin|ter|hẹr sein: s. hinterher (1).

hin|ter|hẹr|spi|o|nie|ren ⟨sw. V.; hat⟩: *jmdn. beobachten, um etw. über ihn herauszubekommen:* Lass mir halt gleich h., sonst glaubst du mir heut Abend nicht (Fels, Sünden 80).

hin|ter|hẹr|tra|gen ⟨st. V.; hat⟩: *hinter jmdm., hinter etw. hertragen:* [jmdm.] etw. h.

hin|ter|hẹr|wer|fen ⟨st. V.; hat⟩: *nachwerfen* (1, 2).

Hịn|ter|hirn, das (Anat.): *(bei Wirbeltieren) hinterster Abschnitt des Gehirns.*

Hịn|ter|hof, der: *von Hinterhäusern ein-*

geschlossener engerer Hof [mit wenig Sonne u. wenig Grün]: düstere Hinterhöfe; das Milieu der Berliner Hinterhöfe; Mutter ... das bloße Wort ... erinnert ihn an seine Jugend in Hinterhöfen (Zwerenz, Erde 33).

Hịn|ter|hof|be|grü|nung, die: *Begrünung* (1) *von Hinterhöfen.*

Hịn|ter|huf, der: *Huf des Hinterbeins.*

Hịn|ter|in|di|en; -s: südöstliche Halbinsel Asiens.

Hịn|ter|kan|te, die: *hintere Kante von etw.*

Hịn|ter|kap|pe, die: *hintere Kappe (bes. am Schuh).*

Hịn|ter|kas|tell, das (salopp): *Gesäß.*

hịn|ter|kau|en ‹sw. V.; hat› (ostmd.): *kauen u. hinunterschlucken.*

Hịn|ter|ke|gel, der (Kegeln): *einer der vier hinter den drei Vorderkegeln stehenden Kegel.*

Hịn|ter|keu|le, die (Kochk.): *Keule vom Hinterbein.*

Hịn|ter|kie|mer, der (Zool.): *Meerestier, das zu einer Überordnung der Schnecken gehört, bei der die Kieme hinter dem Herzen liegt.*

hịn|ter|kip|pen ‹sw. V.; hat› (ostmd.): *hinunterkippen* (1 b).

Hịn|ter|kip|per, der (Kfz-T.): *Kipper mit nach hinten kippbarem Wagenkasten.*

Hịn|ter|kopf, der: *hinterer Teil des Kopfes:* auf den H. fallen; keinen (ugs.; *einen flachen*) H. haben; sie hat einen musikalischen *(runden, schön gewölbten)* H.; Sein Kopf ist nahezu kahl geschoren, damit man am H. die ... Messernarbe erkennen kann (Degener, Heimsuchung 102); Ü »Gemacht« werden Bücher immer auch mit der Firmenbilanz im H. *(im Bewusstsein;* MM 30. 12. 87, 3); * **etw. im H. haben/behalten** *(als Wissen, [wichtige] Erinnerung, unausgesprochene Voraussetzung im Bewusstsein haben, behalten):* Ist es das, was der SPD-Vorsitzende im H. hat, eine Weichenstellung in Richtung diplomatischer Anerkennung? (MM 4. 11. 80, 2).

Hịn|ter|korn, das (Landw.): *bei der mechanischen Getreidesortierung abfallendes minderwertiges Korn der geringsten Körnergröße.*

Hịn|ter|la|der, der: **1.** (Waffent.) *Feuerwaffe, die vom hinteren Ende des Laufs od. Rohres her geladen wird.* **2.** (veraltet) *Kinderhose mit aufknöpfbarer hinterer Klappe.*

Hịn|ter|la|ge, die; -, -n [zu ↑hinterlegen 1] (schweiz.): *Faustpfand.*

Hịn|ter|land, das ‹o. Pl.›: *um einen zentralen Ort herum od. hinter einer wichtigen Grenzlinie liegendes Land (bes. in seiner geographischen, verkehrsmäßigen, wirtschaftlichen, kulturellen, politischen od. militärischen Abhängigkeitsbeziehung zu diesem Ort, zu dieser Linie):* das Problem der hohen Güterverkehrstarife im Hamburger H. (Hamburger Abendblatt 21. 5. 85, 3); das H. einer Stadt, einer Küste; Nachschub aus dem H. an die Front bringen.

¹hin|ter|lạs|sen ‹st. V.; hat›: **1. a)** *nach dem Tode zurücklassen:* eine Frau und vier Kinder h.; viele Schulden h.; hinterlassene *(nachgelassene)* Schriften; **b)** *nach dem Tode als Vermächtnis, Erbe überlassen:* Das Vermögen, das sein Vater ihm hinterlassen hatte (Th. Mann, Buddenbrooks 56). **2. a)** *beim Verlassen eines Ortes zurücklassen:* ein Zimmer in großer Unordnung h.; **b)** *beim Verlassen eines Ortes zur Kenntnisnahme zurücklassen:* [jmdm., für jmdn.] eine Nachricht h.; er hinterließ [auf einem Zettel], dass er bald wiederkomme; ich habe seinem Diener hinterlassen, was er sagen soll (Frisch, Cruz 42); Das Zimmer war aufgeräumt und leer ... Er sah sich um. Sie hatte nichts hinterlassen (Remarque, Triomphe 115). **3.** *durch vorausgehende Anwesenheit, Einwirkung verursachen, hervorrufen; als Wirkung zurücklassen:* im Sand Spuren h.; [bei jmdm.] einen guten Eindruck h.; Bei niemandem hinterließen diese Worte eine größere Verlegenheit als bei dem Redner selbst (Strauß, Niemand 83); die hintere Stoßstange ... streifte den linken Kotflügel des Mercedes und hinterließ einen Kratzer (Remarque, Triomphe 388).

²hịn|ter|las|sen ‹st. V.; hat› (ostmd., südd., österr. ugs.): *nach hinten gehen, kommen, fahren usw. lassen:* lass mich mal hinter!

Hin|ter|lạs|se|ne, der u. die; -n, -n ‹Dekl. ↑Abgeordnete› (schweiz.): *Hinterbliebene[r].*

Hin|ter|lạs|sen|schaft, die; -, -en: **1.** *von einem Verstorbenen (z. B. als Vermächtnis, Erbe) Hinterlassenes:* * **jmds. H. antreten** (1. *jmds. Erbschaft antreten.* 2. ugs. scherzh.; *die von jmdm. verlassene Stelle, zurückgelassene unvollendete Arbeit o. Ä. übernehmen*). **2.** (geh.) *beim Verlassen eines Ortes Zurückgelassenes; Hinterlassenes:* die gewaltigen Steinquader, die wie ein Stück urzeitlicher H. wirken (Fest, Im Gegenlicht 289); der Campingplatz war besät mit den -en *(dem zurückgelassenen Unrat)* früherer Camper; Vögel fressen zur Verdauungshilfe Sand mit, der sich dann ... auch in ihrer H. *(ihrem Kot)* wieder findet (ADAC-Motorwelt 8, 1984, 5).

Hin|ter|lạs|sung, die; - (Papierdt.): *das Hinterlassen:* unter H. von Schulden.

hin|ter|las|tig ‹Adj.›: *(von Schiffen, Flugzeugen) hinten stärker belastet als vorne.*

Hịn|ter|lauf, der (Jägerspr.): *(beim Haarwild, bei Haushund u. Hauskatze) Hinterbein.*

hin|ter|lau|fen ‹st. V.; hat› (Ballspiele): *hinter die gegnerische Abwehr o. Ä. laufen, um ungedeckt spielen zu können.*

¹hin|ter|le|gen ‹sw. V.; hat›: **1.** *in [amtliche] Verwahrung geben, gesichert aufbewahren lassen:* etw. als Pfand h.; eine Kaution h.; Geld, Wertpapiere h. (Rechtsspr.; *vonseiten des Schuldners als Sicherheit bzw. zur Erfüllung einer Schuld in öffentliche Verwahrung geben*); den Schlüssel beim Hausmeister h. **2.** (selten) *unterlegen:* etw. mit etw. h.

²hịn|ter|le|gen ‹sw. V.; hat› (ostmd., südd., österr., ugs.): *nach hinten legen.*

Hin|ter|le|ger, der; -s, - (Rechtsspr.): *jmd., der etw. hinterlegt.*

Hin|ter|le|ge|rin, die; -, -nen (Rechtsspr.): w. Form zu ↑Hinterleger.

Hin|ter|le|gung, die; -, -en: *das Hinterlegen.*

hin|ter|le|gungs|fä|hig ‹Adj.› (Rechtsspr.): *zu den Wertsachen gehörend, die zwecks Befreiung von einer Schuld hinterlegt werden können.*

Hin|ter|le|gungs|gel|der ‹Pl.› (Rechtsspr.): vgl. Hinterlegungssumme.

Hin|ter|le|gungs|schein, der: *Schein, Quittung zur Bestätigung einer Hinterlegung.*

Hin|ter|le|gungs|stel|le, die: *[gerichtliche, amtliche] Stelle, bei der etw. hinterlegt werden kann.*

Hin|ter|le|gungs|sum|me, die (Rechtsspr.): *hinterlegte Summe.*

Hịn|ter|leib, der: *(bes. bei Insekten) hinterer Teil (dritter Hauptabschnitt) des Leibes.*

Hịn|ter|leibs|seg|ment, das (Zool.): *Abschnitt des Hinterleibs.*

hin|ter|letzt... ‹Adj.› (salopp): *äußerst schlecht, hässlich, geschmacklos:* man kann nicht ohne weiteres aus der hinterletzten Rumpelkammer einen idealen Weinkeller machen.

Hịn|ter|lin|se, die (Fot.): *hintere Linse im Objektiv.*

Hịn|ter|list, die ‹Pl. selten› [mhd. hinderlist = Nachstellung]: *Wesen, Verhalten, das von dem Streben bestimmt ist, jmdm. heimlich, auf versteckte Weise, auf Umwegen zu schaden:* voller H. sein, sprechen; etw. für eine H. *(hinterlistige Handlung, Äußerung)* halten.

hịn|ter|lis|tig ‹Adj.› [mhd. hinderlistec = nachstellend]: *voller Hinterlist:* ein -er Mensch; Ich habe ein Tonbandgerät gekauft, um eure Gespräche aufzunehmen ... Das ist h., ich weiß (Frisch, Gantenbein 413); jmdn. h. betrügen.

Hịn|ter|lis|tig|keit, die: **1.** ‹o. Pl.› *das Hinterlistigsein, hinterlistiges Wesen.* **2.** *hinterlistige Handlung.*

hịn|term ‹Präp. + Art.› (in festen Verbindungen o. Ä.; sonst ugs.): *hinter dem.*

Hịn|ter|mann, der ‹Pl. ...männer›: **1. a)** *(in einer Reihe, [An]ordnung) jmd. (auch Schiff, Wagen usw.), der hinter jmdm. sitzt bzw. steht, fährt usw.:* mein, dein H.; H.! (Ballspiele; *Vorsicht, hinter dir, hinter diesem Spieler steht ein gegnerischer Spieler!*); **b)** ‹Pl.› *(bei einigen Ballspielen) Abwehrspieler.* **2.** *heimlicher Gewährsmann.* **3.** ‹meist Pl.› *jmd., der eine fragwürdige od. verwerfliche Aktion aus dem Hintergrund lenkt:* die Hintermänner des Putsches; nur keine schlafenden Hunde wecken mit Enthüllungsgeständnissen über Mittäter, Auftraggeber oder gar Hintermänner (Prodöhl, Tod 107). **4.** (Finanzw.) *späterer Wechselinhaber.*

Hịn|ter|mann|schaft, die (Ballspiele): *der Teil der Mannschaft, der hauptsächlich Abwehraufgaben zu erledigen hat.*

hin|ter|mau|ern ‹sw. V.; hat› (Bauw.): *durch Mauerung auf der Rückseite befestigen, verstärken:* eine Wand h.

Hin|ter|mau|e|rung, die; -, -en (Bauw.): **1.** *das Hintermauern.* **2.** *durch Hintermauern hergestellte Befestigung, Rückwand.*

hin|tern ⟨Präp. + Art.⟩ (in festen Verbindungen o. Ä.; sonst ugs.): *hinter den.*

Hin|tern, der; -s, - [mhd. hinder(e), zu ↑²Hintere; das -n stammt aus den gebeugten Fällen] (ugs.): *Gesäß:* ein breiter, dicker H.; dass auch ein hübscher H. vergleichsweise platt wirkt, wenn er auf einen Stuhl platziert wird (Spiegel 7, 1999, 114); den H. zusammenkneifen; sich den H. wischen; einem Kind den H. [aus]putzen; jmdm. den H. verhauen, versohlen, voll hauen; den H. voll [gehauen] bekommen; jmdm. ein paar *(ein paar Schläge)* auf den H. geben; sich auf seinen H. setzen (salopp verstärkend; *sich hinsetzen*) [und lernen]; auf den H. fallen; jmdm./jmdn. in den H. treten; jmdn. in den H. kneifen; mit dem H. wackeln; ***sich in den H. beißen [können]** (salopp; ↑Arsch): Ich könnt' mich noch heute in den H. beißen, dass ich damals nicht meinen Meister gemacht ... habe (Chotjewitz, Friede 127); **sich mit etw. den H. [ab]wischen können** (derb; *etw., bes. Papiere o. Ä., besitzen, was sich als völlig wertlos herausgestellt hat*): mit diesen Aktien kannst du dir den H. wischen; Mit dem Hallenser Rundschreiben konnte er sich den H. abwischen (Bieler, Bär 144); **den H. betrügen** (salopp scherzh.; *sich erbrechen*); **alles an den H. hängen** (salopp; *sein ganzes Geld für Kleidung ausgeben*); **jmdm. an den H. wollen** (salopp; *jmdm. etw. Schlimmes antun, zufügen wollen, jmdn. zu etw. Unangenehmem, Schlimmem heranziehen wollen*); **sich auf den H. setzen** (salopp; 1. *fleißig lernen, arbeiten o. Ä.:* du musst dich eben auf den H. setzen, wenn du die Prüfung schaffen willst. 2. *aufs Gesäß fallen.* 3. *völlig überrascht sein*); **jmdm. in den H. kriechen/**(seltener:) **jmdm. den H. lecken** (derb; ↑Arsch); **jmdm./jmdn. in den H. treten** (salopp; *jmdn. grob, rücksichtslos behandeln, z. B. um ihn an etw. zu erinnern, in Schwung zu bringen bzw. zu etw. zu veranlassen*); **jmdm. mit dem [nackten] H. ins Gesicht springen** (derb; *jmdm. ins Gesicht springen;* ↑Gesicht 1): Der Deutsche leckt dir entweder die Stiefel, oder er springt dir mit dem nackten H. ins Gesicht (Kirst, 08/15, 895).

Hin|tern|be|trü|ger, der (salopp scherzh.): *Arschbetrüger.*

Hin|ter|par|tie, die (ugs.): *hintere Körperpartie (Gesäß [u. Rücken]).*

Hin|ter|pau|sche, die (Turnen veraltet): *rechte Pausche des Pauschenpferdes.*

Hin|ter|per|ron, der (veraltet): *hintere Plattform (bei Straßenbahnwagen usw.).*

Hin|ter|pfor|te, die: *Pforte auf der Rückseite eines Gebäudes o. Ä.*

Hin|ter|pfo|te, die: *Pfote des Hinterbeins.*

Hin|ter|pran|ke, die: *Pranke des Hinterbeins eines Raubtiers.*

Hin|ter|quar|tier, das (ugs.): *Hinterviertel* (1).

Hin|ter|rad, das: *hinteres Rad, Rad an der Hinterachse eines Fahrzeugs:* das H. des Fahrrades, Motorrades; das linke H. des Wagens.

Hin|ter|rad|ach|se, die: *Achse des Hinterrads, der Hinterräder; Hinterachse.*

Hin|ter|rad|an|trieb, der: *Heckantrieb.*

Hin|ter|rad|auf|hän|gung, die: *Aufhängung des Hinterrades an Kraftfahrzeugen.*

Hin|ter|rad|brem|se, die: *Bremse, die auf das Hinterrad bzw. die Hinterräder wirkt.*

Hin|ter|rad|fah|rer, der (Radsport): *Fahrer, der sich dicht am Hinterrad eines vor ihm Fahrenden u. damit in dessen Windschatten hält.*

Hin|ter|rad|ga|bel, die: *Gabel* (3 c) *des Hinterrades.*

Hin|ter|rei|fen, der: *Reifen des Hinterrads.*

hin|ter|rücks ⟨Adv.⟩ [spätmhd. hinterrucks (2. Bestandteil = alter Gen. von ↑Rücken)] (abwertend): **1.** *überraschend, heimtückisch von hinten:* jmdn. h. überfallen, erschießen. **2.** (veraltend) *ohne Wissen, hinter dem Rücken des Betroffenen:* jmdn. h. verleumden; Unrat, der sich von den Schülern h. angefeindet ... wusste (H. Mann, Unrat 9).

hin|ters ⟨Präp. hinter + Art. das⟩ (in festen Verbindungen o. Ä.; sonst ugs.): *hinter das.*

Hin|ter|sass, der; -en, -en, (schweiz.:) **Hin|ter|säss, Hin|ter|sas|se,** der [mhd. hindersæȝe, ↑¹Sasse] (hist.): **a)** *von einem Grundherrn abhängiger u. rechtlich vertretener Bauer:* die Hintersassen eines Feudalherrn; **b)** (früher) *Schutzbürger, der auf dem Grund des Vollbürgers einer Stadt ein Haus besitzt u. kein od. nur ein geringes Anrecht an der Allmende hat;* **c)** (schweiz.) *[zugezogener] Einwohner ohne Bürgerrecht.*

Hin|ter|sas|sen|gut, das: *Bauerngut eines Hintersassen* (1 a).

Hin|ter|satz, der: **1.** (Sprachw.) *auf einen Bedingungssatz (Vordersatz) bezogener, nachfolgender Hauptsatz.* **2.** (Logik) *von einem vorausgehenden bedingenden Satz eingeschlossener Satz.* **3.** (Logik) *Schlusssatz im Syllogismus.*

Hin|ter|schiff, das: *hinterer Teil des Schiffs.*

Hin|ter|schin|ken, der: vgl. Schinken (1).

hin|ter|schlin|gen ⟨st. V.; hat⟩ (landsch.): *hinunterschlingen.*

hin|ter|schlu|cken ⟨sw. V.; hat⟩ (landsch.): *hinunterschlucken.*

Hin|ter|sei|te, die: **1.** *hintere Seite, Rückseite:* auf der H. **2.** (ugs.) *Gesäß.*

Hin|ter|sinn, der: **1.** *hintergründiger Sinn, tiefere Bedeutung.* **2.** *geheimer bzw. unausgesprochener Nebensinn, Doppelsinn:* etw. ohne H. sagen.

hin|ter|sin|nen, sich (st. V.; hat) (südd., schweiz. veraltend): *grübeln, schwermütig werden.*

hin|ter|sin|nig ⟨Adj.⟩ [1: zu Hintersinn; 2: zu veraltet alemann. hintersinnen = wahnsinnig werden, eigtl. = nachdenken, grübeln]: **1. a)** *mit Hintersinn, voller Hintersinn* (1): eine -e Erzählung; eine ... -e Komödie über die Stellung der intellektuellen Frau in der amerikanischen Gesellschaft (NZZ 27. 1. 83, 7); **b)** *einen Hintersinn* (2) *enthaltend, ausdrückend:* eine -e Bemerkung. **2.** (veraltend) *schwermütig, wahnsinnig.*

Hin|ter|sin|nig|keit, die; -, -en: **1.** ⟨o. Pl.⟩ *hintersinnige Art.* **2.** *hintersinnige Äußerung.*

Hin|ter|sitz, der: *Rücksitz.*

Hin|ter|spie|ler, der: **1.** (Ballspiele) *hinter den eigenen Angriffsspielern etwas zurückbleibender Spieler, der den Angriff aufbaut u. Gegenangriffe stören soll.* **2.** (Faustball) *einer der im hinteren Teil der Spielhälfte stehender Spieler.*

Hin|ter|spie|le|rin, die: w. Form zu ↑Hinterspieler.

Hin|ter|sprung, der (Turnen veraltet): *Pferdsprung in Längsrichtung, bei dem man die Hände auf dem zugewandten (= hinteren) Ende des Gerätes aufsetzt.*

hin|terst...: ↑hinter....

Hin|ters|te, der; -n, -n ⟨Dekl. ↑Abgeordnete⟩ (ugs., seltener): *Gesäß.*

Hin|ter|ste|ven, der: **1.** (Seemannsspr.) *hinterer Steven.* **2.** (landsch. scherzh.) *Gesäß.*

Hin|ter|stüb|chen, das: Vkl. zu ↑Hinterstube.

Hin|ter|stu|be, die: vgl. Hinterzimmer.

Hin|ter|stütz, der (Turnen): *Stütz in Form eines Hintersprungs.*

Hin|ter|teil, das: **1.** (ugs.) *Gesäß; hinterer Körperteil:* aufs H., auf sein H. fallen; Seine ... Haltung und sein kostbarer Frack ließen es übersehen, dass er entschieden zu fett war, vor allem in der Hüftengegend und am H. (K. Mann, Mephisto 24); Dorfrichter Adam ... klopft den Mägden aufs H. (Hörzu 50, 1990, 6). **2.** ⟨veraltet auch: der⟩ (selten) *hinterer Teil.*

Hin|ter|tref|fen, das [eigtl. der beim Kampf (Treffen) hinten stehende Teil des Heeres ohne Anteil an den Vergünstigungen im Falle eines Sieges] (ugs.): in den Wendungen **ins H. geraten/kommen** *(im Vergleich, im Wettbewerb o. Ä. in eine ungünstige Lage geraten, kommen):* Alle traditionellen Tätigkeiten des Menschen, aber besonders der Ackerbau, geraten hoffnungslos ins H. (Gruhl, Planet 64); In Locarno will man nicht ins H. kommen, sondern Start- und Landemöglichkeiten für Geschäftsflüge schaffen (NZZ 20. 8. 83, 22); **im H. sein/sich im H. befinden** *(im Vergleich, im Wettbewerb o. Ä. in einer ungünstigen Lage sein; im Nachteil sein);* **jmdn., etw. ins H. bringen** *(bewirken, dass jmd., etw. im Vergleich, im Wettbewerb in eine ungünstige Lage gerät).*

hin|ter|trei|ben ⟨st. V.; hat⟩: *es heimlich u. mit zweifelhaften od. unlauteren Mitteln darauf anlegen, dass etw. nicht zur Ausführung gelangt:* einen Plan, eine Heirat, eine Einigung der Partner, jmds. Maßnahmen h.; Die Welt wird sich wundern, wenn Sie eine Verfügung Ihres Präsidenten hintertreiben! (Erich Kästner, Schule 28).

Hin|ter|trei|bung, die; -, -en: *das Hintertreiben.*

Hin|ter|trep|pe, die: *Treppe, die zum Hintereingang hinauf-, hinabführt:* die H. benutzen; heimlich über die H. kommen; Ü (abwertend:) die Politik, Weltgeschichte von der H. aus betrachten, beurteilen; sich jmdm. überlegen fühlen, der solche -n *(Umwege, Schleichwege)* braucht.

Hịn|ter|trep|pen|ge|flüs|ter, das (abwertend): *[heimliches] Gerede im Treppenhaus bzw. unter Hausbewohnern.*

Hịn|ter|trep|pen|han|del, der (selten): *Schleichhandel:* Zwanzigtausend Kronen ... ist sein (= eines Diamanten) Wert – im H. (Jahnn, Geschichten 183).

Hịn|ter|trep|pen|li|te|ra|tur, die: vgl. Hintertreppenroman: Sobald jedoch Klaus Mann die Grenzen des Selbstbeobachteten überschreitet, gerät er rasch in die Gefilde ... der puren H. (Reich-Ranicki, Th. Mann 197).

Hịn|ter|trep|pen|po|li|tik, die (abwertend): *ränkevolle Politik ohne Weitblick.*

Hịn|ter|trep|pen|ro|man, der [viell. weil Romane dieser Art früher von den Dienstboten eines Hauses heimlich an der Hintertreppe, am Dienstboteneingang gekauft wurden] (abwertend): *für ein anspruchsloses Publikum bestimmter Unterhaltungsroman von literarisch geringer Qualität; Schundroman.*

hịn|ter|trin|ken ⟨st. V.; hat⟩ (ostmd.): *trinkend hinunterschlucken.*

Hịn|ter|tü|cker, der; -s, - (landsch.): *hinterlistiger, tückischer Mensch.*

hịn|ter|tü|ckisch ⟨Adj.⟩ (landsch.): *hinterlistig u. tückisch.*

Hịn|ter|tụp|fin|gen ⟨erfundener Ortsn.⟩ (ugs. spött.): *[irgendein] kleiner, abgelegener Ort.*

Hịn|ter|tür, die: **1.** *hintere [Eingangs]tür (bes. eines Hauses, Gebäudes):* Sollen wir also durch die H. verschwinden? (Danella, Hotel 18); Ü durch die H. wieder hereinkommen *(nach einer Abweisung hartnäckig bleiben u. auf unüblichen od. versteckten Wegen od. Umwegen [immer wieder] [auf etw.] zurückkommen);* Durch tausend ... -en verschaffte er sich Zugang zu ihrem Leben (Meckel, Suchbild 89). **2.** *versteckte Möglichkeit, etw. auf nicht [ganz] einwandfreien Wegen u. Umwegen zu erreichen, sich einer Sache zu entziehen:* die -en der Buchführung; ***durch die/durch eine H.** *(auf versteckten, nicht [ganz] einwandfreien Wegen u. Umwegen; auf Schleichwegen):* Wie wollen Sie eigentlich ausschließen, dass dort nicht durch die H. die Gewissensprüfung wieder eingeführt wird? (Spiegel 51, 1981, 54); **sich** ⟨Dat.⟩ **eine H. offen halten, offen lassen** *(sich eine versteckte od. nicht [ganz] einwandfreie Möglichkeit des Rückzugs, eine Ausflucht offen halten).*

Hịn|ter|tür|chen, das: Vkl. zu ↑Hintertür (2).

Hịn|ter|vier|tel, das: **1.** (ugs.) *Gesäß.* **2.** *das Hinterteil u. die Schenkel (bes. beim Schlachtvieh).*

Hịn|ter|wäld|ler, der; -s, - [LÜ von engl. backwoodsman, eigtl. Bezeichnung für die Ansiedler im Osten Nordamerikas jenseits des Alleghenygebirges] (spött.): *weltfremder, rückständiger [u. bäurischer] Mensch:* Wir sitzen wie die H. in diesem gottverlassenen Institut (Springer, Was 41).

Hịn|ter|wäld|le|rin, die; -, -nen (spött.): w. Form zu ↑Hinterwäldler.

hịn|ter|wäld|le|risch ⟨Adj.⟩ (spött.): *in der Art eines Hinterwäldlers:* Die Brüder ... lachten zuweilen über die -e Mutter (Ruthe, Partnerwahl 118).

Hịn|ter|wal|zer, der (Metallbearb.): *Arbeiter, der hinter der Walze das bearbeitete Material aufnimmt.*

Hịn|ter|wand, die: *hintere Wand von etw.*

hịn|ter|wärts ⟨Adv.⟩ [spätmhd. hinderwarts, mhd. hinderwert] (veraltet): *[nach] hinten.*

[1]hịn|ter|zi̱e|hen ⟨unr. V.; hat⟩: *(bes. amtliche Abgaben) nicht zahlen bzw. nicht abliefern u. unterschlagen:* Steuern h.

[2]hịn|ter|zie|hen ⟨unr. V.⟩ (ostmd., südd., österr. ugs.): **1.** *nach hinten ziehen* ⟨hat⟩: jmdn., etw. h. **2.** *(von vorn) nach hinten umziehen* ⟨ist⟩: er musste h. (z. B. in ein hinteres Zimmer).

Hin|ter|zi̱e|her, der; -s, -: *jmd., der etw. [1]hinterzieht.*

Hin|ter|zi̱e|he|rin, die; -, -nen: w. Form zu ↑Hinterzieher.

Hin|ter|zi̱e|hung, die; -, -en: *das [1]Hinterziehen:* er wurde angeklagt wegen H. von Steuern.

Hịn|ter|zim|mer, das: **1.** *nach hinten [hinaus] liegendes Zimmer.* **2.** *separates [hinteres] Gastzimmer, in das man durch ein anderes Gastzimmer gelangt.* **3.** *privates Nebenzimmer, hinteres Zimmer (bes. hinter dem Ladenraum, hinter der Gaststube o. Ä.):* In den -n der Stäbe ... tuschelten die Militärs über den Einzelgänger (Spiegel 34, 1978, 72).

Hịn|ter|zun|gen|vo|kal, der (Phon.): *mit der hinteren Zunge gebildeter Vokal.*

Hịn|ter|zwie|sel, der (Reiten): *hinterer Zwiesel.*

hịn|ti|schen ⟨sw. V.; hat⟩ (schweiz.): *tischen.*

hịn|tra|gen ⟨st. V.; hat⟩: vgl. hinbringen (1 a): etw. zu jmdm. h.

hịn|trei|ben ⟨st. V.⟩: **1.** ⟨hat⟩ **a)** *zu einer bestimmten Stelle treiben:* die Strömung treibt das Wrack zum Ufer hin; **b)** *jmdn. bewegen, veranlassen, irgendwohin zu gehen, sich mit jmdm. od. etw. Bestimmtem näher zu befassen o. Ä.:* die Sehnsucht trieb ihn zu ihr hin; ⟨unpers.:⟩ es trieb ihn immer wieder hin. **2.** *treibend [da]hinbewegen (über, an usw.)* ⟨hat⟩: der Wind treibt die Blätter über die Straße hin; Ü Ich frage mich immer wieder, wo die Menschheit hintreibt (Wiechert, Jeromin-Kinder 867). **3.** *sich treibend hinbewegen* ⟨ist⟩: das Floß ist langsam [zum Ufer] hingetrieben.

hịn|tre|ten ⟨st. V.⟩: **1.** *[in bestimmter Erwartung, mit bestimmter Absicht] an eine Stelle bzw. vor jmdn./zu jmdm. treten* ⟨ist⟩: näher [zum Ufer] h.; Junge, pass doch auf, wo du hintrittst (Chotjewitz, Friede 42); [mit einer Frage] vor jmdn. h. **2.** *gegen etw. Bestimmtes treten; zutreten* ⟨hat⟩: fest h.

Hịn|tritt, der; -[e]s [wohl nach der Vorstellung bes. der christlichen Religion, dass der Tote vor Gott als Richter hintreten muss] (veraltet): *Tod, Sterben:* die ... Diskretion hatte gewollt, dass er zu spät von Karens H. erfahren hatte (Th. Mann, Zauberberg 622).

hint|ü̱ber ⟨Adv.⟩: ↑hintenüber.

hint|ü̱ber-: ↑hintenüber-.

hịn|tun ⟨unr. V.; hat⟩ (ugs.): *an eine bestimmte Stelle legen, stellen usw.;* vgl. *hin* (II): wo soll ich das Buch h.?; tu die Sachen wieder hin, wo du sie hergeholt hast!; Die Großtante muss das Pferd, das sie ... herauspflegte, hergeben, und es wird ihr aufs Neue ein Tier hingetan, das kaum mehr laufen kann (Strittmatter, Der Laden 67); Ü wo soll ich ihn bloß h. *(woher kenne ich ihn bloß)*?

hịn|tup|fen ⟨sw. V.; hat⟩: *tupfend an einer bestimmten Stelle erzeugen, bes. tupfend hinmalen:* zart hingetupfte Wolken; eine Frühlingslandschaft, wie hingetupft.

hi|nü̱|ber ⟨Adv.⟩ [aus ↑hin u. ↑über]: **1.** *[von dieser Seite, Stelle] [über jmdn., etw.] nach [dort] drüben:* h. zur anderen, auf die andere Seite!; sich nach rechts h. erstrecken; h. und herüber; der Lärm schallte bis h. [ans andere, zum anderen Ufer]; weit in der Ferne nach rechts h. rote Leuchtkugeln, die als Panzerwarnung verschossen wurden (Kuby, Sieg 241); sie ist gerade h. (ugs.; *nach drüben gegangen, gefahren*) zu ihm; Ü ein Problem, das [bis] h. in die Philosophie reicht. **2.** (ugs.) **a)** *gestorben, tot:* der Hund ist h.; ein Schlag und du bist h.!; **b)** *zugrunde gerichtet:* die Firma, dieser Politiker ist endgültig h.; **c)** *durch starke Beschädigung od. Abnutzung nicht mehr brauchbar:* die Vase, die Tasche ist h.; Manche (= Autoreifen) sind schon nach 30 000 km h. (ADAC-Motorwelt 10, 1984, 20); **d)** *verdorben:* die Wurst ist h.; **e)** *eingeschlafen od. ohne Bewusstsein:* sie war h. und schnarchte selig; **f)** *schwer betrunken:* nach dem zehnten Glas war er völlig h.; **g)** *von Leidenschaft, Begeisterung ergriffen:* wir waren von der Musik völlig h.

hi|nü̱|ber|be|för|dern ⟨sw. V.; hat⟩: vgl. hinüberbringen.

hi|nü̱|ber|be|ge|ben, sich ⟨st. V.; hat⟩: *sich nach drüben begeben:* sich [zu jmdm., in ein anderes Zimmer] h.

hi|nü̱|ber|be|mü|hen ⟨sw. V.; hat⟩: **1.** *nach drüben bemühen:* darf ich Sie [in den Saal] h.? **2.** ⟨h. + sich⟩ *sich nach drüben bemühen.*

hi|nü̱|ber|beu|gen ⟨sw. V.; hat⟩: *über jmdn., etw. nach drüben beugen:* sich [zu, nach jmdm.] h.; sich, den Oberkörper über die Brüstung h.

hi|nü̱|ber|bit|ten ⟨st. V.; hat⟩: *bitten, [mit] hinüberzukommen:* kann, darf ich Sie zu mir h.?

hi|nü̱|ber|bli|cken ⟨sw. V.; hat⟩: *nach drüben blicken:* Ich blickte erschrocken zu der jungen Dame hinüber (Salomon, Boche 72); Abel blickte nach der weißen Muschelbank hinüber (Hausmann, Abel 35).

hi|nü̱|ber|brin|gen ⟨unr. V.; hat⟩: *[über etw. hinüber] nach drüben bringen:* jmdn. [über die Straße, zum anderen Ufer] h.

hi|nü̱|ber|däm|mern ⟨sw. V.; ist⟩: **1.** *im Dämmerzustand langsam einschlafen:* er dämmerte in einen Traum hinüber (Hausmann, Abel 74). **2.** (geh.) *im Dämmerzustand langsam sterben:* still h.

hi|nü̱|ber|drin|gen ⟨st. V.; ist⟩: *nach drüben dringen.*

hi|nü|ber|dür|fen ‹unr. V.; hat› (ugs.): **1.** *hinübergehen, -kommen, -fahren usw. dürfen.* **2.** *hinübergebracht, -gesetzt, -gestellt usw. werden dürfen:* darf der Koffer hinüber [ins andere Zimmer]?

hi|nü|ber|ei|len ‹sw. V.; ist›: *nach drüben eilen.*

hi|nü|ber|fah|ren ‹st. V.›: **1.** *nach drüben fahren* ‹ist›: [über die Grenze] nach Frankreich h.; »Wenn wir nach Rügen hinüberführen?«, schlug ich vor (Fallada, Herr 107). **2.** *[über etw. hinüber] nach drüben fahren* ‹hat›: den Wagen [auf die andere Seite] h.

hi|nü|ber|flie|gen ‹st. V.›: **1.** *nach drüben fliegen* (1, 2, 4, 11) ‹ist›. **2.** *nach drüben fliegen* (7), *mit einem Luftfahrzeug befördern, transportieren* ‹hat›.

hi|nü|ber|füh|ren ‹sw. V.; hat›: **1.** *nach drüben führen* (1 a): jmdn. über die Straße, zur anderen Seite h.; jmdn. ins Nebenzimmer h. **2.** *nach drüben führen, verlaufen:* der Weg führt über den Berg, die Brücke führt über den Fluss [zum/in den anderen Stadtteil] hinüber. **3.** *nach drüben führen* (7 c): unsere Reise führte uns ins Bergische Land hinüber.

Hi|nü|ber|gang, der; -[e]s, ...gänge ‹Pl. selten› (geh. verhüll.): *das Hinübergehen* (2): Bald darauf ... ist er gestorben ... Nun ereignete sich sein H. ... während einer Wirtschaftskrise (Erné, Fahrgäste 216).

hi|nü|ber|ge|ben ‹st. V.; hat›: *nach drüben geben.*

hi|nü|ber|ge|hen ‹unr. V.; ist›: **1.** *nach drüben gehen:* über die Straße, auf die rechte Seite der Straße h.; Er ... ging langsam in den Salon hinüber, wo die anderen ... auf ihn warteten (Jens, Mann 158); sie ging zu ihm hinüber. **2.** (geh. verhüll.) *sterben:* Am 1. Februar durfte Maria im Alter von 88 Jahren ... in die Ewigkeit h. (Vaterland 27. 3. 85, 19).

hi|nü|ber|ge|lan|gen ‹sw. V.; ist›: *nach drüben gelangen.*

hi|nü|ber|ge|lei|ten ‹sw. V.; hat›: *nach drüben geleiten.*

hi|nü|ber|glei|ten ‹st. V.; ist›: *nach drüben gleiten* (1 b): der Wagen glitt nach rechts hinüber; Ü in den Schlaf h.

hi|nü|ber|grei|fen ‹st. V.; hat›: *nach drüben greifen:* über den Zaun h.; Ü die Frage greift in die Philosophie hinüber.

hi|nü|ber|grü|ßen ‹sw. V.; hat›: *nach drüben grüßen:* er grüßte zu ihr hinüber.

hi|nü|ber|gu|cken ‹sw. V.; hat› (ugs.): vgl. hinüberblicken.

[1]hi|nü|ber|hän|gen ‹st. V.; hat›: *[bis] nach drüben [1]hängen:* die Zweige der Weide hängen über den Bach hinüber, in den Nachbargarten hinüber.

[2]hi|nü|ber|hän|gen ‹sw. V.; hat›: *nach drüben hängen:* das Bild an die andere Wand h.

hi|nü|ber|he|ben ‹st. V.; hat›: *nach drüben heben.*

hi|nü|ber|hel|fen ‹st. V.; hat›: *nach drüben helfen:* jmdm. [über ein Hindernis, auf die andere Seite] h.; Ü jmdm. über Schwierigkeiten h. *(hinweghelfen; helfen, sie zu überwinden);* jmdm. [ins Jenseits] h. (bes. iron.; 1. *jmdm. zu einem leichten Tod verhelfen.* 2. *jmdn. töten*).

hi|nü|ber|ho|len ‹sw. V.; hat›: *nach drüben holen.*

hi|nü|ber|klet|tern ‹sw. V.; ist›: *nach drüben klettern:* [über den Zaun] in den Nachbargarten h.

hi|nü|ber|kom|men ‹st. V.; ist›: **1.** *nach drüben kommen.* **2.** (ugs.) *jmdn., der nicht weit entfernt wohnt, besuchen:* wir kommen morgen Nachmittag zu euch hinüber; Sie ... winken, dass wir h. sollen (Remarque, Westen 105).

hi|nü|ber|kön|nen ‹unr. V.; hat› (ugs.): vgl. hinüberdürfen.

hi|nü|ber|krie|chen ‹st. V.; ist›: *nach drüben kriechen.*

hi|nü|ber|lan|gen ‹sw. V.; hat› (ugs. landsch.): vgl. hinüberreichen.

hi|nü|ber|las|sen ‹st. V.; hat›: *hinübergehen, -fahren usw. lassen.*

hi|nü|ber|lau|fen ‹st. V.; ist›: *nach drüben laufen.*

hi|nü|ber|leh|nen, sich ‹sw. V.; hat›: *sich über etw. lehnen:* sich [über das Geländer] h.

hi|nü|ber|len|ken ‹sw. V.; hat›: *nach drüben lenken.*

hi|nü|ber|lo|cken ‹sw. V.; hat›: *nach drüben locken.*

hi|nü|ber|lot|sen sw. V.; hat› (ugs.): *nach drüben lotsen.*

hi|nü|ber|müs|sen ‹unr. V.; hat› (ugs.): vgl. hinüberdürfen.

hi|nü|ber|neh|men ‹st. V.; hat›: *nach drüben [mit]nehmen:* Ü was sind die Erkenntnisse, die man aus einem so reichen Leben in die »fortgeschrittenen Jahre« mit hinübernimmt? (Hörzu 12, 1976, 37).

hi|nü|ber|rei|chen ‹sw. V.; hat›: **1.** *nach drüben reichen:* er reichte ihr die Zeitung, die Soße hinüber. **2. a)** *sich [bis] nach drüben erstrecken, [bis] nach drüben reichen:* das Anbaugebiet reicht bis nach Franken hinüber; Ü der Fragenkreis reicht in die Biologie hinüber; **b)** *lang genug sein u. deshalb bis nach drüben reichen:* die Schnur reicht bis auf die andere Seite hinüber.

hi|nü|ber|rei|ten ‹st. V.; ist›: *nach drüben reiten.*

hi|nü|ber|ren|nen ‹unr. V.; ist›: *nach drüben rennen.*

hi|nü|ber|ret|ten ‹sw. V.; hat›: **1.** *nach drüben retten, in Sicherheit bringen:* seine Habe [ins Ausland] h.; ‹oft h. + sich:› sie konnte sich [über die Grenze] h. **2. a)** *vor dem Untergang bewahren u. in eine Zeit, in einen Bereich übernehmen:* altes Kulturgut in die Gegenwart h.; **b)** ‹h. + sich› *sich durch glückliche Umstände erhalten, bewahren u. in einen Bereich übernommen werden, in einer anderen Zeit weiter bestehen:* ein alter Brauch, der sich in die Gegenwart hinübergerettet hat.

hi|nü|ber|rü|cken ‹sw. V.›: **1.** *nach drüben rücken* ‹hat›: den Schrank weiter nach rechts h. **2.** *durch Rücken seinen Platz nach drüben verlegen* ‹ist›: mit seinem Stuhl h. **3.** *nach drüben rücken, ziehen* ‹ist›: die Truppen sind [über die Grenze] hinübergerückt.

hi|nü|ber|ru|fen ‹st. V.; hat›: *nach drüben rufen.*

hi|nü|ber|schaf|fen ‹sw. V.; hat›: *nach drüben schaffen.*

hi|nü|ber|schal|len ‹sw. u. st. V.; ist/hat›: *nach drüben schallen.*

hi|nü|ber|schau|en ‹sw. V.; hat›: **1.** (landsch.) *nach drüben schauen:* zum, nach dem anderen Ufer h.; nach rechts h. **2.** (ugs.) *hinübergehen, -fahren u. sich um jmdn., etw. kümmern:* sie wollte rasch zu ihrer Nachbarin h.

hi|nü|ber|schi|cken ‹sw. V.; hat›: *nach drüben schicken.*

hi|nü|ber|schie|ben ‹st. V.; hat›: *nach drüben schieben:* den Schrank h.; jmdm. einen Zettel h. *(zuschieben).*

hi|nü|ber|schie|len ‹sw. V.; hat›: *nach drüben schielen:* Dauernd schielte sie zu Eckholt hinüber (Kempowski, Tadellöser 145).

hi|nü|ber|schie|ßen ‹st. V.›: **1.** *nach drüben schießen* ‹hat›. **2.** *sich äußerst heftig u. schnell nach drüben bewegen* ‹ist›: der Wagen schoss nach rechts hinüber.

hi|nü|ber|schla|fen ‹st. V.; ist›: *hinüberschlummern.*

hi|nü|ber|schlei|chen ‹st. V.; ist›: **1.** *nach drüben schleichen:* ins Nebenzimmer h. **2.** ‹h. + sich› *sich nach drüben schleichen* ‹hat›: er wollte sich nachts zu ihr h.

hi|nü|ber|schlen|dern ‹sw. V.; ist›: *nach drüben schlendern.*

hi|nü|ber|schlep|pen ‹sw. V.; hat›: **1.** *nach drüben schleppen.* **2.** ‹h. + sich› *sich schleppend nach drüben bewegen.*

hi|nü|ber|schleu|dern ‹sw. V.›: **1.** *nach drüben schleudern* ‹hat›. **2.** *mit heftigem Schwung aus der Spur rutschen u. sich nach drüben bewegen* ‹ist›: So schleuderte der Zweisitzer beim Bremsen zur Mitte der Straße hinüber (Remarque, Triomphe 14).

hi|nü|ber|schlum|mern ‹sw. V.; ist› (geh. verhüll.): *sanft, ohne Schmerzen od. Todeskampf, gleichsam im Schlafe sterben:* Ihre Frau Mutter ist selig hinübergeschlummert, ohne Schmerz (Werfel, Bernadette 402).

hi|nü|ber|schwim|men ‹st. V.; ist›: *nach drüben schwimmen.*

hi|nü|ber|schwin|gen, sich ‹st. V.›: **1.** *sich [über etw. hinüber] nach drüben schwingen* ‹hat›: sich elegant [über das Geländer] h. **2.** *nach drüben schwingen* ‹ist›: die Schaukel schwang [über den Zaun] hinüber.

hi|nü|ber|se|hen ‹st. V.; hat›: vgl. hinüberblicken: Die Rupp hatte ... fragend zu ihrem Mann hinübergesehen (Baum, Paris 118).

hi|nü|ber sein: s. hinüber.

hi|nü|ber|set|zen ‹sw. V.›: **1.** *nach drüben setzen* ‹hat›: den Kasten an die andere Wand, ins Nebenzimmer h.; sie setzte sich zu ihm hinüber. **2.** *nach drüben setzen; hinüberspringen* ‹ist›: über das Hindernis, den Zaun h.

hi|nü|ber|sol|len ‹unr. V.; hat› (ugs.): vgl. hinüberdürfen.

hi|nü|ber|spie|len ‹sw. V.; hat›: **1.** (Sport) *nach drüben spielen:* den Ball [zu jmdm.], nach rechts h. **2.** *in etw. übergehen:* das Kleid, das Blau spielt ins Grünliche hinüber; Im Schein- und

Halbleben der flüssigen Kristalle spiele augenfällig das eine Naturreich ins andre hinüber (Th. Mann, Krull 316).

hi|nü|ber|sprin|gen ⟨st. V.; ist⟩: **1.** *nach drüben springen:* über den Graben [auf die andere Seite] h. **2.** (landsch.) *schnell, eilig nach drüben laufen:* zum Bäcker h.

hi|nü|ber|star|ren ⟨sw. V.; hat⟩: *nach drüben starren.*

hi|nü|ber|stei|gen ⟨st. V.; ist⟩: **1.** *nach drüben steigen.* **2.** (derb) *mit einer Frau Geschlechtsverkehr haben:* ich möchte nicht wissen, wie viele über die schon hinübergestiegen sind.

hi|nü|ber|stel|len ⟨sw. V.; hat⟩: *nach drüben stellen.*

hi|nü|ber|tö|nen ⟨sw. V.; hat⟩: vgl. hinüberschallen.

hi|nü|ber|tra|gen ⟨st. V.; hat⟩: *nach drüben tragen:* einen Verletzten [auf die andere Straßenseite] h.; Ü der Schwung trug ihn über den Bach hinüber.

hi|nü|ber|trans|por|tie|ren ⟨sw. V.; hat⟩: *nach drüben transportieren.*

hi|nü|ber|trei|ben ⟨st. V.⟩: **1.** *nach drüben treiben* ⟨hat⟩. **2. a)** *treibend nach drüben bewegen* ⟨hat⟩: der Wind trieb die Gaswolke über den Fluss [zum anderen/ans andere Ufer] hinüber; **b)** *nach drüben treiben, getrieben werden* ⟨ist⟩: der Kahn ist über den See [zum anderen/ans andere Ufer] hinübergetrieben.

hi|nü|ber|tun ⟨unr. V.; hat⟩ (ugs.): *nach drüben tun.*

hi|nü|ber|wa|gen, sich ⟨sw. V.; hat⟩: *sich nach drüben wagen.*

hi|nü|ber|wan|dern ⟨sw. V.; ist⟩: *nach drüben wandern.*

hi|nü|ber|wech|seln ⟨sw. V.; ist, (auch:) hat⟩: **a)** *[über etw. hinüber] nach drüben wechseln:* auf die andere Straßenseite h.; Ich zog den Schieber hoch, damit das Tier in den Käfig h. könne (H. Grzimek, Tiere 54); Ü in einen anderen Beruf h.; zu einer anderen Partei h.; zu einem anderen Thema h.; **b)** (Jägerspr.) *nach drüben (in ein anderes Revier) wechseln.*

hi|nü|ber|wer|fen ⟨st. V.; hat⟩: *nach drüben werfen:* einen Stein h.; Ü er warf einen Blick zu ihr hinüber.

hi|nü|ber|win|ken ⟨sw. V.; hat⟩: *nach drüben winken.*

hi|nü|ber|wol|len ⟨unr. V.; hat⟩ (ugs.): vgl. hinüberdürfen.

hi|nü|ber|zei|gen ⟨sw. V.; hat⟩: *nach drüben zeigen.*

hi|nü|ber|zie|hen ⟨unr. V.⟩: **1.** *nach drüben ziehen, ziehend nach drüben bewegen, bringen, befördern* ⟨hat⟩: sie packte ihn am Ärmel und zog ihn zu sich hinüber. **2.** ⟨ist⟩ **a)** *nach drüben [um]ziehen:* in die Nachbarwohnung h.; **b)** *nach drüben ziehen, wandern, fahren, sich bewegen:* die Truppen zogen über den Fluss hinüber; **c)** *nach drüben ziehen, dringen:* der Rauch zog über den Fluss, zur Siedlung hinüber. **3.** ⟨h. + sich; hat⟩ **a)** *sich bis drüben, nach drüben hinziehen, erstrecken; nach drüben verlaufen:* die Wiese zieht sich nach Westen, bis zum Waldrand hinüber; **b)** *sich nach drüben hinziehen, sich allmählich nach drüben ausdehnen, verlagern:* der Schmerz zog sich in die rechte Schulter hinüber.

◆ **hi|num** ⟨Präp. mit Akk.⟩ [eigtl. Adv. u. Gegensatzwort zu ↑herum]: *um* (I 1 a): und jetzt, h. die Stämme schreitend, augenblicks weg war sie (Goethe, Pandora 728 f.).

hin und her: ↑hin (IV, 2).

hin- und her|be|we|gen ⟨sw. V.; hat⟩: *hin- u. zurückbewegen.*

hin- und her|ei|len ⟨sw. V.; ist⟩: *hin- und zurückeilen:* Am Morgen ... erstand meine elastische Natur ... zu froher Frische, und schon sah man mich wieder zwischen Frühstückszimmer ... und Hauptküche hin- und hereilen (Th. Mann, Krull 238).

Hin-und-her-Fahr|ren, das; -s: *das Fahren in planlos wechselnden Richtungen od. mit dauernd wechselnden Zielen.*

hin- und her|fah|ren ⟨st. V.⟩: **1.** *hin- und zurückfahren* ⟨ist⟩: zwischen Wohnung und Arbeitsplatz hin- und herfahren. **2.** *jmdn., etw. hin- u. zurückfahren* ⟨hat⟩.

hin- und her|flie|gen ⟨st. V.⟩: **1.** *hin- u. zurückfliegen* ⟨ist⟩. **2.** *jmdn., etw. hin- u. zurückfliegen* ⟨hat⟩.

hin- und her|ge|hen ⟨unr. V.; ist⟩: *hin- u. zurückgehen.*

Hin-und-her-Ge|re|de, das; -s (meist abwertend): *Gerede in Form planlos wechselnder Meinungs- bzw. Gesprächsäußerungen:* Fänä erfuhr unter Lachen und H., dass Hugo Beck neuer Chef ... geworden war (Degenhardt, Zündschnüre 86).

Hin-und-her-Ge|zer|re, das; - (abwertend): *das Hinundherzerren.*

hin- und her|pen|deln ⟨sw. V.; ist⟩: *hin- u. zurückpendeln:* Busse, die zwischen den beiden Stationen hin- und herpendeln.

Hin-und-her-Schwan|ken, das; -s: *anhaltendes Schwanken in verschiedene Richtungen:* das H. des Schiffes; Ü sein dauerndes H. ließ ihn nicht zu einer Entscheidung kommen.

hin- und her|zer|ren ⟨sw. V.; hat⟩: *hin- u. zurückzerren; in wechselnde Richtungen zerren.*

hi|nun|ter ⟨Adv.⟩ [aus ↑hin u. ↑unter]: **1. a)** *[von hier oben] nach [dort] unten:* h. ins Tal; den Fluss h. [bis zur Mündung]; die Straße h. *(die Straße entlang)* begegnete ihnen niemand; h. mit dem Lebertran! (ugs.; *schluck[t] ihn!*); h. nach Bayern, an den Bodensee fahren (ugs.; *nach Süden;* orientiert an der aufgehängten Landkarte); h. sein (ugs.; *hinuntergegangen, -gefahren sein*); ⟨als Verstärkung u. Differenzierung von Präpositionen:⟩ Den Abhang zum Wasser h. standen ... alte Linden (Lentz, Muckefuck 174); am Hang h.; zur Talstation h. sind es drei Stunden; jmdn. bis h. begleiten; **b)** *(im Grad, Rang, auf einer Stufenleiter) [bis] nach unten [absteigend]:* vom General bis h. zum einfachen Soldaten; die Bevölkerung bis zum kleinsten Sparer h. (Niekisch, Leben 73). **2.** ⟨als abgetrennter Teil von Adverbien wie »wohinunter, dahinunter«⟩ (bes. ugs.): wo willst du h.?

hi|nun|ter|be|för|dern ⟨sw. V.; hat⟩: *nach [dort] unten befördern.*

hi|nun|ter|be|ge|ben, sich ⟨st. V.; hat⟩: *sich nach [dort] unten begeben:* sich die Treppe, auf die Straße h.

hi|nun|ter|be|glei|ten ⟨sw. V.; hat⟩: *nach [dort] unten begleiten:* jmdn. die Treppe, zur Haustür h.

hi|nun|ter|be|mü|hen ⟨sw. V.; hat⟩: **1.** *nach [dort] unten bemühen.* **2.** ⟨h. + sich⟩ *sich nach [dort] unten bemühen, begeben.*

hi|nun|ter|beu|gen ⟨sw. V.; hat⟩: *nach [dort] unten beugen:* sich zu jmdm. h.

hi|nun|ter|be|we|gen ⟨sw. V.; hat⟩: **1.** *nach [dort] unten bewegen.* **2.** ⟨h. + sich⟩ *sich nach [dort] unten bewegen, begeben:* sie bewegte sich ächzend die Treppe hinunter.

hi|nun|ter|bit|ten ⟨st. V.; hat⟩: *bitten hinunterzukommen, -zugehen:* jmdn. zu sich h. lassen.

hi|nun|ter|bli|cken ⟨sw. V.; hat⟩: **1.** *nach [dort] unten blicken:* in die Schlucht h.; sie blickte an sich hinunter; Simmering trat an eine der Fensterhöhlen und blickte auf die Straße hinunter (Plievier, Stalingrad 316). **2.** *herabblicken* (2): Die gebildeten Römer blickten verachtungsvoll auf die Christen hinunter (Niekisch, Leben 149).

hi|nun|ter|brin|gen ⟨unr. V.; hat⟩: **1. a)** *nach [dort] unten bringen, schaffen:* die Koffer in die Hotelhalle h.; Abwechselnd gehen sein Kompagnon und er ... ins Dorf, um Käse hinunterzubringen (Chotjewitz, Friede 199); **b)** *nach [dort] unten bringen, begleiten:* den Besuch h. **2.** (ugs.) *es fertig bringen, etw. hinunterzuschlucken, zu essen od. zu trinken:* Er brachte weder Brot noch Wein hinunter (Hesse, Narziß 310).

hi|nun|ter|drü|cken ⟨sw. V.; hat⟩: *nach [dort] unten drücken:* jmdn., etw. h.; Die ... Bö hatte den Ballon ein paar hundert Meter hinuntergedrückt (Hausmann, Abel 113); Ü dass ... der Lohn für eine Überstunde auf den Tariflohn hinuntergedrückt wird (Spiegel 48, 1965. 34).

hi|nun|ter|dür|fen ⟨unr. V.; hat⟩ (ugs.): **1.** *hinuntergehen, -kommen, -fahren usw. dürfen.* **2.** *hinuntergebracht, -gesetzt, -gestellt usw. werden dürfen.*

hi|nun|ter|ei|len ⟨sw. V.; ist⟩: *nach [dort] unten stürzen, nach [dort] unten eilen:* die Treppe h.; zum Eingang h.

hi|nun|ter|fah|ren ⟨st. V.⟩: **1.** *nach [dort] unten fahren, sich dorthin in Bewegung setzen* ⟨ist⟩: Vor ein paar Tagen war er ... in seinem Paddelboot die Weser hinuntergefahren (Hausmann, Abel 172); zur Talstation h.; Ü nach Bayern, nach Sizilien h. (ugs.; *in Richtung Süden nach Bayern, nach Sizilien fahren*). **2.** *nach [dort] unten fahren* ⟨hat⟩: den Wagen [in die Tiefgarage] h.

hi|nun|ter|fal|len ⟨st. V.; ist⟩: *nach [dort] unten fallen:* pass auf, dass du nicht hinunterfällst!; die Treppe h.

hi|nun|ter|fin|den ⟨st. V.; hat⟩: *den Weg nach unten finden.*

hi|nun|ter|flie|gen ⟨st. V.; ist⟩: **1.** *nach [dort] unten fliegen* (1, 2 a, 4). **2.** *nach [dort] unten geschleudert, geworfen werden:* Steine flogen aus den Fenstern hinunter. **3.** (ugs.) vgl. hinunterfallen: sie stolperte und fiel [die Treppe] hinunter.

hi|nụn|ter|flie|ßen ⟨st. V.; ist⟩: *nach [dort] unten fließen.*

hi|nụn|ter|füh|ren ⟨sw. V.; hat⟩: *nach [dort] unten führen* (1, 6, 7).

hi|nụn|ter|ge|hen ⟨unr. V.; ist⟩: **1.** *nach [dort] unten gehen:* die Treppe h.; zum Eingang, in den Keller h. **2.** *sich hinunterbewegen, heruntergehen* (3 b): auf 100 Meter Flughöhe h.; h. und landen. **3.** *nach [dort] unten führen, verlaufen; sich nach [dort] unten erstrecken:* die Straße geht [bis] zum Ufer hinunter.

hi|nụn|ter|ge|lan|gen ⟨sw. V.; ist⟩: *nach [dort] unten gelangen.*

hi|nụn|ter|ge|lei|ten ⟨sw. V.; hat⟩: *nach [dort] unten geleiten.*

hi|nụn|ter|gie|ßen ⟨st. V.; hat⟩: **1.** *nach [dort] unten gießen.* **2.** (ugs.) *hastig, in wenigen Zügen [aus]trinken:* einen Schnaps h.

hi|nụn|ter|glei|ten ⟨st. V.; ist⟩: *nach [dort] unten gleiten* (1 b): ihr Mantel glitt hinunter.

hi|nụn|ter|hel|fen ⟨st. V.; hat⟩: *nach [dort] unten helfen:* jmdm. [vom Pferd] h.; jmdm. die Treppe h.

hi|nụn|ter|ja|gen ⟨sw. V.⟩: **1.** ⟨hat⟩ **a)** *nach [dort] unten jagen:* den Hund h.; **b)** *heftig nach [dort] unten bewegen, treiben:* der Anblick jagte ihr kalte Schauer den Rücken hinunter; **c)** vgl. hinunterwerfen. **2.** *nach [dort] unten jagen, eilen* ⟨ist⟩: der Reiter jagte die Straße hinunter.

hi|nụn|ter|kip|pen ⟨sw. V.⟩: **1.** ⟨hat⟩ **a)** *nach [dort] unten kippen:* Müll [in die Grube] h.; **b)** (ugs.) *hastig, mit einem Zug trinken:* einen Schnaps h.; Er hält das volle Glas gegen das Licht. Dann kippt er den Inhalt mit einem Zug hinunter (Gabel, Fix 83). **2.** (ugs.) *nach [dort] unten kippen* ⟨ist⟩.

hi|nụn|ter|klet|tern ⟨sw. V.; ist⟩: *nach [dort] unten klettern.*

hi|nụn|ter|kom|men ⟨st. V.; ist⟩: *nach [dort] unten kommen.*

hi|nụn|ter|kön|nen ⟨unr. V.; hat⟩ (ugs.): vgl. hinunterdürfen.

hi|nụn|ter|krie|chen ⟨st. V.; ist⟩: *nach [dort] unten kriechen.*

hi|nụn|ter|kur|beln ⟨sw. V.; hat⟩: vgl. herunterkurbeln: der Fahrer kurbelte das Fenster hinunter.

hi|nụn|ter|lan|gen ⟨sw. V.; hat⟩ (ugs. landsch.): vgl. hinunterreichen.

hi|nụn|ter|las|sen ⟨st. V.; hat⟩: *hinuntergehen, -kommen, -fahren usw. lassen:* sie ließen ihn in einem Korb [in die Grube] hinunter.

hi|nụn|ter|lau|fen ⟨st. V.; ist⟩: **1.** *nach [dort] unten laufen, sich fortbewegen.* **2.** *nach [dort] unten fließen, rinnen:* der Schweiß lief ihr am Körper hinunter. **3.** *nach unten laufen, sich rasch nach unten ausbreiten:* ein Schauder lief ihm den Rücken hinunter; ⟨unpers.:⟩ es lief ihr eiskalt den Rücken hinunter.

hi|nụn|ter|le|gen ⟨sw. V.; hat⟩: *nach [dort] unten legen.*

hi|nụn|ter|len|ken ⟨sw. V.; hat⟩: *nach [dort] unten lenken.*

hi|nụn|ter|müs|sen ⟨unr. V.; hat⟩ (ugs.): vgl. hinunterdürfen.

hi|nụn|ter|neh|men ⟨st. V.; hat⟩: *nach [dort] unten nehmen.*

hi|nụn|ter|pur|zeln ⟨sw. V.; ist⟩ (ugs.): *nach [dort] unten purzeln.*

hi|nụn|ter|ra|sen ⟨sw. V.; ist⟩: *nach [dort] unten rasen:* auf dem Rücken des Radfahrers, der über Stock und Stein den Berg hinunterrast (Woche 3. 7. 98, 37).

hi|nụn|ter|rei|chen ⟨sw. V.; hat⟩: **1.** *nach [dort] unten reichen:* die Kartons h. **2. a)** *sich bis hinunter erstrecken, bis nach [dort] unten reichen:* bis zum, bis auf den Boden h.; **b)** *lang genug sein u. deshalb bis nach [dort] unten reichen.* **3.** *hinunter bis zu einer bestimmten Stufe reichen:* bis zum niedrigsten Dienstgrad h.

hi|nụn|ter|rei|ßen ⟨st. V.; hat⟩: *nach [dort] unten reißen:* jmdn. mit [in den Abgrund] h.

hi|nụn|ter|rei|ten ⟨st. V.; ist⟩: *nach [dort] unten reiten.*

hi|nụn|ter|ren|nen ⟨unr. V.; ist⟩: *nach [dort] unten rennen.*

hi|nụn|ter|rie|seln ⟨sw. V.; ist⟩: **1.** *nach [dort] unten rieseln.* **2.** vgl. hinunterlaufen (2).

hi|nụn|ter|rin|nen ⟨st. V.; ist⟩: **1.** *nach [dort] unten rinnen.* **2.** vgl. hinunterlaufen (2): Das Grauen rann ihm den Rücken hinunter (Th. Mann, Buddenbrooks 156).

hi|nụn|ter|rol|len ⟨sw. V.⟩: **1.** *nach [dort] unten rollen* ⟨ist⟩: der Stein rollte den Hang hinunter; eine Träne rollte die hagere Wange hinunter (Plievier, Stalingrad 232). **2.** *jmdn., etw. nach [dort] unten rollend bewegen* ⟨hat⟩: Fässer h.

hi|nụn|ter|ru|fen ⟨st. V.; hat⟩: *nach [dort] unten [zu]rufen:* wir müssen ... Lichter setzen, rief er in die Kajüte hinunter (Hausmann, Abel 13).

hi|nụn|ter|rut|schen ⟨sw. V.; ist⟩: *nach [dort] unten rutschen.*

hi|nụn|ter|sau|sen ⟨sw. V.; ist⟩: *nach [dort] unten sausen, sich sausend hinunterbewegen:* sein Schlitten sauste den Berg hinunter.

hi|nụn|ter|schaf|fen ⟨sw. V.; hat⟩: *nach [dort] unten schaffen:* das Gepäck zum Wagen h.

hi|nụn|ter|schal|ten ⟨sw. V.; hat⟩ (Jargon): *(bei Motorfahrzeugen) in einen niedrigeren Gang schalten.*

hi|nụn|ter|schau|en ⟨sw. V.; hat⟩: **1.** (landsch.) vgl. hinunterblicken (1). **2.** (geh.) *herabblicken* (2).

hi|nụn|ter|schi|cken ⟨sw. V.; hat⟩: *nach [dort] unten schicken.*

hi|nụn|ter|schie|ben ⟨st. V.; hat⟩: *nach [dort] unten schieben.*

hi|nụn|ter|schie|ßen ⟨st. V.⟩: **1.** *nach [dort] unten schießen* ⟨hat⟩: vom Dach des Hauses in den Garten h. **2.** ⟨ist⟩ **a)** *sich äußerst heftig u. schnell hinunterbewegen:* der Wagen schoss die Böschung hinunter; **b)** (ugs.) *mit großer Heftigkeit u. Eile hinunterlaufen:* sie schoss blindlings die Treppe hinunter; Er ... stürmt hinaus ... Ich sehe ihn die Straße h. (Remarque, Obelisk 243).

hi|nụn|ter|schlei|chen ⟨st. V.⟩: **1.** *nach [dort] unten schleichen* ⟨ist⟩: zum Eingang h. **2.** ⟨h. + sich⟩ *sich nach [dort] unten schleichen* ⟨hat⟩: die Einbrecher hatten sich in den Keller hinuntergeschlichen.

hi|nụn|ter|schlep|pen ⟨sw. V.; hat⟩: **1.** *nach [dort] unten schleppen.* **2.** ⟨h. + sich⟩ *sich nach [dort] unten schleppend bewegen.*

hi|nụn|ter|schlin|gen ⟨st. V.; hat⟩: *gierig od. hastig essen, verschlingen:* sein Essen h.; ... hatte man ... die Kinder gezwungen, dieses fast schon kinderfeindliche Gemüse (= Spinat) hinunterzuschlingen (*widerwillig zu essen;* H. Gerlach, Demission 156).

hi|nụn|ter|schlu|cken ⟨sw. V.; hat⟩: **1.** *etw. in den Mund Aufgenommenes [ver]schlucken:* einen Bissen kauen und h.; die Tabletten h. **2.** (ugs.) **a)** *(Kritik, Vorwürfe o. Ä.) widerspruchslos hinnehmen u. eine Gefühlsäußerung unterdrücken:* Beleidigungen h.; **b)** *eine heftige Gefühlsäußerung unterdrücken:* die Tränen, seinen Ärger h.; Der Feldscher schluckt einen Fluch hinunter ... und verlässt grußlos den Raum (Sieburg, Robespierre 23).

hi|nụn|ter|schmei|ßen ⟨st. V.; hat⟩ (salopp): vgl. hinunterwerfen.

hi|nụn|ter|schüt|ten ⟨sw. V.; hat⟩: **1.** *nach [dort] unten schütten.* **2.** (ugs.) *hastig, in wenigen Zügen trinken:* zwei Gläser Bier h.

hi|nụn|ter|schwin|gen ⟨st. V.⟩: **1.** ⟨h. + sich⟩ *sich nach [dort] unten schwingen* ⟨hat⟩. **2.** (Ski) *in Schwüngen abwärts fahren* ⟨ist⟩: am Hang h.; Scharen von Skiläufern ... schwingen gekonnt die Steilabfahrten hinunter (Gast, Bretter 24).

hi|nụn|ter|se|hen ⟨st. V.; hat⟩: vgl. hinunterblicken.

hi|nụn|ter sein: s. hinunter (1 a).

hi|nụn|ter|sol|len ⟨unr. V.; hat⟩ (ugs.): vgl. hinunterdürfen.

hi|nụn|ter|sprin|gen ⟨st. V.; ist⟩: **1.** *nach [dort] unten springen.* **2.** (landsch.) *hinuntereilen; schnell, eilig hinunterlaufen:* zum Bäcker h.; die Treppe h.

hi|nụn|ter|spü|len ⟨sw. V.⟩: **1.** *nach [dort] unten spülen, schwemmen* ⟨hat⟩: etw. den Ausguss h. **2.** (ugs.) *hastig, in wenigen Zügen trinken* ⟨hat⟩: ... habe der Besucher ... drei Scotch ... hinuntergespült (Habe, Namen 188). **3.** (ugs.) *mithilfe eines Getränks hinunterschlucken* ⟨hat⟩: Er ... schluckte fünf Pillen ... Er spülte sie mit Bier hinunter (Simmel, Stoff 590); Ü seinen Ärger, seinen Kummer mit einem Schnaps h.

hi|nụn|ter|stei|gen ⟨st. V.; ist⟩: *nach [dort] unten steigen.*

hi|nụn|ter|stol|pern ⟨sw. V.; ist⟩: *sich stolpernd hinunterbewegen:* die Treppe h.

hi|nụn|ter|sto|ßen ⟨st. V.⟩: **1.** *nach [dort] unten stoßen* ⟨hat⟩: jmdn. die Treppe h. **2.** *(von Raubvögeln) sich nach unten stürzen* ⟨ist⟩: der Habicht sichtet das Rebhuhn und stößt blitzschnell hinunter.

hi|nụn|ter|stür|zen ⟨sw. V.⟩: **1. a)** *nach [dort] unten stürzen, fallen; hinunterfallen* ⟨ist⟩: stolpern und die Treppe h.; in den Abgrund h.; **b)** ⟨h. + sich⟩ *sich nach [dort] unten stürzen* ⟨hat⟩: sich von der Aussichtsplattform h. **2.** (ugs.) *nach [dort] unten stürzen, eilen, rennen* ⟨ist⟩: die Treppe h.; zum Eingang h. **3.** ⟨hat⟩ **a)** *nach [dort] unten stürzen, stoßen, fallen machen:* jmdn. [in den Abgrund] h.;

b) *hastig, in wenigen Zügen trinken:* ... dass er den Champagner auf einen Zug hinunterstürzte (Bieler, Mädchenkrieg 238).

hi|nụn|ter|tau|chen ⟨sw. V.⟩: **1.** *nach [dort] unten tauchen* ⟨ist⟩: auf den Grund, in die Tiefe h. **2.** *nach [dort] unten tauchen, tauchend hinuntersenken* ⟨hat⟩.

hi|nụn|ter|tra|gen ⟨st. V.; hat⟩: *nach [dort] unten tragen:* [jmdm.] das Gepäck zum Eingang, zum Wagen, auf die Straße h.

hi|nụn|ter|trans|for|mie|ren ⟨sw. V.; hat⟩ (Elektrot.): *durch Transformieren auf eine niedrigere Spannung bringen.*

hi|nụn|ter|trei|ben ⟨st. V.⟩: **1.** *nach [dort] unten treiben; treibend hinunterbringen* ⟨hat⟩: die Herde [von der Alm ins Tal] h. **2.** *nach [dort] unten treiben, getrieben werden* ⟨ist⟩: den Fluss h.

hi|nụn|ter|trin|ken ⟨st. V.; hat⟩ (ugs.): *hastig, in wenigen Zügen trinken.*

hi|nụn|ter|wa|gen, sich ⟨sw. V.; hat⟩: *sich nach [dort] unten wagen.*

hi|nụn|ter|wer|fen ⟨st. V.; hat⟩: *nach [dort] unten werfen:* sie warf ihm den Schlüssel hinunter; Ü einen Blick h. *(einen Blick nach [dort] unten [auf, in etw.] werfen, richten).*

hi|nụn|ter|wol|len ⟨unr. V.; hat⟩ (ugs.): vgl. hinunterdürfen.

hi|nụn|ter|wür|gen ⟨sw. V.; hat⟩: *etw., meist Festes, mit Mühe schlucken, essen:* das trockene Brot, eine Medizin h.; Ü er tut, als ob er etwas sagen wollte, und würgt es wieder hinunter (Spoerl, Maulkorb 102); Er fühlte die nackte Wut in sich aufsteigen, und es kostete ihn große Anstrengung, sie wieder hinunterzuwürgen (Kirst, 08/15, 110).

hi|nụn|ter|zei|gen ⟨sw. V., hat⟩: *nach [dort] unten zeigen.*

hi|nụn|ter|zie|hen ⟨unr. V.⟩: **1.** *nach [dort] unten ziehen; ziehend hinunterbewegen, -bringen, -befördern* ⟨hat⟩: »es ist wie ein Gewicht, das auf das Schiff drückt und hinunterzieht« (Schneider, Erdbeben 38). **2.** ⟨ist⟩ **a)** *nach unten, in ein niedrigeres Stockwerk [um]ziehen:* ins Tal, in das Parterre h.; **b)** *nach [dort] unten ziehen, sich stetig fortbewegen:* die Bewohner zogen zum Fluss hinunter. **3.** ⟨h. + sich⟩ *sich bis [dort] unten hinziehen, erstrecken, nach [dort] unten verlaufen* ⟨hat⟩: die Wiese zieht sich bis zum See hinunter.

hịn|ve|ge|tie|ren ⟨sw. V.; ist⟩: *dahinvegetieren.*

hịn|wa|gen, sich ⟨sw. V.; hat⟩: *es wagen hinzugehen, -zukommen, -zufahren usw.*

hịn|wan|dern ⟨sw. V.; ist⟩: **1.** *an einen bestimmten Ort, zu einem bestimmten Ziel wandern:* zu der Hütte h.; Ü die Lachse wandern zu ihren Laichplätzen hin. **2.** *sich wandernd [da]hinbewegen:* über die Felder, am Waldrand h.; Ü die Wolken wandern *(ziehen)* am Himmel hin.

hịn|wärts ⟨Adv.⟩ [mhd. hin(e)wert, ↑-wärts]: *von hier nach dort, bes. auf dem Hinweg.*

hin|wẹg ⟨Adv.⟩ [mhd. (md.) hinwec, aus ↑hin u. mhd. wec (artikelloser adv. Akk.), ↑Weg] (geh.): **1.** *weg, fort [von hier]:* h. [mit dir]!; h. damit!; von dort h. **2. a)** ⟨in Verbindung mit »über«:⟩ *über ... hinüber [u. weiter]:* jmdn., etw. über die Zeitung h. beobachten; Besoffene unterhalten sich über die größten Entfernungen h. (Fels, Kanakenfauna 31); Über 170 Kilometer h. *(sich über 170 Kilometer erstreckend)* markiert der Flusslauf die Grenze zwischen Ungarn und Kroatien (natur 7, 1994, 14); Ü über alle Hindernisse h. zueinander finden; Die Plastik des alten Rom wirkt zunächst, über alle Perioden h., wie die Plastik eines schlichten ErobererVolkes (Fest, Im Gegenlicht 370); über etw. h. (ugs.; *hinweggekommen)* sein; **b)** *über, für eine bestimmte Zeit:* über Monate, über Jahre h.

Hịn|weg, der: *Weg hin zu einem Ziel:* Hin- und Rückweg; auf dem H.

hin|wẹg|be|ge|ben, sich ⟨st. V.; hat⟩ (geh.): *sich wegbegeben.*

hin|wẹg|be|we|gen, sich ⟨sw. V.; hat⟩: *sich über jmdn., etw. hinüberbewegen u. ihn, es hinter sich lassen.*

hin|wẹg|bli|cken ⟨sw. V.; hat⟩: **1.** vgl. hinwegsehen (1). **2.** (geh.) vgl. hinwegsehen (3).

hin|wẹg|brau|sen ⟨sw. V.; ist⟩: *sich brausend, geräuschvoll hinwegbewegen:* der Wind braust über die Baumwipfel hinweg; Ü über dieses Land ist der Krieg hinweggebraust.

hin|wẹg|brin|gen ⟨unr. V.; hat⟩: *bewirken, dass jmd. od. etw. über etw. hinwegkommt:* jmdn. über Schwierigkeiten h.

hin|wẹg|fe|gen ⟨sw. V.⟩: **1.** *sich geräuschvoll hinwegbewegen* ⟨ist⟩: Dieser Tage fegte eine Maschinengewehrgarbe über einen Bauernhof in Treinreuth hinweg (Saarbr. Zeitung 27. 6. 80, 13). **2.** (geh.) *mit Macht, Heftigkeit, Schwung entfernen* ⟨hat⟩: die Revolution fegte die Regierung hinweg; Mit dieser modernen Methode werde man ein neues Kapitel in der Geschichte der Parfumerie aufschlagen, die Konkurrenz h. und unermesslich reich werden (Süskind, Parfum 116).

hin|wẹg|ge|hen ⟨unr. V.; ist⟩: **1.** *(etw. in den Situations- od. Gedankenzusammenhang Gehörendes) [ausdrücklich] unbeachtet, unbewertet lassen u. weitergehen, in seinem Reden u. Tun fortfahren:* über einen Einwand [mit ein paar Worten] h.; über eine Anspielung lächelnd, taktvoll h. **2.** *sich über jmdn., über etw. bewegen u. ihn, es hinter sich lassen:* ein Sturm, ein Unwetter ist über das Land hinweggegangen; Ü zwei Weltkriege sind über Europa hinweggegangen; dass auch über uns die Zeit siegt, wie sie über alles und jedes hinweggeht (Strauß, Niemand 32).

hin|wẹg|he|ben, sich ⟨st. V.; hat; meist in der Befehlsform⟩ (geh. veraltend): *weggehen, sich entfernen:* nun heben Sie sich bitte von meiner Schwelle hinweg (Erné, Kellerkneipe 153).

hin|wẹg|hel|fen ⟨st. V.; hat⟩: *helfen, hinweg, hinüber über etw. zu gelangen:* jmdm. über ein Hindernis h.; Ü sie half ihr über die schwierige Situation hinweg; in dieser Zeit traf ich einen Mann, der mir freundschaftlich über viele Klippen hinweghalf (Hörzu 45, 1973, 136); das Ersparte sollte ihr über Notzeiten h.

hin|wẹg|hö|ren ⟨sw. V.; hat⟩: *Geäußertes beim Hören unbeachtet lassen u. in seinem Hören, Reden u. Tun fortfahren:* über einen Einwurf h.

hin|wẹg|kom|men ⟨st. V.; ist⟩: **a)** *überstehen:* über Notzeiten h.; ... und nachdem sie über die Begrüßung einigermaßen hinweggekommen waren (Ott, Haie 197); **b)** *überwinden, verwinden:* sie ist über den Verlust nicht hinweggekommen; »... der Junge, vermisst er seinen Vater nicht?« »Natürlich ..., aber darüber kommt er bald hinweg ...« (Kemelman [Übers.], Mittwoch 41); **c)** *es fertig bringen, sich über etw. hinwegzusetzen:* Und hier sind wir beim Hauptargument ..., über das meines Erachtens kein wahrhaft rechtlich Denkender hinwegkommt (Mostar, Unschuldig 18).

hin|wẹg|kön|nen ⟨unr. V.; hat⟩ (ugs.): *hinwegkommen* (1 a, 2 b).

hin|wẹg|le|sen ⟨st. V.; hat⟩: *etw. aus dem Zusammenhang des Gelesenen beim Lesen unbeachtet lassen u. weiterlesen:* über etw. h.

hin|wẹg|mo|geln, sich ⟨sw. V.; hat⟩ (ugs.): *durch Mogeln hinwegkommen* (1 a, 2 b).

hin|wẹg|raf|fen ⟨sw. V.; hat⟩ (geh.): *dahinraffen.*

hin|wẹg|rau|schen ⟨sw. V.; ist⟩: vgl. hinwegbrausen.

hin|wẹg|re|den ⟨sw. V.; hat⟩: **1.** *(Wichtiges) beim Reden unbeachtet lassen, beiseite lassen; vorbeireden:* über die Tatsachen h. **2.** (geh.) *durch Reden auslöschen, ungeschehen machen:* die Tatsachen lassen sich nicht h.

hin|wẹg|ret|ten ⟨sw. V.; hat⟩: *über eine Gefährdung o. Ä. hinweg erhalten, bewahren:* Während die Bestände an Grafik ... durch rechtzeitige Auslagerung über die Kriegswirren hinweggerettet werden konnten (Welt 19. 7. 65, 10).

hin|wẹg|schau|en ⟨sw. V.; hat⟩ (landsch.): *hinwegsehen.*

hin|wẹg|schrei|ten ⟨st. V.; ist⟩ (geh.): *sich schreitend hinwegbewegen:* Ü Über Bitternis und Verzweiflung ist das Leben längst hinweggeschritten (Fallada, Herr 256).

hin|wẹg|se|hen ⟨st. V.; hat⟩: **1.** *über jmdn., etw. sehen, seinen Blick gehen lassen:* über die Köpfe der Zuschauer h. können; kleine Kinder, die ... kaum über den Tischrand h. können (Ott, Haie 104). **2.** *jmdn., etw. anscheinend nicht sehen:* beim Empfang sah die Autorin über den Kritiker hinweg. **3.** *etw. in den Situations- od. Gedankenzusammenhang Gehörendes [ausdrücklich] unbeachtet u. unbewertet lassen:* über kleinere Mängel großzügig, lächelnd, taktvoll h.; Umsonst hatte der höchste Richter über die Beleidigung des Anwalts gnädig hinweggesehen (Fallada, Jeder 373); man kann nicht einfach darüber h., dass sie schlampig und unehrlich ist.

hin|wẹg sein: s. hinweg (2 a).

hin|wẹg|set|zen ⟨sw. V.⟩: **1.** *über etw. setzen, springen* ⟨hat/ist⟩: das Pferd setzte über die Hürde hinweg. **2.** ⟨h. + sich⟩ *etw., was Beachtung, Berücksichtigung verlangt od. nahe legt, bewusst unbeachtet lassen* ⟨hat⟩: sich über Bedenken, Vorurteile, Vorschriften, Konventionen, Abmachungen h.; sich über das Gerede der Leute h.; es gibt doch bestimmte ... Formen, ... über die man sich nicht h. darf (Horn, Gäste 8).

hin|weg|täu|schen ⟨sw. V.; hat⟩: *jmdn. über einen Sachverhalt täuschen, im Unklaren lassen u. bewirken, dass er ihn nicht zur Kenntnis nimmt, darüber hinweggeht* (1): jmdn. über die wirkliche Lage h.; das konnte über sein sparsames Wissen nicht h. (Spoerl, Maulkorb 58); sich [nicht] darüber h. lassen, dass einiges im Argen liegt.

hin|weg|tra|gen ⟨st. V.; hat⟩ (geh.): *wegtragen.*

hin|weg|trös|ten ⟨sw. V.; hat⟩: *jmdn. über etw. trösten [u. über die Zeit, die es dauert], hinwegbringen:* Ich versuchte nicht, ihn darüber hinwegzutrösten, es wäre mir auch nicht gelungen (Richter, Etablissement 166); Ich hatte wie ein Idiot gehandelt, darüber tröstete auch die Tatsache nicht hinweg, dass ... (Martin, Henker 112); Ich glaube, es gibt Missstände, über die nur die Lüge hinwegtröstet (Jahnn, Geschichten 177); sich über etw. h.

hin|weg|zie|hen ⟨unr. V.; ist⟩: vgl. hinweggehen (2): der Kern des Unwetters muss also wohl schon über uns hinweggezogen sein (Grzimek, Serengeti 333); Ü Das Auf und Ab der Jahrhunderte ist über sie (= eine Brücke über die Donau) hinweggezogen, während der zeitlose Strom unter ihr dahinfloss (Bamm, Weltlaterne 20).

Hin|weis, der: **1.** *Rat, Tipp, Wink; Bemerkung od. Mitteilung, die in bestimmte Richtung zielt u. jmdm. etw. (bes. eine Kenntnisnahme od. ein Handeln) nahe legt:* ein wertvoller, brauchbarer, aufschlussreicher H.; das war ein deutlicher, unmissverständlicher H.; Er hatte die Angewohnheit, im leichten Plauderton wichtige politische -e zu geben (Leonhard, Revolution 239); Kaiser Anastasius hatte einen Goldschatz ... hinterlassen ... mit dem ausdrücklichen H., dass sein Verbrauch verhindern solle, besondere Ausgaben ... aus dem Volke zu erpressen (Thieß, Reich 509); einem Buch bibliographische -e beigeben; gestatten Sie mir einen H. auf die Gründe dieses Sachverhalts; jmdm. einen H. zur/für die Benutzung geben; darf ich mir den H. erlauben, dass Sie an der falschen Stelle suchen?; sie gab mir einen nützlichen H., wie ich vorgehen sollte; einen H. beachten; einem H. folgen; ihr Antrag wurde unter H. auf die einschlägigen gesetzlichen Bestimmungen abgelehnt. **2.** *Andeutung, hinweisende [An]zeichen für etw.:* es gibt nicht den geringsten H. dafür, dass ein Verbrechen vorliegen könnte; Nach deutschem Recht darf ein Hooligan nur bei handfesten -en auf seine Gewaltbereitschaft vor einem Spiel in Gewahrsam genommen werden (Woche 3. 7. 98, 8); Schöller hatte eine Belohnung von tausend Mark für zweckdienliche -e ausgesetzt (v. d. Grün, Glatteis 135).

hin|wei|sen ⟨st. V.; hat⟩: **1.** *in eine bestimmte Richtung, auf etw. zeigen:* sie wies [mit der Hand] auf das Gelände hin; das Schild weist auf den Parkplatz hin; hinweisendes Fürwort (Sprachw.; *Demonstrativpronomen*). **2.** *jmds. Aufmerksamkeit auf etw. lenken, jmdn. (bes. durch eine Äußerung) auf etw. aufmerksam machen:* sie wies uns höflich, nachdrücklich, beiläufig auf die Schwierigkeiten hin; Die Stimme klang wie die eines ... Beamten, der nicht müde geworden ist, auf einen Missstand hinzuweisen (Gaiser, Jagd 69); dass die Umstände uns dazu zwingen, auf einen Übelstand mit Nachdruck hinzuweisen (Kirst, Aufruhr 37); auf Mängel, auf eine Gefahr h.; sein Vermerk wies darauf hin, dass einige Punkte noch nicht erledigt seien. **3.** *etw. anzeigen, auf etw. schließen lassen u. [jmdn.] darauf aufmerksam machen:* alle Anzeichen weisen darauf hin, dass die Wetterlage sich bald ändern wird.

Hin|weis|schild, das ⟨Pl. -er⟩: *Schild als Hinweis bzw. mit Hinweis[en].*

Hin|weis|ta|fel, die: *Tafel mit Hinweis[en].*

Hin|wei|sung, die: *das Hinweisen* (2).

Hin|weis|zei|chen, das: *Zeichen, das einen Hinweis gibt.*

hin|wel|ken ⟨sw. V.; ist⟩ (geh.): *langsam verwelken:* die Pflanzen welkten hin; Ü vergrämt welkte sie hin.

hin|wen|den ⟨unr. V.; hat⟩: **1.** *in eine bestimmte Richtung wenden:* den Kopf, den Blick [zu/nach jmdm., einer Sache] h. **2.** ⟨h. + sich⟩ **a)** *sich in eine bestimmte Richtung wenden:* sie wendete sich zu ihrer Tischnachbarin hin; sich nach jmdm. h.; Ü wo muss ich mich h.? *(an wen, an welche Stelle muss ich mich wenden, um Näheres zu erfahren?);* **b)** *sich wenden u. eine bestimmte Richtung einschlagen:* sich zum Ausgang h.; Ü mit leichtem Seufzen erkannte er, dass sein Herz sich ... nach Wologda hingewendet hatte und zu dem kleinen Kind, das er noch nicht gesehen (A. Zweig, Grischa 66).

Hin|wen|dung, die; -, -en: *das Hinwenden, Sichhinwenden.*

hin|wer|fen ⟨st. V.; hat⟩: **1.** *an eine bestimmte Stelle werfen:* jmdm. etw. h.; Ü einen Blick h. *(auf eine bestimmte Stelle einen Blick werfen; kurz hinblicken).* **2.** ⟨h. + sich⟩ *sich zu Boden o. Ä. werfen, fallen lassen:* Wenn sie uns entdecken, wirfst du dich sofort hin und rührst dich nicht mehr (Simmel, Stoff 24); er warf sich lang hin; Karl Wischwill ... warf sich in den Schnee hin (Plievier, Stalingrad 199). **3. a)** *(achtlos, verächtlich usw.) irgendwohin (bes. auf den Boden, von sich) werfen;* **b)** (ugs.) *aus einem Gefühl starker Unlust, Erregung o. Ä. heraus unvermittelt aufgeben:* seine Arbeit, den Kram, alles h.; Es zwingt Sie doch wohl niemand dazu, bei uns zu arbeiten. Sie können ja den Krempel h., wenns Ihnen nicht passt (Sebastian, Krankenhaus 50); sein Leben h. (geh. verhüll.; *sich aus Verzweiflung das Leben nehmen*); **c)** *flüchtig entwerfen, konzipieren, insbesondere flüchtig zu Papier bringen:* ein paar Zeilen h.; etw. mit wenigen Strichen h.; in einer ... an Hexerei grenzenden Geschwindigkeit hatte er die Umrisse des Gipfelmassivs ... hingeworfen (Andres, Liebesschaukel 30); **d)** *beiläufig äußern, kurz bemerken:* eine Bemerkung h.; ein flüchtig hingeworfener Satz. **4.** (ugs.) *(unabsichtlich) fallen lassen.*

hin|wie|der, hin|wie|de|rum [mhd. hin wider(e), aus ↑hin u. ↑wider, wieder] ⟨Adv.⟩ (veraltend): *wiederum, hingegen:* Zwar wollen wir nicht klotzen, aber kleckern hinwiederum auch nicht (Grass, Unkenrufe 72).

hin|wir|ken ⟨sw. V.; hat⟩: *Anstrengungen unternehmen, sich einsetzen, um etw. zu veranlassen:* auf die Beseitigung von Mängeln h.

hin|wol|len ⟨unr. V.; hat⟩ (ugs.): vgl. hindürfen.

Hinz: in den Verbindungen **H. und Kunz** (ugs. abwertend; *alle möglichen Leute, jedermann;* schon mhd., im Hinblick auf die Häufigkeit der m. Vorn. Hinz [niederd. Kurzf. von Heinrich] und Kunz [Kurzf. von Konrad]): bald wusste es H. und Kunz; **von H. zu Kunz** (ugs. abwertend; *zu allen möglichen Leuten, überallhin*): von H. zu Kunz laufen, um etw. zu bekommen.

hin|zäh|len ⟨sw. V.; hat⟩: *einzeln zählend vorlegen, auf den Tisch zählen, vorzählen:* jmdm. Geldstücke h.; die [Spiel]karten h.; Aus der Brieftasche zählte er meiner Mutter 3000 Mark hin (Kempowski, Uns 305).

hin|zau|bern ⟨sw. V.; hat⟩ (ugs.): *(etw. erstaunlich Gutes) mit wenig Mitteln bzw. in kurzer Zeit machen, herstellen:* [jmdm.] ein Essen h.

hin|zeich|nen ⟨sw. V.; hat⟩: **1.** *an eine bestimmte Stelle zeichnen.* **2.** *flüchtig, [nach]lässig irgendwohin zeichnen.*

hin|zie|hen ⟨unr. V.⟩: **1.** ⟨hat⟩ **a)** *zu jmdm., zu etw. Bestimmtem [heran]ziehen:* die Gepäckstücke näher zum Wagen h.; **b)** *durch Anziehung, Interessantheit o. Ä. hindrängen, hintreiben:* das Heimweh zieht sie nach Süden, zu den Bergen hin; sich stark zu jmdm., zu etw. hingezogen fühlen; ⟨unpers.:⟩ es zog ihn immer wieder zu ihr hin; es zieht sie mehr zu den Naturwissenschaften hin; **c)** *auf eine bestimmte Stelle lenken; veranlassen sich auf eine bestimmte Stelle zu richten:* die Blicke zu sich h. **2.** ⟨ist⟩ **a)** *an einen bestimmten Ort ziehen, seinen Wohnsitz verlegen:* wir kennen München nicht, aber wir werden bald h.; **b)** *an einen bestimmten Ort, in eine bestimmte Richtung ziehen, wandern, fahren usw.:* die Truppen ziehen zur Grenze hin; die Vögel ziehen nach Süden hin. **3.** *sich ziehend, wandernd, fahrend usw. über, an usw. [da]hinbewegen* ⟨ist⟩: die Truppen zogen über die Ebene hin; Wolken zogen am Himmel hin. **4.** ⟨hat⟩ **a)** *in die Länge ziehen:* einen Prozess h.; **b)** ⟨h. + sich⟩ *sich über [unerfreulich od. unerwartet] lange Zeit erstrecken bzw. den [unangenehmen] Eindruck langer Dauer vermitteln:* die Verhandlungen zogen sich [lange, über Jahre] hin; der Abend zog sich endlos hin; der Krieg, der zog sich nun doch etwas hin (Loest, Pistole 59); **c)** ⟨h. + sich⟩ *sich weit erstrecken:* sich endlos [an, über etw.] h.; sich bis zu einer Stelle h. **5.** ⟨hat⟩ **a)** *hinauszögern, verzögern:* die Abreise [bis zum Abend] hinzuziehen versuchen; **b)** ⟨h. + sich⟩ *sich verzögern:* die Abreise zog sich [bis zum Abend] hin.

hin|zie|len ⟨sw. V.; hat⟩: *auf etw. (als Ziel der Handlung od. [Rede]absicht) zielen:* ich weiß nicht, worauf du [mit deiner Bemerkung] hinzielst, worauf deine Bemerkung hinzielt; er zielt [mit seiner Politik], seine Politik zielt auf eine Änderung der bestehenden Verhältnisse hin.

hin|zi|tie|ren ⟨sw. V.; hat⟩ (abwertend): *zu einer bestimmten Person od. Stelle zitieren:* sie wurde zum Chef hinzitiert.

hin|zö|gern ⟨sw. V.; hat⟩: **a)** *hinziehen* (4a, 6); **b)** ⟨h. + sich⟩ *hinziehen* (4b).

hin|zu ⟨Adv.; meist in trennbarer Zus. mit einem Verb⟩ [mhd. (md.) hin zū, aus ↑hin u. ↑zu (md. zū)] (selten): *(noch) dazu:* dazu noch das Doppelte h.

hin|zu|ad|die|ren ⟨sw. V.; hat⟩ (geh.): *zu diesem addieren.*

hin|zu|be|kom|men ⟨st. V.; hat⟩ (selten): *[zu diesem] zusätzlich bekommen, noch dazubekommen.*

hin|zu|den|ken, sich ⟨unr. V.; hat⟩: *in Gedanken hinzufügen:* den Garten musst du dir [zu dem Haus] h.; (scherzh.:) das Schnitzel muss man sich [zu dem Essen] h.

hin|zu|dich|ten ⟨sw. V.; hat⟩: **1.** *dichtend hinzufügen:* Verse [zu einem Epos] h. **2.** *erdichtend hinzufügen:* Umstände, Einzelheiten [zu einem Sachverhalt] h.

hin|zu|ei|len ⟨sw. V.; ist⟩ (geh.): *hineilen, um dabei zu sein, [mit] anwesend zu sein.*

hin|zu|er|fin|den ⟨st. V.; hat⟩: *erfindend* (2) *hinzufügen:* Im Unterschied zu dir werde ich nichts aussparen. Nichts h. (Wohmann, Absicht 369).

hin|zu|er|wer|ben ⟨st. V.; hat⟩: *[zu diesem] noch zusätzlich erwerben* (1, 2a).

hin|zu|fin|den, sich ⟨st. V.; hat⟩ (selten): *dazukommen; hinzukommend sich einstellen.*

hin|zu|fü|gen ⟨sw. V.; hat⟩: **1.** *als Zusatz, Ergänzung, Erweiterung usw. zu etw. fügen, bes. in etw. hineinbringen od. -geben:* der Suppe etwas Salz h. *([zusätzlich] beimischen);* dem Buch einen Anhang h. *(zusätzlich beigeben);* dem Brief einen Zettel h. *(beifügen);* zu der Summe noch drei Einheiten h. *(addieren);* Wohl beruht alles Dargestellte auf Quellenforschung, der Verfasser fügt aus eigener Phantasie nichts hinzu (Thieß, Reich 11). **2.** *zusätzlich, ergänzend äußern:* haben Sie [dem] noch etwas hinzuzufügen?; der Äußerung meines Kollegen habe ich nichts mehr hinzuzufügen; ich möchte [meinen, seinen Äußerungen] noch h., dass ich jederzeit zu einem Gespräch bereit bin; »Aber es gibt Ausnahmen«, fügte sie hinzu.

Hin|zu|fü|gung, die: **1.** ⟨Pl. selten⟩ *das Hinzufügen* (1, 2): unter H. von etw. **2. a)** (selten) *Zusatz, Beimischung* (2); **b)** *Zusatz, Ergänzung, Hinzugefügtes (insbesondere hinzugefügte Äußerung, hinzugefügte einzelne Hervorbringung, Gestaltung):* das »r« in diesem Namen, die elfte Strophe, der Anbau ist [eine] spätere H.

hin|zu|ge|ben ⟨st. V.; hat⟩ (geh.): **1.** *dazugeben.* **2.** *hineingeben, -mischen:* Salz h.

hin|zu|ge|hö|ren ⟨sw. V.; hat⟩ (selten): *dazugehören.*

hin|zu|ge|sel|len, sich ⟨sw. V.; hat⟩: *sich dazugesellen:* sich bald [jmdm./zu jmdm.] h.; ein Kreis, [zu] dem sich dann noch einige interessierte Kollegen hinzugesellten; Zu den vielen erregenden Momenten des Prozesses hat sich hinzugesellt, dass ... (Noack, Prozesse 74).

hin|zu|ge|win|nen ⟨st. V.; hat⟩ (geh.): *[zu diesem] zusätzlich gewinnen, dazugewinnen:* [zu etw.] weitere Vermögenswerte h.

hin|zu|kau|fen ⟨sw. V.; hat⟩: *[zu diesem] zusätzlich kaufen:* etw. zu etw. h.; einen Teil (= der Nahrungsmittel) muss das Land ... gegen Devisen h. (Welt 4. 8. 65, 11); hinzugekaufte Teile.

hin|zu|kom|men ⟨st. V.; ist⟩: **1.** *[hin]kommen u. dabei sein, anwesend sein, Zeuge von etw. werden:* sie kam zufällig hinzu, als Diebe in den Laden einbrachen. **2. a)** *[hin]kommen, um dabei zu sein, ebenfalls anwesend zu sein:* dort warteten Hunderte, und immer mehr Menschen kamen hinzu; **b)** *sich anschließen, hinzugesellen, auch noch beteiligen:* eine Arbeitsgruppe, zu der dann noch einige interessierte Kollegen hinzukamen. **3.** *als etw. Zusätzliches, Weiteres dazukommen:* kommt [zu Ihrer Bestellung] noch etwas hinzu?; Alle acht Jahre kommt jetzt zur Bevölkerung der Erde eine neue hungernde Menschenmenge hinzu (Grzimek, Serengeti 246); zu der Grippe kam noch eine Lungenentzündung hinzu; Hinzu kam der Zusammenbruch des Ostens (Woche 14. 3. 97, 57); dieser Umstand kommt [noch] erschwerend hinzu; zu diesen Umständen kommt noch hinzu, dass wir vollkommen unvorbereitet waren; hinzu kommt [der Umstand], dass wir vollkommen unvorbereitet waren.

hin|zu|lau|fen ⟨st. V.; ist⟩ (geh.): *hinlaufen, um dabei zu sein, [mit] anwesend zu sein.*

hin|zu|le|gen ⟨sw. V.; hat⟩ (selten): *zu jmdm., zu etw. [dazu]legen.*

hin|zu|ler|nen ⟨sw. V.; hat⟩ (geh.): *dazulernen.*

hin|zu|neh|men ⟨st. V.; hat⟩ (geh.): *[zu diesem] zusätzlich nehmen u. mit jmdm., etw. Bestimmtem verbinden, vereinigen:* zur besseren Veranschaulichung sollte man noch Beispiele aus anderen Bereichen h.

hin|zu|rech|nen ⟨sw. V.; hat⟩ (selten): *dazurechnen.*

Hin|zu|rech|nung, die ⟨o. Pl.⟩ (selten): *das Hinzurechnen:* unter/mit H. von etw. *(etw. hinzugerechnet).*

hin|zu|schrei|ben ⟨st. V.; hat⟩ (selten): *dazuschreiben.*

hin|zu|set|zen ⟨sw. V.; hat⟩ (geh.): **1.** *dazusetzen:* sich [zu jmdm.] h. **2.** *hinzufügen* (2): er setzte hinzu: »Langsam wird mir das zu dämlich ...« (Kirst, 08/15, 822); ihren Worten ist nichts mehr hinzuzusetzen.

hin|zu|stel|len ⟨sw. V.; hat⟩ (geh.): vgl. hinzusetzen (1).

hin|zu|sto|ßen ⟨st. V.; ist⟩ (geh.): *zu jmdm. stoßen, [hin]gelangen u. sich anschließen:* ein Neuer war [zu der Gruppe] hinzugestoßen.

hin|zu|stür|zen ⟨sw. V.; ist⟩ (geh.): vgl. hinzueilen.

hin|zu|tre|ten ⟨st. V.; ist⟩: **1.** *hintreten, um dabei zu sein, [mit] anwesend zu sein [u. etw. zu tun]:* zu den anderen h. **2.** *hinzukommen:* Die Absicht zu verkaufen allein garantiert so wenig wie die Qualität der Ware den geschäftlichen Erfolg. Es muss etwas h., was man nicht planen kann (Pohrt, Endstation 14).

hin|zu|tun ⟨unr. V.; hat⟩ (selten): *dazutun, hinzufügen* (1): etw. [zu etw.] h.

Hin|zu|tun, das (selten): *Dazutun.*

hin|zu|ver|die|nen ⟨sw. V.; hat⟩: *für sich dazuverdienen:* ich habe mir etwas hinzuverdient; Was ein Rentner h. darf, hängt allein von der Art seiner Rente ab (Hörzu 40, 1974, 103); ich »jobbe« nicht nur, verdiene nicht »hinzu«, sondern ich arbeite in einem Beruf, von dem ich leben kann (MM 21./22. 4. 79, 49).

Hin|zu|ver|dienst, der: *hinzuverdienter od. hinzuzuverdienender Geldbetrag.*

hin|zu|wäh|len ⟨sw. V.; hat⟩ (geh.): *zusätzlich wählen, durch Wahl bestimmen:* zu den fünf Ausschussmitgliedern wurden noch zwei hinzugewählt.

hin|zu|wol|len ⟨unr. V.; hat⟩ (geh.): *hinzutreten, hinzukommen* (2a) *usw. wollen.*

hin|zu|zah|len ⟨sw. V.; hat⟩ (geh.): *[zu diesem] zusätzlich zahlen.*

hin|zu|zäh|len ⟨sw. V.; hat⟩ (geh.): *hinzu-, dazurechnen.*

hin|zu|zie|hen ⟨unr. V.; hat⟩: *zu Rate ziehen; in einem anstehenden Fall um sachverständige Äußerung, Behandlung od. klärende Bearbeitung bitten:* in schwierigen Fällen einen Sachverständigen, einen Facharzt h.; sie wurde zu der Besprechung nicht hinzugezogen.

Hin|zu|zie|hung, die ⟨o. Pl.⟩: *das Hinzuziehen.*

Hi|obs|bot|schaft, die [nach der Gestalt des Hiob im A. T., der Schweres zu erdulden hatte; Hiob 1, 14–19]: *Unglücksbotschaft, Schreckensnachricht:* eine H. erhalten, überbringen; Die Italien eingeräumten Kredite ... sind – nach den vielen -en *(schlechten Nachrichten)* der letzten Zeit – die erste gute Nachricht (Zeit 27. 3. 64, 7).

Hi|obs|nach|richt, die (selten): *Hiobsbotschaft:* Im Spätherbst erreichten Hans Helmcke die ersten -en über den Stand ... des Kreiselbaus (Prodöhl, Tod 32).

Hi|obs|post, die; -, -en (veraltend): *Hiobsbotschaft:* die H. verbreitete sich in Windeseile; Aus Europa kamen -en (Jacob, Kaffee 252).

hip ⟨Adj.; hipper, hipste⟩ (Jargon) [engl. hip, hep, H. u.]: **a)** *informiert, [in modischer Hinsicht] auf dem Laufenden; zeitgemäß:* zu den anderen nach oben, wo ein Lehrling Inventur machte, ein -per Typ mit langen Haaren (B. Vesper, Reise 211); Nur Spießer gehen noch zum Coiffeur. Wer h. ist, lässt bei »haar-lekin« frisieren (Spiegel 18, 1989, 69); **b)** *modern; dem Modetrend entsprechend:* Wolkenkratzer und viktorianische Herrenhäuser, Antiquitätengeschäfte und -pe Klamottenläden – in San Diegos Innenstadt ist alles vereint (Woche 2. 1. 98, 42); Wenn man ein junges, -pes Trendprodukt sponsert, muss man einen ungeheuren Werbeaufwand betreiben (Wiener 10, 1993, 92); In den 80er Jahren war es plötzlich h., reich zu sein (Tempo 1, 1989, 8).

Hip-Hop, der; -s [engl.-amerik. hip-hop, wohl verdoppelnde Bildung mit Ablaut zu: hop = Hüpfer, Hopser, to hop = hüpfen]: *auf dem Rap basierender Musikstil, der durch elektronisch erzeugte, stark rhythmisierte u. melodienarme Musik [u. Texte, die vor allem das Leben der unteren sozialen Schichten in amerikanischen Großstädten widerspiegeln] gekennzeichnet ist:* Der Streit um gewaltverherrlichenden H. schwelt seit Jahren (Spiegel 48, 1993, 108); ... bewegen sich die 21 Go-go-Tänzer ... zur Musik von Miles Davis und Stevie Wonder, zum neuesten H. (MM 7. 10. 92, 19).

hipp-, Hipp-: ↑hippo-, Hippo-.

Hip|pan|thro|pie, die; -, -n [zu griech. híppos (↑hippo-, Hippo-) u. ánthrōpos = Mensch] (Med., Psychol.): *Wahnvorstellung, ein Pferd zu sein (u. dabei die Bewegungen u. Laute eines Pferdes nachahmen).*

Hip|parch, der; -en, -en [griech. hípparchos, zu: híppos (↑hippo-, Hippo-) u. árchein = Führer sein]: *Befehlshaber der Reiterei im antiken Griechenland.*

Hip|pa|ri|on, das; -s, ...ien [griech. hippárion = Pferdchen]: *ausgestorbenes Huftier (Vorform des heutigen Pferdes); Urpferd.*

[1]**Hip|pe,** die; -, -n [aus dem Ostmd., mhd. (md.) heppe, ahd. heppa, wohl verw. mit ↑schaben]: **1.** *[Klapp]messer mit geschwungener Klinge, das im Garten- u. Weinbau verwendet wird.* **2.** *(in allegorischen bildlichen Darstellungen) Sense als Attribut des Todes.*

[2]**Hip|pe,** die; -, -n [spätmhd. hipe, urspr. viell. = dünnes Gebäck, das Dünne, vgl. mundartl. hippig = dürr, mager] (landsch.): *rundes, flaches od. in warmem Zustand über ein Nudelholz gerolltes Plätzchen.*

[3]**Hip|pe,** die; -, -n [md., viell. Kosef. zu: Haber = Ziegenbock, vgl. Habergeiß]: **1.** *Ziege.* **2.** (abwertend) *hässliche, streitsüchtige Frau.*

hip|pe|lig usw.: ↑hibbelig usw.

hipp, hipp, hur|ra! ⟨Interj.⟩ [zu engl. hip, gebraucht zur Einleitung von Hochrufen u. Trinksprüchen, (H. u.) u. ↑hurra]: Ruf, mit dem man jmdn., etw. feiert, jmdn. hochleben lässt.

Hipp|hipp|hur|ra, das; -s, -s: Hochruf: ein dreifaches, kräftiges H.

Hip|pi|a|trie, die; - [griech. hippiatr(e)ía, zu: híppos (↑hippo-, Hippo-) u. iātreia = ärztliche Behandlung], **Hip|pi|a|trik,** die; - [zu griech. hippiatrikós = die Pferdeheilkunde betreffend]: *Pferdeheilkunde.*

Hip|pie [...pi], der; -s, -s [engl. hippie, zu: hip, ↑hip]: *jmd. (meist jüngerer Mensch), der sich zu einer in den USA in der zweiten Hälfte der 1960er-Jahre ausgebildeten, betont antibürgerlichen u. pazifistischen Lebensform bekennt u. dies in Kleidung u. Auftreten zum Ausdruck bringt; Blumenkind:* ein langhaariger, blumengeschmückter H.; sie war damals, wie ihr Freund, ein überzeugter H.; Die -s lesen ... alle den Steppenwolf (H. Lenz, Tintenfisch 8); ich ziehe mich gern ein bisschen auf H. an (Fichte, Wolli 37); Blumen und Frohsinn, Frieden und Heiterkeit waren bislang die Kennzeichen der -s (FAZ 5. 12. 69, 7).

Hip|pie|look, der ⟨o. Pl.⟩: *Modestil in Anlehnung an Aussehen u. Kleidung der Hippies, der durch lange Haare bei Männern u. Frauen, lange, wallende, bunte Kleidung mit Blumen[ornamenten] u. Ä. gekennzeichnet ist.*

hip|po-, Hip|po-, (vor Vokalen:) hipp-, Hipp- [griech. híppos] ⟨Best. in Zus. mit der Bed.⟩: *Pferd, Pferde-* (z. B. hippologisch, Hippopotamus, Hippiatrik).

Hip|po|cam|pus, der; -, ...pi [2: lat. hippocampus < griech. hippókampos, zu: kámpos = (indisches) Meerungeheuer, H. u.]: **1.** *Ammonshorn* (1). **2.** (Zool.) *Seepferdchen.*

Hip|po|drom, der od., österr. nur, das; -s, -e [lat. hippodromos < griech. hippódromos, zu: drómos = Rennbahn]: **1.** *Pferde- u. Wagenrennbahn im antiken Griechenland.* **2.** *Reitbahn auf Jahrmärkten o. Ä.*

Hip|po|gryph, der; -s u. -en, -e[n] [frz. hippogrife < ital. ippogrifo, zu griech. híppos = Pferd u. gryps, ↑Greif, erstmals gepr. von den italienischen Renaissancedichtern L. Ariosto (1474–1533) u. M. M. Boiardo (um 1440–1494)]: *geflügeltes Fabeltier mit Pferdeleib u. Greifenkopf;* (bei neueren Dichtern:) *Pegasus:* ◆ Hell wieherte der H. und bäumte sich in prächtiger Parade (Schiller, Pegasus im Joche).

Hip|po|kamp, der; -en, -en [↑Hippocampus (2)]: *Seepferd der antiken Sage mit Fischschwanz.*

Hip|po|kam|pus: Hippocampus (1).

Hip|po|kra|ti|ker, der; -s, -: *Anhänger des altgriechischen Arztes Hippokrates (um 460 bis um 370) u. seiner Schule.*

hip|po|kra|tisch ⟨Adj.⟩: *auf den altgriechischen Arzt Hippokrates bezüglich, seiner Lehre gemäß:* die -e Medizin; vgl. Eid, Gesicht (2).

Hip|po|kre|ne, die; - [zu ↑hippo, Hippo- u. krḗnē = Quelle] (griech. Myth.): durch den Hufschlag des Pegasus entstandene Quelle, aus der der Dichter seine Inspiration schöpft.

Hip|po|lo|ge, der; -n, -n [↑-loge]: *Wissenschaftler auf dem Gebiet der Hippologie.*

Hip|po|lo|gie, die; - [↑-logie]: *wissenschaftliche Pferdekunde.*

Hip|po|lo|gin, die; -, -nen: w. Form zu ↑Hippologe.

hip|po|lo|gisch ⟨Adj.⟩: *die Hippologie betreffend.*

Hip|po|ma|nes, das; -, - [lat. hippomanes < griech hippomanḗs]: **1.** *gelbliche Masse auf der Stirn neugeborener Pferde (im Altertum als Aphrodisiakum verwendet).* **2.** *Schleim aus der Scheide von Stuten (im Altertum als Aphrodisiakum verwendet).*

Hip|po|nak|te|us, der; -, ...teen [...ˈteːən; lat. Hipponakteus = nach Art des Hipponax; nach dem altgriech. Dichter Hipponax (6. Jh. v. Chr.)] (Verslehre): *Vers der äolischen Lyrik mit neun zum Teil variablen Längen u. Kürzen.*

Hip|po|po|ta|mus, der; -, - [lat. hippopotamus < griech. hippopótamos, zu: híppos (↑hippo-, Hippo-) u. potamós = Fluss] (Zool.): *Fluss-, Nilpferd.*

hip|po|the|ra|peu|tisch ⟨Adj.⟩: *die Hippotherapie betreffend, darauf beruhend; mithilfe der Hippotherapie.*

Hip|po|the|ra|pie, die (Med.): *Therapie, bei der bestimmte körperliche Schäden, Behinderungen durch therapeutisches Reiten behandelt werden.*

Hip|pu|rit [auch: ...ˈrɪt], der; -en, -en [griech. híppouris = mit einem Pferdeschwanz versehen, wohl wegen der länglichen Form der Muschelschale]: *ausgestorbene Muschel der Kreidezeit.*

Hip|pur|säu|re, die ⟨o. Pl.⟩ [zu griech. híppos = Pferd u. oũron = Harn, da sie erstmals im Pferdeharn nachgewiesen wurde]: *farblose, wasserlösliche Kristalle bildende organische Säure, die in der Niere entsteht u. sich bes. im Harn Pflanzen fressender Tiere findet.*

Hip|pus, der; - [nlat., zu griech. híppos = Pferd, viell. wegen der springenden Bewegung der Pupille] (Med.): *plötzlich auftretende, starke rhythmische Schwankungen der Pupillenweite (bei Erkrankungen des Zentralnervensystems).*

Hips|ter, der; -[s], - [engl.-amerik. hipster, zu: hip, ↑hip]: **1.** *(im Jargon der Jazzszene) Jazzmusiker; Jazzfan:* Er winkte zurück – parodistisch, in der Pose eines -s (Baldwin [Übers.], Welt 321). **2.** (Jargon) *jmd., der über alles, was modern ist, Bescheid weiß, in alles Moderne eingeweiht ist:* Was ist ein H.? ... Er hört die richtige Musik und sieht die angesagten Filme, aber nichts hasst er mehr, als vom Fußvolk eingeholt zu werden (Tempo 12, 1988, 66).

Hi|ra|ga|na, das; -[s] od. die; - [jap. hiragana, zu: hira = glatt, eben u. kana = Silbenschrift]: *aus chinesischen Schriftzeichen durch Vereinfachung hervorgegangene, gerundete japanische Silbenschrift.*

Hirn, das; -[e]s, -e [mhd. hirn(e), ahd. hirni, eigtl. = Horn; Kopf; Spitze; gehörntes od. geweihtragendes Tier, verw. mit ↑Horn]: **1. a)** (seltener) *Gehirn* (1): das menschliche H.; Was nun ist mit Einsteins H. geschehen? (Spiegel 36, 1978, 212); **b)** *als Speise verwendetes, zubereitetes Gehirn eines Schlachttieres:* frisches H.; morgen gibt es H. **2.** (ugs.) *Verstand; Kopf (als Sitz der Denkfähigkeit, des Verstandes):* ein geschultes H.; sein H. anstrengen; Ich rauchte ... War müde, und mein H. war leer (Lynen, Kentaurenfährte 335); sich das H. zermartern *(angestrengt über etw. nachdenken, ohne zu einem Ergebnis zu kommen, ohne eine Lösung zu finden o. Ä.);* welchem H. ist denn das entsprungen *(wer hat sich denn das ausgedacht)*?; Sie hat doch keinen

Verstand! ... Nicht für einen Pfennig H. hat sie, diese dörfliche Person! (Lederer, Liebe 20).

Hirn|akro|bat, der (ugs. scherzh.): *Gehirnakrobat.*

Hirn|akro|ba|tik, die (ugs. scherzh.): *Gehirnakrobatik.*

Hirn|akro|ba|tin, die: w. Form zu ↑Hirnakrobat.

Hirn|an|hang, der, **Hirn|an|hangs|drü|se,** die: *Hypophyse.*

Hirn|ar|beit, die (ugs.): *Verstandesarbeit, Kopfarbeit.*

Hirn|auf|lauf, der (Kochk.): *Auflauf aus [Kalbs]hirn.*

Hirn|blu|tung, die (Med.): *Gehirnblutung.*

Hirn|bo|ten|stoff, der (Physiol.): *Neurotransmitter.*

hir|nen ‹sw. V.; hat› (schweiz.): *nachdenken:* diese Idee ist schon besetzt. Hat die Fachkommission jahrelang umsonst gehirnt (Tages Anzeiger 17. 4. 99, 25).

Hirn|er|schüt|te|rung, die (schweiz.): *Gehirnerschütterung.*

Hirn|flä|che, die (Fachspr.): *Schnittfläche am Hirnholz (auf der die Jahresringe zu sehen sind).*

hirn|ge|schä|digt ‹Adj.› (Med.): *einen Schaden am Hirn aufweisend:* ein -es Kind.

Hirn|ge|schä|dig|te, der u. die: *jmd., der an einer Schädigung des Hirns leidet.*

Hirn|ge|spinst, das (abwertend): *Produkt einer fehlgeleiteten od. überhitzten Einbildungskraft; fantastische, abwegige, absurde Idee:* Die Menschheit ... foltert sich selbst, indem sie Phantomen und -en nachjagt (Stories 72 [Übers.], 49); sich in -e verrennen, verbohren.

Hirn|haut, die (Med.): *das Hirn* (1 a) *umgebende Bindegewebshülle.*

Hirn|haut|ent|zün|dung, die (Med.): *Entzündung der Hirn- und Rückenmarkshäute; Meningitis.*

Hirn|holz, das (Fachspr.): *quer zur Faser geschnittenes Holz.*

Hir|ni, der; -s, -s [↑-i (2)] (ugs. abwertend): *hirnloser Mensch:* Fiesta furiosa für Suffkis, -s und Randalos (Spiegel 19, 1989, 112).

Hirn|in|farkt, der (Med.): *Infarkt im Gehirn.*

Hirn|kam|mer, die (Med.): *Gehirnventrikel.*

Hirn|kas|ten, der (salopp scherzh.): *Gehirn* (2): das will nicht in meinen H.

Hirn|krank|heit, die: *Gehirnkrankheit.*

hirn|los ‹Adj.› (abwertend): *in einer ärgerlichen Weise dumm, töricht, ohne Verstand:* Da geschah es, dass der -e Kerl Anker Oyje sich im Boot aufrichtete (Jahnn, Geschichten 226); -er *(vollkommener)* Blödsinn.

Hirn|lo|sig|keit, die; -, -en (abwertend): **a)** ‹o. Pl.› *das Hirnlossein;* **b)** *hirnloses Verhalten.*

Hirn|mas|se, die (Med.): *Gehirnsubstanz.*

Hirn|mensch, der: *Verstandesmensch:* der H. verlangt nach Erleuchtung (K. Mann, Wendepunkt 287).

Hirn|nerv, der (Med.): *direkt im Gehirn entspringender Hauptnerv:* die zwölf -en.

Hirn|rin|de, die (Med.): *graue Substanz an der Peripherie von Groß- u. Kleinhirn.*

hirn|ris|sig ‹Adj.› [viell. nach der Vorstellung, dass der Urheber einer solchen Idee einen »Riss« im Hirn (in der Hirnschale) haben müsse od. dass jmdm. beim Zuhören das Hirn aus dem Kopfe gerissen wird] (ugs.): *in einer ärgerlichen Weise töricht, unsinnig:* ein -er Vorschlag; eine -e Idee; (seltener:) eine -e Person *(jmd., der als verrückt angesehen wird);* Sie hielt ihn für einen dieser -en und tölpelhaften Touristen (Heim, Traumschiff 331); es war h., so etwas zu wagen.

Hirn|ris|sig|keit, die; -, -en: vgl. Hirnlosigkeit.

Hirn|sau|sen: in der Verbindung **H. haben** (bayr. abwertend; *leicht verrückt sein, närrische Einfälle haben*): du hast wohl H.

Hirn|schä|del, der (Anat.): *aus Schädelbasis u. Schädeldach bestehender Teil des Schädels.*

Hirn|scha|den, der: *Schädigung des Gehirns.*

Hirn|scha|le, die (Med.): *knochige Schale, die das Gehirn umschließt:* Lene lag in ihrem Blut, das Gesicht unkenntlich, mit zerschlagener H. (Hauptmann, Thiel 48).

Hirn|schen|kel, der (Med.): *Bündel aus Nervenfasern zwischen Kleinhirn u. Brücke* (7).

Hirn|schlag, der (Med.): *Gehirnschlag.*

Hirn|schmalz, das (salopp scherzh.): *[Aufwand an] Verstandeskraft.*

Hirn|stamm, der (Med.): *Gehirnstamm.*

Hirn|strom|bild, das (Med.): *Elektroenzephalogramm.*

Hirn|tod, der (Med.): *endgültiges u. vollständiges Erloschensein der lebensnotwendigen Gehirnfunktionen nach schweren Gehirnschädigungen.*

hirn|tot ‹Adj.› (Med.): *keine Gehirnfunktion mehr aufweisend:* Erstmals soll in Deutschland eine -e Frau eine Schwangerschaft austragen (Rheinpfalz 15. 10. 92, 32).

Hirn|trau|ma, das (Med.): *Hirnverletzung.*

Hirn|tu|mor, der (Med.): *Tumor im Gehirn.*

hirn|ver|brannt ‹Adj.› [LÜ von frz. cerveau brûlé = verbranntes Hirn] (abwertend): *in einer ärgerlichen Weise unsinnig, töricht:* eine -e Idee; (seltener:) ein -er Kerl; Wie konntest du nur so h. sein zu wähnen, dieser Eine sei anders als wir alle (Thielicke, Ich glaube 213).

Hirn|ver|brannt|heit, die; -, -en (ugs.): vgl. Hirnlosigkeit.

hirn|ver|letzt ‹Adj.›: *Verletzungen am Gehirn aufweisend:* ein -es Kind.

Hirn|ver|letz|te, der u. die: *jmd., der eine Hirnverletzung erlitten hat.*

Hirn|ver|let|zung, die: *Verletzung des Gehirns.*

Hirn|wä|sche, die (selten): *Gehirnwäsche.*

Hirn|win|dung, die (Med.): *gewundene, wulstige Erhebung der Hirnrinde.*

◆ **Hirn|wut,** die: *Tobsucht, Raserei:* Ein totaler Raptus, eine Art H. (Cl. Brentano, Die lustigen Musikanten 3).

◆ **hirn|wü|tig** ‹Adj.›: *tobsüchtig, toll, rasend:* Was hast du, Franz? – Du bist h., Franz (Büchner, Woyzeck [Mariens Kammer]).

Hirn|zel|le, die (Med.): *Gehirnzelle.*

Hirn|zen|tren ‹Pl.› (Med.): *umschriebene Bereiche im Hirn* (1 a), *denen bestimmte Funktionen zugeordnet sind.*

Hirsch, der; -[e]s, -e [1: mhd. hirʒ, ahd. hir(u)ʒ, eigtl. = gehörntes od. geweihtragendes Tier, verw. mit ↑Hirn; 4: nach der Wendung »jmdm. Hörner aufsetzen« (vgl. Horn 1)]: **1. a)** *(meist in Wäldern lebendes) wiederkäuendes Säugetier mit glattem, braunem Fell, kurzem Schwanz u. einem Geweih (beim männlichen Tier);* **b)** kurz für ↑Rothirsch: ein Rudel -e äst auf der Wiese; **c)** *männlicher Rothirsch:* ein kapitaler H.; der H. schreit, röhrt; Am Sonnabend ... drehte sich der Wind und wurde hart und kalt, und sofort orgelten überall die -e (Löns, Gesicht 141). **2.** (berlin. ugs.) *Könner:* dein Freund ist wirklich ein H. **3.** (oft scherzh.) Schimpfwort für eine männliche Person: mach, dass du wegkommst, du H.! **4.** (scherzh.) *betrogener Ehemann.* **5.** (scherzh.) *Fahrrad, Motorrad, Moped.*

Hirsch|an|ti|lo|pe, die: *(in Afrika heimische) Antilope mit braunem, am Hinterteil weißem Fell u. (beim männlichen Tier) langen, geringelten Hörnern.*

Hirsch|art, die: *bestimmte Art von Hirschen.*

Hirsch|fän|ger, der [zu ↑Fang (3)] (Jägerspr.): *langes, schmales, an der Spitze zweischneidiges Jagdmesser mit fest stehender Klinge, mit dem angeschossenes Wild getötet wird.*

hirsch|ge|recht ‹Adj.› (Jägerspr.): *mit der Hege u. der Jagd auf Rotwild vertraut:* ein -er Jäger.

Hirsch|ge|weih, das: *Geweih eines Hirsches.*

Hirsch|horn, das ‹o. Pl.› [mhd. hirʒhorn = Geweih des Hirsches]: *Geweih von Hirschen als Werkstoff (für Knöpfe, Messergriffe o. Ä.).*

Hirsch|horn|knopf, der: *Knopf aus Hirschhorn.*

Hirsch|horn|salz, das: *früher aus [Hirsch]horn gewonnenes, beim Backen von Lebkuchen o. Ä. verwendetes Treibmittel.*

Hirsch|kä|fer, der: *(in Eichenwäldern lebender) großer, schwarzer Käfer, dessen Männchen einen zu geweihartigen Zangen vergrößerten Oberkiefer aufweist.*

Hirsch|kalb, das: *junger männlicher Hirsch.*

Hirsch|kol|ben|su|mach, der: *(im östlichen Nordamerika heimischer) Baum mit samtig behaarten Zweigen, gefiederten Blättern u. grünlichen Blüten in langen Rispen.*

Hirsch|kuh, die: *weiblicher Hirsch.*

Hirsch|le|der, das: *weiches Leder aus dem Fell von Hirschen:* eine Jacke aus H.

hirsch|le|dern ‹Adj.›: *aus Hirschleder.*

Hirsch|park, der: *Wildgehege für Hirsche.*

Hirsch|rü|cken, der (Kochk.): *Gericht aus dem Rückenstück des Hirsches:* gespickter H.

Hirsch|ru|del, das: *Rudel von Hirschen.*

Hirsch|steak, das (Kochk.): *dicke Fleischscheibe aus dem Rückenstück des Hirschs.*

Hirsch|talg, der: *Talg vom Hirsch (bes. als Salbengrundlage u. Fußpflegemittel verwendet).*

Hirsch|trüf|fel, die [weil sie oft von Hirschen aus der Erde gewühlt wird]: *Schlauchpilz mit gelbbraunem, kugeligem Fruchtkörper.*

Hirsch|zun|ge, die [nach dem zungenförmigen Umriss der Wedel]: *Farn mit langen, zungenförmigen Blättern.*

Hir|se, die; -, (Arten:) -n [mhd. hirs(e), ahd. hirsi, viell. eigtl. = Nährendes, Nahrung]: **a)** *Getreideart mit ährenähnlicher Rispe u. kleinen, runden Körnern:* H. anpflanzen; **b)** *Früchte der Hirse* (a): H. kochen.

Hir|se|bier, das: *aus Hirse gebrautes Bier.*

Hir|se|brei, der: *Brei aus Hirse* (b).

Hir|se|brein, der (österr. mundartl.): *Brein.*

hir|se|gelb ‹Adj.›: *von der gelben Farbe reifer Hirsekörner.*

Hir|se|korn, das ‹Pl. ...körner›: *einzelnes Korn der Hirse* (b).

Hir|se|mehl, das: *Mehl aus Hirse* (b).

Hir|se|pflan|ze, die: *Hirse* (a).

Hir|se|pilz, der [viell. nach der hirsegelben Färbung]: *Sandpilz.*

Hir|su|tis|mus, der; - [zu lat. hirsutus = struppig, stachelig] (Med.): *abnormer Haarwuchs, bes. bei Frauen, infolge einer Überfunktion der Nebennierenrinde.*

Hirt, der; -en, -en, (auch:) **Hir|te,** der; -n, -n [mhd. hirt(e), ahd. hirti, zu ↑Herde]: **1.** *jmd., der eine Herde* (1) *hütet:* der H. weidet die Schafe, Ziegen; Ü der H. der Gemeinde (geh.; *der Geistliche als Betreuer seiner Gemeinde*); * **der Gute Hirte** (bibl.; Benennung Christi im Neuen Testament; nach Joh. 10, 11). **2.** (landsch. ugs. abwertend) *abschätzig beurteilte männliche Person:* hau ab, du blöder H.!; das ist vielleicht ein H.; dem konnte keiner, kein Gemüsebauer und kein Zöllner und nicht einmal die Hirten um den Bahnhof Zoo (Kant, Impressum 183).

hir|ten ‹sw. V.; hat› [vgl. mhd. behirten = behüten, bewachen] (schweiz.): *Vieh hüten:* er hirtet schon seit 10 Jahren auf dieser Alp; Schafe, Kühe h.

Hir|ten|amt, das (kath. Kirche): *Amt des Priesters, Seelsorgers.*

Hir|ten|brief, der (kath. Kirche): *(von der Kanzel verlesener) Rundbrief des Bischofs an die Gläubigen, der wichtige religiöse Fragen betrifft:* H. zur Landtagswahl in Rheinland-Pfalz (MM 10./11. 3. 79, 2).

Hir|ten|dich|tung, die (Literaturw.): *Dichtung, die das beschauliche Dasein bedürfnisloser, friedlicher Hirten u. Schäfer in einer idyllischen Landschaft darstellt; Bukolik.*

Hir|ten|feu|er, das: *Lagerfeuer der Hirten.*

Hir|ten|flö|te, die: *einfache Flöte der Hirten.*

Hir|ten|ge|dicht, das: vgl. Hirtendichtung.

Hir|ten|gott, der (Myth.): *von den Hirten verehrter Gott:* der H. Pan.

Hir|ten|hund, der: *(bes. als Wach- u. Schutzhund gehaltener) großer Hund mit lebhaftem Temperament.*

Hir|ten|jun|ge, der: *Junge, der Haustiere* (1) *hütet.*

Hir|ten|kna|be, der (dichter.): *Hirtenjunge.*

Hir|ten|kul|tur, die (Anthrop.): *Kulturform, deren Wirtschaft ausschließlich auf der Zucht von wandernden Herdentieren aufgebaut ist.*

Hir|ten|lied, das: *von Hirten gesungenes Lied.*

Hir|ten|mäd|chen, das: vgl. Hirtenjunge.

Hir|ten|pfei|fe, die: *Hirtenflöte.*

Hir|ten|spiel, das (Literaturw.): **1.** *Form des Weihnachtsspiels, bei dem die Verkündigung bei den Hirten auf dem Felde im Vordergrund der Handlung steht.* **2.** [1]*Pastorale* (2).

Hir|ten|stab, der: **1.** (geh.) *Stab des Hirten.* **2.** (kath. Kirche) *Krummstab als Symbol der bischöflichen Würde.*

Hir|ten|stamm, der: vgl. Hirtenvolk.

Hir|ten|ta|sche, die: *gewebte, rechteckige, flache Umhängetasche (ursprünglich bes. der griechischen Hirten).*

Hir|ten|tä|schel, das; -s, **Hir|ten|tä|schel|kraut,** das ‹o. Pl.› [nach den dreieckigen, sich herzförmig verbreiternden Früchten]: *(zu den Kreuzblütlern gehörende) Pflanze mit kleinen weißen Blüten u. herzförmigen Früchten.*

Hir|ten|volk, das: *Nomadenvolk, das hauptsächlich von der Viehzucht lebt.*

Hir|tin, die; -, -nen: w. Form zu ↑Hirt, Hirte.

Hi|ru|din, das; -[s] [zu lat. hirudo (Gen.: hirudinis) = Blutegel]: *in den Speicheldrüsen von Blutegeln gebildeter, die Blutgerinnung hemmender Stoff.*

his, His, das; -, - (Musik): *um einen halben Ton erhöhtes h, H* (2).

[1]**His|bol|lah,** die; - [pers. hezbollah, aus: arab. Hizbu Āllāh = Partei Gottes, aus: hizb = Schar, Rotte; Partei, zu: hazaba = befallen, zustoßen, erw.: [ta]hazzaba = eine Partei bilden u. allāh = Allah]: *(bes. im Libanon aktive) Gruppe extremistischer schiitischer Muslime.*

[2]**His|bol|lah,** der; -s, -s: *Anhänger der* [1]*Hisbollah*

His|pa|na, die; -, -s [span. hispana]: w. Form zu ↑Hispano.

His|pa|ni|dad [span.: ispani'ðað], die; - [span. hispanidad, zu hispánico = spanisch < lat. Hispanicus]: *Hispanität.*

His|pa|ni|en, -s (hist.): Pyrenäenhalbinsel.

his|pa|nisch ‹Adj.›: **1.** zu ↑Hispanien. **2.** *hispanoamerikanisch:* die -e Bevölkerung; Seine musikalische Sozialisation war das -e Sammelbecken der New Yorker Bronx (Woche 18. 4. 97, 36).

his|pa|ni|sie|ren ‹sw. V.; hat›: *an die Sprache, die Sitten, die Lebensweise der Spanier angleichen.*

His|pa|nis|mus, der; -, ...men (Sprachw.): *für die spanische Sprache charakteristische Eigentümlichkeit in einer nicht spanischen Sprache.*

His|pa|nist, der; -en, -en: *Vertreter der Hispanistik.*

His|pa|nis|tik, die; -: *Wissenschaft von der spanischen Sprache u. Literatur (Teilgebiet der Romanistik).*

His|pa|nis|tin, die; -, -nen: w. Form zu ↑Hispanist.

His|pa|ni|tät, die; - [span. hispanidad]: *Zusammengehörigkeitsgefühl aller Spanisch sprechenden Völker im Hinblick auf ihre gemeinsame Kultur.*

His|pa|no, der; -s, -s [span. hispano, eigtl. = Spanier; spanisch]: *in den USA lebender Einwanderer aus den Spanisch sprechenden Ländern Lateinamerikas.*

His|pa|no|ame|ri|ka|ner, der: *Hispano.*

His|pa|no|ame|ri|ka|ne|rin, die: w. Form zu ↑Hispanoamerikaner.

his|pa|no|ame|ri|ka|nisch ‹Adj.›: *die Hispanoamerikaner, Hispanoamerikanerinnen betreffend.*

His|pa|no|ame|ri|ka|nis|mus, der; -, ...men [span. hispanoamericanismo] (Sprachw.): *sprachliche Besonderheit des in Lateinamerika gesprochenen Spanisch.*

His|pa|no|mo|res|ke, die; -, -n [zu span. hispano = spanisch u. morisco = maurisch] (Kunstwiss.): *(vom 13. bis 16. Jh. von maurischen Töpfern bes. in Valencia hergestellte) spanische Majolika im islamischen Stil [mit Goldglanzüberzug].*

his|sen ‹sw. V.; hat› [aus dem Niederd.; lautm.]: *(eine Fahne, ein Segel o. Ä.) am Mast, an der Fahnenstange hochziehen* (1 a): die Flagge h.; Er ... hisste bei größeren, aber auch minimaleren ... Gelegenheiten ein nagelneues Symbolfahnentuch (Lentz, Muckefuck 22).

His|ta|min, das; -s, -e [Kurzwort aus ↑Histidin u. ↑Amin] (Med.): *Gewebshormon, das im Körper aus Histidin gebildet wird u. gefäßerweiternd wirkt.*

His|ti|din, das; -s [zu griech. histíon = Gewebe, zu: histós, ↑histo-, Histo-] (Med.): *als Baustein vieler Proteine vorkommende essenzielle Aminosäure.*

his|ti|o|id, (auch:) histoid ‹Adj.› [zu ↑histo-, Histo- u. griech. -oeidēs = ähnlich] (Med.): *gewebeähnlich, gewebeartig.*

his|to-, His|to- [griech. histós = Gewebe, auch = Webstuhl, Webebaum; Mastbaum] ‹Best. in Zus. mit der Bed.›: *gewebe-, Gewebe-* (z. B. histologisch, Histologe).

His|to|che|mie, die; -: *Wissenschaft vom chemischen Aufbau der Gewebe von Organismen.*

his|to|che|misch ‹Adj.›: *die Histochemie betreffend, zu ihr gehörend.*

his|to|gen [↑-gen] ‹Adj.› (Med.): *vom Gewebe herstammend.*

His|to|ge|ne|se, die; - (Biol., Med.): *Ausbildung der verschiedenen Arten von Organgewebe aus undifferenziertem Embryonalgewebe.*

his|to|ge|ne|tisch ‹Adj.› (Med.): *die Histogenese betreffend.*

His|to|gramm, das; -s, -e [zu griech. histós = Mastbaum u. ↑-gramm] (Statistik): *grafische Darstellung einer Häufigkeitsverteilung in Form von Säulen, die den Häufigkeiten der Messwerte entsprechen.*

his|to|id: ↑histioid.
His|to|lo|ge, der; -n, -n [zu ↑histo-, Histo- u. ↑-loge] (Med.): *Forscher u. Lehrer auf dem Gebiet der Histologie.*
His|to|lo|gie, die; - [↑-logie] (Med.): *Wissenschaft von den Geweben des menschlichen Körpers.*
His|to|lo|gin, die; -, -nen: w. Form zu ↑Histologe.
his|to|lo|gisch ⟨Adj.⟩ (Med.): *die Histologie betreffend, dazu gehörend.*
His|to|ly|se, die; - [↑Lyse]: **a)** (Med.) *Auflösung von Gewebe unter Einwirkung von Enzymen od. Bakterien;* **b)** (Biol.) *Einschmelzung von Geweben bzw. Organen im Verlauf der Metamorphose (z. B. bei der Entwicklung der Insekten u. Amphibien).*
His|to|mat [hɪsto'ma(:)t], der; -: Kurzwort für historischer Materialismus (↑Materialismus 2).
His|ton, das; -s, -e ⟨meist Pl.⟩ [zu ↑histo-, Histo-] (Biol.): *zu den Proteinen gehörender Eiweißkörper.*
His|to|pa|tho|lo|gie, die ⟨o. Pl.⟩ (Biol., Med.): *Lehre von den krankhaften Veränderungen der Gewebe bei Mensch, Tier u. Pflanzen.*
His|to|ra|di|o|gra|phie, die; -, -n (Med.): *mit ultraweichen Strahlen durchgeführte Röntgenaufnahme sehr dünner mikroskopischer Präparate* (z. B. Gewebeschnitte).
His|tör|chen, das; -s, - [Vkl. von ↑Historie]: *anekdotenhafte, kurze Geschichte:* H. erzählen; sein H. vom Staatsbesuch des indonesischen Diktators (W. Brandt, Begegnungen 133).
His|to|rie, die; -, -n [mhd. histōrje < lat. historia < griech. historía, eigtl. = Wissen]: **1.** ⟨o. Pl.⟩ (bildungsspr.): *[Welt]geschichte:* wer die H. der Ideen studiert, weiß, dass auch die Idee des europäischen Zusammenschlusses einmal verebbt (Rhein. Merkur 18. 5. 84, 16); Wenn Ewigkeit, dann wäre diese aber nicht etwas immer Gleiches. Sie hätte sich durch die H. verändert (Handke, Niemandsbucht 38); die Geschichtsstunde ... fesselte mich; der Seminarlehrer ... begeisterte mich ... für die H. (Niekisch, Leben 21); Ü Dass es im Akkord bei Honda rostet, gehört zum Glück in die H. (*gehört der Vergangenheit an;* ADAC-Motorwelt 8, 1982, 56). **2.** ⟨o. Pl.⟩ (veraltet) *Geschichtswissenschaft.* **3.** (veraltet) *[abenteuerliche, erdichtete] Erzählung.* ◆ **4. a)** *Historienbild:* Die übrigen Wände füllten köstliche Tapeten mit in Seide gewirkten lebensgroßen -n (Eichendorff, Marmorbild 38); **b)** *Affäre* (b), *Geschichte* (3): ... oder wenn ich hinter gewisse -n komme! (Schiller, Kabale I, 7).
His|to|ri|en|bi|bel, die: *volkstümliche Darstellung der erzählenden Teile der Bibel.*
His|to|ri|en|bild, das: *Gemälde, auf dem ein historisches Ereignis o. Ä. dargestellt ist.*
His|to|ri|en|ma|ler, der: *Maler von Historienbildern.*
His|to|ri|en|ma|le|rei, die ⟨o. Pl.⟩: *Richtung der Malerei, die historische Ereignisse zum Bildgegenstand hat.*
His|to|rik, die; -: **a)** *Geschichtswissenschaft;* **b)** *Lehre von der historischen Methode der Geschichtswissenschaft.*
His|to|ri|ker, der; -s, - [lat. historicus < griech. historikós]: *Wissenschaftler, Forscher, Kenner auf dem Gebiet der Geschichte* (1).
His|to|ri|ke|rin, die; -, -nen: w. Form zu ↑Historiker.
His|to|ri|ker|streit, der ⟨o. Pl.⟩: *(Mitte der 1980er-Jahre aufgekommene) Kontroverse unter Historikern über die Einordnung u. Bewertung des Nationalsozialismus u. insbesondere der Judenverfolgung:* Während in der Bundesrepublik der törichte, pedantische »Historikerstreit« darüber ausbrach, ob der Genozid an den Juden eine einmalig monströse Entgleisung der Menschheitsgeschichte darstelle (Scholl-Latour, Frankreich 452).
His|to|ri|o|graf usw.: ↑Historiograph usw.
His|to|ri|o|graph, (auch:) Historiograf, der; -en, -en [lat. historiographus < griech. historiográphos] (bildungsspr.): *Geschichtsschreiber.*
His|to|ri|o|gra|phie, (auch:) Historiografie, die; - (bildungsspr.): *Geschichtsschreibung:* die H. beschreibt nicht nur das, was einmal gewesen ist, sie ist zugleich ... eine Geheimschrift (Brandstetter, Altenehrung 109).
His|to|ri|o|gra|phin, (auch:) Historiografin, die; -, -nen: w. Form zu ↑Historiograph.
his|to|risch ⟨Adj.⟩: **a)** *die Geschichte, vergangenes Geschehen betreffend, geschichtlich* (a): Er liest mit Vorliebe ... -e Schinken wie »Ein Kampf um Rom« (Chotjewitz, Friede 41); die -e Sprachwissenschaft; **b)** *geschichtlich* (b): Die Differenz zwischen dem -en Paracelsus und allen Beanspruchungen seiner Person (Meier, Paracelsus 370); So soll z. B. die Vertreibung ... nicht mehr Vertreibung, sondern Umsiedlung genannt werden – was h. einfach die Unwahrheit ist (Saarbr. Zeitung 6./7. X. 79, 34); Die h. gewachsenen Strukturen ... verhinderten bis heute die Verbreitung naturnaher Wälder (natur 4, 1994, 31); **c)** *bedeutungsvoll, wichtig für die Geschichte:* 6 Jahre nach Anwar Al Sadats -em Flug nach Jerusalem (Wochenpresse 48, 1983, 36); Wer ... die Verwirklichung des Kohlehydrierungsprojektes verzögert, ... vergibt eine unwiederbringliche -e Chance (Saarbr. Zeitung 7. 12. 79, 2); das war ein -er Augenblick; **d)** *alt* (6 a), *einer früheren Zeit, Epoche angehörend:* -e Bauten; Den Planungen ... sollten große Teile des -en Berlin geopfert werden (Fest, Im Gegenlicht 388); Lokomotiven aller Jahrgänge: ... -e Exemplare ..., dazu -e Eisenbahnwagen (NNN 2. 7. 85, 5); ◆ **e)** *den Tatsachen entsprechend:* der Brief wird dir recht sein, er ist ganz h. (Goethe, Werther I, 17. Mai).
his|to|ri|sie|ren ⟨sw. V.; hat⟩ (bildungsspr.): *das Historische an einem Stoff, an einem Gegenstand der Betrachtung bzw. Untersuchung in einer künstlerischen Darstellung o. Ä. [allzu] stark hervorheben:* sie fächert in ihrem Buch die Erdgeschichte auf, ohne je trocken zu h.; ⟨häufig im 1. Part.:⟩ die historisierende Malerei des 19. Jahrhunderts.
His|to|ri|sie|rung, die; -, -en: *das Historisieren, Historisiertwerden:* Die Neigung zur H. des Alltäglichen mit der einhergehenden Vorliebe für das Triviale hat inzwischen das breite Publikum erreicht (Fest, Im Gegenlicht 339).
His|to|ris|mus, der; -, ...men: **1.** ⟨o. Pl.⟩ *Geschichtsbetrachtung, die alle Erscheinungen aus ihren geschichtlichen Bedingungen heraus zu erklären u. zu verstehen sucht.* **2.** (bildungsspr.) *Überbewertung des Geschichtlichen.* **3.** *Eklektizismus* (2).
His|to|rist, der; -en, -en: *Vertreter des Historismus.*
His|to|ris|tin, die; -, -nen: w. Form zu ↑Historist.
his|to|ris|tisch ⟨Adj.⟩: *den Historismus betreffend, in der Haltung des Historismus.*
His|to|ri|zis|mus, der; -, ...men: *Historismus* (2).
His|to|ri|zi|tät, die; - (bildungsspr.): **a)** *historische Betrachtungsweise; das Eingehen auf die Geschichte:* der Verzicht auf H.; **b)** *das Historischsein* (b); **c)** *das Historischsein* (c).
His|tri|o|ne, der; -n, -n [lat. histrio, Gen.: histrionis]: *Schauspieler im Rom der Antike.*
Hit, der; -[s], -s [engl. hit, eigtl. = Schlag, Treffer, Stoß]: **1.** (ugs.) *besonders erfolgreiches Musikstück, häufig gespielter Titel moderner Musik:* Plattenständer mit den aktuellen -s der Schlagerbranche (Kronauer, Bogenschütze 339); mit einem anspruchsvollen Lied landete der Jazzer unversehens einen H.; der Schlager wurde ein H. **2.** (ugs.) *etw., was (für eine bestimmte Zeit) besonders erfolgreich, beliebt ist, von vielen gekauft wird:* der H. der Saison; Das Kalbssteak mit frischen Steinpilzen war rundum ein H. (NZZ 29. 1. 83, 30); Er bekam ... glänzende Kritiken. Aber der Film wurde kein H. (Spiegel 8, 1978, 203); In den 30er Jahren wurden jährlich etwa 30 000 Pkw ... verkauft, aber keiner davon wurde ein wirklicher H. (*Verkaufserfolg;* ADAC-Motorwelt 10, 1985, 41); Mit superlangen Zigaretten versuchten westdeutsche Tabakfirmen einen amerikanischen H. zu kopieren (Spiegel 49, 1975, 86). **3.** (Jargon) *Portion Rauschgift zum Injizieren:* dass ich immer jemanden dabeihaben musste, wenn ich einen H. nahm (Wiener, Nov. 1983, 90).
hitch|hi|ken ['hɪtʃhaikn̩] ⟨sw. V.; hat⟩ [engl. to hitch-hike, aus: hitch = das An-, Festhalten u. to hike = wandern, reisen] (selten): *trampen.*
Hitch|hi|ker ['hɪtʃhaikɐ], der; -s, - [engl. hitch-hiker] (selten): *Tramper:* Den ganzen Santa-Monica-Boulevard entlang stehen H. mit nacktem Oberkörper (White [Übers.], Staaten 27).
Hitch|hi|ke|rin, die; -, -nen: w. Form zu ↑Hitchhiker.
Hit|ler|ära [nach dem nationalsoz. Politiker Adolf Hitler (1889–1945)], die: vgl. Hitlerzeit.

Hit|ler|bärt|chen, das (ugs.): *kleiner Oberlippenbart (wie ihn Adolf Hitler trug):* Überall hingen Plakate. Strauß war auf vielen Plakaten ein H. gemalt worden (v. d. Grün, Glatteis 319).

Hit|ler|bild, das: *Bild, Foto, das Adolf Hitler zeigt:* Dann sagte die Lehrerin: »Hör auf zu weinen«, und zeigte auf das H. (Kempowski, Immer 24).

Hit|ler|deutsch|land: *das Deutschland der Hitlerzeit:* Wenn H. seinen Krieg gewonnen hätte ... (Loest, Pistole 71).

Hit|le|rei, die; - (abwertend veraltend): *alles, was mit der Herrschaft Hitlers zusammenhängt; Hitlerzeit:* Das Resultat der H. ist in Massengräbern ... greifbar und im geteilten Deutschland (FAZ 24. 6. 61, 55); Die offizielle Bundesrepublik hat in den ersten Jahren das Geschehen zu Zeiten der H. nach Möglichkeit verdrängt (Woche 28. 3. 97, 50).

Hit|ler|fa|schis|mus, der (DDR): *Faschismus in nationalsozialistischer Ausprägung:* ein spannender Roman für die Jugend, der einen Eindruck über die Widerstandsbewegungen gegen den H. vermittelt (Neues D. 6. 6. 64, Beilage Nr. 23, 3).

Hit|ler|geg|ner, der: *Gegner Adolf Hitlers in der Hitlerzeit:* dass er ein Privatgelehrter ... ist, und ein in Chicago sehr prominenter H. (Heym, Nachruf 144).

Hit|ler|gruß, der: *nationalsozialistischer Gruß* (1), *bei dem der rechte Arm mit flacher Hand schräg nach oben gestreckt wird:* den Arm zum H. heben.

Hit|le|ris|mus, der; - (abwertend veraltend): *das politische System der von Hitler ausgeübten Herrschaft:* dass der H. nun wirklich auch die letzte Begeisterungsfähigkeit für eine Pseudo-Idee verschlissen hat (Dönhoff, Ära 48).

Hit|ler|ju|gend, die: *nationalsozialistische Jugendorganisation.*

Hit|ler|jun|ge, der: *Angehöriger der Hitlerjugend:* Als kasernierte -n sollten wir Kurierdienste für die Heinkel-Werke leisten (Kempowski, Tadellöser 429).

Hit|ler|reich, das ⟨o. Pl.⟩: *Hitlerdeutschland:* Meine Absicht war, Dir eine ausführliche Epistel hinzulegen, voll ermutigender Hinweise auf den Zusammenbruch des -es (K. Mann, Wendepunkt 425).

Hit|ler|tol|le, die [nach der Haartracht Hitlers]: *schräg in die Stirn fallende Haarsträhne.*

Hit|ler|zeit, die ⟨o. Pl.⟩: *Zeit der Herrschaft des Nationalsozialismus in Deutschland.*

Hit|lis|te, die [zu ↑Hit (1)]: *Verzeichnis der (innerhalb eines bestimmten Zeitraums) beliebtesten od. meistverkauften Schlager:* der Schlager steht seit Wochen auf der H.; Ü Koffein- und kodeinhaltige Schmerztabletten füllen die -n der meistverkauften Arzneimittel (Woche 21. 3. 97, 26); Der Opel Ascona steht auf Platz 4 ... der deutschen H. 1982 (ADAC-Motorwelt 3, 1983, 17).

Hit|pa|ra|de, die; -, -n: **1.** *Hitliste:* Seine neue Single ... kam schon kurz nach Erscheinen in alle -n (Freizeitmagazin 10, 1978, 6); Ü Für die Monate Januar bis Oktober 1979 kamen die Japaner ... auf den zweiten Platz in der H. der Autoimporteure (Capital 2, 1980, 120). **2.** *Radio-, Fernsehsendung o. Ä., in der Hits* (1) *vorgestellt werden.*

Hit|sche: ↑²Hutsche.

Hit|sin|gle, die (ugs.): *besonders erfolgreiche ²Single:* Sie ... behaupteten ihre ... Stellung mit einer Reihe von -s und Alben (Augsburger Allgemeine 11./12. 2. 78, XVIII).

hit|ver|däch|tig ⟨Adj.⟩: *einen Hit erwarten lassend:* ein -er Song; seine Lieder sind h.

Hit|ze, die; -, (Fachspr.:) -n [mhd. hitze, ahd. hizz(e)a, zu ↑heiß]: **1.** *sehr starke, als unangenehm empfundene Wärme; hohe Lufttemperatur:* eine sengende, brütende, tropische, feuchte H.; die sommerliche H.; H. abweisende Asbestanzüge; bei der H. kann man nicht arbeiten; in dieser H. ist es nicht auszuhalten; den Kuchen bei mäßiger, mittlerer H. (Kochk.; *mäßiger, mittlerer Backofentemperatur*) backen; nach, während der großen H. *(der Hitzeperiode, Hitzewelle);* die ... Feldwege, ... von Regen und Hagel ausgewaschen, von H. gedörrt (Langgässer, Siegel 615); wenn wir droben auf dem Achterdeck lagen und nicht schlafen konnten vor H. (Frisch, Cruz 7). **2.** *durch Erregung, Fieber o. Ä. hervorgerufener, mit Blutandrang verbundener Zustand; Empfindung von starker Wärme im Körper od. in einer Körperpartie:* eine aufsteigende H.; ich aber fröstele von einer kalten H. (Remarque, Obelisk 234); Schwindel und Zittern ... kam ihn an, und sein Kopf stand in H. *(er hatte einen heißen Kopf;* Th. Mann, Zauberberg 379); ***fliegende H.** (Med.; *plötzliche Hitzewallung[en] im Körper, bes. während des Klimakteriums*): sie leidet unter fliegender H. **3.** *heftige Erregung; Zornesaufwallung:* im Verlauf der Diskussion gerieten sie immer mehr in H.; jmdn. in H. bringen; ***in der H. des Gefechts** (↑Eifer). **4.** *Zeit der Läufigkeit, Paarungsbereitschaft bei weiblichen Hunden u. Katzen.*

Hit|ze ab|wei|send: s. Hitze (1).

Hit|ze|aus|schlag, der (Med.): *Hautausschlag bei starkem Schwitzen.*

hit|ze|be|stän|dig ⟨Adj.⟩: *unempfindlich gegenüber der Einwirkung von [großer] Hitze:* -es Glas.

Hit|ze|bläs|chen, das (Med.): *Friesel.*

Hit|ze|ein|wir|kung, die: *Einwirkung von [großer] Hitze.*

hit|ze|emp|find|lich ⟨Adj.⟩: *nicht sehr widerstandsfähig gegen Hitze:* ein -er Kunststoff.

Hit|ze|ent|wick|lung, die ⟨o. Pl.⟩: vgl. Wärmeentwicklung.

Hit|ze|fe|ri|en ⟨Pl.⟩: *[Schul]ferien wegen sehr großer Hitze.*

hit|ze|frei ⟨Adj.⟩: *schul-, arbeitsfrei wegen großer Hitze:* wir haben, kriegen, bekommen heute h.; heute ist h.

Hit|ze|frei, das; - ⟨meist o. Art.⟩: *schul-, arbeitsfreie Zeit wegen großer Hitze:* H. erteilen; [kein] H. bekommen, haben.

hit|ze|ge|wohnt ⟨Adj.⟩: *an Hitze* (1) *gewöhnt:* die -en Eingeborenen.

Hit|ze|grad, der: vgl. Kältegrad.

Hit|ze|kol|laps, der (Med.): *Hitzschlag:* einen H. erleiden.

hit|ze|la|bil ⟨Adj.⟩ (bes. Fachspr.): *nicht hitzebeständig:* Diese Toxine sind ... h., ... sie werden beim Kochen ... zerstört (Basler Zeitung 26. 7. 84, 8).

Hit|ze|pe|ri|o|de, die: **1.** *längerer Zeitraum mit sehr heißem Wetter:* Sommer ... Mit Unwettern, Wärmegewittern und einer H. hat er sich schon ... angekündigt (MM 21./22. 6. 86, 1). **2.** *Periode des Läufigseins bei weiblichen Hunden u. Katzen.*

Hit|ze|schild, der [LÜ von engl. heat shield]: *Schutzschild an Raumfahrzeugen, durch den die hohen Temperaturen, die beim Wiedereintritt in die Erdatmosphäre entstehen, abgemildert werden:* die Kapsel tauchte, den H. voraus, in die Erdatmosphäre ein (MM 14. 3. 69, 1).

Hit|ze|stau, der: *Stauung von Hitze im Körper.*

Hit|ze|wal|lung, die: *plötzliches, kurz anhaltendes Gefühl von Hitze* (2) *im Körper.*

Hit|ze|wel|le, die: vgl. Kältewelle: Eine H., die Temperaturen von bis zu 40 Grad im Schatten brachte (Saarbr. Zeitung 12./13. 7. 80, 16).

hit|zig ⟨Adj.⟩ [1–3: mhd. hitzec]: **1. a)** *von leicht erregbarem Temperament u. dabei heftig, jähzornig in seinen Reaktionen:* ein -er Mensch; ein -er Kopf *(Hitzkopf);* sie ist, wird sehr leicht h.; Die ... Füchse sind natürlich viel besser als die ... Rappen ... »Sind sie auch!«, rief ich h. (Fallada, Herr 37); **b)** *[in ungezügelter Weise] leidenschaftlich:* ein -es Temperament; -es Blut *(ein leidenschaftliches Temperament)* haben; Die Ungarn sind ein -es Volk (Hacks, Stücke 351); aber Elisabeth immer um ein paar Grade -er, maßloser in ihren Forderungen an ihre Umgebung (Kaschnitz, Wohin 180); **c)** *erregt, mit Leidenschaft [geführt]:* eine -e Debatte, Auseinandersetzung; sobald sie nach -en Wahlkämpfen in die Hände der ... Polizei geraten waren (Kirst, Aufruhr 187); Besser ist ... ihr sprecht weniger h. miteinander (Hacks, Stücke 343); h. seinen Standpunkt verteidigen. **2.** (veraltet) *heiß, fiebrig:* ein -es Rot färbte ihre Wangen; mit -em Kopf; Ü der Mohn neben den blauen Raden glühte, ein sengendes Gift, in -stem Rot (Fühmann, Judenauto 10). **3.** *(von weiblichen Hunden u. Katzen) läufig, brünstig.* **4.** (Landw.) *(vom Boden) gut durchlüftet u. dadurch Humus u. Nährstoffe rasch abbauend:* -e Böden.

Hit|zig|keit, die; -: *das Hitzigsein.*

Hitz|kopf, der: *Mensch, der leicht in Erregung gerät u. sich dann unbeherrscht, unbesonnen verhält:* Es war zu befürchten, dass irgendein H. auf Faber einschlagen würde (v. d. Grün, Glatteis 89).

hitz|köp|fig ⟨Adj.⟩: *sich wie ein Hitzkopf verhaltend; einen Hitzkopf kennzeichnend:* ein -es Temperament; Mein Vater war h. und brutal (Perrin, Frauen 30).

Hitz|köp|fig|keit, die; -: *das Hitzköpfigsein.*

Hitz|po|cke die ⟨meist Pl.⟩: *Friesel.*

Hitz|schlag, der: *Kollaps mit Übelkeit,*

Schweißausbrüchen o. Ä. als Folge eines Wärmestaus im Körper bei großer Hitze.

HIV [ha:|i:ˈfau̯], das; -[s], -[s] ⟨Pl. selten⟩ [Abk. von engl. **h**uman **i**mmunodeficiency **v**irus]: *maßgeblicher Erreger von Aids.*

HIV-ne|ga|tiv ⟨Adj.⟩: *serologisch nachweislich nicht von HIV befallen.*

HIV-po|si|tiv ⟨Adj.⟩: *serologisch nachweislich von HIV befallen:* Mit diesem Verfahren lässt sich ... zeigen, ob ein Mensch H. ist (Vetter, Viren 66).

Hi|wi, der; -s, -s [kurz für: **Hi**lfs**wi**lliger] (ugs.): **1.** *Hilfswilliger:* dass soeben zwei -s, ukrainische Hilfswillige eingetroffen seien (Fühmann, Judenauto 94); Der Einsatz der uniformierten -s als Schauerleute (Spiegel 36, 1974, 72). **2.** (Jargon) *wissenschaftliche Hilfskraft an einer Universität:* sie hat einen Job als H. **3.** (ugs. abwertend) *jmd., der an untergeordneter Stelle Hilfsdienste leistet.*

HJ [ha:ˈjɔt], die; - (nationalsoz.): *Hitlerjugend.*

HK = Hefnerkerze.

hl = Hektoliter.

hl. = heilig.

hll. = heilige ⟨Pl.⟩.

hm = Hektometer.

hm!: I. ⟨Interj.⟩ Laut des Räusperns, Hüstelns. **II.** ⟨Gesprächspartikel⟩ **1.** drückt [zögernde] Zustimmung aus: »Kommst du mit?« – »Hm!« **2.** drückt Nachdenklichkeit od. Bedenken, auch Verlegenheit aus: hm, das ist eine schwierige Frage. **3.** drückt fragende Verwunderung aus: »Ich habe im Lotto gewonnen.« – »Hm?« **4.** drückt Kritik, Missbilligung aus: hm, hm, das ist bedenklich.

h. m. = huius mensis (dieses Monats).

H-Milch [ˈha:...], die ⟨o. Pl.⟩ [kurz für: **h**altbare Milch]: *durch Uperisation haltbar gemachte Milch.*

h-Moll [ˈha:mɔl, auch: ˈ–ˈ–], das; -: *auf dem Grundton h beruhende Molltonart;* Zeichen: h (↑h, H 2).

h-Moll-Ton|lei|ter, die: *auf dem Grundton h beruhende Molltonleiter.*

HNO-Arzt [ha:|ɛn|ˈo:...], der: kurz für ↑**H**als-**N**asen-**O**hren-Arzt.

HNO-Ärz|tin, die: w. Form zu ↑HNO-Arzt.

HNO-ärzt|lich ⟨Adj.⟩: *den HNO-Arzt betreffend, von ihm ausgehend:* ein -es Gutachten.

HNO-Sta|ti|on, die: *Station in einem Krankenhaus, auf der Patienten mit Erkrankungen im Bereich von Hals, Nase u. Ohren behandelt werden.*

ho ⟨Interj.⟩: Ausruf des Staunens od. der Abwehr: ho, was machst du denn da!

Ho = Holmium.

HO [ha:|ˈo:], die; - (DDR): ***H**andels**o**rganisation* (2): in der HO einkaufen.

hob: ↑heben.

Hob|bock, der; -s, -s [wohl nach der engl. Firma Hubbuck] (Fachspr.): *Behälter für den Transport von Fetten, Farben o. Ä.*

Hob|by [ˈhɔbi], das; -s, -s [engl. hobby; H. u.]: *als Ausgleich zur täglichen Arbeit gewählte Beschäftigung, mit der jmd. seine Freizeit ausfüllt u. die er mit einem gewissen Eifer betreibt:* ihre -s sind Reiten und Lesen; ein H. haben; wenn wir von der Arbeit kommen, da ist das schönste H. für uns, ein Glas helles Bier vom Fass zu trinken (Aberle, Stehkneipen 80); Mein größtes H. sind Jeans (Bravo 29, 1976, 47); Hundezucht als H. betreiben; etw. nur als H. betrachten.

Hob|by-: drückt in Bildungen mit Substantiven aus, dass jmd. eine bestimmte Tätigkeit nur als Hobby, aus Spaß an der Sache selbst ausübt: Hobbyfilmer, -funker, -maler, -taucher, -winzer.

Hob|by|gärt|ner, der: *jmd., dessen Hobby die Gartenarbeit, das Kultivieren von Blumen u. Pflanzen ist.*

Hob|by|gärt|ne|rin, die: w. Form zu ↑Hobbygärtner.

Hob|by|ist, der; -en, -en: *jmd., der ein Hobby betreibt.*

Hob|by|is|tin, die; -, -nen: w. Form zu ↑Hobbyist.

Hob|by|kel|ler, der: *Kellerraum, in dem jmd. seinem H. nachgeht.*

Hob|by|koch, der: *jmd., dessen Hobby das Kochen ist.*

Hob|by|kö|chin, die: w. Form zu ↑Hobbykoch.

hob|by|mä|ßig ⟨Adj.⟩: *in der Weise eines Hobbys betrieben:* etw. h. betreiben.

Hob|by|raum, der: vgl. Hobbykeller.

Ho|bel, der; -s, - [mhd. hobel, hovel, rückgeb. aus ↑hobeln]: **1.** *[Tischler]werkzeug zum Glätten von [Holz]flächen durch Abheben von Spänen mithilfe einer Stahlklinge, die schräg aus einem mit einem Griff versehenen Holzkörper herausragt:* den H. ansetzen, führen; Bretter mit dem H. bearbeiten. **2.** *Küchengerät zum Hobeln* (2) *von bestimmtem Gemüse* (z. B. Gurken, Kohl o. Ä.). **3.** (Bergbau) *Gerät, das am Flöz entlanggezogen wird u. mit Meißeln Kohle herausschneidet.*

Ho|bel|bank, die ⟨Pl. ...bänke⟩: *großer Arbeitstisch, auf dem hölzerne Werkstücke beim Bearbeiten (bes. beim Hobeln) eingespannt werden.*

Ho|bel|ei|sen, das: *Hobelmesser.*

Ho|bel|ma|schi|ne, die: *Maschine zum Hobeln* (1 b) *von Holz od. Metall.*

Ho|bel|mes|ser, das: *geschliffene Stahlklinge im Hobel* (1).

ho|beln ⟨sw. V.; hat⟩ [mhd. hobeln, hoveln, (md.) hūbeln, wohl zu ↑Hübel = Unebenheit, also eigtl. = Unebenheiten beseitigen]: **1. a)** *mit dem Hobel arbeiten:* der Tischler hobelt und sägt; er hobelte an einem Balken; **b)** *mit dem Hobel bearbeiten, glätten:* Bretter h.; **c)** *durch Hobeln* (a) *hervorbringen, entstehen lassen:* Riefen und Dellen h. **2.** *mit einem Hobel* (2) *klein od. in dünne Scheiben od. Streifen schneiden:* Gurken h.; Den Weißkohl ... in hauchdünnen Streifen vom Strunk schneiden oder h. (e&t 7, 1987, 105). **3.** (derb) *koitieren.*

Ho|bel|span, der ⟨meist Pl.⟩: *beim Hobeln von Holz, seltener von Metall entstehender Span:* die Hobelspäne zusammenkehren.

Hob|ler, der; -s, -: *Facharbeiter, der eine Hobelmaschine bedient.*

Ho|bo [ˈhoʊboʊ], der; -s, -s, auch: -es [...boʊz; engl.-amerik. hobo, H. u.]: *umherziehender Gelegenheitsarbeiter, Tramp* (1) *in den USA, der [auf der Suche nach Arbeit] das Land in Güterzügen als blinder Passagier durchreist:* Das Hoboabenteuer – Hartmut Schoen und Carl F. Hutterer berichten über das gefährliche Reisen der -s und geben in ihrem Film Einblicke in ein unbekanntes Amerika (Gong 8, 1990, 72).

Ho|boe usw. (veraltet): ↑Oboe usw.

hoc an|no [lat.] (Kaufmannsspr. veraltet): *in diesem Jahr;* Abk.: h. a.

hoc est [lat.] (bildungsspr. veraltet): *das ist;* Abk.: h. e.

hoch [mhd. hō(ch), ahd. hōh, eigtl. = gewölbt; nach oben gebogen]: **I.** ⟨Adj.; höher, höchste⟩ **1. a)** *von beträchtlicher Höhe, Ausdehnung in vertikaler Richtung:* ein hoher Turm, Baum, Berg; etw. ist h., ragt h. auf; sie trägt hohe Absätze, hohe Schuhe (1. *Schuhe, die bis über die Knöchel reichen.* 2. südd.; *Schuhe mit hohen Absätzen*); Ü als Erster h. sein (ugs.; *aufgestanden sein*); **b)** *in beträchtlicher Entfernung vom Erdboden [sich befindend o. Ä.]; in großer Höhe:* hohe Wolken; ein hoher Himmel; h. oben [am Himmel]; das Flugzeug, die Schwalbe fliegt h.; unter einem Himmel, der manchmal h. und ungeheuer wurde und sich dann wieder jäh herabsenkte (Ransmayr, Welt 37); die Sonne steht h.; ein h. gelegener, noch höher gelegener Ort; wir sind h. *(fliegen in großer Höhe)* über weißen Haufenwolken (Grzimek, Serengeti 163); außerdem wohnen wir so h., dass uns niemand in die Fenster sehen kann (Augsburger Allgemeine 27./28. 5. 78, XI); ***etw. [nicht so] h., höher hängen** (ugs.; *etw. [nicht so] wichtig, wichtiger nehmen*); **jmdm./für jmdn. zu h. sein** (ugs.; *von jmdm. nicht begriffen werden*): was sie da über den Existenzialismus geschrieben hat, ist mir zu h.; **c)** *an Höhe, Ausdehnung nach oben über den Durchschnitt od. einen Vergleichswert hinausgehend; besonders od. ungewöhnlich weit nach oben ausgedehnt:* ein hoher Raum; hohes Gras; eine hohe Stirn; ein Mann von hohem Wuchs, hoher Gestalt (geh.; *ein großer Mann*); ein h. beladener Erntewagen; h. bepackte Lastträger; **d)** *in relativ große[r] Höhe; [weit] nach oben; bis [weit] nach oben:* sie hob die Arme h. über den Kopf; die Blasen steigen immer höher; ein h. aufgeschossener *(schnell gewachsener großer u. dünner)* junger Mann; ein h. gewachsenes junges Mädchen; h. *(relativ weit oben im Gesicht)* liegende Wangenknochen; ein Bierwagen, h. voll Fässer, versperrte schon die halbe Straße (H. Mann, Unrat 153); Ü nach Hamburg h. (ugs.; *nach Norden;* orientiert an der aufgehängten Landkarte); **e)** ⟨in Verbindung mit Maßangaben nachgestellt⟩ *eine bestimmte Höhe aufweisend; sich in einer bestimmten Höhe befindend:* ein 1 800 Meter hoher Berg; der Turm ist [zehn Meter] höher als das Haus; der Schnee liegt einen Meter h.; Ü sie kamen sechs Mann h. (ugs.; *zu sechst*). **2. a)** *eine große Summe, Menge beinhaltend:* eine hohe Summe; hohe Mieten; Ginge es nach der Regierung ..., profitierten Menschen mit hohem Einkommen am meisten von der Steuerreform (Woche 31. 1. 97, 5); ein zu hohes Gewicht; es herrscht hohe *(große)*

Arbeitslosigkeit; die Preise sind sehr h.; der Gewinn ist nicht höher als im letzten Jahr; h. spielen *(mit hohem Einsatz spielen);* h. verlieren *(mit großer Punktzahl verlieren);* h. versichert *(auf eine hohe Summe versichert)* sein; die Preise höher schrauben *(kontinuierlich erhöhen);* ein h. besteuertes *(mit hohen Steuern belegtes)* Einkommen; mit einem höher besteuerten Zuschlag; h. *(sehr gut)* bezahlte Mitarbeiter; die höher bezahlte Kollegin; ein h. *(sehr gut)* bezahlter, h. *(sehr gut)* dotierter Posten; sie hat eine höher bezahlte, höher dotierte Stellung angenommen; h. dosierte Penizillingaben *(Penizillingaben in hoher Dosierung);* ein h. verschuldetes *(mit hohen Schulden belastetes)* Unternehmen; h. verzinsliche (Bankw.; *hohe Zinserträge abwerfende*) Wertpapiere; * **zu h. gegriffen sein** *(zahlenmäßig, mengenmäßig zu hoch geschätzt, überschätzt sein):* die Zahl der Beteiligten ist sicher zu h. gegriffen; **wenn es/wenns h. kommt** (ugs.; *höchstens*): er stiftet, wenn es h. kommt, den Zucker und das Gefäß für die Bowle (Spoerl, Maulkorb 94); **b)** *einen Wert im oberen Bereich einer [gedachten] Skala kennzeichnend:* hohes Fieber; sie fuhr mit [zu] hoher Geschwindigkeit; der Blutdruck ist zu h. **3. a)** *zeitlich in der Mitte, auf dem Höhepunkt stehend:* im hohen Mittelalter; es ist hoher Sommer; **b)** *zeitlich weit vorgeschritten:* ein hohes Alter erreichen; bis h. ins 18. Jahrhundert; sie war h. in den achtzig *(weit über 80 Jahre alt);* es ist hohe, höchste Zeit, wenn wir den Zug noch erreichen wollen. **4.** *in einer Rangordnung, in einer [gesellschaftlichen] Hierarchie oben stehend:* ein hoher Beamter, Offizier; ein hoher Feiertag; eine Sache auf höchster Ebene beraten; sich an höchster Stelle *(bei der obersten zuständigen Stelle)* beschweren; ein Angehöriger des hohen Adels; Man hält Vorträge, meist für »Damen der mittleren und hohen Bourgeoisie ...« (Salber, Tausendundeine 360); eine ... Besichtigung ..., damit unser hoher Gast einen echten Eindruck mit nach Hause nimmt (Springer, Was 186); An einem Samstag bekamen wir hohen Besuch, drei Klosterfrauen (Wimschneider, Herbstmilch 26); eine Mitarbeiterin höher gruppieren *(einer höheren Lohngruppe zuordnen),* höher stufen *(auf eine höhere Stufe stellen);* ein h. dekorierter *(mit zahlreichen Orden ausgezeichneter)* und noch höher dekorierter Offizier; h. stehende *(einen hohen Entwicklungsstand aufweisende)* Tiere; h. stehende, h. gestellte Persönlichkeiten; eine geistig h. stehende *(sehr gebildete)* Dame; höher stehende, höher gestellte Persönlichkeiten; * **etw. h. und heilig versprechen/versichern** *(etw. ganz fest, feierlich versprechen, versichern;* »hoch« bezieht sich hier auf das In-die-Höhe-Heben der Schwurhand): sie hatte uns h. und heilig versprochen, am nächsten Tag zu kommen. **5. a)** *in qualitativer Hinsicht von beträchtlicher Höhe, sehr groß:* ein hoher Lebensstandard; hohe Ansprüche stellen; auf eine höhere Schule gehen; dass die Mitglieder ... mit großem Elan an die qualitäts- und termingerechte Verwirklichung ihrer Aufgaben gehen. – Und das sind hohe und anspruchsvolle Ziele (Freiheit 21. 6. 78, 8); Offen geführte Luftleitungen müssen – in manchen Fällen sehr hohen – ästhetischen Ansprüchen genügen (CCI 13, 1998, 43); h. gesteckte Ziele; qualitativ h. stehende, höher stehende Erzeugnisse; ⟨subst.:⟩ nach Höherem streben; **b)** ⟨intensivierend bei Adj. u. Verben⟩ *sehr:* jmdm. etw. h. anrechnen; jmdn., etw. h. achten, h. schätzen; jmdn. h. verehren; h. geschätzte, h. verehrte Anwesende; h. gebildet, h. begabt, höher begabt sein; ein h. angesehener, h. geachteter, h. geehrter Politiker; h. *(in hohem Maße)* beanspruchte Maschinenteile; ein h. *(in hohem Maße)* differenziertes System von Zeichen; h. empfindliche Instrumente; die h. empfindliche Bergwelt; das Material ist h. empfindlich; h. *(in hohem Maße)* entwickelte, h. industrialisierte, h. technisierte, h. zivilisierte Länder; die höher entwickelten Städte des Mittelalters; die h. *(in hohem Maße)* favorisierte Sportlerin; eine h. konzentrierte Säure; h. konzentriertes Heroin; h. motivierte Teilnehmer; h. *(in hohem Maße)* qualifizierte Fachkräfte; h. *(in hohem Maße)* spezialisierte Experten; h. *(in hohem Maße)* verdichtet sein; Viele gesellschaftliche Kräfte ... leisten ... eine h. zu würdigende Arbeit (Freie Presse 25. 11. 88, Beilage 4). **6.** *(in Bezug auf Töne, Klänge) durch eine große Zahl von Schwingungen hell klingend:* eine hohe Stimme. **7.** (Math.) Bezeichnung der mathematischen Potenz: zwei h. drei (2^3); Ü Das Ganze war eine Dummheit h. sechs (Spiegel 43, 1985, 3). **II.** ⟨Adv.⟩ (häufig imperativisch od. elliptisch) *nach oben, aufwärts, in die Höhe:* h., steh auf!; Hoch, Albert, wenn du dich erst hinlegst, kannst du nie mehr weiter (Remarque, Westen 169); Zu fein für unsereinen. Immer die Nase h. (Fries, Weg 146).

Hoch, das; -s, -s: **1.** *Hochruf:* auf den Jubilar wurde ein dreifaches H. ausgebracht; Ein H. unserm Stanislaus, dem edlen Spender! (Strittmatter, Wundertäter 171). **2.** (Met.) *Hochdruckgebiet:* ein H. liegt über Mitteleuropa; während die beiden -s, die in Mittelamerika und zwischen Grönland und Irland sitzen, festgehalten werden (Döblin, Alexanderplatz 340); Ü Ihre äußere Kühle trägt nicht gerade zu seelischen -s bei (Bild u. Funk 2, 1967, 47); Natürlich hat sie derzeit ein H. *(ist sie in einer besonders guten sportlichen Form),* aber sie ist kein Phänomen, keine Ausnahmeläuferin (Abendzeitung 23. 1. 85, 6); Immer wieder ... gibt es bei einer Band ein H. und ein Tief (Freizeitmagazin 12, 1978, 5).

hoch-: **1.** (verstärkend) drückt in Bildungen mit Adjektiven eine Verstärkung aus/*sehr:* hochakut, -zufrieden. **2.** drückt in Bildungen mit Verben aus, dass eine Person oder Sache durch etw. (ein Tun) hinaufgelangt, nach oben, in die Höhe gelangt: sich hocharbeiten, hochbinden.

Hoch-: kennzeichnet in Bildungen mit Substantiven den Höhepunkt, den höchsten Entwicklungsstand von etw.: Hochbarock, -kapitalismus.

hoch|acht|bar ⟨Adj.⟩ (geh.): *hoch zu schätzend:* Die Winters sind -e Leute (Fischer, Vogel 277).

hoch ach|ten: s. hoch (5 b).

hoch|ach|tend ⟨Adv.⟩ (veraltet): *hochachtungsvoll.*

Hoch|ach|tung, die; -: *besonders große Achtung:* den Gerichtsbehörden gebührt in diesem Falle unsere H. (Hildesheimer, Legenden 44); Er ließ sich ... von der H., die ihm ... entgegengebracht wurde, nicht beirren (Reich-Ranicki, Th. Mann 91); Meine H. Sie sind nicht kleinzukriegen (Remarque, Triomphe 133); größte H. vor jmdm. haben; ich gebe meiner H. Ausdruck; in Grußformeln am Briefschluss: mit vorzüglicher H.

hoch|ach|tungs|voll ⟨Adv.⟩ (meist in Grußformeln am Briefschluss in förmlichen, nicht persönlichen Schreiben): *mit Hochachtung:* ... und verbleiben h. ...; Hochachtungsvoll Hans Meyer.

Hoch|adel, der: *Gesamtheit der Angehörigen der höchsten Rangstufen des Adels:* sie entstammt dem europäischen H.

hoch|ade|lig, hoch|ad|lig ⟨Adj.⟩: *dem Hochadel angehörend:* eine -e Gesellschaft.

hoch|ak|tiv ⟨Adj.⟩ (Chemie): *sehr aktiv* (4).

hoch|ak|tu|ell ⟨Adj.⟩: *sehr, besonders aktuell:* Ein -es Thema, das der Schweizer Regisseur ... in Szene gesetzt hat (Oxmox 9, 1984, 48).

Hoch|alm, die: *Alm, die über der Voralpe gelegen ist u. auf der das Vieh im Sommer weidet:* Ihr Vater, lebenslänglich Knecht, ... verbrachte die Sommer auf -en (Innerhofer, Schattseite 112).

hoch|al|pin ⟨Adj.⟩: **1.** *die obere Region der Alpen, das Hochgebirge betreffend:* eine -e Landschaft. **2.** *in den oberen Regionen der Alpen, des Hochgebirges vorkommend:* die -e Fauna. **3.** *den Alpinismus in hohen Regionen betreffend:* -e [Ski]touren.

Hoch|al|tar, der: *erhöhter Hauptaltar in od. vor der Apsis einer katholischen od. früher katholischen Kirche.*

Hoch|amt, das (kath. Kirche): *feierliche* [1]*Messe* (1), *bei der bestimmte liturgische Texte gesungen werden:* ein H. halten, feiern, begehen; am H. teilnehmen; ins H. gehen.

hoch an|ge|se|hen: s. hoch (5 b).

hoch|an|stän|dig ⟨Adj.⟩: *(in Bezug auf eine Person u. ihr Verhalten in einem bestimmten Zusammenhang) in besonders anzuerkennender, nicht als selbstverständlich anzusehender Weise anständig* (1): ein -es Verhalten; ein -er Mensch.

Hoch|an|ten|ne, die: *auf dem Dach eines Hauses angebrachte Antenne.*

hoch|ar|bei|ten, sich ⟨sw. V.; hat⟩: *durch Zielstrebigkeit, Fleiß u. Ausdauer eine höhere [berufliche] Stellung erlangen:* Er hatte sich, Dienstgrad um Dienstgrad, hochgearbeitet (Kirst, 08/15, 81); Über 20 Jahre arbeitete er sich im größten PKW-Werk der Firma in Sindelfingen hoch (Woche 1. 11. 97, 3); Luginbühl, der sich ... vom Lohnbuchhalter zum Anstaltsleiter hochgearbeitet hatte (Ziegler, Konsequenz 23).

Hoch|aris|to|kra|tie, die: *Hochadel.*

hoch|aris|to|kra|tisch ⟨Adj.⟩: *hochadlig.*

Hoch|ät|zung, die (Druckw.): *Ätzung der im Hochdruckverfahren verwendeten Druckplatten, wobei die druckenden Stellen erhaben stehen bleiben.*

hoch|auf ⟨Adv.⟩ (dichter.): *weit in die Höhe:* Hochauf schlagen Wellen, sie geißeln Deck und Deckaufbau (Kisch, Reporter 39).

hoch|auf|lö|send ⟨Adj.⟩ (Optik, Fot.): *große Fähigkeit zum Auflösen (6) besitzend u. damit einen hohen Grad von Bildschärfe bewirkend:* -e optische Systeme; das -e Fernsehen.

Hoch|bahn, die: *(innerhalb einer Stadt) auf einer brückenähnlichen Konstruktion oberhalb des Straßennetzes verkehrende Bahn.*

Hoch|ball, der (Sport): *Schiedsrichterball.*

Hoch|ba|rock, das od. der: *Blütezeit des Barocks.*

Hoch|bar|ren, der (Sport): *Stufenbarren mit (auf internationale Wettkampfhöhe) hochgestellten Holmen.*

Hoch|bau, der; ⟨Pl. -ten⟩: **1.** ⟨o. Pl.⟩ *Teilbereich des Bauwesens, der das Planen u. Errichten von Bauten umfasst, die im Wesentlichen über dem Erdboden liegen:* er ist Ingenieur für H.; im H. *(in einem Unternehmen des Hochbaus)* tätig sein. **2.** (Fachspr.) *Bau, dessen Hauptteile über dem Erdboden liegen:* -ten aus Stahlbeton.

Hoch|bau|in|ge|ni|eur, der: *im Hochbau (1) tätiger Ingenieur.*

Hoch|bau|in|ge|ni|eu|rin, die: w. Form zu ↑Hochbauingenieur.

hoch be|an|sprucht: s. hoch (5 b).

hoch|be|deu|tend ⟨Adj.⟩: *sehr bedeutend:* ein -er Mann; -e Erfindungen.

hoch|be|deut|sam ⟨Adj.⟩: *sehr bedeutsam, von größter Wichtigkeit.*

Hoch|beet, das (Gartenbau): *erhöht angelegtes Beet; Hügelbeet.*

hoch|be|frie|digt ⟨Adj.⟩: *(von etw., was man erreicht, bekommen, vorgefunden hat o. Ä.) sehr befriedigt:* -e Zuschauer, Zuhörer, Kunden.

hoch|be|gabt ⟨Adj.⟩: *sehr, über das durchschnittliche Maß, über die durchschnittliche Erwartung begabt:* ein -er junger Musiker.

hoch|be|glückt ⟨Adj.⟩: *sehr beglückt, sehr froh über etw.*

Hoch|be|häl|ter, der (Fachspr.): *(zum System der [Trink]wasserversorgung gehörendes) höher als das zu versorgende Gebiet liegendes Wasserreservoir.*

hoch|bei|nig ⟨Adj.⟩: **a)** *(von Menschen u. bestimmten Tieren) mit sehr langen Beinen (die in der Proportion des Körpers besonders ins Auge fallen, für sie charakteristisch sind):* eine -e Frau; ein -er Vogel, Hund; Durch die Fenster sah man den Nachbargarten mit Blumen- und Gemüsebeeten und eine Menge -e Hühner (Gerlach, Demission 68); Pferde einer -en Rasse; wohl sah ich, dass sie h. war nach Art eines Füllens (Th. Mann, Krull 135); **b)** *(von bestimmten Möbelstücken, deren Beine im Verhältnis zum Ganzen sehr hoch sind) mit hohen Beinen* (2): ein -es Tischchen; auf ... dem -en Schrank standen Pappkartons (Kronauer, Bogenschütze 77); **c)** (Jargon) *(von bestimmten Fahrzeugen) mit großer Bodenfreiheit:* -e Straßenreinigungsautos ..., hinter denen wir als Jungs immer hergelaufen waren (Kempowski, Uns 92); Hochbeinige Amerikaner mit frisierten Motoren (Frankenberg, Fahrer 49).

hoch|be|jahrt ⟨Adj.⟩ (geh.): *alt:* dass sie selber, eine nunmehr -e Frau, sehen müsse, wie sie sich ... durchschlage (R. Walser, Gehülfe 176).

hoch|be|kom|men ⟨st. V.; hat⟩: *hochkriegen.*

hoch be|la|den: s. hoch (1 c).

hoch be|packt: s. hoch (1 c).

hoch|be|rühmt [auch: '– –'–] ⟨Adj.⟩: *sehr berühmt.*

hoch be|steu|ert: s. hoch (2 a).

hoch|be|tagt [auch: '– –'–] ⟨Adj.⟩: *in hohem Lebensalter stehend, sehr alt:* ein -er Gelehrter; h. sterben.

Hoch|be|tag|te, der u. die; -n, -n: *hochbetagter Mensch.*

Hoch|be|trieb, der ⟨o. Pl.⟩ (ugs.): *mit viel Trubel, Gedränge, Geschäftigkeit o. Ä. verbundener Andrang, Ansturm an einem bestimmten Ort:* vor den Feiertagen herrscht in den Geschäften, auf den Bahnhöfen H.; wir haben heute H. *(haben viel zu tun).*

hoch be|zahlt: s. hoch (2 a).

hoch|bie|gen ⟨st. V.; hat⟩ (ugs.): **1.** *nach oben biegen:* das Drahtende h.; Der Zaun ist verwüstet, die Schienen der Feldbahn drüben sind aufgerissen, sie starren hochgebogen in die Luft (Remarque, Westen 56). **2.** ⟨h. + sich⟩ *sich nach oben verbiegend verformen:* der Rand des Pfannkuchens hat sich beim Braten hochgebogen.

Hoch|bild, das: *Relief.*

hoch|bin|den ⟨st. V.; hat⟩: *in die Höhe binden:* herabhängende Zweige, seine Haare h.

Hoch|blatt, das (Bot.): *um- od. zurückgebildetes Blatt bei einer krautigen Pflanze, das die Blütenknospe verhüllt od. Teil einer Scheinblüte ist:* die roten Blätter des Weihnachtssterns sind Hochblätter.

hoch|bli|cken ⟨sw. V.; hat⟩: **a)** *in die Höhe blicken; aufblicken* (1): Er blickte gerade in dem Augenblick zu ihrem Fenster hoch, als die Jalousie heruntergelassen wurde (Becker, Tage 133); ..., sagte Gipsbart und blickte ehrfürchtig zu dem Drachen hoch (Funke, Drachenreiter 85); **b)** *aufblicken* (2): bewundernd zu jmdm. h.

Hoch|blü|te, die ⟨o. Pl.⟩: *Zeit größter wirtschaftlicher, kultureller o. ä. Entwicklung:* eine wirtschaftliche H. erleben.

hoch|bo|cken ⟨sw. V.; hat⟩ (Technik): *aufbocken:* das Auto h.

Hoch|boots|mann, der (veraltet): *Oberbootsmann.*

hoch|bran|den ⟨sw. V.; ist⟩: *in die Höhe branden:* Die Wogen, die an den Felsen hochbrandeten (Geissler, Nacht 82); Ü die vielen Stickoxyde, die vom hannoverschen Verkehr zu ihm hochbrandeten (*hochgetragen wurden;* SZ 1. 3. 86, 12).

hoch|bre|chen ⟨st. V.; hat⟩ (Bergmannsspr.): *einen Grubenbau von unten nach oben bauen.*

hoch|brin|gen ⟨unr. V.; hat⟩: **1. a)** *nach oben bringen:* die Koffer h.; **b)** (ugs.) *mit in die Wohnung bringen:* sie durfte keinen Jungen mit h. **2. a)** *aufziehen, großziehen:* Damals waren die beiden Jungen noch klein gewesen. Sie hatte sie hochgebracht, sie hatte sich dieses Heim geschaffen (Fallada, Jeder 29); **b)** *jmdn. gesund machen:* den Kranken [wieder] h.; Ü das Geschäft wieder h.; Wir dachten, das ist ein ordentlicher Mann, er wird den Hof h. (Loest, Pistole 251). **3.** (ugs.) *in Wut versetzen; ärgern; aufbringen:* solche Äußerungen bringen ihn hoch. **4.** (ugs.) *hochkriegen.*

hoch|bri|sant ⟨Adj.⟩: *sehr brisant* (1, 2).

hoch|brüs|tig ⟨Adj.⟩ (seltener): *hochbusig.*

Hoch|bun|ker, der: *bombensicherer Bunker über der Erde.*

Hoch|burg, die [urspr. = über einer Stadt gelegene Befestigung, die als Zuflucht für die Stadtbewohner diente]: *Ort, der als Zentrum einer geistigen Bewegung gilt:* Münster ist eine H. des Katholizismus; In der Weimarer Zeit war jener Stimmbezirk eine H. der Kommunisten gewesen (W. Brandt, Begegnungen 166); Besonders unsere Schule in Halle war eine H. antisemitischer Hetzpropaganda (Hilsenrath, Nacht 503).

hoch|bu|sig ⟨Adj.⟩: *mit hoch angesetztem Busen:* Frau Johanna Übekleber ... war eine beleibte Dame ..., h. (Habe, Namen 360).

Hoch|dach, das (Kfz-T.): *sehr hohes Dach bei einem Kraftfahrzeug (bes. Campingbus o. Ä.).*

Hoch|de|cker, der (Flugw.): *Flugzeug, dessen Tragflächen oberhalb des Rumpfes angeordnet sind.*

hoch de|ko|riert: s. hoch (4).

hoch|deutsch ⟨Adj.⟩: **a)** *deutsch, wie es nicht den Mundarten od. der Umgangssprache, sondern der allgemein verbindlichen deutschen Sprache entspricht (bes. in Bezug auf die dialektfreie Aussprache):* die -e Aussprache; dieser Ausdruck ist nicht h., sondern umgangssprachlich; h. sprechen; **b)** *ober- u. mitteldeutsch.*

Hoch|deutsch, das: vgl. Deutsch: Der Wachtmeister ... sagte zur Hausmeisterin auf H.: »Holen Sie einmal das Mädchen.« (Sommer, Und keiner 132).

Hoch|deut|sche, das ⟨nur mit best. Art.⟩: vgl. [2]Deutsche.

hoch|die|nen, sich ⟨sw. V.; hat⟩: *sich langsam hart arbeitend von einer untergeordneten Position zu einer gewichtigeren hocharbeiten:* Oethinger ..., der sich von unten herauf hochgedient hatte und erst nach dem Brand zum Oberexpeditor befördert worden war (Kühn, Zeit 70).

hoch dif|fe|ren|ziert: s. hoch (5 b).

hoch do|siert: s. hoch (2 a).

hoch do|tiert: s. hoch (2 a).

hoch|dra|ma|tisch ⟨Adj.⟩: *von besonde-*

rer Dramatik (1) *erfüllt, bestimmt:* Eine menschlich bewegende Romanze vor -er Kulisse ist ... in unsere Kinos gekommen (Oxmox 6, 1983, 134).

hoch|dre|hen ⟨sw. V.; hat⟩: **a)** *mithilfe einer Drehvorrichtung in die Höhe drehen:* die Seitenfenster des Autos, die Schranke h.; **b)** (Technik) *einen Motor auf hohe Drehzahlen bringen:* Ich drehe den zweiten Gang hoch (Sobota, Minus-Mann 288); **c)** (Technik) *(vom Motor) auf eine höhere Drehzahl kommen:* Turbinenartig dreht der Motor hoch (ADAC-Motorwelt 8, 1979, 16).

[1]**Hoch|druck,** der ⟨o. Pl.⟩: **1.** (Physik) *hoher* [1]*Druck* (1) *in Flüssigkeiten od. Gasen:* in dem Behälter wurde ein H. hergestellt. **2.** (Med.) kurz für ↑Bluthochdruck: an H. leiden. **3.** (Met.) *hoher Luftdruck:* heute herrscht H. *(Hochdruckwetter).* **4.** (ugs.) *intensive Geschäftigkeit, Betriebsamkeit; Eile:* zurzeit herrscht H.; * **mit/unter H.** (ugs.; *intensiv u. mit großer Eile*): die Angelegenheit wurde mit H. betrieben; unter H. arbeiten.

[2]**Hoch|druck,** der: **1.** ⟨o. Pl.⟩ *Druckverfahren, bei dem die druckenden Teile der Druckform höher liegen als die nicht druckenden* (z. B. Buchdruck): Technisch gliedert sich die Druckgraphik in drei große Gruppen: den H. ..., den Tiefdruck ... und den Flachdruck (Bild. Kunst III, 77). **2.** ⟨Pl. -e⟩ *im Hochdruckverfahren hergestelltes Erzeugnis.*

Hoch|druck|ap|pa|rat, der: *Druckapparat.*

Hoch|druck|dampf|ma|schi|ne, die: *Dampfmaschine, die mit hohem Druck arbeitet.*

hoch|drü|cken ⟨sw. V.; hat⟩: **1.** *nach oben drücken:* den Schalter h. **2.** ⟨h. + sich⟩ *sich von einem Sitz erheben u. sich dabei mit den Armen abstützen:* Lilo ... ist schon vor dem Bahnhof, bevor Pranke zu begreifen anfängt und sich von der Holzbank hochdrückt (Degener, Heimsuchung 84); Sonnenstrahlen sickern durchs Fenster der Schulstube, als ... sich Jungen aus den Bänken hochdrücken (Loest, Pistole 14).

Hoch|druck|ge|biet, das (Met.): *Gebiet mit hohem Luftdruck; Hoch* (2).

Hoch|druck|kran|ke, der u. die (Med.): *jmd., der an Bluthochdruck, Hypertonie leidet.*

Hoch|druck|krank|heit, die ⟨o. Pl.⟩: *Hypertonie.*

Hoch|druck|ver|fah|ren, das: [2]*Hochdruck* (1).

Hoch|druck|zo|ne, die: vgl. Hochdruckgebiet.

hoch|dür|fen ⟨unr. V.; hat⟩ (ugs.): vgl. hinaufdürfen (1).

Hoch|ebe|ne, die: *in größerer Höhe über dem Meeresspiegel liegende Ebene:* Auf der H. entschädigen die famosen Ausblicke für die Strapazen des Aufstiegs (a & r 2, 1997, 13).

hoch|ef|fek|tiv ⟨Adj.⟩: *sehr effektiv; hochwirksam:* ein -es Mittel.

hoch|ef|fi|zi|ent ⟨Adj.⟩: *in hohem Maße effizient:* ein -es Verfahren.

hoch|ele|gant [auch: '- - -'-] ⟨Adj.⟩: *sehr, ungewöhnlich elegant:* ein -es Kostüm; Ein -er Mann im Frack hielt eine in zartem Tüll dahinschwebende bildschöne Frau im Arm (Prodöhl, Tod 225).

hoch emp|find|lich: s. hoch (5 b).

Hoch|ener|gie|phy|sik, die (Physik): *Teilgebiet der Physik, das sich mit den Elementarteilchen und ihren Wechselwirkungen beschäftigt.*

hoch ent|wi|ckelt: s. hoch (5 b).

Hoche|pot [ɔʃpo], das; -, -s [ɔʃpo; frz. hochepot, zu: hocher = schütteln u. pot = Topf] (Kochk.): *Eintopf meist aus [Hammel]fleisch, verschiedenen Gemüsen u. Kartoffeln.*

hoch|er|freut ⟨Adj.⟩: *sehr erfreut.*

hoch|er|ho|ben ⟨Adj.⟩: *weit nach oben gestreckt:* mit -en Armen; -en Hauptes ging sie davon *(stolz, überlegen, selbstsicher o. ä. geradeaus schauend).*

hoch|ex|plo|siv [auch: '- - -'-] ⟨Adj.⟩: **a)** *in hohem Maße explosiv* (1 a): ein -es Gas; -e Stoffe; Feuerlegen neben -em Material, das tun Kinder, aber nicht Betriebsräte (v. d. Grün, Glatteis 279); Ü Die Stimmung ist h. (Ossowski, Bewährung 131); **b)** *in hohem Maße explosiv* (1 b): ein -er Mensch; Schulz ... war ... ein Trottel, zusätzlich aber noch h. (Kirst, 08/15, 828).

hoch|fah|ren ⟨st. V.⟩: **1.** (ugs.) **a)** *nach oben fahren, hinauffahren* ⟨ist⟩: mit dem Fahrstuhl in den vierten Stock h.; **b)** *mit einem Fahrzeug an einen höher gelegenen Ort bringen* ⟨hat⟩: das Gepäck zur Skihütte h. **2.** (ugs.) **a)** *an einen nördlich gelegenen Ort fahren* ⟨ist⟩: ich fahre heute nach Hamburg hoch; **b)** *mit einem Fahrzeug an einen nördlich gelegenen Ort bringen* ⟨hat⟩: ich muss meine Mutter nach Hamburg h.; **c)** *ein Fahrzeug o. Ä. an einen nördlich gelegenen Ort bringen* ⟨hat⟩: das Auto wieder nach Hamburg h. **3.** ⟨ist⟩ **a)** *(durch etw. überrascht, erschreckt werden u. deshalb) auffahren, sich plötzlich erheben:* bei dem Knall ist sie aus dem Schlaf, aus dem Bett hochgefahren; »Lung, wach auf! Er bewegt sich.« Alle fuhren hoch (Funke, Drachenreiter 427); **b)** *plötzlich wütend werden, aufbrausen:* bei dieser Bemerkung fuhr er wütend hoch. **4. a)** (Technik) *erhöhen* ⟨hat⟩: einige Länder ... haben ihre Förderung (= Ölförderung) hochgefahren (VDI nachrichten 18. 5. 84, 7); Auch könne man ... die Temperaturen nicht so h., dass Dioxin unschädlich gemacht werde (MM 23. 2. 84, 24); die Produktion h.; der Ofen wird auf 2 000 Grad hochgefahren *(die Temperatur im Ofen wird auf 2 000 Grad erhöht);* **b)** (EDV) *booten:* den Computer, Rechner h.

hoch|fah|rend ⟨Adj.⟩: *andere geringschätzig behandelnd u. arrogant, überheblich:* ein -es Wesen, Benehmen.

hoch|fal|len ⟨st. V.; ist⟩: in der Wendung **die Treppe h.** (↑Treppe).

hoch fa|vo|ri|siert: s. hoch (5 b).

hoch|fein [auch: '-'-] ⟨Adj.⟩ (bes. Kaufmannsspr.): *(in Bezug auf Qualität, Güte o. Ä.) sehr fein, erstklassig:* -e Qualität.

hoch|fest ⟨Adj.⟩ (Fachspr.): *von besonderer Festigkeit, Härte:* -e Stähle, Kunststoffe.

Hoch|fi|nanz, die ⟨o. Pl.⟩: *Gesamtheit der einflussreichen Bankiers u. Finanziers, die über erhebliche wirtschaftliche u. politische Macht verfügt:* Das Gespenst des großen Krachs schlich dieser Tage durch die glitzernden Glastürme und Marmorfestungen der internationalen H. (profil 23, 1984, 44).

Hoch|flä|che, die: vgl. Hochebene.

hoch|flie|gen ⟨st. V.; ist⟩: **a)** *in die Höhe, nach oben fliegen:* die Vögel fliegen hoch; **b)** *in die Luft geschleudert werden:* als ich plötzlich mit einem Ruck hochfliege, weiß ich nicht, wo ich bin.

hoch|flie|gend ⟨Adj.⟩: *als Ziel o. Ä. [allzu] hoch über dem Realisierbaren liegend:* -e Pläne; Stephen Spender kam ..., immer erfüllt von -en Ideen und Projekten (K. Mann, Wendepunkt 281); Wir wollten uns nicht in -en Träumen von der Wirklichkeit entfernen (W. Brandt, Begegnungen 122).

hoch|flo|rig ⟨Adj.⟩ (Textilind.): *mit hohem* [2]*Flor* (2): -er Samt, Teppichboden.

Hoch|flut, die: **1.** *höchster Stand der Flut.* **2.** *[plötzliches] Überangebot; zu große Menge:* eine H. von Büchern zu diesem Thema.

Hoch|form, die ⟨o. Pl.⟩: *(bes. in Bezug auf Sportler) besonders gute, hervorragende Form* (2): die Spieler waren in H.; Inzwischen lief Freddie zur H. auf (Spiegel 41, 1977, 180).

Hoch|for|mat, das: **a)** *Format (von Bildern, Schriftstücken, Fotos o. Ä.), bei dem die Höhe größer ist als die Breite:* ein Bild im H.; **b)** *Bild, Schriftstück, Foto o. Ä. im Hochformat* (a); alle diese Bilder, -e und Querformate malte der Maler Lankes (Grass, Blechtrommel 684).

hoch|fre|quent ⟨Adj.⟩ (Physik): *mit sehr hoher Schwingungszahl.*

Hoch|fre|quenz, die (Physik): *elektromagnetische Schwingung mit relativ hoher Frequenz.*

Hoch|fre|quenz|gleich|rich|ter, der (Elektrot.): *für hochfrequente Wechselströme verwendeter Gleichrichter.*

Hoch|fre|quenz|strom, der (Elektrot.): *Strom mit hoher Frequenz.*

Hoch|fre|quenz|tech|nik, die (Elektrot.): *Erzeugung u. Anwendung von hochfrequenten Strömen u. Schwingungen als Bereich der Elektrotechnik.*

Hoch|fri|sur, die: *Frisur mit hochgekämmten u. oben auf dem Kopf befestigten [langen] Haaren.*

Hoch|ga|ra|ge, die: *über eine Rampe erreichbare, nicht zu ebener Erde liegende Garage.*

hoch ge|ach|tet: s. hoch (5 b).

Hoch|ge|bet, das (kath. Kirche): *Kanon* (5): als die Glocken zum ersten H. läuteten (Steimann, Aperwind 67).

hoch|ge|bil|det ⟨Adj.⟩: *äußerst gebildet; mit einer umfassenden Bildung* (1 b): eine -e Frau; Ich frage unseren -en Gewährsmann, was man hier unter Bodhisattwas verstehe (Berger, Augenblick 147).

Hoch|ge|bir|ge, das: *steile, schroffe Formen aufweisendes, hohes Gebirge.*

Hoch|ge|birgs|flo|ra, die: *Flora des Hochgebirges.*

Hoch|ge|birgs|land|schaft, die: *Landschaft des Hochgebirges.*

Hoch|ge|birgs|pflan|ze, die: vgl. Hochgebirgsflora.

Hoch|ge|birgs|tour, die: *Kletter-, Skitour im Hochgebirge.*

hoch|ge|bo|ren ‹Adj.› (veraltend): *von hoher Abkunft; adelig:* -e Herrschaften; ‹subst.:› (als Anrede:) Euer, Eure Hochgeboren.

hoch ge|ehrt: s. hoch (5b).

hoch|ge|fähr|lich ‹Adj.›: *äußerst gefährlich:* -e Spaltprodukte; der Transport -er Güter ist verboten.

Hoch|ge|fühl, das: *überschwängliches stolzes Gefühl der Freude über einen Erfolg o. Ä.:* Das H., die triumphierende Freude, die manche junge Menschen beim Fliegen empfinden (Kaschnitz, Wohin 65); im H. des Sieges.

hoch|ge|gür|tet ‹Adj.›: *mit hoch angesetztem Gürtel:* ein -es Empirekleid.

hoch|ge|hen ‹unr. V.; ist›: **1. a)** *sich nach oben, in die Höhe bewegen:* die Schranke, der Theatervorhang geht hoch; Ü die Preise gehen hoch *(steigen);* Onkel Hans ... mokierte sich über Kaiser Wilhelm. Oh, da gingen die Wogen hoch! *(da reagierte man emotional;* Kempowski, Zeit 220); **b)** (ugs.) *nach oben, aufwärts gehen; hinaufgehen:* die Treppe h.; die Straße h.; Man ... geht den Schiffbauerdamm hoch (Plenzdorf, Legende 23); **c)** (ugs.) *explodieren:* In Paris gingen fünf Sprengsätze in Bahnhöfen hoch (NZZ 1./2. 5. 83, 2); 700 Tonnen Knallkörper gehen in dieser Nacht hoch (a&r 2, 1997, 89); die Attentäter ließen das Botschaftsgebäude h. (salopp; *sprengten es in die Luft*). **2.** (ugs.) *in Wut, in Zorn geraten:* als niemand seine Anordnungen befolgte, ging er hoch. **3.** (ugs.) *(von illegalen Vereinigungen, Unternehmungen o. Ä.) von der Polizei o. Ä. aufgedeckt werden:* die Bande ist hochgegangen; Ich lass dich h.! Du weißt, dass du dann in dieser Stadt fertig bist (Gabel, Fix 124).

hoch|geis|tig ‹Adj.›: *geistig auf einer sehr hohen Stufe stehend:* eine -e Unterhaltung.

hoch|ge|lahrt ‹Adj.› (altertümelnd scherzh.): ↑hochgelehrt.

hoch ge|le|gen: s. hoch (1b).

hoch|ge|lehrt ‹Adj.›: *sehr gelehrt; sehr gebildet:* -e Leute.

hoch|ge|lobt ‹Adj.›: *mit hohem Lob bedacht:* ein -es Werk, Theaterstück.

hoch|ge|mut ‹Adj.› [mhd. hōchgemuot = edel gesinnt; froh gestimmt, zu: gemuot = gesinnt, gestimmt, zu ↑Mut in der alten Bed. »Empfinden, Gemüt, Stimmung«] (geh.): *froh u. zuversichtlich gestimmt:* ein -er Mensch; Immerhin wurde es eine klägliche Heimkehr nach einem so -en Auszug (Th. Mann, Zauberberg 175); barfuß ging er an den Start, stellte sich h. den Fotografen (Lenz, Brot 60).

Hoch|ge|nuss, der: *ganz besonderer Genuss* (2): dieser Wein ist ein H.; das Konzert war für sie/war ihr ein H.

hoch|ge|prie|sen ‹Adj.›: vgl. hochgelobt.

Hoch|ge|richt, das: **1.** *(im MA.) Gericht für sehr schwere Verbrechen.* **2.** *Hinrichtungsstätte.*

hoch ge|schätzt: s. hoch (5b).

hoch|ge|schlitzt ‹Adj.›: *(von bestimmten Kleidungsstücken) mit einem langen Schlitz versehen:* -e Röcke, Kleider.

hoch|ge|schlos|sen ‹Adj.›: *(von bestimmten Kleidungsstücken) bis zum Hals geschlossen:* eine -e Bluse; sie ging h. *(in einem hochgeschlossenen Kleidungsstück).*

hoch|ge|schraubt ‹Adj.›: *(von Erwartungen, Ansprüchen o. Ä.) sehr hoch:* -e Erwartungen; Europas -e Raumfahrthoffnungen (Saarbr. Zeitung 17. 12. 79, 27/29).

Hoch|ge|schwin|dig|keit, die (Technik): *(in bestimmten technischen Abläufen, Zusammenhängen) sehr hohe Geschwindigkeit.*

Hoch|ge|schwin|dig|keits|kurs, der: *Kurs* (2), *auf dem hohe Geschwindigkeiten gefahren werden.*

Hoch|ge|schwin|dig|keits|netz, das (Eisenb.): *Streckennetz von Hochgeschwindigkeitszügen.*

Hoch|ge|schwin|dig|keits|stre|cke, die: vgl. Hochgeschwindigkeitstrasse.

Hoch|ge|schwin|dig|keits|tras|se, die (Eisenb.): *Trasse für Hochgeschwindigkeitszüge.*

Hoch|ge|schwin|dig|keits|ver|kehr, der: *Eisenbahnverkehr auf Hochgeschwindigkeitsstrassen.*

Hoch|ge|schwin|dig|keits|zug, der: *mit einer Geschwindigkeit von mindestens 250 Stundenkilometern fahrender Zug:* Paris und Mailand sind jetzt mit einem durchgehenden H. verbunden (a&r 2, 1997, 126).

hoch|ge|sinnt ‹Adj.›: *von edler, vornehmer Gesinnung.*

hoch|ge|spannt ‹Adj.›: **1.** (Elektrot.) *Hochspannung aufweisend:* -e Ströme. **2.** (Technik) *unter hohem Druck stehend:* -e Dämpfe. **3.** *sehr gespannt* (1); *[in einer unrealistischen Weise] sehr hoch:* -e Erwartungen haben, hegen; Die Behauptung wäre stark übertrieben, die Erwartungen ... in Moskau seien h. (NZZ 26. 2. 86, 2).

hoch ge|steckt: s. hoch (5a).

hoch|ge|stellt ‹Adj.›: *gegenüber der normalen Zeilenhöhe eines Textes [ein wenig] nach oben verschoben:* eine -e Ziffer; -e Indizes.

hoch|ge|stimmt ‹Adj.› (geh.): *von einer freudigen, erwartungsvollen od. erhabenen Stimmung erfüllt, getragen:* ein -es Premierenpublikum; eine -e Deklaration; das schöne Briefpapier, auf dem Höfgen eine -e ... Korrespondenz mit prominenten Autoren ... führte (K. Mann, Mephisto 87).

hoch|ge|sto|chen ‹Adj.› (ugs. abwertend): **a)** *geistig sehr, allzu anspruchsvoll u. schwer verständlich; geschraubt:* -e Reden; Weil bei uns zu Haus nur über -es Zeugs lamentiert wird, maßen sich meine Eltern an, auf Leute mit minderer Bildung herabzusehen (TV 7, 1978, 53); sie schreibt ziemlich h.; **b)** *die eigene Überlegenheit zur Schau stellend:* -e Intellektuelle.

hoch|ge|wach|sen ‹Adj.›: *von hohem Wuchs; groß:* ein -es junges Mädchen.

hoch|ge|züch|tet: ↑hochzüchten.

hoch|gif|tig ‹Adj.›: *sehr giftig:* -e Substanzen; -e Inhaltsstoffe, Kampfstoffe; -es Blei; Hochgiftig sind ... die bunten Samen ... der Rizinuspflanze, des Pfaffenhütchens und der Eibe (Augsburger Allgemeine 10./11. 6. 78, III).

◆ **hoch|gipf|lig** ‹Adj.› [zu ↑Gipfel in der landsch. Bed. »oberer (rundlicher) Teil von etw.«]: (schweiz.) *stark nach oben gewölbt; mit einer hervortretenden Verzierung versehen:* hatte ... viele -e Metallknöpfe auf der Weste (Stifter, Granit 40).

Hoch|glanz, der: meist in der Wendung **etw. auf H. bringen/polieren** *(etw. gründlich sauber machen):* die Wohnung auf H. bringen; Porzellan, Gläser, ... alles musste auf H. gebracht werden (Ossowski, Liebe ist 173); Ede in ... Paradeuniform, zu der ... die ... Stiefel, hier augenscheinlich auf H. poliert, gehörten (Lentz, Muckefuck 8).

Hoch|glanz|ab|zug, der (Fot.): *Abzug* (2a) *auf Hochglanzpapier.*

hoch|glän|zend ‹Adj.›: *stark glänzend:* -e Seide.

Hoch|glanz|pa|pier, das: *hochglänzendes Fotopapier.*

hoch|glanz|po|lie|ren ‹sw. V.; hat; bes. im Inf. u. 2. Part. gebr.› (Fachspr.): *etw. auf Hochglanz polieren:* Metalle h.; eine hochglanzpolierte Tischplatte.

Hoch|go|tik, die: *Blütezeit der Gotik.*

hoch|gra|dig ‹Adj.›: *in hohem Grade, Maße [ausgeprägt]:* sie litt an -er Nervosität; ich war h. erregt; An h. gefährdete Mitmenschen und Objekte lässt die moderne Elektronik erst gar niemanden herankommen (tango 9, 1984, 24); Mitarbeiter, Kunden und Lieferanten seien h. verunsichert (Woche 17. 1. 97, 9).

hoch|gu|cken ‹sw. V.; hat› (ugs.): *aufgucken.*

hoch|ha|ckig ‹Adj.›: *(von Schuhen) mit hohen Absätzen versehen:* -e Stiefel, Schuhe; ihre Pumps sind h.

Hoch|hal|te, die; -, -n (bes. Turnen): *Haltung, bei der ein Arm od. beide Arme senkrecht nach oben gestreckt sind.*

hoch|hal|ten ‹st. V.; hat›: **1.** *in die Höhe halten:* die Arme h.; der Vater hielt das Kind hoch, damit es im Gedränge etwas sehen konnte. **2.** *in Ehren halten; aus Achtung weiterhin bewahren:* alte Traditionen h.; Kolja ..., ein Kommunist, der seine Ideale hochhielt (Heym, Schwarzenberg 133); Wer die Wahrheit hochhält, marschiert weiterhin am besten, sagt Clausewitz (Borchert, Draußen 23).

hoch|han|geln, sich ‹sw. V.; hat›: *sich in die Höhe hangeln:* sich an den Ästen des Baumes, am Geländer h.; Die Kinder verbargen sich kichernd zwischen seinen Beinen und die mutigsten hangelten sich an seinen Schwanzzacken hoch (Funke, Drachenreiter 241).

Hoch|haus, das: *großes Gebäude mit vielen Stockwerken:* im H. wohnen.

hoch|he|ben ‹st. V.; hat›: *nach oben, in die Höhe heben; emporheben:* die Hand, die Hände, den Korb h.; Komm unter die

Decke, sagte Abel, das wollene Tuch hochhebend (Hausmann, Abel 89); wir guckten noch ... so lange aus dem Fenster, bis der Stationsvorsteher die Scheibe hochhob (Schnurre, Bart 95); Der Katasterbeamte musste die Hände h., sich an die Wand stellen (Küpper, Simplicius 161); Das Schiff trieb ... auf die Küste zu, wurde ... von der ersten Grundsee hochgehoben (Schnabel, Marmor 40).

hoch|herr|schaft|lich ⟨Adj.⟩: *sehr vornehm:* ein -es Haus; bei diesen Leuten geht es h. zu.

hoch|her|zig ⟨Adj.⟩ (geh.): *großmütig, edel:* sein -es Handeln wurde gewürdigt; eine -e Spende; niemand ... hat -er und schöner über ihn (= Schiller) geschrieben als der alte Thomas Mann (Reich-Ranicki, Th. Mann 71).

Hoch|her|zig|keit, die; -: *hochherzige Art.*

hoch|hie|ven ⟨sw. V.; hat⟩: *nach oben, in die Höhe hieven:* ein Wrack mit einem Kran h.; Die freiwillige Feuerwehr rückte aus und hievte die Fähre sechzehnspännig das Ufer hoch (Bieler, Bär 12).

hoch|ho|len ⟨sw. V.; hat⟩ (ugs.): *heraufholen:* ein paar Flaschen Wein aus dem Keller h.; als er ... mit Tauchübungen begann, ... Ostseemuscheln hochholte (Grass, Katz 9).

hoch|hop|sen ⟨sw. V.; ist⟩ (ugs.): *in die Höhe hopsen.*

hoch|hüp|fen ⟨sw. V.; ist⟩: *in die Höhe hüpfen:* wir mussten h. ..., um in den Bus hineinsehen zu können (v. d. Grün, Glatteis 175).

Ho-Chi-Minh-Stadt [hotʃiˈmɪn...]: Stadt in Vietnam (früher: Saigon).

hoch in|dus|tri|a|li|siert: s. hoch (5 b).

hoch|in|te|griert ⟨Adj.⟩ (Elektronik): *mit einer sehr hohen Zahl von Bauelementen pro Chip:* -e Schaltungen, Chips.

hoch|in|tel|li|gent [auch: ˈ----ˈ-] ⟨Adj.⟩: *überdurchschnittlich intelligent:* ein -er Mensch; sie ist h.; Ü die neuen Technologien, die -en Automaten schaffen keine neuen Arbeitsplätze, sie kosten welche (Vorwärts 17. 5. 84, 17).

hoch|in|te|res|sant [auch: ˈ----ˈ-] ⟨Adj.⟩: *sehr interessant:* ein -es Buch; das Gespräch war h.; Unsere Erdkundelehrerin war verlobt. Das fanden wir h. (Kempowski, Immer 139).

Hoch|jagd, die: *hohe Jagd* (1 a).

hoch|ja|gen ⟨sw. V.; hat⟩: **1.** *(ein Tier) aufscheuchen, aufjagen:* Rebhühner h.; Ü jmdn. aus dem Schlaf h. **2.** (Jargon) *(einen Motor) plötzlich auf sehr hohe Drehzahlen bringen:* ich hatte den Motor in den unteren Gängen hochgejagt; Im ersten Gang jagt er den Wagen bis auf vierzig hoch (Gabel, Fix 30).

hoch|ju|beln ⟨sw. V.; hat⟩ (ugs.): **1.** *mit übertriebenem od. ungerechtfertigtem Lob bedenken u. dadurch bekannt machen:* etw. in der Zeitung h.; die Presse hat sie ein bisschen zu sehr hochgejubelt. Eigentlich ist sie nicht mehr als eine Nachtclubsängerin (Basta 7, 1983, 107); Die Opposition fängt über kurz oder lang an, die Sache als ... Skandal hochzujubeln (Prodöhl, Tod 36). **2.** *hochjagen* (2): Wer ... den Motor in den einzelnen Gängen nicht unnötig hochjubelt, spart eine Menge (ADAC-Motorwelt 7, 1979, 17).

hoch|käm|men ⟨sw. V.; hat⟩: *([langes] Haar) nach oben kämmen [u. feststecken]:* das Haar hochgekämmt tragen.

hoch|kant ⟨Adv.⟩: **1.** *auf die, auf der Schmalseite:* die Bücher h. [ins Regal] stellen; Im Garten der Orangerie hockte die Fotografin ..., die Kamera h. vor dem Gesicht (Strauß, Niemand 157). **2.** ***jmdn. h. hinauswerfen/rausschmeißen** (salopp; *jmdn. grob, unnachsichtig hinauswerfen* 2).

hoch|kan|tig ⟨Adj.⟩: *hochkant* (2): Komm bloß nicht hin, die schmeißt dich h. raus (v. d. Grün, Irrlicht 11).

Hoch|ka|pi|ta|lis|mus, der: *Zeit der höchsten Entfaltung des Kapitalismus.*

hoch|ka|pi|ta|lis|tisch ⟨Adj.⟩: *den Hochkapitalismus betreffend:* die -e Zeit.

Hoch|ka|rä|ter, der; -s, - (Jargon): *Edelstein von hohem Karat:* Ü Lilli Palmer, Curd Jürgens und andere »Hochkaräter« mimten für Gagen unter ihrem sonstigen Niveau (Hörzu 4, 1976, 7).

hoch|ka|rä|tig ⟨Adj.⟩: **1. a)** *(von Edelsteinen) von hohem Karat:* ein -er Diamant; **b)** *(von einer Goldlegierung) einen hohen Anteil an Edelmetall aufweisend.* **2.** (ugs.) *von hoher Qualität, Qualifikation, besonderer Prominenz o. Ä.:* -e politische Prominenz; -e Wissenschaftler, Künstler; dass ein -er Ostagent in den Westen übergelaufen ist (Hamburger Morgenpost 24. 8. 85, 13); Die Dino-de-Laurentiis-Produktion sorgte für eine -e Besetzung (Weltwoche 17. 5. 84, 53); Vergangene Woche ... saß er in Kuala Lumpur und lauschte einer -en Debatte islamischer Wissenschaftler (Woche 11. 4. 97, 17); denn gleich drei -e Veranstaltungen warben in diesen Tagen um Gäste und Teilnehmer (CCI 14, 1998, 1); Jazz, der, wie in Montreux üblich, h. wie selten vertreten ist (tip 13, 1983, 15); Für Béla Töth ist Schach ... ein »Krieg mit psychischen Waffen«, was umso mehr gilt, je -er die Spieler sind (Basler Zeitung 9. 10. 85, 3).

Hoch|kir|che, die: *High Church.*

hoch|klapp|bar ⟨Adj.⟩: *sich hochklappen lassend.*

hoch|klap|pen ⟨sw. V.⟩: **1.** *nach oben klappen* ⟨hat⟩: die Stuhlsitze h.; den Deckel der Kiste h.; Untertags ist das Bett an die Wand hochgeklappt (Sobota, Minus-Mann 29); Er klappte den Kragen seiner Jacke hoch (Rehn, Nichts 43). **2.** vgl. hochschnellen ⟨ist⟩: der Sitz war plötzlich hochgeklappt.

hoch|klas|sig ⟨Adj.⟩ (bes. Sport): *erstklassig* (a), *hervorragend:* ein -es Spiel; -es Tennis.

hoch|klet|tern ⟨sw. V.; ist⟩ (ugs.): *in die Höhe, nach oben klettern; hinaufklettern:* die Leiter h.; an einem Baum h.; Corinna sah, wie zwei Taschenkrebse ... an der Luke hochzuklettern versuchten (Hausmann, Abel 101); Ü am Abend ist das Fieber wieder hochgeklettert (ugs.; *gestiegen*).

hoch|ko|chen ⟨sw. V.; ist⟩: *(von Emotionen) sich mit Heftigkeit entwickeln:* Kaum gebremste Emotionen kochten auf der Gegenseite hoch (Spiegel 5, 1980, 86); In den Informationsveranstaltungen ... kocht regelmäßig die Wut der Unternehmer hoch (Woche 14. 3. 97, 17).

hoch|kom|men ⟨st. V.; ist⟩ (ugs.): **1. a)** *heraufkommen:* die Kinder sollen zum Essen h.; als ich vor der Tür stand, ... kam Petra die Treppe hoch (B. Vesper, Reise 157); ein Mann kam die Straße hoch *(auf den Beobachter zu);* **b)** *aufstehen, sich erheben:* bis der so hochkommt!; aus diesem Sessel komme ich nicht hoch *(es gelingt mir nicht, mich daraus zu erheben);* Ü Die Italiener ..., die seien einfach zu schlapp. Kämen hinten und vorne nicht hoch (*seien untüchtig;* Kempowski, Tadellöser 66); **c)** *an die Wasseroberfläche kommen:* sie tauchte, kam aber sofort wieder hoch. **2.** *gesund werden:* nach der Erkältung kam sie rasch wieder hoch. **3.** *beruflich, gesellschaftlich vorwärts kommen:* sie war in seiner Firma hochgekommen; er war so ehrgeizig, dass er niemanden neben sich h. ließ. **4. a)** *(verursacht durch einen Brechreiz) aus dem Magen wieder nach oben kommen:* das Essen kam ihr hoch; Ü Es kommt mir hoch, wenn jemand zu mir sagt: Du hast deine Jugend ... geopfert (Hörzu 11, 1976, 20); **b)** *ins Bewusstsein aufsteigen; zum Bewusstsein kommen:* eine Erinnerung kam in ihr hoch; da kommt bei vielen ... mancher Zweifel hoch (elan 1, 1980, 5); Zorn kam in ihm hoch, wallender, giftiger Zorn (Kühn, Zeit 57).

hoch|kom|plex ⟨Adj.⟩: *sehr komplex:* ein -es Gebilde; -e Strukturen.

hoch|kom|pli|ziert ⟨Adj.⟩: *in hohem Maß kompliziert:* -e Systeme, Apparate.

Hoch|kon|junk|tur, die (Wirtsch.): *Phase im Ablauf der Konjunktur mit einer hohen Auslastung der wirtschaftlichen Kapazitäten, mit raschem Wachstum:* in Zeiten der H. steigen die Investitionen; Freddy verdankt seine Lehrstelle der beginnenden H. (Chotjewitz, Friede 158); Ü Rockstars haben zurzeit H. (*sind zurzeit sehr im Schwange;* tango 9, 1984, 52); Gebrauchtwagen hatten H. (*waren sehr gefragt;* ADAC-Motorwelt 3, 1983, 26); Gefühle haben offiziell zwar H. *(Gefühle zu haben ist zwar Mode)*, aber niemand schließt sie in seinem Herzen ein (Pohrt, Endstation 129).

hoch|kön|nen ⟨unr. V.; hat⟩ (ugs.): **1.** vgl. hinaufkönnen (1). **2.** *hochkommen können:* aus diesem Sessel kann ich nicht hoch; ***hinten nicht mehr h.** (ugs.; 1. *in einer schwierigen wirtschaftlichen o. ä. Lage sein.* 2. *[alt u.] körperlich am Ende sein*).

hoch|kon|zen|triert ⟨Adj.⟩: *sehr konzentriert* (2): -e Zuhörer; dem Geschehen h. folgen.

hoch|kra|xeln ⟨sw. V.; ist⟩ (ugs.): *hochklettern.*

hoch|krem|peln ⟨sw. V.; hat⟩: *aufkrempeln:* die Ärmel, die Hosenbeine h.; Er hatte Jeans an, die hat er hochgekrempelt (Danella, Hotel 376); mit hochgekrempelten Ärmeln.

hoch|krie|chen ⟨st. V.; ist⟩ (ugs.): *nach oben, in die Höhe kriechen:* den Hang h.; Ü In den Verletzten kriecht die Kälte hoch (ADAC-Motorwelt 10, 1980, 25); Die Angst um das Leben der Kinder, die immer wieder hochkriechende Angst um das eigene Überleben (Woche 25. 4. 97, 30).

hoch|krie|gen ⟨sw. V.; hat⟩ (ugs.): *erreichen, dass etw. nach oben kommt; etw. hochheben können:* ich krieg den schweren Koffer, vor Schmerzen den Arm nicht hoch; * **keinen [mehr]/einen h.** (ugs. verhüll.; *[k]eine Erektion bekommen*).

hoch|kul|ti|viert ⟨Adj.⟩: *von vornehmer Art, Lebensart habend:* eine -e Familie; Man spürte, mit welcher Geringschätzung dieser -e Römer auf die plumpe deutsche Bestie hinunterblickte (Niekisch, Leben 266).

Hoch|kul|tur, die: *Stufe der Kultur mit hoch entwickelten Produktionsmethoden, sozialen Strukturen u. ausgebildetem Herrschaftssystem.*

hoch|kur|beln ⟨sw. V.; hat⟩ (ugs.): *kurbelnd nach oben drehen:* das Autofenster h.

Hoch|land, das ⟨Pl. ...länder, auch: ...lande⟩: *in großer Höhe über dem Meeresspiegel liegende, ausgedehnte Landfläche.*

Hoch|län|der, der; -s, -: *Bewohner des Hochlands.*

Hoch|län|de|rin, die; -, -nen: w. Form zu ↑Hochländer.

hoch|län|disch ⟨Adj.⟩: *das Hochland betreffend, dazu gehörend.*

hoch|lan|gen ⟨sw. V.; hat⟩ (landsch.): *nach oben greifen.*

hoch|lau|fen ⟨st. V.; ist⟩ (ugs.): *nach oben laufen; hinauflaufen.*

hoch|läu|fig ⟨Adj.⟩: vgl. hochbeinig (a): -e Hunderassen.

Hoch|lau|tung, die (Sprachw.): *normierte Aussprache des Hochdeutschen.*

hoch|le|ben: in Verbindungen wie **jmd., etw. lebe hoch** (Hochruf, den man auf jmdn., etw. ausbringt): der Sieger lebe hoch!; die Freiheit lebe hoch!; **jmdn., etw. h. lassen** *(einen Hochruf auf jmdn., etw. ausbringen):* sie ließen den Jubilar h.; Es wurden Trinksprüche gehalten. Man ließ einander h. (Koeppen, Rußland 141).

hoch|le|gen ⟨sw. V.; hat⟩: **a)** *(von Körperteilen) in erhöhter Position lagern:* die Beine, den Kopf h.; **b)** (ugs.) *nach oben legen; hinauflegen:* ein Buch h.

Hoch|leh|ner, der; -s, -: *Stuhl, Sessel o. Ä. mit hoher Lehne.*

hoch|leh|nig ⟨Adj.⟩: *mit hoher Lehne:* -e Stühle.

Hoch|leis|tung, die: *sehr große Leistung.*

Hoch|leis|tungs|mo|tor, der (bes. Kfz-T.): *Motor, der eine hohe Leistung bringt.*

Hoch|leis|tungs|sport, der: *Sport, der mit dem Ziel betrieben wird, bei Wettkämpfen Hochleistungen zu erzielen.*

Hoch|leis|tungs|trai|ning, das (Sport): *systematisches Training, das zu Hochleistungen befähigen soll.*

höch|lich ⟨Adv.⟩ [mhd. hōchlich, ahd. hōhlīh = erhaben] (veraltend): *in großem Maße, sehr:* sie zeigten sich h. amüsiert; Sie blieben immer Engländer; -st auf Rangordnung bedacht (Jacob, Kaffee 100).

hoch lie|gend: s. hoch (1 d).

hoch|löb|lich ⟨Adj.⟩ (veraltet, noch spöttisch): *sehr ehrenwert:* der -e Gemeinderat.

Hoch|lohn|land, das: *Land, in dem hohe Löhne gezahlt werden.*

Hoch|meis|ter, der (hist.): *Oberhaupt des Deutschen Ordens.*

Hoch|mit|tel|al|ter, das: *Blütezeit des Mittelalters.*

hoch|mit|tel|al|ter|lich ⟨Adj.⟩: *dem Hochmittelalter angehörend:* die -e Literatur.

hoch|mo|dern [auch: ˈ- -ˈ-] ⟨Adj.⟩: *sehr modern:* eine -e Kücheneinrichtung; ein -er Betrieb; -e Technik; sie verfügen über -e Waffen; ihre Wohnung ist h.

hoch|mo|disch [auch: ˈ-ˈ- -] ⟨Adj.⟩: *sehr modisch:* ein -er Mantel; -e Kleidung; sie erschien h. gekleidet im Zeugenstand (Prodöhl, Tod 150).

hoch|mö|gend ⟨Adj.⟩ (veraltet, noch spöttisch): *einflussreich, angesehen:* Die Frage ... hat sich bisher ... kaum einer ihrer -en Interviewpartner gestellt (Hörzu 47, 1975, 31); als Anrede: -er Herr!

hoch|mo|le|ku|lar ⟨Adj.⟩ (Chemie): *aus Makromolekülen bestehend.*

Hoch|moor, das (Geogr.): *über dem Grundwasserspiegel liegendes, durch Niederschlag entstandenes Moor.*

hoch|mo|ra|lisch ⟨Adj.⟩: *von, mit hohem moralischem Anspruch.*

hoch mo|ti|viert: s. hoch (5 b).

hoch|müs|sen ⟨unr. V.; hat⟩ (ugs.): **1.** vgl. hinaufmüssen (1). **2.** *[aus dem Bett] aufstehen müssen:* morgens zeitig h.

Hoch|mut, der [mhd. hōchmuot, urspr. = gehobene Stimmung, edle Gesinnung; vgl. hochgemut]: *auf Überheblichkeit beruhender Stolz u. entsprechende Missachtung gegenüber anderen od. Gott:* Ferne von mir sei der geistige H. und die Selbstgerechtigkeit (H. Mann, Unrat 27); Die Massai halten sich für das auserwählte Volk Gottes. Daher ihr unglaublicher H. gegenüber Negern und Europäern (Grzimek, Serengeti 262); sie sollte ihren H. ablegen; voll H. auf jmdn. herabsehen; Spr H. kommt vor dem Fall *(überheblichen, zu stolzen Menschen droht Erniedrigung;* als warnender Hinweis; Buch der Sprüche Salomonis 16, 18).

hoch|mü|tig ⟨Adj.⟩: *durch Hochmut gekennzeichnet; Hochmut ausdrückend:* ein -es Gesicht, Wesen; Mit der Hand machte er eine -e, herrische Bewegung (Simmel, Affäre 163); sie ist, wirkt h.

Hoch|mü|tig|keit, die; -: *hochmütige Art.*

Hoch|muts|teu|fel, der: *personifizierter Hochmut:* in ihr steckt der H. *(sie ist sehr hochmütig).*

hoch|nä|sig ⟨Adj.⟩ (ugs. abwertend): *eingebildet u. töricht u. deshalb andere unfreundlich u. geringschätzig behandelnd:* ein -es junges Ding; Die Empfangsdame vom »Interhotel Newa« behandelte mich h. (Berger, Augenblick 78).

Hoch|nä|sig|keit, die; - (ugs. abwertend): *hochnäsige Art.*

Hoch|ne|bel, der: *in relativ großer Höhe auftretender Nebel.*

Hoch|ne|bel|feld, das: *in kleineren Bereichen flächenartig auftretender Hochnebel.*

hoch|neh|men ⟨st. V.; hat⟩: **1. a)** *in die Höhe halten:* die Schleppe h.; den Kopf h.; **b)** *vom Boden aufnehmen:* den Korb h.; sie nahm das Kind h. *(auf den Arm);* **c)** (landsch.) *mit nach oben nehmen:* kannst du meinen Koffer mit h.? **2.** (ugs.) **a)** *jmdn. auf gutmütige, lustige Weise verspotten:* mit dieser Geschichte wollten sie mich h.; **b)** *jmdm. für etw. zu viel Geld abnehmen:* in diesem Hotel haben sie uns ganz schön hochgenommen. **3.** (Jargon) *einen Verbrecher o. Ä. fassen u. verhaften:* die Polizei fand Hinweise genug, um die Bande hochzunehmen; Solche Laienspione sind reihenweise ... hochgenommen worden (Spiegel 43, 1982, 26).

hoch|no|bel ⟨Adj.⟩: *sehr nobel.*

hoch|not|pein|lich [auch: ˈ-ˈ-ˈ- -] ⟨Adj.⟩ [Verstärkung von veraltet hochpeinlich = unter Anwendung verschärfter Foltermethoden] (altertümelnd scherzh.): *sehr streng:* eine -e Untersuchung.

Hoch|ofen, der (Technik): *großer Schmelzofen zur Gewinnung von Roheisen.*

Hoch|ofen|schla|cke, die (Hüttenw.): *Schlacke, die beim Schmelzen des Erzes im Hochofen zurückbleibt.*

hoch|of|fi|zi|ell ⟨Adj.⟩: *in einem sehr förmlichen, feierlichen, offiziellen Rahmen stattfindend:* ein -er Empfang, Anlass; die Sache ist h.

Hoch|öf|ner, der; -s, -: *am Hochofen tätiger Arbeiter.*

hoch|oh|mig ⟨Adj.⟩ [zu ↑²Ohm] (Elektrot.): *von hohem elektrischem Widerstand:* -e Messgeräte.

hoch|päp|peln ⟨sw. V.; hat⟩ (ugs.): *jmdn. [unter großen Mühen] durch sorgfältige Ernährung, Pflege großziehen, wieder zu Kräften kommen lassen:* einen Rekonvaleszenten wieder h.; sie hat das kränkliche Kind hochgepäppelt; Ü Die Veba, vor zwei Jahren zum internationalen Energiekonzern hochgepäppelt, rutscht immer tiefer (Spiegel 11, 1976, 44).

Hoch|par|ter|re, das: *eine halbe Treppe hoch liegendes Geschoss in einem Wohnhaus:* im H. wohnen.

hoch|peit|schen ⟨sw. V.; hat⟩: *in die Höhe peitschen:* der Sturm peitschte die Wellen hoch; Ü Er peitscht ... nicht nur das Qualitätsniveau, sondern auch die Verkaufszahlen hoch (ADAC-Motorwelt 4, 1985, 34).

Hoch|pla|teau, das: vgl. Hochebene.

hoch|po|li|tisch [auch: ˈ- -ˈ- -] ⟨Adj.⟩: *von sehr großer politischer Bedeutung:* eine -e Frage; Der Skandal ... war h. (Spiegel 20, 1988, 169).

Hoch|po|tenz, die (Med.): *bes. hoher Grad der Verdünnung eines homöopathischen Mittels.*

hoch|prei|sen ⟨st. V.; hat⟩ (geh.): *lobpreisen:* sie hat Gott hochgepriesen.

hoch|prei|sig ⟨Adj.; höherpreisig, höchstpreisig⟩: *zu einer hohen Preisklasse gehörend:* ein -es Buch; dass er -e Markenbrillen ... für knapp die Hälfte feilbot

(Hamburger Rundschau 15. 3. 84, 12); wir verkaufen nicht so viele Modelle mit -en Sonderausstattungen wie VW (Woche 7. 3. 97, 16); die Wohnung war ziemlich h. eingerichtet.

hoch|pro|duk|tiv ‹Adj.›: *sehr produktiv* (a): eine -e Technik; -e Maschinen.

hoch|pro|zen|tig ‹Adj.; höherprozentig, höchstprozentig›: *einen hohen Prozentsatz von etw. enthaltend:* -er Alkohol; eine -e Lösung; ‹subst.:› etw. Hochprozentiges *(Schnaps)* trinken.

hoch|pum|pen ‹sw. V.; hat›: *nach oben pumpen.*

hoch|pu|schen ‹sw. V.; hat› (Jargon): vgl. puschen: etw. zu einem Verkaufsschlager h.

hoch qua|li|fi|ziert: s. hoch (5b).

Hoch|rad, das: *ältere Form des Fahrrads mit sehr großem Vorderrad u. kleinem Hinterrad.*

hoch|rä|de|rig: ↑hochrädrig.

hoch|ra|dio|ak|tiv ‹Adj.›: *mit hoher Radioaktivität:* -e Stoffe, Abfälle; -es Material.

hoch|räd|rig, hochräderig ‹Adj.›: *mit großen Rädern:* ein -er Karren.

hoch|raf|fen ‹sw. V.; hat›: **1.** *in die Höhe raffen:* die Röcke h. **2.** ‹h. + sich› *sich aufraffen:* sie rafften sich hoch, um weiterzugehen.

hoch|ra|gen ‹sw. V.; hat›: *nach oben, in die Höhe ragen.*

hoch|ran|gig ‹Adj.; höherrangig, höchstrangig›: *von hohem Rang:* ein -er Funktionär, Politiker; eine -e Delegation; die Bildung einer h. besetzten Kommission (Weser-Kurier 20. 5. 85, 3).

hoch|ran|ken ‹sw. V.›: **a)** ‹h. + sich› *sich in die Höhe ranken* ‹hat›: wilder Wein rankt sich an der Mauer hoch; Ü er rankt sich an kleinen Erfolgen hoch *(sein Selbstbewusstsein wird durch sie gestärkt);* **b)** *hochranken* (a) ‹ist›: an einigen Baumstämmen war Efeu hochgerankt.

hoch|rap|peln, sich ‹sw. V.; hat› (ugs.): *aufrappeln:* sich aus dem Sessel h.; Ü Die Deutschen haben den Krieg verloren, aber sie sind ... dabei, sich wieder hochzurappeln (Salomon, Boche 31).

hoch|rech|nen ‹sw. V.; hat› (Statistik): *eine Hochrechnung durchführen:* einen Trend, eine Stichprobe, das Wahlergebnis h.; sterben, wie der Berliner Drogenspezialist ... hochrechnete, ... sechs bis sieben von 1 000 Abhängigen (Spiegel 1, 1978, 51); das Programm, das bei Schwerstkranken die Aussichten auf Genesungserfolg sowie die Therapiekosten hochrechnet (Woche 7. 3. 97, 30); als ob man von 36 zufällig ausgewählten Interviewpartnern auf die Sexualerfahrungen von 2,8 Millionen Schulmädchen h. könnte (Hörzu 20, 1973, 18).

Hoch|rech|nung, die (Statistik): *von einzelnen bekannten Teilergebnissen ausgehende Berechnung des wahrscheinlichen Endergebnisses:* die ersten -en ergaben einen Sieg der Opposition; etw. durch H. ermitteln; nach den -en der Verkehrsplaner.

Hoch|reck, das (Turnen): *hohes Reck (bei dem sich die Reckstange auf der vorgeschriebenen Wettkampfhöhe befindet).*

hoch|re|cken ‹sw. V.; hat›: *aufrecken.*

hoch|rei|chen ‹sw. V.; hat›: *nach oben reichen:* kannst du mir den Hammer h.?

hoch|rei|ßen ‹st. V.; hat›: *mit einer ruckartigen Bewegung nach oben reißen:* die Arme h.; Detering reißt das Gewehr hoch und zielt (Remarque, Westen 50); Ü Zwischendurch riss der Lebenswille ihn wieder hoch *(ließ ihn wieder zu Kräften kommen;* L. Frank, Wagen 35).

Hoch|re|li|ef, das (bild. Kunst): *stark aus der Fläche heraustretendes Relief;* vgl. Hautrelief.

Hoch|re|li|gi|on, die (Fachspr.): *Religion einer Hochkultur.*

Hoch|re|nais|sance, die: *Blütezeit der Renaissance.*

hoch|ren|nen ‹unr. V.; ist›: *hochlaufen:* Ich ... bin hochgerannt zum Chef und habe gekündigt (Bravo 29, 1976, 13).

Hoch|re|ser|voir, das: *Hochbehälter.*

hoch|rich|ten, sich ‹sw. V.; hat›: *aufrichten* (1).

Hoch|ring, der (Boxen): *auf einer erhöhten Plattform aufgebauter Ring.*

Hoch|rip|pe, die (Kochk.): *Rückenstück vom Rind.*

Hoch|ro|ma|nik, die: *Blütezeit der Romanik.*

hoch|rot ‹Adj.›: *(in Bezug auf eine bestimmte Körperregion) sehr stark gerötet:* ein -er Kopf; mit -en Ohren.

hoch|rü|ckig ‹Adj.› (Zool.): *(von Fischen) mit ausgeprägter Rückenwölbung, die durch starke Abplattung der Seiten hervorgerufen wird.*

Hoch|ruf, der: *Ruf, mit dem jmd. gefeiert wird:* Da der kaiserliche Hofzug eingelaufen war ..., brandeten -e auf (Schädlich, Nähe 117).

hoch|rüs|ten ‹sw. V.; hat›: **1.** *technisch verbessern:* das neue ... Studio ... wurde auf 16 Spuren hochgerüstet (tip 13, 1983, 79). **2.** *die Rüstung* (2) *vermehren; Hochrüstung betreiben:* in vielen Staaten wurde hochgerüstet.

Hoch|rüs|tung, die: *das Hochrüsten.*

hoch|rut|schen ‹sw. V.; ist› (ugs.): *nach oben rutschen:* der Unterrock rutscht hoch; Ihr Rock ist bis zum Schenkelansatz hochgerutscht und macht ihre festen, weißen Beine frei (Ossowski, Flatter 150).

Hoch|sai|son, die: **a)** *Hauptsaison;* **b)** *Zeit des stärksten Betriebes, Andrangs, der stärksten Nachfrage o. Ä.:* in der Weihnachtszeit haben die Geschäfte H.

hoch|schal|ten ‹sw. V.; hat›: *(bei Motorfahrzeugen) in einen höheren Gang schalten:* in den vierten Gang h.

hoch schät|zen: s. hoch (5b).

Hoch|schät|zung, die; -: *das Hochschätzen.*

hoch|schau|en ‹sw. V.; hat› (ugs.): *nach oben schauen; aufschauen* (1).

hoch|schau|keln ‹sw. V.; hat› (ugs.): **1.** *einer Sache durch übertriebene od. emotionale Behandlung [unangemessene] Wichtigkeit verleihen:* ein Problem h. **2.** ‹h. + sich› *sich [gegenseitig] in immer größere emotionale Erregung versetzen:* die beiden Kontrahenten schaukelten sich gegenseitig hoch.

Hoch|schein: in der Wendung **keinen H. haben** (schweiz.; *keine Ahnung haben*).

hoch|scheu|chen ‹sw. V.; hat›: *aufscheuchen.*

hoch|schich|ten ‹sw. V.; hat› (selten): *aufschichten.*

hoch|schi|cken ‹sw. V.; hat› (ugs.): *nach oben schicken.*

hoch|schie|ben ‹st. V.; hat›: *nach oben, in die Höhe schieben.*

hoch|schie|ßen ‹st. V.; ist›: **1.** *aufschießen* (1). **2.** *aufschießen* (2). **3.** (ugs.) *sich rasch nach oben bewegen:* sie schoss die Treppe hoch.

hoch|schla|gen ‹st. V.›: **1.** *nach oben schlagen, klappen* ‹hat›: den Mantelkragen h.; Sie ... schlugen sich die Kragen hoch (Plievier, Stalingrad 78); neben mir schlugen die Schwestern Dietz den Schleier hoch und wischten sich den Schweiß von der Stirn (Bieler, Bonifaz 103). **2.** ‹ist› **a)** *aufbranden;* **b)** *in die Höhe schlagen; auflodern:* die Flammen schlugen hoch.

hoch|schlei|chen ‹st. V.›: **1.** *nach oben schleichen* ‹ist›: die Treppe h. **2.** ‹h. + sich› *sich nach oben schleichen* ‹hat›: ich schlich mich die Treppe hoch.

hoch|schleu|dern ‹sw. V.; hat›: *aufschleudern:* die Räder schleudern Erdklumpen hoch; ein ... Gebirge, dessen Gipfel in einem dauernden Erdbeben hochgeschleudert ... wurden (Ott, Haie 280).

hoch|schnel|len ‹sw. V.; ist›: *in die Höhe schnellen; aufschnellen* (a), *aufspringen* (1): sie schnellte von ihrem Stuhl hoch.

Hoch|schrank, der (Fachspr.): *Schrank, der [fast] bis zur Decke reicht.*

hoch|schrau|ben ‹sw. V.; hat›: **1.** *in die Höhe schrauben* (3): den Klavierschemel h. **2. a)** *[künstlich] in die Höhe treiben:* die Preise h.; **b)** *auf eine hohe Stufe stellen, auf ein hohes Niveau bringen:* die Ansprüche h.; hochgeschraubte Erwartungen. **3.** ‹h. + sich› *in schraubenförmiger Bewegung aufsteigen:* das Flugzeug schraubt sich hoch; Ü Schulz schraubte sich hinter seinem Schreibtisch hoch (Kirst, 08/15, 863).

[1]hoch|schre|cken ‹sw. V.; hat›: *[1]aufschrecken:* das Wild h.

[2]hoch|schre|cken ‹st. u. sw. V.; schreckt/(veraltend:) schrickt hoch, schreckte/schrak hoch, ist hochgeschreckt›: *[2]aufschrecken:* sie schrak aus dem Schlaf hoch.

Hoch|schul|ab|gän|ger, der (Amtsspr.): *Student, Hochschüler, der nach dem Abschlussexamen die Hochschule verlässt.*

Hoch|schul|ab|gän|ge|rin, die; -, -nen: w. Form zu ↑Hochschulabgänger.

Hoch|schul|ab|schluss, der: *an einer Hochschule erworbenes Abschlusszeugnis.*

Hoch|schul|ab|sol|vent, der: *Absolvent einer Hochschule.*

Hoch|schul|ab|sol|ven|tin, die: w. Form zu ↑Hochschulabsolvent.

Hoch|schul|bil|dung, die: *an einer Hochschule erworbene Bildung* (1 a).

Hoch|schul|di|dak|tik, die: *Didaktik im Bereich der Hochschule.*

Hoch|schu|le, die: *wissenschaftliche Lehr- [u. Forschungs]anstalt* (z. B. Universität, Fachhochschule, Musikhochschule o. Ä.): an einer H. studieren.
Hoch|schü|ler, der: *jmd., der an einer Hochschule studiert.*
Hoch|schü|le|rin, die: w. Form zu ↑Hochschüler.
Hoch|schul|ge|setz, das: *Gesetz, das Stellung, Rechte u. Aufgaben einer Hochschule regelt.*
Hoch|schul|grup|pe, die: *politische Gruppe an einer Hochschule.*
Hoch|schul|leh|rer, der: *jmd., der an einer Hochschule unterrichtet.*
Hoch|schul|leh|re|rin, die: w. Form zu ↑Hochschullehrer.
Hoch|schul|rah|men|ge|setz, das: *Rahmengesetz für die Hochschulen.*
Hoch|schul|re|form, die: *Reform der Organisation u. Verwaltung der Hochschule, der Studiengänge u. Ä.*
Hoch|schul|rei|fe, die: *durch das Abitur erworbene Berechtigung, an einer Hochschule zu studieren.*
Hoch|schul|stu|di|um, das: *Studium an einer Hochschule:* Bewerber mit abgeschlossenem H. werden bevorzugt.
hoch|schul|te|rig, hoch|schult|rig ⟨Adj.⟩: *mit hohen Schultern.*
Hoch|schul|we|sen, das: vgl. Schulwesen.
hoch|schür|zen ⟨sw. V.; hat⟩: *hochnehmen* (1 a): den Rock h.
hoch|schwan|ger [auch: ˈ-ˈ- -] ⟨Adj.⟩: *im letzten Stadium der Schwangerschaft:* eine -e Frau; sie ist h.
hoch|schwin|gen ⟨st. V.; hat⟩: **a)** *nach oben schwingen; schwingend, mit Schwung nach oben bewegen:* die Arme h.; **b)** ⟨h. + sich⟩ *sich mit Schwung nach oben bringen:* ich schwang mich auf das Pferd hoch.
Hoch|see, die ⟨o. Pl.⟩: *offenes Meer außerhalb der Küstengewässer; hohe See.*
Hoch|see|an|geln, das; -s: *Angelfischerei auf der Hochsee.*
Hoch|see|fi|schen, das; -s: *Hochseeangeln.*
Hoch|see|fi|scher, der: *jmd., der als Fischer u. Seemann auf einem Hochseeschiff arbeitet* (Berufsbez.).
Hoch|see|fi|sche|rei, die: *Fischerei auf der Hochsee.*
Hoch|see|flot|te, die: *Flotte von Hochseeschiffen.*
Hoch|see|jacht, die: *hochseetüchtige Jacht.*
Hoch|see|kut|ter, der: *Kutter, der hochseetüchtig ist.*
Hoch|see|schiff, das: *Schiff, das zur Fahrt auf der Hochsee geeignet ist.*
Hoch|see|schiff|fahrt, die: *Schifffahrt auf der Hochsee.*
hoch|see|tüch|tig ⟨Adj.⟩: *(von Schiffen) geeignet, auf der Hochsee zu fahren:* ein -es Segelboot.
Hoch|se|gel, das (Seemannsspr.): *dreieckiges, nach oben spitz zulaufendes Segel.*
hoch|se|hen ⟨st. V.; hat⟩ (ugs.): *nach oben sehen; aufsehen* (1): von der Arbeit h.; Berger sah hoch von seinen Papieren (Fries, Weg 233); ohne hochzusehen, durchfuhr er die Opladener Straße (Prodöhl, Tod 189).
Hoch|seil, das: *in großer Höhe gespanntes Seil des Seiltänzers:* die Gedanken schwankten wie ägyptische Gaukler auf dem H. (Stern, Mann 46).
Hoch|seil|akro|bat, der: *Akrobat, der Hochseilakte vorführt.*
Hoch|seil|akro|ba|tin, die: w. Form zu ↑Hochseilakrobat.
Hoch|seil|akt, der: *Balanceakt auf dem Hochseil.*
Hoch|seil|ar|tist, der: *Artist, der auf dem Hochseil arbeitet.*
Hoch|seil|ar|tis|tin, die: w. Form zu ↑Hochseilartist.
hoch sein: s. hoch (1 a).
hoch|se|lig [auch: ˈ-ˈ- -] ⟨Adj.⟩ (veraltet): *verstorben, selig* (1 b) *(bei der Nennung verstorbener, hoch stehender od. hoch geachteter Personen):* der -e Herr Pfarrer; ⟨subst.:⟩ der Hochselige (veraltet; *der Verstorbene*).
hoch|sen|si|bel ⟨Adj.⟩: **1.** *von hoher Sensibilität* (1): ein hochsensibler Künstler; er, sie ist h.; Kinder ..., die ... h. auf das Befinden ihrer Mutter reagieren (Spiegel 24, 1985, 75); Ü hochsensible *(sehr empfindliche, leicht zerstörbare)* Apparate; die Geräte sind h. *(sie reagieren, registrieren hoch empfindlich).* **2.** (Jargon) *wegen eines möglichen Missbrauchs bes. schutzbedürftig:* hochsensibles Material; Skandalöser Behördenumgang mit hochsensiblen Kriegsdienstverweigererdaten (Spiegel 9, 1984, 50).
Hoch|si|cher|heits|trakt, der: *besonders ausbruchssicherer Trakt bestimmter Strafvollzugsanstalten.*
Hoch|sinn, der ⟨o. Pl.⟩ (selten): *Hochherzigkeit.*
hoch|sin|nig ⟨Adj.⟩ (selten): *edelmütig:* ein -er Mensch.
Hoch|sitz, der (Jagdw.): *in gewisser Höhe auf Pfählen gebauter od. auf einem Baum angebrachter Beobachtungsstand des Jägers; Kanzel* (6).
hoch|sol|len ⟨unr. V.; hat⟩ (ugs.): vgl. hinaufsollen (1).
Hoch|som|mer, der: *Mitte des Sommers, heißeste Zeit des Jahres:* wir machen im H. Urlaub.
hoch|som|mer|lich ⟨Adj.⟩: *wie im Hochsommer üblich:* -e Temperaturen; Das Wetter war noch h., die Sonne schien hell (Th. Mann, Krull 427).
Hoch|span|nung, die: **1.** (Elektrot.) *hohe elektrische Spannung (von mehr als 1 000 Volt):* ein technisches Gerät mit H. betreiben; Vorsicht, H.! (als Warnung an Hochspannungsleitungen). **2.** ⟨o. Pl.⟩ **a)** *sehr gespannte Stimmung, Erwartung:* jmdn. in H. versetzen; **b)** *sehr gespannte, kritische Lage; zum Zerreißen gespannte Atmosphäre:* in der Hauptstadt herrschte politische H.
Hoch|span|nungs|lei|tung, die: *elektrische Leitung, die Hochspannung führt.*
Hoch|span|nungs|mast, der: *Mast für Hochspannungsleitungen.*
Hoch|span|nungs|tech|nik, die ⟨o. Pl.⟩: *die Erzeugung von Hochspannung* (1) *betreffende Technik.*
hoch spe|zi|a|li|siert: s. hoch (5 b).
hoch|spie|len ⟨sw. V.; hat⟩: *stärker als gerechtfertigt ins Licht der Öffentlichkeit rücken; einer Sache eine ihr unangemessene Bedeutung verleihen:* der Film wurde von der Kritik hochgespielt; Die Medien könnten sachlicher informieren ... und weniger die Extremfälle h. (Blick auf Höchst 8, 1983, 4); dass dieses Problem von den Massenmedien hochgespielt wird (Schreiber, Krise 107); natürlich wusste er, dass Mr. Patrik dieses ... Scharmützel zur Machtprobe h. würde (Weber, Tote 52).
Hoch|spra|che, die (Sprachw.): *Standardsprache.*
hoch|sprach|lich ⟨Adj.⟩ (Sprachw.): *die Hochsprache betreffend, zur Hochsprache gehörend.*
hoch|sprin|gen ⟨st. V.; ist⟩: **1. a)** *sich schnell, mit einem Sprung von seinem Platz erheben; aufspringen* (1): sie sprang vor Freude, Entsetzen vom Stuhl hoch; **b)** *an jmdm., etw. in die Höhe springen:* der Hund sprang an mir hoch; **c)** *springend auf eine höher gelegene Stelle gelangen:* die Katze springt auf den Tisch hoch. **2.** (Sport) *Hochsprung als sportliche Disziplin betreiben* ⟨nur im Inf. u. Part.⟩: wir wollen heute h.
Hoch|sprin|ger, der (Sport): *jmd., der Hochsprung als sportliche Disziplin betreibt.*
Hoch|sprin|ge|rin, die: w. Form zu ↑Hochspringer.
Hoch|sprung, der (Sport): **a)** ⟨o. Pl.⟩ *zur Leichtathletik gehörende sportliche Disziplin, bei der man möglichst hoch über eine Latte springen muss:* sie ist sehr gut im H.; **b)** *einzelner Sprung im Hochsprung* (a): ein H. über zwei Meter.
Hoch|sprung|an|la|ge, die (Sport): *für Hochsprung* (a) *vorgesehene Anlage.*
Hoch|sprung|tech|nik, die (Sport): *Technik beim Hochsprung* (a).
hoch|spü|len ⟨sw. V.; hat⟩: *an die Oberfläche spülen:* Sand und Steine wurden hochgespült; Ü statt zu spielen, hoffen sie, bald in die Chefetagen hochgespült zu werden (Jelinek, Lust 189).
höchst [hø:çst] ⟨Adv.⟩: *sehr, überaus, äußerst:* es war h. leichtsinnig von ihr; das ist h. unwahrscheinlich; wäre es h. nötig ..., zum Beispiel für Quecksilber einen Ersatz anzubieten (Gruhl, Planet 106); Ein h. verdrießliches Lächeln krümmte die Lippen des spanischen Konsulatskanzlers (Seghers, Transit 217); Die h. lesenswerte Studie über die moderne Genforschung (Woche 3. 7. 98, 35).
höchst...: Sup. von ↑hoch (1 a, b; 2 a, b; 3 b; 4; 5 a).
Höchst|al|ter, das: *in einem bestimmten Zusammenhang höchstes [mögliches] Alter:* das H. für den Eintritt in diese Firma ist 45 Jahre.
Hoch|stamm, der (Gartenbau): *Zuchtform von Gehölzen mit relativ hohem Stamm:* diese Rosensorte gibt es auch als H.
hoch|stäm|mig ⟨Adj.⟩: *mit hohem Stamm:* -e Rosen.
Hoch|stand, der (Jagdw.): *Hochsitz.*
Hoch|sta|pe|lei, die; -, -en [zu ↑hochstapeln]: *das Hochstapeln.*

hoch|sta|peln ⟨sw. V.; hat⟩ [zu ↑Hochstapler]: *in betrügerischer Absicht [u. mit falschem Namen] eine hohe gesellschaftliche Stellung o. Ä. vortäuschen u. das Vertrauen der Getäuschten durch massive Betrügereien missbrauchen:* du stapelst hoch, hast hochgestapelt; Robert Schneider ... stapelt hoch aus Geltungsdrang, nicht aus Not (Noack, Prozesse 248).
Hoch|stap|ler, der [aus der Gaunerspr., zu: hoch = vornehm u. sta(p)peln = betteln, tippeln]: *jmd., der hochstapelt:* er war ein berüchtigter H.
Hoch|stap|le|rin, die; -, -nen: w. Form zu ↑Hochstapler: eine Person mit überdurchschnittlicher Fantasie. Vielleicht sogar eine H. (Bieler, Mädchenkrieg 218).
hoch|stap|le|risch ⟨Adj.⟩: *in der Weise eines Hochstaplers, einer Hochstaplerin:* Schwindeln, Aufschneiden ... - das sind ... wohl bekannte menschliche Regungen, von denen aus der Übergang ins -e Fach sich leicht vollzieht (Sloterdijk, Kritik 855).
Höchst|ar|beits|zeit, die: *höchste [mögliche od. erlaubte] Arbeitszeit.*
Hoch|start, der (Leichtathletik): *Start aus aufrechter Körperhaltung.*
höchst|be|gabt ⟨Adj.⟩: *die höchste Begabung aufweisend:* die -en Schüler des Landes.
Höchst|be|las|tung, die: *größte [mögliche] Belastung.*
Höchst|be|trag, der: *größter [möglicher] Betrag.*
höchst|be|zahlt ⟨Adj.⟩: *mit der höchsten Bezahlung versehen:* die -en Spielerinnen der Liga.
Höchst|bie|ten|de, der u. die; -n, -n ⟨Dekl. ↑Abgeordnete⟩: *Meistbietende.*
Höchst|dau|er, die: *längste [mögliche] Dauer.*
höchst|de|ko|riert ⟨Adj.⟩: *mit den höchsten Orden ausgezeichnet.*
höchst|der|sel|be, höchst|die|sel|be ⟨Demonstrativpron.⟩ (veraltet; in Bezug auf eine hoch gestellte Person): *derselbe, dieselbe.*
Höchst|do|sis, die: *höchste [mögliche] Dosis.*
höchst|do|tiert ⟨Adj.⟩: vgl. ↑höchstbezahlt.
Höchst|druck, der (Technik): *sehr hoher Druck (von über 1 000 bar).*
hoch|ste|cken ⟨sw. V.; hat⟩: *([lange] Haare) zu einer Hochfrisur aufstecken:* [jmdm.] die Haare h.; Da muss man die Sybille bitten, dass sie sich die Haare hochsteckt (Chr. Wolf, Nachdenken 13); sie trug das Haar hochgesteckt.
hoch|ste|hen ⟨unr. V.; hat; südd., österr., schweiz. auch: ist⟩: *nach oben, in die Höhe stehen:* seine Haare standen hoch.
hoch ste|hend: s. hoch (4, 5 a).
hoch|stei|gen ⟨st. V.; ist⟩: **1.** *nach oben steigen, hinaufsteigen:* die Leiter h.; Er stieg die ausgetretenen Stufen hoch (Plievier, Stalingrad 13). **2.** *sich [senkrecht] nach oben bewegen:* Leuchtraketen stiegen hoch; Donnernd und brüllend stieg das Großsegel hoch (Hausmann, Abel 47); Überall ... steigt Deponiegas aus der Erde hoch (Hamburger Rundschau 15. 5. 85, 5). **3.** *(von Emotionen) langsam in jmdm. aufkommen, sich in jmdm. regen:* Wut, ein Gefühl der Freude steigt in jmdm. hoch; Tränen stiegen in ihr hoch; Ich fühlte jetzt doch den Zorn langsam in mir h. (Fallada, Herr 80).
höchst|ei|gen ⟨Adj.⟩ (veraltend, noch scherzh.): *ganz u. gar eigen:* da betrat er in -er Person, h. *(selbst, in eigener Person)* den Raum; Der halbe Vormittag verging, da kam die Frau Pfarrer h. in den Laden (Strittmatter, Wundertäter 125).
hoch|stel|len ⟨sw. V.; hat⟩: **1.** *an einen höher gelegenen Ort stellen:* vor dem Staubsaugen die Stühle h. *(mit der Sitzfläche auf den Tisch stellen);* (Math.:) hochgestellte *(als Hochzahl verwendete)* Zahlen. **2.** *senkrecht stellen; hochklappen:* den Mantelkragen h.
hoch|stem|men ⟨sw. V.; hat⟩: **1.** *(in Bezug auf etw. von großem Gewicht) in die Höhe stemmen:* einen schweren Deckel h.; der Eisläufer stemmte seine Partnerin hoch. **2.** *sich aufstützen u. langsam erheben:* seinen Oberkörper h.; ein Pferd bricht nieder ..., sitzend dreht es sich auf den hochgestemmten Vorderbeinen im Kreise (Remarque, Westen 51); ich stemme mich mühsam hoch.
höchs|ten|falls ⟨Adv.⟩: *im Höchstfall, höchstens.*
höchs|tens ⟨Adv.⟩: **a)** *im äußersten Fall; nicht mehr als:* die Behauptung trifft h. in drei/in h. drei Fällen zu; **b)** *außer; es sei denn:* sie geht nicht aus, h. gelegentlich ins Kino.
höchst|ent|wi|ckelt ⟨Adj.⟩: *die höchste Entwicklungsstufe aufweisend:* die -en Staaten.
Höchst|er|trag, der: *höchster Ertrag.*
Höchst|fall: in der Fügung **im H.** *(im günstigsten Fall; höchstens):* dafür bekommst du im H. 100 DM; Wie viel würden Sie selbst im H. für einen Anzug ausgeben? (Woche 7. 2. 97, 33); Wir kriegen also im H. einmal täglich was Warmes (Kinski, Erdbeermund 40).
Höchst|form, die ⟨o. Pl.⟩ (bes. Sport): *beste [sportliche] Verfassung:* in H. sein.
Höchst|fre|quenz, die (Physik): *elektromagnetische Schwingung mit sehr hoher Frequenz.*
Höchst|fre|quenz|tech|nik, die ⟨o. Pl.⟩: *Teilgebiet der Hochfrequenztechnik, das sich mit sehr hohen Frequenzen beschäftigt.*
Höchst|ge|bot, das: *höchstes Angebot bei einer Versteigerung.*
höchst|ge|le|gen ⟨Adj.⟩: *an höchster Stelle gelegen:* die -en Ortschaften waren von der Außenwelt abgeschnitten.
Höchst|ge|schwin|dig|keit, die: *höchste [mögliche, zulässige] Geschwindigkeit:* die zulässige H.; Die erlaubte H. mit Schneeketten beträgt 50 Stundenkilometer (a&r 2, 1997, 125).
höchst|ge|stellt ⟨Adj.⟩: *die höchste Stellung, Stufe einer Rangordnung einnehmend:* der -e Anwesende ergriff das Mikrofon.
Höchst|ge|wicht, das: vgl. Höchstgeschwindigkeit.
Höchst|ge|winn, der: *höchster [möglicher] Gewinn.*
Höchst|gren|ze, die: *oberste Grenze.*
Hoch|sti|cke|rei, die: **a)** ⟨o. Pl.⟩ *Technik der Weißstickerei, bei der sich das gestickte Muster reliefartig von der Unterlage abhebt;* **b)** *etw. in der Technik der Hochstickerei* (a) *Hergestelltes:* eine sehr schöne H.
hoch|stie|lig ⟨Adj.⟩: *(in Bezug auf bestimmte Gefäße) mit langem Stiel:* -e Sektgläser.
Hoch|stift, das (früher): *[Erz]bistum; Zentralverwaltung eines [Erz]bistums.*
hoch|sti|li|sie|ren ⟨sw. V.; hat⟩: *einer Sache durch übertriebenes Lob, unverdiente Hervorhebung o. Ä. unangemessene Wichtigkeit od. übermäßigen Wert verleihen od. zu etw. Besserem machen, als sie in Wirklichkeit ist:* Die nordamerikanischen Cowboys wurden ... zu einem Mythos hochstilisiert (Augsburger Allgemeine 11./12. 2. 78, VI); Von den Sowjets wurde die Mauer ... zur »Friedensmauer« hochstilisiert (W. Brandt, Begegnungen 21).
Hoch|stim|mung, die ⟨o. Pl.⟩: *sehr frohe, festlich gehobene Stimmung:* im Ballsaal herrschte H.; in H. sein; Ü VW und BMW teilen nicht die H. der IG Metall (Hamburger Abendblatt 21. 5. 85, 1).
Höchst|kurs, der (Bankw.): *höchster Börsenkurs:* die Aktie hat den H. erreicht.
Höchst|leis|tung, die: *höchste [mögliche] Leistung:* -en vollbringen.
Höchst|lohn, der: *höchster zu erwartender Lohn:* Mitarbeiter bei H. einstellen.
Höchst|mar|ke, die (Sport, Jargon): *Rekord:* die Mannschaft stellte eine H. auf.
Höchst|maß, das: *sehr hoher Grad; Maximum:* diese Arbeit fordert ein H. an Akribie; dass wir in einer Epoche leben, in der ... der Gipfel von Macht und Ruhm identisch ist mit einem H. von militärischer Macht (Dönhoff, Ära 44).
Höchst|men|ge, die: *höchste [zulässige] Menge.*
Höchst|men|gen|ver|ord|nung, die: *Rechtsverordnung, in der Höchstmengen bestimmter toxischer Stoffe u. Zusatzstoffe in Lebensmitteln festgelegt sind.*
höchst|mög|lich ⟨Adj.⟩: *so hoch wie möglich:* der -e Gewinn; C 4 ist die beamtenrechtliche Bezeichnung für die -e Professorendotierung (Tagesspiegel 13. 6. 84, 19).
höchst|per|sön|lich ⟨Adj.⟩: *[unerwartetermaßen] persönlich, in eigener Person:* die Ministerin überreichte h. die Urkunde; Er war gestern hier ..., er selbst h., der Herr Neffe (Werfel, Himmel 127).
Höchst|preis, der: *höchster zu erwartender Preis:* -e zahlen; Trotz -en der Hotellerie meldet die Côte d'Azur zur Badesaison ... Land unter (Capital 2, 1980, 156).
Hoch|stra|ße, die: *über Pfeiler geführte Straße [oberhalb anderer Straßen].*
hoch|stre|ben ⟨sw. V.; ist⟩ (geh.): *aufstreben.*
hoch|stre|cken ⟨sw. V.; hat⟩: *nach oben,*

in die Höhe strecken: die Arme h.; ... einen Soldaten, der auf dem Rücken lag und die Beine hochstreckte (Ott, Haie 281).

hoch|strei|fen ⟨sw. V.; hat⟩: *nach oben streifen:* die Ärmel h.

höchst|rich|ter|lich ⟨Adj.⟩: *vom (jeweils) höchsten Gericht ausgesprochen:* eine -e Entscheidung.

Höchst|satz, der: *höchster Betrag, Tarif:* bei der Versicherung den H. zahlen müssen.

höchst|selbst ⟨indekl. Pron.⟩ (veraltend, noch scherzh.): *höchstpersönlich:* er kam h.

Höchst|span|nung, die (Elektrot.): *höchste elektrische Spannung (von über 400 Kilovolt).*

Höchst|stand, der: *höchster Stand, Entwicklungsstand von etw.*

höchst|ste|hend ⟨Adj.⟩: **a)** *die höchste [gesellschaftliche] Stellung innehabend, den höchsten [geistigen] Rang besitzend:* die kulturell -en Städte des Mittelalters; **b)** *die höchste Qualität aufweisend:* die -en Sicherheitsvorschriften.

Höchst|stra|fe, die: *höchste [mögliche] Strafe:* der Staatsanwalt forderte die H.

Höchst|stu|fe, die (Sprachw.): *Superlativ.*

Höchst|tem|pe|ra|tur, die: *höchste [mögliche] Temperatur.*

hoch|stül|pen ⟨sw. V.; hat⟩: *nach oben stülpen:* der Maler ..., der ... die Hemdsärmel hochstülpte (Becher, Prosa 124).

höchst|wahr|schein|lich ⟨Adv.⟩: *sehr wahrscheinlich:* h. hat sie es getan.

Höchst|wert, der: *höchster [möglicher] Wert.*

Höchst|zahl, die: *höchste Zahl:* eine H. an, von etw.

Höchst|zahl|ver|fah|ren, das ⟨o. Pl.⟩: *d'hondtsches System.*

höchst|zu|läs|sig ⟨Adj.⟩: *als Höchstes zulässig:* das -e Gesamtgewicht.

Hoch|tal, das: *hoch gelegenes Tal.*

hoch tech|ni|siert: s. hoch (5 b).

Hoch|tech|no|lo|gie, die [LÜ von engl. high technology]: *Technologie, in der neueste Forschungsergebnisse u. Verfahren bes. aus dem Bereich der Mikroelektronik verwendet werden.*

hoch|tech|no|lo|gisch ⟨Adj.⟩: *der Hochtechnologie zugehörend; die Hochtechnologie betreffend:* mehr und mehr ungelernte Arbeiter würden arbeitslos, weil es in einer -en Wirtschaft immer weniger Nachfrage für ihre Arbeit gebe (Woche 7. 11. 97, 31).

Hoch|tem|pe|ra|tur|re|ak|tor, der (Kernphysik): *gasgekühlter Kernreaktor mit sehr hoher Kühlmitteltemperatur.*

Hoch|ton, der ⟨Pl. ...töne⟩ (Sprachw.): *Ton mit hoher Tonhöhe.*

hoch|tö|nend ⟨Adj.⟩ (abwertend): *hochtrabend.*

hoch|to|nig ⟨Adj.⟩ (Sprachw.): *[den] Hochton tragend.*

Hoch|tour, die: **1.** *Bergtour im Hochgebirge.* **2.** * **auf -en laufen/arbeiten** (1. *mit der größten Leistungsfähigkeit laufen/arbeiten:* der Motor lief auf -en. 2. *unter großer Hektik u. unter Aufbringung aller Kraftreserven vonstatten gehen:* die Kampagne, die Fahndung lief auf -en; in den ersten Kriegstagen lief die Propaganda auf -en [Leonhard, Revolution 96]); **auf -en bringen** (1. *zur größten Leistungsfähigkeit bringen:* die Maschine auf -en bringen. 2. *zu größter Arbeitsleistung anstacheln:* jmdn. auf -en bringen).

hoch|tou|rig ⟨Adj.⟩ (Technik): *mit hoher Drehzahl laufend:* -e Maschinen; h. fahren; Ü diese -e ... Aktion der Sicherheitsorgane (Spiegel 11, 1978, 23); Aus süßem Nektar tanken Kolibris die Energie für ihren -en Stoffwechsel (Tag & Nacht 2, 1997, 16).

Hoch|tou|rist, der: *Tourist, der Hochtouren (1) macht.*

Hoch|tou|ris|tik, die: *Touristik im Hochgebirge; Alpinistik.*

Hoch|tou|ris|tin, die: w. Form zu ↑Hochtourist.

hoch|tra|bend ⟨Adj.⟩ [mhd. hochtrabende; urspr. vom Pferd, das den Reiter beim Traben allzu hoch wirft u. deshalb schwer zu reiten ist] (abwertend): *(von schriftlichen od. mündlichen Äußerungen) mit einem hohlen Pathos; übertrieben u. gespreizt in Ausdruck u. Inhalt:* -e Worte, Reden; ich sah es ... als meine Mission an, ihn zu retten ... klingt sehr h., aber ich empfand es so (Danella, Hotel 151).

hoch|tra|gen ⟨st. V.; hat⟩ (ugs.): *nach oben tragen; hinauftragen:* die Koffer h.

hoch|trei|ben ⟨st. V.; hat⟩: **1.** (ugs.) *nach oben treiben, hinauftreiben:* die Kühe [auf die Alm] h. **2.** *[bewusst u. forciert] eine Erhöhung bei etw. bewirken:* die Preise h.

hoch|tür|men ⟨sw. V.; hat⟩: *auftürmen* (a, b).

Hoch|ufer, das (Geogr.): *(durch Erosion entstandenes) erhöhtes, steiles Ufer.*

hoch|un|ge|sät|tigt ⟨Adj.⟩: *in hohem Grade ungesättigt* (2): -e Fettsäuren; h. sein.

hoch ver|dich|tet: s. hoch (5 b).

hoch|ver|dient ⟨Adj.⟩: **1.** *mit vielen Verdiensten; sehr verdient:* ein -er Mann, Wissenschaftler. **2.** (Sport Jargon) *sehr verdient* (2): ein -es Remis; ein -es 1 : 1; ein aufregendes Spiel, das wir h. gewonnen haben (Saarbr. Zeitung 24. 12. 79, 13 ff.).

hoch|ver|ehrt ⟨Adj.; o. Komp., Sup. in der veralteten Anrede: hochverehrtest⟩: *sehr verehrt:* mein -er alter Lehrer; -e Frau Schmidt!

Hoch|ver|rat, der [LÜ von frz. haute trahison] (Rechtsspr.): *Verbrechen gegen den inneren Bestand od. die verfassungsmäßige Ordnung eines Staates:* H. begehen; des -s, wegen H./-s angeklagt sein; H. üben; Vom ersten Tage der hitlerschen Herrschaft an habe er H. getrieben (Niekisch, Leben 249).

Hoch|ver|rä|ter, der: *jmd., der Hochverrat begeht.*

Hoch|ver|rä|te|rin, die: w. Form zu ↑Hochverräter.

hoch|ver|rä|te|risch ⟨Adj.⟩: *den Hochverrat betreffend; Hochverrat darstellend, bedeutend:* -e Handlungen; staatsfeindliche oder auch -e Äußerungen konnte man nur zu Dutzenden nachweisen (Kirst, 08/15, 759); Viele hundert Zentner -en Materials wurden gefunden (Loest, Pistole 47).

hoch ver|schul|det: s. hoch (2 a).

hoch ver|zins|lich: s. hoch (2 a).

hoch|vor|nehm ⟨Adj.⟩: *sehr vornehm:* ein -es Hotel; eine -e Gesellschaft.

hoch|wach|sen ⟨st. V.; ist⟩: *in die Höhe wachsen.*

Hoch|wald, der: **1.** *Wald mit sehr hohen, alten Bäumen u. wenig Unterholz.* **2.** (Forstw.) *forstwirtschaftlich gepflegter u. genutzter Wald, bei dem der Baumbestand durch Saat od. Anpflanzen vermehrt wird u. bei dem man die Bäume sehr alt werden lässt.*

Hoch|was|ser, das ⟨Pl. ...wasser⟩: **1.** *höchster Wasserstand der Flut:* um 14 Uhr ist H. **2.** *sehr hoher, bedrohlicher Wasserstand eines Flusses, auch eines Sees od. des Meeres:* das H. *(die Überschwemmung)* hat großen Schaden verursacht; der Fluss hat, führt H.; * **H. haben** (ugs. scherzh.; *zu kurze Hosen tragen*).

Hoch|was|ser|ge|fahr, die: *Gefahr von Hochwasser:* es besteht H.

Hoch|was|ser|ho|se, die (ugs. scherzh.): *zu kurze Hosen:* sie trägt -n, eine H.; So kommt es, dass die -n den Blick auf die braunen, wollenen Anstaltssocken freigeben (Spiegel 4, 1985, 81).

Hoch|was|ser|ka|ta|stro|phe, die: *durch Hochwasser* (2) *ausgelöste Katastrophe.*

Hoch|was|ser|scha|den, der: *durch Hochwasser* (2) *verursachter Schaden.*

Hoch|web|stuhl, der: *Webstuhl mit senkrecht gespannten Kettfäden.*

Hoch|wei|de, die: *Alm.*

Hoch|weit|sprung, der (Pferdesport): *Sprung über ein Hindernis, bei dem das Pferd sowohl weit als auch hoch springen muss.*

hoch|wer|fen ⟨st. V.; hat⟩: *in die Höhe, in die Luft werfen:* den Ball h.; Ü die Hände, die Arme h.

hoch|wer|tig ⟨Adj.⟩: *von hoher Qualität:* -e Erzeugnisse; ein -er Mantelstoff; -es Eiweiß *(Eiweiß von hohem Nährwert);* die Produkte sind h.

Hoch|wer|tig|keit, die: *das Hochwertigsein.*

hoch|wich|tig ⟨Adj.⟩: *sehr wichtig:* ein -es Ereignis.

Hoch|wild, das [vgl. hohe ↑Jagd] (Jägerspr.): *Wild, das zur hohen Jagd gehört* (z. B. Elch, Rot- u. Damhirsch).

hoch|will|kom|men ⟨Adj.⟩: *sehr willkommen:* -e Gäste.

hoch|win|den ⟨st. V.; hat⟩: **1.** *mit einer Winde nach oben ziehen:* den Anker h. **2.** ⟨h. + sich⟩ *sich mit einer Drehbewegung aufwärts bewegen, in die Höhe bewegen:* die Kletterpflanze windet sich am Gestell hoch; Der erhob sich langsam, fast schien es, als winde er sich hoch (Kirst, 08/15, 712).

hoch|wir|beln ⟨sw. V.⟩: *aufwirbeln.*

hoch|wirk|sam ⟨Adj.⟩: *sehr wirksam:* eine -e Medizin.

hoch|wohl|ge|bo|ren ⟨Adj.⟩ (veraltet): vgl. hochgeboren: ... beeindruckte Karoline, dass dieser -e Mensch sich ganz mit den einfachen Arbeitern gemein machte (Kühn, Zeit 114); ⟨als Titel:⟩ Hochwohlgeboren; ⟨in der Anrede:⟩ Eure, Euer Hochwohlgeboren; ⟨bei Anschriften:⟩ Seiner, Ihrer Hochwohlgeboren.

hoch|wohl|löb|lich ⟨Adj.⟩ (veraltend, noch spöttisch): *hochlöblich:* das -e Gremium.

hoch|wöl|ben ⟨sw. V.; hat⟩: **a)** *nach oben, nach außen wölben:* der Druck hat das Blech hochgewölbt; **b)** ⟨h. + sich⟩ *sich aufwölben:* der Deckel der Konservendose hat sich hochgewölbt.

hoch|wol|len ⟨unr. V.; hat⟩ (ugs.): **1.** vgl. hinaufwollen (1). **2.** *aufstehen, sich erheben wollen; nach oben, in die Höhe gelangen wollen:* als sie wieder aus dem Sessel hochwollte, stöhnte sie vor Schmerz auf.

Hoch|wuchs, der: *übermäßiges Wachstum; Großwuchs.*

hoch|wüch|sig ⟨Adj.⟩: *(von Pflanzen, Bäumen) schlank u. in die Höhe wachsend:* -e Tannen.

hoch|wuch|ten ⟨sw. V.; hat⟩ (ugs.): *unter großer Kraftanstrengung hochheben:* eine schwere Kiste h.; Gemeinsam mit ... zwei Gesellen wuchtet er das Ding (= ein Klavier) die zwei Treppen hoch (Chotjewitz, Friede 46).

Hoch|wür|den ⟨o. Art.⟩; -[s]: veraltende Anrede u. Bezeichnung für katholische u. höhere evangelische Geistliche: Euer, Eure H.!; H. Rasmussen ... wusste es auch nicht (Jahnn, Geschichten 88).

hoch|wür|dig ⟨Adj.⟩ (veraltend; in ehrenden Anreden für katholische u. höhere evangelische Geistliche): *sehr würdig:* Besonderer Dank gilt der -en Geistlichkeit von St. Franziskus ... für die tröstenden Worte (Augsburger Allgemeine 29./30. 4. 78, 42).

Hoch|wurf, der (Sport): **1. a)** *Schiedsrichterball;* **b)** (Basketball) *das Hochwerfen des Balles zwischen den beiden Spielern beim Sprungball.* **2.** (Schlagball) *das Hochwerfen des Balles durch den Fänger, wenn der Läufer die Grenze überschreitet.*

Hoch|zahl, die (Math.): *Exponent* (2 a).

[1]**Hoch|zeit,** die; -, -en [mhd. hōch(ge)zīt = hohes kirchliches od. weltliches Fest; Vermählungsfeier]: **1.** *mit der Eheschließung verbundenes Fest, verbundene Feier:* eine große H.; die H. findet im Mai statt; die H. ausrichten; H. feiern, halten, machen; jmdn. zur H. einladen; * **grüne H.** *(Tag der Heirat);* **papierene H.** (landsch.; *1. Jahrestag der Heirat*); **kupferne H.** (landsch.; *7. Jahrestag der Heirat*); **hölzerne H.** (landsch.; *10. Jahrestag der Heirat*); **silberne H.** *(25. Jahrestag der Heirat);* **goldene H.** *(50. Jahrestag der Heirat);* **diamantene H.** *(60. Jahrestag der Heirat);* **eiserne H.** *(65. Jahrestag der Heirat);* **nicht auf zwei -en tanzen können** (ugs.; *nicht an zwei Veranstaltungen, Unternehmungen o. Ä. gleichzeitig teilnehmen können*); **auf allen/auf zwei -en tanzen** (ugs.; *überall dabei sein [wollen]*): schon seit einiger Zeit tanzte er quasi auf zwei -en (Bravo 29, 1976, 6); **auf der falschen H. tanzen** (ugs.; *eine falsche Entscheidung getroffen haben*); **auf einer fremden H. tanzen** (ugs.; *sich in Dinge einmischen, die einen nichts angehen*). **2.** (Druckerspr.) *doppelt gesetztes Wort od. Zeile.*

[2]**Hoch|zeit,** die (geh.): *glänzender Höhepunkt, Höchststand einer Entwicklung, eines Zeitabschnitts; Blütezeit:* Die Renaissance in Italien ... galt als H. der Homosexualität (Riess, Cäsar 12); Tugenden, die auch zu ihrer H. ... nicht vorherrschend, aber doch begrifflich beispielgebend waren (Kantorowicz, Tagebuch I, 380).

hoch|zei|ten ⟨sw. V.; hat⟩ [mhd. hōchzīten] (selten): *Hochzeit halten, feiern; heiraten:* die beiden jungen Leute wollen h.; Neues wurde beredet, dass Berta Niehus und Lorenz Fuchs h. wollten (Degenhardt, Zündschnüre 163).

Hoch|zei|ter, der; -s, - (landsch.): **1.** *Bräutigam.* **2.** ⟨Pl.⟩ *Hochzeitspaar:* die H. sind auf Hochzeitsreise.

Hoch|zei|te|rin, die; -, -nen: w. Form zu ↑Hochzeiter (1).

hoch|zeit|lich ⟨Adj.⟩ [mhd. hōchzīt(ec)lich = festlich]: *die* [1]*Hochzeit betreffend; festlich, feierlich in Bezug auf eine* [1]*Hochzeit.*

Hoch|zeits|bild, das: *bei einer* [1]*Hochzeit aufgenommenes Bild; Fotografie mit dem Brautpaar [u. der übrigen Hochzeitsgesellschaft].*

Hoch|zeits|bit|ter, der (veraltet, noch landsch.): *jmd., der nach ländlichem Brauch die Gäste zu einer* [1]*Hochzeit bittet.*

Hoch|zeits|brauch, der: *Brauch im Zusammenhang mit einer* [1]*Hochzeit.*

Hoch|zeits|es|sen, das: *festliches Essen bei einer* [1]*Hochzeit.*

Hoch|zeits|fei|er, die, **Hoch|zeits|fest,** das: *anlässlich der* [1]*Hochzeit gefeiertes Fest:* Das Hochzeitsfest im Hause Pringsheim war ein gesellschaftliches Ereignis großen Stils (K. Mann, Wendepunkt 16).

Hoch|zeits|flug, der (Zool.): *Flug, bei dem bei bestimmten Staaten bildenden Insekten (Bienen, Ameisen, Termiten) die Königin begattet wird.*

Hoch|zeits|fo|to, das: vgl. Hochzeitsbild.

Hoch|zeits|ga|be, die (geh.): *Hochzeitsgeschenk:* der Ministerpräsident sandte als H. ... Schwäne für einen kleinen Teich (K. Mann, Mephisto 369).

Hoch|zeits|gast, der: *zu einer* [1]*Hochzeit geladener Gast.*

Hoch|zeits|ge|dicht, das: *Gedicht, das anlässlich einer* [1]*Hochzeit zu Ehren des Brautpaars verfasst wird.*

Hoch|zeits|ge|schenk, das: *Geschenk, das das Brautpaar zur* [1]*Hochzeit bekommt.*

Hoch|zeits|ge|sell|schaft, die: *Gesellschaft* (2 c) *der* [1]*Hochzeit Feiernden.*

Hoch|zeits|haus, das: *Haus, Wohnung, Familie, wo* [1]*Hochzeit gefeiert wird u. das Brautpaar für Glückwünsche zu erreichen ist:* die Glückwunschkarte war an das H. [Schmidt] adressiert; Blumen ins H. schicken.

Hoch|zeits|kleid, das: **1.** *[weißes] Kleid, das die Braut zur* [1]*Hochzeit trägt.* **2.** (Zool.) *farbiger Federschmuck, auffällige Färbung bestimmter Hautpartien (bei manchen männlichen Tieren in der Paarungszeit).*

Hoch|zeits|ku|chen, der: *für eine Hochzeitsfeier gebackener Kuchen.*

Hoch|zeits|kut|sche, die: *bestimmte Kutsche, in der das Brautpaar zur Trauung fährt.*

Hoch|zeits|mahl, das (geh.): *festliches Mahl als Mittelpunkt der* [1]*Hochzeit.*

Hoch|zeits|nacht, die: *auf die* [1]*Hochzeit folgende Nacht, die das Brautpaar zusammen verbringt.*

Hoch|zeits|paar, das: *Brautpaar am Hochzeitstag.*

Hoch|zeits|rei|se, die: *Reise, die das Hochzeitspaar [nach der* [1]*Hochzeit] unternimmt:* eine H. machen; sich auf der H. befinden.

Hoch|zeits|schmaus, der (veraltend): *Hochzeitsmahl.*

Hoch|zeits|strauß, der: *Blumengebinde, das die Braut [vom Bräutigam bekommt u.] während der Trauzeremonie in der Hand trägt; Brautbukett.*

Hoch|zeits|ta|fel, die: *festlich gedeckte Tafel bei der* [1]*Hochzeit.*

Hoch|zeits|tag, der: **a)** *Tag, an dem die* [1]*Hochzeit stattfindet:* am H. war herrliches Wetter; **b)** *Jahrestag der* [1]*Hochzeit:* seinen H. vergessen.

Hoch|zeits|zug, der: *Hochzeitsgesellschaft auf dem Weg zur Kirche.*

hoch|zie|hen ⟨unr. V.⟩: **1.** ⟨hat⟩ **a)** *[mithilfe einer Zugvorrichtung] nach oben, in die Höhe ziehen:* den Rollladen h.; die Fahne, das Segel h.; er zog die Hose hoch; ich zog mich am Geländer hoch *(ich zog unter Zuhilfenahme des Geländers den eigenen Körper nach oben);* Ü Es gibt Schreiber ..., die sich an Skandalen hochziehen (ugs.; *die daran ihr Vergnügen finden;* Spiegel 12, 1977, 81); wenn ich Menschen wirklich hasse, dass ich ... mich irgendwie daran hochziehe, wenn ich sehe, dass sie leiden (Fichte, Wolli 279); **b)** *nach oben bewegen, heben* (1 a): die Brauen, die Schultern h.; die Nase h. *(Nasenschleim geräuschvoll nach oben ziehen);* **c)** (Jargon) *(von Flugzeugen) rasch an Höhe gewinnen lassen:* der Pilot zog das Flugzeug hoch *(ließ es steil aufsteigen);* **d)** (Jargon) *(in die Höhe) bauen, mauern:* eine Wand, ein Gebäude h., dann habe man billige Sozialwohnungen in aller Eile hochgezogen (Scholl-Latour, Frankreich 561); Dort ... soll der britische Baugigant ... eine Universität ... h. (Spiegel 8, 1984, 132). **2.** *aufkommen; näher kommen; aufziehen* ⟨ist⟩: ein Gewitter zieht hoch.

Hoch|ziel, das (selten): *hohes Ziel.*

Hoch|zins|po|li|tik, die (Wirtsch., Bankw.): *Geldpolitik, die durch hohe Kreditzinsen die Geldmenge knapp halten will, um so bes. die Inflation zu bekämpfen.*

hoch zi|vi|li|siert: s. hoch (5 b).

Hoch|zucht, die ⟨o. Pl.⟩ (Landw.): *Zucht* (1 a) *leistungsfähiger Haustiere od. ertragreicher Nutzpflanzen.*

hoch|züch|ten ⟨sw. V.; hat⟩: **1.** (Landw.) *Hochzucht betreiben:* eine mäßige Weizensorte zu einer ertragreicheren h.; Dabei haben nur hochgezüchtete Kulturpflanzen ihre natürlichen Abwehrkräfte verloren (natur 2, 1991, 93); Ü ein hochgezüchteter Motor *(ein sehr leistungsfähiger, aber auch sehr empfindlicher Motor);* Abbrucharbeiten am talseitigen Viadukt ... Sinnbild für eine Fehlleistung der hochgezüchteten Baukonjunktur (NZZ 12. 4. 85, 26). **2.** *in übertriebener [schädlicher] Weise entwickeln:* ein Gefühl in jmdm. h.; unliebsame Eigenschaften h.; ihr habt ... die Liebe zum Tod erst hochgezüchtet (Ott, Haie 343).

hoch|zu|cken ‹sw. V.; hat›: *sich zuckend nach oben bewegen:* die Flammen zuckten hoch.

hoch|zwir|beln ‹sw. V.; hat›: *(den Schnurrbart) in die Höhe zwirbeln:* ein hochgezwirbelter Schnurrbart.

Hock, Höck, der; -s, Höcke [rückgeb. aus ↑hocken (2)] (schweiz. mundartl.): *geselliges Beisammensein:* kommst du auch morgen zum H.?

[1]**Ho|cke,** die; -, -n [zu ↑hoch] (nordd.): **1.** *zum Trocknen auf dem Feld im Kreis gegeneinander aufgestellte Getreidegarben.* **2.** *Hucke* (2): sich eine H. Holz aufladen.

[2]**Ho|cke,** die; -, -n [zu ↑hocken]: **1.** *Körperhaltung in tiefer Kniebeuge [mit aufrechtem Oberkörper], bei der das Gewicht des Körpers auf den Fußspitzen ruht:* in der H. sitzen; in die H. gehen. **2.** (Turnen) *Übung, die darin besteht, mit angewinkelten Beinen über ein Gerät zu springen:* eine H. über den Kasten machen.

ho|cken ‹sw. V.› [aus dem Niederd. < mniederd. hucken = kauern]: **1. a)** *in der* [2]*Hocke* (1) *sitzen* ‹hat/(südd.:) ist›: die Kinder hocken auf dem Boden und spielen; eine Arbeit in hockender Stellung ausführen; **b)** ‹h. + sich› *sich in hockender Stellung an einen bestimmten Platz setzen* ‹hat›: sie hockten sich ums Feuer; Oben im Zimmer hockte er sich vor den Blechschrank und suchte die Zeichnungen ... heraus (H. Gerlach, Demission 117); Ben hockte sich neben der großen Palme in den Staub (Funke, Drachenreiter 104); **c)** (ugs.) *in zusammengekauerter Haltung, zusammengeduckt sitzen; auf einer niedrigen Sitzgelegenheit, mit angezogenen Beinen sitzen* ‹hat/(südd.:) ist›: Dazu der Thrill, auf Pfaden entlangzustapfen, hinter deren Büschen früher die Häscher hockten, um die Schmuggler auf frischer Tat zu ertappen (a&r 2, 1997, 82); die Hühner hocken auf der Stange; Auf den Bäumen am Fluss hocken Hunderte von Geiern (Grzimek, Serengeti 165). **2.** (südd.) **a)** *sitzen* ‹ist›: auf seinem Stuhl h. [bleiben]; Da hockt der entblößte Eremit, ... hockt mit nacktem Oberkörper auf einem Stein (Strauß, Niemand 127); Ü auf seinem Geld h. [bleiben]; Seine Flüche, seine Anfälle verraten den finsteren Ideopathen, der in ihm hockt (Strauß, Niemand 125); wenn du weiterhin so wenig für die Schule tust, wirst du h. bleiben *(nicht versetzt werden);* **b)** ‹h. + sich› *sich setzen* ‹hat›: er hockte sich an den Tisch; komm, hock dich zu mir! **3.** (ugs.) *sich längere Zeit [untätig] an einem Ort aufhalten* ‹hat/(südd.:) ist›: sie hockt den ganzen Tag hinter dem Schreibtisch, vor dem Fernseher; den ganzen Abend in der Kneipe h.; immer zu Hause h.; Helfen Sie, Ihr Land befreien. Anstatt hier in Deutschland zu h. (Hilsenrath, Nazi 211). **4.** (Turnen) *mit angewinkelten Beinen über ein Gerät springen od. von einem Gerät herunterspringen* ‹ist›: über das Pferd h.; vom Barren h.

ho|cken blei|ben: s. hocken (2 a).

Ho|cker, der; -s, -: **1.** *[stuhlhohes] Sitzmöbel ohne Lehne für eine Person:* da die roten H. (= in der Bar) alle schon besetzt sind (Frisch, Gantenbein 438); »Smokin' Joe« ... lümmelt sich im Sessel, die ebenholzfarbenen Beine auf einen H. gestreckt (Hörzu 39, 1975, 24); ***jmdn. vom H. reißen/hauen** (↑Stuhl 1): Das (= die Fanpost) hat mich vollkommen vom H. gerissen (Bravo 42, 1988, 23); Die Logik dieser Argumentation haut einen doch vom H. (Spiegel 31, 1977, 16); **locker vom H.** (ugs.; *locker, unverkrampft; mit leichter Hand*): So locker vom H. zu plaudern – dazu hatten Sissy de Mas ... und Joan Haanappel kaum Gelegenheit (Hörzu 30, 1980, 33). **2.** (landsch. ugs.) *jmd., der sich allzu lange an einem bestimmten Ort aufhält, herumsitzend verweilt:* er sitzt jede Nacht im Wirtshaus, er ist ein richtiger H. **3.** (Archäol.) *Skelett mit angezogenen Beinen in einem Grab.*

Hö|cker, der; -s, - [mhd. hocker, hoger, wahrsch. verw. mit ↑hoch]: **1.** *aus Fettpolstern bestehender großer Wulst auf dem Rücken von Kamelen:* das Kamel hat zwei H. **2. a)** (ugs.) *durch eine Verwachsung der Wirbelsäule entstandener Buckel (beim Menschen):* sie hat einen H. zwischen den Schultern; **b)** *erhöhte Stelle, kleine Wölbung:* Huth ... starrte auf das flackernde Hindenburglicht, das auf einem vorgewölbten H. der Lehmwand stand (Plievier, Stalingrad 50); eine Nase mit einem H.; **c)** *kleine Erhebung im Gelände; Hügel:* Ein verfirnter H. ..., von dem nach allen Seiten grausam die Jähe niederbricht (Trenker, Helden 260).

hö|cker|ar|tig ‹Adj.›: *in der Art eines Höckers; wie ein Höcker geformt.*

Hö|cker|gans, die: *bräunliche od. weiße Gans mit relativ langem Hals u. mit einem Höcker auf dem Schnabel.*

Ho|cker|grab, das [↑Hocker (3)] (Archäol.): *(in vorgeschichtlicher Zeit) Grab, in dem der Tote mit angezogenen Beinen bestattet wird.*

hö|cke|rig ‹Adj.› [vgl. mhd. hockereht]: *(in Bezug auf eine Fläche) mit kleinen Erhebungen; bucklig, uneben:* -es Gelände; Die Straßen waren vereist, h. von verharschtem Schnee (Erné, Kellerkneipe 241).

Hö|cker|na|se, die: *Nase mit einem Höcker.*

Hö|cker|schwan, der: *Schwan mit einem schwarzen Höcker auf dem Schnabel.*

Ho|ckey [ˈhɔke, auch: ˈhɔki], das; -s [engl. hockey, H. u.]: *zwischen zwei Mannschaften ausgetragenes Ballspiel, bei dem ein kleiner Ball nach bestimmten Regeln mit gekrümmten Schlägern in das gegnerische Tor zu spielen ist:* H. spielen.

Ho|ckey|ball, der: *kleiner, weißer, aus Leder od. Kunststoff bestehender Ball für das Hockeyspiel.*

Ho|ckey|feld, das: *Spielfeld für Hockeyspiele.*

Ho|ckey|schlä|ger, der: *Stock aus Holz, der am unteren Ende gekrümmt ist u. in einen keulenförmigen Teil ausläuft, der auf einer Seite abgeflacht, auf der anderen Seite gewölbt ist.*

Ho|ckey|spiel, das: *einzelnes Spiel im Hockey.*

Ho|ckey|spie|ler, der: *jmd., der Hockey spielt.*

Ho|ckey|spie|le|rin, die: w. Form zu ↑Hockeyspieler.

Ho|ckey|stock, der: *Hockeyschläger.*

Hock|sitz, der (Turnen): *Sitz in geschlossener Kniebeuge, bei dem sich die Hände neben den Füßen auf den Boden stützen u. die Knie vor der Brust sind.*

Hock|sprung, der: **1.** (Leichtathletik) *Sprung beim Weit- od. Hochsprung, bei dem die Beine angewinkelt sind.* **2.** (Turnen) *Sprung, bei dem die geschlossenen Beine gegen die Brust gebeugt werden.*

Hock|stand, der (Turnen): *Stand in geschlossener Kniebeuge, bei dem die Knie vor der Brust sind u. die Füße [mit ganzer Sohle] auf dem Boden aufsetzen.*

Hock|stel|lung, die: [2]*Hocke* (1).

Hock|stütz, der (Gymnastik): *Übung, die darin besteht, sich in geschlossener Kniebeuge mit beiden Händen auf den Boden zu stützen.*

Hock|wen|de, die (Turnen): *Wende, bei der die Beine gegen die Brust gebeugt sind.*

hoc lo|co [lat.] (bildungsspr. veraltet): *an diesem Ort, hier;* Abk.: h. l.

Ho|de, der; -n, -n od. die; -, -n: seltener für ↑Hoden.

Ho|de|ge|sis, die; - [griech. hodḗgēsis = Wegweisung], **Ho|de|ge|tik,** die; - [zu griech. hodēgētikós = anleitend, wegweisend, zu: hodēgeĩn = den Weg zeigen, zu: hódos = Weg u. ágein = führen]: **1.** (Wissensch. veraltet) *Anleitung zum Studium eines Wissens- od. Arbeitsgebietes.* **2.** (Päd. veraltet) *Lehre von der Erziehung des Charakters (im Unterschied zur Didaktik).*

Ho|de|ge|tria, die; -, ...trien [griech. hodēgētría = Wegweiserin] (Kunstwiss.): *(in der byzantinischen Kunst) Typ des Marienbildes, auf dem die Gottesmutter (in Halbfigur) mit dem segnenden Jesusknaben auf dem linken Arm, mit der rechten Hand auf das Kind deutend, dargestellt ist.*

Ho|den, der; -s, - [mhd. hode, ahd. hodo, urspr. = der Bedeckende, Umhüllende]: *eine der beiden meist rundlichen Drüsen (im Hodensack), in denen der männliche Samen gebildet wird;* [1]*Orchis:* dort zieht bei männlichen Säuglingen im neunten Schwangerschaftsmonat der H. durch den Leistenkanal (Siegel, Bruchheilung 15).

Ho|den|bruch, der: *Leistenbruch, bei dem der Inhalt des Bruchs in den Hodensack absinkt.*

Ho|den|ent|zün|dung, die: *Orchitis.*
Ho|den|hoch|stand, der: *Kryptorchismus.*
Ho|den|krebs, der: *Krebs der Hoden.*
Ho|den|sack, der: *sackartige Hauthülle, die die Hoden umgibt; Skrotum.*
Ho|do|graph, der; -en, -en [1: zu griech. hodós = Weg u. ↑-graph; 2: engl. hodograph, erstmals verwendet von dem ir. Mathematiker u. Physiker W. F. Hamilton (1805–1865)] (Physik): **1.** *Gerät zum Aufzeichnen einer beliebigen krummlinigen Bewegung u. der damit verbundenen Geschwindigkeiten u. Beschleunigungen.* **2.** *Kurve, die die Endpunkte der für jeden Zeitpunkt von einem festen Punkt aus nach Größe u. Richtung aufgezeichneten Geschwindigkeiten bilden.*
Ho|do|me|ter, das; -s, - [griech. hodómetros]: *Wegmesser, Schrittzähler.*
Hödr, Hödur (germ. Myth.): blinder Sohn Wodans.
Ho|dscha, der; -[s], -s [türk. hoca = Meister, Lehrer]: *geistlicher Lehrer in der osmanischen Türkei.*
Hö|dur: ↑Hödr.
Hof, der; -[e]s, Höfe [1: mhd., ahd. hof, H. u., viell. verw. mit ↑hoch u. dann eigtl. = Erhebung, Anhöhe od. urspr. = eingehegter Raum; 3: unter dem Einfluss von frz. cour]: **1.** *zu einem Gebäude[komplex] gehörender, von Mauern, Zaun o. Ä. umschlossener Platz:* ein großer, gepflasterter H.; Hinterhäuser und lichtlose Höfe; Es regnete, und der ganze H. stand voller Pfützen (H. Gerlach, Demission 168); die Kinder spielen auf dem/im H.; die Fenster gehen alle auf den H.; die Gefangenen auf, in den H. (= des Gefängnisses) führen; das Fahrrad im H. abstellen. **2.** *landwirtschaftlicher Betrieb (mit allen Gebäuden u. dem zugehörigen Grundbesitz); Bauernhof, kleines Gut:* ein stattlicher, einsam gelegener H.; einen H. erben, bewirtschaften, verpachten; alle diejenigen Erben sollten einen Anteil abführen, deren Eltern oder Großeltern Zwangsarbeiter auf ihrem H. haben schuften lassen (Woche 3. 7. 98, 34); in einen H. einheiraten *(den Hofbesitzer, die Hofbesitzerin heiraten);* sie wurden von ihren Höfen vertrieben; Der Hans hat zu Anfang des Krieges eine Bauerstochter geheiratet, die war von einem schönen H. (Wimschneider, Herbstmilch 139). **3. a)** *Sitz eines regierenden Fürsten, Herrschers:* der kaiserliche H.; der H. Ludwigs XIV.; am H. verkehren; bei -e eingeführt werden; So lebten sie bei -e im offenen Konkubinat mit der Folge von Bastardkindern (Stern, Mann 228); der König hat im Sommer auf dem Land H. gehalten *(mit seinem ganzen Hofstaat gelebt, residiert);* Ü im Dorf Le Noirmont hält der Schweizer Koch des Jahres 1997 H. (a&r 2, 1998, 77); Im hinteren Raum halten drei Nutten H. (Zwerenz, Kopf 258); **b)** ⟨o. Pl.⟩ *die zur Umgebung, zum Gefolge eines Fürsten gehörenden Personen:* der ganze H. war versammelt; **c)** ***jmdm.** (bes. einer Frau) **den H. machen** *(bes. eine Frau in galanter Weise umwerben, sich um ihre Gunst bemühen;* nach frz. faire la cour à quelqu'un, urspr. auf das diensteifrige Gebaren der Höflinge gegenüber ihrem Herrn bezogen). **4. a)** *Aureole* (2): der Mond hat heute einen H.; in einen großen heiligenscheinartigen H. eingebettet, blickte mit schief gehaltenem Kopf der Mond auf uns nieder (Schnurre, Bart 190); **b)** *Ring, Kreis, der etw. [andersfarbig] umgibt:* die Höfe der Brustwarzen; Um die Einstichstelle hatte sich ein roter H. gebildet (Lentz, Muckefuck 156).
Hof|adel, der: *am Hof* (3 a) *verkehrender, zum Hof* (3 b) *gehörender Adel.*
Hof|amt, das: *[erbliches] Amt an Fürstenhöfen* (z. B. Hofmarschall).
Hof|bä|cke|rei, die: vgl. Hofkonditorei.
Hof|ball, der: *Tanzfest an einem Hof* (3 a).
Hof|be|sit|zer, der: *Besitzer eines Hofes* (2).
Hof|be|sit|ze|rin, die: w. Form zu ↑Hofbesitzer.
Hof|char|ge, die: *Würdenträger an einem Hof* (3 a).
Höf|chen, das; -s, -: Vkl. zu ↑Hof (1, 2).
Hof|da|me, die: *adlige, einem Hof* (3 a) *angehörende Dame; Ehrendame [einer Fürstin].*
Hof|dich|ter, der (früher): *für einen Hof* (3 a) *schreibender Dichter.*
Hof|dienst, der: *Dienst an einem Hof* (3 a).
hö|feln ⟨sw. V.; hat⟩ (schweiz.): *jmdm. schöntun, schmeicheln, den Hof machen:* ich höf[e]le dir so gern.
Hof|er|be, der: *Erbe eines Hofes* (2).
Hof|er|bin, die: w. Form zu ↑Hoferbe.
Hof|eti|ket|te, die: *Etikette an einem Hof* (3 a).
hof|fä|hig ⟨Adj.⟩: *vornehm genug, um bei Hofe* (3 a) *zu erscheinen; salon-, gesellschaftsfähig:* Der eine ist h. bei Gott, der andere beim Kaiser (Remarque, Obelisk 218); Ü Adenauer selbst müsse die SPD h. machen (Augstein, Spiegelungen 139).
Hof|fä|hig|keit, die ⟨o. Pl.⟩: *das Hoffähigsein:* H. erlangen.
Hof|fart, die; - [mhd. (selten) hoffart, assimiliert aus: hôchvart = Art, vornehm zu leben; edler Stolz, Übermut, aus ↑hoch u. ↑Fahrt in der alten allgemeinen Bed. »Verlauf, Umstand«] (geh. abwertend): *Dünkel, verletzend überhebliches Betragen, anmaßender Stolz:* Esaus Weiber und Kinder kamen nicht dazu, ... seiner Größe und H. Zeuge zu sein (Th. Mann, Joseph 212).
hof|fär|tig ⟨Adj.⟩ [spätmhd. hoffertig für mhd. hôchvertec = stolz, prachtvoll] (geh. abwertend): *dünkelhaft, verletzend überheblich, anmaßend stolz:* ein -es Wesen zur Schau tragen; Du warst h. und eitel (Loest, Pistole 21); ein Selbstgefühl, das man fast h. und überhitzt hätte nennen können (Th. Mann, Joseph 425); Aber der Gefühlvolle fühlte das nicht, er fühlte h. darüber hinweg (Th. Mann, Joseph 327).
Hof|fär|tig|keit, die; -, -en (geh. abwertend): **a)** ⟨o. Pl.⟩ *hoffärtiges Benehmen;* **b)** *hoffärtige Handlung, Ansicht:* Solche -en trug Stanislaus' Brief zu Marlen (Strittmatter, Wundertäter 191).
hof|fen ⟨sw. V.; hat⟩ [mhd. hoffen, viell. verw. mit ↑hüpfen u. dann urspr. wohl = (vor Erwartung) aufgeregt umherhüpfen]: **a)** *zuversichtlich erwarten; wünschen u. damit rechnen, dass etw. eintreten od. der Wirklichkeit entsprechen wird:* ich hoffe, dass du bald kommst; sie hofften, dort eine Nachricht zu finden; wir hoffen, Ihnen damit gedient zu haben, und verbleiben ...; ich hoffe, es stimmt; ich hoffe nicht, dass das dein Ernst ist *(das darf nicht dein Ernst sein);* wer hätte das zu h. gewagt!; ich will nicht h., dass du etwas davon wegnimmst (häufig in leicht drohendem Ton; *lass dir nicht einfallen, etwas davon wegzunehmen*); wir wollen h. *(wir wünschen sehr),* dass sich die Lage bald bessert; Man kann nur h. *(es bleibt nur zu wünschen),* dass dieses aktuelle Beispiel in der Branche Schule macht (CCI 9, 1997, 4); er ... hofft nicht mehr viel für die Menschheit (Geissler, Nacht 92); da ist/da gibt es nichts mehr zu h. *(es ist hoffnungslos u. unabänderlich);* R hoffen wir das Beste [(ugs. scherzh.:), lieber Leser]!; **b)** *auf jmdn., etw. seine Hoffnung, sein Vertrauen setzen:* auf Gott h.; sie hoffte auf baldige Genesung; sie hofften auf ein Wunder; Prinz Charles hofft auf den Thron (Woche 14. 11. 97, 27); auf mehr kann man nicht h. *(mehr kann man nicht erwarten);* **c)** *Zuversicht, positive Erwartungen, Vertrauen in die Zukunft, in sein Geschick haben; von Hoffnung erfüllt sein; Hoffnung haben:* man kann immer h.; Wer hier ankam, der ... hoffte noch (Plievier, Stalingrad 311); ⟨subst.:⟩ zwischen Hoffen und Bangen schweben; Es war ein idiotisches Hoffen (Ott, Haie 274); Spr man hofft, solange man lebt; was man hofft, glaubt man gern; Spr ⟨subst.:⟩ Hoffen und Harren macht manchen zum Narren.
Hof|fens|ter, das: *Fenster, durch das man auf einen Hof* (1) *sieht.*
hof|fent|lich ⟨Adv.⟩ [mhd. Adj. hof(f)entlich = erhoffend, Hoffnung erweckend, zu ↑hoffen]: *wie ich sehr hoffe; was zu hoffen ist:* h. hast du Recht; das hat sie doch h. *(was man nur hoffen kann)* nicht getan?; »Kannst du das?« – »Hoffentlich!« (als Antwort auf eine Frage mit dem Ausdruck leichter Skepsis; *ich hoffe es!*).
-höf|fig: in Zusb., z. B. erdölhöffig, erzhöffig (Bergmannsspr.; *reiches Vorkommen an Erdöl, Erz versprechend*).
höff|lich ⟨Adj.⟩ (Bergmannsspr.): *reiche Ausbeute verheißend:* ein -er Schacht; dieses Gebiet scheint durchaus h. zu sein.
◆ **Höff|lich|keit,** die; -: *das Höfflichsein:* (in älterer Schreibweise auch mit einem f:) indem er ihn (= den Erzgang) bald wieder in neuer Mächtigkeit und Höflichkeit ausrichtet (Novalis, Heinrich 69).
Hoff|manns|trop|fen ⟨Pl.⟩ [nach dem dt. Chemiker u. Arzt F. Hoffmann (1660 bis 1742)]: *als Hausmittel gebrauchtes, aus Alkohol u. Äther bestehendes Anregungsmittel.*
Hoff|nung, die; -, -en [mhd. hoffenunge]: **1. a)** ⟨o. Pl.⟩ *das Hoffen; Vertrauen in die*

Zukunft; Zuversicht, Optimismus in Bezug auf das, was [jmdm.] die Zukunft bringen wird: eine zaghafte, vage, trügerische H.; seine H. schwindet; [keine, ein Fünkchen] H. haben; die [sichere] H. haben, dass alles gut geht; die H. [nicht] aufgeben; seine H. auf jmdn., etw. setzen; ohne H. auf Besserung, Rettung; mit wenig H. in die Zukunft blicken; ohne H., voller H. sein; **b)** *positive Erwartung, die jmd. in jmdn., etw. setzt:* übertriebene -en; ihre -en haben sich erfüllt; du bist, das ist meine einzige, letzte H. *(auf dich, darauf allein setze ich [noch] meine Hoffnung auf eine positive Entwicklung, auf Hilfe o. Ä.);* viele -en ruhen auf ihr; -en wecken, nähren; -en an jmdn., etw. knüpfen; jmdm. -en machen *(in jmdm. eine bestimmte Erwartung wecken);* sich [falsche, übertriebene, keine] -en machen; seiner H. Ausdruck verleihen; sich der H. hingeben, dass sie es sich überlegt; in seinen -en enttäuscht werden; er wiegt sich in der H., dass es keiner bemerken wird; sie tat es in der [stillen] H., dass sie davon profitieren könne; der junge Künstler berechtigt zu den größten -en *(ist so begabt, dass man für die Zukunft viel von ihm erwarten kann);* ***guter H./in [der] H. sein** (geh. veraltend verhüll.; *schwanger sein*): Die Rupp ist wieder in der H. (Baum, Paris 33); Sie ging schwer, denn sie war guter H. (Th. Mann, Buddenbrooks 470); Den zischte Tulla an, ob er nicht sehe, dass sie in H. sei (Grass, Hundejahre 383); **in die H. kommen** (veraltet verhüll.; *schwanger werden*): dass ... ihre Schwiegertochter ... nicht so bald in die H. kommen werde (Fussenegger, Haus 39). **2.** *jmd., in den große, ungewöhnliche Erwartungen gesetzt werden:* plötzlich bist du eine H. (Frisch, Stiller 32); Und nun den zweiten Taufpaten ..., den Meister der Aschenbahn, unsere olympische H. (Lenz, Brot 126).

hoff|nungs|freu|dig ⟨Adj.⟩ (geh.): *von froher Erwartung, Hoffnung erfüllt, bestimmt:* in den Fugen zwischen den Schindeln, gestreichelt vom Frühling, grünte es heiter und unbekümmert, und eigentlich sah es geradezu h. aus (Broch, Versucher 58).

hoff|nungs|froh ⟨Adj.⟩ (geh.): *in froher Erwartung, voller Hoffnung; von Optimismus erfüllt:* »Fernkopierer«, so erklärt Günther Zech h., »gelten als ein Medium mit Zukunft, das bald in jedem Büro zu finden sein wird.« (Capital 2, 1980, 90).

Hoff|nungs|fun|ke[n], der ⟨o. Pl.⟩ (geh.): *schwache Hoffnung:* Ein Hoffnungsfunken flackert auf (Weber, Tote 303).

Hoff|nungs|lauf, der (Sport): *(bei Wettkämpfen) zusätzlicher Lauf der bei den Zwischenläufen knapp unterlegenen Teilnehmer, bei dem ein Sieger ermittelt wird, der noch mit in den Endlauf kommt.*

hoff|nungs|los ⟨Adj.⟩: **1. a)** *ohne Hoffnung* (1 a): Riccardo, der sich h. an die Wand gelehnt hat (Hochhuth, Stellvertreter 122); wenn man so h. ins Leben geblickt hat (Geissler, Wunschhütlein 104); ⟨subst.:⟩ Dem -en Schwemmgut aus den ... Sanitätsstellen gesellen sich die Hoffnungslosen von der Front zu (Plievier, Stalingrad 241); **b)** *ohne Aussicht auf eine positive Entwicklung, auf Besserung o. Ä.; ohne erkennbaren Ausweg:* eine -e Lage; ein -er Fall; der Zustand des Kranken scheint h. [zu sein]. **2.** ⟨intensivierend bei Adj. u. Verben⟩ *sehr, völlig:* sie stellten sich ... vor ... zu dieser Stunde h. überfüllten Esswirtschaften auf (Koeppen, Rußland 159); Die Kabelplätze ... sind h. überbucht (Woche 11. 4. 97, 15).

Hoff|nungs|lo|sig|keit, die; -: *das Hoffnungslossein.*

hoff|nungs|reich ⟨Adj.⟩ (geh.): *von Hoffnung* (1 a) *beflügelt:* Diese Verhältnisse schildert ... ein ... Brief Goethes ...: Ew. Wohlgeboren gefälliges Schreiben hat mich an Zeiten erinnert, die vergnüglicher und -er waren als die gegenwärtigen (Mantel, Wald 116).

Hoff|nungs|run|de, die (Mannschaftssport): *Spielrunde, die Mannschaften, die sich bisher noch nicht qualifizieren konnten, die letzte Möglichkeit zur Qualifikation bietet.*

Hoff|nungs|schim|mer, Hoff|nungs|strahl, der (geh.): *schwache Hoffnung.*

Hoff|nungs|trä|ger, der: *Person od. (selten) Sache, an die man in einem bestimmten Bereich Hoffnungen knüpft:* der neue H. des ökosozialen Flügels in der SPD (NZZ 11. 4. 85, 3); Für den Gefangenen sind die da, vor allem der Arzt, der Pfarrer, der Fürsorger, um neue Impulse zu geben ... Sie können H. sein (Eppendorfer, Kuß 81); Für all diejenigen, die von der sozialen Ausgrenzung bedroht sind, ist ein »rot-grünes Bündnis« ein H. geworden (taz 6. 12. 84, 4); die Bilderbuchkarriere der beiden H. des Deutschen Tennis-Bundes (Spiegel 25, 1985, 140).

Hoff|nungs|trä|ge|rin, die: w. Form zu ↑Hoffnungsträger.

hoff|nungs|voll ⟨Adj.⟩: **a)** *voller Hoffnung, zuversichtlich:* wir sind ganz h.; **b)** *aussichtsreich, Erfolg versprechend:* ein -er Anfang; eine -e *(zu großen Hoffnungen berechtigende)* junge Musikerin.

Hof|gang, der: *in Haftanstalten o. Ä. angeordneter u. kontrollierter Spaziergang der Gefangenen im Hof:* erhält er die normale Gefängniskost ... und hat eine halbe Stunde allein H. (Ossowski, Bewährung 23).

Hof|gän|ger, der; -s, - (veraltend): *[Gelegenheits]arbeiter, Tagelöhner auf einem Hof* (2).

Hof|gar|ten, der (selten): *Schlossgarten.*

Hof|ge|bäu|de, das: *Gebäude, das nicht von der Straße her, sondern nur über den Hof* (1) *zu erreichen ist; Hinterhaus.*

Hof|ge|richt, das (hist.): *einem Fürsten, Grundherrn über seine Leute zustehende Gerichtsbarkeit.*

Hof|ge|sell|schaft, die: *Hof* (3 b).

Hof|halt, der; -[e]s, -e (veraltet): *Haushalt eines Fürsten.*

Hof hal|ten: s. Hof (3 a).

Hof|hal|tung, die; -: *das Hofhalten.*

Hof|herr, der: *Inhaber eines Hofes* (2).

Hof|hund, der: *Wachhund, der zur Bewachung des Hauses im Freien (angekettet) gehalten wird.*

ho|fie|ren ⟨sw. V.; hat⟩ [mhd. hovieren = dienen, den Hof machen, zu ↑Hof (3)]: *sich [mit dem Ziel, etw. Bestimmtes zu erreichen] mit besonderer [unterwürfiger] Höflichkeit u. Dienstbarkeit um jmds. Gunst bemühen:* einen Gast, Künstler h.; der am meisten hofierte Tourist Europas (Herrenjournal 2, 1966, 115).

hö|fisch ⟨Adj.⟩ [mhd. hövesch = hofgemäß, fein, gesittet u. gebildet, unterhaltend; LÜ von afrz. corteis, mit romanisierender Endung zu ↑Hof (3 a)]: **a)** *dem Leben, den Sitten an einem Fürstenhof entsprechend:* -e Manieren; Schauspiel und Oper sind nicht mehr ausschließlich -es Vergnügen (Bild. Kunst III, 42); sich h. benehmen; **b)** (Literaturw.) *von Geist u. Kultur der ritterlichen Gesellschaft des hohen Mittelalters geprägt, hervorgebracht:* -e Dichtung, Epik.

Hof|ka|ma|ril|la, die: *am Hof* (3 a) *eines Fürsten herrschende Kamarilla.*

Hof|kam|mer, die (hist.): *oberste Finanzbehörde eines Landesherrn.*

Hof|kanz|lei, die (hist.): *[für ein bestimmtes Gebiet zuständige] Zentralbehörde in Österreich.*

Hof|kir|che, die: *zu einem Hof* (3 a) *gehörende Kirche.*

Hof|knicks, der: *tiefer, nach genauem Zeremoniell ausgeführter Knicks vor Mitgliedern eines Hofes* (3 a).

Hof|kon|di|to|rei, die: *Konditorei, die früher einen Hof* (3 a) *belieferte.*

Hof|kriegs|rat, der ⟨o. Pl.⟩ (hist.): *(in Österreich) Zentralbehörde für das Heer.*

Hof|la|ger, das (hist.): *vorübergehender Aufenthalt[sort] eines Fürsten mit seinem Gefolge:* auf diesem Gut pflegte der König oft H. zu halten.

Hof|le|ben, das ⟨o. Pl.⟩: *das Leben an einem Hof* (3 a).

Hof|leu|te ⟨Pl.⟩ (veraltend): **1.** *alle auf einem Hof* (2) *Beschäftigten mit ihren Familien.* **2.** Pl. von ↑Hofmann.

höf|lich ⟨Adj.⟩ [mhd. hoflich, hovelich = hofgemäß, fein, gesittet u. gebildet]: *(in seinem Verhalten anderen Menschen gegenüber) aufmerksam u. rücksichtsvoll, so, wie es die Umgangsformen gebieten:* ein -er junger Mann; in -em Ton mit jmdm. reden; immer h. bleiben!; dann wird er h. bis zur Ängstlichkeit (Frisch, Stiller 474); wir bitten h., -st, das Versehen zu entschuldigen.

Höf|lich|keit, die; -, -en [spätmhd. hoflichkeit]: **1.** ⟨o. Pl.⟩ *höfliches, gesittetes Benehmen; Zuvorkommenheit:* übertriebene, steife H.; etw. [nur] aus H. tun; jmdn. mit ausgesuchter H. behandeln; es (= dieses Haus) hatte etwas von der umständlichen H. vergangener Zeit (Musil, Mann 936); R darüber schweigt des Sängers H. *(darüber schweigt man als höflicher Mensch;* eigtl.: das verschweigt des Sängers Höflichkeit, Kehrreim eines um 1800 in Berlin erschienenen Liedes eines unbekannten Verfassers). **2.** ⟨meist Pl.⟩ *in höfliche, jmdm. schmeichelnde Worte gekleidete, freundlich-unverbindliche Liebenswürdigkeit, die jmd. einem anderen sagt:* -en austauschen; sie murmelte irgendeine nichts sagende H.; Die beiden schieden in großer Freundschaft unter Austausch feiner -en (Brecht, Geschichten 30).

Höf|lich|keits|be|such, der: *offizieller, den gesellschaftlichen od. diplomatischen Umgangsformen genügender Besuch, den jmd. einem anderen abstattet:* jmdm. einen H. abstatten.

Höf|lich|keits|be|zei|gung, die: *Höflichkeit* (2).

Höf|lich|keits|flos|kel, die: *Floskel, die jmd. anbringt, um den Regeln des Anstands, den geltenden Umgangsformen Genüge zu tun:* Ein versehentliches Anstoßen im Bus oder in der Bahn muss sofort mit -n entschuldigt werden (Wohngruppe 32).

Höf|lich|keits|for|mel, die: *Höflichkeitsfloskel.*

Höf|lich|keits|ge|mü|se, das (salopp scherzh.): *von einem Gast mitgebrachter Blumenstrauß.*

höf|lich|keits|hal|ber ⟨Adv.⟩: *aus Höflichkeit, um der Höflichkeit Genüge zu tun:* h. bat sie den Besucher zum Essen.

Höf|lich|keits|phra|se, die: *Höflichkeitsfloskel.*

Hof|lie|fe|rant, der (bes. früher): *Kaufmann o. Ä., der einen Hof* (3 a) *mit Waren beliefert:* Ü Daimler-Chrysler Aerospace ist als H. des Bundesverteidigungsministeriums der mit weitem Abstand größte Anbieter von zivilem und militärischem Fluggerät (Woche 18. 12. 98, 11).

Höf|ling, der; -s, -e ⟨meist Pl.⟩ [mhd. hovelinc]: **a)** *Mitglied eines Hofes* (3 b), *eines Hofstaates; Person, die zu den persönlichen Beratern u. Vertrauten eines Fürsten gehört;* **b)** (abwertend) *Hofschranze:* Ü die Herren in schwarzen Anzügen ..., die -e der Bank von England und hundert anderer Banken (Koeppen, Rußland 159).

Hof|lo|ge, die: *besondere, früher dem Fürsten u. seinem Gefolge vorbehaltene Loge in einem Theater.*

Hof|ma|cher, der (veraltet): *jmd., der Frauen den Hof macht; Charmeur.*

Hof|mann, der ⟨Pl. ...leute⟩ (veraltet): *Höfling* (a).

hof|män|nisch ⟨Adj.⟩ (veraltet): *wie ein Hofmann; höfisch.*

Hof|mar|schall, der: *Inhaber des die gesamte fürstliche Hofhaltung umfassenden Hofamtes.*

Hof|meis|ter, der [mhd. hovemeister = Aufseher über die Hofhaltung eines Fürsten od. eines Klosters] (veraltet): **a)** *Erzieher u. Zeremonienmeister an Höfen* (3 a); **b)** *Hauslehrer in adligen u. großbürgerlichen Familien.*

hof|meis|ter|lich ⟨Adj.⟩ (veraltet): *den Hofmeister betreffend, vom Hofmeister [kommend]:* eine -e Rüge.

hof|meis|tern ⟨sw. V.; hat⟩ (selten, abwertend): *schulmeistern:* ◆ Willst du dich von deinen Bubenjahren h. lassen? (Schiller, Räuber III, 2).

Hof|narr, der: *(bes. vom 16. bis 18. Jh.) Spaßmacher u. Unterhalter an einem Hof* (3 a).

Hof|po|et, der: *Hofdichter.*

Hof|pre|di|ger, der: *von einem Fürsten angestellter protestantischer Geistlicher [an einer Hofkirche].*

◆ **Hof|rai|te:** ↑Hofreite: Der Seppe stieg nicht bälder von dem Wagen, als bis der Bauer in seiner H. hielt (Mörike, Hutzelmännlein 177).

Hof|rat, der: **1.** (veraltend, noch österr.) **a)** ⟨o. Pl.⟩ *einem verdienten Beamten verliehener Ehrentitel;* **b)** *Träger des Titels Hofrat* (1 a). **2.** (ugs. abwertend) *langsamer, umständlicher, bürokratischer Mensch.*

hof|rät|lich ⟨Adj.⟩ (veraltend abwertend): *langsam, umständlich, bürokratisch (wie ein Hofrat):* ⟨subst.:⟩ Hofrätliches und Abgetretenes in Kanzleien (Bachmann, Erzählungen 100).

Hof|rats|ecken ⟨Pl.⟩: *Geheimratsecken.*

Hof|raum, der: *abgegrenzter [überdachter, wirtschaftlich genutzter] Hof* (1) *an einem Haus:* der H. wird als Wäscheplatz genutzt.

Hof|rei|te, die; -, -n [mhd. hovereite; 2. Bestandteil H. u.] (südd., schweiz. veraltend): *umfriedetes bäuerliches Anwesen mit Haus, Hof u. Wirtschaftsgebäuden.*

Hof|sän|ger, der: **1.** (früher) *Sänger, Dichter an einem Hof* (3 a). **2.** (ugs. scherzh.) *bettelnder Sänger auf Hinterhöfen.*

Hof|schau|spie|ler, der (veraltet): **a)** ⟨o. Pl.⟩ *Ehrentitel für einen Schauspieler an einem Hoftheater;* **b)** *Schauspieler an einem Hoftheater.*

Hof|schran|ze, die, seltener: der ⟨meist Pl.⟩: *schmeichlerischer Höfling.*

Hof|staat, der ⟨o. Pl.⟩: *Hof* (3 b): Ü US-Präsident Bill Clinton reiste – im Schlepptau einen H. von 550 Mitarbeitern und 375 Berichterstattern – nach Peking (Woche 3. 7. 98, 17).

Hof|statt, die; -, -en, auch: ...stätten (schweiz.): *[Bauernhaus mit Hof und] Hauswiese, Obstgarten.*

Hof|stel|le, die: *kleiner Hof* (2): er bewirtschaftete nebenbei eine H.

Höft, das; -[e]s, -e [mniederd. hövet, hovet, asächs. hōvid = Haupt, Kopf] (nordd., Fachspr.): **a)** *natürlicher Ufervorsprung;* **b)** *vorspringende Ecke von Kaimauern in einem Hafen;* **c)** *kurze Buhne.*

Hof|the|a|ter, das: **a)** *(von einem Fürsten für sich u. die Hofgesellschaft unterhaltenes) Theater an einem Hof* (3 a); **b)** *(von der Hofgesellschaft besuchtes) Theater einer Residenz.*

Hof|tor, das: *Tor zu einem Hof* (1, 2).

Hof|trau|er, die: *offiziell angeordnete Trauer[zeit] für den gesamten Hofstaat nach einem Todesfall im Fürstenhaus:* ***H. haben** (ugs. scherzh.; *schmutzige Fingernägel haben*).

Hof|tür, die: *in einen Hof* (1) *führende Tür.*

Hof|ze|re|mo|ni|ell, das: *an einem Hof* (3 a) *herrschendes Zeremoniell.*

Hof|zim|mer, das: *zum Hof* (1) *hin liegendes Zimmer eines Hauses.*

Hof|zwerg, der: *(bes. vom 16. bis 18. Jh.) zwergenhafter Hofnarr.*

hö|gen ⟨sw. V.; hat⟩ [mniederd. hogen = erfreuen, asächs. huggian = denken] (nordd. fam.): **1.** ⟨h. + sich⟩ *sich voller Genugtuung über etw. freuen:* sie hörten die Stimme aus dem Telefon und högten sich. **2.** *jmdn. mit Freude u. Genugtuung erfüllen; freuen* (2): das högt mich so richtig; es hat sie mächtig gehögt, dass sein Vorschlag keinen Anklang fand.

HO-Ge|schäft, das; -[e]s, -e [↑HO] (DDR): *Ladengeschäft, Verkaufsstelle der Handelsorganisation* (2).

Hö|he, die; -, -n [mhd. hœhe, ahd. hōhī, zu ↑hoch]: **1. a)** *[Maß der] Ausdehnung in vertikaler Richtung:* die H. des Tisches; der Turm hat eine H. von 100 Metern; die H. eines Zimmers; die lichte H. einer Brücke *(der senkrechte Freiraum vom Wasserspiegel od. von der Straßendecke bis zur Unterkante des Spannbogens);* Länge, Breite und H. bestimmen; der Fernsehturm soll alle vergleichbaren noch an H. übertreffen; die Lange erhob sich zu ihrer ganzen H. *(richtete sich hoch auf);* * **das ist ja die H.!** (ugs.; *das ist unglaublich, kaum zu überbieten, unerhört [frech];* urspr. = die rechte Höhe, d. h. das richtige Maß, in das etw. eingepasst werden soll; ironisch gesagt, wenn diese »rechte Höhe« verfehlt worden ist); **b)** *bestimmte Entfernung über der Erdoberfläche od. dem Meeresspiegel:* rasch [an] H. gewinnen *(schnell in die Luft steigen);* die Baumgrenze liegt etwa bei 2 000 m H.; in großen -n ist die Luft dünner; Julika sollte doch den Sommer unbedingt in der H. *(im Gebirge, in Höhenluft)* verbringen (Frisch, Stiller 105); **c)** ⟨in Verbindung mit der Präp. »in«⟩ drückt eine Richtung nach oben aus: etw. in die H. heben *(hochheben);* sich in die H. recken *(hochrecken);* * **in die H. gehen** (ugs.; *aufbrausen, wütend werden*): der geht in die H., wenn er das hört. **2. a)** *kleinerer Berg; Anhöhe, Hügel:* die -n des Weserberglandes; eine H. ersteigen; auf den umliegenden -n ist schon Schnee gefallen; bei der H. 107 (Plievier, Stalingrad 212); Ü die -n und Tiefen des Lebens; **b)** *Höhe-, Gipfelpunkt:* das empfand ich als die H. der Infamie (Hartung, Piroschka 91); auf der H. ihres Erfolgs; er ist auf der H. seiner Jahre *(im besten Mannesalter);* * **[nicht] auf der H. sein** (ugs.; *[nicht] gesund, leistungsfähig sein; sich [nicht] wohl fühlen*); **auf der H. [der Zeit] sein/bleiben** *(über die neuesten Erkenntnisse u. Forschungen in einem bestimmten Fachgebiet Bescheid wissen u. sich auf dem Laufenden halten):* ein Mann, der immer bemüht ist, kriminalistisch auf der H. zu bleiben (Dürrenmatt, Richter 18). **3. a)** *in Zahlen ausdrückbare Größe, messbare Stärke o. Ä. von etw.:* die H. der Temperatur, des Einkommens; die H. des Preises festsetzen; ein Beitrag in H. von 200 DM; eine Grundrente in H. von 1000 Euro; die Reihenfolge der Verbeugungsgrade ... ging nach dem Geldbeutel, nach der H. der Zeche (Böll, Adam 19); **b)** *hoher Grad, beträchtliches Niveau:* der Nutzen entspricht nicht der H. des Aufwands. **4. a)** (Math.) *senkrechter Abstand eines äußersten Punktes von einer Grundlinie od. -fläche:* die H. einzeichnen, berechnen; ein gleichseitiges Dreieck hat drei gleiche -n; **b)** (Astron.) *in Winkelgraden ausgedrückter Abstand eines Gestirns vom Horizont:* der Mond stand zu diesem Zeitpunkt in 18° 20′ H.; **c)** ⟨meist in Verbindung mit der Präp. »auf«⟩ (Fachspr.) *Linie einer geographischen Breite* (2 a) *od. gedachte, die Bewegungsrichtung rechtwinklig schneidende Linie:* dies sei die H., auf der damals die Schlacht vor dem Skagerrak sich abgespielt habe (Gaiser, Jagd 76); das Boot war jetzt auf der H. des Leuchtturms; sie fuhren auf gleicher H.

ho|he...: ↑hoch.

Ho|heit, die; -, -en [mhd. hōch(h)eit]: **1.** ⟨o. Pl.⟩ *oberste Staatsgewalt, Souveränität (eines Staates):* die Staaten versuchen ihre H. über die Küstengewässer hinaus weiter ins Meer auszudehnen; unter der H. eines Staates stehen; ein Land unter die H. eines Staates stellen; Dort (= in Kuba) ist man immer noch unter französischer H. (Seghers, Transit 55). **2. a)** *fürstliche Persönlichkeit, Angehörige od. Angehöriger einer regierenden Familie:* die -en weilen zu einem Besuch im Nachbarland; Seine H. lässt bitten!; **b)** Anrede an eine fürstliche Persönlichkeit: Eure [Königliche] H.; würden Eure H. dies bitte unterschreiben! **3.** ⟨o. Pl.⟩ (geh.) *Würde, Erhabenheit, die von einer Persönlichkeit ausgeht:* die H. seiner Erscheinung; ... die Weltüberlegenheit und innere H. ... der Gestalt Jesu zu begreifen (Thieß, Reich 200); sie antwortete mit herablassender H.

ho|heit|lich ⟨Adj.⟩: **1.** *von der Staatsgewalt ausgehend; die Befugnisse der Verwaltung betreffend:* ein -er Akt. **2.** (selten) *dem Fürstenstand entsprechend, vornehm, würdevoll:* sein -es Auftreten.

Ho|heits|ab|zei|chen, das: *Hoheitszeichen* (b).

Ho|heits|ad|ler, der: *[stilisierter] Adler im Wappen eines Staates* (z. B. der Bundesrepublik Deutschland).

Ho|heits|akt, der: *hoheitliche* (1) *Handlung auf höchster staatlicher Ebene.*

Ho|heits|be|reich, der: **1.** *Hoheitsgebiet.* **2.** *Zuständigkeitsbereich, innerhalb dessen ein Staat seine Hoheitsrechte ausüben darf.*

Ho|heits|ge|biet, das: *Gebiet, das der Hoheit* (1) *eines Staates untersteht; Staatsgebiet einschließlich der Hoheitsgewässer.*

Ho|heits|ge|walt, die: *durch die Hoheitsrechte einer Verfassung bestimmte Gewalt, Macht:* staatliche H.; die H. ausüben.

Ho|heits|ge|wäs|ser, das ⟨meist Pl.⟩: *der Hoheit* (1) *eines Staates unterstehendes Binnengewässer od. Meeresgebiet in einer festgesetzten Breite entlang der Küste des Landes.*

Ho|heits|recht, das ⟨meist Pl.⟩: *einem Staat nach der Verfassung zur Ausübung der Staatsgewalt zustehendes Recht* (z. B. Gerichtsbarkeit, Finanzgewalt, Wehrhoheit).

Ho|heits|trä|ger, der (nationalsoz.): *höherer Parteiführer mit bestimmten (eigentlich dem Staat zustehenden) Machtbefugnissen; Amtsträger.*

ho|heits|voll ⟨Adj.⟩ (geh.): *voll Hoheit* (3): eine -e Erscheinung; das h. Fremde, das alle anrührte (Thielicke, Ich glaube 125); (auch iron.:) Hoheitsvoll rauschte Frau Melanie aus der Küche (Wendtland, Eisprinzeßchen 12).

Ho|heits|zei|chen, das: **a)** *die Hoheit* (1) *symbolisierendes Zeichen* (z. B. Flagge, Standarte, Siegel, Grenzzeichen); **b)** *Symbol, Wappenzeichen in einer Flagge, einem Abzeichen o. Ä.* (z. B. Hoheitsadler).

Ho|he|lied [auch: 'ho:...], das [1: die der Überlieferung nach von Salomo stammende Sammlung enthält Liebes- und Hochzeitslieder]: **1.** frühere Schreibung für Hohe Lied (↑Lied 2 b). **2.** (geh.) *Haltung od. Tat, die ein Ideal verherrlicht:* ein H. der Treue; Das H. der Arbeit schlug sich ... in den Spalten der Volkszeitung nieder (Fries, Weg 189); sein Einsatz glich einem H. der Freundschaft.

hö|hen ⟨sw. V.; hat⟩ (Malerei): *(bes. bei Zeichnungen u. Holzschnitten auf getöntem Grund) mit Deckweiß bestimmte Stellen hervorheben:* ein Porträt in schwarzer Kreide, weiß gehöht.

Hö|hen|adap|ta|ti|on, Hö|hen|adap|ti|on, die ⟨o. Pl.⟩ (Med., Biol.): *bei längerem Aufenthalt in größeren Höhen stattfindende Anpassung des Organismus an den geringeren atmosphärischen Druck u. die geringere Sättigung des Blutes mit Sauerstoff durch Neubildung von roten Blutkörperchen u. Erhöhung ihres Gehaltes an Hämoglobin.*

Hö|hen|an|ga|be, die: *Angabe der Höhe* (1 b).

Hö|hen|angst, die ⟨o. Pl.⟩ (Med., Psych.): *Hypsiphobie.*

Ho|hen|ast|hei|mer, der; -s [zu ↑hoch u. ↑Ast, nach den (im Gegensatz zu den Weinreben) hohen Ästen, an denen die Äpfel hängen] (ugs. scherzh.): *Apfelwein.*

Hö|hen|dif|fe|renz, die: *Höhenunterschied.*

Hö|hen|flos|se, die (Flugw.): *fest stehender Teil des Höhenleitwerks.*

Hö|hen|flug, der (Flugw.): *Flug in großer Höhe:* Ü der H. des Dollars; der H. meiner versponnenen Gedanken wurde von meinem knurrenden Magen gebremst (Martin, Henker 87).

hö|hen|gleich ⟨Adj.⟩ (Verkehrsw.): *auf gleicher Höhe* (1 b), *gleichem Niveau liegend, sich treffend:* -e Kreuzungen; Beseitigung -er Bahnübergänge, um nicht nur den Verkehrsfluss zu gewährleisten, sondern auch die Verkehrssicherheit zu erhöhen (ADAC-Motorwelt 1, 1982, 92).

Hö|hen|gren|ze, die: *Höhe* (1 b), *bis zu der od. von der ab eine bestimmte Erscheinung auftritt* (z. B. Baum-, Schneegrenze).

Hö|hen|kli|ma, das: *Klima in höheren Gebirgslagen.*

Hö|hen|kol|ler, der: *Höhenkrankheit.*

hö|hen|krank ⟨Adj.⟩: *an Höhenkrankheit leidend.*

Hö|hen|krank|heit, die (Med.): *durch eine geringere Sättigung des Blutes mit Sauerstoff in der dünnen Luft großer Höhen* (1 b) *hervorgerufenes Unwohlsein.*

Hö|hen|kur|ort, der: *hoch gelegener Kurort (mit besonders reiner Luft).*

Hö|hen|la|ge, die: *Höhe* (1 b) *über dem Meeresspiegel:* die mittlere H. der Seenplatte ist etwa vierzig Meter höher gemessen als der Ostseespiegel (Johnson, Mutmaßungen 122); mit Radar die H. eines Flugzeugs ermitteln; ein Ort in H. *(in größerer Höhe über dem Meeresspiegel).*

Hö|hen|leit|werk, das (Flugw.): *Leitwerk zur Regulierung der Flughöhe eines Flugzeugs.*

Hö|hen|li|nie, die (Geogr.): *(im Kartenbild eingezeichnete) Verbindungslinie für alle Punkte, die in gleicher Höhe über dem Meeresspiegel liegen.*

Hö|hen|luft, die ⟨o. Pl.⟩: *sauerstoffarme Luft in größerer od. großer Höhe über dem Meeresspiegel:* Das herrliche Obst in Italien, die reine, dünne H. taten ihm und uns gut (Maegerlein, Triumph 143); die Anpassung an die H. war so vollkommen gelungen, dass niemand über Atembeschwerden klagte (Trenker, Helden 235); Ü die Kalman atmete mit zitternden Nasenflügeln schon die H. des Erfolgs (Bieler, Mädchenkrieg 144).

Hö|hen|luft|kur|ort, der: *Höhenkurort.*

Hö|hen|mar|ke, die: *in das Mauerwerk eines Gebäudes od. in einen besonderen Pfeiler eingelassener Bolzen, der eine bestimmte, genau vermessene Höhe markiert u. als Orientierungspunkt für weitere Vermessungen dient.*

Hö|hen|mes|ser, der: *Messgerät [in einem Luftfahrzeug], das die jeweilige Höhe* (1 b) *des Standorts anzeigt.*

Hö|hen|mes|sung, die: *das Messen des Höhenunterschiedes von Punkten [auf der Erdoberfläche].*

Hö|hen|rausch, der (Med.): *rauschähnlicher Zustand als Symptom der Höhenkrankheit:* Ü Sie hatte ihn mit List vor H. und Tiefenrausch bewahrt, indem sie ihn über Jahre in der Mitte hielt (Kant, Impressum 252).

Hö|hen|re|kord, der: *Rekord in Bezug auf die höchste [von einem bestimmten Flugzeugtyp] erreichte Höhe* (1 b).

Hö|hen|rü|cken, der (Geogr.): *lang gestreckter Bergrücken, Kamm einer Höhe* (2 a).

Hö|hen|ru|der, das (Flugw.): *beweglicher Teil des Höhenleitwerks.*

Hö|hen|schrei|ber, der (Flugw.): *Gerät, das während des Fluges die Werte des Höhenmessers aufzeichnet.*

Hö|hen|schwin|del, der: vgl. Höhenkrankheit.

Hö|hen|son|ne, die: **1.** ⟨o. Pl.⟩ (Met.) *intensive Sonneneinstrahlung in großen Höhen.* **2.** (Med.) **a)** *Quarzlampe, die ultraviolettes Licht ausstrahlt; UV-Lampe;* **b)** ⟨o. Pl.⟩ *(zu Heilzwecken angewendete) Bestrahlung mit einer Höhensonne* (2 a): H. bekommen.

Hö|hen|steu|er, das (Flugw.): *Steuer, mit dem das Höhenruder bewegt wird.*

Hö|hen|strah|lung, die (Physik): *aus dem Weltraum kommende, von der Erdatmosphäre größtenteils umgewandelte od. absorbierte, sehr energiereiche Strahlung; Ultrastrahlung, UV-Strahlung.*

hö|hen|taug|lich ⟨Adj.⟩: *(aufgrund der*

Konstitution) fähig, in größerer Höhe zu leben u. zu arbeiten.

Hö|hen|taug|lich|keit, die; -: *das Höhentauglichsein.*

Hö|hen|trai|ning, das (Sport): *im Höhenklima durchgeführtes Training.*

Hö|hen|un|ter|schied, der: *Unterschied in der Höhenlage zwischen zwei verschiedenen Punkten.*

hö|hen|ver|stell|bar ⟨Adj.⟩: *in der Höhe* (1 a) *verstellbar:* ein -er Autositz; das Lenkrad ist h.

Hö|hen|vieh, das (Landw.): *Vieh von einer für das Hochgebirge besonders geeigneten Rasse.*

Hö|hen|wan|de|rung, die: *Wanderung auf einem Höhenweg.*

Hö|hen|weg, der: *[markierter] Weg auf dem Gebirgskamm od. an einem Höhenzug entlang.*

Hö|hen|wind, der: *in größeren Höhen* (1 b) *im Gebirge auftretender, ziemlich heftiger Wind.*

Hö|hen|win|kel, der (Math.): *von einer Horizontale und einem [schräg] aufwärts laufenden Strahl gebildeter Winkel.*

Hö|hen|zug, der (Geogr.): *Gruppe untereinander verbundener u. in einer Hauptrichtung verlaufender Höhen* (2 a); *Bergkette.*

Ho|he|pries|ter, der: **1.** frühere Schreibung für Hohe Priester (↑Priester 1). **2.** (geh.) *jmd., der etw. nachdrücklich vertritt u. sich mit Vehemenz dafür einsetzt:* die H. des Staatskapitalismus; Der Amerikaner ist so etwas wie der H. der Shareholder-Value-Sekte (Spiegel 12, 1997, 100); die utopischen Verheißungen und Beschwörungen des -s der Plutonium- und Brütertechnologie in Westdeutschland (J. Fischer, Linke 201).

Ho|he|pries|ter|amt, das: *hohepriesterliches Amt.*

Ho|he|pries|te|rin, die: w. Form zu ↑Hohepriester (2): Beispielhaft ... sind zwei Bemerkungen von Frau Cosima, der ersten H. der Bayreuther Wahnfried-Gemeinde (Zeit 5. 7. 96, 9).

ho|he|pries|ter|lich ⟨Adj.⟩: *einen Hohen Priester betreffend o. Ä.:* das -e Amt.

Hö|he|punkt, der: **a)** *wichtigster, bedeutendster [und schönster] Teil einer Entwicklung, eines Ablaufs:* ein musikalischer H.; die Stimmung erreichte ihren H.; dieser Auftritt bildete den H. des Abends; die Krise treibt ihrem H. zu; die Künstlerin steht jetzt auf dem H. ihrer Laufbahn; **b)** *Orgasmus:* Wir liebten uns leidenschaftlich, bis wir einen unglaublich schönen H. hatten (Coupé 4, 1991, 27); Die Vorstellung, dass sie seinen milchigen und klebrigen Samen sehen könnte, lässt ihn jedes Mal kurz vor dem H. zurückschrecken (Neutzling, Herzkasper 188).

hö|her: Komp. von ↑hoch (1 a, b, d; 2 a, b; 3 b; 4; 5 a).

hö|her be|gabt: s. hoch (5 b).

hö|her be|steu|ert: s. hoch (2 a).

hö|her be|zahlt: s. hoch (2 a).

hö|her de|ko|riert: s. hoch (4).

hö|her do|tiert: s. hoch (2 a).

hö|her ent|wi|ckelt: s. hoch (5 b).

Hö|her|ent|wick|lung, die: *Entwicklung zu etwas Höherem, Besserem; Fortschritt.*

hö|he|rer|seits ⟨Adv.⟩: *von höherer Seite; von einer vorgesetzten Behörde:* das wurde h. so angeordnet.

hö|her ge|le|gen: s. hoch (1 b).

hö|her ge|stellt: s. hoch (4).

hö|her grup|pie|ren: s. hoch (4).

Hö|her|grup|pie|rung, die; -, -en: *Höherstufung.*

hö|her|ran|gig: Komp. von ↑hochrangig.

hö|her schrau|ben: s. hoch (2 a).

hö|her ste|hend: s. hoch (4; 5 a).

Hö|her|stu|fe, die (Sprachw.): *Komparativ.*

hö|her stu|fen: s. hoch (4).

Hö|her|stu|fung, die; -, -en: *das Höherstufen, Höher-gestuft-Werden.*

Hö|her|ver|si|che|rung, die (Versicherungsw.): *Verbesserung der gesetzlichen Rentenversicherung durch freiwillige Zusatzbeiträge.*

hohl ⟨Adj.⟩ [mhd., ahd. hol, H. u.]: **1.** *im Innern ausgehöhlt, leer, ohne Inhalt:* ein -er Zahn; der Baum ist innen h.; die Nuss ist h. *(hat keinen Kern);* Ü überall Hakenkreuze, mir war ganz h. *(ich fühlte mich wie ausgehöhlt, inwendig leer),* ich fühlte schon gar kein Gefühl mehr (Seghers, Transit 13). **2.** *nach innen gebogen; eine konkave Öffnung, Mulde bildend:* ein -es Kreuz haben; Wasser mit der -en Hand schöpfen; -e *(eingefallene)* Wangen; zu Skeletten abgemagerte Weiber, aus deren -en *(tief liegenden)* Augen der Wahnsinn des Hungers blickte (Grzimek, Serengeti 53). **3.** *dumpf u. tief klingend, als käme der Ton aus einem verborgenen Hohlraum:* eine -e Stimme; -es Lachen, Stöhnen; der Klang war h.; sie hustete h.; durch die rastende Stille ... drang ... h. drohend der Jagdruf erwachender Eulen (A. Zweig, Grischa 77). **4.** (abwertend) *geistlos, leer, ohne Inhalt, ohne geistige Substanz:* -es Pathos; -e Phrasen; er ist ein -er Schwätzer; So bleibt am Ende nur eine Mischung aus grobem Unfug und -er Stimmungsmache (natur 3, 1991, 31); Mensch, ist der h. (ugs.; *dumm*).

hohl|äu|gig ⟨Adj.⟩: *mit tief liegenden Augen (durch Krankheit, Unterernährung o. Ä.):* -e Kinder.

Hohl|ball, der (Ballspiele): *mit Luft gefüllter Ball (der im Fuß-, Hand-, Wasser-, Basketball u. a. verwendet wird).*

Hohl|block|stein, der (Bauw.): *Baustein aus Leichtbeton mit mehreren Hohlräumen.*

hohl|brüs|tig ⟨Adj.⟩: *eine eingefallene Brust aufweisend:* Er war klein ... und h. (Th. Mann, Joseph 237).

Höh|le, die; -, -n [mhd. hüle, ahd. huli, zu ↑hohl]: **1. a)** *größerer hohler Raum, Hohlraum bes. im Gestein od. in der Erde:* eine finstere H.; der Berg hat unterirdische -n; die Kinder bauten eine H.; Dies geschah vor allem durch Untertageverlagerung, wobei Häftlinge unter mörderischen Bedingungen -n und Stollen zu provisorischen Werkshallen ausbauten (Woche 3. 7. 98, 34); **b)** *Behausung von Säugetieren in der Erde; Bau* (5 a): der Dachs schläft in seiner H.; ***sich in die H. des Löwen begeben/wagen; in die H. des Löwen gehen** (scherzh.; *jmdn., den man fürchtet, von dem man nichts Gutes erwartet, beherzt mit einem Anliegen o. Ä. aufsuchen;* nach einer Fabel des Äsop, in der ein Fuchs die List eines alten Löwen, der sich krank stellt u. die Tiere bittet, ihn in seiner Höhle zu besuchen, durchschaut u. nicht hineingeht, weil er nur Spuren sieht, die hineinführen, aber keine, die hinausführen). **2. a)** (abwertend) *düstere, feuchte, ärmliche Wohnung:* die Familie haust in einer muffigen H. im Keller; **b)** (ugs.) *eigenes Zimmer, das Geborgenheit, Vertrautheit ausstrahlt:* Ich zog mich mit solchen Träumen in meine H. zurück (Seghers, Transit 204).

Hohl|ei|sen, das (Handw., bes. Tischlerei): *einem Meißel ähnliches Werkzeug mit in Längsrichtung leicht gebogener Schneide zum Bearbeiten von Holz.*

höh|len ⟨sw. V.; hat⟩ [mhd. holn, ahd. holōn] (selten): **a)** *aushöhlen:* das Wasser hatte die Steine gehöhlt; Ü habe ich Hunger, wirklich das Innere höhlenden, den Menschen demoralisierenden Hunger (MM 12. 4. 75, 64); **b)** ⟨h. + sich⟩ *sich vertiefen:* dass die wundervollen kleinen Gruben in ihren Wangen sich zu Furchen höhlten (Th. Mann, Hoheit 89).

höh|len|ar|tig ⟨Adj.⟩: *in der Art einer Höhle.*

Höh|len|bär, der: *ausgestorbener, besonders großer* [1]*Bär.*

Höh|len|be|woh|ner, der: **a)** *in einer [Felsen]höhle hausender Mensch der Frühzeit;* **b)** *in einer [Erd]höhle lebendes Tier.*

Höh|len|brü|ter, der: *Vogel, der in einer Erd- od. Baumhöhle nistet u. dort seine Jungen aufzieht.*

Höh|len|ein|gang, der: *Eingang einer Höhle.*

Höh|len|for|scher, der [2: »Höhle« steht hier scherzh. für »Vagina«]: **1.** *Geologe od. Prähistoriker, der das Innere von Felsenhöhlen untersucht.* **2.** (salopp scherzh.) *Gynäkologe.*

Höh|len|for|sche|rin, die: w. Form zu ↑Höhlenforscher (1).

Höh|len|for|schung, die: *Forschung, die sich mit der Entstehung u. dem Aufbau natürlicher Höhlen befasst.*

Höh|len|ge|wäs|ser, das: *unterirdisches Gewässer, See am Grund einer Höhle.*

Höh|len|kir|che, die: vgl. Felsenkirche.

Höh|len|klos|ter, das: vgl. Felsenkirche.

Höh|len|kun|de, die: *Lehre von der Entstehung u. dem Aufbau natürlicher Höhlen; Speläologie.*

Höh|len|lö|we, der: *ausgestorbener, besonders großer Löwe.*

Höh|len|ma|le|rei, die: vgl. Felsbild.

Höh|len|mensch, der: *Höhlenbewohner* (a).

Höh|len|tem|pel, der: vgl. Felsentempel.

Höh|len|tier, das (Zool.): *Tier, das in Höhlen lebt u. sich dem Leben im Dunkeln angepasst hat; Troglobiont.*

Höh|len|woh|nung, die: *in natürlichen od. künstlichen Höhlen angelegter Wohnraum.*

Höh|len|zeich|nung, die: *Felsbild.*

Hohl|flä|che, die: *nach innen gekrümmte Fläche.*

Hohl|form, die (Gießerei): *Gussform, deren Hohlräume von dem zu gießenden Material ausgefüllt werden sollen.*

Hohl|fuß, der (Med.): *überstarke Wölbung des Fußes.*

Hohl|glas, das ⟨Pl. ...gläser⟩ (Fachspr.): *hohles (nicht flächiges od. tafelförmiges) Erzeugnis aus Glas, z. B. Trinkglas, Schale o. Ä.*

Hohl|glas|fein|schlei|fer, der: *jmd., der Weingläser, Vasen, Schalen u. Ä. durch Schliff verziert* (Berufsbez.).

Hohl|glas|fein|schlei|fe|rin, die: w. Form zu ↑Hohlglasfeinschleifer.

Hohl|hand, die (Med., Anat.): *Handteller.*

Hohl|heit, die; -: **a)** *das Hohl-, Ausgehöhltsein;* **b)** (abwertend) *innere Leere, Geistlosigkeit, Oberflächlichkeit:* die H. seiner Reden war erschütternd.

Hohl|hip|pe, die: *dünne, gerollte Waffel;* *²Hippe.*

Hohl|keh|le, die: **1.** (Archit., Tischlerei): *leicht konkave, rinnenförmige Vertiefung, die der Gliederung u. Verzierung einer Fläche (an Wänden, Gesimsen, Fenstern, Möbelstücken) dient.* **2.** (Geol.) *durch Wasser, Wind o. Ä. entstandene rinnenartige Auswaschung im Fels.*

Hohl|klin|ge, die: *Klinge mit Hohlschliff.*

Hohl|kopf, der (abwertend): *dummer Mensch.*

hohl|köp|fig ⟨Adj.⟩ (abwertend): *geistlos, dumm:* -es Gerede.

Hohl|kör|per, der: *innen hohler, ausgehöhlter Gegenstand.*

Hohl|kreuz, das (Med.): *Wirbelsäule, die bes. im Bereich der Lendenwirbel stark nach vorn gekrümmt ist:* ein H. haben.

Hohl|ku|gel, die: *hohle Kugel.*

Hohl|leis|te, die: *Hohlkehle.*

Hohl|lei|ter, der (Elektrot.): *Leiter für hochfrequente elektromagnetische Wellen, der die Form eines Rohres hat.*

Hohl|maß, das: **a)** *Maß[einheit] zum Bestimmen der Größe eines Raumes, des Rauminhalts od. Fassungsvermögens eines [Hohl]körpers:* Liter und Kubikmeter sind -e; **b)** *geeichtes [mit einer Skala versehenes] Gefäß zum Abmessen von Flüssigkeiten u. Ä.*

Hohl|mei|ßel, der: *Meißel mit gekrümmter Schneide zum Aushauen von Vertiefungen.*

Hohl|mün|ze, die: *Brakteat* (3).

Hohl|mus|kel, der (Med.): *Muskel, der inwendig einen Hohlraum hat (z. B. das Herz).*

Hohl|na|del, die (Med.): *hohle Nadel für Einspritzungen od. zur Entnahme von Körperflüssigkeit; Kanüle.*

Hohl|na|gel, der (Med.): *krankhafte Einbuchtung an Finger- od. Fußnagel.*

Hohl|naht, die (Handarb.): *Hohlsaum, mit dem zugleich der Saum eines Gegenstandes befestigt wird.*

Hohl|or|gan, das (Med.): *inwendig hohles Körperorgan.*

Hohl|pfan|ne, die: *Dachziegel mit s-förmigem Profil.*

Hohl|raum, der: *leerer od. mit etw. angefüllter, umschlossener hohler Raum im Innern von etw., innerhalb einer dichten od. porösen Substanz:* Hohlräume im Gestein; Die Infarkte des Gehirns ... hinterlassen abgekapselte Hohlräume, die mit Flüssigkeit gefüllt sind (Medizin II, 170).

Hohl|raum|kon|ser|vie|rung (regional), **Hohl|raum|ver|sie|ge|lung,** (seltener:) **Hohl|raum|ver|sieg|lung,** die (Kfz-T.): *Versiegelung der inneren Hohlräume einer Fahrzeugkarosserie mit einem Rostschutzmittel.*

Hohl|rohr|lei|ter, der: *Hohlleiter.*

Hohl|rü|cken, der: *Hohlkreuz.*

Hohl|saum, der (Handarb.): *Verzierung in einem Gewebe mit Leinenbindung durch Ausziehen mehrerer gleichlaufender Fäden u. bündelweises Zusammenfassen der stehen gebliebenen Querfäden mit einem Zierstich.*

hohl|schlei|fen ⟨st. V.; hat⟩ (Technik): *durch Schleifen in bestimmter Weise einen Hohlschliff entstehen lassen.*

Hohl|schliff, der: *Schliff an bestimmten Schneidwerkzeugen, bei dem zum Erzielen größtmöglicher Schärfe die Schneide abgeschrägt geschliffen ist.*

Hohl|son|de, die (Med.): *längeres, flaches, muldenförmig gearbeitetes chirurgisches Instrument.*

Hohl|spie|gel, der (Optik): *Spiegel mit konkaver, nach innen gewölbter Oberfläche, der das Spiegelbild vergrößert wiedergibt.*

Hohl|stein, der (Bauw.): *mit Hohlräumen versehener Beton-, Glas- od. Ziegelstein.*

Hohl|tau|be, die [wohl zu veraltet das Hohl = Höhlung, Vertiefung; die Taube brütet in Höhlen]: *in Wäldern od. Parkanlagen lebende, graublaue Taube mit je einem grünen Fleck an den Seiten des Halses.*

Hohl|tier, das ⟨meist Pl.⟩ [nach dem der Vorverdauung dienenden Hohlraum der Tiere]: *im Wasser lebender, sehr einfacher, symmetrisch gebauter Vielzeller; Zölenterat.*

Höh|lung, die; -, -en: **1.** ⟨o. Pl.⟩ *das Höhlen, Aushöhlen.* **2.** *ausgehöhlte Stelle, Vertiefung, Einbuchtung; gut zugängliche, offene Höhle* (1 a): eine H. im Baum; ihr (= der Leuchten aus Metall) Licht ... ließ den übrigen Raum braun dämmern, machte ihn zu einer warmen H. (Andersch, Rote 214).

Hohl|ve|ne, die [die Vene wird beim Sezieren meist hohl, d. h. blutleer, vorgefunden] (Anat., Med.): *Vene, die das verbrauchte Blut unmittelbar zum rechten Vorhof des Herzens führt.*

hohl|wan|gig ⟨Adj.⟩: *(aufgrund eines schlechten Gesundheits- od. Ernährungszustandes) eingefallene Wangen habend.*

Hohl|war|ze, die (Med.): *nach innen statt nach außen gewölbte Brustwarze (bei Frauen).*

Hohl|weg, der: *zwischen steilen [Fels]abhängen tief eingeschnittener Weg.*

Hohl|wel|le, die (Technik): *rohrähnliche, innen hohle Welle zur Kraftübertragung.*

Hohl|zahn, der [nach den beiden zahnförmigen, hohlen Ausstülpungen am »Gaumen« der Blüte]: *der Taubnessel ähnliche Pflanze mit weißen, gelblichen od. purpurroten Blüten.*

Hohl|zie|gel, der (Bauw.): *Ziegelstein mit einer Anzahl [durchlaufender] die Wärmeisolierung verstärkender Löcher.*

Hohn, der; -[e]s, [mhd. (md.) hōn, ahd. hōna, zu einem germ. Adj. mit der Bed. »niedrig, verachtet« (vgl. got. hauns = niedrig; demütig)]: *mit verletzendem, beißendem Spott verbundene, unverhohlene Verachtung:* kalter, bitterer, eisiger H.; er erntete nur Spott und H.; Löwenfeld übergoss in seinem glänzenden Plädoyer den Staatsanwalt mit H. (Niekisch, Leben 87); Wie zum H. begann der Regen ganz langsam (Loest, Pistole 187); H. lachen *(höhnisch, schadenfroh lachen);* ich lache H., habe H. gelacht; Ü jeder Vernunft H. lachen *(zuwiderlaufen, spotten);* ***der reine/reinste/blanke H. sein** *(völlig widersinnig, absurd sein);* **einer Sache H. sprechen** *(zu etw. in krassem Widerspruch stehen, etw. widerlegen):* das spricht allem Recht Hohn.

höh|nen ⟨sw. V.; hat⟩ [mhd. hœnen, ahd. hōnen] (geh.): **1.** *höhnisch, spottend reden; laut seinem Hohn, seiner Verachtung Ausdruck geben:* »Feigling!«, höhnte er; Frau Fleißig klagte und höhnte abwechselnd (Werfel, Himmel 166); Rolling klappte die Hacken zusammen und machte höhnend *(zum Hohn, mit höhnisch übertreibender Geste)* eine Verbeugung (Strittmatter, Wundertäter 347). **2.** *verspotten, verhöhnen; mit Hohn u. Spott behandeln:* seine Gegner h.; Der alte Spötter ... höhnte mit der gereizten Stimme eines Unteroffiziers die schlappe Weichlichkeit des heutigen Geschlechts (K. Mann, Mephisto 103).

Hohn|ge|läch|ter, das: *höhnisches Gelächter:* ein frostiges H. würde erschallen (Tucholsky, Zwischen 74); das H. der Kollegen (Koeppen, Rußland 65).

Hohn|ge|schrei, das: vgl. Hohngelächter.

höh|nisch ⟨Adj.⟩ [mhd. hœnisch]: *voll höhnender Verachtung, spöttisch; mit beißendem Spott:* ein -es Grinsen; -e Bemerkungen machen; Sein Brief war brillant, geschliffen h., scharf logisch (Feuchtwanger, Erfolg 513).

hohn|lä|cheln ⟨sw. V.; hat⟩: *höhnisch lächeln* ⟨meist im 1. Part. u. subst.⟩: er hohnlächelte/lächelte hohn; hohnlächelnd wandte sie sich ab; ⟨subst.:⟩ mit einem Hohnlächeln.

hohn|la|chen ⟨sw. V.; hat⟩: **1.** *höhnisch, überlegen, schadenfroh lachen* ⟨meist im 1. Part. u. subst.⟩: er hohnlachte; er antwortete hohnlachend; ⟨subst.:⟩ das Hohnlachen der Gegner. **2.** (geh.) *zuwiderlaufen, spotten:* falls das Prinzip nicht nur der Vernunft, sondern dem natürlichsten Empfinden hohnlacht (Noack, Prozesse 103).

hohn|spre|chen ⟨st. V.; hat⟩: *widerlegen; in krassem Widerspruch (zu etw.) stehen:* dieses Tun spricht allem Anstand hohn; Im Licht der Scheinwerfer, die diesem Namen hohnsprachen und eher wie Karbidlampen wirkten (Habe, Namen 129).

hohn|trie|fend ⟨Adj.⟩: *voller Hohn:* Die

Stimme, die ihm entgegenscholl, war kalt und h. (Cotton, Silver-Jet 43).

hohn|voll ‹Adj.› (geh.): *höhnisch, voll Hohn:* Dann strich er die Figuren ein (= beim Schachspiel), wobei er den feindlichen König h. in die Höhe hob (Giordano, Die Bertinis 150).

ho|ho ‹Interj.›: ugs. Ausruf des Staunens od. [überlegener] Ablehnung: h., das wollen wir doch mal sehen!

Hö|hung, die; -, -en: **1.** (Malerei) **a)** ‹o. Pl.› *das Höhen;* **b)** *gehöhte Stelle:* Bei sämtlichen Köpfen sind ... Haare und Bart rot und durch weiße -en ... kräftig modelliert (FAZ 25. 11. 61, 44). ◆ **2.** *Anhöhe:* wenn sie zu jener H. herangestiegen waren (Rosegger, Waldbauernbub 59).

hoi ‹Interj.›: Ausruf: **a)** des [freudigen] Erstaunens: h., das schmeckt aber gut!; **b)** der ärgerlichen Feststellung: h., kannst du nicht aufpassen!

hö|ken (selten): ↑hökern.

Hö|ker, der; -s, - [aus dem Ostmd., wahrsch. zu ↑Hucke (2)] (veraltet): *Kleinhändler, Inhaber einer Verkaufsbude od. eines offenen Standes.*

Hö|ke|rei, die; - (veraltet): *das Feilbieten von Waren am Stand; Straßenhandel.*

Hö|ker|frau, die (veraltet): *Marktfrau, Hökerin.*

Hö|ke|rin, die; -, -nen (veraltet): w. Form zu ↑Höker: ◆ Die H. kehrt ihm den Rücken zu; sie kramt in ihrer Vorratskiste (Ebner-Eschenbach, Gemeindekind 55).

hö|kern ‹sw. V.; hat›: *Hökerei treiben:* ... sehen wir Bürger aus ihren Winkeln hervorschlüpfen, hökernde, schachernde (Hacks, Stücke 123).

Hö|ker|weib, das (veraltet): *Hökerfrau:* Hustend wie ein H. erreichte ich mein Tor (Muschg, Sommer 112).

Ho|ke|tus: ↑Hoquetus.

Hok|ku: ↑Haiku.

Ho|kus|po|kus, der; - [wahrsch. verstümmelt aus einer pseudolat. Zauberformel »hax, pax, max, deus adimax«]: **1.** ‹o. Art.› Zauberwort, Beschwörungsformel (durch die ganz schnell etwas zum Verschwinden od. Hervorkommen gebracht wird): H., weg ist der Dreck!; und H. *(ganz schnell, im Handumdrehen)* war er fertig; * **H. Fidibus [dreimal schwarzer Kater]** (scherzhafte Zauberformel); **H. verschwindibus!** (scherzhafte Zauberformel, die beim Verschwindenlassen eines Dinges gesprochen wird; auch scherzh. Aufforderung an Anwesende, bes. Kinder, das Zimmer o. Ä. zu verlassen). **2.** *Gaukelei, [fauler] Zauber, Trick:* Blitze sind Spielzeug, mythischer H. (K. Mann, Wendepunkt 74); allerhand H. vorführen; diesen H. habe ich schon lange durchschaut. **3. a)** (abwertend) *unnützer Zierrat, überflüssiges Drum u. Dran:* Er schämte sich seiner verschnürten Husarenjacke, seiner prallen Hosen und dieses ganzen H. (Th. Mann, Hoheit 200); **b)** *[kindlicher] Unfug:* allerlei H. treiben.

hol-, Hol-: ↑holo-, Holo-.

hol|an|drisch ‹Adj.› [zu griech. hólos (↑holo-, Holo-) u. anér (Gen.: andrós) = Mann] (Biol., Med.): *(von Genen od. bestimmten Merkmalen) ausschließlich im männlichen Geschlecht, d. h. vom Vater auf den Sohn vererbt werdend;* vgl. gynogyn.

Hol|ark|tis, die; - [zu griech. hólos (↑holo-, Holo-) u. ↑Arktis] (Geogr.): *pflanzen- u. tiergeographisches Gebiet, das die ganze nördliche gemäßigte u. kalte Zone bis zum nördlichen Wendekreis umfasst.*

hol|ark|tisch ‹Adj.›: *die Holarktis betreffend, zu ihr gehörend.*

hold ‹Adj.› [mhd. holt, ahd. hold = günstig, gnädig; treu]: **1.** (dichter. veraltend) *anmutig, lieblich, von zarter Schönheit:* ein -es Gesicht; das -e Mädchen; o -er Frühling!; die Abwesenheit des Männlichen gibt diesen Zügen ihren zugleich -en und schrecklichen Ausdruck, der manchmal an einen Engel und manchmal an ein Tier denken lässt (Sieburg, Robespierre 75); die -e Weiblichkeit (iron.; *die Damen*) im Saal begrüßen; »Warum schläfst du nicht?«, habe ihr -er (iron.; *lieber*) Gatte gesagt (Kempowski, Tadellöser 75); Es war ein -er Traum, der mich verführt hat (Frisch, Cruz 59); h. lächeln; ‹subst.:› Natascha heißt die Holde (iron.; *das Mädchen;* Kirst, 08/15, 357). **2.** * **jmdm., einer Sache h. sein** (geh.; *jmdm. geneigt, jmdm., einer Sache gewogen sein; jmdn., etw. gern haben*): bist du mir noch h.?; das Glück war ihm [nicht] h. *(er hatte [kein] Glück).*

Hol|der, der; -s, - (südd.): *Holunder.*

Hol|der|baum usw.: ↑Holunderbaum usw.

Hol|der|stock, der (südd.): *Holunderstrauch.*

Hol|der|strau|be, die ‹meist Pl.› [↑Straube] (südd.): *ein Schmalzgebäck.*

Hol|ding [ˈhoʊldɪŋ], die; -, -s: Kurzf. von ↑Holdinggesellschaft: Isovel wurde im September 1973 gegründet, führte bis Ende 1992 den Namen Growclose Limited, war H. für verschiedene Tochtergesellschaften ... (CCI 1, 1999, 29).

Hol|ding|ge|sell|schaft, die [engl. holding company; zu: holding = (Aktien)besitz u. company = Gesellschaft] (Wirtsch.): *Gesellschaft, die nicht selbst produziert, die aber Aktien anderer Gesellschaften besitzt u. diese dadurch beeinflusst od. beherrscht; Beteiligungsgesellschaft.*

hol|drio [auch: hɔldriˈoː] ‹Interj.›: veraltender Ausruf der Freude.

[1]Hol|drio [auch: hɔldriˈoː], das; -s, -s: *Freudenruf [in den Bergen]; Jodler.*

[2]Hol|drio, der; -[s], -[s] (veraltet): *leichtlebiger Mensch, der nur genießt u. fröhlich in den Tag hinein lebt.*

◆ **Hold|schaft,** die; -, -en [zu ↑hold]: *von großer Zuneigung u. Freundschaft bestimmte Beziehung zwischen zwei Menschen:* Sie steckte Jutten einen Fingerreif ... an und sprach dabei: »Ade, Jutta! Wir haben zusammen besondere H. gehabt ...« (Mörike, Hutzelmännlein 142).

hold|se|lig ‹Adj.› (dichter. veraltend): *anmutig, liebreizend, von engelhaft zarter Schönheit:* ein -es Lächeln; (iron.:) »Auf Wiedersehen, Pummelchen!«, sagte Mama und nickte h. Entlassung (Fallada, Herr 148).

Hold|se|lig|keit, die; - (dichter. veraltend): *das Holdseligsein.*

Hole [hoʊl], das; -s, -s [engl. hole] (Golf): *Loch* (5): zwischen den -s gibt es raffinierte Hindernisse (Zeit 29. 5. 64, 25).

ho|len ‹sw. V.; hat› [mhd. hol(e)n, ahd. holōn, eigtl. = (herbei)rufen, verw. mit ↑hell]: **1. a)** *von einem Ort, einer Stelle, an der sich etw. befindet, her[bei]bringen, herbeischaffen:* Kartoffeln [aus dem Keller] h.; Brot [vom Bäcker] h. *(einkaufen);* ich hole mir aus der Küche etwas zu essen; ein Kleid aus dem Schrank h. *(herausholen, herausnehmen);* jmdm./für jmdn. einen Stuhl h.; er machte überall Schulden ..., die Möbel wurden ihnen aus der Wohnung geholt (*weggeholt;* Faller, Frauen 62); Ü dass er alles neu machen und aus sich selbst h. *(schöpfen)* musste (A. Zweig, Claudia 11); Während seine Hände die Effekte eines ganzen Orchesters aus den Tasten holten (K. Mann, Wendepunkt 84); * **bei jmdm./da ist nicht viel/nichts [mehr] zu h.** *(jmd. besitzt nicht viel/nichts [mehr] an materiellen Gütern, man kann ihm daher nicht viel/nichts [mehr] wegnehmen [wenn er Schulden hat o. Ä.]);* **b)** *jmdn. [schnell] herbeirufen, an einen bestimmten Ort bitten, wo er gebraucht, gewünscht wird:* die Polizei, die Feuerwehr, einen Handwerker h.; den Arzt zu dem Kranken h.; Der ... König ... holte Techniker ... aus Frankreich (Grzimek, Serengeti 169); **c)** *von einem bestimmten Ort abholen [u. wegschaffen]:* morgen wird Sperrmüll geholt; Er muss stündlich damit rechnen, dass man ihn h. kommt (verhüll.; *verhaftet;* Simmel, Stoff 336); Ü der Tod hat sie geholt (verhüll.; *sie ist gestorben*); In Wirklichkeit kann er nicht viel vertragen, und der Rausch holt ihn plötzlich (Remarque, Obelisk 44). **2.** ‹h. + sich› *sich etw. geben lassen, verschaffen, von jmdm. erbitten:* sich Anregungen h.; du solltest dir bei einem Fachmann Rat h. **3.** (ugs.) *gewinnen, erlangen, erwerben:* [in einem Wettbewerb, beim Sport] einen Preis, eine Medaille h.; ‹auch h. + sich:› morgen musst du dir den Meistertitel h. **4.** ‹h. + sich› (ugs.) *sich etw. (Krankmachendes, Unangenehmes, Schlimmes) zuziehen:* sich einen Schnupfen, die Grippe h.; dabei kannst du dir ja den Tod holen *(auf den Tod krank werden)*!; ich habe mir einen Strafzettel wegen zu schnellen Fahrens geholt *(ich habe einen Strafzettel bekommen).* **5.** (Seemannsspr.) *herab-, heranziehen:* die Segel straff h.; das Boot längsseits h. **6.** (landsch.) *kaufen:* ich muss mir, dem Kind einen neuen Mantel h.

Ho|li|days [ˈhɔlɪdeɪs] ‹Pl.› [engl. holidays, Pl. von: holiday = (arbeits)freier Tag; Feiertag]: engl. Bez. für *Ferien, Urlaub.*

Ho|lis|mus, der; - [zu griech. hólos = ganz] (Philos.): *Lehre, die alle Erscheinungen des Lebens aus einem ganzheitlichen Prinzip ableitet.*

ho|lis|tisch ‹Adj.› (bildungsspr., Fachspr.): *ganzheitlich:* Nach neueren Erkenntnissen ... denkt der Mensch h. (und intuitiv) mittels seiner rechten Gehirnhälfte (Das große Wörterbuch der Computer-Fachbegriffe, München 1989, S. 140).

Holk: ↑Hulk.

hol|la ⟨Interj.⟩ [urspr. Zuruf an den Fährmann zum Überholen]: Ausruf der Überraschung, Verwunderung: »Holla – der scheint mir ja gut informiert zu sein«, denkt Konrad Bünning (Nachbar, Mond 302).

Hol|land; -s: **1.** Provinz der Niederlande. **2.** (ugs.) *Niederlande:* R da ist H. in Not/in Nöten (ugs. veraltend; *da ist man in großer Bedrängnis, das ist man ratlos;* bezog sich viell. urspr. auf die schlimme Situation der Niederländer im 2. Eroberungskrieg Ludwigs XIV., dem so genannten Holländischen Krieg); Bevor wir Gasbeleuchtung kriegten ..., brannten in den großen Zimmern Hängelampen ... Wenn der Docht anfing zu blaken, dann füllte sich das ganze Zimmer mit schwarzen Flocken, und dann war H. in Not (Kempowski, Zeit 48).

[1]**Hol|län|der,** der; -s, - [3: H. u.; 4: nach dem Ursprungsland; 5: die Maschine wurde im 17. Jh. in den Niederlanden erfunden]: **1.** Ew.: ***den H. machen** (ugs.; *weglaufen, fliehen;* wahrsch. auf holländische Söldner früherer Zeiten bezogen; ehrenrührige Haltung, die der Deutsche seinem Nachbarn zuschob); **losgehen/durchgehen wie ein H.** (landsch.; 1. *sich geschickt [aber rücksichtslos] aus einer schwierigen Situation herausarbeiten.* 2. *weglaufen;* wohl darauf bezogen, dass die Holländer als geschickte Seefahrer galten, die auch schwierige Situationen zu meistern wussten); **2.** ⟨o. Pl.⟩ kurz für Holländer Käse. **3.** *ein vierrädriges Kinderfahrzeug, das durch Hin- u. Herbewegen einer Deichsel angetrieben wird.* **4.** *Hauskaninchen mit weißem, schwarz-, braun- od. gelb geschecktem Fell.* **5.** (Technik) *Maschine zum Mahlen u. Mischen von Fasern bei der Papierherstellung; Holländermühle.* **6.** (Geräteturnen) *Absprung mit einer Vierteldrehung u. Überschlag seitwärts:* mit einem H. vom Barren, Langpferd abgehen.

[2]**Hol|län|der** ⟨indekl. Adj.⟩: H. Käse.

Hol|län|de|rei, die; -, -en [nach der für die Niederlande typischen Milchwirtschaft] (veraltet): *landwirtschaftlicher Betrieb, vorwiegend mit Milchwirtschaft; Molkerei.*

Hol|län|de|rin, die; -, -nen: w. Form zu ↑Holländer.

Hol|län|der|müh|le, die: [1]*Holländer* (5).

hol|län|dern ⟨sw. V.⟩: **1.** (Buchbinderei) *Blätter od. Bogen zu einzelnen Faszikeln zusammenheften u. die Fadenenden durch den hinten aufgeleimten Buchrücken festhalten* ⟨hat⟩: eine Broschüre h. **2.** (veraltend) *zu zweit mit verschränkten Armen Schlittschuh laufen u. dabei Bogen fahren* ⟨hat/ist⟩.

hol|län|disch ⟨Adj.⟩: **a)** *Holland, die Holländer betreffend; aus Holland stammend;* **b)** *in der Sprache der Holländer.*

Hol|län|disch, das; -[s]: vgl. Deutsch.

Hol|län|di|sche, das; -n: vgl. [2]Deutsche.

Hol|land|rad, das: *für Stadtfahrten geeignetes Fahrrad, auf dem man aufrecht sitzt u. bei dem die Kette voll u. das Hinterrad zum Teil abgedeckt ist.*

Hol|le, die; -, -n [aus dem Niederd. < mniederd. hulle = Kopfbedeckung] (Jägerspr.): *(bei einigen Vögeln, z. B. Wiedehopf, Haubenlerche) Büschel von hochstehenden, wie eine Haube auf dem Kopf sitzenden Federn:* Ein Goldammerhähnchen ... glättete seine gelbe H. und begann zu singen (Löns, Gesicht 200).

Höl|le, die; -, -n ⟨Pl. selten⟩ [1: mhd. helle, ahd. hell[i]a, wahrsch. urspr. = die Bergende, verw. mit ↑hehlen; 2: eigtl. = Raum, in dem man etw. »bergen« kann]: **1. a)** ⟨o. Pl.⟩ (Rel.) *Ort der ewigen Verdammnis für die Sünder; Reich des Teufels:* die Schrecken, Flammen der H.; in die H. kommen, zur H. fahren *(verdammt werden);* Spr der Weg zur H. ist mit guten Vorsätzen gepflastert *(es ist schwer, einer Versuchung zu widerstehen, auch dann, wenn man sich vorgenommen hat, sich zu bessern);* ***jmdn. zur H. wünschen** (geh.; *jmdn., über den man sich ärgert, aus der Welt wünschen*); **zur H. mit jmdm., etw.** (als heftige Verwünschung in Bezug auf jmdn., etw. [Negatives], von dem man wünscht, dass er, es nicht [mehr] da wäre, nicht mehr existierte): zur H. mit den Verrätern!; zur H. mit seinem Kognak! Und zur H. mit seinen gottähnlichen Redensarten! (Remarque, Obelisk 257); **b)** *Ort, Zustand großer Qualen; etwas Schreckliches, Furchteinflößendes, Unerträgliches:* es war die reine H. mit der Alten (Baum, Paris 131); wenn wir uns widersetzen, haben wir bald die H. hier (Wohmann, Absicht 61); ***die grüne H.** *(der Urwald);* **die H. ist los** (ugs.: *es herrscht [irgendwo] große Aufregung, wildes Durcheinander, unerträglicher Lärm; es geht turbulent zu*): draußen, im Kinderzimmer ist die H. los!; **die H. auf Erden haben** (*in Verhältnissen leben, die einem das Leben unerträglich erscheinen lassen;* nach dem Titel des Romans »Die Hölle auf Erden« von J. G. Gruber [1774–1851], der sich viell. auf eine Stelle im apokryphen Buch der Weisheit 1, 14 zurückführen lässt): sie hatte in ihrer Ehe mit einem Trinker die H. auf Erden; **jmdm. das Leben zur H. machen** *(jmdm. das Leben unerträglich machen);* **jmdm. die H. heiß machen** (ugs.: *jmdm. [durch Drohungen, mit einem Anliegen o. Ä.] heftig zusetzen;* urspr. von den Schilderungen der Qualen u. dem Feuer in der Hölle (1 a) ausgehend; vgl. das mhd. Adj. helleheiȥ = heiß wie die Hölle). **2.** (landsch.) *in alten [Bauern]häusern (mit einer Sitzbank versehener) enger Raum zwischen Kachelofen u. Wand.*

Höl|len- (ugs. emotional verstärkend): drückt in Bildungen mit Substantiven einen besonders hohen Grad, eine besonders große Intensität von etw. aus: Höllenkrach, -wut.

Höl|len|angst, die (ugs. emotional verstärkend): *überaus große Angst.*

Höl|len|brand, der (ugs. emotional verstärkend): *sehr großer Durst.*

Höl|len|bra|ten, der (veraltetes derbes Schimpfwort): *böser Mensch; Person, die man verachtet u. als Ausgeburt der Hölle ansieht.*

Höl|len|brut, die ⟨o. Pl.⟩ (veraltendes Schimpfwort): *übles Gesindel.*

Höl|len|durst, der (ugs. emotional verstärkend): *Höllenbrand.*

Höl|len|fahrt, die (griech.-röm. Myth.; christl. Rel.): *Vorstellung vom Hinabsteigen eines Menschen od. Gottes ins Reich der Toten:* Christi H. *(das Hinabsteigen Christi in die Hölle zur Erlösung der Gerechten des Alten Bundes).*

Höl|len|feu|er, das: *Feuer der Hölle:* jmdn. ins tiefste H. wünschen.

Höl|len|fürst, der ⟨o. Pl.⟩: *Teufel, Luzifer.*

Höl|len|glut, die (ugs. emotional verstärkend): vgl. Höllenlärm.

Höl|len|hit|ze, die (ugs. emotional verstärkend): vgl. Höllenlärm.

Höl|len|hund, der (Myth.): *Wachhund am Eingang zur Unterwelt; Zerberus.*

Höl|len|lärm, der (ugs. emotional verstärkend): *sehr großer Lärm:* Die schwere Artillerie ... vollführte einen wahren H. (K. Mann, Wendepunkt 420).

Höl|len|ma|schi|ne, die: **a)** (veraltend) *(für verbrecherische Zwecke benutzter) Sprengkörper mit Zeitzünder;* **b)** (ugs.) *Maschine o. Ä., die viel Lärm macht od. ein unbestimmtes Gefühl der Angst hervorruft.*

Höl|len|pein, die: vgl. Höllenfeuer.

Höl|len|qual, die (ugs. emotional verstärkend): *große Qual:* -en ausstehen.

Höl|len|schmerz, der (ugs. emotional verstärkend): vgl. Höllenqual.

Höl|len|spaß, der ⟨o. Pl.⟩ (ugs. emotional verstärkend): vgl. Höllenqual: das gab einen H.

Höl|len|spek|ta|kel, der (ugs. emotional verstärkend): *Höllenlärm.*

Höl|len|stein, der [LÜ von lat. lapis infernalis, wegen der schmerzhaft ätzenden Wirkung]: ⟨o. Pl.⟩ *aus Silbernitrat bestehendes Ätzmittel, das zum Blutstillen u. zur Verätzung von wucherndem Gewebe verwendet wird:* hatte er das Knöpferl mit einem reinseidenen Faden abgebunden und noch mit H. eingepinselt (Sommer, Und keiner 91).

Höl|len|stein|stift, der: *Höllenstein in Form eines Stiftes.*

Höl|len|stra|fe, die (Rel.): *Strafe der ewigen Verdammnis.*

Höl|len|tem|po, das (ugs. emotional verstärkend): *sehr großes Tempo.*

Hol|ler, der; -s, - (südd., österr.): *Holunder.*

Hol|ler|baum usw.: ↑Holunderbaum usw.

hol|le|ri|thie|ren ⟨sw. V.; hat⟩ [nach dem amerik. Ingenieur H. Hollerith (1860 bis 1929)] (EDV): *auf Lochkarten bringen:* ein Staat, eine Gesellschaft ..., in denen jedermann hollerithiert wird (Menzel, Herren 29).

Hol|le|rith|kar|te, die: *Karte, auf der Informationen durch bestimmte Lochungen festgehalten sind; Lochkarte:* liegt ... später das ganze Interview als eine H. unter einem Stoß von Karten derselben Umfrage (Noelle, Umfragen 187).

Hol|le|rith|ma|schi|ne, die (EDV): *Lochkartenmaschine, in der Daten (für* *kaufmännische, statistische, wissenschaftliche Zwecke) sortiert u. gespeichert werden können.*

Hol|le|rith|ver|fah|ren, das ⟨o. Pl.⟩: *Verfahren der Datenverarbeitung durch Lochungen u. ihr maschinelles Abtasten:* die Buchhaltung dieser Firma arbeitet nach dem H.

Hol|ler|koch, das; -s (bayr., österr.) [aus ↑Holler u. ↑²Koch]: *Holundermus.*

Hol|ler|rös|ter, der ⟨o. Pl.⟩ (österr.): *Kompott od. Mus aus Holunderbeeren.*

höl|lisch ⟨Adj.⟩ [mhd. hellisch]: **1. a)** *zur Hölle gehörend, aus der Hölle stammend:* das -e Feuer; -e Geister; Ü Ich hatte mich ... dem Teufel verschrieben, dem von Teufeln beherrschten -en Regime (Habe, Namen 216); **b)** *der Hölle u. ihren Qualen u. Schrecken vergleichbar; quälend, schrecklich; teuflisch:* ein -er Krieg; -er Zynismus; -e Qualen; haben die anderen Kaspars ... einen immer -eren Lärm erzeugt (Handke, Kaspar 101); Höllisch, unbewohnbar musste ihm das Land erschienen sein (Seghers, Transit 202); ⟨subst.:⟩ wie auch damals erst dieser zarte ferne Klang uns das Schauerliche und Höllische unserer Lage zum Bewusstsein brachte (Kaschnitz, Wohin 22). **2.** (ugs.) **a)** *sehr groß, stark, mächtig:* -en Respekt vor jmdm. haben; es machte ihnen -en Spaß; Negroni – ein -es *(starkes)* Mixgetränk aus Campari, Wodka, süßem Wermut, Sodawasser und Eiswürfeln (Konsalik, Promenadendeck 156); **b)** ⟨verstärkend bei Adj. u. Verben:⟩ *in starkem Maße, überaus, sehr:* es ist h. kalt; Und Rod, ihr Freund ... hat es h. schwer (natur 2, 1991, 101); der FBI-Mann scheint jedenfalls h. informiert (Fr. Wolf, Menetekel 160); h. brennen, schmerzen; Man muss h. aufpassen (Weber, Tote 76).

Hol|ly|wood [ˈhɔlɪwʊd]: Stadtteil von Los Angeles (Zentrum der Filmindustrie der USA).

Hol|ly|wood|schau|kel, die [beliebtes Requisit in Hollywoodfilmen der 50er-Jahre]: *Gartenmöbel in Form einer breiten, gepolsterten [u. überdachten] Bank, die frei aufgehängt ist u. wie eine Schaukel hin- u. herschwingen kann.*

¹Holm, der; -[e]s, -e [mniederd. holm = Querbalken, verw. mit ↑²Helm]: **1. a)** (Turnen) *eine der beiden Stangen am Barren:* vom oberen H. des Stufenbarrens abschwingen; **b)** *eine der Längsleisten einer Leiter;* **c)** *Handlauf eines [Treppen]geländers.* **2. a)** (Flugw., Kfz-T.) *tragende Leiste eines Tragflügels, eines Fahrzeugbodens;* **b)** (Bauw.) *mit den Pfosten verzapfter Querbalken.* **3. a)** (Rudern) *Teil des Riemens, Ruders;* **b)** *²Helm* (1).

²Holm, der; -[e]s, -e [mniederd. holm; eigtl. = Ragendes, Erhebung] (nordd.): **1.** *kleine Insel:* Es gab -e in dem Fjord, lange Bänke und Kieszungen mit Schilfdickichten (Gaiser, Jagd 160). **2.** (selten) *Schiffswerft, Schwimmdock.*

Hol|men|gas|se, Holmgasse, die (Turnen): *Raum zwischen den ¹Holmen des Barrens.*

Holm|gang, der: *(in der nordischen Saga) auf einem ²Holm (1) ausgetragener Zweikampf bei den Germanen.*

Holm|gas|se: ↑Holmengasse.

Hol|mi|um, das; -s [nach Holmia, dem latinisierten Namen der Stadt Stockholm]: *gut verformbares, silbergraues Erdmetall (chemisches Element;* Zeichen: Ho).

ho|lo-, Ho|lo-, (vor Vokalen auch:) hol-, Hol- [zu griech. hólos] ⟨Best. in Zus. mit der Bed.⟩: *ganz, völlig, vollständig* (z. B. holoarktisch, holographisch, Hologramm, holoedrisch).

Ho|lo|caust [engl. ˈhɔləkɔ:st], der; -[s], -s [engl. holocaust = Inferno; Zerstörung, eigtl. = Brandopfer < spätlat. holocaustum < griech. holókauston, zu: holókaustos = völlig verbrannt, zu: hólos (↑holo-, Holo-) u. kaustós = verbrannt]: **a)** *(zur Zeit der nationalsozialistischen Herrschaft) Verfolgung, Gettoisierung u. insbesondere Massenvernichtung der Juden in Deutschland u. Europa:* Dokumentarfilmer Erwin Leisner ... porträtiert »Überlebende des Holocaust«: Kinder und Enkel ehemaliger KZ-Häftlinge (Spiegel 10, 1982, 223); **b)** *Massenvernichtung menschlichen Lebens:* H. in Kambodscha (Buchtitel in: Börsenblatt 37, 1980, 1047); ... diese Möglichkeit eines atomaren H. als Gewissheit anzunehmen (Alt, Frieden 42); Ü ein heimlicher »psychiatrischer H.« (= Selbstmord; Theaterprogramm »Nachtwache«, Zürich 1980).

Ho|lo|e|der, der; -s, - [zu griech. hédra = (Sitz)fläche]: *holoedrischer Kristall.*

Ho|lo|e|drie, die; -: *volle Ausbildung aller Flächen eines Kristalls.*

ho|lo|e|drisch ⟨Adj.⟩: *(von Kristallen) alle möglichen Flächen ausgebildet habend.*

Ho|lo|gra|fie usw.: ↑Holographie usw.

Ho|lo|gramm, das; -s, -e [engl. hologram, geb. von dem brit. Physiker ung. Herkunft D. Gábor (1900–1979) zu griech. hólos (↑holo-, Holo-) u. -gram < griech. grámma, ↑-gramm] (Physik): *dreidimensionale Aufnahme eines Gegenstandes, die bei der Holographie entsteht.*

Ho|lo|gra|phie, (auch:) Holografie, die; - [engl. holography, geb. zu: hologram (↑Hologramm) u. -graphy < griech. -graphía, ↑-graphie] (Physik): *Technik zur Speicherung u. Wiedergabe von dreidimensionalen Bildern, die (in zwei zeitlich voneinander getrennten Schritten) durch das kohärente Licht von Laserstrahlen erzeugt sind.*

ho|lo|gra|phie|ren, (auch:) holografieren ⟨sw. V.; hat⟩: **1.** (veraltet) *völlig eigenhändig schreiben.* **2.** *mit Holographie ausrüsten; mit der Technik der Holographie herstellen:* ⟨2. Part.:⟩ holographierte Fotos gelten als fälschungssichere Konterfeis für ... Kreditkarten (Chic 9, 1984, 82).

ho|lo|gra|phisch, (auch:) holografisch ⟨Adj.⟩ [1: zu mgriech. holóographos, ↑Holographon]: **1.** (Bibliotheksw., Rechtsspr.) *[vollständig] eigenhändig geschrieben:* ein -es Testament. **2.** (Physik) *die Holographie betreffend, mit der Technik der Holographie hergestellt, sie anwendend:* eine -e Aufnahme; Pharmahersteller, die die Größenzusammensetzung ihrer Inhalationspräparate holographisch prüfen lassen (MM 20. 3. 70, 13).

Ho|lo|gra|phon, das; -s, ...pha [mgriech. hológraphon, zu: hológraphos = eigenhändig geschrieben, zu griech. hólos (↑holo-, Holo-) u. gráphein = schreiben], **Ho|lo|gra|phum,** das; -s, ...pha [mlat. holographum, zu mlat. holographus < mgriech. holóographos, ↑Holographon] (veraltet): *völlig eigenhändig geschriebene Urkunde.*

ho|lo|gyn ⟨Adj.⟩ [zu griech. gynḗ = Frau] (Biol., Med.): *(von Genen od. bestimmten Merkmalen) ausschließlich im weiblichen Geschlecht, d. h. von der Mutter auf die Tochter vererbt werdend;* vgl. holandrisch.

ho|lo|krin ⟨Adj.⟩ [zu griech. krínein = scheiden, trennen] (Biol., Med.): *(von Drüsen) Sekrete absondernd, in denen sich die Zellen der Drüse völlig aufgelöst haben.*

ho|lo|kris|tal|lin ⟨Adj.⟩: *(von Gesteinen) völlig kristallin; nur aus kristallinen Teilen bestehend.*

Ho|lo|me|ta|bo|len ⟨Pl.⟩ (Biol.): *Insekten, die eine Holometabolie durchmachen.*

Ho|lo|me|ta|bo|lie, die; -, -n [↑Metabolie]: *vollkommene Metamorphose* (2) *in der Entwicklung der Insekten (unter Einschaltung eines Puppenstadiums).*

Ho|lo|pa|ra|sit, der; -en, -en (Bot.): *Pflanze ohne Blattgrün, die sämtliche Nährstoffe von der Wirtspflanze bezieht; Vollschmarotzer.*

ho|lo|phras|tisch ⟨Adj.⟩ [engl. holophrastic, zu griech. hólos = ganz, völlig u. phrastikós = zum Reden gehörend] (Sprachw.): **a)** *(von Sätzen) aus einem Wort bestehend* (z. B. Komm!; Feuer!); **b)** *(von Sprachtypen) einen Satz in einem Wort ausdrückend (z. B. im Eskimoischen).*

Ho|lo|si|de|rit, der; -s, -e: *Meteorit, der ganz aus Nickeleisen besteht.*

Ho|lo|thu|rie, die; -, -n [lat. holothuria (Pl.) < griech. holothoúrion] (Zool.): *Seegurke.*

ho|lo|tisch ⟨Adj.⟩ [zu griech. hólos (↑holo-, Holo-)] (bildungsspr.): *ganz, völlig, vollständig.*

Ho|lo|to|pie, die; - [zu griech. tópos = Ort, Stelle] (Med.): *Lage eines Organs in Beziehung zum ganzen Körper.*

Ho|lo|ty|pus, der; -, ...pen (Zool.): *[einziges] Einzelstück einer Tierart, nach dem diese erstmals wissenschaftlich beschrieben wurde.*

ho|lo|zän ⟨Adj.⟩ (Geol.): *das Holozän betreffend, dazu gehörend.*

Ho|lo|zän, das; -s [frz. holocène, zu griech. hólos = ganz, völlig u. kainós = neu, eigtl. = die ganz neue Abteilung (gegenüber dem Pleistozän)] (Geol.): *jüngere Abteilung des Quartärs.*

hol|pe|rig usw.: ↑holprig usw.

hol|pern ⟨sw. V.⟩ [frühnhd., H. u., viell. lautm.]: **1. a)** *auf unebenem, steinigem o. ä. Untergrund mit rüttelnden Bewegungen fahren, sich fortbewegen* ⟨ist⟩: der Karren ist durch die Straßen geholpert; **b)** *infolge ungleichmäßiger Bewegung auf unebenem, steinigem o. ä. Untergrund* *schüttern, wackeln* ‹hat›: der Wagen hat sehr geholpert; die Räder stießen und holperten auf dem unebenen Weg (Gaiser, Schlußball 208); Kulles Kopf holpert, ist der tiefste Punkt seines Körpers, der Hut fällt von Kulles holperndem Kopf (Zwerenz, Erde 36); **c)** (selten) *ungleichmäßig, stolpernd [u. strauchelnd] gehen, sich fortbewegen* ‹ist›: Die meisten trugen die ... Holzschuhe in der Hand und holperten barfuß über den Schotter (Apitz, Wölfe 209). **2.** *(in Bezug auf die Art des Lesens, Sprechens) stockend, nicht fließend lesen, sprechen* ‹hat›: er holpert [beim Lesen] noch ein wenig.

hol|p|rig, holperig ‹Adj.›: **1.** *höckerig, uneben u. dadurch schlecht zu befahren od. zu begehen:* eine -e Fahrbahn; das Pflaster ist sehr h. **2.** *stockend, nicht fließend, nicht in gleichmäßigem Rhythmus [vorgebracht]:* in -em Englisch; die Worte kommen holprig und verquer (Hildesheimer, Tynset 223).

Hol|p|rig|keit, Holperigkeit, die; -: *das Holprigsein.*

Hol|schuld, die (Rechtsspr.): *Geldforderung, Schuld, die am Wohnort des Schuldners geholt werden muss.*

Hol|stein; -s: Landesteil von Schleswig-Holstein.

[1]**Hol|stei|ner**, der; -s, -: **1.** Ew. **2.** *braunes, kräftiges Warmblutpferd, das als hervorragendes Reitpferd gilt.*

[2]**Hol|stei|ner** ‹indekl. Adj.›.

Hol|stei|ne|rin, die; -, -nen: w. Form zu ↑[1]Holsteiner (1).

hol|stei|nisch ‹Adj.›; vgl. badisch.

Hols|ter, das; -s, - [engl. holster < niederl. holster < mniederl. holfter, mniederd. hulfte = Köcher für Pfeil u. Bogen, Nebenf. von mhd. hulft, ↑[2]Halfter]: **1.** *offene (am Gürtel, um den Oberschenkel od. an der Schulter befestigte) Ledertasche für eine griffbereit getragene Handfeuerwaffe.* **2.** (Jägerspr.) *Jagdtasche.*

hol|ter|die|pol|ter ‹Adv.› [lautm. für ein polterndes Geräusch] (ugs.): *überstürzt, Hals über Kopf:* in der Eile ging es h.; ‹subst.:› das Holterdiepolter *(das Geholper)* der anderthalbstündigen Fahrt war nachgerade mehr, als selbst mein drahtiger kleiner Begleiter verkraften konnte (Kantorowicz, Tagebuch I, 264).

hol|über ‹Interj.›: Zuruf an den Fährmann, mit dem der Rufer vom jenseitigen Ufer aus darum bittet, übergesetzt zu werden.

Hol|lun|der, der; -s, - [mhd. holunder, ahd. holuntar; 1. Bestandteil wohl verw. mit gleichbed. dän. hyld, zum 2. Bestandteil -ter vgl. Teer]: **1.** *Strauch mit dunkelgrünen, gefiederten Blättern, gelblich weißen, in großen Dolden wachsenden Blüten u. glänzenden, schwarzen Früchten.* **2.** ‹o. Pl.› *als heilkräftig geltende Blüten- od. Fruchtstände des Holunders* (1): wir pflückten H.

Hol|lun|der|baum, der: *Holunder* (1).

Hol|lun|der|bee|re, die: *Beere des Holunders* (1).

Hol|lun|der|beer|sup|pe, die: *Suppe aus Holundersaft.*

Hol|lun|der|blü|te, die ‹meist Pl.›: vgl. Holunder (2).

Hol|lun|der|busch, der: *Holunder* (1).

Hol|lun|der|mark, das: *weißes Mark im Holz des Holunders* (1).

Hol|lun|der|saft, der: *Saft aus Holunderbeeren.*

Hol|lun|der|strauch, der: *Holunder* (1).

Hol|lun|der|sup|pe, die: *Holunderbeersuppe.*

Hol|lun|der|tee, der: *Tee aus Holunderblüten.*

Holz, das; -es, Hölzer u. - [mhd., ahd. holz, eigtl. = Abgehauenes]: **1.** ‹o. Pl.› *feste, harte Substanz des Stammes, der Äste u. Zweige von Bäumen u. Sträuchern (die als Baustoff, Brennmaterial usw. verwendet wird):* hartes, frisches, dürres, faules H.; ein Stück, Stapel, Festmeter H.; H. lebt; das H. arbeitet; das H. knistert im Kamin; dieses H. brennt schlecht, lässt sich gut bearbeiten, hat eine schöne Maserung; H. sammeln, hacken, spalten, aufschichten, schnitzen, sägen, beizen, polieren; die H. verarbeitende Industrie; H. *(Brennholz)* im Ofen nachlegen; auf H. klopfen (um etw. nicht zu [1]berufen 4; nach alter Vorstellung von der magischen Kraft des Holzes); Möbel aus massivem H.; das Haus ist ganz aus H.; Einlegearbeiten in H.; es knackt im H.; die Wände mit H. verkleiden; der Baum steht noch gut im H. *(ist noch gesund),* ist zu sehr ins H. geschossen *(hat immer neue Zweige hervorgebracht, aber keine Blüten);* R und das am grünen -e! *(wenn das hier schon geschieht, was kann man dann noch unter ungünstigeren Bedingungen erwarten?;* nach Luk. 23, 31); ***dastehen wie ein Stück H.** *(steif u. stumm dastehen);* **H. auf sich hacken lassen** *(sich alles gefallen lassen; zu gutmütig sein);* **H. in den Wald tragen** *(etwas Sinnloses, Unnötiges tun);* **kein hartes H. bohren; das H. bohren, wo es am dünnsten ist** (↑Brett 1); **viel H.** (ugs.; *eine große Menge von etw.,* z. B. Geld): 50 Mark für das Buch ist viel H.; **[viel] H. vor der Hütte/**(seltener:) **vor der Tür/bei der Herberge haben** (ugs. scherzh.; *einen üppigen Busen haben*); **H. sägen** (ugs.; *laut schnarchen*); **nicht aus H. sein** (als Feststellung in einer Situation, in einem Zusammenhang, wo man sich falsch eingeschätzt fühlt; 1. *genau wie andere Menschen auch für sinnliche Reize empfänglich sein.* 2. *nicht so gefühllos, unverletzbar o. ä. sein, wie andere denken*). **2.** ‹Pl. Hölzer› *Holzsorte:* edle, tropische Hölzer; für die Täfelung der Decke wurde ein ganz besonderes H. ausgesucht; Diese schönen alten Möbel! Welche Hölzer! (Zwerenz, Quadriga 181); ***aus dem H. sein, aus dem man ... macht** *(die Eigenschaften, Fähigkeiten besitzen, die jmdn. für ein bestimmtes Amt o. Ä. geeignet erscheinen lassen):* er ist [nicht] aus dem H., aus dem man Minister macht; **aus dem gleichen/aus anderem H. [geschnitzt] sein** *(die gleiche/eine andere Wesensart, den gleichen/einen anderen Charakter haben):* Franz Larbach, vier Jahre jünger, ist aus anderem H. Er ist wortkarg (Noack, Prozesse 111); **aus hartem/härterem/feinem/feinerem/gröberem/geringerem H. [geschnitzt] sein** *(in Bezug auf Charakter, Fähigkeiten, körperlich-geistige Beschaffenheit u. Ä. mehr od. minder stark sein):* »Sieh mich an« ... »Ich bin aus härterem H. geschnitzt als du ...« (Lederer, Liebe 40). **3. a)** ‹Pl. Hölzer› *nicht näher bezeichneter bestimmter Gegenstand aus Holz* (1); *hölzerner Teil eines bestimmten Gegenstands:* sind lange Hölzer ... schwer zu fahren, während kürzere Schi ... leichter zu beherrschen sind (Eidenschink, Eis 91); Hölzer in die Erde rammen; Der Wirt ... gab ... Anweisungen an den zweiten Koch, der ... die Hölzer *(Holzlöffel)* ergriffen hatte, um Teig zu schlagen (Seghers, Transit 133); der Stürmer traf zweimal H. (Fußball u. Ä.; *den hölzernen Pfosten od. die Querleiste des Tores*); den Ball mit dem H. (Tennis, Badminton; *dem Rahmen des Schlägers*) schlagen; mit einem H. *(Holzschläger beim Golf)* lassen sich weite Schläge erzielen; **b)** ‹Pl. -› (Kegeln) *einzelner Kegel:* zwei H. stehen noch; er hat viel H. geschoben; mit 2 180 H. vorn liegen; ***gut H.!** (Gruß der Kegler); **c)** ‹o. Pl.› (Musik) *Gesamtheit der Holzblasinstrumente:* das H. muss etwas mehr hervortreten. **4.** ‹o. Pl.› (veraltend, noch landsch. u. Jägerspr.) *Wald:* das H. steht gut; ins H. fahren; das Wild zieht zu -e; ◆ Ganze Haufen böhmische Reiter schwadronieren im H. herum (Schiller, Räuber II, 3).

Holz|ab|fuhr, die: *Transport des geschlagenen Holzes.*

Holz|ab|fuhr|weg, der: *[Wald]weg, auf dem Holz abgefahren wird.*

Holz|ab|satz, der: *hölzerner Absatz* (1) *an einem Schuh.*

Holz|ap|fel, der [mhd. holzapfel = im Holz (4) wachsender, wilder Apfel]: **a)** *kleiner, herb schmeckender Apfel (Frucht des Holzapfelbaums);* **b)** kurz für ↑Holzapfelbaum.

Holz|ap|fel|baum, der: *in lichten Wäldern vorkommender wilder Apfelbaum.*

Holz|ar|bei|ter, der: *Holzfäller.*

holz|arm ‹Adj.›: **a)** *wenig Holz besitzend:* ein -es Land; **b)** *unter sparsamer Verwendung von Holz:* Größere Unsicherheiten liegen ... in der zunehmend -en Bauweise (Mantel, Wald 47).

Holz|art, die: *Sorte, Art* (4 a) *von Holz.*

Holz|asche, die: *Verbrennungsrückstand von Holz.*

Holz|au|ge, das: in der Wendung **H., sei wachsam!** (scherzh.; *pass auf, sieh dich vor!;* meist von jmdm. an sich selbst gerichtete Ermahnung zu erhöhter Wachsamkeit, um nicht übervorteilt od. hintergangen zu werden; H. u.).

Holz|bank, die ‹Pl. ...bänke›: **a)** *hölzerne [Sitz]bank;* **b)** *wie eine massive Bank gestapeltes Holz:* bis zu 100 Meter lange Holzbänke sind zwei Monate nach den verheerenden Waldbränden ... bereits angelegt (MM 24. 10. 75, 16).

Holz|ba|ra|cke, die: vgl. Holzhaus.

Holz|bau, der: **1.** ‹o. Pl.› *das Bauen in Holz.* **2.** ‹Pl. -ten› *Bauwerk aus Holz.*

Holz|be|ar|bei|tung, die: *Bearbeitung von Holz.*

Holz|be|ar|bei|tungs|ma|schi|ne, die: *Maschine zur Holzbearbeitung.*

Holz|be|darf, der: *Bedarf an Holz.*
Holz|bei|ge, die [↑²Beige] (südd., schweiz.): *Holzstoß.*
Holz|bein, das: *Beinprothese aus Holz.*
Holz|bei|ze, die: *Beize* (1 a).
Holz|be|ton, der: *Leichtbeton aus Zement u. Säge-, Hobelspänen od. Holzwolle.*
Holz|bett, das: *Bett mit einem Gestell aus Holz:* Die Sekretärin führte mich zu einem primitiven H. (Leonhard, Revolution 156).
Holz|bie|ne, die: *(nicht Staaten bildende) meist blauschwarze Biene mit violetten Flügeln, deren Weibchen zur Eiablage lange Gänge in morsches Holz bohrt.*
Holz|bild|hau|er, der: *in Holz arbeitender Bildhauer, Bildschnitzer.*
Holz|bild|hau|e|rei, die: **1.** ⟨o. Pl.⟩ *Bildschnitzerkunst, -tätigkeit.* **2.** *Bildschnitzerwerkstatt.* **3.** *Erzeugnis des Bildschnitzers.*
Holz|bild|hau|e|rin, die: w. Form zu: ↑Holzbildhauer.
Holz|bir|ne, die: vgl. Holzapfel.
Holz|blä|ser, der (Musik): *Spieler eines Holzblasinstruments.*
Holz|blä|se|rin, die: w. Form zu ↑Holzbläser.
Holz|blas|in|stru|ment, das (Musik): *hauptsächlich aus Holz gefertigtes Blasinstrument* (z. B. Blockflöte, Oboe, Klarinette).
Holz|blas|in|stru|men|ten|ma|cher, der: vgl. Instrumentenmacher.
Holz|block, der ⟨Pl. ...blöcke⟩: *Block* (1), *Klotz aus Holz.*
Holz|bock, der [3: zum 2. Bestandteil vgl. Hausbock]: **1.** *¹Bock* (3) *aus Holz.* **2.** *Blut saugende Zecke, die bes. Hunde, aber auch Menschen befällt.* **3.** *großer, gelb behaarter Bockkäfer, dessen Larven besonders an jungen Pappeln u. Weiden Schäden verursachen.*
Holz|bo|den, der: **1.** *Fußboden aus Holz.* **2.** (Forstw.) *zur Erzeugung von Holz vorgesehene Waldfläche.*
Holz|boh|le, die: *Bohle.*
Holz|boh|rer, der: **1.** *zum Bearbeiten von Holz geeigneter Bohrer.* **2.** *Nachtschmetterling, dessen Raupen sich im Inneren von Baumstämmen entwickeln u. großen Schaden verursachen können.* **3.** *Borkenkäfer.*
Holz|bohr|kä|fer, der: *Bohrkäfer, dessen Larven im Gebälk, in Möbeln usw. schwere Schäden verursachen.*
Holz|bot|tich, der: *Bottich.*
Holz|brand|ma|le|rei, die: *Brandmalerei.*
Holz|brand|tech|nik, die: *Technik der Brandmalerei.*
Holz|brett, das: *[als Bauholz verwendetes] Brett aus Holz.*
Holz|brett|chen, das: *als Teil des Gedecks* (1) *verwendetes kleines Brett aus Holz.*
Holz|brü|cke, die: *Brücke aus Holz.*
Holz|brü|ter, der: *Borkenkäfer.*
Holz|bün|del, das: *zu einem Bündel zusammengeschnürte Holzstücke.*
Hölz|chen, das; -s, -: **1.** Vkl. zu ↑Holz (1, 3 a): ***vom H. aufs Stöckchen kommen** (*vom Hundertsten ins Tausendste kommen;* ↑hundertst...). **2.** *einzelnes Streichholz:* rätschte ..., mit dem Rücken gegen den Nachtwind, ein H. und noch ein zweites an (Langgässer, Siegel 204).
Holz|dach, das: *Dach aus Holz.*
Holz|dar|re, die (Fachspr.): *Anlage zum Trocknen von Holz.*
Holz|de|cke, die: *Decke* (3) *aus Holz.*
Holz|des|til|la|ti|on, die (Fachspr.): *trockenes Erhitzen von Holz unter Luftabschluss zur Gewinnung von Holzkohle, Holzteer u. Holzessig.*
Holz|dieb|stahl, der: *Diebstahl von [Brenn]holz aus dem Wald.*
Holz|die|le, die: **1.** *langes Holzbrett, bes. Fußbodenbrett.* **2.** *Holzfußboden.*
Holz|draht, der (Fachspr.): *dünnes Stäbchen aus Holz (für Zündhölzer od. zur Herstellung von Flechtwaren aus Holz).*
Holz|dü|bel, der: *Dübel* (1 a, 2) *aus Holz.*
Holz|ei|mer, der: *Eimer aus Holz.*
Holz|ein|schlag, der (Forstw.): vgl. Einschlag (3).
höl|zeln ⟨sw. V.; hat⟩ (südostösterr. ugs.): *lispeln.*
hol|zen ⟨sw. V.⟩ [1: mhd. holzen, hülzen]: **1.** (veraltend) *Bäume fällen [u. zu Brennholz zerschlagen]* ⟨hat⟩: sie hatten den ganzen Tag geholzt; ⟨subst.:⟩ Neff war am Holzen, als die Polen kamen (Steimann, Aperwind 44). **2.** ⟨hat⟩ **a)** (bes. Fußball Jargon) *unfair, übertrieben hart u. roh spielen:* nicht spielen, nur h. können; der Verteidiger holzte fürchterlich; Ü im Wahlkampf wurde nur geholzt; **b)** (veraltend) *[sich] prügeln.* **3.** (Jägerspr.) *aufbaumen* ⟨hat/ist⟩.
Hol|zer, der; -s, - [1: mhd. holzer; 2: zu ↑holzen (2 a)]: **1.** (südd., österr., schweiz. veraltend) *Holzhacker, Waldarbeiter.* **2.** (bes. Fußball Jargon) *hart, unfair spielender Spieler.*
Hol|ze|rei, die; -, -en: **a)** (bes. Fußball Jargon) *hartes, unfaires, wenig sportliches Spiel;* **b)** *Prügelei.*
Hol|ze|rin, die; -, -nen: w. Form zu ↑Holzer.
höl|zern ⟨Adj.⟩ [mhd. hulzerīn]: **1.** *aus Holz:* -es Spielzeug; Mein Mann hatte eine -e Mistkarre (Wimschneider, Herbstmilch 134). **2.** *(meist in Bezug auf jmds. Haltung, Bewegungen o. Ä.) steif u. ungeschickt, linkisch:* ein -er Bursche; eine -e Ausdrucksweise; Man kann sich so leicht über seine -e Würde amüsieren (Heim, Traumschiff 139); seine Bewegungen sind h.; sie saß ganz h. auf seinen Knien (Gaiser, Jagd 171).
Holz|er|satz|stoff, der: *Material, das ähnliche Eigenschaften wie Holz aufweist u. Holz [als Baustoff] ersetzen soll.*
Holz|es|sig, der: *bei der Holzdestillation anfallendes Produkt mit hohem Gehalt an Essigsäure.*
Holz|fach|schu|le, die: *Fachschule für alle mit der Holzverarbeitung zusammenhängenden Berufe.*
Holz|fäl|ler, der; -s, -: *für das Fällen von Bäumen eingesetzter Waldarbeiter.*
Holz|fa|ser, die: *längliche, abgestorbene Pflanzenfaser mit verholzten Wänden.*
Holz|fa|ser|plat|te, die: *aus fein zerfasertem Holz u. Bindemitteln gepresste, als Bauelement dienende Platte.*
Holz|fäu|le, die: *Zersetzung des Holzes durch Pilze.*
Holz|fei|le, die: *Feile zur Holzbearbeitung.*
Holz|fel|ge, die: *¹Felge* (1) *aus Holz.*
Holz|feu|er, das: *Feuer durch Verbrennen von Holz.*
Holz|fi|ber, die: *hartgummiähnliche Masse aus mit Leim vermischten Sägespänen.*
Holz|fi|gur, die: *aus Holz gearbeitete Figur.*
Holz|floß, das: **a)** *Floß* (1 b); **b)** *Floß* (1 a) *aus zusammengebundenen Hölzern.*
Holz|flö|ße|rei, die: *das Flößen von Holz.*
holz|frei ⟨Adj.⟩: *(von Papier) aus reinem Zellstoff, ohne Holzschliff hergestellt.*
Holz|fre|vel, der (veraltend): *Holzdiebstahl.*
Holz|fuh|re, die: *Fuhre Holz.*
Holz|fur|nier, das: *Furnier aus echtem Holz.*
Holz|fuß|bo|den, der: *Fußboden aus Holz.*
Holz|ga|le|rie, die: *Galerie* (1) *aus Holz.*
Holz|gas, das: *bei der Holzdestillation entstehendes Gasgemisch, das auch als Treibstoff Verwendung findet.*
Holz|gas|ge|ne|ra|tor, der: *Generator für die Gewinnung von Holzgas.*
Holz|geist, der ⟨o. Pl.⟩: *bei der Holzdestillation anfallende alkoholhaltige, giftige Flüssigkeit, die u. a. zum Vergällen von Spiritus u. als Lösungsmittel Verwendung findet.*
Holz|ge|län|der, das: *Geländer aus Holz.*
holz|ge|recht ⟨Adj.⟩ (veraltet): *forstgerecht.*
Holz|ge|rech|tig|keit, die (früher): *das Recht zur Nutzung des Holzes in einem bestimmten Waldgebiet.*
Holz|ge|rüst, das: *Gerüst aus Holz.*
holz|ge|schnitzt ⟨Adj.⟩: *aus Holz geschnitzt.*
Holz|ge|stell, das: *hölzernes Gestell, Holzbock* (1).
holz|ge|tä|felt ⟨Adj.⟩: *mit Holztäfelung versehen.*
Holz|ge|wächs, das (Bot.): *ausdauernde Pflanze, deren Stamm u. Äste verholzen* (z. B. Baum, Strauch, Halbstrauch).
Holz|ge|wehr, das: *Gewehr aus Holz:* wobei ich ein schweres Eisengestell und er ein handliches H. hatte (Remarque, Westen 23).
Holz|ge|win|de, das: *in Holz eingeschnittenes Gewinde* (1).
Holz|ha|cker, der: **1.** (bes. österr.): *Holzfäller.* **2.** (Fußball Jargon) *harter, unfairer Spieler.*
Holz|ha|cke|rin, die: w. Form zu ↑Holzhacker.
holz|hal|tig ⟨Adj.⟩: *(von Papier) Holzschliff enthaltend.*
Holz|ham|mer, der: *hölzerner Hammer mit zylindrischem Kopf:* Ü gelegentlich müsse man der Opposition mit dem H. auf den Kopf schlagen (*ihr rücksichtslos u. mit groben Worten etw. beibringen;* Dönhoff, Ära 135); ***eins mit dem H. abgekriegt haben** (salopp abwertend; *beschränkt, nicht recht bei Verstand sein*).
Holz|ham|mer|me|tho|de, die: *sehr*

grobe, plumpe Methode, jmdm. etw. beizubringen, jmdn. zu beeinflussen.

Holz|ham|mer|nar|ko|se, die (salopp): *heftiger Schlag auf den Kopf, der Bewusstlosigkeit hervorruft.*

Holz|han|del, der ⟨o. Pl.⟩: *Handel mit Holz.*

Holz|hau|er, der (landsch.): *Holzfäller.*

Holz|hau|fen, der: *zu einem Haufen aufgeschüttetes zerkleinertes Holz.*

Holz|haus, das: *[ganz] aus Holz gebautes Haus.*

Holz|hüt|te, die: vgl. Holzhaus.

hol|zig ⟨Adj.⟩: *(in Bezug auf Pflanzen[teile], Früchte o. Ä.) mit festen, verholzten Fasern durchsetzt:* -er Spargel.

Holz|in|dus|trie, die: *Zweig der Industrie, in dem Holz be- od. verarbeitet wird.*

Holz|kä|fig, der: *Käfig aus Holz.*

Holz|kas|ten, der: *Kasten aus Holz:* Auf dem Fensterbrett unter ihm stand ein H. mit Blumen (Remarque, Triomphe 243).

Holz|keil, der: *Keil aus Holz.*

Holz|kir|che, die: vgl. Holzhaus.

Holz|kis|te, die: *Kiste aus Holz.*

Holz|kitt, der: *zum Ausfüllen von Ritzen im Holz verwendeter Kitt.*

Holz|klam|mer, die: *Klammer aus Holz* (z. B. Wäscheklammer).

Holz|klas|se, die: **1.** (früher) *billigste (3. bzw. 4.) Klasse in der Eisenbahn mit ungepolsterten Holzbänken:* Ü Amerikas Fluglinien ... haben die H. entdeckt: zu Billigpreisen ... soll ... künftig fliegen, wer auf Service verzichtet (Spiegel 17, 1975, 166). **2.** (Fachspr.) *Güteklasse für Holz.*

Holz|klo|ben, der: *Kloben* (1).

Holz|klotz, der: *Klotz* (1) *aus Holz.*

Holz|kne|bel, der: *hölzerner Knebel.*

Holz|knecht, der (früher): *Holzfäller:* Nur in ausgesprochenen Waldgebieten ... gab es hauptberufliche Waldarbeiter, die »Holzknechte« (Mantel, Wald 110).

Holz|kof|fer, der: *Koffer aus Holz.*

Holz|koh|le, die: *schwarze, poröse, sehr leichte Kohle, die bei der Verkohlung von Holz (z. B. im Meiler) gewonnen u. als Brennstoff, Zeichenkohle u. a. verwendet wird:* Bratwürste auf H. grillen.

Holz|koh|len|grill, der: *mit Holzkohle betriebener Grill.*

Holz|kon|struk|ti|on, die: *Konstruktion aus Holz.*

Holz|kopf, der: **1.** *aus Holz gedrechselter oder geschnitzter Kopf:* einen H. schnitzen; eine Puppe mit einem H. **2.** (salopp abwertend) *langsam, schwer begreifender Mensch.*

Holz|korb, der: *für die Aufnahme von Brennholz bestimmter Korb.*

Holz|kreuz, das: *Kreuz aus Holz:* ein schlichtes H. auf dem Grab.

Holz|lack, der: *für Holzflächen geeigneter Lack.*

Holz|la|ger, das: **1.** *Vorrat an Holz.* **2.** *Lagerraum für Holz.*

Holz|latsch, der, **Holz|lat|sche,** die, **Holz|lat|schen,** der ⟨meist Pl.⟩ (ugs.): *Holzpantoffel, Holzsandale.*

Holz|leim, der: *stärkehaltiger Klebstoff für Holz.*

Holz|leis|te, die: *Leiste aus Holz.*

Holz|lie|fe|rant, der: *Lieferant von Holz.*

Holz|löf|fel, der: *Löffel aus Holz.*

Holz|ma|le|rei, die: *Malerei auf Holz.*

Holz|markt, der: *Markt zur Regelung des Absatzes von Holz durch die Forstwirtschaft u. der Beschaffung von Holz durch die Holzindustrie.*

Holz|ma|se|rung, die: *Maserung im Holz.*

Holz|mas|ke, die: *aus Holz geschnitzte Maske.*

Holz|maß, das: *Maßeinheit, Raummaß für Holz.*

Holz|mehl, das: *(durch Holzschädlinge hervorgerufener od. beim Sägen entstandener) pulverfeiner Abfall von Holz; Sägemehl.*

Holz|mess|an|wei|sung, die: *bindende amtliche Vorschrift über das Vermessen u. Sortieren von Rohholz.*

Holz|mess|kun|de, die ⟨o. Pl.⟩: *Lehre von der Altersbestimmung des Holzes u. der Ermittlung der Holzmasse usw. bei Gehölzen u. Wäldern.*

Holz|na|gel, der: *hölzerner Nagel, Holzstift.*

Holz|öl, das: *rasch trocknendes Öl aus dem Samen des ostasiatischen Tungbaumes, das für harte u. wasserbeständige Lacke verwendet wird.*

Holz|opal, der: *zusammen mit einer siliziumhaltigen Masse versteinertes Holz, in dem die Holzstruktur erhalten geblieben ist.*

Holz|pa|neel, das: *Paneel.*

Holz|pan|ti|ne, die (landsch.): *Pantine.*

Holz|pan|tof|fel, der: *Pantine.*

Holz|pa|pier, das: *holzhaltiges Papier.*

Holz|pap|pe, die: *aus Holzschliff hergestellte Pappe.*

Holz|per|le, die: *Perle aus Holz.*

Holz|pfei|fe, die: *Tabakspfeife aus Holz.*

Holz|pflan|ze, die: *Holzgewächs.*

Holz|pflas|ter, das: *aus imprägnierten Holzpflöcken bestehendes [Straßen]pflaster.*

Holz|pflock, der: *Pflock aus Holz.*

Holz|pilz, der: *auf Holz wachsender, Holz zerstörender Pilz.*

Holz|plan|ke, die: *Planke.*

Holz|plas|tik, die: **a)** *Schnitzwerk, geschnitzte Figur aus Holz:* eine 1,50 m große H.; **b)** ⟨o. Pl.⟩ *Holzschnitzkunst.*

Holz|plat|te, die: *Platte* (1) *aus Holz.*

Holz|platz, der: *Platz zum Lagern, Stapeln von Holz.*

◆ **Holz|plüt|zer|chen,** das; -s, - [2. Bestandteil Vkl. von ↑Plutzer (c)] (österr. mundartl.): *kleine hölzerne Flasche:* Er hielt mir ein H. an den Mund (Rosegger, Waldbauernbub 145).

Holz|preis, der: *Preis für Holz als Rohstoff.*

Holz|prit|sche, die: *Pritsche* (1) *aus einem Holzgestell.*

Holz|pup|pe, die: *Spielzeugpuppe aus Holz.*

Holz|rah|men, der: *[Bilder]rahmen aus Holz.*

Holz|ras|pel, die: *Raspel zur Holzbearbeitung.*

Holz|re|chen, der (südd., md., österr., schweiz.): *Rechen* (1) *aus Holz.*

Holz|recht, das (früher): *Holzgerechtigkeit.*

Holz|reich|tum, der ⟨o. Pl.⟩: *Reichtum an Holz.*

Holz|rei|fen, der: *Reifen aus Holz.*

Holz|rie|se, die (südd., österr.): *Holzrutsche.*

Holz|rost, der: [1]*Rost aus Brettern.*

Holz|rut|sche, die: *Rutsche zum Herablassen von geschlagenem Holz, Baumstämmen im Gebirge.*

Holz|san|da|le, die: *Sandale mit einer Holzsohle.*

Holz|schäd|ling, der: *in Holz eindringender pflanzlicher od. tierischer Schädling.*

Holz|schaff, das (südd., österr.): *großes hölzernes Gefäß; Holzwanne.*

Holz|scha|le, die: *flaches hölzernes Gefäß.*

Holz|scheit, das: *gespaltenes Stück [Brenn]holz.*

Holz|sche|mel, der: *Schemel aus Holz.*

Holz|schim|mel, der: *Holzfäule.*

Holz|schin|del, die: *Schindel.*

Holz|schlag, der: **1.** ⟨o. Pl.⟩ *das Schlagen von Holz:* nächste Woche kann mit dem H. begonnen werden. **2.** *zum Abholzen bestimmtes Waldstück:* drängt die Loni den Mann, in den H. zu fahren, damit man's im Winter gemütlich hat (Fr. Wolf, Zwei 177).

Holz|schlä|ger, der: *Golfschläger aus Holz.*

Holz|schliff, der (Fachspr.): *durch Abschleifen von Holz an rotierenden Schleifsteinen unter Zusatz von Wasser gewonnene Masse, die ein wichtiger Grundstoff in der Papierindustrie ist.*

holz|schliff|frei: *holzfrei.*

Holz|schnei|de|kunst, die ⟨o. Pl.⟩: *Kunst des Holzschnitts.*

Holz|schnei|der, der: *Künstler, der Holzschnitte herstellt.*

Holz|schnei|de|rin, die: w. Form zu ↑Holzschneider.

Holz|schnitt, der: **1.** ⟨o. Pl.⟩ *grafische Technik, bei der die Darstellung [mit Feder od. Stift vorgezeichnet u.] mit scharfem Messer aus einer später als Druckstock dienenden Holzplatte herausgeschnitten wird.* **2.** *in der Technik des Holzschnitts* (1) *hergestelltes Blatt.*

holz|schnitt|ar|tig ⟨Adj.⟩: *(von einer Darstellung, Ausführung o. Ä.) grob, ohne Feinheiten:* Eine ähnliche -e Kritik übt Hackethal auch an der gängigen Brustkrebsvorsorge (Spiegel 26, 1977, 170).

holz|schnitt|haft ⟨Adj.⟩: *einfach und knapp, sich auf das Wesentliche beschränkend:* Er hat in seiner knorrigen, -en Art mir zum ersten Mal in meinem Leben eine Art von Vorbild gegeben (Ependorfer, Ledermann 131).

Holz|schnit|zer, der: *Künstler, der Gegenstände u. Figuren aus Holz schnitzt.*

Holz|schnit|ze|rei, die: **1.** ⟨o. Pl.⟩ *das Schnitzen, Technik des Schnitzens in Holz.* **2.** *in Holz geschnitzte Figur od. Verzierung.*

Holz|schnit|ze|rin, die: w. Form zu ↑Holzschnitzer.

Holz|schopf, der (schweiz.): *Holzschuppen.*

Holz|schrau|be, die: *spitze Schraube mit scharfkantigem Gewinde, die sich in Holz festdrehen lässt.*

Hol̤z|schuh, der ⟨meist Pl.⟩: **a)** *ganz aus Holz hergestellter Schuh;* **b)** *Schuh mit dicker Holzsohle.*

Hol̤z|schup|pen, der: **a)** *aus Holz errichteter Schuppen;* **b)** *Schuppen zum Aufbewahren von Brennholz.*

Hol̤z|schutz, der ⟨o. Pl.⟩: *Maßnahme[n] zur Sicherung des Holzes gegen Schädlinge, Witterungseinflüsse, Feuer u. Wasser.*

Hol̤z|schutz|mit|tel, das: *Mittel zur Konservierung von Holz gegen Schädlinge, Witterungseinflüsse, Feuchtigkeit usw.*

Hol̤z|schwamm, der: *Hausschwamm.*

Hol̤z|ski, der: *Ski aus Holz od. mehrfach verleimten Holzschichten.*

Hol̤z|skulp|tur, die: *Skulptur aus Holz.*

Hol̤z|soh|le, die: *Schuhsohle aus Holz.*

Hol̤z|span, der: **a)** *kleines, dünnes Holzstäbchen;* **b)** ⟨meist Pl.⟩ *beim Hobeln von Holz entstehender Span.*

Hol̤z|span|plat|te, die (Bauw.): *aus Holzspänen mit härtenden Bindemitteln unter Wärmeeinwirkung u. Druck gepresste Platte.*

Hol̤z|spiel|wa|ren ⟨Pl.⟩: vgl. Holzspielzeug.

Hol̤z|spiel|zeug, das: *Kinderspielzeug aus Holz.*

Hol̤z|spi|ri|tus, der ⟨Pl. -se⟩ (Chemie): *aus Holz, bei der Gärung von Holzzucker gewonnener Alkohol.*

Hol̤z|split|ter, der: *Splitter aus Holz.*

Hol̤z|stab, der: *Stab aus Holz.*

Hol̤z|sta|del, der (bayr., österr.): *aus Holz errichtete Scheune.*

Hol̤z|stan|ge, die: *Stange aus Holz.*

Hol̤z|sta|pel, der: vgl. Holzstoß.

Hol̤z|stem|pel, der: *hölzerner Stützpfosten.*

Hol̤z|stich, der: **1.** ⟨o. Pl.⟩ *Technik des Holzschnitts mit einem Stichel (auf besonders hartem, quer zur Faser geschnittenem Holz).* **2.** *in der Technik des Holzstichs* (1) *hergestellter Abzug.*

Hol̤z|stie|ge, die: *[1]Stiege aus Holz.*

Hol̤z|stiel, der: *Stiel aus Holz.*

Hol̤z|stift, der: *Holznagel.*

Hol̤z|stock, der ⟨Pl. ...stöcke⟩: **1.** *[1]Stock aus Holz.* **2.** (Grafik) *Druckstock, in den ein Holzschnitt od. Stich eingeschnitten ist.*

Hol̤z|stoff, der: **a)** *Holzschliff;* **b)** *Lignin.*

Hol̤z|stoß, der: *[für ein Feuer] aufgeschichtetes Holz.*

Hol̤z|stück, das: *Stück Holz.*

Hol̤z|stuhl, der: *Stuhl aus Holz:* Sie saßen dann zu dritt auf harten Holzstühlen in der Wohnküche (Rolf Schneider, November 99).

Hol̤z|ta|fel, die: *Tafel aus Holz.*

Hol̤z|tä|fe|lung, die: *Täfelung* (2) *aus Holz.*

Hol̤z|tä|fer, das (schweiz.): *Täfer.*

Hol̤z|ta|pe|te, die: *aus dünnem Furnier bestehende Tapete.*

Hol̤z|ta|xe, die: *festgesetzter [Höchst]preis für Holz.*

Hol̤z|tech|ni|ker, der: *Techniker im Bereich der Holzindustrie.*

Hol̤z|tech|ni|ke|rin, die: w. Form zu ↑Holztechniker.

Hol̤z|teer, der: *ölige Substanz, die bei der Verkohlung von Holz (z. B. im Meiler) gewonnen wird und u. a. als Holzschutz- u. Imprägniermittel Verwendung findet.*

Hol̤z|tel|ler, der: *Teller aus Holz.*

Hol̤z|tisch, der: *Tisch aus Holz.*

Hol̤z|trep|pe, die: *Treppe aus Holz.*

Hol̤z|tri|bü|ne, die: *Tribüne* (2a) *aus Holz.*

Hol̤z|tro|cken|an|la|ge, die: *Holzdarre.*

Hol̤z|trog, der: *Trog aus Holz.*

Hol̤z|tür, die: *Tür aus Holz.*

Hol̤z|turm, der: *Turm aus Holz:* eine Kirche mit einem H.

Hol̤|zung, die; -, -en (veraltend): **1.** *das Holzen* (1). **2.** *Baumbestand, Gehölz:* ◆ alle liegenden Gründe, die zum Schlosse gehörten, Felder und Wiesen, Triften, -en (Immermann, Münchhausen 88).

Hol̤|zungs|recht, das: *Holzgerechtigkeit.*

Hol̤z ver|ar|bei|tend: s. Holz (1).

Hol̤z|ver|ar|bei|tung, die: *Verarbeitung von Holz.*

Hol̤z|ver|band, der, **Hol̤z|ver|bin|dung,** die (Bauw.): *(bes. bei Dachkonstruktionen vorkommender) Konstruktionsteil aus Holz.*

Hol̤z|ver|brauch, der: *Verbrauch an Holz.*

Hol̤z|ver|ede|lung, Hol̤z|ver|ed|lung, Hol̤z|ver|gü|tung, die ⟨o. Pl.⟩ (Fachspr.): *(in der Holz verarbeitenden Industrie) Gesamtheit der Maßnahmen, die den Gebrauchswert u. die Haltbarkeit von Holz erhöhen.*

hol̤z|ver|klei|det ⟨Adj.⟩: *mit einer Holzverkleidung versehen.*

Hol̤z|ver|klei|dung, die: *Verkleidung aus Holz.*

Hol̤z|ver|koh|lung, die: *Holzdestillation.*

Hol̤z|ver|scha|lung, die: *Verschalung aus Holz.*

Hol̤z|ver|schlag, der: vgl. Holzschuppen (a, b).

Hol̤z|ver|zu|cke|rung, die (Chemie): *chemische Aufbereitung von sonst nicht verwertbarem Holz, bes. zu Glukose.*

Hol̤z|vor|rat, der: *Vorrat an Holz.*

Hol̤z|wan|ne, die: *Wanne aus Holz.*

Hol̤z|wa|ren ⟨Pl.⟩: *aus Holz gefertigte [Verkaufs]gegenstände.*

Hol̤z|weg, der [mhd. holzwec = (Wald)weg, auf dem Holz abgefahren wird]: in der Wendung **auf dem H. sein/sich auf dem H. befinden** *(mit einer Vorstellung, Meinung o. Ä. von etw. sehr irren;* ein Holzweg endet vielfach im Wald, er ist keine Landstraße, die zu einem bestimmten Ziel führt).

Hol̤z|wel|le, die (schweiz.): *Holzbündel.*

Hol̤z|wes|pe, die: *(zu den Pflanzenwespen gehörendes) Insekt von gelb-brauner Farbe, dessen Weibchen seine Eier in Nadelhölzern ablegt.*

Hol̤z|wirt, der: *jmd., der sich (nach entsprechendem Hochschulstudium) mit der Technik u. Chemie der Holzbearbeitung u. -verarbeitung beschäftigt.*

Hol̤z|wir|tin, die: w. Form zu ↑Holzwirt.

Hol̤z|wirt|schaft, die: *Wirtschaftszweig, der Forstwirtschaft u. Holzverarbeitung umfasst.*

hol̤z|wirt|schaft|lich ⟨Adj.⟩: *die Holzwirtschaft betreffend.*

Hol̤z|wol|le, die ⟨o. Pl.⟩: *schmale, gekräuselte Holzspäne, die als Verpackungsmaterial, Füllung von Polstern u. a. verwendet werden:* er hatte es satt, andauernd H. in tote Tiere zu tun und dafür bloß einsfünfundachtzig zu kriegen (Schnurre, Bart 33); Er schloss die Spezialkiste auf, die mit ... Spirituosen, in dünnfädige H. verpackt, angefüllt war (Kirst, 08/15, 307).

◆ **Hol̤z|wro|ge,** die; -, -n [2. Bestandteil zu: wrogen, niederd. Form von ↑rügen] (landsch.): *Anzeige wegen Holzdiebstahls:* Ohne die verflixten -n könnte man es vielleicht wohl zu einem hübschen Alter bringen (Raabe, Alte Nester 25).

Hol̤z|wurm, der: **1.** (volkst.) *(im Holz bes. von Balkenwerk, Möbeln u. Ä. lebende) Larve verschiedener Käferarten, die Gänge ins Holz frisst u. an der Oberfläche des Holzes kleine Löcher hervorbringt, aus denen Holzmehl herausrinnt:* Die Holzwürmer tickten im Gebälk (Strittmatter, Wundertäter 186). **2.** (ugs. scherzh.) *Tischler, Zimmermann:* Ü (Schimpfwort:) du erbärmlicher H., du fehlst mir gerade noch, zahl du lieber mal deine Schulden (v. d. Grün, Glatteis 130).

Hol̤z|zan|ge, die: *Zange aus Holz:* Sie angelte mit einer H. die Würste aus dem Topf (Martin, Henker 89).

Hol̤z|zaun, der: *Zaun aus Holz.*

Hol̤z|zu|ber, der: *Zuber.*

Hol̤z|zu|cker, der: *Xylose.*

Hol̤z|zün|der, der (Fachspr.): *Streichholz.*

hom-, Hom-: ↑homo-, Homo-.

Ho|ma|tro|pi̱n, das; -s [zu griech. homós (↑homo-, Homo-) u. ↑Atropin] (Med.): *dem Atropin chemisch sehr ähnliche, jedoch weniger giftige Substanz, deren Salze in der Augenheilkunde zur kurzfristigen Pupillenerweiterung verwendet werden.*

Hom̤|burg, der; -s, -s [nach dem vom späteren brit. König Eduard VII. bei einem Besuch in Bad Homburg getragenen Hut]: *bei offiziellen Gelegenheiten getragener, eleganter steifer Herrenhut aus Filz mit hohem Kopf u. leicht aufwärts gerundeter Krempe:* Herren im H. schreiten Ehrenkompanien ab (Enzensberger, Einzelheiten I, 113).

Home|ban|king ['hoʊmbæŋkɪŋ], (auch:) **Home-Ban|king,** das; -[s] [engl. home banking, aus: home = Heim u. banking = Bankwesen, Bankgewerbe]: *Abwicklung von Bankgeschäften mithilfe einer EDV-Einrichtung von der Wohnung aus:* Zwar sei man als Kunde beim H. auf öffentliche Netze angewiesen, doch die eigentlichen Transfergeschäfte würden über den Zentralrechner in Stuttgart abgewickelt (Sonntag Aktuell 8. 10. 95, 13).

Home|base ['hoʊmbeɪs], (auch:) **Home-Base,** das; -, -s [engl. home base] (Baseball): *Mal zwischen den beiden Schlägerboxen.*

Home|com|pu|ter ['hoʊm...], (auch:) **Home-Com|pu|ter,** der; -s, - [engl. home computer, aus: home = Heim u. ↑Computer]: *Heimcomputer.*

Home|dress ['hoʊmdrɛs], (auch:) **Home-Dress,** der; - u. -es, -e [aus engl.

home = Heim u. ↑Dress]: *Hauskleid, Hausanzug.*

Home|figh|ter ['hoʊmfaitɐ], (auch:) **Home-Figh|ter,** der; -s, - [aus engl. home = Heim u. ↑Fighter] (Boxen): **a)** *im heimischen Boxring, vor heimischem Publikum besonders starker u. erfolgreicher Boxer, der in anderen Ringen schwächer boxt;* **b)** *im heimischen Ring, vor heimischem Publikum kämpfender Boxer.*

Home|land ['hoʊmlænd], das; -[s], -s ⟨meist Pl.⟩ [engl. homeland]: *(im Rahmen der in der Republik Südafrika 1948 bis 1993 angewandten Doktrin der Apartheid) bestimmten Teilen der schwarzen Bevölkerung zugewiesenes Siedlungsgebiet:* Damals war das Staatsgebiet durchsetzt von zehn so genannten -s, Gebieten, die die Apartheidregierung als halb oder ganz unabhängig betrachtete (taz 10. 10. 96, 9); Wahlberechtigt sind alle, ... auch die Bewohner der -s, die nach den Wahlen wieder in die Republik Südafrika eingegliedert werden (taz 26. 4. 94, 3).

Home|lear|ning ['hoʊmlə:nɪŋ], (auch:) **Home-Lear|ning,** das; -[s] [aus engl. home = Heim u. learning = das Lernen]: *Form des Lernens mithilfe von Telekommunikationsdiensten von der Wohnung aus:* ... werden in den USA bereits die ersten Erfahrungen mit dem interaktiven Fernsehen gemacht, das Telework, Teleshopping, H. aber auch neue Spielangebote ermöglichen wird (taz 24. 9. 94, 31).

Home|page, (auch:) **Home-Page** ['hoʊmpeɪdʒ], die; -, -s [...dʒɪz; engl. home page, aus: home = Heim u. page = Seite] (EDV): **a)** *über das World Wide Web als grafische Darstellung abrufbare Datei, die als Ausgangspunkt zu den angebotenen Informationen einer Person, Firma od. Institution dient; Leitseite, Startseite:* Als Fink etwa den Auftrag bekam, einen Buchverlag mit einer H. im Internet zu präsentieren ... (Woche 14. 11. 97, 19); Über den Direktvertrieb auf der eigenen H., wobei Bücher zum vollen Ladenpreis verkauft werden, trudeln beachtliche Summen herein (Zeit 4. 2. 99, 22); **b)** *Gesamtheit der Dateien einer Person, Firma od. Institution, die von der Homepage* (a) *erreichbar sind:* Auf der H. von PAM (= Projekt Absolute Mehrheit) Berlin wird ein dreiseitiger Vorschlag eines Kölner Studenten zur Privatisierung der Hochschulen diskutiert (taz 9. 10. 98, 10).

Home|plate ['hoʊmpleɪt], das; -[s], -s [engl. home plate] (Baseball): *Homebase.*

Ho|me|ri|de, der; -n, -n [nach dem altgriech. Dichter Homer]: *(in der griechischen Antike) jmd., der in der Art Homers dichtet od. die homerischen Gesänge vorträgt.*

ho|me|risch ⟨Adj.⟩: *typisch für den Dichter Homer, in seinen Werken [häufig] anzutreffen:* solche -en Redekämpfe durchzustehen (Tucholsky, Werke II, 393); eines Tages die fernen Stätten -er Taten zu sehen (Ceram, Götter 45); ***-es Gelächter** (↑Gelächter 1).

Ho|me|ris|mus, der; -, ...men: *homerischer Ausdruck, homerisches Stilelement im Werk eines anderen Dichters.*

Home|rule, (auch:) **Home-Rule** ['hoʊmru:l], die; - [engl. home rule = Selbstregierung]: *politisches Schlagwort für das von der irischen Nationalpartei angestrebte (1922 außer in Ulster verwirklichte) Ziel, die Selbstständigkeit Irlands auf parlamentarischem Wege zu erreichen.*

Home|run, (auch:) **Home-Run** ['hoʊmrʌn] -[s], -s, der [engl. home run, eigtl. = Heim-, Mallauf] (Baseball): *Treffer, der es dem Schläger ermöglicht, nach Berühren des ersten, zweiten u. dritten Base das Schlagmal wieder zu erreichen:* einen H. erzielen.

Home|spun ['hoʊmspʌn], das od. der; -s, -s [engl. homespun, eigtl. = selbst-, hausgesponnen]: **1.** *dickes, grobes, wie handgesponnen aussehendes Streichgarn.* **2.** *grobfädiges [mit Noppen durchsetztes], handwebeartiges Streichgarngewebe in Leinwand- od. Köperbindung:* der in einem grauen H. gekleidete Mann (Fr. Wolf, Zwei 270).

Home|sto|ry, (auch:) **Home-Story** ['hoʊm...], die [aus engl. home = Heim u. story, ↑Story]: *mit Fotos versehener Bericht in einer Zeitschrift o. Ä. über eine [prominente] Person in ihrem häuslichen, privaten Bereich:* Wenn dieser Hamlet heute leben würde, kürte ihn »Time« vermutlich zum »Mann des Jahres« und »Gala« brächte eine Homestory über ihn (Stern 23, 1997, 60).

Home|trai|ner ['hoʊm...], der; -s, - [aus engl. home = Heim u. ↑Trainer]: *Übungsgerät (z. B. stationäres Fahrrad, Rudergerät) für den Hausgebrauch zum Konditions- u. Ausgleichstraining od. zu heilgymnastischen Zwecken; Heimtrainer.*

Home|wear ['hoʊmwɛə], der; -s, -s [aus engl. home = Heim u. wear = Kleidung]: *Homedress.*

Ho|mi|let, der; -en, -en [mlat. homileta = Prediger < griech. homilētḗs = Gesellschafter]: **a)** *Fachmann auf dem Gebiet der Homiletik;* **b)** *Prediger, Kanzelredner.*

Ho|mi|le|tik, die; - [zu griech. homilētikḗ (téchnē) = die Rede(kunst) betreffend]: *Geschichte u. Theorie der christlichen Predigt.*

ho|mi|le|tisch ⟨Adj.⟩: *die Gestaltung der Predigt betreffend.*

Ho|mi|li|ar, das; -s, -e; (seltener:) **Ho|mi|li|a|ri|um,** das; -s, ...ien [mlat. homiliarium]: *mittelalterliche Sammlungen von Homilien (Predigtsammlungen), die nach dem Kirchenjahr geordnet sind.*

Ho|mi|lie, die; -, -n [kirchenlat. homilia = Predigt, eigtl. = Rede zum Volk < griech. homilía = Unterricht]: *Predigt in der Form der Auslegung eines Bibeltextes, die eine praktische Anwendung auf das Leben des Christen enthält [u. deren integrierender Bestandteil die Verkündigung ist].*

Ho|mi|nes: Pl. von ↑¹Homo.

ho|mi|nid ⟨Adj.⟩ [zu ↑Hominid(e)] (Biol.): *die Hominiden betreffend; zu den Hominiden gehörend:* Danach (= nach dieser These) verbreitete sich unser -er Vorfahr Homo erectus bereits vor etwa einer Million Jahren von Afrika aus über die gesamte Alte Welt (Zeit 4. 10. 96, 41).

Ho|mi|nid, der; -en, -en, (häufiger:) **Ho|mi|ni|de,** der; -n, -n [zu lat. homo, ↑¹Homo u. griech. -eidḗs = -gestaltig] (Biol.): *Angehöriger einer Ordnung (6) der Primaten, die aus der Gattung Australopithecus, den Vorläufern des heutigen Menschen der Gattung Homo sowie dem heutigen Menschen besteht:* Der Urahn des Menschen, der Australopithecus, war eine Art »Vormensch«, ein Hominid, ... (Zeit 8. 9. 95, 34); So zeigte sich, dass die erste Auswanderung der -en aus Afrika vor weit über zwei Millionen Jahren stattgefunden hat ... (Zeit 22. 8. 97, 35).

Ho|mi|ni|den|evo|lu|ti|on, die (Biol.): *Hominisation.*

Ho|mi|ni|sa|ti|on, die; - [zu lat. homo (Gen.: hominis) = Mensch] (Biol.): *körperlich-geistiger Entwicklungsgang vom äffischen Vorfahren bis zum heutigen Menschen; Menschwerdung* (1): Ü Das Ablegen einengender und »repressiver« Vorstellungen fördert die »Hominisation« (Menschwerdung), an deren Anfang wir erst stehen (Börsenblatt 97, 1970, 7393).

ho|mi|ni|sie|ren ⟨sw. V.; hat⟩ (Biol.): *zum Menschen entwickeln:* es sind manche Biologen auf den Gedanken gekommen, einen großen Affen zu h.

Ho|mi|nis|mus, der; -: *philosophische Lehre, die alle Erkenntnis u. Wahrheit nur in Bezug auf den Menschen u. nicht an sich gelten lässt.*

ho|mi|nis|tisch ⟨Adj.⟩: **1.** *den Hominismus betreffend, auf ihm beruhend.* **2.** *auf den Menschen bezogen, nur für den Menschen geltend.*

Hom|mage [ɔ'ma:ʒ], die; -, -n [...ʒn; frz. hommage, zu: homme <lat. homo, ↑¹Homo] (bildungsspr.): *Veranstaltung, Werk, Darbietung als Huldigung für einen Menschen, bes. einen Künstler:* Die Ausstellung ... ist ... in einer vollkommenen Weise eine »Hommage à Ida Kerkovius« (MM 19. 7. 69, 70); H. an einen großen Typografen (Börsenblatt 108, 1982, 2778); Eine H. auf Willi Baumeister (Stuttg. Zeitung 19. 10. 89, 32); der Film, der heute als eine Art H. für Diterle gezeigt wird (Welt 15. 6. 63, 8); Die H. zum 65. Geburtstag des Nobelpreisträgers drehte der tschechische Regisseur ... Jasny (Spiegel 51, 1982, 187); Ü eine späte bildhauerische H. auf den Konstruktivismus der 20er Jahre (MM 24. 1. 69, 32).

Homme à Femmes [ɔma'fam], der; - - -, -s - - [ɔma'fam; frz., eigtl. = Mann für Frauen, zu: femme < lat. femina = Frau] (bildungsspr.): *Frauentyp* (2).

Homme de Lett|res [ɔmdə'lɛtr], der; - - -, -s - - [ɔmdə'lɛtr; frz., zu: lettres (Pl.) = Literatur < lat. lit(t)erae, Pl. von: lit(t)era = Buchstabe] (bildungsspr.): *Literat.*

ho|mo ⟨indekl. Adj.⟩ (Jargon): kurz für ↑homosexuell: Und »plötzlich« ist er h. und treibt es mit Männern (Bruder, Homosexuelle 24).

¹Ho|mo, der; -, ...mines [...mine:s; lat. homo = Mann, Mensch] (Biol.): *Vertreter einer Gattung der Hominiden mit den Ar-*

ten Homo habilis, Homo erectus u. Homo sapiens.

²**Ho|mo** [auch: 'hɔ...], der; -s, -s (ugs.): *Homosexueller:* hier wird man H. oder abartig (Ossowski, Bewährung 54); ich meine die Jungen, nicht die Alten, die sich ängstlich tarnen und Familien gründen, damit nur niemand den H. wittert (Zwerenz, Kopf 186).

ho|mo-, Ho|mo-, (vor Vokalen gelegtl.:) hom-, Hom- [griech. homós] ⟨Best. in Zus. mit der Bed.:⟩ *gleich, gleichartig, entsprechend:* homogen; Homoerotik, Homonym.

ho|mö-, Ho|mö-: ↑homöo-, Homöo-.

Ho|mö|ark|ton, das; -s, ...ta [zu griech. homoióarktos = gleich(artig) anfangend, zu: homoĩos (↑homöo-, Homöo-) u. árchein = anfangen] (Rhet.): *Redefigur, bei der die Anfänge [zweier] aufeinander folgender Wörter gleich od. ähnlich lauten* (z. B. Mädchen – mähen ...).

Ho|mo|chro|nie, die; -, -n [zu griech. homóchronos = gleichzeitig, zu: homós (↑homo-, Homo-) u. chrónos = Zeit] (Geogr., Met., Meeresk.): *gleichzeitiges Auftreten od. Einsetzen einer Erscheinung an verschiedenen Punkten der Erde* (z. B. gleichzeitiges Eintreten der Flut in räumlich getrennten Gebieten).

ho|mo|dont ⟨Adj.⟩ [zu griech. homós (↑homo-, Homo-) u. odoús (Gen.: odóntos) = Zahn] (Biol.): *(vom Gebiss der Amphibien, Reptilien u. anderer Wirbeltiere) mit gleichartigen Zähnen ausgestattet.*

Ho|mo|emo|ti|o|na|li|tät, die; - (bildungsspr.): *das emotionale Sich-hingezogen-Fühlen zum gleichen Geschlecht.*

Ho|mo erec|tus, der; - - [aus ↑¹Homo u. lat. erectus = aufgerichtet, eigtl. aufgerichteter Mensch] (Anthrop.): *ausgestorbene Art der Gattung Homo, die als Merkmal einen aufrechten Gang aufweist:* Es ist ein junger H. e.: sein gut erhaltenes Skelett wurde in den achtziger Jahren in Nordkenia entdeckt (Zeit 21. 6. 96, 35); Dabei hat sich nach heutigem Kenntnisstand unsere Art, Homo sapiens, vor etwa 300 000 Jahren aus seiner Vorform, dem H. e., entwickelt (Zeit 17. 3. 95, 49).

Ho|mo|erot, der; -en, -en: *Homoerotiker, Homosexueller.*

Ho|mo|ero|tik, die; - [zu griech. homós (↑homo-, Homo-) u. ↑Erotik] (bildungsspr.): *erotische [u. sexuelle] Beziehungen zwischen gleichgeschlechtlichen Partnern.*

Ho|mo|ero|ti|ker, der; -s, -: *jmd., dessen erotisch-sexuelle Empfindungen auf Partner des gleichen Geschlechts gerichtet sind.*

Ho|mo|ero|ti|ke|rin, die; -, -nen: w. Form zu ↑Homoerotiker.

ho|mo|ero|tisch ⟨Adj.⟩ (bildungsspr.): *ein erotisches Empfinden für das eigene Geschlecht habend:* ... unterstützen diese Umstände immer die Aufnahme -er Beziehungen (Schelsky, Soziologie 79).

Ho|mo|ero|tis|mus, der; - (bildungsspr.): *Homosexualität.*

Ho|mo Fa|ber, der; - - [aus ↑¹Homo u. lat. faber = Verfertiger, Handwerker, Künstler] (bildungsspr.): *der Mensch mit seiner Fähigkeit, für sich Werkzeuge u. technische Hilfsmittel zur Bewältigung u. Kultivierung der Natur herzustellen:* jeder Arbeitsprozess stellt den H. F. vor eine erstaunlich unvollendete Tatsache (Meckel, Nachricht 103).

ho|mo|fon usw.: ↑homophon usw.

Ho|mo|ga|mie, die; - [zu griech. homógamos = zusammen verheiratet, zu: gamos = Ehe]: **1.** (Bot.) *die Selbstbestäubung ermöglichendes gleichzeitiges Reifen von männlichen u. weiblichen Blütenorganen bei einer zwittrigen Blüte.* **2.** (Soziol.) *Gleichheit der Partner bei der Gattenwahl, bes. hinsichtlich sozialer Herkunft u. kultureller Prägung:* Fachleute sprechen von H., von Heirat innerhalb gleicher sozialer Schichten (Ruthe, Partnerwahl 84).

ho|mo|gen ⟨Adj.⟩ [griech. homogenḗs = von gleichem Geschlecht, zu: homós (↑homo-, Homo-) u. génos = Geschlecht] (bildungsspr.): *gleichmäßig aufgebaut; einheitlich, aus Gleichartigem zusammengesetzt:* eine -e Gruppe, Schicht; Das konventionelle VOR-Drehfunkfeuer ... liefert über flachem und -em Gelände eine recht genaue Kursanzeige (Funkschau 20, 1971, 2079); Die Folge ist eine ... -ere Ausleuchtung des Kristalls (Elektronik 12, 1971, 421).

Ho|mo|ge|ni|sa|ti|on, die; -, -en (Fachspr.): *Homogenisierung.*

ho|mo|ge|ni|sie|ren ⟨sw. V.; hat⟩: **1.** (Chemie) *sich nicht mischende Flüssigkeiten (z. B. Fett u. Wasser) durch Zerkleinerung der Bestandteile mischen.* **2.** (Metallbearb.) *Metall glühen, um ein gleichmäßiges Gefüge zu erhalten.* **3.** (bildungsspr.) *homogen machen:* Wie aber wird die derart aufbereitete und homogenisierte Masse zur Story synthetisiert? (Enzensberger, Einzelheiten I, 85).

Ho|mo|ge|ni|sie|rung, die; -, -en: *das Homogenisieren* (1, 2, 3).

Ho|mo|ge|ni|tät, die; - (bildungsspr.): *das Homogensein:* Die H. ... bleibt in den vorliegenden Bänden ... gewahrt (Enzensberger, Einzelheiten I, 157); Der neue Zustand drängte zwar nicht unmittelbar auf soziale, jedoch auf räumliche H. (Enzensberger, Einzelheiten I, 189).

Ho|mo|go|nie, die;- [zu griech. gonḗ = das Entstehen, Erzeugung] (Philos.): *Entstehung aus Gleichartigem.*

ho|mo|grad ⟨Adj.⟩ [zu ↑Grad] (Statistik): *auf qualitative Unterschiede gerichtet:* die Verwendung -er und heterograder Methoden im Bereich der Phonometrie (Germanistik 2, 1971, 214 f.).

Ho|mo|graf: ↑Homograph.

Ho|mo|gramm, (häufiger:) **Ho|mo|graph,** (auch:) Homograf, das; -s, -e [zu griech. homós (↑homo-, Homo-) u. ↑-gramm, ↑-graph] (Sprachw.): *Wort, das sich in der Aussprache von einem anderen, gleich geschriebenen unterscheidet* (z. B. Tenor = Haltung neben Tenor = hohe Männerstimme).

Ho|mo ha|bi|lis, der; - - [aus ↑¹Homo u. lat. habilis = geschickt, eigtl. geschickter Mensch] (Anthrop.): *Hominid, ausgestorbener Vorläufer des heutigen Menschen:* 1964 wurde der H. h. als unser ältester Vorfahre beschrieben. (Zeit 8. 9. 95, 34).

ho|mo ho|mi|ni lu|pus [lat. = der Mensch (ist) dem Menschen ein Wolf; Grundprämisse der Staatstheorie des engl. Philosophen Th. Hobbes (1588 bis 1679) im »Leviathan«]: *der Mensch ist der gefährlichste Feind des Menschen.*

Ho|moi|o|nym [zu ↑homöo-, Homöo-] (Sprachw. selten): ↑Homöonym.

ho|mo|log ⟨Adj.⟩ [griech. homólogos = übereinstimmend, eigtl. = gleich, Gleiches redend, zu: homologeĩn = übereinstimmend reden, zu homós (↑homo-, Homo-) u. légein, ↑Logos]: **1.** (Biol.) *stammesgeschichtlich übereinstimmend, von entwicklungsgeschichtlich gleicher Herkunft:* bei den Blütenpflanzen sind Laubblatt und Blütenblatt h. **2.** (bes. Math.) *gleich liegend, entsprechend:* -e Stücke *(einander entsprechende Punkte, Seiten od. Winkel in kongruenten od. ähnlichen geometrischen Figuren).* **3.** (Chemie) *gesetzmäßig aufeinander folgend:* eine -e Reihe *(Gruppe chemisch nahe verwandter Verbindungen, für die sich eine allgemeine Reihenformel aufstellen lässt).*

Ho|mo|lo|ga|ti|on, die; -, -en (Motorsport): *das Homologieren* (1).

Ho|mo|lo|gie, die; -, -n [griech. homología = Übereinstimmung]: **1.** *das Homologsein.* **2.** (Philos.) *Übereinstimmung des Handelns mit der Vernunft u. damit mit der Natur (in der stoischen Lehre).*

ho|mo|lo|gie|ren ⟨sw. V.; hat⟩: **1.** (Motorsport) *(von Serienwagen od. deren Einzelteilen) in die internationale Zulassungsliste zur Klasseneinteilung für Rennwettbewerbe aufnehmen.* **2.** (Ski) *(von Skirennstrecken) nach den Normen des Internationalen Skiverbandes anlegen.*

Ho|mo|lo|gie|rung, die; -, -en: *das Homologieren.*

Ho|mo|lo|gu|me|non, das; -s, ...mena ⟨meist Pl.⟩ [spätgriech. homologoúmenon = das Übereinstimmende, zu griech. homologeĩsthai = übereinstimmen] (Theol.): *unbestritten zum Kanon* (3 b) *gehörende Schrift des Neuen Testaments.*

Ho|mo lu|dens, der; - - [aus ↑¹Homo u. lat. ludens = spielend] (bildungsspr.): *der spielende u. dadurch schöpferische Mensch.*

Ho|mo-men|su|ra-Satz, der; -es [aus lat. homo = Mensch u. mensura = Maß, nach dem bei Platon überlieferten Satz des zu den Sophisten gehörenden griech. Philosophen Protagoras (um 485–415 v. Chr.) aus seiner verlorenen Schrift »Die Wahrheit«: Der Mensch ist das Maß aller Dinge, der seienden, wie sie sind, der nicht seienden, wie sie nicht sind]: *Satz* (2) *der Sophistik* (2), *der die Abhängigkeit allen Wissens vom Menschen behauptet u. so die Fundierung aller Theorien in der menschlichen Handlungsweise, im Pragmatismus* (a), *postuliert.*

ho|mo|morph ⟨Adj.⟩ [zu ↑homo-, Homo- u. griech. morphḗ = Gestalt] (Math.): *(von algebraischen Strukturen) Homo-*

morphismus aufweisend: eine -e Abbildung.

Ho|mo|mor|phis|mus, der; -, ...men (Math.): *Abbildung einer algebraischen Struktur auf eine andere mit eindeutig einander zugeordneten, zweistelligen inneren Verknüpfungen.*

ho|mo|nom ⟨Adj.⟩ [griech. homónomos = gleichgesetzlich, zu: nómos = Gesetz] (Zool.): *(bei Tieren) gleichwertig hinsichtlich der einzelnen Körperabschnitte:* die Körpersegmente des Regenwurms sind h.

Ho|mo|no|mie, die; - (Zool.): *homonome Gliederung eines Tierkörpers.*

Ho|mo no|vus, der; - - [aus ↑[1]Homo u. lat. novus = neu] (bildungsspr. veraltend): *jmd., der neu in die obere Gesellschaftsschicht aufgestiegen ist.*

ho|mo|nym ⟨Adj.⟩ [lat. homonymus < griech. homōnymos = gleichnamig, zu: homós (↑homo-, Homo-) u. ónoma (ónyma) = Name] (Sprachw.): *gleich lautend, in der Lautung übereinstimmend, den gleichen Wortkörper habend (aber in der Bedeutung verschieden):* kosten »schmecken« und kosten »wert sein« sind h.

Ho|mo|nym, das; -s, -e: **1.** (Sprachw.): *Wort, das mit einem andern gleich lautet, den gleichen Wortkörper hat (aber in der Bedeutung [u. Herkunft] verschieden ist).* **2.** (Literaturw.) *Deckname, der aus einem klassischen Namen besteht* (z. B. Cassandra = William Neil Connor).

Ho|mo|ny|mie, die; - [griech. homōnymía = Gleichnamigkeit] (Sprachw.): *lautliche Übereinstimmung von Wörtern mit verschiedener Bedeutung [u. Herkunft].*

ho|mo|ny|misch ⟨Adj.⟩ (Sprachw. seltener): *homonym.*

ho|mö|o-, Ho|mö|o-, (vor Vokalen auch:) homö-, Homö- [latinisiert aus griech. homoĩos = gleich(artig), ähnlich, zu: homós, ↑homo-, Homo-] ⟨Best. in Zus. mit der Bed.:⟩ *ähnlich, gleichartig:* homöopathisch; Homöonym.

Ho|mo oeco|no|mi|cus [- øko...], der; - - [aus ↑[1]Homo u. lat. oeconomicus, ↑ökonomisch] (bildungsspr.): *der ausschließlich von Erwägungen der wirtschaftlichen Zweckmäßigkeit geleitete Mensch:* Der Mensch wird als H. o. aufgefasst, der streng rational seinen Vorteil kalkuliert und seinen Nutzen maximiert (Zeit 26. 3. 98, 12).

Ho|mö|o|me|ri|en ⟨Pl.⟩ [griech. homoioméraia, zu: homoĩos (↑homöo-, Homöo-) u. méros = (An)teil] (Philos.): *(bei dem altgriechischen Philosophen Anaxagoras) die als gleichartige, qualitativ fest bestimmte »ähnliche Teilchen« definierten Urstoffe od. Elemente.*

ho|mö|o|morph ⟨Adj.⟩ [griech. homoiómorphos, zu: morphḗ = Gestalt, Form] (Med., Chemie): *gleichgestaltig, von gleicher Form u. Struktur:* -e Organe; diese Kristalle sind h.

Ho|mö|o|nym, Homoionym, das; -s, -e [zu ↑homöo-, Homöo- u. griech. ónoma (ónyma) = Name] (Sprachw.): **1.** *ähnlich lautendes Wort od. ähnlich lautender Name* (z. B. Schmied – Schmidt). **2.** *partielles Synonymwort, das die gleiche Sache wie ein anderes bezeichnet, im Gefühlswert aber verschieden ist* (z. B. Haupt – Kopf).

Ho|mö|o|path, der; -en, -en: *die Homöopathie anwendender Arzt.*

Ho|mö|o|pa|thie, die; - [zu griech. homoiopathḗs = in ähnlichem Zustand, ähnlich empfindend, zu: páthos, ↑Pathos]: *Heilverfahren, das bei der Behandlung von Krankheiten nicht gegen die Krankheitssymptome gerichtete Substanzen einsetzt, sondern bei dem Substanzen verwendet werden, die hoch dosiert bei gesunden Personen ähnliche Krankheitssymptome hervorrufen wie die Krankheiten, gegen die sie angewandt werden.*

Ho|mö|o|pa|thin, die; -, -nen: w. Form zu ↑Homöopath.

ho|mö|o|pa|thisch ⟨Adj.⟩: *die Homöopathie betreffend, anwendend; der Homöopathie entsprechend:* -e Mittel; ein -er Arzt; um ... sich ... h. kurieren ... zu lassen (Th. Mann, Hoheit 240); ein Medikament in -en *(sehr geringen)* Dosen einnehmen; Ü eine -e Dosis von Neid ist in meinem Seelenragout zu schmecken (Tucholsky, Werke II, 507).

Ho|mö|o|plas|tik: ↑Homoplastik.

ho|mö|o|po|lar ⟨Adj.⟩ [↑polar] (Physik): *gleichartig elektrisch geladen:* -e Bindung *(Zusammenhalt von Atomen in Molekülen, der nicht auf der Anziehung entgegengesetzter Ladung beruht).*

Ho|mö|o|pro|pho|ron, das; -s, ...ra [spätgriech. homoiopróphoron = gleich (An)lautendes] (Rhet.): altgriech. Bez. für ↑Alliteration.

Ho|mö|op|to|ton, das; -s, ...ta [zu griech. homoióptōtos = im gleichen Kasus stehend] (Rhet.): *Redefigur, bei der ein Wort mit anderen aufeinander folgenden in der Kasusendung übereinstimmt* (z. B. omnibus viribus).

Ho|mö|os|mie, die; - [zu griech. ōsmós, ↑Osmose] (Biol.): *Fähigkeit einer Zelle, eines Organs od. eines Lebewesens, den osmotischen Innendruck gegenüber dem (schwankenden) osmotischen Druck in der Umgebung konstant zu halten.*

Ho|mö|os|ta|se, die, **Ho|mö|os|ta|sie,** die; -, -n, **Ho|mö|os|ta|sis,** die; -, ...sen [↑Stase] (Med.): *Gleichgewicht der physiologischen Körperfunktionen; Stabilität des Verhältnisses von Blutdruck, Körpertemperatur, pH-Wert des Blutes u. a.*

Ho|mö|os|tat, der; -en, -en [zu griech. statós = fest stehend] (Kybernetik): *[technisches] System, das sich der Umwelt gegenüber in einem stabilen Zustand halten kann.*

ho|mö|os|ta|tisch ⟨Adj.⟩ (Med.): *die Homöostase betreffend, dazu gehörend:* Vorgänge, bei denen solche Größen wie Blutzucker, Blutdruck, Temperatur usf. konstant gehalten werden, nennen wir h. (Medizin II, 213).

Ho|mö|o|te|leu|ton, das; -s, ...ta [griech. homoiotéleuton = gleich Endendes] (Rhet.): *Redefigur, bei der die Endungen aufeinander folgender Wörter od. Wortgruppen gleich klingen* (z. B. fide sed cui vide, lat. = trau, schau [wem]).

ho|mö|o|therm ⟨Adj.⟩ [zu griech. thermós = warm] (Zool.): *warmblütig; bei Schwanken der Umwelttemperatur gleich bleibend warm:* Vögel, Säugetiere sind h.

Ho|mö|o|ther|mie, die; - [zu griech. thérmē = Wärme] (Zool.): *homöothermer Zustand; Warmblütigkeit.*

ho|mo|phag ⟨Adj.⟩ [zu griech. phageĩn = essen, fressen] (Biol.): **a)** *(von Tieren) nur gleiche (entweder pflanzliche od. tierische) Nahrung zu sich nehmend;* **b)** *(von Parasiten) auf nur einem Wirtsorganismus schmarotzend.*

ho|mo|phil ⟨Adj.⟩ [zu griech. homós (↑homo-, Homo-) u. phileĩn = lieben] (bildungsspr.): *eine Liebesbeziehung, erotische Kontakte zwischen gleichgeschlechtlichen Partnern ausdrückend, aufweisend:* Studenten einer -en Jugendorganisation verwickeln Passanten in Gespräche über Homosexualität (Hörzu 4, 1972, 63).

Ho|mo|phi|lie, die; - [zu griech. philía = Liebe, Zuneigung] (bildungsspr.): *Liebesbeziehung, erotische Kontakte zwischen gleichgeschlechtlichen Partnern:* die H., die sich liebend dem personalen Du des Partners zuwendet (Wissenschaftlicher Literaturanzeiger 4, 1968, 150).

ho|mo|phob ⟨Adj.⟩ [zu griech. phobeĩn = fürchten] (bildungsspr.): *eine starke [krankhafte] Abneigung gegen Homosexualität habend, zeigend:* es gibt wohl kaum einen von uns, der nicht Verletzungen durch seine -e Umwelt zugefügt bekommen hat (Siems, Coming out 18).

Ho|mo|pho|bie, die ⟨o. Pl.⟩ (bildungsspr.): *homophobes Wesen, Verhalten.*

ho|mo|phon ⟨Adj.⟩ [griech. homóphōnos = gleich klingend, übereinstimmend]: **1.** (Musik) *in der Kompositionsart der Homophonie, wobei die Melodiestimme durch Akkorde gestützt wird u. die Stimmen weitgehend im gleichen Rhythmus verlaufen:* eine Komposition in -em Satz, -er Schreibweise. **2.** (Sprachw.) *(von Wörtern od. Wortsilben) gleich lautend:* die vier -en Wortsilben in zweieinhalb Zeilen verletzen ... das ... Sprachgefühl (Deschner, Talente 334).

Ho|mo|phon, das; -s, -e (Sprachw.): *Wort, das mit einem anderen gleich lautet, aber verschieden geschrieben wird* (z. B. Lehre – Leere); vgl. Homonym.

Ho|mo|pho|nie, die; - [griech. homophōnía = Gleichklang] (Musik): *Satztechnik, bei der die Melodiestimme hervortritt u. alle anderen Stimmen begleitend zurücktreten.*

ho|mo|pho|nisch ⟨Adj.⟩ (seltener): *homophon* (1, 2).

Ho|mo|plas|tik, Homöoplastik, die; -, -en [↑[1]Plastik] (Med.): *Übertragung von Gewebe, Organen auf ein Lebewesen der gleichen Art* (z. B. von Menschen auf den Menschen).

ho|mor|gan ⟨Adj.⟩ [zu ↑organisch] (Sprachw.): *(von Lauten) an genau od. ungefähr derselben Artikulationsstelle gebildet* (z. B. b, p).

Ho|mor|ga|ni|tät, die; - (Sprachw.): *Angleichung der Artikulation eines Lautes* *an die eines folgenden* (z. B. mhd. inbiȝ gegenüber nhd. Imbiss).

Ho|mo sa|pi|ens, der; -- [aus ↑[1]Homo u. lat. sapiens = vernunftbegabt, eigtl. der vernuftbegabte Mensch] (Anthrop.): *einzige rezente Art der Gattung [1]Homo; Mensch* (a): Vor allem aber belege der Knochen die Einmaligkeit des H. s. und damit die These, er sei weltweit nur einmal entstanden, vermutlich in Afrika (Zeit 14. 5. 98, 39); Während viele Anthropologen noch davon ausgehen, dass der H. s. erstmals vor rund 60 000 Jahren den australischen Kontinent erreichte, glauben andere inzwischen, die Besiedelung sei bereits weitaus früher erfolgt (Zeit 3. 12. 98, 25).

Ho|mo|se|is|te, die; -, -n ⟨meist Pl.⟩ [zu griech. homós (↑homo-, Homo-) u. seistós = erschüttert]: *(auf kartographischen Darstellungen) eine Linie, die Orte gleichzeitiger Erschütterung bei Erdbeben verbindet.*

ho|mo|sem ⟨Adj.⟩ [geb. nach ↑polysem] (Sprachw. selten): *synonym.*

Ho|mo|se|xu|a|li|tät, die; -: *sich auf das eigene Geschlecht richtendes sexuelles Empfinden u. Verhalten:* eine echte, latente H.; die H. des Mannes, der Frau; gilt ... die H. als ... Ausdruck der Übersättigung einer Oberschicht oder pikante Laune leichtlebiger Künstler (Spiegel 50, 1966, 166).

ho|mo|se|xu|ell ⟨Adj.⟩: **1.** *in seinem sexuellen Empfinden u. Verhalten zum eigenen Geschlecht hinneigend od. von einem solchen Empfinden u. Verhalten zeugend:* -e Männer, Frauen, Beziehungen; er, sie ist h. [veranlagt]. **2.** *von Homosexuellen besucht:* eine -e Bar.

Ho|mo|se|xu|el|le, der u. die; -n, -n ⟨Dekl. ↑Abgeordnete⟩: *homosexuell veranlagte männliche bzw. weibliche Person:* H. mit einfach nachweisbarer femininer Identifizierung bevorzugen meist reifere Partner (Studium 5, 1966, 290); so wird sie im extremen Fall als manifeste H. enden (Freud, Abriß 69).

Ho|mo|ske|das|ti|zi|tät, die; -, -en [zu griech. skedastikós = zum Zerstreuen gehörend] (Statistik): *Gleichheit bzw. nicht signifikante Ungleichheit in der Streuung* (1) *der Ergebnisse von Stichproben in Bezug auf die der Erhebung zugrunde liegende statistische Gesamtheit* (1).

Ho|mo|sphä|re, die; - (Met.): *sich von den darüber liegenden Luftschichten abgrenzende untere Erdatmosphäre, die durch eine nahezu gleiche Zusammensetzung der Luft gekennzeichnet ist.*

Ho|mo|to|xi|ko|lo|gie, die [↑[1]Homo u. ↑Toxikologie]: *naturheilkundliche Krankheitslehre, die alle Krankheitserscheinungen im menschlichen Organismus auf die Wirkung von Giften, sog. Homotoxinen, zurückführt.*

Ho|mo|to|xin, das: *auf den menschlichen Organismus wirkendes Toxin.*

Ho|mo|trans|plan|ta|ti|on, die; -, -en (Med.): *Homoplastik.*

Ho|mo|tro|pie, die; - [zu griech. trópos = (Hin)wendung] (Fachspr.): *Hinwendung zum eigenen Geschlecht in der Form der Homosexualität, Homoerotik u. Homophilie.*

Ho|mo|usi|a|ner, der; -s, -: *(während der christologischen Auseinandersetzungen im 2. u. 3. Jh.) Anhänger der Homousie.*

Ho|mö|usi|a|ner, der; -s, -: *(während der christologischen Auseinandersetzungen im 2. u. 3. Jh.) Anhänger der Homöusie.*

Ho|mo|usie, die; - [spätgriech. hom(o)ousía = Wesensgleichheit, zu: hom(o)oúsios = wesensgleich, zu griech. homós (↑homo-, Homo-) u. ousía = Wesen, eigtl. = das Seiende, zu: eĩnai = sein]: *Wesensgleichheit von Gottvater u. Gott Sohn.*

Ho|mö|usie, die; - [spätgriech. homoi(o)ousía = Wesensähnlichkeit, zu: homoi(o)oúsios = wesensähnlich, zu griech. homoĩos (↑homöo-, Homöo-) u. ousía, ↑Homousie]: *Wesensähnlichkeit zwischen Gottvater u. Gott Sohn* (Kompromissformel im Streit gegen den Arianismus).

ho|mo|zen|trisch ⟨Adj.⟩ (Math.): *(von Strahlenbündeln) von einem Punkt ausgehend od. in einem Punkt zusammenlaufend.*

ho|mo|zy|got ⟨Adj.⟩ [zu ↑Zygote] (Biol.): *mit gleichen mütterlichen u. väterlichen Erbanlagen versehen, reinerbig.*

Ho|mo|zy|go|tie, die; - (Biol.): *Reinerbigkeit.*

Ho|mun|kul|lus, der; -, -se u. ...li [lat. homunculus = Menschlein, Vkl. von: homo, ↑[1]Homo]: *(nach alchemistischer Vorstellung) künstlich erzeugter Mensch.*

Ho|nan, der; -s, -s, **Ho|nan|sei|de,** die [nach der chinesischen Provinz Honan]: *Rohseide, Seidengewebe aus Tussahseide mit leichten Fadenverdickungen.*

Hon|du|ra|ner, der; -s, -: Ew.

Hon|du|ra|ne|rin, die; -, -nen: w. Form zu ↑Honduraner.

hon|du|ra|nisch ⟨Adj.⟩.

Hon|du|ras; Honduras': mittelamerikanischer Staat.

ho|nen ⟨sw. V.; hat⟩ [engl. to hone, zu: hone = Schleif-, Wetzstein]: *(Metallflächen) mithilfe entsprechender Werkzeuge bzw. Maschinen fein bearbeiten u. glätten, um eine hohe Maßgenauigkeit bei Bohrungen zu erzielen.*

ho|nett ⟨Adj.⟩ [frz. honnête < afrz. honeste < lat. honestus] (geh.): *auf eine eher biedere Art rechtschaffen, ehrenhaft u. anständig u. so jmdm. wohlgefällige Achtung abnötigend:* Der Mörder sitzt neben mir. Es ist ein -er Mann, Leiter eines Textilunternehmens, ein anständiger Kaufmann von reputierlichem Äußern (Tucholsky, Werke I, 332); Ihr Kind würde sie schon um der Versuche willen, h. und stark zu bleiben, beinahe anbeten (R. Walser, Gehülfe 126).

Ho|ney ['hʌnɪ], der; -[s], -s [engl. honey, eigtl. = Honig] (Kosew.): *Schätzchen, Liebling, Süße[r].*

Ho|ney|moon ['...mu:n], der; -s, -s [engl. honeymoon, eigtl. = Honigmond] (scherzh.): *Flitterwochen:* ...sagte der junge Ehemann vor der Abreise zu seinem »Honeymoon« mit der 23 Jahre alten Magda de Bisschop (FAZ 15. 11. 61, 8).

Hong|kong: Hafenstadt an der südchinesischen Küste (frühere britische Kronkolonie).

ho|ni (auch: honni, honny) **soit qui mal y pense** ['ɔnisọakimali'pã:s; frz. = verachtet sei, wer Arges dabei denkt; Wahlspruch des Hosenbandordens, des höchsten britischen Ordens, der seine Stiftung durch Eduard III. angeblich einem galanten Zwischenfall verdankt, bei dem der König das einer Gräfin entfallene Strumpfband aufhob]: *nur ein Mensch, der etw. Übles denkt, wird hierbei etwas Anstößiges finden.*

Ho|nia|ra: Hauptstadt der Salomonen.

Ho|nig, der; -s, -e [mhd. honec, ahd. hona(n)g, eigtl. = der Goldfarbene]: *als Nahrungs- u. Heilmittel verwendete dickflüssige bis feste, hellgelbe bis grünschwarze, sehr süße Masse, die von Bienen aus Blüten- u. anderen süßen Pflanzensäften od. Sekreten bestimmter Insekten gewonnen, verarbeitet u. in Waben gespeichert wird:* flüssiger, fester H.; H. schleudern *(den Honig aus den Waben schleudern);* die Bienen sammeln H.; gegen Husten heiße Milch mit H. trinken; Ihre Finger waren klebrig von H. (Baum, Paris 150); Ü das dürfte dem Papste freilich H. aufs Brot bedeuten (A. Zweig, Grischa 290); dass man feststellt, der eine Minister habe die Variation und der andere die Variation, und daraus politisch H. saugen will (Bundestag 190, 1968, 10 286); * **türkischer H.** *(Süßigkeit aus Honig, Zucker, Gelatine, Eischnee, Mandeln u. Nüssen);* **jmdm. H. um den Mund/ums Maul/um den Bart schmieren** (ugs.; *jmdm. schmeicheln, um ihn günstig für sich zu stimmen*).

Ho|nig|amei|se, die: *Honigtopfameise.*

Ho|nig|an|zei|ger, der: *(bes. in Wäldern u. Steppen Afrikas u. Südasiens heimischer) spechtartiger, unscheinbar gefärbter, Bienenwachs fressender Vogel, der größere Tiere zu den Nestern wilder Bienen führt.*

Ho|nig|bie|ne, die: *Biene, die Honig liefert.*

Ho|nig|brot, das: *mit Honig bestrichene Scheibe Brot.*

Ho|nig|dachs, der: *bes. in Steppen o. Ä. Vorderasiens u. Indiens vorkommender Marder, der neben Kleintieren, Vögeln u. Fischen Honig frisst.*

Ho|nig|drü|se, die ⟨meist Pl.⟩ (Bot.): *innerhalb der Blüte, an Blattstielen od. Nebenblättern befindliches Drüsenhaar, das Nektar ausscheidet.*

ho|nig|far|ben ⟨Adj.⟩: *[bräunlich] gelb wie Honig:* -er Wein.

Ho|nig|fres|ser, der: *(bes. in Australien heimischer) großer Singvogel mit langem Schnabel u. gebogener, an die Nektaraufnahme angepasster Zunge.*

ho|nig|gelb ⟨Adj.⟩: *[bräunlich] gelb wie Honig:* Fast jeden Abend erscholl die Tanzmusik aus den h. erleuchteten Fenstern (Fussenegger, Haus 477).

Ho|nig|glas, das ⟨Pl. ...gläser⟩: *kleineres Glas [mit Schraubverschluss] zur Aufbewahrung von Honig.*

Ho|nig|gras, das: *Gras mit wollig behaarten Blättern u. Rispen mit vielen [rötli-*

chen, violetten] Blüten, die manchmal nach Honig duften.

Ho|nig|ku|chen, der: *unter Verwendung von Honig u. Gewürzen gebackener, an der Oberfläche braun glänzender Kuchen:* der H. war mit Mandeln belegt; auf Nebentischen ... waren braun glänzende H. kreuzweise übereinander geschichtet (Th. Mann, Krull 55).

Ho|nig|ku|chen|pferd, das: in der Wendung **lachen/grinsen/strahlen wie ein H.** (ugs. scherzh.: *sich sehr freuen u. über das ganze Gesicht lachen;* nach der glänzenden Oberfläche eines in Pferdeform gebackenen Honigkuchens): Er strahlte wie ein H. ... über seine Silbermedaille (MM 17. 2. 88, 7).

Ho|nig|le|cken, das: in der Wendung **kein H. sein** (ugs.; *[auch] Unannehmlichkeiten, Mühen mit sich bringen*): Arbeit ist kein H. (Handke, Kaspar 49).

Ho|nig|me|lo|ne, die: *kleinere gelbe Melone mit süß schmeckendem Fruchtfleisch.*

Ho|nig|mond, der [LÜ von frz. lune de miel, seinerseits LÜ von engl. honeymoon; ↑Mond (3)] (scherzh.): *Flitterwochen.*

Ho|nig|re|de, die (veraltet): *schmeichelnde Worte:* er hat's ihm abgelistet mit -n (Th. Mann, Joseph 487).

Ho|nig|schlecken, das: vgl. Honiglecken.

Ho|nig|schleu|der, die: *Zentrifuge zum Herausschleudern des Honigs aus den Waben.*

Ho|nig|seim, der (veraltet): *ungeläuterter Honig, wie er aus den Waben abfließt:* seine Worte, Reden waren süß wie H. (geh.; *klangen sehr schmeichlerisch, angenehm*).

ho|nig|süß ⟨Adj.⟩: *sehr, überaus süß; zuckersüß:* -e Weintrauben; Ü Gerald starrte seine Mutter fassungslos an, aber sie fuhr h. (iron.; *übertrieben, auf eine falsche Art freundlich*) fort: ... (Wendtland, Eisprinzeßchen 51).

Ho|nig|tau, der: *durchscheinender, klebrig-süßer Saft auf Pflanzen.*

Ho|nig|topf, der: *bes. früher gebräuchlicher Steintopf zur Aufbewahrung von Honig.*

Ho|nig|topf|amei|se, die: *(bes. in Mexiko u. Südamerika vorkommende) Ameise, die einige ihrer Nestgefährten mit Nektar u. anderen süßen Säften zu Vorratszwecken vollstopft u. dadurch sozusagen zu Honigtöpfen aufbläht.*

Ho|nig|wa|be, die: *mit Honig gefüllte Bienenwabe.*

Ho|nig|wein, der: *weinartiges Getränk aus vergorenem Honig; Met.*

Hon|ma|schi|ne, die [zu ↑honen]: *zur Feinbearbeitung größerer Bohrungen eingesetzte Maschine.*

Hon|ne, ²Hunne, der; -n, -n [spätmhd. (niederrhein.) honne, hunne, mhd. hunde, ahd. hunno = Zentenar (2); Zenturio, zu: hunt = hundert; das Hundert] (hist.): *Vorsteher einer Honschaft.*

Hon|neur [(h)ɔ'nøːɐ̯], der; -s, -s [frz. honneur = Ehre < lat. honor]: **1.** ⟨meist Pl.⟩ **a)** (veraltet) *Ehrenbezeigung, Ehre:* Offiziere ... erwiesen H. (Th. Mann, Hoheit 92); Der Butler erwies dem Prinzen die -s *(geleitete ihn voll Ehrerbietung)* bis hinunter in den Flur (Th. Mann, Hoheit 165); Ich will mal kurz in der Nachbarschaft meine -s *(Höflichkeitsbesuche)* machen (Kirst, 08/15, 780); **b)** ***die -s machen** (bildungsspr. veraltend; *bei einem Empfang o. Ä. die Gäste, einen Gast begrüßen u. vorstellen*). **2.** ⟨nur Pl.⟩ (Kartenspiel) *höchste Karten bei Whist u. Bridge.* **3.** ⟨nur Pl.⟩ (Kegeln) *das Umwerfen der mittleren Kegelreihe.*

Ho|no|lu|lu: Hauptstadt von Hawaii.

ho|no|ra|bel ⟨Adj.; ...bler, -ste⟩ [frz. honorable < lat. honorabilis, zu honor, ↑Honneur] (veraltet): *ehrenvoll, ehrbar:* was honorable Persönlichkeiten der Justiz propagieren (MM 24. 1. 70, 21).

Ho|no|rant, der; -en, -en [älter ital. onorante, zu: onorare < lat. honorare, ↑honorieren] (Bankw.): *jmd., der einen Wechsel anstelle des Bezogenen annimmt od. zahlt.*

Ho|no|rar, das; -s, -e [lat. honorarium = Ehrensold]: **1.** *Bezahlung, die Angehörige der freien Berufe (z. B. Ärzte, Rechtsanwälte, Schriftsteller) für einzelne Leistungen erhalten:* ein bestimmtes H. vereinbaren; gegen H. arbeiten; mir vom Buchhändler als H. für die letzte Woche Nachhilfeunterricht ein Buch über Yoga ... geben zu lassen (Remarque, Obelisk 87). **2.** *Vergütung, die jmd. für eine Tätigkeit, die er nebenberuflich (z. B. aufgrund eines Werkvertrags) od. als freier Mitarbeiter ausübt, erhält:* bei Erfüllung des Werkvertrags erhält der Mitarbeiter ein H. von 15 000 DM.

Ho|no|rar|for|de|rung, die: *aus einzelnen freiberuflichen Leistungen od. Leistungen als Honorarkraft resultierender finanzieller Anspruch:* Unter diesen Umständen habe Frau Kressmann die Entwürfe zunächst ohne H. angefertigt (Welt 14. 4. 62, 7).

Ho|no|rar|kon|sul, der: *jmd., der das Konsularamt ehrenamtlich ausübt:* Rasumowsky, der nebenbei auch H. mehrerer Entwicklungsländer war (Ziegler, Liebe 50).

Ho|no|rar|kon|su|lin, die: w. Form zu ↑Honorarkonsul.

Ho|no|rar|kraft, die: *jmd., der eine Tätigkeit nebenberuflich od. als freier Mitarbeiter ausübt u. dafür ein Honorar* (2) *erhält:* Zur Leitung spezieller Arbeitskreise (= im Jugendzentrum) ... sollen zudem noch Honorarkräfte engagiert werden (Saarbr. Zeitung 6./7. 10. 79, 22).

Ho|no|rar|pro|fes|sor, der: *nebenamtlicher Hochschulprofessor, der sich vor der Berufung bereits in seinem eigentlichen Beruf profiliert hat u. dessen Lehrtätigkeit mit einem Honorar* (2) *vergütet wird* (Amtsbez.); Abk.: Hon.-Prof.

Ho|no|rar|pro|fes|so|rin, die: w. Form zu ↑Honorarprofessor.

Ho|no|rat, der; -en, -en [ital. onorato, zu: onorare < lat. honorare, ↑honorieren] (Bankw.): *jmd. für den ein Wechsel bezahlt wird.*

Ho|no|ra|ti|or, der; ...oren, ..oren ⟨meist Pl.⟩ [zu lat. honoratior, Komp. von: honoratus = geehrt]: *(bes. in kleineren Orten) aufgrund seines sozialen Status besonderes Ansehen genießender Bürger [der unentgeltlich in gemeinnützigen Organisationen tätig ist]:* in der holzgetäfelten Gaststube, wo sich die -en des Städtchens zu politischem Plausch versammelten (Habe, Namen 340); ein bebrillter H. – man erkannte in dieser bürgerlichen Verkleidung kaum den Zauberer Gustaf Gründgens – zog den schüchternen Gast ... auf die Bühne (Das Schönste 1, 1960, 23); Mit einem wenig vorteilhaften Gürtelrock offenbart dieser Faust die Leibesfülle eines -en (Spiegel 4, 1980, 164).

Ho|no|ra|ti|o|ren|de|mo|kra|tie, die: *Demokratie (bes. im 19. Jh.), in der die Politiker vorwiegend dem Besitz- bzw. dem Bildungsbürgertum entstammten.*

Ho|no|ra|ti|o|ren|par|tei, die: *(im 19. Jh. in Deutschland) politische Partei, deren Mitglieder od. maßgebliche Führungsgruppen vorwiegend dem Besitz- bzw. Bildungsbürgertum entstammten.*

Ho|no|ra|ti|o|ren|schwä|bisch, das; -[s]: *bes. in Stuttgart gesprochenes, weniger stark mundartlich gefärbtes Schwäbisch.*

ho|no|rie|ren ⟨sw. V.; hat⟩ [frz. honorer < lat. honorare = ehren, belohnen, zu: honor, ↑Honneur]: **1. a)** *ein Honorar o. Ä. für eine Leistung zahlen:* eine Arbeitsleistung [mit einem angemessenen Lohn] h.; sich etw. h. lassen; **b)** *jmdm. für eine Leistung ein Honorar o. Ä. zahlen:* jmdn. für seine Dienste h. **2. a)** *anerkennen, würdigen, belohnen, durch Gegenleistungen abgelten:* eine [künstlerische] Leistung mit einer Auszeichnung h.; Offenheit wird nicht honoriert; Außerdem wird ein »Opfer für das Vaterland« zwar durch eine Rente, aber kaum noch durch allgemeine Rücksicht honoriert (Sommerauer, Sonntag 18); **b)** *jmdm. Anerkennung zollen:* Europa hat gehandelt. Die Sowjets haben Europas jungen Matador Mendès-France honoriert (Augstein, Spiegelungen 32). **3.** (Bankw.) *(einen Wechsel) annehmen, bezahlen:* Ü Ihr täuscht euch alle, wenn ihr glaubt, alle Forderungen könnten honoriert werden, denn wir kommen jetzt in eine sehr viel langsamere Entwicklung (Spiegel 1/2, 1966, 14).

Ho|no|rie|rung, die; -, -en: *das Honorieren, Honoriertwerden.*

ho|no|rig ⟨Adj.⟩ [zu lat. honor = Ehre] (veraltend): **1.** *ehrenhaft u. durch sein Wesen vertrauenswürdig, Respekt verdienend; von einer solchen Art zeugend:* ein -er Mann, Herr; Es gibt auch rechts noch -e Leute (Zwerenz, Kopf 132); Der Leser hat ... einen respektablen, -en Text vor sich, dessen Vokabular auf anständige, demokratische Gesinnungen schließen lässt (Enzensberger, Einzelheiten I, 60); (iron.:) Wenn solch »honorige« Käuferschichten ungestraften Absatz der Diebesbeute garantieren, finden sich immer wieder Einbruchs- und Umsatzspezialisten, Kriminalbeamte und Staatsanwälte zu organisierten Banden zusammen (Prodöhl, Tod 200). **2.** *freigebig, großzügig od. von Freigebigkeit, Großzügigkeit* *zeugend:* das Conradinum profitiere von einer -en Stiftung (Grass, Hundejahre 105).

Ho|no|rig|keit, die; -: *das Honorigsein.*

ho|no|ris cau|sa [lat., zu: honor (Gen.: honoris) = Ehre u. causa (Ablativ von: causa = Grund, Ursache) = halber]: *ehrenhalber:* der Doktortitel wurde ihm honoris causa verliehen; Abk.: h. c.; meist nachgestellt in Verbindung mit akademischen Titeln: Doktor honoris causa (Abk.: Dr. h. c.).

Ho|no|ri|tät, die; -, -en: **1.** ⟨o. Pl.⟩ *Ehrenhaftigkeit:* Die anderen ... vergessen ... die H. ihrer Ausgangsposition (Zwerenz, Kopf 109). **2.** *Ehrenperson:* Sie sind also gewissermaßen die H. des Hauses (Bredel, Prüfung 161).

Hon|schaft, Hunnschaft, die; -, -en [spätmhd. hun(t)schaf(t), zu ↑Honne] (hist.): *meist aus Einzelhöfen bestehende bäuerliche Verwaltungseinheit, bes. am Niederrhein.*

◆ **Höns|ning,** der; -[s], -e [schwed. hönsning = Umtrunk, den ein Seemann auf seiner ersten Reise für seine Kameraden gibt, bes. wenn er zum ersten Mal den Äquator überquert, zu: hönsa = die Äquatortaufe erhalten < dän. hønse, älter: hænse < mniederd. hensen = für die Aufnahme in einen Verein bezahlen < mhd. hansen, ↑hänseln]: *Fest nach der glücklichen Rückkehr eines Handelsschiffs:* Die Besatzung des Ostindienfahrers ... landete in vielen Böten ... und schickte sich an, ihren H. zu halten (E. T. A. Hoffmann, Bergwerke 3).

[1]**Hon|ved, Hon|véd** ['honve:d], der; -s, -s [ung. honvéd = Vaterlandsverteidiger]: **a)** *ungarischer Freiwilliger der* [2]*Honved* (a); **b)** *Soldat der* [2]*Honved* (b).

[2]**Hon|ved, Hon|véd,** die; -: **a)** *ungarisches Freiwilligenheer (gegen Österreich 1848–67);* **b)** *ungarische Landwehr (1867–1918);* **c)** *ungarische Armee (1919–45).*

Hook [hʊk], der; -s, -s [engl. hook, eigtl. = Haken] (Golf): *Schlag, bei dem der Ball in einer der Schlaghand entgegengesetzten Kurve fliegt:* einen H. schlagen, zielen.

hooked [hʊkd] ⟨Adj.⟩ [engl. hooked, eigtl. = festgehakt, 2. Part. von: to hook = festhaken] (Jargon): *von einer harten Droge abhängig:* Ü wegen des blöden Unfalls ... sitze ich noch immer hier fest ... Ich bin wirklich vollkommen h. hier und komm' nicht voran (B. Vesper, Reise 550).

hoo|ken ⟨sw. V.; hat⟩ [engl. to hook, zu: hook, ↑Hook] (Golf): *einen Hook spielen.*

Hoo|ker, der; -s, - [engl. hooker]: **1.** (Golf) *Spieler, dessen Spezialität der Hook ist.* **2.** (Rugby) *zweiter u. dritter Stürmer, der beim Gedränge* (3) *in der vorderen Reihe steht.*

Hook|shot [-ʃɔt], der; -s, -s [engl. hook shot, eigtl. = Hakenschuss] (Basketball): *meist im Sprung ausgeführter Korbwurf, bei dem der Ball mit seitlich ausgestrecktem Arm über dem Kopf aus dem Handgelenk geworfen wird.*

Hoo|li|gan ['hu:lɪgn̩], der; -s, -s [engl. hooligan = Rowdy; viell. nach einer gleichnamigen irischen Familie, deren Mitglieder notorische Raufbolde gewesen sein sollen]: *meist im Gruppenverband auftretender Jugendlicher, dessen Verhalten von Randale und gewalttätigen Übergriffen bei öffentlichen Veranstaltungen (z. B. Fußballspielen) gekennzeichnet ist:* Der Terror in Fußballstadien erhält eine neue Qualität: -s organisieren sich international (Spiegel 47, 1987, 213); Der Hamburger Sportverein will die -s, die am Sonnabend die Spieler des FC St. Pauli auf dem Stuttgarter Hauptbahnhof angegriffen haben, streng bestrafen (taz 10. 12. 98, 25).

Hoo|li|ga|nis|mus, der; - [engl. hooliganism]: *Rowdytum.*

Hoo|te|nan|ny ['hu:tənænɪ], die; -, -s, auch: der od. das; -[s], -s [engl. hootenanny, H. u.]: *[improvisiertes] gemeinsames Volksliedersingen.*

[1]**Hop,** der; -s, -s [engl. hop] (Leichtathletik): *erster Sprung beim Dreisprung.*

[2]**Hop,** das; -[s], -s [engl.-amerik. hop, eigtl. = Hopfen] (Jargon): *Dosis Morphium od. Heroin.*

Ho|pak [ukrain. hopak]: ↑Gopak.

hop|fen ⟨sw. V.; hat⟩ (Fachspr.): *(Bier) mit Hopfen versetzen:* stark gehopftes Bier.

Hop|fen, der; -s, - [mhd. hopfe, ahd. hopfo, H. u.]: *rankende Pflanze mit gebuchteten Blättern u. zapfenartigen Fruchtständen, deren Schuppen für die Bierherstellung verwendet werden:* H. anbauen, pflücken; * **bei/**(seltener:) **an jmdm. ist H. und Malz verloren** (ugs.; *bei jmdm. ist alle Mühe umsonst, jmd. ist nicht zu bessern;* wenn ein Bier nicht vorschriftsmäßig gebraut ist, sind alle Zusätze von Hopfen u. Malz verloren): Alle diese Ratschläge gelten nur für ein glückliches Paar. Wo ohnehin H. und Malz verloren ist, da helfen auch Tricks nicht weiter (Bild 16. 4. 64, 3); Wenn sie (= die Kinder) in der Schule Nieten sind, ist H. und Malz verloren (Wilhelm, Unter 38).

Hop|fen|an|bau, der: *Anbau von Hopfen.*

Hop|fen|blatt, das: *Blatt des Hopfens:* um sich in der Küche Schlaftee zu kochen, Hopfenblätter, die sie in einer braunen Papiertüte bereithielt (Böll, Haus 6).

Hop|fen|blü|te, die: **a)** *Blüte des Hopfens;* **b)** *Zeit, in der der Hopfen blüht; das Blühen des Hopfens:* die H. ist jetzt vorüber.

Hop|fen|dar|re, die: *Darre zum Trocknen der Hopfendolden.*

Hop|fen|dol|de, die: *mit drüsigen Schuppen besetzter Fruchtzapfen des Hopfens.*

Hop|fen|feld, das: *Feld, auf dem Hopfen angebaut wird.*

Hop|fen|gar|ten, der: *feldartige Anlage, in der weibliche Pflanzen des Hopfens kultiviert werden.*

Hop|fen|klee, der: *als Futter- u. Gründüngungspflanze verwendeter Klee mit kleinen, hellgelben Blüten in fast kugeligen Trauben; Gelbklee.*

Hop|fen|mehl|tau, der: **1.** *Pilzschädling, der die Hopfenpflanze mit mehlartigem Überzug bedeckt.* **2.** *Pilzschädling, der auf der Blattunterseite des Hopfens dunklen Belag hervorruft u. die Blätter vertrocknen lässt.*

Hop|fen|stan|ge, die: *Stange, an der Hopfen in die Höhe ranken kann:* Ü sie ist eine [richtige] H. (ugs.; *sehr groß u. dünn*).

Ho|pi, der; -[s], -[s]: Angehöriger eines nordamerikanischen Indianerstammes.

Ho|plit, der; -en, -en [lat. hoplites < griech. hoplítēs, eigtl. = Schildträger]: *schwer bewaffneter Fußsoldat im alten Griechenland.*

Ho|pli|tes, der; -, ...ten [nach der Ähnlichkeit mit einem [2]Schild] (Geol.): *versteinerter Ammonit, der als eines der wichtigsten Leitfossilien der Kreidezeit gilt.*

hopp ⟨Partikel⟩: Ausruf als Aufforderung zu springen, rasch aufzustehen, schnell etw. zu tun: los, h.!; h., komm mit!; h. [h.], ein Glas Bier!; ⟨auch als Adv.:⟩ bei ihr muss alles h. gehen *(sie macht alles zu schnell u. daher nicht sorgfältig).*

hop|peln ⟨sw. V.; ist⟩ [Iterativbildung zu landsch. hoppen = hüpfen]: *(bes. vom Hasen) sich in unregelmäßigen kleinen Sätzen springend fortbewegen:* der Hase hoppelt über das Feld; Ü der Wagen hoppelt *(holpert)* über das Kopfsteinpflaster.

Hop|pel|pop|pel, das; -s, - [zu ↑hoppeln u. landsch. bobbeln = sprudeln, Bez. für etw. Vermischtes] (landsch.): **1.** *Bauernfrühstück.* **2.** *Getränk aus Rum, Eidotter u. Zucker mit heißem Tee.*

Hopp|hei [auch: '–'–], der, auch: das; -s (nordd. ugs.): **1.** *Angelegenheit voller Hast u. Aufregung:* das war ein H. heute Morgen; die Vorbereitung der Tagung war wieder ein großer H. **2.** *lautes Fest:* Gefeiert haben sie, immer einen H. nach dem andern (Kempowski, Zeit 32).

hopp|hopp ⟨Interj.⟩: Ausruf als Intensivierung von »hopp!«; ⟨auch als Adv.:⟩ so h. *(ganz so schnell)* ging es dann doch nicht; Aber jetzt h. *(sofort u. schnell)* ins Krankenhaus, du (Baldwin [Übers.], Welt 44).

hopp|la ⟨Interj.⟩ [durch -a verstärkter Imperativ von ↑hoppeln]: Ausruf, mit dem man innehaltend auf etw. aufmerksam machen möchte (z. B., wenn man selbst od. ein anderer stolpert; wenn man sich auf unhöfliche Art entschuldigt, nachdem man jmdn. angestoßen hat): h., da ist eine Stufe!; h., beinah wäre ich gefallen; h., bleiben Sie nicht auf der Straße stehen!; h., fang den Ball!

hopp|neh|men ⟨st. V.; hat⟩ (salopp): **1.** *verhaften, festnehmen:* er machte die Runde, um die im Park schlafenden Vagabunden hoppzunehmen – die grüne Minna stand irgendwo in der Nähe (Rechy [Übers.], Nacht 40). **2.** *ausbeuten:* das ist der Wirt, der mich in meiner Besoffenheit hoppgenommen hat (Fallada, Trinker 116).

hops ⟨Interj.⟩ [eigtl. Imperativ von ↑hopsen]: Ausruf, mit dem man jmdn. zu springen auffordert; ⟨auch als Adv.:⟩ die Brötchen waren h. (ugs.; *im Nu*) verkauft; * **h. sein** (salopp; 1. *verloren gegangen sein.* 2. *entzweigegangen sein.* 3. *bei etw. umgekommen sein*).

Hops, der; -es, -e (ugs.): *kleiner, hopsender Sprung:* das Kind kletterte auf die Mauer und war mit einem H. wieder unten.

hop|sa, hop|sa|la, hop|sa|sa [verstärkte Imperativform von ↑hopsen] (Kinderspr.): Ausruf, mit dem man jmdn. zu springen auffordert od. den man gebraucht, wenn man ein Kind mit einem Schwung hochnimmt.

Hops|doh|le, die (salopp abwertend): *Revuetänzerin:* Sie verlangte, dass da nicht irgendwelche -n in der Manege waren, sie verlangte wirklich Leistung (Kirsch, Pantherfrau 6).

Hop|se, die; -, -n (landsch. ugs.): **a)** ⟨o. Pl.⟩ *Himmel und Hölle* (Kinderspiel); **b)** *auf dem [Straßen]pflaster od. Erdboden für die Hopse* (a) *markierte Felder:* ich sprang auf dem Pflaster herum, weil da eine H. aufgemalt war (Schnurre, Bart 8).

hop|sen ⟨sw. V.; ist⟩ [Iterativbildung zu hoppen, ↑hoppeln] (ugs.): *kleine [unregelmäßige] Sprünge machen, hüpfen; sich hüpfend fortbewegen:* die Kinder hopsten vor Freude durch das Zimmer; der Ball hopst bis an die Decke; es hieß: »Historische Tänze« ..., und sie hopsten und sprangen (Gaiser, Schlußball 172); da hopste Habernagel in den Sattel (Ott, Haie 125); der Fahrer ..., der auf dem hopsenden Ding sitzen blieb, rief ins Fenster: »Krad für Herrn Hauptmann zur Stelle.« (Böll, Adam 15); * **das ist gehopst wie gesprungen** (ugs.; ↑hupfen).

Hop|ser, der; -s, -: **1. a)** (ugs.) *kleiner Sprung:* [vor Freude] einen H. machen; Wie ein geknebeltes Schaf bewegte er sich in lächerlichen -n über den Steg vorwärts (Kuby, Sieg 40); Ü wenn nur die Zeit und ... die außenpolitische Lage ... einmal günstig sein werden für diesen kleinen H. (= die Überführung der Produktionsmittel in gesellschaftliches Eigentum; L. Frank, Wagen 14); **b)** (Leichtathletik) *kleiner, flacher Sprung, bei dem das Schwungbein leicht angehoben wird u. das Sprungbein als Erstes auf dem Boden aufsetzt.* **2.** (ugs.) *schneller Tanz im Zweivierteltakt.*

Hop|se|rei, die; -, -en (ugs. abwertend): *das Herumhopsen:* Ich finde sie lustig, ihre heutigen Tänze, lustig zum Schauen, diese existenzialistische H., wo jeder für sich allein tanzt (Frisch, Homo 126).

hops|ge|hen ⟨st. V.; ist⟩ (salopp): **1.** *bei etw. umkommen.* **2. a)** *verloren gehen;* **b)** *entzweigehen.* **3.** *auf frischer Tat ertappt u. rasch festgenommen werden.*

hops|neh|men ⟨st. V.; hat⟩ (salopp): *auf frischer Tat ertappen u. rasch festnehmen.*

Ho|que|tus, Hoketus, der; - [mlat. hoquetus, zu afrz. hoqueter = ab-, zerschneiden, nach der abgehackt klingenden Spielweise] (Musik): *Kompositionsweise in der mehrstimmigen Musik des späten Mittelalters, bei der zwei Stimmen derart mit Pausen durchsetzt werden, dass bei Pausen der einen die andere die Melodie übernimmt.*

[1]**Ho|ra**, die; -, Horen ⟨meist Pl.⟩ [lat. hora = Zeit, Stunde < griech. hṓra]: **a)** *Gebetsstunde, bes. eine der acht Zeiten des Stundengebets in der katholischen Kirche;* **b)** *kirchliches Gebet zu verschiedenen Tageszeiten.*

[2]**Ho|ra**, die; -, -s [rumän. horă < griech. chorós, ↑Chor]: **1.** *rumänischer Reigentanz in gemäßigtem Tempo.* **2.** *ländliche Tanzveranstaltung mit rumänischen Volkstänzen.*

Hör|ap|pa|rat, der: *(mit einer Batterie betriebenes) elektroakustisches Hörgerät mit Mikrofon, Verstärker u. Hörer.*

Ho|ra|ri|um, das; -s, ...ien [spätlat. horarium = Uhr, zu lat. hora, ↑[1]Hora]: *(bes. im Mittelalter) Gebetbuch für Laien; Stundenbuch.*

hör|bar ⟨Adj.⟩: *mit dem Gehör wahrzunehmen:* nicht mehr -e Schwingungen; auf dem Flur wurden Schritte h.; h. *(geräuschvoll)* durch die Nase atmen; In Mutter Gissons Stimme wurde wieder das Hintergründige und leise Hinterhältige h. *(spürbar, deutlich;* Broch, Versucher 42); ein ... Viertel, in dem ... nur zwei Mordfälle und ein Mordversuch h., also bekannt geworden waren (Grass, Hundejahre 218 f.); Ü Das Seltsame (= des Ortes) ... ist die -e Traurigkeit und das aufdringliche Schweigen anderer Eindrücke (Jahnn, Geschichten 64).

Hör|bar|keit, die; -: *das Hörbarsein.*

hör|be|hin|dert ⟨Adj.⟩: vgl. sehbehindert.

Hör|be|reich, der: *Frequenzbereich der Schallwellen, die als akustische Empfindung wahrgenommen werden.*

Hör|be|richt, der (veraltet): *Funkreportage.*

Hör|be|teil|li|gung, die: *Einschaltquote bei Rundfunksendungen.*

Hör|bild, das: *als Kombination aus Bericht u. dramatischer Handlung gestaltete Wortsendung des Rundfunks.*

Hör|bril|le, die: *Brille mit Hörgerät, das in einen od. beide Bügel eingebaut ist.*

Hör|buch, das: *Kassette* (3), *CD mit darauf gesprochenen Texten wie Romanen, Hörspielen, Sprachlehrgängen o. Ä.; Audiobook:* Noch im November erscheint der Erstling als H.; die Filmrechte ... sind ebenfalls verkauft (Woche 7. 11. 97, 55).

Hör|bü|che|rei, die: *öffentliche Bibliothek, in der Blinde sich auf akustischem Wege Lesestoff aneignen.*

hor|chen ⟨sw. V.; hat⟩ [mhd. hōrchen, spätahd. hōrechen, zu ↑hören]: **1. a)** *mit großer Aufmerksamkeit versuchen, etw. [heimlich] zu hören:* angespannt, an der Tür, nach draußen h.; er klopfte an, horchte [ob sich Schritte näherten]; horch, ein Geräusch!; Gleich morgen wird sie h. *(zu erfahren versuchen),* wie man es anfängt, aus der Partei herauszukommen (Fallada, Jeder 35); Ü in sein Inneres h.; Ein guter Leser, imstande, hinter die Sätze zu h. (A. Zweig, Grischa 112); **b)** *eine [plötzliche] akustische Wahrnehmung aufmerksam verfolgen:* auf die Schläge der Turmuhr, auf jmds. Atemzüge, auf die Anweisungen aus dem Lautsprecher h. **2.** *mit Aufmerksamkeit hören; zuhören; lauschen* (b): Diese (= die Frauen) horchen atemlos den täglichen Berichten aus Lourdes (Werfel, Bernadette 219); ◆ Du siehst, ich horche deinen Worten (Goethe, Iphigenie V, 4). **3.** (landsch.) *hören* (3 b): auf ihn musst du nicht h.

Hor|cher, der; -s, -: *jmd., der einen andern [in feindlicher Absicht] belauscht:* Spr der H. an der Wand hört seine eigne Schand!

Hor|che|rin, die; -, -nen: w. Form zu ↑Horcher.

Horch|ge|rät, das: *elektroakustisches Gerät, mit dem man Geräusche (z. B. von [feindlichen] Flugzeugen, Panzern, feuernden Geschützen) verstärken u. ihre Art, Richtung u. Geschwindigkeit ermitteln kann.*

Horch|pos|ten, der: **1.** (Milit.) *(bes. nachts od. bei schlechter Sicht eingesetzter) Posten, der auf verdächtige Geräusche des Gegners lauschen soll.* **2.** (scherzh.) *Platz, von dem aus man etw. belauscht:* Es (= das Fräulein) verließ seinen H. und begab sich ... ins Kinderzimmer (Baum, Paris 65).

[1]**Hor|de**, die; -, -n [mundartl. Nebenf. von ↑Hürde]: **a)** *mit anderen übereinander zu stellende, flache, oben offene Kiste aus Latten mit luftdurchlässigen Zwischenräumen, Lattenrost für die Lagerung von Obst u. Gemüse;* **b)** *höheres Lattengestell, Verschlag für die Lagerung von Kartoffeln.*

[2]**Hor|de**, die; -, -n [wohl über poln. horda, russ. orda < türk. ordu = Heer < tat. urdu = Lager; urspr. = umherziehender Tatarenstamm]: **1.** (häufig abwertend) *[in bestimmter Absicht umherziehende] ungeordnete [wilde] Menge, Schar, deren man sich [in gewisser Weise] zu erwehren hat:* wilde, bewaffnete -n; eine H. von Jugendlichen, Fotoreportern, Kindern, Ausflüglern; eine H. plündernder Landsknechte zog/plündernde Landsknechte zogen durch das Land; Ü die Fliegen saßen zu ganzen -n *(in großer Anzahl)* da auf den Tellern (Böll, Adam 58). **2.** (Völkerk.) *ohne feste soziale Ordnung lebende Gruppe verwandter Familien mit gemeinsamem Lagerplatz.*

Hor|de|in, das; -s [zu lat. hordeum = Gerste] (Biochemie): *Eiweißkörper, der Bestandteil des Gerstenkorns bzw. -mehls ist.*

Hor|de|nin, das; -s: *im Pflanzenreich weit verbreitetes Alkaloid, das in der Medizin als Herzanregungsmittel verwendet wird.*

Hor|de|o|lum, das; -s, ...la [spätlat. hordeolum, Vkl. von lat. hordeum, ↑Hordein] (Med.): *Gerstenkorn* (2).

Ho|re, die; -, -n: ↑[1]Hora.

hö|ren ⟨sw. V.; hat⟩ [mhd. hœren, ahd. hōran, urspr. = auf etw. achten, (be)merken]: **1. a)** *aufgrund der Beschaffenheit seines Gehörs in bestimmter Weise registrieren, akustisch wahrnehmen:* gut, schwer, nur auf einem Ohr h.; nicht h. können; * **jmdm. vergeht Hören und Sehen** (ugs.; *jmd. erlebt etw. [Unangenehmes] so intensiv, dass er nicht mehr weiß, was mit ihm geschieht*): er raste über die Autobahn, dass uns Hören und Sehen verging; **b)** *etw. mit dem Gehör registrieren, akustisch wahrnehmen:* einen Knall,

Schritte h.; die Glocken läuten h.; jmdn. schon von weitem h.; lass [mich] h. [was du erlebt hast]!; ich hörte, wie sie weinte; er hört sich gerne reden *(er redet viel, weil er glaubt, klangvoll und gut zu reden);* ich habe ihn eben sprechen gehört; ich habe ihn kommen h./gehört; ich habe sagen h. *(zufällig gehört),* dass ...; R man höre und staune *(was ich jetzt sage, ist kaum zu glauben);* ***hör mal; hören Sie mal** (ugs.; 1. Formel, mit der man sich an jmdn. wendet, um ihn [energisch] um etw. zu bitten: hör mal, du musst etwas sorgfältiger mit dem Buch umgehen. 2. Formel, mit der man seinen Protest ausdrückt: [na] hören Sie mal, wie können Sie so etwas behaupten!); **hört, hört!** (Zwischenruf in Versammlungen, mit dem jmd. [ironisch] darauf hinweist, dass das Geäußerte bemerkenswert ist, einen erstaunlichen Sachverhalt wiedergibt; *interessant!; soso!; seht mal an!*). **2. a)** *(eine Darbietung o. Ä.) durch das Gehör in sich aufnehmen u. geistig verarbeiten:* ein Konzert, einen Vortrag h.; bei jmdm. [Vorlesungen] h.; In kleinen Seminargruppen wird der gehörte Stoff vertieft (Gesundheit 7, 1976, 211); Musik, Platten h.; der Priester hört die Beichte *(nimmt sie ab);* wir haben den Solisten schon [in einem Konzert] gehört *(singen, spielen gehört);* er ließ sich vor einem größeren Publikum h. *(sang, spielte vor einem größeren Publikum);* Rundfunk, Radio h. *(eine Sendung im Rundfunk eingeschaltet haben u. verfolgen);* ⟨subst.:⟩ beim Hören der Musik tauchten alte Erinnerungen in ihm auf; ***sich h. lassen** *(als positiv, erfreulich empfunden werden):* der Vorschlag lässt sich h.; **b)** *jmdn. sich zu etw. äußern lassen, um sich ein Urteil zu bilden:* man muss [zu diesem Problem] beide Parteien h.; er wollte noch [vor der Abstimmung] gehört werden. **3. a)** *eine [plötzliche] akustische Wahrnehmung aufmerksam verfolgen:* er hörte auf die Glockenschläge; Es war schade um diese Artigkeit, denn er hörte gar nicht darauf (Th. Mann, Krull 172); **b)** *sich nach jmds. Worten richten, sie befolgen:* auf jmds. Rat h.; er hatte sie gewarnt, aber sie hörten nicht auf ihn; Jetzt hörten hundertzwanzig Jungen auf sein Kommando, das heißt, sie hätten hören sollen (Loest, Pistole 66); alles hört auf mein Kommando! (bes. Milit.; Ankündigung, dass jmd. [anstelle eines anderen] in eigener Verantwortung das Kommando übernimmt); der Hund hört auf den Namen *(heißt)* Bello, hört aufs Wort *(gehorcht auf der Stelle);* ◆ ⟨mit Dat.-Obj.:⟩ doch bin ich der Einzige, dem er (= der Pudel) hört *(gehorcht;* Lessing, Minna I, 8); **c)** (ugs.) *einer bestimmten Aufforderung von Erwachsenen als Kind nachkommen* (meist verneint): der Junge will absolut nicht h.; willst du wohl h.!; Spr wer nicht h. will, muss fühlen *(wird hinterher bestraft, bekommt später die Folgen zu spüren).* **4.** *im Gespräch mit anderen [zufällig, überraschend] von etw. Kenntnis erhalten:* etwas Neues h.; nur Gutes über jmdn. h.; von neuen Verhaftungen, lange nichts von jmdm. gehört haben; ich will nichts mehr davon h.; das habe ich von ihm gehört; wie ich höre, ist er verreist; nach allem, was ich [über ihn] gehört habe, soll er ein fähiger Kopf sein; (iron.:) was man von dem alles [für Sachen] hört!; er wollte nichts davon gehört haben *(gab vor, nichts davon zu wissen);* ***[etwas, nichts] von sich h. lassen** *(jmdm. [keine] Nachricht, [k]ein Lebenszeichen von sich geben);* **[noch] von jmdm. h.** (1. *[noch] von jmdm. Nachricht erhalten.* 2. *die Folgen seines Handelns noch von jmdm. zu spüren bekommen:* glauben Sie nicht, dass ich mir das gefallen lasse, Sie werden noch von mir h.!); **etwas von jmdm. zu h. bekommen/kriegen** (ugs.; *von jmdm. ausgescholten werden*). **5.** *mit dem Gehör an etw. feststellen, erkennen:* am Schritt hörte er, dass es sein Freund war; an ihrer Stimme konnte man h., dass sie etw. bedrückte.

[1]**Ho̲|ren** ⟨Pl.⟩ [lat. Horae < griech. Hō̃rai, personifizierter Pl. von: hō̃ra, ↑[1]Hora] (griech. Myth.): Göttinnen der Jahreszeiten u. der sittlichen Ordnung.

[2]**Ho̲|ren:** Pl. von ↑[1]Hora.

Hö̲|ren|sa|gen, das; -s [mhd. hœrsagen]: *die Erzählungen anderer als einzige Wissensquelle:* bei einer solchen Sache wäre es einfach unverantwortlich, auf bloßes H. zu vertrauen (Thielicke, Ich glaube 87); meist in der Verbindung **vom H.** *(aus den Erzählungen anderer, nicht aus eigener Erfahrung):* etw. nur vom H. kennen, wissen; Der Name Kants war ihm vom H. wohl bekannt (Musil, Törleß 82); Butter kannten die Kinder nach dem Krieg nur vom H. *(mussten die Kinder ... entbehren);* dass ein Professor ... so was wie einen Misserfolg noch nicht mal vom H. kennt *(dass ein Misserfolg für ihn unvorstellbar ist;* Sebastian, Krankenhaus 43).

hö̲|rens|wert ⟨Adj.⟩: *das Anhören lohnend:* eine -e Musik.

Hö̲|rer, der; -s, - [1: mhd. hœrer, hœrære]: **1. a)** *Zuhörer (z. B. bei einem Gespräch):* er ist ein aufmerksamer H.; **b)** *Zuhörer bei Rundfunksendungen:* verehrte Hörerinnen u. H.!; aus vielen Stellungnahmen konnte der Rundfunk die Meinung der Hörerinnen u. H. erfahren; **c)** *jmd., der eine od. mehrere Vorlesungen besucht:* er ließ sich an der Universität als H. einschreiben. **2.** *Teil des Telefons, der die Hör- u. Sprechmuschel enthält:* den H. abnehmen, auflegen, einhängen; Er warf den H. in die Gabel, nachdem der Oberst abgehängt hatte (Kirst, 08/15, 361).

Hö̲|rer|brief, der: *Zuschrift eines Hörers an den Rundfunk.*

Hö̲|re|rin, die; -, -nen: w. Form zu ↑Hörer (1 a, b).

Hö̲|rer|kreis, der: *[fester] Kreis von Zuhörern [bei Rundfunksendungen]:* Die Hörspielsendungen ..., die sich an einen besonders interessierten H. wenden (Bayerischer Rundfunk, Winterprogramm 1966/67); Der ehemalige Major entwickelte vor einem aufmerksamen H. strategische Pläne zur Eroberung Europas (Müthel, Baum 105).

Hö̲|rer|post, die: *Hörerbriefe.*

Hö̲|rer|schaft, die; -, -en ⟨Pl. selten⟩: *Gesamtheit der Hörer* (1).

Hö̲|rer|wunsch, der: *Programmwunsch eines Rundfunkhörers.*

Hö̲|rer|zu|schrift, die: *Hörerbrief.*

Hö̲r|fä|hig|keit, die ⟨o. Pl.⟩: *Hörvermögen.*

Hö̲r|feh|ler, der: **1.** *Fehler beim Hören, [aus dem ein Missverständnis entsteht]:* das war sicher ein H. **2.** (ugs. verhüll.) *Schwerhörigkeit:* einen H. haben *(schwerhörig sein).*

Hö̲r|fol|ge, die: *Rundfunksendung in Fortsetzungen:* Die spannende H. nach dem Roman ... behandelt den (utopischen) Bau eines Tunnels zwischen den USA und Europa (Hörzu 39, 1975, 37).

Hö̲r|fre|quenz, die (selten): *Tonfrequenz.*

Hö̲r|funk, der: *Rundfunk (im Unterschied zum Fernsehen).*

Hö̲r|funk|ge|neh|mi|gung, die: *Genehmigung, gegen Entrichtung einer Gebühr ein od. mehrere Radiogeräte zu benutzen.*

Hö̲r|ge|rät, das: *Hilfsgerät für Schwerhörige zur Verbesserung des Hörens.*

Hö̲r|ge|rä|te|akus|ti|ker, der: *Techniker, der Hörgeräte anfertigt, wartet u. repariert* (Berufsbez.).

Hö̲r|ge|rä|te|akus|ti|ke|rin, die: w. Form zu ↑Hörgeräteakustiker.

hö̲r|ge|schä|digt ⟨Adj.⟩: *einen Gehörschaden habend, in seinem Hörvermögen beeinträchtigt:* Haus-Spracherziehung für -e Kleinkinder (Börsenblatt 88, 1965, 6159).

Hö̲r|gren|ze, die: *obere od. untere Grenze des Hörbereichs.*

Hö̲r|hil|fe, die: *Hörgerät.*

hö̲|rig ⟨Adj.⟩ [mhd. hœrec = hörend auf jmdn., folgsam; leibeigen]: **1.** *an jmdn. od. etw. [triebhaft, sexuell] stark gebunden, von ihm völlig, bis zur willenlosen Unterwerfung abhängig:* eine dem Mann -e Frau; eine -e *(durch völlige Abhängigkeit geprägte)* Liebe; er ist ihr [sexuell] h.; Das Pferd ist ... dem Menschen auch nur bedingt h. (Dwinger, Erde 183); ⟨subst.:⟩ dass die Parlamentsmitglieder ... Gefahr laufen, zu Hörigen der ... lokalen Interessengruppen zu werden (Fraenkel, Staat 98 f.); Ü unser G. ist ein Kind des Mondes ... und ihm h. (Fallada, Herr 99). **2.** (hist.) *an das von Grund- od. Gutsherren verliehene Land gebunden, zu bestimmten Diensten u. Abgaben verpflichtet:* -e Bauern; Ü 1805 hat er Österreich und Russland besiegt, 1807 ... die deutschen und italienischen Staaten sich h. gemacht (St. Zweig, Fouché 133).

-hö|rig: drückt in Bildungen mit Substantiven aus, dass die beschriebene Person von jmdm., etw. völlig abhängig, jmdm., etw. bedingungslos ergeben ist: macht-, moskau-, systemhörig.

Hö̲|ri|ge, der; -n, -n ⟨Dekl. ↑Abgeordnete⟩ (hist.): *jmd., der einem Grund- od. Gutsherrn hörig* (2) *ist:* er häufte den Grundbesitz, den er durch H. ... bewirtschaften ließ (Th. Mann, Joseph 397).

Hö̲|rig|keit, die; -, -en ⟨Pl. selten⟩: *das Hörigsein* (1, 2).

Ho|ri|zo̲nt, der; -[e]s, -e [lat. horizon (Gen.: horizontis) < griech. horízōn (kýklos) = begrenzend(er Kreis, Gesichtskreis), zu: horízein = begrenzen, zu: hóros = Grenze, Grenzstein, Ziel]: **1.** *[sichtbare] Linie in der Ferne, an der sich Himmel u. Erde bzw. Meer scheinbar berühren:* den H. mit dem Fernrohr absuchen; am westlichen H.; die Sonne verschwindet am H., hinter dem H.; Eine ... Stichflamme jagte über den H. (Kirst, 08/15, 568); künstlicher H. (Astron.; *spiegelnde Fläche [Quecksilber] zur Bestimmung der Richtung zum Zenit*); natürlicher H. (1. *sichtbare Grenzlinie zwischen Himmel u. Erde.* 2. *Kimm* 1); scheinbarer H. (Astron.; *Schnittlinie einer senkrecht zum Lot durch den Fußpunkt des Beobachters gelegten Ebene mit der Himmelskugel*); wahrer H. (Astron.; *Schnittlinie der senkrecht zum Lot am Beobachtungsort durch den Erdmittelpunkt gelegten Ebene mit der Himmelskugel*); Ü neue -e *(Bereiche)* taten sich vor ihr auf; Wolken am politischen H. *(eine Verschlechterung der politischen Lage).* **2.** *geistiger Bereich, den jmd. überblickt u. in dem er ein Urteilsvermögen besitzt:* einen engen, kleinen H. haben; durch Lektüre seinen H. erweitern; das geht über seinen H. *(übersteigt seine intellektuelle Kraft, sein Verständnis).* **3.** (Geol.) *kleinste Einheit innerhalb einer Formation* (4). **4.** *Rundhorizont.*

ho|ri|zon|tal ⟨Adj.⟩: *waagerecht:* eine -e Lage, Achse, Gliederung; Castet verarbeitet die meisten Felle h., oft zusammen mit Lederstreifen (Welt 5. 3. 69, 22); Ü Daher fördert der Verband ... -e *(auf der gleichen Ebene unter gleichartigen Betrieben stattfindende)* und vertikale Zusammenschlüsse (Herrenjournal 2, 1966, 40); Überwinden Sie den Nihilismus, meine Herren, ... durch Tapferkeit in der -en (scherzh.; *sexuellen*) Begegnung (Dorpat, Ellenbogenspiele 17).

Ho|ri|zon|tal|ab|len|kung, die (Fernsehtechnik): *horizontal verlaufende Ablenkung* (1) *des Elektronenstrahls in der Fernsehbildröhre u. der Abtaströhre des Senders* (1 a).

Ho|ri|zon|ta|le, die; -, -n, ⟨aber: zwei -[n]⟩: **1.** *waagerechte Gerade, Ebene; waagerechte Lage:* in die H. gehen; sich in die H. begeben (scherzh.; *sich niederlegen, sich schlafen legen*). **2.** (salopp scherzh.) *Prostituierte.*

Ho|ri|zon|tal|fre|quenz, die (Fernsehtechnik): *Anzahl der in einer Sekunde übertragenen Zeilen.*

Ho|ri|zon|tal|in|ten|si|tät, die (Physik): *Stärke des Erdmagnetfeldes in waagerechter Richtung.*

Ho|ri|zon|tal|kon|zern, der (Wirtsch.): *Konzern, der Unternehmen der gleichen Produktionsstufe umfasst.*

Ho|ri|zon|tal|pen|del, das: *als Seismometer u. zur Messung geringer Neigungen des Erdbodens verwendetes Pendel, das um eine nahezu vertikale Drehachse in einer nahezu horizontalen Ebene schwingt.*

Ho|ri|zon|tal|ver|schie|bung, die (Geol.): *(gegenüber der ursprünglichen Gesteinslagerung) waagerecht verlaufende Verwerfung.*

ho|ri|zon|tie|ren ⟨sw. V.; hat⟩: **1.** (Geol.) **a)** *die Höhe eines Horizonts* (3) *einmessen;* **b)** *einen Horizont* (3) *mittels Leitfossilien u. a. zeitlich einstufen.* **2.** (Geodäsie) *die Achsen von geodätischen Messinstrumenten in waagerechte u. senkrechte Lage bringen.* **3.** (Milit.) **a)** *ein Geschütz bzw. Mess- od. Zielgerät in die Waagerechte ausrichten;* **b)** *ein Geschütz od. Zielgerät auf einem bewegten Waffenträger andauernd waagerecht halten.*

Ho|ri|zont|li|nie, die: *Horizont* (1): die H. weit überragend, stieg ein mächtiger Hügelrücken empor (Kuby, Sieg 399).

Hör|kopf, der (Elektroakustik): *Tonkopf, der die magnetische Aufzeichnung zur Wiedergabe über Lautsprecher in elektrische Spannungen umwandelt.*

Hör|mess|ge|rät, das: *spezielles Gerät zur Prüfung des Gehörs; Audiometer.*

hor|misch ⟨Adj.⟩ [zu ↑Hormon] (Psych.): *(vom menschlichen u. tierischen Verhalten) triebhaft, zielgerichtet, zweckgeleitet:* -e Psychologie *(psychologische Richtung, die den Antrieb auch als Basis des menschlichen Verhaltens anerkennt).*

Hor|mon, das; -s, -e [zu griech. hormān = in Bewegung setzen, antreiben]: *körpereigener, von den Drüsen mit innerer Sekretion gebildeter u. ins Blut abgegebener Wirkstoff, der biochemisch-physiologische Abläufe steuert u. koordiniert:* durch bestimmte Stoffe die Produktion eines -s hemmen; das Adrenalin veranlasst die Ausschüttung des die Nebenniere anregenden -s (Medizin II, 270).

hor|mo|nal ⟨Adj.⟩: *die Hormone betreffend, auf ihnen beruhend:* das -e Gleichgewicht; neben operativen, radiologischen und -en Krebsbekämpfungsmaßnahmen (Noack, Prozesse 203); h. gesteuerte Vorgänge.

Hor|mon|be|hand|lung, die: *Behandlung mit Hormonpräparaten.*

Hor|mon|drü|se, die: *Drüse mit innerer Sekretion, die ein bestimmtes Hormon bildet.*

hor|mo|nell: *hormonal.*

Hor|mon|for|schung, die: *Forschung auf dem Gebiet der Hormone.*

Hor|mon|haus|halt, der: *das Zusammenwirken der gesamten Hormone im Körper.*

Hor|mon|im|plan|ta|ti|on, die: *Einpflanzung kleiner Hormontabletten unter die Haut.*

Hor|mon|man|gel, der ⟨o. Pl.⟩: *Mangel an einem bestimmten Hormon.*

Hor|mon|prä|pa|rat, das: *aus Drüsen od. Drüsenextrakten o. Ä. gewonnenes Arzneimittel, das z. B. bei fehlender od. unzureichender Produktion von Hormonen als Ersatz verwendet wird.*

Hor|mon|pro|duk|ti|on, die: *Produktion eines Hormons in einer Drüse mit innerer Sekretion.*

Hor|mon|spie|gel, der: *Gehalt des Blutes an Hormonen.*

Hor|mon|sprit|ze, die: *Injektion eines Hormonpräparats.*

Hor|mon|the|ra|pie, die: *Hormonbehandlung.*

Hör|mu|schel, die: *oberer Teil des Telefonhörers, den man ans Ohr hält:* Ü Höre den Wind in den Bäumen: diese Stimme in der H. (Fries, Weg 111).

Horn, das; -[e]s, Hörner u. -e [mhd., ahd. horn, eigtl. = Spitze, Oberstes, verw. mit ↑Hirn]: **1.** ⟨Pl. Hörner⟩ *[gebogener] spitzer, harter Auswuchs am Kopf bestimmter Tiere:* spitze, gebogene Hörner; der Stier senkte die Hörner, nahm den Torero auf die Hörner; Ü das H. (ugs.; *die geschwollene Stelle, die Beule*) an der Stirn, das von seinem Sturz herrührte, schwand nur langsam; schon als Kind hatte er am Hinterkopf ein H. (ugs.; *eine harte Verdickung*); ***jmdm. Hörner aufsetzen** (ugs.; *den Ehemann betrügen;* dem verschnittenen Hahn setzte man zur Kennzeichnung die abgeschnittenen Sporen in den Kamm, wo sie fortwuchsen u. eine Art von Hörnern bildeten); **sich** ⟨Dativ⟩ **die Hörner ablaufen/abstoßen** (ugs.; *durch Erfahrungen besonnener werden, bes. sein Ungestüm in der Liebe ablegen;* nach einer alten studentischen Aufnahmefeier, bei der der als Bock verkleidete Neuling sich die Hörner an einer Tür od. Säule abstoßen musste, um dadurch symbolisch seine tierische Vorstufe hinter sich zu lassen): Ich habe mir in literarischer Beziehung schon vor Jahren die Hörner abgelaufen (Seidel, Sterne 38); **jmdm. die Hörner zeigen** (ugs.; *jmdm. energisch entgegentreten, Widerpart leisten;* nach dem Verhalten von Stier u. Hirsch, die vor einem Kampf durch ein Senken des Kopfes ihre Waffe zeigen). **2.** ⟨Pl. -e⟩ *von Tieren bes. an den Hörnern u. Hufen gebildete harte Substanz:* ein Kamm aus irischem H.; die Brille hat ein Gestell aus H. **3.** ⟨Pl. Hörner⟩ **a)** *gewundenes Blechblasinstrument mit engem Schallrohr, weitem Schallbecher, trichterförmigem Mundstück u. Ventilen:* die Hörner im Orchester waren etwas zu laut; H. blasen; ***ins gleiche H. stoßen/tuten/blasen** (ugs.; *jmdn. in seiner Meinung unterstützen*); **b)** *Waldhorn;* **c)** *akustisches Signalgerät [an Kraftfahrzeugen]:* das H. ertönen lassen.

Horn|an|ten|ne, die: *in der Höchstfrequenztechnik verwendete trichterförmig ausgebildete Antenne:* Es (= das Gerät) bietet zwei -n ein höheres Fundament und wird die Sprechqualität nach Norden wieder verbessern (MM 12. 4. 73, 17).

horn|ar|tig ⟨Adj.⟩: *wie Horn* (2) *aussehend.*

Horn|back [ˈhɔ:nbæk], das od. der; -s, -s [engl. horn back, aus: horn = Horn u. back = Rücken]: *verhornter Rücken einer Krokodilhaut, der durch Abschleifen eine besonders ausgeprägte Maserung zutage treten lässt u. hauptsächlich für Luxusartikel der Lederwarenindustrie verwendet wird.*

Horn|ber|ger: in der Wendung **ausgehen wie das H. Schießen** (*ergebnislos enden;* nach der Sage, dass die Bürger von Hornberg zur Begrüßung eines Fürsten so oft Salutschüsse übten, dass bei seiner Ankunft keine Munition mehr vorhanden war).

Horn|blatt, das [nach den hornförmig gegabelten Blättern]: *(auch für Aquarien* *verwendete) Wasserpflanze mit vielgliedrigen Blattquirlen u. unscheinbaren Blüten.*

Hornblen|de, die [wohl nach der Farbe des Horns (2)]: *gesteinsbildendes Mineral von einer dem Augit ähnlichen chemischen Zusammensetzung mit nicht metallischem Glanz u. bräunlich grünem Strich.*

Horn|bril|le, die: *Brille mit einem Gestell aus Horn* (2).

Hörn|chen, das; -s, -: **1.** Vkl. zu ↑Horn (1). **2.** *(wie ein Horn) gebogenes Gebäckstück aus Blätter- od. Hefeteig.* **3.** *(in vielen Arten vorkommendes) Pflanzen fressendes Nagetier unterschiedlicher Größe.* **4.** ⟨meist Pl.⟩ *Hörnchennudel.*

Hörn|chen|nu|del, die ⟨meist Pl.⟩: *kleine Nudel von der Form eines Hörnchens* (1).

Hörndl|bau|er, der [Hörndl: mundartl. Vkl. von ↑Horn] (österr.): *Bauer, der vorwiegend Hornviehzucht betreibt.*

Horn|drechs|ler, der: *Drechsler, der Gegenstände aus Horn* (2) *formt.*

horn|dumm ⟨Adj.⟩ [eigtl. = dumm wie Hornvieh] (salopp): *äußerst dumm.*

Hor|ne|bur|ger, der; -s, - [nach dem Ort Horneburg, Kreis Stade (Niedersachsen)]: *großer, grüner Koch- u. Backapfel.*

hor|nen ⟨Adj.⟩ [mhd. hornen, ahd. hurnīn] (veraltet): *hörnern.*

hör|nen ⟨sw. V.; hat⟩ (ugs. scherzh.): *(den Ehemann) betrügen.*

Hör|ner|ab|lei|ter, der: *aus zwei v-förmig zueinander gebogenen Drähten bestehende Vorrichtung zum Schutz elektrischer Leitungen u. Anlagen gegen Überspannungen.*

Hör|ner|blitz|ab|lei|ter, der: *Hörnerableiter gegen Blitzentladungen.*

Hör|ner|hau|be, die: *Haube des 15. Jh.s mit zwei hornförmigen Gebilden.*

Hör|ner|klang, der: vgl. Hörnerschall.

hör|nern ⟨Adj.⟩ [mhd. hurnīn, hornen, ahd. hurnīn]: *aus Horn bestehend:* runde Scheibchen enthielt es (= das Säckchen), an Größe, Dicke und Gestalt -en Knöpfen einer Jägerjacke gleich (A. Zweig, Grischa 40); die Sage vom -en *(mit einer hornartigen Schicht aus erkaltetem Drachenblut überzogenen u. daher unverletzlichen)* Siegfried.

Hör|ner|schall, der: *Schall von Hörnern* (3 a, b).

Hör|ner|schlit|ten, der: *Schlitten mit vorn hochgezogenen, wie Hörner geformten Kufen.*

Hör|nerv, der: *Gehörnerv.*

Horn|fels, der [nach der Härte u. dem Aussehen des Horns (2)] (Geol.): *aus magmatischen Schmelzen entstandenes graues od. schwarzes, dichtes Gestein mit splitterigem Bruch.*

Horn|fes|sel, die (Jägerspr.): *Umhängeriemen am Jagdhorn.*

horn|för|mig ⟨Adj.⟩: *die Form eines Hornes habend.*

Horn|ge|schwulst, die: *Keratom.*

Horn|hai, der [nach dem hornförmigen Stachel am Vorderrand der beiden Rückenflossen]: *Stierkopfhai.*

Horn|haut, die [2: wohl deshalb, weil die Hornhaut kurz nach dem Tode einem dünnen, hornartigen Plättchen gleicht]: **1.** *durch Druck od. Reibung verhärtete äußerste Schicht der Haut, die aus abgestorbenen Zellen besteht:* sich die H. an den Füßen, an den Schwielen abschneiden; Ü die H., mit der sich die Brust in all den Jahren gepanzert hatte (Apitz, Wölfe 235). **2.** *uhrglasartig gewölbte, durchsichtige Vorderfläche des Augapfels.*

Horn|haut|ent|zün|dung, die: *Entzündung der Hornhaut* (2); *Keratitis.*

Horn|haut|trü|bung, die: *krankhafte Veränderung der Hornhaut* (2) *mit Einschränkung des Sehvermögens.*

Horn|haut|über|tra|gung, die: *operative Verpflanzung einer Hornhaut* (2) *bzw. von Hornhautteilen auf ein erkranktes Auge.*

Horn|haut|ver|let|zung, die: *Verletzung der Hornhaut* (2).

Horn|hecht, der: *Raubfisch mit lang gestrecktem Körper u. hornförmig verlängerten, mit spitzen Zähnen bestandenen Kiefern.*

hor|nig ⟨Adj.⟩: *mit einer Hornhaut überzogen, eine Hornhaut aufweisend:* ein -er Huf.

Hor|nis|se [bes. schweiz. auch: ˈhɔr...], die; -, -n [mhd. hornitz, ahd. hornaz, eigtl. = gehörntes Tier, wegen der gebogenen Fühlhörner]: *(großes, zu den Wespen gehörendes) Insekt mit schwarzem Vorderkörper u. gelb geringeltem Hinterleib.*

Hor|nis|sen|nest, das: vgl. Wespennest.

Hor|nis|sen|schwarm, der: *Schwarm von Hornissen.*

Hor|nis|sen|schwär|mer, der: *kleiner Schmetterling mit gelb u. schwarz geringeltem Hinterleib u. glasklaren Flügeln.*

Hor|nis|sen|stich, der: vgl. Wespenstich.

Hor|nist, der; -en, -en: *jmd., der [berufsmäßig] Horn* (3 a, b) *spielt.*

Hor|nis|tin, die; -, -nen: w. Form zu ↑Hornist: Carolin Sturm (37) spielt seit 10 Jahren als zweite H. im Städtischen Opernhaus- und Museumsorchester in Frankfurt (Rheinpfalz, 4. 1. 92, 32).

Hor|ni|to, der; -s, -s [span. hornito = Öfchen, Vkl. von: horno < lat. fornax = Ofen] (Geogr.): *kegelförmige Aufwölbung über Austrittsstellen dünnflüssiger Lava.*

Horn|kamm, der: *Kamm aus Horn* (2).

Horn|klee, der [nach den hornförmig gekrümmten Früchten (Hülsen)]: *Klee mit meist doldenförmigen Blütenständen u. gelben od. roten Blüten.*

Horn|knei|fer, der: vgl. Hornbrille.

Horn|kraut, das [nach den hornförmig gekrümmten Fruchtkapseln einiger Arten]: *zu den Nelkengewächsen gehörende, bes. in Europa verbreitete einjährige Staudenpflanze mit gegenständigen Blättern u. weißen, doldenähnlichen Blütenständen.*

Horn|mehl, das: *aus gemahlenem Horn* (2) *(z. B. Hörnern, Hufen, Klauen des Schlachtviehs) hergestelltes, stickstoffhaltiges Düngemittel.*

Horn|ochs, Horn|och|se, der (derb, oft als Schimpfwort): *dummer, unverständiger Mensch.*

Horn|pipe [ˈhɔːnpaɪp], die; -, -s [engl. hornpipe, eigtl. = Hornpfeife]: **1.** *bes. aus Wales bekanntes Blasinstrument, dessen beide Enden (Schallbecher u. Windbehälter) aus Horn* (2) *bestehen.* **2.** *alter englischer (in die Kunstmusik übernommener) Tanz im* 3/2- *od.* 4/4-*Takt.*

Horn|sche, die; -, -n [aus dem Slaw.; vgl. älter tschech. hornice = (Dach)zimmer, zu: horní = ober...] (ostmd.): *kleines, altes, baufälliges Haus.*

Horn|schicht, die: *Hornhaut* (1).

Horn|si|gnal, das: *mit dem Horn* (3 a, c) *gegebenes Signal.*

Horn|spä|ne ⟨Pl.⟩: *stickstoffhaltiges Düngemittel aus einem bei der Verarbeitung von Horn* (2) *entstehenden Abfallprodukt.*

Horn|stoß, der: *kurzes, rasches Blasen in ein Horn* (3 a).

Horn|strah|ler, der; -s, -: **1.** *Schallquelle, von der der Schall über einen Trichter abgestrahlt wird.* **2.** *Hornantenne.*

Horn|tier, das: *Hörner tragendes Tier.*

Horn|trä|ger, der: *Horntier.*

Hor|nung, der; -s, -e [mhd., ahd. hornunc, zu einem germ. Wort mit der Bed. »Horn; Spitze; Ecke« (verw. mit ↑Horn) u. eigtl. = der im Winkel, in der Ecke, nicht im Ehebett Gezeugte (vgl. afries. horning = Bastard); wohl in Anspielung auf die verkürzte Anzahl von Tagen dieses Monats, dann zu verstehen im Sinne von »der (in der Anzahl der Tage) zu kurz Gekommene«] (veraltet): *Februar.*

Hor|nuß [...uːs], der; -es, -e[n] [gleichlautend mit dem schweiz. Wort für Hornisse, wegen des summenden Tones, den die Scheibe beim Flug erzeugt] (schweiz.): *einem Puck ähnliche Scheibe aus Hartgummi, die beim Hornußen verwendet wird:* * **den H. [sicher] treffen** *(den Nagel auf den Kopf treffen).*

hor|nu|ßen ⟨sw. V.; hat⟩ (schweiz.): *mit dem Hornuß eine Art Schlagball spielen.*

Horn|vieh, das: **1.** ⟨o. Pl.⟩ *Hörner tragende Tiere.* **2.** ⟨Pl. Hornviecher⟩ (derb, oft als Schimpfwort) *Hornochs.*

Horn|vi|per, die: *(in den Wüsten Nordafrikas heimische) Viper mit einem hornförmigen Fortsatz über jedem Auge.*

Horn|zel|le, die: *verhornende od. verhornte Zelle der Oberhaut.*

Horn|zie: ↑Hornsche.

Ho|ro|log, das; -s, -e: *Horologion* (1).

Ho|ro|lo|gi|on, das; -s, ...ien [griech. hōrológion, zu hōra = Stunde]: **1.** *Stundenanzeiger* (z. B. Sonnen-, Sanduhr). **2.** *liturgisches Buch der orthodoxen Kirchen, das den feststehenden Teil des Stundengebets u. weitere liturgische Texte u. Angaben enthält.*

Ho|ro|lo|gi|um, das; -s, ...ien [lat. horologium]: *Horologion* (1, 2).

Hor|op|ter, der; -s, **Hor|op|ter|kreis,** der ⟨o. Pl.⟩ [zu griech. hóros = Grenze u. optḗr = Späher] (Med.): *kreisförmige Linie, auf der alle Punkte liegen, die bei gegebener Augenstellung mit beiden Augen nur einfach gesehen werden.*

Hör|or|gan, das: *Gehörorgan.*

Ho|ro|skop, das; -s, -e [spätlat. horoscopium = Instrument zur Ermittlung der Planetenkonstellation bei der Geburt eines Menschen < griech. hōroskopeĩon, eigtl. = Stundenseher, zu: hṓra = Stunde u. skopeĩn = betrachten] (Astrol.): **a)** *schematische Darstellung der Planetenkonstellation zu den Tierkreiszeichen zu einem bestimmten Zeitpunkt, bes. bei der Geburt eines Menschen, als Grundlage zur Schicksalsdeutung:* Dieser große Mann habe ... die drei -e aller drei ... Beteiligten hergestellt (Fr. Wolf, Menetekel 80); jmdm. das H. stellen *(für eine Schicksalsdeutung erstellen);* **b)** *Voraussage über kommende Ereignisse aufgrund von Sternkonstellationen:* Fünfundfünfzig Prozent aller Europäer lesen ihr H.! (Simmel, Stoff 329).

ho|ro|sko|pie|ren ‹sw. V.; hat›: *ein Horoskop stellen:* ‹subst.:› der Hamburger Astrologe ... veranstaltet ... Lehrgänge im Horoskopieren (Spiegel 53, 1974, 65).

ho|ro|sko|pisch ‹Adj.›: *das Horoskop betreffend, darauf beruhend:* dem Monde, dem er sich h. und durch allerlei Ahnung und Spekulation verbunden fühlte, seine junge Nacktheit darzustellen (Th. Mann, Joseph 79).

hor|rend ‹Adj.› [lat. horrendus, zu: horrere = schaudern; sich entsetzen, eigtl. = erstarren, starr sein]: **1.** (emotional) *jedes normale Maß überschreitend, sodass es ablehnende Kritik hervorruft:* eine -e Dummheit; -e Preise; zwanzig Mark? Das ist ja h.! **2.** (veraltet) *durch seinen geistigen Gehalt Entsetzen erregend:* -e politische Ansichten.

hor|ri|bel ‹Adj.; ...bler, -ste› [(frz. horrible <) lat. horribilis] (bildungsspr. veraltet): **1.** *als Erlebnis, Mitteilung Grauen erregend, grausig, furchtbar:* horrible Dinge, Szenen haben sich dort abgespielt. **2.** *horrend* (1).

hor|ri|bi|le dic|tu [lat.] (bildungsspr.): *es ist furchtbar, dies sagen zu müssen* (kommentierender Einschub des Sprechers).

Hor|ri|bi|li|tät, die; -, -en ‹Pl. selten› (bildungsspr. veraltet): *Schrecklichkeit, Furchtbarkeit.*

hor|ri|do ‹Interj.› [nach dem anfeuernden Ruf des Rüdenführers: ho, Rüd, ho]: **a)** (Jägerspr.) von Jägern anstelle des Hochs gebrauchter Ausruf; **b)** (scherzh.) ermunternder Zuruf od. Ausruf triumphierender Freude.

Hor|ri|do, das; -s, -s: Hochruf.

Hör|rohr, das: **1.** *schallleitendes Holzrohr bzw. Gummischlauch [mit Membran], mit dem der Arzt Körpergeräusche [in Herz u. Lunge] abhört.* **2.** (früher) *Hörgerät in der Art eines Schalltrichters.*

Hor|ror, der; -s [a: lat. horror; b: engl. horror < afrz. (h)orrour < lat. horror, zu: horrere, ↑horrend]: **a)** *auf Erfahrung beruhender, schreckerfüllter Schauder, Abscheu, Widerwille [sich mit etw. zu befassen]:* einen H. vor etw., vor bestimmten Leuten haben; wie leicht fällt die (= geringe Reiselust) ins Gewicht gegen meinen H., Paris zu verlassen! (Th. Mann, Krull 281); **b)** (ugs. emotional verstärkend) *schreckerfüllter Zustand, in den jmd. durch etw. gerät:* Ein absoluter H. hingegen waren die Ratten- und die Moskitoplage (Wiener 11, 1983, 85); probierte er auch Heroin. Doch was ihm ein Bekannter als seligen Zustand schmackhaft gemacht hatte, erlebte er als H. (Basler Zeitung 26. 7. 84, 21); Schluss mit ihm war die Folge. Da kam ich total auf den H. (Emma 5, 1978, 31); Der Trip war unheimlich Schau gewesen. Ich war froh, dass ich nicht auf H. gekommen war (Christiane, Zoo 61).

Hor|ror- (ugs. emotional verstärkend): drückt in Bildungen mit Substantiven aus, dass etw. als schlimm, als beängstigend empfunden wird: Horrormeldung, -story, -vorstellung, -zahl.

Hor|ror|film, der: *Film, der vom Thema u. von der Gestaltung her darauf abzielt, beim Zuschauer Grauen und Entsetzen zu erregen.*

Hor|ror|ge|schich|te, die: *Geschichte* (2), *die darauf abzielt, Grauen u. Entsetzen zu erregen.*

Hor|ror|li|te|ra|tur, die: *literarische Werke aller Gattungen, die Unheimliches, Gräueltaten u. Ä. darstellen.*

Hor|ror|strei|fen, der (ugs.): *Horrorfilm.*

Hor|ror|trip, der: **1.** (Jargon) *durch den Genuss von LSD, Heroin o. Ä. hervorgerufener Drogenrausch mit Angst- u. Panikgefühlen; Bad Trip:* In den Pausen verwendeten sie ein geheimnisvolles Vokabular, sprachen ... von Flashbacks und -s, und obwohl ich mir nichts darunter vorstellen konnte, ahnte ich ..., dass es um Drogen ging (Rothmann, Stier, 52, 3). **2.** (ugs.) **a)** *Reise voller Schrecken:* Blockierte Autobahnen, Fluglotsenstreiks ... ließen ... den Start in die Ferien zum H. werden (Spiegel 33, 1978, 36); **b)** *schlimmes, schreckliches Erlebnis:* Noch heute hat er Schwierigkeiten, ... von seinem H. zu erzählen, zu dem ihn gelangweilte Ermittlungsbehörden, geschmierte Polizeizeugen und ein falscher Zeuge verdammt hatten (taz 17. 11. 98, 13).

Hor|ror Va|cui, der; -- [lat. = die Angst vor dem Leeren]: *von der aristotelischen Physik ausgehende Annahme, die Natur sei überall um Auffüllung eines leeren Raumes bemüht:* Ü Wie von einem H. V. besessen, sucht Friedrich die riesige Bühne seines Hauses mit Chor, Extrachor und Statisterie zu füllen (taz 19. 6. 98, 23).

Hor|ror|vi|deo, das [↑Video (2)]: vgl. Horrorfilm: Psychologen ... warnen einmütig vor den unterschwelligen Bewusstseinsveränderungen, die der regelmäßige Konsum von -s auslösen kann (Hamburger Morgenpost 21. 3. 84, 16).

Hör|saal, der: **1.** *größerer Raum [mit ansteigenden Sitzreihen] in einer Hochschule, in dem Vorlesungen gehalten werden.* **2.** ‹o. Pl.› *Zuhörerschaft in einem Hörsaal* (1).

Hör|sam|keit, die; - [LÜ von engl. audibility] (Akustik): *von der Nachhallzeit abhängige Eignung eines Raumes für Sprach- u. Musikübertragungen.*

Hör|schwel|le, die (Physiol., Med.): *derjenige Schalldruck, der gerade noch vom menschlichen Gehörorgan wahrgenommen wird.*

hors con|cours [ɔrkõ'ku:r; frz., aus: hors (↑Horsd'œuvre) u. concours = Wettkampf, Wettbewerb] (bildungsspr.): *außer Wettbewerb:* h. c. auftreten, spielen.

◆ **hors de com|bat** [ɔrdəkõ'ba; frz., zu: hors (↑Horsd'œuvre) u. combat = Kampf, Gefecht, zu: combattre, ↑Kombattant]: *außer Gefecht:* denn es gelang ihm, durch eine unbesiegliche Terz-Quart-Terz, mich ... h. de c. zu machen (Hauff, Jud Süß 385).

Hors|d'œu|vre [ɔr'dœ:vr(ə)], das; -[s], -s [...vr(ə)] [frz. hors-d'œuvre, eigtl. = Beiwerk, zu: hors < afrz. (de)hors = außer(halb), nebenbei < spätlat. deforis = von außen u. œuvre, ↑Œuvre]: *appetitanregendes Vor- od. Beigericht.*

Horse [hɔ:s], das; - [engl. horse, eigtl. = Pferd, Tabuwort] (Jargon): *Heroin.*

Horse|pow|er ['hɔ:spauə], die; -, - [engl. horsepower, eigtl. = Pferdekraft]: *in Großbritannien u. den USA verwendete Einheit der Leistung* (= 745,7 Watt; Abk.: h. p., früher: HP).

Hör|spiel, das: **1. a)** ‹o. Pl.› *an die technischen Möglichkeiten des Rundfunks gebundene, auf das Akustische ausgerichtete dramatische Gattung;* **b)** *Spiel dieser Gattung:* ein zweiteiliges H.; ein H. schreiben, senden. **2.** ‹o. Pl.› *Hörspielabteilung:* Später sprach ich Nachrichten ... und landete beim H. (Zwerenz, Quadriga 21).

Hör|spiel|ab|tei|lung, die: *Rundfunkabteilung, in der Hörspiele produziert werden.*

hör|sprach|ge|schä|digt ‹Adj.›: *einen Gehörschaden u. eine darauf beruhende Sprachstörung aufweisend.*

Horst, der; -[e]s, -e [mhd., ahd. hurst = Gesträuch, Hecke, Dickicht, eigtl. = Flechtwerk, verw. mit ↑Hürde]: **1.** *meist auf Felsen, in schwer erreichbarer Höhe gebautes großes Nest großer Vögel (bes. Greif- u. Stelzvögel):* der Adler fliegt auf seinen H. **2.** *Fliegerhorst:* Der Flieger gehörte zum leichten Kampfgeschwader 42, das seinen H. in Pferdsfeld ... hat (MM 13. 7. 67, 1). **3.** (Forstw.) *Strauch od. Gebüschgruppe [die sich durch Holzart, Alter u. Wuchs von ihrer Umgebung unterscheidet].* **4.** (Bot.) *Büschel dicht nebeneinander stehender, gleich stark u. unverzweigt von unten herauswachsender Triebe einer Pflanze (z. B. bei Gräsern, Narzissen):* Volkmann ... sah nach den gelben Osterblumen hin, die in dicken -en aus dem Rasen kamen (Löns, Haide 55); Aus -en bunter Bohnenkerne falten sich sattgrüne Keimblätter (natur 5, 1991, 78). **5.** (Geol.) *gehobener od. infolge Absinkens der Umgebung stehen gebliebener Teil der Erdkruste* (z. B. der Harz).

hors|ten ‹sw. V.; hat›: *(bes. von Greif- u. Stelzvögeln) nisten:* wo horstet der Adler?; Ü Da, zuoberst, horsten zwei Asylanten aus Zaire (NZZ 14. 4. 85, 23).

Hör|stö|rung, die: *Störung des Hörvermögens.*

Hör|sturz, der (Med.): *plötzlich auftretender [vorübergehender] Verlust des Gehörs.*

Hör|sze|ne, die: vgl. Hörspiel (1 b).

Hort, der; -[e]s, -e [1: mhd., ahd. hort, eigtl. = Bedecktes, Verborgenes]:

1. (dichter.) *Goldschatz:* der H. der Nibelungen. **2.** (geh.) **a)** *Ort, Institution, Person, die einem Bedürftigen, Schwachen od. einem geistigen Gut o. Ä. einen besonderen Schutz gewährt:* die Kirche sollte ein H. der Bedrängten und Verfolgten sein; die Schweiz gilt als H. der Freiheit und Humanität; mein Gott, mein H., auf den ich traue (Psalm 18, 3); **b)** *Stätte, an der etw. in besonderem Maße praktiziert wird:* die (= versunkene Metropolen) in der Bibel so oft verflucht wurden als -e des Lasters und Stätten der Verderbnis (Ceram, Götter 258). **3.** *Kinderhort:* an allen 23 Mannheimer -en schauen Erzieherinnen ihren Schützlingen in die Schulhefte (Mannheim illustriert 1, 1976, 19).

Hor|ta|tiv [auch: 'hɔr...], der; -s, -e [spätlat. (modus) hortativus]: *Adhortativ.*

hor|ten ⟨sw. V.; hat⟩ [zu ↑Hort]: **a)** *[wegen seiner Kostbarkeit, Knappheit] als Vorrat sammeln:* Geld, Devisen, Waffen h.; in Notzeiten werden Lebensmittel gehortet; er hatte die Tabletten für einen Selbstmordversuch gehortet; Ü Angst war das Zahlungsmittel, das uns nie ausging, und noch heute horte ich in einigen versteckten Tresoren meines Herzens blitzblanke Angst, die auf Jabos, Marauders, Viermotorige gemünzt ist (Küpper, Simplicius 110); **b)** *für einen bestimmten Zweck sammeln:* einzelne Bestellungen für eine Sammelbestellung h.; Ü dort (= in der Kaserne) werden Gefangene gehortet (Kirst, 08/15, 893).

Hor|ten|sie, die; -, -n [die Pflanze wurde von dem frz. Botaniker Ph. Commerson (1727–1773) nach der Astronomin Hortense Lepaute, der Frau seines Freundes, benannt]: *(in Asien, Amerika u. Europa verbreitete) Pflanze mit kleinen weißen, grünlichen, roten od. blauen Blüten in Rispen od. kugeligen, doldenähnlichen Blütenständen.*

Hör|test, der: *Test der Hörschärfe.*

Hor|ti|kul|tur, die [zu lat. hortus = Garten] (Fachspr.): *Gartenbau.*

Hort|kind, das: *Kind, das in einem Kinderhort untergebracht ist.*

Hort|lei|ter, der: *Leiter eines Kinderhorts.*

Hort|lei|te|rin, die: w. Form zu ↑Hortleiter.

Hort|ner, der; -s, -: *Erzieher in einem Kinderhort* (Berufsbez.).

Hort|ne|rin, die; -, -nen: w. Form zu ↑Hortner.

Hort|platz, der: *Platz* (4) *in einem Kinderhort:* sie hat für ihre Tochter keinen H. mehr bekommen.

Hor|tung, die; -, -en: *das Horten.*

ho ruck: ↑hau ruck.

Hör|ver|mö|gen, das ⟨o. Pl.⟩: *Fähigkeit zu hören.*

Hör|ver|ste|hen, das; -s (Päd.): *Fähigkeit, eine gehörte Äußerung in einer fremden Sprache, die man erlernt od. erlernt hat, sofort zu verstehen u. in die eigene Sprache übertragen zu können:* sie kann türkische Texte fließend übersetzen und zeigt zudem ein ausgezeichnetes H.

Hör|wei|te, die: *Entfernung, aus der, bzw. Bereich, in dem jmd., etw. zu hören ist:* sie war schon längst außer H., als er sie rief; in H. bleiben; Ü zu den Milliarden, die auch heute außer H. seines (= des göttlichen) Wortes leben (Thielicke, Ich glaube 173).

Hör|zen|trum, das (Med.): *seitlich auf dem oberen Schläfenlappen der Großhirnrinde liegender Bereich, der Hörempfindungen verarbeitet.*

ho|san|na: ↑hosianna.

Hös|chen, das; -s, -: **1.** Vkl. zu ↑Hose (1): ***heiße H.** (ugs. scherzh.; *Hotpants*). **2.** *Slip für Damen:* sie wusch ihr H., zog ihr H. aus. **3.** (Zool.) *(bei Bienen u. Hummeln) die an den Hinterbeinen angesammelten Pollenklümpchen.*

Ho|se, die; -, -n [mhd. hose, ahd. hosa = Bekleidung der (Unter)schenkel samt den Füßen, in germ. Zeit wahrsch. Bez. für die mit Riemen um die Unterschenkel geschnürten Tuch- oder Lederlappen; eigentlich = Hülle, Bedeckendes]: **1. a)** ⟨häufig auch im Pl. mit singularischer Bed.⟩ *Kleidungsstück, das den Körper von der Taille an abwärts u. jedes der Beine ganz od. teilweise bedeckt:* eine lange, kurze, ausgebeulte, enge H.; ein Paar neue -n; sie trägt -n; die H. *(die Hosenbeine)* hochkrempeln; das Kind hat die, seine H. vollgemacht, hat in die H., -n gemacht; in die -n schlüpfen, steigen; in kurzen -n herumlaufen; R machen wir die H. wieder zu! (Ausdruck der Resignation; urspr. anspielend auf die Abweisung durch einen Geschlechtspartner); -n runter! (Skat; beim Null ouvert an den Spieler gerichtete Aufforderung, die Karten aufzudecken); das kannst du einem erzählen, der die H. mit der Kneifzange anzieht, zumacht! (ugs.; *das ist doch alles Schwindel!; das nehme ich dir nicht ab!*); ***jmdm. geht die H. mit Grundeis** (↑Arsch); **tote H.** (bes. Jugendspr.; *Ereignislosigkeit, Schwunglosigkeit*): »Tote Hose« herrscht auch an den Tischtennisplatten ... vom geplanten Abenteuer keine Spur (MM 11. 8. 83, 15); Die Basler hatten im zweiten Drittel die Möglichkeiten, entscheidend in Führung zu gehen, doch auch in dieser Phase war da meist »tote Hose« (Basler Zeitung 2. 10. 85, 48); **jmds. -n sind voll** (salopp; *jmd. hat große Angst*): Auf seinem Mondgesicht lag panische Angst. Seine -n schienen voll zu sein (Kirst, 08/15, 544); **[zu Hause, daheim] die -n anhaben** (ugs.; *als Frau im Haus bestimmend sein, herrschen*); **die -n runterlassen** (salopp; *etwas bisher Verschwiegenes preisgeben, die Wahrheit bekennen*); **die H., -n [gestrichen] voll haben** (salopp; *große Angst haben*): Die Zivilbevölkerung hat die -n gestrichen voll (Kirst, 08/15, 709); **die -n voll kriegen** (fam.; *[in Bezug auf ein Kind] Schläge aufs Gesäß bekommen*); **jmdm. die -n strammziehen/spannen** (fam.; *jmdm. Schläge aufs Gesäß geben*); **die -n auf halbmast tragen** (ugs. scherzh.; *zu kurze od. über die Knöchel hochgezogene Hosen tragen*); **die H. über der/die Tonne gebügelt/getrocknet haben** (ugs. scherzh.; *O-Beine haben*); **sich auf die -n setzen** (fam.; [meist als Aufforderung an ein Schulkind] *ernsthaft anfangen zu lernen*): wenn du nicht sitzen bleiben willst, musst du dich auf die -n setzen; **nicht aus der H. kommen können** (ugs.; *an Verstopfung leiden*); **in die H./-n gehen** (salopp; *sich nicht realisieren lassen; misslingen*): Manche Revolution frisst ihre Kinder, manche geht in die H. (Spiegel 34, 1975, 77); **sich [vor Angst] in die H./-n machen** (salopp; *große Angst haben*): viele Staatsanwälte machen sich heute ja schon in die H., wenn sie für einen ... Mord 3 000 Mark aussetzen sollen (Spiegel 11, 1975, 10); **mit jmdm. in die -n müssen** (schweiz.; *sich mit jmdm. im Kampf messen müssen;* nach der besonderen Kleidung, die beim Schwingen üblich ist); **in die -n steigen** (schweiz.; *sich zum Kampf bereit machen;* nach der besonderen Kleidung, die beim Schwingen üblich ist); **b)** *Schlüpfer, Unterhose:* Hemd u. H. aus Baumwolle. **2.** ⟨Pl.⟩ (Zool.) *in verschiedener Weise ausgebildete Muskelpartie am Schenkel der Hinterhand bes. beim Pferd:* das Pferd hat gute, schlechte -n. **3.** (Zool.) *starke Befiederung der Beine bei bestimmten Greifvögeln (z. B. Adlern, Falken).*

Ho|sen|an|zug, der: *aus langer Hose u. dazugehörendem Jackett bestehendes Kleidungsstück für Frauen.*

Ho|sen|auf|schlag, der: *Aufschlag* (4) *am unteren Ende des Hosenbeins.*

Ho|sen|band, das ⟨Pl. ...bänder⟩: *unterer Abschluss an den Beinen der Kniehose.*

Ho|sen|band|or|den, der [vgl. honi soit qui mal y pense]: *höchster britischer Orden* (2).

Ho|sen|bein, das: *der das Bein bedeckende Teil der Hose* (1 a): die -e hochkrempeln.

Ho|sen|bo|den, der: *Teil der Hose* (1 a), *der das Gesäß bedeckt:* ***den H. voll kriegen** (fam.; *[in Bezug auf ein Kind] Schläge aufs Gesäß bekommen*); **jmdm. den H. strammziehen** (fam.; *jmdm. Schläge aufs Gesäß geben*); **sich auf den H. setzen** (fam.; [meist als Aufforderung an ein Schulkind] *ernsthaft anfangen zu lernen*).

Ho|sen|bo|je, die (Seew.): *Rettungsring, an dem ein einer Hose ähnlicher Sack angebracht ist, in dem ein Schiffbrüchiger von einem gestrandeten Schiff aus in Sicherheit gebracht werden kann.*

Ho|sen|bü|gel, der: vgl. Hosenspanner.

Ho|sen|bund, der: [1]*Bund* (2) *als oberer Abschluss einer Hose* (1 a).

Ho|sen|fach, das (Theater): *Hosenrolle:* Johanna Haerting, selbst ausgebildete Sängerin für das H. Mezzosopran *(für im Mezzosopran* [1] *geschriebene, nur von Frauen gesungene Männerrollen in der Oper;* Welt 27./28. 3. 86, 28).

Ho|sen|ka|cker, der (derb): **1.** *Feigling, ängstlicher Mensch.* **2.** (Schimpfwort) *älterer Mann.*

Ho|sen|kerl, der (salopp): *männliches Glied; Penis:* Hinter der Wand versteckt wächst der H. in Länge und Breite (Zwerenz, Kopf 30).

Ho|sen|klam|mer, die: *Klammer, mit der ein Radfahrer eines od. beide Hosenbeine so zusammenklammert, dass sie beim Fahren nicht behindern.*

Ho|sen|klap|pe, die: *aufknöpfbare Klappe an der Hinterseite einer Kinderhose.*

Ho|sen|knie, das: *Teil des Hosenbeins, der das Knie bedeckt u. vom Tragen so ausgebeult ist, dass er sichtbar hervortritt:* die H. waren herausgedrückt (L. Frank, Wagen 9).

Ho|sen|knopf, der: *Knopf an einer Hose od. für eine Hose:* einen H. annähen; Ü du kriegst dafür keinen H. mehr (ugs.; *keinen Pfennig, absolut nichts*); er kümmert sich um jeden H. (ugs.; *in überflüssiger Weise um jede Kleinigkeit*).

Ho|sen|la|den, der: **1.** ‹Pl. ...läden, seltener: -› *Geschäft, in dem Hosen* (1 a) *verkauft werden.* **2.** ‹Pl. -› (ugs.) *Hosenschlitz.*

Ho|sen|latz, der: **1.** *Latz an einer [Kinder-, Trachten]hose.* **2.** (landsch.) *Hosenschlitz.*

Ho|sen|lupf, der; -[e]s, -e (schweiz.): *eine bestimmte Art des Ringkampfs; Schwingen.*

Ho|sen|matz, der (fam. scherzh.): *[mit einer Hose bekleidetes] kleines Kind:* Versuche mit Dreijährigen hätten bewiesen, dass die Hosenmätze ... sehr wohl fähig seien, ... Werbewörter ... zu lesen (Spiegel 16, 1966, 68).

Ho|sen|naht, die: *am äußeren Hosenbein verlaufende Naht:* die Hände an die H. legen *(eine militärische Haltung annehmen, bei der die Hände an die Hosennaht geführt werden).*

Ho|sen|rock, der: *Kleidungsstück für Frauen von einer Form, die aus Hose u. Rock kombiniert ist.*

Ho|sen|rol|le, die (Theater): **a)** *Männerrolle, die von einer Frau gespielt wird;* **b)** *weibliche Rolle in Männerkleidung.*

Ho|sen|sack, der (landsch.) Hosentasche.

Ho|sen|schei|ßer, der (derb): vgl. Hosenkacker.

Ho|sen|schlitz, der: *vordere schlitzförmige Öffnung der Männerhose.*

Ho|sen|schnal|le, die: *Schnalle zum Regulieren der Weite am Bund bes. von Männerhosen.*

Ho|sen|span|ner, der: *Bügel zum Spannen der Hosenbeine u. Aufhängen von Hosen.*

Ho|sen|stall, der (ugs. scherzh.): *Hosenschlitz.*

Ho|sen|ta|sche, die: *Tasche an, in einer Hose* (1 a): die Hände in den -n haben, in die -n stecken; *** etw. wie seine H. kennen** (ugs.; ↑Westentasche); **etw. aus der linken H. bezahlen** (ugs.; *eine größere Summe leicht, ohne Schwierigkeiten bezahlen können*).

Ho|sen|top|per, der; -s, - [zu engl. to top = in beste (Pass)form bringen] (Fachspr.): *Dämpfpuppe.*

Ho|sen|trä|ger, der ‹meist Pl.›: *über beide Schultern geführter Träger aus Gummiband od. (bei Trachtenhosen) aus Leder, zum Halten der Hose.*

Ho|sen|tür, die (ugs. scherzh.): *Hosenschlitz.*

Ho|sen|um|schlag, der: *Hosenaufschlag.*

ho|si|an|na, hosanna ‹Interj.› [spätlat. hosanna < griech. hōsanná < hebr. hôšî'ahnā = hilf doch!] (christl. Rel.): Ruf der Freude, des Jubels, Gebetsruf [als Teil der Liturgie]: h. singen; R heute heißt es h., morgen kreuzige ihn (zur Kennzeichnung des raschen Meinungswechsels der Menschen; nach Matth. 21, 9).

Ho|si|an|na, das; -s, -s (christl. Rel.): *Ruf der Freude, des Jubels [als Teil der Liturgie]:* ein H. rufen, singen.

Ho|si|an|na|ruf, der (häufig iron.): *lauter öffentlicher Beifall; Sympathiebekundung, die einer prominenten Persönlichkeit zuteil wird:* Trotz aller -e ließ Lys sich nicht blenden (Hörzu 14, 1972, 112).

Hos|pi|tal, das; -s, -e u. ...täler [mhd. hospitāl < spätlat. hospitale = Gastzimmer, zu lat. hospitalis = gastlich, gastfreundlich, zu: hospes (Gen.: hospitis) = Fremder, Gast]: **1.** *[kleineres] Krankenhaus:* Wir liegen in einem katholischen H., im gleichen Zimmer (Remarque, Westen 176). **2.** (veraltet) *Pflegeheim, Altenheim.*

hos|pi|ta|li|sie|ren ‹sw. V.; hat› (Amtsspr.): *[unter bestimmten Umständen zwangsweise] in ein Krankenhaus od. Pflegeheim einweisen:* Krankenhauseinweisungen, die sich für die Patienten um so schwerwiegender auswirkten, als sie bis zu 200 Kilometer weit von ihrem gewohnten Lebensraum entfernt hospitalisiert würden (MM 14. 8. 71, 3).

Hos|pi|ta|li|sie|rung, die; -, -en: *das Hospitalisieren, Hospitalisiertwerden.*

Hos|pi|ta|lis|mus, der; -: **1.** (Psych., Med., Päd.) *das Auftreten von psychischen od. physischen Schädigungen bes. bei Kindern, die durch die Besonderheiten (z. B. mangelnde Zuwendung) eines längeren Heimaufenthalts o. Ä. bedingt sind.* **2.** (Med.) *Infektion von Krankenhauspatienten od. -personal durch im Krankenhaus resistent gewordene Keime.*

Hos|pi|ta|lis|mus|scha|den, der (Psych., Med.): *bei einem Kind auftretende Schädigung, die durch Hospitalismus hervorgerufen worden ist.*

Hos|pi|ta|lit, der; -en, -en (veraltet): *in ein Hospital Aufgenommener:* ◆ ein alter Dorfpastor, der anfangs aussah wie ein H. (Fontane, Effi Briest 29).

Hos|pi|ta|li|tät, die; - [lat. hospitalitas] (veraltet): *Gastfreundschaft.*

Hos|pi|ta|li|ter, der; -s, -: *Mitglied einer Ordensgemeinschaft, die sich bes. der Krankenpflege in Hospitälern widmet.*

Hos|pi|ta|li|te|rin, die; -, -nen: w. Form zu ↑Hospitaliter.

Hos|pi|tal|schiff, das (veraltend): *Lazarettschiff.*

Hos|pi|tant, der; -en, -en: **1.** (bildungsspr.) *jmd., der als Gast an einer Unterrichtsstunde teilnimmt; Gasthörer an einer Hochschule od. Universität.* **2.** (Parl.) *fraktionsloser Abgeordneter, der sich der Fraktion einer ihm nahe stehenden Partei als Gast anschließt.*

Hos|pi|tan|tin, die; -, -nen: w. Form zu ↑Hospitant.

Hos|pi|tanz, die; - (Parl.): *Gastmitgliedschaft in einer parlamentarischen Fraktion.*

Hos|pi|ta|ti|on, die; - (bildungsspr.): *das Hospitieren:* das Kollegium der Schule saß zur H. mit ihm im Klassenraum (Kant, Impressum 56).

Hos|pi|tes|se, die; -, -n [zu ↑Hospital u. ↑Hostess]: *Frau mit einer Ausbildung als Krankenschwester u. zugleich als Sozialarbeiterin, die im Krankenhaus zur Betreuung bestimmter Patientengruppen eingesetzt wird.*

hos|pi|tie|ren ‹sw. V.; hat› [lat. hospitari = zu Gast sein]: **1.** *Hospitant sein:* bei einem Professor, in einer Unterrichtsstunde h. **2.** (selten) *sich, ohne eigentlich zugehörig zu sein, als Gast, Teilnehmer in einem bestimmten Kreis aufhalten:* Stefan Zweig ..., an den Arbeiten und Sorgen anderer warmherzig interessiert, hospitierte an mancherlei Tischen im »Odéon«, im »Terrasse« ... oder wie die Züricher Cafés sonst noch heißen mochten (K. Mann, Wendepunkt 283); Sie sind nicht von den Unsrigen? Sie sind gesund, Sie hospitieren hier nur, wie Odysseus im Schattenreich? (Th. Mann, Zauberberg 84).

Hos|piz, -es, -e [eindeutschend für älteres Hospitium < lat. hospitium = Herberge]: **1.** *bei einem Kloster befindliches Haus, in dem bes. Pilger übernachten können.* **2.** *Hotel od. Fremdenpension, die in christlichem Geist geführt wird:* ein christliches H. **3.** *Einrichtung zur Pflege u. Betreuung Sterbender:* Voraussetzung bleibe ... eine verkehrstechnisch günstige Anbindung des -es, um Angehörigen regelmäßige Besuche zu ermöglichen (taz 30. 12. 96, 16); Zurzeit wohnen acht Menschen im H., neben Aidskranken auch solche mit anderen unheilbaren Krankheiten wie zum Beispiel Krebs (taz 25. 11. 98, 21).

Hos|piz|ar|beit, die: *helfende Tätigkeit, Arbeit, bei der schwerstkranke, sterbende Menschen gepflegt u. betreut sowie deren Familienangehörige psychologisch unterstützt werden:* Ein weiterer wichtiger Bestandteil der H. ist das Hilfsangebot für Familienangehörige (taz 16. 10. 93, 36).

Hos|piz|be|we|gung, die ‹o. Pl.›: *sich für die Begleitung schwerstkranker, sterbender Menschen in vertrauter Umgebung u. die Unterstützung ihrer Angehörigen einsetzende Bewegung* (3 b): Die H., die sich Sterbender annimmt, verdankt ihre Entstehung der Tatsache, dass viele Ärzte heute noch nicht wissen, wie man mit Todkranken am besten umgeht (Zeit 26. 5. 95, 41); Renner im Sozialbereich sind die Telefonseelsorge, die H., das Eltern-Stress-Telefon usf. (taz 6. 12. 96, 22).

Hos|piz|hel|fer, der: *in der Hospizarbeit engagierter Helfer:* Ausbildung zum H.; An zehn Kursusabenden lernten die H., Sterbende zu pflegen, Trauer zu verarbeiten und das richtige Wort im richtigen Augenblick zu finden (FNP 28. 11. 95, 14).

Hos|piz|hel|fe|rin, die: w. Form zu Hospizhelfer.

Hos|po|dar, Gospodar, der; -s u. -en, -e[n] [rumän. hospodar < ukrain. hospodar (= russ. gospodar), zu: hospod'

(= russ. gospod') = Herr] (hist.): **a)** ⟨o. Pl.⟩ *Titel slawischer Fürsten in Montenegro;* **b)** *Träger dieses Titels.*

Host ['hoʊst], der; -[s], -s [engl. host (↑Hostess)] (EDV): *(in einem System von Computern od. Terminals) Zentralrechner mit permanenter Zugriffsmöglichkeit.*

Host|com|pu|ter ['hoʊst-], (auch:) **Host-Com|pu|ter,** der; -s, - [engl. host computer, aus: host (↑Hostess) u. ↑Computer] (EDV): *Host.*

Hos|tẹss [auch: '– –], die; -, -en [engl. hostess, eigtl. = Gastgeberin < afrz. (h)ostesse, w. Form zu: (h)oste < lat. hospes (Gen.: hospitis), ↑Hospital]: **1.** *junge weibliche Person, die auf Messen, bei Reisebüros, in Hotels o. Ä. zur Betreuung, Begleitung od. Beratung der Gäste, Besucher, Reisegruppen o. Ä. angestellt ist:* als H. arbeiten; In der Empfangshalle des Messestandes ... huschten -en mit Coca-Cola und Orangensaft zwischen den Sitzreihen hin und her (Spiegel 20, 1966, 35). **2.** *Angestellte einer Fluggesellschaft, die im Flugzeug od. auf dem Flughafen die Reisenden betreut:* Die -en und Stewards der Fluggesellschaft Alitalia beschlossen, ihren seit mehreren Tagen andauernden Streik ... zu verlängern (Neues D. 18. 6. 64, 5). **3.** (verhüll.) *Prostituierte (bes. in Anzeigen):* Claudia – H. mit Zeit und Charme (Abendpost 11. 10. 74, 12); Die Manager werden nun durch die Gleichgültigkeit ... ihrer Frauen in die Arme von -en getrieben (Spiegel 16, 1976, 10).

Họs|tie, die; -, -n [lat. hostia = Opfertier; Opfer, Sühnopfer, H. u.] (bes. kath. Kirche): *Oblate* (1); *Abendmahlsbrot:* Als am Schluss der Messe die zweite H., das Karfreitagsbrot, zum Nebenaltar getragen wurde (Bieler, Mädchenkrieg 442); Der Priester ergreift einen Kelch ... Er dreht sich um und zeigt eine H. (Fussenegger, Zeit 65).

Họs|ti|en|be|häl|ter, der: *Behälter, Gefäß zur Aufbewahrung der Hostie[n].*

Họs|ti|en|kelch, der: vgl. Hostienbehälter.

Họs|ti|en|schrein, der: *Tabernakel* (1).

hos|ti̱l ⟨Adj.⟩ [lat. hostilis] (bildungsspr. veraltet): *feindlich.*

Hos|ti|li|tä̱t, die; -, -en [spätlat. hostilitas] (bildungsspr. veraltet): *Feindseligkeit.*

Host|rech|ner ['hoʊst-], der (EDV): *Host.*

Họt, der; -s: kurz für ↑Hot Jazz.

Họt|brines ['hɔtbraɪnz], (auch:) **Họt Brines** ⟨Pl.⟩ [engl., zu: hot = heiß u. brine = Salz-, Meerwasser] (Geol.): *am Meeresboden austretende heiße Lösungen* (4 b).

Hotch|potch ['hɔtʃpɔtʃ], das; -, -es: ↑Hochepot.

Họt|dog, das, auch: der; -s, -s, (auch:) **Họt Dog,** das, auch: der; - -s, - -s [engl.-amerik. hot dog, eigtl. = heißer Hund, H. u.]: *in ein aufgeschnittenes Brötchen gelegtes heißes Würstchen mit Ketchup od. Senf.*

Ho|tẹl, das; -s, -s [frz. hôtel < afrz. ostel < spätlat. hospitale, ↑Hospital]: **a)** *(als Gewerbebetrieb geführtes) Haus mit bestimmtem Komfort, in dem Gäste übernachten bzw. für eine bestimmte Zeit [des Urlaubs] wohnen können u. verpflegt werden:* ein erstklassiges, teures, billiges H.; H. Adler; ein H. mit fließendem warmem u. kaltem Wasser; in einem H. übernachten, absteigen; ein schwimmendes H. *(Luxusschiff für größere Reisen auf Flüssen u. bes. auf See);* eine Woche H. (ugs.; *Hotelaufenthalt*) kostet 800 DM; **b)** *in einer Stadt gelegene Residenz* (1): Das aufgebrachte Volk hat sein (= des französischen Botschafters) H. gestürmt (Schiller, Maria Stuart IV, 2).

Ho|tẹl|an|ge|stell|te, der u. die: *Angestellte[r] in einem Hotel.*

Ho|tẹl|bar, die: *[1]Bar eines Hotels.*

Ho|tẹl|bau, der ⟨Pl. -ten⟩: *Bau, Gebäude, in dem ein Hotel untergebracht ist.*

Ho|tẹl|be|sit|zer, der: *Besitzer eines Hotels.*

Ho|tẹl|be|sit|ze|rin, die: w. Form zu ↑Hotelbesitzer.

Ho|tẹl|be|trieb, der: **1.** *Hotel:* er steht einem großen H. vor. **2.** ⟨o. Pl.⟩ *das In-Betrieb-Sein eines Hotels:* der H. ruht im Winter.

Ho|tẹl|bett, das: **a)** *Bett in einem Hotel;* **b)** *Übernachtungsmöglichkeit in einem Hotel:* in diesem Ort gibt es wenig -en.

Ho|tẹl|boy, der: *Boy* (1).

Ho|tẹl|burg, die: *sehr großes [nicht in ein Stadt- od. Landschaftsbild passendes] Hotel bes. in einem Urlaubsort:* die Regierung hat dem Bau immer größerer -en in den Ferienorten des Landes Einhalt geboten.

Ho|tẹl|de|tek|tiv, der: *Detektiv, der in einem großen Hotel arbeitet.*

Ho|tẹl|dieb, der: *jmd., der in einem Hotel einen Diebstahl begeht.*

Ho|tẹl|die|bin, die: w. Form zu ↑Hoteldieb.

Ho|tẹl|die|ner, der (veraltend): *Hausdiener in einem Hotel.*

Ho|tẹl|di|rek|tor, der: *Direktor, Leiter eines Hotels.*

Ho|tẹl|di|rek|to|rin, die: w. Form zu ↑Hoteldirektor.

Ho|tẹl|fach, das ⟨o. Pl.⟩: *Fachbereich des Hotelgewerbes:* Im H. muss man einen weiten Blick haben (Remarque, Triomphe 93).

Ho|tẹl|fach|frau, die: vgl. Hotelfachmann.

Ho|tẹl|fach|mann, der: *jmd., der die Befähigung zur Führung eines Hotels erworben hat* (Berufsbez.).

Ho|tẹl|fach|schu|le, die: *Fachschule für das Hotelgewerbe.*

Ho|tẹl|füh|rer, der: vgl. Hotelverzeichnis.

Ho|tẹl gar|ni̱, das; - -, - -s [ho'tɛl gar'ni:; frz. hôtel garni, zu: garni = möbliert, eigtl. = ausgestattet, adj. 2. Part. von: garnir, ↑garnieren]: *Hotel, in dem man nur Frühstück, aber keine warmen Mahlzeiten erhalten kann.*

Ho|tẹl|gast, der: *Gast in einem Hotel.*

Ho|tẹl|ge|schirr, das: *im Hotelgewerbe verwendetes [robustes] Geschirr.*

Ho|tẹl|ge|wer|be, das: *Gesamtheit der Hotelbetriebe als Erwerbszweig.*

Ho|tẹl|hal|le, die: *Foyer eines Hotels.*

Ho|te|li|er [hotə'li̯e:], der; -s, -s [frz. hôtelier]: *Eigentümer od. Pächter eines Hotels.*

Ho|tẹl|kauf|frau, die: *Hotelfachfrau.*

Ho|tẹl|kauf|mann, der: *Hotelfachmann.*

Ho|tẹl|ket|te, die: vgl. Ladenkette.

Ho|tẹl|koch, der: *Koch in einem Hotel.*

Ho|tẹl|kö|chin, die: w. Form zu ↑Hotelkoch.

Ho|tẹl|kos|ten ⟨Pl.⟩: vgl. Hotelrechnung.

Ho|tẹl|kü|che, die: **a)** *Küche eines Hotels;* **b)** ⟨o. Pl.⟩ *Essen, wie es im Hotel gekocht wird:* er ist die H. leid.

Ho|tẹl|lei|tung, die: vgl. Hoteldirektor.

Ho|tel|le|ri̱e, die; - [frz. hôtellerie = Gasthaus]: *Gesamtheit der Hotels; Hotelgewerbe:* Ausländische Reisebüros über Berliner H. verärgert (Welt 4. 11. 67, 17).

Ho|tẹl|nach|weis, der: vgl. Hotelverzeichnis.

Ho|tẹl|pa|last, der: *großes, repräsentatives Hotel.*

Ho|tẹl|pen|si|on, die: *einfacheres Hotel ohne großen Komfort.*

Ho|tẹl|per|so|nal, das: *Personal eines Hotels.*

Ho|tẹl|por|ti|er, der: vgl. Portier (1).

Ho|tẹl|por|zel|lan, das: *einfaches Porzellan, wie es in Hotels üblich ist.*

Ho|tẹl|rech|nung, die: *Rechnung für in einem Hotel in Anspruch genommene Leistungen.*

Ho|tẹl|res|tau|rant, das: *Restaurant innerhalb eines Hotels.*

Ho|tẹl|schiff, das: **a)** *Luxusschiff für größere Reisen auf Flüssen u. bes. auf See; schwimmendes Hotel:* In einem anderthalbstündigen Diavortrag berichtete Günter Niebisch von seiner Nilreise in einem H. von Kairo über Luxor nach Assuan (FNP 30. 4. 98, 5); **b)** *fest verankertes, als Hotel genutztes Schiff:* Das Schiff wird als motorloses H. gebaut, wie es laut Heintze in vielen Hafenstädten üblich ist (taz 27. 3. 93, 34); Alle Flüchtlinge sind verletzt und werden auf einem Düsseldorfer H. betreut (taz 26. 1. 96, 4).

Ho|tẹl|ser|vice, der: *Gesamtheit der Dienstleistungen, die für die Gäste eines Hotels erbracht werden.*

Ho|tẹl|sil|ber, das: *Legierung aus Kupfer u. Nickel für die Herstellung von Tafelbestecken.*

Ho|tẹl|stadt, die (abwertend): **a)** *Fremdenverkehrsort, an dem sich innerhalb kurzer Zeit viele große Hotels angesiedelt haben, die den gewachsenen Ort völlig überwuchern;* **b)** *aus einer Ansammlung großer Hotels u. ähnlicher Einrichtungen bestehendes touristisches Zentrum.*

Ho|tẹl|ver|zeich|nis, das: *Verzeichnis, das die Namen u. nähere Angaben über die Hotels eines Ortes enthält.*

Ho|tẹl|zim|mer, das: *Zimmer für Gäste in einem Hotel.*

Họt Jazz ['hɔt 'dʒæz], der; - -, (auch:) **Họt|jazz,** der; - [engl. hot jazz, aus: hot = heiß u. ↑Jazz, eigtl. = »heißer« Jazz] (Musik): *scharf akzentuierter, oft synkopischer Stil im Jazz.*

Họtline [...laɪn], die; -, -s [engl. hotline, eigtl. = heißer Draht (vgl. Draht 2 b)]: *von Firmen, Institutionen o. Ä. eingerich-*

tete, direkte telefonische Verbindung [für rasche Serviceleistungen]: Der Berliner Jugendsenat richtete eine H. ein, bei der sich Psychologen um die vorwiegend weiblichen Teenager kümmerten (Spiegel 30, 95, 161); ... Call-Center und -s ..., jene neuen Arbeitsplätze, an denen Menschen mit Telefon und Computer hantieren, um anderen bei einer Banküberweisung, einem Software- oder Sexproblem zu helfen (Zeit 3. 9. 98, 73); Wenn »Hilfe«-Taste und Handbuch nicht weiterhelfen, bleibt PC-Benutzern noch das Telefon: ... Computerberatung über »Hotlines« (Spiegel 12, 1993, 232).

Hot|melt, das; -s, -s [engl. hot-melt (additive), aus: hot = heiß u. melt = Schmelze]: *zum Versiegeln* (2) *u. Kleben verwendeter, auf der Grundlage von Paraffinen, Wachsen, Harzen, Elastomeren u. Thermoplasten hergestellter Werk- od. Klebstoff, der bei normaler Temperatur fest ist, beim Erwärmen in eine flüssige Schmelze übergeht.*

Hot|mo|ney [...ˈmʌnɪ], das; -, (auch:) **Hot Mo|ney,** das; -- [engl. hot money, eigtl. = heißes Geld] (Wirtsch.): *meist aus spekulativen Gründen (z. B. um günstige Wechselkurse od. Zinsen auszunutzen) international gehandeltes, [häufig in währungsstabilen Ländern] kurzfristig* (b) *angelegtes Geldkapital:* Denn die technisch globalisierten Finanzmärkte sind gefährlich, ganz besonders der sich in Sekundenschnelle vollziehende kurzfristige Kapitalverkehr des H. mit all seinen Spekulationen und Psychosen (Zeit 3. 9. 98, 1); Sie (= die ausländischen Unternehmen) schickten ihre Milliarden höchstens als H. ins Land, das sich schnell wieder abziehen lässt (Zeit 19. 11. 98, 30).

Hot|pants [...pɛnts], (auch:) **Hot Pants** ⟨Pl.⟩ [engl. hot pants, eigtl. = heiße Hosen]: *von Frauen getragene kurze, eng anliegende, im Zuschnitt Shorts ähnliche Hose:* H., knapp und knackig Denim ... stone-washed (Neckermann-Katalog Frühjahr/Sommer 1992, S. 22).

hott ⟨Interj.⟩ [mhd. hotte, H. u.; vgl. Hotte]: Zuruf an ein Zugtier: **a)** *vorwärts!;* **b)** *nach rechts!;* ***einmal h. und einmal har sagen** (ugs.; *seine Meinung, Ansichten ständig ändern*).

Hot|te, die; -, -n [spätmhd. hotte, wohl zu einer in landsch. Spr. in verschiedenen Wortbildungen vorhandenen Vorstellung von etw. in (schaukelnde) Bewegung Versetztem u. viell. verw. mit ↑hott] (landsch.): *Butte* (2), *Rückentragkorb.*

Hot|te|gaul, der, **Hot|te|hü,** das; -s, -s [zu ↑hott] (Kinderspr.): *Pferd.*

hot|ten ⟨sw. V.; hat⟩ [zu ↑Hot] (ugs.): *zu Jazzmusik mit stark rhythmisch akzentuierten Bewegungen tanzen.*

Hot|ten|tot|te, der; -n, -n: Angehöriger eines Mischvolkes in Südwestafrika.

Hot|ten|tot|tin, die: w. Form zu ↑Hottentotte.

hot|ten|tot|tisch ⟨Adj.⟩.

Hot|te|pferd|chen, das [zu ↑hott] (Kinderspr.): *Pferd.*

Hot|ter, der; -s, - [H. u.] (österr. mundartl.): *Feld-, Besitzgrenze.*

Hot|to, das; -s, -s [zu ↑hott] (Kinderspr.): *Pferd.*

Houppe|lande [uˈplã:d], die; -, -s [...ã:d; (m)frz. houppelande, H. u.]: *Ende des 14. Jh.s in der burgundischen Mode aufgekommenes langes, glockenförmig geschnittenes Obergewand des Mannes.*

Hour|di [urˈdi], der; -s, -s [frz. hourdi(s), zu: hourder = grob ausmauern, mit Rauputz versehen, zu: hourd = Podium, Gerüst, aus dem Germ., verw. mit ↑Hürde] (Bauw.): *Hohlstein aus gebranntem Ton mit ein- od. zweireihiger Lochung, der bes. zur Herstellung von Decken verwendet wird.*

House [haʊs], der; - ⟨meist o. Art.⟩ [engl. house (music), gek. aus: (The) Warehouse = Name eines Klubs in Chicago, dessen Diskjockeys diese Musik 1985 kreierten]: *einfach strukturierte Variante des Dancefloor* (2), *die bei den dazu Tanzenden ein Trancegefühl erzeugen soll.*

House of Com|mons [ˈhaʊs əv ˈkɔmənz], das; --- [engl. = Haus der Gemeinen (im Unterschied zu dem aus den Peers 1 gebildeten Oberhaus)]: *das britische Unterhaus.*

House of Lords [- - ˈlɔ:dz], das; --- [engl. = Haus der Lords]: *das britische Oberhaus.*

Housse [ˈhʊse]: ↑Husse.

Ho|va|wart [ˈho:favart], der; -s, -e [mhd. hovewart = Hofwächter, Hofhund]: *(als Wachhund gezüchteter) großer Hund von gedrungenem Körperbau mit breitem Kopf, Hängeohren, einem langen Schwanz u. welligem, an den Beinen braunem Fell.*

Ho|ver|craft [ˈhɔvəkra:ft], das; -s, -s [engl. hovercraft, Hovercraft®, aus: to hover = schweben u. craft = Wasserfahrzeug, eigtl. = Schwebeboot]: *Luftkissenfahrzeug:* mit dem H. fahren.

Ho|wea, die; -, ...een [nach der australischen Lord-Howe-Insel]: *als Zierpflanze beliebtes Palmengewächs mit regelmäßig gefiederten Blättern u. stark geringeltem Stamm.*

h. p., (früher:) **HP** = horsepower (↑Horsepower).

hPa = Hektopascal.

Hptst. = Hauptstadt.

HR, der; -: Hessischer Rundfunk.

Hr. = Herr.

HRD = internationaler Währungscode für: kroatischer Dinar.

Hrn. = Herrn (Dat. u. Akk.).

hrsg., hg. = herausgegeben.

Hrsg., Hg. = Herausgeber/-in; Herausgeber/-innen.

hs = Hektoster.

Hs. = Handschrift.

Hss. = Handschriften.

HTL = höhere technische Lehranstalt (Technikum, Ingenieurschule in der Schweiz u. in Österreich).

HTML [ha:te:ɛmˈɛl] ⟨meist o. Art.⟩ [Abk. für engl. **H**yper**t**ext **M**arkup **L**anguage, aus hypertext (Hypertext), mark-up = Markierung u. language = Sprache] (EDV): *Beschreibungssprache, die Hypertextdokumente [im World Wide Web] mithilfe von Tags codiert:* Sie (= die CD-ROM) ist in HTML, dem Code des WWW programmiert, als eine auf CD-ROM übertragene Homepage (taz 9. 1. 99, 14); Außerdem sagte E. ..., da könne man die Dateien als HTML speichern und somit gleich ins Netz stellen (taz 3. 12. 98, 20).

hu ⟨Interj.⟩ [mhd. hū]: **1.** als Ausdruck des Sichfürchtens, Gruselns: hu, da ist es so dunkel! **2.** als Ausdruck des Abscheus, Ekels: hu, was für ein scheußliches Tier! **3.** als Ausdruck einer plötzlichen Kälteempfindung: hu, wie kalt ist es hier! **4.** Ausruf, mit dem man jmdn. erschrecken will: er machte hu, als wir den dunklen Raum betraten.

hü ⟨Interj.⟩: Zuruf an ein Zugtier: **a)** *vorwärts!;* **b)** *halt!:* ***einmal hü und einmal hott sagen** (ugs.; *nicht wissen, was man eigentlich will; seine Meinung ständig ändern*).

Hub, der; -[e]s, Hübe [zu ↑heben] (Technik): **1.** *das Heben:* der H. von Lasten; in einem H. *(Hebevorgang)* fasst der Bagger 2 Kubikmeter Erdreich. **2.** *Weg, den der Kolben im Zylinder von Kolbenmaschinen bei einem Hin- u. Hergang zurücklegt.*

Hub|bel, der; -s, - [vgl. Hubel] (landsch.): **a)** *Unebenheit [des Bodens]:* wo er seit Jahr und Tag aussteigt und jeden H. und jeden Stein kennt (Ossowski, Flatter 31); **b)** *Hügel, kleinere Bodenerhebung.*

hub|be|lig ⟨Adj.⟩ (landsch.): *Hubbel* (a, b) *aufweisend.*

Hub|brü|cke, die: *Brücke, bei der der Überbau angehoben werden kann, um die Durchfahrt für Schiffe zu ermöglichen.*

Hu|be, die; -, -n (landsch.): *Hufe.*

Hu|bel, (auch:) **Hü|bel,** der; -s, - [mhd. hübel, ahd. hubil] (veraltend, aber noch landsch.): **a)** *Hubbel* (a): Beim kleinsten Hubel saust der Junge im hohen Bogen in den Schnee (MM 4. 2. 72, 36); **b)** *Hubbel* (b): ◆ Warum aber der Ritter dort auf dem wilden, wüsten Hubel ... ein Schloss haben wollte ... (Gotthelf, Spinne 29).

hu|be|lig ⟨Adj.⟩ (landsch.): *hubbelig.*

hü|ben ⟨Adv.; nur in Opposition zu »drüben« gebraucht⟩ [zusgez. aus ↑hie u. ↑²üben, eigtl. = hier auf dieser Seite]: *auf dieser Seite:* der eine h. (= neben einem offenen Grab), der andere drüben, setzten sie das Traggestell ab (Plievier, Stalingrad 8); Hüben meint es (= »Volksfeind«) einen historisch-faschistoiden, drüben einen aktuellen Begriffsinhalt (Raddatz, Traditionen I, 10); ***h. und/wie drüben** *(auf der einen wie auf der anderen Seite):* nicht die Funktionäre an einen Tisch zu bringen, sondern die Bürger h. und drüben (Dönhoff, Ära 93).

Hu|ber, der; -s, - (landsch.): *Hufner.*

-hu|ber, der; -s, - [nach dem häufigen Familienn. Huber] (ugs. abwertend): kennzeichnet in Bildungen mit Substantiven – seltener mit Adjektiven – eine männliche Person, die sehr allgemein durch etw. charakterisiert ist: Fakten-, Geil-, Stoffhuber.

-hu|be|rei, die; -, -en (ugs. abwertend): drückt in Bildungen mit Substantiven aus, dass eine Tätigkeit o. Ä. übertrieben oder engstirnig auf etw. gerichtet ist, auf etw. abzielt: Angst-, Fakten-, Parteihuberei.

Hu|ber|tus|jagd, die; -, -en [nach dem hl. Hubertus, dem Schutzheiligen der Jäger] (Jagdw.): *traditionell am Hubertustag stattfindende Jagd.*

Hu|ber|tus|man|tel, der; -s, ...mäntel (österr.): *gerade geschnittener, hochgeschlossener Mantel aus grünem Loden.*

Hu|ber|tus|tag, der (Jagdw.): *dem Schutzheiligen der Jäger geweihter Tag (3. November).*

Hub|hö|he, die: *messbare Höhe, um die etw. mittels Hub* (1) *angehoben wird.*

hü|big ‹Adj.; nur in Opposition zu »drübig« gebraucht› (ugs.): *auf dieser Seite, hier an diesem Ort (im Gegensatz zu drüben) bestehend o. ä.:* ... wurde ... über -es und drübiges Wetter, Grummet und Korn gesprochen (FAZ 7. 10. 61, 50).

Hub|in|sel, die: *im Flachwasser einer Meeresküste eingesetzte Bohrinsel, deren Plattform so weit über die Wasseroberfläche hinausgehoben ist, dass sie vom Seegang nicht erreicht wird.*

Hub|kar|ren, der: *Hubstapler.*

Hüb|ner, der; -s, - (landsch.): *Hüfner.*

Hub|raum, der (Techn.): *der Teil des Zylinders einer Kolbenmaschine, in dem sich der Kolben beim Hub* (2) *hin- u. herbewegt (Messgröße für die Leistung eines Kraftfahrzeugmotors):* ein Auto mit 1 600 cm^3 H.

Hub|raum|steu|er, die: *nach der Motorleistung bemessene Steuer für ein Kraftfahrzeug.*

Hub|rol|ler, der: vgl. Hubkarren.

hüb|sch ‹Adj.› [mhd. hüb[e]sch, hüvesch, hövesch (zu ↑Hof 3 a), eigtl. = sich so gesittet benehmend, wie es bei Hofe üblich ist]: **1. a)** *von angenehmem, gefälligem Äußeren; von einer Erscheinung, Gestalt, mit Gesichtszügen, die Wohlgefallen erregen:* ein -es Mädchen, Kind; ein -er Junge, Mensch; ein -es Gesicht; Es waren junge Männer ..., zwei -e Matrosen (Koeppen, Rußland 203); sie ist auffallend h., gilt als sehr h.; sich h. anziehen; h. aussehen; ‹subst.:› (ugs.:) na, ihr zwei Hübschen?; **b)** *jmds. Gefallen, Zustimmung findend, jmds. Geschmack treffend:* eine -e Wohnung; die Gegend ist sehr h.; **c)** *angenehm klingend:* eine -e Melodie; sie singt sehr h. **2.** (ugs.) **a)** *ziemlich groß, beträchtlich:* ein -es Stück Arbeit; ein -es Sümmchen; **b)** ‹intensivierend bei Adj. u. Verben› *sehr, ziemlich:* es war ganz h. kalt. **3.** (ugs.) *sehr angenehm, so wie man es sich wünscht; so, wie es erwartet wird:* mir ist es h. warm; sei h. brav; sie spielt ganz h. *(gut)* Klavier. **4.** (ugs. iron.) *unangenehm, wenig erfreulich:* das ist ja eine -e Geschichte; das kann ja h. werden *(unangenehme, böse Folgen haben);* ‹subst.:› da hast du dir ja was Hübsches eingebrockt.

Hübsch|heit, die; - [mhd. hübescheit] (selten): *das Hübschsein* (1).

Hübsch|ling, der; -s, -e (abwertend): *gut aussehender, eitel wirkender Mann.*

Hub|schrau|ber, der; -s, -: *senkrecht startendes Drehflügelflugzeug (das auf kürzeren Strecken zur Beförderung von Personen u. Lasten eingesetzt wird).*

Hub|stap|ler, der: *[elektrisch betriebener] Karren, dessen Ladefläche sich mechanisch heben u. senken lässt.*

Hub|vo|lu|men, das: *Hubraum.*

huch ‹Interj.›: **1.** Ausruf des [gespielten] Erschreckens, Abscheus u. Ä.: h., eine Schlange! **2.** Ausruf, der eine unangenehme Körperempfindung ausdrückt: h., wie kalt ist es hier!

Hu|chen, der; -s - [spätmhd. huchen, H. u.]: *(bes. in der Donau vorkommender) zu den Lachsen gehörender großer Raubfisch mit bräunlichem bis grauem Rücken, rötlichen Seiten mit schwarzen Flecken u. weißlichem Bauch.*

Hu|cke, die; -, -n [Nebenf. von ↑[1]Hocke] (landsch.): **1.** [1]*Hocke* (1). **2.** *auf dem Rücken getragene od. zu tragende Last:* Die Täler ... auf und ab rennt mit ihrer H. selbst gefertigter Holzlöffel ... die ... Händlerin Marie Fink (Fr. Wolf, Zwei 10); (scherzh. verhüll. in den folgenden Wendungen statt des Rückens selbst:) ***jmdm. die H. voll hauen** (ugs.; *jmdn. verprügeln*); **jmdm. die H. voll lügen** (ugs.; *jmdn. sehr belügen, anlügen*); **sich** ‹Dativ› **die H. voll lachen** (ugs.; *aus Schadenfreude sehr lachen*); **die H. voll kriegen** (ugs.; *verprügelt werden*); **sich** ‹Dativ› **die H. voll saufen** (salopp; *sich betrinken*).

hu|cken ‹sw. V.; hat› [eigtl. = in gebückter Stellung eine Last zum Tragen aufnehmen, zu ↑Hucke] (landsch.): **a)** *eine Traglast auf den Rücken nehmen; aufhucken:* jmdm., sich etw. auf den Rücken h.; **b)** *eine Traglast auf dem Rücken tragen:* einen schweren Sack h.

hu|cke|pack ‹Adv.› [niederd. huckeback, zu: hucken = eine Last auf den Rücken nehmen u. back = Rücken, ↑Backbord]: in den Wendungen **jmdn., etw. h. tragen** (ugs.; *auf dem Rücken tragen*): das Kind h. tragen; **jmdn., etw. h. nehmen** (ugs.; *auf den Rücken nehmen u. so tragen*); **[mit jmdm.] h. machen** (ugs.; *jmdn. auf den Rücken nehmen u. so tragen*): mit einem Kind h. machen.

Hu|cke|pack|ver|kehr, der ‹o. Pl.› (Eisenb.): *Beförderung von Straßenfahrzeugen auf speziell hierfür eingerichteten Güterwagen der Eisenbahn.*

Hu|cke|pack|wag|gon, der: *Waggon für den Huckepackverkehr.*

Hu|de, die; -, -n [mhd. (md.) hüte, hōde, eigtl. = Ort, wo man etw. bewacht, zu ↑hüten] (landsch.): *Viehweide.*

Hu|del, der; -, -[n] [spätmhd. hudel] (landsch. ugs., sonst veraltet): **1.** *Lappen, Lumpen, Stofffetzen.* **2.** *liederlicher Mensch:* ◆ Eine ungeheure Schuldenlast kam an den Tag ..., und der reiche Müller war ein armer, alter H., der gar manches Jahr von Haus zu Haus gehen musste (Gotthelf, Elsi 121).

Hu|de|lei, die; -, -en (landsch. ugs.): **1.** ‹o. Pl.› *dauerndes Hudeln* (1). **2.** *zu schnell u. nachlässig, ohne Sorgfalt ausgeführte Arbeit.* **3.** *Schererei, Plage:* mit etw. viel H. haben. **4.** *Lobhudelei:* »Ich hab' euch nicht vergrämen wollen, allerliebste Leute ...« Die H. verfing bei Vater Gustav nicht (Strittmatter, Wundertäter 64).

Hu|de|ler, Hudler, der; -s, - (landsch. ugs.): *jmd., der ohne Sorgfalt, nachlässig arbeitet.*

hu|de|lig, hudlig ‹Adj.› (landsch. ugs.): *nachlässig, unsorgfältig.*

hu|deln ‹sw. V.; hat› [zu ↑Hudel (1), eigtl. wohl = zerfetzen] (landsch. ugs.): **1.** *bei einer bestimmten Arbeit zu schnell u. dadurch unsorgfältig sein:* die Handwerker haben gehudelt; du darfst bei den Schularbeiten nicht h.; R nur nicht h.! *(nur langsam, nichts überstürzen!).* **2.** *jmdn. schlecht behandeln, zurechtweisen:* ◆ Der König ließ ihn dann eintreten und hudelte den Ambassadeur vor uns Patriziern, dass einem deutschen Mann das Herz im Leibe lachen musste (C. F. Meyer, Page 140). **3.** *lobhudeln:* Uns Kinder hätschelt und hudelt die Anderthalbmeter-Großmutter mit Hanka um die Wette, zudem fällt das segnende Lächeln der Mutter auf uns (Strittmatter, Laden 105).

◆ **Hu|del|volk, Hu|del|völk|chen,** das [zu ↑Hudel (2)]: *Gesindel,* [2]*Pack:* Das ist wieder ein rechtes Hudelvölkchen, das ... nach der Stadt läuft und sich kopulieren lässt, ohne einen Pfennig (Keller, Romeo 69).

hu|dern ‹sw. V.; hat› [H. u.] (landsch., Fachspr.): **a)** *(von der Glucke) die Küken unter die Flügel nehmen, um sie zu wärmen od. zu schützen:* Die Mutter ... verliert den Trieb zu h. zu einer bestimmten Zeit nach dem Schlüpfen der Jungen (Lorenz, Verhalten I, 163); **b)** *(von Vögeln) im Sand baden:* der Vogel hudert [sich].

Hud|ler: ↑Hudeler.

hud|lig: ↑hudelig.

Hu|dri-Wu|dri, der; -s, -s [Wortspielerei zur Bez. des unruhigen Gehabens] (österr. ugs.): *unruhiger, nervöser, unkonzentrierter Mensch.*

Hu|er|ta [ˈu̯ɛrta], die; -, -s [span. huerta, zu: huerto = Garten < lat. hortus]: *künstlich bewässertes, intensiv genutztes Gemüse- u. Obstland im Umkreis größerer Siedlungen in Spanien.*

huf, hüf ‹Interj.› (landsch.): Zuruf, mit dem der Fuhrmann sein[e] Zugtier[e] antreibt: *zurück!*

Huf, der; -[e]s, -e [mhd., ahd. huof, H. u.]: *dicke Hornschicht an den Zehenenden der Huftiere:* Pferde und Esel haben -e; dem Pferd die -e beschlagen.

HUF = internationaler Währungscode für: Forint.

Huf|be|schlag, der: **1.** ‹o. Pl.› *das Beschlagen der Pferdehufe mit Hufeisen:* einen H. vornehmen lassen. **2.** ‹Pl. selten› *die Hufeisen, mit denen ein Pferd beschlagen ist.*

Huf|be|schlag|schmied, der: *Schmied für den Hufbeschlag* (1) (Berufsbez.).

Hu|fe, die; -, -n [in md.-niederd. Lautung hochspr. geworden; mhd. huobe, ahd. huoba, wohl urspr. = eingezäuntes Land]: *(im MA.) an den Bedürfnissen einer durchschnittlichen bäuerlichen Familie gemessene Menge Land* (altes, 7 bis 15 Hektar umfassendes Feldmaß).

Huf|ei|sen, das: *flaches, in der Form dem äußeren Rand des Pferdehufs angepasstes geschmiedetes Eisenstück, das als*

Schutz auf die Unterseite des Hufes aufgenagelt wird: das Pferd hat ein H. verloren; ein H. als Glücksbringer über die Tür hängen; Ü das Schloss bildet mit seinen beiden Seitenflügeln ein H. *(hat einen hufeisenförmigen Grundriss).*

Huf|ei|sen|form, die: *Form eines Hufeisens:* ein Tisch in H. (Frisch, Gantenbein 392).

huf|ei|sen|för|mig ⟨Adj.⟩: *wie ein Hufeisen geformt, angeordnet o. ä.*

Huf|ei|sen|klee, der [nach den hufeisenförmigen Gliedern der Hülsenfrucht]: *krautige Pflanze mit kleinen, duftenden gelben Blüten, die in Dolden stehen.*

Huf|ei|sen|ma|gnet, der: *hufeisenförmiger Magnet.*

Huf|ei|sen|nie|re, die (Med.): *angeborene Fehlbildung der Nieren, die in einer Weise miteinander verwachsen sind, dass sie etwa die Form eines Hufeisens bekommen haben.*

hu|fen (auch:) **hü|fen** ⟨sw. V.; hat⟩ [zu ↑huf, hüf!] (landsch.): *(von einem Zugtier, auf das Kommando des Fuhrmanns hin) rückwärts gehen.*

Hu|fen|dorf, das [zu ↑Hufe]: *dörfliche Siedlungsform, bei der die Höfe auf einer od. auf beiden Seiten einer durchgehenden Straße aufgereiht sind u. das zugehörige Ackerland sich unmittelbar an die Häuser anschließt.*

Huf|ge|klap|per, das: *das Klappern von Pferdehufen auf dem [Straßen]pflaster.*

Huf|ge|trap|pel, das: vgl. Hufgeklapper.

Huf|lat|tich, der [nach den hufeisenförmigen Blättern]: *auf Äckern u. Schutthalden wachsende, sehr früh im Frühjahr blühende Pflanze mit herzförmigen Blättern u. leuchtend gelben Blüten auf schuppig beblätterten Stängeln, aus der ein Heilmittel gegen Husten u. Bronchialkatarrh gewonnen wird.*

Huf|na|gel, der: *Nagel, der bei der Befestigung des Hufeisens verwendet wird.*

Huf|ner, Hüf|ner, der; -s, - [mhd. huob(e)ner, zu ↑Hufe] (veraltet): *Besitzer einer Hufe.*

Huf|schlag, der: **1.** *das Aufschlagen der Hufe beim Gang des Pferdes:* Gedämpfter H. der Pferde im Sägemehl der Reithalle (Strittmatter, Wundertäter 322); sie hörten von ferne den H. der Pferde. **2.** *das Ausschlagen eines Pferdes; Schlag mit dem Huf:* er wurde durch einen H. verletzt. **3.** (Reiten) *Weg, auf dem das Pferd in der Reitbahn geht.*

Huf|schlag|fi|gur, die (Reiten): *Figur, die beim Dressurreiten auf der Bahn beschrieben werden muss.*

Huf|schmied, der: *Hufbeschlagschmied.*

Huf|schmie|de, die: *Schmiede für den Hufbeschlag* (1).

Hüft|bein, das (Anat.): *aus Darm-, Sitz- u. Schambein verschmolzener Knochen des Beckens* (2c).

hüft|be|tont ⟨Adj.⟩: *(von bestimmten Kleidungsstücken) durch Schnitt od. Form die Hüften besonders betonend.*

Hüf|te, die; -, -n [zu mhd., ahd. huf, eigtl. = Biegung am Körper, gebogener Körperteil]: **1.** *seitliche Körperpartie unterhalb der Taille:* Sie hatte mächtige Schenkel und wuchtige -n (Sommer, Und keiner 340); die Arme in die -n stemmen; sich beim Gehen in den -n wiegen; er fasste sie um die H.; aus der H. schießen *(beim Schießen das Gewehr, die Pistole in Hüfthöhe halten);* mit den -n kreisen; Der winzige Wirt, der auch einen weißen Schurz um die -n trug, war mit einem Satz hinterher (Sommer, Und keiner 159); ***aus der H. geschossen/gefeuert** (ugs.; *ohne gründliche Vorbereitung*). **2.** ⟨o. Pl.⟩ (Kochk.) *Fleischstück aus der Hüfte eines Schlachttieres, bes. des Rindes.*

Hüft|ein|satz, der (Leichtathletik): *für das Gehen charakteristische Bewegungen mit der Hüfte.*

hüft|eng ⟨Adj.⟩: *(von bestimmten Kleidungsstücken) über der Hüfte eng anliegend.*

Hüf|ten|gür|tel, der (schweiz.): *Hüftgürtel.*

Hüf|ten|hal|ter, der (schweiz.): *Hüfthalter.*

Hüft|fla|kon, der (selten): *kleine, flache [Schnaps]flasche, die man in der Tasche bei sich tragen kann:* Unterwegs trug ich einen großen H. aus Silber bei mir (Simmel, Stoff 32).

Hüft|ge|lenk, das (Anat.): *Kugelgelenk, durch das der Oberschenkel mit dem Hüftbein verbunden ist.*

Hüft|ge|lenk|ent|zün|dung, die (Med.): *entzündliche Erkrankung des Hüftgelenks; Koxitis.*

Hüft|ge|lenk|lu|xa|ti|on, die (Med.): *Fehlbildung, die auf einer mangelhaften Ausbildung der Hüftgelenkpfanne od. einer Unterentwicklung des Oberschenkelkopfes beruht.*

Hüft|ge|lenk|pfan|ne, die (Anat.): *Gelenkpfanne des Hüftgelenks.*

Hüft|gür|tel, der: *von Frauen getragener schmaler Hüfthalter, der bes. dem Zweck dient, die Strümpfe zu befestigen.*

Hüft|hal|ter, der: *von Frauen getragenes Wäschestück, das dazu dient, die Strümpfe zu befestigen u. die Figur zu formen.*

hüft|hoch ⟨Adj.⟩: *(vom Boden) bis zur Hüfte reichend:* ich gehe durch hüfthohes schilfiges Gras (Grzimek, Serengeti 282); Auf manchen Flächen bleibt es (= das Gras) kniehoch und h. stehen (Grzimek, Serengeti 317).

Hüft|hö|he, die ⟨o. Pl.⟩: *Höhe der Hüfte:* in H.

Hüft|horn, das: *Hifthorn.*

Hüft|ho|se, die: *enge Hose* (1a), *deren oberer Abschluss nur bis zur Hüfte reicht, die fest auf der Hüfte sitzt.*

Huf|tier, das (Zool.): *Säugetier, dessen unterste Zehenglieder als Hufe od. Klauen ausgebildet sind.*

Hüft|kno|chen, der: *Hüftbein.*

hüft|lahm ⟨Adj.⟩: *durch schmerzende od. krankhaft veränderte Hüftgelenke beim Gehen beeinträchtigt:* ein -es Pferd.

hüft|lang ⟨Adj.⟩: *(in Bezug auf Kleidungsstücke, die den Oberkörper bedecken) bis zur Hüfte reichend:* eine -e Jacke.

Hüft|lei|den, das: *Leiden, das durch eine krankhafte Veränderung am Hüftgelenk hervorgerufen wird.*

Hüft|nerv, der: *Ischiasnerv.*

Hüft|pfan|ne, die: *Hüftgelenkpfanne.*

Hüft|rock, der: *Damenrock, der auf der Hüfte aufsitzt.*

Hüft|schmerz, der ⟨meist Pl.⟩: *Schmerz im Hüftgelenk.*

Hüft|schwung, der: **1.** (Turnen) *am Reck ausgeführtes Vor- u. Rückschwingen der Beine aus dem Streckhang.* **2.** (Ringen) *Griff, bei dem der Angreifer einen Arm des Gegners blockiert, seinen Nacken umfasst u. ihn durch schnelles seitliches Beugen des Oberkörpers mit einem Schwung über die Hüfte zieht.* **3.** ⟨o. Pl.⟩ *Rundung der weiblichen Hüfte:* Ein Kleid mit langer ... Weste versteckt zu viel H. (Petra 8, 1967, 25).

Hüft|um|fang, der: *Hüftweite.*

Hüft|um|schwung, der: **1.** (Turnen) [1]*Felge* (2). **2.** (bes. Feldhandball) *beidhändig ausgeführter Wurf, bei dem der Ball auf der einen Körperseite gefangen u. nach schneller Körperdrehung auf der anderen Seite geworfen wird.*

Hüft|ver|ren|kung, die: *Verrenkung des Hüftgelenks.*

Hüft|wack|ler, der; -s, - (Leichtathletik Jargon): *Geher, der besonders stark mit der Hüfte hin u. her pendelt.*

Hüft|weh, das ⟨o. Pl.⟩ (veraltend selten): *Ischias.*

Hüft|wei|te, die (Schneiderei): *um die Hüften gemessener Umfang einer Person:* die H. messen.

Hüft|wurf, der (Ringen): *Griff, bei dem der Gegner über die Hüfte geschwungen u. zu Boden geworfen wird.*

Hü|gel, der; -s, - [aus dem Md., ablautende Vkl. zu gleichbed. mhd. houc, ahd. houg, zu ↑hoch; durch Luthers Bibelübersetzung gemeinsprachlich geworden]: **1.** *kleinere, sanft ansteigende Bodenerhebung, kleiner Berg:* bewaldete H.; Ich ... ging den H. hoch in den Wald (Bieler, Bonifaz 81); Ü Er tastete mit den Händen über ihren Leib, über diese H. und Mulden, die sie ihm bot (Jaeger, Freudenhaus 26). **2.** (dichter.) kurz für ↑Grabhügel. **3.** *aufgehäufte Menge von etw.:* zwischen kleinen -n von Kokosmehl ... würde er ihr zulächeln (Böll, Haus 38).

hü|gel|ab ⟨Adv.⟩ (geh.): *den Hügel hinab.*

hü|gel|an ⟨Adv.⟩ (geh.): *den Hügel hinauf.*

hü|gel|auf ⟨Adv.⟩ (geh.): *den Hügel hinauf.*

Hü|gel|beet, das (Gartenbau): *Hochbeet.*

Hü|gel|ge|län|de, das: *hügeliges Gelände.*

Hü|gel|grab, das (Archäol.): *Grab aus vor- od. frühgeschichtlicher Zeit unter einer Aufschüttung aus Erde, Steinen o. Ä., meist von ungefähr kreisförmigem Grundriss.*

Hü|gel|grä|ber|kul|tur, die (Archäol.): *nach der vorherrschenden Bestattungsform (in Hügelgräbern) benannter Abschnitt der Bronzezeit in Mitteleuropa.*

Hü|gel|haus, das: *auf ebenen Baugrund übertragene Bauform des Terrassenhauses, bei der jedes Stockwerk gegenüber dem darunter liegenden um einige Meter* *zurückgesetzt ist, sodass eine in Terrassen aufgegliederte Fassade entsteht.*

hü|ge|lig, hüglig ⟨Adj.⟩: *(von einer Landschaft) Hügel aufweisend.*

Hü|gel|ket|te, die: *Aufeinanderfolge von Hügeln als zusammenhängende Landschaftsform.*

Hü|gel|land, das ⟨Pl. ...länder⟩: *hügeliges Land.*

Hü|gel|land|schaft, die: *hügelige Landschaft.*

hü|gel|reich ⟨Adj.⟩: *(von einer Landschaft) reich an hügeligen Regionen.*

Hü|gel|stadt, die: *auf einem Hügel erbaute Stadt.*

Hü|gel|zug, der: vgl. Hügelkette.

Hu|ge|not|te, der; -n, -n [frz. Huguenot, entstellt aus ↑Eidgenosse]: **1.** *Anhänger des Calvinismus in Frankreich.* **2.** *Nachkomme eines zur Zeit der Verfolgung aus Frankreich geflohenen Calvinisten.*

hu|ge|not|tisch ⟨Adj.⟩: *die Hugenotten* (1, 2) *betreffend, zu ihnen gehörend.*

Hughes|ap|pa|rat ['hju:z-], der; -[e]s, -e, **Hughes|te|le|graf**, der; -en, -en [nach dem engl. Physiker D. E. Hughes (1831–1900)]: *Telegraf, der am Empfänger direkt Buchstaben ausdruckt.*

hüg|lig: ↑hügelig.

Hu|go, der; -s, -s [H. u.]: **1.** (ugs.) [1]*Kippe:* Aus der Westentasche zog er zwei Ami-»Kipfen« – dicke -s – mit jeder Hand einen (Kempowski, Uns 139). **2.** ***das walte H.** (ugs.; drückt aus, dass etw. geschehen möge).

huh: ↑hu!

hüh: ↑hü!

Huhn, das; -[e]s, Hühner [mhd., ahd. huon, ablautende Bildung zu ↑Hahn]: **1. a)** *Haushuhn:* die Hühner scharren; Hühner halten; sie saßen da wie die Hühner auf der Stange (scherzh.; *dicht nebeneinander aufgereiht*); sie lief umher wie ein aufgescheuchtes H., wie ein kopfloses H. (ugs.; *aufgeregt, nervös*); R da lachen [ja] die Hühner (ugs.; *[in Bezug auf eine Behauptung, Äußerung] das ist ganz unsinnig, lächerlich*); Spr ein blindes H. findet auch einmal ein Korn (*auch dem Unfähigsten gelingt einmal etwas* [auch scherzh. von der eigenen Person gebraucht]); ***nach jmdm., etw. kräht kein H. und kein Hahn** (ugs.; ↑Hahn 1 a); **aussehen, als hätten einem die Hühner das Brot weggefressen** (ugs.; *verwundert, ratlos dreinsehen*); **mit den Hühnern aufstehen, zu Bett gehen, schlafen gehen** (scherzh.; *gewohnheitsmäßig sehr früh aufstehen, zu Bett gehen*); **b)** *Henne:* die Hühner brüten, glucken, legen Eier; (Kochk.:) gekochtes, gebratenes H.; H. *(Hühnerfleisch)* mit Reis; ***das H., das goldene Eier legt, schlachten** (*törichter- od. unvorsichtigerweise sich selbst die Grundlage seines Wohlstandes entziehen;* nach der Fabel von J. de La Fontaine, 1621–1695). **2.** (Jägerspr.) kurz für ↑Rebhuhn: Hühner stehen auf, fallen ein. **3.** (ugs.) *Mensch, Person* (in Verbindung mit bestimmten Attributen; häufig als Schimpfwort): so ein verdrehtes, verrücktes, dummes H.!; er ist ein fideles, versoffenes H.

Hühn|chen, das; -s, -: Vkl. zu ↑Huhn (1 a): ***mit jmdm. [noch] ein H. zu rupfen haben** (ugs.; *mit jmdm. noch etw. zu bereinigen, einen schon länger zurückliegenden Streit auszutragen haben*).

hüh|ner|ar|tig ⟨Adj.⟩: *den Hühnern ähnlich, verwandt:* -e Vögel.

Hüh|ner|au|ge, das [wahrsch. LÜ von mlat. oculus pullinus]: *gewöhnlich durch Druck von beengenden Schuhen hervorgerufene [schmerzende] kegelförmige Verdickung der Hornhaut an den Füßen, bes. auf der Oberseite der Zehen:* ein H. entfernen lassen; es war so voll, dass man sich gegenseitig auf die -n (scherzh.; *Füße*) trat; ***jmdm. auf die -n treten** (ugs.; 1. *jmdn. mit einer Äußerung, einem bestimmten Verhalten an einer empfindlichen Stelle treffen.* 2. *jmdn. nachdrücklich an etw. erinnern, was er noch nicht erledigt hat*).

Hüh|ner|au|gen|pflas|ter, das: *zur Entfernung von Hühneraugen verwendetes Salizylpflaster.*

Hüh|ner|bei|gel, das; -s, -[n] [wohl zu: Beigel = mundartl. für: Beihel = südd. (veraltete) Nebenf. von ↑Beil; wahrsch. wegen der einem kleinen Beil ähnlichen Form der Keule] (österr.): *Keule od. Flügel eines geschlachteten Huhns.*

Hüh|ner|bein, das: *Bein eines [geschlachteten] Huhns.*

hüh|ner|blind ⟨Adj.⟩ (landsch. scherzh.): *nachtblind.*

Hüh|ner|brü|he, die: *beim Kochen eines Suppenhuhns gewonnene Fleischbrühe.*

Hüh|ner|brust, die: **1.** (Med.) *meist rachitisch bedingte Verformung des Brustkorbs mit keilartigem Vorspringen des Brustbeins u. seitlicher Eindellung im Bereich der Rippen.* **2.** (ugs.) *(bes. von männlichen Personen) schmaler, flacher Brustkorb eines schmalwüchsigen Menschen.*

hüh|ner|brüs|tig ⟨Adj.⟩: *flachbrüstig:* ein schlanker ... Intellektueller, nicht gerade h., aber zierlich (Frisch, Gantenbein 364).

Hüh|ner|dieb, der: **1.** *jmd., der Hühner stiehlt.* **2.** (salopp, meist scherzh.) *männliche Person, der man Übles zutraut.*

Hüh|ner|dreck, der (ugs. abwertend): *Kot von Hühnern.*

Hüh|ner|dung, der: *bei der Hühnerhaltung anfallender, als hochwertiger Dünger verwendeter Mist.*

Hüh|ner|ei, das: *Ei des Haushuhns.*

hüh|ner|ei|groß ⟨Adj.⟩: *etwa von der Größe eines Hühnereis:* Der rechte Eierstock ist etwa h., der linke etwa gänseeigroß (Hackethal, Schneide 35).

Hüh|ner|ei|weiß, das: *Eiweiß des Hühnereis.*

Hüh|ner|farm, die: vgl. Geflügelfarm.

Hüh|ner|fleisch, das: *Fleisch vom Huhn.*

Hüh|ner|fri|kas|see, das: *mit Hühnerfleisch zubereitetes Frikassee.*

Hüh|ner|fut|ter, das: *Futter für Hühner.*

Hüh|ner|ge|ga|cker, das: *Gegacker* (1).

Hüh|ner|gott, der; -es, ...götter [LÜ von russ. kurinyj bog, aus: kurinyj = Hühner- (zu: kuriza = Huhn) u. bog = Gott; nach altem russ. Volksglauben sollte der im Hühnerstall aufgehängte Stein die Fruchtbarkeit der Tiere fördern u. sie vor Krankheit u. Bösem schützen] (regional): *(an der Ostseeküste vorkommender), natürlich geformter Stein mit einem Loch in der Mitte, [der als Glücksbringer od. Schmuck an einer Schnur um den Hals getragen wird]:* Mitte der Fünfzigerjahre lagen im Haushalt meiner Familie einige eigenartig geformte Strandsteine ... Zwei der Steine waren in der Mitte durchlöchert und ... mit der Bemerkung überreicht worden, dies seien so genannte Hühnergötter (Berliner Zeitung 5. 9. 96, 40).

Hüh|ner|ha|bicht, der: *(zu den Habichten gehörender) großer Greifvogel, dessen Gefieder auf der Oberseite eine dunkle graubraune Färbung, auf der Unterseite braune u. weiße Streifen aufweist.*

Hüh|ner|hal|ter, der: *jmd., der aus wirtschaftlichen Gründen Hühner hält.*

Hüh|ner|hal|te|rin, die: w. Form zu Hühnerhalter.

Hüh|ner|hal|tung, die: *Haltung* (3) *von Hühnern.*

Hüh|ner|haus, das: vgl. Hühnerstall.

Hüh|ner|haut, die (landsch.; österr., schweiz.): *Gänsehaut.*

Hüh|ner|hof, der: *größerer Auslauf für Hühner.*

Hüh|ner|hof|psy|cho|lo|gie, die (veraltend): vgl. Hackordnung (b).

Hüh|ner|hund, der: *Vorstehhund.*

Hüh|ner|jagd, die: *Jagd auf Rebhühner.*

Hüh|ner|jun|ge, das ⟨o. Pl.⟩ (österr.): *Hühnerklein.*

Hüh|ner|klein, das: vgl. Gänseklein.

Hüh|ner|laus, die: *im Gefieder von Hühnern lebender Federling.*

Hüh|ner|le|ber, die: *Leber von geschlachteten Hühnern, die zu bestimmten Gerichten verarbeitet wird.*

Hüh|ner|lei|ter, die: **1.** *kleine Leiter an der Außenseite des Hühnerstalls, über die die Hühner den Einschlupf in bestimmter Höhe über dem Boden erreichen:* R das Leben ist (wie) eine H., kurz und beschissen (scherzhafte Bemerkung zur existenziellen Befindlichkeit des Menschen). **2.** (scherzh.) *schmale, steile Treppe [in einem engen Treppenhaus].*

Hüh|ner|ma|gen, der: vgl. Hühnerleber.

Hüh|ner|mist, der: *Hühnerdung.*

Hüh|ner|pas|te|te, die: *Pastete aus Hühnerfleisch.*

Hüh|ner|pest, die (Tiermed.): *bei Hühnern auftretende, meist zum Tod führende Viruskrankheit.*

Hüh|ner|ras|se, die: *Rasse von Hühnern.*

Hüh|ner|sa|lat, der: *Geflügelsalat aus Hühnerfleisch.*

Hüh|ner|schei|ße, die (derb): *Hühnerdreck.*

Hüh|ner|schen|kel, der (selten): *Hühnerschlegel.*

Hüh|ner|schle|gel, der: *[abgetrenntes] Bein eines geschlachteten Huhns.*

Hüh|ner|stall, der: *Stall für Hühner.*

Hüh|ner|stei|ge, die (südd., österr.): **1.** *Hühnerleiter.* **2.** *Käfig, in dem man Hühner transportieren kann.*

Hüh|ner|stie|ge, die: *Hühnerleiter.*

Hüh|ner|sup|pe, die: *Hühnerbrühe.*

Hüh|ner|trep|pe, die: *Hühnerleiter.*

Hüh|ner|vo|gel, der ⟨meist Pl.⟩ (Zool.):

größerer, auf dem Boden lebender Vogel mit kurzen Flügeln, stark entwickelten, zum Scharren geeigneten Füßen u. kurzem, kräftigem Schnabel.

Hüh|ner|volk, das: *Gruppe von Hühnern auf dem Hühnerhof.*

Hüh|ner|zucht, die: *Zucht* (1 a, c) *von Hühnern.*

Hüh|ner|züch|ter, der: *jmd., der Hühner züchtet.*

Hüh|ner|züch|te|rin, die: w. Form zu ↑Hühnerzüchter.

hu|hu ⟨Interj.⟩: **1.** ['hu:hu] (ugs.) Zuruf an jmdn., der von dem Rufenden abgewandt ist od. sich in einiger Entfernung von ihm befindet u. den er auf sich aufmerksam machen möchte; *hallo:* h., hier sind wir; h., komm doch bitte noch mal zurück! **2.** [hu'hu:] **a)** Ausruf, durch den man jmdn. zu erschrecken sucht od. durch den man scherzhaft eigene Furcht zum Ausdruck bringt: h., hier spukts!; **b)** *zum Ausdruck einer plötzlichen Kälteempfindung:* h., wie kalt!

hui ⟨Interj.⟩: **a)** lautm. für ein Sausen, Brausen, für eine schnelle Bewegung o. Ä., die ein Sausen, Brausen erzeugt: h., wie das stürmt!; und h., war der Wagen vorbei; h., machten die Kinder Gesichter!; Ü bei ihm muss immer alles h. (ugs.; *schnell, ohne Überlegung*) gehen; R außen h. und innen pfui (↑außen 1); oben h. und unten pfui (↑oben); *** im Hui/in einem Hui** (ugs.; *sehr schnell [u. dadurch unsorgfältig]*): im H. war er fertig; das ging in einem H.; **b)** *hoi:* h., das hast du fein gemacht.

hu|ius an|ni [lat.] (Amtsspr., Kaufmannsspr. veraltet): *dieses Jahres* (Abk.: h. a.): am 1. November h. a.

hu|ius men|sis [lat.] (Amtsspr., Kaufmannsspr. veraltet): *dieses Monats* (Abk.: h. m.): am 1. h. m.

Huk, die; -, -en [niederl. hoek, eigtl. = Haken; Ecke] (Seemannsspr.): *Landzunge, die den geradlinigen Verlauf einer Küste unterbricht.*

Hu|ka, die; -, -s [arab. huqqa[h]]: *indische Wasserpfeife.*

Huk|boot, das [niederl. hoekboot]: *Beiboot eines Hukers, Leichter.*

Hu|ker, der; -s, - [niederl. hoeker, eigtl. = Schiff, das mit Schleppnetzen fischt, die mit Haken (= niederl. hoek) versehen sind]: *breites, flaches Segelschiff, das in der Hochseefischerei eingesetzt wurde.*

Huk|ka: ↑Huka.

Hu|la, die, -, -s, auch: der; -s, -s [hawaiisch hula(-hula)]: *[kultischer] Tanz der Eingeborenen auf Hawaii.*

Hu|la-Hoop [-'hu:p], (ugs.:) **Hu|la-Hopp,** der od. das; -s, -s [engl. hula hoop, aus ↑Hula u. hoop = Reifen; 2. Form unter Anlehnung an ↑hopp]: **a)** *größerer Reifen aus leichtem Material, den man über den Kopf hebt u. durch kreisende Bewegungen des Körpers im Bereich der Hüften kreisen lässt;* **b)** ⟨o. Pl.⟩ *gymnastische Übung, die mit dem Hula-Hoop* (a) *ausgeführt wird.*

Hu|la-Hoop-Rei|fen, der: *Hula-Hoop* (a).

Huld, die; - [mhd. hulde, ahd. huldī = Gunst, Wohlwollen, zu ↑hold] (geh. veraltend, noch iron.): *Freundlichkeit, Wohlwollen, Gunstbeweis, den jmd. einem ihm gesellschaftlich Untergeordneten [mit einer gewissen Herablassung] zuteil werden lässt:* dass die H., die ihr die Dame erweist, ihre Stellung unter den Menschen mit einem Schlag verändert (Werfel, Bernadette 109); Sie kannte genau die Ehrbedürfnisse der Gnädigen aller Gesellschaftsschichten, ... bis zur wegwerfenden H. wirklicher Aristokratinnen (Werfel, Himmel 204).

Hul|da, die; -, -s [nach dem w. Vorn. Hulda (zu ahd. hold = gnädig, günstig; treu), der im 19. Jh. Verbreitung fand u. später bes. durch den Schlager »Ist denn kein Stuhl da für meine Hulda?« bekannt wurde] (salopp abwertend): *weibliche Person als Freundin, Begleiterin eines Mannes, als Ehefrau.*

hul|di|gen ⟨sw. V.; hat⟩ [für mhd. hulden, zu Huld]: **1.** (früher) *sich einem Herrscher durch ein Treuegelöbnis unterwerfen:* dem König, dem Landesfürsten h. **2.** (geh. veraltend) *jmdm. durch eine bestimmte Handlung, durch sein Verhalten seine Verehrung zu erkennen geben:* das Publikum huldigte dem greisen Künstler mit nicht enden wollendem Beifall; Ü die Stadt ist schön, und ein ... Dichter stieg auf den Turm von St. Stephan und huldigte ihr (Bachmann, Erzählungen 100). **3.** (geh., öfter leicht iron.) *einer Sache mit Überzeugung anhängen, etw. mit [übertriebenem] Eifer vertreten:* einer Anschauung, einem Grundsatz, einer Mode h.; Pulver huldigte der weitverbreiteten These, dass Glück ... nur der Tüchtige habe (Kirst, Aufruhr 164); er huldigt dem Kartenspiel *(er frönt der Leidenschaft des Kartenspielens);* er huldigt dem Alkohol *(er trinkt gerne Alkohol).*

Hul|di|gung, die; -, -en: **1.** (früher) *Treuegelöbnis eines Untertanen gegenüber einem Landesherrn:* Die Wittelsbacher dagegen erkannten ihn als deutschen König an, leisteten ihm H. (Feuchtwanger, Herzogin 94). **2.** *das Huldigen* (2); *Ehrung; Zeichen der Ehrerbietung:* eine H., -en entgegennehmen, darbringen.

Hul|di|gungs|ge|dicht, das (veraltet): *Gedicht, in dem eine Huldigung* (2) *an jmdn. zum Ausdruck gebracht, der Adressat des Gedichts gefeiert wird.*

Hul|din, die; -, -nen (veraltet, noch bildungsspr. scherzh.): *anmutige weibliche Person; Mädchen:* Es kommen auch Mädels mit ihren Kavalieren; der Tipp (= Trick beim Spielen an einem Automaten) dieser -nen, schlanker und stämmiger in grellfarbigen Jumpers, besteht darin, dass ... (Fr. Wolf, Zwei 32).

huld|reich ⟨Adj.⟩ (geh. veraltend, heute meist iron.): *jmdm. seine Huld zuteil werden lassend, sie in einer bestimmten Handlung erkennen lassend:* ein -er Blick wurde ihm zuteil; den Grafen zieht der Papst h. zu sich empor ... an sein kaltes, lächelndes Gesicht (Hochhuth, Stellvertreter 155).

huld|voll ⟨Adj.⟩ (geh. veraltend, heute oft iron.): ein -es Lächeln; wenn sie (= das Prinzenpaar) ... sich h. nach vorne und nach den Seiten neigten (Zuckmayer, Fastnachtsbeichte 118).

Hül|fe, die (veraltet): ↑Hilfe: ◆ Wer ist der Mann, der hier um H. fleht? (Schiller, Tell I, 1); Alle ärztliche H. verschmähend (Raabe, Chronik 37).

hül|fe: ↑helfen.

◆ **hülf|los:** ↑hilflos: Ich ... muss hier liegen, h., und verzagen (Schiller, Tell I, 1).

Hulk, Holk, die; -, -e[n] od. der; -[e]s, -e[n] [mhd. holche, ahd. holcho < mlat. holcas < (m)griech. holkás = Lastkahn]: **1.** (Seew.) *abgetakeltes, ausrangiertes Schiff, das vor Anker liegend als Unterkunft für Mannschaften od. als Magazin, Werkstatt o. Ä. verwendet wird.* **2.** (hist.) **a)** *(in der Zeit der Hanse) einer Kogge ähnliches, kleineres einmastiges Frachtschiff;* **b)** *(im 15. Jahrhundert) größere, dreimastige Kogge.*

Hüll|blatt, das ⟨meist Pl.⟩ (Bot.): *Blatt, das zusammen mit anderen die Fortpflanzungsorgane bei Moosen und Blütenpflanzen umschließt od. die Knospen schützt.*

Hül|le, die; -, -n [mhd. hülle = Umhüllung; Mantel; Kopftuch, ahd. hulla = Kopftuch, zu ↑hüllen]: **1. a)** *etw., worin etw. (zum Schutz o. Ä.) verpackt, womit etw. bedeckt, verhüllt ist; Umhüllung:* eine durchsichtige, schützende H. über etw. breiten; die H. von etw. entfernen, abstreifen; Große Glasglocken wölbten sich über den erdenklichsten Käsesorten: ziegelroten, milchweißen, marmorierten und denen, die in leckerer Goldwelle aus ihrer silbernen H. quellen (Th. Mann, Krull 55); **b)** *etw., was für die Aufbewahrung o. Ä. von Gegenständen vorgesehen ist u. in der Form diesen angepasst ist, sie fest umschließt:* eine H. aus Plastik, für einen Ausweis; die H. einer Schallplatte; den Brief in die H. (seltener; *den Umschlag*) stecken; Ü Unter dieser abstoßenden H. (dichter.; *diesem hässlichen, in Lumpen gekleideten Körper*) ... verberge sich ein Mensch von hoher Geburt (Nigg, Wiederkehr 89); die fleischliche, leibliche, irdische H. (dichter.; *der Körper des Menschen [im Gegensatz zu der nicht materiellen Seele]*); die H. ehelichen (ugs. scherzh.; *eine Frau allein ihrer Attraktivität od. ihres Geldes wegen heiraten*); *** die sterbliche H.** (geh. verhüll.; *der Leichnam eines Menschen*). **2. a)** (ugs. scherzh.) *Kleidungsstück [das jmd. anhat]:* eine wärmende, neue H.; seine, die -n abstreifen, fallen lassen *(sich entkleiden);* sich aus seinen -n schälen *(sich entkleiden);* **b)** *** in H. und Fülle,** (geh.:) **die H. und Fülle** (in großer Menge, im Überfluss; urspr.: Kleidung [= Hülle] u. Nahrung [= Füllung des Magens], bezogen auf das Allernotwendigste zum Lebensunterhalt; »Fülle« später umgedeutet zu »Überfluss«). **3.** (Bot.) *Hüllkelch.*

hül|len ⟨sw. V.; hat⟩ [mhd. hüllen, ahd. hullan, verw. mit ↑hehlen] (geh.): **a)** *jmdn., sich, etw. zum Schutz gegen äußere Einflüsse, gegen Kälte o. Ä. in etw. [ein]wickeln, mit einer Umhüllung versehen, mit etw. ganz bedecken:* das Kind, sich in eine Decke h.; Blumen in Zellophanpapier h.; ich ... hüllte mich in meine rotwollene Bettdecke (Th. Mann, Krull 24); Ü die letzten Sonnenstrahlen ... hüllten die Gipfel des Riedersteins ... in flammenden Purpur (Ott, Haie 307); der Hergang des Unglücks blieb für alle Zeit in Dunkel gehüllt *(blieb verborgen, klärte sich nicht auf);* **b)** *schützend, wärmend o. ä. um jmdn., sich, etw. herumlegen:* [jmdm., sich] ein Tuch um die Schultern h.; eine Zeltplane war um das Denkmal gehüllt.

hül|len|los ⟨Adj.⟩: **1.** *unverhüllt, unverdeckt; so, dass man etw. in seinem ganzen Ausmaß erkennen kann:* die Fehler u. Schwächen traten in dieser Beleuchtung h. zutage. **2.** (scherzh.) *ohne jegliche Bekleidung; nackt:* im Liegestuhl räkelte sich eine -e Blondine; h. stand er vor ihr.

Hüll|kelch, der (Bot.): *rosettenartig angeordnete Blätter, die die Knospe eines Korbblütlers umschließen; Involucrum.*

Hüll|kur|ve, die (Math.): *Enveloppe* (1).

Hüll|wort, das ⟨Pl. ...wörter⟩ (Sprachw.): *Euphemismus.*

Hul|ly-Gul|ly ['hali'gali], der; -[s], -s [engl. hully gully, H. u.]: **1.** *(in den Sechzigerjahren) Reihentanz mit unterschiedlichen Schrittkombinationen.* **2.** ⟨o. Art.; o. Pl.⟩ (ugs.) *fröhliches, lärmendes Treiben; ausgelassene Stimmung:* auf dem Dorffest war, gab es [ordentlich] H.

Hüls|chen, das; -s, -: Vkl. zu ↑Hülse.

Hül|se, die; -, -n [mhd. hülse, ahd. hulsa, eigtl. = die Verbergende, verw. mit ↑hehlen]: **1.** *röhrenförmige längliche, feste Hülle, in die man etw. hineinstecken kann, die etw. fest umschließt, die Teil von etw. ist:* eine H. für das Fieberthermometer, für einen Bleistift; die Weinflaschen stecken in -n aus Stroh; Ü Draußen vor dem Fenster Soldaten, ... leere -n, was einmal gefüllte, lebende Formen waren (Plievier, Stalingrad 334). **2.** (Bot.) *längliche Frucht der Schmetterlingsblütler, in der mehrere runde od. längliche Samen nebeneinander aufgereiht sind, die in reifem Zustand leicht herausgelöst werden können:* Erbsen, Bohnen, Lupinen haben -n.

hül|sen ⟨sw. V.; hat⟩ (selten): *enthülsen.*

Hül|sen|frucht, die ⟨meist Pl.⟩: **1.** *eiweißreicher Same bestimmter Schmetterlingsblütler (bes. von Erbsen, Bohnen, Linsen) als wichtiger Bestandteil der menschlichen Nahrung:* Hülsenfrüchte sind schwer verdaulich. **2.** *Hülsenfrüchtler.*

Hül|sen|früch|ter, (häufiger:) **Hül|sen|frücht|ler,** der; -s, - (Bot.): *eiweißhaltige Gemüse- u. Futterpflanze, die mehrere Samen enthaltende Früchte in Form von Hülsen ausbildet.*

hu|man ⟨Adj.⟩ [lat. humanus; eigtl. = irdisch, verw. mit: humus, ↑Humus]: **1.** (bildungsspr.) **a)** *die Würde des Menschen achtend, menschenwürdig:* die Gefangenen h. behandeln; die Stadt von heute muss -er *(dem Menschen u. seinen Bedürfnissen besser angepasst)* werden (Mieterzeitung 1. 7. 74, 5); Er predigt eine Art »Lebensphilosophie«, die sich auf den ersten Blick h. und menschenversöhnend gibt (Welt 6. 11. 65, S. Film); **b)** *ohne Härte, nachsichtig:* dass sogar unselbstständige Betriebsleiter durchaus in der Lage waren, h. zu bleiben (Hochhuth, Stellvertreter, Nachwort 262); wäre die Landungsbehörde von Kuba -er gewesen (Seghers, Transit 164). **2.** (bes. Med.) *zum Menschen gehörend, dem Menschen eigentümlich, beim Menschen vorkommend:* im -en Bereich vorkommende Viren.

Hu|man|bio|lo|ge, der: *Wissenschaftler auf dem Gebiet der Humanbiologie.*

Hu|man|bio|lo|gie, die: *Teilgebiet der naturwissenschaftlichen Anthropologie, das sich bes. mit der Evolution und den biologischen Eigenschaften des Menschen befasst.*

Hu|man|bio|lo|gin, die: w. Form zu ↑Humanbiologe.

hu|man|bio|lo|gisch ⟨Adj.⟩: *die Humanbiologie betreffend, dazu gehörend.*

Hu|man Coun|ter ['hju:mən 'kauntɐ], der; -s, -[s] [engl. human counter, zu: human = menschlich u. counter = Zählmaschine] (Fachspr.): *der Strahlenschutzüberwachung dienendes, in einem von Strahlen abgeschirmten Raum aufgestelltes Messgerät zur Bestimmung der vom menschlichen Körper aufgenommenen u. wieder ausgehenden Strahlung.*

Hu|man En|gi|nee|ring [-ɛndʒɪ'nɪərɪŋ], das; -- [engl. human engineering, aus: human = menschlich u. engineering = Bedienung von Maschinen]: *Teilgebiet der Wirtschafts- u. Industriepsychologie, das sich mit der Anpassung der Arbeitsplatzbedingungen an die Eigenarten des menschlichen Organismus befasst.*

Hu|man|ge|ne|tik, die: *Teilgebiet der Genetik, das sich bes. mit der Erblichkeit der körperlichen Merkmale u. der geistig-seelischen Eigenschaften des Menschen befasst.*

Hu|man|ge|ne|ti|ker, der: *Wissenschaftler auf dem Gebiet der Humangenetik.*

Hu|man|ge|ne|ti|ke|rin, die: w. Form zu ↑Humangenetiker.

hu|man|ge|ne|tisch ⟨Adj.⟩: *die Humangenetik betreffend, dazu gehörend.*

Hu|ma|ni|o|ra ⟨Pl.⟩ [nlat. (studia) humaniora, eigtl. = die feineren (Studien), zu lat. humaniora, s. Komp. Pl. von: humanus = fein gebildet (↑human)] (bildungsspr. veraltet): *das griechisch-römische Altertum als Grundlage der Bildung u. als Lehr- u. Prüfungsfächer.*

hu|ma|ni|sie|ren ⟨sw. V.; hat⟩: *(bes. in Bezug auf die Lebens- u. Arbeitsbedingungen der Menschen) menschenwürdiger gestalten:* die Arbeit, den Strafvollzug h.

Hu|ma|ni|sie|rung, die; -: *das Humanisieren:* Entscheidend für den Siegeszug der Gleitzeit ... war der soziale Aspekt: die H. der Arbeitswelt (MM 21. 6. 74, 15).

Hu|ma|nis|mus, der; - [zu: ↑Humanist]: **1.** (bildungsspr.) *(auf das Bildungsideal der griechisch-römischen Antike gegründetes) Denken u. Handeln im Bewusstsein der Würde des Menschen; Streben nach Menschlichkeit:* ein echter, wahrer H. offenbart sich in den Schriften des Dichters; Das sozialistische Rumänien ... schuf weitere (= Beispiele), die allesamt die gleiche Triebkraft haben – die umfassende Sorge um den Menschen, den sozialistischen H. (horizont 12, 1977, 7). **2.** *(von Italien ausgehende, über West- u. Mitteleuropa verbreitete) Bewegung des 14.–16. Jahrhunderts, die durch literarische, philologische u. wissenschaftliche Neuentdeckung u. Wiedererweckung der antiken Kultur, ihrer Sprachen, ihrer Kunst u. Geisteshaltung gekennzeichnet ist.*

Hu|ma|nist, der; -en, -en [ital. umanista, zu: umano = menschlich < lat. humanus, ↑human]: **1.** *jmd., der die Ideale des Humanismus* (1) *in seinem Denken u. Handeln zu verwirklichen sucht, vertritt:* ein wahrer H. **2.** *Vertreter des Humanismus* (2): Reuchlin ist ein bedeutender deutscher H. **3.** (veraltend) *jmd., der über eine humanistische [Schul]bildung verfügt; Kenner der alten Sprachen:* er ist H. mit guten Griechischkenntnissen.

Hu|ma|nis|tin, die; -, -nen: w. Form zu ↑Humanist.

hu|ma|nis|tisch ⟨Adj.⟩: **1.** *im Sinne des Humanismus* (1) *[denkend u. handelnd]:* seine Bücher sind von -em Geist erfüllt. **2.** *dem Humanismus* (2) *zugehörend:* die -en Gelehrten; -e Schriften, Traktate. **3.** *die klassischen Sprachen betreffend:* eine -e Bildung; -e Studien; ein -es *(altsprachliches)* Gymnasium; er ist h. gebildet *(er ist ein Kenner des klassischen Altertums).*

hu|ma|ni|tär ⟨Adj.⟩ [frz. humanitaire, zu: humanité = Menschlichkeit, Menschheit < lat. humanitas]: *auf die Linderung menschlicher Not bedacht, ausgerichtet:* eine -e Organisation, -e Zwecke, Aufgaben; Die totalitären Ideologien von heute ... sind unmenschlich ... und revolutionär zugleich. Ihre Abwehr muss also sowohl h. wie traditionsbewusst sein (Fraenkel, Staat 173).

Hu|ma|ni|ta|ris|mus, der; - [frz. humanitarisme, nach dem Namen einer nach dem »Journal humanitaire« benannten, in Frankreich seit 1839 bestehenden Gruppe, die soziale Missstände abschaffen wollte, um den Bestand der bürgerlichen Gesellschaft zu sichern] (bildungsspr.): *menschenfreundliche Gesinnung, Denkhaltung:* die vom H. verblödeten europäischen Völker (Musil, Mann 1337).

Hu|ma|ni|tas, die; - [lat. humanitas] (bildungsspr.): *Menschlichkeit, Menschenliebe (als Grundlage des Denkens u. Handelns):* Pius XII. war geprägt und geformt aus dem Geist echter H. und Christianitas (Mainzer Allgemeine Zeitung 235, 1958, o. S.).

Hu|ma|ni|tät, die; - [lat. humanitas] (bildungsspr.): *vom Geist der Humanitas durchdrungene Haltung, Gesinnung; Menschlichkeit:* wahre, echte H.; Ein für allemal, Sturmführer, keine falsche H. einreißen lassen (Bredel, Prüfung 132).

Hu|ma|ni|täts|apos|tel, der (iron.): *jmd., der in übertriebener, der Realität nicht Rechnung tragender Weise die Verwirklichung der Humantitätsideale fordert.*

Hu|ma|ni|täts|den|ken, das; -s: *auf Humanität gegründetes Denken.*

Hu|ma|ni|täts|du|se|lei, die; -, -en [zu ↑duseln] (abwertend): *mit der Wirklichkeit nicht in Einklang zu bringende, übersteigerte Forderungen im Hinblick auf Humanität:* Französische Gefängnisse sind noch richtige Gefängnisse ... Nicht angefault von H. (Remarque, Triomphe 227).

Hu|ma|ni|täts|ide|al, das: *die Humanität betreffende Idealvorstellung:* die (= jene Vollkommenheiten) dem H. der jeweiligen Zeit entsprachen (Thielicke, Ich glaube 103).

Hu|man|me|di|zin, die ⟨o. Pl.⟩: *der sich mit dem Menschen befassende Teilbereich der Medizin (im Gegensatz zur Tiermedizin).*

Hu|man|me|di|zi|ner, der: *Arzt auf dem Gebiet der Humanmedizin.*

Hu|man|me|di|zi|ne|rin, die: w. Form zu ↑Humanmediziner.

hu|man|me|di|zi|nisch ⟨Adj.⟩: *die Humanmedizin betreffend.*

Hu|man|öko|lo|ge, der: *Wissenschaftler auf dem Gebiet der Humanökologie.*

Hu|man|öko|lo|gie, die: *Teilgebiet der Ökologie, das auf die Untersuchung der Beziehungen zwischen Mensch u. Umwelt ausgerichtet ist.*

Hu|man|öko|lo|gin, die: w. Form zu ↑Humanökologe.

hu|man|öko|lo|gisch ⟨Adj.⟩: *die Humanökologie betreffend.*

Hu|man|prä|pa|rat, das (Med., Pharm.): *in der Humanmedizin verwendetes Präparat* (a).

Hu|man|psy|cho|lo|ge, der: *Wissenschaftler auf dem Gebiet der Humanpsychologie.*

Hu|man|psy|cho|lo|gie, die: *Teilgebiet der Psychologie, das auf die Erforschung der menschlichen Psyche ausgerichtet ist (im Unterschied zur Tierpsychologie).*

Hu|man|psy|cho|lo|gin, die: w. Form zu ↑Humanpsychologe.

hu|man|psy|cho|lo|gisch ⟨Adj.⟩: *die Humanpsychologie betreffend.*

Hu|man Re|la|tions ['hju:mən rɪ'leɪʃənz] ⟨Pl.⟩ [engl. human relations, aus: human = menschlich u. relations = Beziehungen]: *in den Dreißigerjahren von den USA ausgegangene Richtung der betrieblichen Personal- u. Sozialpolitik, die die Bedeutung der zwischenmenschlichen Beziehungen im Betrieb betont.*

Hu|man|ver|such, der (Med.): *Erprobung einer (noch nicht gesicherten) Heilmethode o. Ä. am Menschen.*

Hu|man|wis|sen|schaft, die: *in den Bereich der Geisteswissenschaften gehörende Wissenschaft, die sich mit dem Menschen befasst* (z. B. Anthropologie, Soziologie, Psychologie).

Hum|boldt|strom, der; -[e]s [nach dem dt. Naturforscher A. v. Humboldt (1769–1859)]: *kalte, nordwärts gerichtete Meeresströmung vor der Westküste Südamerikas, die in Küstennähe kühleres Wasser aufsteigen lässt u. von großem Einfluss auf das Klima der Küstengebiete des nördlichen Chiles u. Perus ist; Perustrom.*

Hum|bug, der; -s [engl. humbug, H. u.] (ugs. abwertend): **a)** *etw., was sich bedeutsam gibt, aber nur Schwindel ist:* Wahrsagerei, Prophezeiungen – ist das alles H.? (Hörzu 4, 1975, 20); **b)** *unsinnige, törichte Äußerung od. Handlung:* er redet lauter H., nichts als H.

Hu|me|ra|le, das; -s, ...lien u. ...lia [mlat. humerale < spätlat. (h)umerale = Militärmantel, zu lat. umerus = Schulter]: *[reich verziertes] unter der Albe getragenes Schultertuch des katholischen Geistlichen.*

hu|mid, hu|mi|de ⟨Adj.; humider, humideste⟩ [frz. humide < lat. (h)umidus] (Geogr.): *niederschlagsreich, feucht:* ein humides Klima; humide Gebiete.

Hu|mi|di|tät, die; - [frz. humidité] (Geogr.): *Feuchtigkeit (in Bezug auf das Klima).*

Hu|mi|dor, der; -, -e [zu lat. (h)umidus, ↑humid(e)]: *Behälter mit konstanter [tropischer] Luftfeuchtigkeit zur Aufbewahrung od. Lagerung von Zigarren.*

Hu|mi|fi|ka|ti|on, die; - [zu ↑Humus u. lat. -ficatio = Suffix mit der Bed. »das Machen«, zu: facere = machen] (Biol.): *die meist im Boden stattfindende Umwandlung organischer (pflanzlicher u. tierischer) Stoffe in Humus; das Vermodern, Humusbildung.*

hu|mi|fi|zie|ren ⟨sw. V.; hat⟩ (Biol.): *(von organischen Stoffen) vermodern lassen, in Humus umwandeln.*

Hu|mi|fi|zie|rung, die; -: *Humifikation.*

hu|mil ⟨Adj.⟩ [lat. humilis, eigtl. = niedrig, flach, zu: humus, ↑Humus] (veraltet): *demütig, ergeben.*

hu|mi|li|ant ⟨Adj.⟩ [frz. humiliant, adj. 1. Part. von: humilier = erniedrigen, demütigen < kirchenlat. humiliare, zu lat. humilis, ↑humil] (veraltet): *demütigend.*

Hu|mi|li|at, der; -en, -en ⟨meist Pl.⟩ [mlat. humilitatus, eigtl. = der Gedemütigte]: *Anhänger einer Armuts- bzw. Bußbewegung des 11. u. des 12. Jahrhunderts.*

Hu|mi|li|a|ti|on, die; -, -en [frz. humiliation < spätlat. humiliatio] (veraltet): *Demütigung.*

Hu|mi|li|tät, die; - [frz. humilité < lat. humilitas] (veraltet): *Demut.*

Hu|min|säu|re, die; -, -n [zu ↑Humus]: *in Mutterboden, Torf u. Braunkohle vorkommende, aus abgestorbenem pflanzlichem Material entstandene Säure, die als Nährstoffträger des Bodens von großer Bedeutung ist.*

[1]Hum|mel, die; -, -n [mhd. hummel, humbel, ahd. humbal, wohl lautm. u. eigtl. = die Summende]: *größeres Insekt mit rundlichem, plumpem u. dicht, häufig bunt behaartem Körper:* eine dicke braune H. fliegt von Blüte zu Blüte; * **eine wilde H.** (scherzh.; *ein lebhaftes, temperamentvolles [kleines] Mädchen*); **-n im Hintern haben** (salopp; 1. *nicht still sitzen, sich nicht ruhig verhalten können.* 2. *von ruheloser Aktivität erfüllt sein*).

[2]Hum|mel: in dem Begrüßungsruf **H., H.!** (Ruf, mit dem sich früher Hamburger untereinander in der Fremde begrüßten; als Erwiderung darauf gilt: Mors, Mors! (niederd. mors = Arsch); nach einem Hamburger Original namens Hummel u. dessen Antwort auf den hänselnden Anruf mit seinem Namen).

Hum|mel|blu|me, die (Bot.): *Pflanze, die durch die Beschaffenheit ihrer Blüte bevorzugt von Hummeln bestäubt wird.*

Hum|mel|flie|ge, die: *der Hummel ähnliche Fliege mit sehr langem Rüssel, mit dem sie, vor Blüten schwirrend, Nektar saugt.*

Hum|mer, der; -s, - [aus dem Niederd., wohl eigtl. = gewölbtes od. (mit einer Schale) bedecktes Tier]: *(im Meer lebender) sehr großer Zehnfußkrebs von brauner bis dunkelblauer Färbung, dessen Fleisch als Delikatesse gilt:* Timmler wurde ... rot wie ein gesottener H. (Ott, Haie 313).

Hum|mer|cock|tail, der (Kochk.): *Cocktail* (3) *aus gewürfeltem Hummerfleisch.*

Hum|mer|fleisch, das: *Fleisch vom Hummer.*

Hum|mer|krab|be, die: *große Garnele.*

Hum|mer|ma|yon|nai|se, die (Kochk.): *Mayonnaise mit Hummerfleisch.*

hum|mer|rot ⟨Adj.⟩: *von der kräftig roten Farbe des gekochten Hummers.*

Hum|mer|sa|lat, der (Kochk.): *mit Hummerfleisch zubereiteter Salat.*

Hum|mer|sup|pe, die: vgl. Hummersalat.

[1]Hu|mor, der; -s, -e ⟨Pl. selten⟩ [älter engl. humour = literarische Stilgattung des Komischen, eigtl. = Stimmung, Laune < afrz. humour < lat. (h)umores = (Temperament u. Charakter bestimmende) Körpersäfte, zu: (h)umor = Feuchtigkeit, Flüssigkeit]: **1.** ⟨o. Pl.⟩ *Gabe eines Menschen, der Unzulänglichkeit der Welt u. der Menschen, den Schwierigkeiten u. Missgeschicken des Alltags mit heiterer Gelassenheit zu begegnen:* er hat, besitzt einen unverwüstlichen, goldenen H.; etw. mit H. nehmen, tragen; ein Mensch ohne H.; zwischen sehr tiefem Ernst, überwallender Verzagtheit und bitterem H. (Geissler, Wunschhütlein 15); er hat keinen H. *(reagiert sehr leicht verärgert, ist nicht in der Lage, etw. gelassen auf-, hinzunehmen);* für seine Unverschämtheiten habe ich keinen H. [mehr] *(sie missfallen mir zu sehr);* er hat keinen Sinn für H. *(ihm fehlt der Humor, er ist humorlos);* R du hast, er hat [ja vielleicht] H.! *(was denkst du dir, denkt er sich eigentlich!);* Spr H. ist, wenn man trotzdem lacht. **2.** *sprachliche, künstlerische o. ä. Äußerung einer von Humor* (1) *bestimmten Geisteshaltung, Wesensart:* der rheinische, der Kölner H.; gezeichneter H. *(Humor in der Kunstform der Karikatur o. Ä.);* schwarzer *(das Grauen, Grauenhafte einbeziehender)* H.; Ein tolles Stück (= Theaterstück). Angefüllt mit schwarzen -en und brillanten Pointen (MM 27. 1. 68, 68). **3.** ⟨o. Pl.⟩ *gute Laune, fröhliche Stimmung:* den H. [nicht] verlieren, behalten; Typen wie dieser ... bringen mich um jeglichen H. (Frisch, Stiller 295). ◆ **4.** *Laune, Stimmung, Gefühlslage:* Dies gab mir den allerschlimmsten H., besonders da ich den Übungsort selbst ganz unerträglich fand (Goethe, Dichtung u. Wahrheit 4).

²Hu|mor, der; -s, -es [hu'mo:re:s; lat. (h)umor, ↑¹Humor] (Med. selten): *Körpersaft.*

hu|mo|ral ⟨Adj.⟩ (Med.): *die Körpersäfte betreffend, auf ihnen beruhend.*

Hu|mo|ral|di|a|gnos|tik, die: *medizinische Methode der Krankheitserkennung durch Untersuchung der Körperflüssigkeiten.*

Hu|mo|ral|pa|tho|lo|gie, die ⟨o. Pl.⟩: *(in der Antike ausgebildete) Lehre von den Körpersäften, deren richtige Mischung Gesundheit, deren Ungleichgewicht dagegen Krankheit bedeute.*

Hu|mo|res|ke, die; -, -n [aus ↑¹Humor u. der romanisierenden Endung -eske analog zu ↑Burleske u.a. geb.]: **1.** (Literaturw.) *kleine humoristische Erzählung.* **2.** (Musik) *Musikstück von heiterem, humorigem Charakter.*

hu|mo|rig ⟨Adj.⟩: *von jmds.* ¹*Humor* (1), *seiner Freude an Scherz u. Spaß zeugend; launig:* eine -e Rede, Bemerkung; seine Erzählungen, Geschichten sind h. *(voll Humor).*

Hu|mo|rig|keit, die; -: *humorige Art:* Waber entledigte sich dieser Aufgabe (= eine Rede zu halten) mit gewohnter H. (Kirst, 08/15, 169).

Hu|mo|rist, der; -en, -en [engl. humorist]: **1.** *Künstler, dessen Werke sich durch eine humoristische Behandlungsweise des Stoffes auszeichnen:* der Schriftsteller, Zeichner ist ein H., gehört zu den -en. **2.** *Vortragskünstler, der witzige Sketches o. Ä. darbietet; Komiker, Spaßmacher.*

Hu|mo|ris|ti|kum, das; -s, ...ka [nlat. Bildung zu ↑¹Humor] (bildungsspr.): *etw. Humorvolles, humorvolle Darstellung, Erzählung o. Ä.*

Hu|mo|ris|tin, die; -, -nen: w. Form zu ↑Humorist.

hu|mo|ris|tisch ⟨Adj.⟩: *sich durch* ¹*Humor auszeichnend:* eine -e Erzählung, Darbietung; das Programm hatte verschiedene -e Einlagen *(von einem Komiker o. Ä. bestrittene weitere Programmpunkte);* der Autor schreibt sehr h.; Freilich war der Videofilm, den die Seniorinnen ... zeigten, auch h. zu nehmen (FR 14. 3. 98, 1).

hu|mor|los ⟨Adj.⟩: *ohne* ¹*Humor* (1), *von verbissener, pedantischer Ernsthaftigkeit; ohne die Fähigkeit [auch über sich selbst] zu lachen:* ein -er Mensch; er ist gänzlich h.

Hu|mor|lo|sig|keit, die; -: *das Humorlossein.*

hu|mor|voll ⟨Adj.⟩: ¹*Humor* (1) *erkennen lassend; voll* ¹*Humor* (1): ein -er Mann; eine -e Art; etw. h. vortragen.

hu|mos ⟨Adj.⟩ [zu ↑Humus] (Bodenk.): **a)** *aus Humus bestehend:* -e Stoffe; **b)** *(von Böden) reich an Humus:* -e Böden.

Hum|pel, der; -s, - [mniederd. humpel; vgl. engl. hump, ↑Humpen] (nordd.): *Haufen, [übereinander getürmte, aufgeschüttete] Menge von etw.:* ein H. Steine, Erde; die Kleider lagen auf einem H.; Ü typisch ... für die Bewusstseinslage eines ganzen -s von Intellektuellen in und außerhalb Frankreichs (Enzensberger, Einzelheiten I, 95).

Hum|pe|lei, die; - (ugs.): *anhaltendes, lästiges Humpeln.*

hum|pe|lig, humplig ⟨Adj.⟩ (landsch.): **1.** *humpelnd:* h. gehen. **2.** *holprig, uneben:* ein -er Weg.

hum|peln ⟨sw. V.⟩ [aus dem Niederd.; viell. lautm.]: **a)** *(aufgrund einer [schmerzhaften] Verletzung o. Ä.) mit einem Fuß nicht fest auftreten können u. daher mühsam u. ungleichmäßig gehen* ⟨hat/ist⟩: nach seinem Unfall hat, ist er eine Weile gehumpelt; ... hatte er eine ganze Heeressäule Soldaten vor sich – ohne Waffen, in zerschlissenen Mänteln, an Stöcken humpelnd (Plievier, Stalingrad 162); **b)** *sich humpelnd* (a) *fortbewegen, irgendwohin bewegen* ⟨ist⟩: an die Tür, vom Spielfeld h.; der verletzte Hund humpelte über die Straße; **c)** (landsch.) *holpernd fahren* ⟨hat/ist⟩: der Wagen ... humpelte ... über den versteinerten Kot des letzten Regens (Habe, Namen 129).

Hum|pel|rock, der (Mode): *um 1910 für kurze Zeit in Mode gekommener langer Frauenrock, der in Knöchelhöhe so eng war, dass er nur einen gleichsam humpelnden Gang ermöglichte.*

Hum|pen, der; -s, - [16. Jh.; vermutlich aus der Spr. der Leipziger Studenten, zu niederd. hump(e) = Klumpen, Buckel, vgl. engl. hump = Buckel, Höcker; Hügel, viell. verw. mit ↑hoch]: *größeres zylindrisches od. leicht bauchiges u. mit aufklappbarem Deckel versehenes Trinkgefäß mit Henkel:* einen H. Bier trinken; Bier aus H. trinken.

hump|lig: ↑humpelig.

Hu|mus, der; - [lat. humus = Erde, Erdboden]: *Bestandteil des Bodens von dunkelbrauner Färbung, der durch mikrobiologische u. biochemische Zersetzung abgestorbener tierischer u. pflanzlicher Substanz in einem ständigen Prozess entsteht:* Und gar erst die Gemüsebeete mit ihrem prachtvollen rotbraunen H. (Werfel, Himmel 108).

Hu|mus|bil|dung, die ⟨o. Pl.⟩: *Entstehung von Humus.*

Hu|mus|bo|den, der: *humusreicher Boden.*

Hu|mus|er|de, die: *Humusboden.*

hu|mus|reich ⟨Adj.⟩: *reich an Humus.*

Hund, der; -[e]s, -e [mhd., ahd. hunt, alter idg. Tiername; 3: viell., weil das Geräusch der knarrenden Räder mit Hundegebell verglichen wurde]: **1. a)** *(in vielen Rassen gezüchtetes) kleines bis mittelgroßes Säugetier, das bes. wegen seiner Wachsamkeit u. Anhänglichkeit als Haustier gehalten wird, einen gut ausgebildeten Gehör- u. Geruchssinn besitzt u. beißen u. bellen kann:* ein herrenloser, streunender H.; Vorsicht, bissiger H.!; der H. bellt, knurrt, winselt, jault; die -e schlagen an; sich einen H. halten; den H. spazieren führen, anleinen; -e züchten, dressieren; Die haben ihre -e so abgerichtet, dass sie nur auf meinem Rasen ihre Haufen ablegen (v. d. Grün, Glatteis 35); die -e sind los *(sind nicht mehr an der Kette, sodass man sich vor ihnen vorsehen muss);* »Ich warne Sie, der H. geht auf den Mann« *(ist darauf abgerichtet, auf Befehl Menschen anzugreifen;* Gaiser, Schlußball 71); Ü weiße -e (geh.; *Schaumkronen auf den Wellen des Meeres*); R da liegt der H. begraben (ugs.; *das ist der Punkt, auf den es ankommt, die Ursache der Schwierigkeiten;* H. u., viell. nach der Volkssage, nach der Hunde als Schatzhüter unter der Erde hausen); da wird der H. in der Pfanne verrückt! (salopp; *das ist ja nicht zu fassen!*); von dem nimmt kein H. ein Stück/einen Bissen Brot [mehr] (ugs.; *er hat die Achtung aller verloren, wird von allen verachtet*); das/es kann/muss [sogar] einen H. jammern/dauern (ugs.; *das ist zutiefst mitleiderregend, jammervoll*); es ist, um junge -e zu kriegen (ugs.; *es ist zum Verzweifeln*); das ist unter dem/allem H. (ugs.; *das ist sehr schlecht, minderwertig, unter aller Kritik*); die -e bellen, aber die Karawane zieht weiter (↑Karawane 1); Spr -e, die [viel] bellen, beißen nicht *(jmd., der sich besonders lautstark kämpferisch, gefährlich gibt, macht seine Drohungen o. Ä. doch nicht wahr);* viele -e sind des Hasen Tod *(gegen eine Übermacht kann der Einzelne nichts ausrichten);* den Letzten beißen die -e *(der Letzte ist aufgrund seines Platzes besonders benachteiligt);* kommt man über den H., kommt man auch über den Schwanz *(hat man erst einmal das Schwierigste geschafft, ist der Rest auch noch zu bewältigen);* * **ein dicker H.!** (ugs.; 1. *eine Ungeheuerlichkeit, Unverschämtheit, Frechheit.* 2. *ein grober Fehler*); **kalter H.** (ugs.; *aus Schichten von Keks u. einer Kakaomasse bestehende kuchenähnliche Süßspeise*); **fliegender H.** (veraltend; *Flughund, Flugfuchs*); **der Große H., der Kleine H.** (*Sternbilder in der Zone des Himmelsäquators;* nach lat. Canis Major u. Canis Minor; der Große Hund ist der Hund des Orion, eines riesigen Jägers der griech. Mythologie); **bekannt sein wie ein bunter/scheckiger H.** (ugs.; *überall bekannt sein*); **wie ein H. leben** (ugs.; *sehr ärmlich, elend leben*); **müde sein wie ein H.** (ugs.; *sehr müde, erschöpft sein*); **frieren wie ein junger H.** (ugs.; *sehr frieren;* nach dem auffallenden Zittern neugeborener Hunde); **wie H. und Katze leben** (ugs.; *sich nicht vertragen u. in ständigem Streit miteinander leben*); **einen dicken H. haben** (Skat Jargon; *ein gutes Spiel in der Hand haben*); **schlafende -e wecken** *(unvorsichtigerweise auf etw. aufmerksam machen u. dadurch eine unerwünschte Entwicklung in Gang setzen);* **mit etw. keinen H. hinter dem Ofen hervorlocken [können]** (ugs.; *mit etw. niemandes Interesse wecken [können], niemandem einen Anreiz bieten [können]*); **jmdn. wie einen H. behandeln** (ugs.; *jmdn. sehr schlecht, menschenunwürdig behandeln*); **auf den H. kommen** (ugs.; *in schlechte Verhältnisse geraten, sehr herunterkommen;* H. u. viell. nach der untersten Stufe in der Tierrangfolge bei Pferde-, Esel- u. Hundefuhrwerk); **jmdn. auf den H. bringen** (ugs.; *jmdn. ruinieren, vernichten, ins Verderben stürzen*); **[ganz] auf dem H. sein** (ugs.; *ruiniert, vernichtet, zugrunde gerichtet sein*): Nicht, als ob man schon in einer »verzweifelten Situation« völlig auf dem H. gewesen wäre (K. Mann, Wendepunkt 238); **mit allen -en gehetzt sein** (ugs.; *schlau u. gewitzt sein u. sich in einer heiklen Situation entsprechend geschickt verhalten;* aus der Jägerspr. u. bezogen auf ein Tier, dem es immer wieder gelingt, den auf seine Fährte gesetzten Hunden zu entgehen); **vor die -e gehen** (ugs.; *zugrunde gehen;* viell. nach dem kranken u. schwachen Wild, das den Jagdhunden leicht zum Opfer fällt): wenn man bedenkt, wie viele Frauen bei Abtreibungen vor die -e gehen (Hörzu 31, 1971, 28); **etw. vor die -e werfen** (ugs.; *etw. achtlos verkommen lassen, vergeuden*); **b)** *das männliche Tier* (im Unterschied zur Hündin): ist das ein H. oder eine Hündin? **2.** (salopp) **a)** *Mensch, Mann:* du bist vielleicht ein blöder, sturer, verrückter H.!; ich bin ein armer H. mit meinen Zweihundert monatlich (Werfel, Himmel 197); Der taube H. von Bremser (Marchwitza, Kumiaks 143); -e, wollt ihr ewig leben? (nach den anekdotenhaft überlieferten Worten Friedrichs des Großen »[Ihr verfluchten] Kerls, wollt ihr das ewige Leben haben?«, die er bei Kolin einer vor der Übermacht der Österreicher zurückweichenden Kompanie zurief; auch Filmtitel); Krenek und Busch gehen ... auf Kursus ... -e, wollt ihr ewig lernen? (Kant, Impressum 374); damals war ich noch ein junger H.; ein feiner H. (1. *gut gekleideter Mann.* 2. *jmd., auf den man sich verlassen kann; ein feiner Kerl*); der neue Trainer gilt als harter H. (ugs.; *als Anhänger harter Trainingsmethoden*); er ist ein krummer H. *(zwielichtiger, verdächtiger Bursche);* als ich in Not war, kam mir kein H. *(niemand)* zu Hilfe; **b)** (abwertend) *gemeiner Mann, Lump, Schurke:* du [verfluchter, gottverdammter] H.!; dieser H. von einem Verräter; In Ketten und Handschellen. Sie haben sie mir angelegt, die -e (Genet [Übers.], Miracle 101). **3.** (Bergmannsspr.) *kleiner kastenförmiger Förderwagen:* ein leerer H.; den H. mit Erz beladen.

Hụnd|chen, das (landsch.), **Hụ̈nd|chen,** das; -s, -: Vkl. zu ↑Hund (1 a): dass sich die Einbrecher ... Gift besorgen und es dem Hundchen streuen (Tucholsky, Werke II, 27); Zwei Kleine, mit den Pelzmützen und den kleinen Fäustlingen wie tapsige junge Hundchen (Plievier, Stalingrad 340); Und das arme Hündchen, es zittert ja vor Kälte (v. d. Grün, Irrlicht 20); Damen mit zitternden Hündchen auf dem Schoß (Th. Mann, Krull 151).

hụn|de-, Hụn|de- (ugs., meist abwertend): **1.** drückt in Bildungen mit Adjektiven eine Verstärkung aus/ *sehr:* hundemager, -schlecht, -übel. **2.** drückt in Bildungen mit Substantiven aus, dass etw. als schlecht, miserabel angesehen wird: Hundelohn, -wetter. **3.** drückt in Bildungen mit Substantiven einen besonders hohen Grad von etw. aus: Hundeangst, -hitze.

Hụn|de|ab|teil, das: *im Gepäckwagen des Reisezugs abgeteilter Raum, in dem Hunde befördert werden können.*

hụn|de|ähn|lich ‹Adj.›: *dem Hund ähnlich, in der Art eines Hundes:* ein -er Kopf.

Hụn|de|art, die: *Hunderasse.*

Hụn|de|ar|ti|ge ‹Pl.; Dekl. ↑Abgeordnete› (Zool.): *Familie der Raubtiere, zu der vor allem die Hunde, Wölfe, Schakale u. Füchse gehören.*

Hụn|de|au|ge, das ‹meist Pl.›: *Auge des Hundes:* die schönen, bernsteinfarbenen -n (K. Mann, Wendepunkt 40); Ü es war ihnen (= den Bürgern) tiefstes Bedürfnis, emporzublicken, mit treuen -n (Tucholsky, Werke II, 174).

Hụn|de|aus|stel|lung, die: *Ausstellung von Rassehunden durch ihre Züchter.*

Hụn|de|band|wurm, der: *Bandwurm, der bes. im Darm von Hunden vorkommt.*

Hụn|de|be|sit|zer, der: *Hundehalter.*

Hụn|de|be|sit|ze|rin, die: w. Form zu ↑Hundebesitzer.

Hụn|de|biss, der: *Biss von einem Hund.*

Hụn|de|blick, der: *Blick, Augenausdruck eines Hundes:* ein treuer H.; Ü mit H. (ugs.; *ergebenem Augenausdruck*).

Hụn|de|blu|me, die [zum 1. Bestandteil vgl. Hundskamille]: volkst. für *Löwenzahn.*

Hụn|de|deck|chen, das: **1.** *kleine Decke, die einem Hund als Schutz gegen Kälte um den Leib gebunden wird.* **2.** (scherzh. veraltend) *bis zum Knöchel reichende Gamasche:* Über den Schuhen H., die hielten warm (Kempowski, Uns 194).

Hụn|de|dreck, der (ugs.): *Hundekot.*

hụn|de|ẹlend ‹Adj.› (ugs.): *(in Bezug auf jmds. Befinden) sehr elend, schlecht:* sich h. fühlen.

Hụn|de|fän|ger, der: *jmd., der [herrenlose] Hunde einfängt.*

Hụn|de|fän|ge|rin, die: w. Form zu ↑Hundefänger.

Hụn|de|floh, der: *Floh, der hauptsächlich im Fell von Hunden vorkommt.*

Hụn|de|flö|hen, das; -s (salopp): *sehr mühselige, lästige Arbeit:* das war das reinste H.; das kommt gleich nach/hinter dem H. (Ausruf des Unwillens); es ist zum H. *(es ist zum Verzweifeln).*

Hụn|de|fraß, der (derb abwertend): *sehr schlechtes Essen.*

Hụn|de|freund, der: *jmd., der große Freude an Hunden hat.*

Hụn|de|freun|din, die: w. Form zu ↑Hundefreund.

Hụn|de|fut|ter, das: *Futter für einen Hund, für Hunde.*

Hụn|de|ge|bell, das: *Gebell eines od. mehrerer Hunde.*

Hụn|de|ge|spann, das: *Gespann* (1 b) *mit Hunden.*

Hụn|de|haar|ling, der: *Haarling, der im Fell von Hunden lebt.*

Hụn|de|hals|band, das: *Halsband für einen Hund.*

Hụn|de|hal|ter, der (Amtsspr.): *jmd., der einen Hund hält.*

Hụn|de|hal|te|rin, die: w. Form zu ↑Hundehalter.

Hụn|de|hüt|te, die: *kleine [Holz]hütte für den Hofhund.*

hụn|de|kalt ‹Adj.› (ugs.): *sehr, unangenehm kalt:* draußen ist es h.; Sagen Sie, ist Ihnen auch h.? (Gaiser, Jagd 97).

Hụn|de|kạ̈l|te, die (ugs.): *große, unangenehme Kälte:* die H. in Polen! (Hilsenrath, Nazi 409).

Hụn|de|klo, das (ugs.), **Hụn|de|klo|sett,** das: *spezielle Anlage bes. in Städten, die die Hunde dazu benutzen sollen, dort ihre Notdurft zu verrichten.*

Hụn|de|ko|je, die (Seemannsspr.): *(auf einer Segeljacht) neben der unter Deck führenden Treppe liegende Koje, die so klein ist, dass man vom Kopfende aus hineinkriechen muss.*

Hụn|de|kon|tu|maz, die (österr.): *Quarantäne für Hunde zur Verhütung einer Seuche.*

Hụn|de|kop|pel, die: vgl. [2]Koppel (2).

Hụn|de|kot, der: *Kot von Hunden.*

Hụn|de|ku|chen, der: *hartes Gebäck, das als Hundefutter dient.*

Hụn|de|le|ben, das ‹o. Pl.› (ugs. abwertend): *elendes, erbärmliches Leben, Dasein:* ein H. führen.

Hụn|de|lei|ne, die: *Leine, an der man einen Hund führt.*

Hụn|de|loch, das (ugs. abwertend): *sehr schlechte, unzumutbare Behausung:* in einem H. wohnen.

Hụn|de|lohn, der (ugs. abwertend): *sehr niedriger, geringer Lohn:* für einen H. arbeiten.

Hụn|de|mar|ke, die: **1.** *als Nachweis für die gezahlte Hundesteuer dienende Blechmarke.* **2.** (salopp scherzh.) **a)** *Erkennungsmarke des Soldaten;* **b)** *Erkennungsmarke, mit der sich ein Polizeibeamter in Zivil ausweist.*

hụn|de|mä|ßig ‹Adj.› (ugs. abwertend): *sehr schlecht, miserabel:* ein -es Leben führen.

Hụn|de|meu|te, die: *Meute von Hunden.*

hụn|de|mụ̈|de ‹Adj.› (ugs.): *sehr müde, erschöpft:* h. sein.

Hụn|de|narr, der: *jmd., der sich in besonderer Weise für Hunde begeistert, eine heftige Vorliebe für Hunde hat u. darauf viel Geld u. Zeit verwendet.*

Hụn|de|peit|sche, die: *Peitsche zur Züchtigung des Hundes:* sein »Herrchen« ist ... so entrüstet, dass er ihm die H. über den Kopf schlägt (Kinski, Erdbeermund 226); Abends wurden lateinische Vokabeln abgehört ... und wenn's nicht ging, wurde man zurückgeschickt. Und beim dritten Mal musste man die H. mitbringen (Kempowski, Immer 182).

Hụn|de|pfle|ge, die: *(kommerziell betriebene) Pflege des Hundes durch Baden, Scheren u. Ä.*

Hụn|de|ras|se, die: *Rasse von Hunden.*

Hụn|de|ren|nen, das: *Schnelligkeitsprüfung für Windhunde (bes. in England, in Italien u. in der Schweiz).*

hụn|dert [mhd. hundert < asächs. hunderod = Hundertzahl, zu: hund = hundert, urspr. = Zehnheit von Zehnern]: **a)** ‹Kardinalz.› (in Ziffern: 100) von eins bis h. zählen; vier von h. Befragten; ich wette mit dir h. zu eins (ugs.; *ich bin ganz sicher*), dass er nicht kommen wird; *** auf h. kommen/sein** (ugs.; *sehr ärgerlich werden, erbost sein; in Wut geraten/sein;* nach der Fahrgeschwindigkeit eines Kraftfahrzeugs); **jmdn. auf h. bringen** (ugs.; *jmdn. in Wut, Zorn versetzen*);

b) (ugs.) *sehr viele:* sie wusste h. Neuigkeiten zu berichten.

[1]**Hun|dert,** das; -s, -e u. (nach unbest. Zahlwörtern:) -: **1.** ⟨Pl. -⟩ *Einheit von hundert Stück, Dingen, Lebewesen o. Ä.:* ein halbes H.; mehrere H. Pioniere; das H. voll machen; [fünf] vom H. (*Prozent;* Abk.: v. H.; Zeichen: %). **2.** ⟨Pl. -e⟩ *eine unbestimmte, unübersehbare Anzahl in der Größenordnung von einigen Hundert:* viele Hunderte/(auch:) hunderte drängten sich herbei; Hunderte/(auch:) hunderte von toten Fliegen; das Brüllen Hunderter/(auch:) hunderter von verdurstenden Rindern/Hunderter/(auch:) hunderter verdurstender Rinder/von Hunderten/(auch:) hunderten [von] verdurstenden Rindern; das kann von Hunderten/(auch:) hunderten nur einer; die Kosten gehen in die Hunderte/(auch:) hunderte (ugs.; *betragen mehrere hundert Mark*).

[2]**Hun|dert,** die; -, -en: *die Zahl 100.*

hun|dert|ein ⟨Zahladj.⟩: ein Betrag von -er Mark.

hun|dert|eins ⟨Kardinalz.⟩ (in Ziffern: 101): vgl. hundertundeins.

Hun|der|ter, der; -s, -: **1.** (ugs.) *Geldschein im Wert von hundert DM o. Ä.:* das kostet mich einige H. **2.** (Math.) *100 als Bestandteil einer analytisch betrachteten Zahl mit mehr als zwei Stellen:* die H. zusammenzählen; 453 besteht aus 4 -n, 5 Zehnern und 3 Einern.

hun|der|ter|lei ⟨best. Gattungsz.; indekl.⟩ [↑-lei] (ugs.): **a)** *von vielfach verschiedener Art:* auf h. Weise; Aus den h. lateinischen Namen von Pflanzen und Gräsern (Grzimek, Serengeti 319); **b)** *sehr viele verschiedene Dinge:* ich habe h. zu tun, zu besorgen.

Hun|der|ter|stel|le, die (Math.): *Stelle der Hunderter* (2) *in einer Zahl mit mehr als zwei Stellen:* die H. ist die dritte Stelle vor dem Komma.

Hun|dert|eu|ro|schein, der (in Ziffern: 100-Euro-Schein): vgl Fünfeuroschein.

hun|dert|fach ⟨Vervielfältigungsz.⟩ (in Ziffern: 100fach): vgl. achtfach: die -e Menge; ein Professor hat behauptet, LSD mache ... -en Orgasmus möglich (Jägersberg, Leute 140).

Hun|dert|fa|che, das; -n ⟨Dekl. ↑[2]Junge, das⟩: (in Ziffern: 100fache): vgl. Achtfache.

hun|dert|fäl|tig ⟨Adj.⟩ (veraltet): *hundertfach.*

Hun|dert|fünf|und|sieb|zi|ger, der [nach dem ehemaligen § 175 des Strafgesetzbuchs] (ugs. veraltend): *Homosexueller.*

hun|dert|fünf|zig|pro|zen|tig ⟨Adj.⟩ [Verstärkung zu ↑hundertprozentig] (ugs.): *stark ausgeprägt, übertrieben, fanatisch:* ein -er Nationalist, Kommunist; ⟨subst.:⟩ er ist ein Hundertfünfzigprozentiger (abwertend; *jmd., der etw. fanatisch betreibt*).

Hun|dert|jahr|fei|er, die (in Ziffern: 100-Jahr-Feier): *Feier zum hundertjährigen Bestehen.*

hun|dert|jäh|rig ⟨Adj.⟩ (in Ziffern: 100-jährig): **a)** *hundert Jahre alt:* ein -er Greis; eine -e Eiche; ⟨subst.:⟩ in unserem Dorf gibt es zwei Hundertjährige; **b)** *hundert Jahre dauernd:* das -e Bestehen von etw. feiern; der Hundertjährige Krieg (*Krieg zw. England u. Frankreich von 1339–1453*).

hun|dert|ka|rä|tig ⟨Adj.⟩ [nach ↑hundertprozentig] (ugs.): *charakterlich völlig einwandfrei, absolut zuverlässig.*

Hun|dert|ki|lo|me|ter|tem|po, das (in Ziffern: 100-km-Tempo) (ugs.): *Geschwindigkeit von 100 Kilometern pro Stunde:* im H. fahren; Ü er erledigt es im H. (ugs.; *besonders schnell*).

hun|dert|mal ⟨Wiederholungsz., Adv.⟩ (in Ziffern: 100-mal): **a)** vgl. achtmal; **b)** (ugs.) *sehr viel, sehr oft:* er versteht h. mehr davon als du; ich habe es dir schon h. gesagt; Ich weiß h. mehr aus dem Leben der Idioten als aus deinem (Remarque, Triomphe 216); **c)** (ugs.) *noch so sehr:* da kannst du h. im Recht sein, die biegen das schon so (v. d. Grün, Glatteis 247).

hun|dert|ma|lig ⟨Adj.⟩ (in Ziffern: 100-malig): *hundert Male stattfindend:* die -e Wiederholung dieses Theaterstücks.

Hun|dert|mark|schein, der (in Ziffern: 100-Mark-Schein): vgl. Fünfmarkschein.

Hun|dert|me|ter|hür|den|lauf, der (in Ziffern: 100-m-Hürdenlauf) (Leichtathletik): *Hürdenlauf der Frauen über 100 Meter.*

Hun|dert|me|ter|lauf, der (in Ziffern: 100-m-Lauf) (Leichtathletik): *Lauf über 100 Meter.*

hun|dert|per|zen|tig ⟨Adj.⟩ [zu ↑Perzent] (österr. veraltend): *hundertprozentig.*

hundertpro ⟨indekl. Adj.⟩ (ugs.): *hundertprozentig* (2): ein verzweifelter Versuch, auch jenseits der 30 h. cool zu wirken (Tagesspiegel 16. 1. 99, 8).

hun|dert|pro|zen|tig ⟨Adj.⟩: **1.** (in Ziffern: 100-prozentig, 100%ig) *hundert Prozent umfassend, von hundert Prozent:* ein -er Gewinn; h. reine Wolle; -er (*reiner*) Alkohol. **2.** (ugs.) **a)** *völlig; ganz u. gar:* mit -er Sicherheit; du kannst dich h. darauf verlassen; **b)** *ganz sicher, zuverlässig:* eine -e Voraussage; das ist eine -e Sache; Jetzt wird der Michael seinen Weg machen. Hundertprozentig (Hörzu 46, 1973, 131); er galt in der Partei als h. (*besonders linientreu);* **c)** *genauso, wie man ihn, sie sich vorstellt: echt, unverwechselbar, typisch:* er ist ein -er Schwabe, Intellektueller; warum er noch keine Frau zum Heiraten gefunden habe? Keine war h.! (*keine entsprach in jeder Hinsicht seinen Vorstellungen;* Ruthe, Partnerwahl 123).

Hun|dert|satz, der: *Prozentsatz.*

Hun|dert|schaft, die; -, -en: *aus 100 Mann bestehende [militärische, polizeiliche] Einheit:* eine H. Soldaten.

hun|dertst... ⟨Ordinalz. zu ↑hundert⟩ (in Ziffern: 100.): vgl. acht...: der -e Besucher der Ausstellung; die Oper wird heute zum -en Mal aufgeführt; das erzählst du nun schon zum -en Mal (ugs.; *das wiederholst du ständig*); das weiß kaum, nicht der Hundertste (*fast keiner);* ***vom Hundertsten ins Tausendste kommen** (*vom eigentlichen Thema immer mehr abschweifen*)*:* bei unserem Gespräch kamen wir vom -n ins Tausendste.

hun|derts|tel ⟨Bruchz.⟩ (in Ziffern: $\frac{1}{100}$): auf ein h. Millimeter genau.

Hun|derts|tel, das, schweiz. meist: der; -s, - [gek. aus: hundertste Teil]: *der hundertste Teil einer Menge, Strecke o. Ä.:* ein H. der Summe, des Gewinns; mit einem H. (Fot.; *einer Hundertstelsekunde*) belichten.

Hun|derts|tel|se|kun|de, die: *der hundertste Teil einer Sekunde:* mit 14 -n hatte der Pepi die Spitze gehalten (Olymp. Spiele 17).

hun|derts|tens ⟨Adv.⟩ (in Ziffern: 100.): *als hundertster Punkt, an hundertster Stelle.*

hun|dert|tau|send: a) ⟨Kardinalzahl⟩ (in Ziffern: 100 000): vgl. tausend; **b)** von einer unbestimmten Anzahl in der Größenordnung von etwa hunderttausend (a): viele h. Soldaten; ⟨subst.:⟩ Hunderttausende Anhänger/von Anhängern dieses Präsidentschaftskandidaten.

Hun|dert|tau|send|mann|heer, das ⟨o. Pl.⟩: *die nach den Beschlüssen des Versailler Vertrags (1919) aus freiwilligen Berufssoldaten bestehende, auf 100 000 Mann begrenzte Reichswehr.*

hun|dert|und|ein ⟨Zahladj.⟩, **hun|dert|und|eins** ⟨Kardinalz.⟩ (in Ziffern: 101); vgl. acht, hunderteins.

hun|dert|zehn ⟨Kardinalz.⟩ (in Ziffern: 110): ***auf h. sein** (ugs.; *sehr ärgerlich, wütend sein*).

Hun|dert|zehn|me|ter|hür|den|lauf, der (in Ziffern: 110-m-Hürdenlauf) (Leichtathletik): *Hürdenlauf der Männer über 110 m.*

Hun|de|sa|lon, der: *Geschäft, in dem Hunde geschoren werden u. Ä.*

Hun|de|schau, die: vgl. Hundeausstellung.

Hun|de|schei|ße, die (derb): *Hundekot.*

Hun|de|schlit|ten, der: *von Hunden gezogener Schlitten.*

Hun|de|schnau|ze, die: *Schnauze eines Hundes:* eine feuchte H.; ***kalt wie eine H. sein** (ugs.; *gefühllos, hart sein*).

Hun|de|schwanz, der: *Schwanz eines Hundes:* Niemand kommt durch, kein H. ist schmal genug für dieses Feuer (Remarque, Westen 80).

Hun|de|sohn, der (Schimpfwort): *niederträchtiger, gemeiner Mann:* Ein Feldwebel ... fuhr auf Stanislaus los ... »Wo ist dein Gewehr, H.?« (Strittmatter, Wundertäter 403).

Hun|de|sper|re, die: *Verbot, bes. bei Tollwutgefahr, Hunde frei u. ohne Maulkorb herumlaufen zu lassen.*

Hun|de|stau|pe, die: [1]*Staupe.*

Hun|de|steu|er, die: *von den Gemeinden erhobene Steuer, mit der das Halten von Hunden belegt ist.*

Hun|de|strei|fe, die: vgl. Streife (1, 2).

Hun|de|vieh, das (ugs. abwertend): *Hund (über den man sich ärgert od. vor dem man Angst hat).*

Hun|de|wa|che, die [nach der Vorstellung, dass zur gleichen Zeit auf dem Land der Hund Haus u. Hof bewacht]

(Seemannsspr.): *zweite Nachtwache (von Mitternacht bis 4 Uhr morgens).*

Hu̱n|de|wet|ter, das ‹o. Pl.› (ugs. abwertend): *sehr schlechtes Wetter:* draußen ist ein H.

Hu̱n|de|zucht, die: *Zucht* (1 a, c) *von Hunden.*

Hu̱n|de|züch|ter, der: *jmd., der [berufsmäßig] Hundezucht betreibt.*

Hu̱n|de|züch|te|rin, die: w. Form zu ↑Hundezüchter.

Hu̱n|de|zwin|ger, der: *eingezäunter Platz, Gehege für Hunde.*

Hü̱n|din, die; -, -nen [mhd. hundinne]: *weiblicher Hund* (1): eine läufige H.; du Sohn einer H.! (derb abwertend; *du nichtswürdiger Kerl!*).

hü̱n|disch ‹Adj.› (abwertend): **1.** *jmdm. aus Ergebenheit kritiklos alle Wünsche erfüllend u. sich dadurch würdelos erniedrigend; von einer solchen Haltung zeugend:* mit -em Gehorsam; jmdm. h. ergeben sein; aus Fouchés Feder ... stammt wahrscheinlich jene h. unterwürfige Petition des Senats (St. Zweig, Fouché 121). **2.** *gemein, niederträchtig:* das ist eine -e Gemeinheit.

Hun|dred|weight [ˈhʌndrədweɪt], das; -s, -s [engl. hundredweight, eigtl. = Hundertgewicht]: *englisches Handelsgewicht von etwa 51 kg;* Abk.: cwt, cwt. (**c**ent-**w**eigh**t**).

hunds|e̱lend ‹Adj.› (ugs.): *hundeelend.*

hunds|er|bä̱rm|lich ‹Adj.› (ugs.): **1. a)** *sehr elend; äußerst erbärmlich* (1 a): sich h. fühlen; **b)** *in seiner Qualität äußerst erbärmlich* (1 b); *unerträglich schlecht:* der Vortrag heute war h.; **c)** (abwertend) *moralisch verabscheuungswürdig:* ein -er Feigling. **2. a)** *sehr groß, stark:* eine -e Kälte; **b)** ‹intensivierend bei Adj. u. Verben› *sehr:* h. frieren.

Hu̱nds|flech|te, die [die Pflanze wurde früher nach altem Volksglauben als Heilmittel gegen Tollwut bei Hunden verwendet] (Bot.): *auf schattigen, feuchten Rasenplätzen vorkommende, blattartige, gelappte Flechte mit weißlicher bis bräunlich grauer Oberseite.*

Hu̱nds|fott, der; -[e]s, -e u. ...fötter [eigtl. Bez. für das Geschlechtsteil der Hündin (zu ↑Fotze); die Zus. bezieht sich auf das als schamlos empfundene Verhalten der läufigen Hündin] (derb abwertend): *niederträchtiger, gemeiner, nichtswürdiger Kerl; Schurke, Schuft:* dieser H.!; Ich bin zu früh, was? Die Hundsfötter sind zu spät (Hacks, Stücke 289).

Hunds|föt|te|re̱i, die; -, -en (derb abwertend): *gemeine, niederträchtige Tat; Schurkerei:* die größte und krasseste H. unter der Sonne (Th. Mann, Zauberberg 624).

hu̱nds|föt|tisch ‹Adj.› (derb abwertend): *niederträchtig, gemein:* »Sie niederträchtiger, -er, dreckiger Verbrecher«, keuchte er (Simmel, Stoff 646); eine -e Lüge.

hu̱nds|ge|me̱in ‹Adj.› (ugs.): **1.** (abwertend) *überaus niederträchtig, gemein:* ein -er Lügner; das sind -e Tricks; wenn dieser Leopold Grün nicht so h. gekündigt hätte (Jaeger, Freudenhaus 305). **2.** (abwertend) *in Benehmen u. Ausdrucksweise sehr roh u. primitiv; eine sehr niedrige Denkweise verratend, höchst unfein, vulgär:* -e Schimpfwörter. **3.** *sehr [groß]; unangenehm stark:* eine -e Kälte; gestern war es h. schwül.

Hu̱nds|ge|me̱in|heit, die ‹o. Pl.›: *hundsgemeines* (1) *Verhalten:* »Das ist eine Gemeinheit von dir, eine H.!« (Frisch, Stiller 123).

Hu̱nds|ka|mil|le, die [1. Bestandteil zur Bez. der Minderwertigkeit dieser Pflanze gegenüber der echten Kamille]: *(zu den Korbblütlern gehörende) der Kamille ähnliche Pflanze.*

Hu̱nds|lat|tich, der [zum 1. Bestandteil vgl. Hundskamille]: *Löwenzahn.*

hu̱nds|mä|ßig ‹Adj.› (salopp): **a)** *sehr groß, stark:* eine -e Gemeinheit; **b)** ‹intensivierend bei Adj. u. Verben› *sehr:* mir ist h. schlecht.

hu̱nds|mi|se|ra̱|bel ‹Adj.› (salopp abwertend): *äußerst miserabel, überaus schlecht [in Qualität od. Ausführung]:* ein hundsmiserables Wetter; Ich kann nichts dafür, dass die Zeiten so h. sind (Werfel, Himmel 132); h. arbeiten.

hu̱nds|mü̱|de ‹Adj.› (ugs.): *hundemüde.*

Hu̱nds|pe|ter|si|lie, die [zum 1. Bestandteil vgl. Hundskamille]: *weiß blühendes, giftiges einjähriges Doldengewächs mit knoblauchähnlichem Geruch.*

Hu̱nds|ro|se, die [zum 1. Bestandteil vgl. Hundskamille]: *(zu den Rosengewächsen gehörender) wild in Hecken wachsender Strauch mit hängenden Zweigen, dicken Stacheln u. rosa bis weißen Blüten.*

Hu̱nds|stern, der; -[e]s: hellster Stern im Sternbild Großer Hund (↑Hund 1 a); Sirius.

Hu̱nds|ta|ge ‹Pl.› [mhd. hundetac, huntlich tage, LÜ von spätlat. dies caniculares, so benannt, weil die Sonne in dieser Zeit beim Hundsstern im Sternbild des Großen Hundes steht]: *heißeste Zeit im Hochsommer in Europa* (24. Juli–23. August).

Hu̱nds|tags|hit|ze, die: *für die Hundstage typische Hitze.*

Hu̱nds|veil|chen, das [zum 1. Bestandteil vgl. Hundskamille]: *wildes Veilchen mit duftloser Blüte u. [gelblich] weißem Sporn.*

Hu̱nds|wut, die (veraltet): *Tollwut.*

hu̱nds|wü|tig ‹Adj.› (veraltet): *tollwütig.*

Hu̱nds|zahn, der [1 a: nach der Gestalt der schlanken Zwiebeln; 1 b: wohl LÜ des nlat. bot. Namens cynodon, zusgez. aus griech. kýōn = Hund u. odṓn = Zahn]: **1. a)** *(zu den Liliengewächsen gehörende) Steingartenpflanze mit dunkel gefleckten Blättern u. Blüten, die in Form u. Farbe an die der Alpenveilchen erinnern;* **b)** *Hundszahngras.* **2.** (ugs. scherzh.) *Eckzahn.*

Hu̱nds|zahn|gras, das: *in den gemäßigten u. subtropischen Gebieten, auch in wärmeren Teilen Mitteleuropas vorkommendes Süßgras.*

Hu̱nds|zun|ge, die [mhd. hundezunge, wohl nach den rauen, einer Hundezunge ähnlichen Blättern]: *(zu den Raublattgewächsen gehörende) krautige Pflanze mit braunvioletten Blüten, stacheligen Früchten u. rübenförmiger Wurzel (Hausmittel bei Neuralgien, Darmkrankheiten u. Husten).*

Hü̱|ne, der; -n, -n [aus dem Niederd. < mniederd. hūne, eigtl. = Hunne; Ungar, nach dem Namen des im 4. Jh. n. Chr. nach Europa einfallenden asiatischen Reitervolkes]: *sehr großer, breitschultriger Mann:* er war ein H. [an Gestalt]; ein H. von Mann.

Hü̱|nen|bett, das: *großes Hünengrab* (a).

Hü̱|nen|ge|stalt, die: *hünenhafte Gestalt:* mit seiner H. überragte er alle anderen.

Hü̱|nen|grab, das: **a)** *Megalithgrab;* **b)** *Hügelgrab.*

hü̱|nen|haft ‹Adj.›: *groß u. von einer breiten, kräftigen Statur, die den Eindruck von besonderer Stärke erweckt:* ein Mann von -er Gestalt, -em Wuchs.

Hü̱|nen|haf|tig|keit, die; -: *hünenhafte Erscheinung.*

Hü̱|nen|kraft, die: *einem Hünen angemessene, sehr große Körperkraft.*

Hü̱|nen|weib, das (ugs. scherzh.): *große, kräftig gebaute Frau.*

Hun|ga̱|ri|ka ‹Pl.› [nlat. Hungarica, zu: Hungaria = Ungarn] (Buchw.): *Werke über Ungarn.*

Hun|ga|ri̱st, der; -en, -en: *Wissenschaftler auf dem Gebiet der Hungaristik.*

Hun|ga|ri̱s|tik, die; -: *Wissenschaft von der ungarischen Sprache u. Literatur.*

Hun|ga|ri̱s|tin, die; -, -nen: w. Form zu ↑Hungarist.

hun|ga|ri̱s|tisch ‹Adj.›: *die Hungaristik betreffend, zu ihr gehörend.*

Hu̱n|ger, der; -s [mhd. hunger, ahd. hungar, eigtl. = brennendes Gefühl (von Hunger, Durst)]: **1. a)** *[unangenehmes] Gefühl in der Magengegend, das durch das Bedürfnis nach Nahrung hervorgerufen wird; Verlangen, etw. zu essen:* großer, tüchtiger H.; ihn plagt der H.; H. haben, leiden, verspüren; er hatte H. wie ein Bär, Wolf; seinen H. [mit etw.] notdürftig stillen; an/vor H., (geh.:) -s sterben *(verhungern);* der H. treibts rein, hinein (ugs. scherzh.; *weil man Hunger hat, isst man eben etwas, was einem eigentlich gar nicht schmeckt*); Spr H. ist der beste Koch *(dem Hungrigen schmeckt auch weniger gutes Essen);* * **guten H.!** (ugs.; vgl. Appetit); **b)** (ugs.) *[große] Lust, etw. Bestimmtes zu essen; Appetit:* plötzlich verspürte er H. auf ein gebratenes Hühnchen. **2.** *Mangel an Nahrungsmitteln; Hungersnot:* in den Nachkriegsjahren herrschte großer H. **3.** (geh.) *heftiges, leidenschaftliches Verlangen, Begierde:* H. nach Gerechtigkeit, nach Ruhm; dann stürzte er sich mit dumpfem H. auf ein beliebiges Weib, leicht befriedigt (Feuchtwanger, Erfolg 386).

Hu̱n|ger|blo|cka|de, die: *Blockade der Lebensmitteleinfuhr eines Landes.*

Hu̱n|ger|blüm|chen, das, **Hu̱n|ger|blu|me,** die [nach dem alten Volksglauben, dass das zahlreiche Auftreten dieser Blümchen im Frühjahr ein schlechtes Jahr od. eine Missernte vorhersage; er erklärt sich daraus, dass die Pflanze mit Vorliebe auf sandigen (nährstoffarmen) Äckern wächst]: *bes. im Gebirge, an Fel-*

sen u. Mauern od. auf sandigem Boden vorkommende Pflanze mit grundständigen, in einer Rosette angeordneten Blättern u. kleinen weißen od. gelben Blüten.

Hụn|ger|brun|nen, der: *Hungerquelle.*

Hụn|ger|da|sein, das: *Leben mit viel Entbehrungen:* das Mittagessen stand in einem krassen Gegensatz zu unserem üblichen H. (Leonhard, Revolution 130).

Hụn|ger|ge|fühl, das: *Hunger* (1 a).

hụn|ger|ge|schwächt ⟨Adj.⟩: *durch Hunger geschwächt:* wir kamen h. und halb erfroren an.

Hụn|ger|gru|be, die: *Vertiefung in der Flankengegend bei Haustieren, bes. bei schlecht genährtem Vieh.*

Hụn|ger|har|ke, die [wohl nach dem Brauch, die restlichen Ähren Bedürftigen zu überlassen] (Landw. veraltet): *große Harke, mit der man auf dem abgeernteten Getreidefeld die liegen gebliebenen Ähren zusammenharkt.*

Hụn|ger|jahr, das: *Jahr, in dem man hungern muss:* das Bild stammte aus dem H. 1945 (Kaschnitz, Wohin 24).

Hụn|ger|ka|ta|stro|phe, die: *große Hungersnot:* Die sudanesische Regierung erwägt offenbar, die Nothilfe für die unter einer H. leidenden Menschen ... einzustellen (FR 3. 8. 98, 5).

Hụn|ger|krank|heit, die: *Erkrankung durch Unterernährung:* die H., an der jährlich viele tausend Menschen zugrunde gehen (Medizin II, 144); Die lipophile Dystrophie der Heimkehrer in der Wiederauffütterungsphase nach H. (Medizin II, 279).

Hụn|ger|künst|ler, der: *jmd., der (z. B. als Schausteller) außergewöhnlich lange hungern kann:* auf den Bildern sah man den H. an seinem vierzigsten Hungertag (Kafka, Erzählungen 181); (scherzh.:) er isst so wenig, er entwickelt sich noch zum H.; ich bin doch kein H.! *(so lange kann ich nicht aushalten, ohne zu essen).*

Hụn|ger|künst|le|rin, die: w. Form zu ↑Hungerkünstler.

Hụn|ger|kur, die: *Fastenkur.*

Hụn|ger|le|ben, das: *Hungerdasein.*

Hụn|ger|lei|der, der; -s, - (ugs. abwertend): *jmd., der nicht viel zum Leben hat, in ärmlichen Verhältnissen lebt:* Sie ... betrachtete sie (= die Intellektuellen), im Gegenteil, als H. (Habe, Namen 29); Ü natürlich nicht irgendwelche H. wie Jordanien, sondern eines der großen Öl produzierenden Länder (Dönhoff, Ära 169).

Hụn|ger|lohn, der (abwertend): *sehr geringer Lohn:* für einen H. arbeiten müssen; Sie braucht den H. auch nicht, den die Alte für einen Lehrling bezahlt (Kinski, Erdbeermund 256).

Hụn|ger|marsch, der: *Demonstrationsmarsch gegen Lebensmittelknappheit u. Hungersnot.*

hụn|gern ⟨sw. V.; hat⟩ [mhd. hungern, ahd. hungiren]: **1. a)** *Hunger leiden, ertragen:* viele Jahre hindurch h. müssen; Die noch lebenden fünf Geschwister ... hungerten während des Kriegs und der beginnenden Geldaufschwemmung erbärmlich (Feuchtwanger, Erfolg 207); sie hungert *(isst vorübergehend nichts od. nur wenig),* um schlank zu werden; An einer Hilfsaktion für hungernde Arbeiterkinder hatte sich auch Porto San Giorgio beteiligt (Mostar, Unschuldig 84); **b)** ⟨h. + sich⟩ *sich durch [teilweisen] Verzicht auf Nahrung in einen bestimmten Zustand bringen:* sich schlank, gesund h.; Er (= ein Steißfuß) ... hungert sich in Bälde zu Tode, wenn ihm das Futter in einer Weise geboten wird, die seine artgemäße Instinkthandlung des Beuteerwerbes unmöglich macht (Lorenz, Verhalten I, 325). **2.** ⟨unpers.⟩ (dichter.) *jmdn. nach Nahrung verlangen:* mich hungert/es hungert mich seit langem; der Kranke gab zu verstehen, dass ihn hungere. **3.** (geh.) *heftiges Verlangen nach etw. haben:* nach Macht, Ruhm, Liebe h.; Der religiös suchende Mensch hungert nach der fühlbaren Gegenwart Gottes (Nigg, Wiederkehr 170); ⟨auch unpers.:⟩ ihn hungerte/es hungerte ihn nach Anerkennung.

Hụn|ger|ödem, das (Med.): *durch unzureichende od. einseitige Kost entstehendes Ödem.*

Hụn|ger|pfo|te, die: in der Wendung **an den -n saugen** (salopp; *Hungerleiden;* nach einer dem Bären zugeschriebenen Gewohnheit, während des Winterschlafs Fett aus den Tatzen zu saugen).

Hụn|ger|quel|le, die [die plötzliche Wasserführung einer solchen Quelle wurde als Vorbote für eine verregnete Ernte angesehen]: *Quelle, die nur in Zeiten ausreichender Niederschläge fließt.*

Hụn|ger|ra|ti|on, die (ugs.): *zu geringe Ration an Nahrungsmitteln, die den Hunger nicht od. nur ungenügend stillt.*

Hụn|ger|re|chen, der (südd., md., österr., schweiz.): *Hungerharke.*

Hụn|gers|not, die [mhd. hungernōt]: *großer, allgemeiner Mangel an den nötigsten Nahrungsmitteln:* eine drohende, weltweite H.; Etwa 700 000 Menschen in Somalia sind nach Einschätzung der Vereinten Nationen ... akut von einer H. bedroht (SZ 23. 11. 98, 11).

Hụn|ger|streik, der: *Verweigerung der Nahrungsaufnahme als Mittel zur Durchsetzung bestimmter [politischer o. ä.] Forderungen:* Baader-Meinhof-Häftlinge: Durst- und H. abgebrochen (MM 6. 2. 75, 1); in den H. treten; Am Samstag musste ... ein Notarzt gerufen werden, weil zwei von den etwa 30 Kurden im unbefristeten H. zusammengebrochen waren (SZ 19. 1. 99, 8).

Hụn|ger|tod, der ⟨o. Pl.⟩: *Tod aufgrund von Unterernährung:* Das große Bild, das in mir die entsetzliche Vorstellung erweckte, du seiest an meiner Seite den H. gestorben, stellte ich weg (Kaschnitz, Wohin 25); Hilfsorganisationen schätzen, dass eineinhalb Millionen Sudanesen vom H. bedroht sind (FR 3. 8. 98, 5).

Hụn|ger|tuch, das ⟨Pl. ...tücher⟩: *mit Passionsszenen o. Ä. bemaltes od. besticktes Tuch, das (vor allem im 15. und 16. Jh.) in der Fastenzeit vor dem Chor aufgehängt wurde od. den Altar verhüllte:* ***am H. nagen** (ugs. scherzh.; *sich sehr einschränken müssen, Not leiden;* nach dem Hungertuch als Symbol des Fastens u. der Buße, aus der Wendung »am H. nähen« hervorgegangen): weil ... die Juden dort in Pohodna am H. nagten (Hilsenrath, Nazi 28).

Hụn|ger|turm, der: **a)** (früher) *Gefängnisturm, Verlies, in das man jmdn. warf, um ihn verhungern zu lassen:* jmdn. in den H. werfen, stecken; **b)** (ugs. scherzh.) *hagerer, hoch aufgeschossener Mensch.*

Hụn|ger|zeit, die: *Zeit des Hungers* (2): muss ich oft mit Grauen an die schreckliche H. in Karaganda zurückdenken (Leonhard, Revolution 136).

Hụn|ger|zu|stand, der: *Zustand des Unterernährtseins:* Im chronischen H. werden zuerst die körpereigenen Fettgewebe abgebaut (Medizin II, 144).

hụng|rig ⟨Adj.⟩ [mhd. hungerec, ahd. hung(a)rag]: **1. a)** *ein Hungergefühl verspürend, Hunger habend:* -e Kinder; wir setzten uns h. an den Tisch; sie waren h. wie die Wölfe *(hatten starken Hunger);* **b)** *Lust verspürend, etwas Bestimmtes zu essen:* sie war h. nach Schokolade. **2.** (geh.) *verlangend, [be]gierig:* Sie war eine männerlose, verbitterte Frau mit strähnigem Haar und -en Augen (Simmel, Affäre 36); nach Anerkennung, Abenteuern h. sein.

-hung|rig: drückt in Bildungen mit Substantiven – seltener mit Verben (Verbstämmen) – aus, dass die beschriebene Person ein heftiges Verlangen nach etw. hat, begierig auf etw. ist: bildungs-, lese-, sensations-, sexhungrig.

[1]Hụn|ne, der; -n, -n: **1.** Angehöriger eines ostasiatischen Nomadenvolks. **2.** (selten; abwertend) *roher, zerstörungswütiger Mensch.*

[2]Hụn|ne: ↑Honne.

Hụn|ni, der; -s, -s (ugs.): *Geldschein im Wert von hundert DM o. Ä.:* für 'nen H. kannste den Pullover haben.

hụn|nisch ⟨Adj.⟩: *die [1]Hunnen betreffend, zu ihnen gehörend.*

Hụnn|schaft: ↑Honschaft.

Hụns|rück, der; -s: Teil des westlichen Rheinischen Schiefergebirges.

Hụns|rü|cker ⟨indekl. Adj.⟩.

Hụnt: ↑Hund (3).

Hụn|ter ['hʌntə], der; -s, - [engl. hunter, eigtl. = Jäger]: **1.** (Reitsport) *ursprünglich in England u. Irland gezüchtetes, robustes, muskulöses Jagdpferd.* **2.** *englischer Jagdhund.*

hụn|zen ⟨sw. V.; hat⟩ [zu ↑[1]Hund]: **1.** (veraltet, noch mundartl.) *beschimpfen; schlecht, menschenunwürdig behandeln:* Er meldete sich ... zu einer Gebirgsjägereinheit ..., in der er jedoch so gehunzt wurde, dass er seine Versetzung zur Waffen-SS beantragte (Spiegel 17, 1985, 31); ◆ Ich säße gleichwohl auf dem Richterstuhle dort und schält' und hunzt' und schlingelte mich herunter (Kleist, Krug 3). **2.** (ugs.) *unsorgfältig arbeiten:* Weil viele Firmen bei der Montage zusetzen, werden die Messgeräte nachlässig montiert. »Da wird gehunzt« (Spiegel 51, 1982, 58).

Hu|pe, die; -, -n [im 19. Jh. aus den Mundarten (vgl. mundartl. Huppe = kleine, schlecht klingende Pfeife) in die Fachspr. übernommen; urspr. lautm.]: *Vorrich-*

tung an Fahrzeugen, mit der akustische Signale gegeben werden können: die H. betätigen; auf die H. drücken; »Hahaha«, lachte meine Verkommenheit und schlug mit der flachen Hand auf die H. (Reinig, Schiffe 55).

hu|pen ‹sw. V.; hat›: *die Hupe ertönen lassen; mit der Hupe ein Signal geben:* dreimal, kurz, lang gezogen h.; die Fahrer begannen wütend zu h.; Menschen schrien, Autos hupten, Bremsen quietschten (v. d. Grün, Irrlicht 14).

Hu|pen|si|gnal, das: *von einer Hupe herrührendes Signal.*

Hu|pen|ton, der: vgl. Hupensignal.

Hu|pe|rei, die; -: *[andauerndes] als lästig empfundenes Hupen, Gehupe.*

Hupf, der; -[e]s, -e [zu ↑hupfen] (veraltet, noch landsch.): *kleiner Luftsprung.*

Hüpf|burg, die: *aufblasbares Spielgerät [in Form einer Burg], auf dem Kinder wie auf einem Trampolin springen können:* Die Kleinen unter sechs Jahren können sich noch auf einer H. austoben (SZ 28. 7. 98, 3).

Hupf|doh|le, die (salopp): *Revuetänzerin:* Die Entwicklung des Revuetanzes zeigt ganz deutlich, dass die -n von 1847 schon mehr zeigten als verhüllten (MM 10. 10. 76, 10).

hup|fen ‹sw. V.; ist› [mhd. hupfen] (südd., österr., sonst veraltet): ↑hüpfen: *** das ist gehupft wie gesprungen** (ugs.; *das ist völlig gleich, einerlei*).

hüp|fen, (südd., österr., sonst veraltet:) hupfen ‹sw. V.; ist› [mhd. hüpfen, eigtl. = sich (im Tanze) biegen, drehen, verw. mit ↑hoch in dessen urspr. Bed. »gebogen«]: **a)** *kleine Sprünge machen:* der Vogel, der Grashüpfer hüpft; mit hüpfendem *(sich auf u. ab bewegendem)* Adamsapfel beginnt Otto ... seine Sätze (Hörzu 38, 1975, 12); ‹subst.:› die Kinder spielen Hüpfen *(Himmel u. Hölle);* Ü die Lichtgerinnsel ..., die an der weißlichen, von Rissen geäderten Decke der Schiffskammer hüpften (Gaiser, Jagd 183); das Herz hüpfte mir vor Freude [im Leibe]; *** das ist gehüpft wie gesprungen** (↑hupfen); **b)** *sich in kleinen Sprüngen fortbewegen:* die Kinder hüpfen [auf einem Bein] über die Steine, den Weg entlang; Ü Ein Kopfball von Preißler ... hüpfte nach hinten über das Netz ins Aus (Walter, Spiele 126).

Hüp|fer, (bes. südd., österr.:) **Hup|fer,** der; -s, -: **1.** *kleiner Sprung in die Höhe:* ... machte er große Schritte, die eine Neigung hatten, in recht kuriose Sprünge und Hüpfer auszuarten (K. Mann, Mephisto 65). **2.** (ugs.) *jmd., der hüpft:* Ü ein junger Hüpfer (1. ugs.; *junger, unerfahrener Mensch.* 2. Soldatenspr.; *erst kurze Zeit dienender Soldat*). **3.** *Grashüpfer.*

Hüp|fer|ling, der; -s, -e: *kleiner Krebs in Seen u. Flüssen.*

Hup|kon|zert, das (ugs. scherzh.): *anhaltendes Hupen mehrerer Kraftfahrer:* wegen eines Staus ein H. veranstalten; Westberliner Autofahrer übertönten die »Internationale« mit einem wütenden H. (FAZ 11. 11. 69, 3).

hup|pen ‹sw. V.; ist› [mdh. (md.) huppen] (nordd., md. ugs.): *hüpfen.*

Hup|si|gnal, das: *durch Hupen gegebenes Signal:* das H. kam zu spät, als dass es den Fußgänger noch hätte rechtzeitig warnen können.

Hup|ton, der: vgl. Hupsignal.

Hup|ver|bot, das: *Gebot der Straßenverkehrsordnung, das den Kraftfahrern verbietet, auf bestimmten Strecken (z. B. in Kurorten) zu hupen.*

Hür|chen, das; -s, - [Vkl. zu ↑Hure] (abwertend): *junge Hure* (b): Die niedliche Andrea spielt hier ein H., das, aus deutschen Landen frisch in römische Betten gelegt, bald ermordet wird (Hörzu 45, 1975, 20); Am Nebentisch ... saßen zwei superelegante junge H. (Zwerenz, Quadriga 198).

Hur|de, die; -, -n [vgl. Hürde]: **1.** *geflochtene Wand zum Bekleiden von Böschungen.* **2.** (südwestd., schweiz.) [1]*Horde.*

Hür|de, die; -, -n [urspr. wohl Pl. zu mhd. hurt, ahd. hurd = Flechtwerk aus Reisern od. Weiden, Hürde]: **1.** (Leichtathletik, Reitsport) *Hindernis in einer bestimmten Höhe, das die Läufer bei einem Hürdenlauf, die Pferde bei einem Hürdenrennen überqueren müssen:* eine H. überspringen, passieren, reißen, werfen; er siegte über 110 Meter -n *(er gewann den Hürdenlauf über 110 Meter);* Ü Das Bürgerrechtsgesetz ... blieb letzte Woche an den -n des Kapitols hängen (Spiegel 39, 1966, 131); *** eine H. nehmen** *(eine Schwierigkeit überwinden):* mit dieser Prüfung hat er die letzte H. genommen. **2. a)** *tragbare [geflochtene] Einzäunung für Vieh, bes. für Schafe:* die -n aufstellen; **b)** *von Hürden* (2 a) *eingeschlossener Platz auf einem Feld:* Schafe in die H. treiben. **3.** [1]*Horde* (a).

Hür|den|lauf, der (Leichtathletik): *Laufwettbewerb, bei dem in bestimmten Abständen aufgestellte Hürden während des Laufes zu überspringen sind:* er gewann den H. der Herren über 200 Meter.

Hür|den|läu|fer, der: *auf den Hürdenlauf spezialisierter Läufer.*

Hür|den|läu|fe|rin, die: w. Form zu ↑Hürdenläufer.

Hür|den|ren|nen, das (Reitsport): *Hindernisrennen über Reisighürden od. Hecken.*

Hür|den|sprint, der (Leichtathletik): *Hürdenlauf (über 100, 110 u. 200 Meter).*

Hür|den|sprin|ter, der: *Hürdenläufer (über 100, 110 u. 200 Meter).*

Hür|den|sprin|te|rin, die: w. Form zu ↑Hürdensprinter.

Hür|den|staf|fel, die (Leichtathletik): *Staffellauf über eine Hürdenstrecke.*

Hür|den|stre|cke, die (Leichtathletik): *Strecke bei einem Hürdenlauf.*

Hürd|ler, der; -s, - [zu ↑Hürde (1)] (schweiz.): *Hürdenläufer:* den Auftakt machten die H. mit den Halbfinals über die Bahnrunde (Vaterland 15. 10. 68, 17).

Hu|re, die; -, -n [mhd. huore, ahd. huora, zu: huor = Ehebruch, urspr. wohl = Liebhaberin u. Substantivierung eines Adj. mit der Bed. »lieb; begehrlich«]: **a)** (oft abwertend) *Prostituierte:* eine frühere H.; ein paar -n lungerten an den Ecken herum (Remarque, Triomphe 165); Er lebte unter Bettlern, Dieben, Strichjungen und -n (Genet [Übers.], Tagebuch 32); Am Bahnhof begegnet Hagen der jungen Ausreißerin Judith. Einen Moment lang benimmt er sich wie ein Gentleman und rettet sie vor einem Typ, der sie für eine H. hält (Focus 4, 1999, 106); Ü »Das Kriegsglück ist eine H.« (Kirst, 08/15, 937); **b)** (abwertend, oft Schimpfwort) *Frau, die als moralisch leichtfertig angesehen wird, weil sie außerehelich od. wahllos mit Männern geschlechtlich verkehrt:* er scheint alle Frauen für -n zu halten; Man schrie ihr nach: »Hure« (Jahnn, Geschichten 15).

hu|ren ‹sw. V.; hat› [mhd. huoren, ahd. huorōn] (abwertend): *mit jmdm. außerehelichen Geschlechtsverkehr haben; mit häufig wechselnden Partnern [ausschweifenden] Geschlechtsverkehr haben:* die Soldaten soffen und hurten; Dabei hatte sie bereits vor einem Jahr mit einem amerikanischen Besatzungsoffizier gehurt (Kinski, Erdbeermund 247).

Hu|ren|bock, der (Schimpfwort): *Mann, der mit wechselnden Partnerinnen häufig [u. ausschweifend] Geschlechtsverkehr hat:* Bei den Weibern haste rumgehurt, du H. (Fallada, Jeder 85).

Hu|ren|haus, das (abwertend): *Bordell.*

Hu|ren|kind, das [die Zeile dürfte nicht an dieser Stelle stehen u. hebt sich so von der normalen Zeilenordnung ab, ähnlich wie ein »Hurenkind« früher ausgestoßen, isoliert u. verachtet war u. sich so deutlich von den ehelichen Kindern unterschied] (Druckerspr.): *[einen Absatz abschließende] Einzelzeile am Anfang einer neuen Seite od. Spalte (die drucktechnisch vermieden werden soll).*

Hu|ren|lohn, der (abwertend): *Lohn, den eine Hure* (a, b) *für ihre Dienste erhält.*

Hu|ren|sohn, der (Schimpfwort): *gemeiner, niederträchtiger Kerl.*

Hu|ren|vier|tel, das (abwertend): *Viertel, in dem die Prostituierten ihrem Gewerbe nachgehen; Rotlichtviertel.*

Hu|ren|wei|bel, der: *Aufseher über den Tross (mit Frauen u. Kindern) im Landsknechtsheer.*

Hu|ren|wirt, der (abwertend): *Inhaber eines Bordells.*

Hu|rer, der; -s, - [mhd. huorer, ahd. huorāri] (veraltet): *Hurenbock:* Meister und Meisterin schrieen auf ihn ein: »Bauernlümmel! H.! Verführer ...« (Strittmatter, Wundertäter 126).

Hu|re|rei, die; -, -en (abwertend): *[wiederholter] außerehelicher Geschlechtsverkehr:* H. treiben.

hu|re|risch ‹Adj.› (abwertend selten): *sexuell ausschweifend:* -es Treiben.

Hu|ri ‹Pl.› [pers. hūrī < arab. hūr]: *schöne, ewig jungfräuliche Mädchen im Paradies des Islam.*

Hur|ling [ˈhəːlɪŋ], das; -s [engl. hurling, zu: to hurl = schleudern, werfen] (Ballspiele): *in Irland gespieltes, dem Hockey ähnliches Ballspiel.*

Hur|ling|schlä|ger, der: *im Hurling verwendeter Schläger* (3).

hür|nen ‹Adj.› [mhd. hürnīn, ahd. hurnīn] (veraltet): *aus Horn; hörnern.*

Hu|ro|ne, der; -n, -n: Angehöriger eines nordamerikanischen Indianerstammes.

hu|ro|nisch ⟨Adj.⟩: *die Huronen betreffend, zu ihnen gehörend.*

hur|ra [auch: ˈhʊra] ⟨Interj.⟩ [18. Jh.; wohl zurückgehend auf mhd. hurrā, eigtl. = Imperativ von: hurren = sich schnell bewegen]: Ausruf der Begeisterung, des Beifalls: h., morgen beginnen die Ferien!; h. schreien, rufen.

Hur|ra, das; -s, -s: *der Ruf »hurra!«:* Mit dreifachem H. grüßten die Soldaten (Schädlich, Nähe 118).

Hur|ra|ge|brüll, das: vgl. Hurrageschrei.

Hur|ra|ge|schrei, das: *das Hurraschreien.*

Hur|ra|pa|tri|ot, der (ugs. abwertend): *übertrieben begeisterter, übereifriger Patriot.*

hur|ra|pa|tri|o|tisch ⟨Adj.⟩ (ugs. abwertend): *übereifrig patriotisch:* Harig ist weder naserümpfend noch h. durch die Gegend (= die neuen Bundesländer) gefahren (SZ 22. 11. 97, 904); Das »Hamburger Echo« brachte ... eine Doppelspalte »Stimmungsbilder«, mit kitschigen Schilderungen der -en Exzesse (Bredel, Väter 410).

Hur|ra|pa|tri|o|tis|mus, der (ugs. abwertend): *übertrieben begeisterter Patriotismus:* Kein H.! Kein Fahnenschwingen oder Säbelrasseln! (K. Mann, Wendepunkt 383); Darum kein Nachdenken, auch jetzt nicht, sondern H. im Weltraum (Spiegel 6, 1986, 118); Nicht wenige der Oppositionsparteien ... suchen diesmal die Regierungspartei durch H. zu überbieten (FR 1. 8. 92, 3).

Hur|ra|ruf, der: *Hurra:* Kaum konnte der junge Mann einen H. unterdrücken (Menzel, Herren 87).

Hur|ri|kan [ˈhʌrɪkən, ˈhʊrikan], der; -s, -e u. (bei engl. Ausspr.:) -s [engl. hurricane < span. huracán < Taino (westindische Indianerspr.) hurakán]: *(im Gebiet des Nordatlantiks u. in Westindien auftretender) verheerender tropischer Wirbelsturm.*

hur|tig ⟨Adj.⟩ [mhd. hurtec, zu: hurt[e] = Stoß, Anprall < afrz. hurt, zu: hurter = stoßen] (veraltend, noch landsch.): *schnell, flink u. mit einer gewissen Behändigkeit tätig, sich [auf ein Ziel] bewegend:* ein -es Durcheinanderkrabbeln (Nossack, Begegnung 391); Jedenfalls drängt die Zeit; sie vergeht so h., wenn man älter wird (K. Mann, Wendepunkt 336); etwas h.!/h., h.! *(Aufforderung, sich zu beeilen).*

Hur|tig|keit, die; -: *das Hurtigsein; Schnelligkeit.*

Hu|sar, der; -en, -en [ung. huszár < älter serb. husar, gusar = (See)räuber < ital. corsaro, ↑Korsar] (früher): *Angehöriger der leichten Reiterei in ungarischer Nationaltracht.*

Hu|sa|ren|oberst, der: *Oberst der Husaren.*

Hu|sa|ren|re|gi|ment, das: *Regiment der Husaren.*

Hu|sa|ren|ritt, der: *draufgängerische, waghalsige Einzelaktion.*

Hu|sa|ren|streich, der: *Husarenstück.*

Hu|sa|ren|stück, Hu|sa|ren|stückchen, das [nach der für die Husaren typischen Kampfweise, die oft den Charakter eines Handstreichs hatte]: *tollkühner Handstreich, mit größten Risiken verbundene, aber erfolgreich durchgeführte Unternehmung:* Die beiden »Trapos«, denen dieses in der bald fünfjährigen Geschichte von Fluchten durch die Sperrmauer beispiellose Husarenstück gelang (MM 28. 3. 66, 12).

Hu|sa|ren|ver|schluss, der [nach den ähnlichen Verschlüssen des Waffenrocks der Husaren] (Mode): *dekorativer, sportlich wirkender Verschluss aus Kordel u. Knebel an Mänteln u. Jacken.*

husch ⟨Partikel⟩ [mhd. hutsch]: (lautm.) zur Kennzeichnung einer schnellen, fast geräuschlosen Bewegung: h., war die Eidechse verschwunden; ⟨auch als Adv.:⟩ das geht nicht so h., h. *(schnell);* häufig als Aufforderung, etw. schnell zu tun, sich mit etw. zu beeilen: h., hinaus mit dir!, h., h.! *(fort, weg mit dir/euch!);* h., an die Arbeit, ins Bett!

Husch, der; -[e]s, -e ⟨Pl. selten⟩ (ugs.): **1.** *das Huschen:* Ein leises Öffnen der Tür, ein H. ins Haus (Apitz, Wölfe 193); ***im/in einem H.** (ugs.; *in großer Eile, im Nu*): sie hat alles im H. fertig gemacht; **auf einen H.** (ugs.; *für eine kurze Zeit*): Sie kommt morgens doch immer noch gerne auf einen H. zu mir in die Koje gekrabbelt (Rehn, Nichts 77). **2.** (nordostd.) *kurzer Regenschauer:* das war nur ein H.

Hu|sche, die; -, -n [zu ↑husch] (ostmd. ugs.): *kurzer Regen- od. Schneeschauer.*

Hu|schel, die; -, -n [zu ↑huscheln] (landsch. ugs.): *unordentliche weibliche Person.*

Hu|schel|lei, die; -, -en (landsch. ugs.): *huschelige Ausführung von etw.*

hu|sche|lig, huschlig ⟨Adj.⟩ (landsch. ugs.): *etw. schnell u. nur so obenhin ausführend:* eine ganz -e Person; h. sein, arbeiten.

Hu|sche|lig|keit, Huschligkeit, die; -, -en (landsch. ugs.): **1.** ⟨o. Pl.⟩ *das Huscheligsein:* ... setze ihnen nicht die Köpfe verkehrt auf in deiner Huschligkeit, dass sie mit dem Gesicht im Nacken herumlaufen (Th. Mann, Tod u. a. Erzählungen 175). **2.** *huschelige Ausführung o. Ä. von etw.*

Hu|schel|lie|se, die [zum 2. Bestandteil vgl. Heulliese] (landsch. ugs. abwertend): *Huschel.*

hu|scheln ⟨sw. V.; hat⟩ [Intensivbildung zu ↑huschen] (landsch. ugs.): **1.** *huschen* (a): Es (= das Männlein) huschelte mäuseartig ins Freie (Seghers, Transit 121). **2.** (abwertend) *oberflächlich arbeiten.* **3.** ⟨h. + sich⟩ *sich warm einhüllen; sich kuscheln:* ich huschelte mich in meinen Mantel.

hu|schen ⟨sw. V.; ist⟩ [zu ↑husch]: **a)** *sich lautlos u. leichtfüßig schnell fortbewegen u. nur flüchtig gesehen werden:* eine Eidechse huscht über den Weg; die Maus huschte bei dem Geräusch in ihr Versteck; Sophie huschte in ein Haustor (Bieler, Mädchenkrieg 282); **b)** *sich lautlos u. schnell [über etw. hin] bewegen:* er sah einen Schatten, den Schein einer Taschenlampe über die Wand h.; der Widerschein eines ironischen Lächelns ... huschte über ihr Gesicht (Remarque, Triomphe 302).

hu|schig ⟨Adj.⟩ (landsch. ugs.): **a)** *huschelig;* **b)** *sich beständig in huschender Weise bewegend:* Als Zugabe wäre noch eine -e Tante zu nennen, die unter immer gleichem Hut einen Freitisch wahrnimmt (Grass, Hundejahre 626).

husch|lig: ↑huschelig.

Husch|lig|keit: ↑Huscheligkeit.

Hü|sing, die; -en [mniederd. hüsinc, H. u.] (Seemannsspr.): *[aus drei Kardeelen gedrehte] geteerte Leine.*

Hus|ky [ˈhaski], der; -s, ...kies [...ki:s] od. -s [engl. husky, viell. entstellt aus ↑¹Eskimo]: *Eskimohund.*

Hus|le, die; -, -n [aus dem Slaw.; vgl. serb., kroat. gusle, ↑Gusla]: *altertümlich geformte, heute nicht mehr gebräuchliche Geige der Lausitzer Wenden.*

hus|sa, hus|sa|sa ⟨Interj.⟩: Ruf zum Antreiben z. B. eines Pferdes od. eines Hundes, bes. bei der Jagd: h. rufen; ⟨subst.:⟩ mit Hussa und Geschrei.

Hus|se, auch: Housse, die; -, -n [frz. housse < afrz. houce = Überwurf, Schutzkleidung, aus dem Germ.]: *dekorativer textiler Überwurf für Sitzmöbel*

hus|sen ⟨sw. V.; hat⟩ [zu ↑hussa] (österr.): *[ver]hetzen; aufwiegeln.*

Hus|sit, der; -en, -en [nach dem tschech. Reformator J. Hus (um 1370–1415)]: *Anhänger der religiös-sozialen Aufstandsbewegung im 15. u. 16. Jh. in Böhmen, die durch die Verbrennung des Reformators Hus auf dem Konzil zu Konstanz (1415) hervorgerufen wurde.*

hüst ⟨Interj.⟩ (landsch.): Zuruf an ein Zugtier: *nach links!*

hüs|teln ⟨sw. V.; hat⟩ [zu ↑husten]: *[mehrmals hintereinander] schwach husten:* ärgerlich, verlegen, vornehm; diskret h. *(durch Hüsteln jmdm. ein Zeichen geben, etw. zu tun, zu beachten o. Ä.);* ⟨subst.:⟩ mit einem Hüsteln machte er seine Frau auf den Fauxpas aufmerksam.

hus|ten ⟨sw. V.; hat⟩ [mhd. huosten, ahd. huostōn; vgl. Husten]: **1. a)** *Luft, gewöhnlich infolge einer Reizung der Atemwege, stoßweise, heftig u. mehr od. weniger laut aus der Lunge durch den Mund herauspressen:* laut, stark, keuchend, die ganze Nacht h.; er hatte sich verschluckt und musste fürchterlich h.; jmdm. ins Gesicht h.; diskret h. *(durch absichtliches Husten jmdm. ein Zeichen geben, etw. zu tun, zu beachten o. Ä.);* Ü der Motor hustet (ugs.; *arbeitet stockend*); ⟨subst.:⟩ das gedämpfte Bellen und Husten der Geschütze (Apitz, Wölfe 307); **b)** *den Husten haben:* er hustet schon seit Tagen; ⟨subst.:⟩ Dann, im letzten Winter, hatte er plötzlich das trockene Husten gekriegt (Degenhardt, Zündschnüre 46). **2.** *beim Husten herausbefördern, auswerfen:* Blut, Schleim h.; ***jmdm. [et]was/eins h.** (salopp spött.; *keineswegs geneigt sein, jmds. Wunsch o. Ä. zu erfüllen, seiner Aufforderung nachzukommen*). **3.** (salopp) *pfeifen* (12): sobald der Weihrauch aus den Öfen ihm derart in die Nase steigt, dass er auf seinen Glauben hustet (Hochhuth, Stellvertreter 221).

Hus|ten, der; -s, - ⟨Pl. selten⟩ [mhd. huoste, ahd. huosto, Substantivierung eines das Hustengeräusch nachahmenden lautm. Wortes]: *[Erkältungs]krankheit, bei der man oft u. stark husten muss:* chronischer, quälender, trockener H.; H. haben, bekommen.

Hus|ten|an|fall, der: *anfallartiges Husten.*

Hus|ten|bon|bon, der od. das: *den Husten lindernder Bonbon mit schleimlösenden Substanzen.*

Hus|ten|krampf, der: vgl. Hustenanfall.

Hus|ten|me|di|zin, die: *Hustenmittel.*

Hus|ten|mit|tel, das: *gegen Husten wirksames Arzneimittel.*

Hus|ten|pas|til|le, die: vgl. Hustenbonbon.

Hus|ten|re|flex, der: *Reaktion auf einen Hustenreiz.*

Hus|ten|reiz, der: *ein Husten auslösender Reiz.*

Hus|ten|saft, der: *Hustenmittel in Form von Saft.*

Hus|ten|si|rup, der: vgl. Hustensaft.

Hus|ten|tee, der: *gegen Husten wirksamer, schleimlösender Tee aus Heilkräutern; Bronchialtee.*

Hus|ten|trop|fen ⟨Pl.⟩: *Hustenmittel in Form von Tropfen.*

Hus|ter, der; -s, -: **1.** (selten) *jmd., der viel, laut hustet.* **2.** (ugs.) *kurzes, einmaliges Husten:* ein kurzer H.

Hus|te|rin, die; -, -nen: w. Form zu ↑Huster (1).

Hustle [hʌsl], der; -[s], -s [engl. hustle = Gedränge, Gewühl]: **a)** *Modetanz, bei dem die Tänzer in Reihen stehen u. bestimmte Schrittkombinationen ausführen;* **b)** *Diskofox.*

Hu|sum: Stadt in Schleswig-Holstein.

¹Hut, der; -[e]s, Hüte [mhd., ahd. huot, eigtl. = der Schützende, Bedeckende, zu ↑²Hut]: **1.** *aus einem geformten Kopfteil bestehende, meist mit Krempe versehene Kopfbedeckung:* ein steifer, weicher, eleganter H.; ein H. mit breiter Krempe; Auguste Viktoria, ein H. wie ein Wagenrad, mit so Pleureusen dran (Kempowski, Uns 179); den H. abnehmen, aufsetzen, (zum Gruß) schwenken, aufbehalten, in den Nacken schieben, ins Gesicht drücken; [tief] vor jmdm. den H. ziehen; an den H. tippen (zum Gruß); sich eine Feder an den H. stecken; [für jmdn., etw.] den H. herumgehen lassen *([für jmdn., etw.] in einer Versammlung o. Ä. Geld sammeln, indem man einen Hut herumgehen lässt, in den jeder das von ihm gespendete Geld legt);* er war schon in H. und Mantel *(bereit zum Ausgehen);* R da geht einem der H. hoch (ugs.; *das macht einen wütend, rasend*); H. ab! (ugs.; *alle Achtung, allen Respekt!*): H. ab vor diesem Mann, vor so viel Zivilcourage!; Spr mit dem -e in der Hand kommt man durch das ganze Land *(wer höflich ist [u. stets den Hut zum Gruße zieht], erreicht viel);* ***ein alter H.** (ugs.; *etwas Altbekanntes, längst nicht mehr Neues*): Nun ist die Tatsache ..., dass es bei einigen Luftverkehrsgesellschaften auf bestimmten Routen ganz legale Spartricks gibt, für Kenner ... ein alter H. (Welt 25. 2. 76, 1); **den/seinen H. nehmen [müssen]** (ugs.; *aus dem Amt scheiden, zurücktreten [müssen]*): In jedem Fall müsste der Verantwortliche seinen H. nehmen (Spiegel 28, 1974, 7); der erste deutsche Talkmaster, der den H. nehmen müsste (Hörzu 41, 1976, 18); **den H. in den Ring werfen** (*seine Kandidatur anmelden;* LÜ von engl. to throw one's hat in the ring): Wirft Fraktionschef Manfred Vogt ... den H. in den Ring, erhält der Kampf um die Nachfolge des Oberbürgermeisters eine neue Dimension (Rheinpfalz 31. 7. 91, 13); **vor jmdm., etw. den H. ziehen** *(vor jmdm., etw. alle Achtung haben, jmdm., einer Sache seinen Respekt nicht versagen können):* Ich ziehe den H. vor diesem Weltmeister. Ich hoffe nur, ich erhalte eine Revanche (MM 17. 2. 78, 9); **sich** ⟨Dat.⟩ **etw. an den H. stecken können** (ugs.; *etw. behalten können [weil der Sprecher es nicht haben will, es verächtlich zurückweist o. Ä.];* H. u., viell. ist gemeint, dass man etwas als so wertlos ansieht wie eine Feder, eine Blume oder dergleichen, die man sich als Schmuck an den Hut steckt): sein Geld kann er sich an den H. stecken, das interessiert mich überhaupt nicht; **mit jmdm., etw. nichts am H. haben** (ugs.; vgl. Sinn 3a): Und mit Politik und so hab' ich nichts am H. (Degener, Heimsuchung 28); **jmdm. eins auf den H. geben** (ugs.; *jmdm. einen Verweis, eine Rüge erteilen*); **eins auf den H. kriegen, bekommen** (ugs.; *einen Verweis, eine Rüge erhalten*); **etw. aus dem H. machen** (ugs.; *etw. unvorbereitet machen, improvisieren;* wahrsch. in Anspielung auf Zauberkünstler, die aus ihrem Hut Tiere o. Ä. hervorzaubern): Gesagt habe ich das. Das stimmt. Aber aus dem H. (Plenzdorf, Leiden 12); **unter einen H. bringen** (ugs.; *einigen; in Einklang, Übereinstimmung bringen*): es ist schwer, so viele Menschen, Interessen unter einen H. zu bringen; **unter einen H. kommen** (ugs.; *einig werden, übereinkommen*). **2.** (Bot.) *hut- od. schirmförmiger oberer Teil der Hutpilze.*

²Hut, die; - [mhd. huote, ahd. huota = Bewachung, Behütung, Obhut, urspr. = Schutz, Bedeckung] (geh.): *Schutz, schützende Aufsicht, Obhut:* das Kind ist bei ihr in bester H.; ***[bei, vor jmdm., einer Sache] auf der H. sein [müssen]** (*[bei, vor jmdm., einer Sache] vorsichtig sein, sich in Acht nehmen;* Soldatenspr., eigentl. = auf Wache im Felde außerhalb des Heerlagers stehen): Er war zu wenig gegen die Erschöpfung ... auf der H. (Jahnn, Nacht 144).

Hut|ab|la|ge, die: *Ablage für Hüte (als Teil einer Garderobe o. Ä.):* den Hut auf die H. legen.

Hut|ab|tei|lung, die: *Abteilung eines Kaufhauses, in der Hüte verkauft werden.*

Hut|band, das ⟨Pl. ...bänder⟩: *als Schmuck dienendes Band, das die Stelle zwischen Kopfteil u. Krempe eines Huts überdeckt:* sich eine Feder hinter das, ins H. stecken.

Hüt|chen, das; -s, -: Vkl. zu ↑¹Hut.

Hüt|chen|spiel, das: *verbotenes Glücksspiel, bei dem zu erraten ist, unter welchem von drei verwirrend schnell hin u. her geschobenen Fingerhüten o. Ä. sich eine Stanniolkugel o. Ä. befindet:* Jugoslawische Banden, die mit dem betrügerischen H. Passanten ausnehmen (Spiegel 30, 1991, 63).

Hüt|chen|spie|ler, der: *jmd., der andere dazu bringt, sich mit ihm auf das Hütchenspiel einzulassen:* Den jugoslawischen -n im Frankfurter Bahnhofsviertel wollen die Stadt und die Polizei ... das betrügerische Handwerk legen (MM 2. 8. 91, 15).

Hüt|chen|spie|le|rin, die: w. Form zu ↑Hütchenspieler.

Hü|te|hund, der: *Schäferhund* (2): Er hatte eine Schafherde und einen H., der die Tiere seit Jahren ... auf die ... Wiese trieb (H. Grzimek, Tiere 75).

Hü|te|jun|ge, der: *Junge, der Tiere hütet.*

Hü|te|lohn, der: *Lohn für das Hüten von Tieren.*

hü|ten ⟨sw. V.; hat⟩ [mhd. hüeten, ahd. huotan]: **1.** *auf jmdn., etw. aufpassen, dass ihm bzw. der Sache kein Schaden zugefügt wird od. dass er bzw. es keinen Schaden anrichtet:* jmd. muss die Kinder h.; eine alte Frau hütet den Laden und blickt misstrauisch ... auf den Betrachter der Auslage (Koeppen, Rußland 66); die Vestalinnen hüteten das heilige Feuer; einen Gegenstand sorgsam h. *(aufbewahren);* Ü ein Geheimnis h. *(sorgfältig bewahren);* es sind Klischees, die mit der Realität nichts zu tun haben, die aber ... liebevoll gehütet werden (Dönhoff, Ära 158). **2.** *auf die auf der Weide befindlichen Tiere achten, sie beaufsichtigen:* die Schafe, Ziegen h. **3.** ⟨h. + sich⟩ *sich in Acht nehmen; sich vorsehen:* sich vor seinen Feinden, vor falschen Schritten h.; hüte dich vor ihm!; Hüten wir uns, ein gebranntes Geschlecht! (Mostar, Unschuldig 20); Die Assistenten werden sich h. *(werden es aus Angst vor Unannehmlichkeiten unterlassen),* es ihm zu sagen (Sebastian, Krankenhaus 105); »Kommst du mit?« – »Ich werde mich h.!« (ugs.; *keinesfalls*).

Hü|ter, der; -s, - [mhd. huetære, ahd. huotari]: **1.** (geh.) *jmd., der jmdn., etw. hütet* (1), *schützend bewacht; Wächter, Schützer, Bewahrer:* ein H. der Rechtsordnung, der Demokratie; Sie waren gewohnt, dass man einander in den Opern lustig betrog, dass die H. der Tugend an der Nase herumgeführt ... wurden (Thieß, Legende 166); die H. des Gesetzes (scherzh.; *die Polizisten*). **2.** (Sport) kurz für ↑Torhüter.

Hü|te|rin, die; -, -nen [mhd. hüeterin]: w. Form zu ↑Hüter.

Hut|fach, das: *Fach in einem Schrank zum Aufbewahren von Hüten.*

Hut|fe|der, die: *Feder eines Hutes:* eine wippende H.

Hut|form, die: **1.** *Form eines Hutes:* eine klassische, sportliche H. **2.** *rundes [hölzernes] Modell zum Formen von Hüten.*

hut|för|mig ⟨Adj.⟩: *die Form eines Hutes habend.*

Hut|fut|ter, das: ²*Futter* (1) *eines Hutes:* das H. festnähen.

Hut|ge|rech|tig|keit, die (veraltet): *Recht, sein Vieh an einer bestimmten Stelle hüten zu lassen.*
Hut|ge|schäft, das: *Geschäft, in dem Hüte verkauft werden.*
Hut|grö|ße, die: vgl. Größe (1 d): er trägt H. 55.
Hut|kof|fer, der: *runder Koffer zum Transportieren von Hüten.*
Hut|krem|pe, die: *Rand an einem Hut; Krempe.*
Hut|la|den, der: *Hutgeschäft.*
hut|los ⟨Adj.⟩: *ohne Hut; keinen Hut tragend:* So hockte er auf einer öffentlichen Bank h. im Regen (Frisch, Gantenbein 394).
Hut|ma|cher, der: *jmd., der Hüte u. Mützen anfertigt* (Berufsbez.).
Hut|ma|che|rin, die; -, -nen: w. Form zu ↑Hutmacher.
Hut|mo|de, die: *die Hüte betreffende Mode* (1 a).
Hut|mo|dell, das: *Modell eines Hutes.*
Hut|na|del, die: *Schmucknadel, mit der man Damenhüte im Haar befestigt.*
Hut|pilz, der: *Pilz mit hutförmigem Fruchtkörper.*
Hut|rand, der: *Hutkrempe.*
Hut|schach|tel, die: *großer, runder Behälter zum Transportieren u. zum Aufbewahren von Hüten.*
[1]**Hut|sche,** die; -, -n [zu ↑[1]hutschen] (südd., österr. ugs.): *Schaukel.*
[2]**Hut|sche, Hüt|sche,** die; -, -n [zu ↑[2]hutschen] (landsch. ugs.): **1.** *Fußbank; niedriger Schemel.* **2.** *kleiner Schlitten.*
[1]**hut|schen** ⟨sw. V.; hat⟩ [zu ↑husch] (südd., österr. ugs.): **1.** *schaukeln.* **2.** ⟨h. + sich⟩ *weggehen, sich entfernen.*
[2]**hut|schen** ⟨sw. V.; hat⟩ [niederd., ostmd.; spätmhd. (md.) hutschen = rutschen, schieben] (landsch. ugs.): **a)** *am Boden rutschen, kriechen;* **b)** *hin- u. herrücken.*
Hut|schnur, die: vgl. Hutband: Sie ist dünn wie eine H. (*sehr dünn;* Hacks, Stücke 204); ***etw. geht [jmdm.] über die H.** (ugs.; *etw. geht [jmdm.] zu weit;* wahrsch. scherzh. Steigerung von »jmdm. bis an den Hals gehen« [= jmdm. zu viel sein, zu arg sein]; fraglich ist, ob sich die Wendung urspr. auf Vorschriften für die Nutzung von Wasserleitungen bezog, wonach der Strahl bei der Wasserentnahme nicht dicker als eine Hutschnur sein durfte): das, diese Unverschämtheit geht [mir] denn doch über die H.!
Hutsch|pferd, das [zu ↑[1]hutschen] (südd., österr. ugs.): *Schaukelpferd:* das Kind klettert auf das H.; ***grinsen wie ein [frisch lackiertes] H.** (scherzh.; *breit grinsen*).
Hut|stän|der, der: *Ständer für Hüte:* den Hut an den H. hängen; Sie rückte an ihren -n (Seghers, Transit 259); aus dem Halbdunkel zwischen H. und Spiegel (B. Vesper, Reise 260).
Hut|stum|pen, der: *grob vorgeformter Filz, der zu einem Hut verarbeitet wird.*
Hütt|chen, das; -s, -: Vkl. zu ↑Hütte (1).
Hut|te, die; -, -n (schweiz. mundartl.): *Hotte:* ***seine H. tragen** *(sein Schicksal auf sich nehmen).*
Hüt|te, die; -, -n [1: mhd. hütte, ahd. hutta; eigtl. = Bedeckende, Umhüllende; 3: mhd. hütte, urspr. der Schuppen, in dem Erze gelagert wurden]: **1. a)** *kleines, primitives Haus, das meist aus nur einem Raum besteht [u. das nur für einen vorübergehenden Aufenthalt bestimmt ist]:* eine schiefe, armselige H.; die -n der Eingeborenen; eine H. aus Holz, Wellblech; sie suchten in einer H. Schutz vor dem Unwetter; R hier lasst uns -n bauen (ugs.; *hier wollen wir bleiben, uns niederlassen, von hier wollen wir nicht wieder weggehen;* nach Matth. 17,4); Ü Hier mag die Hoffnung ihre H. bauen (Thieß, Dämonen 644); **b)** kurz für Skihütte, Wanderhütte, Berghütte u. Ä.: Weihnachten auf einer H. verbringen. **2.** (Seemannsspr.): *sich auf dem hinteren Deck quer über das ganze Schiff erstreckender Aufbau, dessen Inneres meist als Kajüte eingerichtet ist.* **3.** *industrielle Anlage, in der aus Erzen Metall gewonnen od. keramische Produkte hergestellt werden; Hüttenwerk:* mehrere -n müssen stillgelegt werden.
Hüt|ten|abend, der: *geselliges abendliches Beisammensein in einer Berghütte o. Ä.*
Hüt|ten|ar|bei|ter, der: *Arbeiter in einer Hütte* (3).
Hüt|ten|ar|bei|te|rin, die: w. Form zu ↑Hüttenarbeiter.
Hüt|ten|be|trieb, der: vgl. Hüttenwerk.
Hüt|ten|bims, der: *bes. zur Wärme- u. Schallisolierung verwendetes, durch Aufschäumen von flüssiger Hochofenschlacke gewonnenes, leichtes, poröses Schlackenprodukt.*
Hüt|ten|dorf, das: *von Demonstranten errichtete provisorische Siedlung aus Hütten.*
hüt|ten|fä|hig ⟨Adj.⟩: *zur Verhüttung geeignet:* -e Erze.
Hüt|ten|fest, das: vgl. Hüttenabend.
Hüt|ten|fin|ken, der (schweiz.): *Hüttenschuh.*
Hüt|ten|gau|di, das, auch, österr. nur: die (ugs.): vgl. Hüttenabend.
Hüt|ten|in|dus|trie, die: *Industrie, die sich mit der Verhüttung von Erzen befasst.*
Hüt|ten|in|ge|ni|eur, der: *Ingenieur, der mit der technischen Leitung von Hüttenbetrieben u. Walzwerken betraut ist* (Berufsbez.).
Hüt|ten|in|ge|ni|eu|rin, die: w. Form zu ↑Hütteningenieur.
Hüt|ten|jagd, die (Jagdw.): *Jagd von einer meist ins Erdreich versenkten, getarnten Hütte aus mithilfe von Lockmitteln.*
Hüt|ten|kä|se, der: *Quark von körniger Struktur.*
Hüt|ten|koks, der: *fester Koks in großen Stücken, der in Hüttenbetrieben verwendet wird.*
Hüt|ten|kom|bi|nat, das (DDR): *Kombinat, das verschiedene Betriebe der Hüttenindustrie zusammenfasst.*
Hüt|ten|kun|de, die: *Wissenschaft, die sich mit der Metallgewinnung durch Verhüttung von Erzen befasst; Metallurgie.*
Hüt|ten|mann, der ⟨Pl. ...leute, seltener: ...männer⟩: *Arbeiter od. Angestellter in einem Hüttenbetrieb.*
hüt|ten|män|nisch ⟨Adj.⟩: *den Hüttenmann u. sein Fach betreffend:* h. gewonnene Metalle.
Hüt|ten|rauch, der [spätmhd. hüttrouch]: *weißer Rauch, der beim Rösten von arsenikhaltigen Erzen entsteht.*
Hüt|ten|schuh, der ⟨meist Pl.⟩: *aus farbiger Wolle gestrickter, auf der Sohle mit weichem Leder benähter Hausschuh.*
Hüt|ten|werk, das: *Hütte* (3): Ein Vorvertrag zur Lieferung eines -s für Nigeria (Welt 24. 8. 65, 11).
Hüt|ten|wer|ker, der: *Hüttenarbeiter.*
Hüt|ten|we|sen, das ⟨o. Pl.⟩: *technischer u. wirtschaftlicher Bereich des Verhüttens von Erzen.*
Hut|te|rer, der; -s, - [nach ihrem Führer, dem Tiroler Wiedertäufer J. Huter (gestorben 1536)]: *Angehöriger einer in der 1. Hälfte des 16. Jh.s in Mähren gegründeten, in Gütergemeinschaft lebenden Gruppe der Wiedertäufer.*
Hütt|ner, der; -s, - [zu ↑Hütte (1)] (veraltet): *Kleinbauer; Häusler.*
Hütt|rach, das; -s [spätmhd. hüttrouch, eigtl. = Hüttenrauch] (österr. ugs.): *Arsen.*
Hu|tung, die; -, -en [zu ↑hüten] (Landw.): *Weide geringer Qualität [für Schafe od. Ziegen].*
Hü|tung, die; -, -en: *das Hüten.*
Hut|wei|de, die (Landw.): *gemeindeeigene Weide, auf die das Vieh täglich getrieben wird.*
Hut|wei|te, die: *Hutgröße.*
Hut|ze, die; -, -n [H. u., viell. aus dem Md. u. eigtl. = kleine Schale; schalenförmige Vertiefung] (Kfz-T.): *bes. bei Sportwagen Abdeckung aus Blech, mit der aus der Karosserie herausstehende Teile geschützt werden.*
Hut|zel, die; -, -n [1: mhd. hutzel, hützel = getrocknete Birne, Dörrobst, H. u.; 3: viell. nach (1)] (landsch.): **1.** *gedörrte Frucht, bes. Birne.* **2.** (salopp) *alte Frau mit runzliger, faltiger Haut:* Die Herzogin Adelheid ist nicht hübscher als eine H. (Hacks, Stücke 8). **3.** *Tannenzapfen.*
Hut|zel|bir|ne, die (landsch.): *gedörrte Birne.*
Hut|zel|brot, das (südd.): *Früchtebrot.*
hut|ze|lig, hutzlig ⟨Adj.⟩ (ugs.): *[vor Alter] viele Runzeln, Falten habend; dürr, welk:* ein -es altes Weib; -es Obst; das Neugeborene ist noch ganz h.
Hut|zel|männ|chen, das: *Heinzelmännchen.*
hut|zeln ⟨sw. V.⟩ [vgl. mhd. verhützeln = zusammenschrumpfen] (landsch.): **1.** *dürr, trocken machen; dörren* (1) ⟨hat⟩: Obst h. **2.** *dürr, trocken werden; einschrumpfen, dörren* (2) ⟨ist⟩: die Äpfel sind gehutzelt.
Hut|zel|weib, Hut|zel|weib|lein, das (ugs.): *Hutzel* (2).
hutz|lig: hutzelig.
Hut|zu|cker, der: *Zucker von einem Zuckerhut.*
Hu|xel|re|be, die; -, -n [nach dem Wormser Winzer F. Huxel]: **a)** ⟨o. Pl.⟩ *früh reifende Rebsorte;* **b)** *aus der Huxelrebe* (a) *hergestellter blumiger Weißwein mit leicht muskatähnlichem Bukett.*
HwG-Mäd|chen, das [(Person mit) **h**äufig **w**echselndem **G**eschlechtsverkehr]

(Amtsspr.): *Prostituierte:* Nur 1000 HwG-Mädchen sind in den Beratungsstellen der Gesundheitsämter registriert (Spiegel 14, 1976, 87).

HwG-Per|son, die (Amtsspr.): vgl. HwG-Mädchen: in der behördlich neu geschaffenen Formel der »HwG-Personen« zeigt es sich, dass ... (Schelsky, Soziologie 47).

Hy|a|den ‹Pl.›: **1.** (griech. Myth.) Töchter des Atlas od. des Okeanos, die in ein Sternbild verwandelt werden. **2.** Sternhaufen im Sternbild Stier.

hy|a|lin ‹Adj.› [spätlat. hyalinus = gläsern < griech. hyálinos, zu: hýalos = Glas] (Med., Geol.): *glasig, glasartig.*

Hy|a|lin, das; -s, -e (Med., Biol.): *kolloidale Eiweißkörper unterschiedlicher Zusammensetzung von glasartigem Aussehen (Zellprodukte bes. des Bindegewebes).*

Hy|a|lit, Hy|a|lith [auch: ...'lıt], der; -s, -e [↑-lith]: *wasserheller, wie Glas glänzender Opal, der oft als krustenartiger Überzug auf vulkanischen Gesteinen vorkommt.*

Hy|a|lith|glas, das ‹o. Pl.›: *(bes. im 19. Jh. im südlichen Böhmen hergestelltes) dunkelrotes, seltener tiefschwarzes Glas.*

Hy|a|li|tis, die; -, ...itiden [zu griech. hýalos, ↑hyalin] (Med.): *Entzündung des Glaskörpers im Innern des Augapfels.*

Hy|a|lo|gra|phie, die; -, -n [↑-graphie] (Kunstwiss.): **a)** ‹o. Pl.›: *Druckverfahren, bei dem eine Zeichnung in eine Glasplatte eingeritzt u. (zur Herstellung von Abzügen) durch Eintauchen in eine Säure eingeätzt wird;* **b)** *durch das Verfahren der Hyalographie* (a) *hergestelltes grafisches Blatt.*

hy|a|lo|id ‹Adj.› [zu griech. -oeidḗs = ähnlich]: **a)** *glasartig;* **b)** (Med.) *den Glaskörper des Auges betreffend.*

hy|a|lo|klas|tisch ‹Adj.› [↑klastisch] (Geol.): *(von Gesteinen) aus zerbrochener glasiger Lava bestehend.*

Hy|a|lo|klas|tit [auch: ...'tıt], der; -s, -e (Geol.): *aus kantigen, splittrigen Bruchstücken erstarrter glasiger Lava bestehendes, breccienähnliches Gestein.*

Hy|a|lo|phan, der; -s, -e [zu griech. phanós = hell, leuchtend]: *zu den Feldspäten gehörendes Mineral.*

hy|a|lo|pi|li|tisch ‹Adj.› [zu lat. pilare = zusammendrücken] (Geol.): *(von magmatischen Gesteinen) eigengestaltig ausgebildete Kristalle in einer glasigen Grundmasse aufweisend.*

Hy|a|lo|plas|ma, das; -s (Med.): *flüssige, klare, fein granulierte Grundsubstanz des Zellplasmas.*

Hy|ä|ne, die; -, -n [mhd. hientier, hienna, ahd. ijēna < lat. hyaena < griech. hýaina, zu: hȳs = Schwein, wohl nach dem borstigen Rücken]: **1.** *(in Afrika u. Asien heimisches) einem Hund ähnliches Raubtier mit borstiger Rückenmähne u. buschigem Schwanz, das sich vorwiegend von Aas ernährt u. bes. nachts auf Beute ausgeht:* wie die H. auf den Kadaver lauert (Winckler, Bomberg 57). **2.** (ugs. abwertend) *profitgieriger, skrupellos handelnder Mensch:* Sie wird dir Bilder vom BDM-Lager zeigen. Diese -n machen in Wehrertüchtigung mit der gleichen Begeisterung, wie die Rotzkinder Räuber und Gendarm spielen! (Kirst, 08/15, 38); wenn er eine Leiche weiß, die noch nicht von den -n der Konkurrenz weggeschnappt worden ist (Remarque, Obelisk 26); Die unsterblichen Kulissenskandale werden zweifellos in Wien gegeben, wo die H. Publikum *(das herzlos-hämische Publikum)* am grausamsten heult (Zeit 26. 11. 98, 45).

[1]**Hy|a|zinth,** der; -[e]s, -e [lat. hyacinthus < griech. hyákinthos = Amethyst, nach der blauen Farbe, vgl. Hyazinthe]: *durchsichtiges, gelbrotes Mineral (Abart des Zirkons), das häufig als Schmuckstein verwendet wird.*

[2]**Hy|a|zinth** (griech. Myth.): schöner Jüngling, ein Liebling Apollos.

Hy|a|zin|the, die; -, -n [lat. hyacinthus < griech. hyákinthos = Name einer violetten od. bläulichen Blume (nicht identisch mit der heutigen Pflanzenbez.), die aus dem Blut des durch einen unglücklichen Diskuswurf getöteten [2]Hyazinth entsprossen sein soll; H. u.]: *(aus einer Zwiebel hervorwachsende) Pflanze mit riemenförmigen Blättern u. einer großen, aufrecht stehenden, aus vielen duftenden Einzelblüten bestehenden Blütentraube.*

Hy|a|zin|then|glas, das ‹Pl. ...gläser›: *Glas, in dem die Zwiebel einer Hyazinthe im Winter zum Austreiben u. Blühen gebracht wird.*

[1]**hy|brid** ‹Adj.› [zu ↑Hybride] (bes. Fachspr.): *aus Verschiedenem zusammengesetzt, von zweierlei Herkunft; gemischt; zwitterhaft:* -e Bildungen, Wörter (Sprachw.; *zusammengesetzte od. abgeleitete Wörter, deren Teile verschiedenen Sprachen angehören, z. B.* Auto-mobil [griech.; lat.]); -e Züchtung (Biol.; *Hybridzüchtung*); Auf einem -en Rechnersystem (EDV; *einer elektronischen Rechenanlage, die Information sowohl in analoger* [2] *als auch in digitaler Form verarbeiten kann*) ... wird die Simulation ... durchgeführt (Elektronik 10, 1971, A 27); Christa Sommerer und Laurent Mignonneau haben h. lebende Bilder programmiert (Zeit 24. 10. 97, 57).

[2]**hy|brid** ‹Adj.› [zu ↑Hybris] (bildungsspr.): *hochmütig, überheblich, vermessen:* Damit war die Voraussetzung für die Nemesis geschaffen: die -e Blindheit gegenüber Gefahren (Spiegel 44, 1967, 41); hat sich die Grabkunst zu einem Gräberluxus entwickelt, dessen -e Formen durch Gesetzeskraft eingeschränkt werden müssten (Bild. Kunst I, 191); Fast jede (= Fiktion) war ein Wille zur Kunst ... – kaum weniger h. als jener Wille, der den Diktatoren dieses Jahrhunderts als Triebkraft diente (Zeit 21. 3. 97, 49).

Hy|brid|an|trieb, der (Technik): *Kombination aus verschiedenen Arten des Antriebs bes. bei Kraftfahrzeugen* (z. B. aus Verbrennungsmotor, Generator u. Elektromotor bei Bussen des öffentlichen Nahverkehrs).

Hy|brid|bus, der: vgl. Hybridfahrzeug.

Hy|bri|de, die; -, -n, auch: der; -n, -n [lat. hybrida = Mischling, Bastard, H. u.] (Biol.): *aus Kreuzung verschiedener Arten hervorgegangene Pflanze; aus Kreuzung verschiedener Rassen hervorgegangenes Tier.*

Hy|brid|fahr|zeug, das: *Fahrzeug, das wahlweise durch einen Verbrennungsmotor od. einen Elektromotor angetrieben werden kann.*

Hy|brid|huhn, das: vgl. Hybridzüchtung (2).

Hy|bri|di|sa|ti|on, die; -, -en: *Hybridisierung.*

hy|bri|di|sie|ren ‹sw. V.; hat› (Biol.): *bastardieren.*

Hy|bri|di|sie|rung, die; -, -en (Biol.): **1.** *Bastardierung.* **2.** *Hybridzüchtung* (2).

Hy|brid|mais, der: vgl. Hybridzüchtung (2).

Hy|brid|mo|tor, der: *Motor, der sowohl den Kraftstoff des Ottomotors als auch den des Dieselmotors verbrennen kann.*

Hy|brid|ra|ke|te, die: *Rakete, bei der ein fester Brennstoff, aber ein flüssiger Oxydator verwendet wird.*

Hy|brid|rech|ner, der (EDV): *elektronische Rechenanlage, die Informationen sowohl in analoger* (2) *als auch in digitaler Form verarbeiten kann.*

Hy|brid|schwein, das: vgl. Hybridzüchtung (2).

Hy|brid|züch|tung, die (Biol.): **1.** *Tier- od. Pflanzenzüchtung, bei der durch Bastardierung besonders marktgerechte, ertragreiche o. ä. Ergebnisse erzielt werden.* **2.** *Tier od. Pflanze als Ergebnis einer Hybridzüchtung* (1).

Hy|bris, die; - [griech. hýbris, H. u.] (bildungsspr.): *Hochmut; Überheblichkeit; Vermessenheit:* Dieser wenig beachtete Tatbestand solle uns mehr als bisher vor der H. bewahren, kritiklos jedes krankhafte biologische Gleichgewicht ... zu stören (Medizin II, 148).

hyd-, Hyd-, hydato-, Hydato-, (vor Vokalen auch:) hydat-, Hydat- [zu griech. hýdōr (Gen.: hýdatos)] ‹Best. in Zus. mit der Bed.›: *Wasser* (z. B. Hydarthrose; hydatogen).

Hyd|ar|thro|se, die; -, -n (Med.): *Arthrose mit Ansammlung von Flüssigkeit im Gelenk; Hydrarthrose.*

hy|dat-, Hy|dat-: ↑hyd-, Hyd-.

Hy|da|tho|de, die; -, -n ‹meist Pl.› [zu griech. hodós = Weg] (Bot.): *Öffnung im Gewebe der Blätter vieler Pflanzen, durch die Wasser austritt.*

hy|da|to-, Hy|da|to-: ↑hyd-, Hyd-.

Hy|da|to|cho|rie, die; -: *Hydrochorie.*

hy|da|to|gen ‹Adj.› [↑-gen] (Geol.): **1.** *(von Mineralien) aus einer wässerigen Lösung gebildet.* **2.** *(von Schichtgesteinen) durch Wasser zusammengeführt od. aus Wasser abgeschieden.* **3.** *hydatopyrogen.*

hy|da|to|py|ro|gen ‹Adj.› [zu griech. pȳr = Feuer u. ↑-gen] (Geol.): *(von Gesteinen) aus einer mit Wasserdampf gesättigten Schmelze entstanden; hydatogen* (3).

hydr-, Hydr-: ↑hydro-, Hydro-.

[1]**Hy|dra,** die; - **1.** (griech. Myth.): einer Schlange ähnliches Ungeheuer mit neun Köpfen. **2.** das Sternbild Wasserschlange (2).

[2]**Hy|dra,** die; -, Hydren [lat. hydra <

griech. hýdra = Wassertier, -schlange, zu: hýdōr = Wasser]: *Süßwasserpolyp.*

hy|dra|go|gisch ⟨Adj.⟩ [zu griech. agōgós = (herbei)führend] (Med.): *(von Arzneimitteln) stark abführend.*

Hy|dra|go|gum, das; -s, ...ga (Med.): *stark wirkendes, die Ausscheidung flüssiger Stühle herbeiführendes Arzneimittel.*

Hy|drä|mie, die; -, -n [zu griech. haĩma = Blut] (Med.): *bes. bei Herz- od. Nierenerkrankungen auftretender, erhöhter Wassergehalt des Blutes.*

Hy|dram|ni|on, das; -s, ...ien [↑Amnion] (Med.): *übermäßige Menge an Fruchtwasser.*

Hy|drant, der; -en, -en [engl. hydrant]: *Zapfstelle zur Entnahme von Wasser, meist auf der Straße (bes. für Feuerwehr u. Straßenreinigung).*

Hy|drar|gil|lit, der; -s, -e [zu griech. árgillos = weißer Ton, Töpfererde]: *farbloses, weißes od. grünliches, glasig glänzendes Mineral, das bes. bei der Gewinnung von Aluminium u. zur Herstellung feuerfester Steine verwendet wird.*

Hy|drar|gy|ro|se, die; -, -n [zu ↑Hydrargyrum] (Med.): *Quecksilbervergiftung.*

Hy|drar|gy|rum, das; -s [zu lat. hydrargyrus < griech. hydrárgyros, eigtl. = Wassersilber]: lat. Bez. für ↑Quecksilber; Zeichen: Hg.

Hy|drar|thro|se, die; -, -n: *Hydarthrose.*

Hy|dra|sys|tem, das [nach der ↑[1]Hydra (1), der anstelle eines abgeschlagenen Kopfes zwei andere nachwuchsen]: *Schneeballsystem.*

Hy|drat, das; -[e]s, -e (Chemie): *[an]organische Verbindung, in der Wasser chemisch gebunden enthalten ist.*

Hy|dra|ta|ti|on, Hy|dra|ti|on, die; - (Chemie): *Bildung von Hydraten durch Anlagerung, Bindung von Wasser an bestimmte [an]organische Substanzen.*

hy|dra|tisch ⟨Adj.⟩ (Geol.): *allitisch.*

hy|dra|ti|sie|ren ⟨sw. V.; hat⟩ (Chemie): *Hydrate bilden; in Hydrate umwandeln.*

Hy|dra|ti|sie|rung, die; -, -en (Chemie): *das Hydratisieren, Hydratisiertwerden.*

Hy|drau|lik, die; -, -en [zu ↑hydraulisch] (Technik): **1.** ⟨o. Pl.⟩ *Theorie, Lehre von den Strömungen der Flüssigkeiten (die bes. im Grund- u. Wasserbau Anwendung findet).* **2.** *Gesamtheit der Steuer-, Regel-, Antriebs- u. Bremsvorrichtungen von Fahrzeugen, Flugzeugen od. Geräten, deren Kräfte mithilfe des Drucks einer Flüssigkeit erzeugt od. übertragen werden.*

Hy|drau|lik|flüs|sig|keit, die: *in einer Hydraulik (2) zur Krafterzeugung od. -übertragung verwendete spezielle Flüssigkeit.*

Hy|drau|lik|öl, das: vgl. Hydraulikflüssigkeit.

hy|drau|lisch ⟨Adj.⟩ [lat. hydraulicus < griech. hydraulikós = zur Wasserorgel gehörend, zu: hýdraulis = Wasserorgel] (Technik): *mit dem Druck von Wasser od. anderen Flüssigkeiten arbeitend; unter Mitwirkung von Wasser od. anderen Flüssigkeiten betrieben, erfolgend:* der -e Antrieb, ein -es Getriebe; eine -e Bremse; die Türen öffnen und schließen sich h.

Hy|drau|lit [auch: ...'lɪt], der; -s, -e (Bauw.): *kieselsäurereicher Zusatzstoff zur Erhöhung der Bindefähigkeit von Baustoffen.*

Hy|dra|zi|de ⟨Pl.⟩ (Chemie): *Salze des Hydrazins.*

Hy|dra|zin, das; -s [geb. aus ↑Hydrogen u. frz. azote = Stickstoff] (Chemie): *chemische Verbindung von Stickstoff mit Wasserstoff, die bei der Entwicklung von Raketentreibstoffen, bei der Herstellung von Medikamenten, Klebstoffen u. a. verwendet wird.*

Hy|dra|zin|gelb, das (Chemie): *gelber Teerfarbstoff.*

Hy|dra|zo|ne ⟨Pl.⟩ (Chemie): *chemische Verbindungen von Hydrazin mit Aldehyden od. Ketonen.*

Hy|dra|zo|ver|bin|dung, die ⟨meist Pl.⟩ (Chemie): *Hydrazin.*

Hy|dria, die; -, ...ien [griech. hydría]: *bauchiger altgriechischer Wasserkrug mit zwei waagrecht angesetzten Henkeln am bauchigen Teil u. einem senkrecht angesetzten Henkel am Hals.*

Hy|dri|a|trie, die; - [zu griech. iatreía = das Heilen, Heilung]: *Hydropathie.*

Hy|drid, das; -[e]s, -e (Chemie): *Verbindung des Wasserstoffs mit einem od. mehreren chemischen Elementen metallischen od. nicht metallischen Charakters.*

Hy|drier|ben|zin, das: *durch Kohlehydrierung gewonnenes Benzin.*

hy|drie|ren ⟨sw. V.; hat⟩ (Chemie): *mithilfe von Katalysatoren Wasserstoff an (ungesättigte) chemische Verbindungen anlagern.*

Hy|drie|rung, die; - (Chemie): *das Hydrieren, Hydriertwerden.*

Hy|drier|ver|fah|ren, das: *Verfahren zur Hydrierung chemischer Stoffe.*

Hy|drier|werk, das: *Fabrikanlage für die Hydrierung chemischer Stoffe.*

hy|dro-, Hy|dro-, (vor Vokalen auch:) hydr-, Hydr- [hydr(o)-; zu griech. hýdor] ⟨Best. in Zus. mit der Bed.⟩: *Wasser* (z. B. hydrodynamisch, Hydrometer, Hydrämie).

Hy|dro|bio|lo|ge, der; -n, -n: *Wissenschaftler auf dem Gebiet der Hydrobiologie.*

Hy|dro|bio|lo|gie, die; -: *(als Teilgebiet der Biologie) die Wissenschaft von den im Wasser lebenden pflanzlichen u. tierischen Organismen.*

Hy|dro|bio|lo|gin, die; -, -nen: w. Form zu ↑Hydrobiologe.

hy|dro|bio|lo|gisch ⟨Adj.⟩: *die Hydrobiologie betreffend; mithilfe der Hydrobiologie.*

Hy|dro|chi|non, das; -s [2. Bestandteil zu ↑Chinin] (Chemie): *organische Verbindung, die als starkes Reduktionsmittel in der Farbstoffindustrie eine Rolle spielt, bes. aber als fotografischer Entwickler u. auch als Desinfektionsmittel verwendet wird.*

Hy|dro|cho|rie [...ko:...], die; - [griech. chōreĩn = sich wegbewegen] (Bot.): *Verbreitung von Früchten u. Samen durch das Wasser.*

Hy|dro|co|p|ter, der; -s, - [analog zu ↑Helikopter]: *Fahrzeug, das mit Propeller angetrieben wird u. sowohl im Wasser als auch auf dem Eis eingesetzt werden kann.*

Hy|dro|dy|na|mik, die; - (Physik): *(als Teilgebiet der Strömungslehre) die Wissenschaft, Lehre von den Bewegungen der Flüssigkeiten u. den dabei wirksamen Kräften.*

hy|dro|dy|na|misch ⟨Adj.⟩ (Physik): *die Hydrodynamik betreffend, auf ihren Gesetzen beruhend.*

hy|dro|elek|trisch ⟨Adj.⟩: **1.** (Physik, Technik) *elektrische Energie mit Wasserkraft erzeugend; mithilfe von Energie, die durch Wasserkraft gewonnen wird:* ein -es Kraftwerk. **2.** (Med.) *unter Anwendung von Wasser u. bestimmten elektrischen Strömen:* -e Behandlungen.

hy|dro|ener|ge|tisch ⟨Adj.⟩: (Physik, Technik): *vom Wasser, von der Wasserkraft [an]getrieben; die Wasserkraft nutzend.*

Hy|dro|foil ['haɪdrəfɔɪl], das; -[s], -s [engl. hydrofoil, geb. nach aerofoil = Tragfläche, -flügel]: engl. Bez. für *Tragflächen-, Tragflügelboot.*

hy|dro|gam ⟨Adj.⟩ [zu griech. gámos = Ehe] (Bot.): *(von Pflanzen) die Pollen durch Wasser übertragend; wasserblütig.*

Hy|dro|ga|mie, die; - (Bot.): *Bestäubung von Blüten unter Wasser bzw. Übertragung des Pollens durch Wasser; Wasserblütigkeit.*

Hy|dro|gen: ↑Hydrogenium.

Hy|dro|gen|bom|be, die: *Wasserstoffbombe.*

Hy|dro|ge|ni|um, Hydrogen, das; -s [frz. hydrogène, eigtl. = Wasserbildner, zu griech. -genēs, ↑-gen] (Chemie): *Wasserstoff* (Zeichen: H).

Hy|dro|gen|kar|bo|nat, das (Chemie): *Karbonat, das noch einen Säurewasserstoffrest enthält.*

Hy|dro|geo|lo|ge, der; -n, -n: *Wissenschaftler auf dem Gebiet der Hydrogeologie.*

Hy|dro|geo|lo|gie, die; -: *(als Teilgebiet der Hydrologie) die Wissenschaft, Lehre von den Erscheinungen des Wassers in der Erdkruste; Grundwasserkunde.*

Hy|dro|geo|lo|gin, die; -, -nen: w. Form zu ↑Hydrogeologe.

hy|dro|geo|lo|gisch ⟨Adj.⟩: *die Hydrogeologie betreffend; mithilfe der Hydrogeologie:* -e Karte *(Gewässerkarte, die die Grundwasserverhältnisse eines bestimmten Gebietes darstellt).*

Hy|dro|graph, (auch:) Hydrograf, der; -en, -en: *Wissenschaftler, Fachmann auf dem Gebiet der Hydrographie.*

Hy|dro|gra|phie, (auch:) Hydrografie, die; - [↑-graphie]: *Gewässerkunde.*

Hy|dro|gra|phin, (auch:) Hydrografin, die; -, -nen: w. Form zu Hydrograph.

hy|dro|gra|phisch, (auch:) hydrografisch ⟨Adj.⟩: *die Hydrographie betreffend; mithilfe der Hydrographie.*

Hy|dro|ho|nen, das; -s [↑honen]: *Verfahren zur Feinbearbeitung metallischer Werkstücke mittels einer Mischung von Wasser u. winzigen Glasperlen.*

Hy|dro|kar|pie, die; - [zu griech. karpós = Frucht] (Bot.): *das Ausreifen von Früchten im Wasser.*

Hy|dro|kor|ti|son, das; -s (Med.): *Hormon der Nebennierenrinde mit entzündungshemmender Wirkung.*

Hy|dro|kul|tur, die; - (Gartenbau): *Kul-*

tivierung von Nutz- u. Zierpflanzen in Behältern mit Nährlösungen anstelle des natürlichen Bodens als Träger der Nährstoffe: »Belaja Datscha« stellte sieben Treibhäuser auf H. um (Wochenpost 13. 6. 64, 13).

Hy|dro|la|sen ⟨Pl.⟩ [geb. nach ↑Amylase]: *Enzyme (z. B. alle Verdauungsenzyme des Darmtraktes), die Verbindungen durch Anlagerung von Wasser spalten.*

Hy|dro|lo|ge, der; -n, -n [↑-loge]: *Wissenschaftler, Forscher, Fachmann auf dem Gebiet der Hydrologie.*

Hy|dro|lo|gie, die; - [↑-logie]: *Wissenschaft, Lehre vom Wasser, seinen Arten, Eigenschaften u. seinen Erscheinungsformen über, auf u. unter der Erdoberfläche u. ihren natürlichen Zusammenhängen.*

Hy|dro|lo|gin, die; -, -nen: w. Form zu ↑Hydrologe.

hy|dro|lo|gisch ⟨Adj.⟩: *die Hydrologie betreffend; mithilfe der Hydrologie.*

Hy|dro|lo|gi|um, das; -s, ...ien [griech. hydrológion]: *Wasseruhr der Antike.*

Hy|dro|ly|se, die; -, -n [zu griech. lýsis = (Auf)lösung] (Chemie): *Spaltung chemischer Verbindungen durch Wasser, meist unter Mitwirkung eines Katalysators od. Enzyms.*

hy|dro|ly|tisch ⟨Adj.⟩: (Chemie): *die Hydrolyse betreffend; mithilfe der Hydrolyse.*

Hy|dro|ma|nie, die; - (Med.): **1.** *krankhaft erhöhtes Durstgefühl, das zu gesteigerter Flüssigkeitsaufnahme führt.* **2.** *krankhafter Trieb, sich zu ertränken.*

Hy|dro|man|tie, die; - [griech. hydromanteía]: *(bes. im Vorderen Orient praktizierte) Zukunftsdeutung aus Erscheinungen in u. auf [glänzendem] Wasser.*

Hy|dro|me|cha|nik, die; -: *(als Teilbereich der Mechanik) die Wissenschaft, Lehre von den Gesetzmäßigkeiten ruhender u. bewegter, vor allem strömender Flüssigkeiten.*

hy|dro|me|cha|nisch ⟨Adj.⟩: *die Hydromechanik betreffend; mithilfe der Hydromechanik.*

Hy|dro|me|tal|lur|gie, die; -: *[Technik der] Metallgewinnung aus wässrigen Metallsalzlösungen.*

Hy|dro|me|te|o|re ⟨Pl.⟩ (Met.): *Verdichtungen von Wasserdampf in der Atmosphäre in fester od. flüssiger Form (z. B. Nebel, Wolken, Regen, Schnee, Tau, Reif).*

Hy|dro|me|te|o|ro|lo|gie, die; -: *(als Teilgebiet der Meteorologie) die Lehre von den Erscheinungen des Wassers in der Lufthülle in ihren Wechselwirkungen mit der Erdkruste.*

Hy|dro|me|ter, das; -s, -: *Gerät zur Messung der Geschwindigkeit fließenden Wassers, der Menge des durch ein Rohr strömenden Wassers, des spezifischen Gewichts von Wasser o. Ä.*

Hy|dro|me|trie, die; - [↑-metrie]: **a)** *Lehre von den Verfahren u. Einrichtungen zur Messung der Gewässer;* **b)** *Messung an Gewässern mithilfe des Hydrometers.*

hy|dro|me|trisch ⟨Adj.⟩: *die Hydrometrie betreffend; mithilfe der Hydrometrie, eines Hydrometers.*

Hy|dro|mi|kro|bio|lo|gie, die; -: *Teilgebiet der Hydrobiologie, das sich mit der Bedeutung von Bakterien, Pilzen u. Hefen für den Stoffhaushalt der Gewässer befasst.*

hy|dro|morph ⟨Adj.⟩ [zu griech. morphḗ = Gestalt] (Geol.): *(von Böden) durch sich stauendes od. fließendes Grundwasser geprägt (z. B. Marsch, Hochmoor).*

Hy|dro|mor|phie, die; - [zu griech. morphḗ = Gestalt] (Bot.): *Besonderheit im morphologischen Aufbau der Organe von Wasserpflanzen* (z. B. vergrößerte Oberfläche der Blätter zur Erhöhung des unter Wasser erschwerten Gasaustauschs).

hy|dro|na|li|sie|ren ⟨sw. V.; hat⟩: *mit Hydronalium überziehen.*

Hy|dro|na|li|um, das; -s [2. Bestandteil kurz für ↑Aluminium]: *silberglänzende, gut polier- u. schweißbare Aluminiumlegierung, die je nach den Legierungszusätzen verschieden verwendbar ist u. sich durch hohe Beständigkeit gegen Korrosion u. Seewasser auszeichnet.*

Hy|dro|ne|phro|se, die; -, -n [↑Nephrose] (Med.): *krankhafte Erweiterung des Nierenbeckens bis zu sackartiger Vergrößerung durch Stauung des Harns u. Druckanstieg infolge Behinderung des Harnabflusses.*

Hy|dron|farb|stoff, der; -[e]s, -e [1. Bestandteil Name einer Legierung aus Natrium u. Blei, die in Verbindung mit Wasser reines Wasserstoffgas abscheidet] (Textilind.): *zum Färben von Baumwollgeweben verwendeter Schwefelfarbstoff.*

Hy|dro|ny|mie, die; - [zu griech. ónyma = Name]: *[Bestand an] Gewässernamen.*

Hy|dro|path, der; -en, -en [↑-path]: *jmd., der Patienten mit Mitteln der Hydrotherapie* (2) *behandelt.*

Hy|dro|pa|thie, die; - [↑-pathie] (Med.): *als Teilbereich der Medizin Lehre von der Heilbehandlung durch Anwendung von Wasser.*

hy|dro|pa|thisch ⟨Adj.⟩ (Med.): *die Hydropathie betreffend, auf ihr beruhend, zu ihr gehörend.*

Hy|dro|pe|ri|kard, das; -[e]s, -e, **Hy|dro|pe|ri|kar|di|um,** das; -s, ...ien [↑Perikardium] (Med.): *Ansammlung größerer Flüssigkeitsmengen im Herzbeutelraum.*

Hy|dro|phan, der; -s, -e [zu griech. phanós = leuchtend]: *als Schmuckstein beliebter, milchiger, durch Wasserverlust getrübter Opal, der durch Wasseraufnahme vorübergehend durchscheinend wird.*

hy|dro|phil ⟨Adj.⟩ [zu griech. phileĩn = lieben]: **1.** (Biol.) *(von Tieren u. Pflanzen) im od. am Wasser lebend.* **2.** (Chemie, Technik) *Wasser, Feuchtigkeit anziehend, aufnehmend.*

Hy|dro|phi|lie, die; - [zu griech. philía = Liebe, Zuneigung] (Chemie, Technik): *(von bestimmten Stoffen) Eigenschaft, Wasser anzuziehen; Bestreben, Wasser aufzunehmen.*

hy|dro|phob ⟨Adj.⟩ [lat. hydrophobus < griech. hydrophóbos]: **1.** (Biol.) *(von Tieren u. Pflanzen) trockene Lebensräume bevorzugend.* **2.** (Chemie, Technik) *Wasser, Feuchtigkeit abstoßend; nicht in Wasser löslich.*

Hy|dro|pho|bie, die; - [griech. hydrophobía, ↑Phobie]: **1.** (Biol.) *Bestreben bestimmter Tiere u. Pflanzen, das Wasser zu meiden.* **2.** (Med.) *krankhafte Wasserscheu bei Menschen u. Tieren, bes. als Begleiterscheinung bei Tollwut.*

hy|dro|pho|bie|ren ⟨sw. V.; hat⟩ (Fachspr.): *Wasser abstoßend ausrüsten, machen:* Textilwaren h.

Hy|dro|pho|bie|rung, die; -, -en (Fachspr.): *das Hydrophobieren.*

Hy|dro|pho|bie|rungs|mit|tel, das (Fachspr.): *Wasser abweisender Stoff, mit dem etw. Wasser abstoßend ausgerüstet, imprägniert wird.*

Hy|dro|phor, der; -s, -e [griech. hydrophóros, eigtl. = Wasserträger, zu phérein = tragen] (Technik): *Druckkessel in kleineren Wasserversorgungsanlagen u. bestimmten Feuerlöschgeräten.*

Hy|dro|pho|ren ⟨Pl.⟩ (bild. Kunst): *Wasserträger[innen] als häufig auftretendes Motiv in der griechischen Kunst.*

Hy|droph|thal|mus, der; -, ...mi [zu griech. ophthalmós = Auge] (Med.): *(im frühen Kindesalter auftretende) krankhafte Vergrößerung des Augapfels infolge übermäßiger Ansammlung von Flüssigkeit im Auge; Buphthalmus.*

Hy|dro|phyt, der; -en, -en [zu griech. phytón = Pflanze] (Bot.): *Wasserpflanze.*

hy|dro|pisch ⟨Adj.⟩ (Med.): *die Hydropsie betreffend; an Hydropsie leidend; wassersüchtig.*

Hy|dro|plan, der; -s, -e [analog zu ↑Aeroplan] (Fachspr. selten): **1.** *Wasserflugzeug, Flugboot.* **2.** *Gleitboot.*

hy|dro|pneu|ma|tisch ⟨Adj.⟩ (Technik): *mit einem Gas bzw. Luft u. einer Flüssigkeit gleichzeitig betrieben:* eine -e Federung.

Hy|dro|po|nik, die; - [zu griech. pónos = Arbeit] (Gartenbau): *Hydrokultur.*

hy|dro|po|nisch ⟨Adj.⟩ (Gartenbau): *die Hydroponik betreffend; mithilfe der Hydroponik.*

Hy|drops, der; - u. **Hy|drop|sie,** die; - [griech. hýdrōps, zu ōps = Aussehen] (Med.): *(durch verschiedene Krankheiten, z. B. Herzinsuffizienz verursachte) Ansammlung seröser Flüssigkeit im Gewebe, in Gelenken od. in Körperhöhlen; Wassersucht.*

Hy|dro|pul|sa|tor, der; -s, ...oren [↑Pulsator], **Hy|dro|pul|sor,** der; -s, ...oren [zu lat. pulsus, ↑Puls] (Technik): *Pumpe, die die Strömungsenergie einer großen Wassermenge zum Anheben einer kleineren Wassermenge ausnutzt.*

Hy|dro|sol, das; -s, -e [Kunstwort] (Chemie): *kolloidale Lösung mit Wasser als Lösungsmittel.*

Hy|dro|sphä|re, die; - (Geol.): *aus den Meeren, den Binnengewässern, dem Grundwasser, dem im Eis gebundenen u. in der Atmosphäre vorhandenen Wasser bestehende Wasserhülle der Erde.*

Hy|dro|sta|tik, die; - (Physik): *Wissenschaft, Lehre vom Gleichgewicht der in ruhenden Flüssigkeiten u. auf ruhende Flüssigkeiten wirkenden Kräfte.*

hy|dro|sta|tisch ⟨Adj.⟩ (Physik): *auf den Gesetzen der Hydrostatik beruhend:* -er

Druck *(im Inneren einer ruhenden Flüssigkeit herrschender Druck, der in jeder Richtung gleich groß ist):* -es Paradoxon *(Erscheinung, dass der Druck, den eine Flüssigkeit auf den Boden eines Gefäßes ausübt, nicht von der Form des Gefäßes, von der Menge der Flüssigkeit, sondern von der Höhe der über dem Boden des Gefäßes stehenden Flüssigkeit abhängt);* -e Waage *(Waage zu Bestimmung der Dichte fester Körper mithilfe des Auftriebs, den ein fester Körper in einer Flüssigkeit erfährt).*

Hy|dro|tech|nik, die; -: *Technik des Wasserbaus.*

hy|dro|tech|nisch ⟨Adj.⟩: *die Hydrotechnik betreffend; mit den Mitteln der Hydrotechnik.*

hy|dro|the|ra|peu|tisch ⟨Adj.⟩ (Med.): *die Hydrotherapie betreffend; mithilfe der Hydrotherapie.*

Hy|dro|the|ra|pie, die; -, -n (Med.): **1.** ⟨o. Pl.⟩ *Hydropathie.* **2.** *Heilbehandlung durch Anwendung von Wasser in Form von Bädern, Waschungen, Güssen, Dämpfen o. Ä.*

hy|dro|ther|mal ⟨Adj.⟩ (Geol.): *(von Erzen u. anderen Mineralien) aus verdünnten Lösungen ausgeschieden.*

Hy|dro|tho|rax, der; -[es], -e (Med.): *bei Herzinsuffizienz u. bei Brustfellentzündung auftretende Ansammlung seröser, wässriger Flüssigkeit in der Brusthöhle.*

Hy|dro|xid, (auch:) **Hy|dro|xyd,** das; -[e]s, -e [zu ↑Hydrogen u. ↑Oxid] (Chemie): *anorganische Verbindung mit einer od. mehreren funktionellen* (1 a) *Hydroxylgruppen.*

hy|dro|xi|disch, (auch:) **hy|dro|xy|disch** ⟨Adj.⟩ (Chemie): *(von chemischen Verbindungen) Hydroxide enthaltend.*

Hy|dro|xyl|amin, das; -s [zu Hydroxyl- (↑Hydroxylgruppe) u. ↑Amin] (Chemie): *stark hygroskopische u. explosible chemische Verbindung, deren stark giftige Salze als fotografische Entwicklungssubstanzen u. als Reduktionsmittel verwendet werden.*

Hy|dro|xyl|grup|pe, die; -, -n [gek. aus ↑Hydrogen, ↑Oxygen u. griech. hýlē, ↑Hyle] (Chemie): *in chemischen Verbindungen häufig auftretende, aus einem Atom Wasserstoff u. einem Atom Sauerstoff bestehende Gruppe; OH-Gruppe.*

Hy|dro|ze|le, die; -, -n [lat. hydrocele < griech. hydrokḗlē] (Med.): *Ansammlung von Flüssigkeit in einer Zyste am Hoden od. am Samenstrang; Wasserbruch.*

Hy|dro|ze|pha|lus, der; -, ...alen [zu griech. kephalḗ = Kopf] (Med.): *abnorme Vergrößerung des Schädels infolge übermäßiger Ansammlung von Flüssigkeit; Wasserkopf.*

Hy|dro|zo|on, das; -s, ...zoen ⟨meist Pl.⟩ [zu griech. zōon = Lebewesen, Tier]: *zu den Nesseltieren gehörendes, im Wasser lebendes Tier, das meist in Kolonien entweder am Grund festsitzt od. im Wasser umherschwimmt.*

Hy|dro|zy|klon, der; -s, -e [zu ↑[1]Zyklon (2)] (Technik): **a)** *Vorrichtung zur Abwasserreinigung;* **b)** *Vorrichtung zur Aufbereitung von Erz.*

Hy|dru|rie, die; - [zu griech. oũron = Harn] (Med.): *(vermehrte) Ausscheidung stark verdünnten Urins durch die Nieren.*

Hy|e|to|graph, der; -en, -en [zu griech. hyetós = Regen u. ↑-graph] (Met. veraltend): *Gerät zur fortlaufenden Registrierung von Niederschlagsmengen.*

Hy|e|to|gra|phie, die; - [↑-graphie] (Met.): *Messung der Niederschläge u. Beschreibung ihrer Verteilung.*

hy|e|to|gra|phisch ⟨Adj.⟩ (Met.): *die Hyetographie betreffend, dazu gehörend; mit den Mitteln der Hyetographie:* -e Messungen; etw. h. untersuchen.

Hy|e|to|me|ter, das; -s, - (Met. veraltend): *Regen-, Niederschlagsmesser.*

Hy|gi|eia (griech. Myth.): Göttin der Gesundheit.

Hy|gi|e|ne, die; - [griech. hygieinḗ (téchnē) = der Gesundheit zuträglich(e Kunst, Wissenschaft), zu: hygieinós = gesund, heilsam]: **1.** (Med.) *Bereich der Medizin, der sich mit der Erhaltung u. Förderung der Gesundheit u. ihren natürlichen u. sozialen Vorbedingungen befasst; Gesundheitslehre:* Solche Mittel der H. und medizinischen Hilfeleistung bei oft schweren Massenerkrankungen ... werden leider ... nicht so hoch geschätzt, wie sie es verdienen (Medizin II, 209). **2.** *Gesamtheit der Maßnahmen in den verschiedensten Bereichen zur Erhaltung u. Hebung des Gesundheitsstandes u. zur Verhütung u. Bekämpfung von Krankheiten; Gesundheitspflege:* die H. des Waldes, der Luft; die H. der sozialen Lebensformen und der öffentlichen Versorgung. **3.** *Sauberkeit, Reinlichkeit; Maßnahmen zur Sauberhaltung:* die H. des Körpers; mit der H. ist es in diesem Lokal nicht gut bestellt.

Hy|gi|e|ne|ar|ti|kel, der: *der Hygiene* (3), *der Körperpflege dienender Artikel.*

Hy|gi|e|ni|ker, der; -s, -: **1.** *Mediziner, der sich auf Hygiene* (1) *spezialisiert hat.* **2.** *Fachmann für einen Bereich der Hygiene* (2).

Hy|gi|e|ni|ke|rin, die; -, -nen: w. Form zu ↑Hygieniker.

hy|gi|e|nisch ⟨Adj.⟩: **1.** *die Hygiene* (1, 2) *betreffend, ihr gemäß:* eine -e Maßnahme, Unterweisung; etw. ist nicht h., wird h. überwacht. **2.** *hinsichtlich der Sauberkeit, Reinlichkeit einwandfrei, den Vorschriften über Sauberkeit entsprechend:* eine -e Verpackung; Der kleine Operationsraum ... sah aus wie eine -e Metzgerei (Remarque, Triomphe 16); h. verpackte Speisen.

hy|gi|e|ni|sie|ren, sich ⟨sw. V.; hat⟩ [zu ↑Hygiene (3)] (ugs. scherzh.): *sich säubern, waschen:* Dann sieht man aus wie'n Schwein und muss sich h. (H. Gerlach, Demission 40).

hy|gro-, Hy|gro- [zu griech. hygrós = nass, feucht] ⟨Best. in Zus. mit der Bed.⟩: *feucht, Feuchtigkeit* (z. B. hygroskopisch, Hygrometer).

Hy|gro|cha|sie [...ç...], die; - [zu griech. chásis = Spalt] (Bot.): *das Sichöffnen von Fruchtständen bei Befeuchtung durch Regen od. Tau, das die Verbreitung der Sporen od. Samen ermöglicht.*

Hy|gro|gramm, das; -s, -e [↑-gramm] (Met.): *Aufzeichnung eines Hygrographen.*

Hy|gro|graph, der; -en, -en [↑-graph] (Met.): *Gerät zur Aufzeichnung, Registrierung der Luftfeuchtigkeit.*

Hy|grom, das; -s, -e [zu griech. hygrós, ↑hygro-, Hygro-] (Med.): *chronische entzündliche Schwellung von Schleimbeuteln u. Sehnenscheiden infolge einer Ansammlung von Flüssigkeit* (z. B. bei Rheumatismus).

Hy|gro|me|ter, das; -s, - (Met.): *Gerät zur Messung der Luftfeuchtigkeit.*

Hy|gro|me|trie, die; - [↑-metrie] (Met.): *Messung der Luftfeuchtigkeit.*

hy|gro|me|trisch ⟨Adj.⟩ (Met.): *die Hygrometrie betreffend; mithilfe eines Hygrometers.*

Hy|gro|mor|pho|se, die; - [zu griech. mórphōsis = das Gestalten, das Abbilden] (Bot.): *Anpassung von Baueigentümlichkeiten feucht wachsender Pflanzen an die feuchte Umgebung.*

Hy|gro|nas|tie, die; - [↑Nastie] (Bot.): *Krümmungsbewegung von Pflanzen aufgrund einer Veränderung der Luftfeuchtigkeit* (z. B. das Sicheinrollen von Grasblättern in trockener Luft).

hy|gro|phil ⟨Adj.⟩ [zu griech. phileĩn = lieben] (Bot.): *(von bestimmten Pflanzen) Feuchtigkeit, feuchte Standorte bevorzugend.*

Hy|gro|phi|lie, die; - [zu griech. philía = Liebe, Zuneigung] (Bot.): *Vorliebe bestimmter Pflanzen für feuchte Standorte.*

Hy|gro|phyt, der; -en, -en [zu griech. phytón = Pflanze] (Bot.): *an Standorten mit gleich bleibend hoher Boden- u. Luftfeuchtigkeit wachsende Pflanze; Feuchtpflanze.*

Hy|gro|skop, das; -s, -e [zu griech. skopeĩn = betrachten, beschauen] (Met.): *Gerät, das die Luftfeuchtigkeit annäherungsweise anzeigt.*

hy|gro|sko|pisch ⟨Adj.⟩ (Chemie): *(von bestimmten Stoffen) die Luftfeuchtigkeit, Wasser an sich ziehend, bindend:* Bei Billigstantennen werden immer noch -e, also Wasser aufsaugende Isolierstoffe verwendet, welche die Empfangsleistung ... total »absaufen« lassen (Gute Fahrt 2, 1974, 49).

Hy|gro|sko|pi|zi|tät, die; - (Chemie): *Eigenschaft, Fähigkeit bestimmter Stoffe, Luftfeuchtigkeit aufzunehmen, Wasser an sich zu binden.*

Hy|gro|stat, der; -[e]s u. -en, -e[n] [zu griech. statós = feststehend]: *Gerät zur Aufrechterhaltung der Luftfeuchtigkeit.*

Hy|gro|ta|xis, die; - [zu griech. táxis = Stellung, (An)ordnung] (Biol.): *Fähigkeit mancher Tiere (z. B. Schildkröten), [über weite Entfernungen] Wasser bzw. das ihnen zuträgliche feuchte Milieu zu finden.*

Hy|läa, die; - [zu griech. hýlē = Wald; gepr. von dem dt. Naturforscher u. Geographen A. v. Humboldt (1769–1859)]: *tropischer Regenwald [im Amazonastiefland].*

Hy|le, die; - [griech. hýlē = Stoff, Materie, eigtl. = Gehölz, Wald] (Philos.): *Stoff, Materie; (nach Aristoteles) der formbare Urstoff.*

Hy|le|mor|phis|mus, Hylomorphismus, der; - [zu ↑Hyle u. griech. morphḗ = Gestalt, Form] (Philos.): *(von der Scholastik nach Aristoteles entwickelte) Lehre, wonach die materiellen Dinge aus Form u. Stoff bestehen, eine Einheit von Form u. Materie darstellen.*

hy|lisch ⟨Adj.⟩ [spätgriech. hylikós] (Philos.): *stofflich, materiell, körperlich.*

Hy|lis|mus, der; - (Philos.): *philosophische Lehre, nach der der Stoff die einzige Substanz der Welt ist.*

Hy|lo|mor|phis|mus: ↑Hylemorphismus.

hy|lo|trop ⟨Adj.⟩ (Chemie): *bei gleicher chemischer Zusammensetzung in andere Formen überführbar.*

Hy|lo|tro|pie, die; - [zu griech. tropḗ = (Hin)wendung, Umkehrung] (Chemie): *Überführbarkeit eines Stoffes in einen anderen ohne Änderung der chemischen Zusammensetzung.*

Hy|lo|zo|is|mus, der; - [zu griech. zōḗ = Leben] (Philos.): *Lehre der ionischen Naturphilosophen von einem belebten Urstoff (Hyle) als der Substanz aller Dinge.*

hy|lo|zo|is|tisch ⟨Adj.⟩: *den Hylozoismus betreffend, auf ihm beruhend.*

[1]**Hy|men,** Hymenaios, Hymenäus (griech. Myth.): Hochzeitsgott.

[2]**Hy|men,** das, auch: der; -s, - [spätlat. hymen < griech. hymḗn] (Med.): *dünnes Häutchen am Scheideneingang bei der Frau, das im Allgemeinen beim ersten Geschlechtsverkehr (unter leichter Blutung) zerreißt; Jungfernhäutchen.*

[3]**Hy|men,** der; -s, -, **Hy|me|nae|us,** Hymenäus, der; -, ...aei [lat. hymenaeus < griech. hyménaios]: *altgriechisches, der Braut von einem [Mädchen]chor gesungenes Hochzeitslied.*

Hy|me|nai|os: ↑[1]Hymen.

hy|me|nal ⟨Adj.⟩ (Med.): *zum [2]Hymen gehörend, es betreffend.*

Hy|me|nä|us: ↑[1]Hymen, Hymenaeus.

Hy|me|ni|um, das; -s, ...ien [zu griech. hymḗn, ↑[2]Hymen] (Bot.): *Schicht bei Schlauch- u. Ständerpilzen, die aus den Sporen bildenden u. sterilen Enden der Hyphen besteht; Fruchtschicht.*

Hy|me|nop|te|re, die; -, -n ⟨meist Pl.⟩ [zu griech. pterón = Flügel] (Zool.): *Hautflügler.*

Hym|nar, das; -s, -e u. -ien, **Hym|na|ri|um,** das; -s, ...ien [mlat. hymnarium, zu lat. hymnus, ↑Hymnus] (christl. Rel.): *liturgisches Buch mit den Hymnen; Hymnensammlung.*

Hym|ne, die; -, -n [lat. hymnus < griech. hýmnos, viell. eigtl. = Gefüge (von Tönen)]: **1.** *feierliches Preislied, bes. der Antike, zum Lob von Gottheiten, Heroen.* **2.** *geistliches, kirchliches, liturgisches Gesangs-, auch Instrumentalwerk von betont feierlichem Ausdruck; religiöser Lob- u. Preisgesang.* **3.** *(der Ode sehr ähnliches) feierliches Gedicht:* eine H. an die Nacht, an die Musik; eine H. auf die Freundschaft; Nun dröhnt der letzte Vers ... durch das Gewölbe der ... Kapelle wie eine trotzige H. (Fr. Wolf, Menetekel 493); Ü seine Tat wurde in wahren Hymnen *(mit übertriebenem Lob, in Lobeshymnen)* gepriesen. **4.** kurz für ↑Nationalhymne: alle sangen stehend die H. mit.

Hym|nen|dich|ter, der: *Dichter, der [vorwiegend] Hymnen schreibt.*

Hym|nen|dich|te|rin, die: w. Form zu ↑Hymnendichter: das Geld gewann mit den jetzt umstrittenen Versen eine Frau, vielleicht der Welt einzige H. (SZ 18. 2. 99, 1).

Hym|nen|dich|tung, die: vgl. Sagendichtung.

Hym|nik, die; - [zu griech. hymnikós = zu einer Hymne gehörend]: *[Kunst]form der Hymne; hymnische Gestaltung, Art:* Es mag an der H. der Sprache gelegen haben (Welt 11. 8. 62, Literatur).

Hym|ni|ker, der; -s, - (selten): *Dichter, der vorwiegend Hymnen schreibt:* Ich kann doch gar nicht gegen etwas schreiben. Ich bin H. (Remarque, Obelisk 259).

Hym|ni|ke|rin, die; -, -nen: w. Form zu ↑Hymniker.

hym|nisch ⟨Adj.⟩: *in der Art einer Hymne [abgefasst]:* -e Verse; in diesem Widerspruch zwischen offener -er Predigt und geheimer Kritik (Goldschmit, Genius 243); Ü es mag sein, dass die etwas -en *(überschwänglichen)* Deklarationen über Europa ... sich manchmal vom Boden der Tatsachen zu weit entfernt haben (Dönhoff, Ära 121).

Hym|no|de, der; -n, -n [griech. hymnōdós, zu: hymnōdós = Hymnen singend]: *altgriechischer Verfasser u. Sänger von Hymnen.*

Hym|no|die, die; - [griech. hymnōdía, zu: ōdḗ, ↑Ode]: *Hymnendichtung.*

Hym|no|graph, der; -en, -en [griech. hymnográphos]: *altgriechischer Hymnenschreiber.*

Hym|no|lo|ge, der; -n, -n [↑-loge]: *Wissenschaftler auf dem Gebiet der Hymnologie.*

Hym|no|lo|gie, die; - [↑-logie]: **a)** *Wissenschaft von der [christlichen] Hymnendichtung;* **b)** (ev. Kirche) *Wissenschaft vom protestantischen Kirchenlied.*

hym|no|lo|gisch ⟨Adj.⟩: *die Hymnologie betreffend, zu ihr gehörend.*

Hym|nus, der; -, ...nen (geh.): *Hymne.*

Hy|os|cy|a|min, Hy|os|zy|a|min, das; -s [zu griech. hyoskýamos = Bilsenkraut (dessen Genuss berauschend wirkt)] (Chemie): *Alkaloid einiger Nachtschattengewächse.*

hyp-, Hyp-: ↑hypo-, Hypo-.

hyp|abys|sisch ⟨Adj.⟩ [↑abyssisch] (Geol.): *(von magmatischen Schmelzen) in geringer Tiefe zwischen schon festen Gesteinen erstarrt.*

Hyp|aci|di|tät, die; -: *Subacidität.*

Hyp|aku|sis, die; - [zu griech. ákousis = das Hören] (Med.): *[nervös bedingte] Schwerhörigkeit.*

Hyp|al|ge|sie, die; -, -n [zu griech. álgēsis = Schmerz] (Med.): *verminderte Schmerzempfindlichkeit.*

hyp|al|ge|tisch ⟨Adj.⟩ (Med.): *eine verminderte Schmerzempfindlichkeit aufweisend; von Hypalgesie zeugend.*

Hyp|al|la|ge [auch: hy'palage], die; - [spätlat. hypalage < griech. hypallagḗ = Vertauschung] (Sprachw.): **1.** *Vertauschung eines attributiven Genitivs mit einem attributiven Adjektiv u. umgekehrt* (z. B. jagdliche Ausdrücke statt Ausdrücke der Jagd.). **2.** *Enallage.* **3.** *Metonymie.*

Hyp|äs|the|sie, die; -, -n [zu griech. aísthēsis = Sinneswahrnehmung] (Med.): *herabgesetzte, verminderte Empfindlichkeit, bes. gegen Berührung.*

hyp|äs|the|tisch ⟨Adj.⟩ (Med.): *Hypästhesie aufweisend, von Hypästhesie zeugend.*

hyp|äthral ⟨Adj.⟩ [zu griech. hýpaithros, zu: hypó (↑hypo-, Hypo-) u. aĩthros = frische Luft] (Fachspr., bildungsspr.): *unter freiem Himmel, nicht überdacht.*

Hyp|äthral|tem|pel, der: *antiker Tempel mit nicht od. nur teilweise überdachtem Innenraum.*

Hype [haip], der; -s, -s [engl.]: **a)** *besonders spektakuläre, mitreißende Werbung (die eine euphorische Begeisterung für ein Produkt bewirkt):* Das alles hört sich nach »Hype« an, jenem unübersetzbaren Wort, das das grelle und oft zu scheinbar unverdientem Erfolg führende Marketing-Geschrei der Show-Branche bezeichnet (FAZ 18. 6. 96, 38); **b)** *aus Gründen der Publicity inszenierte Täuschung:* Angekündigt ist eine »Retrospektive Mel Ramos« – aber sagen wir es gleich: Die ganze Sache ist ein übler H. (taz 15. 5. 99, 15).

hy|per-, Hy|per- [griech. hypér]: **1.** (Med., Biol.): drückt in Bildungen mit Adjektiven od. Substantiven bes. die übermäßige Größe, Funktion eines Organs u. Ä. aus/*über, übermäßig, über ... hinaus:* hyperplastisch; Hypertrophie. **2.** drückt in Bildungen mit Adjektiven eine Verstärkung aus/ *über, übermäßig, übertrieben:* hyperempfindlich, -nervös, -modern. **3.** kennzeichnet in Bildungen mit Substantiven jmdn., etw. als übertrieben [groß], als übermäßig stark ausgeprägt: Hyperformat, -korrektheit, -realist.

Hy|per|aci|di|tät, die; - (Med.): *Superacidität.*

Hy|per|aku|sie, die; - [zu griech. ákousis = das Hören] (Med.): *krankhafte Überempfindlichkeit des Gehörs (infolge nervöser Störungen).*

Hy|per|al|ge|sie, die; -, -n [zu griech. álgēsis = Schmerz] (Med.): *gesteigerte Schmerzempfindlichkeit (bei bestimmten Nervenkrankheiten).*

hy|per|al|ge|tisch ⟨Adj.⟩ (Med.): *Hyperalgesie aufweisend, von Hyperalgesie zeugend.*

Hy|per|ämie, die; -, -n [zu griech. haĩma = Blut] (Med.): *vermehrte Ansammlung von Blut, Blutfülle in bestimmten Organen od. Körperabschnitten.*

hy|per|ämisch ⟨Adj.⟩ (Med.): *vermehrt durchblutet:* ein -es Organ.

hy|per|ämi|sie|ren ⟨sw. V.; hat⟩ (Med.): *erhöhte Durchblutung bewirken:* nach fachgerechter Behandlung u. a. mit hyperämisierenden Salben und Wärme (MM 1. 12. 59, 3).

Hy|per|äs|the|sie, die; -, -n [zu griech. aísthēsis = Sinneswahrnehmung] (Med.): *Überempfindlichkeit, gesteigerte*

Erregbarkeit der Gefühls- u. Sinnesnerven, bes. gesteigerte Empfindlichkeit der Haut gegen Berührung.

hy|per|äs|the|tisch ⟨Adj.⟩ (Med.): *überempfindlich; von Hyperästhesie zeugend.*

hy|per|bar ⟨Adj.⟩ [zu griech. barýs = schwer] (Physik): *(von Flüssigkeiten) ein größeres spezifisches Gewicht habend als eine andere Flüssigkeit.*

Hy|per|ba|sis, die; -, ...basen [griech. hypérbasis], **Hy|per|ba|ton,** das; -s, ...ta [lat. hyperbaton < griech. hypérbaton] (Rhet.): *Trennung syntaktisch zusammengehörender Wörter durch eingeschobene Satzteile* (z. B.: Wenn er ins Getümmel mich von Löwenkriegen reißt [Goethe]).

Hy|per|bel, die; -, -n [lat. hyperbole < griech. hyperbolḗ, zu: hyperbállein = über ein Ziel hinauswerfen, übertreffen, übersteigen]: **1.** (Math.) *(zu den Kegelschnitten gehörende) unendliche ebene Kurve aus zwei getrennten Ästen, die der geometrische Ort aller Punkte ist, die von zwei festen Punkten, den Brennpunkten, gleich bleibende Differenz der Abstände haben.* **2.** (Sprachw., Rhet.) *in einer Übertreibung bestehende rhetorische Figur* (z. B. himmelhoch; wie Sand am Meer).

Hy|per|bel|fal|te, die (Schneiderei): *im Rücken zu beiden Seiten von der Schulter ausgehende, in Form einer Hyperbel zur Taille verlaufende Falte bes. an Herrenmänteln.*

Hy|per|bel|funk|ti|on, die (Math.): *aus Summe od. Differenz zweier Exponentialfunktionen entwickelte Größe.*

Hy|per|bo|li|ker, der; -s, - [zu spätlat. hyperbolicus = übertrieben < griech. hyperbolikós] (bildungsspr.): *jmd., der zu Übertreibungen im Ausdruck neigt.*

hy|per|bo|lisch ⟨Adj.⟩: **1.** (Math.) *in der Art, Form einer Hyperbel.* **2.** (bes. Rhet.) *im Ausdruck übertreibend:* eine -e Wendung, Figur; etw. h. hervorheben; Ü und schon schmerzte das Schultergelenk vom -en Einsatz (Kant, Impressum 208).

Hy|per|bo|lo|id, das; -[e]s, -e [zu ↑Hyperbel u. griech. -oeidḗs = ähnlich] (Math.): *Körper, der durch Drehung einer Hyperbel* (1) *um ihre Achse entsteht.*

Hy|per|bo|re|er, der; -s, - [griech. Hyperbóreos, eigtl. = der weit hinter dem Nordwind (↑Boreas) Wohnende]: Angehöriger eines sagenhaften Volkes im hohen Norden.

hy|per|bo|re|isch ⟨Adj.⟩ (veraltet): *im hohen Norden lebend, ansässig, gelegen.*

Hy|per|cha|rak|te|ri|sie|rung, die; -, -en (Sprachw.): *grammmatische od. semantische Überbestimmung eines sprachlichen Ausdrucks durch mehrfache Kennzeichnung* (z. B. Pfuscherer statt Pfuscher).

Hy|per|chlor|hy|drie, die; - [zu nlat. Acidium hydrochlorium = Salzsäure]: *Hyperacidität.*

Hy|per|cho|lie [...ç...], die; -, -n [zu griech. cholḗ = Galle] (Med.): *krankhaft gesteigerte Gallensaftbildung.*

hy|per|chrom [...k...] ⟨Adj.⟩ [zu lat. chroma, ↑Chrom] (Med.): *zu viel Blutfarbstoff besitzend.*

Hy|per|chro|ma|to|se, die; - (Med.): *vermehrte Pigmentation der Haut.*

Hy|per|chro|mie, die; -, -n (Med.): **1.** *vermehrter Farbstoffgehalt der roten Blutkörperchen.* **2.** *vermehrter Pigmentgehalt der Haut.*

Hy|per|dak|ty|lie, die; -, -n [zu griech. dáktylos = Finger] (Med.): *angeborene Fehlbildung der Hand od. des Fußes mit einer Überzahl an Fingern od. Zehen.*

Hy|per|du|lie, die; - [griech. hyperdouleía = besondere Verehrung] (kath. Kirche): *Verehrung Marias als Gottesmutter (im Unterschied zur Anbetung, die nur Gott zukommt).*

Hy|per|eme|sis, die; - [↑Emesis] (Med.): *übermäßig starkes Erbrechen, bes. während der Schwangerschaft.*

Hy|per|er|gie, die; -, -n [Kurzwort aus ↑hyper- u. ↑Allergie] (Med.): *gesteigerte Reaktion der körpereigenen Abwehrkräfte auf die Zufuhr eines Antigens.*

Hy|per|ero|sie, die; -, -n [zu griech. érōs, ↑²Eros] (Med.): *Erotomanie.*

Hy|per|frag|ment, das; -[e]s, -e (Kernphysik): *Atomkern, bei dem eines der normalerweise in ihm enthaltenen Neutronen durch ein Hyperon ersetzt ist.*

Hy|per|funk|ti|on, die; -, -en (Med.): *gesteigerte Tätigkeit, Überfunktion eines Organs.*

Hy|per|ga|lak|tie, die; -, -n [zu griech. gála (Gen.: gálaktos) = Milch] (Med.): *übermäßige Absonderung von Milch bei stillenden Frauen.*

Hy|per|ga|la|xis, die; -: *Metagalaxis.*

Hy|per|ga|mie, die; - [zu griech. gámos = Hochzeit, Ehe] (Soziol.): *Heirat einer Frau aus einer niederen Schicht od. Kaste mit einem Mann aus einer höheren.*

hy|per|ge|nau ⟨Adj.⟩ (verstärkend): *übertrieben genau.*

Hy|per|ge|ni|ta|lis|mus, der; - [↑Genitale] (Med.): *übermäßige, auch verfrühte Entwicklung der Geschlechtsorgane, auch der sekundären Geschlechtsmerkmale.*

Hy|per|gly|kä|mie, die; - (Med.): *stark erhöhter, über den Normalwert gestiegener Zuckergehalt des Blutes.*

hy|per|gol, hy|per|go|lisch ⟨Adj.⟩ [Kunstwort aus griech. hypér (↑Hyperacidität), érgon = Werk, Arbeit u. lat. oleum = Öl] (Chemie): *(von zwei chemischen Substanzen) spontan u. unter Flammenbildung miteinander reagierend:* Wie beim Hauptmotor des Apollo-Raumschiffs wird ... hypergolischer Treibstoff verwendet, der bei Kontakt mit einem Oxydator zündet (MM 25. 2. 69, 3).

Hy|per|he|do|nie, die; - [zu griech. hēdonḗ = Freude, Vergnügen] (Psych.): *extreme Steigerung der Wollustempfindung.*

Hy|per|hi|dro|se, die; - [↑Hidrose] (Med.): *übermäßige, krankhaft vermehrte Schweißabsonderung.*

Hy|per|in|su|li|nis|mus, der; - [zu ↑Insulin] (Med.): *vermehrte Insulinbildung u. dadurch bewirkte Senkung des Blutzuckers.*

Hy|per|in|vo|lu|ti|on, die; -, -en (Med.): *abnorm starke Rückbildung eines Organs; Superinvolution (z. B. im Alter).*

Hy|pe|ri|on [auch: hype'ri:ɔn]: Titan; Sohn des Uranos u. der Gäa.

Hy|per|ka|li|ämie, die; -, -n [zu ↑Kalium u. griech. haĩma = Blut] (Med.): *erhöhter Kaliumgehalt des Blutes.*

Hy|per|kal|zä|mie, die; -, -n [zu ↑Kalzium u. griech. haĩma = Blut] (Med.): *erhöhter Kalziumgehalt des Blutes.*

Hy|per|kap|nie, die; -, -n [zu griech. kapnós = Rauch, Dampf] (Med.): *erhöhter Kohlensäuregehalt des Blutes.*

hy|per|ka|ta|lek|tisch ⟨Adj.⟩ [spätlat. hypercatalect(ic)us < griech. hyperkatálēktos, vgl. katalektisch] (Verslehre): *(vom Vers) Hyperkatalexe aufweisend.*

Hy|per|ka|ta|le|xe, die; -, -n (Verslehre): *Verlängerung des Verses um eine od. mehrere Silben.*

Hy|per|ke|ra|to|se, die; -, -n [↑Keratose] (Med.): *übermäßig starke Verhornung der Haut.*

Hy|per|ki|ne|se, die; -, -n [zu griech. kínēsis = Bewegung] (Med.): *übermäßige Aktivität, Unruhe in den Bewegungen mit Muskelzuckungen u. unwillkürlichen Bewegungen des Körpers u. der Gliedmaßen; Hypermotilität.*

hy|per|ki|ne|tisch ⟨Adj.⟩ (Med.): *die Hyperkinese betreffend, auf ihr beruhend; mit Muskelzuckungen, unwillkürlichen Bewegungen einhergehend.*

hy|per|kor|rekt ⟨Adj.⟩: *übertrieben korrekt:* ein -es Verhalten; -e Formen, Bildungen (Sprachw.; *irrtümlich nach dem Muster anderer hochsprachlich korrekter Formen gebildete Ausdrücke, die ein Mundartsprecher gebraucht, wenn er Hochsprache sprechen muss*).

hy|per|kri|tisch ⟨Adj.⟩ (verstärkend): *übertrieben kritisch.*

Hy|per|kul|tur, die; - (oft leicht abwertend): *übertriebene Verfeinerung; überfeinerte Kultur, Kultiviertheit.*

Hy|per|link ['haipə...], der; -s, -s [engl. hyperlink, aus: hyper- < griech. hypér = über ... hinaus u. link, ↑Link] (EDV): **a)** *durch das Anklicken einer Stelle auf dem Bildschirm ausgelöstes Aufrufen weiterer Informationen:* Dabei werden grundlegende ... Begriffe wie »World Wide Web«, »Browser« und »Hyperlink« ... entschlüsselt (Schieb, Internet 5); -s führen den Benutzer ... auch aus dem Lexikon hinaus ins Internet (FAZ 7. 4. 98, 10); **b)** *Stelle auf dem Bildschirm, an der durch Anklicken mit der Maus ein Hyperlink* (a) *ausgelöst wird.*

Hy|per|li|pi|dä|mie, die; -, -n [zu ↑Lipid u. griech. haĩma = Blut] (Med.): *erhöhter Gehalt des Blutes an Fetten, Cholesterin.*

Hy|per|mas|tie, die; -, -n [zu griech. mastós = Brust(warze)] (Med.): *abnorm starke Entwicklung der weiblichen Brust.*

Hy|per|me|nor|rhö, die; -, -en (Med.): *verstärkte Monatsblutung.*

Hy|per|me|ter, der; -s, - [zu griech. hypérmetros = über das Versmaß hinausgehend]: (Verslehre): *Vers, dessen letzte, überzählige Silbe auf einen Vokal ausgeht, der aber ausgestoßen wird, da die Anfangssilbe des folgenden Verses mit einem Vokal beginnt.*

hy|per|me|trisch ‹Adj.› (Verslehre): *einen Hypermeter aufweisend; in Hypermetern verfasst.*

Hy|per|me|tro|pie, die; - [zu griech. hypérmetros = übermäßig u. ṓps = Auge] (Med.): *Weitsichtigkeit.*

hy|per|me|tro|pisch ‹Adj.› (Med.): *weitsichtig.*

Hy|per|mne|sie, die; -, -n [zu griech. mnēsis, ↑Amnesie] (Med.): *abnorm gesteigerte Gedächtnisleistung (z. B. in Hypnose).*

hy|per|mo|dern ‹Adj.› (verstärkend): *übertrieben modern:* der Herr Doktor ... machte trotz eines -en und also saloppen ... Sommeranzugs den soignierten Eindruck (Welt 11. 8. 62, Die geistige Welt 3); Die City selbst hatte ein -es Gepräge (Cotton, Silver-Jet 120); Dass viele der Älteren die Musik wegen ihrer kühnen Harmonien als »hypermodern« verschrien (Zuckmayer, Fastnachtsbeichte 19).

hy|per|morph ‹Adj.› [zu griech. morphḗ = Gestalt, Form] (Genetik): *(von einem mutierten 1. Allel) mit stärkerem phänotypischen Effekt.*

Hy|per|mo|ti|li|tät, die; - (Med.): *Hyperkinese.*

Hy|per|ne|phri|tis, die; -, ...itiden [zu griech. nephrós = Niere] (Med.): *Entzündung der Nebennieren.*

Hy|per|ne|phrom, das; -s, -e (Med.): *Nierentumor, dessen Gewebestruktur der des Nebennierengewebes ähnlich ist.*

hy|per|ner|vös ‹Adj.›: *überaus nervös.*

Hy|per|o|don|tie, die; [zu griech. odoús (Gen.: odóntos) = Zahn] (Med.): *das Vorhandensein von überzähligen Zähnen.*

Hy|pe|ron, das; -s, ...onen [engl. hyperon, zu griech. hypér, ↑Hyperacidität] (Kernphysik): *Elementarteilchen, dessen Masse größer ist als die eines Nukleons.*

Hy|pe|ro|nym, das; -s, -e [zu griech. ónyma = Name] (Sprachw.): *übergeordneter Begriff, Oberbegriff* (z. B. Tier gegenüber Vogel, Hund, Ameise).

Hy|pe|ro|ny|mie, die; -, -n (Sprachw.): *in Übergeordnetheit sich ausdrückende semantische Relation, wie sie zwischen Hyperonym u. Hyponym besteht.*

Hy|pe|ro|on, das; -s, ...roa [griech. hyperō̩on, zu: hyperō̩os = darüber befindlich]: *das obere Stockwerk des altgriechischen Hauses.*

Hy|pe|ro|pie, die; -, -n [zu griech. ṓps = Auge] (Med.): *Hypermetropie.*

Hy|pe|ro|re|xie, die; -, -n [zu griech. órexis = Streben, Verlangen] (Med.): *Heißhunger.*

Hy|per|os|to|se, die; -, -n [zu griech. ostéon = Knochen] (Med.): *Wucherung des Knochengewebes.*

Hy|per|phy|sik, die; -: *Erklärung von Naturerscheinungen vom Übersinnlichen her.*

hy|per|phy|sisch ‹Adj.›: *übernatürlich.*

Hy|per|pla|sie, die; -, -n [zu griech. plásis = Bildung, Form] (Med.): *Vergrößerung eines Organs od. Gewebes durch abnorme Vermehrung der Zellen.*

hy|per|plas|tisch ‹Adj.› (Med.): *die Hyperplasie betreffend, auf ihr beruhend.*

hy|per|py|re|tisch ‹Adj.› [zu griech. pyretós, ↑Pyretikum] (Med.): *abnorm hohes Fieber habend.*

Hy|per|py|re|xie, die; -, -n [↑Pyrexie] (Med.): *übermäßig hohes Fieber.*

Hy|per|schall, der; -[e]s (Physik): *elastische Schwingungen von Materie[teilchen], deren Frequenzen sehr hoch liegen (oberhalb einer Milliarde Hertz).*

Hy|per|schall|be|reich, der ‹o. Pl.› (Physik): *Bereich der Geschwindigkeit über der fünffachen Schallgeschwindigkeit; Hypersonikbereich.*

Hy|per|se|kre|ti|on, die; -, -en (Med.): *vermehrte Absonderung von Drüsensekret; Supersekretion.*

hy|per|sen|si|bel ‹Adj.› (verstärkend): *überaus sensibel, empfindsam:* Kontrastreich stehen Klees hypersensible, hauchzarte Träume neben Kirchners schreienden Farbenschocks (Gehlen, Zeitalter 34); Er ist in dieser Zeit h., ein Sanguiniker mit vorherrschend elegischem Einschlag (Ceram, Götter 106).

hy|per|sen|si|bi|li|sie|ren ‹sw. V.; hat›: **1.** *die Sensibilität, Empfindlichkeit stark erhöhen.* **2.** (Fot.) *die Empfindlichkeit von fotografischem Material durch bestimmte Maßnahmen vor der Belichtung erhöhen.*

Hy|per|so|mie, die; - [zu griech. sōma = Leib, Körper] (Med.): *Gigantismus* (1).

Hy|per|som|nie, die; - [zu lat. somnus = Schlaf] (Med.): *krankhaft gesteigertes Schlafbedürfnis.*

Hy|per|so|nik|be|reich, der; -[e]s [zu engl. hypersonic, ↑hypersonisch] (Physik): *Hyperschallbereich.*

hy|per|so|nisch ‹Adj.› [engl. hypersonic] (Physik): *den Hyperschallbereich betreffend; mit mehr als fünffacher Schallgeschwindigkeit.*

Hy|per|sper|mie, die; -, -n [zu ↑Sperma] (Med.): *vermehrte Samenbildung.*

Hy|per|ste|a|to|se, die; -, -n [↑Steatose] (Med.): **1.** *übermäßige Talgabsonderung der Haut.* **2.** *abnorme Fettsucht.*

Hy|per|sthen, der; -s, -e [zu griech. sthénos = Stärke, Kraft]: *dunkles od. rötliches Mineral.*

Hy|per|te|lie, die; - [zu griech. télos = Vollendung] (Biol.): *natürliche od. krankhafte Steigerung des Wachstums, der Entwicklung eines Organs o. Ä. bei Tieren u. Pflanzen* (z. B. die außerordentliche Geweihentwicklung beim Riesenhirsch).

Hy|per|ten|si|on, die [zu lat. tensio = (An)spannung] (Med.): *Hypertonie* (1, 2).

Hy|per|text ['haipə...], der; -s, -e [engl. hypertext, geb. nach: hyperlink, ↑Hyperlink](EDV): *über Hyperlinks* (a) *verbundenes Netz aus Text-, Bild- u. Dateneinheiten, in dem sich die Nutzer je nach Interesse bewegen können:* Das wohl wichtigste Schlagwort für die unzähligen Möglichkeiten und die Informationsdichte des World Wide Webs heißt H. Darunter versteht man die dynamische Verknüpfung von Dokumenten (Schieb, Internet 101/2).

Hy|per|ther|mie, die; - [zu griech. thérmē = Wärme] (Med.): **1.** *Erhöhung der Körpertemperatur infolge eines Missverhältnisses zwischen Wärmebildung u. Wärmeabgabe des Körpers; Wärmestauung.* **2.** *sehr hohes Fieber.*

Hy|per|thy|mie, die; - [zu griech. thymós = Gemüt] (Psych.): *ungewöhnlich gehobene seelische Stimmung mit gesteigerter Betriebsamkeit u. Neigung zu unkritischem Verhalten.*

Hy|per|thy|re|o|i|dis|mus, der; -, **Hy|per|thy|re|o|se,** die; - [zu nlat. thyreoidea = Schilddrüse, zu griech. thyreós = Schild] (Med.): *Überfunktion der Schilddrüse.*

Hy|per|to|nie, die; -, -n [zu ↑Tonus] (Med.): **1.** *Bluthochdruck.* **2.** *erhöhte Spannung von Muskeln.* **3.** *erhöhter Innendruck, erhöhte Spannung im Augapfel.*

Hy|per|to|ni|ker, der; -s, - (Med.): *jmd., der an zu hohem Blutdruck leidet.*

Hy|per|to|ni|ke|rin, die; -, -nen: w. Form zu ↑Hypertoniker.

hy|per|to|nisch ‹Adj.› (Med.): *die Hypertonie* (1) *betreffend, zu ihr gehörend.*

Hy|per|tri|cho|se, die; -, -n, **Hy|per|tri|cho|sis,** die; -, ...oses [...'o:ze:s; ↑Trichose] (Med.): *abnorm vermehrte Körperbehaarung.*

hy|per|troph ‹Adj.›: **1.** (Med.) *(von Geweben u. Organen) Hypertrophie zeigend:* -e Muskeln. **2.** (bildungsspr.) *ein Übermaß aufweisend; übersteigert, überzogen, übermäßig:* Was Stillers Ichkult betrifft, sein -es Selbstbewusstsein ..., so bleibt alles in wohlabgesteckten Grenzen (Deschner, Talente 132); Die Struktur verfeinert sich ..., die Bildwelt wuchert z. T. h. (Mitteilungen 1, 1969, 556).

Hy|per|tro|phie, die; -, -n [zu griech. trophḗ = Nahrung, Ernährung]: **1.** (Med., Biol.) *übermäßige Vergrößerung von Geweben u. Organen durch Vergrößerung (nicht Vermehrung) der Zellen, bes. infolge erhöhter Beanspruchung:* eine H. des Herzmuskels. **2.** (bildungsspr.) *Übermaß, Übersteigertsein, Überzogenheit:* eine H. des Selbstbewusstseins.

hy|per|tro|phiert ‹Adj.› (bildungsspr.): *hypertroph* (2): der ... -e männliche Machtwille (Graber, Psychologie 24).

hy|per|tro|phisch ‹Adj.›: *hypertroph.*

Hy|per|ur|ba|nis|mus, der; -, ...men [engl. hyperurbanism, zu lat. urbanus = vornehm, städtisch] (Sprachw.): *hyperkorrekte Bildung.*

Hy|per|uri|kä|mie, die; -, -n [zu griech. oũron = Harn u. haĩma = Blut] (Med.): *erhöhter Gehalt von Harnsäure im Blut.*

Hy|per|ven|ti|la|ti|on, die; -, -en (Med.): *übermäßige Steigerung der Atmung, zu starke Beatmung der Lunge.*

hy|per|ven|ti|lie|ren ‹sw. V.; hat› (Med.): *die Atmung übermäßig steigern, zu schnell atmen:* der Verletzte begann zu h.

Hy|per|vi|ta|mi|no|se, die; -, -n (Med.): *Schädigung des Körpers durch länger andauernde Zufuhr überhöhter Mengen an fettlöslichen Vitaminen.*

Hy|phä|re|se, die; -, -n [zu griech. hyphaíresis = das Entwenden, Entziehen, zu: hyphaireĩn = entwenden, eigtl. = darunter wegziehen, zu: hypó (↑hypo-,

Hypo-) u. haireīn = nehmen] (Sprachw.): *Ausstoßung eines kurzen Vokals vor einem anderen Vokal.*

Hy|phe, die; -, -n [griech. hyphḗ = das Weben, das Gewebte] (Biol.): *gegliederter Pilzfaden.*

Hy|phen, das; -[s], - [lat. hyphen < griech. hyphén, eigtl. = in eins (zusammen), zu: hypó (↑hypo-, Hypo-) u. hén = eins]: *bei einem zusammengesetzten Wort verwendeter Bindestrich.*

Hy|phi|dro|se, die; - [zu ↑hypo-, Hypo- u. ↑Hidrose] (Med.): *verminderte Schweißabsonderung.*

hypn-, Hypn-: ↑hypno-, Hypno-.

hyp|na|gog, hyp|na|go|gisch ⟨Adj.⟩ [engl. hypnagogic, zu griech. hýpnos (↑hypno-, Hypno-) u. ágein = (herbei)führen] (Fachspr.): **a)** *zum Schlaf führend, einschläfernd;* **b)** *den Schlaf, das Schlafen betreffend.*

Hyp|na|go|gum, das; -s, ...ga (Med.): *Schlafmittel.*

hyp|no-, Hyp|no-, (vor Vokalen auch:) hypn-, Hypn- [zu griech. hýpnos] ⟨Best. in Zus. mit der Bed.⟩: *Schlaf* (z. B. Hypnonarkose, Hypnalgie, hypnoid).

Hyp|no|ana|ly|se, die; -, -n (Psychoanalyse): *durch Hypnose eingeleitete psychotherapeutische Behandlung.*

hyp|no|id ⟨Adj.⟩ [zu griech. -oeidḗs = ähnlich] (Med., Psych.): *(von Bewusstseinszuständen) dem Schlaf bzw. der Hypnose ähnlich.*

Hyp|no|lep|sie, die; -, -n [zu griech. lēpsis = Anfall] (Med.): *Narkolepsie.*

Hyp|no|nar|ko|se, die; -, -n (Med.): *durch Hypnose eingeleitete od. geförderte Narkose.*

Hyp|no|pä|die, die; - [zu griech. paideía = Lehre, (Aus)bildung]: *Schlaflernmethode.*

hyp|no|pä|disch ⟨Adj.⟩: *mit der Methode der Hypnopädie.*

Hyp|nos (griech. Myth.): Gott des Schlafes.

Hyp|no|se, die; -, -n [im 19. Jh. geb. zu griech. hypnṓssein = schläfrig sein, schlafen]: *schlafähnlicher Bewusstseinszustand, der vom Hypnotiseur durch Suggestion herbeigeführt werden kann u. in dem die Willens- u. teilweise auch die körperlichen Funktionen leicht zu beeinflussen sind:* Sein stechendes Auge ließ vermuten, dass er in den Künsten der H. geschult sei (Niekisch, Leben 175); aus der H. erwachen; jmdn. in H. versetzen; Aussagen eines Arztes, der Oetker unter H. befragt hatte (Saarbr. Zeitung 4. 12. 79, 10).

Hyp|no|sie, die; -, -n (Med.): **1.** *Schlafkrankheit.* **2.** *krankhafte Schläfrigkeit.*

Hyp|no|the|ra|peut, der; -en, -en: *jmd., der Patienten mit Mitteln der Hypnotherapie behandelt.*

Hyp|no|the|ra|peu|tin, die; -, -nen: w. Form zu ↑Hypnotherapeut.

Hyp|no|the|ra|pie, die; -, -n: *Psychotherapie mithilfe von Hypnose.*

Hyp|no|tik, die; -: *Wissenschaft von der Hypnose.*

Hyp|no|ti|kum, das; -s, ...ka (Med.): *Schlafmittel.*

hyp|no|tisch ⟨Adj.⟩ [spätlat. hypnoticus < griech. hypnōtikós = einschläfernd, zu: hypnoũn = schlafen]: **1. a)** *die Hypnose betreffend, auf ihr beruhend; durch Hypnose bewirkt:* -er Schlaf; eine -e Heilung; Träger schichten die wie in -er Erstarrung versteiften Körper zu einem Hügel auf der Bühne auf (Welt 22. 6. 65, 7); **b)** *eine Hypnose bewirkend, zur Hypnose führend:* die -e Wirkung einer Droge, seines Blicks. **2.** *wie durch Hypnose bewirkt, bannend; widerstandslos, willenlos machend:* Plastisch umfing mich sein sonores und voluminöses Organ mit seinem suggestiven und -en Reiz (Benn, Leben 39).

Hyp|no|ti|seur [...'zø:ɐ̯], der; -s, -e [frz. hypnotiseur]: *jmd., bes. ein Arzt, der mit dem Mittel der Hypnose arbeitet.*

Hyp|no|ti|seu|rin, die; -, -nen, **Hyp|no|ti|seu|se** [...'zø:zə], die; -, -n: w. Form zu ↑Hypnotiseur.

hyp|no|ti|sie|ren ⟨sw. V.; hat⟩ [frz. hypnotiser < engl. to hypnotize, zu spätlat. hypnoticus, ↑hypnotisch]: **1.** *in Hypnose versetzen:* einen Kranken h.; wie hypnotisiert beobachtet er die Skala (Menzel, Herren 99). **2.** *ganz gefangen nehmen, in seinen Bann schlagen; willenlos, widerstandslos machen:* Nein, es ist ihr moralischer Schwachsinn, was den Pöbel hypnotisiert (Maass, Gouffé 244); das silberne Kreuz jedoch hypnotisiert ihn für Sekunden (A. Zweig, Grischa 485).

Hyp|no|tis|mus, der; - [engl. hypnotism]: **1.** *Wissenschaft von der Hypnose.* **2.** (selten) *starke Beeinflussung.*

hy|po-, Hy|po-, (vor Vokalen auch:) hyp-, Hyp- [griech. hypó] ⟨Best. in Zus. mit der Bed.:⟩ **1.** *unter, darunter:* hypotaktisch, Hypozentrum, Hypothalamus; **2.** (Med., Biol.) bezeichnet in Bildungen mit Substantiven die Unterentwicklung, Unterfunktion eines Organs o. Ä.: Hypotrophie, Hypomnesie.

Hy|po|aci|di|tät, die; - (Med.): *Subacidität.*

Hy|po|chlo|rä|mie, die; -, -n [zu ↑Chlor u. griech. haĩma = Blut] (Med.): *Chlor- bzw. Kochsalzmangel im Blut.*

Hy|po|chlor|hy|drie, die; -, -n [vgl. Hyperchlorhydrie] (Med.): *Hypoacidität.*

Hy|po|chlo|rit, das [auch: ...'rɪt, zu griech. hypó = (dar)unter u. ↑[1]Chlorit] (Chemie): *Salz der unterchlorigen Säure.*

Hy|po|chon|der [...'xɔndɐ], der; -s, - [frz. hypocondre]: *jmd., der an Hypochondrie leidet, sich hypochondrisch gebärdet; eingebildeter Kranker:* Zumindest bin ich kein H. Ich dramatisiere nichts (Heim, Traumschiff 34).

Hy|po|chon|drie, die; -, -n ⟨Pl. selten⟩ (Med.): *übertriebene Neigung, seinen eigenen Gesundheitszustand zu beobachten, zwanghafte Angst vor Erkrankungen, Einbildung des Erkranktseins [begleitet von Trübsinn od. Schwermut].*

hy|po|chon|drisch ⟨Adj.⟩ [griech. hypochondriakós = am Unterleib u. an den Eingeweiden (wo nach antiker Vorstellung die Gemütskrankheiten lokalisiert sind) leidend]: *an Hypochondrie leidend; auf Hypochondrie beruhend, zu ihr gehörend:* ein -er Mensch; sein Verhalten hat -e Züge; Immer schien sie gequält von abergläubischen Ahnungen und -en Sorgen (K. Mann, Wendepunkt 35); Hypochondrisch wird man, wenn man allzu viele Gefahren voraussieht (Strauß, Niemand 209).

hy|po|chrom ⟨Adj.⟩ [zu lat. chroma, ↑Chrom] (Med.): *zu wenig Blutfarbstoff besitzend.*

Hy|po|chro|mie, die; -, -n (Med.): **1.** *verminderter Farbstoffgehalt der roten Blutkörperchen.* **2.** *verminderter Pigmentgehalt der Haut.*

Hy|po|dak|ty|lie, die; -, -n [zu griech. dáktylos = Finger] (Med.): *angeborene Fehlbildung der Hand od. des Fußes mit Fehlen von Fingern od. Zehen.*

Hy|po|derm, das; -s, -e [zu griech. dérma = Haut] (Biol.): **1.** *unter der Oberhaut gelegene Zellschicht bei Sprossen, Wurzeln u. Blättern vieler Pflanzen.* **2.** *äußere einschichtige Haut bei Wirbellosen (z. B. Gliederfüßern), die den Chitinpanzer ausscheidet.* **3.** (veraltet) *Lederhaut der Wirbeltiere.*

Hy|po|doch|mi|us, der; -, ...ien (Verslehre): *altgriechischer Versfuß, der als Variante des Dochmius gilt (–⏑–⏑–).*

Hy|po|don|tie, die; -, -n [zu griech. odoús (Gen.: odóntos) = Zahn] (Med.): *angeborenes Fehlen von Zähnen.*

Hy|po|funk|ti|on, die; -, -en (Med.): *verminderte Tätigkeit, Unterfunktion eines Organs.*

hy|po|gä|isch ⟨Adj.⟩ [griech. hypógaios = unterirdisch] (Bot.): *(von Keimblättern) in der Samenschale u. mit ihr im Boden verbleibend* (z. B. bei der Eiche).

Hy|po|ga|lak|tie, die; -, -n [zu griech. gála (Gen.: gálaktos) = Milch] (Med.): *zu geringe od. völlig versagende Absonderung von Milch bei Frauen in der Stillzeit.*

Hy|po|ga|mie, die; - [zu griech. gamós = Hochzeit, Ehe] (Soziol.): *Heirat einer Frau aus einer höheren Schicht od. Kaste mit einem Mann aus einer niederen.*

Hy|po|gas|tri|um, das; -s, ...ien [zu griech. gastḗr = Bauch, Magen] (Anat.): *Unterleib, Region des Unterbauchs.*

Hy|po|gä|um, das; -s, ...gäen [lat. hypogeum < griech. hypógeion, zu: hypógeios = unterirdisch, zu gẽ = Erde]: *unterirdisches Gewölbe, Grabraum, oft innerhalb von Katakomben.*

Hy|po|ge|ni|ta|lis|mus, der; - [zu ↑Genitale] (Med.): *Unterentwicklung der Geschlechtsorgane, auch der sekundären Geschlechtsmerkmale.*

Hy|po|gly|kä|mie, die; - [zu ↑Glykämie] (Med.): *stark verminderter, unter den Normalwert herabgesunkener Zuckergehalt des Blutes.*

Hy|po|go|na|dis|mus, der; - [zu ↑Gonade] (Med.): *Unterentwicklung, verminderte Funktion der männlichen Geschlechtsdrüsen.*

Hy|po|go|na|ti|on [...ti...], das; -s, ...tien [ngriech. hypogonátion, zu spätgriech. hypogónion = Partie unterhalb des Knies, zu griech. góny = Knie]: *Epigonation.*

hy|po|gyn ⟨Adj.⟩ [zu griech. gynḗ = Frau] (Bot.): *(von Blüten) unter dem Fruchtknoten stehend.*

Hy|po|id|ge|trie|be, das; -s, - [LÜ von

engl. hypoid gear, zu: hypoid, kurz für: hyperboloidal (↑Hyperboloid) u. gear = Getriebe] (Technik): *Kegelradgetriebe, dessen Wellen sich in geringem Abstand kreuzen (z. B. beim Hinterradantrieb von Kraftfahrzeugen).*

Hy|po|in|su|li|nis|mus, der; - [zu ↑hypo-, Hypo- u. ↑Insulin] (Med.): *verminderte Insulinbildung u. dadurch bedingte Steigerung des Blutzuckers.*

Hy|po|ka|li|ämie, die; -, -n [zu ↑Kalium u. griech. haĩma = Blut] (Med.): *verminderter Kaliumgehalt des Blutes.*

Hy|po|kal|zä|mie, die; -, -n [zu ↑Kalzium u. griech. haĩma = Blut] (Med.): *verminderter Kalziumgehalt des Blutes.*

Hy|po|kap|nie, die; -, -n [zu griech. kapnós = Rauch, Dampf] (Med.): *verminderter Kohlensäuregehalt des Blutes.*

hy|po|kaus|tisch ⟨Adj.⟩: *das Hypokaustum betreffend, mithilfe des Hypokaustums [geheizt].*

Hy|po|kaus|tum, das; -s, ...sten [lat. hypocaustum < griech. hypókauston]: *Heizanlage im antiken Rom, bei der Heißluft durch Röhren o. Ä. in Böden od. Wände zu beheizender Räume geführt wurde.*

Hy|po|ki|ne|se, die; -, -n [zu griech. kínēsis = Bewegung] (Med.): *verminderte Bewegungsfähigkeit bei bestimmten Krankheiten.*

hy|po|ki|ne|tisch ⟨Adj.⟩ (Med.): *die Hypokinese betreffend, auf ihr beruhend; bewegungsarm.*

Hy|po|ko|ris|mus, der; -, ...men [zu spätlat. hypocorisma < griech. hypokórisma] (Sprachw.): *Veränderung eines Namens in eine Kurz- od. Koseform.*

Hy|po|ko|ris|ti|kum, das; -s, ...ka [zu griech. hypokoristikón = Kurz-, Koseform] (Sprachw.): *vertraute Kurzform eines Namens, Kosename* (z. B. *Fritz* statt Friedrich).

hy|po|ko|ris|tisch ⟨Adj.⟩ (Sprachw.): *den Hypokorismus betreffend.*

Hy|po|ko|tyl, das; -s, -e [zu ↑Kotyledone] (Bot.): *unterstes Glied des Sprosses* (1 b) *eines Keimlings, das sich zwischen Wurzelhals u. Keimblättern befindet.*

Hy|po|kre|nal, das; -s [zu griech. krḗnē = Quelle]: **1.** (Geogr.) *unmittelbar unterhalb der Quelle liegender Abschnitt eines fließenden Gewässers.* **2.** (Biol.) *Lebensraum im unmittelbar unterhalb der Quelle gelegenen Abschnitt eines fließenden Gewässers.*

Hy|po|kri|sie, die; -, -n [frz. hypocrisie < lat. hypocrisis < griech. hypókrisis, eigtl. = (vom Schauspieler, der eine Rolle spielt) Verstellung] (bildungsspr.): *Heuchelei, Scheinheiligkeit, Verstellung:* ein Film, der in bestechender Weise die H. der englischen Gesellschaft bloßlegt (MM 21. 4. 69, 24).

hy|po|kris|tal|lin ⟨Adj.⟩ (Geol.): *(von Gesteinen) aus kristallinen u. glasigen Bestandteilen zusammengesetzt:* -e Ergussgesteine.

Hy|po|krit, der; -en, -en [frz. hypocrite < lat. hypocrites < griech. hypokritḗs, vgl. Hypokrisie] (bildungsspr. veraltet): *Heuchler.*

hy|po|kri|tisch ⟨Adj.⟩ [zu ↑Hypokrit] (bildungsspr. veraltet): *heuchlerisch, scheinheilig, unaufrichtig.*

Hy|po|lim|ni|on, das; -s, ...ien [griech. límnē = [1]See] (Biol., Geogr.): *untere, bis zum Grunde reichende, meist nährstoff- u. sauerstoffarme Wasserschicht eines Süßwassersees.*

Hy|po|li|thal, das; -s [zu griech. líthos = Stein] (Biol., Zool.): *Lebensraum unter Steinen* (z. B. für bestimmte Schnecken, Käfer, Asseln).

hy|po|lo|gisch ⟨Adj.⟩ (Philos., Psych.): *unterhalb des Logischen liegend:* -es Denken *(das vorsprachliche Denken des noch nicht sprachfähigen Kleinstkindes u. der höheren Tiere).*

Hy|po|ma|nie, die; -, -n (Med.): *leichte Art der Manie in Form von gehobener, heiterer Stimmungslage, Lebhaftigkeit, unter Umständen im Wechsel mit leicht depressiven Stimmungen.*

Hy|po|ma|ni|ker, der; -s, -: *jmd., der an Hypomanie leidet.*

Hy|po|ma|ni|ke|rin, die; -, -nen: w. Form zu ↑Hypomaniker.

hy|po|ma|nisch ⟨Adj.⟩ (Med.): **a)** *die Hypomanie betreffend;* **b)** *an Hypomanie leidend.*

Hy|po|me|nor|rhö, die; -, -en (Med.): *zu schwache Monatsblutung.*

Hy|po|mne|ma, das; -s, ...mnemata [griech. hypómnēma, zu: mnḗmē = Gedächtnis] (veraltet): *Nachtrag, Zusatz; Bericht, Kommentar.*

Hy|po|mne|sie, die; -, -n [zu griech. hypómnēsis = Erinnerung] (Med.): *mangelhaftes Erinnerungsvermögen; Gedächtnisschwäche.*

Hy|po|mo|bi|li|tät, die; - (Med.): *Hypokinese.*

hy|po|morph ⟨Adj.⟩ [zu griech. morphḗ = Gestalt, Form] (Genetik): *(von einem mutierten 1. Allel) mit schwächerem phänotypischem Effekt.*

Hy|po|mo|ti|li|tät, die; - (Med.): *Hypokinese.*

Hy|po|nas|tie, die; - [↑Nastie] (Bot.): *Krümmungsbewegung bei Pflanzen durch verstärktes Wachstum der Blattunterseite gegenüber der Blattoberseite.*

Hy|po|nym, das; -s, -e [zu griech. ónyma = Name] (Sprachw.): *untergeordneter Begriff, Unterbegriff* (z. b. Vogel, Hund, Ameise gegenüber Tier).

Hy|po|ny|mie, die; -, -n (Sprachw.): *Erscheinung der semantischen Inklusion (Bedeutungseinschließung).*

Hy|po|pho|rie, die; -, -n [zu griech. phoreĩn = tragen, bringen] (Med.): *latentes Schielen nach unten (als Form der Heterophorie).*

hy|po|phre|nisch ⟨Adj.⟩ [zu griech. phrḗn = Zwerchfell] (Med.): *unterhalb des Zwerchfells gelegen.*

Hy|po|phy|se, die; -, -n [griech. hypóphysis = Sprössling] (Anat.): *bei den Wirbeltieren im Bereich des Zwischenhirns gelegene, beim Menschen etwa kirschkerngroße, ein Hormon bildende innersekretorische Drüse, die bes. die Funktion der übrigen Hormondrüsen des Körpers reguliert; Hirnanhangsdrüse.*

Hy|po|pla|sie, die; -, -n [zu griech. plásis = Bildung, Form] (Med.): *unvollkommene Ausbildung, Unterentwicklung von Geweben od. Organen.*

hy|po|plas|tisch ⟨Adj.⟩ (Med.): *die Hypoplasie betreffend, darauf beruhend:* -es Gewebe.

Hy|por|chem, das; -s, -en, **Hy|por|che|ma,** das; -s, ...chemata [griech. hypórchēma]: *altgriechisches chorisches Tanzlied mit raschem Rhythmus.*

hy|po|som ⟨Adj.⟩ (Med.): *an Hyposomie leidend; von zu kleinem Wuchs.*

Hy|po|so|mie, die; - [zu griech. sõma = Leib, Körper] (Med.): *krankhaftes Zurückbleiben des Körperwachstums hinter dem Normalmaß; Kleinwuchs.*

Hy|po|sper|mie, die; -, -n [zu ↑Sperma] (Med.): *verminderter Gehalt der Samenflüssigkeit an funktionstüchtigen Spermien.*

Hy|pos|ta|se, die; -, -n [lat. hypostasis < griech. hypóstasis = Grundlage, Ablagerung]: **1.** (bes. Philos.) *Vergegenständlichung, Verdinglichung einer Eigenschaft, eines Begriffs, eines bloßen Gedankens.* **2.** (Myth., Rel.) **a)** *Personifizierung göttlicher Eigenschaften od. religiöser Vorstellungen zu einem eigenständigen göttlichen Wesen* (z. B. in der christl. Theologie die drei Personen der Trinität); **b)** *Wesensmerkmal einer personifizierten göttlichen Gestalt.* **3.** (Sprachw.) *Verselbstständigung eines Wortes als Folge einer Veränderung der syntaktischen Funktion* (z. B. der Übergang eines Substantivs im Genitiv zum Adverb wie »des Mittags« zu »mittags«). **4.** (Med.) *vermehrte Ansammlung von Blut in den tiefer liegenden Körperteilen* (z. B. bei Bettlägerigen in den hinteren unteren Lungenpartien). **5.** (Genetik) *Unterdrückung, Überdeckung der Wirkung eines Gens durch ein anderes, das nicht zum gleichen Paar von Erbanlagen gehört.*

Hy|pos|ta|sie, die; -, -n: *Hypostase* (4, 5).

hy|pos|ta|sie|ren ⟨sw. V.; hat⟩ (bildungsspr.): *vergegenständlichen, als gegenständlich betrachten, auffassen; verselbstständigen; personifizieren.*

Hy|pos|ta|sie|rung, die; -, -en: *Hypostase* (1, 3).

hy|pos|ta|tisch ⟨Adj.⟩ [griech. hypostatikós] (bildungsspr.): **1.** *die Hypostase* (1) *betreffend; vergegenständlichend, gegenständlich, verdinglicht, wesentlich.* **2.** (Med.) *die Hypostase* (4) *betreffend, dadurch hervorgerufen.* **3.** (Genetik) *die Hypostase* (5) *betreffend; in seiner Wirkung überdeckt:* die -en Gene werden außer Funktion gesetzt (Medizin II, 90).

hy|pos|to|ma|tisch ⟨Adj.⟩ [zu griech. stóma, ↑Stoma] (Bot.): *(von bestimmten Pflanzenblättern) nur auf der Unterseite mit Spaltöffnungen versehen.*

Hy|pos|ty|lon, das; -s, ...la, **Hy|pos|ty|los,** der; -, ...loi [griech. hypóstylon, zu: hypóstylos = auf Säulen ruhend; zu griech. stỹlos = Säule]: *(im Griechenland der Antike) Saal, Halle mit einer von Säulen getragenen Decke; gedeckter Säulengang; Säulenhalle; Tempel mit Säulengang.*

hy|po|tak|tisch ⟨Adj.⟩ [griech. hypotaktikós = unterordnend] (Sprachw.): *auf Hypotaxe beruhend, der Hypotaxe unter-*

liegend; unterordnend: liegt als eine ungeheure -e Konstruktion dann auch schon der zweite, viel längere Absatz vor (Hofmann, Fistelstimme 172).

Hy|po|ta|xe, die; -, -n [griech. hypótaxis = Unterordnung; zu griech. táxis = Ordnung]: **1.** (Sprachw.) *Unterordnung von Sätzen od. Satzgliedern.* **2.** (Med.) *Zustand herabgesetzter Willens- u. Handlungskontrolle, mittlerer Grad der Hypnose.*

Hy|po|ta|xis, die; -, ...xen (Sprachw.): *Hypotaxe* (1).

Hy|po|ten|si|on, die; -, -en [zu lat. tensio = Spannung] (Med.): *Hypotonie* (1, 2).

Hy|po|te|nu|se, die; -, -n [zu spätlat. hypotenusa < griech. hypoteínousa (pleurá), eigtl. = (unter dem rechten Winkel) sich erstreckend(e Seite)]: *im rechtwinkligen Dreieck die dem rechten Winkel gegenüberliegende längste Seite.*

Hy|po|tha|la|mus, der; - [zu ↑Thalamus] (Anat.): *unterhalb des Thalamus liegender Teil des Zwischenhirns.*

Hy|po|thek, die; -, -en [lat. hypotheca < griech. hypothḗkē, eigtl. = Unterlage, zu: hypotíthénai, ↑Hypothese]: **1. a)** (Rechtsspr., Bankw.) *(zu den Grundpfandrechten gehörendes) Recht an einem Grundstück, einem Wohnungseigentum o. Ä. zur Sicherung einer Geldforderung, das (im Gegensatz zur Grundschuld) mit dieser Forderung rechtlich verknüpft ist:* erste, zweite *(an erster, zweiter Stelle eingetragene)* H.; **b)** *durch eine Hypothek* (1 a) *entstandene finanzielle Belastung eines Grundstücks, eines Wohnungseigentums o. Ä.:* eine H. von 50 000 DM; eine H. auf seinem Haus haben; hinterließ er mir nichts als das Haus, das er allerdings von -en freizuhalten verstanden hatte (Habe, Namen 34); **c)** *durch eine Hypothek* (1 a) *gesicherte Geldmittel, die jmdm. zur Verfügung gestellt werden:* eine H. aufnehmen, abtragen, tilgen; Hat er sich seine -en von einer Sparkasse beschafft, so ... (Welt 20. 8. 65, 11); er hat sich mit dieser H. ein Haus gebaut. **2.** *belastender, negativer Umstand; große, ständige Belastung, Bürde:* Mancher durch einen Staatsstreich etablierten Herrschaftsgewalt ist es nie gelungen, die H. der Illegitimität vergessen zu lassen (Fraenkel, Staat 325); Schon jetzt ist absehbar, dass diese Form des Wirtschaftswunders dem Sozialsystem eine gewaltige H. aufbürdet (Woche 4. 4. 97, 9); Ihre Ehe war von Anfang an mit einer H. belastet (Hörzu 9, 1973, 97).

Hy|po|the|kar, der; -s, -e: *Hypothekengläubiger.*

Hy|po|the|ka|rin, die; -, -nen: w. Form zu ↑Hypothekar.

hy|po|the|ka|risch ⟨Adj.⟩ [(spät)lat. hypothecarius]: *durch eine Hypothek [gesichert]:* eine Forderung h. sichern.

Hy|po|the|kar|kre|dit, der (Bankw.): *durch Eintragung einer Hypothek* (1 a) *gesicherter Kredit.*

Hy|po|the|ken|bank, die ⟨Pl. ...banken⟩: *Bank, deren geschäftlicher Betrieb vor allem darauf gerichtet ist, Hypotheken zu erwerben u. aufgrund dieser Hypotheken Pfandbriefe auszugeben.*

Hy|po|the|ken|brief, der: *vom Grundbuchamt ausgestellte Urkunde über die Rechte aus einer Hypothek.*

Hy|po|the|ken|gläu|bi|ger, der: *Gläubiger, dessen Schuldforderung durch eine Hypothek gesichert ist.*

Hy|po|the|ken|gläu|bi|ge|rin, die: w. Form zu ↑Hypothekengläubiger.

Hy|po|the|ken|pfand|brief, der: *festverzinsliche, durch eine Hypothek gesicherte Schuldverschreibung, die von einer Hypothekenbank zur Beschaffung des Kapitals für die Vergabe anderer Kredite ausgegeben wird.*

Hy|po|the|ken|schuld|ner, der: *Schuldner, der aufgrund einer Hypothek Zahlungen zu leisten hat.*

Hy|po|the|ken|schuld|ne|rin, die: w. Form zu ↑Hypothekenschuldner.

Hy|po|the|ken|zins, der ⟨meist Pl.⟩: *Zins, der für eine Hypothek zu zahlen ist.*

Hy|po|ther|mie, die; -, -n [zu griech. thérmē = Wärme] (Med.): **1.** ⟨o. Pl.⟩ *abnorm niedrige Körpertemperatur (z. B. bei großer körperlicher Erschöpfung).* **2.** *künstliche Unterkühlung des Körpers zur Reduktion der Stoffwechsel- u. Lebensvorgänge im Organismus.*

Hy|po|the|se, die; -, -n [spätlat. hypothesis < griech. hypóthesis, zu: hypotithénai = (dar)unterstellen, -legen]: **1.** (bildungsspr.) *unbewiesene Annahme, Unterstellung:* eine kühne, reine, abenteuerliche H.; Alles, was er gesagt hat, waren -n, Erwägungen, Wünsche (Kirst, 08/15, 248); eine H. aufstellen, widerlegen. **2.** (Wissensch.) *von Widersprüchen freie, aber zunächst unbewiesene Aussage, Annahme (von Gesetzlichkeiten od. Tatsachen) als Hilfsmittel für wissenschaftliche Erkenntnisse:* eine H. über die Ausdehnung des Weltalls; mit einer H. arbeiten.

hy|po|the|tisch ⟨Adj.⟩ [spätlat. hypotheticus < griech. hypothetikós]: **1.** (bildungsspr.) *auf einer Hypothese* (1) *beruhend; fraglich, zweifelhaft:* -e Aussagen über etw. machen. **2.** (Wissensch.) *die Hypothese* (2) *betreffend, auf ihr beruhend, mit ihrer Hilfe:* Besonderes Interesse kam jenen theoretischen Arbeiten zu, die eine schon seit längerem diskutierte -e Eigenschaft der Elementarteilchen ins Spiel bringen (Zeit 1. 8. 75, 39); Mit Recht hat L. Popper auf den notwendig -en Charakter der Physik als Wissenschaft verwiesen (Natur 12).

Hy|po|thy|re|o|i|dis|mus, der; -, **Hy|po|thy|re|o|se,** die; - [vgl. Hyperthyreose] (Med.): *Unterfunktion der Schilddrüse.*

Hy|po|to|nie, die; -, -n [zu ↑Tonus] (Med.): **1.** *chronisch zu niedriger Blutdruck.* **2.** *herabgesetzte Spannung von Muskeln.* **3.** *krankhafte Verminderung des Innendrucks, der Spannung im Augapfel.*

Hy|po|to|ni|ker, der; -s, - (Med.): *jmd., der an zu niedrigem Blutdruck leidet.*

Hy|po|to|ni|ke|rin, die; -, -nen: w. Form zu ↑Hypotoniker.

hy|po|to|nisch ⟨Adj.⟩ (Med.): *die Hypotonie* (1) *betreffend, zu ihr gehörend; mit Hypotonie zusammenhängend.*

Hy|po|tra|che|li|on, das; -s, ...ien [lat. hypotrachelium < griech. hypotrachḗlion]: *Teil der Säule unterhalb des Kapitells.*

Hy|po|tri|cho|se, die; -, -n, **Hy|po|tri|cho|sis,** die; -, ...oses [...'o:ze:s; ↑Trichose] (Med.): *abnorm geringe Körperbehaarung.*

Hy|po|tro|phie, die; -, -n [zu griech. trophḗ = Nahrung, Ernährung]: **1.** (Med., Biol.) *mangelhaftes, unterdurchschnittliches Größenwachstum, Schwund von Geweben u. Organen.* **2.** (Med.) *Unterernährung.*

Hy|po|vi|ta|mi|no|se, die; -, -n (Med.): *Schädigung des Körpers durch fehlende Vitaminzufuhr, Vitaminmangelkrankheit.*

Hy|po|xä|mie, die; -, -n [zu ↑Oxygen u. griech. haîma = Blut] (Med.): *Verminderung des Sauerstoffs im Blut als Folge von Kreislaufstörungen od. einer Beeinträchtigung der Atmung.*

Hy|po|xie, die; -, -n [zu ↑Oxygen] (Med.): *Sauerstoffmangel in den Geweben als Folge von Hypoxämie.*

Hy|po|zen|trum, das; -s, ...tren (Geol.): *Stelle im Erdinnern, von der ein Erdbeben ausgeht; Erdbebenherd.*

Hy|po|zy|klo|i|de, die; -, -n (Math.): *Kurve, die ein Punkt der Peripherie eines Kreises beschreibt, wenn dieser Kreis auf der inneren Seite eines anderen, festen Kreises abrollt.*

Hyp|si|pho|bie, die; -, -n [zu griech. hýpsos = hoch u. ↑Phobie] (Med.): *Auftreten von Angst- u. Schwindelgefühlen beim Blick aus großen Höhen in die Tiefe.*

Hyp|so|me|ter, das; -s, - (Technik, Met.): *Gerät, das der Bestimmung des Luftdrucks bzw. der Höhenmessung dient; Siedebarometer.*

Hyp|so|me|trie, die; - [↑-metrie] (Technik, Met.): *Höhenmessung.*

hyp|so|me|trisch ⟨Adj.⟩ (Technik, Met.): *die Hypsometrie betreffend.*

Hyp|so|ther|mo|me|ter, das; -s, - (Technik, Met.): *mit einem Hypsometer gekoppeltes Thermometer.*

Hys|te|ral|gie, die; -, -n [zu griech. hystéra = Gebärmutter u. álgos = Schmerz] (Med.): *Schmerzen im Bereich der Gebärmutter.*

Hys|te|rek|to|mie, die; -, -n [↑Ektomie] (Med.): *operative Entfernung der Gebärmutter.*

Hys|te|re|se, Hys|te|re|sis, die; - [spätgriech. hystérēsis = das Zu-kurz-Kommen, zu griech. hýsteron = später; geringer] (Physik): *das Zurückbleiben einer Wirkung hinter der sie verursachenden veränderlichen Kraft.*

Hys|te|rie, die; -, -n [zu ↑hysterisch]: **1.** (Med.) *abnorme Verhaltensweise mit vielfachen physischen u. psychischen Symptomen ohne klar umschriebenes Krankheitsbild.* **2.** *[allgemeine] nervöse Aufgeregtheit, Erregtheit, Erregung, Überspanntheit:* die Begeisterung der Primanerinnen näherte sich der H. (Dorpat, Ellenbogenspiele 153); Gerade in der nachkriegsdeutschen H. und Umkehrmanie ... wäre die nüchterne marxistische Klärung ... notwendig gewesen (Zwerenz, Kopf 124).

Hys|te|ri|ker, der; -s, - (Med.): *jmd., der im Charakter od. im Verhalten Symptome der Hysterie* (1) *zeigt:* Er gab es auf. Mit diesem traurigen H. war nichts zu machen (Feuchtwanger, Erfolg 672).

Hys|te|ri|ke|rin, die; -, -nen: w. Form zu ↑Hysteriker: Der Beamte sah auf den ... zitternden Mund ... Eine H. Ich sehe das sofort (Erné, Fahrgäste 225).

hys|te|risch ‹Adj.› [spätlat. hystericus < griech. hysterikós, eigtl. = an der Gebärmutter leidend, zu: hystéra = Gebärmutter; nach antiker Vorstellung hatte die Hysterie ihre Ursache in krankhaften Vorgängen in der Gebärmutter]: **1.** (Med.) *die Hysterie* (1) *betreffend, auf ihr beruhend; an Hysterie leidend:* eine -e Frau; -e Anfälle; Pearls -e Angst vor Kindern untergrub seine Ehe (Baum, Paris 136). **2.** *zu nervöser Aufgeregtheit, zur Hysterie* (2) *neigend; übertrieben erregt, nervös; überspannt:* alle respektablen Bürger gerieten in einen Zustand von -er Panik (K. Mann, Wendepunkt 61); An unserer Stelle widersprach oder bestätigte sie der Hund mit -em Gebell (Wohmann, Absicht 64); Hysterisch werden – das hätte ich allemal auch allein gekonnt (Kant, Impressum 318); »Landen!«, rief sie, h. schluchzend, ein ums andere Mal, »warum landen wir nicht? ...« (Menzel, Herren 71).

hys|te|ri|sie|ren ‹sw. V.; hat›: *hysterisch* (2) *machen:* dass Baudelaire hier mit verstellter Stimme spricht, der des hysterisierten Bourgeois nämlich (Diskussion Deutsch 35, 1977, 264).

Hys|te|ri|sie|rung, die; -, -en: *das Hysterisieren.*

hys|te|ro|gen ‹Adj.› [↑-gen] (Med.): **1.** *auf hysterischen Ursachen beruhend.* **2.** *eine Hysterie auslösend:* -e Zonen *(Körperstellen, deren Berührung hysterische Zustände hervorrufen kann).*

Hys|te|ro|gramm, das; -s, -e [↑-gramm] (Med.): *Röntgenbild der Gebärmutter.*

Hys|te|ro|gra|phie, die; -, -n [↑-graphie] (Med.): *röntgenologische Untersuchung u. Darstellung der Gebärmutter mithilfe von Kontrastmitteln.*

hys|te|ro|id ‹Adj.› [zu griech. -oeidḗs = ähnlich] (Med.): *hysterieähnlich.*

Hys|te|ro|lo|gie, die; -, -n [griech. hysterología]: *Hysteron-Proteron* (2).

Hys|te|ro|ma|nie, die; -, -n [zu griech. hystéra = Gebärmutter u. ↑Manie]: *Nymphomanie.*

Hys|te|ron-Pro|te|ron, das; -s, Hystera-Protera [griech. hýsteron próteron = das Spätere (ist) das Frühere]: **1.** (Philos., Logik) *Beweis aus einem Satz, der selbst erst zu beweisen ist; Scheinbeweis.* **2.** (Rhet.) *Redefigur, bei der das nach Logik od. Zeitfolge Spätere zuerst steht* (z. B. bei Vergil: moriamus et in media arma ruamus = lasst uns sterben und uns mitten in die Feinde stürzen).

Hys|te|rop|to|se, die; -, -n [zu griech. hystéra = Gebärmutter u. ptõsis = das Fallen] (Med.): *Gebärmuttersenkung.*

Hys|te|ro|skop, das; -s, -e [zu griech. skopeĩn = betrachten, beschauen] (Med.): *Gebärmutterspiegel.*

Hys|te|ro|sko|pie, die; -, -n (Med.): *Untersuchung der Gebärmutter mit einem Hysteroskop.*

Hys|te|ro|to|mie, die; - [zu griech. tomḗ = Schnitt] (Med.): *operative Öffnung der Gebärmutter von der Scheide od. von der Bauchhöhle aus.*

Hz = Hertz.

I

i, I [i:], das; - (ugs.: -s), - (ugs.: -s) [mhd., ahd. i]: *neunter Buchstabe des Alphabets, dritter Laut der Vokalreihe a, e, i, o, u:* das kleine i wird mit Punkt, das große I ohne Punkt geschrieben.
i = Zeichen für die imaginäre Einheit in der Mathematik.
i ⟨Interj.⟩ [mhd. ī]: Ausruf der Ablehnung, Zurückweisung voller Ekel, Abscheu: i, ist das glitschig, schmierig!; i, schmeckt das scheußlich!; i bewahre!, i wo! (ugs.; *daran ist doch gar nicht zu denken!; nicht im Geringsten!;* als verstärkte verneinende Antwort).
I = Iod (↑Jod).
I = römisches Zahlzeichen für 1
ι, I: ↑¹Jota.
i. = in, im (bei Ortsnamen, z. B. Immenstadt i. Allgäu).
-i, der; -s, -s und die; -, -s: **1.** (ugs.) wird zum Abkürzen od. Erweitern von Substantiven (meist Namen) verwendet und kennzeichnet die Koseform: Kati, Klausi, Schatzi, Schimmi. **2.** (Jargon) **a)** wird zum Abkürzen od. Erweitern von Wörtern unterschiedlicher Wortart verwendet und drückt eine gewisse wohlwollende Einstellung gegenüber der Person (od. Sache) aus: Alki, Brummi, Drogi, Schlappi; **b)** wird zum Abkürzen von Substantiven verwendet und bezeichnet eine Person, die sehr allgemein durch etw. charakterisiert ist: Fundi, Sympi, Wessi; **c)** kennzeichnet eine substantivische Abkürzung, die durch Weglassen der auf -i folgenden Buchstaben entstanden ist: Assi, Multi, Promi, Zivi.
Ia = eins a (↑¹eins I).
i. A. = im Auftrag; (nach einem abgeschlossenen Text allein vor einer Unterschrift: I. A.).
-i|a|de, die; -, -n: **1.** bezeichnet in Bildungen mit Substantiven (meist Namen) eine Handlung, eine Tätigkeit o. Ä., die in der bestimmten Art von jmdm. ausgeführt wird: Boccacciade, Kneippiade. **2.** bezeichnet in Bildungen mit Substantiven (häufig Namen) eine Veranstaltung, einen Wettbewerb, der sehr allgemein in Beziehung zu jmdm., etw. zu sehen ist: Schubertiade, Universiade.
i|ah ['i:'a:, i'a:] ⟨Interj.⟩: lautm. für den Schrei des Esels.
i|a|hen ['i:a:ən, i'a:ən] ⟨sw. V.; hat⟩: *(vom Esel) die Stimme ertönen lassen.*
i. Allg. = im Allgemeinen.
Iam|be: usw.↑Jambe usw.
Ia|trik, die; - [griech. iatrikḗ (téchnē), zu: iatrikós, ↑iatrisch] (Med.): *Lehre von der ärztlichen Heilkunst.*
ia|trisch ⟨Adj.⟩ [zu griech. iatrikós = den Arzt betreffend, zu: iatrós = Arzt] (Med.): *die ärztliche Lehre, Heilkunst betreffend.*
Ia|tro|che|mie, die; - [zu griech. iatrós (↑iatrisch) u. ↑Chemie]: *auf Paracelsus zurückgehende Richtung der Medizin im 17./18. Jh., die die Körperfunktionen als chemische Umwandlungen von Stoffen verstand; Chemiatrie.*
ia|tro|gen ⟨Adj.⟩ [↑-gen] (Med.): *durch ärztliche Einwirkung (z. B. fehlerhafte Behandlung) ausgelöst, verursacht:* -e Krankheiten.
Ia|tro|lo|gie, die; - [griech. iatrología] (Med.): *ärztliche Lehre; Lehre von der ärztlichen Heilkunst.*
ia|tro|lo|gisch ⟨Adj.⟩: *die Iatrologie betreffend, auf ihr beruhend.*
I-Aus|weis, der; -es, -e: kurz für ↑Identitätsausweis.
ib., ibd. = ibidem.
Ibe|rer, der; -s, -: Angehöriger der vorindogermanischen Bevölkerung der Iberischen Halbinsel: Ü Schlechte Zensuren stellt der Abgeordnete dem Ministerrat (= der EG) aus, der lange Zeit kein geschlossenes Verhandlungskonzept in den wichtigen Wein- und Fischfragen vorgelegt habe, was die I. *(= die Spanier u. Portugiesen)* oft ratlos wartend registriert hätten (Allgemeine Zeitung 21. 12. 84, 3).
Ibe|re|rin, die; -, -nen: w. Form zu ↑Iberer.
Ibe|ri|en; -s: im Altertum Bez. für Spanien u. Portugal.
Ibe|ris, die; -, - [lat. (h)iberis < griech. ibērís = Kresse]: *Schleifenblume.*
ibe|risch ⟨Adj.⟩: zu ↑Iberien: die Iberische Halbinsel.
Ibe|ro|ame|ri|ka; -s: Lateinamerika.
Ibe|ro|ame|ri|ka|ner, der; -s, -: Ew.
Ibe|ro|ame|ri|ka|ne|rin, die; -, -nen: w. Form zu ↑Iberoamerikaner.
ibe|ro|ame|ri|ka|nisch ⟨Adj.⟩: **1.** *lateinamerikanisch.* **2.** *zwischen Spanien, Portugal u. Lateinamerika bestehend.*
ibi|dem [i'bi:dɛm, 'i:bidɛm; 'ɪb...; lat. ibidem]: *ebenda, ebendort* (Hinweiswort in wissenschaftlichen Werken zur Ersparung der wiederholten vollständigen Anführung eines bereits zitierten Buches); Abk.: ib., ibd.
Ibis, der; -ses, -se [lat. ibis < griech. ībis < ägypt. hīb]: *(in den wärmeren [sumpfigen] Gebieten der Erde verbreiteter) dem Storch ähnlicher Vogel mit langen Beinen, langem Hals u. sichel- od. löffelartig geformtem Schnabel.*
Ibi|za; -s: Insel der Balearen.
Ibi|zen|ker, der; -s, -: Ew.
Ibi|zen|ke|rin, die; -, -nen: w. Form zu ↑Ibizenker.
ibi|zen|kisch ⟨Adj.⟩: *Ibiza, die Ibizenker betreffend; aus Ibiza stammend.*
Ibn [arab.]: Sohn (Teil von arabischen Personennamen).
Ibrik, der od. das; -s, -s [pers. ibrīq]: *(im Orient) Wasserkanne mit dünnem Hals u. ovalem Bauch.*
IC® = Intercityzug.
-i|cal [-ɪkl̩], das; -s, -s [engl. -ical] (meist spöttisch): kennzeichnet in Bildungen mit Substantiven oder Adjektiven ein Stück o. Ä., das durch etw. charakterisiert ist od. mit etw. in Beziehung steht, als eine Art Show, als effektvolles, auf Emotionen abzielendes Werk: Biblical, Morbidical, Suizidical.
ICE® usw. = Intercity-Expresszug.
ich ⟨Personalpron.; 1. Pers. Sg. Nom.⟩ [mhd. ich, ahd. ih, gemeingerm. Personalpron., verw. mit lat. ego (↑Egoismus) u. griech. egṓ(n)]: Person, in der man von sich selbst spricht; Bezeichnung für die eigene Person: ich an deiner Stelle hätte mich anders entschieden; ich [bin doch ein] Esel!; ich, der sich immer um Ausgleich bemüht/ich, der ich mich immer um Ausgleich bemühe; er und ich[, wir] haben uns sehr gefreut; ⟨Gen.:⟩ meiner, (veraltet:) mein: erbarm dich mein[er]!; er kam statt meiner; ⟨Dativ:⟩ mir: schreib mir bald!; er schlug mir auf die Schulter; grüß mir (weglassbarer Dativus ethicus, der die innere Beteiligung des Sprechers ausdrückt, häufig ugs.) die Eltern!; von mir aus *(meinetwegen)* tu, was du willst!; ⟨Akk.:⟩ mich: lass mich in Ruhe!; er hat mich nicht gesehen.
Ich, das; -[s], -s, selten -: **a)** *das Selbst, dessen man sich bewusst ist u. mit dem man sich von der Umwelt unterscheidet:* das eigene, liebe Ich; das dichterische *(in einer Dichtung aktualisierte)* Ich; sein besseres

(der bessere Teil seines) Ich; sein Ich erforschen, zurückstellen, in den Vordergrund schieben; aus diesem ... Erlebnis seines zweiten freieren Ichs war dann eine innere Opposition ... erwachsen (Fr. Wolf, Menetekel 176); **b)** (Psych.) *zwischen dem triebhaften Es u. dem moralischen Über-Ich agierende Instanz:* Das Über-Ich peinigt das sündige Ich mit den ... Angstempfindungen und lauert auf Gelegenheiten, es von der Außenwelt bestrafen zu lassen (Freud, Unbehagen 165).

Ich|be|wusst|sein, das: *Bewusstsein des eigenen Ich:* ... ist für die Kulturstufe des Menschen charakteristisch, dass wohl kaum ein I. entwickelt ist (Natur 69).

ich|be|zo|gen ⟨Adj.⟩ [eindeutschend für ↑egozentrisch]: *sich selbst in den Mittelpunkt stellend; alles Geschehen in Bezug auf die eigene Person wertend:* dass die Kinder dieser Altersstufe noch in dem -en Erlebten befangen sind (Meyer, Unterrichtsvorbereitung 91); Der Introvertierte ist i. (Ruthe, Partnerwahl 148); eine -e Denkweise.

Ich|be|zo|gen|heit, die: *das Ichbezogensein:* ohne die I. vieler leiblicher Mütter (Kaschnitz, Wohin 201); auf diesen Dialog musste ich mich erst wieder einstellen, von der I. ab auf das Gegenüber (Eppendorfer, Ledermann 15).

Ich|er|zäh|ler, der: *in einem literarischen Werk als Erzähler auftretendes Ich (das aber mit der Person des Autors nicht identisch ist).*

Ich|er|zäh|le|rin, die: w. Form zu ↑Icherzähler.

Ich|er|zäh|lung, die: *Erzählung in der Ichform.*

Ich|form, die ⟨o. Pl.⟩: *literarische Darstellungsform mit einem als Erzähler auftretenden Ich.*

Ich|ge|fühl, das: *Gefühl, das jmd. vom eigenen Ich hat.*

Ich-Ide|al, das (Psych.): *Ego-Ideal.*

Ich|laut, der: *Laut, wie er im Deutschen nach e und i gesprochen wird* (z. B. Echo, ich).

Ich|mensch, der: *ichbezogener, egoistischer Mensch.*

Ich|neu|mon, der od. das; -s, -e u. -s [lat. ichneumon < griech. ichneúmōn, eigtl. = Spürer]: *(bes. in Spanien u. Afrika verbreitete) große, langhaarige, grünlich graue Schleichkatze mit langem Schwanz u. sehr kurzen Beinen.*

Ich|no|gramm, das; -s, -e [zu griech. íchnos = Fußstapfen, Fährte u. ↑-gramm] (Med.): **1.** *Gipsabdruck des Fußes* (z. B. zur Anfertigung von Fußeinlagen). **2.** *Aufzeichnung der Gehspur* (z. B. zur Feststellung einer Gehstörung).

Ichor [ˈiːçoːɐ̯, auch: ˈɪ...], der; -s [griech. ichṓr = Blut(wasser), Lymphe, H. u.]: **1.** (Geol.) *granitische Lösung, die infolge extremer Temperatur- u. Druckverhältnisse das Gestein durchdringt u. durch teilweises Umschmelzen eine Umwandlung bewirkt.* **2.** (Med.) *blutig-seröse Absonderung gangränöser Geschwüre.* **3.** (griech. Myth.) *der Lebenssaft, der (nach Homer) in den Adern der Götter fließt.*

Ich|ro|man, der: vgl. Icherzählung.

Ich|sucht, die ⟨o. Pl.⟩ (geh.): *Haltung, bei der man nur das eigene Ich im Auge hat; Selbstsucht:* Der Begriff ... der Philautia, des ... Verhältnisses zu sich selbst, das nicht I. sei (Musil, Mann 1165); Seine I. steche hervor (Noack, Prozesse 239); dort (= im Krieg) I. und Neid zu finden (Erné, Fahrgäste 33).

ich|süch|tig ⟨Adj.⟩ (geh.): *selbstsüchtig:* ein -er Mensch; dass die -en Kräfte letzten Endes doch nur zerstörend wirken (Musil, Mann 1048).

ich|thy-, Ich|thy-: ↑ichthyo-, Ichthyo-.

ich|thyo-, Ich|thyo-, (vor Vokalen meist:) icthy-, Ichthy- [zu griech. ichthýs, Gen.: ichthýos = Fisch] ⟨Best. in Zus. mit der Bed.⟩: *Fisch* (z. B. ichthyologisch, Ichthyosaurus).

Ich|thy|o|dont, der; -en, -en [zu griech. odoús (Gen.: odóntos) = Zahn]: *fossiler Zahn eines Fischs.*

Ich|thy|ol®, das; -s [Kunstwort aus griech. ichthýs = Fisch u. lat. oleum = Öl]: *aus dem Öl des fossile Reste von Fischen enthaltenden Ölschiefers gewonnene schwarzbraune bis farblose Flüssigkeit mit antiseptischer, entzündungshemmender u. schmerzstillender Wirkung.*

Ich|thyo|lith [auch: ...ˈlɪt], der; -s u. -en, -e[n] [↑-lith]: *versteinerter Fisch.*

Ich|thyo|lo|ge, der; -n, -n: *Wissenschaftler auf dem Gebiet der Ichthyologie; Fischkundler.*

Ich|thyo|lo|gie, die; - [↑-logie]: *Wissenschaft von den Fischen; Fischkunde.*

ich|thyo|lo|gisch ⟨Adj.⟩: *die Ichthyologie betreffend, zu ihr gehörend:* -e Forschungen.

Ich|thy|ol|sal|be, die ⟨o. Pl.⟩: *Ichthyol enthaltende Salbe.*

Ich|thyo|pha|ge, der; -n, -n ⟨meist Pl.⟩ [zu griech. phageĩn = essen, fressen] (Völkerk.): *Angehöriger von Küstenvölkern, die sich nur od. überwiegend von Fischen ernähren.*

Ich|thyo|sau|ri|er, der, **Ich|thyo|sau|rus,** der; -, ...rier: (Paläont.) *sehr großes, lebend gebärendes Kriechtier in den Meeren der Trias u. Kreidezeit; Fischechse.*

Ich|thyo|se, die; -, -n, **Ich|thyo|sis,** die; -, ...sen (Med.): *Hautkrankheit mit übermäßiger Trockenheit, Abschuppung u. abnormer Verhornung der Haut; Fischschuppenkrankheit.*

Ich|thyo|to|xin, das; -s [↑Toxin]: *Fischgift* (1) *im Blut des Aals.*

Icing [ˈaɪsɪŋ], das; -s, -s ⟨Pl. selten⟩ [amerik. icing, zu: to ice = in Sicherheit bringen] (Eishockey): *Befreiungsschlag, unerlaubter Weitschuss.*

Icker|chen, das; -s, - [H. u.] (landsch. fam.): *Beißerchen.*

Icon, das; -s, -s [engl. icon < griech. eikṓn, ↑Ikone] (EDV): *grafisches Sinnbild für Anwendungsprogramme, Dateien u. a. auf dem Bildschirm:* ... im Internet... Zu allen -s der Titelseite und den Logos der vielen hundert Folgeseiten gibt es einen so genannten Ersatztext (Saarbr. Zeitung 25.10.95, 8).

Ic|te|rus: ↑Ikterus.

Ic|tus: ↑Iktus.

¹Id, das; -[s], - [arab. ʿīd = Fest(tag), kurz für ʿīd al-aḍḥā = Fest der Opferung]: *höchstes islamisches Fest, das am Ende der alljährlichen Pilgerfahrt nach Mekka gefeiert wird und sich auf Abrahams Opferung Issaks bezieht.*

²Id, das; -[s] [lat. id = das(jenige), Neutr. von: is = der(jenige), zur Wiedergabe des dt. ¹es]: *(in der Tiefenpsychologie) das Unbewusste; ²Es.*

³Id, das; -[s], -e [von dem dt. Zoologen A. Weismann (1834–1914) geb. Kurzf. von ↑Idioplasma]: *(in der Keimplasmatheorie A. Weismanns) kleinster Bestandteil des Idioplasmas.*

id. = ¹idem; ²idem.

i. d. = in der (bei Ortsnamen, z. B. Neumarkt i. d. Oberpfalz).

-id: ↑-oid.

Ida, der; -: (im Altertum) Gebirge in Kleinasien u. auf Kreta.

Ida|feld, das ⟨o. Pl.⟩ (germ. Myth.): Wohnort der Asen.

Ida|ho [ˈaɪdəhoʊ]; -s: Bundesstaat der USA.

idä|isch ⟨Adj.⟩: zu ↑Ida.

Ida|red [ˈaɪdəred], der; -s, -s [zu ↑Idaho (dort wurde der Apfel erstmals gezüchtet) u. engl. red = rot]: *mittelgroßer bis großer, rötlicher Tafelapfel mit einem weißen bis gelblichen, saftigen, leicht säuerlichen Fruchtfleisch.*

ide. = indoeuropäisch.

ide|a|gen, ideogen ⟨Adj.⟩ [aus lat. idea (↑Idee) u. ↑-gen] (Psych.): *durch Vorstellungen ausgelöst, aufgrund von Vorstellungsbildern.*

ide|al ⟨Adj.⟩ [1: gekürzt aus ↑idealisch; 2, 3: spätlat. idealis, zu lat. idea, ↑Idee]: **1.** *den höchsten Vorstellungen entsprechend; von der Art, wie etw. (für bestimmte Zwecke) nicht besser vorstellbar, auszudenken ist:* ein -er Partner; ein -er Urlaubsort; er war der -e Darsteller für diese Rolle; die Bedingungen sind nahezu i.; i. ist die Luft trotz Klimaanlage auch nicht; ein schwarzes Kleid ist i. für alle festlichen Gelegenheiten; das Haus liegt geradezu i. *(hat eine äußerst günstige, schöne Lage).* **2.** *nur in der Vorstellung so vorhanden; einer bestimmten Idee entsprechend:* ein -es Prinzip; der -e Staat; die -e antike Aktfigur; die -e Landschaft (Kunstwiss.; *um 1600 in Rom entwickelter Typ des Landschaftsbildes in klassisch harmonischer Stilhaltung, auch als heroische Landschaft mit klassischer Architektur u. mythologischer Staffage);* eine -e (Physik; *als reibungslos strömend u. nicht zusammendrückbar angenommene*) Flüssigkeit; der -e Sprecher (Sprachw.; *vorgestellter Sprachteilhaber, der in einer völlig homogenen Sprachgemeinschaft lebt u. seine Sprache völlig beherrscht;* nach engl. ideal speaker); ⟨subst.:⟩ dass das Ideale seiner Natur nach unerreichbar sei (Musil, Mann 1331). **3.** *ideell, geistig; vom Ideellen, Geistigen bestimmt:* -e und materielle Gesichtspunkte, Zwecke; indem sie ... ihre kleinen -en Güter austauschten, welche ... aus Wandererinnerungen und fantastischen Plänen zu Finanzspekulationen großen Stils bestanden (Hesse, Sonne 31).

Ide|al, das; -s, -e [nach frz. idéal]: **1.** *Idealbild; Inbegriff der Vollkommenheit:* das I. einer Frau; ein I. an Schönheit; in jmdm. sein I. sehen; in der Welt des arischen -s (Freud, Unbehagen 159); jmdn., etw. zu seinem I. machen, erheben. **2.** *als ein höchster Wert erkanntes Ziel; Idee, nach deren Verwirklichung man strebt:* ein künstlerisches, unerreichbares I.; das humanistische I.; das I. der Freiheit, der Rechtsstaatlichkeit; -e hegen; sein I. verwirklichen; seinen -en treu bleiben; die Jugend war ohne -e, voller -e; dass sich der ... Menschen eine ... Abneigung gegen jede Form von I. oder Idee bemächtigt hat (Dönhoff, Ära 48).

Ide|al|be|din|gung, die ⟨meist Pl.⟩: *ideale* (1) *Bedingung:* Wintersportzentrum, das ... den Wintersportlern -en bietet (NNN 18. 3. 85, 5).

Ide|al|bei|spiel, das: *für etw. am besten geeignetes Beispiel.*

Ide|al|be|set|zung, die: *denkbar beste Besetzung* (2b).

Ide|al|bild, das: *Person od. Sache, die etw. Bestimmtes vollkommen repräsentiert; Ideal* (1): Das I., das Thukydides den Perikles ... in seiner Rede ... von der attischen Demokratie entwerfen lässt (Fraenkel, Staat 258); Die großen Künstler ... schufen sich ... ein fragwürdiges I. vom Tyrannenmörder, der die Freiheit und menschliche Kultur gerettet habe (Goldschmit, Genius 41).

ide|a|ler|wei|se ⟨Adv.⟩: *im Idealfall, unter idealen Umständen:* Idealerweise erwartet der Kapitalgeber von der Mannschaft der Mitarbeiter, zufriedene Kunden zu gewinnen (Schweizer Maschinenbau 16. 8. 83, 47); Für Ihre Tätigkeit benötigen Sie einen eigenen PKW und sollten i. möglichst kurzfristig zur Verfügung stehen (Augsburger Allgemeine 6./7. 5. 78, X [Anzeige]).

Ide|al|fall, der: *Fall, bei dem die günstigsten Voraussetzungen gegeben sind:* Der I. ist natürlich der, dass man schon vor dem offiziellen Training von einem bekannten Fahrer die Strecke gezeigt bekommt (Frankenberg, Fahren 65); Die ... Bildreportage ... schafft im I. aus Wort und Bild eine Einheit (Foto-Magazin 8, 1968, 17).

Ide|al|fi|gur, die: **1.** *Idealgestalt:* jmdn. zu einer I. verklären. **2.** *ideale Figur* (1): sie hat eine I.

Ide|al|for|de|rung, die: *Forderung, die sich nicht immer realisieren lässt:* dieser Grundsatz geht von einer I. aus.

Ide|al|ge|stalt, die: *durch die Vorstellung überhöhte, vollkommene [vorbildhafte] Gestalt.*

Ide|al|ge|wicht, das: *etwas unter dem Normalgewicht einer Person liegendes, für ideal gehaltenes Körpergewicht.*

ide|a|lisch ⟨Adj.⟩ (geh. veraltend): *einem Ideal* (1) *angenähert:* Für ihn (= Kant) ist der autorisierte Gewissensrichter eine -e Person, welche die Vernunft in sich selbst schafft (Wohmann, Absicht 384); Mein George-Bild würde entweder zu i. ausfallen oder zu gehässig (K. Mann, Wendepunkt 383); ◆ was uns fehlt, scheint uns oft ein anderer zu besitzen, dem wir denn auch alles dazugeben, was wir haben, und noch eine gewisse -e *(nur als Idee 3, nur in der Vorstellung vorhandene)* Behaglichkeit dazu (Goethe, Werther II, 20. Oktober 1771).

ide|a|li|sie|ren ⟨sw. V.; hat⟩ *einem Ideal* (1) *annähern, jmdn. od. etw. vollkommener sehen, als er od. es ist:* seine Eltern, seine Kindheit i.; die Kunst idealisiert nicht, sondern sie realisiert (Musil, Mann 1334); Sein (= Winckelmanns) Bild der Antike war idealisiert (Ceram, Götter 31); Die Darstellung in Bild 1 ist idealisiert (Funkschau 21, 1971, 2190).

Ide|a|li|sie|rung, die; -, -en: *das Idealisieren:* eine falsche I. der Realität; Die Auffassung reicht von reiner I. (Giorgione ...) bis zur anzüglichen Illustration (Schule von Fontainebleau ...) (Bild. Kunst III, 11 f.).

Ide|a|lis|mus, der; -: **1.** *[mit Selbstaufopferung verbundenes] Streben nach Verwirklichung von Idealen; durch Ideale bestimmte Weltanschauung, Lebensführung:* das ist reiner I. bei ihm; den nötigen I. für etw. [nicht mehr] aufbringen; aus blindem, falschem I. handeln; Mit ihrem ganzen glühenden, jugendlichen I. glaubte sie an diese erhabenen Dinge, die sie gelesen und immer wieder gehört hatte (Kirst, 08/15, 105); voller I. sein; von I. erfüllt sein. **2.** *philosophische Anschauung, die die Welt u. das Sein als Idee, Geist, Vernunft, Bewusstsein bestimmt u. die Materie als deren Erscheinungsform versteht:* der deutsche I. *(von Kant ausgehende, durch Fichte, Schelling u. Hegel ausformulierte u. mit Schopenhauer endende philosophische Richtung in Deutschland);* der subjektive I. *(extreme Form des Idealismus, der das Bewusstsein als die objektive wahre Welt bestimmt u. daher die Außenwelt für ein Produkt des erkennenden Ichs hält);* der ethische I. *(Idealismus, für den im Unterschied zum ethischen Materialismus nicht die Befriedigung materieller Bedürfnisse, sondern geistige Werte wie Würde, Freiheit u. Einsicht des Menschen an oberster Stelle stehen).*

Ide|a|list, der; -en, -en: **1.** *jmd., der selbstlos, dabei aber auch die Wirklichkeit etwas außer Acht lassend, nach der Verwirklichung bestimmter Ideale strebt:* ein leidenschaftlicher, glühender I.; du bist ein I. *(Optimist; glaubst an das Gute im Menschen).* **2.** *Vertreter des Idealismus* (2).

Ide|a|lis|tin, die; -, -nen: w. Form zu ↑Idealist (1).

ide|a|lis|tisch ⟨Adj.⟩: **1.** *nach der Verwirklichung von Idealen strebend, dabei aber die Wirklichkeit etwas außer Acht lassend; von einer solchen Auffassung zeugend:* ein -er Mensch; -e Visionen; i. gesinnt sein; den revolutionären Umschlag aus der tiefsten Entmenschung der Gegenwart ... in das höchste Menschsein der Zukunft – die die französischen Utopisten i. erträumt hatten – exakt »wissenschaftlich« zu beweisen (Fraenkel, Staat 191); die Bilder ... stellten Ausschnitte der russischen Gegenwart i. *(idealisierend)* dar (Koeppen, Rußland 147). **2.** *den Idealismus* (2) *betreffend, zu ihm gehörend:* die -e Philosophie.

Ide|a|li|tät, die; -: *ideale* (2) *Seinsweise:* Was er aber letztlich empfand ..., das war die siegende I. der Musik, der Kunst, des menschlichen Gemüts (Th. Mann, Zauberberg 896); Bildung ist ... der Weg der sittlichen und kulturellen Selbstformung des Menschen mit dem Ziel, eine zeitlose I. der Person zu verwirklichen (Natur 108); Sein verwittertes, wie gegerbtes Gesicht ist von reichstem Haarwuchs umrahmt. Alle I. *(idealisierte Darstellung)* scheint hier entschwunden (Bild. Kunst I, 88).

ide|a|li|ter ⟨Adv.⟩ [geb. mit der lat. Adverbendung -iter zu ↑ideal] (bildungsspr.): *im Idealfall:* so dass i. derjenige Sieger war, der schließlich das ganze Brett mit seinen Steinen umgeben hatte (Muschg, Sommer 147).

Ide|al|kon|kur|renz, die ⟨o. Pl.⟩ (Rechtsspr.): *Tateinheit.*

Ide|al|li|nie, die (Laufen, Ski, Motorsport): *bei einem Wettbewerb bester Wegverlauf zwischen Start u. Ziel.*

Ide|al|lö|sung, die: *ideale* (1) *Lösung [für etw.]:* etw. stellt keine, eine I. dar; die I. für ein Problem gefunden haben.

Ide|al|maß, das: *ideales* (1) *Maß.*

Ideal Spea|ker [aɪˈdiːəl ˈspiːkə], der; - - [engl. ideal speaker] (Sprachw.): *(in der generativen Grammatik) idealer* (2) *Sprecher.*

Ide|al|staat, der: *einer Idealvorstellung entsprechender Staat.*

Ide|al|typ, der: **a)** *jmd., der als Individuum etw. Bestimmtes in idealer Weise verkörpert:* er ist der I. eines Tennisspielers; **b)** *Idealtypus* (a).

ide|al|ty|pisch ⟨Adj.⟩: *einem Idealtyp[us] entsprechend.*

Ide|al|ty|pus, der: **a)** (Soziol.) *Idealbild, das durch gedanklich einseitige Steigerung bestimmter Elemente der Wirklichkeit gewonnen wird:* der I. eines parlamentarischen Regierungssystems; **b)** *Idealtyp* (a).

Ide|al|vor|stel|lung, die: *ideale* (1), *nicht an der Realität orientierte Vorstellung, die man sich von jmdm., etw. macht.*

Ide|al|wert, der: *ideeller Wert, den etw. hat.*

Ide|al|zu|stand, der: vgl. Idealfall.

Ide|a|ti|on, die; -, -en [engl. ideation, zu nlat. ideatus = einer Idee entsprechend] (Fachspr.): *terminologische Bestimmung von Grundtermini der Geometrie, der Kinematik u. der Dynamik.*

Idee, die; -, Ideen [z. T. unter Einfluss von frz. idée < lat. idea < griech. idéa, urspr. = Erscheinung, Gestalt, Form; bei Platon = Urbild, zu: ideîn = sehen, erkennen]: **1.** (Philos.) **a)** *(in der Philosophie Platos) den Erscheinungen zugrunde liegender reiner Begriff der Dinge:* die I. des Guten; Platons Reich der -n; **b)** *Vorstellung, Begriff von etw. auf einer hohen Stufe der Abstraktion.* **2.** *Leitbild, das jmdn. in seinem Denken, Handeln bestimmt:* philosophische, politische, marxistische -n; ... wurde Julika sachlich und leidenschaftslos unterrichtet, was nun eigentlich die I. des Kommunismus ist (Frisch, Stiller 136); die I. der Freiheit bei Schiller; sich für eine I. opfern; für eine I. eintreten, kämpfen; er bekannte sich zur europäischen I. **3.** *[schöpferischer] Gedanke, Vorstellung, guter Einfall:* eine neue, glänzende, brauchbare, nette, originelle, revolutionäre I.; das ist eine [gute] I.!; [das ist] keine schlechte I., aber ob sie sich ausführen lässt?; ihn überfiel plötzlich die I., es könnte etwas passiert sein; eine I. aufgreifen, entwickeln, in die Tat umsetzen, verfechten, vertreten; ich habe eine I. *(weiß, was wir tun können);* (iron.:) du hast [vielleicht] -n!; er folgte ... keineswegs nur seinen eigenen, am Schreibtisch gewonnenen -n (Rothfels, Opposition 109); sich an eine I. klammern; auf jmds. -n nicht eingehen; er hat mich erst auf diese I. gebracht; sie kam plötzlich auf die I. zu verreisen; sich in eine I. verrennen; von einer I. nicht loskommen; er zeigte sich von unserer I. begeistert; uns kam die I. zu einem Fest; der Autor hatte bereits die I. *(den gedanklichen Entwurf)* zu einem neuen Stück; *** fixe I.** *(eine unrealistische Vorstellung od. Meinung, die jmdn. beherrscht u. von der er nicht abzubringen ist);* **eine I.** *(ein bisschen, ein wenig in Bezug auf etw.):* kannst du eine I. lauter sprechen?; der Rock ist vorn [um] eine I. zu kurz; **keine/nicht die leiseste, geringste I. von etw. haben** (ugs.; *etw. nicht im Geringsten wissen*); **das ist eine I. von Schiller** (ugs.; *das ist ein guter Vorschlag*).

Idée fixe [ide'fiks], die; --, -s-s [ide'fiks; b: frz. idée fixe, zu: fixe = fest; unveränderlich < lat. fixus, ↑fix]: **a)** *fixe Idee;* **b)** *Grundgedanke od. Kernthema, das sich leitmotivisch durch ein mehrteiliges musikalisches Werk zieht* (z. B. Berlioz, Symphonie fantastique).

ide|ell ⟨Adj.⟩: *die Idee betreffend, auf ihr beruhend, von ihr bestimmt; geistig:* -e Gesichtspunkte, Werte, Ziele, Bedürfnisse; der Nutzen ist materiell und i.; jmdn., etw. i. unterstützen; Das menschliche Denken innerhalb ... einer ... i. gebundenen Gruppe (Marek, Notizen 17).

ide|en|arm ⟨Adj.⟩: *durch einen Mangel an künstlerischer, intellektueller o. ä. Erfindungsgabe gekennzeichnet:* ein -es Buch; er ist wirklich i.

Ide|en|ar|mut, die: *Mangel an Ideen* (3).

Ide|en|as|so|zi|a|ti|on, die [LÜ von engl. association of ideas]: *sich bei etw. einstellende gedankliche Verbindung.*

Ide|en|aus|tausch, der: *gedanklicher Austausch.*

Ide|en|dra|ma, das: **a)** ⟨o. Pl.⟩ *Gattung des Dramas, dessen Handlung u. Charaktere einer bestimmten Idee untergeordnet sind;* **b)** *einzelnes Werk der Gattung Ideendrama* (a): Lessings »Nathan« ist ein I.

Ide|en|er|be, das: *geistiges Erbe.*

Ide|en|flucht, die (Psych.): *krankhaft beschleunigter, abschweifender Gedankenablauf ohne logischen Zusammenhang [als Symptom einer manisch-depressiven Psychose].*

Ide|en|flug, der: *Gedankenflug.*

Ide|en|fül|le, die: *großer Reichtum an Ideen* (3).

Ide|en|ge|bäu|de, das: *Gedankengebäude.*

Ide|en|ge|halt, der: *Gehalt an Ideen* (2): der I. eines Dramas.

Ide|en|ge|schich|te, die ⟨o. Pl.⟩: *Geschichte der im realen Geschichtsablauf wirksamen ideellen Motive u. Triebkräfte.*

ide|en|ge|schicht|lich ⟨Adj.⟩: *die Ideengeschichte betreffend, dazu gehörend.*

Ide|en|gut, das ⟨o. Pl.⟩: *Gedankengut:* kalvinistisches I.; das I. der Französischen Revolution.

Ide|en|kreis, der: *Gesamtheit zusammengehörender Ideen:* die politischen -e der Gegenwart; der I. des Liberalismus.

Ide|en|leh|re, die ⟨o. Pl.⟩ (Philos.): **1.** *Lehre von den Ideen, Urbildern.* **2.** *geschichtsphilosophisches Konzept von den Ideen als zentralen Wirkkräften der Geschichte.*

ide|en|los ⟨Adj.⟩: *keine Ideen hervorbringend, die von geistiger Aktivität zeugen; ohne eigene Ideen, gestalterische Einfälle o. Ä.:* eine anonyme, -e Masse; Das Programm wirkt i., zusammengestöpselt (Hörzu 5, 1973, 123).

Ide|en|lo|sig|keit, die; -: *Einfallslosigkeit; das Fehlen von Ideen* (3).

Ide|en|ly|rik, die (Literaturw.): *Gedankenlyrik.*

ide|en|reich ⟨Adj.⟩: *reich an künstlerischer, intellektueller o. ä. Erfindungsgabe:* ein -er Designer.

Ide|en|reich|tum, der ⟨o. Pl.⟩: *Reichtum an Ideen* (3); *Erfindungsgabe.*

Ide|en|ver|bin|dung, die: *Gedankenverbindung.*

Ide|en|welt, die: *Gesamtheit der Ideen* (2), *Vorstellungen u. Gedanken (eines einzelnen od. einer Zeit).*

Ide|en|wett|be|werb, der: *Wettbewerb, bei dem für ein bestimmtes Projekt, zu einem bestimmten Themenkreis o. Ä. Ideen* (3) *vorgebracht werden, von denen eine od. mehrere prämiert werden:* Der I. muss mitten in den Abteilungen und ihren Teams beginnen (Höhler, Sieger 104); Ein solcher Vorteil ist auch der Gewinn eines von einer Fernsehanstalt durchgeführten -s unter bildenden Künstlern (NJW 19, 1984, 1118).

[1]**idem** [lat.]: *derselbe* (zur Ersparung der erneuten vollständigen Nennung des Verfassers bei bibliographischen Angaben); Abk.: id.

[2]**idem** [lat.]: *dasselbe;* Abk.: id.

Iden, Idus ⟨Pl.⟩ [lat. idus, H. u.]: *13. od. 15. Monatstag des altrömischen Kalenders:* die I. des März *(15. März, Tag der Ermordung Cäsars 44 v. Chr.).*

ident ⟨Adj.⟩: österr. häufig für ↑identisch: Bei einem Ausgabekurs von 100 ist die Rendite mit der Nominalverzinsung i. (Wochenpresse 25. 4. 79, 18).

Iden|ti|fi|ka|ti|on, die; -, -en: **1.** *Identifizierung.* **2.** (Psych.) *emotionales Sichgleichsetzen mit einer anderen Person od. Gruppe u. Übernahme ihrer Motive u. Ideale für die eigene Person:* Auch Freud ... bezeichnet diesen Vorgang daher als I. mit dem Aggressor (Heiliger, Angst 97).

Iden|ti|fi|ka|ti|ons|fi|gur, die: *jmd. (in seinem Auftreten u. der damit verbundenen Wirkung auf andere), mit dem man sich identifiziert* (2 c): eine I., ... das wäre hier ohne Zweifel die Figur des Genossen aus der Kontrollkommission, ... knorrig, eigenbrötlerisch (Loest, Pistole 234); ... mit Thomas Manns Bedürfnis nach Anlehnung, mit seiner Sehnsucht nach einem Vorbild, nach einer I. (Reich-Ranicki, Th. Mann 73).

Iden|ti|fi|ka|ti|ons|mög|lich|keit, die: *Möglichkeit, sich mit jmdm., etw. zu identifizieren* (2 c).

Iden|ti|fi|ka|ti|ons|ob|jekt, das: vgl. Identifikationsfigur: Der FC Liverpool ist eine Institution. Er ist I. für die Bewohner einer Stadt, die ... wenig mehr haben, auf das sie stolz sein können (Saarbr. Zeitung 14. 3. 80, 6).

iden|ti|fi|zier|bar ⟨Adj.⟩: *sich identifizieren* (1) *lassend:* eine kaum -e Handschrift.

Iden|ti|fi|zier|bar|keit, die; -: *das Identifizierbarsein.*

iden|ti|fi|zie|ren ⟨sw. V.; hat⟩ [zu ↑identisch u. lat. -ficare (in Zus.) = machen]: **1.** *genau wieder erkennen; die Identität, Echtheit einer Person od. Sache feststellen:* einen Verhafteten, eine Leiche i.; jmdn. anhand seiner Fingerabdrücke i.; er wurde als der gesuchte Axel M. identifiziert; im Ganzen sind bereits rd. 300 Holzarten identifiziert (Mantel, Wald 81); So rührt er ein Gemengsel aus Wortfetzen und Wortkaskaden an, das ein normal arbeitendes Trommelfell zwar als menschliche Sprache zu i. vermag, aber ... (Hörzu 38, 1975, 12). **2. a)** *mit jmdm., etw., miteinander gleichsetzen:* man kann nicht die öffentliche Meinung mit der Meinung des Bürgertums i.; dass die Welt die Deutschen und die Nazis weitgehend identifizierte (Hochhuth, Stellvertreter 252, Nachwort); dass der Geist des Frühkapitalismus beide (= Besitz und Leistung) identifiziert (Adorno, Prismen 31); **b)** ⟨i. + sich⟩ *jmds. Anliegen, etw. zu seiner eigenen Sache machen; aus innerlicher Überzeugung voll mit jmdm., etw. übereinstimmen:* sich mit seinem Staat, mit den geistigen Strömungen seiner Zeit i.; der Schauspieler identifiziert sich mit seiner Rolle; der Leser kann sich mit dieser Romangestalt nicht i.; mit dem, was bei unseren Bemühungen herausgekommen ist, kann ich mich nicht i.; Ich identifiziere mich also mit nichts; aber ich finde an allem etwas Wahres (Musil, Mann 1270); **c)** ⟨i. + sich⟩ (Psych.) *sich mit einer anderen Person od. Gruppe emotional gleichsetzen u. ihre Motive u. Ideale in das eigene Ich übernehmen:* Wenn man sich vollständig mit der strafdrohenden Person identifiziert ..., dann braucht man weitere Angriffe nicht mehr zu fürchten (Heiliger, Angst 97).

Iden|ti|fi|zie|rung, die; -, -en: *das Identifizieren; das Sichidentifizieren; Identifikation.*

iden|tisch ⟨Adj.⟩ [zu ↑Identität]: **a)** *völlig übereinstimmend; vollkommen gleich:* Sätze mit -en Strukturen; ein -er Reim

(*Reim mit gleichem Reimwort, rührender Reim,* z. B. freien/freien); eine -e Gleichung (Math.; *Gleichung, die nur bekannte Größen enthält od. für alle Werte einer in ihr enthaltenen Veränderlichen erfüllt ist*); -e (Fachspr.; *eineiige*) Zwillinge; ihre Interessen sind nicht i.; dass einer mit sich selbst i. wird (Frisch, Stiller 76); er ist i. mit dem Gesuchten *(ist der Gesuchte);* **b)** *dasselbe wie jmd., etw. bedeutend:* Das Land ... ist in der Öffentlichkeit i. mit Stahl und Kohle (Welt 21. 11. 64, 10); dass Gott letztlich i. wäre mit der sittlichen Weltordnung (Thielicke, Ich glaube 92); **c)** *innerlich übereinstimmend, wesensgleich:* dass sich die armen Deutschen noch stärker als bisher i. mit ihrem unseligen Hitler fühlen (Hochhuth, Stellvertreter 167).

Iden|ti|tät, die, - [spätlat. identitas, zu lat. idem = derselbe]: **1. a)** *Echtheit einer Person od. Sache; völlige Übereinstimmung mit dem, was sie ist od. als was sie bezeichnet wird:* jmds. I. feststellen, klären, bestreiten, bestätigen; seine I. hinter einem Pseudonym verbergen; dass wir es ... mit Elementarteilchen zu tun haben, die ihre I. wechseln (Gehlen, Zeitalter 24); ein Gefühl ... hat keine Dauer und I. (Musil, Mann 1245); für jmds. I. bürgen; **b)** (Psych.) *als Selbst erlebte innere Einheit der Person:* seine I. finden, suchen; dass ich die Verliebtheit in meine neue I. aufgenommen (Th. Mann, Krull 332). **2.** *völlige Übereinstimmung mit jmdm., etw. in Bezug auf etw.; Gleichheit:* die I. des Verhafteten mit dem Entführer; die chemische I. des Theins und des Koffeins; Die psychophysische I. zwischen ihm (= Napoleon) und dem Staatskörper ging bis zu nervlicher Verflechtung (Jacob, Kaffee 164).

Iden|ti|täts|angst, die (Psych.): *Angst, so zu sein, zu leben, wie es der inneren Veranlagung entspricht.*

Iden|ti|täts|aus|weis, der (österr.): *während der Besatzungszeit 1945–1955 gültiger Personalausweis;* Abk.: I-Ausweis.

Iden|ti|täts|fin|dung, die: *das Finden einer Identität* (1 b): In den Pagoden Kambodschas tragen die Buddhafiguren wieder gelbe Schärpen – Zeichen eines aktiven religiösen Lebens und einer zaghaften I. nach dem Albtraum des radikalsten, blutigsten Sozialexperiments (Weltwoche 17. 5. 84, 9).

Iden|ti|täts|kar|te, die (österr. veraltet; schweiz.): *Personalausweis.*

Iden|ti|täts|kri|se, die: *Krise im Erlebnis der Identität* (1 b): -n stehen mit Steuerungsproblemen in Zusammenhang (Habermas, Spätkapitalismus 13); Ü Die I. des Elsasses (Hörzu 23, 1982, 75).

Iden|ti|täts|nach|weis, der: **a)** *Nachweis der Identität* (1 a); **b)** (Zollw.) *Nachweis, dass eine nicht mehr in den Händen der Zollbehörde befindliche, noch unverzollte Ware unverändert wieder vorgeführt wird.*

Iden|ti|täts|pa|pie|re ⟨Pl.⟩ (Rechtsspr.): *Schriftstücke, die jmdn. als bestimmte Person od. als einen in einer bestimmten Angelegenheit Berechtigten ausweisen.*

Iden|ti|täts|phi|lo|so|phie, die: *Philosophie, in der die Differenz von Denken u. Sein, Geist u. Natur, Subjekt u. Objekt aufgehoben ist (bei Parmenides, Spinoza, im deutschen Idealismus, bes. bei Schelling, der den Ausdruck geprägt hat).*

Iden|ti|täts|ver|lust, der: *Verlust der Identität* (1 b): In keiner anderen Stadt ... scheinen die Probleme ... deutlicher hervorzutreten ...: tägliches Verkehrschaos, Grundstücks- und Bauspekulationen, Fremdarbeitergettos, I. (Hörzu 52, 1973, 50).

ideo-, Ideo- [zu griech. idéa, ↑Idee] ⟨Best. in Zus. mit der Bed.⟩: *Begriff, Idee, Vorstellung* (z. B. ideographisch, Ideogramm).

ide|o|gen: ↑ideagen.

Ide|o|gramm, das; -s, -e [↑-gramm] (Sprachw.): *Schriftzeichen, das nicht eine bestimmte Lautung, sondern einen ganzen Begriff vertritt; Begriffszeichen* (z. B. bei Hieroglyphen).

Ide|o|gra|phie, die; -, -n ⟨Pl. selten⟩ [↑-graphie] (Sprachw.): *aus Ideogrammen gebildete Schrift; Begriffsschrift.*

ide|o|gra|phisch ⟨Adj.⟩: *die Ideographie betreffend, auf ihr beruhend.*

ide|o|kra|tisch ⟨Adj.⟩: *den Ideokratismus betreffend, vertretend:* Sie kannte ihres Bruders oft recht -e Gesinnung, mit der er sie in manchem Gespräch geplagt hatte (Musil, Mann 1104).

Ide|o|kra|tis|mus, der; - [zu griech. krateīn = herrschen]: *Herrschaft der Vernunftbegriffe, vernünftiger [Rechts]verhältnisse.*

Ide|o|lo|ge, der; -n, -n [frz. idéologue, zu: idéologie, ↑Ideologie]: **1.** *[exponierter] Vertreter einer [politischen] Ideologie:* der I. der preußischen Konservativen, Friedrich Julius Stahl (Fraenkel, Staat 201); nämlich ... ein zumindest verkappter I. zu sein (Spiegel 13, 1966, 52). **2.** *weltfremder Theoretiker:* Die Ungerechtigkeit des Paradieses, die Adam zu Fall bringt, lässt sich nicht durch verworrene -n beseitigen (Hasenclever, Die Rechtlosen 409).

Ide|o|lo|gem, das; -s, -e [zu griech. lógos, ↑Logos] (bildungsspr.): *Gedankengebilde, Vorstellungswert:* die in einem Film vermittelten -e; Sie (= die Rolling Stones) sind -e von Fans (FR 5. 9. 73, 8).

Ide|o|lo|gie, die; -, -n [frz. idéologie, eigtl. = Ideenlehre, gepr. von dem frz. Philosophen A. L. C. Destutt de Tracy (1754–1836), zu griech. idéa (↑Idee) u. ↑-logie]: **a)** *an eine soziale Gruppe, eine Kultur o. Ä. gebundenes System von Weltanschauungen, Grundeinstellungen u. Wertungen:* eine bürgerliche, demokratische I.; die I. der herrschenden Schicht; die -n einer Zeit; eine I. vertreten; jmdm. seine I. aufzuzwingen versuchen; Der Film ist eine Analyse des Krimis und seiner I. (Hörzu 38, 1974, 68); Insofern hier die Störung des Geistes durch Vorurteile als Wesen der I. erscheint (Fraenkel, Staat 137); Dass die europäische Kultur ... zur bloßen I. entartete (Adorno, Prismen 12); **b)** *politische Theorie, in der Ideen* (2) *der Erreichung politischer u. wirtschaftlicher Ziele dienen (bes. in totalitären Systemen):* eine faschistische, kommunistische I.; politische -n; eine Gewerkschaftsbewegung, die ... unter Ablehnung jeder sozialistischen I. ihre Macht ... zur Wirkung brachte (Fraenkel, Staat 28); Dieser Nationalismus ... übersteigerte sich in der I. von dem rassebedingten, weltgeschichtlichen deutschen Führungsanspruch (Fraenkel, Staat 203); **c)** *weltfremde Theorie:* Wir haben von dieser aufgeschwollenen I. (= in Bezug auf die Liebe) heute genug, die fast schon so lächerlich ist wie eine Gastrosophie (Musil, Mann 940).

Ide|o|lo|gie|be|griff, der: *Begriff einer Ideologie; das, was ideologiegebunden unter dem Begriff »Ideologie« verstanden wird:* der bürgerliche I.; der I. der Aufklärung, Napoleons, bei Marx.

ide|o|lo|gie|frei ⟨Adj.⟩: *frei von Ideologie:* Aber es kann keine -e Stilistik geben (Sprachpflege 9, 1975, 181).

ide|o|lo|gie|ge|bun|den ⟨Adj.⟩: *an eine Ideologie gebunden.*

Ide|o|lo|gie|kri|tik, die: **a)** (Soziol.) *das Aufzeigen der materiellen Bedingtheit einer Ideologie;* **b)** (Sprachw.) *Kritik der gesellschaftlichen Prämissen bei der Textinterpretation.*

Ide|o|lo|gie|kri|ti|ker, der: *jmd., der Ideologiekritik übt.*

Ide|o|lo|gie|kri|ti|ke|rin, die: w. Form zu ↑Ideologiekritiker.

ide|o|lo|gie|kri|tisch ⟨Adj.⟩: *Ideologiekritik übend, beinhaltend; die Ideologiekritik betreffend.*

Ide|o|lo|gin, die: -, -nen: w. Form zu ↑Ideologe.

ide|o|lo|gisch ⟨Adj.⟩: **a)** *eine Ideologie betreffend, ihr entsprechend:* -e Vorurteile, Schranken; wo die Parteiorganisationen -e Arbeit leisteten (Neues D. 1. 6. 64, 1); In dem ... Säkularisierungsprozess, in dem ... manche Leute alle geistigen und ethischen Werte ... als »ideologischen Überbau« bezeichnen (Dönhoff, Ära 181); i. *(in Bezug auf eine bestimmte Ideologie)* geschult, gefestigt sein; Karel zeigt, dass dieses faschistoide Staatsgebilde i. keinerlei Vorbehalte gegen die Nazis hatte (FR 17. 2. 99, 10); sich ein bisschen um die Jugendfreundin zu kümmern, i. und so (Kant, Impressum 195); **b)** (selten; abwertend) *schwärmerisch weltfremden Theorien anhängend:* Anzeichen einer Wirklichkeitsfremde und Anmaßung, die die ... irrationalen Elemente in Gesellschaft und Politik verfehlt und eben deshalb i. wird (Fraenkel, Staat 138).

ide|o|lo|gi|sie|ren ⟨sw. V.; hat⟩: *mit einer Ideologie befrachten, durchdringen; jmdn. ideologisch ausrichten, beeinflussen, indoktrinieren:* so tut man genau das, was man dem SED-Propagandisten vorwirft: man ideologisiert die Wörter (Zeitschrift für deutsche Sprache 23, 1967, 148); »Wir machen immer denselben Fehler, Technik zu i.«, warnte Eichel gestern (FR 7. 11. 97, 26); ... verweigern fanatisierte Angeklagte und ideologisierte Verteidiger das herkömmliche Rollenspiel so gründlich (Spiegel 21, 1975, 44).

Ide|o|lo|gi|sie|rung, die; -, -en: *das Ideologisieren, Ideologisiertwerden.*

Ide|o|mo|to|rik, die; - (Psych.): *Gesamtheit der Bewegungen u. Handlungen, die ohne Mitwirkung des Willens, unwillkürlich (z. B. aufgrund affekt- od. emotionsbedingter Vorstellungen) ausgeführt werden.*

ide|o|mo|to|risch ⟨Adj.⟩ (Psych.): *(in Bezug auf Bewegungen od. Handlungen) ohne Mitwirkung des Willens, unbewusst ausgeführt; nur durch Vorstellungen ausgelöst.*

Ide|o|re|al|ge|setz, das; -es (Psych.): *für die Ausdruckskunde (Vorgänge der Nachahmung, Suggestion, Hypnose u. a.) bedeutsame Erscheinung, dass subjektive Erlebnisinhalte den Antrieb zu ihrer objektiven Verwirklichung einschließen.*

id est [lat.]: das ist, das heißt; Abk.: i. e.

idg. = indogermanisch.

idio-, Idio- [zu griech. ídios] ⟨Best. in Zus. mit der Bed.⟩: *eigen, selbst, eigentümlich, besonders* (z. B. idiographisch, Idiolekt).

Idi|o|blast, der; -en, -en ⟨meist Pl.⟩ [zu griech. blástos = Keim, Spross] (Biol.): *in einen größeren andersartigen Verband von Zellen eingelagerte einzelne pflanzliche Zelle od. Gruppe von Zellen von spezifischer Gestalt u. mit besonderer Funktion.*

idi|o|chro|ma|tisch [...k...] ⟨Adj.⟩ [zu griech. chrõma = Farbe] (Geol.): *(von Mineralien) eigenfarbig, ohne Färbung durch fremde Substanzen.*

Idi|o|gramm, das; -s, -e [↑-gramm] (Biol.): *grafische Darstellung der einzelnen Chromosomen eines Chromosomensatzes.*

idi|o|gra|phisch ⟨Adj.⟩ [zu griech. idiógraphos = eigenhändig geschrieben] (Fachspr.): *das Eigentümliche, Einmalige, Singuläre darstellend.*

Idi|o|ki|ne|se, die; -, -n [zu griech. kínēsis = Bewegung] (Biol.): *Erbänderung, wobei die Erbmasse durch Umwelteinflüsse verändert u. eine Mutation bewirkt wird.*

Idi|o|kra|sie, die; -, -n [griech. idiokrasía] (Med.; Psych.): *Idiosynkrasie.*

Idi|o|la|trie, die; - [zu griech. latreía, ↑Latrie]: *Vergötterung der eigenen Person.*

Idi|o|lekt, der; -[e]s, -e [engl. idiolect, geb. nach: dialect = Dialekt] (Sprachw.): *Sprachbesitz u. Sprachverhalten, Wortschatz u. Ausdrucksweise eines Individuums.*

idi|o|lek|tal ⟨Adj.⟩ (Sprachw.): *den Idiolekt betreffend, kennzeichnend, ihm entsprechend, zu ihm gehörend:* -e Abweichungen vom allgemeinen Sprachgebrauch.

Idi|om, das; -s, -e [griech. idíōma = Eigentümlichkeit, Besonderheit] (Sprachw.): **1.** *eigentümliche Sprache, Sprechweise einer regional od. sozial abgegrenzten Gruppe:* ein unverständliches I.; exotische, orientalische -e; die avantgardistische Literatur ist ... mit Zeitschriften in ... zwölf -en vertreten (Koeppen, Rußland 192); Er ... fügte in seinem I. ... etwas von Tram, Seilbahn und Mulos hinzu (Th. Mann, Krull 328); Ü Aber wie schwer muss es sein, das I. der Liebe zu lernen! (K. Mann, Wendepunkt 17). **2.** *eigentümliche Wortprägung, Wortverbindung od. syntaktische Fügung, deren Gesamtbedeutung sich nicht aus den lexikalischen Einzelbedeutungen ableiten lässt* (z. B. Angsthase = sehr ängstlicher Mensch).

Idi|o|ma|tik, die; - (Sprachw.): **1.** *Teilgebiet der Lexikologie, das sich mit Idiomen befasst.* **2. a)** *Darstellung od. Sammlung von Idiomen* (2); **b)** *Gesamtbestand der Idiome* (2) *einer Sprache.*

idi|o|ma|tisch ⟨Adj.⟩ [griech. idiōmatikós = eigentümlich] (Sprachw.): **1. a)** *zu einem Idiom* (1) *gehörend:* wie weit wäre man selbst dann noch entfernt von jener Vertrautheit mit der -en Nuance (K. Mann, Wendepunkt 323); **b)** *von, in der Art eines Idioms* (2): eine -e Wendung *(Redewendung, deren Gesamtbedeutung nicht aus der Bedeutung der Einzelwörter erschlossen werden kann);* ein -er Ausdruck. **2.** *die Idiomatik betreffend, in ihren Bereich gehörend.*

idi|o|ma|ti|siert ⟨Adj.⟩ (Sprachw.): *zu einem Idiom* (2) *geworden u. damit ohne semantisch-morphologische Durchsichtigkeit:* Die Wendung »sich wie ein Geldschrank bewegen« kann nicht als i. betrachtet werden (Sprachpflege 2, 1972, 46); Sofern ein Kompositum nicht i. ist, schließt es mehrere Vorstellungen ein (Deutsch als Fremdsprache 3, 1977, 175).

Idi|o|ma|ti|sie|rung, die; -, -en (Sprachw.): *[teilweiser] Verlust der semantisch-morphologischen Durchsichtigkeit eines Wortes od. einer Wortverbindung.*

Idi|o|ma|ti|zi|tät, die; - (Sprachw.): *idiomatische* (1 b) *Beschaffenheit, das Idiomatischsein.*

idi|o|morph ⟨Adj.⟩ [griech. idiómorphos = von besonderer Gestalt, zu: morphḗ = Gestalt, Form] (Geol.): *(von Mineralien) von eigenen echten Kristallflächen begrenzt:* -e Mineralien.

idi|o|pa|thisch ⟨Adj.⟩ [zu griech. páthos = Leiden, Krankheit] (Med.): *(von bestimmten Krankheitsbildern) spontan, ohne erkennbare Ursache, selbstständig u. nicht im Gefolge anderer Zustände od. Krankheiten auftretend.*

Idi|o|phon, (auch:) Idiofon, das; -s, -e [zu griech. phōnḗ = Stimme, Laut]: *selbstklingendes Musikinstrument* (Becken, Triangel, Gong, Glocken).

Idi|o|plas|ma, das; -s (Biol.): *Keimplasma, das Träger des Erbgutes ist.*

Idi|or|rhyth|mie, die; - [spätgriech. idiorrhythmía = Eigentümlichkeit]: *freiere Form des orthodoxen Mönchtums.*

idi|or|rhyth|misch ⟨Adj.⟩ [ngriech. idiórrhythmos = (von Klöstern) ohne Gemeinschaftsleben < spätgriech. idiórrhythmos = von eigentümlicher Lebensweise, zu griech. rhythmós, ↑Rhythmus]: *nach eigenem [Lebens]maß:* -e Klöster *(freiere Form des orthodoxen Klosterwesens, die dem Mönch, vom gemeinsamen Gottesdienst abgesehen, die private Gestaltung seines Lebens gestattet).*

Idi|o|syn|kra|sie, die; -, -n [griech. idiosygkrasía = eigentümliche Mischung der Säfte im Körper u. die daraus hervorgehende Beschaffenheit des Leibes, zu: sýgkrasis = Vermischung, zu: krãsis = das Mischen, Mischung]: **a)** (Med.) *[angeborene] Überempfindlichkeit gegen bestimmte Stoffe (z. B. Nahrungsmittel) u. Reize;* **b)** (Psych.) *besonders starke Abneigung od. Widerwillen gegenüber bestimmten Menschen, Tieren, Speisen, Dingen o. Ä.:* eine I. gegen jedes Spießertum; Während das wilde Tier durch die Ausnutzung seiner I. gegen das rote Tuch von dem regungslosen Körper abgelenkt wurde (Th. Mann, Krull 433).

idi|o|syn|kra|tisch ⟨Adj.⟩: **a)** (Med.) *überempfindlich gegen bestimmte Stoffe u. Reize;* **b)** (Psych.) *von unüberwindlicher Abneigung gegen etw., jmdn. erfüllt.*

Idi|ot, der; -en, -en [lat. idiota, idiotes < griech. idiṓtēs = gewöhnlicher, einfacher Mensch; Laie; Stümper, zu: ídios = eigen, eigentümlich]: **1.** *an Idiotie leidender, hochgradig schwachsinniger Mensch:* das Lallen, Grinsen eines -en; Sie blickten ... in ein Zimmer (= eines Irrenhauses) mit schweren -en (Musil, Mann 984). **2.** (ugs. abwertend) *jmds. Ärger od. Unverständnis hervorrufender törichter Mensch; Dummkopf:* das sind alles -en!; ich bin ein I., dass ich nicht mitfahre; warum habe ich I. noch mal damit angefangen?; Fünf Minuten vor zwölf riskiert der I. wegen so einer Bagatelle noch sein Leben (Apitz, Wölfe 232); jmdn. einen -en nennen.

Idi|o|ten|an|stalt, die (abwertend): *Irrenanstalt.*

idi|o|ten|haft ⟨Adj.⟩: *in der Weise eines Idioten* (1).

Idi|o|ten|hang, der (ugs. scherzh.): vgl. Idiotenhügel.

Idi|o|ten|hü|gel, der (ugs. scherzh.): *Hügel für Anfänger im Skifahren.*

idi|o|ten|si|cher ⟨Adj.⟩ (ugs. scherzh.): *so beschaffen, dass bei der Handhabung o. Ä. kaum etw. falsch gemacht werden kann:* eine -e Methode; Die ganze Anlage sei »idiotensicher«, erklärte der Bahnhofsvorsteher Terschbacher (MM 28. 8. 69, 7); die Vorrichtung funktioniert i.

Idi|o|ten|wie|se, die (ugs. scherzh.): vgl. Idiotenhügel.

Idi|o|tie, die; -, -n: **1.** (Med.) *angeborener od. im frühen Kindesalter erworbener schwerster Grad des Schwachsinns:* klinische I.; der Ausdruck einer flüchtigen, aber stets gegenwärtigen I., der hinter diesem Antlitz lauert (Hildesheimer, Legenden 164); an schwerer, angeborener I. leiden. **2.** (ugs. abwertend) *große Dummheit; widersinniges, törichtes Verhalten:* »Was Sie für Ihre Pflicht halten«, ... »ist in der Situation, in die wir glorreich hineingestolpert sind, pure I.« (Kirst, 08/15, 864); Dass Sie für Ihre fünfundzwanzig Jahre schon eine erhebliche Menge Tod, Elend und menschliche I. gesehen haben (Remarque, Obelisk 135).

Idi|o|ti|kon, das; -s, ...ken od. ...ka [zu griech. idiōtikós, ↑idiotisch]: *Mundartwörterbuch; auf eine Sprachlandschaft begrenztes Wörterbuch.*

Idi|o|tin, die; -, -nen: w. Form zu ↑Idiot.

idi|o|tisch ⟨Adj.⟩ [lat. idioticus < griech. idiōtikós = eigentümlich; gewöhnlich; ungebildet]: **1.** *hochgradig schwachsinnig; von Idiotie* (1) *zeugend:* ein -es Kind. **2.** (ugs. abwertend) *völlig unsinnig; widersinnig:* eine -e Arbeit; das ist doch i.!; einfach i. *(ärgerlich),* dass ich das vergessen habe; Sonst ist es absolut i. *(überflüssig),* überhaupt zu heiraten (Hörzu 29, 1972, 91); sich, etw. i. finden; -er konnte man es wirklich nicht anfangen.

Idi|o|tis|mus, der; -, ...men [2: lat. idiotismos < griech. idiōtismós = Sprechweise eines Mannes]: **1. a)** *Idiotie* (1); **b)** *Äußerung des Idiotismus* (1 a). **2.** (Sprachw.) *kennzeichnender, eigentümlicher Ausdruck eines Idioms; Spracheigenheit.*

idi|o|ty|pisch ⟨Adj.⟩ (Biol.): *durch die Gesamtheit des Erbgutes festgelegt:* auf blutsverwandtschaftlichem rötlichem Haar, eines der -en Merkmale dieser Tochter, für das er mitverantwortlich ist (Wohmann, Absicht 382).

Idi|o|ty|pus, der; -, ...typen (Biol.): *Gesamtheit des (bereits in der befruchteten Eizelle bzw. in der Spore* (1) *vorliegenden) Erbguts eines Individuums.*

Idi|o|va|ri|a|ti|on, die; -, -en (Biol.): *erbliche Veränderung eines Gens; Mutation.*

Ido, das; -s [nach dem unter dem Stichwort »Ido« (das in dieser Sprache »Abkömmling, Nachkomme« bedeutet u. zu griech. -ídēs = die Abstammung kennzeichnendes Suffix geb. ist) eingereichten Vorschlag des Franzosen L. de Beaufort]: *aus dem Esperanto weiterentwickelte Welthilfssprache.*

Ido|kras, der; -, -e [zu griech. idéa = Gestalt (↑Idee) u. krãsis = Mischung, also eigtl. = Mischgestalt]: *Kristalle bildendes olivgrünes od. bräunliches Mineral.*

Idol, das; -s, -e [lat. idolum < griech. eídōlon = Gestalt, (Götzen)bild, zu: ideĩn, ↑Idee]: **1.** *jmd., etw. als Gegenstand schwärmerischer Verehrung, meist als Wunschbild von Jugendlichen:* ein I. der Leinwand; Brasiliens I. Pele macht sich ... Sorgen um den Fußball im Land des dreimaligen Weltmeisters (FR 15.2.99, 23); Das Glück, ... es war das I. des Jahrhunderts, die viel beschriene Gottheit (Fussenegger, Haus 88); Weinheber, der ... Wiener Dichter, war seit jeher mein lyrisches I. *(Vorbild;* Fühmann, Judenauto 166); die Jugend sah, fand in ihm ihr I.; seinem I. nacheifern; zum I. [einer Generation, der Nachwelt] werden. **2.** (bild. Kunst) *Gottes-, Götzenbild [in Menschengestalt]:* ... finden sich ... in Heiligtümern und in Gräbern stark manieristische -e, fast durchweg stehende Frauen mit adorierend erhobenen Armen (Bild. Kunst I, 117).

Ido|la|trie, die; -, -n [lat. ido(lo)latria < griech. eidōlolatreía, zu: latreía, ↑Latrie] (bildungsspr.): *Bilderverehrung, -anbetung, Götzendienst.*

ido|li|sie|ren ⟨sw. V.; hat⟩: *zum Idol* (1) *machen:* einen Politiker, die Technik i.

Ido|lo|la|trie: ↑Idolatrie.

Ido|ne|i|tät, die; - [spätlat. idoneitas, zu lat. idoneus = geeignet, tauglich] (veraltet): **a)** *Geeignetheit, Tauglichkeit;* **b)** *passender Zeitpunkt.*

I-Dotz, der; -es, I-Dötze, **I-Dötz|chen,** das; -s, - [eigtl. = I-Pünktchen, wohl nach dem i der deutschen Schreibschrift, das die Schulanfänger zuerst schreiben lernten] (rhein.): *Schulanfänger, Abc-Schütze:* Die Zahl der »I-Dötze«, die in die nordrhein-westfälischen Grundschulen einrücken mussten (MM 9. 8. 72, 11).

IDR = internationaler Währungscode für: Rupiah.

Idsch|ma, die; - [arab. iǧmā'] (islam. Rel.): *Übereinstimmung der islamischen Theologen in Fragen des Glaubens u. des religiösen Gesetzes.*

Idun, Idu|na (germ. Myth.): Göttin der ewigen Jugend.

Idus ['idu:s]: ↑Iden.

Idyll, das; -s, -e [lat. idyllium < griech. eidýllion = Hirtengedicht, Vkl. von: eĩdos = Bild, Gestalt, eigtl. = Bildchen, dann = bildhaft ansprechende Darstellung von Szenen aus dem ländlichen Leben (bes. in der Hirtendichtung), zu ideĩn, ↑Idee]: *Bild, Zustand friedlichen, einfachen Lebens, meist in ländlicher Abgeschiedenheit:* ein dörfliches, häusliches I.; Diese Begegnung blieb noch eine Weile lebendig, als wäre sie ein zartes I. von einer Minute Dauer gewesen (Musil, Mann 652); In ihre Behausung wollte ich nicht kommen, um kein I. zu stören (Kirst, 08/15, 403); der Bericht, der am Eingang zur Leidensgeschichte steht, zeigt uns kein sanftes I. (Goes, Hagar 110).

Idyl|le, die; -, -n: **1.** (Literaturw.) *Schilderung eines Idylls, bes. von Hirten- u. Schäferszenen, in lyrischer u. epischer Dichtung u. in der Malerei:* die -n Theokrits, des Rokokos; Selbst Dios zauberhafte euböische I. aus der Kaiserzeit zeigt uns nur, was hellenische Dichtung noch in der Spätzeit an graziöser ... Poesie zustande bringen konnte (Thieß, Reich 365); das Stück Hartog-Rosemarie falsch, nämlich als I. zu inszenieren (Kuby, Rosemarie 46). **2.** *Idyll:* Die Eremitage ist eine I., aber eine bürgerliche I., auf den Plätzen und in den Alleen des Parkes stehen Nachbildungen antiker Statuen (Koeppen, Rußland 100); Durch den Rummel ging die I. des ... Emmentaler Dörfchens weitgehend verloren (Bund 11. 10. 83, 17); wie realitätsflüchtige Aufforderungen zur Rückkehr in die verlorene I. (Hofstätter, Gruppendynamik 42); Es gibt kein Zurück ins Jahrhundert der abgeschotteten Nationalstaaten, kein Zurück in die sozialstaatliche I. der Nachkriegszeit (SZ 22.12. 98, 13).

Idyl|lik, die; - (bildungsspr.): *idyllischer Charakter; idyllische Atmosphäre, Art:* ich sehe ... ferner ein wasserloses Brünnlein aus ebenfalls vermoostem Sandstein, alles nicht ohne I. (Frisch, Stiller 421); ob da nicht ein bisschen I. *(Hang zum Idyll)* dabei ist, in einem Land, das ein Land der Großstädte ist? (Tagesspiegel 15. 12. 63, 33).

Idyl|li|ker, der; -s, -: *jmd., der einen Hang zum Idyll hat:* Er scherzte über die tief gebeugte Figur eines Witwers, der alltäglich zum Grab der ... Abgeschiedenen pilgerte ... Ein solcher I. ... (Th. Mann, Zauberberg 632); Wolfgang Staudte als I.? Als Regisseur eines Films mit Kindern und Tieren? (Welt 5. 12. 64, Film).

Idyl|li|ke|rin, die; -, -nen: w. Form zu ↑Idylliker.

idyl|lisch ⟨Adj.⟩: **a)** *wie in einem Idyll, den Eindruck eines Idylls erweckend:* eine -e Landschaft, Gegend; der Ort war i. [gelegen]; Es waren vergleichsweise -e *(einfache u. beschauliche)* Verhältnisse gewesen (Kuby, Rosemarie 86); **b)** (Literaturw.) *zur Idylle* (1) *gehörend, für eine Idylle* (1) *charakteristisch:* selbst in der Malerei des 20. Jh.s sind der antiken Ideenwelt entnommene Vorstellungen nachzuweisen (Picassos -e Landschaften und Faune ...) (Bild. Kunst III, 13).

i. e. = id est.

I. E., IE = Internationale Einheit.

IEP = internationaler Währungscode für: irisches Pfund (2).

-ier [-ie:], der; -s, -s [nach frz. m. Subst. auf -ier, z. B. hôtelier, ↑Hotelier] ⟨Bildungen oft spöttisch⟩: **1.** bezeichnet in Bildungen mit Substantiven eine männliche Person, die etw. hat, für etw. zuständig ist: Bordellier, Kantinier, Kioskier. **2.** bezeichnet in Bildungen mit Substantiven eine männliche Person, die durch etw. auffällt, durch etw. sehr allgemein charakterisiert ist: Grimmassier, Kitschier, Pleitier.

-ie|ren: drückt in Bildungen mit Adjektiven – seltener mit Substantiven – aus, dass eine Person oder Sache in einen bestimmten Zustand gebracht, zu etw. gemacht wird: attraktivieren, negativieren, tabuieren ⟨in Verbindung mit ver-⟩: verabsolutieren.

-ie|rung, die; -, -en: bezeichnet in Bildungen mit Verben (Verbstämmen) etw. (eine Handlung, eine Tätigkeit): Isolierung, Konfrontierung, Resozialisierung.

i. f. = ipse fecit.

Ifor, die; - [engl. Kurzwort für **I**mplementation **For**ce]: von der NATO aufgestellte Einsatztruppe für Bosnien und Herzegowina.

I-för|mig ⟨Adj.⟩: *in Form eines großen I.*

IG = Industriegewerkschaft; Interessengemeinschaft.

-ig: 1. drückt in Bildungen mit Substantiven oder Verben aus, dass die beschriebene Person oder Sache vergleichbar mit jmdm., etw. oder jmdm., etw. ähnlich ist/ *in der Art von jmdm., etw.:* freakig, jazzig, kicherig. **2.** drückt in Bildungen mit Substantiven (Zeitangaben) und einer näheren Bestimmung eine Dauer aus: halbjährig, zehnminütig. **3.** drückt in Bildungen mit Substantiven und einer näheren Bestimmung oder mit zusammengesetzten Substantiven aus, dass die beschriebene Person oder Sache etw. hat: bravgesichtig, mehrgeschossig, vorschulaltrig.

Igel, der; -s, - [mhd. igel, ahd. īgil, zum idg. Wort für »Schlange« (vgl. griech. échis = Viper) u. eigtl. = Schlangenfresser]: **1.** *braunes, Stacheln tragendes, kurzbeiniges Säugetier, das sich bei Ge-*

fahr zu einer stacheligen Kugel zusammenrollt: ein stacheliger I.; der I. stellt die Stacheln auf, rollt sich zusammen; die I. halten Winterschlaf; das Märchen vom Hasen und dem I.; Ü er ist ein richtiger I. *(aus einer gewissen Schüchternheit heraus kratzbürstiger, sich abkapselnder Mensch).* **2.** (Landw.) *einseitiger Hackpflug mit Messern u. Zinken zur Bodenlockerung.* **3.** *mit Mandelstiften bestecktes Gebäck in Igelform.* **4.** (ugs. scherzh.) kurz für ↑Igelschnitt.

Igel|bors|te, die: *Igelstachel.*

Igel|fisch, der: *(in tropischen Meeren vorkommender) Fisch mit schuppenloser Haut u. Stacheln, die bei Gefahr auf dem ballonartig aufgetriebenen Körper aufgerichtet werden.*

Igel|fri|sur, die (ugs. scherzh.): *Igelschnitt.*

Igel|gins|ter, der: *dorniger, auch als Topfpflanze kultivierter Ginster des westlichen Mittelmeergebietes mit blauvioletten Blüten.*

Ige|lit® [auch: ...ˈlɪt], das; -s [Kunstwort]: *polymeres Vinylchlorid (ein Kunststoff):* Die Aktentasche ... war aus I. (Zwerenz, Quadriga 256); in der mit I. verschalten Auslage (Bieler, Bär 112).

Igel|kak|tus, der: *kugeliger, großer Kaktus mit kräftigen Dornen an den Längsrippen u. gelben Blüten an der Spitze; Echinokaktus.*

Igel|kol|ben, der: *(in sumpfigen Gebieten wachsende) Pflanze mit schwertförmigen Blättern u. grünlichen Blüten in sternartigen, kugeligen Köpfchen.*

Igel|kopf, der (ugs. scherzh.): *Kopf mit Igelschnitt.*

igeln ⟨sw. V.; hat⟩ (Landw.): *den Boden mit dem Igel* (2) *bearbeiten.*

Igel|nel|ke, die: *als Zierpflanze kultiviertes, niedrig wachsendes Nelkengewächs aus dem Balkan mit blaugrünen, stechenden Blättern u. weißen bis rosa Blüten.*

Igel|schnitt, der (ugs. scherzh.): *Bürstenschnitt; Meckifrisur.*

Igel|sta|chel, der: **1.** *Stachel des Igels:* Bartstoppeln wie -n. **2.** (ugs.) *Partyspießchen:* ... die schmelzenden Bissen, die ich mir auf einem I. zwischen die Lippen schob (Kaschnitz, Wohin 28).

Igel|stel|lung, die [nach dem Bild des bei Gefahr sich zusammenrollenden Igels] (Milit.): *(bes. von eingeschlossenen Truppen) Stellung zur Verteidigung nach allen Seiten:* ... waren wir da zwischen Wilmersdorf, Dahlem ... wie in einer von allen Seiten eingekesselten I. (Kantorowicz, Tagebuch I, 31); Ü er begibt sich leicht in eine I.

igitt, igit|ti|gitt ⟨Interj.⟩ [wohl verhüll. für: o Gott, ogottogott] (landsch.): oft als Übertreibung empfundener Ausruf der Ablehnung, Zurückweisung voller Ekel, Abscheu: igitt, was der für einen Kopf hat (Kant, Impressum 66); Igittigitt – die feuchtfröhliche Zuneigung (= einer den Hosenboden leckenden Kuh) ist Städter Schwarzkopf nicht geheuer (Hörzu 19, 1973, 36).

-ig|keit, die; -, -en: bildet mit bestimmten Adjektiven die entsprechenden Substantive, die dann einen Zustand, eine Beschaffenheit, Eigenschaft ausdrücken: Engigkeit, Laienhaftigkeit, Schwunglosigkeit.

Iglu, der od. das; -s, -s [eskim. ig(dl)lu = Haus]: *aus Schneeblöcken errichtete, kuppelförmige [Winter]hütte der Eskimos.*

Igni|punk|tur, die; -, -en [zu lat. ignis = Glut, Feuer] (Med.): *das Veröden, Aufstechen von Zysten o. Ä. mit dem Thermokauter.*

Igni|tron, das; -s, ...one u. -s [engl. ignitron, zu lat. ignis = Glut, Feuer; geb. nach ↑Elektron] (Physik): *als Gleichrichter für hohe Stromstärken verwendete Röhre mit Quecksilberkathode.*

igno|ra|mus et igno|ra|bi|mus [lat. = wir wissen nicht und werden nicht wissen; nach dem Ausspruch des dt. Physiologen E. Du Bois-Reymond (1818–1896) in seinem 1872 gehaltenen Vortrag »Über die Grenzen des Naturerkennens«] (bildungsspr.): *wir wissen es nicht u. werden es auch nie wissen* (Schlagwort für die Unlösbarkeit der Welträtsel).

igno|rant ⟨Adj.⟩ [zu lat. ignorans (Gen.: ignorantis), 1. Part. von: ignorare, ↑ignorieren] (bildungsspr. abwertend): *von (tadelnswerter) Unwissenheit zeugend:* eine -e Bemerkung; in einer -en Gesellschaft, die sich nur dem Namen nach »christlich« nennt (Hörzu 43, 1973, 150); Peymann bezeichnete das Bestehen auf der Notbeleuchtung als »eine -e Beeinflussung der künstlerischen Freiheit« (MM 2. 8. 72, 28).

Igno|rant, der; -en, -en (bildungsspr. abwertend): *tadelnswert unwissender, kenntnisloser Mensch:* Mein Assistent Nowotka, dieser I., setzt zwar gute Zensuren darunter, ... (Becker, Irreführung 57); dass literarische -en einen Präsentband »nicht unter hundert Mark« suchen (Welt 4. 12. 65, Betrieb und Beruf); Schmidt pflegte alle anderen ... als -en ... einzustufen (MM 1. 4. 74, 1).

Igno|ran|ten|tum, das; -s (bildungsspr. abwertend): *Äußerung der Ignoranz* (a) *in einem entsprechenden Verhalten.*

Igno|ran|tin, die; -, -nen: w. Form zu ↑Ignorant.

Igno|ranz, die; - [lat. ignorantia] (bildungsspr. abwertend): **a)** *tadelnswerte Unwissenheit, Kenntnislosigkeit in Bezug auf jmdn., etw.:* politische I.; Sie wurde ein armes, verzweifeltes Tier, das an der I. der Umwelt eingeht (Welt 14. 7. 65, 5); seine Antwort zeugt von ziemlicher I.; **b)** (selten) *das Ignorieren:* eine Entschuldigung zu finden für die I., mit der sie ... den ... Informationen über den Massenmord begegnet sind (Hochhuth, Stellvertreter 248, Nachwort).

igno|rie|ren ⟨sw. V.; hat⟩ [lat. ignorare = nicht wissen (wollen), zu: ignarus = unerfahren, unwissend, zu: gnarus = kundig, zu: noscere, ↑Notiz]: *absichtlich übersehen, übergehen, nicht beachten:* jmdn., jmds. Anwesenheit, einen Vorfall, jmds. Antwort, ein Problem, seine Krankheit, jmds. Befehle, jmds. Interessen i.; Er machte ein ernstes Gesicht, ignorierte die heißen Maroni (Schwaiger, Wie kommt 28); ignorieren wir *(vergessen wir dabei)* doch nicht, dass ....

Igno|szenz, die; - [lat. ignoscentia] (veraltet): *Verzeihung.*

igno|szie|ren ⟨sw. V.; hat⟩ [lat. ignoscere, eigtl. = etw. nicht kennen wollen, zu: noscere, ↑Notiz] (veraltet): *verzeihen.*

Igu|a|na, die; -, ...nen [span., port. iguana < Arawak (südamerik. Indianerspr.) iguana)]: *(in tropischen Gebieten Amerikas vorkommender) Leguan mit sichelförmigem Kamm.*

Igu|a|no|don, das; -s, -s od. ...onten [engl. iguanodon, zu ↑Iguana u. griech. odṓn = Zahn]: *pflanzenfressender Dinosaurier der Kreidezeit mit kräftigen Hinterbeinen, zum Greifen ausgebildeten Vorderbeinen u. langem, kräftigem Schwanz.*

Igu|men, der; -s, - [ngriech. hēgoumenos, ↑Hegumenos]: *Hegumenos.*

i. H. = im Haus[e].

IHK = Industrie- u. Handelskammer.

Ih|le, der; -n, -n [wohl zu niederl. (landsch.) iel = schwach, dünn]: *Hering, der schon gelaicht hat, deshalb mager u. minderwertig ist u. für Rollmöpse verwendet wird.*

ihm [mhd. im(e), ahd. imu, imo] ⟨Dativ Sg. der Personalpron. ↑er, ↑[1]es (1 a) ⟩: wie geht es ihm (= dem Patienten, dem Kind)?

ihn [mhd. in(en), ahd. inen] ⟨Akk. Sg. des Personalpron. ↑er⟩: hast du ihn (= den Vater) gesehen?

ih|nen [mhd. in(en), ahd. in(en), im] ⟨Dativ Pl. des Personalpron. ↑sie (2) ⟩: das kommt ihnen (= den Arbeitgebern) sicher sehr gelegen.

Ih|nen ⟨Dativ Sg. u. Pl. von ↑sie (2 b) in der Anrede⟩: darin stimme ich mit Ihnen (= eine od. mehrere Personen) überein.

[1]ihr [mhd. ir, ahd. ira, iro, iru] ⟨Dativ Sg. des Personalpron. ↑sie (1 a)⟩: ich habe ihr (= der Tochter) ein Kleid gekauft.

[2]ihr ⟨Personalpron.; 2. Pers. Pl. Nom.⟩ [mhd., ahd. ir]: **a)** Anrede an verwandte od. vertraute Personen [die man als einzelne duzt], an Kinder, göttliche Wesenheiten, Untergebene, (in dichter. Sprache) personifizierend an Dinge u. Abstrakta: ihr könnt euch glücklich schätzen; ihr und ich[, wir] haben uns damals mit einer Entscheidung gleichermaßen schwer getan;ihr Freunde; ihr geliebten Berge!; ihr Lieben (Anrede im Brief); ⟨Gen.:⟩ das ist sicher in euer aller Sinne; ⟨Dativ:⟩ wir werden euch beistehen; ⟨Akk.:⟩ wir besuchen euch bald wieder; freut euch!; **b)** (veraltet) Anrede an eine einzelne Person: Ich bin ein Vornehmer des Kaisers wie Ihr, Herzog (Hacks, Stücke 58).

[3]ihr ⟨Possessivpron.⟩ [mhd. ir (w. iriu, s. irȥ), subst.: daȥ ir(e)]: **1.** bezeichnet die Zugehörigkeit od. Herkunft eines Wesens od. Dinges, einer Handlung od. Eigenschaft in Bezug auf eine in der 3. Pers. Sg. genannte weibliche Person: **a)** ⟨vor einem Subst. in Bezug auf eine in der 3. Pers. Sg. genannte Person od. Sache mit weiblichem Geschlecht⟩ ihr Kleid; -e Enkelkinder; -e Einstellung; (geh.:) im Auftrag Ihrer Majestät [der Kaiserin];

ihr Flugzeug *(das Flugzeug, mit dem sie fliegen wollte);* ich lese in -em Buch (1. *dem Buch, das ihr gehört.* 2. *dem Buch, das ich von ihr geschenkt bekommen habe.* 3. *dem Buch, das sie geschrieben, herausgegeben hat*); als Ausdruck einer Gewohnheit, gewohnheitsmäßiger Zugehörigkeit, Regel o. Ä.: sie hat -en Bus verpasst; sie mit -em [ewigen] Genörgel; **b)** ⟨o. Subst.:⟩ das ist nicht mein Buch, sondern -s, (geh.:) -es; **c)** ⟨subst.:⟩ (geh.:) das ist nicht meine Angelegenheit, sondern die -e; der Ihre *(ihr Mann);* die Ihren *(ihre Angehörigen);* das Ihre (1. *das ihr Zustehende.* 2. *das ihr Zukommende*). **2.** bezeichnet die Zugehörigkeit od. Herkunft eines Wesens od. Dinges, einer Handlung od. Eigenschaft in Bezug auf mehrere in der 3. Pers. Pl. genannte Personen: **a)** ⟨vor einem Subst. in Bezug auf mehrere in der 3. Pers. Sg. genannte Personen od. Sachen⟩ Eltern mit -en Kindern; die Kinder spielten mit -em Hund; als Ausdruck einer Gewohnheit, gewohnheitsmäßigen Zugehörigkeit, Regel o. Ä.: die Kinder brauchen -e geregelten Mahlzeiten; **b)** ⟨o. Subst.:⟩ es waren nicht mehr unsere Gebiete, sondern -e; **c)** ⟨subst.:⟩ (geh.:) wir brachten unsere Änderungswünsche vor, warum andere nicht die -en?; sie waren Weihnachten zu den Ihren *(ihren Angehörigen)* gefahren; Hektik, Aufregungen und schlechte Ernährung taten das Ihre *(trugen dazu bei),* seine Gesundheit zu schwächen; sie haben das Ihre *(ihnen Zustehende)* bekommen; sie haben alle das Ihre *(ihnen Zukommende)* getan. **3.** bezeichnet die Zugehörigkeit od. Herkunft eines Wesens od. Dinges, einer Handlung od. Eigenschaft in Bezug auf eine od. mehrere mit »Sie« angeredete Personen: **a)** ⟨vor einem Subst.⟩ vergessen Sie Ihren Schirm nicht!; wir freuen uns über Ihr zahlreiches Erscheinen; mit freundlichen Grüßen Ihre XY (Briefschluss); als Ausdruck einer Gewohnheit, gewohnheitsmäßigen Zugehörigkeit, Regel o. Ä.: lassen Sie heute Ihren Spaziergang ausfallen?; **b)** ⟨o. Subst.:⟩ ich habe meinen Antrag eingereicht, Sie Ihren auch?; **c)** ⟨subst.:⟩ (geh.:) das ist seine Angelegenheit und nicht die Ihre; meine besten Empfehlungen an die Ihren *(Ihre Angehörigen);* kümmern Sie sich nur um das Ihre! (1. *Ihnen Zustehende.* 2. *Ihnen Zukommende*).

[4]**ihr** ⟨veralteter Gen. Pl. des Personalpron. ↑sie (2 a)⟩: ihr aller Leben war in Gefahr.

Ih|ram [ɪx'ra:m], der; -s, -s [arab. ihrām] (islam. Rel.): **1.** ⟨o. Pl.⟩ *Zustand kultischer Reinheit, in dem die Muslime die rituellen Gebete zu verrichten haben u. der auch auf der Pilgerfahrt nach Mekka einzuhalten ist.* **2.** *Bekleidung der nach Mekka pilgernden Muslime, die aus zwei langen weißen Baumwolltüchern besteht, die um Rücken u. linke Schulter bzw. um die Taille geschlungen werden.*

ih|rer ⟨Gen. des Personalpron. ↑sie (1, 2)⟩: (geh.:) man gedachte ihrer (= der Mutter); (geh.:) man gedachte ihrer (= der Vorfahren).

ih|rer|seits ⟨Adv.⟩ [↑-seits]: **1.** *(gegenüber einem andern) von ihrer* (↑sie 1 a) *Seite aus [nun auch]:* sie reagierte i. etwas zurückhaltend auf unseren nicht präzise formulierten Vorschlag. **2.** *(gegenüber einem andern) von ihrer* (↑sie 2 a) *Seite aus [nun auch]:* wir werden uns auf ihre Bedingungen nur einlassen, wenn sie i. zu gewissen Zugeständnissen bereit sind. **3.** *(gegenüber einem andern) von Ihrer* (↑sie 2 b) *Seite aus [nun auch]:* ich hoffe, dass Sie die Angelegenheit Ihrerseits noch einmal überdenken.

ih|res|glei|chen ⟨indekl. Pron.⟩: **1.** *jmd. wie sie* (1); *jmdn., der ihr gleich ist:* sie pflegt nur Kontakte mit i. *(Personen ihres Standes, ihrer Kreise).* **2.** *jmd. wie sie* (2); *jmd., der ihnen gleich ist:* Leuten wie i. ist nicht zu trauen. **3.** *jmd. wie Sie; jmd., der Ihnen gleich ist:* für Ihresgleichen dürfte das eine Kleinigkeit sein.

ih|ret|hal|ben ⟨Adv.⟩ [mhd. von iret halben, ↑-halben] (veraltend): *ihretwegen.*

ih|ret|we|gen ⟨Adv.⟩: **1.** *aus Gründen, die sie* (1) *betreffen; ihr zuliebe:* i., weil sie müde war, sind wir früher nach Hause gegangen. **2.** *aus Gründen, die sie* (2) *betreffen; ihnen zuliebe:* wenn sie nicht ernsthaft interessiert sind, werden wir uns i. nicht weiter bemühen. **3.** *aus Gründen, die Sie betreffen:* Ihretwegen habe ich mich für Ihren Sohn eingesetzt.

ih|ret|wil|len ⟨Adv.⟩: nur in der Fügung **um i.** (1. *mit Rücksicht auf sie* (1). 2. *mit Rücksicht auf sie* (2). 3. *mit Rücksicht auf Sie:* um Ihretwillen werde ich es tun).

ih|ri|ge, der, die, das; -n, -n ⟨Possessivpron.; immer mit Art.⟩ (geh. veraltend): *der, die das* [3]*ihre* (1 c, 2 c, 3 c); *vgl. meinige.*

Ih|ro ⟨indekl. Pron.⟩ [geb. nach ↑dero]: *Ihre* (in veralteter Anrede od. bei Erwähnung hochgestellter [adliger] Persönlichkeiten): I. Gnaden, Majestät.

ihr|zen ⟨sw. V.; hat⟩ [mhd. irzen]: *mit Ihr* ([2]ihr b) *anreden.*

IHS = IH(ΣOΥ)Σ = Jesus.

I. H. S. = in hoc salus; in hoc signo.

i. J. = im Jahre.

-ik, die; -, -en: **1.** bildet mit Adjektiven (auf -isch) die entsprechenden Substantive, die dann eine Beschaffenheit, Eigenschaft, ein Verhalten o. Ä. ausdrücken: Chaotik, Lakonik. **2.** bezeichnet in Bildungen mit Substantiven – seltener mit Adjektiven – den Gesamtbereich von etw.: Biographik, Hygienik, Obligatorik.

Ika|ko|pflau|me, die; -, -n [span. (h)icaco, aus einer Indianerspr. der Karibik]: *pflaumenähnliche, wohlschmeckende Steinfrucht einer im tropischen Westafrika u. in Südamerika wachsenden Pflanze.*

Ika|ri|er, der; -s, - [nach Ikarus]: *Angehöriger einer Artistengruppe, bei deren Vorführungen einer – auf dem Rücken liegend – mit den Füßen seine Partner in der Luft herumwirbelt.*

Ika|rus (griech. Myth.): Sohn des Dädalus, mit dem er aus dem kretischen Labyrinth mithilfe künstlicher Flügel flieht, wobei Ikarus der Sonne zu nahe kommt, sodass das Wachs seiner Flügel schmilzt u. er ins Meer stürzt.

Ike|ba|na, das; -[s] [jap. ikebana = lebendige Blumen]: *japanische Kunst des Blumensteckens, des künstlerischen, symbolischen Blumenarrangements.*

-i|ker, der; -s, -: kennzeichnet in Bildungen mit Substantiven bzw. Adjektiven (auf -isch) eine Person, die sehr allgemein durch etw. charakterisiert ist: Hektiker, Ironiker, Rhythmiker.

Ikon, das; -s, -e (seltener), **Iko|ne,** die; -, -n [russ. ikona < mgriech. eikóna, zu griech. eikṓn = Bild]: *Kultbild der orthodoxen Kirche mit der Darstellung heiliger Personen od. ihrer Geschichte:* russische, byzantinische Ikonen; eine Ikone aus dem 12. Jh.; Ü indem es (= das Magazin) ihn (= den Prominenten) als naturalistische Ikone auf seinem Umschlag präsentiert (Enzensberger, Einzelheiten I, 86); Der Mann ... war aber auch die I. *(Kultfigur)* des liberalen München, von Lebensart und Lebenslust (Spiegel 35, 1993, 65).

Iko|nen|aus|stel|lung, die: *Ausstellung von Ikonen.*

Iko|nen|ma|ler, der: *Maler von Ikonen.*

Iko|nen|ma|le|rei, die: **1.** ⟨o. Pl.⟩ *das Malen* (1 c) *von Ikonen.* **2.** (seltener) *Ikone.*

Iko|nen|wand, die: *Ikonostase.*

iko|nisch ⟨Adj.⟩ [2: lat. iconicus < griech. eikonikós]: **1.** *in der Art der Ikonen.* **2.** (bildungsspr.) *bildhaft, anschaulich:* -e Definitionen (Sprachw.; *Definitionen mithilfe von bildlichen Darstellungen*).

Iko|nis|mus, der; -, ...men (Sprachw., bildungsspr.): *anschauliches Bild* (5).

Iko|no|du|le, der; -n, -n [zu griech. doũlos = Knecht, Sklave]: *(bes. im Bilderstreit) jmd., der die Bilderverehrung vertritt, sich für sie einsetzt.*

Iko|no|du|lie, die; - [zu griech. douleía = Unterwürfigkeit]: *Bilderverehrung.*

Iko|no|graph, (auch:) Ikonograf, der; -en, -en [griech. eikonográphos = Maler, zu: gráphein = schreiben; 2: ↑-graph]: **1.** *Wissenschaftler auf dem Gebiet der Ikonographie.* **2.** *dem Storchschnabel ähnliche Vorrichtung zur Bildabzeichnung für Lithographen.*

Iko|no|gra|phie, (auch:) Ikonografie, die; - [lat. iconographia < griech. eikonographía = Abbildung]: **1. a)** *Beschreibung, Form- u. Inhaltsdeutung von [alten] Bildwerken:* er ist ein Meister der I.; Ü ... tritt die Wochenschau ... in das Magnetfeld der Geschichte ein ... Die politische Ikonographie bestimmt das Bild (Enzensberger, Einzelheiten I, 113); **b)** *Ikonologie.* **2.** *wissenschaftliche Bestimmung von Bildnissen des griechischen u. römischen Altertums.*

Iko|no|gra|phin, (auch:) Ikonografin, die; -, -nen: w. Form zu ↑Ikonograph (1).

iko|no|gra|phisch, (auch:) ikonografisch ⟨Adj.⟩: *die Ikonographie betreffend, zu ihr gehörend.*

Iko|no|klas|mus, der; -, ...men: *Bildersturm; Abschaffung u. Zerstörung von Heiligenbildern (bes. im Bilderstreit der byzantinischen Kirche des 8. u. 9. Jh.s).*

Iko|no|klast, der; -en, -en [mgriech. eikonoklástēs, eigtl. = Bilderzerbrecher, zu klãn, ↑klastisch]: *Bilderstürmer, Anhänger des Ikonoklasmus.*

iko|no|klas|tisch ‹Adj.›: *den Ikonoklasmus betreffend, bilderstürmerisch:* Ü Der Satiriker Carl Sternheim entlarvte mit -er Schnoddrigkeit die Lüge der nationalen Phrase (K. Mann, Wendepunkt 57).

Iko|no|la|trie, die; - [zu griech. latreía, ↑Latrie]: *Bilderanbetung (als Vorwurf der Ikonoklasten gegen die Ikonodulen).*

Iko|no|lo|gie, die; - [griech. eikonología = das Sprechen in Bildern, zu lógos, ↑Logos]: *(auf der Ikonographie aufbauende) Wissenschaft vom Sinn- u. Symbolgehalt von [alten] Kunstwerken, Symbolkunde:* sein Spezialfach ist die I.; Ü es (= das technische System der Strebebogen und Strebepfeiler) wird verwandelt in eine faszinierende »Landschaft« von Baldachinen, mit Fialen ..., mit Bogen, Gesimsen und Figuren, die wieder in die großartige I. *(den großartigen Sinn- u. Symbolgehalt)* der Kathedrale einbezogen werden (Bild. Kunst III, 21).

Iko|no|me|ter, das; -s, - [↑-meter]: *Rahmensucher an einem fotografischen Apparat.*

Iko|no|skop, das; -s, -e [zu griech. skopeĩn = betrachten] (Fernsehtechnik): *speichernde elektronische Röhre für die Aufnahme von Fernsehbildern.*

Iko|nos|tas, der; -, -e, **Iko|nos|ta|se,** die; -, -n, **Iko|nos|ta|sis** [auch: ...'sta...], die; -, ...asen [russ. ikonostas < mgriech. eikonostási(on)]: *dreitürige Bilderwand zwischen Gemeinde- u. Altarraum in orthodoxen Kirchen.*

Iko|sa|e|der, das; -s, - [lat. icosahedrum < griech. eikosáedron, zu: eikosi(n) = zwanzig u. hédra = Fläche] (Math.): *von zwanzig [gleichseitigen] Dreiecken begrenzter Vielflächner.*

ikr = isländische Krone.

IKRK = Internationales Komitee vom Roten Kreuz.

ik|te|risch ‹Adj.› [lat. ictericus < griech. ikterikós] (Med.): *gelbsüchtig.*

Ik|te|rus, der; - [lat. icterus < griech. íkteros, H. u.] (Med.): *Gelbsucht.*

Ik|tus, der; -, - [...u:s] u. Ikten [lat. ictus = Stoß, Takt(schlag), zu: icere (2. Part.: ictum) = treffen, eigtl. = mit einem Stoß, Schlag erreichen]: **1.** (Metrik) *[nachdrückliche] Betonung der Hebung im Vers, Versakzent.* **2.** (Med.) *unerwartet u. plötzlich auftretendes Krankheitszeichen.* **3.** (Med.) *Stoß.*

il- [↑in-]: verneint in Bildungen mit Adjektiven, die mit l anlauten, deren Bedeutung: *nicht:* illegal, illegitim, illoyal.

Ilang-Ilang-Baum usw.: ↑Ylang-Ylang-Baum usw.

Il|chan [ɪl'ka:n, ɪl'xa:n], der; -s [pers. īl hān, eigtl. = der Khan, ↑Khan] (hist.): *Titel der mongolischen Herrscher in Persien (im 13. u. 14. Jh.).*

Ilea: Pl. von ↑Ileum.

Ile|en, Ilei: Pl. von ↑Ileus.

Ile|i|tis, die; -, ...tiden (Med.): *Entzündung des Ileums.*

Iler, der; -s, - [zu veraltet Fachspr. ilen = Horn an der Innenseite abschaben, H. u.] (Fachspr. veraltet): *Schabeisen des Kammmachers.*

Ile|um, das; -s, Ilea ‹Pl. selten› [lat. ileum = Unterleib, Eingeweide, H. u.] (Med.): *unterer (in den Dickdarm übergehender) Abschnitt des Dünndarms; Krummdarm.*

Ile|us, der; -, Ileen ['i:leən] u. Ilei ['i:lei; lat. ileus < griech. eileós, urspr. wohl = Windung] (Med.): *Darmverschluss:* Was mag die Ursache des unvollständigen I. sein? (Hackethal, Schneide 30).

Ilex, die, auch: der; -, - [lat. ilex = Steineiche]: *Stechpalme.*

ill. = illustriert.

il|la|tiv ‹Adj.› [zu lat. illatum, 2. Part. von: inferre = hineinbringen] (Sprachw. veraltet): *folgernd, konsekutiv.*

Il|la|tiv, der; -s, -e (Sprachw.): **1.** *Kasus bes. in den baltischen u. finnisch-ugrischen Sprachen zur Bezeichnung der Bewegung od. Richtung in etw. hinein* (z. B. finn. taloon = in das Haus). **2.** *Wort im Illativ* (1).

Il|la|tum, das; -s, ...ten u. ...ta ‹meist Pl.› [zu lat. illatum, ↑illativ] (Rechtsspr. veraltet): *von der Frau in die Ehe eingebrachtes Vermögen.*

il|le|gal ‹Adj.› [mlat. illegalis, zu lat. in- = un-, nicht u. legalis, ↑legal]: *gesetzwidrig, ungesetzlich; ohne behördliche Genehmigung:* eine -e Aktion, Organisation, Partei; In legale und auch -e Spielstätten führt die Fernsehdokumentation (Hörzu 42, 1978, 11); Insgesamt spülen Havarien, undichte Förder- und Verladeanlagen sowie die -e Reinigung von Schiffstanks rund drei Millionen Tonnen Öl jährlich ins Meer (natur 2, 1991, 94); i. arbeiten, einwandern; Immer mehr Schiffe entsorgen i. ihr Altöl auf See (Woche 14. 3. 97, 57); Ich bin i. in das Land gekommen und möchte zur Legion (Sobota, Minus-Mann 23).

Il|le|ga|li|tät [auch: '- - - - -], die; -, -en: **1.** ‹o. Pl.› **a)** *Ungesetzlichkeit, Gesetzwidrigkeit:* die I. einer politischen Arbeit; **b)** *illegale Tätigkeit, Lebensweise; illegaler Zustand:* in der I. leben; auch für rechte Untergrundler endet das Abtauchen in die I. bisweilen abrupt (Spiegel 33, 1976, 28). **2.** *einzelne illegale Handlung o. Ä.:* streng gegen -en vorgehen; ich wollte zur Fremdenlegion ... und hab' mich um irgendwelche -en gekümmert (Schmidt, Strichjungengespräche 168).

il|le|gi|tim ‹Adj.› [lat. illegitimus, zu: in- = un-, nicht u. legitimus, ↑legitim] (bildungsspr.): **1. a)** *unrechtmäßig, im Widerspruch zur Rechtsordnung stehend, nicht im Rahmen bestimmter Vorschriften erfolgend:* eine -e Thronfolge; **b)** *außerehelich; unehelich:* ein -es Kind; Al-Andalus, das durch einen -en Beischlaf an die Afrikaner gekommen war (Fries, Weg 12). **2.** *nicht legitim* (2), *nicht vertretbar, nicht berechtigt:* eine -e Forderung; auf -e Art; Gewalt von unten wird von vornherein als i. abqualifiziert (Degener, Heimsuchung 165).

Il|le|gi|ti|mi|tät [auch: '- - - - - -], die; - (bildungsspr.): *illegitime* (1, 2) *Art, Beschaffenheit einer Person od. Sache:* die I. der Einwanderer, ihres Aufenthalts.

il|lern ‹sw. V.; hat› [H. u.] (md.): *lugen, spähen:* um die Ecke i.

il|li|be|ral ‹Adj.› [lat. illiberalis, eigtl. = gemein, zu: in- = nicht, un- u. liberalis, ↑liberal] (bildungsspr.): *nicht liberal; engherzig, unduldsam:* ein -er Wesenszug; ein -es Verhalten; was einem blüht, wenn's an demokratischer Mitte fehlt, wenn -e Kräfte zu stark werden (Sloterdijk, Kritik 706).

Il|li|be|ra|li|tät [auch: '- - - - - -], die; -: *illiberales Wesen, Denken.*

il|li|mi|tiert [auch: '- - - -] ‹Adj.› (bildungsspr.): *unbegrenzt, unbeschränkt; nicht limitiert.*

Il|li|nois [ɪlɪ'nɔɪ(z)]; Illinois': Bundesstaat der USA.

il|li|quid ‹Adj.› [zu lat. in- = un-, nicht- u. ↑liquid] (Wirtsch.): *[vorübergehend] zahlungsunfähig.*

Il|li|qui|di|tät [auch: '- - - - -], die; -: *[vorübergehende] Zahlungsunfähigkeit:* Wir sind an der Finanzierung nach dem harten Winter gescheitert und dann in die I. gestürzt (Hamburger Abendblatt 24. 5. 85, 21).

Il|lit [auch: ...'lɪt], der; -s, -e [nach dem Vorkommen in ↑Illinois]: *glimmerartiges Tonmineral.*

il|li|te|rat ‹Adj.› [lat. illiteratus, zu: in- = un-, nicht u. litteratus = gebildet, zu: litterae = Wissenschaft(en)] (bildungsspr.): *ungelehrt, nicht wissenschaftlich gebildet:* eine literarische Tradition politischer Werke, die auf das größtenteils -e »Volk« wohl wenig Einfluss nehmen konnte (Deutsche Literaturzeitung 1, 1971, Sp. 49).

Il|li|te|rat [auch: - - - '-], der; -en, -en (bildungsspr.): *Ungelehrter, nicht wissenschaftlich Gebildeter.*

Il|lo|ku|ti|on, die; -, -en [zu lat. locutio = das Sprechen, Sprache] (Sprachw.): *Sprechakt im Hinblick auf die kommunikative Funktion:* So besteht die I. eines Schildes am Gartentor mit der Aufschrift »Bissiger Hund!« offensichtlich in einer Warnung (Fuchs, Sprechen 131).

il|lo|ku|ti|o|när ‹Adj.›: meist in der Fügung **-er Akt** (Sprachw.; *Illokution*).

il|lo|ku|tiv ‹Adj.›: meist in der Fügung **-er Akt** (Sprachw.; *Illokution*).

il|lo|yal ‹Adj.› [zu lat. in- = un-, nicht u. ↑loyal] (bildungsspr.): **a)** *den Staat, eine Instanz nicht respektierend:* eine -e Einstellung gegenüber der Regierung; **b)** *vertragsbrüchig, eingegangene Verpflichtungen nicht haltend, gegen Treu u. Glauben:* ein -er Vertragspartner; **c)** *die Interessen der Gegenseite nicht achtend, den Gegner nicht respektierend:* sich seinen politischen Gegnern gegenüber i. verhalten.

Il|lo|ya|li|tät [auch: '- - - - -], die; - (bildungsspr.): *illoyale Gesinnung, Verhaltensweise.*

Il|lu|mi|nat, der; -en, -en ‹meist Pl.› [zu lat. illuminatus = erleuchtet]: *Angehöriger einer geheimen Verbindung, bes. des Illuminatenordens.*

Il|lu|mi|na|ten|or|den, der ‹o. Pl.›: *(im 18. Jh.) aufklärerisch-freimaurerische geheime Gesellschaft.*

Il|lu|mi|na|ti|on, die; -, -en [frz. illumination < lat. illuminatio = Erleuchtung, Beleuchtung]: **1. a)** *[farbige] Beleuchtung* (1 b) *vor allem im Freien:* die I. von Gebäuden; **b)** *[farbiges] Licht, das etw. bes. im Freien beleuchtet:* eine weihnachtliche

I. auf Straßen und Plätzen; Die gewaltige Menschenmasse lauschte andächtig, die I. gewährte herrlichen nächtlichen Anblick (Schädlich, Nähe 128). **2.** (Theol.) *göttliche Erleuchtung des menschlichen Geistes (nach der theologischen Lehre Augustins).* **3.** (Kunstwiss.) *Buchmalerei.*

il|lu|mi|na|tis|tisch ‹Adj.›: *die Illuminaten betreffend, dem Illuminatenorden entsprechend:* dass die -e Maurerei den Regentengrad kannte (Th. Mann, Zauberberg 712).

Il|lu|mi|na|tor, der; -s, ...oren [mlat. illuminator]: *Künstler (bes. des Mittelalters), der Handschriften u. Bücher illuminiert* (2).

il|lu|mi|nie|ren ‹sw. V.; hat› [frz. illuminer < lat. illuminare = erleuchten, zu: lumen (Gen.: luminis) = Licht]: **1.** *[festlich] erleuchten:* eine Stadt, ein Schloss i.; Versteckte Strahler illuminieren die goldglänzende Deckenwölbung des Saales (Woche 7. 11. 97, 51); der Park war illuminiert; die alte Frau ... würde nie ihre Wohnung so i. (Fallada, Jeder 49); Mit unzähligen Knöpfen und Schaltern lässt sich fast jedes Instrument einzeln i. (*beleuchten;* auto 7, 1965, 39); Ü eine illuminierende (bildungsspr.; *erhellende*) Feststellung; ‹2. Part.:› der Sergeant, der von den verschiedenen Schnäpsen ziemlich illuminiert (scherzh. veraltend; *alkoholisiert*) ist (Fr. Wolf, Menetekel 304); Illuminiert (scherzh. veraltend; *alkoholisiert, betrunken*) ist er und will sich nicht entgiften (Th. Mann, Zauberberg 251). **2.** (Kunstwiss.) *(mittelalterliche Handschriften) ausmalen, mit Buchmalerei versehen:* illuminierte Handschriften des 11. und 12. Jh.s; die Klosterbibliothek ... enthielt zahlreiche illuminierte Gebetsbücher von hoher Schönheit (Saarbr. Zeitung 20. 12. 79, 9); ◆ ... sein Farbkästchen; mit diesem illuminierte *(kolorierte)* er ganze regierende Linien (Jean Paul, Wutz 19).

Il|lu|mi|nie|rung, die; -, -en: *das Illuminieren.*

Il|lu|mi|nist, der; -en, -en: *Illuminator.*

Il|lu|si|on, die; -, -en [frz. illusion < lat. illusio = Täuschung, irrige Vorstellung, zu: illudere = sein Spiel treiben, täuschen]: **1.** *beschönigende, dem Wunschdenken entsprechende Selbsttäuschung über einen in Wirklichkeit weniger positiven Sachverhalt:* wertlose, jugendliche -en; jmdm. seine -en lassen, rauben; du brauchst dir keine -en zu machen; Klaus Mann ..., der im Unterschied zu vielen emigrierten Schriftstellern auch nicht die geringsten -en hatte (Reich-Ranicki, Th. Mann 211); Edvard, ich glaube, es ist dringend nötig, Ihre -en gründlich zu zerstören (Stories [Übers.] 72, 76); Der Kerzenschimmer und die Weihrauchwolken riefen ... die I. *(den Eindruck)* von Wärme hervor (Kuby, Sieg 126); einer I. nachjagen; darüber darf man sich keinen -en hingeben; sich in -en wiegen; Die Industrieländer hatten darum Grund, die Entwicklungsländer in der I. zu bestärken, dass sie ihren Standard erreichen könnten (Gruhl, Planet 315); wieder um eine I. ärmer sein. **2.** (Psych.) *falsche Deutung von tatsächlichen Sinneswahrnehmungen (im Unterschied zur Halluzination).* **3.** *Täuschung durch die Wirkung eines Kunstwerks, das Darstellung als Wirklichkeit erleben lässt:* Sie müssen (= beim Zeichnen) die Schiefheit und Geschlitztheit zuwege bringen, wie die Natur sie zuwege bringt, I. in der I. treiben (Th. Mann, Zauberberg 360).

il|lu|si|o|när ‹Adj.›: **1.** *auf Illusionen beruhend, Illusionen enthaltend* (bildungsspr.): der -e Charakter einer politischen Unternehmung; Die aber haben so -e Vorstellungen über den Eintrittspreis gehabt, dass wir absagen mussten (Woche 17. 1. 97, 16); zwischen einer realistischen Einschätzung der Dinge und einer -en Betrachtung der Weltlage müsse unterschieden werden (Saarbr. Zeitung 10. 7. 80, 3); ebenso i. ist der Versuch, ohne eine vereinbarte ... Gesamtstrategie zu einer gemeinsamen Politik zu kommen (H. Schmidt, Strategie 13). **2.** (Kunstwiss.) *illusionistisch* (1).

il|lu|si|o|nie|ren ‹sw. V.; hat› (bildungsspr.): *in jmdm. eine Illusion erwecken; jmdm. etw. vorgaukeln; täuschen:* sich nicht i. lassen.

Il|lu|si|o|nis|mus, der; -: **1.** (Philos.) *die Objektivität der realen Welt, der Wahrheit, Schönheit, Sittlichkeit als Schein erklärende philosophische Anschauung:* der I. Schopenhauers; Die Opposition wird die Entspannungspolitik ... als Traumtänzerei und I. (seltener; *illusionäre Vorstellung*) verteufeln (Spiegel 3, 1980, 27). **2.** (Kunstwiss.) *illusionistische [Bild]wirkung:* Von den bald hinreißenden, bald langweiligen Erträgen dieser einansichtigen Welterkundungen berichten die Wände der Gemäldegalerien. Hier herrscht der malerische I. des Staffeleibildes (Woche 19. 12. 97, Extra 16).

Il|lu|si|o|nist, der; -en, -en: **1.** (bildungsspr.) *jmd., der Illusionen hegt, sich Illusionen macht:* er ist ein großer I.; Wir sind keine -en, wir denken in größeren Zeitabschnitten (Härtling, Hubert 257). **2.** *Zauberkünstler:* Die rund 3 000 Zauberer, Magier, -en und Entfesselungskünstler der Bundesrepublik (MM 9. 1. 79, 10).

Il|lu|si|o|nis|tin, die; -, -nen: w. Form zu ↑Illusionist.

il|lu|si|o|nis|tisch ‹Adj.›: **1.** (Kunstwiss.) *durch die künstlerische Darstellung Scheinwirkungen (bes. Raumtiefe u. Körperlichkeit) erzeugend:* Die beiden (= Reliefs) im Durchgang des Titusbogens zeigen dieselbe -e Darstellungsweise wie die Malerei (Bild. Kunst I, 52). **2.** (bildungsspr.) *illusionär* (1): ein -er Wesenszug; Was aber tatsächlich stattfindet, ist eine Art -e Selbstbespiegelung (Capital 2, 1980, 61).

Il|lu|si|ons|büh|ne, die: *neuzeitliche Dekorationsbühne, die mit den Mitteln der Architektur, der Malerei u. mit Requisiten in der Aufführung auf eine illusionistische Vergegenwärtigung abzielt.*

il|lu|si|ons|los ‹Adj.›: *frei von Illusionen:* eine -e Einschätzung der Lage; Das war ja das Bestechende an Ihrer Dissertation, Herr Kollege, dass sie so i. war (Heym, Schwarzenberg 75).

Il|lu|si|ons|lo|sig|keit, die; -: *das Illusionslossein; illusionslose Haltung.*

Il|lu|si|ons|the|a|ter, das: vgl. Illusionsbühne.

il|lu|so|risch ‹Adj.› [(frz. illusoire <) lat. illusorius = täuschend, verspottend]: **a)** *nur in der Illusion bestehend, trügerisch:* eine -e Einschätzung der Sachlage; Nur möchte man nicht auf -em, sondern realem Pflaster wandeln (NNN 10. 12. 88, 8); **b)** *in Anbetracht von etw. zwecklos, sich erübrigend:* eine erneute Besprechung ist damit i. geworden; es wäre i., hier eine unberührte Landschaft zu suchen (ADAC-Motorwelt 2, 1979, 45).

il|lus|ter ‹Adj.› [frz. illustre < lat. illustris = strahlend; berühmt, zu: lustrare = hell machen] (bildungsspr.): *Respekt heischend glanzvoll, Bewunderung hervorrufend, erlaucht:* ein illustrer Gast, Kreis; An der Spitze der Boykottbewegung stehen illustre Persönlichkeiten (Basler Zeitung 12. 5. 84, 7); Er verkaufte seinen Rolls-Royce, entließ das Personal und bot seine illustre 30-Zimmer-Villa überm Bodensee zum Verkauf an (Augsburger Allgemeine 11./12. 2. 78, VI); Mittlerweile ist die Mitgliederliste ebenso lang wie i. (Woche 18. 4. 97, 15).

Il|lus|tra|ti|on, die; -, -en [lat. illustratio = Erhellung, anschauliche Darstellung]: **1.** *veranschaulichende Bildbeigabe zu einem Text:* farbige, schwarz-weiße -en zu einem Märchen. **2.** *Veranschaulichung, Erläuterung:* eine akustische I.; Es versteht sich, dass er die Literatur sehr ernst nimmt, doch letztlich nur als Beleg für Thesen, als I. von Anschauungen (Reich-Ranicki, Th. Mann 137); Zur I. führt der Gemeindepräsident verschiedene Häuser mit Flachdächern an (Vaterland 1. 8. 84, 16).

il|lus|tra|tiv ‹Adj.›: **1.** *als Illustration* (1) *dienend; mittels Illustration:* -e Zeichnungen; Zu einer Zeit, in der sonst Bilder bestenfalls eine -e Rolle spielten (NZZ 23. 10. 86, 46). **2.** *veranschaulichend, erläuternd:* die Biografie enthält viele -e Notenbeispiele; ein Film, in dem auf Mode als -en Rahmen viel Wert gelegt ... wird (ran 2, 1980, 39).

Il|lus|tra|tor, der; -s, ...oren [spätlat. illustrator = Ausschmücker]: *Künstler, der einen Text mit Illustrationen* (1) *ausgestaltet.*

Il|lus|tra|to|rin, die; -, -nen: w. Form zu ↑Illustrator.

il|lus|trie|ren ‹sw. V.; hat› [frz. illustrer < lat. illustrare = erleuchten; erläutern]: **1.** *mit Illustrationen* (1) *ausgestalten; bebildern:* ein Buch, eine Novelle, Witze i.; eine Kunst für den gebildeten Liebhaber, dem die illustrierende Darstellung das ihm geläufige Bildungsgut vergegenwärtigt (Bild. Kunst III, 11); der Katalog war ausgezeichnet illustriert; illustrierte Zeitschriften, Zeitungen; Ü Mythologien werden als in sich geschlossene Darstellungen, als illustrierte *(bildlich dargestellte)* antike Erzählungen aufgefasst (Bild. Kunst III, 12). **2.** *veranschaulichen, verdeutlichen:*

eine These i.; etw. mit einem Beispiel, durch statistisches Material i.; Diese ... Tatsache lässt sich ganz gut an der Entwicklung der modernen Malerei i. (Gehlen, Zeitalter 29); Gerade die Entwicklung der Bundesrepublik hat illustriert, wie die Moralisierung der Politik den Verstand erweicht und die guten Sitten verdirbt (Woche 7. 11. 97, 49). **3.** (Kochk.) *garnieren:* Die Vorspeise ... wird mit Zitronenspalten, Tomaten- und Eischeiben, mit Krauspetersilie und dergleichen reich illustriert (Horn, Gäste 70).

Il|lus|trie|r|te, die; -n, -n ‹zwei Illustrierte, auch: -n›: *periodisch erscheinende Zeitschrift, die überwiegend Bildberichte u. Reportagen aus dem Zeitgeschehen, Fortsetzungsromane u. a. veröffentlicht:* der Fall ist durch die -n gegangen.

Il|lus|trie|rung, die; -, -en: *das Illustrieren.*

il|lu|vi|al ‹Adj.› [zu lat. illuvies = Überschwemmung] (Geol.): *den Illuvialhorizont betreffend.*

Il|lu|vi|al|ho|ri|zont, der; -[e]s (Geol.): *Bodenschicht, in der bestimmte Stoffe aus einer anderen Schicht ausgeschieden werden.*

Il|ly|rer, der; -s, -: *Angehöriger indogermanischer Stämme in Illyrien.*

Il|ly|re|rin, die; -, -nen: w. Form zu ↑Illyrer.

Il|ly|ri|en; -s: in der Antike Gebiet des heutigen Dalmatien u. Albanien.

Il|ly|ri|er, der; -s, -: ↑Illyrer.

Il|ly|ri|e|rin, die; -, -nen: w. Form zu ↑Illyrier.

il|ly|risch ‹Adj.›: **a)** *Illyrien, die Illyrer betreffend; aus Illyrien stammend;* **b)** *in der Sprache der Illyrer.*

Il|ly|risch, das; -[s] u. ‹nur mit best. Art.:› **Il|ly|ri|sche,** das; -n: *Sprache der Illyrer.*

Il|ly|rist, der; -en, -en: *Wissenschaftler auf dem Gebiet der Illyristik.*

Il|ly|ris|tik, die; -: *Wissenschaft, die sich mit den Resten des Illyrischen in den europäischen Personen- u. geographischen Namen befasst.*

Il|ly|ris|tin, die; -, -nen: w. Form zu ↑Illyrist.

¹Il|me|nau: Stadt im Thüringer Wald.

²Il|me|nau, die; -: Nebenfluss der Elbe.

¹Il|me|nau|er, der; -s, -: Ew.

²Il|me|nau|er ‹indekl. Adj.›: eine I. Professorin hatte sich um das Amt des Bundespräsidenten beworben.

Il|me|nau|e|rin, die; -, -nen: w. Form zu ↑¹Ilmenauer.

Il|me|nit [auch: ...ˈnɪt], der; -s, -e [nach den Ilmenischen Bergen im südlichen Ural]: *schwarzes bis schwarzbraunes, metallisch glänzendes Titanerz.*

ILS = internationaler Währungscode für: Schekel.

Il|tis, der; -ses, -se [mhd. iltis, ahd. illi(n)tiso, H. u.]: **1.** *(zur Familie der Marder gehörendes) kleines Raubtier von schwarzbrauner Färbung mit gedrungenem Körper u. langem Schwanz.* **2. a)** *Fell des Iltis* (1): eine Pelzjacke aus I.; **b)** *aus dem Fell des Iltis* (1) *gearbeiteter Pelz:* sie trägt einen I.

im ‹Präp. + Art.› [mhd. im(e), imme]: **1.** *in dem:* im Haus; im Beruf; (nicht auflösbar bei geographischen Namen u. bestimmten Zeitangaben:) Freiburg im Breisgau; im Oktober; (nicht auflösbar in festen Verbindungen:) im Grunde; im Gegenteil; im Bau sein. **2.** (nicht auflösbar; bildet mit dem subst. Inf. [u. »sein«] die Verlaufsform) *während eines bestimmten Vorgangs; dabei seiend, etw. zu tun:* dieser Schauspieler ist im Kommen; der Junge ist noch im Wachsen; Im Weggehen bat er sie, Stefan von ihm zu grüßen (Handke, Frau 37).

IM [iˈɛm] der; -[s], -[s]: inoffizieller Mitarbeiter (beim Staatssicherheitsdienst der DDR).

im- [↑in-]: verneint in Bildungen mit Adjektiven, die mit m und p anlauten, deren Bedeutung: *nicht:* immateriell, immobil, implausibel.

i. m. = intramuskulär.

Image [ˈɪmɪtʃ, engl.: ˈɪmɪdʒ], das; -[s], -s [ˈɪmɪtʃ(s), engl.: ˈɪmɪdʒɪz; engl. image < frz. image < lat. imago, ↑Imago]: *Vorstellung, Bild, das ein Einzelner od. eine Gruppe von einer anderen Einzelperson, Gruppe od. Sache hat; [idealisiertes] Bild von jmdm., etw. in der öffentlichen Meinung:* das I. der berufstätigen Frau; sein I. ist angeschlagen; Auch in Deutschland ist übrigens das I. des Mineralwassers stark gestiegen (e&t 5, 1987, 120); ein gutes I. haben; Der Brite wusste sich zu verkaufen, war für jeden Gag zu haben und baute sich schon dadurch ein prägnantes I. auf (Kicker 6, 1982, 4); das I. eines Produktes pflegen; die Verbesserung des -s der Klimatechnik (CCI 4, 1987, 15); Vor allem wollte man von dem I. wegkommen, dass Finnland ein langweiliges Land sei (MM 21. 4. 79, Reisebeilage 11).

Image|kam|pa|gne, die (bes. Werbespr.): *auf die Imagepflege ausgerichtete Kampagne* (1): In diesen vertraulichen Zirkeln sollen Journalisten auf politische Sprachregelungen eingeschworen und in -n eingebunden werden (Woche 7. 3. 97, 19).

Image|or|thi|kon, das; -s, -e u. -s [engl. image orthicon, zusgez. aus: image, griech. orthós = aufrecht, gerade u. -ikon = kurz für ↑Ikonoskop] (Fernsehtechnik): *speichernde elektronische Röhre für die Aufnahme von Fernsehbildern.*

Image|pfle|ge, die ‹o. Pl.›: *das Bemühen um ein günstiges Bild von jmdm., etw. in der Öffentlichkeit:* I. treiben; Zur I. jettete ein Tabakkonzern 130 Diskogirls nach New York (Hörzu 28, 1979, 74).

Image|wer|bung, die (bes. Werbespr.): *auf die Imagepflege ausgerichtete Werbung* (1): Für Mainz bedeutet die überaus positive Resonanz (= auf die gelungene Ausrichtung des »Ball des Sports«) eine wertvolle und kaum bezahlbare I. (Allgemeine Zeitung 6. 2. 85, 9).

ima|gi|na|bel [imagi...] ‹Adj.; ...bler, -ste› [engl. imaginable < frz. imaginable < lat. imaginabilis = in der Einbildung bestehend] (selten): *vorstellbar, denkbar, erdenklich:* imaginable Veränderungen.

ima|gi|nal ‹Adj.› [zu ↑Imago (2)] (Zool.): *(von Insekten bei der Metamorphose 2) fertig ausgebildet.*

Ima|gi|nal|sta|di|um, das ‹o. Pl.› (Zool.): *Endstadium der Metamorphose* (2) *von Insekten.*

ima|gi|när ‹Adj.› [frz. imaginaire < lat. imaginarius = bildhaft, nur in der Einbildung bestehend] (bildungsspr.): *nur in der Vorstellung vorhanden, nicht wirklich, nicht real:* ein -er Himmel; kunstvoll ausgedachte Dialoge mit -en Vorgesetzten führen (Böll, Adam 27); Vavra ballte die rechte Hand um einen -en Spazierstock (Bieler, Mädchenkrieg 473); -e Einheit (Math.; *durch eine positive od. negative Zahl nicht darstellbare Wurzel aus − 1;* Zeichen: i); -e Zahlen (Math.; *Vielfache der Wurzel aus − 1*).

Ima|gi|na|ti|on, die; -, -en [frz. imagination < lat. imaginatio] (bildungsspr.): *Fantasie, Einbildungskraft, bildhaftes Denken:* seine schöpferische I. fühlte sich beim Blick in die Weite inspiriert oder provoziert (NZZ 1./2. 5. 83, 25); der junge Mann ... trug in ihrer I. das Gesicht ihres fünfzehnjährigen Sohnes (Rolf Schneider, November 40).

ima|gi|na|tiv ‹Adj.› (bildungsspr.): *auf Imagination beruhend; vorgestellt:* das -e Element im Jazz; Freud benutzte die griechischen Mythen als -e Illustrationen seiner intellektuellen Theorie (Chr. Wolff, Bisexualität 13).

ima|gi|nie|ren ‹sw. V.; hat› [frz. imaginer < lat. imaginari] (bildungsspr.): *sich vorstellen, einbilden:* den früheren Zustand i.; Wer Bilder imaginiert, kann dies allein und ohne Kooperationspartner (Höhler, Sieger 339).

Ima|gis|mus, der; - [engl. imagism, zu: image, ↑Image]: *amerikanische literarische Bewegung des frühen 20. Jh.s, die Knappheit des Ausdrucks (ohne rhetorisches Beiwerk) u. Genauigkeit des dichterischen Bildes anstrebt.*

Ima|gist, der; -en, -en [engl. imagist]: *Vertreter des Imagismus.*

Ima|gis|tin, die; -, -en: w. Form zu ↑ Imagist.

ima|gis|tisch ‹Adj.› [engl. imagistic]: *den Imagismus betreffend, zum Imagismus gehörend:* -e Lyrik; i. dichten.

Ima|go, die; -, ...gines [...gine:s; lat. imago = Bild, verw. mit: imitari, ↑imitieren]: **1.** (Psych.) *im Unterbewusstsein vorhandenes [Ideal]bild einer anderen Person der sozialen Umwelt.* **2.** (Zool.) *fertig ausgebildetes, geschlechtsreifes Insekt nach der letzten Häutung.* **3.** *(im Atrium altrömischer Häuser aufgestellte) wächserne Totenmaske von Vorfahren.*

Imam, der; -s, -s u. -e [arab. imām, eigtl. = Vorsteher]: **1. a)** *Vorbeter in der Moschee;* **b)** ‹o. Pl.› *Titel für verdiente Gelehrte des Islams.* **2.** *Prophet u. religiöses Oberhaupt der Schiiten.*

Ima|mit, der; -en, -en: *Angehöriger der am weitesten verbreiteten Gruppe der Schiiten.*

Ima|mi|tin, die; -, -nen: w. Form zu ↑Imamit.

Iman, das; -s [arab. īmān]: *Glaube (im Islam).*

Im|ba|lance [ɪmˈbæləns], die; -, -s [...sɪz; engl. imbalance, aus: im- (< lat. im-, ↑in-) u. balance < (a)frz. balance, ↑Balance] (Chemie, Med.): *Ungleichgewicht; gestörtes Gleichgewicht.*

im|be|zil, im|be|zill ‹Adj.› [frz. imbécile < lat. imbecillus = (geistig) schwach] (Med. veraltend): *mittelgradig geistig behindert.*

Im|be|zil|li|tät, die; - [frz. imbécillité < lat. imbecillitas] (Med. veraltend): *geistige Behinderung mittleren Grades.*

im|bi|bie|ren ‹sw. V.; hat› [zu lat. imbibere = einsaugen] (Bot.): *(von Pflanzenteilen) quellen.*

Im|bi|bi|ti|on, die; -, -en: **1.** (Bot.) *Quellen von Pflanzenteilen (wie z. B. Samen).* **2.** (Geol.) *Durchtränken von Gesteinen mit magmatischen Gasen od. wässrigen Lösungen.*

Im|biss, der; -es, -e [mhd., ahd. in-, imbiȥ, zu mhd. enbīȥen, ahd. enbīȥan = essend od. trinkend genießen, zu ↑in u. ↑beißen]: **1.** *kleine, meist kalte Mahlzeit:* Der gemeinsame I. verlief etwas gespannt (natur2, 1991, 104); Ein I. von gestockter Milch und Butterbroten war serviert (Bieler, Mädchenkrieg 385); einen I. [ein]nehmen, reichen. **2.** *Imbisshalle, -stand:* beim nächsten I. essen wir etwas; Er zechte mit Freunden in einem I. im Einkaufszentrum (Hamburger Abendblatt 24. 8. 85, 3).

Im|biss|bar, die: *kleineres Lokal, in dem ein Imbiss eingenommen werden kann.*

Im|biss|bu|de, die: *Verkaufsstand, Kiosk, an dem ein kleiner Imbiss eingenommen werden kann.*

Im|biss|hal|le, die: *Imbissbar; Imbissbude.*

Im|biss|stand, der: *Imbissbude.*

Im|biss|stu|be, die: *Imbissbar.*

Im|biss|zelt, das: *als einfachere Gaststätte eingerichtetes Zelt (auf Jahrmärkten, Ausstellungsgeländen o. Ä.).*

Im|bro|glio [ɪmˈbrɔljo], das; -s, ...gli [...lji] u. -s [ital. imbroglio = Verwirrung, zu: imbrogliare = verwickeln, verwirren, zu: brogliare = intrigieren, verw. mit frz. brouiller, ↑brouillieren] (Musik): *rhythmische Verwirrung durch gleichzeitiges Erklingen verschiedener Taktarten in mehreren Stimmen.*

Imid, Imin, das; -s, -e [Kunstwort] (Chemie): *Verbindung, die eine zweiwertige Stickstoff-Wasserstoff-Gruppe (NH-Gruppe) enthält.*

Imi|tat, das; -[e]s, -e: *Imitation* (1 b): im Dienstzimmer seines Vaters, das voll stand mit den -en alter Möbel (Rolf Schneider, November 144).

Imi|tat-: drückt in Bildungen mit Substantiven aus, dass etw. nicht echt ist, sondern synthetisch hergestellt wurde: Imitatleder, -pelz, -seide.

-imi|tat, das; -[e]s, -e: drückt in Bildungen mit Substantiven aus, dass etw. eine synthetische Nachbildung von etw. ist: Kamelhaarimitat, Leinenimitat, Milchimitat.

Imi|ta|tio Chris|ti, die; - - [lat. = Nachahmung Christi, Titel eines lat. Erbauungsbuches des 14. Jh.s] (christl. Rel.): *christliches Leben im Gehorsam gegen das Evangelium; Nachfolge Christi (als Lebensideal bes. in religiösen Gemeinschaften des 14. u. 15. Jh.s).*

Imi|ta|ti|on, die; -, -en [lat. imitatio = Nachahmung]: **1. a)** (bildungsspr.) *das Nachahmen, Nachahmung:* die I. von Vogelstimmen; Identifikation und I. lassen sich erst auseinander schalten, wenn der Mensch sich seiner Nachahmungen bewusst ist (Wilhelm, Unter 33); Ich habe lange gebraucht, bis ich wusste, dass ich kein Komiker bin, sondern Moderator. Ein Komiker muss mimische und stimmliche -en beherrschen (Woche 7. 3. 97, 41); durch I. lernen; **b)** *[minderwertige] Nachahmung eines wertvolleren Materials od. Gegenstandes:* diese Brillanten sind I. **2.** (Musik) *Wiederholung eines Themas durch eine andere Stimme in der gleichen od. einer anderen Tonlage (bei Kanon, Fuge u. a.).*

imi|ta|tiv ‹Adj.› (bildungsspr.): *auf Imitation beruhend, nachahmend:* -es Erlernen einer Fremdsprache; eine Inszenierung, die nicht irgendeiner Alltagsrealität i. hinterherjapste (Wiener 6, 1984, 20).

Imi|ta|tiv, das; -s, -e (Sprachw.): *Verb des Nachahmens* (z. B. büffeln = arbeiten wie ein Büffel).

Imi|ta|tor, der; -s, ...oren [lat. imitator]: *jmd., der jmdn., etw. (z. B. Vogelstimmen, Instrumente o. Ä.) nachahmt:* als I. auftreten; der I. war fast besser als der Sänger, den er nachahmte; Er trug stolz das Markenzeichen »It's Greg only« – und duldete keine -en *(niemanden, der ihn nachahmte, der versuchte es ihm gleichzutun;* Basta 7, 1983, 110).

Imi|ta|to|rin, die; -, -nen: w. Form zu ↑Imitator.

imi|ta|to|risch ‹Adj.› (bildungsspr.): *die Imitation* (1 a) *betreffend, auf ihr beruhend; nachahmend:* nur begrenzte -e Fähigkeiten besitzen; das nicht organisch Gewachsene, i. Erzwungene der Struktur (Deschner, Talente 27).

imi|tie|ren ‹sw. V.; hat› [lat. imitari, verw. mit: imago (↑Imago) u. wie dieses zu: aemulus = wetteifernd]: **1.** *nachahmen, nachmachen; nachbilden:* Vogelstimmen i.; er hat seinen Lehrer imitiert; Des Menschen Duft konnte er hinreichend gut mit Surrogaten i. (Süskind, Parfum 240); imitiertes *(künstliches)* Leder; imitierter *(unechter)* Schmuck; Ü Auch beim neuesten Kurssturz imitierte die deutsche Börse die Abwärtsbewegung *(machte die gleiche Abwärtsbewegung wie die)* der New Yorker (Woche 11. 4. 97, 10). **2.** (Musik) *(ein Thema in einer anderen Stimme) wiederholen.*

Im|ker, der; -s, - [aus dem Niederd. < niederl. imker, eigtl. Zus. aus ↑Imme u. mniederd. kar = Korb, Gefäß]: *jmd., der Bienen (zur Gewinnung von Honig) hält, sie fachmännisch züchtet u. betreut* (Berufsbez.).

Im|ke|rei, die; -, -en: **1.** ‹o. Pl.› *das Züchten und Halten von Honigbienen; Bienenzucht:* die I. ist sein Hobby. **2.** *Betrieb der Bienenhaltung u. Honigbereitung:* eine I. in der Heide.

Im|ke|rin, die; -, -nen: w. Form zu ↑Imker.

im|kern ‹sw. V.; hat›: *Imkerei* (1) *betreiben.*

Im|ma|cu|la|ta, die; - [kirchenlat. immaculata = die Unbefleckte, d. h. die unbefleckt Empfangene (vgl. Empfängnis), zu spätlat. immaculatus = unbefleckt, zu lat. maculare = beflecken, zu: macula, ↑Makel] (kath. Kirche): *die Unbefleckte* (Beiname Marias).

Im|ma|cu|la|ta Con|cep|tio, die; - - [kirchenlat., zu lat. conceptio = Empfängnis] (kath. Kirche): *unbefleckte Empfängnis Marias (d. h. ihre Bewahrung vor der Erbsünde im Augenblick der Empfängnis durch ihre Mutter Anna).*

im|ma|nent ‹Adj.› [zu lat. immanens (Gen.: immanentis); 1. Part. von: immanere = bei etw. bleiben, anhaften, zu: manere = bleiben, verharren]: **a)** (bildungsspr.) *innewohnend, in etw. enthalten:* die -e Rechtfertigung; -e Gegensätzlichkeiten; solche Prinzipien sind dieser Lehre i. *(gehören wesensmäßig dazu);* Ich legte dar, die Gemeinschaft werde nach außen sehen, obwohl ihrem Charakter Kompromisse i. seien (W. Brandt, Begegnungen 414); ist die Geltung aller Grundrechte i. begrenzt durch elementare Erfordernisse des ... Zusammenlebens (Fraenkel, Staat 127); **b)** (Philos.) *die Grenzen möglicher Erfahrung nicht übersteigend, innerhalb dieser Grenzen liegend, bleibend.*

Im|ma|nenz, die; -: **1.** (bildungsspr.) *das Innewohnen, Enthaltensein:* der Pantheismus spricht von einer I. Gottes in allen Dingen. **2.** (Philos.) *das Verbleiben in einem vorgegebenen Bereich (ohne Überschreitung der Grenzen).*

Im|ma|nenz|phi|lo|so|phie, die ‹o. Pl.›: *Richtung der Philosophie, die auf der Grundthese beruht, Wirkliches gebe es nur als Inhalt des Bewusstseins.*

im|ma|nie|ren ‹sw. V.; hat› [lat. immanere, ↑immanent] (bildungsspr.): *innewohnen, enthalten sein.*

Im|ma|nu|el, der; -s ‹meist o. Art.› [hebr. = Gott (ist) mit uns] (jüd. u. christl. Rel.): *Gottesknecht* (2).

Im|ma|te|ri|al|gü|ter|recht, das (Rechtsspr.): *Recht, das jmdm. an seinen geistigen Gütern zusteht* (z. B. Patentrecht).

Im|ma|te|ri|a|lis|mus, der; - (Philos.): *Lehre, die die Materie als selbstständige Substanz leugnet und dagegen ein geistigseelisches Bewusstsein setzt.*

Im|ma|te|ri|a|li|tät [auch: ˈ- - - - - - -, die; - [frz. immatérialité] (bildungsspr.): *unkörperliche Beschaffenheit.*

im|ma|te|ri|ell [auch: ˈ- - - - -] ‹Adj.› [frz. immatériel < mlat. immaterialis, aus lat. im- (↑in-) u. spätlat. materialis, ↑materiell] (bildungsspr.): *unstofflich, unkörperlich; geistig:* -e Bedürfnisse; Der Himmel im Süden besitzt nicht die -e, im Luftigen sich verlierende Blässe (Fest, Im Gegenlicht 55); ihm ging es gut, auch in -er Hinsicht (Wohmann, Irrgast 199); ein -er Schaden (Rechtsspr.; *Schaden, der jmdm. an seiner Gesundheit, Ehre, Freiheit o. Ä. zugefügt wird*).

Im|ma|tri|ku|la|ti|on, die; -, -en [zu ↑immatrikulieren]: **1.** *Einschreibung an einer Hochschule, Eintragung in die Matrikel:* die I. vornehmen. **2.** (schweiz.) *amtliche*

Zulassung eines Kraftfahrzeugs, eines Flugzeugs, eines Bootes: Die Crossair hatte ... den neuen Vogel mit der ... I. HB-AHA vor 300 Gästen vorgestellt (Basler Zeitung 11. 5. 84, 33).

Im|ma|tri|ku|la|ti|ons|frist, die: *Frist für die Immatrikulation* (1).

Im|ma|tri|ku|la|ti|ons|ge|bühr, die (früher): *Verwaltungsgebühr für die Immatrikulation an einer Hochschule; Einschreib[e]gebühr.*

im|ma|tri|ku|lie|ren ‹sw. V.; hat› [mlat. immatriculare; zu lat. in = hinein u. matricula, ↑Matrikel]: **1. a)** *in die Matrikel einer Hochschule aufnehmen:* die Universität immatrikuliert dreihundert neue Studenten; **b)** ‹i. + sich› *seine Anmeldung im Sekretariat einer Universität abgeben:* ich habe mich gestern immatrikuliert; ‹selten auch ohne sich:› Zu jener Zeit stand er vor der Entscheidung, an welcher Fakultät er i. sollte (Ziegler, Labyrinth 188). **2.** (schweiz.) *(ein Kraftfahrzeug, Flugzeug, Boot) amtlich zulassen, anmelden:* dies Fahrzeug ist im Kanton Uri immatrikuliert; Allein im letzten Jahr sind 8 000 Autos neu immatrikuliert worden (NZZ 2. 2. 83, 18).

Im|ma|tri|ku|lie|rung, die; -, -en: *das Immatrikulieren, Immatrikuliertwerden.*

im|ma|tur ‹Adj.› [lat. immaturus, aus: im- (↑in-) u. maturus, ↑Maturum] (Med.): *(von Frühgeborenen) unreif, nicht voll entwickelt.*

Im|me, die; -, -n [mhd. imme, imbe, ahd. imbi = Bienenschwarm, H. u.; die Bed. »Biene« hat sich erst in spätmhd. Zeit aus dem kollektiven Sinn entwickelt] (dichter.): *Biene.*

im|me|di|at ‹Adj.› [mlat. immediatus, zu lat. im- (↑in-) u. medius, ↑[1]Medium] (veraltend): *unmittelbar, ohne Zwischenschaltung einer anderen Instanz [dem Staatsoberhaupt unterstehend]:* eine -e Behörde; etwas i. beim Präsidenten vortragen.

Im|me|di|at|be|richt, der (Amtsspr.): *direkte Berichterstattung an die höchste Behörde, an das Staatsoberhaupt.*

Im|me|di|at|ein|ga|be, die, **Im|me|di|at|ge|such,** das (Amtsspr.): *unmittelbar an die höchste Behörde, an das Staatsoberhaupt gerichtetes Schriftstück, Gesuch.*

im|me|di|a|ti|sie|ren ‹sw. V.; hat› [zu ↑immediat] (hist.): *reichsunmittelbar machen:* eine immediatisierte Herrschaft.

Im|me|di|at|vor|trags|recht, das (Amtsspr.): *Recht eines Ministers, dem Staatsoberhaupt direkt Vortrag zu halten.*

im|mens ‹Adj.› [lat. immensus, zu: im- (↑in-) u. metiri (2. Part.: mensum) = messen]: *in Staunen, Bewunderung erregender Weise groß o. ä.; unermesslich, unendlich:* eine -e Leistung; -e Kosten; Was kann im Angesicht der -en Belastungen und Herausforderungen geschehen? (R. v. Weizsäcker, Deutschland 94); Windräder, Sonnenkollektoren, Gezeiten- und Wasserkraftwerke können den -en Energiebedarf der Welt nicht decken (Woche 27. 3. 98, 6); (oft übertreibend:) er hat -es Glück gehabt; er ist ein i. gescheiter Mensch (Stories [Übers.] 72, 113); Solche Medizin ist i. *(sehr, außerordentlich)* aufwendig (Weltwoche 17. 5. 84, 57).

Im|men|si|tät, die; - (veraltet): *Unermesslichkeit, Unendlichkeit.*

Im|men|stock, der ‹Pl. ...stöcke› (selten): *Bienenstock.*

im|men|su|ra|bel ‹Adj.› [spätlat. immensurabilis, aus lat. im- (↑in-) u. spätlat. mensurabilis, ↑mensurabel] (bildungsspr.): *unmessbar.*

Im|men|su|ra|bi|li|tät, die; - (bildungsspr.): *Unmessbarkeit.*

im|mer [mhd. immer, iemer, ahd. iomēr, aus ↑je u. ↑mehr]: **I.** ‹Adv.› **1. a)** *sich häufig wiederholend, sehr oft; gleich bleibend, andauernd, ständig, stets:* das Wetter war i. schön; sie blieb i. freundlich; i. neue Zugeständnisse machen; Sag mal, musst du dich i. so rausputzen, Junge? (Chotjewitz, Friede 123); Immer der Nebel! Immer der Dreck! Immer der kalte Regen oder der feuchte Schnee! (K. Mann, Wendepunkt 419); es ist i. dasselbe; i. und überall; i. und i.; mach es wie i.!; so war es schon i. *(von jeher);* ich habe es schon i. gewusst *(mir war das nicht neu, unbekannt);* das ist für i. *(in alle Zukunft)* vorbei; da war der Bruch da und für i. *(für alle Zeiten;* Reich-Ranicki, Th. Mann 242); sie ist nicht i. *(manchmal nicht)* anzutreffen; sie ist i. nicht *([fast] nie)* anzutreffen; i. währende *(dauernde, fortwährende)* Dunkelheit; der i. währende *(ständig gültige, für alle Jahre ablesbare)* Kalender; Vom Sommer 43 an war der Hunger sein i. währendes Problem für die nächsten fünf oder sechs Jahre (Loest, Pistole 69); lebe wohl auf i. (veraltet; *für alle Zeit*); i. der Deine! (veraltete Grußformel in Briefen); **b)** *jedes Mal:* i. wenn wir ausgehen wollen, regnet es; er musste i. wieder von vorn anfangen; i. ich! (ugs.; *jedes Mal soll ich schuld sein, bin ich dran, muss ich die Arbeit machen*); »Deck schon mal den Tisch.« Immer ich, denkt der Große, i. ich (Eppendorfer, Monster 68). **2.** ‹i. + Komp.› *nach u. nach, in ständiger Steigerung:* es wird i. dunkler draußen; i. mehr Besucher kamen; herrliche Stücke, eins i. schöner als das andere!; die Reichen werden i. reicher u. die Armen i. ärmer; werden bald viele Kriege geführt, für die sie i. stärkere, schrecklichere Kanonen und Geräte bauen lassen (Kühn, Zeit 55). **3.** (ugs.) *jeweils:* sie lagen i. zu dritt in einem Zimmer; i. zwei und zwei nebeneinander aufstellen!; er nahm i. zwei Stufen auf einmal. **4.** ‹Interrogativ- od. Relativpronomen bzw. -adverbien + i. [+ auch]› wirkt verallgemeinernd; *auch:* wir werden helfen, wo i. es *(wo es auch)* nötig ist; was i. er *(was er auch)* gesagt haben mag, es war gewiss nicht böse gemeint; Wann i. Cotta in diesen Tagen schlief oder auch nur für Minuten einnickte, plagten ihn Träume (Ransmayr, Welt 220); Was i. geschah und wem i. sie begegnete, sie blieb so unduldsam wie unversöhnlich (Reich-Ranicki, Th. Mann 182). **II.** ‹Partikel› **1.** ‹betont; in Verbindung mit »noch«› wirkt verstärkend in Aussage- und Fragesätzen: Offenbar besteht immer noch ein Intellektuellenbild, das sich an einer Art moralischer Jagdmeute orientiert (Woche 14. 11. 97, 42); das Kleid ist noch i./i. noch modern; hast du noch i./i. noch nicht genug?; er ist i. noch *(schließlich, immerhin)* dein Vater. **2.** ‹unbetont› **a)** wirkt verstärkend in Modalsätzen; *nur:* er lief, so schnell er i. konnte; du kannst essen, so viel du i. magst; **b)** (ugs.) wirkt verstärkend in Aufforderungs- und Fragesätzen: lass ihn nur i. kommen!; i. langsam voran! *(nur nicht so schnell!);* lasst uns i. aufbrechen, er wird uns schon einholen!; was treibst du denn i. *(eigentlich, überhaupt)*?

im|mer|dar ‹Adv.› (geh.): *immer, künftig, jederzeit:* jetzt und i.; dass der Schritt in die Freiheit ... i. ein ungeheurer Schritt ist (Frisch, Stiller 234).

im|mer|fort ‹Adv.›: *ständig, fortdauernd; immer wieder:* jmdn. i. anstarren; Es würde mir ein Thema fehlen, an dem mein unruhiger Geist sich i. entzünden kann (Stern, Mann 71); Die Wörter waren einfach, und dabei überwältigten sie ihn derart, dass er sie i. hätte sagen können (Rolf Schneider, November 203).

im|mer|gleich ‹Adv.› (geh.): *stets gleich [bleibend]:* die -en Formeln der Beruhigung, der Hoffnung oder der Verzweiflung (Ransmayr, Welt 133); ‹subst.:› sie redete das Immergleiche (Rolf Schneider, November 149).

im|mer|grün ‹Adj.›: *(von Pflanzen) das ganze Jahr über grüne, funktionsfähige Blätter, Nadeln tragend:* -er Regenwald; Ü -e *(nie in Vergessenheit geratene, stets beliebte)* Melodien; Ein -es ... Repertoire von der »Fledermaus« bis zum »Zarewitsch« (Wochenpresse 5. 6. 84, 60).

Im|mer|grün, das: *in mehreren Arten vorkommende, als Kraut od. Halbstrauch wachsende Pflanze mit gegenständigen, lederartigen Blättern u. einzelnen blauen, roten od. weißen Blüten.*

im|mer|hin ‹Adv.›: **a)** einschränkend; drückt eine gewisse Anerkennung aus; *wenigstens, zumindest jedenfalls:* er hat sich i. Mühe gegeben; das ist i. beachtlich; i. hat er es versucht; Die alte Werkswohnung ... liegt zwar unmittelbar neben den Südbahngleisen, ist aber i. mit Fließwasser und Vorgarten ausgestattet (Wiener 11, 1983, 81); Natürlich bin ich in ihren Augen nicht reich, i. fahre ich einen Jaguar 420 (Frisch, Montauk 180); **b)** einräumend; *freilich, ungeachtet dessen, allerdings, trotz allem:* versuchen wir es i.!; er hat Bedenken gehabt, aber i. zugestimmt; i., es geht auch so!; **c)** auf einen zu beachtenden [Neben]umstand hinweisend; *schließlich, jedenfalls:* er ist i. dein Vater; der Marsch ging i. über dreißig Kilometer; Und wie soll es den allein erziehenden Müttern ergehen, die i. mehr als ein Viertel aller Sozialhilfe-Haushalte ausmachen? (Woche 4. 4. 97, 5); Immerhin gab es keine Verletzten (NZZ 26. 2. 86, 31); Immerhin habe ich dir das Leben gerettet (Remarque, Obelisk 320); Immerhin werde ich siebzig im Oktober (Brot und Salz 354); **d)** ‹i. + mögen) (geh.) *[wenn] auch:* mag es i. spät werden, ich komme auf alle Fälle; Magst du i. rennen! Die Straße ist lang, du erreichst ihr Ende nicht (K. Mann, Wendepunkt 270).

Im|mer|si|on, die; -, -en [spätlat. immersio = Eintauchung, zu lat. immergere (2. Part. immersum) = ein-, untertauchen]: **1.** (Physik) *Einbetten eines Objekts in eine Flüssigkeit mit besonderen lichtbrechenden Eigenschaften (zur Untersuchung von Kristallformen u. in der Mikroskopie).* **2.** (Astron.) *Eintritt eines Himmelskörpers in den Schatten eines anderen.* **3.** (Geol.) *Inundation.* **4.** (Med.) *Dauerbad.*

Im|mer|si|ons|tau|fe, die: *ältere, von den Baptisten noch geübte Form der christlichen Taufe, bei der der Täufling untergetaucht wird.*

im|mer wäh|rend: s. immer (I 1 a).

im|mer|zu ⟨Adv.⟩ (ugs.): *immerfort, dauernd, ständig [sich wiederholend]:* die Leitung ist i. besetzt; Andere Leute machen i. Diät (Danella, Hotel 398); Sie machte ihre unerheblichen und i. fesselnden Bewegungen (Kronauer, Bogenschütze 366).

Im|mi|grant, der; -en, -en [zu lat. immigrans (Gen.: immigrantis), 1. Part. von: immigrare, ↑immigrieren]: *Einwanderer:* drei Prozent der Bevölkerung sind -en; Im Schmelztiegel Israel sollten die Kinder aller -en gleich sein (Augsburger Allgemeine 13./14. 5. 78, 3); In Paris rüstet die rechte Regierung zum Kampf gegen Terroristen und -en (Spiegel 19, 1986, 140).

Im|mi|gran|tin, die; -, -nen: w. Form zu ↑Immigrant.

Im|mi|gra|ti|on, die; -, -en: *Einwanderung:* die bekennenden Fremdenfeinde sehen sich allein gelassen von Staat und Gesellschaft, sie koppeln ihre Probleme, auch die projizierten, mit der I. (Woche 2. 1. 98, 33).

im|mi|grie|ren ⟨sw. V.; ist⟩ [lat. immigrare = hineingehen, zu: migrare, ↑Migration]: *einwandern:* Via Frankreich immigrierte er, 1951, in die USA (Spiegel 35, 1977, 138).

im|mi|nent ⟨Adj.⟩ [frz. imminent < lat. imminens (Gen.: imminentis), 1. Part. von: imminere = nahe bevorstehen, drohen] (bes. Med.): *drohend, nahe bevorstehend:* eine -e Gefahr, Fehlgeburt.

Im|mis|si|on, die; -, -en [lat. immissio = das Hineinlassen, zu: immittere (2. Part.: immissum) = hineingehen lassen]: **1.** (Fachspr.) *das Einwirken von Verunreinigungen, Lärm, Strahlen o. Ä. auf Menschen, Tiere, Pflanzen, Gebäude o. Ä.:* Die Gemeinde Birmersdorf würde durch diese Entsorgungs- und Sammelstelle durch -en belastet (NZZ 12. 10. 85, 31); die Bevölkerung muss vor -en geschützt werden. **2.** (veraltet) *Einsetzung in ein Amt.*

Im|mis|si|ons|grenz|wert, der: *Immissionswert.*

Im|mis|si|ons|schutz, der: *[gesetzlich festgelegter] Schutz vor Immissionen; Umweltschutz:* Schonung des Waldes, Erhaltung des Naherholungsraumes und I. für benachbarte Siedlungsgebiete sind die Forderungen (Bund 9. 8. 80, 15).

Im|mis|si|ons|wert, der: *die Immission (1) betreffender Messwert:* ... so dass der mögliche I. Blei zwischen 1 und 2 Milligramm pro Kubikmeter liegen werde (Saarbr. Zeitung 4. 12. 79, 24).

im|mo|bil [auch: - -ˈ-] ⟨Adj.⟩ [lat. immobilis, aus: im- (↑in-) u. mobilis, ↑mobil]: **1.** (bildungsspr.) *unbeweglich* (1 a), *nicht mobil* (1 a): ohne Auto ist man heute zu i.; Wenn es darum geht, ins Ausland zu wechseln, ... sind die so i. *(unflexibel)* wie nie zuvor (Spiegel 52, 1981, 68); auf dem Rotsee hatte sich ... Bruno Saile den Ischiasnerv so unglücklich eingeklemmt, dass er nahezu i. *(bewegungsunfähig)* war (Solothurner Zeitung 31. 7. 84, 1). **2.** *(von Truppen) nicht für den Krieg bestimmt od. ausgerüstet, nicht kriegsbereit.*

Im|mo|bi|li|ar|kre|dit, der (Wirtsch.): *durch Grundbesitz abgesicherter Kredit.*

Im|mo|bi|li|ar|ver|mö|gen, das (Wirtsch.): *Grundbesitz.*

Im|mo|bi|li|ar|ver|si|che|rung, die (Versicherungsw.): *Gebäudeversicherung.*

Im|mo|bi|lie, die; -, -n [nach lat. immobilia (bona) = unbewegliches (Gut)] (Wirtsch.): *unbeweglicher Besitz* (z. B. Grundstück, Gebäude): Die I. als Renditeobjekt ist in Verruf gekommen (Spiegel 23, 1985, 224); Wolle man ihm die Prozesskostenhilfe versagen, sei er gezwungen, die I. mit Verlust zu verkaufen (MM 13./14. 9. 86, 36); sein Geld in -n anlegen.

Im|mo|bi|li|en|han|del, der: *Handel mit Immobilien.*

Im|mo|bi|li|en|händ|ler, der: *jmd., der berufsmäßig Immobilienhandel betreibt.*

Im|mo|bi|li|en|händ|le|rin, die: w. Form zu ↑Immobilienhändler.

Im|mo|bi|li|en|mak|ler, der: *Immobilienhändler.*

Im|mo|bi|li|en|mak|le|rin, die: w. Form zu ↑Immobilienmakler.

Im|mo|bi|li|en|markt, der: *Markt* (3 a) *für Immobilien.*

Im|mo|bi|li|sa|ti|on, die; -, -en [zu ↑immobil] (Med.): **a)** *Ruhigstellen von Gliedern od. Gelenken;* **b)** *Verlust der Beweglichkeit:* nach dem Schlaganfall ist eine I. der rechten Körperhälfte eingetreten.

im|mo|bi|li|sie|ren ⟨sw. V.; hat⟩ (Med.): *(ein Glied od. Gelenk) ruhig stellen:* das Bein mit einer Schiene i.; Ü die Eisenhower-Administration wie auch die Kennedy-Regierung haben sich ... von Bonn führen und manchmal sehr gegen ihren Willen »immobilisieren« lassen (Dönhoff, Ära 64).

Im|mo|bi|li|sie|rung, die; -, -en (Med.): *Immobilisation.*

Im|mo|bi|lis|mus, der; - (bildungsspr.): *Unbeweglichkeit als geistige Haltung.*

Im|mo|bi|li|tät, die; - [frz. immobilité < lat. immobilitas]: *Zustand der Unbeweglichkeit, bes. bei Truppen:* ... um z. B. die nach wie vor festzustellende I. unter Arbeitslosen abzubauen (Augsburger Allgemeine 3./4. 6. 78, 2).

im|mo|ra|lisch [auch: - -ˈ- -] ⟨Adj.⟩ [zu lat. in- = un-, nicht u. ↑moralisch] (bildungsspr.): *unmoralisch:* i. handeln.

Im|mo|ra|lis|mus, der; - (bildungsspr.): *Haltung der bewussten Ablehnung überlieferter moralischer Grundsätze:* Der Moralismus des bürgerlichen Anstandsgefühls versetzte den aristokratisch verfeinerten I. in einen politischen Anklagezustand (Sloterdijk, Kritik 106).

Im|mo|ra|list, der; -en, -en (bildungsspr.): *Vertreter des Immoralismus.*

Im|mo|ra|lis|tin, die; -, -nen: w. Form zu ↑Immoralist.

Im|mo|ra|li|tät, die; - (bildungsspr.): **a)** *Unmoral, Unsittlichkeit;* **b)** *Gleichgültigkeit gegenüber moralischen Grundsätzen.*

Im|mor|ta|li|tät, die; - [lat. immortalitas, zu: immortalis = unsterblich, aus: im- (↑in-) u. mortalis = sterblich] (bildungsspr.): *Unsterblichkeit.*

Im|mor|tel|le, die; -, -n [frz. immortelle, eigtl. = Unsterbliche, zu: immortel = unsterblich < lat. immortalis, ↑Immortalität]: *(zu den Korbblütlern gehörende) Pflanze verschiedener Arten u. unterschiedlicher Gattungen mit strohartig trockenen, sehr lange haltbaren u. oft auffällig bunten Blüten* (z. B. Strohblumen, Katzenpfötchen).

im|mun ⟨Adj.⟩ [lat. immunis = frei (von Leistungen, Abgaben); unberührt, rein, zu: munus = Leistung; Amt; munia = Leistungen, Pflichten]: **1.** (bes. Med., Biol.) *für bestimmte Krankheiten unempfänglich, gegen Ansteckung, Schädigung o. Ä. gefeit:* wer einmal Masern gehabt hat, ist zeitlebens dagegen i.; Der Schädling wurde mit der Zeit aber immer -er gegen Schädlingsbekämpfungsmittel (NZZ 27. 8. 86, 5); Die Kanadische Goldrute ist gegen Umweltgifte i. (natur 2, 1991, 53); Ü gegen solche Versuchungen ist er i.; Inserate sind zwecklos, denn gegen Werbung sind die Leser i. (Woche 27. 3. 98, 30); Das Wehklagen darüber, dass Sozialisten den mannigfachen Verlockungen des Wohlstands gegenüber nicht immer i. sind (NZZ 25. 8. 83, 3). **2.** (Rechtsspr.) *vor Strafverfolgung geschützt (als Angehöriger des diplomatischen Korps od. als Parlamentarier):* der Abgeordnete ist i.; Ü der Staat, dieser -e Betrüger, der selbst Billionen unterschlägt (Remarque, Obelisk 88).

Im|mun|ab|wehr, die (Med.): *Fähigkeit des Immunsystems, Antigene abzuwehren.*

Im|mun|ant|wort, die (Med.): *Reaktion des Organismus auf ein Antigen, die entweder zur Bildung von Antikörpern od. zur Bildung von Lymphozyten führt, die mit dem Antigen spezifisch reagieren; Immunreaktion.*

Im|mun|bio|lo|gie, die: *Teilgebiet der Immunologie, das sich mit den Fragen ererbter od. erworbener Immunität, mit Abwehrreaktionen bei Organtransplantationen u. Ä. beschäftigt.*

im|mun|bio|lo|gisch ⟨Adj.⟩: *die Immunbiologie betreffend, darauf beruhend:* eine -e Abwehrreaktion.

Im|mun|che|mie, die: *Teilgebiet der Immunologie, das sich mit den chemischen* *u. biochemischen Grundlagen der Immunität* (1) *beschäftigt.*

Im|mun|de|fekt, der (Med.): *angeborene od. erworbene Störung der Immunität* (1).

Im|mun|ge|ne|tik, die: *Teilgebiet der Immunologie, das sich mit den genetischen Systemen beschäftigt, die dem Immunsystem zugrunde liegen.*

im|mun|ge|ne|tisch ⟨Adj.⟩: **a)** *die Immungenetik betreffend, zu ihr gehörend, auf ihr beruhend;* **b)** (Med.) *die Entstehung einer Immunität* (1) *betreffend.*

Im|mun|glo|bu|lin, das (Med.): *Protein, das die Eigenschaften eines Antikörpers aufweist.*

im|mu|ni|sie|ren ⟨sw. V.; hat⟩: *(gegen Bakterien u. Ä.) unempfindlich machen:* den Körper mit einem Impfstoff i.; Ü Der Besitz dieser Erklärung könnte der erhoffte Antikörper sein, der die Angst niederschlug, der von der eigenen Sprachlosigkeit immunisierte bis in alle Zukunft (Rolf Schneider, November 31).

Im|mu|ni|sie|rung, die; -, -en: *das Immunisieren, Immunisiertwerden.*

Im|mu|ni|tät, die; -, -en ⟨Pl. selten⟩: **1.** *(angeborene od. durch Impfung erworbene) Unempfänglichkeit für Krankheitserreger od. deren Gifte:* eine einmal überstandene Krankheit verleiht oft langjährige I. gegen neue Ansteckung. **2. a)** *verfassungsrechtlich garantierter Schutz vor Strafverfolgung (für Bundes- u. Landtagsabgeordnete):* Da er aber Parlamentsabgeordneter war, stand ihm I. gegen Maßnahmen der vollziehenden Gewalt zu (Prodöhl, Tod 76); **b)** *völkerrechtlich garantierter Schutz von Diplomaten vor den Behörden des Gastlandes:* Er machte demgegenüber geltend, dass er als Sonderbotschafter strafrechtliche I. genieße (NJW 18, 1984, VI).

Im|mu|ni|täts|for|schung, die: *Immunologie.*

Im|mun|kör|per, der: *Antikörper.*

Im|mun|krank|heit, die (Med.): *Immunopathie.*

Im|mu|no|lo|ge, der; -n, -n: *Wissenschaftler auf dem Gebiet der Immunologie.*

Im|mu|no|lo|gie, die; - [zu ↑immun u. ↑-logie]: *Wissenschaft, die sich mit der Reaktion des Organismus auf das Eindringen körperfremder Substanzen befasst.*

Im|mu|no|lo|gin, die; -, -nen: w. Form zu ↑Immunologe.

im|mu|no|lo|gisch ⟨Adj.⟩: **a)** *die Immunologie betreffend;* **b)** *die Immunität* (1) *betreffend:* Trick, mit dem die Viren das -e Gedächtnis des Menschen bisweilen überlisten (Woche 12. 12. 98, 21).

Im|mu|no|pa|thie, die; -, -n [↑-pathie] (Med.): *Gesamtheit der durch Immunantworten verursachten Krankheitserscheinungen; Immunkrankheit.*

Im|mu|no|sup|pres|si|on: ↑Immunsuppression.

im|mu|no|sup|pres|siv: ↑immunsuppressiv.

Im|mu|no|zyt, der; -en, -en [zu griech. kytós = Höhlung, Wölbung] (Med.): *Immunzelle.*

Im|mun|re|ak|ti|on, die (Med.): *Immunantwort.*

Im|mun|schwä|che, die (Med.): *Zustand krankhaft verminderter Abwehrkraft des Immunsystems.*

Im|mun|se|rum, das (Med.): *Antikörper enthaltender Impfstoff.*

Im|mun|sup|pres|si|on, die; -, -en (Med.): *Unterdrückung einer immunologischen* (b) *Reaktion (z. B. bei Transplantationen).*

im|mun|sup|pres|siv ⟨Adj.⟩ (Med.): *eine immunologische* (b) *Reaktion unterdrückend (z. B. in Bezug auf Arzneimittel).*

Im|mun|sys|tem, das (Med.): *für die Immunität* (1) *verantwortliches System der Abwehr von Krankheitserregern od. deren Giften.*

Im|mun|zel|le, die (Med.): *Zelle, die an einer Immunantwort beteiligt ist; Immunozyt:* Der Entzündungsreiz lockt -n, sog. »Makrophagen«, an, die in den Gefäßwänden die Entzündung zu bekämpfen versuchen (Woche 99. 1. 98, 22).

Imp, der; -s, - [mhd. imp, ↑Imme] (bayr., österr. mundartl.): *Biene.*

imp. = imprimatur.

Im|pact [...pɛkt], der; -s, -s [engl. impact, ↑Impakt]: **1.** (Werbespr.) *Stärke der von einer Werbemaßnahme ausgehenden Wirkung.* **2.** (Golf) *Moment, in dem der Schläger den Ball trifft.*

im|pair [ɛ̃ˈpɛːɐ̯] ⟨Adj.⟩ [frz. impair < mfrz. impar < lat. impar, aus: im- (↑in-) u. par, ↑Paar]: *(von den Zahlen beim Roulette) ungerade.*

Im|pakt, der; -s, -e [engl. impact = Auf-, Einschlag; Wucht, zu: to impact = zusammendrücken, -pressen < lat. impactum, 2. Part. von: impingere = (gegen etw.) schlagen, stoßen, werfen] (Fachspr.): *Meteoriteneinschlag.*

im|pak|tiert ⟨Adj.⟩ [zu lat. impactum, ↑Impakt] (Med.): *eingeklemmt, eingekeilt (z. B. von Zähnen od. von festsitzenden Steinen in den Gallenwegen).*

Im|pak|tit [auch: ...ˈtɪt], der, -s, -e (Fachspr.): *Glasgebilde, das mit einem Meteoriteneinschlag in Beziehung steht.*

Im|pa|la, die; -, -s [aus einer südafrik. Spr.]: *(in den Steppen Afrikas heimische) kleine Antilope mit braunem Rücken, weißer Unterseite u. schwarzer Zeichnung auf den Fersen.*

Im|pa|ri|tät, die; - [frz. imparité, zu: impair, ↑impair] (bildungsspr.): *Ungleichheit.*

Im|passe [ɛ̃ˈpas], die; -, -s [ɛ̃ˈpas; frz. impasse, zu: passer, ↑passieren] (bildungsspr. veraltet): *Ausweglosigkeit, Sackgasse:* einen Ausweg aus der I. suchen.

◆ **im|pas|si|bel** ⟨Adj.; ...bler, -ste⟩ [frz. impassible < kirchenlat. impassibilis, zu spätlat. passibilis = empfindungsfähig, zu lat. passum, ↑Passion]: *kein od. wenig Gefühl zeigend, teilnahmslos:* Er war der Jüngste von uns, ... sich immer gleich, teilnehmend, aber mit solchem Maße, dass er gegen die andern als i. abstach (Goethe, Dichtung u. Wahrheit 18).

im|pas|tie|ren ⟨sw. V.; hat⟩ [ital. impastare, zu: pasta, ↑Paste] (Malerei): *Farbe [mit dem Spachtel] dick auftragen.*

Im|pas|to, das; -s, -s u. ...sti [ital. impasto] (Malerei): *dick aufgetragene Farbe auf einem Gemälde.*

Im|pa|ti|ens, die; - [lat. impatiens = ungeduldig, empfindlich; wegen der bei der geringsten Berührung auf- od. wegspringenden Früchte]: *Springkraut.*

Im|peach|ment [ɪmˈpiːtʃmənt], das; -[s], -s [engl. impeachment, zu: to impeach = anklagen < frz. empêcher = (ver)hindern < spätlat. impedicare = fangen]: *(in den USA vom Repräsentantenhaus veranlasstes) gegen einen hohen Staatsbeamten gerichtetes Verfahren, das eine Anklage wegen Amtsmissbrauchs mit dem Antrag auf Amtsenthebung ermöglichen soll:* Richard Nixon, den Rodino nur deshalb nicht hatte entthronen können, weil Nixon einem I. durch freiwilligen Rücktritt zuvorgekommen war (Spiegel 33, 1984, 87); Ein Angebot einflussreicher Kongressunterhändler, gegen ein umfassendes Schuldbekenntnis auf das I. zu verzichten, schlugen Clintons juristische Berater aus (Spiegel 2, 1999, 124).

Im|pe|danz, die; -, -en [zu lat. impedire = verstricken, hemmen] (Elektrot.): **a)** *Wechselstromwiderstand;* **b)** *Scheinwiderstand.*

Im|pe|danz|re|lais, das; -, - (Elektrot.): *Distanzrelais.*

Im|pe|di|ment, das; -[e]s, -e [lat. impedimentum] (Rechtsspr. veraltet): *rechtliches Hindernis* (z. B. Ehehindernis).

im|pe|ne|tra|bel ⟨Adj.; ...bler, -ste⟩ [frz. impénétrable < lat. impenetrabilis, aus: im- (↑in-) u. penetrabilis, ↑penetrabel] (veraltet): *undurchdringlich.*

im|pe|ra|tiv ⟨Adj.⟩ [spätlat. imperativus, zu lat. imperare = befehlen] (bildungsspr.): *befehlend, zwingend, bindend:* -es *(an Weisungen gebundenes)* Mandat; etw. i. fordern; Nur einmal stand er auf, kam auf uns zu und fragte i. wie ein Schulmeister: »Blutvergiftung mit sechs Buchstaben?« (Ziegler, Labyrinth 68); Eine Aktionslinie, die sich in diesem Zusammenhange i. aufdrängt (NZZ 1./2. 5. 83, 9).

Im|pe|ra|tiv [auch: ---ˈ-], der; -s, -e: **1.** (Sprachw.) **a)** *Modus* (2), *mit dem ein Befehl, eine Aufforderung, eine Bitte o. Ä. ausgedrückt wird; Befehlsform;* **b)** *Verb im Imperativ* (1 a). **2.** *sittliches Gebot, moralische Forderung:* ... war es der gebieterische I. der auf Eroberung ausgezogenen und zum zweiten Mal innerhalb derselben Generation scheiternden Kaste (Plievier, Stalingrad 321); Die Grundrente folgt dem Prinzip der staatlichen Versorgung, die Rentenversicherung dem I. der solidarischen Selbsthilfe (Woche 2. 1. 98, 16); ***kategorischer I.** (Philos.; *unbedingt gültiges sittliches Gebot;* nach dem dt. Philosophen I. Kant [1724–1804]).

im|pe|ra|ti|visch [auch: ˈ-----] ⟨Adj.⟩: **1.** (Sprachw.) *in der Befehlsform:* ein i. gebrauchtes Verb. **2.** (bildungsspr.) *befehlend, fordernd:* -e Anordnungen; Man müsste mit Gott einfach sprechen, i., aber mit einem kleinen Tonumfang wie zu einem Kind (Fries, Weg 62).

Im|pe|ra|tiv|satz, der (Sprachw.): *Befehlssatz.*

Im|pe|ra|tor, der; -s, ...oren [lat. imperator] (hist.): **1. a)** ⟨o. Pl.⟩ *bei den Römern Titel für den Oberfeldherrn;* **b)** *Träger dieses Titels:* als in einem brütend heißen Sommer ... Octavianus Gaius Julius Caesar Augustus, I. und Held der Welt, an der Auszehrung starb (Ransmayr, Welt 134). **2.** *von Kaisern gebrauchter Titel zur Bezeichnung ihrer Würde:* ****I. Rex** (*Kaiser u. König;* Herrschertitel z. B. für Wilhelm II.).

im|pe|ra|to|risch ⟨Adj.⟩: **a)** *den Imperator betreffend, vom Imperator ausgehend:* ... verspricht ihm in -er Laune, die beiden Werke ... drucken zu lassen (Ceram, Götter 116); **b)** *gebieterisch, keinen Widerspruch duldend:* etw. i. befehlen.

Im|pe|ra|trix, die; -, ...trices [...'tri:tse:s; lat. imperatrix]: w. Form zu ↑Imperator.

Im|per|fekt, das; -s, -e [zu lat. imperfectus = unvollendet, aus: im- (↑in-) u. perfectus, ↑perfekt] (Sprachw.): *Präteritum.*

im|per|fek|ti|bel ⟨Adj.⟩ (bildungsspr. veraltet): *unfähig zur Vervollkommnung, unbildsam.*

Im|per|fek|ti|bi|li|tät, die; - (bildungsspr. veraltet): *Unfähigkeit zur Vervollkommnung, Unbildsamkeit.*

im|per|fek|tisch [auch: --'--] ⟨Adj.⟩ (Sprachw.): *das Imperfekt betreffend, im Imperfekt [gebraucht]:* eine -e Erzählung.

im|per|fek|tiv [auch: ---'-] ⟨Adj.⟩ (Sprachw.): **1.** *imperfektisch.* **2.** *unvollendet:* -e Aktionsart *(durative Aktionsart).*

Im|per|fek|tum, das; -s, ...ta (Sprachw. veraltet): *Imperfekt.*

im|per|fo|ra|bel ⟨Adj.⟩ [spätlat. imperforabilis = unverwundbar, zu lat. im- (↑in-) u. perforare, ↑perforieren] (veraltet): *undurchbohrbar.*

Im|per|fo|ra|ti|on, die; -, -en (Med.): *angeborene Verwachsung einer Körperöffnung:* eine I. des Afters.

im|pe|ri|al ⟨Adj.⟩ [spätlat. imperialis, zu lat. imperium, ↑Imperium] (bildungsspr.): *das Imperium betreffend, zu ihm gehörend, für ein Imperium charakteristisch; herrschaftlich:* -e Architektur; Die einzige europäische Stadt von ähnlich -em Anspruch, das Paris des 19. Jahrhunderts (Fest, Im Gegenlicht 326); Hinzu kommt, dass die -e Großmacht Amerika von Niedergangsängsten geplagt wird (Spiegel 21, 1989, 25); Es war ein Gipfel der -en Art. US-Präsident Bill Clinton reiste – im Schlepptau einen Hofstaat von 550 Mitarbeitern und 375 Berichterstattern – nach Peking (Woche 3. 7. 98, 17).

¹Im|pe|ri|al, das; -[s]: *(vor Einführung der DIN-Größen übliches) Papierformat.*

²Im|pe|ri|al, der; -s, -e [russ. imperial, wohl < poln. imperial < spätlat. (denarius) imperialis = kaiserlich(er Denar)]: *frühere russische Goldmünze.*

³Im|pe|ri|al, die; - (Druckw. veraltet): *Schriftgrad von 9 Cicero.*

Im|pe|ri|a|lis|mus, der; -, ...men ⟨Pl. selten⟩ [frz. impérialisme, zu spätlat. imperialis, ↑imperial]: **1. a)** ⟨o. Pl.⟩ *Bestreben einer Großmacht, ihren politischen, militärischen u. wirtschaftlichen Macht- u. Einflussbereich immer weiter auszudehnen:* der koloniale I.; mit dem wirtschaftspolitischen Nationalismus entwickelte sich der politische I. (Fraenkel, Staat 136); Die Niederlage der Buren konnte die Expansion des deutschen I. nicht stoppen (horizont 12, 1977, 22); **b)** *imperialistische Aktivität, einzelnes imperialistisches Unternehmen:* das Interesse an Absatzgebieten, die Rivalität zu den anderen ... Imperialismen (Deutsche Literaturzeitung 1, 1975, Sp. 50). **2.** ⟨o. Pl.⟩ (marx. Wirtschaftstheorie) *zwangsläufig eintretende Endstufe des Kapitalismus mit konzentrierten Industrie- u. Bankmonopolen:* inzwischen weiß ich über den Monopolkapitalismus als I. viel besser Bescheid (Johnson, Mutmaßungen 127).

Im|pe|ri|a|list, der; -en, -en: *Vertreter, Anhänger des Imperialismus:* das Machtstreben der -en.

Im|pe|ri|a|lis|tin, die; -, -nen: w. Form zu ↑Imperialist.

im|pe|ri|a|lis|tisch ⟨Adj.⟩: *den Imperialismus betreffend, ihm zugehörend, vom Machtstreben des Imperialismus geprägt:* -e Politik; Diese als »Zertifikation« bekannte Prozedur, die die USA seit 1986 in -er Manier auf derzeit 31 Staaten anwendet (Woche 21. 3. 97, 24); i. vorgehen.

Im|pe|ri|um, das; -s, ...ien [1: lat. imperium; zu: imperare, ↑imperativ]: **1.** (hist.) *Weltreich; Kaiserreich.* **2.** (bildungsspr.) *riesiger Macht-, Herrschaftsbereich:* die kolonialen Imperien der Neuzeit; das sowjetische I. (Dönhoff, Ära 107); Ü das I. eines Verlegers; ein I. von Hotels; Der öffentlichkeitsscheue Großspekulant ... hat sich mit raffinierten Finanzmethoden und rüden Vermietungspraktiken in den letzten Jahren ein internationales I. profitabler Altbauten zugelegt (Spiegel 41, 1981, 74); vor etwas über einem halben Jahr hat ein Chemiekonzern diese Reifenfabrik seinem I. angegliedert (Kühn, Zeit 438).

-im|pe|ri|um, das; -s, -imperien: kennzeichnet in Bildungen mit Substantiven (häufig Namen) eine Unternehmensgruppe, ein Unternehmen als groß, weit ausgebaut und mächtig: Ford-, Öl-, Verlagsimperium.

im|per|me|a|bel [auch: '-----] ⟨Adj.⟩ [mlat. impermeabilis, aus lat. im- (↑in-) u. spätlat. permeabilis, ↑permeabel] (Med.): *undurchlässig, undurchdringlich:* eine impermeable Membran.

Im|per|me|a|bi|li|tät, die; - (Med.): *Undurchlässigkeit.*

Im|per|so|na|le, das; -s, ...lia u. ...lien [spätlat. (verbum) impersonale, zu: impersonalis = unpersönlich, aus lat. im- (↑in-) u. spätlat. personalis, ↑personal] (Sprachw.): *unpersönliches* (2b) *Verb* (z. B. »es schneit«).

im|per|ti|nent ⟨Adj.⟩ [spätlat. impertinens (Gen.: impertinentis) = nicht zur Sache gehörend, zu lat. im- (↑in-) u. pertinere, ↑Pertinenz] (bildungsspr.): *in herausfordernder Weise ungehörig; frech, unverschämt:* eine -e Person; ein Kerl mit einer -en Visage; i. grinsen, lachen; die Überlegung ... lässt ihn dem i. auftretenden Trambahnkondukteur nachgeben (Kühn, Zeit 166); ein so i. (scherzh.; *überaus, unglaublich*) zähes und saftloses Flügelvieh wie dieses (Fussenegger, Haus 49).

Im|per|ti|nenz, die; -, en (bildungsspr.): **1.** ⟨o. Pl.⟩ *dreiste Ungehörigkeit; Frechheit:* sie hatte die I., mich auch noch anzulügen; Die originellste, allerdings mit ... unglaublicher I. vorgetragene Idee (NZZ 26. 8. 83, 26). Für mich ist Berlin eine geheimnisvolle Frau, die Natürlichkeit mit Eleganz, Großmut mit I. vereint (Zeit 11. 2. 99, 18). **2.** (seltener) *impertinente Äußerung od. Handlung:* sich jmds. -en verbitten.

im|per|zep|ti|bel ⟨Adj.⟩ [mlat. imperceptibilis, aus lat. im- (↑in-) u. spätlat. perceptibilis = wahrnehmbar] (Psych.): *nicht bemerkbar, nicht wahrnehmbar.*

im|pe|ti|gi|nös ⟨Adj.⟩ [lat. impetiginosus] (Med.): *von Impetigo befallen, borkig, grindig.*

Im|pe|ti|go, die; -, ...gines [lat. impetigo] (Med.): *entzündliche [ansteckende] Hautkrankheit, bei der sich eitrige Pusteln u. Borken bilden; Eiterflechte.*

im|pe|tu|o|so ⟨Adv.⟩ [ital. impetuoso < lat. impetuosus] (Musik): *stürmisch, ungestüm, heftig.*

Im|pe|tus, der; - [lat. impetus = das Vorwärtsdrängen] (bildungsspr.): **a)** *[innerer] Antrieb, Anstoß, Impuls:* mir fehlt jeder I.; von dieser Richtung ging ein neuer I. aus; Sie geht ihre Gespräche konzeptionslos an und verlässt sich ganz auf ihre Neugier, ihren weiblichen I. (Hörzu 47, 1975, 32); **b)** *Schwungkraft, Ungestüm:* ein jugendlicher, revolutionärer I.; Sein Rollenverständnis als Parteipromotor ist ebenso unterentwickelt wie sein forensischer I. (Spiegel 15, 1976, 26).

Impf|ak|ti|on, die: *Maßnahme zur Impfung eines größeren Personenkreises.*

Impf|arzt, der: *Arzt, der Impfungen durchführt.*

Impf|ärz|tin, die: w. Form zu ↑Impfarzt.

Impf|aus|weis, der: *Bescheinigung über eine ausgeführte Impfung.*

imp|fen ⟨sw. V.; hat⟩ [mhd. impfen, ahd. impfōn, impitōn < (m)lat. imputare, LÜ von griech. emphyteúein = ¹pfropfen, veredeln; die heutige Bed. seit dem 18. Jh.]: **1.** *jmdm. einen Impfstoff verabreichen, einspritzen od. in die Haut einritzen:* Kinder gegen Pocken, Masern, Diphtherie i.; sich vor einer Reise i. lassen; Ü den muss ich noch i. (ugs.; *ihm einschärfen, was er zu tun od. zu sagen hat*); er ist geimpft *(indoktriniert)* worden; Beide sind ... von bezwingendem Ausdruck, mit starkem Willen geimpft (Grass, Butt 170). **2.** (Landw.) *dem Boden Bakterien od. bakterienhaltige Substanzen zuführen:* den Boden i.; ... ein paar Schaufeln reife Komposterde. Sie impfen den neuen Kompost mit Mikroorganismen wie die Hefe den Kuchenteig (natur 2, 1991, 82). **3.** (Biol.) *Mikroorganismen in einen festen od. flüssi-*

gen Nährstoff einbringen, um sie zu züchten.

Impf|en|ze|pha|li|tis, die: *Enzephalitis nach einer [Pocken]schutzimpfung.*

Impf|ka|len|der, der: *Aufstellung über die altersmäßig günstigsten Termine für die verschiedenen empfehlenswerten Impfungen.*

Impf|kö|der, der: *mit einem Impfstoff präparierter Köder (für Wildtiere):* Heute, da die Fuchspopulationen in vielen Gegenden durch I. auch gegen die Tollwut immunisiert sind, geht es der Spezies Fuchs so gut wie schon lange nicht mehr (FAZ 8. 2. 94, 28).

Impf|lan|zet|te, die: *Impfmesser.*

Impf|ling, der; -s, -e: *zu impfende od. gerade geimpfte Person.*

Impf|lis|te, die: *vom Impfarzt, Gesundheitsamt o. Ä. geführte Liste der zu impfenden Personen u. der durchgeführten Impfungen.*

Impf|maß|nah|me, die: *Impfaktion.*

Impf|mes|ser, das (Med.): *bei Impfungen, die mit einem kleinen Schnitt verbunden sind (z. B. bei der Pockenimpfung), verwendetes Messer in Form einer gestielten Lanzette.*

Impf|mü|dig|keit, die: *Unwillen, sich od. seine Kinder impfen zu lassen:* ... mit dem Verlust der Angst vor diesen Erkrankungen hat hierzulande eine I. um sich gegriffen, die dem erneuten Aufblühen von Epidemien und Seuchen Vorschub leistet (Vetter, Viren 9).

Impf|na|del, die: *für Impfungen verwendete Hohlnadel.*

Impf|nar|be, die: *von der Pockenimpfung nach Abheilen der Impfpustel zurückgebliebene Narbe.*

Impf|pass, der: *[international einheitlich gestalteter u. anerkannter] Ausweis, in dem dem Inhaber Impfungen, die er erhalten hat, bescheinigt werden.*

Impf|pflicht, die: *Verpflichtung, sich impfen zu lassen.*

impf|pflich|tig ⟨Adj.⟩: *der Impfpflicht unterliegend:* -e Afrikareisende.

Impf|pis|to|le, die: *Gerät für Massenimpfungen, mit dem der Impfstoff unter hohem Druck eingeschossen werden kann:* Das Bundesgesundheitsamt ... empfiehlt, zumindest vorläufig bei Impfungen auf die Anwendung von -n zu verzichten (Welt 3. 9. 85, 6).

Impf|pus|tel, die: *an der Impfstelle sich entwickelnde Pustel als Reaktion auf die [Pocken]impfung.*

Impf|reis, das (Gärtnerei): *eingesetztes Edelreis; Pfropfreis.*

Impf|scha|den, der: *durch eine Impfung hervorgerufener gesundheitlicher Schaden.*

Impf|schein, der: *Impfausweis.*

Impf|schutz, der (Med.): *durch Impfung erreichter Schutz vor einer [bestimmten] Krankheit:* Nur etwa ein Drittel der Erwachsenen hierzulande hat beispielsweise einen ausreichenden I. gegen die Kinderlähmung (Vetter, Viren 10).

Impf|stel|le, die: *Stelle des Körpers, an der geimpft wurde.*

Impf|stoff, der: *zum Impfen bestimmte Flüssigkeit, Lymphe.*

Impf|fung, die; -, -en: *das Impfen:* -en vornehmen; Rund 20 Prozent der Infektionen enden tödlich. Deshalb fordern die Tropenmediziner eine I. der Bevölkerung in den gefährdeten Regionen (FAZ 19. 5. 99, N3).

Impf|zeug|nis, das: *Impfausweis.*

Impf|zwang, der ⟨o. Pl.⟩: *Impfpflicht.*

Im|pi|e|tät, die; -, -en [lat. impietas, aus: im- (↑in-) u. pietas, ↑Pietät]: (bildungsspr. selten): *Mangel an Pietät.*

Im|plan|tat, das; -[e]s, -e [zu lat. in- = hinein u. plantare = pflanzen] (Med.): *dem Körper eingepflanztes Gewebe, Organteil od. anderes Material, auch mikroelektronisches Gerät, das im Körper bestimmte Funktionen übernimmt:* -e im zahnärztlichen Bereich dienen der Verankerung von Zahnersatz (NZZ 26. 1. 83, 32); Während eine Brustvergrößerung mittels I. bei einem seriösen Chirurgen 6 000 bis 8 000 Mark kostet, kassieren manche Institute dafür bis zu 30 000 Mark (Wirtschaftswoche 6, 1993, 121). Über eine Sendespule geht die Information über langweilige Laserstrahlen an das I. im Auge (Zeit 29. 11. 96, 33); Ü Ob allerdings die Neue Messe weit draußen im Grünen ein ansprechenderes Architektur-Modell ist? ... Ein jüngst eingepfropftes I. Aber groß, das ist es schon (Woche 21. 3. 97, 50).

Im|plan|ta|ti|on, die; -, -en (Med.): *Einpflanzung von Implantaten in den Körper:* Die I. des künstlichen Organs sei notwendig gewesen, weil das Herz des Mannes nur noch wenige Stunden geschlagen hätte (Tagesspiegel 20. 10. 85, 32).

im|plan|tie|ren ⟨sw. V.; hat⟩ (Med.): *einpflanzen* (2): einen Herzschrittmacher i.; Ü dass man auch moderne Kunst i. könne, das war in der kleingeistigen Stimmung oft nicht begreiflich zu machen (Woche 8. 1. 99, 30).

Im|plan|to|lo|gie, die; - [↑-logie] (Med.): *Lehre von den [Möglichkeiten der] Implantationen.*

Im|ple|ment, das; -[e]s, -e [spätlat. implementum, eigtl. = das Angefülltsein, zu lat. implere = anfüllen; erfüllen] (bildungsspr. veraltet): **a)** *Ergänzung;* **b)** *Erfüllung (z. B. eines Vertrages).*

Im|ple|men|ta|ti|on, die; -, -en [engl. implementation] (EDV): *Implementierung:* I. funktionstüchtiger Netzwerke für Demonstrationen (Bund 11. 10. 83, 22).

im|ple|men|tie|ren ⟨sw. V.; hat⟩ [zu engl. to implement, eigtl. = aus-, durchführen, zu: implement = Werkzeug, Gerät, im Sinne von »das, was dazu dient, etw. mit etw. anzufüllen« < spätlat. implementum, ↑Implement] (EDV): *(Software, Hardware o. Ä.) in ein bestehendes Computersystem einsetzen, einbauen u. so ein funktionsfähiges Programm* (4) *erstellen:* Sie untersuchen und implementieren neue Software, entwickeln Lösungen für die Anwendungsprogrammierung (SZ 1. 3. 86, 88 [Anzeige]); Ü Das SRK implementiert ... mit privaten mexikanischen Partnerorganisationen eine Reihe von Projekten in Mexiko (*errichtet eine Reihe von Projekten, beginnt mit ihrer Durchführung;* NZZ 23. 10. 86, 40).

Im|ple|men|tie|rung, die; -, -en (EDV): *das Implementieren, Implementiertwerden:* Entwicklung und I. neuer EDV-Systeme unter Berücksichtigung des organisatorischen Umfelds (SZ 1. 3. 86, 88); Ü ... wo man ... lange Jahre umsonst auf die I. *(die Durchführung)* von UNO-Resolutionen gewartet hat (SZ 27. 3. 91, 49).

Im|pli|kat, das; -[e]s, -e [zu lat. implicatum, 2. Part. von: implicare, ↑implizieren] (bildungsspr.): *etw., was in etw. anderes einbezogen ist.*

Im|pli|ka|ti|on, die; -, -en [lat. implicatio = Verflechtung]: **1.** (bildungsspr.) *das Implizieren; Bedeutung; Einbeziehung einer Sache in eine andere:* Der dargestellte juristische Alltag mit seinen psychologischen -en und dramatischen Zuspitzungen ... (NJW 19, 1984, 1098); Die Bundesrepublik droht in eine wirtschaftliche und gesellschaftliche Krise zu taumeln, deren politische I. sich bisher hinter dem breiten Rücken des Kanzlers versteckt (FAZ 30. 10. 96, 1). **2.** (Philos., Sprachw.) *auf der Folgerung »wenn ..., dann ...« beruhende logische Beziehung.*

Im|pli|ka|tur, die; -, -en (bildungsspr.): *Implikat.*

im|pli|zie|ren ⟨sw. V.; hat⟩ [lat. implicare = umfassen] (bildungsspr.): *einbeziehen, gleichzeitig beinhalten, bedeuten; mit enthalten:* Der Satz von der Staatsgewalt, die vom Volke ausging, implizierte aber noch eine zweite Utopie, nämlich die Égalité (Heym, Schwarzenberg 139); die Tatsache, dass sich England und das faschistische Deutschland in einem mörderischen Krieg gegenüberstanden, impliziert nicht automatisch, dass es unter der britischen Bevölkerung nur Feinde Hitlers gegeben hat (Weber, Tote 95).

im|pli|zit ⟨Adj.⟩ [zu lat. implicitum, 2. Part. von: implicare, ↑implizieren] (bildungsspr.): **1.** *mit enthalten, mit gemeint, aber nicht ausdrücklich gesagt:* -e Drohungen, Forderungen; Die -e Botschaft dieser Erklärung: Die Gläubigen aller Welt sollen künftig für den spendenabhängigen Heiligen Stuhl tiefer in die Taschen greifen als bisher (NZZ 26. 10. 86, 17); -e Ableitungen (Sprachw.; *Ableitungen ohne Suffix*). **2.** *nicht aus sich selbst zu verstehen, sondern logisch zu erschließen:* Partizipialkonstruktionen sind i.

im|pli|zi|te ⟨Adv.⟩ [lat. implicite] (bildungsspr.): *[unausgesprochen] mit inbegriffen, eingeschlossen:* i. hat er zugestimmt; die Sowjetführung anerkennt damit i., dass Sicherheit und Zusammenarbeit ... Vertrauen voraussetzen (NZZ 21.12. 86, 3).

im|plo|die|ren ⟨sw. V.; ist⟩ [Analogiebildung mit lat. im- (↑in-) zu ↑explodieren] (Fachspr.): *durch Implosion zerstört werden:* die Bildröhre des Fernsehers ist implodiert.

Im|plo|si|on, die; -, -en [Analogiebildung mit lat. im- (↑in-) zu ↑Explosion] (Fachspr.): *schlagartige Zertrümmerung eines Hohlkörpers durch äußeren Überdruck:* das Feuer war durch eine I. im Fernseher entstanden; Ü Doch vor allem widmet er sich, die I. der Gefühle beobachtend, seiner fernen Geliebten (Spiegel 49, 1977, 228).

Im|plo|siv, der; -s, -e, **Im|plo|siv|laut,** der (Sprachw.): *Verschlusslaut, bei dessen Artikulation der von innen nach außen drängende Luftstrom nicht unterbrochen wird* (z. B. das b in »abputzen«).

Im|plu|vi|um, das; -s, ...ien [lat. impluvium, zu: impluere = hineinregnen]: *(im altrömischen Haus) Sammelbecken für Regenwasser im Atrium.*

im|pon|de|ra|bel ‹Adj.; ...bler, -ste› [zu lat. im- (↑in-) u. ponderabilis = wägbar] (bildungsspr. veraltet): *unwägbar, unberechenbar:* Und im Namen dessen, was inmitten der Erklärungsschemata i. bleibt, wenden sich auch andere überragende Geister wie Lichtenberg gegen die pedantischen physiognomischen Vermessungen Lavaters (FAZ 4. 12. 93, 27).

Im|pon|de|ra|bi|li|en ‹Pl.› (bildungsspr.): *bei etw. vorhandene, nicht vorherzusehende Faktoren; Unwägbarkeiten:* viele I. spielen hier mit; Allerdings gebe es I. wie das Sprachenproblem, das man nicht unterschätzen solle (W. Brandt, Begegnungen 327); Schließlich mag ... auch der Wille der Weinbauern eine Rolle spielen, mit den I. der Natur selber fertig zu werden (NZZ 25. 10. 86, 7).

Im|pon|de|ra|bi|li|tät, die; - (bildungsspr.): *Unwägbarkeit, Unberechenbarkeit.*

im|po|nie|ren ‹sw. V.; hat› [unter Einfluss der Bed. von frz. imposer (↑imposant) zu lat. imponere = hineinlegen; auferlegen]: **a)** *großen Eindruck [auf jmdn.] machen; Bewunderung [bei jmdm.] hervorrufen:* jmdm. durch sein Wissen, durch seine Kenntnisse i.; am meisten imponiert an ihm sein hervorragendes Gedächtnis; Was dann der Redner vortrug, imponierte ihm (Kühn, Zeit 324); dann wirft man ihm vor, er wolle uns mit seiner Strenge gegen sich selbst i. (Reich-Ranicki, Th. Mann 230); Ihr konnte man nicht so leicht i. (Danella, Hotel 36); **b)** (veraltend) *sich geltend machen, sich zeigen:* Die ... Veränderungen ... imponieren als Osteochondrose und Osteoporose, morphologische Zeichen, die bei Rachitis weniger ausgeprägt sind (Reform-Rundschau 11, 1968, 7).

im|po|nie|rend ‹Adj.›: *durch seine Art beeindruckend, allgemeine Achtung u. Bewunderung hervorrufend:* eine -e Leistung; eine -e Frau; dieser qualvolle Widerstand gegen den übermächtigen Vater ..., der dem Sohn zu seinen zwar späten, doch -en Siegen verholfen hat (Reich-Ranicki, Th. Mann 223); die Kulisse war i.; Aber er war als Mensch reizvoll und i. (Kempowski, Immer 201); er hat sich i. geschlagen.

Im|po|nier|ge|ha|be[n], das (Verhaltensf.): *von [männlichen] Tieren vor der Paarung od. einem Rivalen gegenüber gezeigtes kraftvolles Auftreten (mit gesträubten Federn, hochgestelltem Schwanz o. Ä.), das der Werbung od. der Drohung dient; Imponierverhalten:* ein Rad schlagender Pfau zeigt I.; Ü Das Imponiergehabe sturzhelmbekleideter Motorradjünglinge dient menschlicher Balzauslese (Spiegel 29. 12. 65, 75); Scheucht mit feindseligem Impniergehabe - zum Beispiel der Lichthupe - andere rigoros von der Überholspur (Wirtschaftswoche 21, 1996, 139).

Im|po|nier|stel|lung, die (Verhaltensf.): *Stellung [vor dem Gegner od. Partner], die Imponiergehabe ausdrückt:* in I. gehen.

Im|po|nier|ver|hal|ten, das (Verhaltensf.): *Imponiergehabe[n].*

Im|port, der; -[e]s, -e [engl. import, zu: to import < frz. importer < lat. importare, ↑importieren]: **1.** ‹o. Pl.› *Einfuhr* (1): den I. [von Rohstoffen] steigern, einschränken; eine Firma für I. und Export; Ü Wir haben uns mit aller Kraft gegen den I. von Inflation gestemmt (Bundestag 189, 1968, 10235). **2.** *etw. Eingeführtes, Einfuhr* (2): zollpflichtige -e; die -e sollen versteuert werden; Ü die Schlagersängerin ist ein I. aus Dänemark.

im|port|ab|hän|gig ‹Adj.›: *vom Import wirtschaftlich abhängig:* ein -es Land.

Im|port|ab|hän|gig|keit, die: *wirtschaftliche Abhängigkeit eines Landes von Importen.*

Im|port|ab|schluss, der: *Vertragsabschluss über einen Import.*

◆ **Im|por|tance** [ɛ̃mpɔrtãːs], die; -: ↑Importanz: sechzehn Visiten ..., die von allerhöchster I. sind (Schiller, Kabale III, 2).

im|por|tant ‹Adj.› [(m)frz. important, wohl zu ital. importante < mlat. importans (Gen.: importantis) = wichtig, adj. 1. Part. von lat. importare, ↑importieren] (veraltet): *wichtig, bedeutsam.*

Im|port|an|teil, der: vgl. Exportanteil.

Im|por|tanz, die; - [frz. importance < ital. importanza, zu: importare = verursachen < lat. importare, ↑importieren] (bildungsspr.): *Wichtigkeit, Bedeutsamkeit.*

Im|port|ar|ti|kel, der: *Artikel, der importiert wird.*

Im|port|be|darf, der: *Bedarf an zu importierenden Waren:* steigender I.

Im|port|be|schrän|kung, die: *Beschränkung der Importe.*

Im|port|be|wil|li|gung, die: *Einfuhrlizenz.*

Im|por|te, die; -, -n: **1.** ‹Pl.› *Importwaren.* **2.** (veraltend) *im Ausland hergestellte Zigarre.*

Im|port|er|laub|nis, die: *Einfuhrerlaubnis.*

Im|por|teur [...'tøːɐ̯], der; -s, -e [französierende Bildung zu ↑importieren]: *Person, Firma, die etw. importiert.*

im|port|fä|hig ‹Adj.›: *für den Import geeignet:* -e Waren.

Im|port|fir|ma, die: *Firma, deren Tätigkeit im Import von Waren besteht.*

Im|port|ge|schäft, das: vgl. Exportgeschäft.

Im|port|gut, das: *Importwaren; Importartikel.*

Im|port|han|del, der: *Handel, bei dem Waren aus dem Ausland importiert werden.*

Im|port|händ|ler, der: vgl. Importkaufmann.

Im|port|händ|le|rin, die: w. Form zu ↑Importhändler.

im|por|tie|ren ‹sw. V.; hat› [lat. importare, eigtl. = hineintragen, -bringen; übertr. auch: dahin bringen, verursachen]: *einführen* (2): Rohstoffe, Öl i.; aus Japan importierte Waren; Ü Der Daimler-Chef hat auf diese Weise die deutsche Mitbestimmung in die USA importiert (Woche 18. 12. 98, 11); eine importierte *(vom Ausland übergreifende)* Inflation.

Im|port|kauf|frau, die: vgl. Importkaufmann.

Im|port|kauf|mann, der: *Kaufmann, der Importhandel betreibt.*

Im|port|kon|trol|le, die: vgl. Exportkontrolle.

Im|port|li|zenz, die: *Einfuhrlizenz.*

Im|port|quo|te, die: *Einfuhrkontingent.*

Im|port|sper|re, die: *Einfuhrsperre.*

Im|port|stopp, der: *Einfuhrstopp.*

Im|port|über|schuss, der: *Überschuss des Imports im Vergleich zum Export.*

im|por|tun ‹Adj.› [lat. importunus, zu: im- (↑in-) u. portus = Hafen, Gegenbildung zu: opportunus (↑opportun) u. eigtl. = nicht günstig zu befahren, ungünstig gelegen] (bildungsspr.): *ungeeignet, ungelegen.*

Im|port|ver|bot, das: vgl. Einfuhrsperre.

Im|port|ver|trag, der: *Einfuhrvertrag.*

Im|port|wa|re, die: vgl. Importartikel.

Im|port|zoll, der: *Zoll auf eingeführte Waren.*

Im|port|zu|wachs, der: *Zuwachs an Importwaren:* die Statistik weist einen starken I. aus.

im|po|sant ‹Adj.› [frz. imposant, zu: imposer = eine Bürde auferlegen, Respekt einflößen, zu lat. imponere, ↑imponieren]: *durch Größe, Bedeutsamkeit od. Ungewöhnlichkeit ins Auge fallend, einen bedeutenden Eindruck hinterlassend:* eine -e Erscheinung; Die zweite, am Dorfplatz gegenüber der -en Kirche ist dicht besetzt (NZZ 23. 10. 86, 41); Wesentlich -er ist das Jagdhaus »Trammersee« (Freie Presse 8. 12. 89, 3); Ihr Partner vom Nachmittag, ein Jüngling mit Schnäuzchen, spielte natürlich viel -er (Frisch, Homo 103).

Im|po|sanz, die; - (seltener): *das Imposantsein, imposante Art, Beschaffenheit:* Prora ist zwar riesig, doch von faschistischer Ästhetik oder faszinierender I., die alte und neue Anbeter des Nationalsozialismus locken könnten, gibt es keine Spur (Woche 11. 4. 97, 42).

im|pos|si|bel ‹Adj.› [frz. impossible < spätlat. impossibilis, aus lat im- (↑in-) u. spätlat. possibilis = möglich, zu lat. posse, ↑potent] (veraltet): *unmöglich:* ein impossibles Benehmen.

Im|pos|si|bi|li|tät, die [frz. impossibilité < spätlat. impossibilitas] (veraltet): *Unmöglichkeit.*

Im|post, der; -[e]s [mlat. impostus, zu lat. impositum, 2. Part. von: imponere, ↑imponieren] (Steuerw. veraltet): *Warensteuer.*

im|po|tent ‹Adj.› [lat. impotens (Gen.: impotentis) = schwach, aus: im- (↑in-)

u. potens, ↑potent]: **1.** *(vom Mann) zum Geschlechtsverkehr od. zur Zeugung nicht fähig:* Ein -er Sack sei das, der könne nur einmal am Tag (M. Walser, Pferd 106); seit seinem Unfall ist er i.; ... beim verheirateten Mann, der vom Geschlechtsverkehr mit immer derselben Frau bald i. wird (Praunheim, Sex 196). **2.** (seltener) *unfähig, nicht schöpferisch:* ein -er Journalist; er schrieb nicht mehr, war geistig völlig i.

Im|po|tenz, die; - [lat. impotentia = Unvermögen]: **1.** *Zeugungsunfähigkeit, Unfähigkeit (eines Mannes) zum Geschlechtsverkehr:* eine psychisch bedingte I.; Runde neunzig Prozent aller Fälle von sekundärer I. in der Lebensmitte resultieren ... aus einer verheerenden Kombination von eingebildetem Leistungsdruck und sexueller Versagensangst (Schreiber, Krise 29); von angeblich 7,5 Millionen deutschen Männern, die unter Impotenz – im Ärztejargon: erektiler Dysfunktion – leiden (Woche 3. 7. 98, 21). **2.** (seltener) *Unvermögen, [künstlerische] Unfähigkeit:* ein einziger Beweis dichterischer I. (Deschner, Talente 289); dass der Verzicht auf das Große ... schließlich zur I. sogar der Fantasie führt (Frisch, Stiller 290).

impr. = imprimatur.

Im|prä|gna|ti|on, die; -, -en [spätlat. impraegnatio = Schwängerung]: **1.** (Geol.) *feine Verteilung von Erz od. Erdöl in Spalten od. Poren eines Gesteins.* **2.** (Biol.) *Eindringen von Samenfäden in das reife Ei.* **3.** *das Imprägnieren.*

im|prä|gnie|ren ⟨sw. V.; hat⟩ [spätlat. impraegnare = schwängern, zu lat. praegnans, ↑prägnant]: *(einen festen, aber porösen Stoff) mit einer bestimmten Flüssigkeit durchtränken (die ihn vor Wasser, Zerfall u. a. schützen soll):* ein Gewebe i. *(wasserdicht machen);* feuerfest imprägnierte Wände; Nur der Deckel fehlte noch. Und wie sollte man die Kiste i.? Teer verdarb die Maserung (Bieler, Bär 127); Ü das Fett brauchen wir, um unsere Mägen gegen den Alkohol zu i. (Remarque, Obelisk 44); in dem altehrwürdigen, von Kaffeegeruch angenehm imprägnierten Lokal (Habe, Namen 61).

Im|prä|gnie|rung, die; -, -en: **a)** *das Imprägnieren, Imprägnation* (3): ein Mittel zur I. von Mänteln; wird eine Spezialfirma nun beauftragt, das Mischverfahren einer Festigung und I. der Steine anzuwenden (Saarbr. Zeitung 4. 10. 79, 10); Ü die I. des Unterrichts mit standardisierten Lehrverfahren (Meyer, Lehrveranstaltung 7); **b)** *durch Imprägnieren erreichter Zustand:* die I. hält einige Jahre vor.

im|prak|ti|ka|bel [auch: '-----] ⟨Adj.; ...bler, -ste⟩ [frz. impraticable, aus: im- (< lat. im-, ↑in-) u. praticable, ↑praktikabel] (bildungsspr.): *undurchführbar, nicht anwendbar:* eine impraktikable Anordnung.

Im|pre|sa|rio, der; -s, -s u. ...ri, auch: ...rien [ital. impresario, zu: impresa = Unternehmen, zu: imprendere (2. Part.: impreso) = unternehmen] (veraltend): *Agent* (2b), *der für einen Künstler die Verträge abschließt u. die Geschäfte führt.*

Im|pres|sen: Pl. von ↑Impressum.

Im|pres|si|on, die; -, -en [frz. impression < lat. impressio = Eindruck, zu: imprimere, ↑imprimieren]: **1. a)** *Sinnes-, Gefühlseindruck, Empfindung, Wahrnehmung:* die -en einer Reise; -en wiedergeben, schildern; seine Fähigkeit, mit wenigen -en und Streiflichtern Lokalkolorit und Zeitatmosphäre anzudeuten (Reich-Ranicki, Th. Mann 197); **b)** (Psych.) *auf einen Betrachter wirkender, nicht zergliederter, ganzheitlicher Eindruck.* **2. a)** (Anat.) *Einbuchtung od. Vertiefung an Organen od. anderen Körperteilen;* **b)** (Med.) *durch Druckeinwirkung od. Fehlbildung verursachte pathologische Eindellung eines Körperteils.*

im|pres|si|o|na|bel ⟨Adj.; ...bler, -ste⟩ [frz. impressionable] (bildungsspr.): *für Impressionen* (1 a) *empfänglich; erregbar, reizbar.*

Im|pres|si|o|nis|mus, der; - [frz. impressionisme; nach einem »Impression, soleil levant« genannten Bild von Monet]: *(Ende des 19. Jh.s entstandene) Stilrichtung der bildenden Kunst, der Literatur u. der Musik, deren Vertreter persönliche Umwelteindrücke u. Stimmungen besonders in kleineren künstlerischen Formen (Skizzen, Einaktern, Tonmalereien) wiedergeben.*

Im|pres|si|o|nist, der; -en, -en [frz. impressioniste]: *Vertreter des Impressionismus.*

Im|pres|si|o|nis|tin, die; -, -nen: w. Form zu ↑Impressionist.

im|pres|si|o|nis|tisch ⟨Adj.⟩: *den Impressionismus betreffend, von ihm bestimmt, geprägt:* -e Malerei; ein -es Gedicht.

Im|pres|sum, das; -s, ...ssen [zu lat. impressum, 2. Part. von: imprimere, ↑imprimieren] (Buchw.): *Vermerk über Verleger, Drucker, auch Redaktionen u. a. in Büchern, Zeitungen u. Zeitschriften:* »Im I. steht immer viel«, er weiß es, er hat viele Impressen gestaltet (Spiegel 9, 1985, 99).

im|pri|ma|tur [lat. = es werde (hinein)gedruckt] (Buchw.): *zum Druck freigegeben* (Vermerk des Autors od. Verlegers auf dem letzten Korrekturabzug); Abk.: impr., imp.

Im|pri|ma|tur, das; -s, (österr. auch:) **Im|pri|ma|tur,** die; - (Buchw.): *Druckerlaubnis:* 1958 erschien in der DDR der KZ-Roman »Nackt unter Wölfen« von Bruno Apitz; er brauchte quälend lange, ehe er das I. erhielt (Woche 28. 3. 87, 50).

Im|pri|mé [ɛ̃pri'me:], der; -[s], -s [frz. imprimé, eigtl. = 2. Part. von: imprimer = aufdrücken, drucken < lat. imprimere, ↑imprimieren]: **1.** *bedrucktes Seidengewebe mit [ausdrucksvollem] Muster.* **2.** (Postw.) internationale Bez. für *Drucksache.*

im|pri|mie|ren ⟨sw. V.; hat⟩ [lat. imprimere = hinein-, aufdrücken] (Buchw.): *das Imprimatur erteilen:* dass die umbrochenen, korrigierten Seiten aus der Druckerei in die Redaktion heraufkommen, wo sie sofort imprimiert werden müssen (Simmel, Stoff 156).

Im|print, das; -s, -s [engl. imprint = Verlagsname] (Verlagswesen): *nicht mehr als eigenständiges Unternehmen existierender Verlag, unter dessen Namen ein anderer Verlag weiterhin Bücher publiziert.*

Im|promp|tu [ɛ̃prõ'ty:], das; -s, -s [frz. impromptu < lat. in promptu = zur Verfügung]: *Komposition der Romantik, bes. für Klavier, in der Art einer Improvisation.*

Im|pro|pe|ri|en ⟨Pl.⟩ [(kirchen)lat. improperia, eigtl. = Beschimpfungen, Vorwürfe] (kath. Kirche): *während der Karfreitagsliturgie gesungene vorwurfsvolle Klagelieder, in denen Jesus die Wohltaten Gottes den Übeltaten seines Volkes gegenüberstellt.*

Im|pro|vi|sa|teur [...'tø:ɐ̯], der; -s, -e [frz. improvisateur]: *jmd., der am Klavier [zur Unterhaltung] improvisiert.*

Im|pro|vi|sa|teu|rin [...'tø:rɪn], die; -, -nen: w. Form zu ↑Improvisateur.

Im|pro|vi|sa|ti|on, die; -, -en [zu ↑improvisieren]: **1.** *das Improvisieren, Kunst des Improvisierens:* I. ist seine Stärke; Vielleicht fehlt etwas die Brillanz und I. der Brasilianer oder Peruaner oder die technische Reife der Argentinier (Kicker 6, 1982, 53). **2.** *ohne Vorbereitung, aus dem Stegreif Dargebotenes; Stegreifschöpfung, [musikalische] Stegreiferfindung u. -darbietung:* Wenn es ihr recht ist, möchte ich an Weihnachten ein paar -en auf böhmische Volkslieder spielen (Bieler, Mädchenkrieg 274).

Im|pro|vi|sa|ti|ons|ga|be, die: *Improvisationstalent* (a).

Im|pro|vi|sa|ti|ons|ta|lent, das: **a)** *Talent zum Improvisieren* (1); **b)** *jmd., der Improvisationstalent* (a) *besitzt.*

Im|pro|vi|sa|tor, der; -s, ...oren [ital. improvvisatore]: **a)** *jmd., der zu improvisieren versteht:* als geschickter I. weiß er sich immer zu helfen; **b)** *jmd., der etwas aus dem Stegreif darbietet, Stegreifkünstler:* als I. auftreten.

Im|pro|vi|sa|to|rin, die; -, -nen: w. Form zu ↑Improvisator.

im|pro|vi|sa|to|risch ⟨Adj.⟩: *die Improvisation betreffend, improvisierend:* die -en Züge einer Darbietung; Der gewandte Umgang mit -er Freiheit ist unabdingbar (Orchester 7/8, 1984, 666).

im|pro|vi|sie|ren ⟨sw. V.; hat⟩ [ital. improvvisare, zu: improvviso = unvorhergesehen, unerwartet < lat. improvisus, zu: in- = hinein u. providere = vorhersehen]: **1.** *etw. ohne Vorbereitung, aus dem Stegreif tun:* eine Mahlzeit für unerwartete Gäste i.; Machtkämpfe, bei denen man i., immer wieder neue Wege suchen ... muss (Dönhoff, Ära 205); er muss in einem improvisierten, nur notdürftig mit Pritschen ausgestatteten Schlafraum übernachten (Reich-Ranicki, Th. Mann 62); **2. a)** *Improvisationen* (2) *spielen:* Sixta improvisierte über zwei böhmische Weihnachtslieder (Bieler, Mädchenkrieg 276); **b)** (Theater) *frei Erfundenes von der Bühne sprechen, seinem Rollentext hinzufügen.*